中国刑法司法适用疑难问题研究丛书

总主编 陈兴良 周光权

案例刑法研究（各论）

（上卷）

主　编　陈兴良
副主编　周光权
上卷撰稿人（以撰写章节先后为序）
劳东燕　林　维　方　军　柏浪涛
孙运梁　车　浩　周光权　杨绪峰
付立庆　方　鹏　江　溯

中国人民大学出版社
·北京·

总　序

我国刑法理论的发展存在两个面向：第一是体系化和学术化，第二是专业化和技术化。所谓体系化和学术化，是指我国刑法理论应当进一步提升自身的学术水平，建构与我国刑法相融洽的刑法教义学体系。而所谓专业化和技术化，是指我国刑法理论应当面向司法实践，将刑法理论资源转化为解决司法实践中疑难问题的专业技术，实现刑法教义学的实践理性。如果说，前者是我国刑法理论的“上天”，那么，后者就是我国刑法理论的“入地”。只有同时从这两个面向推进我国刑法理论向前发展，才能使我国刑法理论不辱使命，成为法学中的显学。

应该说，刑法理论的体系化和学术化与专业化和技术化这两个面向并不是互相抵牾而是相互促进的关系。刑法教义学的研究成果处在刑法理论的尖端，对于刑法理论的发展具有引导功能。近年来，随着德日刑法教义学原理的引入和推行，我国刑法理论得到了长足的进步。当然，德日刑法教义学如何与我国刑法相契合，仍然存在需要进一步完善的地方。每个国家的刑法理论都和其刑法的立法与司法密切相关，具有这个国家的气质与禀赋。因此，我国不可照抄照搬德日刑法教义学的原理。当然，刑法理论本身具有跨越国境的性质，尤其是刑法的一般原理，它是从哲学、历史和伦理的深处生长出来的，反射人类精神生活，因而是值得学习和借鉴的。我国切不可闭关锁国，隔断与人类文明的精神通道。另外，刑法教义学的本土化是较为重要的，刑法理论只有植根于我国的司法实践才具有生命力。这就需要将刑法理论与刑法司法紧密地结合起来，充分发挥刑法教义学所具有的应用价值。因此，中国刑法学者应当立足于我国的刑法立法与司法现实基础，从中汲取学术养分，并将刑法理论作用于司法实践，解决刑法适用中的疑难复杂问题。

“中国刑法司法适用疑难问题研究丛书”是中国人民大学出版社邀请我和周光权教授共同主编的一套面向司法实践的大型理论著作丛书。这套丛书的编辑宗旨是将近些年来已经在我国司法实践中采用和采纳的刑法教义学进一步推向司法实践，为司法工作人员提供刑法教义学的方法和工具，从而进一步提升我国司法工作人员解决刑法适用疑难问题的能力。收入本丛书的作品需具有较高的刑法理论水准，同时又能够解决刑法各个领域所经常遇到的疑难问题，因而是推进我国刑法司法实务能力的知识更新与理论变革之作。

本丛书以司法实践中的疑难问题为主要研究对象，除我和周光权教授主编的《案例刑法研究（总论）》（上下卷）涉及刑法总论全部内容以外，其他作品都是专题性研究著作，对存在于刑法各个领域的疑难问题进行了深入和细致的刑法教义学研究。这也是本丛书与以往出版的刑法作品的主要区别之所在。因此，面向司法现实是本丛书的基本特色，解决刑法的司法适用问题是本丛书的根本使命。

作为刑法学者，我们当然要有对刑法理论的钻研精神，同时要有直面现实的正确态度。司法实践中每时每刻发生的各种疑难问题，都等待着我们去解决。因此，刑法司法实践才是刑法教义学理论的源泉。离开了司法实践，刑法理论就会成为无源之水、无本之木。具体来说，刑法司法适用过程中，会出现大量疑难案例，这些疑难案例正是刑法司法实务中疑难问题的载体。如何解决这些疑难案例，就成为检验刑法教义学理论的试金石。以下，我以骗取更名案为例进行说明。

甲是某公司房产销售人员，乙通过甲购买了该公司一处房产，交付全部购房款 34 万元。后甲欺骗乙签订了更名申请承认书，将该房产以 35 万元出卖给丙，并为丙办理了房产证，而且丙实际占有了房屋。

骗取更名案的案情非常简单，只有短短几行字，基本上就能把案情说清楚。然而，对骗取更名案的分析却并不容易，涉及十分复杂的理论问题。在骗取更名案中，被害人是谁？对此其说不一：有的人认为被害人是乙，有的人认为被害人是丙。此外，在骗取更名案中，财产损失人是乙还是丙？诈骗数额是 34 万元还是 35 万元？对这些问题都存在不同意见。我们以行为分析法进行分析，就会发现骗取更名案中存在两个行为：第一个行为是甲欺骗乙签订更名申请承认书，第二个行为是甲利用更名申请承认书将房屋出卖给丙。这两个行为前后发生，并互为因果。甲在骗取乙的更名申请承认书以后，才能根据该承认书办理更名手续，将购房人由乙变更为丙，并为丙办理了房产登记。下面，我对这两个行为进行法教义学的分析。

第一个行为是甲骗取乙签署更名申请承认书，这是一种欺骗行为。从后果上看，正是这份材料使乙丧失了已经购买的房产。那么，能否据此将本案涉及的罪名认定为诈骗罪呢？诈骗行为是指虚构事实，导致他人产生认识错误，基于认识错误而交付财物。但在本案中，甲虽然实施了欺骗行为，但欺骗行为并没有使甲直接获得房产，乙也没有交付房产的意思和行为，因而，并不符合诈骗罪的直接性原则，不能将甲的行为认定为诈骗罪。那么，这份更名申请的性质是什么呢？从民法角度来说，更名申请的性质属于债权转让。

在更名之前，乙和开发商之间签订房屋买卖合同，并交付购房款34万元，由此形成乙对开发商的债权。因此，更名的性质不是退房，退房属于解除房屋买卖合同。更名是在购房合同有效的前提下，改变买受人，因而属于债权转让。

第二个行为是甲利用骗取的更名申请承认书将乙的债权转让给丙，并取得35万元购房款。在更名以后，甲将乙对开发商的债权转让给了丙。丙并不是无对价取得债权，而是向甲交付了35万元。在这一债权转让过程中，开发商是无过错第三人。甲的更名虽然以乙签名的更名申请承认书为依据，但该承认书是甲骗取的，其内容并没有得到乙的许可。因此，甲是在乙不知情的情况下，处分乙的债权。在盗窃罪的客体包括债权或者其他财产性利益的情况下，这一行为具有盗窃的性质。

通过以上分析可以看出，在司法实践中对于那些多种行为交织、纠缠在一起的复杂案件，应当逐个对行为的法律性质加以判断，最后才能完成定罪的过程。而且，在对财产犯罪进行定罪的时候，还应当结合民法的知识。例如，在骗取更名案中，涉及物权与债权的区分。从上述对案情的描述来看，司法工作人员就没有区分物权和债权，例如，将乙与开发商签订房屋购买合同描述为乙购买了房产，又把甲对房屋购买合同的更名说成是将乙的房产卖给丙。这些描述，从日常生活理解来看并没有错误。然而，从法律的角度来说，乙虽然与开发商签订了房屋购买合同，但合同并未最终履行，因而乙向开发商交付34万元，只是获得了以开发商交付房产为内容的债权。而甲也只是将乙的债权转让给丙，此后通过开发商履行债权，丙才获得了房产。由此可见，以房产交付为内容的债权和物质化的房产之间是存在区别的，不可混为一谈。这一从物权与债权的区分中所得出的结论，对于分析骗取更名案具有一定的参考价值。

物权包括所有权、用益物权、担保物权等，《民法典》对此都作了规定。值得注意的是，《民法典》没有规定债编，取而代之的是合同编，合同是具体之债。在民法学中，债是按照合同的约定或依照法律规定，在当事人之间产生的特定的权利和义务关系。《民法典》规定了各种典型合同，其中包括借款合同，债权与债务关系一般出现在借款合同之中。这个意义上的债比较符合生活中的债的含义。然而，《民法典》中的债，除了生活中的债，还包括其他合同所产生的债。例如，《民法典》规定的买卖合同，也是债的关系。债的关系中，享有权利的人称为债权人，履行义务的人称为债务人。刑法关于财产犯罪的规定，不仅保护物权而且保护债权。然而，我国刑法在关于财产犯罪的具体规定中，只涉及财物的概念，并没有涉及债权的概念。因此，我国刑法关于财产犯罪的规定是否保护债权，在刑法教义学中是存在争议的，这种争议主要表现为：财产性利益是否属于财产犯罪的保护法益？这里的财产性利益就是指民法中的债权。

现在我国较为通行的观点是肯定说，认为刑法中的财物不仅包括物权，而且扩大解释为包括债权。在上述案件中，在对甲的行为进行分析的时候，如果采用债权债务的概念，分析乙与开发商之间的法律关系，以及更名所带来的这种法律关系的变更，是更容易让人接受的。例如，甲的第一阶段行为，仅骗取乙的更名申请承认书，并没有实际骗取房产，而且房产尚未交付与登记，客观上也不存在骗取房产的可能性。只有第二阶段的行为实际处分了乙的债权，侵害了乙的债权，因而具有法益侵害性。因此，该行为才是构成要件行为，应当根据该行为对甲的行为进行定性。这种未经他人同意处分他人债权的行为，与盗窃罪的性质最相接近，因此，将甲的行为认定为盗窃罪是合适的。

骗取更名案比较复杂，我们可以用一个简化版的案例来说明：甲以非法占有为目的，欺骗乙，让乙把手机借给甲使用。甲拿到手机以后，假装打电话，乘乙不备，拿着手机潜逃，将乙的手机据为己有。这就是骗打手机案，在司法实践中多有发生。在此，存在两个行为：第一个是骗取手机，第二个是占有手机。在分析这个案件的时候，容易发生的错误是根据骗取手机的行为将甲的行为认定为诈骗罪。但这里的骗取手机行为之所以不能被认定为诈骗罪，就是因为不存在交付行为，占有没有发生转移。乙将手机交给甲，只是让甲在乙的监视下使用手机，因此，手机仍然处在乙的占有之下，占有转移没有发生。只有第二个行为，才导致乙丧失对手机的占有，而该行为具有秘密窃取的性质，构成盗窃罪。我们将骗打手机案和上述骗取更名案相比较，可以发现，在骗打手机案中犯罪的对象是手机，属于物的范畴，侵害的是物权，而骗取更名案中犯罪的对象是债权。另外，骗打手机案中只有甲与乙两人，而在骗取更名案中还存在第三人，即开发商。因此，骗取更名案是更为复杂的，但这两个案件的原理基本上是相同的。

骗取更名案，可以说是一个疑难案件。对于该案仅仅凭借生活常识，是很难得出正确结论的。反之，从刑法教义学出发得出的结论，则往往是与公众常识相抵牾的。对于骗取更名案，基于生活常识容易得出诈骗罪的定罪结论。然而，生活中的欺骗不能等同于刑法中的诈骗。刑法中的诈骗罪，不仅要有欺骗行为，而且要求该欺骗行为造成他人产生认识错误，并且基于认识错误而交付或者处分财物。在骗取更名案中，虽然存在欺骗行为，但甲的欺骗行为与乙的债权灭失之间并不存在直接关联。而欺骗行为与财产损失之间存在直接关联，是构成诈骗罪的必要条件。同时，将骗取更名案认定为盗窃罪，社会公众也是不容易接受的，因为它与典型的盗窃行为之间还是存在一定差异的。然而，对于盗窃罪不能仅仅根据其表面特征，而是还要把握其本质特征，这就是未经他人同意或者许可，私下将他人财物据为己有。骗取更名案中，甲的行为符合盗窃罪的本质特征。虽然从表面来看，甲直接将房屋买卖合同的买方从乙变更为丙，从而完成了债权的转让。然而，在此过程中甲利用更名申请承认书控制了乙的债权，这是甲处分乙的债权的逻辑前提。在此基础上，才又可能发生将债权确定在丙的名下的事实。因此，甲利用骗取的更名申请承认书为其窃取乙的债权制造了条件，只有将债权转移到丙的名下，盗窃行为才最终完成。至于债权能否成为盗窃罪的保护法益，也是该案中可能会涉及的问题，而这个问题又可以转换成财产性利益是否可以成为盗窃罪的对象的问题。在日本刑法中，财产性利益被明确规定为诈骗罪的对象，在盗窃罪的对象不包括财产性利益的情况下，可以合理地推论，财产性利益不能成为日本刑法中盗窃罪的对象。那么，我国刑法又如何看待这个问题呢？我国刑法将财产犯罪的对象都规定为财物，没有涉及财产性利益。然而，在我国司法实践中，一般都认定刑法关于财产犯罪的规定不仅保护物权，而且也保护债权。例如，盗窃借据可以被认定为盗窃罪，使用暴力迫使他人出具借据的行为可以被认定为抢劫罪。此外，关于受贿罪，刑法规定的犯罪对象是财物，但司法解释将财产性利益解释为财物。例如，2016 年 4 月 18 日最高人民法院、最高人民检察院《关于办理贪污贿赂刑事案件适用法律若干问题的解释》第 12 条明确规定：贿赂犯罪中的“财物”包括货币、物品和财产性利益。财产性利益包括可以折算为货币的物质利益如房屋装修、债务免除等，以及需要支付货币的其他利益如会员服务、旅游等。由此可见，我国刑法中的财物在一定意义上包括财产性利益。在这种情况下，将债权解释为财物应当没有法律上的障碍。

司法适用中的疑难问题，并不是刑法学者的主观臆想，而是从活生生的案例中呈现出来或者提炼出来的。面对疑难问题，找出解决之道，这就是刑法教义学方法。不得不指出，在相当长的一个时期里，有相当一些人还是凭经验和感觉处理刑法司法适用中的疑难问题。这里涉及司法经验和刑法理论之间的关系。刑法不仅是一门学问，而且是一门技艺。因此，司法经验的积累和应用是十分重要的。然而，某些司法适用中的疑难问题是超越经验的，换言之，按照日常经验是难以解决的。在这种情况下，就需要借助于刑法教义学的原理，因为只有这些原理才能回应司法实践的需要。而且，刑法理论本身也要面向司法实践，以问题为导向，解决实际问题。

“中国刑法司法适用疑难问题研究丛书”立足于理论，面向司法实践，因而不仅具有理论价值，而且具有现实意义。值得一提的是，参加本丛书写作的作者都是我国中青年一代刑法学者，这些青年才俊不仅具有年龄优势，而且具有知识优势。其中，有些作者除了在国内接受法学教育，还有出国留学深造的经历，有的青年学者还获得了国外的博士学位。因此，这些作者同时具有中国的问题意识和世界的学术视野，是我国刑法学界的新兴力量。他们将来对我国刑法理论发展的学术贡献是值得期待的。

值此"中国刑法司法适用疑难问题研究丛书"即将出版之际，聊缀以上数语，是为序。

陈兴良

谨识于昆明滨江俊园寓所

2020 年 8 月 20 日

序　言

《案例刑法研究（总论）》在 2020 年由中国人民大学出版社出版问世以后，受到读者的好评。读者期盼着《案例刑法研究（各论）》早日出版。由于本书篇幅较大，而且各撰稿人都有各自的教学科研任务，因而完成写作任务十分不易。在各位撰稿人的努力下，《案例刑法研究（各论）》一书现在终于与读者见面了，我和周光权共同完成了本书的主编工作，轻松之感油然而生。

《案例刑法研究》以案例为中心线索，展开对刑法教义学原理的叙述，因而有别于通常的刑法教科书，也不同于刑法案例分析书籍。刑法规范与刑法案例是刑法的两种存在方式，对其研究形成刑法原理与刑法判解两种知识形态：刑法原理具有抽象性和理论性，它是刑法知识的基本载体；而刑法判解是刑法适用的结果，是刑法规范和刑法原理共同作用的产物。可以说，刑法原理与刑法判解对刑法知识的表述发挥着各自不同的作用。本书的特点在于将刑法判解融汇在刑法原理之中，从刑法案例中提炼刑法原理，与此同时又将刑法原理适用于刑法案例之中，由此形成刑法原理与刑法判解的理性互动。刑法原理与刑法判解代表了刑法知识的两个面向，这就是刑法理论与刑法实践，因而本书编写的根本宗旨就是将刑法理论与司法实践相结合。

相对于刑法总论而言，刑法各论主要涉及的是各罪，也就是刑法分则规定的罪名。我国刑法分则规定的罪名的数量较大，不可能悉数论述，只能选择重点罪名进行论述。这些罪名的特点是常见、多发且疑难、复杂，对这些罪名的论述基本上能够满足司法实践对刑法各论的理论需求。本书分为上、下两卷，共计论述了 29 个罪名。可以说，本书所论述的这些罪名都是司法实践所关注的重点罪名，其所涉及的问题较多，需要从刑法理论上进行深入探讨。本书以重点罪名为线索，对刑法分则中的主要罪名所进行的论述，在很大程度上区别于刑法各论教科书中的论述。刑法各论教科书需要照顾到章节体系和各个罪名，因而对重点罪名的论述所占篇幅十分有限，其内容限于对构成要件的论述，而不可能深入地对某罪名在司法实践中的疑难问题一一分析。本书采用专题式的方法对罪名进行论述，这种讨论无论在深度上还是在广度上都达到了相当的水平。可以说，对每个罪名的探讨都基本囊括了所有问题。本书对每个罪名的论述，在体例上与《案例刑法研究（总论）》相同，具体分为以下四个部分：知识背景、规范依据、案例评价、深度研究。其中，“知识背景”是对所论述罪名的宏观介绍，对其后的具体分析具有较大的参考价值。例如在劳东燕教授撰写的本书上卷第一章以危险方法危害公共安全罪的“知识背景”中，主要介绍了该罪的三个特殊性。其中，最为特殊的是该罪将堵截性行为独立成罪，这不仅在我国刑法中特殊，在世界各国刑法中也可以说是绝无仅有。在通常的罪状中，都要对某罪的构成要件行为进行描述，只不过描述的具体程度不同而已，有些较为抽象，例如杀人、盗窃等自然犯，仅以罪名充当罪状。然而，由于杀人、盗窃这些行为广为人知，因而对其行为内容的诠释并不困难。但以危险方法危害公共安全罪则与之不同，虽然其罪名中表述的是“危险方法”，但法条中表述的是“以其他危险方法”。这里的“其他危险方法”是以刑法所列举的放火、决水、爆炸、投放危险物质为参照对象的。可见，刑法对该罪的构成要件行为并没有正面描述，而只是提供了参照对象。在这个意义上说，该罪的构成要件是空白的构成要件，因此，对该罪的论述重点是构成要件要素，也就是劳东燕在该专题中所称的实行行为，包括行为、结果等要素。在“案例评价”中，劳东燕主要以案例的形式展示了该罪之“其他危险方法”的具体内容，由此而使读者对该罪的核心内容获得具体而直观的把握。例如，在劳东燕评价的［案例 1-2］钟某平以危险方法危害公共安全案中，该案的危险方法是盗窃正在使用中的消防栓铜芯，此种行为具有危害公共安全的性质。对此，裁判理由进行了论述。然而，如在盗窃时消防栓铜芯处于备用的状态，则此时盗窃消防栓铜芯是否如同放火等行为具有即时的现实危险性，这是一个值得考察的问题。劳东燕对此作了分析，认为盗窃消防栓铜芯的行为本身在客观上不会导致多数人重伤或者死亡的结果，造成这种结果的不是盗窃消防栓铜芯的行为本身而是火灾，不能将火灾所具有的特性移置给盗窃消防栓铜芯的行为。我认为，这一评论是十分正确的。以危险方法危害公共安全罪中的危害公共安全的行为并不是一般的危害公共安全的行为，而是类似于放火、决水、爆炸等危害公共安全的行为。这种危害公共安全行为的特征是方法本身具有重大危险，而且其行为会对公共安全造成危害，即时造成重大的财产损失或者人身伤亡。因此，刑法对这些危害公共安全的行为规定了危险犯和实害犯。也就是说，即使没有发生危害公共安全的实际损害结果，也应当处以刑罚。但在该案中，盗窃消防栓铜芯的行为，在火灾未发生时没有对公共安全造成现实危险。即使发生火灾，导致重大财产损失或者人身伤亡，也不能对盗窃消防栓铜芯的行为以以危险方法危害公共安全罪论处。这是因为重大财产损失或者人身伤亡是火灾造成的，消防栓铜芯被盗只是发生重大财产损失或者人身伤亡结果的条件行为，并不能由此改变盗窃行为的性质。只能在对盗窃消防栓铜芯的行为以盗窃罪处刑的时候，将火灾造成重大财产损失或者人身伤亡作为盗窃罪的从重处罚情节。正如在将他人食物盗走的情形中，即使该行为导致他人被饿死，也不能将该盗窃食物的行为以故意杀人罪论处。实行行为的定型性是罪名存在的基本前提，由于以危险方法危害公共安全罪缺乏具有定型性的实行行为，因而该罪易被扩张适用。类似地，将盗窃窨井盖的行为认定为以危险方法危害公共安全罪的“其他危险方法”，都属于对该罪之危险方法的不当解释。由此可见，对司法实践中的案例根据刑法教义学原理进行评价（其中既包括肯定性的评论，也包括批评性的评论），对刑法分则罪名的正确认定都具有参考价值。当然，这些批评意见只是评价者的一己之见。

本书所评价的案例基本上都是在我国司法实践中判决已经生效的案例，在评价这些案例的时候，评价者以刑法教义学理论作为根据加以评论，这对于提升我国刑法分则的教义学水平具有重要意义。值得注意的是，评价者在评价的时候借鉴了德日刑法教义学的相关分析工具。然而，这种分析工具的借鉴不是无条件的，只有在刑法对罪名的规定具有性质上的同一性或者类似性的前提下才具有合理性；否则，就会出现两者之间的抵牾。例如，车浩教授撰写的本书下卷第十五章“诈骗罪”将财产损失作为诈骗罪的构成要件要素加以论述，认为财产损失是诈骗罪的构成要件要素，它是使诈骗罪成为一种财产型犯罪的关键。应该指出，诈骗罪的财产损失构成要件要素的原理来自德国刑法教义学。《德国刑法典》第 263 条规定，造成他人财产损失是诈骗罪的构成要件要素。根据这一规定，被骗者的财产处分必须直接地损害自己或第三人的财产。因此，诈骗罪被认为是自损型的财产犯罪。德国刑法中的诈骗罪之所以要求造成他人财产损失，是因为诈骗罪不仅包括非法占有的诈骗行为，而且还包括虚假陈述的欺诈行为。在非法占有的诈骗的情况下，被骗者基于错误认识而处分的财物就是其财产损失，因而财产损失根本就没有必要成为一个独立的构成要件要素。但虚假陈述的欺诈属于交易型诈骗，被骗者基于错误认识而处分的财物并不都是财产损失，其财产损失是在财产处分之前和之后受处分影响而产生的存在于财产价值之间的不利差异。例如，我国刑法中的生产、销售伪劣商品罪在德国刑法中都被认为是一种发生在交易过程中的诈骗罪，因此，不能将所有购买伪劣商品而支付的款项都认定为财产损失，而需要计算交易的损失，这就是购买款项减去伪劣商品的价值之间的差价。德国刑法中的诈骗罪分为缔约诈骗罪和履约诈骗罪，其财产损失的计算具有不同规则。为此，德国财产犯罪教义学产生了三种财产理论，这就是法律财产理论、经济财产理论和法律—经济折中理论。① 但在我国刑法

① ［德］约翰内斯·韦塞尔斯，托马斯·希伦坎普．德国刑法分论：侵犯财产价值的犯罪．赵冠男，译．北京：法律出版社，2023：481.

中，诈骗罪与民事欺诈之间存在明显界限，民事欺诈中只有个别行为被立法机关规定为犯罪，其他行为都被视作民事违约。因此，我国刑法中的诈骗罪属于无对价地骗取他人财物，被骗者处分的财物就是其财产损失，因而没有必要另外计算财产损失。例如［案例 15－8］杨某某、孙某某等诈骗、行贿、盗窃案中作者就讨论了财产损失的认定：该案中彩票承销商操纵抽奖，通过找人冒领大奖的手段，非法占有巨额奖金。由于这是一种非法占有的诈骗罪，因而直接将骗取的奖品、奖金的财产价值认定为诈骗数额即可，无须再专门讨论财产损失问题。如果讨论财产损失，反而会得出即使没有发生诈骗行为，这些奖品、奖金也会被获奖人领取，因而主办单位体彩中心从整体上没有财产损失的错误结论，徒增麻烦。我们再来对比一下德国操纵体育博彩案的处理：在固定赔率的操纵体育博彩（manipulierte Sportwette，即所谓的赔率投注）的情况下，柏林地方法院认定，在投注合同订立时，庄家那里就已经出现了与可能的投注盈利（减去赌注）相等的财产风险，从而存在缔约损失。最近两份关于操纵体育博彩的判决遵循了这种方法，由于尚未支付奖金，因此应当着眼于缔约诈骗。据此，如果客观地考察，被欺骗的庄家所承担的——由于操纵而增加了实现风险的——支付约定投注盈利的义务，不再能为对投注的诉求所抵销，则存在财产损失。① 由此可见，在上述德国操纵体育博彩案中，其行为只是操纵体育博彩的赔率，使中奖机会减少，而不是如同我国杨某某、孙某某等诈骗、行贿、盗窃案中，行为人操纵整个中奖程序，完全排除他人中奖的可能性，因而我国杨某某、孙某某等诈骗、行贿、盗窃案中的被告人的行为构成诈骗罪，而德国的操纵体育博彩行为只是一种民事欺诈，在我国属于体育博彩的舞弊行为，不构成诈骗罪。因此，只有在这种操纵体育博彩的赔率的情况下，才需要计算财产损失。由此可见，诈骗罪是否以财产损失为构成要件要素，是与诈骗罪的构成要件性质相关的。就我国而言，成立诈骗罪不是不要求财产损失，而是说，财产损失没有必要成为独立的构成要件要素。反之，在德国刑法中，在交易型诈骗（包括缔约诈骗和履约诈骗）的情况下，由于存在民事欺诈的内容，不能一概将被骗者所处分的财物都认定为诈骗造成的财产损失，因此才需要将财产损失确定为诈骗罪的独立构成要件要素，并对财产损失进行具体计算。我们在对刑法分则罪名的分析中，应当吸收德日的刑法教义学知识，但同时要注意不同国家刑法分则对犯罪构成要件的不同设置。在此基础上，正确地选择刑法教义学的分析工具。

本书上卷撰稿人为（以撰写章节先后为序）：劳东燕（第一章、第九章），

---

① ［德］约翰内斯·韦塞尔斯，托马斯·希伦坎普．德国刑法分论：侵犯财产价值的犯罪．赵冠男，译．北京：法律出版社，2023：500.

林维、方军（第二章、第十三章），柏浪涛（第三章），方军（第四章），孙运梁（第五章），车浩（第六章），周光权（第七章），杨绪峰（第八章），付立庆（第十章、第十二章），方鹏（第十一章），江溯（第十四章）。

本书下卷撰稿人为（以撰写章节先后为序）：车浩（第十五章）、方军（第十六章）、蔡桂生（第十七章、第二十一章）、柏浪涛（第十八章）、王华伟（第十九章、第二十三章）、方鹏（第二十章）、陈兴良（第二十二章、第二十六章）、周光权（第二十四章）、江溯（第二十五章）、孙运梁（第二十七章）、杨绪峰（第二十八章）。

本书的编写经历了前后数年，在此期间刑法和司法解释发生了某些更替。在这种情况下，各位撰稿人在提交初稿后又对内容作了相应的调整，终于圆满地完成了本书的写作。在此，我要感谢各位参与本书编写的作者。在本书的编写过程中，柏浪涛教授不仅完成了所分配罪名的写作任务，而且承担了各项编务，协助主编完成统稿，对此表示衷心感谢。

是为序。

陈兴良

谨识于北京海淀锦秋知春寓所

2024 年 5 月 11 日

总目录

上　卷

下　卷

上卷目录

第一章　以危险方法危害公共安全罪

以危险方法危害公共安全罪是指故意使用与放火、决水、爆炸、投放危险物相当的危险方法危害公共安全的行为。由于《刑法》第114条与第115条第1款将以放火、决水、爆炸、投放危险物质这四种特定方法所实施的危害公共安全的行为，专门规定为放火罪、决水罪、爆炸罪与投放危险物质罪，故而本罪作为前四个罪名的堵截性条款，处罚的是以前述四种特定方法实施的行为之外，同时又与以前述四种方法实施的行为具有相当性的其他危害公共安全的行为。从放火罪、决水罪、爆炸罪、投放危险物质罪这四个罪名和以危险方法危害公共安全罪的关系来看，二者之间是一种补充关系：相对于放火罪、决水罪、爆炸罪、投放危险物质罪，以危险方法危害公共安全罪处于补充的地位，属于候补性罪名。也即，前四个罪名的适用具有优先性，只有在其不适用时，才存在适用以危险方法危害公共安全罪的余地。需要指出的是，不能将以危险方法危害公共安全罪视为《刑法》分则第二章中的堵截性罪名。

第一节　客观要件的界定

知识背景

相对于分则中其他罪刑规范而言，《刑法》第114条与第115条第1款对以危险方法危害公共安全罪的规定表现出三点特殊之处。其一，对罪状的描述方式很独特。第114条与第115条第1款并未对本罪实行行为的自然特征进行描述或概括，而是通过纯规范的、依赖价值判断的叙述来说明其实行行为的性质。因而，不像在故意杀人、故意伤害、抢劫、强奸等犯罪的场合，仅仅依赖生活常识与事实判断，人们无从知晓以危险方法危害公共安全罪的实行行为到底是什么。其二，将堵截性的行为方式独立成罪。尽管采用“列举＋堵截”的模式来描述犯罪的行为方式是一种较为常见的立法技术，而且同一法条同时规定数个罪名的情况在我国《刑法》中也不少见，但将堵截性的行为方式作为单独的罪名来规定，在现行的分则条文中可谓绝无仅有。其三，将造成具体危险的情形用独立的条文进行规定。现行《刑法》将造成具体危险的行为在第 114 条中独立予以规定，另设第 115 条第 1 款，以适用于出现致人重伤、死亡或者使公私财产遭受重大损失的侵害结果的场合。这明显不同于对一般侵害犯的立法方式。对于绝大多数侵害犯而言，立法者往往选择将侵害结果的出现作为既遂的标志，对造成具体危险的情形则借助未遂犯的规定来处罚。

前两点特殊之处关涉本罪实行行为的认定。与对其他犯罪的实行行为可先作形式判断再作实质判断不同，对以危险方法危害公共安全罪实行行为的认定，自始就缺乏形式判断的阶段，而完全依赖对放火、决水、爆炸和投放危险物质的行为方式的理解与把握，即必须参照放火等犯罪的行为的客观性质进行实质的判断。如学者所言，“不仅需要借助其他罪名判断本罪的实行行为，而且本罪成立的条件需要依赖法益侵害、社会危害性等本属犯罪概念领域的观念；在本罪判断过程中，作为犯罪类型化和定型化的构成要件符合性，根本无法从形式的意义上得出任何肯定结论”①。第三点特殊之处则涉及对基本犯结果要素的把握，本罪基本犯的成立，不以造成实际的侵害结果为要件，而只要出现具体的危害即足矣；同时，第三点特殊之处还关涉我国《刑法》第 114 条与第 115 条第 1 款之间关系的解读。

一、实行行为

本罪的实行行为是以危险方法危害公共安全的行为。在进行界定时，必须注意同时从两个方面进行把握：一是行为必须具有危害公共安全的性质，二是必须采取的是“其他危险方法”。这就涉及对危害公共安全的判断与对“其他危险方法”的认定问题。

（一）危害公共安全的判断

与危害公共安全罪中的其他罪名一样，以危险方法危害公共安全罪的实行行为必须具有危害公共安全的性质。何谓危害公共安全，不仅取决于对“公共”与“安全”这两个概念的理解，也取决于对有无危害的判断。

1. 对公共安全中的“公共”的理解

对于公共安全中的“公共”，我国传统刑法理论认为，公共安全是指不特定多数人的生命、健康，重大公私财产以及公共生产、生活的安全。实务中，人们主要从不特定的角度去界定公共安全，认为就以危险方法危害公共安全

---

① 高艳东．谨慎认定以危险方法危害公共安全罪的危险相当性．中国刑事法杂志，2006（5）：39.

罪而言，如何正确认定公共安全中的“不特定”情节，是确定是否按本罪定罪处罚的关键。① 笔者认为，公共安全中的“公共”，应当体现多数性与社会性，且所指向的对象是否具有这样的性质是就单一行为而言的。

首先，就“公共”而言，应当以多数人为核心进行理解，即多数是“公共”概念的核心。就“公共”的认定而言，关键不在于行为对象或危害结果是特定还是不特定，也不在于最终受到侵害的人数是否实际上达到多数，而在于行为是否在客观上具有危及现实的或者潜在的多数人的安全的性质。所谓的“多数”，不要求一定是现实的多数，也包含潜在的或者可能的多数。即使侵害对象是特定的，如果行为具有随时向危及潜在多数人安全的方向发展的现实可能性，则当然也属于危害公共安全。相反，“如果行为人向不特定对象实施的行为除了使该被害人受到危险或损害外，并不具有向危及第三人安全扩展之现实可能的，则并不具有‘公共’意义，因而也不得认定为危害公共安全罪”②。比如，行为人抱着砸谁都可以的心态，在繁华的步行街向人群扔一块砖头。此种情况下，尽管行为对象是不特定的，但由于该行为客观上并不具有向危及多数人安全的方向发展的现实可能性，故不能认为该行为具有危害公共安全的性质。但是，如果行为人不是向人群而是向正在正常行驶的汽车扔重物，则其行为性质可能要另当别论。比如，甲在高速公路的人行天桥上喝啤酒，喝完后便将空酒瓶向高速公路砸去，恰好砸穿一辆从桥下通过的出租车，致司机轻伤。在此案中，行为对象同样不特定，但甲从人行天桥向高速公路砸酒瓶的行为，因易引发交通事故而具有随时向危及多数人安全的方向发展的现实可能性，故应认为甲的行为已危及公共安全。③

其次，公共安全中的“公共”应具备社会性的面向，故在“多数”指的是所涉对象的数量外，要求所涉对象必须体现一定程度的社会性。比如，行为人出于报复的意图，放火点燃位于荒郊野外的一所独立平房（周边并无民宅或其他建筑），将当时正在熟睡的被害人一家五口全部烧死。对于此类案件中的行为，不能仅因行为所危及的人数在量上属于多数，就得出危害了公共安全的结论，而应当认定构成故意杀人罪。

2. 公共安全中的“安全”的内涵

对于公共安全中的“安全”，刑法理论上一般理解为生命、身体或者财产

---

① 国家法官学院，中国人民大学法学院．中国审判案例要览：2009 年刑事审判案例卷．北京：人民法院出版社，中国人民大学出版社，2010：119－125.

② 胡东飞．论刑法意义上的公共安全．中国刑事法杂志，2007（2）：54.

③ 当然，对甲能否以以危险方法危害公共安全罪追究其刑事责任，尚值得探讨。笔者认为，以破坏交通设施罪对甲定罪处罚更为合理：道路安全是交通安全的重要保证，道路包括路面以及路面上的合理使用空间，甲向天桥下的高速公路丢掷酒瓶，属于对道路的功能性毁损，这种毁损行为显然存在足以导致车辆颠覆的危险，完全符合破坏交通设施罪的构成要件。

的安全。这不仅以国外的相关学说作为依据①，也是对《刑法》第 115 条第 1 款有关“致人重伤、死亡或者使公私财产遭受重大损失”表述的直接解读。如果行为在危及多数人的生命、身体安全的同时，又侵害或者威胁了多数人的财产安全，则毫无疑问该行为会被认为具有危害公共安全的性质。问题在于：单纯的财产安全，是否属于公共安全？本书认为，单纯的财产安全不属于公共安全。基于法定刑会对构成要件的理解形成制约的原理，考虑本罪的法定刑设置以及本罪与故意毁坏财产罪之间的协调，有必要将单纯的财产安全排除出公共安全的范围。

3. 危害公共安全的判断

对于行为是否危害公共安全，必须进行客观的判断。应当以事后查明的行为时存在的客观事实为基础，以行为时作为判断的基点，立足于一般人的观念判断行为本身是否包含在一定条件下产生危害多数人的生命、身体或财产安全的严重后果的可能性与危险性。如果就事后查明的行为时存在的事实而言，按一般人的观念看，客观上具有发生危及多数人的生命、身体或财产安全结果的现实可能性的，应当认为行为具有危害公共安全的性质。反之，如果行为客观上不具有向危及多数人的生命、身体或财产安全的方向发展的现实可能性的，则不存在成立危害公共安全罪的余地。

散播虚假恐怖信息的行为侵害的是社会的管理秩序，并不具有危及公共安全的特性。从贾某攀编造、故意传播虚假恐怖信息案②的判决结论与相关的裁判理由可知，对于编造虚假地震信息并在互联网上传播的行为，应当按编造、故意传播虚假恐怖信息罪来认定，而不是适用危害公共安全罪中的罪名。此外，实务中，对于谎称在公交车上放炸弹或者谎称要炸掉广州塔等行为，也都是按《刑法》第 291 条之一的编造虚假恐怖信息罪来对行为人定罪处罚。

（二）“其他危险方法”的认定

对是否危害公共安全的判断，只作为以危险方法危害公共安全罪成立与否的前提存在。于本罪而言，更为本质的特征是由“以其他危险方法”来体现。“以其他危险方法”是“危害公共安全”之外的独立的构成要件。切不可将“以其他危险方法”的认定等同于危害公共安全的判断，误以为具备后一要件，也就满足“以其他危险方法”这一要件。

对本罪中的“其他危险方法”，应当参照放火罪、决水罪、爆炸罪与投放

---

① 日本刑法理论上一般认为，公共安全的犯罪是对不特定或多数人的生命、身体、财产安全具有侵害危险的犯罪。[日] 大谷实．刑法讲义各论：第 2 版．北京：中国人民大学出版社，2008：333．[日] 山口厚．刑法各论．北京：中国人民大学出版社，2011：425．

② 最高人民法院刑事审判第一、二、三、四、五庭．刑事审判参考：总第 68 集．北京：法律出版社，2009：34 页以下．

危险物质罪的行为方式来进行认定。只有在危险性上与放火等具有相当性的方法，才能构成《刑法》第114条所规定的“其他危险方法”。这样的理解，不仅是基于罪刑法定与罪刑相适应的要求，也是对立法条文进行文理解读与体系解释的必然结论。关键在于，什么样的行为才能被视为与放火、决水、爆炸、投放危险物质在危险性上相当。本书认为，有必要从性质与程度两个角度来对“其他危险方法”进行限定。

首先，从性质来说，成立“其他危险方法”本身，必须在客观上具有导致多数人重伤或者死亡的内在危险。这样的限定既是立足于本罪的法定刑得出的判断，也是考虑国民一般观念的结果。以危险方法危害公共安全罪中的具体危险犯，其法定刑为3年以上10年以下有期徒刑，而故意伤害致人重伤作为侵害犯，其法定刑也不过是3年以上10年以下有期徒刑，考虑到本罪的成立只需具备相应的具体危险即可，两相对照可断定，本罪中的“其他危险方法”在性质上至少应当具有导致他人重伤的现实可能。这样的界定也符合国民的一般观念。放火罪与爆炸罪均属于引发国民重大恐慌与不安的犯罪，作为与之处于同一等级的以危险方法危害公共安全罪，自然也必须具有引发国民的重大恐慌与不安的性质才行。故而除非行为本身具有在客观上导致多数人重伤或死亡的现实可能性，否则，难以认为行为具有与放火罪、爆炸罪等犯罪相同的令人恐慌性。

这样的界定还可从对《刑法》第114条与第115条第1款的逻辑关系的解读中获得正当性根据。第114条中所蕴含的危害公共安全的具体危险，与第115条第1款中的“致人重伤、死亡或者使公私财产遭受重大损失”之间具有内在的关联：第115条第1款中的结果应是第114条中的危险的现实化。这意味着，单纯造成多数人心理恐慌或者仅可能导致轻伤以下结果的方法，或者一般地判断不足以导致多数人重伤或死亡结果的方法，比如朝人群中扔鞭炮或者骑自行车朝人群撞去等，不可能成立“其他危险方法”。

其次，从程度上而言，成立“其他危险方法”本身，必须同时具备导致多数人重伤或死亡的直接性、迅速蔓延性与高度盖然性。这是与放火、决水、爆炸、投放危险物质行为进行同类解释所得出的结论。所谓的直接性，是指危害结果乃是由相关行为所直接导致的，而不是介入其他因素的结果。所谓的迅速蔓延性，是指危险现实化的进程非常短暂与迅捷，行为所蕴含的危险一旦现实化便会迅速蔓延和不可控制，致使局面变得难以收拾。所谓的高度盖然性，是指行为所蕴含的内在危险在一般情况下会合乎规律地导致危害结果的发生。也即，此类行为不仅在客观上危及多数人的生命安全或重大健康，而且从一般生活经验的角度来看，相关危险的现实化不是小概率事件，而是具有高度的现实可能。

从性质与程度两个角度对“其他危险方法”进行界定，有助于严格限定以危险方法危害公共安全罪的成立范围。对“其他危险方法”的把握，务必要注意其与放火等的同质性与等价性。一般说来，在有多数人出入的场所私拉电网，在高速公路上逆向高速行驶，或者驾驶人员与人打闹而任机动车处于失控状态等，均属于与放火、爆炸等相当的危险方法。驾驶机动车向人群冲撞与开枪向人群扫射，也能构成“其他危险方法”。

二、危害结果

就以危险方法危害公共安全罪而言，本罪的结果表现为三种情形：一是出现危及多数人的生命安全或重大健康的具体危险，但未造成任何实害性后果；二是出现他人受轻伤或者遭受单纯的财产损失的结果；三是出现致人重伤、死亡或者使公私财产遭受重大损失的结果。对于前两种情形，应适用《刑法》第 114 条，对于第三种情形，则适用第 115 条第 1 款。换言之，第 114 条所规定的以危险方法危害公共安全罪同时包含具体危险犯与轻微的侵害犯，而第 115 条第 1 款则作为严重的侵害犯而存在。

（一）具体危险作为结果

刑法理论上公认本罪系具体危险犯，基本犯的成立需以危及公共安全的具体危险的出现为必要。“其他危险方法”的要件关注的是实行行为本身的危险，它区别于结果意义上的具体危险，后者是独立于实行行为之外的构成要件要素。作为结果的具体危险虽由实行行为所开启，但更多的是一个与结果的发生紧密相连的概念，是结果现实化之前相邻接的那个阶段或者状态。简言之，就“其他危险方法”与具体危险的关系而言，前者涉及的是实行行为，而后者则旨在表达对危害结果的要求。后者具有独立于前者的一面，需要在肯定前者的基础上作进一步的判断。

相应地，对《刑法》第 114 条中的“尚未造成严重后果”，宜理解为表面的构成要件要素。从实体法的角度而言，表面的构成要件要素不是成立犯罪必须具备的要素；从诉讼法的角度来说，表面的构成要件要素是不需要证明的要素。《刑法》第 114 条中的“尚未造成严重后果”不是为违法性、有责性提供根据的要素，更非表明“倘若造成严重后果”便不构成犯罪之意，而仅仅是作为分界要素存在，说明该条规定的行为的违法程度轻于《刑法》第 115 条第 1 款规定的行为的违法程度（故法定刑有区别）。① 基于此，应当认为，第 114 条规定的以危险方法危害公共安全罪，既适用于只存在具体危险的场合，也适用于造成他人轻伤或一般的财产损失的场合，以及虽然出现他人重

① 张明楷．论表面的构成要件要素．中国法学，2009（2）：93.

伤、死亡或公私财产遭受重大损失的严重结果，但无法查明行为人的行为与该严重结果之间存在因果关系的场合。

（二）具体危险的判断

对具体危险犯来说，危险作为一个独立的客观要件而存在，需要在司法过程中根据具体的案件事实进行具体的认定。以危险方法危害公共安全罪中的具体危险，是指针对多数人的生命、身体或财产安全造成侵害的紧迫危险。在是否存在具体危险的问题上，应当采取一般人标准，立足于行为当时的具体情况，来客观地判断行为所造成的危险在客观上是否已经处于逼近实现的阶段或状态。具体危险的存在，需同时满足两个条件：一是有确定的指向对象，危险已经具体化与确定化，在性质上属于现实的而非想象的危险；二是危险已经处于逼近现实化（导致侵害结果出现）的阶段或状态，如果不是由于偶然因素的介入，危险本来已经合乎逻辑地发展而导致侵害结果的出现。这意味着，对本罪中具体危险的判断，不仅要考虑危险在客观上的有无，也应当同时考虑危险的程度。只有经筛选的逼近现实化的危险，才构成《刑法》第 114 条所要求的具体危险。

值得注意的是，采用放火、爆炸、决水、投放危险物质的行为方式，却又不能构成放火罪、爆炸罪、决水罪、投放危险物质罪的行为，也绝不可能成立以危险方法危害公共安全罪。[①] 放火等犯罪的成立同样要求存在具体的公共危险，如果是由于具体危险的不存在而否定行为构成放火等犯罪，则其必定也不能构成以危险方法危害公共安全罪，因为本罪的成立要求存在同样性质的具体危险。

（三）侵害结果的出现

以其他危险方法危害公共安全的行为，可能造成两类侵害结果：一是造成他人轻伤或单纯的财产损失，二是致人重伤、死亡或使公私财产遭受重大损失。由于《刑法》第 115 条第 1 款明文规定，该条仅适用于致人重伤、死亡或使公私财产遭受重大损失的场合，因而在仅造成他人轻伤的情况下，仍应适用第 114 条。此外，单纯的财产损失难以被认为是第 114 条危险的现实化，故即使是在公私财产遭受重大损失的场合，也不能被认定为是第 114 条的结果加重，从而得出适用第 115 条第 1 款的结论。在此种情况下，仍宜适用第 114 条来处罚。

成立第 114 条中的轻微侵害犯或第 115 条中的严重侵害犯，均以行为具有具体的公共危险为前提。如果行为没有造成具体的公共危险，则即使造成

① 张明楷．论以危险方法危害公共安全罪：扩大适用的成因与限制适用的规则．国家检察官学院学报，2012（4）：45.

他人伤亡或财产损失的结果，也不能成立以危险方法危害公共安全罪，应视情形按过失犯罪或故意毁坏财物罪来处罚。同时，适用第 115 条第 1 款的加重构成，以行为与相应侵害结果之间具有刑法上的因果关系为必要，如果难以认定二者之间的因果关系，则只能适用第 114 条，以基本犯对相应行为进行处罚。

规范依据

《刑法》

第一百一十四条　放火、决水、爆炸以及投放毒害性、放射性、传染病病原体等物质或者以其他危险方法危害公共安全，尚未造成严重后果的，处三年以上十年以下有期徒刑。

第一百一十五条　放火、决水、爆炸以及投放毒害性、放射性、传染病病原体等物质或者以其他危险方法致人重伤、死亡或者使公私财产遭受重大损失的，处十年以上有期徒刑、无期徒刑或者死刑。

过失犯前款罪的，处三年以上七年以下有期徒刑；情节较轻的，处三年以下有期徒刑或者拘役。

案例评价

[案例 1－1] 郑某教以危险方法危害公共安全案[①]
（如何理解公共安全中的“公共”）

1. 基本案情

2011 年 12 月，被告人郑某教在未获批准的情况下，违法占用江山市莲华山工业园区内的国有土地建房。2012 年 2 月 24 日，江山市国土资源局作出“责令停止国土资源违法行为通知书”并送达郑某教，责令其立即停止违法行为，听候处理。同年 4 月 11 日，市国土资源管理局作出“责令改正违法行为通知书”并送达郑某教，责令其自接到通知书后 6 个月内自行拆除已浇筑的地梁。同年 10 月 15 日，国土资源执法监察人员在巡查中发现，郑某教不仅没有自行拆除违章建筑，反而继续违法建房，遂当场依法予以制止，但郑某教事后并未停止其违法建房行为。2013 年 1 月 16 日，贺村镇人民政府、市中部开发办公室、市国土资源局共同商定，以市国土资源局为执法主体，贺村镇人民政府、市中部开发办公室协助，于 1 月 18 日上午共同对郑某教的违章建筑实施强制拆除，并于当天下午电话通知郑某教自行拆除违章建筑。2013

① 最高人民法院刑事审判第一、二、三、四、五庭．刑事审判参考：总第 103 集．北京：法律出版社，2016：1－5.

年1月18日上午，郑某教会同家人和同事，先行拆除部分违章建筑，欲以此达到阻止执法人员拆除其违章建筑的目的。

当日上午10时许，市国土资源管理局执法大队工作人员会同贺村镇人民政府、市中部开发办公室工作人员共50余人来到郑某教违章建筑所在地。在工作人员的劝说下，郑某教将原停放在违章建筑前阻挡了铲车行进道路的私家小轿车倒驶至该道路的坡顶，工作人员遂开始拆除郑某教的违章建筑。当看到房子被拆的场面后，郑某教产生驾车去撞工作人员与其拼命的念头。随后，郑某教加速驾驶小轿车沿着带有一定坡度的道路直冲下去，撞到了站在道路上维持外围秩序的多名工作人员，其中李某寿被车头撞飞滚在引擎盖上后又被甩在地上。郑某教在撞到人后，仍然驾驶汽车继续右转向行驶，并朝工作人员密集的地方冲撞而去，直至撞上其父亲房屋的南侧小门。在此过程中，又撞到多名工作人员和其母亲，房屋的小门及门边墙体被撞破损。后在驾车加速后退撞上砖堆时郑某教才被工作人员制服。郑某教在驾车撞人过程中致11名工作人员受伤，经鉴定，其中吴某兴等5人的损伤程度为轻伤，夏某津等2人为轻微伤，刘某飞等4人未达到轻微伤程度。

一审法院认为，郑某教在特定的拆违现场有针对性地冲撞特定的工作人员，不具有危害公共安全的特性，应定性为犯故意杀人罪。二审法院改判被告人郑某教犯以危险方法危害公共安全罪，判处有期徒刑7年。

2. 涉案问题

驾车撞击相对特定多数人并危及人身安全的行为，是否满足“不特定多数人”的要求，从而可认定该行为具有危害公共安全的性质？

3. 裁判理由及结论

关于本案定性问题存在的分歧，本质上是对以危险方法危害公共安全罪的犯罪对象及犯罪客体的理解的分歧，即对该罪的犯罪对象“不特定多数人”的含义，以及该罪侵犯的保护客体“公共安全”的含义的理解分歧。

首先，本案犯罪对象属于“不特定多数人”。对于以危险方法危害公共安全罪的犯罪对象“不特定多数人”的含义，应当从其“社会性”特点出发进行理解。以危险方法危害公共安全罪保护的法益是公众的生命、健康、财产安全，而“公众”与“社会性”均要求重视量的“多数”。换言之，“多数”是“公共”概念的核心。“不特定”也意味着随时有向“多数”发展的现实可能性，会使社会多数成员遭受危害和侵害。侵害“不特定多数人”，并不是说行为人没有特定的侵犯对象或目标，而是行为人主观上有一定的侵害对象，对损害的可能范围也有一定的预判，但对最终造成或者可能造成的危害后果难以控制，从而危害特定人之外的人的人身或者财产安全。本案中，虽然郑某教的行为针对的是相对特定的对象，但鉴于本案拆迁人员多达数十人，符合一般意义上的多数要求，且对最终侵害的对象及造成的后果均无法控制和预料，应当认定其侵犯的对象是“不特定多数人”。

其次，“公共安全”不等同于“公共场所的安全”。公共安全的核心在于“多数”，而行为不论是在封闭的场所还是开放的公共场所，都可能属于侵犯公共安全的行为。就本案而言，一则，案发现场道路并非被告人家庭所有或单独使用，而只是由于特殊的地理位置，被告人家庭使用的频率较高，但这并不能排斥他人行走或使用，故案发现场并不属于封闭的场所；二则，即使案发现场属于封闭的场所，但由于郑某教驾车冲撞的行为危害到“不特定多数人”的生命、健康、财产安全，其行为就具有了危害公共安全的性质。因此，二审法院改判郑某教犯以危险方法危害公共安全罪，判处有期徒刑 7 年，是适当的。

4. 评析意见

本案中有关被告人行为的刑法定性，涉及的是对公共安全中“公共”的理解。裁判理由以“多数”为核心来理解“不特定多数人”是正确的。是否成立“公共”，关键不在于行为本身所针对的对象的特定与否，也不在于行为是否发生在开放的公共场所，而在于相应行为所蕴含的风险是否具有向现实或潜在的多数进一步发展的可能性；同时，这样的风险及其发展的可能性，是对单一行为的性质而言的。就本案来说，拆迁人数有几十人，人员的组成具备社会性的特点，也达到了“多数”的要求，由于驾车撞击行为对这些具有社会性的多数人的生命、健康、财产安全构成威胁，且难以对结果事先进行预期与控制，故相应行为具有危害公共安全的性质。值得注意的是，裁判理由对场所的非封闭性予以强调。实际上，即便场所具有封闭性，只要作为行为对象的人员，其组成满足社会性与多数的要求，仍然满足公共安全中“公共”的要求。本案中，郑某教驾车撞击的行为具有危害公共安全的性质，在此基础上，是否构成以危险方法危害公共安全罪，还要进一步判断是否符合“其他危险方法”的要件。是否构成“其他危险方法”，需要结合车辆行驶的速度与撞击的方向、力度等因素，综合作出判断。

[案例 1－2] 钟某平以危险方法危害公共安全案①
（有关“其他危险方法”的认定）

1. 基本案情

2007 年 6 月的一天，被告人钟某平伙同他人至苏州市虎丘区通安镇通浒

① 国家法官学院，中国人民大学法学院．中国审判案例要览：2009 年刑事审判案例卷．北京：人民法院出版社，中国人民大学出版社，2010：125－130.

路北侧，明知盗窃消防栓铜芯将使消防栓丧失功能，仍将路侧草坪上正在使用的25个消防栓铜芯（价值人民币1 000元）窃走。2007年7月的一天，被告人钟某平伙同他人至苏州市虎丘区华通路、东唐路、中唐路、西唐路南段，明知盗窃消防栓铜芯将使消防栓丧失功能，仍将华通花园二区、三区交界路面上正在使用的22个消防栓铜芯（价值人民币880元）窃走。2007年6月至7月期间，被告人钟某平伙同他人至苏州市虎丘区观山路、银燕路、石阳路、东金芝路附近路面，明知盗窃消防栓铜芯将使消防栓丧失功能，仍将路侧正在使用的43个消防栓铜芯（价值人民币1 720元）窃走。

苏州市虎丘区人民法院以以危险方法危害公共安全罪判处钟某平有期徒刑3年6个月。一审后，被告人钟某平以其行为不构成以危险方法危害公共安全罪为由，提起上诉。苏州市中级人民法院认为，原审判决定性正确，量刑适当，审判程序合法，遂裁定驳回上诉，维持原判。

2. 涉案问题

盗窃消防栓铜芯，是否构成以危险方法危害公共安全罪中的“其他危险方法”？同时，如何判断作为结果的危险状态是否已经出现？

3. 裁判理由及结论

苏州市虎丘区人民法院认为：被告人钟某平伙同他人盗窃数额较大的消防栓铜芯的行为，已构成盗窃罪。同时，该行为损坏了数十个正在使用中的消防栓，一旦发生火灾，因消防水带与消防栓无法连接，消防栓内的水无法被引导，缺水将导致火灾无法被及时扑灭，其行为足以危及不特定多数人的生命、健康及重大财产的安全，具有危害公共安全的现实危险性，故又构成以危险方法危害公共安全罪。依据法条竞合的原则，对被告人钟某平的行为应择一重罪即以以危害方法危害公共安全罪定罪处罚。

在解释本案的裁判理由时，实务人员指出，本案的正确裁判需处理好两个关键问题。

其一，本案中危害公共安全所使用的危险方法与放火、决水、爆炸、投放危险物质的危险性是否相当。判断危险的相当性即何种程度的危险性才具有可罚性，要把危险相当性落实到对危险紧迫性即危险概率的判断上。这种危险状态是否达到高度的盖然性，应从质和量两个方面来把握。就本案而言，首先，从质的方面看，发生火灾，足以使不特定多数人的生命、健康和重大财产遭受损害，而消防栓功能的丧失，足以使相关区域的群众对此感到惊恐和缺乏安全感，而且该区域内有大型的居民小区以及多家企业，消防安全就更具有重要意义，据此可以认定行为人钟某平的行为侵害的是重大法益，并且如果消防栓功能的丧失不被及时发现和恢复，其正常发展趋势是可能造成法益的损害；其次，从量的方面看，行为人钟某平盗窃消防栓铜芯导致丧失功能的消防栓达到 90 个，覆盖相关区域的 10 条道路，其中部分路段的所有消防栓都失去了功能，对公共安全的危害程度及造成的隐患相当大，直接导致在该区域发生火灾后因消防栓丧失功能而使不特定多数人的生命、健康和重大财产遭受损害的可能性达到高概率的程度。因此，从对本案质与量的综合分析看，行为人钟某平盗窃消防栓铜芯的行为，已经达到危险性后果发生的高概率性。

其二，本案中是否具备危害公共安全的现实危险性。判断行为的危险性与放火、决水、爆炸、投放危险物质是否相当，不能完全从行为是否一经实施就可能危害公共安全考虑，而应当从该行为是否具有危害公共安全的现实危险性加以理解。显然，行为人钟某平对是否发生火灾以及火灾将会造成的损害程度是无法预料和控制的，但其盗窃消防栓铜芯的行为已经使相关区域的公共安全处于危险状态。判断危险概率的时间标准应该是行为时，而不是事后。只要发生火灾而造成不特定多数人伤亡或使重大财产毁损的可能性存在，钟某平的行为就已具有现实危险性，并且从质与量的综合分析看，这种危险性已达到高概率的程度，那么其行为构成以危险方法危害公共安全罪。

4. 评析意见

本案涉及盗窃正在使用中的消防栓铜芯行为的定性问题。由于所涉消防栓都处于使用状态，被告人盗窃其中的铜芯势必使相应的消防栓丧失功能，故可肯定被告人的行为具有危害公共安全的性质。问题在于，盗窃消防栓铜芯的行为，是否构成以危险方法危害公共安全罪中的“其他危险方法”，以及具体的危险状态是否已然具备。裁判理由将论证重心放在被告人所使用的方法与放火等的危险性是否相当以及是否存在危害公共安全的危险，这是正确的。不过，其在论证前述两点时，明显将之与是否危害公共安全的判断混为一谈。实际上，其对两个关键问题的论证，都是围绕行为具有危害公共安全的性质而展开的。

盗窃消防栓铜芯会使消防栓丧失功能，故被告人的行为的确具有危害公共安全的性质。然而，行为具有危害公共安全的性质，其实是成立危害公共安全犯罪的共同要件。如果要论证相应行为成立以危险方法危害公共安全罪，就客观要件层面而言，至少还应进一步明确两个要件：一是“以其他危险方法”的要件是否成立，二是具体的危险状态是否已经出现。

在本案中，就前一要件而言，盗窃消防栓铜芯难以被视为与放火等的危险性相当的行为。一则，盗窃消防栓铜芯行为本身在客观上并不具有导致多数人重伤或者死亡的可能性。消防栓丧失功能，可能在公众之中造成心理恐慌，但其本身不可能造成多数人重伤或死亡的结果。会造成后一种结果的，不是盗窃消防栓铜芯的行为本身而是火灾，不能将火灾所具有的特性移到盗窃消防栓铜芯的行为之上。二则，盗窃消防栓铜芯的行为也并不具备导致多数人重伤或死亡结果的直接性、迅速蔓延性与高度盖然性。多数人重伤或死亡结果的出现，依赖作为介入因素的火灾的出现，是火灾在造成危害结果的问题上具有迅速蔓延性与不可控制性，而火灾出现与否完全是一种偶然。与前案类似的情形，比如盗窃道路上的窨井盖，也不可能构成“其他危险方法”。对于盗窃道路上的窨井盖，由于后者属于道路的有机组成部分，如果行为具有足以导致车辆颠覆的具体危险，则理应以破坏交通设施罪定罪处罚。

就后一要件来说，在没有发生火灾的情况下，盗窃消防栓铜芯的行为不可能产生具体的危险，因为既然连火灾发生的具体危险都不存在，破坏灭火工具的行为自然更不可能存在具体危险。

[案例 1-3] 阎某以危险方法危害公共安全案①（如何认定因果关系）

1. 基本案情

2012 年 2 月 15 日 9 时许，被告人阎某在天津市河西区某小区 403 室家中，为自杀而持刀割断厨房内天然气软管，致使天然气长时间泄漏。当日 11 时 20 分许，该楼 503 室居民做饭引发爆炸。11 时 35 分许，阎某触动厨房电灯开关，再次引发爆炸，致楼内居民詹某某当场死亡，3 人受轻微伤，多名居民家中财产遭受不同程度的损毁，该栋楼房构成局部危房。爆炸的坠落物造成附近停放的众多车辆损坏，损失共计 9.439 3 万元。

天津市第二中级人民法院判决，被告人阎某犯以危险方法危害公共安全罪，判处死刑，剥夺政治权利终身。被告人提起上诉后，天津市高级人民法院维持原判。最高人民法院经复核，裁定不核准并撤销维持原判的刑事裁定，发回天津市高级人民法院重新审理。天津市高级人民法院经重新审理，以以危险方法危害公共安全罪判处被告人阎某死刑，缓期 2 年执行，剥夺政治权利终身。

2. 涉案问题

行为人在家中释放天然气用以自杀，引发室内、室外数次爆炸，导致人员伤亡的，如何认定行为与结果之间的刑法因果关系？

3. 裁判理由

本案的关键问题在于：行为人在家中释放天然气引发室外、室内数次爆

① 最高人民法院刑事审判第一、二、三、四、五庭．刑事审判参考：总第 110 集．北京：法律出版社，2018：34-38.

炸的，如何认定数次爆炸均由行为人释放的天然气引发？

从在案证据来看，发生在 503 室的第一次爆炸由被告人阎某居住的 403 室释放的天然气引发。同时，在案证据足以证实，第二次爆炸发生在 403 室，且系由被告人阎某开灯所引发。发生在 403 室的第二次爆炸比第一次更为剧烈，且直接造成被害人詹某某死亡。在通过在案证据认定被告人阎某开灯引发天然气爆炸的同时，从排除合理怀疑的角度出发，还应对以下两个问题进行解释：第一，403 室内空气中的天然气浓度在爆炸前是否达到爆炸临界点？是否有其他易燃易爆物质引发爆炸？第二，为什么爆炸发生在 403 室厨房，但卧室受损更为严重？爆炸产生的冲击波造成邻居詹某某死亡，而身处厨房的阎某为何本人仅受轻伤？

根据专家证言，对于第一个问题，在没有其他易燃易爆物质参与的情况下，403 室内的天然气遇到电火花后足以发生燃烧、爆炸。此外，现场勘查情况及相关技术鉴定显示，现场并未发现天然气以外的其他易燃易爆物质爆炸的痕迹。关于第二个问题，天然气爆炸确有距离爆炸点较远的位置受损反而更严重的特点，引发爆炸的起火点所在处往往爆炸并不剧烈，冲击波经过传导可在较远处形成更剧烈的爆炸。大量的实际案例中存在这种现象。

综上，根据在案证据及相关论证可认定，先后发生的两次爆炸均由被告人阎某释放的天然气引发。因天然气泄漏引发爆炸的案件比较罕见，审理时既要全面审查、判断证实行为人实施故意释放天然气行为的相关证据是否确实充分，也要综合运用在案证据排除由其他因素引发爆炸的可能性。

4. 评析意见

本案中致人死亡的结果是由爆炸所导致，如果要认定刑法上的因果关系，就需要证明爆炸是由天然气泄漏所导致，且天然气泄漏是引起爆炸的主导性原因。就成立故意犯罪而言，只有确认被告人割断天然气软管导致天然气泄漏的行为支配了导致死亡结果发生的因果流程，才能将詹某某死亡的结果归责于被告人的行为。本案的特殊情况在于，因天然气泄漏引发爆炸的案件较为罕见，而在案证据又难以直接证明是室内天然气浓度的升高造成爆炸的。基于此，本案在审判中引入专家证言，在证明室内的天然气遇到电火花后足以发生爆炸的同时，排除因其他易燃易爆物质发生爆炸的可能。这种因难以证明行为与结果之间的直接因果关联，而通过反向排除的方式来予以肯定的做法，是此类案件中解决因果关系认定的合理方案，对类似案件的处理具有指导意义。

当然，本案究竟是构成以危险方法危害公共安全罪还是爆炸罪抑或过失爆炸罪，存在斟酌的余地。如果此种行为达到“以其他危险方法”的要求与程度，则应当认为被告人的行为属于以爆炸的方式危害公共安全。同时，被告人主观上究竟是故意还是过失，也有进一步的讨论余地。本案被告人割开天然气软管是想要自杀，对其行为会盖然性地引发爆炸的事实缺乏明知，也缺乏希望或放任的意思，就此而言，认定为过失爆炸罪可能更为合理。

深度研究

一、关于公共安全中“不特定”的理解

围绕公共安全如何理解的问题，国外刑法理论上存在不同的见解。第一种是从是否涉及不特定人的角度去界定，认为涉及不特定人的生命、健康或者财产安全的危险才构成公共危险。第二种是从是否涉及多数人的角度去界定，认为不问特定与否，只要是涉及多数人的生命、健康或者财产安全的危险，就是公共危险。第三种是从是否涉及不特定人或者多数人的角度去界定，认为只要二者具备其一，即涉及不特定或者多数人的生命、健康或财产安全的危险，便足以成立公共危险。第四种则从是否涉及不特定且多数人的角度去界定，认为只有涉及不特定并且多数人的生命、健康或财产安全的危险，才是公共危险。[①] 笔者认为，其中的不特定，其实是指潜在的多数。就“公共”概念而言，势必要求重视社会性与量的多数性。如果“不特定”本质上也指的是多数，则莫如放弃这个易于引起混乱的概念。

不赞成使用“不特定”的概念，主要是基于：其一，特定与否是个相对的概念，很难准确地界定，对“不特定”的解释始终存在模糊不清的地方。其二，引入“不特定”的概念，容易将“不特定”与“多数”理解为并列关系甚或独立关系，由此引发不必要的混乱。比如，实务中有的办案人员将“不特定”直接理解为既指犯罪对象的不特定又包含危害结果的不特定，并从是否超出事先锁定的行为对象来理解前者，从是否给特定对象造成不特定危害结果的角度来说明后者。[②] 很显然，这样界定“不特定”，不仅与“公共”概念的核心含义相偏离，也使对象认识错误与犯意超出的情形也可能完全符合“不特定”的要求。其三，对“不特定”的理解，最终还是必须参照“多数”的含义来展开。行为对象的确定与否，与是否构成危害公共安全的犯罪并无必然的逻辑关联。正是基于此，当前的学说日益倾向于认为，“不特定”是指行为所影响的对象范围与危害结果具有不可预料性与不可控性。

实际上，“不特定”本身必须蕴含向多数发展的可能性，也唯有存在向多数发展的可能性的情形，才属于公共安全中所指的“不特定”。所谓的“不特定”，绝不是单纯的事前不能确定某个被害对象的意思。如果行为只能导致少

---

① ［日］大塚仁．刑法概说（各论）．冯军，译．北京：中国人民大学出版社，2003：346．

② 于同志．驾驶机动车“碰瓷”的司法认定．人民司法，2008（2）：27．

数人伤亡，而不可能随时扩大或者增加被害范围，即使事前不能确定伤者是谁，也不能认为行为具有危害公共安全的性质。① 既然不特定本质上属于多数的体现，不过就是潜在的多数的别称，那就不如索性不要使用“不特定”这一概念，直接将之纳入“多数”的范畴。如此，不仅更切中“公共”一词的要旨，也有助于防止实务中因对“不特定”的理解不一而导致的混乱。

值得注意的是，以“多数”为核心来理解“公共”的概念，是就单一行为本身在客观上具有危及现实的或者潜在的多数人的生命、健康或者财产安全而言，而不是就数行为所可能导致的危害后果而言。对基于报复社会的心理，手持带有艾滋病病毒的针管见人就扎，或者在人群密集的地方拿匕首见一个捅一个的行为，即使行为最终导致多个个体重伤或者死亡，也不能认为危害了“公共”的安全。在此类情形中，行为人实际上实施了多个行为，尽管涉及行为对象多个，且从结果来看似乎也符合多数的要求，但不能认为其行为具有危害公共安全的性质，因为单就每个单一的行为来看，相关行为根本不具有随时向危及多数人的生命、健康或者财产安全的方向发展的现实可能性：持带有艾滋病病毒的针管扎一人，不可能在客观上具有使其他人也感染艾滋病病毒的危险；同样地，拿匕首一次捅一个人，也不可能使除被害人以外的潜在的多数人面临受伤或死亡的危险。既然如此，就不能认为相关行为具有危害公共安全的性质，更不应认定行为人触犯以危险方法危害公共安全罪。由于行为人实际上实施了数个同种行为，此时便涉及成立同种数罪的问题。对于同种数罪在我国一般不并罚，这不是因为同种数罪不需要并罚，而是因为我国刑法中很多涉及数额的犯罪都有累计处罚的规定；对于一些不涉及数额的犯罪，相关的法定刑也足以对同种数罪的不法性与有责性进行充分的评价。在特定情况下，对于同种数行为，若是按一罪处罚不符合罪刑相适应的要求，理应考虑实行数罪并罚。

二、单纯的财产安全为什么不属于公共安全

在当前的刑法理论中，公共安全往往被表述为不特定或多数人的生命、身体或者财产的安全。由于其中的“或者”表达的是一种选择关系，从语义表达来看，合乎逻辑的结论似乎是，单纯危及财产安全的行为，也能成立危害公共安全的犯罪。实务中，这种观点也有相当的影响力。比如，在单某伟等以危险方法危害公共安全案②中，实务人员在解说裁判理由时这样指出：

---

① 张明楷．论以危险方法危害公共安全罪：扩大适用的成因与限制适用的规则．国家检察官学院学报，2012（4）：46.

② 国家法官学院，中国人民大学法学院．中国审判案例要览：2009 年刑事审判案例卷．北京：人民法院出版社，中国人民大学出版社，2010：119－125.

公共安全不仅包含不特定多数人的生命、健康等人身安全，而且也包含不特定的重大公私财产的安全。就具体案件而言，有的表现为以侵害不特定多数人的生命、健康等人身安全为主，有的表现为以侵害不特定的重大公私财产安全为主，有的则表现为同时侵害了生命、健康和重大公私财产两个方面的安全。此外，也有学者明确主张公共安全不宜排除公众之重大财产安全，认为只要将范围限定在公众的重大财产，就不会出现罪刑不相协调的现象，况且本罪的成立还取决于行为方式，即必须采取的是“危险方法”①。

笔者认为，这样的解读存在问题，单纯的财产安全不属于公共安全。理由在于：首先，如果单纯的财产安全也属于公共安全，则流窜作案或者盗窃、诈骗银行、博物馆甚至一般机关、企事业单位的财物，都会被认为构成危害公共安全的犯罪。其次，如果一种方法只是危及财产安全，而不可能危及他人的生命、健康安全，则这样的方法也不可能被认为是《刑法》第 114 条与第 115 条第 1 款所规定的“危险方法”。再次，若是认为单纯的财产安全也属于公共安全，则势必无法合理地处理本罪与故意毁坏财物罪之间的关系。最后，刑法理论上公认，第 114 条所规定的各个罪名属于具体危险犯，若是单纯的财产安全可以构成公共安全，则难以理解在侵犯财产安全的具体危险出现之时，刑法就要提前介入进行保护，并且根据第 115 条第 2 款的规定，刑法还同时惩罚过失的侵害犯（或称实害犯）；相反，在其他财产类犯罪中，刑法则既不惩罚过失侵害犯，也没有采取危险犯的立法方式。《刑法》第 115 条第 1 款的法条诚然使用的是“或者”，但这并不意味着只能将其解读为“三选一”的关系，而是也完全可以解释为需要以危害多数人的生命、健康安全为前提，“或者”一词只是用来表明，适用第 115 条第 1 款并不要求同时出现“公私财产遭受重大损失”的结果。

第二节　主观故意的认定

知识背景

以危险方法危害公共安全罪只能由故意构成，即明知行为具有与放火、决水、爆炸、投放危险物质相当的危险性，会产生危及多数人（包括现实的多数与潜在的多数）的生命、健康或财产安全的结果，并且希望或者放任这种结果的发生。根据主客观相对应的原理，原则上所有的客观构成要件均是行为人的认识内容。如果客观构成要件要求实施某种性质的行为，则行为人

---

① 曲新久．论刑法中的“公共安全”．人民检察，2010（9）：20.

必须认识到自己实施的行为具有该性质；如果客观构成要件要求发生特定的结果，则行为人必须认识到行为会发生该特定的结果。因而，构成本罪，行为人不仅需要认识到自己的行为具有危害公共安全的性质，且行为的危险性与放火、爆炸等方法相当，还需要对行为所产生的具体的公共危险存在认识。如果不存在对公共危险的认识，就不成立故意的危害公共安全的犯罪，而成立过失犯罪。①

值得探讨的是，《刑法》第 114 条中的故意与第 115 条第 1 款中的故意是否具有相同的内容。关于这一点在刑法理论上存在争议。笔者倾向认为，第 114 条中的故意与第 115 条第 1 款中的故意具有相同的内容。换言之，具体危险犯中的危险故意在内容上与侵害犯中的故意并无区别，其认识与意志所指向的均是实害意义上的结果，即认识到自己的行为会发生危害社会的侵害结果，并且希望或者放任这种侵害结果的发生。在确定存在对具体危险的故意的情况下，如果侵害结果由于偶然因素而没有发生，便适用第 114 条；如果侵害结果出现，则适用第 115 条第 1 款。若是有证据证明行为人对侵害结果的出现并无预见，或者虽然有预见但轻信能够避免，则应认定其行为构成第 115 条第 2 款所规定的过失以危险方法危害公共安全罪。

认定是否存在故意，不能以行为人自己的供述作为认定的唯一或者最重要的凭据，关键是要考察案件的客观情况。在无法确定行为人对结果是持放任还是不希望的态度时，需要重点考察以下三个因素：一是行为在客观上导致结果发生的可能性程度，二是行为人主观上是否认识到结果会发生，三是行为人对结果发生的认识程度。如果行为在客观上导致结果发生的可能程度很高，而行为人主观上也认识到这一点，并且认识得很清楚，则应认定成立故意；反之，如果行为导致结果发生的客观概率较低，或者行为人没有认识到行为会导致结果的发生，则更可能成立过失。

案例评价

［案例 1－4］张某妨害传染病防治案②
（故意的认定）

1. 基本案情

被告人张某住在甲市。其姐夫袁某从乙地来到张某家居住。4 天后，张某开始出现发热症状，自行在家吃药未见好转，后 3 次到甲市人民医院就诊。

① ［日］山口厚．刑法各论．王昭武，译．北京：中国人民大学出版社，2011：453－454.

② 最高人民法院刑事审判第一、二、三、四、五庭．刑事审判参考：总第 120 集．北京：法律出版社，2020：114－118.

在就诊期间，医生按传染病防治措施的要求询问了被告人张某是否接触过乙地人员，张某隐瞒了其姐夫来自乙地的情况。后张某被确诊患有呼吸道传染病。

甲市人民法院经审理后认为，被告人张某拒绝执行卫生行政主管依照《传染病防治法》提出的预防和控制措施，致呼吸道传染病有传播的严重危险。依照《刑法》第330条第1款、第61条、第67条第3款，《刑事诉讼法》第15条之规定，判决被告人张某犯妨害传染病防治罪，判处有期徒刑1年。宣判后，被告人未上诉，检察院未抗诉，判决已发生法律效力。

2. 涉案问题

对被告人隐瞒与其姐夫袁某有接触的情节，在出现症状后，进入公共场所的行为，如何定性？对其主观故意如何认定？

3. 裁判理由及结论

在本案的处理过程中，对被告人行为的定性存在两种意见：一种意见是构成以危险方法危害公共安全罪，另一种意见是构成妨害传染病防治罪。判决认定构成妨害传染病防治罪。

该案的裁判理由指出：（1）从犯罪主体来说，适用以危险方法危害公共安全罪时，在主体上限于已确诊的传染病病人、病原携带者。本案中，被告人张某属于事后确诊而非事前已确诊的传染病病人、病原携带者主体。（2）从犯罪故意来说，被告人张某主观上抱有侥幸心理，其对违反《传染病防治法》规定的行为尽管是出于故意，但对引起传染病传播严重危险这一结果则并非出于故意。（3）在犯罪客观方面，需要具有引起传染病传播严重危险的情形。对“传播严重危险”的判断，应当坚持综合考量原则。因此，被告人的行为符合妨害传染病防治罪的构成要件。

4. 评析意见

对本案被告人行为的定性，不仅涉及对危害公共安全、“以其他危险方法”与具体危险的认定，而且涉及对其主观内容的界定。可以肯定的是，传播传染病病原体的行为由于会给公众的生命与身体健康带来危险，在侵害公共卫生秩序的同时，客观上也具有危害公共安全的性质。关键在于，被告人的行为是否符合“以其他危险方法”与相应具体危险的要件，以及主观方面是故意还是过失。

以危险方法危害公共安全罪的“以其他危险方法”的成立，不仅要求客观上具备导致多数人重伤或者死亡的可能性，还要求客观上具备导致多数人重伤或者死亡结果的直接性、迅速蔓延性与高度盖然性。被告人张某的行为尚未满足这种具体危险的要件。

以危险方法危害公共安全罪与妨害传染病防治罪虽均为故意犯罪，但前者除客观要件层面对行为本身的危险性及所造成的具体危险有更高的成立要求之外，在主观故意所指向的内容方面也要求更为严格。妨害传染病防治罪的主观故意指向的内容，是对违反《传染病防治法》的规定具有明知，并对《刑法》第 330 条第 1 款规定的相应行为具有认知与意欲，而对引起传染病传播或者有传播严重危险的后果则有预见可能性即可。在传播传染病病原体的场合，若要成立以危险方法危害公共安全罪，行为人主观上不仅必须对行为具有严重危害公共安全的性质存在明知，而且必须对行为会造成多数人重伤或死亡的具体危险或结果持希望或放任的心态。如果行为人没有认识到行为会造成多数人重伤或死亡的具体危险或结果或者轻信可以避免，则其并不具备以危险方法危害公共安全罪的犯罪故意。被告人张某的主观心态正是如此：其虽对违反相关措施有明知，但主观上对于引起传染病传播或有传播严重危险，从而造成他人重伤或死亡的具体危险并不持希望或放任的心态，故而是过失。

值得指出的是，由于张某的行为发生在 2020 年 1 月，彼时《刑法修正案（十一）》尚未对《刑法》第 330 条的规定作出修改，被纳入妨害传染病防治罪规制范围的传染病只限于甲类传染病；而依据当时的《传染病防治法》第 3 条的规定，甲类传染病仅限于鼠疫与霍乱。故而，张某的行为虽在客观上具有社会危害性，但根据罪刑法定原则，既不构成以危险方法危害公共安全罪，也不符合妨害传染病防治罪的成立要件。在当时的法律规定之下，被告人张某的行为是否还可能构成过失以危险方法危害公共罪，取决于其一系列行为能否被认定为与放火、决水、爆炸等行为具有相当性的“以其他危险方法”，并且是否有进一步的证据证明其传播行为具有导致他人重伤或死亡的紧迫危险。

深度研究

在讨论《刑法》第 114 条与第 115 条第 1 款的关系问题之前，有必要首先确定第 114 条将造成具体危险的情形单独规定的立法意图何在。这不仅影响对第 114 条与第 115 条第 1 款之关系的处理，也直接决定本罪是否存在未遂与中止的问题。

应当说，不能将第 114 条视为多余的立法，立法者以具体危险犯而不是以侵害犯的形式规定以危险方法危害公共安全罪，必定有其特殊的考虑。一般认为，当立法者采用危险犯的立法技术时，其实际上是在宣告：相关的法益很重要，需要刑法提前介入进行保护。作为风险社会背景之下新兴的犯罪类型，危险犯（尤其是抽象危险犯）意味着，刑法想要对付距离实际法益侵害还较为遥远的危险。危险犯中危险评价的灵活性本身，容许刑法将触角延伸至距实害发生较远的只具抽象危险的行为。由于危险犯在形式上表现为既遂，总则中相关的预备、未遂与中止的规定，原则上也适用于此类犯罪，这就使处罚“双重的未完成”的行为成为可能。如果说危险犯本身是侵害犯的未遂形态，那么危险犯的未遂便是双重的未遂。就第114条而言，立法者创设这样的条款，应是基于周延保护法益的考虑，认为处罚侵害犯的未遂，在刑法保护上仍有不足，有必要采取实质未遂犯的形式。

对于第114条与第115条第1款之间的关系，刑法理论上有两种解读模式：一是“基本犯—结果加重犯”，即认为第114条是基本犯，而第115条第1款是结果加重犯；二是“未遂犯—既遂犯”，即认为第115条第1款属于既遂犯，而第114条则是该款的未遂犯。乍一看，这两种解读模式并无本质的区别，实则不然。如果用“基本犯—结果加重犯”的模式来解释第114条与第115条第1款的关系，则对于对具体危险持故意的同时对侵害结果持过失的情形，因符合结果加重犯的对结果至少出于过失的要求，便会有适用第115条第1款的余地。这样一来就会产生两个问题：一是如何说明具体危险的故意与实害的故意在内容上的差别，二是如何区分本罪与第115条第2款的过失以危险方法危害公共安全罪。

以“基本犯—结果加重犯”的模式来解释第114条与第115条第1款的关系，将使具体危险犯的故意与侵害犯的故意在内容上不尽一致，这并不具有合理性。一则，具体危险犯中的具体危险本身就是指侵害结果出现的现实可能性，是一个与侵害结果紧密相连的概念，因而，以侵害结果为中心来界定具体危险犯的故意，使之与侵害犯的故意具有相同的内容，在理论逻辑上并无问题。二则，将具体危险犯中的危险故意区别于侵害故意势必引发理论上的其他疑问。未遂犯一般被认为是具体危险犯，若认为具体危险犯中的故意与侵害的故意在内容上并不相同，则必然要求对未遂犯的故意与既遂犯的故意作不同的界定。三则，行为人对侵害结果的具体危险出于故意，同时又对侵害结果的出现持过失的心态，难以想象这样的情形会存在。既然已经预见到侵害结果的出现具有现实的、紧迫的可能性，行为人又对此持希望或者放任的态度，则行为人对侵害结果的心态怎么可能转变为过失？实际上，对于单一行为的结果加重犯（如本罪与故意伤害罪）而言，行为人对加重结果的心态只能是过失，如果是持故意，便成立该加重结果的故意犯罪，而不是该基本犯罪的结果加重犯。四则，采取“基本犯—结果加重犯”的模式，将使本罪与过失以危险方法危害公共安全罪变得难以区分，也无法确保量刑方面的均衡。从本罪与过失以危险方法危害公共安全罪的关系来看，只有将具体危险犯的故意在内容上解释为与侵害犯的故意相同，认定任何对侵害结果持过失心态的情形下都只能成立过失以危险方法危害公共安全罪，才能合理地说明本罪的法定刑为什么远高于过失以危险方法危害公共安全罪的。若是对所谓的“具体危险的故意＋侵害结果的过失”适用第115条第1款，则其不仅难以区分本罪与过失以危险方法危害公共安全罪，也势必有违罪刑相适应的要求。

基于此，笔者赞成以“未遂犯—既遂犯”的模式来解读第 114 条与第 115 条第 1 款的关系。第 114 条属于实质的未遂犯，是侵害犯的未遂形式。第 114 条中的具体危险，应指针对多数人的生命、健康或财产安全的危险，第 115 条第 1 款则规制的是具体危险现实化的情形。

第三节　以危险方法危害公共安全罪的认定

知识背景

当前实务中，司法人员往往认为，只要行为具有危害公共安全的性质，在初步判断没有直接可适用的相关罪名后，便可按本罪论处。由此，对于盗窃窨井盖或人行便道上的地漏箅子、在道路上设置障碍、一般的飙车、醉酒驾驶导致交通事故与车辆“碰瓷”等行为，实务中都以以危险方法危害公共安全罪定罪处罚。这样的做法不仅导致以危险方法危害公共安全罪罪名适用上的泛滥，也导致《刑法》分则第二章危害公共安全罪中的不少罪名因被架空而名存实亡。

实务中的这种做法，根源在于：其一，将对危害公共安全的判断与对“其他危险方法”的认定混为一谈，忽视了后者与放火等行为的同质性，由此而在事实上使本罪成为《刑法》分则第二章危害公共安全罪的堵截性罪名，而不是作为放火罪、决水罪、爆炸罪与投放危险物质罪的堵截性罪名。其二，由结果的严重性反推行为本身的危险性，致使本罪的实行行为缺乏规范性的限定。如学者所言，如果把一般的飙车、“醉驾”、“碰瓷”、偷窨井盖乃至生产销售伪劣商品的行为都扩大解释为“其他危险方法”，则危险方法的外延必将被无限扩大，最终评判是否属于危险方法的标准只剩下一条，那就是危害结果的危险性。如此一来，“其他危险方法”势必失去确定的内涵。这是本罪成为口袋罪的根本原因。①

1. 生产、销售伪劣商品类危害公共安全行为的定性

现实生活中，不少商品都与人们的生命、健康或财产安全存在紧密的关联。因而，生产、销售相关的伪劣商品，在扰乱市场经济秩序的同时，势必也会对公共安全构成侵害或威胁。然而，承认此类行为具有危害公共安全的

---

① 孙万怀．以危险方法危害公共安全罪何以成为口袋罪．现代法学，2010（5）：77.

性质，不等于说其就能满足以危险方法危害公共安全罪的构成要件。对于此类行为，一般应考虑以生产、销售伪劣商品类犯罪来处罚。

2. 危险驾驶行为的定性

车辆“碰瓷”或一般的飙车、醉酒驾驶等是否构成以危险方法危害公共安全罪，需要结合案件的具体情况进行具体分析。不能仅仅因为所造成的危害结果严重，或者行为具有危及公共安全的性质，就直接认定成立“其他危险方法”，从而得出构成以危险方法危害公共安全罪的结论。有关车辆“碰瓷”行为，需要考察道路状况、行驶速度、车流量及行人情况等具体因素来严格认定。本书认为，仅仅根据行为发生在重要交通干道的事实，便认定车辆“碰瓷”行为与放火等方法的危险性相当，从而得出构成以危险方法危害公共安全罪的结论，是将本罪当成了抽象危险犯。此类行为的确危及公共安全，但是否同时满足“其他危险方法”与具体危险的要件，显然值得商榷。一般说来，车辆“碰瓷”的行为人的目的在于勒索财物或骗取财物，当采取在其他车辆变更车道时加速前行的方式时，其对撞击的部位、力度等往往是有节制的，故很难认为车辆“碰瓷”行为达到了与放火等方法相当的危险性。即使车辆“碰瓷”行为发生在城市主干道或高速公路上，且彼时车流或人流密集，但如果行车速度不快，也不宜认定为以危险方法危害公共安全罪。

就一般的飙车与醉酒驾驶等危险驾驶行为来说，其是否构成以危险方法危害公共安全罪中的“其他危险方法”，也需要综合多个因素进行认真考量。“一般来说，判断危险驾驶行为是否具有具体的公共危险的重要资料有：车辆的状况（特别是刹车状况）、行为人的驾驶能力（有无驾驶能力，是普通的酒后驾驶，还是醉酒驾驶，驾驶前或驾驶时是否吸食过毒品）、驾驶方式（如是否闯红灯、逆向行驶、任意变换车道）、行车速度（是否超速以及超速的程度）、交通状况（天气情况、能见度、是高速路还是人车混行的普通路、路上行人与车辆的多少）、违章驾驶的时间与路程长短、驾驶时的情绪等。其中，最危险的行为有以下三类：一是原本没有驾驶能力或者因醉酒、吸食毒品而基本丧失驾驶能力后驾驶车辆，二是以危险的高速度驾驶车辆，三是完全无视交通信号驾驶车辆（如闯红灯、逆向行驶）。”①

3. 抢夺公共交通工具的方向盘与高空抛物行为的定性

对行驶中的公共交通工具的驾驶人员使用暴力或者抢控驾驶操纵装置，干扰公共交通工具正常行驶的行为，以及驾驶人员在行驶的公共交通工具上擅离职守，与他人互殴或者殴打他人的行为，如果危及公共安全，根据《刑法》第133条之二的规定，一般构成妨害安全驾驶罪。但是，如果行为人的

---

① 张明楷．危险驾驶的刑事责任．吉林大学学报，2009（6）：29.

相应行为客观上具有导致多数人重伤或者死亡的可能性，并且具备导致多数人重伤或者死亡结果的直接性、迅速蔓延性与高度盖然性，即满足“以其他危险方法”的要件，则仍有成立以危险方法危害公共安全罪的可能。比如，如果行为人驾驶公共交通工具在高速公路上高速行进或者在路况很差、人流密集的地方以较高的速度行进，行为人所使用的暴力程度较高或抢控行为具有突发性，行为具有引起重大交通事故的高度危险，则相应行为同时构成妨害安全驾驶罪与以危险方法危害公共安全罪，根据想象竞合的一般原理，应以以危险方法危害公共安全罪对行为人追究刑事责任。

对于高空抛物的行为，如果从建筑物或者其他高空抛掷的是一般的物品，在性质上不具有导致多数人重伤或死亡的可能性，或者虽然具有这样的可能性，但在程度上不具备导致多数人重伤或者死亡结果的直接性、迅速蔓延性与高度盖然性，则相应行为只构成《刑法》第291条之二规定的高空抛物罪。但是，如果行为人抛掷的是易燃易爆物品，比如煤气罐，且相应物品具有较大的杀伤力，从经验层面进行判断一般足以致多数人重伤或死亡，则相应行为同时构成高空抛物罪与以危险方法危害公共安全罪，根据想象竞合的一般原理，应以以危险方法危害公共安全罪对行为人追究刑事责任。

4. 以危险方法杀人的定性

对故意以放火、决水、爆炸、投放危险物质或其他危险方法致他人死亡的行为如何处理，刑法理论上存在一些争议。有一种观点认为，应以行为是否针对特定人实施作为判断标准，来决定行为是构成故意杀人罪还是构成放火罪、决水罪、爆炸罪、投放危险物质罪或以危险方法危害公共安全罪：针对特定人实施的，构成故意杀人罪；针对不特定人而实施的，依据行为人所具体使用的危险方法，构成放火罪、决水罪、爆炸罪、投放危险物质罪或以危险方法危害公共安全罪。这样的观点也为司法实务所认可。

笔者认为，前述观点的合理性值得商榷，对象的特定与否并非界分故意杀人罪与以危险方法危害公共安全罪的标准，故意杀人罪，在客观要件上并无对象特定这样的要求，因此，以其他危险方法杀人的行为，构成故意杀人罪与以危险方法危害公共安全罪的竞合。至于竞合的性质，笔者倾向于认为是法条竞合而非想象竞合，不仅因为两罪在保护法益上存在重要部分的重合，所谓的公共安全，本身就包含人的生命权在其中，也是因为从构成要件的角度来说，以其他危险方法实施的致人死亡，是在故意杀人罪的构成要件之上额外添加了构成要件要素。

5. 传播传染病病原体行为的定性

对于明知自身患有传染病或系疑似传染病患者的行为人，拒绝隔离治疗或者隔离期未满擅自脱离隔离治疗，引起传染病传播或者有传播严重危险的行为，构成的是以危险方法危害公共安全罪、过失以危险方法危害公共安全罪还是妨害传染病防治罪，在刑法理论上与实务中存在较大的争议。

在认定传播传染病病原体的行为是否构成以危险方法危害公共安全罪时，应注意作以下两个方面的判断。

其一，就是否符合投放“传染病病原体”或“以其他危险方法”的要件而言，不仅需要考察传染病病原体本身对生命健康的致害性程度与传染力大小，还需要考察行为人是否在公共场所以及进行传播的行为方式。

《刑法》第114条中投放“传染病病原体”与“以其他危险方法”要件的成立，不仅要求客观上具有导致多数人重伤或者死亡的可能性，还要求同时具备导致多数人重伤或者死亡结果的直接性、迅速蔓延性与高度盖然性。在传播传染病病原体的场合，只有在病原体对人的健康与生命具有高度危险且传染性程度很高，且行为人是在公共领域实施传播的情况下，相关行为才可能符合相应的要件。普通的传染病，如果不完全具备前述特性，不应认为其有构成第114条所规定犯罪的余地。与此同时，“投放”虽可视为传播的方式之一，但“投放”的外延远较传播为窄。传染病患者或疑似患者进入公共场所或乘坐公共交通工具的行为，在性质上属于传播传染病的行为没有疑问，但难以认定其构成对传染病病原体的“投放”。据此，通过人身传播传染病病原体的行为，不能被认定构成投放危险物质罪。传播传染病病原体的行为要构成以危险方法危害公共安全罪，除满足“以其他危险方法”的要件外，尚需具备针对多数人的生命或身体健康造成侵害的紧迫危险，即必须出现结果意义上的具体危险才行。一般的导致接触人员被封闭隔离或小区被封闭管控，难以认为符合具体危险的要件，因该要件中的具体危险指向的是他人重伤或死亡的现实危险或非一般的危险。

需要指出的是，传染病病原体在传播过程中会不断发生变异，即便是传播相同传染病病原体的行为，如果发生在不同的时间阶段，也可能需要作出不同的处理。这是因为，传染病病原体在经历变异之后可能会出现致害性程度下降的情况。从呼吸道传染病的传播来看，后期当病毒进化为A毒株时，其致害性程度大幅度下降，不再具有一般意义上导致多数人重伤或死亡的可能性。在此种情况下，即便被确诊的呼吸道传染病病人或者疑似病人的行为人拒绝隔离治疗或者隔离期未满擅自脱离隔离治疗，并进入公共场所或者公共交通工具，也不应认为能满足“以其他危险方法”的要件，理应得出行为不构成以危险方法危害公共安全罪的结论。

其二，在传播传染病病原体的场合，要成立以危险方法危害公共安全罪的犯罪故意，行为人在主观上对于行为会造成多数人重伤或死亡的具体危险或现实结果必须持希望或放任的心态；若是对具体危险或现实结果持过失心态，一般应认定构成妨害传染病防治罪。

以危险方法危害公共安全罪与妨害传染病防治罪在主观方面的不同主要在于，行为人对因传染病而导致多数人重伤或死亡的具体危险或现实结果是持希望或放任的心态，还是只具有预见可能性或者轻信能够避免。除非行为人出于报复社会、发泄不满等动机，恶意向不特定多数人传播病毒，以实际的行为表明其蓄意引起传染病传播或传播的严重危险，并对他人的重伤或死亡结果持希望的心态，抑或虽然主观上不希望这样的结果出现，但认识到其行为具有引起传染病传播或传播的严重危险，从而造成他人重伤或死亡结果的高度盖然性，仍决意为之，否则仍应认定其只存在成立妨害传染病防治罪的主观故意。

其三，在传播传染病病原体的场合，过失地导致传染病传播或有传播的严重危险的，构成妨害传染病防治罪而非过失以危险方法危害公共安全罪。

妨害传染病防治罪中的传染病，既包括致伤力程度与以危险方法危害公共安全罪中的“以其他危险方法”相当的传染病，也包括没有达到“以其他危险方法”之性质与程度要求的传染病。其中，甲类传染病对人体生命与重大健康构成严重威胁，如果行为人基于报复社会、发泄不满等动机而恶意向不特定多数人传播，可认定满足“以其他危险方法”与具体危险的要件；对于依法确定采取甲类传染病预防、控制措施的传染病，则需要视传染病的致伤力程度而作出不同的处理，只有传播与鼠疫、霍乱致伤力程度相当的传染病，才有满足“以其他危险方法”与具体危险的要件的可能。这也是为什么对妨害传染病防治罪的基本犯设置的是 3 年以下有期徒刑或拘役的法定刑，而对过失以危险方法危害公共安全罪的基本犯设置的是 3 年以上 7 年以下有期徒刑的法定刑。因而，就妨害传染病防治罪与过失以危险方法危害公共安全罪之间的关系而言，一般地认为两罪构成特别法条与一般法条的法条竞合观点存在疑问。确切地说，妨害传染病防治罪与过失以危险方法危害公共安全罪之间是交叉竞合关系，只有在基于过失而传播达到“以其他危险方法”要求的传染病的情形，两罪之间才构成法条竞合。

案例评价

[案例 1-5] 王某平以危险方法危害公共安全、销售伪劣产品、虚报注册资本案①
（生产、销售伪劣商品类危害公共安全行为的定性）

1. 基本案情

2005 年 9 月间，被告人王某平为牟取非法利益，在明知二甘醇不能作为

① 最高人民法院刑事审判第一、二、三、四、五庭．刑事审判参考：第 64 集．北京：法律出版社，2009：1-7.

药用的情况下，购买二甘醇 1 吨，冒充药用丙二醇，以 15 000 元的价格销售给黑龙江省齐齐哈尔第二制药有限公司，并伪造了产品合格证。2006 年 3 月，齐齐哈尔第二制药有限公司用王某平出售的假冒药用丙二醇，生产出亮菌甲素注射液，销往广东省。后广东省中山大学第三附属医院购得该注射液并在临床中使用，导致 15 名患者出现急性肾衰竭、病情加重，其中吴某远等 14 名患者死亡。

泰州市中级人民法院认为，被告人王某平用二甘醇冒充药用丙二醇销售给制药企业，致使制药企业生产出来的药品投入市场后致多人死亡，情节恶劣，后果严重，其行为已构成以危险方法危害公共安全罪，遂判决被告人王某平犯以危险方法危害公共安全罪，判处无期徒刑，剥夺政治权利终身，与其他两罪数罪并罚后，决定执行无期徒刑，剥夺政治权利终身，并处罚金人民币 40 万元。

一审宣判后，被告人王某平以其行为不构成以危险方法危害公共安全罪且一审量刑过重等为由向江苏省高级人民法院提起上诉。王某平及其二审辩护人认为以危险方法危害公共安全罪定性不当，王某平并不明知二甘醇会对人体造成严重伤害的后果，不具有以危险方法危害公共安全罪的故意，且王某平的行为与最终产生的严重后果之间没有刑法上的因果关系，其中介入了齐齐哈尔第二制药有限公司生产销售假药的因素，正是介入因素对结果的发生起到了决定性作用。江苏省高级人民法院经审理，裁定驳回上诉，维持原判。

2. 涉案问题

被告人王某平以二甘醇冒充药用丙二醇销售给制药企业，致使制药企业生产出来的药品投入市场后造成多名患者病情加重、死亡，应以何罪追究其刑事责任？

3. 裁判理由

在处理本案时，存在三种不同的意见。第一种意见认为上述行为应被纳入销售伪劣产品罪作整体评价，销售金额累计计算；第二种意见认为应当以销售假药罪定罪处罚；第三种意见认为行为构成《刑法》第 115 条第 1 款规定的以危险方法危害公共安全罪。一审与二审法院采取的是第三种意见。江苏省高级人民法院认为：上诉人王某平不仅知道制药企业购买药用丙二醇的用途，而且知道二甘醇被用于加工药品后，会危害他人身体健康，却放任危害结果的发生，具有实施以危险方法危害公共安全罪的间接故意。王某平以二甘醇假冒药用丙二醇销售的行为与本案的危害后果具有因果关系，应当承担相应的刑事责任。

最高人民法院相关业务庭人员在对裁判理由的解说中指出：首先，认定被告人王某平的行为构成销售假药罪的法律依据不足。药用丙二醇是药品辅料，根据《药品管理法》的规定，辅料是指生产药品和调配处方时所用的赋形剂和附加剂，与药品有别，因此被告人王某平以二甘醇冒充药用丙二醇进行销售，属于以一种工业用产品冒充药品辅料进行销售，其行为既不属于销售“假药”，也不属于销售“按假药处理的药品”。认定为销售“按假药处理的非药品”亦缺乏明确的法律依据，且未得到有关专业部门的认可，故不宜按销售假药罪处理。其次，被告人王某平的行为导致的后果极其严重，严重危害公共安全，若视为销售伪劣产品，以销售金额评价其社会危害性，有违罪刑相适应的刑法基本原则。最后，被告人的行为符合以危险方法危害公共安全罪的构成要件。从主观方面看，王某平具有以危险方法危害公共安全罪的故意，其不仅知道制药企业购买药用丙二醇的用途，而且知道二甘醇被用于加工药品后，会危害他人身体健康，但其为牟取非法利益却放任危害结果的发生。从行为的性质看，王某平以二甘醇冒充药用丙二醇销售给制药企业用于生产药品的行为，危害了公共安全，完全可以被理解为“其他危险方法”。从危害后果看，本案危害后果的发生，不仅与齐齐哈尔第二制药有限公司生产销售假药的行为直接相关，而且与王某平以二甘醇假冒药用丙二醇销售的行为具有刑法上的因果关系，属于多因一果。

4. 评析意见

认定本案的关键在于，被告人以二甘醇冒充药用丙二醇进行销售的行为是否构成“其他危险方法”。裁判理由在否定二甘醇属于假药之后，将论证重心放在行为是否危害公共安全的问题上。最后一点理由表面看来是在论证王某平的行为满足“其他危险方法”这一要件，实则仍在论证行为是否危害公共安全。问题在于，“其他危险方法”是危害公共安全之外的独立要件。就此而言，裁判理由提供的论证并不充分，相应结论也有待商榷。

以危险方法危害公共安全罪中的“其他危险方法”，不仅要求行为在客观上具有导致多数人重伤或者死亡的可能性与高度盖然性，而且要求行为与结果之间在因果关系上满足直接性的要求，且行为所蕴含的危险一旦现实化为侵害结果便具有迅速蔓延与不可控制的特性。基于此，难以认为以二甘醇冒充药用丙二醇进行销售的行为具有这样的性质：一则，最终的结果并非前述行为直接导致；二则，销售行为之于多数人的生命或健康安全而言，其所蕴含的危险难说紧迫。如果如本案被告人这样的销售行为能够满足“其他危险方法”这一要件，则几乎所有生产、销售假药、有毒有害食品或者不符合安全标准的电器、压力容器、易燃易爆物品等的行为，都会有成立以危险方法危害公共安全罪的余地。

本案两审判决认定构成以危险方法危害公共安全罪，大概是因为其认为被告人的行为难以构成销售假药罪，而鉴于结果的严重性，以销售伪劣产品罪予以处罚又显得过轻。实际上，就本案而言，不按以危险方法危害公共安全罪来定罪，也可避免处罚畸轻的现象。被告人的行为完全符合销售假药罪的构成要件。只要将行为对象理解为齐齐哈尔第二制药有限公司所生产销售的假药，便可不必拘泥于二甘醇是不是假药的问题。齐齐哈尔第二制药有限公司在药品生产中加入工业用的二甘醇，其生产的相关药品无疑属于药品所含成分与国家药品标准规定的成分不符的“假药”。被告人在以二甘醇冒充药用丙二醇进行销售时，便明知制药企业购买药用丙二醇的用途，也知道二甘醇被用于加工药品后会危害他人身体健康，这意味着可以用间接正犯的理论来说明其行为的性质。在此，被告人其实是利用了处于不知情状态的齐齐哈尔第二制药有限公司的生产、销售行为。由于制药公司属于被利用的一方，在整个犯罪中被告人王某平则处于意思支配的地位，因而，理应认为被告人构成生产、销售假药罪的间接正犯。相应地，其行为所造成的致 15 名患者急性肾衰竭、病情加重以及 14 名患者死亡的结果，就可被视为生产、销售假药罪的加重结果，从而依据该罪的加重构成来予以处罚。

[案例 1-6] 王某宇故意杀人案①
（以危险方法杀人的定性）

1. 基本案情

1996 年 6 月 17 日晚，上海市崇明县公安局组织部分干警及联防队员沿县内交通干道陈海公路设若干关卡检查过往车辆。18 日零时 50 分许，被告人王某宇驾驶牌号为沪 A—21××的桑塔纳轿车沿陈海公路自东向西高速驶向高石桥路段。站在该路段机动车道的执勤民警示意王某宇停车接受检查，王某宇因为急于赶路没有停车，以每小时 100 公里左右的速度继续向前行驶。由于两位民警躲闪，未造成人员伤亡。此后，王某宇又以同样的速度连续闯过大同路、侯家镇两个关卡，继续向西行驶。在建设路口执行公务的公安干警得知此情况后，即用摩托车、长凳、椅子等物设置路障准备拦截王的车辆，执行公务的人员分别站在路障之间的空档处。其中，民警陆某涛站在该路段北侧非机动车道接近人行道处。执勤民警让一辆接受检查的出租车驾驶员打开车前大灯，照亮设置的路障和站在路障中间的执行公务人员。王某宇驶近

① 最高人民法院刑事审判第一庭、第二庭．刑事审判参考：总第 2 辑．北京：法律出版社，1999：10-13.

并看到这一情况后，仍拒不接受公安人员的停车指令，驾车冲向路障，致使汽车撞到陆某涛并将陆铲上车盖，汽车左侧挡风玻璃被撞碎。王某宇撞人后先踩一脚急刹车，但未停车救人，反而立即加速逃离现场。陆某涛被撞翻，滚过车顶，坠落于距撞击点20米处，致颅脑损伤，经抢救无效死亡。王某宇逃到新村乡界河码头时，被公安人员抓获。

上海市第二中级人民法院认为：被告人王某宇拒不服从公安人员的停车检查指令，强行闯过数处车辆检查关卡，并在建设路口将正在执行公务的民警陆某涛撞击致死。其撞人后，继续驾车高速闯过城桥镇路口、港东路两个关卡后逃逸。王某宇的行为构成以驾车冲闯的危险方法危害公共安全罪。该院判决被告人王某宇犯以驾车冲闯的危险方法危害公共安全罪，判处死刑，剥夺政治权利终身。一审宣判后，被告人王某宇不服，以其行为构成交通肇事罪为由，上诉于上海市高级人民法院。上海市高级人民法院经审理认为，一审判决对王某宇的定罪不当，改判王某宇犯故意杀人罪，判处死刑，剥夺政治权利终身。

2. 涉案问题

以危险方法杀人的行为，是构成故意杀人罪还是以危险方法危害公共安全罪？

3. 裁判理由及结论

上海市高级人民法院认为：王某宇为逃避公安机关车辆检查，驾车连续高速冲闯公安机关设置的数处关卡，在建设路口驾车冲向执行公务的公安人员，置他人生命于不顾，在将公安人员陆某涛冲撞翻过车顶后，仍继续高速驾车强行闯过关卡，致使陆被撞击坠地后造成颅脑损伤而死亡。对这种结果的发生，王某宇持放任态度，其行为构成以危险方法危害公共安全罪。

最高人民法院相关业务庭人员对二审法院的判决予以支持，并认为应从侵犯的对象是不特定多数人还是特定人员的角度，对以危险方法危害公共安全罪与故意杀人罪进行区分。其在裁判理由的解说中指出：区分以危险方法危害公共安全罪与故意杀人罪，主要应从犯罪侵犯的客体及犯罪的主观方面来把握。前者侵犯的客体是不特定多数人的生命、健康或者公私财产的安全，且在主观上出于故意。而后者侵犯的客体是特定人员的生命权利。本案被告人王某宇高速驾车冲闯关卡的目的是逃避公安人员的检查，而不是危害不特定多数人的生命、健康或公私财产的安全。王某宇驾车冲撞执行公务的人员，针对的对象是特定的个人，并非不特定多数人。王明知建设路口机动车道设有路障及站在路障中间的许多执行公务人员在拦截自己，却没有直接冲向机动车道的路障，而是转向北侧非机动车道。这说明他不希望也未放任危害多数人人身安全的后果发生。可见，其主观上不具有危害公共安全的故意，故不应以危害公共安全罪定罪。但是，王某宇明知公安人员陆某涛站在北侧非机动车道拦截自己，如果继续驾车冲闯可能会造成陆伤亡结果的发生，仍为逃避检查，拒不停车，放任可能发生的后果，强行向陆所站的位置冲闯，致陆被撞击后死亡。对这种结果的发生，王某宇持放任态度。王某宇主观上具有间接杀人的故意，客观上造成陆死亡的结果，其行为符合间接故意杀人罪的特征，故应对其以故意杀人罪定罪。

4. 评析意见

在本案中，裁判理由将以危险方法危害公共安全罪与故意杀人罪的关于理解为对立关系，并以被告人驾车冲撞的对象是特定人员，主观上也不具有危害公共安全的故意为由，认定其行为不构成危害公共安全罪，而构成故意杀人罪。以侵害对象特定与否作为区分以危险方法危害公共安全罪与故意杀人罪的标准，不具有合理性。是否危害公共安全，并不取决于行为所针对的对象是否不特定，而在于是否危及多数人（包括现实的多数与潜在的多数）的生命、健康或财产安全。即使是针对特定人而实施的以危险方法危害公共安全的行为，也完全可能在客观上危及多数人的生命、健康或财产安全。

就以危险方法危害公共安全罪与故意杀人罪的关系而言，二者不是对立关系。从构成要件的角度来看，故意杀人罪的成立，并无对象特定这一要件：杀害特定的个人固然成立故意杀人罪，杀害不特定的个人，也完全可能符合故意杀人罪的构成要件。认为故意杀人罪的对象是特定个人的观点，通过人为增加构成要件要素的方式而限缩了故意杀人罪的处罚范围。这样的限缩并无法律上的根据，难以承认其合理性。如果行为人采取与放火、决水、爆炸与投放危险物质相当的其他危险方法，故意致他人死亡，其行为不仅符合以危险方法危害公共安全罪的构成要件，也符合故意杀人罪的构成要件。在一行为同时触犯两个不同罪名的情况下，要么成立法条竞合，要么成立想象竞合。

从法条的角度来看，以危险方法危害公共安全罪与故意杀人罪在规范逻辑上存在交叉关系。从构成要件要素的角度审视，以危险方法危害公共安全罪的构成要件要素包含故意杀人罪构成要件的全部要素，并额外要求采取“其他危险方法”这一特别要素。因而，两罪之间成立法条竞合的特别关系，其在法条上存在部分交叉关系。而从法益的角度来看，以危险方法危害公共安全罪中的公共安全指的是不特定或多数人的生命、健康、财产安全，它并不具有独立的内容，必然会与故意杀人罪的法益存在重合。基于此，将以危险方法危害公共安全罪与故意杀人罪理解为法条竞合是合理的选择。

深度研究

相比于“基本犯—结果加重犯”的模式，以“未遂犯—既遂犯”的模式解读《刑法》第 114 条与第 115 条第 1 款的关系，可以更好地解决本罪的未遂与中止问题。当然，未遂犯与既遂犯乃是从实质的角度而言，从形式上说，二者表现为基本犯与加重故意犯的关系，或者说是具体危险犯与侵害犯的关系。当具体危险犯以独立的构成要件出现时，其在形式上便具有独立的意义，不能再被视为单纯的未遂犯。基于此，既遂、未遂或中止的区分，是从形式上判断是否齐备立法上犯罪构成的全部要件而言的。

由于存在第 114 条的规定，仅仅给公共安全造成具体危险的行为就成立本罪的既遂；第 115 条第 1 款的侵害犯，则是以出现致人重伤、死亡或者使公私财产遭受重大损失的结果作为既遂的标志。这样处理表面看来会导致存在两个既遂形态（将造成严重后果的作为既遂犯，将没有造成严重后果的也作为既遂犯），似乎有互相矛盾之嫌①，实则不然。所谓两个既遂形态，其实是就两种犯罪构成要件而言的：符合第 114 条的构成要件，属于基本构成的既遂；而满足第 115 条第 1 款的构成要件，则属于加重构成的既遂。二者之间并不矛盾。以绑架罪为例：普通绑架的既遂标准是在以实力控制人质的同时向第三人提出不法要求，而“故意杀害被绑架人”作为加重的绑架，其既遂乃是以被绑架人死亡为条件的。

与其他侵害犯一样，第 115 条第 1 款规定的侵害犯必定存在未遂与中止的形态。如果行为人已经着手实施与放火等危险相当的行为，且该行为已经对多数人的生命、健康或财产安全造成紧迫的危险，则其成立以危险方法危害公共安全罪的侵害犯的未遂犯。由于第 114 条已将此种未遂犯予以独立规定，因而，对侵害犯的未遂犯直接适用第 114 条便可，无须再援引第 23 条有关未遂犯的规定。如果行为人在侵害后果出现之前，自动采取措施，有效防止侵害结果的出现，则其成立侵害犯的中止犯。由于侵害结果没有出现，且对侵害犯的未遂犯适用的是第 114 条的规定，所以对侵害犯的中止犯也应适用第 114 条，同时援引第 24 条关于中止犯的规定。在侵害犯成立犯罪中止的场合，由于具体的危险已经出现，故不属于“没有造成损害的，应当免除处罚”的情形，而属于“造成损害的，应当减轻处罚”的情形。据此，对于侵害犯的中止犯，宜比照危险犯的刑罚幅度，减轻处罚。

问题在于：第 114 条规定的具体危险犯，是否存在未遂与中止的形态？本书认为，第 114 条的具体危险犯存在未遂与中止的形态。不难发现，如果立法者没有规定第 114 条，则对于造成具体公共危险的行为仍能根据第 115 条第 1 款进行处罚，即认定构成第 115 条第 1 款的未遂犯，同时适用第 23 条关于未遂犯的规定。立法者采用独立的危险犯构成来规定第 115 条第 1 款的

① 陈航．对“危险犯属于犯罪既遂形态”之理论通说的质疑．河北法学，1999（2）：38.

未遂犯，显然意在通过扩大处罚范围来体现对法益的周全保护。不然就难以解释，为什么在其他侵害犯中，立法并未采取独立的危险犯构成来规定对未遂犯的处罚。可见，只有认可总则有关未遂、中止的规定对第 114 条有适用的余地，才能真正地贯彻立法的意图。此外，从本罪的法定最低刑为 3 年有期徒刑来看，它属于刑法中性质最为严重的犯罪之一，就此而言，也应当承认第 114 条的未遂与中止有其处罚的必要。

具体危险犯既遂的成立，以存在紧迫的、现实的具体危险为条件。然而，危险从萌发到变得紧迫，这其中往往有个发展过程。其间完全可能存在危险已出现，但尚未发展至紧迫危险的情形。这意味着，在危险出现之后，如果行为人在危险尚未达到紧迫程度，或者说危险尚未具体化之时就终止行为，便有成立未遂或中止的余地。以学者所举的爆炸罪案为例：甲和乙意图炸毁天安门广场上的人民英雄纪念碑。如果甲和乙已经引爆了炸药，炸坏了人民英雄纪念碑，那么，就要根据第 115 条第 1 款的规定来处罚甲和乙。如果甲和乙正要引爆炸药时就被抓捕，未给人民英雄纪念碑造成任何损害，那么，就要因为存在炸坏人民英雄纪念碑的具体危险而适用第 114 条的规定来处罚甲和乙。如果公安人员因乙形迹可疑而盘查乙，得知甲正携带炸药包在来天安门广场的路上，于是在东直门大街拦截了甲开的汽车，抓捕了甲和乙，缴获了甲藏在汽车里的炸药包，那么，就要因为存在炸坏人民英雄纪念碑的抽象危险，而结合第 114 条和第 23 条的规定，以爆炸罪的未遂犯来处罚甲和乙。[①] 就前案而言，如果甲与乙在到达天安门广场前即放弃爆炸的犯意，则成立第 114 条的中止犯；如果到达天安门广场后在欲引爆炸药或点燃导火线的那一刻决定放弃犯意，并有效防止了侵害结果的出现，则成立侵害犯的中止犯。对于前种情形，应当适用第 114 条，同时适用第 24 条“对于中止犯，没有造成损害的，应当免除处罚”的规定；对于后种情形，虽也适用第 114 条（既然刑法规定对侵害犯的未遂犯适用第 114 条，对侵害犯的中止犯自然就不能适用第 115 条第 1 款），且同时应援引第 24 条，但适用的是“造成损害的，应当减轻处罚”的规定，即比照未遂犯减轻处罚。

承认第 114 条的具体危险犯存在未遂与中止形态，不仅有助于实现立法者将具体危险犯予以独立规定的意图，也可以避免理论上不必要的分歧，防止出现在否定具体危险犯的未遂的同时又肯定其存在中止形态的矛盾做法。按照本书主张的观点，可以确保侵害犯的未遂、中止与具体危险犯的未遂、中止并不重合，且在处罚上做到罪刑相适应。

---

① 冯军．论《刑法》第 133 条之 1 的规范目的及其适用．中国法学．中国法学，2011（5）：142.

第二章　交通肇事罪

第一节　交通肇事罪的构成

一、行为主体

知识背景

过去，刑法理论曾认为本罪是特殊主体犯罪，即主体主要为从事交通运输的人员，但这一观点必须结合1979年刑法的规定形式加以考虑。当时的《刑法》第113条规定：从事交通运输的人员违反规章制度，因而发生重大事故，致人重伤、死亡或者使公私财产遭受重大损失的，处3年以下有期徒刑或者拘役；情节特别恶劣的，处3年以上7年以下有期徒刑。非交通运输人员犯前款罪的，依照前款规定处罚。由此认为刑法理论典型的交通肇事罪的主体是从事交通运输的人员。但事实上，即便按照1979年刑法的立法体例，非交通运输人员同样是交通运输罪的主体，因而也就无所谓身份的问题。

应当认为，本罪为非身份犯，即本罪主体为一般主体，年满16周岁且具有刑事责任能力的人都可以构成本罪的主体。但是一般仍然按照以往刑法的规定将其主体分为从事交通运输的人员和非交通运输人员。前者是指一切从事交通运输业务，同保障交通运输安全有直接关系的人员，包括直接操纵各种交通工具的驾驶人员，直接操纵各种交通设施的业务人员，直接领导、指挥交通运输活动的领导、指挥人员，交通运输安全的管理人员等。后者是指虽然不以从事交通运输为业务，但参与正常交通运输的人员①，或者是没有合法手续却从事正常交通运输的人员。② 2000年11月10日《最高人民法院关于审理交通肇事刑事案件具体应用法律若干问题的解释》（以下简称《交通肇

---

① 张明楷，黎宏，周光权．刑法新问题探究．北京：清华大学出版社，2003：142.

② 鲍遂献，雷东升．危害公共安全罪．北京：中国人民公安大学出版社，1999：341.

事罪解释》）第 1 条仍然规定其主体包括从事交通运输人员和非交通运输人员，意在明确强调非交通运输人员也可构成本罪。不过，事实上，这样的区分既不科学也没有必要，从事交通运输行为是否合法并不影响本罪成立，关键在于是否直接或者间接从事交通运输，具有违反交通运输管理法规的行为，并因此造成特定后果。因此，本罪主体并不局限于直接从事交通运输的人员，非交通运输人员也应被包括在内。

需要特别加以明确的是以下人员是否以及如何构成本罪的问题。

1. 驾驶非机动交通运输工具的人员及行人

例如在行人违章穿越马路，机动车辆因躲避不及造成其他人员的伤亡，或者骑自行车的人因违章骑车将他人撞死等情形中，对于上述人员在从事交通运输过程中因违反交通规则造成重大事故的，是否构成本罪，存在以下观点：肯定说认为，上述行为同样危害公共安全，应当构成本罪①；否定说认为，驾驶非机动车辆不具有危害公共安全的性质，不应定本罪，而应根据其具体情况，确定是否构成过失致人死亡罪或者过失致人重伤罪②；折中说则以上述行为人发生重大交通事故的行为是否具有危害公共安全的性质为标准确定是否构成交通肇事罪，即如果在行人稀少且没有车辆来往的道路上违章骑三轮车致人重伤或者死亡的，就不具有危害公共安全的性质，只能分别认定过失致人重伤罪和过失致人死亡罪。③ 实际上，《道路交通安全法》中也有多条对行人和驾驶非机动交通运输工作的人员的道路通行规则作出规定，这说明上述主体的行为当然属于公共交通安全范畴。问题的关键在于，上述交通运输行为是否发生于公共交通运输领域。按照《交通肇事罪解释》第 8 条的规定，在实行公共交通管理的范围内发生重大交通事故的，依照交通肇事罪的有关规定办理。只要在公共交通运输领域发生交通事故，例如在公共交通道路上骑车发生交通事故，就应当推定其对公共安全具有危险，其所危害的仍然是不特定人的安全，因而可以构成交通肇事罪，进一步地具体判定、区别在空旷的道路上或者人员密集的道路上的骑车行为是否对公共安全具有危害，既不可能，也不科学，更无必要。此时，过失致人死亡罪或者过失致人重伤罪的构成要件不能完全地评价上述行为。但是当其行为发生在非公共交通管理的范围内，因而不具有对公共交通安全的危险时，就不应认定构成本罪。此外，行人在借道通行时未避让在本道内行驶的车辆，致使与在本道内行驶的车辆发生碰撞，造成人员伤亡或者重大公私财产损失的，也应构成交通肇事罪。又如，在国道上或城市内道路红绿灯路口上实施乞讨或散发广告卡片的行为，

① 王作富．中国刑法研究．北京：中国人民大学出版社，1988：435.

② 高铭暄．中国刑法学．北京：中国人民大学出版社，1989：391.

③ 张明楷．刑法学．北京：法律出版社，2011：631.

如果引发交通事故，也应认定成立本罪。

2. 未直接从事交通运输行为的人员

如前所述，本罪主体应当包括那些虽未直接从事交通运输行为，但从事交通安全保障的人员，例如内河航运线上的灯塔看守员、交通监理人员等。本罪主体并非必须直接从事交通行为，只要是参与交通运输行为整体过程之中，并且对交通安全处于利益保障地位的人员，当因其违反交通运输管理法规的作为或者不作为导致交通事故时，都可能构成本罪。

3. 导致船舶、飞机或者火车等其他交通运输工具发生交通事故的人员

按通常理解，本罪发生于机动车道路交通运输领域，因而一般的司法解释也将其规范重点集中于机动车道路交通运输领域，例如《交通肇事罪解释》第 2 条第 2 款规定，酒后、吸食毒品后驾驶机动车辆交通肇事，致 1 人以上重伤，负事故全部或者主要责任，可以构成交通肇事罪。实务上的问题是：在铁路运输、航空运输、船舶运输等交通领域，是否能够适用本罪？

对这一问题应当分四个方面讨论：（1）在上述领域，非直接驾驶人员或者直接从事交通安全保障的人员造成铁路、航空或船舶交通事故的，是否构成本罪？（2）直接驾驶人员或者直接从事交通安全保障的人员造成铁路、航空或船舶交通事故的，是否构成本罪？（3）交通肇事罪和第 131 条之重大飞行事故罪和第 132 条之铁路运营安全事故罪之间是否存在竞合关系？（4）发生在非机动车道路交通运输领域的交通肇事行为，其定罪量刑标准如何确定？

首先，通常的理解是，违反铁路运输、航空运输等方面的规章制度，导致铁路运营安全事故或飞行事故，后果严重的，不构成本罪，而分别构成铁路运营安全事故罪、重大飞行事故罪。① 但是上述犯罪的主体分别为航空人员和铁路职工，当行人或者骑车者仅仅因违反交通运输管理法规例如闯入火车道口，而使火车刹车不及，造成他人伤亡，甚至仅因紧急避险行为导致火车出轨，造成人员伤亡、财产损失的，如果不依照交通肇事罪论处，则无法在刑法中找到相应合适的规范予以处理。② 由于刑法规范并未明确地限制本条仅适用于道路交通运输领域，同时根据《铁路法》第 47 条规定，行人和车辆通过铁路平交道口和人行过道时，必须遵守有关通行的规定，因而对于上述行为完全可以适用本罪加以处理。

其次，在此基础上进一步推演，上述问题也从反面说明，本罪虽然主要适用但并未被限定适用于机动车道路交通运输（或者说公路运输）领域，也应当无例外地被适用于船舶、铁路、航空运输等领域中。上述领域既为交通

① 周光权．刑法各论讲义．北京：清华大学出版社，2003：202.

② 也许可以用过失以危险方法危害公共安全罪论处，但是在法益侵害、构成要件的类型化意义上，更为合适的仍然应当是适用交通肇事罪。

运输管理领域范畴，那么以相应方式从事交通运输时的安全同样属于本罪所保障的交通安全法益范围，况且刑法中也并未规定船舶交通肇事等行为的惩罚规范，因而当然存在交通肇事罪的适用可能，下述梁某金交通肇事案即为适例。

再次，既然本罪可以适用于发生于铁路、航空运输等领域的事故，那么本罪同铁路运营安全事故罪、重大飞行事故罪之间就不是完全的互斥关系，而是特别法与普通法的法条竞合关系，因此，一般情况下，凡是航空人员在航空运输领域以及铁路职工在铁路运输领域发生飞行事故或者安全事故的，均只能按照重大飞行事故罪或者铁路运营安全事故罪处理。不过，由于本罪的法定刑设置存在着情节加重的情况，在具备某些加重情节时，例如在仅造成了严重后果但逃逸，或者因为逃逸致人死亡的情形中，按照上述两罪的法定刑仅能判处 3 年以下有期徒刑或者拘役，而按照本罪可以判处 3 年以上 7 年以下有期徒刑，乃至 7 年以上有期徒刑，前者无法做到罪刑相适应，因而仍然应该按照本罪的加重犯论处。

最后，《交通肇事罪解释》第 1 条规定了一般情形下交通肇事罪的定罪标准，上述定罪标准普遍地适用于所有交通运输领域。其第 2 条第 1 款同样普遍适用于所有交通运输领域，不过第 2 条第 2 款规定，虽然在交通肇事中仅致 1 人以上重伤，但负事故全部或者主要责任，并符合 6 种情形之一的，仍然成立交通肇事罪。这一标准相对于第 1 条的规定略为降低。其中除第 5 项“严重超载驾驶的”以及第 6 项“为逃避法律追究逃离事故现场的”，其余情形均明确针对机动车辆驾驶行为而规定，例如酒后、吸食毒品后驾驶机动车辆或无驾驶资格驾驶机动车辆等。问题在于：如果驾驶船舶等造成 1 人以上重伤，具有上述酒后、吸食毒品或无驾驶资格等情节，并负事故全部责任或者主要责任的，是否也能够参照第 2 条第 2 款规定入罪？应当指出：上述司法解释虽然是针对机动车交通运输领域而展开的，但基于责任分配原则或者风险分担的精神，对承担全部责任或者主要责任的行为人降低定罪标准的这样一种原则，并未采取限制适用的态度，况且交通肇事罪的定罪标准应当在交通运输领域中保持平衡一致，因此，虽然上述解释并未对机动车驾驶行为以外的交通参与行为作出明确规定，但上述规定内容可以作为参照。实际上，《交通肇事罪解释》中大量针对机动车交通运输的规范，都应在处理道路交通安全事故以外的交通安全事故时予以参照适用。[①]

① 上述解释只规定了发生在道路交通运输中的肇事犯罪行为的认定问题，交通肇事罪的规定虽不排除水上运输问题，但司法实践中对在水上运输中发生重大事故如何适用法律问题，反映并不突出，故解释暂未对此问题作出规定。孙军工．《关于审理交通肇事刑事案件具体应用法律若干问题的解释》的理解和适用//最高人民法院刑事审判第一、第二庭．刑事审判参考：总第 12 辑．北京：法律出版社，2001：75.

4. 交通肇事者“所在单位的主管人员、机动车辆的所有权人或者机动车辆的承包人”

按照《交通肇事罪解释》第 7 条的规定，单位主管人员、机动车辆所有权人或者机动车辆承包人指使、强令他人违章驾驶造成重大交通事故，具有该解释第 2 条规定情形之一的，构成交通肇事罪。①

案例评价

[案例 2-1] 梁某金等交通肇事案②

1. 基本案情

被告人梁某金以榕山建筑公司的名义经批准建造短途客船“榕建号”，船舶所有权人为榕山建筑公司，法定代表人为梁某金。1997 年 7 月 11 日，经船舶检验核定该船乘客散席 101 人，除大客舱允许载客外，其余部位严禁载客，应配备船员 6 人。梁某金聘请只有四等二副资格的周某金驾驶，安排其子梁某兵、儿媳石某及周某全任船员。“榕建号”在 1996 年 7 月 16 日试航时，就因未办航运证和严重超载等违章行为被港监部门责令停航，但梁某金不听制止坚持试航，事后受到港监部门通报处理。营运期间，为多载客，梁某金决定将驾驶室升高，顶棚甲板重新焊接栏杆。该船改装后梁某金没有向船舶检验机构申请附加检验。梁某金长期不重视运营安全，对该船超载问题过问很少，埋下事故隐患。2000 年 6 月 22 日，被告人周某金、梁某兵驾驶该船出发，由本应负责轮机工作的石某负责售票，船至下浩口码头后，载客 218 名，严重超载。客船行至流水岩处时河面起大雾，能见度不高，周某金仍冒雾继续航行，船至银窝子时，已经无法看到长江河岸，周某金迷失方向，急忙叫梁某兵到驾驶室操舵，自己则离开驾驶室到船头观察水势，因指挥操作不当，梁某兵错开“鸳鸯”车（双螺旋桨左进右退），致使客船倾翻，船上人员全部落水，造成 130 人溺亡，公私财物遭受重大损失。

2. 涉案问题

肇事船舶的单位主管人员能否成为交通肇事罪的主体？

3. 裁判理由及结论

法院认为：被告人梁某金身为“榕建号”客船所有权人的法定代表人，对客船有管理职责，但梁某金不吸取违章试航被处罚的教训，又对该船驾驶

① 1987 年 8 月 12 日最高人民法院、最高人民检察院《关于严格依法处理道路交通肇事案件的通知》（已失效）规定，单位主管负责人或者车主强令本单位人员或所雇用人员违章驾车造成重大道路交通事故的，构成交通肇事罪。

② 最高人民法院刑事审判第一、第二庭．刑事审判参考：总第 13 辑．北京：法律出版社，2001：1.

室等进行改造，并未经船舶检验机构检验就投入营运，违反船舶检验规则，为该船顶棚甲板非法载客创造了条件；同时梁某金不为客船配足船员，所聘驾驶员只具有四等二副资格（应具备四等大副资格），使之长期违章作业；不履行安全管理职责，使该船长期超载运输，违反《内河交通安全管理条例》第 10 条和第 16 条的规定。梁某金违反交通运输管理法规的行为与造成客船翻沉的严重后果有直接的因果关系，构成交通肇事罪，判处有期徒刑 7 年。其余三人的行为同时构成该罪。

在本案中，梁某金本人并未直接从事交通运输行为，但是作为船舶所有权人的法定代表人，其对该船舶的安全运营具有管理义务，具有保证船舶安全运输避免事故发生的责任，因而其行为成立交通肇事罪。

4. 评析意见

需要明确的是，这一问题同前述未直接参与交通运输但是从事交通安全保障的人员，例如灯塔看守人，包括交通工具的管理者等可以构成本罪，是不同性质的问题。前述人员虽然未直接从事交通运输，但是仍然参与到了交通运输的整体过程之中，对交通运输安全承担监督保障责任。由于其违反交通运输管理法规的行为导致交通事故，其行为构成犯罪仍然符合实行行为的归责构造。在前述主体中，行为人对交通运输安全具有保证或者监督职责，未履行正确职责，因而违反义务的，更多地也可以从不作为的角度理解其行为，而并不需要所谓的指使、强令行为的存在。不过，本条规定则更强调指使、强令行为的存在。因此必须强调明确区分具有交通运输安全保障者身份的主体和与驾驶者具有特定关系而可能发生支配作用的主体，明确两者认定构成本罪的不同路径。

上述人员如果既未参加交通运输行为，也并不负有对驾驶人员具体的交通运输行为的监督之责，也就不存在监督过失的问题①，例如在车辆借用的场合，车辆的所有权人很难被认为对借用者具有支配、监督关系。事实上，《交通肇事罪解释》更多地强调上述特殊地位人员对他人的指使、强令行为，所谓指使是指怂恿、唆使、指挥，所谓强令则是强迫、命令。当然，这样一种唆使行为必须达到一定的强度，正是一定程度的唆使、命令行为使他人产生了违章心态，进而发生交通事故。但这一唆使并非共同犯罪中的教唆行为，也不应将其等同于教唆犯，而将驾驶人员作为实行犯。② 实际上，由于上述人

① 有的学者从特殊情况下广义的监督过失角度论证这一解释，参见陈兴良，周光权．刑法学的现代展开．北京：中国人民大学出版社，2005：458。

② 例如有的学者认为，被指使者在一般情况下要作为共犯论处，被强令者也应作为胁从犯被对待，并指出这一结论在我国刑法将共同犯罪限于共同故意情况下，有待研究。张明楷，黎宏，周光权．刑法新问题探究．北京：清华大学出版社，2003：142.

员确实没有直接从事交通运输行为，谈不上有什么实施直接实行行为，因此将其理解为间接正犯可能更为合适，即指使、强令者通过他人的过失行为而实现了自身的过失犯罪①，在此存在着数个过失的竞合。不过，必须指出的是，毕竟单位主管人员的保证人地位和机动车辆所有人或者机动车辆承包人在交通安全保障中的地位不同，因此在单位主管人员对交通安全确实具有安全保证义务的情形中，实际上并不需要援引本条才能加以处理，而直接按照监督过失的原则加以处理。本条所谓的单位主管人员应当是指那些对交通安全并不具有直接的保证责任，但是对驾驶者或者驾驶行为仍可能产生制约、支配影响的人。

正是由于间接正犯中需要背后者对直接实行者的支配关系，因而解释更加强调居于上述特殊地位者的指使、强令行为，但从实质角度考察，能够产生支配关系的指使、强令行为未必就是上述三种特殊地位者所实施，也未必需要特别强度的指使或者命令，因而在这一点上，解释的立场又过于保守。以笔者的立场，凡是能够产生同上述特殊地位者相同的对驾驶人员守法心态抑制的支配者，例如家属、基于运输合同形成的车辆租赁关系中的货主等等，考察其具体情节，只要其指使行为达到一定程度，在特定情况下都可能构成本罪的间接正犯。同时，所谓的支配引发的责任，也包括了对自身加以管理的交通工具的支配。因此，虽然甲放任共同饮酒者乙驾驶乙自己所有车辆以致肇事，不承担后者的交通肇事罪责任，但是车主甲明知他人醉酒或者无驾驶资格，仍然放任让后者驾驶甲自己所有并控制的车辆，以致肇事的，仍然应当承担交通肇事罪的责任。当然，这建立在直接实行者构成交通肇事罪的基础之上。

******

5. 在交通肇事逃逸情况下的“单位主管人员、机动车辆的所有权人或者机动车辆的承包人或者乘车人”②

按照《交通肇事罪解释》第 5 条第 2 款的规定，交通肇事后，单位主管人员、机动车辆所有权人、承包人或者乘车人指使肇事者逃逸，致使被害人因得不到救助而死亡的，以交通肇事罪的共犯论处。较之前述情形，本款主体增加了乘车人的规定，对此实践中并没有过多的实质性区别。因为，虽然该解释第 7 条并未规定乘车人可以构成本罪，但是如果乘车人处于支配的间接正犯地位，仍然得以构成本罪。

---

① 关于过失的间接正犯，参见林维．间接正犯研究．北京：中国政法大学出版社，1998：57。

② 王某（系车主）与叶某乘坐苗某（系王某雇佣的司机）驾车将村民刘某撞倒。王某和叶某将刘抬至路旁，然后指使苗某驾车逃逸。苗某遂驾车逃逸。当天王某又对叶某、苗某说：“此事对谁也不能讲。”事后，刘某因未能及时被救治而死亡。此后讨论对该案中王某行为的定性，大致有以下意见：(1) 构成（间接）故意杀人罪、（教唆）故意杀人罪、包庇罪、交通肇事罪的共犯、窝藏罪。(2) 应当认定无罪。尤洪杰，宋维秀．帮助交通肇事犯逃逸之人死亡应定何罪．人民法院报，2000－06－12.

对于上述行为，肯定说认为，在逃逸是出于故意并且作为交通肇事罪的定罪情节的场合，交通肇事罪就是故意犯罪，因此可以成立共犯。① 否定说认为，无论在主观方面还是在共同犯罪行为方面，都存在着继续研究的余地。②还有学者站在妨害司法的角度上认为，对指使肇事司机单纯逃逸的行为不应以犯罪论处，但之后又不如实作证或者作假证明的，可以认定为包庇罪。如果在刑事诉讼中故意作虚假证明的，可以构成伪证罪。③ 也有学者提出，对指使肇事司机逃逸的行为应以窝藏罪论处④，我们暂且称之为妨害司法说。

共犯论的目的在于要将因逃逸致人死亡的结果归责于逃逸指使者，但是在现行法关于共同犯罪只能由共同故意构成的实定法前提下，硬将共同故意的对象集中在逃逸行为之上，从而建立两者之间的教唆与被教唆关系，而忽略了通常所认为的故意的对象是指针对危害结果而言，更何况指使者没有实施任何的交通运输或者肇事行为，也无法认定是继承的共犯，因此否定论对它的批判是合理、妥当的。实际上，认定构成共犯将引发一系列该司法解释所根本没有想到的问题：对于那些所谓副座支配者（即使他并不真正坐在副座上）的上述人员究竟是按照哪一种共犯论处，即指使行为是构成教唆犯还是帮助性的从犯甚至共同实行犯？同时，该司法解释所认可的交通肇事罪的共犯对应的究竟是交通肇事犯的结果加重犯还是整体的交通肇事罪？上述共同犯罪的主观心态是共同过失、共同故意还是故意和过失的复合？而这又涉及过失共同犯罪这一争议更大的问题，限于篇幅，在此无法展开。

妨害司法说显然忽略了处罚逃逸的真正目的，而将讨论的焦点集中在单纯指使逃逸行为的可罚性上。应当说，单纯地讨论指使逃逸行为的可罚性问题，将窝藏罪中“帮助其逃匿”作扩大的解释，将精神上的帮助也理解为此处的帮助（在共犯论中帮助犯即包含了无形的帮助），确实有其道理。但一方面，指使毕竟不同于无形的帮助，它更类似于教唆，将其作为帮助似乎牵强；另一方面，处罚肇事后的逃逸不同于对劝说犯罪人隐藏的处罚，论者也指出了这一点，认为交通肇事的逃逸明显增加了法益危险（大部分犯罪人在犯罪后的逃匿行为并不会造成新的或者进一步的法益损害）。因此即便能够同意通常的指使、强令乃至劝说他人在犯罪后逃跑的行为（包括单纯地指使构成交

① 张明楷，黎宏，周光权．刑法新问题探究．北京：清华大学出版社，2003：142. 即便是司法解释的制定者，也将共犯成立的基础放在指使、教唆逃逸者与肇事者的逃逸具有共同故意，且共同造成损害结果，因此必须对该后果承担责任，而且只能以交通肇事罪的共犯论处，参见孙军工．《关于审理交通肇事刑事案件具体应用法律若干问题的解释》的理解和适用．最高人民法院刑事审判第一、第二庭．刑事审判参考：总第 12 辑．北京：法律出版社，2001：75。

② 陈兴良．刑法学．上海：复旦大学出版社，2003：487.

③ 冯金银．交通肇事罪认定中的几个问题．政法论坛，2004 (4).

④ 陈兴良，周光权．刑法学的现代展开．北京：中国人民大学出版社，2005：480.

通肇事罪的人逃逸的情形）可以被扩张解释为窝藏行为，但在该逃逸行为致人死亡结果的场合，也不应该再按照窝藏罪处理，要考虑死亡的结果是否以及如何能够归责于指使者。

因此，正确的理解似乎应当是：在指使已经构成交通肇事罪的人逃逸并且没有出现任何加重结果的场合，姑且可以认定构成窝藏罪。但是在因逃逸致人死亡的场合，应当考虑逃逸指使者的心理，并结合逃逸者所构成的犯罪，来判定指使者行为的性质：如果仅仅指使、强令的是单纯的逃逸致人死亡，由于同其肇事行为无关，因此（结合下述不真正不作为犯的等价性考虑），考察逃逸行为和死亡的因果性，如果逃逸者仅仅构成交通肇事罪的加重犯，那么对指使者可以按照过失致人死亡罪的间接正犯认定；如果指使、强令的内容中包括了所谓的带离事故现场或者遗弃等行为，或者结合了其他具体情形，逃逸者的行为构成故意杀人罪的场合的，对指使者的行为就应当按照故意杀人罪的教唆犯加以处罚。总之无论如何，这一行为不应使其成为交通肇事罪的主体。另外，同样地，凡是能够产生同上述特殊地位者相同作用的对驾驶人员守法心态抑制的支配者，考察其具体情节，只要其指使、强令行为达到一定程度，在特定情况下都可能以上述犯罪论处。

二、交通肇事行为

知识背景

本罪在客观上表现为违反交通运输管理法规，从而导致发生重大交通事故的行为。

1. 违反交通运输管理法规是成立本罪的前提

这里的交通运输管理法规主要是指公路、水上交通运输中的各种交通规则、操作规程、劳动纪律等，同时也包括铁路、航空交通运输中的各项管理法规。

2. 成立本罪要求其行为发生在公共交通管理范围内

这是因为只有发生在公共交通管理范围内，才可能对公共安全法益造成侵害。所谓的公共交通管理范围内，应当是指纳入公安交通管理机关管理范围内的道路。所谓道路，根据《道路交通安全法》第 119 条的规定，是指公路、城市道路和虽在单位管辖范围但允许社会机动车通行的地方，包括广场、公共停车场等用于公众通行的场所。其中，“公路”“城市道路”的具体范围，根据 1992 年最高人民法院、公安部联合发布的《关于处理道路交通事故案件有关问题的通知》（已失效）第 2 条的规定，是指《公路管理条例》规定的，经公路主管部门验收认定的城间、城乡间、乡间能行驶汽车的公共道路（包括国道、省道、县道和乡道）。

一般而言，机关、企事业单位、厂矿、学校、封闭的住宅小区等的内部道路均不属于公共交通管理范围。在上述区域内的道路上因使用交通工具致人伤亡，如构成过失犯罪，需要定罪处罚的，不应认定构成交通肇事罪。按照《交通肇事罪解释》第 8 条第 2 款的规定，在公共交通管理的范围外，驾驶机动车辆或者使用其他交通工具致人伤亡或者致使公共财产或者他人财产遭受重大损失，构成犯罪的，分别依照重大责任事故罪、过失致人死亡罪等论处。但是，需要注意的是，允许社会车辆自由通行的校园道路以及小区内道路，属于《道路交通安全法》规定的道路，属于公共交通管理范围，因此在此类区域内发生交通肇事行为的，有构成交通肇事罪的可能性。而对于封闭式管理的小区，则不属于公共交通管理范围，在此区域内发生的车辆肇事等行为，不应认定构成交通肇事罪。比较有疑问的是，对于半开放半封闭的小区内道路，究竟是否属于公共交通管理范围？对此，需要回到对公共本身的理解才能准确进行把握。所谓公共，是指公共性或公有性，其最本质的特性在于不特定性，即不特定人或车辆可进出。因此，如果小区内存在公共停车场，社会车辆只要登记车牌号或者交纳停车费用即可自由进出小区的，此时，小区内道路实质上是属于面向社会不特定大众开放的，此时发生的车辆肇事可成立交通肇事罪。而如果是来访车辆必须经业主同意后才可进入，否则便不让进入的小区内道路，则不属于允许社会车辆通行的地方，此时发生的车辆肇事不应被认定构成交通肇事罪。

案例评价

[案例 2-2] 李某东过失致人死亡案①

1. 基本案情

2005 年 6 月 16 日，被告人李某东驾驶自己的农用车，在少洛高速公路上施工，下班回家途中，由西向东行驶至登封市君召乡水磨湾村大桥东 100 米处。因该公路未正常开通通行，在变更车道时，李某东与行驶方向相反的王某红驾驶的二轮摩托车相撞，致王某红和乘车人王某娃当场死亡，王某杰受伤。登封市公安局交巡警大队作出的事故责任书认定李某东负此事故的主要责任。案发后李某东主动到公安机关投案自首。登封市人民检察院以被告人李某东犯交通肇事罪向登封市人民法院提起公诉。登封市人民法院认为，被告人李某东驾驶施工车辆在处于施工阶段尚未开通运行的少洛高速公路上行驶，因疏忽大意致与相反方向行驶的摩托车相撞而发生事故，造成 2 人死亡、

① 最高人民法院中国应用法学研究所．人民法院案例选：总第 57 辑．北京：人民法院出版社，2007.

1人重伤的严重后果，根据最高人民法院《交通肇事罪解释》第8条第2款的规定，不应构成交通肇事罪，成立过失致人死亡罪。被告人在案发后主动投案自首，依法可从轻或者减轻处罚；鉴于被告人自愿认罪，案发后主动与死者家属和伤者达成赔偿协议，并已履行，得到死者家属和伤者的谅解，具有酌情从轻处罚情节，确有悔罪表现，判处有期徒刑3年，缓刑4年。

2. 涉案问题

未开通使用的高速公路是否属于公共交通管理范围？

3. 裁判理由及结论

法院认为：本案中事发地点在未开通使用的高速公路上，该地点并不属于交通肇事罪所要求的道路范畴，并不属于公共交通管理范围，按照《交通肇事罪解释》第8条第2款的规定，在公共交通管理的范围外，驾驶机动车辆或者使用其他交通工具致人伤亡或者致使公共财产或者他人财产遭受重大损失，构成犯罪的，分别依照重大责任事故罪、过失致人死亡罪等论处。而重大责任事故罪成立的范围限于在生产、作业过程中，本案发生于李某东完工后的回家途中，并非在生产、作业过程中由于不服管理、违反规章制度所造成，因而不应认定构成重大责任事故罪。

4. 评析意见

在上述案件中，案发现场属于尚未开通交付使用的道路，并不属于公路、城市道路，也不属于社会公众通行的场所和社会机动车通行的地方，因此，李某东的行为不属于违反交通运输管理法规因而侵害公共交通安全的行为，并不构成交通肇事罪。

******

3. 只有造成致人重伤、死亡或者使公私财产重大损失的结果，才能构成本罪

《交通肇事罪解释》第2条规定，交通肇事具有下列情形之一的，构成本罪：（1）死亡1人或者重伤3人以上，负事故全部或者主要责任的；（2）死亡3人以上，负事故同等责任的；（3）造成公共财产或者他人财产直接损失，负事故全部或者主要责任，无能力赔偿数额在30万元以上的。同时又规定，交通肇事致1人以上重伤，负事故全部或者主要责任，并具有下列情形之一的，也构成本罪：（1）酒后、吸食毒品后驾驶机动车辆的；（2）无驾驶资格驾驶机动车辆的；（3）明知是安全装置不全或者安全机件失灵的机动车辆而驾驶的；（4）明知是无牌证或者已报废的机动车辆而驾驶的；（5）严重超载驾驶的；（6）为逃避法律追究逃离事故现场的。

如前所述，上述标准虽然主要是针对道路交通运输领域中机动车肇事而设定之标准，但同样应当在水路、铁路运输等发生的交通肇事行为中被参照适用。需要特别指出的是，由于道路交通管理法的目的与刑法目的存在明显

区别，道路交通管理法上的行政责任明显不同于刑事责任，前者的确定并非完全服务于刑事责任的确定，因此，实务上司法机关不应当直接根据道路交通管理法的责任认定来确定刑事责任的分配。

目前，在我国的司法实践中，普遍存在着简单、径直地以道路交通管理法的责任认定来取代交通肇事罪的刑事责任认定的现象，尤其是在逃逸场合，认为按照道路交通管理法的规定，凡是行为人逃逸的均应承担事故的全部责任，而完全不考虑行政法与刑法的规范目的并不相同，刑事领域的责任分配机理不同于行政责任的认定，由此导致以行政责任的确定取代刑事责任的认定。有观点认为，逃逸场合肇事者在刑事责任中负全部责任，是由于逃逸行为使现场无法得到合理保护，且逃逸行为本身就具有前述目的，因而依据《道路交通安全法实施条例》第92条的规定，发生交通事故后当事人逃逸的，逃逸的当事人承担全部责任，即逃逸所带来的最直接法律后果就是在事故处理上逃逸的当事人处于不利地位。因此只要发生逃逸行为时责任无法认定，就可能构成交通肇事罪。甚至有人直截了当地认为，肇事后驾车逃逸者应负事故的全部责任，并应从重处罚。① 因此在实务中，此处最主要的问题就是：肇事者由于逃逸行为所导致的在行政法上应负全部责任的这一规定是否以及在何种程度上影响其刑事责任的认定。

笔者认为，是否构成交通肇事罪是刑法中的刑事责任归属问题，刑事责任即使与行政、民事责任存在着密不可分的关系，也毕竟是不同性质的责任，其所依据的规范、构成要件、责任施加所要实现的目的均存在着相当的差异，不能因为其中的共性或者在认定中的借鉴性而否定了它们的区别。刑事责任的施加必须建立于行为的社会危害性基础之上，而民事、行政责任的归属在很大程度上都具有认定上的客观性，尤其是行政违法责任中存在着大量客观违法的情况。相关行政法中所规定的责任的认定、归属，其目的在于解决民事赔偿或行政处罚，使作为社会秩序管理规范的法律不会发生紊乱，并进而导致恶的行为并没有相应得到处罚。但刑事责任由于其本身的严重性，必须有足够的实质上的正当性依据，也不能因为程序上的证明困难等而在正当性上有所减弱。基于此，由于逃逸引起的全部肇事责任的归属只能适用于民事赔偿和行政处罚领域，绝非确定刑事责任的决定因素，不能作为交通肇事罪中认定的前提条件或唯一标准。在实务中，除现场情况外，仍然应当考虑肇事者与被害人的口供和陈述、现场目击者的证词、现场残存的痕迹、肇事车辆上的血迹等等予以正确认定。如果事实上有充分证据表明确是因被害人本人违章酿成的交通事故，仅因逃逸行为而将全部责任归结于逃逸者，无论在

① 陈兴良．刑事诉讼法中的公诉人．北京：中国人民公安大学出版社，1998：314.

哪一方面都有违刑事责任的公正性。例如，被害人违反规定在高速公路隧道出口处翻越护栏横穿高速公路，行为人驾驶车辆在限速范围内正常行驶出隧道时避让不及将被害人当场撞死，行为人在发现撞上人后立即逃逸。行为人在发生交通事故后逃逸的，在行政法上即应被认定为负事故全部责任，但是，如果在刑事责任的规范分配与认定时也以此为依据，便显然不公平：在撞上被害人的行为当时，行为人并没有任何违反交通运输管理法规之处，不存在任何违反客观注意义务和主观注意义务之处，而且，结合事发当时的特定情景，在高速公路隧道出口处，行为人对正常行驶会撞上被害人也没有客观的预见可能性和主观的预见可能性，因此，完全不符合过失犯的规范构成，不应认定其成立交通肇事罪。

4. 交通肇事的结果必须与违反交通运输管理法规的行为具有因果与归责关联

如果行为虽然违反了交通运输管理法规，也发生了结果，但是结果的发生并非由该违章行为所引起，即超越了规范保护目的，则也不能认定成立本罪。交通运输管理法规中存在着大量关于交通安全秩序管理的规范，但在个案中，这些规范和交通运输安全之间有时可能并不存在必然的联系，例如虽然违反车辆年检规定，但其车辆能够安全正常上路行驶，并无任何风险，事故的造成是因为被害人的单方面违反交通管理法规引发的，对行为人就不能因为其违反年检规定而径直认定构成本罪。甚至在一些可能对交通运输安全存在影响的违反交通运输管理法规的行为中，也应当具体审查结果的发生是否是由于行为人违反的具体交通管理法规正好所要避免的危害结果。例如酒后驾车确实可能对交通运输安全产生影响，但是在具体个案中，行为人喝酒并未导致其驾驶能力减弱乃至丧失，事故的发生确实是因为其他意外因素，驾驶者也不能被认定成立本罪。

案例评价

[案例 2-3] 陈某安交通肇事案①

1. 基本案情

2005 年 6 月 27 日 23 时许，被告人陈某安驾驶假号牌的大货车从佛山市南海区丹灶镇往西樵镇方向行驶，至某路口靠边停车等人时，张某海驾驶另一小型客车（车上搭载关某明）同向行驶，追尾碰撞陈某安驾驶的大货车尾部，致使张某海所驾驶的车损坏，关某明受伤，张本人当场死亡。事故发生后，陈某安驾车逃逸。2005 年 7 月 29 日，陈某安及其肇事车辆被缉获。经交

---

① 陈兴良，张军，胡云腾．人民法院刑事指导案例裁判要旨通纂：上卷．北京：北京大学出版社，2013：38.

警部门认定，被告人陈某安发生交通事故后逃逸，负事故的主要责任；张某海酒后驾驶机动车，负事故的次要责任。

2. 涉案问题

违章行为与重大事故的发生之间没有归责关联的，是否构成交通肇事罪?

3. 裁判理由及结论

广东省佛山市南海区人民法院认定：被告人陈某安驾车发生交通事故，造成1人死亡，肇事后逃逸，违反《道路交通安全法》第70条第1款的规定，根据《道路交通安全法实施条例》第92条第1款的规定，负事故的主要责任，其行为已构成交通肇事罪，判处其有期徒刑1年6个月。被告人陈某安不服，以其事后逃逸行为与交通事故的发生不存在法律上的因果关系，其行为不构成交通肇事罪为由提起上诉。佛山市中级人民法院经审理后认为，交通事故发生在前，陈某安的逃逸行为发生在后，其逃逸行为并非引发本次交通事故的原因。至于陈某安有无其他与本次事故发生有因果关系的违反交通运输管理法规的行为，如陈某安是否在禁止停车路段停车，其停车是否阻碍其他车辆的正常通行?基于相关其他违反交通运输管理法规的行为，陈某安应否对事故负全部或者主要责任?一审法院没有查明，在事实不能查明的情况下，应按照疑罪从无原则处理。如果陈某安有在禁止停车路段停放车辆从而阻碍其他车辆正常通行的违规行为，结合本案事实，陈某安也只应负同等责任以下的事故责任。而公诉机关仅指控陈某安有逃逸的违规行为。因此，依本案现有证据尚不足以认定陈某安的行为构成交通肇事罪。原判认定事实不清，证据不足，适用法律错误。遂裁定撤销原判、发回重审。

4. 评析意见

在本案中，虽然被告人使用假车牌的行为也违反了交通运输管理法规，但是仅仅该行为并不足以导致发生交通事故，如果将其作为违反交通运输管理法规行为而让被告人承担肇事责任，显然就属于超越了该规范的保护目的。更重要的是，判决书认定之逃逸行为，基于行政法秩序的保全，在交通事故行政责任认定中虽然被认定为主要责任，但是其行为发生于事故之后，与交通事故之间完全缺乏因果关系基本的先后顺序性，因此不应被认定构成本罪。本案也清晰地说明了行政责任的认定与刑事责任的认定之间的差异。

在此，仍然需要明确以下两个问题。

(1)《交通肇事罪解释》第2条第2款第6项规定，交通肇事致1人以上重伤，负事故全部或者主要责任，并为逃避法律追究逃离事故现场的，成立本罪。按照所述行政责任与刑事责任相对分离的原则，不能基于行为人因逃逸被认定承担事故全部责任，然后再重复附加其逃逸行为，从而认定成立本罪。在此情形，必须脱离逃逸行为，独立评价行为人对肇事行为是否负事故全部或者主要责任，然后叠加评价逃逸行为，才能构成本罪。否则，逃逸行为就在定罪中被重复评价。

（2）关于前述解释第 2 条第 2 款第 1 至 5 项所列情形，如果在认定事故全部或者主要责任中，上述情形均为肇事原因，则当然需要在规范保护目的的范围内，考察其因果关系。不过，如果行为人已经因为其他违反交通运输管理法规行为而承担事故全部或者主要责任，上述 5 种情形，则仅考察其是否具备即可，而无须考察上述情形在事故发生中的因果性。

三、过　失

知识背景

本罪在主观方面是过失，既包括疏忽大意的过失，也包括过于自信的过失。但这一过失仅针对所发生的重大事故而言，行为人对违反交通运输管理法规的行为往往可能具有事实上的“故意”，但这并非刑法上作为罪过形式的犯罪故意。如果行为人对肇事的后果具有放任乃至希望的心态，就绝非本罪所能涵括的，在实务上就可能成立以危险方法危害公共安全罪或者故意杀人罪、故意伤害罪或者故意毁坏财物罪等。值得注意的是，危险驾驶罪属于故意犯罪，但危险驾驶行为过失造成他人伤亡的结果，符合交通肇事罪的构成的，同时成立本罪。考虑到肇事后果并非一个独立的行为，因而并不存在手段行为与结果行为的牵连或吸收等类似性质的复数行为，而仅仅是一种想象竞合关系，按照重罪交通肇事罪论处。①

交通肇事的过失是否存在，与信赖原则、危险分配的法理有关。上述司法解释在定罪标准尤其是注意义务的确立方面，考虑了责任主义的要求，也考虑了信赖原则、危险分配的法理。因此，在实践中强调必须分清责任，才能确定本罪构成，是符合责任主义的要求的。②

第二节　交通肇事罪的认定

一、交通肇事罪与非罪的界限

知识背景

在实务中，应当正确区分交通肇事罪与一般违章行为。行为人虽然违反

---

①　也有学者认为此种情形属于结果加重犯，参见张明楷．刑法学．北京：法律出版社，2021：728。不过考虑到通常认为结果加重犯仅仅导致量刑的增加而不改变基本罪名的框架，因此认为想象竞合犯更为妥当。不过，实践中，仍须注意刑罚的附随后果例如职业的禁止往往与故意犯罪联系。

②　陈兴良，周光权．刑法学的现代展开．北京：中国人民大学出版社，2005：460.

交通运输管理法规，但并没有造成重大交通事故的；或者虽然造成严重后果，但行为人主观上没有过失，而是由于意外事件或不可抗力造成的，不能认定成立本罪。

值得注意的是，除出现伤亡后果以外，《交通肇事罪解释》第2条第1款第3项规定，交通肇事造成公共财产或者他人财产直接损失，负事故全部或者主要责任，无能力赔偿数额在30万元以上的①，同样可以成立本罪，虽然这一规定是否公平在理论上存在着争议之处。②

实务上需要注意的问题在于以下几点。

（1）交通肇事罪作为侵害公共安全法益的犯罪，如果单纯损害财产安全而没有人身法益侵害的交通肇事行为并没有对公共安全造成足够的危险，原则上就不应认定成立本罪。

（2）上述数额仅限于财产的直接损失，而不应包括间接损失以及其他诸如精神损害赔偿金等数额。同时，这一数额应当以实际的财产直接损失为依据，而不能以双方当事人之间调解达成的赔偿数额为判定依据。

（3）如何确定"无能力赔偿"的时间？由于在实践中，赔偿数额往往需要经过一定的法律程序例如独立或者附带的民事诉讼加以确认，加上行为人在案发后的一段时间内均有可能予以赔偿，实际上可能造成刑事责任的确定需要民事赔偿不足数额的事先确定。因此在存在争议的场合，应当尊重肇事方通过合理程序解决纠纷、确定数额的权利，即在此场合，必须最终在独立或者附带地民事程序确定的赔偿数额确实执行不能的情况下，才能最终按照这一规定认定构成本罪。

（4）如何确定"无能力赔偿"的最终期限？通常在认定行为人无能力赔偿30万元之后，才进行刑事立案等一系列工作，开始刑事诉讼程序。不过，是否就一定以刑事立案为无能力赔偿的最终期限呢？例如，实务上可能出现行为人确实因家庭条件无法赔偿超过30万元，但是在立案后乃至在一审判决后，其亲属才考虑到种种原因同意支付赔偿款的，是否仍然认定成立本罪？考虑到上述行为毕竟仅造成了财产损失而未造成人员伤亡，因此在定罪上应当严格限制，不过，同时也应当考虑到刑事诉讼程序的正常进行，基此，在立案后提起公诉前，行为人能够赔偿损失而使其无能力赔偿数额下降至30万

---

① 该解释第9条同时规定，各省、自治区、直辖市高级人民法院可以根据本地实际情况，在30万元至60万元的幅度内，确定本地区执行本解释第2条第1款第3项的起点数额标准，并报最高人民法院备案。

② 例如，甲虽然仅造成35万元的损失，但因家境贫寒无能力赔偿数额为31万元，而乙虽然造成损失为200万元，但赔偿了280万元。按照如上解释，前者构成犯罪，后者不构成犯罪，难免造成民事赔偿解决直接决定刑事责任确定的印象，造成经济地位的差距可能影响到定罪的均衡。对该解释采取肯定的意见。侯国云．交通肇事罪司法解释缺陷分析．法学，2002（7）．

元以下的，仍不应成立本罪。在公诉后决定还款，使其无能力赔偿数额降至少于 30 万元的，则仍然认定成立本罪，不过考察其情节对其量刑可以酌情从宽。

二、交通肇事罪与其他犯罪的关系

知识背景

1. 破坏交通设施与利用交通工具故意杀害或者伤害他人的行为

通过过失损坏或者故意破坏交通工具、交通设施，而导致他人发生交通事故，造成伤亡结果的，应认定成立过失损坏交通工具罪、过失损坏交通设施罪、破坏交通工具罪、破坏交通设施罪。行为人利用交通工具故意杀害或者伤害他人的，应认定为故意杀人罪或者故意伤害罪。

2. 交通肇事罪和以危险方法危害公共安全罪、过失以危险方法危害公共安全罪的界限

对此，取决于如何理解《刑法》第 114 条以危险方法危害公共安全罪的危险犯（或轻后果犯）和第 115 条第 1 款的实害犯之间的关系。有的学者将第 115 条第 1 款理解为包含了第 114 条危险犯的结果加重犯，并认为刑法第 115 条第 1 款既包括了行为人对严重后果的故意样态，也包括了行为人对具体危险具有故意但对危害后果持有过失的状态。因此，交通肇事中的违章行为本身可能具有高度的公共安全危险，且与放火、爆炸等行为所具备的公共危险有相当性，而行为人对该种具体的公共安全危险只要具有故意的，就应当首先认定为第 114 条以危险方法危害公共安全罪的危险犯（或轻实害犯）。此时，在造成严重后果的情况下，无论行为人对于该严重后果具有过失还是故意，都应当成立第 115 条第 1 款的以危险方法危害公共安全罪的实害犯。[①] 但是，如此一来，重要的是判定该种危险是否与爆炸、放火、决水等行为的危险性相当，并考察行为人对该种危险的故意，而行为人对于危害结果的故意则无足轻重。而第 115 条第 1 款的过失以危险方法危害公共安全罪则完全以对严重危害后果的过失为标准，在此，对具体危险的故意并不是考察的决定性标准，显然，在两者对应成立的前提下，两者的标准产生了矛盾，尤其是，前述那样的理解可能不正当地扩大了以危险方法危害公共安全罪的适用范围，容易将那些行为人虽然基于某种原因而创设了高度危险，对该种高度风险具有故意，但确实又采取了一些防备措施，因而足以证明其对该危害后果仅仅具有过失的情形，也认定为属于第 114 条的结果加重犯，而按照第 115 条第 1

---

① 张明楷．刑法学．北京：法律出版社，2021：721.

款的以危险方法危害公共安全罪论处，而不认定为通常所认为的过失以危险方法危害公共安全罪。

因此，从认为第 115 条第 1 款和第 2 款之间属于基于对危害后果的不同认识而形成的对立法条，进而认为第 115 条并不包含第 114 条的过失结果加重犯的角度出发，第 114 条仍然属于第 115 条第 1 款重实害犯的未遂犯（包含轻实害犯在内）。实际上，实务中也往往采纳了类似的观点，例如 2003 年《最高人民法院、最高人民检察院关于办理妨害预防、控制突发传染病疫情等灾害的刑事案件具体应用法律若干问题的解释》第 1 条第 2 款规定，患有突发传染病或者疑似突发传染病而拒绝接受检疫、强制隔离或者治疗，过失造成传染病传播，情节严重，危害公共安全的，依照《刑法》第 115 条第 2 款的规定，按照过失以危险方法危害公共安全罪定罪处罚。类似的解释中也多关注对严重后果的过失，而非具体危险的故意。

因此，行为人所实施的交通违章行为虽然可能对公共交通安全产生类似于爆炸罪、放火罪等犯罪的高度危险，但只有当行为人对该危险所产生的严重后果同样具有故意时，才成立以危险方法危害公共安全罪。当行为人对该严重后果仅具有过失时，则成立交通肇事罪和过失以危险方法危害公共安全罪的想象竞合，由于两者定罪标准不同，则从一重罪论处。如果行为人的交通违章行为仅仅具有较低程度的公共安全危险，与爆炸、放火等行为产生的危险并不具有相当性，则并不构成过失以危险方法危害公共安全罪，仅成立交通肇事罪。

案例评价

[案例 2-4] 陆某、张某以危险方法危害公共安全、交通肇事案①

1. 基本案情

2001 年 3 月 30 日上午 7 时，被告人陆某当班驾驶一辆无人售票公交车，从起点站出发，行至市区某站时，被告人张某乘上该车。因张某上车后始终站在车前门第二台阶处，影响其他乘客上车，陆某遂叫张某往车厢内走，但张某未予理睬。当车停靠下一站起步后，陆某见上车乘客较多，再次要求张某往里走，张某不仅不听劝告，反以陆某出言不逊为由，挥拳殴打正在驾车行驶的陆某，击中陆某的脸部。陆某被殴后，置行驶中的车辆于不顾，离开驾驶座位，抬腿踢向张某，并动手殴打张某。张某则辱骂陆某并与其扭打在一起。这时公交车因无人控制偏离行驶路线，有乘客见公交车前出现车辆、自行车，惊呼："当心，车子！"但为时已晚，公交车接连撞倒同相向行驶的

---

① 最高人民法院刑事审判第一庭、第二庭．刑事审判参考：总第 28 辑．北京：法律出版社，2002：1.

骑自行车者，撞坏一辆出租车，撞毁附近住宅小区的一段围墙，造成骑自行车的被害人龚某因严重颅脑损伤致中枢神经功能衰竭而当场死亡，撞毁车辆及围墙造成物损 21 288 元。随后陆某通过委托在场群众向公安机关报警自首。

某市人民检察院以被告人陆某、张某分别犯以危险方法危害公共安全罪为由，向某市中级人民法院提起公诉。

被告人陆某及其辩护人对被指控的事实无异议，但辩称：陆某离开驾驶室的行为仅是违反安全行车规定的行为；当时道路车流量不大，发生本案严重后果具有偶然性；陆某返回驾驶室踩刹车，说明陆某并不希望危害结果发生，因此对其行为应以交通肇事罪论处。被告人张某及其辩护人辩称：张某与陆某发生口角并打了陆某一拳后，陆某不仅立即回击张某，而且未停车即离开驾驶座位与张某扭打，这些都是张某所无法预见的，故张某对所发生的结果不存在放任的故意；张某的行为不能与放火、爆炸等足以危害公共安全的行为相提并论，如果因此承担 10 年以上有期徒刑，不符合罪刑相一致的原则。

2. 涉案问题

公交车司机在车辆行驶中擅离职守造成交通事故的，应该如何定罪？

3. 裁判理由及结论

某市中级人民法院经审理后认为，被告人陆某明知车辆在无人驾驶情况下会危及道路上行人安全及其他车辆的正常行驶，造成严重后果，在遭到他人殴打后，未采取任何安全措施，竟离开驾驶座位与人互殴，造成 1 人死亡，车辆受损及围墙倒塌的严重后果，其行为构成以危险方法危害公共安全罪，判处有期徒刑 8 年，剥夺政治权利 2 年。被告人张某违反交通运输管理法规，在车辆行驶过程中殴打驾驶员，致使发生 1 人死亡，车辆和财物受损的严重后果，其行为成立交通肇事罪，判处有期徒刑 3 年。两被告人不服，向某高级人民法院提出上诉。某高级人民法院审理后裁定驳回上诉，维持原判。

[案例 2-5] 孙某铭以危险方法危害公共安全案①

1. 基本案情

2008 年 5 月，孙某铭购买一辆别克轿车，之后，在未取得驾驶证的情况下长期驾驶该车，并多次违反交通法规。同年 12 月 14 日中午，孙某铭同其

① 最高人民法院刑事审判第一、二、三、四、五庭．刑事审判参考：总第 71 集．北京：法律出版社，2010：1.

父母为亲属祝寿，大量饮酒。17 时许，孙某铭驾驶别克轿车行至成都蓝谷地路口时，从后面撞向与其同向行驶的一辆比亚迪轿车尾部。肇事后，孙某铭继续驾车超过限速行驶。行至卓锦城路段时，越过中心黄色双实线，先后与对面车道正常行驶的 4 辆轿车相撞，造成其中一辆长安车上的张某、尹某夫妇与金某、张某夫妇死亡，代某重伤，以及公私财产损失 5 万余元。经鉴定，孙某铭驾驶车辆碰撞前瞬间行驶速度为 134 公里～138 公里/小时，孙某铭案发时血液中的乙醇含量为 135.8 毫克/100 毫升。案发后，孙某铭亲属代为赔偿被害人经济损失 11.4 万元。

2. 涉案问题

醉酒驾车连续冲撞致多人死亡，应如何定罪?

3. 裁判理由及结论

四川省成都市中级人民法院认为，被告人孙某铭在未领取驾驶证的情况下，长期违法驾驶机动车并多次违反交通法规，其醉酒后驾车行驶于车辆人群密集之处，对公共安全构成直接威胁，且在发生追尾事故后，置不特定多数人的生命、身体或财产安全于不顾，继续驾车超速行驶，跨过道路上禁止超越的中心黄色双实线，与对方正常行驶的多辆车辆相撞，造成 4 人死亡、1 人重伤及公私财产损失数万元的严重后果，其行为已构成以危险方法危害公共安全罪，情节特别恶劣、后果特别严重，判处死刑，剥夺政治权利终身。一审宣判后，孙某铭以其主观上不具有以危险方法危害公共安全的故意，一审判决定罪不准，适用法律错误，量刑过重为由，提出上诉。其辩护人认为，孙某铭主观上对危害结果的发生是过于自信的过失，成立交通肇事罪，孙某铭真诚悔罪积极赔偿被害人经济损失，并获得被害人谅解，可酌情从轻处罚。二审期间孙某铭之父表示愿意赔偿被害人的经济损失，经调解，孙父赔偿被害人经济损失 100 万元（不含先前赔偿的 11.4 万元），取得被害人一定程度的谅解。

四川省高级人民法院经审理后认为，孙某铭无视交通法规和公共安全，在未取得驾驶证的情况下，长期驾驶机动车辆，多次违反交通法规，且在醉酒驾车发生交通事故后，不计后果，继续驾车超速行驶，冲撞多辆车辆，造成数人伤亡的严重后果，在主观上对危害后果的发生持放任态度，具有危害公共安全的间接故意，其行为构成以危险方法危害公共安全罪，且情节恶劣，后果严重。鉴于孙某铭是间接故意犯罪，与直接故意驾车撞击车辆行人的犯罪相比，主观恶性不是很大，人身危险性也不是很大，其犯罪时处于严重醉酒状态，对自己行为的辨认和控制能力有所减弱；案发后真诚悔罪，并通过亲属积极筹款赔偿被害人的经济损失，依法可从轻处罚。故改判其无期徒刑，剥夺政治权利终身。

[案例 2-6] 胡某交通肇事案①

1. 基本案情

2009 年 5 月 7 日晚，胡某驾驶经非法改装的三菱轿车，与同伴驾驶的车辆从杭州机场路出发，前往文二西路西城广场。途经文晖路、古翠路、文二西路路段时，胡某与同伴严重超速行驶并时有互相追赶的情形。当晚 20 时 8 分，胡某驾车途经文二西路某小区大门口人行横道时，未注意观察路面行人动态，致使车头右前端撞上正在人行横道行走的谭某。胡某立即拨打急救电话和交通事故报警电话，但谭某经送医院抢救无效死亡。事发路段标明限速为每小时 50 公里。经鉴定，胡某车速为每小时 84.1 至 101.02 公里，对事故负全部责任。案发后，胡某亲属与被害人亲属达成民事赔偿协议，赔偿 113 万余元。

2. 涉案问题

对非法改装机动车并超速驾驶的行为，应如何定罪。

3. 裁判理由及结论

浙江省杭州市西湖区人民法院认为，胡某违反交通运输管理法规，因而发生重大事故，致 1 人死亡并负事故全部责任，其行为构成交通肇事罪。胡某案发后虽未逃避法律追究，其亲属也能积极赔偿被害人亲属的经济损失，但胡某无视交通运输管理法规，案发时驾驶非法改装的车辆在城市主要道路上严重超速行驶，并在沿途时而与同伴相互追赶，在住宅密集区域的人行横道上肇事并致人死亡，犯罪情节严重，并造成恶劣的社会影响，故判处其有期徒刑 3 年。宣判后，胡某没有上诉，公诉机关也没有提出抗诉，判决发生法律效力。

4. 评析意见

上述三个案件（[案例 2-4] [案例 2-5] [案例 2-6]）均涉及交通肇事罪和以危险方法危害公共安全罪、过失以危险方法危害公共安全罪的区分问题。在胡某交通肇事案中，被告人的主观心态显然属于过于自信的过失：被告人胡某平时喜欢开快车，认为凭自己的驾驶技术能够避免事故发生。案发当晚，虽然胡某严重超速行驶，但其并未违反交通信号灯指令，遇红灯能够停车，只是因为没有注意观察前方路面情况而撞上了在人行横道行走的被害人；发现撞人后，胡某立即踩刹车并下车查看谭某的伤势情况，随即报急救并报警，留在现场等候处理。而在陆某、张某以危险方法危害公共安全、交通肇事案和孙某铭以危险方法危害公共安全案中，其对危害后果均持放任心态。2009 年 9 月 11 日《最高人民法院关于醉酒驾车犯罪法律适用问题的意见》也指出：行为人明知酒后驾车违法、醉酒驾车会危害公共安全，却无视

① 最高人民法院刑事审判第一、二、三、四、五庭．刑事审判参考：总第 71 集．北京：法律出版社，2010：17.

法律醉酒驾车，特别是在肇事后继续驾车冲撞，造成重大伤亡，说明行为人主观上对持续发生的危害结果持放任态度，具有危害公共安全的故意，对此应依法以危险方法危害公共安全罪定罪。当然，酒后驾车肇事在大部分场合仍然被认定成立交通肇事罪，但当特定情形下的醉酒驾车行为具备了高度的危险，而行为人对这一危险的实害化具有至少放任的故意时，则当然应当成立以危险方法危害公共安全罪。显然，在类似案件中，要综合各种证据确定行为人是否具有故意尤其是放任的间接故意，特别是在仍未造成严重后果的场合，这对定罪具有至关重要的意义。

三、交通肇事罪中"逃逸"行为的认定

知识背景

在交通肇事罪中，理论界和实务界对逃逸行为的关注已经远远超过甚至掩盖了对交通肇事基本犯的争论。其主要原因在于该问题涉及不纯正不作为犯的承认和构成、加重犯的共犯等，这些几乎都属于有争议的理论问题，在实务上又往往分歧各异。

1. 交通肇事逃逸行为的性质

逃逸行为在交通肇事罪中具有不同的含义。其一，如前所述，逃逸行为可以作为基本犯的定罪情节。在具有逃逸情节时，虽然仅致 1 人重伤，但负事故全部或主要责任的，也构成本罪。其二，在更多场合，逃逸行为是本罪的加重情节。作为交通肇事罪的加重情节，其在司法实务适用中有大量问题更需要被澄清。

首先，此处的逃逸行为必须发生在交通肇事后。如果交通肇事行为的发生伴随逃跑行为，例如行为人在逃避被追捕过程中驾车将行人撞伤的，由于该逃跑行为并不属于交通肇事后的逃逸行为，因而并不属于此处所要讨论的问题，不适用上述规定。

其次，作为加重情节，是否只要在交通肇事后有逃逸行为就应当按照上述规定予以处罚？有观点认为，只要交通肇事且具有逃逸等加重情节的，就应在 3 年以上 7 年以下有期徒刑这一量刑档次处刑。① 这一观点有待商榷。单纯的情节加重犯实际是由基本犯结合单纯的加重情节构成，并由分则明文规定了较重法定刑。加重情节只有在基本犯成立的前提下才能被适用。在本身作为情节犯的交通肇事罪中，有些情形例如造成重伤 1 人，依据上述解释，当具有为逃避法律追究逃离事故现场的情节时，可能构成本罪。换言之，如

① 黄祥青．浅析新刑法中的交通肇事罪．法学，1998（4）．

果没有逃逸行为，该交通肇事致1人重伤的行为就不构成交通肇事罪。在此情况下，逃逸行为已作为交通肇事罪的定罪情节被使用，不可能再在量刑过程中作为加重情节成为提升法定刑的依据，而被重复使用。因此逃逸行为只有在未构成交通肇事罪的基本犯的前提下，《刑法》第133条中段才适用。当逃逸行为本身已经作为定罪情节而为构成交通肇事罪基本犯所使用时，就不应再将逃逸行为作为量刑情节。《交通肇事罪解释》遵循了这一原则，明确规定："交通运输肇事后逃逸"，是指行为人具有本解释第2条第1款规定和第2款第1至5项规定的情形之一，在发生交通事故后，为逃避法律追究而逃跑的行为。

由于逃逸行为是以行为形式而成为交通肇事罪的加重情节，因此在认定中也要注意不存在所谓未遂的情况，即使行为人在逃逸过程中未及远离现场就被他人所阻拦，仍然按照上述关于逃逸的规定加重处罚。

2. 交通肇事逃逸行为的构成

对逃逸行为的把握，最为关键的是应当注意其本质的特征。所谓逃逸，按照《交通肇事罪解释》第3条的规定，交通运输肇事后逃逸是指行为人具有本解释第2条第1款规定和第2款第1至5项规定的情形之一，在发生交通事故后，为逃避法律追究而逃跑的行为。逃逸行为使肇事后的抢救工作无法及时正常进行，往往使原本可以挽救、避免的重大后果因此发生，使原本可以消灭的构成要件结果发生的危险实害化，并使肇事责任无法被准确认定，因而产生一系列问题。法律加重处罚肇事后逃逸行为，并非处罚逃逸行为本身的作为，而是处罚逃逸行为背后的抢救义务的缺失及逃避责任认定这些不作为行为，在于刑法规范希望以此方式警诫或者期待行为人实施相邻规范所要求的一定作为，从而保证整体法规范的运用顺畅，并进而保障整体法秩序的完整、安定，保障行为不致产生更为严重的后果。正是逃逸行为本质上的不作为而非作为，表征着这一行为的人身危险性和社会危害性。逃逸行为仅仅是其行为的表象或其表现形式，其背后的行为实质是不履行保护现场、抢救、迅速报案的义务。

据此，交通肇事逃逸行为的构成包括以下几点。

（1）交通肇事后逃逸行为的主观方面。

案例评价

[案例2-7] 钱某平交通肇事案①

1. 基本案情

2002年7月24日凌晨6时许，被告人钱某平持证驾驶中型自卸货车，沿

① 最高人民法院刑事审判第一庭、第二庭．刑事审判参考：总第44集．北京：法律出版社，2006：15.

241 线由溧阳梅岭石矿往溧阳水泥厂运石头，行至 241 线 127km＋310m 处，因遇情况采取措施不当而撞到前方公路上的一名行人（身份不明），致该人受伤。被告人钱某平下车查看并将被害人扶至路边，经与其交谈后，被告人钱某平认为被害人没有受到大的伤害，故驾车离开现场。后钱某平再次路过此处，看到被害人仍然坐在路边。当天下午，被害人因腹膜后出血引起失血性休克死亡（经了解，被害人若及时抢救可避免死亡）。经交警部门认定，钱某平负该起事故的全部责任。

2. 涉案问题

如何正确认定交通肇事逃逸致人死亡?

3. 裁判理由及结论

江苏省溧阳市人民法院认为：被告人钱某平作为从事交通运输的人员，因违反交通运输管理法规，发生交通事故，因逃逸致 1 人死亡，且负事故全部责任，其行为构成交通肇事罪。关于钱某平所提出的“当时被害人身体并无异常，其没有逃逸”的辩解，法院认为被告人驾车逃离现场导致伤者因未得到及时救治而死亡，符合刑法规定的“因逃逸致人死亡”的情形，故判处有期徒刑 8 年。

一审宣判后，被告人以主观上没有逃逸故意为由提起上诉。

江苏省常州市中级人民法院经审理后认为，被告人钱某平在发生交通事故后，仅看到被害人背部有皮肤擦伤，看不出有其他伤口，且伤者当时能够讲话，在他人搀扶下能够行走，所以上诉人认为被害人不需要抢救治疗及保护现场而驾车离开。其在交通肇事后驾车离开现场的行为，虽然没有履行法定义务，但其主观上没有为逃避法律追究而逃跑的故意，不属于交通肇事后逃逸。故改判其有期徒刑 2 年 6 个月。

[案例 2-8] 周某杰交通肇事案①

1. 基本案情

被告人周某杰于 2000 年 10 月 24 日 19 时许，驾驶大货车为本单位某工地清运渣土。当其驾车行过北京市海淀区阜石路阜永路口，在由南向东右转弯时，刮倒了骑自行车的鲁某，右后侧车轮碾压鲁某的身体，致鲁某当场死亡。周某杰当时虽感觉车身颠了一下，但其没有停车，而是驾车离开事故地点，继续到工地拉渣土。当其返回再次经过事故地点时，见有交通民警正在勘查现场，即向单位领导报告自己可能撞了人，并于当日向公安交通管理部门投案。经北京市公安交通管理局海淀交通支队认定，周某杰对此次事故负全部责任。本案赔偿问题已经解决。

---

① 最高人民法院刑事审判第一庭、第二庭．刑事审判参考：总第 26 辑．北京：法律出版社，2002：7.

2. 涉案问题

如何认定交通肇事后逃逸？

3. 裁判理由及结论

北京市海淀区人民法院认定，被告人周某杰造成 1 人死亡的重大交通事故，且在发生事故后没有立即停车保护现场，而是肇事逃逸，其行为构成交通肇事罪。考虑周某杰案发后能够主动投案自首，积极赔偿被害人家属的经济损失，可予减轻处罚，故判决被告人周某杰犯交通肇事罪，判处有期徒刑 1 年 6 个月。

4. 评析意见

成立逃逸，行为人主观上必须具有逃避履行抢救义务以及肇事责任归结的动机。逃避履行抢救义务以及其后逃避责任追究是逃逸者的两个根本动机。所谓逃避履行抢救义务的动机，是指意图消极行为而不予保护现场、进行救护、迅速报案等；所谓逃避责任追究的动机，是指意图混淆责任认定，避免责任追究等。上述动机的重合是实践中逃逸行为主观方面的一般情况，即同时具有逃避履行抢救义务和肇事责任归结动机。但在特定情况下，也可能存在着并不逃避履行抢救义务但尽可能地逃避肇事责任归结这种单一动机的情况。例如，甲驾车将被害人撞成重伤后，将被害人尽快送到医院，但之后一走了之的情形。此时，应当认为犯罪人已基本履行了所负之抢救义务，但其后逃跑的行为使交通肇事责任无法认定，因此，虽然行为人仅具有逃避责任归结的动机，但只要具备逃避履行抢救义务和逃避责任归结这两个动机中的任何一个，都应认为具备了逃逸的主观方面。学者在定义逃逸行为时，也往往认为逃逸是指发生交通事故后，不依法报警，保护事故现场等候处理，而是私自逃跑，逃避法律追究的行为①，这也无非是从上述两方面着手加以概括。不过，必须从实质上理解逃避责任追究的故意，行为人明知事故发生，需要履行救助义务，但可能出于其他直接目的而离开，从而对救助义务的履行和责任承担采取了放任心态的，也应当认定符合这一主观的要求。例如，甲驾车追杀骑摩托车的乙，过失发生交通事故，导致丙重伤，丁当场死亡，甲为了追杀乙而没有救助丙，这一情形中甲的心态显然仍然符合逃逸的主观要件。②

对行为人逃逸动机的认定，首先是行为人对肇事行为明知。就逃逸行为而言，行为人对其行为所导致的抢救义务的缺失以及肇事责任归结的避免这

---

① 陈兴良．刑法疏议．北京：中国人民公安大学出版社，1997：249. 苏惠渔．刑法学．北京：中国政法大学出版社，1997：454.

② 张明楷．刑法学．6 版．北京：法律出版社，2021：723.

一有利结果，具有直接的“行为故意”。只有行为人对肇事行为明知，才谈得上具有逃避动机，否则在多数案例中，行为人开车继续行进在客观上无非是正常驾驶行为的连续化。例如，甲在深夜酒后开车，将前方过路行人人影误当作道路两旁树影，之后突然发现车头似有物体撞击，但因光线极弱，加上酒后神志不清且撞击声音微弱，甲误认为是道路两旁树木枝杈刮擦所致，因而并未下车察看。直到第二天酒醒出车，甲才发现车头有血迹，在寻至可能肇事地点后，发现被害人已经死亡。此种情况下，由于行为人并未明知肇事行为的发生，也更不可能知道自己已经负担的抢救被害人等各种义务，自然也不可能具有逃避对其不利后果的动机与目的。当然，对于这种明知，并不要求行为人对其中所有细节都有着具体的明知，只要其对肇事存在着概然性、可能性的明知，就符合上述要求。另外，对这种明知的考察，也不应仅仅从行为人供述方面予以考察，而应当从肇事当时的时间、地点、路况、行为人具备的知识等方面客观地考察行为人是否具有肇事的明知，从而确定其继续行驶离开现场的行为是否构成逃逸。

但是在周某杰交通肇事案中，虽然其作为专业司机根据经验和已感知车身一颠的情况，应当知道自己可能撞了人，但尚不能作出其已经明确知道其车辆肇事的结论，因此其虽然离开现场，但没有充分的证据能够认定其具有对肇事行为的明知，也就不可能认定其具有逃避法律责任追究的目的，不应认定成立逃逸，因此该案件关于逃逸情节的认定尚值得商榷。

其次，更为重要的是，正如钱某平交通肇事案所反映的那样，认定行为人成立逃逸，需要行为人对救治义务或者责任追究事宜具有认识。如果行为人虽然对肇事行为具有认识，但在特定情形中，确信被害人无须救助，而且客观上被害人也并未提出救助需要乃至赔偿要求等，行为人因此认为无须停留救助的，由于行为人确实缺乏逃避的动机和逃逸故意，因而不应成立逃逸。

在实践中，存在着因实施抢救行为而导致现场被破坏，使责任认定困难的情形，例如甲开车将慢车道上一违章横穿马路的行人撞伤，在拦过往车辆均不停的情况下，甲私自决定开自己的车将被害人送往医院。被害人经抢救无效死亡。由于导致责任认定困难的结果并非行为人所希望，且是出于抢救动机，因而不应认定为逃避责任认定，进而认定为逃逸行为。但反之，也可能存在着因某种理由不履行抢救义务但并不逃避责任认定的特殊事例，例如在肇事后，不进行抢救但留下真实姓名及其地址的情形，由于逃避了其中的抢救义务，仍然应当认为其构成逃逸。

******

(2) 交通肇事后逃逸行为的客观方面。

逃逸行为在客观方面表现为逃脱、躲避，在实践中的主要表现即是自现场逃离。对于并非自案发现场逃跑的行为，是否就一定不构成逃逸行为从而不必按加重情节处罚呢？例如，行为人从被害现场将被害人转移至医院，然后再逃跑。由于逃逸行为的本质是对抢救义务的不作为和对责任认定的逃避，因此，其中某一项义务或者责任的逃避均可构成逃逸。①

案例评价

[案例 2-9] 李某宝交通肇事案②

1. 基本案情

2005 年 4 月 8 日晚 10 时，被告人李某宝无证驾驶面包车在沿长葛市区八一路由西向东行驶至宇龙公司附近时，与步行过马路的被害人查某设相撞，致查死亡。事故发生后，李某宝逃离现场。同年 4 月 10 日，李某宝到长葛市公安局交警队投案自省。经长葛市公安局交警大队交通事故责任认定，李某宝负事故的全部责任，查不负事故责任。

2. 涉案问题

交通肇事后弃车逃离现场但主动报警的，是否认定为交通肇事后逃逸？

3. 裁判理由及结论

河南省长葛市人民法院认为，李某宝交通肇事后逃逸，成立交通肇事罪。李某宝犯罪后主动投案，系自首，可以从轻处罚，故判处其有期徒刑 6 年。一审宣判后，李某宝提出上诉，称肇事后离开现场是去打 122 电话报警，报警后未回现场是因为害怕被害人家人报复；第二天让家人给交警队事故科送去丧葬费 5 000 元，主动投案；没有逃避法律追究的故意，不应认定为逃逸。河南省许昌市中级人民法院经审理后查明：李某宝肇事后，即弃车离开现场打 122 报警，报警后害怕被害人家人报复故未返回现场，而直接到长葛市公安局交警大队门口意欲投案；再次拨打 122 电话后，被告知警察已出警并让其在大门口等候。第二天李某宝让家人给事故科送去丧葬费 5 000 元。第三天李某宝到长葛市公安局交警大队投案自首。据此，认定原判程序合法，但认定犯罪事实、定罪及适用法律不准，量刑不当，应予纠正。上诉人李某宝上诉理由成立，改判其有期徒刑 2 年，缓刑 2 年。

---

① 也有学者认为，行为人造成交通事故后，因没有需要救助的被害人而逃走的，不应认定为逃逸，并认为单纯的不保护现场，不立即向警察报告，不应当成为法定刑升格的根据，只能受到行政处罚。换言之，将原本应当仅受行政处罚的行为作为刑法上法定刑升格的根据，必然是间接处罚，违反罪刑法定原则。张明楷．刑法学．6 版．北京：法律出版社，2021：722．这一观点显然过度狭隘地理解了逃逸加重责任的理由，值得商榷。

② 陈兴良，张军，胡云腾．人民法院刑事指导案例裁判要旨通纂：上卷．北京：北京大学出版社，2013：44.

4. 评析意见

对于抢救义务的不作为，自现场逃离的行为是最为典型的，但是逃逸之本质并非其逃离行为是在现场还是在非现场。从广义上讲，由于有关地点同肇事现场具有紧密的连接，因此我们也仍然可以将其视为广义的现场或者现场的延伸，甚至行为人在现场的行为在特定情况下也可以构成逃逸。例如，甲盗开汽车游玩，在行进途中将乙撞成重伤。甲见沿路无人，在与附近医院取得联系后，隐藏于道路旁的树树荫中，等救护人员将被害人救走后逃走。此时甲仍然构成逃逸。对于行为人将被害人送到医院后，由医务人员进行抢救，自己则留下姓名和地址等联系办法的行为，则需要视具体情况加以认定。区分的标准主要看其所留的联系方法是否真实。如果联系方法真实，肇事者既履行了抢救义务，也并未逃避责任，因此不应按逃逸认定；如果联系方法虚假，即其虽然履行了抢救义务，但仍逃避责任，因此仍然构成逃逸。实践中，也存在着由于主观的转化而产生的行为性质的转化，例如在较多案例中都存在着行为人在将被害人送往医院途中，临时起意将被害人抛弃的情况，此时完全符合逃逸行为的主客观特征，构成逃逸。

反之，在李某宝交通肇事案中，虽然被告人弃车离开现场，但是其积极报警。虽然后来因为害怕被害人家属报复又未返回现场，但直接到交警大队意欲投案，并再次拨打报警电话，其行为并不属于逃避责任行为，尤其考虑到在案发当时，被害人已经死亡，被告人实际上也并不存在救助义务履行的问题，因此其行为不应被认定为逃逸。

在此，必须严格厘清报警与逃逸之间的关系，不能认为凡是报警的，即便离开现场，也均不应被认定为逃逸。

[案例 2-10] 孙某玉交通肇事案①

1. 基本案情

被告人孙某玉于 2006 年 5 月 20 日 16 时许，驾驶重型货车，沿上海市嘉松中路由南向北行驶至青浦区华新镇朱长村附近华卫路口处时，因违反交通信号灯规定行驶，与由西向东横穿嘉松中路的骑自行车的被害人张某（该车后载被害人徐某）相撞，造成被害人徐某当场死亡，张某受重伤。经公安机关事故责任认定，孙某玉驾驶制动性能不符合要求，亦未定期采取安全技术检验的机动车，违反交通信号灯规定行驶，且遇情况采取措施不当，导致事故发生，是本起事故的全部过错方，负事故的全部责任。被告人孙某玉肇事后，曾拨打电话报警，并将被害人张某扶至路边，后弃车离开现场。次日下

① 最高人民法院刑事审判第一、二、三、四、五庭．刑事审判参考：总第 53 集．北京：法律出版社，2007：1.

午，被告人孙某玉向公安机关投案自首。

2. 涉案问题

交通肇事逃离现场后又投案自首的，能否认定为“肇事逃逸”？

3. 裁判理由及结论

上海市青浦区人民法院认为，被告人孙某玉在从事交通运输过程中，因违反道路交通运输管理规定而造成致1人死亡、1人重伤的重大交通事故，且负事故全部责任，其行为构成交通肇事罪。孙某玉在肇事后虽有立即停车、保护现场、报警的行为，但随后即弃车逃离现场，且没有及时向有关部门进行报告，应当认定其有交通肇事后逃逸的行为。鉴于孙某玉系自首，依法可减轻处罚，因而判决其犯交通肇事罪，判处有期徒刑2年。

一审宣判后，孙某玉不服向上海市第二中级人民法院提起上诉，辩称其向公安机关报警后因害怕遭被害人一方殴打而离开事故现场的行为不属逃逸行为，原判量刑过重。

上海市第二中级人民法院经审理后认为，其关于离开肇事现场原因的辩解无相关证据予以佐证，原审法院认定其具有逃逸情节并无不当，故驳回上诉，维持原判。

4. 评析意见

在孙某玉交通肇事案中，之所以仍然认定成立逃逸，其主要原因在于，被害人张某并未死亡，存在救助的必要以及救助可能，因此，对被告人而言，积极履行救助义务是首要的。虽然履行救助义务的方式可以多种多样，其可以自己直接将被害人送往医院，或也可以及时报警，要求出警救助。但是，无论如何，借口去投案而逃避履行救助义务，将使交通事故中最为宝贵的救助机会丧失，从而造成更大的法益侵害，因此仍然应当被认定成立逃逸。因而，在本案中，被告人孙某玉离开现场的行为应当被认定成立逃逸，虽然在案发当时其曾经报警，但报警后既未保护现场，也未等候警察或医护人员到来，同时在可以立即投案的情况下（案发地域通信发达、交通便捷），并未立即归案，因此其行为的目的显然就是逃避责任追究。与李某宝交通肇事案不同，李某宝确实已经没有必要履行救助义务，而被告人在案发后立即报警，并几次到交警大队试图投案自首，因此并不具备逃避救助义务和责任追究的故意。

显然，积极履行救助义务与立即投案不逃避责任追究之间，救助义务的履行是首要的，不能认为只要立即投案不逃避责任追究，就否定了逃逸的成立。只有在例外的情况下，例如虽然具有救助必要，行为人也确实没有履行救助义务而是选择离开现场，但立即在第一时间投案的，如果确实有足够的证据证明，行为人离开现场没有履行救助义务，是属于被迫而为，例如被被害人家属追打等，才可以否定逃逸的成立。之所以强调投案的第一时间，其是要说明：行为人离开现场后是否立即投案，能够反映行为人是否具有接受法律追究的主观动机，如果能够立即投案，说明行为人离开现场与主动投案两个行为之间具有密切的不可分割的连续性，反映出行为人在主观上具有接受法律追究的意向，客观上也已经开始接受法律追究；如果行为人逃离现场后没有立即投案，而是经过一段时间后事后投案的，就意味着行为人的逃离与投案属于两个独立的行为，后者不能成为否定前者的理由，仍成立逃逸。当然，认定是否属于第一时间立即投案，应当根据投案路途远近、投案时间间隔长短等案件当时的客观情况，结合日常生活经验加以认定。

但同时，仅仅履行救助义务，而不主动投案的，同样应当成立逃逸。

[案例 2-11] 李某德交通肇事案①

1. 基本案情

2005 年 3 月 27 日 9 时许，被告人李某德驾驶机动三轮车沿大河至安棚公路自东向西行驶至安棚乡左湾路段时，将同向骑自行车行驶的王某仁撞到。李某德将王某仁送到埠江油田二医院，在交 400 元医疗费后，因怕承担法律责任而逃跑，后在 5 月 10 日被拘留。王某仁因抢救无效死亡，桐柏县公安局交警大队责任认定书认定，李某德负事故的全部责任。案发后，李某德与被害人家属达成损害赔偿协议，并按协议支付 3 万元赔偿款。

2. 涉案问题

交通肇事后履行积极救助义务却逃避法律追究的，能否认定成立“肇事逃逸”?

3. 裁判理由及结论

河南省桐柏县人民法院认为，李某德的行为成立交通肇事罪，且在肇事后逃逸，但鉴于其事后积极抢救被害人，赔偿被害人亲属经济损失，应酌情从轻或者减轻处罚。被告人李某德及其辩护人认为其行为不构成逃逸，与事实不符，有悖法律规定，不予采信，认定其犯交通肇事罪，判处有期徒刑 3 年，缓刑 3 年。

4. 评析意见

本案中，被告人虽然能够积极将被害人送往医院抢救，履行了积极救助的义务，但是其离开医院仍然是为了逃避法律追究，而且在近两个月的时间中，被告人根本没有向有关机关投案，这充分说明了其逃避法律追究的心态，

① 陈兴良，张军，胡云腾．人民法院刑事指导案例裁判要旨通纂：上卷．北京：北京大学出版社，2013：48.

应当认定成立逃逸。

但在履行抢救义务而纯粹逃避责任追究构成逃逸时，实务中需要加以特别指出的是，不能将逃避责任追究型的逃逸行为与事后混淆、掩盖犯罪事实，以逃避、减轻责任情形相混淆。如果肇事者在对被害人进行抢救后，并不回避交通肇事行为本身的存在，但通过其他行为，例如让其下属承担责任，或者编造被害人过错情节等等，企图转移、减轻肇事责任的。此种行为不应被认定为逃逸。

显然，所谓逃逸中的逃避责任追究也是指在肇事后根本性的逃避，即肇事者希望自己的肇事行为及其个人完全不被他人发现，从而逃脱责任追究，而不是在肇事行为和肇事者清楚之下，试图在责任大小确定或者分担上混淆是非。在实践中，有时肇事者在逃逸之后可能又有所悔悟，因而又回来对被害人加以抢救并向有关机关报案的，此时由于逃逸行为已经构成，不存在所谓对情节犯的中止或者以此否定逃逸情节的存在，当然对其自首行为仍应予肯定。

四、交通肇事逃逸致人死亡的构成

知识背景

在《刑法》第 133 条规定中，最受争议的是有关“因逃逸致人死亡的，处七年以上有期徒刑”的规定。典型的批评认为该规定将交通肇事行为向间接故意杀人转化的情形包括在内，从而导致罪刑不相适应，或者认为上述规定实际上将交通肇事与因先行行为而构成的不作为杀人混为一谈。① 也有很多人将上述规定中所谓致人死亡的规定解释为包括故意在内，即所有因逃逸而引起的死亡，都应按照交通肇事罪处理，因此批判刑法在这一问题上的含混。甚至有人提出应将上述规定的罪名确定为“交通肇事后逃逸致人死亡罪”，以示与作为基本犯罪的交通肇事罪相区别。② 该问题与先行行为所导致的不作为犯罪也纠缠不清，其中争议由来已久。

1.“因逃逸致人死亡”的客观条件

（1）在客观上，上述情形的认定必须以逃逸行为的存在为前提，但是否必须以先行的交通肇事行为已经能够独立地构成犯罪为前提，却存在着疑问。③ 解释仅规定，“因逃逸致人死亡”，是指行为人在交通肇事后为逃避法律

---

① 侯国云，白岫云．新刑法疑难问题解析与适用．北京：中国检察出版社，1998：350. 另见范忠信．刑法典应力求垂范久远：修订后的《刑法》的局限与缺陷．法学，1997（10）。

② 周振想．中国新刑法释论与罪案·上卷．北京：中国方正出版社，1997：667.

③ 有学者认为，因逃逸致人死亡以逃逸前的行为已经构成交通肇事罪为前提，行为人超速驾驶致 1 人重伤后逃逸，进而导致其死亡的，不能适用该规定，只能认定为一般的交通肇事罪，处 3 年以下有期徒刑或者拘役。张明楷．刑法学．6 版．北京：法律出版社，2021：723.

追究而逃跑，致使被害人因得不到救助而死亡的情形，但并未明确基本罪和加重罪之间的关联。

首先需要确定的是该情形是否属于结果加重犯。所谓结果加重犯是指本已符合具体构成的一个犯罪行为，由于发生了法律上规定的更为严重的结果而加重其刑的犯罪形态。加重结果的特点是加重结果超出了基本犯罪构成的范围，它不可能减少基本犯罪的构成要素。在上述情形中，交通肇事罪的基本犯罪已经包括了死亡结果，因此很难说因逃逸致人死亡的结果超越了交通肇事罪基本犯罪的构成，显然上述规定也很难说是属于结果加重犯。基于上述原因，笔者认为该规定仍然属于与逃逸行为相关的情节加重犯。

但该情节加重与前述单纯逃逸行为的情节加重犯却有所不同，它还伴随着一重的结果的产生，虽然对基本犯罪中即已包含的死亡结果而言，其并非加重结果，但在逻辑上，对逃逸前交通肇事行为所已经导致的伤害结果，其又显然具有某些加重的意味，同时死亡本身又是基本犯罪的构成结果之一。正是由于这一特殊性，决定了其同前述单纯逃逸行为的情节加重犯不同，因逃逸致人死亡情形是带有一定加重色彩，并且其死亡结果本身又是该构成要件结果的这样一种复杂情节加重犯。它并不需要前述对于单纯情节加重犯所提出的必须依附于基本犯罪的限制，并不需要逃逸前交通肇事已经构成犯罪这一前提。因此，即便行为人实施肇事行为，致一人重伤，然后逃逸，致该被害人死亡的，也构成因逃逸致人死亡情形。前述钱某平交通肇事案的结论，即遵循了这样的逻辑。

(2) 逃逸致人死亡的对象。逃逸致人死亡在实践中一般具体表现为：其一，前一交通肇事行为已经构成犯罪，又因逃逸造成另一交通肇事行为致人死亡而构成犯罪，即前后交通肇事均构成交通肇事罪。其二，前一交通肇事行为致人伤害，但并未构成交通肇事罪，后因逃逸行为而致被害人缺失抢救行为，导致该被害人死亡。其三，前一交通肇事行为已经致人重伤或者死亡，或造成重大公私财产损失，已经构成交通肇事罪，后又因逃逸行为致前一交通肇事中的被害人死亡。其四，前一交通肇事行为并未构成犯罪，仅为轻微肇事行为，后因逃逸行为产生另一交通肇事行为而致人死亡，例如前一行为仅将一骑自行车的人撞倒，之后逃逸，因过于紧张将一行人撞倒致死。按照上述《交通肇事罪解释》规定，所谓“致人死亡”的“人”仅仅指被害人，即逃逸前交通肇事行为所侵害的被害人，因此，因逃逸行为而引起的后续交通肇事行为所侵害的被害人并不包括在内。因此，第一种情形并不包含在交通肇事罪中“因逃逸致人死亡”之内，一般将肇事行为所导致的死亡人数累计，按照交通肇事逃逸情节论处。上述第二、三种情形是“因逃逸致人死亡”的典型。对于第四种行为，则不应当按照“因逃逸致人死亡”规定处罚，而应按照交通肇事罪的基本罪处理。这是因为由于被害对象的原因，逃逸行为实际被交通肇事行为所吸收，逃逸成为交通肇事的原因，况且前一行为即使具有逃逸情节也无法构成交通肇事罪，逃逸所产生的死亡结果实际已为后一交通肇事行为构成交通肇事的基本罪所应用。例如，在姜某交通肇事案中，检察院、法院并未以行为人具有逃逸情节为由而对其适用较重量刑幅度，而是因为行为人“为逃避责任而高速行驶，造成重大交通事故，致 3 人死亡 1 人受伤，使公私财产遭受重大损失，情节特别恶劣”，而判处较重刑罚。相关学者的见解也如此①，实际也是依据上述原理所得出之结论。

（3）逃逸行为必须与死亡结果之间具有因果联系。首先，死亡必然发生在逃逸过程中或者逃逸之后。如果死亡结果在逃逸前的肇事行为中已经产生，与逃逸行为没有任何关联，就不应适用。例如，甲酒后驾车，强行超车，将乙撞倒。甲下车查看后逃逸。乙被送至医院，经诊断已死亡，法医鉴定为系交通工具冲撞碾压致内脏、颅脑损伤而死。显然，逃逸并非其死亡原因，该死亡在肇事当时即已经产生，因而只能按照肇事后逃逸认定。在司法实务中，有人认为，被害人死亡是由肇事行为所造成，还是因肇事后未能及时抢救所造成，往往难以确定，因此为便于司法操作，只要有证据证明被害人是在行为人逃逸过程中死亡的，均可认定为“因逃逸致人死亡”。这种以操作便利为理由而产生的违背因果关系原则的结论是与刑法的基本正义感相悖的，也与基本的归责理论相冲突。必须要在逃逸行为与死亡结果之间认定有因果关系的存在，才能适用这一规定，否则也是对“事实存疑有利于被告”原则的背离。

案例评价

[案例 2－12] 冯某山交通肇事案②

1. 基本案情

2005 年 2 月 20 日 19 时许，被告人冯某山驾驶轿车，沿幸福路由东向西行驶至某立交路口时，将由北向南骑自行车的訾某撞伤。被告人驾车逃逸至某工厂门口西侧，又与正常行驶的兰某驾驶的面包车相撞，继而撞倒路旁行人林某，并将路侧停放的王某的一辆机动三轮车撞坏，闯入路边简易房中，

① 1993 年 3 月 27 日，姜某持学习驾照开车，在变换车道时与另一车相撞。姜某因害怕受罚而进入非机动车道，将逆向正常骑车的行人撞倒，致三死一伤。接着又驶入逆向机动车道，与正常行驶的一辆轿车相撞，最后姜某所驾车辆冲上人行道撞上树后被迫停车。该案中，被害人三死一伤，车辆修理费用共计 16 万元。详见中国高级法官培训中心，中国人民大学法学院．中国审判案例要览：刑事审判卷，北京：中国人民大学出版社，1996：284－287。

② 陈兴良，张军，胡云腾．人民法院刑事指导案例裁判要旨通纂：上卷．北京：北京大学出版社，2013：43.

被告人冯某山弃车逃逸。林某经抢救无效于当晚21时死亡。4月11日，冯某山被抓获。经阜阳市公安局交警大队第四大队交通事故认定书认定，冯某山承担事故的全部责任。

2. 涉案问题

被害人无救助可能性时能否认定为“因逃逸致人死亡”?

3. 裁判理由及结论

安徽省阜阳市颍东区人民法院认定，被告人冯某山违反交通运输管理法规，致发生一死一伤、两车受损的重大交通事故，负事故全部责任，且肇事后逃逸，其行为构成交通肇事罪。但对公诉机关指控被告人因逃逸致一人死亡，经查：事故发生后，路旁行人及巡警及时拨打了120，将被害人訾某、林某送往医院救治，后林某因伤势过重抢救无效死亡。因此，林某的死亡系被告人冯某山驾车肇事所致，而非逃逸延误治疗所致。被告人虽然存在逃逸情节，但并不符合逃逸致人死亡的特征，故判处其成立交通肇事罪，并判处其有期徒刑6年。

在本案中，肇事行为使被害人伤情严重，即使送往医院抢救也无法避免死亡，此时被告人的逃逸行为与死亡之间就没有因果关系，因此不应认定成立逃逸致人死亡。

一般情况下，此时的因果关系一般表现为两种情形：其一，因为逃逸这种实质的不作为而引起抢救行为的缺失，致人死亡。其二，特别的情形下，也可能因为行为人的逃逸行为的作为表现形式，将原交通肇事行为的被害人拖拽致其死亡。

这种因果关系的存在①，尤其是在逃逸以其不作为而发生死亡结果的场合中，应当是指根据被害人当时的受伤情况和时空条件，如果行为人及时得到救助则不会发生死亡结果，确是行为人的逃逸行为致使被害人未得到及时抢救而死亡，即在存在着行为人抢救行为的假定之下，对死亡结果的避免即被害人的存活具有一般的、概然的可期待性。如果救助行为并不能阻止死亡结果的发生，即作为行为不具有防果的可能，或者死亡结果的最终发生，并非肇事者逃逸行为所致，而是另外存在独立因果关系，那么，无论如何都不应将致人死亡的责任毫无根据地推至行为人身上，逃逸事实只能按照“交通运输肇事后逃逸”这一规定处罚。这是因果联系在归责过程中所应有的价值。日本盛冈地方法院对这一条件即有精辟的判决，虽然是针对以下所要论述的交通肇事罪向故意杀人罪转化问题所言，但是仍然可以用于本问题，该判决

① 对于不作为因果关系的讨论，详见黎宏．不作为犯研究．武汉：武汉大学出版社，1997：72-87。

指出：首先看一下救助被害人的可能性，从被害人受伤的程度来看，可以认定其短至几分钟、长至几小时就会死亡，所以，即使立即送往医院，也不能避免被害人死亡的结果。因而，不送医院这一不作为与被害人死亡结果之间没有因果关系。① 这里所强调的也正是如上所述的其救助行为或者没有逃逸的行为对死亡结果避免的可期待性。

******

2. “因逃逸致人死亡”的主观方面

对此，大致存在着直接故意排除说、过失说、存疑说三种观点。② 本来就加重犯的一般原理，原则上认为该情形只能由过失构成是不应存疑的。如果允许上述规定包括对死亡结果的故意在内，无疑与交通肇事罪的过失犯本质相矛盾。但是考虑到司法实践中确实存在着行为人在肇事后逃逸，明知可能造成被害人死亡，仍希望或者放任被害人死亡并逃逸的情形，并且从不真正不作为犯的等价性角度考虑，相当多的此类情形又无法按照故意杀人罪论处，又不得不按照交通肇事罪中“因逃逸致人死亡”情形处理。③ 不仅仅在交通肇事罪中，基于不真正不作为犯等价性原则的介入，致使原本基于“不作为+故意”即可构成不真正不作为犯的构造发生改变，使部分故意的不作为既无法成立故意的不真正不作为犯，又难以放在传统的结果加重犯构造中，形成必须处罚而又游离不定的尴尬的处罚对象。因此，坦率地讲，从处罚的便宜角度出发，“因逃逸致人死亡”的主观方面就成为无足轻重的问题，更为直接地是要讨论如何等价的问题。同样，这一尴尬也需要我们在遗弃罪的解释上确实要有突破，以便缓和这种实践处理方式同刑法理论之间不可调和的矛盾。

3. 逃逸致人死亡的认定

按照解释规定，逃逸致人死亡仅仅包括行为人在交通肇事后为逃避法律追究而逃跑，致使被害人因得不到救助而死亡的情形。不过实务上“因逃逸致人死亡”的情形极为复杂，在此先讨论在逃逸过程中另外产生了肇事行为而造成他人的死亡这种行为的定性问题。由于在逃逸中发生的拖拽被害人导致其死亡的行为也存在着类似问题，在此也一并予以讨论。

（1）在逃逸过程中再次发生所谓肇事行为导致他人死亡案件的处理。

对此，实务上有着不同的处理，例如以危险方法危害公共安全罪、交通

① ［日］日高义博．不作为犯的理论．北京：中国人民公安大学出版社，1989：66.

② 详见陈兴良，周光权．刑法学的现代展开．北京：中国人民大学出版社，2005：469。

③ 直接故意排除说认为，在逃逸时对死亡结果持直接故意的无法按照交通肇事罪处理，但既然承认对死亡结果持间接故意的可以按照此情形处理，从不真正不作为等价性的角度，直接故意和间接故意并没有本质区别，因而不得不承认有一部分直接故意的情形也必须被认定包括在“因逃逸致人死亡”的规制范围内。

肇事罪、交通肇事罪与故意杀人罪数罪并罚、过失致死罪与过失重伤罪数罪并罚等①，也有人认为应认定为交通肇事罪与以危险方法危害公共安全罪数罪并罚。②

对此，行为人对后续的交通肇事行为仍然仅仅具有过失的，则仍应以交通肇事罪论处，但是应当认定其所具有的逃逸行为，并将多次肇事行为的后果并合计算。在例外的情形中，如果行为人对后续的肇事行为至少具有放任，则应以交通肇事罪与以危险方法危害公共安全罪的数罪处罚。

首先，此处的交通肇事行为与其后所发生的放任驾驶行为是两个不同的行为，不应将它们作为实质一罪处理。前一交通肇事行为实际在其逃逸前已经完成，逃逸固然可以作为交通肇事行为的加重情节，但更是后面放任性驾驶行为这一实行行为的表现形式，无论它是作为故意杀人罪还是作为以危险方法危害公共安全罪的外在表现，都存在着作为数罪处理的客观基础。

其次，行为人前一肇事行为是否构成交通肇事罪？作为数罪予以并罚的前提是前一肇事行为已经构成交通肇事罪，如果前一行为仅是轻微交通肇事行为，应追究的仅是后一行为的刑事责任。在个别情况下，当前一交通肇事行为只有与逃逸行为相结合，才能认定构成交通肇事罪时，由于逃逸行为已经成为以危险方法危害公共安全罪的实行行为，因而对前一肇事行为可以不予追究，直接按后罪处理。

再次，后一行为的定性问题。交通肇事后又因逃逸肇事而致人死亡的，如果存在着行为人主观状态的转化，后一行为就不再是交通肇事行为。行为人明知自己已经实施交通肇事行为，仍然违反交通规章制度，违章驾驶，其对其继续行驶行为所将要发生的后果十分清楚，但他不但不停车，反而继续违章驾驶，并且往往产生多个危害结果，其发生的场所往往又是在公共场所，采用的违章手段往往对不特定或者多数人的安全有极大危险，其所侵害的也并不是特定或者少数人的生命、健康权利。为继续逃逸行为的主观心理状态，已经由交通肇事时对结果的过失转化为满足其逃逸的目的而对因逃逸所引起任何结果的放任。行为人所持绝非过失，一般为间接故意，也就没有构成过失致人死亡罪、过失致人重伤罪乃至交通肇事罪逃逸致人死亡情形的可能，按照以危险方法危害公共安全罪而非故意杀人罪认定更为合适。

有的人以第一次交通肇事行为与第二次交通肇事行为的原因是否相同为依据，来确定行为人是否由过失向故意转化，并进而确定行为人是构成交通肇事罪一罪还是构成交通肇事罪和故意杀人罪数罪。③ 但肇事原因仅仅是认定

① 陈兴良．刑法疑难案例评释．北京：中国人民公安大学出版社，1998：166－171.

② 最高人民检察院．刑事犯罪案例丛书·交通肇事罪．北京：中国检察出版社，1992：293－297.

③ 中国人民大学法学院刑法专业组织．刑事法专论·下卷．北京：中国方正出版社，1997：1089.

过失与故意的依据之一，需要结合其他更多的因素来认定，实践中完全有可能发生虽然肇事原因不同但仍然属于间接故意的情况，例如先前肇事行为由强行超车造成，但之后行为人在逃逸中无视超速行为高速行驶，如果按照上述结论，因肇事原因不同，行为人的过失并未转化为故意，仍应当按交通肇事罪处理，这显然与上述案例的判决和前述分析相矛盾。

上述结论仍然存在特定情况下的例外。首先，这一结论是建立在考察具体的客观情况的前提下，认定当时所发生场合、后果、是否有其他行人围堵拦截、最终停止原因以及行为人当时的客观表现，已经能够反映出行为人对行为后果具有的不计后果的放任。如果当时发生的场合并非在人口稠密、繁华热闹的地点而是在较为偏僻的地点，路上行人稀少且能见度弱，行为人之后并未有非常明显或危险的违章行为，并未发生一系列的多次危害结果，也存在着行为人对后一肇事行为持有过失的可能，因而应当构成交通肇事罪。

其次，之后的危害行为至少是间接故意的，也可能构成故意杀人罪。如果行为人在逃逸之后又转行至现场再次发生危害结果的，应当注意查清行为人再次撞击的主观心理状态以及其行为是否对公共安全造成了侵害等等。如果其行为是针对特定对象，且实际所发生结果也并未超出上述对象范围的，其行为应当以交通肇事罪和故意杀人罪数罪处罚。

（2）肇事后逃逸，将被害人拖拽致死案件的处理。

对此，应当区分不同情况讨论。如果在逃逸进而拖拽行为发生之前，已经有被害人死亡恶劣结果发生从而构成交通肇事罪，那么对其后的逃逸行为由于行为人主观上已经由过失向故意发生转化，而致另一被害人死亡，这实际是故意杀人的实行行为，又构成故意杀人罪。虽然驾驶行为是继续的，但前面的交通肇事行为与其后的逃逸行为仍然能够并且也应当予以分离，因而不能认为其后的逃逸行为仍然属于驾车行为，并进而认为故意杀人罪只是与交通肇事罪构成想象竞合犯而不能按照数罪并罚处理。由于逃逸行为已成为故意杀人罪的构成要件行为，因而也不应再被作为前一交通肇事罪的加重情节，否则就有悖于禁止重复评价原则。①

---

① 在张某柱交通肇事、故意伤害案中，被告人因交通肇事罪被判处有期徒刑 3 年。虽然 3 年有期徒刑恰是交通肇事基本犯与有逃逸情节的情节加重犯在刑罚上的连接点，但是从本案案情考虑，根据 3 年有期徒刑可以推测法官在对交通肇事罪量刑时，也并未将已经是故意伤害罪实行行为的逃逸行为作为交通肇事罪的加重情节予以考虑。另外，张某柱交通肇事、故意伤害案中还有值得注意的是交通肇事行为与逃逸式的故意伤害（杀人）行为究竟属于一行为还是数行为，对其应以想象竞合犯从一重处断还是数罪并罚问题，以及必须有证据证明被告人对拖拽被害人所存在的至少是概然性、一般性的明知，才有可能认定其具有伤害（杀人）的故意。这在该案的辩护意见与公诉意见的交锋中得到反映。有的学者认为，对张所犯之交通肇事罪判处 3 年有期徒刑过轻，可能是将逃逸行为又作为交通肇事罪的加重情节对待了，因为 3 年有期徒刑已是交通肇事罪基本犯的最高刑。

如果先前行为仅为轻微肇事行为或仅造成被害人伤害，行为人为逃避责任继续行驶，拖拽同一被害人而致其死亡的，实际上仅存在一个故意杀人的犯罪行为，先行的交通肇事行为已经作为故意杀人的起因行为而被故意杀人行为所吸收。其最终侵害的结果也存在着合并性，无法从死亡结果中分离出重伤结果而作为认定构成交通肇事罪的构成要素，况且逃逸行为此时既可以作为前一交通肇事行为的量刑情节，本身又是故意杀人的实行行为，无法在规范上或者生活中进行必要分离，因而不应再以交通肇事罪论处，直接以故意杀人罪处罚即可，例如王某交通肇事案。[①] 当然，如果被告人对被害人被拖拽的事实只存在过失，就只能按照交通肇事罪“因逃逸致人死亡”的规定进行处罚。

五、因逃逸致人死亡与不作为故意杀人罪的关系

案例评价

[案例 2-13] 韩某连故意杀人案[②]

1. 基本案情

2005 年 10 月 26 日 21 时许，被告人韩某连酒后驾驶货车，行驶至连云港市连云区岛山巷时，将在路边行走的徐某撞到，韩某连发现撞伤人后，为逃避法律追究，将徐某转移到岛山巷 10 号楼 2 单元道口藏匿，致使徐某无法得到救助而死亡。当夜，韩某连又借用另一辆货车，将徐某的尸体运至连云区板桥镇，将尸体捆绑在水泥板上，沉入烧香河中。

2. 涉案问题

如何认定交通肇事转化为故意杀人的主观故意？

3. 裁判理由及结论

江苏省连云港市中级人民法院认为，被告人韩某连驾车撞伤人，又将被害人隐藏导致其死亡，其行为已经构成故意杀人罪，判处其有期徒刑 15 年，剥夺政治权利 5 年。一审宣判后，韩某连不服，以被害人徐某是被当场撞死的，其没有杀人的主观故意为由，向江苏省高级人民法院提出上诉。江苏省

① 王某强行超车时，将另一拖拉机刮至路边农田，停车后发现对方司机李某和其兄朝自己跑来。王某怕被打，便上车起动，强行逃离。与此同时，对方两人分别踏在其汽车两边踏板上，让其停车。王不听劝阻，加速行驶。由于李某遮挡视线，王某操作失误，使车撞到公路旁水泥房上，将李某撞成重伤，经抢救无效死亡。法院认定构成王某行为交通肇事罪，但编者认为应为故意杀人罪。笔者同意编者观点。详见最高人民检察院编．刑事犯罪案例丛书·交通肇事罪．北京：中国检察出版社，1992：257。

② 最高人民法院刑事审判第一、二、三、四、五庭．刑事审判参考：总第 56 集．北京：法律出版社，2007：1.

高级人民法院审理认为，韩某连酒后驾车撞伤一人后为逃避法律制裁，将被害人拖离事故现场隐藏，导致被害人无法得到救助而死亡，其行为构成故意杀人罪。韩某连具有放任被害人死亡的主观故意，其上诉理由不能成立，故驳回上诉，维持原判。

[案例 2-14] 倪某国交通肇事案①

1. 基本案情

2002年6月25日下午2时许，被告人倪某国酒后驾驶三轮摩托车在灌南境内由张店镇向县城新安镇行驶，行至武障河闸南侧，因避让车辆采取措施不当，致其所驾摩托车偏离正常行车路线，又因该三轮车制动系统不合格，未能及时刹住车，将人行道上正在行走的被害人严某撞倒。事故发生后，倪某国当即将严某抱到附近一个体卫生室请求救治。接治医务人员问被害人是哪里人，严某回答，“是本县白皂乡人”，语气艰难，之后即不能讲话。经听诊，医务人员发现严某肺部有水泡声，怀疑其内脏出血，认为卫生室不具备抢救条件，即催促倪某国将严某速送灌南县人民医院急救。倪某国遂将严某抱上肇事三轮摩托车，向县城新安镇行驶。到达新安镇后，倪某国因害怕承担法律责任，将严某抛弃在河滩上。当日下午4时许，严某被群众发现时已死亡。经法医鉴定，严某因外伤性脾破裂失血性休克并左骨骨折疼痛性休克死亡。倪某国陈述，其在送被害人去县医院途中，曾3次停车呼喊被害人而被害人均无应答，故认为被害人已经死亡、没有救治必要才产生抛“尸”想法。抛“尸”当时倪某国还在现场观察了一会，仍没有看到被害人有任何动作，更加确信被害人已经死亡，最后才离开现场。医学专业人员证实，对于脾破裂如果脾脏前面损伤程度较深，累及脾门，并大血管损伤或者伤者有心脏疾病，则伤者可能在短时间内死亡，但没有严格的时间界限。如果损伤程度较浅未累及脾门及脾门血管，则较短时间（1小时）内死亡的可能性较小。经现场测试，以肇事车辆的时速从事故地行驶至县医院约需10分钟，事故处理部门认为，倪某国酒后驾驶制动系统不合格的机动车辆在反向人行道上撞伤行人，应负事故的全部责任。本案现有证据仅表明被害人严某被撞外伤性脾破裂，但无法查明严某脾破裂是否伤及脾门，是否伴有脾门大血管破裂，以及其受伤前是否患有心脏病。倪某国辩称，自己主观上没有杀人故意，也不符合交通肇事转化为故意杀人罪的条件。其辩护人的辩护意见为：倪某国虽有将被害人带离事故现场后遗弃的行为，但本案没有证据证实被害人是因被遗弃无法得到及时救治而死亡，也没有证据证实被害人在被遗弃前确实仍

① 最高人民法院刑事审判第一庭、第二庭．刑事审判参考：总第30辑．北京：法律出版社，2003：5.

然存活，故倪某国不构成故意杀人罪；倪某国将被害人带离事故现场的目的是要送医院抢救，而不是逃避法律追究，故也不构成交通肇事后逃逸，应当按照交通肇事罪的一般情节量刑。审理过程中，倪某国亲属与被害人严某亲属就附带民事诉讼赔偿问题达成协议，并已兑现完毕。

2. 涉案问题

如何准确把握“交通肇事后将被害人带离事故现场后遗弃，致使被害人无法得到救助而死亡”的情形？

3. 裁判理由及结论

法院认为，倪某国违反交通运输管理法规，酒后驾驶制动系统不合格的车辆，致发生1人死亡的重大交通事故，负事故的全部责任，其行为构成交通肇事罪，且肇事后逃逸，应予惩处。倪某国在交通肇事后即将被害人抱送附近诊所求治，并按医嘱送被害人去县医院抢救，其后来遗弃被害人是在认为被害人死亡的主观状态下作出的。本案现有证据无法证明被害人在被遗弃前确没有死亡，也无法证明被害人的死亡是因被遗弃无法得到救助而造成，故其行为不符合交通肇事转化为故意杀人的条件。本着疑罪从轻的原则，对倪某国只能以交通肇事罪定罪处罚。倪某国先前虽能积极送被害人去医院救治，但在认为被害人已死亡的情况下，为逃避法律追究又将被害人遗弃逃跑，符合交通肇事后逃逸的特征。鉴于倪某国归案后认罪态度较好，其亲属已赔偿被害人亲属的全部经济损失，取得了被害人亲属的谅解，故酌情对其从轻处罚，判决倪某国犯交通肇事罪，判处有期徒刑4年。

4. 评析意见

因逃逸致人死亡规定最受争议的是：该规定将交通肇事罪与不作为的故意杀人罪相混淆。这一问题在不作为犯研究中也备受关注。① 有的学者明确认为上述规定将转化的不作为故意杀人行为亦包括在内。② 有人则认为如果违章肇事后，行为人知道被害人重伤但弃之不顾，致使被害人因失去抢救机会而死亡的，实际构成交通肇事罪与故意杀人罪，但按照上述规定仍以交通肇事罪的加重情节处罚；但如果交通肇事后致被害人重伤，行为人为逃避罪责、杀人灭口而故意将被害人移到使人不易发觉的地方，被害人因无法及时抢救而死亡的，则应按照交通肇事罪和故意杀人罪数罪并罚。③ 但同样是区分情形对待，也有学者认为对后者以故意杀人罪处罚即可④；有的人则认为上述两种

① 关于这一问题，参见黎宏．不作为犯研究．武汉：武汉大学出版社，1997：180。

② 侯国云，白岫云．新刑法疑难问题解析与适用．北京：中国检察出版社，1998：349-351.

③ 中国人民大学法学院刑法专业组织．刑事法专论·下卷．北京：中国方正出版社，1997：1088-1089.

④ 苏惠渔．刑法学．北京：中国政法大学出版社，1997：455.

情形，都应按照故意杀人罪论，只不过一个是间接故意，而另一个是直接故意死亡而已。① 在实务中，有的案例对此以交通肇事罪论处，有的案例对此以故意杀人罪论处②；有的则以故意杀人罪与交通肇事罪并罚。③

深度研究

如前所述，“因逃逸致人死亡”的主观方面在理论上确实存在着争议之处，关键在于：应当明确地区分故意杀人罪与该规定的适用，在解释上厘清各自的适用范围。

1. 不真正不作为故意杀人同交通肇事逃逸致人死亡的区分

上述争议所涉及的实际是如何看待逃逸行为引起的不作为犯罪问题，或者说先行肇事行为是否能够成为作为的义务根据，从而其缺失引起不作为犯罪的成立。笔者认为，先行行为在基于过失的前行为（交通肇事行为）的前提下，可以成为不作为的作为义务根据，从而可能导致不纯正不作为犯（故意杀人行为）成立，“因逃逸致人死亡”规定在此就无法适用。简单论述如下：先行行为之所以可以成为作为义务的根据，是因为它首先就是一个法律上有意义的行为，正是由于先行交通肇事这一过失行为导致法律所保护的合法利益处于危险状态，这种危险状态时刻可能变成一种实际损害。而行为人对这种危险的不予阻止即其后的不作为，正是对危险的一种支配或者利用，以此行为人造成了对合法利益的侵害。由于危险正是因其自身的先行行为（交通肇事行为）所导致，以此为前提的不作为（逃逸行为）与死亡结果之间形成了另一个应独立评价的完整因果联系，这在归责理论上是无可辩驳的。

交通肇事罪中“因逃逸致人死亡”适用的限定条件之一是：其主观方面只能为过失。在交通肇事先行行为发生的前提下，构成故意杀人罪的主观方面必须是故意，包括间接故意和直接故意，不应当如多数学者所笼统地认为这种不作为只能由间接故意所构成。笔者认为上述区别对待说之所以错误，原因就在于其将仅仅可能体现出主观故意不同种类的外在表现，当作了区分

---

① 韩长泰．关于交通肇事罪的几个问题．法学杂志，1996（1）.

② 1997年11月30日，李某驾车因汽车大灯出现故障，强行违章驾驶将骑车人王某撞伤。李某和另一人在群众帮助下，将王某抬上车，并谎称去医院抢救，驶离现场。但在行至外环线65公里处，在天气寒冷情况下，两人将身负重伤的被害人弃置路边后逃逸。当晚王某被人发现，但因伤势过重，经抢救无效死亡。天津市中级人民法院一审认定其构成故意杀人罪，判处有期徒刑15年，剥夺政治权利5年。详见检察日报，1998-09-14。

③ 1985年10月15日，许某超速行驶，将赵某撞倒。许某欲逃离，被群众呼喊被迫停车，遂将被害人抬上车，其开至某地段时，为掩盖罪行逃避救护义务，将身负重任、生命垂危的被害人抬下车，弃于路边草丛，驾车离去。赵某因未及时治疗，于次日早晨死亡。法院认定构成交通肇事罪和故意杀人罪。详见最高人民检察院《刑事犯罪案例丛书》编委会．刑事犯罪案例丛书·杀人罪．北京：中国检察出版社，1992：183。

罪数的客观标准，即将行为人是采取了主动积极的隐藏、抛弃被害人于荒郊或者野地的行为还是单纯消极的遗弃行为，作为认定行为人构成交通肇事罪和故意杀人罪数罪或者仍然构成交通肇事罪的标准。实际上，无论是单纯消极的遗弃还是主动积极的隐藏或抛弃行为，就其本身而言，都不能被认定为是故意杀人的实行行为，必须将其与行为人因交通肇事的先行行为所引起的作为义务相联系，才能予以认定。在交通肇事后，行为人明知自己负有及时救助被害人的义务，也明知如不及时履行该义务，可能导致被害人死亡，但为逃避罪责或者实现其他目的，不实施这一应实施且有能力实施之行为，放任或者希望被害人死亡结果的发生。正是这一主观状态的转化，导致整体行为发生性质变化，不作为才可能构成犯罪。

但仅仅以上述简单认定的间接故意为据或者从间接故意出发又是不够的。“对结果发生必须抱积极的意志还是未必故意就足够了，这是法律解释上的一个问题。但即使未必故意就足够了……放置而脱离现场这一不作为（脱逃）本身还不能认为是杀人故意的表现（以脱逃推定杀人故意），所以，由未必故意来认定杀人故意必须充分探讨具体情况，对以未必故意认定犯罪要慎重。”① 简单地将交通肇事后逃逸行为认定构成故意杀人罪是形式的作为义务的必然结论，显然会不当地扩大因交通肇事之先行行为所引起的不纯正不作为故意杀人罪的范围。因此，仅仅为结果的发生提供了一个因果关系的契机而已的交通肇事先行行为不足以构成故意杀人罪的作为义务根据。② 事实上，过分依赖行为人主观方面的动机或者对结果的发生的态度来判定行为的性质并不完全可靠。因为按照间接故意理论，上述简单的分析完全可以认定，行为人对逃逸后被害人的结果，无论其如何，均至少属于放任。

因此，在日本的类似案例中，首先对上述案例中未必故意（间接故意）认定严格了要求，认为必须根据个案的具体情况，要求判断行为人具有“杀人的意思”，对结果发生具有高度盖然性具有认识。其次，在这种情况下构成故意杀人罪，仅有未必故意是不够的，必须考虑被害人受伤的程度，放置被害人的时间、气候、地点，逃逸场所的状况。也就是说，间接故意认定的标准以及内容逐渐具体化、客观化。因此，应当从主、客观各方面情况综合地分析、认定。上述所引我国案例中，也反映了这一取向。例如，实务上一般需要特别考察其所抛弃的场所是在偏僻公路、野外，还是在寒冷深夜，或者被害人是否为年迈的体质虚弱的老人等，而对将被害人抛至医院门口的案例，则不予认定构成故意杀人罪。

---

① ［日］日高义博．不作为犯的理论．北京：中国人民公安大学出版社，1989：64－65.

② 黎宏．不作为犯研究．武汉：武汉大学出版社，1997：169.

认定上述案件是否构成故意杀人罪时，还应当在客观上考虑行为人的逃逸行为是否支配或者利用了其交通肇事先行行为所导致的危险，即在因果进程上是否独立进行支配。这种法益保护的保证人地位具有对结果支配的排他性，即行为人在着手进行对结果的排他性支配后，其他人无法或者很难干预，从而使行为人对某种社会关系的保护处于独一无二的排他性地位。上述在间接故意认定中的具体内容实际也无非要强调这种排他性地位。除此之外，例如交通肇事后，行为人将被害人搬入车内，将车开走的，也产生排他性支配。①

不过，无论是韩某连故意杀人案还是倪某国交通肇事案，逃逸行为转化为故意杀人行为所需要的必要条件之一，就是在逻辑上必然存在着前逃逸隐藏等行为引起后发生的死亡结果这一因果顺序，即死亡结果是在逃逸隐藏等行为之后所发生。如果无法准确认定死亡时间，因而无法确定死亡结果与逃逸隐藏等行为的因果关系，那么即使从疑罪从轻角度，也只能对被告人按照交通肇事罪中“交通运输肇事后逃逸”这一加重情节处罚。

《交通肇事罪解释》第5条规定，“因逃逸致人死亡”，是指行为人在交通肇事后为逃避法律追究而逃跑，致使被害人因得不到救助而死亡的情形。而第6条规定，行为人在交通肇事后为逃避法律追究，将被害人带离事故现场后隐藏或者遗弃，致使被害人无法得到救助而死亡或者严重残疾的，以故意杀人罪或者故意伤害罪定罪处罚。显然，解释也注意到等价性原则的考量，没有将单纯的逃逸直接地认定为故意杀人罪，以区分两者的适用。但是，解释显然又忽略了交通肇事逃逸后致人死亡构成故意杀人罪的情形，其不仅表现为将被害人带离事故现场后隐藏或者遗弃，结合具体时空环境，例如寒冷的冬季、荒郊野外、行为人自己的车上（将被害人放在自己车上不送医院）等，有时单纯的逃逸也同样可以构成故意杀人罪，即肇事者的逃逸行为本身已经使被害人处于特别危险的境地，其行为直接、完全地排除了或者基本排除了他人对被害人进行救护的可能，因此，等价性的判断不完全地依赖于是否带离事故现场后隐藏或遗弃，必须实质性地判断行为人对被害人的生命是否实施了排他性的支配。

2. 交通肇事前提下构成不纯正不作为之故意杀人罪的罪数

在交通肇事后因逃逸致人死亡过程中，客观上显然可以将该过程分为两个阶段：逃逸前之交通肇事行为为第一阶段；消极逃逸或者在逃逸中又积极转移、隐藏、抛弃被害人，而致被害人死亡的是其第二阶段。主观上，前一阶段出于过失，而后一阶段出于故意。因此，在犯罪构成角度，存在着两个

① 黎宏．不作为犯研究．武汉：武汉大学出版社，1997：169.

行为是无疑的。在前一交通肇事行为已经构成犯罪前提下（如果前一交通肇事行为仅是单纯的先行行为，本身并未构成犯罪，则另当别论），之所以不能像有观点所主张的那样对后一行为按故意杀人罪认定，而应当按照交通肇事罪和故意杀人罪数罪并罚，原因就在于上述两行为不存在通常所主张的吸收关系。

由于大多数此类案例中行为人主观上均出于间接故意，因此如果死亡结果没有发生，并不构成间接故意的不作为故意杀人罪，仅以交通肇事罪论处即可，但对逃逸情节仍应予以处罚。在由直接故意构成故意杀人罪的场合中，行为人积极、主动地将被害人抛弃、转移、隐藏至偏僻处所等，应当将其认定为直接故意杀人犯罪；如果被害人未死亡的，应当以交通肇事罪与故意杀人罪未遂数罪并罚。

在处罚上，大量案例显示，因交通肇事先行行为引起的不纯正不作为犯虽然在等价值性上与作为的故意杀人罪相同，但是在具体案例中，所存在的各种情况表明行为人的主观恶性同作为的故意杀人罪相比，仍然存在着区别。因此在量刑上，上述案例相对较轻，反映在不纯正不作为犯理论上，这是一种应当注意并应予以一般性肯定的取向，但在等价的前提下，不应过度地减轻甚至将不作为本身直接作为减轻构成要件的适用理由。[①]

第三节　交通肇事罪的处罚

知识背景

根据《刑法》第 133 条的规定：违反交通运输管理法规，因而发生重大事故，致人重伤、死亡或者使公私财产遭受重大损失的，处 3 年以下有期徒刑或者拘役；交通运输肇事后逃逸或者有其他特别恶劣情节的，处 3 年以上 7 年以下有期徒刑；因逃逸致人死亡的，处 7 年以上有期徒刑。根据《交通肇事罪解释》第 4 条的规定，交通肇事具有下列情形之一的，属于“有其他特别恶劣情节”，处 3 年以上 7 年以下有期徒刑：（1）死亡 2 人以上或者重伤 5 人以上，负事故全部或者主要责任的；（2）死亡 6 人以上，负事故同等责任的；（3）造成公共财产或者他人财产直接损失，负事故全部或者主要责任，无能力赔偿数额在 60 万元以上的。

根据自 2021 年 7 月 1 日起施行的《最高人民法院、最高人民检察院关于

① 详尽的讨论参见林维．不真正不作为犯的量刑问题研究：以交通肇事中的故意杀人罪为切入点．法商研究，2005（3）。

常见犯罪的量刑指导意见（试行)》，交通肇事罪在量刑时需注意以下几点。

（1）构成交通肇事罪的，可以根据下列不同情形在相应的幅度内确定量刑起点：1）致人重伤、死亡或者使公私财产遭受重大损失的，可以在 2 年以下有期徒刑、拘役幅度内确定量刑起点。2）交通运输肇事后逃逸或者有其他特别恶劣情节的，可以在 3 年至 5 年有期徒刑幅度内确定量刑起点。3）因逃逸致一人死亡的，可以在 7 年至 10 年有期徒刑幅度内确定量刑起点。

（2）在确定量刑起点的基础上，可以根据事故责任，致人重伤、死亡的人数或者财产损失的数额以及逃逸等其他影响犯罪构成的犯罪事实增加刑罚量，确定基准刑。

（3）逃逸行为与交通肇事罪中的自首。在交通肇事行为中是否存在自首情节与前述逃逸行为存在着紧密关系。例如，甲驾驶汽车将正在沿人行道行走的乙撞伤，甲立即拦截车辆将被害人送至医院抢救，随后又在医院打电话报案。乙经抢救无效死亡后，甲即到交警部门投案，接受调查处理。否定上述情形构成自首的观点认为：行为人交通肇事后积极救护被害人是其法定义务，并不构成自首；如果行为人肇事后逃逸，不履行法定义务，就要依《刑法》第 133 条关于逃逸的规定处罚。因此，交通肇事罪中的自首只存在于交通肇事后逃逸的情况中，即在交通肇事后逃逸，但在公安机关抓捕归案之前，有自动投案，并如实供述自己罪行的情况。[①] 不过 2010 年《最高人民法院关于处理自首和立功若干具体问题的意见》第 1 条则明确规定：交通肇事后保护现场、抢救伤者，并向公安机关报告的，应认定为自动投案，构成自首的，因上述行为同时系犯罪嫌疑人的法定义务，对其是否从宽、从宽幅度要适当从严掌握。交通肇事逃逸后自动投案，如实供述自己罪行的，应认定为自首，但应依法以较重法定刑为基准，视情况决定对其是否从宽处罚以及从宽处罚的幅度。

案例评价

[案例 2－15] 谭某伟交通肇事案[②]

1. 基本案情

2007 年 5 月 5 日 23 时许，被告人谭某伟驾车在垫江县某收费亭前撞倒行人许某，致其颅脑损伤而当场死亡。公安机关交通事故认定书认定谭某伟对

① 2009 年浙江省高级人民法院颁布的《关于审理交通肇事刑事案件的若干意见》即规定：交通肇事后报警并在现场等候处理的行为，不能认定为自首；而交通肇事逃逸后向有关机关投案，并如实供述犯罪事实的，可以认定自首。

② 最高人民法院刑事审判第一、二、三、四、五庭．刑事审判参考：总第 80 集．北京：法律出版社，2011：8.

本次事故负主要责任。

2. 涉案问题

交通肇事后报警并留在现场等候处理的，能否认定为自动投案？

3. 裁判理由及结论

重庆市垫江县人民法院认为，被告人谭某伟的行为构成交通肇事罪，判处其有期徒刑 1 年 6 个月。一审宣判后，谭某伟上诉辩称：一审未认定其自首情节，其积极赔偿被害方经济损失，请求对其宣告缓刑。重庆市第三中级人民法院经审理后查明：谭某伟在发生交通事故后，立即拨打了 120 急救电话和 122 交通事故报警电话，留在现场等候处理，后随交警到公安机关如实交代了犯罪事实。案发后，谭某伟亲属积极赔偿被害人亲属的经济损失，并取得被害人亲属的谅解。据此，重庆市第三中级人民法院认为其行为成立自首，依法可予以从轻处罚。谭某伟认罪态度好，其亲属积极赔偿被害人亲属的经济损失，并取得被害人亲属谅解，可酌情予以从轻处罚，故改判其有期徒刑 1 年，缓刑 1 年 6 个月。

[案例 2 - 16] 王某彬交通肇事案①

1. 基本案情

2009 年 3 月 13 日 21 时许，被告人王某彬驾驶轿车载着王甲、王乙沿厦门市集美区 403 县道由西向东行驶，碰撞因故障停在同向南侧慢车道上由陈某驾驶的重型半挂牵引车牵引的重型集装箱半挂车左后部，后撞倒县道隔离带上的路灯杆，致使发生所载人员王甲当场死亡、王乙受轻伤的重大交通事故。事故发生后，王某彬因昏迷被送往医院治疗。同月 14 日 10 时许，王某彬擅自离开医院，后经交警部门多方工作及多次电话通知，于当日 21 时许到集美交警大队接受调查，如实供述了交通肇事的犯罪事实。交警部门认定王某彬对本起事故负主要责任，陈某负次要责任。另经调解，王甲的亲属与王某彬达成调解协议，对王某彬表示谅解。

2. 涉案问题

本案行为是否构成“交通肇事后逃逸”？

3. 裁判理由及结论

福建省厦门市集美区人民法院认为，被告人王某彬的行为成立交通肇事罪，且肇事后逃逸，但王某彬在犯罪后能够自动投案，如实供述自己的罪行，构成自首，依法可予以减轻处罚。鉴于王某彬对被害人家属积极赔偿，已取

① 最高人民法院刑事审判第一、二、三、四、五庭．刑事审判参考：总第 80 集．北京：法律出版社，2011：16.

得被害人亲属的谅解，可酌情予以从轻处罚，且其已认罪、悔罪，依法可适用缓刑。对辩护人所提王某彬不构成交通肇事后逃逸的辩护意见，不予采纳，故依法认定其成立交通肇事罪，判处有期徒刑2年，缓刑3年。

4. 评析意见

上述案件清晰地说明了在交通肇事罪中存在着多种多样的自首形态，行为人逃逸后自动投案自然构成自首，而交通肇事后积极进行抢救并向有关机关投案的，也应当认为构成自首。其理由在于如下三点。

第一，既然自首中所对应的犯罪既包括基本犯罪，也包括加重犯罪，那么对逃逸后成立的加重犯罪可以成立自首，对基本犯罪应当也可以成立自首，这是自首理论的当然结论。

第二，其他部门法规所规定的义务不能与刑法相冲突或者直接违背刑法的明文规定。固然肇事后的抢救以及保护现场等等均为相关法规规定为因肇事行为所产生的义务，但这并不能成为阻却自首成立的理由。正确地履行行政法规所规定的义务与刑法所规定的自首适用相符时，只能认为在规范要求上两者具有殊途同归的立法旨趣，而不能以前者是义务的履行而忽视后者的运用，从而使后者的立法意图在具体的个案中无法得到体现，这对整体的自首制度的运用无疑具有极大破坏力。同时，认为肇事后履行义务自动投案不能构成自首，但认定逃逸后再自动投案、如实供述的构成自首，本身就存有矛盾。因为后者中如实供述自己的罪行这一行为同样也是行为人的义务，但是义务的履行并不妨碍在刑事责任上对其仍可适用予以趋轻评价的立法思想。

第三，将肇事后的积极投案行为作为自首处理，并不会导致将所有交通肇事后未逃逸的行为均作为自首处理。有些人认为，由于《刑法》第133条已将逃逸行为作为加重情节对待，因而对未逃逸的行为人均应直接按照该条基本犯罪情节处刑，如果将上述情形认定为自首，就造成基本犯罪情节都应与自首同时适用的情形。但交通肇事后的自动投案仅符合了自首的自动投案条件，构成自首，尚需如实供述自己的罪行等条件。因而，并非所有肇事后未逃逸的均构成自首，虽有自动投案行为，但是并不具备自首的其他条件的，并不适用自首的规定。

第三章　生产、销售伪劣产品罪

第一节　生产、销售伪劣产品罪的构成

知识背景

（一）主体

本罪的行为主体包括自然人和单位。自然人须年满 16 周岁。虽然法条将本罪的行为主体表述为“生产者、销售者”，但这并不意味着本罪是真正身份犯。真正身份犯的构成身份要求是一种特殊资格，例如，贪污罪并非任何人都能构成，只有国家工作人员才能构成。而生产者、销售者并不是一种特殊资格，任何人都可以从事生产、销售活动，从而成为生产者和销售者，因此都可以成为本罪的行为主体。实际上，法条所表述的“生产者、销售者”在表面上是一种身份，其实只是对本罪行为主体的一种同义描述或称谓。去掉“生产者、销售者”，或改用“任何人或单位”，完全不影响本罪的构成要件。但是，真正身份犯的构成身份要求则不同，如果在法条中去掉该构成身份要求的表述，构成要件会发生变化。

（二）行为

本罪的实行行为是在产品中掺杂、掺假，以假充真，以次充好，以不合格产品冒充合格产品。

1. 在产品中掺杂、掺假

这是指在产品中掺入杂质或者异物，致使产品质量不符合国家法律、法规或者产品明示质量标准规定的质量要求，降低、失去应有使用性能的行为。对此，2001 年最高人民法院、最高人民检察院《关于办理生产、销售伪劣商品刑事案件具体应用法律若干问题的解释》（以下简称《伪劣商品案件解释》）有明确规定。该解释从质与量两个方面进行了界定。从质的方面看，所谓掺杂，是指在产品中掺入本产品一般情况下所含有的非本产品组成成分的物质。

所谓掺假，是指在产品中掺入本产品一般情况下不含有的非本产品物质，即异物。“杂”与“假”的区别在于：（1）“杂”是本产品在一般情况下所含有的，而“假”不是如此。这是因为，产品在生产、加工过程中必然与环境中的物质相接触，不可避免地含有其他杂质。例如，玉米中含有草籽、砂粒、尘土等。（2）“杂”与本产品在外形、颜色上在一般情况下差别很大，而“假”则恰恰相反。例如，在 20 吨磷肥中掺入 10 吨同磷肥一样颜色的泥土并将两者搅拌混合便是掺假行为，泥土不是磷肥在一般情况下所含有的物质，它不属于“杂”，而属于“假”。从量的方面看，掺杂、掺假必须达到致使产品质量不符合国家法律、法规或者产品明示质量标准规定的质量要求，且降低、失去应有使用性能，两个条件缺一不可。①

2. 以假充真

这是指以不具有某种使用性能的产品冒充具有该种使用性能的产品的行为，如以党参冒充人参，以猪皮鞋冒充牛皮鞋等。以假充真与掺假的区别在于：前者全部是假的，而后者仅仅部分是假的。例如，在桐油中掺入柴油，是掺假行为；而如果把柴油当作桐油来销售，就是以假充真的行为。不过，“假”与“真”的区别并不仅仅体现在使用性能方面，事物内部结构上也存在不同。因为不同的事物可以具有同样的使用性能，有时只不过是在使用性能的程度上存在差异。例如，将此种香烟当作彼种香烟来销售很难说是以假充真。

3. 以次充好

这是指以低等级、低档次产品冒充高等级、高档次产品，或者以残次、废旧零配件组合、拼装后冒充正品或者新产品的行为。有观点认为，“以次充好”，是指以同种品质较差的合格产品冒充同种品质较好的另一合格产品或者以同种品质较差的不合格产品冒充同种品质较好的另一不合格产品。问题是，“好”与“次”是就质地等级而言的，不是就合格不合格而言的。“好”不一定就是合格的，而“次”也不一定就是不合格的。产品在一般情况下有等级之分，高等级的产品相对于低等级的产品就存在“好”与“次”的区别，但符合某一等级的产品，对该等级的标准来说又是合格的。因此，不能将“好”与“合格”相等同。

4. 以不合格产品冒充合格产品

根据《伪劣商品案件解释》第 1 条的规定，不合格产品是指不符合《产品质量法》第 26 条第 2 款规定的质量要求的产品。《产品质量法》第 26 条第 2 款规定：“产品质量应当符合下列要求：（1）不存在危及人身、财产安全的

① 周洪波．生产、销售伪劣产品罪司法认定问题研究．国家检察官学院学报，2004（1）.

不合理的危险，有保障人体健康和人身、财产安全的国家标准、行业标准的，应当符合该标准；（2）具备产品应当具备的使用性能，但是，对产品存在使用性能的瑕疵作出说明的除外；（3）符合在产品或者其包装上注明采用的产品标准，符合以产品说明、实物样品等方式表明的质量状况。”

该条规定的上述行为难以确定的，应当委托法律、行政法规规定的产品质量检验机构进行鉴定。不过，对上述四种行为很难进行绝对地区分，有些行为既可以说是以次充好，也可以说是以假充真，还可以说以不合格产品冒充合格产品，司法实践中也没有必要硬性区分某种行为属于哪一类。只要实施其中一种行为便可能构成生产、销售伪劣产品罪，同时实施多种行为的，也只以一罪论处。

（三）客体

分析本罪的行为客体需要界定本罪的保护法益，因为法益对构成要件的解释具有指导作用。关于本罪的保护法益，传统观点认为是产品质量管理秩序以及不特定消费者的合法权益。产品质量管理秩序是首要法益，消费者的合法权益是第二位法益。[①] 然而，这种观点值得反思。

产品质量管理秩序是一种社会法益，而社会法益是以个人法益为基础的。刑法所保护的法益包括个人法益、社会法益和国家法益（社会法益和国家法益也被称为“超个人法益”），但是社会法益可以还原为个人法益，是个人法益的抽象化或一般化。将产品质量管理秩序作为本罪的首要法益存在一定缺陷。例如，销售者告知消费者金银首饰系伪劣产品，但消费者考虑到价格比较合适就自愿购买了该产品，那么销售者的这种行为虽然属于销售伪劣产品，破坏了产品质量管理秩序，但是没有侵犯消费者的合法权益，此时如果按照销售伪劣产品罪论处就显得没有必要。

因此，本罪的首要法益应是消费者的合法权益。但该法益也并非典型的个人法益，因为保护的不是具体、特定的某个消费者的合法权益，而是不特定的消费者的合法权益。同时，由于不特定消费者的合法权益被侵害，因此产品质量管理秩序会遭到破坏。保护不特定消费者的合法权益，提升一个概念就是保护产品质量管理秩序，故产品质量管理秩序只是本罪第二位的保护法益。例如，生产者告知批发商产品伪劣真相，批发商自愿大量购买伪劣产品的，这种销售活动虽然没有侵犯该批发商的合法权益，但是因为伪劣产品最终会被零售给不知情的终端消费者，仍会侵犯不特定消费者的合法权益，同时也会破坏产品质量管理秩序，因此这种销售行为仍构成生产、销售伪劣产品罪。

---

① 王作富．刑法．4版．北京：中国人民大学出版社，2009：310.

作为本罪的首要法益，不特定消费者的合法权益主要包括消费者的生命权、健康权、财产权，这一点对解释同类罪名的构成要件具有重要意义。刑法在“生产、销售伪劣商品罪”一节共设置了十个具体罪名，对每个罪名的保护法益应具体分析。生产、销售伪劣产品罪的保护法益是消费者作为购买方所拥有的权益，这也是其他八个具体罪名共同的保护法益，只是在具体到个罪时，法益保护有所侧重。生产、销售、提供假药罪，生产、销售、提供劣药罪，生产、销售不符合标准的医用器材罪，生产、销售有毒、有害食品罪和生产、销售不符合安全标准的食品罪的保护法益是消费者的生命权、健康权。生产、销售不符合卫生标准的化妆品罪的保护法益是消费者的健康权。生产、销售不符合安全标准的产品罪的保护法益是消费者的生命权、健康权、财产权。生产、销售伪劣农药、兽药、化肥、种子罪的保护法益是消费者的财产权。

本罪的行为对象是伪劣产品，还是对应的合格产品，理论上存在疑问。类似的问题有：在使用假币罪中，究竟假币是行为对象，还是相应的真货币是行为对象？在假冒注册商标罪中，行为对象是假冒的商标本身，还是他人已经注册的、受法律保护的商标？

传统观点认为，作为行为对象的物，必须体现法益，因而不能将犯罪行为对之施加了影响、却不体现法益的物当作行为对象。销售伪劣产品的行为，实际上是以伪劣产品冒充相应的合格产品，即以伪劣产品作用于合格产品，所以应以合格产品作为行为对象。但是将行为对象限定为合格产品会导致故意的认识内容及对象认识错误的问题难以处理。例如，行为人误将劣药当作一般伪劣产品予以销售的，属于抽象的事实认识错误。对此应当在主客观相统一的范围内定罪。由于对劣药可以评价为一般的伪劣产品，因此在销售伪劣产品罪的范围内实现了主客观相统一，可以以销售伪劣产品罪论处。但是如果认为伪劣产品不是销售伪劣产品罪的行为对象，就无法将劣药视为一般的伪劣产品，进而要求行为人对之有认识。实际上，行为对象体现法益是就一般情形而言的，而有些法条中表述的行为对象仅仅是基于实行行为的类型和特点从行为逻辑上确定的，在形式上并不一定遵循法益保护要求。因此，本罪的行为对象可以被确定为伪劣产品。

根据《产品质量法》第 2 条的规定，这里的“产品”，应是指经过加工、制作，用于销售的产品，不包括建设工程。除建设工程以外的一切伪劣产品，不管是工业用品还是农业用品，不管是生活用品还是生产资料，不管是有危害人身、财产安全的产品还是没有危害人身、财产安全的产品，都可能包括在本罪的伪劣产品之中。产品与服务是相对的，提供低劣的服务不属于这里的伪劣产品。伪产品主要是指“以假充真”的产品；劣产品是指掺杂、掺假的产品，以次充好的产品及冒充合格产品的不合格产品。

（四）故意

本罪的主观要件只能是故意。行为人明知自己在生产、销售的产品中掺杂、掺假，以假充真，以次充好或以不合格产品冒充合格产品的行为会发生破坏社会主义市场经济秩序、侵害消费者合法权益的危害结果，并且希望或者放任这种结果发生。

过失不可能构成本罪。例如，生产者在生产过程中疏忽大意造成产品配方出现错误，使该产品成为伪劣产品的，不构成本罪。如果造成严重后果的，也只能以其他犯罪论处。但是，生产者因疏忽大意生产出伪劣产品后，当查明该产品为伪劣产品时，仍然推向市场又符合本罪的构成要件的，则应以销售伪劣产品罪论处。再如，个体经销人员不知道自己购进的是伪劣产品然后销售的，不成立本罪。但是，如果行为人在购进某种产品时并不知道其为伪劣产品，但事后行为人知道其为伪劣产品，却仍然销售并符合本罪的其他要件的，应认定为销售伪劣产品罪。

实务中，如何认定生产者、销售者对生产、销售的是伪劣产品是否明知，需要仔细分析。国家制定了《产品质量法》以及其他一些产品质量监督管理的法律、法规，详细地规定了各类产品的各种标准和其他相关质量标准，对不符合这些质量标准的产品不得投放市场。因此，生产优质、合格的产品是生产者的法律责任与义务，生产者对其生产的产品是否符合相关生产标准与质量标准，负有法定的注意义务，如果在知道不符合生产标准的情况下，仍然进行生产，无疑是一种故意行为。至于销售者是否明知自己销售的产品为伪劣产品，则需要科学地认定。在司法实践中，判断销售者是否“明知”，应根据一切主、客观条件进行综合衡量，对销售者的心理状态进行综合分析判断：（1）买卖双方的成交价格。如果成交价格明显低于市场价格，就可以认定行为人“明知”；（2）进货渠道是否正当，卖方有无正当合法手续。如果进货渠道、购买手段都不正当，行为人就应当预见到购进的可能是伪劣产品，仍然购进并予以销售的，就可认定行为人“明知”；（3）产品有无质量合格标记。如果产品不具备相应的质量合格标记，就可以认定行为人明知销售的是伪劣产品；（4）买卖、交接产品的方式方法、时间地点。如果动用非正常的方式方法进行交易，行为人就可能明知是伪劣产品。另外，如果是某些特殊产品，行为人还应当具有一定的专业鉴别认识能力：在行为人不具备对这些特殊产品的认识鉴别能力的情况下，可能无法认定行为人对伪劣产品的“明知”；若行为人具备相应认识鉴别能力而仍然购进伪劣产品予以销售的，则可以认定行为人的“明知”。当然，在认定行为人对销售伪劣产品行为是否“明知”时，应当综合上述几种因素进行考虑，而不是截然断开它们的内在联系。①

除了对伪劣产品的认识问题，在主观要件中还需要探讨两个问题。第一，本罪的成立要求销售金额达到 5 万元，但问题在于销售金额是否属于故意的认识内容。也即成立犯罪故意，是否要求行为人认识到销售金额达到 5 万元？答案是否定的。

犯罪的实体是违法和责任。违法，是指行为造成侵害法益的事实（包括实害和危险）。责任，是指就违法事实能否谴责行为人。违法事实对责任具有限定机能，行为人只需就其制造的违法事实承担责任，不需就违法事实之外的事实承担责任。就违法事实能否谴责行为人，主要是看行为人对违法事实有无故意或过失。就故意犯罪而言，行为制造了违法事实，只有行为人认识到违法事实并希望或放任其发生，才能谴责行为人，所以违法事实对故意的认识范围起到限定作用。换言之，一个要素是否属于故意的认识内容，就看其是否属于行为制造的违法事实，或者是否为行为的违法性提供了实质根据。本罪的“销售金额”虽然是罪量要素，但是究其实质，销售金额并没有为生产、销售行为提供违法的实质根据。销售金额是销售行为的当然结果，只是销售行为的一种价值体现，其本身不具有实质内容。为行为的违法性提供实质根据的是销售行为本身而非销售金额，且销售金额本身也不是实害结果。因此，销售金额不是违法要素，也不是真正的构成要件结果，所以并非故意的认识内容。行为人只要认识到自己的行为是在生产、销售伪劣产品即可，不要求其认识到销售金额达到 5 万元，行为人对销售金额产生的认识错误并不重要。例如，行为人销售伪劣产品的销售金额是 5 万元，但其误以为销售金额是 3 万元，这并不影响其构成销售伪劣产品罪，这样处理符合主客观相统一的要求。

第二，本罪主观上是否要求具有非法获利的目的。有观点认为，行为人主观上要出于获取非法利润的目的。虽然从法律规定的表面上看，获取非法利润的目的并非本罪的主观要件，但刑法规定以销售金额较大为要件；销售金额较大是一个客观要件要素，与此相对应的主观要件要素就是出于获得非法利润的目的。但是，这种观点可能会带来新的问题。根据《刑法》第 149 条的规定，生产、销售本节任何伪劣商品的行为，都可能成立本罪。如果认为成立本罪要求行为人具有非法获利目的，就势必要求成立本节所有犯罪都必须具有非法获利目的，这与其他犯罪的构成要件不符，也不当地缩小了处罚范围。而且，销售金额其实不是本罪的成立条件，而是销售行为的价值体现。销售金额也不等于违法所得数额，销售金额越大，并不等于违法所得数

① 郭立新．论生产、销售伪劣产品罪的几个争议问题．法学评论，2001（1）．

额越大，有时，行为人亏本销售，销售金额越大，行为人损失越大。因此，本罪只要求行为人具有出售目的即可，不要求具有非法获利目的。

行为人低价亏本销售伪劣产品（价格与伪劣产品的价值相当），销售金额达到 5 万元的，该如何处理？若行为人低价亏本销售伪劣产品且告知消费者真相，消费者在了解真相的情况下自愿购买该伪劣产品的，则消费者的合法权益不会受到侵害，进而也可以推定产品质量管理秩序没有受到破坏，因此对行为人可以作无罪处理。若行为人欺骗消费者而销售伪劣产品，则其行为既侵害了消费者合法权益，又破坏了产品质量管理秩序，构成本罪，行为人无非法获利目的不影响本罪成立。同时，行为人也可能触犯诈骗罪。

规范依据

《刑法》

第一百四十条　生产者、销售者在产品中掺杂、掺假，以假充真，以次充好或者以不合格产品冒充合格产品，销售金额五万元以上不满二十万元的，处二年以下有期徒刑或者拘役，并处或者单处销售金额百分之五十以上二倍以下罚金；销售金额二十万元以上不满五十万元的，处二年以上七年以下有期徒刑，并处销售金额百分之五十以上二倍以下罚金；销售金额五十万元以上不满二百万元的，处七年以上有期徒刑，并处销售金额百分之五十以上二倍以下罚金；销售金额二百万元以上的，处十五年有期徒刑或者无期徒刑，并处销售金额百分之五十以上二倍以下罚金或者没收财产。

案例评价

[案例 3-1] 王某超等生产、销售有毒、有害食品案①
（“明知”的认定）

1. 基本案情

2008 年 10 月，因受“三鹿事件”影响，熊猫乳品公司的销售客户福建晋江公司将 1 300 余件熊猫牌全脂甜炼乳退回熊猫乳品公司。被告人王某超、洪某德、陈某华为减少本公司的经济损失，在明知退回的熊猫牌全脂甜炼乳存在三聚氰胺超标的情况下，仍于 2008 年 12 月 30 日召开有三被告人和公司生产技术部负责人荣某琼、朱某奏、潘某娟参加的会议，决定将上述退回的熊猫牌全脂甜炼乳按比例添加回炉生产炼奶酱，并于 2009 年 2 月起批量生产，直至 2009 年 4 月 23 日案发。熊猫乳品公司采用上述方式生产的炼奶酱合计

① 钱东君，褚玉兰，李晓杰．生产、销售有毒、有害食品罪中故意的认定．人民法院报，2011-06-23 (6).

6 520余罐，价值36万余元，其中已销售3 280余罐，价值20余万元。案发后，经上海出入境检验检疫局动植物与食品检验检疫技术中心、上海市质量监督检验技术研究院对福建晋江公司退回的熊猫牌全脂甜炼乳以及使用该甜炼乳回炉生产的炼奶酱进行抽样检测，所检产品三聚氰胺含量超标，其中最高值为34.1mg/kg（国家临时管理限量值为2.5mg/kg）。已销售的涉案炼奶酱召回率约94%。

2. 涉案问题

生产、销售有毒、有害食品罪中如何认定行为人的“明知”?

3. 裁判理由及结论

一审法院认为：3名被告人明知三聚氰胺系有毒、有害的非食品原料，为减少公司的经济损失，仍将三聚氰胺含量超标的甜炼乳掺入原料用于生产炼奶酱，且部分产品已销售，其行为符合单位生产、销售有毒、有害食品犯罪的构成要件，被告人王某超、洪某德系单位犯罪中的直接负责的主管人员，被告人陈某华系直接责任人员，依法均应其追究刑事责任。一审法院以生产、销售有毒、有害食品罪，分别判处被告人王某超有期徒刑5年，并处罚金人民币40万元；被告人洪某德有期徒刑4年6个月，并处罚金人民币30万元；被告人陈某华有期徒刑3年，并处罚金人民币20万元；对查获的三聚氰胺含量超标的熊猫牌甜炼乳及炼奶酱予以没收。

一审宣判以后，被告人王某超、洪某德表示不服，提起上诉。

二审法院认为：上诉人王某超、洪某德承担单位犯罪直接负责的主管人员的刑事责任准确无误；3名被告人严重背离了从业者的职业道德与行业规则，具有明显的主观故意，且王、洪认罪的酌定量刑情节不能成为二审对二人从轻处罚的理由。遂裁定驳回上诉，维持原判。

4. 评析意见

本案的争议问题是，王某超等对有毒、有害食品是否“明知”。本案中“明知”内容的认定不应当仅仅是指“是否明知召回的甜炼乳三聚氰胺是否超标”，还应包括在明知召回的甜炼乳三聚氰胺超标的情况下，回炉生产并予以销售，有可能出现危害他人生命健康等危害社会的结果。对此，可以采取推定的方法来认定：推定所依赖的基础事实必须扎实可靠；基础事实与应证事实之间应具备必然的常态联系；允许辩方举证反驳推定。本案中，熊猫乳品公司因生产的婴幼儿配方奶粉三聚氰胺含量严重超标而被全国通报。其因此停产整顿，并成立了一个由王某超任组长，陈某华为副组长，洪某德为成员的清理领导小组，负责召回清理工作。身为公司高级管理人员的王、洪对当时福建晋江公司退回的熊猫牌全脂甜炼乳中三聚氰胺含量是否超标以及如何处理予以关注并进行决策符合常理，和应证事实具有常态因果联系。本案中，王某超分管公司的生产和销售，和其他两被告人有一个认定的共识，即召开会议明确采取回炉鉴定，抽样调查，再次销售的处理方式。因此可以推定被告人“明知”三聚氰胺超标事实的存在。

[案例 3-2] 徐州某生物科技有限公司、李某某等生产、销售伪劣产品案①（产品质量标准与生产、销售伪劣产品罪的认定）

1. 基本案情

2016 年 1 月，被告人张某某作为被告单位徐州某生物科技有限公司的饲料添加剂配方师，在其研发的“造肉一号”“味霸”等饲料添加剂产品中违法添加了国家禁止添加的物质。在此情况下，被告人李某某作为被告单位的法定代表人，同意该禁止添加物质的采购、添加。后被告单位将加入国家禁止添加物质的“造肉一号”“味霸”生产并对外销售。2017 年 1 月至 3 月间，被告单位将上述“味霸”添加进 4%乳猪复合预混料 7401、4%仔猪复合预混料 7402、4%中猪复合预混料 7403、4%大猪复合预混料 7404、8%乳猪复合预混料 7801、8%仔猪复合预混料 7802、8%中猪复合预混料 7803、8%大猪复合预混料 7804 等预混料中。2016 年 1 月至 2017 年 2 月，含禁止添加物质的“造肉一号”销售额达人民币 19 万余元；2017 年 1 月至 2017 年 3 月，含禁止添加物质的“味霸”销售额达人民币 25 万余元；2017 年 1 月至 2017 年 3 月，含禁止添加物质的预混料销售额约人民币 146 万元。另有含禁止添加物质的库存价值人民币 3 万余元。

经江苏省兽药饲料质量检验所检验，被告单位生产的“增肉灵”、“造肉一号”、“味霸”、4%乳猪复合预混料 7401、4%仔猪复合预混料 7402、4%中猪复合预混料 7403、4%大猪复合预混料 7404、8%乳猪复合预混料 7801、8%仔猪复合预混料 7802、8%中猪复合预混料 7803、8%大猪复合预混料 7804、“无标识桶 1”“无标识桶 2”、无标识袋、白色粉末物质中均被检出格列本脲。经江苏省动物卫生监督所证明，格列本脲是一种人用处方药，禁止被用于饲料和饲料添加剂生产。

2. 涉案问题

被告人的行为是否成立生产、销售伪劣产品罪?

3. 裁判理由及结论

一审法院认为：本案中饲料添加剂和预混料系普通产品，向上述产品中添加格列苯脲违反了国务院《饲料和饲料添加剂管理条例》的规定，即违反

① 参见江苏省徐州市铜山区人民法院（2017）苏 0312 刑初 754 号刑事判决书、江苏省徐州市中级人民法院（2018）苏 03 刑终 230 号刑事裁定书。

了行业规定，且该行业规定系保障人体健康的国家标准和行业标准，对该行为应认定为以不合格产品冒充合格产品。被告人对格列苯脲系不允许添加成分主观上存在明知。被告人的行为既违反国家对该类产品的管理规定，也扰乱了市场秩序，破坏了正常的市场竞争，并且格列苯脲作为人用降糖药，并非任何人均可使用，使用不当可能造成人死亡的严重后果，故该产品存在巨大的风险，且这种危险状态持续存在。被告人的行为符合生产、销售伪劣产品罪的犯罪构成要件。被告单位徐州某生物科技有限公司以不合格产品冒充合格产品，被告人李某某、张某某作为直接负责的主管人员和其他直接责任人员，其行为均已构成生产、销售伪劣产品罪。李某某作为被告单位的法定代表人，为单位牟取非法利益，和被告人张某某共同实施犯罪，二被告人均系主犯。在共同犯罪中，张某某相对于李某某的作用较小，对张某某可酌情从轻处罚。遂依照相关法律判决：（1）被告单位徐州某生物科技有限公司犯生产、销售伪劣产品罪，判处罚金人民币 200 万元；（2）被告人李某某犯生产、销售伪劣产品罪，判处有期徒刑 13 年，并处罚金人民币 150 万元；（3）被告人张某某犯生产、销售伪劣产品罪，判处有期徒刑 11 年，并处罚金人民币 100 万元。

被告单位及被告人提起上诉。

二审法院对原审定罪、犯罪数额、主观认识等一系列问题进行了论证。在定罪问题上，二审法院认为徐州某生物科技有限公司生产的涉案产品中含有国家明令禁止添加的人用药成分格列本脲，明显不符合该行业对涉案产品的质量要求，且存在危及人身健康的不合理危险，涉案企业生产、销售上述不合格产品数额累计近 200 万元，涉案产品属于刑法意义上的不合格产品，该单位的行为已构成生产、销售伪劣产品犯罪。最终，二审法院裁定驳回上诉，维持原判。

4. 评析意见

本案定性的关键问题在于，被告单位、被告人的行为是否满足生产、销售伪劣产品罪构成要件的行为要求，或者说涉案产品是否属于本罪要求的伪劣产品。本罪规定了四种行为方式，相应地，有四种类型的伪劣产品。在本案审判过程中，法院认定的行为均是“以不合格产品冒充合格产品”，故在此从该行为方式着手进行分析。

前已述及，“不合格产品”是指不符合《产品质量法》第 26 条第 2 款规定的质量要求的产品，即对本罪中的不合格产品的认定需要以《产品质量法》的规定为前提。该款具体有三项要求，与本案有关的主要是第一项要求，即产品应当“不存在危及人身、财产安全的不合理的危险，有保障人体健康和人身、财产安全的国家标准、行业标准的，应当符合该标准”。农业部《无公

害食品 畜禽饲料和饲料添加剂使用准则》（NY 5032—2006）4.3.1 规定："营养性饲料添加剂和一般饲料添加剂产品应是《饲料添加剂品种目录》所规定的品种，或取得国务院农业行政主管部门颁发的有效期内饲料添加剂进口登记证的产品，抑或是国务院农业行政主管部门批准的新饲料添加剂品种。"该标准 4.4.1 规定："药物饲料添加剂的使用应遵守《饲料药物添加剂使用规范》，并应注明使用的添加剂名称及用量。"格列苯脲不属于上述《饲料添加剂品种目录》以及《饲料药物添加剂使用规范》附录中所列品种，也不符合其他要求，将其用于饲料和饲料添加剂生产的确违反了行业标准。但是，该标准是否系"保障人体健康、财产安全的"行业标准，仍然有模糊之处。有学者指出，制定该标准的确有保障人体健康、财产安全的作用，但是也具有其他目的，例如《饲料添加剂品种目录》和《饲料药物添加剂使用规范》的制定依据分别是《饲料和饲料添加剂管理条例》和《兽药管理条例》，这两部规范的制定目的除了保障人体健康和财产安全，还包括加强对饲料、饲料添加剂、兽药的管理等。此外，该行业标准采取正面规定可使用的添加剂的方式，也不意味着目录以外的品种都会威胁到人体健康。[①] 因此，认定涉案行为违反"保障人体健康、财产安全的"行业标准尚有值得商榷之处。

此外，法院在论证本案定性问题时，援引了《饲料和饲料添加剂管理条例》和农业部第 176 条公告的部分规定[②]，用以说明涉案行为的违法性。的确，涉案行为违反行政法规，具备行政违法性，但不能过于形式化地将行政违法性直接作为刑事违法的判断依据，还应当在行政违法性的基础上考虑法益侵害性等进行实质解释。从保护法益来看，本罪保护消费者的人身权、财产权等合法权益及附着于其上的产品质量管理秩序，因此需要重点分析：在饲料和饲料添加剂中加入格列苯脲之后，是否会导致饲料和饲料添加剂不具备相关性能从而无法满足消费者的合理预期，在食用饲料后牲畜体内是否会有残留，人食用牲畜制品之后是否会影响健康。但是在裁判理由中，这部分

---

① 蔡颖．在饲料添加剂中加入人药不构成生产、销售伪劣产品罪：以李某某案为例．河南警察学院学报，2020（2）.

② 例如《饲料和饲料添加剂管理条例》第 17 条第 2 款规定：饲料生产企业使用限制使用的饲料原料、单一饲料、饲料添加剂、药物饲料添加剂、添加剂预混合饲料生产饲料的，应当遵守国务院农业行政主管部门的限制性规定。禁止使用国务院农业行政主管部门公布的饲料原料目录、饲料添加剂品种目录和药物饲料添加剂品种目录以外的任何物质生产饲料。农业部第 176 号公告第 1 条规定：凡生产、经营和使用的营养性饲料添加剂和一般饲料添加剂，均应属于《允许使用的饲料添加剂品种目录》（农业部第 105 号公告）中规定的品种及经审批公布的新饲料添加剂，生产饲料添加剂的企业需办理生产许可证和产品批准文号，新饲料添加剂需办理新饲料添加剂证书，经营企业必须按照《饲料和饲料添加剂管理条例》第十六条的规定从事经营活动，不得经营和使用未经批准生产的饲料添加剂。第 4 条规定：人用药品的生产、销售必须遵守《药品管理法》及相关法规的规定。未办理兽药、饲料添加剂审批手续的人用药品，不得直接用于饲料生产和饲养过程。

的论证并不清晰，例如二审法院认为，“格列本脲系用于降血糖的西药成分，危害低血糖人群生命健康，对一般人群也具有危害性”，但是得出这一结论应当先明确行为人添加格列苯脲的剂量、牲畜食用饲料后在体内残留的剂量，并且明确在相应剂量之下对人体的危害。综上，在未明确涉案行为对消费者权益的危害时，认定行为人成立生产、销售伪劣产品罪尚有值得商榷之处。

深度研究

关于“不合格产品”的认定，需要深入研究。生产、销售伪劣产品罪的认定，在一定程度上以行为违反行政法为基础，例如对“不合格产品”的判断便需要考虑产品是否符合《产品质量法》第 26 条第 2 款的规定。但是，行为人生产、销售了不符合《产品质量法》规定的“不合格产品”且满足了数额要求，是否就必然成立生产、销售伪劣产品罪？换言之，对行政法上的“不合格产品”与刑法上的“不合格产品”是否需要进行完全一致的概念解释？行政违法性和刑事违法性是否可以画等号？结论应当是否定的。

法律概念具有相对性，即一个法律概念在法秩序中经常并不具有绝对固定、一成不变的含义，相反，要根据具体法律规定的目的、意义与体系地位对之进行解释。[①] 对法律概念进行相对解释与法秩序的统一也并不冲突，因为法秩序统一的根本在于不允许冲突结论，而不是不允许任何的不同。[②] 行政法与刑事法存在质与量的区别，有着不同的规范目的，行政法并不以保护法益为唯一目的，还有可能是为了加强管理、提高效率[③]，且后者可能是更为主要的目的。刑事法则以保护法益为目的，不会对法益造成危险或现实侵害的行为，不可能被认定为犯罪。因此，通过行政法判断得出的“不合格产品”不能直接等同于刑法上的“不合格产品”，不能因为一个行为具备了行政违法性就推知其具备刑事违法性。违反行政管理规范（妨碍行政效率）就等同于行政违法，但违反行政管理规范加上符合（实质的）构成要件且不存在违法阻却事由才能推导出刑事违法。[④] 对行政犯来说，刑法中存在的行政犯应当归属于刑法的范畴，即便构成行政犯以违反行政法为前提，最终也应当以刑法规范目的的实现来判定行为是否违法，排斥“行政从属性”，仅将行政不法作为刑事违法的一部分而非核心内容，仅将行政法规范作为证明刑事违法性的参

---

① 王钢．非法持有枪支罪的司法认定．中国法学，2017（4）．

② 胡树琪．生产、销售伪劣产品罪中“伪劣产品”的相对解释．法学评论，2021（2）．

③ 蔡颖．在饲料添加剂中加入人药不构成生产、销售伪劣产品罪：以李某某案为例．河南警察学院学报，2020（2）．

④ 周光权．产品质量标准与生产、销售伪劣产品罪．法治日报，2021－05－26（09）．

考资料，在刑法构成要件的解释中应充分发挥法益的限缩功能。[①]

具体到本罪，就产品质量相关的行政法而言，制定统一的标准方能有利于实现对产品生产、销售等环节的有效监督和管理，但是这些标准也会相对形式化。例如，《产品质量法》第 26 条第 2 款规定的第 3 项要求为“符合在产品或者其包装上注明采用的产品标准，符合以产品说明、实物样品等方式表明的质量状况”，不符合该要求的产品就属于行政法上的“不合格产品”。例如摩托车产品本身质量合格，但外包装上标明的产品主要指标有误，或者食品包装标注的生产日期提前了一天，都属于行政法上的“不合格产品”[②]。然而将生产、销售这些“不合格产品”达到规定数额的行为一概认定为生产、销售伪劣产品罪恐怕是欠缺妥当性的，还需要按照法益侵害的标准来进一步判断是否符合本罪的构成要件。本罪的保护法益在于人身权、财产权等消费者的合法权益以及附着于其上的产品质量管理秩序，因此只有威胁不特定多数消费者的合法权益的“不合格产品”，才能够成为刑法上的“不合格产品”。对生产、销售伪劣产品罪及同类罪名大多需要进行行政不法的判断，因此必须注意行政违法性与刑事违法性的区别，避免后者从属于前者。

第二节　生产、销售伪劣产品罪的认定

知识背景

（一）共同犯罪

《伪劣商品案件解释》第 9 条规定：知道或者应当知道他人实施生产、销售伪劣商品犯罪，而为其提供贷款、资金、账号、发票、证明、许可证件，或者提供生产、经营场所或者运输、仓储、保管、邮寄等便利条件，或者提供制假生产技术的，以生产、销售伪劣商品犯罪的共犯论处。2003 年 12 月 23 日最高人民法院、最高人民检察院、公安部、国家烟草专卖局《关于办理假冒伪劣烟草制品等刑事案件适用法律问题座谈会纪要》（以下简称《烟草纪要》）指出：“关于共犯问题。知道或者应当知道他人实施本《纪要》第一条至第三条规定的犯罪行为，仍实施下列行为之一的，应认定为共犯，依法追究刑事责任：（1）直接参与生产、销售假冒伪劣烟草制品或者销售假冒烟用注册商标的烟草制品或者直接参与非法经营烟草制品并在其中起主要作用的；（2）提供房屋、场地、设备、车辆、贷款、资金、账号、发票、证明、技术

① 简爱．我国行政犯定罪模式之反思．政治与法律，2018（11）．

② 周光权．产品质量标准与生产、销售伪劣产品罪．法治日报，2021－05－26（9）．

等设施和条件，用于帮助生产、销售、储存、运输假冒伪劣烟草制品、非法经营烟草制品的；（3）运输假冒伪劣烟草制品的。”应当注意的是，上述规定中的“应当知道”应该被理解为一种推定，否则就不满足故意的要求。

可以看出，二人只要有共同意思、共同行为就构成共同犯罪。共同行为包括实行行为、教唆行为、帮助行为。在时间上，共同行为既可以同时实施，也可以先后实施，还可以中途参与。在分工上，共同行为包括生产行为、运输行为、储存行为、销售行为。

（二）同类罪名的认定

1. 生产、销售、提供假药罪

本罪是指生产、销售假药和药品使用单位的人员明知是假药而提供给他人使用的行为。本罪经历过两次修改。在《刑法修正案（八）》出台前，成立本罪要求行为足以严重危害人体健康。《刑法修正案（八）》将本罪修正为抽象危险犯，即只要实施了本罪的实行行为，就认为对人体健康有危险；同时也对本罪加重处罚的情节以及罚金刑的有关规定作了修改。《刑法修正案（十一）》删除了原第 141 条第 2 款对假药范畴的规定，即删除“本条所称假药，是指依照《中华人民共和国药品管理法》的规定属于假药和按假药处理的药品、非药品”，增加药品使用单位人员故意提供假药的刑事责任，作为该条第 2 款。

本罪的行为对象是假药。药品是指用于预防、治疗、诊断人的疾病，且有目的地调节人的生理机能并规定有适应证或者功能主治、用法和用量的物质，包括中药材、中药饮片、中成药、化学原料药及其制剂、抗生素、生化药品、放射性药品、血清、疫苗、血液制品和诊断药品等。假药为仅限于用于人体的药品与非药品，生产、销售假农药、假兽药的，则不构成本罪，刑法为此设立了独立罪名。不过应当指出的是，虽然本罪的假药是指用于人体的药品，但因为都是假药，所以不要求真正能够用于人体。是否用于人体，不是从药效或药的性能来看的，而是取决于行为人的行为与主观意图。当行为人将某种物品假冒为对人体使用的药品时，它就是假药，而不管这种物品实际上能否用于人体。

如上所述，在《刑法修正案（十一）》出台前，刑法明确规定对假药的认定应当依照《药品管理法》进行，虽然相应规定已被删除，但是这并不意味着刑法对假药的认定与行政法完全分离，而应当理解为其解除了行政法的规定对刑法上假药认定的刚性约束，从而使刑法的判断获得了相对更自由的空间，但《药品管理法》对假药的界定仍具有很大的参考价值。事实上，2019 年修正的《药品管理法》对假药的定义也与此前有较大不同。根据现行《药品管理法》第 98 条之规定，假药包括如下四种情形：药品所含成分与国家药品标准规定的成分不符；以非药品冒充药品或者以他种药品冒充此种药品；变质的药品；药品所标明的适应证或者功能主治超出规定范围。

《刑法修正案（十一）》出台前，本罪的行为方式仅包括生产、销售假药的行为。一切制造、加工、配制、采集、收集某种物品充当合格或特定药品的行为，都是生产假药的行为。一切有偿提供假药的行为，都是销售假药的行为。从而在这一规定之下，无偿故意提供假药的行为，便不属于本罪规制的范畴。《刑法修正案（十一）》在原第 141 条的基础上增设第 2 款，药品使用单位的人员明知是假药而提供给他人使用的，应以提供假药罪定罪处罚。凡是依职能具有用药权限的单位，均可被理解为“药品使用单位”，在这些单位中具有药品管理、采购、使用等支配权限的人员应属于“药品使用单位的人员”①。

2. 生产、销售、提供劣药罪

本罪是指生产、销售劣药，对人体健康造成严重危害的行为和药品使用单位的人员明知是劣药而提供给他人使用的行为。《刑法修正案（十一）》对本罪进行了修改，删除原第 142 条第 2 款对劣药范畴的规定，即删除“本条所称劣药，是指依照《中华人民共和国药品管理法》的规定属于劣药的药品”，增加规定药品使用单位人员故意提供劣药的刑事责任作为该条第 2 款，同时对罚金刑也进行了调整。

本罪的行为对象是劣药。对删除本条中原有对劣药范畴之规定的理解可参照对生产、销售、提供假药罪的解读，兹不赘述。同样，2019 年修改《药品管理法》时，劣药之范畴亦有变化。根据现行《药品管理法》第 98 条之规定，劣药包括以下几种情形：药品成分的含量不符合国家药品标准；被污染的药品；未标明或者更改有效期的药品；未注明或者更改产品批号的药品；超过有效期的药品；擅自添加防腐剂、辅料的药品；其他不符合药品标准的药品。

由于劣药比假药的危害小，故成立本罪需要“对人体健康造成严重危害”这一实害结果的出现。根据《最高人民法院、最高人民检察院关于办理危害药品安全刑事案件适用法律若干问题的解释》（高检发释字［2022］1 号）第 2 条之规定，下列情形属于“对人体健康造成严重危害”：造成轻伤或者重伤的；造成轻度残疾或者中度残疾的；造成器官组织损伤导致一般功能障碍或者严重功能障碍的；其他对人体健康造成严重危害的情形。

本罪的主观要求是故意，即明知生产、销售、提供劣药的行为会发生破

① 谢望原．药品犯罪的修改完善与合理解释：基于《刑法修正案（十一）》的解读．中国法律评论，2021（1）.

坏市场秩序、危害人体健康的结果，并且希望或者放任这种结果的发生。行为人对假药和劣药产生认识错误的，由于对假药可以评价为劣药，在生产、销售劣药罪范围内实现了主客观相统一，所以可以生产、销售劣药罪论处。

3. 妨害药品管理罪

本罪为《刑法修正案（十一）》新增，具体包含四种行为方式：生产、销售国务院药品监督管理部门禁止使用的药品的；未取得药品相关批准证明文件生产、进口药品或者明知是上述药品而销售的；药品申请注册中提供虚假的证明、数据、资料、样品或者采取其他欺骗手段的；编造生产、检验记录的。本罪是具体危险犯，除违反药品管理法规，具有上述四种情形之外，还必须“足以严重危害人体健康”。

本罪的新增是与《药品管理法》的修改相适应的。《药品管理法》对假药、劣药进行了新的调整，虽然该法对药品犯罪中假药、劣药的界定不具备刚性约束力，但必定会产生影响。既然 2015 年《药品管理法》第 48、49 条中部分“按假药论”“按劣药论”的情形被 2019 年《药品管理法》排除出假药、劣药范畴，并另以第 124 条进行部分规制，则相应地，《刑法》第 141 条、142 条中假药和劣药的范围都应缩小，并应新增设条款对《药品管理法》第 124 条的相关内容进行刑事性的保障。①

如果行为人的行为满足本罪构成要件，同时又构成生产、销售、提供假药罪，生产、销售、提供劣药罪或者其他犯罪的，依照处罚较重的规定定罪处罚。

4. 生产、销售不符合安全标准的食品罪

本罪是指生产、销售不符合安全标准的食品，足以造成严重食物中毒事故或者其他严重食源性疾患的行为。本罪是具体危险犯。

本罪行为对象是不符合安全标准的食品。食品，是指各种供人食用或者饮用的成品和原料以及按照传统既是食品又是药品的物品，但不包括以治疗为目的的物品。不符合安全标准的食品，是指不符合《食品安全法》规定的安全标准的食品，但生产、销售有毒、有害食品的，不成立本罪。

关于具体危险的判断。根据 2022 年 1 月 1 日施行的最高人民法院、最高人民检察院《关于办理危害食品安全刑事案件适用法律若干问题的解释》第 1 条的规定，生产、销售不符合食品安全标准的食品，具有下列情形之一的，应当认定为《刑法》第 143 条规定的“足以造成严重食物中毒事故或者其他严重食源性疾病”：含有严重超出标准限量的致病性微生物、农药残留、兽药残留、生物毒素、重金属等污染物质以及其他严重危害人体健康的物质的；

① 杜宇．《刑法修正案（十一）》中药品犯罪修订之得失．法学，2021（3）.

属于病死、死因不明或者检验检疫不合格的畜、禽、兽、水产动物肉类及其制品的；属于国家为防控疾病等特殊需要明令禁止生产、销售的；特殊医学用途配方食品、专供婴幼儿的主辅食品营养成分严重不符合食品安全标准的；其他足以造成严重食物中毒事故或者严重食源性疾病的情形。

5. 生产、销售有毒、有害食品罪

本罪是指在生产、销售的食品中掺入有毒、有害的非食品原料，或者销售明知掺有有毒、有害的非食品原料的食品的行为。本罪是抽象危险犯。

本罪的行为对象是有毒、有害食品。有毒的范围容易确定，有害的范围则较广。有毒、有害的共同点是可能造成严重食物中毒或者其他严重食源性疾患。销售的含有苍蝇、指甲、头发的食品也可谓是有害食品，但不属于本罪的有害食品。应注意的是，这里的食品不能完全按照日常含义理解。其一，虽然食品是用于人食用的物品，但因为本罪中的食品是指有毒、有害食品，所以不要求真正能够为人所食用。有些物品本来不能为人所食用，但行为人将它作为食品销售给人的，就是本罪中的有害食品。因此，是否能为人所食用，不是从物品的营养用途来看的，而是取决于行为人的行为与主观意图。例如，工业酒精本不能为人所食用，但行为人用工业酒精勾兑成散装白酒出售给他人的，成立销售有毒、有害食品罪。其二，本罪的食品不要求是经过加工制作的。例如，将打捞的中毒并含有重金属的鱼出售中，也成立销售有毒、有害食品罪。

本罪的行为方式包括三种：一是在生产的食品中掺入有毒、有害的非食品原料，二是在销售的食品中掺入有毒、有害的非食品原料，三是明知是掺有有毒、有害的非食品原料的食品而销售。

本罪的主观方面只能是故意，即明知是有毒、有害的非食品原料，而掺入自己生产、销售的食品中，或者明知是掺有有毒、有害的非食品原料的食品而销售，明知自己的行为会发生破坏市场经济秩序，造成食物中毒或者其他食源性疾患的危害结果，并且希望或者放任这种结果的发生。过失行为不成立本罪。根据相关司法解释，使用盐酸克仑特罗等禁止在饲料和动物饮用水中使用的药品或者含有该类药品的饲料养殖供人食用的动物，或者销售明知是使用该类药品或者含有该类药品的饲料养殖的供人食用的动物的，以本罪论处。明知是使用盐酸克仑特罗等禁止在饲料和动物饮用水中使用的药品或者含有该类药品的饲料养殖的供人食用的动物，而提供屠宰等加工或者销售其制品的，成立本罪。

本罪与生产、销售不符合安全标准的食品罪的区别在于：第一，本罪的行为对象是掺有有毒、有害的非食品原料的食品。第二，本罪不要求发生实害结果，也不要求有发生结果的具体危险。但是，有毒、有害食品必然是不符合安全标准的食品。因此，生产、销售有毒、有害食品即使不构成生产、销售有毒、有害食品罪，也有可能构成生产、销售不符合安全标准的食品罪。

本罪与投放危险物质罪的区别在于：第一，二者的行为方式不同。前者表现为生产、销售了掺入有毒、有害的非食品原料的食品，后者表现为在食品、河流、水井乃至公众场所等地投放毒害性、放射性等危险物质。第二，行为发生的条件不同。前者的行为发生在客观的生产、经营活动中；后者的行为一般与生产、经营活动没有关系。第三，主体要求不同。前者的自然人主体必须已满 16 周岁，单位可以成为本罪主体；后者的自然人主体只需已满 14 周岁，单位不能成为其主体。但是，二者不是对立排斥关系，完全可以产生想象竞合，对此应择一重罪论处。

6. 生产、销售不符合标准的医用器材罪

本罪是指生产不符合保障人体健康的国家标准、行业标准的医疗器械、医用卫生材料，或者销售明知是不符合保障人体健康的国家标准、行业标准的医疗器械、医用卫生材料，足以危害人体健康的行为。本罪是具体危险犯。

本罪的行为对象是不符合标准的医疗器材。医疗器械，是指用于治疗人体疾病的机械设备、仪器、用具等；医用卫生材料，是指在医疗过程中使用的辅助性、消耗性物品。国家标准，是指国务院标准化行政主管部门制定的，在全国范围内适用的统一技术要求；行业标准，是指对没有国家标准的产品，由国务院有关行政主管部门制定的，在全国某个行业范围内适用的统一技术要求。没有国家标准、行业标准的医用器材，注册产品标准可被视为“保障人体健康的行业标准”。

《伪劣商品案件解释》指出：“医疗机构或者个人，知道或者应当知道是不符合保障人体健康的国家标准、行业标准的医疗器械、医用卫生材料而购买、使用，对人体健康造成严重危害的，以销售不符合标准的医用器材罪定罪处罚。”首先，由于本罪的主观方面只能是故意，共同犯罪的成立也要求有共同故意，因此其中的“应当知道”应理解为推定行为人知道。其次，由于本罪处罚的是生产、销售行为，将“购买、使用”行为也包含其中予以处罚，只能认为是一种法律拟制。

7. 生产、销售不符合安全标准的产品罪

本罪是指生产不符合保障人身、财产安全的国家标准、行业标准的电器、压力容器、易燃易爆产品或者其他不符合保障人身、财产安全的国家标准、行业标准的产品，或者销售明知是以上不符合保障人身、财产安全的国家标准、行业标准的产品，造成严重后果的行为。

本罪是实害犯，造成他人伤害、死亡或者重大财产损失等严重后果的，才成立本罪，因此需要认定行为与结果之间的因果关系。实践中，生产者、销售者与消费者、使用者往往相互推诿。于前者往往认为严重后果是因消费者、使用者没有遵守使用常规或者使用说明造成的。于后者常常认为严重后果是因为产品质量存在问题。对于这些问题，司法机关必须查明行为人生产、销售的产品是否符合国家标准、行业标准。任何不符合保障人身、财产安全的国家标准、行业标准的产品的生产者、销售者，都不能要求消费者、使用者自己避免严重后果的发生；反之，对符合标准的产品则需要遵守使用常规或使用说明。因此，行为与结果之间是否具有因果关系，主要取决于产品是否符合国家标准、行业标准。

8. 生产、销售伪劣农药、兽药、化肥、种子罪

本罪是指生产假农药、假兽药、假化肥，销售明知是假的或者失去使用效能的农药、兽药、化肥、种子，或者生产者、销售者以不合格的农药、兽药、化肥、种子冒充合格的农药、兽药、化肥、种子，使生产遭受较大损失的行为。本罪是实害犯。这里的“兽药”包括禽类药品，“种子”包括树苗。这些解释属于扩大解释，但没有明显超出国民的预测可能性，不违反罪刑法定原则。根据《伪劣商品案件解释》规定，本罪中的“使生产遭受较大损失”，一般以 2 万元为起点；“重大损失”，一般以 10 万元为起点；“特别重大损失”，一般以 50 万元为起点。

9. 生产、销售不符合卫生标准的化妆品罪

本罪是指生产不符合卫生标准的化妆品，或者销售明知是不符合卫生标准的化妆品，造成严重后果的行为。化妆品是指以涂擦、喷洒或者其他类似方法，施用于皮肤、毛发、指甲、口唇等人体表面，以清洁、保护、美化、修饰为目的的日用化学工业产品。根据最高人民检察院、公安部《关于公安机关管辖的刑事案件立案追诉标准的规定（一）》第 24 条的规定，生产不符合卫生标准的化妆品，或者销售明知是不符合卫生标准的化妆品，涉嫌下列情形之一的，应予立案追诉：造成他人容貌毁损或者皮肤严重损伤的；造成他人器官组织损伤导致严重功能障碍的；致使他人精神失常或者自杀、自残造成重伤、死亡的；其他造成严重后果的情形。

（三）竞合问题

1. 注意规定

《刑法》第 149 条第 1 款规定：“生产、销售本节第一百四十一条至第一百四十八条所列产品，不构成各该条规定的犯罪，但是销售金额在五万元以上的，依照本节第一百四十条的规定定罪处罚。”该款的性质属于注意规定。

注意规定，是指在刑法已作基本规定的前提下，提示司法人员注意，以免司法人员忽略的规定。注意规定的特点是，其并不改变基本规定的内容，只是对基本规定内容的重申；即使不设置该规定，遇到此类情形也应按照基

本规定处理。

《刑法》第 141 条至第 148 条所规定的都是生产、销售特定伪劣产品的犯罪。根据上述规定，生产、销售特定伪劣产品，但并不符合《刑法》第 141 条至第 148 条规定的构成要件，并不意味着绝对不成立犯罪，如果销售金额在 5 万元以上，则依照《刑法》第 140 条的规定认定为生产、销售伪劣产品罪。所谓“生产、销售本节第一百四十一条至第一百四十八条所列产品，不构成各该条规定的犯罪”，是指行为人虽然生产、销售了《刑法》第 141 条至第 148 条所列的特定伪劣产品，却没有发生各该条所规定的危害结果或具体危险。例如，生产、销售劣药，却没有对人体健康造成严重危害。在这种情况下，如果销售金额达到了 5 万元，则认定为《刑法》第 140 条的生产、销售伪劣产品罪。

2. 法条竞合

《刑法》第 149 条第 2 款规定：“生产、销售本节第一百四十一条至第一百四十八条所列产品，构成各该条规定的犯罪，同时又构成本节第一百四十条规定之罪的，依照处罚较重的规定定罪处罚。”这是关于法条竞合适用原则的特别规定。《刑法》第 140 条对生产、销售的商品种类没有限定，是关于生产、销售伪劣商品犯罪的一般法条规定，第 141 条至第 148 条对生产、销售的商品种类作了特别规定，是关于生产、销售伪劣商品犯罪的特别法条。

一般情况下发生法条竞合时，应按特别法优于普通法的原则处理。但立法机关考虑到，一概适用该原则会导致处理本节犯罪时出现罪刑不均衡的现象，于是规定了重法优于轻法的原则。例如，行为人生产、销售不符合安全标准的产品，造成严重后果，并且销售金额在 50 万元以上。如果根据《刑法》第 146 条的规定，对这种行为最高只能处 5 年有期徒刑；而根据第 140 条的规定，生产、销售普通伪劣产品销售金额在 50 万元以上不满 200 万元的，最高可处 15 年有期徒刑。此时如果适用第 146 条的规定，对行为人判处 5 年有期徒刑，会不当地轻纵了行为人。这等于向行为人告知：从避重就轻的角度看，销售普通伪劣产品不如销售不符合安全标准的产品。然而，刑法规定生产、销售不符合安全标准的产品罪，就是为了突出打击生产、销售不符合安全标准的产品的行为。为了避免这种罪刑不相适应的现象出现，《刑法》第 149 条第 2 款规定了重法优于轻法的原则。

（四）罪名关系

1. 销售伪劣商品罪与诈骗罪的关系

传统理论对销售伪劣商品罪与诈骗罪的区分表述为：第一，保护法益不同。前者的保护法益是产品市场秩序，后者的保护法益是个人的财产。第二，行为方式不同。前者的行为方式是销售，后者的行为方式是欺骗使对方产生认识错误。第三，行为对象不同。前者的行为对象是伪劣产品，后者的行为对象就是被害人及其财物。然而，这样的区分都属于表面区分，无法排除二者可能想象竞合。例如，二者的保护法益就有重叠，销售伪劣商品罪的首要保护法益是消费者的合法权益，其中就包括消费者的财产。二者的行为方式也可能相同，即欺骗行为有可能通过销售方式表现。

试图将销售伪劣商品罪与诈骗罪进行区分并对立起来的做法并不妥当。其实，并非任何两个不同罪名都需要严格区分标准。只有两个罪名是对立排斥关系时，才需要明确它们的区分标准。所谓对立排斥关系，是指肯定行为成立甲罪，就必然否定行为成立乙罪；反之亦然。例如，盗窃罪与侵占罪的关系便是如此。盗窃罪的对象只能是他人占有的财物，而侵占罪的对象必须是自己事先占有的他人财物，故针对同一个对象的同一个行为不可能既成立盗窃罪，又成立侵占罪。

人们在提出区分标准时，常说“甲罪的行为一般表现为 A，乙罪的行为一般表现为 B”。可是，当案件中的行为并不“一般”而比较特殊时，这种区分标准便没有意义。又如，人们在提出区分标准时，往往说“甲罪只能是 A，而乙罪既可以是 A，也可以是 B。”可是，当案件事实是 A 时，究竟是成立甲罪还是成立乙罪便不明确。例如，常见的观点认为，强拿硬要型寻衅滋事罪与抢劫罪的区别在于：于前者行为人主观上还具有逞强好胜和通过强拿硬要来填补其精神空虚等目的，于后者行为人一般只具有非法占有他人财物的目的。可是，如果行为人既带有非法占有目的，又带有逞强好胜等流氓动机，强拿硬要他人财物，是构成抢劫罪还是构成寻衅滋事罪，便有了疑问。

认定犯罪是一个三段论推理过程：刑法规定的罪名的构成要件是大前提，案件事实是小前提，结论是该案件事实是否符合某个罪名的构成要件。当判断得出该案件事实符合甲罪的构成要件后，还要看该案件事实是否符合乙罪的构成要件。只要甲罪与乙罪不是对立排斥关系，那么一个案件事实就有可能同时符合两个犯罪的构成要件，此时便产生想象竞合的现象，应择一重罪论处。

销售伪劣商品罪与诈骗罪的构成要件属于对立排斥关系还是交叉重合关系？对此进行区分，关键是看两罪是根据一个标准或角度来划分的，还是根据两个标准或角度来划分的。若是前者，就是对立排斥关系；若是后者，就有可能产生交叉重合关系。例如，如果仅根据性别来划分学生，就分为男生与女生，二者是对立排斥关系；如果还根据学历来划分，又可分为本科生与研究生，二者是对立排斥关系。但是，男生与本科生的关系就不是对立排斥关系，而是交叉重合关系。很显然，对销售伪劣商品罪与诈骗罪是根据两个标准或角度划分的，对前者是根据破坏市场经济秩序这一法益来划分的，对后者是根据财产法益来划分的，因此二者不会是对立排斥关系，而是交叉重合关系，即一个行为有可能同时触犯两罪，此时应当按照想象竞合的规则择一重罪论处。

需要注意的是，销售伪劣商品罪与诈骗罪不是法条竞合关系。法条竞合与想象竞合的区别主要在于：法条竞合是一种静态竞合，想象竞合是一种动态竞合。法条竞合并不需要借助具体案件事实，仅仅考察法条，就可以发现两个法条存在触犯一个必然触犯另一个的关系。而想象竞合需要借助具体案件事实，基于该案件事实的多样性，既符合此法条的构成要件，又符合彼法条的构成要件，出现两个法条被同时触犯的局面。当仅仅考察法条规定时，无法看出触犯销售伪劣商品罪就必然触犯诈骗罪，二者要产生竞合必须借助具体案件事实，因此二者不属于法条竞合。

反对意见可能认为，销售伪劣商品必然是隐瞒真相，销售给不知情的消费者，如果告知真相，消费者自愿购买，则不构成销售伪劣商品罪。从这个角度看，销售伪劣商品的行为必然是一种欺骗行为，因此触犯销售伪劣商品罪必然会触犯诈骗罪。这种看法在本质上是将销售伪劣商品罪的保护法益局限为具体、特定的消费者的合法权益。然而，销售伪劣商品罪的首要保护法益是不特定的消费者的合法权益，第二位保护法益是产品市场秩序。其一，所谓不特定的消费者的合法权益就是指消费者群体的合法权益，这是一种公共或公众的法益。某个具体、特定的消费者自愿购买伪劣产品，只对本起交易有意义，不能消除或否定销售者销售伪劣商品的危害性，因为销售者还会向其他不特定消费者销售伪劣商品。其二，产品市场秩序虽然是第二位的保护法益，但也具有存在的意义。例如，生产者告知批发商产品伪劣真相，批发商自愿大量购买伪劣产品的，这种销售活动虽然没有侵犯该批发商的合法权益，但是因为伪劣产品最终会零售给不知情的终端消费者，因此也会破坏产品市场秩序，这种销售行为构成生产、销售伪劣产品罪，但并不构成诈骗罪。

2. 生产、销售伪劣商品罪与假冒注册商标罪的关系

假冒注册商标罪，是指违反商标管理法规，未经商标所有人许可，在同一种商品上使用与其注册商标相同的商标，情节严重的行为。假冒注册商标罪的行为对象是他人的注册商标，而生产、销售伪劣商品罪的行为对象是伪劣商品。应注意的是，假冒他人注册商标的商品既可能是合格商品，也可能是伪劣商品。反过来，生产、销售的伪劣商品既可能是假冒他人注册商标的商品，也可能不是假冒他人注册商标的商品。

生产、销售伪劣商品的行为人，在其生产、销售的伪劣商品上擅自使用他人的注册商标的，应如何处理？数罪并罚说认为，从犯罪构成来看，行为

人主观上既有假冒注册商标的故意，又有生产、销售伪劣商品的故意；客观上既实施了假冒注册商标的行为，又实施了生产、销售伪劣商品的行为；客体上既侵犯了国家商标管理制度，又侵犯了国家产品质量管理制度。因此该行为符合两个独立的犯罪构成要件，属于两个行为触犯了两个罪名，所以应当以生产、销售伪劣商品罪与假冒注册商标罪数罪并罚。① 想象竞合犯说认为，在该情形中，假冒注册商标的商品必然是“伪劣商品”中的“伪”商品，假冒注册商标行为必然同时是生产、销售伪劣商品的犯罪行为，故应适用想象竞合犯的处罚原则，从一重罪处断。② 牵连犯说认为，该情形符合牵连犯的特征。以主张的处罚原则不同，牵连犯说又可分为两种观点。一是认为，假冒注册商标行为一般是生产、销售伪劣商品行为的方法、手段行为，应按牵连犯处理，从一重处罚。③ 二是认为，该情形属于牵连犯，但应实行数罪并罚。因为对数个性质不同的犯罪行为只以一罪论处并不合理，且目前我国立法上已有突破对牵连犯从一重处罚的先例。④

对此，需要澄清行为人实施的行为的数量是一个还是两个，如果是独立的两个行为，则不可能是想象竞合犯，有可能是牵连犯或者需要数罪并罚。从自然意义上看，行为人在其生产、销售的伪劣商品上擅自使用他人注册商标，这里存在两个行为：一是生产、销售行为，二是使用他人注册商标的行为。但是，在伪劣商品上使用他人的注册商标，本身就是一种生产伪劣商品的行为。换言之，正因为在自己生产的商品上擅自使用他人的注册商标，该商品才成为“伪”商品。简言之，生产伪劣商品的行为能够包容擅自使用他人注册商标的行为。因此，二者在整体上属于一个行为。该行为侵害了两个法益，触犯了两个罪名，属于想象竞合犯，应择一重罪论处。《伪劣商品案件解释》中表明了相同态度，其中规定：“实施生产、销售伪劣商品犯罪，同时构成侵犯知识产权、非法经营等其他犯罪的，依照处罚较重的规定定罪处罚。”

实践中，销售伪劣商品罪与假冒注册商标罪或销售假冒注册商标的商品罪容易发生混淆的情形有：

第一，以假充真，销售伪且劣的商品。也即行为人以真品价格对外销售假冒注册商标的商品，该商品不具有产品说明所示的使用性能，属于劣质商品。行为人隐瞒真相，消费者不知情而购买。在这种情形下，行为人侵害了

① 朱孝清．略论惩治假冒商标犯罪的几个问题．法学，1994（2）.

② 中国高级法官培训中心，中国人民大学法学院．中国审判案例要览：1995年综合本．北京：中国人民大学出版社，1996：129.

③ 赵秉志．侵犯知识产权犯罪研究．北京：中国方正出版社，1999：99.

④ 孙力．略论假冒注册商标犯罪的法律适用．法学，1993（5）.

消费者合法权益，破坏了产品市场秩序，从而触犯了销售伪劣商品罪，同时该行为符合诈骗罪及销售假冒注册商标的商品罪的构成要件，三罪想象竞合，择一重罪论处。

第二，以假充真，销售伪而不劣的商品。也即行为人以真品价格对外销售假冒注册商标的商品，但该商品具有产品基本使用性能，不属于劣质商品。行为人隐瞒真相，消费者不知情而购买。在这种情形下，行为人侵害了消费者合法权益，破坏了市场秩序，触犯了销售伪劣产品罪，同时该行为符合诈骗罪和销售假冒注册商标的商品罪的构成要件，三罪想象竞合，择一重罪论处。

第三，以假卖假，销售伪而不劣的商品。也即行为人以远低于真品的价格对外销售假冒注册商标的商品，该商品具有产品基本使用性能，不属于劣质商品。行为人没有隐瞒真相，消费者知情并自愿购买。由于这种行为类型没有欺骗消费者群体，没有侵害消费者合法权益，就此而言该行为指向的商品不属于销售伪劣商品罪中的“劣商品”，因为该罪的“劣商品”是相对于消费者群体而言的，消费者自愿购买，那么在消费者眼中就不属于“劣商品”，所以该行为不构成销售伪劣商品罪。但相对于真实的注册商标而言，该产品属于假冒注册商标的商品，属于“伪商品”。这种行为侵害了他人的注册商标权利，构成销售假冒注册商标的商品罪。

第四，以假卖假，销售伪且劣的商品。也即行为人以远低于真品的价格对外销售假冒注册商标的商品，该商品不具有产品基本的使用性能，属于劣质产品。行为人没有隐瞒真相，消费者知情并自愿购买（例如某些街边马路市场上兜售的商品）。由于这种行为类型没有欺骗消费者群体，没有侵害消费者合法权益，就此而言该行为指向的商品不属于销售伪劣产品罪中的“伪劣商品”，因为该罪的“伪劣商品”是相对于消费者群体而言的，消费者知道真实情况自愿购买，那么在消费者眼中就不属于“伪劣商品”，所以该行为不构成销售伪劣商品罪。但相对于真实的注册商标而言，该产品属于假冒注册商标的商品，属于“伪商品”。这种行为侵害了他人的注册商标权利，构成销售假冒注册商标的商品罪。

3. 生产、销售伪劣商品罪与以危险方法危害公共安全罪的关系

一般情况下，生产、销售伪劣商品罪与以危险方法危害公共安全罪的区别在于：第一，二者的行为方式不同。前者表现为生产、销售伪劣商品的行为，后者表现为以危险方法危害公共安全的行为。第二，主体要求不同。生产、销售伪劣商品罪的自然人主体必须已满 16 周岁，单位可以成为本罪主体；后者的自然人主体只需已满 14 周岁，单位不能成为其主体。但是，二者不是对立排斥关系，完全可以产生想象竞合，对此应择一重罪论处。

规范依据

《刑法》

第一百四十条　生产者、销售者在产品中掺杂、掺假，以假充真，以次充好或者以不合格产品冒充合格产品，销售金额五万元以上不满二十万元的，处二年以下有期徒刑或者拘役，并处或者单处销售金额百分之五十以上二倍以下罚金；销售金额二十万元以上不满五十万元的，处二年以上七年以下有期徒刑，并处销售金额百分之五十以上二倍以下罚金；销售金额五十万元以上不满二百万元的，处七年以上有期徒刑，并处销售金额百分之五十以上二倍以下罚金；销售金额二百万元以上的，处十五年有期徒刑或者无期徒刑，并处销售金额百分之五十以上二倍以下罚金或者没收财产。

第一百四十一条　生产、销售假药的，处三年以下有期徒刑或者拘役，并处罚金；对人体健康造成严重危害或者有其他严重情节的，处三年以上十年以下有期徒刑，并处罚金；致人死亡或者有其他特别严重情节的，处十年以上有期徒刑、无期徒刑或者死刑，并处罚金或者没收财产。

药品使用单位的人员明知是假药而提供给他人使用的，依照前款的规定处罚。

第一百四十二条　生产、销售劣药，对人体健康造成严重危害的，处三年以上十年以下有期徒刑，并处罚金；后果特别严重的，处十年以上有期徒刑或者无期徒刑，并处罚金或者没收财产。

药品使用单位的人员明知是劣药而提供给他人使用的，依照前款的规定处罚。

第一百四十二条之一　违反药品管理法规，有下列情形之一，足以严重危害人体健康的，处三年以下有期徒刑或者拘役，并处或者单处罚金；对人体健康造成严重危害或者有其他严重情节的，处三年以上七年以下有期徒刑，并处罚金：

（一）生产、销售国务院药品监督管理部门禁止使用的药品的；

（二）未取得药品相关批准证明文件生产、进口药品或者明知是上述药品而销售的；

（三）药品申请注册中提供虚假的证明、数据、资料、样品或者采取其他欺骗手段的；

（四）编造生产、检验记录的。

有前款行为，同时又构成本法第一百四十一条、第一百四十二条规定之罪或者其他犯罪的，依照处罚较重的规定定罪处罚。

第一百四十三条　生产、销售不符合食品安全标准的食品，足以造成严重食物中毒事故或者其他严重食源性疾病的，处三年以下有期徒刑或者拘役，并处罚金；对人体健康造成严重危害或者有其他严重情节的，处三年以上七年以下有期徒刑，并处罚金；后果特别严重的，处七年以上有期徒刑或者无期徒刑，并处罚金或者没收财产。

第一百四十四条　在生产、销售的食品中掺入有毒、有害的非食品原料的，或者销售明知掺有有毒、有害的非食品原料的食品的，处五年以下有期徒刑，并处罚金；对人体健康造成严重危害或者有其他严重情节的，处五年以上十年以下有期徒刑，并处罚金；致人死亡或者有其他特别严重情节的，依照本法第一百四十一条的规定处罚。

第一百四十五条　生产不符合保障人体健康的国家标准、行业标准的医疗器械、医用卫生材料，或者销售明知是不符合保障人体健康的国家标准、行业标准的医疗器械、医用卫生材料，足以严重危害人体健康的，处三年以下有期徒刑或者拘役，并处销售金额百分之五十以上二倍以下罚金；对人体健康造成严重危害的，处三年以上十年以下有期徒刑，并处销售金额百分之五十以上二倍以下罚金；后果特别严重的，处十年以上有期徒刑或者无期徒刑，并处销售金额百分之五十以上二倍以下罚金或者没收财产。

第一百四十六条　生产不符合保障人身、财产安全的国家标准、行业标准的电器、压力容器、易燃易爆产品或者其他不符合保障人身、财产安全的国家标准、行业标准的产品，或者销售明知是以上不符合保障人身、财产安全的国家标准、行业标准的产品，造成严重后果的，处五年以下有期徒刑，并处销售金额百分之五十以上二倍以下罚金；后果特别严重的，处五年以上有期徒刑，并处销售金额百分之五十以上二倍以下罚金。

第一百四十七条　生产假农药、假兽药、假化肥，销售明知是假的或者失去使用效能的农药、兽药、化肥、种子，或者生产者、销售者以不合格的农药、兽药、化肥、种子冒充合格的农药、兽药、化肥、种子，使生产遭受较大损失的，处三年以下有期徒刑或者拘役，并处或者单处销售金额百分之五十以上二倍以下罚金；使生产遭受重大损失的，处三年以上七年以下有期徒刑，并处销售金额百分之五十以上二倍以下罚金；使生产遭受特别重大损失的，处七年以上有期徒刑或者无期徒刑，并处销售金额百分之五十以上二倍以下罚金或者没收财产。

第一百四十八条　生产不符合卫生标准的化妆品，或者销售明知是不符合卫生标准的化妆品，造成严重后果的，处三年以下有期徒刑或者拘役，并处或者单处销售金额百分之五十以上二倍以下罚金。

第一百四十九条　生产、销售本节第一百四十一条至第一百四十八条所列产品，不构成各该条规定的犯罪，但是销售金额在五万元以上的，依照本节第一百四十条的规定定罪处罚。

生产、销售本节第一百四十一条至第一百四十八条所列产品，构成各该条规定的犯罪，同时又构成本节第一百四十条规定之罪的，依照处罚较重的规定定罪处罚。

案例评价

[案例3-3] 韩某杰等生产伪劣产品案①
(共犯的认定)

1. 基本案情

2000年春，韩某杰在某地筹建棉花加工厂，并指派付某生、韩某生从外地购回一套棉花加工设备。在为崔某标、于某等人加工棉花的过程中，应崔某标、于某等人的要求，韩某杰从他人处借得一台打麦机专门用于加工回收棉，并同意在籽棉中掺入回收棉，共计加工劣质棉163.445吨，价值170余万元，全部由崔某标、于某等人销出。韩某杰获取加工费7.24万元。在共同生产经营过程中，韩某杰负责全面工作；付某生负责维修机器，并购买了部分生产用品；韩某生购买了部分生产用品。2000年12月3日，付某生到尉氏县公安局投案。

2. 涉案问题

为他人加工伪劣产品但没有销售行为的，是否构成生产、销售伪劣产品罪的共犯？

3. 裁判理由及结论

一审法院认为：被告人韩某杰、付某生、韩某生违反国家规定从事棉花加工业务，在生产过程中，向籽棉中掺入回收棉，以次充好，销售金额达170余万元，三被告人的行为均已构成生产伪劣产品罪。公诉机关指控三被告人犯罪的事实清楚，证据确实、充分，但对被告人韩某生的定性不当。被告人付某生虽在犯罪后向公安机关投案，但未能如实供述自己的犯罪事实，因此，对其自首情节不能认定。在共同犯罪中，各被告人只是分工不同，对被告人付某生不能认定为从犯。三被告人及其辩护人无罪的辩护理由不能成立。依照《刑法》第140条、第25条第1款、第64条的规定，判决如下：(1) 被告人韩某杰犯生产伪劣产品罪，判处有期徒刑15年，并处罚金100万元；被告人付某生犯生产伪劣产品罪，判处有期徒刑11年，并处罚金90万元；被告人韩某生犯生产伪劣产品罪，判处有期徒刑10年，并处罚金90万元；

① 最高人民法院刑事审判庭．中国刑事审判指导案例：破坏社会主义市场经济秩序罪．北京：法律出版社，2009：15.

(2) 违法所得 72 400 元予以追缴，作案工具棉花加工设备一套予以没收。

宣判后，韩某杰、付某生、韩某生均不服，以“不构成生产伪劣产品罪，应宣告无罪”为由，提起上诉。

二审法院认为：上诉人韩某杰、付某生、韩某生在共同经营棉花加工厂从事棉花加工业务过程中，向籽棉中掺入回收棉，以次充好，共加工劣质棉 163.445 吨，销售金额 170 余万元。三上诉人的行为均已构成生产伪劣产品罪。上诉人韩某杰对筹资建厂，为加工回收棉向亲戚借打麦机，共加工 160 余吨劣质棉的事实供认不讳。上诉人付某生对购买棉花加工设备，负责维修机器并购买部分生产用品，明知加工厂生产的是掺了回收棉的劣质棉的事实供认不讳。上诉人韩某生对购买棉花加工设备和部分生产用品的事实亦有供认，并且三上诉人的供述与本案的其他证据能够相互印证。遂裁定驳回上诉，维持原判。

4. 评析意见

首先，本案存在生产伪劣产品的行为是确定无疑的。在为崔某标、于某等人加工棉花的过程中，应崔某标、于某等人的要求，韩某杰从他人处借得一台打麦机专门用于加工回收棉，并在籽棉中掺入回收棉，共计加工劣质棉 163.445 吨，价值 170 余万元。在具体的加工生产过程中，三被告人尽管各自分工不同，但构成了生产伪劣产品的整体行为应属无疑。至于为他人加工，还是为自己加工，并不影响其行为是生产伪劣产品这一认定。

问题是，生产、销售伪劣产品罪的罪状规定中要求“销售金额五万元以上”，且《伪劣商品案件解释》规定“伪劣产品尚未销售、货值金额达到刑法第一百四十条规定的销售金额三倍以上的，以生产、销售伪劣产品罪（未遂）定罪处罚”，这意味着只有生产行为还不足以构成本罪，行为人必须在主观上具备销售伪劣产品的故意，或者客观上有销售伪劣产品的行为。本案的三位被告人的行为是为他人加工，没有销售的直接故意，客观上没有实际的销售行为。就此而言，本案似乎不构成生产、销售伪劣产品罪。

但是，本案是一起共同犯罪案件，另有崔某标、于某等同案犯。崔某标、于某等人不仅以加工定作方的名义，授意、指使本案三被告人在棉花加工过程中，在籽棉中掺入回收棉，而且将三被告人所加工生产的劣质棉 163.445 吨全部售出。依以上事实足可认定崔某标、于某等人的行为构成生产、销售伪劣产品罪。接下来的问题是：本案三被告人与崔某标、于某等人是否构成共同犯罪？根据我国《刑法》关于共同犯罪的规定，构成共同犯罪需具备两个要件：一是共同犯罪行为，二是共同犯罪故意。在本案中，崔某标、于某等人所实施的教唆生产劣质棉行为、销售劣质棉行为与本案三被告人分别实施的加工、生产劣质棉行为及购买设备、生产用品等帮助加工行为互为联结，共同构成了生产、销售伪劣产品的完整行为。因而在本案中，对上述行为人具有共同犯罪行为的认定不成问题。

问题是：上述行为人是否存在共同犯罪故意？在本案中，三被告人与崔某标、于某等人在明知所加工生产的劣质棉是用于销售这一点上是一致的，但两者在销售故意的具体内容上存在不同，这集中体现在：后者是出于销售牟利的目的，而前者不具有该目的，仅仅是加工取酬。这种目的上的不同，决定了本案三被告人对于销售行为所持的是一种不同于崔某标、于某等人的放任的态度。对于这种主观意志、目的不同的情形，能否认定共同犯罪故意？根据部分犯罪共同说，共同犯罪故意并不要求各共同犯罪人在故意内容上完全一致，而且，在存在组织犯、教唆犯、实行犯、帮助犯等多种类型的犯罪人的共同犯罪中，组织故意、教唆故意、实行故意、帮助故意，其故意内容也必将是有所不同的。在故意的种类上，共同犯罪故意包括直接故意和间接故意，即各共犯人既可以是“希望”危害结果发生，也可以是“放任”危害结果发生。本案的三位被告人具有放任结果发生的间接故意，崔某标、于某等人具有希望危害结果发生的直接故意，直接故意和间接故意可以构成共同故意。因此，本案三位被告人与崔某标、于某等人的行为构成生产、销售伪劣产品罪的共犯。

[案例 3-4] 邓某均、符某宣生产、销售有毒、有害食品案①
（有毒、有害食品的认定）

1. 基本案情

自 2015 年 5 月 1 日始，邓某均、符某宣在某地共同经营一家“老四川火锅店”。二人在经营火锅店的过程中，为了节省成本，将顾客吃剩的火锅汤料进行回收后过滤到水桶内，再放在锅中进行熬制，将回收的废弃油再供顾客食用，进行循环销售从中谋取利润。2016 年 11 月 30 日 20 时许，该火锅店被执法人员查获，现场缴获已回收尚未熬制的火锅汤料油水 9.856 公斤。

2. 涉案问题

将顾客吃剩的火锅汤料经过加工回收再制作而成的火锅底油是否属于有毒、有害食品？

3. 裁判理由及结论

法院认为，被告人邓某均、符某宣违反食品安全管理法规，在食品中掺入非食品原料并进行销售，其行为均已构成生产、销售有毒、有害食品罪，

---

① 最高人民法院刑事审判第一、二、三、四、五庭．刑事审判参考：总第 122 集．北京：法律出版社，2020：11.

结合二被告人如实供述以及具体案情，予以不同程度的从轻处罚。遂依照《刑法》第 144 条、第 25 条第 1 款、第 67 条第 3 款、第 64 条之规定，以生产、销售有毒、有害食品罪判处被告人邓某均有期徒刑 9 个月，并处罚金人民币 1 万元；以生产、销售有毒、有害食品罪判处被告人符某宣有期徒刑 7 个月，并处罚金人民币 1 万元。

4. 评析意见

在本案审理的过程中，对两被告人行为的定性存在两种意见：一是认为两被告人的行为成立生产、销售不符合安全标准的食品罪，二是认为两被告人的行为成立生产、销售有毒、有害食品罪。产生争议的原因就在于对涉案“口水油”应当如何定性。持第一种观点者认为“口水油”与“地沟油”不同，经过高温烧煮之后其不具有实质危害性，不属于废弃油脂，且本案也没有证据证实涉案的火锅汤料中含有有毒、有害物质；持后一种观点者则认为“口水油”中积聚大量的有毒有害物质，属于废弃食用油脂，系有毒、有害的非食品原料，使用其加工而成的食品系有毒、有害食品。①

根据《刑法》第 144 条的规定，在生产、销售的食品中掺入“有毒、有害的非食品原料”之行为成立生产、销售有毒、有害食品罪，而根据两高《关于办理危害食品安全刑事案件适用法律若干问题的解释》第 9 条，法律、法规禁止在食品生产经营活动中添加、使用的物质，国务院有关部门列入《食品中可能违法添加的非食用物质名单》《保健食品中可能非法添加的物质名单》中的物质，国务院有关部门公告的禁用农药、《食品动物中禁止使用的药品及其他化合物清单》等名单上的物质以及其他危害人体健康的物质应当认定为“有毒、有害的非食品原料”。根据《食品安全法》第 34 条第 1 项之规定，“用回收食品作为原料生产的食品”是被禁止生产、经营的，本案中的“口水油”原料即是回收的火锅汤底，可以被该项内容涵摄，并且火锅店收集的火锅汤底未经严格检查和分拣，可能会有其他食物残渣，因此他人食用后的剩余食物底料应属于餐厨废弃物，底料中的油脂属于废弃食用油脂②，而原卫生部发布的《食品中可能违法添加的非食用物质名单》（第三批）即将废弃食用油脂列入其中。此外，根据最高人民法院、最高人民检察院、公安部《关于依法严惩“地沟油”犯罪活动的通知》之规定，“地沟油”犯罪，是指用餐厨垃圾、废弃油脂、各类肉及肉制品加工废弃物等非食品原料，生产、加工“食用油”，以及明知是利用“地沟油”生产、加工的油脂而作为食用油

① 最高人民法院刑事审判第一、二、三、四、五庭．刑事审判参考：总第 122 集．北京：法律出版社，2020：12－13.

② 最高人民法院刑事审判第一、二、三、四、五庭．刑事审判参考：总第 122 集．北京：法律出版社，2020：14.

销售的行为。利用“地沟油”生产“食用油”的，依照《刑法》第 144 条生产有毒、有害食品罪的规定追究刑事责任。明知是利用“地沟油”生产的“食用油”而予以销售的，依照《刑法》第 144 条销售有毒、有害食品罪的规定追究刑事责任，因此本案中的“口水油”也可以归入该类食品之中。综上，根据现行法律法规，将“口水油”认定为“有毒、有害食品”是可行的。

从实质角度看，“口水油”亦会对人体健康造成严重危害。一些常见的病菌如甲肝病毒、乙肝病毒、结核杆菌等可以通过唾液传播，携带此类病菌的顾客在食用火锅后，病菌可能会进入火锅底料中，如果进行回收利用存在交叉感染的可能，且油脂经过反复加热之后，可能产生多种慢性致癌物质。此外，餐厅在加工“口水油”时，往往处于无监管状态，卫生条件亦无法保证。

综上，“口水油”可以被认定为有毒、有害食品。

[案例 3-5] 王某某、陈某销售伪劣产品案①
（生产、销售不符合标准的医用器材罪与生产、销售伪劣产品罪的认定）

1. 基本案情

2020 年 1 月 28 日至 31 日间，黑龙江省哈尔滨市某药业公司临时聘用人员王某某与丈夫陈某以 5 元每只的价格购入无生产商厂名、无厂址、无产品质量检验合格证的“三无”口罩后，在明知口罩产品质量不合格的情况下，以“三无”产品冒充“KN95”口罩销往药店等处，每只价格 10 元，共计销售口罩 9 800 只，收取货款 9.8 万元。案发后，上述口罩均被公安机关扣押。经鉴定，涉案口罩颗粒过滤效率仅为 6.7%，不符合“KN95”口罩国家标准规定的颗粒过滤效率要求（≥95%），为不合格产品。

2. 涉案问题

对此以“三无”产品冒充“KN95”口罩进行销售的行为应当如何认定？在何种情况下，生产销售伪劣口罩的行为应被认定为生产、销售不符合标准的医用器材罪？

3. 裁判理由及结论

法院经审理认为：被告人王某某、陈某在疫情防控期间，销售颗粒过滤效率严重不符合国家标准的伪劣口罩，销售金额达 9.8 万元，其行为均构成销售伪劣产品罪，主观恶性及社会危害性较大，应依法从严惩处。王某某、陈某如实供述自己的犯罪事实，认罪认罚。据此，于 2020 年 2 月 25 日以销

① 最高人民法院刑事审判第一、二、三、四、五庭．刑事审判参考：总第 121 集．北京：法律出版社，2020：15-20.

售伪劣产品罪分别判处被告人王某某、陈某有期徒刑 1 年 2 个月，并处罚金人民币 10 万元。

4. 评析意见

在本案中，两行为人明知其购进的口罩无产品质量检验合格证、无生产商厂名、无厂址，仍然以“KN95”名义对外销售，经专业机构鉴定这些口罩系不合格产品，二人的销售额也满足 5 万元的要求，因此其行为能够成立销售伪劣产品罪。但是，关于该案定性，存在两种意见。除认为应当成立销售伪劣产品罪的意见外，还有意见认为应当成立销售不符合标准的医用器材罪，理由是“KN95”口罩系国家卫生健康委员会（以下简称国家卫健委）在疫情防控期间推荐使用口罩，行为人故意销售不符合保障人体健康的国家标准、行业标准的“三无”不合格口罩，将会严重危及消费者的人体健康。[①]

自疫情暴发以来，制售假口罩的行为屡屡出现，要对此类行为进行准确定性，作为犯罪对象的“口罩”在刑法中的定性问题自然不容忽视。换言之，需要明确本案中的“KN95”口罩是否属于医用器材。

关于上述认为的对本案行为人应当以销售不符合标准的医用器材罪定罪处罚的观点所指出的国家卫健委推荐使用“KN95”口罩，可从 2020 年 1 月国家卫健委疾控局发布的相关指南中找到依据，该推荐使用四类口罩：一次性使用医用口罩、医用外科口罩、KN95/N95 及以上颗粒物防护口罩、医用防护口罩，防护效果渐次更优。其中 KN95/N95 及以上颗粒物防护口罩，推荐现场调查、采样和检测人员使用，公众在人员高度密集场所或密闭公共场所也可佩戴。[②] 但这种分类更多的是着眼于效果的分类，并不意味着上述四类口罩都是医用器材，考虑到实践中不仅仅对“N95/KN95”口罩的定性有争议，所以以下对四类口罩分别进行讨论。

《刑法》第 145 条中的“医用器材”是对医疗器械和医用卫生材料的统合称谓，不过“医用卫生材料及敷料”已经被列入《医疗器械分类目录》中，故本罪的“医用器材”实际上等同于“医疗器械”。根据 2017 年修订的《医疗器械分类目录》，外科口罩和医用防护口罩均在其中，属于第二类医疗器械，故该两种口罩的性质不存有争议。可以看到，一次性使用医用口罩不在其中，因此关于其是否属于医疗器械便存有争议。一种观点认为，在认定医疗器械时，必须要有前置行政法作为依据，且在效力层级上必须是法律、行政法规或经上位法授权的部门规章，部门内设机构的其他规范性文件不应作为依据，《医疗器械分类目录》便是符合此要求的最直接规定，据此，一次性

① 最高人民法院刑事审判第一、二、三、四、五庭．刑事审判参考：总第 121 集．北京：法律出版社，2020：16－17.

② 参见 http：//www.nhc.gov.cn/jkj/s7916/202001/a3a261dabfcf4c3fa365d4eb07ddab34.shtml。

使用医用口罩不属于医疗器械。[①] 另一种观点认为，虽然《医疗器械分类目录》未将一次性使用医用口罩列入，但国家药监局医疗器械标准管理中心于 2019 年 11 月发布的《2019 年第二批医疗器械产品分类界定结果汇总》将之作为第二类医疗器械管理，并且 2018 年 9 月国家药品监督管理总局发布的《关于公布新修订免于进行临床试验医疗器械目录的通告》（已失效）将“医用口罩（非外科用）”列为免于进行临床试验的第二类医疗器械。上述两份文件中对“医用口罩（非外科用）”与“一次性使用医用口罩”的描述基本一致，可认为是同种产品。此外，我国医疗器械监督管理部门也一直将一次性使用医用口罩按照医疗器械进行管理。综上，一次性使用医用口罩属于医疗器械。[②] 笔者认为，第二种观点相对更为合理，从规范层面，将一次性使用医用口罩纳入“医疗器械”并不违反解释原则；从实质的法益侵害的角度，制售伪劣一次性使用医用口罩的行为在特定情形下可能危及公众身体健康，且实践中医疗器械监督管理部门以第二类医疗器械对一次性使用医用口罩进行管理，执行标准为 YY/T0969—2013 “一次性使用医用口罩”，则制售伪劣一次性使用医用口罩的行为也无疑会侵犯国家正常的对医疗器械的管理秩序，存在实质的法益侵害性。

至于“KN95/N95”口罩，实际上源自我国和美国的两种非医用口罩的防护标准。我国非医用口罩所采纳的标准 GB 2626—2019 针对非油性颗粒物和油性颗粒物，KN 类只适用于过滤非油性颗粒物，KP 类适用于过滤油性和非油性颗粒物，KN95 表示针对非油性颗粒物的过滤效力大于等于 95%。[③] N95 口罩则是源于美国疾控中心的国家职业安全和健康研究所（NIOSH）制定的标准，《NIOSH 颗粒物防护口罩的选择和使用指南》详细描述了根据 CFR 42—84 法规认证的口罩按照过滤级别和等级进行分类，包括 N 系列、R 系列、P 系列，其中 N95 的过滤效率不低于 95%。[④] 换言之，K95 口罩与 KN95 口罩针对非油性颗粒物的过滤效率是基本一致的。另外，上述美国的 N 系列口罩不等于医用防护口罩，其医用 N 系列口罩需要同时满足 NIOSH 和 FDA 相关标准。[⑤] 综上，“N95/KN95”口罩虽然防护能力强，但是并非医用口罩，不执行医药领域标准，不属于刑法上的“医疗器械”。本案中，行为人对外宣

① 贺卫．生产、销售伪劣产品罪及其特殊罪名的犯罪对象区分：以“销售假口罩案”为例．政治与法律，2020（11）.

② 马珣，邓余平，张杰，徐立．疫情背景下制售假冒伪劣医用口罩法律问题（下）：以生产、销售不符合标准的医用器材罪为视角．上海法治报，2020-03-11（B05）.

③ 赵藏，韩玉洁．中国与欧美口罩标准对比分析．针织工业，2020（6）.

④ 甘克勤，李爱仙，汪滨，张利真，高俊．国内外口罩标准综述：N95、KN95、FFP2 口罩与标准．标准科学，2020（3）.

⑤ 赵藏，韩玉洁．中国与欧美口罩标准对比分析．针织工业，2020（6）.

称其销售的为 KN95 口罩，口罩证明文书上所标示的口罩类型系特种劳动保护用品，从口罩外观、包装上均看不出医用等字样，且无执行标准等情况①，该口罩自然不是“医用器材”，本案对行为人行为的定性是准确的。

最后，虽然本案中的口罩不是医用器材从而不可能满足销售不符合标准的医用器材罪的构成要件，但在此还是要强调，成立该罪还需要满足具体危险——“足以严重危害人体健康”的要件。对此，最高人民法院、最高人民检察院相关负责人就办理妨害疫情防控刑事案件的有关法律适用问题联合答记者问时恰当指出：若涉案不合格医用口罩主要销往医疗机构、供医护人员使用，由于医护人员的特殊工作环境，通常可以肯定此要件；若销往非疫情高发地区供群众日常使用，则一般难以满足该要件。②

[案例 3-6] 赖某等生产、销售伪劣产品案③
（生产、销售伪劣产品罪与诈骗罪的关系）

1. 基本案情

2005 年 11 月，赖某、宣某经商量决定将化工原料二氧化硒掺假后当作纯二氧化硒（含量 95%以上，市场价为每公斤 630 元）出售。由赖某以假名“张某”在网上与湖南某实业公司业务员彭某取得联系后，赖某、宣某向彭某提供了纯二氧化硒（含量在 95%以上）样品，当彭某确信检测样品符合要求后，便决定从赖某、宣某处购买 500 公斤的纯二氧化硒。赖某、宣某找到袁某（另案处理），由袁出资，从贵溪市某稀有金属加工厂吴某处购得纯二氧化硒 120 公斤和 20 个包装铁桶，后从浙江义乌购得过硫酸铵 350 公斤，并以平均约 7 公斤二氧化硒与约 18 公斤过硫酸铵（两者均为白色粉末）的比例掺和，共掺假二氧化硒 17 桶（每桶 25 公斤），共计 425 公斤。2005 年 11 月 21 日，赖某、宣某和袁某将经掺假后的 425 公斤二氧化硒（经鉴定二氧化硒含量为 28.1%）当作纯二氧化硒以每公斤 430 元的价格出售给彭某，得款 18 万元。除去购买原材料所花去的费用 8.2 万元，赖某、宣某各分得赃款 3.6 万元，袁某分得 2.6 万元。

2. 涉案问题

对赖某、宣某的行为应该如何定性？在具体案件中如何区分诈骗罪和生

---

① 最高人民法院刑事审判第一、二、三、四、五庭．刑事审判参考：总第 121 集．北京：法律出版社，2020：20.

② 最高人民法院刑事审判第一、二、三、四、五庭．刑事审判参考：总第 121 集．北京：法律出版社，2020：245.

③ 周军，赖海鹰．是诈骗罪还是生产、销售伪劣产品罪．[2006-09-22]. https://www.chinacourt.org/article/detail/2006/09/id/218996.shtml.

产、销售伪劣产品罪？

3. 裁判理由及结论

检察院以诈骗罪提起公诉。一审法院经审理认为，被告人赖某、宣某的行为构成诈骗罪。被告人赖某、宣某不服一审判决而上诉。二审法院认为，被告人赖某、宣某的行为构成生产、销售伪劣产品罪。

4. 评析意见

关于本案的定性，第一种意见认为，赖某、宣某的行为构成诈骗罪。赖某、宣某以非法占有为目的，伙同他人采取隐瞒真相的手段，制造假象，将掺假的二氧化硒冒充纯的二氧化硒销售，诈骗他人财物。赖、宣二人销售掺假的二氧化硒只是其获取他人钱财的手段，其行为的基本特征是诈骗，符合诈骗罪构成要件的特征，因此应定诈骗罪。第二种意见认为，赖某、宣某的行为构成生产、销售伪劣产品罪。赖、宣二人是符合该罪的主体，主观上具有故意且具有追求非法利润的目的，客观上实施了以假充真，销售伪劣产品的行为。在双方约定的二氧化硒的交易过程中，产品质量与样品不相符合，且销售金额达到5万元以上，完全符合生产、销售伪劣产品罪的构成要件。

实际上，被告人的行为既符合诈骗罪的构成要件，又符合生产、销售伪劣产品罪的构成要件，属于想象竞合犯，应择一重罪论处。具体哪个罪名的处罚更重，需要结合具体犯罪情节和危害程度。本案中被告人销售金额是18万元，《刑法》第140条规定，犯生产、销售伪劣产品罪，“销售金额五万元以上不满二十万元的，处二年以下有期徒刑或者拘役，并处或者单处销售金额百分之五十以上二倍以下罚金”。《刑法》第266条规定：“诈骗公私财物，数额较大的，处三年以下有期徒刑、拘役或者管制，并处或者单处罚金；数额巨大或者有其他严重情节的，处三年以上十年以下有期徒刑，并处罚金。”比较之下，对被告人适用诈骗罪的处罚更重，因此对被告人宜以诈骗罪论处。

[案例3-7] 陈某明等销售伪劣产品案①
（销售假冒注册商标的商品罪与销售伪劣产品罪）

1. 基本案情

被告人陈某明与景某良（另案处理）预谋销售假冒卷烟，景某良在北京市朝阳区高碑店花园闸村、半壁店方家村分别设立办公室及两个烟库，用于销售假冒卷烟。1999年2月至5月间，陈某明和景某良又与吴某希、方某魁、马某辉等人预谋从广州、福建等地，购买假冒卷烟并贩运来京销售。后吴某

① 最高人民法院刑事审判庭．中国刑事审判指导案例：破坏社会主义市场经济秩序罪．北京：法律出版社，2009：20.

希、方某魁等人将假冒的“三五”“万宝路”“红塔山”“中华”等卷烟装入集装箱，经铁路、公路运输至北京市。马某辉负责接收假冒卷烟，并在北京广安门火车站货场调度王某华（另案处理）的配合下将吴某希等人用火车运到北京的假冒卷烟提出，后再用汽车运送到陈某明及景某良所指定的地点，由陈某明和景某良负责联系烟摊予以销售。其中，被告人陈某明伙同他人共销售假冒卷烟金额达 661.585 4 万元；吴某希销售假冒卷烟金额达 284.618 万元；方某魁销售假冒卷烟金额达 19.26 万元。马某辉帮助被告人吴某希、方某魁等人将假冒卷烟运至被告人陈某明、李某广处，运送的假冒卷烟价值人民币 603.878 3 万元。1999 年 5 月间，被告人李某广、张某振在欲将被告人马某辉从铁路非法贩运至北京的假冒“石林”“金健”等卷烟 716 箱进行销售时，被查获。经北京市价格事务所鉴定，从李某广、张某振处收缴的假冒卷烟，共计价值人民币 34.511 万元。经对案发后从陈某明、马某辉、李某广、张某振等人处查获的卷烟的鉴定，证实其均为假冒他人注册商标的劣质卷烟。

2. 涉案问题

销售假冒注册商标的商品的行为如何定性？帮助运输伪劣产品的行为如何定性？

3. 裁判理由及结论

一审法院认为：被告人陈某明、吴某希、马某辉、李某广、张某振、方某魁分别结伙，违反国家产品质量法规，以假充真，大量销售假冒劣质卷烟，严重地破坏市场经济秩序，其行为均已构成销售伪劣产品罪。在共同犯罪中，陈某明、吴某希、李某广、方某魁均起主要作用，系主犯，均应依法惩处。被告人张某振帮助他人销售假冒劣质卷烟，系本案从犯，依法对其从轻处罚。马某辉亦系本案从犯，其在被公安机关羁押后，能协助公安机关抓获同案犯，有立功表现，故依法对其减轻处罚。鉴于李某广、张某振犯罪未遂，故依法对其从轻处罚。检察机关指控上述被告人犯销售伪劣产品罪，犯罪事实清楚，证据确实、充分，唯在认定的部分数额上有误。

一审法院对被告人辩解及辩护人意见作了分析，于 2000 年 12 月 14 日判决如下：（1）被告人陈某明犯销售伪劣产品罪，判处无期徒刑，剥夺政治权利终身，并处没收个人全部财产。（2）被告人吴某希犯销售伪劣产品罪，判处有期徒刑 15 年，并处罚金人民币 285 万元。（3）被告人马某辉犯销售伪劣产品罪，判处有期徒刑 6 年，并处罚金人民币 150 万元。（4）被告人李某广犯销售伪劣产品罪，判处有期徒刑 4 年，并处罚金人民币 35 万元。（5）被告人张某振犯销售伪劣产品罪，判处有期徒刑 3 年，并处罚金人民币 13 万元。（6）被告人方某魁犯销售伪劣产品罪，判处有期徒刑 2 年，并处罚金人民币 19 万元。（7）继续追缴上述被告人的违法所得。（8）随案移送的物品予以没收，上缴国库。

一审宣判后，陈某明、吴某希、李某广、张某振不服，提起上诉。二审法院裁定驳回上诉，维持原判。

4. 评析意见

第一，关于销售假冒注册商标的商品的行为如何定性的问题。有观点认为，销售伪劣产品罪与销售假冒注册商标的商品罪的区别在于：前者的对象是劣质产品，后者的对象是合格产品，因此本案的定性关键是看产品质量是否合格。这种观点是不妥当的。销售伪劣产品罪的产品既包括“伪”产品，也包括“劣”产品，其中“伪”产品不一定是不合格产品。销售假冒注册商标的商品罪的商品既包括合格商品，也包括不合格商品。本案中，被告人陈某明等人为了牟取非法利益，大量销售假冒“红塔山”“中华”“三五”“万宝路”“北京”“红河”等商标的劣质卷烟，销售金额特别巨大，既严重侵犯了他人的注册商标专用权和消费者的合法权益，又破坏了国家的产品质量管理制度和国家的商标管理制度。其行为同时触犯了《刑法》第140条和第214条的规定，既构成销售伪劣产品罪，又构成销售假冒注册商标的商品罪，属于想象竞合犯，应择一重罪论处，即以销售伪劣产品罪论处。

第二，关于帮助运输伪劣产品的行为的定性问题。在本案中，被告人马某辉没有生产伪劣卷烟，亦没有实施联系货源、寻找买家、商议价格、收取货款等销售伪劣卷烟的行为，仅是受雇于被告人吴某希、方某魁等人运输假烟，以收取运费。但是，马某辉虽没有具体实施销售假冒伪劣卷烟的行为，但其明知所承运的是假冒伪劣卷烟，仍积极帮助被告人吴某希、方某魁等人将假冒劣质卷烟运至被告人陈某明、李某广处。这一运输行为作为买卖行为的帮助行为，是被告人吴某希、方某魁、陈某明、李某广等人实现销售的行为必不可少的组成部分，马某辉属于帮助犯。只要行为人明知实行犯实施犯罪行为仍帮助其实施的，就构成共同犯罪，应承担相应的刑事责任。因此，被告人马某辉的行为构成销售伪劣产品罪。

[案例3-8] 王某平以危险方法危害公共安全、销售伪劣产品、虚报注册资本案①
（生产、销售伪劣产品罪与以危险方法危害公共安全罪的关系）

1. 基本案情②

（1）被告人王某平涉嫌以危险方法危害公共安全罪的事实。

① 参见最高人民法院公报，2009（1）。

② 由于本节内容不涉及虚报注册资本罪，故此处省略该罪相关事实。

2005 年 1 月，被告人王某平以伪造的“中国地质矿业总公司泰兴化工厂”营业执照、药品生产许可证、药品注册证，取得齐齐哈尔第二制药有限公司的信任，双方发生购销业务往来。2005 年 9 月，齐齐哈尔第二制药有限公司采购人员钮某仁（已因犯重大责任事故罪被另案处理）以每吨 14 500 元的价格向被告人订购 1 吨药用丙二醇。被告人为牟取利益，在明知二甘醇不能作为药用的情况下，以每吨 7 200 元的价格购买 1 吨二甘醇，冒充药用丙二醇，以“江苏美奇精细化工有限公司”的名义，于 9 月 22 日发货给齐齐哈尔第二制药有限公司，后又将伪造的批号为 050919 的 5 张产品合格证，邮寄给钮某仁。

2006 年 3 月，齐齐哈尔第二制药有限公司对被告人王某平出售的批号为 050919 的假冒药用丙二醇进行检验，发现相对密度高于正常值，但为赶生产进度，仍违规开出了合格检验报告，并将该批丙二醇投入生产，生产出规格为 10ml：5mg，批号为 06030501 的亮菌甲素注射液，并于 2006 年 3 月 28 日和 4 月 21 日将该批注射液分两次销售给广州金蘅源医药贸易有限公司，该公司又将该批药品全部销售给广东医药保健品有限公司。广东医药保健品有限公司分别于同年 4 月 7 日、17 日、25 日分三次将上述药品销售给广东省中山大学第三附属医院共计 3 600 支，该院于 2006 年 4 月 18 日开始临床使用，一共给 60 余名患者使用了该药品，导致 15 名患者出现急性肾衰竭或病情加重，其中吴某远等 14 名患者死亡。南方医科大学司法鉴定中心于 2006 年 6 月 8 日对患者吴某远的尸体进行鉴定，结论为：1）吴某远因多器官功能衰竭死亡；2）吴某远的中毒性肾病以及肾衰竭与二甘醇中毒有因果关系；3）二甘醇中毒可以对吴某远的肝坏死及肝衰竭起加重和促进作用；4）不排除二甘醇对脑、脾、睾丸等器官有毒性损伤作用。

（2）被告人王某平涉嫌销售伪劣产品罪的事实。

2005 年 1 月至 2006 年 4 月，被告人王某平以工业用丙二醇冒充药用丙二醇，以二甘醇冒充乙二醇、二聚丙二醇分别销售给齐齐哈尔第二制药有限公司、重庆市双桥应用化工有限公司、宁波千千秀日用品有限公司，销售金额共计 297 310 元。

2. 涉案问题

王某平以二甘醇冒充药用丙二醇卖给制药企业的行为是否构成以危险方法危害公共安全罪？

3. 裁判理由及结论

一审法院认为：被告人王某平用二甘醇冒充药用丙二醇销售给制药企业，致使制药企业生产出来的药品投入市场后致多人死亡，情节恶劣，后果严重，其行为已构成以危险方法危害公共安全罪。王某平虽辩称其不清楚二甘醇是否用于药品生产，也不清楚制成药品后是否会对人体造成伤害，但是，根据王某平的工作性质、生活经验及其认知能力和水平，在制药企业订购药用丙二醇的情况下，王某平应当明知其销售给制药企业的二甘醇是用于生产药品，并最终用于临床治疗。且根据本案查明的事实，王某平在实际销售前，自己喝了一点二甘醇，自述感觉胃里有点灼痛，其他没有什么强烈反应，即将二甘醇冒充药用丙二醇销售。可见，王某平事先已经知道二甘醇不能用于药品生产，其主观上已经认识到其行为有可能造成危害社会的后果，但却放任该结果的发生，致使齐齐哈尔第二制药有限公司使用假冒的药用丙二醇生产出不合格的亮菌甲素注射液。由于该注射液的使用对象是不特定的患者，而且二甘醇中毒给人体健康造成的危害巨大，因此王某平将二甘醇冒充药用丙二醇销售给制药公司的行为，构成以危险方法危害公共安全罪。被告人王某平在销售产品过程中，以工业用丙二醇冒充药用丙二醇，以二甘醇冒充乙二醇、二聚丙二醇，属于以假充真，销售金额达 20 余万元，其行为已构成销售伪劣产品罪。王某平在申请公司登记过程中，使用虚假证明文件，欺骗公司登记主管部门，取得公司登记，虚报注册资本数额巨大，其行为已构成虚报注册资本罪。王某平犯有数罪，依法应当实行数罪并罚。据此，根据相关法律规定，于 2008 年 5 月 23 日判决如下：（1）被告人王某平犯以危险方法危害公共安全罪，判处无期徒刑，剥夺政治权利终身；犯销售伪劣产品罪，判处有期徒刑 3 年，并处罚金 30 万元；犯虚报注册资本罪，判处有期徒刑 2 年，并处罚金 10 万元；决定执行无期徒刑，剥夺政治权利终身，并处罚金 40 万元。（2）被告人王某平违法所得 297 310 元予以没收。

王某平不服一审判决，提起上诉。

二审法院认为：王某平不仅知道制药企业购买药用丙二醇的目的是用于药品生产，而且知道二甘醇不能用于加工药品，否则会危害他人身体健康，但为了牟取非法利益，放任危害结果的发生，具有以危险方法危害公共安全的间接犯罪故意。齐齐哈尔第二制药有限公司用王某平以二甘醇假冒的药用丙二醇生产药品，在生产中未按照规定进行检验，这一生产行为虽然具有一定的独立性，但并不能因此否定王某平的行为与危害后果之间存在的因果关系。对于王某平关于具有自首情节、认罪态度较好、一审量刑过重的上诉理由，根据本案查明的事实，自首情节不能认定，且虽王某平归案后虽认罪态度较好，能够积极配合司法机关查清案件事实，但其犯罪行为造成的后果严重，故一审法院对其量刑并无不当。综上，驳回上诉，维持原判。

4. 评析意见

本案中，王某平的行为无疑构成销售伪劣产品罪。需要注意的是，其行为并不构成销售假药罪，因为假药的形式必须是药品。在本案中，由于药用丙二醇是药品辅料，根据《药品管理法》的规定，辅料是指生产药品和调配处方时所用的赋形剂和附加剂，与药品有别，因此王某平以二甘醇冒充药用丙二醇进行销售，属于以一种工业用产品冒充药品辅料进行销售，其行为不属于销售假药。

问题在于，王某平的行为是否构成以危险方法危害公共安全罪。以危险方法危害公共安全罪，是指故意使用放火、决水、爆炸、投放危险物质以外的危险方法危害公共安全的行为。《刑法》条文仅规定了该罪行为的对象、性质等方面的要素，没有明文规定该罪的具体行为结构与方式，因此需要进行限制解释。“以其他危险方法”仅限于与放火、决水、爆炸、投放危险物质相当的方法，而不是泛指任何具有危害公共安全性质的方法。因为《刑法》将该罪规定在第114条与第115条之中，根据同类解释规则，它必须与前面所列举的行为相当。根据该罪所处的地位，“以其他危险方法”只是《刑法》第114条、第115条的“兜底”规定，而不是《刑法》分则第二章的“兜底”规定。根据《刑法》第114条的表述，只有那些针对《刑法》第114条列举的对象具有严重“破坏”性，并且危害公共安全的危险行为，才能认定为本罪。换言之，对那些与放火、爆炸等危险方法不相当的行为，不管是否危害公共安全，都不宜认定为本罪。① 根据这种解释理念，相关司法解释认为下列情形可以构成以危险方法危害公共安全罪：（1）破坏矿井通风设备，危害公共安全。（2）私拉电网，危害公共安全。（3）在火灾现场破坏消防器材，危害公共安全。（4）故意传播突发传染病病原体，危害公共安全，例如，故意传播非典病原体。（5）邪教组织人员以自焚、自爆方法危害公共安全。（6）醉酒驾车，肇事后继续驾车冲撞，放任危害后果的发生，造成重大伤亡。与这些情形相比，本案被告人王某平的行为完全符合以危险方法危害公共安全罪的构成要件。王某平事先已经知道二甘醇不能用于药品生产，其主观上已经认识到其行为有可能造成危害社会的后果，但放任该结果的发生，致使齐齐哈尔第二制药有限公司使用假冒的药用丙二醇生产出不合格的亮菌甲素注射液。由于该注射液的使用对象是不特定的患者，而二甘醇中毒给人体造成的危害巨大，导致15名患者出现急性肾衰竭或病情加重，其中吴某远等14名患者死亡，因此，王某平的行为构成以危险方法危害公共安全罪。

在适用法律时，应注意禁止重复评价的问题。王某平以1吨工业丙二醇冒充药用丙二醇销售给齐齐哈尔第二制药有限公司，销售额为14 500元。该行为不构成销售伪劣产品罪，因为销售金额未达到5万元，但该行为构成以危险方法危害公共安全罪。将该行为认定为以危险方法危害公共安全罪并对王某平处罚后，便不能再将该行为计算进其他销售伪劣产品的罪名中。

① 张明楷．刑法学．4版．北京：法律出版社，2011：610.

深度研究

2020年出台的《刑法修正案（十一）》对药品犯罪进行了较为大幅度的修改，除对原有罪名进行修改外，还新增了罪名，从而将违反药品管理秩序的行为进行单独规制。此次修法反映出立法者对药品犯罪保护法益之反思，同时，修法之后如何适用第141条、第142条、第142条之一的相关规定，也是值得研究的问题。

此次修改是与《药品管理法》的修订相适应的，而两法的修订及背后值得思考的问题，或可从陆某案谈起。2002年，陆某被查出患有慢粒性白血病，需要长期服用抗癌药品。在我国市场上，对症治疗白血病的正规抗癌药品"格列卫"系列系瑞士进口，每盒需人民币2.35万元，陆某曾服用该药品。2004年9月，陆某通过他人从日本购买由印度生产的同类药品，价格每盒约为人民币4 000元，服用后发现效果与瑞士进口的"格列卫"相同。之后，陆某开始直接从印度购买这一抗癌药物，并通过QQ群等方式向病友推荐。随着病友间的传播，从印度购买该抗癌药品的国内白血病患者逐渐增多，药品价格逐渐降低，直至每盒为人民币200余元。按照《刑法修正案（十一）》出台前《刑法》第141条之规定，假药是指依照《药品管理法》的规定属于假药和按假药处理的药品、非药品，而根据修订以前的《药品管理法》第48条的规定，依照《药品管理法》必须经过批准而未经批准生产、进口的药品以假药论处，从而陆某的行为在形式上符合生产、销售假药罪的构成要件。然而，许多人无法接受将其行为认定为犯罪，因为陆某是为自己和病友的生命代购药品，该药品在实质上有益于病人健康，且陆某系无偿帮助病友联系和购买药品。该案引发热烈讨论，虽然最终检察机关以"陆某的购买和帮助他人购买未经批准进口的抗癌药品的行为违反了《药品管理法》相关规定，但不是销售行为"为由，作出了不起诉决定，但此种理由并不具普适性，由该案引发的关于药品犯罪的保护法益等相关问题的思考远未结束。[①]

对于生产、销售假药罪的保护法益，在《刑法修正案（十一）》出台以前，通说认为本罪侵犯的是复杂客体，即国家对药品正常的监督管理秩序和不特定消费者的合法权益。[②] 在陆某案中，只有前者被侵犯，后者不仅没有被侵犯，甚至还朝着有益方向发展。倘若强调本罪对药品监督管理秩序的保护，其行为就应当作为犯罪处理。倘若强调本罪对人身法益的保护，将对药品监

---

① 关于案情及不起诉理由，参见湖南省沅江市人民检察院沅检公刑不诉〔2015〕1号不起诉决定书。

② 张军．刑法（分则）及配套规定新释新解：上．北京：人民法院出版社，2013：261.

督管理秩序的保护视为反射效果，其行为便不具有实质违法性。例如有学者区分了本罪的主次法益，认为如果主次法益发生价值的背离，而主法益没有被侵害，即便是次要法益被侵害也不能认为构成要件成就，由此，在陆某案中，虽然药品监督管理秩序被侵害，但是不特定消费者的合法权益并未被侵害，其行为就不能被认定为是销售假药。① 这种观点的结果也是将药品管理秩序视为保护不特定消费者的合法权益的反射效果。

上文曾提道，生产、销售伪劣产品罪保护的首要法益应是不特定消费者的合法权益，将之提升一个概念就是产品质量管理秩序。对一些只扰乱了产品质量管理秩序但未侵害消费者合法权益的行为，没有必要以该罪进行规制。但是，就本罪来说，“按假药处理的”的药原本就不必然危及身体健康，其更多是从违反药品监督管理秩序的角度出发的，立法者对此显然清楚，既然立法者在 2017 年《刑法》第 141 条第 2 款的规定中将“按假药处理的”药品纳入规制范围，就说明立法者认为有必要对违反药品监督管理秩序的行为予以刑法规制，所以药品监督管理秩序应当属于 2017 年《刑法》第 141 条保护的法益，且不必然作为不特定消费者的合法权益的反射效果。的确，建立规范的药品监督管理秩序，在根本上是为了保障民众的用药安全，在大多数情形中，当药品本身的质量出现问题时，生产销售此类药品就会对药品监督管理秩序与民众健康产生双重侵犯，但在个案情形中两种法益有时不会被同时侵犯，此时药品监督管理秩序仍具有单独保护的价值。在个案当中，某个行为也许只是扰乱了药品监督管理秩序但没有侵犯民众健康，此时或许可认为这种行为不需要被刑法规制，但从长远而言，若对所有违反药品监督管理秩序的行为都不予刑事规制，药品监督管理秩序就会面临崩坏，而这一秩序的崩溃又将使民众用药安全无法被保障。药品与一般产品存在区别，药品对人体健康意义重大，因此《药品管理法》才会严格规范药品生产秩序。由此可见，除了制售效果不达标的药品导致民众健康受损这一意义上的妨害药品管理行为，对不依附于药效的妨害药品监督管理秩序行为也有必要予以刑事规制。当然，不是所有妨害药品监督管理秩序的行为都需要打击，这涉及另外的门槛设定的问题。

既然有必要保护药品监督管理秩序，在与不特定消费者合法权益一并进行保护时又会产生个案结论不周全的问题，可能的解决方法就是对两种法益进行剥离。有学者指出，在双重法益“兼顾保护”的立法模式下，同一罪名承担着既要保护药品监督管理秩序，又要保护不特定消费者合法权益的双重

① 时方．生产、销售假药罪法益侵害的规范解释：主次法益价值冲突时的实质判断．政治与法律，2015 (5).

功能，结果是两功能的同时受损。[①] 2019 年《药品管理法》对假药、劣药进行结构性调整的重点，就是将“按假药论”“按劣药论”中单纯的秩序违反性质的行为予以排除，并增设新的独立规范加以规制。[②] 与之相适应，此次《刑法修正案（十一）》出台后，第 141 条、第 142 条的打击范围收缩，强调药品效用，保护不特定消费者合法权益，药品监督管理秩序附于其上，可以被看作反射效果，另设第 142 条之二来单独保护药品管理秩序。这样不仅可以使刑法在今后面对与陆某案类似的案件时能够得出妥当的结论，也能全面系统地维护药品监督管理秩序，规制生产、销售药品之前的注册研发环节。《关于〈中华人民共和国刑法修正案（十一）（草案）〉的说明》亦指出，“总结长春长生疫苗事件等案件经验教训，与修改后的药品管理法进一步衔接，将一些此前以假药论的情形以及违反药品生产质量管理规范的行为等单独规定为一类犯罪”[③]。不过，新增的妨害药品管理秩序罪以“足以严重危害人体健康”限定入罪门槛，又在一定程度上使法益分离并不完全，尽管这样的门槛可以拉开与《药品管理法》124 条的距离，区分行政不法与刑事不法，但这样的条件又会使该罪向生命健康法益的保护倾斜，部分学者认为应当以“情节严重”来限定入罪门槛[④]，并有学者进一步指出应考察违法行为持续时间、违法行为实施次数、违法产品数量等情节[⑤]，这具备一定的合理性。不过在目前的条文规定下，仍要进行“足以严重危害人体健康”的判断，更多细节留待司法解释进行完善。

除了保护法益问题，此次修法后，相关条文的适用问题也需要思考。在《刑法修正案（十一）（草案）》的征求意见稿中，第 141 条有 3 款，除最终增加的第 2 款外，还有“违反国家规定，未取得批准证明文件生产药品或者明知是上述药品而销售的，依照前款的规定处罚”这一规定。《关于〈中华人民共和国刑法修正案（十一）（草案）〉的说明》在解释药品犯罪的修改时指出，“在药品管理法对假劣药的范围做出调整以后，保持对涉药品犯罪惩治力度不减，考虑到实践中‘黑作坊’生产、销售药品的严重危害，规定与生产、销

---

① 于冲．药品犯罪的法益分立：监管秩序从生产销售假药罪的剥离与独立化保护．青海社会科学，2020（2）．

② 杜宇．《刑法修正案（十一）》中药品犯罪修订之得失．法学，2021（3）．

③ 关于《中华人民共和国刑法修正案（十一）（草案）》的说明．［2020－06－28］．https：//www.pkulaw.com/protocol/51e78abb3a002802aa4c64e7a954f2edbdfb.html.

④ 杜宇．《刑法修正案（十一）》中药品犯罪修订之得失．法学，2021（3）．何萍教授亦持此观点，参见 75 号咖啡/危害药品安全犯罪立法修改的司法应对．［2021－07－30］．https：//mp.weixin.qq.com/s/PO4A8ZAlfi6ZknShPhjo0g。

⑤ 何萍教授的观点，参见 75 号咖啡/危害药品安全犯罪立法修改的司法应对．［2021－07－30］．https：//mp.weixin.qq.com/s/PO4A8ZAlfi6ZknShPhjo0g。

售假药罪同等处罚"①，故该款应当是对"黑作坊"生产、销售"药品"的处罚规定。虽然最终的修正案中删除了这项规定，但私自设立"黑作坊"并自制"药品"的行为无疑是应当被规制的，问题是应当适用哪一罪名。

例如，某省曾通报过这样一起案件：王某自 2013 年以来，在其位于某村的老宅内，将廉价的双路芬酸钠、醋酸泼尼松、西咪替丁、维生素 B6 等原料粉碎混合后制成假药"狮马龙血脉康胶囊"，仿冒香港英吉利制药厂产品批发给其他 3 名涉案人员销售，先后生产、销售 5 万余瓶，涉案金额约 50 万元。在 2019 年《药品管理法》及 2020 年《刑法》修订前，依照 2015 年《药品管理法》必须批准而未经批准生产的药品属于假药，"黑作坊"自制的"药"当然是"未经批准"生产的，因此本案中的犯罪行为依据第 141 条认定为生产、销售假药罪即可。2019 年《药品管理法》从实质的功效角度认定假药，包括四种情形，《刑法》对假药的认定应与之协调。"黑作坊"自制的"药品"往往没有相对照的国家药品标准，也往往没有可相对照的适应证或者主治功能，亦非变质药品，因此如要认定为假药，只能适用"以非药品冒充药品"的规定。药品本质属性在于对人体疾病的有效性，同时要确保用药安全性，上述"自制药"完全不具备药品的基本属性，可以从实质上否定其为药品，因此适用第 141 条既契合行为本质，又符合公众认知。②

第三节　生产、销售伪劣产品罪的处罚

知识背景

《刑法》第 140 条将销售金额作为本罪定罪量刑的关键指标。然而，对于销售金额的地位，理论界存在很大争议。

（一）"销售金额"的性质

销售金额作为一种罪量要素，体现行为的违法程度。但销售金额不是损害结果的数额，不直接体现法益受侵害的程度。在这一点上，销售金额与盗窃罪中因盗窃所获得的财物数额、逃税罪的逃税数额性质不同。后者是损害后果本身的数额，直接体现行为对法益的侵害程度。但是，与违法所得数额相比，销售金额是实行行为的交易数额，能直接体现实行行为的交换价值，

---

① 关于《中华人民共和国刑法修正案（十一）（草案）》的说明．[2020-06-28]. https://www.pkulaw.com/protocol/51e78abb3a002802aa4c64e7a954f2edbdfb.html.

② 许磊检察官的观点，参见 75 号咖啡/危害药品安全犯罪立法修改的司法应对．[2021-07-30]. https://mp.weixin.qq.com/s/PO4A8ZAlfi6ZknShPhjo0g。

而违法所得数额是实行行为的报酬数额，由销售金额扣除成本所得，而且实施了实行行为并不必然获取违法所得，所以违法所得数额不能直接体现行为的经济价值。例如，行为人投入巨大成本生产、销售伪劣产品，销售金额很大，结果获利不多甚至亏损，违法所得数额很少。在这种情况下，消费者权益及平等竞争的市场秩序仍受到了侵害。一般而论，销售金额越大，法益侵害越严重，销售金额越小，法益侵害越小，二者在某种程度上成正比。违法所得数额越大，法益侵害越严重，但是这并不意味着，违法所得数额越小，法益侵害越小，二者不存在必然的正比关系。就此而言，销售金额比违法所得数额更能体现行为的违法程度。

实际上，销售金额与法益侵害也没有直接的必然联系。销售金额越大，无疑法益侵害越大，但是销售金额很小并不意味着法益侵害很小。例如，行为人投入巨大成本生产了数量较大的伪劣产品，但仅出售了一部分就被查获，库存的伪劣产品被全部没收，此时销售金额很小，但是法益侵害并不小。当然，如果将法益侵害仅仅理解为实害结果，则法益侵害较小，但是法益侵害还包括危险结果，从对法益的危险来看，虽然伪劣产品没有被销售出去，但其对法益的威胁并不小。

（二）“销售金额五万元”的地位

关于“销售金额五万元”是本罪的成立条件还是既遂条件，理论上争议很大。一种观点认为，“销售金额五万元”是本罪的成立条件，没有销售或销售金额没有达到 5 万元的，不构成犯罪。[①] 这种观点可谓“成立条件说”，其主要理由是：第一，仅生产伪劣产品，还没有将伪劣产品推向市场的，一方面没有破坏市场竞争秩序，另一方面也没有侵犯消费者的合法权益。本罪不包括单纯的生产行为，因为倘使仅生产伪劣产品就可成立本罪，则销售伪劣产品的行为就是销售伪劣产品罪与赃物犯罪的竞合，这并不妥当。第二，根据刑法规定，销售金额不足 5 万元的行为，其法益侵害性没有达到值得科处刑罚的程度，以《产品质量法》予以处罚即可。第三，销售金额既是对本罪结果的要求，也是对本罪行为内容（程度）的要求。第四，购入并储存伪劣产品但未销售的行为，不属于构成要件规定的“销售”行为，以本罪论处有违反罪刑法定原则之嫌。第五，本罪罚金刑以销售金额为基准，实际上间接表明了只有销售伪劣产品行为人才可能成立犯罪。第六，在将全部产品销售完毕但金额不足 5 万元与尚未销售产品但是存货价值超过 15 万元的情形中，将后者以未遂论处会形成明显的处罚不均衡。[②]

---

① 杨春洗，杨敦先．中国刑法论．2 版．北京：北京大学出版社，1998：358.

② 张明楷．刑法学．5 版．北京：法律出版社，2016：737.

要认识“销售金额五万元”在生产、销售伪劣产品罪中的地位，首先应认识到本罪的性质是实害犯还是危险犯。如果认为本罪的成立要求造成实害结果，而“销售金额五万元”就是一种实害结果，那么不具备“销售金额五万元”就不成立犯罪。如果认为本罪的成立不要求造成实害结果，只要求造成危险，那么即使不具备“销售金额五万元”的条件，也成立犯罪。

对此，需要从销售金额的性质来判断，看销售金额是否具备实害结果的性质。销售金额是销售行为的交易数额，能够体现销售行为的程度，但与法益侵害没有直接的必然联系。这表明，销售金额不是作为实害结果来体现本罪的违法性，而是作为实行行为的程度指标来体现本罪的违法性。可见，本罪的成立不要求有实害结果发生，而只要求实行行为达到值得科处刑罚的程度。换言之，该罪是危险犯，发生危险（或称危险结果）是本罪成立的条件。

既然如此，只要行为人实施了实行行为，并且违法性达到值得科处刑罚的程度，就成立犯罪。问题是：是不是只有“销售金额五万元”才能体现实行行为的违法性达到值得科处刑罚的程度？如果是的话，那么只有具备“销售金额五万元”，才成立犯罪。然而，本罪的实行行为既包括销售行为，也包括生产行为，生产行为的违法性通过生产的伪劣产品的货值金额来体现。只要生产的伪劣产品的货值金额达到一定数额，生产行为的违法性也会达到值得科处刑罚的程度。

“成立条件说”认为单纯生产行为不会侵犯法益，因此该种行为不属于本罪的实行行为。这涉及对侵犯法益的理解，侵犯法益既包括对法益造成实害结果，也包括对法益造成危险。以销售为目的实施生产行为，虽然不会对法益造成实害，但是会产生危险，这种出售目的便是主观的违法要素，决定了生产行为的违法性的有无。当然，没有销售目的的生产行为（比如自用）不会对法益产生危险，不属于本罪的实行行为。《伪劣商品案件解释》指出：“伪劣产品尚未销售，货值金额达到刑法第一百四十条规定的销售金额三倍以上的，以生产、销售伪劣产品罪（未遂）定罪处罚”，也认可了生产但尚未销售的行为的违法性。“成立条件说”认为倘使仅生产伪劣产品就可成立本罪，则销售伪劣产品的行为就是销售伪劣产品罪与赃物犯罪的竞合，这种看法是不妥当的。生产行为与实际销售的行为处在危险发展的不同阶段，因此对未销售的行为应仅以未遂论处。“成立条件说”还认为，对销售金额不足 5 万元的行为进行行政处罚即可。但是倘若某行为人以销售目的生产了价值 50 万元的伪劣产品，只是由于意志以外的原因未及销售，恐怕行政处罚尚不足以评价其行为的危害程度。

本罪的具体行为类型表现如下：（1）具有出售目的，生产并销售。（2）具有出售目的，购买后销售。（3）具有出售目的，实施生产行为。在前两种具有销售行为的类型中，行为对法益造成了危险，甚至造成了实害结果，此时根据销售金额来衡量法益受侵害的程度。在第三种行为类型中，行为对法益只造成了危险，此时应根据货值金额来衡量法益受威胁的程度。

（三）“销售金额”的计算

一般而言，销售金额是指行为人销售伪劣产品所获得的财产数额，即全部销售收入（不扣除任何成本与支出的毛收入）。计算销售金额时，应按照该销售行为所实际得到的、应当得到的或可能得到的金额来计算。重点在于行为人是否销售了伪劣产品，而不在于行为人是否已经得到了销售款。根据《伪劣商品案件解释》第2条的相关规定，销售金额是指生产者、销售者出售伪劣产品后所得和应得的全部违法收入。具体而言，行为人已经生产或者购入了伪劣产品，并且已与对方（买方）签订了买卖合同，但对方还没有付款的，应将买方的“应付款”计入卖方的销售金额。从本罪的保护法益来看，行为人生产或者购入了伪劣产品后，在与对方签订销售伪劣产品的合同时，实际上已经侵犯了对方的合法权益。即使对方事后认识到行为人所销售的是伪劣产品因而解除合同，但在市场经济条件下，买方尤其是企业的合法权益在很大程度上依赖交易的迅速性，而在签订合同后又解除合同，必然给买方的利益带来不利影响。因此，只要签订了销售伪劣产品的合同，就必然损害买方的合法权益，并且签订销售伪劣产品的合同本身就破坏了市场经济秩序。综上，销售金额理当包括因签订合同而即将获得的销售金额（或销售合同上规定的货值金额）。

实践中，许多生产者、销售者常常将合格产品与伪劣产品混杂在一起进行销售，出现销售伪劣产品的金额与销售合格产品的金额不可能区分的情况。此时如何计算销售金额？由于生产者和销售者将合格产品与伪劣产品混杂在一起，就使产品的各部分都具有伪劣的可能性，因此，其销售金额中的合格产品的销售金额与伪劣产品的销售金额便具有不可分割性。造成这种不可分割性的局面，不仅是生产者、销售者自身的责任，而且常常是他们销售伪劣产品的手段，即以部分合格产品欺诈对方，从而使对方信以为真。在此意义上说，其合格产品实际上成为欺诈他人的工具，在这种情况下销售合格产品，本身就是违法的。所以，将不可分割的全部销售金额计算为伪劣产品的销售金额具有合理性。①

对于未销售的伪劣产品，司法解释规定了“货值金额”的计算方式。《伪劣商品案件解释》规定：“伪劣产品尚未销售，货值金额达到刑法第一百四十条规定的销售金额三倍以上的，以生产、销售伪劣产品罪（未遂）定罪处罚。

---

① 张明楷．刑法第140条“销售金额”的展开．清华法律评论，1999（2）．

货值金额以违法生产、销售的伪劣产品的标价计算；没有标价的，按照同类合格产品的市场中间价格计算。货值金额难以确定的，按照1997年4月22日国家计划委员会、最高人民法院、最高人民检察院、公安部联合发布的《扣押、追缴、没收物品估价管理办法》的规定，委托指定的估价机构确定。"此外，2010年最高人民法院、最高人民检察院发布的《关于办理非法生产、销售烟草专卖品等刑事案件具体应用法律若干问题的解释》（以下简称《烟草专卖品案件解释》）第2条部分规定："查获的未销售的伪劣卷烟、雪茄烟，能够查清销售价格的，按照实际销售价格计算。无法查清实际销售价格，有品牌的，按照该品牌卷烟、雪茄烟的查获地省级烟草专卖行政主管部门出具的零售价格计算；无品牌的，按照查获地省级烟草专卖行政主管部门出具的上年度卷烟平均零售价格计算。"

规范依据

《刑法》

第一百四十条　生产者、销售者在产品中掺杂、掺假，以假充真，以次充好或者以不合格产品冒充合格产品，销售金额五万元以上不满二十万元的，处二年以下有期徒刑或者拘役，并处或者单处销售金额百分之五十以上二倍以下罚金；销售金额二十万元以上不满五十万元的，处二年以上七年以下有期徒刑，并处销售金额百分之五十以上二倍以下罚金；销售金额五十万元以上不满二百万元的，处七年以上有期徒刑，并处销售金额百分之五十以上二倍以下罚金；销售金额二百万元以上的，处十五年有期徒刑或者无期徒刑，并处销售金额百分之五十以上二倍以下罚金或者没收财产。

第一百五十条　单位犯本节第一百四十条至第一百四十八条规定之罪的，对单位判处罚金，并对其直接负责的主管人员和其他直接责任人员，依照各该条的规定处罚。

案例评价

[案例3-9] 林某度等销售伪劣产品案①
（部分销售情形下销售金额的确定与量刑档次的选择）

1. 基本案情

2005年下半年至2006年上半年间，被告人林某度、徐某、孙某华受雇于刘某鸿、方某青（均另案处理）为其运输假烟，并代为收取货款。其间，被

① 聂某伟．林某度等销售伪劣产品案：生产、销售伪劣产品罪中销售金额、既未遂认定及量刑选择．人民司法·案例，2007（8）．

告人林某度、徐某先后运输并将向金某销售假烟所得的124 800元销售款汇入刘、方的账户。其中，被告人孙某华参与的销售金额为20 000元。2006年3月19日，被告人徐某、孙某华经被告人林某度安排，欲经衢州前往上海等地交货，途中公安机关和烟草部门将其查获，当场缴获21个品种，共计23 600条的假烟。经价格认定，上述查扣的假烟总计价值为人民币1 890 050元。

2. 涉案问题

对于伪劣产品既有已经销售的，又有尚未销售的部分的，如何确定销售金额并选择量刑档次?

3. 裁判理由及结论

法院认为：被告人林某度、徐某、孙某华明知是他人用于销售的假烟草制品而帮助运输，其中被告人林某度、徐某的销售金额为124 800元，被告人孙某华的销售金额为20 000元。经查扣尚未销售的货值金额，三被告人均为1 890 050元，其行为均已构成销售伪劣产品罪，且属共同犯罪。在共同犯罪中，三被告人的行为仅为为他人运输，起次要作用，应认定为从犯。被告人林某度、徐某运输假烟的销售金额与尚未销售的货值金额合计已达到200万元以上，应依照刑法规定的相应量刑档次处罚；在该量刑档次对其处罚时，还应鉴于其货值金额的数额，依法以犯罪未遂论处。虽然被告人孙某华运输的假烟的销售金额不满5万元，但与尚未销售的货值金额合计已达到50万元以上，亦应依照刑法规定的相应量刑档次处罚，并依法以犯罪未遂论处。据此，依照相关法律作出如下判决：（1）被告人林某度犯销售伪劣产品罪，判处有期徒刑4年6个月，并处罚金人民币80 000元；（2）被告人徐某犯销售伪劣产品罪，判处有期徒刑3年，并处罚金人民币70 000元；（3）被告人孙某华犯销售伪劣产品罪，判处有期徒刑2年，并处罚金人民币25 000元；（4）扣押在案的作案工具“解放”牌货车一辆予以没收；犯罪所得赃款9 000元予以追缴，上缴国库。

4. 评析意见

在生产、销售伪劣产品的犯罪中，可能存在全部销售、部分销售、全部未销售三种情形。对于全部销售或者全部未销售的情形，在确定销售金额或货值金额之后，就可以判断犯罪形态以及相应量刑档次，于前者可根据《刑法》第140条的规定选择量刑档次，于后者可根据《烟草纪要》选择量刑档次，即“伪劣烟草制品尚未销售，货值金额分别达到十五万元以上不满二十万元、二十万元以上不满五十万元、五十万元以上不满二百万元、二百万元以上的，分别依照刑法第一百四十条规定的各量刑档次定罪处罚”。但是在伪劣产品部分销售、部分未销售的情形下，销售金额的确定和量刑档次的选择则相对模糊。

实践中，既有根据已销售部分量刑的做法，也有根据未销售部分量刑的做法，还存在将销售部分与未销售部分金额相加后进行量刑的做法以及按照货值金额对应三倍销售金额进行折算的做法。① 可以说，将货值金额与销售金额按照三倍关系进行折算是缺乏法律依据的，而将已经销售的部分的销售金额与未销售部分的货值金额进行累加亦不合理，毕竟销售和未销售处于两种不同的危险发展阶段，且在销售金额达到 5 万元时犯罪已达既遂，将既遂数额与未遂数额相加显得牵强。虽然《烟草纪要》中关于“伪劣烟草制品的销售金额不满五万元，但与尚未销售的伪劣烟草制品的货值金额合计达到十五万元以上的，以生产、销售伪劣产品罪（未遂）定罪处罚”的规定，将销售部分的销售金额与未销售部分的货值金额进行了累加，但是将其作为例外为宜，这一规定可以避免生产伪劣产品总货值金额达到 15 万元时构成犯罪，但是销售其中一部分（未达 5 万元）之后却使根据销售部分和未销售部分都难以定罪的情形。相对来说，在现有法律法规规定下，针对既遂与未遂的部分分别量刑，然后根据重刑吸收轻刑原则决定最终判处的刑罚的做法更为合理。2010 年出台的《烟草专卖品案件解释》规定：“销售金额和未销售货值金额分别达到不同的法定刑幅度或者均达到同一法定刑幅度的，在处罚较重的法定刑幅度内酌情从重处罚”，与上述做法基本一致。

本案中，被告人林某度、徐某销售金额在 5 万元到 20 万元之间，尚未销售的金额为 1 890 050 元，在 50 万元到 200 万元之间，相较之下应选择在 7 年以上 15 年以下有期徒刑这一档次适用刑罚，再考虑本案未遂与从犯情节，予以减轻处罚，在 2 年以上 7 年以下判处有期徒刑。被告人孙某华销售金额不满 5 万元，未销售金额为 1 890 050 元，同上，最终同样在 2 年以上 7 年以下判处有期徒刑，且应判处比林某度、徐某的刑罚更轻的刑罚。

深度研究

销售金额、货值金额的计算标准：对于生产、销售伪劣产品罪来说，销售金额、货值金额的计算问题一直存在较大争议，其中计算标准问题是比较基础性的问题。虽然相关的司法解释对此作出了部分规定，但仍有必要进行梳理和反思。

在此有必要对现有法律法规对计算标准的规定作一梳理。对于已经被销售的伪劣产品，按照销售金额认定即可，而对于未出售的伪劣产品，计算标准则较为复杂。依据《伪劣商品案件司法解释》，采取的认定标准依次为：标

① 聂某伟．林某度等销售伪劣产品案：生产、销售伪劣产品罪中销售金额、既未遂认定及量刑选择．人民司法·案例，2007（8）．

价——同类合格产品的市场中间价格——估价机构确定。依据《烟草专卖品案件解释》，则应当先判断能否查清实际销售价格，如能查清即以实际销售价格计算，不能查清再依据有无品牌分别以不同的零售价格计算。可以发现，两个司法解释的规定不完全一致，例如，在伪劣产品部分被销售的情况下，在计算未销售产品的货值金额时，《伪劣商品案件司法解释》未明确是否能先以查清的实际销售价格计算。

在审视货值金额计算标准是否合理时，需要明确的是，虽然司法解释以“货值金额”来表述未销售情形的产品价值，但毕竟刑法条文以“销售金额”作为量刑依据，所以最终适用刑法条文时要将所要表达的内容对接到销售金额的概念上来，与销售金额概念所表达的内容在本质上保持基本一致。具体到案件中，货值金额的认定必须大致接近产品销售后所得和应得的全部违法收入。因此，计算标准是否合理取决于标价、同类合格产品的市场中间价等与涉案产品实际销售价格是否接近。① 可以想象，在大部分生产、销售伪劣产品罪的案件中，最终消费者购买的价格应当接近合格产品在市场上的普遍售价。当然，在以假卖假的情形中最终消费者的实际购买价格会显著低于市场价，但倘若是生产者以假卖假，消费者对产品的伪劣情况知情，并不构成生产、销售伪劣产品罪并不成立，则以同类合格产品的市场平均零售价作为认定标准，可能更具合理性。例如，与以标价为计算标准进行对比，实践中许多商品（如服装等）的标价往往高于实际销售价格，此时以标价为标准认定销售金额，可能会对行为人不利。

从本罪的保护法益角度进行分析，也可以得出相同结论。前已述及，本罪主要保护不特定消费者的合法权益，销售金额虽然与法益侵害并不完全等同，但也应当能够衡量法益侵害的程度。以同类合格产品的市场平均零售价为标准进行金额计算恰恰最能反映消费者遭受的权益侵害程度。

还有一个值得反思的问题是，在伪劣产品实际出售时，对“销售金额”应当如何理解。对于有中间商的情形，假设生产者 A 将其生产的一批伪劣产品以 10 元每件的价格全部卖给批发商 B，实际销售金额总共为 3 万元。B 将这些产品以 100 元每件的产品全部卖给最终的消费者，实际销售金额为 30 万元。此时，若认定 A 的销售金额为 3 万元，其将不成立犯罪，这显然是不合理的。A 和 B 的行为对最终消费者来说法益侵害程度是相当的，且 A 还是伪劣产品的制造源头，3 万元这一数额并不能合理反映 A 的行为造成消费者法益侵害的程度。因此，本文认为销售金额必须是销售给最终消费者的金额。

① 刘晓虎．以假充真和以假卖假在定罪和销售金额认定上的区分．人民司法，2011 (21).

第四章 非法吸收公众存款罪

非法吸收公众存款罪作为典型的法定犯罪名，其并非自始就出现在我国刑法体系中。自新中国成立后的相当长一段时期内，由于实行计划经济体制，我国对民间的资金融通行为进行全面管制，非法集资活动一度销声匿迹。在改革开放后的20世纪80年代初，随着民营经济的发展和融资需求的增大，民间借贷开始在江苏、浙江、广东、福建等沿海地区兴起。后来，国家推行社会主义市场经济体制，随着社会经济活动日益活跃，乱集资、乱办金融机构、乱办金融业务（俗称“金融三乱”）的现象开始在全国范围内出现。由于当时的刑法尚未规定针对非法集资行为的专门罪名，司法机关只能通过适用其他罪名来实现惩治非法集资犯罪的目的。①

为了应对包括“金融三乱”现象在内的金融犯罪活动，1995年6月30日第八届全国人大常委会第十四次会议通过了《关于惩治破坏金融秩序犯罪的决定》（以下简称《惩治金融犯罪决定》），其中第7条增设了非法吸收公众存款罪：“非法吸收公众存款或者变相吸收公众存款，扰乱金融秩序的，处三年以下有期徒刑或者拘役，并处或者单处二万元以上二十万元以下罚金；数额巨大或者有其他严重情节的，处三年以上十年以下有期徒刑，并处五万元以上五十万元以下罚金。”“单位犯前款罪的，对单位判处罚金，并对直接负责的主管人员和其他直接责任人员，依照前款的规定处罚。”该规定奠定了今天我国非法吸收公众存款罪条文的基本规范架构。

1997年《刑法》第176条非法吸收公众存款罪全盘吸纳了1995年《惩治金融犯罪决定》第7条的内容，此后该条内容长期未变动。P2P网贷平台大量“爆雷”，推动了该罪名的修改。2020年12月26日《刑法修正案（十一）》在未改变该条第2款单位犯罪条款的情况下，从轻重两方面对非法吸收公众存款罪的刑罚责任进行了修改。一方面，加重了非法吸收公众存款罪的刑事责任。将该条第1款中相对确定的罚金刑修改为无限额罚金刑，并新设“数

① 王新．非法吸收公众存款罪的规范适用．法学，2019（5）：103．叶良芳．总体国家安全观视域下非法集资的刑法治理检视．政治与法律，2022（02）：56－67．

额特别巨大或者有其他特别严重情节”档法定刑。修改后的《刑法》第 176 条第 1 款规定的本罪刑罚后果为：犯本罪的，处 3 年以下有期徒刑或者拘役，并处或者单处罚金；数额巨大或者有其他严重情节的，处 3 年以上 10 年以下有期徒刑，并处罚金；数额特别巨大或者有其他特别严重情节的，处 10 年以上有期徒刑，并处罚金。另一方面，在加大对非法吸收公众存款罪的惩治力度的同时，为贯彻宽严相济刑事政策，促使犯非法吸收公众存款罪的人员积极退赃退赔，增加了关于减少和挽回社会公众损失的从宽处罚规定。① 新增的第 176 条第 3 款规定，实施本罪行为，在提起公诉前积极退赃退赔，减少损害结果发生的，可以从轻或者减轻处罚。

第一节 非法吸收公众存款罪的行为要件

知识背景

1997 年《刑法》第 176 条对非法吸收公众存款罪的描述，采取了简单罪状的形式，对于本罪客观方面要件规定为“非法吸收公众存款或者变相吸收公众存款”。根据 1998 年《非法金融机构和非法金融业务活动取缔办法》（已失效，以下简称《取缔办法》）的定义，所谓非法吸收公众存款，是指未经主管机关批准，向社会不特定对象吸收资金，出具凭证，承诺在一定期限内还本付息的活动；所谓变相吸收公众存款，是指未经主管机关批准，不以吸收公众存款的名义，向社会不特定对象吸收资金，但承诺履行的义务（还本付息）与吸收公众存款性质相同的活动。变相吸收公众存款规避了国家对吸收公众存款的监督管理，其危害和犯罪的性质与非法吸收公众存款没有本质区别。②

由于非法吸收公众存款行为的现实样态繁多，简单罪状给具体犯罪的认定带来了不少困难。为此，2010 年最高人民法院出台了《关于审理非法集资刑事案件具体应用法律若干问题的解释》（以下简称《非集解释》），对于本罪客观方面要件作了进一步的实质定义。其中第 1 条规定，违反国家金融管理法律规定，向社会公众（包括单位和个人）吸收资金的行为，同时具备下列四个条件（非法性、公开性、利诱性、社会性，以下简称“四性”）的，除

① 王爱立．中华人民共和国刑法条文说明、立法理由及相关规定．北京：北京大学出版社，2021：621－622.

② 王爱立．中华人民共和国刑法条文说明、立法理由及相关规定．北京：北京大学出版社，2021：620.

《刑法》另有规定的以外，应当认定为《刑法》第 176 条规定的“非法吸收公众存款或者变相吸收公众存款”。2014 年，最高人民法院、最高人民检察院、公安部进一步出台了《关于办理非法集资刑事案件适用法律若干问题的意见》（以下简称《非集意见》），对公开性和社会性这两个特征作了多层次、多角度的解释。① 2019 年最高人民法院、最高人民检察院、公安部出台《关于办理非法集资刑事案件若干问题的意见》（以下简称《非集案件意见》），补充了非法性认定的依据问题。2022 年 2 月最高人民法院修订了《非集解释》，对非法性和公开性的内容进行了调整，由此奠定了当前非法吸收公众存款罪四个客观要素的丰富内涵。

所谓非法性，即未经有关部门依法许可或者借用合法经营的形式吸收资金。司法机关认定集资的“非法性”，应当以国家金融管理法律法规作为依据。对于国家金融管理法律法规仅作原则性规定的，可以根据法律规定的精神，并参考中国人民银行、国务院银行业监督管理机构、证券监督管理机构等行政主管部门依照国家金融管理法律法规制定的部门规章或者国家有关金融管理的规定、办法、实施细则等规范性文件的规定，予以认定。

所谓公开性，即通过网络、媒体、推介会、传单、短信息等途径向社会公开宣传。向社会公开宣传，包括以各种途径向社会公众传播吸收资金的信息，以及明知吸收资金的信息已向社会公众扩散而予以放任等情形。

所谓利诱性，即承诺在一定期限内以货币、实物、股权等方式还本付息或者给付回报。

所谓社会性，是指向社会公众即社会不特定对象吸收资金。未向社会公开宣传，在亲友或者单位内部针对特定对象吸收资金的，不属于非法吸收或者变相吸收公众存款。但是，在向亲友或者单位内部人员吸收资金的过程中，明知亲友或者单位内部人员向不特定对象吸收资金而予以放任的，或者以吸收资金为目的，将社会人员吸收为单位内部人员，并向其吸收资金的，应当认定为向社会公众吸收资金。

在以上“四性”中，非法性是非法吸收公众存款罪的本质特征；公开性相对于秘密性而言，强调外在特征；利诱性侧重于经济特征；社会性则强调对公众投资者利益的保护。②“四性”要件为司法机关办理非法吸收公众存款案件提供了明确的指引，但是，无论是实务中还是理论上，对各个要件的理解与适用依然值得精细化探讨。

---

① 苗有水．两方面准确把握非法集资犯罪中的“不特定对象”．检察日报，2018-03-26(003).

② 王新．非法吸收公众存款罪的规范适用．法学，2019 (5)：113-114.

规范依据

《刑法》

第一百七十六条　非法吸收公众存款或者变相吸收公众存款，扰乱金融秩序的，处三年以下有期徒刑或者拘役，并处或者单处罚金；数额巨大或者有其他严重情节的，处三年以上十年以下有期徒刑，并处罚金；数额特别巨大或者有其他特别严重情节的，处十年以上有期徒刑，并处罚金。

单位犯前款罪的，对单位判处罚金，并对其直接负责的主管人员和其他直接责任人员，依照前款的规定处罚。

有前两款行为，在提起公诉前积极退赃退赔，减少损害结果发生的，可以从轻或者减轻处罚。

最高人民法院《关于审理非法集资刑事案件具体应用法律若干问题的解释》

第一条　违反国家金融管理法律规定，向社会公众（包括单位和个人）吸收资金的行为，同时具备下列四个条件的，除刑法另有规定的以外，应当认定为刑法第一百七十六条规定的“非法吸收公众存款或者变相吸收公众存款”：

（一）未经有关部门依法许可或者借用合法经营的形式吸收资金；

（二）通过网络、媒体、推介会、传单、手机信息等途径向社会公开宣传；

（三）承诺在一定期限内以货币、实物、股权等方式还本付息或者给付回报；

（四）向社会公众即社会不特定对象吸收资金。

未向社会公开宣传，在亲友或者单位内部针对特定对象吸收资金的，不属于非法吸收或者变相吸收公众存款。

第二条　实施下列行为之一，符合本解释第一条第一款规定的条件的，应当依照刑法第一百七十六条的规定，以非法吸收公众存款罪定罪处罚：

（一）不具有房产销售的真实内容或者不以房产销售为主要目的，以返本销售、售后包租、约定回购、销售房产份额等方式非法吸收资金的；

（二）以转让林权并代为管护等方式非法吸收资金的；

（三）以代种植（养殖）、租种植（养殖）、联合种植（养殖）等方式非法吸收资金的；

（四）不具有销售商品、提供服务的真实内容或者不以销售商品、提供服务为主要目的，以商品回购、寄存代售等方式非法吸收资金的；

（五）不具有发行股票、债券的真实内容，以虚假转让股权、发售虚构债券等方式非法吸收资金的；

（六）不具有募集基金的真实内容，以假借境外基金、发售虚构基金等方式非法吸收资金的；

（七）不具有销售保险的真实内容，以假冒保险公司、伪造保险单据等方式非法吸收资金的；

（八）以网络借贷、投资入股、虚拟币交易等方式非法吸收资金的；

（九）以委托理财、融资租赁等方式非法吸收资金的；

（十）以提供“养老服务”、投资“养老项目”、销售“老年产品”等方式非法吸收资金的；

（十一）利用民间“会”“社”等组织非法吸收资金的；

（十二）其他非法吸收资金的行为。

最高人民法院、最高人民检察院、公安部印发《关于办理非法集资刑事案件若干问题的意见》的通知

一、关于非法集资的“非法性”认定依据问题

人民法院、人民检察院、公安机关认定非法集资的“非法性”，应当以国家金融管理法律法规作为依据。对于国家金融管理法律法规仅作原则性规定的，可以根据法律规定的精神并参考中国人民银行、中国银行保险监督管理委员会、中国证券监督管理委员会等行政主管部门依照国家金融管理法律法规制定的部门规章或者国家有关金融管理的规定、办法、实施细则等规范性文件的规定予以认定。

最高人民法院、最高人民检察院、公安部《关于办理非法集资刑事案件适用法律若干问题的意见》

二、关于“向社会公开宣传”的认定问题

《最高人民法院关于审理非法集资刑事案件具体应用法律若干问题的解释》第一条第一款第二项中的“向社会公开宣传”，包括以各种途径向社会公众传播吸收资金的信息，以及明知吸收资金的信息向社会公众扩散而予以放任等情形。

三、关于“社会公众”的认定问题

下列情形不属于《最高人民法院关于审理非法集资刑事案件具体应用法律若干问题的解释》第一条第二款规定的“针对特定对象吸收资金”的行为，应当认定为向社会公众吸收资金：

（一）在向亲友或者单位内部人员吸收资金的过程中，明知亲友或者单位内部人员向不特定对象吸收资金而予以放任的；

（二）以吸收资金为目的，将社会人员吸收为单位内部人员，并向其吸收资金的。

案例评价

[案例 4-1] 杨某国等人非法吸收公众存款案[①]（非法性的认定基础）

1. 基本案情

浙江望洲集团有限公司（以下简称望洲集团）于 2013 年 2 月 28 日成立，被告人杨某国为法定代表人、董事长。自 2013 年 9 月起，望洲集团开始在线下进行非法吸收公众存款活动。2014 年，杨某国利用其实际控制的公司又先后成立上海望洲财富投资管理有限公司（以下简称望洲财富）、望洲普惠投资管理有限公司（以下简称望洲普惠），通过线下和线上两个渠道开展非法吸收公众存款活动。其中，望洲普惠主要负责发展信贷客户（借款人），望洲财富负责发展不特定社会公众成为理财客户（出借人），根据理财产品的不同期限约定 7%～15%的年化利率募集资金。在线下渠道，望洲集团在全国多个省、市开设门店，采用发放宣传单、举办年会、发布广告等方式进行宣传，理财客户或者通过与杨某国签订债权转让协议，或者通过匹配望洲集团虚构的信贷客户借款需求进行投资，将投资款转账至杨某国个人名下 42 个银行账户，被望洲集团用于还本付息、生产经营等活动。在线上渠道，望洲集团及其关联公司以网络借贷信息中介活动的名义进行宣传，理财客户根据望洲集团的要求在第三方支付平台上开设虚拟账户并绑定银行账户。理财客户选定投资项目后将投资款从银行账户转入第三方支付平台的虚拟账户进行投资活动，望洲集团、杨某国及望洲集团实际控制的担保公司为理财客户的债权提供担保。望洲集团对理财客户虚拟账户内的资金进行调配，划拨出借资金和还本付息资金到相应理财客户和信贷客户账户，并将剩余资金直接转至杨某国在第三方支付平台上开设的托管账户，再转账至杨某国开设的个人银行账户，与线下资金混同，由望洲集团支配使用。

因资金链断裂，望洲集团无法按期兑付本息。截至 2016 年 4 月 20 日，望洲集团通过线上、线下两个渠道非法吸收公众存款共计 64 亿余元，未兑付资金共计 26 亿余元，涉及集资参与人 13 400 余人。其中，通过线上渠道吸收公众存款 11 亿余元。

2. 涉案问题

如何认定 P2P 网络借贷业务的非法性？

3. 裁判理由及结论

杨某国认为望洲集团的线上业务不构成犯罪，不应计入犯罪数额。杨某

① 参见浙江省杭州市江干区人民法院（2017）浙 0104 刑初 133 号刑事判决书。

国的辩护人认为，国家允许 P2P 行业先行先试，望洲集团设立资金池、开展自融行为的时间在国家对 P2P 业务进行规范之前，没有违反刑事法律，属民事法律调整范畴，不应受到刑事处罚，犯罪数额应扣除通过线上模式流入的资金。

公诉人针对杨某国及其辩护人的辩护意见进行答辩：望洲集团在线上开展网络借贷中介业务已从信息中介异化为信用中介，望洲集团对理财客户投资款的归集、控制、支配、使用以及还本付息的行为，本质上与商业银行吸收存款业务相同，并非国家允许创新的网络借贷信息中介行为，不论国家是否出台有关网络借贷信息中介的规定，未经批准实施此类行为，都应当依法追究刑事责任。因此，线上吸收的资金应当计入犯罪数额。

法庭经审理认为：望洲集团以提供网络借贷信息中介服务为名，实际从事直接或间接归集资金，甚至自融或变相自融行为，本质上是吸收公众存款。判断金融业务的非法性，应当以现行刑事法律和金融管理法律规定为依据，不存在被告人开展 P2P 业务时没有禁止性法律规定的问题。望洲集团的行为已经扰乱金融秩序，破坏国家金融管理制度，应受刑事处罚。

对于非法性的认定依据问题，法庭认为：判断金融业务的非法性，即审查望洲集团是否符合“违反国家规定”“未经有关国家主管部门批准”的要件，应当以现行刑事法律和金融管理法律法规为依据。《刑法》第 176 条明确规定，非法吸收公众存款或变相吸收公众存款，扰乱金融秩序的，构成非法吸收公众存款罪；《商业银行法》第 11 条规定，未经国务院银行业监督管理机构批准，任何单位和个人不得从事吸收公众存款等商业银行业务。在案证据证明，望洲集团及望洲财富不具有银行业金融机构的从业资质，但被告人杨某国仍指挥公司向社会公众进行宣传，吸收巨额资金，事实上从事了商业银行吸收公众存款的业务，其行为违反了我国金融管理法律规定。我国现行刑事法律和金融管理法律法规对集资中涉及刑事处罚的内容都有明确规定，并不存在 2016 年 4 月前对符合刑事处罚的行为法无规定的情况。

2018 年 2 月 8 日，杭州市江干区人民法院作出一审判决，以非法吸收公众存款罪，分别判处被告人杨某国有期徒刑 9 年 6 个月，并处罚金人民币 50 万元；判处被告人刘某有期徒刑 4 年 6 个月，并处罚金人民币 10 万元；判处被告人吴某有期徒刑 3 年，缓刑 5 年，并处罚金人民币 10 万元；判处被告人张某有期徒刑 3 年，缓刑 5 年，并处罚金人民币 10 万元。将在案扣押冻结款项分别按损失比例发还；将在案查封、扣押的房产、车辆、股权等变价后分别按损失比例发还。不足部分责令继续退赔。宣判后，被告人杨某国提出上诉后又撤回上诉，一审判决已生效。

4. 评析意见

本案中，行为人的 P2P 网贷业务是否属于变相吸收公众存款行为引发争议，争议的核心之一是本罪非法性认定的依据问题。

非法吸收公众存款罪的成立要求吸收公众存款的行为具有非法性，即未经有关部门依法许可或者借用合法经营的形式吸收资金。本案中控辩双方争议的焦点在于：在我国未对网络贷款业务行为设置专门监管规范而是开放性地鼓励互联网金融创新的背景下，如何理解 P2P 网络贷款业务行为的非法性认定基础？

就本案而言，在经济政策领域，我国确实存在鼓励互联网金融产业、推动 P2P 网络贷款规范化发展的阶段。互联网金融在发展初期就被赋予了繁荣民间金融市场、发展普惠金融、鼓励金融创新的政策目标。2015 年国务院政府工作报告中就提到“互联网金融异军突起”，要求促进“互联网金融健康发展”，“大力发展普惠金融，让所有市场主体都能分享金融服务的雨露甘霖”。2015 年中国人民银行、工业和信息化部、公安部等十部委发布《关于促进互联网金融健康发展的指导意见》（以下简称《指导意见》），确立了“从金融业健康发展全局出发，进一步推进金融改革创新和对外开放，促进互联网金融健康发展”的思路，“积极鼓励互联网金融平台、产品和服务创新，激发市场活力”，“鼓励电子商务企业在符合金融法律法规规定的条件下自建和完善线上金融服务体系，有效拓展电商供应链业务”，“鼓励从业机构积极开展产品、服务、技术和管理创新，提升从业机构核心竞争力”，在加强互联网金融监管的同时“要制定适度宽松的监管政策，为互联网金融创新留有余地和空间”。这也是辩护意见中所提及的“国家允许 P2P 行业先行先试”。

尽管本案中，在行为人开展网络借贷业务的 2014 年—2016 年间，我国对 P2P 网贷的监管政策尚处于起步阶段，监管较为宽松①，但这并不意味着国家对 P2P 网贷业务没有进行规范。由于《指导意见》规定，“在个体网络借贷平台上发生的直接借贷行为属于民间借贷范畴，受合同法、民法通则等法律法规以及最高人民法院相关司法解释规范”，辩护人因而主张 P2P 网贷业务属于民间借贷范畴，不应受到刑事处罚。然而 P2P 网贷业务也要受到传统领域金融规范的监管，《商业银行法》第 11 条第 2 款规定，“未经国务院银行业监督管理机构批准，任何单位和个人不得从事吸收公众存款等商业银行业务”，向不特定社会公众吸收存款是商业银行专属金融业务，无论是否有针对某项业务的专门监管规范，任何单位和个人未经批准不得实施。

《指导意见》明确规定“个体网络借贷要坚持平台功能，为投资方和融资方提供信息交互、撮合、资信评估等中介服务。个体网络借贷机构要明确信

① 曾小飞．我国网络借贷发展历程及监管政策演变探析．时代金融，2020（33）：113．彭进．P2P 网贷监管政策梳理与转型风险研究．经济研究导刊，2021（27）：67．

息中介性质，主要为借贷双方的直接借贷提供信息服务，不得提供增信服务，不得非法集资。”本案中行为人以提供信息中介服务为名，实际从事直接或间接归集资金，网络借贷中介业务已从信息中介异化为信用中介，本质上已经是明显的非法集资，显然也已经超过了《指导意见》授权进行金融创新的范围，因而其行为具有非法性。

[案例4-2] 韩某梅、刘某明、李某雁非法吸收公众存款案①（公开性的认定问题）

1. 基本案情

公诉机关北京市朝阳区人民检察院指控：2012年9月以来，被告人韩某梅、刘某明、李某雁以中能远通（北京）投资基金管理有限公司的名义在北京市朝阳区北京财富中心A座×××室，以丰台区郭公庄保障房等项目高额返利为由非法吸收公众存款2亿余元。后被告人韩某梅、刘某明、李某雁被抓获归案。公诉机关认为被告人韩某梅、刘某明、李某雁的行为构成非法吸收公众存款罪，且属数额巨大，提请法院依照《刑法》第176条之规定予以惩处。

被告人韩某梅、刘某明对公诉机关指控的主要事实未提异议，自愿认罪；被告人李某雁当庭认可其持有公司10%的股份、股东决策书有其签字、负责后期给投资人返还本金及利息等事实，但辩称其前期对公司募集资金的事不知情。

韩某梅的辩护人对公诉机关指控的事实不持异议，认为本案系单位犯罪，韩某梅并非公司的全程实际控制人，投资人的经济损失已基本挽回，韩某梅具有自首情节且犯罪情节轻微；建议法庭对韩某梅免予刑事处罚。

刘某明的辩护人辩称，公司发行基金采取的非公开私募方式，属于合法发行私募基金，刘某明之行为不构成非法吸收公众存款罪；同时认为，刘某明具有自首情节，且投资人的损失大部分已挽回。

李某雁之辩护人的辩护意见为：李某雁没有参与公司募集资金的行为，且公司募集资金的行为属于合法私募基金行为，建议法庭宣告李某雁无罪。

法院经审理查明：中能远通（北京）投资基金管理有限公司（以下简称中能远通公司）于2012年5月23日成立，法定代表人为韩某梅，经营范围为非证券业务的投资管理、咨询（不得从事下列业务：以公开方式募集资金等）。中能远通公司股东情况为：韩某梅持股52%，刘某明持股35%，李某雁持股10%等。2013年经股份变更后李某雁持股80%，李某雁为公司法定代

① 参见北京市朝阳区人民法院（2015）朝刑初字第1780号刑事判决书。

表人。2012 年 9 月以来，被告人韩某梅、刘某明、李某雁在北京市朝阳区北京财富中心 A 座×××室，以中能远通公司的名义，以投资“光大—北京丰台区安置房项目基金”可获得高额返利为由，通过付佣金雇用第三方销售的方式，以投资入伙北京中能正信投资中心等有限合伙企业形式，于 2012 年 10 月至 11 月间，非法公开吸收程某某等 100 余人存款共计人民币 2 亿余元，上述资金被投向其他公司用于生产经营活动。后中能远通公司向涉案投资人返款共计人民币 4 000 余万元后无力兑付，投资人向公安机关报警。李某雁于 2014 年 6 月 12 日被抓获归案；韩某梅、刘某明于 2014 年 7 月 18 日接公安机关电话传唤后自行到案。

2. 涉案问题

行为人委托第三方代为销售其私募基金理财产品，是否具有公开性?

3. 裁判理由及结论

法院认为，行为人委托第三方代为销售其私募基金理财产品，本质上是利用第三方的客户资源向社会公开宣传，并向社会不特定对象吸收资金的行为，构成非法吸收公众存款罪。

合法私募具有募集对象特定性、募集方式非公开性、募集人数上限受到严格限制等特点。私募基金发起人有义务向投资人揭示投资风险，并明确提示投资收益无法保障、投资本金可能出现亏损等风险。私募基金发行人有义务保证其发行行为的不公开性，必须主动使其发行行为合法合规，不能采取消极放任的态度。合法私募基金的发起人应主动按照法律法规对其私募发行作出调整，力求发行行为符合私募的基本条件。与此相反，非法吸收公众存款的对象则为不特定的社会公众，以公开或变相公开的方式向社会公众募集资金，募集人数没有上限，且募集人往往刻意隐瞒投资风险、承诺还本付息。实践中以私募名义从事非法吸收公众存款的行为人往往只关注资金的募集效果，而对募集方式是否非公开，是否合法、合规往往采取放任、不干预的态度。

本案中，被告人以支付佣金的方式，委托多家银行、信托公司、投资公司代为销售其公司推出的基金理财产品，进而向投资人募集资金的行为，本质上是利用银行、信托公司等第三方机构的客户资源，向社会不特定公众进行公开宣传，并吸收不特定对象资金的非法吸收公众存款行为。本案募集对象不特定，且不符合私募发行关于合法投资者的规定，被告人通过第三方机构公开销售理财产品、募集资金，与私募发行的不公开性明显不符。被告人向投资者承诺高额固定收益，且未进行任何风险提示。被告人对资金募集的整个过程持放任态度，完全未履行私募基金发起人应尽的谨慎管理义务。本案被告人通过第三方机构销售其私募基金理财产品的行为，本质上是以发行私募基金的名义从事的非法吸收公众存款行为，应当依法定罪处罚。

北京市朝阳区人民法院于 2015 年 12 月 30 日作出判决：（1）被告人韩某梅犯非法吸收公众存款罪，判处有期徒刑 1 年，缓刑 1 年，罚金人民币 10 万元。（2）被告人刘某明犯非法吸收公众存款罪，判处有期徒刑 1 年，缓刑 1 年，罚金人民币 10 万元。（3）被告人李某雁犯非法吸收公众存款罪，判处罚金人民币 20 万元。（4）在案之人民币 1.8 亿余元及冻结账户内冻结款，发还各投资人。宣判后，三被告人均未提起上诉。

4. 评析意见

《非集解释》将公开性定义为“通过网络、媒体、推介会、传单、手机信息等途径向社会公开宣传”。这样的定义可能会缩小非法集资的范围：以公开宣传手段进行非法集资活动，无疑会涉及社会公众。但是非法集资的公开性未必体现为采取公开宣传方式，公开宣传只是认定公开性的一种辅助手段或者充分条件，并不是必要条件。① 也就是说，非法集资通常表现为通过公开宣传的形式募集资金，但不必然采取公开宣传的形式。

在本案中，行为人委托第三方机构销售其理财产品，依托第三方机构的客户资源募集资金，并没有直接采取公开宣传的手段。此时尽管没有公开宣传，但实质上依然是向不特定或者社会性的出资者募集资金，仍然具有公开性。司法实践中也将这种在形式上非公开宣传的私募行为实质性地认定为“公开宣传”，因此，很难认为对于公开性有以“公开宣传”加以形式化限定的必要。换句话说，“向社会公开宣传”的重点不在于“宣传”而在于“公开”，即行为人就募集资金的行动和信息向受众“不保密”“不隐瞒”，“不特别限定参加者”②，对集资宣传不采取严密的保密措施，谁来参加都可以，只要缴纳出资即可。③ 就此来看，被告人的行为符合非法吸收公众存款罪的公开性特征，本案中法院认定其构成非法吸收公众存款罪是正确的。

［案例 4－3］白某毅、罗某钟、张某红非法吸收公众存款罪④（利诱性的认定问题）

1. 基本案情

2015 年 11 月，杨某某（另案处理）成立了善合集团公司，该公司下设子公司陕西善友汇网络科技股份有限公司（以下简称善友汇公司），以及百年汇

---

① 彭冰．非法集资行为的界定：评最高人民法院关于非法集资的司法解释．法学家，2011（6）：47.

② 苗有水．两方面准确把握非法集资犯罪中的“不特定对象”．检察日报，2018－03－26（003）.

③ 黄芳．非法集资定罪困局之解析．法律适用（司法案例），2018（24）：80.

④ 参见陕西省高级人民法院（2021）陕刑终 136 号刑事判决书。

银财富管理有限公司（以下简称百年汇银公司）、西安班雅装修设计工程有限公司等分公司。自善合集团公司成立以来，被告人杨某某便设计推出了“蜂系列”产品，依据投资金额不同，将“蜂系列”产品分为“小蜜蜂”“蜂王”“六合蜂”，客户可选择相应的业务充值（其中“小蜜蜂”产品每枚 60 元，“大黄蜂”产品每枚 1 000 元，“蜂王”产品每枚 10 000 元，“六合蜂”产品每枚 60 000 元），充值后成为会员注册和登录善友汇公司在互联网上推出的“善友汇网络技术平台”，即可获 3 倍于充值金额的虚拟购物券。为了将虚拟购物券变现，会员可以在“善友汇网络科技平台”购买超市购物卡、油卡等商品后变现，也可通过个人在该平台注册为商户或在业务员指定平台商户进行虚假交易消耗虚拟购物券，后由善友汇公司以为商户结货款的形式将现金返还给商户，从而完成以券套现。为了吸引更多的客户购买产品，杨某某与王某洋（另案处理）等人在“蜂系列”产品的基础上衍生出“善系列”（包括“善行”“善居”“善装”）等产品，以相同的模式进行非法集资活动。

2. 涉案问题

以承诺高额返券形式吸收资金是否具有利诱性?

3. 裁判理由及结论

一审法院认为，被告人罗某钟、张某红、白某毅违反国家金融管理法律规定，以善友汇公司业务员的身份，通过多种形式对外宣传“蜂系列”及其衍生产品，承诺高额返券，变相向社会公众吸收资金，扰乱金融秩序，数额巨大，其行为已构成非法吸收公众存款罪，依法应予惩处。遂判决被告人罗某钟、张某红、白某毅犯非法吸收公众存款罪，判处有期徒刑及罚金，责令退赔赃款并按比例发还各集资参与人。

被告人张某红不服一审裁判提起上诉。就行为的定性问题，张某红及其辩护人提出：张某红只是向员工说明经营模式，是向特定人介绍，没有向社会公开宣传的犯罪行为；公司有大量装修等实际存在的业务，返券是正常的促销方式，不是变相非法吸收公众存款。

二审法院认为：上诉人张某红及原审被告人罗某钟违反国家金融管理法规，在善友汇公司任职期间承诺高额返券，变相向社会吸收资金，扰乱金融秩序，其行为已构成非法吸收公众存款罪，均依法应予惩处。对上述辩护理由不予采纳。

对于张某红的上诉理由及辩护意见，根据本案的事实、证据及相关法律规定，二审法院评判如下：根据张某红在侦查阶段的供述等证据，其对善合集团公司利用“蜂系列”及“善装”等产品变相吸收公众存款的非正常经营模式是明知的，在此情况下，张某红及其团队仍利用“地推”、网络等方式向客户宣传，通过高额返券的方式吸收集资参与人的投资，其行为构成非法吸收公众存款罪。陕西铭建司法会计鉴定所关于张某红在善合集团公司任职期间涉及的业绩及提成情况说明、业绩情况明细表系依法作出，且已在一审庭审时向张某红出示，并未剥夺其相关权利。善合集团公司的子公司、分公司成立后均以非法吸收公众存款为主要活动，不符合认定单位犯罪的法律规定。结合张某红在犯罪中的作用、地位及具体行为，原审对其量刑有重，可对其酌情从轻处罚。

二审法院认为：上诉人张某红及原审被告人罗某钟违反国家金融管理法规，在善友汇公司任职期间承诺高额返券，变相向社会吸收资金，扰乱金融秩序，其行为已构成非法吸收公众存款罪，均依法应予惩处。原审判决认定张某红、罗某钟犯罪事实清楚，证据确实、充分，定罪准确，审判程序合法。唯张某红、罗某钟虽在善合集团公司担任一定的职务，但只是执行公司及杨某某的指令，不参与政策制定，也不实际占有使用集资款项。考虑到二人的认罪态度、悔罪表现等情节，可对张某红、罗某钟酌情从轻处罚。原审判决认定上诉人白某毅任职等相关事实不清、证据不足，依法应撤销原审对白某毅的判决，发回重审。依法裁定如下：（1）撤销西安市中级人民法院（2019）陕 01 刑初 110 号判决。（2）上诉人张某红犯非法吸收公众存款罪，判处有期徒刑 4 年又 9 个月，并处罚金人民币 22 万元。（3）原审被告人罗某钟犯非法吸收公众存款罪，判处有期徒刑 6 年又 5 个月，并处罚金人民币 30 万元。（4）责令上诉人张某红退赔赃款 1 204 752.29 元，原审被告人罗某钟退赔赃款 842 174.16 元，按比例发还各集资参与人。（5）将上诉人白某毅非法吸收存款案发回西安市中级人民法院重新审判。

4. 评析意见

本案涉及如何认定采取隐蔽形式变相吸收存款行为的利诱性问题。利诱性特征包含有偿性和承诺性两个方面的内容。首先，非法集资是有偿集资，对于非经济领域的公益性集资，不宜纳入非法集资的范畴。其次，非法集资具有承诺性，即不是现时给付回报，而是承诺将来给付回报。回报的方式，既包括固定回报，也包括非固定回报；给付回报的形式，除货币之外，还有实物、消费、股权等形式；具体给付回报名义，除较为常见的利息、分红之外，还有所谓的工资、奖金、销售提成等。[①] 承诺高额返券，属于以货币以外的形式给付回报，应认定为承诺还本付息或给付回报，具有利诱性。

司法实践中，在认定利诱性时还应当注意在变相吸收公众存款案件中利诱行为的隐蔽性和复杂性，尤其是注意甄别伪装成售后包租包售、约定回购、

① 刘为波.《关于审理非法集资刑事案件具体应用法律若干问题的解释》的理解与适用. 人民司法，2011（5）：25.

提供远期商品或服务等具有返还商品或提供服务形式的非法利诱行为与捆绑销售或回馈顾客赠礼等正常生产经营行为。

[案例4-4] 吴某陆等非法吸收公众存款、集资诈骗案① （社会性的认定问题）

1. 基本案情

被告人吴某陆、毛某平案发前从事违法放贷业务。2007年3月至2008年10月间，被告人吴某陆、毛某平以投资经商、临时周转为由，以支付高息为诱饵，向曾某敏、孙某真、林某阳等50余名社会不特定人员非法吸收资金达人民币3亿余元，用于高息出借、投资经商等，后因经营亏损等造成人民币8 000余万元不能归还。其间，被告人潘某纯、黄某东受吴某陆、毛某平指使，分别协助从事记账、结算账目和收付款等工作。

2008年10月以后，被告人吴某陆、毛某平在已严重负债的情况下，明知无偿还能力，仍继续以投资房地产和旅游项目为幌子，以支付高息为诱饵，向卢某建、张某英、林某翠、王某兰、彭某善、蔡某宇等人非法集资人民币1 015.5万元，用于还债和支付高息等。至案发，尚有人民币1 012万元无法归还。

2. 涉案问题

向亲友集资的情形下如何认定具有社会性?

3. 裁判理由及结论

温州市人民检察院指控称：被告人吴某陆、毛某平、潘某纯、黄某东向社会不特定人员非法吸收资金的行为均已构成非法吸收公众存款罪；2008年10月之后，被告人吴某陆、毛某平在明知自己没有偿还能力的情况下，采取虚构事实、隐瞒真相的手段，继续向他人非法集资，骗取他人巨额钱财，其行为构成集资诈骗罪，应实行数罪并罚。被告人潘某纯、黄某东属从犯，可以从轻或减轻处罚。

被告人吴某陆、毛某平及其辩护人分别辩称：吴、毛吸收资金的对象仅限亲朋好友，并未向社会公众吸收资金；主观上没有非法占有他人钱财的诈骗犯罪故意，不构成集资诈骗罪。

被告人潘某纯、黄某东对指控的事实没有异议。其辩护人辩称：潘、黄与吴某陆、毛某平系亲属关系，听命于吴、毛，起辅助作用，系从犯，要求减轻处罚。

浙江省温州市中级人民法院经审理认为：被告人吴某陆、毛某平、潘某

① 参见浙江省高级人民法院（2011）浙刑二终字第80号刑事裁定书。

纯、黄某东以高息为诱饵，通过口头宣传等途径向数十名社会不特定人员非法吸收数亿元资金，数额和损失均特别巨大，其行为均已构成非法吸收公众存款罪。被告人吴某陆、毛某平在出现巨额亏损后，明知自己没有偿还能力，以非法占有为目的，编造谎言，骗取他人财物，数额特别巨大，其行为还构成集资诈骗罪。对被告人吴某陆、毛某平应数罪并罚。被告人潘某纯、黄某东在共同犯罪中起辅助作用，属于从犯，应分别予以从轻或减轻处罚。遂据此依法作出判决：（1）以集资诈骗罪判处被告人吴某陆无期徒刑，剥夺政治权利终身，并处没收个人全部财产；以非法吸收公众存款罪判处其有期徒刑10年，并处罚金人民币50万元，决定执行无期徒刑，剥夺政治权利终身，并处没收个人全部财产。（2）以集资诈骗罪判处被告人毛某平无期徒刑，剥夺政治权利终身，并处没收个人全部财产；以非法吸收公众存款罪判处其有期徒刑10年，并处罚金人民币50万元，决定执行无期徒刑，剥夺政治权利终身，并处没收个人全部财产。（3）以非法吸收公众存款罪分别判处被告人潘某纯有期徒刑3年，缓刑4年，并处罚金人民币5万元；判处被告人黄某东有期徒刑2年，并处罚金人民币5万元。（4）责令四被告人退赔全部违法所得，返还给被害人。

一审宣判后，吴某陆、毛某平不服，提起上诉。吴某陆、毛某平上诉提出：（1）吴某陆、毛某平未通过媒体、推介会、手机短信等途径向社会公开宣传，且集资对象为亲朋好友，不符合最高人民法院于2010年12月13日公布的《关于审理非法集资刑事案件具体应用法律若干问题的解释》对非法吸收公众存款罪所规定的向社会公开宣传和向社会公众吸收资金的构成特征。即使构成非法吸收公众存款罪，但考虑其不典型性、社会影响小等因素，亦应从轻处罚。（2）吴某陆、毛某平将集资款均用于投资、经营，一直致力于还款，主观上无非法占有集资户资金的目的，客观上没有采用虚构事实、隐瞒真相等诈骗手段集资，原判认定其构成集资诈骗罪，定性错误。要求依法改判。

浙江省高级人民法院经审理查明：原判认定的事实清楚，证据确实、充分。吴某陆、毛某平上诉及有关辩护人分别对原判认定事实、证据、定性等所持异议经查均不能成立，不予采信。

浙江省高级人民法院认为：上诉人吴某陆、毛某平、潘某纯、黄某东违反法律规定，以高息为诱饵，通过口头宣传等途径公开向社会不特定对象非法吸收巨额资金，扰乱金融管理秩序，其行为均已构成非法吸收公众存款罪。上诉人吴某陆、毛某平在出现巨额亏损后，明知自己无偿还能力，以非法占有为目的，采用虚构事实、隐瞒真相等诈骗手段非法集资，骗取他人财物，数额特别巨大，其行为均构成集资诈骗罪，应依法惩处。上诉人毛某平、吴某陆上诉分别提出原判定性有误、要求改判的理由不足，不予采纳。原判定罪及适用法律正确，量刑适当。审判程序合法。依法裁定：驳回上诉人吴某陆、毛某平的上诉，维持原判。

4. 评析意见

本案涉及以亲友为对象吸收公众存款行为的社会性认定。明知亲友或者单位内部人员向不特定对象吸收资金而予以放任的，应认定为变相吸收公众存款。对于向亲友或单位内部人员等特定对象吸收资金的行为，需注意区分不同情形：一般而言，向特定对象吸收存款行为不符合本罪“公众”的要求，《非集解释》第 1 条第 2 款规定，未向社会公开宣传，在亲友或者单位内部针对特定对象吸收资金的，不属于非法吸收或者变相吸收公众存款；但是，如果特定对象明显有进一步的扩散性，或者其资格的取得具有随意性和形式性，则不能排除本罪构成。《非集意见》在第 3 条说明：在向亲友或者单位内部人员吸收资金的过程中，明知亲友或者单位内部人员向不特定对象吸收资金而予以放任的，或是以吸收资金为目的，将社会人员吸收为单位内部人员，并向其吸收资金的，应当认定为向社会公众吸收资金：在出资的社会公众中包含少数亲朋好友的，不影响本罪的成立；在单位内部资的，如果出资者是与吸收者之间没有联系的人，也不排除构成本罪的可能。①

不过，《非集解释》和《非集意见》中的“亲友”，在法律上并不是明确的概念，其中“亲戚”并不要求是近亲属，“朋友”的范围更是广泛，亲友标准所天然具有的模糊性决定了其不适合成为定罪标准。② 何况在实际的吸收公众存款活动中，融资人往往需要以召开座谈会、组织考察等方式与投资人拉近情感距离，使其对融资人及其项目产生信任，投资人往往以亲友为纽带结成的吸存关系实质上已是非法集资得以形成并泛滥蔓延的重要渠道。③ “亲友”概念所能起到的表明集资活动不具有值得刑罚处罚的违法性的出罪功能实际上相当有限，司法实践中适用相关司法解释时，不能机械地理解“亲友”概念，而是要回归于对吸收存款对象“不特定性”的实质判断。

深度研究

1. 关于非法性特征

由于非法吸收公众存款罪属于空白罪状，该罪构成要件中的“非法”，需要参照其他法律法规的规定予以明确。对于“非法”所参照的法律法规范围，一种意见认为，“从罪刑法定原则所派生的法律专属原则出发，空白罪状所参

① 张明楷．刑法学．北京：法律出版社，2021：1000.

② 李有星，范俊浩．非法集资中的不特定对象标准探析：证券私募视角的全新解读．浙江大学学报（人文社会科学版），2011（5）.

③ 金善达．非法吸收公众存款罪中“不特定对象”标准之改良．政治与法律，2015（11）：43.

照的法律应该具有较高的位阶，不允许将行政规章、行政命令等作为空白罪状确立不法构成要件的参照法源”①。相反的意见指出，如果高位阶的法律规范概念明确，不需要进一步解释，自然具有排他和优先适用性，但当法律本身模糊需要解释时，就需要根据相关规章对其进行二次解读和补充，在解释的意义上并不排斥规章的适用。②

2019 年《非集案件意见》基本采取了后一种意见，规定：司法机关认定非法集资的“非法性”，应当以国家金融管理法律法规作为依据。对于国家金融管理法律法规仅作原则性规定的，可以根据法律法规的精神并参考中国人民银行、国务院银行业监督管理机构、国务院证券监督管理机构等行政主管部门依照国家金融管理法律法规制定的部门规章或者国家有关金融管理的规定、办法、实施细则等规范性文件的规定予以认定。因此，在后期出现的监管 P2P 网络借贷的部门规章可以成为认定“非法性”的规范依据。③

判断非法吸收公众存款行为的非法性，应当以行为之时有效的刑事法律和金融管理法律法规为依据。近些年来，利用互联网实施的新型非法集资犯罪案件持续增长，2018 年以后网络借贷平台陆续“爆雷”，对 P2P 网络借贷行业的专项监管整治也全面收紧。据报道，全国实际运营的 P2P 网络借贷机构由高峰时期的约 5 000 家逐渐下降，直至 2020 年 11 月中旬基本完全归零。④ 当前司法实践中处理的 P2P 网络借贷非法吸收公众存款的案件也几乎都是存量案件。在处理这些案件时，需要根据具体行为时间，以行为时有效的国家金融管理法律法规等规范性文件为依据具体地认定行为的“非法性”。在这一阶段与网络借贷直接相关的规范主要有：2011 年的《关于人人贷有关风险提示的通知》、2015 年《关于促进互联网金融健康发展的指导意见》、2016 年《网络借贷信息中介机构业务活动管理暂行办法》和《网络借贷信息中介机构备案登记管理指引》、2017 年《网络借贷资金存管业务指引》和《网络借贷信息中介机构业务活动信息披露指引》、2018 年《关于做好网贷机构分类处置和风险防范工作的意见》、2019 年《关于启动网络借贷信息中介机构运营数据实时接入的通知》《关于加强 P2P 网贷领域征信体系建设的通知》、2020 年《关于预防银行业保险业从业人员金融违法犯罪的指导意见》等。

---

① 姜涛．非法吸收公众存款罪的限缩适用新路径：以欺诈和高风险为标准．政治与法律，2013（8）：58.

② 邹玉祥．非法吸收公众存款罪之行为类型研究：基于网贷背景下的教义学展开．政治与法律，2018（6）：58.

③ 王新．指导性案例对网络非法集资犯罪的界定．政法论丛，2021（1）：120－121.

④ P2P 大幕正式落下七年之痒．[2020－05－03]. finance. people. com. cn/n1/2020/1130/c1004－31948797. html.

2. 关于公开性特征

与另外三个特征不同的是，公开性特征并不是一以贯之地被视为非法吸收公众存款行为的实质特征之一。在行政法规中，国务院《取缔办法》（1998年）和中国人民银行《关于贯彻国务院〈非法金融机构和非法金融业务活动取缔办法〉有关问题的通知》（1998年）中，对于非法吸收公众存款行为就不存在具备公开性的要求。2021年国务院出台的《防范和处置非法集资条例》也延续了这一理解，非法集资被定义为“未经国务院金融管理部门依法许可或者违反国家金融管理规定，以许诺还本付息或者给予其他投资回报等方式，向不特定对象吸收资金的行为”，即同样不要求公开性要件。

在2011年的《非集解释》和2014年的《非集意见》中，公开性则被列为非法吸收公众存款成立的四个实质条件之一。可以认为，司法解释在确定非法集资的成立标准上，并没有简单地照搬行政法规，而是将“公开性”增列为入罪门槛条件。[①] 因此，是否存在公开性，成为非法吸收公众存款究竟成立刑事犯罪还是行政违法行为的重要标准。在私募基金领域，如果融资人在发行私募基金时不公开进行，则意味着缺少“公开性”，其行为不构成犯罪，从而在很大程度上排除了在私募基金领域打击非法集资的空间。[②] 但是，应当注意的是，私募基金完全可能在基金发行及运作过程中突破相关法律法规和行业规范对募集对象和个人募集资金数额的要求，转向不特定人公开募集资金，此时便完全可能被认定为非法吸收公众存款罪。

3. 关于利诱性特征

在非法集资案件中，常见的利益引诱方式包括承诺高额回报和承诺固定回报两种常见方式。承诺高额回报往往容易影响出资人根据真实信息进行认识和判断，在误估收益与风险程度的情况下进行出资。经验表明，只有行为人承诺保本付息才能吸引众多投资人投资[③]，因此也有“凡非法集资活动必然伴随着高利率的有偿回报”的说法。[④] 但是，高额回报约定只是判断非法吸收公众存款行为的一个方面，正常的回报率约定不足以使非法吸收公众存款行为合法化。[⑤] 同时，承诺回报也不要求承诺给付固定回报，而是指承诺“只要出资即可通过出资行为获得回报”，所承诺的回报不必具有确定性，只要承诺

---

① 王新．非法吸收公众存款罪的规范适用．法学，2019（5）：117.

② 王新．非法吸收公众存款罪的规范适用．法学，2019（5）：118.

③ 蓝学友．互联网环境中金融犯罪的秩序法益：从主体性法益观到主体间性法益观．中国法律评论，2020（2）：132.

④ 王新．指导性案例对网络非法集资犯罪的界定．政法论丛，2021（1）：121.

⑤ 刘为波．非法集资特征的理解与认定．中国审判，2011（2）：74-75.

的回报具有可能性即可。① 因此，对利诱性的识别，不需要追求高额回报或确定性回报的承诺内容，只要求通过承诺还本付息或给付回报，可以诱使投资人因贪利而给付出资即可。亦即犯罪主体在向投资人宣传和吸收资金时刻意规避投资风险，承诺在一定期限内给付回报，使投资人相信其投资就像放在银行的存款一样安全、有保障。②

尽管“利诱性”的提法具有贬抑之义，但其本身并不意味着否定性评价，无论是银行向公众吸纳存款，还是民间借贷，一般都需要“还本付息”，这是市场经济的本质所决定的。③ 在金融行业中，“利诱性”在刚性兑付基本成为行业潜规则的竞争环境下是普遍存在的。④ 为了有效募集资金，融资者在进行宣传时一般都会向投资人承诺项目成功后给予回报，否则难以获得投资。⑤ 因此，在四性条件中，“利诱性”特征其实并不突出，还本付息虽是存款的重要特征，但并非存款的本质，更不能将它作为认定非法吸收存款的根本标准。⑥ 但是在近几年司法实践中，司法机关对利诱性过于重视，甚至形成了仅仅将保本付息作为认定非法吸收公众存款罪最重要的犯罪特征的办案思路。⑦ 对此种倾向应当警惕。

4. 关于社会性特征

《非集解释》对社会性的表述为“社会公众即社会不特定对象”，表明社会性特征应当包括三个层面的内容，即“广泛性”“多数性”“不特定性”。首先，毫无疑问，“社会性”要求集资的对象具有“广泛性”，“广泛性”是指集资行为的社会辐射力较强，不受某一特定单位、地域、职业或人群的限制。其次，“公众”表明集资对象的“多数性”，即集资参与人在数量上呈现规模化，为数众多。⑧ “不特定对象”表明“不特定性”，一指投资者与募集者之间没有联系，二指投资者可能随时增加。这是由非法吸收公众存款的行为方式决定的，但是，本罪的成立并不以行为人实际上已经吸收了多数人的存款为

---

① 张明楷．刑法学．北京：法律出版社，2021：1000.

② 非法集资犯罪问题研究课题组，田向红，吴春妹，王拓，胡静，王瑶．涉众型非法集资犯罪的司法认定．国家检察官学院学报，2016（3）：105.

③ 姜涛．非法吸收公众存款罪的限缩适用新路径：以欺诈和高风险为标准．政治与法律，2013（8）：55.

④ 彭志娟．从互联网金融视角看非法吸收公众存款罪．人民检察，2018（12）：59.

⑤ 阴建峰，刘雪丹．互联网股权众筹的刑法规制问题论纲．法律科学（西北政法大学学报），2018（1）：97－98.

⑥ 谢望原，张开骏．非法吸收公众存款罪疑难问题研究．法学评论，2011（6）：140.

⑦ 刘天宏．非法吸收公众存款罪司法实务认定的偏差与纠偏．大连海事大学学报（社会科学版），2021（4）：59.

⑧ 李勤．非法吸收公众存款罪与集资诈骗罪区分之间：以“二元双层次”犯罪构成理论为视角．东方法学，2017（2）：148.

条件。[①] 正是基于“社会性”的特征，非法集资属于最为典型的涉众型金融犯罪，天然地具有参与人多、影响范围广的属性。[②] 所以，虽然非法吸收公众存款行为也表现出了一定的民间借贷特征，但因为其借贷的对象具有“广泛性”“多数性”“不特定性”，因而其具有严重扰乱国家金融秩序的危害性，应当作为犯罪处理。精细化识别吸收存款行为的社会性特征，是准确区分合法民间借贷行为与非法吸收公众存款行为的前提。

问题在于：社会性条件的成立，是要求“广泛性”“多数性”“不特定性”均具备，还是具备其中之一即可？

《非集解释》第 1 条第 2 款规定，未向社会公开宣传，在亲友或者单位内部针对特定对象吸收资金的，不属于非法吸收或者变相吸收公众存款。该解释否定了不具有“广泛性”和“不特定性”的吸收存款行为的可罚性。但是《非集意见》第三点进一步补充：在向亲友或者单位内部人员吸收资金的过程中，明知亲友或者单位内部人员向不特定对象吸收资金而予以放任的，或是以吸收资金为目的，将社会人员吸收为单位内部人员，并向其吸收资金的，不属于《非集解释》第 1 条第 2 款规定的针对特定对象吸收资金的行为，应当认定为向社会公众吸收资金。在行为的延续发展可能导致吸收资金对象具有“不特定性”（亲友或者单位内部人员向不特定对象吸收资金）或“广泛性”（吸收社会人员）时，可以认为具有社会性。因此单独具备“不特定性”或“广泛性”特征都有可能满足社会性条件。

在仅具有“多数性”，即针对特定多数人吸收公众存款的情况下，是否能够认定满足社会性条件，引发的争议较大。一种观点认为，社会性不要求“多数性”，非法集资行为并不具有明确的针对性，无论从何处筹集到资金都符合募集人的意愿，吸纳资金对象人数的多寡，则非所向，人数标准不应当成为“不特定对象”司法认定中的必备要件。[③] 另一种观点则认为，本罪中应将特定对象的认定与投资人员的规模、数量挂钩[④]，对特定多数人吸收资金也可以成立本罪。[⑤]

应当认为，即便仅具有“多数性”，即向特定多数人吸收存款，也可能满足“社会性”条件。从刑法原文看，《刑法》第 176 条规定的吸收存款对象为

---

① 张明楷．刑法学．6 版．北京：法律出版社，2021：1000.

② 王新．指导性案例对网络非法集资犯罪的界定．政法论丛，2021（1）：121－122.

③ 乐绍光，曹晓静，邓楚开．非法集资类犯罪案件法律适用问题探讨．人民检察，2008（6）：37－40. 金善达．非法吸收公众存款罪中“不特定对象”标准之改良．政治与法律，2015（11）：38－44.

④ 苗有水．两方面准确把握非法集资犯罪中的“不特定对象”．检察日报，2018－03－26（003）.

⑤ 胡宗金．非法吸收公众存款罪的规范目的与规制范围．法学家，2021（6）：171.

“公众”而非不特定多数人。“公众”包括多数人和不特定多数人①，《非集解释》将社会公众直接解释为不特定对象实际上限制了本罪的成立范围。从对作为前置法的合法性界限角度看，在与非法集资活动相近似的合法私募领域，相关法律法规也以人数规模为行为的合法性界限。例如《证券法》第 9 条第 2 款将向不特定对象发行证券，或向特定对象发行证券累计超过 200 人（但依法实施员工持股计划的员工人数不计算在内）认定为公开发行，而公开发行即超出了私募的范围。在民间融资领域，亦有地方性法规确认合法融资的规模，例如，《温州市民间融资管理条例》第 19 条规定：“企业因生产经营需要，可以以非公开方式向合格投资者进行定向债券融资，按照约定的期限和方式偿还本息。每期定向债券融资的合格投资者不得超过二百人。”债券融资在本质上是以债券的形式进行债权集资，《温州市民间融资管理条例》规定，只要将定向债券融资的人数控制在二百人以内即合法。② 当前《非集解释》第 3、4、5 条分别将非法吸收或者变相吸收公众存款对象为 150 人、500 人、5 000 人以上的作为三档法定刑的定罪量刑标准，尽管这一标准与民事、行政领域的相关前置法一般采取的 50 人、200 人标准有所差异，但实际上也明确肯定了仅以人数众多作为本罪入罪标准。因此，“社会性”条件的成立要求满足“广泛性”“多数性”“不特定性”其一即可。吸收资金的对象无论是具有“广泛性”，还是具有“多数性”，抑或具有“不特定性”，从本质上看都严重侵犯和扰乱了金融秩序。

第二节　非法吸收公众存款罪的行为主体

知识背景

本罪的主体为一般主体，包含自然人和单位。对于单位非法吸收公众存款和变相吸收公众存款构成犯罪的，采取双罚原则，即对单位判处罚金，同时对单位直接负责的主管人员和其他直接责任人员根据犯罪的不同情节，分别依照自然人犯本罪的刑罚处罚。

但是，对于金融机构及其工作人员（有吸收存款资格者）能不能构成非法吸收公众存款罪的犯罪主体，存在一定争议。2001 年最高人民法院研究室在《关于认定非法吸收公众存款罪主体问题的复函》（以下简称《主体问题复函》）中提出：“金融机构及其工作人员不能构成非法吸收公众存款罪的犯罪

---

① 张明楷．刑法学．6 版．北京：法律出版社，2021：1000.

② 胡宗金．非法吸收公众存款罪的规范目的与规制范围．法学家，2021（6）：171.

主体。对于银行或者其他金融机构及其工作人员以牟利为目的，采用吸收客户资金不入账并将资金用于非法拆借、发放贷款，构成犯罪的，依照刑法有关规定定罪处罚。”但《主体问题复函》的结论是否能够普遍适用值得怀疑，实践中有具体案例已经尝试突破该结论。

案例评价

[案例 4-5] 张某峰非法吸收公众存款、诈骗案①（金融机构工作人员以个人名义吸收公众存款的认定）

1. 基本案情

2011 年至 2014 年 11 月，被告人张某峰以帮他人投资、为他人借款等名义，以支付高额利息为诱饵，向王甲、陈乙、金某、方某等十余人借款，共计人民币 15 625 万元（以下币种均为人民币）。后张某峰将资金出借给富阳海平食品有限公司（以下简称海平公司）、浙江榜煊控股集团有限公司（以下简称榜煊集团）等企业。至案发前，张某峰已归还各集资参与人本金共计 11 755 万元，支付利息共计 364.366 万元，实际造成经济损失共计 3 505.634 万元。具体事实如下：（1）2011 年至 2013 年 10 月，张某峰以 1.5%的月息为诱饵，先后多次向王甲借款，截至案发时借款余额为 380 万元。至案发前，未归还该笔本金且未支付利息，实际造成损失 380 万元。（2）2012 年上半年，张某峰以 1.5%的月息为诱饵，向某娣借款 90 万元。至案发前，已支付利息 40.5 万元，未归还本金，实际造成损失 49.5 万元。（3）2012 年 8 月至 2014 年 10 月，张某峰以 15%的年息为诱饵，并且承诺支付银行贷款利息，先后向金某借款 210 万元。至案发前，已归还本金 5 万元，支付利息 13.5 万元，实际造成损失 191.5 万元。（4）2012 年 12 月，张某峰以 15%的年息为诱饵，向方某借款 200 万元。至案发前，已支付利息 30 万元，未归还本金，实际造成损失 170 万元。（5）2013 年 6 月至 2014 年 11 月，张某峰以承诺支付利息为诱饵向张戊借款，截至案发时借款余额为 725 万元。至案发前，未归还本金且未支付利息，实际造成损失 725 万元。（6）2013 年 8 月至 2014 年 2 月，张某峰承诺按时支付银行贷款利息，向李乙光借款 400 万元。至案发前，已归还本金 200 万元，实际造成损失 200 万元。（7）2013 年 6 月至 7 月，张某峰以转贷为名，向俞某借款 300 万元。至案发前，已归还本金 250 万元，实际造成损失 50 万元。（8）2013 年 9 月至 2014 年 11 月，张某峰以 1.5%至 2.5%的月息为诱饵，先后通过夏某借款 12 350 万元。至案发前，已归还本金 11 250 万元，支付利息 218.866 万元，实际造成损失 881.134 万元。

① 参见浙江省杭州市中级人民法院（2016）浙 01 刑终 853 号刑事裁定书。

(9) 2013年12月，张某峰以20%的年息为诱饵，向章甲借款100万元。至案发前，已支付利息15万元，未归还本金，实际造成损失85万元。(10) 2014年初，张某峰以承诺支付利息为诱饵，向陈丙借款20万元。至案发前，未归还本金且未支付利息，实际造成损失20万元。(11) 2014年2月，张某峰以12%的年息为诱饵，向章乙借款150万元。至案发前，已支付利息9万元，未归还本金，实际造成损失141万元。(12) 2014年3月，张某峰以18%的年息为诱饵，向汪某借款100万元。至案发前，已归还本金50万元，支付利息7.5万元，实际造成损失42.5万元。(13) 2014年4月，张某峰以15%的年息为诱饵，向施某借款100万元。至案发前，未归还本金且未支付利息，实际造成损失100万元。(14) 2014年6月，张某峰以12%的年息为诱饵，向王乙借款500万元。至案发前，已支付利息30万元，未归还本金，实际造成损失470万元。

(诈骗事实略。)

2. 涉案问题

金融机构工作人员以个人名义参与的非法集资行为能否被认定为非法吸收公众存款罪?

3. 裁判理由及结论

一审法院认为：被告人张某峰未经相关部门的许可，向社会不特定对象吸收资金，承诺在一定期限内还本付息，数额巨大，其行为已构成非法吸收公众存款罪；被告人张某峰以非法占有为目的，采用虚构事实、隐瞒真相的方式，骗取他人财物，数额特别巨大，其行为又构成诈骗罪。被告人张某峰在判决宣告以前一人犯数罪，依法应数罪并罚。张乙已代为处理被告人张某峰经手的部分被害人的债务，部分被害人对其表示谅解，主张对张某峰予以从轻处罚遂依法判决：(1) 被告人张某峰犯非法吸收公众存款罪，判处有期徒刑5年6个月，并处罚金人民币30万元，犯诈骗罪，判处有期徒刑11年6个月，并处罚金人民币35万元，两罪并罚，决定执行有期徒刑16年，并处罚金人民币65万元；(2) 责令被告人张某峰退赔各被害人的经济损失。

被告人张某峰及其辩护人上诉辩称：(1) 关于非法吸收公众存款罪部分。1) 原判认定的部分借款数额、归还数额及造成的经济损失数额错误；2) 张某峰作为银行工作人员不能构成非法吸收公众存款罪的犯罪主体，其与集资参与人之间系民间借贷关系，其没有向社会公开宣传，集资参与人均是其亲戚、同学、朋友等特定对象，其行为不具备非法集资非法性、公开性、利诱性、社会性的特征，不构成非法吸收公众存款罪。(2) 关于诈骗罪部分略。综上，张某峰主观上没有非法占有的目的，客观上没有实施诈骗行为，原判认定的诈骗部分事实属于民间借贷，不构成犯罪。

关于张某峰作为银行工作人员不能成为非法吸收公众存款罪的犯罪主体部分上诉理由和辩护意见，二审法院综合评判如下：

张某峰的行为构成非法吸收公众存款罪。根据一、二审查明的事实，张某峰虽然系金融机构工作人员，但其以个人名义未经有关部门批准吸收资金，以高额利息等为诱饵进行资本运作，并以利息差的形式从中获取巨额利益，其行为的非法性、利诱性均十分明确；张某峰利用其金融机构工作人员身份所形成的影响力、辐射面，在所谓的朋友或者熟人之间进行资本运作，且在此过程中通过口口相传、以人传人的方式扩大吸收资金对象的范围，应认定其吸收存款的行为具有公开性且系向不特定对象吸收存款。因此，上诉人张某峰违反国家金融管理法律规定，向社会公众非法吸收资金，对其行为应以非法吸收公众存款罪定罪处罚。

综上，上诉人张某峰共计向社会公众非法吸收资金 15 625 万元，扣除已经归还的本息金额，实际造成经济损失 3 125.634 万元。除王甲的经济损失数额外，原判认定的事实清楚，证据确实、充分。张某峰及其辩护人对该部分事实提出的异议，部分予以采纳。张某峰及其辩护人对原判定性提出的异议缺乏依据，不予采纳。

综上，原判认定上诉人张某峰明知榜煊集团资金链出现问题后，以非法占有为目的，虚构借款事由骗取被害人资金的事实清楚，证据确实、充分。张某峰及其辩护人关于该部分事实属民间借贷的诉辩意见，缺乏依据，不予采纳。

二审法院认为，原判定罪和适用法律正确，原判所判处的刑罚并无不当，原审审判程序合法。遂据此，裁定驳回上诉，维持原判。

4. 评析意见

本案中，被告人借其金融机构工作人员之身份，以自身名义开展非法集资活动，以帮他人投资、为他人借款为由，以支付高额利息为诱饵，向不特定多数人借款后，将资金再次出借给相关企业，并以利息差的形式从中获取巨额利益，很明显超越了相关部门许可的业务范围，具有实质的违法性。在此类行为中，行为人尽管具有金融机构工作人员的身份，实质上其基于个人名义的主体资质并没有得到相关部门的许可，其行为依然具有非法性。对于此类行为，如不以非法吸收公众存款罪加以处罚，意味着只要具有金融机构工作人员之身份就能私自开展吸纳存款的业务，由此无疑将严重干扰金融秩序，身份成为逃避刑事处罚的保护伞。这显然不具有合理性。

本案中，司法机关没有对《主体问题复函》的效力进行回应，而是从“未经有关部门批准”的角度说明其主体的非法性，反驳其借金融机构工作人员之身份的抗辩理由。这种在形式层面上否认主体资格，从而避免与既有权威规定冲突的思路有可取之处。同时本案也反映了《主体问题复函》在适用上的局限性，至少有必要对其观点进行限定或补充。

[案例 4-6] 赵某某、郭某某等非法吸收公众存款案①
（以金融机构名义吸收公众存款的认定）

1. 基本案情

2006 年 2 月底，被告人郭某某为了从平遥县王家庄信用社贷款，与当时在平遥县王家庄信用社工作的被告人赵某某商量决定，先由被告人郭某某从社会上往王家庄信用社吸收存款，然后从吸收的存款中为被告人郭某某办理部分贷款。之后，被告人郭某某与被告人张某某商定，由被告人张某某直接或通过他人从长治等地区吸收存款后找到被告人赵某某，存入平遥县王家庄信用社，存款均为定期 1 年。被告人郭某某在证实通过被告人张某某吸收到王家庄信用社的存款数额后，按年利率 10%（1 万元存款 1 年支付利息 1 000 元）支付给被告人张某某超出依中国人民银行正常存款利率所计利息的高息。被告人赵某某明知被告人郭某某支付超出依中国人民银行正常存款利率的高利息。在被告人张某某领储户存款期间，因郭某某已无力支付高利息，被告人赵某某向郭某某提供部分短期贷款以便郭某某为储户支付高息，并言明在郭某某因通过本次吸收存款而获得贷款时从中扣除。其中，赵某某受郭某某指使，直接向储户支付高息 2 次。2006 年 3 月 9 日至 4 月 7 日被告人张某某介绍储户或直接带领储户到王家庄信用社存款，在从郭某某处获得每万元 1 000 元的好处费后，张某某再次以每万元低于 1 000 元的数目付给储户，张某某从中获利 38.3 万元（对此款被告人张某某已退至平遥县公安局，平遥县公安局已转交给平遥县王家庄信用社）。在此期间内，三被告人通过上述手段向长治等地区的储户吸收存款 238 笔，共计吸收存款金额为 2 746 万元。

2. 涉案问题

金融机构及其工作人员以机构名义非法吸收公众存款时能否构成本罪的主体?

3. 裁判理论及结论

平遥县人民法院一审认为：被告人赵某某、郭某某、张某某目无国法，为了各自的目的，相互勾结，采用支付高息的非法手段，大肆非法吸收公众存款，数额巨大。其行为严重扰乱了金融秩序，具有一定的社会危害性，三被告人之行为已触犯刑律，构成了非法吸收公众存款罪，依法应予刑事处罚。公诉机关指控三被告人所犯罪名成立，适用法律正确，应予采纳。被告人赵

① 参见山西省晋中市中级人民法院（2021）晋 07 刑再 5 号刑事判决书。

某某犯罪后尚能认罪，积极缴纳罚金，属有悔罪表现，依法可酌情从轻处罚。被告人郭某某具有投案自首情节，能够积极缴纳罚金，属有悔罪表现，且郭某某将取得的贷款用于企业的经营，故依法可予以从轻处罚。被告人张某某具有投案自首情节，案发后已将非法所得退出，依法应予从轻处罚。遂判决：(1) 被告人赵某某犯非法吸收公众存款罪，判处有期徒刑 3 年，缓刑 5 年，并处罚金人民币 50 万元；(2) 被告人郭某某犯非法吸收公众存款罪，判处有期徒刑 3 年，缓刑 5 年，并处罚金人民币 50 万元；(3) 被告人张某某犯非法吸收公众存款罪，判处有期徒刑 3 年，缓刑 3 年，并处罚金 15 万元。非法所得 38.3 万元，予以追缴。

平遥县人民法院（2021）晋 0728 刑再 1 号刑事裁定认定的事实、证据与原一审认定的事实和证据一致。

平遥县人民法院再审认为：被告人赵某某、郭某某、张某某目无国法，为了各自的目的，相互勾结，共同实施了高息揽储行为，非法吸收公众存款，数额巨大，严重扰乱了金融秩序，具有一定的社会危害性，三被告人之行为已触犯刑律，构成了非法吸收公众存款罪。关于辩护人所称《金融违法行为处罚办法》没有规定应负刑事责任的辩护意见，本院认为，根据《金融违法行为处罚办法》第 2 条关于“金融机构违反国家有关金融管理的规定，有关法律、行政法规有处罚规定的，依照其规定给予处罚；有关法律、行政法规未作处罚规定或者有关行政法规的处罚规定与本办法不一致的，依照本办法给予处罚”的规定，同时根据 2003 年 12 月 27 日修订的《商业银行法》第 74 条第 1 款规定的“商业银行有下列情形之一……构成犯罪的，依法追究刑事责任”，其中第 3 项为“违反规定提高或者降低利率以及采用其他不正当手段，吸收存款，发放贷款的”，本案中信用社虽具有吸收公众存款的资格，但其采取违法高息揽储的方法吸收存款，数额巨大，对其负责的主管人员赵某某和其他直接责任人员郭某某、张某某，依法追究刑事责任，于法有据，辩护人的上述辩护意见不能成立。关于辩护人提出的，2001 年 9 月 10 日最高人民法院研究室《关于认定非法吸收公众存款罪主体问题的复函》指出，金融机构及其工作人员不能构成非法吸收公众存款罪的犯罪主体，赵某某之行为不构成非法吸收公众存款罪，则参与涉案的被告人郭某某的行为更不构成犯罪的意见，本院认为，复函系为解决某一特定问题而进行的答复，具有一定的时效性，应结合其具体的请示问题综合予以分析，其不具有普遍解释的效力，而《商业银行法》将违法高息揽储的行为列入了可追究刑事责任的范畴，金融机构及其工作人员也能构成非法吸收公众存款罪的犯罪主体，故不应据此复函认定本案被告人赵某某的行为不构成非法吸收公众存款罪，故对此辩护意见不予采纳。综上，对三被告人及其辩护人提出的不构成犯罪的辩解、辩护意见均不予支持。原判决认定事实和适用法律正确、量刑适当，裁定维持本院（2007）平刑初字第82号刑事判决。

原审被告人赵某某、郭某某、张某某的上诉理由，经二审审理查明的事实与原一审判决以及再审裁定认定的事实相同。再审对原一审以及再审认定的事实及列举的证据予以确认。

对于三被告人及其辩护人所提原审被告人均不构成非法吸收公众存款罪犯罪主体的上诉理由和辩护意见，再审法院认为，原审被告人构成了非法吸收公众存款罪犯罪主体，理由与原审法院对此部分的评判内容一致，不再赘述。

再审法院认为，上诉人（原审被告人）赵某某、郭某某、张某某未经有关部门依法批准，共同实施了高息揽储行为，非法吸收公众存款金额达2 734万元，数额巨大。该行为导致部分储户从长治到平遥存款，打破了一定地域内存款的传统，影响了一定区域的存款秩序。但鉴于涉案储户存款时间较短，存款到期后已全部取出，未形成损失，且郭某某将所贷资金全部用于企业的经营，贷款到期后及时偿还信用社，未给信用社造成损失。考虑到本案情节显著轻微，社会危害性不大，不宜以犯罪进行评价。原判认定事实清楚，但适用法律错误，应予以纠正。据此再审法院判决：（1）撤销平遥县人民法院（2021）晋0728刑再1号刑事裁定；（2）撤销平遥县人民法院（2007）平刑初字第82号刑事判决；（3）上诉人（原审被告人）赵某某、郭某某、张某某无罪。

4. 评析意见

本案中被告人以信用社为依托，基于信用社的存贷款业务以擅自提高存款利率形式进行非法吸收公众存款。相较于［案例4-5］而言，本案行为人在主体上无疑具有了合法性外衣，不能简单地以“个人名义”为由否定其主体的合法性。

因此本案中司法机关对《主体问题复函》进行了正面回应，主动突破《主体问题复函》的限定，肯定了金融机构及其工作人员以机构名义非法吸收存款能否构成非法吸收公众存款罪的犯罪主体。应当说，该观点是正确的。

一方面，《主体问题复函》仅是就个案请示所作的答复意见，并不具有普遍适用性，不具有司法解释的法律效力。① 另一方面，《主体问题复函》为2001年答复公安部经济犯罪侦查局的征求意见，相较于今天已时日较远，彼时社会金融环境及国家对金融秩序的管理态度与此时均存在差异，其对刑法规范的理解被后来的司法解释的新观点或司法实务中的新做法根据当下时代特点进行调整和替代，也是应有之义。

本案中，行为人尽管借由信用社名义吸收存款，但其吸收存款并不是为

① 参见中华人民共和国最高人民法院（2021）最高法民申1049号民事裁定书。

了增长信用社资金业务，而是为了从中牟取私利，且其所采取的手段也超出了信用社正常存贷款业务的范围，擅自大幅度提高利率吸收存款无疑会对本罪所要规范的正常金融秩序造成冲击，其经营业务无疑具有非法性。

本案中法院在确认主体合法性的前提下以经营业务非法性确认满足行为的“非法性”要件，这种做法是妥当的。不过本案中法院最后还是以未造成实际损失、社会危害性不大为由，判定本案被告人无罪的做法，或许也可以被理解为法院在主动突破《主体问题复函》的结论后用于平衡国民预测可能性之价值的一种妥协。

深度研究

关于金融机构及其工作人员（有吸收存款资格者）能不能构成非法吸收公众存款罪的犯罪主体，学界存在正反两种意见。

否定意见认为，有吸收存款资格的金融机构及其工作人员，不能构成非法吸收公众存款罪的犯罪主体。[①] 除《主体问题复函》这一依据外，《取缔办法》第 4 条规定，构成非法吸收公众存款罪的前提是“未经中国人民银行批准”，由于银行业金融机构吸收公众存款得到了中国人民银行的批准，所以，不符合《取缔办法》对非法吸收公众存款的定义。[②] 参与立法工作的同志也认为：对于行为人具有吸收存款的主体资格，但是，其吸收公众存款所采用的方法是违法的，例如，有的银行或其他金融机构为争揽储户，违反中国人民银行关于利率的规定，采用擅自提高利率的方式吸收存款，进行恶意竞争，破坏了国家的利率政策，扰乱了金融秩序这种情况，《商业银行法》已具体规定了行政处罚，一般不宜作为犯罪处理。[③] 主张该意见者进一步提出，非法吸收公众存款罪是一种法定犯，对犯罪构成的阐释应当结合国家有关金融管理的法律、行政法规的规定进行，由于对有权吸收公众存款的金融机构只规定了行政责任和经济责任，而没有规定刑事责任，所以应该将本罪的单位限制解释为非金融机构和无权经营存款业务的金融机构。[④]

肯定意见认为：具有吸收存款资格的金融机构及其工作人员完全可以成为本罪主体，否则不利于法益保护，对其他金融机构等市场主体也不公平。随着对股份制银行、民营或外资银行等逐渐放开吸收存款的金融业务，也有必要对此类主体的侵犯法益的严重的不正当竞争行为予以规制。具有吸收存

---

① 王作富．刑法分则实务研究（上）．北京：中国方正出版社，2010：456.

② 李希慧．论非法吸收公众存款罪的几个问题．中国刑事法杂志，2001（4）：37.

③ 王爱立．中华人民共和国刑法条文说明、立法理由及相关规定．北京：北京大学出版社，2021：620.

④ 李希慧．论非法吸收公众存款罪的几个问题．中国刑事法杂志，2001（4）：37.

款资格的金融机构所实施的非法吸收公众存款行为的方式，既可以是擅自提高利率，也可以是以存款外的名义变相吸收。① 因此，金融机构及其工作人员吸收公众存款，无论是具有主体资格但具体业务未经批准，还是虽具有主体资格但经营行为违法，均具备集资的“非法性”特征，金融机构及其工作人员均可能成为非法吸收公众存款罪的主体。②

应当说，肯定意见具有一定的合理性，理由如下。

其一，在刑法条文的直接依据上，当前《刑法》规定的非法吸收公众存款罪条款为简单罪状，仅要求“非法”，没有明确限定本罪主体的范围，《非集解释》将“非法”解释为“未经有关部门依法许可或者借用合法经营的形式吸收资金”仅反映了程序上的非法性判断，司法裁判的过程中上还应当进行“违反了法律、法规、规章中关于吸收资金的实体规定或者程序规定”的实体上的非法性判断。③ 按照《私募投资基金管理人登记和基金备案办法（试行）》（已失效）的规定，成立私募基金不需要事先经国务院金融监管机构依法许可，但是如果成立私募基金没有依法备案，那么这种活动就违反国家金融管理规定，同样属于非法集资。④ 从实体上的非法性判断的视角并不能当然地将金融机构及其工作人员排除在本罪的主体范围外。

其二，从对司法解释的理解出发，依《非集解释》中的“未经有关部门依法许可或者借用合法经营的形式吸收资金”，这里程序上的非法性判断并不仅仅是对主体非法性的判断（主体不具有吸收存款的资格），也包含行为方式或经营内容非法性的判断（如擅自提高利率吸收存款）⑤，由此该解释此表述可以囊括了四种情形：一是未经有关部门许可；二是骗取许可欺诈发行；三是具有主体资格，但具体业务未经许可；四是具有主体资格，但经营行为违法。⑥ 因此，主体合法而行为方式或经营内容非法的情形，也处在司法解释的规制范围内。

其三，从行政许可在刑事司法实践中的效力看，在处理行政犯案件过程中，法院对案件涉及的具体行政行为，根据案情既可以作形式审查，也可以

---

① 谢望原，张开骏．非法吸收公众存款罪疑难问题研究．法学评论，2011（6）：138－139.

② 刘为波．非法集资特征的理解与认定．中国审判，2011（2）：73. 黄芳．非法集资定罪困局之解析．法律适用（司法案例），2018（24）：78. 周光权．刑法各论．北京：中国人民大学出版社，2021：297.

③ 张明楷．刑法学．6版．北京：法律出版社，2021：999.

④ 郭华．防范和处置非法集资条例解读与适用指南．北京：中国法制出版社，2021：14. 郭栋磊．非法吸收公众存款“非法性”之行刑认定的区分：以非法性的形式和实质认定为视角．西南民族大学学报（人文社会科学版），2022（3）：82－89.

⑤ 张明楷．刑法学．6版．北京：法律出版社，2021：998.

⑥ 刘为波．非法集资特征的理解与认定．中国审判，2011（2）：73. 黄芳．非法集资定罪困局之解析．法律适用（司法案例），2018（24）：77－78.

作实质审查，此即所谓“审查无限”规则。[①] 2014 年的《非集意见》第一点规定：“行政部门对于非法集资的性质认定，不是非法集资刑事案件进入刑事诉讼程序的必经程序。行政部门未对非法集资作出性质认定的，不影响非法集资刑事案件的侦查、起诉和审判。公安机关、人民检察院、人民法院应当依法认定案件事实的性质，对于案情复杂、性质认定疑难的案件，可参考有关部门的认定意见，根据案件事实和法律规定作出性质认定。”该规定肯定了法院越过行政机关对非法集资之非法性“审查无限”的权能，于前述骗取主体合法性资格和主体合法而行为方式或经营内容非法的情形中，尽管其主体合法性经过了行政许可，但并不能阻止法院对行政许可合法性的再审查，这也并不违反法秩序统一性的立场。实质上不符合相关行政规范的要求，但形式上取得了行政许可的合法主体，当然也可以成为本罪的主体。

其四，在金融机构及其工作人员的刑事责任方面，《商业银行法》第 47 条“商业银行不得违反规定提高或者降低利率以及采用其他不正当手段，吸收存款，发放贷款”，第 74 条“商业银行有下列情形之一……构成犯罪的，依法追究刑事责任：……（三）违反规定提高或者降低利率以及采用其他不正当手段，吸收存款，发放贷款的”，以及第 78 条“商业银行有本法第七十三条至第七十七条规定情形的，对直接负责的董事、高级管理人员和其他直接责任人员，应当给予纪律处分；构成犯罪的，依法追究刑事责任”，已然确认了金融机构及其工作人员存在行政违法与刑事犯罪的可能，并不存在否定意见所主张的既有的法律规范未对有权吸收公众存款者规定刑事责任的情形。

综上，应当认为，具有吸收存款资格的金融机构及其工作人员也有成为非法吸收公众存款罪的犯罪主体的可能。

第三节　非法吸收公众存款罪的主观要件以及违法性认识可能性

知识背景

本罪在主观方面是故意，不另外要求特定目的。行为人明知非法吸收公众存款的行为违反国家规定，可能会造成扰乱金融秩序的后果，并且积极追求或者放任危害结果的发生，即构成本罪的故意。

在非法吸收公众存款罪中，认定主观故意原则上并不要求以明知法律的

① 黄芳．非法集资定罪困局之解析．法律适用（司法案例），2018（24）：78.

禁止性规定为要件。特别是具备一定涉金融活动相关从业经历、专业背景或在犯罪活动中担任一定管理职务的犯罪嫌疑人，应当知晓相关金融管理法律规定，如果有证据证明其实际从事的行为应当批准而未经批准，行为在客观上具有非法性，原则上就可以认定其具有非法吸收公众存款的主观故意。但无相关职业经历、专业背景，且从业时间短暂，在单位犯罪中层级较低，纯属执行单位领导指令的犯罪嫌疑人提出辩解的，如确实无其他证据证明其具有主观故意的，可以不作为犯罪处理。

本罪的主观方面不要求行为人具有非法占有的目的，行为人以非法占有目的骗取公众存款的，可以认定为集资诈骗罪而非本罪。

需要说明的是，关于违法性认识究竟是故意的下位要素还是独立的责任要素，还存在较大的理论争议。① 基于违法性认识与故意概念的亲缘性，在此一并论述。

规范依据

2017 年最高人民检察院《关于办理涉互联网金融犯罪案件有关问题座谈会纪要》

9. 在非法吸收公众存款罪中，原则上认定主观故意并不要求以明知法律的禁止性规定为要件。特别是具备一定涉金融活动相关从业经历、专业背景或在犯罪活动中担任一定管理职务的犯罪嫌疑人，应当知晓相关金融法律管理规定，如果有证据证明其实际从事的行为应当批准而未经批准，行为在客观上具有非法性，原则上就可以认定其具有非法吸收公众存款的主观故意。在证明犯罪嫌疑人的主观故意时，可以收集运用犯罪嫌疑人的任职情况、职业经历、专业背景、培训经历、此前任职单位或者其本人因从事同类行为受到处罚情况等证据，证明犯罪嫌疑人提出的“不知道相关行为被法律所禁止，故不具有非法吸收公众存款的主观故意”等辩解不能成立。除此之外，还可以收集运用以下证据进一步印证犯罪嫌疑人知道或应当知道其所从事行为具有非法性，比如犯罪嫌疑人故意规避法律以逃避监管的相关证据：自己或要求下属与投资人签订虚假的亲友关系确认书，频繁更换宣传用语逃避监管，实际推介内容与宣传用语、实际经营状况不一致，刻意向投资人夸大公司兑付能力，在培训课程中传授或接受规避法律的方法，等等。

10. 对于无相关职业经历、专业背景，且从业时间短暂，在单位犯罪中层级较低，纯属执行单位领导指令的犯罪嫌疑人提出辩解的，如确实无其他证据证明其具有主观故意的，可以不作为犯罪处理。另外，实践中还存在犯罪

① 林钰雄．新刑法总则．台北：元照出版公司，2016：342.

嫌疑人提出因信赖行政主管部门出具的相关意见而陷入错误认识的辩解。如果上述辩解确有证据证明，不应作为犯罪处理，但应当对行政主管部门出具的相关意见及其出具过程进行查证，如存在以下情形之一，仍应认定犯罪嫌疑人具有非法吸收公众存款的主观故意：

（1）行政主管部门出具意见所涉及的行为与犯罪嫌疑人实际从事的行为不一致的；

（2）行政主管部门出具的意见未对是否存在非法吸收公众存款问题进行合法性审查，仅对其他合法性问题进行审查的；

（3）犯罪嫌疑人在行政主管部门出具意见时故意隐瞒事实、弄虚作假的；

（4）犯罪嫌疑人与出具意见的行政主管部门的工作人员存在利益输送行为的；

（5）犯罪嫌疑人存在其他影响和干扰行政主管部门出具意见公正性的情形的。

对于犯罪嫌疑人提出因信赖专家学者、律师等专业人士、主流新闻媒体宣传或有关行政主管部门工作人员的个人意见而陷入错误认识的辩解，不能作为犯罪嫌疑人判断自身行为合法性的根据和排除主观故意的理由。

2019 年最高人民法院、最高人民检察院、公安部《关于办理非法集资刑事案件若干问题的意见》

四、关于主观故意的认定问题

认定犯罪嫌疑人、被告人是否具有非法吸收公众存款的犯罪故意，应当依据犯罪嫌疑人、被告人的任职情况、职业经历、专业背景、培训经历、本人因同类行为受到行政处罚或者刑事追究情况以及吸收资金方式、宣传推广、合同资料、业务流程等证据，结合其供述，进行综合分析判断。

犯罪嫌疑人、被告人使用诈骗方法非法集资，符合《最高人民法院关于审理非法集资刑事案件具体应用法律若干问题的解释》第四条规定的，可以认定为集资诈骗罪中“以非法占有为目的”。

办案机关在办理非法集资刑事案件中，应当根据案件具体情况注意收集运用涉及犯罪嫌疑人、被告人的以下证据：是否使用虚假身份信息对外开展业务；是否虚假订立合同、协议；是否虚假宣传，明显超出经营范围或者夸大经营、投资、服务项目及盈利能力；是否吸收资金后隐匿、销毁合同、协议、账目；是否传授或者接受规避法律、逃避监管的方法，等等。

2022 年最高人民法院《关于审理非法集资刑事案件具体应用法律若干问题的解释》

第七条　以非法占有为目的，使用诈骗方法实施本解释第二条规定所列行为的，应当依照刑法第一百九十二条的规定，以集资诈骗罪定罪处罚。

使用诈骗方法非法集资，具有下列情形之一的，可以认定为“以非法占有为目的”：

（一）集资后不用于生产经营活动或者用于生产经营活动与筹集资金规模明显不成比例，致使集资款不能返还的；

（二）肆意挥霍集资款，致使集资款不能返还的；

（三）携带集资款逃匿的；

（四）将集资款用于违法犯罪活动的；

（五）抽逃、转移资金、隐匿财产，逃避返还资金的；

（六）隐匿、销毁账目，或者搞假破产、假倒闭，逃避返还资金的；

（七）拒不交代资金去向，逃避返还资金的；

（八）其他可以认定非法占有目的的情形。

集资诈骗罪中的非法占有目的，应当区分情形进行具体认定。行为人部分非法集资行为具有非法占有目的的，对该部分非法集资行为所涉集资款以集资诈骗罪定罪处罚；非法集资共同犯罪中部分行为人具有非法占有目的，其他行为人没有非法占有集资款的共同故意和行为的，对具有非法占有目的的行为人以集资诈骗罪定罪处罚。

2001 年最高人民法院关于印发《全国法院审理金融犯罪案件工作座谈会纪要》的通知

（三）关于金融诈骗罪

1. 金融诈骗罪中非法占有目的的认定

金融诈骗犯罪都是以非法占有为目的的犯罪。在司法实践中，认定是否具有非法占有为目的，应当坚持主客观相一致的原则，既要避免单纯根据损失结果客观归罪，也不能仅凭被告人自己的供述，而应当根据案件具体情况具体分析。根据司法实践，对于行为人通过诈骗的方法非法获取资金，造成数额较大资金不能归还，并具有下列情形之一的，可以认定为具有非法占有的目的：

（1）明知没有归还能力而大量骗取资金的；

（2）非法获取资金后逃跑的；

（3）肆意挥霍骗取资金的；

（4）使用骗取的资金进行违法犯罪活动的；

（5）抽逃、转移资金、隐匿财产，以逃避返还资金的；

（6）隐匿、销毁账目，或者搞假破产、假倒闭，以逃避返还资金的；

（7）其他非法占有资金、拒不返还的行为。但是，在处理具体案件的时候，对于有证据证明行为人不具有非法占有目的的，不能单纯以财产不能归还就按金融诈骗罪处罚。

3. 集资诈骗罪的认定和处理：集资诈骗罪和欺诈发行股票、债券罪、非法吸收公众存款罪在客观上均表现为向社会公众非法募集资金。区别的关键在于行为人是否具有非法占有的目的。对于以非法占有为目的而非法集资，或者在非法集资过程中产生了非法占有他人资金的故意，均构成集资诈骗罪。但是，在处理具体案件时要注意以下两点：一是不能仅凭较大数额的非法集资款不能返还的结果，推定行为人具有非法占有的目的；二是行为人将大部分资金用于投资或生产经营活动，而将少量资金用于个人消费或挥霍的，不应仅以此便认定具有非法占有的目的。

案例评价

[案例 4-7] 廖某非法吸收公众存款案[①]
(非法吸收公众存款罪的违法性认识)

1. 基本案情

2014 年 8 月 4 日，许某（另案处理）注册成立了上海钰申金融信息服务有限公司（以下简称上海钰申公司），该公司经营范围不包括金融、证券、保险、金融租赁等业务。被告人廖某于 2015 年 1 月进入上海钰申公司南昌第二分公司担任团队经理，于 2 月担任营业部分部部长，于 8 月担任第三营业部部长，于 11 月担任总经理。于 2014 年 12 月至 2015 年 12 月 8 日期间，上海钰申公司在江西省成立南昌第一分公司、南昌第二分公司（位于南昌市红谷滩新区中央广场 B 区准甲办公楼）等多家分公司，以钰诚集团旗下子公司安徽钰诚融资租赁有限公司转让债权为名，通过“e 租宝”金融网络平台，以 9%～14.6%的高额回报率相引诱，招揽业务员，采取电话推销、微信等网络社交工具介绍、商场/小区发传单等方式公开向社会不特定人员宣传“e 租宝”的理财产品，募集社会资金。融资人通过线上注册购买、线下刷卡购买的方式购买上述理财产品。经依法鉴定，2015 年 5 月 7 日至 2015 年 12 月 8 日，被告人廖某在任职上海钰申公司南昌第二分公司期间，募集社会资金累计 15 092.673 958 万元，涉及投资人 615 人。

2. 涉案问题

如何认定非法吸收公众存款案件中行为人对吸收存款行为的违法性认识？

3. 裁判理由及结论

南昌市东湖区人民法院认为：被告人廖某受聘就职于上海钰申公司南昌第二分公司后，伙同他人违反国家金融管理的规定，在未经有关部门依法批

① 参见江西省南昌市中级人民法院（2018）赣 01 刑终 16 号刑事裁定书。

准的情况下，利用“e租宝”平台，通过多种广告媒体等途径向社会公开宣传，承诺在一定期限内以货币等方式还本付息，向社会公众吸收存款人民币15 092.673 958万元，数额巨大，扰乱金融秩序，其行为已构成非法吸收公众存款罪。被告人廖某具有自首情节，可以从轻处罚。遂根据本案犯罪的事实、犯罪的性质、情节和对社会的危害程度，依法判决被告人廖某犯非法吸收公众存款罪，判处有期徒刑3年，并处罚金人民币10万元。

被告人廖某不服一审判决，提起上诉。在违法性认识问题上，其辩称：其无法判断“e租宝”的违法性，且其本人也是“e租宝”的投资人、受害者，主观恶性较小。辩护人在此问题上辩称：廖某对“e租宝”融资行为的违法性认识不明确，犯罪主观恶性较小。廖某初入南昌第二分公司工作，不可能要求招聘企业提供合法经营的证明文件；其对“e租宝”违法性认识错误是对事实的认识错误，并非对法律的认识错误，不能以“法律一经公布，任何人不得主张不知法律而免责”而认定其对上海钰申公司南昌第二分公司非法吸收资金的犯罪性质有明确的认识；廖某本人及该公司部分员工也购买了“e租宝”理财产品足以说明廖某对公司非法行为的认识不足

二审法院认为：关于上诉人廖某的辩护人所提廖某对“e租宝”融资行为的违法性认识不明确、犯罪主观恶性较小的辩护意见。经查，上诉人廖某自入职上海钰申公司南昌第二分公司，先后担任营业部分部部长、部长、总经理等职务，其有义务也有条件了解公司的经营范围以确定自己的工作行为是否合法；且其在此之前从事了相关金融业务，故其以不明知上海钰申公司营业范围是否涵盖金融业务为由主张免责的理由，不能成立。廖某对其行为违法性的认识是否明确，一定程度上能够反映出其主观恶性的大小，故对辩护人的该项辩护意见，部分予以采纳。

上诉人廖某受聘就职于上海钰申公司南昌第二分公司后，伙同他人违反国家金融管理规定，未经有关部门依法批准，利用“e租宝”平台，通过多种形式向社会公开宣传，承诺在一定期限内以货币等方式还本付息，向社会公众吸收存款人民币15 092.673 958万元，数额巨大，扰乱金融秩序，其行为已构成非法吸收公众存款罪。上诉人廖某具有自首情节，可以从轻处罚。一审法院根据上诉人廖某的犯罪事实、性质、情节和对社会的危害程度，作出罚当其罪的判决；综合考虑廖某的犯罪行为、犯罪结果不符合适用缓刑的条件，关于对廖某适用缓刑的上诉理由和辩护意见，不予采纳。一审判决认定事实清楚，证据确实充分，定性准确，量刑适当，审判程序合法。

二审法院依法裁定驳回上诉，维持原判。

4. 评析意见

在非法吸收公众存款案件中，由于非法集资的金融活动具有一定的团体

性、复杂性和专业性，存在违法性认识错误，进而阻却犯罪成立的可能性。

其一，由于非法吸收公众存款的行为一般由多人实施，组织者虽然知道真相，但每一个具体实施者未必知道自己的行为属于非法吸收公众存款，因此2019年《非集案件意见》指出，认定犯罪嫌疑人、被告人是否具有非法吸收公众存款的犯罪故意，应当依据犯罪嫌疑人、被告人的任职情况、职业经历、专业背景、培训经历、本人因同类行为受到行政处罚或者刑事追究的情况以及吸收资金方式、宣传推广、合同资料、业务流程等证据，结合其供述，进行综合分析判断。

其二，由于金融活动涉及的相关法律法规纷繁浩杂，并非每一个参与者都对自身行为的性质有准确理解，因此2017年《互联网金融犯罪纪要》指出，对于无相关职业经历、专业背景，且从业时间短暂，在单位犯罪中层级较低，纯属执行单位领导指令的犯罪嫌疑人提出辩解的，如确实无其他证据证明其具有主观故意的，可以不作为犯罪处理。

其三，由于非法集资类型案件往往涉案人数众多，资金流转频繁，案情复杂，合法的生产经营行为与非法的资本利用或个人挥霍行为相交织，某一个合法经营环节的参与者未必了解其他非法环节参与者的具体活动，无法认识其整体行为的违法性。但是如果是具备一定涉金融活动相关从业经历、专业背景或在犯罪活动中担任一定管理职务的犯罪嫌疑人，应当知晓相关金融管理法律规定和整体的经营运作情况，不能简单以“不知道经营状况”“不知道相关行为被法律所禁止，故不具有非法吸收公众存款的主观故意”的理由主张其违法性认识错误。

本案中被告人历任其所在公司多层级的管理职务，有能力也有义务了解公司的经营范围和业务状态，且其具有金融行业的从业经历和专业背景，对于公司的行为是否违法也应当有基本的认识，不能简单地以不知法、不了解业务为由主张违法性认识错误。其出资购买单位产品的行为是出于谋利的投机目的，且在非法吸收公众存款案件中早期出资者往往也能获得不菲的回报，未必是被害人，故也不能以此阻却犯罪的成立。

［案例4-8］周某集资诈骗案①
（非法吸收公众存款罪与集资诈骗罪的区分）

1. 基本案情

2011年2月，被告人周某注册成立中宝投资公司，担任法定代表人。公司上线运营中宝投资网络平台，借款人（发标人）在网络平台注册、缴纳会费后，可发布各种招标信息，吸引投资人投资。投资人在网络平台注册成为会

① 参见北京市第三中级人民法院（2016）京03刑终458号刑事裁定书。

员后可参与投标，通过银行汇款、支付宝转账、财付通转账等方式将投资款汇至周某公布在网站上的 8 个其个人账户或第三方支付平台账户。借款人可直接从周某处取得所融资金。项目完成后，借款人返还资金，周某将收益给予投标人。

在运行前期，周某通过网络平台为 13 个借款人提供总金额为 170 万余元的融资服务，部分借款人未能还清借款，造成公司亏损。此后，周某除用本人真实身份信息在公司网络平台注册 2 个会员外，自 2011 年 5 月至 2013 年 12 月陆续虚构 34 个借款人，并利用上述虚假身份自行发布大量虚假抵押标、宝石标等，以支付投资人年化利率约 20%的收益及额外奖励等为诱饵，向社会不特定公众募集资金。所募资金未进入公司账户，全部由周某个人掌控和支配，除部分用于归还投资人到期的本金及收益外，其余主要用于购买房产、高档车辆、首饰等。这些资产绝大部分登记在周某名下或供周某个人使用。2011 年 5 月至案发，周某通过中宝投资网络平台累计向全国 1 586 名不特定对象非法集资共计 10.3 亿余元，除支付本金及收益回报 6.91 亿余元外，尚有 3.56 亿余元无法归还。案发后，公安机关从周某控制的银行账户内扣押现金 1.8 亿余元。

2. 涉案问题

如何区分非法吸收公众存款罪与集资诈骗罪？

3. 裁判理由及结论

在法庭辩论阶段，公诉人发表公诉意见称：被告人周某注册网络借贷信息平台，早期从事少量融资信息服务。在公司亏损、经营难以为继的情况下，虚构借款人和借款标的，以欺诈方式面向不特定投资人吸收资金，自建资金池。在公安机关立案查处时，虽暂可通过拆东墙补西墙的方式偿还部分旧债维持周转，但根据其所募资金主要用于还本付息和个人肆意挥霍，未投入生产经营，不可能产生利润回报的事实，可以判断其后续资金缺口势必不断扩大，无法归还所募全部资金，故可以认定其具有非法占有的目的，应以集资诈骗罪对其定罪处罚。

辩护人提出：第一，周某的行为系单位的行为；第二，周某一直在偿还集资款，主观上不具有非法占有集资款的故意；第三，周某利用互联网从事 P2P 借贷融资，不构成集资诈骗罪，构成非法吸收公众存款罪。

公诉人针对辩护意见答辩称：第一，中宝投资公司是由被告人周某控制的一人公司，不具有经营实体，不具备单位意志，集资款未被纳入公司财务进行核算，而是由周某一人掌控和支配，因此周某的行为不构成单位犯罪。第二，周某本人主观上认识到资金不足，少量投资赚取的收益不足以支付许诺的高额回报，没有将集资款用于生产经营活动，而是主要用于个人肆意挥霍，其主观上对集资款具有非法占有的目的。第三，P2P网络借贷是指个人利用中介机构的网络平台，将自己的资金出借给资金短缺者的商业模式。根据《网络借贷信息中介机构业务活动管理暂行办法》等的监管规定，P2P为新兴金融业态，必须明确其信息中介性质，平台本身不得提供担保，不得归集资金搞资金池，不得非法吸收公众资金。周某吸收资金建资金池，不属于合法的P2P网络借贷。非法吸收公众存款罪与集资诈骗罪的区别，关键在于行为人对吸收的资金是否具有非法占有的目的。利用网络平台发布虚假高利借款标募集资金，采取借新还旧的手段，短期内募集大量资金，不用于生产经营活动，或者用于生产经营活动的部分与筹集资金的规模明显不成比例，致使集资款不能返还的，是典型的利用网络中介平台实施集资诈骗行为。本案中，周某采用编造虚假借款人、虚假投标项目等欺骗手段集资，所融资金未投入生产经营，大量集资款被其个人肆意挥霍，具有明显的非法占有目的，其行为构成集资诈骗罪。

法庭经审理认为：公诉人出示的证据能够相互印证，予以确认。对周某及其辩护人提出的不构成集资诈骗罪及本案属于单位犯罪的辩解、辩护意见，不予采纳。综合考虑犯罪事实和量刑情节，2015年8月14日，浙江省衢州市中级人民法院作出一审判决：以集资诈骗罪判处被告人周某有期徒刑15年，并处罚金人民币50万元。继续追缴违法所得，返还各集资参与人。

一审宣判后，浙江省衢州市人民检察院认为，被告人周某非法集资10.3亿余元，属于刑法规定的集资诈骗数额特别巨大并且给人民利益造成特别重大损失的情形，依法应处无期徒刑或者死刑，并处没收财产，一审判决量刑过轻，遂于2015年8月24日向浙江省高级人民法院提出抗诉。被告人周某不服一审判决，提起上诉。其上诉理由是量刑畸重，应判处缓刑。

在本案二审期间，2015年8月29日，第十二届全国人大常委会第十六次会议审议通过了《刑法修正案（九）》，删去《刑法》第199条关于犯集资诈骗罪“数额特别巨大并且给国家和人民利益造成特别重大损失的，处无期徒刑或者死刑，并处没收财产”的规定。《刑法修正案（九）》于2015年11月1日起施行。

浙江省高级人民法院经审理后认为：《刑法修正案（九）》取消了集资诈骗罪的死刑，根据从旧兼从轻原则，一审法院判处周某有期徒刑15年符合修订后的法律规定。上诉人周某具有集资诈骗的主观故意及客观行为，原审定性准确。

2016年4月29日，二审法院作出裁定，维持原判。

终审判决作出后，周某及其父亲不服判决，申诉。浙江省高级人民法院受理申诉并经审查后，认为原判事实清楚、证据确实充分、定性准确、量刑适当，遂于 2017 年 12 月 22 日驳回申诉，维持原裁判。

4. 评析意见

依照当前司法实践和主流学说的观点，非法占有目的为非法吸收公众存款罪与集资诈骗罪的区分要件。最高人民检察院《关于办理涉互联网金融犯罪案件有关问题座谈会纪要》（以下简称《互联网金融犯罪纪要》）第十四点就明确指出："是否具有非法占有目的，是区分非法吸收公众存款罪和集资诈骗罪的关键要件。"因此当前司法解释都对集资诈骗罪的非法占有目的的认定进行了详细说明。

在《非集解释》第 7 条第 2 款对于如何认定非法占有目的进行详细规定的同时，《最高人民法院关于印发〈全国法院审理金融犯罪案件工作座谈会纪要〉的通知》（以下简称《金融犯罪纪要》）也列举了可以认定为具有非法占有的目的的具体情形：（1）明知没有归还能力而大量骗取资金的；（2）非法获取资金后逃跑的；（3）肆意挥霍骗取资金的；（4）使用骗取的资金进行违法犯罪活动的；（5）抽逃、转移资金、隐匿财产，以逃避返还资金的；（6）隐匿、销毁账目，或者搞假破产、假倒闭，以逃避返还资金的；（7）其他非法占有资金、拒不返还的行为。

在本案中，需要围绕融资项目的真实性、资金去向、归还能力等事实、证据综合考量后进行判断。行为人未将所吸收资金的大部分用于生产经营活动，或虽名义上投入生产经营，但又通过各种方式抽逃、转移资金，或供其个人肆意挥霍，归还本息主要通过借新还旧来实现，造成数额巨大的募集资金无法归还的，可以认定具有非法占有的目的。

整体来看，司法解释和本案中所提到的判断非法占有目的，均是从行为结果或事后行为倒推行为当时的主观目的，即以系非正当原因使被吸收资金不能返还或隐匿的结果，认定行为人在行为时具有非法占有的目的。但是，行为人在非法集资时不具有非法占有目的，在汇集大额资金建资金池后才产生非法占有目的，进而肆意挥霍的案件并不少见，对于此类案件，认定吸收资金时有非法占有目的，进而以集资诈骗罪处罚，还是不认定有非法占有目的而以非法吸收公众存款罪与侵占罪（职务侵占罪）数罪并罚，其刑罚后果具有明显差异。因此，对于上述司法解释和司法裁判所作的可推翻的推定，行为人依然可以提出相应反驳，证明其在行为时不具有非法占有目的。

第五章　组织、领导传销活动罪

一名曾发展近 5 000 名下线的传销骨干在案发后对采访他的记者说："传销就是一个'一将功成万骨枯'的残酷诈骗，靠无数的'下线'养肥了'金字塔'顶上的 A 级传销商们。"① 这段话生动揭示了组织、领导传销活动罪的根本特征，那就是层级性、诈骗性。

20 世纪 90 年代，以各种名目诱骗大量群众参与的传销违法犯罪活动一度比较严重，不仅干扰了正常的经济秩序，而且严重损害了广大人民群众的利益，滋生了各种犯罪活动，影响了一些地方的社会稳定。针对这种情况，国务院于 1998 年 4 月 18 日发出了《关于禁止传销经营活动的通知》，禁止一切形式的传销活动。之后，国务院于 2005 年 8 月通过了《禁止传销条例》。在《刑法修正案（七）》增加《刑法》第 224 条之一之前，实践中司法机关打击传销犯罪活动主要是适用《刑法》第 225 条非法经营罪的规定，也有根据具体案件的不同情况，分别适用集资诈骗罪、诈骗罪、生产销售伪劣商品罪等的规定处理的。对于后来多发的拉人头式的传销活动，由于没有用于传销的实际商品，就是否能够认定为经营活动，存在不同认识；同时，对传销这种涉众型犯罪，必须坚持打早打小、露头就打，只要具备传销的基本特征并且达到一定规模，就应当予以坚决打击。基于上述考虑，全国人大常委会决定并通过《刑法修正案（七）》，在《刑法》第 224 条（合同诈骗罪）后增加一条，作为第 224 条之一，对组织、领导传销活动的犯罪行为单独作出规定，以更有力地打击传销犯罪活动。

组织、领导传销活动罪是指组织、领导以推销商品、提供服务等经营活动为名，要求参加者以缴纳费用或者购买商品、服务等方式获得加入资格（这是传销组织为诱骗成员取得传销资格常采用的一种引诱方式和必经的程序），并按照一定顺序组成层级（这是传销组织的结构特点），直接或者间接以发展人员的数量作为计酬或者返利依据，引诱、胁迫参加者继续发展他人

① 10 万人为何共陷同一传销泥沼？. [2024 - 05 - 04] . http://news.sohu.com/20040902/n221851644.shtml.

参加（这是传销组织的计酬方式特点），骗取财物（这是传销活动的本质特征），扰乱经济社会秩序（这是传销活动的社会危害性特征）的传销活动的行为。①

根据《刑法》第224条之一的规定，犯本罪的，处5年以下有期徒刑或者拘役，并处罚金；情节严重的，处5年以上有期徒刑，并处罚金。根据《刑法》第231条，单位犯本罪的，对单位判处罚金，并对其直接负责的主管人员和其他直接责任人员，依照上述规定处罚。

本罪有情节加重犯的规定。犯组织、领导传销活动罪而情节严重的，是本罪的加重处罚事由。这里的情节严重，根据2013年11月14日最高人民法院、最高人民检察院、公安部《关于办理组织领导传销活动刑事案件适用法律若干问题的意见》（以下简称《两高一部意见》）第4条的规定，是指具有下列情形之一的：（1）组织、领导的参与传销活动人员累计达120人以上的；（2）直接或者间接收取参与传销活动人员缴纳的传销资金数额累计达250万元以上的；（3）曾因组织、领导传销活动受过刑事处罚，或者一年以内因组织、领导传销活动受过行政处罚，又直接或者间接发展参与传销活动人员累计达60人以上的；（4）造成参与传销活动人员精神失常、自杀等严重后果的；（5）造成其他严重后果或者恶劣社会影响的。

第一节　骗取财物的定位及认定

知识背景

2013年《两高一部意见》第3条规定，传销活动的组织者、领导者采取编造、歪曲国家政策，虚构、夸大经营、投资、服务项目及盈利前景，掩饰计酬、返利真实来源或者其他欺诈手段，实施《刑法》第224条之一规定的行为，从参与传销活动人员缴纳的费用或者购买商品、服务的费用中非法获利的，应当认定为骗取财物。参与传销活动人员是否认为被骗，不影响骗取财物的认定。

2008年8月25日《刑法修正案（七）（草案）》第一稿对传销犯罪是这样规定的：组织、领导实施传销犯罪行为的组织，情节严重的。这一规定是将传销犯罪的组织行为规定为犯罪，因此是一种组织罪。对《刑法修正案（七）（草案）》的上述规定，在草案审议过程中出现了一些意见，主要认为该罪的规定过于笼统，尤其是对传销行为按照行政法规确定，使该罪的构成要件呈

① 周光权．刑法各论．北京：中国人民大学出版社，2016：320.

现出空白状态，不符合罪刑法定原则。为此，2008 年 12 月 25 日草案第二稿第 4 条对该罪的规定作了修改：在《刑法》第 224 条后增加一条，作为第 224 条之一：组织、领导以推销商品、提供服务等经营活动为名，要求参加者以缴纳费用或者购买商品、服务等方式获得加入资格，并按照一定顺序组成层级，直接或者间接以发展人员的数量作为计酬或者返利依据，引诱、胁迫参加者继续发展他人参加，骗取财物，扰乱经济社会秩序的传销活动的，处五年以下有期徒刑或者拘役，并处罚金；情节严重的，处五年以上有期徒刑，并处罚金。《刑法修正案（七）（草案）》最后定稿也采纳了这一规定。从定稿的规定来看，不仅对传销活动进行了界定，更为重要的是将组织罪修改为诈骗性质的传销犯罪。并且，该条也从《刑法》第 225 条之一变更为《刑法》第 224 条之一。而《刑法》第 224 条是关于合同诈骗罪的规定，从而将组织、领导传销活动罪的性质确定为诈骗犯罪。

根据国务院《禁止传销条例》第 7 条对传销的列举式规定，传销存在拉人头、收取入门费和团队计酬这三种方式。但在《刑法修正案（七）》第 4 条关于传销的概念中，只有拉人头和收取入门费的传销形式，恰恰没有具有经营内容的团队计酬的传销形式。至此，《刑法修正案（七）》关于传销犯罪的规定，在性质上发生了逆转：从经营型传销改变为诈骗型传销。传销这个概念在我国刑法中的界定也发生了根本性的转变：传销本来是一种经营方式，就此被我国刑法确定为一种诈骗方式。①

关于骗取财物的定位，刑法学界有各种观点。

第一种观点认为，“组织、领导传销活动不以骗取财物为必要。所以，骗取财物属于本罪可有可无的概念”②。这一观点实际上认为，骗取财物并不是组织、领导传销活动罪的要素。但是，这种解释的合理性存在疑问。在《刑法》条文明确规定了骗取财物的情况下，解释者既不能直接宣布其为多余的要素，也不能直接删除该要素；而且，否认骗取财物是组织、领导传销活动罪的要素，意味着减少犯罪的成立条件，是对行为人不利的解释，需要特别慎重。

第二种观点指出：“虽然《刑法修正案（七）》在界定传销时使用了骗取财物的表述，但是从实际发生的传销活动看，骗取财物并不是传销活动的唯一目的，因此不能将组织、领导传销活动罪的目的仅限于诈骗财物。”③ 这种观点也值得商榷。诚然，将骗取财物解释为传销活动的目的，或许具有一定的合理性，但是，既然认为《刑法》条文已经将本罪的目的限定为骗取财物，

---

① 陈兴良．组织、领导传销活动罪：性质与界限．政法论坛，2016（2）.

② 曲新久．刑法学．北京：中国政法大学出版社，2009：378.

③ 赵秉志．刑法修正案最新理解适用．北京：中国法制出版社，2009：75.

就不能认为本罪还包括其他目的，否则就违反了罪刑法定原则。

第三种观点认为，组织、领导传销活动罪的骗取财物与诈骗不是同一性质的行为。《刑法修正案（七）》第 4 条的规定中，虽然有骗取财物的特征表述，但传销活动骗取的含义，是以质差、价低的商品或服务冒充质高、价高的“商品”或者“服务”，通过发展下线来获取相应的高额回报。也就是说，传销不是以直销商品或者提供实质性服务作为销售者、推介者获取利润的主要来源，而是以拉人头的方式，以人头费或高额入会费作为销售者、推介者获取利润的主要来源。但这里的传销的道具商品仍然是商品，服务仍然是服务，只是不是其所描述的商品、服务而已，这是与诈骗非同一性质的行为。① 这种观点试图将组织、领导传销活动罪中的骗取财物与诈骗加以区分，认为两者并非同一种行为。笔者认为，这一理解值得商榷。以传销为手段的诈骗具有特殊性，其采取了拉人头、收取入门费等方法，以骗取财物，这是不可否认的。但以此特殊性而否定组织、领导传销活动罪中的骗取财物与诈骗具有同一性，这也是不成立的。

第四种观点认为，骗取财物是对作为组织、领导传销活动罪的行为对象之传销活动进行性质描述的要素，但该罪的成立，并不以骗取财物结果的发生为必要条件。详言之，立法的目的在于：一方面，只要查明行为人组织、领导了传销组织，且层级数和人数达到一定标准，就应当认定犯罪成立；另一方面，作为行为对象的传销活动，必须具有骗取财物的目的，以此合理限制刑罚处罚范围。没有骗取财物的传销，比如以销售商品为目的、以销售业绩为计酬依据的传销活动，则不属于该罪的行为对象。② 骗取财物是对诈骗型传销组织（或者活动）的描述，即只有当行为人组织、领导的传销活动具有骗取财物的性质时，才成立组织、领导传销活动罪（如果行为人组织、领导的是提供商品与服务的传销组织，则不可能成立本罪）。换言之，骗取财物是诈骗型传销组织（或者活动）的特征。这是因为，传销组织许诺或者支付给参加者的回报，来自参加者的入门费；由于组织者、领导者需要给参加者一定的返利，所以，要保证传销组织的生存，就必须不断成倍增加参加者。然而，由于参加者不可能无限量增加，所以，资金链必然断裂，刚参加的人或者最低层级的参加者，就必然成为受害者。由此便具备了骗取财物的特征。由于《刑法》第 224 条之一的处罚对象是对诈骗型传销组织进行组织、领导的行为，所以，本罪的成立不以客观上已经骗取了他人财物为前提。首先，《关于〈刑法修正案（七）〉（草案）的说明》指出：“当前以‘拉人头’、收取

① 马克昌．百罪通论：上卷．北京：北京大学出版社，2014：472．

② 肖中华．再论组织、领导传销活动罪界定的基本问题．检察日报，2019－03－27（003）．

‘入门费’等方式组织传销的违法犯罪活动，严重扰乱社会秩序，影响社会稳定，危害严重。目前在司法实践中，对这类案件主要是根据实施传销行为的不同情况，分别按照非法经营罪、诈骗罪、集资诈骗罪等犯罪追究刑事责任的。为更有利于打击组织传销的犯罪，应当在刑法中对组织、领导传销组织的犯罪作出专门规定。”不难看出，《刑法修正案（七）》的宗旨就是处罚组织、领导诈骗型传销活动的行为。其次，将《刑法》第 224 条之一理解为对诈骗型传销组织的组织、领导行为的处罚，非法设立诈骗型传销组织的行为便成为组织、领导传销活动罪的实行行为，从而有利于禁止传销组织。最后，如果将组织、领导传销活动罪中的骗取财物解释为必须客观上骗取了他人财物，就会造成处罚的不协调。反之，只要认为骗取财物是显示诈骗型传销组织（或者活动）特征的要素，那么，如果行为人确实骗取了财物，则又触犯了集资诈骗罪或者普通诈骗罪，属于想象竞合，从一重罪处罚。唯此，才能实现刑法的正义。① 这里只是陈述这一种观点，关于对这种观点的反驳，笔者将在下文“深度研究”部分予以论述。

第五种观点认为，“骗取财物——这是传销活动的最本质特征。传销活动的一切最终目的，都是骗取钱财”②。尽管传销活动名目繁多，传销组织内部的结构也不尽相同，但其共同点在于以高额回报为诱饵，对参加者进行精神乃至人身控制，诱骗甚至迫使其成员不断发展新成员（下线），以敛取成员缴纳的入门费。传销组织所虚假宣传的经营活动，根本不可能支持传销组织的运转。有的传销组织甚至没有任何实际经营活动。传销组织许诺或者支付给成员的回报，来自成员缴纳的入门费，故要保持传销组织的运转，必须使新成员以一定的倍数不断增加。由于其人员不可能无限增加，资金链必然断裂。由此可见，传销活动实际上是一种特殊的诈骗活动，传销组织是一种诈骗组织。这种诈骗的特殊性在于，传销组织实际上建立了一种诈骗机制：参与传销的人员不论对传销组织的诈骗本质是否有所认识，其一旦加入传销组织，就成为这种诈骗组织的一部分，其不断发展下线的活动本身又导致更多的人卷入传销组织，骗取大量参加者的财物。因此，传销活动的参加者既是这种诈骗活动的受害者，又是使这种诈骗机制发挥作用的违法者。③ 陈兴良教授认为：组织、领导传销活动罪的行为是组织、领导传销活动，骗取财物。由此可见，组织、领导传销活动罪是采用组织、领导传销活动的方式骗取财物的犯罪，组织、领导传销活动只不过是诈骗财物的手段，因此本罪属于诈骗罪

---

① 张明楷．刑法学：下．5 版．北京：法律出版社，2016：838.

② 黄太云．《刑法修正案（七）》解读．人民检察，2009（6）.

③ 王爱立．中华人民共和国刑法条文说明、立法理由及相关规定．北京：北京大学出版社，2021：837.

的特别规定。[①] 笔者赞同这种观点。

规范依据

《刑法》

第二百二十四条之一　组织、领导以推销商品、提供服务等经营活动为名，要求参加者以缴纳费用或者购买商品、服务等方式获得加入资格，并按照一定顺序组成层级，直接或者间接以发展人员的数量作为计酬或者返利依据，引诱、胁迫参加者继续发展他人参加，骗取财物，扰乱经济社会秩序的传销活动的，处五年以下有期徒刑或者拘役，并处罚金；情节严重的，处五年以上有期徒刑，并处罚金。

2013 年最高人民法院、最高人民检察院、公安部《关于办理组织领导传销活动刑事案件适用法律若干问题的意见》

三、关于“骗取财物”的认定问题

传销活动的组织者、领导者采取编造、歪曲国家政策，虚构、夸大经营、投资、服务项目及盈利前景，掩饰计酬、返利真实来源或者其他欺诈手段，实施刑法第二百二十四条之一规定的行为，从参与传销活动人员缴纳的费用或者购买商品、服务的费用中非法获利的，应当认定为骗取财物。参与传销活动人员是否认为被骗，不影响骗取财物的认定。

案例评价

[案例 5-1] 叶某生等组织、领导传销活动案[②]

1. 基本案情

被告人叶某生，原系上海宝乔网络科技有限公司（以下简称宝乔公司）总经理。被告人叶某松，原系宝乔公司浙江省区域总代理。

2011 年 6 月，被告人叶某生等人成立宝乔公司，先后开发“经销商管理系统网站”“金乔网商城网站”（以下简称金乔网），以网络为平台，或通过招商会、论坛等形式，宣传、推广金乔网的经营模式。金乔网的经营模式是：(1) 经上线经销商会员推荐并缴纳保证金成为经销商会员，无须购买商品，只需发展下线经销商，根据直接或者间接发展下线人数获得推荐奖金，晋升级别成为股权会员，享受股权分红。(2) 经销商会员或消费者在金乔网经销商会员处购物消费满 120 元以上，向宝乔公司支付消费金额 10%的现金，即可注册成为返利会员参与消费额双倍返利，可获一倍现金返利和一倍的金乔

---

① 陈兴良．规范刑法学：下册．4 版．北京：中国人民大学出版社，2017：756-757.

② 参见 2018 年 7 月 3 日最高人民检察院第十批指导性案例。

币（虚拟电子货币）返利。（3）金乔网在全国各地设立省、地区、县（市、区）三级区域运营中心，各运营中心设区域代理，由经销商会员负责本区域会员的发展和管理，享受区域范围内不同种类业绩一定比例的提成奖励。

2011 年 11 月，被告人叶某松经他人推荐加入金乔网，缴纳三份保证金并注册了三个经销商会员号，后因发展会员积极，经金乔网审批成为浙江省区域总代理，负责金乔网在浙江省的推广和发展。截至案发，金乔网有注册会员 3 万余人，其中注册经销商会员 1.8 万余人；在全国各地发展省、地区、县（市、区）三级区域代理 300 余家，涉案金额达 1.5 亿余元。其中，叶某松直接或间接发展下线经销商会员 1 886 人，收取浙江省区域会员保证金、参与返利的消费额 10%的现金、区域代理费等共计 3 000 余万元，通过银行转汇给叶某生。叶某松通过抽取保证金推荐奖金、股权分红、消费返利等提成的方式非法获利 70 余万元。

2. 涉案问题

在互联网时代，如何揭示组织、领导以信息网络为手段的传销活动的本质特征——骗取财物？

3. 裁判理由及结论①

2012 年 8 月 28 日、2012 年 11 月 9 日，浙江省松阳县公安局分别以叶某松、叶某生涉嫌组织、领导传销活动罪为由，将二人移送浙江省松阳县人民检察院审查起诉。因叶某生、叶某松系共同犯罪，松阳县人民检察院作并案处理。2013 年 3 月 11 日，浙江省松阳县人民检察院以被告人叶某生、叶某松犯组织、领导传销活动罪向松阳县人民法院提起公诉。松阳县人民法院公开开庭审理了本案。

法庭调查阶段，公诉人宣读起诉书指控被告人叶某生、叶某松利用网络，以会员消费双倍返利为名，吸引不特定公众成为会员、经销商，组成一定层级，采取区域累计计酬方式，引诱参加者继续发展他人参与，骗取财物，扰乱经济社会秩序，其行为构成组织、领导传销活动罪。在共同犯罪中，被告人叶某生起主要作用，系主犯；被告人叶某松起辅助作用，系从犯。针对起诉书指控的犯罪事实，被告人叶某生辩解认为，宝乔公司系依法成立，没有组织、领导传销的故意，金乔网模式是消费模式的创新。

公诉人针对涉及传销的关键问题对被告人叶某生进行讯问：第一，针对成为金乔网会员是否要向金乔网缴纳费用，公诉人讯问：如何成为金乔网会员，并获得推荐奖金、消费返利？被告人叶某生回答：注册成为金乔网会员，需缴纳诚信保证金 7 200 元，成为会员后发展一个经销商就可以获得奖励 1 250

① 注：此部分“裁判理由”可扩大解释为司法机关的理由。

元；参与返利，消费要达到 120 元以上，并向公司缴纳 10%的消费款。公诉人这一讯问揭示了缴纳保证金、缴纳 10%的消费款才有资格获得推荐奖励、返利，保证金及 10%的消费款其实质就是入门费。金乔网的经营模式符合传销组织要求参加者以缴纳费用或者购买商品、服务等方式获得加入资格的组织特征。第二，针对金乔网利润来源、计酬或返利的资金来源，公诉人讯问：除收取的保证金和 10%的消费款费用，金乔网还有无其他收入？被告人叶某生回答：收取的 10%的消费款就足够天天返利了，金乔网的主要收入是保证金、10%的消费款，支出主要是天天返利及推荐奖、运营费用。公诉人讯问：公司收取消费款有多少，需返利多少？被告人叶经生回答：收到 4 000 万元左右，返利也要 4 000 万元，我们的经营模式不需要盈利。公诉人通过讯问，揭示了金乔网没有实质性的经营活动，其利润及资金的真实来源系后加入人员缴纳的费用。如果没有新的人员加入，其根本不可能维持“经营活动”的运转，符合传销活动骗取财物的本质特征。

同时，公诉人向法庭出示了四组证据证明犯罪事实：一是宝乔公司的工商登记、资金投入、人员组成、公司财务资料、网站功能等书证，证明：宝乔公司实际投入仅 300 万元，没有资金实力建立与其宣传匹配的电子商务系统。二是宝乔公司内部人员证言及被告人的供述等证据，证明：公司缺乏售后服务人员、系统维护人员、市场推广及监管人员，员工主要从事虚假宣传，收取保证金及消费款，推荐佣金，发放返利。三是宝乔公司的银行明细、公司财务资料、款项开支情况等证据，证明：公司收入源于会员缴纳的保证金、消费款。技术人员的证言等证据，证明：网站功能简单，不具备第三方支付功能，不能适应电子商务的需求。四是金乔网网站系统的电子数据及鉴定意见，并由鉴定人出庭作证。鉴定人揭示网络数据库显示了金乔网会员加入时间、缴纳费用数额、会员之间的推荐（发展）关系、获利数额等信息。鉴定人通过当庭对上述信息的分析，指出数据库表格中的会员账号均列明了推荐人，按照推荐人关系排列，会员层级呈金字塔状，共有 68 层。每个结点有左右两个分支，左右分支均有新增单数，则可获得推荐奖金，奖金实行无限代计酬，证明：金乔网会员层级呈现金字塔状，上线会员可通过下线、下下线会员发展会员获得收益。

法庭辩论阶段，公诉人发表公诉意见，指出金乔网的人、财、物及主要活动目的在于引诱消费者缴纳保证金、消费款，并从中非法牟利。其实质是借助公司的合法形式，打着电子商务旗号进行网络传销，同时阐述了这种新型传销活动的本质和社会危害。辩护人提出：金乔网没有入门费，所有的人员都可以在金乔网注册，不缴纳费用也可以成为金乔网的会员。金乔网没有设层级，经销商、会员、区域代理之间不存在层级关系，没有证据证实存在层级获利。金乔网没有拉人头，没有以发展人员的数量作为计酬或返利依据。直接推荐才有奖金，间接推荐没有奖金，没有骗取财物，不符合组织、领导传销活动罪的特征。

公诉人答辩称：人员在金乔网上缴纳保证金和消费款才能获得推荐佣金和返利的资格，上述费用本质系入门费。上线会员可以通过发展下线人员获取收益，并组成会员、股权会员、区域代理等层级，本质为设层级。以推荐的人数作为发放佣金的依据系直接以发展的人员数量作为计酬依据，区域业绩及返利资金主要取决于参加人数的多少，实质上属于以发展人员的数量作为提成奖励及返利的依据，本质为拉人头。金乔网缺乏实质的经营活动，不产生利润，以后期收到的保证金、消费款支付前期的推荐佣金、返利，与所有的传销活动一样，人员不可能无限增加，资金链必然断裂。传销组织人员不断增加的过程实际也是风险不断积累和放大的过程。金乔网所谓经营活动本质上是从被发展人员缴纳的费用中非法牟利，具有骗取财物的特征。

法庭经审理，认定公诉机关出示的证据能够相互印证，予以确认。被告人及其辩护人提出的不构成组织、领导传销活动罪的辩解、辩护意见不能成立。2013 年 8 月 23 日，浙江省松阳县人民法院作出一审判决，以组织、领导传销活动罪判处被告人叶某生有期徒刑 7 年，并处罚金人民币 150 万元。以组织、领导传销活动罪判处被告人叶某松有期徒刑 3 年，并处罚金人民币 30 万元。扣押和冻结的涉案财物予以没收，继续追缴二被告人的违法所得。

二被告人不服一审判决，提出上诉。叶某生的上诉理由是其行为不构成组织、领导传销活动罪。叶某松的上诉理由是量刑过重。浙江省丽水市中级人民法院经审理，认定原判事实清楚，证据确实、充分，定罪准确，量刑适当，审判程序合法，驳回上诉，维持原判。

4. 评析意见

本案是最高人民检察院发布的指导性案例，突出了公诉机关的指控。公诉机关紧紧围绕组织、领导传销活动罪的构成要件来收集证据、说明事实，人民法院依法采信了检察机关出示的证据，认定被告人的行为成立组织、领导传销活动罪。在互联网时代，传销活动利用信息网络采取了新的形式、方法，但刺破这些面纱，能够揭示这些传销活动的本质特征——骗取财物。组织者或者经营者利用网络发展会员，要求被发展人员以缴纳或者变相缴纳入门费为条件，获得提成和发展下线的资格，通过发展人员组成层级关系，并以直接或者间接发展的人员数量作为计酬或者返利的依据，引诱被发展人员继续发展他人参加。其根本目的在于骗取财物。这严重扰乱了经济社会秩序，应以组织、领导传销活动罪追究刑事责任。

随着互联网技术的广泛应用，微信、语音/视频聊天室等社交平台作为新的营销方式被广泛运用。传销组织在手段上借助互联网不断翻新，打着“金融创新”的旗号，以“资本运作”“消费投资”“网络理财”“众筹”“慈善互助”等为名从事传销活动，常见的表现形式有：组织者、经营者注册成立电子商务企业，以此名义建立电子商务网站。以网络营销、网络直销等名义，变相收取入门费，设置各种返利机制，激励会员发展下线，上线依直接或者间接发展的下线的销售业绩计酬，或以直接或者间接发展的人员数量为依据计酬或者返利。对这类行为，不管其手段如何翻新，只要符合传销组织骗取财物、扰乱市场经济秩序的本质特征，应以组织、领导传销活动罪论处。

公诉机关办理组织、领导传销活动犯罪案件，要紧扣传销活动骗取财物的本质特征和构成要件，收集、审查、运用证据，特别要注意传销网站的经营特征与其他合法经营网站的区别，重点收集涉及入门费、设层级、拉人头等传销基本特征的证据及企业资金投入、人员组成、资金来源去向、网站功能等方面的证据，揭示传销犯罪没有创造价值，经营模式难以持续，用后加入者的财物支付给先加入者，通过发展下线牟利骗取财物的本质特征。

深度研究

有观点认为，将骗取财物的实际后果作为组织、领导传销活动罪的成立要素，是不合理的立场和做法，必然会不当地限缩刑法的适用范围：(1) 从文义解释的角度即可得出结论，该罪罪状着重描述的是“组织、领导”行为及其对象“传销组织”，骗取财物只不过是传销组织的修饰语。(2) 在骗取财物的实际后果没有出现时，只要组织、领导行为在层级数和人数上达到一定程度，仍然具有刑罚处罚的必要性。这是行为犯的共性特征。实践中，一些相当规模的传销组织的组织者、领导者，往往以没有实际获利、没有骗取他人财物为理由进行抗辩；有的行为人还以实体经营平台为掩护后台，以既有的获利将用于正当经营、实体经营平台依靠销售商品最终可能盈利为理由进行抗辩。但事实上，其组织、领导的经营活动主要以发展人员数量作为计酬或返利依据，获利来源在于被发展人员为获得加入资格而缴纳的费用，传销网络中的各上层级人员必须不断地、传导式地发展下层级人员才有可能收回成本并获利。而按照市场规律，下层级不可能无止境地发展，而一旦下层级中断，大量为获得加入资格而缴纳费用的参加者就必然遭受财产损失，必然成为财物被骗人。然而，大量参与传销活动的人员，或出于主观上的错误认识，或出于发展他人成为下层级人员而获利的动机，都不愿意承认自己是财物被骗人。如果要求骗取财物的实际后果出现才成立犯罪，势必放纵犯罪。①

① 肖中华．再论组织、领导传销活动罪界定的基本问题．检察日报，2019-03-27 (003).

上述观点值得商榷。(1) 不能因为参与传销活动者不承认自己是财物被骗人，就否定传销活动骗取财物实际后果的发生。2013 年《两高一部意见》也明确指出："参与传销活动人员是否认为被骗，不影响骗取财物的认定。"(2) 这种观点肯定采取拉人头、收取入门费的手段组织、领导传销活动行为本身具有诈骗财物的性质，即承认组织、领导传销活动罪的诈骗财物与诈骗之间存在同一性，这是正确的。但这种观点又考虑到《刑法》第 224 条之一所采取的"组织、领导拉人头、收取入门费，骗取财物，扰乱社会经济秩序的传销活动"这一表述，认为本罪的行为是组织、领导传销活动，骗取财物并不是独立的行为，只是组织、领导传销活动这一行为的性质。这里有必要考察一下本罪的立法过程：《刑法修正案（七）（草案）》第一稿第 4 条将本罪的行为表述为组织、领导实施传销犯罪行为的组织，这是一种组织罪的立法表达。及至草案第二稿第 4 条被修改为组织、领导传销活动罪的时候，确定了"组织、领导以拉人头、收取入门费作为形式，骗取财物，扰乱社会经济秩序的传销活动"的罪状。在此，骗取财物不是与组织、领导传销活动相并列的行为要素，而是用来界定传销活动的限定词。此时应当把本罪的构成要件概括为组织、领导传销活动，骗取财物。骗取财物不仅是组织、领导传销活动行为的性质，而且是本罪独立的客观要素。诈骗犯罪在构成要件上具有其特殊性，不仅要求有欺骗行为，而且要求被害人因欺骗而产生认识错误，并基于这种认识错误而交付财物。这才是对诈骗型传销犯罪的构成要件的完整表述。①

笔者认为，由于组织、领导传销活动罪属于诈骗犯罪，因而应要求该罪主观上具有非法占有的目的。对于组织、领导传销活动罪的主观违法要素，我国刑法学界存在非法牟利目的说与非法占有目的说之分。非法牟利目的说认为，组织、领导传销活动罪的主观违法要素是以牟利为目的，例如，有学者指出："（组织、领导传销活动罪）主观方面只能由故意构成，并且具有非法牟利的目的。行为人明知自己组织、领导传销活动为法律所禁止，却通过组织、领导传销活动，达到骗取钱财，牟取非法利益的目的。"②非法占有目的说则认为，组织、领导传销活动罪的主观违法要素是以非法占有为目的。例如有学者指出："组织、领导传销活动罪在主观方面表现为故意，并且具有骗取财物的目的。"③ 这里的骗取财物的目的其实就是非法占有的目的。

在以上两种观点中，非法牟利目的说是通说。以牟利为目的，其前提是

---

① 陈兴良．组织、领导传销活动罪：性质与界限．政法论坛，2016 (2).

② 周道鸾，张军．刑法罪名精释．北京：人民法院出版社，2013：482.

③ 王作富．刑法分则实务研究（中）．北京：中国方正出版社，2013：686.

存在经营行为，因此，把以牟利为目的确定为组织、领导传销活动罪的主观违法要素的观点，与对本罪的传销行为是否具有经营性的理解存在直接的关联性。在《刑法修正案（七）》设立本罪之前，对于依非法经营罪定罪处罚的传销活动犯罪，将其主观违法要素确定为以牟利为目的尚属妥当，但在《刑法修正案（七）》设立的组织、领导传销活动罪中的传销活动是诈骗型传销的情况下，仍然认为要求以牟利为目的，就存在问题。笔者认为，组织、领导传销活动罪属于传销诈骗罪，是一种特殊的诈骗罪。因此，对于本罪的主观违法要素，应该认为是以非法占有为目的。①

第二节　组织者、领导者的认定

知识背景

本罪的实行行为是组织、领导诈骗型传销活动的行为，故参与传销的行为不成立本罪。根据2013年《两高一部意见》第2条之规定，对下列人员可以认定为传销活动的组织者、领导者：（1）在传销活动中起发起、策划、操纵作用的人员；（2）在传销活动中承担管理、协调等职责的人员；（3）在传销活动中承担宣传、培训等职责的人员；（4）曾因组织、领导传销活动受过刑事处罚，或者一年以内因组织、领导传销活动受过行政处罚，又直接或者间接发展参与传销活动人员在15人以上且层级在3级以上的人员；（5）其他对传销活动的实施、传销组织的建立、扩大等起关键作用的人员。以单位名义实施组织、领导传销活动犯罪的，对于受单位指派，仅从事劳务性工作的人员，一般不予追究刑事责任。

根据2022年最高人民检察院、公安部《关于公安机关管辖的刑事案件立案追诉标准的规定（二）》第70条，传销活动的组织者、领导者是指在传销活动中起发起、策划、操纵作用的人员，以及在传销活动中承担管理、协调等职责的人员，或者在传销活动中承担宣传、培训等职责的人员等。

就组织行为来看，其有三个要件，即为首发起或者实施招募、雇佣、拉拢、鼓动行为，涉及多人和成立组织。考虑到成立组织的特性，可以说，只要不是最低层次的传销人员，都符合前面两个条件，这显然不符合立法本意，因此，其第三个要件格外重要。从这个角度来看，将应当组织者限定于金字塔结构的顶尖人物，也即居于高层次的那批人。就领导行为来看，包括两种情形：一是对组织的成立实施策划、指挥和布置的行为，这种领导行为与组

① 陈兴良．组织、领导传销活动罪：性质与界限．政法论坛，2016（2）．

织行为基本类似；二是对组织的活动实施策划、指挥和布置的行为，但这样同样会存在将大多数传销人员纳入主体的可能，与立法本意不符。因此，一般认为，在考虑本罪的组织、领导行为时，应当考虑传销组织的特性和立法者限制打击范围的意图。这样说来，在发起阶段，实施了确定包装传销模式、采购传销商品、制定传销规则和分配方法、组织分工、提出宣传口号、提供活动经费等行为的，应当属于组织者；在运作阶段，积极参与传销人、财、物管理工作，对新加入者讲课、鼓动、威逼利诱等，充当打手胁迫他人加入的，属于组织、领导者。①

由于被诱骗参加传销的人众多，他们本身也是受害者，所以刑法只把组织、领导传销的行为规定为犯罪。参加传销的行为不认为是犯罪。

规范依据

2022 年最高人民检察院、公安部《关于公安机关管辖的刑事案件立案追诉标准的规定（二）》

第七十条第二款 下列人员可以认定为传销活动的组织者、领导者：

（一）在传销活动中起发起、策划、操纵作用的人员；

（二）在传销活动中承担管理、协调等职责的人员；

（三）在传销活动中承担宣传、培训等职责的人员；

（四）因组织、领导传销活动受过刑事追究，或者一年内因组织、领导传销活动受过行政处罚，又直接或者间接发展参与传销活动人员在十五人以上且层级在三级以上的人员；

（五）其他对传销活动的实施、传销组织的建立、扩大等起关键作用的人员。

2013 年最高人民法院、最高人民检察院、公安部《关于办理组织领导传销活动刑事案件适用法律若干问题的意见》

二、关于传销活动有关人员的认定和处理问题

下列人员可以认定为传销活动的组织者、领导者：（一）在传销活动中起发起、策划、操纵作用的人员；（二）在传销活动中承担管理、协调等职责的人员；（三）在传销活动中承担宣传、培训等职责的人员；（四）曾因组织、领导传销活动受过刑事处罚，或者一年以内因组织、领导传销活动受过行政处罚，又直接或者间接发展参与传销活动人员在十五人以上且层级在三级以上的人员；（五）其他对传销活动的实施、传销组织的建立、扩大等起关键作用的人员。以单位名义实施组织、领导传销活动犯罪的，对于受单位指派，

---

① 王恩海．组织、领导传销活动罪的司法认定．法学，2010（11）．

仅从事劳务性工作的人员，一般不予追究刑事责任。

四、关于“情节严重”的认定问题

对符合本意见第一条第一款规定的传销组织的组织者、领导者，具有下列情形之一的，应当认定为刑法第二百二十四条之一规定的“情节严重”：（一）组织、领导的参与传销活动人员累计达一百二十人以上的；（二）直接或者间接收取参与传销活动人员缴纳的传销资金数额累计达二百五十万元以上的；（三）曾因组织、领导传销活动受过刑事处罚，或者一年以内因组织、领导传销活动受过行政处罚，又直接或者间接发展参与传销活动人员累计达六十人以上的；（四）造成参与传销活动人员精神失常、自杀等严重后果的；（五）造成其他严重后果或者恶劣社会影响的。

案例评价

[案例 5-2] 唐某南等组织、领导传销活动案①

1. 基本案情

一审判决认定：

2007 年 7 月 13 日，为成为美国立新世纪公司江西省代理，被告人唐某南、程某英、徐某春等 25 人共同出资 200 万元注册成立了江西精彩生活实业有限公司，唐某南任法定代表人、执行董事兼经理。2009 年 8 月，江西精彩生活实业有限公司法定代表人变更为李某华，股东变更为唐某南、程某英等 8 人，唐某南任董事长。2010 年 4 月 2 日，江西精彩生活实业有限公司更名为江西精彩生活投资发展有限公司（以下简称江西精彩公司）。

2008 年 12 月 18 日，江西精彩公司创办开通了太平洋直购官方网（www.tpy100.com），在网站上出售之前购买的美国立新世纪公司的保健品以及其他商品。随后，被告人唐某南依托太平洋直购官方网，推出了“BMC”模式（企业、媒介、消费者的英文缩写），设计出以 PV 为计量单位的会员消费积分返利制度。唐某南陆续招募被告人程某英、徐某春、董某等人加入江西精彩公司，并逐步委任为公司高层管理人员，负责公司日常管理、经营、宣传和推广工作。

2009 年 5 月，江西精彩公司正式推出大区、省级、市级、县区级区域代理商制度。2009 年 5 月至 8 月，被告人唐某南邀集被告人童某、刘某华、于某敏（另案处理）先后设立太平洋直购官方网中国华东、华北、华南地区营运中心。童某、刘某华、于某敏分别担任三大营运中心的总监，各自负责华

① 最高人民法院刑事审判第一、二、三、四、五庭．刑事审判参考：总第 97 集．北京：法律出版社，2014：221.

东、华北、华南地区的市场推广工作，并享受区域内会员消费总积分1.5%的返利。各省级、市级、县区级代理商分别与江西精彩公司签订区域代理合同，交纳500万元、100万元、21万元的保证金，享受整个省、市、县区内按身份证号码锁定的会员消费总积分2.5%、4%、5.5%的返利，并分别具有一级、二级、特四级诚信渠道商资格，推广市场时可享受51%、44%、32%的返利比例。

为吸引人员参加，被告人唐某南等人对太平洋直购官方网的会员级别不断作出调整，最终形成了从普通会员、银卡会员、金卡会员、钻石卡会员到渠道商总共16个级别的会员制度。由低到高不同级别的会员享有不同的返利比例：银卡、金卡、钻石卡会员分别享受5%、10%、15%的返利比例；合格、五级、四级、特四级、三级、二级、特二级、一级、大区、特区、首席、全球诚信渠道商分别享受20%、26%、32%、35%、38%、44%、47%、51%、58%、61%、65%、71%的返利比例。

根据被告人唐某南等人制定的加入规则，（1）成为普通会员只需在太平洋直购官方网（www.tpy100.com）上填写个人资料，免费注册。（2）普通会员成为银卡会员，需一个月内累积10PV消费积分。（3）成为金卡会员，需累积100PV消费积分，或者交纳1 000元诚信消费保证金。（4）成为钻石卡会员，需累积500PV消费积分，或者交纳5 000元诚信消费保证金。（5）成为合格至全球等不同级别的渠道商，需在太平洋直购官方网上通过消费累积1 000PV至1 000万PV不等的消费积分，或者交纳与消费积分相对应的7 000元至7 000万元不等的诚信消费保证金，与江西精彩公司签订协议，保证日后在太平洋直购官方网上通过消费完成1 000PV至1 000万PV消费积分。交纳的保证金越多，会员的级别就越高，享受的返利比例也越高。如果资金不足，可以先交纳一部分保证金，就剩余部分向江西精彩公司申请BMP贷款（系虚拟贷款，未发放资金），但要支付1.5%的月息。

在太平洋直购官方网上出售的各种商品，除标有售价外，还标有以PV为单位的消费积分。1PV代表7元人民币，利润高的商品PV高，利润低的商品PV低。会员可以选择购买不同的商品来积累消费积分。经鉴定，购买太平洋直购官方网所经销的91 574种商品来获得1 000PV积分，平均要花费97 635.54元。虽然通过消费或者交纳保证金都可以成为渠道商，但因为通过消费成为渠道商所花费的成本更高、时间更长，绝大多数会员选择以交纳保证金的方式成为渠道商。经鉴定，截至2012年4月9日，通过单纯消费成为合格诚信渠道商的人数为137人，仅占全部121 474名渠道商的0.11%。截至2012年4月9日，江西精彩公司账面反映收取保证金6 599 022 349.57元，其中实际收取3 797 572 397.31元，贷款收取2 801 449 952.26元。

根据被告人唐某南等人设计的保证金返还规则，渠道商可以通过消费积累 PV 来获得保证金的返还和相应的消费返利，每积累 100PV 就返还 700 元保证金，直至保证金全部返还。交纳了保证金的渠道商也可以通过市场推广即发展下级渠道商的方式来获得保证金的返还和相应的推广返利。因为通过消费获得保证金的返还成本更高且时间更长，绝大多数渠道商，尤其是交纳保证金多的渠道商，选择发展下级渠道商来获得保证金的返还。经鉴定，截至 2012 年 4 月 9 日，江西精彩公司账面反映已返退保证金 3 037 536 867.27 元，其中以货币资金形式返退 1 314 876 668.02 元，以归还贷款形式返退 1 722 660 199.25 元。

根据被告人唐某南等人设计的返利规则，银卡以上会员自己在太平洋直购官方网上进行消费，或者其所发展的会员有消费，可以获得返利；通过市场推广直接或间接发展其他人员交纳保证金成为太平洋直购官方网的会员，也可以获得返利。在该返利规则的引诱下，渠道商等会员纷纷选择继续发展其他人员加入，以达到快速获利的目的。经鉴定，截至 2012 年 4 月 9 日，江西精彩公司共发展渠道商 121 474 名、其他会员 6 767 553 名。截至 2012 年 4 月 9 日，江西精彩公司账面反映应发放返利 1 452 779 629.92 元，其中消费返利 65 673 171.00 元、推广返利 1 387 106 458.92 元；消费返利仅占总返利的 4.52%，推广返利占总返利的 95.48%。

江西精彩公司经营的业务主要有网络商城（含手机缴费、游戏充值、DIY 商城）、BMP 贷款、BMC 电子商务师培训等。因为收入很少，需要发放的返利又很多，所以江西精彩公司发生巨额亏损。为防止资金链断裂，江西精彩公司使用渠道商交纳的保证金来发放返利，导致保证金巨额亏空。经鉴定：截至 2012 年 4 月 9 日，江西精彩公司累计毛利收入 174 329 411.02 元，累计费用支出 1 551 614 045.40 元，累计亏损 1 377 284 634.38 元；截至 2012 年 4 月 9 日，江西精彩公司账面反映保证金余额 3 561 485 482.30 元，其中应以货币资金形式返还的有 2 482 695 729.29 元，应以归还贷款形式返还的有 1 078 789 753.01 元，但江西精彩公司账面资金结余仅有 932 109 111.79 元。

被告人唐某南等人通过招商会、高峰论坛、互联网、新闻媒体、口碑宣传等各种形式和途径，对江西精彩公司的经营模式和经营状况进行宣传，将 BMC 模式宣传为“全球唯一最具领导性的电子商务新模式”，打着“省钱＋赚钱”“就业＋创业”的旗号，对外宣称“零门槛、零费用、零风险”“获得财富绝佳机会”，以获取高额利润为诱饵，在全国各地大量发展各级会员，收取渠道商交纳的巨额保证金。

2011 年 8 月，被告人唐某南伙同刘某（另案处理）将江西精彩公司 9 100 万元保证金通过广州精彩公司注册成立了深圳市精彩生活投资股份有限公司

（以下简称深圳精彩公司），唐某南任法人代表兼董事长。在江西精彩公司账户被公安机关依法冻结后，深圳精彩公司自 2011 年 10 月至 2012 年 3 月期间提供三个银行账户帮助江西精彩公司转移银行接口，收取保证金 107 237 164.16 元和支付返利 186 120 238 元。

被告人唐某南组织成立江西精彩公司，设计、制定公司的经营模式和基本制度，纠集骨干成员参与，并通过新闻媒体、高峰论坛、招商会议、互联网、讲解培训等多种方式和途径对公司的经营模式、基本制度、经营状况等进行宣传，以开展电子商务为名，组织、领导传销活动，在全国范围内发展的会员数量众多，骗取的保证金金额特别巨大，对正常的经济秩序和社会秩序造成严重冲击。江西精彩公司所收取的巨额保证金被唐某南个人控制、支配，除用于保证金的返还和发放返利外，还有部分被唐某南个人挥霍。唐某南陆续将保证金中的 800 万元放贷给刘某，后将刘某支付的利息和归还的 600 万元借款归个人占有使用，并将其中 288 万余元转给妻子袁某谦，209 万元转给前妻魏某娟，40 万元转给其妹唐某誉。唐某南还从公司收取的保证金中支出 195 万元用于为家人在南昌市两处购买房产，以及通过黄某南（另案处理）转给其父唐某彪 10 万元用于购买房产。此外，2011 年 1 月 28 日至 2012 年 3 月 28 日，被告人唐某南共将江西精彩公司 410 219 000 元资金借给黄某南放贷。黄某南还按唐某南指示将部分借款打至第三方单位账户及个人账户，其中黄某南将 4 600 万元打到深圳精彩公司账户。至案发时，黄某南尚欠江西精彩公司 73 060 345 元未归还。2011 年 8 月至 12 月，被告人唐某南还将江西精彩公司的 8 000 万元借给广州商策投资顾问有限公司，并将江西精彩公司的 2 500 万元作为广州市一处楼房的购房款支付给广州精彩公司。

2. 涉案问题

在涉案人员众多的传销活动中，如何认定组织者、领导者？

3. 裁判理由及结论

一审法院认为，被告人唐某南等作为江西精彩公司的发起人、操纵人、高级管理人员，以太平洋直购官方网为依托，以开展电子商务为名，要求参加者以购买商品或交纳保证金的方式获得加入资格，并按照一定顺序组成层级，间接以发展人员的数量作为返利依据，骗取巨额保证金，严重扰乱经济社会秩序，其行为已构成组织、领导传销活动罪，且系情节严重，遂判决被告人唐某南犯组织、领导传销活动罪，判处有期徒刑 10 年，并处罚金人民币 4 000 万元。其他 5 名被告人犯组织、领导传销活动罪，刑罚不等。

二审法院除改判 1 名被告人缓刑外，对其他判项予以维持。

4. 评析意见

（1）唐某南等组织、领导传销活动案涉及地域广、参与人员多、涉案金额高、社会影响大，具有典型意义。该案充分体现了组织、领导传销活动罪具有严重的社会危害性，严重扰乱了经济社会秩序，如果任其坐大成势，必将严重影响社会稳定。截至 2012 年 4 月 9 日，江西精彩公司以太平洋直购官方网为依托，共发展渠道商 12 万余名、其他会员 676 万余名，会员遍及全国各省、自治区、直辖市，江西精彩公司实际收取保证金约 38 亿元。该案被公安部评为“全国十大精品案件”“2021 中国公安十大给力行动”。

（2）本案涉案人员众多，被诱骗参加传销的人占绝大多数，他们本身也是受害者，所以必须贯彻宽严相济的刑事政策，依照刑法和司法解释的规定，只把组织者、领导者的行为规定为犯罪，对一般参加传销的行为不认为是犯罪。被告人唐某南在传销活动中起发起、策划、操纵作用，承担管理、协调等职责，属于传销活动组织中的核心人物，理应被认定为组织者、领导者。如何追究本案各被告人的刑事责任，对其他案件的处理具有指导意义。根据公安机关反馈的情况，12 万余名渠道商中共依法打击处理的有 1 万余人，其中大区级以上人员 506 人，全国各地以涉嫌组织、领导传销活动罪抓获大区以上人员 350 余人。本案，综合考虑唐某南等人发展会员的数量、骗取保证金的数额以及公安机关曾以不构成犯罪为由撤销案件等从重从轻处罚情节，对主犯唐某南、刘某华、童某分别判处 10 年、8 年、6 年有期徒刑，并处罚金，体现了罪刑相适应原则。对从犯程某英、徐某春、董某，分别予以从轻、减轻处罚，贯彻了宽严相济的刑事政策。对刘某、王某亚，因证据不足，由检察机关撤回起诉，坚持了罪刑法定原则。

（3）本案主犯唐某南的行为属于情节严重。2013 年《两高一部意见》规定：对符合本意见第 1 条第 1 款规定的传销组织的组织者、领导者，具有下列情形之一的，应当认定为《刑法》第 224 条之一规定的“情节严重”：1）组织、领导的参与传销活动人员累计达 120 人以上的；2）直接或者间接收取参与传销活动人员交纳的传销资金数额累计达 250 万元以上的；3）曾因组织、领导传销活动受过刑事处罚，或者 1 年以内因组织、领导传销活动受过行政处罚，又直接或者间接发展参与传销活动人员累计达 60 人以上的；4）造成参与传销活动人员精神失常、自杀等严重后果的；5）造成其他严重后果或者恶劣社会影响的。根据上述司法解释的规定，唐某南组织、领导的参与传销活动人员远远超出 120 人；直接或者间接收取参与传销活动人员交纳的传销资金数额累计远远超出 250 万元，属于“情节严重”，所以在各被告人中其量刑最高，其被判处有期徒刑 10 年，并处罚金人民币 4 000 万元。

（4）本案在当时属新类型的网络传销案件，各方对定性有分歧。执法部门、司法机关对定性有分歧、有反复。2010 年 6 月 24 日，南昌市工商局将江西精彩公司涉嫌传销案移送南昌市公安局。2010 年 6 月 29 日，南昌市公安局立案侦查。经过近 5 个月的调查取证工作，发现无法认定有“骗取财物”的情形，与刑法规定不符。针对定性问题，南昌市公安局邀请了江西省公安厅经侦总队和法制处、南昌市中级人民法院、南昌市人民检察院、南昌市工商局共同研讨，公、检、法三机关均认为根据掌握的证据难以认定江西精彩公司的行为构成组织、领导传销活动罪。2010 年 11 月 11 日，南昌市公安局作出撤销案件决定书：对所办理的江西精彩公司涉嫌传销案，因“不构成犯罪”，决定撤销案件。2010 年 11 月 15 日，南昌市公安局将案件移送南昌市工商局。南昌市工商局对江西精彩公司的经营行为展开进一步调查，认为涉嫌犯罪，于 2011 年 6 月 20 日再次移送南昌市公安局。2011 年 7 月 15 日，南昌市公安局重新立案侦查。2014 年 4 月，唐某南等 8 名犯罪嫌疑人被抓获归案。本案被逐级请示至最高人民法院。最高人民法院批复认为：被告人唐某南、刘某华、童某、程某英、徐某春、董某作为发起人、操纵人、高级管理人员，以太平洋直购官方网为依托，以开展电子商务为名，要求参加者以购买商品或者交纳保证金方式获得加入资格，并按照一定顺序组成层级，间接以发展人员的数量作为返利依据，骗取巨额保证金，严重扰乱经济社会秩序，其行为构成组织、领导传销活动罪。

深度研究

组织、领导传销活动罪中的组织与组织犯中的组织，含义不同：前者的对象是传销组织和传销活动，传销活动本身不是犯罪，传销组织也不是犯罪集团；后者的对象是各种犯罪行为和共犯行为人，当组织的是犯罪组织时，实际上组织者属于犯罪集团的首要分子。因此，组织、领导传销活动罪的共同犯罪并非必要的共同犯罪，完全存在一人单独触犯组织、领导传销活动罪的可能。

在《刑法修正案（七）》制定的过程中，针对就传销犯罪如何设立罪名，存在争议，并且相关规定前后发生了重大的变更。在 2008 年 8 月 25 日《刑法修正案（七）（草案）》第一稿第 4 条中，对传销犯罪是这样规定的：在《刑法》第 225 条后增加一条，作为第 225 条之一，组织、领导实施传销犯罪行为的组织，情节严重的，处三年以下有期徒刑或者拘役，并处罚金；情节特别严重的，处三年以上七年以下有期徒刑，并处罚金。犯前款罪又有其他犯罪行为的，依照数罪并罚的规定处罚。传销犯罪行为依照法律、行政法规的规定确定。这一规定是将传销犯罪的组织行为规定为犯罪，因此传销犯罪是一种组织罪。我国刑法中的组织行为，可以分为两种：一种是作为共犯的组织行为，另一种是作为正犯的组织行为。于前者根据《刑法》总则的规定，以共犯论处，而并没有独立的罪名和法定刑。于后者根据《刑法》分则的规定，以单独犯罪论处。例如我国《刑法》第120条规定的组织、领导恐怖组织罪以及第294条规定的组织、领导黑社会性质组织罪。《刑法修正案（七）（草案）》第一稿对组织、领导传销组织罪的规定，就属于以单独犯罪（组织罪）论处罪。值得注意的是，该草案第一稿规定：犯前款罪又有其他犯罪行为的，依照数罪并罚的规定处罚。这就是说，对于具体实施传销犯罪活动的，还是按照非法经营罪、诈骗罪或者集资诈骗罪定罪处罚。这一规定，显然也是参照《刑法》第120条和第294条第2款的规定。如此，则组织、领导传销组织的行为构成一个组织犯罪，如果该传销组织又从事传销活动的，则根据传销活动的性质分别定罪：传销而具有经营内容的，以非法经营罪论处；传销而具有诈骗或集资诈骗性质的，以诈骗罪或者集资诈骗罪论处，并实行数罪并罚。① 2008年12月25日草案第二稿将该罪调整到第224条合同诈骗罪之后，作为第224条之一，同时将罪状表述为现行《刑法》第224条之一的规定，即由单纯的组织犯罪调整为组织、领导传销活动进行诈骗的犯罪。

《刑法修正案（七）》颁布之前的司法解释将传销犯罪的行为表述为从事传销活动，这导致对传销犯罪的行为界定极为宽泛。《刑法》第224条之一则将行为表述为组织、领导，由此表明只有组织者和领导者的行为才构成犯罪，而一般传销活动不构成犯罪。这一对行为的限缩，具有刑事政策上的重大内涵，体现了缩小打击面的政策思想。那么，既然是传销诈骗罪，为什么参与传销活动不构成本罪呢？对一般的诈骗罪而言，只要参与了诈骗活动，无论是主犯还是从犯，其行为都构成犯罪。但传销诈骗与之不同，只有这些传销诈骗的组织者和领导者才是诈骗行为的实施者，而一般的参与行为具有被引诱或者被胁迫的性质。虽然有些人也从传销中非法获利，但从整体上说，这些参与者还是被害人。正如在集资诈骗罪中，只有那些集资诈骗的组织者和领导者的行为构成犯罪，而一般的参与集资的人员，则属于被害人。②

在传销组织的体系中，只有对传销组织进行组织、领导的行为才成立犯罪，对一般参加行为不予追究刑事责任。因此，准确区分组织者、领导者与一般参加者至关重要。认定组织者、领导者，要着重把握三点③：（1）传销活动的组织、领导，包括组织、领导的客观行为和组织、领导的主观故意两个方面，缺一不可。组织、领导的客观行为，是指发起、策划、操纵传销活动，或者在传销活动中承担管理、监督、协调、宣传、培训等职责，或者其他对

① 陈兴良．组织、领导传销活动罪：性质与界限．政法论坛，2016（2）．

② 陈兴良．组织、领导传销活动罪：性质与界限．政法论坛，2016（2）．

③ 肖中华．再论组织、领导传销活动罪界定的基本问题．检察日报，2019-03-27（003）．

传销活动实施，传销组织的建立、规模扩大等起关键作用的行为。组织、领导的主观故意，是指行为人对传销活动以及传销组织以推销商品、提供服务等经营活动为名，以发展人员数量作为计酬或返利依据等基本特征具有主观认识，而仍予以组织、领导。如果行为人对传销活动、传销组织存在认识错误，则阻却犯罪成立。当然，组织、领导的主观故意，并不要求行为人对传销组织的具体运作机制，特别是对诸如金字塔型、多叉树型层级结构设计，会员费收取或积分机制等技术性问题有清晰的认识。（2）在传销组织中协助组织者、领导者从事传销活动的指挥、策划等具有管理职责的活动，亦属于组织、领导。如作为传销组织发起者的助手，协助其策划传销活动方案，也属于组织、领导行为。但是，不是直接为传销组织或传销活动服务，仅仅从事一般事务性工作的，不应认定为组织、领导。（3）组织、领导行为，既包括传销组织形成之前，以成立传销组织为目标的各种组织、领导行为，也包括传销组织成立之后，对传销活动开展、传销组织发展起关键作用的行为。一般参加者在被发展为成员后，如果在后续传销活动的实施或传销组织的扩大中发挥了关键作用，应当被认定为组织者、领导者，只要其组织、领导行为涉及的层级数达到 3 级以上、人数在 30 人以上，就应当承担刑事责任。反之，组织者、领导者亦可能终止组织、领导行为，转化为一般参加者。在其终止组织、领导行为之后，由其下层级发展的层级数及人数，不应再计入作为评判其行为成立犯罪和其承担罪责大小的依据。

第三节 传销组织层级及人数的认定

知识背景

根据 2022 年最高人民检察院、公安部《关于公安机关管辖的刑事案件立案追诉标准的规定（二）》第 70 条第 1 款的规定，组织、领导以推销商品、提供服务等经营活动为名，要求参加者以缴纳费用或者购买商品、服务等方式获得加入资格，并按照一定顺序组成层级，直接或者间接以发展人员的数量作为计酬或者返利依据，引诱、胁迫参加者继续发展他人参加，骗取财物，扰乱经济社会秩序的传销活动，涉嫌组织、领导的传销活动人员在 30 人以上且层级在 3 级以上的，对组织者、领导者，应予立案追诉。

根据 2013 年《两高一部意见》的规定，组织内部参与传销活动人员在 30 人以上且层级在 3 级以上的，应当对组织者、领导者追究刑事责任。组织、领导多个传销组织，单个或者多个组织中的层级已达 3 级以上的，可将在各个组织中发展的人数合并计算。组织者、领导者形式上脱离原传销组织后，继续从原传销组织获取报酬或者返利的，原传销组织在其脱离后发展人员的层级数和人数，应当计算为其发展的层级数和人数。

传销组织均按照一定顺序组成层级，这是其组织机构的特点。传销组织不论规模大小，都有一个共同特点，即呈现出底大尖小的金字塔结构，一般依加入顺序、发展人员的数量、业绩大小等分成不同层级，每个人都处在一定层级上，上下级之间只能单线联系，不同级别的人不能来往。

规范依据

2022 年最高人民检察院、公安部《关于公安机关管辖的刑事案件立案追诉标准的规定（二）》

第七十条第一款　组织、领导以推销商品、提供服务等经营活动为名，要求参加者以缴纳费用或者购买商品、服务等方式获得加入资格，并按照一定顺序组成层级，直接或者间接以发展人员的数量作为计酬或者返利依据，引诱、胁迫参加者继续发展他人参加，骗取财物，扰乱经济社会秩序的传销活动，涉嫌组织、领导的传销活动人员在三十人以上且层级在三级以上的，对组织者、领导者，应予立案追诉。

2013 年最高人民法院、最高人民检察院、公安部《关于办理组织领导传销活动刑事案件适用法律若干问题的意见》

一、关于传销组织层级及人数的认定问题　以推销商品、提供服务等经营活动为名，要求参加者以缴纳费用或者购买商品、服务等方式获得加入资格，并按照一定顺序组成层级，直接或者间接以发展人员的数量作为计酬或者返利依据，引诱、胁迫参加者继续发展他人参加，骗取财物，扰乱经济社会秩序的传销组织，其组织内部参与传销活动人员在三十人以上且层级在三级以上的，应当对组织者、领导者追究刑事责任。

组织、领导多个传销组织，单个或者多个组织中的层级已达三级以上的，可将在各个组织中发展的人数合并计算。

组织者、领导者形式上脱离原传销组织后，继续从原传销组织获取报酬或者返利的，原传销组织在其脱离后发展人员的层级数和人数，应当计算为其发展的层级数和人数。

办理组织、领导传销活动刑事案件中，确因客观条件的限制无法逐一收集参与传销活动人员的言词证据的，可以结合依法收集并查证属实的缴纳、支付费用及计酬、返利记录，视听资料，传销人员关系图，银行账户交易记录，互联网电子数据，鉴定意见等证据，综合认定参与传销的人数、层级数等犯罪事实。

…………

七、其他问题

本意见所称“以上”、“以内”，包括本数。

本意见所称“层级”和“级”，系指组织者、领导者与参与传销活动人员之间的上下线关系层次，而非组织者、领导者在传销组织中的身份等级。

对传销组织内部人数和层级数的计算，以及对组织者、领导者直接或者间接发展参与传销活动人员人数和层级数的计算，包括组织者、领导者本人及其本层级在内。

案例评价

[案例5-3] 曾某坚等非法经营案①

1. 基本案情

广东省深圳市罗湖区人民检察院以被告人曾某坚、黄某娣、罗某晓、莫某珍犯非法经营罪，向广东省深圳市罗湖区人民法院提起公诉。

广东省深圳市罗湖区人民法院经公开审理查明：2009年6月始，被告人曾某坚租赁深圳市罗湖区怡泰大厦A座××××房为临时经营场所，以亮碧思集团（香港）有限公司发展经销商的名义发展下线，以高额回馈为诱饵，向他人推广传销产品、宣讲传销奖金制度。同时，曾某坚组织策划传销，诱骗他人加入，要求被发展人员交纳入会费用，取得加入和发展其他人员加入的资格，并要求被发展人员发展其他人员加入，以下线的发展成员业绩为依据计算和给付报酬，牟取非法利益；被告人黄某娣、罗某晓、莫某珍均在上述场所参加传销培训，并积极发展下线，代理下线或者将下线直接带到亮碧思集团（香港）有限公司交费入会，进行交易，形成传销网络。其中：曾某坚发展的下线人员有郑某妮、杨某湘、王某军、杨某芳、袁某霞等人，杨某芳向曾某坚的上线曾某茹交纳人民币（以下未标明的币种均为人民币）20 000元，袁某霞先后向曾某坚、曾某茹及曾某坚的哥哥曾某建共交纳62 000元；黄某娣发展罗某晓、莫某珍和龚某玲为下线，罗某晓、莫某珍及龚某玲分别向其购买了港币5 000元的产品；罗某晓发展黄某梅为下线，黄某梅发展王某华为下线，黄某梅、王某华分别向亮碧思集团（香港）有限公司交纳入会费港币67 648元；莫某珍发展龙某玉为下线，龙某玉发展钟某仙为下线，钟某仙发展周某花为下线，其中龙某玉向莫红珍购买了港币5 000元的产品，钟某仙、周某花分别向亮碧思集团（香港）有限公司交纳入会费港币67 648元。2009年12月8日，接群众举报，公安机关联合深圳市市场监督管理局罗湖

① 最高人民法院刑事审判第一、二、三、四、五庭．刑事审判参考：总第92集．北京：法律出版社，2014：63-65.

分局将正在罗湖区怡泰大厦A座××××房活动的曾某坚、黄某娣、罗某晓、莫某珍等人查获。

2. 涉案问题

传销组织层级、人数未达到司法解释规定的数量标准的，应如何处理？

3. 裁判理由及结论

广东省深圳市罗湖区人民法院认为：被告人曾某坚、黄某娣、罗某晓、莫某珍从事非法经营活动，扰乱市场秩序，均构成非法经营罪，且属于共同犯罪。在共同犯罪中，曾某坚积极实施犯罪，起主要作用，是主犯；黄某娣、罗某晓、莫某珍均起次要作用，系从犯，且犯罪情节轻微，认罪态度较好，有悔罪表现，依法均可以免除处罚。曾某坚犯罪情节较轻，有悔罪表现，对其适用缓刑不致再危害社会。遂以非法经营罪判处被告人曾某坚有期徒刑1年6个月，缓刑2年，并处罚金1 000元；以非法经营罪分别判处被告人黄某娣、罗某晓、莫某珍免予刑事处罚。

宣判后，被告人曾某坚不服，向广东省深圳市中级人民法院提起上诉，并基于以下理由请求改判无罪：亮碧思（香港）有限公司有真实的商品经营活动，其行为不构成非法经营罪，也没有达到组织、领导传销活动罪的立案追诉标准。

广东省深圳市中级人民法院经审理认为：对上诉人曾某坚与原审被告人黄某娣、罗某晓、莫某珍的行为，应当认定为组织、领导传销活动行为，而不应以非法经营罪定罪处罚。鉴于现有证据不能证明曾某坚、黄某娣、罗某晓、莫某珍的行为已达到组织、领导传销活动罪的追诉标准，故对其行为不应以组织、领导传销活动罪论处。曾某坚的上诉理由成立。遂改判曾某坚、黄某娣、罗某晓、莫某珍无罪。

本案经历了两次一审、两次二审。第一次一审的判决结果如下：被告人曾某坚犯非法经营罪，判处有期徒刑1年6个月，并处罚金5 000元；被告人黄某娣犯非法经营罪，判处有期徒刑1年，并处罚金5 000元；被告人罗某晓犯非法经营罪，判处有期徒刑1年，并处罚金5 000元；被告人莫某珍犯非法经营罪，判处有期徒刑1年，并处罚金5 000元。宣判后，被告人曾某坚提起上诉。广东省深圳市中级人民法院经审理认为原审判决认定事实不清、证据不足，遂裁定发回重审。广东省深圳市罗湖区人民法院再审后，以非法经营罪判处被告人曾某坚有期徒刑1年6个月，缓刑2年，并处罚金1 000元；以非法经营罪分别判处被告人黄某娣、罗某晓、莫某珍免予刑事处罚。被告人曾某坚再次上诉，经再次二审被改判无罪。

4. 评析意见

在本案审理过程中，对被告人行为的定性形成两种意见：一种意见认为，在《刑法修正案（七）》施行之后，对传销活动的刑法评价应当实行单轨制，即仅以是否符合组织、领导传销活动罪的构成特征进行评价，如果不符合该罪的构成特征，就应当宣告无罪，而不能再以非法经营罪定罪处罚；另一种意见则主张双轨制，认为《刑法修正案（七）》规定了组织、领导传销活动罪，但并未明确取消非法经营罪的适用，对于传销活动，即使不符合组织、领导传销活动罪的构成特征，仍然可以非法经营罪定罪处罚。

笔者赞同前一种意见，认为应当对被告人宣告无罪。其理由如下①：

（1）从立法原意分析，对传销活动仅适用组织、领导传销活动罪，不再以非法经营罪定罪处罚。

1）关于传销活动的立法概况。

传销活动对市场经济秩序的危害严重，应当纳入刑法调整范围。这一点上是毫无争议的。早在1998年，国务院印发的《关于禁止传销经营活动的通知》（国发［1998］10号）明确指出对传销经营活动必须坚决予以禁止。2001年4月10日最高人民法院下发的《关于情节严重的传销或者变相传销行为如何定性问题的批复》（现已废止）明确规定：对于国务院《关于禁止传销经营活动的通知》发布以后，仍然从事传销或变相传销活动，扰乱市场秩序，情节严重的，应当依照《刑法》第225条第4项的规定，以非法经营罪定罪处罚。

在此后一段时期内，没有任何法律、法规对传销活动进行具体分类，对于组织、领导传销活动，情节严重，需要追究刑事责任的，一般都认定为《刑法》第225条堵截条款规定的“其他严重扰乱市场秩序的非法经营行为”，以非法经营罪定罪处罚。直至2005年8月23日，国务院颁布《禁止传销条例》，将传销活动概括为三种主要表现形式：第一，拉人头型，是指组织者或者经营者通过发展人员，要求被发展人员发展其他人员加入，对发展的人员以其直接或者间接滚动发展的人员数量为依据计算和给付报酬，牟取非法利益；第二，骗取入门费型，是指要求被发展人员交纳费用或者以认购商品等方式变相交纳费用，取得加入或者发展其他人员加入的资格，牟取非法利益；第三，团队计酬型，是指要求被发展人员发展其他人员加入，形成上下线关系，并以下线的（商品、服务）销售业绩为依据计算和给付上线报酬，牟取非法利益。然而，拉人头型、骗取入门费型传销活动，本质上不属于商业经营活动，审判实践中对此两类传销活动以非法经营罪定罪处罚引发的争议较大，各地法院的做法不一，有的定非法经营罪，有的定诈骗罪、集资诈骗罪，

① 最高人民法院刑事审判第一、二、三、四、五庭．刑事审判参考：总第92集．北京：法律出版社，2014：65-68.

还有的定非法吸收公众存款罪。这种混乱局面既不利于打击传销活动，也不利于维护司法的公正性、严肃性。因此，在《刑法修正案（七）》起草过程中，拉人头型、骗取入门费型传销活动的定性问题被纳入了《刑法修正案（七）》的立法建议。起草人员经过充分调研，在多方征求意见的基础上，专条规定了组织、领导传销活动的定性与处罚，并最终在 2009 年召开的全国人大常委会上通过。最高人民法院、最高人民检察院将该条的罪名确定为组织、领导传销活动罪。

2）立法原意体现出对传销活动仅适用组织、领导传销活动罪。

结合上述传销活动的立法情况，从立法原意分析，对于客观方面表现为组织、领导拉人头型或者骗取入门费型的传销活动，只能以其是否符合组织、领导传销活动罪的构成特征来判断罪与非罪，不能按照《刑法修正案（七）》施行以前的做法以非法经营罪定罪处罚，更不能在不具备组织、领导传销活动罪构成要件的情况下适用《刑法》第 225 条第 4 项即非法经营罪的兜底项定罪处罚。

值得注意的是，根据《刑法修正案（七）》第 4 条的规定，组织、领导传销活动罪的客观行为未包括团队计酬型传销活动，实践中关于对此类传销活动如何定性，存在一定争议。鉴于此种情况，2013 年《两高一部意见》就对团队计酬型传销行为的处理进行了专门规定。该意见第 5 条第 1 款对团队计酬型传销活动的概念进行了明确："传销活动的组织者或者领导者通过发展人员，要求传销活动的被发展人员发展其他人员加入，形成上下线关系，并以下线的销售业绩为依据计算和给付上线报酬，牟取非法利益的，是'团队计酬'式传销活动。"该意见第 5 条第 2 款对团队计酬型传销活动的定性进行了规定："以销售商品为目的、以销售业绩为计酬依据的单纯的'团队计酬'式传销活动，不作为犯罪处理。形式上采取'团队计酬'方式，但实质上属于'以发展人员的数量作为计酬或者返利依据'的传销活动，应当依照刑法第二百二十四条之一的规定，以组织、领导传销活动罪定罪处罚。"

（2）曾某坚等人的行为符合组织、领导传销活动罪的构成特征，但未达到相关立案追诉标准，故不构成组织、领导传销活动罪。

本案中，曾某坚等人实施了通过发展人员，要求被发展人员交纳费用或者以认购商品等方式变相交纳费用，取得加入或者发展其他人员加入的资格，牟取非法利益的传销行为，客观上符合组织、领导传销活动的行为特征。然而，依照《公安机关管辖的刑事案件立案追诉标准的规定（二）》，组织、领导传销活动罪的立案追诉起点为涉嫌组织、领导的传销活动人员在 30 人以上且层级在 3 级以上。而在案证据显示本案涉嫌组织、领导的传销活动人员不足 30 人。在一审阶段广东省深圳市罗湖区人民法院曾建议罗湖区人民检察院就传销人员的人数和层级进行补充侦查。罗湖区人民检察院复函认为：《刑法修正案（七）》对组织、领导传销活动罪作了规定，但未取消非法经营罪的适用，根据《刑法》第 225 条第 4 项及最高人民法院《关于情节严重的传销或者变相传销行为如何定性问题的批复》的规定，曾某坚等人的行为即使不构成组织、领导传销活动罪，也符合非法经营罪的构成特征，应当以非法经营罪定罪处罚，没有补充侦查的必要。

针对上述法律适用问题，广东省深圳市中级人民法院逐级层报请示，最高人民法院以［2012］刑他字第 56 号批复明确：对组织、领导传销活动的行为，如未达到组织、领导传销活动罪的追诉标准，行为人不构成组织、领导传销活动罪，亦不宜再以非法经营罪追究刑事责任。据此，广东省深圳市中级人民法院认为，本案中曾某坚等人组织、领导的传销活动人员不足 30 人，也没有相应证据证明该传销体系的层级在 3 级以上，遂按照疑罪从无原则，依法改判曾某坚、黄某娣、罗某晓、莫某珍无罪。

笔者认为，本案判例评析作者较为详细地分析了二审法院最终改判行为人无罪的法理依据。与上述观点不同，陈兴良教授认为该案是团队计酬型传销行为，并据此进行了法理分析。① 但笔者认为本案属于拉人头、收取入门费型的组织、领导传销活动行为，所以应当按照《刑法》第 224 条之一的规定进行构成要件该当性的分析。本案中曾某坚等人组织、领导以推销商品的经营活动为名，要求参加者以交纳费用或者购买商品方式获得加入资格，并按照一定顺序组成层级，直接或者间接以发展人员的数量作为计酬或者返利依据，引诱参加者继续发展他人参加，骗取财物，扰乱经济社会秩序的传销活动，符合《刑法》第 224 条之一组织、领导传销活动罪的构成要件特征，但是不符合前述 2013 年意见规定的传销活动人员在 30 人以上且层级在 3 级以上的标准，所以不成立组织、领导传销活动罪。

在一审阶段，公诉机关对本案的法律适用是错误的。本案属于拉人头、收取入门费型的传销活动，在《刑法修正案（七）》设立组织、领导传销活动罪之后，对组织、领导这种传销活动只能根据该罪的构成要件进行判断，不能再适用非法经营罪。实际上，一审法院已经建议公诉机关就传销人员的人数和层级进行补充侦查，但遗憾的是公诉机关没有听从该建议。最终二审法院认为，本案中曾某坚等人组织、领导的传销活动人员不足 30 人，也没有相应证据证明该传销体系的层级在 3 级以上，并按照疑罪从无原则，依法改判曾某坚等无罪。

---

① 陈兴良．组织、领导传销活动罪：性质与界限．政法论坛，2016（2）．

深度研究

尽管每一个传销组织具体确定层级所采用的计算方式和称谓可能各不相同，如有的实行五级三阶制等，但所有传销组织的共同特征是，参加传销者的回报取决于其在传销组织中的层级位置，而参加传销者的层级位置则取决于其（直接或间接）发展的人员的数量多少。由于每一个参加传销组织者都要先交纳一定的入门费以获得加入资格，所以发展的人员越多，传销组织骗取的财物越多，诱骗他人参加者的报酬也就越多。所谓“直接或者间接”以发展人员的数量作为计酬或者返利的依据，是指有的传销组织直接以参加者所发展的人员的数量作为计算其回报的依据；有的传销组织的“计酬规则”虽然没有明确规定直接以参加者发展人员的数量多少计算回报，但是以参加者的业绩或者参加者所发展的人员（下线）的业绩作为计算回报的依据，这实际上是间接地以发展人员的数量计算回报。这样一种机制就诱使传销的参加者不断挖空心思，欺骗他人参加，使传销组织像滚雪球一样越滚越大。因此，也有人将传销组织形象地称为老鼠会。这里的计酬与返利，并无本质不同，是针对传销组织所采用的不同名目的回报计算方式所作的规定。

第四节　诈骗型传销活动的认定和团队计酬行为的处理

知识背景

本罪的传销活动是指以推销商品、提供服务等经营活动为名，要求参加者以交纳费用或者购买商品、服务等方式获得加入资格，并按照一定顺序组成层级，直接或者间接以发展人员的数量作为计酬或者返利依据，引诱、胁迫参加者继续发展他人参加，骗取他人财物的行为。这种诈骗型传销活动具有以下特征：（1）以从事商品、服务推销等经营活动为名，诱骗他人参加。传销活动为国家所禁止，一些不法分子为了逃避打击，诱骗不明真相的群众参加，往往利用一些群众急于发财致富的心理，编造各种名目的经营项目，如种植、养殖、入股、网络倍增、消费联盟，有的甚至以打广告、拉名人方式做宣传。不论行为人编造何种名目，其承诺或者宣传的高额回报是虚假的，至于其经营的商品或服务，只是象征性的道具，有的甚至没有任何商品或者服务，而纯粹欺骗参加者去拉人头。（2）拉人头，即组织者、领导者通过发展人员，要求被发展人员发展其他人员加入，对发展的人员以其直接或者间接滚动发展的人员数量作为依据计算和给付报酬，牟取非法利益。（3）收取入门费，即组织者、领导者通过发展人员，要求被发展人员交纳费用或者以认购商品、服务等方式变相交纳费用，取得加入或者发展其他人员加入的资格，牟取非法利益。以参加者交纳的入门费作为“营利”的来源，形成依靠不断吸收新参加者收取入门费的营利模式。这是传销与其他相关销售方式最明显的区别。其中，商品和服务，有真有假，但即便是真的，也物非所值。关键在于，以一种骗人手段，让他人交纳费用取得入门资格。（4）设置吸引他人参加和鼓励已参加者吸收新参加者的计酬机制。这种计酬机制下通常有两种途径使参加者获利：一是从本人吸收的新参加者交纳的入门费中直接获利，二是从下线吸收的新参加者交纳的入门费中提成获利。本人吸收的参加者是本人的下线，本人成为其上线，下线吸收的成员成为本人的下下线，由此形成金字塔式提成层级。上线可以从下线、下线的下线……提成获利。这种计酬方式产生一种激励机制，就是不断吸收新成员。吸收的成员越多，收入越高；本人下线吸收的成员越多，本人级别越高、提成的范围越大；最初启动某项传销活动的人，能够直接或间接地从几乎全体参加者的入门费中获利。努力成为上线，坐收暴利的同时也成为诱惑他人加入传销的诱饵。（5）传销活动具有严重的社会危害性。首先，它具有欺骗性。正常的经营活动需通过提供商品、服务满足客户的需要来营利，而传销活动完全依靠吸收参加者收取入门费获利，维持传销组织运转，没有营利的内容势必不能久远，每一个加入者其实都是上当受骗者。组织者、领导者利用传销活动骗取参与传销者大量财产，给传销参与者造成重大财产损失。其次，组织者领导者宣扬可以成为众多人上线坐收暴利的梦想，诱骗他人加入，同时刺激成员不择手段诱骗他人加入，引发诸多社会不稳定因素。①

传销活动可以被分为两大类：一类可谓经营型（原始型）传销，其传销的是商品，以销售商品的数量作为计酬或者返利依据；另一类可谓诈骗型传销，并不是真正传销商品，只是以发展人员的数量作为计酬或者返利依据。根据《刑法》第224条之一的表述，本罪的传销活动没有经营内容，不是真正意义上的传销，而是以传销为名，实际上是一种诈骗行为，所以是指后一种传销活动。

按照2005年8月23日国务院颁布的《禁止传销条例》第7条的规定，传销活动有三种形式，除了典型的拉人头传销、收取入门费传销之外，还有团队计酬传销，也称经营型传销，是指组织者或者经营者通过发展人员，要求被发展人员发展其他人员加入，形成上下线关系，并以下线的销售业绩为依据计算和给付上线报酬，牟取非法利益的行为。按照《禁止传销条例》，这三种经营模式都是被禁止的，应当受到行政处罚。但是，按照现行《刑法》第

① 阮齐林．刑法学．北京：中国政法大学出版社，2011：461.

224 条之一的规定，作为犯罪处罚的只有拉人头传销、收取入门费传销，而团队计酬传销则不在其中。这样，就产生了对团队计酬传销该如何处理的问题。

根据 2013 年《两高一部意见》第 5 条的规定，对于以销售商品为目的，以销售业绩为计酬依据的单纯的团队计酬式传销活动，不以犯罪处理。这里的团队计酬，是指组织者、领导者通过发展人员，要求被发展人员发展其他人员加入，形成上下线关系，并以下线的销售业绩作为依据计算和给付上线报酬，牟取非法利益。根据上述司法解释第 5 条的规定，对于形式上采取团队计酬方式，但实质上属于以发展人员的数量作为计酬或者返利依据的传销活动，应当依照《刑法》第 224 条之一的规定，以组织、领导传销活动罪定罪处罚。

规范依据

《国务院禁止传销条例》

第二条　本条例所称传销，是指组织者或者经营者发展人员，通过对被发展人员以其直接或者间接发展的人员数量或者销售业绩为依据计算和给付报酬，或者要求被发展人员以交纳一定费用为条件取得加入资格等方式牟取非法利益，扰乱经济秩序，影响社会稳定的行为。

第七条　下列行为，属于传销行为：（一）组织者或者经营者通过发展人员，要求被发展人员发展其他人员加入，对发展的人员以其直接或者间接滚动发展的人员数量为依据计算和给付报酬（包括物质奖励和其他经济利益，下同），牟取非法利益的；（二）组织者或者经营者通过发展人员，要求被发展人员交纳费用或者以认购商品等方式变相交纳费用，取得加入或者发展其他人员加入的资格，牟取非法利益的；（三）组织者或者经营者通过发展人员，要求被发展人员发展其他人员加入，形成上下线关系，并以下线的销售业绩为依据计算和给付上线报酬，牟取非法利益的。

2013 年最高人民法院、最高人民检察院、公安部《关于办理组织领导传销活动刑事案件适用法律若干问题的意见》

五、关于“团队计酬”行为的处理问题

传销活动的组织者或者领导者通过发展人员，要求传销活动的被发展人员发展其他人员加入，形成上下线关系，并以下线的销售业绩为依据计算和给付上线报酬，牟取非法利益的，是“团队计酬”式传销活动。

以销售商品为目的、以销售业绩为计酬依据的单纯的“团队计酬”式传销活动，不作为犯罪处理。形式上采取“团队计酬”方式，但实质上属于“以发展人员的数量作为计酬或者返利依据”的传销活动，应当依照刑法第二百二十四条之一的规定，以组织、领导传销活动罪定罪处罚。

案例评价

[案例5-4] 危某才组织、领导传销活动案①

1. 基本案情

广东省深圳市宝安区人民检察院以被告人危某才犯组织、领导传销活动罪，向宝安区人民法院提起公诉。被告人危某才及其辩护人提出，危某才不是公司实际的法人代表，其实际营业额只有人民币18 000元，没有证据证明其发展的下线有240人，其是被人利用而实施犯罪，并基于上述理由请求对危某才从轻处罚。

广东省深圳市宝安区人民法院经公开审理查明：珠海市林友盛贸易有限公司是一家在珠海没有任何工商登记资料，并假借网络连锁在深圳市宝安区龙华镇大肆发展人员，积极从事非法传销活动的假公司。珠海市林友盛贸易有限公司衍生出珠海市昌康盛贸易有限公司、珠海市合鑫盛贸易有限公司、珠海市康紫源贸易有限公司、珠海市危友军贸易有限公司、珠海市秦粤贸易有限公司等传销公司，这些公司按照传销人员在公司中各自发展的人数（包括下线及下下线的人数总和）来确定这些传销人员的等级地位。具体确定等级的标准是：发展1～2人属于一级传销商；发展3～9人属于二级传销商；发展10～59人属于三级传销商；发展60～240人属于四级传销商；发展240人以上属于五级传销商。而注册传销公司的传销人员（传销公司的法人代表及股东）则必须达到五级传销商的资格，被称为传销总裁。根据该传销组织的内部规定，每个被发展进传销公司的人都必须先交3 600元购买钢煲或臭氧饮水机一个（如果不要钢煲或饮水机，可以返还500元）。加入人员购买上述产品后，即取得该传销组织所谓的营销权，即可以发展其下线人员。由此形成严密的人员网络，从中获取提成。另以下线发展越多、提成越多来诱骗新的人员参与传销活动。每介绍一人加入传销公司提成525元，被介绍人成为介绍人的下线；下线再介绍1人，介绍者可提成175元；下下线再发展1人，介绍者可提成350元；下下下线再发展1人，介绍者可获取280元。

2006年，被告人危某才通过其直接上线张某余的发展，加入了珠海市林友盛贸易有限公司，在宝安区龙华街道以开展推销钢煲、臭氧饮水机等经营活动为名从事传销活动。经过发展下线及下下线，危某才已经成为传销公司珠海市康紫源贸易有限公司的法人代表，属于五级传销商。其利用传销公司

① 最高人民法院刑事审判第一、二、三、四、五庭．刑事审判参考：总第81集．北京：法律出版社，2012：14.

名义直接发展下线及下下线 241 人以上，经营额至少为 867 600 元。

2. 涉案问题

本罪规制的是诈骗型传销还是经营型传销？

3. 裁判理由及结论

广东省深圳市宝安区人民法院认为：被告人危某才无视国家法律，组织、领导以销售商品等经营活动为名，要求参加者以交纳费用或者购买商品等方式获得加入资格，并按照一定顺序划分等级，直接或间接以发展人员的数量作为计酬或返利依据，引诱参加者继续发展他人参加，骗取财物、扰乱经济社会秩序的传销活动，其行为构成组织、领导传销活动罪。鉴于危某才走上传销犯罪道路系出于维持家庭生活的目的，可酌情从轻处罚。遂依照《刑法》第 224 条之一的规定，判决如下：被告人危某才犯组织、领导传销活动罪，判处有期徒刑 2 年，并处罚金 2 000 元。

一审宣判后，危某才提起上诉。广东省深圳市中级人民法院裁定驳回上诉，维持原判。

4. 评析意见

本案被告人危某才组织、领导的传销活动具有拉人头、收取入门费的特征，这种传销活动是一种诈骗型传销，是《刑法》第 224 条之一所禁止的对象。它具有以下特征：（1）经营形式上具有欺骗性。传销组织所宣传的经营活动，实际上只是一个幌子，有的传销组织甚至没有任何实际经营活动，根本不可能保持传销组织的运转，其许诺或者支付给成员的回报，来自成员缴纳的入门费。由于人员不可能无限增加，资金链必然断裂，传销组织人员不断增加的过程实际上也是风险不断积累和放大的过程，因此，传销活动在本质上具有诈骗性质。（2）计酬方式上，直接或者间接以发展人员的数量作为计酬或者返利依据。传销组织的参加者通过发展人员，再要求被发展者不断发展其他人员加入，形成上下线关系，并以下线发展的人数多少为依据计算和给付上线报酬。（3）组织结构上具有等级性。在传销组织中，一般根据加入的顺序、发展人员的多少将成员分成不同的等级，每个人都有一定的级别，只有发展了一定数量的下线以后才能升级，由此呈现底大尖小的金字塔形结构。

本案中，危某才是珠海市康紫源贸易有限公司的法定代表人，该公司系按照传销人员在公司中各自发展的人数（包括下线及下下线的人数总和）来确定传销人员的等级地位。每个被发展进传销公司的人都必须先交钱购买产品，之后即取得该传销组织所谓的营销权，就可以发展其他人员加入，以此形成严密的人员网络，从中获取提成。以下线发展越多、提成越多来诱骗新的人员参与传销活动。可见，该公司在组织结构上具有明显的层级性，并呈金字塔形，且在计酬方式上完全以下线发展的人数多少为依据计算和给付上线报酬。此外，所经营的钢煲或臭氧饮水机则是传销的幌子，本质上是借虚假的经营活动骗取他人的入门费。故危某才所实施的行为符合组织、领导传销活动罪的客观特征。

[案例 5-5] 王某组织、领导传销活动案①

1. 基本案情

法院经公开审理查明：2006 年 10 月以来，被告人王某伙同他人在固始县城关，以高额回报为诱饵，积极拉拢他人以 3 200 元的价格购买伊珊诗深层保湿化妆品，成为武汉新田保健品有限公司的会员。在取得会员资格后，王某以阶梯状经营模式迅速发展下线，其发展的下线有 80 余人，违法所得数额 20 万余元。

2. 涉案问题

拉人头计酬与团队计酬如何区分?

3. 裁判理由及结论

一审法院认为：被告人王某组织、领导传销活动，严重扰乱市场秩序，其行为构成组织、领导传销活动罪。检察院指控王某犯组织、领导传销活动罪的罪名成立，予以支持。王某的辩护人所提辩护意见，与本案已经查明的事实相符，应予采信。遂以被告人王某犯组织、领导传销活动罪，判处有期徒刑 1 年，缓刑 2 年，并处罚金 1 000 元。

一审宣判后，王某未提起上诉，公诉机关未抗诉，判决已发生法律效力。

4. 评析意见

从《刑法》第 224 条之一关于“直接或者间接以发展人员的数量作为计酬或者返利依据”的规定可以看出，组织、领导传销活动罪规制的是以人头数作为计酬标准的犯罪行为；而多层次直销的团队计酬方式则表现为上线以下线的销售业绩而不是下线的人数，为依据计算报酬。这一显著区别一方面体现出以上两种行为的不同，另一方面也表明多层次直销行为不在对传销活动的刑罚打击范围之内。根据《最高人民法院关于情节严重的传销或者变相传销行为如何定性问题的批复》[出台于《刑法修正案（七）》施行之前，现已废止] 的规定，对于多层次直销这种团队计酬的行为应当以非法经营罪定罪处罚。《刑法修正案（七）》施行之后，关于对团队计酬型传销行为如何定性，2013 年《两高一部意见》明确规定，对于单纯的团队计酬型传销活动不

① 最高人民法院刑事审判第一、二、三、四、五庭．刑事审判参考：总第 91 集．北京：法律出版社，2014：13.

作为犯罪处理。因此，司法实践中有必要将本罪的传销行为与多层级直销行为（团队计酬型）区别开来。

本案中，行为人王某自 2006 年至案发期间，以阶梯状经营模式迅速发展下线，发展下线达 80 余人，属于拉人头计酬，明显区别于单层次直销的按销售计酬和多层次直销的团队计酬行为，符合组织、领导传销活动罪的构成特征，达到了追究刑事责任的标准，因而人民法院以组织、领导传销活动罪追究王某的刑事责任是正确的。

深度研究

（一）诈骗型传销活动的认定

本罪禁止的传销活动，是指组织者、领导者通过收取“入门费”非法获取利益的行为。加入传销活动的人，要么直接交纳入门费，要么以购买商品、服务等方式获得加入资格。在后一种情形下，商品、服务或者仅仅是名义上的或是虚拟的，或者虽有真实内容但物非所值，参加者不是为了获取商品、服务，只是为了获得加入传销组织的资格。参加者需要通过发展下线获取利益，而不是通过销售商品等方式获取利益。所以，层级越高的参加者（其中部分人属于组织者、领导者）就获利越多，案发时，层级最低的参加者就成为受害者。

在判断是否属于诈骗型传销活动时，首先要判断是否存在商品（包括服务），如果没有商品，符合其他条件的，就可以认定为传销活动。其次，倘若存在商品，则需要进一步判断商品是不是道具，如商品存放在何处、有没有人消费该商品。如果商品只是道具，如事实上不转移占有，或者名义上转移占有与所有，符合其他条件，则应认定为传销活动。再次，商品发生转移时，是仅转移给参与传销的人员，还是会转移给真正的消费者。如果仅仅在传销活动的参与者之间转移，参与者并不以使用商品为目的，而是为了获得参加资格，并符合其他条件，也应认定为传销活动。最后，倘若有部分真正的消费者，则要进一步判断行为人是主要通过销售商品获利，还是主要通过收取入门费获利。倘若主要通过收取入门费获利，符合其他条件的，也应认定为传销活动。①

诈骗型传销组织以传销为主要活动内容，传销从形式上判断也是经营活动。作为传销对象的商品或者服务，只是组织者、领导者的道具，而且组织者、领导者通过传销商品或者服务方式获取非法利益的真正来源并非销售商品、提供服务的正常利润，而是参加传销者加入组织、获取成员资格所支付

---

① 张明楷．刑法学：下．5 版．北京：法律出版社，2016：836.

的相关费用，尽管这种费用名目繁多，且多以买卖商品或提供、接受服务的形式出现。因此，在实践中，对于涉案组织是否为诈骗型传销组织，必须综合考察两点：一是下层级人员向上层级人员购买商品、接受服务所支付的费用是否严重背离市场价值规律，只有严重背离市场价值规律的，组织者、领导者对被组织者、领导者，上层级对下层级，才能够以发展人员数量作为计酬、返利依据，获取传销意义上的非法利益。事实上，传销人员对商品或服务的价值和使用并不关心，交纳费用、购买商品或服务只是为了获得加入资格。如果涉案商品的销售价格或服务报酬具有社会相当性，没有明显超出市场平均价格，则不宜认定为传销组织。存在强迫交易、欺诈、销售伪劣产品等情形，符合强迫交易罪、诈骗罪、销售伪劣产品罪之构成的，依照各该罪定罪处罚。二是行为人是否有引诱、胁迫参加者继续发展他人参加的行为。传销组织的人员发展，鲜明地体现为自上而下层层引诱、胁迫人员参加的特点。如果参加者出于自愿，意思表示真实地参加传销活动，不能认定为犯罪意义上的传销组织。当然，对于行为人采取编造、歪曲政策，虚构、夸大经营、投资、服务项目及盈利前景，掩饰计酬、返利真实来源或者其他欺诈、胁迫手段的，即使被发展人员在表面上系自愿参加，从规范意义上也应判断为被引诱、胁迫参加。需要注意的是，如果行为人组织、领导的是以销售商品为目的、以销售业绩为计酬依据的单纯的团队计酬型传销活动，即使存在引诱或胁迫行为，也不应认定为组织、领导传销活动罪。对于构成强迫劳动罪、非法拘禁罪等犯罪的，依照各该罪定罪处罚。①

（二）传销和直销的区分

在实践中，要注意区分本罪与直销等正当经营的区别。直销是指直销企业招募直销员，由直销员在固定营业场所之外直接向最终消费者推销产品的经销方式。直销是众多现代经销模式中的一种，这种经销模式可以有效降低企业运营成本。直销的基本形式是：通过人员进行销售、在固定营业场所之外进行销售、向最终消费者销售。

根据国务院《禁止传销条例》第 2 条的规定，传销是指组织者或者经营者发展人员，通过对被发展人员以其直接或者间接发展的人员数量或者销售业绩为依据计算和给付报酬，或者要求被发展人员以交纳一定费用为条件取得加入资格等方式，牟取非法利益，扰乱经济秩序，影响社会稳定的行为。上述条例第 7 条还采取列举方式，规定下列行为属于传销行为：（1）组织者或者经营者通过发展人员，要求被发展人员发展其他人员加入，对发展的人员以其直接或者间接滚动发展的人员数量为依据计算和给付报酬（包括物质

---

① 肖中华．再论组织、领导传销活动罪界定的基本问题．检察日报，2019－03－27（003）．

奖励和其他经济利益，下同），牟取非法利益的；（2）组织者或者经营者通过发展人员，要求被发展人员交纳费用或者以认购商品等方式变相交纳费用，取得加入或者发展其他人员加入的资格，牟取非法利益的；（3）组织者或者经营者通过发展人员，要求被发展人员发展其他人员加入，形成上下线关系，并以下线的销售业绩为依据计算和给付上线报酬，牟取非法利益的。在以上三种传销行为中，第一种行为属于拉人头型，第二种行为属于收取入门费型，第三种行为属于团队计酬型。传销活动的特点在于发展人员，在组织者或者经营者与被发展的人员之间形成上线和下线的关系，上线从下线获取一定的报酬。

传销与直销的区分很复杂很困难，在过去直销和传销在我国都是被禁止的，后来因为入世“WTO”谈判，开放了一部分无店铺经营，直销与传销才有了区分。直销是合法的，而对传销活动必须坚决予以禁止。直销与变相传销之间有许多类似之处，必须注意区别。一般认为，对二者的区别，应从以下几个方面加以把握①：（1）看有无入门费。一些传销企业会直接或者变相地收取硬性的入门费，数额在几百元到几千元不等，而在直销企业是没有这一费用的。（2）看有无依托优质产品。传销企业依托的产品往往是低价值但价格高的产品，一套只值几十块钱的化妆品可以标价为几百元甚至几千元，而直销企业的产品标价则物有所值。（3）看产品是否流通。传销不过是个“聚众融资”游戏，高额的入门费加上无法在市场中流通的低质高价产品，这些产品不在市场上流通，只作为拉进下一个销售人员的样本或者宣传品。最后的局面是所有销售人员人手一份，产品根本没有在市场中流通或者销售。但直销企业则完全相反：一方面企业产品质量好，另一方面产品在市场上的销售也比较好。对于直销企业而言，产品优良与否是决定产品销量的根本因素，因为产品是由生产厂家通过营销代表流通到顾客手中的，中间没有其他环节，并且少有广告。（4）看有无退货保障制度。传销企业的产品一旦销售就无法退换，或者想方设法给顾客退货设置障碍。这一点在直销企业中完全不同：直销企业都会为顾客提供完善的购货保障。（5）销售人员结构有无超越性。以拉人头来实现获取收益的传销企业，在销售人员的结构上往往呈现为金字塔式，这样的销售结构导致谁先进来谁在上，同时先参加者从后参加者（下线）所交纳的入门费中获取收益，且收益数额由其加入的先后顺序决定，其后果是先加入者的收益永远领先于后来者的。这种不可超越性在直销企业就不存在：在直销企业中无论参加者加入先后在收益上表现为多劳多得。（6）看有无店铺经营。有无店铺仍然是我国市场上区分传销和直销的一个直

① 王小青．组织、领导传销活动罪解析．中国检察官，2009（5）．

观区别。传销企业往往停留在发展人员、组织网络从事无店铺经营活动的状态。而直销企业采用“店铺雇佣推销员”的模式，这种经营方式让推销员归属到店，这样，不仅推销员与企业关系直接，而且还便于管理。

（三）团队计酬型传销行为的定性演变

在《刑法修正案（七）》设立组织、领导传销活动罪，并将传销界定为拉人头和收取入门费的行为以后，团队计酬的传销形式没有被包含在本罪的构成要件之中。对此，我国学者一般认为，对于这种团队计酬型传销行为仍然应当以非法经营罪论处。例如，张明楷教授指出：“在刑法修正案（七）公布之后，由于组织、领导原始型传销活动的行为，并不具备刑法第224条之一所要求的‘骗取财物’的要素，不能认定为组织、领导传销活动罪；又由于这种经营行为被法律所禁止，并且严重扰乱了经济秩序，依然应以非法经营罪论处。”① 在当时，这一观点是可以成立的。事实上，在《刑法修正案（七）》设立组织、领导传销活动罪之前，司法实践中对这种经营型传销行为本来就是按照非法经营罪定罪处罚的。在《刑法修正案（七）》未对这种经营型传销行为进行规定的情况下，为惩治这种传销行为，对其按照非法经营罪论处是完全正确的。然而，2013年《两高一部意见》对团队计酬型传销行为的定性问题作了以下规定：“以销售商品为目的、以销售业绩为计酬依据的单纯的‘团队计酬’式传销活动，不作为犯罪处理。”与此同时还规定，“形式上采取‘团队计酬’方式，但实质上属于‘以发展人员的数量作为计酬或者返利依据’的传销活动，应当依照刑法第二百二十四条之一的规定，以组织、领导传销活动罪定罪处罚。”这一规定，对团队计酬型传销行为作了非犯罪化处理。可以说，这是对传销活动犯罪的刑事政策的重大调整。

第五节　罪数的处理

知识背景

张明楷教授认为：组织、领导诈骗型传销活动的行为，同时触犯集资诈骗等罪的，属于想象竞合，应从一重罪处罚。一方面，成立诈骗型传销组织的行为，同时就是骗取他人财物的行为，因而属于一行为触犯数罪名的想象竞合；另一方面，不应认为组织、领导传销活动罪与集资诈骗罪存在法条竞合关系，因为二者侵害的法益不同。② 笔者认为，组织、领导传销活动罪和集

---

① 张明楷．传销犯罪的基本问题．政治与法律，2009（9）.

② 张明楷．刑法学：下．5版．北京：法律出版社，2016：838.

资诈骗罪相对于诈骗罪而言，属于特别法条，与诈骗罪之间存在法条竞合关系，只能按照特殊法条——组织、领导传销活动罪或者集资诈骗罪定罪处罚。组织、领导传销活动罪与集资诈骗罪之间，不存在法条竞合关系，而是想象竞合关系，应当从一重罪处断。2013 年《两高一部意见》也指出："以非法占有为目的，组织、领导传销活动，同时构成组织、领导传销活动罪和集资诈骗罪的，依照处罚较重的规定定罪处罚。"

根据 2013 年两高一部的司法解释，犯组织、领导传销活动罪，并实施故意伤害、非法拘禁、敲诈勒索、妨害公务、聚众扰乱社会秩序、聚众冲击国家机关，或者聚众扰乱公共场所秩序、交通秩序等行为，构成犯罪的，依照数罪并罚的规定处罚。

规范依据

2013 年最高人民法院、最高人民检察院、公安部《关于办理组织领导传销活动刑事案件适用法律若干问题的意见》

六、关于罪名的适用问题

以非法占有为目的，组织、领导传销活动，同时构成组织、领导传销活动罪和集资诈骗罪的，依照处罚较重的规定定罪处罚。

犯组织、领导传销活动罪，并实施故意伤害、非法拘禁、敲诈勒索、妨害公务、聚众扰乱社会秩序、聚众冲击国家机关、聚众扰乱公共场所秩序、交通秩序等行为，构成犯罪的，依照数罪并罚的规定处罚。

案例评价

［案例 5-6］程某等人组织、领导传销活动案①

1. 基本案情

2012 年 5 月底至 6 月初，被告人程某在博爱县打着山东阳光电子商务科技有限公司（以下简称阳光公司）的旗号，在被告人郝某的帮助下，在博爱县清化镇重阳路以其妻子王某利的名义设立报单中心，推销该公司无任何使用价值的电子币，要求消费者交纳一定费用购买电子币获得加入资格，成为阳光公司的会员；并按一定顺序将会员组成层级，直接或者间接以发展人员数量作为计酬和返利依据，引诱参加者继续发展他人参加，骗取财物，扰乱经济社会秩序，进行传销活动。

该传销活动的经营模式为：每单 1 000 元对应购买阳光公司 1 000 电子

① 国家法官学院案例开发研究中心．中国法院 2015 年度案例：刑法分则案例．北京：中国法制出版社，2015：61-63.

币，每人最多购买8单，获得加入资格成为会员，每天按营销计划获得返利。会员每发展1名人员加入，可获得奖励100元。成员缴纳2 000元购买2 000电子币可单独设立报单中心，设立报单中心后，每向阳光公司报1单业务可获得报单费30元。

截至案发，程某共计直接或间接发展人员96人且层级达9级，涉案金额达481 000元。被告人程某非法所得14 400元，被告人郝某非法所得9 620元。案发后，被告人程某退交非法所得4 980元。

2. 涉案问题

如何处理组织、领导传销活动罪与诈骗罪的关系？

3. 裁判理由及结论

博爱县人民法院经审理认为：被告人程某、郝某组织、领导以推销电子币经营活动为名，要求参加者以购买电子币的方式获得加入资格，并按照一定顺序将会员组成层级，直接或者间接以发展人员的数量作为计酬或者返利依据，引诱、胁迫参加者继续发展他人参加，骗取财物，扰乱经济社会秩序，直接或间接发展人员96人且层级达9级，其行为均已构成组织、领导传销活动罪。被告人程某、郝某如实供述自己的罪行，可以从轻处罚。

博爱县人民法院作出如下判决：被告人程某犯组织、领导传销活动罪，判处有期徒刑6个月，并处罚金20 000元；被告人郝某犯组织、领导传销活动罪，判处有期徒刑6个月，并处罚金20 000元；对被告人程某退交的非法所得4 980元，予以没收；对被告人程某非法所得的9 420元，被告人郝某非法所得的9 620元，予以追缴。

4. 评析意见

关于对本案的定性，在法院审理过程中存在两种意见：第一种意见认为，被告人程某、郝某以非法占有为目的，用虚构事实或者隐瞒真相的方法，骗取数额较大的公私财物，并使他人陷入认识错误。并基于认识错误而自愿处分财产，行为人获取财产或者财产性利益，所以程某、郝某的行为构成诈骗罪。第二种意见认为，被告人程某、郝某组织、领导以推销商品、提供服务等经营活动为名，要求参加者以交纳费用或者购买商品、服务等方式获得加入资格，并按照一定顺序将会员组成层级，直接或者间接以发展人员的数量作为计酬或者返利依据，引诱、胁迫参加者继续发展他人参加，骗取财物，扰乱经济社会秩序。其行为既侵犯了公民的财产所有权，又侵犯了市场经济秩序，应构成组织、领导传销活动罪。

究竟应采取哪一种意见呢？该案的“法官后语”指出：出现以上两种意见，其主要原因在于对骗取财物的不同理解。诈骗罪与组织、领导传销活动罪区分的关键点在于主观方面：诈骗罪在主观上具有非法占有的目的。组织、领导传销活动罪的行为人主观上不具有非法占有的目的，而是具有非法牟利的动机。在传销活动中，为了不断发展人员加入，行为人通常用高额利润做诱饵，夸大或虚构佣金或奖金收入，收取高额入门费或强制购买产品，这似乎具有某些诈骗罪的特征，但传销中参加者是为追逐高额回报而加入其中，其决定交易是受到利益诱惑，而不是因虚构事实、行为误导而产生错误认识，故其行为不是受害人行为，不受法律保护。在组织、领导传销活动罪中，组织行为和领导行为才构成本罪，一般参加行为不构成犯罪。①

对于本案，博爱县人民法院的定性是正确的，即以组织、领导传销活动罪论处。但“法官后语”对诈骗罪与组织、领导传销活动罪间之关系的论述难以成立。这里主要还是涉及对本罪的主观违法要素的理解：到底是以非法占有为目的还是以非法牟利为目的？本案中法官否定组织、领导传销活动罪以非法占有为目的，而主张以牟利为目的。非法占有目的和非法牟利目的的根本区分在于客观上是否具有经营行为。如果是经营型传销行为，行为人主观上当然具有牟利目的。反之，如果是诈骗型传销行为，则行为人主观上不可能具有牟利目的。基于诈骗行为，行为人主观上只能具有非法占有目的。在本案中，已经认定被告人是以推销电子币的经营活动为名，采用传销方式，骗取他人财物。在这种情况下，其主观上只能是以非法占有为目的。进一步说，主观上的非法占有目的并非诈骗罪与组织、领导传销活动罪的区分点，这两个罪名之间是法条竞合关系，理应按照特殊法条——组织、领导传销活动罪处理。

深度研究

如何处理组织、领导传销活动罪与诈骗罪、集资诈骗罪之间的关系在理论上值得研究。对此，张明楷教授一方面认为，组织、领导传销活动罪中的骗取财物具有诈骗的性质；另一方面又指出：“不能认为刑法第 224 条之一与规定集资诈骗罪的第 192 条、规定普通诈骗罪的第 266 条是特别法条与普通法条的关系，进而对以传销方式实施诈骗的案件适用特别法条以组织、领导传销活动罪论处。”② 张明楷教授是以如果按照特别法优于普通法的原则，对诈骗型传销只能以组织、领导传销活动罪论处，不能体现公平正义为理由，认为组织、领导传销活动罪与诈骗罪、集资诈骗罪之间不是法条竞合关系，而是想象竞合关系，以便实行从一重罪处断。但笔者认为，法条竞合与想象竞合在本体上存在区分，不能因为不同犯罪的法定刑轻重设置而混淆两者之

---

① 国家法官学院案例开发研究中心．中国法院 2015 年度案例：刑法分则案例．北京：中国法制出版社，2015：63.

② 张明楷．传销犯罪的基本问题．政治与法律，2009（9）.

间的界限，更不赞同模糊法条竞合与想象竞合之间的界限的观点。[①] 组织、领导传销活动罪作为传销诈骗罪，其与诈骗罪之间存在特别法与普通法的竞合关系。对此，只能按照组织、领导传销活动罪定罪处罚，尽管诈骗罪的法定最高刑高于组织、领导传销活动罪的。[②] 至于组织、领导传销活动罪与集资诈骗罪的关系，则需进一步分析，因为相对于诈骗罪而言，组织、领导传销活动罪与集资诈骗罪都属于特别法。就组织、领导传销活动罪与集资诈骗罪而言，不能认为存在特别法与普通法的法条竞合关系，但可以认为存在想象竞合关系。对此，可以按照从一重罪处断的原则处理。

---

① 张明楷．犯罪之间的界限与竞合．中国法学，2008（4）．

② 陈兴良．组织、领导传销活动罪：性质与界限．政法论坛，2016（2）．

第六章　非法经营罪

第一节　非法经营罪的构成

知识背景

非法经营罪，是指未经许可经营专营、专卖物品或其他限制买卖的物品，买卖进出口许可证、进出口原产地证明以及其他法律、行政法规规定的经营许可证或者批准文件，未经国家有关主管部门批准非法经营证券、期货或者保险业务，以及从事其他非法经营活动，扰乱市场秩序，情节严重的行为。根据《刑法》第 225 条的规定，违反国家规定，有该条规定的 4 项非法经营行为之一，扰乱市场秩序，情节严重的，按照非法经营罪定罪处罚。非法经营罪被称为我国刑法中的“口袋罪”，这主要是因为《刑法》第 225 条第 4 项采用了兜底条款的规定方式，这种规定在刑法理论上也被称为堵截式的构成要件。[①] 对非法经营罪的客观行为的理解，主要涉及以下几个问题：一是对“违反国家规定”的解读，二是对前三项规定得较为具体的行为如何把握，三是第 4 项兜底条款的范围如何确定。

一、违反国家规定

所谓“违反国家规定”，应当根据《刑法》第 96 条进行界定。该条明确规定，“本法所称违反国家规定，是指违反全国人民代表大会及其常务委员会制定的法律和决定，国务院制定的行政法规、规定的行政措施、发布的决定和命令”。特别要注意的是，“国家规定”仅限于国务院制定的行政法规、规定的行政措施、发布的决定和命令，各级地方人民代表大会及其常务委员会制定的地方性法规以及国务院各部委制定的规章和发布的决定和命令都不属

① 陈兴良．非法经营罪范围的扩张及其限制：以行政许可为视角的考察．法学家，2021（2）.

于本法所指的国家规定。①

2011年，最高人民法院发布了《关于准确理解和适用刑法中“国家规定”的有关问题的通知》，该通知第1条指出，“国务院规定的行政措施”应当由国务院决定，通常以行政法规或者国务院制发文件的形式加以规定。以国务院办公厅名义制发的文件，符合以下条件的，亦应视为《刑法》中的“国家规定”：(1) 有明确的法律依据或者同相关行政法规不相抵触；(2) 经国务院常务会议讨论通过或者经国务院批准；(3) 在国务院公报上公开发布。因此，符合上述两个条件的以国务院办公厅名义下发的文件，也属于“国家规定”。

二、未经许可经营商品型非法经营行为

《刑法》第225条第1项规定，“未经许可经营法律、行政法规规定的专营、专卖物品或者其他限制买卖的物品的”，可以构成非法经营罪。这可以被认为是“未经许可经营商品型”的非法经营行为。根据《行政许可法》第2条的规定：“本法所称行政许可，是指行政机关根据公民、法人或者其他组织的申请，经依法审查，准予其从事特定活动的行为。”据此，“未经许可”就是指公民、法人或者其他组织未向行政机关申请，行政机关未对其授权而从事特定活动的行为。

“法律、行政法规规定的专营、专卖物品”是指由法律、行政法规明确规定的由专门的机构经营的专营、专卖的物品。具体而言，所谓专营，是指对某些重要的商品由物资部门或者有条件的商业部门统一经销的经营方式，是对商品的一种垄断的经营方式。所谓专卖，是指对重要商品的生产、经营以及生产所需要的原材料、机械设备供应等实施统一管理的生产经营方式。在我国现阶段，专营、专卖的物品是指国家法律、行政法规明确规定必须由国家主管部门确定的机构进行经营、买卖的物品，主要包括食盐、烟草、金银、麻醉物品等。“其他限制买卖的物品”是指国家根据经济发展和维护国家、社会和人民群众利益的需要，规定在一定时期实行限制性经营的重要生产资料、紧俏生活用品等物品，一般包括煤炭、原油、成品油以及其他贵重金属等。此外，目前行政法规规定的限制买卖的物品，还有农药、兽药、生物两用品及相关设备、饲料和饲料添加剂、特种设备、危险化学品、出口军用品等等。

三、买卖许可证或批准文件型非法经营行为

《刑法》第225条第2项规定，“买卖进出口许可证、进出口原产地证明

① 全国人大法工委．刑法条文说明、立法理由及相关规定．北京：北京大学出版社，2009：130.

以及其他法律、行政法规规定的经营许可证或者批准文件”，可以构成非法经营罪。这可以被称作“买卖许可证或批准文件型”的非法经营行为。该项中所规定的非法经营行为，是一种非法买卖的行为，买卖的对象是各种经营许可证或批准文件。在我国目前的市场经济环境下，进出口许可证等证明文件是国家控制某些商品的种类和数量，对事关国民经济生活的重要领域进行管理的一种手段，其本身并不是商品，如果将其作为商品进行买卖，会影响国家的管控手段和秩序，因而刑法将其规定为非法经营罪。

该项中在具体规定了买卖进出口许可证和进出口原产地证明文件的行为之后，再用“以及其他”的概括性文字进行兜底，从而对各种买卖经营许可证或者批准文件的行为予以规定。所谓“进出口许可证”，是指国家为加强对进出口商品的管理，对依法凭许可证进出口的货物按照国家规定的审批权限经主管部门审查批准后由外贸主管部门向进口人或者出口人颁发的许可证。根据许可证所适用的不同商品流向，其中可进一步分为进口许可证和出口许可证。所谓“进出口原产地证明”，是指对进出口商品的原产地、产品来源处或出处加以确认的证明。进出口贸易不仅以进出口许可证制度来规范，进口国（地区）还要视原产地不同征收差别关税和实施其他进出口差别待遇；进出口原产地证明，还可证明进出口货物、技术原产地信息的有效性。

除进出口许可证制度之外，我国目前的经营许可证制度还包括各种调整经济生活的许可证制度、有关医药卫生和文化出版的许可证制度、有关公共安全和公共秩序的许可证制度、有关自然资源和生态环境保护的许可证制度以及土地使用和城乡建设中的许可证制度等。买卖这些许可证的，属于《刑法》第 225 条第 2 项规定中的买卖“其他法律、行政法规规定的经营许可证或者批准文件”，构成非法经营罪。

四、未经批准经营特许业务型非法经营行为

《刑法》第 225 条第 3 项规定，“未经国家有关主管部门批准非法经营证券、期货、保险业务的，或者非法从事资金支付结算业务的”，可以构成非法经营罪。这可以被称作“未经批准经营特许业务型”的非法经营行为。

“未经国家有关主管部门批准非法经营证券、期货、保险业务”是 1999 年 12 月 25 日《刑法修正案》在非法经营罪中新增加的条款。随着金融业的发展，我国颁布了《证券法》《保险法》，1999 年 5 月 25 日国务院通过了《期货交易管理暂行条例》，这些法律规范了金融业的发展秩序。但是为了获取金融业中的高额利润，许多不法分子擅自设立金融机构，非法经营证券、期货及保险业务，严重冲击了正常的金融秩序。为了保障金融业的健康发展，也为了加强对金融业的监管秩序，1999 年 12 月全国人大常委会在《刑法修正

案》中将非法经营金融业务的行为规定为犯罪。

未经批准非法从事资金支付结算业务，是2009年《刑法修正案（七）》对非法经营罪所作的修改，在原来的“未经国家有关主管部门批准非法经营证券、期货、保险业务的”之后又增加了“或者非法从事资金支付结算业务的”的规定。从立法原意来看，这项立法的出台是针对近些年来一些“地下钱庄”的非法活动而在刑事立法上作出的回应。所谓“地下钱庄”，是一种特殊的非法金融组织，是对在金融机构以外非法从事金融业务的组织或个人的俗称，主要指以公开或半公开的寄卖、典当行、担保公司为掩护，专门从事资金筹集、高利放贷、票据贴现、融资担保等非法金融业务，其主要利润来源是高额手续费和利息。从各地查处的情况看，“地下钱庄”主要从事以下金融活动：一是非法买卖外汇、跨境汇兑；二是非法吸收存款、放贷；三是非法从事境内资金转移、分散、提取现金等活动。

2009年《刑法修正案（七）》前，对买卖外汇、非法吸收公众存款等行为都可以依刑法追究刑事责任，但是对其从事的非法资金支付结算业务却很难追究刑事责任。一般所说的“资金支付结算业务”，是指通过银行账户的资金转移实现收付的行为，即银行接受客户委托代收代付，从付款单位存款账户划出款项，转入收款单位存款账户，以此完成经济之间债权债务的清算或资金的调拨。银行结算的种类有：银行汇票、商业汇票、银行本票、支票、汇兑、委托收款和托收承付等，而“地下钱庄”从事这些只有商业银行才能开展的资金支付结算业务都是非法秘密进行的，因此，对“地下钱庄”逃避金融监管，非法为他人办理大额资金转移等资金支付结算业务的行为，在刑法关于非法经营罪的规定中单独列举，以适应打击这类犯罪的需要。

五、“其他严重扰乱市场秩序”的非法经营行为

除上述三类非法经营罪的行为类型之外，根据《刑法》第225条第4项的规定，“其他严重扰乱市场秩序”的非法经营行为，也可以构成非法经营罪。按照该款的字面含义来看，立法者是为了弥补前3款规定未能尽述非法经营行为全部样态而设置的堵截性条款。这一类非法经营行为至少需要具有行政违法性，即违反国家法律、行政法规的禁止性或者限制性规定进行经营活动。同时，扰乱市场秩序达到严重程度。这是情节和危害后果应具备的要件，一般的扰乱市场秩序的非法经营行为不构成非法经营罪。根据目前的单行刑法和司法解释，明确规定的此类非法经营行为，主要包括非法买卖外汇行为、非法出版行为、非法经营电信业务的行为、擅自发行销售彩票的行为，以及生产、销售、使用禁止在饲料和动物饮用水中使用的药品的行为等。

其中，值得注意的是，非法买卖外汇行为被认定为非法经营罪，是单行刑法的特殊规定。根据1998年最高人民法院《关于审理骗购外汇、非法买卖

外汇刑事案件具体应用法律若干问题的解释》的规定，对在特定交易场所和机构以外买卖外汇的行为、为他人向外汇指定银行骗购外汇的行为以及居间介绍骗购外汇的行为，均以非法经营罪论处。在上述解释颁布之后，1998年12月29日全国人大常委会《关于惩治骗购外汇、逃汇和非法买卖外汇犯罪的决定》又旋即出台。该决定第4条规定："在国家规定的交易场所以外非法买卖外汇，扰乱市场秩序，情节严重的，依照刑法第二百二十五条的规定定罪处罚。"同时，决定第5条规定了骗购外汇罪的共同犯罪情形，由于决定的效力高于最高人民法院《关于审理骗购外汇、非法买卖外汇刑事案件具体应用法律若干问题的解释》，所以，对上述解释中的公司、企业或者其他单位骗汇、为他人骗汇以及居间介绍骗汇的行为不再以非法经营罪论处。因此，目前按照非法经营罪论处的非法买卖外汇行为，主要是指在国家规定的交易场所以外非法买卖外汇的行为。

此外，关于非法传销行为的刑法定性，也值得重视。根据2001年3月29日最高人民法院在批复广东省高级人民法院的《关于情节严重的传销或者变相传销行为如何定性问题的批复》中指出，对1998年4月18日国务院《关于禁止传销经营活动的通知》发布以后，仍然从事传销或变相传销活动，扰乱市场秩序，情节严重的，应当依照《刑法》第225条第4项的规定，以非法经营罪处罚。实施上述犯罪，同时构成刑法规定的其他罪的，依照处罚较重的规定定罪处罚。2009年《刑法修正案（七）》在第224条之一中，对有关传销活动的规制进行了明确规定，专门设立了组织、领导传销活动罪。在该罪出台之后，最高人民法院于2001年所作的批复不再有效。司法实践中，只应对传销活动的领导者和组织者按照组织、领导传销活动罪论处，而对其他一般的参与人员，不再按照非法经营罪论处。

最后，需要注意的是，非法经营罪属于行政犯，具有违反行政许可的行政违法性。但是，这并不意味着违反行政许可的行为一概构成非法经营罪。我国《刑法》第225条第4项规定的"其他严重扰乱市场秩序的非法经营行为"属于兜底条款，如果不能正确理解违反行政许可的性质而将违反行政许可的行为都认定为非法经营行为，则极易使上述非法经营罪的兜底条款丧失限定功能，从而不适当地扩大非法经营罪的构成范围。①

规范依据

《刑法》

第二百二十五条　违反国家规定，有下列非法经营行为之一，扰乱市场秩序，情节严重的，处五年以下有期徒刑或者拘役，并处或者单处违法所得

① 陈兴良．违反行政许可构成非法经营罪问题研究．政治与法律，2018（6）．

一倍以上五倍以下罚金；情节特别严重的，处五年以上有期徒刑，并处违法所得一倍以上五倍以下罚金或者没收财产：

（一）未经许可经营法律、行政法规规定的专营、专卖物品或者其他限制买卖的物品的；

（二）买卖进出口许可证、进出口原产地证明以及其他法律、行政法规规定的经营许可证或者批准文件的；

（三）未经国家有关主管部门批准非法经营证券、期货、保险业务的，或者非法从事资金支付结算业务的；

（四）其他严重扰乱市场秩序的非法经营行为。

《电影管理条例》

第五十五条　违反本条例规定，擅自设立电影片的制片、发行、放映单位，或者擅自从事电影制片、进口、发行、放映活动的，由工商行政管理部门予以取缔；依照刑法关于非法经营罪的规定，依法追究刑事责任……

《货物进出口管理条例》

第六十五条　擅自超出批准、许可的范围进口或者出口属于限制进出口的货物的，依照刑法关于走私罪或者非法经营罪的规定，依法追究刑事责任……

《生物两用品及相关设备和技术出口管制条例》

第十八条　未经许可擅自出口生物两用品及相关设备和技术的，或者擅自超出许可的范围出口生物两用品及相关设备和技术的，依照刑法关于走私罪、非法经营罪、泄露国家秘密罪或者其他罪的规定，依法追究刑事责任……

《军品出口管理条例》

第二十五条第一款　军品贸易公司违反本条例第二十二条第（四）项、第（五）项规定，触犯刑律的，依照刑法关于非法经营罪，伪造、变造、买卖国家机关公文、证件、印章罪或者其他罪的规定，依法追究刑事责任……

《退耕还林条例》

第五十九条　采用不正当手段垄断种苗市场，或者哄抬种苗价格的，依照刑法关于非法经营罪、强迫交易罪或者其他罪的规定，依法追究刑事责任……

《外资保险公司管理条例》

第三十一条　违反本条例规定，擅自设立外资保险公司或者非法从事保险业务活动的，由国务院保险监督管理机构予以取缔；依照刑法关于擅自设立金融机构罪、非法经营罪或者其他罪的规定，依法追究刑事责任……

《国际海运条例》

第四十一条　非法从事进出中国港口的国际海上运输经营活动以及与国际海上运输相关的辅助性经营活动，扰乱国际海上运输市场秩序的，依照刑法关于非法经营罪的规定，依法追究刑事责任。

《出版管理条例》

第六十一条　未经批准，擅自设立出版物的出版、印刷或者复制、进口单位，或者擅自从事出版物的出版、印刷或者复制、进口、发行业务，假冒出版单位名称或者伪造、假冒报纸、期刊名称出版出版物的，由出版行政主管部门、工商行政管理部门依照法定职权予以取缔；依照刑法关于非法经营罪的规定，依法追究刑事责任……

《音像制品管理条例》

第三十九条　未经批准，擅自设立音像制品出版、进口单位，擅自从事音像制品出版、制作、复制业务或者进口、批发、零售经营活动的，由出版行政主管部门、工商行政管理部门依照法定职权予以取缔；依照刑法关于非法经营罪的规定，依法追究刑事责任……

《技术进出口管理条例》

第四十三条　进口或者出口属于禁止进出口的技术的，或者未经许可擅自进口或者出口属于限制进出口的技术的，依照刑法关于走私罪、非法经营罪、泄露国家秘密罪或者其他罪的规定，依法追究刑事责任……

《互联网上网服务营业场所管理条例》

第二十七条　违反本条例的规定，擅自从事互联网上网服务经营活动的，由文化行政部门或者由文化行政部门会同公安机关依法予以取缔，查封其从事违法经营活动的场所，扣押从事违法经营活动的专用工具、设备；触犯刑律的，依照刑法关于非法经营罪的规定，依法追究刑事责任……

最高人民法院《关于准确理解和适用刑法中“国家规定”的有关问题的通知》

一、根据刑法第九十六［条］的规定，刑法中的“国家规定”是指，全国人民代表大会及其常务委员会制定的法律和决定，国务院制定的行政法规、规定的行政措施、发布的决定和命令。其中，“国务院规定的行政措施”应当由国务院决定，通常以行政法规或者国务院制发文件的形式加以规定。以国务院办公厅名义制发的文件，符合以下条件的，亦应视为刑法中的“国家规定”：(1) 有明确的法律依据或者同相关行政法规不相抵触；(2) 经国务院常务会议讨论通过或者经国务院批准；(3) 在国务院公报上公开发布。

二、各级人民法院在刑事审判工作中，对有关案件所涉及的“违反国家规定”的认定，要依照相关法律、行政法规及司法解释的规定准确把握。对于规定不明确的，要按照本通知的要求审慎认定。对于违反地方性法规、部门规章的行为，不得认定为“违反国家规定”。对被告人的行为是否“违反国家规定”存在争议的，应当作为法律适用问题，逐级向最高人民法院请示。

三、各级人民法院审理非法经营犯罪案件，要依法严格把握刑法第二百二十五条第（四）的适用范围。对被告人的行为是否属于刑法第二百二十五条第（四）规定的“其它严重扰乱市场秩序的非法经营行为”，有关司法解释未作明确规定的，应当作为法律适用问题，逐级向最高人民法院请示。

最高人民检察院《关于全面履行检察职能推动民营经济发展壮大的意见》

要依法准确适用非法经营罪，对民营企业的经营行为，法律和司法解释没有作出明确禁止性规定的，应当作为法律适用问题，逐级向最高人民检察院请示。

最高人民法院、最高人民检察院《关于办理非法生产、销售、使用禁止在饲料和动物饮用水中使用的药品等刑事案件具体应用法律若干问题的解释》

未取得药品生产、经营许可证件和批准文号，非法生产、销售盐酸克仑特罗等禁止在饲料和动物饮用水中使用的药品，扰乱药品市场秩序，情节严重的，依照刑法第二百二十五条第（一）项的规定，以非法经营罪追究刑事责任。

最高人民法院、最高人民检察院《关于办理非法生产、销售烟草专卖品等刑事案件具体应用法律若干问题的解释》

第一条第五款　违反国家烟草专卖管理法律法规，未经烟草专卖行政主管部门许可，无烟草专卖生产企业许可证、烟草专卖批发企业许可证、特种烟草专卖经营企业许可证、烟草专卖零售许可证等许可证明，非法经营烟草专卖品，情节严重的，依照刑法第二百二十五条的规定，以非法经营罪定罪处罚。

最高人民法院、最高人民检察院修正后的《关于办理妨害信用卡管理刑事案件具体应用法律若干问题的解释》

第十二条　违反国家规定，使用销售点终端机具（POS机）等方法，以虚构交易、虚开价格、现金退货等方式向信用卡持卡人直接支付现金，情节严重的，应当依据刑法第二百二十五条的规定，以非法经营罪定罪处罚。

最高人民法院、最高人民检察院《关于办理非法从事资金支付结算业务、非法买卖外汇刑事案件适用法律若干问题的解释》

第二条　违反国家规定，实施倒买倒卖外汇或者变相买卖外汇等非法买卖外汇行为，扰乱金融市场秩序，情节严重的，依照刑法第二百二十五条第四项的规定，以非法经营罪定罪处罚。

最高人民法院《关于审理扰乱电信市场管理秩序案件具体应用法律若干问题的解释》

第一条　违反国家规定，采取租用国际专线、私设转接设备或者其他方法，擅自经营国际电信业务或者涉港澳台电信业务进行营利活动，扰乱电信市场管理秩序，情节严重的，依照刑法第二百二十五条第（四）项的规定，以非法经营罪定罪处罚。

最高人民法院、最高人民检察院《关于办理非法生产、销售、使用禁止在饲料和动物饮用水中使用的药品等刑事案件具体应用法律若干问题的解释》

第二条　在生产、销售的饲料中添加盐酸克仑特罗等禁止在饲料和动物饮用水中使用的药品，或者销售明知是添加有该类药品的饲料，情节严重的，依照刑法第二百二十五条第（四）项的规定，以非法经营罪追究刑事责任。

最高人民法院、最高人民检察院《关于办理危害食品安全刑事案件适用法律若干问题的解释》

第十六条第一款　以提供给他人生产、销售食品为目的，违反国家规定，生产、销售国家禁止用于食品生产、销售的非食品原料，情节严重的，依照刑法第二百二十五条的规定以非法经营罪定罪处罚。

第十七条第一款 违反国家规定，私设生猪屠宰厂（场），从事生猪屠宰、销售等经营活动，情节严重的，依照刑法第二百二十五条的规定以非法经营罪定罪处罚。

最高人民法院、最高人民检察院《关于办理利用信息网络实施诽谤等刑事案件适用法律若干问题的解释》

第七条　违反国家规定，以营利为目的，通过信息网络有偿提供删除信息服务，或者明知是虚假信息，通过信息网络有偿提供发布信息等服务，扰乱市场秩序，具有下列情形之一的，属于非法经营行为"情节严重"，依照刑法第二百二十五条第（四）项的规定，以非法经营罪定罪处罚：

（一）个人非法经营数额在五万元以上，或者违法所得数额在二万元以上的；

（二）单位非法经营数额在十五万元以上，或者违法所得数额在五万元以上的。

实施前款规定的行为，数额达到前款规定的数额五倍以上的，应当认定为刑法第二百二十五条规定的"情节特别严重"。

最高人民法院、最高人民检察院、公安部《关于办理利用赌博机开设赌场案件适用法律若干问题的意见》

以提供给他人开设赌场为目的，违反国家规定，非法生产、销售具有退币、退分、退钢珠等赌博功能的电子游戏设施设备或者其专用软件，情节严重的，依照刑法第二百二十五条的规定，以非法经营罪定罪处罚。

最高人民法院、最高人民检察院、公安部、农业部、食品药品监管总局《关于进一步加强麻黄草管理严厉打击非法买卖麻黄草等违法犯罪活动的通知》

违反国家规定采挖、销售、收购麻黄草，没有证据证明以制造毒品或者走私、非法买卖制毒物品为目的，依照刑法第二百二十五条的规定构成犯罪的，以非法经营罪定罪处罚。

最高人民法院、最高人民检察院、公安部、司法部《关于办理非法放贷刑事案件若干问题的意见》

违反国家规定，未经监管部门批准，或者超越经营范围，以营利为目的，经常性地向社会不特定对象发放贷款，扰乱金融市场秩序，情节严重的，依照刑法第二百二十五条第（四）项的规定，以非法经营罪定罪处罚。

最高人民法院《关于审理走私、非法经营、非法使用兴奋剂刑事案件适用法律若干问题的解释》

第二条　违反国家规定，未经许可经营兴奋剂目录所列物质，涉案物质属于法律、行政法规规定的限制买卖的物品，扰乱市场秩序，情节严重的，应当依照刑法第二百二十五条的规定，以非法经营罪定罪处罚。

最高人民法院《关于审理非法集资刑事案件具体应用法律若干问题的解释》

第十一条　违反国家规定，未经依法核准擅自发行基金份额募集基金，情节严重的，依照刑法第二百二十五条的规定，以非法经营罪定罪处罚。

最高人民法院、最高人民检察院《关于办理环境污染刑事案件适用法律若干问题的解释》

第七条　无危险废物经营许可证从事收集、贮存、利用、处置危险废物经营活动，严重污染环境的，按照污染环境罪定罪处罚；同时构成非法经营罪的，依照处罚较重的规定定罪处罚。

案例评价

[案例 6-1] 陈某菊等非法经营案①
(未经许可经营商品型非法经营罪)

1. 基本案情

被告人陈某菊伙同被告人郑某于 2007 年 8 月至 2010 年 2 月间，租用北京兴华丽金属门窗经贸中心烟草专卖零售许可证，在本市西城区百万庄东口甲××号的卷烟零售店内非法经营烟草制品，其中，从北京市西城区烟草专卖局购进真品卷烟 31 809 条，价值人民币 1 868 103 元。此外，被告人陈某菊还收购个人假烟、走私烟进行贩卖。2010 年 2 月 23 日，西城区烟草专卖局对陈某菊经营地点及暂住地进行检查过程中，起获软世纪红塔山等品种真烟 796 条

① 最高人民法院中国应用法学研究所．人民法院案例选：总第 74 辑．北京：人民法院出版社，2011：35-39.

（价值人民币 64 197.5 元）、软玉溪等品种假烟共计 125 条（价值人民币 22 877 元）、软南洋双喜等品种走私烟共计 39 条（价值人民币 2 200 元），后被抓获。

北京市西城区人民法院经审理认为：被告人陈某菊、郑某违反国家规定，在未经许可的情况下，经营法律、行政法规规定的专营、专卖物品，情节特别严重，破坏了市场管理秩序，已构成非法经营罪，且系共同犯罪，应予惩处。被告人陈爱菊在共同犯罪中起主要作用，系主犯。被告人郑航在共同犯罪中起辅助作用，系从犯，应从轻处罚。鉴于被告人郑航实施部分犯罪时未满 18 周岁，认罪态度较好，依法对被告人郑航减轻处罚。故依法判决：（1）被告人陈爱菊犯非法经营罪，判处有期徒刑 6 年，并处罚金人民币 12 万元。（2）被告人郑航犯非法经营罪，判处有期徒刑 1 年 6 个月，并处罚金人民币 3 万元。

一审宣判后，二被告人以原判事实不清、量刑过重为由提起上诉。

北京市第一中级人民法院认为，原审法院根据二被告人犯罪的事实、情节、对社会的危害程度及各自法定、酌定的量刑情节，依法作出的判决并无不当，且审判程序合法。遂裁定驳回上诉，维持原判。

2. 涉案问题

租用他人烟草专卖零售许可证擅自经营卷烟，情节严重的行为能否构成非法经营罪？

3. 裁判理由

该案审理法官认为，租用他人烟草专卖零售许可证擅自从事卷烟经营的行为，属于未经许可经营卷烟制品的无证经营行为，情节严重的，构成非法经营罪。裁判理由中指出，“租用他人烟草专卖零售许可证的行为，虽然形式上取得了烟草经营证照，但因未经法定审查批准程序，形成程序违法，仍然属于无证经营行为。因此，租用他人经营许可证，以买卖、借用等非法手段取得经营许可证从事经营的行为，因未经烟草专卖行政主管部门许可，均应认定为无证经营行为”①。

4. 评析意见

在司法实践中，将没有烟草专卖零售许可证的无证经营行为，或者是超出许可经营范围的经营行为，认定构成非法经营罪，并无争议。但是，被告人租用他人烟草专卖零售许可证经营卷烟的行为，能否构成非法经营罪，存在不同意见。该案中，北京兴华丽金属门窗经贸中心是烟草专卖零售许可证的申领人和合法持有人。二被告人既非该单位的法人、管理者，也非该单位工作人员，通过租用方式非法取得烟草专卖零售许可证后从事经营的行为，不能被认定为是该单位的经营行为。法官将未经审批程序而租用他人许可证

① 最高人民法院中国应用法学研究所．人民法院案例选：总第 74 辑．北京：人民法院出版社，2011：35－39.

的行为，视作“无证经营行为”，是对《刑法》第 225 条第 1 项中的“未经许可”作了正确理解，即只有经过审批程序的特定个人或单位，才是经过许可的、允许从事烟草专卖的合法主体。仅仅是租用他人的许可证，而没有经过法定审批程序的，仍然是一种未经许可的非法经营行为。

这里涉及《刑法》第 225 条第 1 项与第 2 项的关系。《刑法》第 225 条第 1 项和第 2 项都涉及与某种许可证相关的非法经营行为。那么，在法院审理相关案件时，应当如何区分不同情形从而在判决中援引相关法条？一方面，第 1 项中的许可证与第 2 项中的许可证本身并不相同。第 1 项中所涉及的许可证，是指国家针对诸如食盐、烟草、化肥、农药等实行专营或限制性经营的特殊物品，为从业人员发放允许经营该物品的资质许可证明。而第 2 项中的许可证，则是指国家在对外贸易中许可进出口某种货物、技术的证明或对某一特定产品的原产地进行确认的证明文件，以及在医疗卫生、公共安全、环境保护等领域中针对某种行为而颁发的许可文件，如矿产开采、森林采伐、野生动物狩猎等许可证。另一方面，在司法实践中，有的行为人是为了实现最终的商品交易目的，即为获取商品本身的利润而“买卖进出口许可证、进出口原产地证明以及其他法律、行政法规规定的经营许可证或者批准文件”，而有的行为人则是直接为了通过买卖许可证等批准文件获取利润。《刑法》第 225 条第 2 项所涉及的是后者，即规制那些通过非法买卖许可证而获利的行为；至于那些将买卖许可证作为手段，从而利用许可证进行经营的行为，则属于《刑法》第 225 条第 1 项所要规制的无证经营行为。

在本案中，被告人陈某菊租用他人的烟草专卖零售许可证进行烟草销售。烟草专卖零售许可证是国家烟草主管部门为批准经营烟草制品而颁发的许可证件，该证照不是商品，不能流通和转让。这就涉及援引法条时，对该案这种情形究竟是引用《刑法》第 225 条第 1 项“未经许可经营法律、行政法规规定的专营、专卖物品或者其他限制买卖的物品”，还是第 2 项“买卖进出口许可证、进出口原产地证明以及其他法律、行政法规规定的经营许可证或者批准文件”的问题。该案法官认为，被告人租用他人烟草专卖零售许可证经营卷烟制品的行为，应援引《刑法》第 225 条第 1 项未经许可经营专卖物品作为定罪处刑的依据。在判决理由中，法官认为，《刑法》第 225 条第 1 项、第 2 项的规定在罪状表述上存在区别。该条第 1 项的罪状特征为：未经许可经营。通过买卖、租用等方式，非法取得他人经营许可证的行为，属于未经许可经营的行为，需与从事经营的行为结合在一起，才能满足该项客观行为要件。因此，该项罪状规制的是无证经营行为。而该条第 2 项的罪状特征为：买卖进出口许可证、原产地证明及其他经营许可证或者批准文件，意在惩治买卖证照的行为。需要特别注意的是，第 1 项中的无证经营行为中的“经营许可证”与第 2 项中的买卖进出口许可证及其他经营许可证或者批准文件存在区别，此证并非彼证。[①] 在这里，法官明确提出了第1项与第2项之间的罪状区别，这种区分有其合理性，一审法院援引《刑法》第225条第1项对陈某菊定罪是正确的。

[案例6-2] 方某等非法经营案[②]
（未经批准经营特许业务型非法经营罪）

1. 基本案情

2004年8月10日，被告人方某、倪某花、张某霞经事先商量并每人出资人民币5万元，通过青浦区私营经济城代办手续向上海市工商局青浦分局提出申请，要求共同出资设立上海方锦投资咨询有限公司（以下简称方锦公司）。经三人同意后由他人代为订立虚假的投资协议书、有限责任公司的章程，约定按照40%、30%、30%的比例共出资人民币50万元共同成立上海方锦投资咨询有限公司，后通过他人取得虚假的验资证明表后，于2004年8月26日获得上海市工商行政管理局颁发的企业法人营业执照。2004年9月至2005年4月间，被告人方某、倪某花、张某霞经预谋后虚假出资注册成立方锦公司，并先后租赁了浦东新区浦东南路××××号隆宇大厦及杨浦区杨浦商城的办公室，并招聘了员工开始进行代理销售股权的业务。在没有证券经营许可证的情况下，3名被告人招聘的员工以随机拨打电话的方式，鼓动吴某霞等被害人至公司，并说服被害人以每股人民币4元至4.5元的价格受让西安汉鑫科技股份有限公司、西安天安制药股份有限公司、西安旺大实业股份有限公司张某社等个人股东的股权，方锦公司在未经中国证券监督管理委员会的批准并取得许可证的情况下代理销售上述3家未上市公司的股权，共计非法经营额达人民币2 854 500余元，除将近一半非法经营额按事先约定汇往西安林某（在逃）等人外，其余资金除用于方锦公司开支外，由3名被告人私分。被告人方某个人分得人民币20万元、被告人倪某花、张某霞均分得人民币10万元。

2. 涉案问题

非法进行股权转让行为的性质是否属于"非法经营证券业务"？

3. 裁判理由及结论

法院认为，本案所涉及的55名被害人购买的西安3家公司的股权凭证上，记载有3家公司名称、总股本数量、股票编号、股东姓名等要件，符合《公司法》关于股票的规定，虽其未上市，但从根本性质上而言应认定为股票，属于证券之一。对未上市公司的股权，依据法律规定必须在依法设立的证券交易场

---

① 最高人民法院中国应用法学研究所．人民法院案例选：总第74辑．北京：人民法院出版社，2011：39.

② 国家法官学院．中国审判案例要览：2007年刑事审判案例卷．北京：中国人民大学出版社，2008.

所按照相关的法律规定进行交易。目前，国家对从事证券中介业务采取的是准入制，即如果要从事证券中介业务必须得到中国证券监督管理委员会的批准，现在从事非上市公司股权交易中介业务的公司未得到证监会批准，属于非法经营。当前，虽然国家未开设专门的股权交易场所，但这不等于国家就此默认可以进行股权的非法交易。因此，本案3名被告人所从事的代理股权买卖，属于经纪行为，其未取得许可证即进行代理股票转让的行为属于刑法所规定的非法经营行为。故被告人方某、倪某花、张某霞未经国家有关主管部门批准，非法经营证券业务，情节特别严重，其行为均已构成非法经营罪。

4. 评析意见

该案是全国开展“打非”活动以来，首例宣判的非法倒卖自然人股刑事案件，曾被称为“打非”第一案。案中行为人方某、倪某花、张某霞从事非上市股份有限公司股权转让的代理行为是否构成非法经营罪？关键的问题在于：非法进行股权转让行为的性质是否属于“非法经营证券业务”？从证券法律法规的规定来看，证券业务包括证券核心业务和证券外延业务，证券核心业务包括证券承销、证券自营、证券经纪等，证券外延业务是除核心业务之外围绕证券发行、交易所产生的业务，如证券投资咨询、财务顾问、资产管理等。我国证券市场实行证券业务许可证管理制度，只有经过国务院证券监督管理机构批准的证券公司才能经营证券业务，其他任何单位和个人均不得经营证券业务。在未经批准的情况下，从事上述各类证券核心业务或外延业务的，都是违反国家规定非法经营证券业务的行为，符合《刑法》第225条第3项的规定，构成非法经营罪。在本案中，从法院的判决思路来看，其是依据《公司法》的规定，认为股权的表现形式就是“股票”，即股东所持有股份数的凭证，可以依法转让，股票作为股权的具体表现形式又包含在证券的范畴之内。行为人方某等所代理销售的股权凭证上分别记载了公司名称、编号、持股数量、每股价值及股东姓名等内容，将股权股票化，符合《公司法》对股票表现形式的规定。法院在这里采取了实质解释的方法，认定这种行为名义上是股权转让，实为证券买卖，进而依据《证券法》第175条的规定，认定其为未经批准并领取证券业务许可证，变相擅自经营证券业务的行为。

[案例6-3] 陈某纬、王某泽、郑某中非法经营案[①]
（未经批准经营特许业务型非法经营罪）

1. 基本案情

2003年12月，被告人陈某纬、王某泽、郑某中趁浙江省宁波市海曙区南

① 最高人民法院刑事审判第一、二、三、四、五庭．刑事审判参考：总第62集．北京：法律出版社，2008.

门街道招商引资之机，冒用他人的身份证，并让他人进行工商登记注册，为己设立宁波利百代投资咨询有限公司。陈某纬、王某泽、郑某中分别担任该公司的总经理、董事长、副总经理。该公司经营范围为：实业项目投资策划、咨询，会计业务咨询，企业管理咨询，企业股份制改造，企业转制策划、咨询。公司成立后，三被告人即通过由周某龙、萧某才等人设立的南京聪泰投资管理有限公司，为未上市的陕西阳光生物工程股份有限公司、西部世纪软件股份有限公司、西安圣威科技实业股份有限公司、陕西中科航天农业发展股份有限公司4家非上市股份有限公司代理销售股票，并与南京聪泰投资管理公司确定每股对外销售价格及内部交割价。三被告人以股票短期内即可上市并可获取高额的原始股回报为名，指使其公司业务员向他人推销上述公司的股票。2004年3月30日，浙江省宁波市工商行政管理局以宁波利百代投资咨询有限公司从事上述业务超出核准登记的经营范围为由，作出责令改正并罚款人民币1万元的处罚决定。同年4月，该公司经核准增加了“代办产权交易申请手续”的经营项目，继续代理销售上述4家公司的股票。至2004年11月底，三被告人共计向216名投资者销售上述陕西省4家非上市股份有限公司的股票总股数达188.85万股，销售总金额达人民币657.77万元，从中获利人民币240余万元。

宁波市中级人民法院认为：被告人陈某纬、王某泽、郑某中超越工商核准登记的公司经营范围，未经法定机关批准，向社会公众代理转让非上市股份有限公司的股权，在因超范围经营被行政处罚后，以增加“代办产权交易申请手续”的经营项目为由继续超范围经营，在有关行政执法部门指出其无权经营后仍不停止该经营活动，其行为属未经批准非法经营证券业务，扰乱国家证券市场，且犯罪情节特别严重，均已构成非法经营罪。三被告人为非法经营证券业务而设立公司，且公司成立后以非法经营证券业务为主要活动，故不能以单位犯罪论处，应当认定为自然人犯罪。公诉机关关于本案系单位犯罪的指控不当，应予纠正。被告人郑某中在共同犯罪中所起作用相对较小，对其可酌情从轻处罚。依照《刑法》第225条第3项、第25条第1款、第64条之规定，判决如下：(1) 被告人陈某纬犯非法经营罪，判处有期徒刑5年6个月，并处罚金人民币250万元。(2) 被告人王某泽犯非法经营罪，判处有期徒刑5年6个月，并处罚金人民币250万元。(3) 被告人郑某中犯非法经营罪，判处有期徒刑5年，并处罚金人民币250万元。(4) 三被告人违法所得之赃款予以继续追缴。

一审宣判后，三被告人以代理转让非上市股份有限公司股权不属从事证券业务，未超范围经营，没有犯罪故意为由，向浙江省高级人民法院提起上诉。

浙江省高级人民法院认为，原判认定事实清楚，证据确实、充分。定罪和适用法律正确，量刑适当，审判程序合法。依照《刑事诉讼法》第 189 条第 1 项之规定，裁定驳回上诉，维持原判。

2. 涉案问题

代理转让非上市公司股权的行为能否被认定为“经营证券业务”?

3. 裁判理由

法院认为，应当从实质的解释论出发，将代理转让非上市公司股权的行为认定为《刑法》第 225 条第 3 项规定的“经营证券业务”。裁判理由如下：三被告人的行为符合“经营证券业务”的实质特征，系变相经营证券业务。证券业务分为证券核心业务和证券外延业务，证券核心业务包括证券承销、证券自营、证券经纪等，证券外延业务是除证券核心业务之外围绕证券发行、交易所产生的业务，如证券投资咨询、财务顾问、资产管理等。我国《证券法》自 1999 年 7 月 1 日施行以来，所规定的“证券业务”均包括证券核心业务和证券外延业务。由于我国证券市场实行证券业务许可制度，只有经过国务院证券监督管理机构批准的证券公司才能经营证券业务，其他任何单位和个人均不得经营证券业务。本案中，被告人陈某纬、王某泽、郑某中设立宁波利百代投资咨询有限公司后，即通过南京聪泰投资管理有限公司为陕西省的 4 家非上市股份有限公司代理销售股票，投资者达 216 人。这种行为具有证券核心业务中“证券承销”的实质特征，系变相承销证券，故可以认为“经营证券业务”。同时，因被告人所设立的公司未取得中国证券监督管理委员会核发的证券业务许可证，其擅自代理销售非上市公司的股票违反了证券法，属于非法经营证券业务。

4. 评析意见

本案的裁判理由是否妥当，值得探讨。证券业务属于必须经过严格审批才能经营的特许业务，正因为审批手续的存在，因此对证券业务必然有严格的限定。通常所说的“证券承销”，是指当一家发行人通过证券市场筹集资金时，其就要聘请证券经营机构来帮助它销售证券。证券经营机构借助自己在证券市场上的信誉和营业网点，在规定的发行有效期限内将证券销售出去，这一过程称为承销。由此可见，只有当“发行人通过证券市场筹集资金”时，未取得证券经营资格的主体帮助其销售证券的，才能被认定为是非法从事证券承销业务。但是本案中，陕西阳光生物工程股份有限公司、西部世纪软件股份有限公司、西安圣威科技实业股份有限公司、陕西中科航天农业发展股份有限公司都属于非上市股份有限公司，其并非通过证券市场的渠道来募集资金，因此其所委托的中介机构也谈不上是在非法经营证券业务。

事实上，既然法院认定是“变相承销证券”，这就说明不是经营证券业务，而仅仅是相类似，不能仅仅因为具有经营证券业务的经营特征或者与之类似，就将这种与构成要件行为存在差异的行为实质地等同于构成要件行为。例如未经许可销售含有尼古丁成分的某种口服液的，该口服液也有让人清醒提神的效果，在成分和功能上均与烟草相似，但是，不会有人赞成将这种口服液认定为变相的烟草，从而将其行为按照非法经营罪论处。由于非法经营罪的罪状本身欠缺清晰性，因此必须借助参照法规才能认定，这就使罪刑法定原则的实现寄托于参照法规的明确性，在参照法规没有明确规定的情况下，不能采用实质解释的方法认定犯罪，否则，罪刑法定的明确性要求会遭遇二重破坏。首先，《行政许可法》颁布后，由中国证监会公布的《中国证监会行政许可项目目录》中并未包含"未上市公司股权转让审批"，也就意味着中国证监会无权管辖和认定未上市公司股权转让行为。其次，作为法律的渊源，各种地方性法规已经对"未上市公司股权转让审批"作出了规定，例如，上海市人民政府第 36 号令颁布实施的《上海市产权交易市场管理办法》（已失效）第 3 条规定："本办法所称的产权，是指包括物权、债权、股权、知识产权等各类财产权利"；第 11 条规定："具有企业法人资格、从事产权交易活动的中介机构，承诺遵守产权交易市场章程，书面申请并经产权交易市场认可，可以成为产权交易市场会员。"因此，产权经纪公司只要是依法设立的就可以中介转让未上市股权。

本案中的问题不在于实质地认定"经营证券业务"，而在于三被告人超越经营范围从事产权交易业务，是否构成非法经营罪。从案情来看，三被告人设立的公司系投资咨询公司，不具有经营证券的资格，也不具有经营产权交易业务的资格。2004 年 3 月，宁波市工商行政管理局以该公司超范围经营为由，作出责令改正并罚款 1 万元的处罚决定。同年 4 月，该公司经核准增加了"代办产权交易申请手续"的经营项目，继续代理销售非上市公司的股票。但是，"代办产权交易申请手续"是指接受产权所有权人委托，以产权所有权人的名义向产权交易机构提出产权交易申请服务活动，不包括直接从事产权交易活动。该公司在增加"代办产权交易申请手续"的经营项目后经营非上市股份公司股权转让业务仍属超范围经营。法院据此认为，被告人所经营的公司在被工商部门处罚后继续向社会公众出售未上市公司的股份，显然属于恶意超范围经营。但是，未经许可从事产权交易业务，并没有被明确包含在《刑法》第 225 条前 3 项的具体规定中，能否按照第 4 项以"其他严重扰乱市场秩序的非法经营行为"论处，要看是否存在关于未经许可的产权交易的禁止性国家规定。

2006 年国务院办公厅发布了《关于严厉打击非法发行股票和非法经营证券业务有关问题的通知》，将非法发行股票与非法经营证券业务作为两类行为并列规定。之后，2008 年 1 月最高人民法院、最高人民检察院、公安部和中国证监会联合发布的《关于整治非法证券活动有关问题的通知》规定，“对于中介机构非法代理买卖非上市公司股票，涉嫌犯罪的，应当依照《刑法》第二百二十五条之规定，以非法经营罪追究刑事责任”。但是，《关于严厉打击非法发行股票和非法经营证券业务有关问题的通知》是国务院办公厅下发的规范性文件，不属于国务院发布的行政法规，也不属于《刑法》第 225 条意义上的“国家规定”。最高人民法院、最高人民检察院发布的《关于整治非法证券活动有关问题的通知》在缺乏“国家规定”的情况下直接规定非法经营罪，其合法性存在疑问。

本案中的被告人不是发行人，但是属于中介机构。如果发行人未得到中国证监会批准，那么在发行人与中介机构共同策划向社会公众擅自转让非上市公司股票的情况下，构成《刑法》第 179 条擅自发行股票、公司、企业债券罪的共犯。如果双方共谋向社会公众发行股票募集资金进行投资活动的，构成《刑法》第 176 条的非法吸收公众存款罪的共同犯罪。如果发行人与中介机构共谋发行销售虚假股票，利用空壳公司骗取公众投资股票，或者募集资金后卷款潜逃的，构成《刑法》第 192 条的集资诈骗罪的共犯。

本案还引出另一个在理论和实践中存在争议的问题，即拆细转让非上市公司股权是否属于合法的产权交易行为。一般认为，产权是指一定经济主体对资产所有、使用、处分并获得相应收益的权利，包括物权、债权、股权、知识产权等各类财产权利。产权交易就是产权主体将其合法拥有的产权，通过产权交易市场实行有偿转让的行为。依据公司法，以发起方式设立的股份有限公司的股票为记名股票，由全体发起人认购；股东转让记名股票，必须在依法设立的证券交易场所进行，且应当以背书方式或者法律、行政法规规定的其他方式转让。但我国（在案发当时）依法设立的证券交易场所只有上海证券交易所和深圳证券交易所，而这两家交易所仅开展上市公司的股份转让业务。鉴于此，为解决实践中大量存在的非上市公司的股份转让问题，各地的普遍做法是制定地方性法规或者规章，允许非上市公司的股权在产权交易所进行转让。那么，当中介机构已经取得经营产权交易业务的资格时，其以拆细转让的方式对非上市公司股权进行交易的，能否被认定为非法经营罪？

所谓“拆细转让”是相对“整体转让”而言的，即股东将自己拥有的股份对众多投资者分拆转让的行为。在理论上有观点认为，从《公司法》的规定来看，有限责任公司或股份有限公司的股东可以全部或分拆出让自己拥有的“股权”，而且《公司法》并未规定未上市股份有限公司的股东不得分拆转让股份，“法无禁止即可为”。但是，在实践中，1998 年 3 月 25 日，国务院办公厅转发了中国证监会《清理整顿场外非法股票交易方案》，要求把未经国务院批准设立的产权交易所从事的拆细交易和权证交易作为“场外非法股票交易”行为而加以彻底清理。该文件下发后，中国证监会对地方产权交易市场作出了不成文的“不得拆细、不得连续、不得标准化”的“三不”规定。由此来看，拆细转让股权是中国证监会禁止的行为。但是，由于《清理整顿场外非法股票交易方案》不属于行政法规，也不属于其他形式的国家规定，因此，不能将该文件作为参照法规来进行非法经营罪的认定。

[案例 6-4] 上海联泰黄金制品有限公司等非法经营案①（未经批准经营特许业务型非法经营罪）

1. 基本案情

2004 年 3 月，被告人王某提出成立公司炒卖黄金的设想，得到了金某南、洪某、程某的赞同，经协商由洪某与上海市中企业登记代理有限公司联系，约定在支付代理费用及提交相关文件资料后，由该公司一条龙服务，虚报注册资本 400 万元，在上海市工商行政管理局黄浦分局注册成立联泰公司，程某、洪某各占 45%股份，金某南占 10%股份，由程某担任法人代表。经营范围包括：经销黄金制品、工艺品、白银，企业管理咨询，投资咨询，市场调研及策划，经济信息咨询服务，从事货物及技术进出口业务（以上经营范围涉及行政许可的，凭许可证件经营）。2006 年 3 月，由上海汇中企业登记代理服务有限公司一条龙服务，其再次通过虚假验资将联泰公司注册资本增加至 3 000 万元。之后，联泰公司未经国家主管机关批准，擅自开展个人无实物交割的黄金保证金交易业务。

在王某的主持下，联泰公司内设交易部、业务部、财务部、客服部、拓展部等机构，金某南负责起草了联泰黄金买卖细则。王某作为行政总裁，负责公司全面工作；金某南作为副总经理，主管业务，负责业务部门的工作；洪某作为财务总监，负责客户资金存取及资金的结算；程某作为法定代表人，负责公司及外地办事处的后勤工作。胡某南于 2004 年 9 月进入联泰公司后担任交易部主管，直接负责客户的买卖黄金工作。

此外，联泰公司还先后在本市青浦区及外省市开设 17 处办事处拓展业务，并对外谎称是上海黄金交易所二级会员单位，具有代理个人黄金买卖业务资格。其间，被告单位和被告人采用朋友介绍、打电话及到展览会设摊招揽客户等方式，在社会公众中吸纳客户，经营个人无实物交割的黄金保证金

① 国家法官学院，中国人民大学法学院．中国审判案例要览：2009 年刑事审判案例卷．北京：人民法院出版社，中国人民大学出版社，2010.

交易业务。客户一旦有买卖黄金的意向，就到联泰公司本部或设在当地的办事处签订开户资料及联泰黄金买卖细则，以订金名义将资金存入联泰公司。

在实际经营中，联泰公司采用制订统一的格式合同，规定以 100 盎司（3.110 克）为 1 张合同，每次最少买卖 1 张合同、最多买卖 20 张合同，由胡某南参照境外黄金价格，以联泰公司之名在境外黄金报价系统中设置 LT-GOLD（SHG）黄金美元价格，买卖间的差价设置为 1 美元/盎司，由交易员代表联泰公司按该价格，与客户直接进行交易。客户可以“买涨”“买跌”，并且可以通过反向对冲操作，所有交易均在联泰公司交易部完成。为了规避交易风险，联泰公司将合同通过香港联泰金号有限公司（以下简称香港联泰金号）下单对冲。交易采用保证金的形式，以远低于合同价值的保证金进行放大交易，最高可至 60 倍以上。同时，客户承担因汇率变化而产生的风险，联泰公司与客户间的买卖合同采用人民币结算，并实施当日无负债结算制度，当客户的保证金发生亏损至 6 000 元/份以下时客户则需及时追加资金，若保证金发生亏损至 1 600 元/份以下，即强行平仓。

自 2004 年 3 月至 2006 年 5 月，联泰公司共发展客户 723 名，其中上海客户 223 名，外地各办事处客户 500 名。累计收取客户保证金 69 097 713.35 元，累计退还客户保证金 39 284 254.43 元，净收取客户保证金 29 813 458.92 元。客户平仓费亏损 24 488 887.06 元，加应付仓费 4934760.61 元，合计客户亏损 29 423 647.67 元。交易总买入金额达 11 974 324 649.20 元，总卖出金额达 11 952 464 617.90 元。

上海市黄浦区人民法院根据上述事实和证据，认定被告单位联泰公司以及被告人王某等构成非法经营罪。

2. 涉案问题

在交易对象上具有固定对一的特点而展开的无实物交割的黄金买卖业务，能否被认定为经营期货业务？

3. 裁判理由

法院认为，被告单位联泰公司及其他被告人王某，金某南、洪某、程某、胡某南未经国家主管机关批准，非法经营期货业务，扰乱市场秩序，情节特别严重，其行为均已构成非法经营罪，应予刑事处罚。法官在判决理由中，将联泰公司及五名行为人的行为认定为“变相期货交易”，进而指出，联泰公司开展的无实物交割的黄金买卖业务虽不能被直接认定为期货交易模式，但可认定为是变相期货交易。因为联泰公司开展的无实物交割的黄金买卖业务，其实质是交易双方约定在未来某一时间，以某一特定价格买卖某一特定数量和质量黄金，并支付一定数量保证金，由于在交易对象上具有固定对一的特点，不能直接认定为是期货交易方式，但作为现货交易中的延迟交收品种，实际上是一种远期合约，它与期货交易方式一样，具有将交割时间与缔约时间的分离，使当事人可以对将来的对象进行买卖的特点，只是在价格形成的机制、交易场所、交割时间上存在不同而已。

4. 评析意见

本案是一起受到监管部门、社会高度关注，具有较大影响的案件，并且是上海市首例非法经营黄金案。在本案开庭审理期间，包括中央电视台在内的众多媒体都要求采访，并将本案的审理情况进行报道。本案案发后，就联泰公司的经营行为性质，公安机关曾向中国人民银行、上海证监局等的相关职务部门进行咨询，并得到上海证监局的书面回函，上海证监局就本案的专业问题曾专门与承办法官进行沟通。中国证券监督管理委员会专门就本案于2006年9月7日以《关于对上海联泰黄金制品有限公司经营行为认定意见的函》（法律部［2006］61号）的形式，确认联泰公司的经营行为属“变相期货交易”。作为社会关注度高、法律争议激烈的案例，本案对规范黄金及衍生品交易市场的秩序具有重大意义。

上文提到，刑法上不宜对证券业务进行所谓的实质解释。那么，本案中在未经国家主管机关批准的情况下所从事的“变相期货交易”业务，能否按照《刑法》第225条第3项论处？回答是肯定的，因为与所谓变相证券业务不同的是，《期货交易管理条例》（2007年4月15日施行）对“变相期货交易”作出了明确的禁止性规定。条例第4条明确规定，“禁止在国务院期货监督管理机构批准的期货交易场所之外进行期货交易，禁止变相期货交易”。第15条规定，“未经国务院期货监督管理机构批准，任何单位或者个人不得设立或者变相设立期货公司，经营期货业务”。第89条第1款对所谓“变相期货交易”作出了明确规定：“任何机构或者市场，未经国务院期货监督管理机构批准，采用集中交易方式进行标准化合约交易，同时采用以下交易机制或者具备以下交易机制特征之一的，为变相期货交易：（一）为参与集中交易的所有买方和卖方提供履约担保的；（二）实行当日无负债结算制度和保证金制度，同时保证金收取比例低于合约（或者合同）标的额20%的。”《期货交易管理条例》属于由国务院发布的行政法规，因而符合《刑法》第225条中“违反国家规定”的要求。本案中联泰公司与5名被告人所开展的黄金买卖业务，具有未经国家主管机关批准、买卖采合同标准、交易均在联泰公司交易部内集中进行、采用保证金交易方式且收取比例低于合同标的额20%、实行当日无负债结算制度的特征。因此，联泰公司开展的黄金业务完全符合上述条例的规定。故法院认为，联泰公司开展的黄金买卖业务是“变相期货交易”，并对之适用《刑法》第225条第3项是正确的。

[案例 6-5] 梁某涛非法经营案[①]
(制售有严重政治问题的非法出版物的行为应如何定性)

1. 基本案情

2008 年 9 月至 2009 年 9 月，被告人梁某涛以营利为目的，通过非法渠道大量购入某出版社出版的书籍，并在齐齐哈尔大学家属楼 11 号楼 2 单元某室张某经营的“湖南 168”复印社，以购进的书籍为母本进行复制。梁某涛通过其在淘宝网、孔夫子旧书网开设的“学府××”“书友××”等网络书店，采用 QQ 聊天等网络方式向北京、兰州、广州、深圳、东莞、湛江、淮北等 30 余座城市的读者销售《胡闹领主×××》《国家囚徒——×××的秘密录音》《公共××》《西藏××》等攻击我国基本政治制度、诋毁党和国家领导人、煽动民族分裂、挑动社会对立等的政治性非法进口出版物和非法复制的出版物。2008 年 10 月 1 日至 2009 年 9 月 18 日期间，梁某涛使用 9558××××9506 号（户名梁某涛）工商银行卡、9558××××1324 号（户名齐某丹）工商银行卡、6222××××4601 号（户名申某连）工商银行卡、6227××××0722 号（户名齐某丹）建设银行卡、6228××××6716 号（户名梁某涛）农业银行卡销售书籍，该 5 张卡进款总额为人民币（以下币种均为人民币）420 045 元。其中，与梁某涛销售书籍无关的金额为人民币87 809.77 元，故其非法销售出版物的经营数额为人民币 332 235.77 元，其中在淘宝网有记载的非法经营数额为人民币 58 000 余元。2009 年 9 月 18 日，公安人员在梁某涛住所将其抓获，查获并扣押尚未销售的非法出版物及非法复制的出版物2 200 余册，以上被扣押和追缴的书籍被黑龙江省新闻出版局鉴定为非法复制出版物和非法进口出版物。

齐齐哈尔市建华区人民法院认为，被告人梁某涛违反国家规定，未经许可非法复制、发行非法出版物，扰乱市场秩序，情节特别严重，其行为已构成非法经营罪，应予惩处。梁某涛自愿认罪，有悔罪表现，可酌情对其从轻处罚。依照《刑法》第 225 条第 1 项、第 64 条，《最高人民法院关于审理非法出版物刑事案件具体应用法律若干问题的解释》第 11 条、第 12 条第 2 款第 1 项的规定，判决如下：被告人梁某涛犯非法经营罪，判处有期徒刑 6 年，并处罚金人民币 100 000 元；被告人梁某涛尚未销售的非法出版物及非法复制的出版物 2 200 余册依法没收，予以销毁；作案使用的台式电脑、笔记本电脑各 1 台，依法没收，上缴国库。

一审宣判后，被告人梁某涛不服，提起上诉。

---

① 最高人民法院刑事审判第一、二、三、四、五庭．刑事审判参考：总第 78 集．北京：法律出版社，2011.

二审驳回上诉，维持原判。

2. 涉案问题

制售有严重政治问题的非法出版物行为，在刑法上应如何定性？

3. 裁判理由及结论

法院认为：本案被告人没有取得国家批准的出版权，不是适格的出版主体，其销售的书籍经黑龙江省新闻出版局鉴定，包含有攻击我国基本政治制度、诋毁党和国家领导人、煽动民族分裂、挑动社会对立等内容的出版物，因此无论从形式上还是从内容上而言，梁某涛复制、翻印、销售的书籍均属于非法出版物。根据我国法律规定，对这些作品不能享有著作权，因此不能以侵犯著作权犯罪来定罪处罚。而这些书籍的内容又达不到足以煽动分裂国家或煽动颠覆国家政权的严重程度，根据《最高人民法院关于审理非法出版物刑事案件具体应用法律若干问题的解释》第 11 条的规定，被告人所复制、销售的书籍就应属于其他严重危害社会秩序和扰乱市场秩序的非法出版物，其行为应该定性为非法经营罪。

4. 评析意见

本案中涉及对非法出版物如何认定的问题。从有关国家规定来看，非法出版物分为两类：一类是出版程序非法，另一类是出版内容非法。1987 年国务院发布的《关于严厉打击非法出版活动的通知》明确规定："除国家批准的出版单位外，任何单位和个人不得出版在社会上公开发行的图书、报刊和音像出版物，违者属非法出版活动。非出版单位编印、翻录内部使用的非营利性的资料性图书、报刊和音像出版物，须报经主管单位批准，并经县级以上（含县级）新闻出版（文化）行政机关或音像管理机关核准并发给准印证，方可印制。违者亦视为非法出版活动。"根据 1997 年新闻出版总署出台的《出版管理行政处罚实施办法》第 65 条的规定，违反《出版管理条例》，未经批准擅自出版的出版物，伪造、假冒出版单位或者报纸、期刊名称出版的出版物，以及擅自印刷发行的境外出版物、非法进口出版物，应当认定为非法出版物。除这种程序非法的出版物之外，还有一种是内容非法的出版物，又称为违禁出版物。根据 2001 年《出版管理条例》第 26 条、第 27 条的规定，出版物禁载内容包括：反对宪法确定的基本原则的；危害国家统一、主权和领土完整的；泄露国家秘密、危害国家安全或者损害国家荣誉和利益的；煽动民族仇恨、民族歧视的，破坏民族团结，或者侵害民族风俗、习惯的；宣扬邪教、迷信的；扰乱社会秩序，破坏社会稳定的；宣扬淫秽、赌博、暴力或者教唆犯罪的；侮辱或者诽谤他人，侵害他人合法权益的；危害社会公德或者民族优秀文化传统的；以未成年人为对象的出版物，含有诱发未成年人模仿违反社会公德的行为和违法犯罪的行为的内容，含有恐怖、残酷等妨害未成年人身心健康的内容等。概括而言，内容违法的出版物主要包括三种：一是淫秽、色情出版物，二是政治性非法出版物，三是宣扬迷信、暴力的出版物。根据《出版物鉴定管理办法》的有关规定，认定出版物内容是否非法，由相关出版物鉴定机构提供鉴定意见。本案中，在梁某涛非法经营案中，被告人既违反了出版程序，出版物的内容也被法院认定为非法，因而同时满足《最高人民法院关于审理非法出版物刑事案件具体应用法律若干问题的解释》第 11 条和第 15 条的规定，构成非法经营罪。

[案例 6－6] 谈某明等非法经营案①
（擅自制作网络游戏外挂出售牟利是否构成非法经营罪）

1. 基本案情

《恶魔的幻影》（又名《传奇 3》）是经新闻出版总署审查批准引进，由中国大百科全书出版社出版、中国广州光通通信发展有限公司运营的网络游戏出版物。2004 年 6 月起，被告人谈某明未经授权或许可，组织他人在破译《恶魔的幻影》游戏服务器端与客户端之间经过加密的用于通讯和交换数据的特定通信协议的基础上，研发出“007 传奇 3 外挂”计算机软件。后谈某明等人设立“007 智能外挂网”网站和“闪电外挂门户”网站，上载 007 外挂软件和《恶魔的幻影》动画形象，向游戏消费者进行宣传并提供下载服务，并向游戏消费者零售和向零售商批发销售 007 外挂软件点卡。销售收入汇入名为“王某梅”的账户。被告人刘某利负责外挂软件销售，被告人沈某忠负责网站日常维护。2005 年 1 月，北京市版权局强行关闭上述网站并将网络服务器查扣之后，谈某明、刘某利、沈某忠另行租用网络服务器，在恢复开通“闪电外挂门户”网站的基础上，先后设立“超人外挂”等网站，继续宣传其陆续研发的“008 传奇 3 外挂”等计算机软件，提供上述软件的下载服务，并使用恢复开通的“闪电外挂门户”网站销售上述两种外挂软件的点卡，销售收入仍汇入名为“王某梅”的账户。至 2005 年 9 月，谈某明、刘某利、沈某忠通过信息网络等方式经营上述外挂软件的金额达人民币 2 817 187.5 元。

网络游戏消费者要使用《恶魔的幻影》，在正常情况下，只需通过下载客户端程序后，在互联网上与服务器端连接即可运行游戏；若使用 007 外挂软件、008 外挂软件，则其不仅要下载《恶魔的幻影》软件客户端程序，而且要输入《恶魔的幻影》和 007 外挂软件、008 外挂软件所要求的用户名和密码，这样才能最终与《恶魔的幻影》服务器端连接；而若使用超人外挂软件，则

① 最高人民法院刑事审判第一、二、三、四、五庭．刑事审判参考：总第 60 集．北京：法律出版社，2008.

无须下载《恶魔的幻影》网络游戏软件客户端程序，就能直接与《恶魔的幻影》服务器端连接，但也必须输入《恶魔的幻影》和超人外挂软件所要求的用户名和密码。使用涉案外挂软件运行《恶魔的幻影》的消费者，要同时向运营商光通公司和外挂经营者谈某明等人付费。

上述涉案系列外挂软件使用了《恶魔的幻影》的地图场景名称等名词；超人外挂程序目录中存在一个与《恶魔的幻影》软件目录相同反映服务器端IP地址的配置文件。《恶魔的幻影》客户端程序在内存中的动态表现形式只有以非加密的形式存在，才能被执行。涉案007外挂软件、008外挂软件在运行时，利用上述条件，能绕过客户端程序经加密的静态文件，直接对《恶魔的幻影》客户端程序在内存中的动态表现形式进行修改，并调用《恶魔的幻影》所使用的大量函数，使007外挂软件、008外挂软件功能添加到《恶魔的幻影》运行过程之中。加载了007或008外挂软件的《恶魔的幻影》客户端，所发送的对原游戏功能作出修改的数据也可被《恶魔的幻影》服务器端接收和反馈。而使用超人外挂软件的游戏消费者在启动《恶魔的幻影》网络游戏软件后，即使消费者不再亲自操控游戏，该外挂软件也能使处于在线状态的游戏一直进行下去。上述外挂软件的运行，改变了《恶魔的幻影》网络游戏软件设定的游戏规则，使用外挂软件的消费者较之未使用外挂软件的消费者在游戏能力上取得了明显的优势地位，通过外挂软件设置的功能可以更容易和更快地升级或过关，从而造成游戏消费者之间游戏能力明显不平等的局面。

北京市海淀区人民法院认为：被告人谈某明、刘某利、沈某忠以营利为目的，未经批准，开展经营性互联网信息服务，违反国家出版管理规定，利用互联网站开展非法互联网出版活动，出版发行非法互联网出版物，侵害著作权人、出版机构以及游戏消费者的合法权益，扰乱互联网游戏出版经营的正常秩序，情节特别严重，依照《刑法》第225条第4项，第215条第1款，第53条，第72条，第73条第2款、第3款；《最高人民法院关于审理非法出版物刑事案件具体应用法律若干问题的解释》第15条之规定，其行为均已构成非法经营罪，依法应予惩处。被告人谈某明犯非法经营罪，判处有期徒刑2年6个月，罚金人民币5万元。

一审宣判后，3名被告人均表示服判。北京市海淀区人民检察院提起抗诉，抗诉理由是：（1）谈某明等3人复制、发行《恶魔的幻影》软件的行为构成侵犯著作权罪，原审判决认定事实不当，定性错误。（2）如果认定为非法经营罪，应当同时认定涉案外挂软件既程序违法又内容违法，应适用《最高人民法院关于审理非法出版物刑事案件具体应用法律若干问题的解释》第11条，而不是第15条，原审判决适用法律不当，量刑畸轻。北京市人民检察院第一分院的出庭意见是：(1) 原审判决认定谈某明等人的行为构成非法经营罪是正确的；(2) 原审判决适用法律错误，量刑不当，谈某明等人犯非法经营罪，情节特别严重，应在 5 年以上量刑。

北京市第一中级人民法院经审理认为：谈某明、刘某利、沈某忠违反国家规定，利用互联网站出版发行非法出版物，严重危害社会秩序和扰乱市场秩序，其行为均已构成非法经营罪，且犯罪情节特别严重，依法应予惩处。谈某明为共同犯罪的起意人及主要行为人，在共同犯罪中起主要作用，系主犯。刘某利、沈某忠为销售及网络维护人员，在共同犯罪中起次要作用，系从犯，可对二人依法减轻处罚并宣告缓刑。一审法院根据谈文明、刘某利、沈某忠犯罪的事实、性质所作判决定罪准确，但适用法律有误、量刑不当，予以纠正。北京市海淀区人民检察院及北京市人民检察院第一分院关于原判适用法律不当的抗诉意见予以采纳。遂依照《刑事诉讼法》第 189 条第 2 项；《刑法》第 225 条第 4 项，第 25 条第 1 款，第 26 条第 1 款、第 4 款，第 27 条，第 72 条，第 73 条第 2 款、第 3 款；《最高人民法院关于审理非法出版物刑事案件具体应用法律若干问题的解释》第 11 条、第 12 条第 2 款之规定，判决如下：(1) 撤销北京市海淀区人民法院 (2006) 海法刑初字第 1750 号刑事判决主文部分。(2) 原审被告人谈某明犯非法经营罪，判处有期徒刑 6 年，罚金人民币 50 万元。(3) 原审被告人刘某利犯非法经营罪，判处有期徒刑 3 年，缓刑 4 年，罚金人民币 10 万元。(4) 原审被告人沈某忠犯非法经营罪，判处有期徒刑 2 年，缓刑 3 年，罚金人民币 10 万元。

2. 涉案问题

擅自制作网络游戏外挂出售牟利，是否构成非法经营罪？

3. 裁判理由及结论

擅自制作网络游戏外挂出售牟利构成犯罪的，涉嫌罪名是侵犯著作权罪还是非法经营罪？法院认为，本案涉案的“外挂”软件仅仅是对他人游戏程序的修改，并没有复制发行。在判决理由中，法院指出：本案中，涉案的“外挂”软件的实质功能在于为游戏消费者提供超出《传奇 3》游戏规则范围的额外帮助，起游戏辅助工具的效用，而谈某明等被告人的行为目的也是给游戏消费者提供突破技术保护措施的技术服务从而获利，其制作网游外挂对网络游戏产生影响主要是通过以下两种途径：一是，对硬盘、内存之中的网络游戏客户端程序、数据进行修改或者对服务器端与客户端间的网络数据包进行拦截、修改；二是，直接挂接到网络游戏环境中运行。前者修改了网络游戏程序的代码、数据，属于对网络游戏的修改；后者增补了网络游戏软件的功能，同样属于对网络游戏的修改。而软件的复制发行则是指将软件制作一份或者多份，以出售或者赠与方式向公众提供软件的原件或者复制件的行为。谈某明等被告人在制作007、008外挂软件过程中，突破了《传奇3》游戏软件的技术措施，调用了《传奇3》的部分数据及图像，在运营外挂程序时挂接在《传奇3》游戏上运营。但这些行为都是为了实现对《传奇3》游戏软件的原有功能的增加，不是将所调用的数据或图像进行简单的复制；谈某明等人将外挂程序在互联网上出售牟利也不是将《传奇3》游戏软件整体或部分复制后出售牟利。因此，擅自制作《传奇3》外挂出售牟利侵犯的是《传奇3》游戏软件的修改权而不是复制发行权，而刑法对计算机软件著作权的保护仅限于软件的复制发行权，故涉案行为不构成侵犯著作权罪。

4. 评析意见

关于本案涉嫌罪名的争议，涉及涉案行为所侵犯的具体对象。根据《刑法》第217条的规定，以营利为目的，未经著作权人许可，复制发行其文字作品、音乐、电影、电视、录像作品、计算机软件及其他作品，违法所得数额较大或者有其他严重情节的，以侵犯著作权罪定罪处罚。也就是说，对于计算机软件的著作权，刑法只保护其中的复制发行权。因此，擅自制作网游外挂出售牟利的行为如果侵犯了复制发行权，则可能构成侵犯著作权罪；而如果仅仅侵犯著作权中的修改权，则不能以侵犯著作权罪论处。那么本案中谈某明等人的行为是否侵犯了网络游戏运营商的复制发行权？根据最高人民法院、最高人民检察院《关于办理侵犯知识产权刑事案件具体应用法律若干问题的解释》第11条的规定，通过信息网络向公众传播他人文字作品、音乐、电影、电视、录像作品、计算机软件及其他作品的行为，应当视为《刑法》第217条规定的“复制发行”。根据《计算机软件保护条例》，“修改权是指对软件进行增补、删节，或者改变指令、语句顺序的权利”。在本案中，谈某明等被告人的行为侵犯的是著作权中的修改权，而不是复制发行权，因而不构成侵犯著作权罪。

此外，本案还涉及司法解释相关规定的适用问题。如果构成非法经营罪，是适用《最高人民法院关于审理非法出版物刑事案件具体应用法律若干问题的解释》第11条还是第15条？被告人谈某明等人擅自制作网游外挂出售牟利，属于非法出版行为。根据1998年12月17日最高人民法院《关于审理非法出版物刑事案件具体应用法律若干问题的解释》的规定，以下两种非法出版行为能够被认定为非法经营罪：第一种是第11条规定的出版内容非法。第二种是第15条规定的出版程序非法。谈某明等被告人制作《传奇3》外挂后，未经国家有关部门审批，擅自设立“007智能外挂网”网站和“闪电外挂门户”网站，并通过上述网站在互联网上将未经《传奇3》著作权人许可擅自制作的《传奇3》外挂出售牟利，因此属于最高人民法院《关于审理非法出版物刑事案件具体应用法律若干问题的解释》第15条规定的没有相应资质而从事出版活动的非法经营行为。对于这一点，检察院的意见和一审法院的意见比较一致，但对于其是否属于违反规定出版非法互联网出版物的非法经营行为(第 11 条)，则存在分歧。二审法院认为，擅自制作网游外挂出售牟利，既属于没有相应资质而从事出版活动的非法经营行为，也属于违反规定出版非法互联网出版物的非法经营行为。

在认定出版内容非法的判决理由部分，法院指出：非法出版物是个大概念，从内容上分析，既包括宣扬色情、迷信、有政治问题的出版物，也包括淫秽出版物、侵犯著作权的出版物等；从出版主体上分析，既有非法成立的出版单位出版的出版物，也有依法成立的出版单位违反规定出版的出版物。由于最高人民法院《关于审理非法出版物刑事案件具体应用法律若干问题的解释》规定对两种不同情形的非法经营行为适用不同的条文，因此还需认定涉案行为是否同时属于违反规定出版非法互联网出版物的非法经营行为。本案中，被告人制作网游外挂的目的在于增加网游的功能，使网游操作更为容易，致使不使用外挂的客户在游戏中无法抗衡，其既缩短了网游的运营寿命，也侵害了著作权人、出版机构以及游戏消费者的合法权益，严重扰乱了互联网游戏出版经营的正常秩序与网游产业的健康发展，符合最高人民法院《关于审理非法出版物刑事案件具体应用法律若干问题的解释》第 11 条的规定，因此应当同时将涉案行为认定为违反规定出版非法互联网出版物的非法经营行为。

学界对此存在批评意见，认为这种对出版内容非法的认定过于宽泛，几乎使第 15 条被架空。最高人民法院《关于审理非法出版物刑事案件具体应用法律若干问题的解释》第 1 条至第 10 条规定的是出版内容反动、侵权、淫秽的出版物的行为，出版其他非法出版物应当是指出版在性质上与上述非法出版物相当而又没有被规定为犯罪的行为。本案中，相关网络游戏内容本身并没有非法之处，是合法和健康的。被告人经营外挂网站非法牟利，其经营行为本身是非法的；但是就其提供网络游戏的外挂服务而言，这种服务内容的非法性难以认定。至于裁判理由中所称严重扰乱互联网游戏出版经营的正常秩序与网游产业的健康发展，是出版程序非法的出版行为也同样具备的，不能据此认定出版内容非法。否则，所有出版程序非法的出版物都内容非法，最高人民法院《关于审理非法出版物刑事案件具体应用法律若干问题的解释》第 15 条就丧失了存在的意义。① 应当说，该批评意见有一定的道理。但是，如果注意到最高人民法院《关于审理非法出版物刑事案件具体应用法律若干问题的解释》第 2 条所规定的是“以营利为目的，实施刑法第二百一十七条

① 陈兴良．判例刑法学：上卷．北京：中国人民大学出版社，2009：132.

所列侵犯著作权行为”，那么，将侵犯他人修改权的出版物与侵犯他人著作权的出版物在出版内容的非法性上等同评价，还是大致合理的。就此而言，将制作网游外挂的行为按照《最高人民法院关于审理非法出版物刑事案件具体应用法律若干问题的解释》第 11 条认定为出版非法互联网出版物，也具有合理性成分。

深度研究

一般认为，非法经营罪侵犯的法益是国家对市场的管理秩序。为了维护市场秩序，我国法律和行政法规规定，对一些物品的经营、进口实行专营、专卖及许可证制度，对垄断、暴利、背信等侵犯市场公平秩序的行为进行必要的干预。① 究竟应当如何理解这里的“市场秩序”？这涉及非法经营罪的立法沿革。非法经营罪是从 1997 年刑法修正时被取消的投机倒把罪名中分解衍生出的罪名，要想准确理解非法经营罪的保护法益和惩罚范围，就有必要掌握其立法沿革。

我国 1979 年刑法的制定实施的时代背景是计划经济体制。在国家对经济实行绝对的、直接的控制权的前提下，1979 年刑法带有浓厚的保护计划经济的色彩。在当时，违反经济计划指令往往就意味着违反法律，情节严重者即构成犯罪。因此，1979 年刑法第 117 条规定，“违反金融、外汇、金银、工商管理法规，投机倒把，情节严重的，处三年以下有期徒刑或者拘役，可以并处、单处罚金或者没收财产”。这就是非法经营罪的前身——投机倒把罪。正如学者指出的，“在投机倒把罪所涉及的金融、外汇、金银、工商管理各领域中，每一个都包含着大量的、不同种类的行为，可以说，但凡经济领域的行为都可以纳入投机倒把罪的惩治范围。而事实上，司法部门在实际工作中也都把一切与经营活动有关的违法活动都笼统认定为投机倒把罪”②。

1979 刑法第 117 条的“违反金融、外汇、金银、工商管理法规”，织就了一张不断扩张、没有边界的法网，使大量的经济行为都有随时触犯法网的可能。例如，如 1987 年 9 月 17 日国务院《投机倒把行政处罚暂行条例》（已失效）第 3 条规定了 11 类投机倒把行为，除此之外，该条还规定，对于前述第 11 项行为由省级以上工商行政管理机关根据国家法规和政策认定。在大量列举了属于投机倒把的行为之后，行政法规还授权国务院各部门对其中列举的投机倒把行为进行进一步界定，如 1990 年 8 月 17 日国家工商行政管理局《投机倒把行政处罚暂行条例施行细则》（已失效）第 2 条规定，“《条例》第

---

① 高铭暄，马克昌．刑法学．北京：北京大学出版社，2010：504．曲新久．刑法学．北京：中国政法大学出版社，2009：370．

② 龚培华．非法经营罪的立法沿革及其构成．法学，2008（1）．

三条第一款第（一）项所指‘倒卖国家禁止或者限制自由买卖的物资、物品的’行为包括：（一）倒卖国家指令性计划分配物资的；（二）倒卖走私物品、特许减免税进口物品的；（三）倒卖爆破器材、麻醉药品、毒性药品、精神药品或者放射性药品的；（四）倒卖国家规定的专营或者专卖物资、物品的；（五）非经营单位和个人倒卖重要生产资料或者紧俏耐用消费品的；（六）经营单位就地转手倒卖重要生产资料或者紧俏耐用消费品的”。根据1979年刑法的规定，上述行为情节严重的，都可以受到刑事处罚。而此后1988年全国人大常委会通过的《关于惩治走私罪的补充规定》（已失效）第9条第2款又将企事业单位、机关、团体或者个人非法倒买倒卖外汇牟利的行为纳入了投机倒把罪的范畴。由于1979年刑法关于投机倒把罪的规定比较笼统，界限不太清楚，导致执法随意性较大，在一定程度上损害了法律的严肃性和公民的合法权益。①

1979年刑法颁布于我国改革开放初期，然而，在国家逐步确立建设社会主义市场经济的思路之后，越来越多被刑法界定为投机倒把的行为受到经济环境的认可，比如大多数生产资料的交易、长途贩运等行为已属正常的、有利于经济发展的经营活动，有些甚至属于政策鼓励的行为，不能再被认为是犯罪。② 随着我国经济发展模式由计划经济转变为市场经济，刑法在1997年也得到了大幅度的修改，特别是罪刑法定原则的确立，使作为口袋罪的投机倒把罪失去了存在的正当性。在市场转型过程中，一些不属于犯罪的行为也被装进这个“口袋”中作为犯罪处理了。这样既不利于严格执法，保护公民的合法权益，也不符合罪刑法定原则。③ 因此，针对投机倒把罪，立法理由特别指出，由于1979年刑法关于投机倒把罪的规定比较笼统，界限不太清楚，造成执行的随意性。这次修改，根据社会主义市场经济发展的要求，对需要规定的犯罪行为，尽量分解作出具体规定。草案根据十几年来按投机倒把罪追究刑事责任的具体行为作出规定，有些已在生产、销售伪劣商品罪，破坏金融管理秩序罪中作了规定，这次修订，在扰乱市场秩序罪中增加了对合同诈骗、非法经营专营专卖物品、买卖进出口许可证等犯罪行为的规定。不再笼统规定投机倒把罪，这样有利于避免执法的随意性。④ 由此可见，1997年刑法取消了投机倒把罪，把原来投机倒把罪中所包括的犯

① 参见王汉斌1997年3月6日在第八届全国人民代表大会第五次会议上《关于中华人民共和国刑法修订草案的说明》。

② 龚培华．非法经营罪的立法沿革及其构成．法学，2008（1）．

③ 全国人大法工委．刑法条文说明、立法理由及相关规定．北京：北京大学出版社，2009：459．

④ 参见王汉斌于1997年3月6日在第八届全国人民代表大会第五次会议上《关于中华人民共和国刑法修订草案的说明》。

罪作了具体分解规定，分别规定为独立的犯罪，如生产、销售伪劣商品罪，破坏金融管理秩序罪，侵犯著作权罪以及非法经营罪，等等。1997 年刑法规定的非法经营罪同时还将 1979 年刑法未作规定的倒卖出口许可证的行为明确纳入打击范围。之后，1999 年《刑法修正案（六）》对非法经营罪进行了修改，对此条规定的非法经营行为又增加了一项，即“未经国家有关主管部门批准，非法经营证券、期货或者保险业务”。2009 年《刑法修正案（七）》又在该条第 3 项中增加“非法从事资金支付结算业务”作为非法经营罪的打击对象。

由此可见，非法经营罪是投机倒把罪的分解法条之一，因而被称为投机倒把罪的“主要继承罪名”①。其由投机倒把罪演变而来，但是在法条内容和打击范围方面又有了很大变化。一方面，非法经营罪的规定与投机倒把罪的规定相比，条文内容具有相对确定性。经过两次修正，目前的《刑法》第 225 条明确将“未经许可经营法律、行政法规规定的专营、专卖物品或者其他限制买卖的物品的；买卖进出口许可证、进出口原产地证明以及其他法律、行政法规规定的经营许可证或者批准文件的；未经国家有关主管部门批准非法经营证券、期货、保险业务的，或者非法从事资金支付结算业务的”等几类行为规定为非法经营行为，相对于投机倒把罪笼统地规定“违反金融、外汇、金银、工商管理法规”而言，非法经营罪的规定在明确性上显然更进了一步。但是，另一方面，非法经营罪又与投机倒把罪之间有着常为人所诟病的关联，那就是《刑法》第 225 条第 4 项的规定，即“其他严重扰乱市场秩序的非法经营行为”。这被认为是一个残留的口袋型规定。一些批评意见认为，由于《刑法》第 225 条第 4 项存在着空白罪状与弹性条款相结合的先天缺陷，在越权司法解释和法官滥用自由裁量权的共同作用下，非法经营罪从扩张走向变异，背离了《刑法》第 225 条规定的原旨，逐渐变成笼罩经济社会方方面面的“口袋罪”②。

非法经营罪属于《刑法》分则第三章“破坏社会主义市场经济秩序罪”下的“扰乱市场秩序罪”，这里的“社会主义市场经济秩序”，就是非法经营罪所要保护的法益。上述立法沿革的梳理有助于进一步理解非法经营罪保护的法益。在一定程度上，非法经营罪限缩了其前身投机倒把罪的打击范围，但是兜底性条款的保留，又使非法经营罪的打击范围具有相当的弹性，与投机倒把罪的打击范围存在着某种对应关系。而对犯罪的打击范围就意味着刑法所要保护的范围。在这个意义上，非法经营罪的保护法益其实就是投机倒

① 陈兴良．非法经营罪范围的扩张及其限制：以行政许可为视角的考察．法学家，2021（2）．

② 高翼飞．从扩张走向变异：非法经营罪如何摆脱“口袋罪”的宿命．政治与法律，2012（3）．

把罪的保护法益的修正版。从投机倒把罪向非法经营罪的修改，以及非法经营罪自身修正的整个立法过程，折射的是计划经济消退与市场经济建立的变化过程，也反映了立法者对什么样的经济秩序是值得保护的法益的认识。在完全的计划经济体制下，任何违反经济计划指令的行为都被认为是对经济秩序的破坏，因此才有设置投机倒把罪的必要，将各种违反计划经济指令的行为列入刑法打击的范围。而在彻底的市场经济体制下，自由的市场竞争行为恰恰是完全合乎经济秩序的，自由、无管制的商品交换和买卖是彻底的市场经济的主要特征，在这种情况下，无论是投机倒把罪还是非法经营罪，其都没有存在的必要和意义。正因为现阶段中国社会的所谓“社会主义市场经济秩序”处于计划经济与市场经济之间，既不是完全的计划经济，也不是彻底的市场经济，因此才会有投机倒把罪的废除，以及非法经营罪的继续存在。更重要的是，由于“社会主义市场经济秩序”处在彻底的计划经济与彻底的市场经济之间，因而其必然会随着时代发展和社会进步而与时俱进地发生改变，相应地，以之作为保护法益的非法经营罪的打击范围必然也处于一种变动不居的状态中。

从法教义学的层面，学者提出依据行政许可的性质来限制非法经营罪打击范围的方案，主要涉及违反行政许可行为与非法经营罪之间关系的重新审视与建构。不能当然地认为违反行政许可就符合非法经营罪的违反国家规定的要件，而是应当区分违反普通许可和违反特许这两种不同性质的情形：如果只是违反普通许可，不能认为其符合非法经营罪的违反国家规定这一前置性的规范要素；只有违反特许，其才具有实质上的法益侵害性，因而符合非法经营罪的违反国家规定的规范要素。①

在制度改革的层面，自从 2001 年行政审批制度改革工作全面启动以来，国务院取消和调整了大量的行政审批项目。行政审批制度改革的不断深化，一方面促进了政府职能转变，进一步增强了市场配置资源的基础性作用，逐步完善了社会主义市场经济体制；另一方面，也使刑法通过非法经营罪所要保护的“市场秩序”处在不断的调整之中。从目前《刑法》第 225 条的规定来看，被具体化后加以特殊保护的“市场秩序”主要包括：（1）法律、行政法规规定的专营、专卖物品或者其他限制买卖的物品的非经许可不得经营的市场秩序；（2）进出口许可证、进出口原产地证明以及其他法律、行政法规规定的经营许可证或者批准文件禁止买卖的市场秩序；（3）必须经过国家有关主管部门批准才能经营证券、期货、保险以及资金支付结算业务的市场秩序；（4）其他被认为应当予以保护的市场秩序。上述各项规定中的内容，特

① 陈兴良．非法经营罪范围的扩张及其限制：以行政许可为视角的考察．法学家，2021（2）.

别是最后一项规定的范围，随着未来的行政审批制度改革的逐渐深入和“国家规定”的不断变化，也必然会发生变化。

总之，目前中国社会市场经济所处的具体阶段，决定了立法者对“社会主义市场经济秩序”的理解，也影响到了非法经营罪的保护法益及其动态性。任何关于非法经营罪的讨论，不能脱离这一社会经济背景，在司法实践中，也应该注意社会主义市场经济秩序的动态性和变化性，其直接影响非法经营罪的打击范围以及具体个案中的行为能否被认定为非法经营的行为。这是容易与罪刑法定原则发生抵牾之处，需要司法者谨慎处理。

第二节　非法经营罪的认定

知识背景

一、关于《刑法》第 225 条第 4 项的适用

《刑法》第 225 条前 3 项都规定了相对较为明确的非法经营行为的类型，但是第 4 项没有规定明确的行为类型，这也是其经常被诟病为“口袋罪”的问题集中地。正是由于“其他严重扰乱市场秩序”的规定非常模糊，因此司法实践中，在援引第 225 条第 4 项来认定非法经营罪时，比援引前 3 项要更加地注意和重视非法经营罪中“违反国家规定”的基本要素，以此来弥补和限制“其他严重扰乱市场秩序”的模糊性和宽泛性。这种限制表现为以下几个方面：

第一，国家规定只限于法律和行政法规，国务院规定的行政措施、发布的决定和命令，不能再延展到其他部门规章以及地方性法规等。有学者提出，我国空白刑法规范参照的依据形式是多样的，既有效力较高的行政法规，也有效力较低的地方性法规、部门规章，甚至还包括不属于享有制定规范性文件的立法权主体制定的管理或规章制度。① 但是，这并不能说明第 225 条中的“国家规定”也允许作扩大解释，一方面，《刑法》第 96 条已经对“国家规定”作出明确限制；另一方面，第 225 第 4 项的罪状与刑法其他条文相比，具有极端的不明确性，在这种情况下，如果再允许对“国家规定”进行扩大解释，则刑法的罪刑法定功能将丧失殆尽。基于这种考虑，2011 年最高人民法院发布了《关于准确理解和适用刑法中“国家规定”的有关问题的通知》，该通知第 2 条明确指出，各级人民法院在刑事审判工作中，对有关案件所涉

① 刘树德．空白罪状之“梳”议．国家检察官学院学报，2002（4）．

及的“违反国家规定”的认定，要依照相关法律、行政法规及司法解释的规定准确把握。对规定不明确的，要按照本通知的要求审慎认定。对违反地方性法规、部门规章的行为，不得认定为“违反国家规定”。对被告人的行为是否“违反国家规定”存在争议的，应当作为法律适用问题，逐级向最高人民法院请示。

在“违反国家规定”的问题上，司法实践中往往存在对行政法规与部门规章不严格加以区分的情况。这是必须加以纠正的。国务院的部、委、办、局作为相应的行业主管部门，在上位法没有规定的情况下，往往根据管理的需要首先制定部门规章，对相应的行为或对象进行规范。但是，第225条的“违反国家规定”只能限于违反法律和行政法规，仅仅是违反部门规章的行为，不能被认定为非法经营罪，实践中也不能按照非法经营罪论处。

在行政法规的具体认定方面，《立法法》第77条规定，行政法规由总理签署，以国务院令公布。国务院《行政法规制定程序条例》第5条规定，行政法规的名称一般称“条例”，也可以称“规定”“办法”等。国务院根据全国人民代表大会及其常委会授权制定的行政法规，称“暂行条例”或者“暂行规定”。国务院各部门和地方人民政府制定的规章，不得称“条例”。因此，在判断某规范性文件是否为行政法规的时候，可以首先从文件的名称上进行判断。需要指出的是，在目前立法文字技术性规范尚未实施强制性统一的情况下，还要注意从发文主体上进行判断。行政法规的发文主体只能限定为国务院，国务院以外的其他机关和部门都没有权力制定行政法规。此外，一些虽然不属于行政法规但是属于国务院规定的行政措施、发布的决定和命令的规范性文件，也属于“国家规定”。

第二，并非所有“违反国家规定”的行为，而是只有那些涉及市场准入的违法行为，才适宜援引第225条第4项按非法经营罪论处。第225条第4项最多是对非法经营罪前3项的一个兜底或补漏性规定，而不能成为整个破坏社会主义市场经济秩序罪的兜底规定，不能把所有具有社会危害性但是又难以被涵摄进其他罪名中的行为，都归入非法经营罪中，这不仅会使非法经营罪本身不堪重负，也会更加强烈地冲击罪刑法定原则。

第三，司法解释的制定应当参照既有的国家规定，而不能先于国家规定出台。违反国家规定是其他非法经营行为构成犯罪的前置性条件。如果这个问题不解决，司法解释虽然试图解决刑法的明确性问题，但却与罪刑法定原则所派生的法律专属性原则相悖。①

第四，已经失效或取消的行政许可不能再作为审判时的参照规定。非法

---

① 陈兴良．刑法的明确性问题：以《刑法》第225条第4项为例的分析．中国法学，2011（4）．

经营罪中的非法，不是指一般地违反关于经营的法规，例如工商管理、质量管理等方面的法律规定，而是指违反行政许可、行政审批等方面的、涉及市场准入制度的法律规定。我国于 2003 年 8 月 27 日通过了《行政许可法》，该法对行政许可作了进一步的规范，但是由此也带出较晚出台的《行政许可法》是否影响此前的行政许可范围，以及如何认定因违反先前行政许可而构成非法经营罪的争论。对此应当认为，某些非法经营罪是以违反行政许可为前提的，如果行为时是违反行政许可，但审判时对行政许可予以撤销的，则其行为不再具有违反国家规定的性质，根据从旧兼从轻原则，当然不能按照非法经营罪再加以刑事追究。①

二、非法经营罪与其他犯罪的关系

非法经营罪是由于行为人的经营行为本身具有非法性，即违反国家法律规定而受到刑法规制。在市场经营活动中，国家法律从各个方面对市场秩序进行保护，相应地也在刑法中规定了多个具体罪名，因而司法实践中常常需要处理非法经营罪与其他犯罪的关系。对此，有关司法解释作了明文规定，笔者列举如下：

（一）非法经营罪与生产、销售伪劣商品罪的关系

生产、销售伪劣产品罪与非法经营罪都是从原投机倒把罪中分解而得来的。按照刑法规定，生产、销售伪劣产品罪，是指生产者、销售者在产品中掺杂、掺假，以假充真，以次充好或者以不合格产品冒充合格产品，依法应受刑罚处罚的行为。从非法经营罪与生产、销售伪劣商品罪的关系来看，两罪有以下区别：（1）犯罪对象不同：生产销售伪劣产品罪的犯罪对象仅限于商品，非法经营罪不仅包括商品，还包括公文证明文件等。其中生产销售伪劣产品罪中的商品是指伪劣商品。按相关法律解释，生产、销售伪劣商品是指掺杂、掺假，以假充真，以次充好，以不合格产品冒充合格产品的行为。而非法经营罪中的商品既可以指没有任何质量问题的商品，也包括伪劣产品。（2）行为方式不同：生产、销售伪劣产品罪的行为人是经营不符合质量标准的产品；非法经营罪则是越权经营，未经许可经营专卖或其他限制买卖的商品。（3）法定刑不同：非法经营罪与销售伪劣产品罪的法定最低刑均为拘役，并处或者单处罚金；销售伪劣产品罪的法定最高刑为无期徒刑，非法经营罪的最高刑为有期徒刑。

但是，实践中生产、销售、经营等行为经常是连贯并交织在一起的，实践中同一个行为会分别触犯不同的罪名，形成一种想象竞合的关系。对此，

① 陈兴良．判例刑法学：上卷．北京：中国人民大学出版社，2009：117.

2001 年最高人民法院、最高人民检察院《关于办理生产、销售伪劣商品刑事案件具体应用法律若干问题的解释》第 10 条中规定，“实施生产、销售伪劣商品犯罪，同时构成侵犯知识产权、非法经营等其他犯罪的，依照处罚较重的规定定罪处罚。”生产、销售伪劣烟、盐等商品构成犯罪的，即构成生产、销售伪劣商品犯罪，同时，由于烟、盐等属于国家法律、行政法规规定的专营、专卖物品，所以其又构成非法经营罪。对此，根据刑法理论关于想象竞合犯择一重罪处罚的原则，应按照具体犯罪行为可能判处的具体刑罚的轻重，选择可能被判处较重刑罚的犯罪定罪处罚。

（二）非法经营罪与侵犯知识产权罪的关系

根据刑法规定，侵犯知识产权罪是指违反知识产权保护法规，未经知识产权所有人许可，非法利用其知识产权，侵犯国家对知识产权的管理秩序和知识产权所有权人的合法权益，违法所得数额较大或者情节严重的行为。知识产权是人类创造性劳动的智力成果，包括专利权、商标权、著作权等。侵犯知识产权罪分为四类：第一类是侵犯商标权的犯罪，包括假冒注册商标罪、销售假冒注册商标的商品罪、非法制造或者销售非法制造注册商标标识罪。第二类是侵犯专利权的犯罪，包括假冒专利罪。第三类是侵犯著作权的犯罪，包括侵犯著作权罪、销售侵权复制品罪。第四类是侵犯商业秘密的犯罪，包括侵犯商业秘密罪，为境外窃取、刺探、收买、非法提供商业秘密罪。实施侵犯知识产权犯罪的行为常常会与非法经营罪发生某种竞合关系。

例如，以营利为目的，违反国家法律规定，非法经营侵犯著作权的各种作品的，应该如何认定？理论上和实践中存在几种不同的观点。第一种观点认为，根据刑法和司法解释的规定，销售侵权复制品的行为同时构成销售侵权复制品罪和非法经营罪，属于一行为触犯数罪名，成立想象竞合犯，应当按从一重罪处断原则，认定为非法经营罪。[①] 第二种观点认为，销售侵权复制品的行为所触犯的销售侵权复制品罪和非法经营罪属于法条竞合关系，应当按照特别法优于普通法的适用原则，认定为销售侵权复制品罪。[②] 第三种观点认为，销售侵权复制品罪与非法经营罪之间不存在法条竞合关系。[③]

笔者赞成第二种观点，即非法经营罪与销售侵权复制品罪之间是普通法条与特殊法条的关系。对此，有学者指出，“从立法规定和司法精神不难看出，销售侵权复制品等侵犯著作权犯罪是从投机倒把罪（非法经营罪）中分

---

① 黄祥青．贩卖盗版光盘构成销售侵权复制品罪还是非法经营罪．人民司法，2005（9）：30.

② 谷翔，柏浪涛．销售侵权复制品若干问题之澄清．法律适用，2004（12）：31.

③ 肖中华．侵犯知识产权罪认定若干问题研究//顾肖荣．经济刑法：第 1 卷．上海：上海人民出版社，2003：200. 黄祥青．贩卖盗版光盘构成销售侵权复制品罪还是非法经营罪．人民司法，2005（9）：31－32.

离出来的，两者之间是特殊法与一般法的关系。因此，在《刑法》明确规定了兜售侵权复制品等侵犯知识产权犯罪之后，对销售侵权复制品等侵犯著作权的行为仍然以非法经营罪认定则是不恰当的”①。这种看法值得肯定，基本理由在于相关司法解释的规定。1998 年 12 月 17 日最高人民法院《关于审理非法出版物刑事案件具体应用法律若干问题的解释》第 11 条规定，违反国家规定，出版、印刷、复制、发行载有煽动分裂国家、破坏国家统一或者煽动颠覆国家政权、推翻社会主义制度内容的出版物，侵权复制品，载有歧视、侮辱少数民族内容的作品，淫秽物品等以外的其他严重危害社会秩序和扰乱市场秩序的非法出版物，情节严重的，以非法经营罪定罪处罚；第 15 条规定，非法从事出版物的出版、印刷、复制、发行业务，严重扰乱市场秩序，情节特别严重，构成犯罪的，以非法经营罪定罪处罚。由此可见，该解释第 11 条规制的是出版内容违法的出版物；而第 15 条规制的是出版程序违法的出版物。由此可见，非法经营罪既包括出版、印刷、复制、发行的程序非法，也包括出版、印刷、复制、发行的内容非法；而销售侵权复制品罪显然规制的是出版物的内容非法。当刑法中对出版物的内容非法的情况有特殊规定时，就按照该特殊规定处理；当刑法没有明确规定时，对情节严重的出版物的内容非法的情形，则按照非法经营罪论处。

（三）非法经营罪与买卖国家机关公文、证件罪的关系

根据《刑法》第 280 条的规定，伪造、变造、买卖国家机关公文、证件、印章罪，是指非法制造、变造、买卖国家机关公文、证件、印章的行为。非法经营罪中包括买卖进出口许可证、进出口原产地证明，以及其他法律、行政法规规定的经营许可证或者批准文件的行为。因此，当行为人实施买卖进出口许可证、进出口原产地证明，以及其他法律、行政法规规定的经营许可证或批准文件等国家公文、证件的行为时，其既触犯了买卖国家机关公文、证件罪，又触犯了非法经营罪。对此，有关司法解释明文规定应当依照处罚较重的规定定罪处罚。例如，2000 年最高人民法院《关于审理破坏野生动物资源刑事案件具体应用法律若干问题的解释》（已失效）第 9 条规定，“伪造、变造、买卖国家机关颁发的野生动物允许进出口证明书、特许猎捕证、狩猎证、驯养繁殖许可证等公文、证件构成犯罪的，依照刑法第二百八十条第一款的规定以伪造、变造、买卖国家机关公文、证件罪定罪处罚。实施上述行为构成犯罪，同时构成刑法第二百二十五条第二项规定的非法经营罪的，依照处罚较重的规定定罪处罚。”再如 2000 年最高人民法院《关于审理破坏森林资源刑事案件具体应用法律若干问题的解释》（已失效）第 13 条规定，“对

---

① 杨万明，等．非法经营罪研究//陈兴良．刑事法判解：第 8 卷．北京：法律出版社，2005.

于伪造、变造、买卖林木采伐许可证、木材运输证件，森林、林木、林地权属证书，占用或者征用林地审核同意书、育林基金等缴费收据以及其他国家机关批准的林业证件构成犯罪的，依照刑法第二百八十条第一款的规定，以伪造、变造、买卖国家机关公文、证件罪定罪处罚。对于买卖允许进出口证明书等经营许可证明，同时触犯刑法第二百二十五条、第二百八十条规定之罪的，依照处罚较重的规定定罪处罚”。这些规定，为正确处理非法经营罪与买卖国家机关公文、证件罪之间的竞合关系提供了根据。

（四）非法经营罪与扰乱无线电通讯管理秩序罪的关系

2000 年 5 月 12 日最高人民法院《关于审理扰乱电信市场管理秩序案件具体应用法律若干问题的解释》第 1 条规定，“违反国家规定，采取租用国际专线、私设转接设备或者其他方法，擅自经营国际电信业务或者涉港澳台电信业务进行营利活动，扰乱电信市场管理秩序，情节严重的，依照刑法第二百二十五条第（四）项的规定，以非法经营罪定罪处罚”。同时该解释第 5 条规定，“违反国家规定，擅自设置、使用无线电台（站），或者擅自占用频率，非法经营国际电信业务或者涉港澳台电信业务进行营利活动，同时构成非法经营罪和刑法第二百八十八条规定的扰乱无线电通讯管理秩序罪的，依照处罚较重的规定定罪处罚”。由此可见，非法经营罪和扰乱无线电通讯管理秩序罪在某些行为方式上具有想象竞合犯的关系。

根据上述司法解释的规定，如果行为人的非法经营行为是不具备相关资格，利用现有的专线、设备等设施来实施的，则直接按非法经营罪定罪处罚。这一做法在 2002 年最高人民检察院《关于非法经营国际或港澳台地区电信业务行为法律适用问题的批复》和 2003 年最高人民法院、最高人民检察院、公安部《办理非法经营国际电信业务犯罪案件联席会议纪要》中都得到了肯定。如果行为人的非法经营行为是通过自己擅自设置、使用或者占用相关设备、设施、频率来实现的，则在构成非法经营罪的同时还有可能构成扰乱无线电通讯管理秩序罪，依司法解释规定，依照处罚较重的规定定罪处罚。

（五）非法经营罪与信用卡诈骗罪的关系

非法经营罪与信用卡诈骗罪的区分，主要出现在利用 POS 机虚构交易的案件中。最高人民法院、最高人民检察院《关于办理妨害信用卡管理刑事案件具体应用法律若干问题的解释》（2018 年修正）规定，“违反国家规定，使用销售点终端机具（POS 机）等方法，以虚构交易、虚开价格、现金退货等方式向信用卡持卡人直接支付现金，情节严重的，应当依照刑法第二百二十五条的规定，以非法经营罪定罪处罚”；“持卡人以非法占有为目的，采用上述方式恶意透支，应当追究刑事责任的，应当依照刑法第一百九十六条的规定，以信用卡诈骗罪定罪处罚”。由此可见，两罪区别的关键在于行为人在主观方面是否有非法占有目的。一般情况下，以虚构交易、虚开价格、现金退货等方式向信用卡持卡人直接支付现金的，按照《刑法》第 225 条第 3 项“从事资金支付结算业务”论处；但是如果行为人采取虚构交易、虚开价格、现金退货等方式透支，且该透支行为在其主观上为恶意，构成犯罪的，就不再定非法经营罪，而是以信用卡诈骗罪定罪处罚。

三、非法经营罪的未遂认定

非法经营罪的成立以具备“情节严重”为前提，因而属于情节犯。关于情节犯是否存在未遂，理论上存在争议。持否定论的学者认为，“情节作为构成要件的必备要素的犯罪，由其犯罪构成的特殊性决定，不存在未遂问题，没有既遂与未遂形态之分”①。持肯定论的学者认为，情节犯的未遂不是指“情节严重”要件是否欠缺，而是指在已经具备“情节严重”条件的情况下，行为人之犯罪实行行为未能得逞，因此，情节犯是存在犯罪未遂的。② 笔者持肯定的立场。

非法经营罪的未遂问题要结合具体的案件具体分析。判断的关键点在于行为的完成与否，而不是情节是否具备（当然是在其他要件具备的前提下）。因此，非法经营罪犯罪未遂的情况就是在行为人在具备“情节严重”的情况下，行为人实施的行为因意志以外的原因未得逞，从而使犯罪构成要件没有齐备。③ 例如，行为人在未取得烟草专卖行政主管部门的许可，无生产许可证，根据零售卷烟户的订购量组织、生产卷烟，正在组装机器的时候，因他人举报被烟草和公安部门查处，且有证据证明订购的卷烟数量价值超过 5 万元以上。根据最高人民法院、最高人民检察院、公安部、国家烟草专卖局《关于办理假冒伪劣烟草制品等刑事案件适用法律问题座谈会纪要》第 3 条，“个人非法经营数额在五万元以上的，或者违法所得数额在一万元以上的”，依照《刑法》第 225 条的规定定罪处罚。此时，犯罪数额符合定罪标准，但是组装机器准备生产的行为显然不能说是非法经营行为的完成，这种情况可以认定为非法经营罪的预备。倘若，行为人已经生产出他人订购的卷烟但数量还不够，且尚未交货，因他人举报被查处的，此时，在“情节严重”已经具备的情况下，因行为尚未完成，即没有完全生产出订货从而取得非法利益，因此应作为犯罪未遂处理。

---

① 赵秉志．犯罪未遂形态研究．2 版．北京：中国人民大学出版社，2008：278.

② 陈兴良．刑事司法研究：情节·判例·解释·裁量．北京：中国方正出版社，1996：73.

③ 参见范德安．非法经营罪研究．吉林大学博士研究生论文，2009：111。

案例评价

[案例 6-7] 古某群等非法经营案①
(非法经营罪中的违反国家规定)

1. 基本案情

2003年5月，同案人何某茜（另案处理）得知朱某良（另案处理）需要盐酸氯胺酮注射液用于制造毒品，即决定联系货源购买。何某茜找到被告人陈某耀打听能否买到盐酸氯胺酮注射液，陈某耀又联系了被告人古某群，向古提出要购买盐酸氯胺酮注射液。古某群见有利可图，便于5月下旬始至7月下旬，冒用广东省医药进出口有限公司的名义，分6次向山东省方明制药有限公司以每支人民币0.62元的价钱购入盐酸氯胺酮注射液共220箱（每箱3 000支，共660 000支）。每次货到后，古某群即与被告人古某霞一起到广州火车站提货，再将货运送至珠海市斗门区康鸣医药有限公司驻广州办事处，以每支人民币1.27元的价钱卖给陈某耀。陈某耀购入后以每支人民币1.78元的价钱卖给何某茜，何某茜购入后以每支人民币3.5元的价钱出售，并派同案人"阿蛇"（另案处理）将购买的盐酸氯胺酮注射液从广州运到东莞市长安镇交给被告人余某林，余某林重新加上外包装后将货物运送到深圳市及东莞市常平镇等地交给朱某良等人。古某群获利人民币50多万元，分给古某霞人民币13万元；陈某耀获利人民币336 600元，余某林获利人民币3万多元。朱某良购买盐酸氯胺酮注射液后，组织同案人施某盼、叶某麟（均另案处理）将盐酸氯胺酮注射液提炼成氯胺酮晶体。

东莞市中级人民法院经审理后认为，依照《刑法》第350条第1、2款，第347条第2款第1项，第25条第1款，第26条第1、4款，第27条，第68条第1款，第64条，第55条第1款，第56条第1款以及《最高人民法院关于处理自首和立功具体应用若干问题的解释》第5条之规定，被告人古某群、陈某耀、古某霞、余某林的行为均已构成非法买卖制毒物品罪。

一审宣判后，被告人古某群、陈某耀、余某林以案发时盐酸氯胺酮注射液不是制毒物品为由提起上诉，被告人古某霞以原判量刑过重为由提起上诉。

广东省高级人民法院经审理后认为：上诉人古某群、陈某耀、余某林、古某霞未经许可，经营法律、行政法规规定的专营、专卖物品，情节特别严重，其行为均已构成非法经营罪，依法应予严惩。原判认定事实清楚，证据确凿，审判程序合法，但适用法律错误，定性不准，量刑不当，依法应当改判。依照《刑事诉讼法》第189条第1、2项；《刑法》第225条第1项，第

① 最高人民法院刑事审判第一、二、三、四、五庭．刑事审判参考：总第57集．北京：法律出版社，2007.

357 条，第 25 条第 1 款，第 26 条第 1、4 款，第 27 条，第 68 条第 1 款，第 64 条及《最高人民法院关于处理自首和立功具体应用若干问题的解释》第 5 条的规定，撤销广东省东莞市中级人民法院（2004）东中法刑初字第 5 号刑事判决，判决上诉人古某群等构成非法经营罪。

2. 涉案问题

非法买卖盐酸氯氨酮注射液的行为，在刑法上应当如何定性？

3. 裁判理由及结论

本案审理过程中，东莞市人民检察院指控被告人古某群、陈某耀犯贩卖毒品罪，被告人余某林、古某霞犯运输毒品罪。东莞市中级人民法院一审认定被告人古某群、陈某耀、余某林、古某霞犯非法买卖制毒物品罪。广东省高级人民法院终审改判 4 被告人犯非法经营罪。在改判理由部分，法院指出，案发时盐酸氯胺酮注射液并未被规定为毒品，非法买卖、运输盐酸氯氨酮注射液的行为不构成贩卖、运输毒品罪。我国《刑法》第 347 条第 1 款明确规定了毒品的范围，即鸦片、海洛因、甲基苯丙胺以及其他毒品。本案各被告人贩卖、运输的盐酸氯胺酮注射液，显然不是《刑法》明确规定的三种毒品，但其是否属于《刑法》规定的“其他毒品”，需要依照国家药品监督管理机关的相关行政法规来予以界定。根据原国家药品监督局的相关规定，本案审理期间，盐酸氯胺酮注射液的法律性质仍是处方药……直至 2003 年 9 月 28 日，国家食品药品监督管理局发布的《关于加强氯胺酮制剂管理工作的通知》规定：目前已经我局批准生产的氯胺酮制剂为盐酸氯胺酮注射剂（含注射液及冻干粉）。自 2003 年 11 月 1 日起，氯胺酮（包括其可能存在的盐）制剂按第二类精神药品管理。自此，盐酸氯胺酮注射剂才被法律规定为精神药品。本案发生于 2003 年 5 月至 7 月，此时，盐酸氯胺酮注射液尚未被规定为精神药品，不属于刑法规定的“其他毒品”，因此，本案各被告人非法买卖、运输盐酸氯氨酮注射液的行为不构成贩卖、运输毒品罪。

案发时盐酸氯胺酮注射液不是制毒物品，非法买卖盐酸氯氨酮注射液的行为不构成非法买卖制毒物品罪。《刑法》第 350 条规定的非法买卖制毒物品罪，属于空白罪状。本案中涉及的盐酸氯胺酮注射液，是否属于第 350 条规定的制毒物品，需要其他法律、法规以及司法解释等补充规范来明确。我们认为，根据我国加入的有关国际禁毒公约及《刑法》第 350 条的规定，制毒物品的范围应为《1988 年联合国禁止非法贩运麻醉药品和精神药物公约》规定管制的 22 种化学品及《刑法》第 350 条作出特别规定的三氯甲烷，共计 23 种化学品。经查，盐酸氯胺酮及其注射液均不在该 23 种化学品之列。2004 年 4 月 30 日，最高人民法院研究室发布的《关于非法买卖盐酸氯胺酮行为法律适用问题的答复》规定：行为人在 2003 年 2 月原国家药品监督管理局发布《关于氯胺酮管理问题的补充通知》以前非法买卖盐酸氯胺酮，构成犯罪的，按照非法买卖制毒物品罪追究刑事责任。该规定也仅仅是明确了2003年2月以前的盐酸氯胺酮按照制毒物品处理，而并未涉及盐酸氯胺酮注射液的性质。从上述分析可以看出，本案案发时，没有任何法律、法规及司法解释将盐酸氯胺酮注射液规定为制毒物品。因此，根据罪刑法定原则，本案四被告人非法买卖盐酸氯氨酮注射液的行为不构成非法买卖制毒物品罪。

根据2001年原国家药品监督管理局《关于氯胺酮管理问题的通知》第9条的规定："目前已批准的氯胺酮制剂有注射剂和粉针剂，按处方药管理，在医疗机构凭医生处方使用，零售药店不得经营氯胺酮制剂。"可见，在本案案发期间，盐酸氯胺酮注射液系国家专营、专卖物品，完全符合《刑法》第225条第1项规定的"行政法规规定的专营、专卖物品"的特征，只能在医疗机构凭医生处方使用，连零售药店都没有资格经营氯氨酮制剂，更不论个人经营了。因此，被告人古某群、陈某耀、余某林、古某霞在未经许可实际上也不可能得到许可的情况下非法经营盐酸氯胺酮注射液，扰乱了市场秩序，在性质上属于非法经营行为。

4. 评析意见

在本案中，法院关于盐酸氯氨酮注射液不属于毒品也不属于制毒物品的论证是非常充分的，在是否适用《刑法》第347条和第350条的问题上，最大限度地遵循了罪刑法定原则，尤其是参照了原国家药品监督管理局的有关规定以及联合国公约和司法解释的有关规定，使这种认定于法有据，没有恣意扩大打击范围的嫌疑。但是，盐酸氯氨酮注射液不属于毒品也不属于制毒物品，这是否就意味着其属于非法经营罪的犯罪对象呢？特别需要注意的是，在认定非法经营罪时所参照的法规，与认定非法贩卖、运输毒品罪以及非法买卖制毒物品罪时所参照的法规是不同的。然而，从法院的裁判理由来看，其没有能够正确理解和把握这一点。

法院参照原国家药品监督管理局《关于氯胺酮管理问题的通知》，进而得出盐酸氯胺酮注射液系国家专营、专卖物品，其完全符合《刑法》第225条第1项规定的"行政法规规定的专营、专卖物品"的特征的结论。但是，这个结论是有疑问的。不仅《刑法》第225条中的"违反国家规定"只能是违反法律和行政法规的规定，而且该条第1项更是明确说明必须是"行政法规规定的"专营、专卖物品，然而，国家药品监督管理局发布的《关于氯胺酮管理问题的通知》最多属于部门规章而非行政法规，也不是以国务院名义发布的决定或命令，因此，该通知并不符合《刑法》第225条的定罪条件"违反国家规定"。

显然，法院在这里没有注意到《刑法》第347条和第350条与第225条在参照法规方面的差异。对于《刑法》第347条贩卖、运输毒品罪和第350条非法买卖制毒物品罪和第225条非法经营罪而言，的确都存在着需要罪状不充分甚至空白的情况，需要参照其他有关法律、法规的规定来补充确定。这是这三个罪名相同的地方。但是，不同的是，《刑法》第350条与第347条的条文中并没有对所参照法规的位阶等级的明确要求和规定，因此，法院参照部门规章、司法解释或联合国公约来确定都在允许范围之内。相反，《刑法》第225条明确规定了“违反国家规定”，该“国家规定”的含义已经被《刑法》第96条明确界定为法律和行政法规，而且，《刑法》第225条第1项更是明确说明必须是“法律、行政法规规定的”专营专卖物品，因此，部门规章等位阶较法律和行政法规为低的规范性文件，当然不能成为《刑法》第225条的参照法规。就此而言，该二审判决仍然存在适用法律方面的疑问。

[案例6-8] 于某龙非法经营案①
（参照法规的从旧兼从轻原则）

1. 基本案情

被告人于某龙于2000年9月15日至2002年9月15日承包了桦甸市老金厂金矿东沟二坑坑口，共生产黄金约23 000克。于某龙于2002年9月21日驾驶车辆携带所承包金矿自产黄金和从吉林省海沟金矿及私人手中收购的黄金共46 384克，欲运往长春市，从桦甸市沿吉桦公路行驶至吉林市南出口（红旗）收费站时，被公安人员抓获，所带黄金全部被吉林市公安局扣押，后出售给中国人民银行吉林市中心分行，总售价为人民币3 843 054.58元。吉林市公安局已将出售的黄金款，依据《金银管理条例》第14条罚没，上缴国库。

吉林省吉林市丰满区人民法院经审理后认为：被告人于某龙在无黄金许可证的情况下大肆收购、贩卖黄金的行为，严重地扰乱黄金市场秩序，情节严重，已构成非法经营罪。虽然2003年年初国务院下发了国发［2003］5号文件取消黄金收购许可证审批制度，但对国内黄金市场的发展运行，还有行政法规、政策及相关部门的规章加以规范，不许任其无序经营。《金银管理条例》在被废止前，该条例的其他内容仍然有效。于某龙的行为在目前的情况下也属违法行为。公诉机关指控的事实清楚，证据充分，罪名成立。被告人的辩护人的观点，不予采纳。鉴于本案审判时国家关于黄金管理的行政法规发生变化及被告人于某龙的犯罪情节轻微，黄金在途中被扣，没有给黄金市场带来不利后果，可从轻处罚。据此，依照《刑法》第225条第1项、第12条、第37条之规定，判决如下：被告人于某龙犯非法经营罪，免予刑事处罚。

---

① 最高人民法院中国应用法学研究所．人民法院案例选：总第54辑．北京：人民法院出版社，2006.

宣判后，被告人于某龙不服，提起上诉称：原判决适用法律完全错误，上诉人的行为在审判时不具违法性，更不是犯罪。于某龙的辩护人辩称：一审法院判决上诉人的行为构成非法经营罪，无论在行政法上，还是刑法上都于法无据，应改判上诉人无罪。

吉林省吉林市中级人民法院经过二审审理后，认定了一审判决所认定的事实及证据。另查明，该案被移送起诉期间，2003 年 2 月 27 日国务院以国发［2003］5 号文件发布了《国务院关于取消第二批行政审批项目和改变一批审批项目管理方式的决定》，其中涉及黄金审批项目共四项，即停止执行关于中国人民银行对黄金管理的黄金收购许可、黄金制品生产加工批发业务审批、黄金供应审批、黄金制品零售业务核准四项制度。吉林省吉林市中级人民法院认为，原审判决认定事实清楚，审判程序合法，但定性不准，适用法律错误。上诉人于某龙收售黄金的行为发生在 2002 年 8～9 月间，即国务院国发［2003］5 号文件发布前，按照当时的法律，构成非法经营罪，但在一审法院审理时，国务院发布了国发［2003］5 号文件，取消了中国人民银行关于黄金管理的收售许可审批，导致《刑法》第 225 条第 1 项所依据的行政法规——《金银管理条例》发生了变化，其行为按照现在的法律，不存在“违反国家规定”或“未经许可经营法律、行政法规规定的专营、专卖物品或其他限制买卖的物品”的性质，不符合非法经营罪的构成要件，其行为不构成非法经营罪。据此，依照《刑事诉讼法》第 189 条第 2 项、第 162 条第 2 项及《最高人民法院关于执行〈中华人民共和国刑事诉讼法〉若干问题的解释》第 176 条第 3 项和《刑法》第 12 条之规定，判决如下：上诉人（原审被告人）于某龙无罪。

2. 涉案问题

在认定非法经营罪时，如何适用从旧兼从轻原则？

3. 裁判理由及结论

法院指出：国发［2003］5 号文件发布后，个人收售黄金的行为不符合《刑法》第 225 条第 1 项所规定的“违反国家规定”“未经许可”的非法经营罪构成要件，不应以非法经营罪论。个人经营黄金没有办理营业执照等相关手续的，虽违法，但不应由刑法来规范，应依据相关的行政法规予以处理。对于个人经营黄金不允许任其无序经营的观点，我们认为任何物品都不允许无序经营、扰乱市场秩序，都需办理相关的手续，此方为依法经营，但不是任何未办理手续的经营行为，都由刑法调整。法律、行政法规规定的专营、专卖物品或者限制买卖物品，在未经专门机关许可的情况下进行经营，严重扰乱市场秩序的，才构成非法经营罪。对于其他的非法经营行为，需由立法机关明确作出解释，才可由刑法规范，否则应依行政法规予以处罚。综上所述，国发［2003］5号文件下发后，黄金不再是专营、专卖的限制买卖物品，个人也可以从事黄金经营，被告人的行为不再构成非法经营罪。

4. 评析意见

本案被告人的行为是否构成非法经营罪，直接取决于对认定某些犯罪所必须依据的行政法规的变更，能否也适用从旧兼从轻原则。本案上诉人于某龙收售黄金的行为发生在2002年8月—9月间，即国发［2003］5号文件发布前，按照当时的法律，构成非法经营罪，但在一审法院审理时，国务院发布了国发［2003］5号文件，取消了中国人民银行关于黄金管理的收售许可审批，导致《刑法》第225条第1项所依据的行政法规——《金银管理条例》发生了变化。由于关于黄金管理的行政法规发生了重大变化，按照新的法规，个人收购、买卖黄金的行为不存在“违反国家规定”或“未经许可经营法律、行政法规规定的专营、专卖物品或者其他限制买卖的物品”的性质。也就是说，国务院国发［2003］5号文件发布后，个人收购、买卖黄金的行为不构成非法经营罪；在该文件下发前，个人收购、买卖黄金的行为，在文件下发后审理的，也不应按犯罪处理。这就是从旧兼从轻原则在本案的适用。

法院的裁判理由是完全正确的。在司法实践中，经常对无照经营或者超范围经营是否属于非法经营罪存在争议。需要明确的是，无照经营或者超范围经营本身并不是非法经营，只有当无照经营或者超范围经营的是需要经行政许可才能经营的货物、物品时，其才属于非法经营行为。如果超范围经营的不是需要行政许可或者审批的限制性买卖物品，则其不能构成非法经营罪。特别要注意的是，已经失效或取消的行政许可不能再作为审判时的参照规定。从旧兼从轻原则不但适用于新旧刑法的交替，也应适用于认定某些犯罪所必须依据的行政法规的变更。类似于于某龙非法经营案的这种情况，在行政许可撤销之后，无照经营或者超范围经营黄金虽然是可能造成市场无序的行为，但是已经不再是须经行政许可或者审批的经营限制性买卖物品的行为，因而不能再以非法经营罪论处。这一点，适用于《刑法》第225条所有4项规定，尤其是涉及第4项“其他严重扰乱市场秩序”的规定时，更加要谨慎注意。

［案例6-9］顾某地等人非法经营案①
（非法经营罪与侵犯知识产权罪的关系）

1. 基本案情

被告人顾某地于2003年11月3日至2004年7月1日期间，在没有取得音像制品经营许可证的情况下，在其上海住处内用电脑与国际互联网联网，

① 刘树德．刑事指导案例汇览．北京：中国法制出版社，2010：190-199.

通过三美元 DVD 网站，向境外发送销售 DVD 信息。在境外客户确认了所需 DVD 名称、数量、价格和运费等，并向顾某地指定的华夏银行上海分行、西联汇款中心账户汇款后，顾某地经金某泳、谢某艳（均另案处理，已判刑）低价购进侵权复制的 DVD，然后通过超马赫运输公司、上海速递公司向境外发送。顾某地向境外销售的侵权 DVD 累计 13.3 万余张，销售金额折合为 330 万余元，违法所得 97 万余元。被告人吴某、库某、吴某彪均在明知顾某地销售侵权 DVD 的情况下，仍参与其中，分别为顾某地提供了收发货、联络客户、电脑管理、运输等帮助。吴某参与销售侵权 DVD 共计 13.1 万余张，参与销售的金额折合为 326 万余元，涉及违法所得 94 万余元，个人实际非法获利 1.2 万元；库某参与销售侵权 DVD 共计 7 万余张，参与销售的金额折合为 175 万余元，涉及违法所得 38 万余元，个人实际非法获利 1.2 万余元；吴某彪参与销售侵权 DVD 共计 6 万余张，参与销售的金额折合为 151 万余元，涉及违法所得 23 万余元，个人实际非法获利 5 万元。案发后，吴某彪主动向公安机关投案，如实供述上述事实。公安机关在顾某地住处和吴某彪暂借的仓库内，共查获侵权 DVD 计 11.9 万余张。

起诉书认为：被告人顾某地未经工商登记、未获得国家管理部门颁发的音像制品经营许可证，擅自销售侵权音像复制品，情节特别严重；被告人吴某、库某、吴某彪在明知顾某地未取得音像制品经营许可证而销售侵权音像复制品的情况下，仍积极参与、帮助其销售，情节特别严重，均应以非法经营罪追究 4 名被告人的刑事责任。顾某地及其辩护人认为，顾某地没有生产只是销售了侵权音像复制品即盗版 DVD，顾某地销售盗版 DVD 的行为不发生在中国，无须申领音像制品经营许可证，故其行为不构成非法经营罪。吴某、库某、吴某彪的辩护人均以吴某、库某、吴某彪没有非法经营的故意和行为为由，认为起诉指控的罪名不当。

上海市第二中级人民法院于 2005 年 4 月 19 日判决：(1) 被告人顾某地犯销售侵权复制品罪，判处有期徒刑 2 年 6 个月，并处罚金 50 万元，驱逐出境。(2) 被告人吴某犯销售侵权复制品罪，判处有期徒刑 1 年 3 个月，并处罚金 1 万元。(3) 被告人库某犯销售侵权复制品罪，判处有期徒刑 1 年，并处罚金 1 万元，驱逐出境。(4) 被告人吴某彪犯销售侵权复制品罪，判处罚金 3 万元。(5) 违法所得财物和犯罪工具予以没收。

一审宣判后，4 名被告人在法定期限内均未提起上诉，检察机关亦未抗诉，一审判决发生法律效力。

2. 涉案问题

在未经许可的情况下销售侵权音像复制品，是否构成非法经营罪？

3. 裁判理由及结论

本案中检察院按非法经营罪起诉，法院最终按照销售侵权复制品罪认定。

法官在裁判理由中指出，没有音像制品经营许可证而销售侵权音像复制品的，当然扰乱市场秩序，属于《刑法》第 225 条规定的非法经营犯罪行为中的一种。但音像制品涉及著作权，《刑法》第三章第七节“侵犯知识产权罪”对侵犯著作权行为有专门规定。当非法经营的犯罪行为涉及侵犯著作权时，第 225 条就与侵犯知识产权罪的规定构成普通法与特别法的关系。此种情况下，特别法应当优先适用。对销售侵权音像复制品且违法所得数额巨大的行为，《刑法》第三章第七节有两个条文有所涉及：一个是第 217 条规定的侵犯著作权罪，另一个是第 218 条规定的销售侵权复制品罪。那么究竟应当适用哪一个法条？法院认为，第 217 条中的发行虽然涵盖了第 218 条中的销售行为，但很明显，第 217 条的立法目的，在于打击那些未经著作权或者邻接权人许可而复制，直接侵犯著作权或者邻接权的行为；就像盗窃后销赃一样，复制后发行，通常是此罪的一个后续的不另罚的行为。第 218 条的立法目的，则在于打击没有复制，只是单纯销售侵权复制品的间接侵犯著作权或者邻接权的行为。被告人顾某地为了营利，在未取得音像制品经营许可证的情况下，低价购进明知是侵权的音像复制品，然后高价销往国外。虽然这种行为扰乱了市场秩序，但在本案中，市场秩序不是受侵害的主要客体，那些著作权人和录音录像制作者的著作权与邻接权，才是我国刑法要保护而被顾某地的行为所侵害的主要客体。对顾某地的行为，应当依照《刑法》第 218 条规定的销售侵权复制品罪定罪量刑。

4. 评析意见

法官在这里明确了非法经营罪与侵犯知识产权罪之间的普通法与特别法的关系，并按照特别法优先于普通法的基本原则，认为对这种情况不应以非法经营罪论处，这是值得肯定的。将非法经营罪与销售侵权复制品罪之间的关系界定为普通法与特别法之间的关系后，在实践中需要面对一个新的难题：销售侵权复制品的行为达不到《刑法》第 218 条的定罪标准的，能否反过来再适用《刑法》第 225 条？司法实践中，存在着这样一种情形：行为人实施了侵犯著作权或者销售侵权复制品的行为，但是违法所得没有达到法定的标准或者违法所得缺少证据证明，司法机关遂采取一种变通方法，以非法经营罪定罪处罚。这种做法常常出现在非法销售盗版光盘的案件中。有学者支持这种做法，“适用特别法优先于一般法的原则也不是绝对的，从罪刑相适应原则出发，司法实践中有必要适用重法优于轻法原则作为补充。由于特别法是立法者认为需要特别加以保护的内容，在一般情况下，特别法优于普通法适用就体现了重法优于轻法原则。但在特殊情况下，存在个别立法规定的法定刑比一般法规定的法定刑低的情况，如销售侵权复制品罪的法定刑明显轻于非法经营罪，行为可能达不到销售侵权复制品罪的定罪标准，但可能构成非法经营罪。在此情况下，若机械地适用特殊法优于一般法原则，则有轻纵犯罪之虞。因此，对于非法经营罪与侵犯知识产权罪竞合的，根据罪刑相适应原则及有关司法解释的规定，有必要适用重法优于轻法原则，以非法经营罪论处”①。这一观点是否妥当，值得研究。

首先，在刑法已经明确规定了特别条款，而行为又没有疑义地符合特别条款的时候，司法者能做的就是按照特别条款的规定对行为定罪量刑；只有在行为不符合特别条款但符合普通条款时，才可以适用普通条款。这不是一个法条适用技巧的问题，而是罪刑法定的题中应有之义。立法者本来就是基于罪刑相适应的考虑，认为普通条款的惩罚尺度不合适，才去专门设立特别条款。在这种情况下，如果说司法者可以故意搁置和架空某一个他自己认为“罪刑不相适应”的特别条款并转而适用普通条款，那么立法权与司法权之间的权限划分以及立法对司法的限制就荡然无存了。② 因此，在销售侵权复制品罪与非法经营罪竞合的情况下，应当严格遵循特别法优于普通法的原则。

其次，最高人民法院《关于审理非法出版物刑事案件具体应用法律若干问题的解释》第 11 条明确规定，违反国家规定，出版、印刷、复制、发行本解释第 1 条至第 10 条规定以外的其他严重危害社会秩序和扰乱市场秩序的非法出版物，情节严重的，依照《刑法》第 225 条第 3 项（现为第 4 项——引者注）的规定，以非法经营罪处罚。行为人侵犯著作权的行为如果符合该解释第 1 条至第 10 条规定的，就只能依照侵犯著作权罪或者销售侵权复制品罪的相关条款处理，如果达不到定罪标准，就只能进行行政处罚，而不能按非法经营罪处罚。除非其销售的是国家禁止出版的非法出版物，即根本就没有著作权，而且对社会秩序和市场秩序产生严重危害，才能够以非法经营罪定罪处罚。将侵犯著作权的行为按照非法经营罪处理虽然有利于打击此类犯罪，却导致了法律适用上的不平等。

最后，类似做法在实践中会引起新的悖论。例如，行为人销售盗版光盘，违法所得 10 万元，即达到了销售侵权复制品罪的定罪标准，其行为就会被认定为销售侵权复制品罪，依法可以判处 3 年以下有期徒刑。但是如果他违法所得只有 3 万元，达不到销售侵权复制品罪的定罪标准，但达到了非法经营罪的定罪标准，其行为就会被认定为构成非法经营罪，依法可以判处 5 年以下有期徒刑。这样一来，罪行轻、违法所得少的却受到重罚，这显然是不可取的。

---

① 杨万明，等．非法经营罪研究//陈兴良．刑事法判解：第 8 卷．北京：法律出版社，2005.

② 车浩．强奸罪与嫖宿幼女罪的关系．法学研究，2010 (2).

深度研究

关于正确适用司法解释的问题，在非法经营罪的认定中，有两个方面的问题需要注意。

一是适用《刑法》第 225 条第 4 项应以存在司法解释为前提。

关于第 4 项的适用，还有一个问题值得探讨。关于“其他严重扰乱市场秩序的非法经营行为”在法律、行政法规或司法解释明文以非法经营罪论处的情况下，当然应当依法追究刑事责任。但是，在没有这种明文规定的情况下，司法机关能否对某一非法经营行为直接以非法经营罪追究刑事责任？对其他非法经营行为的认定，是否应当有法律、行政法规或者司法解释的明文规定，在刑法理论上曾经存在争议。

从法律适用的一般规律来看，法院独立行使刑事审判权，当然不能认为只有根据司法解释才能认定犯罪，特别是在我国司法独立状况不容乐观的情况下，更加应当倡导法官摆脱对司法解释的过度依赖，充分发挥解释刑法的能动性。但是，《刑法》第 225 条第 4 项与其他的刑法规定不同，在条文规定的不明确性方面，超过一般的空白罪状，而被认为是兜底条款或堵截条款。这本身就是一个随着立法理念和技术进步应当在未来被修改甚至废除的条款。“如果任由法官自由裁断，容易极度扩张非法经营罪的范围，使之成为一个口袋罪。”① 因此，从刑事法治的角度来看，两害相权取其轻，在立法没有对非法经营罪作出修改之前，法官适用第 4 项时应当以司法解释有明文规定为前提。

正是基于上述考虑，2011 年最高人民法院《关于准确理解和适用刑法中“国家规定”的有关问题的通知》第 3 条明确规定，“各级人民法院审理非法经营犯罪案件，要依法严格把握刑法第二百二十五条第（四）的适用范围。对被告人的行为是否属于刑法第二百二十五条第（四）规定的‘其它严重扰乱市场秩序的非法经营行为’，有关司法解释未作明确规定的，应当作为法律适用问题，逐级向最高人民法院请示”。

二是关于第 4 项适用的司法解释的溯及力问题。

在某些情况下，通过司法解释对刑法的兜底条款加以明确，其实质是在细则化立法，即将刑法没有明确规定为犯罪的行为纳入刑罚处罚的范围。在这种情况下，就涉及这种司法解释是否具有溯及既往的效力问题。2001 年 12 月 7 日最高人民法院、最高人民检察院《关于适用刑事司法解释时间效力问题的规定》对适用刑事司法解释时间效力问题作了以下一般性规定：司法解

① 陈兴良．判例刑法学：上卷．北京：中国人民大学出版社，2009：121.

释是最高人民法院对审判工作中具体应用法律问题和最高人民检察院对检察工作中具体应用法律问题所作的具有法律效力的解释，自发布或者规定之日起施行，效力适用于法律的施行期间。根据这一规定，司法解释具有溯及力。因此，对司法解释实施前发生的行为，行为时没有相关司法解释，司法解释施行后尚未处理或者正在处理的案件，依照司法解释的规定办理。除非新旧司法解释规定不一致，才采从旧兼从轻原则，即对新的司法解释实施前发生的行为，行为时已有相关司法解释，依照行为时的司法解释办理，但适用新的司法解释对犯罪嫌疑人、被告人有利的，适用新的司法解释。司法解释具有溯及力的根据在于：司法解释是对法律文本的解释，因而司法解释的效力是从属于法律的，只要法律有效则对该法律的司法解释在法律施行期间亦为有效。

但是，有学者提出，在类似于《刑法》第 225 条第 4 项的情况下，司法解释是将法律未作明确规定的行为规定为犯罪，如果这种司法解释具有溯及力，显然违反法的可预测性，因不明确而违反罪刑法定原则。对此，有观点认为，应当在司法解释中设立有关溯及力的特别条款，明确规定关于《刑法》第 225 条第 4 款的司法解释不具有溯及力，而只对该项司法解释发布之后的行为有效，从而防止与罪刑法定原则相冲突。① 有学者进一步指出，这些司法解释虽然试图解决刑法的明确性问题，但与罪刑法定原则派生的禁止事后法原则相悖。② 应当说，在司法解释是否有溯及力的问题上，非法经营罪再一次表现出特殊性。一般而言，认为司法解释具有溯及力的理解是有道理的。因为司法解释不是刑法，它只是对刑法规定的一种解释，法无明文规定不为罪并禁止事后法的罪刑法定原则，不能适用于司法解释。但是另一方面，必须要现实地承认，司法解释在我国的司法语境中实际扮演了刑法典的角色，成为法官判案时必须遵循的重要根据。在这种情况下，如果是一般的罪状规定得较为明确的条文，还不会出现较大的问题，但对非法经营罪这样的极不明确的兜底条款来说，每一个相关司法解释的出台，就相当于为非法经营罪增设了新的行为类型。因此，面对这种局面，应当格外地对该罪的司法解释的溯及力作出限制，如此才能弥补而不是放大立法缺乏可预期性的缺陷。

第三节　非法经营罪的处罚

《刑法》第 225 条规定："违反国家规定，有下列非法经营行为之一，扰

① 彭辅顺，等．非法经营罪专题整理．北京：中国人民公安大学出版社，2007：39.

② 陈兴良．刑法的明确性问题：以《刑法》第 225 条第 4 项为例的分析．中国法学，2011（4）.

乱市场秩序，情节严重的，处五年以下有期徒刑或者拘役，并处或者单处违法所得一倍以上五倍以下罚金；情节特别严重的，处五年以上有期徒刑，并处违法所得一倍以上五倍以下罚金或者没收财产”由此可见，《刑法》第 225 条以“情节严重”和“情节特别严重”为标准确定了两个量刑档次：犯罪情节严重的，处 5 年以下有期徒刑或拘役，并处或单处违法所得 1 倍以上 5 倍以下罚金；情节特别严重的处 5 年以上有期徒刑，并处违法所得 1 倍以上 5 倍以下罚金或没收财产。目前已有相关司法解释对几种主要的非法经营罪类型的“情节严重”的标准问题作出了明确规定。

（一）对非法出版行为确定的数额标准

最高人民法院在审理非法出版案件时，同时采取了经营数额标准、违法所得数额标准及经营数量标准。最高人民法院《关于审理非法出版物刑事案件具体应用法律若干问题的解释》第 11 条、第 13 条、第 14 条、第 15 条、第 16 条、第 17 条对出版、印刷、复制、发行非法出版物的非法经营行为的“情节严重”与“情节特别严重”进行了细化规定。个人违反国家规定，出版、印刷、复制、发行非法出版物，情节严重的标准是：（1）经营数额在 5 万元至 10 万元以上的；（2）违法所得数额在 2 万元至 3 万元以上的；（3）经营报纸 5 000 份或者期刊 5 000 本或者图书 2 000 册或者音像制品、电子出版物 500 张（盒）以上的。单位具有下列情形之一的，属于非法经营行为“情节严重”：（1）数额在 15 万元至 30 万元以上的；（2）违法所得数额在 5 万元至 10 万元以上的；（3）经营报纸 1.5 万份或者期刊 1.5 万本或者图书 5 000 册或者音像制品、电子出版物 1 500 张（盒）以上的。

此外，经营数额、违法所得数额或者经营数量接近非法经营“情节严重”的数额、数量标准，并具有下列情形之一的，可以认定为非法经营行为“情节严重”：（1）2 年内因出版、印刷、复制、发行非法出版物受过行政处罚两次以上的；（2）因出版、印刷、复制、发行非法出版物造成恶劣社会影响或者其他严重后果的。

上述司法解释的经营数额是指以非法出版物的定价数额乘以行为人经营的非法出版物数量所得的数额。违法所得数额是指获利数额。非法出版物没有定价或者以境外货币定价的，其单价数额应当按照行为人实际出售的价格认定。

（二）对非法买卖外汇行为确定的数额标准

根据 1998 年 8 月 28 日最高人民法院审判委员会第 1018 次会议通过的《关于审理骗购外汇、非法买卖外汇刑事案件具体应用法律若干问题的解释》第 3 条、第 4 条的规定，“情节严重”的标准是，个人为：（1）非法买卖外汇 20 万美元以上的；（2）违法所得 5 万元人民币以上的；（3）居间介绍骗购外汇100万美元上的或者违法所得10万元人民币以上的。公司、企业或者其他单位违反有关外贸代理业务的规定，采用非法手段或者明知是伪造、变迁的凭证、商业单据，为他人向外汇指定银行骗购外汇，数额在500万美元以上或者违法所得50万人民币以上的，应视为"情节严重"。但是，何谓"情节特别严重"？目前还没有规定，各地司法部门标准不一。这一解释采取的是将非法买卖（经营）数额和违法所得数额作为认定非法买卖外汇行为的数额标准。

（三）对非法经营电信业务行为确定的数额标准

根据2004年4月28日最高人民法院《关于审理扰乱电信市场管理秩序案件具体应用法律若干问题的解释》的规定，违反国家规定，采取租用国际专线，私设转接设备或者其他方法，擅自经营国际电信业务或者涉及港、澳、台电信业务进行营利活动，扰乱电信市场秩序，情节严重的，以非法经营罪定罪处罚。非法经营电信业务"情节严重"的标准是：（1）经营去话业务数额在100万元以上的；（2）经营来话业务造成电信资费损失数额在100万元上的。单位实施非法经营电信业务行为构成犯罪的，对单位判处罚金，并对其直接负责的主管人员和其他直接责任人员依照对自然人处罚的规定标准进行处罚。经营去话业务数额，是指以行为人非法经营国际电信业务或者涉港、澳、台电信业务的总时长（分钟数）乘以行为人每分钟收取的用户使用费所得的数额。电信资费损失数额，是指以行为人非法经营国际电信业务或者涉港、澳、台电信业务的总时长（分钟数）乘以在合法电信业务中我国应当得到的每分钟国际结算价格所得的数额。这里采用的是经营业务数额和电信部门电信资费损失数额的标准。

（四）对非法经营烟草专卖品行为确定的数额标准

根据1992年10月9日国家烟草专卖局发布的《烟草专卖行政处罚规定》，擅自收购烟叶超过2 000公斤的，视为数额巨大；无准运证托运、自运烟草专卖品，有下列情形之一的，视为情节严重，依法没收违法烟草专卖品和违法所得：（1）运输的烟草专卖品价值超过5万元或者运输卷烟数量超过200件（万支/件）的；（2）被烟草专卖行政主管部门处罚两次（含两次）以上，屡教不改的；（3）使用改造、伪造运输工具逃避检查的；（4）其他情节严重的行为。超过准运证规定的数量或者使用过期、复印、涂改、变造、伪造等无效的准运证托运或者自运烟草专卖品的，以及个人异地超限量携带烟草制品的，按以上规定处理。以上规定虽是烟草专卖行政处罚的标准，但是，其确定了"情节严重"的界限，因此，在具体的司法适用中，可以作为非法经营罪构成的判断标准。

综合以上3个司法解释及1个行政法规的规定来看，对非法出版行为和非法买卖外汇行为情节严重程度的认定，采取的是经营数额和违法所得数额标准，其中，对非法出版行为的认定还采取了经营数量的标准。对非法经营电信业务行为情节严重程度的认定，采取的是经营业务数额标准和电信部门电信资费损失数额标准，但未采取违法所得数额标准。对非法经营烟草专卖品行为情节严重程度的认定，采取的是经营数额、经营数量及其他一些标准，同样没有采取违法所得数额标准。从此可看出，经营数额是最高人民法院和国家烟草专卖局认定特定非法经营行为情节严重与否的共同标准。因此，在认定非法经营行为是否“情节严重”的问题上，应采取以经营数额为主要依据，并综合考虑其他情节的标准。此外，有的非法经营案件无法按经营数额认定其情节是否严重，只能适用数量标准，在这种情况下，数量的多少应严格依相应的司法解释的规定。没有相应的司法解释，又无其他情节严重的情况的，不能将其认定为非法经营罪，只能以一般非法经营行为论处。①

① 杨庆堂．非法经营罪立法及司法适用研究．华东政法大学博士研究生论文，2009：134.

第七章　故意杀人罪

第一节　构成要件

知识背景

故意杀人罪①，是指故意非法断绝他人生命的行为。本罪的保护法益是他人的生命。刑法对生命法益采取绝对保护原则，正常人/生理与心理有缺陷者、年长者/年幼者、病患者/生命力较强者均受刑法的平等保护，这在世界各国宪法中都是一条通则。

（一）行为主体

本罪的主体是一般主体，即年满 12 周岁、有责任能力的自然人。

1. 已满 12 周岁不满 14 周岁的人

《刑法修正案（十一）》增设了第 17 条第 3 款，规定："已满十二周岁不满十四周岁的人，犯故意杀人、故意伤害罪，致人死亡或者以特别残忍手段致人重伤造成严重残疾，情节恶劣，经最高人民检察院核准追诉的，应当负刑事责任。"

在此需要注意的是，已满 12 周岁不满 14 周岁的人故意杀人，若没有既遂，但是以特别残忍手段致人重伤造成严重残疾，情节恶劣，经最高人民检察院核准追诉的，应当负刑事责任。这表明，这类行为主体对故意杀人罪负刑事责任，并不要求故意杀人罪既遂；但是，如果只是普通的故意杀人罪未遂，则不负刑事责任，只有以特别残忍手段致人重伤造成严重残疾，情节恶劣的，才可能负刑事责任。

---

① 多数国家的刑法对故意杀人犯罪规定得相当烦琐，有谋杀、故杀、杀婴、毒杀、杀害尊亲属等罪名。中国刑法采取将复杂问题简单化的态度，只规定了故意杀人罪，罪名的简化是以增大法定刑幅度为代价的，立法上难以因罪配刑，所以，惩治杀人行为的罪名过少带来的风险是难以避免司法实务中量刑的畸轻畸重现象。

2. 已满 14 周岁的人

《刑法》第 17 条第 2 款规定："已满十四周岁不满十六周岁的人，犯故意杀人、故意伤害致人重伤或者死亡、强奸、抢劫、贩卖毒品、放火、爆炸、投放危险物质罪的，应当负刑事责任。"其中的"故意杀人"，有人认为是指故意杀人罪这个罪名，有人认为是指故意杀人这种犯罪行为。实际上这种争议问题的角度值得商榷。如果认为其中"故意杀人"是指罪名，那么无法解释，为何 15 周岁的人在拐卖妇女时杀害妇女，也应负刑事责任。如果认为是指犯罪行为，也无法回答，没有罪名，仅根据一种行为如何给被告人定罪。一个行为是否构成犯罪，最终应落实到一个罪名上。合理的思路应当是，第 17 条第 2 款中的"故意杀人"就是指故意杀人罪这个罪名，只要案件事实中存在符合故意杀人罪构成要件的行为，就构成故意杀人罪，14 周岁至 16 周岁的行为人就应为此负刑事责任。

判断一个案件事实是否符合某罪的犯罪构成，基本上是一个三段论的推理过程。大前提是法定的犯罪构成，小前提是具体的案件事实，结论是有罪或无罪。如果将案件事实作为大前提，而将法定的犯罪构成作为小前提，那就会导致"想入罪便入罪，想出罪便出罪"，违反罪刑法定原则。①

例如，在发生了单位盗窃他人财物的案件时，判断者如果不想将该行为定罪，便会如此判断：该案件是单位盗窃行为，刑法没有规定单位可以成为盗窃罪的主体，所以对该案件只能宣告无罪。这种推论显然是错误的。正确的推论是：刑法规定自然人盗窃他人财物构成盗窃罪，在单位盗窃他人财物时，必然存在有关自然人的盗窃行为，因此对有关自然人应以盗窃罪论处。

又如，对已满 14 周岁不满 16 周岁的人在绑架过程中杀害人质的行为该如何处理？常见的错误判断是，该案件是已满 14 周岁不满 16 周岁的人实施的绑架案，刑法没有规定已满 14 周岁不满 16 周岁的人可以成为绑架罪的主体，所以对该案件只能宣告无罪。这种推论便是将案件事实作为大前提，将刑法规定作为小前提，得出的结论必然是错误的。正确的推论是：刑法规定已满 14 周岁不满 16 周岁的人是故意杀人罪的主体，本案中存在已满 14 周岁不满 16 周岁的人的杀人事实，因此，本案中已满 14 周岁不满 16 周岁的人构成故意杀人罪。

基于上述构成要件符合性的判断理念，已满 14 周岁不满 16 周岁的人实施下列行为，应以故意杀人罪论处：（1）行为人绑架他人时故意杀人（撕票）的（虽然不能以绑架罪论，但可以故意杀人罪论处）。（2）行为人以故意决

① 张明楷．罪刑法定与刑法解释．北京：北京大学出版社，2009：168.

水、破坏交通工具或其他危害公共安全的危险方法故意杀人的。(3) 行为人在拐卖妇女、儿童时故意杀害妇女、儿童的（虽然不能定拐卖妇女、儿童罪，但可以故意杀人罪论处）。(4) 行为人妨害公务时杀人的。(5) 行为人非法拘禁他人，使用暴力致人死亡的［虽然行为人对非法拘禁罪不负刑事责任，但是根据第 238 条第 2 款，使用暴力致人死亡的，定故意杀人罪。不过应注意的是，这里要求使用非法拘禁之外的更高暴力致人死亡，否则，属于非法拘禁罪（致人死亡）这种结果加重犯，14 周岁至 16 周岁的人对此不负刑事责任］。(6) 行为人聚众斗殴，致人死亡的（第 292 条第 2 款）。(7) 行为人聚众"打砸抢"中致人死亡的（第 289 条）。

(二) 实行行为

本罪的实行行为是杀害行为。杀害，是指基于故意，在他人自然死亡以前非法断绝其生命的行为。至于具体的手段、方法和工具等，法律并未加以限制，例如，电脑黑客以杀人的意思，非法侵入医院的计算机控制系统，将仇人借以维生的医疗器械关闭的，也是杀人。不过，实践中常见的杀人方法还是有形的、物理上直接作用于被害人的拳头打击、刺杀、毒杀、射杀等。利用工具、动物或者无责任能力者或无过错者的行为杀人（间接正犯）的，也属于以有形的方法杀人。例如，故意指导精神异常又时常陷入兴奋状态之人练习射击，并将自制火药枪借给其使用，致该病人开枪自毙的，即可构成本罪。又如，利用不知情的第三者，将毒药送给被害人喝下致其死亡的，也构成故意杀人罪的间接正犯。

杀人行为除使用有形的方法实施以外，还可以使用无形的、心理的方法，例如施加精神折磨，给予被害人强度极大的精神刺激，使其休克而死的，也不否认有成立杀人行为的可能。

杀人行为既包括作为，也包括不作为。以作为方法杀人的情况极其常见，通常也容易判断。以不作为方式杀人，常见的情形是：母亲基于杀害的故意，在婴儿从摇篮中翻出落入水坑时，不予救助，致其死亡；在幼儿饥饿难忍时，有抚养义务者基于杀害的意图不供给食物或者拒绝为其哺乳。

杀人行为必须具有引起他人死亡的现实危险性。例如，利用迷信手段，捏小人然后插针，欲置他人于死地，因为对他人的生命没有任何危险性，所以不是杀人行为，应作无罪处理。又如，偷偷给他人的饮料中投放硫磺粉，欲置人于死地，由于这对他人的生命没有任何危险性，也不是杀人行为，但如果对他人身体健康有损害，则其属于伤害行为。相反，如果给他人静脉里注射大量空气，给他人饭菜里投放黄磷或氰化钾，因为这对他人生命具有现实危险，均属于杀人行为。

开始实施有导致构成要件结果出现的现实危险行为，就是故意杀人罪的着手。例如，基于杀人的意思持枪瞄准被害人，在被害人面前举起菜刀，安装完定时炸弹都是着手。投毒杀人需要仔细分析。如果行为人将毒酒递给了被害人，即使被害人没喝，也是杀人的着手。如果行为人准备好毒酒，等候被害人到来，此时不属于着手，被害人到来后准备喝时才是着手。如果通过邮递方式寄送毒药，这属于隔离犯，着手的判断主要是考察邮寄物在邮寄途中对其他人有无危险，如果有，则交付寄出时属于着手，如果没有，则被害人收到邮寄物时是着手。例如，甲邮寄一盒有毒饼干给乙，乙收到时，甲才算杀人着手。又如，甲邮寄炭疽热病毒粉给乙时，由于该病毒粉在邮寄途中一旦泄漏就有传播危险，所以寄出时就是杀人着手。

实行行为着手实施，但是，被害人死亡的结果没有实际发生的（例如，枪法不准，被害人从现场脱离；被害人在行为人开枪以前已经死亡；投毒剂量不够；往他人静脉中注射的空气未达到致死量等），就是本罪的未遂。

故意杀人罪既遂要求杀人行为和被害人的死亡之间有刑法上的因果关系，欠缺这种关系的，也成立故意杀人罪未遂。例如，甲欲杀害乙，用刀将乙刺成重伤，但又后悔，便开车送乙去医院。途中因为丙开车过失发生车祸，车祸导致乙死亡。由于丙所造成的车祸属于很异常的介入因素，甲的犯罪行为与乙的死亡之间没有因果关系，所以甲的行为仅构成故意杀人罪未遂。

（三）主观要件

本罪在主观方面是故意，包括直接故意和间接故意。行为人首先要对被害对象是人有所认识，对自己的行为一定或者可能断绝他人的生命有预见，并追求或者放任这种结果的发生。本罪的故意包括附条件的故意。例如，行为人决定，如果对方不满足自己的要求就杀死对方，也属于杀人的故意。被害人有自杀的意思，行为人对此并不知情，而仅仅因为日常生活的原因与之打赌，被害人利用这一机会自杀的，一般属于意外事件，不能轻易认定行为人有杀人故意，从而成立本罪。行为人的动机不影响杀人故意的成立。例如，为了大义灭亲而杀人的，仍属于故意杀人。

规范依据

《刑法》

第二百三十二条　故意杀人的，处死刑、无期徒刑或者十年以上有期徒刑；情节较轻的，处三年以上十年以下有期徒刑。

第十七条第三款　已满十二周岁不满十四周岁的人，犯故意杀人、故意伤害罪，致人死亡或者以特别残忍手段致人重伤造成严重残疾，情节恶劣，经最高人民检察院核准追诉的，应当负刑事责任。

案例评价

［案例 7 - 1］杨某锋故意杀人案①
（间接故意杀人）

1. 基本案情

1997 年 6 月 30 日上午，被告人杨某锋驾驶解放牌“151”型大卡车到礼泉县城缴纳养路费并购买汽车配件，因钱未带够，于中午 12 时左右从县城返回。在返回途中，为逃避缴纳过桥费，便绕县城西环路行驶，至北环路十字路口时，遇见县交通局路政大队执勤人员示意停车，杨某锋驾车强行冲过。执勤人员陈某明、刘某雷、刘某松、邹某建遂乘一辆三轮摩托车追赶。杨某锋便沿路曲线行驶，阻挡摩托车超越其驾驶的卡车，至泔河丁字路口时，摩托车从卡车左侧超车，杨某锋左打方向盘，占道逼车，至摩托车翻下路基熄火，杨继续驾车逃跑。此时，适逢礼泉县交警大队干警韩某勇驾驶一辆北方牌小汽车路过，见状随即停车。刘某雷、刘某松说明情况后，即乘坐韩某勇驾驶的小汽车继续追赶。追至礼泉县赵镇李村路段时，韩连续鸣号并打左转向灯，示意超车，当韩某勇所驾小汽车行至大卡车左侧与大卡车车厢前部齐平时，杨某锋又左打方向盘占道逼车，致韩某勇所驾驶的小汽车与路旁树木相撞，韩某勇当场死亡，刘某雷、刘某松受轻伤，北方牌小汽车严重损坏。杨某锋及同车的赵某璋听到小汽车撞树的声音，杨某锋从后视镜中看到小汽车被撞在树上，遂将车向前滑行 60 米左右后停下来。此时，乘路过车辆追来的陈某明上前摘了杨的车牌。杨某锋趁机潜逃，后在兰州市被抓获归案。法院判决：被告人杨某锋犯故意杀人罪，判处无期徒刑，剥夺政治权利终身。

2. 涉案问题

被告人杨某锋有无杀人的故意？其行为是否构成故意杀人罪？第一种观点认为，杨某锋并没有杀人的故意，只有破坏交通工具的故意，因此构成破坏交通工具罪。第二种观点认为，杨某锋的行为如果按照《刑法修正案（八）》来认定，应构成危险驾驶罪。第三种观点认为，杨某锋的行为构成以危险方法危害公共安全罪。第四种观点认为，杨某锋具有杀人故意，构成故意杀人罪。

3. 裁判理由及结论

法院认为：杨某锋作为经过正规培训取得驾驶执照的正式司机，明知自己所从事的是高度危险性作业，驾车高速曲线行驶占道逼车可能对追赶他的

---

① 最高人民法院刑事审判庭．中国刑事审判指导案例：侵犯公民人身权利、民主权利罪．北京：法律出版社，2009：32.

车辆产生危害后果，却先后两次故意左打方向盘，限制追赶车辆的前进路线，致摩托车翻下路基，小汽车撞树，车毁人亡。显然，其对危害结果的发生持放任态度，故其行为已构成故意杀人罪。

4. 评析意见

本案中，杨某锋驾驶车辆两次将方向盘左打，将追赶汽车逼向路边，造成汽车严重损坏。杨某锋的这种行为并没有破坏交通工具的故意，而是为了阻挡追赶的车辆所实施的阻拦行为，不构成破坏交通工具罪。按照《刑法修正案（八）》，杨某锋的行为构成危险驾驶罪。危险驾驶罪的行为方式之一便是驾驶机动车辆在道路追逐竞驶，这种行为本身就有引发道路交通危险。追逐竞驶时行为人的主观目的是什么并不重要，可以是与同伙寻求精神刺激，满足精神空虚，可以是在肇事后逃避法律追究，也可以是阻拦抗拒执法人员的执法行为。只要行为在客观上属于追逐竞驶，并且主观上对此持故意态度，就构成危险驾驶罪。

杨某锋的行为也构成以危险方法危害公共安全罪。杨某锋驾车强行冲关，并沿路曲线行驶，阻挡执法人员超越其驾驶的卡车，并且持续时间较长，其途中两次左打方向盘，占道逼车，将一辆摩托车翻下路基熄火，导致一辆汽车与路旁树木相撞，执法人员当场死亡。杨某锋的这种行为严重威胁道路公共安全，而且造成重大伤亡后果，而杨某锋对此持放任态度，因此构成以危险方法危害公共安全罪。

杨某锋也构成故意杀人罪。当执法人员韩某勇驾驶小汽车继续追赶，追至礼泉县赵镇李村路段时，韩连续鸣号并打左转向灯，示意超车。当韩某勇所驾小汽车行至大卡车左侧与大卡车车厢前部齐平时，杨某锋又左打方向盘占道逼车，致韩某勇所驾驶的汽车与路旁树木相撞，韩某勇当场死亡。杨某锋的这种行为导致执法人员死亡，而且杨某锋对此持有间接故意。所谓间接故意，就是明知自己的行为可能会发生危害结果，并放任这种结果发生。所谓放任，就是发生也可以、不发生也可以，对危害结果的发生持漠不关心的态度。当韩某勇所驾小汽车行至大卡车左侧与大卡车车厢前部齐平时，杨某锋明知自己如果左打方向盘占道逼车，会导致车祸发生，但是为了阻拦执法人员，放任这种结果发生，属于间接故意。

综上，被告人杨某锋触犯了危险驾驶罪、以危险方法危害公共安全罪、故意杀人罪。前两个犯罪具有吸收关系，按照以危险方法危害公共安全罪论处即可。而以危险方法危害公共安全罪和故意杀人罪是杨某锋的同一个行为触犯的两个罪名，属于想象竞合犯，择一重罪论处。在法定刑设置上，故意杀人罪重于以危险方法危害公共安全罪，因此应以故意杀人罪论处。

深度研究

本罪的行为对象是人。杀害行为必须针对生命处于存续期间的人，才能成立本罪既遂。人的生命进程存在一个始期和终期，人之生命始于出生、终于死亡，当无疑义。但是，何为出生，何为死亡，并非不言自明。

（一）人的生命的始期

对于生命的始期，根据从胎儿转变为人的过程，历来有独立生存可能性说、阵痛开始说、部分露出说、全部露出说、独立呼吸说的争议。①

1. 独立生存可能性说

该说认为，一个胎儿只要开始具有在母体之外独立生存的可能性，便属于人。这种观点导致许多堕胎行为构成故意杀人罪，过于扩大故意杀人罪的处罚范围，因此只有极少数学者赞成。

2. 阵痛开始说

此说主张，分娩作用开始所伴随的规则阵痛出现时，就是生命的始期，此时的胎儿便属于人了。德国旧刑法与法国旧刑法规定杀婴罪时，采取的便是此说。开始分娩时，胎儿便属于婴儿，成为杀婴罪的对象。德国和法国的现行刑法已经废除了杀婴罪。没有独立规定杀婴罪的国家，一般不会采取此说，否则就扩大了故意杀人罪的范围。而且，在胎儿尚处在母体内时，无法直接对其生命、身体安全进行伤害，不宜将其作为故意杀人罪的对象。

3. 部分露出说

这是指，胎儿的身体有一部分露出母体时，这就是人的始期。该说理由是，只要胎儿露出一部分，其他人就可能在母体之外对其直接进行伤害，因而此时的生命体值得保护。但反对意见认为：其一，胎儿一部分露出母体后，如果没有独立生存可能性，对其施加杀害或伤害行为，就认为构成故意杀人罪或故意伤害罪的，并不妥当。其二，根据侵害的样态是否具有直接性来划定“人”的范围，不符合生命的本质，并且，即使胎儿没有露出母体，也可以借助工具直接实施侵害。其三，现实中存在胎儿露出一部分又缩回母体的现象，按照部分露出说，该胎儿在已经变成人后又变回胎儿，这种结论令人难以接受。② 不过，日本刑法理论和实务的主流意见倾向部分露出说，主要理由是保护生命不宜过晚。

4. 全部露出说

胎儿全部露出母体后才是人。这一般是各国民法上的通说，胎儿只有全

---

① ［日］大塚仁，福田平．刑法各论．东京：青林书院，1996：11.

② ［日］西田典之，山口厚．刑法的争点．东京：有斐阁，2000：124.

部露出母体，才能作为权利主体享有各种权利。不过，民法上根据全部露出说确定人何时出生是为了赋予个人权利能力，保证其成为民事权利主体；而刑法上确定出生的起点是为了切实保护生命法益，使其能够现实地生存下来，所以，没有必要使刑法和民法保持同样的旨趣。

5. 独立呼吸说

胎儿全部露出母体，并且从胎盘呼吸转为利用自己的肺呼吸，才是人的生命的始期。这是因为只有在此时胎儿才有在母体外生存的可能性，同时才有对其施害的可能性。但是，国外刑法理论一般认为这种观点导致对人的生命保护得过晚。

在刑法上，人的生命究竟始于何时，与一个国家的医疗水平、司法状况、对婴儿的保护态度以及其他国情等都息息相关。在我国刑事司法实务中，独立呼吸说被实际采纳，这可能比较符合我国的实际情况，同时避免了阵痛开始说、部分露出说难以把握的缺陷。但严格地讲，为了合理地保护人的生存权，有必要在现在占通说地位的独立呼吸说的基础上将人出生的时间适度提前，即承认部分露出说：婴儿在被排出母体，露出一部分时就成为人。当然，其在母体外没有独立生存可能性时，不应当成为故意杀人罪的对象。不过即使坚持独立呼吸说，溺婴行为也属于故意杀人行为。

（二）人的生命的终期

生命何时终结，表面上看是比较明确的。但是，死亡的界限十分模糊，目前也缺乏关于死亡时期的法律规定。

在20世纪60年代之前，世界各国医学和法律上都是把呼吸、心跳停止作为宣告人已死亡的标准（心脏死亡）。但是，最近几十年来，至少在医学上，心脏死亡标准受到很多质疑：（1）很多危重病人会出现心脏骤然停止跳动的问题，但即使心脏停止跳动，也可以通过药物和医疗设备的帮助使其复苏；（2）心脏功能可以通过人工方法（如人工心肺等器械）来维持；（3）有一部分病情严重的心脏可以移植。上述现象的出现，使根据心脏是否停止跳动来判断个人死亡与否存在困难。因此，到目前为止，有少数国家，如法国、西班牙、瑞士、日本等国在立法上已经开始承认脑死亡。例如，日本1997年通过的《关于器官移植的法律》有限度地承认脑死亡，认为具备深度昏迷、自发呼吸停止、瞳孔固定、脑干反射消失、脑波呈平直线经过连续6个小时的观察无变化的，就是脑死亡。

脑死亡，是指脑干死亡。目前，医学界公认的脑死亡标准包括：（1）患者深度昏迷；（2）自主呼吸停止，但心跳仍然存在；（3）对外界刺激无法感受，也缺乏自发运动的能力；（4）最为重要的是脑波呈平直线。由此可见，脑死亡标准是指以脑干和脑干以上的中枢神经系统永久性地丧失功能为参照系而宣布死亡的一种标准。人体的脑组织是由大脑、小脑和脑干三部分组成的，脑干是人体的生命中枢，它控制着人体呼吸、心跳、血压等重要功能。人体其他一些部位的细胞在受到伤害后可以通过再生来恢复功能，脑细胞则不同，一旦坏死就无法再生。当一个人的脑干遭受到无法复原的伤害时，脑干就会永久性地完全丧失功能。而脑部功能的消失是无法用机器维持的，以至于呼吸、心跳最终停止。随后，身体的其他器官和组织也会因为没有呼吸和心跳而逐渐丧失功能。

从医学角度认定的脑死亡标准，一方面具有合理性，因为对死亡已经不可逆转、没有救治必要的脑死亡者继续进行治疗，会浪费有限的医疗资源，加重死者家属的负担；另一方面也具有可操作性，现有的技术和标准基本可以保证判断的客观性、准确性。但是，脑死亡在伦理上和法律上都饱受质疑。在伦理上，一般人难以接受自己的亲属在还有心跳、呼吸的情况下被宣告死亡；对自己的亲属放弃治疗的行为可能受到其他人的道义谴责。在法律上，在移植内脏器官技术不断发达的今天，为摘取新鲜脏器，而不当运用脑死亡说的可能性是存在的。人们完全有理由质疑医疗机构有时因为器官移植的需要而滥用死亡宣告权，或出现判断误差，使脑死亡标准在实际执行中“走样”。

从我国实际出发，在目前医患关系比较紧张，医疗机构的社会公信力受到很大怀疑的社会背景下，对脑死亡标准的伦理上和法律上的担忧都是有道理的，在刑法上要求国民认同脑死亡说就不太现实，所以，在刑法上暂时还没有重新检讨人的死亡标准的问题。心脏死亡仍然应该作为刑法上判断人是否死亡的标准，其合理性在刑法上仍然是值得肯定的，因为心脏的血液循环机能、肺呼吸机能、脑干的生命维持机能相互依存，某一种机能停止，其他两项机能也会迅速停止。根据心脏死亡说，从脑死亡但心跳、呼吸仍然存在者身上取出内脏器官就应当被评价为从活人身上摘取器官，只要不具有违法阻却事由或者责任阻却事由，就不能否认犯罪的成立。当然，在经过相当长时期之后，可以考虑脑死亡与心脏死亡两种标准并行，以供患者家属选择。但至少在目前，在刑法上否定心脏死亡标准，采用脑死亡标准的必要性并不存在。

需要说明的是，根据自 2024 年 5 月 1 日起施行的《人体器官捐献和移植条例》的相关规定，人体器官移植包括活体器官移植。这似乎意味着该条例采取了脑死亡标准。但是，采取脑死亡标准必须以法律明文规定为根据。该条例并没有明文规定采取脑死亡标准，从相关条文中也不能直接而明确地得出其采取脑死亡标准的结论。

尸体不能成为故意杀人罪的对象。行为人误将尸体以为是活人而进行

“杀害”的，应根据是否具有导致活人死亡的危险来判断。如果有这种危险（例如尸体附近有活人的存在），则构成故意杀人罪未遂；如果没有，则构成对象不能犯，作无罪处理。

此外，故意杀人罪的对象，即其他活人，是从自然存在意义上认定的。故意杀死民法上被宣告死亡的人、刑法上被宣告判处死刑的人，都属于故意杀人。

第二节 认 定

一、教唆、帮助自杀

知识背景

教唆自杀，是指采用引诱、怂恿、相约自杀等欺骗方法，使没有自杀决意的人产生自杀意思。帮助自杀，是指在他人已有自杀意思的情况下，使他人的自杀变得更为容易的行为。对教唆自杀的具体方法，法律并没有作明确限制，明示的、暗示的方法均可构成。以相约自杀为名诱骗他人自杀的，也属于教唆自杀的行为。帮助自杀的行为手段也很多，提供自杀用的枪支、绳索、毒物，讲授自杀的方法，在他人上吊时帮助其踢翻脚下物体等都可以包括在内。

有些行为表面上貌似“教唆或帮助”他人自杀，实际上属于故意杀人罪的间接正犯。大致而言，教唆行为与间接正犯行为的区分在于，教唆者对他人的行为没有支配力，仅仅使他人产生一定活动意思，而间接正犯者对他人的行为具有支配力。

首先，欺骗不能理解死亡意义的儿童或者精神病患者等人，唆使其自杀的，属于故意杀人罪的间接正犯，不是教唆或帮助自杀。其次，欺骗被害人，使其对生命法益产生错误认识，并唆使其自杀的，属于故意杀人罪的间接正犯。例如，医生对可能治愈的病人谎称：“你得了癌症，而且到了晚期，只能活十天了，而且死得会很痛苦，还不如提早自杀算了。”病人信以为真便自杀了。医生构成故意杀人罪的间接正犯。最后，凭借某种权势或者利用某种特殊关系，以暴力、威胁或者其他心理强制方法，促使他人自杀的，成立故意杀人罪的间接正犯。

规范依据

最高人民法院、最高人民检察院《关于办理组织、利用邪教组织破坏法

律实施等刑事案件适用法律若干问题的解释》

第十一条　组织、利用邪教组织，制造、散布迷信邪说，组织、策划、煽动、胁迫、教唆、帮助其成员或者他人实施自杀、自伤的，依照刑法第二百三十二条、第二百三十四条的规定，以故意杀人罪或者故意伤害罪定罪处罚。

案例评价

[案例 7-2] 李某原故意杀人案[①]
（帮助自杀）

1. 基本案情

被告人李某原与被害人闫某为情侣关系。2018 年 3 月 8 日上午，李某原从闫某同事处得知闫某已有婚史。当日 18 时左右，李某原与闫某在深圳市宝安区某街道塘下涌社区广田路××学校门口附近见面。随后，二人乘坐电动车前往深圳市宝安区燕罗街道××酒店开房。

在××酒店房间，因为隐瞒婚史以及双方交往期间的费用问题，李某原和闫某发生了争吵。李某原提议分手，闫某表示不活了，李某原说不活就不活了，他陪她一起。李某原问去哪里，闫某说去楼顶。李某原让闫某先走，闫某让李某原先走，于是当晚 23 时左右，李某原与闫某离开××酒店房间，李某原在前，闫某在后，从××酒店楼梯上到××酒店楼顶。

到达楼顶后，李某原说他从靠近马路这边跳，问闫某跳哪边，闫某说从靠近宿舍那边跳。××酒店楼顶有护栏，护栏上有铁丝，闫某说她上不去，让李某原帮她找个东西垫脚。李某原在楼顶楼梯口找到一张桌子并搬到护栏边上。桌子搬好后，李某原让闫某先跳，闫某让李某原先跳。李某原就爬上靠近马路的护栏，一只脚在护栏里面，一只脚在护栏外面，做出要跳楼的假象。李某原看到闫某踩上桌子翻越护栏要跳楼时，就从护栏上下来，跑向闫某那边，想制止闫某跳楼。而此时闫某的身体已经翻过护栏外，闫某双手抓着护栏上的铁丝，双脚悬空。李某原抓住闫某双臂试图将其拉上来，并大声呼喊救命，持续了一会儿后，二人无力坚持，闫某从楼顶坠落，当场死亡。法院判决：被告人李某原犯故意杀人罪，判处有期徒刑 8 年。

2. 涉案问题

第一，被告人是否属于教唆他人自杀？第二，教唆、帮助他人自杀的，是否构成故意杀人罪？若构成，其理由根据是什么？

3. 裁判理由及结论

法院认为，李某原并没有教唆闫某自杀，而是闫某主动提出“不活了”

① 参见广东省深圳市中级人民法院（2018）粤 03 刑初 1031 号刑事附带民事判决书。

并要去楼顶。闫某作为一名心智正常的成年人，不可能轻易在短时间内被他人教唆产生自杀意图，但结合其从案发前故意躲避李某原不与他见面，到李某原得知其隐瞒婚史后想办法联系上她相约见面并发生争执的这一情感变化过程，不排除其有因情感问题而产生自杀念头的可能性。因此，现有证据不足以证实李某原有教唆闫某自杀的行为。

但是，现有证据足以认定其有帮助他人自杀的行为。虽然李某原辩称其当时以为闫某只是赌气不会跳楼才去搬桌子的，但在经历了前期二人的争吵之后，其对闫某搬桌子的要求不但不拒绝，反而帮助她把桌子搬过去，且作势要从另一边栏杆跳下去，其行为在一定程度上强化了被害人自杀的念头，也使被害人顺利爬上栏杆并翻过去坠楼而亡，因此其行为属于帮助他人自杀的行为，已构成故意杀人罪。

被告人李某原帮助他人自杀，其行为已构成故意杀人罪。公诉机关指控的罪名成立，本院予以支持，但指控李某原教唆他人自杀的证据不足，本院不予支持。辩护人有关李某原不构成故意杀人罪的意见不成立，本院不予采纳。本案导致被害人死亡的主要原因是被害人的自杀行为，李某原的行为对被害人的死亡结果起帮助作用，本院依法对其减轻处罚。

4. 评析意见

日本刑法单独规定了教唆、帮助自杀罪（参与自杀罪），处罚教唆、帮助自杀行为至少有法律依据，而我国刑法没有将教唆、帮助自杀规定为独立犯罪，用刑罚处罚之，便需要提供充分的理由，否则便有违反罪刑法定原则的嫌疑。处罚教唆、帮助自杀行为的麻烦在于，自杀者作为实行者不构成犯罪，根据共犯从属性，对教唆者、帮助者也应不作犯罪处理。理论上为处罚教唆、帮助自杀提供了诸多理由根据。对这些理由根据，需要具体论证。

（1）从不作为犯角度论证。

教唆他人自杀且引起他人自杀时，教唆者具有救助义务（先行行为引起的义务），教唆者不救助就成立不作为的故意杀人罪。这种论证的不足是，其一，先行行为必须是对法益创设了现实危险的行为，而教唆自杀并不一定会给被教唆者的生命创设现实危险。其二，如果教唆者通过电话远距离教唆自杀，就没有履行救助义务的可能性，不构成不作为犯罪。其三，帮助他人自杀并不会产生救助义务，此时不救助也不会构成不作为犯罪。

（2）采取单一的正犯体系。

单一的正犯体系认为所有的犯罪参与者，只要对构成要件的实现有因果贡献，无论贡献大小，一律视为正犯来处理。至于贡献的方式和大小，只是法官量刑时的考量因素而已。因此，对参与犯罪者没必要区分正犯与共犯。如果认为我国立法体例采取的是单一的正犯体系，那么我国《刑法》分则所规定的构成要件行为既包括实行行为，也包括教唆行为、帮助行为。《刑法》第 232 条故意杀人罪的构成要件就既包括实行行为，也包括教唆行为、帮助行为。因此，教唆、帮助他人自杀构成故意杀人罪。

从我国刑法规定了主犯与从犯看，我国刑法似乎采取了单一的正犯体系。但是，我国刑法也规定了教唆犯，分则许多条文也出现“以共犯论处”的规定。所以，仅从立法规定上看还无法判断我国立法体例是否采取了单一的正犯体系。从解释论出发，单一的正犯体系存在诸多缺陷。其一，导致构成要件定型机能丧失，即通过对构成要件严格解释以限制处罚范围并实现罪刑法定原则的机能丧失。其二，包括教唆者、帮助者的所有参与犯罪者的未遂形态都会受到处罚，导致处罚范围不当扩大。其三，仅从因果性、引起法益侵害结果的角度来认定犯罪，只重视结果无价值，忽略了行为无价值。其四，导致真正身份犯的教唆者、帮助者也需要具备特殊身份才能成立犯罪，这又过分缩小了处罚范围。例如，依照单一的正犯体系，贪污罪的教唆犯、帮助犯都是正犯，那么就需要其具有国家工作人员身份才能构成贪污罪。这显然过分缩小了贪污罪的处罚范围。概言之，从单一的正犯体系出发来论证教唆、帮助自杀的可罚性，解决了一个小问题，却带来了一堆大麻烦。

（3）将“情节较轻”特殊化。

这种解决思路认为，虽然分则条文规定的一般是正犯，符合构成要件的行为一般是实行行为，但是《刑法》第 232 条所规定的“情节较轻”是例外，其中包含了教唆与帮助行为。问题是，这种解释并没有说明第 232 条“情节较轻”是个例外的理由，如果没有明确、充分的理由，就会导致对《刑法》分则中诸多“情节较轻”的随意解释。例如，第 239 条绑架罪中也有“情节较轻”的规定，其中是否包含教唆与帮助行为?

（4）采取纯粹引起说。

关于共犯的处罚根据，现今主流观点是引起说（因果共犯论），认为共犯的处罚根据在于通过介入正犯的行为引起了法益侵害（构成要件该当事实）。直接引起法益侵害的是正犯，介入正犯行为间接引起法益侵害的是共犯。引起说内部有纯粹引起说、修正引起说及混合引起说。纯粹引起说认为，共犯的处罚根据在于其自身的不法（引起法益侵害的事态），即共犯有其自身的不法性，共犯的违法性是独立的。共犯的成立不要求正犯的行为符合构成要件。按照纯粹引起说，就会得出“没有正犯的共犯”的结论。例如，C 教唆 D 自杀，D 自杀未遂。D 的行为不符合故意杀人罪的构成要件，不违法，但是 D 的自杀行为是 C 引起的，所以 C 的教唆行为具有违法性，C 构成故意杀人罪的教唆犯。

但是，纯粹引起说主张共犯具有完全的违法独立性，与事实不符。如果没有正犯实施构成要件该当事实，共犯如何引起法益侵害结果？除非将因果关系抽象为心理上的因果关系，否则是难以想象的。而且，根据纯粹引起说的逻辑，教唆他人实施正当防卫的行为也会具有违法性，构成相应犯罪的教唆犯。此外，根据纯粹引起说，在利用他人的不知情而实施犯罪的场合，幕后利用者不是间接正犯，而是教唆犯，如此混淆了间接正犯与教唆犯的界限。正因如此，纯粹引起说已经很少有人赞成了。由于修正引起说和混合引起说不赞成“没有正犯的共犯”概念，因此仅仅依据修正引起说和混合引起说也无法为教唆、帮助自杀提供可罚性根据。

在没有充分理由根据的情况下，对被告人判处故意杀人罪，有违反罪刑法定原则的嫌疑。

深度研究

从总体上看，对于教唆自杀、帮助自杀的定性，有基于自杀违法说的定罪论和立足于自杀合法性说的无罪论之间的对立。

自杀违法性说认为，自杀具有违法性，教唆、帮助自杀从属于自杀的违法性，因而也应当定罪处罚。其具体理由是：（1）生命虽属于个人法益，但由于生命法益是个人一切价值或者权利赖以存在的物质载体或本源，对生命的放弃意味着对生命个体及其附随于个体而存在的自由和价值的彻底否定，是对包括个人享有的自己决定权在内的法益的永久剥夺。所以，在生命的保护上应例外地承认为保护本人利益的“家长主义”，否定法益主体对自己的生命的处分权。这样，故意杀人罪中的“人”就不限于他人，而且还包括自己。由此，自杀是符合构成要件的违法行为，也就是分则故意杀人罪所规定的“杀人”的实行行为。（2）考虑到自杀源于本人的决定，其违法性低，故不值得处罚。从刑事政策的视角来看，也欠缺处罚自杀者的必要性和合理性，因此，在实务中，仅仅是例外地处罚自杀者。（3）自杀具有违法性，自杀参与行为当然也有违法性。共犯因为通过正犯行为惹起了违法结果而受到处罚，其中，正犯是直接侵害法益，共犯是间接侵害法益。一般而言，正犯违法性的量或者程度要高于共犯。但是，如果从介入行为人的情况方面来考虑（如被害人地位、被害人的自己决定等），情况就可能有例外。就自杀和自杀参与行为而言，自杀虽有违法性，但系自己决定，其本人既是正犯又是被害人，自杀者的自我决定自由在很大程度上得到了实现，行为的违法性因此得到降低，不值得刑罚处罚或者说违法性尚未达到刑罚处罚的程度。既然自杀行为符合故意杀人罪的构成要件行为，具有违法性（只是不需要处罚），而参与自杀的行为系对故意杀人行为的协力或者加功，从因果共犯论来看，自杀参与者通过正犯（自杀者）的自杀这一违法行为间接地惹起了侵害他人生命法益的结果，所以，其应当成立故意杀人罪的教唆犯或者帮助犯。[①] 这是将教唆、帮助者视作从属于自杀者地位的学说（共犯行为说）。自杀违法的观点，在国外也有不少学者赞成。曾根威彦教授曾指出：自杀是法益主体（自杀者）消灭自己的行为，是侵害自己决定的自由也难以比较的重大法益即生命的行为，因此，“从消极家长主义的立场看，自杀具有违法性”。只不过考虑到自杀是被害人自身的行为，该违法性还没有达到可罚的程度（不可罚的违法性）。虽然自杀不可罚，但自杀参与行为毕竟干涉了他人的生命，因此值得制定“特殊规范”予以处罚。[②]

认为自杀违法，相关参与自杀行为构成故意杀人罪这一主张的问题在于：(1) 如果肯定自杀有“杀害”的违法性，且足以导致一人死亡，但又说其违法性低，则无论怎么解释，其实都会与论者自己承认的生命权绝对保护原则有冲突，难以令人信服。(2) 如果认为作为正犯的自杀者的行为的违法性低，而从属于正犯、处于共同犯罪“边缘地位”的共犯的行为的反而违法性达到了值得处罚的程度（尤其在我国，认为其达到了值得按照故意杀人罪处罚的程度），则与正犯在共同犯罪中具有犯罪支配性，共犯仅仅是边缘角色的观念相冲突，难以自圆其说。(3) 刑法家长主义的理论是不是站得住脚？是否与现代法治国家立场相抵触？还值得仔细辨析。(4) 在“共犯行为说”看来，只有先肯定自杀违法，才能解决对自杀者给予救助但造成其损害的，救助者的行为具有正当性（成立正当防卫）这一问题。但是，这一观点未必有道理，不预先设定自杀违法，救助者行为的正当性也不可否认。此时，仍然可以认为自杀是规范所不禁止的行为，他人违背自杀者的真实意志阻止其自杀或者对其加以救助的，在特定情况下可以成立推定的被害人承诺。(5) 认为自杀违法性较低，需要从政策的角度“例外地”不处罚的结论与事实不符。自杀没有违法性，对自杀未遂绝对不处罚，是当今世界各国的通例。欧洲许多国家在 18 世纪之前都有关于自杀（主要是未遂）的处罚规定，而从 19 世纪起，各国都先后废除了相关规定（最晚的是英国，其在 20 世纪 60 年代之后才废除对自杀行为本身定罪的规定）。因此，在今天如果仍然坚定地主张自杀是刑事违法行为，具有可罚性，与现代各国的法制状况相悖，或许仅在“口头上”具有意义。同样地，在中国司法实务中，对所有的自杀未遂情形，不是“例外地”不处罚，而是绝对地、一律不处罚没有成功实现自我死亡的那个人，现实中找不出一例对自杀未遂者以故意杀人未遂定罪处刑的例子。这也说明，认为自杀违法的主张并不能得到实务的支撑。(6) 今天的刑

---

① 钱叶六．参与自杀的可罚性研究．中国法学，2012.

② ［日］曾根威彦．刑法学基础．黎宏，译．北京：法律出版社，2005：74.

法学通说，已经普遍地认为自杀行为本身不是符合构成要件的违法行为，从而欠缺创设共犯可罚性的要件。① 国外确实有认可自杀参与行为干涉了他人的生命因此值得处罚的立法例，但也无一例外地强调要制定“特殊规范”予以处罚，而不是将自杀参与行为依附于以“杀害”这种类型化的实行方式所实施的故意杀人罪。(7) 正是考虑到自杀行为不违法，共犯无法从属于正犯这一点，对于自杀参与（教唆或者帮助自杀）行为，多数国家或地区刑法都将之作为与普通杀人罪不同的独立“犯罪类型”加以规定。② 例如，日本刑法第 202 条规定，教唆或帮助他人自杀，处 6 个月以上 7 年以下惩役或者监禁。此外，奥地利、西班牙、意大利、瑞士、丹麦等国的刑法均将自杀参与行为的全部或者部分作为犯罪加以明文规定。上述规定，是拟制的正犯（共犯行为正犯化）立法的适例，使原本作为教唆犯、帮助犯无法被处罚的人成为直接正犯，从而将危害较大的共犯行为独立规定为正犯行为。如果认为自杀参与人原本就从属于正犯的不法，那么，许多国家或地区针对自杀关联行为单独设立罪名的立法实在是“多此一举”，因为对自杀参与人按照故意杀人罪定罪，且在量刑上根据共犯理论从轻处罚就可以解决相应问题。但世界上这么多立法例均不约而同地采用大致相同的模式，说明其背后必有玄机，许多难题显然不是依照自杀具有违法性这一简单判断能够解决的。

自杀合法性说主张，自杀关联行为不构成犯罪。处理类似案件，要先判断自杀者主观的意思，确定其是否属于自杀。如果能够肯定是自杀的，自杀者及其相关者都没有刑事责任；如果不能认定为自杀，就应从客观上看行为人是否有足以被评价为杀害的实行行为，如果有类似行为，直接以故意杀人罪处理；反之，则不能定罪处罚。其具体主张是：(1) 自杀本身并非刑事不法行为，如果承认客观归责理论，就更应当认为教唆、帮助自杀没有创设不容许的风险。因为自杀行为完全是发生在自杀者自身权利领域内的事件，自杀者应当对之自负其责，没有理由据此限制行为人的行为自由，教唆或帮助自杀、对自杀者不予救助或者过失导致他人自杀等自杀相关行为也不应当受到刑事处罚。(2) 必须严格限定自杀的成立范围，只有当被害人主观上有意识地自主追求或放任死亡结果发生，并且客观上在最后关键时刻自己支配着直接终结生命的行为时，才能认定其构成刑法意义上的自杀。如果被害人没有充分的认知与判断能力并且其意思表示有重大瑕疵，不能认定其自愿选择

① ［德］克劳斯·罗克辛．德国刑法学总论：第 2 卷．王世洲，等译．北京：法律出版社，2013：522.

② “即便说生命是一身专属的法益，但还是很难合理说明对合法行为的间接参与，就变成为违法的理由”，同时，自杀参与的当罚性极低，其实应该删除类似规定。［日］曾根威彦．刑法学基础．黎宏，译．北京：法律出版社，2005：74.

了死亡。(3) 我国司法实务中所涉及的绝大部分所谓“相约自杀”或者“教唆、帮助自杀”案件，其实并不是真正意义上的自杀相关案件。在这些案件中对行为人加以处罚从结果上来看往往是正确的，但是在定性上宜认定为以间接正犯或不作为方式实施的故意杀人或者过失致人死亡。[①] 自杀合法性说的立足点是现代自由主义，其强调对个人自由的尊重，权利主体按照自己的意愿处分与自己有关的权利，是其“自己决定的自由”的体现，法律必须保障个人有这样的自由，而不能过多地进行干预。自杀意味着被害人自主决定地选择了死亡，体现了自杀者处分自身生命的自由权利，法规范没有理由对其加以禁止，尤其是不能根据刑法家长主义否定自杀者对自己生命进行支配、处分的自由。自杀不可能构成刑事不法，应当通过目的性限缩将其排除在故意杀人罪的构成要件之外，帮助、教唆自杀当然就不构成犯罪。[②]

笔者认为，关于自杀具有违法性以及应当处罚教唆、帮助自杀行为的主张并不具有合理性；自杀关联行为更不是《刑法》分则规定的杀害行为，在我国当前的立法体例下，不能按照故意杀人罪（或其共犯）对其定罪处罚。但笔者对自杀具有合法性的理论预设持不同看法，从而认为自杀是违法、合法之外的第三种情形，是“法律无涉的领域”（法外空间说）。因为自杀不能被评价为违法行为，所以对自杀参与行为除非另设罪名，在现有立法体例下，不能定罪处罚。

在个人基于自主决定而行动的领域，即便其意思有些瑕疵，由此选择的行为也可能具有“虽不合法，但法律并不禁止”的性质。对此，莫斯(Moos) 认为：“自杀既非法律所许可，亦非法律所禁止，亦即居于所谓‘法中性’(Rechtlich Neutral) 地带。”[③] 威廉·加拉斯敏锐地指出，自杀既非合法，亦非违法，而是“不禁止—不允许”的行为，要处理自杀参与行为只能按照独立的正犯规定去进行。[④] 罗克辛（Roxin）教授虽然没有明确肯定自杀是中性行为，但其明确指出，不作为是违反社会期待的行为，如果缺乏任何社会期待，也就谈不上不作为了。任何人每天都可以做很多他自己或者别人都没有想到的事情：自杀、酗酒、突然离家出走等等，但这些缺乏社会期待的事情不会形成违法性的基础。[⑤] 在与自杀和离家出走等同，没有违反社会期

① 王钢．自杀的认定及其相关行为的刑法评价．法学研究，2012 (4).

② 王钢．自杀行为违法性之否定．清华法学，2013 (3).

③ 黄常仁．“沧桑旧法”：论“自杀共犯”及其可罚性之理论基础//许玉秀．刑事法之基础与界限：洪福增教授纪念专辑．台北：学林文化事业有限公司，2003：541.

④ ［德］阿图尔·考夫曼．法律哲学：第2版．刘幸义，等译．北京：法律出版社，2011：248.

⑤ ［德］克劳斯·罗克辛．德国刑法学总论：第2卷．王世洲，等译．北京：法律出版社，2013：475.

待的意义上，可以认为罗克辛教授认同自杀处于法的“法中性”地带的观点。对此，格拉斯（Gallas）说得更清楚：“对于自杀行为的法律判断，不管是认为自杀合法，还是认为自杀是违法行为，两者同被排除；唯一可能的答案，乃将自杀视为不禁止的行为。如此一来，法律秩序亦不需以禁止自杀的方式，对于此一专属于个人事务及良知的紧急情状，制定出法律上的行为规定。”① 格拉斯所说的“将自杀视为不禁止的行为”等于将自杀视为违法与合法之间的状态。这和考夫曼所讲的“法外空间说”高度一致。

考夫曼明确指出，对所有与刑法有关的行为，人们都习惯于用合法/违法的二元尺度来评价。但是，这是不正确的。实际上，完全存在虽与法律有联系，并且受法律的规范，但却可以合理地既不受合法也不受违法评价的情形，这就引出了“法外空间”的概念。对涉及法外空间的情形而言，合法、违法的价值范畴是不够的。“法外空间所涉及行止，系与法律相关的且由法律所规范的，然而此行止既不能适当地评价为合法的，也不能评价为违法的。”考夫曼进一步指出，法外空间的情形，仅涉及紧急状况的案例，他明确地将自杀共犯和紧急避险等并列，称它们为法外空间的适例。② “法外空间意指，法律秩序对相关行止放弃评价。由行为人自行负责其行为的正确性……在特定的范围内，法律唯有允许不处罚；它没有说：这是正确的或错误的。”③ 按照考夫曼的逻辑，在自杀的场合，显然不能否定自杀者自我决定的意思，在刑法上凡是行为人不受干预地独立自我决定的场合，按照结果归属的原理，他就必须自我负责；如果肯定自杀违法，则等于说行为人的自我决定在规范上无效，其原因是对生命价值的绝对保护。这样的判断显然陷入了结论彼此矛盾的困局。因此，自杀不是法律领域的负价值行为，而仅仅“是属于法律上不考虑违法、有责判断的‘法律空白领域’之内的放任行为”④。

二、同意杀人

知识背景

同意杀人，是指受被害人的嘱托，或者得到被害人的承诺而杀害被害人的行为。这种行为的特征是：（1）被害人是能够理解杀人意义的，并且是对死亡有自由决定能力的人，不包括幼儿和精神病患者。如果经幼儿或精神病

---

① ［德］Ulfrid Neumann，Winfried Hassemer，Ulrich Schroth. 自我负责人格之法律：Arthur Kaufmann 的法律哲学，刘幸义，等译．台北：五南图书出版股份有限公司，2010：207.

② ［德］阿图尔·考夫曼．法律哲学：第 2 版．刘幸义，等译．北京：法律出版社，2011：244.

③ ［德］阿图尔·考夫曼．法律哲学：第 2 版．刘幸义，等译．北京：法律出版社，2011：244.

④ ［日］曾根威彦．刑法学基础．黎宏，译．北京：法律出版社，2005：73.

患者同意而杀死他们，属于普通的杀人行为。（2）被害人的嘱托或承诺是其真实意思表示。如果欺骗或胁迫被害人，促使其承诺被杀，属于普通的杀人行为。（3）嘱托或承诺必须在杀害行为之前作出。

（一）处罚

同意杀人这种杀人类型构成故意杀人罪，其处罚根据较容易说明。虽然得到被害人的嘱托或承诺，但是被害人承诺构成违法阻却事由是有一定条件的。其中条件之一就是承诺放弃的法益有一定限度。例如，承诺他人对自己实施重伤，他人仍构成故意伤害罪。生命法益是一个人的最高法益，是一切法益的源泉和基础，一个人向他人表示放弃自己的生命，这种表示在效力上是无效的。他人基于被害人的表示而杀死被害人的，并不能阻却违法性。

虽然同意杀人这种杀人类型应受刑罚处罚，但是实践中一般会从宽处罚。类似地，教唆、帮助他人自杀的行为一般也会得到从宽处罚。之所以从宽处罚，是考虑到被害人作为意志自由的法益主体，自愿放弃生命，法律不能表现得过于“父权主义”，而且在客观归责上被害人也负有一定责任。这些杀人类型与完全违背被害人意愿的蓄意谋杀存在区别，因此可以考虑从宽处罚。

（二）认识错误

同意杀人这种杀人类型要求行为人认识到存在被害人的嘱托或承诺。如果行为人对此产生认识错误，则应在主客观相统一的范围内来处理。例如，甲意图谋杀乙，而乙实际上也想让甲结束自己的生命，但甲对此不知情，并杀死了乙。甲在主观上欲犯普通情节的杀人，客观上属于较轻情节的同意杀人行为，在较轻情节上主客观相统一，因此宜以“情节较轻”量刑。又如，甲收到乙的信件，乙表示让甲杀死自己。甲便向乙邮寄毒药，未料乙已经改变主意，不想结束生命，但是甲对此不知情，乙中毒死亡。甲在主观上欲犯较轻情节的同意杀人行为，客观上属于普通情节的杀人，在较轻情节上主客观相统一，因此宜以“情节较轻”量刑。

规范依据

《刑法》

第二百三十四条之一第二款　未经本人同意摘取其器官，或者摘取不满十八周岁的人的器官，或者强迫、欺骗他人捐献器官的，依照本法第二百三十四条、第二百三十二条的规定定罪处罚。

案例评价

[案例 7-3] 徐某故意杀人案①（相约自杀）

1. 基本案情

被告人徐某、被害人李某（男，殁年 21 岁）在案发前素不相识，两人分别因经济压力、生活疾病压力等产生轻生厌世的情绪，意图自杀。2018 年 10 月 10 日，徐某与李某通过网络聊天“来世再见 QQ 群”结识并相约自杀。同年 11 月 9 日，徐某主动通过 QQ 联系李某与之商议具体自杀方式，后两人决定在广州市以“密闭烧炭”的方式（在密封的房间里烧炭产生大量一氧化碳气体，再吸入一氧化碳导致中毒）实施自杀。同月 11 日、12 日，李某按照事先的约定到达本市天河区与徐某见面会合，随后由徐某出资购买木炭以及承租位于本市天河区吉山下街某房间作为实施自杀的地点，李某则准备了酒水食物、透明胶带等工具；自 12 日 22 时始，徐某与李某一起先后在上述承租房内喝酒聊天、书写遗书、封闭门窗、点火烧炭，实施自杀。至 13 日 23 时许，徐某醒来后发现其自身因一氧化碳中毒导致行动困难，且发觉李某同时也已一氧化碳中毒躺倒在地，徐某遂放弃自杀离开现场并关闭房门，后徐某联系其朋友到场将其送往医院救治，但送医过程中徐某既未将与李某相约自杀的情况告知朋友，也未通过报警等方式对李某实施救援。至 14 日早上，徐某在医院治疗期间向亲友反映其与李某一同在上述房屋内相约自杀的事实，其亲友即代为报警求助，公安人员到场出警时徐某如实供述了上述主要事实；同日晚上，公安人员赶至上述房屋时发现李某已经死亡，公安人员随即在医院将徐某控制。经鉴定，被害人李某符合一氧化碳中毒的尸体征象，同时其全身各脏器未见明显机械性暴力损伤，亦未见明显病变，其心血及胸腔积液未检出常见毒品成分、常见安眠药成分及毒鼠强成分，不排除是因一氧化碳中毒致死。法院判决：被告人徐某犯故意杀人罪，判处有期徒刑 2 年。

2. 涉案问题

被告人与被害人相约自杀，存活的一方是否构成故意杀人罪？若构成，理由根据是什么？

3. 裁判理由及结论

被害人李某系因一氧化碳中毒死亡，被告人徐某明知其所实施的“密闭烧炭”行为会产生一氧化碳，可能导致李某死亡的后果，仍实施该行为，且该

① 参见广东省广州市天河区人民法院（2019）粤 0106 刑初 406 号刑事判决书。

行为直接导致了李某因一氧化碳中毒而死亡的结果发生，二者之间在刑法意义上成立因果关系，被告人徐某的行为应构成故意杀人罪。具体理由如下：

第一，徐某实施了刑法所规制的非法剥夺他人生命的具体行为。徐某与李某多次商议采用何种自杀方式以及自杀前的注意事项、自杀的时间和地点等问题，徐某参与讨论的行为多次坚定、加强了李某共同自杀的意图和决心并最终使李某付诸行动，对李某的死亡结果具有较大的原因力；况且，徐某不但邀约李某来其所在的城市自杀，而且在与李某共同准备自杀工具物品的过程中，还实施了诸如出资“网购”关键自杀工具（木炭）以及出资承租房屋作为自杀场所等积极行为。徐某的上述行为不仅使自身陷入死亡的危险，还为李某的自杀提供了条件和帮助，属于形式上的自杀、实质上的他杀。

第二，徐某先行实施了导致李某产生死亡风险的行为，在产生放弃自杀的想法时，其负有阻止李某死亡结果发生的作为义务，只有履行好义务才能免受刑法苛责。

第三，徐某的行为具有社会危害性。我国宪法、法律明确规定尊重和保障人权，生命权作为公民个体至高无上的基本人权，任何个体不得自由处分与让渡。在我国刑法的视角下，生命是最为重要的法益，应被给予最为严密的保护，被害人没有将其生命交由他人处分的权利，被害人的承诺不能成为故意杀人犯罪的违法阻却事由。本案中，在案证据虽体现出李某的死亡结果系其自愿承诺与他人所为（留有遗书），但徐某侵害生命权已经超出被害人承诺可处分的范围，不能以此排除其行为的违法性，自杀或相约自杀均有悖于共同的社会伦理道德观念，须予以反对和禁止，故其行为仍然具有相当的社会危害性，应依法给予惩处。

4. 评析意见

相约自杀，是指二人以上相互约定自愿共同自杀的行为。相约自杀中既可能存在教唆自杀，也可能存在帮助自杀，还可能存在同意杀人的情形，因此需要具体分析。当然，如果相约双方均自杀身亡，自然不存在追究刑事责任问题；如果有一方没有死亡，则需要分析其刑事责任。

第一，欺骗对方，谎称相约自杀，在对方自杀后，自己逃离。这种情形属于欺骗他人自杀，构成故意杀人罪的间接正犯。

第二，如果一方本不想自杀，另一方教唆其自杀，并相约一起自杀，则属于教唆他人自杀。教唆他人自杀的行为，按照现行刑法，不构成故意杀人罪。

第三，双方一起相约自杀，一方为双方的自杀提供帮助行为，例如购买安眠药等，对方服下后死亡的。这种情形属于帮助他人自杀。教唆他人自杀的行为，按照现行刑法，不构成故意杀人罪。

第四，双方一起相约自杀，在对方同意的情况下，一方实施了故意杀人罪的实行行为。这种情形属于同意杀人的杀人类型，即得到对方承诺而杀死对方。由于被害人对生命的承诺放弃是无效的，因此实施的杀人行为构成故意杀人罪，不过可以考虑从宽处罚。例如，一对年轻恋人相约自杀，因为女孩的父母禁止他们相见。在服药自尽未遂后，两人想用汽车尾气来了结生命。于是，男孩在排气管上接了一个软管，软管的另一头从车窗伸进车里。两人被发现时，车还发动着，女孩已经死亡，男孩处于昏迷状态，脚还踩在油门上。对此，应当判决男孩有杀人的实行行为，构成故意杀人罪。

本案中，被告人与被害人一起实施了自杀的行为。其中，就被告人的行为而言，其属于故意杀人的实行行为，例如点燃炭火、关闭房间等。因此该行为构成故意杀人罪的实行行为。此外，当被告人醒来后，其有义务救助被害人，不救助行为构成不作为的故意杀人罪。不过对前后两个故意杀人罪不能数罪并罚，因为被告人只制造了一个死亡结果，如果数罪并罚，则违反了禁止重复评价原则。因此，按照吸收犯的原则，择一重罪论处，也即以故意杀人罪既遂论处。

深度研究

在涉及故意杀人的案件中，安乐死案件值得深入研究。所谓安乐死，通常是指为免除患有绝症、濒临死亡的患者的痛苦，受患者嘱托而使其无痛苦的死亡。安乐死分为消极的安乐死和积极的安乐死。

消极的安乐死，是指对患有绝症濒临死亡的患者，经其承诺，不采取治疗措施（包括撤除人工的生命维持装置）任其死亡的安乐死。这种安乐死没有人为的明显的提前缩短人的生命，而是尊重生命现象，顺其自然地走向死亡，因此不构成故意杀人罪。

积极的安乐死，是指为了免除患者的痛苦，经其承诺，较明显的提前结束人的生命。日本理论界逐渐接受积极的安乐死是一种违法阻却事由，但要求具备严格的条件。第一，患者的死期迫在眉睫。第二，患者为难以忍耐的肉体痛苦所折磨。第三，没有其他方法可以减轻或除去患者的肉体上的痛苦。第四，患者明确表示愿意缩短其生命。只要满足上述条件，从人道主义立场出发实施安乐死，就不具有违法性。① 不过，在世界上只有个别国家对积极的安乐死实行了非犯罪化。在我国，人为地提前结束患者生命的行为，还难以得到一般国民的普遍认可。即使患者同意，这种杀人行为仍是对人生命的侵害。虽然在理论上可以提出若干适用条件，但是在我国地区发展不平衡、社

---

① ［日］大谷实．刑法讲义各论：新版第2版．黎宏，译．北京：中国人民大学出版社，2008：21.

会治理状况非常复杂的背景下，任何纸面上的条件、规定及程序等很有可能变相走样。而安乐死是关系人的生命的事项，人命关天，容不得在此有半点瑕疵，否则会导致一系列不堪设想的后果。因此，在我国法律尚未允许实行积极安乐死的情形下，实行积极安乐死的行为仍构成故意杀人罪，属于同意杀人这种杀人类型，可以从宽处罚，但不宜作无罪处理。

需要指出的是，实践中存在根据《刑法》第 13 条但书规定宣告安乐死无罪的案例。[①] 这种做法并不妥当。《刑法》第 13 条但书规定是指，“但是情节显著轻微危害不大的，不认为是犯罪”。可以肯定的是，如果具体犯罪的罪状中有“情节显著轻微危害不大的，不认为是犯罪”的规定，那么基于该规定不作犯罪处理，毫无异议。问题是：如果具体罪状中没有类似规定，能否直接根据《刑法》第 13 条但书规定作无罪处理？一种非常普遍的观点认为，第 13 条但书规定可以直接作为出罪的适用标准。[②] 例如，对于危险驾驶罪的案件，有观点认为，虽然醉酒驾驶符合危险驾驶罪的犯罪构成，但是如果情节显著轻微危害不大的，不认为是犯罪。这种观点混淆了犯罪概念与犯罪构成的地位。

首先，不可否认，《刑法》总则规定对分则条文具有指导作用，但是指导作用有两种。一种指导作用是具体的构成要件要素上的指导。例如，分则许多犯罪的罪状没有明确规定是故意犯罪还是过失犯罪，此时就需要结合第 14、15 条规定来补充确定。另一种指导作用仅仅是宏观的理念指导。例如，第 2 条是关于刑法的任务，第 3 条是罪刑法定原则，第 4 条是刑法面前人人平等原则。这些规定都是理念指导，而不是具体构成要件的指导，不能直接对某个犯罪的构成要件进行修正。同理，第 13 条是关于犯罪概念的规定，也只是理念指导，而非具体构成要件的指导，不能基于此对具体犯罪的构成要件进行修正。可以说，认定犯罪的唯一标准是犯罪构成。犯罪概念只具有说明性质，但不具有适用标准的属性。

其次，从条文逻辑上看，第 13 条但书是对前段内容的同义强调。根据《刑法》第 13 条的规定，危害行为“依照法律应当受刑罚处罚的，都是犯罪”。这表明危害行为只有达到应受刑罚处罚的程度，才构成犯罪。“但是情节显著轻微危害不大的，不认为是犯罪”只是对该规定从反面同义强调而已，并没有增添新的要素。换言之，即使删除“但书”，该条基本规定丝毫不受影响。设置“但书”的指导意义仅在于，立法者担心司法机关形式地理解“依照法律应当受刑罚处罚的，都是犯罪”，即对犯罪的构成要件仅进行形式解

---

① 最高人民法院中国应用法学研究所．人民法院案例选：总第 2 辑．北京：人民法院出版社，1993：7－10.

② 张波．刑法学的若干基本理论探讨．现代法学，2004（6）.

释，从而不当地扩大了处罚范围，因此需要格外强调提示，对犯罪构成要件的判断不能仅作形式解释，而应同时进行实质解释，即既要作定性判断，又要作定量判断，判断违法和责任的程度是否达到应当受到刑罚处罚的程度。

最后，如果将第 13 条但书作为具体犯罪的出罪标准，那么会与第 3 条前段规定相冲突。第 3 条前段规定："法律明文规定为犯罪行为的，依照法律定罪处刑。"很显然，这里的"法律明文规定"是指分则具体的罪状。第 3 条前段规定旨在防止司法人员不严格适用分则规定，随意出罪。如果一个行为根据分则罪状，符合某罪的犯罪构成，应成立犯罪，但是又根据第 13 条但书作无罪处理，这种做法显然与第 3 条前段规定相冲突，也违背了第 3 条前段规定的设立宗旨。

三、放火罪等罪与故意杀人罪的关系

知识背景

我国刑法学上的多数说认为，以放火、爆炸、投放危险物质等危害公共安全的方法故意杀人的，不再构成故意杀人罪，只能认定为放火罪等以危险方法危害公共安全的犯罪。但是，在放火等危险方法故意杀人的案件中，完全有可能存在符合故意杀人罪构成要件的事实。例如，甲为了杀乙，放火烧乙家住宅，乙被烧死，乙的住宅及邻居住宅被烧毁。这样的行为既符合放火罪的构成要件，也符合故意杀人罪的构成要件。因此，以放火、爆炸等危害公共安全的方法故意杀人的，完全可以成立放火罪、爆炸罪等和故意杀人罪的想象竞合犯，应择一重罪论处。从法定刑上看，虽然两种罪的最高刑都是死刑，最低刑都是 3 年有期徒刑，但是刑罚排列顺序不同，放火罪、爆炸罪等是从低到高排列，故意杀人罪是从高到底排列，这种排列顺序的差异反映出故意杀人罪的刑罚重于放火、爆炸等罪。因此，当两罪想象竞合择一重论处时，应以故意杀人罪论处，如此才能确保罪刑相适应。①

规范依据

《刑法》

第一百一十四条　放火、决水、爆炸以及投放毒害性、放射性、传染病病原体等物质或者以其他危险方法危害公共安全，尚未造成严重后果的，处三年以上十年以下有期徒刑。

第一百一十五条　放火、决水、爆炸以及投放毒害性、放射性、传染病

---

① 更为详尽的分析，请参见张明楷．论以危险方法杀人案件的性质．中国法学，1999（6）。

病原体等物质或者以其他危险方法致人重伤、死亡或者使公私财产遭受重大损失的，处十年以上有期徒刑、无期徒刑或者死刑。

过失犯前款罪的，处三年以上七年以下有期徒刑；情节较轻的，处三年以下有期徒刑或者拘役。

案例评价

[案例7-4] 方某青惠投毒案①
(投毒杀人的认定)

1. 基本案情

方某青惠（越南籍人）于1993年从越南到中国广西做工，在1994年年底与广东省罗定市金鸡镇大岗管理区官塘村村民周某华结婚。方某青惠与周某华共同生活一段时间生，周某华之母简某芳对方某青惠没有生育不满。一天，周某华打方某青惠，简某芳在一旁帮周，后方某青惠流产。方某青惠认为其流产是简某芳殴打所致，遂产生用老鼠药毒杀简某芳的恶念。1996年6月至8月间，方某青惠先后4次购买含有氟乙酰胺的毒鼠药，欲毒害简某芳。

1996年6月19日19时许，方某青惠乘周某华不备，将毒鼠药放入周某华为其父周某新、其母简某芳煲的中药内。但简某芳让周某新先喝。周某新喝时，方某青惠因怕事情败露未予制止。次日凌晨1时许，周某新因中毒死亡。

1996年6月24日上午，方某青惠在家煲好瘦肉粥后，把毒鼠药放入碗中并添上瘦肉粥请简某芳吃。简某芳吃了几口，然后把粥搅混喂其孙女周某莲（3岁，简某芳次子周某林的女儿）吃。周某莲因中毒经抢救无效死亡，简某芳中毒受轻微伤。

1996年6月29日，方某青惠乘简某芳不备进入简某芳住房，将毒鼠药放入简某芳使用的茶壶中。简某芳及其孙子周某发、周某昌因饮用茶壶内水中毒，后经医院抢救脱险。

1996年8月28日上午，方某青惠乘简某芳不备进入简的住房，将一包毒鼠药放入简某芳使用的一白色磁茶壶中。当天到简家聊天、做客的邻居、亲戚等10人在喝了壶内的水后中毒。其中，周某南经医院抢救无效死亡，简某芳、周某发、周某昌、李某花、周某社、何某呀、王某华受轻伤，何某、黄某受轻微伤。

法院判决：被告人方某青惠犯故意杀人罪，判处死刑。

① 最高人民法院刑事审判庭．中国刑事审判指导案例：危害国家安全罪、危害公共安全罪、侵犯财产罪、危害国防利益罪．北京：法律出版社，2009：29.

2. 涉案问题

对被告人应以投放危险物质罪（原称为投毒罪）论处还是以故意杀人罪论处？该如何理解投放危险物质罪与故意杀人罪的关系？

3. 裁判理由及结论

广东省云浮市中级人民法院认为，被告人方某青惠因与婆婆简某芳有矛盾而采用投毒的手段杀人，其行为已构成故意杀人罪，其犯罪行为次数多，并造成3人死亡、9人中毒受伤的严重后果，手段残忍，罪行极其严重。依照《刑法》第12条第1款、第232条和第57条第1款的规定，于1999年9月14日判决如下：被告人方某青惠犯故意杀人罪，判处死刑，剥夺政治权利终身。

一审宣判后，方某青惠不服，向广东省高级人民法院提起上诉。

广东省高级人民法院经二审审理认为，上诉人方某青惠因与婆婆简某芳有矛盾而产生杀人的恶念，以简某芳为特定侵害对象，先后4次投毒鼠药毒害简某芳，其行为已构成故意杀人罪，其对投毒行为可能造成他人伤亡的后果持放任态度，致死致伤多人，手段恶劣，后果严重，应依法严惩。原判认定事实清楚，定罪准确，量刑适当。审判程序合法。遂依照《刑事诉讼法》第189条第1项的规定，于2000年4月4日裁定如下：驳回上诉，维持原判。

广东省高级人民法院依法将此案报请最高人民法院核准。

最高人民法院经复核确认：一审判决、二审裁定认定方某青惠因与婆婆简某芳有矛盾而产生杀人恶念，于1996年6月至8月间先后4次投放含有氟乙酰胺剧毒的毒鼠药毒杀简某芳，事实清楚，证据确实、充分。最高人民法院认为，方某青惠因与被害人简某芳有矛盾而多次采取向简某芳使用的器皿内投毒的手段杀害简某芳，并对其投毒行为造成他人伤亡的后果持放任态度，其行为已构成故意杀人罪，且情节特别恶劣，后果特别严重，应依法惩处。一审判决、二审裁定认定的事实清楚，证据确实、充分，定罪准确。审判程序合法，但对方某青惠附加剥夺政治权利终身不当，应予纠正。遂依照《刑事诉讼法》第199条和《刑法》第12条第1款、1979年《刑法》第132条的规定，于2000年9月19日裁定如下：(1) 撤销广东省高级人民法院（1999）粤高法刑终字第1071号刑事裁定和广东省云浮市中级人民法院（1997）云中法刑初字第38号刑事判决中对被告人方某青惠量刑的附加部分。(2) 核准广东省高级人民法院（1999）粤高法刑终字第1071号维持一审以故意杀人罪判处被告人方某青惠死刑的刑事裁定。

4. 评析意见

投放危险物质罪与故意杀人罪的主要区别在于保护法益不同。投放危险物质罪的保护法益是公共安全，而故意杀人罪的保护法益是人的生命。公共安全中的“公共”，是指不特定人或者多数人，即是“公众”的意思。《刑法》

规定危害公共安全罪的目的，是将生命、身体等个人法益抽象为社会利益并加以保护，故应重视其社会性。因此，“多数”是公共安全的核心概念。“少数”的情形应当排除在外。“不特定”人，虽然可能表现为少数，但是具有随时向“多数”发展现实可能性，会使社会多数成员遭受危险和侵害。所谓“不特定”，是指犯罪行为可能侵犯的对象和可能造成的侵害结果事先无法确定，行为人对此既无法具体预料也难以实际控制，行为造成的危险可能随时扩大。如果能确定犯罪行为只会侵害一两个人的安全，但无法确定具体是哪个人，这种情形不属于公共安全中的“不特定”。例如，甲在楼上向楼下人群中扔一炸弹，显然属于危害公共安全，但如果扔一块砖，其至多会砸伤一两个人，不属于危害公共安全。又如，甲给餐厅客人端上来一盘花生米，其中一粒被注射了毒药，客人乙吃后中毒死亡，这不属于危害公共安全，但是如果甲给客人端上来一壶茶，其中投放了毒药，客人乙饮后中毒死亡，客人丙中毒重伤，则这种情况属于危害公共安全。所谓“多数人”，一般是指三人及以上，但也难以用具体数字表述。这里的多数人包括特定的多数人，当然这种特定是相对而言的。如果甲确定要毒死乙一家三口人，而且投毒方式不可能对其他人有危险，那么其仍属于故意杀人，而不属于危害公共安全。

对本案中被告人的多次投毒行为应逐一分析。(1) 1996年6月19日19时许，方某青惠将毒鼠药放入周某华为其父周某新、其母简某芳煲的中药内。由于熬制的中药专为两位老人喝，不会危及其他人的生命安全，没有危害公共安全，所以方某青惠的这个行为不构成投放危险物质罪，而构成故意杀人罪。(2) 1996年6月24日上午，方某青惠在家煲好瘦肉粥后，把毒鼠药放入碗中并添上瘦肉粥请简某芳吃。该投放了毒鼠药的瘦肉粥是专为简某芳吃的，也没有危害公共安全，所以方某青惠的这个行为仍构成故意杀人罪。(3) 1996年6月29日，方某青惠乘简某芳不备进入简某芳住房，将毒鼠药放入简某芳使用的茶壶中。简某芳及其孙子周某发、周某昌因饮用茶壶内水中毒，后经医院抢救脱险。由于茶壶中的茶水不可能只由简某芳一人专用，很有可能被其他人饮用，所以危害了公共安全。方某青惠的这个行为既触犯了故意杀人罪，也触犯了投放危险物质罪。(4) 1996年8月28日上午，方某青惠将一包毒鼠药放入简某芳使用的一白色磁茶壶中。当天到简家聊天、做客的邻居、亲戚等10人在喝了壶内的水后中毒。同理，由于茶壶中的茶水不可能只由简某芳一人专用，很有可能被其他人饮用，所以危害了公共安全。方某青惠的这个行为既触犯了故意杀人罪，也触犯了投放危险物质罪。在法定刑的设置上，由于故意杀人罪要重于投放危险物质罪，所以被告人的第三、四个行为应以故意杀人罪论处。综上，被告人的四次行为都应以故意杀人罪论处。

第三节 处 罚

知识背景

故意杀人罪的量刑是实务中的突出问题。如何妥当量刑，特别是适用死刑问题，需要仔细分析。

（1）影响报应刑（责任刑）的情节，主要考虑法益侵害性和可谴责性。

第一，被害人的过错。被害人长期实施家庭暴力，行为人为防止、摆脱家庭暴力而杀人的，是酌定从轻处罚情节。在此，对行为人的可谴责性可降低一些。第二，犯罪性质。因为恋爱矛盾、婚姻家庭纠纷、邻里纠纷等杀人的，是酌定从轻处罚情节。严重危害社会治安，严重影响人民群众安全感，例如，极端仇视国家和社会，以不特定人为行凶对象的，是酌定从重处罚情节。第三，杀人动机。杀人动机特别卑劣，例如，为了铲除对手而雇凶杀人的，是酌定从重处罚情节。杀人动机可以谅解，例如，出于义愤大义灭亲、为民除害的，是酌定从轻处罚情节。第四，犯罪手段。犯罪手段特别残忍，例如，放火活活烧死、泼硫酸的，是酌定从重处罚情节。第五，犯罪地点。在公共场所杀人、伤害他人的，具有较大社会危害性，是酌定从重处罚情节。第六，犯罪对象。犯罪对象是弱势群体，例如妇女、儿童的，是酌定从重处罚情节。

（2）影响目的刑（预防刑）的情节，主要考虑人身危险性和再犯可能性。

第一，犯罪起因。长期精心策划的，表明人身危险性较大，是酌定从重处罚情节（例如，美国的一级谋杀等）。激情犯罪、临时起意犯罪的，表明人身危险性较小。第二，犯罪前的表现。平时横行乡里、寻衅滋事，有前科的，是酌定从重处罚情节。初犯、偶犯是酌定从轻处罚情节。第三，行为人是未成年人、老人的，是从宽处罚情节。

规范依据

《刑法》

第二百三十二条　故意杀人的，处死刑、无期徒刑或者十年以上有期徒刑；情节较轻的，处三年以上十年以下有期徒刑。

2009 年最高人民法院《关于审理故意杀人、故意伤害案件正确适用死刑问题的指导意见》

二、关于故意杀人罪的死刑适用

对于故意杀人犯罪案件是否适用死刑，要综合分析，区别对待，依法慎重决定。

一是要注意区分案件性质。对下列严重危害社会治安和严重影响人民群众安全感的犯罪，应当体现从严惩处的原则，依法判处被告人重刑直至死刑立即执行。如：暴力恐怖犯罪、黑社会性质组织犯罪、恶势力犯罪以及其他严重暴力犯罪中故意杀人的首要分子；雇凶杀人的；冒充军警、执法人员杀人的，等等。但是，对于其中具有法定从轻处罚情节的，也要注意依法从宽处罚。

对于因婚姻家庭、邻里纠纷以及山林、水流、田地纠纷等民间矛盾激化引发的故意杀人案件，在适用死刑时要特别慎重。如：被害人一方有明显过错或者对矛盾激化负有直接责任的；被告人有法定从轻处罚情节的；被告人积极赔偿被害人经济损失、真诚悔罪的；被害方谅解的，等等，除犯罪情节特别恶劣、犯罪后果特别严重、人身危险性极大的被告人外，一般可考虑不判处死刑立即执行。

二是要注重区分犯罪情节。对于犯罪情节特别恶劣，又无从轻处罚情节的被告人，可以依法判处死刑立即执行。如：暴力抗法而杀害执法人员的；以特别残忍的手段杀人的；持枪杀人的；实施其他犯罪后杀人灭口的；杀人后为掩盖罪行或者出于其他卑劣动机分尸、碎尸、焚尸灭迹的，等等。

三是要注重区分犯罪后果。故意杀人罪的直接后果主要是致人死亡，但也要考虑对社会治安的影响等其他后果。对于被害人有明显过错，或者有其他从轻情节可以对被告人从宽处罚的，即使造成了死亡的后果，一般也可不判处死刑立即执行。故意杀人未遂的，一般不判处被告人死刑。对于防卫过当致人死亡的，应当减轻或者免除处罚。虽不构成防卫过当，但带有防卫性质的故意杀人，即使造成了被害人死亡的结果，也不判处被告人死刑。

四是注重区分被告人的主观恶性及人身危险性。要从被告人的犯罪动机、犯罪预谋、犯罪过程中的具体情节以及被害人的过错等方面综合判断被告人的主观恶性。在直接故意杀人与间接故意杀人案件中，被告人的主观恶性程度是不同的，在处刑上也应有所区别。

对于犯罪动机卑劣而预谋杀人的，或者性情残暴动辄肆意杀人的被告人，可以依法判处死刑立即执行。对于坦白主要犯罪事实并对定案证据的收集有重要作用的；犯罪后自动归案但尚不构成自首的；被告人亲属协助司法机关抓获被告人后，被告人对自己的罪行供认不讳的；被告人及其亲属积极赔偿被害方经济损失并取得被害方谅解的；刚满 18 周岁或已满 70 周岁以上的人犯罪且情节不是特别恶劣的，等等，一般可不判处死刑立即执行。

要从被告人有无前科及平时表现、犯罪后的悔罪情况等方面综合判断被告人的人身危险性。对于累犯中前罪系暴力犯罪，或者曾因暴力犯罪被判重刑后又犯故意杀人罪的；杀人后毫无悔罪表现的，等等，如果没有法定从轻处罚情节，一般可依法判处死刑立即执行。对于犯罪后积极抢救被害人、减轻危害后果或者防止危害后果扩大的；虽具有累犯等法定从重处罚情节，但前罪较轻，或者同时具有自首等法定、酌定从轻情节，经综合考虑不是必须判处死刑立即执行的，等等，一般可不判处被告人死刑立即执行。

三、关于故意伤害罪的死刑适用

…………

四、关于故意杀人、故意伤害共同犯罪的死刑适用

对于故意杀人、故意伤害共同犯罪案件的死刑适用，要充分考虑各被告人在共同犯罪中的地位和作用、犯罪后果、被告人的主观恶性和人身危险性等情况，正确认定各被告人的罪责并适用刑罚。一案中有多名主犯的，要在主犯中区分出罪责最为严重者和较为严重者。

对于共同致一人死亡，依法应当判处被告人死刑立即执行的，原则上只判处一名被告人死刑立即执行。罪行极其严重的主犯因有立功、自首等法定从轻处罚情节而依法不判处死刑立即执行的，也不能对罪行相对较轻的主犯判处死刑立即执行。

对于被告人地位、作用相当，罪责相对分散，或者罪责确实难以分清的，一般不判处被告人死刑立即执行。确需判处被告人死刑立即执行的，要充分考虑被告人在主观恶性和人身危险性等方面的不同，审慎决定。

对于家庭成员共同犯罪案件，适用死刑要特别慎重，应尽量避免判处同一家庭两名以上成员死刑立即执行。

对于有同案犯在逃的案件，要分清罪责，慎重决定对在案的被告人判处死刑立即执行。

雇凶犯罪作为一种共同犯罪，其社会危害性比一般共同犯罪更大，应当依法从严惩处。雇凶者作为犯罪的“造意者”，其对案件的发生负有直接和更主要的责任，只有依法严惩雇凶者，才能有效遏制犯罪。但在具体量刑时，也要根据案件的不同情况，区别对待。

对于雇凶者与受雇者共同直接实施故意杀人、故意伤害犯罪行为的，应认定雇凶者为罪行最严重的主犯；雇凶者没有直接实施故意杀人、故意伤害犯罪行为，但参与了共同犯罪的策划，实施了具体组织、指挥行为的，对雇凶者也应认定为罪行最严重的主犯；雇凶者只是笼统提出犯意，没有实施具体组织、指挥行为，积极实施犯罪行为的受雇者可认定为罪行最严重的主犯；雇凶者雇佣未成年人实施故意杀人、故意伤害犯罪的，雇凶者为罪行最严重

的主犯；对于多名受雇者地位、作用相当，责任相对分散，或者责任难以分清的，雇凶者应对全案负责，应认定雇凶者为罪行最严重的主犯。

受雇者明显超出雇凶者授意范围，实施故意杀人、故意伤害犯罪，因行为过限，造成更严重危害后果的，应当以实际实施的行为承担刑事责任。

对于雇凶杀人、伤害只致一人死亡的案件，一般不宜同时判处雇凶者与受雇者死刑立即执行。对于案情特别重大，后果特别严重，确需判处两名以上被告人死刑立即执行的，要严格区分多名受雇者的地位、作用，根据其罪责和犯罪情节，一般可对雇凶者和其中罪行最严重的受雇者判处死刑立即执行。

五、关于被告人有自首、立功情节的死刑适用

自首和立功是刑法明确规定的、司法实践中适用较多的两种法定从轻或减轻处罚情节。对于具备这两种情节之一的，一般都应依法从轻处罚。对于具有自首、立功情节，同时又有累犯、前科等法定、酌定从重处罚情节的，要综合分析从重因素和从轻因素哪方面更突出一些，依法体现宽严相济的基本刑事政策。

对于被告人未自首，但被告人亲属协助抓获被告人，或者提供被告人犯罪的主要证据对定案起到重要作用等情况的，应作为酌定从宽情节，予以充分考虑。

对于具有犯罪后果特别严重、犯罪动机特别卑劣或者被告人为规避法律而自首等情形的，对被告人是否从轻处罚，要从严掌握。

对于罪该判处死刑的被告人具有立功表现的，是否从轻处罚，应当以该立功是否足以抵罪为标准。被告人确有重大立功表现的，一般应当考虑从轻处罚；被告人有一般立功表现，经综合考虑足以从轻的，也可以考虑对被告人从轻处罚；被告人亲属为使被告人得到从轻处罚，检举、揭发他人犯罪或者协助司法机关抓捕其他犯罪嫌疑人的，虽不能视为被告人立功，也可以作为酌定从宽情节考虑。对于黑社会性质组织犯罪的首要分子、犯罪集团的首要分子等，犯罪主体的特殊性决定了其有可能掌握他人较多的犯罪线索，即使其检举揭发与其犯罪有关联的人或事构成重大立功的，从轻处罚也要从严掌握。如果被告人罪行极其严重，只有一般立功表现，经综合考虑不足以从轻的，可不予从轻处罚。

最高人民法院刑三庭《在审理故意杀人、伤害及黑社会性质组织犯罪案件中切实贯彻宽严相济刑事政策》

2010 年 2 月 8 日印发的《最高人民法院关于贯彻宽严相济刑事政策的若干意见》（以下简称《意见》），对于有效打击犯罪，增强人民群众安全感，减少社会对立面，促进社会和谐稳定，维护国家长治久安具有重要意义，是人民法院刑事审判工作的重要指南。现结合审判实践，就故意杀人、伤害及黑

社会性质组织犯罪案件审判中如何贯彻《意见》的精神作简要阐释。

…………

二、故意杀人、伤害案件审判中宽严相济的把握

1. 注意区分两类不同性质的案件。故意杀人、故意伤害侵犯的是人的生命和身体健康，社会危害大，直接影响到人民群众的安全感，《意见》第 7 条将故意杀人、故意伤害致人死亡犯罪作为严惩的重点是十分必要的。但是，实践中的故意杀人、伤害案件复杂多样，处理时要注意分别案件的不同性质，做到区别对待。

实践中，故意杀人、伤害案件从性质上通常可分为两类：一类是严重危害社会治安、严重影响人民群众安全感的案件，如极端仇视国家和社会，以不特定人为行凶对象的；一类是因婚姻家庭、邻里纠纷等民间矛盾激化引发的案件。对于前者应当作为严惩的重点，依法判处被告人重刑直至判处死刑。对于后者处理时应注意体现从严的精神，在判处重刑尤其是适用死刑时应特别慎重，除犯罪情节特别恶劣、犯罪后果特别严重、人身危险性极大的被告人外，一般不应当判处死刑。对于被害人在起因上存在过错，或者是被告人案发后积极赔偿，真诚悔罪，取得被害人或其家属谅解的，应依法从宽处罚，对同时有法定从轻、减轻处罚情节的，应考虑在无期徒刑以下裁量刑罚。同时应重视此类案件中的附带民事调解工作，努力化解双方矛盾，实现积极的“案结事了”，增进社会和谐，达成法律效果与社会效果的有机统一。《意见》第 23 条是对此审判经验的总结。

此外，实践中一些致人死亡的犯罪是故意杀人还是故意伤害往往难以区分，在认定时除从作案工具、打击的部位、力度等方面进行判断外，也要注意考虑犯罪的起因等因素。对于民间纠纷引发的案件，如果难以区分是故意杀人还是故意伤害时，一般可考虑定故意伤害罪。

2. 充分考虑各种犯罪情节。犯罪情节包括犯罪的动机、手段、对象、场所及造成的后果等，不同的犯罪情节反映不同的社会危害性。犯罪情节多属酌定量刑情节，法律往往未作明确的规定，但犯罪情节是适用刑罚的基础，是具体案件决定从严或从宽处罚的基本依据，需要在案件审理中进行仔细甄别，以准确判断犯罪的社会危害性。有的案件犯罪动机特别卑劣，比如为了铲除政治对手而雇凶杀人的，也有一些人犯罪是出于义愤，甚至是“大义灭亲”、“为民除害”的动机杀人。有的案件犯罪手段特别残忍，比如采取放火、泼硫酸等方法把人活活烧死的故意杀人行为。犯罪后果也可以分为一般、严重和特别严重几档。在实际中一般认为故意杀人、故意伤害一人死亡的为后果严重，致二人以上死亡的为犯罪后果特别严重。特定的犯罪对象和场所也反映社会危害性的不同，如针对妇女、儿童等弱势群体或在公共场所实施的

杀人、伤害，就具有较大的社会危害性。以上犯罪动机卑劣，或者犯罪手段残忍，或者犯罪后果严重，或者针对妇女、儿童等弱势群体作案等情节恶劣的，又无其他法定或酌定从轻情节应当依法从重判处。如果犯罪情节一般，被告人真诚悔罪，或有立功、自首等法定从轻情节的，一般应考虑从宽处罚。

实践中，故意杀人、伤害案件的被告人既有法定或酌定的从宽情节，又有法定或酌定从严情节的情形比较常见，此时，就应当根据《意见》第 28 条，在全面考察犯罪的事实、性质、情节和对社会危害程度的基础上，结合被告人的主观恶性、人身危险性、社会治安状况等因素，综合作出分析判断。

3. 充分考虑主观恶性和人身危险性。《意见》第 10 条、第 16 条明确了被告人的主观恶性和人身危险性是从严和从宽的重要依据，在适用刑罚时必须充分考虑。主观恶性是被告人对自己行为及社会危害性所抱的心理态度，在一定程度上反映了被告人的改造可能性。一般来说，经过精心策划的、有长时间计划的杀人、伤害，显示被告人的主观恶性深；激情犯罪，临时起意的犯罪，因被害人的过错行为引发的犯罪，显示的主观恶性较小。对主观恶性深的被告人要从严惩处，主观恶性较小的被告人则可考虑适用较轻的刑罚。

人身危险性即再犯可能性，可从被告人有无前科、平时表现及悔罪情况等方面综合判断。人身危险性大的被告人，要依法从重处罚。如累犯中前罪系暴力犯罪，或者曾因暴力犯罪被判重刑后又犯故意杀人、故意伤害致人死亡的；平时横行乡里，寻衅滋事杀人、伤害致人死亡的，应依法从重判处。人身危险性小的被告人，应依法体现从宽精神。如被告人平时表现较好，激情犯罪，系初犯、偶犯的；被告人杀人或伤人后有抢救被害人行为的，在量刑时应该酌情予以从宽处罚。

未成年人及老年人的故意杀人、伤害犯罪与一般人犯罪相比，主观恶性和人身危险性等方面有一定特殊性，在处理时应当依据《意见》的第 20 条、第 21 条考虑从宽。对犯故意杀人、伤害罪的未成年人，要坚持“教育为主，惩罚为辅”的原则和“教育、感化、挽救”的方针进行处罚。对于情节较轻、后果不重的伤害案件，可以依法适用缓刑、或者判处管制、单处罚金等非监禁刑。对于情节严重的未成年人，也应当从轻或减轻处罚。对于已满十四周岁不满十六周岁的未成年人，一般不判处无期徒刑。对于七十周岁以上的老年人犯故意杀人、伤害罪的，由于其已没有再犯罪的可能，在综合考虑其犯罪情节和主观恶性、人身危险性的基础上，一般也应酌情从宽处罚。

4. 严格控制和慎重适用死刑。故意杀人和故意伤害犯罪在判处死刑的案件中所占比例最高，审判中要按照《意见》第 29 条的规定，准确理解和严格执行“保留死刑，严格控制和慎重适用死刑”的死刑政策，坚持统一的死刑适用标准，确保死刑只适用于极少数罪行极其严重的犯罪分子；坚持严格的证据标准，确保把每一起判处死刑的案件都办成铁案。对于罪行极其严重，但只要有法定、酌定从轻情节，依法可不立即执行的，就不应当判处死刑立即执行。

对于自首的故意杀人、故意伤害致人死亡的被告人，除犯罪情节特别恶劣，犯罪后果特别严重的，一般不应考虑判处死刑立即执行。对亲属送被告人归案或协助抓获被告人的，也应视为自首，原则上应当从宽处罚。对具有立功表现的故意杀人、故意伤害致死的被告人，一般也应当体现从宽，可考虑不判处死刑立即执行。但如果犯罪情节特别恶劣，犯罪后果特别严重的，即使有立功情节，也可以不予从轻处罚。

共同犯罪中，多名被告人共同致死一名被害人的，原则上只判处一人死刑。处理时，根据案件的事实和证据能分清主从犯的，都应当认定主从犯；有多名主犯的，应当在主犯中进一步区分出罪行最为严重者和较为严重者，不能以分不清主次为由，简单地一律判处死刑。

案例评价

[案例7-5] 刘某利故意杀人案①
（如何认定被害人过错）

1. 基本案情

被告人刘某利与被害人张某（殁年16岁）几年前曾共同盗窃，后张某因未获分赃多次带人向刘某利索要，威胁刘某利不给钱就将其杀害，并数次拿走刘某利钱物。为摆脱纠缠，刘某利产生杀害张某之念。2007年4月21日晚，刘某利与张某一同回到西安市灞桥区刘某利的住处。趁张某熟睡之机，刘某利先后持菜刀、铁棍及单刃尖刀砍刺、击打张某头面部、颈部、腹部及左手腕部，致张某因重度颅脑损伤死亡。后刘某利用轮车将张某的尸体移至绕城高速路附近一土坑内掩埋。法院判决：被告人刘某利犯故意杀人罪，判处死刑，剥夺政治权利终身。

2. 涉案问题

该案件的主要争议是：被害人张某是否存在可能影响量刑的一定过错？

3. 裁判理由及结论

陕西省西安市中级人民法院认为，被告人刘某利为摆脱被害人张某的纠缠，持械杀死他人，其行为已构成故意杀人罪。刘某利仅因分赃不均，将一未成年人杀害，且犯罪手段残忍，情节恶劣，后果严重，又系累犯，应依法从重判处。

① 最高人民法院刑事审判第一、二、三、四、五庭．刑事审判参考：总第68集．北京：法律出版社，2010：13.

判决被告人刘某利犯故意杀人罪，判处死刑，剥夺政治权利终身。

一审宣判后，被告人刘某利上诉提出：其系被逼迫进行防卫，并非有计划、有预谋的杀人，原判定性不准；其认罪态度好，请求从轻处罚。其辩护人提出：刘某利是基于激愤杀死了被害人；刘某利认罪态度好，犯罪情节较轻，主观恶性小，请求对其酌情从轻处罚。

陕西省高级人民法院经二审审理后认为，原判认定被告人刘某利犯故意杀人罪的事实清楚，证据确实、充分，定罪准确，量刑适当，审判程序合法。关于被告人刘某利及其辩护人所提上诉意见和辩护理由，经查，被害人张某多次带人找刘某利索要赃款属实，但张某系未成年人，且本案系因几年前刘某利教唆张某参与盗窃而引发的纠纷。刘某利为摆脱张某的纠缠，趁张熟睡之机将其杀死，不存在被迫防卫的前提；刘某利庭审中不能如实供述，对其翻供又不能作出合理解释，认罪态度不好。故其上述理由不能成立，对其辩护人的辩护意见亦不予采纳。依照《刑事诉讼法》第 189 条第 1 项和第 199 条之规定，裁定驳回上诉，维持原判，并依法报请最高人民法院核准。

最高人民法院经复核后认为，被告人刘某利因盗窃分赃不均持械报复行凶非法剥夺他人生命，其行为已构成故意杀人罪。犯罪手段残忍，情节恶劣，后果严重，又系累犯，应依法从重处罚。第一审判决和第二审裁定认定的事实清楚，证据确实、充分，定罪准确，量刑适当，审判程序合法。裁定：核准陕西省高级人民法院（2008）陕刑一终字第 35 号维持第一审以故意杀人罪判处被告人刘某利死刑，剥夺政治权利终身的刑事裁定。

4. 评析意见

被害人张某是否存在一定过错，进而影响对被告人的量刑？第一种意见认为，被害人张某的行为属于过错行为。张某案发之前多次带人找刘某利要钱，并威胁不给钱就将刘某利杀掉，刘某利是在人身安全和财产安全受到双重威胁的情况才被迫将张某杀害。因此，张某的行为属于过错行为，刘某利犯罪情有可原。第二种意见认为，被害人张某和刘某利对案件的发生均有过错。张某的行为虽然威胁了刘某利的人身和财产安全，但起因是刘某利教唆未成年人参与盗窃，故双方对引发该案均负有责任。

虽然张某之前的行为属于案件的起因之一，也存在一定过错，但不属于能够影响被告人量刑意义上的过错。量刑意义上的被害人过错，大致而言是指被害人出于故意，实施违背社会伦理或违反法律的行为，侵犯了被告人的合法权利，足以引起被告人实施强烈反击的犯罪行为。被害人的过错与被告人的犯罪行为具备引起与被引起的因果联系。这种过错是一种明显且严重的过错，而不包括轻微过错。这就要求认定过错方是哪一方是比较明确的。如果双方均有过错，而且难以分清谁的过错责任大、谁的过错责任小，则当其中一方是被害人时，其过错难以认定为是影响量刑的被害人过错。至于被害人疏于防范、误入犯罪圈套等行为，更不属于这里的被害人过错，而属于犯罪学上的被害人过错。

本案中，张某虽曾对刘某利的人身和财产安全实施侵犯，但起因是二人曾共同盗窃且分赃不均，属于共同犯罪人为分赃引起的内讧。张某为索要盗窃赃款而威胁、强拿财物的行为，缘于刘某利占有二人共同盗窃的赃款。这种事态属于犯罪团伙的内部矛盾，很难说哪一方有过错、哪一方没有过错。因此，这里不存在影响量刑意义上的被害人过错。

[案例 7-6] 姚某英故意杀人案①
（“情节较轻”的认定）

1. 基本案情

被告人姚某英与被害人徐某生系夫妻关系，结婚十余年间徐某生经常无故打骂、虐待姚某英。2010 年以来，徐某生殴打姚某英更为频繁和严重。2010 年 5 月 10 日晚，徐某生又寻机对姚某英进行长时间打骂；次日凌晨 5 时许，姚某英因长期遭受徐某生的殴打和虐待，心怀怨恨，遂起杀死徐某生之念。姚某英趁徐某生熟睡之际，从家中楼梯处拿出一把铁榔头，朝徐某生头、面部等处猛击数下，后用衣服堵住其口、鼻部，致徐某生当场死亡。当日 8 时 30 分许，姚某英到衢州市公安局衢江分局上方派出所投案。法院判决：被告人姚某英犯故意杀人罪，判处有期徒刑 1 年，缓刑 5 年。

2. 涉案问题

对本案被告人能否适用《刑法》第 232 条中的“情节较轻的，处三年以上十年以下有期徒刑”?

3. 裁判理由及结论

浙江省衢州市衢江区人民法院认为，被告人姚某英持械故意杀害其丈夫徐某生，其行为构成故意杀人罪。但姚某英的杀人故意系因不堪忍受被害人徐某生的长期虐待和家庭暴力而引发，因此，其杀人行为可认定为故意杀人罪中的“情节较轻”。案发后，姚某英主动到公安机关投案，如实供述自己的罪行，是自首，依法可从轻处罚。鉴于被告人长期遭受虐待和家庭暴力而杀夫的行为受到民众高度同情，社会危害性相对较小，且被告人具有自首情节，认罪态度较好，家中又尚有未成年的女儿需要抚养，根据其犯罪情节和悔罪表现，对其适用缓刑不致再危害社会，可依法宣告缓刑。

判决被告人姚某英犯故意杀人罪，判处有期徒刑 1 年，缓刑 5 年。

---

① 最高人民法院刑事审判第一、二、三、四、五庭．刑事审判参考：总第 76 集．北京：法律出版社，2011：30.

一审宣判后，被告人姚某英未提起上诉，公诉机关亦未提起抗诉，判决已发生法律效力。

4. 评析意见

本案中被害人徐某生存在严重过错，考虑到这种因素，被告人姚某英的杀人行为可以被评价为“情节较轻”。其一，被害人在犯罪起因上应负一定责任。姚某英受到徐某生长期的家庭暴力虐待，是案件发生的主要原因。其二，被告人在非难可能性上程度有所降低。长期家庭暴力会导致妇女一直出于恐慌之中。这种精神上的钳制积压到一定程度，一旦爆发就容易走极端，丧失理智而失控。对这种状态下的犯罪的谴责性与蓄谋已久的杀人案件相比应有所区别。其三，被告人在预防必要性上程度有所降低。受虐杀夫案件具有特殊的发生背景，即长期家庭暴力的生活环境。这种案件的发生环境决定了此类案件的行为人再犯可能性甚微，因此没有必要适用严厉的刑罚予以制裁。其四，刑事政策的考虑。对因长期遭受虐待和家庭暴力而杀夫的妇女进行量刑时，按照“情节较轻”处理，对遏制家庭暴力的滋生蔓延有积极的意义，能获得较好的社会效果。我国现行适用于家庭暴力方面的法律、法规可操作性不强。虽然《民法典》第 1042 条第 3 款有禁止家庭暴力的规定，但处罚的尺度和依据难以把握。规章制度上的不健全，使受虐妇女在寻求合法的救济途径时困难重重，相关机构在对受虐妇女进行保护时也显得比较无力。而且，家庭暴力具有隐蔽性，这使施暴者更肆无忌惮，暴力行为愈演愈烈。将受虐杀夫的行为认定为犯罪“情节较轻”，对家庭暴力会起到一定的遏制效果，也符合宽严相济的刑事政策。

[案例 7－7] 吴某故意杀人案①
(如何处罚因恋爱矛盾激化引起的杀人)

1. 基本案情

被告人吴某与被害人吴甲均系在校大学生。二人确立恋爱关系后，吴某经常带吴甲购物、外出游玩。为支付上述高额费用，吴某经常向家里要钱或向老师、同学借钱，还将其父为其购买的富康牌轿车卖掉，用于二人消费。吴甲经常埋怨吴某没有钱，多次催促吴某向其父亲索要位于市中心的房产，并执意要搬进该房居住，这让吴某感到很为难。2006 年 4 月 8 日 20 时许，吴某将其驾驶的富康牌轿车停放在北京市朝阳区北京工业大学经济管理学院停车场内后，与车内的吴甲聊天。其间，二人再次发生争吵，吴某遂猛掐吴甲颈部，致吴甲机械性窒息死亡。后吴某将载有吴甲尸体的富康牌轿车弃至北

① 最高人民法院刑事审判第一、二、三、四、五庭．刑事审判参考：总第 60 集．北京：法律出版社，2008：20.

京市东城区东方广场地下停车场内；同月13日，吴某被公安机关抓获归案。法院判决：被告人吴某犯故意杀人罪，判处死刑，缓期2年执行，剥夺政治权利终身。

2. 涉案问题

1999年最高人民法院《全国法院维护农村稳定刑事审判工作座谈会纪要》指出，处理因婚姻家庭、邻里纠纷等民间矛盾激化引发的故意杀人犯罪，与普通杀人案件应有所区别，应十分慎重地适用死刑。本案的焦点问题是：对因恋爱矛盾激化引起的杀人案件能否按照因婚姻家庭、邻里纠纷等民间矛盾激化引发的杀人案件来处理?

3. 裁判理由及结论

北京市第二中级人民法院认为，被告人吴某故意非法剥夺他人生命，致人死亡，其行为已构成故意杀人罪，且罪行极其严重，依法应予惩处。鉴于吴某归案后能够如实供述所犯罪行，认罪悔罪；其父吴某生在案发后主动报案，并能代替吴某赔偿附带民事诉讼原告人的部分经济损失，故对吴某判处死刑，可不立即执行。根据吴某的犯罪事实，犯罪的性质、情节和对社会的危害程度，判决被告人吴某犯故意杀人罪，判处死刑，缓期2年执行，剥夺政治权利终身。

一审宣判后，被告人吴某没有提起上诉，公诉机关没有提起抗诉。北京市第二中级人民法院依法将本案报请北京市高级人民法院核准。

北京市高级人民法院经复核后认为，一审判决认定的事实清楚，证据确实、充分，定罪及适用法律准确，量刑及对在案物品处理适当，审判程序合法，遂依照《刑事诉讼法》第201条的规定，裁定核准北京市第二中级人民法院以故意杀人罪判处被告人吴某死刑，缓期2年执行，剥夺政治权利终身的刑事判决。

4. 评析意见

从表现特征来看，恋爱矛盾与婚姻家庭矛盾有区别。恋爱矛盾，是指恋人之间因情感、经济等问题在恋爱过程中引发的矛盾。在法律性质上，恋人双方没有进行婚姻登记，不属于合法婚姻关系，但有可能存在同居。正因如此，恋人双方无法定的权利和义务，关系不如婚姻家庭关系密切和稳定。在矛盾主体上，婚姻家庭矛盾的主体比恋爱矛盾主体宽泛，其既可以发生在夫妻之间，也可以发生在家庭成员中的其他主体之间，如父母子女、兄弟姊妹、共同生活的其他家庭成员之间，而恋爱矛盾的主体，一般仅限于恋人之间。

但是，恋爱矛盾与婚姻家庭矛盾仍有诸多相似之处。一是矛盾主体比较固定。恋爱矛盾的双方主体固定在恋人之间。婚姻家庭矛盾主体一般固定在婚姻家庭成员间。因为矛盾双方主体比较固定，由此引发的刑事案件的危害后果会限定在一定范围内。这一点与其他刑事案件有所区别。二是矛盾双方主体间都存在感情基础。无论是婚姻家庭矛盾，还是恋爱矛盾，当事人之间往往都存在一定的感情基础。行为人主观罪过性相对较小，案件发生后，容易产生悔过心理。这一点与普通刑事案件也有所区别。三是产生矛盾的原因和过程类似。无论是婚姻家庭矛盾还是恋爱矛盾，都是矛盾双方当事人在共同生活或日常交往中，因情感、经济以及其他生活琐事等问题而导致的。此类矛盾一般不会因简单的某件事情引发，往往是因双方当事人对矛盾的处理方式不当，日积月累，逐渐激化矛盾，引发行为人采取极端方式解决矛盾。可以看出，上述1999年最高人民法院纪要中的"婚姻家庭、邻里纠纷等民间矛盾"大致有两个特征。一是矛盾主体相对固定，一般仅限于婚姻家庭成员之间、邻里之间或其他有密切来往的人之间。在这些人产生矛盾引发的故意杀人案件中，行为人与被害人之间，一般都相互认识，所以危害后果一般局限在一定范围内。二是矛盾大多呈渐进累积样态，日积月累，逐渐激化。

因此，长期恋爱中因经济或情感矛盾激化引发的杀人案件可以按照因婚姻家庭、邻里纠纷等民间矛盾激化引发的杀人案件来处理。对这类案件应十分慎重地适用死刑。本案中，男女双方因经济问题发生矛盾，在一时激化的情况下发生杀人案件。被告人事后认罪悔罪，如实交代罪行，说明其主观恶性并非极深；其父在其罪行尚未被司法机关发觉时主动报警，并积极筹款赔偿，参与被害人的后事处理，取得了被害人亲属的谅解，应当作为酌定从轻处罚情节考虑。法院综合全案情节，以故意杀人罪判处被告人吴某死刑，缓期2年执行，正确理解和准确适用了纪要精神，体现了宽严相济的刑事政策要求。

［案例7-8］王某才故意杀人案①
（故意杀人罪死刑的适用）

1. 基本案情

被告人王某才与被害人赵某某（女，殁年26岁）在山东省潍坊市科技职业学院上学期间建立恋爱关系。2005年，王某才毕业后参加工作，赵某某考入山东省曲阜师范大学继续专升本学习。2007年赵某某毕业参加工作后，王某才与赵某某商议结婚事宜，因赵某某家人不同意，赵某某多次提出分手，但在王某才的坚持下二人继续保持联系。2008年10月9日中午，王某才在赵某某的集体宿舍再次谈及婚恋问题，因赵某某明确表示二人不可能在一起，王某才感到绝望，愤而产生杀死赵某某然后自杀的念头，即持赵某某宿舍内

① 参见最高人民法院公布的第一批指导案例。

的一把单刃尖刀，朝赵的颈部、胸腹部、背部连续捅刺，致其失血性休克死亡。次日 8 时 30 分许，王某才服农药自杀未遂，被公安机关抓获归案。王某才平时表现较好，归案后如实供述自己罪行，并对被害人亲属积极赔偿，但未与被害人亲属达成赔偿协议。法院判处被告人王某才死刑，缓期 2 年执行，同时决定对其限制减刑。

2. 涉案问题

第一，对因恋爱、婚姻家庭矛盾激化引发的故意杀人案件，该如何适用死刑？第二，如果对被告人适用死缓，该如何决定限制减刑？

3. 裁判理由及结论

山东省潍坊市中级人民法院于 2009 年 10 月 14 日以（2009）潍刑一初字第 35 号刑事判决，认定被告人王某才犯故意杀人罪，判处死刑，剥夺政治权利终身。宣判后，王某才提起上诉。山东省高级人民法院于 2010 年 6 月 18 日以（2010）鲁刑四终字第 2 号刑事裁定：驳回上诉，维持原判，并依法报请最高人民法院核准。最高人民法院根据复核确认的事实，以（2010）刑三复 22651920 号刑事裁定，不核准被告人王某才死刑，发回山东省高级人民法院重新审判。山东省高级人民法院经依法重新审理后，于 2011 年 5 月 3 日作出（2010）鲁刑四终字第 2—1 号刑事判决，以故意杀人罪改判被告人王某才死刑，缓期 2 年执行，剥夺政治权利终身，同时决定对其限制减刑。

山东省高级人民法院经重新审理后认为：被告人王某才的行为已构成故意杀人罪，罪行极其严重，论罪应当判处死刑。鉴于本案系由婚恋矛盾引发，王某才求婚不成，恼怒并起意杀人，但其归案后坦白悔罪，积极赔偿被害方经济损失，且平时表现较好，故对其判处死刑，可不立即执行。同时考虑到王某才故意杀人手段特别残忍，被害人亲属不予谅解，要求依法从严惩处，为有效化解社会矛盾，依照《刑法》第 50 条第 2 款等规定，判处被告人王某才死刑，缓期 2 年执行，同时决定对其限制减刑。

本案的裁判要点为：因恋爱、婚姻家庭矛盾激化而引发的故意杀人案件，被告人犯罪手段残忍，论罪应当判处死刑，但被告人具有坦白悔罪、积极赔偿等从轻处罚情节，同时被害人亲属要求严惩的，人民法院根据案件性质、犯罪情节、危害后果和被告人的主观恶性及人身危险性，可以依法判处被告人死刑，缓期 2 年执行，同时决定限制减刑，以有效化解社会矛盾，促进社会和谐。

4. 评析意见

本案例的裁判要点对类似案件的裁判工作具有指导意义。其中包含两个要点。其一，对因恋爱、婚姻家庭矛盾激化而引发的故意杀人案件，应十分慎重地适用死刑（包括死刑立即执行和缓期 2 年执行）。其中理由，上文已阐述。其二，如果对被告人适用死刑缓期两年执行，该如何决定限制减刑？在涉及《刑法修正案（八）》时间效力的背景下，该问题尤为突出，需要细致分析。

《刑法修正案（八）》将《刑法》第 50 条修改为："判处死刑缓期执行的，在死刑缓期执行期间，如果没有故意犯罪，二年期满以后，减为无期徒刑；如果确有重大立功表现，二年期满以后，减为二十五年有期徒刑；如果故意犯罪，查证属实的，由最高人民法院核准，执行死刑。""对被判处死刑缓期执行的累犯以及因故意杀人、强奸、抢劫、绑架、放火、爆炸、投放危险物质或者有组织的暴力性犯罪被判处死刑缓期执行的犯罪分子，人民法院根据犯罪情节等情况可以同时决定对其限制减刑。"

《刑法修正案（八）》将《刑法》将第 78 条第 2 款修改为："减刑以后实际执行的刑期不能少于下列期限：（一）判处管制、拘役、有期徒刑的，不能少于原判刑期的二分之一；（二）判处无期徒刑的，不能少于十三年；（三）人民法院依照本法第五十条第二款规定限制减刑的死刑缓期执行的犯罪分子，缓期执行期满后依法减为无期徒刑的，不能少于二十五年，缓期执行期满后依法减为二十五年有期徒刑的，不能少于二十年。"

关于上述第 50 条、第 78 条第 2 款的时间效力，2011 年 5 月 1 日最高人民法院《关于〈刑法修正案（八）〉时间效力问题的解释》第 2 条规定："2011 年 4 月 30 日以前犯罪，判处死刑缓期执行的，适用修正前刑法第五十条的规定。被告人具有累犯情节，或者所犯之罪是故意杀人、强奸、抢劫、绑架、放火、爆炸、投放危险物质或者有组织的暴力性犯罪，罪行极其严重，根据修正前刑法判处死刑缓期执行不能体现罪刑相适应原则，而根据修正后刑法判处死刑缓期执行同时决定限制减刑可以罚当其罪的，适用修正后刑法第五十条第二款的规定。"

有观点认为，上述解释明显违反了罪刑法定原则，因为《刑法修正案（八）》对死缓作出了更为严格的不利于被告人的限制减刑的规定。根据罪刑法定原则，对于在 2011 年 5 月 1 日［《刑法修正案（八）》生效之日］被判处死缓的犯罪分子，只能适用颁布之前的《刑法》第 50 条，而不能适用修正后的第 50 条。可是，该司法解释第 2 条则作出了适用修改后的第 50 条的规定，因而与罪刑法定原则相抵触。①

如果按照这种观点，最高人民法院公布的上述指导性案例的裁判工作便存在问题。其实，对此问题不能一概而论，需要分情形讨论。

首先需明确的是，时间效力上有争议的问题主要是就未判决生效的案件

① 张明楷．刑法学．6 版．北京：法律出版社，2021：104.

而言的。以《刑法修正案（八）》为例，犯罪行为发生在 2011 年 5 月 1 日之前，并且在 5 月 1 日之前尚未作出生效判决，及至 5 月 1 日《刑法修正案（八）》生效，案件继续审理时便遇到从旧或从新的问题。如果案件在 5 月 1 日前已经作出生效判决，则不存在溯及力的问题。

其次需明确的是，可能判处死刑的案件，在二审作出的判处死刑立即执行或死刑缓期 2 年执行的判决，并不是生效判决，因为案件需要进入死刑复核程序（最高人民法院作出的裁判除外）。虽然死刑复核程序在性质上不属于三审终审，但既然二审判决需要经过复核程序才能生效执行，就表明此类案件的二审判决不属于生效判决。①

接下来分析死刑案件可能遇到的溯及力问题。第一种情形为：案件在 2011 年 5 月 1 日前经二审作出死刑缓期 2 年执行的判决，5 月 1 日后提请高级人民法院复核。在复核及此后可能的重新审判期间，不能适用 2011 年修正后的第 50 条，因为在死缓规定上，2011 年修正后的第 50 条作出了更为严格的不利于被告人的限制减刑的规定。对此，应坚持“从旧”原则。《关于〈刑法修正案（八）〉时间效力问题的解释》第 2 条规定的第一句“2011 年 4 月 30 日以前犯罪，判处死刑缓期执行的，适用修正前刑法第五十条的规定”，表达的正是这个意思。

第二种情形：案件在 2011 年 5 月 1 日前经二审作出死刑立即执行的判决，5 月 1 日后提请最高人民法院复核。在复核及此后可能的重新审判期间，如果决定判处死刑缓期二年执行，应适用 2011 年修正前的第 50 条还是 2011 年修正后的第 50 条？有人可能认为应当适用 2011 年修正前的第 50 条，因为对于死缓，2011 年修正后的第 50 条比 2011 年修正前的第 50 条作出了更严格的对被告人不利的限制减刑的规定。其实，对此不能一概而论。

根据《刑法》第 12 条的规定，我国关于刑法的时间效力遵循“从旧兼从轻”原则，即如果按照新法“不认为是犯罪或者处刑较轻的”，适用新法。关于何谓“处刑较轻”，一般认为是指法定刑而非处断刑。1997 年 12 月 31 日最高人民法院《关于适用刑法第十二条几个问题的解释》也指出：《刑法》第 12 条规定的“处刑较轻”，是指刑法对某种犯罪规定的刑罚即法定刑比修订前刑法较轻。

然而，这种看法只是就一般情形而言的，在特别情形下可能并不符合《刑法》第 12 条“处刑较轻”的主旨。《刑法》第 12 条规定的“处刑较轻”的主旨是按照有利于被告人的原则来适用刑法。根据罪刑法定原则，刑法禁止溯及既往，但不禁止有利于被告人的溯及既往。所谓有利于被告人，当然

① 易延友．刑事诉讼法．3 版．北京：法律出版社，2008：413.

是指适用刑法的效果有利于被告人。

适用刑法的过程是一个三段论过程。大前提是刑法规定，小前提是案件事实，然后得出定罪量刑的结论。一般而言，作为大前提的刑法规定，如果法定刑越重，当然越不利于被告人，所以一般观点认为《刑法》第 12 条的“处刑较轻”是指法定刑，是有道理的。但是，由于刑法规定的结构的复杂性，作为大前提的刑法规定处刑的轻重程度，很难用法定刑简单概括。有时仅仅通过法定刑来衡量，很难得出大前提的刑法规定的孰轻孰重。例如，有的刑法条文的修改特点是一方面降低了法定最高刑，但另一方面也降低了犯罪的成立条件（例如数额犯的起刑点），这种变化是加重了还是减轻了处刑，便难以简单概括。[①] 正因如此，许多国家和地区并没有简单地从作为大前提的刑法规定的法定刑来认定是否有利于被告人，而是从刑罚效果上来比较，看新旧刑法适用于被告人的具体案件后得出的结论，如果适用新法的刑罚效果轻缓，就认为适用新法对被告人有利。[②] 德国司法判决在判断哪一部法律是处刑较轻的法律时，指出，“不仅应当抽象地衡量不同法律的行为构成和刑罚威胁，更重要的是，在这些有待决定的具体案件中，应当根据它们的特殊情况，看看哪一些规则是允许作出对行为人更有力的判断”[③]。

从形式上看，关于死缓的规定，2011 年修正的第 50 条因为增加了限制减刑所以比此前的第 50 条更严厉，但是如果考察 2011 年修正的第 50 条的立法主旨，则不能一概而论。2011 年修正的第 50 条的变化主要有两处。一是将如果确有重大立功表现，二年期满以后，“减为十五年以上二十年以下有期徒刑”修改为“减为二十五年有期徒刑”。二是增加一款：“对被判处死刑缓期执行的累犯以及因故意杀人、强奸、抢劫、绑架、放火、爆炸、投放危险物质或者有组织的暴力性犯罪被判处死刑缓期执行的犯罪分子，人民法院根据犯罪情节等情况可以同时决定对其限制减刑。”前者主要是增加生刑，后者主要是限制减刑。这主要是为了解决我国刑罚的一个问题：死刑过重、生刑过轻。我国刑法规定的死刑罪名很多，判决死刑的案件数量也很多，相较于其他国家而言，我国存在死刑过重的问题。但同时，我国有期徒刑的最高刑是 15 年，数罪并罚是 20 年。有些国家对有期徒刑数罪并罚实行并科原则，有些国家有期徒刑数罪并罚可以加至 25 年（如韩国）或 30 年（如日本）。相较于这些国家而言，我国存在生刑过轻的问题。对死刑过重问题应采取逐步限制死刑适用的措施，对生刑过轻的问题则应采取适当提高生刑上限的措施，特别是在死缓减为有期徒刑时，应避免落差过大，因此将原来的“十五年以上

① 陈兴良．刑法总论精释．2 版．北京：人民法院出版社，2011：87.

② 林钰雄．新刑法总则．北京：中国人民大学出版社，2009：48.

③ ［德］克劳斯·罗克辛．德国刑法学总论：第 1 卷．北京：法律出版社，2005：99.

二十年以下有期徒刑”改为“二十五年有期徒刑”，具有一定的合理性。这样做也符合罪刑相适应原则。可以看出，为了减少死刑立即执行的适用，有必要提高生刑的严厉程度，用这部分较严厉的生刑来承接或替代死刑立即执行的适用。《刑法修正案（八）》对死缓规定得比以前更严厉，就是为了实现这个目的。从刑罚体系的角度看，如果与死刑立即执行相比较，这种新规定其实是轻缓的表现。

具体到一个案件，如果根据 2011 年 5 月 1 日之前的《刑法》规定，对被告人应当适用死刑立即执行，因为当时的死缓规定过于轻缓，不能适用于该案的被告人。在这种情况下，如果根据 2011 年修正后的《刑法》规定，由于死缓规定提高了严厉程度（延长死缓减为有期徒刑的刑期，增加可以限制减刑的规定），涵盖了该案被告人的犯罪情节，那么就可以对其适用 2011 年修正后的死缓规定。这样的刑罚效果显然对被告人是有利的。这种做法既不违反罪刑法定原则，也不违反《刑法》第 12 条关于“处刑较轻”的含义。王某才故意杀人案便是这样的案件，因此对其可以适用 2011 年修正后的死缓规定。也正是基于上述理由，最高人民法院在《关于发布第一批指导性案例的通知》中指出：《刑法修正案（八）》规定的限制减刑制度，可以适用于 2011 年 4 月 30 日之前发生的犯罪行为。

第八章　过失致人死亡罪

过失致人死亡，是指过失造成他人死亡结果的行为。本罪客观构成要件要求行为人实施了致人死亡的行为，并且已经造成他人死亡的结果；过失行为与死亡结果之间应当具有因果关系。本罪主观构成要件是过失，包括疏忽大意的过失和过失自信的过失。其中，疏忽大意过失致人死亡与意外事件死亡、过于自信过失致人死亡与间接故意杀人之间易引起混淆，需要专门进行厘清。

第一节　客观构成要件

（一）实行行为

知识背景

我国关于新旧过失论的争鸣是来源于日本刑法的“舶来品”，前田雅英教授刑法教科书中的这张表（表8－1）大概能归结出当前我国对新旧过失论争的“基本印象”①。

表8－1　我国对新旧过失论争的“基本印象”

争点	旧过失论	新过失论	新新过失论
过失的性质	责任要素	违法要素	违法要素
注意义务	以预见义务为中心	以回避义务为中心	以回避义务为中心
预见可能性	具体的	具体的	畏惧感（抽象的）
处罚范围	—	限定	扩大

旧过失论认为，预见可能性是过失犯的责任基础，只要发生的结果与行为人主观上不注意的心理态度之间具有相当因果关系，就成立过失犯。这一

① 前田雅英．刑法总论讲义．东京：东京大学出版会，2015：209.

学说忽视了对过失行为的考察，认为既然结果已经发生，其行为肯定是危险的，问题只是在事后考察当时能否预见到这种结果。由于旧过失论会不当扩大过失犯的处罚范围，学者引入了过失犯“实行行为”的概念对其进行了修正，强调只有具备发生构成要件结果的“实质的、不被允许的危险”的行为，才能称得上是过失犯的实行行为。[①] 而新过失论认为，过失的本质不在于预见可能性，而在于违反了结果回避义务，即将遵守“社会生活中必要的注意的行为”设定为基准行为，过失的实行行为就是对此种基准行为的逾越或懈怠。基于新过失论的立场，过失致人死亡罪的实行行为是指违反结果回避义务而具有侵害生命法益的实质的、不被允许的危险的行为。

关于过失犯的实行行为，有必要消除三项误解：第一，无论是修正的旧过失论还是新过失论，都可以主张“实行行为”的概念，这一概念并非修正的旧过失论的“专利”。新过失论者如果使用“实行行为”的概念，是在结果回避义务之违反行为这一意义上而言的。第二，新、旧过失论关于实行行为的界定虽然在表述上存在差异，但基本内涵是接近的。结果回避义务是新过失论借以判断过失成立与否的核心要件，实行行为论的“突出”正好使旧过失论也有所凭借，为争取在构成要件阶层中发挥与结果回避义务同等实质作用迈出“坚实的一步”。可以说，二者之间存在“最大公约数”，即某种行为评价为“过失行为”，必须是符合构成要件的对法益具有实质的、不被允许的危险的行为。第三，尽管过失犯的实行行为概念获得了多数认可，但不乏少数观点认为此概念可以取消，然而取消后的新的解释思路并未逾越实行行为的基本内涵。受德国客观归责理论的影响，有的观点将实行行为界定为创设法所不允许的危险的行为，这种观点看似消解了实行行为概念，实际上是将客观归责理论换了一种话语表述。

规范依据

《刑法》

第十五条　应当预见自己的行为可能发生危害社会的结果，因为疏忽大意而没有预见，或者已经预见而轻信能够避免，以致发生这种结果的，是过失犯罪。

过失犯罪，法律有规定的才负刑事责任。

第二百三十三条　过失致人死亡的，处三年以上七年以下有期徒刑；情节较轻的，处三年以下有期徒刑。本法另有规定的，依照规定。

---

① 曾根威彦．刑法原论．东京：成文堂，2016：339.

案例评价

［案例 8-1］陈某被诉过失致人死亡宣告无罪案①
（利用无实行行为进行出罪）

1. 基本案情

2015 年 8 月 25 日，被告人陈某与其女友即被害人鞠某共同入住重庆市渝北区双龙湖街道渝湖路××号甲商务宾馆。同年 8 月 27 日中午，陈某与鞠某发生矛盾。鞠某使用陈某购买的水果刀割手腕自残，并右手握刀躺在床上，以偿还对陈某的亏欠。陈某按住鞠某的手腕帮其止血，并用浴巾垫在左手腕下。陈某在劝解鞠某过程中与其再次发生矛盾。鞠某生气并举刀刺向自己。陈某立即双手抓住鞠某持刀的右手欲阻止其自残。双方在争夺刀具的过程中，陈某重心发生改变，倒向鞠某，同时松开左手撑住床，右手握在鞠某持刀的右手上，因惯性随鞠某使力的方向捅去，刀刃全部没入鞠某左胸部。陈某认为鞠某已死亡，未采取任何救助措施。同日 18 时 30 分许，陈某离开宾馆后跳水自杀未能成功。经鉴定，鞠某系左肺动脉破损致失血性休克而死亡，死亡时间为 2015 年 8 月 27 日 14 时至 16 时。

2. 涉案问题

被告人陈某与被害人鞠某发生过争执，该行为是否属于过失犯的实行行为？被告人陈某阻止鞠某二次自残时的夺刀行为误伤了鞠某，该行为是否属于过失犯的实行行为？被告人陈某认为鞠某被刺后已死亡而未采取任何救助措施，该行为又是否属于过失犯的实行行为？

3. 裁判理由及结论

重庆市渝北区人民法院经审理认为：根据被告人陈某自己的认知能力和一般常识，其均无法预见和判断鞠某被刺。在案证据仅能认定被告人陈某没有鼓动被害人鞠某自伤或自残的言行，被害人鞠某的死亡是由其自伤行为所导致的，被告人陈某在整个事件中不存在疏忽大意或者过于自信的过失行为，公诉机关指控被告人陈某犯过失致人死亡罪的证据不足，指控的罪名不能成立。

一审宣判后，重庆市渝北区人民检察院以被告人陈某存在疏忽大意的过失，陈某的行为与死亡结果之间具有刑法上的因果关系，陈某的行为构成过失致人死亡罪，原审判决确有错误为由提出抗诉。

重庆市第一中级人民法院经审理认为：当两人发生争执时，陈某言辞欠

---

① 国家法官学院案例开发研究中心．中国法院 2019 年度案例：刑事案例三．北京：中国法制出版社，2019：19-21.

妥当但并非内容明确的唆使或挑衅，不能据此认为陈某应当预见鞠某可能二次自残，亦不能认定陈某的行为直接导致鞠某二次自残。虽然鞠某的死亡确系双方力量叠加造成，但该结果的发生超出陈某的预期，也超出社会一般人的预期，陈某主观上没有过失。现无证据证实鞠某被捅刺后有被救治的可能，系因陈某离开失救而死，故不能认定陈某的未救治行为与鞠某的死亡结果之间存在因果关系。据此，陈某的行为不构成过失致人死亡罪，裁定驳回抗诉，维持原判。

4. 评析意见

被告人陈某的行为不构成过失致人死亡罪，这一结论是正确的，对此存在多种出罪的理由，例如认为不具有刑法上的因果关系、缺乏结果的预见可能性等。不过，针对本案而言，如果将讨论的重点直接置于因果关系或者主观方面的话，在出罪判断上仍有些迟滞。这也是实务中认定过失犯罪比较容易忽视的问题，即未充分利用好过失犯的实行行为的出罪功能，在未严格对犯罪行为进行筛选的情况下就轻易进入了犯罪体系的后续审查判断中。对此类案件的分析，需要遵循从客观到主观、从违法到责任的犯罪认定过程，即首先认定被告人的行为性质，其次考察该行为与死亡结果之间的因果关系与结果归责问题，最后分析被告人的主观罪过，这样才能对案件予以准确定性。那么，被告人陈某是否存在过失致人死亡罪的实行行为呢？此时需要初步筛选出被告人陈某可能存在的过失行为，本案中大概有三个行为可供讨论：（1）在被害人鞠某自伤之前，被告人陈某与鞠某曾发生过争执。需要讨论这一争执行为是否属于过失致人死亡罪的实行行为。（2）被告人陈某为阻止鞠某二次自残，在争夺刀具过程中因重心改变无法发力，因惯性随鞠某使力的方向捅去。需要讨论这一夺刀误伤行为是否属于过失致人死亡罪的实行行为。（3）鞠某被刺后，被告人陈某误以为其已死亡而未采取任何救助措施。需要讨论这一不救助行为是否属于过失致人死亡罪的实行行为。

针对行为（1），被告人陈某与鞠某因感情问题发生争执，陈某虽言辞欠妥当但并未唆使或挑衅鞠某自伤。恋人之间的争执行为是日常生活行为，它可能会使鞠某暂时情绪激动，但不至于对鞠某的生命法益产生实质的、不被允许的危险。因此，二人先前的争执行为无法被认定为过失致人死亡的实行行为。针对行为（2），应当考虑到当时是鞠某举刀要刺向自己，在这种紧急情形下，被告人陈某才会去争夺刀具。由于时间仓促，现场空间局促，在争夺刀具时因为双方力量的“拉锯”难以及时调整位置，即便后来出现陈某重心改变倒向鞠某，陈某松开左手撑住床也是本能地避免伤害结果发生的行为。由于陈某右手仍握在鞠某持刀的右手上，因惯性随鞠某使力的方向捅去，未能成功阻止鞠某自伤。陈某整个过程的夺刀行为都是为了保护鞠某，属于减少或者避免其生命法益受侵害的行为，不应评价为实行行为。针对行为（3），被告人陈某误以为鞠某已死亡而未采取任何救助措施，由于鉴定报告证实鞠某当时还未死亡，这一不救助行为属于不作为，作为义务来源是陈某的先前行为。陈某不履行救助义务的行为对鞠某的生命法益产生了实质的、不被允许的危险，属于实行行为。此时需进一步检讨因果关系与结果归责问题，本案涉及对结果回避可能性的判断，理论上通常认为，在行为人违反刑法上的注意义务并造成法益侵害结果，但即便行为人履行了该义务，相同法益侵害结果仍十有八九发生的场合，就不应要求行为人对该结果承担过失责任。本案中，即使陈某履行了救助义务，现无证据证实鞠某被捅刺后有被救治的可能，根据存疑有利于被告人原则，可以认为即使陈某履行了救助义务法益侵害结果也同样会发生，进而否定对行为人进行结果归责。综上所述，被告人陈某不构成过失致人死亡罪。

［案例 8-2］吴某过失致人死亡案①
（辱骂在特殊场合属于实行行为）

1. 基本案情

被告人吴某的丈夫胡某与被害人邱某在 2003 年合伙做工程，2005 年工程结束，吴某夫妻认为邱某欠其工程款 2 000 元，双方为此产生纠纷。2006 年邱某患脑血栓，吴某夫妻曾前往医院探望邱某。邱某患病后，对吴某夫妻提出的欠款 2 000 元一事予以否认，吴某为此产生气愤情绪。后吴某多次向邱某索要所谓的欠款 2 000 元，遭到邱某的拒绝，吴某即多次辱骂邱某。2009 年 11 月 22 日下午，吴某在新浦区南城镇××超市遇见邱某，再次向邱某索要欠款，并当众辱骂邱某，后邱某至医院治疗。当晚，邱某妻子武某等人至吴某家告知吴某，邱某当天因被骂到医院治疗，并告诫吴某，邱某身体不好，不能再辱骂邱某。11 月 23 日下午 14 时左右，吴某骑三轮车带其孙女回家途中，在新浦区南城镇城隍庙路口和邱某相遇，再次发生争吵，吴某以邱某欠款为由当众辱骂邱某，邱某抱住三轮车车轮不让其离开，吴某即摇晃三轮车并推搡被害人邱某。后二人被他人拉开。当天 16 时许，吴某、邱某至南城派出所接受调解。调解过程中，二人为债务纠纷再次发生争吵，后邱某欲站立时突然倒地，经抢救无效于当日 17 时 10 分左右被宣布死亡。经法医鉴定，邱某系外伤、情绪激动等因素诱发冠心病而猝死。

2. 涉案问题

被告人吴某在知道被害人邱某曾患有脑血栓且情绪激动易发病的情况下，

---

① 国家法官学院案例开发研究中心．中国法院 2014 年度案例：刑事案例．北京：中国法制出版社，2014：8-10.

辱骂邱某致其猝死的行为是否属于过失犯的实行行为？

3. 裁判理由及结论

江苏省连云港市新浦区人民法院经审理认为：被告人吴某在其夫妻二人与被害人邱某发生债务纠纷后，不是通过诉讼等合法途径予以解决，而是在知道被害人邱某曾患有脑血栓且身体不好的情况下继续自行索债，当索债未果时又辱骂被害人。至案发前一天，在被害人被其辱骂后，被害人亲属专程上门告知被告人，被害人身体不好，不能再辱骂。但之后当被告人与被害人相遇发生争执时，被告人疏于对危害后果的充分认识，再次辱骂并推搡被害人。后双方在派出所进行调解时又再次发生争吵，被害人最终因外伤、情绪激动诱发冠心病猝死。遂以过失致人死亡罪判处被告人吴某有期徒刑 6 年。

吴某不服，提起上诉。江苏省连云港市中级人民法院经审理后认为：上诉人吴某在明知其辱骂行为容易导致被害人情绪激动，易诱发其自身疾病的情况下，疏于对危害后果的充分认识，当其与被害人相遇再次发生争执时，辱骂并推搡被害人，后双方在派出所进行调解时又再次发生争吵，被害人最终因外伤、情绪激动诱发冠心病猝死，其行为符合过失致人死亡罪的特征。原审法院认定事实清楚，证据确实充分，审理程序合法，定性准确。但上诉人在本案中应负有的刑事责任与其应受的刑罚并不一致，原审判决量刑不当，应予改判。上诉人（原审被告人）吴某犯过失致人死亡罪，判处有期徒刑 3 年。

4. 评析意见

本案需要先审查过失犯实行行为，如果不将此点分析清楚，后续的审查犹如“沙上建塔”。实际上，后续审查的难度也不大，被害人邱某死亡即出现了法益侵害结果，被告人吴某的行为与邱某的死亡之间具有因果关系，且吴某知道邱某曾患有脑血栓，情绪激动易发病，应当预见自己的行为可能发生危害结果，因为疏忽大意而没有预见，以至发生猝死结果，吴某主观上存在疏忽大意的过失。因此，本案的关键在于考察被告人吴某是否存在过失致人死亡罪的实行行为。在本案中，被告人吴某存在两个行为：辱骂行为和推搡行为。虽然经法医鉴定，邱某系因外伤、情绪激动等因素诱发冠心病猝死，但这一鉴定意见只是指明了诱发冠心病的可能因素，推搡行为是否形成了外伤尚无法被证实，且推搡行为并未发生在最后一次争吵的现场，双方争吵停止后转换了场地，且又经过了一段时间，现有证据无法证明在此之前的推搡行为对被害人邱某造成了外伤。根据存疑时有利于被告人原则，就很难认为被告人吴某之前的推搡行为对邱某的生命法益产生了实质的、不被允许的危险。因此，可供进一步考察的行为只有被告人吴某的辱骂行为。那么，辱骂行为是否属于过失致人死亡罪的实行行为呢？

一般情况下，辱骂行为不会对他人的生命法益产生实质的、不被允许的危险。在日常生活中，如果没有肢体接触，只是普通的语言羞辱，通常只会引起他人情绪激动，未必会对他人的人身安全造成威胁。不过，在特殊场合下，辱骂行为也有被评价为实行行为的余地。本案即属于这样的特殊情况。一方面，被害人邱某患有不适合接受辱骂刺激的疾病，即被害人邱某曾患有脑血栓，脑血栓患者情绪激动可能引发血管破裂，造成二次脑梗等严重后果；另一方面，被告人邱某此前发生过因受辱骂引起身体不适而需去医院治疗的情况。由此可见，此种场合下的辱骂行为已经对被害人的身体产生了严重影响，使其处于实质的、不被允许的危险当中，不应再被视为日常生活中的不道德行为，而应将其评价为足以危害他人生命法益的实行行为，该实行行为与死亡结果之间具有因果关系。

被告人吴某主观上属疏忽大意的过失还是过于自信的过失，则需要被仔细辨明。可能有观点认为被告人吴某既然知道被害人邱某曾患有脑血栓，也被邱某家属专门告诫过不能再辱骂身体不好的邱某，说明被告人对危害结果具有预见可能性，被告人由于轻信被害人即便身体不好也不可能出什么大事，以至辱骂造成被害人猝死的结果，这属于过于自信的过失。这种观点值得商榷，过于自信的过失要求被告人在实施行为前暂时地“预见”危害结果可能发生，但在行为时因轻信某些主客观条件在心理上又彻底否认了这种可能性，但本案中被告人吴某在辱骂时，由于是在气头上，疏忽了对被害人身体情况的认识，未必就能够说其脑海里已经闪现自己的行为可能导致危害结果的“念头”。既然是因疏忽大意而未引起重视，疏忽了对危害结果可能发生的认识，以致使被害人因冠心病发作而猝死，主观上认定为疏忽大意的过失更为妥当。综上所述，法院判处被告人成立过失致人死亡罪是正确的。

深度研究

结合以上案例，可以对过失致人死亡罪的实行行为作出以下归纳和总结：第一，在认定过失致人死亡罪时，实务中比较容易出现的误解是将过失犯的问题等同于主观罪过进行讨论，在分析过程中直接讨论是否存在过于自信的过失或疏忽大意的过失，而忽视对实行行为的讨论。这种做法在审查逻辑上并不严谨，在出罪判断上有时会显得迟滞，甚至会得出错误的结论。第二，过失致人死亡罪的实行行为要求具有侵害生命法益的实质的、不被允许的危险，对其判断应以行为时存在的所有客观事实为基础，并对客观事实进行一定程度的抽象，同时站在行为时的立场，原则上按照客观的因果法则进行判断。第三，由于过失犯的实行行为的危险不是行为人有意创设的，因此需要对过失犯的实行行为的危险进行限定，否则会严重限制国民的正常生活，这就要求合理地界定“允许的危险”。如果某项行为属于日常生活行为，则通常可以将这种行为所引起的一般危险理解为“允许的危险”，之所以允许其存在是因为它是日常生活所必需的或无法被排除/避免的，只有突破了“允许的危险”的界限的行为才是值得非难的。如果某项行为属于减少或者避免其生命法益受侵害的行为，则无法将其理解为过失致人死亡罪的实行行为。第四，过失犯的实行行为包括作为和不作为。行为人具有作为义务，其不履行作为义务的行为只要具有侵害生命法益的实质的、不被允许的危险，就属于过失致人死亡罪的实行行为。

（二）因果关系

知识背景

对过失致人死亡罪中因果关系的讨论也可以说成是对因果关系与客观归责的讨论，这里的因果关系采用了广义的因果关系概念，即包括了狭义的因果关系与狭义的客观归责的概念。因果关系理论中颇为流行的相当因果关系说和客观归责理论，虽然操作方法存有差异，但在思维方式上表现出较大趋同性，即都在事实归因的基础上进行规范归责。相当因果关系说依经验法则判断相当关系，是存在论上因果关系概念之外的一种评价概念，学界不乏观点认为“相当理论是归责理论”①；而客观归责理论的判断，也是在因果关系获得确证的基础上进行的归责判断，是一种实质的、规范的判断。② 因此，无论采取哪个理论，过失致人死亡罪的因果关系的判断都包含了两个层次，即事实的因果关系的判断以及随后结果归责的规范判断。

事实因果关系的判断一般是依靠条件说进行的，条件说常被诟病会引起因果关系的认定范围过于宽泛。这虽然在学界取得了共识，但这种过宽的判断结论并非条件说的硬伤，因为不应指望单凭这一理论就能很好地划定处罚范围。相反，依据事实归因和规范归责二分的判断逻辑，过宽的因果关系范围在归责层面会得到合理的限缩，条件说只需完成好初步筛选的使命即可。不过，这也带来了另一种批评意见：在作为的过失犯中，还可以认为其存在纯粹的事实因果关系的判断，此时在归因层面仍然适用条件说，归责的前提是过失的作为与危害结果之间具有条件因果关系；但在不作为的过失犯中，条件关系已经不是纯粹的事实因果关系的判断，而含有规范建构色彩，条件说并无太大用武之地，即便适用，也是重复的检讨和摆设，这种批评意见值得重视。

---

① 许玉秀．当代刑法思潮．北京：中国民主法制出版社，2005：374－375.

② 陈兴良．从归因到归责：客观归责理论研究．法学研究，2006（2）：85.

在确定了事实的因果关系的前提下，结果归责的规范判断以往主要是依靠相当因果关系说进行，但“相当性”的判断构造一直都非常模糊，且以因果经过的通常性为中心的观点与以行为对结果的贡献程度为中心的观点产生了根本性的矛盾，这一矛盾在学界被称为“相当因果关系说的危机”。基于此，部分学者改变了立场，转而支持客观归责理论或者危险的现实化理论。客观归责理论倍受我国学者的青睐，作为理性构建的“精致化产物”，该理论在我国司法实践中的应用前景十分可观。由于它提供了诸多具体的检验规则及下位规则，以递进式的判断层次来形塑判断体系，确保了逻辑性、严密性和实用性，这些判断规则将十分有利于司法实务中的裁判说理。具体而言，客观归责理论提供了风险创设和风险实现两个层次的判断规则，在存在过失致人死亡罪的实行行为的前提下，其中风险实现层次所采用的义务违反关联性理论和规范保护目的理论有助于满足本罪规范归责的要求。

过失犯作为结果犯，不仅要求注意义务违反和法益侵害结果分别存在，而且还要求义务违反与法益侵害结果之间具有内在关联，即义务违反关联性。这里义务违反关联性的判断与所谓的结果回避可能性的判断其实是一回事，解决的都是规范归责的问题，没必要作严格区分。过失行为是违反结果回避义务的行为，而结果回避义务存在的目的是避免法益侵害结果发生，在行为人履行了该义务，相同结果仍然发生，说明该义务的履行并不能提高法益受保护的机会，其对避免结果缺乏确定性（显著性）效果，因而不能将法益侵害结果归责于行为人的行为。例如，某工厂负责人采购山羊毛后，未按要求将它们予以消毒便交由工人加工，导致四名工人因感染病菌而死亡。事后查明，当时允许使用的消毒剂并不足以完全杀灭羊毛中的病菌，因此即便该负责人提前对羊毛进行消毒，工人也可能因感染死亡。对羊毛进行消毒的措施对避免死亡结果发生并无确定性效果，此时就不应要求行为人对该结果承担过失责任。

义务违反关联性的判断方法是运用假定的“合义务替代行为”作为分析工具，考察如果行为人实施了符合注意义务的行为，同一侵害结果能否避免。若无法避免，则行为人无须对危害结果负责。因此，它本质上是在确认结果回避义务的履行有效性。需要说明的是，有些学者认为义务违反关联性理论或结果回避可能性理论要求合义务替代行为“肯定”不会造成危害结果，但要求绝对确定地回避结果，这显得不切实际，学界通常所言的结果回避标准，如“近乎确定”、“十有八九”或“接近确实性的盖然性”等表述才是其“精髓”所在，这也是目前的通说观点。不过，由于实践中“近乎确定会导致同一侵害结果”在证明上较为困难，不少学者开始主张风险升高理论，即采取“有可能会导致同一侵害结果”这一风险升高标准。按照通说，行为的具体危险性必须进一步实现，才能论以结果犯，但风险升高理论只要求风险升高标准，这其实将实害犯转变为了危险犯，因此该理论一直面临着将实害犯转变为危险犯的批判。

义务违反与法益侵害结果之间除应具有义务违反关联性之外，还需具有保护目的关联性，这涉及规范保护目的理论。该理论审查的是保护目的关联性，强调刑法注意义务都有预设的法益侵害途径，只有在预设的途径中实现法益侵害结果才能予以结果归责。通过规范保护目的理论排除归责，是因为法益侵害的发生途径已经超越了注意义务所预设的管控范围，这种保护射程之外的法益侵害理所当然应排除归责。例如，两辆没有打开照明灯的自行车一前一后行走在黑暗中，前面那个人由于缺乏照明而撞上对面的第三人。夜间骑自行车要求开灯的注意规范，其保护目的在于避免自己的自行车撞上他人而引发事故，而不在于为另一辆自行车提供照明，从而避免其与第三人相撞，因此事故该不能归责于后面骑自行车的人。学界通常认为，规范保护目的理论与义务违反关联性理论处于并列地位，但也不乏少数见解主张拔高规范保护目的理论的地位，认为这种理论具有统领性，能够用于解决与归责相关的多数问题，有的学者甚至将规范保护目的理论视作客观归责理论的“核心”。也因此，该理论能够“大包大揽”，将原本属于义务违反关联性理论或结果回避可能性理论探讨的情形纳入自身的检讨范围。这一趋势并不值得提倡，规范保护目的理论的问题意识固然值得认可，但这一理论在操作过程中有时候缺乏明确具体的标准，而使注意规范的保护目的范围显得模糊。有时候立法上也难以给予明确的提示，不同的解释者对规范保护目的的范围的界定未必一致，所谓的规范保护目的也并非放之四海而皆准的共识，因此不应当因为“好用”就予以泛化的使用，对其适用空间应当予以限缩。

规范依据

《刑法》

第十五条　应当预见自己的行为可能发生危害社会的结果，因为疏忽大意而没有预见，或者已经预见而轻信能够避免，以致发生这种结果的，是过失犯罪。

过失犯罪，法律有规定的才负刑事责任。

第二百三十三条　过失致人死亡的，处三年以上七年以下有期徒刑；情节较轻的，处三年以下有期徒刑。本法另有规定的，依照规定。

案例评价

[案例8-3] 韩某被诉过失致人死亡宣告无罪案[①]（无充分证据证明因果关系）

1. 基本案情

2003年5月24日晚10时许，被害人余某在外饮酒后，由朋友送至其住处楼下。下车后，余某因酒后行为失常，无故殴打其妻，随即又与路过的数人拉扯，追赶他人并寻找刀具。之后，余某闯进路边的发廊内拿走一把理发剪，又与多人发生拉扯、抓打。在被告人韩某见状上前看热闹时，余某用理发剪朝韩某挥去，将韩某的手指刺伤。韩某躲开后跑到一水果摊旁拿起一个方木凳，余某见状即跑开，韩某随后追赶，并用方木凳向余某肩、背部砸了两三下，余被砸后继续往前跑，随后倒在公路中心线附近，韩某上前从余某手中夺过理发剪。后余某经医院抢救无效死亡。

A司法鉴定中心对送检的余某脏器进行了法医病理学检查，该报告分析认为死者余某的病理变化主要为心脏肥大、灶性肺出血及陈旧性肺结核，尸检未见颅骨骨折、硬膜外和硬膜下血肿及其他明显损伤，病理学检查亦未见脏器损伤病理学改变，可以排除暴力作用直接导致死亡的可能。综合分析认为，死者余某比较符合在心脏肥大的基础上，在身体多处损伤、饮酒及纠纷中情绪激动等多因素作用下急性心功能衰竭而死亡。此后，A司法鉴定中心又作出了补充鉴定书分析说明：根据本次尸检结果，未发现颅盖和颅底骨折，综合分析认为，死者余某符合在左心脏肥大的基础上，在身体多处遭受的钝性损伤，特别是头部皮肤挫裂创，加上饮酒及纠纷中剧烈奔跑等多种因素作用下急性心功能衰竭而死亡，综合分析其头部损伤在其死亡过程中的参与度为20%～30%。结论为：死者余某符合在左心脏肥大的基础上，在身体多处遭受的钝性损伤，特别是头部皮肤挫裂创，加上饮酒及纠纷中剧烈奔跑等多种因素作用下急性心功能衰竭而死亡，其损伤在其死亡过程中的参与度为25%～30%。当地公安分局法医鉴定所鉴定书鉴定：死者余某损伤集中在头、面部，身体其他部位未见损伤痕，根据《人体轻微伤的鉴定》的规定，余某头、面部所受之伤为轻微伤。

2. 涉案问题

被告人韩某的伤害行为与被害人余某的死亡结果之间是否具有刑法上的因果关系？

---

① 最高人民法院刑事审判一、二、三、四、五庭．中国刑事审判指导案例2．增补第3版：危害国家安全罪·危害公共安全罪·侵犯公民人身权利、民主权利罪．北京：法律出版社，2017：519-523.

3. 裁判理由及结论

宜昌市西陵区人民法院经审理认为：被害人余某酒后行为失常，连续与多人发生纠纷。韩某在与余某发生纠纷的过程中，持方木凳砸余某的背部、肩部属实。余某死亡后的法医病理检查报告有2份：第一份报告分析认为可以排除暴力作用直接导致死亡的可能；第二份病理补充鉴定书认为，余某死亡的主要原因是急性心功能衰竭，头部损伤在死亡过程中的参与度为20%～30%，而法医鉴定死者余某头、面部所受之伤为轻微伤。本案中，两名证人均证实看到韩某用方木凳砸了余某的背部，韩某在公安机关亦供述其砸了余某的背部、肩部两三下，所有的证据均不能证明韩某用钝器击打了余某的头部。故韩某的行为与余某的死亡之间无刑法上的因果关系，公诉机关指控韩某犯过失致人死亡罪证据不足。韩某持方木凳追打余某，并砸了余背部两三下的行为系故意伤害行为，但其给余某身体造成的伤害后果未达到犯罪标准，韩某的行为不构成故意伤害罪，应作无罪处理。

一审宣判后，公诉机关提出抗诉。其抗诉理由是：（1）原审认定事实错误。原判决认定“被告人韩某的行为与被害人余某的死亡之间缺乏刑法意义上因果关系”是对因果关系的片面理解，韩某的伤害行为是致被害人死亡的原因之一，符合刑法中危害行为和危害后果之间的因果关系。（2）原审采信鉴定结论不准确。鉴定结论显示余某死亡的主要原因是急性心功能衰竭，头部损伤在其死亡过程中的参与度为20%～30%，但不能由此推定其他人为因素就占其死亡原因的5%。死者余某在与韩某打斗中精神高度紧张、情绪激动也是致其因急性心功能衰竭而死亡的诱因。

宜昌市中级人民法院经审理后认为：余某酒后行为失常，连续与多人发生纠纷，韩某与之产生纠纷，持方木凳砸了余某的背部和肩部属实，但该行为与被害人余某死亡结果的发生缺乏因果关系，且情节显著轻微，依法不认为是犯罪。无证据表明韩某击打过余某的头部或面部。余某在和韩某发生纠纷之前，先后与多人发生过纠纷，并且几次倒地，不能排除其前额创伤是倒地所致或者是被其他人殴伤的可能，故裁定驳回抗诉，维持原判。

4. 评析意见

本案公诉机关指控的罪名是过失致人死亡罪，可能有观点认为，被告人韩某在被害人余某实施了伤害韩某等人的行为后，躲开跑到水果摊旁拿起方木凳欲攻击余某，余某见状跑开，此时，余某已停止了不法侵害行为，但韩某仍继续追赶，并将方木凳砸向余某的肩、背部，主观上具有伤害的故意，而不是过失，应以故意伤害（致死）罪起诉才更合适。这种观点虽具有一定道理，但尚不具有完全的说服力。

一方面，韩某拿起方木凳欲攻击余某，余某见状跑开，此时来自余某的不法侵害未必彻底结束了。因为余某是酗酒后行为失常，即所谓的“发酒疯”，在此过程中其既无故殴打其妻，又与路过的数人拉扯、追赶并寻找刀具，可以说余某随时有攻击他人身体的危险。在余某闯入路边发廊内拿走一把理发剪后，这一不法侵害进一步升级了，余某行为失常四处挥舞理发剪，所以才将路边看热闹的韩某手指刺伤。韩某拿方木凳反击时，余某虽跑开，但由于余某还继续手持理发剪，处于“发酒疯”状态，所以不能排除其继续利用凶器攻击路边行人的可能性。可以说，不将行为失常的余某控制住或者不拿走他手上的凶器，余某的行为都可能使周围人的法益处于紧迫的危险之中，此种场合下很难说余某跑开就意味着不法侵害已经彻底结束。

另一方面，从韩某在余某倒地后从其手中夺走理发剪也可以看出，其认识到理发剪在余某手中的危险性，所以才反击拿走这一凶器。即便认为韩某在实施反击时带有愤怒或者报复的心理，但防卫意识和侵害意识也完全可以并存，不是对立排斥关系。防卫意识的重点在于防卫认识，只要韩某认识到自己是在与正在进行的不法侵害相对抗，就应认为其具有防卫意识。因此，本案究竟应指控为过失致人死亡罪还是故意伤害（致死）罪是具有商榷余地的，不能轻易说指控为过失致人死亡罪不合理。

在司法实践中，要准确区分过失致人死亡罪和故意伤害（致死）罪的实行行为其实非常困难，本案中韩某用方木凳砸向余某的肩、背部，这一行为具有侵害身体法益的危险，有可能给被害人的身体造成某种损害，将其认定为伤害行为并没有疑问，但究竟属于哪种犯罪的实行行为则往往要等到主观构成要件分析完毕，结合具体罪名才能确定。本案有所不同，还不涉及要讨论主观构成要件的问题，被告人的行为在因果关系的判断环节便可以出罪。换言之，本案的分析重点是被告人韩某的伤害行为与被害人余某的死亡结果之间是否具有刑法上的因果关系。

根据鉴定结论，死者余某符合在左心脏肥大的基础上，在身体多处遭受钝性损伤，特别是头部皮肤挫裂创，加上饮酒及纠纷中剧烈奔跑等多种因素作用下急性心功能衰竭而死亡，其损伤在其死亡过程中的参与度为25%～30%。由此可见，余某的死亡结果是由多种因素共同导致的，即通常所说的多因一果的案件，其中，被害人余某自身的生理原因是主要原因，其头部损伤属于次要原因，其他部位的伤害由于没有明确在死亡过程中的参与度，属于更次要的原因。因果关系的判断包括两个层次，即事实因果关系的判断与结果归责的判断。虽然头部损伤和其他部位的伤害在死亡过程中的参与度并不高，但终究参与引起了被害人的死亡结果，可以认为它们与被害人的死亡结果之间具有条件关系。然而，由于没有充分证据证明被害人头部损伤系被告人韩某所致，且韩某所攻击过的余某的肩、背部也未发现损伤，此种情况下，被告人韩某的行为与被害人余某的损伤之间无法建立事实上的联系。鉴于这一事实前提不存在，就无法认定被告人韩某的伤害行为造成被害人的损伤进而参与引起被害人的死亡结果。

退一步说，即便有证据证明被害人余某头部损伤是由被告人韩某所致，该损伤在余某死亡过程中的参与度为20%～30%，根据条件说认为具有事实因果关系，也可以在结果归责的判断中以欠缺结果回避可能性为理由排除归责。根据鉴定意见，被害人自身患有心脏肥大、灶性肺出血及陈旧性肺结核等疾病，在醉酒过程中与路人拉扯、抓打以及纠纷中剧烈奔跑等因素，都使死亡结果极有可能发生。即便认为被告人韩某违反了结果回避义务，对余某头部造成了一定的损伤，但从事后来看，如果未造成余某头部损伤，在其他既有状态保持不变的情况下，同一侵害结果的发生仍具有高度的盖然性。这说明被告人虽然违反了注意义务，但履行注意义务对避免结果并没有确定性（或显著性）效果，此时就难以认为结果回避义务违反与法益侵害结果之间具有规范上的关联，也就不能将法益侵害结果看作是违反结果回避义务的“杰作”。综上所述，被告人韩某的伤害行为与被害人余某的死亡结果之间不具有刑法上的因果关系，应作无罪处理。

[案例8-4] 穆某过失致人死亡案①
（因果关系的认定）

1. 基本案情

1999年9月6日10时许，被告人穆某驾驶其金蛙农用三轮车，载客自灌南县孟兴庄驶往县城新安镇。车行至苏306线灌南县硕湖乡乔庄村境内路段时，穆某见前方有灌南县交通局工作人员正在检查过往车辆。因自己的农用车有关费用欠缴，穆某担心被查到受罚，遂驾车左拐，驶离306线，并在乔庄村组李甲家住宅附近停车让乘客下车。因车顶碰触村民李乙从李甲家所接电线接头的裸露处，车身带电。先下车的几名乘客，因分别跳下车，未发生意外，也未发现车身导电。后下车的乘客张某由于在下车时手抓挂在车尾的自行车车梁而触电身亡。张某触电后，同车乘客用木棍将三轮车所接触的电线击断。

现场勘验表明，被告人穆某的金蛙农用三轮车出厂技术规格尺寸为长368cm、宽140cm、高147cm，穆某在车顶上焊接有角铁行李架，致使该车实际外形尺寸为高235cm。按有关交通管理法规规定，该种车型最大高度应为200cm。李乙套户接李甲家电表，套户零线、火线距地面垂直高度分别为

① 最高人民法院刑事审判一、二、三、四、五庭．中国刑事审判指导案例2．增补第3版：危害国家安全罪·危害公共安全罪·侵犯公民人身权利、民主权利罪．北京：法律出版社，2017：511-514.

253cm、228cm，且该线接头处裸露。按有关电力法规规定，安全用电套户线对地距离最小高度应为 250cm 以上，故李乙所接的火线对地距离不符合安全标准。

2. 涉案问题

被告人穆某私自改装车辆的违法行为与张某触电死亡的危害结果之间是否具有刑法上的因果关系？

3. 裁判理由及结论

连云港市灌南县人民法院经审理后认为：被告人穆某的行为虽然造成了他人死亡的结果，但其既不是出于故意也不存在过失，而是由于不能预见的原因引起的，属意外事件，不构成犯罪。

一审宣判后，连云港市灌南县人民检察院在法定期限内向连云港市中级人民法院提起抗诉，认为原判对原审被告人穆某犯罪性质认定错误，原审被告人穆某在主观上有过失，客观上造成了张某死亡的结果，穆某的行为与张某死亡有必然的因果关系，故穆某的行为不属意外事件，而符合过失致人死亡罪的犯罪构成要件，应当定罪处罚。

在连云港市中级人民法院审理过程中，连云港市人民检察院认为抗诉不当，申请撤回抗诉，连云港市中级人民法院认为撤回抗诉的申请符合法律规定，裁定准许连云港市人民检察院撤回抗诉。

4. 评析意见

本案中，一审法院提出了两点出罪理由，即被告人穆某主观上没有过失，客观上其私自改装车辆的行为与被害人触电身亡没有刑法上的因果关系。第一点理由值得商榷：一审法院以缺乏预见可能性为理由试图从主观方面出罪，其认为被告人穆某虽私自对车辆进行违规加高，但对李甲所接照明电线不符合安全用电高度要求，且接头处裸露，不具备预见的可能，穆某也不能预见可能导致张某等乘客触电死亡的结果，因此，被告人穆某对被害人张某触电死亡的后果主观上没有过失。然而，仅凭预见可能性还是较难得出无罪的结论，按照预见可能性理论，只需要被告人穆某认识到超高车辆有可能触及空中其他物体（树枝、电线等），尤其是驶入村庄后有可能触碰电线引发危险即可，不需要对预见的内容作极为具体的要求，更不需要预见到特定的细节性事实。本案中，被告人穆某对车辆超高可能产生的危险结果是具有预见可能性，以主观上没有过失进行出罪较为困难。

本案的分析还是应当从客观构成要件的判断着手，尤其是对因果关系进行重点审查，明确被告人穆某私自改装车辆的违法行为与张某触电死亡的危害结果之间是否具有刑法上的因果关系。

首先，被告人穆某擅自对车辆进行违规加高，这一改装行为实际上增加了车辆行驶的不安全系数，容易造成交通事故，因此是具有侵害生命法益的实质的、不被允许的危险的行为。

其次，被告人的违规行为与被害人触电死亡的结果之间具有条件关系，没有被告人的违规行为，车辆高度就不会超过电线的高度，也就不会引发触电死亡的事故，因此，被告人穆某的实行行为与被害人触电死亡的结果之间具有事实因果关系。

再次，在确定了存在事实的因果关系的前提下，还需要进一步判断结果归责的问题，此时需要检讨义务违反关联性。义务违反关联性的判断方法是运用假定的“合义务替代行为”作为分析工具，考察如果行为人实施了符合注意义务的行为，同一侵害结果能否避免。由于如果被告人穆某履行了结果回避义务，即未实施相关违规行为，则被害人死亡结果完全可以避免，因此，义务违反与法益侵害结果之间具有内在关联。

最后，在确定了义务违反关联性之后，还需进一步检讨保护目的关联性。这就涉及交通运输管理法规对车辆进行限高的规范保护目的的讨论。不少学者认为，由于交通管理法规对机动车辆的限高标准规定并不统一，确定限高的根据是各类车辆的不同型号，这就说明该规定的设定不是为了防止车辆因触碰悬挂物而产生危险。之所以进行限高，是因为车辆高度超过限定标准后，会大大增加车辆侧翻或失衡而引发交通事故的危险。① 本案中，被害人死亡结果并非改装车辆高度所引起的侧翻或失衡等事故所造成，这已经超出了限高的规范保护目的范围，对于这种保护射程之外的法益侵害就不应当归责于之前的违规行为。基于此，对被害人的死亡结果不应归责于被告人违规改装车辆高度的行为，被告人穆某的行为不构成犯罪。

不过，上述观点也未必没有商榷的余地，注意规范的保护目的范围有时候并不明确，很难找到规范明确规定了这一问题的目的或者回答了它针对的是被禁止行为产生的哪种风险，当认为某种规范是为了避免某种特定风险时，不排除解释结论带有解释者个人色彩。仔细深究，车辆限高的规范保护目的真的仅仅是防止车辆因侧翻或失衡而引发交通事故吗？车辆超高可能会触及其他物体，进而产生危险，这本来就属于常识，尤其是在农村地区，私拉乱接电线的行为并不罕见，违规加高的车辆有可能与道路两旁的树木或者村庄内的电线碰撞到。在这种场合，难道不可以认为禁止对车辆进行改装加高的规范保护目的，既包括了防止车辆侧翻或失衡而引发交通事故，也包括了防止车辆触及空中其他物体而威胁车上人员安全吗？当裁判者将规范保护目的的范

① 陈璇．论过失犯中注意义务的规范保护目的．清华法学，2014（1）：45．劳东燕．责任主义与过失犯中的预见可能性．比较法研究，2018（3）：62．

围限定到某个范围时，为什么是这一边界，立法上难以给予明确的提示，而这种限定也只是解释者个人的认知。不同的裁判者所认识到的规范保护目的范围也不一样，甚至存在根本性差异，所谓的规范保护目的并非放之四海而皆准的共识。由此可见，规范保护目的的界定有时候未必可靠，这也使部分学者认为被害人的死亡结果可以归责于被告人违规改变车辆高度的行为。①

深度研究

学界用客观归责理论来解决过失致人死亡罪的因果关系问题，这确实能够很好地处理很多棘手的案例。然而，客观归责理论不仅是因果关系理论，还是实质的构成要件理论，它经常在两个维度上被使用：一是作为与因果关系理论相对应意义上的客观归责理论，二是作为一种实质的构成要件理论的客观归责理论。

第一个维度的客观归责理论，本质上探讨的是客观归责理论与因果关系理论的关系。为了厘清二者之间的关系，刑法学界曾进行了一番不小的争论，主要有以下几种不同见解：（1）客观归责理论与因果关系理论并列；（2）因果关系理论是客观归责理论的下位概念；（3）客观归责理论取代因果关系理论。这种争论意义不大，如果使用广义的客观归责概念和广义的因果关系概念，二者其实都包含了事实归因与规范归责。

第二个维度的客观归责理论是一种实质的构成要件理论，它跳脱了因果关系理论的“一亩三分地”，而着眼于对客观构成要件的解释。如有学者所言，将客观归责理论仅仅理解为一种因果关系理论或者单纯的结果归责理论，实际上是低估其所具有的意义，事实上，传统的因果关系问题并非客观归责理论关注的核心，构成要件行为论才是其拿手绝活。② 因此，在罗克辛教授看来，客观归责理论创造了一个全新的过失不法理论，传统过失理论所尝试理解的注意义务的违反、可预见性、认识可能性及避免可能性等概念都是多余的，并且都可以废弃不用，使用客观归责理论所描述的标准可以对过失犯的认定作更精确的说明。③

然而，推崇作为实质构成要件理论的客观归责理论而彻底放弃传统过失论基础概念的做法，深究起来似乎有些得不偿失。有的学者尝试建立传统过失论与客观归责理论之间的联系，认为过失犯在构成要件阶段考虑客观归责，明显吸纳了新过失论的所有内容。客观的注意义务违反、可预见性、认识可

---

① 周光权．客观归责方法论的中国实践．法学家，2013（6）：119.

② 劳东燕．刑法中的客观不法与主观不法：由故意的体系地位说起．比较法研究，2014（4）：71－72.

③ ［德］克劳斯·罗克辛．客观归责理论．许玉秀，译．政大法学评论（50）：19－20.

能性、结果避免可能性等过失论所使用的概念，都可以在对结果的客观归责中找到自己的位置。客观的注意义务违反对应客观归责理论的第一个层次——创设法所不允许的风险，结果避免可能性则对应客观归责理论的第二个层次——实现法所不允许的风险，其下位判断规则包括反常因果流程、规范保护目的范围、合法替代行为等。传统的预见可能性判断依然存在，只不过消融在创设法所不允许的风险与实现法所不允许的风险两个判断当中。① 这不失为一种好的融合思路，一定程度上使传统过失论的基础概念得到保留，并发挥实质的判断作用。

其实，日本的危险现实化理论的思路也值得借鉴。客观归责理论早在1972年就被下村康正教授介绍到日本学界，但日本学者并未完全照搬客观归责理论。时至今日，客观归责理论在日本只能算作有力学说，日本学者在判例的基础上发展出危险现实化理论，开始与德国客观归责理论“分道扬镳”。背后的原因在于：客观归责理论以危险的创设、危险的实现为基本判断框架，同时就结果归属的实质的、规范的根据按照事例群加以类型化来提示，这与日本学界结合实行行为性判断与因果关系判断的内容相对应。德国并未发展出“实行行为”概念，构成要件的客观面一直被认为存在相当大的无限定性，针对这种现状，罗克辛教授所提出的客观归责理论的可谓是“一剂良方”。客观归责理论本身是以构成要件客观面的限定为主题，在此限度内，与日本实行行为概念可谓肩负着相同功能，但很明显，客观归责理论的发展较日本实行行为概念更晚。如井田良教授所指出的，客观归责理论在危险创设判断上，为了使实行行为的判断基准更具体化，存在可供参考的内容；在危险实现判断上，为了使规范的因果关系的判断基准更具体化，也存在可供参考的内容，但完全没有必要一并放弃日本学说中的实行行为概念和因果关系理论，从头照搬。②

危险现实化理论的思路能够给予我国因果关系理论一定的启发，原来的“预见可能性”“结果回避可能性”“注意义务违反”等概念工具在我国已经有一定的使用传统，且规则相对完善和精细。相比起来，创设法所不允许的危险的表述则过于笼统，如德国学者所指出的，“客观归属有着一个消极任务，亦即要在为构成要件性结果进行刑法上答责的领域中，将不重要的因果流程排除出去”③，所以它在危险创设阶段的具体规则类似于一个负面排除清单，很难正面给予清晰准确的判断。如果已经讨论过失犯的实行行为，在因果关

① 周光权．客观归责与过失犯论．政治与法律，2014（5）：22.

② ［日］井田良．刑法中的因果关系论：从相当因果关系说到危险现实化说．庆应法学，2018（2）.

③ ［德］乌尔斯·金德霍伊泽尔．刑法总论教科书．蔡桂生，译．北京：北京大学出版社，2015：8.

系的判断中，又讨论创设法所不允许的危险，存在重复审查之嫌，这有损审查的经济性。虽然未必要全盘接受作为实质构成要件理论的客观归责理论，但客观归责理论的方法论值得吸收和借鉴，该方法论所指明的刑法规范判断的思考方向毫无疑问是正确的，它有助于区分“不法”与“不幸”以及进一步探讨“谁之不法”。刑法上能否将一个“结果”具体的算到行为人身上，视作其“作品”，必须要进行规范的判断。至于是否非要使用客观归责这一术语并不重要，重要的是在实践中不排斥规范归责的做法。

第二节　主观构成要件

（一）疏忽大意的过失

知识背景

在过失致人死亡罪的认定中，疏忽大意的过失是指行为人应当预见自己的行为可能发生致人死亡的结果，因为疏忽大意而没有预见，以致发生这种结果的心理态度。没有履行结果回避义务是过失犯的客观构成要件，而之所以要求行为人履行结果回避义务是因为其对结果具有预见可能性，因此结果的预见可能性是过失犯的主观构成要件的核心。《刑法》第 15 条对疏忽大意的过失的表述是“应当预见自己的行为可能发生危害社会的结果，因为疏忽大意而没有预见”，该如何理解这一规定呢？

首先，既然是过失，行为人当然没有预见到危害社会的结果，这是疏忽大意的过失的应有之义。法条之所以规定“没有预见”，是为了区分疏忽大意的过失与故意，故意的成立需要以“已经明知”为前提，在行为人是故意还是过失存在疑问的场合，只要认定行为人“没有预见”，就能够说明其没有故意。

其次，在已经排除故意的场合，要判断行为人是否具有疏忽大意的过失，需要先确定行为人是否应当预见自己的行为可能发生危害社会的结果。法条规定的“应当预见”其实就是“能够预见”，这是从规范和应然的角度而言的，即行为人按理是能够预见自己的行为可能发生危害社会的结果，而认定是否能够预见的关键在于判断行为人是否具有对结果的预见可能性。如果具有对结果的预见可能性，行为人自然是能够预见到自己的行为可能发生危害社会的结果。因此，是否具有对结果的预见可能性是疏忽大意的过失与意外事件的本质区别，判断行为人是否属于疏忽大意的过失，并非先判断其是否疏忽大意，而应先判断其是否具有对结果的预见可能性，在得出肯定的结论之后，再进一步去审查行为人是否因为疏忽大意而没有预见。

最后，之所以谴责疏忽大意的过失，是因为行为人在能够预见到危害社会的结果可能发生的情况下，由于疏忽大意而没有预见，进而实施了行为导致结果发生。所谓的疏忽大意，就是马马虎虎、粗心大意、草率行事，如果行为人保持其意识的紧张，谨慎行事，就会预见，进而避免危害结果的发生。

规范依据

《刑法》

第十五条　应当预见自己的行为可能发生危害社会的结果，因为疏忽大意而没有预见，或者已经预见而轻信能够避免，以致发生这种结果的，是过失犯罪。

过失犯罪，法律有规定的才负刑事责任。

第十六条　行为在客观上虽然造成了损害结果，但是不是出于故意或者过失，而是由于不能抗拒或者不能预见的原因所引起的，不是犯罪。

第二百三十三条　过失致人死亡的，处三年以上七年以下有期徒刑；情节较轻的，处三年以下有期徒刑。本法另有规定的，依照规定。

案例评价

[案例 8－5] 岳某过失致人死亡案①
（疏忽大意的过失与意外事件的区分）

1. 基本案情

2014 年 9 月 5 日 14 时许，被告人岳某、其母亲包某、表姐王学某及其他亲属在无锡市锡山区安镇街道某小区 B 区参加丧宴，包某因欠款纠纷与王学某发生争吵并进而拉扯。岳某见状上前殴打王学某头部，将王学某打倒在地，后岳某被王学某及其三名亲戚拉扯，岳某挣脱后，王学某等人继续对其追赶。被告人岳某在逃跑过程中将站在该小区西侧水泥路上的被害人王安某撞倒在地，致使王安某头部着地受伤，经送医院抢救无效于同月 10 日死亡。经法医鉴定，被害人王安某系因严重颅脑损伤而死亡。

2. 涉案问题

被告人岳某在逃跑过程中将小区道路上的行人王安某撞倒在地，致其死亡，该行为应认定为过失致人死亡罪还是意外事件?

① 国家法官学院案例开发研究中心．中国法院 2017 年度案例：刑法分则案例．北京：中国法制出版社，2017：102－103.

3. 裁判理由及结论

无锡市锡山区人民法院经审理后认为：被告人岳某在奔跑过程中，因疏忽大意将他人撞倒在地，致一人死亡，其行为已构成过失致人死亡罪，属情节较轻。鉴于追赶被告人岳某的王学某等人对本案引发有一定责任，被告人岳某能当庭自愿认罪，悔罪态度较好，可酌情从轻处罚。根据被告人岳某的犯罪情节和悔罪表现，法院决定对其从轻处罚，且被告人岳某符合适用缓刑的条件，可对其宣告缓刑。法院以被告人岳某犯过失致人死亡罪，判处有期徒刑 1 年，缓刑 1 年。

4. 评析意见

本案中，被告人岳某在奔跑过程中没有注意前方，撞上了小区道路上的行人王安某，致其因头部着地受伤而死亡，这一行为显然对他人的身体法益产生了实质的、不被允许的危险，属于实行行为。如果被告人当时履行前方注视义务，谨慎地奔跑，就不会撞上路上的行人，进而能避免死亡结果的发生，故被告人岳某的上述行为与被害人王安某的死亡结果之间具有因果关系。由此可见，本案讨论的重点在于主观构成要件的判断。被告人岳某在逃避他人追赶的过程中撞上行人王安某，二人并无过节，不存在故意伤害或杀人的可能，故可以直接排除故意犯罪。从当时情况来看，事发突然，被告人是猝不及防地撞上路上行人，这也不属于已经预见到危害结果而轻信能够避免的情形，故可以排除过于自信的过失。于是，被告人岳某的行为或者是疏忽大意的过失，或者应归为意外事件。

疏忽大意过失致人死亡与意外事件致人死亡存在相似之处：一是客观上都发生他人死亡的危害结果；二是对于死亡结果的发生，行为人事先都没有预见到；三是对于死亡结果本身，行为人都持否定的态度。很显然，被告人岳某并没有预见到自己在奔跑过程中会将路上行人撞死，其也不愿意看到这一危害结果发生。区分疏忽大意过失致人死亡与意外事件、死亡的关键在于，行为人在行为当时是否能够预见到自己的行为可能发生导致他人死亡的危害结果。尽管从实然的角度来看，二者都没有预见到死亡结果，但从应然的角度来看则存在明显区别。在疏忽大意过失致人死亡中，行为人事前能够预见到自己行为可能发生死亡结果，由于疏忽大意才没有预见，进而实施了行为导致死亡结果发生；在意外事件致人死亡中，死亡结果的出现超出了行为人认识能力的范围，是由不能抗拒或者不能预见的原因所引起的，这意味着行为人事前不可能预见或者根据当时的条件不应当要求行为人有所预见。由此可见，虽然在结局上都没有预见，但在疏忽大意过失致人死亡中，行为人是具有对死亡结果的预见可能性的，而在意外事件致人死亡中，行为人并不具有对死亡结果的预见可能性。

本案中，被告人岳某是在小区道路上奔跑，路上不免有行人，考虑到当天该小区还在举办丧宴，路上行人会更多。在这种情况下，对奔跑速度和方向肯定需要合理的把控，否则很容易撞倒行人。小区道路是水泥地，快速奔跑将行人撞倒后可能引发骨折，甚至死亡的危害结果，对此一般人都能认识到。结合被告人岳某的知能水平、当时奔跑行为的危险程度以及所处小区的客观环境，可以认为其对危害结果的发生是具有预见可能性的。同时，被告人岳某履行结果回避义务也是具有期待可能性的，因为其被追赶系亲戚间争执所引起，虽然王学某等人在后面继续追赶，但该追赶并非严重暴力的紧迫危险，完全可以期待被告人在奔跑过程中顾及周围环境，合理避让行人。综上所述，被告人岳某原本能够预见到自己的行为可能引发危害结果，但疏于观察周围环境以及履行前方注视义务，最终撞倒行人，致他人死亡，具有疏忽大意的过失，成立过失致人死亡罪。

［案例 8－6］张某过失致人死亡案①
（轻微暴力致人倒地磕碰而死亡）

1. 基本案情

2013 年 5 月 13 日 14 时许，被告人张某在北京市西城区白纸坊东街十字路口东北角，因骑电动自行车自南向北险些与自西向东骑自行车的被害人甘某相撞，两人为此发生口角。其间，甘某先动手击打张某，张某使用拳头还击，打到甘某面部致其倒地摔伤头部。甘某于同月 27 日在医院经抢救无效死亡。经鉴定，甘某系因重度颅脑损伤而死亡。

2. 涉案问题

被告人张某使用拳头击打被害人甘某面部，致甘某倒地磕碰而死亡，应将该行为应认定为过失致人死亡罪还是故意伤害（致死）罪？

3. 裁判理由及结论

北京市第二中级人民法院经审理后认为：被告人张某在因琐事与被害人发生争执并相互殴打时，应当预见自己的行为可能造成被害人伤亡的后果，由于疏忽大意未能预见，致被害人倒地后因颅脑损伤而死亡，其行为已构成过失致人死亡罪。鉴于张某具有到案后如实供述犯罪事实，且积极赔偿被害人经济损失，取得被害人谅解等情节，对其从轻处罚。公诉机关指控张某犯罪的事实清楚，证据确实、充分，但指控其犯故意伤害罪的证据不足，应根据在案证据依法认定张某犯罪行为的性质。据此，以过失致人死亡罪判处被

① 陈兴良，张军，胡云腾．人民法院刑事指导案例裁判要旨通纂：上卷．北京：北京大学出版社，2018：697－698.

告人张某有期徒刑6年。

一审宣判后，张某未上诉，原公诉机关提出抗诉，认为原判认定事实清楚，证据确实、充分，程序合法，量刑适当，但定性错误，应认定为故意伤害罪。主要理由为：一是被告人张某具有预见自身行为可能造成他人身体受到伤害的认识因素，且具有预见的能力；二是张某基于该认识因素实施了拳打被害人头面部的行为，体现了故意伤害他人身体的意志因素，其对伤害行为造成的后果持放任心态；三是张某的行为客观上造成被害人受到伤害的后果，被害人被打后头部触地，其死亡的后果系被告人拳打面部行为直接造成的，故被害人的死亡结果与张某的拳打行为存在因果关系；四是在案证据能够充分证明被告人有故意伤害行为，被告人亦有伤害他人的故意，不符合过失致人死亡罪的构成要件，依法应认定为故意伤害罪。

原审被告人及其辩护人在二审中辩称：原判认定事实清楚，定罪准确，量刑适当，建议维持原判。主要理由为：一是被告人在行为发生时的客观表现反映其主观上不具有主动攻击、伤害他人身体的故意；二是被告人在受到对方殴打后，为防止身体遭受撞击而推挡对方，亦不符合故意犯罪的要件；三是将双方临时因为口角而发生的撕扯认定为互殴，进而认为被告人具有伤害他人的故意不准确；四是被告人的行为在客观上并未直接造成被害人身体的伤害，被告人打到被害人面部仅是被害人摔倒的部分原因，其摔倒还受到被害人案发前饮酒、争吵情绪激动、患有糖尿病等因素影响；五是因摔伤而导致的重度颅脑损伤及脑疝不是被害人的全部死因，死因还包括肺部感染等并发症。

北京市高级法院经审理认为：被告人在因琐事与被害人发生争执，并使用拳头击打被害人面部时，应当预见其行为可能发生被害人伤亡的后果，由于疏忽大意未能预见，造成被害人倒地致颅脑损伤死亡，其行为符合过失致人死亡罪的构成要件，原判依法认定过失致人死亡罪并无不当。北京市人民检察院第二分院以及北京市人民检察院关于本案构成故意伤害罪的抗诉意见和支持抗诉、出庭意见，不予采纳。张某关于其没有伤害被害人故意的辩解以及辩护人所提本案成立过失致人死亡罪的辩护意见，酌予采纳。鉴于张某到案后具有能如实供述犯罪事实，积极赔偿被害方经济损失，取得被害方谅解等情节，对其可酌予从轻处罚。原审法院根据张某犯罪的事实，犯罪的性质、情节和对社会的危害程度所作的判决，定罪和适用法律正确，量刑适当，审判程序合法，应予维持。据此，裁定驳回抗诉，维持原判。

4. 评析意见

本案涉及两个关键问题：第一，被告人张某使用拳头击打被害人甘某面部的行为，究竟应认定为一般殴打行为还是伤害行为？第二，被告人张某主观上是故意还是过失？一审法院和二审法院都着重于说明第二个问题，即认为被告人张某主观上是疏忽大意的过失，其行为应认定为过失致人死亡罪。而公诉机关的抗诉意见以及辩护人的辩护意见都提及了第一个问题，抗诉意见认为被告人张某的行为客观上造成被害人受到伤害，被害人被打后头部触地磕碰而死亡，在案证据能够充分证明被告人的伤害行为；辩护意见则认为，被告人的行为在客观上并未直接造成被害人身体上的伤害，不属于伤害行为。因此，有必要先对被告人的行为进行定性。

在被害人甘某先动手击打被告人张某的情况下，张某使用拳头还击，打到甘某面部，由于只是击打一下就停止了，且击打的部位也未见任何伤害结果，该击打行为并不具有损害他人生理机能的实质的、类型化的危险性，因此将其评价为一般殴打行为更为妥当。抗诉意见认为击打面部的行为造成被害人因倒地磕碰而死亡，出现了伤害致死的结果，进而认为被告人张某的击打行为属于伤害行为，这其实是结果责任的残余，亦即，只要行为造成轻伤以上的结果，那么，行为就是故意伤害罪中的伤害行为。对这种结果责任的观点应予以摒弃，在日常生活中，朝面部揍一拳属于轻微暴力，在多数情况下只是造成他人暂时性的肉体疼痛或者轻微的神经刺激，且本案有证据证明击打部位并未出现伤害结果，那么，被告人张某的行为就只能认定为一般殴打行为。

此外，成立故意伤害罪还要求行为人具有伤害的故意，被告人张某是否具有伤害的故意呢？无论是直接故意还是间接故意，前提都要求行为人已经预见到自己的行为会发生伤害结果，但不要求行为人对伤害的具体程度有认识，只要行为人认识到自己的行为会发生轻伤以上的伤害结果并且希望、放任这种结果的发生即可。本案中，被告人张某使用拳头击打被害人面部时，并没有认识到自己的行为会发生轻伤以上的伤害结果并且希望、放任这种结果的发生，因此，其主观上并不存在伤害的故意，只具有一般殴打的意图，故意伤害罪难以成立。在已经排除故意的场合，要判断行为人是否具有过失，需要先确定行为人是否能够预见自己的行为可能发生危害结果，即行为人是否对结果具有预见可能性。一般而言，实施拳击面部的行为可能导致对方后退，因重心不稳而摔倒，不排除引起后脑勺磕碰的情况。结合被告人的知能水平、行为本身的危险程度以及行为时的客观环境，其在应然上能够认识到该击打行为是可能引发摔倒致伤的结果的，但由于疏忽大意没有预见，主观上具有疏忽大意的过失，应认定为过失致人死亡罪。

深度研究

关于结果的预见可能性的判断，需要注意以下几点：

第一，“没有预见”与“没有预见可能性”意义完全不同。“没有预见”立足于实然层面，表明行为人实际上没有预见到自己的行为可能发生危害社会的结果；“没有预见可能性”立足于应然层面，表明行为人原本就不能够预见到自己的行为可能发生危害社会的结果。因此，“没有预见”并不意味着“没有预见可能性”，但“没有预见可能性”必然导致“没有预见”。

第二，应当预见的结果，不是泛指一切可能的危害结果，而是具体过失犯罪中具有定型意义的构成要件结果。例如，在过失致人死亡罪中，应当预见的结果就是致人死亡的危害结果。为了和畏惧感说划清界限，理论上一般要求是具体的预见可能性，即对特定的构成要件结果以及因果经过的基本部分有预见可能性。如果行为人对特定的构成要件结果没有预见可能性，那么不能因为损害结果严重就倒推行为人具有预见可能性，这违反了责任主义原则。

第三，判断资料包括主、客观方面的事实，即应当将行为人的知能水平、行为本身的危险程度以及行为时的客观环境相结合。[①] 行为人的知能水平越高，其预见危害结果发生的可能性就越大。在把握行为人的知能水平时，要综合考虑行为人本人的情况，包括行为人的年龄、职业、社会阅历、文化水平、技术熟练程度等。例如，行为人是医生的，如果被害人当时处于饭后醉酒状态，其就理应知道打击腹部的行为很容易导致胃内食物返流呼吸道，造成异物堵塞气管而出现窒息。行为本身的危险程度越高，行为人预见危害结果发生的可能性也越大。行为人打击何种身体部位、打击猛烈还是间断、下手轻重等，对暴力行为的定性均具有参考意义。例如，如果打击的是人体要害部位，例如太阳穴、颈部、心脏、下体等处，动作猛烈，进攻性强，同时下手很重，对他人生理机能的损害就越大。在行为人所处的客观环境下发生危害结果发生的可能性越大，其预见危害结果发生的可能性也越大，反之亦然。例如，行为人夜间在人迹罕至的深山老林内狩猎，误把药农当作猎物打死的，由于在这种异常环境下致人死亡的可能性很低，行为人也就不能预见其行为可能发生他人死亡的危害结果，故不存在过失。

第四，判断基准宜采取“能力区别说”。对此，理论上存在较大分歧，主要存在三种观点：一是客观说，主张以一般人的能力为标准；二是主观说，主张以行为人的能力为标准；三是折中说，主张以行为人的能力为标准，但在其能力超出一般人之时，则以一般人的能力为标准。客观说并不可取，对行为人进行非难，不应超出其注意能力的范围，在一般人能够预见而行为人确实不能预见的场合，追究行为人的过失责任难以使其信服，这会演变成一

① 张明楷．刑法学．6版．北京：法律出版社，2021：383.

种根本无视行为人之存在的责任非难。主观说完全以行为人为标准，会纵容其对他人法益漠不关心的态度，即行为人越是不关心周围人的法益，越是能够否定存在过失，这并不妥当。折中说对具有极高的注意能力者，只按照一般人的注意能力处理，在结论上否定预见可能性的做法，并不合理。如果行为人的知能水平高于一般人，宜认定其具有过失。相较而言，“能力区别说”更为合理，对于身体能力以及知识这种“手段性能力”，应以行为人为标准；对于法益尊重意识这种“规范性能力”，应以法所设想的一般人为标准。①

（二）过于自信的过失

知识背景

在过失致人死亡罪的认定中，过于自信的过失是指行为人在此之前已经预见自己的行为可能发生致人死亡的结果，但轻信能够避免，以致发生这种结果的心理态度。《刑法》第 15 条对过于自信的过失的表述是“已经预见而轻信能够避免，以致发生这种结果”，该如何理解这一规定呢？

首先，既然是过失，行为人当然没有预见到可能发生危害社会的结果，这是过于自信的过失与疏忽大意的过失的共通之处。法条表述为“已经预见”是为了区分疏忽大意的过失与过于自信的过失：前者是行为人脑海里自始至终没有闪现出自己的行为可能导致危害结果的“念头”，其内在原因是行为人的疏忽大意，即粗心马虎、未能保持意识的紧张；后者是行为人脑海里已经闪现了自己的行为可能导致危害结果的“念头”，在没有全面分析阻止结果发生的有利因素和不利因素的情况下，轻信危害结果不会发生。因此，“已经预见”不是在实然层面的真正预见，而是一种暂时的后来又被否定的“预见”。亦即，行为人在实施行为前暂时地“预见”危害结果可能发生，但在行为时因轻信某些主、客观条件后在心理上又彻底否认了这种可能性，因而从终局上来看，行为人仍然是没有预见到危害结果的发生。

其次，结果的预见可能性仍是过于自信的过失的核心，因此，判断行为人是否属于过于自信的过失，并非先判断其是否过于自信，而是先判断其是否具有对结果的预见可能性，在得出肯定的结论之后，再进一步审查行为人是否因为过于自信而没有预见。

再次，“轻信能够避免”是行为人继续实施行为的主观原因，行为人在预见到危害结果可能发生的同时，又轻信某些主、客观条件而否认了危害结果的发生。轻信是指行为人盲目自信，过于轻率地选择和支配自己的行为，轻

---

① ［日］平野龙一．刑法总论Ⅰ．东京：有斐阁，1972：206．［日］松原芳博．刑法总论．东京：日本评论社，2017：301.

信需要以一定的真实条件或理由为凭借，而不是一种“凭空侥幸”，否则就是毫无根据的放任。例如，妻子在馅饼里下毒欲毒死丈夫，根据以往经验其知道自己的孩子不喜欢吃馅饼，也从未吃过，行为人以此为条件才能算得上“轻信能够避免”危害结果的发生。如果是毫无根据地认为小孩不会吃馅饼，则不能认为是“轻信能够避免”。一般而言，行为人所凭借的条件既包括了主观条件（行为人的经验、技能、知识等），也包括了客观条件（所处的环境、所借助的工具、他人的帮助等）。行为人往往是过高地估计了能够避免结果发生的有利条件，过低地估计了容易导致结果发生的不利条件，最终导致危害结果的发生。

最后，“以致发生这种结果”进一步反映了行为人确实没有预见到危害结果的发生。行为人对危害结果的发生持否定的态度，既不希望也未放任危害结果的发生。之所以谴责过于自信的过失，是因为行为人在能够预见到危害社会的结果可能发生的情况下，由于轻信能够避免才最终没有预见，进而实施了行为导致结果发生。如果行为人保持其意识的紧张，理性认识相关的主客观条件，采取相应的结果回避措施，其就能避免危害结果的发生。

规范依据

《刑法》

第十五条　应当预见自己的行为可能发生危害社会的结果，因为疏忽大意而没有预见，或者已经预见而轻信能够避免，以致发生这种结果的，是过失犯罪。

过失犯罪，法律有规定的才负刑事责任。

第二百三十三条　过失致人死亡的，处三年以上七年以下有期徒刑；情节较轻的，处三年以下有期徒刑。本法另有规定的，依照规定。

案例评价

[案例 8-7] 李某、王某过失致人死亡案①
（过于自信过失与间接故意的区分）

1. 基本案情

1999 年 3 月 26 日晚，被告人李某、王某在阿克苏市一歌舞厅饮酒时，被害人阎某进入李某、王某的包间与之攀谈，其间阎某提出与李某、王某合伙挣钱，李某等人再三追问如何挣钱，阎某称准备绑架一市长的儿子。后被告

① 最高人民法院刑事审判一、二、三、四、五庭．中国刑事审判指导案例 2．增补第 3 版：危害国家安全罪·危害公共安全罪·侵犯公民人身权利、民主权利罪．北京：法律出版社，2017：516 - 519.

人李某、王某乘坐白色奥拓车将阎拉至阿克苏市团结路一茶园处，李某、王某追问绑架何人，阎某不说，李某、王某遂对阎某拳打脚踢。其间，与被害人阎某相识的一出租车司机上前劝阻，李某、王某二人停止了殴打并乘车离开，阎某乘机躲进该茶园地下室通道处。后被告人李某、王某又返回茶园处，找到阎某，并将其强行拉上车带至西湖后湖堤处。李某、王某将阎某拉下车后，拳打脚踢逼问其欲绑架的具体对象。后被害人阎某为摆脱李某、王某的殴打，趁其不注意跳入西湖中。李某、王某劝其上岸，并调转车头用车灯照射水面，见阎某仍蹬水前行不肯返回，被告人王某让李某下水拉阎一把，李某称其水性也不好，二人为消除阎某之顾虑促其上岸，遂开车离开湖堤。后阎某的尸体在西湖后湖堤附近被发现，法医尸体检验报告证实，阎某肺气肿、肺水肿，全身体表无明显损伤，结论为溺水死亡，排除暴力致死。

2. 涉案问题

被告人李某、王某的行为应如何定性？其在主观方面是过于自信的过失还是间接故意？

3. 裁判理由及结论

阿克苏地区中级人民法院经审理认为：被告人李某、王某殴打被害人阎某，迫使其跳湖逃生，以致溺水死亡，二被告人的行为构成（间接）故意杀人罪，且均系本案主犯。被告人李某在服刑期间不能如实坦白自己的余罪，故对其从重处罚。法院以故意杀人罪判处李某无期徒刑，以故意杀人罪判处王某有期徒刑15年。

一审宣判后，李某、王某不服而提起上诉。

新疆维吾尔自治区高级人民法院经审理认为：原判认定事实清楚，证据确实、充分，但定性不准确。上诉人李某、王某出于猎奇和敲诈财物的心理殴打被害人，致使被害人为摆脱殴打和纠缠而跳入西湖中，二上诉人预见到其行为可能产生的后果，却自以为是地认为在其离开后被害人会返回上岸，最终导致被害人溺水死亡，其二人的行为构成过失致人死亡罪。上诉人李某犯过失致人死亡罪，判处有期徒刑7年；上诉人王某犯过失致人死亡罪，判处有期徒刑5年。

4. 评析意见

本案中，可能有观点认为，被告人李某、王某将被害人阎某强制带到异地，中途限制其人身自由，后面又实施了殴打行为，这符合非法拘禁罪的特征。被害人为了摆脱二被告人的纠缠和殴打，跳水逃跑，而二被告人对其未积极施救，任其自寻出路，最终造成被害人溺水死亡。因此，二被告人构成非法拘禁（致人死亡）罪。这一定性并不准确，非法拘禁罪是继续犯，要论以犯罪需要非法拘禁行为在一定时间内处于持续状态，使他人在一定时间内失去身体自由。被告人李某、王某将阎某带上汽车的行为，虽然非法剥夺了阎某的人身自由，但该行为持续的时间较为短暂，主要目的是将阎某带到偏僻的地方，方便逼问其欲绑架的对象，不宜将该行为认定为非法拘禁罪。被告人李某、王某的殴打行为发生在下车之后，由于其只是造成阎某暂时性的肉体疼痛或轻微的神经刺激，没有损害他人生理机能的健全性，只能定性为一般殴打行为。二被告人对被害人实施殴打，迫使其跳水逃跑，这一先前行为使被害人的生命安全处于危险状态，二被告人也因此具有救助义务。然而，被告人李某、王某并未采取有效措施、积极防止被害人被淹死，而是一走了之，其不履行救助义务的行为应定性为不作为。

在司法实践中，要准确区分过失致人死亡罪和故意杀人罪的实行行为非常困难，尤其是在不作为的场合，因此，还需进一步依托主观构成要件进行审查。需要探究的是，被告人李某、王某在行为当时是否能够预见到被害人阎某可能发生溺亡的危害结果。被告人辩称，被害人阎某溺水而亡的后果超出正常人的预想之外，不存在主观上的故意和过失。然而，没有预见不代表没有预见可能性，被告人李某、王某在被害人阎某跳入西湖后，曾劝其上岸，也试图想下水拉阎某一把，为消除阎某的顾虑促其上岸，也将车开离湖堤。以上种种行为表明，二被告人意识到被害人阎某跳入西湖后可能发生溺亡的危害结果，能够预见到不作为对他人生命具有危险性，既然如此，就不应认定本案为非故意或过失的意外事件。

在此前提下，需要判断被告人李某、王某对被害人死亡结果持间接故意还是过于自信的过失。首先，二被告人对被害人阎某的死亡结果的认识程度并非很高。阎某当时虽然跳入西湖中，但还是在蹚水前进，如果返回，危险相对可控。因此，二被告人对阎某死亡结果的认识是较为模糊和不确定性的，这比较符合过于自信的过失的特征。在过于自信过失致人死亡的场合，行为人只是暂时地“预见”自己的行为可能导致的他人死亡的危害结果发生，而在间接故意杀人的场合，行为人“明知”自己的行为可能发生他人死亡的危害结果。相较于前者，后者对死亡结果的认识程度更高。

其次，二被告人采取了一定的结果避免措施。例如，劝说阎某上岸，见阎某仍蹚水前行不肯返回时，为消除其顾虑而告知其开车离开。这些措施表明，死亡结果的发生违背了被告人李某、王某的意愿，二被告人对死亡结果的发生持否定态度，而不是持“放任”态度，这更符合疏忽大意的过失的特征。

再次，从案件的起因考察，二被告人也没有放任死亡结果发生的现实动因。被告人之所以殴打被害人，只是为了逼问绑架对象，并不想致被害人于死地。从被害人透露绑架事宜，到被告人将其带至偏低位置，双方接触时间不长，从见面到案发的时间间隔也较短，双方之间不至于产生过大的仇恨。

最后，二被告人虽然采取了结果避免措施，但对结果的发生存在过于自信的认识偏差。被告人之所以未采取强有力的结果回避措施，而只是以驱车离开来劝说上岸，是因为其轻信了所能凭借的主、客观条件，认为被害人阎某作为成年人，有完全的判断和认知危险的能力，当时还只是在蹚水，并未进入深水区，在威胁消失后，阎某应该会自行上岸。被告人由于过高地估计了能够避免结果发生的有利条件，过低地估计了容易导致结果发生的不利条件，最终导致溺亡结果的发生。综上所述，被告人李某、王某在主观上是过于自信的过失而非间接故意，其行为应认定为过失致人死亡罪。

[案例 8-8] 季某过失致人死亡案①
（过于自信过失与疏忽大意过失的区分）

1. 基本案情

季某是上海市宝山区塘祁路×××号上海汇津装饰工程有限公司的油漆工，2007 年 6 月 30 日 17 时 20 分许，其到公司锅炉房门口打开水，因故与被害人汪某发生争执，继而相互推搡扭打。其间，季某拎起放于锅炉房边上的一个油漆桶（桶盖密封）甩向汪某，致盛放桶内的香蕉水泼洒在汪某身上，香蕉水随即起火燃烧，汪某和季某均被烧着。嗣后，两人被送往医院救治，汪某因高温热作用致休克而死亡。

2. 涉案问题

对被告人季某的行为应认定为故意伤害（致死）罪、过失致人死亡罪还是意外事件？

3. 裁判理由及结论

上海市宝山区人民法院经审理后认为：被告人季某间接故意伤害他人，并致一人死亡，其行为构成故意伤害罪；鉴于季某系初犯，且能赔偿被害人的经济损失，可酌情从轻处罚。根据《刑法》第 234 条第 2 款之规定，以犯故意伤害罪判处季某有期徒刑 10 年。

一审宣判后，季某不服而提起上诉，认为其并未明知桶内装有香蕉水，没有故意泼洒被害人，桶是在其与被害人扭打过程中被打翻的，其行为属于过失犯罪而非故意犯罪。

上海市第二中级人民法院经审理后认为：季某因过失致一人死亡，其行为已构成过失致人死亡罪。原审判决定性不当，应予以纠正。鉴于季某已赔偿被害人家属的部分经济损失，可酌情从轻处罚，最终以过失致人死亡罪判处被告人季某有期徒刑 4 年。

---

① 最高人民法院刑事审判一、二、三、四、五庭．中国刑事审判指导案例 2．增订第 3 版：危害国家安全罪·危害公共安全罪·侵犯公民人身权利、民主权利罪．北京：法律出版社，2017：529－531.

4. 评析意见

本案的关键是如何评价被告人季某的主观罪过，继而对其行为定罪量刑。无论是故意还是过失，都要求至少具有对结果的预见可能性，因此需要先判断被告人季某在行为当时是否能够预见到自己扔桶的行为可能发生他人死亡的危害结果。根据证人证言，被告人季某事先已经知道该锅炉房为烧锅炉点火方便，用香蕉水引火，且季某本人在案发前不久也曾给锅炉房提供过香蕉水。因此，季某是能够预见到锅炉旁的油漆桶内是可能盛有香蕉水的。季某本人是公司的油漆工，按照其所具有的专业知识和经验，其是能够认识到香蕉水是易燃物品，极易挥发，泼洒后将会造成大量的油气挥发，一旦遇到高温或者火种，即可着火燃烧。基于此，被告人季某是能够预见到自己扔桶的行为可能将桶内盛有的香蕉水泼洒出来，进而起火燃烧导致他人死亡的危害结果的发生的。因为对汪某的死亡结果具有预见可能性，被告人季某在主观上至少具有过失，而不可能定性为意外事件。

被告人季某的行为为故意伤害（致死）罪还是过失致人死亡罪，关键在于判断其是否存在伤害的故意。本案中，被告人季某将桶扔出时，桶的盖子是密封的，季某虽然认识到桶内可能盛有香蕉水，但并没有将桶盖掀开，而是直接将香蕉水泼洒到被害人身上。这说明被告人季某对起火燃烧的后果并没有持希望的态度。而直接故意是行为人明知自己的行为会发生危害结果，并且希望危害结果发生的心理态度。所谓"希望"是指行为人积极追求危害结果的发生，被告人季某并没有积极追求香蕉水起火燃烧导致的危害结果，也就不存在直接故意。在此前提下，需要判断被告人季某对起火燃烧的危害结果持间接故意还是过于自信的过失。

被告人季某虽然认识到桶内可能盛有香蕉水，但由于桶的盖子是密封的，在扔桶时如果密封性足够好，香蕉水未必会泼洒出来，即便有少量溢出，也未必正好泼洒到被害人身上。被告人季某正是因为轻信了这一客观条件，过高地估计了能够避免结果发生的有利条件，过低地估计了容易导致结果发生的不利条件，最终导致危害结果发生。因此，被告人季某对死亡结果的发生持否定态度，而不是"放任"态度，之所以没有事前采取更为有效的结果回避措施，是因为轻信了所能凭借的主、客观条件，因此将其主观方面认定为过于自信的过失更为合适。有观点可能认为被告人季某是疏忽大意的过失，即具有对危害结果的预见可能性，但由于疏忽大意而没有预见。严格地讲，认定为过于自信的过失更为合适。被告人季某作为一名油漆工，能够预见桶内可能盛有香蕉水，如果桶没有盖子，其当然能够预见到会发生危害结果；正是因为桶盖密封，所以即便暂时地"预见"危害结果可能发生，在行为时其因轻信所凭借的条件又容易在心理上否认这种可能性。这一特征与过于自信的过失更为契合，为此，被告人成立过失致人死亡罪。

深度研究

过于自信过失致人死亡与间接故意杀人的区分往往较为困难，它们的相同之处在于行为人对行为可能发生的危害结果均有一定的认识，行为人实施行为，目的都不是追求这一危害结果的发生。不同之处在于：

第一，二者对死亡结果发生的认识程度存在不同。在间接故意杀人的场合，行为人“明知”自己的行为可能发生他人死亡的危害结果；而在过于自信过失致人死亡的场合，行为人只是暂时地“预见”自己的行为可能导致他人死亡的危害结果的发生。显然，“明知”的认识程度比暂时地“预见”的认识程度更高，也就是说，间接故意杀人的行为人对其实施的危害行为可能发生的死亡结果有着较为清楚的认识。而过于自信过失致人死亡的行为人对其实施的危害行为可能导致死亡结果的发生则具有相当的模糊性、不确定性，充其量不过是一种程度很低、概率很小的认识。基于此，如果行为人认识到其所实施的危害行为具有引起他人死亡的高度的紧迫危险，仍然实施该行为，进而发生他人死亡的危害结果的，一般应认定行为人具有间接故意。

第二，二者在认知上是否出现明显偏差存在不同。间接故意杀人的行为人对危险现实化的流程并未发生错误的认识和估计，其主观估计与客观现实是一致的；而过于自信过失致人死亡的行为人对危险现实化的流程发生了错误的认识和估计，过高地估计了有利条件，过低地估计了不利条件，进而认为危害行为所具有的危险不会现实化。因此，如果行为人在认知上出现明显偏差，则其更符合过于自信的过失。

第三，二者对死亡结果的发生所持的态度不同。在间接故意杀人的场合，行为人对死亡结果的发生持“放任”态度。所谓的“放任”，是指对死亡结果听之任之、无所谓的态度，即行为人虽然不是积极主动地追求结果发生，但也不采取任何措施来防止结果的发生，结果未发生行为人并不遗憾，结果发生了也不违背其本意，对结果的发生是一种放任自流的心理态度。基于此，行为人对死亡结果的发生投了弃权票，这反映出其对法益的积极蔑视态度。在过于自信过失致人死亡的场合，行为人对死亡结果的发生持否定态度，该结果的发生是违背行为人的意愿的。行为人之所以事前没有采取有效的结果回避措施，是因为轻信了所能凭借的主、客观条件。事实上，有的行为人确实也采取了结果回避措施，只是在错误的判断和估计下，这一措施的效果并不尽如人意。这也使客观上是否采取了结果回避措施成为判断行为人是间接故意还是过于自信的过失的重要参考，行为人明显采取了结果回避措施的，一般不宜认定为间接故意。基于此，行为人对死亡结果的发生投了反对票，已经预见而轻信能够避免也反映出其对法益的消极不保护的态度。

第三节　过失致人死亡罪的构成

（一）本罪与故意杀人罪、故意伤害（致死）罪的区分

知识背景

过失致人死亡罪与故意杀人罪、故意伤害（致死）罪的认定比较容易引起混淆，因为它们都有一个共同的特点，即客观上造成了被害人死亡的结果。在具体判断过程中，应遵循由重到轻的判断顺序，即应先判断行为人的行为是否符合故意杀人罪的构成要件；如果不符合，再判断其是否符合故意伤害（致死）罪的构成要件；如果也不符合，最后再判断其是否符合过失致人死亡罪的构成要件。而在每个罪名的具体审查过程中，也需要严格遵循从客观到主观、从违法到责任的犯罪认定过程，即首先认定行为人的行为性质，其次再考察该行为与死亡结果之间的因果关系与结果归责问题，最后分析行为人的主观罪过，这样才能对案件予以准确定性。

在审查行为人的行为是否构成故意杀人罪时，应着重判断该行为是否属于杀人行为。杀人行为既可以通过作为方式（如刀砍、毒害、拳打），也可以通过不作为方式（如母亲不给婴儿喂奶致其死亡），不管是哪种方式的杀人行为，其都必须具有致人死亡的紧迫危险性。在确定了杀人行为之后，需要进一步判断死亡结果能否归责于杀人行为，如果得出肯定结论，则还需判断行为人是否具有杀人故意。在有的案件中，虽然行为符合故意杀人罪的客观构成要件，但由于行为人缺乏杀人的故意，此时也不能认定为故意杀人罪，而应结合具体案情判断行为人是否具有伤害的故意。如果具有伤害的故意，则认定为故意伤害（致死）罪，这主要是考虑到主客观相统一的原则。

如果行为人的行为不属于杀人行为，则可以直接排除故意杀人罪的成立，此时需进一步审查行为人的行为是否构成故意伤害（致死）罪。伤害，一般是指非法损害他人身体健康的行为。通说认为，故意伤害罪的保护法益是人的生理机能的健全，只有损害了他人生理机能的健全的行为，才属于伤害行为。也因为此，理论界和实务界致力于区分一般殴打行为和伤害行为，认为一般殴打行为虽然有时也表现出暴力行为，但这种行为只是造成他人暂时性的肉体疼痛，或者使他人精神受到轻微刺激，没有损害他人生理机能的健全。这一区分当然具有快速识别构成要件行为的意义，能够先将很多生活上的轻微暴力行为排除于“伤害行为”的范畴之外。例如，推搡身体、掌掴脸部、拳打后背、脚踢大腿等行为，在多数情况下只是造成他人暂时性的肉体疼痛

或轻微伤害，根本不会作为犯罪处理，将其认定为一般殴打行为大大提高了犯罪审查效率。但关于一般殴打行为的认定，并不是“放之四海而皆准”，有的轻微暴力行为看似属于一般殴打行为，在结合具体案情进行综合判断后，其实仍属于伤害行为。

此外，即便行为符合故意伤害（致死）罪的客观构成要件，要认定为该罪，还需进一步判断行为人是否具有伤害的故意。由于我国刑法并未规定暴行罪，也不能将故意伤害罪理解为暴行罪的结果加重犯，所以认定故意伤害罪需重视行为人主观方面的判断，即要求行为人对伤害结果具有认识并且希望或放任的态度。① 在有的案件中，行为人只具有一般殴打的意图，旨在造成被害人暂时的肉体疼痛或者轻微的神经刺激，并无伤害的故意，基于某些原因引起了他人死亡的结果的，也不能认定为故意伤害（致死）罪。此种场合下，如果行为人对死亡结果具有过失，则认定其为过失致人死亡罪；如果不具有过失，则将死亡结果视作意外事件。

规范依据

《刑法》

第二百三十二条　故意杀人的，处死刑、无期徒刑或者十年以上有期徒刑；情节较轻的，处三年以上十年以下有期徒刑。

第二百三十三条　过失致人死亡的，处三年以上七年以下有期徒刑；情节较轻的，处三年以下有期徒刑。本法另有规定的，依照规定。

第二百三十四条　故意伤害他人身体的，处三年以下有期徒刑、拘役或者管制。

犯前款罪，致人重伤的，处三年以上十年以下有期徒刑；致人死亡或者以特别残忍手段致人重伤造成严重残疾的，处十年以上有期徒刑、无期徒刑或者死刑。本法另有规定的，依照规定。

案例评价

[案例 8-9] 刘某过失致人死亡案②
（轻微暴力致特殊体质者死亡）

1. 基本案情

2004 年 4 月 29 日 11 时许，被告人刘某驾车行驶至北京市宣武区宣武门

① 张明楷．故意伤害罪司法现状的刑法学分析．清华法学，2013（1）：26.

② 陈兴良，张军，胡云腾．人民法院刑事指导案例裁判要旨通纂：上卷．北京：北京大学出版社，2018：685-686.

路口由东向南左转弯时，适遇张某骑车由东向西横过马路，二人因让车问题发生争吵。被告人刘某驾车前行至宣武门西南角中国图片社门前靠边停车，与随后骑自行车同方向而来的张某继续争吵，后被告人刘某动手推了张某的肩部并踢了张某腿部。张某报警后双方被民警带至广内派出所。在派出所解决纠纷时，被害人张某感到胸闷不适，于13时到首都医科大学宣武医院就诊，15时许经抢救无效死亡。经法医鉴定：张某因患冠状动脉粥样硬化性心脏病，致急性心力衰竭死亡。

自诉人张某家属诉称：被害人张某突发心脏病完全是被告人的殴打行为所致，被告人的行为虽不能直接引起被害人的死亡，但却是导致被害人死亡的诱因，因此，在被告人明知被害人年老体弱，应当预见其殴打行为会造成被害人受到严重伤害的情况下，依旧对被害人实施殴打行为，致使被害人死亡，被告人对死亡结果的发生是存在过失的，其行为符合《刑法》第233条之规定，已构成过失致人死亡罪。被告人刘某及其辩护人的主要辩护意见为，自诉人指控被告人刘某对被害人张某进行拳打脚踢不是事实，被告人刘某对被害人张某所踢的两脚并非致命，被告人刘某的行为与被害人张某的死亡没有直接的因果联系，对发生死亡结果是无法预见的，因此被告人刘某不应承担刑事和民事责任。

2. 涉案问题

本案应认定为故意杀人罪、故意伤害（致死）罪、过失致人死亡罪还是意外事件?

3. 裁判理由及结论

北京市宣武区人民法院经审理后认为：被告人刘某与被害人张某因交通问题发生口角及肢体冲突，现有证据证实被告人刘某推了被害人张某肩部及踢了被害人腿部，但在打击的力度及部位方面，被告人刘某的行为尚未达到可能造成被害人张某死亡的强度。被告人刘某在事发当时无法预料到被害人张某患有心脏病并会因心脏病发作而死亡，对被害人张某的死亡，被告人在主观上既无故意也没有过失，被害人张某的死亡更多是由意外因素所致，被告人刘某的殴打行为只是一个诱因，故被告人刘某不应承担过失致人死亡的刑事责任，法院判决被告人刘某无罪。

4. 评析意见

被告人刘某涉嫌故意杀人罪、故意伤害（致死）罪、过失致人死亡罪等罪名，在判断时应遵循由重到轻的判断顺序，首先应判断其行为是否符合故意杀人罪的构成要件。故意杀人罪的构成要件行为要求是杀人行为，即具有致人死亡的紧迫危险的行为。被告人刘某只是推了被害人张某肩部以及踢了被害人腿部，无论是从打击的力度还是打击的部位来看，被告人的行为都尚未达到造成被害人张某死亡的强度，故该行为不可能被评价为杀人行为。法院的判决理由也揭示了这一点，即认为被告人刘某推被害人肩部和踢被害人腿部的行为尚未达到可能造成被害人死亡的强度，但不符合杀人行为不代表不可能符合伤害行为。此时，还需进一步判断被告人刘某的行为是否符合故意伤害（致死）罪的构成要件。

本案被告人刘某的行为不成立故意伤害（致死）罪，理由如下：

第一，被告人刘某的行为不属于故意伤害罪的实行行为。故意伤害罪所要求的伤害行为需要对人的生理机能的健全造成实质损害，严重的暴力当然可以直接认定为伤害行为，但本案中刘某的行为只能归为轻微暴力，此时需要界定该行为属于一般殴打行为还是伤害行为。区分两者时，应当综合考虑犯罪工具或手段，打击的部位、频次与力度，被告人与被害人的体质、体能差异，具体的时空环境等多种因素，并立足于行为时社会一般人的认识能力和水平，进而判断该行为是否有损害他人生理机能的健全的实质的、类型化的危险性。本案中，被告人推搡被害人肩部的行为肯定不属于伤害行为，而踢腿部的行为则需要进一步分析。由于只是踢了两脚且有所控制，并没有踢致命处，被害人当场亦没有表现出身体异样，所以这种行为只是造成他人暂时性的肉体疼痛，没有损害他人生理机能的健全，将其评价为一般殴打行为更为合适。

第二，被告人刘某的行为与被害人的死亡结果之间缺乏直接性关联。被告人的行为与被害人的死亡结果之间至多只具有条件因果关系，但这并不代表被告人就需要对死亡结果负责，此时还需继续考察死亡结果能否归责于被告人的行为。故意伤害（致死）罪是结果加重犯，对归责要求更高，需要伤害行为与死亡结果之间具有直接性因果关系。亦即，或者是伤害行为直接造成死亡结果，或者是伤害行为造成了伤害结果，进而由伤害结果引起死亡。这两种情形都必须是伤害行为所包含的致人死亡危险的直接现实化。由于本案中被告人的行为连伤害行为都算不上，不可能包含致人死亡的危险，因此，被告人的行为与被害人的死亡结果之间缺乏直接性关联，被告人无须对死亡结果负责。

第三，成立故意伤害罪要求行为人具有伤害的故意。故意伤害罪的“故意”与一般生活意义上的“故意”有明显区别。故意伤害罪的“故意”具有特定的内容，具体表现为行为人对自己实施的伤害行为及伤害结果的认识与希望或者放任的态度；而一般生活意义上的“故意”只是表明行为人有意识地实施某种行为。本案中，被告人推肩部和踢腿部，并没有认识到自己的行为会发生轻伤以上的伤害结果并且希望、放任这种结果的发生，因而不会预见到其轻微暴力行为会导致被害人死亡的后果。因此，被告人刘某主观上并不存在伤害的故意，只具有一般殴打的意图。

由上可知，被告人刘某的行为不成立故意伤害（致死）罪，此时需进一步判断其是否成立过失致人死亡罪。其中的关键点是判断被告人刘某对被害人的死亡结果是否具有预见可能性。如果被告人刘某对死亡结果没有预见可能性，则不能因为损害结果严重就倒推其具有预见可能性，这违反了责任主义原则。本案中，被告人刘某事先并不知被害人患有心脏病，在争吵过程中其虽然存在推被害人肩部和踢被害人腿部的行为，但这只是一般殴打行为，并不会直接创设导致被害人死亡的风险。被告人刘某的知能水平也并未超出一般人，而一般人在此种情况下难以预见到死亡结果的发生，因此，被告人刘某在行为当时是无法预见自己的行为会导致被害人死亡的。综上所述，被告人主观上既无故意，也无过失，本案应定性为意外事件。不过，考虑到被告人的行为是造成被害人引发心脏病死亡的一个诱因，其在民事上应根据具体过错程度承担相应的民事赔偿责任。

[案例 8-10] 陈某、程甲过失致人死亡案①（家长体罚孩子致其死亡）

1. 基本案情

被告人陈某、程甲的女儿程乙自 2004 年 7 月出生后一直寄养在陈某的父母家。2007 年 3 月底，陈某、程甲认为程乙需要接受良好教育，便将程乙接回，并送入幼儿园接受学前教育。其间，陈某、程甲曾对程乙有打骂行为。2007 年 5 月 27 日下午，在陈某的催促下，程甲用电子拼图教程乙识字，因程乙发音不准，激怒程甲、陈某，程甲持拖鞋、鞋刷连续多次击打程乙的臀部、后背及下肢，又用巴掌击打程乙的面部；陈某用巴掌连续多次击打程乙的臀部、面部，致程乙皮下淤血。次日下午，在教程乙识字过程中，因被同样问题激怒，陈某便持鞋刷、马桶抽子殴打程乙的脚面、胳膊、手背和臀部，使程乙的手背、脚面当即肿胀，在陈某用热水为程乙洗浴后，程乙出现乏力、嗜睡症状。晚 9 时许，陈某、程甲发现程乙有呕吐、发烧症状后，陈某曾提议将程乙送医院救治，程甲认为尚需观察。次日凌晨 4 时许，陈某发现程乙呼吸急促、双眼瞪视，便和程甲一起进行抢救，并拨打“120”求救。待急救医生赶到时，程乙已停止呼吸，送至医院即被确认已死亡。经法医学鉴定，确认程乙系被他人用钝性物体多次打击身体多部位造成广泛性皮下出血致创伤性休克而死。2007 年 5 月 29 日凌晨，陈某在其母陪同下到郑州市东风路派出所投案。

---

① 最高人民法院刑事审判一、二、三、四、五庭．中国刑事审判指导案例 2．增订第 3 版：危害国家安全罪·危害公共安全罪·侵犯公民人身权利、民主权利罪．北京：法律出版社，2017：568-572.

2. 涉案问题

被告人陈某、程甲体罚孩子致其死亡的，应认定为故意伤害（致死）罪、过失致人死亡罪还是意外事件？

3. 裁判理由及结论

郑州市中级人民法院经审理认为：被告人陈某、程甲故意非法伤害他人身体，致一人死亡，其行为已构成故意伤害罪。二被告人事前虽然没有明确的犯罪通谋，但从认识因素上看，二人均能概括地预见到其共同行为与共同危害结果之间的因果关系，却分别以其行为同对方形成意思联络，并共同造成程乙死亡的后果，从而构成共犯；在共同犯罪中，被告人陈某的行为对程乙死亡后果的发生起主要作用，系主犯，被告人程甲起次要作用，系从犯。被告人陈某主动到案并如实供述自己的罪行，系自首。据此，以故意伤害罪判处被告人陈某有期徒刑 6 年，以故意伤害罪判处被告人程甲有期徒刑 4 年。

一审宣判后，二被告人未提起上诉，公诉机关亦未抗诉，判决已经发生法律效力。

4. 评析意见

被告人陈某、程甲涉嫌故意伤害（致死）罪或过失致人死亡罪，在判断时应遵循由重到轻的判断顺序，首先应判断其行为是否符合故意伤害（致死）罪的构成要件。故意伤害罪要求行为人客观上实施了伤害行为，一般而言，家长体罚孩子的行为如果掌握好合理分寸，只是属于日常生活中的一般殴打行为，难以认定为伤害行为，但本案情况较为特殊，被告人陈某、程甲的行为已经超出一般殴打行为的界限，属于刑法上的伤害行为。理由在于：第一，陈某、程甲在体罚孩子程乙时使用了拖鞋、鞋刷、马桶抽子等物体，尤其是马桶抽子，其属于棍棒物体，这些工具具有致人伤害的危险；第二，陈某、程甲打击的部位较多、较广，致使程乙的面部、颈部、躯干及四肢的皮下组织损害已占其体表总面积的 28%，殴打的范围已经超出了一般殴打行为的界限；第三，陈某、程甲连续多次殴打程乙，时间间隔不足 30 小时，程乙在第一次被殴打行为之后身体尚未恢复正常，又被陈某用鞋刷、马桶抽子殴打身体多部位，导致程乙的手背、脚面当即肿胀，二人殴打的频次和强度都超出了一般殴打行为的界限；第四，程乙年仅 3 岁，属于幼儿，相较于大龄儿童，其肌肤更为娇嫩，对暴力行为的耐受能力明显更低，即使是一般殴打行为也可能导致伤害结果发生，更何况是使用马桶抽子等物体多次殴打。因此，综合考虑犯罪工具、手段、打击的部位、频次、强度以及被害人的体质，可以认为被告人陈某、程甲的体罚行为已经超出了一般殴打行为的界限，具有损害他人生理机能健全的实质的、类型化的危险性，属于刑法上的伤害行为。

其次，即便被告人的行为符合故意伤害罪的客观构成要件，要认定为该罪，还需进一步判断其是否具有伤害的故意。本案中，被告人陈某、程甲的体罚行为明显过重，法医学鉴定报告也反映出，程乙系被他人用钝性物体多次打击身体多部位造成广泛性皮下出血致创伤性休克而死亡，这不是普通的殴打行为能够造成的，被告人陈某、程甲应该清楚自己体罚行为过重了。在一般人看来，家长体罚孩子，尤其是幼儿，需要掌握好体罚的度，没掌握好这个度，很可能导致孩子身体受伤害的后果。被告人陈某、程甲作为心智成熟的成年人，当然也是能够认识到这一点的，但在体罚过程中其仍然下手这么重，且在不足30个小时内连续多次殴打被害人身体多部位，这足以说明其本身对伤害结果的发生是放任的心态，即明知自己缺乏节制的体罚行为很可能会造成被害人身体受伤害的后果，仍放任危害结果的发生，主观上具有伤害的间接故意。被告人陈某、程甲虽然没有犯罪共谋，但在殴打程乙的过程中，二人分别以其行为同对方形成意思联络，共同造成了程乙死亡的后果，属于共同犯罪。综上所述，应以故意伤害（致死）罪追究二被告人的刑事责任。

深度研究

故意伤害罪的实行行为并不包括日常生活中的一般殴打行为，因此区分一般殴打行为与伤害行为具有重要意义。实务中常见做法是根据伤害结果来倒推，即只要行为造成轻伤以上的结果，那么，行为就是故意伤害罪中的伤害行为。如果仅根据伤害结果来确定行为的性质，这在判断逻辑上存在疑问，且容易导致结果责任或偶然责任。区分一般殴打行为与伤害行为，应当综合考虑犯罪工具或手段，打击的部位、频次与力度，被告人与被害人的体质、体能差异，具体的时空环境等多种因素，立足于行为时社会一般人的认识能力和水平，进而判断该行为是否有损害他人生理机能健全的实质的、类型化的危险性。

（1）犯罪工具或手段。行为人是否使用犯罪工具，使用何种犯罪工具，对暴力行为的定性具有参考意义。例如，使用管制刀具、钢管、水果刀等足以在短时间内致人伤害的工具，则倾向认定其为伤害行为；没有使用任何工具，采取掌掴、推搡、扭打等方式的，则倾向认定其为一般殴打行为。

（2）打击的部位、频次与力度。行为人打击何种身体部位，打击猛烈还是间断，下手轻重等，对暴力行为的定性具有参考意义。例如，如果打击的是人体要害部位，例如太阳穴、颈部、心脏、下体等处，动作猛烈，进攻性强，同时下手很重，对他人生理机能健全的损害就越大，则越倾向认定其为伤害行为。反之，如果不是针对要害部位，只朝四肢、后背、臀部等非要害部位下手，且并非连续重击，则倾向于认定其为一般殴打行为。

（3）被告人与被害人的体质、体能差异。双方的年龄差异、体能状态等，对暴力行为的定性具有参考意义。例如，被害人已经上了年纪的，可能轻微程度的暴力行为就易造成较重伤害；被告人如果是健身教练、跆拳道高手等，在体能上占据明显优势，所实施的暴力行为就更可能造成较重伤害；被害人如果处于极度疲惫状态或者因醉酒处于迷糊状态等，对暴力行为的抵抗能力减弱，更可能遭受较重伤害。

（4）具体的时空环境。暴力行为所发生的具体时空环境，对该行为的定性也具有参考意义。例如，行为人是埋伏路边突然攻击，被害人毫无防备的，这种有预谋的暴力行为更可能被认定为伤害行为。原因是突然袭击是在被害人无法作出及时身体反应的情况下进行的，此时其处于弱势地位，生理机能健全更容易受到较重损害。

（二）本罪与业务过失犯罪的区分

知识背景

过失致人死亡罪属于普通过失犯罪，其与业务过失犯罪的认定比较容易引起混淆，因为业务过失犯罪也属于过失犯罪的范畴，且客观上也需产生相应的危害结果。其中，过失致人死亡罪与交通肇事罪、重大责任事故罪等业务过失犯罪的区分属于实务中的难点。

从犯罪构成要件上看，过失致人死亡罪与交通肇事罪、重大责任事故罪之间存在一些共性：（1）过失致人死亡罪在客观方面表现为由于过失而导致他人死亡的行为；交通肇事罪在客观方面表现为违反交通运输管理法规，因而发生重大交通事故，致人重伤、死亡或者使公私财产遭受重大损失的行为；重大责任事故罪在客观方面表现为在生产、作业中违反有关安全管理的规定，因而发生重大伤亡事故或者造成其他严重后果的行为。因此，这三罪在客观方面均表现为违反注意义务，进而引起法益侵害结果。（2）这三罪在犯罪主观方面均表现为过失，包括疏忽大意的过失和过于自信的过失。

虽然存在一些共性，但上述三罪也存在着以下明显区别：（1）保护法益不同。交通肇事罪侵犯的是交通运输安全，重大责任事故罪侵犯的是生产、作业安全，它们都是针对危害公共安全行为而设立的罪名。而过失致人死亡罪侵犯的是他人的生命权，是针对保护个体生命权而设立的罪名。对于客观上不可能危害不特定多数人生命、健康或造成公私财产遭受重大损失的行为，此时可考虑成立侵犯个人法益的犯罪，而不应以交通肇事罪或重大责任事故罪论处。（2）时空限定不同。交通肇事罪必须是在交通运输活动中因违反交通运输管理法规而引起的，因此，其时空限定在交通运输活动中以及与交通有直接关系的活动中，如果是在工厂、矿山、建筑工地作业或者其他非交通运输活动中的，一般不构成本罪。重大责任事故罪必须是在生产、作业过程中因违反有关安全管理的规定而引起，因此，其时空限定在生产、作业过程中，且要求与生产、作业具有直接联系。如果违反有关规定而发生的事故与生产、作业缺乏业务上的直接联系，则一般不构成本罪。过失致人死亡罪对时间和空间则没有限定，可以发生在任何可能的时空背景下。

根据2000年11月15日最高人民法院发布的《关于审理交通肇事刑事案件具体应用法律若干问题的解释》第8条的规定，在实行公共交通管理的范围内发生重大交通事故的，依照交通肇事罪和本解释有关规定办理。在公共交通管理的范围外，驾驶机动车辆或者使用其他交通工具致人伤亡或者致使公共财产或者他人财产遭受重大损失，构成犯罪的，分别依照重大责任事故罪、重大劳动安全事故罪、过失致人死亡罪等定罪处罚。据此，交通肇事罪的空间范围被明确限定为"实行公共交通管理的范围"，"公共交通管理的范围"的认定便成了区分上述罪名的关键点。若使用交通运输工具致人死亡的案件发生在公共交通管理的范围内，则其可能涉嫌交通肇事罪；若发生于这一范围之外，则其可能涉嫌重大责任事故罪或过失致人死亡罪。此时还需继续考察犯罪行为是否发生在生产、作业过程中，如果发生在生产、作业过程中，则以重大责任事故罪论处；反之，则以过失致人死亡罪论处。

规范依据

《刑法》

第一百三十三条　违反交通运输管理法规，因而发生重大事故，致人重伤、死亡或者使公私财产遭受重大损失的，处三年以下有期徒刑或者拘役；交通运输肇事后逃逸或者有其他特别恶劣情节的，处三年以上七年以下有期徒刑；因逃逸致人死亡的，处七年以上有期徒刑。

第一百三十四条第一款　在生产、作业中违反有关安全管理的规定，因而发生重大伤亡事故或者造成其他严重后果的，处三年以下有期徒刑或者拘役；情节特别恶劣的，处三年以上七年以下有期徒刑。

第二百三十三条　过失致人死亡的，处三年以上七年以下有期徒刑；情节较轻的，处三年以下有期徒刑。本法另有规定的，依照规定。

案例评价

[案例8-11] 李某过失致人死亡案[①]
（普通过失犯罪与业务过失犯罪的区分）

1. 基本案情

2005年6月16日18时许，被告人李某驾驶自己的农用车，在少洛高速

① 陈兴良，张军，胡云腾．人民法院刑事指导案例裁判要旨通纂：上卷．北京：北京大学出版社，2018：126－127.

公路上施工后的下班回家途中，由西向东行驶至登封市某村大桥东 100 米处，因该公路未正常开通通行，在变更车道时，与相反方向行驶的王某红驾驶的二轮摩托车相撞，致王某红和乘车人王某娃当场死亡、王某杰受伤。登封市公安局交巡警大队事故责任书认定被告人李某负此事故的主要责任。

2. 涉案问题

对被告人李某的行为应认定为过失致人死亡罪、交通肇事罪还是重大责任事故罪？

3. 裁判理由及结论

登封市人民法院经审理后认为：被告人李某驾驶施工车辆，在处于施工阶段尚未开通运行的少洛高速公路上行驶，当与相反方向行驶的摩托车相遇时因疏忽大意致两车相撞而发生事故，造成 2 人死亡、1 人重伤的严重后果。根据《最高人民法院关于审理交通肇事刑事案件具体应用法律若干问题的解释》第 8 条第 2 款的规定，在公共交通管理的范围外，驾驶机动车辆或者使用其他交通工具致人伤亡或者致使公共财产或者他人财产遭受重大损失，构成犯罪的，分别依照《刑法》第 134 条、第 135 条、第 233 条等规定，定罪处罚。故对被告人应以过失致人死亡罪定性。登封市人民检察院指控其犯罪的事实成立，予以支持，但其所指控犯交通肇事罪的罪名不妥，不予支持。被告人李某过失致两人死亡，另有 1 人重伤，不宜认定为情节较轻，应在 3 年以上 7 年以下有期徒刑的幅度内量刑。被告人在案发后主动投案自首，依法可从轻或者减轻处罚；鉴于被告人自愿认罪，案发后主动与死者家属和伤者达成赔偿协议，并已履行，得到死者家属和伤者的谅解，具有酌情从轻情节，确有悔罪表现。最终法院以被告人李某犯过失致人死亡罪，判处有期徒刑 3 年，缓刑 4 年。

4. 评析意见

被告人李某客观上违反了注意义务，造成 2 死 1 伤的危害结果，主观上存在疏忽大意的过失，理应成立过失犯罪，但究竟是构成过失致人死亡罪、交通肇事罪还是重大责任事故罪则不无疑问。由于成立交通肇事罪的空间范围被明确限定为“实行公共交通管理的范围”，“公共交通管理的范围”的认定便成了区分交通肇事罪与过失致人死亡罪的关键点。本案中事发地点在未开通使用的高速道路上，其虽然属于高速道路，但由于还处于施工阶段，尚未实行公共交通管理，所以不属于“公共交通管理的范围”，发生在该路段的驾车过失致人死亡也就无法按交通肇事罪处理。此外，考虑到交通肇事罪本身属于危害公共安全犯罪，但在封闭道路驾驶机动车的行为也不足以危害公共安全，所以其并不符合交通肇事罪的本质。

根据《最高人民法院关于审理交通肇事刑事案件具体应用法律若干问题的解释》第 8 条第 2 款的规定，在公共交通管理的范围外，驾驶机动车辆致人伤亡的，可能构成过失致人死亡罪或重大责任事故罪。这两个罪名的关键区别在于犯罪行为是否发生在生产、作业过程中：发生在生产、作业过程中的，以重大责任事故罪论处；并非发生在生产、作业过程中的，以过失致人死亡罪论处。本案中，李某虽然是该高速公路的施工人员，其驾驶的车辆也属于施工车辆，但当时属于施工下班时间，是李某在返家途中发生的事故，并非在生产、作业过程中因违反有关安全管理的规定引起的，故无法以重大事故罪论处。可能有少数观点会认为，被告人李某驾驶施工车辆在施工路段行驶，只要其未完全离开施工路段，即便是打算回家，也应当认为工作时间尚未彻底结束，此期间也就能够被评价为在生产、作业过程中。这种观点难以站得住脚，即便认为李某实施犯罪行为时尚处于工作时间之内，但由于该犯罪行为与生产、作业缺乏直接联系，也不能认为发生在生产、作业过程中。所谓的直接联系，应当是指行为人所实施的犯罪行为是根据其自身生产、作业的需要而产生的，具有业务属性，仅仅是违反注意义务的行为，与生产、作业缺乏直接联系，也无法认定为重大责任事故罪。综上所述，被告人李某的行为应认定为过失致人死亡罪。

深度研究

“公共交通管理的范围”的认定对交通肇事罪的判断具有重要意义，然而，在现实生活中，“道路”的表述反而更为常见，这是因为我国的《道路交通安全法》只是使用了“道路”的概念。根据《道路交通安全法》第119条第1项的规定，“道路”是指公路、城市道路和虽在单位管辖范围但允许社会机动车通行的地方，包括广场、公共停车场等用于公众通行的场所。由于上述司法解释又提出了“公共交通管理的范围”的概念，其与“道路”能否作同一理解，便是需要进一步思考的问题。

应注意到，“公共交通管理的范围”既包括了陆地区域，还包括了水上和空中交通区域，因而其范围比“道路”的范围大得多。公路、水上运输人员以及其他相关人员造成公路、水上交通事故的，成立交通肇事罪；航空人员、铁路职工以外的人员造成重大飞行事故或铁路运营事故的，同样成立交通肇事罪。由此可见，“道路”只是“公共交通管理的范围”的一个子集。不过，由于多数交通事故发生在陆地区域，“公共道路交通管理的范围”的界定毋宁说更具现实意义。既然如此，“公共道路交通管理的范围”内发生的重大交通事故，能否等同于在“道路”上发生的重大交通事故呢？从学理上来讲，尽管表述不太一样，对“公共道路交通管理的范围”与“道路”的内涵却应作同一理解。既然《刑法》第133条规定交通肇事罪的成立必须以发生重大交通事故为前提，而根据《道路交通安全法》第119条第5项的规定，“交通事故”是指车辆在道路上因过错或者意外造成的人身伤亡或者财产损失的事件。

这意味着，作为交通肇事罪成立条件的发生重大交通事故只能发生在“道路”上，“公共道路交通管理的范围”自然应与“道路”内涵保持一致。事实上，最高人民法院、最高人民检察院、公安部、司法部于 2023 年 12 月 13 日联合颁发的《最高人民法院、最高人民检察院、公安部、司法部关于办理醉酒危险驾驶刑事案件的意见》第 5 条第 1 款对此也予以了明确，即“道路”适用《道路交通安全法》的有关规定。

既然“道路”是指公路、城市道路和虽在单位管辖范围但允许社会机动车通行的地方，包括广场、公共停车场等用于公众通行的场所。按此定义，对机关、企事业单位、厂矿、校园、住宅小区等管辖范围内的路段、停车场，若相关单位允许社会机动车通行，则其也属于“道路”范围，自然能归入“公共交通管理的范围”。实践中，企事业单位、校园、厂矿等的范围不断扩大，很多都是开放式管理，社会机动车、行人经常借道通行，在这些路段发生事故的也越来越多，根据具体情况，考虑将其纳入“公共交通管理的范围”内规制，在解释学上并不存在障碍。同样地，如果相应的“路段”并不允许社会机动车自由通行，例如处于施工状态的封闭道路，那么其即便是高速公路、城市道路也难以纳入“公共交通管理的范围”。

第九章　故意伤害罪

故意伤害罪由我国《刑法》第 234 条规定。该罪的保护法益是他人生理机能的健全。原则上，身体的完整性，尤其是身体外形的完整性，不应被视为故意伤害罪的保护法益，除非身体完整性的损害意味着生理机能的健全受到妨碍。与此同时，身体的不可侵犯性也不是我国刑法中故意伤害罪所保护的法益，我国《刑法》并未将国外刑法中构成暴行罪的行为纳入故意伤害罪的保护范围。所谓的暴行罪，指的是非法地对他人使用物理性的力量。一般意义上的暴行，即单纯违法地对他人使用有形力，只要该行为按经验法则并无致人受轻伤以上伤害结果的可能性，在我国就并不构成犯罪，充其量只是治安管理处罚的对象。按我国《刑法》的相关规定，故意伤害罪系实害犯，需要以轻伤以上伤害结果的出现作为既遂的标准。

在界定故意伤害罪的相关构成要件时，需要将生理机能的健全这一保护法益贯彻与体现于其中，以防止不当扩大故意伤害罪的处罚范围。

第一节　客观要件的界定

知识背景

一、伤害行为

1. 伤害的概念

故意伤害罪中的伤害，是指对他人的生理机能的健全加以损害的行为。伤害的本质不在于破坏身体组织的完整性，而在于对他人的生理机能的健全造成损害。这意味着，只要涉及对他人生理机能的健全侵害的，都可能成立伤害。基于此，提供腐烂或不安全的食物使人患上疾病，使他人感染病毒，或者使已患病的病人病情进一步恶化等，都属于伤害行为。对生理机能的健全的侵害不要求是永久性的，一时地侵害生理机能的健全的行为，也属于伤害。在我国，单纯强迫他人剃除毛发的行为，可能有成立侮辱罪、寻衅滋事罪等犯罪的余地，但不可能构成故意伤害罪。

伤害行为不限于使用有形的物理性力量，采用无形的方法也可以构成。例如，利用吓唬、侮辱的言辞而使他人产生严重精神障碍，或者采取骚扰方式，比如在较长时间内进行跟踪、辱骂、吼叫或反复弄出噪音等，使他人患上严重的精神疾病的，都可能构成伤害行为。除行为人直接对被害人实施之外，伤害行为也包括利用自然力或动物等来实施的情形，比如谎称当向导而让他人落入陷阱受伤。利用被害人自身的行为来实施的，也可能构成伤害行为，比如利用被害人的认识错误而使其服毒。

值得注意的是，刑法上的伤害概念与医学上的伤害概念并不完全一致，即使引起生理机能健全的障碍，在其程度较为轻微时，通常也不被认为构成刑法意义上的伤害。故意伤害罪中的伤害行为，必须具有引起或可能引起轻伤或轻伤以上程度的伤害结果的性质。因而，生活意义上的殴打与本罪中的伤害不能画个等号。比如，一般性的推搡、拍打等单纯对他人使用有形力，或者在使用有形力的同时可能造成轻微伤害如青肿、瘀痕、微量流血等的行为，属于生活意义上的殴打，但不成立故意伤害罪中的伤害。

2. 伤害的对象

故意伤害罪的行为对象是他人，伤害自己身体的，不能构成本罪。故意伤害罪的成立必须以“他人”的存在为前提。由于胎儿直到脱离母体之后才能成为法律上的“人”，故尚在母体之内的胎儿，不能成为本罪的对象。在脱离母体之前，胎儿可视为母体的一部分，故伤害胎儿的行为一般可认定为是对母体本身的伤害。若是因行为人的伤害行为而流产或成为死胎，则行为人构成对该孕妇的故意伤害罪。根据我国《人体损伤鉴定程度标准》，损伤致早产或者死胎的，以及损伤致胎盘早期剥离或者流产，合并轻度休克的，构成重伤；外伤性难免流产的或者外伤性胎盘早剥的，构成轻伤。

3. 伤害的非法性

伤害行为必须具有非法性，因正当防卫、紧急避险、职务行为而伤害他人，或因治疗需要经患者同意或推定同意而开刀，体育运动中规则所允许的伤害等，均因行为缺乏违法性而不成立故意伤害罪。父母基于训诫权对子女实施社会观念所允许的暴力的，一般认为不具有违法性，但如果其暴力的使用超出社会观念认为合理的范围，则其不能阻却行为的违法性。

在涉及个人法益的犯罪中，被害人承诺一般可阻却行为的违法性。然而，这一原理是否适用于伤害行为的场合，也即，经承诺而伤害他人身体的行为是否成立故意伤害罪，刑法理论上存在较大的争议。笔者主张对承诺阻却违法的情形作较为严格的限定。原则上，只有在伤害行为不违反公序良俗或具有社会相当性时，才能承认承诺的有效性，从而认定承诺阻却行为的违法性。

换言之，即使只导致轻伤的结果，只要行为本身违反公序良俗或欠缺社会相当性，也应肯定故意伤害罪的成立。比如，相互斗殴的场合虽意味着存在对伤害的推定承诺，但鉴于双方都具有攻击对方的意图，不能因为存在推定的承诺而肯定对违法性的阻却。再如，以诈取保险金为目的，得到被害人承诺，故意用自己驾驶的汽车撞击被害人，使其负伤的，承诺也不应阻却伤害行为的违法性。

二、危害结果

故意伤害罪是实害犯，其既遂的成立以出现相应的危害结果为前提。根据我国刑法的规定，故意伤害罪的危害结果包括三种类型：轻伤、重伤与死亡。只造成轻微伤或以下的，不能成立故意伤害罪。根据《人体损伤程度鉴定标准》对相关概念的定义，重伤是指，使人肢体残废、丧失听觉、丧失视觉、丧失其他器官功能，毁人容貌或者其他对于人身健康有重大伤害的损伤，包括重伤一级和重伤二级。轻伤是指，使人肢体或者容貌损害，听觉、视觉或者其他器官功能部分障碍或者其他对人身健康有中度伤害的损伤，包括轻伤一级和轻伤二级。轻微伤是指，各种致伤因素所致的原发性损伤，造成组织器官结构轻微损害或者轻微功能障碍。凡涉及伤害的案件，在判决前必须对损伤程度进行鉴定。评定损伤程度，必须坚持实事求是的原则，全面分析，综合鉴定。损伤程度包括损伤当时原发性病变、与损伤有直接联系的并发症，以及损伤引起或可能引起的后遗症。鉴定时，需要对损伤与既有伤/病的作用程度进行区分，坚持以人体损伤当时的伤情及其损伤的后果为依据。

三、因果关系

作为典型的故意犯罪，只有伤害行为本身直接造成轻伤、重伤或死亡结果的，才能认定两者具有刑法上的因果关系。换言之，行为人所实施的伤害行为，对导致结果出现的因果流程具有支配性的，才能将相应结果归责于行为人的行为。在伤害致人死亡的情形中，注意根据结果加重犯的一般原则来进行认定，伤害行为与死亡结果之间需要具备直接性关联。所谓的直接性关联是指，加重结果必须是由基本行为直接造成的。

如果介入因素足以阻断行为人对因果流程的支配，则应否定刑法上的因果关系，即产生阻却结果归责的效果。对于存在介入因素的情形，在判断第三方的介入行为是否阻断行为人对因果流程的支配时，主要考虑如下因素：(1) 先前行为导致结果发生的盖然性程度。先前行为本身导致结果发生的盖然性程度越高，表明其对结果所起的作用越大，介入因素越难阻断这种支配；反之，则表明先前行为对结果所起的作用较小，越可能阻断这种支配。(2) 介入因素是否独立。如果介入因素的出现是先前行为所引发的，表明介入因素缺乏独立性，则其阻断支配的可能性会降低；反之，如果介入因素的出现与先前行为无关，在来源上完全独立，则其阻断支配的可能性会大大增加。(3) 介入因素的异常性大小。介入因素的发生越难以预见，越会被认为具有异常性，相应地，越可能阻断先前行为对因果流程的支配；反之，如果介入因素属于一般人合理的、可预见的范围，则通常难以阻断这种支配。(4) 介入因素本身对结果的作用大小。介入因素对结果发生的作用力越小，越难以阻断先前行为对因果流程的支配；反之，则越可能阻断这种支配。(5) 在介入因素出现后，先前行为所产生的作用效果是否仍在持续。假如先前行为所产生的效果直至最终结果出现时仍在继续发挥作用，则一般难以认为行为人对整个因果流程丧失支配；反之，假如在介入因素出现后，先前行为所产生的作用效果归于终结，则对其的结果归责更易被否定。

规范依据

《刑法》

第二百三十四条　故意伤害他人身体的，处三年以下有期徒刑、拘役或者管制。

犯前款罪，致人重伤的，处三年以上十年以下有期徒刑；致人死亡或者以特别残忍手段致人重伤造成严重残疾的，处十年以上有期徒刑、无期徒刑或者死刑。本法另有规定的，依照规定。

第九十五条　本法所称重伤，是指有下列情形之一的伤害：(一) 使人肢体残废或者毁人容貌的；(二) 使人丧失听觉、视觉或者其他器官机能的；(三) 其他对于人身健康有重大伤害的。

2013 年 8 月 30 日最高人民法院、最高人民检察院、公安部、国家安全部、司法部联合发布的《人体损伤程度鉴定标准》

案例评价

[案例 9-1] 周某武故意伤害案①
(伤害行为性质与程度的认定)

1. 基本案情

2013 年 1 月 16 日，被告人周某武因母亲住院去献血，被攀枝花市疾病预

① 最高人民法院刑事审判第一、二、三、四、五庭．刑事审判参考：总第 115 集．北京：法律出版社，2019：49-54.

防控制中心检测出是艾滋病患者。2013 年 7 月，周某武与吴某某在四川省会东县相识并确立了恋爱关系。2013 年 8 月至 2014 年 6 月间，周某武在攀枝花市东区五十四、盐边县新九乡等地与吴某某以男女朋友关系同居。其间，周某武为达到与吴某某长期交往的目的，不但没有告诉吴某某自己患有艾滋病，还在明知自己系艾滋病患者以及该病的传播途径的情况下，故意不采取任何保护措施与吴某某发生性关系，致吴某某于 2014 年 6 月 20 日被确诊为艾滋病患者。

法院判决，被告人周某武故意伤害他人身体，致使一人感染艾滋病，其行为已构成故意伤害罪，判处有期徒刑 5 年。

2. 涉案问题

（1）明知自己感染艾滋病病毒，故意不采取保护措施与他人发生性关系，相应行为属于伤害行为还是杀人行为?

（2）前述行为致使他人感染艾滋病病毒的，如何认定损伤程度?

3. 裁判理由及结论

（1）就行为性质的问题，法院认为，传播艾滋病病毒的行为不宜认定为故意杀人罪，而应认定为故意伤害罪。

从医学的角度来看，感染上艾滋病病毒并不必然导致死亡，由于我国实施免费检测、免费治疗政策，大部分艾滋病病毒感染者能够获得及时治疗而不会被危及生命安全，以故意杀人罪来认定类似本案的行为，与故意杀人罪的构成要件不相符。此外，故意杀人罪是结果犯，而从感染艾滋病病毒到发病一般为 8 年—10 年，在审理期限内很难认定故意杀人的危害结果是否发生。如果因审判案件时被害人仍然存活，判处故意杀人罪未遂，则这样有可能纵容了部分犯罪人，因为少数艾滋病病毒的感染者可能由于得不到及时治疗等而发病，发病后最长 1 年内肯定死亡；如果判处故意杀人罪既遂，这与被害人在审判时仍然存活的事实又不相符。

因此，以故意伤害罪定罪更合理。艾滋病病毒对人体免疫系统的损害十分致命，但艾滋病病毒又不具有直接致命性，它是通过损害人体免疫系统，降低人体的免疫力，进而对人体造成危害。艾滋病病人死亡的直接原因通常都是其他的疾病或损伤。将类似本案的行为认定为故意伤害罪将使定罪量刑的标准很统一。行为人一旦把艾滋病病毒传染给他人，肯定对他人的身体造成了伤害，从被害人感染艾滋病病毒起，故意伤害罪就已经既遂，不会像认定为故意杀人罪那样出现未遂与既遂不确定的问题。本案中，被告人因去医院献血而被确诊感染艾滋病病毒，其明知自己感染艾滋病病毒，而故意不采取任何防护措施与被害人多次发生性关系，主观上具有通过让被害人感染艾滋病病毒的方式伤害其身体健康的故意，客观上所实施的不采取任何防护措施而与被害人多次发生性行为的行为，已经造成被害人感染上艾滋病病毒的危害后果，给被害人的人身健康造成重大伤害，完全符合故意伤害罪的构成要件。

（2）就损伤程度的问题，法院认为，应当依照致人重伤的标准量刑。

首先，在现代医疗条件下，对艾滋病病毒虽不能根除但在终身服药的情况下可以控制病毒的发展，因此，感染艾滋病病毒不是必然导致死亡，但患者的身体健康会受到极大的伤害。这种伤害既包括艾滋病病毒本身对身体的损害，也包括长期服药导致的大量副作用，而患者为了维持生命必须终生忍受这种痛苦，因此，感染艾滋病病毒对被害人身体健康的损伤程度与重伤的损伤程度相当。其次，根据《刑法》第 95 条对重伤的定义与《人体损伤程度鉴定标准》的相关规定，感染艾滋病病毒可视为“生物性因素”导致的“其他对人体健康有重大伤害”的情形。在目前的立法和司法解释框架内，对于明知自己感染艾滋病病毒，故意不采取保护措施与他人发生性关系，致使他人感染艾滋病病毒的行为，认定为故意伤害罪并按照“重伤”的量刑档次量刑是最为合适的。当然，致人死亡的，可在“十年以上有期徒刑、无期徒刑或者死刑”的幅度内量刑，但适用死刑时应当格外慎重。

4. 评析意见

明知自己是艾滋病感染者，在未采取防护措施的情况下与他人发生性关系的行为，在客观上属于什么性质，在刑法理论上存在一定的争议。由于相应行为具有让被害人感染艾滋病的风险，而一旦感染艾滋病，将使后者的身体免疫机能受到重大损害，基于此，可以肯定相应行为内在地具有损害生理机能健全的性质，满足伤害行为的要求。但是，是否可进一步认为该行为具有剥夺生命的性质，从而认定构成杀人行为，则存在疑问。应当认为，感染艾滋病病毒不具有剥夺生命的类型性危险，与其他剥夺人生命的杀人行为不具有相当性；同时，从实务操作的角度来看，由于因感染艾滋病病毒而死亡会经历较为漫长的过程，按故意杀人罪定性的话，这也会给既遂与未遂的认定带来困难，故不宜将此种行为认定为杀人行为。法院对本案的定性是正确的，裁判理由也具有说服力。

值得注意的是，感染艾滋病病毒的行为人，在不采取防护措施的情况下与多人发生性关系的，不应认定为成立以危险方法危害公共安全罪，因其行为不具有危及公共安全的性质，也不符合危险方法的成立要件。同时，前述行为也不属于传播性病的行为，因《刑法》第 360 条规定成立传播性病罪要求明知自己患有梅毒、淋病等严重性病而卖淫嫖娼，艾滋病难以认定为是性病。

[案例 9-2] 陈某燕等故意伤害案[①]
(伤害行为的非法性如何认定)

1. 基本案情

江苏省南通市社会福利院(以下简称福利院)普儿班两名精神发育迟滞(重度)女孩分别自 2003 年、2005 年年初来月经后,因痴呆不能自理,给护理工作带来难度。为此,该院普儿班护理组保育员多次向陈某燕(系福利院副院长)汇报此事。2005 年 4 月 10 日,被告人陈某燕向被告人缪某荣(系福利院院长)汇报了上述事实,建议将该两名女孩的子宫切除,缪某荣表示同意。后被告人陈某燕打电话给被告人苏某华(系南通大学附属医院医生)称,福利院两名痴呆女孩来了月经不能自理,要做子宫切除手术。苏某华答应为此事进行联系与安排,其与被告人王某毅(系南通大学附属医院医生)联系并告知此事后,王某毅表示同意并与南通市城东医院(以下简称城东医院)有关领导及医生就该两名女孩的子宫切除之事进行联系,定好在城东医院做该手术。同月 14 日上午,福利院保育员严某将两名女孩送至城东医院,办理了住院的相关手续,并做了术前检查,检查结果表明该两名女孩均属正常盆腔。当天中午,被告人陈某燕代表福利院在城东医院关于该两名女孩的手术同意书上签字。当天下午,被告人王某毅、苏某华在未向科室主任汇报且未按规定办理有关会诊登记手续的情况下,前往城东医院,由被告人王某毅任主刀,被告人苏某华作为助手,分别对该两名女孩做了子宫次全切除手术。经法医鉴定,两女孩子宫体被切除,属重伤。

案发后,被告人缪某荣、陈某燕于 2005 年 4 月 15 日向上级主管单位南通市民政局汇报了上述子宫切除事件。被告人王某毅、苏某华于同月 20 日向所在单位医务处汇报了该事件。之后,被告人缪某荣、陈某燕按民政局通知,被告人王某毅、苏某华按所在单位通知,先后于 2005 年 4 月 20 日、21 日到南通市公安局崇川分局交代了对两名女孩的子宫次全切除的犯罪事实。

江苏省南通市崇川区人民法院经审理后认为,四被告人的行为均已构成故意伤害罪,且系共同犯罪。案发后,四被告人及时到公安机关交代犯罪事实,均属自首,依法可以减轻处罚。四被告人的犯罪情节一般,主观恶性较小,均可酌情从轻处罚。判决被告人陈某燕犯故意伤害罪,判处有期徒刑 1 年,缓刑 2 年;被告人缪某荣犯故意伤害罪,判处管制 6 个月;被告人王某毅犯故意伤害罪,判处管制 6 个月;被告人苏某华犯故意伤害罪,判处管制 6 个月。

---

① 国家法官学院,中国人民大学法学院. 中国审判案例要览:2007 年刑事审判案例卷. 北京:人民法院出版社,中国人民大学出版社,2008:216-229.

一审判决之后，四被告人均提起上诉。除对一审判决中认定的一些事实与证据提出异议之外，其主要是认为所实施的行为不符合故意伤害罪的主、客观要件：(1) 切除两名痴呆女子宫的手术决定属于职务行为，而对其所实施的相应手术治疗过程是正常的医疗过程；(2) 痴呆患者没有结婚与生育的权利，故为防止其意外怀孕，对已来月经的痴呆女行绝育手术不违法，不具有社会危害性；(3) 主观上没有伤害的故意，目的是解除痴呆女的痛苦，提高其生活质量而非加害。江苏省南通市中级人民法院经审理，确认一审法院认定的事实和证据，裁定驳回上诉，维持原判。

2. 涉案问题

基于降低监护难度的考虑，对精神发育重度迟滞的女孩实施子宫切除的行为，是否构成非法的伤害？

3. 裁判理由及结论

江苏省南通市崇川区人民法院认为，四被告人在两被害人无手术指征的情况下对两被害人施行子宫次全切手术，致两被害人重伤，严重侵害了被害人的健康权，其行为均已构成故意伤害罪。

江苏省南通市中级人民法院指出：缪某荣、陈某燕分别作为福利院的院长、副院长，理应正确地履行其法定职责，负有保护福利院痴呆儿童的人身、财产安全及其他合法权利的监护职责和义务，然两人未尽监护人职责，为降低监护难度，由陈某燕提议，并经缪某荣决定切除两被害人子宫。苏某华伙同王某毅违反医院的外出会诊的操作规程，在两被害人无手术指征的情况下擅自对其发育正常的子宫施行子宫次全切除术，导致两被害人身体组织器官缺失，至两被害人重伤，四人的行为均已构成故意伤害罪。

对有关职务行为的辩护意见，江苏省南通市中级人民法院认为，福利院作为两被害人的监护人，不得做侵犯被监护人合法权益的事情，更不能以故意伤害被监护人的身体的方法来减轻监护难度。缪某荣、陈某燕作为福利院的领导负有对两被害人的具体监护职责和义务，无任何法律依据或行政规范授权二人可以作出伤害两被害人身体健康的决定，二人也无权以剥夺两被害人正常生理功能的方法损害其身体器官以追求她们生活质量的提高，在无明确的子宫切除手术指征的情况下，超出正当的监护职责范围，擅作决定对该两被害人施行手术致其重伤，缪某荣、陈某燕的行为不属于其监护职责的范围，因而不属于职务行为。对该辩护意见不予采纳。

对有关并未侵犯被害人生育权的辩护意见，江苏省南通市中级人民法院认为，我国婚姻法虽然规定了禁止结婚的情形，但并没有禁止生育的规定，故对该辩护意见不予采纳。

对有关不具备故意伤害罪主观要件的辩护意见，江苏省南通市中级人民法院认为，四上诉人对实施次全子宫切除术是为减少护理麻烦和难度具有明知，且作为福利院的主管领导和职业医生，在明知手术会造成被害人正常生育器官的严重缺失而构成伤害的情况下，仍然决定和积极实施，主观上均有追求该结果发生的故意，故对该点上诉及辩护理由也不予采纳。

4. 评析意见

本案中，四被告人共谋对两名精神发育重度迟滞的女孩实施子宫次全切除手术，其行为属于伤害行为应无太大的疑问。子宫属于女性身上的器官，切除该器官不仅有损身体的完整性，也必将影响相应的生理机能。在运用传统的观点，即认为故意伤害罪是侵害他人健康权利的犯罪时，需要注意，不宜对其中的“健康”概念作过于狭义的界定。比如，以所谓医学证明证明实施子宫切除术后两名精神发育重度迟滞的女孩的健康不受影响为由，认定切除子宫的行为不构成伤害行为。一则，在未经同意的情况下对他人实施有创手术，本身就是一种伤害行为。二则，切除子宫使被害人永久性地丧失生育能力，同时还带来其他的生理性影响，必定影响他人生理机能的健全。三则，医学上的健康概念不同于刑法上的健康概念。从医学的角度而言，只要是不致命的创伤，被害人最终都能恢复健康。即使是被截肢或摘取两个肾脏中的一个，被害人仍然可以健康地生活，但不可能由此认为，非法截去他人的肢体或摘取一个肾脏的行为不是刑法上的伤害行为。医学上的健康偏重于关注机体本身的正常运转，而刑法上的健康概念强调机体生理机能的健全性与身体器官的完整性，二者之间存在实质的区别。以医学上的健康概念为依据，认为将子宫这样的重要器官从人体上分离的行为不构成伤害，显然是荒谬的。

本案中引发争论的是，四被告人实施的伤害行为究竟是否违法。裁判理由从监护权限与生育权的角度，否定了相关行为阻却违法的主张。其结论是正确的，但在论理方面则存在不足。

对于伤害行为是否违法的问题而言，关键不在于是否超出民法上的监护权限范围，也不在于被害人是否有生育权，而在于被告人替被害人做出切除子宫的决定，是否可认定存在推定承诺或紧急避险的事由。推定的承诺以合理的一般人意志作为判断基准，要求必须是为了被害人的一部分法益牺牲其另一部分法益，而所牺牲的法益不允许大于所保护的法益。就本案而言，被告人陈某燕与缪某荣实际上是基于降低监护难度的考虑而作出施行手术的决定，明显是为了作为监护人的福利院管理上的便利，而不是为了保护被害人的利益。此外，按社会一般观念来看，即使是对精神发育重度迟滞的女孩而言，切除子宫给被害人带来的利益与其所造成的侵害相比，也太过微不足道。既然对被害人而言所保护的利益要小于所牺牲的利益，则自然不可能成立推定的承诺。同时，四被告人的行为也没有成立紧急避险的余地。抛开护理难度的增加能否被视为构成作为避险前提的现实危险不论，以切除被害人的子宫作为降低福利院护理难度的手段，不可能满足成立紧急避险所必要的“不得已”的要件，也必然超出刑法上紧急避险所允许的必要限度。可见，就本案而言，从推定的承诺与紧密避险入手，对被告方的辩解及辩护意见进行反驳，并展开相应的论证，更富有针对性。

[案例 9-3] 赵某明等故意伤害案①
（介入被害人合理反应行为时，如何认定因果关系）

1. 基本案情

被告人赵某明与被害人马某超之间曾有矛盾。赵某明听说马某超要把自己砍掉，决定先下手为强。2003 年 8 月 14 日晚 7 时许，赵某明在汉川城区得知马某超在紫云街出现后，邀约被告人李某及其余五人（均另案处理）前往帮忙，并在租住处拿一尺多长的砍刀 7 把，一行人乘“面的”到紫云街。在车上赵某明发给每人砍刀一把，车行至紫云街看到马某超后，被告人赵某明等人下车持刀向马某超逼近，距离马某超四五米时被马发现。马某超见势不妙立即朝街西头向涵闸河堤奔跑，被告人赵某明持刀带头追赶，被告人李某及同伙跟随追赶。当赵某明一行人追赶 40 余米后，马某超从河堤上跳到堤下的水泥台阶上，摔倒在地后又爬起来扑到河里，并往河心方向游。赵某明等人看马某超游了几下，因怕警察来，就一起跑到附近棉花田里躲藏，后逃离现场。马某超尸体数日后在涵闸河内被发现。经法医鉴定，马某超系溺水死亡。

湖北省汉川市人民法院判决赵某明与李某构成故意伤害罪，判处赵某明有期徒刑 15 年，剥夺政治权利 3 年，判处李旭有期徒刑 10 年。一审判决后，被告人不服提出上诉，湖北省孝感市中级人民法院裁定驳回上诉、维持原判。

2. 涉案问题

在被告人持刀追赶被害人的过程中，被害人自己跳水致溺水身亡的，被告人的行为与被害人的死亡之间是否存在刑法上的因果关系（死亡结果是否应归责于被告人的行为）?

3. 裁判理由及结论

湖北省汉川市人民法院认为，被告人赵某明、李某主观上有伤害他人身体的故意，客观上实施了持刀追赶他人的行为，被害人被逼跳水的行为是被告人等拿刀追赶所致，被害人跳水后死亡与被告人的行为有法律上的因果关

---

① 最高人民法院刑事审判第一、二、三、四、五庭．刑事审判参考：总第 55 集．北京：法律出版社，2007：21－26．

系，即使被告人对被害人的死亡结果是出于过失，但鉴于事先被告人已有伤害故意和行为，根据主客观相一致原则，应认定构成故意伤害（致人死亡）罪。

湖北省孝感市中级人民法院认为，上诉人赵某明、李某等人为报复马某超持刀对其追赶，致马某超在追逼下跳水后溺水死亡，其行为均已构成故意伤害（致人死亡）罪。

最高人民法院相关业务庭人员在裁判理由的解说中指出：本案中，赵某明等人持刀追砍的行为与被害人死亡的结果之间具有刑法上的因果关系。主要理由在于：其一，赵某明等人持刀追砍被害人的行为，具有严重的社会危害性。其二，被害人马某超泅水逃避的行为，是一种在当时特定条件下正常的自救行为。其三，被害人溺水身亡在特定的条件下具有较高的现实可能性。基于本案的具体情况，该可能性转化为现实性的概率大大增加：一是，被害人在狂奔和跳堤摔倒的情况下仓促下水，没有做下水前必要的准备活动；二是，案发时系夜晚，在被害人下水的河段不安全因素较多；三是，逃生的恐惧心理将大大影响被害人正常的思维判断和体能发挥。上述事实原因、中介因素与危害结果之间环环相扣、紧密衔接。本案中因果关系的联系方式属于间接联系类型，即事实原因与危害结果之间没有发生直接联系，而是介入被害人个人因素，这时事实原因与危害结果之间的联系就是间接联系。

4. 评析意见

本案中，被告人伙同多人持刀追砍被害人，其行为对被害人的身体健康与生命构成直接的威胁，故属于直接创设针对法益的风险。在直接创设风险的情形下，只有当行为人对导致结果出现的因果流程具有操控或支配时，才能将相应结果归责于行为人。一旦来自被害人或第三方的介入因素阻断了行为人对因果流程的支配，便会产生排除结果归责的效果。

在介入因素来自被害人行为的场合，对于行为人对因果流程的支配是否由此被阻断，主要是从被害人的行为是否属于对被告人行为的合理反应的角度来判断。如果被害人的反应是对行为人行为的合理反应，即在社会一般人预期的范围之内，或者虽然在一般人看来被害人的反应显得鲁莽但并非十分异常，应当认为被害人的行为不足以排除对行为人的结果归责。这是因为，如果被害人的行为属于对被告人行为的合理反应，这便表明被害人的行为缺乏自愿性，其并非基于自身意志而自由选择的结果；而缺乏这样的自愿性基础意味着，被害人并没有基于介入的自己的行为，而对由行为人开启的因果流程获得支配。换言之，对导致结果出现的因果流程的支配，并没有由行为人之手转移至被害人之手，行为人仍处于直接操控的地位。既然被害人没有因此获得对因果流程的支配，自然也就缺乏让其自我负责的基础，相应的结果理应归责于行为人的行为。可见，在介入被害人行为时，讨论其行为是否属于合理的反应范围之内，或者其行为是否具有自愿性，核心问题是要解决行为人是否对导致结果出现的因果流程丧失支配的问题。只有从这个角度切入，才能合理地解释，为什么在行为直接创设风险的情形中，被害人的反应合理或异常与否，是结果归责的判断中必须认真关注的问题。

本案中如果不是被告人持刀追砍，被害人必定不会跳水，更不会由此溺死。因而，被告人的行为与被害人的死亡之间存在事实因果的关联。同时，被害人之所以跳水，是因为被告人伙同他人持刀追砍。在当时的情况下，被害人跳水完全是一个正常人会有的合理反应，不能视为是其自由意志支配之下的结果。既然被害人的行为缺乏自愿性，并没有阻断被告人对整个因果流程的支配，则结果理应归责于被告人的行为。所以，法院认定两被告人需要对被害人的死亡结果负责的结论是正确的。

当然，被告人的行为究竟构成故意伤害（致人死亡）罪，还是构成过失致人死亡罪，可能存有争议。由于被告人尚未实现对被害人的暴力攻击，其持刀追赶的行为本身难以被视为是故意伤害罪中的构成要件行为，故该行为只能论以故意伤害（未遂）；同时，被告人眼见被害人被逼跳河而置之不理，其对被害人跳水而亡存有过失。基于此，对本案的被告人，以故意伤害（未遂）罪与过失致人死亡罪数罪并罚更合理一些。

深度研究

1. 关于伤害行为界定的理论争议

对于何谓伤害，刑法理论上有不同的界定。具体而言，存在对他人的生理机能的健全加以损害的生理机能损害说，对他人身体的完整性加以损害的身体完整性损害说，与对他人的生理机能的健全加以损害和使身体外形发生重要变化的折中说之间的对立。① 不同观点的分歧在于，刑法中的伤害究竟是使身体的生理机能的健全出现障碍或使健康状态发生不良的变更，还是对身体完整性本身的侵害。两种立场之间是否存在实质区别，取决于对身体完整性的概念如何理解。如果将身体的完整性理解为人体器官的完整性，则侵犯身体完整性的行为必定侵犯生理机能的健全。在此种意义上，身体完整性损害说相较于生理机能损害说，对伤害的界定要更为严格。比如，使他人视力降低、听力减退的行为，并没有损害人体器官的完整性，采取生理机能损害说会认为此种行为构成刑法上的伤害，而持身体完整性损害说将得出不属于伤害行为的结论。反之，若是将身体的完整性理解为单纯外形上的完整性，

① ［日］大谷实．刑法讲义各论：第2版．黎宏，译．北京：中国人民大学出版社，2008：23.

则侵犯身体完整性的行为未必就同时侵犯生理机能的健全。

从本罪所侵犯的法益是他人生理机能的健全出发，单纯损害他人身上所装的人造假牙、玻璃眼、义肢等，均不能成立故意伤害罪。不过，人工制作的用品如果已经成为身体的重要组成部分，发挥维持个人生存所必要的器官功能的，如心脏起搏器，应当视为身体的一部分。

2. 伤害胎儿致其出生后严重残疾或死亡情形的处理

行为人故意用药物或其他器具伤害胎儿，并未导致流产或死胎，而是导致胎儿出生后严重残疾或出生后存活一段时间而死亡的，应当如何处理？对此，刑法理论上存在有罪说与无罪说的争论。争论产生的根源主要是，故意伤害罪的行为对象被限定为他人，而胎儿在出生之前并未成为人，难以成为故意伤害罪的保护对象。有罪说的论证思路不外乎两种：要么认为前述行为是对出生后的"人"的伤害，要么认为这属于对母体的伤害。无罪说则以伤害行为实施之时并不存在作为对象的"人"为由，认为将伤害胎儿的行为认定为伤害他人，属于不利于行为人的类推解释，有违反罪刑法定原则之嫌。①

笔者认为有罪说更为合理，但其遇到的障碍在于，如何确保前述行为在构成故意伤害罪的同时，又不至于面临违反罪刑法定原则的指责。通过对着手作规范意义上的理解，可以克服前述障碍。具体而言，是将伤害的动作时期与伤害的着手时期作分离的考察：对胎儿实施伤害的动作时，由于对"人"的伤害的危险并不迫切，故而只成立对"人"的伤害的预备行为；当胎儿出生为"人"时，因伤害"人"的身体的危险变得紧迫，此时成立伤害的着手。如此处理，行为人在着手时便存在作为伤害对象的"人"，随之出现的严重残疾便可视为是伤害行为着手之后所造成的结果。② 与伤害母体的思路相比，前述论证进路较具说服力。基于此，笔者认为，对于行为人对母体实施攻击，或者故意用药物或其他器具伤害胎儿，导致胎儿出生后严重残疾或出生后存活一段时间而死亡的，应当视为对出生之后的"人"的伤害；相应地，行为人应当承担故意伤害致人重伤或致人死亡的刑事责任。

以我国刑法未规定堕胎罪为由，得出刑法对胎儿的生命不予保护，对胎儿的身体健康自然更不予保护的结论③，并不合理。首先，我国刑法未规定堕胎罪，只是意味着孕妇自己进行或经孕妇同意的堕胎行为在我国并不构成犯罪，而不意味着对他人非法伤害或杀害胎儿的行为无须追究刑事责任。其次，将伤害胎儿的行为当作犯罪来处理，不会产生不必要的波及效果。在因孕妇本人的行为或经其同意的行为导致流产或死胎的情况下，因胎儿在未与母体

---

① 张明楷．外国刑法纲要．3版．北京：清华大学出版社，2020：412.

② 张明楷．刑法学：下．6版．北京：法律出版社，2021：1116－1117.

③ 黎宏．刑法学各论．2版．北京：法律出版社，2016：223.

相独立时便已死亡，胎儿始终属于母体的一部分，孕妇的行为被视为自伤行为，其自然不需要承担刑事责任。在因孕妇本人的行为或经其同意的行为导致胎儿在成其为人之后出现身体残疾的场合，因母亲本人不得不承受其行为所造成的恶果，这已经是对其最好的惩罚，从刑事政策的角度而言，也便完全没有惩罚母亲的必要性了。

第二节 主观故意的认定

知识背景

故意伤害罪只能由故意构成，即行为人对伤害行为具有认识，并对其行为所造成的对他人生理机能健全的损伤结果持希望或放任的态度。只具有一般殴打或一般使用有形力的意思，希望或放任被害人暂时的肉体疼痛或轻微的神经刺激的，不能认定有伤害的故意。因而，由此而造成他人重伤或死亡的，不宜认定为故意伤害罪，视行为人是否具有过失而以过失致人重伤罪或过失致人死亡罪追究行为人的刑事责任。

一般生活意义上的故意与刑法上的故意并不等同。生活意义上的故意只是表明行为人有意识地做某事，更多指的是对行为本身的态度，而不是指对危害结果的意志心态。刑法上的故意则不仅要求行为人明知自己行为的内容与社会意义，而且要求明知自己的行为会发生某种危害结果，即对自己所实施的法益侵害行为及其结果具有认识，并对此持希望或放任的心态。以交通肇事罪为例，交通肇事的行为人对实施违反交通安全规范的行为（如超速、闯红灯、酒后驾驶等）往往是有意的，但交通肇事罪被公认为是过失犯罪。之所以如此，根本上的原因在于刑法上的故意主要是针对侵害法益的危害结果而言的，对于违反交通运输管理法规的行为人而言，其对因违反交通运输管理法规所导致的人员伤亡与财产损失的结果往往缺乏认识，或者即使有所认识，也对危害结果的出现在意志上持反对的态度。

在认定是否具有伤害的故意时，不要求行为人对伤害程度存在明确的认知。即只要行为人认识到其行为可能导致轻伤以上的结果，并对这样的结果持希望或放任的态度，便成立故意伤害罪，不需要进一步区分行为人究竟是出于轻伤的故意还是重伤的故意。行为人以轻伤的故意，结果导致重伤结果的，应认定为故意伤害致人重伤。该情形可用结果加重犯理论来加以解释。结果加重犯的构成，本来就不要求行为人必须对重伤结果具有故意，只要确认伤害行为与死亡结果具有因果关系，并且行为人对加重结果存在预见可能性即可。

行为人基于伤害的故意而导致他人死亡的，成立故意伤害（致死）罪。

故意伤害（致死）罪的成立，行为人对于死亡结果的出现不能出于故意。如果行为人故意剥夺被害人的生命，便涉及犯意转换的问题，应考虑以故意杀人罪来处罚。故意伤害（致死）罪的成立，要求伤害行为与死亡结果之间具有因果关系的同时，还需要行为人对死亡结果存在过失。

案例评价

［案例 9-4］徐某做过失致人死亡案①
（一般殴打的故意不等于伤害的故意）

1. 基本案情

2015 年 6 月 11 日晚 9 时许，吴某良邀请徐某做、徐某贤、李某、刘某贵等人到潮安区“开心吧”喝酒，至次日凌晨 1 时许，又共同转至潮安区“V 吧”继续喝酒。其间，吴某良无故拿酒泼洒徐某做，徐某做遂与刘某贵走到“V 吧”外面停车场的池塘边坐。当日凌晨 2 时许，当吴某良及徐某贤、李某等人喝完酒后离开“V 吧”走到停车场时，吴某良挑衅导致吴某良与徐某做发生口角并相互推搡、踢打。其间，徐某做挥手打中吴某良胸颈部一下，致吴某良倒地且头部后枕部碰撞到地面。徐某做见状即停手并蹲下询问吴某良要不要回去，吴某良称睡一下再走，徐某做遂离开现场。随后，在场的徐某贤等人将吴某良扶上三轮车后送到出租屋内休息。随后，吴某良出现呕吐、头痛症状，但因被认为系醉酒而没有被及时送医。至当天下午 6 时许，吴某良被发现在出租屋内死亡。经鉴定，吴某良系因头部以后枕部为接触点与静止的钝性物作用致颅脑严重损伤而死亡。

法院判决，徐某做犯过失致人死亡罪，判处有期徒刑 3 年。

2. 涉案问题

行为人基于一般殴打的故意而使用有形力，致被害人倒地头部受伤而死亡的，能否认定具有伤害的故意？

3. 裁判理由及结论

法院认为：综合本案起因、有无预谋、打击部位、有无节制、死因、双方关系等因素，在案证据不足以证明徐某做主观上具有伤害被害人的故意，不能认定徐某做的行为构成故意伤害罪。徐某做在与被害人发生冲突时本应承担避免对方因击打行为而摔倒磕碰致死的注意义务，但因疏忽大意而未能承担，故而构成过失致人死亡罪。

在裁判理由的解说中，相关实务人员认为：如果行为人只具有一般殴打

① 最高人民法院中国应用法学研究所．人民法院案例选：总第 110 辑．北京：人民法院出版社，2017：86-90.

的意图，只是由于某种原因或条件引起死亡结果的，便不能认定存在伤害的故意，从而认定构成故意伤害（致死）罪。就本案而言，（1）从案件的起因和有无预谋看，本案是酒后挑衅引发的激情犯罪案件，徐某做事先并没有伤害吴某良的预谋。（2）从目的动机来看，徐某做的打击行为只是一时意气所致，并不当然意味着其具有伤害的故意和目的。（3）从有无使用工具看，徐某做只是徒手打中吴某良胸颈部。（4）从有无节制方面看，徐某做在吴某良倒地后，没有继续上前实施殴打，行为较为克制，可说明其定没有伤害吴某良的故意。（5）从打击的部位和力度看，徐某做并未有选择性地可以击打要害部位，而是随机打中吴某良的胸颈部一下。虽然客观上吴某良被打后即跌倒，由此可以推断该打击有一定力度，但由于该打击在正常情况下一般不会直接致人损伤，因此，不能由此片面推断徐某做有伤害吴某良的故意，更不能认为吴某良死亡的结果是徐某做的击打行为直接引起的。（6）从死因看，吴某良死亡的真正原因是倒地后头部以后枕部为接触点与静止的钝性物作用导致颅脑严重损伤，而不是被打中的胸颈部发生病变而直接引起死亡。（7）从双方的关系看，徐某做与吴某良间系亲戚、朋友关系，平时关系较好，不存在矛盾或积怨。因此，依在案证据不足以认定徐某做主观上有伤害吴某良的故意。

4. 评析意见

本案判决区分一般殴打的故意与伤害的故意，得出被告人的行为不构成故意伤害、成立过失致人死亡。其对行为的定性是正确的，论理也很充分。本案中吴某良倒地且头部后枕部碰撞到地面，是被告人徐某做挥手打中吴某良胸颈部所致。从表面看来，被告人的确有殴打的行为，同时也有殴打的意思。但是，故意伤害罪中伤害行为，必须具有类型性地引起轻伤以上结果的现实风险，一般的殴打行为不能成立伤害行为；与此同时，伤害故意的成立，要求行为人主观上对轻伤以上的结果具有追求或放任的意思。只有明知自己的行为会造成轻伤以上结果又有意为之，才能满足伤害故意的成立要求。就本案而言，被告人与被害人之间是因一时的口角而引发相互推搡、踢打，被告人所使用的有形力只是一般的殴打，在通常情况下并不足以造成轻伤以上的结果。事实上，被害人的死亡也不是因被告人殴打前者的胸颈部而造成的，而是由于被害人头部后枕部碰撞到地面致颅脑严重损伤。这意味着，本案中既不存在故意伤害罪意义上的伤害行为，也不具备伤害的故意，被告人打中被害人胸颈部致后者倒地，充其量只能认为是过失行为，该过失行为致被害人死亡，故只能成立过失致人死亡罪。

在一般殴打或推搡的场合，对伤害故意的认定，需要综合考察行为人所使用的力道、被害人的体质与行为时的客观环境等因素，以及行为人主观上的认知与意志因素。行为人在殴打或推搡时所使用的力道越大，其行为导致他人生理机能健全受到侵害的可能性越高，行为人对之越有认识，便越可能得出存在伤害故意的结论。反之，如果殴打或推搡行为本身不足以使他人陷于危及生理机能健全的危险状态，则即使相应行为是有意为之，且最终导致他人受伤或死亡的，也不能认为行为人具有伤害的故意。换言之，不能简单地从客观结果的严重性出发来反推行为人的主观心态，认为只要出现轻伤以上的结果，便可认定行为人具有伤害的故意。

深度研究

1. 基于重伤故意而致人轻伤或未造成伤害结果情形的处理

行为人基于重伤的故意，结果只导致轻伤或未造成伤害结果的，如何处理？对此，刑法理论上有两种观点。一种观点认为，故意伤害致人重伤的规定属于量刑规则，只有在行为满足基本犯全部构成要件的前提下，才能适用加重的法定刑。如果行为人基于重伤的故意，结果只导致轻伤或未造成伤害结果的，就只能适用故意伤害基本犯的条款，按故意伤害致人轻伤的既遂或未遂来认定。另一种观点认为，基于重伤的故意，无论是否出现轻伤结果，均应认定为故意伤害致人重伤的未遂，轻伤结果的出现与否，则作为量刑情节予以考虑。

前述两种观点，本质上涉及对故意犯罪不法本质的界定，前者偏重于从客观不法（尤其是从构成要件结果）来理解故意犯罪的不法，体现的是结果无价值论的立场，后者则将故意犯罪理解为主观不法的类型，体现的是行为无价值论的立场。从目前司法实务的立场来看，其是倾向按前一观点来处理相关案件。笔者较为赞同后一种观点，这样的处理符合未遂犯中的通说立场，即根据行为人主观上所认知与想象的内容，来判断其行为是否具有相应的危险。当然，如果没有足够的证据证明行为人主观上具有重伤的故意，前述情形便只应按故意伤害罪的基本犯条款来处罚。

2. 被害人特殊体质类致人死亡案件的处理

当前司法实践中，对暴力行为导致特殊体质被害人死亡案件在处理上有不同的做法，有以不存在因果关系为由按无罪判决的，也有认为构成过失致人死亡罪的，或者认为成立故意伤害（致死）罪的。① 当然，即使认定成立故意伤害（致死）罪，法院也没有在 10 年以上有期徒刑、无期徒刑或者死刑的幅度内量刑，而是通过适用《刑法》第 63 条的规定，在 3 年以上 10 年以下有期徒刑的幅度内进行处罚。实务中不少判决将判断此类案件的关键问题界定为因果关系的存在与否，实际上，由于被害人原本所患疾病的发作往往是

① 李文军．故意伤害致特异体质者死亡案件处断争议之辨析．法学，2010 (8)：144－145.

由被告人的行为所诱发的，很难否定二者之间的因果关系，故而，此类案件主要涉及的是犯意的认定问题，而非因果关系的问题。在处理此类案件时，不能单纯因为出现死亡结果就认定被告人构成故意伤害（致死）罪，也不能通过否定因果关系的存在而得出司法者认为合理的结论。

在处理此类案件时，应当重点考察两个方面的问题：一是被告人所实施的行为是否属于刑法上的伤害行为。二是被告人对被害人的死亡结果是否具有预见可能性，即是否存在过失。在判断预见可能性时，往往需要考察行为人对被害人的特殊体质因素是否明知。由此可分为四种情形：（1）行为人的行为属于伤害行为，无论对被害人特殊体质因素是否具有明知，只要其对被害人的死亡结果具预见可能性的，就构成故意伤害（致死）罪。（2）行为人的行为本身属于伤害行为，但其对被害人的死亡结果缺乏预见可能性的，构成普通的故意伤害罪。（3）行为人的行为不构成伤害行为，但其对被害人的死亡结果具有预见可能性的，构成过失致人死亡罪。（4）被告人的行为不属于伤害行为，同时其对被害人特殊体质因素缺乏明知，导致其对死亡结果缺乏预见可能性的，应被视为意外事件，按无罪来处理。

第三节　故意伤害罪的认定

知识背景

一、共同伤害中的实行过限

在共谋实施故意伤害的场合，如果一方犯意超过，则各行为人只在故意伤害罪的范围之内成立共同犯罪。对于由伤害行为所导致的结果，所有共犯人均需负责。对超出共同犯意的结果，则只有实行过限的行为人才需要负责。在共同伤害出现实行过限的场合，各共犯人可能以不同的罪名被追究刑事责任。

实行过限不仅意味着行为的过限，也意味着犯意的过限。在认定实行过限时，需要注意把握两点：一是客观方面，过限行为必须是独立于共同犯罪行为之外的行为。也即，过限行为与共同犯罪行为是两个分别受到刑法评价、在法律上具有独立意义的行为，内含于共同犯罪行为之中或者仅仅表现为共同犯罪行为的具体行为方式的，不得被视为过限行为。二是主观方面，过限行为必须是共同犯罪故意之外的行为，即使某一实行犯临时起意实施了超出预谋范围的行为，其他共犯人可以预见或者知悉、了解而未加阻止的，因其主观上系一种认可的态度，也不视为过限。[①] 在具体案件中，判断是否构成实行过限，要特别注意考察各行为人之间谋议的内容及其范围，如果各方之间并未对伤害程度作出明确的约定，则原则上所有行为人均需对实际造成的伤害结果负责。如果各行为人之间共谋的内容为伤害犯罪，但有部分行为人超出伤害的故意而实施其他的犯罪，如抢劫或强奸等，则其他行为人一般不应对超出共谋范围的其他犯罪负责。当然，如果部分行为人临时起意实施超出原共谋范围之外的其他犯罪，在实施过程中又获得其他行为人的认可或帮助的，即形成事中的共谋，其他行为人在构成故意伤害罪的同时也可能成立相应犯罪的共犯。

二、故意伤害罪与故意杀人罪的界分

从不法的程度来说，故意伤害罪与故意杀人罪属于低度行为与高度行为的关系。因而，在行为已经致人死亡或者至少具有致人死亡的现实危险的场合，应当先判断是否构成故意杀人罪；在确定没有杀人故意的情况下，再行判断行为人主观上是否存在伤害故意，即是否成立故意伤害罪。在能够确定行为人主观上至少具有伤害的故意，但不能确定其是否具有杀人故意的情况下，应当根据罪疑惟轻的原则来处理，认定行为人仅具有伤害故意。当然，如果行为本身根本不具有致人死亡的现实危险，则不可能有成立故意杀人罪的余地。在此种情况下，就无须考虑是否存在杀人故意的问题，直接判断有无伤害故意便可。可见，在界分故意伤害罪与故意杀人罪时，不仅需要考察行为人的主观内容，还需要从实行行为的角度入手，判断行为是否在构成要件的意义上属于杀人行为或者伤害行为。有关实行行为的判断，一般需要放在故意内容的判断之前进行。

在认定故意伤害罪与故意杀人罪时，有必要将以下因素纳入考察的范围：（1）打击部位。行为人打击的是被害人的要害部位还是非要害部位，其对打击部位的选择是否有意？（2）犯罪工具。行为人选择的是什么犯罪工具？该工具是经事先准备还是偶然所得？该工具的杀伤力如何？一般来说，犯罪工具的杀伤力越强，成立故意杀人罪的可能性越大。（3）打击强度与行为的节制性。行为人所使用的力道如何？是努力使用最大力量进行打击还是有意识地控制打击的强度？行为的实施是否具有节制性？是连续不停地实施打击，还是瞬间完成，或者在被害人失去反抗能力时即行停止？（4）行为的危险性及其程度。行为本身导致死亡结果的概率有多高？行为人对此是否有认识，

① 徐展豪，刘新锋．寻衅滋事致人死亡如何确定共同犯罪人刑事责任．人民检察，2009（13）：39.

认识程度如何？行为在客观上导致他人死亡结果发生的概率越高，行为人对此越有认识，便越可能构成故意杀人罪。（5）事件起因、行为动机以及有无预谋？行为人与被害人平时的关系如何？是素有冤仇还是关系较好？之前是否相识？案发起因是什么？是因生活琐事偶然引起还是因陈年积怨而爆发？行为人是一时激动实施打击还是事前有预谋？其预谋内容具体如何？（6）犯罪之后的态度与表现。在行为结束之后，行为人是否对被害人进行抢救？其对死亡结果表现出什么样的态度？

三、故意伤害罪与过失致人死亡罪的界分

故意伤害（致死）与过失致人死亡的相同之处在于，其客观上均造成被害人死亡的结果，主观上都不希望或放任死亡结果发生，而是对结果持过失的心态。从二者之间的关系来看，故意伤害（致死）包含了过失致人死亡。故意伤害（致死）的成立，除需满足过失致人死亡的要件之外，还需要具备伤害行为以及相应的伤害故意。这意味着，在界分故意伤害（致死）罪与过失致人死亡罪时，需要重点考察两个方面：一是客观上是否存在伤害行为，二是行为人主观上是否具有伤害的故意。两个方面有任何之一不具备，都足以阻却故意伤害罪的成立。

故意伤害罪中的伤害行为，必须具有引起或可能引起轻伤以上程度的伤害结果的性质。一般地使用有形力的，未必构成伤害行为，比如夫妻吵架在推搡过程中致人触地死亡的，由于推搡行为不属于伤害行为，故此类行为只能成立过失致人死亡罪。就伤害故意而言，行为人必须对行为可能造成的对他人生理机能健全的损伤具有认识，并对该结果持希望或放任的态度。因而，单纯的暴行故意，即有意识地对他人使用有形力，不等于伤害的故意。司法实务中常见的做法是，只要死亡结果发生，并且行为人的行为是有意实施的，便径直得出故意伤害（致死）的结论，而不认真考察是否存在伤害行为以及相应的伤害故意。这样的做法不仅不当地扩大了故意伤害罪的成立范围，也混淆了故意伤害罪与过失致人死亡罪之间的界限。

四、故意伤害罪与虐待罪的界分

对成立虐待罪而言，除以辱骂、冻饿、限制自由、强迫过度劳动、有病不予医治等手段实施之外，还可能以殴打的方式实施。以殴打的方式对被害人进行加害时，便会产生如何将其与故意伤害罪进行区分的问题。虐待行为只限于不足以导致轻伤以上伤害结果的殴打。如果行为人在实施长期虐待的过程中，在某一次或某几次使用了足以导致轻伤以上伤害结果的暴力，则应当认为相关行为已经超越虐待罪的构成要件范围，而成立独立的故意伤害行

为。只要虐待行为本身情节恶劣，对行为人便应以虐待罪与故意伤害罪实行数罪并罚。行为人在实施长期虐待的过程中同时实施伤害行为，但无法证明重伤或死亡结果是由伤害行为引起的，根据罪疑惟轻的原则，只能认定重伤或死亡结果是由虐待行为引起，按虐待罪对行为人定罪处罚。

实务中，对于虐待罪与故意伤害罪关系的界分的看法见解不一。有认为成立吸收犯，根据高度行为吸收低度行为的原理，按故意伤害罪一罪定罪处罚的①；也有认为应按法条竞合原理来处理的。笔者认为，对于同一行为，凡是成立故意伤害罪的，就排除虐待罪的成立；反之，但凡认定构成虐待罪的，也便没有成立故意伤害罪的余地。当然，这并不意味着，在数行为的情况下行为人不能同时构成故意伤害罪与虐待罪。我国《刑法》第 260 条第 2 款规定，虐待家庭成员，致使被害人重伤、死亡的，处 2 年以上 7 年以下有期徒刑。此处所谓的“致使被害人重伤、死亡”，不包括故意伤害致人重伤、死亡或故意杀人的情形，而只限于过失致人重伤、死亡。如果在行为人实施长期虐待的过程中，其某次行为单独构成故意伤害的，则应考虑以虐待罪与故意伤害罪进行数罪并罚。

案例评价

[案例 9-5] 赵某玉、郭某亮故意伤害案②
(共同伤害中实行过限的认定)

1. 基本案情

被告人郭某亮在经营酒吧过程中与相邻酒吧的经营者被害人刘某起之间存在矛盾。2013 年 12 月初，郭某亮为泄私愤，向被告人赵某玉提出欲让赵某玉殴打刘某起以实施报复。赵某玉当即应允，后用他人的身份证购买了 2 张电话卡用于与郭某亮联系。2013 年 12 月 7 日、8 日晚，郭某亮观察刘某起的活动情况，并通过电话将刘某起的体貌特征和行踪告知赵某玉。赵某玉随身携带铁质自来水管按照事先约定在陵水道一停车场附近等候，伺机行凶。2013 年 12 月 8 日晚 21 时 30 分，郭某亮见刘某起到天津市河西区“宝来栗子店”售货窗口，立即通知赵某玉，赵某玉遂在刘某起身后持铁质自来水管击打刘某起的头部致其倒地，后继续击打腿部数下，随后跑到郭某亮经营的酒吧内将殴打情况告知郭某亮。刘某起头部、腿部多处骨折，于 2014 年 1 月 2

① 罗猛，蒋朝政．虐待中故意伤害行为对虐待罪的超出与吸收．中国检察官，2011 (7)：25 - 26.

② 最高人民法院中国应用法学研究所．人民法院案例选：总第 97 辑．北京：人民法院出版社，2016：15 - 21.

日经医治无效死亡。经鉴定，刘某起系因被他人用钝性物体打击头部致颅脑损伤后并发感染死亡。

天津市高级人民法院认为，两被告人的行为均构成故意伤害罪，系共同犯罪，均对被害人被伤害致死承担刑事责任，应根据其在共同犯罪中的地位和作用分别予以处罚。判决被告人赵某玉犯故意伤害罪，判处死刑，缓期2年执行，剥夺政治权利终身；被告人郭某亮犯故意伤害罪，判处10年有期徒刑。

2. 涉案问题

行为人教唆其他共犯人对被害人实施暴力，其他共犯人在行为人不在场的情况下，将被害人殴打致死的，行为人是否需要对被害人的死亡结果负责（是否属于实行过限）？

3. 裁判理由及结论

被告人郭某亮提出让被告人赵某玉殴打报复被害人刘某起，结果赵某玉用铁质自来水管打击刘某起头部导致其因颅脑损伤后并发感染死亡，此时判断赵某玉的行为是否属于实行过限，应从两被告人分别触犯的罪名、郭某亮教唆的范围是否明确、具体，郭某亮当场或事后的表现入手。

相关实务人员认为，教唆犯实行过限的情形可以区分为“确定的教唆与实现过限”“未必的教唆与实行过限”“概然性教唆与实行过限”“选择性教唆与实行过限”。本案属于“概然性教唆与实行过限”的情形，两被告人事先预谋时就伤害刘某起达成的合意为打断其胳膊或腿部，但并未就在实施犯罪过程中采取的手段、使用的凶器及控制打击的身体部位、打击力度、伤害程度等细节进行商议，并未提出防止死亡结果发生的措施。此种情形下，郭某亮应当能够预见赵某玉在实施加害行为时并不能控制其行为的准确性，以确保不击中头部等要害部位，故致人死亡的后果也是在此不确定的故意范围内的。此外，关于对教唆犯当场或事后表现的判断，郭某亮虽不在现场，但从事后表现来看，其在得知赵某玉实施了击打头部等行为后，并未采取任何补救措施，且先后两次给了赵某玉共计4万元人民币，这些表明郭某亮对刘某起受伤的程度和可能造成的危害结果持一定程度的放任态度，也是对赵某玉实行行为的认可，因此本案不能认定为实行过限，教唆犯郭某亮应对被害人死亡的结果承担刑事责任。

4. 评析意见

本案中，被告人郭某亮与被告人赵某玉存在事先的谋划，谋划的内容是伤害，但并未对伤害的程度进行约定。就此而言，双方之间的犯意内容既有确定之处，也有不确定之处。确定之处在于，教唆的行为性质与实行的行为性质具有一致性，没有超出伤害犯罪的边界。不确定之处在于，被告人郭某亮在实施教唆时并未对伤害的程度进行明确的限定。应当认为，在伤害犯罪的范围内，只要共犯人之间存在针对特定被害人的共同伤害故意，且其中一方并未对伤害的程度作出明确的限定，在此种情况下，出现的任何程度的伤亡结果，均应认为在共同伤害犯罪的范围之内，不存在所谓的实行过限问题。因此，判决要求郭某亮承担故意伤害致人死亡的认定是正确的。

[案例 9-6] 吴某友故意伤害案①
(共同伤害中实行过限的认定)

1. 基本案情

2001 年 1 月上旬，被告人吴某友应朋友李某良（另案处理）的要求，雇请无业青年胡某围、方某（均不满 18 周岁）欲重伤李某德，并带领胡某围、方某指认李某德并告之李某德回家的必经路线。当月 12 日晚，胡某围、方某等人携带钢管在李某德回家的路上守候。晚 10 时许，当李某德骑自行车路过时，胡、方等人即持凶器上前殴打李某德，把李某德连人带车打翻在路边田地里，并从李身上劫走人民币 580 元。事后，吴某友给付胡某围等人“酬金”人民币 600 元。经法医鉴定，李某德的伤情为轻微伤甲级。

被告人吴某友辩解其没有雇用（教唆）胡某围等人进行抢劫，只是雇用他们伤害被害人。其辩护人辩称，由于胡某围等人实施的被雇用的故意伤害行为尚不构成犯罪，故吴某友亦不构成犯罪。江西省瑞昌市人民法院认为，公诉机关指控的事实成立，但指控构成抢劫罪罪名不当，应予纠正。因被教唆人胡某围等人实施的伤害行为后果较轻，尚不构成故意伤害罪，故可以对吴某友从轻或减轻处罚。吴某友教唆未满 18 周岁的人实施故意伤害犯罪，应当从重处罚。判决被告人吴某友犯故意伤害罪（教唆未遂），判处有期徒刑 6 个月。一审宣判后，在法定期限内，被告人吴某友没有上诉，江西省瑞昌市人民检察院也没有提出抗诉，判决已发生法律效力。

2. 涉案问题

行为人教唆其他共犯人实施伤害，其他共犯人在行为人不在场的情况下，改为实施抢劫犯罪的，行为人是否构成抢劫罪的共犯？

3. 裁判理由及结论

江西省瑞昌市人民法院认为，被告人吴某友雇请胡某围、方某等人故意伤害被害人李某德致其轻微伤甲级，其行为已构成故意伤害罪（教唆未遂）。被雇用人胡某围等人超过被告人吴某友的授意范围而实施的抢劫行为，属实

① 最高人民法院刑事审判第一庭、第二庭．刑事审判参考：总第 28 辑．北京：法律出版社，2002：25-30.

行过限。根据刑法规定的罪责自负原则，教唆人只对其教唆的犯罪负刑事责任，而被教唆人实行的过限行为应由其自行负责。

最高人民法院相关业务庭人员在裁判理由的解说中指出，在被雇用人实行了所雇用的犯罪的情况下，除要求雇用行为与被雇用者的实行行为之间具有因果关系外，还要求雇用人所授意之罪与被雇用人实行之罪具有同一性。只有在这种情况下，雇用人与被雇用人才能就所雇用之罪的罪名构成共同犯罪。如果被雇用人在实施雇用犯罪的过程中又另行实施了雇用之罪以外的他种犯罪，对此，雇用人和被雇用人之间就该“过限的行为”不存在共同犯罪关系。因此，就该“过限的行为”而言，双方没有共同故意，被雇用人单方的“过限行为”超出了雇用人的雇用意图和要求。对此，雇用人只对其所雇用的犯罪负刑事责任，而“过限行为”则应由被雇用人个人负责。本案中，被告人吴某友只是雇用胡某围等人故意伤害，而胡某围等人在实施伤害行为时又另行对同一对象实施了抢劫行为，此抢劫行为超出了吴某友雇用的内容范围，与吴的雇用行为之间没有因果关系。吴某友与胡某围之间，在实行过限的抢劫行为上不成立共同犯罪关系。吴仅对其雇用的故意伤害行为负刑事责任，至于胡某围等人实行的抢劫过限行为则应根据罪责自负原则，由胡某围等人自行负责。因此，一审法院变更公诉机关指控罪名，该对被告人吴某友以故意伤害罪定罪处罚是恰当的。

4. 评析意见

本案中，被告人吴某友雇请胡某围、方某等人欲重伤被害人李某德，其行为系故意伤害的教唆应属没有疑问。问题在于，胡某围、方某等人在对被害人实施伤害行为的同时，又实施了劫取财物的行为。对胡某围、方某等人，以抢劫罪对其定性并无问题。然而，劫取财物明显超出了吴某友教唆的犯罪范围，对吴能否以抢劫罪追究刑事责任存在疑问。

裁判理由从实行过限的角度论证被告人吴某友无须对抢劫的后果负责，是合理的。抢劫部分既已超出吴某友教唆的故意伤害的范围，根据责任主义原则，吴某友自然无须对过限的部分负责。本案被告人吴某友的教唆伤害行为，与胡某围等人客观上实施的抢劫行为（伤害行为＋劫取财物行为），满足行为共同性的要求，已成立共同犯罪。鉴于二者之间具有不同的故意内容，故吴某友成立故意伤害罪，而胡某围等人成立抢劫罪。当然，倘若将共同犯罪视为一种违法形态，认为共同犯罪的成立只要求行为上的共同，即采取行为共同说，则对本案的分析未必要采取实行过限的思考进路。根据行为共同说，共同犯罪是指数人共同实施刑法上的违法行为，而不是共同实施特定的犯罪。在行为共同说的逻辑之下，是否实行过限就变成完全没有意义的问题。其关键在于判断是否存在共同的行为，以及各行为人实施行为时各自的故意内容。

同时，被告人吴某友教唆的内容是重伤，而被害人遭受的是轻微伤，这使本案的处理还会面临一个问题：由于轻微伤并未达到故意伤害罪所要求的伤害程度，那么，能否以胡某围等人实施的伤害行为本身尚不构成犯罪为由，得出被告人的行为也不构成犯罪的结论？对此，有必要从共犯的处罚根据入手来予以解答。从共犯从属性的原理出发，教唆犯行为的违法性根源于实行犯行为的违法性。如果教唆犯实施了教唆行为，而相对方没有接受教唆，根本未实施实行行为的，应认为教唆犯的行为并不构成犯罪，而不是成立教唆未遂。只有在实行犯接受教唆后着手实施实行行为的场合，实施教唆行为的行为人方有成立教唆犯的余地。被教唆人着手实施犯罪后因意志以外的原因未得逞或基于自身的意志而中止犯罪的，实施教唆行为的行为人构成教唆未遂，对其适用《刑法》第 29 条第 2 款，即如果被教唆人没有犯被教唆之罪，对于教唆犯，可以从轻或者减轻处罚。该款中的“没有犯被教唆之罪”，宜理解为没有犯被教唆的既遂犯罪。① 本案中，胡某围等人事实上已经接受教唆，并着手对被害人实施伤害行为，只是由于意志以外的原因而未造成轻伤以上的结果。据此，即使不考虑其劫取财物的部分，胡某围等人的行为有成立故意伤害未遂的余地。相应地，被告人吴某友的行为符合《刑法》第 29 条第 2 款的规定，应认定其构成故意伤害未遂的教唆犯。

[案例 9-7] 杨某兴伤害案②
(故意伤害罪与故意杀人罪的界分)

1. 基本案情

新疆维吾尔自治区乌鲁木齐市中级人民法院经审理查明：1994 年 7 月 14 日晚 11 时许，被告人杨某兴驾驶一辆双排座汽车，在超车时挤了董某晨的中巴公共汽车，引起董的不满。两辆车遇红灯停车时，董某晨下车找杨某兴论理，并扒在杨驾驶的已经起步的车的左侧门外。被告人杨某兴不顾董某晨的安危，仍加大油门向前急驶。在超越与其同方向行驶的一辆双排座货车时，被告人杨某兴向右侧猛打方向盘，将扒在门上的董某晨摔伤致死。

新疆维吾尔自治区乌鲁木齐市中级人民法院认为，被告人杨某兴不顾扒在汽车外的董某晨的安危，高速行车并违章强行超车，将董某晨摔下致其死亡，其行为已构成故意杀人罪，情节恶劣，后果严重，应依法严惩。依照《刑法》第 132 条、第 53 条第 1 款之规定，判决杨某兴犯故意杀人罪，判处

① 张明楷．刑法学：上．6 版．北京：法律出版社，2021：555.

② 中国高级法官培训中心，中国人民大学法学院．中国审判案例要览：1997 年刑事审判案例卷．北京：中国人民大学出版社，1998：273－276.

死刑，剥夺政治权利终身。

一审后，被告人杨某兴向新疆维吾尔自治区高级法院提起上诉，称原审判决认定事实有误，定罪处刑不当。其辩护人辩称：原审法院认定杨某兴故意杀人，证据不足，定性不准，量刑畸重。

新疆维吾尔自治区高级法院经审理认定：1994 年 7 月 14 日晚 11 时许，上诉人杨某兴酒后驾驶双排座汽车在乌市阿勒泰路由北向南行驶，途中在超越与其同方向行驶的新 A-228××中巴公共汽车后，又向左猛打方向盘，引起乘坐在中巴汽车上的董某晨（车主，但未驾驶该车）不满。当两辆车行至阿勒泰路与克拉玛依西路十字路口遇红色信号灯停车时，董某晨便下车到杨某兴驾驶室的左侧抓住车上倒车镜，欲与其论理。上诉人杨某兴见状在红灯未转换的情况下，即发动车向前行驶，董某晨便扒上已经起步的汽车左侧前门。杨某兴即以时速 40 公里至 50 公里的速度向前行驶。车行出约 300 米处，杨某兴驾车从右侧超越同向行驶的一辆拉着一车钢窗的新 A-11××白色双排客货车时，将该车的后尾灯碰破后，从右侧超越该车，被害人被摔下来，杨驾车超车后又将迎面而来的一辆夏利牌出租车左侧后轮挡板和保险杠刮坏。此时，上诉人杨某兴便停车向出租车司机陈某新道歉，表示愿意赔偿损失，并留下了自己的单位地址和身份证，然后开车离去。董某晨乘坐的中巴汽车随后而至，发现了正躺在路上的董某晨，将其速送医院，经抢救无效于当日死亡。经法医鉴定，董某晨系头部受到强大外界暴力的撞击致重度颅脑损伤而死亡。

新疆维吾尔自治区高级法院认为，上诉人杨某兴与被害人董某晨产生矛盾，当董某晨欲与其论理时，杨某兴故意开快车欲甩开被害人董某晨，结果因超车将董某晨摔下致死，其行为构成故意伤害（致死）罪。原判认定杨某兴犯故意杀人罪无事实根据。

2. 涉案问题

被害人扒上已经起步的汽车左侧前门，行为人行驶汽车导致被害人摔下死亡的，是构成故意杀人罪还是故意伤害（致死）罪？

3. 裁判理由及结论

法院认为，故意伤害（致死）与故意（间接）杀人，在客观上都造成了死亡结果，在主观上都是故意犯罪。但是两种故意的内容根本不同：故意伤害（致死）的行为人的目的是损害他人身体健康，其并不希望死亡结果的发生，造成他人死亡是出于过失；故意（间接）杀人的行为人虽然不具有追求剥夺他人生命的目的，但对自己行为会造成他人死亡的结果是可预见的，且从意志因素上看，死亡结果发生是行为人放任的。行为人杨某兴在董某晨扒在其车门上时仍快速行驶，将董摔下车，其目的并非剥夺董的生命。他这样做是要将董摔下车，以摆脱董扒在车门上与其的纠缠，对造成董的死亡是出于一种过失，而并非间接故意的放任。因此，对杨某兴的行为应定故意伤害（致死）罪，而不应定故意（间接）杀人罪。

4. 评析意见

本案被告人杨某兴与被害人之间素不相识，只是因偶然的琐事产生纠纷，被告人并无追求被害人死亡的意图，这是可以肯定的。然而，肯定被告人杨某兴并无剥夺被害人生命的目的，充其量只能说明其主观上并无杀人的直接故意，而并不意味着对间接故意的否定。本案二审判决及相关的裁判理由仅凭此就得出被告人对被害人的死亡是出于过失的结论，在论理上并不充分，其结论也值得商榷。

本案发生在城区装有交通信号灯的十字路口，案发时间又是晚上 11 时许，被告人在被害人扒在汽车左侧前门（驾驶员座侧车窗）的情况下，以时速 40 公里至 50 公里的速度向前行驶，并进行超车。就当时的车速来看，被害人被甩下车而摔倒几乎是必然的，而被疾驶的车辆甩下无疑具有极高的危险性。从客观上讲，这样的行为对被害人的生命构成严重的威胁：被害人可能因要害部位遭受重击而死亡，也可能因身体倒地而被其他过往车辆撞死。作为机动车驾驶人员，被告人杨某兴不可能对这样的危险缺乏认识，但他在认识到此点之后，却仍执意为之，最终导致被害人因重度颅脑损伤而死亡。从其行为的强度与节制性来看，被告人对他人的生命明显持漠不关心的态度。这一点，也可以为被告人在案发之后的所作所为所佐证：在被害人被甩下车后，被告人不顾其死活而一走了之。这样的心态与其说是过失，不如说是间接故意。在行为本身具有极高的导致被害人死亡危险发生的情况下，如果被告人对此种危险具有充分的认识，则一旦这种危险现实化，理应认定被告人构成故意杀人罪，而非故意伤害（致死）罪。

[案例 9-8] 关某成过失致人死亡案①
（故意伤害致死与过失致人死亡的界分）

1. 基本案情

2013 年 11 月 11 日 9 时许，被告人关某成因家庭琐事，在自家院内与其妻子唐某某（殁年 43 岁）发生口角，其遂从地上捡起一截红砖扔向唐某某所在的方向，红砖砸在唐某某身旁的墙壁上后，反弹到唐某某头部，致其受伤后倒地。随后被告人关某成及其亲属将唐某某送到九所卫生院和三亚市 425

① 最高人民法院中国应用法学研究所．人民法院案例选：总第 107 辑．北京：人民法院出版社，2017：80－85.

医院救治，唐某某因伤势过重经抢救无效于当日死亡。经鉴定，唐某某系颅脑损伤死亡。

法院判决，被告人关某成犯过失致人死亡罪，判处有期徒刑 4 年。

2. 涉案问题

因琐事发生口角向被害人方向扔掷一截砖头，砖头砸中墙壁反弹到被害人头部，是构成故意伤害（致死）罪还是过失致人死亡罪？

3. 裁判理由及结论

法院认为，从致害过程及被害人受伤后被告人关某成的表现来看，被告人关某成主观上并不希望被害人唐某某身体受伤，更不希望被害人唐某某死亡的危害结果发生，不存在伤害被害人唐某某的故意，但鉴于当时被害人唐某某所处的位置空间较为狭小，关某成应当预见而没有预见到持具有一定质量的砖块朝该方向扔砸，可能会伤及被害人唐某某的严重后果，系疏忽大意的过失。

相关实务人员在裁判理由的解说中指出：本案的争议焦点为被告人关某成的行为是构成故意伤害（致死）罪还是过失致人死亡罪。两罪的不同点在于，故意伤害致死行为具有希望或者放任伤害他人身体的故意，而过失致人死亡行为中则不存在此故意。在对故意伤害致死与过失致人死亡的主观心态进行区分时，不能简单根据案件中的某一事实得出结论，还应当综合各种因素进行综合判断。

就本案而言，从双方关系上看，被告人关某成和被害人唐某某是夫妻，平时夫妻关系融洽，故关某成并不存在故意伤害唐某某的动机。从案件起因上看，本案系夫妻之间因日常琐事争吵而引发，并不属于激烈的矛盾冲突；从作案工具上看，关某成持的是一截红砖，其危险性相对较小；从现场环境上看，当时关某成、唐某某两人相隔约 6 米到 7 米，距离较近，而关某成持的是具有一定质量的砖头，如果关某成有明确的伤害唐某某的故意，其有很大可能直接砸中唐某某；从行为方式上看，关某成是在与唐某某发生争吵后随手捡起红砖扔砸，并非早有预谋实施该行为；从致害过程上看，当时二人是面对面争吵，关某成扔砸的砖头是先砸中唐某某身边的墙壁后，后反弹到唐某某后脑部的致命部位，整个致害过程及危害结果的发生存在一定的偶然性；从事后被告人的态度上看，关某成在发现唐某某被砸中并出现呕吐神志不清等症状后，立即抱着唐某某去九所卫生院抢救，后又将唐某某送到三亚医院继续抢救，这足以证明关某成有避免危害后果发生的强烈意愿。综合案件中的各种情况以及罪责刑相适应原则，应当认为关某成构成过失致人死亡罪。

4. 评析意见

本案中被告人关某成对被害人死亡结果是出于过失，并无剥夺被害人生命的故意。关于这一点没有疑问。毕竟，在一个相对狭小的空间里，朝人所在的方向扔掷砖头，相应行为本身违反生活中的注意规范，同时被告人对死亡结果的出现也有预见可能性。问题的关键在于，被告人因与被害人发生口角，气急之下捡起一截砖头朝被害人方向扔去，能否认为是故意伤害罪中的伤害行为。很显然，这取决于被告人扔掷砖头是否是想要击中被害人的身体，如果意在击中后者的身体，则基于经验法则，用砖头攻击他人身体的行为具有类型性地导致轻伤以上结果的现实危险，应当肯定伤害行为的成立。然而，就本案而言，被告人虽然朝被害人所在的方向扔掷砖头，由于砖头的直接击中点是墙壁而非被害人的身体，故缺乏足够的证据表明被告人意在击中被害人的身体。因家庭琐事被告人与被害人发生口角，在实施扔掷砖头的行为时，被告人主观上究竟是出于单纯的泄愤，还是要恐吓、伤害被害人，现有证据难以确定被告人内心的真实意思。由于是否具有伤害的主观故意并不确定，也缺乏足够的证据来证明，从存疑时有利于被告人的角度，应当得出伤害故意不成立的结论。简言之，本案是由于伤害故意难以认定而不能成立故意伤害（致死）罪，而不是因为客观上不存在伤害行为。基于此，法院对本案的定性是正确的。

[案例 9-9] 蔡某祥故意伤害案①
（故意伤害罪与虐待罪的界分）

1. 基本案情

被告人蔡某祥与其子蔡某易（本案被害人，死亡时 14 岁）一起生活。因蔡某易患有先天性心脏病，蔡某祥酒后经常对其进行殴打，并用烟头烫、火钩子烙身体、钳子夹手指、冬季泼凉水等方法对其进行虐待。2004 年 3 月 8 日夜，蔡某祥发现蔡某易从家中往外走，遂拳击其面部，用木棒殴打其身体。次日晨，蔡某易称腹痛不能行走，被其姑母蔡某琴发现后送医院，经治疗无效于 2004 年 3 月 17 日 21 时许死亡。经鉴定，蔡某易生前被他人以钝性物（如拳脚等）致伤并伤及腹部，致十二指肠破裂，弥漫性胸、腹膜炎，感染性中毒休克死亡；蔡某易生前十二指肠破裂的伤情程度属重伤。

辽宁省义县人民检察院以被告人蔡某祥犯故意伤害罪，向义县人民法院提起公诉。义县人民法院认为蔡某祥应以虐待罪定罪，公诉机关指控被告人犯故意伤害罪的罪名不成立。依照《刑法》第 260 条的规定，判决被告人蔡某祥犯虐待罪，判处有期徒刑 7 年。

一审宣判后，义县人民检察院提起抗诉，其理由如下：（1）被告人蔡某

① 最高人民法院刑事审判第一、二、三、四、五庭．刑事审判参考：总第 52 集．北京：法律出版社，2006：11-15.

祥的虐待行为不能吸收其实施的故意伤害行为，虐待罪与故意伤害罪之间不是法条竞合关系，原判对法律理解有误，适用法律不当，定性不准。(2) 蔡某祥故意伤害他人并致人死亡，依照《刑法》第 234 条规定，应当对其判处 10 年以上有期徒刑。原判量刑不当。锦州市人民检察院支持义县人民检察院的抗诉意见。

锦州市中级人民法院经审理后认为，一审法院认定蔡某祥犯故意伤害罪属适用法律不当，据此撤销一审判决，并依据《刑法》第 234 条第 2 款的规定，改判蔡某祥犯故意伤害罪，判处有期徒刑 12 年。

2. 涉案问题

在虐待的过程中，行为人进一步实施足以致人重伤或死亡的暴力的，是构成虐待罪还是故意伤害罪？

3. 裁判理由及结论

义县人民法院认为：被告人蔡某祥长期对与其共同生活的未成年家庭成员进行殴打，致被害人伤后不及时对被害人进行诊治，造成被害人因伤死亡的严重后果，其行为已构成虐待罪，且情节特别恶劣。蔡某祥的行为同时也触犯故意伤害罪，由于故意伤害罪罪名被包括在虐待罪的罪名概念中，应被虐待罪吸收，二者属法条竞合关系，故应以虐待罪进行处罚。锦州市中级人民法院则认为，故意伤害罪与虐待罪罪状各不相同，两罪之间并不是法条竞合关系，蔡某祥构成故意伤害罪。

最高人民法院相关业务庭人员对二审法院的判决表示支持，其在裁判理由的解说中指出：虐待罪与故意伤害罪之间不存在法条竞合关系，因为二者的犯罪构成要件完全不同，并不存在构成要件上的交叉或包容关系。法条竞合关系只能在对“同一行为”进行评价时产生。本案中，被告人蔡某祥的犯罪行为有两个：一个是长期的虐待行为；另一个是最后一次的故意伤害行为(以下简称本次行为)。在虐待过程中，蔡某祥故意对被害人实施的本次行为，并不能被虐待行为所包容，构成刑法意义上的独立客观行为。

对于在虐待过程中又实施故意伤害行为的如何定罪的问题，前述解说进一步认为：

应当依照虐待罪与故意伤害罪的构成要件标准，结合具体案情分情况处理：行为人对被害人有故意伤害行为，但没有给被害人造成轻伤以上伤害后果的，应将其视为虐待方法之一，认定为虐待罪。在经常性虐待过程中，其中一次行为人明知其行为会给被害人身体造成伤害，且客观上已经给被害人造成伤害后果的，应当认定为故意伤害罪，如果将该伤害行为分离出来独立评价后，其他虐待行为能够充足虐待罪构成要件的，应当以虐待罪与故意伤害罪实行两罪并罚；如果将伤害行为分离后，其余虐待行为不构成虐待罪的，只能以行为人犯故意伤害罪一罪进行处罚。就本案而言，蔡某祥长期以实施暴力行为的方式对被害人进行虐待，情节恶劣，即使没有本次行为，其之前实施的一系列虐待行为也足以构成虐待罪。蔡某祥本次行为的暴力程度远超虐待中的一般殴打，构成故意伤害罪。因此，应当以虐待罪与故意伤害罪两个独立的罪名评价，实行数罪并罚。但根据《刑法》第 260 条的规定，犯虐待罪尚未致被害人重伤或死亡的，告诉的才处理。由于被害人生前未对此提起告诉，故不能对行为人的虐待行为追究刑事责任，二审法院以故意伤害罪进行定罪量刑是正确的。

4. 评析意见

就本案的定性而言，关键在于伤害行为是否构成虐待行为之外的独立行为。这便涉及两罪之间的关系问题。一审法院将虐待罪与故意伤害罪理解为法条竞合关系，根源在于对伤害行为作形式性的理解，以为普通的殴打即属于伤害行为。如此一来，虐待罪与故意伤害罪的法条之间便存在包容关系，故意伤害罪的法条从属于虐待罪的法条。然而，这样的解释并不成立。理由在于，倘若认为故意伤害罪的法条从属于虐待罪的法条，则无法解释为什么虐待罪的法定刑会远远低于故意伤害罪的法定刑。基于罪刑相适应的要求与体系解释的原理，对虐待罪的构成要件进行解释时，势必得出虐待行为不包含伤害行为的结论。行为人的暴力行为如果成立伤害行为，便超出虐待行为的范围；如果仅属于一般的殴打行为，则不能构成故意伤害罪中的伤害行为。

就本案而言，首先需要考虑行为人究竟成立一行为还是数行为。由于被告人蔡某祥最后一次实施的暴力具有损害他人生理机能健全的性质，且事实上引起被害人死亡的结果，该行为已超出虐待罪的构成要件行为，而成立独立的伤害行为。虐待罪属于集合犯。集合犯是指立法者所预设的构成要件行为，本身就具有不断反复实施的特性。对集合犯而言，反复多次实施的同类性质的行为，在整体上仍只被当作一个构成要件行为。长期实施虐待行为的，整体上成立一个构成要件行为；某一次实施的故意伤害行为，成立独立的另一行为。在数行为触犯不同罪名的情况下，原则上便应当考虑实行数罪并罚。

即使承认牵连犯与吸收犯的概念，认为数行为之间若存在牵连或吸收关系便应按一罪处理，也不影响对本案性质的认定。首先，蔡某祥的虐待行为与伤害行为之间，并不存在手段行为与目的行为或原因行为与结果行为的关联。其次，他所实施的两个行为之间也不存在吸收关系。严格说来，被吸收行为只应限于不可罚的事前或事后行为。本案显然不属于这样的情形。退一步说，即使认可较为宽泛的吸收犯概念，也不可能认为蔡某祥实施的数行为之间存在吸收关系：二者之间既不存在前行为是后行为的发展阶段或者后行为是前行为发展的必然结果的关系，也不属于一罪的犯罪构成为他罪的犯罪构成所当然包含的情形。在数行为触犯数罪名又不成立牵连犯或吸收犯的情况下，没有理由不实行数罪并罚。

前述裁判理由的解说提出应以虐待罪与故意伤害罪两个独立的罪名评价被告人的行为，实行数罪并罚的观点是合理的。不过，其在两点上尚值得商榷：一是《刑法》第 260 条中的“告诉的才处理”中的“告诉”，是否仅限于私人性质的告诉。本案中检察机关既已就虐待事实与伤害事实提起公诉，理应视为存在“告诉”。因而，对蔡某祥的虐待行为完全可同时追究其刑事责任。二是为说明虐待罪与故意伤害罪之间不成立法条竞合，对两罪之间的构成要件作简单列举的做法，并未真正切中要点。正如有学者所指出的，裁判理由虽然对虐待罪与故意伤害罪从“犯罪主体不同、故意内容不同、侵害客体不同和行为特点不同”四个方面作了对比式的区分，但实际上并没有触及虐待罪与故意伤害罪之间为什么不成立法条竞合的根本。①

深度研究

一、缺乏犯意联络同时伤害情形的处理

在二人以上存在犯意联络而对被害人进行伤害的场合，即使不能证明伤害结果具体由哪位行为人造成，也不影响对各共犯人刑事责任的认定。根据共同犯罪的原理，各共犯人对属于共同犯罪范围之内的危害结果均需负责。然而，在同时伤害的情况下，即二人以上没有意思联络而实施共同伤害，但不能辨别各人所造成的伤害结果或无法辨认何者造成伤害结果，如何处理就值得研究。

日本刑法第 207 条规定，二人以上实施暴行伤害他人的，在不能辨别各人暴行所造成的伤害的轻重或者不能辨认何人造成了伤害时，即使不是共同实行的，也依照共犯的规定处断。该条在刑法理论上一般被认为属拟制规定。法律拟制是指有意地将明知不同者等同视之，赋予两个原本不同的事物以相同的法律效果。也有日本学者认为，该条对有关暴行与伤害结果之间的因果关系规定了举证责任倒置，只要行为人不能成功举证自己的行为与伤害结果之间不存在因果关系，对于伤害结果，就应承担相应罪责。② 不管是将该条理解为实体法意义上的拟制还是程序法层面的举证责任倒置，可以肯定的是，该条的适用不仅要求实施暴行的数行为人之间不存在共犯关系，还以各行为人无法证明自己的暴行与伤害结果之间不存在因果关系为前提。在能够证明伤害结果是由具体行为人所造成的场合，不能认为同时实施伤害行为的数个

① 陈兴良．判例刑法学：上卷．2 版．北京：中国人民大学出版社，2017：225－226.

② ［日］山口厚．刑法各论．王昭武，译．北京：中国人民大学出版社，2011：55.

行为人之间成立共犯关系。换言之，在此种情形下，只有其行为与伤害结果之间存在因果关系的行为人需要对伤害结果负责，其他行为人无须对伤害结果负责。

日本刑法规定第 207 条，显然意在防止出现归责上的困境：根据因果关系的一般原理，在不能辨别各行为人暴行所造成的伤害结果的轻重或者不能辨认何人造成伤害结果时，无法将伤害结果归责于任何行为人。从刑事政策的角度而言，这一规定有其合理性。与对伤害结果无人负责（被害人只能自认倒霉）的结局相比，让所有参与同时伤害的行为人共同对伤害结果负责，不仅是一种更为公正的风险分配方式，也可以获得更为有效的预防效果。

我国刑法对同时伤害的情形没有作特别的规定，因而，只能按照因果关系的一般原理来进行处理。在同时伤害的场合，由于不存在共犯关系，各行为人只有在其行为与伤害结果之间存在因果关系时，才需要对伤害结果负责。据此，在能够分辨由谁的行为造成何种伤害结果时，应当分别追究各行为人的刑事责任；在不能辨别各行为人行为所造成的伤害结果的轻重或者不能辨认何人造成了伤害结果时，各行为人均不对伤害结果负责，只承担故意伤害未遂的刑事责任。当然，若是最终的伤害结果是轻伤，则所有参与同时伤害的行为人都将不被追究刑事责任。

二、连续伤害多人情形的处理

行为人连续伤害数人的，是按连续犯处理还是按同种数罪进行并罚，是一个值得研究的问题。比如，行为人基于报复社会的意图，在公共场合，拿刀见一个扎一个，总共将 5 人扎成轻伤。对此，究竟是认为行为人只构成一个故意伤害（致人轻伤）罪，还是认为行为人同时成立五个故意伤害（致人轻伤）罪而实行数罪并罚，刑法理论上存在争议。前一结论看来有违一般人朴素的正义观，它意味着，只要导致的结果是轻伤，不管行为人伤害多少个体，都只能适用 3 年以下有期徒刑、拘役或者管制的法定刑。后一结论则看起来与我们素常接受的理论设定不符。根据我国传统的刑法理论，连续伤害数人的情形应属连续犯，而连续犯只能按一罪进行处理，尤其是，由于同种数罪在我国一般也不实行并罚，这使连续犯与同种数罪之间的区分经常遭忽视。笔者认为，对于连续伤害数人的情形，以连续犯处理会导致罪刑不相适应的问题，实行同种数罪并罚是较为妥当的选择。

根据竞合论的处理宗旨，对于数行为触犯数罪名的情形，只有在以一罪定处足以涵盖对相关行为的不法评价之时，才允许例外地仅论以一罪。鉴于将数行为当作一罪来处理毕竟是数罪并罚的例外，因而，在解释连续犯时应当采取限定解释，不应任意扩张连续犯的成立范围。凡属高度个人专属性的法益（如生命权、健康权或性的自主权等），均不属于连续犯中所称的同种法益。如果行为人连续杀害数人或连伤数人，不能成立连续犯，而构成同种数罪。

根据竞合论的一般原理，同种数罪同样会涉及数罪并罚的问题。只不过，我国刑法中很多财产性犯罪或涉及数额的犯罪，均有累计数额的做法，故只需以各行为所涉总数额在科刑上作为一罪来处罚。此外，我国刑法中涉及人身权益的犯罪，因立法上对同种数罪规定了更高的法定刑，比如，《刑法》第236条、第240条分别将强奸妇女、幼女多人，拐卖妇女、儿童3人以上规定为法定刑升格的条件，对此，也只需以加重的一罪论处即可。对同种数罪是按一罪处罚还是实行数罪并罚，归根到底是要看处罚结果是否符合罪刑相适应的原则。但凡立法或司法解释没有累计数额的规定，且按一罪处罚会导致罪刑不相适应的，便应考虑实行数罪并罚。连续伤害他人的情形便是如此，只按一个故意伤害（致人轻伤）罪来处理，势必无法做到罪刑相适应，也有违竞合论的基本宗旨，即对不法行为应当作充分而不重复的评价。

三、故意伤害罪与组织出卖人体器官罪的关系

《刑法》第234条之一第1款规定，组织他人出卖人体器官的，处5年以下有期徒刑，并处罚金；情节严重的，处5年以上有期徒刑，并处罚金或者没收财产。该条第2款规定，未经本人同意摘取其器官，或者摘取不满18周岁的人的器官，或者强迫、欺骗他人捐献器官的，依照《刑法》第234条、第232条的规定定罪处罚。组织出卖人体器官的行为必然构成对器官捐献人的伤害，这就涉及故意伤害罪与组织出卖人体器官罪的关系问题。该问题又可分为两个方面：(1) 组织出卖人体器官罪与第234条的故意伤害罪是什么关系？(2) 第234条之一的第1款与该条第2款之间是什么关系？

就（1）而言，组织出卖人体器官罪与第234条的故意伤害罪之间应属法条竞合。如本章之前所述，只有在伤害行为不违反公序良俗时，才能承认被害人承诺的有效性。在组织出卖人体器官的场合，应当认为被害人对重伤的承诺无效。因而，组织出卖人体器官的行为本质上属于伤害行为（或杀人行为）。即使刑法没有规定组织出卖人体器官罪，对该行为也可直接认定为故意伤害罪。在此意义上，组织出卖人体器官罪与第234条规定的故意伤害罪构成法条竞合，是特别法条与普通法条之间的关系。

就（2）而言，其中涉及的问题较为复杂。表面看来，第234条之一第1款规定的行为似乎是以被害人（器官捐献人）承诺存在为前提，而该条第2款则涉及不存在被害人承诺的器官摘取行为。在此基础上，有人得出二者之间构成对立关系的结论。但是，这样的结论有欠妥当。理由在于：

其一，第 1 款在规定组织出卖人体器官罪的对象时，并未对“他人”作任何限定，即并没有将第 2 款涉及的对象排除在外。其二，即使被害人不同意摘取其器官，行为人以强迫、欺骗手段迫使其出卖人体器官的，也符合“组织”的行为要件。其三，第 2 款规定的实行行为限于摘取与强迫、欺骗捐献，强迫他人出卖器官的行为显然不可能被认定为强迫、欺骗捐献，而对并未直接实施摘取行为的组织者，若以共犯来处罚必然导致处罚畸轻。其四，认为第 1 款与第 2 款是对立关系的观点，既不利于处理事实认识错误案件和共同犯罪案件，也不利于处理事实不清的案件。基于此，有必要认为，第 1 款规定的组织出卖人体器官罪与第 2 款规定的故意伤害罪不是对立关系，而是部分交叉关系。因而，一个行为完全可能同时触犯两个罪名。亦即，未经本人同意摘取其器官，或者摘取不满 18 周岁的人的器官，或者强迫、欺骗他人出卖器官的行为，虽然符合故意伤害罪（或故意杀人罪）的犯罪构成，但依然可能符合组织出卖人体器官罪的犯罪构成。①

① 张明楷．组织出卖人体器官罪的基本问题．吉林大学社会科学学报，2011（5）：92－93.

第十章　强奸罪

规范依据

《刑法》

第二百三十六条[①]　以暴力、胁迫或者其他手段强奸妇女的，处三年以上十年以下有期徒刑。

奸淫不满十四周岁的幼女的，以强奸论，从重处罚。

强奸妇女、奸淫幼女，有下列情形之一的，处十年以上有期徒刑、无期徒刑或者死刑：

（一）强奸妇女、奸淫幼女情节恶劣的；

（二）强奸妇女、奸淫幼女多人的；

（三）在公共场所当众强奸妇女、奸淫幼女的；

（四）二人以上轮奸的；

（五）奸淫不满十周岁的幼女或者造成幼女伤害的；

（六）致使被害人重伤、死亡或者造成其他严重后果的。

第一节　强奸罪的构成

强奸罪，是指违背女性的意志，使用暴力、胁迫或其他手段，强行与女性发生性交的行为，以及奸淫未满 14 周岁幼女的行为。

---

①　本条经 2020 年 12 月 29 日《刑法修正案（十一）》第 26 条修改。

1997 年《刑法》第 236 条原规定："以暴力、胁迫或者其他手段强奸妇女的，处三年以上十年以下有期徒刑。奸淫不满十四周岁的幼女的，以强奸论，从重处罚。""强奸妇女、奸淫幼女，有下列情形之一的，处十年以上有期徒刑、无期徒刑或者死刑：（一）强奸妇女、奸淫幼女情节恶劣的；（二）强奸妇女、奸淫幼女多人的；（三）在公共场所当众强奸妇女的；（四）二人以上轮奸的；（五）致使被害人重伤、死亡或者造成其他严重后果的。"

一、法　益

知识背景

本罪所侵犯的法益是女性的性自主权及身心健康。所谓强奸，即无视女性的性自主权（性决定权），强行与妇女发生性关系。这里所说的性自主权，就是妇女对与之不具有婚姻关系的男子拒绝发生性关系的权利。根据 2002 年 3 月《最高人民法院、最高人民检察院关于执行〈中华人民共和国刑法〉确定罪名的补充规定》，原来的奸淫幼女罪已被取消，相应的行为也为强奸罪所涵盖。不满 14 周岁的幼女和患有精神病的妇女，由于其不具备自主决定与谁发生性关系的能力，与其发生性行为的，实际上是对其身心健康的摧残。强奸罪的行为对象包括任何女性，除不考虑女性的年龄以及精神状态之外，女性是否有合法配偶、生活作风如何等，都不影响本罪的成立。但是，如果是在女性死亡之后奸淫妇女尸体的，则构成《刑法》第 302 条规定的侮辱尸体罪，而不构成强奸罪。

男性不能成为本罪的行为对象，以为对方是女性而实际上是男性且强行与之发生性关系的，属于本罪的对象不能犯，一般按照本罪的未遂处理。从立法论的角度而言，一方面男性的性自主权同样值得保护，另一方面实践之中也确实存在着男同性恋者强奸男性或者女性（包括多名女性）强行和男性发生性关系的事例，所以，将强奸罪的行为对象从“妇女”改变为“他人”，应该是更为适宜的。例如，行为人张华（化名），42 岁，从外地来京后进入某保安公司，之后被派到某冰上运动中心工作。根据公诉机关指控，2010 年 5 月 9 日深夜 11 点多，张华在保安宿舍内对 18 岁的男同事李军（化名）实施“强奸”，“强奸”过程中导致李军轻伤。此后，李军报案，第二天张华被抓。2010 年 8 月 30 日，公诉机关以故意伤害罪将张华提起公诉。尽管故意伤害案一般为公开审理案件，但由于该案涉及个人隐私，法官最终决定不公开审理。经审理法院认为，张华故意将他人致伤，且造成轻伤的后果，其行为已构成故意伤害罪。法院审理期间，经调解，张华赔偿给李军 2 万元。鉴于张华积极赔偿被害人经济损失，并得到被害人的谅解，当庭自愿认罪，法院对其酌情予以从轻处罚，最终判处其有期徒刑 1 年。[①] 本案虽然对行为人追究了刑事责任，但是，如果被害人并未达到轻伤以上结果则仍无法追究责任或者只能按照修正后的《刑法》第 237 条强制猥亵罪追究责任，这会导致处罚上的漏洞或者至少是不均衡。所以，调整强奸罪的行为对象应该是更为合理的选择。

---

① “强奸”男性致人伤 首追 42 岁保安刑责．华西都市报，2011-01-05.

二、客观要件

知识背景

本罪在客观上表现为违背女性意志，强行与其发生性关系。

（一）违背女性意志，是本罪的本质特征

如果虽然以暴力、胁迫或其他手段强行和女性发生了性关系，但实际上该性行为并不违背女性意志的，不能按照本罪处理，充其量成立本罪的未遂。例如，甲男一直垂涎于乙女的美色，某晚见乙女独自一人在宿舍睡觉，便偷偷溜进宿舍并向床上的乙女猛扑过去，使用强力解脱乙女的衣裤。此时乙女醒来，发现行为人甲男正是自己的意中人，于是假装羞愧而象征性略加反抗，但甲男并不知情，而继续“奸淫”。在本案中，由于甲男开始实施强力解脱乙女衣裤时，乙女尚不知情，所以完全可以认为甲男的上述行为属于强奸的手段行为，在该手段行为已然开始实施的情况下，由于性行为本身并不违背妇女的意志，所以至少本案不能成立本罪的既遂。①

是否违背女性意志只能是考察是否违背女性当时的意志，而不能以事后是否违背其意志为标准判断。实践中，在强行和女性发生性关系之后，又以给其钱财、为其找工作、与其结婚等种种手段，使女性向公安机关或者法院等声称发生性行为当时系出于自愿的，仍然具备强奸罪所要求的“违背妇女意志”的特征。此外，对不同的女性来说，违背女性意志的表现不同。对于健康的已满 14 周岁女性而言，强行与其发生性关系的手段表现为暴力、胁迫或者其他手段。而对于幼女或者完全属于精神病人的女性而言，法律推定其不具有性问题上的自我决定权，所以只要是和此种女性发生性关系，不论是否采取暴力、胁迫或者其他手段，也不论其在形式上是否表示同意，均认为其违背了女性的意志。再者，对于精神正常的已满 14 周岁女性来说，不能以是否反抗作为判断是否违背女性意志的唯一标准。明显的反抗固然是认定违背女性意志的重要标志，但在没有反抗或者没有明显反抗的情况下，应具体分析没有反抗的原因，判断在当时具体情况下女性的真实心理。只有当女性是基于同意或者无所谓的心态而没有反抗或没有明显反抗时，才可能认定没有违背女性意志从而排除强奸罪的成立，否则就不能认定不构成强奸罪。实践中，女性由于不敢反抗而要求行为人戴安全套甚至是拿出安全套的，并不能径直就认为发生性关系符合妇女的本意，仍应该具体判断。

违背妇女意志，实质上是对女性性行为“拒绝权”的侵犯。这种拒绝权

① 至于本案是未遂、犯罪预备还是完全无罪，则取决于对强奸罪实行行为的理解以及对是否存在法益侵害危险的判断。

除了表现为女性有权拒绝与某特定男性发生性关系，还可以表现为虽愿意与某男性发生性关系，但拒绝在某种特定情形、某种特定场合下发生性关系的权利。① 比如，男女二人原为高中同学，曾有过恋爱关系，高中毕业后失去了联系，后两人都分别成家。在一次高中同学聚会时，两人见面后情意绵绵，旧情复发。在跳舞时，男子提出要与女方发生性关系，女方表示同意，但提出要在聚会后两人单独开一个房间。男子不同意，提出就在同学聚会的舞厅包厢内，女方害怕被同学发现而反对。男子就强行将女方推进包厢，不顾其反抗，扯下其裤子对其实施奸淫。奸淫过程中，女方仍反抗，男子用力按住女方，后被撞进包厢的其他同学发现。女方羞愤不已，遂向公安机关报案。本案中，女方虽有与男子发生性关系的意愿，但在同学聚会的舞厅包厢内发生性关系仍然违背了其意志。男子的行为构成强奸罪没有异议。

案例评价

[案例 10－1] 孟某等强奸案②
（“违背妇女意志”的认定）

1. 基本案情

2014 年 3 月 16 日凌晨 3 时许，被告人孟某在武汉市洪山区鲁磨路的 VOX 酒吧内与被害人朗某（美国籍）跳舞相识，后孟某趁朗某醉酒不省人事之际，骗取酒吧管理人员和服务员的信任，将朗某带出酒吧。随后，孟某伙同被告人次某、索某、多某、拉某将朗某带至武汉东湖新技术开发区政苑小区“星光大道 KTV”的包房。接着，多某购买避孕套，并向次某、索某和拉某分发。次某、索某和拉某趁朗某神志不清，先后在包房内与其发生性关系。孟某和多某欲与朗某发生性关系，但因故未得逞。当日，朗某回到任教学校后，即向公安机关报警。经鉴定，被害人朗某上臂及臀部有多处软组织挫伤。

同年 3 月 18 日，被告人孟某、次某、索某、多某、拉某分别在其学生公寓内被公安机关抓获。

2. 涉案问题

本案提出的问题是：在被害人无明显反抗行为或意思表示时，如何认定强奸罪中的“违背妇女意志”？

3. 裁判理由及结论

湖北省武汉市中级人民法院一审认为：被告人孟某等五人在被害人处于

---

① 王作富．刑法分则实务研究．5 版·中．北京：中国方正出版社，2013：756.

② 最高人民法院刑事审判第一、二、三、四、五庭．刑事审判参考：总第 102 集．北京：法律出版社，2016：42－48.

醉酒无意识状态下，骗取酒吧管理人员和服务员的信任，谎称系被害人的朋友，从酒吧带走被害人，预谋实施性侵害，并利用被害人不知反抗、不能反抗的状态和不敢反抗的心理，违背被害人意志，共同对被害人实施了性侵害，其行为均已构成强奸罪。公诉机关指控的罪名成立。被告人孟某、次某、索某、拉某在共同犯罪中起主要作用，系主犯。被告人多某在共同犯罪中起次要作用，系从犯，依法应当对其从轻处罚。遂依照《刑法》第 236 条第 3 款第 1 项及第 4 项、第 25 条第 1 款、第 26 条第 1 款、第 27 条第 1 款、第 55 条、第 56 条、第 67 条第 3 款的规定，判决被告人孟某等均构成强奸罪，判处有期徒刑 15 年至 10 年不等。

一审宣判后，五被告人均不服，以被害人无明显反抗行为，系自愿与其发生性关系为由，向湖北省高级人民法院提起上诉。

湖北省高级人民法院二审认为，一审认定的事实清楚，证据确实、充分，定罪准确，审判程序合法。遂裁定驳回上诉，维持原判。

4. 评析意见

对本判决可提炼出如下裁判要旨：被害人无明显反抗行为或意思表示的，不能当然推定被害人对发生性关系表示同意。明知被害人处于醉酒状态，利用其不知反抗、不能亦不敢反抗的状态与被害人发生性关系的，属于违背妇女意志强行发生性关系，构成强奸罪。

违背妇女意志，是指未经妇女同意而强行与之发生性关系的行为。判断是否违背妇女意志，关键要看妇女对发生性关系是否同意，至于妇女表示同意是在发生性关系之前还是性关系过程中，均不影响同意的成立。但妇女无明显反抗行为或反抗意思表示时，不得据此推定为默示状态下的不违背妇女意志，即对妇女是否同意不能以其有无反抗为判断标准，不能简单以被害妇女当时有无反抗意思表示作为认定其是否同意的唯一条件。妇女未作反抗或者反抗表示不明显的，要通观全案，具体分析，综合认定。一般而言，可以从案发时被害妇女的认知能力、反抗能力以及未作明确意思表示的客观原因等方面进行判断。本案中，被害人因为醉酒已失去了正常的分辨能力和认知能力，对自身所处的环境、状况以及可能遭遇的危险并不能正确认知；在案发过程中神情呆滞伴有哭泣；在案发清醒后立即报案。这些情况可以证实被害人在心理上对性关系的发生并非持自愿认可的态度。

******

（二）手段行为

在行为对象为精神正常的已满 14 周岁女性的场合，强奸罪的目的行为为奸淫行为，而其手段行为则表现为暴力、胁迫或者其他手段。

（1）暴力手段，是指直接对被害女性采用殴打、捆绑、卡脖子、按倒等危害人身安全或者人身自由，使女性不能抗拒的手段。

（2）与暴力手段是对女性予以人身上的强制不同，胁迫手段则体现为对女性予以精神上的强制，使女性不敢抗拒。具体来说，作为强奸罪手段行为的胁迫手段，是指对被害女性威胁、恐吓，如扬言行凶报复、揭发隐私、加害亲属等，利用迷信进行恐吓欺骗，利用教养关系、从属关系、职权以及孤立无援的环境条件，进行挟制、迫害等，迫使妇女忍辱屈从，不敢抗拒。暴力手段是直接加之于被害女性的有形强制，目的在于强行排除女性的反抗；而胁迫主要是对被害女性的精神上的强制，其作为一种无形的强制力，目的在于使女性不敢抗拒、被迫就范。但需要注意的是，利用教养关系、从属关系和职权与妇女发生性关系的，不能一律视为强奸。关键在于行为人是否利用了这种特定关系进行胁迫而使妇女不敢反抗，而不在于存在这种特定关系本身，即特定关系只是认定是否胁迫的线索，而不是认定胁迫的依据。行为人利用其与被害妇女之间的特定关系，迫使就范，如养（生）父以虐待、克扣生活费迫使养（生）女容忍其奸淫的；或者行为人利用职权，乘人之危，奸淫妇女的，都构成强奸罪。行为人利用职权引诱妇女，比如以给予妇女加薪、提干、分房等好处相引诱，女性为了贪图这些利益而以身相许的，属于基于互相利用发生性关系，可谓各取所需，不能定为强奸罪。

（3）其他手段，是指用暴力、胁迫以外的手段，使被害妇女无法反抗。例如，利用妇女患重病、熟睡之机，进行奸淫；以酒精、药物麻醉，以及谎称或假装治病等对妇女进行奸淫。具体分析可知，作为强奸罪手段行为的“其他手段”，其实质是在妇女不知反抗或者无法反抗的状态下，违背妇女意志对其进行奸淫，至于造成妇女不知反抗或无法反抗的原因，既可能是行为人主动实施了某种方法（如借口劝酒将妇女灌醉、通过药物将妇女麻醉等），也可能是单纯地妇女处于无意识状态（如趁妇女酒醉、昏迷，或者趁妇女熟睡之际冒充其丈夫或男友等）。是否由行为人本身造成妇女不知反抗或者无法反抗，不影响发生性关系违背妇女意志的本质特征，从而也就不影响强奸罪的定罪；但是，这毕竟影响对行为人的谴责的程度，从而应该在量刑上有所区别。

需要强调的是，以欺骗手段与妇女发生性关系的，一般不能认定为这里的“其他手段”。比如谎称自己是国家工作人员、“富二代”、未婚人士等而与女性恋爱并发生性关系，但实际上是无业人员、“贫二代”、已婚人士的场合，就不能认为是采用了与暴力、胁迫具有相当性的“其他手段”，从而就都不成立强奸，这充其量只是是否成立招摇撞骗罪的问题。之所以如此，是因为在女性误以为对方是国家工作人员、“富二代”或者是未婚人士的场合，这些谎言本身并不能对妇女造成精神强制，而说谎主要是为了和妇女维持特定关系或者是对妇女形成诱惑。此时妇女对发生性关系本身具有同意或者拒绝的充分选择权，最终决定与对方发生性关系只是在动机上出现了错误，这一错误与性自主权这一本罪保持法益无关，不影响同意的有效性。但是，如果谎言纯粹属于对妇女所实施的精神强制，如谎称性交行为是降魔驱邪的需要等，妇女在极度惶恐中被迫与对方发生性关系的，完全可以认定为是“胁迫”手段。

（4）在行为对象为完全的精神病人、处在发病期的间歇性的精神病人或者是未满14周岁的幼女时，不要求上述的暴力、胁迫或者其他手段，只要是客观上和上述三类人发生了性关系，即满足了本罪的客观方面。

（三）目的行为

强奸罪的目的行为，即奸淫行为，是指和女性发生性交行为。强行和女性发生性交以外的其他有辱女性性的羞耻心的行为的，比如强迫女性为自己口淫、手淫等，只能构成强制猥亵罪，而不构成强奸罪。后文在本罪的既遂、未遂处亦有涉及，虽然在和幼女发生性关系的既遂标准上存在争议，但是在奸淫幼女的场合，奸淫行为的含义仍应该理解为性交行为，而不能随意扩大。

三、主　体

知识背景

强奸罪的主体，为已满14周岁，具有辨认和控制自己行为之能力的自然人。其中，只有男性能构成本罪的单独正犯。女性则可以成为本罪的共同正犯（参加了本罪的手段行为）、教唆犯、帮助犯以及间接正犯。国外立法例中，有女性可以成为本罪单独正犯的立法例，如美国得克萨斯州的相关法律。从立法论的角度而言，与前文主张的男性应该成为本罪的行为对象相对应，女性也完全应该能够成为本罪的单独正犯；在立法上将本罪的行为对象由“妇女”调整为“他人”之后，即便是未对本罪的犯罪主体明确规定，也完全可能将女性解释为本罪的单独正犯。

对于丈夫能否成为强奸罪的主体，刑法理论上存在争议，司法实践中的做法也不一致。

案例评价

[案例10-2]王某明强奸案①
（丈夫能否成为强奸罪的单独主体）

1. 基本案情

上海市青浦县人民法院经不公开审理后查明：1992年11月，被告人王某

① 最高人民法院刑事审判第一庭．刑事审判参考：总第7辑．北京：法律出版社，2000：26－27.

明经人介绍与被害人钱某相识，于 1993 年 1 月登记结婚，1994 年 4 月生育一子。1996 年 6 月，王某明与钱某分居，同时向青浦县人民法院起诉离婚。同年 10 月 8 日，青浦县人民法院认为双方感情尚未破裂，判决不准离婚。此后双方未曾同居。1997 年 3 月 25 日，王某明再次提起离婚诉讼。同年 10 月 8 日，青浦县人民法院判决准予离婚，并将判决书送达双方当事人。双方当事人对判决离婚无争议，虽然王某明表示对判决涉及的子女抚养、液化气处理有意见，保留上诉权利，但后一直未上诉。同月 13 日晚 7 时许（离婚判决尚未生效），王某明到原居住的桂花园公寓 3 号楼 206 室，见钱某在房内整理衣物，即从背后抱住钱某，欲与之发生性关系，遭钱拒绝。被告人王某明说：住在这里，就不让你太平。钱挣脱欲离去。王某明将钱的双手反扭住并将钱按倒在床上，不顾钱的反抗，采用抓、咬等暴力手段，强行与钱发生了性行为，致钱多处软组织挫伤，胸部被抓伤、咬伤。当晚，被害人即向公安机关报案。

2. 涉案问题

本案涉及的问题是：在婚姻关系（非正常）存续期间，丈夫使用暴力强行与妻子发生性关系的，是否构成强奸罪？

3. 裁判理由及结论

青浦县人民法院认为：被告人王某明主动起诉，请求法院判决解除与钱某的婚姻，法院一审判决准予离婚后，双方对此均无异议。虽然该判决尚未发生法律效力，但被告人王某明与被害人已不具备正常的夫妻关系。在此情况下，被告人王某明违背妇女意志，采用暴力手段，强行与钱某发生性关系，其行为已构成强奸罪，应依法惩处。公诉机关指控被告人王某明的犯罪罪名成立。被告人关于发生性关系系对方自愿及其辩护人认为认定被告人采用暴力证据不足的辩解、辩护意见，与庭审质证的证据不符，不予采纳。遂依照《刑法》第 236 条第 1 款、第 72 条第 1 款的规定，于 1999 年 12 月 21 日判决被告人王某明犯强奸罪，判处有期徒刑 3 年，缓刑 3 年。

一审宣判后，被告人王某明服判，未上诉。

4. 评析意见

本案涉及婚内强制性行为的定性问题，即丈夫采用暴力手段强行与妻子发生性关系能否构成强奸罪？也即所谓“婚内强奸”是否入罪的问题。法院判决在强调双方婚姻关系的非正常性的前提下，得出了肯定强奸罪成立的结论。而且，此种将婚姻关系非正常存续期间发生的强制性行为按照强奸罪处理的立场，也得到了之后法院判决的遵循，比如在孙某亭强奸案中，双方虽领取了结婚证书但既未同居，财产也各归各所有，后女方还向法院起诉离婚只是未获批准，男方强行与女方发生性关系，也被法院认定为强奸罪，理由是，被告人孙某亭也认识到其与顾某某的婚姻关系实质上已经消失，此时孙某亭与顾某某的婚姻已属非正常的婚姻关系，虽然婚姻关系仍然存在，但已不能再推定女方对性行为有一种同意的承诺，也就是说顾某某已不再承诺履行夫妻间同居的义务。被告人孙某亭在这种特殊的非正常婚姻存续期内，采用殴打、威胁等暴力手段，强行与被害人发生性行为，严重侵犯了被害人的人身权利和性权利，其行为符合强奸罪的主观和客观特征，构成强奸罪。①

从《刑法》第236条强奸罪规定中并未将行为对象限定为“妻子之外的妇女”这一立法表述而言，将“妇女”解释为包括妻子在内并不违反一般国民的预测可能性，本案判决也就并不存在违反罪刑法定原则的问题。

深度研究

针对婚内强制性行为能否构成强奸罪的问题，理论上有肯定说、否定说、区别定性说等不同主张。其中肯定说认为：夫妻在家庭中地位平等，夫妻之间在性方面也同样是平等的，一方无权支配和强迫另一方，即使一方从不接受对方的性要求，也不产生任何法律后果；而且从我国刑法规定上看，其并未排除妻子作为强奸罪的行为对象，因此，强奸罪的主体自然包括丈夫。② 而区别定性说则认为，在男女双方处于离婚诉讼期间或基于某种协议而分居期间时，男方强行与女方发生性关系的，应认定为强奸罪，因为在上述期间内已显示出男女双方欠缺维持婚姻和保持性关系的合意。而司法实务上则总体上认可了区别定性说的主张，认为在离婚诉讼期间所实施的强制性交行为构成强奸罪（当然处罚较轻），比如上述王某明强奸案、孙某亭强奸案；而对在夫妻关系正常存续期间（以及分居期间）的同样行为，则未作为犯罪处理（比如发生在辽宁的白某峰案）。

笔者同意这样的判断，将在离婚诉讼期间或者分居期间丈夫强行与妻子发生性行为认定为强奸，不失为限制处罚范围的一种办法，但仍缺乏合理依据。因为离婚诉讼期间、分居期间仍然存在法定的婚姻关系，在法律上与非离婚诉讼期间、共同生活期间的婚姻性质完全相同。③ “在夫妻关系不睦而分居，甚至是离婚诉讼进行期间，夫妻关系并未因分居、离婚诉讼而解除，夫妻之间性生活的权利依然得到法律的认可。强奸罪中妇女的拒绝权主要是针对其合法配偶以外的男子而言。在婚姻关系尚未正式解除之前，妇女没有拒绝与仍是其合法配偶的男子进行性生活的权利，而且，丈夫在分居、离婚诉讼进行期间强行与仍是合法妻子的妇女发生性行为的，也不是对妇女贞操的

---

① 最高人民法院中国应用法学研究所．人民法院案例选：分类重排本·刑事卷4．北京：人民法院出版社，2017：1953.

② 最高人民法院刑事审判第一庭．刑事审判参考：总第7辑．北京：法律出版社，2000：28.

③ 张明楷．刑法学．5版．北京：法律出版社，2016：869.

侵害。”[①] 据此，笔者并不认同上海市青浦县人民法院的上述有罪判决。在本案中，王某明与钱某的合法婚姻关系仍然存在，两人仍属于合法夫妻。确认合法婚姻是否存在的，只能以客观上的法律标准判断，而不能以“婚姻关系在王某的主观意识中实质已消失”这样的主观标准。有人会认为由于是王某明主动提出的离婚诉讼，因此其已经放弃了夫妻间的同居权利，但夫妻关系作为一种法律关系，并不能因男女双方的承诺而削减其内容。只要是夫妻关系在法律上继续存在，夫妻关系的应有内容就会完整地得到保留。在笔者看来，承认婚姻之内的强制性行为构成强奸罪，不仅和婚姻的实质相违背，和“奸”字本身的规范含义相背离，而且还可能带来诸如肯定了可以对丈夫实行特殊防卫等诸多不利后果。

更进一步说，尽管肯定丈夫可能成为强奸罪的主体在理论上更有利于保护妻子的性自主权，但是，妻子的性自主权，在婚姻关系存续期间之内，必须在一定程度上受到婚姻本身的限制。对于妻子权利的保护，更多应该寻求刑法之外的民法、行政法或者是法律之外的其他手段，而不能过度依赖刑法。不过，丈夫强行和妻子发生性关系的暴力手段如果造成妻子轻伤以上伤害的，完全可以按照故意伤害罪处理。

需要强调的是，“婚内无奸”的原则也存在例外：（1）丈夫当众强行和自己的妻子发生性关系，以及丈夫伙同他人轮奸自己的妻子的；（2）丈夫教唆他人、帮助他人强行和自己的妻子发生性关系的。两种情况都完全应该按照强奸罪处理，其中，前者丈夫属于正犯（单独正犯或者共同正犯），后者丈夫属于共犯（教唆犯或帮助犯）。

存在丈夫可以例外地成为强奸罪正犯的具体案例，比如靖某强奸案。[②] 结婚后被告人靖某与刘某因性格不合，刘某起诉离婚，因彩礼问题未能达成协议。法庭中午暂时休庭（准备下午宣判）后，靖某招呼同来的亲属七八人一哄而上，将刘某强行挟持回靖家，关在房内。当晚，被告人靖某带着其哥哥、弟弟闯进关闭刘某的房内，叫道：“姓刘的，你把我折腾得好苦啊！你想叫我人财两空，今天我叫你尝尝我的厉害。”说罢，三人上前抓住刘，扯下刘某的衣服，堵住刘的嘴，一人按腿，一人按手，靖某不顾刘某的反抗，强行与之发生了性关系。次日，法院带人到靖家解救刘某，遭到以被告人为首的100多人的围攻、阻挠。夜里，靖某又在兄弟的帮助下强行与刘发生了性关系。本案起诉至法院后，法院以强奸罪分别判处靖某及其哥哥、弟弟有期徒刑6年、4年与2年。本案的有罪判决值得肯定。靖某之所以被认定为强奸罪，

---

① 王作富．刑法分则实务研究．5版·中．北京：中国方正出版社，2013：758.

② 王作富．刑法分则实务研究．5版·中．北京：中国方正出版社，2013：759.

原因并不在于其在离婚诉讼期间强行和刘某发生性关系，而是因为其系在他人在场且提供帮助的情况下当众强行与刘某发生性关系。即便刘某与靖某的夫妻关系在法律上尚未解除，但是“由于夫妻性生活固有的隐蔽性，故妻子对丈夫当众发生性行为，享有拒绝权”①。而且，如果此时仍僵化地坚持“婚内无奸”的原则认定靖某无罪的话，就会导致为其提供了帮助的靖某的哥哥、弟弟的行为也难以被认定为犯罪，这显然不妥当。如将两人的“一人按腿、一人按手”的行为不理解为帮助行为而理解为属于强奸罪的手段行为从而属于实行行为，或许也有可能将此二人的行为按照强奸正犯定罪，但是，对没有奸淫的故意而仅有帮助的故意的二人来说，将之定为强奸罪的共同正犯难以说通，而且也无法依帮助犯从轻、减轻处罚。所以，即便是在对靖兄、靖弟恰当定罪量刑的意义上，将靖某的行为入罪，也是适当的。

丈夫可以成为强奸罪共犯（教唆犯或帮助犯）的具体案例，比如张某强奸案。② 丁某因为与张某妻子魏某通奸被抓，张某以要打死魏某相要挟，要求与丁某的妻子李某发生性关系以扯平此事。李某明确拒绝后，丁某反复做工作，最终李某被迫同意与张某发生性关系。在该案中，张某采用胁迫方式强奸妇女，构成强奸罪不存太大争议，问题在于，李某的丈夫丁某是否构成强奸罪。对此，一种观点认为，丁某的行为虽在客观上对张某的强奸犯罪起到了帮助作用，但其属迫于压力不得已为之，在主观上与张某缺乏强奸罪的共同故意。但在笔者看来，丁某为将自己的通奸行为压下以求“息事宁人”，在张某的纠缠之下，在明知张某要违背自己妻子的意志而强行与之发生性关系的前提下，仍然劝说并强行将妻子送到张家，可以说是明知自己的上述行为最终会侵犯妻子的性自主权但仍决意为之，不能说其不具有帮助他人实施犯罪的故意。认为丁某构成强奸罪的帮助犯，是合适的。

四、故　意

知识背景

本罪为直接故意犯罪，并具有奸淫的目的。所谓奸淫的目的，即意图与被害女性发生性关系的目的。这是从主观方面区分强奸与强制猥亵行为的关键。在犯罪对象为幼女或者属完全的精神病人的女性的场合，还要求行为人明知对方是幼女或者是精神病人。

---

① 王作富．刑法分则实务研究．5版·中．北京：中国方正出版社，2013：759.

② 刘家琛．新刑法案例释解．北京：人民法院出版社，1999：732－733.

第二节　强奸罪的认定

一、奸淫幼女型强奸罪

知识背景

《刑法》第236条第2款规定，奸淫不满14周岁的幼女的，以强奸论，从重处罚。奸淫幼女的行为曾被单独定为奸淫幼女罪，后司法解释依据刑法的规定，统一将奸淫幼女的行为纳入强奸罪，而取消了奸淫幼女罪的罪名。

奸淫幼女型的强奸罪客观上表现为与不满14周岁的幼女发生性交行为。不满14周岁的为幼女，这是刑法规定的绝对标准，不能撇开年龄以是否发育成熟为标准来判断是否幼女。由于幼女通常身心发育不成熟，缺乏是非辨别的能力，不理解性行为的含义与后果，也缺乏抗拒能力，因此，不论行为人是否采用了暴力、胁迫或者其他任何手段，也不问幼女是否愿意，只要其与幼女发生性交，即构成强奸罪。在这个意义上，刑法可谓是对幼女实施了特殊的保护。奸淫幼女型的强奸罪在犯罪主体上和普通的强奸罪并无区别，已满14周岁且具有辨别控制能力的自然人，均可构成。

强奸罪在主观上是故意，且在奸淫幼女型强奸罪的场合，行为人必须认识到奸淫对象是不满14周岁的幼女，认识到行为结果是损害幼女的身心健康的。在行为人确实不知对方是幼女且双方自愿发生性关系时，只能认为这是非法的性关系，而不能认定为强奸罪。关键在于对是否“明知”的判断，这既可能影响定罪，也可能影响量刑。

案例评价

[案例10-3] 何某强奸案①
（奸淫幼女案件中“应当知道”的认定）

1. 基本案情

2012年2月中旬，何某通过网络登录其堂妹的QQ号，结识被害人徐某（女，1998年4月5日出生）。何某分别于同年3月3日、4日在家中、宾馆与徐某发生性关系。同月5日，何某在明知徐某不满14周岁后，仍与徐某再次发生性关系。何某及其辩护人提出，何某与被害人徐某发生三次性关系均得

① 最高人民法院刑事审判第一、二、三、四、五庭．刑事审判参考：总第98集．北京：法律出版社，2014：1-6.

到了被害人的同意，在第二次发生性关系后才知道被害人不满 14 周岁。

2. 涉案问题

本案涉及的问题是：奸淫幼女案件中如何判断行为人“应当知道”被害人系幼女？

3. 裁判理由及结论

一审法院认为，被告人何某明知被害人系幼女，仍与其发生性关系，其行为构成强奸罪。公诉机关指控的罪名成立。但公诉机关指控何某在第一、二次与被害人发生性关系时已明知被害人系幼女的证据不足，对该部分指控事实不予认定。何某当庭自愿认罪，可以酌情从轻处罚。依照《刑法》第 236 条第 1 款、第 2 款之规定，法院以被告人何某犯强奸罪，判处有期徒刑 3 年。

一审宣判后，检察机关提出抗诉，认为指控被告人何某强奸幼女三次的证据确实、充分，但原判仅认定强奸一次，属于事实认定错误，请提二审予以改判。

C 市中级人民法院经不公开审理认为：二审中控辩双方均未提出新的证据，检察机关抗诉认为原审被告人何某在与被害人发生三次性关系时，均系明知被害人不满 14 周岁的证据不足，故不予采纳。原判根据本案的事实情节，适用法律正确，定罪量刑并无不当。检察机关的抗诉理由不能成立。据此，C 市中级人民法院裁定驳回抗诉，维持原判。

4. 评析意见

本案中，被告人何某与幼女（被害人徐某）双方出于自愿发生性关系，审理过程中，检察机关与法院对何某与徐某三次发生性关系时是否均明知徐某不满 14 周岁，存在不同认识。从现有证据来看，检察机关提供的证据只能证实被告人何某第三次与被害人发生性关系时，确实知道被害人实际不满 14 周岁，因此对其按照强奸罪处理没有争议。有疑问的是，在前两次发生性关系时，行为人是否明知对方是幼女，这对于被告人的量刑会产生直接影响。

从最初认识被害人到第一次、第二次与被害人发生性关系，何某掌握的信息包括：其一，被害人系其堂妹的初中二年级同学，而其堂妹比其小 5 岁（其堂妹 13 周岁），根据一般人的常识，初二学生可能已满 14 周岁，也可能不满 14 周岁，但大体在 14 周岁左右。其二，何某与被害人通过 QQ 聊天交流，被害人的 QQ 个人资料信息显示为 13 周岁，根据一般人的常识，网友之间聊天时大多会查看对方 QQ 个人资料信息，但也不排除不查看的可能；另外 QQ 个人资料信息填写的年龄可能是真实的，也可能不真实。因此，现有证据的确不能排除所有怀疑，证实何某前两次与被害人发生性关系时确然知道被害人不满 14 周岁。一、二审法院以本案不能完全排除被告人前两次与被害人发生性关系时可能不知道被害人系幼女，而对相关事实不予认定，体现了更为谨慎的态度，但是否符合对幼女特殊保护的公共政策导向，仍值得讨论。

深度研究

（1）采取非强制手段与幼女发生性关系构成强奸罪，要求行为人“明知”被害人是不满 14 周岁的幼女。

尽管有观点基于对幼女的特殊保护、绝对保护的出发点，认为只要是具有奸淫的故意且客观上和不满 14 周岁的幼女发生了性关系，就一律按照强奸罪处理，但这样的主张并未得到刑法学界的认可。因为，这样的主张可能会不当地侵犯行为人的基本权利，导致一些确实不知对方（可能）为幼女的案件（比如一些网友见面发生性关系的场合）也被作为犯罪处理。强奸罪系故意犯罪，《刑法》总则关于故意犯罪“明知”的规定必然适用于强奸罪。同时，关于“明知”的内容，应结合《刑法》分则罪名的具体罪状来判断。所以，如果行为人确系与幼女自愿发生性关系，且确实根本不可能知道对方系幼女，那么行为人主观上就缺乏可谴责性，即不具备犯罪故意所要求的“明知自己的行为会发生危害社会的结果，并且希望或者放任这种结果发生”的主观心理态度，对行为人不应以强奸罪论处。

（2）需要结合幼女的不同年龄对是否“明知”予以推定或者具体判断。

最高人民法院于 2023 年印发的《关于办理性侵害未成年人刑事案件的意见》（以下简称《性侵意见》）第 17 条对于是否明知的认定给出了具体的标准。

《性侵意见》第 17 条针对对不同年龄段的幼女的“明知”认定标准给出了不同的规则。其第 2 款规定，对不满 12 周岁的被害人实施奸淫等性侵害行为的，应当认定行为人“明知”对方是幼女。这可以认为是创设了一项“推定明知”。12 周岁以下的幼女基本都处在接受小学或者幼儿园教育阶段以及家庭看护中，社会关系简单，外在幼女特征相对较为明显。推定该情形中行为人知道被害人可能属于不满 14 周岁的幼女，合乎经验常识，也符合《刑法》总则对犯罪故意的一般界定。不过，不能就此简单认为此种情形下司法解释规定了严格责任，而应该认为此时司法解释仅仅是规定了推定责任，即免除了公诉机关对于“明知”的积极证明责任，在被告一方能够提出充分的证据反证“确实不知”时，仍应否定犯罪故意的存在。

根据《性侵意见》第 17 条第 3 款的规定，对实际年龄已满 12 周岁不满 14 周岁的被害人，如果从其身体发育状况、言谈举止、衣着特征、生活作息规律等观察，该被害人可能是幼女，而实施奸淫等性侵害行为的，也应当认定行为人“明知”对方是幼女。应该认为，对已满 12 周岁不满 14 周岁的幼女实施奸淫等性侵害行为，若无极其特殊的例外情况，一般就应当认定行为人“明知”被害人是幼女。换言之，行为人根本不考虑被害人是否幼女而甘冒风险对被害人进行奸淫等性侵害行为的，一般应认定行为人明知被害人是幼女，以实现对幼女的特殊保护。只有在确有证据或者合理依据证明行为人根本不可能知道被害人是幼女，比如客观上被害人身体发育状况、言谈举止、衣着、生活作息规律等特征明显更像其已满 14 周岁，同时即使其他一般人处在行为人的场合，也难以避免误以为被害人已满 14 周岁的错误判断的场合，才可以采纳其不明知的辩解。

（3）法益保护与权利保障之间的平衡。

要求行为人对对方可能是幼女具有认识，是从对行为人的人权保障的角度出发、立足于责任主义原则所作的要求，但这是否会导致对幼女这一特殊弱势群体的保护不力？笔者认为，对于幼女这一弱势群体的特殊保护首先体现于刑法规范之内，而强调在与幼女发生性关系时的“明知”，在兼顾了被告一方的基本利益和起码人权的同时，同样能够实现对幼女这一弱势群体的保护。这一保护具体体现于：

1）普通的强奸行为成立强奸罪要求暴力性，强调“强”，而在对奸淫幼女的犯罪处理中，刑法减少了成立强奸罪的构成要件，不把暴力、强迫等强制手段作为成立犯罪的要件，只要行为人客观上与不满 14 周岁的幼女发生了性关系，并且主观上知道或者可能知道对方为幼女，就成立犯罪。

2）在对奸淫幼女行为作出判断的时候，幼女本身的主观状态和主观体验其实并不重要——这里对构成犯罪起决定性作用的，不是被害方的“自愿”或者“违背自己意志”的意思表示，而是行为人的“明知”或者“确实不知”的心理认知。这里对奸淫幼女成立犯罪的要件的进一步减少，更加集中地体现了对幼女权利的保护。

3）我国刑法对于奸淫幼女行为的定罪量刑也体现了对幼女这一弱势群体的特殊保护。奸淫幼女者以强奸罪论处，而我国刑法对于强奸罪已经规定了刑罚很重的法定刑，对奸淫幼女者在强奸罪的法定刑框架之内再从重处罚，也体现对幼女身心健康的体恤和对保护幼女之公共政策的尊重。

4）对于嫖宿幼女的行为，2015 年 8 月 29 日通过的《刑法修正案（九）》删去了嫖宿幼女罪，对这类犯罪行为可以适用《刑法》关于奸淫幼女的以强奸论且从重处罚的规定。这有利于对幼女的统一保护，体现出对幼女特殊保护的立法精神。由以上分析可看出，刑法对幼女这一弱势群体的特殊保护还是十分充分的。

二、强奸罪的界限划分与司法认定

知识背景

（一）正确处理奸淫女精神病患者或者痴呆患者

与女性精神病患者或者痴呆患者发生性关系的，不能以外观上女性是否表示同意作为定性的标准，而应该以行为人是否明知该女性的特殊状况为标准。如果行为人明知女性是或者可能是精神病患者或严重的痴呆患者而与其发生性行为的，不论采取什么手段，也不问该女性表面上是否同意，均以强奸罪论处。如确实不知，也未采用暴力、胁迫等手段，经本人同意与之发生性交的，则不构成本罪。但是，这以客观上女性确实已经丧失了对自己行为的辨认、控制能力为前提。如果女性虽然有一定程度的精神障碍或者是痴呆症[①]，但尚未完全丧失辨认、控制自己行为的能力，行为人又确实未采用暴力、胁迫等手段且经过女性同意的，则不应该一概将行为人的行为认定为强奸罪。此外，与间歇性的精神病女性在其未发病期间发生性关系，女性本人同意的，不构成本罪。

（二）正确区分强奸与未婚男女恋爱过程中发生的不正当行为以及通奸

在恋爱过程中，男方采取不明显的强制手段与女方发生性关系，后来感情破裂，女方告发男方强奸的，一般不宜认定为强奸罪。

通奸，是指双方或一方有配偶的男女，自愿发生的不正当性交行为。区分通奸与强奸时要注意：有的妇女与人通奸，而一旦关系恶化或者事情暴露后，怕丢面子，或者为推卸责任、嫁祸于人等，把通奸说成强奸的，不能认定为强奸。对于所谓的半推半就[②]问题，要对双方平时的关系如何，性行为是在什么环境和情况下发生的，事情发生后女方的态度怎样，又在什么情况下告发等事实和情节，认真审查清楚，作全面的分析，不是确系违背妇女意志的，一般不宜按照强奸罪论处。如果确系违背妇女意志的，以强奸罪论处。第一次发生性行为违背妇女意志，但事后女方并未告发，而后又多次自愿与该男方发生性交的，一般不宜以强奸罪论处。[③] 如果第一次发生性关系违背妇女意志，事后行为人对被害妇女实施精神上的威胁，迫使其继续忍辱屈从的，应以强奸罪论处。男女双方先是通奸，后来女方不愿继续通奸，而男方纠缠不休，并以暴力或以毁坏名誉等进行胁迫强行与女方发生性行为的，应以强

---

① 按照智力障碍程度，痴呆可以分为白痴（重度智能缺损）、痴愚（中度智能缺损）和愚鲁（轻度智能缺损）三类，其中前两类痴呆的共同点是病人不能正确表达、不能明辨是非，属于程度严重的痴呆患者；而第三类痴呆病人虽然理解、判断能力较差，不善于明辨是非，但具有一定的意志能力，智力接近常人。

② 半推半就是就妇女的意志而言的，即妇女对男方要求性交的行为，既有不同意的表示（推），也有同意的表示（就），是一种犹豫不决的心理，也可以表现为违心的承诺、委屈的许可、无奈的顺从、被迫的同意等矛盾心理。

③ 严格说来，事后妇女自愿的行为并不能抵消第一次发生性关系系出于强迫这样的事实及其违法性，司法解释之所以认为此种情况不宜以犯罪处理，还是从刑事政策的角度出发并考虑妇女的实际感受和切身利益而作出的选择。不过，既然强奸罪是公诉罪而非亲告罪，则上述的处理方式是否合适，尚有进一步讨论的余地。

奸罪论处。

案例评价

[案例 10－4] 刘某强奸案①
（未成年人与幼女正常交往过程中自愿发生性关系的定性）

1. 基本案情

被告人刘某与被害人赖某某（1997 年 5 月 10 日出生）系 S 县某中学初三年级同学，自 2010 年上半年认识后成为男女朋友。2011 年 2 月至 4 月 4 日期间，刘某在明知赖某某不满 14 周岁的情况下，仍多次与其发生性关系。之后被赖某某的父母发现报案而案发。

2. 涉案问题

本案涉及的问题是：在未成年人与幼女正常交往过程中自愿发生性关系的场合，该按照强奸罪处理判处实刑、缓刑还是该作无罪处理？在政策上如何把握？

3. 裁判理由及结论

S 县人民法院认为，被告人刘某明知被害人赖某某不满 14 周岁仍与其发生性关系，其行为已构成强奸罪，检察机关指控的犯罪事实清楚，证据确实、充分，指控的罪名成立。刘某在犯罪时不满 18 周岁，系未成年人，依法应当从轻或者减轻处罚，且刘某在归案后如实供述罪行，认罪态度好，可以从轻处罚。刘某犯罪情节较轻，有悔罪表现，没有再犯罪危险，宣告缓刑对所居住社区没有重大不良影响，依法可以对其宣告缓刑。据此，S 县人民法院依照刑法相关规定，以被告人刘某犯强奸罪，判处有期徒刑 2 年 6 个月，缓刑 3 年。

一审宣判后，被告人没有提出上诉，检察机关亦未提出抗诉，判决已发生法律效力。

4. 评析意见

对本案判决可以提炼出如下裁判要旨：已满 16 周岁的未成年人与幼女在恋爱过程中发生性关系的，成立强奸罪，但可以宣告缓刑。总体上，这样的结论值得认可，关键是，是判处实刑、缓刑，还是可以按照无罪处理，政策上的“度”该如何把握。这值得仔细研究。

深度研究

1. 未成年人与幼女在正常交往过程中自愿发生性关系时罪与非罪的把握

最高人民法院《关于审理未成年人刑事案件具体应用法律若干问题的解

---

① 最高人民法院刑事审判第一、二、三、四、五庭．刑事审判参考：总第 98 集．北京：法律出版社，2014：19－24.

释》(法释〔2006〕1号)第6条明确规定:“已满十四周岁不满十六周岁的人偶尔与幼女发生性行为,情节轻微、未造成严重后果的,不认为是犯罪。”2023年最高人民法院《关于办理性侵害未成年人刑事案件的意见》第6条再次重申了上述原则。由此可见,司法机关在处理青少年之间自愿发生性关系问题上,一直坚持适度介入、慎重干预的刑事政策。可以认为,对未成年人与幼女在正常交往过程中自愿发生性关系,在确定罪与非罪的界限时,应当注意把握以下三点。

其一,行为人一般应当处于已满14周岁不满16周岁的年龄阶段。已满14周岁不满16周岁系《刑法》确定的相对负刑事责任年龄阶段,对不以犯罪论处的主体范围控制在此年龄段较为妥当。但对此不应该过于机械地把握,在刚满16周岁等场合,也应该予以同等的关照。其二,行为人应当是与年龄相当的幼女在正常交往、恋爱过程中基于幼女自愿而与之发生性关系。这里的“年龄相当”是一个重要的但是又容易被忽略的条件对肯定“恋爱过程”是值得强调的。有观点认为,此处适当的年龄差距限定在4岁左右相对较为合理。已满14周岁的男方与不满10周岁的幼女发生性关系,或者已满15周岁不满16周岁的男方与不满12周岁且双方年龄差距在4岁以上的幼女发生性关系的,即使男方辩称系与幼女系正常恋爱交往,对男方也应以犯罪论处。[①] 这样的意见既考虑了“恋爱过程”的形式意义又为其判断提供了相对明确的标准,对司法实务有直接的价值。其三,综合考察的结果是,未成年人与幼女发生性关系系情节轻微且未造成严重后果。发生性关系的次数是判断行为情节是否轻微的一项因素,而并非决定性因素,决定性因素是行为人是否是与年龄相当的幼女在正常交往、恋爱过程中基于幼女自愿而与之发生性关系,如果是,通常可认定为情节轻微。

本案中,被告人刘某与被害人赖某系初中同学,二人早恋,时年刘某已满16周岁,其明知女方不满14周岁,仍多次与其发生了性关系,后因女方父母发现报案而案发。相较于强行奸淫幼女,刘某所实施的行为虽不十分严重,但从维护对幼女特殊保护的立场考虑,其毕竟在年龄、发生性关系次数等方面已不属最高人民法院《关于审理未成年人刑事案件具体应用法律若干问题的解释》中对未成年人可不以强奸犯罪论处的情形。在这个意义上,法院依法认定刘某构成强奸罪,对刑事政策的把握可谓是准确的。

2. 缓刑的适用

对未成年人奸淫幼女案件,鉴于未成年人身心发育不成熟、易冲动、好

---

① 最高人民法院刑事审判第一、二、三、四、五庭.刑事审判参考:总第98集.北京:法律出版社,2014:22.

奇心强、易受外界不良影响，同时也相对易教育、改造等特点，能够从宽处罚的要依法从宽。因此，奸淫幼女情节较轻，符合缓刑适用条件的，可以依法适用缓刑。本案中，被告人与被害人系同学，二人自 2010 年上半年即成为男女朋友，2011 年 2 月至 4 月 4 日间多次自愿发生性关系，刘某时年刚满 16 周岁（2 个月），赖某某已满 13 周岁（差 3 个月满 14 周岁）。刘某所犯强奸罪情节较轻，且认罪态度好，有悔罪表现，没有再犯罪危险，宣告缓刑对所居住社区没有重大不良影响，故人民法院依法认定其构成强奸罪，同时宣告缓刑，较好把握了对未成年被告人和未成年被害人进行双向保护的刑事政策。

******

（三）正确区分强奸及嫖娼

正确认定强奸案件，需要准确区分强奸与嫖娼的界限。比如，被告人赵某、杨某霆分别携带手铐、电警棒，驾驶一辆助力自行车，窜至南京市玄武门。他们见“圆梦歌舞厅”门口站着一名妇女何××（39 岁，曾多次因卖淫受过行政处罚），即上前搭讪，问何××是否愿意同他们一起去玩，何表示同意。两被告人说此处“老便”（指便衣警察）多，要何××步行到湖南路省军区门口等他们。何××步行到湖南路后，与两被告人同乘助力自行车沿云南路方向走。车由赵某驾驶，杨某霆坐在最后，何××被夹在中间，该车专走偏僻小巷。途中，三人嘻嘻哈哈地闲聊。闲聊中，两被告人谎称自己是公安机关工作人员，杨某霆佯装用手机给“派出所”打电话，称：“王队长，我们抓了个鸡婆（妓女），怎么处理?”随后关上手机说：“王队长让我们自己处理。”接着，两被告人把车停下，与何××谈（嫖宿）开价问题，未谈成，三人又上车继续往前走。此时，何××心里害怕，要求下车回家，两被告人不允许，并先后拿出手铐和电警棒给何××看，以示威吓，后七拐八绕地将何××带到柳叶街被告人赵某家中。在赵家，赵某又拿出匕首给何××看，再次胁迫。后两被告人先后三次将何××奸淫，直到次日凌晨 4 时许才放何××走，一分钱未付。当天下午，何××到公安机关报案，两被告人被抓获。①

本案涉及的问题是：两被告人的行为属于嫖娼还是强奸？答案显然是后者。强奸罪的对象为女性，但是对女性的身份、地位等，并无其他限制。本案中，两被告人冒充公安机关工作人员等一系列行为，完全属于胁迫的手段，其和卖淫女所发生性关系完全违背妇女的意志，构成强奸并无争议。卖淫嫖娼行为属于违反治安管理处罚法的行为，其前提在于对发生性关系本身妇女必须完全自愿。本案中两名被告人均因强奸罪被判处有期徒刑，是完全正

① 最高人民法院中国应用法学研究所．人民法院案例选：分类重排本·刑事卷 4．北京：人民法院出版社，2017：1920.

确的。

（四）正确区分轮奸与聚众淫乱行为

轮奸是强奸罪的一种特殊形式。二男以上出于共同强奸的故意，在同一段时间内，对同一妇女（幼女）连续地轮流强奸（奸淫）。如多男一女、一男多女或者多男多女发生性关系属于各方自愿的，则不属于强奸，而构成《刑法》第 301 条的聚众淫乱罪。

（五）正确区分强奸罪与强制猥亵罪

在讨论强奸罪的认定时，涉及强奸罪与强制猥亵罪之间的区分。两罪的区分主要涉及两个问题：一是强制猥亵罪与强奸未遂、中止的界限；二是行为人同时具有猥亵行为和奸淫行为的，是否认定为两罪。强制猥亵罪与强奸罪的侵害对象均包括妇女，行为人也都采用了暴力、胁迫或者其他方法，行为人在主观上通常也都具有发泄性欲的目的。① 行为人主观上是否具有和妇女发生性交行为的意图，是两罪区分的重要标志。如果行为人强行扒下妇女衣裤且仅对妇女有下流的猥亵行为，而未进一步实施奸淫行为，需要具体判断行为人不实施奸淫的具体原因。（1）如果行为人根本不具有发生性交行为的意图，“猥亵行为本身即以足够”，则其仅构成强制猥亵罪；（2）如果行为人虽具有奸淫的意图，但在实施猥亵行为之后认为不存在足以阻止其继续实施奸淫行为的因素而主动放弃了奸淫行为的，属于强奸的中止；（3）如果行为人具有奸淫的意图，在实施猥亵行为之后认为已经无法实现实施性交行为目的而未能进一步实施奸淫行为的，属于强奸的未遂；（4）如果行为人同时实施了奸淫行为和猥亵行为，不宜认定为数罪，应认为奸淫行为吸收了猥亵行为。

案例评价

［案例 10-5］谭某财、罗某东强奸、抢劫、盗窃案②

1. 基本案情

2003 年 5 月 23 日 20 时许，被告人谭某财、罗某东与赖某鹏（另案处理）在阳春市春城镇东湖烈士碑水库边，持刀对在此谈恋爱的蒙某某、瞿某某（女）实施抢劫，抢得蒙某某 230 元、瞿某某 60 元，谭某财、罗某东各分得 80 元。抢劫后，谭某财、罗某东、赖某鹏用皮带反绑蒙某某双手，用粘胶粘

① 但是，强制猥亵罪并非所谓倾向犯，不具有刺激自己的性欲的主观倾向而单纯为了报复对方就当众扒光女性衣裤的行为，同样是强烈侵犯妇女的性的羞耻心的行为，同样构成强制猥亵罪。

② 最高人民法院刑事审判第一、二、三、四、五庭．刑事审判参考：总第 63 集．北京：法律出版社，2008：1-9.

住蒙的手腕，将蒙的上衣脱至手腕处，然后威逼瞿某某脱光衣服、脱去蒙的内裤，强迫二人进行性交给其观看。蒙因害怕，无法进行。谭某财等人又令瞿某某用口含住蒙的生殖器。在过程中，蒙某某趁谭某财等人不备，挣脱皮带跳进水库并呼叫救命，方才逃脱。

2. 涉案问题

本案中需要讨论的问题是：并未直接实施强奸行为，而是为寻求精神刺激，强迫他人与妇女发生性关系供自己观看的，是构成强奸罪还是强制猥亵罪?

3. 裁判理由及结论

阳春市人民法院认为，被告人谭某财、罗某东等人以非法占有为目的，使用暴力手段劫取他人财物，其行为已构成抢劫罪。两被告人在抢劫过程中，违背妇女意志，使用暴力、胁迫的手段，强迫他人与妇女发生性关系，其行为已构成强奸罪。依照《刑法》有关规定，分别以强奸罪判处谭某财、罗某东有期徒刑9年与8年，并与其他犯罪数罪并罚。

一审宣判后，被告人谭某财、罗某东不服，向广东省阳江市中级人民法院提出上诉。两人上诉称，其强迫蒙某某与瞿某某发生性关系的目的是寻求精神上的刺激，调戏取乐，只是观看，没有强奸的故意和目的，原审法院定强奸罪有误，请求撤销原审法院的定罪量刑。

阳江市中级人民法院认为，被告人谭某财、罗某东持刀胁迫二人脱光衣服，强迫二人性交，后又强迫瞿某某口含蒙某某生殖器再进行性交，其主观上是寻求精神上的刺激，调戏取乐，没有强奸的目的，客观上没有强奸行为，原审法院认定该行为构成强奸罪不当，应以强制猥亵妇女罪论处，故谭某财、罗某东的该行为均已构成强制猥亵妇女罪。谭某财、罗某东的该上诉理由成立，应予采纳。被告人谭某财、罗某东在本案中犯数罪，依法应数罪并罚。原审判决认定事实清楚，证据确实、充分，审判程序合法，但适用法律部分错误，定罪量刑部分不当。依照刑事诉讼法和刑法有关规定，判决撤销阳春市人民法院的一审判决的相关部分，以强制猥亵罪分别判处谭某财、罗某东有期徒刑3年，并与其他犯罪数罪并罚。

4. 评析意见

对并未直接实施强奸行为，而是为寻求精神刺激，强迫他人与妇女发生性关系供自己观看的行为，是定性为强奸罪还是强制猥亵罪，本案两审法院的立场不一：一审法院认为构成强奸罪，而二审法院则认为其“主观上是寻求精神上的刺激，调戏取乐，没有强奸的目的，客观上没有强奸行为”，从而否定了构成强奸罪而改判为强制猥亵罪。这是从主观上的强奸目的（奸淫目的）与客观上的强奸行为两个方面入手进行分析，其考察顺序虽然值得商榷

(应该贯彻先客观后主观的考察顺序)，但结论上是值得重视的，笔者也予以认同。

深度研究

（1）两名被告人行为的定性。

对谭、罗两名被告人的行为最终定性为强制猥亵罪而非强奸罪，这一结论笔者能够认同，不过就其理由来说，还值得进一步深究。

本案的相关事实是：两名被告人为满足自己的低级兴趣，将蒙的上衣脱至手腕处，然后威逼瞿某某脱光衣服、脱去蒙的内裤，强迫二人进行性交给其观看；蒙因害怕，无法进行；谭某财等人又令瞿某某用口含住蒙的生殖器。裁判理由是从吸收犯的角度肯定了两名被告人的行为成立强制猥亵罪的结论。也即，蒙某某与瞿某某的性交行为并未完成，两被告人属于强奸未遂；之后的行为则构成强制猥亵罪的既遂；以强制猥亵罪的既遂吸收强奸罪的未遂，按照前者一罪处理。[①] 但是，笔者并不认同这样的关于判决理由的分析。1）这与判决书的表述不符，判决书的说法是"主观上是寻求精神上的刺激，调戏取乐，没有强奸的目的，客观上没有强奸行为"，即认为两名被告人的行为并不符合强奸罪的主、客观构成要件从而不构成该罪，而不是肯定了强奸罪的未遂。2）认为强制猥亵罪的既遂可以吸收强奸罪的未遂，理由也十分牵强。一则，本案中的行为过程完全不同于一般的猥亵是强奸行为的前奏或者延伸的场合，不存在成立吸收的一般观念上的事实基础。二则，认为本案中发生性关系的双方为恋人关系，在一般后果上与行为人亲自实施强奸的场合有所区别，从而其强奸罪的未遂适用的刑罚幅度应该是 3 年以下有期徒刑，并以此为由认为本案中的强制猥亵罪的既遂重于强奸罪的未遂，难以令人信服，因为未遂本身的处罚原则是"可以比照既遂犯从轻或者减轻处罚"，是一种得减而非必减情节，况且还是"从轻"在先"减轻"在后。

实行犯包括直接实行和间接实行两种，后者是将他人当作自己实施犯罪的工具加以利用，如假借不知情的他人之手完成财物的转移而实现盗窃的场合。不过，间接实行犯（间接正犯）是否存在例外，换言之，是否任何犯罪都可以成立间接正犯，值得讨论。比如，伪证罪的场合，难以想象将他人作为自己作伪证的工具加以利用，故不存在成立间接正犯的伪证罪。这种要求亲手实施才能成立正犯的犯罪，理论上称为亲手犯。虽属于少数说，但笔者认为强奸罪就是亲手犯的一种，唯有亲手实施了奸淫行为的，才能构成强奸

---

① 最高人民法院刑事审判第一、二、三、四、五庭．刑事审判参考：总第 63 集．北京：法律出版社，2008：7－9.

罪的实行犯。[①] 从而，不但本案理应按照强制猥亵罪处理，而且即便是在蒙某某与瞿某某的性交行为完成的场合，没有亲自实施奸淫行为的谭、罗二人也只能成立强制猥亵罪（不需要亲自实施）而非强奸罪。强制猥亵罪的法定最高刑为 15 年有期徒刑，足以保证此种观点之下的罪刑均衡。

（2）蒙某某行为的定性。

本案中需要专门讨论蒙某某行为的定性。对此，虽然也存在将其定性为胁从犯的观点，但最终裁判中并未采纳这种主张，裁判理由也是认为“蒙某某也系本案的被害人，其被迫与瞿某某发生性关系属于紧急避险行为，不构成犯罪”。对此结论，笔者予以认同。

就紧急避险与胁从犯的区分来说，虽然也包括其他理由，但是很重要的一点是，行为人意志自由丧失的程度不同。紧急避险中的行为人在当时的危险状态下，完全丧失了自由意志，其实施损害第三人利益的行为是在别无他法之时，也就是“不得已”而为之；胁从犯虽是因被胁迫而参加犯罪，却仍保留有一定程度的自由意志，参加犯罪是其自行选择的结果。在本案中，蒙某某被他人持刀威胁，要求其和瞿某某发生性交，否则蒙某某、瞿某某会具有生命危险。蒙某某在二人生命受到紧迫威胁的情况下，在没有其他方法避险的情况下不得已侵犯了瞿某某的性自主权，属于为了避免造成较大合法权益的损害而侵犯他人较小合法权益的行为，系紧急避险行为，不构成犯罪。

******

（六）强奸罪未完成形态的认定

1. 强奸罪的既遂与未遂

如何认定强奸罪既遂，主要有射精说、插入说和接触说三种观点。射精说以行为人的性欲得到满足即射精为标准。但此说的问题在于，如果认为只要射精即构成强奸罪既遂的话，可能会导致强奸罪既遂标准的过于提前，不利于对行为人人权的保护。主张以行为人的生殖器与妇女的生殖器的表皮接触作为强奸罪既遂标准的接触说，也同样存在着既遂标准过于提前的问题。而如果认为射精说是指在被害妇女阴道内射精，实际上已经不是射精说而成了插入加射精说，这可能会导致强奸罪既遂标准的过于推后，不利于对被害人的权利保护。相对而言，当行为人的生殖器有一部分插入到妇女的阴道之内时，则一般会认为妇女失去了贞操，妇女的性自主权受到了完整的侵犯，而且这既不会侵犯行为人的人权，也不会对被害妇女的性自主权保护不力。因此，此种意义上的插入说（又称结合说）获得了广泛的支持，不论是在国外还是在我国，都取得了通说的地位。笔者也支持以插入说作为强奸罪的既

---

① 付立庆．论轮奸的限制性认定．法学，2020（4）：114－120.

遂标准，并且认为这一标准适用于所有被害女性。

刑法理论通说认为，对普通的强奸罪和奸淫幼女型的强奸罪应该采取不同的既遂标准，即在犯罪对象为成年女性时，以插入说为本罪既遂标准；而在犯罪对象为幼女时，则以男女双方生殖器官的接触为本罪既遂的标准。比如，有论者指出，奸淫幼女既遂标准之所以采用接触说，“一方面固然是考虑到幼女年小，缺乏性生活的适应能力，尤其在幼女为婴幼儿时，行为人难以实际插入这种情况，但主要方面是为了强调对幼女人身权利的特殊保护，强调对强奸幼女这种性质恶劣的犯罪的打击”①。但是，笔者同意如下判断：接触说使奸淫幼女型的强奸罪的既遂标准过于提前，导致较轻犯罪（猥亵儿童罪）的基本行为成为较重犯罪（奸淫幼女型的强奸罪）的既遂标准，也不利于正确处理奸淫幼女型的强奸罪与猥亵儿童罪的关系；接触说不利于鼓励行为人中止犯罪，也不利于保护被害人的名誉；对奸淫幼女型的强奸罪的既遂标准采取结合说（插入说），并不会降低对幼女的特殊保护力度。② 因为，我国《刑法》对犯罪未遂采取的是得减主义处罚方式，具有奸淫意图但又确实未能插入的，作为奸淫幼女型强奸罪的未遂处罚，必要时也可以不从轻、减轻处罚，这样同样能体现对幼女这一特殊群体的特殊保护。所以，应该对强奸罪的既遂采取统一标准，而不宜因被害女性为幼女而有所区别。

在认定强奸罪的既遂与未遂时，还涉及共同犯罪中各行为人的既遂判断问题。

2. 强奸罪的未遂与中止

强奸未遂是指行为人已经着手实施强奸行为，但由于意志以外的原因，奸淫行为未能得逞。在对强奸罪的既遂标准采取插入说的前提下，所谓的未得逞，就是行为人意欲插入而未能插入。强奸中止既包括未开始强奸手段行为即自动放弃的预备阶段的中止，也包括已经开始手段行为之后的中止，即实行阶段的强奸中止，与强奸未遂容易造成混淆的，主要是后一种强奸中止。强奸中止（以下所说，即是指实行阶段的强奸中止），是指行为人自以为完全可以插入，但基于主观上的原因而自动放弃插入，即是在本想实施奸淫行为并且自认为能够得逞的情况下而自动放弃了奸淫行为。区分强奸罪的未遂中止，不是以客观上能否继续奸淫行为作为标准，而是以行为人主观上自认为能否继续实施奸淫作为标准：正是在自以为能够插入而主动放弃的情况之下，行为人的可谴责性才显著降低，从而才值得受到更为轻缓的刑法评价。换言之，即便是在客观条件已经使奸淫行为不可能完成时，只要行为人并未认识

① 王作富．刑法分则实务研究．5 版·中．北京：中国方正出版社，2013：762.

② 张明楷．刑法学．5 版．北京：法律出版社，2016：875.

到足以阻碍其奸淫行为的客观条件之存在，或者是虽认识到其存在但认为并不足以阻碍奸淫行为的完成，行为人之所以放弃奸淫行为系出于主观上的某种考虑而主动放弃的，就应该认为是强奸罪的中止而非未遂。

按照以上标准：（1）在已经使用暴力将女性的裤子扯下但发现女性身上有卫生巾，认为在女性有月经时插入后会染病，于是将女性放开的，被害女性的月经虽然是阻止行为人插入行为的客观条件，但行为人认为其完全具有插入的条件，只是担心日后染病而主动放弃插入，属于"能达目的而不欲"的强奸中止。（2）已经开始拉扯被害女性的短裤，因为听到门外有人喊"妈妈"，以为是被害女性的女儿回家，于是匆忙松开女性溜走。虽然（邻居家的）小女孩喊妈妈的客观事实本身不足以阻止行为人的插入行为，但行为人误以为是被害女性女儿回家，当时主观上以为这一情况已经使插入变得不可能，属于主观上认为"欲达目的而不能"，所以其并不属于自动放弃犯罪，而属于因为意志以外的原因而未得逞的强奸未遂。（3）已经将阴茎顶在被害女性的阴户上，由于女性说"我们都是认识的，如果你害我，只要我不死，你就活不成"而停止插入的，属于担心日后的惩罚，而非担心当场被抓。其自以为当时仍能插入以完成奸淫行为，所以，仍应属于自动中止犯罪的强奸中止。[①]（4）已经将女性扑倒在地，由于女性是熟人，或者是由于女性的哀求，或者是由于女性长相丑陋等，而不去插入的，自然都属于强奸中止。

案例评价

[案例10-6] 唐某海、杨某强奸案[②]
（共同犯罪中的强奸既遂判断）

1. 基本案情

2003年4月28日凌晨1时许，被告人唐某海、杨某从某市"太平洋卡拉OK"娱乐场所，将已处于深度醉酒状态的女青年王某带至该市下关区黄家圩8号的江南池浴室，在×××号包间内，趁王某酒醉无知觉、无反抗能力之机，先后对其实施奸淫。在对王某奸淫过程中，唐某海由于饮酒过多未能得逞；杨某奸淫得逞。案发后，唐某海协助公安机关抓获同案犯杨某。

2. 涉案问题

本案的问题是：在强奸案的共同犯罪中，一人得逞而另一人未得逞的，对于未得逞的，是认定为强奸罪的既遂还是未遂？

---

① 以上举例，参见王作富．刑法分则实务研究．5版·中．北京：中国方正出版社，2013：763。

② 最高人民法院刑事审判第一庭、第二庭．刑事审判参考：总第36集．北京：法律出版社，2004：32-36.

3. 裁判理由及结论

南京市下关区人民法院经审理后认为，被告人唐某海、杨某违背妇女意志，轮流奸淫妇女，其行为均已构成强奸罪，应依法予以惩处。唐某海协助公安机关抓获同案犯，有立功表现，同时考虑到其个人奸淫目的未得逞，可以对其减轻处罚。两被告人及其辩护人关于发生性行为时，王某并没有达到酒醉无知觉、无反抗能力程度的辩解和辩护意见，经查与事实不符，不予采纳。最终判决被告人唐某海犯强奸罪，判处有期徒刑 7 年；被告人杨某犯强奸罪，判处有期徒刑 10 年。

4. 评析意见

南京市下关区人民法院认定唐某海亦构成强奸罪既遂，理由是，对轮奸中一人以上强奸既遂，一人以上未遂的情形，由于各行为人均实施了轮奸行为，故首先应对各被告人以强奸罪定罪并按轮奸情节予以处罚。由于轮奸是基于共同奸淫认识的共同实行行为，按照强奸罪中认定既、未遂的一般原理，即只要实行犯强奸既遂的，对其他共犯，无论其为帮助犯、教唆犯、组织犯还是共同实行犯，都应按强奸罪既遂论。当然，所谓“都应按强奸罪既遂论”，并不是说具体量刑时就无须区别对待。相反，对帮助犯、帮助犯一般应当依法给予从宽处罚，而对个人奸淫未得逞的共同实行犯也可以酌定从轻处罚。具体到本案，被告人唐某海、杨某违背妇女意志，实施了轮流奸淫妇女的行为，其中一人既遂，一人未遂，从共同犯罪的形态看，对两人均应以强奸既遂论，且须按轮奸情节确定所适用的法定刑。对个人奸淫未得逞的被告人唐某海，由于其具有立功这一法定从宽情节，同时又具有可酌定从轻处罚的情节，故依此决定对其予以减轻处罚也是可以的。①

应该承认，这种基于所谓“部分实行全部责任”理论所得出的在强奸案件的场合“一人既遂，全案既遂”的标准，既为包括本案在内的司法机关的多数判决所接受，也为刑法理论所多数认可。不过，这样的结论是否妥当，还值得进一步研究。

深度研究

对强奸罪的教唆犯与帮助犯虽然应该坚持“实行犯既遂，则教唆犯、帮助犯既遂”的原则。但是，对存在轮奸形态的共同实行犯而言，是否仍应坚持“一人既遂，全案既遂”的标准则值得怀疑。笔者倾向认为，在像强奸罪这样的具有很强的个人体验性的犯罪之中，其属于理论上的所谓“亲手犯”，

① 最高人民法院刑事审判第一庭、第二庭．刑事审判参考：总第 36 集．北京：法律出版社，2004：34 - 35.

其是否既遂应该取决于行为人本身是否达到了奸淫目的，不能因为其他实行犯达到了奸淫目的就认为行为人也已经得逞、既遂。“部分实行全部责任”的原则在亲手犯的场合应该存在例外。据此，应该认为，唐某海毕竟奸淫未成，不能认定为强奸既遂，应该认定为犯罪的未遂而从轻、减轻处罚。也即在结论上，杨某属于基本犯既遂的情节加重犯，而唐某海则属于基本犯未遂的情节加重犯。

本案的审判法院一方面认定唐某海亦构成强奸既遂，另一方面又因其“帮助公安机关抓获同案犯，有立功表现，同时考虑到其个人奸淫目的未得逞，可以对其减轻处罚”，其虽然在量刑上对唐某海予以一定的区别对待，但还是不如直接承认其犯罪未遂更为直接、彻底。对此问题的详细展开，请参见后文张甲、张乙强奸案的深度分析部分。

第三节　强奸罪的处罚

知识背景

根据《刑法》第 236 条的规定，犯强奸罪的，处 3 年以上 10 年以下有期徒刑。奸淫不满 14 周岁的幼女的，以强奸论，从重处罚。有下列情形之一的，处 10 年以上有期徒刑、无期徒刑或者死刑：（1）强奸妇女、奸淫幼女情节恶劣的；（2）强奸妇女、奸淫幼女多人的；（3）在公共场所当众强奸妇女、奸淫幼女的；（4）二人以上轮奸的；（5）奸淫不满 10 周岁的幼女或者造成幼女伤害的；（6）致使被害人重伤、死亡或者造成其他严重后果的。

其中的强奸妇女、奸淫幼女多人中的“多人”，是指 3 人或 3 人以上。行为人既强奸妇女，又奸淫了幼女的，按照最高人民法院的司法解释，妇女与幼女的人数应当合计计算。

一、奸淫幼女“情节恶劣”的认定

知识背景

第 236 条规定的强奸罪加重情节第 1 项中所说的“情节恶劣”，是指本条列举之外的恶劣情节，如在公共场所劫持妇女并强奸——强奸行为不是当众实施的，否则直接构成第 3 项加重构成、多次利用淫秽物品引诱女青年进行强奸、强奸行为在社会上造成恶劣影响等等。在强奸过程中以十分下流的手段肆意蹂躏妇女，如强迫妇女、幼女吮吸自己的生殖器、用木条插捅女性阴道等，或者是对孕妇、重病妇女等特殊对象实施强奸等，都应认为属于这里的“情节恶劣”。

案例评价

[案例 10-7] 谈某贵强奸案①
(奸淫幼女“情节恶劣”的认定)

1. 基本案情

2011 年 7 月至 2012 年 8 月间，被告人谈某贵与其女友孙某及孙某的女儿被害人廖某（1999 年 7 月 25 日出生）在同一暂住地共同生活。其间，谈某贵趁与廖某单独相处之机，对廖某多次实施奸淫。2012 年 8 月底，廖某被查出怀孕，后到医院引产。经对廖某引产后的胚胎组织进行 DNA 鉴定，确认不排除廖某和谈某贵为廖某引产后的胚胎组织所属个体的生身父母。

2. 涉案问题

本案涉及的问题是：与幼女有共同家庭生活关系的人多次奸淫幼女致其怀孕的，是否属于奸淫幼女“情节恶劣”?

3. 裁判理由及结论

上海市金山区人民法院认为，被告人谈某贵多次奸淫幼女，致幼女怀孕，情节恶劣，其行为构成强奸罪，且依法应当从严惩处。公诉机关指控谈某贵犯强奸罪的事实清楚，证据确实、充分，指控的罪名成立。据此，依照刑法有关规定，金山区人民法院以被告人谈某贵犯强奸罪，判处有期徒刑 13 年，剥夺政治权利 2 年。

一审宣判后，被告人谈某贵没有提起上诉，检察机关亦未抗诉，该判决已发生法律效力。

4. 评析意见

对本案判决可以提炼出如下裁判要旨：与幼女有共同家庭生活关系的人多次奸淫幼女致其怀孕的，可以认定为奸淫幼女“情节恶劣”。本案的判决符合相关司法解释的规定，对于奸淫幼女“情节恶劣”的场合作了准确把握，是值得肯定的。

深度研究

本案的裁判理由对将被告人以强奸罪加重处罚的根据进行了如下的详尽分析，值得重视。

2013 年最高人民法院、最高人民检察院、公安部、司法部联合下发的

---

① 最高人民法院刑事审判第一、二、三、四、五庭．刑事审判参考：总第 98 集．北京：法律出版社，2014：14-18.

《关于依法惩治性侵害未成年人犯罪的意见》① 第 25 条规定："针对未成年人实施强奸、猥亵犯罪的，应当从重处罚，具有下列情形之一的，更要依法从严惩处：(1) 对未成年人负有特殊职责的人员、与未成年人有共同家庭生活关系的人员、国家工作人员或者冒充国家工作人员，实施强奸、猥亵犯罪的……"可见，有"共同家庭生活关系"的人对幼女实施强奸、猥亵犯罪的，是应当从重从严处罚的情节之一。如此规定，主要是考虑此类人员具有接触未成年人的便利条件，实施性侵害行为更为隐蔽，一般人难以发现，持续时间通常更长，未成年人更难以抗拒和向有关部门揭露，社会危害更大。与此同时，也可以认为，此类人员对未成年人实施性侵害犯罪，对社会伦理道德底线可谓是严重的破坏。

(1)"共同家庭生活关系"的理解。

与幼女具有"共同家庭生活关系"，顾名思义，也就是与幼女具有在一个家庭中共同生活的关系。所谓"家庭"，一般认为是指在婚姻关系、血缘关系、收养关系等基础上产生的，共同生活的人们所构成的社会生活单位，是具有血缘、婚姻、收养等关系的人们长期居住的共同群体。考察是否具有"共同家庭生活关系"，应当立足家庭的概念，准确把握"共同家庭生活关系"内涵中具有的"质"和"量"的要求。从"质"上来说，需要形成实际上的共同生活关系，如事实上的抚养关系、监护关系等；从"量"上来说，需要具有共同生活的长期性、确定性和稳定性。仅有几次的共同居住或者较短时间的共同居住就不属于这里所指的"共同家庭生活关系"。

本案中，被告人谈某贵和被害人廖某的母亲孙某是男女朋友关系，二人虽然未办理正式结婚手续，不是合法夫妻，但是自 2011 年 7 月至 2012 年 8 月这一期间同居，廖某跟随孙某共同生活，也与谈某贵在同一住所共同居住，这种共同的生活单位实质上形成了"共同家庭生活关系"。谈某贵在这种较长时间稳定的共同家庭生活期间，与廖某形成了事实上的抚养关系，即与廖某形成了"共同生活家庭关系"。因此，无论从"质"上还是"量"上，谈某贵均属于与廖某具有"共同家庭生活关系"的人。

(2) 奸淫幼女致其怀孕的，能否直接认定为"造成其他严重后果"。

奸淫幼女致幼女怀孕的，能否直接认定为《刑法》第 236 条第 3 款第 5 项［《刑法修正案（十一）》修正之后的第 236 条第 3 款第 6 项］中的"造成其他严重后果"？对此《刑法》本身没有明确，相关司法解释亦未规定，各地法院理解掌握的标准不尽相同。对此，本案裁判理由中的态度是："奸淫幼女造成幼女怀孕，确实会给被害人造成很大的身心创伤，影响幼女的健康成长。

① 该意见现已失效。

但同时还要看到，怀孕系强奸的附随后果，且发现怀孕的阶段及采取干预措施的不同，对被害人身心伤害大小存在很大差异，严重程度也有很大区别，不同情况下的严重程度与刑法所明确列举的应当判处十年以上有期徒刑的情形并不是完全相当。如果不加以区分，一概将奸淫幼女致其怀孕解释为‘其他严重后果’，未免失之于绝对，同时也违反了罪责刑相适应原则。”[①] 这样的裁判理由并没有因为奸淫造成幼女怀孕而一概肯定其属于“造成其他严重后果”，这主要是从罪刑均衡的角度考虑的（一旦认定为“造成其他严重后果”行为人就面临着10年以上有期徒刑、无期徒刑甚至死刑的严重刑罚后果），有其一定的合理性。但尽管如此，笔者对上述观点仍持保留态度，主要理由有如下两点。第一，这种观点并未充分重视“幼女”的特殊性，并未看到造成已满14周岁的女性怀孕与造成未满14周岁的幼女怀孕对被害人所造成的伤害的差别。尽管在已满14周岁的女性的场合，不宜直接将造成女性怀孕一概认定为“造成其他严重后果”，否则确实存在着罪刑不均衡的问题；但在幼女的场合，奸淫幼女致其怀孕对其伤害更大，会给身体尚未发育成熟的幼女的身心造成严重创伤，对幼女健康成长产生重大影响。第二，《刑法修正案（十一）》专门增加了关于强奸罪的一项加重处罚规定，即“奸淫不满十周岁的幼女或者造成幼女伤害”，这里的“伤害”无疑不限于“重伤”（否则就与“致使被害人重伤”的加重处罚规定重复），甚至也包括轻微伤（轻微伤也是一种“伤害”）；而致使幼女怀孕的场合，其严重程度显然不亚于造成幼女受轻微伤甚至轻伤。基于如此理由，笔者倾向认为，奸淫造成幼女怀孕的，可以直接认定为“造成其他严重后果”，这与本案的裁判理由以及裁判结论有所不同。

（3）奸淫幼女的“情节恶劣”。

《关于依法惩治性侵害未成年人犯罪的意见》第25条规定，针对未成年人实施强奸、猥亵犯罪的，应当从重处罚，具有下列情形之一的，更要依法从严惩处：1）对未成年人负有特殊职责的人员、与未成年人有共同家庭生活关系的人员、国家工作人员或者冒充国家工作人员，实施强奸、猥亵犯罪的；2）进入未成年人住所、学生集体宿舍实施强奸、猥亵犯罪的；3）采取暴力、胁迫、麻醉等强制手段实施奸淫幼女、猥亵儿童犯罪的；4）对不满十二周岁的儿童、农村留守儿童、严重残疾或者精神智力发育迟滞的未成年人，实施强奸、猥亵犯罪的；5）猥亵多名未成年人，或者多次实施强奸、猥亵犯罪的；6）造成未成年被害人轻伤、怀孕、感染性病等后果的；7）有强奸、猥

① 最高人民法院刑事审判第一、二、三、四、五庭．刑事审判参考：总第98集．北京：法律出版社，2014：17.

亵犯罪前科劣迹的。本案裁判理由以谈某贵的行为不但造成廖某怀孕，且同时符合上述第一项规定的与未成年人有共同家庭生活关系的人员实施强奸犯罪和第五项规定的“多次实施强奸”的两种“更要依法从严惩处”的情形，认定本案属于“情节恶劣”，从而最终肯定了对被告人的加重处罚，在结论上值得肯定，也能够确保罪刑均衡。不过，在强调幼女的特殊性以及与“造成幼女伤害”这一《刑法修正案（十一）》增加的加重处罚情形之间的均衡性上，笔者仍坚持直接认定为“造成其他严重后果”，这就不依赖双方特殊的关系以及奸淫的次数等其他情节。

顺便指出，上述《关于依法惩治性侵害未成年人犯罪的意见》第25条的规定，对认定强奸妇女、奸淫幼女的“情节恶劣”具有参考意义。笔者主张：具有上述7项情形之一的，应该依法从重处罚；具有2项以上情形的，就可以认定为“情节恶劣”；具有3项及以上情形的，应该认定为“情节恶劣”。

二、“在公共场所当众强奸妇女”的认定

案例评价

[案例10-8] 吴某滨强奸、猥亵儿童案①

1. 基本案情

2011年7月11日上午，被告人吴某滨使用署名汪某文的工作证件在包头开往杭州的T281/4次旅客列车上进行售货工作。7月12日凌晨1时至3时30分许，在列车运行途中，被告人吴某滨看到硬卧车厢铺位上正在休息的女生，遂起歹意，于是窜至列车10号硬卧车厢1、2号下铺、11号硬卧车厢18号中铺，对该铺位正在睡觉的女生何某（幼女，2001年3月27日出生）、郁某（幼女，2001年4月12日出生）、杜某（幼女，2001年1月30日出生）采用强行亲吻、抠摸阴部等方式进行猥亵。其间，被告人吴某滨还窜至列车10号硬卧车厢16号下铺，对该铺位正在睡觉的女生蒋某（幼女，2001年8月29日出生）进行猥亵后，又强行扒掉其内裤对其实施了奸淫行为。7月12日凌晨3时50分许，列车乘警接到受害人杜某及陪同老师报案后，将被告人吴某滨抓获。

2. 涉案问题

本案涉及的问题是：在火车卧铺车厢实施强奸、猥亵行为的，是否属于“在公共场所当众”强奸、猥亵？

① 最高人民法院中国应用法学研究所．人民法院案例选：分类重排本·刑事卷4．北京：人民法院出版社，2017：1962-1964.

3. 裁判理由及结论

呼和浩特铁路运输法院判决认定，被告人吴某滨犯强奸罪，判处无期徒刑，剥夺政治权利终身；犯猥亵儿童罪，判处有期徒刑 5 年；决定执行无期徒刑，剥夺政治权利终身。

宣判后，被告人吴某滨没有上诉，检察院也未提起抗诉，判决已发生法律效力。

4. 评析意见

对本案判决可以提炼出如下裁判要旨：火车卧铺车厢是服务大众的活动场所，符合公共场所的特征，在火车卧铺车厢实施强奸行为符合“在公共场所当众”强奸的加重构成要件。

具体而言，公共场所与私人场所相对，是指人群经常聚集、供公众使用或服务于人民大众的活动场所。它具有人员相对集中、相互接触频繁、流动性大等特点。车站、码头、公园、影剧院、学校、医院等，都是典型的公共场所。“在公共场所当众强奸妇女”的所谓“当众”，则是指能为不特定的 3 人以上所见。本案犯罪地点是在火车卧铺车厢，是服务大众的活动场所，符合公共场所的特点。本案虽发生在凌晨时分，旅客多在睡觉，但同格卧铺有旅客看到犯罪行为的实施过程，并出具了相关证言，可以看出，犯罪行为能为不特定的 3 人以上所见到。同格卧铺旅客包括被害人共有 6 人，被害人在下铺，同格卧铺其他旅客要想看见犯罪行为并不困难，路过旅客也可能看到。至于众人是否实际看见，并不是法律所明确要求的。本案具有“在公共场所当众”的公然性特征，这既体现了行为人极大的主观恶性，又可能对被害人的身心造成严重损害，按照《刑法》第 236 条、第 237 条的相关规定对行为人予以严惩，是完全恰当的。

顺便指出，1997 年《刑法》第 236 条的相关加重处罚规定是“在公共场所当众强奸妇女的”。本案中的多名被害人均为不满 14 周岁的幼女，行为人只对其中的一名被害女性（幼女）实施了奸淫行为而对其他人仅有猥亵行为，故而无法按照“强奸妇女、奸淫幼女多人”的情节加重处罚。就强奸行为而言，对被告人的法定刑选择，取决于其是否符合“在公共场所当众强奸妇女的”情节。对此，不应该存在疑问，在公共场所当众强奸妇女中的“妇女”，当然包括幼女，否则会造成明显的不协调，而将“幼女”解释为妇女也不会超出一般人的预测可能性。司法机关的相应处理是完全正确的。2021 年 3 月 1 日生效的《刑法修正案（十一）》将相关的加重处罚情节规定完善为“在公共场所当众强奸妇女、奸淫幼女的”，使相应表述更为科学、合理，也值得肯定。

三、"二人以上轮奸"的认定

知识背景

轮奸，是指两名或两名以上男子在同一时段内，同时或轮流强奸一名妇女的行为。轮奸要求各行为人之间具有共同强奸妇女的故意，这种故意要求行为人之间要认识到彼此的存在以及彼此的目的，并互相帮助。行为人之间缺乏共同故意，只是碰巧在一段时间内先后强奸同一名妇女的，不属于轮奸。对于轮奸认定而言，还有一些具体问题值得研究。

案例评价

［案例 10－9］李某强奸案①
（轮奸主体的认定）

1. 基本案情

2000 年 7 月某日中午，被告人李某伙同未成年人申某某（1986 年 11 月 9 日出生，时龄 13 周岁）将幼女王某（1992 年 5 月 21 日出生）领到香坊区幸福乡东柞村村民家的玉米地里，先后对王某实施轮流奸淫。2000 年 11 月 2 日，因被害人亲属报案，李某被抓获。

2. 涉案问题

本案涉及的问题是：被告人李某与不满 14 周岁的人轮流奸淫同一幼女的，能否认定为强奸罪加重构成之一的"二人以上轮奸"？

3. 裁判理由及结论

哈尔滨市香坊区人民法院经审理后认为，被告人李某伙同他人轮奸幼女，其行为已构成奸淫幼女罪，且系轮奸。公诉机关指控的罪名成立，应予支持。李某犯罪时不满 16 周岁，依法可予减轻处罚。依照《刑法》第 236 条第 3 款第 4 项、第 17 条第 2 款、第 25 条第 1 款的规定，于 2001 年 5 月 8 日判决：被告人李某犯奸淫幼女罪，判处有期徒刑 8 年。

一审宣判后，被告人李某的法定代理人黄某珍不服，以原判量刑畸重为由，提起上诉。

哈尔滨市中级人民法院经审理后认为：根据最高人民法院 2000 年 2 月 13 日通过的《关于审理强奸案件有关问题的解释》② 中"对于已满 14 周岁不满

① 最高人民法院刑事审判第一庭、第二庭．刑事审判参考：总第 36 集．北京：法律出版社，2004：27－28.

② 该解释现已失效。

16 周岁的人，与幼女发生性关系构成犯罪的，依照刑法第十七条、第二百三十六条第二款的规定，以强奸罪定罪处罚”的规定，原审认定被告人李某犯奸淫幼女罪，适用罪名不当，应予改判；原判对被告人李某虽已依法予以减轻处罚，但根据本案情况，量刑仍然偏重。遂依照《刑事诉讼法》第 189 条第 2 项和《刑法》第 236 条第 3 款第 4 项、第 17 条第 2 款和《最高人民法院关于审理强奸案件中有关问题的解释》中的有关规定，于 2001 年 7 月 27 日判决如下：(1) 撤销黑龙江省哈尔滨市香坊区人民法院（2001）香刑初字第 98 号刑事判决书对被告人李某犯奸淫幼女罪，判处有期徒刑 8 年的定罪量刑部分；(2) 原审被告人李某犯强奸罪，判处有期徒刑 6 年。

4. 评析意见

对于与不满 14 周岁的人轮流奸淫同一女性，能否被认定为强奸罪加重构成之一的“二人以上轮奸”，存在着轮奸共同犯罪说与轮奸共同行为说之间的对立：前者认为构成轮奸必须要求 2 个以上的行为人之间构成强奸罪的共同犯罪；后者则认为不应要求行为人之间构成共同犯罪，只要两个以上行为人在一较短的时间内先后连续、轮流强奸同一妇女或者幼女即可。笔者支持后一种轮奸共同行为说，之所以对轮奸行为加重处罚，是因为两人以上的轮奸行为对被害女性造成了更为严重的身心伤害，而其中有人因未达到刑事责任年龄而不承担责任，并不影响对被害人的法益侵害程度，所以，对达到刑事责任年龄者而言，仍有加重处罚的理由。法院认定被告人李某的行为构成轮奸，是正确的。

此外，二审法院改变了李某的罪名，并且调低了宣告刑，也值得肯定，这样罪刑更为均衡。

[案例 10 - 10] 李某明强奸案①
(轮奸以及强奸妇女“情节恶劣”的认定)

1. 基本案情

2008 年 5 月 8 日晚，被告人李某明伙同同案被告人楚某洋（已判刑）酒后骑摩托车在宜阳县某镇一村庄附近见到初中生陈某（女，时年 13 岁）、孙某（女，时年 14 岁）及孙某的弟弟，李某明和楚某洋采取持棍棒及语言威胁的方法赶走孙某的弟弟及闻讯赶来寻找陈、孙二人的多名教师，强行将陈、孙二人带到一旅社。李某明在 108 房间对陈某实施了强奸，楚某洋在 105 房间欲对孙某实施强奸，因自身原因未得逞。李某明得知已有人报警后，骑摩

---

① 最高人民法院刑事审判第一、二、三、四、五庭．刑事审判参考：总第 98 集．北京：法律出版社，2014：31－36.

托车送陈、孙二人返回，途中强奸了孙某。

2. 涉案问题

本案涉及的问题是：共同犯罪人未经共谋在不同地点前后强奸同一被害人的，是否构成轮奸，以及如何认定强奸罪中的“情节恶劣”？

3. 裁判理由及结论

洛阳市宜阳县人民法院认为，被告人李某明违背妇女意志，以暴力、胁迫手段，强行与女性发生性关系的行为构成强奸罪。李某明强奸二人，其中一人还系幼女，依法应当从重处罚。据此，依照《刑法》第236条第1款、第2款之规定，宜阳县人民法院以被告人李某明犯强奸罪，判处有期徒刑8年。

一审宣判后，宜阳县人民检察院提起抗诉，主要理由是：被告人李某明伙同楚某洋分别强奸陈某和孙某，其后李某明知道楚某洋在旅社内强奸了孙某，在送两被害人回去的路上又强奸孙某，构成轮奸，因此李某明的行为还属于强奸犯罪情节恶劣，对其应当在10年有期徒刑以上量刑。

洛阳市中级人民法院经审理后认为，被告人李某明在得知已有人报警的情况下，将两被害人送走，楚某洋亦明确表示让李某明将两被害人送走，现有证据证实楚某洋不知晓李某明在回去的途中还要强奸孙某，二人之间缺乏共同强奸孙某的故意，不构成轮奸。李某明伙同楚某洋采取持棍棒及语言威胁的方法在学校附近赶走多名教师及孙某的弟弟，将两名初中学生带走强奸，且在已知有人报警的情况下，仍在送返两被害人的途中强奸孙某，情节恶劣，对宜阳县人民检察院提出的李某明强奸行为属于情节恶劣的抗诉意见，予以采纳。原审认定的事实清楚，证据确实、充分，定罪准确，审判程序合法，但适用法律错误，且量刑不当，应予改判。据此，依照《刑法》第236条第1款、第2款、第3款第1项和《刑事诉讼法》（1996年）第189条第2项之规定，判决如下：（1）撤销宜阳县人民法院（2012）宜刑初字第37号刑事判决。（2）被告人李某明犯强奸罪，判处有期徒刑10年。

4. 评析意见

对本案判决可以提炼出如下裁判要旨：共同犯罪人未经共谋在不同地点先后强奸同一被害人的，不构成轮奸。

轮奸情节的认定应当符合以下两个方面的标准。（1）客观要件：各共同犯罪人必须均对同一对象实施了强奸，并且行为人的行为在时间、空间上是有联系的。（2）主观要件：各共同犯罪人需要具有共同实施强奸的故意。本案中，李某明和楚某洋主观上未有强奸孙某的共同故意。李某明在返回途中将孙某强奸，对此楚某洋并不知情，也不能认定楚某洋在强奸孙某之后，其还知晓李某明此后还会强奸孙某，故李某明强奸孙某的故意超出了此前其和楚某洋分别强奸陈某和孙某的共同故意界限。李某明和楚某洋的行为不具备成立轮奸情节的主、客观要件。李某明的送返行为割断了此前的共同犯罪和此后李某明强奸孙某的行为在时间、空间上的联系。楚某洋未与李某明进行过共谋，主观上不知晓李某明在送两被害人回家途中的行为，客观上未参与，亦未对李某明的继续强奸起到任何协助作用。李某明之后的行为与楚某洋、李某明二人之前的共同犯罪行为已无任何关联。因此本案中李某明的行为不构成轮奸。

此外，二审法院以“李某明伙同楚某洋采取持棍棒及语言威胁的方法在学校附近赶走多名教师及孙某的弟弟，将两名初中学生带走强奸，且在已知有人报警的情况下，仍在送返两被害人的途中强奸孙某”等为由，而肯定李某明的行为属于强奸妇女情节恶劣，是可以肯定的。这样的认定既有事实依据，也更能实现罪刑均衡。

[案例 10－11] 张甲、张乙强奸案[①]
(轮奸的认定)

1. 基本案情

被告人张甲和张乙共谋强奸被害人杨某（女，时年已满 16 周岁）。2010 年 6 月 28 日 13 时许，张乙到被害人杨某家中，以有朋友打电话找她为名，将杨某骗至张甲、张乙在 Z 市某区暂住的出租屋后，张乙实施暴力，欲强行与杨某发生性关系而未得逞。而后，张甲强奸杨某得逞。案发后，被害人杨某向公安机关报案。公安机关于当日下午将张甲、张乙抓获归案。

2. 涉案问题

本案涉及的问题是：共谋轮奸，一人得逞的，未得逞的是否构成强奸既遂？是否属于轮奸？如何区分该类案件中的主、从犯地位？

3. 裁判理由及结论

Z 市某区人民法院认为：被告人张甲、张乙共谋强奸被害人杨某，系违背妇女意志，以暴力、胁迫手段强行与妇女发生性关系，其行为均构成强奸罪，且具有轮奸情节。张乙在强奸妇女过程中，因意志以外的原因而未能得逞，是犯罪未遂，依法可以减轻处罚。据此，依照《刑法》有关规定，判决被告人张甲犯强奸罪，判处有期徒刑 10 年，剥夺政治权利 1 年；被告人张乙犯强奸罪，判处有期徒刑 5 年。

宣判后，被告人张甲、张乙均提起上诉。

---

① 最高人民法院刑事审判第一、二、三、四、五庭．刑事审判参考：总第 87 集．北京：法律出版社，2013：14－20.

张甲上诉提出：将被害人骗至案发现场的是张乙，其事先不知情，二人未共谋强奸被害人；被害人是自愿与其发生性关系的，没有反抗。其辩护人提出，张甲与张乙无共谋，且张乙强奸未得逞，不能认定张甲具有轮奸情节；原判量刑过重。被告人张乙上诉提出，其未与张甲共谋强奸，其行为不构成轮奸。其辩护人提出：张乙与张甲事前并无强奸共谋，张乙强奸未遂，不能认定其具有轮奸情节；原判量刑过重。

Z市中级人民法院经审理认为，被告人张甲、张乙违背妇女意志，轮流以暴力、胁迫手段强行与妇女发生性关系，其行为均构成强奸罪，并具有轮奸情节。在共同强奸犯罪中，张乙系从犯，依法可以减轻处罚。原判认定的事实清楚，定罪准确，量刑适当，审判程序合法，但适用《刑法》第23条错误，认定张乙在共同犯罪中构成犯罪未遂不当，应予纠正。据此，依照《刑法》第236条第3款第4项、第25条第1款、第27条、第55条第1款、第56条第1款以及《刑事诉讼法》第189条第1项之规定，Z市中级人民法院裁定驳回上诉，维持原判。

4. 评析意见

对本案判决可以提炼出如下裁判要旨：（1）二人以上基于共同的强奸故意先后对同一被害人实施强奸行为，无论是否得逞，均应认定为具有轮奸情节，且均成立强奸既遂。（2）二人以上共同实施强奸行为，未得逞的一方并不一定被认定为强奸罪的从犯，应当根据其在共同犯罪中的具体分工、地位、作用、实际参与程度综合认定主、从犯。对从犯的认定，应当根据犯意的形成、犯罪的共谋、是否参与了全部犯罪活动、是否实施了实行行为、实行行为在整个犯罪构成要件中的关键程度和所起的作用、危害后果的发生与其实行行为的关联程度、分赃情况等因素综合审查。

事实上，对于共谋轮奸，一人得逞，未得逞的人是否构成强奸既遂，是否属于轮奸的问题，理论上有争议，实务判决也并不一致，值得进一步讨论。笔者即对此判决持质疑态度，对此后文将详细展开。

深度研究①

1. 争议梳理

有关轮奸情节认定的争议主要集中于，两人以上共谋轮奸，有人奸淫得逞而有人未得逞的，未得逞者是否成立强奸既遂，是否构成轮奸，是否属于轮奸既遂。对此，我国司法实务中的处理并不一致，而理论上的主张也存在分歧。

---

① 本部分内容的详细展开，参见付立庆．论轮奸的限制性认定．法学，2020（4）：103－121。

第一种立场是，对各行为人以强奸罪既遂定罪，并按照轮奸情节予以处罚，这种全案轮奸既遂说，可称为全面肯定说。[案例 10-6] 唐某海、杨某强奸案，许某虎强奸案[①]以及本案（张甲、张乙强奸案）的判决均持此种立场。在理论界，不但有观点表达了对全面肯定说的支持倾向[②]，更有学者明确阐述了支持此说的具体理由：一方面，对轮奸提高法定刑是因为有二人以上轮流对被害人进行性侵害，“其重点是惩罚行为的轮流实施”，行为人是否达到既遂，是否满足其性欲，均不应对轮奸行为的认定产生影响；另一方面，对共同正犯的处罚必须坚持部分实行行为全部责任原则，共同正犯人之一的行为及其结果也是其他共犯人的行为和结果，由于行为人之间有相互配合，其有必要对他人的轮奸行为及其所产生的后果负责。[③]

第二种立场是，对各行为人以强奸罪既遂定罪，但不适用轮奸情节，如林某明强奸案。[④] 在多人参与轮奸预谋的场合，也有判决在表明认定既遂问题上“部分实行全部责任”立场的同时，又对轮奸情节的认定表示出了慎重态度。张某等强奸案[⑤]中，张某等四人具有实施轮奸的明确预谋与计划，且 A、B 已经完成性交行为（其中，与 A 发生性关系系被害人自愿）。裁判理由在根据“部分实行全部责任”肯定强奸既遂的前提下，在对张、刘两人是否适用轮奸情节的关键问题上认为，由于与 A 发生性关系系被害人自愿，在只有 B 一人完成奸淫行为的情况下，当场企图实施强奸而未得逞的张某某，以及当场根本没有采取任何强制力准备与被害人发生性行为的刘某某，虽都成立强奸罪的既遂，却不构成轮奸。[⑥] 这实际上是在坚持以“部分实行全部责任”原则认定既遂的同时，将轮奸理解为量刑规则，因此，只存在有无（二人以上）轮奸问题，而不存在轮奸的未遂。学术界也有论者表达了对未奸入者虽也应按照强奸既遂论处，但应该在处罚上“按照普通强奸罪量刑”的立场[⑦]，暗含

---

① 陈兴良，张军，胡云腾．人民法院刑事指导案例裁判要旨通纂．2 版：上卷．北京：北京大学出版社，2018：794-795.

② 如王作富教授主编的《刑法》认为，对参与轮奸的共犯，只要其中有人得逞的，则所有共犯都要对既遂结果负责。参见王作富．刑法．6 版．北京：中国人民大学出版社，2016：379。该观点虽未进一步明确其他人是否属于轮奸既遂，但从表述的语境“参与轮奸的共犯”来看，论者应该是肯定其成立轮奸既遂。

③ 周光权．刑法各论．3 版．北京：中国人民大学出版社，2016：35-36.

④ 陈兴良，张军，胡云腾．人民法院刑事指导案例裁判要旨通纂．2 版：上卷．北京：北京大学出版社，2018：798-799.

⑤ 陈兴良，张军，胡云腾．人民法院刑事指导案例裁判要旨通纂．2 版：上卷．北京：北京大学出版社，2018：796-797.

⑥ 最高人民法院中国应用法学研究所．人民法院案例选：分类重排本·刑事卷 4．北京：人民法院出版社，2017：1950-1951.

⑦ 黎宏．刑法学各论．2 版．北京：法律出版社，2016：236.

着对未奸入者不适用轮奸情节的结论。

第三种立场是，在坚持以部分实行全部责任认定强奸既遂的前提下，主张轮奸不是单纯的量刑规则而是加重犯罪构成因而存在未遂形态，从而对未奸入者肯定轮奸未遂（只有一人奸淫得逞）乃至轮奸既遂（有两人以上奸淫得逞）的成立。[①]

第四种立场是，肯定强奸罪是亲手犯，犯罪形态应该个别判断，未奸入者成立强奸未遂，但应适用轮奸情节。此种立场无论是在 1979 年刑法时代，还是在现行刑法时代，都有法院判决采纳：前者如姜某参与轮奸妇女未遂案[②]，后者如玄某、刘某强奸案。[③] 后一案例的分析还特别指出，设若参与轮奸的四人"都因为意志以外的原因未能奸入，因为符合行为人有共同意思联络及二人以上实施奸淫行为的主、客观条件，轮奸也依然成立"[④]，这实际上明显将轮奸理解为情节加重犯而非结果加重犯了。在学术界，有论者在肯定轮奸是强奸罪的共同正犯且二男以上都必须具有奸淫目的的同时，又指出，"即使其中一人因意志以外的原因未得逞的，其性质仍属轮奸，但对未得逞者以强奸未遂论处"[⑤]。这也可认为是第四种立场的代表，但论者并未进一步论证未得逞者仅成立强奸未遂的理由，令人遗憾。

第五种立场是，未奸入者成立强奸未遂，且不适用轮奸情节。这可称为全面否定说。如王作富教授在其主编的一本在实务界较有影响的著作《刑法分则实务研究》中主张，"成立轮奸各行为人均需亲自实施奸淫既遂，如果一个人实施强奸既遂，另一行为人未既遂，则不能认定为轮奸"[⑥]。该说实际上是在支持强奸罪是亲手犯观点的基础上，在相应场合否定强奸既遂和轮奸情节。不过，在一人未奸入而另两人奸入的场合，按照该说未奸入者虽也仅成立未遂，但却未言明能否适用轮奸情节，这也是该说的不足之处。

以上立场处理上的分歧，主要围绕强奸的既遂标准与轮奸的情节适用两个命题展开，根据对每一命题的不同理解，组合成了内容各异的主张。可以认为，轮奸认定上的实务混乱与学说分歧，浅层原因是对强奸的行为性质、既遂标准以及轮奸的属性等在教义学上存在不同理解，更深层次的原因则在

① 张明楷．刑法学．5 版．北京：法律出版社，2016：874.

② 最高人民法院中国应用法学研究所．人民法院案例选：分类重排本·刑事卷 1. 北京：人民法院出版社，2017：164－165.

③ 最高人民法院中国应用法学研究所．人民法院案例选：分类重排本·刑事卷 4. 北京：人民法院出版社，2017：1960.

④ 最高人民法院中国应用法学研究所．人民法院案例选：分类重排本·刑事卷 4. 北京：人民法院出版社，2017：1961.

⑤ 陈兴良．规范刑法学：下册．4 版．北京：中国人民大学出版社，2017：803.

⑥ 王作富．刑法分则实务研究．5 版：中．北京：中国方正出版社，2013：768.

于，对轮奸的认定究竟该持慎重还是积极态度，未能形成共识，而决定该采何种态度又和对轮奸加重处罚根据的理解有关。

2. 对轮奸加重处罚根据的检讨及其限制认定

现行《刑法》将“二人以上轮奸”作为强奸罪的加重处罚情形，其由何而来、根据何在，值得探讨。这一规定的动态梳理显示，其是特定历史时期“严打”思维的产物；这一规定的静态剖析表明，轮奸加重处罚规定不但带有明显的伦理、道德的色彩，溢出了刑法客观主义的范畴，而且高至死刑的刑罚配置也可谓是情绪化立法的典型，难以获得圆满的说明。

轮奸虽值得处以更重刑罚，但究竟是从重处罚还是加重处罚，却是立法政策的选择。首先，现行《刑法》选择了加重处罚，但其却未深入地论证，而是在“严打”宏观背景下将其出台；其次，加重处罚轮奸的客观根据不足，存在浓厚的伦理色彩和情绪意味。以上两点就已经决定了，对轮奸认定要采取限缩性的态度。①

3. 强奸的实行行为是奸淫行为

从轮奸限制性认定的立场出发，笔者认为，强奸罪并非所谓复行为犯，只有目的行为即奸淫行为才是其实行行为。

（1）强奸罪的本质属性是实施违背妇女意志的（强制）性交行为，但这不意味着所有的强奸罪都需要手段行为。从强奸罪的行为对象来说，奸淫幼女、强奸患有重度精神病女性等场合并不需要明确的手段行为。从强奸罪的行为手段来说，在一部分“其他手段”型强奸罪之中，如利用妇女熟睡、利用妇女重病、冒充妇女的丈夫等实施强奸的场合，其都只有奸淫行为而无明确的手段行为。

（2）在强奸正常成年女性的场合，完全可能认为，“暴力、胁迫或者其他手段”仅仅为奸淫行为制造了条件，因此属于强奸的预备行为。按照实质客观说，就可能认为，暴力、胁迫等手段行为仅仅是为侵害妇女的性自主权创造了条件，提供了间接可能性，或者说产生了抽象危险性。开始实施奸淫行为，即双方性器官接触之际，才对妇女性自主权造成了具体、现实的危险，才是实行行为的着手；而以双方性器官结合为标志的奸淫行为之完成，才对妇女性自主权造成了现实的侵害，属于强奸既遂。

（3）在明确了奸淫行为才是强奸罪的实行行为之后，就轮奸的认定而言，单纯基于轮奸故意而参与了暴力、胁迫行为，但并未参与奸淫行为的，就不符合“部分实行”的前提，自然无须对最终的结果承担责任，从而就只是强

---

① 同样支持对轮奸予以严格解释的，比如钱叶六．“轮奸”情节认定中的争议问题研讨．江淮论坛，2010（5）：119-120。

奸的未遂。

4. 强奸罪是亲手犯

主张强奸罪是亲手犯，并非笔者心血来潮和异想天开，在德国和日本，都有人持这样的主张，如德国的宾丁（Binding）、施米德霍伊泽（Schmidhäuser）、科尔劳斯-朗格（Kohlrausch-Lange）、哈德维希（Hardwig），日本的西村克彦、西山富夫、町田行男等人。① 在我国大陆，还有论者明确提出对轮奸犯罪量刑应引入“亲手犯”理论。② 主张强奸罪是亲手犯，是出于如下理由：

（1）客观上，奸淫行为与男性行为主体之间不可分离，只有行为主体直接实施的，才具有构成要件实现的可能性。换言之，尽管强奸的暴力、胁迫等手段可由他人代替为之或者共同为之，但奸淫行为却具有亲自参与性、不可替代性，由此强奸罪具有（自然）身份犯的属性。

（2）主观上，实施强奸是为了实现奸淫的目的，行为人只有通过奸淫行为的得逞才能实现其犯罪的根本目的，由此可以肯定强奸罪是目的犯。奸淫的目的不单具有亲身感受性、自我满足性，而且他人奸淫目的的实现不等于自己奸淫目的的实现，这种目的也具有不可替代性。

（3）功能上，肯定强奸罪是亲手犯，会限缩本罪间接正犯、共同正犯的成立空间和犯罪既遂的判断标准，进而也对轮奸的认定产生直接的限缩效果。

5. 单一实行行为说与“亲手犯”理论对轮奸认定的影响

首先，强奸罪单一实行行为说是对强奸罪实行行为内容的回答，亲手犯理论则是对实行行为内容的回答，两者并不相同。

其次，主张强奸罪是单一实行行为，更容易基于奸淫行为的不可替代性而得出其属于亲手犯的结论。不过，两者之间并不存在必然的逻辑关系：坚持传统的复行为犯的观点，也可能因奸淫行为的特殊性而主张强奸罪是亲手犯；相反，即便认为奸淫行为才是强奸的本质，也可能因否定亲手犯的概念而否定强奸罪是亲手犯。

最后，在轮奸的认定问题上，如果接受了强奸罪是亲手犯的主张，并将该理论作为“部分实行全部责任”的例外，则可以直接得出笔者的相应结论，即实施了奸淫行为而未得逞者只承担未遂的责任，且视是否存在轮奸结果（轮奸是结果加重犯，只有出现了两人基于轮奸共谋的奸淫行为并且分别奸淫得逞的，才是出现了被害人被轮奸的结果）而成立普通强奸或者轮奸的未遂。即便不接受强奸罪是亲手犯的结论，从而仍然要坚持“部分实行全部责任”

① ［日］町田行男．关于亲手犯的考察：中．青山社会科学纪要（12）：38.

② 于志刚．轮奸犯罪量刑应引入“亲手犯”理论．检察日报，2007－12－28.

的原则，但只要接受了强奸罪的实行行为仅有奸淫行为，虽有轮奸故意但未实施奸淫行为者也仍然不属于“部分实行”，不对轮奸的结果（即便存在）承担责任。

此外，关于轮奸的认定，还涉及是否承认片面轮奸的问题，即便强调对轮奸限制认定的立场，也不妨碍接受片面轮奸的情形。

[案例 10-12] 苑某民、李某等绑架、强奸案①（轮奸的认定与片面轮奸）

1. 基本案情

2009 年 8 月 5 日，被告人苑某民、王某军、唐某伙同赵某庆（另案处理）预谋去信阳市绑架“小姐”勒索财物。次日凌晨，苑某民等租车来到信阳市新马路大众保健城，以“包夜”为名，将女服务员葛某、许某、小芝（真实姓名不详）诱骗出大众保健城后，强行带至驻马店市正阳县慎水乡三黄鸡场唐某家中。被告人李某得知唐某绑架并将人质带至家中后，驾车赶至唐某家中，并应苑某民的要求，驾车带上唐某去正阳县城购买饮料、面包等食品供人质与苑某民等人食用。其间，李某提出对被害人许某实施强奸，得到苑某民等人的同意和协助。李某对许某实施强奸行为完毕后离开现场。之后，苑某民、王某军又分别对许某实施了强奸。8 月 6 日上午 9 时，苑某民以将人质贩卖相威胁，向大众保健城老板李王打电话并勒索现金人民币 4 万元。得款后，赃款被苑某民、王某军、唐某等挥霍。2009 年 8 月至 9 月，公安机关在正阳县内分别将唐某、苑某民、李某、王某军抓获。

2. 涉案问题

行为人实施强奸行为完毕离开现场后，其他帮助犯起意并对同一被害人实施轮奸行为的，能否认定构成轮奸？

3. 裁判理由及结论

河南省信阳市中级人民法院认为：被告人苑某民、王某军、唐某以勒索财物为目的绑架他人，被告人李某提供帮助行为，四人的行为均构成绑架罪，且系共同犯罪；李某在绑架期间强奸他人，其行为构成强奸罪；苑某民、王某军在绑架期间强奸他人，构成强奸罪，且系轮奸。河南省信阳市人民检察院指控的事实及罪名成立。结合各被告人具有的法定和酌定量刑情节，依照刑法有关规定，对各被告人判处无期徒刑和有期徒刑不等的刑罚。

经上诉，河南省高级人民法院审理查明的犯罪事实与一审相同。河南省

① 最高人民法院刑事审判第一、二、三、四、五庭．刑事审判参考：总第 87 集．北京：法律出版社，2013：27-31.

高级人民法院认为：上诉人王某军、唐某，原审被告人苑某民、李某以勒索财物为目的，绑架他人，构成绑架罪，且系共同犯罪；苑某民、王某军、李某在绑架期间强奸他人，构成强奸罪；苑某民、王某军系轮奸，李某在绑架期间与苑某民、王某军之间没有强奸犯意联络和协同行为，故其不构成轮奸。最终裁定驳回上诉，维持原判。

4. 评析意见

对本案判决可以提炼出如下裁判要旨：行为人实施强奸行为后离开现场，其他帮助犯起意轮奸同一被害人的，离开的行为人不成立轮奸。

轮奸是指两名以上男子基于共同强奸犯罪的故意，对同一妇女分别实施强奸行为。轮奸必须同时具备以下条件：一是各行为人具有共同强奸的犯意联络，即不仅自己具有实施强奸的故意，而且明知其他行为人也具有实施强奸的故意；二是必须是对同一被害人先后实施强奸行为。本案中，李某提出其意欲对被害人许某实施强奸时，苑某民等人表示同意，并把其他两位被害人叫离，为李某强奸许某提供方便。就此而言，苑某民等人对李某实施强奸行为在主观上明知且与其达成合意。然而，李某此时并不知道苑某民、王某军之后会对许某实施强奸，其在强奸行为实施完毕后即离开现场，其间没有与苑某民、王某军就分别实施强奸许某的行为进行意思沟通。苑某民、王某军的强奸故意是李某离开现场后形成的，其对同一被害人许某实施的强奸行为，李某并不知情。因此，李某没有与他人实施轮奸的共同故意，仅需对自己实施的强奸行为负责。

特别值得注意的是，裁判理由还提出，本案被告人李某的行为不构成轮奸，但不影响对被告人苑某民、王某军构成轮奸的认定。“即便在李某离开现场后，只有苑某民一人对被害人许某实施强奸，也同样应当认定苑某民构成轮奸。因为苑某民为李某实施强奸提供帮助的行为，已经构成强奸罪的共犯，之后又单独实施强奸行为，这完全符合轮奸的认定条件。”① 这实际上是肯定了片面轮奸，笔者是能够认同的。

四、“致使被害人重伤、死亡”的认定

知识背景

强奸“致使被害人重伤、死亡”，是指强奸的暴力行为或者是奸淫行为直接导致被害人性器官严重损伤或者其他严重损伤，或者直接导致被害人当场死亡或者经抢救无效死亡。行为人对暴力行为及奸淫行为虽然出于故意，但

① 最高人民法院刑事审判第一、二、三、四、五庭．刑事审判参考：总第 87 集．北京：法律出版社，2013：31.

对被害人的重伤和死亡结果则主要是出于过失。如果强奸的暴力手段行为完全可能导致被害人的重伤、死亡，而行为人对此又存在明知，比如，行为人为了排除被害人的反抗以便强奸，使用工具将被害人打昏且在完成奸淫之后离开，结果被害人在行为人奸淫的过程中已经死亡的，如何处理？笔者认为，此时不能认定为故意杀人罪和强奸罪两罪，而只能认定为强奸罪中的致使被害人死亡，因为，认定为两罪就会导致一方面将强奸罪的手段行为单独评价为故意杀人，另一方面又将之评价为强奸罪的手段行为，结果这一行为受到了双重评价。致使被害人死亡场合的法定刑最高可以判处死刑，完全可以评价以暴力手段放任被害人死亡而实施奸淫的行为。这样看来，作为强奸罪的加重情节的“致使被害人重伤、死亡”完全可能包括放任被害人重伤、死亡这样的情形，认为在“致使被害人重伤、死亡”的场合行为人对重伤、死亡的结果只能出于过失，过于绝对化。当然，如果行为人在基于直接故意当场杀人之后“强奸”的，则不属于这里的“致使被害人死亡”，而实际上是故意杀人罪和侮辱尸体罪的数罪。

此外的问题是：被害人因自身的过失而导致重伤、死亡的，或者被害人由于遭到强奸而自残、自杀的，能否认定为“致使被害人重伤、死亡”？对此，司法实务采取了相对比较积极的态度，而刑法理论上则存在分歧。

案例评价

[案例 10－13] 王某双强奸案①
(致使被害人死亡)

1. 基本案情

2005 年 5 月 13 日凌晨 3 时许，被告人王某双钻窗进入北京市西城区灵镜胡同×号楼×门×室内，从客厅的皮包中将李某某（女，时年 39 岁）的人民币 100 余元及手机 1 部窃走。后王某双又进入大卧室，见到熟睡的李某某，遂起意奸淫。王某双对李某某进行威胁、捆绑，强行将其奸淫，后即钻窗逃离现场。李某某到阳台呼救时因双手被捆，坠楼身亡。

2. 涉案问题

本案需要回答的问题是：被害人在行为人离开现场后因为呼救而失足坠楼的，是否属于强奸致使被害人死亡？

3. 裁判理由及结论

被告人王某双认为，被害人的死亡不是其造成的，是坠楼身亡，与其无关，请求从轻处罚。王某双的辩护人的辩护意见是，被害人的死亡与王某双的

① 参见北京市高级人民法院（2006）京高刑终字第 451 号刑事判决书。

行为不存在直接、必然的因果关系，王某双不应对被害人的死亡承担刑事责任。

北京市第一中级人民法院认为，被害人李某某到阳台呼救是其在凌晨时分遭受王某双入室强奸，孤立无援，精神处于高度惊恐状态下的必然所为，虽不能排除其坠楼身亡存在偶然因素，但其双手被王某双捆绑是导致其在呼救中身体不稳定而坠楼身亡的主要原因，辩护人所提被害人死亡系“偶然因素”不能成为减轻王某双刑事责任的理由，故对王某双及其辩护人的辩护意见，不予采纳。被告人王某双犯强奸罪，判处死刑，缓期 2 年执行，剥夺政治权利终身。犯盗窃罪，判处有期徒刑 11 年，剥夺政治权利 2 年，并处罚金 11 000 元。决定执行死刑，缓期 2 年执行，剥夺政治权利终身，并处罚金 11 000 元。

经上诉，北京市高级人民法院经审理后认为，上诉人王某双所犯强奸罪造成被害人呼救时，因双手被捆绑而坠楼身亡的严重后果，依法应予惩处，且系累犯，应予从重处罚。原审判决定罪正确，但考虑本案的具体情节及王某双对其强奸所致严重后果应负的罪责，对王某双所犯强奸罪量刑不当，应予改判。决定撤销原审强奸罪部分的判决，改判上诉人王某双犯强奸罪，判处无期徒刑，剥夺政治权利终身；犯盗窃罪，判处有期徒刑 11 年，剥夺政治权利 2 年，并处罚金 11 000 元，与前罪未执行完毕的附加刑剥夺政治权利 1 个月 11 日并罚，决定执行无期徒刑，剥夺政治权利终身，并处罚金人民币 11 000 元。

4. 评析意见

本案争议的问题是，在实施强奸的行为人捆绑被害人的双手、实施奸淫行为并逃离犯罪现场后，被害人在惊慌之中跑到阳台呼救而不慎坠楼身亡的，能否认定为强奸致死。本案的两审法院都作出了肯定的判断，并且这样的判决也得到了刑法学界多数学者的认可。① 但是也有学者认为：捆绑被害人双手的行为，虽是强奸罪的暴力行为，也是一种危险行为，但是捆绑行为本身并没有致命性危险；被害人因坠楼而死亡的结果，与被告人的捆绑行为之间，缺乏相当的因果关系，更不符合直接性要件；行为人对被害人坠楼死亡的结果，也不具有预见可能性。所以，不宜认定被告人的行为构成强奸致死，其只能对普通强奸罪承担责任。②

深度研究

笔者认为，《刑法》第 236 条第 3 款第 6 项所说的“致使被害人重伤、死亡或者造成其他严重后果”，是指因为强奸行为本身（强奸罪的手段行为）过失地导致被害人重伤、死亡或造成其他相当于重伤、死亡的严重后果（如严

---

① 于同志．结果加重犯的认定与处罚：北京高院判决王某双强奸案．人民法院报，2007-03-06（6）.

② 张明楷．结果加重犯的认定：评北京市高级人民法院（2006）京高刑终字第 451 号判决．茅院生，等．中国法律评论：第 1 卷．北京：法律出版社，2007：135.

重精神失常等)，而不包括被害妇女因被强奸而自杀等情形。对于强奸犯出于报复、灭口等动机，在实施强奸的过程中或强奸后，杀死或者伤害被害人的，则应分别按照故意杀人罪或者故意伤害罪定罪，并且与强奸罪并罚。

在本案中，被告人的捆绑行为和被害人坠楼死亡之间存在事实上的因果关系，这一点不容否认，但问题在于：第一，这种事实上的因果关系能否转化为刑法上的因果关系；第二，被告人对被害人坠楼死亡这一事实是否具有主观罪过。笔者采纳相当因果关系理论，据此，在行为时稀有的危险实现了结果的场合，或者行为时的危险通过稀有的因果发展过程实现结果的场合，因为欠缺相当性，应否定因果关系。捆绑行为虽然具有危险性，但这种危险并没有经过通常的因果发展过程而实现结果，相反，其是通过介入被害人的行为，通过稀有的因果过程实现了结果，应当否认相当因果关系。再有，对结果的预见可能性，应当是对经过通常的因果发展过程导致结果的预见可能性。在本案中，如果被害人是因为被被告人捆绑双手不能吃喝、血液不能流动等而死亡，则被告人当然具有预见可能性。但对被害人的坠楼死亡，难以认定被告人具有预见可能性。本案判决推定被告人对被害人坠楼死亡具有过失，存在疑问。

此外，强奸罪的结果加重犯的法定刑很重且最高可判处死刑，这也就要求对包括致使被害人死亡在内的结果加重犯的认定应更为慎重，甚至要严格限制：在客观上要求行为人的强奸行为（手段行为或者目的行为）和被害人的死亡结果之间具有相当的因果关系，在主观上要求行为人对被害人的死亡至少具有预见可能性。唯有如此，对被告人适用加重法定刑才具有主、客观基础。北京市高级人民法院在量刑上部分地调整了一审法院的处理，这虽然在方向上值得肯定，但仍然不够彻底。中国刑法的法定刑配置总体偏重。对法定刑后果可能偏重的案件，应尽可能通过限制解释，作到罪责刑相适应，这正是在法益保护与人权保障之间的一种平衡。

五、“造成其他严重后果”的理解

案例评价

[案例 10-14] 曹某宝强奸案①
（强奸导致被害人自杀）

1. 基本案情

2000 年 3 月 10 日，被告人曹某宝在天津市蓟县旅游局招待所永昌信息部

① 陈兴良，张军，胡云腾．人民法院刑事指导案例裁判要旨通纂．2 版：上卷．北京：北京大学出版社，2018：784－785.

内遇到前来找工作的河北某县农村女青年赵某某，遂以自己的饲料厂正需雇佣职工推销饲料为名，答应雇用赵。3 月 12 日曹某宝以带赵某某回自己的饲料厂为由，将赵骗至宝坻区。当晚，曹某宝将赵某某带至宝坻区城关二镇南苑庄的一旅店内，租住了一间房，使用暴力两次强行奸淫了赵某某。赵某某在遭强奸后，一直精神抑郁，曾经医院诊断为神经反应症，于 2001 年 5 月 21 日服毒自杀身亡。

2. 涉案问题

如何评价强奸导致被害人自杀的情形？

3. 裁判理由及结论

天津市宝坻区人民法院认为：被告人曹某宝在以招聘为名骗取被害人赵某某信任后，继而使用暴力强行奸淫了赵某某，最终造成赵某某服毒自杀，其行为已构成强奸罪。被害人赵某某因被强奸所支出的医疗费、交通费等费用，被害人赵某某的亲属因赵某某自杀所支出的丧葬费、赡养费等物质损失，应由被告人曹某宝负责赔偿。根据《刑法》第 236 条第 3 款第 5 项、第 56 条第 1 款、第 36 条第 1 款的规定，判决：被告人曹某宝犯强奸罪，判处有期徒刑 15 年，剥夺政治权利 3 年；赔偿附带民事诉讼原告人经济损失 71 890 元。

一审宣判后，在法定期限内，被告人未上诉，检察机关也未提出抗诉，判决已发生法律效力。

4. 评析意见

对本案判决可以提炼出如下裁判要旨：强奸导致被害人自杀的，属于因强奸“造成其他严重后果”的情形。这种立场在司法实践中较为常见①，但其是否妥当却值得探讨。

1979 年《刑法》第 139 条曾规定：强奸、奸淫幼女“情节特别严重的或者致人重伤、死亡的”处 10 年以上有期徒刑、无期徒刑或者死刑。1984 年最高人民法院、最高人民检察院、公安部《关于当前办理强奸案件中具体应用法律的若干问题的解答》（现已失效）第 4 条曾明确解释道：因强奸妇女或者奸淫幼女引起被害人自杀、精神失常以及其他严重后果的，属于情节特别严重之一。循此逻辑，将被害人自杀的场合解释为“造成其他严重后果”似乎也有章可循，但笔者并不赞同这样的判决。在笔者看来，作为强奸罪加重构成的“造成其他严重后果”，客观上应该要求其他严重后果和强奸罪的基本行为（强奸行为）具有相当的因果关系（而不只是条件关系），主观上应该要求行为人对该结果具有预见可能性。在被害人自杀的场合，即便能够肯定行为人对自杀结果的预见可能性，也因为被害人具有自我决定权性质的自我决定的

① 参见重庆市第三中级人民法院（2011）渝三中法刑初字第 11 号刑事附带民事判决书。

自杀行为的介入而否定强奸行为与最终被害人死亡结果之间因果关系的相当性。在被害人自杀的场合，当不存在其他加重处罚情节时，在基本法定刑的幅度之内酌情从重处罚完全可以实现罪责刑相适应。

那么，究竟什么样的情况属于《刑法》第236条第3款第6项中所说的"造成其他严重后果"呢？在笔者看来，这样的后果不仅应该在客观上和重伤、死亡具有大致的相当性，而且也应该是由行为人强奸的手段行为或者是目的行为直接导致的，该结果和行为人的行为之间具有相当的因果关系。比如强奸行为导致被害人精神失常的，就更可能、更应该被认定为此处的"造成其他严重后果"，因为精神失常毕竟是强奸行为直接所导致，其中并未介入行为人、被害人或者是第三人的新的行为。有的强奸行为是直接导致了被害人精神失常之后又自杀，如能肯定被害人由于强奸已经精神失常，则其肯定属于"造成其他严重后果"。再如，行为人的强奸行为直接导致刚满14周岁的少女怀孕并剖腹引产，给被害人的身心造成了重大的创伤的，认为其属于"其他严重后果"更为恰当。只有这样理解，才会兼顾被害人的法益保护和行为人的权利保障，不至于在追求权利保护时过头。

六、强奸罪的死刑裁量

案例评价

[案例10-15] 淡甲强奸、猥亵儿童案①
(奸幼型强奸罪的死刑适用)

1. 基本案情

被告人淡甲从1989年至2008年期间，采用给零食、给零钱、公开"丑闻"、逼写欠条等手段引诱、胁迫被害人，在自己家中、公园等处先后多次对幼女黎某某、蒙甲、淡乙、蒙乙实施猥亵、奸淫；对幼女周某某实施奸淫；多次对幼女淡丙实施猥亵。

2. 涉案问题

如何准确把握奸幼型强奸罪的死刑适用标准？

3. 裁判理由及结论

某市中级人民法院认为，被告人淡甲目无国法，以胁迫或者其他手段，多次违背幼女意志，强行对多名幼女实施猥亵、奸淫，侵害幼女的身心健康，其行为构成强奸罪、猥亵儿童罪。淡甲一人犯数罪，依法应当并罚。认定淡

① 最高人民法院刑事审判第一、二、三、四、五庭．刑事审判参考：总第98集．北京：法律出版社，2014：42-48.

甲实施猥亵、强奸犯罪的证据，不仅有各被害人的陈述、医疗诊断证明书，而且有淡甲书写的威胁信、被害人书写的欠条和保证书等。上述威胁信、欠条、保证书系从被告人住所提取，经鉴定确认分别为被告人、被害人所写。故本案证据已经形成稳固的证据锁链。淡甲长期、多次奸淫多名幼女，犯罪性质和情节极其恶劣，主观恶性极深，罪行极其严重，依法应当严惩。据此，依照《刑法》相关规定，某市中级人民法院于 2011 年 6 月 30 日判决淡甲犯强奸罪，判处死刑，剥夺政治权利终身；犯猥亵儿童罪，判处有期徒刑 5 年；决定执行死刑，剥夺政治权利终身。

宣判后，被告人淡甲不服，向某省高级人民法院提起上诉。

某省高级人民法院经审理后认为：上诉人淡甲的行为构成强奸罪、猥亵儿童罪，依法应当并罚。淡甲长期引诱、胁迫、控制并多次奸淫多名幼女，给被害人的身心健康和未来生活带来严重损害，并造成恶劣的社会影响，犯罪动机卑劣，情节特别恶劣，后果特别严重，主观恶性极大，且没有任何法定从轻、减轻情节，依法应当严惩。淡甲提出的上诉理由和指定辩护人提出的辩护意见与查明的事实不符，不予采纳。原判认定的事实清楚，证据确实、充分，定性准确，量刑适当，审判程序合法。据此，依照《刑事诉讼法》（1996 年）第 189 条第 1 项之规定，某省高级人民法院于 2012 年 5 月 2 日裁定驳回上诉，维持原判，并依法报请最高人民法院核准。

最高人民法院经复核认为：被告人淡甲长期猥亵、奸淫幼女多人，给被害人的身心健康造成严重损害，犯罪情节特别恶劣，社会危害性大，罪行极其严重，依法应当从重处罚。对淡甲所犯数罪，依法应当并罚。第一审判决、第二审裁定认定的事实清楚，证据确实、充分，定罪准确，量刑适当，审判程序合法。据此，依照《刑事诉讼法》（1996 年）第 199 条和最高人民法院《关于复核死刑案件若干问题的规定》第 2 条第 1 款之规定，于 2012 年 12 月 11 日裁定核准被告人淡甲死刑。

4. 评析意见

对本案判决可以归纳出如下裁判要旨：以胁迫或其他手段长期强行奸淫幼女多名，导致幼女身心健康遭到严重损害的，应当认定为罪行极其严重，应判处死刑立即执行。一审法院、二审法院以及最高人民法院在死刑复核过程中，都是从犯罪时间的长期性、行为对象的多人性、法益侵害的严重性（对被害人的身心健康造成严重损害）、犯罪情节的恶劣性、犯罪动机的卑劣性（主观恶性极深）、社会危害的重大性（造成恶劣的社会影响）等方面出发，从综合意义上肯定了行为人“罪行极其严重”，依法应当从重处罚，且没有任何法定从轻、减轻情节，从而判处其死刑立即执行。在保留死刑的立法现实之下，无论是从报应还是预防的角度讲，这样的判决结论都是值得肯定的。

判断奸幼型强奸案件是否达到“罪行极其严重”的死刑适用标准，应当根据具体案件的事实、犯罪性质、情节和社会危害程度，着重从侵害对象、侵害人数、侵害次数或者持续时间、作案手段、危害后果等方面综合分析判断。从侵害人数看，对于奸幼型强奸案件，侵害人数达到3人以上的，应在“十年以上有期徒刑、无期徒刑或者死刑”的量刑档次内从重量刑。是否适用死刑，应从奸淫的幼女人数、强奸既遂人数、作为实行犯强奸的人数等方面具体分析。从侵害手段看，奸淫幼女成立犯罪不要求行为人采取特定手段，相反，若采取暴力、胁迫手段奸淫幼女，或者当着幼女亲属、熟人的面奸淫幼女，或者使用残酷、变态手段奸淫幼女的，应当将其作为强奸罪的酌定从重处罚情节考虑。从危害后果看，对于奸幼型强奸案件来说，即使未出现幼女重伤、死亡后果，但随着被害人年龄增长，被强奸的经历将长期、严重地损害其身心健康，给幼女造成严重的心理创伤。综合考虑案件情况，即便未出现被害人重伤、死亡的危害后果，但将存在行为人长期奸淫多名幼女、对幼女使用胁迫手段、严重损害幼女身心健康等情节的场合，认定为“罪行极其严重”并适用死刑立即执行，并不违反我国的死刑适用政策，相反能够起到较好的法律效果和社会效果。

第十一章　非法拘禁罪

非法拘禁罪，是指故意非法拘禁他人或者以其他方法非法剥夺他人人身自由的行为。现行刑法中的非法拘禁罪是由1979刑法中的非法拘禁罪和非法管制罪这两个罪名合并而成的。

非法拘禁罪属于我国刑法中典型的继续犯，拘禁时间的长短，理论上对犯罪的成立没有影响，是量刑的情节，但有的司法解释有构成犯罪的拘禁的最短时间的相关规定。在此罪与彼罪的区分问题上，主要涉及非法拘禁罪与刑讯逼供罪、妨害公务罪、绑架等罪名的界限问题。值得注意的是，为勒索债务而拘禁他人构成非法拘禁罪而不构成绑架罪，此债务既包括合法债务也包括非法债务（如赌债）。在非法拘禁罪的刑事责任问题上，主要注意的是结果加重犯的问题，对刑法规定的“致人重伤”“致人死亡”的理解，以及与故意伤害罪和故意杀人罪的区分。

第一节　非法拘禁罪的构成要件

知识背景

非法拘禁罪的核心内容是非法剥夺他人的人身自由。

（一）拘禁行为

非法拘禁罪的行为即拘禁行为，指的是剥夺他人人身自由的行为。其体现为各种剥夺人身自由的行为，最为常见的是拘留、扣押、捆绑等；既包括有形方式，也可以包括无形方式。例如，趁妇女洗澡时将换洗衣服拿走，使其基于羞耻心无法走出浴室；在被害人进入货车车厢后高速行驶，使之不敢轻易跳下车，都属拘禁行为。

另外，刑法中经常涉及的问题是：只是限制部分人身自由（非法管制），而不是使人完全丧失人身自由，是否属于拘禁行为？我国1979年《刑法》，在第143条规定了非法拘禁罪，将其行为形式界定为“非法拘禁他人，或者以其他方法非法剥夺他人人身自由”；除此之外，还在第 144 条规定了非法管制罪，将其行为形式界定为“非法管制他人”。可见，1979 年《刑法》中的非法拘禁罪和非法管制罪是两种不同罪名，具有两种不同的行为形式。而现行 1997 年刑法只规定了非法拘禁罪，不再规定非法管制罪；第 238 条在界定非法拘禁行为时，也仅使用了“非法剥夺他人人身自由”这一表述。而在 1997 年《刑法》的其他地方，仍有“限制人身自由”的表述，例如，第 244 条规定的强迫劳动罪、第 293 条之一规定的催收非法债务罪的手段中，均有限制人身自由。

如果单从字面含义上比较，“剥夺人身自由”与“限制人身自由”（非法管制），二者存在差异；但是，如从行为内涵上看，二者仅存在剥夺程度和限制活动范围的不同。“剥夺人身自由”是指使人完全丧失人身自由；“限制人身自由”（非法管制）只是剥夺部分自由。例如，关押在一个房间内，属于剥夺人身自由；而限制在某个小区里活动，则属于限制人身自由。

由于依照我国法律的规定，仅经过法定程序、经有权机关决定并执行，才能限制公民人身自由，例如，刑法中的管制、缓刑、假释，以及刑事诉讼法中的取保候审、监视居住等强制措施，都包含限制人身自由的部分内容（例如“离开所居住的市、县或者迁居，应当报经执行机关批准”等），因此，笔者认为，未经允许而将他人管制在一定区域内，也是非法行为，也可构成非法拘禁罪。例如，为了追讨债务而强迫债务人不能离开指定宾馆，可以构成非法拘禁罪。也就是说，应当对现行 1997 年《刑法》第 238 条中的“剥夺他人人身自由”进行扩大解释，包括限制人身自由达到一定程度的情况。

（二）行为对象

在法条措辞上，《刑法》第 238 条将非法拘禁罪的对象人规定为“他人”，并没有进行限制。有论者认为，从目的解释的视角出发，因为本罪保护的法益是人身自由，故而，只有具有身体活动能力的自然人，才能成为本罪的行为对象，并认为单纯的偷盗婴儿的行为，难以构成非法拘禁罪。

但是，“人身自由”是公众的一种客观评价，不能将其限缩解释为被害人的身体活动能力。例如，将全身瘫痪、丧失行动能力的残疾人置于特定场所的，尽管被害人并不具有身体活动自由，但是被害人主观上对于自己被控制有所感知，故仍然可以构成非法拘禁罪。

在公众看来，人身自由既可以是一种身体状态，也可以是人的一种主观认知。只要被害人的身体在客观上受到限制（现实自由），或者其主观上能够感受到身体受限的状态（主观自由感），都会被公众评价为人身自由受到剥夺。因此，具有身体活动自由的自然人，或者具有自由意识的自然人，都可成为本罪的对象。不具“人身自由”的自然人，似乎并不存在。

故而，非法拘禁罪的成立，也并不以被害人具有主观认知为必要。将完全丧失认知能力的精神病患者关押，或者将能够行走的幼儿控制的，尽管被害人主观上没有能力或者并未感知到自己的自由受到侵害，但在公众看来，客观上被害人已丧失人身自由，故当然也可构成非法拘禁罪。

由此，没有必要对非法拘禁罪的对象“他人”进行刻意的限制。所有人，包括前述丧失行动能力的残疾人、精神病患者、能够行走的幼儿，都是具有人身自由的人，均能成为非常拘禁罪的对象。抱走不能活动的婴儿，认为触犯非法拘禁罪，在理论上也不存在障碍，只不过，还可另外触犯拐骗儿童罪、拐卖儿童罪或绑架罪等。在罪数上，非法拘禁罪与他罪形成部分法与整体法的法条竞合，最终以整体法即他罪论处而已。

（三）既遂结果

非法拘禁罪侵害的法益（客体）是人身自由，因此本罪是结果犯，以被害人被剥夺人身自由的结果发生为既遂标准。本罪不是行为犯或危险犯，而是实害犯（或结果犯）。理论上经常争议的问题是：这里的人身自由，是指所谓“现实的自由”，还是指“可能的自由”？例如，甲将夜间熟睡的乙反锁在房间里，次日清晨在乙醒来之前就打开了锁。如果认为人身自由指“可能的自由”，则无论乙有无中途醒来，甲的行为都构成非法拘禁罪既遂。如果认为人身自由指“现实的自由”，则：如果乙中途没有醒来，则甲的行为只是侵害了乙可能的自由，不构成非法拘禁罪既遂；如果乙中途醒来，因被甲反锁而不能离开房间，则侵害了乙现实的自由，构成非法拘禁罪既遂。

本书认为，所谓“现实的自由”和“可能的自由”的争议，实际上本质上是辩论非法拘禁罪结果的实现，是否以被害人主观上感知自己被拘禁为必要前提。笔者坚持客观主义的立场，认为：“剥夺人身自由”的结果应是公众的一种客观评价。在被害人的人身自由客观上已被剥夺，但其主观上并未认知的情况下，也应认定行为人实现了剥夺人身自由的结果，否则，像自始至终将人迷晕而置于房屋内这样的案件中，因为被害人没有知觉而不构成非法拘禁罪的既遂。得出这样的结论显然违背逻辑的。只要客观上被害人人身自由丧失的结果实现，就应认定为本罪的既遂。

（四）非法性

“非法性”是非法拘禁罪的规范构成要件要素，指客观上不具合法性，包括没有合法拘禁权而拘禁，以及有合法拘禁权而非法越权拘禁。例如，司法机关对于有犯罪事实和重大嫌疑的人，依法采取拘留、逮捕强制措施，是合法拘禁，但当发现不应拘捕时，借故不予释放，继续羁押的，或者故意超期羁押的，应认定为非法拘禁罪。

关于“非法性”的一个问题是：司法工作人员在拘捕涉案人员时，仅程序或形式不合法，例如没有办理拘捕手续，或手续存在瑕疵，可否构成非法拘禁罪？就我国当前的司法实务而言，仅形式上非法，不一定会被认定为非法拘禁。于相反的情形，如果拘捕形式上合法，但是被拘捕的人员之后被认定为无罪的，司法工作人员的行为也不构成非法拘禁罪。只有发现错误后拒不释放，才构成非法拘禁罪。

关于“非法性”的另一个问题是其体系定性。如果将“非法性”定位为非法拘禁罪的构成要件要素，而不是违法阻却事由，那么，司法工作人员对犯罪嫌疑人依法采取拘留、逮捕的，系不符合构成要件的行为，而不必通过“法令行为”等违法阻却事由而出罪。公民扭送罪犯的行为，也是如此。但事实上，将一种事由定位为构成要件的消极要素，还是违法阻却事由，在司法实务中的效果都是一致的，只不过主要出于思维经济性的考虑，看该事由是少见的特殊出罪事由，还是常见的违法阻却事由而已。笔者认为，将“非法性”的反义，即合法性，理解为责任阻却事由，应当更有利于对公民人身权益的保护。亦即，一般情况下，剥夺他人人身自由都是非法行为，而司法机关的合法拘捕、公民对罪犯的扭送、为了紧急避险而对相关人员进行管控，属于“法令行为”、紧急避险而排除违法性。这样理解更为妥当一些。

（五）非法拘禁的故意

非法拘禁罪的责任形式是故意。这里的故意，是指明知是非法拘禁的行为而有意实施的主观心理状态。

（六）追诉标准

关于非法拘禁罪的追诉标准（量的因素），当前《刑法》和司法解释并未作出明确规定，但《最高人民检察院关于人民检察院直接受理立案侦查案件立案标准》对国家机关工作人员利用职权实施的非法拘禁案的立案标准作了规定。参照这一标准，非法拘禁罪的追诉标准是具有下列情形之一：（1）非法拘禁持续时间超过24小时的；（2）三次以上非法拘禁他人，或者一次非法拘禁三人以上的；（3）非法拘禁他人，并实施捆绑、殴打、侮辱等行为的；（4）非法拘禁，致人伤残、死亡、精神失常的；（5）为索取债务非法扣押、拘禁他人，具有上述情形之一的；（6）司法工作人员对明知无辜的人而非法拘禁的。

此外，最高人民法院、最高人民检察院、公安部、司法部《关于办理实施“软暴力”的刑事案件若干问题的意见》第6条规定：有组织地多次短时间非法拘禁他人的，应当认定为《刑法》第238条规定的“以其他方法非法剥夺他人人身自由”。非法拘禁他人3次以上、每次持续时间在4小时以上，或者非法拘禁他人累计时间在12小时以上的，应当以非法拘禁罪定罪处罚。

规范依据

《刑法》

第二百三十八条　非法拘禁他人或者以其他方法非法剥夺他人人身自由

的，处三年以下有期徒刑、拘役、管制或者剥夺政治权利。具有殴打、侮辱情节的，从重处罚。

犯前款罪，致人重伤的，处三年以上十年以下有期徒刑；致人死亡的，处十年以上有期徒刑。使用暴力致人伤残、死亡的，依照本法第二百三十四条、第二百三十二条的规定定罪处罚。

为索取债务非法扣押、拘禁他人的，依照前两款的规定处罚。

国家机关工作人员利用职权犯前三款罪的，依照前三款的规定从重处罚。

案例评价

［案例 11-1］颜某市等绑架案①
（非法拘禁罪的对象）

1. 基本案情

1997 年 12 月 19 日，被告人颜某市和杨某才与赣榆县柘汪乡××村村民孙某签订了购船合同。按合同约定，船价为 204 600 元，定金为 35 000 元，半个月内付清其余款项。颜某市、杨某才当即交付定金 35 000 元。到了 1998 年 1 月 4 日，颜某市、杨某才未能付清购船款。杨某才又与孙某另签协议，再交付现金 40 000 元，并口头保证，如在 1998 年 1 月 28 日前不能付清购船款，情愿 75 000 元不要。颜某市只知杨某才付给孙某 40 000 元，但对杨某才的口头保证并不知情。到期后，颜某市和杨某才仍未付清购船款，孙某遂将船卖给了他人。此后颜某市、杨某才多次找孙某协商退款之事，并找到中间人胡某出面说情，孙某只同意退还 50 000 元，但颜某市、杨某才不同意。后孙某付给中间人胡某 30 000 元，让其转交颜某市、杨某才两人。胡某得款后没有转交，颜某市、杨某才也不知情。颜某市与杨某才在多次索款无望的情况下，伙同被告人杨某早，于 1998 年 9 月 10 日凌晨，租车到孙某家，爬墙入院，踢门入室，捆住孙某之妹孙甲的手脚，强行将孙某之子孙某志（1 周岁）抱走，并向孙某索要 75 000 元。颜某市、杨某才此时方得知胡某将孙某退还的 30 000 元截留。1998 年 10 月 23 日，孙某在付给颜某市 45 000 元的情况下，才将孙某志赎回。

2. 涉案问题

本案的疑难问题有两个：一个是，合同一方给付定金但违约后，为索回定金而扣押他人，是构成绑架罪，还是索债型的非法拘禁罪。另一个是，两行为人抱走的是 1 周岁的小孩，该对象能否成为非法拘禁罪的对象，该行为

① 最高人民法院刑事审判第一庭、第二庭．刑事审判参考：总第 24 辑．北京：法律出版社，2002：49.

构成的是非法拘禁罪，还是拐骗儿童罪抑或绑架罪。

3. 裁判理由及结论

公诉机关认为：被告人颜某市和另案处理的杨某才在购买船只的过程中违约，无权要求返还定金，所付定金应归孙某所有。颜某市伙同被告人杨某才等人绑架他人，索要此款，属于绑架勒索行为，应以绑架罪追究颜某市、杨某才的刑事责任。

法院认为：被告人颜某市、杨某才为索取债务而采用暴力手段非法扣押、拘禁他人，其行为均已构成非法拘禁罪。本案被告人的犯罪目的仅是索回已预付的购船款及定金，并没有提出其他额外的勒索要求；且被告人侵害的对象也是特定的，即与之有着买卖、中介关系人的子女。被告人虽然采取了绑架他人的手段，但因其主观上不是以勒索财物为目的，而是以索取债务为目的，故仍应以非法拘禁罪论处。本案案发前，该起船只买卖合同纠纷未经人民法院审理或有关机关调处，买卖双方当事人争议的权利义务关系尚未依法得到确认和实现，其纠纷仍然存在。被告人索要的 75 000 元中，既有购买船只的定金，又有预付的购船款。公诉机关以被告人违约，无权要求返还定金，主张其绑架他人索要此款，即属于勒索他人，对其行为应定绑架罪。这一定性意见不当，不予支持。

1999 年 7 月 16 日法院判决被告人颜某市、杨某才犯非法拘禁罪，判处有期徒刑 3 年。被告人均未提起上诉，人民检察院也未提起抗诉。

在该案的裁判理由中，最高人民法院认为，绑架罪与非法拘禁罪这两罪的关键区别在于行为人的犯罪目的不同：勒索型绑架罪以勒索财物为目的，而索债型非法拘禁罪则以索还自己的债权为目的。将索债型非法拘禁罪的对象限定于与行为人有债权债务关系的当事人本人，并将此作为与勒索型绑架罪的区别之一，既不合乎现实情况，也无法律根据。

本案被告人扣押孙某幼子的行为，在主观方面，本质上的确是出于索取 75 000 元“债务”的目的，尽管这种“债务”可能不会得到法律的支持，但被告人在行为时确实认为这种“债务”是“客观、理所应当存在”的，且事实上也是一直认为并主张这 75 000 元应归其所有，并没有凭空非法占有他人财产的故意内容。

4. 评析意见

对于第一个疑难问题，法院认为勒索型的绑架罪与索债型的非法拘禁罪之间的区分，关键在于行为人的主观目的，而不在于客观上有无债务，或债务是否受到法律支持。法院以行为人的主观故意和目的为标准，而不是以客观上债务是否受法律支持和保护为标准，认定行为人主观上具有索取自认为应归自己所得的债务的目的，因此其行为不构成绑架罪，而构成非法拘禁罪。该认定是正确的。

对于第二个疑难问题，即非法拘禁罪的对象人可否是1周岁的小孩子的问题，法院没有予以特别讨论，但根据判决的结论，显然，法院认定抱走1周岁的小孩子的行为，可构成非法拘禁罪。笔者认为，拘禁、剥夺自由，是公众的客观判断，并不以被拘禁的被害人本人是否具有自由意识为前提。将1周岁的小孩子抱走控制住，是可能触犯非法拘禁罪的。这也形成了一个罪数问题，仍然可以触犯拐骗儿童罪（《刑法》第262条并未将拐骗儿童罪的主观目的限定为“自己收养”）；类比于最高人民法院、最高人民检察院、公安部、司法部印发的《关于依法惩治拐卖妇女儿童犯罪的意见》（法发〔2010〕7号）第15条的规定“以出卖为目的强抢儿童，或者捡拾儿童后予以出卖，符合刑法第二百四十条第二款规定的，应当以拐卖儿童罪论处”，本案中不以出卖为目的强抢儿童，不构成拐卖儿童罪，但可构成拐骗儿童罪。因此，本案中二行为人既触犯非法拘禁罪，又触犯拐骗儿童罪，两罪系部分法与整体法的法条竞合，最终应以整体法即拐骗儿童罪论处。

[案例11-2]处女卖淫案①
（非法拘禁的行为方式和非法性）

1. 基本案情

被告人吴某原系随州市公安局××派出所警察，高某国系××派出所所长。1999年公安部部署在全国开展禁娼禁赌的统一行动。1999年7月，吴某听取本所司机报告，获知本镇桂某等与该镇供销酒楼二楼美容厅小姐贺某某曾开房住宿。后该镇××美容厅业主徐某向吴某举报，称贺某某在其美容厅从业期间，在该美容厅内曾留宿他人。吴某获取上述情况后遂认为贺某某有卖淫嫌疑。同年8月17日晚，吴某遂将贺某某传唤至××派出所进行讯问、留置。

贺某某最终交代其曾向刘某生、桂某（原随州市地税局三里岗分局驻××税收管理员）等人在内的二十余人卖淫。8月18日晨，吴某向高某国汇报了案件情况，并要求对贺某某等人进行留置审查。后陆续将涉案6人传唤并留置。8月21日下午，刘某生到派出所给留置人员送生活日用品，也被讯问、留置。

8月23日（星期一）上午，在所长高某国在“治安管理处罚审批表”上签署“同意”的意见后吴某到市公安局，呈报对贺某某、刘某生等8人的行政拘留和罚款裁决。市公安局经审查后，依法裁决对贺某某行政拘留10日，罚款3 000元；对刘某生拘留、罚款的裁决未予批准。但刘某生被继续羁押18小时，直至次日（8月24日）下午2时其胞兄代其交了2 000元罚款后

① 参见湖北省随州市中级人民法院（2001）随中刑终字第32号刑事裁定书。

才被予以释放。

8 月 25 日上午，吴某将另一涉嫌嫖娼人员桂某口头传唤至派出所讯问，桂承认对贺某某有亲摸行为，遂于同日下午 6 时将其留置审查（未请示所长高某国同意，亦未向在所的副所长夏某汇报）。因有人说情，要求不将桂某报市公安局裁决，吴某未报市局裁决。8 月 27 日上午 11 时，桂某胞兄桂某勇代其交纳 3 000 元罚款后吴某将其释放。桂某共计被羁押 41 小时。

贺某某被拘留到期获释后，与其所在美容厅业主夏某香及桂某等人一起到随州市妇幼保健院检查处女膜，后又到其他机构检查，即告发此案。

2. 涉案问题

本案涉案疑难问题有以下几个：（1）公安人员吴某在查办行政违法案件时，对于被羁押者桂某未办手续进行羁押，对于刘某生超期羁押，客观上是否具有“非法性”？可否构成非法拘禁罪？（2）卖淫嫖娼的违法事实客观存在与否，是否影响对本案吴某行为的定性？特别是对羁押贺某某等人的行为，如果事后查明其确无卖淫嫖娼违法行为，吴某虽履行了羁押手续但确属错抓错捕，其行为是否构成非法拘禁罪？（3）行为人吴某主观上深信被羁押者确属违法人员，对“非法性”是否具有认识？其行为是构成故意伤害还是过失犯罪？

3. 裁判理由及结论

随州市曾都区人民法院一审认为：（1）被告人吴某身为人民警察，在办理案件中违反规定，不经法定程序，对桂某未办理任何法律手续而非法关押 75 小时，对刘某生在市公安局法制科未予批准行政拘留的情况下仍继续关押 45 小时，属非法限制人身自由，其行为已构成非法拘禁罪。判处有期徒刑 1 年，缓刑 1 年。（2）被告人高某国未直接参与案件的办理及讯问，但对吴某等人违法办案，有一定责任，并无非法拘禁他人的故意和行为，其是在听取吴某汇报后才作出允许留置的表态，对刘某生未及时释放及对吴某非法拘禁桂某督办、制止不力，情节显著轻微，不构成犯罪。

随州市曾都区人民检察院抗诉认为：（1）一审判决应对本案被害人没有卖淫嫖娼行为和被告人吴某殴打被拘禁人等事实予以认定；（2）一审判决认定被告人吴某、高某国对贺某某等 8 人的拘禁不是非法拘禁属定性错误；（3）对被告人吴某以非法拘禁罪判处有期徒刑 1 年，缓刑 1 年，量刑偏轻，适用缓刑不当，对被告人高某国宣告无罪错误。

上诉人吴某及其辩护人认为：其身为人民警察带队查处贺某某等人卖淫嫖娼一案，是依法履行法定职责，且是受领导指示所为，无非法拘禁他人的故意，不构成犯罪。

随州市中级人民法院二审认为：（1）上诉人吴某身为警察，不经法定程序，未经批准，对桂某非法羁押 41 小时，属非法限制他人人身自由，其行为已构成非法拘禁罪；（2）对刘某生依法留置后，吴某到市公安局呈报治安管理处罚裁决，未获批准，刘后被继续羁押 18 小时，情节轻微，属执法过失，此行为不构成非法拘禁罪；（3）抗诉机关指控吴某对贺某某等 8 人的留置、拘留也属非法拘禁的理由于法无据；（4）抗诉机关认为原判没有认定贺某某等人无卖淫嫖娼行为，对于该事实原判已作叙述，故对检察机关的抗诉意见不予采纳；（5）裁定驳回随州市曾都区人民检察院的抗诉，驳回上诉人吴某的上诉，维持原判。

4. 评析意见

关于公安人员违法羁押、超期羁押的行为定性，曾存在几个相互矛盾的司法解释。（1）2003 年 11 月 12 日《最高人民法院、最高人民检察院、公安部关于严格执行刑事诉讼法，切实纠防超期羁押的通知》：本通知发布以后，凡违反刑事诉讼法和本通知的规定，造成犯罪嫌疑人、被告人超期羁押的，情节严重的，对于直接负责的主管人员和其他直接责任人员，依照《刑法》第 397 条的规定，以玩忽职守罪或者滥用职权罪追究刑事责任。（2）2006 年 7 月 26 日最高人民检察院《关于渎职侵权犯罪案件立案标准的规定》，规定此类行为构成非法拘禁罪。（3）2010 年 9 月 13 日最高人民法院《人民法院量刑指导意见（试行）》，规定此类行为也可构成非法拘禁罪。笔者认为，国家机关工作人员违法羁押、超期羁押的行为，理论上既触犯滥用职权罪，又触犯非法拘禁罪，但根据司法解释的规定，可认为是法条竞合，以非法拘禁罪论处。

卖淫嫖娼的违法事实客观存在与否，会影响本案中吴某的行为定性。当前我国司法实务的惯例是：（1）如果事后查明当时符合羁押的实质条件，只是手续上有瑕疵，不构成非法拘禁罪。因此，如果卖淫嫖娼确实属实，则无论有无履行合法手续，只要羁押的人员确实违法人员，吴某的行为都不构成犯罪。（2）如果事后查明当时不符合羁押的实质条件，但为羁押办理了合法手续，即使事后查明确实错抓错捕，也属“合法”拘禁，不构成犯罪。本案中吴某对贺某某等人的留置、行政拘留即是如此，即使事后认定系错抓错捕，因为其已经履行了法定程序，拘禁手段和程序并不违法，故不属非法拘禁。

客观上非法拘禁的行为形式，包括有拘禁权的国家机关工作人员违反法定程序进行羁押、超期羁押；与之相应，非法拘禁罪的故意的成立，只需要国家机关工作人员明知其拘禁行为违反法定程序、超过法定期限，就应认为对“非法性”的事实明知，具有非法拘禁的故意。本案中，即使吴某主观上深信桂某、刘某生是嫖娼人员，但其明知相关部门对羁押不予批准或已超期的情况下，仍然拘禁，主观上具有非法拘禁的故意，系故意犯罪，不是过失犯罪。

[案例 11-3] 郑某武非法拘禁案[①]
(非法拘禁罪的故意认定)

1. 基本案情

2014 年 6 月 1 日 17 时许，被告人郑某武吸食甲基苯丙胺（冰毒）后出现被警察追捕的幻觉，便闯入广州市越秀区瑶池大街 20 巷×号首层×号某有限公司的仓库，手持一把西瓜刀劫持了仓库管理员被害人李某珍，将仓库卷闸门锁上，企图“躲避警察追捕”，并恐吓李某珍不要报警。群众发现上述情况后，将李某珍被劫持的消息通知该公司负责人白某。白某到场后询问郑某武有无需求。郑某武提出让白某开车护送其与李某珍到广州市海珠区的要求，遭到了白某的拒绝。

当日 22 时，民警接到白某报警后到达现场与郑某武谈判，一直用刀劫持、殴打李某珍的郑某武与民警陷入对峙。次日 1 时 30 分许，白某寻机将卷闸门打开，民警立即冲入仓库将郑某武制服并抓获归案，缴获其西瓜刀，解救出李某珍。在上述过程中，郑某武造成李某珍背部、左中指、右肘部受伤，经鉴定属轻微伤。案发后经法医鉴定，郑某武案发时患“精神活性物质（甲基苯丙胺）所致精神障碍”。

2. 涉案问题

被告人在吸毒后陷入精神病的状态下，绑架他人的，构成的是绑架罪，还是非法拘禁罪，抑或无罪？

3. 裁判理由及结论

广州市越秀区人民检察院以被告人郑某武犯绑架罪，向越秀区人民法院提起公诉。

被告人郑某武辩称：其因吸食大量冰毒产生幻觉，进而导致后续行为。其实施涉案行为时，意识混乱。其辩护人的主要辩护意见是：郑某武因吸毒过量而产生幻觉，导致发生本案。其在作案时的意识与正常人的认识不同。郑某武并未向被害人提出任何非法要求，故其行为只构成非法拘禁罪，不构成绑架罪。

越秀区人民法院认为：被告人郑某武非法拘禁他人，非法剥夺他人人身自由，其行为构成非法拘禁罪。公诉机关指控郑某武犯罪的事实清楚，证据确实、充分，法院予以支持。指控郑某武构成绑架罪不当，法院予以纠正。郑某武因吸毒患“精神活性物质（甲基苯丙胺）所致精神障碍”，作案时无辨认能力并产生幻觉，其持刀挟持李某珍的绑架犯罪目的不具有客观真实性，故郑某武的行为不构成绑架罪，依法只构成非法拘禁罪。辩护人所提的郑某

---

① 最高人民法院刑事审判第一、二、三、四、五庭．刑事审判参考：总第 108 集．北京：法律出版社，2017：54.

武的行为只构成非法拘禁罪的辩护意见成立，法院予以采纳。郑某武非法拘禁他人，依法应当对其适用“三年以下有期徒刑、拘役、管制或者剥夺政治权利”的量刑幅度予以处罚。郑某武曾因故意犯罪被判处有期徒刑，刑罚执行完毕后5年内再犯罪，是累犯，依法应当从重处罚。郑某武在非法拘禁被害人李某珍过程中，殴打李某珍，依法应予从重处罚。综合考虑郑某武作案的具体事实、性质、情节，对社会的危害程度及认罪态度等因素，根据前述法定刑幅度、法定的量刑情节，依照《刑法》第238条第1款第65条第1款之规定，判决如下：被告人郑某武犯非法拘禁罪，判处有期徒刑2年6个月。

4. 评析意见

对因吸毒、醉酒等而自陷精神病等无责任能力状态，在精神病状态下实施危害行为的，刑法理论上称为“原因自由行为”。尽管表面上看行为人在实施行为当时好像没有刑事责任能力，但刑法理论认为，可以比照间接正犯的原理，将其视为行为人利用无责任能力的本人实施犯罪，因此，对其责任要素（责任能力、罪过、目的等）的认定，应当以清醒时（陷入无责任能力状态之前）进行认定。

依郑某武吸毒之前来认定其责任要素，则在责任能力方面，行为人在清醒时系完全刑事责任能力人，而不是精神病人，因此需要承担刑事责任。

本案的难点在于罪过（故意、过失）要素，以及目的要素的认定方面。行为人在清醒时，主观上没有针对性的勒索财物的目的，也没有扣为人质的目的，而绑架罪是目的犯，需要这两种目的之一才能构成，因此，认为郑某武的行为不构成绑架罪是没有问题的。

但是问题在于：行为人在清醒时，主观上是否具有非法拘禁故意？也就是说：其在吸毒之前，是否应当明知自己在吸毒之后会实施拘禁行为？如果其应当明知，则可认定具有非法拘禁故意，可构成非法拘禁罪。如果其并不明知，则对于之后拘禁行为的过错只有过失，拘禁行为不能构成犯罪。这需要结合一般人的认知情况进行推定。一般公众应当知道在吸毒丧失意识之后经常会出现“乱来”的情况，包括殴打、寻衅滋事、骚扰、扰乱秩序等等，拘禁行为作为较为常见的袭扰手段，在一般人应当明知的范围之内。因此，宜认为行为人在清醒时对包括非法拘禁行为在内的滋扰行为具有概括故意，应当明知，至少具有间接故意。故其行为可构成非法拘禁罪。

第二节　索债型非法拘禁

知识背景

《刑法》第238条第3款规定的“为索取债务非法扣押、拘禁他人的，依照前两款的规定处罚”，被称为索债型非法拘禁。也就是说，为索取债务非法扣押、拘禁他人的，依照非法拘禁罪（或故意伤害罪、杀人罪）定罪处罚，而不认定为绑架罪。

（一）法条原理

此种情形下不以绑架罪、抢劫罪而以非法拘禁罪论处，其基本原理在于，行为人主观上不具备非法占有目的，不符合绑架罪、抢劫罪成立的责任（主观）要件。绑架罪的主观方面（责任）要求以勒赎、扣为人质为目的，抢劫罪要求以非法占有为目的。为索取债务而非法扣押、拘禁他人的，行为人的主观目的是索取债务，自认为是获取其本人应得的财物，而不是认为获取不应得的财物，故而不能认为具有勒赎、非法占有目的。由此，行为人为了索取非法债务，甚至主观上误认为存在债务关系但客观上实际上无债务，而扣押他人的，均应认定为非法拘禁罪。而不成立以非法占有目的为必要构成要素的罪名。

（二）要素解释

对前述法条进行解释：(1)“为索取债务”是主观要素，按照司法解释的规定，既包括为了索取合法债务，也包括为了索取高利贷、赌债等法律不予保护的债务。为了索取高利贷、赌债而拘禁他人的，也构成非法拘禁罪。(2)“他人”包括债务人本人，也包括其近亲属、其他具有关联的人，以及其他人员（任何人）。例如，债权人拘禁债务人的儿子，逼债务人还债的，也构成非法拘禁罪。(3) 行为人既包括债权人，也包括为了债权人的利益帮助其索债的人。例如，“讨债公司”受债权人所托，采用拘禁手段索债的，也构成非法拘禁罪。

（三）为了索取非法债务而采用严重暴力威胁手段的定性

在手段、方式上，有论者认为，为了索取非法债务，而采用严重暴力威胁手段（例如杀伤）的，不构成非法拘禁罪，而应以绑架罪论处。这种说法，在法条依据上，显然与前述《刑法》第 238 条第 3 款的规定（“依照前两款的规定处罚”）违背，并不正确；也与索债型非法拘禁的原理违背，即使行为人采用严重暴力威胁手段，在客观上可认定实施了绑架行为，但主观上是为了索债，仍不具非法占有目的的，也不能构成绑架罪。

按照前述《刑法》第 238 条第 3 款的规定，为索债而采用暴力威胁（包括严重暴力威胁）而未将暴力变为现实的，仍然认定为非法拘禁罪。在其过程中使用暴力造成重伤、死亡的，应当认为是转化犯，构成故意伤害罪（重伤）、故意杀人罪。在其过程中使用暴力造成轻伤，应认定为非法拘禁罪与故意伤害罪（轻伤）的想象竞合，择一重处，仍认为是非法拘禁罪。

规范依据

最高人民法院《关于对为索取法律不予保护的债务非法拘禁他人行为如何定罪问题的解释》

行为人为索取高利贷、赌债等法律不予保护的债务，非法扣押、拘禁他人的，依照刑法第二百三十八条的规定定罪处罚。

案例评价

[案例 11－4] 罗某伟、蒋某非法拘禁案①
（索债型非法拘禁的法条原理）

1. 基本案情

2014 年 1 月 3 日 19 时许，被告人罗某伟因怀疑王某祥、陈某兵、潘某根在管理其经营的石渣生意期间，在账目上造假，侵吞款项，遂与蒋某、“阿三”等人将王某祥、陈某兵、潘某根三人从台州市路桥区螺洋街道园珠屿村带至黄岩区沙埠镇佛岭水库洋山庙边上，质询账目收支情况，并使用拳脚及持棍殴打王某祥、陈某兵等人，致王某祥构成轻伤二级。后罗某伟与王某祥达成协议，将罗某伟怀疑的账目上被侵吞的 3 万余元与其欠王某祥的 3 万余元抵销。整个过程持续 4 个小时左右。案发后，无法查清被害人是否存在侵吞账款的情况。

2. 涉案问题

无法查清行为人与被害人之间在客观上是否存在债务，但能够证明行为人主观上是为了索取债务的，对其行为如何定性？是认定为非法拘禁罪还是绑架罪？

3. 裁判理由及结论

台州市黄岩区人民法院认为：罗某伟、蒋某为索取债务，非法限制他人人身自由并进行殴打，致人轻伤，其行为均构成非法拘禁罪。罗某伟的辩护人所提对罗某伟从轻处罚的相关辩护意见，与本案查明的事实及相关的法律规定相符，应予采纳。

依照《刑法》第 238 条第 1 款、第 3 款，第 25 条第 1 款，第 67 条第 3 款以及《刑事诉讼法》第 279 条之规定，台州市黄岩区人民法院以被告人罗某伟犯非法拘禁罪，判处有期徒刑 9 个月；以被告人蒋某犯非法拘禁罪，判处有期徒刑 9 个月。

在该案的“裁判理由”中，最高人民法院认为：无法查清被害人是否存

① 最高人民法院刑事审判第一、二、三、四、五庭．刑事审判参考：总第 99 集．北京：法律出版社，2014：47.

在侵吞账款的，要根据被告人真实的意思，审查是否存在认识错误。如果被告人确实认为被害人存在侵吞账款的，从有利于被告人和坚持主客观相统一原则出发，应当认定被告人是为索取债务而非法拘禁他人。

4. 评析意见

《刑法》第 238 条第 3 款规定，“为索取债务非法扣押、拘禁他人的”，构成非法拘禁罪的立法原理到底为何？是要求客观上须存在真实债务，还是只需行为人主观上具有索债意图即可呢？就本案而言，假设司法机关最终查明王某祥确实没有侵吞款项人而罗某伟、蒋某主观上误认为存在债务，是构成绑架罪还是非法拘禁罪呢？

《刑法》第 238 条第 3 款的表述“为索取债务”中的“为”字，说明索债型非法拘禁罪的立法原理在于行为人主观方面。主观上为了索取债务，则应认为行为人主观上不具有非法占有目的，也就没有成立绑架罪所必需的勒赎目的，因此不构成绑架罪，而只以非法拘禁罪论处。

因此，即使客观上王某祥与罗某伟之间没有债务关系，而罗某伟、蒋某主观上误认为存在债务，为索取债务而绑架王某祥的，虽客观上罗某伟、蒋某的行为可被认定为绑架行为，但主观上无勒赎目的，不构成绑架罪，仍然应以索债型非法拘禁罪论处。当然，即使最终查明王某祥侵吞了款项，罗某伟、蒋某的行为仍构成非法拘禁罪。由此可见，本案之所以得出非法拘禁罪的结论，并不是因为“疑罪有利于被告人”，在证据和事实认定方面存在问题，而是因为行为人主观上的索债意图。

[案例 11－5] 徐某等非法拘禁案①
（为了索回所输赌资而拘禁他人）

1. 基本案情

2010 年 7 月底至 8 月初，被告人徐某伙同汤某生、被害人张某勇等人在福州市鼓楼区台湾大饭店、金源国际大饭店、银河花园大酒店等处赌博。徐某因在赌博中输了钱，便怀疑汤某生、张某勇等人诈赌。

同年 8 月 4 日下午，徐某得知张某勇当晚会来银河花园大酒店赌博，便纠集钟某周（同案被告人，已判刑）等 4 人共谋后，于当日 19 时许，在福州市鼓楼区银河花园大酒店楼下停车场将张某勇押上徐某驾驶的汽车，劫持到福建省福安市一座山上。钟某周打电话还邀约了郑某晖（同案被告人，已判刑）等 4 人对张某勇殴打和威胁，逼迫张某勇退还徐某赌输的钱。在徐某等

---

① 最高人民法院刑事审判第一、二、三、四、五庭．刑事审判参考：总第 96 集．北京：法律出版社，2014：66.

人暴力逼迫下，张某勇打电话给其亲属，要亲属筹集人民币 40 万元。8 月 5 日凌晨，张某勇亲属汇来人民币 12 万元。在对张某勇非法关押过程中，徐某等取走张某勇随身携带的人民币（以下币种同）3 万元及中国建设银行卡 1 张，并在当地银行将张某勇银行卡内的 3.7 万元转账到徐某的账户中。当日，张某勇亲属又汇款 3.1 万元至徐某的账户上。次日，徐某等人被抓获。案发后，张某勇被解救，追回赃款 20.17 万元，尚有 1.63 万元未追回。

2. 涉案问题

行为人不是为了索取已赢的赌债，而是为了索回已输的赌资，而拘禁他人，是构成绑架罪还是非法拘禁罪？

3. 裁判理由及结论

福建省福州市鼓楼区人民检察院以被告人徐某等犯非法拘禁罪，向福州市鼓楼区人民法院提起公诉。

一审法院福州市鼓楼区人民法院认为：被告人徐某等以勒索财物为目的；绑架他人，其行为均构成绑架罪，犯罪情节较轻。公诉机关指控徐某等犯非法拘禁罪，定性不当，应予纠正。并判决被告人徐某犯绑架罪，判处有期徒刑 9 年，并处罚金人民币 2 万元。

一审宣判后，被告人徐某等人均以应当定性为非法拘禁罪为由提起上诉。福州市鼓楼区人民检察院亦以原审判决适用法律错误，导致量刑畸重为由，提起抗诉。

二审法院福州市中级人民法院经公开审理认为，上诉人徐某等人为索取赌博所输款项，以拘禁方式非法剥夺他人人身自由，其行为均构成非法拘禁罪。遂判决上诉人徐某犯非法拘禁罪，判处有期徒刑 3 年。

在该案的“裁判理由”中，最高人民法院认为区分非法拘禁罪与绑架罪，应当主要从以下两个方面进行审查认定：一是行为人与被害人之间是否存在债权债务关系。行为人与被害人间是否存在债权债务关系，是区分非法拘禁罪和绑架罪的前提。只有行为人与被害人间存在债权债务关系，行为人拘禁被害人并向其亲友勒索财物的，才可能涉及非法拘禁罪的适用问题。如果行为人与被害人间不存在债权债务关系，行为人拘禁被害人并向其亲友勒索财物的行为应当被认定为绑架罪。同时，需要指出的是，这里的债权债务关系应当是确实存在的，必须有其产生的客观原因和先行条件，而不能是毫无原因和先行条件的凭空捏造。二是行为人的主观故意和目的。行为人是否具有非法占有他人财物的主观故意和目的，是区分非法拘禁罪和绑架罪的重要依据。如果行为人出于非法占有他人财物的故意和目的，拘禁被害人并向其亲友勒索财物的，应当认定为绑架罪，反之则应当认定为非法拘禁罪。

具体到本案，虽然根据现有证据，尚无法明确认定张某勇有诈赌事实，但综合全案证据来看，徐某的怀疑有一定的道理和依据，并非毫无原因和先行条件的凭空捏造。因此，在犯罪构成要件存疑的情况下，法院倾向于作出有利于被告人的认定，即徐某与张某勇之间存在因赌博作弊而产生的债权债务纠纷。徐某认为自己有权索回已支付的赌资，主观上确实认为存在债务，属事出有因。可认定徐某非法拘禁张某勇的目的是索要所输赌资，主观上不具有非法占有他人财物的故意，故认定其假借诈赌为名勒索钱财的证据不足，不具备索财型绑架罪的主观方面要件，不宜以绑架罪定罪。依现有证据也足以认定其他被告人均是为帮徐某讨债而拘禁张某勇，证明徐某主观意图是索取债务而非勒索财物，故应当以非法拘禁罪定罪处罚。

4. 评析意见

法院的裁判理由是从客观、主观两个方面，来区分非法拘禁罪与绑架罪的。事实上，本案的区分关键并不在客观上。无论本案中张某勇是否存在诈赌事实，都不能认为徐某与张某勇之间客观上存在合法的债权债务关系。"债权债务"本来就是法律概念，亦即，只有法律认可、合法的债权债务，才称得上"债权债务"。所谓"非法债权债务"或者"自然债权债务"的说法，只是一种事实现象的称谓。都不受法律保护了，根本就难以被称为"债权债务"。

因此，最高人民法院《关于对为索取法律不予保护的债务非法拘禁他人行为如何定罪问题的解释》的解释原理，不是在客观上必须非法债务存在，才能构成非法拘禁，而是只要行为人主观上自认为有求偿依据，就应认定其主观上无非法占有目的，相关行为不构成绑架罪，而构成非法拘禁罪。

因此，本案判决理由讨论客观上张某勇是否存在诈赌事实，并以认定绑架罪证据不足为裁判理由，并不恰当。况且，最高人民法院《关于审理抢劫、抢夺刑事案件适用法律若干问题的意见》规定，行为人仅以所输赌资或者所赢赌债为抢劫对象的，一般不以抢劫罪定罪处罚。亦即，即使认为客观上张某勇没有诈赌，徐某明知已输还夺回所输赌资，也不认定为抢劫罪。

故而，对本案无须讨论在客观上是否存在所输赌资、对赌资在法律上如何定性，也无须援引索债型非法拘禁罪的刑法条文和司法解释，只需以行为人主观上自认为有求偿依据、没有非法占有目的，即可认定其行为构成非法拘禁罪。

[案例 11-6] 陈某岗等人非法拘禁、敲诈勒索、诈骗案[①]
(索债型非法拘禁罪中的"债务")

1. 基本案情

自 2014 年起，被告人陈某岗、韩某平以个人名义发放高利贷。2016 年 3

① 最高人民法院刑事审判第一、二、三、四、五庭．刑事审判参考：总第 123 集．北京：法律出版社，2020：264. 为研习需要，对涉及其他罪名的案情内容有删减。

月，陈某岗、韩某平和被告人魏某斌、俞某等人经商议注册成立上海衡桑商务咨询有限公司（以下简称衡桑公司），由俞某担任法定代表人，并租借上海市虹口区天宝路578号某室作为办公地从事高利贷业务。根据约定，陈某岗、韩某平、魏某斌各抽取高利贷业务盈利的30%作为提成，俞某抽取盈利的10%作为提成。被告人朱某、徐某正、葛某亮及陈某（另案处理）作为业务员，按月领取工资报酬。

2016年4月25日上午，许某平向被告人陈某岗等人借款20万元并承诺当日还款。当日13时许，俞某将20万元汇入许某平的银行账户后，跟随许某平以确保其还款。在得知许某平当日无法归还上述钱款后，陈某岗纠集被告人韩某平、朱某、徐某正、葛某亮及陈某至上海市静安区灵石路近共和新路处向许某平讨要钱款未果，于18时许将许某平强行带至被告人魏某斌登记开房的上海市静安区海防路某酒店某房间。在车上陈某岗、徐某正殴打许某平并以言语威胁。后陈某岗、韩某平、魏某斌、俞某、朱某、徐某正、陈某在该房间内对许某平实施看管，陈某岗向许某平讨要当日欠款20万元及所谓此前所欠本息合计60余万元。在此期间，陈某岗、徐某正殴打许某平。许某平被迫通过家人筹集钱款，并陆续以银行、支付宝、微信转账及取现等方式，直至次日凌晨归还陈某岗等人20.5万元。

随后，被告人陈某岗、韩某平又以许某平仍欠陈某岗、韩某平本金及利息合计60万元未还为由，要求许某平在4月26日中午前支付60万元结清债务。2016年4月26日凌晨0时40分许，陈某岗和被告人朱某、徐某正等人驾车将许某平押送至许某平父亲居住的小区门口，陈某岗、朱某等人继续向许某平父亲强行索要60万元。许某平及其父亲被迫同意后，陈某岗等人才将许某平放行。当日上午，陈某岗伙同朱某、俞某继续向许某平索要上述钱款，许某平被迫筹集60万元并以现金和转账方式支付给陈某岗等人，其中韩某平分得18万元。后陈某岗等人表示已经与许某平结清债务并归还了所有欠条。

同年5月，被告人陈某岗、韩某平、魏某斌、俞某、朱某、葛某亮等人在赴泰国旅游期间，因对许某平上月为陈某岗等人订购的泰国旅游行程不满，经共同商议，以葛某亮留存的一张本应归还许某平的20万元借条，再次对许某平实施敲诈勒索。同月17日，陈某岗指使朱某打电话给许某平，以持有该借条为由向许某平勒索钱款。许某平被迫于同月20日、24日通过转账向俞某、朱某的账户支付7万元。后葛某亮受陈某岗指使将该借条归还给许某平。

2. 涉案问题

以拘禁手段，索取“套路贷”犯罪中的本金和“利息”，是否构成索债型非法拘禁罪？

3. 裁判理由及结论

上海市静安区人民法院经审理认为：被告人陈某岗等人为索取债务非法

拘禁他人，其行为均已构成非法拘禁罪；敲诈勒索他人财物，数额特别巨大，其行为均已构成敲诈勒索罪。遂判决被告人陈某岗犯非法拘禁罪，判处有期徒刑 1 年；犯敲诈勒索罪，判处有期徒刑 11 年，并处罚金人民币 22 万元。

该案的“裁判理由”认为：“套路贷”犯罪行为人的主观目的是非法侵占被害人或其近亲属的财产，一般情况下应当以侵财类犯罪定罪处罚。如果行为人在索债时使用了殴打、非法拘禁等暴力手段，或者对被害人及其近亲属使用暴力、胁迫等方法，符合非法拘禁罪、敲诈勒索罪或者抢劫罪的犯罪构成要件的，应当按照相关规定定罪处罚。对“套路贷”犯罪行为同时构成诈骗罪、非法拘禁罪、敲诈勒索罪、抢劫罪等多种犯罪的，依照《刑法》及有关司法解释的规定进行数罪并罚或者择一重处。

4. 评析意见

对本案被告人陈某岗对被害人许某平的侵害行为，可细分三个部分：一是以拘禁手段索要借款本金 20 万元，二是以拘禁、敲诈手段索要所谓此前所欠本息合计 60 余万元（实为诈骗款项），三是以持有借条为由另行勒索钱款 7 万元。对第一部分即索要本金 20 万元，可认为是索债型非法拘禁。对第三部分即以持有借条为由另行勒索钱款 7 万元，可认为构成敲诈勒索罪。疑难点在于：对第二部分，即以拘禁、敲诈手段向被害人及其父亲索要所谓 60 余万元利息，是认定为非法拘禁罪还是敲诈勒索罪？能否认定为索债型非法拘禁罪？

“套路贷”犯罪的性质，不同于“高利贷”。“套路贷”犯罪的核心是诈骗，因此“套路贷”中所谓的利息，本质上实为诈骗所得的财物。因此，以非法拘禁手段索取“套路贷”产生的所谓的利息的，不能认为行为人主观上具有“索债意图”，而应认为具有诈骗意图、非法占有目的。对该 60 余万元，属于诈骗不成，继而改变犯意，实施敲诈勒索或者绑架，应当以敲诈勒索罪或绑架罪论处。

[案例 11－7] 叶某益绑架案①
（索债型非法拘禁罪中的“为了索取债务”）

1. 基本案情

被告人叶某益的妻子黄某租住在同安区新民镇凤岗村，被告人叶某益怀疑其妻与他人通奸，遂于 1999 年 11 月 7 日晚，窜到黄某的临时住处附近伺机捉奸。当晚 8 时许，当被告人叶某益看到陈某（男，41 岁，同安区西柯镇阳翟村人）与黄某一起进入租住房后，便打电话给其父亲，纠集七八名同村村民到凤岗村，闯入该住房，殴打与黄某在房中独处的陈某，并要求陈赔偿

① 国家法官学院，中国人民大学法学院．中国审判案例要览：2002 年刑事审判案例卷．北京：人民法院出版社，中国人民大学出版社，2003.

损失，陈同意。被告人叶某益的兄长叶某露应被告人之邀亦赶到凤岗村，叶某露提议将陈带到五显镇，随行的人就强行将陈某挟持到同安区五显镇叶某露家，被告人随后回家发现陈某在叶某露家中。被告人叶某益的父亲叶某地通知了村干部郭某溪及村里的老者叶某良到叶某露家中。同村村民叶某限、颜某财、叶某钦及部分村民亦在场。

叶某限问陈某“是公了还是私了”，陈同意以赔偿 5 万元“私了”，有人称太少，要至少 10 万元，被告人叶某益在旁即附和，称应予以赔偿人民币 10 万元，叶某限即称口说无凭，要陈写自愿书，陈称不会写字，后由叶某钦拟写一份赔偿 10 万元人民币的自愿书让陈某抄写。叶某限即拿电话让陈与家人联系，通知家人拿钱到同安影视城门口换人，同时叶某露让颜某财将陈某转移到叶某钦家。

当晚 9 时许，叶某益、颜某财、叶某限三人到影视城欲与陈的家人交接，被害人的妻子陈某英及陈的哥哥陈某再等人亦赶到影视城门口，并提出要见被害人才同意付钱，被告人叶某益只同意通电话，当陈某再通完电话察觉到陈某被殴打欲报警时，叶某益拔腿就跑，陈某再追赶，在附近的三四名五显镇村民看到此情形就反而追打陈某再，致陈某再受伤。当晚 10 时许，被告人叶某益一方认为敲诈钱财无望，遂让人将陈某送交五显镇派出所。

2. 涉案问题

叶某益因其妻与被害人通奸，“捉奸”后向被害人索要赔偿损失，并将其扣押殴打，是否属于“为索取债务而扣押、拘禁他人”？可否构成非法拘禁罪？

3. 裁判理由及结论

福建省厦门市同安区人民检察院指控认为被告人叶某益的行为已构成非法拘禁罪。

一审法院福建省厦门市同安区人民法院经审理认为：被告人叶某益因怀疑其妻与他人通奸，即使用暴力方法绑架他人，并索要法律不予保护的财物，其行为已构成绑架罪。公诉机关指控的被告人叶某益的犯罪事实成立，但指控被告人叶某益的行为构成非法拘禁罪的定性不当，应予纠正。遂判决：被告人叶某益犯绑架罪，判处有期徒刑 10 年，并处罚金人民币 2 000 元，剥夺政治权利 1 年。

二审法院福建省厦门市中级人民法院认为：原判对于陈某被劫持到叶某露家中是上诉人叶某益指使的行为，或由他人实施的行为，以及索要赔偿数额是上诉人叶某益一人所为或由他人促成的等事实的认定有不当之处，而导致错误地认定上诉人的主观犯意、犯罪手段、情节。上诉人叶某益以怀疑他人与其妻通奸为由，并对被害人实施殴打等手段进行威胁，迫使被害人交出财物，数额巨大，其行为已构成敲诈勒索罪。因意志以外的原因未能得逞，系犯罪未遂。遂判决上诉人叶某益犯敲诈勒索罪，判处有期徒刑 1 年 6 个月。

4. 评析意见

通奸关系不会给行为人带来财产损失，行为人在法律上也没有求偿依据。从行为人主观上分析，行为人扣押殴打，不是为了追讨既存的债务，或者认为存在债务；而是为了生成债权债务关系，因此其行为不属于“为索取债务而扣押、拘禁他人”，不构成非法拘禁罪。

一审法院关注的是拿钱换人的后半段行为，认为其行为还恐吓到被害人的家人，认定其主要利用扣押对象之外的第三人对被扣押人安危的担忧而取得财物，其行为构成绑架罪。

而二审法院关注的是被威逼写下赔偿自愿书的前半段行为，认为之后让被害人家人拿钱只是实现赔偿自愿书的后续兑现行为，主要利用对被扣押的被害人的威胁、要挟而索财，但又非当场取得财物的，不构成抢劫罪、绑架罪，应以敲诈勒索罪论处。

第三节　非法拘禁罪的结果加重犯与转化犯的区分

知识背景

《刑法》第 238 条第 2 款前半句规定“犯前款罪，致人重伤的，处三年以上十年以下有期徒刑；致人死亡的，处十年以上有期徒刑”，这系非法拘禁罪的结果加重犯；后半句规定“使用暴力致人伤残、死亡的，依照本法第二百三十四条、第二百三十二条的规定定罪处罚”，这是指认定为故意伤害罪、故意杀人罪，被称为转化犯。

（一）二者的原理和区分

在理论上，二者的区别实际上在于行为人对于伤害、死亡结果所持主观过错的不同，亦即主观上过失、故意的区分。在结果加重犯中，行为人对于伤害、死亡结果，主观上是过失心态。而在转化犯中，行为人对于伤害、死亡结果，主观上是故意心态。

事实上，所谓转化犯，实为想象竞合犯的提示性规定。在非法拘禁过程中使用暴力（故意）致人伤残、死亡的，同时触犯非法拘禁罪、故意伤害罪（致人重伤、死亡）或故意杀人罪，择一重处，最终认定为故意伤害罪（致人重伤、死亡）或故意杀人罪。当然，在非法拘禁过程中使用暴力造成轻伤，则构成想象竞合，择一重处，仍认定为非法拘禁罪。

（二）推定规则以及对“暴力”的解释

那么如何解释《刑法》第 238 条第 2 款后半句中的“使用暴力”一词呢？基于前述故意、过失的原理，应当将其理解为推定行为人主观过错的推定规则和依据。

在实务层面，一般拘禁行为所需强制力范围是捆绑、关押、殴打之类，最高限度不能超过导致轻伤，因此：（1）如果行为人在拘禁过程中，没有使用超出导致轻伤以上的暴力的，推定行为人对重伤、死亡结果是过失，构成结果加重犯。例如，在非法拘禁过程中捆绑过紧导致被害人死亡的，应当认定为结果加重犯。（2）如果行为人使用了超出导致轻伤以上的暴力的，推定行为人对结果是故意，认定为转化犯，构成故意伤害罪、故意杀人罪。例如，故意轻伤造成重伤、死亡结果的，认定为故意伤害罪（致人重伤、死亡）；故意杀害造成重伤、死亡结果的，认定为故意杀人罪（未遂、既遂）。

由于实行主观推定规则，如果确有证据，可以证明行为人对伤害、死亡结果的实际罪过心态，则直接根据事实认定。例如，行为人为索高利贷而拘禁被害人，欲故意轻伤害被害人，不料打死。行为人主观上具有伤害故意、对死亡结果系过失，应当以故意伤害罪（致人死亡）论处（与催收非法债务罪择一重处）。

当然，要构成结果加重犯（非法拘禁致人重伤、死亡），还需要重伤、死亡结果与非法拘禁行为之间具有因果关系。如果重伤、死亡与拘禁行为没有因果关系，如被害人因拘禁而自杀、自残（只有条件关系而没有因果关系），则只能认为构成非法拘禁罪的基本犯。

（三）在非法拘禁过程中另起犯意而杀害、伤害的罪数

在非法拘禁的过程中，不是为了拘禁控制被害人，或者为了逼取债务而使用暴力，而是另起伤害、杀人故意而直接实施伤害、杀人行为，亦即暴力行为与拘禁行为无关，是认定为非法拘禁罪、故意伤害罪（故意杀人罪）数罪并罚，还是只认定为故意伤害罪（故意杀人罪）一罪？

这涉及对《刑法》第 238 条第二款后半句“使用暴力致人伤残”依照故意伤害罪规定定罪处罚的理解和适用问题，即该罪数规则的原理。

有论者认为，根据刑法规定，只要求客观上重伤、杀人行为发生在非法拘禁过程中，即以故意伤害罪（故意杀人罪）一罪论处。如果数罪并罚的话，就会产生逻辑矛盾：在拘禁中伤害、杀人，就认定为伤害、杀人一罪；而为了伤害、杀人而先拘禁，就认定为两罪，显然不合逻辑。即使是为了伤害、杀人而实施拘禁，则伤害、杀人之前的拘禁行为，也可认定为事前不可罚，或犯意转化，择一重处，也应以故意伤害罪（重伤）罪一罪论处。

笔者认为，前述转化犯的罪数规则只能限定为行为人主观上为了实施拘

禁的目的而伤害、杀人的情形。如果实施伤害、杀人行为当时没有拘禁或讨债的意图，而是另起犯意；则伤害、杀人结果与拘禁行为没有因果关系，不能适用前述罪数规则。此时，非法拘禁行为与伤害（杀人）行为明显属于两个不同行为，应以非法拘禁罪（基本犯）、故意伤害罪（重伤）两罪并罚。

案例评价

[案例 11-8] 田某等为索取债务而劫持他人致人死亡案[①]
（非法拘禁罪的结果加重犯）

1. 基本案情

被告人田某在任成都西部汽车城股份有限公司西安分公司经理期间，销售给被害人刘某平解放柴油车 3 辆、重庆长安面包车 1 辆，总计价款 435 000 元，刘仅付价款 130 500 元，所欠 304 500 元价款，按双方协议应在 1998 年 3 月 25 日以前付清。到期后，田某多次向刘索要未果。1999 年 7 月初，田某让万某友找两个人来西安帮其索款，事成后给万等人 12 万元酬谢。

7 月 3 日，万某友叫同厂的丁某富，丁某富又叫廖某方并让廖带上廖家存放的“冬眠灵”针剂，廖、万、丁三人又购买了 4 支一次性注射器，于 4 日乘火车来到西安。7 月 5 日，田某在西安租得 1 辆桑塔纳轿车，并给廖某方、万某友、丁某富每人 1 把水果刀。7 月 6 日下午 7 时许，四被告人到达延安。晚 9 时许，田某、廖某方与被害人刘某平饭后同车去宾馆，在宾馆附近田让路边等候的万某友、丁某富二人上车，随即掉转车头向西安方向驶去。刘某平询问干什么，廖某方即拿出刀子威胁刘不许闹，田某称去西安把事情说清楚，不会对刘进行伤害。

车开出延安后，田某害怕刘某平闹，停下车在刘的右臂注射“冬眠灵”两支，致刘睡着。次日早 5 时许在西安境内刘某平醒后，田某让万某友给刘注射“冬眠灵”1 支，刘又睡着。车驶入四川境内刘醒后，廖某方、万某友二人又给刘注射 1 支“冬眠灵”。当车要过四川剑门关时，田某害怕交警查车，再次让万某友给刘注射“冬眠灵”1 支。

7 月 8 日凌晨 2 时许，车到达四川省新都县石板滩镇胜利村。四人将刘抬到与廖某方相识的范某家地下室。此时，刘已气息微弱。后田某、万某友二人回到成都修车。廖某方、丁某富二人在范家休息。7 月 8 日中午 12 时许，田、廖、万、丁到地下室发现刘某平已死亡。为避免被人发现，田、廖提出将尸体碎尸后装入桶内，沉入河底，其他人同意。四人分工后于 9 日按计划

① 最高人民法院刑事审判第一庭、第二庭．刑事审判参考：总第 26 辑．北京：法律出版社，2002：33.

实施。田某、万某友又将刘的衣服烧毁。7月12日，田某给刘某平家打电话索要28万元，威胁否则采取措施。

四被告人被捕后对其犯罪事实均供认不讳。

2. 涉案问题

行为人给被害人多次注射“冬眠灵”致其死亡，对于死亡结果的心态如何？是认定为非法拘禁罪致人死亡（结果加重犯），还是故意伤害罪（致人死亡），抑或故意杀人罪（转化犯）？

3. 裁判理由及结论

一审法院延安市中级人民法院认为，被告人田某等人为索取债务，非法绑架他人致人死亡，其行为均构成绑架罪。遂判决被告人田某犯绑架罪判处死刑，剥夺政治权利终身。

一审宣判后，被告人田某等人及其辩护人均以原判定性不准、量刑畸重为由，提起上诉。

二审法院陕西省高级人民法院经审理后认为：上诉人田某等人为追索债务，采取绑架手段，非法拘禁债务人，使债务人刘某平失去人身自由。田某等人为了控制刘某平，多次给刘注射“冬眠灵”，经法医鉴定，没有充分依据证实刘某平系因注射该药而死。故其行为均已构成非法拘禁罪。对田某、廖某方、万某友和其辩护律师所提四上诉人的行为构成非法拘禁罪，不构成绑架罪的上诉理由和辩护意见，予以采纳。遂判决：上诉人田某犯非法拘禁罪，判处有期徒刑15年，剥夺政治权利4年。

4. 评析意见

非法拘禁罪的结果加重犯（致人重伤、死亡），与转化犯故意伤害罪（致人重伤、死亡）或故意杀人罪的区分，并不在于客观结果上，而在于行为人对重伤、死亡的罪过心态。具有伤害、杀人故意的，才能认定为转化犯；只具有过失的，认定构成结果加重犯。

本案中行为人给被害人注射“冬眠灵”，是为了使被害人昏睡，不是为了致伤、致死，故其对死亡结果是过失，构成非法拘禁罪的结果加重犯（致人死亡）。对于重伤、死亡结果没有故意，当然不能构成故意伤害罪（致人重伤、死亡）或故意杀人罪。

[案例11-9] 苗某生等故意伤害、故意杀人、非法拘禁案①
（非法拘禁罪的转化犯）

1. 基本案情

1995年4月初，河北省唐山市×××医院徐某华家中电器被盗，经公安

① 参见最高人民法院（2001）刑复字第226号刑事判决书。

机关侦查未果。徐便让李某红找人帮助查找。李某红找到李某荣，李某荣又找到张某新。4月10日22时许，张某新纠集了苗某生和闫某、刘某勋、张某华、管某、霍某新，在李某红的带领下，分乘“桑塔纳”“夏利”“拉达”三辆汽车到×××医院住宅区，将徐某华怀疑的被害人郑某裕、楚某华强行从家中拉出带到袁庄公墓，用警棍、皮带轮流进行严刑拷打，逼问徐某华家丢失电器的去向。

后张某新、苗某生等人又先后将郑某裕、楚某华转移到唐山市税东工房和大庆10号2层楼房内，由张某新、苗某生继续对郑、楚二人进行拷打。4月11日11时许，楚某华因创伤性失血性休克死亡。当晚9时许，为了杀人灭口，张某新、苗某生、闫某、刘某勋、管某、霍某新在用一辆121吉普车去西窑一带扔楚某华尸体的途中，于车内用麻绳将郑某裕勒死，尔后将楚、郑二人的尸体分别扔至唐山市甲小区、乙小区的下水井内。

2. 涉案问题

(1) 对于楚某华之死，非法拘禁过程中使用暴力致人重伤而后死亡，是认定为非法拘禁罪（致人死亡），还是故意伤害罪（致人死亡），抑或故意杀人罪？(2) 对于郑某裕之死，非法拘禁过程中为灭口而杀人，是认定为故意杀人罪一罪，还是非法拘禁与故意杀人罪，两罪并罚？

3. 裁判理由及结论

一审法院河北省唐山市中级人民法院于1997年9月9日判决：苗某生非法限制他人人身自由的行为，构成非法拘禁罪；故意伤害他人身体健康，致人死亡的行为，构成故意伤害罪；为了灭口而杀人的行为，构成故意杀人罪。认定被告人苗某生犯故意伤害罪，判处死刑，剥夺政治权利终身；犯故意杀人罪，判处死刑，缓期2年执行，剥夺政治权利终身；犯非法拘禁罪，判处有期徒刑3年，决定执行死刑，剥夺政治权利终身。宣判后，苗某生等人均不服，提起上诉。

二审法院河北省高级人民法院于1998年1月14日认定苗某生有重大立功表现，改判死刑，缓期2年执行，剥夺政治权利终身。该刑事判决发生法律效力后，河北省高级人民法院作出再审决定书，以原二审判决认定的部分事实确有错误为由，依照审判监督程序提起再审。

后河北省高级人民法院于2001年7月3日作出再审刑事判决：原二审判决认定苗某生在二审期间具有重大立功表现错误。经查，苗某生检举揭发他人犯罪的材料系伪造的，不能认定其有立功表现。原审被告人苗某生犯故意伤害罪，判处死刑，剥夺政治权利终身；犯故意杀人罪，判处死刑，缓期2年执行，剥夺政治权利终身；犯非法拘禁罪，判处有期徒刑3年，决定执行死刑，剥夺政治权利终身，并依法报送最高人民法院复核。

最高人民法院于 2002 年 12 月 20 日复核认为：原审被告人苗某生伙同他人将被害人强行从家中带出，非法限制其人身自由，并故意杀死一人、故意伤害致死一人，其行为分别构成故意杀人罪、故意伤害罪、非法拘禁罪。苗某生所犯罪行严重，且是累犯，依法应当从重处罚。原二审判决认定苗某生在二审期间检举揭发他人犯罪，有重大立功表现错误。经查，有关苗某生检举揭发他人犯罪的材料，系有关人员伪造的。苗某生没有检举他人犯罪的立功表现，不具有法定从轻、减轻处罚情节，依法应判处死刑。但是鉴于本案二审判决生效已逾 4 年，苗某生被减为无期徒刑已 2 年，且其在监狱表现较好，有悔罪表现，故对其判处死刑，可不必立即执行。遂判决苗某生犯故意杀人罪，判处死刑，缓期 2 年执行，剥夺政治权利终身；犯故意伤害罪，判处死刑，缓期 2 年执行，剥夺政治权利终身；犯非法拘禁罪，判处有期徒刑 3 年；决定执行死刑，缓期 2 年执行，剥夺政治权利终身。

4. 评析意见

为了寻找、追回失窃的财物而拘禁并殴打被怀疑的被害人，构成非法拘禁罪。在非法拘禁过程中使用暴力致一人重伤而后死亡的，对重伤结果是故意，对死亡结果系过失，故不属于非法拘禁罪的结果加重犯（致人死亡）；对于死亡结果无故意，也不构成故意杀人罪，而应转化为故意伤害罪（致人死亡）。

在拘禁行为完成后，为了灭口而杀人，是另起犯意杀人，杀人行为与拘禁行为属于两个行为，应当数罪并罚。

［案例 11－10］胡某权故意杀人、非法拘禁案①
（在非法拘禁中另起犯意而杀害、伤害的罪数）

1. 基本案情

2012 年 6 月 10 日 19 时许，被告人胡某权为向被害人张某（殁年 44 岁）索债，纠集李某成（另案处理）等人将张某从浙江省杭州市某酒店带离杭州市。同年 6 月 11 日至 8 月 31 日间，胡某权分别指使或雇用同案被告人张某宣等多人先后在浙江省温州市永嘉县某街道某村、永嘉县某镇某村及浙江省丽水市青田县方山乡某村等多处租房关押、看管张某。其间，胡某权多次逼迫张某电话联系亲友，索要 5 000 余万元。因张某亲属未按胡某权要求的金额及期限汇款，胡某权多次威胁、殴打张某，并让看管人员用手铐、铁笼拘束张某。截至 2012 年 8 月 15 日，胡某权共计向张某亲友索得 620 万元。

① 最高人民法院刑事审判第一、二、三、四、五庭．刑事审判参考：总第 113 集．北京：法律出版社，2019：10.

2012年8月31日深夜，被告人胡某权和金某国驾车来到浙江省青田县某村关押被害人张某的地点，伙同金某寰等人将张某关进一个铁笼，装入所驾驶的奥迪Q7轿车后备箱内运往青田县滩坑水库。途中，奥迪Q7轿车爆胎，胡某权联系在附近探路的张某宣驾驶英菲尼迪轿车前来。因该车无法装运铁笼，胡某权又电话联系傅某武驾驶尼桑皮卡车前来。胡某权等人将关着张某的铁笼抬到尼桑皮卡车上。然后，胡某权、金某国乘坐由傅某武驾驶的尼桑皮卡车，与张崇宣驾驶的英菲尼迪轿车一同驶往青田县滩坑水库。9月1日凌晨，当二车邻近水库时，胡某权让傅某武到英菲尼迪车上停留等候，并让张某宣换乘到尼桑皮卡车上，然后由金某国驾驶该皮卡车至滩坑水库北山大桥上调头后靠桥栏杆停下。胡某权、张某宣、金某国一起将关着张某的铁笼从皮卡车上抬起，抛入距离桥面20多米的滩坑水库中，致张某死亡。而后，胡某权等三人与傅某武会合并逃离现场。胡某权于2012年9月潜逃，偷渡出境，于2013年2月27日在泰国曼谷被泰国警方抓获，于同年3月6日被押解回中国。

2. 涉案问题

为索债则拘禁他人，在索债未能如愿的情况下又杀人，是认定为故意杀人罪一罪，还是非法拘禁与故意杀人罪两罪并罚?

3. 裁判理由及结论

浙江省杭州市人民检察院指控被告人胡某权犯非法拘禁罪、故意杀人罪，向浙江省杭州市中级人民法院提起公诉。

一审法院浙江省杭州市中级人民法院认为，被告人胡某权的行为已构成非法拘禁罪、故意杀人罪。遂依法判决：被告人胡某权犯故意杀人罪，判处死刑，剥夺政治权利终身；犯非法拘禁罪，判处有期徒刑3年；决定执行死刑，剥夺政治权利终身。

一审宣判后，被告人胡某权不服，提起上诉。

二审法院浙江省高级人民法院裁定驳回上诉、维持原判，并报请最高人民法院核准。

最高人民法院经复核认为，原审被告人胡某权为索债，纠集、雇用他人非法限制债务人的人身自由，其行为构成非法拘禁罪；在索债未能如愿的情况下，纠集、雇用他人将被害人关入铁笼抛入水库致死，其行为又构成故意杀人罪，应依法并罚。遂裁定核准死刑，剥夺政治权利终身。

4. 评析意见

在拘禁行为完成后，又为了灭口而杀人，是另起犯意杀人，杀人行为与拘禁行为属于两个行为，应当数罪并罚。

第四节 此罪彼罪、一罪数罪

知识背景

（一）绑架罪与非法拘禁罪的区分和关系

根据《刑法》第 239 条的规定，绑架罪有三种行为方式：为勒索财物而绑架他人、绑架他人作为人质、为勒索财物偷盗婴幼儿。客观方面的绑架行为包括拘禁、杀伤、偷盗婴幼儿，主观方面要求具有勒赎或扣为人质的目的。

在行为人客观上实施了扣押、控制的拘禁行为时，区分其行为是构成绑架罪还是非法拘禁罪，关键看行为人主观上有无勒赎、扣为人质的目的。主观上无勒赎、扣为人质的目的的，不构成绑架罪，构成非法拘禁罪。

行为人主观上以勒赎、扣为人质的目的而拘禁他人，系以拘禁为手段实施绑架，触犯绑架罪、非法拘禁罪两罪，是法条竞合，以整体法绑架罪论处。

为索取债务非法扣押、拘禁他人的，因主观上不具有非法占有目的，不构成绑架罪，依照非法拘禁罪定罪处罚。但行为人扣押被害人之后，如向被害人家属索取的钱款数额超过债务数额，则应当认为成立非法拘禁罪（债务数额以内）与绑架罪（债务数额以外）的想象竞合，应当择一重处。

（二）索债型非法拘禁罪与催收非法债务罪的区分和关系

催收非法债务罪，是《刑法修正案（十一）》增设的新罪名，根据《刑法》第 293 条之一的规定，是指使用暴力、胁迫，限制他人人身自由或者侵入他人住宅，恐吓、跟踪、骚扰他人的非法方法，催收高利放贷等产生的非法债务，情节严重的行为。该罪被规定在第六章妨害社会管理秩序罪第一节扰乱公共秩序罪之中。

在构成要件方面，要求行为人实施了以下三种非法方法行为之一：（1）暴力、胁迫。其指危及人身的暴力、胁迫，例如殴打、伤害等，以伤害、杀害、拘禁为威胁等。（2）限制人身自由，侵入住宅。（3）恐吓、跟踪、骚扰。恐吓、骚扰的内容不受限制，并不限于人身侵害的恐吓，也包括毁坏财物、贬损名誉、揭发隐私等的恐吓。骚扰指干扰正常的工作、生活、学习秩序的手段方法。

并且，还要求具有催收非法债务的目的。“非法债务”指法律不予保护的债务，包括高利贷、赌债、嫖资、因违法犯罪而许诺的酬金等。（1）要求存在事实上的债务，即有自然意义上的借钱、欠债的事实。不存在自然债务，借讨债为名，以暴力、威胁、要挟、恐吓、骚扰等手段，强行索要钱财，可构成抢劫罪、敲诈勒索罪。(2) 该债务系“非法债务”，即不受法律保护，例如高利贷中超过民法许可范围的利息［注：这里的“高利贷”应以民法为标准，而不以刑法为标准］。以非法手段讨要合法债务，或者债务中合法部分的(如高利贷中的本金、民法认可的利息)，不能构成本罪，但可以手段行为如非法拘禁罪、非法侵入住宅罪等定罪处罚。(3) 主观上明知系非法债务，系为了索取债务而实施非法手段，因此排除非法占有目的，不构成抢劫罪、敲诈勒索罪等财产犯罪和绑架罪。

《刑法修正案（十一)》增设催收非法债务罪之后，并未废止《最高人民法院关于对为索取法律不予保护的债务非法拘禁他人行为如何定罪问题的解释》的规定，因此，如果以非法拘禁的手段来催收非法债务，可以同时触犯非法拘禁罪、催收非法债务罪。从罪数关系上讲，催收非法债务罪与寻衅滋事罪、非法拘禁罪、非法侵入住宅罪、故意伤害罪等犯罪之间，存在交叉竞合关系。在构成要件层面上，催收非法债务罪的方法行为实际上就是非法拘禁、非法侵入住宅、寻衅滋事等，只不过目的行为系催收非法债务的行为。既触犯催收非法债务罪又触犯非法拘禁罪等罪名的，应当择一重处。

(三) 罪数

1. 法条竞合 (整体法优于部分法)

实施绑架、抢劫、拐卖等犯罪，以拘禁作为“暴力”手段的，应当以整体法绑架、抢劫、拐卖定罪，不再单独认定构成非法拘禁罪。

2. 结合犯 (加重犯)

犯组织他人偷越国（边）境罪，剥夺或者限制被组织人人身自由的，以组织他人偷越国（边）境罪一罪论处（情节加重犯)。

3. 数罪并罚

(1) 犯收买被拐卖的妇女、儿童罪，又非法拘禁的，应当数罪并罚。

(2) 非法拘禁罪是继续犯，在继续状态中另起犯意犯他罪，例如先非法拘禁，在拘禁过程中临时起意实施绑架、抢劫、拐卖、强奸等犯罪的，应当数罪并罚。

案例评价

[案例 11 - 11] 章某、王某绑架、非法拘禁罪案①
(绑架罪与非法拘禁罪的区分)

1. 基本案情

被告人章某承租泗阳县××大酒店，因经营不善而严重亏损，遂产生了

① 最高人民法院刑事审判第一庭、第二庭．刑事审判参考：总第 24 辑，北京：法律出版社，2002：40.

绑架勒索财物的犯意。经考察，章某选定了泗阳县摄影个体户吴某光之子吴某（本案被害人，案发时7岁）为绑架对象，并对吴某的活动规律进行了跟踪了解。2000年1月14日上午，章某向在自己承包的酒店做服务员工作的被告人王某提出：有人欠债不还，去把其子带来，逼其还债。王某表示同意。

当日13时10分左右，章某骑摩托车载着王某至泗阳县实验小学附近，将去学校上学的被害人吴某指认给王某，王某即跟随吴某至教室，将吴某骗出。章某骑摩托车与王某一起将吴某带至泗阳县××大酒店，用胶带将吴某反绑，置于酒店储藏室内关押。16时许，章某电话寻呼被告人章乙（系章某外甥女），告诉章乙自己绑架了一个小孩，要求章乙帮助自己打电话给被害人家勒索财物，并告知章乙被害人家的电话号码以及勒索50万元人民币和一部手机等条件。章乙表示同意。当日16时至17时许，章乙共3次打电话给被害人家，提出了勒索50万元人民币和一部手机等条件。次日，章某赶到沭阳县城，再次要求章乙继续向被害人家打电话勒索，章乙予以拒绝。

因被害人家属报案，1月17日凌晨，被告人章乙、章某、王某先后被公安机关抓获，被害人吴某同时被解救。被害人吴某被绑架长达63小时之久，送医院治疗5天，被诊断为双腕软组织挫伤，轻度脱水。吴某父母吴某光、马某为吴某治疗共花去医疗费总计人民币2 214.31元。

2. 涉案问题

被告人章某与吴某光客观上无债权债务关系，但被告人王某主观上误认为存在债权债务关系，为索债而扣押吴某光的儿子吴某的，是构成绑架罪还是非法拘禁罪？

3. 裁判理由及结论

江苏省宿迁市人民检察院以被告人章某、王某、章乙犯绑架罪，提起公诉。

被告人王某辩称：自己没有绑架的故意。其辩护人提出：王某的绑架行为是在受骗的情况下实施的，主观恶性小，归案后认罪态度好，有悔罪表现，可予以从轻处罚。

一审法院江苏省宿迁市中级人民法院认为：被告人以勒索财物为目的，绑架他人，被告人章乙在明知被告人章某实施绑架行为后，打电话勒索财物，章某、章乙的行为均已构成绑架罪。被告人王某在被告人章某谎称扣押人质而索债的认识支配下，非法拘禁儿童，其行为已构成非法拘禁罪。章某、章乙系绑架的共犯。被告人章乙的辩护人提出章乙的行为符合犯罪中止的有关规定。经查，章乙在明知章某实施绑架行为后，帮助章某实施勒索行为，其后来虽然拒绝继续实施勒索行为，但不足以防止危害结果的发生，不属于犯罪中止，故其辩护意见不能成立，不予采纳。遂判决：被告人章某犯绑架罪，判处无期徒刑，剥夺政治权利终身，并处没收财产。被告人章乙犯绑架罪，判处有期徒刑 3 年，并处罚金 5 000 元。被告人王某犯非法拘禁罪，判处有期徒刑 3 年。

一审宣判后，附带民事诉讼原告人吴某光、马某不服，提起上诉，理由是：原判对被告人章乙量刑畸轻，被告人王某的行为应构成绑架罪。

江苏省高级人民法院经二审裁定驳回上诉，维持原判。

4. 评析意见

区分绑架罪与非法拘禁罪的关键，在于行为人主观上有无勒赎目的。本案中被告人章某与吴某光客观上无债权债务关系，被告人王某的客观行为的性质是绑架行为；但其主观上误认为存在债权债务关系，是为索债而扣押吴某光的儿子吴某，不具有勒赎目的，不构成绑架罪，而构成索债型非法拘禁罪。章某、王某共有非法拘禁行为，在非法拘禁罪的范围内成立共同犯罪。

[案例 11－12] 孟某保等绑架、非法拘禁案①（索要的债务多于实际债务）

1. 基本案情

被告人孟某保参与实施了以下八项行为：

（1）1996 年 2 月 10 日晚，孟某保为向陈某锁索要赌债 7 万元，纠集被告人梁某刚、薛某平、孟某亮等人，在一饭店门口将陈某锁拦住，孟某保用火枪托将陈的头部打破，又将陈劫持到太原。陈的亲友送来 5.5 万元后陈被放回家。事后梁某刚、薛某平、孟某亮各得人民币 1 000 元。

（2）1996 年 3 月 28 日晚八时许，孟某保、梁某刚、孟某有为向杜某杰索要其欠孟某保的赌债 7 万元，将杜某杰劫持到太原市一楼内，用皮带、折叠椅轮流对杜殴打，在杜答应将其汽车抵折 3 万元，其余 4 万元每月还 5 000 元后，才放杜回家。

（3）1996 年 4 月的一天下午，孟某保、梁某刚、孟某有向王某牛索要其欠孟某保的赌债 1.2 万元。三人在徐沟镇将王某牛劫持到汾河二坝水文部屋内，让王跪下，并分别用手、脚、打气筒轮流对王殴打，王被迫交给孟某保人民币 1 万元。

（4）1997 年 9 月，孟某保在文水县谢家寨放赌时，该村村民岳某唐欠孟赌债 9 900 余元。同年 11 月 4 日凌晨，孟某保指使他人将岳某唐及其子岳某刚劫持到太原体育馆澡堂，孟某保对岳某唐殴打后，逼岳某刚拿 3 万元赎人。

① 最高人民法院刑事审判第一庭．刑事审判参考：总第 10 集．北京：法律出版社，2000：31. 为研习需要，对涉及其他罪名的案情内容有删减。

在岳的亲属将 2.6 万元和传呼机 1 部交给庞某民后，孟某保放岳某唐回家。

(5) 1997 年 11 月的一天下午，孟某保伙同他人将麻某强劫持到太原市一空房内，向其索要麻欠孟某保的赌债 3 万元。孟某保用桌腿打麻，威逼麻给其家人打电话拿 6 万元赎人。麻的亲属交给孟某保 3 万元后才将麻放回家。

(6) 1998 年 2 月 24 日晚 9 时，孟某保与张某平赌博时发生争执，庞某民伙同他人将张某平劫持，交给孟某保。孟某保又将张劫持到一村民家中，对张进行殴打，并要求与张某平同行的郑某清拿 3.5 万元赎人。后张某平的亲属拿 2.4 万元交给孟某保，孟放张某平回家。事后，张又交给孟某保 3 000 元及金戒指 1 枚。

(7) 1998 年 2 月 11 日和 3 月的一天晚上，孟某保纠集“虎儿”（在逃），两次爬墙进入焦某忠家中，向焦索要赌债 1.4 万元。在孟某保的威逼下，焦让他人将 1.4 万元交给孟某保。

(8) 1998 年 4 月 4 日晚 11 时许，孟某保伙同牛某明向岳某庆索要其欠孟某保的赌债 8 000 元，并将岳劫持到太原市一招待所内控制了 3 天，岳的妹妹交出 4 700 元后才放岳回家。

2. 涉案问题

(1) 对以上事项中的第 1、2、3、7、8 项，为了索取赌债而扣押他人并进行殴打，其行为如何定性？是构成非法拘禁罪还是绑架罪？

(2) 对于以上事项中的第 4、5 项，索要的“债务”远远多于赌债，其行为如何定性？是构成非法拘禁罪还是绑架罪？犯罪数额为多少？是否将赌债数额予以扣减？

3. 裁判理由及结论

山西省太原市人民检察院以被告人孟某保等犯绑架罪、非法拘禁罪等罪名，向山西省太原市中级人民法院提起公诉。

一审法院山西省太原市中级人民法院认为：被告人孟某保为索要赌债纠集被告人梁某刚等人绑架他人的行为构成绑架罪；被告人梁某刚等人为索取债务而非法扣押、限制他人人身自由，并殴打他人的行为构成非法拘禁罪。遂判决：被告人孟某保犯绑架罪，判处有期徒刑 13 年。被告人梁某刚犯绑架罪，判处有期徒刑 7 年；犯非法拘禁罪，判处有期徒刑 2 年。

一审宣判后，孟某保服判，不上诉。梁某刚不服，向山西省高级人民法院提起上诉。梁某刚上诉称：其行为不构成绑架罪；在帮助陈某忠向张某兰要被骗的钱的过程中，只起了非常轻微的作用，非法拘禁罪不能成立；量刑过重。

二审法院山西省高级人民法院经审理认为：原审被告人孟某保不属明显为了收回赌债，或收回的“债”远远多于赌债而绑架张某平、岳某唐的行为，已构成绑架罪。对原审被告人孟某保纠集上诉人梁某刚等劫持并限制陈某锁、杜某杰、王某牛、麻某强、岳某庆等人的人身自由，强索赌债的行为，应以非法拘禁罪定罪处刑，原审判决以绑架罪定罪处刑不当。上诉人梁某刚等人为索取债务而非法扣押、限制他人人身自由，进行殴打的行为，已构成非法拘禁罪。遂判决原审被告人孟某保犯绑架罪，判处有期徒刑 7 年；犯非法拘禁罪，判处有期徒刑 3 年。上诉人梁某刚犯非法拘禁罪，判处有期徒刑 2 年。

4. 评析意见

为了索取赌债而扣押他人并进行殴打的，构成非法拘禁罪。司法解释如此规定，并不表示刑法保护赌债等非法债务，而是因为行为人主观上没有勒赎（非法占有）的目的，不符合绑架罪的主观要件。

对于索要的“债务”与实际赌债相差悬殊的，因为行为人主观上具有勒赎（非法占有）的目的，构成绑架罪。犯罪数额不扣减赌债数额，仍将它作为行为人与被害人之间的非法债务。如果扣减的话，就会出现针对赌债数额构成非法拘禁罪，针对超出数额构成绑架罪的问题。

第五节　非法拘禁罪的处罚

知识背景

《刑法》第 238 条第 1 款规定：犯本罪的，处 3 年以下有期徒刑、拘役、管制或者剥夺政治权利。具有殴打、侮辱情节的，从重处罚。此为基本犯，以及从重情节。

第 2 款规定，犯前款罪，致人重伤的，处 3 年以上 10 年以下有期徒刑；致人死亡的，处 10 年以上有期徒刑。此为结果加重犯。

第 5 款规定，国家机关工作人员利用职权犯前三款罪的，依照前款的规定从重处罚。此为从重情节。

由此可见，非法拘禁罪有两种从重处罚事由。

（1）国家机关工作人员利用职权犯非法拘禁罪的，从重处罚。国家机关工作人员系量刑身份，须“利用职权”（外观上是否利用职权，如以逮捕、拘留、调查、审查为名）才从重；如国家机关工作人员未利用职权，则不从重。

（2）具有殴打、侮辱情节的，从重处罚。

1）此从重情节在字面上是对基本犯（第 1 款）的规定，但仍可适用第 2 款、第 3 款。

2）适用于第 2 款（加重犯、转化犯）时应当注意禁止重复评价。例如：i）使用暴力致人死亡的，因同时该暴力也是殴打，只认定为故意杀人罪；为了避免重复评价，不能再认为具有“殴打”（暴力）情节。ii）使用暴力致人死亡，其间还进行了非暴力侮辱的，认定为故意杀人罪，并且因为还具有“侮辱”情节，应从重处罚。iii）因捆绑过紧而致人死亡，其间还进行了非暴力侮辱的，认定为非法拘禁罪（致人死亡），并且因为还具有“侮辱”情节，应从重处罚。这都没有重复评价。

案例评价

[案例 11－13] 辜某平非法拘禁案①
（国家机关工作人员利用职权犯非法拘禁罪）

1. 基本案情

被告人辜某平在担任冷水江市岩口镇经营管理站站长兼农村合作基金会主任期间，经主管镇基金会工作的副镇长刘某中批准后，分别于 1995 年 11 月 14 日和 27 日总计贷款 13.5 万元给冷水江市腾飞装潢公司经理李某进，两次贷款均由冷水江市中南公司职工刘某勇担保。1996 年 1 月 19 日，经刘某中批准，辜某平又经办贷款 4.4 万元给刘某勇做生意。上述贷款发放后，直到 1999 年 8 月止，连本带息近 30 万元无法收回。

1999 年 7 月至 8 月，岩口镇党委、政府多次召开会议，部署该镇的农村合作基金会清欠工作。会上责成辜某平负责清收上述 17.9 万元贷款。辜某平经由冷水江市民政局调查了解到债务人刘某勇已与其前妻冷水江市第七中学教师钟某华离婚 3 年，离婚协议明确了刘某勇的债权、债务与钟某华无关。但辜某平认为刘某勇与钟某华系假离婚，在找不到刘某勇的情况下，要想追回贷款，只有找钟某华。

经镇党委副书记潘某筠同意后，1999 年 8 月 19 日辜某平领人在冷水江市造船厂附近将钟某华及其女儿刘某（9 岁）强行拉上车带到镇政府，并让他人将钟、刘关押进了备有铁门、铁窗的小房间。当日下午 6 时许，钟某华托人将女儿送到其奶奶张某芳家。几天后，辜某平见钟某华未设法还款，又提出将刘某勇的母亲张某芳也关押起来，得到镇党委书记谢某翔的同意。8 月 22 日当张某芳到镇政府看望钟某华时，辜某平又将张某芳关进了钟某华的房间。

9 月下旬，清欠工作进入尾声。钟某华交了 4 100 元人民币后于 9 月 25 日被放回，累计被非法关押 37 天。张某芳交了 2 100 元人民币后于 9 月 28 日被放回，累计被非法关押 38 天。

2. 涉案问题

（1）索债型非法拘禁的对象人是否需要有所限定？为索债而扣押债务人

① 最高人民法院刑事审判第一庭、第二庭．刑事审判参考：总第 26 辑．北京：法律出版社，2002：40.

的前妻、女儿、母亲，是否构成非法拘禁罪？（2）“因公”索债，并经上级领导的纵容支持而拘禁他人，是从宽情节还是从重情节？

3. 裁判理由及结论

湖南省冷水江市人民法院认为：被告人辜某平为要刘某勇偿还贷款，在明知刘某勇与钟某华离婚已达 3 年之久，离婚协议上债权债务处理明确的情况下，将钟某华及刘某勇的母亲张某芳二人非法关押 30 余天。考虑到其是在上级领导的纵容支持下，“因公”索债，可予酌情从轻处罚。遂判决被告人辜某平犯非法拘禁罪，判处有期徒刑 1 年，缓刑 1 年。

本案的“裁判理由”认为，索债型非法拘禁的对象人“他人”，并未被明确限定为债务人本人，当然可以包括债务人以外而与债务人具有某种利害关系的人。

本案被告人辜某平为逼人还贷非法关押他人，虽然是在该镇党委、政府的清收欠贷的压力下实施的，为的也是公共利益，且事先得到该镇党委书记、副书记等人的同意，关押地就设在镇政府大院，但上述行为绝不是所谓的什么“政府行为”或“单位行为”，而是彻头彻尾的个人职务犯罪行为。

值得注意的是，本案在量刑上虽有上述可酌情从轻的一面，但同样具有国家机关工作人员利用职权犯非法拘禁罪应当依法从重的一面。

4. 评析意见

非法拘禁罪的对象人从来就不受限定，索债型非法拘禁是对非法拘禁罪的提示性规定，当然其对象人也不受限定。本案的裁判理由将其限定为“债务人以及与债务人具有某种利害关系的人”，并不正确。事实上，包括索债型非法拘禁在内的非法拘禁罪，对象人可以是任何人。为索债而扣押债务人的前妻、女儿、母亲，甚至无关紧要的第三人，都可构成非法拘禁罪。

至于经领导许可用拘禁手段“因公”索债，首先涉及的是可否以法令行为出罪的问题。阻却违法的法令行为要求内容合法，内容非法的法令行为不可阻却违法。

另外涉及的是其是从宽情节还是从重情节。根据《刑法》第 238 条第 5 款的，国家机关工作人员利用职权犯前述罪的，依照前述规定从重处罚。因此，国家机关工作人员利用职权犯非法拘禁罪，是法定从重情节，而并非从宽事由。从立法原理上讲，国家机关工作人员更懂法、知法、守法才对，利用公权力公然犯罪，侵害公民的合法权益的，应当从重。

第十二章　绑架罪

规范依据

《刑法》

第二百三十九条[①]　以勒索财物为目的绑架他人的，或者绑架他人作为人质的，处十年以上有期徒刑或者无期徒刑，并处罚金或者没收财产；情节较轻的，处五年以上十年以下有期徒刑，并处罚金。

犯前款罪，杀害被绑架人的，或者故意伤害被绑架人，致人重伤、死亡的，处无期徒刑或者死刑，并处没收财产。

以勒索财物为目的偷盗婴幼儿的，依照前两款的规定处罚。

第一节　绑架罪的构成

绑架罪是指以勒索财物为目的绑架他人或者绑架他人作为人质的行为。

一、客观要件

知识背景

绑架罪的行为对象是“他人”，包括妇女、儿童、婴幼儿等（且如后文详

① 本条经 2009 年 2 月 28 日《刑法修正案（七）》第 6 条、2015 年 8 月 29 日《刑法修正案（九）》第 14 条两次修改。1997 年《刑法》第 239 条原规定：“以勒索财物为目的绑架他人的，或者绑架他人作为人质的，处十年以上有期徒刑或者无期徒刑，并处罚金或者没收财产；致使被绑架人死亡或者杀害被绑架人的，处死刑，并处没收财产。”“以勒索财物为目的偷盗婴幼儿的，依照前款的规定处罚。”《刑法修正案（七）》第 6 条将 1997 年《刑法》第 239 条修改为：“以勒索财物为目的绑架他人的，或者绑架他人作为人质的，处十年以上有期徒刑或者无期徒刑，并处罚金或者没收财产；情节较轻的，处五年以上十年以下有期徒刑，并处罚金。”“犯前款罪，致使被绑架人死亡或者杀害被绑架人的，处死刑，并处没收财产。”“以勒索财物为目的偷盗婴幼儿的，依照前两款的规定处罚。”《刑法修正案（九）》第 14 条对本条第 2 款再次作出修改，改为了目前有效的第 239 条。

述，被绑架者与被勒索者、被要挟者并非同一人）。绑架自己的父母或者子女的，同样属于绑架“他人”而可能构成本罪。自己绑架自己的，自然不属于绑架“他人”；伙同他人绑架自己的，因为并不存在着某人的生命安全、身体健康等法益受到侵害的问题（可以认为“被害人同意”导致这种利益丧失了要保护性），所以同样不属于绑架他人，从而不能成立绑架罪（伙同他人“绑架”自己，而后向自己的亲属等勒索财物的，只可能成立敲诈勒索罪）。

绑架行为的实质是以实力控制他人（并据此向其利害关系人提出支付赎金或者其他不法要求），其手段行为常表现为暴力、胁迫或者麻醉等其他方法。对于缺乏或者丧失行动能力的被害人，采用偷盗、引诱等方法使其处于行为人或者第三人实力支配之下的，也成立本罪。因此，《刑法》第239条第3款规定，“以勒索财物为目的偷盗婴幼儿的”，按照绑架罪的规定处罚。

案例评价

[案例12-1] 杨某等抢劫、绑架案①

1. 基本案情

2008年1月19日中午，被告人杨某提议并与被告人郭某应合谋后，至无锡市惠山区长安街道水泵厂，采用持刀殴打、威胁等手法，欲向被害人廖某铝劫取钱财，后因廖某铝的表哥姚某彬赶来劝阻等原因而未得逞。后两被告人又继续找廖某铝，欲再实施抢劫犯罪，因找不到廖某铝，两被告人又经合谋，于2008年1月20日凌晨1时许，持砍刀踢门闯入无锡市惠山区长安街道惠巷医疗器械水泵厂姚某妹（女，41岁，系廖某铝之母）的宿舍，被告人杨某将砍刀交给郭某应，自己取得屋内菜刀1把。两被告人找廖某铝不得，即向姚某妹谎称“廖某铝欠郭某应1 500元钱”，以此为由要姚某妹替子还钱。索要未果后，被告人郭某应即将刀架在姚某妹的次子廖某停（男，1999年5月19日生）的脖子上，提出交付人民币900元，不拿钱就杀害廖某停。姚某妹见状，拿出随身的50元人民币，两被告人嫌少，又继续以杀害廖某停相威胁逼迫姚某妹。见姚某妹再拿不出钱款，两被告人即向姚某妹索得上述人民币50元并将廖某停作为人质带走，责令姚某妹于当日上午10时前交付剩余赎金人民币850元。

2. 涉案问题

在本案中，两名被告人的行为构成何罪？是一罪还是数罪？其所涉及的问题是：绑架罪的客观要件该如何理解？其与抢劫罪该如何区分？

---

① 陈兴良，张军，胡云腾．人民法院刑事指导案例裁判要旨通纂．2版：上卷．北京：北京大学出版社，2018：857-858.

3. 裁判理由及结论

江苏省无锡市惠山区人民法院认为：被告人杨某、郭某应以非法占有为目的，采用暴力手段欲劫取他人钱财，因意志以外的原因未得逞，其行为均已构成抢劫罪，属未遂；继而又以勒索财物为目的，以暴力手段控制并绑架人质，其行为均又构成绑架罪。对被告人杨某、郭某应所犯数罪，依法应予以并罚。公诉机关指控两被告人犯绑架罪的罪名成立，应予支持，但对两被告人属入户抢劫的指控罪名及情节，经查，两被告人提出要姚某妹替子还钱不成后，其犯意即发生了转化，实施了用刀架在廖某停的脖子上，将廖某停作为人质予以控制，以此向其亲属勒索赎金的行为，当场取得部分赎金人民币 50 元。该行为属于绑架过程中的一部分，不应单独作为抢劫予以重复评价，故本院对入户抢劫之指控不予支持。

最终，法院对于被告人杨某、郭某应分别以抢劫罪（未遂）和绑架罪并罚，分别决定执行有期徒刑 6 年 6 个月和有期徒刑 6 年。

4. 评析意见

对以上法院裁判可以提炼出如下裁判要旨，即当场向人质的亲属勒索财物的，应以绑架罪论处。

除去针对廖某铝本人的抢劫未遂行为之外，对两被告人针对姚某妹（以及廖某停）的索取财物行为是以抢劫罪（入户）、绑架罪两罪并罚还是以绑架罪一罪论处？问题的关键在于当场勒索财物的行为能否构成绑架罪。公诉机关认为，抢劫犯罪中，行为人应当是以立即实施暴力相威胁，迫使他人立即交出财物，而被实施暴力胁迫的人和交付财物的人可以是不同的人。这种观点否定了在绑架罪中也存在当场勒索财物的情形。而实际上，绑架罪并不绝对排斥绑架人质并当场勒索财物的情形。区分抢劫罪还是绑架罪，关键要看行为人是实际控制了人质，并以人质为要挟向第三人索要财物，还是直接向被控制人索要财物。也即绑架罪与抢劫罪的一大区别在于犯罪对象的相异性和同一性，如果行为既针对被绑架者，又针对被勒索、被要挟的第三人，以绑架罪定罪论处为宜。就本案而言，两被告人采用将刀架在廖某停脖子上的手段，将廖某停作为人质予以控制，并利用廖母对廖某停人身安全的担忧，向廖母勒索钱财，而不是向廖某停本人勒索钱财。因此，两被告人的该行为符合绑架罪的构成要件，应以绑架罪论处。

深度研究

上述法院判决值得重视，也提出了值得进一步研究的课题。

（1）绑架罪的成立，是否要求被勒赎之人（第三面关系）一定不在现场？换言之，如果第三人在现场，是成立绑架罪还是成立抢劫罪？

除以上案例之外，再比如，陈某是吸毒人员，家中一贫如洗。一日，陈某来到一高中同学开的小卖部，出口借 5 000 元钱。其同学因知道他吸毒，不同意借钱给他。陈某见屋内有一小男孩（5 岁），随即抱起男孩，并从衣服内拿出一把尖刀顶在小男孩的脖子上，威胁其同学，如不借钱给他，就将小孩杀了。同学无奈，给了陈某 3 000 元钱，陈得钱后离开。对陈某的行为是该定绑架罪还是该定抢劫罪？尽管本案中存在着三名当事人（陈某、其同学以及小男孩），但是并不能被评价为绑架罪中的三面关系：一方面本案中是先有非法占有目的而后向同学提出无理要求，该小男孩不过是陈某为威胁、胁迫同学以实现自己非法取财的手段和工具而已，本身尚不具有单独的被评价为一面关系的主体地位；另一方面，对小男孩的挟持行为也不能被评价为“绑架他人”或者“绑架他人作为人质”，仅属于以被害人之外的在场第三人为胁迫对象，迫使被害人当场交付财物的抢劫罪的构成要件。

而就勒赎型绑架罪来说，原则上应该是被勒索者不在现场。这是因为，如果被勒索者在现场，则勒索就具有当场实现的可能性。这种当场使用暴力、当场取得财物的行为，就难以与胁迫型抢劫罪相区分。

（2）在总体上认可了绑架罪的成立须有三面关系即双被害人的前提之下，还有一个问题需要讨论：被勒赎人是否要知道被绑架者被绑架的事实？

行为人以实力控制了被掳人之后，令被掳人给家中打电话缴纳赎金。被掳人为求自保同意打电话，但为避免家人担惊受怕，在电话中谎称做生意需要一笔钱周转，让家人将钱存到某银行账户上。家人照办。

对这一事例之中的行为该如何定性，涉及该如何理解“利用被害者的近亲属或者其他相关人员与单位的忧虑”这一要件的问题。就绑架罪的既遂来说，通说认为，本罪的勒索财物的目的或者其他的非法目的不需要现实实现，只要求其存在，即这一要件是不需要现实化的主观的超过要素。如此，只要行为人主观上具有这一目的，即便客观上被绑架者的近亲属或者其他相关人员完全没有产生这种忧虑，也仍然不影响本罪的既遂认定。

（3）绑架罪与抢劫罪之间是否存在竞合？

有论者指出：掳人勒赎罪与强盗罪有可能发生竞合。如甲绑架乙取得赎款后，在释放乙之际，发现乙带有劳力士手表，于是强行将它拿走。此为先掳人勒赎后再为强盗行为的情形。又如甲以尖刀强取乙身上之财物后，知道乙为某公司小头目，再剥夺其自由，使乙被置于其控制之下，再向乙父勒赎。此为先为强盗行为再为掳人勒赎的情形。该论者认为这种情形虽属于竞合，但理论上应论以数罪并罚，始为正当。[①] 在笔者看来，无论是于前一种情形还

① 曾淑瑜．刑法分则实例研习：个人法益之保护．台北：三民书局股份有限公司，2004：422.

是于后一种情形，以数罪并罚处理自是当然，但这并非什么竞合，而是数行为所引起的典型数罪。问题是：是否存在绑架罪与抢劫罪之间的单纯的竞合（貌似数罪，实为一罪）？比如前面的陈某吸毒案，能否认为其属于两罪的竞合——从陈某同学的角度讲是抢劫，从小卖部小孩的角度讲是绑架？笔者的观点是，不认为这里存在竞合，而且绑架与抢劫之间，也不存在所谓的竞合关系。

（4）以上法院判决的观点是，肯定在绑架罪中也存在当场勒索财物的情形。这一结论是能够成立的。

应该认为，被勒索赎金者不在现场虽是勒赎型绑架罪的常见形态，但并非其逻辑上的必然要求（在其他的人质型绑架罪场合，被提出非法要求者完全可能在现场。考虑到与此的均衡性，也应该得出如此结论）。所以，在被勒索对象在现场（绑架人质并当场勒索财物）的场合，如何区分胁迫型抢劫与绑架就是问题的关键。对此，上述判决中体现出的观点是“关键要看行为人是实际控制了人质，并以人质为要挟向第三人索要财物，还是直接向被控制人索要财物”。在有行为人与财物被害人之外的其他人在场的情况下，考虑到与胁迫型抢劫罪的差别，可以进一步认为：单纯以将要损害该在场者的健康等相要挟而向被害人索要财物的，实质上仍可谓加害与被害之间的双面关系，应该认定为胁迫型抢劫罪；与之相对，已经通过强制力控制了该在场者，并将其作为人质以向财物持有者索取财物的，该在场者的人身权利面临着被侵害的直接危险，就已经超出了加害与被害的双边范畴而呈现出三边关系，就值得动用比抢劫罪更重的绑架罪加以评价。就此而言，该法院的判决是值得肯定并富有启发意义的。

二、“绑架他人作为人质”的理解

知识背景

或许是司法实践之中极少发生的缘故，1979 年刑法以及此前的历次刑法草案都没有关于绑架罪的规定，在 1979 年刑法之后的十余年间亦不见关于绑架罪的增加。关于绑架罪的最初规定应该是在 1991 年 9 月 4 日通过的《全国人民代表大会常务委员会关于严惩拐卖、绑架妇女、儿童的犯罪分子的决定》之中，其第 2 条规定，“以出卖为目的，使用暴力、胁迫或者麻醉方法绑架妇女、儿童的，处十年以上有期徒刑或者无期徒刑，并处一万元以下罚金或者没收财产；情节特别严重的，处死刑，并处没收财产”（第 1 款）。“以出卖或者勒索财物为目的，偷盗婴幼儿的，依照本条第一款的规定处罚”（第 2 款）。“以勒索财物为目的绑架他人的，依照本条第一款的规定处罚”（第 3 款）。这是该单行刑法鉴于当时出现的拐卖妇女、儿童的现象所作出的规定，除新增绑架妇女、儿童罪之外，其第3款还增加了绑架勒索罪，规定："以勒索财物为目的绑架他人的"，依照第1款关于绑架妇女、儿童罪的规定处罚（当然是指援用该罪的法定刑，而不是适用该罪的罪名）。这实际上是在单行刑法之中同时增加了绑架妇女、儿童罪和绑架勒索罪两个罪名：前者要求以出卖为目的，后者要求以勒索财物为目的。之后，在刑法修订草案（征求意见稿）（全国人大常委会法制工作委员会，1996年10月10日）之中，其第214条规定了绑架罪：以勒索财物为目的绑架他人的，处10年以上有期徒刑或者无期徒刑，并处罚金或者没收财产；致使被绑架人死亡或者杀害被绑架人的，处死刑，并处没收财产。以勒索财物为目的偷盗婴幼儿的，依照前款规定处罚。值得注意的是，该草案的第215条仍然保留了绑架妇女、儿童罪的规定（要求以出卖为目的），延续了同一法律（或法律草案）之中既有绑架勒索罪又有绑架妇女、儿童罪的规定。而在之后的刑法修订草案（全国人大常委会办公厅秘书局，1996年12月20日）之中，大概是认识到了同一规范性文件之中既有绑架勒索罪又有绑架妇女、儿童罪可能不够科学，取消了关于绑架妇女、儿童罪的规定，将其并入了拐卖妇女、儿童罪之中。而对绑架勒索罪的规定，则在该草案第220条中完全予以保留（罪状仍然是"以勒索财物为目的绑架他人的""以勒索财物为目的偷盗婴幼儿的"）。在此后的刑法修订草案（修改稿）（全国人大常委会办公厅秘书局，1997年2月17日）第239条之中，将对绑架勒索罪的规定再次作了调整，特别在该条第1款引人注目地取消了"以勒索财物为目的"的要求，规定"绑架他人的，处十年以上有期徒刑或者无期徒刑……"①。这就意味着，只要是绑架他人而又不是为了索取债务的，就构成该罪。如此，该罪的构成要件也就发生了变化，该罪事实上也就从绑架勒赎罪变成了单纯的绑架罪。时隔不足半月，在再一次的刑法修订草案（1997年3月1日）之中，其第239条将绑架罪的罪状表述再次作出了修改，规定："以勒索财物为目的绑架他人的，或者绑架他人作为人质的，处十年以上有期徒刑或者无期徒刑……"该修订草案最终在1997年3月的八届人大五次会议上获得通过并实施。比较此之前的几次对本罪的修改，主要集中在本罪是否要求特殊目的以及要求何种目的。从当初的"以勒索财物为目的"到不要求特殊目的，再到"以勒索财物为目的绑架他人或者绑架他人作为人质"，反映了立法者在绑架罪主观方面之要求上的摇摆态度甚至矛盾心理。②

就绑架罪的认定来说，"以勒索财物为目的绑架他人"或者"绑架他人作

---

① 此外，该稿在第239条第3款还规定，为索取债务，实施第1款行为的，依照第238条（非法拘禁罪）的规定处罚。

② 以上关于绑架罪立法变迁的梳理，归纳自高铭暄，赵秉志．中国刑法立法文献资料精选．北京：法律出版社，2007。

为人质”是法律明文规定的要件，在认定本罪的成立时具有重要的意义。不要认为只要具有绑架的行为及故意，就一定成立本罪。对于出于出卖的目的绑架妇女、儿童的，虽有绑架行为，但只能定拐卖妇女、儿童罪。问题是，有的犯罪分子起先是将妇女、儿童绑架以勒索财物或提出其他不法目的，在无法得到满足后，便将妇女、儿童卖给他人。对此，也有论者认为应该以情节严重或者特别严重的拐卖妇女、儿童罪定罪处罚。① 但是，如果坚持绑架罪的既遂标准为实力控制说而非目的满足说，那么，在将妇女、儿童绑架以勒索财物或提出其他不法目的时，绑架罪即已然既遂，何以却被相对较轻的拐卖妇女、儿童罪所吸收，成为认定其情节严重或者特别严重的资料？令人费解。此种情况下，似乎应该认定为绑架罪与拐卖妇女、儿童罪的数罪，予以并罚为妥（这时并不存在对绑架行为双重评价的问题，因为作为拐卖妇女、儿童罪之评价对象的客观行为，是之后的贩卖行为，而这种行为是基于出卖目的）。

顺便指出，就我国刑法关于绑架罪的罪状规定来说，由于在勒索财物的情况之下绑架他人仍属于“绑架他人作为人质”，所以，《刑法》第 239 条关于本罪的基本罪状的表述（以勒索财物为目的绑架他人或者绑架他人作为人质）可能就不够科学和严谨，“或者”的表述将原本属于从属关系的绑架情形加以选择，容易造成“以勒索财物为目的绑架他人”不属于“绑架他人作为人质”的误解，改成“以勒索财物或者提出其他非法要求为目的绑架他人”或者“绑架他人作为人质用以勒索财物或者满足其他不法要求”，可能会使相应的逻辑关系更为顺畅。

案例评价

［案例 12－2］付某军非法拘禁案②

1. 基本案情

2000 年冬天，被告人付某军经人介绍与禹某英（曾于 1998 年离婚）相识并建立了恋爱关系，恋爱期间双方同居。到 2002 年年底，因禹某英的家人对此事一直反对，禹某英不得不中断与被告人的恋爱关系。被告人付某军对此极为不满，在多次找禹某英及其家人商谈无果的情况下，为讨个说法，于 2003 年 4 月 7 日上午 10 时许，携带一壶汽油和一把水果刀，趁无人之机翻墙潜入本镇××村禹某英二姐禹某家（禹某英及其父母当时住在此处）。被告人

① 赵秉志，肖中华，左坚卫．刑法问题对谈录．北京：北京大学出版社，2007：338.

② 最高人民法院中国应用法学研究所．人民法院案例选：分类重排本·刑事卷 4. 北京：人民法院出版社，2017：2008－2010.

付某军踹开东屋门后藏于该屋，并在该屋找到一把斧子和一把菜刀。约半个小时后，付某军见禹某英的父亲禹某进入该屋，便手持斧子以找禹某英理论说事为由，先将禹某挟持在房间内，后用桌子和缝纫机顶住房门，并用绳子捆住禹某的手和脚后置于屋内的床上。禹某英得知这一消息后，回来劝说付某军开门放人，遭付拒绝。中午12时许，公安人员到达现场，规劝付某军停止犯罪行为，又遭其拒绝。直至当日下午2时45分，被告人付某军在其家人的劝说下才将屋门打开，被公安人员抓获；同时被害人禹某获救。

2. 涉案问题

本案之中，被告人付某军的行为确属用实力控制了他人用以满足自己和禹某英恢复恋爱关系的要求，容易被评价为"绑架他人作为人质"。怎样理解绑架罪中的"绑架他人作为人质"？其在主观上有何要求？

3. 裁判理由及结论

河南省荥阳市人民法院经公开审理认为，被告人付某军以非法拘禁的方法剥夺他人人身自由，其行为已构成非法拘禁罪。荥阳市人民检察院指控被告人付某军的犯罪事实成立，予以支持。但被告人付某军系因其女友禹某英与自己分手而心怀不满，其主观动机是威胁禹的家人以达到与禹某英继续恋爱的目的，客观方面虽然实施了捆绑行为，但未勒索财物或提其他非法要求，其行为不符合绑架罪的构成要件，故公诉机关指控的罪名不能成立，应予变更。遂依照刑法有关规定，判决被告人付某军犯非法拘禁罪，判处有期徒刑3年。

4. 评析意见

在审理法院看来，《刑法》第239条绑架罪中的"绑架他人作为人质"所要实现的应为目的应限于"非法目的"。结合《刑法》第238条非法拘禁罪第3款中的"为索取债务非法扣押、拘禁他人的，依照前两款的规定处罚"的规定，由于为索取债务非法扣押、拘禁他人亦可谓将他人作为"人质"，所以，将《刑法》第239条中的"绑架他人作为人质"限于出于非法目的，可谓是有根据的。这样理解的话，在出于合法目的（或者谈不上非法目的的场合）①而将他人作为人质的场合，只能按照非法拘禁等犯罪处理。本案的判决以及对于此案的相关评论②，都显示了这样的判断。从理论上讲，对于绑架罪这样的一个起刑点高的犯罪，对其构成要件作严格的解释，也是非常自然的。

---

① 研究者认为，在本案之中，被告人付某军以持刀相威胁捆绑被害人并限制其人身自由，其目的是让被害人同意其女儿与自己谈恋爱，而法律保护恋爱和结婚自由，由此很难认定被告人向行为人提出的要求是不法要求。

② 赵秉志．中国刑法典型案例研究：第四卷·侵犯公民基本权利犯罪．北京：北京大学出版社，2008：118-120.

[案例 12-3] 兰某成非法拘禁案①

1. 基本案情

1999 年 11 月 15 日中午 12 时许，成都市青白江区福洪乡××村六组村民邹某云、张某金、李某荣因撕毁法院公告和阻碍执行被青白江区人民法院司法拘留，邹某云之妻林某金（另案处理）、张某金之妻黄某英、李某荣之妻陈某萍（均在逃）及其亲戚，要求任村治保主任、组长的被告人兰某成解释原因，兰因对法院拘留该三人不满，便称“我也解释不清楚，你们自己去找法院”。13 时许，××村六组村民约 50 人租乘一辆中巴客车，到达位于青白江区清泉镇（又名太平镇）的太平人民法院。14 时 20 分左右，村民冲进法庭，围攻身着法官制服准备开庭的钟某刚和席某二人。此时被告人兰某成搭乘村民陈某平的二轮摩托车亦赶到现场，村民即腾开路让其上前，兰不但没有劝阻村民，反而对钟某刚说：“你们将上午抓的那三个社员放了，就没事了。”钟某刚拒绝了这一无理要求，并与席某分别向村民们讲解法律。村民不听，便将钟、席二人向法庭外推、拉，欲将二人强行带回××村六组。青白江区公安分局太平镇派出所民警接到报案后前来阻止，兰某成对民警陈某才、白某志、刘某云、龚某胜说：“现在要将两名法官弄回××村六组，只要法院放了上午抓的那三个人，我们就放人。”由于参与挟持法官的村民众多，且情绪激动，围观群众达数百人，现场秩序较乱，民警解救法官的努力没能实现。到达太平汽车站附近时，被告人兰某成叫人乘汽车将法官带回去，由于钟、席二人奋力反抗，加之出租车驾驶员的拒绝，才未得逞。众村民继续推、拉、扭着两名法官走到太平镇场口。因担心再遇到解救人员，村民押着法官改走小路前往××村六组。此时被告人兰某成乘坐陈某平的摩托车先离开现场，回××村六组等候。约 17 时 30 分，两名法官被拘、押着步行了 10 公里左右，到达××村六组与四组交界处，被青白江区公安分局、成都市中级人民法院及相邻法院干警组成的解救队伍截住时，方被解救，此时两人的法官制服纽扣被撕落、肩章被扯掉，全身多处软组织挫伤。

2. 涉案问题

本案涉及对绑架罪的客观构成要件中“绑架他人作为人质”的理解，以及绑架罪与非法拘禁罪的区分问题。

3. 裁判理由及结论

成都市青白江区人民检察院以被告人犯非法拘禁罪向同区人民法院提起公诉，成都市中级人民法院将本案指定由四川省金堂县人民法院审判。金堂

① 最高人民法院中国应用法学研究所．人民法院案例选：分类重排本·刑事卷 4. 北京：人民法院出版社，2017：2005-2007.

县人民法院经审理认为，被告人兰某成虽未直接实施拘、押等暴力行为，但其身为村组干部，明知众村民对法院拘留三人的强制措施不满，还当众叫村民去找法官问缘由，客观上对村民到太平人民法庭围攻法官的行为起到了积极的推动作用。被告人兰某成在村民围攻、挟持法官途中，民警到场阻止时所发表的言论，既充分反映出其主观上有与直接实施挟持行为的人相同的故意，又进一步鼓动了村民实施强行带走法官、押回××村六组的非法拘禁行为。被告人兰某成等人置国家法律于不顾，当众采用暴力挟持身着制服的法官，在大街上引得数百名群众围观，不但非法限制了公民人身自由，而且严重损害了国家审判机关的威信，造成了恶劣影响，依法应予从重处罚。认定被告人的行为构成非法拘禁罪，并判处有期徒刑 2 年 6 个月。

4. 评析意见

本案在定性上涉及是定绑架罪（绑架他人作为人质）还是定非法拘禁罪的问题，审理法院认定构成非法拘禁罪而非绑架罪（但并未给出不定绑架罪的理由），并且，这样的结论也得到了认可。[①] 有评论认为，并非一切以将被害人作为人质的主观故意而实施的限制人身自由的非法拘禁行为就一定构成绑架罪；对绑架罪的犯罪故意的内容，应当进行严格的解释，即绑架罪的犯罪故意涵盖了故意伤害或者故意杀人的故意，而非法拘禁的故意无法涵盖故意伤害或者故意杀人的故意。[②]

本案被告人等虽有将被害人作为人质以达到法院放回被司法拘留的三人的目的，但他们主观上并未产生如对方不放人就要伤害、杀害被害人的故意，且客观上并无杀害、伤害被害人的行为，他们的行为还仅仅处于限制人身自由的范围内。当然，如果局面不受控制，事态继续发展，村民们会不会有更进一步的想法和行为，是难以预料的。因此本案尚不具备绑架罪的特征，应以非法拘禁罪定罪。

将即将开庭的法官带离法院，限制其自由，以释放被司法拘留的同村村民为放人条件的，是否必然构成绑架罪？由于绑架罪的法定刑起点为 10 年有期徒刑，所以对于绑架罪的构成要件必须作限制解释，不以杀害被控制人为要挟条件的，不能理解为“绑架他人作为人质”。

事实上，非法拘禁，也完全可能是附加条件的，但是，当然不能将这种附条件的非法拘禁当作是“绑架他人作为人质”。

---

① 赵秉志．中国刑法典型案例研究：第四卷·侵犯公民基本权利犯罪．北京：北京大学出版社，2008：122－124.

② 赵秉志．中国刑法典型案例研究：第四卷·侵犯公民基本权利犯罪．北京：北京大学出版社，2008：123.

深度研究

《刑法》第 239 条规定，“以勒索财物为目的绑架他人”的，成立绑架罪。这除要求主观上具有勒索财物的目的和客观上具有绑架他人的行为之外，似乎还要求勒索财物的目的产生于绑架他人之前：绑架他人，意在勒索财物。如此，出于其他目的以实力控制他人，而后产生勒索财物目的，进而勒索财物的，应如何处理？对此，可能会有观点认为，先以实力控制他人，之后产生勒索财物目的，进而勒索财物的，由于这时绑架他人的状态仍在持续之中，所以仍然属于“以勒索财物为目的绑架他人”。但是，先以实力控制他人，后产生勒索财物目的的，似乎不属于《刑法》第 239 条中的“以勒索财物为目的绑架他人”。这涉及“绑架他人”是只能被理解为一种行为呢，还是也可以被理解为一种状态？在笔者看来，“绑架他人”应该是指一种以实力控制他人，侵害他人身体、生命安全的行为，而不是指绑架之后单纯以实力控制他人的一种状态。这是因为，“绑架”指的是一种积极的身体动作，并且这种身体动作通常是即时性的，完成之后即不再延续的。

这里，可以参照一下其他国家与地区的相关规定。《日本刑法》第 225 条之二的第 1 款规定：利用近亲属或者其他人对被诱拐者安危的忧虑，以使之交付财物为目的，诱拐他人的，处无期或者 3 年以上惩役。同条第 2 款规定：诱拐了他人的人，利用近亲属或者其他人对被诱拐者安危的忧虑，使之交付财物或者要求交付财物的，与前项同。可见，《日本刑法》以明文规定的方式解决了这一问题。在笔者看来，《日本刑法》关于绑架之后产生勒索财物意图的，以“意图勒索财物而绑架他人”论的规定，实际上不是注意规定（因为其原本不符合“意图勒索财物而绑架他人”的基本规范的规定）而是法律拟制，是立法通过专门的规定赋予了这样的行为以“以勒索财物为目的绑架他人”的法律属性以及法律效果。而就我国来说，由于不存在这样的法律拟制规定，故对于以实力控制他人之后产生了勒索财物意图的行为，不应该评价为“以勒索财物为目的绑架他人”。

在笔者看来，先以实力控制他人而后产生勒索财物意图的，如果先前以实力控制他人的行为包含着对他人的人身安全、生命安全的侵犯（而不仅仅是侵犯人身自由的非法拘禁行为），即这样的行为能够被评价为“绑架他人”的行为，则此后产生了勒索财物的意图并且向被害人之外的第三者勒索财物的，实际上仍然是将被控制者作为人质相要挟，此时可以评价为“绑架他人作为人质”。由于《刑法》第 239 条并不要求“将他人作为人质的目的”在“绑架他人”之前已经存在，只要是在绑架他人之后将他人作为人质的，就属于“绑架他人作为人质”，仍可以按照《刑法》第 239 条绑架罪处理，只不过，不是援引“以勒索财物为目的绑架他人”的规定，而是援引“绑架他人作为人质”的规定。不过，这里有两种情况可能是例外：（1）如果先前的以实力控制他人的行为仅仅侵犯了他人的人身自由而尚未对他人的人身安全乃至生命安全构成侵犯，即先前的行为尚不足以被评价为“绑架他人”，则只能将先前行为评价为非法拘禁行为，将后行为评价为敲诈勒索行为（如果不以当场对被控制人使用暴力相威胁）甚至抢劫行为（如果以当场对被控制人使用暴力相威胁，此时抢劫的对象是第三人，被控制人是达到抢劫目的的手段）。（2）如果实施了以实力控制他人的行为之后，针对被害人本人勒索财物，则只构成抢劫罪。

三、绑架罪的罪过

知识背景

就绑架罪的主观罪过而言，除具有将他人掳为人质的故意以及勒索财物或者满足其他不法要求的目的之外，是否还包括其他内容？更直接点说，绑架罪的成立，是否要求行为人主观上出于“利用被绑架人的近亲属或其他人对被绑架人安危的忧虑”？就此，《德国刑法》第 239 条 a 掳人勒赎罪之规定、《日本刑法》第 225 条之二都作了明确的要求[①]，因此，德日两国的刑法上要求这一主观要件没有问题。然而我国刑法对此并无明确要求，这一点因此成为问题。实际上，与上述问题相关的客观上的问题是：绑架罪之成立，是否需要被绑之人与被勒索之人不同？对此，肯定说认为，按照《刑法》第 239 条［无论是修正之前的，还是经过《刑法修正案（七）》修正的］，绑架罪的法定刑较之抢劫罪为重，盖因抢劫罪之行为仅直接侵害被抢劫之人，而绑架罪之行为，其直接侵害的，除被绑之人外，尚有其他之人。而否定说则认为，绑架罪，就法条文义来看，不以被绑之人与被勒索财物之人不同为限，行为人意图勒索财物而绑架他人，即成立该罪。

观《德国刑法》掳人勒赎罪之规定（第 239 条 a），明定行为人乃利用他人对被掳人利益之担忧，以达勒赎目的。所谓利益担忧，乃畏惧被掳人因掳人行为所制造出之情状，而蒙受身体或精神上之不利益。[②] 此规定符合现实中掳人勒赎情形下被掳人家属之心理状态，从一般人之角度而言，亦视为当然。当然，我国《刑法》在绑架罪（掳人勒赎罪）的文字表面上并无此种表示，

① 《日本刑法》第 225 条之二第 1 项规定：利用近亲属或者其他人对被诱拐者安危的忧虑，以使之交付财物为目的，诱拐他人的，处无期或者 3 年以下惩役。

② 许泽天．掳人勒赎罪之构成要件与特殊中止犯：借镜德国刑法第 239 条之 1 与同条之 2．法学讲座，2002（4）．

是否可将这一要件作为犯罪成立的条件之一，值得讨论。为明确区分本罪与抢劫罪、敲诈勒索罪，这种利益担忧之情状要件不可或缺。对此，应认为“利用被绑架人的近亲属或者其他利害关系人对被绑架人安危的担忧”是本罪成立的一个非明文的构成要件要素（并且是主观的超过要素）。虽然某些学者仍坚持掳人勒赎罪之被掳人及被勒赎人是否为同一人不影响本罪之成立，但是为了严格区分掳人勒赎罪与抢劫罪之不同，应坚持将“利用忧虑”作为一个独立的要件。申言之，掳人勒赎罪之成立必须有双被害人之存在，即掳人时被妨害自由之被害人必须异于被勒索财物之被害人，倘无双被害人之出现，始终只有一个被害人，则不应成立掳人勒赎罪而应成立他罪。例如妨害被害人自由后，再趁机取得被害人手中之财物，不应论以掳人勒赎罪。① 三面关系之存在为掳人勒赎罪之特征，不同于抢劫罪之两面关系。如不涉及第三人，由被害人自行给付财物而获释，应为抢劫行为；若被害人获释，系由行动不受控制之第三人给付财物所致，方才可能是掳人勒赎行为。掳人勒赎罪之法定刑之所以重于抢劫罪，乃是因为本罪牵动被害人以外之其他人，引起更多恐慌。② 林山田教授也指出：“称‘勒赎’系指勒令被掳者本人以外的他人提供赎金或财物，以赎取被掳者的生命或身体自由，故行为人若非对于被掳者以外之人勒赎，而系胁迫被掳者本人，令其自己交付财物者，则属强盗（抢劫——引者注）行为，而不构成本罪。因此，本罪的成立应以行为人、被掳者（人质）与被掳者本人以外之人（被勒索者）的三面关系为前提条件。”③

案例评价

[案例 12-4] 李某、袁某京、胡某珍等绑架、非法拘禁、敲诈勒索案④

1. 基本案情

2006 年 3 月初，被告人李某、袁某京、胡某珍、东某预谋绑架被害人石某清勒索钱财。袁某京以帮助他人讨债为由，纠集被告人燕某峰、刘甲、刘某荣、刘乙参与作案。同年 3 月 9 日 2 时许，李某、袁某京、胡某珍、燕某峰、刘甲、刘某荣、刘某携带事先准备的作案工具，驾车到石某清位于天津市静海县王口镇××村的住处，冒充公安人员强行将石某清绑架至山东省泰

① 蔡墩铭．掳人勒赎罪之罪数//台湾本土法学，2000（38）：115. 同采此见解的学者如林山田、林东茂。

② 曾淑瑜．刑法分则实例研习：个人法益之保护．台北：三民书局股份有限公司，2004：421.

③ 林山田．刑法各罪论：上册·修订 5 版．北京：北京大学出版社，2012：512－513.

④ 最高人民法院刑事审判第一、二、三、四、五庭．刑事审判参考：总第 69 集．北京：法律出版社，2009：56－65.

安市山区的一处住房。李某、袁某京指派东某留在天津监视石某清的家属是否报警，指派燕某峰、刘甲、刘某荣、刘乙负责就地看押石某清。尔后，李某、袁某京、胡某珍分两次向石某清的家属勒索赎金人民币 80 万元，均让石某清的家属将款打入李某等人事先开立的信用卡账户中。随后，李某、袁某京、胡某珍用该款在秦皇岛、葫芦岛、唐山等地以划卡消费的方式购买大量黄金私分、挥霍。

另：被害人石某清被绑架至山东省泰安市山区的一处住房后，由被告人燕某峰、刘甲、刘某荣、刘乙负责看押。2006 年 3 月 11 日，燕某峰、刘甲、刘某荣、刘乙在与石某清交谈中，得知石某清与被告人李某等人根本不存在债务关系。石某清请求上述被告人放了自己，并承诺给予好处。上述被告人经商议，将石某清放走。其后，燕某峰、刘某荣、刘甲伙同刘丙（另案处理）多次打电话向石某清催要钱款，石某清因害怕再次遭到他们的报复，便向燕某峰等人指定的账户打入人民币 6 万元。燕某峰、刘某荣、刘甲和刘丙将该款私分、挥霍。

2. 涉案问题

在案件的起诉与审理过程中，对被告人李某、袁某京、胡某珍、东某的行为构成绑架罪没有异议。本案的主要争议是，对被告人燕某峰、刘甲、刘某荣、刘乙的行为应当如何定性。这涉及的理论问题是：（1）误以为索要债务而帮助他人实施绑架行为，如何定性？（2）与人质谈好“报酬”后将其释放，事后索要报酬的行为，如何定性？

3. 裁判理由及结论

天津市第一中级人民法院认为：公诉机关指控燕某峰、刘甲、刘某荣、刘乙犯有绑架罪不当。燕某峰、刘甲、刘某荣的行为均构成非法拘禁罪、敲诈勒索罪，应依法实行数罪并罚。刘乙的行为已构成非法拘禁罪，亦应依法予以处罚。燕某峰、刘甲、刘某荣在非法拘禁和敲诈勒索共同犯罪中均起主要作用，系主犯，应根据其参与的全部犯罪依法分别予以处罚。刘乙在非法拘禁共同犯罪中起辅助作用，系从犯，且其犯罪时未满 18 周岁，依法应免除处罚。

本案的“裁判理由”认为：误以为索要债务而实施了帮助他人绑架人质的行为，主观上没有绑架的犯罪故意，应当以非法拘禁罪定罪处罚。本案中，燕某峰等四人参与犯罪是受袁某京等人的“蒙蔽”，自认为是帮别人要账，袁某京等人并没有告诉他们真实的犯罪意图，所以从一开始他们就没有绑架犯罪的共同故意，以至于在看押被害人期间知道可能是绑架后，四人均表示，“要知道是绑架就不干这事了”，而且此时也没有和袁某京、李某等人进行联络，没有意思沟通，相反，实施了释放人质的行为。这都说明他们没有绑架的共同主观故意，所以他们的行为不构成绑架罪，而应构成非法拘禁罪。

至于与人质谈好“报酬”后将人质释放，事后索要报酬的行为，属于敲诈勒索行为。（1）“报酬”协议不合法，因而无效；（2）释放人质后索要该“报酬”，手段是人身安全威胁，威胁的内容就是再次让被害人失去自由（“我们把你放了，你答应给我们的钱还不兑现吗?”，还说，如果不汇钱的话，让被害人看着办）；（3）被害人转账 6 万元到指定的账户是受威胁的结果；（4）燕某峰等敲诈勒索被害人的行为是独立的，应该单独予以评价。综合而言，应该对后续的敲诈勒索行为与之前的非法拘禁行为分别评价，并且数罪并罚。

4. 评析意见

在笔者看来，这一判决的结论是恰当的，值得肯定。它正确地理解了绑架罪的犯罪构成以及其与非法拘禁罪、敲诈勒索罪等的区别，即，绑架罪并非非法拘禁罪与敲诈勒索罪的简单叠加，一种行为只有在客观上具有严重侵犯他人人身健康乃至生命安全的危险（而不是单纯地侵犯行动自由），主观上既具有绑架他人作为人质的故意又具有勒索财物或者其他的不法目的的，其法益侵害以及可谴责性程度才能达到动用绑架罪评价的程度。在本案中，燕某峰、刘甲、刘某荣、刘乙四人欠缺绑架他人作为人质的故意，认定为非法拘禁罪更符合责任主义的原则，也更能做到罪责刑相适应。

同时，本案的判决中，针对燕某峰等被告人与李某等被告人认定不同的罪名（针对李某等人认定为绑架罪），也可以说较好地贯彻了共同犯罪理论中的部分犯罪共同说（尽管裁判者未必意识到这一点）。

第二节　绑架罪的认定

就绑架罪的既遂标准来说，通说认为，在主观上具有勒赎或者其他不法目的之前提下①，只要客观上已实际控制人质，将其置于自己实力支配之下，绑架罪就已经既遂，而不要求相应目的的具体实现。② 这一通说可被概括为“绑架行为完成说”。学界并且认为，对于绑架罪来说，其客观构成要件的行为就是绑架行为，绑架罪是行为犯，不是结果犯，不要求以取得财物作为构

① 《刑法》第 239 条所规定的绑架罪可以被具体区分为以勒索财物为目的的绑架罪（勒赎型绑架罪）和绑架他人作为人质以实现其他不法目的的绑架罪（人质型绑架罪），就本节所讨论的主题绑架罪的既遂标准而言，两者的法律性质是一样的。出于论述方便的考虑，下文以勒赎型绑架罪为重点，分析的结论当然适用于人质型绑架罪。

② 高铭暄，马克昌．刑法学．9 版．北京：北京大学出版社，高等教育出版社，2019：469. 王作富．刑法．6 版．北京：中国人民大学出版社，2016，383.

成要件的结果，因此以绑架行为是否实施完毕作为区分既遂与未遂的标准。[①]只是，称绑架罪是行为犯而不是结果犯，这应该是论证绑架罪既遂标准的结果（论证并采纳了绑架行为完成说后，方可得出本罪属于行为犯的结论），而非论证本罪既遂标准的前提和根据。为什么说只要绑架行为完成了，绑架罪就已经既遂，而不需要勒索财物的行为以及勒索目的的实现？这需要进一步论证，而就论证的进路和依据，以往的研究可能还需要补强甚至反思。

一、绑架行为完成说的理论前提及其确立

有学者认为，由于掳人勒赎罪“意图勒赎而掳人”的特殊规定，故学说上既遂与未遂的区别乃以被掳者是否丧失行动自由而处于行为人的实力支配状态为标准。至于被掳人的亲属等是否依照行为人的勒赎指示而交付财物，则与本罪的既遂无关。换言之，掳人既遂，本罪即属既遂，至于行为人的勒赎意图是否得逞，则非所问。[②] 基于以上标准，如果行为人已经将被掳者架离原来处所，但疏于看守，致使被掳者得以趁机逃脱，或者掳人之后被掳者的亲属竟寻获，而将被掳者救回等等，都属于掳人既遂而应负本罪既遂的刑事责任。相反，行为人已经着手掳人行为，但尚未将被掳者架离其原来处所，例如行为人掳架之时，被害人全力反抗而未被架走，则成立本罪的未遂。刑法对于绑架罪的既遂标准也采取这样的观点，即上所述的所谓绑架行为完成说。但是，这并非毫无疑问，或者说，采纳这一标准，需要一定的前提。

（一）欲采绑架行为完成说，必须在犯罪既遂的标准问题上采构成要件齐备说

《刑法》之中并没有犯罪既遂的法定定义，但是有关于犯罪未遂的定义。《刑法》第 23 条规定，已经着手实行犯罪，由于犯罪分子意志以外的原因而未得逞的，是犯罪未遂。于是，根据反对解释的原理，就很容易认为，既然犯罪未遂是犯罪的“未得逞”，则作为其对立面的犯罪既遂就是犯罪的“得逞”。可是，这样的一种理解可能过于绝对化，或许是对立思维的产物。事实上，如果按照“既遂＝得逞”这一逻辑的话，那么在掳人勒赎（以勒索财物为目的绑架他人）的场合，既然掳人是为了勒赎，则只有赎金到手方可谓“得逞”，仅有掳人行为的完成难以说是本罪的“得逞”。对刑法之中的其他间接目的犯存在同样的问题，比如，在承认伪造货币罪要求出于“行使之目的”的前提之下，仅仅出于行使目的伪造出货币，如何称得上犯罪“得逞”？所以，这里问题的症结不在于我们将绑架罪的既遂标准定位为掳人行为（绑架行为）的完成错了，而可能在于我们将犯罪既遂的含义定位为“犯罪得逞”错了。

---

① 张军，姜伟，郎胜，陈兴良．刑法纵横谈：分则部分．北京：法律出版社，2008．所引部分为陈兴良教授的见解。

② 林山田．刑法各罪论：上册·修订 5 版．北京：北京大学出版社，2012：515－516．

关于犯罪既遂的评判标准，除前述的得逞说＝目的实现说之外，更有影响力的是所谓的构成要件齐备说，即既然刑法分则对每一犯罪的罪状描述（以及法定刑设置）是以犯罪既遂为样本的，则只要齐备了刑法分则（包括分则中省略而在刑法总则中要求的）对犯罪构成要件的各种要求，犯罪即达到既遂。这种构成要件齐备说为在绑架罪的问题上采取绑架行为完成说找到了一个基本的前提，即只要实施了“绑架他人”的客观行为，同时在主观上具有“勒索财物的目的”，同时又具备了本罪的主体要件，则绑架罪的构成要件就已然齐备，犯罪即属既遂。至于勒索财物目的是否实现，并不影响本罪既遂的认定。

（二）欲采绑架行为完成说，必须承认绑架罪的实行行为为单一行为

理论上，有学者认为绑架罪中的向被绑架人的亲属或者其他有关人员或者单位勒索财物，也是本罪的实行行为，从而本罪的实行行为即所谓“复合行为”。比如，有学者认为，绑架罪是由两种行为构成的，包括绑架他人勒索财物、偷盗婴幼儿勒索财物、绑架他人提出不法要求①；也有学者认为，虽然在刑法条文上没有明确规定有勒索财物行为，“但这是不言而喻的”②。

绑架罪究竟能否被认为是复合行为？这里，与之可以对照观察的是抢劫罪。抢劫行为是复行为犯（分为作为手段行为的暴力、胁迫行为和作为目的行为的取财行为），关于这一点不存异议，是故没有人主张仅具备暴力、胁迫的手段行为抢劫罪就告既遂；而在绑架罪上，如果前述“复合行为说”成立，勒索财物也成了绑架罪的实行行为（就像抢劫罪的取财行为），那么，依单纯的作为手段行为的绑架行为之完成确实不足以认定本罪的既遂。可是，认为绑架罪的实行行为是复合行为的观点恐怕难以成立。抢劫罪之所以被认为是复合行为犯，主要因为其属于侵犯财产罪，其手段行为虽然也单独侵犯了他人的人身权利，从而有加以评价的必要，但手段行为服务于目的行为，只有目的行为实现，本罪的主要法益即他人的财产权才被现实侵犯。而绑架罪作为一种侵犯公民人身权利的犯罪，只要绑架行为完成，其对他人人身权利的侵犯即已经现实存在，而勒索财物的目的于对该罪法益的侵犯不产生重要影响。换个角度来说，假如绑架罪像抢劫罪或者敲诈勒索罪那样被规定在财产犯罪之中，则勒索财物的行为对本罪保护的法益就会产生实际影响，就当然属于其构成要件了。在现行刑法已然将绑架罪规定为侵犯人身权利的犯罪，其与抢劫罪等侵犯财产罪在类型上存在重大差别的前提下，应该认为绑架罪就是单一行为犯，勒索财物的行为不属于本罪的实行行为。

---

① 肖中华．侵犯公民人身权利罪．北京：中国人民公安大学出版社，1998：225.

② 刘家琛．新罪通论：修订本．北京：人民法院出版社，1996：378.

（三）欲采绑架行为完成说，必须承认这里的勒索财物的目的属于主观的超过要素

即便我们承认了在犯罪的既遂标准上应采构成要件齐备说而非得逞说，即便我们论证了绑架罪属于单一行为犯而非复行为犯，仍有一个问题需要说明：凭什么说勒索财物的目的是否实现不影响犯罪既遂？这在理论上固然可以解释为这些目的性要件是主观的构成要件要素，只要主观上存在这种目的就够了，不需要客观上实现这些要件（因为其并不属于客观的构成要件要素），可是，要继续追问的话，比如在盗窃、诈骗、抢夺等财产犯罪的场合，要求相应行为不但是故意为之还需要出于非法占有目的，这在理论上和实践中都没有争议，而就非法占有目的这一主观构成要件要素来说，理论上的通说以及司法实践又都认为这些侵犯财产罪的既遂要求行为人实际上控制财物（所谓“控制说”），这等于是要求此等犯罪的既遂需要非法占有目的的实现。那么，为什么同样是主观的构成要件要素，绑架罪的既遂可以不需要勒索财物等目的的实现，而盗窃罪等犯罪的既遂就要求非法占有目的的实现？其根据何在？之所以出现这种差异，是因为两种不同的犯罪目的在相应犯罪之中的体系地位并不完全相同。勒索财物的目的在绑架罪之中属于主观的超过要素，此种目的的实现要求行为人或者第三人的新的行为的介入，犯罪的既遂不需要现实之中存在与此等主观要素相对应的客观要素；而非法占有的目的在盗窃等犯罪之中虽然属于主观的构成要件要素，但是并非主观的超过要素，此种目的之实现不过是相应直接故意犯罪的犯罪故意的意志因素的实现过程，不需要行为人或者第三人的新的行为的加入，犯罪故意的意志因素得到充足，相应的非法占有目的就自然实现，构成要件也就齐备，犯罪就属于既遂。至于凭什么说绑架罪中的勒索财物目的就属于主观的超过要素而盗窃罪等犯罪中的非法占有目的则属于一般的主观构成要件要素，则是因为：在盗窃等犯罪的场合，非法占有目的之有无对于行为的法益侵害性之有无具有实际意义（只有非法占有目的实现，才能够说对他人的财产权构成现实侵害），所以其实现属于犯罪构成要件的要求；而在绑架罪的场合，只要以实力控制了他人，作为侵犯人身权利犯罪的绑架罪所保护之法益（他人的人身、生命安全）就受到了现实的侵犯，至于勒索财物等目的的实现，对于侵犯人身权利之法益并不产生实质影响，故而其属于溢出了绑架罪犯罪构成的主观的超过要素，这一主观要素的存在用来确证本罪与其他犯罪的区别，但其本身对于犯罪的既遂与否并不产生影响。① 由以上观之，只有坚持在犯罪既遂的标准上采取构

① 关于两种不同的犯罪目的的详细比较以及其在犯罪构成中的不同地位，请参见付立庆．主观违法要素理论：以目的犯为中心的展开．北京：中国人民大学出版社，2008：64。

成要件齐备说而非得逞说，坚持绑架罪的实行行为是单一行为而非复合行为，同时充分说明这两种不同的犯罪目的对于行为的法益侵害性的有无的不同影响和在犯罪构成要件之中的不同地位（承认绑架罪中的勒索财物目的属于主观的超过要素），才能扫清在绑架罪既遂标准上坚持绑架行为完成说的理论障碍。

二、绑架行为完成说的实践障碍及其克服

前已述及，我国有学者基于绑架罪在客观方面表现为复合行为的观点，认为绑架罪的客观行为是由绑架行为（或偷盗婴幼儿行为）与勒索财物或提出不法要求行为（在绑架他人作为人质的场合）两方面组成，所以，如果行为人只实施了绑架行为（或者偷盗婴幼儿行为），而没有实施勒索财物或提出不法要求的行为，不能认为是既遂。该论者还进一步指出，如果采纳绑架罪的既遂以行为人实施完毕绑架行为为标准，必将产生两个难以解决的问题：（1）如果认为行为人一经实施完毕绑架行为就构成既遂，就意味着绑架行为实施后不存在犯罪中止形态的出现，这不利于激励犯罪人争取从宽处理。（2）共同犯罪问题。有的人在其他犯罪分子实施绑架行为之后，中途参与实施勒索财物的行为，如果按照一经实施完毕绑架行为就成立犯罪既遂的主张，则不能按照绑架罪的共同犯罪处理，因为勒索财物既然不是绑架罪的客观要件行为，而行为人事先又没有与实施绑架者同谋，不能视为有绑架的共同行为。然而若是对这种情况不按照绑架罪的共同犯罪处理，于法于理都很难说得过去。① 这样一种观点，应该说是有相当代表性和诱惑力的，从而，绑架行为完成说能否立足，也取决于其对该论者所提出的以上两个问题如何加以回答。

（一）绑架罪的既遂标准、中止认定与“情节较轻”

有论者指出，如果认为行为人一经实施完毕绑架行为就构成既遂，就意味着绑架行为实施后不存在犯罪中止形态的出现，这不利于激励犯罪人争取从宽处理。确实，犯罪中止作为故意犯罪的未完成形态，除了存在预备阶段和实行阶段的犯罪中止之外，也包括犯罪实行终了之后、结果发生之前的犯罪中止，但终归只存在于犯罪既遂之前，在犯罪既遂之后，确实不存在犯罪中止。但这是否就“不利于激励犯罪人争取从宽处理”？对此，在《刑法修正案（七）》出台之前，就有上述论断的反对者认为，绑架罪可谓是最为严重的侵犯人身权利的犯罪之一，其法定刑最低为 10 年有期徒刑，最高为死刑，比故意杀人罪还要高。可见，这种犯罪的危害程度在刑法上的评价是极大。就是说，实施绑架行为本身就是非常严重的，将绑架行为的实施完毕作为绑架

① 赵秉志，肖中华，左坚卫．刑法问题对谈录．北京：北京大学出版社，2007：339.

罪既遂的标准，并不存在不利于犯罪人自动放弃本可完成的犯罪的问题。犯罪人在实施绑架行为后自动放弃而没有实施勒索财物或提出其他不法要求行为，可以作为酌定情节在量刑时予以考虑。犹如破坏交通设施的犯罪分子在进行足以使交通工具发生倾覆危险的破坏活动后，又突发恻隐之心，将放在交通障碍物搬走。这种行为属于犯罪既遂形成之后的防止结果发生行为，而不属于犯罪过程中的中止行为。①

以上反对者的观点应该说是一种比较主流的正常见解，在将绑架罪的既遂标准界定为“以实力控制他人”之后，控制他人并且在勒索到财物之后或者在未勒索到财物之时主动释放人质的场合，由于已经具备了“以实力控制他人”的要件，自无成立中止犯的可能。此时不能适用《刑法》第 24 条犯罪中止的规定，而只能将其作为一种酌定量刑情节予以考虑。虽然这不像犯罪中止这种法定从轻情节那样有力，毕竟也是对行为人有利的一种情节，可以说也是有利于激励犯罪人争取从宽处理的。特别需要指出的是，以上只是在刑法修正之前就对相应行为如何处理的一些安排，在《刑法修正案（七）》对绑架罪予以修正，增加了本罪的减轻构成要件之后，对于类似的在绑架行为完成之后放弃勒索、释放人质等行为，尽管仍无成立中止犯的可能，但通常可以按照“情节较轻”的绑架罪的减轻构成要件处理，从而做到罪刑均衡，激励犯罪人争取从宽处理。

（二）仅参与勒索财物者的法律地位以及其与绑架罪既遂标准的关系

在承认绑架罪为单行为犯的场合，只参与了勒索财物行为的后加入者的行为是否会因为欠缺绑架罪的实行行为、欠缺和先行为者之间的共同行为，从而无法成立共同犯罪？就共同犯罪的成立来说，《刑法》第 25 条规定，共同犯罪是指二人以上共同故意犯罪。学界一致认为，要成立共同犯罪，需要共同的故意、共同的行为，并且要有两个以上适格的犯罪主体。如在抢劫罪中，先行者实施了暴力或胁迫行为，后行者加入取财的场合，只要后行者意识到了先行者的暴力、胁迫行为并加以利用，则其成为抢劫罪的共犯。关于这一点，我国刑法学界持异见者寥寥。这是因为，抢劫罪为复行为犯，暴力（胁迫）行为和取财行为都是其实行行为（分别是手段行为和目的行为），这时后加入者实际上是参与了其中的目的行为并对先前的手段行为具有认识，这时即便取财行为只由后行为者一人完成，也可以说是先行为者与后行为者共同完成了抢劫罪的实行行为②，认定为抢劫罪的共同正犯是没有问题的。在

① 赵秉志，肖中华，左坚卫．刑法问题对谈录．北京：北京大学出版社，2007：339.

② 在双方存在共谋的场合，完全可能是在实行行为的具体完成上存在分工，这时认定各参与者之间存在共同的行为是没有问题的，因为这时各行为者的行为构成了一个整体，每个人的行为都是这个行为整体的一部分。

犯罪虽然既遂但是行为仍然在持续之中的持续犯的场合，比如非法拘禁罪之中，由于实行行为与不法侵害状态同时持续，由于后加入者加入进来时仍有实行行为的继续可言，仍然可谓是对前行为有认识和利用、对结果发生有贡献。在这种尽管犯罪已然既遂但是实行行为仍在持续中的后加入者的行为，同样可谓与先行为者存在共同的实行行为，以共犯来评价同样不存在法律上的障碍。问题是：在绑架罪的场合，在强调绑架罪为单一行为犯（只有绑架行为属于其实行行为）的前提下，勒索财物的行为并非绑架罪的实行行为，此时在后加入者加入时已经存在以实力控制他人、绑架罪已经既遂的情况下，是否还存在成立共同犯罪的可能？对此，我国学者从两个并不完全相同的路径予以了回答，并得出了肯定的结论。笔者需要对这两种路径加以分析，并表明本人的立场。

（1）有学者指出：事后帮助绑架犯罪人实施勒索行为的认定，完全能够根据我国刑法理论予以解决。只要犯罪人所实施的犯罪构成要件内的行为还没有结束，其他人和行为人达成共识形成共同犯罪故意的，均可以构成共同犯罪。此种行为属于事中共犯。绑架罪在犯罪形态上属于继续犯，行为人在非法剥夺被害人的人身自由后，其犯罪构成要件内的绑架行为并没有结束，在此情况下，另外的人员与绑架人形成共同犯罪的故意是完全可能的，仍然可以形成绑架罪的共同犯罪。①

可是，即便我们说绑架罪是持续犯（继续犯），在绑架罪的绑架他人的行为和非法侵害他人人身自由、人身安全的不法侵害状态持续期间②，持有对先前行为的认识、利用之故意加入其中，对此不法侵害状态之持续予以加功者，作为本罪的共同犯罪是没有问题的，但这应该是限于对不法侵害状态的加功。就绑架罪而言，假如先行者单独地成功以实力控制他人之后（绑架已经既遂），后行为者为防止人质逃跑而实施了进一步的伤害人质的行为，由于这种行为属于对不法侵害状态的加功，这时后行为者实际上分担了绑架罪的绑架他人的实行行为，像在非法拘禁的场合一样，这样的后行为者作为事中共犯，和先行为者成立共同犯罪是毫无疑问的。对此，学说之中也不见争论。问题是后行者并非对非法控制人质的状态予以加功，而仅仅是对勒索财物行为予以协力或者担当的场合。尽管此时绑架行为侵犯他人人身权利的不法状态仍在持续之中，但仅利用此不法状态而对属于绑架罪构成要件要素之外的勒索

---

① 王作富．刑法．6版．北京：中国人民大学出版社，2016：383.

② 某种意义上，说“绑架行为”处在持续之中可能会遭到批评，因为“绑架”的行为往往是即时性的，持续的仅是侵犯他人自由、身体安全乃至生命的状态。可是，非法拘禁罪被认为是持续犯的适例已成定论，细想起来也难说“拘禁”的行为就不是即时性的。所以，从另一角度来看，说绑架行为处在持续之中，也可理解。

财物的行为的协力（和先行为者一起）或者担当（后行为者独自），由于欠缺和先行为者之间的共同实行行为，恐怕难以按照所谓事中共犯（仍然要求共犯人之间要有实行行为之间的分担）来处理。

（2）有论者认为，绑架罪的既遂以绑架行为而不以勒索财物或提出其他不法要求行为的实施为必要条件，并不否定中途参与实施勒索财物者成立共犯。这是因为既然存在中途参与勒索财物的行为，就证明行为人对于他人先前的绑架行为是明知的，勒索财物不过是犯罪的延续行为，中途参与者实际上是“承继的共犯”，对于先前的绑架行为也要承担责任。①

问题是：“承继的共犯”本身是否值得肯定？即便这一概念可以接受，在犯罪既遂之后，也有存在“承继的共犯”的余地吗？在日本，对于承继的共犯概念基本上存在着全面肯定说、全面否定说和中间说三种学说。承认承继性共犯的理由之一在于完全犯罪共同说这一思维，即无论是继续犯，还是结合犯、结果加重犯，只要先行为者的犯罪属于一罪，共犯者也应该是同一罪名的共犯；而且只要后行为者认识并利用了先行为者的行为及其结果，这与事前成立共谋的场合在价值上并无不同。但是，完全犯罪共同说现在已经不受支持。肯定说的实质的根据是，“参与了不可分的一罪的一部分的人当然应该就全体来承担责任”。可是，“承继的共犯所成为问题的犯罪的类型，不限于单纯的一罪，也包括包括的一罪、结果加重犯等等，问题是何种场合是‘不可分’的”②。此外，“如果存在事后的认识与任容，就必须对并不为自己左右的结果也承担责任，这无疑等同于认可心情刑法，并不合适”③。对承继的共犯的完全否定说可谓处在支配性地位的学说。该说基于因果共犯论的立场，认为共犯的处罚根据在于与犯罪结果之间具有因果性，按照因果共犯论的观点，对与参与行为并无因果性的结果并不承担罪责。该说放弃了犯罪共同说、罪名从属性，而采取行为共同说。此外还有中间说（部分肯定说）的观点，即原则上否定，但限于先行为者的行为效果延续至后行为者参与之后的阶段，并且后行为者利用了该效果之时，可认定承继性共犯。该说也很有影响。④ 可见，承继的共犯概念本身并不是一个天然正确的命题，承认承继的共犯概念，以在共同犯罪的问题上不采行为共同说为前提，并且，需要突破共同犯罪需要有共同的实行行为的观念，在广泛的意义上承认“不可分的一

① 赵秉志，肖中华，左坚卫．刑法问题对谈录．北京：北京大学出版社，2007：339．

② ［日］前田雅英．刑法总论讲义：第4版．东京：东京大学出版会，2006：443．

③ ［日］西田典之．日本刑法总论．刘明祥，王昭武，译．北京：中国人民大学出版社，2007：302．

④ ［日］西田典之．日本刑法总论．刘明祥，王昭武，译．北京：中国人民大学出版社，2007：302．

罪”的概念。只有这样，在绑架行为已然完成、绑架罪已经既遂之后，对于后加入者仅对勒索财物的行为予以协力或者担当的行为，才可以按照共同犯罪处理。①

第三节 绑架罪的处罚

一、绑架罪的减轻构成的配置

知识背景

1997年《刑法》第239条原规定，以勒索财物为目的绑架他人，或者绑架他人作为人质的，处10年以上有期徒刑或者无期徒刑，并处罚金或者没收财产；致使被绑架人死亡或者杀害被绑架人的，处死刑，并处没收财产。据此，在当时绑架罪的法定刑起点为10年有期徒刑，绑架罪成了重罪中的重罪。然而重刑的威慑并没有阻却利益驱动者放弃铤而走险，绑架的案件在司法实践之中屡有发生，并且，问题也随之逐渐凸显：只要贴上了绑架的标签，就会面临10年以上有期徒刑甚至更重的刑罚。刑法对绑架罪设定的刑罚层次偏少并且起点刑偏高，不能完全适应实践之中复杂案件的需要，也使一些情节轻微的绑架行为面临着过重的刑罚，既难以实现罪刑均衡，实践中也无法有效保障被绑架人的合法权益。尽管司法实践之中也有针对情节较轻的绑架罪动用《刑法》第63条第2款的特别减轻处罚程序以求罪刑均衡的先例，比如下述的程某伟绑架案，但是，特别减轻处罚毕竟是一个非经常性的紧急救济渠道，并且适用程序复杂、烦琐，并不是在多发的绑架案件之中保持个案公正的最佳选择。对绑架罪法定刑的设置作适当的调整，乃大势所趋。

案例评价

［案例12-5］程某伟绑架案②

1. 基本案情

21岁的行为人程某伟从其舅舅家偷走一步传呼机，因舅舅将此事告诉了

① 实际上，之所以要费尽心思为在勒索财物阶段的后加入者与先前的绑架行为人之间找到成立共同犯罪的理论管道，主要还是要解决后加入者的定罪与量刑的问题。实际上，如果否认两者之间成立共同犯罪，则后行为者的行为可能难以得到恰当的评价。假如单独评价，就定罪而言，后行为者难以定敲诈勒索罪、抢劫罪，更难单独定绑架罪。即便勉强单独定罪，也由于无法像在共同犯罪那样被评价为从犯等，所以难以做到罪刑均衡。

② 最高人民法院刑事审判第一、二庭．刑事审判参考：第4卷·上．北京：法律出版社，2004：119.

村里人，程觉得无脸见人，产生了报复动机。一日，程租用“面的”车到其舅舅儿子聪聪上学的学校，将放学的聪聪骗上车拉走。而后程给其舅舅打电话索要6 000元现金，限两小时交到。程给聪聪买了一些小食品之后，开车到约定地点等候。程舅报警，程父获悉后与公安人员一起赶到现场。当时程与聪聪正在车上打扑克，程父走到“面的”车边搂住程的脖子，程见有公安人员，就把碗片放在聪聪的脖子上说：“你们不要过来，过来我就杀了他!”在其父夺碗片时，程划伤聪聪的脖子（表皮伤0.05×3.0cm）。公安人员随即将程抓获。

2. 涉案问题

本案涉及的问题是：行为人程某伟的行为，是否构成绑架罪？应该如何量刑？

3. 裁判理由及结论

河南省博爱县人民法院认为，被告人程某伟以勒索财物为目的，绑架他人，已构成绑架罪。依照《刑法》第239条第1款的规定，于2000年6月23日判决：被告人程某伟犯绑架罪，判处有期徒刑11年，并处罚金6 000元。

一审宣判后，被告人程某伟不服，提出上诉。其辩护人辩称，程某伟没有使用暴力、胁迫手段实施绑架，不构成绑架罪，且系初犯，勒索对象又是其亲属，犯罪后认罪态度好，应从轻处罚或改判无罪。

河南省焦作市中级人民法院认为，被告人程某伟出于报复动机，以勒索财物为目的，绑架他人，已构成绑架罪。其上诉理由及其辩护人的辩护理由经查不能成立。鉴于本案不同于一般绑架犯罪，被绑架的对象系被告人的表弟，且事出有因，一审量刑过重，对被告人程某伟应在法定刑以下减轻处罚。依照《刑法》第63条、《刑事诉讼法》第189条第2项的规定，于2000年10月18日判决：维持博爱县人民法院（2000）博刑初字第45号刑事判决对被告人程某伟的定罪及判处罚金部分，撤销量刑部分。被告人程某伟犯绑架罪，判处有期徒刑5年。

焦作市中级人民法院依法将此案报送河南省高级人民法院复核。

河南省高级人民法院经复核后认为，被告人程某伟为报复其舅，绑架其亲表弟，索要6 000元钱，情节一般，犯罪手段一般，没有造成损害后果，判处法定最低刑仍显过重，可以在法定刑以下减轻处罚，同意焦作市中级人民法院的判决，并依法将此案报请最高人民法院核准。

最高人民法院经复核后认为，被告人程某伟以勒索财物为目的绑架他人，其行为已构成《刑法》第239条第1款规定的绑架罪。被告人程某伟虽不具有法定的减轻处罚情节，但鉴于本案发生于亲属之间，犯罪情节较轻，被告人有悔罪表现，对其依法可以减轻处罚，并可以适用缓刑。一、二审判决认定的事实清楚，证据确实、充分，定罪准确，审判程序合法。但一审量刑过重，二审判决依法对被告人程某伟减轻处罚，判处 5 年有期徒刑仍显过重，应予改判。依照《刑法》第 239 条第 1 款、第 63 条的规定，于 2001 年 12 月 6 日裁定：（1）撤销博爱县人民法院（2000）博刑初字第 45 号刑事判决、河南省焦作市中级人民法院（2000）焦刑终字第 141 号刑事判决；（2）被告人程某伟犯绑架罪，判处有期徒刑 3 年，缓刑 5 年。

4. 评析意见

最高人民法院以“鉴于本案发生于亲属之间，犯罪情节较轻，被告人有悔罪表现”为由，直接改判被告人有期徒刑 3 年，缓刑 5 年。其虽然为最高人民法院的改判从而具有既判力，但这种减轻处罚的幅度却可能值得商榷。在笔者看来，在当时绑架罪的法定刑起点为 10 年有期徒刑的现状之下，最高人民法院直接改判减轻为 3 年有期徒刑，并且适用缓刑，这可能不够严肃。特别减轻处罚固然必要，但是减轻处罚不能无限制而应受到刑格的限制，判处缓刑恐怕更不合适——这虽然是在个案中实现了实体正义，却是以牺牲法律本身的安定性和可预测性为代价的。

事实上，关于减轻处罚需要受到刑格之限制的观点，梁根林教授就曾提出过相应主张①，张明楷教授更是认为，“对减轻处罚没有任何限制的做法，有损刑法的安定性，也不利于实现报应的正义性”②。也正因为如此，2011 年《刑法修正案（八）》对《刑法》第 63 条的修改则解决了这一问题，增加了“本法规定有数个量刑幅度的，应当在法定量刑幅度的下一个量刑幅度内判处刑罚”的规定。

规范依据

因应司法实践的需要和刑法理论界的呼声，2008 年 8 月，《刑法修正案（七）（草案）》提请全国人大常委会审议。草案对绑架罪增加了一档刑罚，规定：“情节较轻的，处三年以上十年以下有期徒刑，并处罚金。”以上关于增加绑架罪的刑罚阶梯、增设本罪的减轻构成并将法定刑起点确定为 3 年的做法得到了学界较为一致的肯定，之后全国人大常委会的两次审议对草案的这一修订意见也都予以了确认。只是，在刑法修正案正式出台之前，仍有全国人大常委会委员提出，为防止对绑架这类严重犯罪量刑过轻，建议将起刑点由 3 年有期徒刑提高到 5 年有期徒刑。全国人大法律委员会经同有关部门研究，建议将草案中“情节较轻”的绑架行为的法定刑起点修改为 5 年有期徒刑，这种建议被采纳，在最终在 2009 年 2 月 28 日由第十一届全国人民代表

---

① 梁根林．现代法治语境中的刑事政策．国家检察官学院学报，2008（4）.

② 张明楷．许霆案减轻处罚的思考．法律适用，2008（9）.

大会常务委员会第七次会议通过而生效的《刑法修正案（七）》之中，绑架罪的法定刑起点定格为 5 年有期徒刑，即绑架罪“情节较轻的，处五年以上十年以下有期徒刑，并处罚金”。

无疑，增加绑架罪的减轻构成使该罪的罪刑阶梯逐步趋于合理，这样的修改内容总体上是值得肯定的。

深度研究

1. 绑架罪减轻构成的规定方式

在确认了增设绑架罪的减轻构成之合理性的前提之下，有两个继之而来的问题需要讨论：第一，绑架罪的减轻构成的罪状如何设计？是采取“情节较轻”的简单罪状方式（如《刑法》第 232 条），还是采取具体列举的叙明罪状方式？第二，绑架罪的法定刑下限确定为几年有期徒刑更为适宜？

据笔者初步统计，在《刑法修正案（七）》之前，在《刑法》分则之中以“情节较轻”的方式规定基本犯罪构成之外的减轻构成的有 15 处，具体而言，分则第一章危害国家安全罪 3 处，第二章危害公共安全罪 6 处，第四章侵犯公民人身权利、民主权利罪 2 处，第六章妨害社会管理秩序罪 1 处，第八章贪污贿赂罪 2 处，第九章渎职罪 1 处，其他各章则没有使用“情节较轻”的规定方式。同时，《刑法》分则之中较多地采用叙明罪状规定了适用较低的法定刑的具体情形。而与减轻构成相比，《刑法》对加重构成的规定同样存在着两种不同的模式：既有像第 263 条抢劫罪中明确列明 8 种情形（封闭式）的方式，又有大量的“情节严重”的规定方式，表现出了立法技术的丰富。实际上，刑法各罪的修正构成（减轻或加重构成）究竟应该规定得笼统、简约一些为好，还是应该规定得细密、明确一些好，不可一概而论。不管是简单规定还是细密规定，都不是绝对最优的，只是两难之中的价值选择：简单规定（“情节较轻的”“情节严重的”）可以适应司法实践的丰富多彩的情况及其需要，保持了法律适用的足够弹性，但这也给司法者留下了过大的自由裁量空间，为法律之内的“设租”“寻租”提供了可能；封闭的明确列举式规定则正好相反，其剥夺了法官自由裁量之空间，这种刚性的减轻或者加重构成的规定可能无法满足不断变动中的司法实践需要，并且未必能够保证个案的公正。相比而言，大致说来，减轻构成由于对被告人是有利的，因此，可以规定得笼统一些，将具体属于“情节较轻”与否的认定权交由法官在具体案件之中自由裁量；而加重构成由于对被告人是不利的，采取明文列举且封闭式（不附加“以及其他”之类的兜底性规定）规定可能更为合适。最终，立法者在绑架罪的减轻构成的设置上，选择了“情节较轻的，处五年以上十年以下有期徒刑”这样的简单规定方式，这也许是一种下意识的思维惯性，同样也可能是一种权衡之后的次优选择。①

不妨说得再具体一点。比如就绑架行为完成之后释放被绑架人的情形而言，因我国刑法并未明确列明“情节较轻”的具体情况，这样，“释放人质”就既可能是“情节较轻”的一种情形也可能不是，这取决于法官的自由裁量，应该说对被害人权利的保护（防止被撕票的危险性），包括对被告人的保护（获得减轻刑罚之实际效果的可能性）不够充分。当然，以上是针对释放人质情形而言的，就此之外的其他情形来说，应该说由于我国《刑法》“情节较轻”的开放式规定保留了足够的张力。所以，就立法技术而言，既明确规定释放人质之情形下的减轻处罚规定，同时又保持一定的张力，可能更为妥当。就具体的法条设计而言，在笔者看来，假如规定“未造成被害人伤害结果而积极释放人质或者有其他较轻情节的，处五年以上十年以下有期徒刑”，或许更为理想。

2. 绑架罪减轻构成的法定刑下限选择

相比减轻构成的具体规定方式，立法者在绑架罪修订问题上更为关注的显然是其法定刑下限的问题。在《刑法修正案（七）》的草案公布以及之后的两次审议之中，其下限都是 3 年有期徒刑，而在《刑法修正案（七）（草案）》进行三审时，绑架罪的起刑点却从 3 年提高至 5 年。全国人大常委会法工委刑法室副主任接受《南方都市报》记者采访时表示，之所以将绑架罪的起刑点从 3 年提高至 5 年，主要原因是部分常委会委员在审议时提出：现在绑架罪发案率比较高，对社会稳定、对公民的生命财产安全造成很大威胁；如将绑架罪的最低刑降低为 3 年，不利于打击此类犯罪。刑法规定，判处 3 年以下有期徒刑甚至可以适用缓刑，对这类严重犯罪量刑过轻。因此，全国人大法律委员会经同最高人民法院、最高人民检察院、公安部研究，建议将草案中“情节较轻”的绑架行为的法定刑起点修改为 5 年有期徒刑。②

事实上，在《刑法修正案（七）（草案）》的讨论过程中，就有学者指出，诚然，绑架罪严重威胁公民的人身安全，但总体而言，其危害不会大于故意杀人罪和抢劫罪。而我国现行《刑法》中故意杀人罪和抢劫罪的最轻量刑档次均为“三年以上十年以下有期徒刑”，相比之下，绑架罪“十年以上有期徒

① 我国学者李洁教授指出，无论是何种立法规定模式都是利弊兼有的，没有无弊端的立法规定模式。立法的细密与简约的区别只能是规则对事案抽象到何种程度而不是要不要抽象的问题。至于抽象到何种程度是合适的，并不存在一个客观的通行于世界的统一标准，而只能根据各个国家的实际情况进行选择。这种选择所依据的事项除一个国家的司法传统、法律文化、习惯等因素外，司法者的素质与司法环境应该是不可忽视的重要因素。李洁．罪与刑立法规定模式．北京：北京大学出版社，2008：前言，4.

② 《刑法修正案（七）（草案）》三审稿将绑架罪起刑点从一审时的 3 年提高至 5 年．南方都市报，2009－02－26.

刑”的起刑点显属过高过重。因而对绑架罪增设“情节较轻的，处三年以上十年以下有期徒刑”的减轻量刑档次，不仅有利于适应绑架罪复杂的犯罪情节，而且也促进了绑架罪与危害性质和程度大体相近的故意杀人罪、抢劫罪起刑点的合理协调。① 自然，绑架罪原来的“十年以上有期徒刑”的起点刑过高自无异议（事实上这也是学界在此问题上的共识），问题是，其下限究竟是像《刑法修正案（七）（草案）》的前两稿那样规定“三年”为妥呢，还是像最终通过的《刑法修正案（七）》那样规定“五年”为妥？以上论者显然更倾向“三年”。笔者此前也曾持这种将绑架罪的下限定为“三年”比“五年”更为妥当的观点。这种观点的一个明确的理由，就是“总体而言，绑架罪的危害不会大于故意杀人罪和抢劫罪”，而故意杀人罪以及抢劫罪的法定刑下限为3年，所以绑架罪没有理由将其法定刑下限定为5年。可是，细想起来，以上的论断可能值得重新评估。首先，就绑架罪与抢劫罪的危害性而言，虽然比如就勒赎型绑架罪而言，两罪所侵犯的都是双重客体（同时侵害人身权利和财产权利），两罪构成要件之中的手段行为也都包含了故意杀人或者过失致人重伤、死亡的情形，但毕竟绑架罪保护的主要客体是人身权利而抢劫罪保护的主要客体是财产权利，主要属于侵犯人身权利的绑架罪法定刑起点高于主要属于侵犯财产罪的抢劫罪，至少在逻辑关系上是顺畅的。更为重要的是，抢劫罪只涉及行为人与被害人的两面关系，而绑架罪还涉及被害人的近亲属等第三人（绑架罪的成立需要行为人主观上具有利用被绑架人的近亲属或者其他人对被绑架人的安危之忧虑这样的主观的意思），具有三面关系的属性，所以，说绑架罪法定刑起点高于抢劫罪也具有实质上的依据。所以，认为绑架罪的危害性不会高于抢劫罪从而其法定刑起点没有理由超过抢劫罪的说法，可能未必站得住脚。

更需要讨论的是：绑架罪的法定刑起点高于故意杀人罪，这是否具有合理性？对这个问题的另一种问法实际上是，最轻的绑架罪是否重于最轻的故意杀人罪？若得出肯定结论，则现行《刑法》的做法就是合理的，否则，可能就有问题。在认可了我国《刑法》分则的法定刑规定是以犯罪既遂为标准而规定的前提之下，应该说，即便是故意杀人罪的法定最低刑3年有期徒刑，其也是针对该罪的既遂即故意杀害并致使被害人死亡的；而在绑架罪的场合，绑架致使被绑架人死亡或者故意杀害被绑架人是该罪的加重构成，则作为绑架罪的减轻构成的“情节较轻”之下限，当然不可能包括被绑架人死亡的情形。由此看来，在故意杀人罪的起刑点设置上，仍旧是以被害人死亡为前提的，而在绑架罪的起刑点上，被害人显然是活着的。如果将生命作为刑法所

① 赵秉志，赵远．试论绑架罪的立法完善．法制日报，2009－02－18（12）．

保护的法益中的最重要者，似乎应该承认，情节最轻的故意杀人罪（由于被害人已经死亡）重于情节最轻的绑架罪（由于被害人未死亡）。但是，这样的认识可能过于注重结果，法定刑罚后果作为刑事责任的具体承担方式，应该体现的是刑事责任的轻重程度，而结果（包括死亡结果）之发生与否仅是判断刑事责任程度的因素之一，而非全部。在情节较轻的故意杀人罪的场合，被害人通常都存在重大过错（比如对行为人长期虐待）或者行为人具有可宽恕事由（比如被害人同意），甚至同时伴随被害人的重大过错和行为人的可宽恕动机（如所谓的“大义灭亲”），此时，尽管被害人死亡，但是，被害人本人通常也需要对自己的先前行为承担责任，行为人本身的刑事责任相应也随之降低。而在情节较轻的绑架罪的场合，虽然被害人活着，但是既然行为被评价为绑架行为，则被害人的人身自由，人身、生命安全都受到了侵害与威胁，而被害人本身则是完全无辜的。① 既然如此，即便是情节较轻的绑架罪，行为人的刑事责任由于缺乏被害人责任的相抵，仍然可谓很重，在坚持法定刑表明的是刑事责任的程度而非单纯的结果侵害的意义上，应该说，情节最轻的绑架罪的刑事责任高于情节最轻的故意杀人罪，从而绑架罪的法定最低刑高于故意杀人罪的法定最低刑，这样的结论是有根据的，从而，《刑法》为情节较轻的绑架罪所设定的法定刑下限就可谓是合理的。

二、对绑架罪减轻构成的具体解释

知识背景

在《刑法》规定了绑架罪的减轻构成之后，其具体含义需要厘定。什么情况属于绑架罪中的“情节较轻”?

案例评价

［案例 12－6］孙某洪、濮某鸣等绑架、抢劫、故意杀人案②

1. 基本案情

被告人濮某鸣、夏某军同在上海从事房屋中介工作。因经济拮据，濮某鸣起意以熟人南非籍华人毕某之子为绑架目标，向毕某勒索钱财 200 万美元。濮纠集了老乡被告人孙某洪、吴某林共同参与，并事先勘查毕某的住处，准

① 刑法明文规定对出于索取债务的目的扣押、拘禁他人的行为为适用非法拘禁罪的规定，这也从反对解释的角度表明在成立绑架罪的场合，双方之间不存在债权债务关系，被绑架人通常也是，不存在过错的，至少不存在严重过错。

② 最高人民法院刑事审判第一、二、三、四、五庭．刑事审判参考：总第 96 集．北京：法律出版社，2014：56－65.

备了电击棍、塑料胶带等作案工具。2010 年 6 月某天，濮某鸣、夏某军、孙某洪、吴某林等人携带作案工具，由濮驾车至毕某家所住大楼地下车库接应，夏、孙望风，吴等人冒充物业人员以检查热水器之名进入毕某家欲绑架毕某之子，适逢毕某家有成年男子在场而未能得逞。同年 9 月 8 日，濮某鸣等人再次实施绑架行为，但又因在毕某家走廊遭他人盘问而未得逞。

2. 涉案问题

本案涉及的问题是，绑架罪中“情节较轻”的认定。

3. 裁判理由及结论

上海市第一中级人民法院经审理后认为，孙某洪等人以勒索财物为目的，共同绑架毕某之子的行为构成绑架罪（未遂）。遂依照《刑法》有关规定，以绑架罪判处被告人孙某洪有期徒刑 7 年、濮某鸣有期徒刑 8 年、夏某军有期徒刑 5 年、吴某林有期徒刑 5 年，并分别判处罚金数千元不等。

被告人上诉后，上海市高级人民法院经公开审理，裁定驳回上诉，维持原判。

由于各被告人还有抢劫和故意杀人的罪行，最终最高人民法院核准了对各被告人关于各罪的定罪与量刑（包括死刑裁量）。

4. 评析意见

在本案中，与此处绑架罪定罪量刑相关的问题有两个。一个是，在绑架案件中，能否仅根据行为人对被害人实施了人身控制行为就认定其“以勒索财物为目的”。另一个是，绑架罪中的“情节较轻”是否包括未遂情节。

对于第一个问题，该案的“裁判理由”指出：在绑架案件中，不能仅依据行为人对被害人实施了人身控制行为就认定其“以勒索财物为目的”，还相应要求行为人向被害人之外的第三人提出了勒索财物的意思表示或者具有证明行为人该目的存在的其他证据。其中的一个重要理由是，根据主客观相统一原则，主观必定见之于客观，“以勒索财物为目的”的主观直接故意必须要有勒索财物之行为或者具有相关证据（非行为）予以证明。如行为人已向被绑架人的亲属或者其他人索要过财物，其向他人索取钱财的客观行为已充分证明勒索财物的主观目的，即构成绑架罪既遂；如行为人仅实施了对被害人的人身控制行为，但有充分证据（被告人供述、被害人陈述、证人证言、物证、书证等）证明其主观上是以勒索财物为目的的，亦可以构成绑架罪。但如果行为人仅实施了对被害人的人身控制行为，行为人否认具有勒索目的，现有证据亦不能证明其有勒索目的，则不能认定构成绑架罪。

对于第二个问题，该案的“裁判理由”认为，由于“情节较轻”具有高度的概括性、抽象性，只有在对影响绑架罪的社会危害性程度的各种主客观事实进行综合评价的基础上，才能得出某一个案是否属于“情节较轻”的结论。影响绑架罪的社会危害性程度的事实要素大致有以下几个方面：（1）犯罪手段。绑架罪采用暴力、胁迫、诱骗等方法控制被绑架人的人身自由，拘禁时间有长短之分，暴力、胁迫、诱骗等手段各不相同亦直接影响到该罪的社会危害性程度。（2）犯罪后果。从人身损害方面看，是否造成了被绑架人重伤、轻伤、轻微伤或严重的精神伤害；从财产损害方面看，赎金数额有数额巨大、数额较大或未获取分文的区别。犯罪后果直接反映了行为的社会危害性程度。（3）犯罪动机。行为人的动机或是满足个人私利，或是缓解生活压力，或保障合法权益，或是实现特定政治目的等。动机不同体现出行为主观恶性程度的差异。（4）犯罪情节。行为人是否放弃勒索赎金，是否主动释放人质，行为人与被害人是否系亲属或熟人关系，行为人是否选择以老人、妇女、儿童或者社会知名人士作为绑架对象等情节对绑架罪的社会危害性程度具有直接影响。与之相对，如果某一事实因素不能反映绑架罪的社会危害性程度，就不能成为"情节较轻"的判断基础。如一些纯粹反映行为人的人身危险性程度的事实因素就不能成为判断是否属于"情节较轻"的基础，主要包括行为人的一贯表现，是否属于初犯、偶犯，前科情况，犯罪后的认罪、悔罪态度，是否具有自首、立功情节等。上述事实因素虽然最后会影响到行为人的刑罚裁量，但它们都不能反映和体现绑架罪的社会危害性程度，对绑架罪的罪质轻重没有影响，因此不能成为"情节较轻"的判断基础。

本案的"裁判理由"进一步认为，刑法总则规定的犯罪预备、未遂、中止等从轻减轻情节，基于刑事立法模式以及禁止重复评价的原则，不应适用于绑架罪，作为"情节较轻"的判断基础。如果将其作为"情节较轻"的判断基础，然后再作为量刑情节适用，显然属于对同一情节的重复评价，违反了禁止重复评价的原则。本案中，被告人濮某鸣、夏某军等人以毕某之子为绑架目标，意图向毕某勒索200万美元，事先勘查住处并准备电击棍等作案工具，在实施作案过程中已进入毕某家中，但由于意志以外的原因而未得逞，系绑架未遂，但不应适用"情节较轻"条款。

深度研究

结合司法实践之中的绑架案现状，这里所谓的"情节较轻"，可能包括：（1）绑架之后，主动释放被绑架人的；（2）绑架之后实力控制被绑架人时间较短就被查获的；（3）绑架之后没有对被绑架人进行严重殴打、虐待，甚至对被绑架人较为优待的；（4）绑架之后勒索的财物数额不大的；（5）其他的表明行为人人身危险性不大，对被害人的人身安全的侵害也不严重的情节。特别应该注意，绑架罪为一个重罪，其成立条件应该受到严格限制，即便是"情节较轻"的绑架罪，也必须是较为严重地危害了被害人的人身、生命安全的犯罪，即便行为人同时具有勒索财物的目的或者其他不法目的，如果实力控制他人的手段显然属于“情节显著轻微，危害不大的”，也应该结合《刑法》第13条的但书规定不按照犯罪处理。不能因为有了绑架罪“情节较轻”的规定，就对原本不该作为绑架罪处理的案件也以该罪的减轻构成处理。同样，在有了绑架罪的“情节较轻”的规定之后，特别值得注意的是，不应该对原本应该按照非法拘禁罪处理的案件以“情节较轻”的绑架罪处理。如果行为对被害人的侵害仅止于对人身自由的侵犯，不涉及对被害人人身安全乃至生命安全的威胁，就应该按照非法拘禁罪来处理，而不能按照“情节较轻”的绑架罪处理。结合《刑法》第238条第3款的规定（为索取债务非法扣押、拘禁他人的，若未使用暴力致人伤残、死亡，则按照非法拘禁罪处理），双方之间是否存在债权债务关系也是区分绑架罪与非法拘禁罪的重要考量因素，但是，由于绑架罪本身毕竟是一种侵犯公民人身权利的犯罪，区分两罪时更应考虑行为本身对人身自由的剥夺程度、对人身安全的威胁程度。同样，在绑架他人作为人质的场合，要求是有非法目的，要求将他人作为人质的行为是以伤害或者杀害相要挟，不能将为了实现合法目的将他人作为人质的行为错误认定为“情节较轻”的绑架罪，也不能将为了实现非法目的将他人扣为人质，但不以杀害和伤害相要挟，答应只要满足条件就放人的行为错误认定为“情节较轻”的绑架罪。这些情况都属于单纯的非法侵犯他人自由的行为，应该视其对自由的剥夺程度认定为非法拘禁罪或者不按照犯罪处理，而不能因为绑架罪增设了减轻构成，其法定刑起点没那么高了，就对原本不符合绑架罪构成要件的行为也按照本罪处理。

三、绑架罪的减轻构成与本罪的中止、未遂、预备

知识背景

正如本章第二节已经详细介绍的那样，就绑架罪的既遂标准来说，通说认为，在主观上具有勒赎或者其他不法目的之前提下，只要客观上已实际控制人质、将其置于自己实际支配之下，绑架罪就已经既遂，而不要求相应目的的具体实现。这一可被概括为“绑架行为完成说”的通说，是以在犯罪既遂的标准问题上采“构成要件齐备说”而非“得逞说”，主张绑架罪的实行行为为单一行为而非复合行为，承认这里的勒索财物的目的或者其他不法目的属于主观的超过要素为理论前提的，总体而言是合理的、可接受的。在采纳这一通说的前提下，在控制他人并且在勒索到财物之后或者在未勒索到财物之时主动释放人质的场合，由于已经具备了“以实力控制他人”的要件，自无成立中止犯的可能，此时不能适用《刑法》第24条犯罪中止的规定，而只可能认定为“情节较轻”而适用绑架罪的减轻构成。犯罪中止自然只能存在于犯罪预备阶段和犯罪实行但未达既遂之阶段，所以，在实行以实力控制他人的绑架行为之前主动放弃犯罪（主动打消了勒索财物的目的，并且主动放

弃实行行为）的，自然属于绑架犯罪预备阶段的犯罪中止；已经采取了绑架罪的暴力行为而在完全控制被害人之前主动放弃进一步的行为并打消了勒索财物的目的的，自然属于绑架犯罪实行阶段的中止。问题是：在这种情况下，在适用犯罪中止的规定的同时，是否同时也认定为绑架罪的“情节较轻”?

对此，在笔者看来，犯罪中止的规定是一个在已经成立犯罪（只是未达既遂）的前提之下的量刑情节、量刑事由，然而构成绑架中的“情节较轻”与否也是犯罪的量刑情节，如果将犯罪中止的情节既作为“情节较轻”的认定依据，又认定为中止犯，不但可能违反了禁止重复评价的原则，而且本身也可能存在逻辑上的混乱。对此并不难理解：无论是“情节较轻”，还是一般的情节，都是以犯罪既遂为前提的（我国刑法分则中的罪状，不论是基本罪状还是加重、减轻的罪状，都是以犯罪既遂为前提的），由此，即便是“情节较轻”，也当然因为已然成立犯罪既遂而无再成立犯罪中止的可能性，是以，犯罪中止的情形就当然不能作为认定“情节较轻”的依据。[①] 此时，应该将绑架的预备阶段的行为或者实行阶段的行为单独予以评价，看其是否符合“情节较轻”的规定，然后再结合中止犯的规定，或者以绑架罪的减轻法定刑或者以其基本法定刑为依据，加以处罚。这就像在故意杀人罪之中，在基于杀人的故意已经将被害人砍成重伤，而后良心发现将被害人及时送往医院并且成功救活的场合，虽然成立犯罪中止（自动有效地防止犯罪结果的发生），但是只要不具备其他“情节较轻”（比如大义灭亲、义愤杀人等情况）的事由，仍然只能在故意杀人罪的基本法定刑（死刑、无期徒刑或者 10 年以上有期徒刑）幅度之内按照中止犯的规定处罚，而不能既适用“情节较轻”的规定，又在这一规定的前提之下按照中止犯处罚。简言之，犯罪中止（或者犯罪未遂、犯罪预备）的情形本身不能作为绑架罪（或者其他犯罪）的“情节较轻”的认定资料，是否“情节较轻”，应该剔除犯罪未完成形态的因素，根据犯罪本身的情节予以认定。例如，行为人持刀绑架他人，将他人砍伤，但被害人竭力顽抗，行为人害怕而后悔了，放弃绑架，把被害人送往医院治伤的，应以“10 年以上有期徒刑或者无期徒刑”为基准刑，按照中止犯的规定来处罚。

案例评价

[案例 12-7] 白某良、肖某军绑架案[②]

1. 基本案情

被告人白某良于 2004 年 9 月间意图绑架陈某某勒索财物，并于当月自制

① 同样的道理，绑架的未遂、绑架的预备本身也不能成为认定绑架罪“情节较轻”的依据。

② 最高人民法院刑事审判第一、二、三、四、五庭．刑事审判参考：总第 69 集．北京：法律出版社，2009：48-56.

爆炸装置 3 枚。同年 10 月间，白某良与被告人肖某军进行绑架预谋，购买了伪造的牌号为京 OA20××的机动车号牌 1 副、警服 1 套、弹簧刀 1 把、仿真枪 1 把，窃取了牌号为京 CB98××的机动车号牌 1 副作为犯罪工具，伪造了姓名为“金某力”“王某”的身份证 2 张用于犯罪后潜逃。二被告人又用肖某军的照片伪造了姓名为“赵某来”的警官证 1 本。后根据白某良制订的犯罪计划，二被告人于同年 12 月 1 日 8 时许，以租车为名从本市顺义区名都花园社区门前将白某某骗至大兴区亦庄附近，采用暴力手段强行劫走白某某驾驶的黑色帕萨特牌轿车 1 辆（车牌号为京 GW60××，价值人民币 206 800 元），告诉白某某借用该车一天，用后返还；并让白某某留下了联系方式。12 月 2 日早晨，二被告人用捡来的姓名为“李某婷”的身份证办理了手机卡 1 张。同日 9 时许，二被告人将帕萨特牌轿车的车牌号由京 GW60××更换为京 A20××，并驾驶该车携带上述作案工具至本市朝阳区中国紫檀博物馆附近，冒充北京市公安局领导与陈某某电话联系，谎称其子涉嫌刑事案件需向其调查，欲将陈某某骗上车后予以绑架勒索财物，后因误认为陈某某已产生怀疑而于当日 11 时许逃离现场，并通知白某某在指定地点将帕萨特轿车取回。二被告人于同年 12 月 10 日被查获归案。

2. 涉案问题

本案中，主要涉及如下几个问题：（1）绑架罪的未完成形态如何认定？（2）为了实施绑架犯罪而抢劫他人汽车的行为，如何定罪？（3）怎样看待为了实施绑架犯罪而抢劫他人汽车的行为？

3. 裁判理由及结论

朝阳区人民法院认为：被告人白某良、肖某军为绑架他人勒索财物而准备工具，制造条件，二被告人的行为均已构成绑架罪，依法均应予惩处。鉴于被告人白某良、肖某军为实施绑架犯罪而准备犯罪工具，并设骗局意图接近被害人的犯罪行为，系犯罪预备；二被告人归案后均能如实供述犯罪事实，有认罪悔罪表现，故对二被告人依法减轻处罚。关于被告人白某良的辩护人认为被告人白某良系犯罪中止的辩护意见，经查，二被告人为了达到绑架人质勒索财物的目的，实施了一系列的行为，因为误以为骗局被识破，而未敢接近被害人，没有将犯罪行为进行下去，属于意志以外的原因，不属于犯罪中止，故对此项辩护意见不予采纳。遂依照《刑法》第 239 条第 1 款、第 25 条第 1 款、第 22 条、第 55 条第 1 款、第 56 条第 1 款、第 52 条、第 53 条之规定，判决如下：（1）被告人白某良犯绑架罪，判处有期徒刑 8 年，剥夺政治权利 1 年，人民币 1 万元。（2）被告人肖某军犯绑架罪，判处有期徒刑 7 年，剥夺政治权利 1 年，罚金人民币 1 万元。

一审宣判以后，被告人白某良、肖某军不服，向北京市第二中级人民法院提起上诉。

北京市第二中级人民法院经审理认为，原判事实清楚，证据确实充分，量刑适当，审判程序合法，遂依法驳回上诉，维持原判。

深度研究

对于涉及本案的问题，可以从如下方面予以评析和研讨。

（一）是否“着手”实行犯罪是区分犯罪预备与的标准

本案中，二被告人为了实施绑架犯罪，准备了犯罪工具，并且与被害人电话联系，试图骗出被害人，后因认识错误而停止犯罪。其行为是犯罪预备还是犯罪未遂？

问题的关键在于行为人是否已经着手实施绑架罪的实行行为，即绑架行为。在将绑架罪理解为严重侵犯公民人身权利的犯罪的前提下，只有已经开始了对被害人的人身权利造成具体、直接、现实危险的行为，才应该理解为是绑架罪的实行行为的着手。对此，本案的“裁判理由”正确指出，“我国刑法对绑架罪设置了严厉的刑罚，法定最低刑为有期徒刑十年［本案发生和审理于《刑法修正案（七）》之前——引者注］……这一法定刑幅度所对应的都是严重的罪行，如故意伤害致人死亡、抢劫致人重伤或者死亡等犯罪。因此我们在解释、认定绑架罪的构成要件时，应考虑到其法定刑的严重程度作出相应合理的解释，以实现罪刑均衡……鉴于绑架罪的法定刑起点较高，确定其‘着手’的时间就不宜过早，避免对较轻的行为科以过重的刑罚，从而做到罪刑相适应。”具体地说，对绑架罪的“着手”应该解释为实施了直接侵犯人质人身权利的行为，即劫持人质的行为，因为只有这种劫持行为才直接侵犯法益，才能与“十年以上有期徒刑或者无期徒刑”相匹配。相应地，在劫持人质之前的行为，只具有抽象的危险，尚未对人质造成现实的危害，不足以被解释为绑架的实行行为，否则会造成罪刑的不均衡。

本案中，二被告人经过预谋，准备绑架陈某某勒索财物。为了达到这一犯罪目的，进行了周密的计划与部署，包括准备犯罪工具，设骗局接近陈某某。其中准备用于扣押被害人的车辆和用于胁迫被害人的爆炸装置，均属于准备犯罪工具的范畴，系犯罪预备行为。同样，被告人设骗局与被害人电话联系，意图让被害人“自动地”来到其车辆上的诱骗行为，是为实施扣押行为提供便利，创造条件，使绑架行为得以实施，也应当属于犯罪预备。

（二）停止犯罪“主动性”的具体判断

本案中，二被告人经过周密策划，犯罪意志坚定，试图将绑架犯罪进行到底，甚至准备好了犯罪后潜逃使用的犯罪工具。在进行犯罪预备活动即编造谎言联系被害人的过程中，误以为被被害人发现了真相，事情败露，遂停止了犯罪。

被告人试图通过编造谎言的手段接近被害人，因为认识错误而认为存在继续进行犯罪的障碍，不但不能骗出被害人，还有被当场抓获的现实危险。这种认识错误本身是一种客观障碍，且这种障碍足以打破二被告人的犯罪计划，使犯罪无法继续。这种抑制犯罪意志的原因正属于“意志以外的原因”，这种原因迫使被告人停止了犯罪，属于犯罪预备，而不属于预备阶段的犯罪中止。

（三）为了实施绑架犯罪而抢劫他人汽车的行为如何定罪

本案中，二被告人为了准备绑架工具强行劫走了白某某的汽车，允诺用后返还，且其事后确实返还了车辆。这一行为只有利用意思而没有排除意思，整体上可以排除非法占有的目的，不应认为其构成抢劫罪。具体说，二被告人在绑架行为未能实施后，将该车停在朝阳区酒仙桥一停车场，把车钥匙放在车旁隐蔽地方，然后打电话通知车主取车，车主在电话指示的地方果然找到了自己的车辆，由此可以印证二被告人在主观上只是想强行借用被害人的车辆，而不是要非法占有被害人的车辆。如果二被告人劫取被害人的车辆作为绑架罪的犯罪工具，也没打算返还车辆，则其主观上具有非法占有的目的，这种行为构成抢劫罪。此时，其抢劫汽车的行为属于绑架罪的预备行为，应予并罚惩处。

四、绑架罪的加重构成

（一）故意伤害被绑架人，致人重伤、死亡的理解

知识背景

绑架过程中“致人死亡”，要求绑架人的绑架行为与被绑架人的死亡结果之间具有直接因果关系这一点是不言而喻的，而行为人对于被绑架人死亡的结果的主观心态是过失，关于这一点也毫无疑问：若是出于故意，则直接属于“杀害被绑架人”而不属于“致人死亡”；而若是不具有过失，则也欠缺以被害人的死亡来追究行为人之刑事责任的主观基础。只是，就逻辑事理和司法实践之中的现实状况而言，关于这里的“致人死亡”仍然需要作进一步的分析。(1) 被绑架人的死亡是绑架过程之中故意伤害的进一步结果（以下简称第1场合），比如绑架过程中，行为人出于重伤的故意进行伤害而过失地造成了被绑架人死亡。(2) 除此之外的被绑架人死亡的场合（以下简称第2场合）。事实上，被绑架人的死亡可能不是绑架过程之中故意伤害的进一步结果，而是出于其他原因：1）完全基于行为人的过失，比如绑架之后关押过程中，因被害人哭闹、挣扎，行为人对其堵嘴捂鼻或者为其注射麻醉剂过量等

原因过失引起死亡；2）被绑架人自身的过失，比如其试图逃跑而翻墙到相邻阳台时摔死；3）被害人因不堪忍受折磨自杀身亡；等等。《刑法修正案（九）》将刑法原规定的“致使被绑架人死亡”修改为“故意伤害被绑架人，致人死亡”，明确了其中的“致人死亡”仅限于上述第1场合，而不包括对被绑架人不具有伤害故意的，纯粹出于过失，甚至不具有过失的致被绑架人死亡（上述第2场合的排除）。这样规定，这里的“致使被绑架人死亡”与“杀害被绑架人”之间，在后果和危害性意义上才具有大致的相当性，有利于对法益的妥当保护。在出现了被绑架人死亡结果的以上第2场合，只能在绑架罪的基本法定刑（10年以上有期徒刑或者无期徒刑）的幅度之内酌情从重处罚——由于被绑架人死亡的结果，原则上也不具有适用本罪的减轻法定刑（5年以上10年以下有期徒刑）的可能性。

此外，《刑法修正案（九）》还将“故意伤害被绑架人致人重伤”的情形也修正为本罪的加重构成。在此次修正之前，原本故意伤害被绑架人致人重伤的情形下，只能在绑架罪基本法定刑（10年以上有期徒刑或者无期徒刑）的幅度之内酌情从重处罚，立法通过修正提高了此种情形的法定刑，体现出立法者对人质重大身体健康的进一步关注。但是，尽管如此，在“故意伤害被绑架人致人重伤”的场合，也应该以处无期徒刑为原则，以处死刑为极其罕见的例外。这是限制死刑适用的当然要求，也唯有如此，才能和本书对“杀害被绑架人应限于杀死被绑架人”的理解相衔接、相协调。

案例评价

[案例12-8] 张某等绑架案①

1. 基本案情

被告人张某与被害人王某英（女，殁年34岁）于2008年12月开始保持不正当两性关系。2009年4月30日晚，张某在东莞市万江区××溜冰场见王某英与另几名男子玩，欲将王带走，但遭王拒绝，二人遂发生矛盾。后张某纠集被告人符某仁、张某青、张某刚以及符某贵、张某明、陈某（后三人另案处理）等六人帮忙将王某英强行带走，反遭与王某英在一起玩的几名男子殴打。当晚，张某等人密谋绑架王某英。次日中午，王凤英打电话约张某见面，张某等七人即到东莞市道滘镇小河村一出租屋租下房间，符某仁、张某刚、符某贵、张某明、陈某五人在该房间守候，由张某、张某青将王某英带至该房间。此后，张某等人殴打王某英并索要人民币（以下币种同）5 000元

① 最高人民法院刑事审判第一、二、三、四、五庭．刑事审判参考：总第87集．北京：法律出版社，2013：36-42.

钱。王某英被迫拿出1 000元后，又打电话给其他亲戚朋友，要他们将钱汇至张某提供的账户。后张某等人怕被发现，欲将王某英转移。张某、符某仁、张某刚三人挟持王某英搭乘一辆出租车，张某青等人随后。当张某等人行至道滘镇××酒店门前路段时，所乘出租车与一辆小汽车发生碰撞，张某、符某仁、张某刚三人逃离，王某英因钝性外力打击头部致严重颅脑损伤而死亡。

2. 涉案问题

本案所涉及的问题是：绑架犯罪案件中，非被告人的故意、过失行为导致被害人死亡的，是否构成绑架罪中的“致使被绑架人死亡”?

3. 裁判理由及结论

东莞市中级人民法院认为：被告人张某、符某仁、张某青、张某刚以勒索财物为目的绑架他人，其行为均构成绑架罪，依法应当惩处。张某等人在控制被害人王某英的过程中，虽有殴打行为，但在转移王某英途中发生交通事故，在案证据不足以证实王某英头部损伤系殴打行为所致，且不能排除王某英头部受到损伤系交通事故所致，故不认定张某、符某仁、张某青、张某刚的行为属绑架致人死亡情形。

一审宣判后，张某等人没有提起上诉，检察院亦没有抗诉。该判决已发生法律效力。

4. 评析意见

对《刑法》规定的“致使被绑架人死亡”情形的认定，要求绑架过程中的行为与死亡结果之间必须具有刑法上的因果关系。如果被害人的死亡结果不是因为行为人的故意或者过失行为，而是因为其他因素的介入，那么行为人在绑架过程中的行为与被害人死亡结果之间不存在刑法上的因果关系，即不能认定行为人承担“致使被绑架人死亡”的刑事责任。

在认定绑架行为与死亡结果之间是否存在因果关系时，需要考虑介入因素的影响。如果在实行行为与危害结果之间介入了其他因素，则行为人是否对危害结果承担刑事责任要视具体情况而定。因果关系介入因素可以分为正常介入因素与异常介入因素。如果介入的因素是异常的，并且该异常因素合乎规律地引起了最终的结果，则先前的实行行为与后来的危害结果之间的因果关系中断，即行为人对危害结果不承担刑事责任。在绑架犯罪案件中，异常介入因素一般是指在通常情况下不会介入绑架行为的因素，而没有该因素的介入一般不会发生致人死亡的结果。然而，如果介入因素是正常的，则因果关系不能中断，行为人依然要对被害人死亡的结果承担刑事责任。

致使被绑架人死亡案件中，非正常因素的介入通常表现为以下五种形式：(1) 被害人自身的因素。这既包括被害人自身的身体状况，如身体上的疾病，也包括被害人基于其自由意志而实施的行为。(2) 自然因素，包括洪水、地震、火灾等因素。并非自然因素一律都会导致因果关系的中断。在绑架过程中，如果该自然因素的介入具有高度的盖然性，行为人对自然因素可能发生的危害后果应当能够预见，则不能以自然因素的介入为由中断因果关系。(3) 第三方行为，包括第三方无过错行为和第三方有过错行为。第三方无过错行为是指第三方在主观上不存在刑法上的过错。如甲绑架被害人乙后，乙乘甲不备，逃离被关押场所，恰逢警方围捕持枪逃犯。在警察鸣枪警告后，乙因受惊狂奔，警方误认为乙就是逃犯而将其击毙。甲、乙的行为都不能直接引起乙死亡的结果，乙死亡是警方开枪所致，而警方的行为系无过错行为。第三方有过错行为，是指第三方在主观上存在刑法上的过错。如甲绑架乙后，在转移乙的过程中，第三人丙酗酒醉驾，将在路边行走的甲和乙撞伤，乙经抢救无效死亡。此案中的被害人乙的死亡结果就是丙造成的。这两个案例中，都不能认定绑架人的绑架行为致使被绑架人死亡。(4) 行为人无过错的行为。(5) 行为人实施的与绑架行为无关的其他有过错行为。上述五种情形下，虽然存在如果没有行为人的绑架行为，就不会发生被害人的死亡结果这种条件关系，但上述诸情形中，被害人的死亡结果都是出于行为人的预料，行为人无法预见绑架行为会发生被害人死亡的结果，也无法预见绑架过程中会有介入因素导致被害人死亡的情况。因此，行为人对被害人死亡的结果缺乏承担刑事责任的主观基础，绑架行为与死亡结果之间也就不存在因果关系的相当性。只有绑架行为人实施的故意、过失行为导致被绑架人死亡的，其才对“致使被绑架人死亡”承担刑事责任。值得强调的是，这里的故意行为仅是指行为人对其实施行为是故意的，但对被害人死亡结果的发生持否定态度，即被害人死亡的结果出于其意料，否则就属于杀害被绑架人的情形。

本案中，张某等人在绑架被害人后，没有对被害人实施严重的暴力，现有证据也不足以证明被害人死亡的结果是其绑架过程中实施的暴力行为所致。相反，在案证据证明在张某等人将被绑架人转移过程中，由于第三人的原因发生了车祸，即发生类似于前述第三种情形第三方行为介入的情况，致被绑架人死亡。这种异常介入因素中断了绑架行为与死亡结果之间刑法上的因果关系，因此张某等人仅对其绑架行为承担刑事责任，而无须对被害人死亡的结果承担刑事责任。

深度研究

上述案件发生在 2015 年《刑法修正案（九）》之前，涉及对当时的《刑法》第 239 条中的“致使被绑架人死亡”的理解。在笔者看来，以上法院裁判否定了张某等人的行为“致使绑架人死亡”，这在结论上是正确的，值得认同的；此外，其裁判理由细致区分了在被绑架人死亡案件中，非正常因素的五种介入情形，也具有积极意义。但上述裁判理由仍有令人遗憾之处，即其在一定程度上存在着将对因果关系的判断与将行为人故意、过失的判断混杂在一起的问题。甚至，其所确立的如下“裁判规则”，即在绑架行为中，仅存在条件关系意义上的因果关系不足以认定“致使被绑架人死亡”，被害人的死亡结果并非由行为人的故意或者过失行为，而是由无法预见的介入因素而引起的，不成立“致使被绑架人死亡”，就不能不说存在着这种混同。

在笔者看来，在《刑法修正案（九）》对绑架罪的加重构成进行修改之后，只有同时具备以下条件时，才属于《刑法》第239条中的“故意伤害被绑架人，致人死亡”：（1）绑架行为人针对被绑架人实施了故意伤害行为；（2）坚持具体结果观前提下的条件说，即如果没有行为人的伤害行为，被绑架人就不会此时以此种方式死亡；（3）在条件（2）得出肯定结论的前提下，进一步按照相当因果关系理论，考察是不是伤害行为所具有的侵害被害人人身权利的危险性现实化为被害人的死亡结果：在不存在介入因素的场合要结合伤害行为自身的严重性等考察，在存在介入因素时还要进一步考察介入因素导致死亡结果的可能性大小、介入因素的异常与否等；（4）在条件（3）得出肯定结论的前提下，需要进一步考察绑架行为人对被害人死亡结果是否具有过失（是否对自己的伤害行为可能导致对方死亡的结果具有预见可能性），如果是明知自己的行为可能导致被绑架人死亡的，则足以构成故意伤害被绑架人致其死亡。以上四个阶段循序渐进，不可杂乱，也不可混同。上述裁判理由并未完全依照这样的顺序进行判断，在这个意义上是令人遗憾的。

（二）“杀害被绑架人”应该被解释为故意杀死被绑架人

案例评价

[案例12-9] 王某平绑架案①

1. 基本案情

2001年1月6日上午，被告人王某平到西良村学校附近，找到其表弟之子高某蓬（10岁），以找高的叔叔为由将高骗走。王某平挟持高某蓬乘车先后到河南安阳，山西省长治市、榆社县和河北省武安县、涉县等地。其间，王某平用事先准备好的手机亲自或胁迫高某蓬多次向高家打电话索要现金5万元。在索要未果的情况下，王某平将高某蓬挟持到涉县境内一火车隧道内，乘高不备，用石头砸击其头部，将高击昏后将其放到下水道内，并用水泥板盖住后逃离现场。1月13日下午，高某蓬被铁路工人发现，经抢救后脱险。

---

① 最高人民法院刑事审判第一庭、第二庭．刑事审判参考：总第38集．北京：法律出版社，2004：111-112.

经法医鉴定，高颅骨多发性骨折，属轻伤。

2. 涉案问题

本案涉及的问题是：怎样理解《刑法》第 239 规定的“杀害被绑架人”？杀害被绑架人未遂的，该如何处理？

3. 裁判理由及结论

河北省邢台市中级人民法院认为：被告人王某平以勒索财物为目的，将被害人打昏后放在下水道内杀害被绑架人，手段恶劣，情节严重，其行为构成绑架罪。王某平的行为虽未造成被害人死亡，但所犯罪行严重，不足以从轻处罚。对其辩护人提出的没有造成被害人死亡，可予从轻处罚的意见不予采纳。遂依照《刑法》第 239 条第 1 款、第 57 条第 1 款的规定，以绑架罪判处被告人王某平死刑，剥夺政治权利终身，并处没收个人全部财产；被告人王某平赔偿附带民事诉讼原告人高某蓬经济损失人民币 3 000 元。

一审宣判后，被告人王某平不服，以绑架未遂、量刑过重为由提起上诉。河北省高级人民法院经审理认为：上诉人王某平绑架儿童勒索钱财不逞，杀害被绑架人，其行为构成绑架罪。虽因上诉人意志以外的原因未造成被绑架儿童死亡，但其犯罪手段极其恶劣，应当判处死刑。原审法院依据犯罪的事实和情节，依法对本案作出的判决事实清楚，证据充分，适用法律准确，量刑适当，审判程序合法。对王某平的上诉理由及其辩护人的辩护意见不予采纳。遂依照《刑事诉讼法》第 189 条第 1 项、第 197 条的规定，裁定驳回上诉、维持原判。

4. 评析意见

在以上案件中，被告行为人王某平在绑架之后还实施了杀害被绑架人的行为，只是由于意志以外的原因而未得逞，并且其杀人手段也较为残忍。两审法院将其行为认定为“杀害被绑架人”并据此判处死刑，并非不可理解，但这种处理方式能否实现罪刑均衡，是否造成了死刑的扩张适用，仍值得进一步反思。对于像本案中王某平的行为，甚至无须按照绑架罪的基本犯和故意杀人罪的犯罪未遂予以并罚，按照绑架罪的基本法定刑顶格判处无期徒刑，总体上也能做到罪刑均衡。

深度研究

对于《刑法》第 239 条中的“杀害被绑架人”，笔者曾经主张，其应该限于杀死被绑架人。这是基于《刑法修正案（九）》之前的“杀害被绑架人的”要“处死刑”这一绝对确定死刑的规定，从限制死刑适用的角度，以及从罪刑均衡的刑法基本原则出发所作的解释与限定，具体来说包括以下几点理由。首先，认为绑架杀人未遂的情况下也属于“杀害被绑架人”，保留了判处行为人死刑的可能性，这一点本身就值得商榷。在撕票未成、被害人还活着的情况下，根据保护法益和剥夺法益的对等性原则，对行为人适用死刑，难说是罪刑均衡的，而且，这也不能不说与严格限制死刑适用的刑事政策产生偏差。其次，在笔者看来，绑架杀人未遂、中止的，直接在绑架罪的基本法定刑幅度之内量定刑罚，遇有行为人主动放弃杀人行为的，当然会以本罪的基本法定刑为基准，从轻处罚。这是一种对行为人更为有利的适用结果，既有利于被绑架人的生命保护，也有利于行为人的人权保障。最后，将单纯的故意杀人行为也理解为"杀害"，这本身可能就违反了"杀害"一词的含义：当我们说"某某杀害了某某"或者"某某被杀害"时，显然都出现了被害人死亡的结果。"杀"可以是指杀人的行为，而"害"则应该是指"死亡"的结果。①

也正是因为1997年刑法对于"故意杀害被绑架人"（以及致使被绑架人死亡）的场合的绝对确定死刑的配置所带来的死刑滥用的风险和罪刑失衡的弊端，刑法修正案对其进行了调整。《刑法修正案（九）》起草过程中，草案二次审议稿第14条对绑架罪作了修改，规定，犯绑架罪，"故意伤害、杀害被绑架人，致人重伤、死亡的，处无期徒刑或者死刑，并处没收财产"。根据全国人大法律委员会关于《中华人民共和国刑法修正案（九）（草案）》审议结果报告，因有的全国人大常委会组成人员、有关部门提出，对于犯绑架罪，故意杀害被绑架人的，无论是否得逞，是否造成重伤、死亡的后果，都应当严厉惩处，以切实保护公民生命安全，故全国人大法律委员会经同最高人民法院、最高人民检察院、公安部等有关部门研究，在提请第三次审议草案时建议采纳这一意见，将该条最终修改为：犯绑架罪，"杀害被绑架人的，或者故意伤害被绑架人，致人重伤、死亡的，处无期徒刑或者死刑，并处没收财产"。

经过这样的修正，将《刑法》第239条中的"杀害被绑架人"理解为实施了故意杀害被绑架人的行为而不限于造成被害人死亡的结果，可能更为适宜：因为"处无期徒刑"是立法配置的法定刑首选，不会造成死刑的过度适用；而且，认为撕票未成的场合也属于此处的"杀害被绑架人"，才能和"故意伤害被绑架人，致人重伤"的场合被立法者并列规定为"处无期徒刑或者死刑，并处没收财产"这一点之间形成均衡。

---

① 付立庆．论绑架罪的修正构成的解释与适用．法学家，2009（3）：74-76.

第十三章　抢劫罪

第一节　抢劫罪的构成

一、行为主体

知识背景

本罪的行为主体为一般主体，只要达到法定年龄且精神正常的自然人，都可以实施违法且有责的抢劫罪行。《刑法》第 17 条第 2 款规定："已满十四周岁不满十六周岁的人，犯故意杀人、故意伤害致人重伤或者死亡、强奸、抢劫、贩卖毒品、放火、爆炸、投放危险物质罪的，应当负刑事责任。"根据《全国人民代表大会常务委员会法制工作委员会关于已满十四周岁不满十六周岁的人承担刑事责任范围问题的答复意见》，这里的"抢劫"是指具体犯罪行为而不是具体罪名。那么，相对刑事责任年龄者犯本罪，包括抢劫枪支、弹药、爆炸物、危险物质的，都应当承担刑事责任。

问题是，分则中所拟制的几种抢劫行为是否亦受《刑法》第 17 条第 2 款之制约。例如，15 周岁的未成年人犯盗窃罪后，为抗拒抓捕而当场使用暴力的，或者携带凶器抢夺的，或者聚众打砸抢而毁坏、抢走公私财物的，是否要以抢劫罪追究责任？对此，司法实务界存在争议。《最高人民检察院关于相对刑事责任年龄的人承担刑事责任范围有关问题的答复》认为："相对刑事责任年龄的人实施了刑法第二百六十九条规定的行为的，应当依照刑法第二百六十三条的规定，以抢劫罪追究刑事责任。但对情节显著轻微，危害不大的，可根据刑法第十三条的规定，不予追究刑事责任。"但《最高人民法院关于审理未成年人刑事案件具体应用法律若干问题的解释》第 10 条指出："已满十四周岁不满十六周岁的人盗窃、诈骗、抢夺他人财物，为窝藏赃物、抗拒抓捕或者毁灭罪证，当场使用暴力，故意伤害致人重伤或者死亡，或者故意杀人的，应当分别以故意伤害罪或者故意杀人罪定罪处罚。”①

本问题之解决与法律拟制规定的性质有关。立法者在刑法分则中将几种有典型危险性的行为拟制为抢劫行为，并非仅仅法律效果的拟制，而是关于构成要件之不法内涵的拟制，即这几种行为原本不具备抢劫的不法内涵，但经过立法者的拟制之后，视同具备了抢劫的不法内涵。而《刑法》第17条第2款是关于责任年龄的规定，其只是表明相对刑事责任年龄者应为抢劫的不法负责；至于抢劫的不法内涵是什么，完全要以分则的规定为准加以确定。换言之，已满14周岁不满16周岁的人虽然对拟制抢劫行为中的盗窃、诈骗、抢夺、毁坏等没有责任能力，但并非意味着不存在这些行为的不法，因而仍然具备了拟制的基础，其行为之整体就仍然是拟制抢劫行为。因此，结论是，相对责任年龄者对三种拟制抢劫均须负责。

既然本罪的主体是一般主体，那么本罪就不可能是身份犯。不过，在《刑法》第269条所规定之转化型抢劫（拟制抢劫）的场合，因为立法者将其主体限定于“犯盗窃、诈骗、抢夺罪”者，转化型抢劫是不是身份犯就存有一定疑问。如果形式地从字面上加以理解，似乎转化型抢劫的主体范围在行为时的确是受到了限定；但是，身份犯的身份并非对行为时事实的限制，而是对与不法内涵或者责任轻重相联系的资格的限制。就资格而言，任何有责任能力的人都可以触犯盗窃罪、诈骗罪、抢夺罪，并进而成立转化型抢劫；就事实而言，在某个具体的场合是某个具体的人实施了盗窃罪、诈骗罪、抢夺罪，然后在该场合就是该人具体地成立了转化型抢劫。认为转化型抢劫属于身份犯，可能混淆了具体事实与抽象资格，因而并不足取。反对转化型抢劫属于身份犯的理由还有很多，限于篇幅，不再展开。

案例评价

［案例13-1］姜某福抢劫案②

1. 基本案情

上海市长宁区人民法院依法经不公开审理查明：2002年3月13日晚7时许，被告人姜某福在上海市浦东新区阳光三村崮山路西大门附近，乘被害人不备，抓住被害人孙某的左手腕，抢夺得被害人孙某手中的三星牌388型移动电话一部，价值人民币3 777元。之后，姜某福乘出租车逃跑，被害人孙某亦乘出租车紧追其后。至浦东新区张扬路、巨野路路口时，被告人姜某福下

① 罗开卷．侵犯财产罪实务精解．北京：法律出版社，2023：18.

② 最高人民法院刑事审判第一庭、第二庭．刑事审判参考：总第28辑．北京：法律出版社，2003：47.

车继续逃跑，并用路旁的水泥块砸向协助抓捕的出租车驾驶员严某源头面部，致严某源头面部多处软组织挫伤，鼻骨骨折，经鉴定，该伤属轻伤。

2. 涉案问题

不满 16 周岁的人犯抢夺罪，为抗拒抓捕当场实施暴力致人轻伤的，如何处理?

3. 裁判理由及结论

上海市长宁区人民法院认为，被告人姜某福以非法占有为目的，乘人不备，公然夺取他人财物，价值人民币 3 000 余元，数额较大。被告人姜某福在逃跑途中，为抗拒抓捕而实施暴力，将协助抓捕的人员砸成轻伤，其行为已构成抢劫罪，依法应予处罚。鉴于被告人姜某福犯罪时不满 16 周岁，系初犯，案发后认罪悔罪态度较好，故依法予以减轻处罚，判决被告人姜某福犯抢劫罪，判处有期徒刑 1 年 6 个月，并处罚金人民币 500 元。一审宣判后，在法定期限内，被告人未上诉，公诉机关也未提出抗诉，判决已经发生法律效力。

本案在审理过程中有两种意见：一种意见认为，姜某福不负刑事责任。理由是：适用《刑法》第 269 条规定的前提是行为人的先行行为已构成抢夺罪。如果行为人的先行行为不构成抢夺罪，就不能适用第 269 条。本案中，姜某福实施抢夺时不满 16 周岁，不构成抢夺罪，因此不具备适用《刑法》第 269 条的前提条件，不能转以抢劫论处。同时，姜某福当场抗拒抓捕的行为，仅造成他人轻伤的后果，根据刑法第 17 条第 2 款，也不负刑事责任。既然姜某福对先行的抢夺行为和后续的伤害行为都不必负刑事责任，将二者结合论以转化型抢劫，未免有失公正、合理。另一种意见认为，姜某福的行为已构成抢劫罪，应负刑事责任。理由是：本案姜某福抢夺他人财物，数额较大，符合抢夺罪的行为构成，已具备适用《刑法》第 269 条的前提。其后为抗拒抓捕当场使用暴力，致人轻伤，因而具备了《刑法》第 269 条的全部要件，应以抢劫罪追究其刑事责任。如果姜某福是在不同的时间或场合分别实施了抢夺或伤害行为，其对任何一个都无须负责。但本案情况却与前述情形截然不同。姜某福是在同一时间段和场合连续实施上述行为，已构成转化型抢劫罪，依法应追究其刑事责任。

支持后一种观点的裁判理由为：我国传统刑法理论将刑事责任年龄也作为犯罪构成理论的一个要件加以论述，常常导致人们认为，没有达到刑事责任年龄的人所犯的罪行，就不是犯罪行为。这对正确理解《刑法》第 269 条转化型抢劫犯罪规定中所谓“犯盗窃、诈骗、抢夺罪”这一前提条件，显然是不妥的。笔者认为，《刑法》第 269 条转化型抢劫犯罪规定中所谓“犯盗窃、诈骗、抢夺罪”，主要是指犯有盗窃、诈骗、抢夺罪行，而并未明确要求行为人在犯这些罪行时，必须同时达到完全刑事责任年龄。如果我们将本案中姜某福的先行行为的性质仍看作一个抢夺罪行的话（这一行为的性质不因其未达到刑事责任年龄而改变），那么，其当然就具备了适用转化型抢劫犯罪的前提条件。

本案事实非常清楚，争议主要集中在法律适用上。未满16周岁的人无论是对抢夺还是故意（轻）伤害都不具有刑事责任能力，按照我国传统观点，也就不能构成抢夺罪和故意（轻）伤害罪。由于《刑法》第269条明文规定，其适用前提是“犯盗窃、诈骗、抢夺罪”，这似乎就排除了未满16周岁的人成立转化型抢劫的可能。上述审理过程中的第一种意见正是因此得出了反对性意见。第二种意见则认为，姜某福的行为符合了抢夺罪的行为构成，在同一场合和时间连续实施抢夺和伤害行为，因此可以论以转化型抢劫。

4. 评析意见

笔者同意上海市长宁区人民法院的结论，但认为其说理相当粗糙。“符合了抢夺罪的行为构成”是一个含义模糊的说法。为什么“符合了抢夺罪的行为构成”就等于满足了《刑法》第269条的“犯抢夺罪”的适用前提条件？理由不详。“在同一时间段和场合连续实施”抢夺和伤害行为更是与转化型抢劫之成立没有必然关系。

该案裁判理由中的解读更为准确。该裁判理由明确指出，我国传统刑法中的犯罪构成理论按照将责任能力作为一个静态认定犯罪的必要条件，将得出无责任能力者不成立犯罪的结论，从而使16周岁的人不能构成抢夺罪，不能满足《刑法》第269条的前提条件。编辑者因此背离传统刑法理论的立场，认为“犯盗窃、诈骗、抢夺罪”主要是指犯了盗窃、诈骗、抢夺的罪行，而不是要求其也必须具有责任能力，并以此排除了承认未满16周岁者可以转化型抢劫的障碍。问题是，将罪行与责任能力分离的做法究竟从何而来、有何依据，仍然不甚明朗。笔者认为，所谓的“罪行”应该准确界定为“不法”。刑法典中使用的“犯罪”一语其实有两种含义，一种是“不法加罪责”意义上的犯罪，另一种是“不法”意义上的犯罪。《刑法》第269条中的“犯盗窃、诈骗、抢夺罪”正是在不法的意义上使用“犯罪”一语，理由在于，该条所拟制的是转化型抢劫的不法内涵，作为罪责要素的责任能力并不在拟制范围之内。那么，只要实施了盗窃、诈骗、抢夺之不法行为的人，就充足了转化型抢劫的前提，未满16周岁者自然也在其列。本判决的结论因此是正确的，并从侧面揭露了传统四要件犯罪构成理论的内在弊端。

二、抢劫行为

知识背景

本罪的行为方式可以分为两大类型：一种是《刑法》第263条的普通抢

劫行为，另一种是《刑法》第 267 条第 2 款、第 269 条、第 289 条所拟制的三种特殊抢劫行为。

（一）一般性的抢劫行为

一般性的抢劫行为由暴力、胁迫或其他方法的手段行为和强取财物的目的行为组成。

1. 手段行为

所谓“暴力”，是指对人行使的有形力，通常要针对人的身体。有观点认为，即使是对物施加有形力，例如采取暴力手段破门而入或者当着被害人的面气势汹汹毁损财物的，只要能够抑制被害人的意思、行动自由并能够压制其反抗，就可以将其视为作为本罪手段的暴力，因为，在这种情况下，虽然其暴力没有施加于他人的人身，但是，在当时的情况下，其猖狂的举动已经对被害人的精神产生了巨大的强制作用，使后者感到如果制止其砸抢行动，必将遭到伤害，因而不敢制止，这与一般公然夺取他人财物的行为，是有所不同的。笔者认为，暴力以对人实施为限，对物实施暴力但影响了被害人精神的，论以胁迫型的抢劫为宜。有形力的行使方式不限，殴打、捆绑、强行禁闭等皆可；杀害被害人的行为，是彻底地压制其反抗，当然能够成为作为本罪手段的暴力。

所谓“胁迫”，是指告知恶害而使人产生畏惧心理。胁迫的方式可以是口头的，也可以是书面的，还可以是手势、眼神、表情等，只要让对方知晓即可，并且也不问胁迫者是否具有真正施加恶害的意思和能力，即使使用假枪，也可以成立欺骗型的胁迫。作为胁迫内容的恶害的种类、性质，主流观点认为以“以当场实施暴力相威胁”为要。但是，所谓“当场”以及“暴力”的要求。可能都存有商榷的余地。就“当场”而言，如此人为的限定“可能导致对财产所有者、占有者的权利保护不力的局面出现”。就“暴力”而言，《刑法》第 263 条并未如同第 269 条那样，明确要求“当场使用暴力或者以暴力相威胁”，至少在字面上有作不同理解的空间。而且，考虑到使人昏醉后取财的尚且可以成立抢劫，以非暴力的恶害相威胁压制他人反抗而取财的，似乎也不应完全排斥。其实，“当场”以及“暴力”的要求都只是表面要素，真正具有决定性的是，胁迫行为是否足以压制他人反抗，如果非当场的非暴力胁迫在具体场合下足以压制被害人的反抗，就没有理由将其拒之于“胁迫”之外。

所谓“其他方法”，是指暴力、胁迫以外的使被害人不能反抗的方法。比较典型的有，使人昏醉或者将人反锁之后取走其财物。应当说，在把暴力、胁迫作为抢劫罪的法定手段的前提下，通过使人陷入昏醉状态，之后再取走其财物的行为在严重程度上是难以与暴力、胁迫相提并论的，为此有些国家专门将其规定为独立的昏醉抢劫罪。我国《刑法》直接将“其他方法”与暴力、胁迫并列，不得不说具有一定的拟制性质。“其他方法”的手段没有限制，只要使他人陷入难以事实上支配自己财物的状态即可。例如，乘被害人反应过来之前将其反锁在屋里，暗自把安眠药、麻醉剂等放在被害人的食物中，故意用酒把被害人灌醉，对被害人施以催眠术等。但是，“其他方法”必须不含有暴力的因素，否则，直接成立暴力型的抢劫罪。例如，强行禁闭被害人的，以身体的打击行为使他人昏倒的，或者强行按住被害人给其注射麻醉药的，均属于以暴力手段抢劫。

以上三种手段行为可以针对财物的所有权人或者占有人实施，也可以针对是强取财物的障碍的人或者占有辅助者实施。例如，入室抢劫时，发现被害人家中仅有保姆，便对保姆施以暴力或胁迫将财物抢走的，虽然此时所侵犯的人身法益与财产法益并不属于同一个主体，仍能成立抢劫。对孩子施加暴力、胁迫，从其父母亲处夺取财物的，因为该暴力、胁迫能对父母产生心理上的震慑作用，也构成抢劫。但是，如果暴力、胁迫针对的第三人与占有人没有利害关系，不能对占有人形成心理压迫，则另当别论。本罪手段行为的对象无须具有私法上的完全的意思能力，针对有一定认识能力的精神病患者、未成年人使用暴力、胁迫的，也有成立抢劫罪的余地。

关于本罪的手段行为是否必须达到一定程度，有不同看法。一种观点认为，只要行为人有抢劫的意图，并且为了非法占有财物而对被害人施加暴力，原则上就应以抢劫罪论处。另一种观点认为，只有足以危害被害人生命安全与健康的暴力，才能构成抢劫罪的暴力行为，未达此程度的侵犯人身安全而非法占有财物的行为，只能构成抢夺罪。正得到越来越多支持的第三种观点则认为，抢劫罪的暴力、胁迫必须达到抑制被害人反抗的程度，这是由抢劫罪的性质所决定的。笔者认为，本罪的手段行为应达到足以压制对方反抗的程度。施加未达到该程度的暴力、胁迫或者其他方法使人交付财物的，不是抢劫，而是敲诈勒索。当然，现实地压制了相对人的抵抗不是必要的。那么，以什么为基准来判断暴力、胁迫是否达到足以压制对方反抗的程度呢？主观说认为，应根据被害人的主观心理来判断，即以行为人是否预见了能够压制对方的反抗或者被害人感到了何种程度的畏惧为准。客观说认为，必须以社会上一般人的主观心理为准考虑是否达到足以压制对方反抗的程度，即根据暴力、胁迫本身的客观性质来确定是否能压制对方的反抗。适用二者在许多情况下的结论都是一样的，只是当被害人特别胆小或者特别坚强时，才会出现不同的结论。例如，当被害人非常胆小，通过不能压制一般人的反抗之程度的暴力、胁迫而压制了被害人的反抗时，按主观说存在暴力、胁迫，而按客观说不存在；反之，当对方是极勇敢的人，通过能压制一般人的反抗之程度的暴力、胁迫而没有压制被害人的反抗时，按主观说不存在暴力、胁迫，而按客观说则存在。主观说有依被害人的胆量定罪之嫌，因此，通常采取客观说。但是，即使依客观说，也不应抽象地论定，需要按照具体情况，综合考虑行为人和被害人的人数、年龄、性别、性格、体格等，以及行为的时间、场所和暴力、胁迫本身的形式，特别是有无使用凶器，在使用凶器时也要考虑凶器的种类、用法等，客观地判断其暴力、胁迫是否达到能够压制对方反抗的程度。

2. 目的行为

目的行为即强取财物。所谓“强取”，是指使用足以压制对方反抗的暴力、胁迫或其他方法，不根据其意思，而将财物转移为自己或者第三者占有。不一定是主动夺取财物，即使从表面上看是被害人自己交付的，但如果这是被害人被压制的结果，那么，仍然是强取。另外，从被压制的被害人那里夺取了财物的，即使是在被害人不知道之时实施了夺取行为，也可以认为是强取。在抢劫的故意之下，暴力、胁迫与现实的夺取行为的先后顺序并不起决定作用。通常是先施加暴力、胁迫对被害人予以压制，而后强取财物；但是，先夺取财物，后对被害人施加暴力、胁迫确保其夺取的，也成立抢劫罪，不是转化型抢劫。

暴力、胁迫的压制与夺取财物之间必须存在因果关系，否则，取财行为称不上是“强取”。因此，施加了足以压制反抗程度的暴力、胁迫，但被害人全然没有产生畏惧心理，仅仅出于怜悯之情而给予了财物，或者只是产生了一点的畏惧心理却并不是在被压制的状态下交付了财物，或者尽管实施了抢劫罪的一部分实行行为，却没有强取的，应该认为是抢劫未遂。理由在于，这三种情况之下，被害人是基于有瑕疵的意思而交付了财物或者是基于任意的意思而给予了财物，没有违背自己的意愿，不应认为是强取。

我国传统刑法观点认为，抢劫罪的取财必须是当场取得财物，抢劫罪的目的行为，是指劫取公私财物的行为，即当场夺取财物或者使他人当场交付财物的行为。如果将“当场”理解为犯罪现场，将会使抢劫罪的成立范围大大缩小，也不足以应付实务中的需求。于是，学说上对“当场”往往持一种较为宽松的理解，认为“暴力、胁迫或者其他方法与取得财物之间虽间隔一段时间，也不属于同一场所，但从整体上看，只要取财行为仍然是在前面所实施的暴力、胁迫行为的支配之下实施的，特别是行为人采取借口，当场对被害人使用暴力或以暴力相威胁，强行扣留被害人的财物或证件作‘抵押’，迫使被害人在指定期限内交出财物，才将被扣押的财物或证件交还被害人的，或者采取借口，对被害人当场使用暴力后，强迫被害人在其指定的期限内交出财物的场合，由于被害人当场承诺或者以实际行动承诺交付财物，因此，也应当视为‘当场’取财”。笔者认为，泛化“当场”概念不如直接承认取财行为是他人压制的后果这一核心要素。只要是在他人压制下财物被劫取的，都符合抢劫罪取财行为的要求，“当场”与否只是一个判断是否被压制的参数，但不是被压制本身。通常情况下，如果不是当场取财，被害人就可以去报警获救，因而可以从被压制的状态中脱身，之后的行为就不是抢劫罪的取财行为；但如果虽然不是当场取财，却由于种种原因被压制状态仍在继续的，自然就仍然是抢劫罪的取财行为。因此，重要的不是是否“当场”，而是是否处于被压制的状态。

案例评价

[案例 13-2] 邹某明抢劫案①

1. 基本案情

拉萨市中级人民法院经公开审理查明：2000 年 6 月下旬，被告人邹某明携带美元 13 000 余元来到拉萨，在兑换美元过程中结识了被害人马某忠。6 月 26 日，邹某明以设立办公室为名，与拉萨市国贸大厦签订了租用该大厦 211 号房间的房屋租赁合同并支付了人民币 3 000 元。27 日，邹某明购买了保险柜等办公物品摆放在其租用的房间内，并给房间安装了防盗门，同时指令他人将防盗门里边的门扣焊死，将房间唯一的一扇窗户用砖头堵死。

6 月 30 日下午，邹某明将马全忠带至其租用的房间内，声称该处是其办公地点，并与马某忠达成了兑换美元的口头协议。7 月 3 日上午，邹某明电话约请马某忠携款至其租用的房间兑换 1 万美元后，又打开保险柜谎称自己尚有 5 万美元可供兑换，并询问马某忠是否愿意继续交易。马某忠表示同意，二人商定于当日下午再行交易。当日下午 2 时 30 分许，邹某明指使张某某等人在国贸大厦附近，观察马某忠是否独自前来，并嘱咐张某某待马某忠上楼后，即雇辆出租车在大厦门前等候。之后，邹某明用电话通知马某忠前来交易。马某忠赶到国贸大厦×××号房间，将携带的人民币 17 万元款交给邹某明。邹某明将钱装入事先准备好的白色纸袋内，在佯装打开保险柜取美元时，迅速跑出房门，并将防盗门锁上。与在楼外等候的张某某等人一同乘出租车逃离现场。

2. 涉案问题

对设置机关，将他人禁闭起来以劫财的行为，如何定性？

① 最高人民法院刑事审判第一庭、第二庭．刑事审判参考：总第 24 辑．北京：法律出版社，2002：62.

3. 裁判理由及结论

拉萨市中级人民法院认为，邹某明以非法占有为目的，将他人禁闭于其设置的房间内，使其丧失抗拒能力，进而占有他人财产的行为，已构成抢劫罪，判处被告人邹某明有期徒刑5年，并处罚金1万元。

一审宣判后，拉萨市人民检察院以被告人邹某明抢劫数额巨大，量刑畸轻为由提起抗诉。

西藏自治区高级人民法院支持了检察院的抗诉，改判被告人邹某明犯抢劫罪，判处有期徒刑12年，剥夺政治权利3年，并处罚金人民币1万元。

本案审理中，关于对被告人邹某明的行为如何定性，曾有三种不同意见：第一种意见认为，邹某明构成抢夺罪。理由是邹某明在实施犯罪时未使用暴力或以暴力相威胁，而是乘他人不备，公然夺取他人的财物，符合抢夺罪的特征。第二种意见认为，邹某明构成诈骗罪。理由是邹某明隐瞒其并无美元可供兑换的事实真相，使被害人“自愿”将其财物交给邹某明，符合诈骗罪的特征。第三种意见认为，邹某明构成抢劫罪。理由是邹某明将他人禁闭于其预设的房间内，使他人失去抗拒能力，并当场劫取他人财物，符合抢劫罪的特征。

该案在裁判理由部分对认为构成诈骗罪和抢夺罪的意见进行了批评，并同意了审理法院的观点。

首先，被告人邹某明的行为不符合诈骗罪的构成。邹某明为获得被害人的信任，起初确实使用了某些诈骗手段，如将租来的房间故意称为其公司的办公室以及谎称尚有巨额美元可供兑换等。但在具体交易过程中，当被害人将钱交给邹某明清点时，两人同处一房间内，邹某明尚未按照原来的约定将美元付给被害人，交易尚未完成，被害人可以随时停止交易，要回属于自己的财物，故其并未对其财物失去控制。而邹某明却在与被害人的交易过程中，违背被害人的意志，当场劫走被害人的财物。这充分说明被害人不是因为受骗才“自愿地”将财物交给邹某明占有的，邹某明也并非通过诈骗手段非法获取他人财产的，故邹某明的行为不符合诈骗罪的构成要件，不构成诈骗罪。

其次，邹某明的行为也不符合抢夺罪的构成。从表面上看，邹某明在实施犯罪行为时似乎是采取了乘人不备公然夺取的手段，事前事后也未直接对被害人施加暴力或以暴力相威胁。但其之所以能够得逞，是因为邹某明经过策划，预先将作案地点的唯一窗户用砖头堵住，又安装防盗门并将屋里的门扣焊死，使人无法从屋子里面将门打开，然后按照计划，将被害人引入其精心设置的“机关”中，并利用其将受害人禁闭起来，从而使被害人陷于在被劫取财物时不能抗拒，也不能及时采取当场夺回财物控制权的有效措施的状态，最终使自己当场劫取被害人财物的目的得到实现。这显然与抢夺犯罪中被害人没有丧失夺回自己财物的行为自由和能力不同，其行为完全符合抢劫罪中“其他手段”的认定标准，应当以抢劫罪定罪论处。

4. 评析意见

本案被告人邹某明在非法取得他人财物时，分别使用了欺骗、乘人不备、禁闭等一系列的方法。立法者在编织财产犯罪的刑事法网时，以行为方式为主要的根据，就本案可能涉及的诈骗、抢夺和抢劫罪而言，一为骗取，一为夺取，一为劫取。那么当行为人使用了多种方法取得财物时，究竟应如何认定其行为的性质呢？笔者认为，问题可能并没有那么复杂，分别使用了欺骗、乘人不备、禁闭的方法，并不意味着可以分别成立骗取、夺取和劫取行为。财产犯罪中所谓的取得他人财物，有其特定的含义，意指将他人的占有变为自己的占有，也就是说，只有对占有的转移发生了直接作用的方法才决定取财行为的性质。何谓占有的转移，则应当结合社会一般观念予以判断，通常是指对财物现实支配力的变更。

本案中，当被害人受骗将人民币 17 万元现金交至邹某明手中时，17 万元现金即处于邹某明现实的握有之中，且当时的场所是邹某明的办公室，邹某明具有相当的排他性支配力，似乎占有就已经转移至邹某明。但是，刑法上的占有不等于现实的握有，排他性场所也不能绝对建立对财物的占有关系，还必须结合社会的一般观念进行判断。如同裁判理由部分正确指出的那样，“在具体交易过程中，当被害人将钱交给邹某明清点时，两人同处一房间内，邹某明尚未按照原来的约定将美元付给被害人，交易尚未完成，被害人可以随时停止交易，要回属于自己的财物，故其并未对其财物失去控制”。既然 17 万元现金仍然在被害人的占有下，邹某明之前虽实施的一系列欺骗行为但并未取得对他人财物的占有，其后来占有他人财物的行为也就不能称之为“骗取”。因此认为邹某明的行为构成诈骗罪是不合适的。在抢夺罪与抢劫罪之间，首先需要明确的是，夺取行为和劫取行为并非对立和排斥的关系，不能认为被告人要么只能成立抢夺罪，要么只能成立抢劫罪，二者其实在一定意义上是一种位阶关系，高阶的抢劫罪比低阶的抢夺罪有更多的成立要件要求。如果某行为符合了抢劫罪的要求，往往也会符合抢夺罪的要求，只是因为抢劫罪是高度的不法，仅依抢劫罪处理即可；如果某行为不符合抢夺罪的要求，基本上也就排除了抢劫罪成立的可能。

因此，对于邹某明乘被害人不备，将其反锁在屋内，取得他人财物的行为，如果可以认定为抢劫，就无须考虑抢夺的问题。抢劫罪的手段行为有暴力、胁迫和其他方法三种类型，对于禁闭他人的显然只能以“其他方法”论处，学理上也往往将之与使人昏醉一起，作为“其他方法”的典型类型。其实质理由在于，禁闭他人与使人昏醉都可以起到压制他人反抗的效果，在作用上与暴力和胁迫并无二致。裁判理由正是以此为由得出了抢劫的结论："利用其将受害人禁闭起来，从而使被害人陷于在被劫取财物时处于不能抗拒也不能及时采取当场夺回财物控制权的有效措施的状态，从而使自己当场劫取被害人财物的目的得到实现。这显然与抢夺犯罪被害人没有丧失夺回自己财物的行为自由和能力不同，其行为完全符合抢劫罪中'其他手段'的认定标准"。只是其中强调被抢夺的被害人没有丧失夺回自己财物的行为自由和能力，被抢劫的被害人则丧失了该自由和能力，有将二者视为对立和排斥关系的嫌疑。

******

（二）拟制性的抢劫行为

1. 转化型抢劫

《刑法》第269条规定："犯盗窃、诈骗、抢夺罪，为窝藏赃物、抗拒抓捕或者毁灭罪证而当场使用暴力或者以暴力相威胁的，依照本法第二百六十三条的规定定罪处罚。"

根据最高人民法院《关于审理抢劫刑事案件适用法律若干问题的指导意见》第3条第1款的规定："犯盗窃、诈骗、抢夺罪"，主要是指行为人已经着手实施盗窃、诈骗、抢夺行为，一般不考察盗窃、诈骗、抢夺行为是否既遂。但是所涉财物数额明显低于"数额较大"的标准，又不具有最高人民法院《关于审理抢劫、抢夺刑事案件适用法律若干问题的意见》第5条所列5种情节之一的，不构成抢劫罪。"当场"是指在盗窃、诈骗、抢夺的现场以及行为人刚离开现场即被他人发现并抓捕的情形。

转化型抢劫行为因为欠缺抢劫罪手段行为的手段性，原本应当按照盗窃、诈骗、抢夺罪与可能的故意伤害罪数罪并罚，但鉴于此类行为属多发事件，对人身法益的危险性与抢劫类似，立法者将其结合拟制为一种抢劫行为，原盗窃、诈骗、抢夺行为以及可能的故意伤害罪均不再单独评价。转化型抢劫的成立要件有三。

第一，行为人已经实施了盗窃、诈骗、抢夺行为。这里的"盗窃、诈骗、抢夺罪"应指不法意义上的犯罪，而非是不法且有责的犯罪。所以，已满14不满16周岁的人也可以成立转化型抢劫。行为人必须至少着手了"盗窃、诈骗、抢夺罪"的实行，而不问盗窃罪是既遂还是未遂。如果"盗窃、诈骗、抢夺罪"未遂或者因为数额未达到较大标准而最终可以不按照犯罪处理的，是否符合事后抢劫转化型抢劫的前提？对此，最高人民法院《关于审理抢劫、抢夺刑事案件适用法律若干问题的意见》规定："行为人实施盗窃、诈骗、抢夺行为，未达到'数额较大'，为窝藏赃物、抗拒抓捕或者毁灭罪证当场使用暴力或者以暴力相威胁，情节较轻、危害不大的，一般不以犯罪论处；但具有下列情节之一的，可依照刑法第二百六十九条的规定，以抢劫罪定罪处罚：

(1) 盗窃、诈骗、抢夺接近‘数额较大’标准的；(2) 入户或在公共交通工具上盗窃、诈骗、抢夺后在户外或交通工具外实施上述行为的；(3) 使用暴力致人轻微伤以上后果的；(4) 使用凶器或以凶器相威胁的；(5) 具有其他严重情节的。”

有观点认为，这里的“盗窃、诈骗、抢夺罪”“只限于侵犯财产罪一章所规定的普通盗窃、诈骗、抢夺罪，因为其他特殊类型的盗窃、诈骗、抢夺既然刑法规定了单独的罪名和法定刑，就有别于普通盗窃、诈骗、抢夺的犯罪，在刑法没有明文规定的条件下，认为实施这类犯罪也可能转化为抢劫罪，这同样是违反罪刑法定主义的”。但是笔者认为，不能孤立地将这里的“盗窃、诈骗、抢夺罪”理解为单独实施《刑法》第 264、266、267 条的犯罪，而应当在竞合论的背景下予以综合判断。当“盗窃、诈骗、抢夺罪”与其他罪名间处于纯正竞合（例如想象竞合）或者不纯正竞合（法条竞合）之关系时，虽然依竞合论“盗窃、诈骗、抢夺罪”其可能被排斥适用，但由于“盗窃、诈骗、抢夺罪”的构成要件仍然得到了充足，就仍有成立转化型抢劫的余地。例如，盗窃使用中的电力设备的，同时构成盗窃罪与破坏电力设备罪的想象竞合，一般应以破坏电力设备罪处罚，但如果符合转化型抢劫的条件，则应构成转化型抢劫与破坏电力设备罪的想象竞合。实施盗伐林木的行为被发现后抗拒抓捕的，也可以构成转化型抢劫。由于抢劫罪包容了盗窃罪的构成要件，如果实施了抢劫后为抗拒抓捕而使用暴力致人重伤、死亡的，也可以依转化型抢劫致人重伤、死亡加重处罚。

第二，行为人必须当场实施暴力或者以暴力相威胁。暴力、威胁与抢劫罪中的暴力、胁迫作相同的要求，所不同的仅仅在于，转化型抢劫中的威胁只能以暴力方式，而一般性抢劫中的胁迫不以暴力为限。因为转化型抢劫是对行为人的一种拟制性的严厉处罚，暴力、威胁必须达到和抢劫同样的程度，即足以压制对方反抗的程度。是否达到压制对方反抗的程度，必须按照客观的情况进行客观、具体的判断。暴力、威胁的对象不仅是盗窃、诈骗、抢夺的被害人，对目击了盗窃、诈骗、抢夺行为或者闻声赶来追赶的第三者、警察等施加了暴力、威胁的，同样成立转化型抢劫。

案例评价

[案例 13-3] 尹某君、任某君盗窃案①

1. 基本案情

甘肃省天水市麦积区人民检察院以被告人尹某军犯抢劫罪，被告人任某

① 最高人民法院刑事审判第一、二、三、四、五庭．刑事审判参考：总第 109 集．北京：法律出版社，2017：35.

军犯盗窃罪，向麦积区人民法院提起公诉。被告人尹某军对起诉指控的事实无异议，对指控的罪名提出异议，称其被被害人发现后并未动手，反而是被害人对其实施殴打，其与被害人从楼梯上摔下也是被害人踹其用力过大所致，其行为不构成抢劫罪，而应构成盗窃罪。麦积区人民法院经审理查明：2012年11月，被告人尹某军、任某军预谋共同入户盗窃。同月12日10时许，尹某军、任某军撬开甘肃省天水市麦积区永生家园6号楼1单元601室的防盗门，窃取黄金手镯1只（价值9 864元），“OMEGA”女式手表1块（价值500元），“BALLY”女式手表1块（价值500元）和现金600元。其间，被害人陈某林返回家中，发现了藏在室内的尹某军，遂抓住尹某军衣领将其推到墙上，打其脸部几拳致尹某军面部受伤流血。尹某军为尽快脱逃，在陈某林抓住其衣领不放的过程中，与陈某林从室内拉扯到四楼楼梯后摔倒，尹某军即将上衣脱掉，从二楼楼梯口的窗户翻出逃走，任某军在此过程中逃离。

2. 涉案问题

盗窃后为抗拒抓捕实施暴力程度不明显的摆脱行为的，能否认定为“转化型抢劫”。

3. 裁判理由及结论

麦积区人民法院认为：被告人尹某军、任某军无视国法，以非法占有为目的，采取秘密手段共同入户盗窃他人财物，数额较大，其行为均已构成盗窃罪。尹某军在盗窃过程中被被害人发现，为抗拒抓捕与被害人发生撕扯，在此过程中被害人对被告人实施殴打，被告人始终未还手，没有实施暴力或者以暴力相威胁，其与被害人拉扯是被动地针对被害人的殴打及抓捕行为进行的抵抗、摆脱，不符合“转化型抢劫”的构成要件，故应当以盗窃罪追究其刑事责任。检察机关起诉的罪名不能成立，不予支持。两被告人均系累犯，应当依法从重处罚。鉴于二人均当庭自愿认罪，可酌情从轻处罚。据此，依照《刑法》第264条、第25条第1款、第65条第1款、第52条、第53条、第64条之规定，以盗窃罪分别判处被告人尹某军有期徒刑1年6个月，并处罚金人民币6 000元；判处被告人任某军有期徒刑1年，并处罚金人民币5 000元。

4. 评析意见

对于前述案例，应当认为，被告人的行为不构成转化型抢劫。抢劫罪属于典型的重罪，不能形式化地解释本罪构成要件中的“暴力”，应该认为，如果行为人使用的暴力极为轻微或者仅仅只是为了摆脱被害人的拉扯而被动加速逃离，未积极使用暴力的，不应认定成立转化型抢劫。对此最高人民法院《关于审理抢劫刑事案件适用法律若干问题的指导意见》第3条第2款也作了明确规定：“对于以摆脱的方式逃脱抓捕，暴力强度较小，未造成轻伤以上后果的，可不认定为‘使用暴力’，不以抢劫罪论处。”应该说，此一司法解释是值得肯定的。

******

需要注意的是，前两个要件之间必须具有紧密的联系。也就是说，二者在时间、场所的距离上要具有连续性，暴力或者威胁要紧随着盗窃、诈骗、抢夺行为之后实施。之所以如此，是因为转化型抢劫是“以抢劫论处”之罪，如果不在二者之间产生时间、地点上的紧密联系，将很难使普遍社会观念接受这种立法规定。至于如何判断盗窃、诈骗、抢夺行为与暴力、威胁之间的紧密联系，刑法明定为“当场”。所谓“当场”，并不局限于“盗窃、诈骗、抢夺罪”的现场，而是指“盗窃、诈骗、抢夺罪”的现场或者随之能够取回财物或者逮捕行为人的情形。例如，入室盗窃者被回家的主人发现后，将主人击昏后逃走的，或者扒窃者扒窃得手后被被害人及时发现，追赶过程中使用暴力压制了他人的追赶的等，都属于犯“盗窃、诈骗、抢夺罪”后“当场”实施暴力或以暴力相威胁。“当场”原则上限于在时间、场所上与“盗窃、诈骗、抢夺罪”相接的范围之内。但是，在暴力、胁迫是行为人在从现场被不间断地追赶等这种盗窃现场的继续性延长的状况下实施时，无论存在多少时间、场所的隔离，也不妨认为是“当场”实施暴力、威胁（机会的延长理论）。使用暴力不是针对原先的“盗窃、诈骗、抢夺罪”的，即使时间、地点与盗窃、诈骗、抢夺的现场很接近，不能认为是“当场”施加的暴力，不成立转化型抢劫。例如，盗窃犯逃离距现场不到 200 米远的地方，遇到警察的偶然询问而对警察使用暴力的，不是在盗窃的“当场”使用暴力，只能以盗窃与妨害执行公务数罪并罚。

[案例 13－4] 李某豪抢劫案①

1. 基本案情

北京市朝阳区人民法院经公开审理查明：被告人李某豪预谋以购车为名抢车，在网上看到被害人谢某卫发布的出售二手车信息后，通过电话同对方取得联系，并约定了看车地点。2015 年 3 月 11 日 15 时许，李某豪携带枪支来到约定地点北京市朝阳区孙河乡“都市假日洗浴”门前停车场，谢某卫的侄子谢某冬、弟弟谢某军驾驶欲售车辆前来商谈车辆买卖问题。后李某豪提出试驾，谢某军坐上副驾驶位置予以陪同，谢某冬在车外等候，李某豪开车进行试驾。在试驾过程中，李某豪提出让谢某军进行驾驶，自己要查看车辆的其他问题。利用谢某军下车不备之机，李某豪迅速驾车逃离。谢某军见状

① 最高人民法院刑事审判第一、二、三、四、五庭．刑事审判参考：总第 110 集．北京：法律出版社，2018：51.

立即打电话告知了谢某冬，谢某冬赶紧找了其他车辆和谢某军去追赶，追了一段没有发现李某豪的去向。谢某冬随即打电话将该情况告知了谢某卫。谢某卫使用手机根据被抢车辆上安装的GPS，对被抢车辆进行定位，自己开车去追，同时让朋友刘某才协助追赶。谢某卫用电话告诉刘某才被抢车辆的位置信息，刘某才开车带领秦某福按照谢某卫的指示一直追赶被抢车辆，后在西城区右安门附近将驾车的李某豪截住。李某豪见状掏出枪支对刘某才、秦某福进行威胁，刘某才、秦某福被迫让开道路，李某豪遂驾车逃离。当日18时30分许，李某豪在朝阳区三里屯地区被公安机关抓获归案。

2. 涉案问题

抢夺车辆后被被害方使用GPS追踪，是否符合“当场”这一要件？

3. 裁判理由及结论

北京市朝阳区人民法院经审理后认为，被告人李某豪无视国法，抢夺汽车被追上后，为抗拒抓捕而持枪进行威胁，其行为侵犯了他人财产权利和人身权利，已构成抢劫罪，依法应予惩处。北京市朝阳区人民检察院指控李某豪犯抢劫罪的事实清楚，证据确实、充分，指控罪名成立。鉴于李某豪归案后对基本犯罪事实如实供述，当庭自愿认罪，故对其所犯罪行依法予以从轻处罚。据此，依照《刑法》第267条、第263条第61条、第67条第3款、第45条、第47条、第52条、第53条、第55条第1款、第56条第1款、第64条之规定，以抢劫罪判处被告人李某豪有期徒刑有期徒刑10年，剥夺政治权利2年，罚金人民币2万元。

4. 评析意见

审理过程中的主要问题是：李某豪抢夺汽车后逃离，在距案发现场十多公里之外的地方为抗拒抓捕而持枪进行威胁，是否属于转化型抢劫中所要求的“当场”使用暴力或者以暴力相威胁？

本案的特殊之处在于，被害人在追赶被告人时，不是用肉眼直接观察到被告人，而是通过被抢车辆上的GPS导航定位对被告人进行追踪，且实施抢夺的地点距离被告人被截获的地点有十多公里之远。被告人被拦截后为抗拒抓捕而持枪威胁，这种情况能否认定为转化型抢劫罪中的“当场”？

裁判理由中的观点认为，只要被告人始终在视线范围之内，追捕行为一直处于持续状态，那么就视为案发现场一直在延长，截获被告人的，就可以视为“当场”。被告人的行踪始终在视线可及的范围内，是判断追捕行为是否持续的一个标准。掌握被告人行踪是实质要点，至于观察的方式，不能也没有必要局限于肉眼观察。随着经济社会的发展和科技水平的提高，除最基本的肉眼外，也可以借助各种仪器和设备进行观察，这是与客观社会生活现状相符的。就像追捕行为本身，没有必要限定于仅靠双腿追捕，借助于自行车、汽车及其他设备并不违背追捕行为的本质。因此，本案中借助GPS来掌握被告人的行踪，完全可以视被告人在追捕人的视线范围之内。本案中，李某豪驾车逃离抢夺现场后，谢某军立即电话告知谢某冬，二人随即驾车追赶。在没有追上之后，谢某冬给车主谢某卫打了电话，告知相关情况。谢某卫立即根据被抢车辆上的GPS使用手机对车辆进行定位，自己进行追赶，并让朋友刘某才帮忙追赶，后刘某才根据GPS定位一直追赶并在右安门附近拦截了李某豪。可以看出，汽车被抢夺之后，被害方的追捕行为一直处在持续状态之中，中间虽略有中断，但这种中断是很短暂的而不是长时间的，并不影响追捕行为的整体连续性，被告人的行踪也始终在被害人一方的掌握之中。因此，虽然被告人抢夺地距离被截获地有十多公里之远，但这段距离应该被视为抢夺现场的延长。在这种情况下，被告人被堵截拦停后持枪威胁被害方的追赶人员，属于“当场”以暴力相威胁，构成转化型抢劫罪的判决的定性是准确的。

应该说，上述实务观点是值得肯定的。对于刑法规定的解释，在符合罪刑法定原则和文字含义所可能有的最远边界范围内，应该作与时俱进的解释。在前述案例中，被害人一直通过GPS不间断追踪行为人的位置，应该认为此一过程中一直处于“当场”，因此认定行为人构成转化型抢劫罪是合理的。

******

第三，转化型抢劫罪的行为人在实施了盗窃、诈骗、抢夺行为后进而实施暴力或者胁迫行为时，必须出于窝藏赃物、抗拒抓捕、毁灭罪证的目的。所谓“窝藏赃物”，是指不使盗、骗、夺来的财物被被害人或者有关人员追回；所谓“抗拒抓捕”，是指不让自己被警察或者其他追赶者抓获以及在被抓获之后又用暴力等逃脱；所谓“毁灭罪证”，是指销毁、隐匿、杀害能够对犯罪起证明作用的物或者人。其中，前两种目的不问被害人及其他人是否想实际地取回财物或者逮捕行为人。如果不是出于该三种目的，不得论以转化型抢劫。例如，在盗窃、诈骗、抢夺的过程中，行为人尚未取得财物时被占有者发现，为了非法地取得财物，直接对占有人使用暴力的，属于犯意转化，应直接以转化后的一般性抢劫罪论处。

[案例13-5] 朱某友抢劫案①

1. 基本案情

江苏省连云港市中级人民法院经公开审理后查明：1999年6月，被告人

① 最高人民法院刑事审判第一庭、第二庭．刑事审判参考：总第41集．北京：法律出版社，2005：14.

朱某友伙同韩某（朱某友作案后潜逃，韩某已因犯抢劫罪被判刑）预谋盗窃，经朱某友事先“踩点”，二人商定到被害人叶某家盗窃。同月23日凌晨2时许，朱、韩二人持刀到江苏省连云港市新浦区新站街福利一路18号的叶某住处，翻墙入院，进入房内。二人正欲盗窃时，发现了正在室内休息的叶某夫妇，为防止被叶某夫妇察觉，朱某友即持刀向叶某颈部、身上乱刺，韩某则用毛巾捂叶某之妻聂某妮的嘴，并用刀对聂乱刺。因聂反抗并大声呼救，二人仓皇分散逃跑。韩某在逃离时，还对闻讯赶来的聂某军腹部猛刺一刀。经鉴定，叶某气管、食道、喉裂伤，修补后感染水肿，分泌物多导致呼吸困难，颈脊髓半切症，属重伤；聂某军胃右静脉破裂，小网膜破裂出血，腹腔内积血，须手术治疗，属重伤；聂某妮右手多处锐器创伤，属轻微伤一级。

2. 涉案问题

其一，在盗窃过程中，对财物所有权人或者保管人使用暴力的，是直接适用《刑法》第263条以抢劫罪定罪处罚，还是适用《刑法》第269条的规定按转化型抢劫犯罪处理?

其二，抢劫后为抗拒抓捕而使用暴力致人伤亡的，如何处理?

其三，共同犯罪人是否需要对同案人实施的超过共同故意的行为承担刑事责任?

3. 裁判理由及结论

连云港市中级人民法院认为，被告人朱某友以非法占有为目的，进入他人住宅进行盗窃，在实施盗窃行为时，对他人当场实施暴力的行为，已构成抢劫罪，判处死刑，缓期2年执行。

朱某友以定性不当为由提起上诉。

江苏省高级人民法院经审理后认为，上诉人朱某友以非法占有他人财产为目的，伙同韩某入户抢劫，并当场使用暴力致一人重伤、一人轻微伤，已构成抢劫罪，判处其无期徒刑。

“裁判理由”认为：行为人在实施盗窃过程中被发现等情况的发生，完全属于意志以外的原因，行为人必然认识到其已不可能继续通过秘密窃取方法达到非法占有他人财物的目的，此时无论其选择逃跑还是改变犯罪手段，以继续实现非法占有他人财物的目的，其实施的前期行为业已构成盗窃未遂。如果行为人为了排除被害人的反抗转而对被害人实施暴力或以暴力相威胁，从而达到非法强行占有他人财物的目的，则属于犯意转化，其后续行为完全符合《刑法》第263条典型的抢劫罪的构成要件，而不宜被认定为转化型抢劫罪。因此，无须以盗窃罪未遂和抢劫罪数罪并罚，而应适用吸收犯的处罚原则，以抢劫罪定罪处罚。本案被告人朱某友在盗窃过程中，由于担心其盗窃行为被正在熟睡的被害人发现而当场使用暴力，导致一人重伤，一人轻微伤，其主观目的并非窝藏赃物、抗拒抓捕或者毁灭罪证，而是非法强行占有被害人的财物。换言之，朱某友的主观犯意已由秘密窃取公私财物转化为当场使用暴力手段劫取公私财物，已构成了抢劫罪，而不需要适用《刑法》第269条。

对于抢劫后为抗拒抓捕而实施暴力致人伤亡的，不仅没有必要，也没有理由进行刑法上的再次评价，仍应按抢劫罪一罪定罪处罚。行为人前后实施的两次暴力行为，完全可以看作同一抢劫过程的两个不同阶段，都是服从和服务于非法占有他人财物这一犯罪目的的。不应人为地割裂前后行为的内在统一性，进行所谓的数罪并罚。

韩、朱二人共谋盗窃时目标明确，即共同窃取叶某夫妇的财物，盗窃过程中又临时产生抢劫的共同故意，因此，即使被害人聂某妮并非本案被告人朱永友所伤，但根据共犯理论，朱仍应对此后果负责。然而，韩某重伤聂某军的行为，完全缘于其个人临时起意，显然超出共同谋议的范围。韩对聂某军行凶时朱永友并不在场，对此毫不知晓，因此朱对韩单独实施的上述行为不具有主观上的罪过，不应对此承担责任。一、二审法院认定朱某友致一人重伤、一人轻微伤的结论是正确的。

4. 评析意见

针对第一个问题，本案被告人的行为是直接构成犯意转化型的抢劫罪，还是构成《刑法》第269条的转化型抢劫罪？如前所述，取决于行为人实施暴力时出于何种目的。笔者认为，裁判理由部分提及得两被告人“由于担心其盗窃行为被正在熟睡的被害人发现而当场使用暴力”，同样语焉不详，还想继续占有他人财物和担心罪行被发现是两种不同的主观心理事实。如果是前者，本案被告人应成立犯意转化型的抢劫罪；如果是后者，则应论以《刑法》第269条的转化型抢劫罪。承审法庭应当就此作更明确的认定，才可以得出是犯意转化型抢劫罪还是转化型抢劫罪的结论。还需注意的是，转化型抢劫罪的成立，无须盗窃行为既遂，只需着手即可。裁判理由指出得，“其实施的前期行为业已构成盗窃未遂。如果行为人为了排除被害人的反抗转而对被害人实施暴力或以暴力相威胁，从而达到非法强行占有他人财物的目的，则属于犯意转化”，因盗窃未遂而排除转化型抢劫罪的适用并不合理。

针对第二个问题，抢劫后为了抗拒抓捕而又实施暴力的，是否需要单独评价，裁判理由部分的陈述可能值得商榷。对于抢劫行为完成后，为抗拒抓捕、毁灭罪证、窝藏赃物而当场实施暴力致人伤亡的行为：如果数罪并罚，当致人重伤、死亡行为的量刑在3年以下或者3至10年的法定刑幅度内时，行为人至少不能被判无期徒刑或死刑；如果认定为抢劫致人重伤、死亡，则可以借由适用抢劫罪的加重法定刑幅度，使行为人得到更严厉的处罚，并与转化型抢劫致人重伤、死亡之处理相均衡。否则盗窃后使用暴力致人重伤、死亡的可以判无期徒刑或者死刑，抢劫后使用暴力致人重伤、死亡的反而不可以，有失公正。在结论上，笔者同意裁判理由中的立场，即应以抢劫致人重伤、死亡加重处罚，但是，将这里的情形认定为抢劫致人重伤、死亡的途径并非如同裁判理由所说的“行为人前后实施的两次暴力行为，完全可以看作同一抢劫过程的两个不同阶段，都是服从和服务于非法占有他人财物这一犯罪目的的”，而是通过将高阶的抢劫行为视为低阶的盗窃行为，然后直接适用《刑法》第269条，以转化型抢劫致人重伤、死亡而加重处罚。裁判理由的错误在于，抢劫行为完成后的暴力行为缺乏手段属性，与原行为虽有关联，但由于抢劫罪行已经完成，后面的暴力行为已经是一个新的犯罪行为，而不是所谓“同一抢劫过程的两个不同阶段”。最高人民法院《关于抢劫过程中故意杀人案件如何定罪问题的批复》明文规定：“行为人为劫取财物而预谋故意杀人，或者在劫取财物过程中，为制服被害人反抗而故意杀人的，以抢劫罪定罪处罚。行为人实施抢劫后，为灭口而故意杀人的，以抢劫罪和故意杀人罪定罪，实行数罪并罚。”其中相当清楚地表明，抢劫后（而不是抢劫过程中）的行为，原则上是一个新的罪行，应当数罪并罚。相反，只有按照笔者赞同的方式，才可以合法地得出不并罚而应按加重抢劫处罚的结论。

针对第三个问题，判决和裁判理由对共犯过限问题的论证也有可商榷之处。我国传统的刑法理论一般认为，共同犯罪人仅对共同故意范围之内的行为及其结果负责，超出共同故意范围的结果，应由实施者单独负责。本案中，韩某和朱某友共同入户盗窃，之后又临时起意，共同对被害人使用暴力抢劫，自然要对共同的结果负责。但是，两人逃散后，韩某又重伤闻讯赶来的聂某军的行为，按照裁判理由的说法，“完全缘于其个人临时起意，显然超出共同谋议的范围。韩对聂某军行凶时朱某友并不在场，对此毫不知晓，因此朱对韩单独实施的上述行为不具有主观上的罪过，不应对此承担责任”。笔者认为，所谓共同故意之范围对共犯过限的制约作用，有其适用上的局限性，即仅对故意犯罪有效，但对结果加重犯未必如此。根据责任主义的要求，典型的结果加重犯的场合，行为人必须对加重结果具有过失，或者至少有预见可能性。抢劫致人重伤时就是如此，行为人若有重伤的过失或预见可能性，就足以成立。那么，行为人就抢劫的基本犯成立共同犯罪时，判断过限与否就不能再严格以故意相要求，只要行为人对其他同伙导致的加重结果有过失或预见可能性，即有成立抢劫致人重伤的余地。从案情介绍来看，朱某友对韩某重伤他人的行为应当缺乏预见可能性，所以结论上与判决是一致的，但理由显然不是因为韩某的行为超出了“共同谋议的范围”。

******

2. 携带凶器抢夺

《刑法》第 267 条第 2 款规定："携带凶器抢夺的，依照本法第二百六十三条的规定定罪处罚。"该拟制规定的根据也与行为的典型危险性有关，不过因仅仅携带就依抢劫处理，即使与抢夺型的转化型抢劫相比，也有过于严苛之嫌，因此在理解与适用上应当严格把握。根据最高人民法院《关于审理抢劫、抢夺刑事案件适用法律若干问题的意见》的规定，所谓"携带凶器抢夺"，是指行为人随身携带枪支、爆炸物、管制刀具等国家禁止个人携带的器械进行抢夺或者为了实施犯罪而携带其他器械进行抢夺的行为。行为人随身携带国家禁止个人携带的器械以外的其他器械抢夺，但有证据证明该器械确实不是为了实施犯罪准备的，不以抢劫罪定罪；行为人将随身携带凶器有意加以显示且能为被害人察觉到的，直接适用《刑法》第 263 条的规定定罪处罚；行为人携带凶器抢夺后，在逃跑过程中为窝藏赃物、抗拒抓捕或者毁灭罪证而当场使用暴力或者以暴力相威胁的，适用《刑法》第 267 条第 2 款的规定定罪处罚。

上述司法解释将"凶器"分为管制器械与非管制器械，并作了明确界定。需要注意的是，"有证据证明该器械确实不是为了实施犯罪准备的，不以抢劫罪定罪"中"为了实施犯罪"这一主观要素的证明，仍需司法机关承担证明责任。不应理解为将其举证责任分配给行为人，否则行为人将承担不利的后果。理由在于，既然司法解释认为为了实施犯罪而携带其他器械进行抢夺才属于携带凶器抢夺，是否"为了实施犯罪"这一主观要素的证明就也只能如同其他主观要素一样被证明。关于"携带"凶器的理解，即虽然不能显示或使用，但至少要有随时即可使用的可能性，不能使用（例如枪里没有子弹）或者使用不便的（例如取出凶器需要耗时很久），只能以抢夺罪处理。"携带"客观上不必是随身携带，由同案犯携带或者提前将凶器放置在现场的，都属于"携带"。行为人至少应当在着手之前"携带"，且主观上知道自己携带了凶器，才能被拟制为抢劫。

3. 聚众打砸抢

《刑法》第 289 条规定："聚众'打砸抢'，致人伤残、死亡的，依照本法第二百三十四条、第二百三十二条的规定定罪处罚。毁坏或者抢走公私财物的，除判令退赔外，对首要分子，依照本法第二百六十三条的规定定罪处罚。"该规定中，聚众"打砸抢"虽然并未依附在第二句前，但第二句中的"毁坏或者抢走公私财物"显然也是发生在聚众"打砸抢"过程中的行为。从本条第一句规定得可能致人伤残、死亡来看，这里的聚众"打砸抢"是有可能达到了压制被害人反抗的程度的，所以抢走公私财物以抢劫处理可以理解，但将毁坏公私财物的行为也认定为构成抢劫不无疑问。

笔者认为，第289条的规定也是一种拟制性的规定，是将聚众打砸抢过程中本不符合抢劫构成要件的毁坏与抢走行为拟制为抢劫行为，理由有三：(1) 毁坏与抢劫一为毁坏罪，一为取得罪，性质迥异，将毁坏以抢劫处理不可能是一种注意规定，只能说是一种立法上的拟制。(2) 仅仅对首要分子以抢劫罪处理，而未提及其他积极参加者或一般参加者，表明本规定是一种拟制规定；否则，如果是一种注意规定，立法者不会单独对首要分子予以提示。(3) 定罪虽然以符合构成要件为前提，但立法者有权进行拟制，只要有合理的理由，即可建构一种新的构成要件。聚众"打砸抢"对被害人的心理有强烈的冲击力，将其过程中的毁坏拟制为抢劫并非毫无根据。需要特别强调的是，立法者不仅将毁坏视为一种拟制性的抢劫，而且聚众"打砸抢"过程中的抢走公私财物的行为被视为一种拟制性的抢劫。这就意味着，《刑法》第289条中的抢走行为只能属于抢夺，而不能直接符合抢劫罪，否则就没有理由只对首要分子以抢劫罪处理。

三、行为客体

知识背景

本罪的行为客体是他人占有的财物或者财产性利益。即使是自己的财物，在由他人占有或者根据公务机关的命令由他人看守时，也被视为他人的财物。抢劫财产性利益，不是指获得利益的性质本身不合法，而是指获得利益的方法不合法。例如，对债权人施加暴力、胁迫使其免除自己债务的，或者以暴力要求他人免收自己的饮食费用的，均属于此类情况。当然，针对性质不合法的利益亦有成立抢劫利益罪的空间。例如，不支付无牌照的出租车的车费的，或者为了不返还赃款或者毒品给原犯罪人等而当场将其杀害的，都可以成立本罪。抢劫借条的，如果使用暴力要求债权人将借条销毁，可以成立抢劫财产性利益；如果使用暴力要求他人给自己写欠条，暴力的压制状态不能确保欠条载明的债权顺利实现的，不能构成抢劫财产性利益。

通常认为，不动产不能移动或者移动即会显著减损其价值，且被抢后非常容易恢复权利，故而不能成为普通抢劫罪的对象。但是，使用暴力、胁迫手段侵夺他人不动产的，究竟如何处理，在学理上存有争议。一种观点认为，对这类案件应当根据案件具体情况，分别进行处理：如果过程中有非法侵入住宅、故意伤害、故意杀人、故意毁坏财物、破坏生产经营的行为的，可以依相关罪名处理；如果综合评价其手段行为和结果，尚不构成任何罪的，只能作一般违法行为处理，必要时可给予治安管理处罚，或责令其承担一定的民事责任。[①] 另有学者认为，以暴力、胁迫或者其他手段长期霸占他人不动产的，依照强占时间长短，折合成为经济利益，作为强取财产性利益的行为，以抢劫罪处理。还有学者直接认为，强行霸占不动产的行为若不以抢劫罪处理未免轻纵罪犯，因此不妨直接承认不动产也可以成为抢劫罪的对象。笔者认为，不动产是否可以被抢劫，取决于社会一般观念如何看待性质上难以移动的不动产之占有关系，例如住宅是否由谁居住就由谁占有。笔者的基本看法是：不动产的占有制度并不同于动产，需要进行登记才能生效，仅仅具有事实上的占有或者支配，很难在法律上产生效力。例如，房屋的承租人可以占有屋内的物品，也独立享有该房屋的居住权，但房屋本身的占有仍属于房东（出租人）。因此，不动产原则上不能成为抢劫的对象。至于长期霸占他人不动产的，是否可以成立抢劫财产性利益，要视暴力、胁迫是否足以压制他人反抗以及他人是否因此放弃了自己的财产性利益而定：只是单纯使用暴力将他人赶走然后自己长期霸占的，显然两个条件都不符合；使用暴力或胁迫逼迫他人口头或者书面承诺放弃收取房租的，可以成立抢劫财产性利益；如果只是威胁他人以后不许来收房租，由于之后被害人有充足的机会摆脱行为人的压制，这充其量属于敲诈勒索财产性利益。

关于本罪的行为客体，最高人民法院《关于审理抢劫、抢夺刑事案件适用法律若干问题的意见》还对几种特殊客体作出了专门规定：(1) 以毒品、假币、淫秽物品等违禁品为对象，实施抢劫的，以抢劫罪定罪；抢劫的违禁品数量作为量刑情节予以考虑。抢劫违禁品后又以违禁品实施其他犯罪的，应以抢劫罪与具体实施的其他犯罪实行数罪并罚。(2) 抢劫赌资、犯罪所得的赃款赃物的，以抢劫罪定罪，但行为人仅以其所输赌资或所赢赌债为抢劫对象的，一般不以抢劫罪定罪处罚。构成其他犯罪的，依照刑法的相关规定处罚。(3) 为个人使用，以暴力、胁迫等手段取得家庭成员或近亲属财产的，一般不以抢劫罪定罪处罚，构成其他犯罪的，依照刑法的相关规定处理；教唆或者伙同他人采取暴力、胁迫等手段劫取家庭成员或近亲属财产的，可以抢劫罪定罪处罚。

案例评价

[案例 13-6] 刘某福等抢劫案[②]

1. 基本案情

重庆市江北区人民法院经公开审理查明：1995 年，被告人刘某福与被害

① 王作富．刑法分则实务研究：中．北京：中国方正出版社，2006：1057．陈兴良，周光权．刑法学的现代展开．北京：中国人民大学出版社，2006：579．

② 最高人民法院刑事审判第一庭、第二庭．刑事审判参考：总第 15 辑．北京：法律出版社，2001：25．

人张某自愿登记结婚，婚后家庭积蓄主要由张某掌管。1999 年 7 月中旬，夫妇为经营中巴客车，向张的母亲筹借 1 万元现金和 6 万元的存款（以张之弟的名义存入银行）。同月 20 日，刘某福与女友秦某到被告人古某将暂住处玩耍。闲谈中，刘某福产生与秦一起生活的念头，但考虑到离婚后无钱，刘某福遂提出以与古合伙经营猪油生意为幌子，骗张某带 10 万元缴纳定金，并在途中予以劫走，古同意。随后古某将按刘某福的旨意打电话到刘家，刘某福趁机将此事告知张某，骗取了张的信任。同月 23 日下午，刘某福邀其表弟被告人倪某到古的租住处共谋抢劫细节。刘提出人少了，三人商定由古某将再找两人、倪找一人帮忙。找齐人后，当晚，刘某福告知其妻带 10 万元到江北区灰坝社屠场与古某将一道去缴纳定金。24 日下午，刘某福夫妇从银行取出夫妻共同积蓄 3 万元和借款 7 万元，并于当晚 8 时许电话告知了古某将。古某将得知刘某福夫妇已从家中出来，立即告知其他人准备行动。当刘某福携带装有 10 万元现金的挎包与张某到达约定的古某将暂住处附近的一芭蕉树时，按照分工，等候在此的胡某持木棒冲上前拉住刘某福的手，威胁不准动，倪 A 捏住刘某福颈部，并拿走刘携带的背包，王某捏住张某的颈部威胁不准吼，并持水果刀抵其腰部。被害人张某呼救并被绊倒在地，紧抓王的裤子。倪 A 前来帮忙被张某抓住背包带，倪 A 即拳打张头部后拖断背包带将背包抢走，与王、胡逃离现场。刘某福佯装追赶，要张某去叫古某将。倪 A 携赃款逃至倪某租乘的三轮摩托车接应处，与倪某前往渝中区南区路被告人吴某的暂住处，倪某将抢劫之事告知吴某，并称要在吴家等候刘某福联系。次日，倪某从赃款中取出 500 元。

2. 涉案问题

对丈夫伙同他人抢劫夫妻共同财产的行为如何定性？对共同共有人抢劫共有财产的犯罪行为，犯罪数额如何确定？

3. 裁判理由及结论

重庆市江北区人民法院认为，被告人刘某福为独占夫妻共同所有的钱财，邀约他人采用暴力、威胁手段，劫走夫妻共同所有的现金 10 万元，其行为构成抢劫罪，且数额巨大，判处有期徒刑 6 年，并处罚金 5 000 元。

一审宣判后，被告人没有提出上诉，检察机关也没有抗诉。

裁判理由归纳了争议问题并分别进行解释：

（1）丈夫伙同他人抢劫夫妻共同财产的行为如何定性。

在审理过程中，关于对被告人刘某福作为夫妻共同财产的所有权人伙同其他被告人抢劫夫妻共同财产 10 万元的行为如何定性，存在两种意见。第一种意见认为，刘某福等人的行为不构成犯罪。理由是：1）刘某福的行为没有侵犯他人的财产权利。夫妻共同财产属于共同共有，夫妻任何一方都有权处置，共同共有人在处分共同共有的财产时，应当征得其他共有人的同意。如果其中的一个或部分共有人未经全体共有人同意而处置了共有财产的，只是处置是否有效的问题，不存在犯罪问题。本案被告人刘某福将10万元夫妻共同财产变为自己单独控制，其意图虽然事前不为其妻被害人张某所知，但案发后，被害人张某认为刘某福有权支配、处理所抢走的10万元，还以书面和口头形式请求司法机关不要追究其刑事责任。刘某福的强占行为，一经其妻事后追认，即为有权行为和合法行为。由此，刘某福对这10万元在主观上的占有目的和客观上实施的占有行为即转化为合法，这使刘汉福的行为不能完全具备抢劫罪的构成要件。2）刘某福行为的社会危害性还没有达到应当追究刑事责任的程度。首先，如前所述，刘某福伙同他人抢劫夫妻共同财产的行为没有侵犯他人的财产权；其次，刘某福等人对被害人张某人身权的侵害也没有达到应当追究刑事责任的程度，他们虽然对张某实施了胁迫和暴力行为，但程度轻微，未对被害人造成较重的危害后果。

第二种意见认为，被告人刘某福等的行为完全符合抢劫罪的构成要件，应当以抢劫罪定罪。

（2）对共同共有人抢劫共有财产的犯罪行为，犯罪数额如何确定。

本案中，对刘某福等被告人的犯罪数额的认定问题也存在两种意见：第一种意见认为，共同共有财产不等于被害人的个人财产，其中包含有被害人的份额，被告人只能对10万元中被害人所属份额负刑事责任；第二种意见认为，被告人应对所抢的共同共有财产10万元负刑事责任。

共同共有人对共有物处分时，必须取得一致意见，未经其他共有人同意处置共有物的行为，无疑侵犯了他人的财产权。其他共有人的事后追认，并不能否认先前处置行为的侵权性质。未经其他共有人同意处置共有财产的行为，不仅涉及处置是否具有民事效力的问题，而且，处置行为如以抢劫为手段，超出了民事违法的界限的，便可以构成犯罪。刘某福伙同他人，在张某不知情的情况下，使用暴力、胁迫手段强行抢走其携带的夫妻共同财产的行为，侵犯了张某对涉案的10万元夫妻共同财产的所有权，已经不仅是民法意义上的"处置"夫妻共同财产的行为，已超出了民事法律的调控范围。

刘某福意图与其妻离婚，伙同多人施暴于其妻，强行抢走财物，自己却佯装受伤，情节恶劣、手段卑鄙；伙同他人抢走现金10万元，数额巨大。无论是从抢劫的动机、手段、情节还是数额来看，刘某福的行为都不属于《刑法》第13条但书所规定的"不属于犯罪"的情形。由于本案是公诉案件，不是被害人可以自诉、撤回起诉的轻微刑事案件，被害人张某的事后态度，对刘某福构成抢劫罪没有影响，只能作为对刘某福量刑的因素被加以考虑，而不能以此认定为所谓"对刘某处置夫妻共同财产的事后追认"，使刘某的抢劫行为由非法转为合法。

刘某福及其他被告人应当对 10 万元全额负刑事责任，因为夫妻共同财产在析产前是无法分割的，就被告人所抢的 10 万元而言，认为其中必然包含有属于被告人的份额的看法是武断的，夫妻共同财产并非简单的一分为二或者按照某种比例将某项财物予以分割。该 10 万元最终可能完全归属于被告人或者被害人，也可能由双方分割后各自拥有一部分。从被害人的角度讲，自己被抢的是 10 万元，而非只是损失了其中仅属于自己的份额，从民事法律关系看，如果行为人抢劫 10 万元的事实未被发现，那么，被害人除损失共同共有财产 10 万元中属于自己的份额之外，还应在以后的生活中承担起共同归还 10 万元债务的责任。而且，对于作为夫妻一方以外的其他被告人，他们的犯罪对象是 10 万元，与刘某福身份不同，他们的行为不存在侵犯共同共有财产的问题，其只是与刘某福构成共犯。如果认为其他共犯对全案 10 万元负责，而刘某福仅对部分犯罪数额负责，显然是不公正的。只有在所有被告人均对犯罪总额负责的基础上，分清主从，区别情节，才能准确确定各被告人的刑事责任。

4. 评析意见

刘某福抢劫案是一起在实务上与理论上都有重要影响的案件。以上所转载的内容大致说明了该案涉及的一系列理论问题。但是，笔者认为，其中一个最为重要的问题没有受到充分的重视，即财产犯罪的保护法益究竟是所有权还是占有权。我国传统的刑法理论一直采用所有权说，司法实务上也持类似的立场，本案裁判理由的论述也基本上以此为基调。也就是说，对于自己享有所有权的财物，原则上是不能成立财产犯罪的。例如，为索取债务扣押他人的不构成绑架，以暴力手段实现债权的不成立抢劫等，都得到了我国刑法理论和司法解释的确认。那么，对于共有物为什么可以成立抢劫罪，并且是就全体共有物成立抢劫？可能并非没有疑问。笔者认为，财产犯罪保护的是占有而非所有，即使是共有物，如果已在行为人的单独占有下，也不可能成立抢劫这样以占有转移为前提的犯罪，而只能构成侵占罪。例如，如果本案中的 10 万元已经处于刘某福的单独占有下，刘某福再伙同他人导演一出钱被抢的假戏，然后欺骗张某的，虽然 10 万元仍属于刘某福与张某的共同财产，张某的财产权同样受到了侵害，刘某福却不可能成立抢劫罪。

所以，本案定性的首要前提不是认定 10 万元是不是夫妻共同财产，而是判断 10 万元在刑法上的占有状态。根据案情，刘某福将 10 万元从银行和借款人手中取出后，就一直携带在他身上的挎包中，张某则全程陪同。该 10 万元究竟归刘某福单独占有还是夫妻二人共同占有？笔者已经多次提及，刑法上占有状态的判断并不等同于现实地握有，而应结合社会一般观念进行判断，在夫妻二人共同护送 10 万元现金前去交易的场合，不能认为带钱的人才享有占有，没带钱的人则没有占有，否则共同占有的概念几乎没有存在的必要。作为结论，必须承认张某也享有对刘某福身上10万元现金的占有。使用暴力将共同占有的财物伙同他人变为自己占有的，虽然不无争议，但也充足了抢劫罪的构成要件。本案的特殊性在于，10万元既是刘某福与张某的共有物，也是二人的共同占有物，所以结论上都构成抢劫，但是，一如这里的分析所表明的那样，决定抢劫之成立的是共同占有，而不是共同所有。

将视角从共同所有物转移至共同占有物，也有利于认定刘某福的抢劫数额。裁判理由认为，10万元虽然归夫妻共同所有，但具体分析时有多种可能性，不一定就有刘某福所有的份额；而且共同债务属于连带债务，即使是属刘某福的部分，张某也有偿还义务。笔者认为，如果坚持共同所有物的立场，认为刘某福抢劫了10万元是比较勉强的，因为那样一来我们不可能抢劫自己享有所有权的财物。即使依裁判理由的说法，如果可以确认哪些是刘某福的份额，似乎就可以将其排除在数额之外。连带债务的理由也不成立，因为一旦张某承担了连带偿还义务，她就同时依法享有了向刘某福追偿的权利，至少对刘某福应该偿还的那部分债务而言，她并无财产性损失。相反，如同笔者一样采用占有权说的话，自己是否享有所有权，是单独享有还是共同享有所有权，都对抢劫数额的认定没有影响，只要将共同占有下的财物非法占为己有的，就针对财物整体成立犯罪。理由在于，共同占有的场合不会和共同所有一样涉及份额的分配，全部共同占有人都对占有物整体享有平行的占有权，任何一个人擅自处分的，必然触犯其他人对占有物整体的占有权。在此意义上，刘某福的抢劫数额也是10万元。

至于本案探讨的核心问题，丈夫伙同他人抢劫夫妻共同财产的行为如何定性，反而因此变得没有那么重要与困难。既然是否可以成立抢劫的前提不是共同所有，而是共同占有，本案中又符合共同占有的要求，丈夫伙同他人抢劫夫妻共同财产的行为当然能够成立抢劫罪。剩下的问题是，夫妻关系究竟对犯罪的成立有何影响。对此，理论上有违法阻却（减少）事由说、责任阻却（减少）事由说以及基于刑事政策的人的处罚阻却（减轻）事由说。采取何种观点将决定夫妻关系的影响是否能及于其他共同犯罪人。根据“违法是连带的，责任是个别的”之法理，若采取违法阻却（减少）事由说，其他共犯人可能也可以享受夫妻关系带来的法律效果，若采取责任阻却（减少）事由说以及人的处罚阻却（减轻）事由说，其他共犯人则应与刘某福的丈夫身份无关。本案发生时，最高人民法院尚未出台相关司法解释，在后来的《关于审理抢劫、抢夺刑事案件适用法律若干问题的意见》中，最高人民法院强调：“为个人使用，以暴力、胁迫等手段取得家庭成员或近亲属财产的，一般不以抢劫罪定罪处罚，构成其他犯罪的，依照刑法的相关规定处理；教唆或者伙同他人采取暴力、胁迫等手段劫取家庭成员或近亲属财产的，可以抢劫罪定罪处罚。”显然，按照该解释的立场，似乎采取的是刑事政策的人的处罚阻却（减轻）事由说，但是，为什么在共同犯罪的场合，家庭成员关系却不能阻却其处罚，令人费解。人的处罚阻却事由是一种政策性的考虑，仅对有身份者适用，并且总是适用，单独犯罪时固然要阻却，共同犯罪时同样要阻却，至于其他共犯人，没有夫妻关系等阻却事由，自然无由阻却其处罚。因此，司法解释前后不一的做法值得商榷。

本案的处理过程中还涉及一些认识观念上的误区，需要注意。首先，民事责任与刑事责任并非排斥关系。经常有人认为，某些行为属于民事违法，追究民事责任就可以了，不能追究其刑事责任，却忘了刑法是其他部门法的保护法，即使追究了民事责任，如果同时触犯刑法，当然还有继续追究刑事责任的必要。本案中就有观点认为，刘某福的行为仅是非法处置共有财物的民事不法，并据此否定其行为的犯罪性，这显然是片面的。其次，《刑法》第13条“但书”的适用不可过于轻率。所谓“情节显著轻微危害不大”并不仅指结果没有达到犯罪程度，而应以行为本身的属性为主要考虑对象，否则没有造成任何损害的未遂犯就都不是犯罪了，特别是在复合行为犯的场合，不能就各个行为部分分别考虑其危害性，然后适用“但书”。例如，胁迫他人抢得500元钱的，胁迫行为本身不受刑法处罚，取得500元又不符合盗窃的立案标准，但作为整体的抢劫罪毫无疑问不能说“情节显著轻微危害不大”。最后，共同犯罪人的犯罪数额未必必须是完全一样的。成立共同犯罪仅仅是不法层面要处理的问题，与罪责阶层和刑事政策的考虑无关，如果数人对某一数额成立共同的财产犯罪，但是在罪责阶层或者在刑事政策的考虑上，有部分人因为特定事由被阻却了责任或处罚，则不得说该部分人最终也要为全部数额负责，在全部共同犯罪人之间出现差异就完全是可能的。

四、故　意

知识背景

本罪故意的内容是，行为人主观上明知自己的暴力、胁迫或者其他方法行为会发生压制对方反抗和夺取其财物的危害结果，并希望或者放任该结果发生。就认识因素而言，只要认识到自己的暴力、胁迫或者其他方法行为会发生压制对方反抗和夺取其财物即可，无须对财物的种类、数量等有清楚的认识；就意志因素而言，出于放任的间接故意也完全可能。

关于成立本罪是否需要有非法占有的意思，存在与盗窃罪等财产犯罪一样的争议。一般认为，欠缺由排除意思和利用意思构成的非法占有目的时，不能论以取得罪。所以，如果行为人出于暂时使用的意图，使用暴力、胁迫或者其他方法来利用他人的财物的，不成立本罪，但有成立抢劫财产性利益的余地；如果行为人使用暴力、胁迫或者其他方法压制他人反抗后当场将他人财物损毁的，也不成立本罪，而是故意毁坏财物罪。

本罪是复行为犯，行为人必须在实施手段行为时对手段行为的手段性及其效果有所认知。因此，在实施暴力、胁迫的阶段没有强取财物的意思的，就不能成立抢劫罪。如果行为人对手段性及其效果产生了错误的认识，也不属于对手段性有认识。例如，甲持枪入室抢劫时，发现室内空无一人，便以盗窃的意思取走了财物，实际上屋主正在屋内，只是因为看见甲持枪感到害怕而躲在衣柜里；或者甲持枪入室抢劫时，威胁谁也不许反抗，然后以抢劫的意思取走了财物，实际上屋内空无一人。于前一种场合，甲误以为自己的手段行为没有手段性，没有产生压制他人反抗的效果，该认识错误阻却了抢劫故意，不能认为之后的行为是抢劫行为。于后一种场合，甲误以为自己的手段行为有手段性，产生了压制他人反抗的效果，但是因为根本没有被害人在场，属于对象不能犯，充其量对其能论以抢劫罪的未遂。

第二节　抢劫罪的认定

一、抢劫罪的未遂与既遂

知识背景

如前所述，抢劫罪是复行为犯，既然抢劫罪是以暴力、胁迫或其他方法为手段强取财物，那么，必须将以强取财物为目的而开始实施达到足以压制被害人反抗之程度的暴力、胁迫时解释为本罪的着手。仅仅以抢劫的目的侵入了他人的住宅或者只实施了窃取行为的，尚不足以称之为开始了本罪的实行；以抢劫的意思先夺取财物，后对被害人施加暴力、胁迫而确保对财物的占有的，抢劫罪的着手时期也是开始了暴力、胁迫之时；在窃取了他人的财物后改变态度进而强取了其他财物的，改变态度开始了暴力、胁迫时是抢劫罪的着手。在转化型抢劫罪的场合，开始当场实施暴力或者以暴力相威胁时是着手；在携带凶器抢夺的场合，开始抢夺行为时是着手；在聚众“打砸抢”毁坏、抢走公私财物的场合，开始打砸抢时是着手。

学理上大多认为，本罪的既遂标准，即抢劫罪的完成是在将财物转移给自己或者第三者事实上支配之时，因此，排除了被害人对财物的占有、行为人或者第三者取得了对财物的占有时，本罪就达于既遂。与窃取相比，强取是在暴力、胁迫所形成的反抗被压制的情境中得到财物，因此在对抢劫既遂的认定上，其时点应略为提前。除了财物具有难以取得的特别性质和状况外，通常其在行为人实施强取行为后立即转移到行为人一方。例如，入户抢劫时，把屋主捆住，把要抢的东西捆绑好往外拿，即使尚未拿出屋外，也是抢劫既遂。但是，最高人民法院《关于审理抢劫、抢夺刑事案件适用法律若干问题的意见》规定："抢劫罪侵犯的是复杂客体，既侵犯财产权利又侵犯人身权利，具备劫取财物或者造成他人轻伤以上后果两者之一的，均属抢劫既遂；既未劫取财物，又未造成他人人身伤害后果的，属抢劫未遂。"

上述司法解释提及的主要理由是，抢劫罪既侵犯财产权利又侵犯人身权利。其潜在的理由还可能在于，已经导致他人轻伤以上后果的，如果认定为抢劫未遂，就要适用《刑法》第23条，可以比照既遂犯从轻或者减轻处罚，这未必是适当的。笔者认为，该两点理由都似是而非。首先，某一犯罪侵犯了几种法益，并不意味着侵犯了其中任何一种法益的，都成立既遂。例如，行为结构与抢劫罪极为相似的强奸罪，如果认为仅仅造成轻伤以上后果就是强奸既遂的，将是相当不可思议的结论。在侵犯了复数法益的场合，既遂标准应以立法者选择的主要法益为标准确定既遂准则，抢劫罪既然规定在侵犯财产罪一章中，自然应以是否取得财物来判断是否既遂。何况抢劫罪对人身法益的侵犯其实并不仅仅甚至并不主要表现为伤害后果（如以胁迫或者其他方法抢劫的），以发生轻伤害以上之后果作为抢劫罪的既遂标准实难立足。其次，立法者在配置抢劫罪的法定刑时，已经考虑到抢劫罪既侵犯财产法益又侵犯人身法益的现实，因此为其配置的是比其他财产犯罪严厉得多的法定刑。这为抢劫罪未遂犯的处罚留下了充足的空间，因为即使从轻或减轻，行为人得到的处罚仍然足够严厉。例如，致人轻伤而没有劫得财物的，依司法解释属于既遂，将在3至10年间量刑。但是，故意轻伤害的，原本只在3年以下量刑，即使和一个未遂通常不予处罚的取财行为结合在一起，其刑罚幅度如此之高也相当失衡。相反，如果认定其属于抢劫未遂，赋予行为人从轻或者减轻处罚的可能性，显然更符合罪刑均衡的基本原则。基于大致相同的理由，笔者认为，《刑法》第263条规定的八种处罚情节，均有适用未遂犯处罚原则的余地，其中属抢劫未遂的，应当根据刑法关于加重情节的法定刑规定，结合未遂犯的处理原则量刑。但是根据司法解释，"抢劫致人重伤、死亡的"这一结果加重情节不再存在既遂、未遂问题。

关于转化型抢劫罪的既遂标准，学理上可能存在的争议较大。第一种观点认为，先前的盗窃罪等既遂时，才成立转化型抢劫罪的既遂；第二种观点认为，行为人当场实施了暴力或者以暴力相威胁时即为既遂；第三种观点认为，只有当行为人最终取得了财物时，例如被害人没有成功将财物追回时，才成立转化型抢劫罪的既遂；第四种观点认为，在行为人已经取得财物而为了窝藏赃物使用暴力或者以暴力相威胁的场合，使用暴力等时即为转化型抢劫罪之既遂，但出于抗拒抓捕或毁灭罪证之目的的，最终取得了财物才是既遂。笔者认为，如果行为人使用暴力相威胁且取得了财物就是既遂，没有取得财物则是未遂。理由在于，转化型抢劫是一种拟制性的抢劫行为，其危害性并不严重于一般抢劫，对转化型抢劫提出更为严格的既遂标准（盗窃等前行为既遂转化型抢劫即既遂以及一实施暴力即既遂）是不合适的。

二、抢劫罪的共犯问题

知识背景

数人以上共同抢劫的，构成抢劫罪的共同犯罪，应依《刑法》总则关于共同犯罪的规定处理。由于抢劫罪是复行为犯，行为人之间可能存在分工，分别实施手段行为和目的行为，这并不影响共同犯罪的成立。如果抢劫过程中部分行为人实施了超出共同性之范围的行为，其他共犯人无须对此承担责任。在致人重伤或者死亡的场合，即使事先并未明确约定是否可以致人重伤、死亡，只要对结果有过失或者至少有预见可能性，也可以成立抢劫罪之结果加重犯的共同犯罪。

是否可以针对抢劫罪成立所谓“承继的共同犯罪”，笔者持否定态度。不能苛责行为人为与己无关的行为负责，虽然后加入者可能利用了前行为人的行为效果，但行为效果不是行为，共同利用一种既存的状态也不能等同于共同利用导致该状态的行为。例如，利用了他人将被害人灌醉的状态而取走被害人财物的，只能论以盗窃而不是抢劫；相反，共同利用了灌醉行为后再取财的，才是抢劫。除非后加入者加入后，共同参加者又实施了暴力、胁迫行为，否则，后加入者只能构成盗窃罪或者抢夺罪；即便因为另行实施暴力等而成立抢劫的，也只是针对新的暴力、胁迫而成立共同抢劫，而没有“承继”先行者的手段行为。

案例评价

[案例 13-7] 侯某辉、匡某荣、何某权抢劫案①

1. 基本案情

被告人侯某辉曾在摊主周某敏的个体卖肉摊上打过工。2005 年 5 月，侯

① 最高人民法院刑事审判第一、二、三、四、五庭．刑事审判参考：总第 62 集．北京：法律出版社，2008：31.

某辉碰到被告人匡某荣等人，在谈到如何出去搞钱时，侯某辉提出其在无锡打工时的老板有钱，可以带他们去。5 月下旬到无锡后，经商议决定由侯某辉带匡某荣一起到周某敏家肉摊上打工，以便利用打工期间与被害人一家同住一套房子的条件伺机动手。5 月底，经摊主周某敏同意，侯、匡二人住进了被害人租住的套房，并结识了与其二人同住一室、早于二人 20 多天到周某敏肉摊上打工的被告人何某权。其后，侯、匡二人在商议抢劫老板时，认为何某权与其同住，最好拉何入伙。后侯、匡分别对何讲，老板对伙计很抠，每天有 1 万多元的营业额，平时流动资金有三四万元，不如把老板绑起来，把钱抢走，每人能分得 1 万多元，要何一起参加。何说，如果每人能分到 8 万～10 万的，还可以一搏，这样不值得。后侯、匡二人继续做何的工作，何表示：你们干的事与我无关，最多我不去报警。6 月 8 日三被告人中午下班后回到住处，侯、匡二人认为老板这几日回安徽老家办事，时机已到，商量马上要对老板娘动手，何某权听后即离开，直到晚上 8 点左右才回到住处。侯、匡二人因老板娘当日下午出去有事而在当日未及下手。次日中午三被告人下班回到住处后，侯、匡二人认为再不动手，待老板回来就来不及了。午饭后匡某荣在其住的房间内从床铺下抽出预先从打工摊位上拿回的剔骨刀，准备马上动手。侯、匡二人随即走出三人住的房间，侯某辉在卫生间以窗帘拉不下来为由，诱使老板娘俞某风走到卫生间门口，匡某荣趁机从身后持刀架在老板娘的脖子上，并说：不要动，把钱拿出来。被害人见状大声呼救、反抗，侯某辉为阻止其呼救，捂住被害人的嘴，并将被害人扑翻在地，而后坐在被害人身上继续捂嘴并卡住被害人的喉咙。匡某荣冲进其住的房间拿出胶带纸捆绑被害人双腿，被害人挣脱后继续大声呼救、反抗，匡即持剔骨刀对被害人胸腹部、背部等处刺戳数刀，同时侯某辉用被子捂住被害人的头部，致使被害人俞某风当场死亡。何某权在房间内听到客厅内的打斗声渐小后走出房门，见状后何问侯、匡二人：你们把老板娘搞死了？匡某荣随机叫何某权一起到老板娘房间内去找钱。三人在被害人家中共找出人民币 1 000 余元。后匡某荣叫何某权和其一起将躺在卫生间门口的被害人的尸体拖拽了一下，三被告人分别将身上沾有血迹的衣服换掉后，携带以上赃款逃出被害人家。

2. 涉案问题

第一，行为人在事先无通谋，但明知他人抢劫的情况下，于其暴力行为致被害人死亡后参与并共同搜取被害人财物的，定盗窃罪还是抢劫罪？第二，上述行为如定抢劫罪，该如何适用《刑法》第 263 条的量刑规定？

3. 裁判理由及结论

江苏省高级人民法院判决三人成立抢劫罪的共同犯罪，其中侯、匡两人被判处死刑，何某权被判处有期徒刑 4 年。

在事先无通谋的情形下，行为人在他人共同犯罪的过程中，临时起意参与他人共同犯罪行为的，应当区别两种情况分别定罪：一种是行为人在不知道他人前期犯罪行为的具体动机、目的、性质的情况下，参与他人后续犯罪行为。如果行为人在主观犯罪故意的内容上与他人并不一致，则应当根据主客观相一致的原则，结合行为人主观故意的内容和实施的客观行为，确定其具体罪名。另一种是行为人虽在事先未与他人形成共同犯意，但其在明知他人犯罪性质的情况下，于事中参与了他人犯罪的后续行为。一方面，其行为形成事中对他人犯罪目的的认可和主观故意内容上的沟通；另一方面，其客观行为对他人实现犯罪目的起到了积极帮助作用，根据主客观相一致的定罪原则，应与他人以共同犯罪论处。

就本案而言，被告人何某权事前虽未同意参与侯、匡二人抢劫犯罪的提议，事中亦未实施对被害人的暴力行为，但基于其对侯、匡二人抢劫犯意的了解，在听到侯、匡二人与被害人的打斗和被害人的呼救声渐小，走到现场目睹倒在血泊中的被害人和手持剔骨刀的匡某荣，以及身上有血迹的侯某辉后，其在明知侯、匡二人的行为性质、目的及已造成的犯罪后果的情形下，在侯、匡二人抢劫犯罪行为处于持续状态期间，应匡某荣的要求参与了共同搜取被害人家中财物的行为，因此，符合上述事先无通谋的情形下事中参与他人共犯的第二种情形，应当与侯、匡二人构成抢劫罪的共犯。

就本案被害人被侯、匡二人暴力致死的事实及后果而言，何某权在事前既无共同故意，在事中亦无实施共同暴力行为，因此，根据刑法罪责自负原则，何某权对侯、匡二人在其参与抢劫犯罪前暴力致被害人死亡的行为及其后果不应承担刑事责任，否则有违罪责刑相一致的基本原则。与此相应，《刑法》第 263 条第 5 项规定的加重条款，对何某权亦不应适用。

4. 评析意见

本案主要涉及所谓承继的共同正犯之问题。与通常的承继的共同正犯不同的是，被告人何某权虽然没有参与抢劫的手段行为，但是侯、匡二人实施抢劫的手段行为时，何在场且知情。首先应当承认，何某权明确拒绝侯、匡二人的犯罪建议，则不能将侯、匡二人的行为归责于他，因为同为雇员，何某权没有阻止其他雇员杀害老板娘的作为义务。在我国现有的立法体例下，目睹他人的犯罪行为并且不去报案，尽管可能有很大的社会危害性，也不是刑法上的不法。这一点即使在裁判理由中也得到了认可。那么，这种情形与后加入者对之前的行为不知情的情形是否真的有实质性的区别，以至于应该肯定或否定承继的共同正犯呢？笔者认为，既然知情与否与刑事责任没有关系，则后加入者事实上是否对先行者的行为知情就不应当有规范上的重要性。换言之，两种情况在判断承继的共同正犯时应当是一样的。

“裁判理由”中也区分了两种情况，其实质性标准是后加入者是否对先行者犯罪行为的性质有认知，如有，就可以成立承继的共同正犯；如无，则不能成立承继的共同正犯。是否有认知不局限于像本案一样的因为在场而发现，也可以是后来到场后发现，还可以是先行者告知。如果是这样的话，基本上相当于全盘承认了承继的共同正犯之法理，因为学理上探讨的承继的共同正犯都是以后加入者知道整起罪行的性质为前提的。如此一来，仅仅参与了取财行为的何某权被认为触犯抢劫罪就是理所当然的。问题在于，成立抢劫罪必须由手段行为和目的行为构成，即使在共同犯罪的场合，没有亲自实施手段行为的人，也通过为其他实施了手段行为者的行为负责，才充足了抢劫罪的构成要件。本案中，何某权知情的手段行为是不能归责于他的，规范上可以归责于他的仅仅有后面的取财行为，该如何认定他的行为充足了抢劫罪的构成要件？存有相当大的疑虑。笔者认为，后加入者不能为自己加入之前的行为负责。如果加入时手段行为已经实施完毕，即使其效果犹存，也只能就加入后的取财行为单独评价；如果加入时手段行为尚未实施完毕，则可以将加入后的行为评价为抢劫，但这并非意味着对承继的共同正犯之认可，而是因为加入后的行为原本就是抢劫。而且，于后者的场合，后加入者也不必为其加入前的行为负责。

裁判理由全面承认承继的共同正犯造成的后果之一，就是不能妥当处理对何某权的量刑。裁判理由一方面认为何某权与侯、匡二人共同构成抢劫罪，另一方面又认为不能将何某权加入前的致人死亡的后果归责于他，似乎有矛盾之处。因为，认为何某权构成抢劫的理由正是他事中参与了他人的抢劫行为，利用了他人致人死亡行为的效果，然而又认为该效果他不用负责。那么难以理解的就是，为什么一个行为人不必负责的行为改变了他所充足的构成要件的性质。笔者认为，何某权不必为侯、匡二人的杀人行为负责，所以其行为不构成抢劫罪。由于何某权加入时被害人已经死亡，死者不能享有对财物的占有，其取财行为本来可能要另行评价为侵占罪，但考虑到被害人是死在租住的房屋内，即使其死亡后，屋内财物的占有也仍然归属于其丈夫，何某权的行为因此构成的是盗窃罪。再一次强调，共同犯罪的三人中，侯、匡构成抢劫致人死亡，而何某权成立盗窃罪，这并没有违背共同犯罪的法理。

******

转化型抢劫的共犯问题需要特别考虑：（1）数人共同盗窃、诈骗、抢夺时，其中部分行为人为了抗拒抓捕等当场使用暴力或以暴力相威胁的，如果事先有或临时产生约定，可以成立转化型抢劫的共犯；若无明示或默示的约定，其他行为人对实施者的暴力行为仅知情甚至不知情，由于并无阻止实施者超出约定范围之行为的义务，只有实施了暴力或以暴力相威胁的人属于转化型抢劫。(2) 未参与盗窃、诈骗、抢夺行为的人，临时起意参与了暴力或威胁行为之实施的，可以成立转化型抢劫的共同犯罪。此时并非意味着对承继共同犯罪理论的接受，而是因为后加入者加入后的共同行为是在压制他人反抗，并且符合三种法定的目的。也就是说，在盗窃、诈骗、抢夺后为窝藏赃物、抗拒抓捕、毁灭罪证而共同使用暴力的，就足以成立拟制性的转化型抢劫。后加入者也可以论以转化型抢劫，因此不是要其对盗窃等前行为负责，而是责令其对他人实施盗窃等行为后的以暴力抗拒抓捕等行为负责。换言之，盗窃、诈骗、抢夺罪只是转化型抢劫的前提，只要存在即可，不需行为人参与实施，以暴力行为去协助实施盗窃、诈骗、抢夺行为的人抗拒抓捕本身因此就是转化型抢劫。

[案例 13-8] 翟某强等抢劫案①

1. 基本案情

河北省沧州市中级人民法院经审理后查明：2012 年 12 月 28 日凌晨，被告人胡某建、孟某友在黄骅港海防路中铁公司路口北侧，盗窃停在路边的王某春大货车油箱内柴油时，被停在该路段南侧的大货车司机刘某风、刘某父子发现。刘某风、刘某下车后，胡某建、孟某友遂持斧子与刘某风、刘某打斗。胡某建将刘某风左肘砍伤，致其轻微伤。后刘某风、刘某将孟某友制服并绑在二人驾驶的大货车后侧。胡某建逃跑，并打电话叫来被告人张某、翟某强、贾某、井某岩。井某岩驾车望风，翟某强、贾某、张某各持斧子下车与王某春、刘某风、刘某打斗，并将两辆大货车玻璃、大灯砸碎。后胡某建驾驶轿车，从路西侧绿化带由西向东，冲撞两辆大货车之间的王某春、刘某风、刘某。翟某强见王某春跑过来，用斧子猛砍王某春头部，致王某春颅脑损伤经抢救无效死亡。刘某也被殴打致轻微伤。后六名被告人驾驶两辆轿车逃离现场。胡某建、孟某友将抢来的 175 升柴油卖给他人。经鉴定，柴油价值 1 358 元。后翟某强、胡某建、贾某、孟某友被抓获归案，张某、井某岩自动投案。

2. 涉案问题

在他人实施盗窃为抗拒抓捕当场使用暴力的犯罪过程中加入的行为，如何定性?

3. 裁判理由及结论

河北省沧州市中级人民法院认为：被告人胡某建、孟某友以非法占有为

---

① 最高人民法院刑事审判第一、二、三、四、五庭．刑事审判参考：总第 109 集．北京：法律出版社，2017：40.

目的，在盗窃被害人王某春货车油箱内柴油的过程中，因被发现，为抗拒抓捕而当场使用暴力，致一人轻微伤，劫得财物价值 1 358 元，其行为已构成抢劫罪。被告人孟某友被被害人抓获后，胡某建纠集被告人翟某强、贾某、张某、井某岩前来共同劫夺孟祥友，并致被害人王某春死亡，公诉机关指控被告人翟某强的行为构成故意杀人罪，被告人胡某建、贾某、张某、孟某友、井某岩的行为构成寻衅滋事罪。经查，被告人胡某建纠集翟某强、张某等人前来的犯罪目的是劫夺被控制的孟某友，犯罪对象明确，胡某建等人的行为并非扰乱公共秩序的行为，不符合寻衅滋事罪的构成要件。被告人翟某强、贾某、张某、井某岩明知胡某建、孟某友系盗窃、抢劫犯罪分子，事先与胡某建虽无盗窃抢劫犯罪的通谋，但在得知孟某友因盗窃行为被发现与被害人打斗的过程中被抓获后，仍支持胡某建实施抗拒抓捕行为，持斧子去劫夺孟某友，与被告人胡某建形成解救孟某友、抗拒抓捕的共同犯罪故意，被告人翟某强等人劫夺孟某友的行为与被告人胡某建、孟某友先前的转化抢劫犯罪行为是一个连续的整体，系事前无通谋的共同犯罪。因此被告人胡某建、孟某友与被告人翟某强、贾某、张某、井某岩的行为均构成抢劫罪。故公诉机关指控被告人翟某强的行为构成故意杀人罪，胡某建、贾某、孟某友、张某、井某岩的行为构成寻衅滋事罪，不能成立。被告人胡某建、翟某强、贾某、张某、井某岩在共同实施抢劫犯罪过程中，致被害人王某春颅脑损伤死亡，上述被告人均应对王某春死亡承担刑事责任，被告人孟某友因人身受到控制，对王某春的死亡结果不应承担刑事责任。据此，河北省沧州市中级人民法院依照《刑法》第 263 条、第 269 条、第 25 条第 1 款、第 26 条第 1 款、第 27 条、第 17 条第 3 款、第 67 条、第 69 条、第 72 条、第 73 条、第 77 条第 1 款、第 50 条第 2 款、第 56 条第 1 款、第 57 条第 1 款、第 36 条第 1 款，《最高人民法院关于处理自首和立功具体应用法律若干问题的解释》第 5 条，《最高人民法院关于审理未成年人刑事案件具体应用法律若干问题的解释》第 11 条、第 16 条之规定，判决如下：(1) 被告人翟某强犯抢劫罪，判处死刑，缓期 2 年执行，剥夺政治权利终身，并处没收个人全部财产；对被告人翟某强限制减刑。(2) 被告人胡某建犯抢劫罪，判处有期徒刑 15 年，剥夺政治权利 5 年并处罚金人民币 2 000 元。(3) 被告人贾某犯抢劫罪，判处有期徒刑 14 年，剥夺政治权利 4 年，并处罚金人民币 2 000 元。(4) 被告人张某犯抢劫罪，判处有期徒刑 12 年，剥夺政治权利 2 年，并处罚金 2 000 元。(5) 被告人孟某友犯抢劫罪，判处有期徒刑 5 年，并处罚金人民币 2 000 元；(6) 被告人井某岩犯抢劫罪，判处有期徒刑 3 年，缓刑 5 年，并处罚金 2 000 元。

一审宣判后，被告人翟某强、胡某建、贾某、张某提起上诉。

河北省高级人民法院经审理认为：上诉人胡某建、原审被告人孟某友实施盗窃行为，为抗拒抓捕持械使用暴力致一人轻微伤，并抢劫财物 1 358 元；胡某建为劫夺被控制的孟某友纠集上诉人翟某强、贾某、张某、原审被告人井某岩，后又与翟某强、贾某、张某继续持械使用暴力，致一人死亡一人轻微伤，其行为均已构成抢劫罪。胡某建、翟某强、贾某、张某、井某岩共同故意实施犯罪，胡某建、翟某强、贾某、张某在共同犯罪中起主要作用，系主犯且均应对王某春的死亡和刘某的轻微伤负刑事责任。原审法院根据本案查明的事实和证据，依法定罪量刑并无不当。鉴于上诉人贾某、张某亲属与被害人亲属在本院审理期间自行达成了民事赔偿和解协议，贾某、张某的犯罪行为得到了被害人亲属的谅解，对其依法可酌情从轻处罚。据此，河北省高级人民法院依照《刑事诉讼法》第 225 条第 1 款第 1 项、第 2 项，第 233 条和《刑法》第 263 条、第 269 条、第 25 条第 1 款、第 26 条第 1 款、第 67 条、第 68 条、第 69 条、第 77 条第 1 款、第 55 条第 1 款、第 56 条第 1 款之规定，判决如下：（1）驳回上诉人翟某强、胡某建上诉；（2）上诉人贾某犯抢劫罪，判处有期徒刑 12 年，剥夺政治权利 4 年，并处罚金人民币 2 000 元；（3）上诉人张某犯抢劫罪，判处有期徒刑 10 年，剥夺政治权利 2 年，并处罚金人民币 2 000 元。

“裁判理由”部分阐述道：根据《刑法》第 269 条的规定，犯盗窃罪为抗拒抓捕而“当场”使用暴力的，才能按抢劫罪定罪处罚。那么这个“当场”该如何理解，是否只限于盗窃被发现的当时和现场？我们认为，对“当场”不能机械理解，它应该是个综合性的概念，涵盖了时间上的连续性和空间上的延续性，允许存在点与点之间的短暂间隔，应该是指行为人实施盗窃现场及抗拒抓捕的整个过程和现场。比如，行为人实施完盗窃行为，离开的时间短暂而马上被发现的，应认定为“当场”。如果被发现当时因条件不合适未采取抓捕，而跟踪到合适地点实行抓捕，行为人抗拒抓捕的，也应认定为“当场”。但是如果行为人实施盗窃后离开现场一段距离，因其他原因被发现的，就不宜认定为“当场”，此时行为人抗拒抓捕造成人员受伤或死亡的，则应以盗窃罪和故意伤害罪或故意杀人罪等罪名追究刑事责任。

本案中，被告人胡某建、孟某友实施盗窃时当场抗拒抓捕，结果胡某建逃脱、孟某友被抓，如果胡某建逃脱后未返回现场救人，那么转化抢劫行为结束。但是胡某建逃脱后立即联系了翟某强、贾某、张某、井某岩等人，邀约救人。从被害人陈述来看，他们在抓住孟某友后即报警。在等待警察到来期间，胡某建开车返回一次，提出愿意拿钱赎人，被拒绝后胡某建开车离去。过了一会儿，胡某建开车带着其他被告人到达现场，采取暴力手段强行劫夺走了孟某友。因此，转化行为与后续行为的目的都是暴力抗拒抓捕，整个过程是连续的，在时间和空间上不能割裂看待，定罪上自然也不能分开对待。

事前无通谋的共同犯罪中，有可能存在承继的共同犯罪现象。也就是说前行为人的先行行为的效果在持续，后行为人在明知这种状态的情况下参与进去，后行为人就与前行为人成立共同犯罪。但是这种承继的共同犯罪人，只能对与自己的行为具有因果性的结果承担责任，利用前行为人已经造成的结果不等于后行为人的行为与该结果之间具有因果关系。例如，前行为人单独入室盗窃被发现后逃离现场，在其逃离过程中，知道真相的后行为人为了使前行为人逃避抓捕，唆使前行为人或与前行为人共同当场对他人实施暴力的，后行为人虽然没有犯盗窃罪，但其参与了抗拒抓捕行为，实施了转化抢劫行为，故与前行为人成立转化型抢劫。可是在相同情况下，如果前行为人抗拒抓捕时猛踢被害人腹部一脚，后行为人参与进来后也猛踢被害人腹部一脚，最后被害人因肝脏破裂流血过多而死亡，却不能查明是谁的行为造成其肝脏破裂，则前行为人和后行为人构成转化型抢劫的共犯。但在区分地位、作用时，应当考虑前行为人的暴力是为了自身利益，而后行为人仅仅是帮助前行为人逃避抓捕，因此，前行为人应当承担更加主要的责任。

本案中，被告人翟某强、贾某、张某、井某岩与被告人胡某建、孟某友平时均有盗油行为。翟某强、贾某、张某、井某岩虽然与胡某建、孟某友此次事先并无盗窃抢劫犯罪的通谋，但明知胡某建、孟某友在盗油时被发现，孟某友被抓获后，而仍支持胡某建实施抗拒抓捕行为，持自制钢管斧头去劫夺孟某友，与被告人胡某建形成解救孟某友、抗拒抓捕的共同犯罪故意，系事前无通谋的共同犯罪，与孟某友、胡某建一起成立转化抢劫。胡某建、翟某强、贾某、张某、井某岩一起参与实施了劫夺孟某友的行为，在此过程中，致被害人王某春死亡、被害人刘某受轻微伤，该危害后果与五被告人的行为之间具有因果关系，故该五人均应对王某春死亡和刘某轻微伤的结果承担刑事责任。而孟某友由于人身被控制无法活动，胡某建等五人的后行为其无法控制也不能制止，已超出其犯罪故意的范围，王某春死亡和刘某轻微伤的结果与其先行行为无因果关系，故其不应该对王某春死亡和刘某轻微伤的结果承担刑事责任，其在先前与胡某建共同抗拒抓捕的过程中，胡某建将刘某风左肘砍伤，致刘某风轻微伤，孟某友仅对该先行为造成被害人轻微伤的结果承担刑事责任。

4. 评析意见

尽管上述“裁判理由”是从承继的共犯角度论证转化型抢劫的成立的，但是如前所述，未参与盗窃、诈骗、抢夺行为的人成立转化型抢劫罪的共同犯罪是因为后加入者的共同行为是在压制他人反抗，并且符合为了窝藏赃物、抗拒抓捕、毁灭罪证的目的而共同使用暴力，足以成立拟制性的转化型抢劫罪。

关于抢劫共同犯罪的刑罚适用问题，最高人民法院《关于审理抢劫刑事案件适用法律若干问题的指导意见》也进行了说明。对于共同抢劫致一人死亡的案件，依法应当判处死刑的，除犯罪手段特别残忍、情节及后果特别严重、社会影响特别恶劣、严重危害社会治安的外，一般只对共同抢劫犯罪中作用最突出、罪行最严重的那名主犯判处死刑立即执行。罪行最严重的主犯如因系未成年人而不适用死刑，或者因具有自首、立功等法定从宽处罚情节而不被判处死刑立即执行的，不能不加区别地对其他主犯判处死刑立即执行。在抢劫共同犯罪案件中，有同案犯在逃的，应当根据现有证据尽量分清在押犯与在逃犯的罪责，对在押犯应按其罪责处刑。罪责确实难以分清，或者不能排除在押犯的罪责可能轻于在逃犯的，对在押犯适用刑罚应当留有余地，判处死刑立即执行要格外慎重。

三、抢劫罪的罪数问题

知识背景

抢劫罪是复行为犯，手段行为与目的行为结合为一个完整的新犯罪行为，均不再另行评价。但是行为人必须在实施手段行为之时，已经意识到其手段性。先行实施暴力、胁迫的行为，压制了对方的反抗后，才产生了夺取被害人财物的意思而夺取了其财物的，不是抢劫罪，而应该认为是可能的故意伤害罪与盗窃罪的并合罪。不过，产生了夺取财物的意思后，如果能认定又施加了另外的暴力、胁迫，使压制对方反抗的状态得到持续而夺取了其财物，成立抢劫罪。另外，最高人民法院《关于审理抢劫、抢夺刑事案件适用法律若干问题的意见》规定："行为人实施伤害、强奸等犯罪行为，在被害人未失去知觉，利用被害人不能反抗、不敢反抗的处境，临时起意劫取他人财物的，应以此前所实施的具体犯罪与抢劫罪实行数罪并罚；在被害人失去知觉或者没有发觉的情形下，以及实施故意杀人犯罪行为之后，临时起意拿走他人财物的，应以此前所实施的具体犯罪与盗窃罪实行数罪并罚。"

如果是拟制性的抢劫行为，则不得再依原来的行为论处。如果在实施盗窃、诈骗、抢夺过程中，犯意转化，使用暴力等取得财物的，直接依转化后的抢劫罪论处即可。根据抢劫罪的加重情节与结果之规定，对入户抢劫中的非法侵入住宅不再单独评价；多次抢劫的不得以同种数罪并罚，而应适用加重的法定刑幅度；抢劫致人死亡中包括作为抢劫手段的杀人行为、持枪抢劫中的非法持有枪支行为、冒充军警人员抢劫时可能发生的伪造、变造、买卖国家机关证件、武装部队证件等行为，都不再单独论处。抢劫罪是状态犯，只要没有侵害新的法益，抢劫后处分赃物的行为，属于不可罚的事后行为。如果针对同一财物及其上所附的财产性利益分别使用暴力或者胁迫加以抢劫的，例如抢走他人财物后又强迫他人写收据证明物品已归还的，属于包括的一罪，仅成立针对实物的抢劫即可。

四、抢劫罪的界限问题

知识背景

（一）抢劫罪与非罪的界限

成立本罪并无数额较大或情节严重的要求，但是，鉴于抢劫罪是一种重罪，处罚非常严厉，数额多少以及情节程度，在司法实务操作中仍然有界定罪与非罪的作用。最高人民法院《关于审理未成年人刑事案件具体应用法律若干问题的解释》规定：已满 14 周岁不满 16 周岁的人使用轻微暴力或者威胁，强行索要其他未成年人随身携带的生活、学习用品或者钱财数量不大，且未造成被害人轻微伤以上或者不敢正常到校学习、生活等危害后果的，不认为是犯罪；已满 16 周岁不满 18 周岁的人具有前款规定情形的，一般也不认为是犯罪；已满 16 周岁不满 18 周岁的人犯盗窃、诈骗、抢夺罪，为窝藏赃物、抗拒抓捕或者毁灭罪证而当场使用暴力或者以暴力相威胁的，应当依照《刑法》第 269 条的规定定罪处罚；情节轻微的，可不以抢劫罪定罪处罚。

有观点主张，要注意区分抢劫罪与民事纠纷的界限，抢劫罪以非法占有公私财物为目的，民事纠纷则无此目的。由于借贷或其他财产纠纷，而使用强制方法夺取对方当事人的财物以抵押贷款或者作为抵押本人之财物的，行为人不具备非法占有他人财物的目的，只是维护自己的合法利益的方法不当，不构成抢劫。最高人民法院《关于审理抢劫、抢夺刑事案件适用法律若干问题的意见》也间接支持了该观点，认为“行为人为索取债务，使用暴力、暴力威胁等手段的，一般不以抢劫罪定罪处罚。构成故意伤害等其他犯罪的，依照刑法第二百三十四条等规定处罚”。笔者认为，以暴力等足以压制他人反抗的方法实现债权的行为是否构成抢劫，取决于财产犯罪的保护法益究竟是所有权还是占有权，我国传统观点一直持所有权说，因此往往认为其不属于抢劫。但是，将财产犯罪的保护法益界定为所有权，极不利于对财产法益自身的维护，且会产生体系内一系列的冲突。以暴力等足以压制他人反抗的方法实现债权的行为是非法占有他人占有的财物的行为，仍然具有“非法占有的目的”，应该按照抢劫罪论处。

（二）抢劫罪与故意杀人罪的界限

本罪与故意杀人罪的界限要区分不同的情况：如果以抢劫的意思杀人的，因为一般认为抢劫罪中的暴力包括杀人，直接适用抢劫致人死亡的加重刑即可，不再考虑故意杀人罪的成立；如果抢劫后出于灭口等其他目的而杀人的，应以抢劫罪与故意杀人数罪并罚。对此，《最高人民法院关于抢劫过程中故意杀人案件如何定罪问题的批复》明文规定："行为人为劫取财物而预谋故意杀人，或者在劫取财物过程中，为制服被害人反抗而故意杀人的，以抢劫罪定罪处罚。行为人实施抢劫后，为灭口而故意杀人的，以抢劫罪和故意杀人罪定罪，实行数罪并罚。"

有争议的是，杀人后才产生取财意思的，如何处理。第一种观点认为，"杀人以后，见财起意，又将其财物拿走的，对此应以故意杀人罪和抢劫罪数罪并罚"；第二种观点认为，杀死他人后，另行起意拿走他人财物，数额较大的，可以认定为盗窃罪；第三种观点认为，如果将被害人杀死在家中、旅馆等有特定管理人的场所，以抢劫罪和盗窃数罪并罚，如果杀死在野外等无人的场所，死者身上的财物不属于任何人占有，由于我国未规定脱离占有物侵占罪，只能作为故意杀人罪的量刑情节酌情考虑；第三种观点认为，由于其他原因故意实施杀人行为致人死亡，然后产生非法占有财物的意图，进而占有财物的，应认定为故意杀人罪与侵占罪，因为死者对财物不能占有。

上述观点中，第一种将欠缺手段性认识的杀人行为视同抢劫罪的手段行为是有问题的，其余三种观点主要围绕死者是否能占有财物产生了分歧。笔者认为，死者不能占有财物，如果是将被害人杀死在排他性的场所内，被害人死亡后，其财物之占有即刻转归场所主人，可以成立盗窃罪；否则只能成立侵占罪。我国刑法虽未明确规定脱离占有物侵占罪，但可将遗忘物扩张解释为脱离占有物，即被害人死亡后，其无人占有的财物转变为其继承人的遗忘物，因而可以成为侵占罪的对象。不过，最高人民法院《关于审理抢劫、抢夺刑事案件适用法律若干问题的意见》明文规定："实施故意杀人犯罪行为之后，临时起意拿走他人财物的，应以此前所实施的具体犯罪与盗窃罪实行数罪并罚。"

（三）抢劫罪与抢劫枪支、弹药、爆炸物、危险物质罪的界限

《刑法》第127条第2款规定："抢劫枪支、弹药、爆炸物的，或者抢劫毒害性、放射性、传染病病原体等物质，危害公共安全的，或者盗窃、抢夺国家机关、军警人员、民兵的枪支、弹药、爆炸物的，处十年以上有期徒刑、无期徒刑或者死刑。"其中前段规定的即为抢劫枪支、弹药、爆炸物、危险物质罪。该罪是1997年刑法新增加的罪名，在1979年刑法和全国人大常委会颁布的决定中，有关枪支、弹药、爆炸物的犯罪，只有非法制造、买卖、运输、盗窃、抢夺等几种行为方式，并未规定抢劫枪支、弹药、爆炸物罪。实务中因此对抢劫枪支等的犯罪如何定性产生困扰。为了弥补此一立法上的不足，刑法在修改时遂增设了抢劫枪支、弹药、爆炸物罪，随后《刑法修正案（三）》又进一步规定了抢劫危险物质的犯罪。

抢劫罪与抢劫枪支、弹药、爆炸物、危险物质罪的界限主要体现在两个

方面：首先，后者的抢劫对象局限于枪支、弹药、爆炸物、危险物质，而抢劫罪的对象则为他人财物。其次，两者侵害的法益不尽相同：抢劫枪支、弹药、爆炸物、危险物质罪危及了公共安全，而抢劫罪侵犯的是个人的人身与财产法益。需要特别注意的是，在判断是否有危害公共安全的危险时，抢劫枪支、弹药、爆炸物与抢劫危险物质有不同的程度要求，即前者有抽象危险即可，而后者必须有具体危险。如果虽然抢劫了枪支、弹药、爆炸物但确实没有危害公共安全的抽象危险，或者抢劫了危险物质但没有危害公共安全的具体危险的，不得成立本罪。

（四）冒充正在执行公务的人民警察、联防人员，以抓卖淫嫖娼、赌博等违法行为为名非法占有财物的行为定性

最高人民法院《关于审理抢劫、抢夺刑事案件适用法律若干问题的意见》规定：“行为人冒充正在执行公务的人民警察‘抓赌’、‘抓嫖’，没收赌资或者罚款的行为，构成犯罪的，以招摇撞骗罪从重处罚；在实施上述行为中使用暴力或者暴力威胁的，以抢劫罪定罪处罚。行为人冒充治安联防队员‘抓赌’、‘抓嫖’、没收赌资或者罚款的行为，构成犯罪的，以敲诈勒索罪定罪处罚；在实施上述行为中使用暴力或者暴力威胁的，以抢劫罪定罪处罚。”

（五）以暴力、胁迫手段索取超出正常交易价钱、费用的钱财的行为定性

最高人民法院《关于审理抢劫、抢夺刑事案件适用法律若干问题的意见》规定：“从事正常商品买卖、交易或者劳动服务的人，以暴力、胁迫手段迫使他人交出与合理价钱、费用相差不大钱物，情节严重的，以强迫交易罪定罪处罚；以非法占有为目的，以买卖、交易、服务为幌子采用暴力、胁迫手段迫使他人交出与合理价钱、费用相差悬殊的钱物的，以抢劫罪定罪处刑。在具体认定时，既要考虑超出合理价钱、费用的绝对数额，还要考虑超出合理价钱、费用的比例，加以综合判断。”

（六）抢劫罪与绑架罪的界限

最高人民法院《关于审理抢劫、抢夺刑事案件适用法律若干问题的意见》规定：“绑架罪是侵害他人人身自由权利的犯罪，其与抢劫罪的区别在于：第一，主观方面不尽相同。抢劫罪中，行为人一般出于非法占有他人财物的故意实施抢劫行为，绑架罪中，行为人既可能为勒索他人财物而实施绑架行为，也可能出于其他非经济目的实施绑架行为；第二，行为手段不尽相同。抢劫罪表现为行为人劫取财物一般应在同一时间、同一地点，具有‘当场性’；绑架罪表现为行为人以杀害、伤害等方式向被绑架人的亲属或其他人或单位发出威胁，索取赎金或提出其他非法要求，劫取财物一般不具有‘当场性’。绑架过程中又当场劫取被害人随身携带财物的，同时触犯绑架罪和抢劫罪两罪名，应择一重罪定罪处罚。”

案例评价

[案例 13-9] 王某结、潘某利、黄某忠抢劫、敲诈勒索案①

1. 基本案情

泉州市丰泽区人民法院经公开审理查明：被告人王某结、潘某利、黄某忠预谋共同抢劫。1999 年 8 月 7 日凌晨，三被告人从泉州市鲤城区浮桥镇华荣宾馆，雇乘闽 C-T14××号出租车行至南安市丰州镇梧山村一偏僻处，对该出租车驾驶员孙某福进行殴打、持刀威胁，抢走孙某福随身携带的摩托罗拉手提电话、传呼机各 1 部（计价值人民币 350 元）、现金人民币 300 余元以及出租车的有关营运证件。三被告人觉得钱少，又以孙某福曾经拉载他们多收了 20 元车费为由，强迫孙某福答应"赔偿"人民币 3 000 元。孙某福表示只有到泉州市区的家里才能拿钱给他们。三被告人又挟持孙某福另雇出租车，来到泉州市丰泽区少林路仁风路口孙某福之兄孙某坛开办的餐馆处。三被告人向孙某坛谎称孙某福开车时撞到了人，送医院抢救需要交押金，孙某坛信以为真，即拿出人民币 300 元及三本银行存折交给孙某福。离开孙某坛的餐馆后，孙某福将钱和存折交给了三被告人。三被告人挟持孙某福到银行取钱未果，即去吃夜宵，又到泉州华艺宾馆开房一起睡到天明。当天上午 8 时许，三被告人再次挟持孙某福到银行取钱，由于没有身份证又未取到钱，三被告人即放走孙某福，并要求孙某福取到钱后再与他们联系。之后三被告人多次打电话威胁孙某福将钱汇入他们指定的户头，否则就要销毁出租车的有关证件，炸毁出租车，并砸、烧其兄孙某坛的餐馆。孙某福向公安机关报案，同年 8 月 12 日，被告人王某结在泉州华晋大酒店接钱时被公安人员抓获。在被告人王某结的协助配合下，公安人员又先后在泉州市丰泽区霞淮新村、泉州游乐园抓获被告人潘某利、黄某忠。

2. 涉案问题

对挟持被害人前往其亲友处取钱的行为应定绑架罪还是抢劫罪？本案三被告人的行为分别构成什么罪是否数罪并罚？

3. 裁判理由及结论

泉州市丰泽区人民法院认为，三被告人以非法占有为目的，共同使用暴力、胁迫手段当场劫取他人财物，其行为已构成抢劫罪。之后又对被害人实施威胁，强行索要财物，数额较大，其行为还均构成敲诈勒索罪。

本案三被告人的行为可以细分为以下三个阶段：第一阶段，三被告人殴

① 最高人民法院刑事审判第一庭、第二庭．刑事审判参考：总第 36 集．北京：法律出版社，2004：37.

打、威胁孙某福，当场抢走孙某福手提电话、传呼机各 1 部和人民币 300 余元等。第二阶段，三被告人要孙某福“赔偿”人民币 3000 元，挟持孙某福到其兄孙某坛的餐馆拿钱和存折，在宾馆开房，到银行取钱等。第三阶段，放被害人走后，以销毁出租车的有关证件、炸毁出租车等相威胁，多次打电话要孙某福将钱汇入指定户头。

其中，第一阶段的行为构成抢劫罪没有争议，第三阶段的行为成立敲诈勒索罪也争议不大，需要解释的是第二阶段的行为究竟是抢劫还是绑架。抢劫罪与绑架罪的关键区别在于：抢劫罪是使用暴力、胁迫等强制手段，直接劫取被害人的财物。所谓直接劫取，既可包括当场劫取被害人随身携带的财物，也可以包括挟持被害人到被害人住所等财物存放处劫走被害人的财物等，而以勒索财物为目的的绑架罪则是将被害人绑架后，以被绑架人的亲属或其他人对被绑架人的安危担忧来威胁被绑架人的亲属或其他人，向被绑架人以外的第三人索取财物，被绑架人与被勒索人是分离的，不是同一人。本案三被告人挟持被害人到其兄的餐馆，谎称被害人开车时撞到人需要钱交押金，由于被告人并未向被害人之兄表示被害人已被绑架，也非直接向被害人之兄实施勒索，故应认定被告人是在向被害人本人索取钱财，而非转向被害人之兄进行勒索，被告人侵害的对象始终是被害人本人。

三被告人第二阶段的行为是第一阶段抢劫行为的延续，不能独立构成绑架罪，第三阶段的行为虽也是抢劫行为的延续，但可独立构成敲诈勒索罪，与之前的抢劫行为既不是牵连关系，也不是吸收关系，而应数罪并罚。

4. 评析意见

本案被告人实施的行为延续时间较长，实施的行为方式也比较多，这给本案的处理带来了一定的困扰。裁判理由根据三被告人的行为方式，以时间段将其划分为三个阶段，然后分别考虑其定性的做法，具有相当的合理性。第二阶段的行为，即挟持孙某福，欺骗孙某坛，取得 300 元现金和三本银行存折，之后又挟持孙某福几次试图取钱。裁判理由结合抢劫罪和绑架罪的构成要件作了分析，认为被告人并未利用绑架的事实，向被绑架人之兄进行勒索，所以不成立绑架，而仍然是针对被害人本人的抢劫行为。笔者认为，该阐述是合理的。抢劫是指压制他人反抗后取得他人财物的行为，研究抢劫罪时一般关注的是其手段行为，而对取财行为着墨不多。在大多数场合，抢劫的取财都是当场从被害人身上取得财物，本案告诉我们，取财重在对他人财物的占有的转移，只要是在压制状态下转移了他人财物的占有即可，是否当场以及是否是被害人随身携带的财物，其实不是本罪构成要件的要求。本案中，三被告人一直挟持着被害人，企图强制被害人将存折里的钱取出，完全符合抢劫中取财行为的要求。换言之，尽管离最初的行为地点和时间有一些距离，但由于被压制反抗的状态一直在持续中，就仍然是企图在压制状态下转移他人财物的占有。所以，一直压制他人反抗，陪同被害人去银行或者ATM机取钱的，当然属于抢劫；挟持被害人，让被害人欺骗家属等送钱的，也属于抢劫。于后者的场合，表面上看似乎符合绑架罪的构成要件，但在明了其取财行为的不同结构后，可以清楚地看出抢劫罪与绑架罪的界限。

需要注意的是，本案中，三被告人挟持被害人共同去找孙某坛，使用欺骗的方法，使孙某坛交出了300元现金和存折。如何认定其中财物的占有关系之转换，对判断三被告人的行为是否成立抢劫罪非常关键。因为抢劫必须是将被害人占有的财物占为己有，在孙某坛交出现金和存折前，占有显然归孙某坛，为什么认为三被告人劫取的是孙某福的财物呢？这要从孙某坛交出财物时的具体状况进行判断。从本案案情的描述来看，虽然是三被告人是挟持孙某福欺骗孙某坛，但孙某坛受骗将现金和存折转交给的对象是孙某福，而不是素不相识的三名被告人，因此应当认为其在交出现金和存折时，占有转移的对象是孙某福。孙某福取得孙某坛财物之占有的行为虽然使用了欺骗方法，但由于只是借钱，主观上并无非法占有他人财物的意思，不成立诈骗罪。在孙某福取得了对孙某坛财物的占有之后，三被告人再将孙某福占有的财物强行占为己有。在此意义上，三被告人才符合抢劫罪的构成要件，劫取了被害人的财物，而不是取得了孙某坛占有的财物。

本案另一个值得反思的问题与罪数之判断有关。裁判理由使用了一个非常模糊的说法，即第二阶段和第三阶段都是第一阶段抢劫行为的延续，这里的“延续”究竟指的是什么意思，颇难定论。如同其裁判理由中所反对的那样，“延续”肯定不是指牵连犯和吸收犯；如果是指继续犯，三被告人显然不是实施了一个继续性的行为；如果指的是连续犯或者接续犯，抢劫罪与敲诈勒索罪又不是同一罪名；如果只是单纯地意指时间上的延续，则该说法没有任何实质上的意义，而从裁判理由的阐述来看，该“延续”显然不是没有意义的，因为它使第二阶段的行为不再有单独评价的意义。更刁诡的是，同样是之前行为延续的第三阶段的行为，却必须论以独立的敲诈勒索罪，并与之前的抢劫罪数罪并罚。其自相矛盾之处显然在于，既然都是“延续”，为什么前者不必单独评价，而后者却数罪并罚。可能的理由是，裁判理由认为后者是一个新的犯罪行为，不能为抢劫罪罪名所包含。但问题在于，第二阶段的抢劫罪其实是比第三阶段的敲诈勒索罪更严重的罪行，仅仅因为罪名的差异就不再单独评价似乎有失均衡。虽然可以由法官在量刑时在法定刑的幅度内综合考虑，但难免人为地制造了差异评价犯罪行为的不法内涵之后果。当然，裁判理由的立场可能是受到了我国刑法理论与司法实务中同种数罪原则上不并罚之做法的影响，才得出了其结论，所以，也许更应该反思的是同种数罪究竟应不应该并罚的问题。

******

（七）抢劫罪与寻衅滋事罪的界限

最高人民法院《关于审理抢劫、抢夺刑事案件适用法律若干问题的意见》规定："寻衅滋事罪是严重扰乱社会秩序的犯罪，行为人实施寻衅滋事的行为时，客观上也可能表现为强拿硬要公私财物的特征。这种强拿硬要的行为与抢劫罪的区别在于：前者行为人主观上还具有逞强好胜和通过强拿硬要来填补其精神空虚等目的，后者行为人一般只具有非法占有他人财物的目的；前者行为人客观上一般不以严重侵犯他人人身权利的方法强拿硬要财物，而后者行为人则以暴力、胁迫等方式作为劫取他人财物的手段。司法实践中，对于未成年人使用或威胁使用轻微暴力强抢少量财物的行为，一般不宜以抢劫罪定罪处罚。其行为符合寻衅滋事罪特征的，可以寻衅滋事罪定罪处罚。"

第三节　抢劫罪的处罚

本罪的处罚共有两个幅度，基本幅度为 3 年以上 10 年以下有期徒刑，并处罚金；如果具有加重情节或结果的，则处以 10 年以上有期徒刑、无期徒刑或者死刑，并处罚金或者没收财产。《最高人民法院关于审理抢劫刑事案件适用法律若干问题的指导意见》第 4 条详细规定了具有法定 8 种加重情节的刑罚适用，并强调适用死刑必须非常慎重、非常严格。因此，如何理解本罪的加重情节、结果具有重要意义。

一、入户抢劫

知识背景

根据最高人民法院《关于审理抢劫、抢夺刑事案件适用法律若干问题的意见》以及《关于审理抢劫刑事案件适用法律若干问题的指导意见》，认定"入户抢劫"时，应当注意以下三个问题：

一是"户"的范围。立法者规定的是"入户抢劫"而非"入室抢劫"，显然是取"户"字的严格意义，特别是具有家庭生活的内涵。具体而言，"户"在这里是指住所，其特征表现为供他人家庭生活和与外界相对隔离两个方面，前者为功能特征，后者为场所特征。一般情况下，集体宿舍、旅店宾馆、临时搭建工棚等不应认定为"户"，但在特定情况下，如果确实具有上述两个特征的，也可以认定为"户"。"户"不局限于独门独院的住宅，几家合租一户住宅的场合，该户住宅对外当然是“户”。如果形成了相对独立的家庭生活空间，几家人之间相互也有成立入“户”抢劫的余地；如果没有形成相对独立的家庭生活空间，则只能是入“室”抢劫。对于部分时间从事经营、部分时间用于生活起居的场所，行为人在非营业时间强行入内抢劫或者以购物等为名骗开房门后入内抢劫的，应认定为“入户抢劫”。对于部分用于经营、部分用于生活且之间有明确隔离的场所，行为人进入生活场所实施抢劫的，应认定为“入户抢劫”；如场所之间没有明确隔离，行为人在营业时间入内实施抢劫的，不认定为“入户抢劫”，但在非营业时间入内实施抢劫的，应认定为“入户抢劫”①。

二是“入户”目的的非法性。进入他人住所须以实施抢劫等犯罪为目的。抢劫行为虽然发生在户内，但行为人不以实施抢劫等犯罪为目的进入他人住所，而是在户内临时起意实施抢劫的，不属于“入户抢劫”。也就是说，适用本加重情节，还须认定入户与抢劫之间的关系，即入户抢劫和在户抢劫的区分问题。在此，抢劫故意的形成应当先于入户行为，入户无非是抢劫的预备行为，行为人入户的目的就是抢劫。单纯的没有抢劫目的并且是以合法目的（做客、上门维修等）进入户内，后因其他原因在户内实施抢劫的，仅是单纯的在户抢劫，不应认定为“入户抢劫”。如果不是以抢劫的故意入室，而是基于其他非法目的（盗窃、非法侵入住宅甚至是一般违法行为等）入室后，在室内产生抢劫故意而抢劫的，仍然属于入户抢劫。

三是暴力或者暴力胁迫行为必须发生在户内。只要暴力或者胁迫行为的一部分发生在户内即可，不需要全部在户内实施完毕。在户外实施暴力或者暴力胁迫，然后陪同被害人到户内取财的，至少可以认为暴力胁迫行为持续到了户内，因此可以认定为“入户抢劫”。在此意义上，其实可以说抢劫行为有一部分发生在户内的，基本上都属于“入户抢劫”，但是转化型抢劫例外。入户实施盗窃、诈骗、抢夺行为被发现后，行为人为窝藏赃物、抗拒抓捕或者毁灭罪证而当场使用暴力或者以暴力相威胁的，根据《刑法》第269条构成抢劫罪；如果暴力或者暴力胁迫行为发生在户内，可以同时认定为“入户抢劫”；如果暴力或者暴力威胁发生在户外，则不能认定为“入户抢劫”。

在实践中，不应简单地认为只有进入室内才能认定为入户，例如在独门独院的住所中，只要进入住宅院内，即构成入户。当然，由于抢劫罪已将“入户抢劫”作为加重情节，因此不应再将侵入住宅的行为作为独立的非法侵入住宅罪处罚，这实际上是一种法条内容的天然吸收关系。“入户抢劫”的对象不一定是户主及其财物，抢劫停留在户主户内的其他人的财物的，不影响入

---

① 最高人民法院刑事审判第一、二、三、四、五庭．刑事审判参考：总第91集．北京：法律出版社，2013：25.

户抢劫的认定。成立本项之罪，以行为人认识到自己潜入的是“户”为前提，产生了错误认识的，阻却本项加重故意的成立。进入共同生活的户内抢劫其他家庭成员财物的，因为入户并非非法，不属于入户抢劫；伙同他人进入共同生活的户内抢劫其他家庭成员财物的，亦不属于，但是其他犯罪人应以“入户抢劫”论处。

案例评价

［案例 13-10］陆某钢等抢劫案①

1. 基本案情

靖江市人民法院经公开审理查明：2001 年 12 月 31 日，汤某、苏某等人在本市靖城镇车站路媒石公司宿舍 4 号楼×××室储某荣家中以“青儿”的形式进行赌博。21 时许，被告人陆某钢等得知这一情况后，遂结伙采用持刀威胁等手段，至储某荣家劫得储某荣、汤某、苏某等人的人民币共 1 000 余元及价值人民币 425 元的摩托罗拉牌 GC87C 型移动电话机 1 部。所劫人民币由被告人等分用，移动电话机由被告人黄某伟丢弃。

2002 年 1 月 5 日 19 时许，被告人陆某钢等乘坐黄某明驾驶的牌号为苏 MF3×××的出租车，当车行驶至靖城镇虹桥新村时，三被告人采用持刀威胁等手段，劫得黄某明人民币 500 余元及价值人民币 980 元的诺基亚牌 3310 型移动电话机 1 部。所劫人民币由三被告人分用，移动电话机被保管人陆某钢销赃得款人民币 250 元。

2. 涉案问题

入户抢劫中“户”的理解与认定。

3. 裁判理由及结论

靖江市人民法院认为，被告人陆某钢等分别结伙，以非法占有为目的，采用暴力、胁迫等手段劫取他人财物，均已构成抢劫罪，但不属于刑法上的入户抢劫。

该案审理过程中，对被告人陆某钢等人的行为构成抢劫罪没有争议，但在陆某钢等人的行为是否构成入户抢劫的问题上，意见不一。一种意见认为，被告人陆某钢等人结伙以非法占有为目的，闯入居民储某荣夫妇生活的住所内，对参赌人员汤某等 8 人实施暴力，并当场从被害人处劫取现金 1 000 余元及价值 425 元的物品，符合最高人民法院《关于审理抢劫案件具体应用法律若干问题的解释》第 1 条第 1 款关于“为实施抢劫行为而进入他人生活的与

---

① 最高人民法院刑事审判第一庭、第二庭．刑事审判参考：总第 37 集．北京：法律出版社，2004：30.

外界相对隔离的住所”之规定，要认定为入户抢劫。另一种意见认为，被告人陆某钢等人的行为构成抢劫罪，但不属于最高人民法院《关于审理抢劫案件具体应用法律若干问题的解释》第 1 条第 1 款规定的情形，不应认定为入户抢劫。

构成入户抢劫，应同时符合下列三个特征：一是户的范围，必须是供家庭生活所用且与外界相对隔离的住所；二是入户目的的非法性；三是暴力或者暴力胁迫行为必须发生在户内。本案中，被告人陆某钢等为实施抢劫进入他人住所，通过持刀威胁劫取他人财物的行为，明显具备了上述入户抢劫的第 2、第 3 个特征，是否成立入户抢劫，关键在于能否把作为被告人抢劫的目标——设在他人住所内的赌场——也视为刑法上的“户”。法院认为，尽管本案抢劫行为发生在他人住所内，但仅具有进入户内实施抢劫的表面特征，而不具有针对入户实施抢劫的实质内容，故不应认为是入户抢劫。具体理由如下：

（1）对于入户抢劫中的“户”，应当结合行为时“户”所承载的实际功能进行分析、判定。现实生活中，一些与外界相对隔离的场所所承载的功能是多种多样的，此种情形下是否认定为“户”，必须结合抢劫时的实际状况进行区分、判断，而不能一概而论。比如，有一些个体工商户的住所，既对外从事商业经营，又供家庭成员生活起居。如果在该场所的经营活动期间进入并实施抢劫，由于其当时主要表现为经营场所，而非居住场所，则一般不应认定为入户抢劫。本案中，陆某钢等人进入实施抢劫的场所虽然是储某荣的家庭生活场所，但当时又属于聚众非法赌博的场所。这意味着，尽管被告人陆某钢等人实施抢劫的场所具备了一般意义上的住所特征，但仅据此尚不足以认定其为入户抢劫中的“户”，因此，此种情形中还有必要对抢劫行为实施当时该住所实际承载的功能作进一步的甄别。当然，这需要综合行为人实施抢劫的主观意向及抢劫行为时实际侵害的对象进行具体判断。

（2）入户抢劫中“户”，不仅是抢劫的场所，而且是抢劫的对象。本案主、客观两方面的事实均证明抢劫的对象系参赌人员，而非家庭成员，故不应将本案认定为入户抢劫。刑法上的“户”不仅是一个场所概念，更是与住所内的公民人身及财产权利相联系的一个概念。从这个意义上讲，入户抢劫还内含着一个实质性的内容，即必须是以户为对象所实施的抢劫。本案被告人实施抢劫行为时主观上明确指向的是参赌人员，在得知储某荣家正在设局赌博后，事先商议好抢劫参赌人员；客观上也仅以参赌人员为抢劫对象，所劫取的赃款、赃物全部为参赌人员的财物，未另外危及户内财产。尽管被告人闯入了居民住所，并对住所内的人员实施了抢劫，但是，由于被告人主观上没有对住户实施抢劫的犯罪故意，客观上也没有实施针对住户及财产抢劫的行为，被告人的这种入户，实际上是进入赌博场所，而非家庭生活场所。所以，靖江市人民法院将陆某钢等被告人的抢劫行为定抢劫罪，但未认定为入户抢劫是正确的。

4. 评析意见

本案是法官主动运用一系列方法对法律规定进行限缩解释的难得尝试。首先，法官在得出本案不是“入户抢劫”时，运用了目的解释的方法。裁判理由部分明确指出：“我们认为，尽管本案抢劫行为发生在他人住所内，但仅具有进入户内实施抢劫的表面特征，而不具有针对入户实施抢劫的实质内容，故不应认为是入户抢劫。”其中“入户抢劫”的实质内容成为解释的目的性指导观念，以至于必须根据抢劫时“户”所承担的实际功能来认定是否是“户”，其中所体现出的目的理性之追求是非常明显的。其次，法官在论证时还使用了体系解释的方法。在论述必须根据抢劫时“户”的实际功能认定是否是“入户抢劫”时，裁判理由同样明确指出：“有一些个体工商户的住所，既对外从事商业经营，又供家庭成员生活起居。如果在该场所的经营活动期间进入并实施抢劫，由于其当时主要表现为经营场所，而非居住场所，一般不应认定为入户抢劫。”然后利用类比和体系解释的思维方式，将其全面推广为一种一般性的规则，即是否是“户”应当视其实际功能而定。最后，法官还运用了语义解释的方法。对“户”的语义理解通常是指与外界隔离、供家庭生活所用的场所，而本案“由于被告人主观上没有对住户实施抢劫的犯罪故意，客观上也没有实施针对住户及财产抢劫的行为，被告人的这种入户，实际上是进入赌博场所，而非家庭生活场所”。

首先要肯定的是，本案法官在适用法律时，有意识运用各种方法追求结论的合理性，说明我国刑事审判中的说理制度已经有了长足进步。然而，裁判理由对目的解释、体系解释和语义解释方法的运用仍有可商榷之处，其结论也未必适切。“入户抢劫”的立法目的固然表明“户”不仅是一个场所概念，更是与住所内的公民人身及财产权利相联系的概念，但是否因此就应将“入户抢劫”局限于“户”内的人必须从事家庭生活，将其对象局限于“户”内的成员，不无疑虑。所谓“供家庭生活所用”只是界定“户”的一个要素，倘若某一场所在功能上是供家庭生活所用，其就具备了“户”的特征，至于户内的人员是否是家庭成员，是否时时刻刻所从事的都是家庭生活，并不在“入户抢劫”所考虑的范围之内。只要是经过户主同意而进入其户内的人，都可以成为“入户抢劫”的对象。即使户主在户内从事的是违法活动，如行贿受贿、卖淫嫖娼、聚众淫乱、赌博等，其住宅属于“户”的性质并不会改变，非法侵入而抢劫的，就仍然属于“入户抢劫”。

更实质的理由可能在于裁判理由对立法目的存在误解。立法者规定对

“入户抢劫”加重处罚并不是要特别保护“户内财产”，相较于其他财产而言，户内财产其实并无特殊之处，没有特别保护的必要。毋宁说入户抢劫是在普通抢劫的基础上了附加了对他人居住安宁权的侵犯，这一法益以及“入户抢劫”作为一种犯罪学上常见的现象，才使立法者决定要对“入户抢劫”加重其刑。既然如此，只要非法侵入住宅并抢劫户内人员，就满足了“入户抢劫”的要求。当户内人员从事的是违法活动时，其活动的违法性并不会抵消户主的居住安宁权，他人非法侵入的，如果没有相关的违法阻却事由，就仍然符合“入户”的前提，怀着抢劫的意图而“入户”并实施抢劫，当然成立“入户抢劫”。

裁判理由提及的体系解释和语义解释之理由同样欠缺说服力。个体工商户的住所在经营时段不是“户”，在非经营时段才是“户”，绝不意味着必须具体地判断抢劫时“户”的功能。之所以个体工商户的住所会被区别对待，是因为在社会一般观念上以及法规范上，其在经营时段其不具备“户”的特征，而不是具体考虑的结果。也就是说，在规定的经营时段内，其住所其实是一个公共场所，但是在经营时段外，则是“户”。那么，只要是在规定的经营时段内，其住所就肯定不是“户”，在非经营时段，其住所就总是“户”，而绝对不会在经营时段或非经营时段内还要具体考虑户主所从事的活动之属性。同样的道理，普通住宅就是“户”，并且总是“户”。无论何时以及无论户主在户内做什么，其住宅都是“户”，入内抢劫的，就都是“入户抢劫”。裁判理由运用类比和体系解释时没有看清个体工商户的住所区别对待的具体理由，将一种错误理解推而广之的后果，就是更严重的错误。其对“户”的语义理解也是建立在对立法理由与体系解释的错误认知之上，实际上，本案被告人虽然知道户主和其他人在户内赌博并意图抢劫，但其对自己进入的是他人之“户”同样也有认知，无论主观上还是客观上都符合“入户抢劫”的要件。

总之，关于“户”的判定，其实重在社会一般观念的抽象认知，而不是户内人员所从事的具体活动之属性。裁判理由根据抢劫时“户”所承载的具体功能决定是否为“入户抢劫”，有违本项规定的立法目的，是一种不当的类比，与日常所理解的“户”的语义不符，是有欠妥当的限缩解释。

二、在公共交通工具上抢劫

知识背景

所谓“公共交通工具”，必须具备所承载的旅客为不特定多数人的特点。根据最高人民法院《关于审理抢劫刑事案件适用法律若干问题的指导意见》的规定，“在公共交通工具上抢劫”主要是指在从事旅客运输的各种公共汽车，大、中型出租车，火车，地铁，轻轨，轮船，飞机等正在运营中的机动公共交通工具上，以暴力、胁迫或者麻醉等手段对旅客、司售、乘务人员实施的抢劫。在未运营中的大、中型公共交通工具上针对司售、乘务人员抢劫的，或者在小型出租车上抢劫的，不属于“在公共交通工具上抢劫”。对于虽不具有商业营运执照，但实际从事旅客运输的大、中型公共交通工具，可认定为“公共交通工具”。比如单位的通勤车虽然专供本单位人员乘坐，由于所承载的人数众多，所以也是公共交通工具。值得注意的是，行为人在飞行的航空器中进行抢劫的，可能危及飞行安全，不管是否发生严重后果，都构成抢劫罪和暴力危及飞行安全罪，由于行为人仅实施了一个行为，应按想象竞合论处。

本加重情节在立法上主要针对车匪路霸行为而设，通常是指劫匪拦截公共交通工具抢劫车内人员财物。但是，非车匪路霸行为也可以成立本项之罪，甚至公共交通工具的司乘人员在车上抢劫乘客财物的，也符合本项之要求。简言之，只要抢劫行为发生在公共交通工具上即应依在公共交通工具上抢劫的规定加重处罚。所谓“抢劫行为发生在公共交通工具上”，不需要行为人置身于公共交通工具之内，也不需要抢劫行为全部发生在公共交通工具之内，拦截车辆后在车外以暴力或胁迫方法要求车内人员交出财物的，亦属于此。抢劫对象数量的多寡以及抢劫行为的公开与否，均不影响本加重情节的成立。在转化型抢劫的场合，如果盗窃、诈骗、抢夺行为发生在公共交通工具上，并在车上实施暴力或者以暴力威胁的，属于在公共交通工具上抢劫，实施于车下的则不属于；如果盗窃、诈骗、抢夺行为发生在公共交通工具外，但在公共交通工具内对紧追不舍的被害人或群众施加暴力或者以暴力威胁的，鉴于其对公共安全的危害性，仍有成立本加重情节的余地。

三、抢劫银行或者其他金融机构

知识背景

所谓银行或者其他金融机构，是指中国人民银行和商业银行，以及除银行以外的其他依法参加金融活动、开展金融业务的机构，如信托投资公司、证券公司、融资租赁公司、财务公司、信用社和保险公司等，银行或其他金融机构的所有制性质在所不问，国有、民营、外资均可。最高人民法院《关于审理抢劫案件具体应用法律若干问题的解释》规定：“‘抢劫银行或者其他金融机构’，是指抢劫银行或者其他金融机构的经营资金、有价证券和客户的资金等。抢劫正在使用中的银行或者其他金融机构的运钞车的，视为‘抢劫银行或者其他金融机构’。”

据此，笔者认为，抢劫银行或者其他金融机构这项规定的立法目的应在于保护银行以及金融机构的资金安全，例如经营资金、有价证券或客户资金等，而并非指保护银行以及金融机构本身建筑或者其本身所有的非属银行资金的财产，例如办公用品。同样的道理，如果在银行门口或者银行大厅内抢劫客户刚取出或者正准备存入的资金的，因为已经不属于或者尚不属于银行资金，虽然发生在银行周边，却无危及银行的资金安全之虞，故而不能依抢劫银行或者其他金融机构的规定加重处罚。当然，抢劫银行或者其他金融机构的规定应具备的基本前提是，行为人对被抢劫对象是银行或其他金融机构的资金具有明知，尤其是在抢劫运钞车的场合，行为人不仅要知道自己抢的是运钞车，而且其抢劫的目的或者对象必须是车内的金融机构的经营资金、有价证券和客户资金，若以车内人员的财物或者运钞车辆本身为抢劫对象的，不能以抢劫银行或者其他金融机构论处。

四、多次抢劫或者抢劫数额巨大

知识背景

多次抢劫或者抢劫数额巨大规定实际是将同种数罪作为加重情节处理的典型。多次抢劫是指抢劫次数在三次或者三次以上。“多次抢劫”的适用，并不以每次抢劫行为已经既遂为前提，但应以行为人实施的每一次抢劫行为均已构成犯罪为前提，抢劫预备并不具备犯罪构成的完整要件，因此不可将多次抢劫预备的行为认定为多次抢劫；多次抢劫行为中至少有三次是在刑法规定的追诉时效期限以内。对于“多次”的认定，应综合考虑犯罪故意的产生，犯罪行为实施的时间、地点等因素，客观分析、认定。行为人基于一个犯意实施犯罪，如在同一地点同时对在场的多人实施抢劫的；或基于同一犯意在同一地点实施连续抢劫犯罪，如在同一地点连续地对途经此地的多人进行抢劫的；或在一次犯罪中对一栋居民楼房中的几户居民连续实施入户抢劫的，一般应认定为一次犯罪。

最高人民法院《关于审理抢劫刑事案件适用法律若干问题的指导意见》规定，所谓数额巨大应当认为是指从客观而言其既遂后的实际所得数额巨大，抢劫数额以实际抢劫到的财物数额为依据。根据最高人民法院《关于审理抢劫、抢夺刑事案件适用法律若干问题的意见》第 6 条第 1 款的规定，抢劫信用卡后使用、消费的，以行为人实际使用、消费的数额为抢劫数额。对于由于行为人意志以外的原因无法实际使用、消费的部分，虽不计入抢劫数额，但应作为量刑情节考虑。通过银行转账或者电子支付、手机银行转账等获取抢劫财物的，以行为人实际获取的财物为抢劫数额。但该司法解释认为，“对以数额巨大的财物为明确目标，由于意志以外的原因，未能抢到财物或实际抢得的财物数额不大的，应同时认定‘抢劫数额巨大’和犯罪未遂的情节，根据刑法有关规定，结合未遂犯的处理原则量刑。”笔者对此持保留意见。将那些明显以数额巨大甚至特别巨大的财物为抢劫目标但未遂的情况，也按本加重情节处理，实际是将抢劫的指向数额与加重犯罪构成要件中的所得数额相混淆，单纯的数额巨大的情节加重犯并无未遂可言。

具体计算数额时，根据最高人民法院《关于审理抢劫、抢夺刑事案件适用法律若干问题的意见》，抢劫信用卡后使用、消费的，其实际使用、消费的数额为抢劫数额；抢劫信用卡后未实际使用、消费的，不计数额，根据情节轻重量刑。所抢信用卡数额巨大，但未实际使用、消费或者实际使用、消费的数额未达到巨大标准的，不适用“抢劫数额巨大”的法定刑。为抢劫其他财物，劫取机动车辆当作犯罪工具或者逃跑工具使用的，被劫取机动车辆的价值计入抢劫数额；为实施抢劫以外的其他犯罪劫取机动车辆的，以抢劫罪和实施的其他犯罪实行数罪并罚。抢劫存折、机动车辆的数额计算，参照执行最高人民法院《关于审理盗窃案件具体应用法律若干问题的解释》① 的相关规定。

五、抢劫致人重伤、死亡

知识背景

抢劫致人重伤、死亡，是指犯抢劫罪而致人重伤或者死亡的情形。抢劫，尤其是使用暴力手段抢劫致人受伤或者死亡是在刑事审判实践中经常发生的事实，将之作为加重结果之一种，其立法意旨在于，特别地保护抢劫犯罪中相关被害人的生命、身体安全。抢劫致人重伤、死亡可以有两种情况：一是作为抢劫罪的结果加重犯的致人重伤、死亡。此时，行为人对死伤结果的出现没有故意。二是作为故意犯的抢劫伤人与抢劫杀人。

抢劫致人重伤、死亡加重规定的行为对象是人。首先，这里的“人”并不限于抢劫行为本身的被害人，只要是在抢劫的时机，由抢劫犯的行为引起了死伤结果的发生，不论死伤者是不是抢劫的被害人，都应以抢劫致人重伤、死亡论处。例如，为了避免逮捕，致警察死伤的；抢劫犯在开枪射杀被害人时，击中了没有预料到的第三者的，都成立本项之罪。其次，致人重伤、死亡的对象应该是抢劫犯本人及共犯人之外的他人。如果是抢劫犯本人或者其同伙在抢劫过程中受到伤害或者死亡，例如，抢劫犯实施暴力时因用力过猛，造成本人骨折或者误伤了同伙的，不在本规定的保护范围之内，不构成抢劫致人重伤、死亡。

---

① 该解释现已失效。现为：最高人民法院、最高人民检察院《关于办理盗窃刑事案件适用法律若干问题的解释》。

抢劫致人重伤、死亡加重规定的行为是抢劫致人重伤、死亡。抢劫罪的暴力、胁迫甚至强取财物的行为都可能导致他人重伤、死亡的结果，无论是致人重伤，还是致人死亡，都构成本项之罪。抢劫致人重伤、死亡规定当然包括作为结果加重犯产生了重伤、死亡结果的情形。但是，其中是否还包括抢劫行为人故意地重伤、杀害他人的情形，学理上并非没有思考的余地。不过，既然一般认为杀人可以是抢劫的手段，抢劫致人重伤、死亡规定包括故意重伤、杀害他人才是一致的结论。重伤、死亡之结果通常是在作为手段的暴力实施时产生，但胁迫实施之时也可能产生伤亡结果。实施目的行为时致人重伤死亡，例如取财时用力过猛导致被害人跌倒摔成重伤的，也属于抢劫致人重伤。但是不能认为只要在抢劫的过程中发生了重伤、死亡后果，就都成立本项之罪。例如，抢劫行为人出于与被害人平素的私怨，利用抢劫的机会杀害了被害人；或者抢劫犯的同伙，在抢劫的机会进行争斗，致同伙死伤，如果连这些情形也用抢劫致人重伤、死亡规定来处断，是不合适的。因此，仅是在抢劫的过程中致人重伤、死亡还不够，还至少必须是与指向被害人的抢劫行为在性质上具有密切的关联性的行为，对由这种行为产生的重伤、死亡结果，才应该适用抢劫致人重伤、死亡规定。

成立本项，行为人首先必须具有针对财物的抢劫的故意，至于对伤亡结果主观上应持何种意思，在两种类型的抢劫致人重伤、死亡中有不同要求。在作为结果加重犯的致人重伤、死亡的场合，不需要存在对死伤结果的认识，有过失或者至少有预见可能性即可。例如，行为人胁迫被害人时，被害人逃跑途中摔成重伤，或者行为人抢劫之时，被害人后退不小心从台阶上摔成重伤，如果行为人根本不可能预见到后果，则不能对行为人以本项处理。在作为故意犯的抢劫致人重伤、死亡之场合，行为人必须认识并认识到是自己的行为使被害人受伤或者死亡，也就是说，此种情况下，仅就伤亡结果而言，本罪的故意等同于故意伤害罪以及故意杀人罪的故意。

案例评价

[案例 13-11] 王某全抢劫案①

1. 基本案情

郑州市中级人民法院经公开审理后查明：2005 年 3 月 19 日 17 时许，被告人王某全以找保姆为名，将被害人张某萍骗至郑州市管城区南曹乡七里河村东航海路与机场高速桥东南角的公共绿地处，王某全将随身携带的三唑仑

① 最高人民法院刑事审判第一、二、三、四、五庭．刑事审判参考：总第 60 集．北京：法律出版社，2008：35.

片放入娃哈哈 AD 钙奶中，骗张某萍饮用，趁张服药神志不清之机，抢走张 200 余元现金。在强行摘取被害人耳环时，遭张某萍反抗，王某全对其面、胸、腹部进行殴打，并用双手掐其脖子，抢走黄金耳环一对。次日上午 10 时许，张某萍的尸体在该绿地东南边的水沟里被发现。经法医鉴定，张某萍系被他人扼颈后溺水致窒息而死亡。

另查明，2004 年 5 月至 2005 年 6 月期间，被告人王某全单独或伙同肖某良，采取暴力或者诱骗被害人饮用放有镇静剂“三唑仑”的饮料而致其神志不清的手段，分别抢劫 7 名被害人的现金、黄金首饰、手机等财物。

2. 涉案问题

如何认定抢劫致人死亡？

3. 裁判理由及结论

郑州市中级人民法院认为，被告人王某全以非法占有为目的，单独或伙同同案人利用麻醉药物致使他人丧失反抗能力，多次强行劫取他人财物，其行为构成抢劫罪，抢劫数额巨大，且致一人死亡，遂判处被告人王某全死刑，剥夺政治权利终身，并处没收个人全部财产。

本案审理过程中，对于能否认定被告人王某全抢劫致被害人张某萍死亡，存在两种不同意见：第一种意见认为，不能认定王某全抢劫致人死亡。被害人的死亡结果必须是抢劫行为直接造成的，才能认定为抢劫致人死亡。本案中，王某全诱骗张饮用放有镇静剂的饮料，对其进行殴打以及掐其脖子等行为，只是导致其神志不清、昏睡，所致张某萍身体上的伤也都不是致命伤，与张某萍溺水死亡之间，没有直接的、刑法意义上的因果关系。第二种意见认为，可以认定王某全抢劫致人死亡。只要被害人的死亡与抢劫行为具有紧密、不中断的因果联系即可认定为抢劫致人死亡。本案中，被害人张某萍究竟是在什么情况下溺水死亡虽然不很清楚，但是从整个案件的情况看，不管是王某全直接将张某萍抛进水沟，还是张某萍自己跌入水沟，张某萍溺水死亡与王国全使用麻醉方法实施抢劫的行为有不中断的因果联系。

“裁判理由”同意第二种意见，根据案情可以认定被告人具有抢劫致人死亡的情节。

（1）正确界定抢劫行为与被害人死亡结果之间的关系是认定抢劫致人死亡的关键。

抢劫致人死亡中的“致”，是招致、引起的含义，没有局限于直接造成。按此解释，在抢劫中杀害被害人或者过失致人死亡，抢劫行为与结果之间具有直接、必然的因果关系，毫无疑问应当认定抢劫致人死亡。在抢劫过程中，虽然抢劫行为并非直接导致被害人死亡，被害人死亡由多种因素造成，但抢劫行为是引起被害人死亡的主要原因，或者抢劫行为与死亡结果仅仅存在偶然因果关系，只要因果关系没有中断，仍然可以认定为抢劫致人死亡。反之，如果抢劫行为发生之后，由于其他因素的介入导致被害人死亡，即抢劫行为与死亡结果之间的因果关系中断，则不应认定抢劫致人死亡。也就是说，抢劫致人死亡只要求抢劫行为与死亡结果具有紧密联系即可，即使介入第三方的行为，只要其不足以改变抢劫行为系造成被害人死亡最主要因素的认定，就属于抢劫致人死亡。

据此，在司法实践中，抢劫致人死亡主要有三种情形：一是使用暴力追求或放任被害人死亡结果的发生；二是在使用暴力抢劫过程中过失致人死亡；三是抢劫时置被害人于危险状态而不予救助，放任其死亡结果的发生。而这三种情况无一例外地表明，被害人死亡结果与抢劫行为之间都是具有“合乎规律地引起与被引起的联系”的。第一、二种属于直接的因果关系，即被害人的死亡完全是由于抢劫罪犯的抢劫行为直接引起的，而第三种则属于间接因果联系。之所以将间接因果关系下引起的被害人死亡结果也归于抢劫致人死亡，是由于抢劫致人死亡中，刑法价值评价更注重的是死亡结果，而不仅仅是死亡原因。刑法条文的表述中并没有将抢劫行为规定为被害人死亡的原因，只能说明死亡结果与抢劫行为具有一定的关系。为了不放纵犯罪，又不至于扩大处罚面，实践中对认定抢劫致人死亡也予以了必要的限制，即被害人死亡结果系抢劫过程中当场发生，或在行为人的抢劫实行行为影响下发生的，如抢劫过程中被害人试图逃离现场时不慎跌入山涧或遭遇车祸丧生的情形等。在此种情形下，行为人的抢劫行为在逻辑上可以归为被害人死亡的必要条件，也可以认定为抢劫致人死亡。

(2) 正确界定抢劫中行为人对被害人死亡结果的罪过范围，是认定抢劫致人死亡的重要因素。

抢劫致人死亡中，行为人对被害人死亡的结果不一定均持积极的追求态度。抢劫犯罪属于财产犯罪，行为人的最终目的是获取他人财物，对被害人人身权利的侵犯主要是为了使财物所有权人、保管者等不敢反抗、丧失反抗或者不能反抗，从而实现获取财物的目的。抢劫犯罪虽然是直接故意犯罪，但是直接故意的对象是财物和被害人的人身权利，对被害人的死亡结果则不一定持积极追求的态度。抢劫致人死亡的主观心态不但包括故意而且包括过失。因此，只要有被害人死亡的后果出现，不论行为人主观上是故意还是过失，均可以认定抢劫致人死亡。根据 2001 年 5 月 23 日最高人民法院《关于抢劫过程中故意杀人案件如何定罪问题的批复》，行为人为劫取财物而预谋故意杀人，或者在劫取财物过程中，为制服被害人反抗而故意杀人的，以抢劫一罪认定，适用“抢劫致人死亡”的法定条款。对于抢劫行为过失致使被害人死亡的，由于抢劫的手段行为系造成被害人死亡的原因，客观上又实现了获取财物的目的，根据罪刑法定原则，此种行为的人可以为“抢劫致人死亡”的评价所包容，应当依法予以适用。

综上，就本案而言，如果确系被告人王某全在实施抢劫过程中将被害人推入水中，致被害人溺水身亡，根据有关司法解释，当然可以认定王某全抢劫致人死亡。但根据现有证据，无法排除被害人自行跌入水中的可能，此时是否可以认定王某全的抢劫行为与被害人的死亡结果之间存在因果关系呢？答案是肯定的。在案证据显示被害人的死亡时间与被告人作案时间相距很短，被害人尸体内仍检出三唑仑成分，可以判断被害人的死亡时间仍在麻醉药的药效时间内，此时无论发生何种情形，行为人将含有三唑仑的饮料骗被害人张某萍饮用，使其神志不清，是最终导致其溺水死亡的最主要原因。显然，王某全的抢劫行为与被害人张某萍的死亡结果之间存在不中断的因果关系，被告人王某全为抢劫而麻醉被害人，致使被害人神志不清，失去自控、自救能力；抢劫后，王某全又将失去意识的被害人独自留在开放的空间，这一行为具有产生危害结果的危险性，可能导致加重结果的发生，如被害人因神志不清而跌入水中等。对被害人可能发生的这种危险性，被告人王某全应当是明知的，其无论是故意或过失均应对被害人死亡结果承担刑事责任。综上，本案符合抢劫致人死亡的构成要件，被告人应当为被害人的死亡结果承担刑事责任。被告人王某全同时还具有多次抢劫、抢劫数额巨大这两个法定加重情节，依法对其适用死刑是适当的。

4. 评析意见

本案的重要意义在于，其“裁判理由”集中阐述了司法实务对结果加重犯的基本立场，因此值得关注。由于裁判理由是从客观因果关系与主观罪过两方面分别展开论述的，以下也依序加以分析。

首先，就客观因果关系而言，“裁判理由”相当程度上接受了我国传统刑法理论关于因果关系的理解。例如，认为因果关系是“合乎规律地引起与被引起的联系”，主张所谓偶然与必然、直接与间接的因果关系，认为其他因素的介入可以中断既存的因果关系等。另外，“裁判理由”也部分采纳了学界关于因果关系的新研究成果。例如，认为“抢劫致人死亡只要求抢劫行为与死亡结果具有紧密联系即可，即使介入第三方的行为，只要不足以改变抢劫行为系造成被害人死亡最主要因素的认定，就属于抢劫致人死亡”，其中明显承认了在“多因一果”的场合，要区分出哪个或哪些是“最主要因素”，而所谓“最主要”的判断，与相当因果关系理论的立场已经较为接近；在判断介入因素是否足以中断既存的因果关系时，要看原“行为（是否）具有产生危害结果的危险性”，这甚至与客观归责理论的旨趣相吻合。所以，整体而言，裁判理由关于因果关系的评析其实处于一种断裂的状态，就像一位猎人一样游离于不同的理论流派之间，希望找到可以为己所用的碎片。

“裁判理由”的做法本来无可厚非，实用主义一直是司法实践的政策取向。但是，如果不对不同理论流派的基本立场有清楚认知，不深切体认到不同理论流派的内在冲突，一厢情愿地企图综合各种理论的精华是不可能的。例如，我国传统刑法理论认为原则上只有必然的因果关系才是刑法上的因果关系，介入了其他因素的偶然因果关系则不是。准此以论，就应该认为介入因素原则上即中断了既存的因果关系，而不是还要考虑所谓的“最主要”与否。如果支持相当因果关系理论，必然还是偶然就不应是重要的考量方向。如果持客观归责理论的立场，就不能认为因果关系还有“中断”一说，即就客观的因果关系而言，要么有要么没有，不可能有了之后又被“中断”；而应将阻却归责的视角从因果关系转移至规范评价。在此意义上，可以说“裁判理由”完全没有自己的立场。

但没有立场不等于没有观点，裁判理由关于何谓抢劫“致”人死亡的观点，其实是比较明晰的。抢劫行为直接导致死亡结果当然是抢劫致人死亡；抢劫行为没有直接导致死亡，但对死亡结果的发生起了主要作用的，也是抢劫致人死亡。至于何为主要作用，“裁判理由”没有明说，但综合评析部分的以下表述暴露了其真实意图：“在案证据显示被害人的死亡时间与被告人作案时间相距很短，被害人尸体内仍检出三唑仑成分，可以判断被害人的死亡时间仍在麻醉药的药效时间内，此时无论发生何种情形，行为人将含有三唑仑的饮料骗被害人张某萍饮用，使其神志不清，是最终导致其溺水死亡的最主要原因。”将该表述说得更直接一点就是，只要抢劫行为及其后续影响（例如本案中的被害人在溺水身亡时麻醉药还在发挥作用）对死亡结果发生了作用，就是抢劫“致”人死亡。果真如此，抢劫致人死亡将变得无边无际，无论直接或间接、必然或偶然地在抢劫甚至抢劫后的场合出现被害人死亡的后果，由于抢劫行为或多或少都与死亡结果有联系，行为人就都在客观上属于抢劫致人死亡。“裁判理由”自己也意识到可能导致处罚面过大的问题，因此希望以“当场发生”或者“在实行行为的影响下发生”等限制其范围，但是“当场发生”是矫枉过正，即使抢劫时受伤而在医院死亡的，当然也是抢劫致人死亡；“在实行行为的影响下发生”则是无意义的循环论证，一方面认为抢劫行为对死亡结果发生了影响的就是抢劫致人死亡，另一方面又认为只有在实行行为的影响下发生死亡结果才是抢劫致人死亡，完全看不出后者对前者的限制作用体现在何处。裁判理由费尽心思地论证的结论因此是一种最宽泛的观点：只要抢劫行为对死亡结果发生了作用，就是抢劫致人死亡。

其次，关于抢劫致人死亡的主观方面，“裁判理由”明确指出应当是出于故意或过失，这是值得赞同的。结果加重犯的基本类型是故意的基本犯再加上对加重结果的过失，鉴于抢劫罪的加重幅度里含有死刑，通说以及司法解释都认为，本罪的结果加重犯可以对加重结果出于故意。问题是，“裁判理由”并未明确说明，结果加重犯之成立是否必须至少具有过失，无过失的，究竟是否也可以成立结果加重犯。从其言下之意来看，似乎对此持肯定的立场，倘如此，将有力地限制结果加重犯的范围。遗憾的是，从其综合评析部分的解释来看，其对过失的认定太过宽泛，以至于可能实际上将部分无过失也纳入了结果加重犯的范围。本案中并不能证明被害人是被行为人抛入水沟中还是自行摔落其中，还有可能的是另有其人将被害人抛入水沟中。以第二种情形为例，要结合案件的具体情况加以分析，例如被害人麻醉的程度、水沟所在的位置等来判断行为人是否应当预见到被害人会因为麻醉而摔落水沟中淹死。“裁判理由”未加审酌，直接就得出结论说“对被害人可能发生的这种危险性，被告人王某全应当是明知的”，似有不妥。过失犯虽然不要求应当预见到具体结果发生的具体流程，但至少应当预见到具体结果的发生，本案被告人是否应当预见到被害人会因此而死亡，其实不无争议。法官在审理过程中未就事实做清楚查证，也置“存疑时有利于被告人”的基本原则于不顾，遽然得出被告人至少有过失的结论，值得商榷。

“裁判理由”关于主观方面的阐释另一可商榷之处是，其认为“对被害人可能发生的这种危险性，被告人王某全应当是明知的”，此处究竟意指直接故意还是间接故意？是过于自信还是疏忽大意的过失？这里涉及对“应当”一语的理解。刑法典以及相关刑法司法解释中经常使用“知道或者应当知道”之表述，并将其一律以故意论处。单从字面而言，“应当知道”或者“应当明知”，似乎与“行为人应当预见到自己行为的危害后果”之疏忽大意具有可比性，但是这里的“应当”不是指行为人不知道而应当知道，而是指根据案件事实推论行为人主观上是知道自己的行为会发生危害结果的。所以，“应当知道”或者“应当明知”不是对行为人行为时主观心态的还原，而是事后的一种推论，其基本前提是行为人知道而不是不知道自己的行为可能发生危害结果。那么，在知道的前提下，究竟是过于自信还是故意呢？笔者认为，“应当知道”或者“应当明知”不仅意指推论行为人“知道”或“明知”，而且是指推论其相当程度上知道或明知，不是过于自信意义上的单纯“预见”；刑法典以及刑法司法解释将“应当知道”作为故意的推论方法因此是可以站住脚的。然而，如此一来“裁判理由”的表述就很难站住脚了，其一方面认为“对被害人可能发生的这种危险性，被告人王某全应当是明知的”，另一方面又说被告人“无论故意或过失均应对被害人死亡结果承担刑事责任”，显然自相矛盾。而且，推论被告人有致被害人于死的故意，从案情来看应该说是很难成立的，裁判理由对被告人主观心态的阐释因而存有瑕疵。

六、冒充军警人员抢劫

知识背景

冒充军警人员抢劫，是指以自己并不具备的军警人员的身份进行抢劫的行为。根据《关于审理抢劫刑事案件适用法律若干问题的指导意见》的规定可知，认定“冒充军警人员抢劫”时需要把握以下三点①：

第一，应具有一定的表现形式。例如，主动亮明军警人员身份、出示军警证件、身着军警制式服装、携带警械、驾驶军警车辆等。但并非具有上述表现形式就予以认定，还需根据实际情况考察行为人的主观方面，如并非出于抢劫目的，则不予认定，否则是客观归罪。

第二，应达到使一般人能够相信其身份的程度。与一般抢劫相比，冒充军警人员抢劫损害了军人、警察的形象。如仅用口头方式冒充军警，“演技”拙劣、破绽百出，按照普通人的辨识能力可以识破，未能使一般人轻易相信，则其既没有构成一定的威胁，也没有损害军人、警察的形象，其社会危害性与一般抢劫无异，就不宜认定，可作为酌定从重情节。

第三，不可简单地依据结果来认定。冒充行为存在被害人相信与不相信两种结果，虽然被害人是否相信对冒充行为的认定具有一定影响，但并非只要被害人识破了假军警身份，就一概不予认定。《关于审理抢劫刑事案件适用法律若干问题的指导意见》对此使用的是“常人判断标准”而非“被害人判断标准”，即假如伎俩高超，足以使一般人信以为真，但恰巧被具有军警专业知识的被害人轻易识破，则虽然冒充失败，但不可因此而不予认定，仍应认定为“冒充军警人员抢劫”。

行为人冒充军警人员，通常是为了压制被害人反抗，但是，即使军警人员的身份实际上没有压制被害人反抗，而是另行施加的暴力、胁迫等压制了被害人反抗的，也属于冒充军警人员抢劫。军警人员利用自身的真实身份实施抢劫的，不认定为“冒充军警人员抢劫”，应依法从重处罚。进言之，军人冒充警察或者警察冒充军人的，以及此种军人冒充彼种军人或者此种警察冒充彼种警察的；或者冒充根本不存在的军警人员，但若能评价为让一般人都信以为真的，也属于冒充军警人员抢劫。但是同种类的此军人冒充彼军人或者此警察冒充彼警察的，例如，甲区的警察在乙区冒充乙区的警察的，不宜论以本项之罪。

① 罗开卷．侵犯财产罪实务精解．北京：法律出版社，2023：41-42.

案例评价

［案例 13－12］王某国、肖某美抢劫案①

1. 基本案情

被告人王某国于 2008 年 11 月 19 日因犯盗窃罪被判处有期徒刑 8 个月，2009 年 11 月 18 日因犯抢劫罪被判处有期徒刑 3 年 6 个月，2013 年 9 月 27 日因涉嫌犯抢劫罪被逮捕。被告人肖某美于 2013 年 9 月 27 日因涉嫌犯抢劫罪被逮捕。

河北省容城县人民检察院以被告人王某国、肖某美犯抢劫罪，向容城县人民法院提起公诉。

容城县人民法院经审理查明：2013 年 8 月 24 日 22 时许，被告人肖某美与被告人王某国在容城县新容花园广场旁边的树林里，假称是派出所的，着便装以抓嫖娼的名义向被害人赵某某索要钱款，否则将其送往派出所。在此期间，二被告人使用掐脖子、揪头发、拽胳膊等暴力手段，最终抢走赵某某现金 230 元和白色耳麦一副。经估价白色耳麦价值 40 元，所得赃款均已被挥霍，白色耳麦被扔在路边。2013 年 8 月 28 日，被害人赵某某在新容花园西门北侧找到王某国和肖某美，便追赶二被告人，并向公安机关报警，被告人王某国被当场抓获，被告人肖某美逃跑后于 2013 年 9 月 19 日在其家中被高碑店市公安局抓获归案。

容城县人民法院认为：被告人王某国、肖某美以非法占有为目的，冒充正在执行公务的人民警察，通过暴力、威胁手段强行抢走公民财物，其行为构成抢劫罪，且应依法从重处罚。被告人王某国与肖某美系共同犯罪，在犯罪过程中，二人分工合作，相互配合，积极实施了犯罪行为，均为主犯。被告人王某国因犯罪被判处有期徒刑，刑罚执行完毕以后在 5 年以内再犯应当判处有期徒刑以上刑罚之罪，系累犯，应当从重处罚。两被告人当庭自愿认罪，酌情从轻处罚。遂依照《刑法》第 263 条第 1 款第 6 项、第 25 条第 1 款、第 26 条、第 65 条第 1 款、第 52 条之规定，以抢劫罪分别判处被告人王某国有期徒刑 11 年，并处罚金人民币 5 000 元；判处被告人肖某美有期徒刑 10 年，并处罚金人民币 5 000 元。

被告人肖某美上诉提出：其与王某国事先没有预谋，实施抢劫时只是口头宣称是警察，没有任何警察身份的标志，原判定性错误。

河北省保定市中级人民法院经审理查明的事实与一审判决基本一致。

---

① 最高人民法院刑事审判第一、二、三、四、五庭．刑事审判参考：总第 109 集．北京：法律出版社，2017：22.

2. 涉案问题

如何认定抢劫罪加重处罚情节之一的“冒充军警人员抢劫”？“冒充”是否要求达到使人信以为真的程度？

3. 裁判理由及结论

河北省保定市中级人民法院认为，原审二被告人只是口头称其是派出所的警察，被害人对原审二被告人身份产生怀疑并多次守候在案发地点，最终抓获原审二被告人，这说明被害人并未相信原审二被告人是警察，如果认为原审二被告人属“冒充军警人员抢劫”的情形并施以刑罚，明显罪责刑不相适应，故对上诉人肖某美的该上诉理由予以采纳。遂判决：（1）撤销河北省容城县人民法院（2014）容刑初字第34号刑事判决；（2）上诉人（原审被告人）肖某美犯抢劫罪，判处有期徒刑6年，并处罚金人民币5 000元；（3）原审被告人王某国犯抢劫罪，判处有期徒刑7年，并处罚金人民币5 000元。

4. 评析意见

前述案例中，应当认为，被告人在未穿制服的情况下，结合在案证据来看，也并未使一般人足以认为他们是警察，因此不应认定属于“冒充军警人员抢劫”。对真正的军警人员抢劫的，是否构成“冒充军警人员抢劫”这一问题，学界有过争议，因为之前尚无明确真军警假冒应如何处罚的规定。为解决这一失衡问题，张明楷教授提供了一种非常有建设意义的思路：“刑法也有条文使用了‘假冒’一词，故或许可以认为，冒充不等于假冒。换言之，‘冒充’包括假冒与充当，其实质是使被害人得知行为人为军警人员，故军警人员显示其身份抢劫的，应认定为冒充军警人员抢劫。”[①] 但是该观点没有得到普遍接受，陈兴良教授认为，这里涉及文义可能性的范围问题，汉语中的冒充就是以假充真，真军警人员抢劫显然不能解释在“冒充军警人员抢劫”里。[②] 刘明祥教授认为，“即便是认为真正的军警人员抢劫有必要作为抢劫罪的加重犯予以规定，那也只能通过今后立法予以增补，而不能随意作不符合立法原意的扩大解释，否则，就违反了罪刑法定原则”[③]。笔者支持后者的立场，语义解释应当是所有解释方法的起点，也是所有解释方法的终点，是罪刑法定明确性要求的直接体现，不应当被突破。需要注意的是，司法解释认为对真军警假冒的行为应依法从重处罚，而非加重处罚。如此规定，一方面是基于罪刑法定原则，另一方面是基于此种情况鲜有发生，即使发生通过依法从重处罚即可达到处罚效果。

---

① 张明楷．刑法分则的解释原理：上．北京：中国人民大学出版社，2011：67. 张明楷．刑法学：下．6版．北京：法律出版社，2021：994.

② 陈兴良．形式解释论的再宣示．中国法学，2010（6）.

③ 刘明祥．论抢劫罪的加重犯．法律科学（西北政法大学学报）. 2003（1）.

七、持枪抢劫

知识背景

根据最高人民法院《关于审理抢劫案件具体应用法律若干问题的解释》，持枪抢劫是指行为人使用枪支或者向被害人显示持有、佩带的枪支进行抢劫的行为。枪支的概念和范围，适用《枪支管理法》的规定，即以火药或者压缩气体等为动力，利用管状器具发射金属弹丸或者其他物质，足以致人伤亡或者丧失知觉的各种枪支。同时，此处的持有行为除客观的携带之外，还需要有因主观上希望以此对被害人进行精神强制而将枪支出示或者表明持有枪支的行为，即只要表明持有即可，无须现实地拿在手上。但是，如果虽携带枪支但并未出示也并未声明，且主观上并不具备使用枪支进行胁迫或实施暴力行为意图的，或者实际没有枪支但假冒持有枪支的，均不构成本项情节加重犯。

没有枪支而谎称有枪支的，不成立本项之罪。关于对持假枪抢劫是否能按照本项规定处理，存在肯定和否定两种意见。肯定者的理由是，持枪抢劫法定刑升格的根据，不是枪支的客观危险性，而是枪支的暴力形象使被害人的恐惧程度升级（枪的形式危险性与人的主观危险感）。在持枪但并未开枪的场合，就行为人的主观恶性程度与对被害人的胁迫力而言，真枪或假枪并无区别；站在一般人的角度判断，只要所持之枪足以令人产生真枪印象，即可认定为持枪抢劫，而不必非得在客观上具有危险性。否定者认为，立法将持枪作为一个客观标准来衡量，主要考虑的应当是此种行为所蕴含的造成进一步严重后果的危险，并非以该行为给被害人所造成的因人而异的主观上的心理恐惧为标准。而假枪显然并不具备此种危险，因而不应被包括在内。

案例评价

[案例 13－13] 粟某才等抢劫、非法持有枪支上诉案①

1. 基本案情

上海市第二中级人民法院经公开审理后查明：被告人粟某才与吕某成等三人共谋实施抢劫，由粟某才准备轿车一辆，并经被告人吕某成联系取得非军用手枪 1 支及子弹 3 发（1 发被试射打掉）。四人携带上述手枪、子弹、撬棒等工具伺机作案未果，又共谋抢劫某地金店。经事先分工，由被告人莫某民望风，另三人持备好的菜刀、封箱带等作案工具进入某金店内，持菜刀威

① 最高人民法院刑事审判第一、二、三、四、五庭．刑事审判参考：总第 55 集．北京：法律出版社，2007：33.

胁值班人员，又将其捆绑后，撬开柜台，劫得内部 3 个保险柜，并从中取出现金 1.1 万余元及价值 91 万元的黄金饰品 1 043 件。4 人在上述作案中未使用已备好的手枪，后又采用隐秘方式将所劫黄金饰品及上述手枪及子弹等托运回其所在地。经鉴定，涉案非军用手枪系以火药发射为动力，枪上有射击残留物。被告人粟某才被采取强制措施后，交代了入户抢劫的犯罪事实。

2. 涉案问题

对持枪抢劫行为该如何界定？

3. 裁判理由及结论

法院认为，持枪抢劫是指行为人在实施抢劫的过程中，手中持有枪支或者向被害人显示所佩带的枪支。行为人虽然随身携带有枪支，但未持在手中，也未向被害人显示的，不属于持枪抢劫。四位被告人经共谋，以非法占有为目的，使用暴力手段劫取数额巨大的财物，依据刑法相关规定，其行为均构成抢劫罪。被告人粟某才及吕某成虽为实施抢劫犯罪而准备以火药发射为动力的非军用手枪，但因其在抢劫犯罪过程中并未使用上述手枪，故其行为不构成持枪抢劫，应认定二人系违反国家枪支管理规定，非法持有以火药为动力发射的非军用枪支一支，其行为构成非法持有枪支罪。综上，被告人粟某才及吕某成的行为构成抢劫罪和非法持有枪支罪且应数罪并罚，另二被告人的行为构成抢劫罪。被告人粟某才主动交代的其入户抢劫的犯罪事实属于同种余罪情节，该情节只是酌定从轻情节，由于所犯罪行极其严重，不足以据此对其从轻处罚。

4. 评析意见

本案中，携带枪支仅有粟某才、吕某成两人知情，对另两位上诉人而言属于共同犯罪过限，法院判处另两位上诉人不构成非法持有枪支罪，是正确的。粟某才与吕某成虽然携带了枪支，但是在抢劫过程中并未使用，不符合持枪抢劫的要件。要成立持枪抢劫，仅仅携带是不够的，行为人必须将枪支作为压制他人反抗的工具加以利用，才属于持枪抢劫。否则，只能论以基本幅度的抢劫罪。法院认定粟某才、吕某成二人的行为构成抢劫罪和非法持有枪支罪，也是合理的结论。但是，“裁判理由”认为，“持枪抢劫是指行为人在实施抢劫的过程中，手中持有枪支或者向被害人显示所佩带的枪支。行为人虽然随身携带有枪支，但未持在手中，也未向被害人显示的，不属于持枪抢劫”，未必合理。最高人民法院《关于审理抢劫案件具体应用法律若干问题的解释》也持与本案“裁判理由”同样的立场。笔者认为，认定持枪抢劫不必要求将枪支“持”在手中或向被害人显示，只要让被害人知道自己有枪支，并将枪支作为压制他人反抗的手段即可。例如，携带枪支后告诉被害人自己有枪支却并未拿在手中的，也属于持枪抢劫。“裁判理由”之所以强调必须将枪支持在手中，可能与这样才有更现实的危险有关。但是持枪抢劫并不需要有开枪的具体危险，有抽象危险即可。放在口袋中的枪支同样有抽象危险，只要是作为压制被害人反抗的手段，就同样属于持枪抢劫。

八、抢劫军用物资或者抢险、救灾、救济物资

知识背景

本情节系根据所抢财物的特殊属性而加重其刑的一种规定，其实质理由在于，抢劫军用物资会直接影响部队的供给和战斗力，抢劫抢险、救灾、救济物资则会对相关抢险、救灾、救济活动造成干扰，两者都有造成更大危害的典型性危险。因此，如果所抢的军用物资或者抢险、救灾、救济物资并未体现出该典型危险性的，不得适用加重处罚的幅度，而只能在基本幅度内量刑。例如，抢劫部队的无特殊用途的日常办公用品或者在营区抢劫士兵个人钱财的，以及抢劫尚未投入使用的抢险、救灾、救济物资的，都不得适用本项规定。所谓物资，顾名思义，其包含了物品和资金，因此抢劫军用资金或者抢险、救灾、救济资金的，同样构成抢劫军用物资或者抢险、救灾、救济物资。

《刑法》第438条规定的盗窃、抢夺武器装备、军用物资中，将武器装备与军用物资予以并列，即似乎抢劫武器装备不属于抢劫军用物资。另外，《刑法》第127条第2款规定有抢劫枪支、弹药、爆炸物、危险物质罪，如果抢劫武器装备中的枪支、弹药、爆炸物、危险物质的，自然可以论以该罪。但是，武器装备是实施和保障军事行动的武器、武器系统和军事技术器材的统称，并不限于枪支、弹药、爆炸物和危险物质，抢劫枪支等之外的其他武器装备的，如果不能论以本项，显然并不合理。笔者认为，枪支、弹药、爆炸物、危险物质之外的武器装备毫无疑问也是军用物资，加以抢劫的，应论以本项的加重抢劫罪。也就是说，本条中的“军用物资”一语在含义上要广于《刑法》第438条中的“军用物资”。

行为人在抢劫时必须认识到自己所抢的是军用物资或者抢险、救灾、救济物资，欠缺对所抢财物特殊属性的认识时，阻却本项的故意。抢劫之后才发现是军用物资或者抢险、救灾、救济物资的，同样不能论以本项之罪。有观点认为，本项故意以明知为要求，这里的明知，包括知道或者应当知道。但是，应当知道其实更接近于过失，该论者想表达的是，这里的故意是指明知所抢的是或者可能是军用物资或者抢险、救灾、救济物资。如果行为人发生了错误认识，依错误论处理即可。例如：想抢军队物资却误抢了武警部队物资的，是具体的事实认识错误；想抢普通财物却抢了抢险、救灾、救济物资的，是抽象的事实认识错误。如果行为人在军用物资与抢险、救灾、救济物资之间产生了错误认识，因为属于同一个加重构成要件，也是具体的事实认识错误，不影响本项故意之成立。

第十四章　盗窃罪

第一节　盗窃罪的保护法益

知识背景

我国传统见解对财产犯罪的保护法益（客体）采取所有权说。[①] 所有权说的根据在于《刑法》第 91 条和第 92 条关于公私财产的规定，由于这两个条文中均使用了“所有”这一概念，于是所有权说将其直接等同于物权法意义上的“所有权”，然后顺理成章地按照物权法上关于所有权的概念来界定刑法上的财产所有权。由于受到日本刑法理论的影响，我国学者在批判传统的所有权说的基础上引入了本权说、占有说和各种中间说。本权说认为，财产犯罪的保护法益是所有权及其他本权（包括质权、留置权、租赁权等）（纯粹本权说）。[②] 占有说则主张，财产犯罪的保护法益是占有制度，即为了保护财产所有权，首先必须保护对财产的占有本身，认为从稳定现实的占有关系的角度来说，无论基于善意的无本权占有，还是基于恶意的无本权占有，都应毫无例外地予以保护（纯粹占有说）。[③]

除此以外，在本权说与占有说之间形成了各种中间说。例如，有学者认为，财产犯罪的保护法益首先是财产所有权及其他本权，其次是需要通过法定程序恢复应有状态的占有。但在相对于本权者的情况下，如果这种占有没有与本权者相对抗的合理理由，对本权者恢复权利的行为而言，则其不是财产犯的法益（修正本权说）。[④] 相对地，有学者指出，财产犯罪的保护法益，

---

① 高铭暄．新编中国刑法学：下册．北京：中国人民大学出版社，1998：756．

② 高翼飞．侵犯财产罪保护法益再探究：为本权说辩护．中国刑事法杂志，2013（7）．

③ 郭泽强．对传统盗窃罪客体要件的追问．鄂州大学学报，2001（1）．陈洪兵．财产罪法益上的所有权说批判．金陵法律评论，2008（1）．

④ 张明楷．法益初论．北京：中国政法大学出版社，2000：596．

首先是公私财产的所有权以及租赁权、借贷权等本权，其次是“未经法定程序不得没收的利益”①。还有学者主张，财产犯罪的保护法益既包括所有权，也包括平稳的占有（平稳占有说）。②

以上各种学说在具体案件中对移转财物占有的行为能否构成盗窃罪的判断如表 14－1 所示③：

表 14－1 各种学说在具体案件中对移转财物占有的行为能否构成盗窃罪的判断

具体案件	纯粹本权说	修正本权说	平稳占有说	纯粹占有说
盗窃违禁品（以下所说盗窃、盗回指违反被害人意志转移财物占有）	×	√	√	√
所有权人从行为人手中盗回被盗财物	×	×	×	√
第三人从行为人手中盗走被其盗来的财物	×	√	√	√
超过租借期限后，所有权人盗回财物	×	×	√	√
在盗窃行为发生时财物的权属不明	?	√	√	√

归根究底，本权说与占有说之间的对立，可以说是围绕以下问题而展开的：盗窃罪究竟是为了保护私法上的正当权利关系还是保护事实上的财产秩序，进一步而言，以刑法的形式禁止私力救济应控制在什么范围之内？为此，对这一问题的处理，其范围就远远超出了对从行为人处夺回自己之物这一行为的刑法处理，还包括对刑法介入民事纠纷应控制在何种程度这一现实问题的回答。④

规范依据

《刑法》

第九十一条 本法所称公共财产，是指下列财产：

（一）国有财产；

（二）劳动群众集体所有的财产；

（三）用于扶贫和其他公益事业的社会捐助或者专项基金的财产。

在国家机关、国有公司、企业、集体企业和人民团体管理、使用或者运输中的私人财产，以公共财产论。

---

① 黎宏．论财产犯罪的保护法益．侵财犯罪的理论与司法实践．北京：法律出版社，2008：50.

② 周光权．刑法各论．北京：中国人民大学出版社，2001：76－77.

③ ［日］大塚裕史．基本刑法Ⅱ各论：第 2 版．东京：日本评论社，2018：133.

④ ［日］西田典之．日本刑法各论：第 7 版．王昭武，刘明祥，译．北京：法律出版社，2020：172.

第九十二条　本法所称公民私人所有的财产，是指下列财产：

（一）公民的合法收入、储蓄、房屋和其他生活资料；

（二）依法归个人、家庭所有的生产资料；

（三）个体户和私营企业的合法财产；

（四）依法归个人所有的股份、股票、债券和其他财产。

第二百六十四条　盗窃公私财物，数额较大的，或者多次盗窃、入户盗窃、携带凶器盗窃、扒窃的，处三年以下有期徒刑、拘役或者管制，并处或者单处罚金；数额巨大或者有其他严重情节的，处三年以上十年以下有期徒刑，并处罚金；数额特别巨大或者有其他特别严重情节的，处十年以上有期徒刑或者无期徒刑，并处罚金或者没收财产。

案例评价

[案例 14－1] 叶某言、叶某语等盗窃案①（所有权人可否对抗合法占有人）

1. 基本案情

2000 年 10 月 5 日，被告人叶某言驾驶与叶某语、林某忠共同购买的浙 CD3×××号桑塔纳轿车进行非法营运，轿车被苍南县灵溪交通管理所查扣，存放在三联汽车修理厂停车场。后叶某言、叶某语与被告人王某科、陈某居、叶某惠合谋将该车盗走，并购置了两套与交通管理部门制服类似的服装。10 日晚，叶某言驾车将叶某语、王某科、陈某居、叶某惠送至三联汽车修理厂停车场，由叶某语、王某科爬墙进入，换掉被链条锁住的轿车轮胎，陈某居趁停车场门卫熟睡之机打开自动铁门，与王某科、叶某惠一起将价值 9.2 万元的轿车开走，并由叶某言与陈某居销赃得款 2.5 万元。

2001 年 1 月 8 日，被告人叶某言、叶某语以该车被盗为由，向灵溪交通管理所申请赔偿，经多次协商，获赔 11.65 万元。获赔后，叶某言分给共有人林某 5.5 万元。案发后，赃车已追回。被告人陈某居协助公安机关抓获同案犯，被告人叶某惠向公安机关投案自首。

2. 涉案问题

窃取被交通管理部门扣押的自己所有的车辆后进行索赔的行为如何定性？

3. 裁判理由及结论

温州市苍南县人民法院认为：被告人叶某言、叶某语、王某科、陈某居、叶某惠以非法占有为目的，结伙窃取已被交通管理部门扣押的车辆，而后骗

---

① 最高人民法院刑事审判一、二、三、四、五庭．中国刑事审判指导案例 4．增订第 3 版：侵犯财产罪．北京：法律出版社，2017：251.

取赔偿款，其行为均已触犯刑律，构成盗窃罪，且数额特别巨大。被告人王某科还伙同陈某居等人多次窃取他人财物，其盗窃数额应予累计。依照《刑法》第 264 条、第 25 条第 1 款、第 26 条第 1 款、第 27 条、第 67 条第 1 款、第 68 条第 1 款的规定，于 2002 年 7 月 11 日判决各被告人成立盗窃罪。宣判后，叶某言、叶某语、王某科、陈某居均不服，以"一审判决定性不当，量刑畸重"为由，向温州市中级人民法院提出上诉。温州市中级人民法院经审理后认为：本案各被告人以非法占有为目的，结伙窃取已被交通管理部门扣押的车辆，而后骗取赔偿款，其行为均已构成盗窃罪，且数额特别巨大。上诉人关于不构成盗窃罪及量刑畸重、要求改判的意见，不予采纳。依照 1996 年《刑事诉讼法》第 189 条第 1 项的规定，于 2002 年 8 月 27 日裁定驳回上诉，维持原判。

4. 评析意见

对于本案其实存在许多值得探讨的问题，如行为人出于非法占有目的，而窃取被国家机关扣押的本人财物这一行为是否有侵犯财产法益；以非法占有目的窃取被国家机关扣押的本人财物以后又向国家机关索赔从而实现其非法占有目的的，则索赔行为是否又构成诈骗罪；在窃取被国家机关扣押的本人财物时，还有其他非财物所有权人的共犯参与人的，对这些参与人该如何定罪等。[①] 但笔者在此，主要是借此案即窃取被国家机关扣押的本人财物这一情形，来具体讨论本权说和占有说在对财产犯罪保护法益问题上的立场分歧，对本案的其他重要问题暂不讨论。

对于本案如何处理存在三种不同的意见：

第一种意见认为，盗取所有权属于自己的车辆，并没有侵犯他人的财产所有权，不构成盗窃罪，但其后隐瞒车辆已自盗的事实骗取赔偿款的，其行为构成诈骗罪。

第二种意见认为，被交通管理部门扣押的车辆，以公共财产论，窃取自有物也构成盗窃罪；其后骗取行为又单独构成诈骗罪，应予数罪并罚。

第三种意见认为，自有物在特定的情况下可成为盗窃罪的犯罪对象，叶某言等人窃取已被扣押的所有权属于自己的车辆后进行索赔的行为，实际上是以非法占有为目的的盗窃，符合盗窃罪的构成要件，应以盗窃罪一罪论处。

其中第一种和第二种意见采取的是所有权说立场，第三种意见虽然没有明确说明，但是其认为自有物在特定的情况下可成为盗窃罪的犯罪对象。从本案裁判理由来看，法官实际上采取了第二种意见，其认为：根据《刑法》第 264 条的规定，盗窃罪的犯罪对象是"公私财物"。这里的公私财物实际上

① 陈兴良．判例刑法学：下卷．2 版．北京：中国人民大学出版社，2017：291－298.

是指他人占有的公私财物。所谓他人，是指行为人以外的人，包括自然人，法人和其他组织。他人占有意味着他人对该财物可能拥有所有权，也可能没有所有权。对没有所有权的财物，他人基于占有、控制之事实，负有保管和归还财物的义务。如果在占有期间财物丢失或毁损，占有人依法应负赔偿责任。从这个意义上说，没有所有权的财物在他人占有、控制期间应当认为是他人即占有人的财物。这样理解基于以下理由：第一，《刑法》第 91 条第 2 款规定，“在国家机关、国有公司、企业、集体企业和人民团体管理、使用或者运输中的私人财产，以公共财产论”。这里所言“管理、使用或者运输”，都有占有的含义。既然由国家或者集体占有之私人财产以公共财产论，那么由他人占有之财物以他人财物论，亦在情理、法理之中。第二，“以公共财产论”或“以他人财物论”是针对所有权人以外的人而言的，并未改变财物的权属，意在强调占有人对该财物的保管责任。盗窃罪侵犯的客体是公私财产所有权。《刑法》第 91 条第 2 款之所以如此规定，正是考虑到如果这类财物被盗或者灭失，国家或集体负有赔偿的责任，最终财产受损失的仍是国家或集体。同理，他人占有但非所有的财物被盗或者灭失的，他人依法承担赔偿责任，实际受损失的仍是占有人即他人的财产所有权。可见，行为人自己所有之物以及行为人与他人共有之物，在他人占有期间的，也应视为他人的财物，可以成为盗窃罪的对象。对此，有的国家刑法作了明确规定。如日本刑法第 235 条规定，窃取他人财物的，是盗窃罪。第 242 条规定，“虽然是自己的财物，但由他人占有或者基于公务机关的命令由他人看守的，就本章犯罪，视为他人的财物”。该立法例值得借鉴。①

从结论来看，其认同盗窃罪侵犯的客体（保护法益）是公私财产所有权，没有所有权的财物在他人占有、控制期间应当认为是他人即占有人的财物。从其说理来看，首先其也认为轿车在被交通管理部门扣押期间，只是由交通管理部门占有、控制，而并未取得对轿车的所有权。其次其又根据《刑法》第 91 条第 2 款的规定，认为此时的轿车由国家机关所管理，因此应该以公共财产论，但认为“以公共财产论”是针对所有权人以外的人而言的，并未改变财物的权属，意在强调占有人对该财物的保管责任。最后是以他人占有但非所有的财物被盗或者灭失，他人依法承担赔偿责任，实际受损失的仍是占有人即他人的财产所有权为理由，认为最终是侵害了占有人的所有权。判决在此一直没有或者说是尽力回避说明轿车的所有权究竟是归谁所有，显然问题的答案是交通管理部门只是扣押了轿车，其所有权仍然归属于被告人。判

① 最高人民法院刑事审判一、二、三、四、五庭．中国刑事审判指导案例 4．增订第 3 版：侵犯财产罪．北京：法律出版社，2017：252.

决对此一问题的语焉不详，其实是因为如果承认轿车的所有权归属于被告人，那么在认为盗窃罪的保护法益是公私财物的所有权时，则所有权人拿回自己财物的行为显然不会侵害自己对财物的所有权。想必法官在说理时也已经注意到了这一点，于是其以他人占有但非所有的财物被盗或者灭失，他人要依法承担赔偿责任为由，认为实际受损失的仍是占有人即他人的财产所有权。这其实是一种偷换概念的做法，因为此时受损失的其实已经不是对轿车的所有权，而是占有人对其责任财产的所有权。这样的做法会导致，一是盗窃罪不再是一个针对个别财产的犯罪，而是变成了针对整体财产的犯罪，也正是如此，判决才会在计算盗窃数额时，采用赔偿数额而不是轿车的实际价值；二是无法满足素材同一性要件，即行为人所取得的财物与被害人所损失的财物，并不是同一财物；三是贯彻这一结论会影响损害盗窃行为的实行行为定性，盗窃行为不再是对财物的移转，而是对他人财产的损害，模糊了盗窃罪与故意损坏财物罪之间的界限。以上是在本案件中如果采取本权说所必然面对的问题。

相较而言，对本案的处理采取占有说更具有说服力。占有说认为，盗窃罪的侵害法益是对财物的占有。本案中交通管理部门在扣押轿车后，其是轿车的合法占有人，交通管理部门对轿车的占有可以对抗所有权人，具体而言，就是所有权人在主张对轿车的占有返还请求权时，交通管理部门可以表示拒绝。因此被告人虽然是轿车的所有权人，但是其将为交通管理部门所扣押的轿车盗回的行为，侵害了交通管理部门对轿车的占有，而这是盗窃罪所要保护的法益，因此被告人的行为可以构成盗窃罪。采用占有说的立场可以大方地承认轿车的所有权归属于被告人所有，而不必像本权说一样对此顾左右而言他。同时也保持了盗窃罪作为侵害个别财产的取得罪的特性，不会发生与故意毁坏财物罪相混淆的问题。被告人的所得与被害人的损失之间也是相对应的，即都表现为对轿车的占有。在确定盗窃数额的问题上，也是以移转占有的财物的客观价值作为标准，也贯彻了盗窃罪作为侵害个别财产犯罪的定位，赔偿数额应该作为其后骗取赔偿款的诈骗行为中的数额标准。

深度研究

针对盗窃罪的保护法益这一问题，日本学界主要围绕“所有权（本权）/占有”这一框架展开相关的论争。其根本原因在于，《日本刑法》第 242 条将盗窃罪的客体规定为“财物”，而将行为方式规定为对财物的“占有侵害”。这种条文上的客体与行为方式指向的不同带来了对条文背后的保护法益的解释错位，可以说“本权说”和“占有说”在发展论证的要件上，前者更关注盗窃罪的客体，而后者更关注盗窃罪的行为方式。

我国刑法在条文规定上并无此种错位，因此在讨论盗窃罪的保护法益这一问题时，也并非必须采用"所有权（本权）/占有"这一理论框架。事实上，德国学界以刑法上的财产概念为出发点为我们看待这一问题提供了新视角。《德国刑法典》将侵犯财产的犯罪主要区分为侵犯所有权的犯罪（Eigentumsdelikt）与侵犯整体财产的犯罪（Vermgensdelikt），侵犯所有权的犯罪重视对所有权本身的保护，至于被害人的财产在整体上是否减损，在所不问；相反，侵犯整体财产的犯罪保护的是被害人财产的整体价值，构成这种犯罪要求被害人财产总量有所减损。从我国刑法和司法解释的规定上看，绝大多数财产犯罪均以"数额较大"作为构成要件；从我国司法实践来看，财产犯罪的成立通常要求有财产损失，因此可以认为我国绝大多数财产犯罪不是侵犯所有权的犯罪，而是侵犯整体财产的犯罪。从这个意义上说，德国和日本的财产犯罪理论中针对侵犯所有权犯罪所构建的刑法教义学，就不能适用于对我国绝大多数财产犯罪的解释；相反，德国关于整体财产犯罪保护法益的理论，则有可能为我国绝大多数财产犯罪的保护法益提供一个统一的理论基础。[①] 以下就德国司法实务和刑法理论上，关于整体财产犯罪中的"财产"是什么这一问题，发展出的"法律的财产说"、"经济的财产说"以及"法律—经济的财产说"加以介绍。

法律的财产说认为，所谓财产就是财产性权利的总和。不为以民法为核心的法律所承认的主张或利益，不能被认定为财产。法律的财产说采取的是刑法从属于民法的立场，即对刑法上财产性权利的判断完全由民法来决定。法律的财产说有时候过分宽泛，因为并不是所有的主体权利都具有财产权的特征，而另一方面又过于狭窄，因为许多财产利益并没有以财产性权利的形式而存在，例如客户信息、商业秘密、劳动力等。

与这种法律财产说对立的是经济的财产说，其认为所谓财产就是所有具有经济价值的物或者利益。即便是通过非法或者违反公序良俗的行为所获取的物或利益，只要其具有一定的经济价值，依然是刑法上的财产。经济的财产说首先为德意志帝国法院所承认，二战后被德国联邦最高法院所继承。经济的财产说是以刑法完全独立于民法的思想为基础的。从刑事政策的角度上看，经济的财产说似乎具有优越性，因为除了不具有经济价值的财产，其认为其他所有财产都值得刑法保护，对这些财产侵害的行为，均构成财产犯罪，这样一来，在财产犯罪的领域就不存在法外空间了。但经济的财产说无视刑法在法益保护方面的辅助性，过度地扩张财产犯罪的成立范围，甚至将民法上合法的行为认定为刑法上的犯罪行为，这是完全不可接受的。

① 江溯．财产犯罪的保护法益：法律—经济财产说之提倡．法学评论，2016（6）．

处于法律财产说与经济财产说之间的是法律—经济的财产说，这一学说虽然原则上认为有经济价值的物或者利益都是财产，但是同时又要求相应的物或利益必须为法秩序所承认。法律—经济的财产说符合法秩序统一性的原理，即刑法最重要的任务在于保护法益，而保护法益必须得到法秩序的承认，违反法秩序的利益，即使从纯粹经济的角度上看是有价值的，也不值得刑法的保护。总体而言，当前德国司法判例的立场比较接近法律—经济的财产说。根据德国司法判例，一方面，有经济价值的物或利益原则上都是财产；另一方面，为了维护法秩序的统一性、避免与民事法律规范产生冲突，德国司法判例又会在一些场合基于法律规定限缩财产的范围。根据德国司法判例，违反公序良俗、非法的尤其是应当受到刑事处罚的劳动或服务，即便是有偿提供的，也不能被认定为财产。

问题是：我国刑法对财产犯罪采取了哪一种财产理论呢？要对其回答，显然不能脱离我国的立法规定和司法实践。

首先，与德国和日本不同的是，我国《刑法》第 91 条和第 92 条明文规定了公私财产的概念。值得注意的是，一方面，《刑法》第 92 条对公民私人所有的财产明确要求必须是“合法”的；另一方面，《刑法》第 91 条却没有对公共财产作出这样的限定。那这是否就意味着不要求刑法所保护的公共财产具有合法性呢？答案很显然并非如此。虽然对公民私人财产，必须经过合法性审查，对公共财产，却没有这样的要求，但这也并不意味着公共财产既可以是合法的，也可以是非法的，而是因为我国是社会主义公有制国家，因此公共财产具有当然的合法性，没有必要在《刑法》予以强调。总而言之，无论是哪一种财产，其成为财产犯罪之对象的前提是其具备合法性，即并非法秩序所禁止之物或利益。由此可见，我国《刑法》对财产犯罪中的“财产”采取的是一种类似于法律的财产说的财产理论。

其次，不可否认的是，我国《刑法》所规定的“公私财产”的规范内涵并不是非常清晰，在司法实践中难以直接为案件裁判提供明确的指引。因此，通过司法解释和司法实践来廓清“公私财产”的规范内涵是极其必要的。一方面，从最高司法机关关于盗窃罪、抢劫罪、抢夺罪以及诈骗罪的司法解释中可以看出，凡有经济价值之物，无论其为合法所有或占有之物，抑或事实上占有之非法财物（例如毒品等违禁品），皆被认为是公私财产；另一方面，从司法实践上看，许多案件的判决理由中均指出，公私财产必须具有一定的经济价值，这里的经济价值既包括可公开的法律予以认可的价值，也包括非公开的不为法律所认可甚至为法律所禁止的价值，如违禁品。由此可见，我国司法解释和司法实践对财产犯罪中的“财产”采取的是经济的财产说。

通过上述简要分析可以看出，我国《刑法》与司法解释和司法实践所秉持的财产概念是有所不同的，即存在法律的财产说与经济的财产说之间的分歧。应当承认的是，为了回应社会生活的变化以及处罚犯罪的需要，适当地扩大公私财产的范围，将凡是有经济价值之物或利益纳入财产犯罪的保护范围，这不仅是必要的，而且是《刑法》本身所允许的。笔者认为，从立法和司法两个角度出发，我国刑法上财产犯罪的对象应当是具有经济价值且为法律所认可（并非法秩序所禁止）之物或利益。在这个意义上，我国刑法对财产犯罪的保护法益采取的是法律—经济财产说。因此，对财产犯罪相关问题的探讨，应当以法律—经济财产说作为理论基础。①

第二节　行为对象

知识背景

盗窃对象可以最直观地反映出刑法对财产的保护范围。随着经济的发展，财产具有了新的特征和新的属性，盗窃对象的边界随之变更。② 根据我国《刑法》第 264 条的规定，盗窃对象是“公私财物”，因此这里的“公私财物”内涵和外延为何就至为重要，具体而言，其主要涉及以下几个方面的问题。

是否需为有体物?

在此问题上，存在有体性说与管理可能性说的对立。有体性说认为，刑法上的物应当限定为通过人的手可以攻击、侵害的物。在和民法的关系上，刑法没有超过民法限定的物的范围进行保护的理由，即将其限定为有体物。所谓有体物是指“占有部分空间并且有形存在之物”，具体而言，限于固体、液体和气体。因此，冷气、热气属于财物，而电力、热、冷等无形物则不属于财物。③ 管理可能性说则发展自日本司法实践中有关盗窃电力的判决。日本旧刑法第 366 条规定，窃取他人之所有物为盗窃，但没有明确规定电是盗窃的对象。旧刑法时代日本大审院就某一窃电案件判决说，“刑法中的物是什么应当从刑法自身来解释，不一定要以物理或者民法的观念为依据……根据五官的作用可以认识的形而下的物就足可认定具有所持的可能，不一定要限于有体物。因为这样的物具有独立存在、任意支配的特性，可以继续持有，可以移转。简言之，可动性以及管理的可能性的有无，是作为盗窃目的物的标准”④。其中以是否将具有事务管理性质的对象如债权等排除在外以限定处罚

① 江溯．财产犯罪的保护法益：法律—经济财产说之提倡．法学评论，2016（6）.

② 于佳佳．论盗窃罪的边界．中外法学，2008（6）.

③ ［日］西田典之．日本刑法各论：第 7 版．王昭武，刘明祥，译．北京：法律出版社，2020：157.

④ 日本大审院 1903 年 5 月 11 日判决//日本最高裁判所刑事判决录．第 9 辑：874.

范围为标准，又可再区分为物理管理可能性说和事务管理性说。

是否包括不动产？

关于这一问题，日本在 1960 年的刑法修正中，增设了第 235 条之二“侵夺不动产罪”，在形式上解决了这一问题。但要解决这个问题实际上涉及，是否能够侵害对不动产的占有，以及根据本国法律的规定，在不动产物权变动中占有要件的功能如何，这两个方面的问题。针对前一问题，与动产相比，不动产在性质上具有不可携带、移动的特性，占有不动产的方式也仅可能是更换门锁、霸占房屋、在土地上栽种树木等对不动产的使用行为，但这些行为是否能够破坏原本的占有并建立新的平稳的占有是让人怀疑的。如果在这一问题上作出否定回答的话，那就意味着针对不动产的盗窃永远不可能达到既遂状态。针对后一问题，在我国，由于与动产相比，不动产的权属往往通过登记来公示，因此事实上对不动产占有支配的，并不能够在法律上推定其就是不动产的所有权人。不过如果将盗窃罪的保护法益定义为是对财物的占有，则虽然占有不动产不会使在法律上产生行为人是不动产所有权人这样的公示公信效力，但由于刑法所要保护的就是占有，因此这样的行为也具有法益侵害性。

是否需为所有权或占有的对象物？

没有占有可能性或在事实上没有被占有的物，不能作为所有权的对象也不能作为盗窃罪的对象。例如，大自然中流动的空气，通常情况下没有占有的可能性（事实上也没有被人占有），也不是所有权的对象，当然不能成为盗窃的对象。[①] 但问题在于：能够被占有，但是不能对其产生所有权的物，能否成为盗窃罪的对象？对这一问题的回答，与盗窃罪的保护法益问题相关联，具体来说，如果坚持占有说或经济的财产说，则会认为即便对其不能产生所有权，其也可以成为盗窃罪的对象物，而如果坚持本权说或法律的财产说，则会得出相反的结论。通常情况下，何种物具有占有或者所有的可能性是明确的，但是葬祭对象物和违禁品的所有、占有的可能性问题，无论在理论上还是实践上都值得研究。

是否需要具有财产性价值？

众所周知，大多数国家的刑法并没有将数额较大作为成立盗窃罪的要求。但是，由于盗窃罪是侵犯财产的犯罪，没有任何价值的物品，不可能成为盗窃罪的对象，所以，国外刑法理论也必须讨论财物的价值性。[②] 财产性价值可以分为客观的交换价值和主观的使用价值。客观的交换价值即金钱上的交换

---

① 童伟华．论盗窃罪的对象．东南大学学报（哲学社会科学版），2009（4）.

② 张明楷．盗窃罪的新课题．政治与法律，2011（8）.

价值，主观的使用价值指占有人、所有权人的主观价值或者感情价值，又分为积极的价值和消极的价值。积极的价值，是指财物自身具有正面的价值和效用；消极的价值，指可能被他人不法利用的负面价值。① 要能被称为财物，必须存在值得刑法保护的财产性价值。不过这种财产性价值不限于客观的交换价值，主观的使用价值中，防止被滥用，这种消极的价值也包含在财产性价值之中。但是如果既缺少客观的交换价值，又缺少主观的使用价值，就应否定财物性。② 其中的所谓具有一定使用价值的物品，主要是指所有权人、占有人经常使用的物品（身份证、出入境证件、信用卡、存折、住宅钥匙等），或者虽然不是经常使用但对所有权人、占有人具有客观作用或者精神（感情）意义的物品，或者说是能够满足所有权人、占有人的精神需求的物品（如具有纪念意义的照片、值得保存的书信等）。对此，应当以所有权人、占有人对物品占有的具体情形，以所有权人、占有人那样的一般人观念为标准进行判断。例如，老照片可能成为盗窃罪的对象，而新拍的普通照片就难以成为盗窃罪的对象。③

规范依据

最高人民法院、最高人民检察院《关于办理盗窃刑事案件适用法律若干问题的解释》

第一条第四款　盗窃毒品等违禁品，应当按照盗窃罪处理的，根据情节轻重量刑。

第四条　盗窃的数额，按照下列方法认定：

（一）被盗财物有有效价格证明的，根据有效价格证明认定；无有效价格证明，或者根据价格证明认定盗窃数额明显不合理的，应当按照有关规定委托估价机构估价；

（二）盗窃外币的，按照盗窃时中国外汇交易中心或者中国人民银行授权机构公布的人民币对该货币的中间价折合成人民币计算；中国外汇交易中心或者中国人民银行授权机构未公布汇率中间价的外币，按照盗窃时境内银行人民币对该货币的中间价折算成人民币，或者该货币在境内银行、国际外汇市场对美元汇率，与人民币对美元汇率中间价进行套算；

（三）盗窃电力、燃气、自来水等财物，盗窃数量能够查实的，按照查实的数量计算盗窃数额；盗窃数量无法查实的，以盗窃前六个月月均正常用量减去盗窃后计量仪表显示的月均用量推算盗窃数额；盗窃前正常使用不足六

---

① ［日］佐久间修．刑法各论．东京：成文堂，2006：162.

② ［日］西田典之．日本刑法各论：第7版．王昭武，刘明祥，译．北京：法律出版社，2020：160.

③ 张明楷．盗窃罪的新课题．政治与法律，2011（8）.

个月的，按照正常使用期间的月均用量减去盗窃后计量仪表显示的月均用量推算盗窃数额；

（四）明知是盗接他人通信线路、复制他人电信码号的电信设备、设施而使用的，按照合法用户为其支付的费用认定盗窃数额；无法直接确认的，以合法用户的电信设备、设施被盗接、复制后的月缴费额减去被盗接、复制前六个月的月均电话费推算盗窃数额；合法用户使用电信设备、设施不足六个月的，按照实际使用的月均电话费推算盗窃数额；

（五）盗接他人通信线路、复制他人电信码号出售的，按照销赃数额认定盗窃数额。

盗窃行为给失主造成的损失大于盗窃数额的，损失数额可以作为量刑情节考虑。

第五条　盗窃有价支付凭证、有价证券、有价票证的，按照下列方法认定盗窃数额：

（一）盗窃不记名、不挂失的有价支付凭证、有价证券、有价票证的，应当按票面数额和盗窃时应得的孳息、奖金或者奖品等可得收益一并计算盗窃数额；

（二）盗窃记名的有价支付凭证、有价证券、有价票证，已经兑现的，按照兑现部分的财物价值计算盗窃数额；没有兑现，但失主无法通过挂失、补领、补办手续等方式避免损失的，按照给失主造成的实际损失计算盗窃数额。

案例评价

［案例 14－2］章某春盗窃案①
（虚拟财产与有体物性）

1. 基本案情

2011 年 5 月至 6 月间，被告人章某春伙同被告人付杜某、宋某林经预谋，由章某春负责在电脑网络中扫描游戏漏洞并制作非法充值链接；由付某成利用非法充值链接进行账号充值并在网上进行销售；由被告人宋某林负责销售后取款。其间，付某成将充值链接发给吴某荣（另案处理）进行充值和元宝销售，非法侵入注册地与实际经营地均在北京市石景山区的趣游（北京）科技有限公司（以下简称趣游公司）“我顶网”游戏充值服务器，窃取该公司“傲剑”游戏“元宝”1 039 800 个，价值人民币 103 980 元。2011 年 6 月间，被告人章某春伙同被告人付某成、宋某林，利用章某春制作的非法充值网络

① 国家法官学院，中国人民大学法学院．中国审判案例要览：2014 年刑事审判案例卷．北京：人民法院出版社，中国人民大学出版社，2016：251－255.

链接，非法侵入注册地在本市石景山区的北京极光互动网络技术有限公司（以下简称极光公司）游戏充值服务器，窃取该公司“极光世界”游戏“元宝”519 000个，价值人民币17 300元。2011年11月30日，被告人章某春、付某成、宋某林被公安机关查获。

2. 涉案问题

虚拟财产是否可以成为盗窃罪的保护对象以及其数额如何认定？

3. 裁判理由及结论

北京市石景山区人民法院经审理后认为：被告人章某春、付某成、宋某林经事先谋、分工配合，采用入侵网络充值服务器的方式秘密窃取本应属于游戏服务商的“元宝”。该“元宝”服务商可通过出售该财产取得实际货币，因此“元宝”具备了一般物质应有的使用价值和经济价值，应属盗窃罪的犯罪对象，且该行为具有相应社会危害性，故三被告人行为应以盗窃罪定罪处罚，本院对三被告人及各自辩护人的意见均不予采纳。三辩护人关于预期利益不能成为定罪量刑依据的辩护意见，经查：游戏服务商在网上公示的“元宝”定价机制属一般的市场交易价格，符合认定被盗物品的计算方法，故对该辩护意见不予采纳。被告人章某春、付某成、宋某林以非法占有为目的，采用非法侵入他人网络服务器的方式共同秘密窃取他人财产，数额特别巨大，其行为均已构成盗窃罪，依法应予惩处。在共同犯罪中，被告人章某春、付某成均系主犯，应按照其参与的全部犯罪予以分别处罚；被告人宋某林起辅助作用，系从犯，依法应减轻处罚。三被告人关于其行为不构成盗窃罪及各辩护人关于本案不构成盗窃罪的意见，与事实和法律不符，法院不予支持。被告上诉后，二审维持原判。

4. 评析意见

游戏币属于虚拟财产的一种。所谓虚拟财产，是指网络用户在网络环境中所拥有的具有一定使用价值和交换价值，并能够进行占有、使用、收益和处分的财产形式。实践中其大多以网络游戏或软件中的装备、货币、经验值及用户等级等形式出现，具有虚拟性（非实物性）、技术限制性、交易性、价值性、期限性、存在范围特定性、使用人群有限性等特征。与现实生活中的财产一样，虚拟财产同样面临被盗用、侵占或者限制使用等不法侵害，并且虚拟财产受到侵犯往往会给被害人带来现实的经济损失。目前，我国调整虚拟财产法律关系的私法规范是缺失的，尚无明确的法律条文对虚拟财产的权利属性及保护规则作出规范。对此，主要存在两方面的问题：一是虚拟财产能否成为盗窃罪（财产犯罪）的侵害对象，二是如果可以，则如何计算财产损失。

首先，关于虚拟财产是否属于刑法意义上的财产以及侵犯虚拟财产的行为能否被认定为侵犯财产犯罪的问题，存在否定说和肯定说两种截然对立的观点：

否定说认为，虚拟财产不是刑法意义上的财产，不能纳入侵犯财产罪的对象。其主要理由是：第一，虚拟财产不是由玩家劳动创造的，网络游戏本身是一种娱乐休闲活动而非劳动，这种活动不产生任何价值，因此，虚拟财产不是财产。第二，虚拟财产的产生并不意味着社会总财富的增加，虚拟财产的消灭也并不意味着社会总财富的减少，其总和不能纳入每年的 GDP，故不属于财产。第三，虚拟财产的虚拟性决定了其只能存在于特定的游戏环境中，脱离了特定的游戏环境，就无价值可言。虚拟财产不具有普遍的价值，对于沉湎于游戏的玩家而言，虚拟财产可以价值千金，但对于非玩家来说，虚拟财产则一文不值。第四，网络游戏虚拟货币的使用范围仅限于兑换游戏服务商自身提供的网络游戏中的虚拟产品和服务，不能用于支付、购买实物或者兑换其他企业的任何产品或服务，游戏内玩家只能通过“元宝”销售平台进行充值，游戏内无法进行玩家间的“元宝”交换，因此其不具有财产的交换属性。第五，当游戏服务器关闭时，玩家无法将其游戏中获得的虚拟财产现实回收。可见，虚拟财产是虚无的，在现实生活中并不存在，它只不过是存储在网络服务器中的各种数据和资料，不具有财产的属性。

肯定说认为，虚拟财产属于刑法意义上的财产。其主要理由是：第一，虚拟财产具有使用价值。它能满足人的需要，主要体现为精神上的满足和愉悦。第二，虚拟财产具有交换价值。虚拟财产可以转化为现实生活中的财产，它能够在玩家与游戏服务商之间或玩家与玩家之间有偿地流转，通过交易体现其货币价值。第三，虚拟财产具有可支配性。用户通过设置网络账号和密码的方式对虚拟财产进行排他性的控制和支配。第四，虚拟财产具有稀缺性。玩家无论是从游戏服务商处获得还是从交易中获得，都要付出一定的代价，并非任意获取。尽管虚拟财产不具有物质实体，但其拥有者完全可对其进行占有、使用、收益和处分。因此，虚拟财产同样具备一般财产所具有的特征。

关于虚拟财产的权利性质，在肯定说内部又有多种不同意见。概括起来有以下观点：第一，“物权说”认为，网络虚拟财产是电磁记录，属于无形物，是玩家付出了创造性劳动或者直接通过购买而获得的，玩家当然地享有网络虚拟财产权。网络虚拟财产是客观存在的，具有稀缺性，能够为人直接支配的财产，具备民法上物的基本属性。所以，它能够成为物权的客体。但是，虚拟财产的公示手段不同于动产和不动产，即其以注册和交付用户名、账号和密码的方式取得或者变更对虚拟财产的所有权。第二，“债权说”认为，虚拟财产是一种玩家基于游戏服务合同对游戏运营商的债权凭证，具有类似于票据的性质，玩家可以依据其占有的虚拟财产请求游戏服务商为其提供特定的服务。玩家对虚拟财产事实上的支配是一种准占有，是一种“债权的物权化”。第三，“知识产权说”认为，虚拟财产属于游戏开发商的智力成果，应当将其作为游戏开发商的著作权进行保护。也有观点认为，虚拟财产属于玩家的智力成果，玩家在游戏过程中按照既定的规则投入大量时间、精力，用智力性劳动创造了虚拟财产，因此玩家对该智力成果享有排他的占有使用权。

我国《刑法》第 92 条规定，公民私人所有财产是指公民的合法收入，储蓄、房屋和其他生活资料；依法归个人、家庭所有的生产资料；个体户和私营企业的合法财产；依法归个人所有的股份、股票、债券和其他财产。其中，对“其他财产”应当作广义的理解。“其他财产”既可以是生活资料，也可以是生产资料；既可以动产，也可以是不动产；既可以是有形财物，也可以是包括电力、天然气、电信号码等在内的无形财物。虚拟财产如同光、电、热等无体物一样，虽然无一定的形体，只是计算机中的一段数据，但它具有确定的财产性，可以被人们管理、支配、控制和利用，成为财产权的客体，故可以将虚拟财产纳入无形财物的范畴。因此，可以确定的是对虚拟财产有对其加以刑法保护的必要。

上述说明虽然明确了对虚拟财产可以成为刑法保护的对象，但关于能否成为盗窃行为的侵害对象还需要解决其与传统上“有体性说”的冲突，以下对此加以说明：

关于刑法所保护的财物是否限于有体物，理论上曾经有三种学说：“有体性说”认为，财物只限于有体物，包括固体物、液体物和气体物。无体物不是刑法上的财物，不能成为财产罪的对象。“物理管理可能性说”认为，财物不限于有体物，还包括其他具有物理管理可能性的财物。“事务管理可能性说”认为，凡是可以作为事务进行管理的物，都是刑法上的财物。“有体性说”界定的财物是范围最窄的，尽管该学说曾在过去作为主流意见，但是，随着经济社会的发展，财产权的内容不断膨胀，财物的存在方式也更加多样化。侵犯财产罪的对象早已突破了“财物”的字面含义，总体上说，笔者认为包括具有价值、管理可能性以及其财产归属能够公示的一切有体物、无体物和财产性利益。本案中的“元宝”符合以上三个要件，因此完全可以并且应当作为盗窃罪的犯罪对象而受到刑法的保护。对其他种类的虚拟财产，要成为盗窃罪的犯罪对象的对象也需要经过此三个要件的审查。

其次，盗窃虚拟财产的盗窃数额认定问题。

认定盗窃虚拟财产的盗窃数额，涉及虚拟财产价值与现实财产价值的转换问题。虚拟财产具有一定的稀缺性，其价值一般由需求决定，但对虚拟财产的价值评估，目前没有统一的操作标准。司法实践中主要采取三种方式确定虚拟财产的价值：一是，依据玩家投入的成本来确定虚拟财产的价值；二是，依据交易市场价格来确定虚拟财产的价值；三是，依据游戏服务商销售虚拟财产的价格来确定虚拟财产的价值。笔者认可，对虚拟财产的价值，应按照虚拟财产与法益主体的不同类型来判断，同时坚持多种价格标准，采取有利于被告人的计算方式确定虚拟财物的价格。根据《最高人民法院、最高人民检察院关于办理盗窃刑事案件适用法律若干问题的解释》第 4 条规定，盗窃的数额，按照以下方法认定：被盗财物有有效价格证明的，根据有效价格证明认定；无有效价格证明，或者根据价格证明认定盗窃数额明显不合理的，应当按照有关规定委托估价机构估价。按照上述司法解释，如果虚拟财产具有有效价格证明（统一发行价格），不论其销赃价格高于或是低于官方发行价格，均应当根据发行价格认定盗窃数额。因此可以分以下三种类型来分别计算数额：第一类是玩家从游戏服务商或者第三者那里购买的价格相对稳定、价值不因玩家的行为而产生变化的虚拟财产（如 Q 币、U 币、游戏币等），对此应当按照游戏服务商的官方价格计算财产价值。第二类是玩家从游戏服务商或者第三者那里购买的，经过加工后使之升级的虚拟财产（如游戏装备、用 Q 币装饰过的 QQ 空间等），对此可以按照市场平均价格确定虚拟财产的数额。第三类是游戏服务商的虚拟财产，对此行为人非法获取游戏服务商的虚拟财产的，在具备数额较大（可以按官方价格计算）或者其他成立犯罪所必需的条件（如多次盗窃虚拟财产）的前提下，按情节量刑而不按数额量刑。在判断情节是否严重时，应综合考虑行为的次数、持续的时间、非法获取虚拟财产的种类与数量、销赃数额等。①

本案中，行为人章某春、付某成、宋某林盗窃的两款游戏中的“元宝”属于上述第一类虚拟财产，均有明确的发行价格。趣游公司的充值比例为支付人民币 10 元可购买 100 个元宝，极光公司的充值比例为 1 元人民币兑换 30 个元宝。三名行为人共窃取趣游公司“傲剑”游戏“元宝”1 039 800 个，窃取极光公司“极光世界”游戏“元宝”519 000 个，并将上述“元宝”出售牟利，其行为给趣游公司和极光公司造成了可得利益损失。据此，法院按照充值比例进行计算后得出两款游戏“元宝”价格分别为人民币 103 980 元和人民币 17 300 元，并以该价格认定三名行为人的共同盗窃数额是相对客观、合理的。

［案例 14-3］吴某盗窃案②
（盗拆房屋行为的认定）

1. 基本案情

1998 年 10 月 27 日，被告人刘某化名吴某，称房屋产权已归自己，要许

① 张明楷．刑法学．5 版．北京：法律出版社，2016：962.

② 王礼仁．盗卖他人房屋如何定罪．［2021-04-27］．https：//www.chinacourt.org/article/detail/2003/03/id/44754.shtml.

某将坐落在江苏省吴江市松陵镇原松陵化工厂（现属中国农业银行吴江市支行，以下简称吴江农行）旧厂房拆除。至 11 月 4 日，许某已拆除房屋 480 多平方米及部分围墙。被告人刘某将其中一幢 90 多平方米的办公楼拆除后卖给松陵镇人张某，得款 1 800 元，又把铁大梁卖给松陵镇收废品的曹某，得款 2 000元。经对拆除后的房屋建筑材料进行估价，价值为 39 000 余元。

2. 涉案问题

房屋能否成为盗窃罪的对象？盗拆房屋的行为如何定性？

3. 评析意见

对于本案在审理过程中曾出现以下三种意见：

第一种意见认为，不动产不能成为盗窃的对象，因而，刘某的行为不构成盗窃罪，但刘某的行为构成诈骗罪。理由是：刘某具有非法占有的故意，采用化名并虚构房屋产权已归自己的事实，使松陵镇人张某、曹某产生错觉，以为刘某是房屋所有权人，于是自愿购买了被拆除的房屋材料。刘某最终骗得了 3 800 元，侵犯了吴江农行的房屋所有权和购买人的利益，其行为构成了诈骗罪。

第二种意见认为，刘某的行为既构成盗窃罪，又构成诈骗罪，是想象竞合犯，应以盗窃罪一罪定罪量刑。出于一个犯罪故意，实施一个危害行为，同时触犯了数个罪名的，是想象竞合犯。想象竞合犯只有一个事实上的行为，它和出于几个目的，几个犯意而实施数个互不相干的行为所构成的数罪是不同的。本案中，被告人刘某出于一个非法占有的故意，实施了利用化名，以房屋所有权人的名义秘密拆除并出售房屋材料这样一个危害行为。所谓“秘密”，是针对真正的房屋所有权人而言。被告人刘某正是在房屋所有权人没有察觉的情况下，偷偷地拆除并出售了房屋材料，侵犯了他人的财产的所有权，其行为构成盗窃罪。同时，被告人刘某为了真正非法占有他人财物，顺利地实现其现金价值，采用虚构房屋产权人身份和化名吴某的手段，骗取张某和曹某的信任，取得销售款，构成了诈骗罪。本案正是一个危害行为构成了实质上的数罪，刑法理论和司法实践认为，想象竞合犯虽然触犯了数个罪名，但它不是通常的数个独立的犯罪，也不是单犯一罪，其社会危害性大于一罪，小于数罪，应“从一重处”，即以盗窃罪定罪量刑。

第三种意见认为，本案应定盗窃罪，以实际盗窃数额相应的量刑幅度对被告人定罪量刑。理由是：（1）不动产不能成为盗窃犯罪的直接客体。就盗窃犯罪所侵犯的公私财物所有权而言，其一般是指动产所有权，建筑物等不动产一般不存在被窃的可能，但对于不动产上附着物，可与不动产分离的，却可成为盗窃的对象。本案拆除房屋所得的建材正属于这种性质。（2）刘某的行为不构成诈骗罪。诈骗罪在主观方面虽然也具有非法占有公私财物的目的，但在客观方面则表现为虚构事实或隐瞒真相，使财物所有权人、管理人产生错觉，信以为真，从而“自愿地”交出财物。虚构事实、隐瞒真相，骗取的是公私财物所有权人的信任，其手段针对的都是财产所有权人或保管人，而本案中不存在这种情况，本案中，作为房屋所有权人的吴江农行对刘某的行为一无所知，被告人刘某化名及冒充所有权人身份，是为了骗取第三者即张某和曹某的信任，以达到出售的目的，因此不符合诈骗罪的构成要件。(3)本案应单定盗窃一罪。第一，刘某以非法占有为目的，假称自己是房屋产权人，在不为房屋所有人所知的情况下，秘密占有本为吴江农行所有的旧厂房，并取得他人信任出售赃物，以实现其盗窃的最终目的，即得到销赃后的现金。刘某的一系列行为符合盗窃罪的主客观要件。第二，由于本案盗窃的直接客体的特殊性，对房屋只能先拆除，后出售建筑材料。因此，严格地说本案被窃的是房屋拆除后的建筑材料，其价值的认定也应以建筑材料的估价，即价值 39 000 元来计算。本案中，刘某仅将拆除后的一部分房屋材料出售掉，大部分被拆除的建筑材料未来得及出售，但房屋所有权人已实际丧失了房屋或者说失去了厂房的整体价值，造成了真正所有权人实际的财产损失，其是故意毁坏公私财物的行为。拆除房屋是为了化整为零以便顺利销赃和转移，是最终实现其目的的预备行为。因此，刘某的行为属吸收犯的范畴，故意毁坏财物的预备行为被盗窃行为所吸收，应作一情节依法以盗窃罪从重处罚。第三，由于盗窃的数额是定罪量刑的重要条件，本案中应以总拆除面积 480 平方米和拆除后的建筑材料估价为依据计算实际盗窃的数额。对拆除后未来得及从厂址出售和转移的建筑材料，刘某仍有非法占有的故意，只是由于客观原因没有完全脱离失主控制，被告人未能完全实际占有，应按盗窃未遂在量刑时考虑。被告人刘某的盗窃数额，按拆除 480 平方米和总损失 39 000 元计算，其拆除的 90 平方米房屋价值 7 300 余元，已为其实际占有，对其应以此数额定罪量刑。他的行为造成公私财物毁损，应依法从重处罚。本书支持第三种意见。对于本案，本书主要围绕不动产能否成为盗窃罪的对象，被告人行为的罪数形态以及盗窃数额的认定这三个问题展开讨论。

第一，关于不动产能否成为盗窃罪的对象，在我国刑法理论上多数持否定态度。认为不动产不能成为盗窃罪对象的主要理由是：(1) 不动产因其不可移动性，不能用“窃取”手段占有，只能“窃占”。而窃取与窃占，在行为特征上有明显的区别。(2) 不动产不可能通过犯罪人的简单盗窃行为而加以占有并因此而排除原所有权人的占有。不动产的转移或变更，必须通过严格的法律程序才可能完成。笔者认为，此处主要涉及未经占有人同意不动产是否具有“占有移转可能性”的问题。不动产本身的特性使若不改变其本来性质就无法移动，因此即便暂时取得了对不动产的管理支配，如更换了房屋门锁，使主人暂时无法进入房屋。但由于房屋本身无法移动，原权利人非常容易行使回复占有的手段，因此简单地占领房屋行为几乎不可能平稳、完全地取得对房屋的占有支配。那么，可能存在的方式有，违反所有权人的意志，擅自将其不动产所有权转移到自己名下，产生对所有权本身的盗窃罪；或是违反所有权人的意志，谎称不动产为自己所有而卖给第三人，对所有权人成立盗窃罪，对第三人成立诈骗罪。[①] 不动产本身意味着移动会改变其性质，因此以盗伐树木可以构成盗窃进而认为盗窃的对象包括不动产的说法是错误的，因为砍伐以后的树木已经是动产而不是不动产。本案中也是如此，房屋被拆除后所得的建筑材料已经是动产，因此本案才可以构成盗窃罪，但盗窃的对象不是房屋而是建筑材料。

第二，针对本案的罪数形态如何认定问题，笔者认为，刘某的行为不成立盗窃罪与诈骗罪的想象竞合犯。刘某向张某和曹某谎称自己是房屋所有权人，目的是要其购买他盗窃吴江农行房屋所拆除的建筑材料。这实际是盗窃过程中的一种特殊的销赃行为，不属于诈骗罪的客观要件行为，不能构成诈骗罪。同时，刘某向张某、曹某出售建筑材料，其直接受害者仍然是吴江农行。从这个角度来看，骗销建筑材料的行为，实际上是盗窃罪的一个组成部分。笔者认为，被告人刘某为了非法占有他人财产，置他人房屋的整体价值于不顾，采取毁坏性手段进行盗窃，但行为人的目的并不在于单纯地毁坏房屋，而是贩卖建筑材料获利，因此其在主观上不具有毁坏目的而是非法占有目的，拆除行为是盗窃的手段，应被吸收，只成立盗窃罪一罪。

第三，针对本案的盗窃数额如何认定问题，由于被告人刘某盗窃的总价值数额为 39 000 元，其中既遂数额为 7 300 元，得赃款数额为 3 800 元，因此将哪一数额作为盗窃数额值得探讨。盗窃数额应该是行为人所移转占有的财物的价值，本案中，虽然拆除所得的建筑材料总价值为 39 000 元，但由于部分材料未运出，对此部分建筑材料难以认定为行为人已经转移了其占有，即使该部分建筑材料脱离所有权人的控制，而建立了平稳的占有。对建筑材料的价值应该以市场客观的价值认定，而不应该以销账所得来认定，因此本案中盗窃的数额应该为 7 300 元。

[案例 14－4] 薛某军等盗窃案[②]
（违禁品能否成为盗窃罪对象）

1. 基本案情

刘某昌、徐某军均为吸毒人员。刘某昌得知张某（已判刑）处有毒品，

---

① 张明楷．刑法学．5 版．北京：法律出版社，2016：950.

② 最高人民法院刑事审判一、二、三、四、五庭．中国刑事审判指导案例 4. 增订第 3 版：侵犯财产罪．北京：法律出版社，2017：234－237.

即与徐某军商量将该毒品盗走。徐某军找薛某军让其找人帮助实施盗窃，为此薛某军找到刘某和李某彬（在逃）。2000 年 9 月 13 日 20 时许，刘某昌、徐某军、薛某军、刘某、李某彬在北京市首都国际机场飞行员宿舍 208 室内，盗走张某存放此处的耐克牌蓝色旅行包 1 个（内有安非他明类毒品 MDA 药片 4 万余片，总计 10 余千克），及密码箱（价值人民币 400 元）1 个（内有快译通掌上电脑 1 个，价值人民币 930 元）。毒品已起获并没收。

2. 涉案问题

违禁品能否成为盗窃罪对象？

3. 裁判理由及结论

北京市第二中级人民法院认为：刘某昌、徐某军、薛某军、刘某以非法占有为目的，采用秘密窃取的手段，盗窃安非他明类毒品 MDA 药片达 10 余千克，4 万余片，其行为均已构成盗窃罪，依法应予惩处。鉴于被告人刘某昌、徐某军、薛某军有一定立功表现，对上述三人所犯盗窃罪从轻判处。宣判后被告人提起上诉。北京市高级人民法院经审理后认为四人行为构成盗窃罪，仅变更了对薛某军的量刑，其余部分维持原判。

4. 评析意见

此案涉及对毒品等违禁品是否可以成为盗窃罪的对象，以及如何计算其数额的问题。对于第一个问题，根据司法解释的规定，盗窃毒品等违禁品的，也应以盗窃罪依法追究刑事责任，但对此在理论上并非毫无争议。传统观念从社会危害的角度来说明盗窃毒品等违禁品构成盗窃罪，认为其不是为了保护持有人的所有权，而是根据《刑法》第 64 条的规定（违禁品和供犯罪所用的本人财物，应当予以没收）主张如果允许任何人非法占有他人手中的违禁品，就会使这类物品继续留在社会发挥其危害社会的作用，在社会上构成隐患。① 有学者则认为所有权说可以为上述司法解释提供合理根据。毒品是违禁品，不受国家法律的保护，但不能认为谁都可以任意占有，更不能以盗窃等手段占有。根据法律规定，违禁品应当没收归国家所有。因而，盗窃毒品的行为侵犯的不是毒品持有人的所有权，而是国家对毒品的所有权，因而可以构成盗窃罪。② 还有学者从占有说出发，主张尽管违禁品是国家禁止任何人持有的物品，但这并不意味着任何人都可以非法取得他人占有的违禁品；换言之，对他人占有的违禁品也必须通过法定程序予以追缴或者没收，故他人对违禁品的占有仍然属于需要通过法定程序恢复应有状态的占有，是刑法所保护的法益；盗窃他人占有的违禁品的行为，仍然能侵害了刑法所保护的法益，

① 高铭暄．新编中国刑法学：下册．北京：中国人民大学出版社，1998：758.

② 陈兴良．规范刑法学：下册．3 版．北京：中国人民大学出版社，2013：835－836.

可以成立盗窃罪。[①] 笔者在此赞成第三种观点。

对于第二个问题，根据《刑法》第 264 条的规定，盗窃罪以数额较大或者多次盗窃为定罪条件，以数额大小和情节的严重程度作为决定量刑档次的依据。因此，对盗窃罪的量刑必须考虑盗窃数额和情节。若盗窃合法财产的，盗窃的数额比较好计算，但若盗窃对象是非法财产的，计算盗窃数额就比较复杂，有的甚至无法计算数额。非法财产可分为两种情形：一是被侵犯的合法财产，如赃款、赃物；二是不为国家法律保护的非法财物，如毒品、淫秽物品等。赃款、赃物，其取得的方式虽为非法，但因其本身属于被侵犯的合法财产，实质上具有价值，因而仍可以计算其数额大小。但对毒品等违禁品，因其本身不为法律所保护，没有合法的市场交易价格，故最高人民法院在《关于审理盗窃案件具体应用法律若干问题的解释》[②] 第 5 条第 8 项规定，盗窃违禁品，按盗窃罪处理的，不计数额，根据情节轻重量刑。但是，盗窃违禁品的数量大小也是认定情节的一个重要参考。考虑到"情节轻重"的弹性较大，具体认定起来较为困难，实践中掌握的标准也不尽一致，最高人民法院于 2000 年发布的《全国法院审理毒品犯罪工作座谈会纪要》（已失效）规定了一个参考标准，即认定盗窃毒品犯罪数额，可以参考当地毒品非法交易的价格。应当说明的是，盗窃毒品等违禁品的，并不是以数额大小，而是以情节轻重作为定罪量刑的依据，因此，盗窃毒品的种类、数量、数额，应当是判断盗窃情节轻重的主要依据，是可资参考的重要方面，盗窃毒品的犯罪数额只是判断盗窃毒品行为是否构成犯罪、情节是否严重的参考，其本身并不是量刑依据，对前述解释精神仍需贯彻执行。在本案中，被告人盗窃安非他明类毒品 MDA 药片 10 余千克、4 万余片，数量属于特别巨大。即使参考北京地区毒品黑市交易价格计算，其盗窃毒品的犯罪数额亦属特别巨大，根据本案的犯罪情节，一、二审法院在情节特别严重的法定刑幅度内追究被告人的刑事责任是恰当的。

［案例 14－5］程某瀚盗窃案[③]
（财产性价值的认定）

1. 基本案情

2005 年 3 月至 8 月间，被告人程某瀚多次通过互联网，经由西藏移动通信有限责任公司（以下简称西藏移动公司）计算机系统，非法侵入北京移动

① 张明楷．法益初论．北京：中国政法大学出版社，2000：582－584．

② 该解释已失效。

③ 最高人民法院刑事审判一、二、三、四、五庭．中国刑事审判指导案例 4．增订第 3 版：侵犯财产罪．北京：法律出版社，2017：300－304．

通信有限责任公司（以下简称北京移动公司）充值中心，采取将数据库中已充值的充值卡数据修改后重新写入未充值数据库的手段，对已使用的充值卡进行非法充值后予以销售，非法获利人民币 377.5 万元。案发后，上述款项已被追缴。

2. 涉案问题

充值卡明文密码是否可以成为盗窃罪的对象？非法充值这种增加他人消极财产（债务）并从中获利的行为能否被评价为盗窃罪？

3. 裁判理由及结论

北京市第二中级人民法院认为，被告人程某瀚非法侵入北京移动公司充值中心，利用修改数据库中已充值的充值卡数据的手段，将已充值的充值卡重置为未充值状态，并将其编写的明文密码予以销售，使已不能充值的充值卡重新具有充值功能并被使用，该行为系对充值卡进行非法充值后予以使用。作为充值卡有效充值依据的充值卡明文密码，虽然在形式上表现为一串数字，但该串数字与对应的北京移动公司充值中心未充值数据库中的密文密码共同代表了一定金额的电信服务。对客户而言，取得明文密码就取得了对应的充值卡的价值，就可通过充值程序获得一定金额的电信服务，因此，充值卡明文密码代表了充值卡标明的金额，该密码本身具有一定的经济价值，属于财物。

程某瀚非法侵入北京移动公司充值中心，对已使用的充值卡进行非法充值后予以销售，他人获得充值卡密码通过充值程序充值后，获得了北京移动公司一定金额的电信服务，造成北京移动公司相应资费损失，程某瀚销售非法充值的充值卡密码也获取了非法利益，其行为已构成盗窃罪，盗窃数额特别巨大，依法应予惩处。鉴于被告人程某瀚认罪态度较好，其非法所得已全部被追缴，未给北京移动公司造成实际损失，对其酌予从轻处罚。依照《刑法》第 264 条、第 56 条第 1 款、第 55 条第 1 款、第 52 条、第 53 条、第 61 条、第 64 条及《最高人民法院关于审理扰乱电信市场管理秩序案件具体应用法律若干问题的解释》第 7 条之规定，判决如下：

（1）被告人程某瀚犯盗窃罪，判处有期徒刑 12 年，剥夺政治权利 2 年，并处罚金人民币五万元。

（2）冻结在招商银行股份有限公司深圳高新园支行一卡通账户内的全部款项返还北京移动公司。

一审宣判后，被告人程某瀚不服，向北京市高级人民法院提出上诉。程某瀚上诉称：充值卡密码属于商业秘密，不属于“公私财物”，不能成为盗窃罪的犯罪对象，其只是侵犯了北京移动公司电信服务业务的专营权，不构成盗窃罪。

北京市高级人民法院经二审审理后认为：充值卡的明文密码及与之相对应的密码共同代表着一定金额的电信服务，该密码本身具有法定的财产价值，属于财物范畴，能够作为盗窃罪的对象；而刑法规定的商业秘密，特指不具有直接财产内容的技术信息和经营信息，该信息的价值需要通过生产经营行为才能体现，故充值卡密码不属于商业秘密的范畴。程某瀚非法侵入北京移动公司充值中心，将已充值数据库中的充值卡数据修改后，把修改过的数据重新写入未充值数据库，使已经使用的不具有经济价值的充值卡重新注入资金具有了充值功能，后其又通过对外公开销售的方式，使这些已经失效的充值卡再次被使用，非法获利并占为己有，给北京移动公司造成了相应的资费损失，其行为侵犯了被害单位的财产所有权，一审法院以盗窃罪对其定罪处罚，适用法律并无不当。据此，依照 1996 年《刑事诉讼法》第 189 条第 1 项之规定，裁定驳回上诉，维持原判。

4. 评析意见

本案的核心问题在于，第一，充值卡密码是否有值得刑法保护的必要，以及其是否能成为盗窃的对象，具体来说就是充值卡密码本身是否具有财产属性；第二，为他人增设债务并获利的行为是否符合盗窃行为的要件，具体来说就是这种行为是否移转了占有。

对于以上问题，笔者认可从以下三方面对其加以分析说明：

(1) 充值密码具有一定经济价值。在市场上销售的移动电话充值卡一般包含这样几个部分：充值卡本身以及记载在充值卡上的充值卡序列号、有效期和金额。其中充值卡本身只是为便于销售、使用而用于记载相关信息的载体；序列号是移动公司用于标记充值卡发行情况的符号；金额表明用户需要支付的对价及通过充值可以享受到的电信服务数量；有效期则表明充值的截止日期。所有这些只是为方便用户使用而提供的一种明示记载。对用户而言，真正有价值的部分是记载在充值卡上的明文密码，只有这一部分是用户进行充值的凭证，只要密码正确，用户就能通过充值中心数据库的验证，就能有效充值，最终享受到充值中心数据库所确认的电信服务，相反，充值卡密码错误就不可能进行有效充值，也就不可能获取相应的电信服务。移动公司实际是通过对该充值卡密码进行验证，确认属实后而给予的一定金额及期限的服务的，可见，在移动公司对外销售的充值卡中，真正有经济价值的是以“数字”形式表现出来的充值卡密码，而非充值卡本身。实际上，本案中被告人程某瀚销售给客户的也只是密码，并没有其他诸如充值卡、序列号、有效期等东西，因为用户只要取得密码便可以实现充值从而享受相应的电信服务。

(2) 充值卡密码可被人控制、使用并发挥其经济价值功效，具有占有移转可能性。充值卡密码是移动公司通过计算机算法随机产生的，一开始处在移动公司的控制之下，销售后就转由买方所有，买方取得密码的控制权后，可以在不使用的前提下转而销售，也可通过充值从而实现其使用价值。这种控制表现在其可以凭借该密码在移动公司进行有效充值，并进而享受一定金额的电信服务，故充值卡密码是可控制的。从充值卡密码代表了一定金额的经济价值并可以流转、使用的性质看，充值密码属于一种可以即时兑现权益的财产权证。作为移动公司对外发行的一种财产权证，谁拥有该权证，谁就可以通过充值程序享受到移动公司提供的一定金额的电信服务，因此，体现一定经济权益的财产权证可以成为盗窃罪的犯罪对象。事实上通过充值卡密码，行为人实际上取得了对移动公司的债权，随后可将这种债权转让给其他人并从中获利。

（3）在非法充值行为中，可以认为存在着违背被害人意志的占有的移转。要构成盗窃罪，需要其行为符合盗窃行为的要件，在本案中较为困难的是，将数据库中已充值的充值卡数据修改后重新写入未充值数据库的行为能否被认定为转移了被害人对财物的占有。笔者认为，第一，虽然窃取行为一般表现为将被害人的积极财产移转为自己占有而使其财产减少，但是通过一定使被害人消极财产增加的行为同样可以满足财产损害要件。第二，非法充值的行为实际上是违背移动公司的意志为其增设债务，可以认为此时存在着未经被害人同意而将债务履行利益移转为行为人占有，符合违背被害人意志的移转占有要件。因此本案中的非法充值行为符合盗窃行为的特征。

综上，移动电话充值卡密码具备上述财物的相关属性，可以成为盗窃罪的犯罪对象；非法充值的行为也符合盗窃行为的特征。

第三节　占有的认定

知识背景

作为财产犯成立条件的“占有”包括两个方面的内容：一是“占有”是否存在的问题，即财产犯的被害人是否现实地支配或者控制了该财物，其在区分罪与非罪上具有意义。二是“占有”的归属问题，即财物的占有确实存在，但应当归属于谁存在争议，其对区分财产犯是构成此罪还是彼罪具有重要意义，其中主要包括共同占有物、包装物以及存款的占有归属问题。当然要注意的是，占有的归属，本质上也是有无占有问题的一种，只是在表现形式上和前者存在若干差别而已。占有本是民法上的概念，是指人对于物具有事实上的管领力即实际控制的一种状态，而与民法上的占有观念相比，刑法上的财产犯中的占有在对物具有更加现实的控制、支配的一点上具有特色，即民法上的占有可以是规范上、观念上的占有，而刑法上的占有必须是事实上的占有。这种占有并不是一般性的人和物之间的接触，而要达到实际控制、支配的程度。①

1. 占有的有无问题

尽管在如何对占有进行定义的一点上可能存在各种困难，但是，在认定有无占有的时候，必须从客观要素和主观要素的两个方面加以考虑，则为普遍共识。以下对刑法中占有要素的内容进行介绍。

（1）占有的客观要素：实际支配或者控制。

实际支配或者控制是刑法占有的核心要素。虽说实际支配或者控制必须从物理的角度加以考虑，但其并不仅限于此，有时候，也要从规范的角度即社会生活的一般常识和规则的角度加以考虑。换言之，财物在被人采用物理手段加以掌控的时候，固然属于被实际支配或者控制，但从社会生活的一般常识和规则来看，在能够推断某财物处于被他人所支配或者控制的状态的时候，也能说该财物处于被他人实际支配或者控制之下。具体来说：第一，处于他人实际支配、控制范围之内的财物属于他人占有。所谓处于他人实际支配、控制范围之内，就是处于他人的物理支配力量所涉及的排他性场所之内。第二，处于他人支配、控制范围之外的财物，在一定条件下属于他人占有。这种场合下的占有实际上是一种推定状态下的占有，而不是物理上或者事实上的占有。在进行这种推定的时候，必须考虑很多因素，如作为客观支配对象的财物自身的特性，其和被害人之间的距离，等等。第三，他人的遗忘物，在一定条件下，可以转归第三人占有。这里所谓的一定条件，是指物的丧失是在一个较为封闭、排他性较强的空间之内。此时，遗忘物的占有就自然转归该建筑物的管理人。人们常说住店客人遗失在客房的物品属于旅店的主人占有就是这个道理。但要注意的是，对遗忘物转归第三人占有的条件，一定要结合该空间或者说建筑物的使用情况具体加以分析。

（2）占有的主观要素：占有意思。

所谓占有意思，就是占有人意识到自己正在占有某物，但不要求达到正在将物据为己有的程度。成立占有是否要求行为人具有占有的意思，历来具有争议。但是，现在肯定说成为主导学说。因为无意识的占有在法律上没有任何意义。因此，成立占有，占有人必须具有实际上正排他性地控制该物的意思。

占有意思是决定被害人是不是在“实际上”支配财物的关键要素，因此，这种意思只有自然人才具有。由于占有意思不是发生法律效果的意思表示，

① 黎宏．论财产犯中的占有．中国法学，2009：(1).

而仅仅是在事实上支配财物的愿望，因此，只要是自然人，即便是不具有民法上的意思表示能力（意思能力）或者不具有承担民事或者刑事上的责任的能力（责任能力）的幼儿、精神病人，在通常情况下，其也具有这种意思。拿走幼儿或者精神病人手中的财物的行为，同样可以构成盗窃罪。

占有意思不要求必须是对各个财物的具体、个别的支配意思，只要是抽象的、概括的意思就够了。因此，对放置在与公众隔离的单位内部或者个人活动场所（如单位院墙之内、办公楼内、私家住宅或者院落之内这种排他性较强的地方）的财物，即便主人暂时忘记了所放位置，或者正处于专心读书状态，没有意识到物体自身所在位置的，也能说具有占有的意思。

占有意思并不要求占有人持续不断地显示，只要占有人没有明确地表示放弃该物的意思，就可以认定其具有潜在的占有意思。当然，需要说明的是，占有要素当中，最终起决定作用的还是客观的“实际支配或者控制的事实”，占有意思只是起着次要的补充作用而已。在占有支配事实极为强烈的场合，即便占有意思很淡漠，其也不妨害占有的成立；相反地，在占有支配事实很微弱的场合，则必须存在积极的占有意思。①

2. 占有的归属问题

所谓占有的归属，就是财物的占有归属于谁的问题。通常来说，控制、支配财物的主体都是单一的，其归属一目了然，但是在数人共同控制、支配某个财物的场合，其归属该如何认定则存在一定困难，在共同占有人之间具有对等关系、上下主从关系以及代为保管他人包装物关系的场合尤其如此。

（1）对等关系人之间的占有。

所谓对等关系人之间的占有，就是数人共同占有某一财物，这些人在对财物的占有上处于对等关系。这种场合下经常出现的问题是：共同占有人中的一方趁另一方不在的时候，将该共同占有的财物擅自处理的，该如何处理？对此，我国刑法理论上有两种完全相反的对立观点：一种观点认为，对共有财物的使用、处分，应经全体共有人的同意，未经他人同意而擅自窃取、盗卖共有财物的，等于盗窃他人财物。② 相反地，另一种观点则认为，在对等、平行者之间成立共同控制关系，其中一方避开另一方实施非法占有财物的行为，就是将对方交给自己占有的财物侵吞了，这无疑是侵占而不是盗窃。③ 之所以出现上述观点上的分歧，原因主要是其对行为人所侵害的共同占有的财物具有不同理解。主张侵占罪的人认为，共同占有的财物当中，存在行为人

---

① 黎宏．论财产犯中的占有．中国法学，2009：(1).

② 高铭暄，王作富．新中国刑法的理论与实践．石家庄：河北人民出版社，1988：584.

③ 刘明祥．论刑法中的占有．法商研究，2000：(3).

自己所有的那一份，如果认定为盗窃罪，势必否定行为人参与共同控制财物的客观事实。相反地，主张盗窃罪的人认为，盗卖共同占有的财物的一方实际上是秘密窃取了不属于自己的那一部分财产。

(2) 具有上下主从关系的占有。

所谓具有上下主从关系的占有，就是雇主和雇工、店主和店员等具有上下主从关系的数个人参与对同一财物的控制或者支配。司法实践当中经常发生的雇工盗窃雇主、店员盗窃店主财产的案件就和这种占有形式的认定有关。对雇工盗窃雇主、店员盗窃店主财产的案件该如何处理，看法不一。有的人认为，员工在被雇佣期间，采用秘密手段非法占有雇主的财产的，实为利用工作之便秘密窃取他人财物，该类行为在性质上显然属于盗窃，构成盗窃罪；有的人认为，这些案件的行为人基于雇佣关系的存在而在事实上代为保管雇主的财产，雇工对雇主的财产在雇主的指导下负有一定管理职责。雇工秘密占有其事实上已经合法持有的财物，在性质上属于侵占，应当构成侵占罪。

(3) 包装物（封缄物）的占有。

实践中，受托保管或者搬运他人的已经被封口或者上锁的包装物的行为人，趁机将该财物据为己有，或者擅自打开包装袋，将其中的财物抽出据为己有的，应当如何处理？对此，理论界一直存在争议。有的认为构成侵占罪，还有的认为构成盗窃罪。这种争论的背后，实际上存在着该包装物的占有到底属于委托人还是受托人的对立。主张定盗窃罪的人认为，既然财物被封口包装起来，则不管包装物本身还是其中的内容都属于委托人占有，因此，占有包装物本身或者占有其中的内容的行为，都构成盗窃罪（委托人占有说）；相反地，主张定侵占罪的人认为，既然包装物和与其成为一体的委托物已经与委托人分离，转由受托人掌管控制，则不管包装物整体还是其内容都属于受托人占有，因此，受托人擅自将上述财物据为己有的行为构成侵占罪（受托人占有说）。与上述观点不同的区别说则认为，包装物的整体归受托人占有，而其中的内容仍然属于委托人占有，即将包装物整体和其中的内容分别开来看待。按照这种观点，受托人将包装物整体据为己有的话就要构成侵占罪，而将其中的内容据为己有的话则构成盗窃罪（区别说）。

(4) 死者的占有。

占有的成立要素之一就是占有人对财物具有占有意思，死者没有意思能力，因此，死者对财物不能成立占有，这是根据占有的成立条件所得出的必然结论。但是，如果说死者对财物不能成立占有，那么，杀死占有人之后获取其财物的行为就不成立抢劫罪，而只能成立故意杀人罪和侵占罪了，这实际上是否定了存在以杀人为手段的抢劫的可能，与人们有关抢劫犯罪的一般观念相去甚远，也与各国现行刑法规定有抢劫杀人罪的现状不符。因此，如何看待死者的占有就有讨论的必要。关于这个问题，可以再分为以下三种情形：一是，基于获取财物的意思而杀人，之后取得其财物的场合；二是，将被害人杀死之后，产生取财意思而拿走财物的场合；三是，与杀人行为无关的第三人获得死者财物的场合。

规范依据

《刑法》

第二百六十四条　盗窃公私财物，数额较大的，或者多次盗窃、入户盗窃、携带凶器盗窃、扒窃的，处三年以下有期徒刑、拘役或者管制，并处或者单处罚金；数额巨大或者有其他严重情节的，处三年以上十年以下有期徒刑，并处罚金；数额特别巨大或者有其他特别严重情节的，处十年以上有期徒刑或者无期徒刑，并处罚金或者没收财产。

案例评价

[案例 14-6] 王某牙盗窃案①
（盗窃共有物的认定）

1. 基本案情

被告人王某牙与本村黄某牙共有一头母水牛，各占一半份额，两人轮流管理、饲养该水牛，每人饲养一个月。2003 年 8 月由黄某牙饲养该水牛。当月 25 日晚，被告人王某牙到黄某牙家的牛栏内，将自家与黄某牙家共有的该头母水牛（价值 1 800 元）盗出，然后又到兰某牙家的牛栏里，将其兄王某生与兰某牙家共有的母水牛一头（价值 2 000 元）盗走，当晚将盗来的两头母水牛藏于 8 华里之外的山沟里。第二天晚上 8 时许，被告人王某牙推来袁某金的农用车将盗来的两头母水牛运往樟树市昌傅乡销赃，途中王某牙与黄某牙家共有的母水牛丢失。2003 年 8 月 29 日，被告人在销赃另一头母水牛时被民警抓获，追缴该母水牛并退还失主。案发后被告人家属已赔偿黄某牙家 1 500 元人民币。

2. 涉案问题

盗窃自己与他人共有的财物的，其行为如何定性？怎样计算其犯罪数额？

3. 裁判理由及结论

江西省分宜县人民法院经公开审理后认为，被告人王某牙以非法占有为

---

① 最高人民法院中国应用法学研究所．人民法院案例选：分类重排本·刑事卷．北京：人民法院出版社，2017：2673-2675.

目的，采取秘密窃取的手段，盗窃他人财物，数额较大，其行为已构成盗窃罪，公诉机关指控的罪名成立。被告人与黄某牙共有的母水牛，被告人自己占有一半的份额，拥有对该财产一半的所有权。被告人盗窃自己所有的财物，不属于非法占有，不应将自己所有财物的金额计算为盗窃金额。公诉机关将被告人自己所有的财物的金额计算在盗窃总金额之中，不符合法律规定。因此，被告人盗窃的金额应认定为2 900元，而非3 800元。被告人自行辩护的意见予以采纳。对辩护人关于被告人盗窃自己与黄某牙共有的母水牛属侵占行为的辩护意见，法院认为，在被告人盗窃该头母水牛时，该母水牛由黄某牙饲养管理，母水牛在黄某牙控制之下，被告人采取秘密窃取的方法，非法占有了黄某牙所有的财物，其行为不属于合法持有，不符合侵占罪“将代为保管的他人财物非法占为己有”这一特征，而符合盗窃罪“以非法占有为目的，秘密窃取公私财物”这一特征，因此辩护人关于盗窃该头母水牛属侵占行为的辩护意见与法律规定不符，不予采纳。被告人采取秘密窃取的方法，盗窃自己与他人共有和近亲属与他人共有的财物的，处罚应与其他盗窃案件有所区别。被盗的一头耕牛已被追缴退归失主，另一头耕牛虽已丢失，但被告人家属已赔偿了受害人1 500元人民币的损失，被告人归案后认罪态度较好，有悔罪表现，故对被告人依法可酌情从轻处罚。法院依照《刑法》第264条、第64条的规定，于2003年11月30日判决被告人王某牙犯盗窃罪，判处有期徒刑6个月，并处罚金人民币3 000元。宣判后被告人没有上诉，公诉机关也没有抗诉。

4. 评析意见

对本案被告人行为的定性及对盗窃犯罪金额的认定，主要存在三种不同意见：

第一种意见认为，被告人盗窃自己与黄某牙共有的母水牛，属于侵占行为，且侵占金额未达到犯罪金额，不构成侵占罪，侵占金额只能认定为2 900元，而非3 800元。理由是：既然母水牛是被告人与黄某牙共有的财产，那就说明被告人亦有所有权、使用权、保管权，被告人是合法占有该头耕牛，财物在被告人的控制之下，其就无须采取秘密窃取的手段。被告人虽然合法占有，也有所有权，但没有处分权，被告人擅自处分该财物，把本属共同拥有的财物变为个人所有，就属于侵占，而成立侵占罪要达到一定的金额。被告人侵占的财物的数额较小，不构成侵占罪，只是一种侵占行为。

第二种意见认为，被告人的行为构成盗窃罪，且盗窃金额应认定为3 800元，也就是说被告人盗窃自己与黄某牙共有的母水牛的价值应全部算入盗窃金额。其理由是：虽然该头母水牛是被告人和黄某牙共有的，但是两人共有的是一头母水牛，是不可分之物，如果对该头母水牛进行分割，该母水牛就会失去它原有的价值，失去它本身的作用。因此，在计算该头母水牛价值时不能分而割之，应整体计算盗窃金额。

第三种意见认为，本案盗窃金额应认定为 2 900 元。也就是说被告人盗窃自己与黄某牙共有的母水牛只能计算 900 元的盗窃金额。理由是：盗窃罪是指以非法占有为目的，秘密窃取公私财物，数额较大的行为。这里所指的公私财物是指他人所有的财物，而非自己所有的财物。盗窃自己所有的财物的，不能认为是盗窃犯罪行为。被告人自己与黄某牙共有的母水牛，被告人自己占有一半的份额，拥有对该财产的一半所有权。被告人盗窃自己所有的财物，不能算是非法占有，相应的价值也就不能计算为盗窃金额，在计算盗窃金额时，只能认定盗窃 900 元，而非 1 800 元。

笔者同意第三种意见。被告人盗窃自己与黄某牙共有的母水牛，不属于侵占行为，应属于盗窃行为。该母水牛虽然是被告人和黄某牙共有的，但由两人轮流管理、饲养。事实上，被告人盗窃时，该牛由黄某牙管理饲养，虽然母水牛是由黄某牙管理、饲养，但实际上从主、客观两方面即客观上的支配、控制状态和占有意思来看，应该认为此时母水牛由两人共同占有。在共同占有的场合，其中一人没有经过其他共同占有人的同意，将财物转移为自己单独占有的，侵害了其他共同占有人对财物的占有，成立盗窃罪。[①]

在侵害共同占有而构成盗窃罪的情形下，如何认定盗窃数额是一个复杂的问题。就本权说而言，由于具体的权利往往容易评估价值故其对确定数额来说相对简单，但对占有说来说由于其将保护法益认定为是对财物的占有，在侵害共同占有的情形下，如何确定盗窃数额就相对困难。此时，如果仍然根据所转移占有的财物的价值来确定盗窃数额的话，就会得出以整个财物的价值作为盗窃数额的结论，而这显然并不能与共同占有所具有的特殊性相匹配。若按照占有说的观点，则事实上确定盗窃数额的方式应该以占有的价值来计算，只不过在一般的盗窃行为中，由于盗窃的财物的占有属于单一被害人，故其侵害的占有的价值便与财物的整体价值相等。故笔者认为，在侵害共同占有的情形下应该将被侵害的占有本身的价值作为盗窃数额，具体来说，由于是共同占有，所以单个占有人对财物占有的价值应为整体的价值乘以占有的份额，在本案中共有人为二人，故单个占有人占有的价值为整体价值的一半即 900 元。

对于被告人盗窃其兄王某生与他人共有的母水牛，虽然具有盗窃近亲属财物的性质，但对该母水牛其他人还拥有所有权，被告人在深夜秘密将其盗走，具有严重的社会危害性，确有追究其刑事责任的必要，该头母水牛价值

① 张明楷．刑法学．5 版．北京：法律出版社，2016：948－949．

2 000 元，应该计算在其盗窃金额之内。故盗窃的总额为 2 900 元。

[案例 14-7] 刘某阳盗窃案①
（占有辅助人的认定）

1. 基本案情

2016 年 2 月左右至 2016 年 7 月中旬，被害人王某某雇用被告人刘某阳在王某某负责经营的盘山县某轮胎销售中心（东明轮胎店），负责轮胎安装和维修工作。该店未设置仓库保管员，进出轮胎必须经王某某指示。工作人员没有私自销售轮胎的权利，工作人员在店内住宿时也帮忙照看店面，防止店内物品丢失。2016 年 5 月的一天晚上 17 时至 21 时之间，刘某阳趁店内只有其一人之机，秘密窃取韩泰、SK、黑蚂蚁三种品牌轮胎共 18 条，总价值人民币 18 400 元，并雇用李某驾驶的辽 L×1 号白色轻型普通货车将轮胎存放至其事先租用的盘山县居民宋某某家的一间房屋内。2017 年 1 月 26 日上午，刘某阳又雇用闻某某驾驶的辽 L×2 号蓝色轻型普通货车将轮胎转移，并存至大洼县刘某废品收购站的一间房屋内。2017 年 2 月的一天，上述轮胎被刘某阳再次转移后丢失。

2. 涉案问题

被告人是财物的占有人还是占有辅助人？

3. 裁判理由及结论②

辽宁省盘山县人民法院认为：被害人王某某经营的轮胎销售中心为个体工商户，王某某为该轮胎店的负责人，被告人刘某阳系王某某雇佣的员工并负责维修和更换轮胎工作，其无私自处分轮胎的权利。日常对外销售轮胎时，工作人员均须经过王某某的同意或打电话请示，晚间工作人员在该店住宿时顺便帮王某某看护门店，防止财物丢失。综上所述，刘某阳系王某某的工作人员，系上下主从关系，王某某为店内财物的实际占有者与支配者，存在对财物事实上及法律上的支配关系。刘某阳对店内财物不具有法律意义上的占有，即使刘某阳事实上占有财物，也不过是单纯的监视者或者占有辅助人，王某某与刘某阳之间不存在委托保管关系，刘某阳亦不存在任何的职务便利。再则，被告人刘某阳事先预谋，提前选好用于藏匿轮胎的地点，趁晚间其一人在店内时，运走店内轮胎 18 条，且将轮胎转移藏匿至多处地点，这足以认定被告人刘某阳是以非法占有为目的，秘密窃取他人财物，且数额较大，其行为符合盗窃罪的构成要件，应认定为盗窃罪。

---

① 参见辽宁省盘山县人民法院（2017）辽 1122 刑初 145 号刑事判决书。

② 下段截取了法院对被告人是否属于占有辅助人的说理部分。

4. 评析意见

本案的裁判说理为实务中确定行为人究竟是占有人还是占有辅助人提供了值得借鉴的标准，归纳来说可以包括以下几个方面：

第一，根据行为人日常工作的内容来确定其是否具有处分财物的权限，是否具有处分财物的权限是判定其是否为占有人的关键所在。本案中被告人刘某阳系王某某雇用的员工并负责维修和更换轮胎工作，其无私自处分轮胎的权利，其不可能是占有人。第二，判断是否需要经他人同意才可以处分财物，如果是的话则其为占有辅助人。本案中在日常对外销售轮胎时，工作人员均须经过王某某的同意或打电话请示，晚间工作人员在该店住宿时顺便帮王某某看护门店，防止财物丢失，因此被告人在本案中属于占有辅助人。第三，判断行为人在上下主从关系中，是处于上位者还是下位者地位，下位者则往往是占有辅助人。本案中刘某阳系王某某的工作人员，两人系上下主从关系，王某某为店内财物的实际占有者与支配者，存在对财物事实上及法律上的支配关系。刘某阳对店内财物不具有法律意义上的占有，即使刘某阳事实上占有财物，也不过是单纯的监视者或者占有辅助人。

在以上三个方面的判断中，第一个方面是对是否是占有人的实质判断，第二个方面是对是否是占有辅助人的实质判断，第三个方面则是一种形式上的辅助判断。对是否构成盗窃罪来说，最为重要的是是否是占有人的实质判断，即行为人是否具有处分财物的权限。

[案例 14-8] 郭某学盗窃案①
（盗窃封缄物的认定）

1. 基本案情

被告人郭某学系上海航服人才服务有限公司陕西分公司以劳务派遣的方式派至中国东方航空股份有限公司西北分公司从事地面服务装卸工作的人员，具体职位为西安咸阳国际机场东航站坪分部航空货运部装卸工。郭某学在装卸航班货物的过程中，多次趁人不备，私自拆开航班托运的包裹，盗窃其中财物，后藏匿于家中。2017 年 8 月 11 日，因航空托运的多件货物失窃，西安顺路物流有限公司向民航陕西机场公安局报案。2017 年 8 月 17 日凌晨 1 时许，民警在西安咸阳国际机场隔离区内抓获郭某学，当日在其居住处查获被盗的 IDO 牌钻戒三枚、中国黄金 200G 金条一块、绿松石雕件一个、红色玛瑙貔貅雕件二个及各种质地的手镯、吊坠、宝格丽戒指、皮带等物品，郭某

① 参见陕西省西安市莲湖区人民法院（2018）陕 0104 刑初 210 号判决书、陕西省西安市中级人民法院（2018）陕 01 刑终 506 号刑事判决书。

学供述这些物品均为其在装卸航班托运货物过程中窃取。经鉴定，被盗物品价值总计人民币 93 710 元，破案后已发还被害单位。

2. 涉案问题

如何评价装卸工盗窃包裹中的财物的行为？

3. 裁判理由及结论

西安市莲湖区人民法院认为，被告人郭某学以非法占有为目的，多次盗窃他人财物，数额巨大，其行为已构成盗窃罪。其归案后能够如实供述犯罪，认罪态度较好，涉案赃物已追回并发还被害单位，对其可从轻处罚。遂依照《刑法》第 264 条、第 67 条第 3 款、第 52 条、第 53 条之规定，以盗窃罪对被告人郭某学判处有期徒刑 3 年 10 个月，并处罚金 10 万元。一审宣判后，被告人郭某学不服，向陕西省西安市中级人民法院提出上诉。西安中院经审理后查明，原审法院认定上诉人郭某学犯盗窃罪的基本事实清楚，遂裁定驳回上诉，维持原判。

4. 评析意见

被告人以劳务派遣的方式被派至中国东方航空股份有限公司西北分公司从事地面服务装卸工作，在当班期间窃取机场托运物资，该行为构成盗窃罪还是职务侵占罪？对本案的定性，审理中有两种不同意见。

一种意见认为郭某学以非法占有为目的，采取秘密窃取的手段，多次盗窃他人财物，数额巨大，其行为已构成盗窃罪。职务侵占罪针对的客体是本单位公私财产的所有权，侵犯的对象必须是行为人所在单位的合法财物，行为人所在单位依法负有保管、运输等义务以及享有使用、占有等权利的非本单位的财物，应以本单位财物论。利用职务上的便利，一般是指行为人利用自己在工作中所具有的一定职务，和这种职务所产生的方便条件，即管理、经手本单位财物的便利。对不是利用职务上的便利，而是利用工作上的便利，侵占本单位财物的行为，不能认定构成本罪。本案中被告人郭某学在工作中不具有监管货物的职责，因此应认定其行为构成盗窃罪。

另一种意见认为，职务侵占罪中的利用职务上的便利可理解为单位人员利用主管、管理、经手单位的财物的便利条件，经手是指因工作需要在一定时间内控制单位的财物，包括因工作需要合法持有单位财物。上诉人郭某学属利用其当班经手财物的便利，将自己负责搬运的货物据为己有，可以认定为利用了职务上便利而窃取单位财产，因此其行为应当按职务侵占罪处罚。①

可以看出本案的分歧在于郭某学的行为是构成职务侵占罪还是盗窃罪，而此问题的关键就在于判断行为人是否占有了托运包裹。托运包裹在理论上

① 参见戚利宾，阿尼沙，裴祎．人民司法·案例，2019（5）。

属于封缄物，对封缄物的占有归属判断问题，笔者赞同区分说，即主张封缄物的整体归受托人占有，而其中的内容仍然属于委托人占有。按照这种观点，受托人将整个封缄物整体据为己有的话构成侵占罪，而将其中的内容据为己有的话则构成盗窃罪。本案中被告人郭某学非法占有的是托运包裹中的财物，因此侵害的是委托人对内容的占有，应该成立盗窃罪。

相对地，在二审审理中，根据中国东方航空股份有限公司西北分公司地面服务部出具的站坪装卸工作职责、证人韩某的证言、被告人郭某学的供述，其证明被告人郭某学在日常工作中仅是提供装卸货物的劳务活动，其本人在工作中并不具有监管货物的职责，机场有专门的人负责监装、监卸，郭某学是利用工作中的便利条件实施窃取他人财物的行为。因此，二审法院最终认定对其行为应以盗窃罪定罪处罚。其中二审法院认为被告人构成盗窃罪的理由在于其并不具有监管货物的职责，对此一裁判理由可以从两方面来考量。第一，证明被告人并不具有监管货物的职责，实际上是证明了被告人并不对托运包裹成立占有；第二，不存在监管职责就不可能存在利用职务便利，于是不构成职务侵占罪。因此，可以说二审法院在此回避了对封缄物的占有归属判断问题，认为被告人对托运包裹整体都不成立占有，进而认为被告人的行为成立盗窃罪。

[案例 14-9] 马某甲盗窃罪[①]
（存款占有的认定）

1. 基本案情

2006 年 7 月 25 日，原审被告人马某甲的兄长马某借用原审被告人马某甲的身份证在中国农业股份有限公司民和回族土族自治县支行川垣分理处办理了卡号为×××的银行卡。2010 年 1 月 13 日，马某在该卡中存入现金 20 万元，存款凭单上“客户签名”与“代理人签名”一栏的签字均为马某。后马某将该卡交给案外人李某用于偿还其借款，李某于当日从此卡中取出现金 1 500 元。2012 年 10 月份，李某使用此卡取现时发现已显示为无效卡。遂告诉马某并与马某一起前去银行查询，经查询得知，2012 年 3 月 15 日，原审被告人马某甲在李某不知情的情况下，擅自到该行将被害人李某所持有的×××银行卡挂失注销，后陆续将卡内的 198 500 元存款转入另一银行卡内，占有使用。被告人拒不归还。

2. 涉案问题

如何认定存款的占有？

---

① 参见青海省民和回族土族自治县人民法院（2015）民刑初字第 55 号刑事裁定书、青海省民和回族土族自治县人民法院（2017）青 0222 刑再 2 号刑事判决书、青海省海东市中级人民法院（2017）青 02 刑再 1 号刑事判决书。

3. 裁判理由及结论

原判法院（青海省民和回族土族自治县人民法院）认为，被告人马某甲实施了将其兄即持卡人马某的20万元现金据为已有的行为，在主观上被告人马某甲×××银行卡的钱款系马某存入而其仅代管，当马某主张权利要求返回时，在民事诉讼及本案侦查环节马某甲公然加以拒绝，在此情况下，被告人马某甲重新办理银行卡并将卡内现金转走的行为，属公然据为已有，不具有秘密性；在客观方面，根据我国银行法的规定，无论银行卡由谁实际持有并使用，银行卡的权利义务都由申领人承受，卡内资金在法律形式及实际上都处于申领人的控制之下。本案中被告人马某甲的银行卡一直由马某持有和掌握，但该银行卡内的资金在法律形式及实际上均处于申领人马某甲的控制之下。其实施了将为财产所有权人马某代管的数额巨大的财产据为已有，且拒不交出的行为，而并非将不在自己实际控制之下的他人财物据为已有。综合本案被告人马某甲实施犯罪行为的主、客观方面，其行为不符合盗窃罪的构成要件，故公诉机关指控其犯有盗窃罪的罪名不当。辩护人关于被告人马某甲的行为不构成盗窃罪的辩护理由成立，予以采纳。鉴于，本案属自诉案件中“不告不理”的情形，据此，依照《刑事诉讼法》第15条第4项之规定，裁定“本案终止审理”；本裁定送达后即发生法律效力。

再审法院（青海省民和回族土族自治县人民法院）判决认为，原审被告人马某甲之兄长马某以马某甲名义办卡，并在所办×××银行卡内存款20万元，该存款所有权归马某，即其将自己财产置于别人保管之下。客观上原审被告人马某甲实施了将×××银行卡挂失并将卡内存款198 500元转入另一银行卡占有、使用的行为，当该行为被发现后，马某要求返还，但在民事诉讼过程中以及本案侦查环节均遭马某甲拒绝。在客观方面，根据我国银行法的相关规定，无论银行卡由谁实际持有并使用，银行卡的权利义务都由申领人承受，卡内现金在法律形式上处于申领人的控制之下。本案中原审被告人马某甲的银行卡虽一直由办卡人马某持有和掌握，但该银行卡内的存款在法律形式上处于申领人马某甲（本案被告人）的控制之下。其实施了违背别人意愿将其保管的财产取出的行为。综合本案原审被告人马某甲实施占有财物行为的主、客观方面，其行为不符合盗窃罪的构成要件，不能认定被告人有罪。故公诉机关指控原审被告人马某甲犯有盗窃罪的事实不清，证据不足，罪名不能成立，不予支持，应宣告原审被告人无罪。原审被告人马某甲及其辩护人关于原审被告人马某甲的行为不构成盗窃罪的部分辩护理由成立，予以采信。原审被告人马某甲关于20万元现金系自己存入的辩解与查明事实不符，查明的事实表明，2010年1月13日，中国农业银行股份有限公司民和回族土族自治县支行卡号为×××存款凭单上记载的“客户签名”“代理人签名”一栏均系马某书写，且该卡由马某为偿还借款交与李某使用，这与马某、李某的陈述完全一致，相互印证，相反，原审被告人马某甲未提供有效证据加以证明，故其辩解理由不能成立，据此，原审被告人马某甲之辩护人关于证明本案 20 万元存款所有权关键证据均为一比一的辩护理由亦不能成立，本院不予采信。而且该款自 2010 年 1 月 13 日存入至 2013 年 3 月 15 日挂失期间原审被告人马某甲从未经手过存入或支出业务，不符合常理。综上，依照《刑事诉讼法》第 15 条、第 195 条第 3 项及《最高人民法院关于适用〈中华人民共和国刑事诉讼法〉的解释》第 241 条第 1 款第 4 项之规定，判决如下：（1）撤销本院（2015）民刑初字第 55 号刑事裁定；（2）宣告原审被告人马某甲无罪。

宣判后，被告人马某甲上诉，检察机关提起抗诉。

检察机关认为，本案中的×××银行卡系马某独自办理并一直持有使用，其虽用马某甲的身份证申领了银行卡，但该银行卡的密码由马某设置并持有使用，马某甲并没有实际持有银行卡，无法实现其对卡内钱款的支配力，不构成刑法意义上的占有事实，而真正占有卡内钱款的支配力是掌握银行卡和密码的马某。挂失虽然是银行正常的操作程序，但其不属于对银行卡的正常使用功能，因此挂失本身不属于实现占有的一种支配形式，不存在刑法意义上的占有意思，故本案中不存在马某甲和马某共同保管卡内钱款的情况。盗窃罪的客观行为表现为采取秘密窃取的手段将他人占有的财物占为己有，马某甲在李某不知情的情况下使用自己的身份证到银行办理挂失业务，使李某控制的银行卡失去作用，进而丧失了对卡内钱款的实际控制和占有，而马某甲则通过挂失后补发的金卡非法占有了卡内不属于自己的钱款，实现了对钱款的控制和支配，其行为完全符合盗窃罪的构成要件，应当以盗窃定罪处罚。

上诉审法院（青海省海东市中级人民法院）认为，上诉人马某甲明知×××银行卡是他人以其身份证办理，银行卡密码由马某设定，银行卡平时也由马某使用，卡内钱款也并非自己所存的客观事实，利用在银行挂失的形式要件对其有利的规定，骗过银行工作人员，通过挂失的手段将×××银行卡里的钱转到了自己新办的银行卡里，其主观上有非法占有的故意。本案中银行卡和密码都在马某的控制之下，按照银行卡的实际使用规则来看，马某已经对卡内资金实现了事实上的控制和支配，而马某甲因为出借身份证办理银行卡和不知道密码两方面原因，虽然作为名义持卡人，但实质上不对卡内钱款成立占有。马某基于债务关系，将此卡交由李某使用，李某凭借银行卡和密码实现了对卡内钱款的占有、支配，李某为卡内钱款实际所有权人。马某甲在李某不知情的情况下使用自己的身份证到银行办理挂失业务，使他人控制的银行卡失去作用，进而丧失了对卡内钱款的实际控制和占有马某甲通过挂失后补发的新卡非法占有了卡内不属于自己的钱款，实现了控制和支配，其行为符合盗窃罪的构成要件，应当以盗窃罪定罪处罚，且数额巨大。故检察机关的抗诉理由成立，应按盗窃罪追究马某甲的刑事责任。一审法院仅依据银行法的规定认定马某甲的行为不构成犯罪的作法不当，应予纠正。

4. 评析意见

本案历经一审、再审以及对再审结果的上诉审，最终被认定成立盗窃罪。通过分析各审级判决及抗诉理由可以看出，本案的分歧在于是成立盗窃罪还是侵占罪，而此问题的核心是存款的占有归属问题，即银行卡内的存款究竟是由申领名义人马某甲占有还是由实际持卡人马某占有。

一审法院认为，主观上被告人马某甲×××银行卡的钱款系马某存入而其仅为代管，当马某主张权利要求返回时，在民事诉讼及本案侦查环节马某甲公然加以拒绝，在此情况下，被告人马某甲重新办理银行卡并将卡内现金转账的行为，属公然据为己有，不具有秘密性。在客观方面，根据我国银行法的规定，无论银行卡由谁实际持有并使用，银行卡的权利义务都由申领人承受，卡内资金在法律形式及实际上都处于申领人的控制之下。一审法院从而认为本案中银行卡内的钱款在法律形式及实际上均归属于申领名义人马某甲占有。再审法院（与一审法院为同一法院）认为，存款为马某所有，只是被交与马某甲保管。但是在占有归属的认定上，再审法院认为在客观方面，根据我国银行法的相关规定，无论银行卡由谁实际持有并使用，银行卡的权利义务都由申领人承受，卡内现金在法律形式上处于申领人的控制之下。本案中原审被告人马某甲的银行卡虽一直由办卡人马某持有和掌握，但该银行卡内的存款在法律形式上处于申领人马某甲（本案被告人）的控制之下。也就是说，再审法院根据银行卡的权利义务由申领人承受这一规定，主张虽然银行卡实际上由马某控制，但在规范判断上，卡内的钱款应该归属于马某甲占有。

与此相对，抗诉机关和二审法院认为，虽马某用马某甲的身份证申领了银行卡，但该银行卡的密码由马某设置并持有使用，马某甲并没有实际持有银行卡，无法实现其对卡内钱款的支配力，不构成刑法意义上的占有事实，而真正占有卡内钱款的是掌握银行卡和密码的马某。挂失虽然是银行正常的操作程序，但其不属于对银行卡的正常使用功能，因此挂失本身不属于实现占有的一种支配形式，不存在刑法意义上的占有意思，故本案中不存在马某甲和马某共同保管卡内资金的情况。换言之，其认为由于挂失不是对银行卡的正常使用方式，所以行为人不可以通过挂失的方式对银行卡内的钱款产生事实上的支配控制，对于卡内钱款应该认为属于持有银行卡和密码的马某占有。

不难看出，存款的占有归属问题是一个极为复杂的问题，对此理论上还存在认为存款的占有应该归属于银行，存款人获得的只是债权的观点。① 笔者认为，本案中的存款应该归属于实际持卡人马某占有。原因在于，认定占有的归属应该以维持对财物的正常使用秩序为标准，如果银行卡内的存款可以

① ［日］前田雅英．刑法各论讲义：第4版．东京：东京大学出版会，2007：271.

通过挂失的方式为申领名义人使用，则其等同于任何能够使用可能存在的手段获取该存款的人都是存款的占有人。如果贯彻这样的标准，则盗窃罪都就不复存在。在占有的认定中更为重要的是关注财物在日常生活中使用所构建的一种稳定的财产秩序，在本案中能够以日常方式使用该存款的是实际持有银行卡及其密码的马某，因此其才是存款的占有人。但应该指出的是再审法院的说理也并非完全不足取，事实上由于存款并非如天然存在的物体一般，其是人类社会经济制度发展的产物，因此在判定存款的占有时非常重要的一点是去研究本国的与存款相关的法律法规以及银行对存款的相关操作细则。由于各国的存款制度之间不尽相同，因此在判定存款的占有时也不能机械地生搬硬套国外的结论。

第四节　非法占有目的

知识背景

在财产犯罪的成立要件中，关于除故意以外是否还需要具有非法占有目的这一问题，理论上有所分歧。其中，“非法占有目的必要说”认为，成立盗窃、诈骗等罪要求行为人在故意之外另具有非法占有目的。相对地，“非法占有目的不要说”认为，只要行为人具有犯盗窃、诈骗等罪的故意即可，不必另具有非法占有目的。虽然，我国《刑法》分则第五章没有对财产犯罪规定非法占有目的，但是由于非法占有目的在财产犯罪的认定中具有区分罪与非罪、此罪与彼罪的功能，因此至少在盗窃罪这样的取得罪中需要具有非法占有目的这一要件，是没有疑义的。

关于非法占有目的的内容为何这一问题，日本判例将非法占有的目的定义为，“非除权利人，将他人之物作为自己的所有物，并按照该物之经济的用途进行利用、处分的意思”。该定义的前半段所谓“权利人排除意思”（排除意思）根据侵害占有的意思达到什么程度（占有侵害的程度），具有将侵害程度轻微的擅自暂时使用行为（“使用盗窃”）排除在盗窃罪之外的机能（可罚性限定机能）；后半段的“利用处分意思”（利用意思），则通过将占有侵害的目的限于取得财物的利用可能性，具有把盗窃罪与以妨害利用为目的的毁弃、隐匿罪区别开来的机能（犯罪个别化机能）。

根据对这两项要素的取舍，学界出现了以下四种学说：学说一对判例就非法占有目的所下的定义持支持态度，即认为非法占有目的是排除意思加上利用意思（该观点占主流地位）；学说二主张成立盗窃只要对占有侵害存在认识即可，无须具有非法占有的目的（非法占有目的否定说）；学说三认为非法占有的目的是指“以自己为所有者而支配财物之意”（仅有排除意思即可），因而使用盗窃不具有可罚性，但在出于毁弃的目的的场合，则存在非法占有的目的；学说四认为非法占有的目的是指“通过他人之物而获取某种经济性利益的意思”（仅有利用意思即可），要区别于毁弃罪，需存在非法占有的目的，但使用盗窃原则上具有可罚性。概言之，有关盗窃罪与毁弃、隐匿罪的区别问题，学说一、学说四与学说二、学说三之间相互对立；而就使用盗窃的不可罚性而言，则是学说一、学说三与学说四之间相互对立。① 对此，笔者认为要成立盗窃罪需要具有非法占有的目的，且非法占有的目的包含了排除意思与利用意思。

规范依据

最高人民法院、最高人民检察院《关于办理盗窃刑事案件适用法律若干问题的解释》

第十条 偷开他人机动车的，按照下列规定处理：

（一）偷开机动车，导致车辆丢失的，以盗窃罪定罪处罚；

（二）为盗窃其他财物，偷开机动车作为犯罪工具使用后非法占有车辆，或者将车辆遗弃导致丢失的，被盗车辆的价值计入盗窃数额；

（三）为实施其他犯罪，偷开机动车作为犯罪工具使用后非法占有车辆，或者将车辆遗弃导致丢失的，以盗窃罪和其他犯罪数罪并罚；将车辆送回未造成丢失的，按照其所实施的其他犯罪从重处罚。

第十一条 盗窃公私财物并造成财物损毁的，按照下列规定处理：

（一）采用破坏性手段盗窃公私财物，造成其他财物损毁的，以盗窃罪从重处罚；同时构成盗窃罪和其他犯罪的，择一重罪从重处罚；

（二）实施盗窃犯罪后，为掩盖罪行或者报复等，故意毁坏其他财物构成犯罪的，以盗窃罪和构成的其他犯罪数罪并罚；

（三）盗窃行为未构成犯罪，但损毁财物构成其他犯罪的，以其他犯罪定罪处罚。

案例评价

［案例 14-10］李某某盗窃案②
（排除意思的认定）

1. 基本案情

2014 年 11 月 6 日，被告人李某某在北京市丰台区××花园 7 号楼停车

---

① ［日］西田典之．日本刑法各论：第 7 版．王昭武，刘明祥，译．北京：法律出版社，2020：180-181.

② 国家法官学院案例开发研究中心．中国法院 2017 年度案例：刑事案例三．北京：中国法制出版社，2017：153-155.

场，将被害人王某的1辆车牌号为京N××××2的轿车开走。经鉴定，被盗车辆价值人民币195 000元。

2. 涉案问题

如何通过非法占有目的的认定来区分使用盗窃与盗窃？

3. 裁判理由及结论

北京市丰台区人民法院经审理后认为：被告人李某某以非法占有为目的，秘密窃取他人财物，数额巨大，其行为已构成盗窃罪，应予处罚。北京市丰台区人民检察院指控被告人李某某犯盗窃罪的证据确实充分，罪名成立。经查，在案证人吕某某证言、通信记录、临时居民身份证及北京市公安局户籍证件检验报告等证据间相互印证，足以证实被告人李某某对该车辆具有非法占有故意，故被告人的辩解与查明的事实不符，本院不予采纳。鉴于涉案车辆已起获并发还被害人，且被告人李某某积极赔偿被害人王某的其他损失，被害人王某对被告人李某某的行为表示谅解，故本院对其酌予从轻处罚。

一审宣判后，被告人提出上诉。北京市第二中级人民法院经审理后认为：关于上诉人李某某所提其只是偷开车辆，没有非法占有目的，不构成盗窃罪的上诉理由，在案证人吕某某证言、通信记录、临时居民身份证等证据充分证明李某某长时间占有车辆，并多次拨打二手车交易电话，还办理车主的临时身份证，显见其对车辆具有非法占有的主观故意，其行为符合盗窃罪的构成要件，故李某某的上诉理由无事实根据和法律依据，不能成立，不予采纳。上诉人（原审被告人）李某某以非法占有为目的，秘密窃取他人财物，数额巨大，其行为已构成盗窃罪，应予处罚。

4. 评析意见

本案的焦点在于被告人的行为是属于偷开机动车的行为（使用盗窃），还是盗窃行为。而回答该问题的关键就在于被告人非法占有目的的认定，特别是是否具有排除目的的认定。由于排除意思反映的是侵害占有的意思所达到的程度，因此其在表现上与故意毁坏财物行为中的毁坏意思具有一定的相似性，都表现为对被害人财产权利的一种妨害。但由于盗窃行为的目的最终是取得财物，排除被害人的占有是为取得财物服务的，所以排除意思仅仅只是对被害人占有的妨害的意思而不是积极追求财物的毁损。由于排除意思的有无反映的是对占有侵害程度的高低，所以可以将不具有永久排除被害人对财物的占有的使用盗窃行为排除在盗窃行为之外，从而合理地限定处罚范围。

本案主审法官认为认定是否具有非法占有目的应当考虑全案情况，包括被告人是否具有返还的意思，在使用后是否有毁弃、放置的行为，对被害人利用可能性的侵害程度，妨害被害人利用的时间、财物的价值等。相反，以玩乐为目的偷开他人机动车辆的，也同样需要综合判断：行为人主观上对车辆应当具有返还的意思，客观上应体现出返还行为，行为人应当保持车辆完好，妥善避免对被害人利用可能性的侵害，使用后积极地联系被害人返还车辆，在对车辆造成损坏时，不应当消极放置，而应当积极将车辆恢复原状等。[①] 其中影响排除意思的认定的非常重要的一个因素就是行为人是否有返还的意思，没有返还的意思就意味着其不是暂时地使用而是想永久地取得对财物的占有，此时其主观上对严重的占有侵害的积极追求就可以被认定为具有排除意思，相应的行为也就应被评价为是盗窃行为。[②] 对于《最高人民法院、最高人民检察院关于办理盗窃刑事案件适用法律若干问题的解释》第 10 条第 1 项“偷开机动车，导致车辆丢失的，以盗窃罪定罪处罚”的规定，应该理解为：偷开机动车，以如同处分自己财物一般，并无完整归还车辆的意图，随意使用导致车辆丢失的，按照盗窃罪来处罚，即仍然需要在裁判过程中考量行为人是否有完整归还财物的意图。应该将行为人只是想暂时使用车辆，但是在使用过程中由于过失或意外事件导致车辆丢失的情形排除在外。

就本案而言，笔者认为被告人李某某具有非法占有目的：第一，李某某在长达 3 日时间内，从未积极联系公安机关、车辆所有权人处理车辆损坏事宜，客观上极大侵害了被害人对车辆的占有；第二，事故发生后，李某某实施的伪造车辆所有权人身份证件的行为体现了其意图以车辆所有权人的身份来占有使用该车，并无将车辆返还被害人的意思；第三，李某某无法合理解释其与从事二手车交易的人员电话联系的原因，可以认为其意图售卖损坏后的车辆进而获利，具有利用意思。综合上述情况可以判断被告人李某某具有非法占有目的，其行为成立盗窃罪。

[案例 14-11] 谷某广、刘某政盗窃案[③]
(利用意思的认定)

1. 基本案情

被告人谷某广经过事先预谋、踩点后，于 2019 年 6 月 29 日 6 时许伙同被告人刘某政驾驶车辆来到曹妃甸区七农场宝丰物流公司，盗窃该公司的广告塔。盗窃过程中，被告人谷某广、刘某政分别雇用工人，并租用氧气瓶和切割机将该公司的四根广告塔进行切割。该二人将切割好的一根广告塔拉走，并由被告人刘某政联系售卖，在正准备拉走其余广告塔时，被公安机关查获。经唐山市曹妃甸区发展和改革局价格认定，盗窃既遂的广告塔价值人民币 10 898

① 国家法官学院案例开发研究中心．中国法院 2017 年度案例：刑事案例三．北京：中国法制出版社，2017：154.

② ［日］高桥则夫．刑法各论：第 3 版．东京：成文堂，2018：231.

③ 参见河北省唐山市中级人民法院（2020）冀 02 刑终 66 号刑事判决书。

元，盗窃未遂的广告塔价值人民币 84 966 元。被告人谷某广、刘某政所盗赃物已发还被害单位，且被告人通过家属主动将赔偿押金交至曹妃甸区人民法院。

2. 涉案问题

在盗窃公私财物并造成财物损毁的案件中如何认定利用意思？如何适用“采用破坏性手段盗窃公私财物，造成其他财物损毁的，以盗窃罪从重处罚”的规定？

3. 裁判理由及结论

在一审宣判后，检察院抗诉。辩护人在二审当庭发表意见认为：抗诉机关所提犯罪既遂部分增加基准刑的 30％的比例过高；本案破坏的是被盗物品本身，并未造成其他财物损毁，不属于使用破坏性手段实施盗窃，不应该增加基准刑的 20％；检察机关没有评价被告人的坦白和积极赔偿被害人损失的量刑情节；原判定罪准确，量刑适当，建议驳回抗诉，维持原判。二审法院就原审被告人谷某广、刘某政的行为是否属于采用破坏性手段实施盗窃，是否应该从重处罚的问题认为，根据河北省高级人民法院《关于常见犯罪的量刑指导意见》实施细则的相关规定，采用破坏性手段盗窃公私财物，造成其他财物损毁的，可以增加基准刑的 30％以下。所谓破坏性手段，是指作案时使用的作案手段、方法完全不顾物的性能，使物的性能、形态等发生改变的情况。认定采用破坏性手段实施盗窃，一是看手段的恶劣程度，二是看造成财物损失的情况。一般性的破坏手段，可在确定量刑起点时考虑；破坏性程度较高的，可单独作为调节基准刑的从重处罚情节。本案中，原审被告人谷某广、刘某政为盗窃广告塔，将广告塔进行切割的行为，应认定为一般性的破坏手段，不应当单独作为调节基准刑的从重处罚情节。故唐山市曹妃甸区人民检察院和唐山市人民检察院所提相关抗诉意见和支持抗诉意见，不予支持。两辩护人所提相关辩护意见，予以支持。

4. 评析意见

盗窃和故意毁坏财物的行为在客观表现上，均体现为对占有的一种妨害。因此盗窃罪非法占有目的中的“利用处分意思”（利用意思），通过将占有侵害的目的限于取得财物的利用可能性，具有把盗窃罪与以妨害利用为目的的毁弃、隐匿行为区别开来的作用。现实中比较常见的是，在实施盗窃行为时为取得对财物的占有，不得不使用强制力来破坏财物原有的状态，而这常常会对财物造成一定的损坏。此时如何评价这种对财物造成一定损坏的取得行为，就涉及认定利用意思的问题。

为此，《最高人民法院、最高人民检察院关于办理盗窃刑事案件适用法律若干问题的解释》第 11 条第 1 项指出：“采用破坏性手段盗窃公私财物，造成其他财物损毁的，以盗窃罪从重处罚；同时构成盗窃罪和其他犯罪的，择一重罪从重处罚。”不难看出，以破坏性手段盗窃公私财物的，由于其主观上是出于获得财物并将以利用的目的，破坏性手段只是取得财物的方式，是为取得财物服务的，因此在评价上其行为是出于非法占有的目的而不是毁坏的目的，原则上应该评价为盗窃罪。需要指出的是，虽然就一个财物而言，利用意思和毁坏意思一般来说是相互排斥的（除了其通过毁坏的方式来使用财物这种情形），但是这两种意思完全可以存在于不同的财物上，如为获得镶嵌在某件艺术品上钻石而在撬取过程中不顾对艺术品的损毁，乃至是积极追求艺术品的损毁以使钻石本身成为艺术品的唯一残留物从而提高其价值的行为，对于钻石是出于非法占有目的，对于艺术品则是出于毁坏目的，此种情形就属于上述条款的后段所规制的行为。至于是作为从重情节还是单独构成犯罪，笔者认为还是要从其他犯罪的构成要件来进行具体判断，就故意毁坏财物罪来说，就需要从损坏财物的价值高低、是否有毁坏意思、手段是否恶劣等方面来考量。

就本案而言，二审法院指出：“所谓破坏性手段，是指作案时使用的作案手段、方法完全不顾物的性能，使物的性能、形态等发生改变的情况。认定采用破坏性手段实施盗窃，一是看手段的恶劣程度，二是看造成财物损失的情况。一般性的破坏手段，可在确定量刑起点时考虑；破坏性程度较高的，可单独作为调节基准刑的从重处罚情节。”这可以说是为破坏性手段的认定提供了一个具体的实质判断标准，笔者对此表示赞同。

第五节　盗窃行为

知识背景

《刑法修正案（八）》不仅修改了盗窃罪的法定刑，而且修改了盗窃罪的基本罪状，即将原来的“盗窃公私财物，数额较大或者多次盗窃的”，修改为“盗窃公私财物，数额较大的，或者多次盗窃、入户盗窃、携带凶器盗窃、扒窃的”，将原来的两种类型，增加为五种类型。其中，盗窃公私财物数额较大，可谓普通盗窃（类型），后四种盗窃可谓特殊盗窃（类型）。但是，不管什么类型的盗窃，其都必须具备盗窃罪的基本特征，否则不能称之为盗窃。换言之，特殊类型的盗窃之所以特殊，并不是盗窃行为本身有特殊之处，而是对盗窃行为之外另有特殊要求。[①] 故以下先就普通盗窃的一般特性加以说明，于具体案例中再对各种特殊盗窃的独有要件加以分析。

---

① 张明楷．盗窃罪的新课题．政治与法律，2011（8）．

盗窃罪的行为是窃取他人占有的财物。窃取是指违反被害人的意志，将他人占有的财物转移为自己或第三者（包括单位）占有。首先，窃取行为虽然通常具有秘密性，其原本含义也是秘密窃取，但将盗窃限定为秘密窃取则必然存在处罚上的空隙，造成不公正现象。所以，国外刑法理论与司法实践均不要求秘密窃取，事实上也完全存在公开盗窃的情况。笔者认为，盗窃行为并不限于秘密窃取。其次，窃取行为是排除他人对财物的支配，建立新的支配关系的过程。倘若只是单纯排除他人对财物的支配，如将他人喂养的鱼放走，便不是窃取行为。只是使他人的占有变得更为松弛或者缓和的行为，也不是窃取行为。再次，窃取的手段与方法没有限制，既可以亲手实施，也可以利用无责任能力的人实施，既可以利用机器、装置或者动物实施，也可以利用被害人的举动实施。换言之，即便使用了欺骗方法，但如果该欺骗行为并不具有使对方基于认识错误处分财产的性质的，仍然成立盗窃罪。复次，被害人丧失占有的财物与行为人设立新的支配的财物必须具有同一性。需要说明的是，行为人在转移被害人财物时，以类似物品进行“填补”的，不影响盗窃罪的成立。最后，窃取行为必须违反被害人（占有者）的意志。亦即，不是基于占有者的意志或者是违背占有者的意志而转移财物的占有的，才能认定为侵害了他人的占有。基于被害人承诺或推定的承诺而转移财物的，不属于窃取。当然，所谓违背被害人的意志，不是指违背被害人的任何意志，而是指违背被害人有关盗窃罪的保护法益的意志。①

规范依据

《刑法》

第二百六十四条　盗窃公私财物，数额较大的，或者多次盗窃、入户盗窃、携带凶器盗窃、扒窃的，处三年以下有期徒刑、拘役或者管制，并处或者单处罚金；数额巨大或者有其他严重情节的，处三年以上十年以下有期徒刑，并处罚金；数额特别巨大或者有其他特别严重情节的，处十年以上有期徒刑或者无期徒刑，并处罚金或者没收财产。

第二百六十五条　以牟利为目的，盗接他人通信线路、复制他人电信码号或者明知是盗接、复制的电信设备、设施而使用的，依照本法第二百六十四条的规定定罪处罚。

最高人民法院、最高人民检察院《关于办理盗窃刑事案件适用法律若干问题的解释》

第三条　二年内盗窃三次以上的，应当认定为“多次盗窃”。

---

① 张明楷．刑法学．5版．北京：法律出版社，2016：949－951.

非法进入供他人家庭生活，与外界相对隔离的住所盗窃的，应当认定为“入户盗窃”。

携带枪支、爆炸物、管制刀具等国家禁止个人携带的器械盗窃，或者为了实施违法犯罪携带其他足以危害他人人身安全的器械盗窃的，应当认定为“携带凶器盗窃”。

在公共场所或者公共交通工具上盗窃他人随身携带的财物的，应当认定为“扒窃”。

第八条　偷拿家庭成员或者近亲属的财物，获得谅解的，一般可不认为是犯罪；追究刑事责任的，应当酌情从宽。

案例评价

[案例 14－12] 宁某盗窃案①
（多次盗窃中“次”的认定）

1. 基本案情

2017 年 2 月至 5 月，被告人宁某为筹措毒资，伙同他人或独自一人，先后 6 次窜至灵山县灵城街道白水村委会甲凉果厂内，共盗得被害人何某存放在该处的建筑金属扣件 335 只，共价值人民币 1 366.8 元。具体如下：

(1) 2017 年 2 月间，被告人宁某伙同他人 3 次窜至上述地点，先后盗窃被害人何某存放在该处的建筑金属扣件共计 180 只，共价值人民币 734.4 元，并全部销赃给邓某，共得赃款人民币 180 元；

(2) 2017 年 3 月间，被告人宁某窜至上述地点，先后两次盗窃被害人何某存放在该处的建筑金属扣件共 50 只，价值人民币 204 元，后销赃给黄某，得赃款人民币 55 元；

(3) 2017 年 5 月的一天，被告人宁某窜至上述地点，盗窃被害人何某存放在该处的建筑金属扣件 105 只，价值人民币 428.4 元，后销赃给谢某，得赃款人民币 105 元。

2. 涉案问题

多次盗窃中被告人每次盗窃的数额均只有一两百元，这样的行为是否能累计计算到多次盗窃的次数中？

3. 裁判理由及结论

广西钦州市灵山县人民法院经审理后认为：被告人宁某以非法占有为目的，结伙或单独多次秘密窃取他人财物，其行为已触犯了《刑法》第 264 条

① 国家法官学院案例开发研究中心．中国法院 2019 年度案例：刑事案例三．北京：中国法制出版社，2019：180－182.

的规定，构成盗窃罪。根据被告人宁某的犯罪事实、性质、情节及对社会的危害程度，依照《刑法》第 264 条的规定，判决被告人宁某盗窃罪，判处有期徒刑 1 年 6 个月，并处罚金人民币 2 500 元。

4. 评析意见

本案处理重点主要在于对被告人多次盗窃中次数的认定。2013 年《最高人民法院、最高人民检察院关于办理盗窃刑事案件适用法律若干问题的解释》第 3 条第 1 款规定："二年内盗窃三次以上的，应当认定为'多次盗窃'。"该条解释对构成多次盗窃的时间跨度、次数都进行了规定。实践中，对"二年内"时间上的把握相对争议不大，但是对如何理解和判断"次"实践中却存在着不同的观点。对"次"的判断，笔者赞同以下标准：首先，在同一时间、同一地点针对同一被害人所实施的盗窃，就是一次盗窃。在同一地点盗窃三位被害人财物的，应认定为多次盗窃。在不同时间、不同地点盗窃同一被害人的财物的，也是多次盗窃。其次，对"次"应当根据客观行为认定，而不能根据行为人的主观心理状态认定。例如，对基于一个概括的犯意，连续在一定场所三次盗窃不同被害人的财物，或者对一栋办公室楼中的几个办公室连续实施盗窃的，应当按客观行为认定为多次盗窃，而不能按主观心理状态认定为一次盗窃。再次，多次盗窃不以每次盗窃既遂为前提；成立多次盗窃，也不要求行为人实施的每一次盗窃行为均已构成盗窃罪。最后，多次盗窃不以行为人具有盗窃的惯常性为前提，既不要求客观上达到所谓惯窃的程度，也不要求行为人具有盗窃的习癖。①

本案的核心问题在于在盗窃数额微小即便将多次盗窃的数额相累计，仍然达不到普通盗窃的起刑点时，能否将这种盗窃数额微小的行为计算到次数中以及能否仅以盗窃行为次数较多来认定为多次盗窃。

诚然，根据《刑法》的规定和相关司法解释，"多次盗窃"入罪不要求盗窃数额累计达到数额较大，更不要求单次达到数额较大，但目前大多数意见认为构成多次盗窃的每次盗窃行为也应有一定的社会危害性。例如《浙江省高级人民法院、浙江省人民检察院、浙江省公安厅关于办理盗窃刑事案件的若干意见》第 1 条的规定就指出，行为人仅为充饥而窃取少量食物，因为保暖而盗窃少量衣物的行为，如果没有其他严重情节，可根据《刑法》第 13 条视为情节显著轻微危害不大，不作为犯罪处理，如多次到商店仅盗窃几个面包、几瓶水等物品的行为。在我国，盗窃行为是在《治安管理处罚法》和《刑法》当中都要加以处罚的危害行为，二者之间的区别在于，前者行为的社会危害性比较大，而后者则比较小。而社会危害性大小之比较，在盗窃罪的

① 张明楷．盗窃罪的新课题．政治与法律，2011（8）.

场合主要是从结果即盗窃财物数额大小的立场来判断的。一个最基本的要求是，成立盗窃罪必须是盗窃财物“数额较大”，这一点对多次盗窃的认定也有意义。因为，盗窃数额太小的盗窃行为，尽管次数很多，但也不会造成严重破坏他人财产利益的结果。这样说来，尽管有多次盗窃的行为，但若每次盗窃都是未遂，或者有一两次未遂，致使多次盗窃财物的价值总额很小，距离“数额较大”的标准较远的话，也还是难以说要以盗窃罪定罪处罚。[①] 盗窃罪是财产犯罪，成立盗窃罪需要对财产法益造成侵害，这一点即便是对多次盗窃也不例外。

具体到本案中，宁某在短短三个月的时间内先后六次秘密窃取他人财物，六次的盗窃数额累计相加为 1 366.8 元，累计相加的犯罪数额虽没有达到刑事犯罪立案标准（根据广西壮族自治区高级人民法院规定的标准，1 500 元以上才构成“数额较大”）。但是，第一，行为人多次实施盗窃的数额总和虽未达 1 500 元，但也已超过了 1 000 元，对被害人的财产法益造成了相当程度的侵害，并非属于距离“数额较大”的标准较远的情形；第二，行为人窃取财物是为了倒卖获利，并非出于充饥取暖等生存需求，不属于社会危害性微小的行为，可谴责性相对较高；第三，行为人实施盗窃的次数已达六次，并且针对的对象单一，使用的手段重复性高，继续实施同样行为的可能性极大，虽然不能以这种日后实施的可能性作为认定行为人责任的基础，但是其反映了预防的必要性。故对本案中的行为应该认定为多次盗窃。

[案例 14-13] 韩某盗窃案[②]
（入户盗窃的认定）

1. 基本案情

2014 年 12 月 24 日 8 时许，被告人韩某在南京市浦口区某煤炭设计院家属区内，趁其合租同事李某上班之机，推门进入被害人李某的房间，窃得李某放置在床尾柜鞋盒内的 3 万元。2015 年 1 月 25 日，被告人韩某被公安机关抓获归案，后如实供述了自己的罪行。另经审理查明，被告人韩某已经赔偿了被害人李某 4 万元。

2. 涉案问题

入户盗窃中“户”的认定以及是否需要非法入户？

3. 裁判理由及结论

南京市浦口区人民法院认为：被告人韩某入户盗窃，数额达到数额巨大

① 黎宏．论盗窃罪中的多次盗窃．人民检察，2010（1）．

② 参见江苏省南京市浦口区人民法院（2015）浦刑初字第 180 号刑事判决书、南京市中级人民法院（2015）宁刑二终字第 178 号刑事判决书。

的 50%，情节严重，其行为构成盗窃罪。被告人韩某归案后如实供述自己的罪行，系坦白，依法可以从轻处罚；被告人韩某的亲属已经退赔了被害人李某的经济损失，并取得被害人李某的谅解，酌情可以从轻判处。依照《刑法》第 264 条、第 67 条第 3 款，以及《最高人民法院、最高人民检察院关于办理盗窃刑事案件适用法律若干问题的解释》之规定，以盗窃罪判处被告人韩某有期徒刑 3 年，罚金 5 万元。

一审宣判后，被告人韩某提出上诉，其对原审判决认定的事实和证据均无异议，上诉理由是其不是入户盗窃，原审判决量刑过重。韩某二审当庭还提出，其进入李某房间是为了问李某带早餐之事。

其辩护人提出：被害人李某的房间他人平时也能进出，具有公用性质，不具有户的特性；韩某是为确认带早餐而进入李某房间，犯意是在进入李某的房间后产生的，故不应认定为入户盗窃；韩某具有自首情节；韩某认罪态度好，家属积极退赔被害人损失，取得了被害人的谅解，又系初犯、偶犯，可从轻或减轻处罚。

南京市人民检察院认为，一审法院判决认定事实清楚，证据确实充分，量刑适当，建议依法驳回上诉，维持原判。

南京市中级人民法院审理查明的事实与一审刑事判决书认定的事实一致，该事实又经原审法院庭审质证的证据证实，证据间能相互印证，且来源合法，具有客观真实性，足以证明本案的事实。根据辩护人提出的申请，法庭当庭传唤被害人李某到庭。李某的当庭陈述证实，其与韩某等五人合租了三室一厅房间，三个房间有房门没有门锁，大家都是同事，平时也经常串门，进出相对自由，其没有说过禁止其他人进入其房间。

南京市中级人民法院认为上诉人韩某盗窃他人财物，数额较大，其行为构成盗窃罪。原审法院判决认定事实清楚，证据确实充分，定性准确，但适用法律不当，不应认定为入户盗窃，予以纠正。依照《刑事诉讼法》第 225 条第 1 款第 2 项和《刑法》第 264 条、第 52 条、第 67 条第 3 款之规定，判决：(1) 维持南京市浦口区人民法院（2015）浦刑初字第 180 号刑事判决书对韩某的定罪部分，即被告人韩某犯盗窃罪；(2) 撤销南京市浦口区人民法院（2015）浦刑初字第 180 号刑事判决书对韩某的量刑部分，即被告人韩某犯盗窃罪，判处有期徒刑 3 年，罚金 5 万元；(3) 上诉人韩某犯盗窃罪，判处有期徒刑 1 年，并处罚金 1.5 万元。

4. 评析意见

入户盗窃的基本构成要素应为“入户”“盗窃”两个要素。根据《最高人民法院、最高人民检察院关于办理盗窃刑事案件适用法律若干问题的解释》规定，“入户”对应为“非法进入供他人家庭生活，与外界相对隔离的住所”。

与此同时，司法实践中还存在其他司法解释或规范性意见对“入户”或者“入户抢劫、抢夺”等的明确规定，可以作为“入户”认定要件的参考标准：

第一，最高人民法院《关于审理抢劫案件具体应用法律若干问题的解释》中明确了入户抢劫的认定，指“为实施抢劫行为而进入他人生活的与外界相对隔离的住所，包括封闭的院落、牧民的帐篷、渔民作为家庭生活场所的渔船、为生活租用的房屋等进行抢劫的行为”。

第二，最高人民法院《关于审理抢劫、抢夺刑事案件适用法律若干问题的意见》中规定：一是“户”的范围，解释为住所，其特征表现为供他人家庭生活和与外界相对隔离两个方面，前者为功能特征，后者为场所特征。一般情况下，集体宿舍、旅店宾馆、临时搭建工棚等不认定为“户”，但在特定情况下，如果确实具有上述两个特征，也可以认定为“户”。二是入户目的的非法性。进入他人住所须以实施抢劫等犯罪为目的，抢劫行为虽然发生在户内，但行为人不以实施抢劫犯罪为目的进入他人住所，而是在户内临时起意实施抢劫的，不属于入户抢劫。

第三，2016 年 1 月最高人民法院印发的《关于审理抢劫刑事案件适用法律若干问题的指导意见》规定，对部分时间从事经营、部分时间用于生活起居的场所，行为人在非营业时间强行入内抢劫或者以购物等为名骗开房门入内抢劫的，应认定为入户抢劫。对于部分用于经营、部分用于生活且之间有明确隔离的场所，行为人进入生活场所实施抢劫的，应认定为入户抢劫；如场所之间没有明确隔离，行为人在营业时间入内实施抢劫的，不认定为入户抢劫，但在非营业时间入内实施抢劫的，应认定为入户抢劫。①

综合来看，笔者认为对于“入户”这一要件可以从以下几个方面来把握：第一，所谓“户”即住所，其特征表现为供他人家庭生活和与外界相对隔离两个方面，前者为功能特征，后者为场所特征，经营与起居之间没有明确隔离的则以盗窃时场所实际所发挥的功能为判断标准，在认定上只要实质上符合了这两个特征的便属于“户”的范围。第二，入户需要具有非法性，因为如果将合法入户后的盗窃行为认定为入户盗窃，就不当扩大了处罚范围，特别是扩大了亲属间、朋友间小额盗窃的处罚范围。第三，只要是非法进入他人住宅并实施盗窃的，即使非法进入住宅时没有盗窃的故意，也应认定为盗窃罪，虽然《关于审理抢劫刑事案件适用法律若干问题的指导意见》要求进入他人住所须以实施抢劫等犯罪为目的，但基于将入户盗窃规定为盗窃罪的行为类型是为了扩大盗窃罪的处罚范围这一立法目的，并且对入户情节来说，

---

① 王瑞琼，王娇霞．韩某盗窃案：认定入户盗窃须以非法入户为标准．人民司法·案例，2016(14)．

盗窃罪适用的是的基本法定刑，而抢劫罪是加重法定刑，所以在适用上应该认为，即使不是以实施犯罪为目的，只是以实施一般违法行为为目的入户，入户后实施盗窃行为的，也应当认定为入户盗窃。第四，需要注意的是，入户盗窃并不是非法侵入住宅罪与盗窃罪的结合犯，因为如果拆开入户与盗窃分别判断，入户行为可能并不成立非法侵入住宅罪，盗窃行为也不一定成立盗窃罪。由于入户盗窃不是结合犯，所以，既不要求入户行为本身构成非法侵入住宅罪，也不要求盗窃数额较大。①

具体到本案中，主要是两个方面的问题：一是被害人住的房间是否属于“户”的范围，二是行为人的行为是否属于“非法进入”。对于第一个问题，本案中被害人居住的是合租房。这是现在在租金相对较高的城市中常见的租房方式。与传统意义上的户相比，合租房的所有权归属于一人所有，在户籍上也是整体地登记为一户，承租人只是在对其中各个房间的使用权上有所划分，此时对合租房中的各个房间是否能称其为刑法上的“户”是值得探讨的。笔者主张，合租房中的房间，是承租人日常起居的场所，尽管与其他承租人具有公用的面积，但是就房间本身而言，房间是给特定的人居住的，并非集体活动的场所，属于私人生活的空间，每个房间内都有不同主体的隐私，都有值得单独保护的必要，并且合租房既具有供他人家庭生活的功能特征，也具备属私人生活领域和相对隔离的特点，因此可以评价为刑法意义上的“户”。本案中，尽管被害人李某的房间没有锁，而且房间内具有公共的物品路由器，但是这不能否定该房间属于李某的私人生活空间，其个人在房间内的日常生活与外界是相对隔离的，其房间既具有“户”的功能特征，也具有“户”的场所特征，因此应当认定为“户”②。

对于第二个问题，本案中，被害人李某陈述、被告人韩某供述相互印证，证实被害人李某与被告人韩某等五人合租三室一厅的房间，大家都是同事，平时也经常串门，进出相对自由。从《刑法修正案（八）》的立法修改意图看，打击入户盗窃行为，除因被告人实施盗窃行为外，更多地还是因为行为人对居住人的个人隐私和居住安宁权造成一定程度的侵犯，对居住人的人身安全也造成了潜在的危险。根据本案查明的事实，虽然不能认为被害人明确同意韩某可以随意进入其房间，但由于其居住在一起，平时也经常串门，被告人韩某进入被害人的房间并未对被害人的居住安宁权造成侵害，同时也未对被害人的人身安全造成潜在的危险。从这个意义上来说，被告人韩某的入户行为不具有非法性的特征，不能评价为非法入户。因此二审法院改变了一

① 张明楷．盗窃罪的新课题．政治与法律，2011（8）．

② 王瑞琼，王娇霞．韩某盗窃案：认定入户盗窃须以非法入户为标准．人民司法·案例，2016（14）．

审法院对入户盗窃的认定，认定被告人韩某的行为不属于入户盗窃，进而依照有关法律规定进行改判的做法是正确的。

[案例 14－14] 罗某、张某盗窃案①
（携带凶器盗窃的认定）

1. 基本案情

2012 年 4 月 7 日上午 10 时许，被告人罗某、张某携带牛角刀、弩弓、剧毒针筒等作案工具骑摩托车，到荔浦县蒲芦乡万全村东偷狗。被告人罗某、张某在一个养猪场附近发现一条大黄狗，被告人罗某即用装有剧毒针筒的弩射杀大黄狗，狗被射中后往旁边的竹林里跑走，被告人张某随即到竹林里去找狗未果，二人又坐上摩托车准备再寻找可射杀的狗时被村民抓获。村民从二人携带的提包内搜出牛角刀、弩弓等物后随即报警。

2. 涉案问题

在盗窃工具具有杀伤性时如何认定“携带凶器”?

3. 裁判理由及结论

广西壮族自治区荔浦县人民法院认为：被告人罗某、张某以非法占有为目的，携带凶器盗窃，其行为已触犯《刑法》第 264 条的规定，符合盗窃罪的构成要件，构成盗窃罪。公诉机关指控二被告人犯盗窃罪罪名成立，依法应追究其刑事责任。被告人罗某、张某共同故意实施盗窃行为，是共同犯罪，二被告人在共同犯罪中作用相当，本案不区分主、从犯；二被告人到案后，能如实供述自己的犯罪事实，当庭自愿认罪，认罪态度好，依法可以从轻处罚。

4. 案件评析

本案的核心问题在于，为了取得财物而携带了具有杀伤性的工具的，是否均会成立携带凶器盗窃。要解决这一问题，实质上就是要确定刑法上的“携带凶器”到底是什么意思。

《刑法修正案（八)》将携带凶器盗窃作为成立盗窃罪的一种情形，说明盗窃罪的保护法益已经有所变化，即从单纯保护财产占有权、所有权转向同时保护人身权。盗窃罪的保护法益的这种变化，对理解携带凶器盗窃会有比较大的影响。笔者主张对“携带凶器”在适用上应该注意以下几点：

第一，凶器要有一定的杀伤力，且通常不是盗窃工具，例如盗窃用的万能钥匙无论如何不能被评价为凶器。当然，在某些特殊案件中，也不能排除盗窃工具同时是被告人携带的凶器，但此时一定要尽可能限定范围。

第二，凶器有使用可能性的，行为才能被评价为携带。携带不等于随

---

① 参见广西壮族自治区荔浦县人民法院（2012）荔刑初字第 91 号刑事判决书。

身带着，但行为人对凶器一定要有紧密控制关系，这种紧密控制关系一定要高于法律上或者观念上的占有、持有或控制，即行为人在想使用该器械时能够随时取用。

第三，通常不要求行为人有使用意思，换言之，只要有携带意思，即便行为人根本不想使用的，也是“携带凶器”。但是，在少数案件中，行为人是否有使用意思，是反过来证明其携带的是否属于“凶器”的证据。①

第四，“携带凶器”不需要行为人向被害人明示。无论是法条规定还是相关司法解释，都没有要求行为人将“携带”的凶器明示于相关当事人，故只要行为人为了盗窃而故意携带凶器，案发后查明了携带凶器的事实即可。如果行为人向被害人故意展示其随身携带的凶器，则这可能涉及抢劫犯罪。

具体到本案中，剧毒针筒、牛角刀以及弩弓有一定的杀伤力，且有使用的可能，对人使用的话能够对人造成人身伤害。但由于盗窃的狗是活物，要想盗窃成功，就必须使用强力，本案中的剧毒针筒、牛角刀以及弩弓就是为了压制狗的反抗而使用的工具。对于这种既具有工具特性又可能用作凶器的工具，要具体情况具体分析，不可一概而论，更不可简单地作出不利于嫌疑人、被告人的解释。只有在排除合理怀疑之后，能够证明行为人就是要将作案工具用作凶器的，才能认定其为携带凶器盗窃。这里实际上有一个经验判断的问题。② 应该说本案中携带的剧毒针筒、牛角刀以及弩弓主要是为了猎杀狗而使用的作案工具，在被村民抓获的过程中也一直被放在携带的提包中，无法表明其有使用的意图。至少对行为人是否有使用这些工具来抗拒抓捕、侵害人身这一点是存疑的，因此笔者认为，此时应该作有利于被告人的解释，不将其作为携带凶器盗窃。当然，正如笔者所说的，这实际上是一个经验判断的问题，因此应该结合当地的具体风俗、各工具的常见用途、对完成盗窃行为是否有必要等方面加以考量，以此得出相对具有说服力的结论。

［案例 14－15］杨某盗窃案③
（扒窃的认定）

1. 基本案情

2011 年 12 月 15 日 11 时许，被告人杨某平至上海市浦东新区海阳路 436 号足浴店二楼包房内，在被害人郭某芳为其做指压服务时，以假项链调包的方式窃得郭某芳戴于颈部的黄金项链一根（价值人民币 9 386 元）。被告人在

① 周光权．从法益保护角度理解“携带凶器盗窃”．人民检察，2014：（6）.

② 谢望原．六个方面把握“携带凶器盗窃”．人民检察，2014：（6）.

③ 参见上海市浦东新区人民法院（2012）浦刑初字第 805 号刑事判决书。

去前台付账时，被被害人及时发现并被当场抓获。被告人杨某平到案后如实交代了犯罪事实。

2. 涉案问题

如何区分扒窃与普通盗窃？

3. 裁判理由及结论

上海市浦东新区人民法院认为：被告人杨某平以非法占有为目的，采用秘密手段，窃取他人财物，价值人民币 9 386 元，数额较大，其行为已构成盗窃罪。公诉机关指控的罪名成立，本院予以支持。被告人杨某平到案后如实供述自己的罪行，依法从轻处罚，且赃物已发还被害人，酌情从轻处罚。为维护社会治安秩序，保护个人财产不受侵犯，依照《刑法》第 264 条、第 67 条第 3 款、第 53 条、第 64 条之规定，判决如下：（1）被告人杨某平犯盗窃罪，判处有期徒刑 1 年，罚金人民币 1 000 元；（2）缴获的假金项链一根予以没收。

4. 评析意见

扒窃是对在公交车、车站、广场等人群频繁流动的场域实施盗窃的人的行为的形象描述，并非一个法律术语，只是在《刑法修正案（八）》中被明确为法律专业词语。扒窃的社会危害性不仅仅表现为侵害公私财产，更在于对人身安全性造成威胁，降低民众出行的人身安全感，削弱人与人之间的信任感。扒窃的近身性导致其比普通盗窃更容易转化为伤害、抢劫等犯罪，因而其社会危害感和社会危害性比普通盗窃更强烈和严重。

对于本案能否认定为扒窃存在争议。一种观点认为被告人在公共场所盗窃被害人随身携带的财物，应认定为扒窃；另一种观点认为虽然被告人盗窃的是被害人随身携带的财物，但是包房不能被认定为公共场所，因为财物被盗在包房里，其丧失了公共场所性。可见，本案的争议点是对扒窃构成要件之一“公共场所”的理解。

本案不应认定为扒窃而应认定为普通盗窃。笔者认为，要成立扒窃，需要满足以下要件：第一，行为发生在公共场所；第二，所窃取的应是他人随身携带的财物；第三，所窃取的财物应是值得刑法保护的财物。[①] 扒窃不要求技术性、秘密性以及惯常性等要件，也不要求财物的体积较小。对于本案争议焦点的“公共场所”要件，一般可理解为在一定区域内向公众开放、供公众聚集进行社会活动的具有明确地域空间的场所。不过，笔者认为公共场所不仅是一个物理空间，需要有人类的活动足迹，而且公共场所背后有对公共

① 也有学者主张以“贴身禁忌”作为扒窃概念的思想基础，认为扒窃是指侵入他人贴身范围、盗窃他人贴身携带的财物的行为。车浩．“扒窃”入刑：贴身禁忌与行为人刑法．中国法学，2013（1）．

秩序的追求，但它有时受到时间和人员的限制而被暂时屏蔽了公共场所功能。场所的公共性并非由其物理空间属性所决定，而是由人们在其中开展的活动性质决定。据此，凡是能够出入不受限制、凭票出入或者人员出入相对不固定的场所都应该被认定为公共场所，而机关、学校、企业、施工场地等由于受承载功能和人员相对固定的限制而无法成为扒窃实施的场域。足浴店本身是一个公共场所，人人都可以花钱出入该场所享受服务，但里面的包房则是由被害人付费购入了在一定时间段内的使用权，即其他人不能自由出入或占用，那么这种暂时的封闭性和排斥性使其不能作为扒窃实施的公共场所空间，行为人的行为只能认定为普通盗窃。如果行为人是在足浴店的大厅里实施盗窃行为，那么这种行为认定为扒窃并没有任何问题。① 总而言之，在认定公共场所时，需要根据建筑物各分区的实际功能以及行为时其所处的状态来具体认定，而不能以建筑物整体具有向公众开放的性质，就将其认定为是公共场所。

[案例 14－16] 文某被控盗窃案②
（盗窃近亲属财物的认定）

1. 基本案情

被告人文某之母王某是文某的唯一法定监护人。1999 年 7 月间，文某谈恋爱遭到王某反对，被王某赶出家门。之后，王某换了家里的门锁。数日后，文某得知其母回娘家，便带着女友撬锁开门入住。过了几天，因没钱吃饭，文某便同女友先后 3 次将家中康佳 21 寸彩电 1 台、荣事达洗衣机 1 台、容声冰箱 1 台、华凌分体空调 4 台变卖，共得款 3 150 元。案发后，公安机关将空调 1 台和洗衣机 1 台追回发还其母，其余物品退赔 14 500 元。

2. 涉案问题

如何处理发生在家庭成员和近亲属之间的偷窃案件？

3. 裁判理由及结论

杭州市西湖区人民法院认为，法定代理人王某是被告人文某的唯一法定监护人，在文某成年以前有抚育义务。文某过早谈恋爱，固有不对，但王某把他赶出家门，不给生活费，管教方法不当，有悖我国婚姻法和未成年人保护法的规定，没有正确履行监护人的职责，被告人文某尚未成年，是家庭财产的共有人，偷拿自己家中物品变卖的，不属非法占有。公诉机关指控被告人文某犯盗窃罪不能成立，辩护人的辩护意见予以采纳。依照《刑法》第 13 条、《最高人民法院关于审理盗窃案件具体应用法律若干问题的解释》第 1 条

① 李俊英，潘庸鲁．杨某盗窃案：扒窃与普通盗窃的适用界限．人民司法·案例，2012（22）．

② 最高人民法院刑事审判一、二、三、四、五庭．中国刑事审判指导案例 4．增订第 3 版：侵犯财产罪．北京：法律出版社，2017：216－219．

第 4 项、1996 年《刑事诉讼法》第 162 条第 2 项的规定，于 2000 年 3 月 13 日判决被告人文某无罪。宣判后，文某服判，未上诉，检察机关亦未抗诉，判决发生法律效力。

4. 评析意见

对于亲属间相盗的问题，我国古代就有相关的规定。秦朝的《法律答问》就明确地指出父母生前对子女享有控告权，而除此之外任何人对家庭成员间的财产侵犯行为都无权过问。唐宋律规定盗缌麻、小功财物处刑是减凡人一等，大功减二等，期亲减三等。元、明、清法律规定对盗窃犯须刺字，亲属相盗则可免刺。由此可见，亲属之间相互盗窃有别于一般盗窃罪，按其尊卑亲疏为标准来实施不同程度的刑罚，关系越近则处刑越轻，关系越疏则处刑越重。

到了现代，由于现行刑法对发生在家庭成员和近亲属之间的盗窃案件没有作出专门规定，司法实践中对此类盗窃案件的定性与处理往往存在不同的意见，作出不同的处理：有的将其作为犯罪案件追究了刑事责任，有的将其作为民事侵权纠纷案件予以处理，有的作了治安处罚，有的不作任何处罚。最早涉及此问题的是 1984 年 11 月 2 日《最高人民法院、最高人民检察院关于当前办理盗窃案件中具体应用法律的若干问题的解答》(现已失效)，该解答第 4 条第 2 项规定："处理具体案件时，要注意具体分析"，"要把偷窃自己家里或近亲属的，同在社会上作案的加以区别"。《关于审理盗窃案件具体应用法律若干问题的解释》（已失效）第 1 条第 4 项明确规定："偷拿自己家的财物或者近亲属的财物，一般可不按犯罪处理；对确有追究刑事责任必要的，处罚时也应与在社会上作案的有所区别。"现行有效的《最高人民法院、最高人民检察院关于办理盗窃刑事案件适用法律若干问题的解释》第 8 条规定："偷拿家庭成员或者近亲属的财物，获得谅解的，一般可不认为是犯罪；追究刑事责任的，应当酌情从宽。"可以看出"从无从宽"是司法机关在处理发生在家庭成员和近亲属之间的盗窃案件时应当遵循的原则，是一项重要的刑事政策。

偷拿自己家的财物或者近亲属的财物，与在社会上作案的盗窃犯罪不同，具有特殊性。一方面，家庭的财产关系比较复杂，家庭成员对共有财产拥有平等的占有、使用、收益和处分的权利，相互之间还具有抚养、赡养、监护、继承等人身和财产方面的权利义务关系。由于长期共同生活及财产在生产、交换、分配、消费过程中的频繁流转，家庭成员之间的财产权利往往很难划分清楚。发生在家庭成员之间的偷盗，一般难以区分偷盗的哪些属家庭共有财产，哪些属其他家庭成员的个人财产，难以确定犯罪的具体对象。即使财产能够区分清楚，盗窃自己家里或近亲属的财物与在社会上作案的盗窃相比，行为人的主观恶性相对不高，社会危害的范围和程度也相对较小，一般不影响社会公众的利益和安全感。另一方面，家庭成员和近亲属之间发生偷盗行为的原因和情况也比较复杂，而且被害人报案后，一旦知道系由自己的近亲属所为，出于亲情关系或者其他种种原因，一般都不愿继续诉诸司法程序，追究作案亲属的刑事责任。但需要注意的是，这种对刑事责任的宽宥是专属于具有亲属身份的人的，在共同犯罪的情形下，对其他不具有亲属身份的人，则不能享有此种减免刑罚的优惠。

关于如何理解“确有追究刑事责任必要”的问题。在司法实践中也并不排除对发生在亲属之间的某些严重的盗窃行为进行刑事追究的可能性，比如，多次盗窃亲属财物屡教不改，或者盗窃亲属财物数额巨大，或者盗窃亲属财物进行违法犯罪活动，被盗的亲属强烈要求司法机关追究其刑事责任的，等等。即使在这种情况下，司法机关处理相关具体案件时，也应当充分注意行为人盗窃的毕竟是自己近亲属的财物这一特殊性，以及其亲属气愤、反感情绪也会变化的特点，根据案件事实、法律规定和刑事政策，综合考虑行为人盗窃的次数、盗窃财物的价值、给被盗亲属造成的损失、行为人和被盗亲属关系的远近及案发后的反应等情况，慎重确定是否有追究被告人刑事责任的必要。①

从本案来看，被告人文某在作案时年龄为17周岁，虽然已经符合追究刑事责任的年龄要求，但仍属于未成年人，且没有固定的经济收入和独立生活的能力，其母亲作为其唯一法定监护人，对其负有抚养和监护的义务。即使其母亲对文某过早谈恋爱有权提出批评和进行管教，但不能以此不履行抚养的义务和监护的职责，让其脱离监护单独居住，更不应该迫使其离家出走。被告人文某因谈恋爱引起其母亲不满而被赶出家后，因没钱吃饭，于是趁其母亲不在家的时候，与其女友撬开家门入住，并将家中物品偷出变卖，钱款是为自己及女友的生活所用，其主观恶性不大。被盗财物已追回或已赔偿，最后给被害人造成的损失也不大，符合“不按犯罪处理”的条件，出于从无从宽的原则，对被告人的行为不应作为犯罪处理。

第六节　既遂标准

知识背景

对盗窃未遂的案件，我国法律并非完全不处罚。根据《最高人民法院、最

① 最高人民法院刑事审判一、二、三、四、五庭．中国刑事审判指导案例4．增订第3版：侵犯财产罪．北京：法律出版社，2017：217－218．

高人民检察院关于办理盗窃刑事案件适用法律若干问题的解释》第12条的规定，对于盗窃未遂的案件，具有下列情形之一的，应当依法追究刑事责任：(1) 以数额巨大的财物为盗窃目标的；(2) 以珍贵文物为盗窃目标的；(3) 其他情节严重的情形。

对于盗窃行为既遂的判断标准，理论上存在诸多学说。接触说认为，应当以盗窃行为人是否接触到被盗财物为标准，凡实际接触到财物的，为盗窃既遂，未实际接触到财物的为盗窃未遂。按此说，盗窃行为人着手实施盗窃以后，只要触及了盗窃的目的财物，虽然可能没有把财物盗窃到手，也同样构成盗窃既遂，而不能以未遂论处。转移说认为，应该以盗窃行为人是否已将盗窃财物移离现场作为盗窃既遂与未遂的标准。凡被盗财物已转移且与原来场所存有位移的，则为盗窃既遂，财物未被移动的则为盗窃未遂。隐匿说认为，应当以行为人是否将财物隐匿起来作为判断盗窃既遂与未遂的标准。凡是已经将盗窃的财物隐藏起来的是盗窃既遂，未藏起来的是盗窃未遂。失控说认为，以盗窃行为人的盗窃行为是否使公私财物的权利人失去了对财物的实际有效控制，作为划分盗窃既遂与未遂的标准。凡是盗窃行为使盗窃财物脱离了权利人的实际有效控制的，为盗窃既遂，未能使盗窃财物脱离权利人实际有效控制的，为盗窃未遂。失控加控制说认为，应当以被盗财物是否脱离权利人的控制，并且是否实际被置于盗窃行为人的控制下为标准。被盗财物已脱离权利人控制，并且已实际被置于行为人控制之下的为盗窃罪既遂，否则就为盗窃未遂。损失说曾经被1992年最高人民法院、最高人民检察院的司法解释所采用，其主张应当以盗窃行为是否造成公私财物损失为标准，盗窃行为造成公私财物损失的为既遂，未造成公私财物损失的为未遂。最高人民法院、最高人民检察院在1992年司法解释中规定“已经着手实行盗窃行为，只是由于行为人意志外的原因而未造成公私财物损失的，是盗窃未遂”。这个规定同时也就隐含地规定了，如果造成财物损失的，是盗窃既遂。控制说认为，应当以盗窃行为人是否已经实际控制所盗窃财物为标准判断盗窃罪的既遂与未遂，行为人已经实际控制盗窃所得财物的是盗窃既遂，没有实际控制所窃得财物的是盗窃未遂。① 笔者认为，只有行为人取得（控制）了财物，即事实上占有了财物（建立了新的支配关系）的，才能认定盗窃既遂。

在认定既、未遂时，应该根据财物的性质、形状、体积大小，被害人对财物的占有状态，行为人的窃取样态等进行判断。由于盗窃罪是财产犯罪，所以即便是特殊盗窃也应以行为人取得了值得刑法保护的财物为既遂标准，

① 董玉庭．论盗窃罪既遂标准的实践把握．国家检察官学院学报，2004：(2).

而不能将其认定为行为犯，换言之，不能只要一实施盗窃行为就认为成立既遂。①

规范依据

《刑法》

第二十二条　为了犯罪，准备工具、制造条件的，是犯罪预备。

对于预备犯，可以比照既遂犯从轻、减轻处罚或者免除处罚。

第二十三条　已经着手实行犯罪，由于犯罪分子意志以外的原因而未得逞的，是犯罪未遂。

对于未遂犯，可以比照既遂犯从轻或者减轻处罚。

第二十四条　在犯罪过程中，自动放弃犯罪或者自动有效地防止犯罪结果发生的，是犯罪中止。

对于中止犯，没有造成损害的，应当免除处罚；造成损害的，应当减轻处罚。

最高人民法院、最高人民检察院《关于办理盗窃刑事案件适用法律若干问题的解释》

第十二条　盗窃未遂，具有下列情形之一的，应当依法追究刑事责任：

（一）以数额巨大的财物为盗窃目标的；

（二）以珍贵文物为盗窃目标的；

（三）其他情节严重的情形。

盗窃既有既遂，又有未遂，分别达到不同量刑幅度的，依照处罚较重的规定处罚；达到同一量刑幅度的，以盗窃罪既遂处罚。

案例评价

［案例14－17］陈某盗窃案②
（盗窃行为既遂的标准）

1. 基本案情

2012年7月19日11时30分许，被告人陈某在乘坐由马来西亚吉隆坡飞往上海浦东国际机场的MH388航班途中，趁人不注意之机，在20H座位上方行李架内窃得程某放置于该处行李箱内的LV牌女式包一只，而后坐于22H座位翻动该包，因被程某之妹程甲及时发现而未得逞。被告人陈某亦被

① 张明楷．刑法学．5版．北京：法律出版社，2016：963－964.

② 国家法官学院，中国人民大学法学院．中国审判案例要览：2014年刑事审判案例卷．北京：人民法院出版社，中国人民大学出版社，2016：242－244.

当场抓获，并当场调取被窃女式包，内有诺基亚牌移动电话机一部、苹果牌移动电话机一部、钱包一只、劳力士手表一块、18K金镶翡翠挂件一件、移动硬盘一个、新加坡元1 418元（折合人民币7 185元）、人民币2 700元，上述财物合计价值人民币109 704元。案发后，公安机关已将调取的上述被窃财物发还被害人。被告人陈某到案后直至庭审中始终供述其为窃取现金而实施了盗窃行为并自愿认罪。

2. 涉案问题

行为人取得财物后无法离开现场，且与被害人处于同一封闭空间的行为是否属于盗窃既遂?

3. 裁判理由及结论

上海市浦东新区人民法院经审理后认为：被告人陈某以非法占有为目的，秘密窃取公民财物，数额特别巨大，依照《刑法》第264条的规定，已构成盗窃罪，应处10年以上有期徒刑，并处罚金。公诉机关指控被告人陈某犯盗窃罪的事实清楚，证据确实、充分，罪名成立。关于被告人陈某及其辩护人提出的盗窃目标仅为现金的意见，经查，被告人陈某在行李架上被害人程某的行李箱内窃得女式包一只，并已携赃离开至其他位置，这足以证实其对女式包的非法占有故意，盗窃数额应以该女式包及包内财物价值并计算，故上述意见本院不予采纳。被告人陈某虽已着手实行犯罪，但因意志以外的原因而未得逞，依照《刑法》第23条的规定，可以减轻处罚。被告人陈某在庭审中对盗窃的行为能如实供述，并能自愿认罪，可以酌情从轻处罚。被告人陈某应当依照《刑法》第53条的规定向本院缴纳罚金。依照《刑法》第264条、第23条、第53条，作出如下判决：陈某犯盗窃罪，判处有期徒刑4年，罚金人民币12 000元。被告人上诉后，二审法院维持原判。

4. 评析意见

本案的核心问题在于被告人的盗窃行为是否已经既遂。本案中由于盗窃发生的地点是正在行驶的飞机，被告人在取得财物后无法离开飞机，而不得不与被害人以较近的距离处于同一密闭空间中。这与一般情况下行为人窃得财物后，即可迅速逃离现场有所不同，使在此情形下，对被告人的盗窃行为是否已经既遂的判定出现一定困难。显然，对盗窃行为是否既遂的判定，应该以财物所处的占有归属状态为标准，而不是以行为人的状态为标准。但是行为人所处的状态，却可以辅助判断行为人是否对财物建立了新的平稳的占有。如果行为人处于随时可能被发现其犯罪行为，财物可以被立即追回的状态，则难以认为行为人此时已经对财物建立了新的平稳的占有。也就是说，在这种情况下就不能认为行为人的盗窃行为已经既遂。

具体到本案中，被告人陈某虽然盗取了被害人的包，并将其转移位置。

不过由于被告人的座位与被害人的座位较近，而且所盗窃的 LV 牌女式包体积并不小，不属于那种可以随意隐匿的财物。在窃得女式包后，由于飞机正在飞行过程中，被告人无法离开机舱，这使被告人无法将财物转移到相对安全的地方。又因为自始至终，其盗窃行为都为被害人妹妹程甲所注意，并及时通知了被害人和空乘，在此期间，可以认为被盗财物没有完全脱离被害人控制范围，即被告人未对所窃得的财物建立新的平稳的占有。因此应该认为本案中被告人的盗窃行为处于未遂状态。

[案例 14－18] 潘某军盗窃案①
（盗窃行为既遂的标准）

1. 基本案情

2016 年 2 月 2 日，李茂某安排王兴某、潘某军、王德某驾驶苏 G3×××× 号货车从连云港出发，运输水产品至江苏省内多地进行销售，王兴某负责收取货款和记录账目，潘某军与王德某负责驾驶车辆和搬运货物。2 月 4 日凌晨，王兴某、潘某军、王德某驾车至南京市江宁区甲物流市场，准备将剩余水产品交给李茂某儿子李昊某经营的乙水产商行。2 月 4 日 8 时许，在交接水产品过程中，潘某军利用王兴某、王德某离开车辆之机，窃得王兴某放置于货车副驾驶上方储物箱中的货款 144 200 元，并藏匿于货车后方的水产箱内。王兴某、王德某返回后，发现货款丢失，随即报警。2 月 4 日 11 时至 12 时，公安机关对苏 G3×××× 号货车进行勘验在驾驶室后水产车厢 14 号水产箱隔板夹层中发现上述货款人民币 144 200 元，后将该款发还李昊某。

2. 涉案问题

实施盗窃后将赃物藏匿于盗窃现场的，是否构成盗窃既遂？

3. 裁判理由及结论

江苏省南京市江宁区人民法院审理认为：被告人潘某军以非法占有为目的，秘密窃取他人财物，数额巨大，其行为已构成盗窃罪。

关于被告人潘某军是否构成犯罪未遂的争议，经审查后认为：第一，潘某军所盗窃货款系由王兴某保管的财物，且王兴某将财物专门放置于驾驶室储物箱内，并非随意放置于货车内，不能以货款是否还在货车内判断被害人是否已经失去对财物的控制。第二，潘某军盗窃货款的行为当场未被发现，且现场没有监控、安检等阻止潘某军携带货款离开现场的制约条件，保管人王兴某已经丧失了对财物的控制，潘某军已经实现了其非法占有目的。第三，

① 国家法官学院案例开发研究中心．中国法院 2018 年度案例：刑事案例三．北京：中国法制出版社，2018：154－156.

在潘某军取得货款至王兴某等人返回现场的过程中，潘某军有充分时间对财物进行事实上的处分，潘某军实际上已经实现了对财物的控制，其可以选择携款离开或者进行藏匿，其就近将货款藏匿于货车后水产箱内的行为是在实际控制财物基础上的后续移转行为，不影响对犯罪既遂的认定。综上，被告人潘某军已经实现对货款的非法占有的目的，属于犯罪既遂。江苏省南京市江宁区人民法院依照《刑事诉讼法》第 264 条第 67 条第 3 款的规定，作出如下判决：

被告人潘某军犯盗窃罪，判处有期徒刑 3 年 6 个月，罚金人民币1.4万元。

4. 评析意见

本案的主要争议在于被告人潘某军的行为是否属于犯罪未遂。具体来说就是被告人在窃得财物后，仍将财物藏匿在盗窃现场的行为，是否可认为被告人已经排除了被害人对该财物的占有，并建立了自己对于该财物的新的平稳的占有。

现代社会，由于财物形式的多样性和控制形式的广泛性，判断是否已经排除了原占有人的占有，不能单纯以是否有携带、上锁、监控、安检等具体的控制手段为标准。而应当进行实质判断，以原占有人对该财物是否仍然具有支配、使用的可能性为标准。关于行为人建立新的平稳的占有，在盗窃犯罪中具体到不同的案情会存在不同的判断，但是空间和时间应当是最为重要的判断标准。（1）空间：与原占有人的失去占有相对应，如果财物仍然在原占有人认可的存放空间内，原占有人仍然可以实现有效的控制，就不存在原占有人失去占有的情况，行为人建立新的平稳的占有也就无从谈起。但在存在安检、监控等较为有力的安保手段的情况下，原占有人进行防范的空间可能会大于其认可的存放空间，在此行为人控制财物的空间应当在原占有人的防范空间之外。（2）时间：行为人实际取得财物时间的长短是判断其是否实现控制的重要因素。在行为人盗窃行为被当场发现的情况下，即使其已取得财物，但由于发现的及时性，其不可能真正实现控制下的非法占有目的。

本案中，被告人窃得王兴某放置于货车副驾驶上方储物箱中的货款 144 200 元后，将其藏匿于货车后方的水产箱内。虽然从形式上看该货款仍然在同一货车内，只是从储物箱被转移到了水产箱中，而货车则由被告人和被害人共同驾驶，似乎货款并未脱离被害人的控制。但从实质上看，货款已经离开了被害人所认可的存放位置，即便处于同一货车内，由于货款体积较小，其在被隐匿到水产箱中后，被害人实际上已经无法对其进行使用支配，故应该认为货款已经脱离了被害人的占有。又由于该货款隐匿的位置不易被发现，且仅为被告人所知晓，应该认为被告人对其已经建立了新的平稳的占有。故本案中被告人的盗窃行为已经既遂。

第七节　数额认定

知识背景

与比较法上有将盗窃罪设定为纯粹的取得罪，以丧失对个别财产的占有作为法益损害结果的立法不同，在我国要构成普通类型的盗窃罪，还有数额的要求。根据我国《刑法》第 264 条的规定，对于普通盗窃有“数额较大”的要求，对于特殊盗窃则没有。就普通盗窃而言，“数额较大”作为法定的构成要件要素，影响定罪，并且数额大小也是选择法定刑的主要依据，一旦达到“数额巨大”或者“数额特别巨大”，将适用相对更重的法定刑，从而制约量刑。认定“数额较大”，需要解决两方面的问题：一是“数额”的属性，即何种性质的数额能作为入罪标准，二是“较大”的涵摄范围，即当存在客观、主观多种数额时，“较大”所要求涵摄的是何种数额。可以说对盗窃数额的认定，既涉及对盗窃罪保护法益及行为对象的明晰，又涉及既遂标准采损失说还是控制说，还涉及是否需要为非法占有目的所指向。因此可以说盗窃数额的认定问题是前述各问题的综合体现。

“数额较大”的规定至少可以从两个视角理解：一是盗窃罪作为保护个别财产的取得罪，占有转移就是财产损失，“数额较大”是指占有转移的财物数额较大，这是一种形式的个别财产损失说；二是盗窃罪作为保护整体财产的获利罪，占有转移仅是发生财产损失的前提，即使占有转移了，也要实质性考察转移前后被害人财产整体上是否减损，“数额较大”应当被理解为“致使被害人遭受数额较大的财产损失”，这是一种实质的整体财产损失说。

早在 1998 年最高人民法院发布的《关于审理盗窃案件具体应用法律若干问题的解释》① 第 1 条第 1 项明确就规定：“盗窃数额，是指行为人窃取的公私财物的数额。”这一规定明确了以占有转移数额作为认定标准，因为“窃取”即“占有转移”，窃取数额就是指占有转移数额，但这一定义并未被 2013 年最高人民法院、最高人民检察院联合发布的《关于办理盗窃刑事案件适用法律若干问题的解释》保留，似乎使盗窃罪走上了保护整体财产的道路。这为本就复杂的数额认定问题又增添了困难，因为显然，在“数额较大”的认定上，其不可能既采取实质的整体财产损失说，又试图维系盗窃罪作为取得

① 该解释现已失效。

罪的立场；也不可能基于盗窃罪属于取得罪的立场，以客观上整体的财产损失作为认定标准。

考虑到盗窃罪作为个别财产犯罪是各国的共识，其关注的重点是被害人是否丧失了形式上的占有地位，而不是财产在整体上有否损失。笔者亦坚持就“数额较大”认定来说，“个别”而非“整体”财产受损才是其基本依据，同时需要受到非法占有目的的制约。①

规范依据

《刑法》

第二百六十四条　盗窃公私财物，数额较大的，或者多次盗窃、入户盗窃、携带凶器盗窃、扒窃的，处三年以下有期徒刑、拘役或者管制，并处或者单处罚金；数额巨大或者有其他严重情节的，处三年以上十年以下有期徒刑，并处罚金；数额特别巨大或者有其他特别严重情节的，处十年以上有期徒刑或者无期徒刑，并处罚金或者没收财产。

最高人民法院、最高人民检察院《关于办理盗窃刑事案件适用法律若干问题的解释》

第一条　盗窃公私财物价值一千元至三千元以上、三万元至十万元以上、三十万元至五十万元以上的，应当分别认定为刑法第二百六十四条规定的“数额较大”、“数额巨大”、“数额特别巨大”。

各省、自治区、直辖市高级人民法院、人民检察院可以根据本地区经济发展状况，并考虑社会治安状况，在前款规定的数额幅度内，确定本地区执行的具体数额标准，报最高人民法院、最高人民检察院批准。

在跨地区运行的公共交通工具上盗窃，盗窃地点无法查证的，盗窃数额是否达到“数额较大”、“数额巨大”、“数额特别巨大”，应当根据受理案件所在地省、自治区、直辖市高级人民法院、人民检察院确定的有关数额标准认定。

盗窃毒品等违禁品，应当按照盗窃罪处理的，根据情节轻重量刑。

第四条　盗窃的数额，按照下列方法认定：

（一）被盗财物有有效价格证明的，根据有效价格证明认定；无有效价格证明，或者根据价格证明认定盗窃数额明显不合理的，应当按照有关规定委托估价机构估价；

（二）盗窃外币的，按照盗窃时中国外汇交易中心或者中国人民银行授权机构公布的人民币对该货币的中间价折合成人民币计算；中国外汇交易中心

① 王骏．盗窃罪中“数额较大”的认定规则．政治与法律，2020（2）.

或者中国人民银行授权机构未公布汇率中间价的外币，按照盗窃时境内银行人民币对该货币的中间价折算成人民币，或者该货币在境内银行、国际外汇市场对美元汇率，与人民币对美元汇率中间价进行套算；

（三）盗窃电力、燃气、自来水等财物，盗窃数量能够查实的，按照查实的数量计算盗窃数额；盗窃数量无法查实的，以盗窃前六个月月均正常用量减去盗窃后计量仪表显示的月均用量推算盗窃数额；盗窃前正常使用不足六个月的，按照正常使用期间的月均用量减去盗窃后计量仪表显示的月均用量推算盗窃数额；

（四）明知是盗接他人通信线路、复制他人电信码号的电信设备、设施而使用的，按照合法用户为其支付的费用认定盗窃数额；无法直接确认的，以合法用户的电信设备、设施被盗接、复制后的月缴费额减去被盗接、复制前六个月的月均电话费推算盗窃数额；合法用户使用电信设备、设施不足六个月的，按照实际使用的月均电话费推算盗窃数额；

（五）盗接他人通信线路、复制他人电信码号出售的，按照销赃数额认定盗窃数额。

盗窃行为给失主造成的损失大于盗窃数额的，损失数额可以作为量刑情节考虑。

第五条　盗窃有价支付凭证、有价证券、有价票证的，按照下列方法认定盗窃数额：

（一）盗窃不记名、不挂失的有价支付凭证、有价证券、有价票证的，应当按票面数额和盗窃时应得的孳息、奖金或者奖品等可得收益一并计算盗窃数额；

（二）盗窃记名的有价支付凭证、有价证券、有价票证，已经兑现的，按照兑现部分的财物价值计算盗窃数额；没有兑现，但失主无法通过挂失、补领、补办手续等方式避免损失的，按照给失主造成的实际损失计算盗窃数额。

第六条　盗窃公私财物，具有本解释第二条第三项至第八项规定情形之一，或者入户盗窃、携带凶器盗窃，数额达到本解释第一条规定的“数额巨大”、“数额特别巨大”百分之五十的，可以分别认定为刑法第二百六十四条规定的“其他严重情节”或者“其他特别严重情节”。

第九条　盗窃国有馆藏一般文物、三级文物、二级以上文物的，应当分别认定为刑法第二百六十四条规定的“数额较大”、“数额巨大”、“数额特别巨大”。

盗窃多件不同等级国有馆藏文物的，三件同级文物可以视为一件高一级文物。

盗窃民间收藏的文物的，根据本解释第四条第一款第一项的规定认定盗窃数额。

第十条　偷开他人机动车的，按照下列规定处理：

（一）偷开机动车，导致车辆丢失的，以盗窃罪定罪处罚；

（二）为盗窃其他财物，偷开机动车作为犯罪工具使用后非法占有车辆，或者将车辆遗弃导致丢失的，被盗车辆的价值计入盗窃数额；

（三）为实施其他犯罪，偷开机动车作为犯罪工具使用后非法占有车辆，或者将车辆遗弃导致丢失的，以盗窃罪和其他犯罪数罪并罚；将车辆送回未造成丢失的，按照其所实施的其他犯罪从重处罚。

案例评价①

[案例 14-19] 沈某某盗窃案②
（认识错误与盗窃数额的认定）

1. 基本案情

2002 年 12 月 2 日晚 12 时许，被告人沈某某在某市高明区皇家银海大酒店 3614 房与潘某某进行完卖淫嫖娼准备离开时，乘潘不备，顺手将潘放在床头柜上的嫖资及一只“伯爵牌”18K 黄金石圈满天星 G2 连带男装手表拿走，后藏匿于其租住的某市某区荷城甘泉街 90 号二楼的灶台内。次日上午，潘某某醒后发现自己的手表不见，怀疑系沈所为，便通过他人约见了沈某某。潘询问沈是否拿了他的手表，并对沈称：该表不值什么钱，但对自己的意义很大，如果沈退还，自己愿意送 2 000 元给沈。沈某某坚决否认自己拿走了该表，潘某某报案后，公交机关将已收拾好行李（手表仍在灶台内，被告人未予携带或藏入行李中）准备离开某市的沈某某羁押。沈某某在被羁押期间供述了自己拿走潘手表的事实及该手表的藏匿地点，公安人员据此起获了此手表，并返还给被害人。另经查明，在讯问中，沈某某一直不能准确说出所盗手表的牌号、型号等具体特征，并认为该表只值六七百元；拿走潘的手表是因为性交易中潘行为粗暴，自己为了发泄不满。经某市某区价格认证中心鉴定：涉案手表价值人民币 123 879.84 元。

2. 涉案问题

在对盗窃物品的价值有认识错误的情形下如何确定盗窃数额？

3. 裁判理由及结论

某市某区人民法院经审理后认为：被告人沈某某秘密窃取他人数额较大

---

① 针对在盗窃违禁品、虚拟财产、共有物等情形下的数额计算问题，本书已在前面讨论相关案件时有所涉及，故此处仅就前面部分未讨论又相对疑难、重要的案件加以评析。

② 最高人民法院刑事审判一、二、三、四、五庭．中国刑事审判指导案例 4．增订第 3 版：侵犯财产罪．北京：法律出版社，2017：240-244.

的财物，其行为已构成盗窃罪。虽然被害人将手表与嫖资放在一起，但被害人并未申明手表亦是嫖资的一部分，该手表仍为被害人所有；在被告人拿走嫖资同时顺手拿走手表时，被害人虽没有睡着，但被害人对此并未察觉，故被告人的行为仍然符合“秘密窃取”的特征。因此，公诉机关指控被告人犯盗窃罪的罪名成立，应予支持。被告人沈某某关于其行为并非“秘密窃取”的辩解和其辩护人关于被告人沈某某不具有非法占有目的的辩护意见，均无事实根据，不予采纳。被害人将价值巨大的手表与嫖资放在一起，一方面足以使对名表缺乏起码认识的被告人产生该表价值一般（而非巨大）的错误认识；另一方面也可能让一个以卖淫为生计的被告人产生谋小利的贪念。被告人在被羁押后、知悉其所盗手表的实际价值前，一直误认为其所盗取的只是一只价值数百元的普通手表。结合被告人的出身、年龄、职业、见识、阅历等状况来看，被告人误认所盗手表的价值是真实可信的，并非被告人故意规避。此亦可以从被告人始终不能准确说出该表的牌号、型号等能体现价值巨大的特征以及在盗得手表后没有马上逃走或者将财物及时处理掉，乃至收拾好行李准备离开某市时手表仍在灶台内并未随身携带或藏入行李中得到验证。被害人在向被告人追索手表的过程中，虽表示愿意用 2 000 元换回手表；但仅称该表“对自己意义重大”，并未明确表明该表的实际价值，相反却明确表示该表并不太值钱。此事实，并不足以使被告人对所盗手表的实际价值产生新的认识，相反更可能加深被告人对该表价值的误认。综上，被告人顺手拿走他人手表的行为，主观上虽有非法占有他人财物的目的，但被告人当时没有认识到其所盗手表的实际价值，其认识到的价值只是“数额较大”，而非“数额特别巨大”。也就是说，被告人主观上只有非法占有他人“数额较大”财物的故意，而无非法占有“数额特别巨大”财物的故意。由于被告人对所盗物品价值存在重大误解（或者认识错误），其所认识的数额远远低于实际数额，根据主客观相统一的刑法原则，故不能让其对所不能认识的价值数额承担相应的刑事责任，而应按其盗窃时所能认识到的价值数额作为量刑标准。鉴于被告人犯罪后主动坦白其盗窃事实，且所盗手表已被追缴并退还失主，属于犯罪情节轻微。依照《刑法》第 264 条、第 37 条的规定，作出如下判决；

被告人沈某某犯盗窃罪，免予刑事处罚。

一审宣判后，某市某区人民检察院以被告人沈某某犯盗窃罪数额特别巨大，原判量刑畸轻为由，向某市中级人民法院提出抗诉。由于被告人下落不明，二审中该案依法中止审理。

4. 评析意见

在本案中，从被告人离开住处时未携带手表这一点来看，被告人窃取手表时是出于非法占有目的还是出于毁坏目的是存疑的，但由于相关信息不足，笔者在此不对该问题展开具体讨论，仍然以法院所认定的被告人具有非法占有目的这一事实作为讨论前提。总的来说，本案中的核心问题在于，行为人对所盗物品的价值是否具有认识错误，以及在行为人对所盗物品的价值具有认识错误的情形下，如何计算盗窃数额。

对行为人对所盗物品价值是否存在重大认识错误这一问题，不能仅凭被告人的供述或辩解来认定，否则，行为人均可以自称对所盗物品价值有重大认识错误，来规避或逃脱其应负的法律责任。判断行为人是否对所盗物品价值存在重大认识错误，主要应从行为人的个人情况及其行为前后的表现来综合分析：本案被告人沈某某出生于贫困山区，从没有见过此类手表，也不知道或者听说过有此类名贵手表；沈某某年龄不大，从偏远农村来到城市时间不长，其工作环境又是一普通发廊，接触外界人、事、物相当有限；基本是无从接触到带有如此昂贵手表的人；案发地附近的市场上也没有此类名表出售，商场内出售的最好的手表也不过千元左右。因此，以本案沈某某的出身、作案时的年龄、职业、见识、阅历等状况来看，其对所盗手表的实际价值没有明确的或概括的认识是有可信基础的。被害人将价值如此巨大的手表与几百元的嫖资随便放在一起，也有使对手表本来就缺乏认识的沈某某产生该表价值一般（而非巨大）错误认识的客观条件。被告人沈某某到案后，在历次讯问中，始终不能准确说出该表的牌号、型号等具体特征，而且一直认为该表只值几百元钱。这表明其对名表确实一无所知，也不关心该表的实际价值。在盗得手表后，沈某某既没有马上逃走也没有将财物及时处理掉，乃至收拾好行李准备离开某市时手表仍在灶台内，未予随身携带或藏入行李，这也说明被告人对该表的实际价值既没有明确的认识，也没有概括的认识。如果被告人对该表的实际价值有所认识，按常理说是不可能不随身带走或转卖的。被害人在追索手表的过程中，虽表示愿意以 2 000 元换回手表，但其仅称该表“对自己意义重大”，并未明确表明该表的实际价值，而只表示该表并不太值钱。此件事实，并不足以使被告人对所盗手表的实际价值产生新的认识，相反却更可能加深被告人对该表价值的误认。综上，被告人顺手拿走他人手表的行为，主观上虽有非法占有他人财物的目的，但被告人当时确实没有认识到（包括概括的认识）其所盗手表的实际价值。其认识到的所盗手表的价值只是“数额较大”而已，而非事实上的“数额特别巨大”①。

按照主客观相统一的责任原则，在发生认识错误的情形下，只能将实际取得的财物价值与行为人主观上想要取得的价值的重合的部分认定为盗窃的

① 最高人民法院刑事审判一、二、三、四、五庭．中国刑事审判指导案例 4．增订第 3 版：侵犯财产罪．北京：法律出版社，2017：241－242．

既遂数额。也就是说，在被告人主观上只有非法占有他人“数额较大”财物的目的，而无非法占有“数额特别巨大”财物的目的时，就不能将其认定为盗窃“数额特别巨大”。本案即属于此种情形，因此，对于被告人应该只认定为盗窃“数额较大”。

［案例 14－20］钱某良盗窃案①
（盗窃股票的数额认定）

1. 基本案情

2001 年 8 月至 2002 年 1 月，被告人钱某良在华泰证券江阴营业部（以下简称华泰营业部）交易大厅，通过偷窥和推测的方法先后获得在该营业部开户的殷某祥、蒋某初、叶某英等 16 人的股票账户账号及交易密码后，利用打电话或在证券公司的交易大厅内进行电脑操作等委托方式，在殷某祥、蒋某初、叶某英等 16 人的股票账户上高买低卖某一股票，同时通过自己在华泰营业部及国信证券江阴营业部（以下简称国信营业部）开设的股票账户上低买高卖同一股票，从中获利，共给被害人造成 37.1 万余元的经济损失，钱某良共获取非法利润 14.3 万余元。案发后，钱某良退出人民币 23 万余元，已发还各被害人。

2. 涉案问题

盗卖股票案件中被害人的损失与行为人非法占有的数额不一致时，如何认定盗窃的数额？

3. 裁判理由及结论

江苏省无锡市中级人民法院认为：被告人钱某良以非法占有为目的，秘密窃取他人财产，数额特别巨大，其行为已构成盗窃罪。关于认定钱某良盗用蒋某初、叶某英、曹某玲 3 位股民账户进行非法交易的证据问题：经查，钱某良账户及蒋某初、叶某英、曹某玲 3 人账户的证券交易交割单、资金对账单、交割查询报表及历史明细查询表证实，钱某良账户与蒋某初、叶某英、曹某玲 3 人账户存在对应买卖关系，且钱某良账户系低买高卖，蒋某初、叶某英、曹某玲 3 人账户系高买低卖；钱某良账户委托明细，蒋某初、叶某英、曹某玲 3 人账户委托查询报表及钱某良手机通话单证实，钱某良拨打华泰营业部、国信营业部证券交易委托电话的事实，与上述对应买卖一致；被害人蒋某初、叶某英、曹某玲的证言证实，其没有与钱某良账户进行过股票交易。上述证据足以证明钱炳良盗用蒋某初、叶某英、曹某玲 3 位股民账户进行非

① 最高人民法院刑事审判一、二、三、四、五庭．中国刑事审判指导案例 4．增订第 3 版：侵犯财产罪．北京：法律出版社，2017：244－249.

法交易的事实，被害人账户多次高买低卖违背常理。对被告人及其辩护人的此项辩解及辩护意见不予采纳。关于被害人账户股票价值的计算问题：以案发当日的收盘价计算是合理的，钱某良恶意侵入盗买盗卖股票的风险不应由被害人承担。关于被害人账户及被告人账户的成交时间有差异的问题：经查，被害人账户及被告人账户的成交时间不一致的，不能确认系对应买卖双方，此部分可不计入钱某良获利数额，被告人的此项辩解成立，但仍应认定为是由钱某良盗买盗卖所致。关于钱某良的行为是构成操纵证券交易价格罪还是盗窃罪的问题：经查，操纵证券交易价格罪，是指以获取不正当利益或者转嫁风险为目的，利用资金优势、持股优势、信息优势制造市场假象，诱导投资者作出违背其本来意愿的决定，扰乱证券市场秩序，情节严重的行为，而钱某良以非法占有为目的，盗用他人账号和交易密码，采用在被害人账户上高买低卖某一股票，同时在自己的账户上低买高卖同一股票的方法改变财产的持有状态，将他人财产据为己有，钱某良的主观故意和行为不符合操纵证券交易价格罪的构成要件，应当构成盗窃罪。对被告人及其辩护人的意见不予采纳。钱某良检举他人的违法行为，不能查实，其行为不构成立功。关于钱某良及其辩护人提出的“钱某良案发后积极退赔被害人的损失，系初犯，请求从轻处罚”的辩解辩护意见：经查属实，予以采纳。案发后，钱某良积极退赃，可以酌情从轻处罚。

无锡市中级人民法院根据《刑法》第 264 条、第 56 条的规定，于 2003 年 6 月 20 日判决如下：

被告人钱某良犯盗窃罪，判处有期徒刑 10 年，剥夺政治权利 2 年，并处罚金人民币 3 万元。

一审宣判后，钱某良不服，上诉于江苏省高级人民法院。

钱某良上诉提出：其行为应构成操纵证券交易价格罪，不构成盗窃罪；一审认定其盗用蒋某初、叶某英、曹某玲账户的证据不足；一审判决在计算、认定盗窃数额上存在错误与疏漏；扣押的合法财产应予退还。

江苏省高级人民法院经审理后认为，上诉人钱某良以非法占有为目的，盗用他人账号和交易密码，采用在他人账户上高买低卖某一股票，同时在自己的账户上低买高卖同一股票的方法改变财产的持有状态，将他人财产据为己有，其行为符合盗窃罪的构成要件，应当以盗窃罪定罪处罚。一审判决认定钱某良盗用蒋某初、叶某英、曹某玲账户的证据确实、充分，已经形成完整的证据锁链，钱某良的上诉理由不能成立。关于一审判决在盗窃数额的计算与认定上存在疏漏及错误的上诉理由：经查，原审判决根据本案的事实及证据，对被害人账户与钱某良账户成交时间不一致的股票买卖，均未确认为对应买卖双方，此部分数额也未计入钱某良获利数额；对公诉机关重复计算的获利数额，一审判决也已经予以扣除，故此上诉理由不能成立。关于其合法财产应予退还的上诉理由：经查，上诉人钱某良盗用他人账户买卖股票，由此给被害人造成30余万元的经济损失，公安机关用钱某良退出的人民币23万余元发还被害人，以弥补被害人的损失并无不当，且一审判决已根据钱某良积极退赃的情节在量刑上酌情从轻处罚。一审判决定罪准确，量刑适当，审判程序合法。

江苏省高级人民法院依据1996年《刑事诉讼法》第189条第1项之规定，于2003年9月8日裁定驳回上诉，维持原判。

4. 评析意见

盗买盗卖股票行为不同于传统的盗窃行为，行为人是通过买、卖的形式窃取被害人账户上的股票和资金，由于股票价格具有波动性，股票的价值在行为人作案时、案发时可能发生变化。同时，根据证券交易实行价格优先、时间优先的原则，行为人在被害人的股票账户上进行低卖高买股票的同时，不能排除同一交易时间内具有“价格优先、时间优先”的其他股民与被害人的股票账户进行股票交易，被害人遭受的损失数额一般要大于行为人实际非法占有的数额。因此，对盗买盗卖股票行为如何计算盗窃数额，有不同的认识：

第一种意见认为，盗买盗卖股票案件的盗窃数额，应当为行为人所盗买盗卖股票的价值总额，其中股票的价格应当以行为人盗买盗卖时证券交易所的股票挂牌价格计算。理由是：盗窃罪中的非法占有并不限于据为己有，也包括为他人占有。被其他股民按照“时间优先”的原则低价收购行为人盗卖的被害人股票，与行为人的盗窃行为存在直接的因果关系，应当计算在盗窃数额内；行为人盗买股票时支付的股票和盗卖股票时给付的款项，是实现其犯罪目的必不可少的犯罪成本，不应扣除。但对其他股民收购股票时支付的款项应当从盗窃数额中扣除。

第二种意见认为，盗买盗卖股票案件的盗窃数额，应当为被害人的损失总额，即行为人在被害人的股票账户上故意以高于证券交易所挂牌价格盗买自己的股票的，盗窃数额为正常价与盗买价之差额；故意以低于挂牌价格将被害人的股票盗卖给自己的，盗窃数额为正常价与盗卖价之差额。正常价以行为人盗买盗卖时证券交易所的挂牌价格为准。理由是：由于证券公司对客户从股票账户上取款均作出了严格的规定，一般须提供股票账户卡、资金账户卡、身份证或者其他有效的身份证件，并输入准确的取款密码，如客户预留印鉴的还须提供与其预留印鉴相符的印鉴等。仅窃得被害人的账号和密码的，不可能直接从被害人的股票账户中取款。因此，在盗买盗卖股票案件中，行为人为实现其非法占有目的，在被害人的股票账户上进行盗买盗卖操作时，必然要给付股票和支付“对价”，此部分虽然是犯罪成本，但也应当从盗窃数额中扣除。

第三种意见认为，盗买盗卖股票案件的盗窃数额，应当为行为人的获利数额。理由是：行为人秘密侵入被害人账户后，通过被害人账户与自己账户的对应买卖即自己账户高抛或低吸，被害人账户低抛或高吸完成一次盗窃。由于证券市场实行集合竞价方式，交易成功与否由多种因素决定，行为人意图使被害人账户与自己账户进行相对买卖的委托不可能均如意成功，这导致被害人账户低抛（或高吸）的委托与市场其他交易主体成交，这样，很多次交易使被害人遭受了损失，但行为人却没有获利。因此，以行为人的获利数额来认定盗窃数额较为妥当。对被害人的损失，可以按照《最高人民法院关于审理盗窃案件具体应用法律若干问题的解释》[①] 第 5 条第 13 项的规定，将其作为量刑情节予以考虑。[②]

归纳来说，本案的核心问题在于：第一，通过他人的股票账户对某一股票进行高买低卖，同时利用自己的股票账户对同一股票进行低买高卖的操作，是否能够实现对股票占有的移转？第二，通过这样的操作行为人买入的低价股票是否就是利用他人的账户卖出的股票，即两者之间是否具有素材同一性？第三，应该以行为人的获利数额还是以对被害人造成的损失数额抑或是其他标准来计算盗窃数额以及是否需要减除行为人买入股票所支付的对价。

对于第一个问题，由于行为人在当时仅窃得被害人的账号和密码，不可能直接从被害人的股票账户中取款，所以为了套取账户内的资金行为人就使用了通过他人的股票账户对某一股票进行高买低卖，同时利用自己的股票账户对同一股票进行低买高卖的方式来损害被害人的财产法益并从中获利。虽然在现如今随着金融市场的发展，股票公开集中交易的频次和金额都已经使这种在几十万金额的成交量内，一方低买高卖的股票可以影响股价并同时为另一方买入情况几乎不可能再发生，但在行为当时从结果来看，通过这种方式行为人确实实现了低价买入、高价卖出同一股票并从中获利，因此可以认为行为人至少成功地转移了股票账户内的部分资金。但市场中还有其他交易主体的存在使行为人通过被害人的账户高买低卖的股票一部分被其他交易主体买走。对于这一部分账户资金，显然行为人排除了原占有人的占有，但是对其未能建立新的平稳的占有。

对于第二个问题，其实际上是第一个问题的延伸。要成立盗窃罪，理论上要求被害人丧失占有的财物与行为人建立新的支配的财物必须具有同一性

① 该解释现已失效。

② 最高人民法院刑事审判一、二、三、四、五庭．中国刑事审判指导案例 4．增订第 3 版：侵犯财产罪．北京：法律出版社，2017：247－248.

（素材同一性）。① 在本案中存在的问题是：即便可以证明这样的方式可以移转被害人股票内的资金，但是由于股票市场是对公众开放的，在同一时间内完全有可能存在其他交易主体也在买卖同一只股票，此时存在如何说明行为人买入的股票就是被害人的账户所卖出的，即如何证明两者之间具有素材同一性的问题。对此，由于我国的股票交易机制中不存在做空机制，所以理性的交易主体都不会展开高买低卖的交易操作，在同一时间针对同一股票存在其他交易主体实施此种不理性行为的可能性几乎不存在，所以应当认为市场上出售的低价股票应该是行为人通过操作被害人的股票账户所产生的。

对于第三个问题，如前所述，笔者认为，对于盗窃行为既遂数额的认定，应该以成功移转占有的财物的价值作为标准，在本案中就体现为，行为人在自己的股票账户中高额卖出股票所得的获利减去低价买入股票所花的成本，即 14.3 万余元。被害人的损失与行为人的获利之间的差值，就是行为人排除了原占有人的占有的部分，但是对其未能建立新的平稳的占有的那部分资金，即在通过被害人的账户低价出售股票时，被其他交易主体所买走的部分，对于这部分的数额，显然不能计算入盗窃行为的既遂数额中。因此在本案中应该以行为人的获利，而不是被害人的损失作为盗窃行为的既遂数额的计算标准。但如果案件发生在现在，则其符合《最高人民法院、最高人民检察院关于办理盗窃刑事案件适用法律若干问题的解释》第 11 条所规定的“采用破坏性手段盗窃公私财物，造成其他财物损毁的”的情形，应该以盗窃罪从重处罚。

［案例 14－21］饶某军等盗窃案②
（赃物加工售卖时盗窃数额的认定）

1. 基本案情

自 2003 年始，被告人饶某军从事收购金砂，再加工成黄金出售的经营活动。2012 年 4 月 4 日，饶某军来到江西省万安县罗塘乡村背村金滩沙场收购金砂，因沙场老板刘某生不愿出售金砂，遂产生盗窃之念。同月 6 日凌晨，饶某军伙同被告人李某代、韩某明和肖某柏（在逃）驾车到金滩沙场，盗得金砂 9 袋共约 315 公斤［按当时市场收购价计算，315 公斤金砂可售人民币（以下币种同）4 500 元］。后饶某军等人将所盗金砂进行加工，提炼出 62 克黄金和 60 公斤铁砂。饶某军将黄金以每克 297 元出售，得款 18 414 元。饶某军分得赃款 6 014 元、李某代分得 2 000 元、韩某明分得 4 400 元、肖某柏分

① 张明楷．刑法学．5 版．北京：法律出版社，2016：950.

② 最高人民法院刑事审判一、二、三、四、五庭．中国刑事审判指导案例 4. 增订第 3 版：侵犯财产罪．北京：法律出版社，2017：334－336.

得 6 000 元。同月 20 日左右，饶某军又来到金滩沙场，以 450 元每袋的价格将该沙场剩余的金砂全部收购。案发后，饶某军退赃 9 000 元，韩某明退赃 5 000 元，韩某明另替肖某柏退赃 4414 元。三被告人均得到失主刘某生的谅解。

2. 涉案问题

盗窃金砂后加工成黄金销赃，盗窃数额应当以所盗金砂价值认定，还是以加工成黄金后的销赃数额认定？

3. 裁判理由及结论

万安县人民法院认为，被告人饶某军、李某代、韩某明以非法占有为目的，采取秘密手段窃取他人财物，数额较大，其行为均构成盗窃罪。饶某军归案后协助公安机关抓获其他犯罪嫌疑人，具有立功表现，依法可以从轻或者减轻处罚；李某代曾因犯故意伤害罪被判处有期徒刑，在刑满释放 5 年内又犯应当判处有期徒刑以上刑罚之罪，属于累犯，依法应当从重处罚；饶某军、李某代、韩某明归案后认罪态度较好，且均获取被害人谅解，依法可以从轻处罚；饶某军、韩某明积极退缴赃款，并积极缴纳罚金，依法可以从轻处罚。据此，依照《刑法》第 264 条、第 25 条第 1 款、第 52 条、第 53 条、第 65 条第 1 款、第 68 条以及《最高人民法院、最高人民检察院、司法部关于适用普通程序审理“被告人认罪案件”的若干意见（试行）》① 第 9 条之规定，万安县人民法院判决如下：（1）被告人饶某军犯盗窃罪，判处有期徒刑 8 个月，并处罚金人民币 1 万元。（2）被告人李某代犯盗窃罪，判处有期徒刑 3 年 8 个月，并处罚金人民币 1 万元。（3）被告人韩某明犯盗窃罪，判处有期徒刑 7 个月并处罚金人民币 1 万元。

一审宣判后，被告人饶某军、李某代、韩某明未提起上诉，检察机关没有抗诉，判决已发生法律效力。

4. 评析意见

本案在审理过程中，对三被告人盗窃数额的认定存在两种意见。一种意见认为，三被告人盗窃数额应当以被窃物品的原始价值来认定，即盗窃数额为 4 500 元，应当在 3 年以下有期徒刑、拘役、管制的法定刑幅度内量刑；另一种意见认为，三被告人盗得金砂后只进行了简单的加工提炼，并未采用高科技手段和复杂的加工程序，而其销赃所得 18 414 元远远高于金砂的原始价值。根据《关于审理盗窃案件具体应用法律若干问题的解释》② 中“销赃数额高于按本解释计算的盗窃数额的，盗窃数额按销赃数额计算”的规定，应当

① 该试行意见现已失效。

② 该解释已失效。

以销赃数额认定盗窃数额，即盗窃数额为 18 414 元，应当在 3 年以上 10 年以下有期徒刑这一法定刑幅度量刑。

总的来说，本案的核心问题在于是以盗窃所得的金砂的价值作为盗窃数额，还是以对金砂加工以后加以销赃所得的赃款作为盗窃数额。以销赃数额作为盗窃数额的做法主要源于 1998 年生效的《关于审理盗窃案件具体应用法律若干问题的解释》①，但这样的做法显然是有问题的。由于盗窃罪是财产犯罪，其保护的是财产法益，而不是市场秩序，财物的客观价值的高低反映盗窃行为对财产法益侵害的程度，如果财物的客观价值本身低于行为人的销赃的数额，但却以行为人销赃的数额作为盗窃数额，则这显然是对盗窃行为的不合理评价。而事实上 2013 年出台的《最高人民法院、最高人民检察院关于办理盗窃刑事案件适用法律若干问题的解释》便已经删去了这一规定，而提出“被盗财物有有效价格证明的，根据有效价格证明认定；无有效价格证明，或者根据价格证明认定盗窃数额明显不合理的，应当按照有关规定委托估价机构估价”。这一新规定说明，对盗窃数额的认定，应该以被盗财物的客观价值作为标准。在无有效价格证明的时候，也不应该简单地以销赃金额作为盗窃数额，而是应该委托估价机构进行估价，这样才能合理的评价盗窃行为的法益侵害程度。

因此在本案中，应该以盗窃所得的金砂的价值作为盗窃数额，即盗窃数额是 4 500 元。如果将提炼后所得黄金的销售价格作为本案的盗窃数额，则这事实上等于在处罚被告人将金砂提炼为黄金的行为，而显然这样的行为并不具有违法性，因此将销赃金额作为盗窃数额的做法是完全错误的。

［案例 14－22］张某盗窃案②
（盗窃质押物的数额认定）

1. 基本案情

2016 年 3 月 22 日，被告人张某以其个人所有的奔驰轿车出价 40 万元质押给王某借款，王某扣除利息 1.2 万元和停车费 600 元，将其余 38.74 万元借款打到了张某指定的两个银行账户。张某逾期未还款赎车。2016 年 5 月 23 日，王某以 43 万元将该奔驰轿车以质押债权转让形式转让给了龚某华。2016 年 5 月 30 日，龚某华又以 47.8 万元将该轿车以质押债权转让形式转让给了龚某。

2016 年年底，被告人张某起意偷回涉案轿车，遂搜寻并获悉了该车的实

---

① 该解释已失效。

② 参见浙江省宁波市鄞州区人民法院（2018）浙 0212 刑初 753 号刑事判决书、浙江省宁波市中级人民法院（2018）浙 02 刑终 677 号刑事裁定书。

际位置。2017 年 1 月 15 日，张某伙同罗某霞（另案处理）来到宁波市鄞州区朝晖路 416 弄×××小区，被告人张某进入地下车库，使用事先补办的车钥匙窃取龚某停放的该轿车（价值 63 万元；车内有香烟 6 条，价值 4 200 元；笔记本电脑一台，价值 2 200 元），接着被告人张某与罗某霞即驾车回重庆。嗣后，其又以 63 万元价格将车转卖给他人。2017 年 9 月 12 日，被告人张某在重庆市渝中区被民警抓获。

罗某霞到案后，其亲友已代罗某霞向龚某赔偿 30 万元，并取得了对方的谅解。

2. 涉案问题

在将质押物盗回且质押物的价值大于所担保的债权数额时，是以质押物的价值作为盗窃的数额还是需要扣除其超出债权数额的部分只以所担保债权的数额作为盗窃数额?

3. 裁判理由及结论

宁波市鄞州区人民法院认为，被告人张某主观上具有非法占有的故意，客观上秘密窃取了他人已经实际占有的财物，其行为已构成盗窃罪。本案中先后两次质物转让，导致质押借款数额增加，该情形并未告知被告人张某，故被告人张某对后两次转质增加的债务并不承担法律责任，应当以王某向被告人张某实际交付的借款 38.74 万元以及盗窃所得的香烟和电脑来认定本案的盗窃数额。宁波市鄞州区人民法院于 2018 年 8 月 15 日作出判决：（1）被告人张某犯盗窃罪，判处有期徒刑 6 年，并处罚金 2 万元；（2）责令被告人张某继续退赔赃款给被害人。

一审宣判后，宁波市鄞州区人民检察院认为原判犯罪数额认定确有错误，量刑明显不当，提出抗诉。被告人张某亦不服原判，提出上诉。

抗诉机关认为，本案被害人系龚某而不是王某，张某的盗窃对象是车辆，审理对象亦非涉案质押债权的民事法律关系，应当以车辆的价格来认定其盗窃数额。支持抗诉机关宁波市人民检察院认为，张某的盗窃数额应被认定为龚某支付的 47.8 万元和被盗车内物品价值的总和，即 48.44 万元。张某对质押债权转让是明知的。张某盗窃的犯罪数额属盗窃数额特别巨大，应判处 10 年以上有期徒刑。上诉人张某及其辩护人认为，张某将涉案车辆从宁波开走时无盗窃意图，其行为亦不属于盗窃他人财物或者盗窃质物，不构成盗窃罪。

宁波市中级人民法院认为，张某将涉案奔驰轿车质押给王某，并取得借款。在张某逾期未赎回车辆时，王某有权依法处理，并优先受偿。后张某逾期未赎回。张某明知车辆已由他人占有、使用，仍采取秘密窃取的方式将车辆盗取并转卖，其有盗窃的故意与行为，已构成盗窃罪。张某对车辆后续以质押债权形式转让所增加的数额等不知情，本案针对车辆部分的盗窃数额应按原优先受偿部分进行认定，但张某盗取车辆并转卖的行为客观上造成车辆占有人的经济损失，应在量刑时予以考虑。原判对案件定性以及犯罪数额的认定有事实、法律依据，所处刑罚亦无不当。宁波市中级人民法院遂裁定驳回抗诉、上诉，维持原判。

4. 评析意见

本案审理的主要问题是如何准确认定被告人张某盗窃车辆的犯罪数额。在审理过程中，对张某盗窃车辆的犯罪数额认定存在四种不同的意见，主要分歧在于对涉案车辆的价值应如何作为犯罪数额予以认定。一是被告人一方的意见，认为张某是将属于自己的车辆取回，不是盗窃，涉案车辆价值不应计入本案的盗窃数额。二是公诉机关的意见，认为张某的盗窃对象是车辆，应当将车辆的价格作为盗窃数额来认定，即全额认定。三是支持抗诉机关的意见，认为应当将龚某支付的 47.8 万元作为盗窃车辆的犯罪数额，即将最后一次通过债权转让方式取得车辆的人所支付的价款作为犯罪数额。四是一审法院的意见，认为应当以王某向张某实际交付的借款 38.74 万元作为盗窃车辆的犯罪数额。

笔者同意一审法院的观点，本案二审主审法官对各观点的优劣已经进行了细致且全面的评析。本案关键问题在于盗窃数额的认定，在此笔者仅以前述提出的对盗窃数额应该以违背被害人意志所被转移的占有的价值来确定这一标准，对此问题加以运用分析。

如前文所述，按照占有说的观点，事实上应该以占有的价值来确定盗窃数额，只不过在一般的盗窃行为中，由于盗窃的财物的占有属于单一被害人故其侵害的占有的价值便与财物的整体价值相等。但当所盗窃财物的价值与对财物占有的价值不一致时，应该以被侵害的占有本身的价值作为盗窃数额。在本案将财物质押的情况下，由于质押权人只能在质押物所担保的债权范围内对质押物拍卖、变卖所得的价款优先受偿，对超出部分应该返还质物所有权人。因此当质押物的价值高于所担保债权的数额时，质押权人对质押物的占有价值就是质押所担保的债权的数额，而不是所担保债权的数额。具体到本案中，对被告人盗窃数额的认定就不应该以轿车的价值（60 万元）作为标准，而是应该以轿车所担保的债权数额作为标准。但问题在于本案中，由于被告人到期未能还款，各债权人先后对债权进行了让与，虽然债权让与不必经过债务人同意，但是对在让与过程中未经债务人同意增加的债务部分，债务人不需负履行义务，亦不在质押物所担保的范围内。因此，本案中对轿车的占有的价值仍然是 38.74 万元。以后续质押债权转让的数额来认定盗窃数额，有违主客观相统一原则，会不当扩大被告人的责任范围。

案例索引

图书在版编目（CIP）数据

案例刑法研究：各论．上卷/陈兴良主编；周光权副主编．--北京：中国人民大学出版社，2024.6

（中国刑法司法适用疑难问题研究丛书/陈兴良，周光权总主编）

ISBN 978-7-300-32900-0

Ⅰ.①案… Ⅱ.①陈… ②周… Ⅲ.①刑法-案例-中国 Ⅳ.①D924.05

中国国家版本馆 CIP 数据核字（2024）第 107494 号

中国刑法司法适用疑难问题研究丛书
总主编　陈兴良　周光权
案例刑法研究（各论）（上卷）
主　编　陈兴良
副主编　周光权
Anli Xingfa Yanjiu (Gelun)

出版发行	中国人民大学出版社		
社　　址	北京中关村大街 31 号	**邮政编码**	100080
电　　话	010－62511242（总编室）		010－62511770（质管部）
	010－82501766（邮购部）		010－62514148（门市部）
	010－62515195（发行公司）		010－62515275（盗版举报）
网　　址	http://www.crup.com.cn		
经　　销	新华书店		
印　　刷	涿州市星河印刷有限公司		
开　　本	720 mm×1000 mm　1/16	**版　　次**	2024 年 6 月第 1 版
印　　张	42.5 插页 2	**印　　次**	2025 年 4 月第 2 次印刷
字　　数	778 000	**定　　价**	328.00 元（上、下卷）

中国刑法司法适用疑难问题研究丛书

总主编　陈兴良　周光权

案例刑法研究（各论）

（下卷）

主　编　陈兴良
副主编　周光权
下卷撰稿人（以撰写章节先后为序）
车　浩　方　军　蔡桂生　柏浪涛
王华伟　方　鹏　陈兴良　周光权
江　溯　孙运梁　杨绪峰

中国人民大学出版社
·北京·

下卷目录

第十五章　诈骗罪

第一节　诈骗罪的构成

知识背景

诈骗罪，是指以非法占有为目的，使用欺骗方法，骗取数额较大的公私财物的行为。在刑法教义学上澄清诈骗罪的构成要件范围，投射到刑事政策上具有重要意义。如何区分可罚的诈骗与不可罚的商业行为，才能既不会压抑合理的商业活动，又能够保护到消费者的利益，这个界限的确定非常困难。刑法上的关于诈骗罪的任务在于决定，具体个案中的那个财产损失是尚能忍受，还是必须动用刑法作为工具与之斗争并加以压制。要回答这个有时候会显得特别困难的问题，需要对诈骗罪中各个要素进行仔细解读和分析。我国《刑法》第 266 条只规定了“诈骗公私财物”，法条的粗疏规定给刑法教义学的解释提出了艰巨的任务也留下了巨大的空间。

一、欺诈行为

欺诈是在认识上误导他人的一种作用形式。欺诈行为必须针对事实展开。所谓欺诈行为，通常也被描述为虚构事实或隐瞒真相。进一步来说，就是相对于事实而言，虚构出一个假的东西，或者歪曲或隐瞒真正的事实。无论是哪种形式的欺诈行为，都是围绕着事实展开的，因此，一个不能被事实概念所涵摄的东西，就不能成为欺诈行为指向的对象，也就不能进入诈骗罪的构成要件范围。所谓事实，就是指现在或者过去的实情（事件或状态）。它包括人类的心理活动，这种心理活动在客观上是确定的而且能够证明的。事实不包括价值判断。因为信赖那些价值判断以及未来的、仍然没有把握且不确定的事件，并不值得刑法保护。此外，仅仅是价值判断和不确定的状态，不足以支撑一个理性的财产处分；而一个理性的财产处分，是诈骗罪所必要的组成部分。除了价值判断，在逻辑上一致的结论还有，单纯的观点表达和法律意见以及未来的事件，都不在诈骗罪中的“事实”所涵摄范围之内。通常情况下，对事实概念的一个简化版理解就是，只有包含在经验上可以被证明的内涵的事件或状态，才是事实。因此，像一些神话传说和宗教命题，都不是诈骗罪中的事实。具体判断来说，事实应该能够被了解；为了便于或能够证明，事实的时态必须是现在时或者过去时；诈骗罪中的事实，还包括关于未来现象的当下事实。

欺诈行为是诈骗罪构成要件中的第一个要素，也是检验和审查的起始要素。它既包括明示的欺诈，也包括推知（重要的）的欺诈，还包括不作为的欺诈（具有保证人地位）。欺诈是人类对于不真实的思想内容的表示。这种行为能够通过各种形式实现。最简单的欺诈行为存在于一种明确的、积极的口头宣告。行为人通过语言或者类似于语言的表达方式，想要引领其他人认识其思想内容。欺诈也可以通过某种意味深长的、可从中推导出某种含义的行为举止来完成，当然，这种行为举止必须是按照一般的社会观念能够被合理地推认为具有某种确定的内容。行为人在这种情况下，没有通过语言，也能够通知其他人。这是一种无声（不是无语）的交流。特别需要注意的是，那种以弦外之音误导他人的欺诈行为，在行为类型上仍然属于作为。除此之外，诈骗罪的欺诈行为还可以用一种不表达的方式，通过对某项事实陈述的不作为来实现。① 通过可推导的举止表达的积极的作为欺诈与不作为欺诈的区分，有时候会比较困难，因此，人们无论如何总应该先去谨慎细致地检查，是否一个举止能够合乎逻辑地、有说服力地被鉴定为一个积极的作为的欺诈行为。② 如果这一点能够确认，那么，对于所谓不作为的欺诈行为的研究，就是多余和没有必要的了，也就不用再去探究非常困难的保证人地位的问题。

欺诈的内容必须是对于财产损失的欺诈，并非所有和任意的错误决定都会受到诈骗罪的保护。通说认为，诈骗罪并非直接地、一般性地保护个人的支配自由，而是保护他的财产。因此，只有产生了与财产相关的意思瑕疵，才会被标定为诈骗罪的被害人。一个人，如果仅仅是对与财产无关的、不是由财产所激发出来的某种状态有错误认识，而对于与财产相关的、对财产而言有重要意义的所有细节都没有错误认识，那么他就不是处于被诈骗罪保护状态中的被害人。③ 由此，关于欺诈的内容上存在一个重要的界限：日常生活中的欺诈含义广泛，但是诈骗罪意义上的欺诈，是这样一种行为，这种行为使得被害人对于某个举止动作所带来的对于财产的影响，在认识上模糊不清

① NK-Kindhaeuser，§263，Rn. 181；Troendle/Fischer，strafrecht，§263，Rn. 185.

② Rengier，strafrecht BT，§13，Rn. 10.

③ Wessels/Hillenkamp，Strafrecht BT 2，Rn. 551.

出现偏差。①

二、陷入或维持错误

我国刑法关于诈骗罪的规定中没有包含“错误”的要素，但是刑法理论上一般认为，错误是诈骗罪的不成文的基本构成要件要素。根据比较法上的研究，在 35 个大陆法系国家和地区中共有 16 个在诈骗罪构成中规定了“错误认识”的要素。其中有的表述为“产生错误认识”，有的表述为陷入错误或停留在错误中，有的表述为引起或维持错误，有的表述为“上当受骗”，有的表述为“非法引起、强化或者利用错误”②。

错误就是对于客体的一种虚假的认识，或者说是一个人对客体所形成的印象与事实之间出现偏差，这个印象包括人脑中所形成的对于这个被塑造的性质和特性。简言之，错误就是认识与现实之间的矛盾。③ 欺诈行为的直接结果是引起或者维持受骗者的错误。如果缺少一个错误，或者缺少欺诈行为与错误之间的因果关系，那么诈骗罪的客观构成要件部分就是不完整的，就会排除诈骗罪的既遂，而可能仅仅按照诈骗罪的未遂来处理。

错误与欺诈行为之间的因果关系，要视欺诈引起错误还是维持错误两种不同情况，分别讨论。引起性的因果关系可以被理解为引起一个尚未存在的错误认识，维持性的因果关系可以被理解为增强或者加固一个既存的错误认识。一方面，当一个本来不存在的认识偏差通过对受骗者发挥影响而产生作用时，就存在一个被引起的错误。引起错误既可以是作为也可以是不作为。不作为的方式引起错误主要是指行为人违反保证人义务地不去实施某个行为而引起了对方的错误。另一方面，错误也可以通过作为或者不作为的方式被维持。其一，消除某种将会产生的怀疑，去对既存的错误加以掩盖，或者阻碍受骗者经过自己调查而澄清事实的努力，这些都是通过作为方式继续维持一个关于事实的错误。其二，对于某个既存的错误，行为人违反义务地不予告知或说明能够清除该错误的相关信息，这就是通过不作为的方式维持错误。对于维持他人的既存的错误而言，仅仅是单纯的利用是不够的，行为人必须对一个既存的错误在程度上有所放大或增强，或者作为保证人没有履行说明义务将错误清除。因此，对于一个既存错误的单纯的利用，不符合诈骗罪的构成要件。这主要出现在如下场合，不具有保证人地位或没有说明义务的人，接受了存疑的某种情况而并没有通过明示或默示的方式去确证相关信息。例如，收到对方多找的零钱后，未做任何表示而离去。这并不构成诈骗罪，因

---

① Sch/Sch/Cramer，Kommentar，§263，Rn. 41.

② 游涛．普通诈骗罪研究．北京：中国人民公安大学出版社，2012：177.

③ Sch/Sch/Cramer，Kommentar，§263，Rn. 33.

为一般的诚实信用原则并不能直接成为诈骗罪的刑事可罚性的义务来源。在这种情况下，可以考虑适用侵占罪。

需要注意的是，无人在场时也可能构成诈骗罪。尽管只有人才能陷入错误，但是，并非所有诈骗罪的场合，都一定有人在场。无人在场的场合，也可能构成诈骗罪。例如，行为人在加油站为汽车加油时，趁着管理人员或收款人员不在视野之内，未付款就直接溜走。行为人加油当时，就存着不支付汽油费的意思，是就其内心事实进行欺骗。① 特别需要注意的是，这种情形并不构成盗窃罪。因为当汽油从加油站的油罐里转移到汽车的油箱里时，已经存在一个财物的占有转移，而这个占有转移是得到加油站同意的。作为盗窃罪的消极构成要素，同意能够排除盗窃罪的客观构成要件②，因而类似不支付对价占有财物后逃离的行为，不构成盗窃罪而是构成诈骗罪。

错误认识并不需要积极反映。错误的概念是以对于客体的认识为前提的。通说认为，单纯的对于事物的无认识还不足够，只有那些积极的认识偏差才能被视作错误。③ 否则，错误就不能被认为是由欺诈行为所引起的。但是，很多无认识的状况本身就折射出某种错误认识，同时，受骗者陷入某种错误认识的时候，并不需要对此有一个积极的反应，只要存在一个符合常理的同步的认识就够了。所谓对事物的无认识，在大多数情况下可以被理解成对于复杂的事实情况的一种有缺陷的不完备的认识，对于事物的某些确定的细节不知道就会成为对于整个事物存在一种积极的错误认识的基础。即使没有积极的认识，同步或伴随性的认识对于一个错误的成立也已足够。

值得研究的是：这种认识偏差是否必须以达到某种确定程度的意识为根据？在被害人已经对事实的真实性产生了怀疑，但仍然处分财产的场合，是否还认为存在一个错误？从“被害人教义学”的角度来看，刑法对于利益侵害，仅仅具有最后发动的补充性功能，当使用刑法之外的手段或者较轻微的手段无法同样地保护法益时，该法益才具有刑法的应保护性。因此，刑法是否提供保护，应该取决于法益持有者的应保护性与需保护性。从刑法的最后手段原则来看，如果被害人能够自己保护自己，刑法就不适合再提供保护。④ 因此，在诈骗的场合，如果客观上存在足以令人怀疑的事实，被害人主观上也确实产生了怀疑，却仍然交付财物，便可以认为被害人在自己足以保护其

---

① Rengier，Strafrecht BT，2003，§13. Rn. 17.

② 车浩．盗窃罪中的被害人同意．法学研究，2012（2）．

③ Wessels/Hillenkamp，Strafrecht BT，Rn. 508；Sch/Sch/Cramer，Kommentar，§263，Rn. 37.

④ Vgl. Amelung，Irrtum und Zweifel des Getaeuschten beim Betrug，GA 1977；Hassemer，Schutzbeduerftigkeit des Opfers und Strafrechtsdogmatik，1981. 批评意见，可参见罗克辛．德国刑法学总论．王世洲，译．北京：法律出版社，2005：393－395；张明楷．诈骗罪和金融诈骗罪研究．北京：清华大学出版社，2006：116 以下．

法益的情况下不予保护，在评价上属于涉及风险的投机行为，缺乏刑法保护的必要性，故不符合陷入错误的要件。[①] 诈骗罪中的“错误”概念的目的，是要实现刑法法益保护的补充性原则。被害人处分财产前，具有以比使用刑法更轻微的方式保护财产的可能性，例如询问查明、要求担保甚至放弃交易。因此，有学者认为，那些有“具体根据”的怀疑，应该被排除在错误概念之外。所谓的“具体根据”，包括事实陈述前后矛盾或行为人的特殊人格特质如爱说谎等。[②] 在这些场合下，被害人并不是行为人的工具，而是可以被期待去谨慎交易并采取自我保护的措施，有能力使自己免于受害，此时再用刑法对被害人进行保护就是没有必要的。

三、财产处分

财产处分是诈骗罪客观构成要件部分的要素之一。包括我国在内，很多国家的刑法典中对这个要素都没有做明确规定，但是刑法理论上的通说意见一直认为，财产处分属于不成文的构成要件要素。在现实中，一个欺诈行为以及受骗者的错误，与被害人的最终的财产损失之间，总是存在这样一种财产处分的行为，事实上，若没有这个财产处分行为，欺诈行为就无法最终达到实际的使被害人遭受财产损失的目标。仅仅有一个欺诈行为，有一个错误，还无法对财产发生直接影响。财产处分正好是处在欺诈、错误与财产损失之间的那道因果性桥梁[③]，并且，正是由于财产处分的环节存在，诈骗罪的法律形象被塑造为一种自我损害型的犯罪。

财产处分必须是由欺诈和错误引起的。虽然行为人实施了一个欺诈行为，被害人也实施了一个财产处分的行为，但是如果这个行为并不是基于错误认识而是基于其他的动机，例如怜悯、同情，那么这里就不存在一个诈骗罪的既遂。此外，错误与财产损失之间可能也缺乏一种因果性，这主要是表现在受骗者本来就有义务去给付财物，而且即使当他识破了对方的诡计的时候，这种义务依然存在。特别需要注意的是，仅仅是欺诈的外部形态与财产处分

---

① 林钰雄，王梅英．从被害者学谈刑法欺诈罪//刑事法理论与实践．台北：元照出版公司，2001：159以下．

② Amelung，Irrtum und Zweifel des Getaeuschten beim Betrug，GA 1977，S. 3，6，7. 同样支持被害人教义学的哈塞默（Hassemer）不同意“具体根据”的说法，他认为，重要的是法益持有者如何看待所欺骗事项的真实性，至于他为什么会这样看待并不重要，因此判断的基准不是怀疑的根据在客观上是否具体，而是被害人认识的结果。Vgl. Hassemer，Schutzbeduerftigkeit des Opfers und Strafrechtsdogmatik，1981，S. 153.

③ Blei，Strafrecht BT，S. 227；Haft，Strafrecht BT，S. 207，Rengier，Strafrecht BT，§13 Rn. 22；Wessels/Hillenkamp，Strafrecht BT，Rn. 514；LK-Lackner，§263 Rn. 294；LK-Tiedemann，§263 Rn. 96.

之间存在因果性，还是不够的；而必须是欺诈的实际内容与被欺骗者的反应之间，存在这种因果性。因此，当受骗者已经完全认识到事情的真实面貌，仍然实施财产处分的时候，就不能再说是欺诈行为引起了财产处分。错误在引起财产处分的影响性上，也不要求唯一性，只要具有共同性就足够了。最后需要注意的是，由于这种因果链条的存在，受骗者与财产处分人之间，应该保持统一性，也就是说必须是同一个人。

财产处分行为必须能够导致财产的减少。这里所说的财产减少，不应当与财产损失等量齐观。如果要严格区分二者的话，财产减少意味着在财产处分环节因为支出而减少的财产，而财产损失环节则需要看财产在收支整体状况上的均衡。而财产减少这一点当然同时也和财产概念这个理论基础密切相关。因此，就什么属于被保护的财产这个问题，似乎应当在诈骗罪中的财产处分环节找到其位置并加以处理。但是通常情况下都是将这个问题放在财产损失环节讨论。这是因为，第一，财产概念与财产损失的确定几乎是同一个问题。第二，财产减少的问题与财产损失的问题蔓延交错在一起。第三，一般而言，敲诈勒索罪也是在财产损失中讨论相关问题，因此有必要保持体系解释上的一致性。

需要注意的另外一个问题是，既然刑法上的财产处分不限于民法上的法律行为，所以，这里所需要的处分能力也不等于民事上的行为能力。即使是限制行为能力人，也可以从事这种财产处分行为。所以，针对不具备民事行为能力的未成年人或精神病人实施诈术，只要对方在事实上陷入错误，就可以成立诈骗罪。① 应当认为，诈骗罪中的处分能力与盗窃罪中的同意能力的判断标准是一样的，特别是在对物诈骗的场合，财产处分就等于财物的占有转移，因而处分能力就等于同意能力。刑法上的处分（同意）能力既不等同于刑事责任能力，也不等同于民事责任能力。对被害人处分（同意）能力的要求，没有统一的标准，应该在具体的案件类型中具体确定。之所以用诈骗罪惩罚欺骗被害人的行为，就是因为行为人通过造成对方（处分）意思自由瑕疵的方式，侵犯其财产。在这个意义上，诈骗罪是一种针对交易自由的犯罪。基于这个角度，一个财产处分并不需要对处分能力做全面、固定和僵化的要求，只要足以自治就可以了。所谓足以自治，是指财产处分本身不需要在客观上非常合情合理，但是它必须来自一个在主观上具有充分理性能力的头脑。② 处分人必须能够判断和理解同意的后果、影响和意义。对此，不存在一个一般性

① 这里需要强调的是，诈骗罪中所说的处分能力，与盗窃罪中所说的同意能力，是同样的标准。刑法理论上一般没有专门论述同意能力或者处分能力的，也没有澄清二者的关系。按照我的观点，诈骗罪中的处分能力与盗窃罪中的同意能力（占有转移）是一样的。

② Amelung/Eymann，Die Einwilligung des Verletzen im Strafrecht，JuS 2001.

的标准和尺度。

四、财产损失

财产损失是诈骗罪的构成要件要素，它是使得诈骗罪成为一种财产型犯罪的关键。诈骗罪的构成要件保护的法益是财产，而诈骗罪侵害的对象也是财产。财产损失是诈骗罪构成要件的最后一步，在欺诈行为、错误、财产处分之后，就是财产损失。作为归责于行为人的结果，财产损失与财产处分、错误以及欺诈行为之间必须存在因果性的关联。

在诈骗罪的领域，哪些属于财产以及如何确定财产损失的问题上，聚集着大量争议。这主要是与各种不同的财产概念相关。在这个问题上，比较有代表性的观点是法律性的财产概念、经济性的财产概念、法律—经济性的财产概念以及功能性的个别化的财产概念。（1）法律性的财产说认为，刑法的保护法益，应该根据民法上的权利或者法益来认定。相应地，财产罪中的财产必须是民法上的财产权利。按照法律性财产理论，在权利义务上互相不对等的交换，不被视作具有补偿支出的功能。任何一种财产权利的损害，以及任何一种无法律根据的义务承担，都是一笔不具有补偿功能和特质的财产减少。（2）功能性的个体化的财产概念与损失理论主张，对于补偿功能的等价物的认定，取决于是否满足了财产处分所设定的目标。按照这种观点，只要是达到了财产处分人所追求的目标，财产的减少就算是得到了补偿。但是，当回报存在物或权利上的瑕疵时，财产处分的目标通常并不会被认为得到了实现。至于付出和回报的经济价值，原则上并不重要，也不会因此承认该交易已经得到结算上的平衡；只有在标的是同类物（特别是金钱）或者同等价值物的交换时，结论才会不同。因为此时，财产减少已经得到同等价值的补偿。（3）经济的财产说认为，只要事实上能够处分的经济利益就是财产。至于该财产是否在法律上应该归属于他或者是否得到法律的承认并不重要。① 按照经济性的财产概念，对于补偿功能的判定，会区分不同情形：每一次交换过程中的财产减少，都会以经济性的金钱价值作为衡量标准，去与所获得的回报进行比较（所谓收支平衡的财务结算原则）。现在的通说认为，虽然在经济价值上获得等价物，但是如果能够证明就个人的实际情况而言，财产减少被视作投资失败，那么在这种特殊的条件下，也有可能被认定存在一种财产损失。这种所谓个体化的损失特征在某种程度上说，是经济性财产理论与个体化财产理论的联合。（4）处于法律性财产概念与经济性财产概念之间的，是法

① Küper，Strafrecht BT，S. 368；Lackner/Kuehl，StGB，2011，Rn 33；Krey/Hellmann，Strafrecht BT 2，Rn. 433.

律一经济性的财产概念。这种观点也是以经济性思维作为思考的起点，就此而言，经济性的财产概念与法律一经济性的财产概念之间是协调一致的。两者的不一致之处，主要表现在：究竟是纯粹地从经济性角度考虑，还是用法律的视角再进一步加以限制？迄今为止，一个纯粹经济性的财产概念在今天的实践中已经不适合了。尽管按照通说，经济性的财产概念仍然是研究财产损失的基础和出发点，但是，随之而来的是，一种规范性或者说法律性的标准应当接续经济性的财产概念或者说在经济性概念的基础之上进行讨论，否则就会引起与整个法秩序产生严重的价值抵触。今天，得到公认或者说大多数的观点认为，应当从一种经济性的思考方式出发，然后以一种具有法律上保护必要性的标准对之进行限制。这也被称为“法律与经济相调和的观点”①。简言之，诈骗罪所保护的财产，仅仅限于那些处在法秩序保护之下的、不被法律所禁止的东西。②

规范依据

（一）《刑法》

第 266 条　诈骗公私财物，数额较大的，处三年以下有期徒刑、拘役或者管制，并处或者单处罚金；数额巨大或者有其他严重情节的，处三年以上十年以下有期徒刑，并处罚金；数额特别巨大或者有其他特别严重情节的，处十年以上有期徒刑或者无期徒刑，并处罚金或者没收财产。本法另有规定的，依照规定。

（二）全国人民代表大会常务委员会《关于〈中华人民共和国刑法〉第二百六十六条的解释》

以欺诈、伪造证明材料或者其他手段骗取养老、医疗、工伤、失业、生育等社会保险金或者其他社会保障待遇的，属于刑法第二百六十六条规定的诈骗公私财物的行为。

（三）最高人民法院、最高人民检察院《关于办理诈骗刑事案件具体应用法律若干问题的解释》

第 3 条　诈骗公私财物虽已达到本解释第一条规定的“数额较大”的标准，但具有下列情形之一，且行为人认罪、悔罪的，可以根据刑法第三十七条、刑事诉讼法第一百四十二条（现为第 177 条）的规定不起诉或者免予刑事处罚：

（一）具有法定从宽处罚情节的；

（二）一审宣判前全部退赃、退赔的；

---

① Rengier, Strafrecht BT, §13, Rn. 55; Wessels/Hillenkamp, Strafrecht BT 2 Rn. 535.

② Sch/Sch/Cramer, Kommentar, §263, Rn. 82ff.

（三）没有参与分赃或者获赃较少且不是主犯的；

（四）被害人谅解的；

（五）其他情节轻微、危害不大的。

第4条　诈骗近亲属的财物，近亲属谅解的，一般可不按犯罪处理。

诈骗近亲属的财物，确有追究刑事责任必要的，具体处理也应酌情从宽。

第5条　诈骗未遂，以数额巨大的财物为诈骗目标的，或者具有其他严重情节的，应当定罪处罚。

利用发送短信、拨打电话、互联网等电信技术手段对不特定多数人实施诈骗，诈骗数额难以查证，但具有下列情形之一的，应当认定为刑法第二百六十六条规定的"其他严重情节"，以诈骗罪（未遂）定罪处罚：

（一）发送诈骗信息五千条以上的；

（二）拨打诈骗电话五百人次以上的；

（三）诈骗手段恶劣、危害严重的。

实施前款规定行为，数量达到前款第（一）、（二）项规定标准十倍以上的，或者诈骗手段特别恶劣、危害特别严重的，应当认定为刑法第二百六十六条规定的"其他特别严重情节"，以诈骗罪（未遂）定罪处罚。

第6条　诈骗既有既遂，又有未遂，分别达到不同量刑幅度的，依照处罚较重的规定处罚；达到同一量刑幅度的，以诈骗罪既遂处罚。

第7条　明知他人实施诈骗犯罪，为其提供信用卡、手机卡、通讯工具、通讯传输通道、网络技术支持、费用结算等帮助的，以共同犯罪论处。

第8条　冒充国家机关工作人员进行诈骗，同时构成诈骗罪和招摇撞骗罪的，依照处罚较重的规定定罪处罚。

第9条　案发后查封、扣押、冻结在案的诈骗财物及其孳息，权属明确的，应当发还被害人；权属不明确的，可按被骗款物占查封、扣押、冻结在案的财物及其孳息总额的比例发还被害人，但已获退赔的应予扣除。

第10条　行为人已将诈骗财物用于清偿债务或者转让给他人，具有下列情形之一的，应当依法追缴：

（一）对方明知是诈骗财物而收取的；

（二）对方无偿取得诈骗财物的；

（三）对方以明显低于市场的价格取得诈骗财物的；

（四）对方取得诈骗财物系源于非法债务或者违法犯罪活动的。

他人善意取得诈骗财物的，不予追缴。

案例评价

【案例 15－1】张福某等诈骗案[①]（加强既存的错误）

1. 基本案情

2001 年 3 月 4 日，被告人张福某与张金某（在逃），找到被告人汪某，向汪打听在香港六合彩开奖日晚上 7 点钟厦门是否仍有地下销售点销售彩票。当获知厦门市厦港大埔头××号李某（已处理）经营的地下彩票销售点能出售彩票后，三人即共同策划，由张金某负责联系获取第十八期香港六合彩的中奖号码，张福某出资并提供一部手机供联络之用，汪某负责带张福某前往购买彩票，骗得奖金后三人共同分赃。

2001 年 3 月 6 日晚 6 时 30 分左右，被告人张福某、汪某来到李某处。近 7 时许，被告人汪某从张金某打来的电话中获知香港已开出的六合彩中奖号码为“9、19、35”后，即与被告人张福某一起用该三个号码向李某购买了彩票，二被告人共中奖 202 000 元，随后，即向李索要奖金。李无法全额兑现，当场只付给张福某人民币 2 900 元，张福某打电话将此事告诉张金某。张金某即带人赶到李某处，拿走李的价值人民币 723 元的“诺基亚”5 110 型手提电话一部，并逼李写下“未付 20 万”的字据。而后，又欲将李挟持离开现场，因李反抗及警察的出现而未果。3 月 7 日晚，警方抓获被告人汪某，被告人张福某则于 3 月 8 日向公安机关自动投案。归案后，二被告人尚能如实交代犯罪事实。在本案审理期间，被告人张福某的家属代为退出赃款人民币 3 623 元。

厦门市思明区人民检察院以被告人张福某、汪某犯诈骗罪，向厦门市思明区人民法院提起公诉。被告人张福某、汪某对指控的事实均不持异议，但均辩称其行为不构成诈骗罪。辩护人认为，二被告人对被害人所隐瞒的是已向社会公布的中奖号码，被告人并无告知的义务，且被害人并未因被告人隐瞒真相而产生错误认识交出财物，故二被告人的行为不符合诈骗的主、客观构成要件，其行为系无效民事行为而不构成诈骗罪。厦门市思明区人民法院判处被告人张福某、汪某构成诈骗罪。被告人提起上诉，厦门市中级人民法院维持原判。

2. 涉案问题

本案中被害人是否陷入了诈骗罪中的认识错误？

① 最高人民法院中国应用法学研究所．人民法院案例选：2003 年第 2 辑（总第 44 辑）．北京：人民法院出版社，2004：56－61.

3. 裁判理由

法院认为，被告人张福某、汪某以非法占有为目的，通过隐瞒事先知道当期六合彩中奖号码这一事实，诱使非法经营地下六合彩的被害人在开奖时间过后出售彩票，造成“中奖”事实，以此骗取被害人钱财，数额特别巨大，其行为已构成诈骗罪。二被告人欲诈骗被害人人民币 203 623 元，因意志以外的原因大部分未得逞，系犯罪未遂，依法可以减轻处罚。在本案中，辩方提出：“诈骗罪的客观要件要求行为人实施的隐瞒真相的行为必须引起被害人产生错误认识而自愿交出财物，而本案中被告人并无将已向社会公布的中奖号码告知被害人的义务，故不存在隐瞒真相的行为。而被害人作为六合彩的庄家，对于开奖之后可能产生的中奖结果应有清楚认识，被告人的行为并未引起其关于中奖结果的错误认识，故被告人的行为不能认定诈骗罪。”由此可见，辩方试图将本案是否构成诈骗罪的突破口定位在被害人是否陷入错误认识上。但是，法院没有采纳辩方意见，而是认为二被告人的行为已构成诈骗罪，其理由是：“首先，在主观方面，被告人通过非法手段占有被害人钱财的目的是十分明确的，被告人对此均未否认。其次，在客观方面，被告人在明知被害人尚未得知中奖号码而自己已事先知道中奖号码的情况下，故意对被害人隐瞒，造成被害人产生被告人不知中奖号码的错误认识，从而在开奖时间过后向被告人出售彩票，以致产生被告人中奖、被害人必须支付奖金的直接后果。因此被告人的行为符合诈骗罪的客观要件。”

4. 评析意见

本案中涉及诈骗罪客观要件中的错误要素的认定。欺骗行为必须与错误之间存在因果关系。在本案中，法院认为“被告人在明知被害人尚未得知中奖号码而自己已事先知道中奖号码的情况下，故意对被害人隐瞒，造成被害人产生被告人不知中奖号码的错误认识”。这个说理并不充分。第一，本案中行为人没有积极地引起他人的错误。本案中的错误主要是指“不知中奖号码已经公布”。被害人违法经营地下六合彩，又在开奖时间过后仍然出售彩票，系自身原因而导致陷入“不知中奖号码已公布”的错误之中。这个错误并非被告人积极的购买彩票的行为所引起。第二，错误与欺诈行为之间的因果关系，既包括引起错误也包括维持错误。引起性的因果关系可以被理解为引起一个尚未存在的错误认识，维持性的因果关系可以被理解为增强或者加固一个既存的错误认识。本案中行为人虽然没有积极地引起一个错误，但是通过其购买彩票的行为，对一个既存的错误在程度上有所放大或增强，进而使被害人基于这种错误处分了财产。

【案例 15-2】王某诈骗、张某销售赃物案①（机器能否被骗）

1. 基本案情

北京市海淀区人民法院经公开审理查明：被告人王某于 2005 年 11 月 27 日，在本市海淀区公主坟小区×号楼×单元×室其租住地，利用北京骏网在线电子商务有限公司（以下简称“骏网公司”）网络交易平台的技术漏洞，采用虚报商品利润、自买自卖进行虚假交易的手段，欺骗骏网公司，在其账户内虚增骏网交易资金 76 万元（折合人民币 76 万元）。后王某将该笔虚增资金转入张某的私人账户。同年 11 月 28 日至 12 月 4 日，被告人张某将 76 万元骏币全部用于从骏网公司购买游戏点卡，后再将游戏点卡出售以兑换现金。后王某将人民币 53 万元用于个人挥霍。张某分得人民币 23 万元。2006 年 3 月 9 日，被告人王某被公安机关抓获。同年 3 月 18 日，被告人张某被公安机关抓获，案发后被告人张某已将人民币 23 万元退还骏网公司。

北京市海淀区人民法院根据上述事实和证据认为：被告人王某以非法占有为目的，虚构网络交易中的买卖价格，并进行虚假交易，骗取他人钱财，数额特别巨大，其行为已构成诈骗罪，应予惩处。北京市海淀区人民检察院据此指控被告人王某犯诈骗罪的事实清楚，证据确实、充分，指控罪名成立。

2. 涉案问题

本案中被告人的行为构成诈骗罪还是盗窃罪？

3. 裁判理由

法院认为，王某的行为是虚构事实、隐瞒真相的骗取行为，虚拟网络系统可以成为被骗的对象。主要理由包括：第一，王某利用骏网公司网络交易平台的技术漏洞，进行虚假的自买自卖，虚报商品利润，这种以自己为对象的交易并不真实存在，属于典型的欺骗手段，符合诈骗罪“虚构事实、隐瞒真相”之要件，以骏网公司的网络交易平台为欺骗对象。第二，从犯罪构成要件看，盗窃罪与诈骗罪客观方面的区别之一是行为人非法取得他人财物是否有财物所有人的参与。盗窃罪中行为人采用秘密窃取的手段取得他人财物，财物所有人并不知情；而诈骗罪中财物所有人由于受到欺骗，基于错误认识主观上“自愿”处分了财物，行为过程有财物所有人的参与。本案中，骏网公司的网络交易平台由于设计的技术漏洞，不能准确识别王某虚假的自我交易行为，根据设定的交易规则将虚假交易产生的“利润”主动支付到王某的账户。王某非法取得骏币是在骏网公司网络交易平台的参与下完成的，更符合诈骗罪的客观方面特征。第三，骏网公司的网络交易平台可以成为被骗的

① 国家法官学院，中国人民大学法学院．中国审判案例要览（2008 年刑事审判案例卷）．北京：人民法院出版社，2009：352-357.

对象。随着科学技术的发展，出现了可以代替人从事某项工作的人工智能机器或网络系统，例如自动取款机和本案中的网络交易平台。这种人工智能系统只需通过特定的操作程序，即可代替人从事某项工作。日常生活中，通过人工智能系统进行交易已成为一种常见的交易方式，人工智能系统在其程序设定范畴内实施的交易行为具有法律效力。大陆法系传统的刑法理论虽然认为机器不具有意识，不可能成为被骗的对象，但随着人工智能的出现，大陆法系国家也在立法上纷纷认可了人工智能系统可以成为被骗的对象，如《德国刑法典》第265条规定，“意图无偿地骗取自动售货机或公用通讯网的给付”，构成“骗取给付罪”。我国刑法也认可这种观点，如通过自动取款机实施的信用卡诈骗行为构成信用卡诈骗罪。本案中，骏网公司的网络交易平台是一个开放的、具有人工智能的交易系统，在该公司的网络交易平台上代替公司对各种交易行为进行确认、支付、划账等处理，具备人工智能的特性，其行为的法律效力直接归属于骏网公司，可以成为被诈骗的对象。

4. 评析意见

本案中事实方面基本无争议。在审理过程中，争议的焦点主要在于法律适用方面，即王某利用虚拟网络漏洞进行自我虚假交易套取骏币的行为应构成诈骗罪还是盗窃罪。关于王某行为性质的认定存在两种不同认识：其一认为构成盗窃罪，其二认为构成诈骗罪。笔者赞成法院的基本结论，即王某利用虚拟网络漏洞进行自我虚假交易套取骏币的行为，应认定为诈骗罪。但是，类似案件之所以能够以诈骗罪论处，不是由于人工智能系统能够成为被骗的对象，而是由于智能系统背后的人，能够成为被骗的对象。骏网公司设置了网络交易平台，通常情况下，能够满足网络交易平台的交易条件的交易，都被推定为真实有效的交易，因而这些满足网络平台交易条件的交易，都是得到骏网公司同意的（预设的同意）。得到他人同意的行为，不可能构成盗窃罪。但是，本案中，虽然王某所实施的交易满足了网络交易平台的交易条件，但其恰恰不是一种真实的交易，而是一种虚假的自我交易，骏网公司管理者没有通过网络平台将其甄别，而是误以为其为真实有效的交易，因此仍然给予其同意，允许其获取骏币，这是陷入认识错误后的财产处分，因而构成诈骗罪。

【案例15-3】何某诈骗案①（财产处分形式之容忍）

1. 基本案情

1999年10月16日下午，被告人何某遇到陈某（在逃），闲聊中陈某提出

① 最高人民法院刑事审判第一、二庭．刑事审判参考：2001年第12辑（总第23辑）．北京：法律出版社，2002：34-37.

去搞一辆摩托车，何某表示同意。后陈某去寻找目标，何某在东兴市东兴镇北仑大道建安加油站处等候。当晚8时许，陈某雇请宋某驾驶两轮摩托车到加油站载上何某一同到东兴镇东郊村罗浮附近，以等人为由让宋某停车等候。陈某趁宋某下车未拔出钥匙之际，将摩托车开走，宋某欲追赶，何某则以陈某用其车去找人会回来还车等理由稳住宋某。后何某又以去找陈某为由，叫宋某在原地等候，自己趁机逃跑。经鉴定，该摩托车价值人民币4 905元。东兴市人民法院认为：被告人何某以非法占有为目的，虚构事实骗取他人财物，数额较大，其行为已构成诈骗罪。

2. 涉案问题

本案中被告人抢走财物后哄骗被害人不追赶的行为如何定性?

3. 裁判理由

法院认为，何某并没有在陈某完成抢夺行为后立即逃跑，而是留下来使用虚构陈某用其车去找人，还会回来还车这一事实稳住被害人宋某，宋某信以为真，也就不追赶，更没有报警。因此，虽然陈某与何某占有被害人的摩托车时不是被害人自愿交出，似不符合诈骗罪中被害人因受骗上当自愿地交出财物这一典型特征，但是被害人宋某没有呼喊、追赶和报警，不是因为其不能或者不敢呼喊、追赶和报警，而是由于何某虚构事实，并且仍与宋某待在一起，没有逃跑，宋某完全有理由相信何某所言的真实性，因此，实际上默认了陈某对摩托车的占有。也就是说，被害人宋某丧失摩托车的占有，实际上是因其受骗上当而自愿交出，是诈骗的另一种表现形式。

4. 评析意见

本案中，涉及的主要问题是，对财物被抢走后被告人哄骗被害人不追赶的行为如何定性。对此，有两种意见：一种意见认为，被告人何某以非法占有为目的，伙同他人用虚构事实的方法，骗取他人财物数额较大，其行为符合诈骗罪的构成要件，构成诈骗罪。另一种意见则认为，从何某及其同伙陈某占有宋某摩托车的方式来看，并非是宋某上当受骗后“自愿”将摩托车交给陈某，在此真正起关键作用的是公然抢夺。正是通过公然抢夺，何某与其同伙才完成了对宋某摩托车的非法占有。至于何某在陈某夺车已完成之后虚构事实的行为，对被害人虽然有欺骗性质，但不同于诈骗罪中行为人为了获取财物而实施的欺骗行为，其仅是为了拖延时间以便陈某逃离现场，而不再是为了骗取财物。由此可见，究竟是按照抢夺罪论处还是以诈骗罪论处，关键在于对何某哄骗被害人不追赶的行为如何定性：如果认为这仅仅是之前的抢夺行为的掩盖行为，那么，本案构成抢夺罪；如果认为这种行为本身具有财产处分的性质，那么本案构成诈骗罪。法院最终认定为诈骗罪，理由和结论都是正确的。本案中，陈某抢夺摩托车，尚不能认为已经完全实现了占有转移，因为此时宋某还要去追赶，陈某等人还未对摩托车建立起一个稳固的新的占有关系。何某留下来虚构“陈某用其车去找人，还会回来还车”的说法，来稳住宋某，使得其任由陈某将车骑走而不再追赶。此时，才能视作摩托车的占有发生了转移。这种占有转移是通过宋某容忍的方式实现的，是表现为容忍的一种财产处分形式。由于受到何某的欺骗，宋某陷入认识错误，容忍陈某骑走摩托车，处分了自己的财产，因而陈某、何某二人的行为构成诈骗罪。

[案例 15-4] 吴某票据诈骗、合同诈骗案①（财产处分与免除债务）

1. 基本案情

被告人吴某于 2006 年 6 月 18 日，为获取保险代理业务，冒用北京中健安康咨询有限公司的名义，使用孙某力的假名，与永安财产保险股份有限公司北京分公司（以下简称“永安公司”）签订保险兼业代理合同，合同内容为被告人吴某为永安公司代销保险业务，永安公司付给其一定比例的手续费。合同履行过程中，被告人吴某与尚某合作，由尚某在北方汽车交易市场代销保险，吴某给尚某一定比例的手续费，该部分手续费明显高于永安公司支付给吴某的手续费。截至 2006 年 7 月 27 日，吴某共获取代收的保险费计人民币 300 653.50 元，拒不向永安公司交付，并予以挥霍。在永安公司催款的情况下，吴某于同年 7 月 24 日、26 日，先后两次利用伪造的 31 万元北京银行转账支票向永安公司交付上述保险费。案发后上述赃款已全部退赔并发还被害单位。

被告人吴某于 2006 年 6 月，为获取保险代理业务，使用孙某力的假名，与中华联合财产保险公司北京分公司房山支公司订立口头合同，合同内容为被告人吴某为中华联合保险公司代销保险业务，中华联合保险公司付给其一定比例的手续费。合同履行过程中，被告人吴某采用同样方法，由尚某在北方汽车交易市场代销保险，吴某给尚某一定比例的手续费，该部分手续费明显高于中华联合保险公司支付给吴某的手续费。后被告人吴某拒不向中华联合保险公司交付代收的保险费共计人民币 14 391.27 元。2006 年 7 月 27 日 21 时许，被告人吴某被抓获归案。案发后上述赃款已全部退赔并发还被害单位。

北京市海淀区人民法院依法判决如下：被告人吴某犯合同诈骗罪，判处有期徒刑 11 年，罚金人民币 3 万元。

2. 涉案问题

冒用他人名义或使用假名，获得保险代理资格，获取代收的保险费的行

① 国家法官学院，中国人民大学法学院．中国审判案例要览（2008 年刑事审判案例卷）．北京：人民法院出版社，2009：172-179.

为是否构成合同诈骗罪？犯罪过程中以伪造、变造、作废的票据付款以便拖延时间而非骗取财物手段的行为是否构成票据诈骗罪？

3. 裁判理由

法院对第一个问题作出了肯定回答。针对第一个问题，本案行为人及其辩护人提出其行为只是正常的保险代理行为，只是在获取代理资格的过程中使用了虚假身份，主观上没有非法占有的目的，客观上没有诈骗行为的意见。法院对此指出：对于诈骗类犯罪，审判实践中关于认定是否存在诈骗行为通常属于事实问题，而对行为人非法占有他人财产的主观目的的判断常常要通过对证据的审查进行推论。第一，从行为人吴某的客观行为来看，其使用了虚构事实、隐瞒真相的手段。其在本案中从始至终使用的都是孙某、孙于某的假名，同时其还冒用北京中健安康咨询有限公司的名义，伪造公章与他人签订合同，其中包括与邱某的顺吉汽车服务部的合作协议、与永安公司的兼业代理合同。可见，在指控的第一起犯罪中，其行为属于合同诈骗罪中冒用他人名义签订合同的行为。而在指控的第二起犯罪中，其与中华联合保险公司订立口头合同过程中，使用了孙某力的假名，属于合同诈骗罪中以其他方法骗取对方财物的行为。并且，在两起犯罪中，吴某均隐瞒了其高返点、迅速敛财据为已有的真相。第二，行为人吴某具有非法占有代收的保险费的主观故意。行为人吴某具有非法占有代收的保险费的主观故意。吴某从两家保险公司骗取保险代理资格后，与尚某合作销售保险，而其给尚某的返点明显高于保险公司给其的返点。因此，其销售保险不能赢利。吴某对此辩称其是为了赚修理费，因为其和邱某的顺吉汽车服务部有合作关系。对此，法院认为：(1) 吴某与邱某的合作关系并不紧密，因为邱某不清楚吴是哪里人，不清楚吴的雇员的情况，而且中华联合保险公司的张某找吴某、邱某谈保险代理业务时，邱某称孙某力与其汽车服务部没有关系；(2) 吴某在邱某的汽车服务部办公的一个月内，没有做成一笔修理业务；(3) 汽车修理是长期服务，短期资金回报率不高，吴某在短短1个月时间里，不惜赔钱卖保险，收到大量保险费后只上交一小部分，而将其余的大部分予以挥霍。虽然其当庭供述将钱大部分放在女友李某家中，但李某的证言证实她退赔的钱款是从亲友那里借的，并非吴某的钱。可见，吴的辩解并不可信。因此，冒用他人名义或使用假名，获得保险代理资格，获取代收的保险费的行为符合合同诈骗罪的犯罪构成。

关于第二个问题——行为人获取保险费后以伪造的支票履行代理合同，是否构成票据诈骗罪，法院作出了否定回答。法院认为，在本案中，吴某使用欺骗手段与他人订立合同，已经获取了代收的保险费，这时其合同诈骗犯罪已经既遂，非法占有他人财产的目的已经达到。其后来签发假支票的行为只是一种拖延的手段，而并非票据诈骗罪所要求的利用虚假金融票据骗取钱财的构成要件。被害方之所以被骗，是因为吴某的合同诈骗行为，而非其给付假支票的行为，故对其行为应认定为合同诈骗罪。吴某使用假名骗取对方信任、获取代收的保险费的行为，属于合同诈骗罪中以其他方法骗取对方财物的行为。

4. 评析意见

关于第一个问题，法院的认定存在疑问。相对于诈骗罪而言，合同诈骗罪是特殊法条，因此其构成要件首先应符合诈骗罪的基本结构。一个完整的合同诈骗行为，应当是行为人实施欺诈行为，导致对方陷入认识错误，对方基于认识错误而处分财产，最后导致财产损失。在这个环环相扣的过程中，要求受骗者与财产处分人必须为同一主体，但是，本案显然不符合这个条件。首先，法院认为，“在指控的第一起犯罪中，其行为属于合同诈骗罪中冒用他人名义签订合同的行为”，按照这个逻辑，本案中的受骗者应当是永安公司，但是永安公司并没有基于错误认识而直接处分财产，被告人所获取的保险费不是来自永安公司而是来自投保人。永安公司基于错误认识而给予被告人的，仅仅是一个可能与第三人签订保险共同进而获得保险费的资格。其次，本案中也不存在投保人是受骗者而永安公司是财产损失人的三角诈骗的情形。因为被告人与投保人签订的是有效的保险合同，投保人在付出保险费后，将来也应当根据合同从永安公司处取得保险赔偿金，因此既不能认为其是基于错误认识受骗而处分财产，其未来也不会遭受损失。由此可见，无论是将永安公司还是将投保人作为合同诈骗的受骗者，都难以符合合同诈骗罪构成要件的基本结构。本案中，永安公司虽然因为被告人扣留了保险费而最终遭受损失，但是这种损失不是由于永安公司错误地处分财产造成的，也不是由于投保人错误地处分财产造成的（三角诈骗）。因此，本案中不存在合同诈骗的行为。

关于第二个问题，法院的认定也存在疑问。法院之所以否定票据诈骗罪，是以认定前面的行为构成合同诈骗罪的既遂为前提的。但是，被告人使用假名签订保险业务代理合同的行为，由于不存在基于错误认识而处分财产的受骗者，因此并不符合合同诈骗罪的要求。在被告人获取代收的保险费之后，就负有将保险费上交给永安公司的义务，或者说其对永安公司负有债务。被告人使用虚假支票向永安公司支付，而永安公司也误以为是真的支票而收取，基于错误而免除了对方债务，永安公司因此遭受损失。对此，应当认定为票据诈骗行为。一般而言，诈骗类犯罪的财产处分分为两种情况，当对象是（狭义的）财物时，财产处分表现为交付财物或者说转移财物的占有；当对象是财产性利益时，财产处分表现为使财产上的利益转移给行为或者第三人的行为。[①] 日本的理论和判例也认为，财产性利益的内容包括免除债务等消极性利益。[②] 因此，本案中虽然存在诈骗，但却不是发生在冒充他人名义与永安公司签订合同过程中，而是发生在以假支票向永安公司支付的过程中，本案中的财产处分，应当是指永安公司误以为被告人伪造变造的支票为真而接受的行为，作为受骗者的永安公司，其财产处分的内容是免除被告人的债务。

[案例 15-5] 李某、王某、陈某诈骗案[③]（对物诈骗与处分意识）

1. 基本案情

2005 年 4 月 12 日上午，被告人李某、王某、陈某经预谋后，来到石狮市永宁镇港边村石狮市邮电局永宁支局附近，由陈某、王某假托事由上前与被害人朱某搭讪，被告人王某谎称其认识一个算命先生，并带被害人找到了佯装成算命先生的被告人李某。李某当即欺骗被害人朱某说其丈夫在近期内将会遭遇车祸，须做“法事”才能消灾，朱某信以为真。被告人李某随即要求朱某将人民币 1 500 元交给他放入其事先准备好的黑色塑料袋中，让其做“法事”，待做完“法事”将塑料袋拿回家中存放方能免灾。之后，被告人李某当着被害人的面做起“法事”，在做法事的过程中，三被告人趁被害人不注意之机，将塑料袋调包，后让被害人朱某带走了一个未装钱的塑料袋。三被告人采取上述手段拿走被害人朱某人民币 1 500 元。2005 年 4 月 14 日，三被告人再次采取同样手段，在石狮市南洋路“狮城帝苑”附近，拿走被害人石某人民币 10 600 元。

福建省石狮市人民检察院以被告人李某、王某、陈某犯诈骗罪向石狮市人民法院提起公诉。石狮市人民法院经公开开庭审理后认为，被告人的犯罪行为符合盗窃罪的构成要件，依法构成盗窃罪。公诉机关对被告人犯诈骗罪的指控不当，应予更正。

一审宣判后，被告人李某以其是采用欺诈的手段骗取被害人的钱财，应认定为诈骗罪，原判定罪不当要求予以改判为由，上诉于福建省泉州市中级人民法院。

泉州市中级人民法院经审理后认为，上诉人李某、原审被告人王某、陈某以非法占有为目的，在假装做法事的过程中，采取调包方式秘密窃取他人财物，其行为均已构成盗窃罪，原审认定事实清楚，证据充分，定罪准确，

---

① 王作富．刑法分则实务研究．北京：中国方正出版社，2007：1115.

② 西田典之．日本刑法各论．刘明祥，王昭武，译．北京：中国人民大学出版社，2007：148.

③ 最高人民法院中国应用法学研究所．人民法院案例选：2006 年第 4 辑（总第 58 辑）．北京：人民法院出版社，2007：67-72.

量刑适当，审判程序合法。

2. 涉案问题

先以欺骗手段令他人交出财物，后采取调包方式将财物秘密取走的行为，构成诈骗罪还是盗窃罪？

3. 裁判理由

法院认为这种行为构成盗窃罪。因为被告人取得被害人财物并非出于被害人的自愿给付，而是在被害人未发觉的情况下暗中将其财物调包。被害人将钱交由被告人的本意在于，欲让被告人做完法事后将财物归还自己，而并非欲将其财物自愿地给付被告人所有。且在做法事过程中，被害人并没有丧失对财物的实际控制权。被害人将财物交给被告人的本意并非欲将其财物所有权自愿地交付被告人所有，而只是要让被告人暂时保管作为做法事的一种道具，待做完法事后仍欲将其财物取回。……被告人李某的欺骗行为只是后续盗窃行为最终实现的一种过渡方式和手段，是一种手段行为，并不能单独直接构成诈骗犯罪。

4. 评析意见

一审法院的意见是正确的。被害人是否存在针对财物的处分意识，是盗窃罪和诈骗罪的重要区别。处分意识是指在财产处分过程中，处分人主观上认识到财产状态会发生改变。刑法理论上关于处分意识，存在必要说与不要说之争。笔者认为，诈骗罪中的处分行为是否需要具有处分意识，不宜一概而论，而是要视处分对象是财物还是财产性利益而做区分。

一方面，处分意识虽然并不是一般、普遍地适用，但是在常见的对物诈骗中是必要的。有的观点认为，无意识的交付财物的行为，无法肯定是被害人基于错误认识作出的行为，也就是说错误认识无法证明，不能推导出诈骗手段的诈骗程度是否已经达到产生或加强错误认识的程度，也就难以证明诈骗行为与交付行为之间的因果关系，进而难以证明诈骗行为与损害之间的因果关系，自然就无法证明诈骗罪的成立。也就是说，只有承认处分意识即交付意思的必要性，诈骗罪的构造才可能完整。① 但是，就处分意识对于对物诈骗的必要性而言，上述理由并不是关键的原因，因为在处分非物质形态的财产性权益的场合，也有上述的证明问题，而这个问题的解决之道不在于强调处分意识的必要性，而在于对错误的理解。在对物诈骗的场合，强调处分意识也就是交付意思的必要性的最关键的理由，不是为了针对可能出现的惩罚漏洞，而是为了与盗窃罪相区分。在诈骗罪与盗窃罪可能混淆的案件中，被害人是否具有转移财物占有的处分意识，成为决定性的界分标准。在犯罪对

① 游涛．普通诈骗罪研究．北京：中国人民公安大学出版社，2012：194.

象为财物的场合，诈骗罪是被害人基于有瑕疵的意思而自愿转移占有，盗窃罪则是违反被害人的意思而转移占有。进一步而言，诈骗罪中所谈的处分意识或交付意思，就是盗窃罪中的允许财物转移占有的同意。二者虽处于不同构成要件之中，但其义相同。如果放弃处分意识的要求，那么在对物诈骗的场合，诈骗罪与盗窃罪就难以区分。换言之，处分意识必要说最突出的作用表现在对物诈骗的场合。在欺诈性盗窃的场合，只有通过处分意识才能区分诈骗罪与盗窃罪。例如，张三欺骗李四转移注意力，趁其不察而取走财物。显然，李四对于财物的占有转移并没有处分意识。如果认为诈骗罪中的处分行为不需要具备处分意识，那么该案中就难以区分盗窃罪与诈骗罪（处分行为客观上也可以是一种不作为或容忍）。只有坚持对物诈骗中的处分行为必须具备处分意识，才能在类似案件中得出结论说：由于不具备处分意识，因此行为人不构成诈骗罪而是构成盗窃罪。在本案中，被害人将财物交付给被告人，并不是要处分该财产，因为其并没有处分财产的意识。被害人并没有意识到自己的交付行为将会带来财产方面的重要改变，因为仅仅是要针对财物做完所谓“法事”之后即返还，这对被害人的财产不会有任何减少和损失。因此，本案中的被害人不具备处分意识，被告人不构成诈骗罪。

[案例 15-6] 王某抢夺案①（诈骗罪与欺诈性盗窃）

1. 基本案情

被告人王某某与靳某（另案处理）商议从熟人张某处骗取手机，然后卖掉手机换钱。某日，王、靳两人在一电子游戏室内碰到正在打电子游戏的屠某，王某某谎称自己手机没电了有事要与朋友联系，向屠某借打手机（价值1 330元）。王某某用屠某的手机打了一个电话，随后把手机交给了一旁的靳某。靳某边打手机边往门口走，当快走到门口时，靳某拔腿就跑。一旁已有警觉的屠某见状马上去追，但没追上。当其返回电子游戏室再找王某某时，王某某早已离去。屠某以手机被骗为由向公安机关报案。后王某某因涉嫌寻衅滋事罪（寻衅滋事的事实在此省略）被公安机关抓获。法院经审理认为，被告人王某某虚构事实从被害人屠某处得到的只是手机的使用权，屠某没有基于错误的认识错误地处分所有权，且该手机始终处于屠某的视线控制之下，被告人王某某公然夺取手机的行为符合抢夺罪的构成要件。

2. 涉案问题

谎称借用他人手机而逃走的行为构成抢夺罪还是诈骗罪？

① 最高人民法院中国应用法学研究所．人民法院案例选：2005 年第 1 辑（总第 51 辑）．北京：人民法院出版社，2005：33－36.

3. 裁判理由

在本案中，公安机关一开始以王某某涉嫌寻衅滋事罪侦查后移送检察院审查起诉。公诉机关以王某某（靳某另案处理）涉嫌寻衅滋事罪、抢夺罪向法院提起公诉。公诉机关认为，王某某的行为构成抢夺罪的主要理由是，王某某与靳某从屠某处借得手机后，该手机始终处于一旁的屠某的控制范围内，靳某公然把手机从屠某的视线控制下夺走，该行为完全符合抢夺罪的构成要件。辩护人认为，王某某的行为只属于普通的诈骗行为。主要理由是，王某某以非法占有为目的，采用虚构事实的办法，使屠某信以为真自愿地把手机交给王某某，王某某的行为只符合诈骗行为的要件，该行为发生时屠某旁边没有他人，不符合抢夺罪中关于公然夺取公私财产的客观要件，况且屠某是以手机被骗为由向公安机关报案，公安机关也是以诈骗立案。法院最后判决本案成立抢夺罪。从判决理由来看，法院认为，由于行为人仅仅得到了手机的使用权而非所有权，因而不构成诈骗。

4. 评析意见

法院否定诈骗罪的结论是正确的，但论证的理由值得商榷。在某些案件中，行为人得到被害人关于财物的使用许可也同样构成诈骗（例如，欺骗对方将自行车借用两天后骑走而不归还）。因此，是否得到使用权或所有权并非一个普遍性的标准。本案的情形属于区分欺诈性盗窃罪与诈骗罪的适例。在这种场合下，客观层面上需要判断财物的占有是否发生转移，只有出现占有转移，客观上才可能认定一个财产处分；而主观上同样需要具备的是，被害人是否同意财物的占有发生转移，即其是否有财产处分的意识。本案中，屠某同意将手机借给王某某使用，但是只限于在屠某在场的屋内使用。在这种情形下，手机虽然在王某某和靳某手中，但是屠某仍然在占有着手机。屠某并不同意靳某将手机带离自己占有的空间，也就是不同意财物的占有转移。关于这一点，从靳某一带着手机离开房间，屠某立即去追赶就可以看出。因此，本案中不具备财产处分意识，因为欠缺财产处分的要素，不构成诈骗罪。当然，在否定诈骗罪的基础上，本案中行为人究竟是构成盗窃罪还是抢夺罪，则是另一个值得研究的问题。

[案例 15-7] 陈金某、陈某、孙某盗窃案[①]（利益诈骗与处分意识）

1. 基本案情

江苏省南通市崇川区人民法院经审理查明：2009 年 5 月底，被告人陈金

① 最高人民法院中国应用法学研究所．人民法院案例选：2011 年第 3 辑（总第 77 辑）．北京：人民法院出版社，2011：72-76.

某、陈某、孙某伙同任某（在逃）经事先预谋决定到南通骗财。被告人陈金某、陈某、孙某伙同任某于2009年6月1日到达南通市。2009年6月2日上午，先由任某假冒南通大学校长战友之身份，在本市端平桥菜市场搭识本案被害人季某，任某谎称自己能为季介绍生意给南通大学，骗得被害人季某身份证、营业许可证、卫生许可证复印件。后被告人孙某按照事先预谋之安排，持被害人季某身份证复印件至邮政储蓄银行办理了邮政储蓄卡存合一储蓄业务。

6月3日上午，由被告人陈金某假扮南通大学校长、由被告人陈某假扮南通大学会计，共同对被害人季某实施诈骗。被告人陈金某以方便业务往来为名让被害人季某自己到邮政储蓄银行办理邮政储蓄卡存合一储蓄业务。被害人季某办好卡存合一储蓄业务后旋即应约与被告人陈金某、陈某等再次见面，被告人陈某趁机将被告人孙某办理的邮政储蓄存折与被害人季某本人办理的邮政储蓄存折调包。被告人陈金某、陈某等要求被害人往存折上存款人民币18万元以证明经济实力，被害人季某持被调包的存折存入人民币18万元。被告人孙某用该存折对应的银行卡分四次将18万元取出，被告人陈金某、陈某、孙某及任某各分得人民币45 000元。

江苏省南通市崇川区人民法院经审理认为：三被告人的行为构成盗窃罪，且系共同犯罪。在共同犯罪中，三被告人均起主要作用，系主犯。

一审宣判后，三被告人未提起上诉，检察机关亦未提出抗诉，一审判决已经发生法律效力。

2. 涉案问题

被告人在非法取得被害人财产过程中，既有虚构事实、隐瞒真相的方法，又有秘密窃取的行为，还以虚假身份证明骗领信用卡，构成诈骗罪、盗窃罪还是信用卡诈骗罪?

3. 裁判理由

被告人陈金某、陈某、孙某以非法占有为目的，以虚构介绍生意事实的方式骗取的被害人身份证复印件办理邮政储蓄存折及卡，虚构业务需要的事实骗得被害人办理邮政储蓄存折及卡，并秘密将邮政储蓄存折调换，再以要求被害人证明实力的方式骗取被害人向已调换的存折中存款，最后通过该存折对应的银行卡取款。其行为既包括欺骗行为，也包括秘密窃取行为。但被害人未基于错误认识而处分其财物，三被告人最终得以占有被害人财物的决定性因素在于其秘密窃取行为，且窃取财物数额特别巨大，其行为应构成盗窃罪，且系共同犯罪。

诈骗罪与盗窃罪的区别在于被害人是否基于认识错误而处分财产，即被害人是否具有处分意识和处分行为，如果被害人认识到自己将某种财产转移给行为人或第三者占有，且基于该处分意识将财产转移给行为人或者第三者占有，则应当成立诈骗罪。认定被害人具有处分意识，不仅要求被害人具有“自愿”处分特定财物的意思，而且要求被害人明确知道处分特定财物就是转移该财物的控制权。处分行为是指将财物转移给行为人或第三者占有，即由行为人或第三者事实上支配财产，并不要求受骗人将财物的所有权处分给行为人……本案中，由于被害人自己办理的存折已被调包，其向调包后的存折存入 18 万元的行为，实际已经转移该财物的控制权。但被害人的存款行为的目的在于证明其经济实力，其认为只是在向自己控制之下的存折内存款，而非将该 18 万元的控制和支配权转移给被告人，其存款时对自己实际上是在向他人控制的存折内存钱没有认识，仍然认为该财物处于自己的控制之下。被告人利用调包后的存折对应的银行卡取款，被害人对其财物转移占有的过程一无所知，事后被害人才发现其 18 万元已被取走。虽然被害人因欺骗行为陷入错误认识，并基于错误认识作出存款行为，但被害人不明知其存款行为是转移其财物的控制权，故不能将该存款行为认定为诈骗罪中的处分行为。

4. 评析意见

本案的主要特征在于：被告人在非法取得被害人财产过程中，既使用了虚构事实、隐瞒真相的方法，也采用了秘密窃取的行为，还利用了以虚假身份证明骗领信用卡这一妨害信用卡管理的手段，从而导致在对被告人犯罪行为的定性问题上存在较大分歧。第一种意见认为三被告人系以虚构事实、隐瞒真相的方法取得财物，构成诈骗罪；第二种意见认为三被告人以骗取的被害人的身份证骗领信用卡并取现，构成信用卡诈骗罪；第三种意见认为三被告人取得财物的决定性因素是调包这一秘密窃取行为，构成盗窃罪。法院最终采纳了第三种意见。应当说，法院对事实的法律性质的认定完全正确，即被害人客观上实施了处分自己财物的行为，但是其存款目的在于证明自己的经济实力而非将 18 万元转移给他人，被害人主观上对于自己行为的意义和后果没有认识，简言之，客观上有处分的行为，但是主观上没有处分意识。法院据此得出结论：既然没有处分意识，就不构成诈骗罪中的处分行为，因而不成立诈骗罪。

这一结论值得商榷。这显然是受到“诈骗罪必须具备财产处分意识”的观点影响所得出的结论。但是，在涉及权利诈骗的场合，处分意识并非必要条件，本案就是适例。尽管被害人没有处分意识，但是其客观上仍然处分了自己的财产，因此可以构成诈骗罪。

法院由于受“诈骗罪必须具备财产处分意识”的观点影响，排除了诈骗罪的适用进而倒向了盗窃罪。但是，本案的情形不构成盗窃罪。行为人秘密窃取的对象是被害人的存折，而在行为人要求被害人向存折内存入 18 万元以证明其经济实力之前，该存折本身的价值以及存折上的账户内金额均不能满足盗窃罪的数额要求。简言之，在窃取行为实施当时，并不存在一个适格的犯罪对象；而在窃取行为已经完成之后，还需要一个独立的欺骗行为（哄骗被害人向存折内存钱）且被害人处分财产之后，行为人才可能从中获利。因此，整个盗窃罪构成要件各个要素齐备的时间不一致，不能简单地拼凑而成。法院在判决理由中提出："虽然被告人调包时尚未取得被害人财物，其秘密窃取行为与非法取得财物虽然在时间上不一致，但刑法理论中，并未要求盗窃罪需以秘密窃取行为与非法取得财物时间上具有同一性为构成要件，因而对本案以盗窃罪论处并无不妥。"这种看法是错误的。构成要件各个要素的齐备，都必须发生在构成要件行为实施的当时，这是行为刑法基本原理的题中应有之义。例如，行为人窃取他人一个价值低微的脸盆，之后，又欺骗第三人该脸盆为文物而卖出高价。这里显然存在两个具有刑法意义的行为，前一个行为因为所窃之物价值低微不构成盗窃罪，后一个行为则可能构成诈骗罪。不能因为后来的脸盆卖出了符合盗窃罪入罪数额的价钱，就反过来将之前的行为认定为盗窃罪。正如人们不会因为病患即将死亡而将杀人者认定为侮辱尸体罪，也不会因为胎儿将会出生为人而将致孕妇流产者认定为杀人罪。如果按照这种定罪逻辑，则罪刑法定原则所强调的法不溯及既往就失去了意义。

本案中，关键的问题在于，被害人由于错误，而向误以为是自己的但实则为他人的存折上存入 18 万元，这是一种客观上的财产处分行为，该行为直接造成被害人的财产减少，并在没有对价的情况下形成财产损失。被告人实施欺诈行为，导致被害人陷入错误认识，基于错误而处分了财产，最终有财产损失，构成诈骗罪。诈骗罪中的"财产处分"，要求被害人的行为必须造成财产总量的减少，本案中，当被害人将钱存入他人的存折中时，客观上的确造成了自己财产的减少，客观上存在财产处分。但是，被害人在存钱的过程中误认为现金是存入自己名下的存折，并不会造成任何财产减少，因此他根本没有意识到自己的行为性质是财产处分。根据本书主张的观点，处分意识并非是财产处分的必备要素，现实中完全可能存在缺乏处分意识的财产处分行为的情形。本案中的情形就是适例。

由此可见，在处分意识的问题上，应当采取区分对待的处理方式。财产处分是一种外部的行为样态，一般而言，处分人往往具有处分意识，但是这一点并不是必需的。妥当的观点是，在涉及利益及权利诈骗的案件中，允许无意识的财产处分，换言之，处分意识不是必要条件；而在对物诈骗的场合，必须要求具备处分意识。因此，诈骗罪的构成要件既包括有意识的处分，也包括无意识的处分。[①]

[案例 15-8] 杨某某、孙某某等诈骗、行贿、盗窃案[②]（财产损失的认定）

1. 基本案情

2004 年 1 月 24 日至 31 日，被告人杨某某根据他与陕西省体育彩票管理中心达成的协议，在陕西省延安市承办 1 000 万元即开型体育彩票实物返奖销售活动。经事先预谋，杨某某伙同被告人孙某某设法确定特等大奖信封编号，并操纵二次抽奖，指使事先联系好的“票托”王某某、白某某、刘小某、刘学某（化名“刘强”）在彩票销售现场持兑过奖的彩票重复上台领奖。王某某等四人共骗领特等 A 奖奇瑞东方之子轿车 1 辆、特等 B 奖奇瑞风云轿车 3 辆、现金 181 200 元。1 月底至 2 月初，杨某某在陕西省绥德县、定边县、靖边县、横山县承办 1 000 万元即开型体育彩票实物返奖销售活动。经事先预谋，杨某某、孙某某联系好“票托”白某某、李某、杜某，用同样方法持兑过奖的彩票重复领奖，共骗领特等 A 奖奇瑞风云轿车 5 辆、现金 198 500 元。嗣后，杨某某伙同孙某某将骗领的上述 9 辆轿车运回西安。3 月在西安承办的彩票销售活动中，杨某某将其中 8 辆轿车作为奖品车承兑，另 1 辆奇瑞风云轿车交陕西省体育彩票管理中心原副主任张某使用。

2004 年 3 月 20 日至 25 日，被告人杨某某根据他与西安市体育彩票管理中心签订的协议，在西安市东新街十字路口承办 6 000 万元即开型体育彩票实物返奖销售活动。经与负责彩票兑奖和保管中奖彩票的被告人孙某某预谋，事先用强光照射放置在牛皮纸信封中的红色信封里的中奖证明单，以确定装有特等 A 奖的信封编号并在兑特等奖时不登记彩票号码，这样，为其重复使用中奖彩票骗领大奖做准备。兑奖过程中，孙某某准备了两份大奖编号单，将事先得知是大奖的号码画上记号，虚构该号已被抽走的事实，以排除进入二次抽奖的其他彩民抽中此号，实际控制了大奖。杨某某让孙某某事先联系好“票托”岳某（化名“杨小兵”）、刘晓某、王某某（化名“王军”），持兑过奖的彩票上台重复领奖，各抽得特等 A 奖宝马轿车 1 辆和人民币 12 万元。岳某兑奖后，除交税 118 770 元外，将余款占为己有，并将宝马车领回后交给了杨某某。由于刘晓某身份证过期，兑奖后未能将汽车领走。因“刘亮事件”发生，孙某某未让王某某领车，后为掩盖犯罪事实，指使王某某写了将宝马车转让给杨某某和收到杨某某车款 38 万元的假条据。综上，被告人杨某某等共

① Mitsch, Strafrecht BT, 2003, §7, Rn. 66; Blei, Strafrecht BT, S. 228; LK/Tiedemann, §263, Rn. 66.

② 最高人民法院中国应用法学研究所．人民法院案例选：2006 年第 2 辑（总第 56 辑）．北京：人民法院出版社，2006：77-89.

计诈骗宝马汽车3辆（其中2辆未遂）、奇瑞汽车9辆，现金790 100元，共计价值3 144 050元。案发后追回宝马汽车3辆，奇瑞风云汽车1辆，现金136 424.81元。

西安市中级人民法院经公开审理后认为，被告人杨某某伙同被告人孙某某及其他被告人，在承销体育彩票活动期间，以非法占有为目的，采取虚构事实、隐瞒真相的手段，骗取体育彩票大奖，数额特别巨大，情节特别严重，构成诈骗罪，杨某某系本案主犯。

杨某某不服一审判决，提起上诉。

陕西省高级人民法院裁定驳回上诉，维持原判。

2. 涉案问题

彩票承销商采用操纵抽奖、找人冒领大奖的手段，非法占有巨额奖品、奖金的，其行为如何定性?

3. 裁判理由

根据我国刑法对诈骗罪的规定，即诈骗罪是指以非法占有为目的，用虚构事实或隐瞒真相的方法，骗取数额较大的公私财物的行为。本案被告人杨某某、孙某某等人的行为完全符合诈骗罪的构成要件。首先，杨某某、孙某某等被告人主观上具有非法占有他人财物的故意。杨某某、孙某某供述，为了规避承销体育彩票的风险，共谋采取找人冒领大奖的手段，达到控制大奖、骗取大奖的目的，他们二人采取了一系列虚构事实、隐瞒真相的手段，最终在西安、延安、榆林等地，共实际骗取了宝马、奇瑞轿车共计12辆，人民币790 100元。其次，被告人杨某某、孙某某等人，在客观上实施了虚构事实、隐瞒真相，骗取体彩大奖的行为。其具体表现在以下几个方面：（1）隐瞒事实真相：1）杨某某、孙某某经预谋用事先强光照射等手段，确定体彩大奖的信封，向广大彩民隐瞒了他们已实际控制大奖的事实。2）在兑奖过程中，阻止公证人员登记彩票号码，隐瞒其找人上台兑奖时所持奖票已兑过奖的事实。3）对获取二次抽奖的彩民隐瞒了大奖已被他们事先抽去，根本不可能摸到大奖的事实。（2）虚构事实：1）将没有购买彩票的刘晓某、岳某、王某某、白某某虚构为中大奖的彩民上台摸取大奖。2）为王某某、岳某办理假身份证，虚构“杨小兵”“王军”等人身份；在榆林、延安诈骗时，他们所找的人均虚构了姓名、地址，上述冒领中奖人员在中奖登记时对姓名、住址、联系电话等均作不实登记。3）被告人杨某某、孙某某还向进入二次抽奖的部分彩民虚构大奖已被抽走，从而从这些人手中回收了三张中头奖的彩票。综上，被告人杨某某、孙某某等人以非法占有为目的，采取虚构事实、隐瞒真相的方法，骗取体彩大奖，完全符合诈骗罪的构成要件，依法构成诈骗罪。

杨某某、孙某某等被告人的辩护人辩称，本案侵犯的客体是复杂客体，被骗的对象是不特定的，而诈骗罪的手段是骗取特定被害人“自愿地交出财物”等，以此认为本案杨某某等人不构成诈骗罪。对于上述观点，我们认为，由于现实社会犯罪的复杂性和作案手段的多样性，我们对要求所有的犯罪手段具有完全相同的犯罪模式是不现实的，从对本案被告人犯罪事实的分析，被告人杨某某、孙某某等人犯罪侵犯的客体主要是宝马、奇瑞汽车和奖金的所有权，侵害的犯罪对象是那些进入二次抽奖的彩民，这些彩民是相对特定的，虽然在骗取上述财物的手段上与普通的诈骗有所区别，但是，被告人杨某某、孙某某以非法占有为目的，采取虚构事实、隐瞒真相的手段骗取体彩大奖的行为，符合我国刑法关于诈骗罪的本质特征，依法构成诈骗罪。

4. 评析意见

西安“3·25”宝马彩票案曾在陕西乃至全国产生了巨大轰动，引起全社会普遍关注。在审理过程中，对被告人杨某某、孙某某等骗领轿车和奖金的事实没有争议，但对杨某某、孙某某等人的该行为如何定性，争议较大，成为本案辩论的焦点。主要有以下几种观点：第一种观点认为，被告人杨某某、孙某某等无视国法，以非法占有为目的，虚构事实，隐瞒真相，骗取体育彩票大奖，数额特别巨大，后果特别严重，其行为已触犯《刑法》第266条的规定，应以诈骗罪追究刑事责任；第二种观点认为，本案涉及的财物所有人是不特定的，被告人杨某某等人的行为是一种经营行为，性质上属于行业舞弊，应定为非法经营罪；第三种观点认为，被告人杨某某2003年5月曾被陕西省体育彩票管理中心原主任贾某某违规授予省体彩中心“即开规模销售主管”的头衔。杨某某利用自己参与保管、兑付大奖的职务之便，通过他人骗领彩票大奖，数额特别巨大，宜定为贪污罪。

法院最终采纳了第一种观点，认定构成诈骗罪。本案存在很多需要在理论上阐明的问题。除了错误以及财产处分的要素，本案中的财产损失也是一个值得讨论的问题。体彩中心对外开出大奖，即使不被杨某某等人取走，也会被其他中奖的彩民取走，由于兑现奖品，体彩中心所有的整体财产的减少是一定的，对于这部分无对价物的整体性财产的减少，体彩中心当然是有认识的。在这个意义上，本案属于一种有意识的自我损害。如果按照那种认为有意识的自我损害也能构成诈骗罪的观点，则本案中并不妨碍成立财产损失。相反，如果按照诈骗罪成立必须要求无意识的自我损害的观点，则本案似乎应当因为不符合该条件而不构成诈骗罪。但是，如果考虑体彩中心兑现奖品的目的是通过这种方式激励公民购买彩票，进而支持体育事业建设的话，则这一目的追求将会由于被告人控制大奖后剥夺其他公民平等中奖机会的方式而落空。由于这种社会目的的落空，可以认定体彩中心遭受了财产损失。

第二节　诈骗罪的认定

知识背景

一、诈骗罪与民事欺诈的区分

诈骗罪与民事欺诈不是对立或互斥关系，而是可以同时成立的。成立民事欺诈的，未必构成诈骗罪；但是构成诈骗罪的，一般也成立民事欺诈。既然两者之间不是A与非A的关系，那么，判断一行为是否构成诈骗罪，就不能通过证明其是否成立民事欺诈来反面推理。正确的思考方式是：应当从是否符合诈骗罪的构成要件入手，以是否符合诈骗罪的构成要件作为判断行为是否构成诈骗罪的唯一标准。司法实践中，一些新型案件出现时，人们往往倾向于首先认定为民事欺诈，进而据此得出不构成诈骗罪的结论，这种做法是错误的。例如，不符合具备购买经济适用房的条件，利用虚假资料骗购经济适用房的；将无产权或者小产权房冒充有产权或者大产权房出卖的；将存在重大隐患的旧车冒充新车出售的；将无矿藏的矿山冒充有矿藏的矿山（采矿权）出卖给他人的等，这些行为只要符合诈骗罪的构成要件，就应当被认定为诈骗罪。就认定过程中出现的一些争议问题（如虚构资格购买经济适用房是否符合诈骗罪"财产损失"的要求等等）作出否定回答进而得出不符合诈骗罪构成要件的结论之后，可以只按照一般的民事欺诈处理。如果对此作出肯定回答，则该行为同时成立诈骗罪与民事欺诈，由此产生法律责任的交错。《刑法》第36条规定，由于犯罪行为而使被害人遭受经济损失的，对犯罪分子除依法给予刑事处罚外，并应根据情况判处赔偿经济损失。承担民事赔偿责任的犯罪分子，同时被判处罚金，其财产不足以全部支付的，或者被判处没收财产的，应当先承担对被害人的民事赔偿责任。

二、诈骗罪与欺诈型盗窃罪的区分

通说认为，盗窃罪和（对物）诈骗罪是互斥关系，因此，涉及对财物的犯罪时，只可能在盗窃和诈骗之中择一，而不可能竞合。这个界限往往由财产处分揭示出来。被害人同意财物占有转移，就是一种财产处分。这种同意或者处分，能够排除盗窃罪"打破占有"的客观构成要件，而违反这种意思表示的占有转移，就属于"打破占有"。诈骗罪是一种受到欺诈影响而同意占有转移的自我损害型犯罪，与之相对，盗窃罪则是一种违反占有人意愿而打破占有的他人损害型犯罪。具体而言，如何判断被害人关于财物的某种处置

是否属于财产处分？除前面所论述的可以借助被害人主观层面是否有处分意识的方法之外，实践中往往还通过判断处分行为在客观上是否具有“直接性”，来判断案件中是否存在一个诈骗罪意义上的财产处分，进而判断是构成诈骗罪还是盗窃罪。

财产处分必须对财产发生直接的影响。当受骗人在错误认识的引导下所实施的行为对于财产减少而言，不是直接引起的，而是仅仅还处在一个预备和准备阶段的时候，即使最终引起了财产损失的结果，行为人的行为也不是一个诈骗罪意义上的欺诈行为。换言之，处分行为必须能够直接转移物或财产性利益。如果是为了取得物的占有，还必须再实施占有转移行为的，就不足以称之为处分行为。财产处分的直接性要求，具有突出和强调诈骗罪作为自我损害型犯罪的功能。受骗者在错误影响下的行为必须是在没有额外、追加、补充的犯罪性的中间步骤的情况下，进行财产处分。如果行为人的欺诈行为仅仅是为其接下来行为引起财产损失创设了一个事实上的可能性，那么，就应当认定这种场合下并没有导致直接的财产处分。

财产处分的直接性要求，有利于在某些情况下区分诈骗罪与盗窃罪（及抢夺罪）。欺骗他人使得其对财物的占有松弛（离开房屋、抽屉未锁即离开、显示密码、打开保险箱、让顾客试衣或检验商品等等），从而试图以非法占有目的将财物带走的行为，不构成诈骗罪，而构成盗窃罪（或抢夺）（所谓的诡计盗窃、抢夺）。在这些情形下，被害人因被骗而作出的各种表示，仅仅是造成财物占有的松弛，但是并不会造成财产的直接性减少。至于占有的打破，则是通过之后的行为人进一步的行为完成的，因而构成盗窃罪（及抢夺罪）。

例如，甲冒充水电人员去乙家收费，要求乙让他进入家里查表。乙同意了，将甲带到地下室的门前，然后让甲自己下去查表。甲在地下室里拿走了一个皮包塞在自己身上，然后走出地下室，与乙打过招呼之后，离开了乙家。在这个案例中，对甲应该按照盗窃罪处罚。在否定成立诈骗罪的观点中，常常有人根据缺乏“处分意思”来排除处分行为，此外，这里也可以用“处分的直接性”是否缺乏来加以讨论。乙允许甲进入家门并进入地下室，仅仅是一种对财物的占有松弛，但并不是对占有的放弃，因此构成盗窃罪。接下来判断诈骗罪的问题。乙在受到欺骗的情况下，同意甲进入家门，并允许甲进地下室，这些行为能否被看作是“财产处分”？乙的皮包丧失并不是由这些行为直接导致的，这些行为仅仅是提供了一个机会，使得甲可以利用它去接触到财物。乙并不是通过自己的行为使自己遭受财产损失的，其财产损失的出现，是由于他人的损害行为，因此这就不是一个自我损害型的诈骗罪。这样一些利用诡计实施盗窃的行为，常常被我们称作“诡计盗窃”或者欺骗性盗窃，是在实践中出现问题较多的领域。

三、诈骗罪与信用卡诈骗罪的关系

诈骗罪与信用卡诈骗罪是否属于普通法条与特殊法条的关系，这个问题的争议集中地体现在非法使用他人的信用卡在自动柜员机上取款行为的性质上。

《刑法》第 196 条第 3 款规定，盗窃信用卡并使用的，按照盗窃罪处罚。除此之外，其他在未得到授权的情形下非法使用他人信用卡在 ATM 机上取款的行为如何定性的问题目前尚存在很大争议。依照 2008 年最高人民检察院《关于拾得他人信用卡并在自动柜员机（ATM 机）上使用的行为如何定性问题的批复》的规定，这种"冒用他人信用卡"的行为构成信用卡诈骗罪。这在刑法理论上得到刘明祥教授、刘宪权教授等学者的支持①；与之相对，近年来认为这种行为构成盗窃罪的观点，由于张明楷教授等学者的持续主张也成为一种较有影响力的声音。② 将这类行为认定为盗窃罪而非信用卡诈骗罪的一个最关键的理由，就是：既然信用卡诈骗罪属于诈骗罪的特殊法条，那么诈骗罪的基本结构和特征必然适用于信用卡诈骗罪；既然在诈骗罪的场合，刑法理论上都普遍承认"机器不能被骗"，那么在信用卡诈骗罪的场合，ATM 机同样不能成为被欺骗的对象，因此不能构成信用卡诈骗罪。

但是，这种观点可能对于何谓"机器不能被骗"存在误解。机器不能被骗应当限于行为人利用虚假或伪造的工具和手段从机器处取得财物的情形（例如，利用假币从自动售货机处取得货物）。显然，如果行为人使用假币交付，他人由于陷入错误认识而处分财物，这构成针对他人的诈骗罪；而如果行为人将假币插入机器时，机器本身不能独立自主地判断，那么就不能认为机器陷入错误，不构成诈骗罪。同时，根据"预设的同意"理论，机器设置者从一开始设置机器吐出财物的条件时，就必然要求顾客插入的是足额的真币，因此，当顾客插入假币时，其得到财物就没有满足机器设置者预设的同意的条件，因而属于未得到同意。行为人取走财物行为，并非基于机器设置者的错误，而是没有得到机器设置者的同意，这是盗窃而非诈骗。

相反，在 ATM 机上使用真卡的案例中，如果行为人冒用他人的真卡且输对密码后取钱，则由于已经满足了机器设置者在机器上设定的同意条件，取得了同意，因而不构成盗窃罪。在这种情况下，从机器设置者的角度来看，

---

① 刘宪权．信用卡诈骗罪的司法认定．政法论坛，2003（3）；刘明祥．用拾得的信用卡在 ATM 机上取款行为之定性．清华法学，2007（4）；刘明祥．再论用信用卡在 ATM 机上恶意取款的行为性质：与张明楷教授商榷．清华法学，2009（1）．

② 张明楷．也论用拾得的信用卡在 ATM 机上取款的行为性质．清华法学，2008（1）；张明楷．非法使用信用卡在 ATM 机取款的行为构成盗窃罪．清华法学，2009（1）．

只要持卡者满足了预设同意的条件，该持卡者就会被认为是有用卡权限的。但实际上，持卡者是无权、非法地使用信用卡。机器设置者对这种真实的情况陷入错误认识，且基于错误认识而处分了财物。对此应当认定为构成信用卡诈骗罪。① 从根本上来讲，冒用他人信用卡在ATM机上使用与在柜台上使用是一样的，都是针对机器背后的人进行欺骗（如果一定要与以人为直接沟通对象的传统诈骗相区别，则在立法上设置为计算机诈骗就可以了)。由此可见，“机器不能被骗”的说法，只是在强调机器本身不能陷入错误判断，但是并不意味着机器背后的人不能成为诈骗罪的对象，也并不意味着所有针对机器实施的取财行为都不能构成诈骗类犯罪。

司法解释的规定与笔者的观点也是一致的。除2008年最高人民检察院《关于拾得他人信用卡并在自动柜员机（ATM机）上使用的行为如何定性问题的批复》的解释之外，最高人民法院、最高人民检察院发布并于2009年12月16日起施行的《关于办理妨害信用卡管理刑事案件具体应用法律若干问题的解释》第5条第2款第3项规定，“窃取、收买、骗取或者以其他非法方式获取他人信用卡信息资料，并通过互联网、通讯终端等使用的”，属于《刑法》第196条第1款第3项所称的“冒用他人信用卡”，按照信用卡诈骗罪论处。由此可见，当行为人通过或利用机器实施欺诈行为而按照诈骗罪论处时，并没有违反“机器不能被骗”的教义②，因为机器本身虽然不能被骗，但是机器背后的人，始终可以成为诈骗罪的对象。

四、诈骗罪与合同诈骗罪的关系

从立法渊源看，合同诈骗罪是从1979年《刑法》中的诈骗罪分离出来的，合同诈骗罪的构成要件在一定程度上为诈骗罪所包容，二者属于法条竞合，是特别法与一般法的竞合关系。因此，当某行为外观上既符合合同诈骗罪的构成要件，又符合诈骗罪构成要件时，应当根据特别法优于一般法的原则，适用合同诈骗罪的法条，定合同诈骗罪，这是刑法理论和司法实践的共识。但是，司法实践中，并非存在合同的场合就全部认定为合同诈骗罪。究竟合同诈骗罪与其他诈骗罪的区分界限为何，是理论和实务中备受争议的问题。以北京市海淀区人民法院为例，在该法院2001—2010年审结的诈骗类案件中，通过二审程序由诈骗罪改判为合同诈骗罪的有5件，由合同诈骗罪改判为诈骗罪的有12件。③ 由此可见，合同诈骗罪与普通诈骗罪的区分是较为

---

① 车浩．盗窃罪中的被害人同意．法学研究，2012（2）．

② 根据上述司法解释，有的观点得出结论认为，机器可以成为被骗的对象。但是这种理解存在偏差。

③ 游涛．普通诈骗罪研究．北京：中国人民公安大学出版社，2012：246.

困难的。北京市法院系统曾经在审判实践中作出如下指导意见：只要发生在生产经营领域，侵犯市场经济秩序的，无论是经济合同还是其他民商事合同，无论是书面合同还是口头合同，均应视作合同诈骗罪中的“合同”对待，符合刑法关于合同诈骗罪规定的，应以合同诈骗罪处理。对于主要不受市场调整的“合同”“协议”，如不具有交易性质的赠与合同，以及婚姻、监护、收养、抚养等有关身份关系的协议，主要受劳动法、行政法调整的劳务合同、行政合同等，一般不应视为合同诈骗罪中的“合同”，构成犯罪的，应以诈骗罪处理。①

应当说，这一指导意见颇有见地。1997 年《刑法》将合同诈骗罪从诈骗罪中分离出来，规定在第三章破坏社会主义市场经济秩序罪的第八节扰乱市场秩序罪之中，其立法本意在于更有力地打击利用合同手段侵害公私财产并同时扰乱社会主义市场秩序的犯罪。显而易见，合同诈骗罪所侵犯的是双重客体，即其在侵犯公私财物所有权的同时，侵犯了国家对经济合同的管理制度或者说侵犯了国家对市场行为的规范制度。因此，合同诈骗罪中的“合同”，必须是能够体现社会主义市场秩序的“合同”，即“合同”当事人之间必须存在一种市场交易关系。只要行为人利用了能够体现市场秩序、规制各种市场交易行为的合同进行诈骗，那么就应定合同诈骗罪。反之，与市场秩序无关的收养、婚姻等身份关系协议、赠与合同等均不是合同诈骗罪中所指的“合同”，对以这些合同为内容进行诈骗的行为应当以诈骗罪定罪处罚，即使行为人利用了一定的合同形式，也不能定合同诈骗罪。由此可见，从合同诈骗罪所在的刑法典分则的章节位置出发，发挥法益对构成要件的指导机能，着眼于合同诈骗罪所要保护的市场经济秩序这一点，强调了行为的市场交易性，在一定程度上能够有效地将合同诈骗罪与其他的普通诈骗罪区别开来。

案例评价

[案例 15－9] 黄某诈骗案②（诈骗罪与民事欺诈）

1. 基本案情

2010 年 7 月，被害人杨某在吉林省长春市朝阳区安达街某小区做墙体保温，认识了被告人黄某的父亲后，通过黄某的父亲认识了黄某。2010 年 10 月至 2011 年 8 月，黄某以能为杨某在南航长春机场办理接送员工及滞留旅客车辆运营为名，先后 3 次从杨某手中骗取 73.5 万元。后杨某向黄某借款 7 万

① 北京市高级人民法院 2006 年刑事审判工作会议报告.

② 最高人民法院刑事审判第一、二、三、四、五庭. 刑事审判参考：总第 122 集. 北京：法律出版社，2020：30.

元，其余66.5万元黄某于2012年2月3日让杨某去她家取钱，杨某来到黄某家，当听到黄某只给本金66.5万元，杨某拒绝收取。2012年2月15日杨某向长春市公安局朝阳区分局报案，2012年2月21日黄某在其家中被抓获。

长春市朝阳区人民法院一审判决黄某构成诈骗罪，判处有期徒刑10年。

宣判后，被告人黄某不服，提起上诉。

长春市中级人民法院经审理认为，上诉人黄某以非法占有为目的，使用欺骗方法骗取他人财物，数额特别巨大，其行为构成诈骗罪，应依法惩处。论罪应判处10年有期徒刑以上刑罚，鉴于黄某案发前有积极返款的意愿，因客观原因未能返还，案发后将诈骗款全部返还被害人，积极消除、减轻犯罪的实际危害，可对其在法定刑以下处以刑罚；且其没有再犯罪的危险，对其可判处缓刑。原审判决定罪准确，审判程序合法，但量刑不当，应予改判。最后撤销一审判决，判决上诉人黄某犯诈骗罪，判处有期徒刑3年，缓刑5年，并处罚金人民币20万元；并依法报请最高人民法院核准。吉林省高级人民法院经复核，同意长春市中级人民法院判决，依法报请最高人民法院核准。

最高人民法院经复核认为，第一审判决、第二审判决认定被告人黄某犯诈骗罪的部分事实不清，证据不足，判决撤销一审和二审判决，发回重审。

2. 涉案问题

如何把握诈骗罪与民事欺诈的界限？

3. 裁判理由

判断一个行为是民事欺诈还是诈骗犯罪，关键看其是否具有非法占有的目的。认定诈骗罪，行为人主观上就必须具有非法占有的目的。反之，即使行为人在取得财物时有欺诈行为，只要其没有非法占有的目的、不赖账、确实打算偿还，就仍属于民事纠纷，不应认定为诈骗罪。如何判断行为人是否具有非法占有的目的？主要可以从两个方面进行判断：一是看行为人是否有逃避偿还款物的行为。行为人取得财物后即携款（物）逃匿，躲避被害人催债；或者将财物转移、隐匿，拒不返还；或者将财物用于赌博、挥霍等，致使无法返还的，都属于逃避偿还的行为。二是看被骗人能否能够通过民事途径进行救济。一般来说，构成诈骗罪的行为，应当是不能通过民事途径进行救济的行为。欺骗行为尚不严重，不影响被骗人通过民事途径进行救济的，不宜轻易认定为诈骗犯罪。将能够通过民事途径救济的骗取财物行为排除在诈骗犯罪之外，也符合刑法的谦抑性原则。本案中，现有证据足以证实被告人黄某虚构事实从被害人杨某处骗取73.5万元，构成了民事欺诈。但是，本案证据不足以证实被告人黄某具有非法占有该款项不予归还之目的，反而证明黄某有归还的意愿。

4. 评析意见

本案涉及一个较为常见的问题，即诈骗罪和民事欺诈的界分。法院的最终认定是正确的。本案中的各种证据都显示，行为人虽然先前有欺诈的行为，但是有还款的意愿。在案发前，黄某主动反复要求还款。在黄某提出还款前，杨某尚未发现被骗，也从未催要还款。黄某未能在案发前实际还款与被害方拒收和不配合有关。杨某和黄某提供的录音资料都证实黄某反复要求还款，杨某拒绝只收本金，并以死相威胁。2012 年 2 月 7 日，黄某向杨某母亲提出还款，并约好次日一起到银行办理，但次日杨某母亲未赴约，并报案。案发后，黄某于 2012 年 4 月 15 日向杨某账户汇款 6.5 万元。这些证据都能够证明行为人有还款的意愿。既然有返还的意愿，就应当否定非法占有目的。非法占有目的，包含无根据地、永久性将财物从被害人处脱离和剥夺的意思。因此，当证据能够证明行为人具有返还意思的时候，在逻辑上就否定了这种永久性剥离的意图。不过，法院在说理的时候，进行的归纳是不准确的。非法占有目的的认定，不能依靠“被骗人能否能够通过民事途径进行救济”。能否得到民事救济，最终取决于包括但不限于行为人自身在内的各种因素。很多案外因素和案发之后的因素，都会影响到被害人能否通过民事途径获得救济。以此作为认定非法占有目的的标准，存在思维层次上的混乱和认识偏差。在本案中，法官所举出的证据，也都是在证明行为人是否有归还款项的意愿，这与能否通过民事途径获得救济并无直接关系。

［案例 15－10］黄某章诈骗案[①]（诈骗罪与民事欺诈）

1. 基本案情

（1）2010 年 11 月份，被告人黄某章以“工厂生产需要资金周转，扩大生产”为理由，向被害人林某借款共计 500 万元。2011 年 4、6 月间黄某章又以同样理由向林某借款 500 万元。2011 年 6 月，林某要求黄某章提供抵押担保，黄某章将伪造的黄金鞋模公司土地证和三本房产证抵押给林某。2012 年 5 月 8 日，黄某章再次书写欠条，约定 1 000 万元款于 2012 年 10 月 8 日前还清，并加盖黄金鞋模公司公章，同日黄还伪造黄金鞋模公司同意以公司的房地产权证作为抵押的股东会决议，交给林某。至 2012 年 5 月 16 日，黄某章共归还林某 279.5 万元。

在本案审理期间，林某以黄金鞋模公司承担担保责任诉至法院，莆田市中级人民法院于 2014 年 1 月 26 日作出（2013）莆民初字第 172 号民事判决，判决黄金鞋模公司向林某赔偿损失人民币 1 000 万元及利息。后林某据此参与福州市中级人民法院（2013）榕执行字第 333 号执行案件拍卖余款分配，分得 173.65 万元。

---

① 最高人民法院刑事审判第一、二、三、四、五庭．刑事审判参考：总第 124 集．北京：法律出版社，2020：12.

(2) 2012年2月份，被告人黄某章向被害人王某借款100万元，并以伪造的房产证、土地证各一本作为抵押，至2012年4月29日，仅归还4万元。

(3) 2009年被告人黄某章以其莆田市城厢区凤凰山街道月塘居委会新梅路某号房产及其弟黄某锋、黄某杨的房产等作为抵押向工商银行莆田市分行申请贷款560万元，至2012年9月24日到期。2012年6月14日，黄某章仍以上述房产为抵押向工商银行莆田市分行申请贷款600万元。次日，黄某章以“其正在申请贷款600万，手续已经审批”及届时将会用该笔贷款偿还被害人薛某为由，向薛某借款560万元，并用于偿还其之前在中国工商银行莆田市江口支行的贷款。黄某章于当日写下欠条，并注明以黄金鞋模公司担保。2012年6月18日，黄某章持其莆田市城厢区凤凰山街道月塘居委会新梅路某号房产证到房管部门办理解除抵押时，被房管部门发现该房产证系伪造，未能办理解抵押。中国工商银行的600万元贷款未能发放。薛某无力追回欠款，于同月23日以黄某章诈骗向公安机关报案。黄某章得知薛某报案后潜逃外地。

莆田市中级人民法院一审判决，被告人黄某章犯诈骗罪，判处有期徒刑15年，并处罚金人民币100万元；责令被告人黄某章向被害人林某等人退赔违法所得。

一审宣判后，被告人提起上诉。

福建省高级人民法院认为，被告人黄某章高息向他人借款，并出具借据，借款资金用于股市投资和偿还银行贷款等合法经营活动。认定黄某章具有非法占有为目的依据不足，其确有虚构部分事实或者隐瞒真相的行为，但其实施这一行为并非为了实现非法占有的目的，故其行为不符合诈骗罪的构成要件，应属于民事欺诈行为，由此与债权人产生的纠纷，应通过民事诉讼方式予以解决，不应予以刑事追究。黄某章及其辩护人提出不构成诈骗罪的诉辩理由成立，予以支持。据此，撤销一审刑事判决，判决上诉人黄某章无罪。

2. 涉案问题

如何区分诈骗犯罪与民事欺诈行为?

3. 裁判理由

法院认定被告人黄某章具有非法占有为目的依据不足。虽然其确实有虚构事实或者隐瞒真相行为，但应当定性为民事欺诈。黄某章向他人明确表达借款的意向，在获取借款资金后，及时向出借人出具借据，符合民间借贷的形式要件，双方实质上是一种借贷关系。无论从欺诈的内容、欺诈的程度、欺诈对被害人错误认识的影响等角度分析，其行为尚未达到诈骗罪的程度，不应作为犯罪处理。

4. 评析意见

在法院审理中，关于对被告人黄某章的行为如何定性有两种观点：第一种观点认为，黄某章通过虚构事实、隐瞒真相的手段取得财物，还伪造假房产证、土地证作抵押，将大量的钱用于高风险股票投资，以及支付高利贷，其明知没有还债能力，资不抵债，案发后潜逃，符合诈骗罪的基本特征，构成诈骗罪。第二种观点认为，黄某章借款是为了企业经营，炒股是合法行为，其借钱时虽未将公司停业的真实情况告诉债权人，但只表明他是用欺诈的方法借钱，不等于为了非法占有，应按民事欺诈处理，其仅应当承担偿还借款的责任，应为无罪。法院最终采取了后一种意见，作出了无罪判决。法院的裁判理由提到了两个关键点：一是欺骗的内容是局部还是整体。这涉及诈骗罪的保护范围，限缩在对于整体财产损失的保护。二是非法占有目的方面：根据司法解释的规定，实践中往往根据案件中是否存在非法获取资金后逃跑，隐匿、销毁账目，搞假破产、假倒闭以逃避返还资金等情形，来推定行为人是否具有非法占有的目的。在本案中，在借款当时，黄金鞋模公司资产扣除银行抵押贷款外的余值及被告人黄某章个人房产的价值与借款金额可基本持平，表明黄某章具有还款的能力。黄某章将借款资金用于股市投资和偿还银行贷款等合法活动，所欠借款无法及时还清，系因股票投资经营亏损和续贷手续出现问题等原因，并非因个人挥霍或其他违法犯罪活动。此外，黄某章除向薛某所借 560 万元尚未付息即案发外，均有支付他人利息，说明黄某章有还款意愿。根据这些情况，法院最终认为，认定被告人具有非法占有目的的证据依据不足。

［案例 15－11］王某某抢夺案①（欺诈性盗窃与诈骗罪）

1. 基本案情

被告人王某某与靳某（另案处理）商议从熟人张某处骗取手机，然后卖掉手机换钱。某日，王、靳两人在一电子游戏室内碰到正在打电子游戏的屠某，王某某谎称自己手机没电了有事要与朋友联系，向屠某借打手机（价值 1 330 元）。王某某用屠某的手机打了一个电话，随后把手机交给了一旁的靳某。靳某边打手机边往门口走，当快走到门口时，靳某拔腿就跑。一旁已有警觉的屠某见状马上去追，但没追上。当其返回电子游戏室再找王某某时，王某某早已离去。屠某以手机被骗为由向公安机关报案。公诉机关以王某某（靳某另案处理）涉嫌寻衅滋事罪、抢夺罪向法院提起公诉。

法院经审理认为，被告人王某某犯抢夺罪，判处有期徒刑 6 个月，并判处罚金人民币 1 000 元。

---

① 最高人民法院中国应用法学研究所．人民法院案例选：2005 年第 1 辑（总第 51 辑）．北京：人民法院出版社，2005：33－36．

2. 涉案问题

对于以借打手机为名，骗取手机后乘被害人不备公然携机逃跑的行为，应当如何认定?

3. 裁判理由

被告人虚构事实的结果只是从屠某处借得手机暂时使用，屠某在将手机借给被告人后，始终在一旁等待被告人使用完毕后及时归还。虽然屠某的手机被告人在使用，但是，屠某一直密切注视着手机的动向……手机始终处于屠某的视线范围内，屠某随时可以要求被告人将手机归还。应该认为，手机一直处于屠某的支配、控制之下。被告人王某某虚构事实从被害人屠某处得到的只是手机的使用权，屠某没有基于错误的认识错误地处分所有权，且该手机始终处于屠某的视线控制之下，被告人王某某公然夺取手机的行为符合抢夺罪的构成要件。

4. 评析意见

本案的辩护人提出，王某某的行为属于普通的诈骗行为。主要理由是，王某某以非法占有为目的，采用虚构事实的办法，使屠某信以为真自愿地把手机交给王某某，王某某的行为只符合诈骗行为的要件，该行为发生时屠某旁边没有他人，不符合抢夺罪中关于公然夺取公私财产的客观要件，况且屠某也是以手机被骗为由向公安机关报案的，且公安机关最后以诈骗立案。而公诉机关则认为，王某某的行为构成抢夺罪。主要理由是，王某某与靳某从屠某处借得手机后，该手机始终处于一旁的屠某的控制范围内，靳某公然把手机从屠某的视线控制下夺走，该行为完全符合抢夺罪的构成要件。法院最后认为，被告人构成抢夺罪。

综合案情来看，本案不具备财产处分的条件，因而不构成诈骗罪。财产处分要求“直接性”的特征，受骗者在错误影响下的行为必须是在没有额外、追加、补充的犯罪性的中间步骤的情况下，直接导致自己的财产减少。如果行为人的欺诈行为仅仅是为其接下来的行为引起财产损失创设了一个事实上的可能性，那么，就应当认定这种场合下并没有直接的财产处分。本案中，屠某将手机借给王某某，仅仅是允许其在身边附近打电话，尽管手机从屠某手中转移到了王某某、靳某手中，但是，正如裁判理由所指出的，屠某的行为仅仅是导致财物占有的松弛，手机仍然在屠某控制范围之内，这里没有发生占有的转移，当然也就不会产生财产的直接性减少。至于占有的打破，则是通过之后的靳某进一步的行为完成的。屠某仅仅是提供了一个机会，使得靳某利用它去接触到财物。但是屠某并不是通过自己的行为使自己遭受财产损失的。因此，财产损失的出现，是由靳某的打破屠某的支配、控制关系的行为所造成的，其不是一个自我损害型的诈骗罪。

[案例 15－12] 余某某盗窃案①（盗窃罪与信用卡诈骗罪）

1. 基本案情

2007 年 9 月 14 日 15 时许，被告人余某某在杭州市下城区中山北路 2 号中国农业银行杭州下城支行营业厅的“农行自助通”柜员机上转账时，发现机器内有被害人黄某某遗忘的未退出操作系统的信用卡，被告人即将被害人信用卡内的人民币 10 000 元转账到自己的信用卡中。嗣后，被害人发现卡内钱款不对即报案。同月 25 日，被告人接到武林派出所的传唤电话后，将人民币 10 000 元退还给了被害人，并至公安机关接受讯问，如实供述了自己的罪行。浙江省杭州市下城区人民检察院以被告人余某某犯盗窃罪向杭州市下城区人民法院提起公诉。杭州市下城区人民法院经审理认为，被告人余某某以非法占有为目的，采用秘密手段，窃取他人财物，数额较大，其行为已构成盗窃罪，遂判决被告人余某某犯盗窃罪，判处有期徒刑 1 年，缓刑 1 年，并处罚金人民币 2 000 元。

判决后，被告人余某某未提起上诉，检察机关亦未提起抗诉。

2. 涉案问题

使用他人遗留在柜员机上的信用卡为自己转账，构成盗窃罪还是信用卡诈骗罪?

3. 裁判理由

法院认为，涉案钱款在行为人没有改变占有之前，仍然处于银行自动取款机之密闭容器之中，并且银行对自动取款机设置了重重安保措施，即作为处于物理的支配力量之内而认可其占有。由此可知，此时对钱款的合法占有属于银行。……行为人积极转账的行为不但改变了等额钱款的占有，同时也违背了银行占有的主观意愿，而且在行为人转账成功后，由于其拥有自己的银行卡及其密码，可以说这笔钱款即已处于行为人排他性支配之下。……可以认定本案行为人在本质上违反他人占有意志，非法改变他人对财物的合法占有状态，而将财物置于自身排他性控制之中，故其行为应认定为盗窃罪。

4. 评析意见

解决本案中类似问题需要借助“预设的同意”的刑法理论。一方面，使用他人的真卡在自动柜员机上取款的行为，已经满足了 ATM 机设置者所预设的同意的客观条件，得到了取款的同意，因而不构成盗窃罪；另一方面，这种同意是在误认为插入真卡且输对密码的人系有权使用信用卡者的情况下作出的，属于错误认识，满足诈骗罪的条件。

---

① 最高人民法院中国应用法学研究所．人民法院案例选：2009 年第 1 辑（总第 67 辑）．北京：人民法院出版社，2009：27－33.

首先，对ATM机而言，银行（机器设置者）是ATM机内现金的占有人。非法使用他人的银行卡从ATM机上取款，就“打破占有”这一点而言，只能是打破银行（机器设置者）对现金的占有，而不可能是打破储户或银行卡所有人的占有。简言之，银行管理者是这个事件中的财物占有人。就此而言，法院在本案中的认定是正确的。其次，对每一个在程序和技术上满足要求的取款行为，作为发卡机构和ATM机内钞票占有者的银行总是许可的。换言之，只要在插卡和输入密码等程序性、技术性的环节上没有瑕疵，取款行为就能够得到银行的同意。[①] 简言之，占有转移的同意条件不包括取款者的身份。最后，银行是否愿意不具有合法身份的持卡者到ATM机取款，这仅仅是一种内心的保留意见，这种意见要想成为同意条件，必须表现为一种能够针对“合法还是非法”进行审查的、客观化的外部程序；否则，仅仅作为一种无法诉诸现实检验的内心保留意见，在讨论预设同意的一般性条件时，是没有实际意义的。简言之，没有被客观化的“内心保留”不是同意条件。因此，非法使用他人银行卡在ATM机上取款，并未违反机器设置者的意志，是得到了占有人同意的行为。盗窃罪中打破占有的行为是以违反被害人意愿为前提的，在得到同意的情况下，不构成盗窃罪。[②]

在否定非法使用他人的信用卡在自动柜员机上取款构成盗窃罪的观点之后，接下来面对的就是对此类行为究竟如何定性的问题了。笔者认为，此类行为构成信用卡诈骗罪。法院认为不符合信用卡诈骗罪的犯罪构成的理由是：“……在利用未退出银行自动取款机的银行卡提取现金或转账时，行为人并不是在面对‘人’而是机械性的程序，那么此时的行为人并未使任何‘人’陷入‘默示诱导’的陷阱，故该行为之本质与诈骗类犯罪迥异……机器不能成为诈骗罪受骗者。在本案中银行自动取款机虽然也有一定的智能性，但是行为人利用未退出银行操作系统的信用卡转账取款之行为并没有做出任何欺骗行动，而只是做出了符合自动取款机预先设置的内容的行为，即在银行卡余额限度内提取现金。故将该行为认定为信用卡诈骗罪与法不符。”这里的问题在于如何理解所谓“受骗”和“错误”。如果认为错误是指受骗者在行为人实施欺诈行为的现场发生的错误认识，即局限在“现场的错误反应”，那么，在

---

① 这也是德国刑法学界的通说。Maurach/Schroeder/Maiwald, Strafrecht BT1, 2003, §33 Rn. 33. (S. 357).

② 详细论述，参见车浩．盗窃罪中的被害人同意．法学研究，2012（2）。需要说明的是，德国刑法学界的多数意见拒绝承认这种行为构成盗窃罪，并不是仅仅因为《德国刑法典》中规定了第263条a计算机诈骗罪。相反，即使在立法增补计算机诈骗罪之前，学界多数的意见也认为这种情况难以构成盗窃罪，正是由于存在法律漏洞，才出现了第263条a的立法。就此而言，不能简单地认为“德国因为有了计算机诈骗罪，所以不适用盗窃罪；我国没有计算机诈骗罪，因而适用盗窃罪并无不妥”，这是仅仅关注处罚必要性而牺牲构成要件特性的、因果颠倒的论证。

行为人取款当时，没有任何自然人在现场而只有一台 ATM 机，而机器不能陷入只有人才能产生的错误认识，因而不构成诈骗类犯罪。但是，按照上文论及的“预设的同意”理论，机器在现场向外吐款，并不是机器本身作出的，而是机器按照人预先的程序设计来完成的。对于机器的设置者而言，未来任意时刻的取款者只要满足了插入真卡和输入密码的条件，那么就可以视作是有权取款者，就会命令机器向外吐款。因此，机器向外吐款，其实是在执行机器设置者的指令，而行为人欺骗的，不是机器，而是机器背后的指令设置者。就此而言，机器背后的人陷入了错误认识，这种错误在取款当时现实化，进而通过机器处分了财产，因此构成信用卡诈骗罪。

[案例 15－13] 陈某敬诈骗案①（诈骗罪与合同诈骗罪的区分）

1. 基本案情

1999 年 4 月至 5 月间，被告人陈某敬经他人介绍租用余姚市子陵路××号厂房，以开办“余姚镇宏达粉丝制品厂”的名义申请领取了临时卫生许可证，并在工商行政管理机关办理了临时营业执照。被告人还对租用的厂房进行了装修，并运送、安装了相关设备。此后被告人陈某敬以企业招工为名，通过签订虚假的劳动合同，以“服装费”和“违约金”（押金）的名义骗取每位应聘人员现金 600 元，共骗取黄某灿、陈某辉、施某萍、马某芬、周某孝、金某强、张某波、史某明、韩某梅、芦某立、黄某维等 29 位应聘人员的现金 17 000 余元。同年 5 月 21 日晚，被告人陈某敬携款逃匿。同月 24 日上午，上述应聘人员根据被告人陈某敬的事先“安排”到余姚市卫生防疫站检验身体，因始终未见被告人陈某敬露面，方知受骗上当。

浙江省余姚市人民检察院以被告人陈某敬犯诈骗罪，向余姚市人民法院提起公诉。被告人陈某敬及其辩护人对上述事实和公诉机关指控的罪名均无异议。余姚市人民法院经公开开庭审理后认为：被告人陈某敬以非法占有为目的，利用虚构企业招工的事实，骗取应聘人员的钱财，数额较大，其行为已构成诈骗罪。公诉机关指控的罪名成立。被告人陈某敬骗取下岗应聘就业人员的钱财，人数较多，社会影响大，且赃款未退赔，对其酌情从重处罚。该院依照《刑法》第 266 条及《最高人民法院关于适用财产刑若干问题的规定》第 2 条第 1 款的规定，于 2002 年 12 月 13 日作出刑事判决如下：

被告人陈某敬犯诈骗罪，判处有期徒刑 1 年 6 个月，并处罚金人民币2 000 元。

宣判后，被告人陈某敬没有提出上诉，公诉机关也没有提出抗诉。

---

① 最高人民法院中国应用法学研究所．人民法院案例选：2004 年刑事专辑．北京：人民法院出版社，2005：382－385.

2. 涉案问题

利用与被害人之间签订的“劳动合同”骗取财物的，是否构成合同诈骗罪?

3. 裁判理由

被告人陈某敬在骗取他人钱财时，虽然也利用了签订、履行合同的方法，但被告人与被害人之间签订的“劳动合同”，不属于合同诈骗罪中所指的“合同”范围，不具备合同诈骗罪的客体条件。因此，被告人陈某敬的行为不构成合同诈骗罪，而构成诈骗罪。

4. 评析意见

本案在审理过程中，对被告人陈某敬的行为应当如何定性，出现了诈骗罪与合同诈骗罪两种不同意见。法院最后按照诈骗罪论处。这一认定是正确的。被告人陈某敬虽然利用与应聘人员签订“劳动合同”的手段，骗取应聘人员的“服装费”和“违约金”（押金），但是被告人与应聘人员之间确立的仅仅是雇用与被雇用的关系，不存在市场交易关系。他们之间签订的“合同”不属于合同诈骗罪的“合同”范围，被告人陈某敬的行为所侵犯的仅仅是被骗人的财产。因此，法院对本案被告人陈某敬以诈骗罪定罪处罚是正确的。此外，还需要注意的是，某些案件中，行为人以与被害人签订合同为诱饵，使得被害人为了能够签订合同而处分财产的，诈骗罪的构成要件在签订合同之前就已经满足和成立，行为人并非利用签订、履行合同的手段骗取他人财物的，或者说，行为人非法占有的财物不是与合同签订、履行关系有关的财物（例如合同标的物、定金、预付款、担保财产、货款等）的，不构成合同诈骗罪。此时，欺诈行为也不属于合同诈骗罪而是应按照普通的诈骗罪处理。

[案例 15－14] 王某军合同诈骗案①（诈骗罪与合同诈骗罪的区分）

1. 基本案情

2003 年 2 月，被告人王某军谎称自己是中国石油天然气集团公司计划司“司长”，并虚构了一个“辽河石油管理局油建公司 24 号工程项目”，称不需要招标、投标，其就能够将该工程发包给王某岱和王某明。后王某岱又将核工业长沙中南建设集团公司项目负责人杨某某介绍给王某军。为骗取杨某某等人的信任，王某军伪造了虚假的工程批文，并要其朋友张某两次假冒辽河石油管理局基建处“张某某处长”与杨某章等人见面，因此，杨某章等人对王某军深信不疑。王某军则以办理工程批文需要活动经费为由，自 2003 年 3

---

① 最高人民法院刑事审判第一、二、三、四、五庭．刑事审判参考：总第 51 集．北京：法律出版社，2006：20－25.

月至2004年1月期间，先后骗取了杨某章72万元、王某明20万元、王某岱11万元。2004年1月7日，王某军称受“张某某处长”的全权委托，与杨某某所属的核工业长沙中南建设工程集团公司经理陈某某签订了一份虚假的“24号井至主干线公路工程施工承包合同”。合同记载的工程项目总造价为5 906万元，王某军在合同上签名为“张某某”。2004年1月28日王某军在上海被抓获。除公安机关追回的4万元赃款外，其余赃款均被王某军挥霍。

长沙市中级人民法院审理后认为，被告人王某军以非法占有为目的，以虚构的单位和工程与他人签订合同，骗取他人钱财，数额特别巨大，其行为构成合同诈骗罪。

被告人上诉后，二审法院驳回王某军的上诉，撤销长沙市中级人民法院的刑事判决，改判上诉人王某军犯诈骗罪。

2. 涉案问题

以许诺让他人承揽虚假的工程项目为诱饵骗取钱财的行为构成合同诈骗罪还是诈骗罪?

3. 裁判理由

二审法院认为，上诉人王某军假冒国家工作人员，虚构工程项目和能揽到工程项目的事实，以许诺给他人承包虚假的工程项目为诱饵，骗取他人财物，其行为构成诈骗罪，诈骗数额巨大，原审将王某军的行为认定为合同诈骗罪不当。王某军上诉提出其行为是借不是骗的上诉理由，经查，王某军的多次供述及杨某某、王某明、王某岱的陈述均证明，王某军一开始即虚构身份，以许诺介绍他人承包虚假的工程承包合同为诱饵，借承揽工程需要各种费用为名目，向各被害人诈取钱财，并予以挥霍，其非法占有的目的明显。另外，王某岱陈述王某军没有还给他钱，王某军也不能提供还钱的证据，因此其上诉理由不能成立。被告人构成诈骗罪。

4. 评析意见

在本案审理过程中，关于对王某军的行为如何定性，存在两种不同意见：第一种意见认为，王某军以虚构的单位和工程与他人签订虚假的工程承揽合同骗取他人钱财，其行为构成合同诈骗罪。第二种意见认为，本案中的合同不是诈骗的手段，而是实施诈骗的诱饵，在合同签订前，王某军的诈骗行为已经实施完毕，王某军的行为构成诈骗罪。法院最后认定本案构成诈骗罪。在裁判理由中，法院指出：“合同诈骗罪作为特殊诈骗犯罪在诈骗方法和对象上有其特定性。首先，合同诈骗罪表现为利用合同进行诈骗，也就是说诈骗行为必须是发生在合同的签订、履行过程中，而不能是在这之前或之后。其次，合同诈骗犯罪的行为人非法占有的财物应当是与合同签订、履行有关的财物，如合同标的物、定金、预付款、担保财产、货款等。”应当认为，上述理由对合同诈骗罪的理解是非常到位的。对于合同诈骗罪的行为人而言，签订、履行合同的目的不在于合同的成立生效和合同本身的履行，而是对合同标的物或定金等与签订、履行合同有关的财物的非法占有，而被害人也正是由于受骗陷入错误认识而自愿为了保证合同订立生效或按照合同的约定向诈骗人交付与合同内容相关的财物。如果行为人在与他人签订或履行合同的过程中，以其他与合同无关的事由为借口，骗取他人钱财，则不是合同诈骗。

在本案中，一方面，被告人王某军假冒国家工作人员、伪造工程批文、假借承揽项目需要活动经费的名义骗取他人财物的行为都是在签订合同之前实施的，即在与被害人签订所谓施工承包合同之前，王某军的诈骗行为已经实施完毕，被害人的财物已经被王某军非法占有，其虚构事实骗取钱财的犯罪目的已经实现。另一方面，被告人王某军非法获取的被害人钱财是所谓的活动经费，其诈取钱财的行为并没有伴随合同的签订、履行，其非法侵占的财物亦不是合同的标的物或其他与合同相关的财物。虽然王某军事后也与他人签订了一个虚假的工程施工承包合同，但这仅仅是掩盖其诈骗行为的手段，而不是签订、履行合同的附随结果，是否签订合同已经不能影响其骗取财物行为的完成。从以上两个方面可以看出，无论是从骗取财物的手段还是从骗取财物的性质上看，被告人王某军的行为均不符合合同诈骗罪的构成要件，不能认定为合同诈骗罪，而是完全符合诈骗罪的特征，应当以诈骗罪定罪处罚。

[案例 15-15] 杨某诈骗案①（诈骗罪与职务侵占罪的区分）

1. 基本案情

2013 年至 2015 年，被告人杨某在担任湖北省武汉统建城市开发有限公司东方雅园项目售楼部销售经理期间，为骗取他人财物，明知公司并未决定对外销售东方雅园项目二期商铺，对到项目部咨询的杨某莉等 9 人虚构了商铺即将对外销售的事实，要求被害人将订购商铺的款项汇入其个人银行账户，其还利用其保管的购房合同、房屋销售专用章、副总经理印章与被害人签订房屋买卖合同，骗取共计 1 011 万元用于赌博等挥霍。

被告人杨某因涉嫌职务侵占罪被逮捕，后湖北省武汉市人民检察院以被告人杨某犯诈骗罪提起公诉，武汉市中级人民法院以诈骗罪判处杨某有期徒刑 15 年，并处罚金人民币 50 万元。

杨某提起上诉，辩称其以公司名义和被害人签订的房屋买卖合同有效，双方构成表见代理，其侵占的是单位财产，应以职务侵占罪对其追究刑事责

① 最高人民法院刑事审判第一、二、三、四、五庭．刑事审判参考：总第 51 集．北京：法律出版社，2006：20-25.

任，量刑过重。

湖北省高级人民法院审理认为，杨某构成诈骗罪，数额特别巨大，裁定驳回上诉，维持原判。

2. 涉案问题

行为人利用单位职务便利，通过表见代理骗取他人财物的行为，定诈骗罪还是职务侵占罪？

3. 裁判理由

行为人对其所在单位是否构成表见代理并不影响对行为人的定罪，行为人编造虚假公司业务，利用职务身份获取被害人信任，骗取被害人财物的行为，依法构成诈骗罪。区别诈骗罪与职务侵占罪的关键在于，前者侵占的是被害人基于错误认识而处分的财产，后者侵占的是行为人保管、经营的单位财产。行为人是否构成表见代理，在民事法律关系中直接影响各方的民事权利义务，但并不影响诈骗罪与职务侵占罪的甄别定性。

4. 评析意见

本案中法院的认定是正确的。这里涉及刑民关系的理解。尽管被害人是误以为对方代表单位收款，在民事上可能构成表见代理，但是这并不会影响到在刑法上谁是被害人的判断。这里的被害人，是从诈骗罪的构成要件结构出发，考虑因为欺诈行为而受骗的对象，因为受骗而处分财产的人，以及最终因为这一处分行为而直接导致财产总量减损的人。在本案中，到项目部咨询的杨某莉等 9 人是被害人，他们因为受到被告人虚构的商铺即将对外销售的说法的欺骗，而按照被告人的要求将订购商铺的款项汇入其个人银行账户，从而直接遭受了财产损失。这里的被害人是杨某莉等 9 人而不是被告人所在的单位，相应地，也是对杨某莉等 9 人的财产侵害，而不是对被告人所在单位的财产侵害，因此不构成针对单位财产的职务侵占罪，而是构成诈骗罪。

深度研究

盗窃罪与诈骗罪之间的界限，特别是盗窃罪的间接正犯与三角诈骗之间的区分，是刑法理论上的一个重大争点，对于司法实务也具有重要意义。这个问题简化成典型案例就是：行为人甲使用欺骗手段，通过第三人丙来得到乙的财物。刑法理论处理这个问题，既可以从诈骗罪切入，探讨第三人丙是否有足够的根据去“处分财物”；也可以以盗窃罪（而非诈骗罪）为坐标系，以财物权利人的同意（而非第三人的处分）为中心来讨论两罪的界限问题。

目前，刑法理论上关于三角诈骗与盗窃罪的间接正犯的区分问题存在很大争议，代表性的观点主要有以下几种：第一，阵营归属理论。所谓阵营归属理论，是指只要第三人与被害人之间存在一种事实上的接近关系，可以把第三人看作处于被害人的阵营之中，此时第三人的处分就被视为有效，行为人成立诈骗罪而非盗窃罪。德国的多数法院判决和相当一部分主流文献支持这种观点。[①] 第二，客观权限理论。所谓客观权限理论，是指第三人的财产处分必须处于法律赋予的权限之内。只有在具体的事务中被被害人授予权限的第三人，才能够代表被害人对占有的取消作出有效的同意；也只有他的意愿，才是必须为被害人承认和接受的。[②] 按此，当第三人在受到欺骗的情况下，把本来无权处分的财物，交付或任由他人取走时，其同意是无效的，对此成立盗窃罪而非诈骗罪。第三，主观权限理论。所谓主观权限理论，是指只要第三人主观上相信，当他处分财物时，他是在一个客观上有权限根据的范围内活动，那么，这对于成立诈骗罪就已经足够了。[③] 按照这种看法，如果第三人得到的是一般性的、概括性的授权，但并没有得到关于涉及具体财物及其处理事务的授权，则只要其主观上自认为有权去处理财物而将财物交付或任由行为人取走，财物所有人就必须接受这个行为所带来的不利后果，因为在授权之初他就应该考虑到可能出现的错误。第四，审核义务理论。所谓审核义务理论，是指第三人仅仅是单纯地主观上确信自己对财物有支配权限是不够的，除非他对于代理权限的实施条件已经尽了审查和检验的义务，在此基础上的主观确信就可以支持一个有效的同意。[④] 但整体上而言，它其实是对主观权限理论的一种修正和变式。第五，主观善意理论。所谓主观善意理论，是以第三人是否为了被害人的利益而处分财物作为基准：如果第三人是为了被害人的利益而转移占有财产，则行为人的行为构成诈骗罪；反之，行为人的行为成立盗窃罪。这主要是根据日本的司法判决发展出来的一种理论。[⑤]

在上述国内外各种观点之中，阵营归属理论目前得到很多学者的青睐，占据着有力的地位。但是，该理论实际上存在一些难以自洽的问题，这些问题同样表现在主观权限理论以及主观善意理论之中。

从盗窃罪的构成要件出发，去考察“甲使用欺骗手段，通过第三人丙来得到乙的财物”的行为性质，会得出这样的结论：如果行为是在没有得到被害人乙的同意的情况下打破占有，则构成盗窃罪；反之，如果行为得到了被害人乙的同意，则不构成盗窃罪。因此，问题的关键在于被害人乙的主观意愿。而阵营归属理论、主观权限理论和主观善意理论，恰恰是在考虑问题的

---

① Vgl. Schönke/Schröder/Cramer/Perron，2010，§ 263 Rn. 66.

② 德国学者罗克辛（Roxin）、许乃曼（Schünemann）、萨姆松（Samson）、金德霍伊泽尔（Kindhäuser）和京特（Günther）等支持这种观点。

③ 德国学者奥托（Otto）、韦伯（Weber）等持这种看法。

④ SK-Hoyer，2002，§ 242 Rn. 63.

⑤ 参见日本最高裁判所 1970 年 3 月 26 日判决，载日本《最高裁判所刑事判例集》第 24 卷第 3 号，第 55 页。转引自张明楷．论三角诈骗．法学研究，2004（2）．

时候，切断了与被害人（财物占有人）主观意愿的联系，这与盗窃罪中的同意原理存在抵牾。以阵营归属理论为例，由于所谓“外部联系”缺乏规范基准（特别是，有时候具有不愉快的联系，反而证明恰恰不属于被害人的阵营），因此，判断属于哪一个“阵营”的标准，最终必然追溯到第三人的内心态度，究竟是倒向被害人与行为人之中的哪一方，或者从社会一般观念出发，从外部考察第三人倒向哪一方。但是，完全依赖于第三人的内心态度或社会一般观念的外部考察，相当于是用第三人的意愿或社会一般观念代替了原财物占有人的意愿，这样的论证方式，在逻辑上就脱离了已被普遍承认的关于“（违反占有人意愿）打破占有”的解释。① 换言之，不能仅仅因为第三人认为自己归属于或社会一般观念认为第三人归属于被害人的阵营之中，就简单地由其代表了被害人维持或转移占有的意愿。

退一步讲，即使在第三人与被害人形成共同占有关系的场合，矛盾也一样存在。一方面，就共同占有与同意的关系来看，在未得到全部共同占有人同意的情况下，仅有其中一个占有人的同意并不能排除“打破占有”。也就是说，即使第三人属于共同占有人，他的同意也不能排除“打破占有”。但是，另一方面，一般而言，各个共同占有人往往又能够被评价为是处于同一“阵营”中。此时，按照阵营归属理论，作为“同一战壕里的战友”，只要其中一个占有人（由于受骗）同意他人转移占有，就具有处分地位，就能够排除盗窃罪的“打破占有”。但这与前述结论之间就出现了矛盾和冲突。例如，甲、乙两人合开一家音像店，行为人谎称得到甲的同意，从乙手中取走大量影碟离开。在这个案例中，甲、乙二人对影碟属于共同占有关系，按照“取消共同占有必须得到所有占有人同意”的原则，上述情形构成“打破占有”。相反，按照阵营归属理论，只要是得到了与甲属于同一阵营的乙的同意，就可以排除“打破占有”。显然，在这个问题上，阵营归属理论与（关于共同占有的）同意理论之间是不兼容的。②

同理，只考虑第三人的想法或社会一般观念而忽略被害人（财物权利人）的真正意思，这个批评意见，不仅针对“阵营归属理论”，也同样适用于“主观权限理论”和“主观善意理论”。

笔者认为，区分三角诈骗与盗窃罪间接正犯，应采取客观权限加审核义务的路径。

首先，从同意视角出发，最稳固的标准来自客观权限理论。只有第三人在客观上处于正当许可的范围内活动，他才算是代表了被害人（财物权利人）

① MK-Schmitz，2003，§242，Rn. 100.

② 同①.

同意转移占有的意思。也就是说，要么第三人得到了被害人关于财物处理的全权委托，要么法律或制度上给他的意思活动提供了支持，只有在这些情况下，第三人才算是代表了被害人转移占有的意愿，才能够排除盗窃罪中的“打破占有”，转而成立三角诈骗。必须具备处分权限这一点，也为很多日本学者所支持。例如，西田典之认为：“在三角诈骗中，被诈骗人必须具有处分被害人财物的权限。例如，A 向 B 谎称 C 院子里的皮球为自己所有，而让 B 替其拿走皮球，由于 B 在事实上与法律上均没有处分 C 院子里的皮球的权限，因而 A 构成盗窃罪的间接正犯，而并不构成诈骗罪。还有，A 向公寓管理人 B 谎称自己是居住者 C 的父亲而让 B 用钥匙打开 C 的房间，并拿走 C 的财物，由于 B 并无处分权限，因而 A 的行为仅构成（住宅侵入罪与）盗窃罪。”①

其次，在客观权限理论之外，可以补充进审核义务理论。有些学者将客观权限理论的逻辑贯彻到底，使其成为唯一的判断标准。例如，施密茨（Schmitz）认为，一种超出了授权范围的、仅仅是假想或推测的权限，即使第三人已经尽到了对代理权限的审核义务，由于其始终未与财物原占有人的主观意愿保持一致，也不能否决“打破占有”的成立，对此都应认定为盗窃罪。② 但是，这种看法存在疑问。承认客观权限理论最稳固，并不意味着必须将其逻辑贯彻到底；从同意的角度去考虑这个问题，也不意味着必须对所有未得到被害人明确同意的转移都否定其效力。如果全部涉嫌三角诈骗的案例，都必须遵循客观权限理论的严格标准去认定，那恐怕就不是在处理所谓三角诈骗与盗窃罪区分的问题了。因为一个得到被害人明确授权的、由第三人作出的占有转移的决定，其实与被害人本人在现场直接表示同意毫无差异；但是，这样一来，就不存在所谓的三方关系了，第三人在这里仅仅是一个传声筒的作用，实质上这种场合是一个非常清楚的、行为人欺骗了被害人（以第三人为其意思的忠实执行者）而取得财物的诈骗罪的案例。换言之，按此逻辑，只有那些在法律关系上能够准确地将第三人与被害人合二为一，进而可以将所谓的“行为人—第三人—被害人”的三角关系，清晰明确地折合成行为人—被害人两方关系的场合，才能认定成立诈骗罪，其余则全部按盗窃罪处理。但是，这样处理的最终结果，就是在理论上使得所谓“三角诈骗”的模型完全丧失了意义。基于这一点，有必要在客观权限理论之外，再增加审核义务的标准。审核义务理论是主观权限理论的一个加强版，它不仅要求第三人自认为得到了被害人的授权，而且必须是对这种关于授权的认识进行了审查和检验。一般来说，能够自认为自己得到授权的第三人，至少是得到了

① 西田典之．日本刑法各论．刘明祥，王昭武，译．北京：中国人民大学出版社，2007：156.

② MK-Schmitz，2003，§242，Rn. 100.

财物所有人的概括性授权，只是在对具体财物的具体事务的处理上，对于自己是否有权限产生了错误认识。

在有些案例中，按照阵营归属理论或纯粹的客观权限理论，都难以得出令人信服的论证过程和结论，而需要求助于审核义务理论。例如，经常被讨论的保姆案：丙是乙的家庭保姆。乙不在家时，行为人甲前往丙家欺骗丙说："乙让我来把他的西服拿到我们公司干洗，我是来取西服的。"丙信以为真，甲从丙手中得到西服后逃走。在这个案件中，有学者指出，"社会一般观念定会认为，保姆丙应当或者可以将西服交付给甲干洗"，从而肯定保姆具有处分地位而将本案认定为诈骗罪。但是，这个以阵营归属理论为基础背景的分析，因为对于实际生活的粗略概括而存在疑问。事实上，在真实的社会生活中，关于私人保姆究竟在雇主的家里能够处理哪些事务，双方往往有着大体上明确的约定，而且约定内容往往因人而异。对于这个本来就属于私人领域的、存在对价给付的服务事项，不能够凭借所谓"社会一般观念"来作出推定。一般来说，雇主会要求保姆清洗衣物，但是在没有明确说明保姆可以将衣物交由雇主指派上门的洗衣店清洗的情况下，这种授权最多只能被认为是一种关于衣物保洁的概括性授权。另外，如果按照客观权限理论，既然保姆没有得到雇主的具体授权，她仅仅自以为有权限而将西装交付给对方，不能算是代表了财物所有人（被害人）的意思。因此，甲的行为构成盗窃罪而非诈骗罪。但是，客观权限理论又把实际生活想象得过于精致了。要求雇主对保姆所做的每一个具体事项都有明确的授权，相当于把雇主放在了一个"保姆背后的保姆"的地位，实际上这也是不现实的。

妥当的理解是，对于那些相对于雇主的概括性授权而言还不够肯定的具体事务，保姆应尽到审查和检验的义务，在此基础上的决定，应被认为是与雇主意思相联系的，尊重了雇主的意愿，因而应被纳入雇主的容忍范围内。这种审查和检验可以表现为多种形式，例如：行为人是雇主家的常客，保姆经常看到行为人到雇主家来，且保姆与行为人也比较熟悉。在这种情况下，对于上门谎称受雇主委托来取走衣物去清洗的行为人，保姆同意其将衣物取走或交付，应认定其已经履行了核实义务，因而该行为应被认定为诈骗罪。相反，如果保姆面对的是一个素不相识，也不知道其与雇主是否有过交往的行为人，那么保姆未经任何审核或检验，而直接将衣物交给对方或任其取走的处分或同意是无效的。在她做决定的过程中，根本没有考虑到被害人（雇主）的意愿，因此她就成了一个行为人违反被害人意愿的工具。对此只能构成盗窃罪而非诈骗罪。不同的是，如果保姆尽到了审查和检验的义务，例如想要打电话给雇主确认，但是行为人将一个在电话另一端由其同伙冒充雇主说话的手机交给保姆接听，或者向左邻右舍问过之后，保姆信以为真，认为行为人的确是雇主派来的，则此时，保姆再将衣物交给行为人，她就是三角诈骗中的受骗者而非盗窃罪中的工具。总之，只有在具备概括性授权和尽到审核义务的基础上，第三人对财物的处分或占有转移的同意，才算是基于被害人的立场而受到了欺骗。

综上，应当依照“客观权限＋审核义务”的标准对盗窃罪的间接正犯与三角诈骗进行区分。这一主张有两方面的优点。一方面，这两种理论都是以第三人至少得到被害人的概括性授权为前提和基础（客观权限理论要求进一步的具体授权），因此第三人对财物的处置，体现了对于被害人（支配财物的）意愿的尊重。这是从被害人同意的视角出发得出的必然结论。由此可以避免阵营归属理论、主观权限理论、主观善意理论等的弊端，这些观点完全搁置了或代替了对被害人主观意愿的关注，其内容与盗窃罪的本质要素（违反被害人意愿而不是违反被害人“阵营”中某人的意愿）也缺乏必然联系。另一方面，将审核义务理论增加为判断标准的选项，避免了单一的客观权限理论过于狭窄，以至于使所有三角诈骗的案例都简化为两方诈骗的倾向。更重要的是，审核义务理论进一步克服了主观权限理论的弊端，那就是，仅仅有第三人得到授权的自我感觉是远远不够的，只有通过审核和检验，才能在客观上表现出他对于被害人的财物支配意愿的认同和尊重，在此基础上的决定，体现了诈骗行为利用对方意思瑕疵而不是盗窃行为违反对方意思的区别。就重视被害人的意愿这一点而言，审核义务理论与客观权限理论是一致的，都是在同意视角下，通过与被害人意愿取得关联来区分盗窃罪的间接正犯与三角诈骗。

第十六章　职务侵占罪

职务侵占罪具有深厚的历史渊源，《大清新刑律》第 371 条规定："凡在公务或业务之管有共有物、或属他人所有权、抵当权、其余物权之财物而侵占者，处二等或三等有期徒刑。"该法虽未来得及实施，但却对后世立法产生了深远影响。

1988 年全国人大常委会颁布、实施的《关于惩治贪污罪贿赂罪的补充规定》（已失效）只是扩大了贪污罪的主体范围，把"集体经济组织工作人员""其他经手、管理公共财物的人员"作为贪污罪主体来认定和处理。1997 年《刑法》明确规定了职务侵占罪，在第 271 条第 1 款规定："公司、企业或者其他单位的人员，利用职务上的便利，将本单位财物非法占为己有，数额较大的，处五年以下有期徒刑或者拘役；数额巨大的，处五年以上有期徒刑，可以并处没收财产。"

2016 年最高人民法院和最高人民检察院出台的《关于办理贪污贿赂刑事案件适用法律若干问题的解释》提高了职务侵占罪的入罪标准，导致该罪与盗窃罪的区分变得十分重要，因为两罪的入罪标准差异较大。

2021 年《刑法修正案（十一）》则对职务侵占罪作了进一步的细化规定。第一，降低了"数额较大"这一档的法定刑，由原来的"五年以下有期徒刑或拘役"下调为"三年以下有期徒刑或拘役"。第二，将"数额巨大"一档的法定刑由以前的"五年以上有期徒刑"改为"三至十年有期徒刑"，同时删除了"可以并处没收财产"的附加刑。第三，增设"数额特别巨大"的情节，处以 10 年以上有期徒刑，最高可判处无期徒刑。将原来的两档法定刑改为三档法定刑。第四，在主刑调整刑期、附加刑删除"没收财产"的同时，在本罪每一档均增设了罚金刑。

第一节　职务侵占罪的行为主体

知识背景

根据我国《刑法》第 271 条的规定，职务侵占罪是指公司、企业或者其他单位的工作人员，利用职务上的便利将本单位数额较大的财物非法占为己有的行为。从字面含义来说，职务侵占罪的犯罪主体较为清晰，是指公司、企业或者其他单位的工作人员。但从实践中发生的真实案件情况来看，职务侵占罪的行为主体存在诸多争议。其原因在于：一方面，行为主体决定此罪与彼罪的界限。例如，职务侵占罪与贪污罪的核心区别就在于行为主体的不同，贪污罪的行为主体是国家工作人员，而职务侵占罪的行为主体是公司、企业或者其他单位的工作人员。在行为人不属于国家工作人员的情况下，应当构成职务侵占罪，但实践中由于对国家工作人员的认定存在不小的争议，因而反射性地影响了职务侵占罪的规制范围。另外，在窃取单位财物的场合，如果行为人能够被认定为单位人员，则可能成立职务侵占罪；而在无法认定为单位人员的情况下，则只可能成立盗窃罪，行为主体认定的重要性由此可见一斑。另一方面，行为主体还可能决定罪与非罪的界限。例如，侵占一人公司的财产究竟能否构成职务侵占罪，就是极具争议的问题。上述问题需要结合案例仔细研究。

规范依据

《刑法》

第 271 条　公司、企业或者其他单位的工作人员，利用职务上的便利，将本单位财物非法占为己有，数额较大的，处三年以下有期徒刑或者拘役，并处罚金；数额巨大的，处三年以上十年以下有期徒刑，并处罚金；数额特别巨大的，处十年以上有期徒刑或者无期徒刑，并处罚金。

国有公司、企业或者其他国有单位中从事公务的人员和国有公司、企业或者其他国有单位委派到非国有公司、企业以及其他单位从事公务的人员有前款行为的，依照本法第三百八十二条、第三百八十三条的规定定罪处罚。

第 382 条　国家工作人员利用职务上的便利，侵吞、窃取、骗取或者以其他手段非法占有公共财物的，是贪污罪。

受国家机关、国有公司、企业、事业单位、人民团体委托管理、经营国有财产的人员，利用职务上的便利，侵吞、窃取、骗取或者以其他手段非法占有国有财物的，以贪污论。

与前两款所列人员勾结，伙同贪污的，以共犯论处。

案例评价

[案例16-1] 曹甲等职务侵占案①（职务侵占罪与贪污罪的区分）

1. 基本案情

2005年因修筑福银高速公路，长武县洪家镇曹公村部分土地被征用。在征用土地过程中，曹公村村委会未将曹公村所获取的青苗补偿款人民币19 592元（以下币种同）入账，也未将2007年追加的水浇地补偿款73 602元入账。2007年6月，因曹公村与沟北村合并，时任村会计的曹乙向时任村主任的曹甲请示未入账的9万余元和账内所余10万余元如何处理。曹甲提出将钱均分，曹丙、曹乙、曹丁、曹戊均表示同意。后五被告人将上述款项均分，每人得款39 500元。案发后，五被告人各自向检察院退赃39 500元。

2. 涉案问题

如何认定国家工作人员中的"其他依照法律从事公务的人员"？本案五被告人私分的有关款项是否属于公款？

3. 裁判理由

长武县人民法院认为，根据全国人民代表大会常务委员会《关于〈中华人民共和国刑法〉第九十三条第二款的解释》（以下简称《立法解释》）的规定，作为时任曹公村村民委员会党支部、村委会成员的被告人曹甲、曹丙、曹乙、曹丁、曹戊在协助人民政府从事土地征用补偿费用的管理等公务中，利用职务上的便利，私分土地补偿款197 500元，其行为均构成贪污罪。五被告人均系共同犯罪，在共同犯罪中，曹甲作为村主任在监管村财务中提出私分公款的犯意，起主要作用，系主犯；曹丙、曹乙作为财务管理人员，曹丙具体实施了分赃行为，曹乙在纪检、检察部门查账时，用已支出票据冲抵账务，掩盖事实，曹丁、曹戊作为村干部，共同参与分赃，均系从犯，应当根据其在共同犯罪中的作用分别惩处。五被告人分赃后将赃款已实际使用，且已平账，足以证明各被告人非法占有的主观故意，对五被告人应当以贪污罪定罪处罚。五被告人犯罪后，能积极退赃，有酌定从轻处罚情节，个人贪污数额不足4万元，综合其各种犯罪情节，可以在法定刑以下判处刑罚，并报请最高人民法院核准。据此，长武县人民法院以贪污罪判处被告人曹甲有期徒刑5年，曹丙有期徒刑3年6个月，曹乙有期徒刑3年，缓刑5年，曹丁有

---

① 最高人民法院刑事审判第一、二、三、四、五庭．刑事审判参考：总第92集．北京：法律出版社，2014：108.

期徒刑 2 年，缓刑 3 年，曹戊有期徒刑 2 年，缓刑 3 年。

一审宣判后，被告人曹甲、曹丙不服，向咸阳市中级人民法院提起上诉。

咸阳市中级人民法院经审理认为，虽然本案涉案款项是土地征用补偿费，但是当村委会在协助乡镇政府给村民个人分发时才属于协助人民政府从事行政管理工作，该补偿费一旦分发到村民个人手中，即属于村民个人财产；当村委会从乡镇政府领取属于村集体的补偿费时，村委会属于收款人，与接收补偿费的村民个人属于同一性质，该补偿费一旦拨付到村委会，即属于村民集体财产。此时，村委会不具有协助人民政府从事行政管理工作的属性。五被告人利用职务上的便利，采取侵吞手段，将集体财产非法占为己有，数额较大，其行为构成职务侵占罪。原审判决认定的事实清楚，证据确实、充分，审判程序合法，但定性错误，量刑不当。据此，咸阳市中级人民法院依法以职务侵占罪改判上诉人曹甲有期徒刑 3 年 6 个月；上诉人曹丙有期徒刑 3 年，缓刑 4 年；原审被告人曹乙有期徒刑 3 年，缓刑 5 年；原审被告人曹丁有期徒刑 2 年，缓刑 3 年；原审被告人曹戊有期徒刑 2 年，缓刑 3 年。

4. 评析意见

本案公诉机关和一审法院均认为被告人构成贪污罪，二审法院认为构成职务侵占罪。应当说，二审法院的判决是正确的。

首先，从相关规范性文件来看，村民委员会等村基层组织人员在特定情形下是有可能被认定为国家工作人员，进而构成贪污罪的。《立法解释》规定："村民委员会等村基层组织人员协助人民政府从事下列行政管理工作，属于刑法第九十三条第二款规定的'其他依照法律从事公务的人员'：（一）救灾、抢险、防汛、优抚、扶贫、移民、救济款物的管理；（二）社会捐助公益事业款物的管理；（三）国有土地的经营和管理；（四）土地征收、征用补偿费用的管理；（五）代征、代缴税款；（六）有关计划生育、户籍、征兵工作；（七）协助人民政府从事的其他行政管理工作。"根据《立法解释》的规定，有关村基层组织人员只有在协助政府从事上述七项行政管理工作时才属于从事公务，可以国家工作人员论，进而视情形成立贪污罪。

其次，从形式上看，本案五名被告人从事的工作确实是与土地征收、征用补偿费用相关的内容，但这不能直接肯定五被告人属于"其他依照法律从事公务的人员"，满足这一主体要件还必须满足"协助人民政府从事行政管理工作"这一条件。但从本案的情况来看，五被告人侵吞补偿款时并非是在协助人民政府从事行政管理工作。在案证据证实，2005 年洪家镇政府拨付给曹公村征地款 1 026 607 元和青苗补偿费 19 592 元，曹公村村委会在已经足额分配给村民相应征地补偿款和青苗补偿费之后，由于分配方式的原因，有 19 592 元结余下来，此时土地征用补偿费用已经按照曹公村人口发放完毕，也即所谓的协助政府“管理”该款项的职权已经终止；而 2007 年第二次补偿给曹公村的 73 602 元以及 2007 年 6 月账面余额 104 426.60 元均系该高速公路占用曹公村生产路、公用地及便道的补偿款，该款的补偿受让方是曹公村，关于款项的分配均属于村民自治范畴。《村民委员会组织法》第 8 条中规定：“村民委员会依照法律规定，管理本村属于村农民集体所有的土地和其他财产”。与此同时，涉案的财产也不属于贪污罪对象的公共财物，因为当该笔财产转入村委会集体账户时，就已经属于村集体财产，而非公共财物。由此看来，非法侵吞这类财产只能构成职务侵占罪。

最后，相关司法解释性质文件也严格限制“其他依照法律从事公务的人员”的成立范围。例如，2000 年最高人民检察院《关于贯彻执行全国人民代表大会常务委员会关于〈中华人民共和国刑法〉第九十三条第二款的解释的通知》明确规定：“各级检察机关在依法查处村民委员会等村基层组织人员贪污、受贿、挪用公款犯罪案件过程中，要根据《解释》和其他有关法律的规定，严格把握界限，准确认定村民委员会等村基层组织人员的职务活动是否属于协助人民政府从事《解释》所规定的行政管理工作，并正确把握刑法第三百八十二条、第三百八十三条贪污罪、第三百八十四条挪用公款罪和第三百八十五条、第三百八十六条受贿罪的构成要件。对村民委员会等村基层组织人员从事属于村民自治范围的经营、管理活动不能适用《解释》的规定。”本案涉及的就是村民自治范围的管理活动，涉案款项并非公共财物，而是村民集体财产，被告人此时并不属于国家工作人员，应当适用职务侵占罪的规定定罪量刑。综上，应当认为，二审法院对行为的定性是正确的。

[案例 16-2] 赵某某、张某某职务侵占案①（村民小组组长将集体土地征用补偿费据为己有的行为定性）

1. 基本案情

2011 年以来，被告人赵某某利用担任河南省新郑市城关乡沟张村二组组长的职务便利，与该村文书被告人张某某商议后，在发放新郑市城关乡沟张村二组村民南水北调工程永久用地补偿费过程中，以在该村二组南水北调永久用地补偿费分配表中添加张某某的方式，先后两次以张某某名义套取人民币（以下币种同）169 120 元，张某某分得 3 万元，赵某某将余款据为己有。案发后，张某某家属代为退赃 3 万元。

2. 涉及问题

村民小组组长利用职务上的便利，在发放村民小组集体土地征用补偿费过

① 最高人民法院刑事审判第一、二、三、四、五庭．刑事审判参考：总第 92 集．北京：法律出版社，2014：108.

程中，将其中部分财产非法据为己有，该行为应当认定为贪污罪还是职务侵占罪?

3. 裁判理由

新郑市人民法院认为，被告人赵某某、张某某在分别担任河南省新郑市城关乡沟张村二组组长和支部委员、村委委员、文书期间，利用协助政府发放该组南水北调永久用地补偿费的职务便利，骗取、侵吞补偿费 169 120 元，其行为均已构成贪污罪。判决被告人赵某某犯贪污罪，判处有期徒刑 10 年 6 个月；被告人张某某犯贪污罪，判处有期徒刑 5 年。

一审判决后，被告人赵某某、张某某不服，向河南省郑州市中级人民法院提出上诉。

河南省郑州市中级人民法院经审理认为，南水北调工程永久用地补偿款系新郑市城关乡沟张村集体土地被国家征用而支付的补偿费用，该款进入新郑市城关乡“三资”委托代理服务中心账户后即为该中心代为管理的村组财产，上诉人赵某某、张某某在分配该财产过程中，私自将本组扣发的集体财产以张某某的名义套取后私分，其行为符合职务侵占罪的构成要件。二上诉人的相应上诉理由和辩护意见成立，予以采纳。原判认定事实清楚，证据确实、充分，但定性不当，应予纠正。在共同犯罪中，赵某某起主要作用，系主犯；张某某起辅佐作用，系从犯，应依法减轻处罚，其亲属代为退赃，可酌情从轻处罚。郑州市中级人民法院判决如下：撤销河南省新郑市人民法院（2014）新刑初字第 338 号刑事判决；上诉人赵某某犯职务侵占罪，判处有期徒刑 6 年；上诉人张某某犯职务侵占罪，判处有期徒刑 3 年。

4. 评析意见

应当认为，二审裁判认定被告人构成职务侵占罪的观点是正确的。实务中有观点认为，只有村民委员会的工作人员才可能构成“其他依照法律从事公务的人员”，村民小组组长无论何时都不可能认定为此种身份。然而，这种观点值得商榷。实际上，只要村民小组组长确实是在协助人民政府从事行政管理工作，就完全可能属于“其他依照法律从事公务的人员”，进而成为贪污罪的主体。因为，对于协助政府从事行政管理事务来说，受政府委托协助管理的人本身并不需要以有一定的身份为前提，只要被委托者从事的是行政管理事务便足矣，实务中村民委员会的工作人员经常被政府委托从事行政管理事务，不代表规范上受政府委托从事行政管理事务的必须是村民委员会的工作人员。

不过，在本案中，协助人民政府从事行政管理的工作已经结束，南水北调工程永久用地补偿费系新郑市城关乡沟张村集体土地被国家征用而支付给该村组集体的补偿费用，该款进入新郑市城关乡“三资”委托代理服务中心账户后，即成为该中心代为管理的村组集体财产，该笔财物不再是公共财物。村民小组组长侵吞该笔财产显然应当认定为职务侵占罪，而不可能再认定为贪污罪。

对此，相关司法解释也有较为明确的规定。1999 年最高人民法院《关于村民小组组长利用职务便利非法占有公共财物行为如何定性问题的批复》中明确："对村民小组组长利用职务上的便利，将村民小组集体财产非法占为己有，数额较大的行为，应当依照刑法第二百七十一条第一款的规定，以职务侵占罪定罪处罚。"1999 年最高人民法院印发的《全国法院维护农村稳定刑事审判工作座谈会纪要》中也明确规定：关于村委会和村党支部成员利用职务便利侵吞集体财产犯罪的定性问题，为了保证案件的及时审理，在没有司法解释规定之前，对于已起诉到法院的这类案件，原则上以职务侵占罪定罪处罚。

在职务侵占罪与贪污罪的区分中，一定要注意把握行为对象和行为主体两方面的区别。一般来说，从行为对象上看，贪污罪侵犯的是公共财产，而职务侵占罪侵犯的是除公共财产以外的集体财产或者其他单位财产；从行为主体上看，贪污罪的主体必须是国家工作人员，职务侵占罪的主体则是非国家工作人员。在村委会工作人员或者村民小组组长侵吞补偿款的案件中尤其特殊，不应一概而论地认为只要协助政府从事征地拆迁补偿工作，便属于国家工作人员，进而直接认定其构成贪污罪。需要注意的是，当涉案款项已经从公共财产转化为村集体财产时，村委会工作人员以及村民小组组长的身份不再属于国家工作人员，此时只能视情形检验行为是否构成职务侵占罪。

[案例 16－3] 吴某某职务侵占案①（公司等单位人员的认定）

1. 基本案情

2010 年 1 月 1 日，河南省洛宁县润丰矿业有限公司（以下简称"润丰公司"）驻七里坪矿区第三工程项目部与洛阳市坤宇矿业有限公司（以下简称"坤宇公司"）签订了采掘施工合同，由吴某某代表润丰公司在坤宇公司七里坪金矿干沟 860 坑口进行探矿、掘进、采矿施工。采矿、掘进工程及其所有附属工程等费用由吴某某承担，矿方根据供矿量和所供矿石品位与吴某某进行费用结算，矿石归矿方所有，不允许吴某某私自处分或运下山。施工后，双方一直未结算，吴某某等人继续垫资施工。10 月 23 日，吴某某同张某某签订协议，由张某某投资继续在 860 坑口采矿。协议约定供矿（矿石交矿上）除采矿费外吴某某和张某某五五分成；运矿（指偷运高品位矿石下山自己冶炼）吴

① 王少林，申文娟．私自处分保管财物构成职务侵占．人民法院报，2012－12－01（6）．

某某不承担费用，吴某某和张某某按二五、七五分成。后张某某等人指使工人平时将采掘的高品位矿石另外存放。11 月 22 日，吴某某同张某某等人将矿石偷运出矿区时被公安机关查扣，矿石重量 14.092 吨，经洛宁县价格认证中心评估价值95 671元。

2. 涉案问题

与单位存在临时雇佣关系的人员能否成为职务侵占罪的主体?

3. 裁判理由

河南省洛宁县人民法院经审理认为，被告人吴某某伙同他人以采掘协议为手段秘密窃取坤宇公司的金矿矿石，数额巨大，其行为构成盗窃罪。被告人吴某某犯盗窃罪，判处有期徒刑 3 年，并处罚金 3 万元。一审宣判后，被告人吴某某提起上诉。河南省洛阳市中级人民法院经审理认为，吴某某系在坤宇公司从事劳务的人员，利用其在公司从事开采、看管金矿石的职务之便，与他人结伙采取秘密手段窃取公司财物，数额较大，其行为构成职务侵占罪。遂依法判决：撤销原判；吴某某犯职务侵占罪，判处有期徒刑 3 年，缓刑 5 年。

4. 评析意见

在界定职务侵占罪主体，即确定嫌疑人是否属于公司、企业等单位的人员范围时，应从实质意义上进行判断，而不能仅从是否存在合法有效的雇佣关系等形式要件着手，不要求行为人必须是单位的正式员工或与单位存在长期、稳定的人事关系。实际上，上述争议与对“职务”的理解有密切关系。

对于职务的理解，有一种所谓的“持续事务说”，认为“职务是一项由单位分配给行为人持续地、反复地从事的工作”①，即“职务须具有持续性、稳定性的特点”②。“如果是单位临时一次性地委托行为人从事某项事务，行为人趁机实施某项侵占行为的，一般不宜认定为利用职务上的便利而实施的职务侵占罪。”③

然而，职务不仅包括经常性、持续性的工作，也理应包含临时性的工作。正如有论者正确指出，从职务的基本含义来看，职务是“职位规定应该担任的工作”，那么这种工作既包括经常性的工作，也应当包括行为人受所在单位临时委派或授权所从事的工作，临时委派或授权所从事的工作不“具有持续性、稳定性的特点”④。确实，职务侵占罪的本质在于利用自己所承担的职务，

① 黄太云，滕伟．中华人民共和国刑法释义与适用指南．北京：红旗出版社，1997：388.

② 刘明祥．财产罪比较研究．北京：中国政法大学出版社，2001：370.

③ 黄祥青．职务侵占罪的立法分析与司法认定．法学评论，2005（1）．

④ 刘伟琦．“利用职务上的便利”的司法误区与规范性解读．政治与法律，2015（1）．

超越、滥用权限行使自己承担的职责，这与职务的承担是经常性、持续性的还是临时性的没有必然关联。

本案中，吴某某作为在坤宇公司从事劳务的人员，利用其在公司从事开采、看管金矿矿石的职务之便，与他人结伙采取秘密手段窃取公司财物的行为，应当被认定为利用职务上的便利将单位财产不法据为己有，构成职务侵占罪。

[案例 16－4] 陶甲职务侵占案①（个人财产与公司财产混同时职务侵占罪的认定）

1. 基本案情

义乌市人民检察院指控称：2004 年以来，浙江伟海拉链有限公司（以下简称“伟海公司”）董事长即被告人陶甲利用其经营管理公司的职务便利，与妻子陶乙、儿子即被告人陶丙，侵占公司资金用于购买某小区两幢别墅，并将产权登记在陶乙及陶丙名下。其中陶甲及陶乙侵占公司资金 661 万余元，陶丙侵占公司资金 113 万余元。2010 年，陶甲、陶丙及陶乙等人买得别墅后，共同侵占伟海公司和浙江新厦房地产开发有限公司（以下简称“新厦公司”）293 余万元资金用于装修别墅。2011 年 7 月，陶乙利用管理伟海公司经营部的职务便利，侵占 24 万余元的公司资金用于装修别墅。

2006 年 11 月份，陶甲利用担任伟海公司董事长的职务便利，在金某云夫妻没有实际支付购房款的情况下，擅自将公司所有的某小区某单元房（价值 195 万元）登记在金某云夫妻名下，将该房产占为己有并供儿子陶丙装潢后居住。陶甲在重大资产申报时，将该处房产予以隐瞒。

2014 年 1 月，被告人陶甲利用其担任新厦公司法定代表人负责管理公司的职务之便，擅自将公司名下价值 55 万元的浙 G×××××奔驰轿车，以新车牌浙 G×××××变更登记到公司副总金某强名下，以金某强的名义将该奔驰轿车占为己有。后陶甲将该车借给他人使用，并在重大资产申报时予以隐瞒。

被告人及其辩护人均提出：伟海公司在本质上系陶甲一人所有的公司，陶甲作为公司的唯一股东、实际控制人与董事长，对公司财产的投资、赠与、奖励等事项上的处分，属合法行使权利，不构成职务侵占罪。而且公司财产与陶甲个人财产严重混同、无法区分，难以认定侵占的具体数额，故无法认定陶甲构成职务侵占罪。

法院经审理查明，伟海集团成立于 2000 年 12 月 5 日，原始股东为陶甲、金某贤，2005 年 7 月 15 日变更为陶甲及其妻子陶乙，2009 年 4 月 22 日股东

① 参见浙江省义乌市人民法院（2015）金义刑初字第 1281 号刑事判决书。

再次变更为陶甲及其儿子陶丙至今。2004 年 3 月，伟海集团出资 80%，陶乙出资 20%设立了新厦公司。同年 5 月，伟海集团出资 70%、香港伟海国际贸易公司出资 30%（股东陶甲、陶乙）设立了伟海公司。2008 年 1 月之前，伟海集团未进行过财务分红，三人未从公司领取工资。2014 年 4 月，因伟海集团及其关联企业出现偿付困难的风险，伟海集团（并全体关联企业）与浙江省浙商资产管理有限公司签订托管经营协议，由浙江省浙商资产管理有限公司对上述企业行使经营管理权。

2. 涉案问题

个人财产与公司财产混同时职务侵占罪如何认定？

3. 裁判理由

义乌市人民法院认为：（1）关于公诉机关对陶甲、陶丙侵占公司资金，用于购买及装修银河湾别墅的行为构成职务侵占罪，及陶甲将现代名人花园套房登记在金某云夫妻名下，将该房产占为己有的行为构成职务侵占罪的指控。经查，上述行为发生在 2004 年至 2011 年期间，陶甲、陶丙所经营的伟海公司生产经营状况正常，两被告人无非法占有公司财产的主观故意，上述行为依法不应认定为犯罪。对上述指控，法院不予支持。（2）关于辩护人提出陶甲职务侵占奔驰轿车行为不构成犯罪的意见。经查，陶甲将奔驰轿车过户给金某强的行为发生在 2014 年 1 月其公司经营恶化面临托管之际，陶甲利用职务之便，将公司财产非法转移至他人名下，实际占为已有，依法应以职务侵占罪定罪处罚。

义乌市人民法院依照《刑法》第 271 条第 1 款、第 67 条第 3 款之规定，以职务侵占罪判处被告人陶甲有期徒刑 2 年 6 个月。

一审宣判后，被告人陶甲未提出上诉，义乌市人民检察院未提出抗诉，判决已生效。

4. 评析意见

在个人财产与公司财产混同的案件中，实务中采取了区分对待的做法。原则上看，个人侵占公司财产的行为不应当构成职务侵占罪，但如果公司情况恶化的话，个人转移公司财产的行为就应当构成职务侵占罪。笔者认为，上述区别对待在规范上的理由并不充分，在“一人公司”的情况下，无论何种情况，都不应当构成职务侵占罪。

首先，职务侵占罪本质上是财产犯罪，侵犯的对象是公司的财物。在一人公司个人财产与公司财产混同的情况下，行为人非法占有单位财物，很难认定其损害了公司利益。在这种情形中，个人与公司之间是一荣俱荣、一损俱损的关系。《公司法》（2023 年修订后为第 21 条）第 63 条规定：“一人有限责任公司的股东不能证明公司财产独立于股东自己的财产的，应当对公司债务承担连带责任。”正因如此，很难说本案中陶甲的行为侵害了公司的财产利益。

其次，对于是否侵占了公司财产，在公司经营状况恶化时的判断标准应当是一致的。刑法的规范功能具有不完整性和补充性，对于刑法的实际功效不应抱有不切实际的期待，倘若公司经营状况恶化，行为人将公司财产转移为个人财产，此时就可以认定其为个人财产与公司财产混同，基于公司人格否认制度完全可以通过《公司法》的规定对其追究民事责任，无须刑法介入。基于刑法的最后手段性原则，不应当认定被告人构成职务侵占罪。

申言之，公司经营状况是否恶化并非职务侵占罪罪与非罪的标准，因为无论公司经营状况是否恶化，只要能够判定个人财产与公司财产混同，那么就可以通过《公司法》（2013 年）第 63 条（2023 年修订后为第 21 条）的规定作出处理，无须动用刑法。

深度研究

实务中，职务侵占罪的主体范围呈现出扩大化的趋势，对公司、企业或者其他单位的人员应当作出宽松的理解，例如公司的实际控制人也可以成为职务侵占罪的主体。公司的实际控制人，是指虽不是公司的股东，但通过投资关系、协议或者其他安排，能够实际支配公司行为的人。① 在“张某宾职务侵占案”中，四川省凉山彝族自治州中级人民法院认定被告人张某宾以非法占有为目的，利用其担任西昌电力公司实际控制人的职务之便，采取循环倒账、做假账的手段，将西昌电力公司巨额资金转入张某宾所控制的四川立信公司，其行为构成职务侵占罪等，遂以张某宾犯职务侵占罪、虚假出资罪，数罪并罚判处其有期徒刑 18 年。四川省高级人民法院二审维持原判，认定被告人张某宾侵占了西昌电力公司的财物。对于张某宾的主体身份，一、二审法院均认定，其虽非西昌电力公司的管理人员，不在该公司任职，但其属于该公司的实际控制人。因为四川立信公司的变更登记申请书以及股东大会决议、债权转股权协议、债权转让协议等均证实张某宾系四川立信公司实际控制人，而四川立信公司系朝华科技第一大股东，朝华科技则是西昌电力公司第一大股东，从而推论出张某宾是西昌电力公司的实际控制人。② 本案中，行为人虽然不是公司管理人员，但却是公司的实际控制人，对于公司的事务具有相应的管理权限，能够通过自己的影响非法占有公司财物，因此能够成为职务侵占罪的主体。

---

① 周光权．职务侵占罪客观争议要件问题研究．政治与法律，2018（6）．

② 参见四川省凉山彝族自治州中级人民法院（2007）川凉中刑初字第 102 号刑事判决书。

第二节　职务侵占罪的行为对象

知识背景

根据《刑法》第 271 条的规定，职务侵占罪的对象为“本单位财物”。何为“本单位财物”，刑法理论和实务上并非没有分歧。关于“本单位财物”的认定，司法实践主要聚焦于股权能否成为职务侵占罪的对象，以及单位占有的财物是否属于“本单位财物”。

案例评价

[案例 16-5] 林某某职务侵占案①（股权能否成为职务侵占罪的对象）

1. 基本案情

林某某于 2013 年 1 月 18 日，利用其担任金福荣贸易（福建）有限公司法定代表人的职务便利，未经股东池某、张某、游某的同意，伙同林某武伪造“股权转让协议”“关于同意池某股东股权转让的答复”“关于同意张某股东股权转让的答复”“关于同意游某股东股权转让的答复”等文件，委托漳浦正通企业服务有限公司到漳浦县工商行政管理局办理变更登记，将池某、张某、游某所持有的金福荣贸易（福建）有限公司计 60%的股权变更至林某武名下，非法占有池某、张某、游某的股权价值计 1 847 495.55 元。

2. 涉案问题

林某某侵占股权的行为是否构成职务侵占罪?

3. 裁判理由

对于本案，法院认定被告人林某某利用其担任公司执行董事、法定代表人的职务便利，将其他股东的股权予以变更，非法占有他人股权，其行为已构成职务侵占罪，遂判处其有期徒刑 7 年。

4. 评析意见

对于侵占他人股权的行为，相关的规范性文件有一些规定。公安部经侦局《关于对非法占有他人股权是否构成职务侵占罪问题的工作意见》（2005 年 6 月 24 日）中明确规定：“对于公司股东之间或者被委托人利用职务便利，非法占有公司股东股权的行为，如果能够认定行为人主观上具有非法占有他人财物的目的，则可对其利用职务便利，非法占有公司管理中的股东股权的行

① 参见福建省漳州市中级人民法院（2016）闽 06 刑终 254 号刑事裁定书。

为以职务侵占罪论处。”此后，全国人大常委会法工委《对关于公司人员利用职务上的便利采取欺骗等手段非法占有股东股权的行为如何定性处理的批复的意见》（2005年12月1日）也指出：“据刑法第九十二条的规定，股份属于财产。采用各种非法手段侵吞、占有他人依法享有的股份，构成犯罪的，适用刑法有关非法侵犯他人财产的犯罪规定。”

不过，应当说，非法侵占他人股权的行为，不应认定为职务侵占罪。首先，股东合法拥有的股权并非“本单位财物”。正如有学者指出，股权说到底还是归属于特定股东即出资者个人的财产权益，其本质上不是抽象的公司财物。无论股东之间的股权如何进行转移，公司的出资总额、财产总量都不会减少，受到损害的只能是特定股东的出资者权益。① 其次，尽管公安部经侦局有关工作意见指出侵占股权的行为可以构成职务侵占罪，但该意见效力层级较低，不具有法律约束力。而前述全国人大常委会法工委出具的意见只是指出侵占股权的行为适用非法侵犯他人财产的犯罪规定，但并没有明确指出构成职务侵占罪，因此完全可能适用其他财产犯罪的罪名，而非一定构成职务侵占罪。最后，侵占他人股权的案件，视情形完全可能分别构成盗窃罪或侵占罪，由此并不会形成严重的刑事可罚性漏洞。

[案例16-6] 范某职务侵占案②（股东权益与职务侵占罪）

1. 基本案情

2006年2月，被告人范某和股东梁某、马某甲、李某甲四人根据国家资源整合的政策，首次以实物出资成立郑州金丰铝矾土有限公司（以下简称“金丰公司”），出资额共42万元。2008年6月，被告人范某个人认缴出资18万元，该公司累计注册资本达60万元，四名股东范某、梁某、马某甲、李某甲所占的股份比例分别为51.67%、23.33%、16.67%、8.33%。

2008年7月15日，被告人范某在股东梁某不在场的情况下，与其他股东一起伪造梁某在股东会决议、股权转让协议上的签名，将金丰公司各股东的股权分别转让给河南盈合企业投资担保有限公司，范某为转让后河南盈合企业投资担保有限公司经理兼执行董事。

2010年3月15日，被告人范某代表金丰公司将采矿权、施工权以1 400万元的价格转让给黄某、岳某，黄某、岳某支付给范某350万元先期转让款，该款项被范某占为己有，被告人范某非法侵占梁某股权利益81.655万元。

2013年9月，被告人范某明知金丰公司在与黄某、岳某签订协议书时，已将公司印章交付对方，后伪造金丰公司印章，与河南龙光实业有限公司签

① 周光权．职务侵占罪客观要件争议问题研究．政治与法律，2018（7）：52.

② 参见河南省新密市人民法院（2015）新密刑初字第161号一审刑事判决书。

订“采矿、开拓工程承包协议书”。

2. 涉案问题

侵占股东权益的行为能否构成职务侵占罪?

3. 裁判理由

审理法院认为，被告人范某伪造公司印章，其行为已构成伪造公司印章罪。公诉机关指控被告人范某犯伪造公司印章罪，罪名成立，本院予以支持。

关于公诉机关指控被告人范某侵占金丰公司股东梁某股权利益 81.655 万元构成职务侵占罪；被告人范某辩解没有侵占任何人的财产；被告人范某的辩护人辩称黄某支付给范某的 350 万元已转化成金丰公司与黄某之间的合同之债，该 350 万元未依法定程序不能认定公司有利润并进行分红，不能确定股东梁某的股权价值 81.655 万元，其行为属于公司法调整的范围，且金丰公司实际系范某独自控制并经营的一人性质公司，即使有收益也不应当对梁某进行利益分配，指控范某侵占的是股东股权利益不符合职务侵占罪的犯罪对象，范某的行为不构成职务侵占罪的辩护意见。经查证，职务侵占罪是公司、企业或者其他单位的人员利用职务上的便利，将本单位的财物非法占为己有，数额较大的行为，犯罪对象系单位的财物，而公诉机关指控侵占的对象系股东股权利益的价值，不是单位财物，不符合职务侵占罪的犯罪对象，范某的行为不符合职务侵占罪的构成要件，不构成职务侵占罪。故对公诉机关的该项指控，本院不予支持。对辩护人辩称指控范某侵占股东股权利益不符合职务侵占罪的犯罪对象，不构成职务侵占罪的意见，本院予以采信。对辩护人的其他意见，本院不予采信。被告人范某犯伪造公司印章罪，免予刑事处罚。

4. 评析意见

本案中，法院认定范某不构成职务侵占罪的理由及结论均是正确的。裁判理由明确指出，职务侵占罪的犯罪对象系单位的财物，而本案侵占的对象系股东股权利益的价值，不是单位财物，不符合职务侵占罪的犯罪对象，范某的行为不符合职务侵占罪的构成要件，进而认定其不构成职务侵占罪。

虽然范某在股东梁某不在场的情况下，与其他股东一起伪造梁某在股东会决议、股权转让协议上的签名，将金丰公司各股东的股权分别转让给河南盈合企业投资担保有限公司，但从整体来看，公司财产利益并未受到损害。各个股东出资的财产归公司所有，但这些财产是在股东之间流转的，公司的整体财产所有权未发生变化，行为人并不属于利用职务便利侵占公司的财产，因此范某的行为不应当构成职务侵占罪。

深度研究

关于职务侵占罪的行为对象，有一个值得研究的问题是：“本单位财物”

是仅包括本单位所有的财物，还是包括本单位占有的财物？对此，司法实践认为，“本单位财物”包括本单位占有的财物。

最高人民检察院首批涉民营企业司法保护典型案例“黄某、段某职务侵占案”中便采取了这样的立场。该案的基本案情为：2017 年 6 月，A 公司受 B 鞋服有限公司（以下简称“B 公司”）委托，由 B 公司提供制鞋原料猪巴革加工生产一批鞋子。加工完成后，剩余部分原料猪巴革。黄某伙同段某，以退还 B 公司的名义，制作虚构的“物品出厂放行单”，将剩余原料中的 1 万余尺猪巴革运至晋江市 C 鞋材贸易有限公司（以下简称“C 公司”）寄存，7 000 余尺退还 B 公司。2017 年 12 月，B 公司与 A 公司再次签订一份鞋业加工合同，双方约定原材料由 A 公司自行采购。黄某伙同段某借用供料商的名义将寄存于 C 公司的猪巴革返卖给 A 公司，获得赃款 6.7 万元。后该笔赃款被黄某占有，段某未分得赃款。A 公司法定代表人朱某于 2018 年 1 月 6 日向福建省泉州市公安局丰泽分局报案。最高人民检察院在裁判要旨中指出，从侵害法益看，无论侵占本单位“所有”还是“持有”财物，实质上均侵犯了单位财产权，对其主客观行为特征和社会危害性程度均可作统一评价。参照《刑法》第 91 条第 2 款对“公共财产”的规定，对非公有制公司、企业管理、使用、运输中的财物应当以本单位财物论，对职务侵占罪和贪污罪掌握一致的追诉原则，以有力震慑职务侵占行为，对不同所有制企业财产权平等保护，切实维护民营企业正常生产经营活动。

不过，此一观点似乎值得商榷，应当认为，“本单位财物”仅应包括本单位所有的财物。

《刑法》第 91 条第 2 款只是立法者基于特定理由所做的法律拟制，因此不能推而广之。法律拟制的特点是，将原本不同的行为当做相同的行为处理，或者说将原本不符合某种规定的行为也按照该规定处理。在法律拟制的场合，尽管立法者明知 T_2 与 T_1 在事实上并不完全相同，但出于某种目的仍然对 T_2 赋予与 T_1 相同的法律效果，从而指示法律适用者，将 T_2 视为 T_1 的一个事例，对 T_2 适用 T_1 的法律规定。① 从形式上看，“以……论”的表述说明了国有公司、企业、集体企业和人民团体管理、使用、运输中的私人财产并非公共财产，只是以公共财产论处，由此说明了该条款是法律拟制的性质；从实质上看，公共财产与私人财产存在着实质区别。立法者在国家机关、国有公司、企业、集体企业和人民团体管理、使用或者运输私人财产时，将其中的私人财产与公共财产等同，明显是对两个本质不同的情形作了相同处理，因此符合法律拟制的本质特征。法律拟制规定的正当性并非理所当然，只是立

① 张明楷．如何区分注意规定与法律拟制．人民法院报，2006-01-11（B01）．

法者基于特别理由才对并不符合某种规定的情形（行为）赋予该规定的法律效果，因而对法律拟制的情形不能“推而广之”。所以，对于《刑法》第 91 条第 2 款的拟制规定不能想当然地认为在非国有公司管理、使用、运输私人财产的场合也应当以“本单位财物论”。

对于前述“黄某、段某职务侵占案”中被告人的行为来说，由于涉案财物属于 A 公司受 B 公司委托占有的财物，如前所述，不能理所当然地认定其属于 A 公司的“本单位财物”，不应认定其成立职务侵占罪。此时，黄某等人的行为可能涉及诈骗罪或是盗窃罪的间接正犯。而区分诈骗罪与盗窃罪间接正犯的一个关键在于，受骗者是否具有处分被害人财产的权限或地位。[①] 就此来看，行为人究竟成立诈骗罪抑或盗窃罪的间接正犯，端视受骗的 A 公司是否具有处分 B 公司委托其占有的原材料的权限而定，应当说，A 公司本身并无处分 B 公司委托占有的原材料的权限，在加工完成后，A 公司理应将剩余的原材料返还给 B 公司，此时黄某等人属于将 A 公司的管理者作为自己窃取 B 公司财物的工具予以利用，因而成立盗窃罪的间接正犯。

第三节　“利用职务上的便利”的认定

知识背景

在职务侵占罪客观构成要件的认定中，最为重要和核心的就是“利用职务上的便利”的认定。对于这一要件的内涵，刑法理论和司法实务都存在不同的理解，而实务判决的做法也不一致，严重影响了法律适用的公平公正性。“利用职务上的便利”这一客观构成要件要素的认定，直接关系着盗窃罪和职务侵占罪的适用界限，根据相关司法解释的规定，盗窃罪的入刑起点数额为 1 000 元至 3 000 元，而职务侵占罪的入刑数额为 6 万元，“利用职务上的便利”的认定会直接导致巨大的法律适用后果上的差异。因此，准确界定利用职务上的便利的范围，显得至关重要。

案例评价

[案例 16－7] 杨某职务侵占案（利用职务上的便利与利用工作便利的区分）

1. 基本案情

四川顺丰速运有限公司（以下简称“顺丰公司”）于 2005 年 4 月 26 日登

① 张明楷．刑法学．6 版．北京：法律出版社，2021：1314.

记成立，注册资本 300 万元，法定代表人李胜，公司住所地四川省成都市武侯区华兴街道办事处文昌村二组，经营范围为国内及国际快递等业务。

2012 年 12 月 1 日，顺丰公司与广州仕邦人力资源有限公司深圳分公司（以下简称“仕邦人力公司”）签订“劳务派遣协议”，约定仕邦人力公司向顺丰公司派遣劳务人员，顺丰公司为劳务派遣工提供劳动岗位并支付工资、奖金、加班费等劳动报酬，劳务派遣工需接受顺丰公司的管理。

2013 年 8 月 23 日，原审被告人杨某与仕邦人力公司签订“劳动合同”，约定杨某由仕邦人力公司派往顺丰公司工作，派遣时间从 2013 年 8 月 27 日起至 2016 年 8 月 31 日止，该时间与劳动合同的期限一致。同日，杨某在顺丰公司提供的“员工保密承诺书”“派遣岗位录用条件告知书”“保证书”上签字，后顺丰公司向杨某发出“员工入职通知书”，通知杨某于 8 月 27 日到顺丰公司位于四川省双流县公兴镇的“成都中转场”上班，担任运作员。

2013 年 11 月 15 日凌晨，原审被告人杨某在顺丰公司的“成都中转场”上夜班，负责快递包裹的分拣工作。凌晨 3 时许，杨某在分拣快递包裹的过程中，将自己经手分拣的一个外有“M”标志、内有一部小米 3TD 手机的快递包裹秘密窃走。同月 20 日，顺丰公司发现托运的包裹丢失，经调取、查看“成都中转场”的监控录像，发现被本单位人员杨某窃取，遂于同月 26 日向公安机关报案。当日下午，杨某被抓获，公安人员从杨某身上搜出被盗的手机，后带杨某前往其暂住地四川省双流县空港 4 期房，从房内查获被盗手机的充电器和发票。经鉴定，被盗手机价值 1 999 元。杨某归案后如实供述了自己在分拣工作时窃取手机包裹的事实，并赔偿顺丰公司 1 999 元。

2. 涉案问题

杨某偷走手机的行为是否属于“利用职务上的便利”？本案是否构成盗窃罪？

3. 裁判理由

四川省双流县人民法院一审认为，被告人杨某以非法占有为目的，秘密窃取他人财物，数额较大，其行为已构成盗窃罪。鉴于被告人杨某当庭自愿认罪，且属初犯，被盗财物已追回，可对其从轻处罚。据此，依照《刑法》第 264 条、第 52 条、第 53 条的规定，判决：被告人杨某犯盗窃罪，判处罚金人民币 3 000 元。①

四川省成都市中级人民法院二审认为，原审被告人杨某作为顺丰公司的工作人员，利用经手本单位财物的职务之便，采用盗窃方法侵占本单位价值 1 999 元的财物，其行为应属职务侵占性质，但因侵占的财物价值未达到职务

① 参见四川省双流县人民法院（2014）双流刑初字第 338 号刑事判决书。

侵占罪当时要求的数额较大的定罪起点1万元，依法不应以犯罪论处。遂作出如下判决：（1）撤销四川省双流县人民法院（2014）双流刑初字第338号刑事判决，即被告人杨某犯盗窃罪，判处罚金人民币3 000元。（2）原审被告人杨某无罪。①

4. 评析意见

本案历经三级法院才最终尘埃落定，四川省检察机关接续抗诉，而四川省高级人民法院在再审裁定中维持了四川省成都市中级人民法院的无罪判决。不过其中涉及的刑法解释问题仍然需要仔细研究。

首先，关于封缄物的占有问题。有人直接基于杨某属于窃取封缄物中的内容物，进而直接认定其构成盗窃罪，但这一论证思路不能成立。本案中的包裹是典型的所谓的封缄物，其在刑法占有关系的判断中比较复杂。对此，刑法理论上存在委托人占有说、受托人占有说以及区分说的观点。② 委托人占有说的观点明显不当，当封缄物整体已经事实上转移给承运人时，委托人显然丧失了事实性占有。通说主张区分说，认为封缄物整体由受托人占有，内容物由委托人占有，但这种观点会出现占有的过度观念化和评价的矛盾。一方面，既然封缄物整体已经转移给受托人，就意味着受托人对封缄物整体和内容物均具有事实上的支配、控制状态，委托人对内容物已经完全丧失了控制。另一方面，倘若受托人未打开封缄物，构成侵占罪；打开封缄物取出内容物，则构成盗窃罪。如此意味着受托人对于封缄物整体具有占有权限，而对于封缄物中的内容物则没有占有，然而，这显然是昧于事实的说法：在整个包裹均由受托人支配控制的前提下，难以想象可以区分封缄物整体和封缄物内容而区别占有人。总体来说，受托人占有说逻辑比较一致，也符合常情常理，具有妥当性。也就是说，如果行为人对于封缄物确实存在占有权限，此时其将封缄物以及将封缄物的内容物据为己有，理应统一认定为侵占罪。就此来看，《刑法》第253条规定的邮政工作人员私自开拆或者隐匿、毁弃邮件、电报窃取财物的，依照盗窃罪的规定定罪并从重处罚，这一规定具有法律拟制的成分。所以对于本案中杨某的行为定性，不能以其属于窃取内容物为理由直接认定其构成盗窃罪。

其次，既然无法以杨某属于窃取其没有占有权限的内容物为由直接认定构成盗窃罪，就需要仔细检验“利用职务上的便利”的认定，进而准确认定其行为究竟属于盗窃罪抑或职务侵占罪。应当说，“利用职务上的便利”显然对职务有一定的要求，财物单纯短时过手的情形很难符合职务要求。也就是

① 参见四川省成都市中级人民法院（2014）成刑终字第293号刑事判决书。

② 张明楷．刑法学．6版．北京：法律出版社，2021：1234.

说，这里的职务应当是对财物有一定的管理职责和权限，对财物的事实支配和控制持续一定的时间。按照杨某的工作岗位性质，其仅仅只是短时间内“握有”财物，财物仅是瞬时在其手中过了一下，对于快递包裹其并没有法律意义上的占有、控制、持有财物的意思和行为。① 因此，本案中杨某的行为不属于利用职务上的便利，不构成职务侵占罪。

最后，应当认为，无论认为财物是公司占有，抑或是委托人占有，杨某的行为都属于以非法占有为目的，用平和手段破坏他人对财物的占有进而建立自己的占有，应当认定其构成盗窃罪。

[案例 16－8] 王某某等职务侵占案（职务侵占罪的认定）

1. 基本案情

被告人王某某原系盛大公司游戏项目管理中心运维部副经理，主要负责对服务器、游戏软件进行维护和游戏环境内容的更新等。2004 年 8 月底，被告人王某某与被告人金某通过网上聊天，预谋利用王某某在盛大公司工作，有条件接触《热血传奇》游戏软件数据库的便利，复制游戏武器装备予以销售。2004 年 9 月起，被告人王某某、金某开始实施上述行为。由金某首先在《热血传奇》游戏中建立人物角色，然后将游戏角色的相关信息通过聊天记录发送给王某某，王某某在盛大公司内利用公司的电脑进入游戏系统，同时打开《热血传奇》服务器 6000 端口，通过增加、修改数据库 Mir. DB 文件中的数据，在金某创建的游戏人物身上增加或修改游戏“武器”及“装备”。然后由金某将游戏人物身上的武器及装备通过“www. 5173. com”网站或私下交易出售给游戏玩家。2005 年 2 月，王某某又趁回金华老家探亲的机会将此事告诉被告人汤某，汤某表示愿意一起加入，并采用同样的方法与王某某共同实施，非法复制并销售游戏“武器”及“装备”。一段时间后，由于王某某认为上述操作方法比较麻烦，就让金某、汤某从网上下载了《热血传奇》私服游戏服务器端，并生成一个伪造的数据包，王某某负责打开《热血传奇》游戏服务器 6000 端口，同时将服务器的 IP 地址告诉金某、汤某，由金某、汤某将每次修改后的数据包发送到服务器，王某某在收到数据包后，提取数据信息再传送到数据库中，在游戏人物的身上增加或修改游戏“武器”及“装备”。三被告人约定金某、汤某在出售游戏“武器”及“装备”得款后，分给被告人王某某 60%的获利，由金某、汤某将款项汇入王某某以其本人及“张某”的名义在中国工商银行上海市分行设立的账户内。至 2005 年 7 月三被告人共计非法获利人民币 202 万余元，其中王某某非法获利 122 万余元，金某

① 周光权．职务侵占罪客观要件争议问题研究．政治与法律，2018（7）：52.

获利 42 万余元，汤某获利 38 万余元。金某得款后挥霍 20 余万元，汤某以非法获利 32 万余元购买了房屋一套。案发后公安机关冻结了金某在工商银行浙师大支行中的银行存款 208 454.25 元，查封了汤某用赃款购买的上述房屋。

2. 涉案问题

本案中行为人的行为性质如何认定?

3. 裁判理由

法院认为，三被告人的行为构成职务侵占罪。被告人王某某在盛大公司任游戏项目运维部副经理，其有条件对游戏软件中的数据进行修改，其拥有的数据修改权是因其职责而被直接赋予的，因此王某某的行为符合职务侵占罪中“利用职务上的便利”这一构成要件。网络游戏中的“武器”及“装备”是计算机软件运行后生成的结果，是一种虚拟财产，其在虚拟环境中的作用决定了其可以被人占有、使用等，但游戏玩家要取得虚拟财产除花费时间外，还必须付出一定的费用，如购买游戏点卡的费用、上网费等，同时该虚拟财产通过现实中的交易能转化为货币，因此虚拟财产既有价值，又有使用价值，具有现实财产的属性。盛大公司通过许可取得了《热血传奇》游戏在一定时间内的独家运营权，在此期间，盛大公司对游戏“武器”及“装备”享有所有权和处分权，因此被告人非法侵占的游戏“武器”及“装备”属于盛大公司所有。关于金某、汤某是否构成职务侵占罪共同犯罪的问题，最高人民法院《关于审理贪污、职务侵占案件如何认定共同犯罪的问题的解释》第 2 条规定:“行为人与公司、企业或者其他单位的人员勾结，利用公司、企业或者其他单位人员的职务便利，共同将单位财物非法占为己有，数额较大的，以职务侵占罪共犯论处。”被告人金某、汤某虽然不是盛大公司的工作人员，但其与被告人王某某共同勾结，侵占公司财产，根据上述规定，三被告人属共同犯罪。综上所述，三被告人的行为符合职务侵占罪的构成要件，应以职务侵占罪论处。判处:(1) 被告人王某某犯职务侵占罪，判处有期徒刑 5 年;(2) 被告人金某犯职务侵占罪，判处有期徒刑 3 年，缓刑 4 年;(3) 被告人汤某犯职务侵占罪，判处有期徒刑 2 年 6 个月，缓刑 3 年。

4. 评析意见

应当认为，三被告人的行为构成职务侵占罪，法院的判决是正确的。

第一，虚拟财产可以成为财产犯罪的行为对象。本案涉及的是网络游戏公司的武器装备，属于虚拟财产，而虚拟财产在刑法上的定位和性质存在着一定的争议。关于其是否属于刑法上的财物，理论上存在着肯定说和否定说的争议。应当说，肯定说的立场是合理的。首先，虚拟财产具有管理可能性。虚拟财产尽管是以电磁数据形式存在，但却能够为网络游戏公司管理人员控制和支配，因此可以被占有，这构成财产犯罪对象的基本要求。其次，虚拟财产具有转移可能性。网络游戏中的“武器”“装备”可以通过金钱的形式进行交易，之所以有人交易，就是因为最终能进行游戏装备的转移占有。最后，虚拟财产具有价值性。虚拟财产有主观价值和客观价值，一方面能够满足人们的精神需要，另一方面具有一定的经济价值。本案中盛大公司的游戏装备完全符合上述三个特征。

第二，网络游戏中的“武器”“装备”属于职务侵占罪中的“本单位财物”。盛大公司通过许可取得了《热血传奇》游戏在一定时间内的独家运营权，其对游戏“武器”及“装备”享有所有权和处分权，因此该游戏“武器”及“装备”属于“本单位财物”。

第三，本案三被告人利用了职务上的便利。本案被告人王某某就是利用其在盛大公司工作，有条件接触《热血传奇》游戏软件数据库的便利，复制游戏“武器”“装备”予以销售，因此属于利用职务上的便利。

综上所述，认定本案被告人构成职务侵占罪是正确的。

[案例 16－9] 韩某等职务侵占案①（利用职务上的便利的认定）

1. 基本案情

长春金达洲公司的股东均为自然人。2008 年 4 月至 2015 年 11 月，被告人韩某在长春金达洲公司销售计划与控制岗位任职，并负责公司代交车业务。2013 年至 2015 年，韩某采取盗窃公司作废发票，以办理代交车业务的名义骗领车辆合格证、车钥匙、随车附件、部分车辆出门证及在部分车辆出门证上伪造公司相关负责人员签名等手段，将公司 17 辆大众牌途观汽车（价值人民币 408.748 万元）私自销售，销售所得据为己有。公安机关于 2016 年 1 月 23 日在辽宁省沈阳市将韩某抓获，扣押其用赃款购买的一台别克牌轿车（价值 8 万元），扣押其随身携带的赃款 10.35 万元。韩某到案后配合公安机关缴获涉案车辆两台（价值 49.16 万元）、赃款 10 万元。公安机关已将扣押的上述钱款、车辆返还给长春金达洲公司。

2. 涉案问题

在行使职权存在监督制约关系的案件中，如何判断行为人侵占单位财产的行为是否利用了职务上的便利？

3. 裁判理由

长春市中级人民法院认为，被告人韩某具有办理公司代交车业务的权限，利用管理或经手本单位财物的便利条件，将本单位财物非法占为己有，其行

① 最高人民法院刑事审判第一、二、三、四、五庭．刑事审判参考：总第 129 集．北京：法律出版社，2022：46.

为已构成职务侵占罪。无论被告人采取的是侵吞、窃取手段，还是骗取等手段，均不影响其行为构成职务侵占罪。依照《刑法》第 271 条第 1 款、第 67 条第 3 款、第 59 条、第 64 条之规定，判决：（1）被告人韩某犯职务侵占罪，判处有期徒刑 12 年，并处没收个人财产人民币 50 万元。（2）被告人韩某继续退赔长春金达洲公司人民币 3 312 380 元。宣判后，被告人韩某未上诉，检察机关未抗诉。判决已生效。

4. 评析意见

本案中，韩某在犯罪过程中实施了如下四种行为：一是盗窃公司发票，二是骗取车辆合格证，三是取得车辆出门证，四是骗取车钥匙及随车附件。前两种行为对韩某将车辆提出公司、非法占为己有不起决定作用。比较重要的是后两种行为，即取得车辆出门证和骗取车钥匙的行为。韩某虽然确实负责代交车业务，但是其职权的行使并非可独立完成，其取得车辆出门证和车钥匙仍然需要取得他人的审批，此时就面临着是构成职务侵占罪还是诈骗罪的争论。尽管按照综合手段说，职务侵占罪的手段行为包括骗取行为，但骗取行为构成职务侵占罪的要求是必须利用职务上的便利。因此，本案对韩某考察的重点就在于是否构成了职务上的便利。

应当说，认定韩某的行为属于利用职务上的便利构成职务侵占罪具有一定的合理性。对此，值得分析的是《刑法》第 183 条第 1 款："保险公司的工作人员利用职务上的便利，故意编造未曾发生的保险事故进行虚假理赔，骗取保险金归自己所有的，依照本法第二百七十一条的规定定罪处罚。"这里的保险公司的工作人员，既有可能是有最终审批权限的人，也有可能是不具有审批权限的人，但该款实际上均统一认为其构成职务侵占罪。因此，对于公司内部具有一定职权的人欺骗有审批权限的人作出财产处分的，立法者的意思是认定为职务侵占罪。就此来看，韩某负责代交车业务，欺骗有审批权的人交出车钥匙和车辆出门证，也属于职务侵占罪中利用职务上的便利的骗取行为，应当构成职务侵占罪。

深度研究

关于"利用职务上的便利"，刑法理论上主要有以下几种观点：其一，主管、管理、经手财物便利说。这种观点认为"利用职务上的便利"是指"利用本人的职权范围内或者因执行职务而产生的主管、经手、管理本单位财物的便利条件"①。其二，职权便利说。其认为"利用职务上的便利"是指"利用在管理本单位经营、生产过程中所进行的领导、指挥、监督的职权。如果

① 高铭暄，马克昌．刑法学．5 版．北京：北京大学出版社，2011：516。

行为人没有利用自己决定、办理及处置某项事务的权力，而是利用从事劳务、服务的便利，不构成本罪”①。其三，工作便利说。其认为“利用职务上的便利”“实质上是工作上的便利，既包括主管、处置财物的职权之便，也包括劳务人员在工作中合法持有单位财物的工作之便”②。其四，职责便利说。其认为“只有利用本人职责范围内、对单位财物的一定权限而实施的侵占行为，才属于利用职务上的便利”③。

对此，有必要从立法层面进行考察。现行刑法规定的职务侵占罪来源于1995年2月28日通过的全国人民代表大会常务委员会《关于惩治违反公司法的犯罪的决定》（以下简称《决定》）（已失效）第10条，该条规定：公司和其他企业的董事、监事、职工利用职务或者工作上的便利，侵占本公司、企业财物，数额较大的，构成侵占罪。此一规定是职务侵占罪的前身。可以看到，该《决定》上的表述是“利用职务或者工作上的便利”。而在1997年《刑法》中职务侵占罪的表述是“利用职务上的便利”，删去了“工作上的便利”这一表述。那么这一变化是否会对职务侵占罪的构成要件解释产生影响呢？应当认为，不能过于夸大这一立法规定变化对职务侵占罪构成要件解释的影响。《决定》受时代背景的影响，其表述可能有不规范之处，此一行为在当时仅仅被认定为侵占罪也可为证。1997年刑法对此予以了完善，因此应当根据职务侵占罪本身的规范逻辑对利用职务上的便利进行判断。

周光权教授指出，既然职务侵占罪是行为人利用职务便利，以侵吞、盗窃、骗取或其他手段非法占有本单位财物的行为，那么这里的管理、经手就不能仅理解为“握有”单位财物，或者是财物仅仅从行为人手中“过一下”，而要求行为人对财物有占有、处分权限。这种占有、处分可能包括两种情形：行为人代表单位独立占有、处分财物；行为人与单位其他人共同占有、处分单位财物。然而，无论是哪一种情形，不应该有争议的是，行为人必须存在足以被评价为占有或处分的、完整意义上的行为举止、占有处分意思以及占有处分权限，该行为人才能被认为有管理、经手财物的职务便利。对利用职务便利的实质就应该理解为行为人依工作职责能够占有、控制财物。④

应当说，上述分析是有一定道理的，“利用职务上的便利”需要有一定的门槛，不能将短暂的经手行为视为“利用职务上的便利”。“利用职务上的便利”要求行为人能够在事实上控制财物，并且应当具有一定的处分权限。如

---

① 张祥飞．论职务侵占罪的几个问题．现代法学，1997（4）．

② 肖中华，闵凯．职务侵占罪认定中的三个争议问题剖析．政治与法律，2007（3）．

③ 黄祥青．职务侵占罪的立法分析与司法认定．法学评论，2005（1）．

④ 周光权．职务侵占罪客观要件争议问题研究．政治与法律，2018（7）．

果不对利用职务上的便利作此一限定解释，势必导致只要是公司等企业的员工，无论其用何种手段将单位财物据为己有，便都成立职务侵占罪，如此，则会完全架空立法者规定“利用职务上的便利”这一构成要件要素的意义，不具有合理性。

第四节　职务侵占罪的实行行为

知识背景

职务侵占罪的实行行为中有综合手段说和单一手段说的争论。综合手段说认为，职务侵占罪的手段行为包括侵吞、窃取和骗取行为。单一手段说认为，职务侵占罪的手段行为仅包括侵吞行为。刑法理论和司法实践的主流观点是综合手段说。不过，采取这种立场，仍然会面临职务侵占罪与盗窃罪、诈骗罪区分困难的问题。

案例评价

[案例 16-10] 李某职务侵占案①（盗窃罪与职务侵占罪的区分）

1. 基本案情

沪深航公司成立于2002年3月，公司类型为有限责任公司（国内合资）。被告人李某系该公司驾驶员，朱某某、熊某某系搬运工。

2008年1月12日下午，被告人李某与朱某某、熊某某三人按照沪深航公司的指令将一批货物从公司仓库运至上海浦东国际机场。李某负责驾驶车辆、清点货物、按单交接并办理空运托运手续，熊某某、朱某某负责搬运货物。当日下午4时许，在运输途中，三人经合谋共同从李某驾驶的货车内取出一箱品名为“纪念品”的货物，从该封存箱内窃得30枚梅花鼠年纪念金币（价值共计人民币16万余元）予以瓜分。后在沪深航公司的追问下，李某和朱某某、熊某某将窃得的30枚梅花鼠年纪念金币退至沪深航公司，由沪深航公司退还给托运人。李某、朱某某、熊某某三人陆续离开沪深航公司。2008年3月14日，李某被公安机关抓获。

2. 涉案问题

职务侵占罪中本单位财物是否包括本单位占有的财物？“利用职务上的便利”如何认定？

---

① 本案例载于：最高人民法院公报，2009（8）.

3. 裁判理由

上海市长宁区人民法院一审认为：被告人李某犯职务侵占罪，判处有期徒刑 6 年，并处没收财产人民币 16 000 元。上海市长宁区人民检察院以一审判决认定罪名错误、量刑畸轻为由，向上海市第一中级人民法院提出抗诉。

上海市第一中级人民法院二审认为：

一审被告人李某身为公司工作人员，伙同他人利用职务便利，将公司承运的货物非法占为己有，数额巨大，其行为已构成职务侵占罪，依法应予以惩处。李某在公安机关立案侦查前退出了赃物，到案后交代态度较好，能够自愿认罪、悔罪，且系初犯、偶犯，酌情从轻处罚。一审判决认定李某犯职务侵占罪的事实清楚，证据确实、充分，定性正确，量刑适当，审判程序合法。其辩护人的辩护意见符合法律规定，予以采纳。上海市长宁区人民检察院的抗诉意见及上海市人民检察院第一分院的出庭意见不能成立，不予采纳。据此，上海市第一中级人民法院裁定：驳回抗诉，维持原判。

4. 评析意见

本案涉及“利用职务上的便利”的理解。司法实务往往认为“利用职务上的便利”是盗窃罪与职务侵占罪的区分标准，本案法检两家也就此展开争议，因此如何界定“利用职务上的便利”的内涵范围，显得至关重要。本书认为，一、二审法院认为李某构成职务侵占罪的观点是正确的。

首先，本案的被害人应当是沪深航公司，而非托运人。检察机关认为托运人未对货物进行保价，沪深航公司的赔偿价格低，进而肯定托运人占有财物，被告人李某是窃取了托运人财物的观点明显不当。占有关系的判断是一种事实判断，只有在事实上支配、控制了财物的，才能认为是占有财物。在托运人将货物交给承运人沪深航公司的工作人员时，托运人就已经丧失了对货物的占有。该货物属于沪深航公司保管、运输的财物，因此被告人李某不可能成立对托运人占有货物的盗窃罪。

其次，李某确实利用了职务便利。检察机关认为被告人李某对封存箱内的货物不具有直接、具体的保管职责，其基本论据还是在于沪深航公司的赔偿标准很低，是按照每公斤 100 元的标准赔偿的，然而这一观点明显不当。承运人运输货物，其基本的义务就是保管义务，《民法典》第 832 条明确规定：承运人对运输过程中货物的毁损、灭失承担赔偿责任。赔偿金额的大小和比例都无法否定承运人对货物的保管义务。李某在本案中非法占有运输货物的行为是典型的利用职务上的便利的行为。

再次，检察机关的抗诉意见认为，李某是超越权限开启封存箱，因此只是利用工作便利，而非利用职务便利。然而，任何利用职务上的便利的行为都是超越权限来完成的，如果完全遵守权限，就不可能侵吞或者窃取财物。

因此，应当说，这一抗诉意见也不妥当。

最后，本案不能类推适用《刑法》第253条的规定，将李某的行为认定为盗窃罪。《刑法》第253条将邮政工作人员窃取邮件包裹里财物的行为认定为盗窃罪，但这是一种特别规定，沪深航公司的人显然不属于邮政工作人员，不能直接适用《刑法》第253条的规定，而应当根据是否属于“利用职务上的便利”判断是构成职务侵占罪还是盗窃罪。

[案例16-11] 贺某职务侵占案（临时装卸工窃取托运物品的认定）

1. 基本案情

被告人贺某系某铁路火车站招聘的货物装卸工，负责将到站的旅客列车行李和车上托运的货物搬运到车站行包房。2003年年底至2005年12月间，贺某先后19次在搬运货物过程中，实施掏芯手段盗窃电脑、手机、电磁炉等物品，价值人民币45 871元。公安机关在对贺某询问过程中，贺主动如实交代了自己所有犯罪事实。

2. 涉案问题

临时装卸工窃取托运物品的行为应当如何认定?

3. 裁判理由

郑州铁路运输法院经审理认为，被告人贺某身为车站中转库临时装卸工，以非法占有为目的，利用职务之便，非法侵占本单位的财物，数额较大，其行为已构成职务侵占罪。被告人贺某被公安机关传唤到案后如实供述司法机关尚未掌握的犯罪事实，系自首，依法可从轻处罚。被告人归案后，认罪态度较好，有悔罪表现，可酌情从轻处罚。依照《刑法》第271条第1款、第25条第1款、第67条、第72条第1款和最高人民法院《关于处理自首和立功具体应用法律若干问题的解释》第1条之规定，判决如下：被告人贺某犯职务侵占罪，判处有期徒刑2年，缓刑4年。

一审判决后，被告人未上诉，检察机关也未抗诉。判决已发生法律效力。

4. 评析意见

本案法院最终认定贺某构成职务侵占罪的判决是正确的。司法实践中对这一结论的质疑有以下两点：其一，贺某所在铁路公司是国有公司，而职务侵占罪的主体要求是公司、企业或者其他单位的人员，即要求是非国有公司，因此贺某不符合职务侵占罪的主体要求；其二，贺某作为货物装卸工只是利用工作上的便利，而未利用职务上的便利，因此只能构成盗窃罪。

上述第一点质疑明显不当，倘若职务侵占罪必须是非国有公司的人员才能构成，那么在侵财犯罪的体系中势必存在漏洞，因为国有公司的人员中并非所有人员均是国家工作人员，进而适用贪污罪。因此职务侵占罪并不要求一定是非国有公司的人员才能构成。

针对上述第二点质疑，涉及“利用职务上的便利”的内涵问题。传统理论往往认为其是指利用自己主管、管理、经手财物的便利。主管、管理这两种客观行为方式，理论上没有争议地认为属于“利用职务上的便利”。最主要的争议在于“经手”。持严格解释的人认为，非法占有“经手”的财物，属于利用工作上的便利，不属于利用职务上的便利。持宽松解释的人则认为，非法占有“经手”的财物，也属于“利用职务上的便利”。应当说，宽松解释的结论具有一定的合理性。“职务”并不意味着一定是管理事务，只要负责一定的事项，那么该工作本身就是一种职务。贺某的工作就是搬运行李，这就是他的职务，他利用这种便利应当属于职务侵占罪中的“利用职务上的便利”。

从罪刑均衡的视角来看，如果严格解释“利用职务上的便利”，会导致职务越高而处罚越轻的诡异局面的出现。像是在本案中，如果是车站中转库负责人非法占有了托运物，那么其显然是构成职务侵占罪。而如果认为贺某的行为不属于利用职务上的便利而是成立盗窃罪的话，那么在盗窃罪和职务侵占罪法定刑悬殊的背景下，就会产生明显吊诡且不公平的结论。按照现在的入罪数额标准，职务侵占罪的数额标准为 3 万元，本案的涉案金额还不足以入罪，而按照盗窃罪的数额标准，本案的涉案金额已经达到了数额巨大的法定刑。也就是说，对于同样的行为，职务越低、职务身份越不怎么明显者的定罪量刑越重，而职务越高、职务身份越明显者反而不构成犯罪，这无论如何都是一种评价矛盾，是不可接受的结论。

就此来看，在审视“利用职务上的便利”的合理范围时，还必须考量定罪量刑的均衡性。本案中，贺某是自己占有着财物，其搬运行李的行为是其职权范围内的事情，其侵吞行为完全符合“利用职务上的便利”的要求，认定为职务侵占罪是合理的。

[案例 16－12] 刘某职务侵占案（用工合同到期后是否还能认定职务侵占罪）

1. 基本案情

艾米公司是自然人控股的有限责任公司。2006 年 4 月刘某进入艾米公司工作，2006 年 9 月被任命为金加工车间代理主任。2007 年 7 月艾米公司与刘某签订的用工合同到期，因当时公司暂停生产，故未与刘续签用工合同，艾米公司打算在恢复生产后与刘续签合同。刘所工作的金加工车间大门及车间内的仓库大门均锁有两把挂锁，只有两把挂锁同时打开，才能开启大门。刘某和车工组组长刘某某分别保管每扇门上其中一把挂锁的钥匙。2007 年 7 月艾米公司与刘签订的用工合同到期后，艾米公司未收回刘某保管的金加工车间及仓库大门上的两把钥匙。2007 年 9 月上旬，刘某乘公司停产车间无人、刘某某到其他厂家上班之机，将车间大门上由刘某某保管钥匙的挂锁撬开换上一把新锁。同月中旬，刘某用钥匙打开车间大门，再用自己保管的仓库大门钥匙打开仓库门上的一把挂锁，并撬开另一把挂锁，进入仓库，先后5次窃得150E型电暖浴器内胆总成8只、120E型电暖浴器内胆总成5只、自来水接头460只、M18×1.5螺母440只、溢水接口500只、油箱安全阀平面通盖320只，并租用微型面包车将赃物运离仓库。赃物价值共计56 209.20元，刘某销赃得款3 190元。

2. 涉案问题

刘某与艾米公司签订的用工合同于2007年7月到期，而其犯罪行为发生在合同到期之后，该项事实是否影响认定刘某系艾米公司的工作人员，即刘某是否符合职务侵占罪的主体要件？刘对所侵占的财物无独立管理权，其单独利用共同管理权窃取本单位财物的行为能否认定为利用职务上的便利？

3. 裁判理由

法院认为，刘某利用其担任车间代理主任保管车间仓库财物的职务便利，将本单位财物非法占为己有，数额较大，其行为已构成职务侵占罪。公诉机关认定刘某盗窃本单位财物的事实清楚，证据确实、充分，予以采纳，但其认为刘某的行为构成盗窃罪不当，应予以纠正。刘关于其行为构成职务侵占罪的辩解意见，与事实和法律规定相符，予以采纳。刘某归案后能如实供述犯罪事实，可酌情从轻处罚。判决如下：被告人刘某犯职务侵占罪，判处有期徒刑2年9个月，并处没收财产人民币2万元；追缴被告人刘某违法所得人民币3 190元，上缴国库。一审宣判后，刘某没有上诉，检察机关未提出抗诉，判决已发生法律效力。

4. 评析意见

应当说，本案中刘某的行为理应构成盗窃罪，审理法院认定刘某的行为构成职务侵占罪值得商榷。

一方面，尽管刘某的用工合同到期，但因当时公司暂停生产，故未与刘续签用工合同，艾米公司打算在恢复生产后与刘续签合同。因此，刘某的职务地位可以说是存续的，属于单位人员，这一点没有疑义。倘若公司与刘某的劳动关系已经终止，那么本案的定性可能就是盗窃罪，因为在这种情况下行为人难以被称为单位人员。因此，本案中刘某是符合职务侵占罪主体身份要件的。

但是，必须注意的是另一方面：刘某并未利用职务上的便利窃取财物。刘某是与刘某某共同管理这批货物，刘某将共同占有这批货物的状态转变为单独占有，此时应当认为其构成盗窃罪。

共同占有分为上下级关系的共同占有和对等关系的共同占有两种。本案涉及的是对等关系的共同占有。对于这种关系的共同占有，一方未经同意拿走双方共同占有的财物的，主流观点认为应当构成盗窃罪。① 法院的观点认为，刘某确实实施了撬锁等手段，但也利用了职务便利，毕竟他是有其中一把锁的，没有职务便利很难实施完成上述行为。然而，刘某只是利用自己的工作便利实施了盗窃行为。毕竟，如果没有刘某某的钥匙，刘某很难单独利用所谓的职务实施侵吞财物的行为。因此，难以认定刘某对于涉案财物具有独立的主管、管理、支配的权限，不应认定其属于利用职务便利窃取单位财物，不成立职务侵占罪。

深度研究

职务侵占罪的手段行为是单一行为，还是复合行为，刑法理论界对此争议较大，对此存在着单一手段说和综合手段说的争论。单一手段说认为，职务侵占罪的手段行为仅包括侵吞行为，不包括窃取行为和骗取行为，对于窃取和骗取单位财物的，只能认定为盗窃罪和诈骗罪。综合手段说认为，职务侵占罪的手段行为包括侵吞、窃取和骗取三种行为，对于窃取和骗取单位财物的，应当认定为职务侵占罪和盗窃罪、诈骗罪的法条竞合关系。应当说，综合手段说更加妥当。

从文义解释来看，单一手段说的理由是《刑法》第 271 条职务侵占罪的表述为“将财物占为己有”，并没有像《刑法》第 382 条贪污罪的手段行为那样表述为“侵吞、窃取、骗取”行为，因此完全可以认为职务侵占罪的手段行为只有侵吞行为。不过，结合相关法条规定来看，职务侵占罪应当包括骗取、窃取行为。例如《刑法》第 183 条第 1 款规定：“保险公司的工作人员利用职务上的便利，故意编造未曾发生的保险事故进行虚假理赔，骗取保险金归自己所有的，依照本法第二百七十一条的规定定罪处罚。”由此可见，骗取行为也属于职务侵占罪的手段行为。所以综合手段说可能更加符合体系解释以及文义解释的要求。

从体系解释的角度来说，单一手段说的目的在于保持职务侵占罪与盗窃罪、诈骗罪的协调关系。② 不过，如后所述，这种协调关系其实完全可以通过竞合理论来解决。

从历史解释的角度来说，综合手段说也具有合理性。从立法沿革上看，职务侵占罪来源于贪污罪。贪污罪的客观行为是“利用职务上的便利，侵吞、窃取、骗取或者以其他手段非法占有公共财物”，刑法上对职务侵占罪的行为

① 张明楷．刑法学．6 版．北京：法律出版社，2021：1235.

② 张明楷．贪污贿赂罪的司法与立法发展方向．政法论坛，2017（1）.

方式未作限制，而《刑法》第 271 条第 2 款也规定“国家工作人员有前款行为的”以贪污罪论。这表明在立法者看来，职务侵占罪中将单位财物“非法占为己有”的行为也包括侵吞、窃取、骗取等行为。这也是司法实践中的共识。[①] 由此可见，职务侵占罪与贪污罪有立法上的亲缘性，二者仅是在行为主体和行为对象上有所不同。当然，从另一个层面来看，职务侵占罪与侵占罪之间也具有一定的亲缘性。一方面，职务侵占罪在《刑法》中的位置是第 271 条，就在第 270 条侵占罪之后，在法条的位置上具有相关性；另一方面，侵占罪与职务侵占罪都是将财物非法占为己有的行为，相对于侵占罪，职务侵占罪就是多了“利用职务上的便利”这一附加构成要件的加重犯罪构成。[②] 尽管这种说法有一定道理，不过结合立法背景来说，综合手段说应当是最符合历史解释结论的。

除上述解释路径之外，一定程度上还需要考虑刑事政策的需求。应当注意，刑事政策解释方法的功能性价值是限定刑法解释结论的刑事政策正当性。[③] 刑事政策原理强调人权保障（自由）至上，反对犯罪防控（秩序）至上，主张人权保障至上并兼顾犯罪防控；在自由与秩序的价值权衡中，将自由放置于核心和根基的地位，由此形成了现代刑事法治所公认的罪刑法定原则、刑法谦抑性原则、刑法不得已性和最后手段性原则。[④] 职务侵占罪涉及的刑事政策问题在于，职务侵占罪的入罪标准是 3 万元，其入罪数额远远高于盗窃罪和诈骗罪。倘若采取综合手段说，那么一方面，当窃取、骗取的数额未达到 3 万元时，只能按照无罪处理。另一方面，即使犯罪数额达到 3 万元的数额标准，那么按照职务侵占罪最终判定的法定刑也远远低于盗窃罪和诈骗罪。

在主张综合手段说之后，需要明确的是，职务侵占罪与侵占罪、盗窃罪以及诈骗罪的关系。从整体上看，认定为法条竞合的特别关系说较为妥当。即在未达到职务侵占罪的犯罪数额时，不应当转而适用普通法条的规定认定为盗窃罪、诈骗罪。

---

① 李勇．职务侵占罪与盗窃罪区分的实质解释路径：以分拣员窃取快递物案为切入点．刑法解释，2018（2）．

② 周啸天．职务侵占罪中“利用职务上的便利”要件之再解读．政治与法律，2016（7）．

③ 魏东．职务侵占的刑法解释及其法理．法学家，2018（6）．

④ 魏东．刑事政策原理．北京：中国社会科学出版社，2015：92－95.

第十七章　敲诈勒索罪

1949年以来，在我国刑事立法上，1950年《刑法大纲（草案）》第144条原本规定的是恐吓罪（此与1935年《中华民国刑法》以及唐律的体例相同），但到1954年，《刑法指导原则草案（初稿）》第68条将罪名改为敲诈勒索罪，此后便一直沿用至今。[①] 1979年《刑法》第154条规定了敲诈勒索罪："敲诈勒索公私财物的，处三年以下有期徒刑或者拘役；情节严重的，处三年以上七年以下有期徒刑。"该条规定的敲诈勒索罪是行为型犯罪，并不需要财产损失作为成立既遂的要素："只要犯罪人为了勒索钱财，实施恫吓的行为，便构成既遂。至于被害人是不是因而将财物交给了犯罪分子，这对敲诈勒索罪的构成并无影响。"[②]

我国1997年《刑法》第274条仍然规定了敲诈勒索罪，在增加"数额较大"之表述的同时，算是隐含了"财产损失"这一必要的构成要件要素："敲诈勒索公私财物，数额较大，处三年以下有期徒刑、拘役或者管制；数额巨大或者有其他严重情节的，处三年以上十年以下有期徒刑"。在处刑上，增加了管制，并将刑罚上限提到10年有期徒刑。2011年《刑法修正案（八）》第40条将该条修改为："敲诈勒索公私财物，数额较大或者多次敲诈勒索的，处三年以下有期徒刑、拘役或者管制，并处或者单处罚金；数额巨大或者有其他严重情节的，处三年以上十年以下有期徒刑，并处罚金；数额特别巨大或者有其他特别严重情节的，处十年以上有期徒刑，并处罚金。"具体来看，是增加了"多次敲诈勒索"的情节和罚金刑，并规定对特别严重的情节，处以10年以上的有期徒刑。

2013年最高人民法院、最高人民检察院（以下简称"两高"）发布了《关于办理敲诈勒索刑事案件适用法律若干问题的解释》。该司法解释对"数额较大"的具体标准、严重犯罪情节和犯罪情节轻微的具体内容、共同犯罪以及

---

① 刘明祥．财产罪比较研究．北京：中国政法大学出版社，2001：286.

② 中央政法干部学校刑法、刑事诉讼法教研室．中华人民共和国刑法分则讲义．北京：群众出版社，1980：117（执笔人不详）.

罚金刑的适用等内容进行了明确。其中，敲诈勒索公私财物价值 2 000 元至 5 000 元以上、3 万元至 10 万元以上、30 万元至 50 万元以上的，分别为《刑法》第 274 条规定的“数额较大”“数额巨大”“数额特别巨大”。二年内敲诈勒索三次以上的，为“多次敲诈勒索”。而具有下列情形之一的，“数额较大”的标准可以按照前述数额标准的 50%确定：（1）曾因敲诈勒索受过刑事处罚的；（2）一年内曾因敲诈勒索受过行政处罚的；（3）对未成年人、残疾人、老年人或者丧失劳动能力人敲诈勒索的；（4）以将要实施放火、爆炸等危害公共安全犯罪或者故意杀人、绑架等严重侵犯公民人身权利犯罪相威胁敲诈勒索的；（5）以黑恶势力名义敲诈勒索的；（6）利用或者冒充国家机关工作人员、军人、新闻工作者等特殊身份敲诈勒索的；（7）造成其他严重后果的。

本罪针对的犯罪对象是公私“财物”，其侵犯的主要法益是财产，附属法益①是意思的形成不受强迫的自由。

第一节　敲诈勒索罪的认定

一、我国刑法条文中的“敲诈”

知识背景

我国刑法中的敲诈勒索罪不同于唐律体例和德奥、日韩等外国立法例的一个明显特点在于，明文规定了“敲诈”二字。这种立法与 20 世纪 50 年代我国刑事立法借鉴苏联经验有关。苏联刑法学对“敲诈”有过较详细的表述：“敲诈”指的是揭发被害人的隐私，具体而言：“这种隐私可能是有关于被害人本人或其亲近的人的。这种隐私可能是指被害人的行为和品质，但同样也可能是指别人对他实施的某种行为。例如，勒索者以泄露被害人欲保守秘密

① 在犯罪客体的复杂客体学说中，存在所谓次要客体。但在法益理论中，与之对应的内容似乎没得到系统性的论述，或者说缺乏相应的位置。如果我们对法益理论把握得更全面一些，可以发现，在法益理论中，也有所谓附属法益或次要法益概念。其中，“附属法益”这一表述，较之于“次要法益”，更为准确，因为在法规范得到落实贯彻的情况下，有的法规范可能带来好几种利益，有时这些利益还属于不同层次的利益，此时只使用次要法益，就显得有些局限，具体而言：第一，如果囿于主次二分之见，那就会有这样的感觉：似乎除主要法益之外，只有一种或一些次要法益。第二，用次要法益这一表述，难以指称那些比次要法益“更为次级”的法益的情况。像在绑架罪案件中，被绑架人的人身权益、被勒索者的意思自由和财产利益，均是需要保护的利益，而被勒索者的意思自由，便属于比次要利益——“财产”更为次级的利益，故使用“附属法益”显得更为简明。

的关于曾被他人强奸的事实相威胁。这种隐私也可能属于被害人的健康情况（例如，被害人患有花柳病）。但在以暴力或毁灭财产相威胁时，则具有一种直接表现的性质，而在敲诈时的威胁，就可能是十分诡秘的，并且有时是以暗示表示的，只有被害人一个人能够理解。当被害人感到威胁时，即认为勒索罪既遂。如果勒索者实施威胁，即施用暴力或毁灭财产时，那末，他就要对勒索罪和在实行威胁时所实施的其他犯罪二个犯罪合并负责。”① 我国刑法中的“敲诈”二字，与苏联刑法学（以及法国刑法）中对“敲诈”的理解较为接近。2018 年 6 月 1 日《最高人民法院发布 10 起利用互联网侵害未成年人权益的典型案例》中的第 2 号“施某通过裸贷敲诈勒索案”，也体现出了此种特点：

2017 年 3 月 30 日，被害人陈某（17 岁，在校学生）通过 QQ 交流平台联系到被告人施某进行贷款。根据施某要求，陈某提供了裸照及联系方式，但施某并未贷款给陈某，而是以公开裸照信息威胁陈某，勒索人民币 1 000 元，陈某一直未付款。施某进一步威胁陈某父母并索要人民币 3 000 元，陈某家人未付款而向公安机关报案。因施某的敲诈行为，陈某害怕亲朋好友收到其裸照信息，故而休学在家，学习生活及心理健康遭受严重影响。

不过，在未使用“敲诈”二字而直接使用“勒索”的德国刑法中，除以打击相威胁之外，“传播有损尊严或其他使人出丑的事情（无论此种事情真假）”以取得“封口费”，或者通过违法或不符合协会（规程）的罢工，要求提高工资等等做法，也被认定为该罪所要求的“胁迫”②。可见，在未使用“敲诈”这一表述的立法例中，亦可利用“勒索”中的“胁迫”一词，将苏联刑法学或法国刑法中“敲诈”的内容包括在内。因此，在法条中是表述为“勒索”抑或“敲诈勒索”，并不会妨碍将“以揭发或泄露他人不愿公开的事情逼取财物”作为犯罪处理。

规范依据

《刑法》

第 274 条 敲诈勒索公私财物，数额较大或者多次敲诈勒索的，处三年以下有期徒刑、拘役或者管制，并处或者单处罚金；数额巨大或者有其他严重情节的，处三年以上十年以下有期徒刑，并处罚金；数额特别巨大或者有其他特别严重情节的，处十年以上有期徒刑，并处罚金。

---

① 苏联司法部全苏联法律科学研究所．苏维埃刑法分则．中国人民大学刑法教研室，译．北京：法律出版社，1956：281－282.

② Vgl. LK-Vogel，2010，§ 253，Rn. 36.

案例评价

[案例 17－1] 李甲、韩小某、李乙敲诈勒索案[①]
(以揭发隐私为内容的敲诈勒索)

1. 基本案情

2008 年 11 月 19 日 21 时许，被告人李甲、韩小某预谋敲诈韩小某的网友鞠某，后由韩小某约鞠某在鹰城广场见面并在某迎宾招待所开设房间，李甲和李乙尾随其后，在鞠某进入房间不久，李甲就以欺负表妹为名对鞠某进行殴打，后以到派出所报案并通知其妻子相要挟，向鞠某索要现金 10 000 元，李甲从鞠某的钱包内拿走 800 元，后又还给鞠某 200 元，其间李乙一直在现场，而后，李甲电话通知李丙前来招待所看住鞠某，自己又拿鞠某的银行卡去银行取出现金 4 900 元，后鞠某写下欠韩小某 4 000 元的欠条一张。事后李乙和李丙各得赃款 200 元，其余的现金由李甲所得。韩小某在到案后主动配合公安机关抓获被告人李甲。

2. 涉案问题

在本案中，符合敲诈勒索构成要件的举止是以殴打形式体现的暴力，还是以告知对方妻子为内容的要挟?

3. 裁判理由

某区法院认为，被告人李甲、韩小某、李乙以非法占有为目的，采用暴力胁迫手段，当场向被害人索要现金 10 000 元，并从被害人身上获得现金 600 元，又用其信用卡从银行取款 4 900 元，还逼迫被害人写下 4 000 元的欠条一张，其举止已构成敲诈勒索罪。某区检察院指控被告人李甲、韩小某、李乙犯抢劫罪的公诉意见与抢劫罪的构成要件不符，不予支持。被告人李甲、韩小某、李乙对公诉机关指控的犯罪事实均无异议，但对公诉机关指控犯抢劫罪有异议。被告人韩小某的辩护人对公诉机关指控被告人韩小某犯罪的事实和证据无异议，认为其举止构成敲诈勒索罪的辩护意见与法院查明的事实相符，予以支持。被告人韩小某协助公安机关抓获被告人李甲属立功，可以从轻或减轻处罚。被告人李乙在本案中起次要作用，系从犯，应当从轻、减轻处罚。依照《刑法》相关规定，判决如下：被告人李甲犯敲诈勒索罪，判处有期徒刑 2 年，并处罚金 6 000 元；韩小某犯敲诈勒索罪，判处有期徒刑 1 年，并处罚金 4 000 元；李乙犯敲诈勒索罪，判处有期徒刑 1 年，缓刑 1 年，并处罚金 3 000 元。

---

① 邢书军，等．以揭露隐私为手段的当场胁迫应认定为敲诈勒索//最高人民法院中国应用法学研究所．人民法院案例选：2010 年第 3 辑．北京：中国法制出版社，2010：33－38.

4. 评析意见

本案涉及敲诈勒索案件中暴力行为的定性，以及不使用暴力相威胁，而只通过揭发被告人所不愿被揭发的隐私相要挟，是否合乎敲诈勒索构成要件的问题。针对本案中李甲对鞠某的殴打，笔者认为，敲诈勒索罪的威胁不具有紧迫性，作案人往往扬言如不满足要求，就将把威胁内容变成现实，通常设定某种不利后果转为现实的时间间隔，时空跨度一般较大，一定程度上为被害人遭受物质或精神上的伤害提供了缓冲的余地。（然而，抢劫罪中）"当场"的法律意义不仅指空间，关键更在于时间，而且要从抢劫的手段性举止和目的性举止的承接关系上去理解它。作案人胁迫被害人当场交付财物，否则日后将侵害被害人的，应当定性为敲诈勒索罪。在本案中，李甲等人皆有非法占有鞠某财物之故意，并且为此进行预谋。在实施犯罪过程中，作案人虽然对鞠某实施暴力，但综观全案，此时暴力目的不在于对被害人造成人身伤害，而在于使被害人内心产生恐惧心理，特别是后来以到派出所报案并通知其妻子为由实施威胁，向鞠某索要现金的举止更表明其主观上具有敲诈勒索的意图，其举止完全符合敲诈勒索罪的构成要件，应以敲诈勒索罪论处。

笔者在此处指出，以到派出所报案并通知其妻子相逼，属于敲诈勒索罪中的"要挟"。可以认为，此即为"以揭露隐私为手段的当场胁迫行为"。至于本案中李甲所实施的殴打，亦有可能定性为抢劫罪中的"暴力"，倘使有证据证明其针对的是取财且能压制对方反抗的话。

二、暴力是否属于敲诈勒索的举止

知识背景

在我国，一般认为，敲诈勒索之举止的表现为威胁和要挟。就"威胁"和"要挟"而言，有的意见认为，"威胁"指的是对被害人及其亲属以杀、伤相威胁。而"要挟"，则指以揭发、张扬被害人的违法行为或者隐私相要挟。①另一种意见则不区分"威胁"与"要挟"这两者，而将之概括地认为是"对他人给予一定程度的精神强制，以使之不敢拒绝的方法"②。但正如前述，可以明确的是，敲诈勒索行为包括"以杀、伤相逼"和"以揭发他人不愿意被揭发之事相逼"两种情形，至于"威胁"和"要挟"这两个词，是分别对应这两种情形，还是可不作区分地笼统使用，并不会影响到罪与非罪的结论认

① 陈兴良．规范刑法学．北京：中国人民大学出版社，2008：792；陈兴良．规范刑法学（教学版）．北京：中国人民大学出版社，2018：310.

② 例如，参见赵秉志．侵犯财产罪研究．北京：中国法制出版社，1998：432（尹文健执笔）；王作富．刑法分则实务研究：中．北京：中国方正出版社，2013：1018（执笔人不详）.

定。通常而言，敲诈勒索罪的被害人表现为自然人，但从理论上讲，也不能排除法人。

晚近以来，我国已有人认识到："暴力能够成为敲诈勒索罪中的恐吓行为。因为行为人实施了一定的暴力后，就对被害人形成了如果不交付财产就可能继续实施暴力的恐吓。敲诈勒索罪中的暴力，不需要足以压制被害人的反抗，只要足以使被害人产生恐惧心理即可。"① 针对当场取财的情况下实施的暴力能否构成敲诈勒索的手段，也有观点认为：只要这种"暴力"较轻微，未达到使被害人不能反抗的程度，便成立敲诈勒索罪而非抢劫罪。这样，暴力手段在学理上直接成为敲诈勒索的举止之一。②

以上这些认识，有别于认为"暴力"不能成为敲诈勒索之手段的传统观点。因而，晚近文献所注意到的，敲诈勒索举止的认定，不取决于暴力抑或胁迫这种外在表现形式，而是要看其是否已达到压制被害人反抗的程度，颇有其见地。传统观点之所以将暴力排除在敲诈勒索手段之外，可能是因为认为暴力过于严重，不宜充当敲诈勒索之手段。可是，正如有人所指出的那样："绝对力量（vis absoluta）和胁迫（vis compulsiva）只是强迫的不同形式，它们在可罚性上不存在一种前者更重，后者更轻的位阶关系。它们均只是自由受到侵犯的不同形式而已……之所以绝对力量显得似乎更值得处罚，乃是因为人们将对自由的一般的侵害和其他侵害（如侵犯身体的完整性、限制行动自由等）联系在一起理解和把握了。"③ 由此可见，我国学者将暴力排除出敲诈勒索的手段范围，在一定程度上，也是将一般的打击与侵犯人身权利或剥夺人身自由混合在一起了，而并非所有的打击均会达到刑法上侵犯人身权利或者剥夺人身自由的那种程度。倘若并不压制对方的反抗，也就不见得比胁迫更为严重，因而，亦可能成为敲诈勒索之举止不法的表现形式。不过，并非所有未压制被害人反抗的"暴力"，均能成为敲诈勒索罪的举止。前引论者提到，"行为人实施了一定的暴力后，就……形成了……可能继续实施暴力的恐吓"，可是，这样的作为"敲诈勒索"之前提基础的所谓"暴力"，若是不直接针对财产，即便不压制反抗，也只能算"敲诈勒索"的前提或者预备性质的举止，既不符合敲诈勒索的构成要件，也无法和抢劫罪中那种财物转移时能压制对方反抗的、符合抢劫构成要件的"暴力"相提并论。所以，"暴力"要成为符合敲诈勒索构成要件的举止，除需未压制被害人的反抗之外，

---

① 张明楷．刑法学．4版．北京：法律出版社，2011：869－870；张明楷．刑法学．5版．北京：法律出版社，2016：1016.

② 陈兴良．敲诈勒索罪与抢劫罪的界分．法学，2011（2）：131－132；陈兴良．刑法各论精释：上．北京：人民法院出版社，2015：571（劳东燕执笔）.

③ Vgl. SK-Sinn，2010，Vor § 249，Rn. 15.

还需同时是针对财产转移作出的索财性质的举止的一部分。

需予注意的是，不能用暴力程度的判断，来取代是否压制被害人的判断。换言之，暴力是否“轻微”，是否“严重”①，其实并非区分敲诈勒索罪和抢劫罪的标准，因为即便只是打一个耳光，对于特定场合比较弱的被害人（如病人）而言，也具有足够的压制性，此时被害人的意思处分自由在耳光中被取消，一旦这种打击旨在取财，那么，该种打击便成为抢劫罪关注的内容。例如，秦某某与他人共谋，利用在治安联防队工作之便，到发廊佯装要求女青年提供色情服务，待对方上钩之后冒充公安人员，取出手铐将女青年双手铐住，并以带到派出所处理相要挟索要财物。针对该案，实务界认为：“两被告人用手铐将被害人铐住，并不是为了阻止被害人反抗，也不是为了对被害人进行人身伤害，而是为了使被害人确信他人是公安干警，是在执行公务，从而顺利地达到非法索要财物的目的。因此，本案被告人用手铐把被害人铐起来的暴力，并没有达到抑制被害人反抗的程度，同时这也不是被告人主观上要达到的目的。因此在本案中，这种性质和程度的暴力可以理解为敲诈勒索的威胁方法之一。”② 但笔者认为，在本案中，铐住被害人实际已经排除了对方的反抗，不能认为没有殴打，暴力程度就不足以抑制对方；而且被告人已经进入发廊，可以随时取到发廊内的财物，故本案亦可以抢劫罪而非敲诈勒索罪论处。除非被告人铐住对方，使其相信自己是公安人员之后，又打开手铐再索取财物，才有可能是敲诈勒索罪。③

三、财产权利行使和敲诈勒索

知识背景

揭发他人不愿公开的事情，往往涉及揭发权或举报权的行使是否成立敲诈勒索罪的问题。该话题通常在“权利行使和敲诈勒索”项下得到讨论。权利应当如何行使，也是当今刑法学中的一个重要课题。

日本刑法实务中，依照第二次世界大战前的判例，在权利范围之内，不成立恐吓罪。二战后的判例认为，原则上交付了财物，则成立恐吓罪，除非没有超过社会一般的容忍限度。其学说则认为，只要交付财物，就不能否定恐吓罪，除非行为人的行为（1）处于权利范围之内；（2）有实力行使的必要性；（3）手段具有社会相当性，才阻却恐吓罪的违法性。④ 可见，日本刑法学

---

① Vgl. Krey/Hellmann，Strafrecht Besonderer Teil 2，2005，Rn. 187.

② 陈兴良．刑法各论精释：上．北京：人民法院出版社，2015：574（劳东燕执笔）．

③ 陈兴良．敲诈勒索罪与抢劫罪之界分．法学，2011（2）：132.

④ 西田典之．日本刑法各论．王昭武，刘明祥，译．北京：法律出版社，2013：237.

中对权利行使构不构成恐吓罪的认识，经历从不成立恐吓罪到“权利行使阻却违法性”（原则上成立恐吓罪）的发展历程。在英国刑法中，按照其《盗窃法》第 21 条的规定，以威胁方式索取财物，是不合理的，除非被告人认为，他有提出要求的合理根据，或者使用威胁手段乃是突出强调债权的合适施压手段。这样，即使被告人拥有到期的无争议的请求权，也可能因为采取了不成比例的威胁手段，进而成立讹诈罪（blackmail）。法律并不要求牟利目的必须指向违法地获得利益。美国的许多州的法律也认为，被告人对所勒索之物品有请求权或者善良相信有此权利，并不就能够排除勒索罪的处罚。①

财产权利行使和敲诈勒索的关系，也在我国司法实践中备受关注。我们可以看到如下案例：在哈尔滨某一食品店，某顾客发现在该店所买蛋糕上有包装绳，遂退货。店主于是打电话给生产商说明情况，并要求 10 万元赔偿，否则，威胁在媒体上曝光，制造对生产商不利的舆论，使其商誉受到损害。食品厂假意同意付钱，然后向公安局报案。在店主到约定的地址取钱时，公安人员将其抓获。对于本案，一审法院以敲诈勒索罪判处店主有期徒刑 10 年，二审改判无罪。② 针对该案，陈兴良教授指出，在此种情形下，商品上的确存在瑕疵，当事人以威胁方法索要大量金钱赔偿，手段不正当，但属于事出有因，可以主张赔偿，故不宜以财产犯罪来处理。因此，有正当原因，但行使权利超过必要范围的，不构成财产犯罪。若超出行使权利的限度，手段构成其他犯罪（如毁坏商誉等），则以他罪论处。③ 这种观点，是认为正当原因下的行使权利，不构成侵犯财产罪。值得一提的是，对于“事出有因”的情形，我国唐代法律中就认定不构成“恐喝取人财物”④。张明楷教授亦有类似观点，“损害赔偿请求权的行使，原则上不成立敲诈勒索罪。例如，作案人从生日蛋糕中吃出苍蝇，以向媒体反映或者向法院起诉相要挟，要求生产商赔偿的，即使所要求的数额巨大乃至特别巨大，也不成立敲诈勒索罪。因为作案人的手段与目的均具有正当性，至于赔偿数额，则取决于双方的商谈”⑤。

柏浪涛博士、谷翔先生则在援引“相当性”作为出罪根据后写道，当事人的请求权具有事实根据和法律根据，行使权利的手段是将质量问题向媒体曝光。由于该事项涉及对方的重大利益，“使其产生恐惧心理”，因此当事人

---

① LK-Vogel，2010，Vor § § 249，Rn. 77，80；史密斯，霍根．英国刑法．李贵方，等译．北京：法律出版社，2000：700－701.

② 案例见：陈兴良．刑法的格致．北京：法律出版社，2008：273.

③ 陈兴良．刑法的格致．北京：法律出版社，2008：273.

④ 唐律疏议．刘俊文，点校．北京：法律出版社，1999：390.

⑤ 张明楷．刑法学．4 版．北京：法律出版社，2011：872；张明楷．刑法学．5 版．北京：法律出版社，2016：1018.

的举止属于恐吓。但是，他的恐吓手段是向媒体曝光，“属于非暴力的手段”，能够为社会所容忍，因此不应以敲诈勒索罪论处。[①] 此处论者采用的“使其产生恐惧心理”和“属于非暴力手段”这类措辞，值得商榷：正如前述，敲诈勒索罪的手段是可以包括非暴力的，另外，以被害人是否产生恐惧心理作为判定标准，也过于不确定。不过，论者此处所主张的向媒体曝光不属于敲诈勒索手段的观点，是明确的。

针对以向媒体曝光相威胁是否属于敲诈勒索的手段，在我国存在不同意见。叶良芳博士指出，向法院起诉或者提出到消费者协会处理，不属于精神强制，而向媒体公布则略有不同，媒体因其传播信息迅捷、广泛，一旦商家商品缺陷或服务问题被公之于众，将对其造成不利的后果，甚至是毁灭性的打击。因此，以向媒体公布相威胁会对相对方造成一定程度的精神强制，乃是一种胁迫。[②] 应该讲，这种观点过于笼统，如果商家确实销售缺陷商品，消费者掌握证据后，将之通过媒体合乎实情地公之于众，是在运用舆论监督；只有商品的缺陷并未明确证实，又通过媒体不实地加以报道的做法，才是不适当地行使权利，才构成精神强制。与此相仿，向法院起诉同样是将问题公之于众，只是向法院起诉的，人们多半不会担心原告是否如实起诉的问题，因为自有法官去断案。所以，被告人为实现到期债权而对债务人声称，若债务人不及时履行该债务，将通过诉讼途径解决，并要求其承担巨额的赔偿的，就不算敲诈勒索。[③] 同样地，为了索取劳动报酬而以上访强迫对方支付金钱的，也不算敲诈勒索。

本例蛋糕索赔案属于消费者维权案件，在这类案件中涉及的食品安全和产品质量问题，关乎消费者切身利益，消费者提出较高索赔数额是很好理解的，因此，不应将合理索赔数额限制在较低范围内。有观点甚至认为，这属于“内容不确定的债权”，“不能以索赔数额超过法律规定的范围或合理的范畴作为判断依据”[④]。当然，笔者以为，索赔数额倒并非完全无关，本案索赔 10 万元显然是偏多的，只是其采取媒体曝光手段，并不能算是强迫手段，故不能以敲诈勒索罪处理。但是，若不是采取媒体曝光或正常的诉讼手段，而是采取其他危及人身的手段，主张超出合理数额的赔偿的，比如，在只有约5 000 元损失的产品质量案件中，却（以不正当的手段）索赔 5 万元，则有可能入罪。有学者指出：“如果行为人以加害生产商的生命、身体、财产等相要挟，而且所要求的赔偿数额明显超过应当赔偿的数额的，由于手段不具有正当性，目的超出了应当赔偿

---

① 柏浪涛，谷翔．敲诈勒索与行使权利的界限．法律适用，2010（10）：78.

② 叶良芳．权利行使与敲诈勒索罪的界限．中国刑事法杂志，2007（3）：68.

③ 陈兴良．刑法各论精释：上．北京：人民法院出版社，2015：576（劳东燕执笔）.

④ 同③585（劳东燕执笔）.

的范围，应以敲诈勒索罪论处”①。这种理解才较为合理。

案例评价

[案例 17-2] 夏某理等敲诈勒索案②（合法行使权利和敲诈勒索罪的区分）

1. 基本案情

被告人夏某理、夏某云系姐弟关系，被告人夏某云、熊某系夫妻关系。被告人夏某理、夏某云的母亲叶某系某县经济开发区（以下简称“开发区”）村民。2005 年 4 月，香港某公司与浙江某集团有限公司共同投资组建一旅游公司在县开发区开发项目，其中拆迁由开发区管委会委托拆迁公司实施。该年 11 月中旬，因涉及叶某家房屋拆迁和坟墓迁移，叶某与拆迁公司签订了关于房屋拆迁的协议，叶某、夏某芬（叶某的二女儿）分别收到房屋拆迁补偿费人民币（以下币种同）52 565 元和坟墓迁移补偿费 29 600 元。被告人夏某理、夏某云以及熊某起初虽对叶某签订了拆迁协议有过不满，但对拆迁补偿费标准并未有异议，其中夏某云还从其母亲处收到房屋补偿费计 42 000 元，夏某理从夏某云处拿到 10 000 元。

该年 12 月中旬，夏某云因家人在迁移坟墓时未通知自己到场而感到不满，与母亲叶某和叔叔潘某等亲属发生矛盾。夏某理得知此事后，认为是开发区管委会实施拆迁而造成他们亲属不和，加上先前其为大儿子在校猝死一事多次进京上访被开发区管委会带回，未能按其意愿得到处理，为此产生重新向开发区管委会等单位索取拆迁、迁坟相关损失赔偿费和儿子死亡精神损失费的想法。该年 12 月底，夏某理先后起草了一份要求开发区管委会、香港某公司与浙江某集团有限公司等单位赔偿住宅和祖坟毁坏及精神损失费计共 61 万元的索赔材料，一份举报香港某公司与浙江某集团有限公司、开发区在项目开发过程中存在违规、违法行为的举报信，交由夏某云修改打印，将索赔材料交给开发区管委会，并将举报信交给县信访局。

2006 年 1 月 13 日晚，拟成立的旅游公司的执行总裁唐某某得知夏某理举报该公司开发的项目后，担心对工程进展不利，通过开发区有关人员了解到联系方式，打电话约见被告人熊某，以了解夏某理等人的意图。次日，夏某理、夏某云、熊某按约与唐某某见面，并将举报信和索赔材料交给唐某某，夏某理声称“不满足我们的要求，要举报这个项目不合法，要这个项目搞不

① 张明楷．刑法学．4 版．北京：法律出版社，2011：872；张明楷．刑法学．5 版．北京：法律出版社，2016：1018.

② 最高人民法院刑事审判第一、二、三、四、五庭．刑事审判参考：总第 64 集．北京：法律出版社，2009：45－52.

下去”。唐某某考虑到该项目已大量投资，为不使举报行为对项目产生不利影响，答应对夏某理进行赔偿，并主动打电话给熊某。夏某理让夏某云陪熊某应约继续和唐某某交涉，但具体赔偿数额由夏某理决定。熊某在征得夏某理同意后，与唐某某谈妥，由唐某某方赔偿给夏某理、夏某云、熊某共计 25 万元。1 月 19 日，夏某理、夏某云、熊某在一份由唐某某起草的关于愿意支付 25 万元、夏某理不再举报该项目的承诺书上分别签字后，收到唐某某首期支付的 10 万元。该 10 万元存放于夏某云处，后夏某云征得夏某理同意后取出 2 万元偿还贷款。案发后，公安机关追回 8 万元并已发还唐某某。

2. 涉案问题

敲诈勒索案件中，财产权利行使范围内的胁迫可否成立敲诈勒索罪？

3. 裁判理由

某县法院认为，三被告人以非法占有为目的，采用要挟手段，索取他人钱财，数额巨大，其行为均已构成敲诈勒索罪。被告人夏某理系主犯，夏某云、熊某系从犯。依照《刑法》第 274 条、第 25 条第 1 款、第 26 条第 1 款、第 27 条之规定，以敲诈勒索罪，分别判处被告人夏某理有期徒刑 6 年，判处夏某云有期徒刑 4 年，判处熊某有期徒刑 2 年。

一审宣判后，三被告人均不服，提出上诉，三被告人及辩护人提出，三被告人不具备非法敲诈他人财产的主观故意，其就房屋、祖坟向开发商提出赔偿是正常地主张自身的民事权利；在客观上不具备敲诈勒索的举止，其与开发商接触是一个民事谈判的过程，不是敲诈对方的过程，开发商支付 10 万元是自愿的。请求撤销原审判决，宣告被告人无罪。

某市中级人民法院经二审审理认为，虽然三被告人以要挟为手段索赔，获取了巨额钱财，但被告人夏某理、夏某云的索赔是基于在房屋拆迁、坟墓搬迁中享有一定的民事权利提出的，故认定三被告人具有敲诈勒索罪构成要件中“以非法占有为目的”的主观故意，证据不足，不能认定三被告人有罪。三被告人及辩护人提出无罪的辩解和意见，予以采纳。依照《刑事诉讼法》有关规定，判决撤销原判，宣告夏某理、夏某云、熊某无罪。

4. 评析意见

本案夏某理等人的举止符合敲诈勒索罪的客观构成要件吗？笔者认为，应当得出否定意见，理由是：第一，夏某理等人向开发商提出索赔，是在行使正当权利。夏某理向开发商提出索赔时并没有以举报为条件，而是将索赔材料与举报材料分别交给开发区管委会和县信访局，且未告知开发商其已经向信访局举报。夏某理等人并未直接向开发商以举报为条件进行所谓“威胁、要挟”。第二，开发商得到夏某理举报的信息来源于开发商的不当打听及开发区工作人员的不当告知，而不是来源于夏某理的主动告知，更不是夏某理附举报条件地向开发商提出索赔。第三，夏某理与开发商谈判是一个民事谈判过程，谈判的结果也并非敲诈勒索的结果。第四，夏某理事后的表现也体现了其索赔不符合敲诈勒索的特征。当夏某理感到签下承诺书于己不利，要求退还已索得的10万元时，被开发商所拒绝。这也表明，夏某理的初始索赔意图并不以举报为手段和条件。

由此可见，只要当事人是在行使正当的“财产权利”，自然也就意味着，其举止处于（不违法的）权利的覆盖范围之内，这样，该举止便不会非法地给对方的财产造成危险，从而不应以敲诈勒索罪处理。如果当事人主张的财产数额，明显超出了其权利的覆盖范围，无论其之前的原因是否正当，都不得称之为行使“权利”，其已经不是在行使“权利”，而是在进行一种索要。在该种条件下，一旦具有胁迫的性质，就有可能构成敲诈勒索罪。当然，若没有附加胁迫手段，则不成立该罪。由此，可以推出：在索赔逾越合理界限的情形下，只有财产权利来源正当且主张手段正当，才可以排除敲诈勒索罪的成立。那么，本案的索赔数额是否逾越了合理界限呢？劳东燕教授认为，本案三被告人所提出的拆迁补偿费涉及“内容不确定的正当债权”，并未超出合法权利的范围，而三被告人也正是相关债权的利害关系人。拆迁补偿本身是一个民事法律行为，发生在拆迁户与开发商之间。被告方作为拆迁户对补偿费用的数额必定有自己的考虑与认定，这个数额即使超出开发商的约定或预期，也谈不上违法的问题。因而，不能单纯以此前已达成协议并已收受补偿费为由，认为三被告人提出进一步增加补偿费用的要求超出正当权利的范围而构成刑事犯罪。对于“内容不确定的债权”而言，数额大小对于债权的性质并无影响。民事主体当然可以对已达成的协议表示反悔，即使由此可能带来法律责任，那也只是民事层面的违约责任。更何况，本案拆迁所涉及的房屋、坟墓本属被告人所在家庭的共有财产，同作为家庭成员的叶某未经三被告人同意与开发商签订协议，其所签订协议本来就处于效力待定的状态。① 应该认为，本案拆迁款的数额尚存在争议，故不能排除其仍然处于权利的覆盖范围之内，也就无法认定索赔者成立敲诈勒索罪。我国的司法实践中，还有如下与维权相关的案例。

[案例17-3] 陈某光敲诈勒索案②（维权过度和敲诈勒索罪的区分）

1. 基本案情

2006年10月，申请再审人陈某光发现自己的手机经常收到一些短信，点

① 陈兴良．刑法各论精释：上．北京：人民法院出版社，2015：590（劳东燕执笔）．

② 最高人民法院中国应用法学研究所．人民法院案例选：2013年第3辑．北京：人民法院出版社，2014：88-91．

击或按提示拨打电话后就会产生话费。经查阅相关规定：电信增值业务商（简称 SP 商）通过移动公司等网络经营商向手机用户发送一些诱惑性的及不健康的短信，并在用户点击后扣除用户话费的行为，是国家信息产业部及信息产业法规所禁止的。信息产业部将以投诉率为指标考核各级网络经营商，SP 商也可能因此被网络经营商停止双方的合作业务。于是，申请再审人陈某光通过 10086 进行投诉，发送该类短信的 SP 商就主动打电话给陈某光协商解决投诉事宜。随后，申请再审人又以自己的手机卡号、经他人授权的手机卡号及自己向他人购买的手机卡号进行投诉，并先后与七家 SP 商协商。在协商过程中，陈某光以如果 SP 商没有诚意，将不断向移动公司及信息产业部投诉的意思表示向 SP 商施压。之后，七家 SP 商均与陈某光达成以给付高于所扣话费双倍以上的赔偿金方式，来解决陈某光对他们的投诉，陈某光共得赔偿款 9 900 元。

2. 涉案问题

本案被告人以投诉方式索取对方赔偿款，是一种维权还是应定性为敲诈勒索罪？

3. 裁判理由

某市中级法院于 2010 年 10 月 9 日认定陈某光先后向七家 SP 商超倍索赔 9 900 元属于维权过度，不构成犯罪，遂作出无罪判决。

4. 评析意见

支持本案判决的笔者认为，陈某光的维权是法律赋予公民的权利，不具备“威胁或要挟”之举止的不正当性特征。SP 商的超倍赔偿也缺乏被迫性，与陈某光的“威胁与要挟”之间没有必然的因果联系。SP 商向消费者发送诱惑性的和不健康的短信，本身就违反了国家信息产业部的相关规定，侵犯了消费者的权益，并且在遭到消费者投诉时，违法的 SP 商完全可以不理会这种过高的赔偿要求，而是按照相关部门的规定来承担责任，例如赔偿消费者合理损失、接受相关部门的处罚、采取有效的整改措施等等。再者，如果 SP 商不答应陈某光的要求，面临的只是因其违法营业所应受的处罚，其正常的营业权并不会受到损害。

在“［案例 17－2］夏某理等敲诈勒索案”中，夏某理等人便是拆迁的受损人，因此，其要求赔偿住宅和祖坟毁坏受到的损失，具有相应的财产损害赔偿权作为基础。而在“［案例 17－3］陈某光敲诈勒索案”中，陈某光受到侵犯的权利包括骚扰短信所侵害的生活安宁权和扣除话费所侵害的财产权。SP 商以高于所扣除话费双倍以上的金额进行赔偿，正是对陈某光作为消费者所行使的“数额不确定的”债权的承认。至于陈某光不是针对一家 SP 商进行索赔，而是针对七家 SP 商，则属于“维权过度”。但是，他采取的投诉手段属于正当手段，不为刑法所反对，故不成立敲诈勒索罪。

四、敲诈勒索罪所侵犯的“财产”

知识背景

关于敲诈勒索罪的犯罪对象，刑法条文表述为“财物”，这有些不恰当。但是，在我国，司法解释具有“准立法”的性质，它们是引导实践和学界理解的实际指针，因而，在盗窃罪司法解释明确将“财产性利益”纳入“财物”范围之后①，人们便倾向于将侵犯财产罪中“财物”的范围都扩张到“财产性利益”之上。像有人便针对敲诈勒索罪写道：“对财物的表现形式和支付方式不能作机械地理解。财物，除表现为金钱和物品外，还可能表现为租金、劳务、服务等，后者同样具有经济价值。另外，胁迫被害人设定债权或免除债务，虽然没有财物的现实交付，但却存在财物的拟制交付，同样能够影响被害人的经济利益，二者没有根本区别。”②

按照刑法理论上的通常理解，敲诈勒索罪在财产法益问题上和诈骗罪中的没有区别。可是，根据 2011 年 3 月 1 日“两高”《关于办理诈骗刑事案件具体应用法律若干问题的解释》中第一句话的表述，刑法中诈骗罪的条款，保护的是“公私财产所有权”。如此的表述，是难以适应我国诈骗案件频发且手段日益复杂的社会形势的。③ 两年后，2013 年 4 月 23 日，“两高”发布了《关于办理敲诈勒索刑事案件适用法律若干问题的解释》，其中首句便明文规定，敲诈勒索罪所保护的是“公私财产权利”。这算是明确了敲诈勒索罪所保护的范围，值得赞同。通过对诈骗罪和敲诈勒索罪的司法解释的比较，可以发现，前后两个司法解释在财产犯罪的保护法益问题上规定并不一致，但应该说，语言表述上从“公私财产所有权”到“公私财产权利”的变化，是一

① 当然，如此有违罪刑法定之精神，但因其有社会危害性做基础，可谓是“良性地违反罪刑法定”。

② 叶良芳．权利行使与敲诈勒索罪的界限．中国刑事法杂志，2007（3）：65.

③ 我国学者便指出：2011 年《诈骗解释》（指 2011 年 3 月 1 日“两高”《关于办理诈骗刑事案件具体应用法律若干问题的解释》）是一部令人失望之作。2011 年《诈骗解释》看上去似乎仅仅是将 1996 年《诈骗解释》（指 1996 年 12 月 16 日最高人民法院《关于审理诈骗案件具体应用法律的若干问题的解释》）中被 1997 年《刑法》吸收的有关合同诈骗、非法集资、贷款诈骗、票据诈骗、信用证诈骗、信用卡诈骗、保险诈骗的条款删除，重新划分段落编织而成。但更为关键的是，2011 年《诈骗解释》的“导言”明确将诈骗罪的犯罪客体确定为“公私财产所有权”，同时删除了 1996 年《诈骗解释》第 9 条。由此，2011 年《诈骗解释》不仅未能为目前纷繁复杂的财产概念、“公私财物”的具体内涵提供任何新的实质性判别标准，甚至根本无视了这一问题，进而彻底删除了 1996 年《诈骗解释》中最有意义的、突出了侵犯财产罪中财产概念的“损失”维度的第 9 条。与 1996 年《诈骗解释》相比，2011 年《诈骗解释》大大地限缩了我国刑法诈骗罪应有的规范意义。周旋．我国刑法侵犯财产罪之财产概念研究．上海：上海三联书店，2013：125.

种进步。

在如何把握财产法益上，存在不同的学说。我国刑法学界较为关注的是经济的财产说和法律·经济的财产说这两种。在经济的财产说看来，只要被告人的欺骗或敲诈勒索的举止侵犯了金钱利益的财产，使得对方经济上变穷，不管经济财产是否合法，均成立诈骗罪或敲诈勒索罪。这种学说由于只考虑财产的经济性质，因此也被称为纯粹的经济财产说。按照经济的财产说，必须有经济上的财产减少，才能认定有财产上的损失。若只是使被害人的财产受到危险，但并未出现实际的减少，则无法认定财产损失。例如，强迫他人签下没有债权事实基础的借条，即便已经针对借条所涉金钱数额申请了财产保全，只要未实际造成被害人财产减少，也只能成立敲诈勒索罪的未遂。①

若认为财产犯罪条款只保护不违法的经济利益，则是所谓的法律·经济的财产说了。在国外，较流行的是法律·经济的财产说，可以说它比经济的财产说更占优势，司法实践中也出现了放弃经济的财产说、改采法律·经济财产说的趋势。在我国，较之于纯粹经济财产说的强势，法律·经济的财产说略显弱势，但亦可找到不少支持性论据。比如，我国《刑法》第92条便明文规定，刑法上的财产不包括违法的财产。1995年最高人民法院《关于对设置圈套诱骗他人参赌又向索还钱财的受骗者施以暴力或暴力威胁的行为应如何定罪问题的批复》，也未将设置圈套诱骗他人参赌获取钱财的情形认定为诈骗罪。

规范依据

（一）《刑法》

第91条　本法所称公共财产，是指下列财产：

（一）国有财产；

（二）劳动群众集体所有的财产；

（三）用于扶贫和其他公益事业的社会捐助或者专项基金的财产。

在国家机关、国有公司、企业、集体企业和人民团体管理、使用或者运输中的私人财产，以公共财产论。

第92条　本法所称公民私人所有的财产，是指下列财产：

（一）公民的合法收入、储蓄、房屋和其他生活资料；

（二）依法归个人、家庭所有的生产资料；

（三）个体户和私营企业的合法财产；

---

① “孙吉勇利用他人过错敲诈勒索案”//最高人民法院中国应用法学研究所．人民法院案例选：2007年第2辑．北京：人民法院出版社，2007：88－93.

（四）依法归个人所有的股份、股票、债券和其他财产。

（二）最高人民法院《关于对设置圈套诱骗他人参赌又向索还钱财的受骗者施以暴力或暴力威胁的行为应如何定罪问题的批复》

行为人设置圈套诱骗他人参赌获取钱财，属赌博行为，构成犯罪的，应当以赌博罪定罪处罚。参赌者识破骗局要求退还所输钱财，设赌者又使用暴力或者以暴力相威胁，拒绝退还的，应以赌博罪从重处罚；致参赌者伤害或者死亡的，应以赌博罪和故意伤害罪或者故意杀人罪，依法实行数罪并罚。

（三）最高人民法院《关于审理抢劫、抢夺刑事案件适用法律若干问题的意见》

七、关于抢劫特定财物行为的定性

以毒品、假币、淫秽物品等违禁品为对象，实施抢劫的，以抢劫罪定罪；抢劫的违禁品数量作为量刑情节予以考虑。抢劫违禁品后又以违禁品实施其他犯罪的，应以抢劫罪与具体实施的其他犯罪实行数罪并罚。

抢劫赌资、犯罪所得的赃款赃物的，以抢劫罪定罪，但行为人仅以其所输赌资或所赢赌债为抢劫对象，一般不以抢劫罪定罪处罚。构成其他犯罪的，依照刑法的相关规定处罚。

…………

案例评价

［案例 17－4］杨某等敲诈勒索案①（索取非法财产的定性）

1. 基本案情

2011 年某日，被告人杨某伙同他人在某地点，以崔某赌博使用“眼镜牌”为由，采用打骂、威胁等方式，向崔某索要现金人民币（以下币种同）5 万元，后被告人杨某要求崔某取款并收取崔某现金 7 500 元，并表示剩余钱款 4 万元由崔某于当日中午在他人处解决。当日中午，被告人未见到崔某，遂纠集他人去找崔某，找到崔某后，因崔某家人参与争执并报警案发。

2. 涉案问题

敲诈勒索赌资是否成立敲诈勒索罪？

3. 裁判理由

法院认定杨某伙同他人以非法占有为目的，敲诈勒索他人财物数额巨大，其行为已构成敲诈勒索罪，判处有期徒刑 1 年 6 个月，缓刑 2 年。

---

① 国家法官学院，中国人民大学法学院．中国审判案例要览（2012 年刑事审判案例卷）．北京：中国人民大学出版社，2014：381－383.

4. 评析意见

在我国，司法解释对抢劫赌资、赃物的情况有过规定。依照最高法《关于审理抢劫、抢夺刑事案件适用法律若干问题的意见》，“抢劫赌资、犯罪所得的赃款赃物的，以抢劫罪定罪，但行为人仅以其所输赌资或所赢赌债为抢劫对象，一般不以抢劫罪定罪处罚。构成其他犯罪的，依照刑法的相关规定处罚”。可见，在赌资、赃物不合法的前提下，抢劫赌资、赃物，不影响其构成抢劫罪。同时，设局骗取他人赌资的，司法实践中也认定诈骗罪。“李某波、李某涛、吴某昌、张某旭诈骗案”便是如此：2003 年，被告人李某波、李某涛、吴某昌、张某旭结伙刘某等人（均另行处理），以“租车”为由，将多名被害人骗至预定地点，诱骗被害人参与赌牌。其间，有专人在旁伺机借钱给被害人，诱使被害人交出手机、证件等作为抵押，又有专人以事先排好顺序的牌赢走桌上所有钱款并伺机逃离。之后，由“借钱人”让对方写下欠条，且由专人假冒两轮摩托车载客人员送被害人回家取钱，并监视被害人。被告人诈骗 25 次，共骗得 59 000 余元以及手机、戒指等物。法院经审理认为：被告人李某波等人以非法占有为目的，结伙他人，以虚构事实、隐瞒真相的方法骗取他人财物，数额巨大，其行为均构成诈骗罪，应依法予以处罚。① 由于赌资在我国属于投入非法活动的金钱，将骗取赌资作为诈骗罪处理，说明相关的司法机关在该问题上不关心金钱是否非法。“［案例 17－4］杨某等敲诈勒索案”则是敲诈勒索非法财产（赌资）成立敲诈勒索罪的例子。但是，司法实践中也有案例认为，强拿硬要赌资，不成立财产犯罪，而成立寻衅滋事罪这类妨害社会管理秩序罪。比如：

［案例 17－5］黄甲等寻衅滋事案②（强拿硬要赌资）

1. 基本案情

2017 年 9 月 7 日 1 时许，被告人黄甲接到其堂哥黄乙自称赌博时被人“出千”的电话后，想要替其堂哥教训“出千”的人并拿回所输赌资，于是伙同被告人聂某某、熊某、周某某等人乘出租车来到某区某路好景花园门口小卖部，见到黄丙、被害人吴某某等人在赌“三公”，遂围上前去。吴某某见状欲离开，被黄甲拦住要求验牌，吴某某不同意，双方发生争执。后吴某某见机逃跑，被黄乙拦住，黄甲等人追上前去，黄甲、聂某某拳打脚踢吴某某，将其按住坐在花坛上，其他人围住，迫使吴某某（手上握有一部手机）交出

① 最高人民法院中国应用法学研究所．人民法院案例选：2005 年第 4 辑．北京：人民法院出版社，2006：34－35.

② 最高人民法院刑事审判第一、二、三、四、五庭．刑事审判参考：总第 113 集．北京：法律出版社，2019：82－88.

人民币（以下币种同）1 300 元，后因吴某某请求留下 100 元作为车费，黄甲退还其 100 元后离开现场。事后被告人黄甲分得 270 元、聂某某分得 300 元、熊某分得 200 元、周某某分得 200 元。经鉴定，吴某某所受损伤为轻微伤。

2. 涉案问题

强拿硬要赌资是成立财产犯罪还是寻衅滋事罪?

3. 裁判理由

某区法院认为，被告人黄甲、聂某某、熊某、周某某破坏社会秩序，强拿硬要他人财物，情节严重，其行为均已构成寻衅滋事罪。公诉机关指控被告人黄甲等的犯罪事实清楚，证据确实、充分，唯指控罪名（抢劫罪）不正确，应予纠正。被告人黄甲、聂某某、熊某、周某某寻衅滋事罪成立，判处黄甲有期徒刑 1 年 3 个月，聂某某有期徒刑 1 年，熊某有期徒刑 10 个月，周某某有期徒刑 9 个月。

4. 评析意见

支持本案判决的笔者认为，抢劫罪多发生于偏僻街巷、人迹稀少之处，作案人常常具有隐蔽的特性，而寻衅滋事罪的强拿硬要则常发生于公共场所，多数是临时起意，结伙进行，一般不隐瞒自己身份，其最终或最主要的目的在于寻求精神刺激，炫耀自己的威势。本案中，基于要回赌资的目的，黄甲等作案时未携带任何凶器，黄甲和聂某某对被害人只实施轻微的拳打脚踢，熊某和周某某未动手，只实施一般的追赶、拉扯，被害人所受损伤亦为轻微伤。四名被告人实施的暴力、胁迫行为有节制，且强度一般，尚未超出寻衅滋事罪中“随意殴打他人”“强拿硬要”的范畴。被告人在大庭广众下使用轻微暴力对被害人公开强索他人所输赌资，业已扰乱公共秩序，符合寻衅滋事罪的客观条件。在主观条件上，抢劫罪作案人旨在取得财物，其总会尽量多地劫取财物，而强拿硬要型的寻衅滋事罪中，作案人一般是通过破坏公共秩序来寻求个人精神满足的目的，取得他人财物则属于次要之事。本案中被告人虽用拳打脚踢、围追堵截的方式迫使被害人交出 1 300 元，但又给对方退回 100 元充当车费，也未要求对方交出手机，可见，被告人的目的在于教训被害人，拿回其堂哥所输赌资，而不是进一步占有被害人的财物。最后，和抢劫罪相比，寻衅滋事罪属轻罪，以寻衅滋事罪定罪符合罪刑相适应的原则。

在本案中，评论者还参考了 2005 年最高法《关于审理抢劫、抢夺刑事案件适用法律若干问题的意见》中“行为人仅以其所输赌资或所赢赌债为抢劫对象，一般不以抢劫罪定罪处罚。构成其他犯罪的，依照刑法的相关规定处罚”的规定，并提到本案黄甲抢回的财物不是其本人所输赌资，而是黄乙所输赌资，因此，依据上述司法文件的精神，对本案应以“构成其他犯罪”论处。评论者这里没有确定，1 200 元是否全是黄乙所输赌资？如果其中也有部分钱财并非黄乙所输赌资，而是吴某某自己投入赌博的赌资，那就说明，黄甲取得了该《意见》中所提到的犯罪对象以外的钱财。本案裁判者定寻衅滋事罪而非财产犯罪的结论，在一定程度上反映出，司法者在犯罪对象是否合法的性质上不甚确定时，排除财产犯罪的适用，以妨害社会管理秩序罪加以兜底的立场。该案同时隐含地表明，财产犯罪所保护的内容，更适合限制在合法的财产之上。

深度研究

在我国司法实践中，除“［案例 17－4］杨某等敲诈勒索案”以外，当然还存在敲诈勒索赌资被定性为敲诈勒索罪的其他案件，但是，正如“［案例 17－5］黄甲等寻衅滋事案”所体现的那样，同样有强索赌资不定财产犯罪，而只定寻衅滋事罪的案例。换言之，是否用财产犯罪来保护赌资这类非法财产，是存在不同做法的。

为了反驳“保护非法财产的占有”的责难，司法机关亦曾从应保护国家财产权利的角度来加以论证，“黄某、郑某某、葛某某抢劫、敲诈勒索案”便是如此，该案裁判文书提道：“尽管本案各被告人犯罪行为所侵犯的对象是有违法行为的人，所抢得财物系赌资，我们仍依法对罪犯进行惩处，这并不意味着我们保护这些被害人的非法行为。因为，根据我国法律规定，公民的人身权利不受侵犯。对于有违法犯罪行为的公民，只能由国家司法机关依法予以处理和制裁。赌场上的赌资，是应当予以没收的，但它并不是任何人都可以拿来归己的无主物，应当没收的财物只能由国家司法机关依法没收归公，而不准他人任意侵犯。这并不意味着保护违法犯罪分子对这些非法所得财物的所有权，而是因为非法从赌博犯手中抢劫这些财物，归根到底是对国家财产权利的侵犯。”①

“黄某、郑某某、葛某某抢劫、敲诈勒索案”对于勒索赌资的论述，在我国当时的法院裁判中已经算是详细说理了，比较少见。然而，这种针对“保护违禁品的占有”的反驳，似乎还是没有说到点子上，因为赌资虽然是要被充公的，但在抢劫、敲诈勒索的当时，它们毕竟尚未充公，仍然属于违法财产，而且《刑法》第 91 条中的“国有财产”，并未列出赌资、违禁品等内容。有学者在援引原《物权法》第 23 条动产物权以交付作为生效要件后指出：“国家在没收之前对毒品并不享有所有权，认为窃贼侵犯了国家的毒品所有权甚为牵强。果真如此的话，则买卖毒品、淫秽物品的人在买卖国有资产，持有毒品、淫秽物品的人在持有国有资产，吸毒的人在吞噬国有资产。这太奇怪了！”②

---

① 中国高级法官培训中心，中国人民大学法学院．中国审判案例要览（1992 年综合本）．北京：中国人民公安大学出版社，1992：223.

② 陈洪兵．经济的财产说之主张．华东政法大学学报，2008（1）：46.

在违禁品的场合，纯粹的经济财产说真正面临的法律疑难是：

第一，对违禁品（比如毒品）的占有或持有，按照我国《刑法》第348条等条款，在法律上是受到禁止的，此时如果保护毒品的持有免受诈骗或者敲诈勒索，就会出现如下价值冲突：持有毒品和出卖毒品（《刑法》第347条）均属可罚，若将从毒贩手里骗取或勒索毒品的情形，定性为诈骗罪或敲诈勒索罪，则会使得在一部刑法中出现评价上的自相矛盾，使人怀疑持有毒品不是犯罪。而法律·经济的财产说，有助于协调这一价值冲突，此时只能成立非法持有违禁品罪。

第二，我国明文规定盗窃、抢劫违禁品可以构成盗窃罪、抢劫罪的司法解释，均不认定违禁品的具体数额，而是以违禁品数量作为量刑情节加以考虑。这说明，我国司法机关在法律上不承认违禁品的经济价值，从而隐含了其只认可合法财产的立场。① 这种不认可违禁品经济价值的做法，已经很难用纯粹的经济财产说来解释了。

第二节 敲诈勒索罪和他罪的区分

作为财产犯罪的一种，敲诈勒索罪和其他财产犯罪之间，有时不那么容易区分开来，比如，敲诈勒索罪和抢劫罪之间，便会在手段上出现不易认定之处，同时，这两者究竟是竞合关系抑或互斥关系，也需要加以澄清。就敲诈勒索罪和诈骗罪而言，在司法实践中，也常出现两种手段混用的情形，此亦需要我们对敲诈勒索罪和诈骗罪之间的区分作出讨论。敲诈勒索罪和其他犯罪，像绑架罪、盗窃罪、编造虚假恐怖信息罪之间，有时也会出现定性上的疑难，本节将一并予以探讨。

一、敲诈勒索罪和抢劫罪的区分

知识背景

由于涉及不同的法定刑，敲诈勒索罪和抢劫罪的区分，十分重要。在这两种犯罪中，不论是暴力，还是胁迫，都只是针对对方施加强制的表现形式，而且两罪都可以有这两种表现形式，因而，有无暴力、胁迫，并不能充当区

---

① 至于2000年最高法《全国法院审理毒品犯罪案件工作座谈会纪要》（已失效）规定的参考标准是“认定盗窃毒品犯罪数额，可以参考当地毒品非法交易的价格”，也有案例指出，这里只是“参考”，《关于审理盗窃案件具体应用法律若干问题的解释》的精神仍需贯彻执行。最高人民法院刑事审判第一、二庭．刑事审判参考：总第27辑．北京：法律出版社，2002：32-33.

别两罪的标准。敲诈勒索罪的附属法益是保护意思形成自由免受强迫，而抢劫罪的手段则是以侵犯人身权利地压制对方反抗为手段取得财产，这意味着取消了受害人的意思形成自由。由此可推出，敲诈勒索罪与抢劫罪在手段上的区别在于：前者未达到压制被害人为保卫财产可能进行的反抗的程度，而后者则能够压制被害人为保卫财产而进行的可能反抗。我国刑法理论通常要求抢劫罪满足“两个当场”的条件，即所谓“当场使用暴力或者胁迫手段”和“当场取得财物”。司法实践中对于“当场”的理解，是比较宽松的：其要么对“当场实施暴力”中的“当场”予以较宽松的解读，要么将“当场取得财物”中“当场”予以灵活化的处理，不局限于一时一地。然而，狭义来讲，“当场”指的就应当是“当时当地”，不应进行过于宽松或者泛化的理解。如果对某个标准采取狭义理解，不足以发挥实际作用，而需要采取灵活化处理，那就意味着，另有其他决定性的因素在影响着乃至支配着人们的判断。这个决定性因素就是，财物转移之时，被告人所施加的强制是否取消了或者仍然还在压制着被害人为保卫财物的可能反抗。“当场使用暴力”和“当场取得财物”分别是“取消了或者仍然压制着对方反抗”和“财物转移之时”这两者的表现形式。从理论上讲，采用“财物转移之时，被告人所施加的强制是否取消了或者仍然还在压制着被害人为保卫财物的可能反抗”这一标准，是更为精确洗练和易于把握的，其优势有三：

第一，它避开了究竟要对“当场”做严格理解还是宽泛理解的争议点。

第二，在法律适用中有助于保持裁判尺度的统一，不会因为有的法官对“当场”做严格理解、有的法官做宽泛理解，而导致入罪的不确定。

第三，如此理解也能说明为何进行暴力、胁迫而后强取财物的情形，和先强取财物，而后为确保夺取，又施加暴力、胁迫的情形一样，均构成抢劫罪。因为后一情形意味着财物转移过程未完成。

抢劫罪和敲诈勒索罪之间并非互斥的关系，被害人处分只是判断被告人举止之不法内容的辅助参考，处分并不出现在所有敲诈勒索案件当中。抢劫和敲诈勒索之间，只是针对被害人反抗施加压制的高低程度不同。如果在抢劫和敲诈勒索违禁品等不法物品上不出现评价上的冲突，则基于两者的对象都是整体财产，此时可以推导出，抢劫和敲诈勒索两者之间是特别法与一般法的竞合关系。

规范依据

《刑法》

第 263 条　以暴力、胁迫或者其他方法抢劫公私财物的，处三年以上十年以下有期徒刑，并处罚金；有下列情形之一的，处十年以上有期徒刑、无期徒刑或者死刑，并处罚金或者没收财产：

（一）入户抢劫的；

（二）在公共交通工具上抢劫的；

（三）抢劫银行或者其他金融机构的；

（四）多次抢劫或者抢劫数额巨大的；

（五）抢劫致人重伤、死亡的；

（六）冒充军警人员抢劫的；

（七）持枪抢劫的；

（八）抢劫军用物资或者抢险、救灾、救济物资的。

案例评价

[案例 17-6] 孙甲敲诈勒索案①（暴力和威胁之间存在时间间隔）

1. 基本案情

2002 年 6 月 30 日，被告人孙甲打工返家后得知，孙乙调戏其妻。孙甲即邀约他人赶至孙乙家，对后者拳打脚踢和用扁担砍砸，同时质问后者是否调戏孙甲的妻子。孙乙承认之后，被告人孙甲一行即问孙乙是公了还是私了，孙乙同意“私了”，并当场给付被告人孙甲一行 4 000 元现金。

2. 涉案问题

暴力之后取财是成立敲诈勒索罪还是抢劫罪？

3. 裁判理由

法院认为，孙甲成立敲诈勒索罪，而不成立抢劫罪。

4. 评析意见

法院认为，被告人孙甲等人能够当场得到 4 000 元，主要原因在于实施了“公了还是私了”这一威胁内容，而之前“拳打脚踢”的暴力行为与当场取得现金之间，没有因果关系。

深度研究

除上述“因果关系方案”外，实务界常用的办法还有：将之前实施的暴力行为认定为属于“一时激愤的单纯的伤害行为”，而不作为“出于抢劫故意的暴力”来理解，从而和“后来的勒索钱财行为”区别开来。② 此即所谓“欠

---

① 最高人民法院中国应用法学研究所．人民法院案例选：2004 年刑事专辑．北京：人民法院出版社，2005：422 以下．

② 最高人民法院刑事审判第一、二庭．刑事审判参考：总第 24 辑．北京：法律出版社，2002：37.

缺抢劫故意”的方案。

针对“欠缺抢劫故意”的方案，有观点指出，切断“一时激愤的单纯伤害行为”和“之后索取财物的行为”之间的关联，有助于保证裁判结论的妥当性，这样的论证思路是在坚持“两个当场”基本框架的范围内所做的有效调整。但是，该种调整只是权宜之计，可能会造成被告人在实施暴力之前便想着要借机勒索对方钱财，就无法认定为敲诈勒索罪。① 所以，依照前述观点，“在行为人以对被害人使用暴力为手段而取得财物的场合，是否成立敲诈勒索罪，要看作为手段的暴力按社会一般观念判断，在客观上是否已经达到足以压制被害人反抗的程度……即使当场对被害人使用暴力，只要暴力的程度没有达到压制被害人反抗的程度，则即使行为人当场取得财物，也完全可能成立敲诈勒索罪”②。

应当认为，该种观点已经注意到，被告人的举止是否压制被害人反抗，乃是区分抢劫和敲诈勒索的关键所在：若压制了反抗，则意味着被告人在缺乏被害人意思配合的情况下取走财物，此时为抢劫手段；而若未压制被害人反抗，则意味着被害人还可以有自由转移其财物的余地，此时宜认定被告人举止属于敲诈勒索之手段。只是论者未注意到，在犯罪审查中，作为手段的暴力是否足以压制被害人反抗，并非简单地按照社会一般人来判断，而是应由法官根据每个案件的具体案情，来考察被告人选择的手段是否足以压制案件中的具体被害人。实务界人士所提出的暴力手段和后续的取财之间缺乏因果关系，事实上也是在说明：之前的暴力手段在财产转移时没有压制被害人。在确定存在或不存在压制之后，才轮到考察被告人是否对这种情况有认识。至于“欠缺抢劫故意”，则是在通过否定被告人对其手段的操纵，从而否认其暴力手段在取财时具有压制性。被告人在施暴前即有意勒索钱财，不见得就可笼统地认定抢劫故意成立，毕竟在后来的实施过程中亦可能采取非压制性的手段。该事先的意图只是本体论意义上的被告人自己的取财意图，尽管可以充作认定被告人具有故意的重要参考，但它和针对其手段和取财之间风险关联的认识还不完全一样：只有他认识到自己采取的压制性手段能够决定性地造成财产转移（认识到手段对财产的危险），才能认定具有抢劫故意。当然，由于财产犯罪侵犯的法益是财产，这使得无论是压制性手段，还是非压制性手段，均必须针对财产的转移。

---

① 陈兴良．刑法各论精释：上．北京：人民法院出版社，2015：597（劳东燕执笔）．

② 同①574（劳东燕执笔）．

二、敲诈勒索罪和诈骗罪的区分

知识背景

敲诈勒索罪是比诈骗罪处罚更重的犯罪，依据有关司法解释的规定，敲诈勒索罪“数额较大”的起刑点是 2 000 元，而诈骗罪“数额较大”的起刑点则是 3 000 元。换言之，敲诈勒索 2 500 元就构成犯罪，而诈骗 2 500 元不构成犯罪。所以，区分诈骗罪和敲诈勒索罪，在刑事政策上并非可有可无之事。

日本学者大塚仁指出：日本的判例是根据对方交付财物的决意是基于恐怖还是基于错误作出的，来认定是成立恐吓罪还是诈欺罪。但是，这样的话，犯罪终于未遂时成立何罪就不明确，因此，应该根据行为本身的性质是恐吓人的行为还是欺骗人的行为来区别两罪。① 在我国，也存在以被害人的恐惧心理作为区分敲诈勒索罪与诈骗罪的做法②，这种做法的问题，和在日本判例中的问题是一样的。合适的做法，应该是以被告人所采取的手段究竟是强迫手段还是欺骗手段，来区分是敲诈勒索抑或诈骗。我国学者早年曾写道：“诈骗罪与敲诈勒索罪，二者虽然都是以非法占有公私财物为目的，其行为都有一个‘诈’字，但是，两罪有其不同之处：敲诈勒索罪的诈取财物，是采取恐吓、要挟的手段，造成被害人在精神上的恐惧，在迫不得已的情况下交出财物的；诈骗罪一般不采取恐吓、要挟的‘强索’手段，而是使用编造假情况、隐瞒事实真相的手法，使受害者信以为真，而仿佛‘自愿’地将财物交出的。由此来看，行为人非法占有财物，是靠骗的手段，还是靠恐吓的手段，则是区分诈骗罪与敲诈勒索罪的关键。”③ 将论者此处提及的“精神恐惧”代之以“精神强制”，其论述就较为贴切了。至于敲诈勒索罪与诈骗罪主观方面所存在的不同，则无须赘述，因为主观方面是对举止手段性质的认识。举止手段不同，自然也就代表着主观方面不同。

在我国，还流行有依照保护客体或法益来区分敲诈勒索罪和诈骗罪的做法：“敲诈勒索罪侵犯的客体是复杂客体，包括财产所有权和公民的人身权利；诈骗罪的犯罪客体比较单一，侵犯的是公民的所有权”④。其实，两者的主要法益都是财产，它们只是附属法益有所不同：敲诈勒索罪的附属法益是“意思形成自由不受强迫”，而诈骗罪的附属法益则是“意思形成自由不受欺骗”。两罪附属法益上的不同，实际上是两罪手段不同的反映，更为关键的，

---

① 大塚仁．刑法概说（各论）．冯军，译．北京：中国人民大学出版社，2009：307－308.

② 马克昌．百罪通论：下卷．北京：北京大学出版社，2014：879（郭泽强执笔）.

③ 金凯．侵犯财产罪新论．北京：知识出版社，1988：227（曹江轮执笔）.

④ 马克昌．百罪通论：下卷．北京：北京大学出版社，2014：879（郭泽强执笔）；赵秉志．侵犯财产罪研究．北京：中国法制出版社，1998：449（尹文健执笔）.

还是两罪在手段上的区别。

司法实践中，经常给人们带来定性疑惑的，是敲诈勒索手段和诈骗手段混合在一起的案件。例如，甲对乙说，如果不给他钱，丙就要来杀乙。由于丙并不受制于乙，所以，在该案中，只能算是以胁迫方式强化的欺骗。恐吓只是欺骗的附带效果，因此，这种情形应该以诈骗而非敲诈勒索论处。① 只有被告人甲处于能够影响丙的地位，或者甲能够提供相应理由让乙相信，他能够影响到丙的行为，才可以认为有成立敲诈勒索罪的可能。至于甲和丙之间是否存在共谋关系，以及甲能否真正现实地影响到丙，则无关紧要。② 这方面的例子：被告人张三谎称与黑社会头目李四有交情，而向被害人索要“保护费”，此时，张三实际上相当于对被害人表述了，如果不给钱，就将遭到李四的加害，而其“交情”若有理由让对方相信，则有成立敲诈勒索的可能。③

如果甲得知乙家里有人被拐走，于是打电话给乙说自己是绑匪，若不给钱，就将加害于其家人。这种案件由于已经利用了真实发生的劫持，因而，可以认为，甲的手段能够强迫性地支配乙的后续举止，应当认定其成立勒索。④ 此处的疑问只在于，是认定为绑架（勒索），还是认定为敲诈勒索和诈骗的想象竞合。笔者以为，此处认定为敲诈勒索和诈骗的想象竞合较为合理。该案中被告人是要被害人以为付了钱就可以使家人转危为安，并选择付钱，故属于诈骗行为。如果排除诈骗行为的认定，会使得下列情形也不成立犯罪：被告人欺骗被害人说，自己是绑匪派来的差使，是来取赎金的，此时被告人未以自己的举止造成对方的精神强制，不成立勒索；若不成立诈骗，就显得不合理。⑤ 同样的情形，还有冒充派出所民警抓赌，威胁要将参赌人员治安拘留，逼使后者支付罚款，此时亦应为敲诈勒索和诈骗的想象竞合。⑥ 当然，敲诈勒索和诈骗的想象竞合的结果，除非够得上诈骗罪无期徒刑的门槛，通常皆是从敲诈勒索罪一重罪论处。

规范依据

（一）《刑法》

第 266 条　诈骗公私财物，数额较大的，处三年以下有期徒刑、拘役或

---

① Vgl. LK-Vogel，2010，§253，Rn. 7；Wessels/Hillenkamp，Strafrecht Besonderer Teil 2，2010，Rn. 707.

② 陈兴良．刑法各论精释：上．北京：人民法院出版社，2015：575-576（劳东燕执笔）．

③ 同②591-592（劳东燕执笔）．

④ Vgl. LK-Vogel，2010，§253，Rn. 7.

⑤ Vgl. Krey/Hellmann，Strafrecht Besonderer Teil Ⅱ，2005，Rn. 314 ff.

⑥ 陈兴良．刑法各论精释：上．北京：人民法院出版社，2015：591（劳东燕执笔）．

者管制，并处或者单处罚金；数额巨大或者有其他严重情节的，处三年以上十年以下有期徒刑，并处罚金；数额特别巨大或者有其他特别严重情节的，处十年以上有期徒刑或者无期徒刑，并处罚金或者没收财产。本法另有规定的，依照规定。

(二) 最高人民法院、最高人民检察院、公安部《关于依法办理"碰瓷"违法犯罪案件的指导意见》

一、实施"碰瓷"，虚构事实、隐瞒真相，骗取赔偿，符合刑法第二百六十六条规定的，以诈骗罪定罪处罚……

二、实施"碰瓷"，具有下列行为之一，敲诈勒索他人财物，符合刑法第二百七十四条规定的，以敲诈勒索罪定罪处罚：

1. 实施撕扯、推搡等轻微暴力或者围困、阻拦、跟踪、贴靠、滋扰、纠缠、哄闹、聚众造势、扣留财物等软暴力行为的；

2. 故意制造交通事故，进而利用被害人违反道路通行规定或者其他违法违规行为相要挟的；

3. 以揭露现场掌握的当事人隐私相要挟的；

4. 扬言对被害人及其近亲属人身、财产实施侵害的。

案例评价

[案例 17-7] 李某某等诈骗案①（故意制造交通事故索赔的情形）

1. 基本案情

被告人李某某、潘甲、潘乙单独或结伙驾驶轿车，趁前方外地来沪车辆变道之际，采用不减速或加速行驶的方法，故意碰擦前方车辆，制造交通事故；隐瞒故意制造交通事故的真相，欺骗对方车辆驾驶员和公安交警部门，并利用有关道路交通法规所规定的路权优先原则，在事故处理中获得赔款，从而骗取对方车辆驾驶员支付的车辆修理费。被告人李某某参与诈骗 7 次，诈骗金额共计人民币（以下币种同）19 026 元；被告人潘甲参与诈骗 6 次，诈骗金额共计 12 853 元；被告人潘乙参与诈骗 2 次，诈骗金额共计 5 000 元。赃款被挥霍。

2. 涉案问题

其他车辆变道时不减速或加速，致使与变道车辆发生碰撞后索赔的情形，是属于交通事故的善后还是成立诈骗罪？

① 最高人民法院刑事审判第一、二庭．刑事审判参考：总第 29 辑．北京：法律出版社，2003：25－28.

3. 裁判理由

某区法院认为，根据国务院颁布实施的《道路交通事故处理办法》（已失效）第 2 条的规定，“道路交通事故是违反道路交通管理法规、规章的行为，过失造成人身伤亡或者财产损失的事故”，因而可以确定属行政法规调整的交通事故必须是出自作案人的过失。而被告人李某某、潘甲、潘乙单独或结伙，利用《道路交通管理条例》（已失效）第 7 条第 1 款所规定的“车辆、行人必须各行其道。借道通行的车辆和行人，应当让其在本道内行驶的车辆或行人优先通行”这一路权优先原则，趁被害人驾车变道时，不减速或加速而故意碰擦对方车辆，制造交通事故，其主观上并非出于过失，故不应适用上述规定。其故意制造交通事故后，对被害人和公安交警部门隐瞒该交通事故是其故意制造的真相，致使公安交警部门将上述故意制造的交通事故按过失造成的交通事故进行处理，并认定被害人承担事故的全部责任或部分责任，为此被害人支付了赔款。因此，被告人不仅在主观上具有非法骗取他人钱款的故意，而且在客观上实施了骗取其本不应获取的数额较大的赔款的行为，业已符合诈骗罪的主客观要件，应构成诈骗罪。

4. 评析意见

以上案件定性为诈骗罪并无太多争议，当事人未使用强迫手段，也不可能成立敲诈勒索罪，但是，若案情发生轻微改变，则会影响定性，例如：张某搭乘他人摩托车时故意从摩托车上摔下，并以摔伤为由，对摩托车驾驶者进行言语威胁，索要赔偿款。张某成功作案两次，获得人民币共计 4 000 余元。第三次作案时，对方发现张某安然无恙，毅然将其扭送至公安机关。[①] 在该案中，张某故意摔伤后，通过言语威胁索要赔偿款，应定性为诈骗还是敲诈勒索？法院判定该案成立敲诈勒索罪。纵然如此，仍有不同观点认为，该案应定性为诈骗罪，因为敲诈勒索和诈骗之区分在于，敲诈勒索罪的被害人乃是有意识地实施自我损害，而诈骗的被害人则是无意识地实施自我损害，而在该案的驾驶者看来，导致财产损失的是其违约或侵权行为，驾驶者实施了无意识的自我损害。[②] 该案“驾驶者是出于履行民事赔偿义务的意识处分财产的，而胁迫对于财产处分行为只能起到督促催化的作用，尚不足以对驾驶者形成精神上的强制。这也是在张某第三次作案过程中，驾驶者发现其安然无恙时毅然将其扭送至公安机关的原因。因此，该案中的胁迫行为不足以使

---

① 陈祥．假摔诈钱判刑一年．检察日报，2005－10－25（2）．

② 邹兵建．交通碰瓷行为之定性研究//陈兴良．刑事法判解：第 12 卷．北京：人民法院出版社，2012：114.

驾驶者陷入精神强制，该案不能构成敲诈勒索罪而只能构成诈骗罪”[①]。但是，这种观点会不适当地导致以被害人面对被告人行为的事后反应来左右对被告人行为的定性究竟是敲诈勒索还是诈骗，也不符合论者自己所主张的“判断欺骗并胁迫而索取财产行为构成何罪，唯一的依据在于行为的性质”[②] 的论点。

依照笔者的理解，决定究竟是诈骗罪还是敲诈勒索罪的，还应是作案人之举止的性质，而非被害人针对该行为事后所作出的反应。因此，作案人是有可能同时既采用敲诈勒索手段，又采用诈骗手段的，在两种手段混用的场合下，应当认定为两罪的想象竞合。[③] 在张某的案件中，作案人张某也是可能采取胁迫手段施加精神强制的，被害人的认识错误无法排除也有可能正是在这种精神强制之下促成的；至于第三次作案时，对方未产生认识错误，只是因为其在该次行动中精神强制力度较小，从而只达到未遂阶段而已，由此不能排除在第一次和第二次中采用了胁迫（精神强制）手段。只有在并非故意造成交通事故的情况下采取的胁迫索赔合理数额的钱款的手段，才能排除敲诈勒索罪的成立。在故意造成交通事故的情况下，因事故造成伤害，应自我承担责任，只要在提出不当索赔时有胁迫手段（比如，以暴力相威胁），在定性上均应属于敲诈勒索行为。至于有没有达到数额较大的入罪门槛，则是另一回事。司法实践中，有关敲诈勒索与诈骗之区分的案例，还有：

[案例 17-8] 梁某甲等敲诈勒索案[④]（设局骗人参赌后胁迫索取钱财）

1. 基本案情

2005 年 9 月至 2006 年 7 月，被告人梁某甲、李某某、陈某、梁某乙、欧阳某某共同或分别伙同他人，假冒香港知名企业管理人员或其亲属，以到内地投资为借口，诱骗内地党政官员到香港等地考察、洽谈，然后提议玩牌，伺机将事先排好顺序的牌换上，致使被害人输钱。被害人赌输后，梁某甲等人便通知在外守候的李某某等人进入房间，以举报参赌、带去澳门扣押、将实施暴力等相威胁，迫使被害人通知亲友向指定账户汇款后才放行，其中有三位被害人回内地后，梁某甲等人又以举报参赌相要挟，迫使三人向指定账户汇款人民币 43 万元。被告人迫使被害人通知亲朋向指定账户汇款，总共作

① 邹兵建．交通碰瓷行为之定性研究//陈兴良．刑事法判解：第 12 卷．北京：人民法院出版社，2012：114-115.

② 同①113.

③ 类似地，将谎称自己是绑匪而勒索他人财物的情况也认定为敲诈勒索和诈骗之想象竞合的，参见车浩．法益支配权与财产犯罪．北京：清华大学法学院博士后出站报告，2010：168，172.

④ 最高人民法院中国应用法学研究所．人民法院案例选：2009 年第 2 辑．北京：中国法制出版社，2009：31-35.

案16起，取得人民币9 649 055.62元、港币16 000元。

2. 涉案问题

设局诱骗他人参加赌博，导致对方输钱后，以举报参赌、扣押和暴力相威胁，从而迫使对方转账的行为，应成立诈骗罪还是敲诈勒索罪？

3. 裁判理由

某市法院一审认为，被告人梁某甲等五人以非法占有为目的，伙同周某某等人诈骗他人财物，数额特别巨大，均已构成诈骗罪。在共同犯罪中，梁某甲与周某某、邹某某等起主要作用，属主犯，李某某、陈某、梁某乙、欧阳某某作用相对较小，为从犯，应从轻、减轻或者免除处罚。梁某甲检举同案犯的其他犯罪事实经查证属实，属立功，可以从轻、减轻处罚。案发后，梁某甲等四人均主动供述了司法机关尚未掌握的同种罪行，可酌情从轻处罚。依照《刑法》第266条、第25条第1款、第26条第1款、第4款、第27条、第64条、第68条第1款、最高法《关于处理自首和立功具体应用法律若干问题的解释》第5条的规定，被告人梁某甲犯诈骗罪，判处有期徒刑15年，并处罚金30万元；李某某犯诈骗罪，判处有期徒刑12年，并处罚金20万元；陈某犯诈骗罪，判处有期徒刑9年，并处罚金20万元；梁某乙犯诈骗罪，判处有期徒刑8年，并处罚金20万元；欧阳某某犯诈骗罪，判处有期徒刑6年，并处罚金10万元；被告人违法所得予以追缴。一审宣判后，梁某甲等人均不服，分别提出上诉。

二审法院经审理认为，上诉人梁某甲等五人以非法占有为目的，以投资为诱饵骗他人到香港等地输钱后，以举报参与赌博、带去澳门以及将实施暴力相威胁，迫使他人交付财物，均已构成敲诈勒索罪，且敲诈勒索数额达900多万元，涉案8个省、市，情节特别严重，应依法惩处。在共同犯罪中，上诉人梁某甲属主犯，李某某等四人为从犯。梁某甲有立功，可从轻处罚。案发后，梁某甲、陈某、梁某乙、欧阳某某均主动供述了司法机关尚未掌握的同种罪行，可酌情从轻处罚。对梁某甲等五人及陈某辩护人提出应定性为敲诈勒索罪的上诉理由和辩护意见，予以采纳。原判认定事实清楚，证据确实、充分，审判程序合法，但定罪不当。根据《刑事诉讼法》（1996年）第189条第1、2项、《刑法》第274条、第25条第1款、第26条第1款、第4款、第27条、第64条、第68条第1款、最高法《关于处理自首和立功具体应用法律若干问题的解释》第5条的规定，判决上诉人梁某甲犯敲诈勒索罪，判处有期徒刑9年；李某某犯敲诈勒索罪，判处有期徒刑8年；陈某犯敲诈勒索罪，判处有期徒刑6年；梁某乙犯敲诈勒索罪，判处有期徒刑5年；欧阳某某犯敲诈勒索罪，判处有期徒刑4年；被告人违法所得予以追缴。

4. 评析意见

支持本案判决的笔者认为，被告人梁某甲等五人以非法占有为目的，采用欺骗手段诱骗被害人到香港、珠海，假冒知名企业负责人佯装洽谈投资事项，设“天仙局”让被害人输钱，然后对被害人采取威胁、胁迫的方法，非法占有被害人财物。梁某甲等人利用内地党政领导及企业负责人招商引资的迫切心理，采取假冒他人名义、虚构投资事由手段，诱骗他们到香港等地参赌，设局使被害人输钱后，以举报参赌、实施暴力等方法，给被害人造成精神上的恐惧，迫使其安排亲友汇款。被告人精心设计的前期一系列欺骗行为实际上皆是为勒索钱财创造条件，并借助这些条件胁迫被害人以获取钱财。本案被害人在赌钱结束被索款时，均认识到这是个骗局，均是在被逼无奈的情况下交付钱款。因此，本案不符合诈骗犯罪以虚构事实或者隐瞒真相的方法，使被害人信以为真，自愿交出财物的要求。诈骗罪作为数额型犯罪，必须通过诈骗手段获取了一定数额的财物，才符合完整的犯罪构成。本案中被告人前期的手段虽符合诈骗犯罪的部分客观要件，但在牌局结束时，被害人并未自愿交付财物，作为手段的诈骗尚未符合诈骗罪的构成要件。因此，也不成立诈骗罪和敲诈勒索罪的牵连犯。被告人在逼迫被害人汇款过程中，虽然也使用了一定的暴力，如掐脖子等，但从被告人的直接故意看，就是设局勒索钱财，使用一定的暴力是为了便于勒索钱财，此种暴力要轻于抢劫罪的暴力。被告人在逼迫被害人汇款过程中也进行威胁，但却是以揭发赌博隐私、带去澳门扣押、丢到海里喂鱼、砍手砍脚等相威胁，达不到抢劫罪中的胁迫那种程度；从实现威胁内容的时间看，不是当场实施，而是将来实施。所以，本案应构成敲诈勒索罪。

由于本案发生在2011年以前，彼时敲诈勒索罪的法定最高刑为10年，而诈骗罪的最高刑为无期徒刑，尽管敲诈勒索罪的入罪数额要低于诈骗罪的入罪数额，但是，在涉案金额特别巨大的案件上，敲诈勒索罪的法定刑却低于诈骗罪的法定刑，故上诉人在救济程序中均以修改案件定性为敲诈勒索罪为其诉求。2011年《刑法》敲诈勒索罪法条修正之后，法定最高刑升高为15年有期徒刑，虽然仍不像诈骗罪那般有可能判处无期徒刑，但是，本案若发生在2011年之后，一审和二审判处的刑罚估计不会有明显的变化。

三、敲诈勒索罪和绑架罪的区分

知识背景

在上文“二、敲诈勒索罪和诈骗罪的区分”中，我们曾经提到“如果甲得知乙家里有人被拐走，于是打电话给乙说自己是绑匪，若不给钱，就将加害于其家人”的案例如何处理的问题，当然，由于甲自己并未真实地劫持他人，而是利用他人之所为进行后续的勒索，故不成立绑架罪，而只成立敲诈勒索罪与诈骗罪的想象竞合。可见，敲诈勒索罪和绑架罪二者间如何区分，也是敲诈勒索罪法律适用中的重要问题。

绑架罪又叫绑架勒索罪，历史上的“掳人勒赎罪”为其前身。[①] 绑架罪和敲诈勒索罪在我国法制史上有着很悠久的历史，通常是将勒索罪（“恐吓取财罪”）和绑架罪（“执持人质罪”）并列规定在刑律中。广义而言，绑架也属于敲诈勒索罪的范畴。不过，1979 年旧《刑法》未规定绑架罪。在 1979 年《刑法》施行过程中，全国人大常委会决定增设绑架罪之前，对绑架勒索的案件大多也是以敲诈勒索罪论处。[②] 当然，由于处罚力度不够，当时也有观点认为，应当以抢劫罪定罪处理。[③] 1990 年最高检《关于以人质勒索他人财物案件如何定罪问题的批复》（已废止）便写道：“经征求最高人民法院和有关部门的意见，答复如下：以人质勒索他人财物犯罪案件，依照刑法第一百五十条规定以抢劫罪批捕起诉”。1991 年 9 月 4 日，全国人大常委会《关于严惩拐卖、绑架妇女、儿童的犯罪分子的决定》第 2 条随后规定，“以出卖为目的，使用暴力、胁迫或者麻醉方法绑架妇女、儿童的，处十年以上有期徒刑或者无期徒刑，并处一万元以下罚金或者没收财产；情节特别严重的，处死刑，并处没收财产”；“以出卖或者勒索财物为目的，偷盗婴幼儿的，依照本条第一款的规定处罚”；“以勒索财物为目的绑架他人的，依照本条第一款的规定处罚”。1997 年《刑法》第 239 条显然是对上述规定吸收、整理后的重新表述。

绑架罪与敲诈勒索罪之区别，主要体现在其举止方式上。绑架罪是以实力控制被绑架者的生命、身体安全的方式劫持他人为人质，然后向与其有关的第三人索取财物。在不考虑被勒索人不同于财产受损失者的情形下，绑架性质的举止中存在三方关系：被告人—被绑架人—被勒索人。而在敲诈勒索性举止中，只涉及被告人和被勒索人两方关系。[④] 在绑架罪中，被告人已经控制了人质，其对被勒索人声称的威胁随时可能付诸实施，较之于敲诈勒索罪中胁迫加害的内容，绑架罪中的加害更有现实性和紧迫性。[⑤]

在这一题目下还经常被讨论的问题是，被告人事实上没有绑架他人，但是，谎称自己绑架了他人，进而向被害人勒索财产的，此种情形应当如何定性？例如，甲和乙合谋之后，由与丙相识的甲，将丙骗到外地去游玩，乙给丙的家属打电话，声称已经“绑架”了丙，借以要求“赎金”。这种情况，不

---

① 赵秉志．侵犯财产罪研究．北京：中国法制出版社，1998：447（尹文健执笔）；王作富．抢夺、敲诈勒索罪．北京：中国检察出版社，1991：164-165（执笔人不详）．

② 高铭暄，马克昌．中国刑法解释：下．北京：中国社会科学出版社，2005：1937（刘明祥：第 274 条）．

③ 王作富．抢夺、敲诈勒索罪．北京：中国检察出版社，1991：165（执笔人不详）．

④ 黎宏．刑法学．北京：法律出版社，2012：736.

⑤ 赵秉志．侵犯财产罪研究．北京：中国法制出版社，1998：447（尹文健执笔）．

应成立绑架罪，而只能以敲诈勒索罪和诈骗罪从一重罪论处，成立敲诈勒索罪。[①] 但若甲声称与自己无关的第三人“绑架”了丙，从而要求丙的亲属支付“赎金”，则因缺乏让丙的亲属相信丙被“绑架”的有力理由，甲只应定性为诈骗罪而非敲诈勒索罪。作案人将被害人杀死后，以被害人被绑架为名勒索钱财的，同样成立敲诈勒索罪。[②]

规范依据

《刑法》

第239条　以勒索财物为目的绑架他人的，或者绑架他人作为人质的，处十年以上有期徒刑或者无期徒刑，并处罚金或者没收财产；情节较轻的，处五年以上十年以下有期徒刑，并处罚金。

犯前款罪，杀害被绑架人的，或者故意伤害被绑架人，致人重伤、死亡的，处无期徒刑或者死刑，并处没收财产。

以勒索财物为目的偷盗婴幼儿的，依照前两款的规定处罚。

案例评价

[案例17-9] 张某绑架案[③]（未实力控制受害人的情形）

1. 基本案情

被告人张某在淮安某处偶遇中学生戴某（13岁）。张某主动向其搭讪，张某以戴某父亲与人抢劫分赃不均，现有人要将戴父带到南京，并以护送和为戴某作保障为借口，将戴某哄骗至南京并暂住在某酒店。当晚，张某外出打电话到戴某家，要求戴家次日付8万元人民币，并不许报警，不然戴某将有危险。次日上午，张某又多次打电话到戴家威胁。其间，戴某趁被告人外出之机与家人电话联系，得知其父并无危险。后在家人指点下离开酒店到当地公安机关求助，淮安警方在南京将张某抓获。

2. 涉案问题

谎称绑架了他人从而进行勒索，是成立绑架罪还是敲诈勒索罪？

3. 裁判理由

某区法院认为，被告人张某以非法占有为目的，采用威胁等方法强行索

---

① 张明楷．刑法学．4版．北京：法律出版社，2011：872；张明楷．刑法学．5版．北京：法律出版社，2016：1019；仅定“敲诈勒索罪”的，有黎宏．刑法学．北京：法律出版社，2012：736；陈兴良．刑法各论精释：上．北京：人民法院出版社，2015：599（劳东燕执笔）．

② “陈宗发故意杀人、敲诈勒索案”，参见何帆．中华人民共和国刑法注释书．北京：中国法制出版社，2011：392.

③ 最高人民法院刑事审判第一、二、三、四、五庭．刑事审判参考：总第56集．北京：法律出版社，2007：31-35.

取公民财物，数额巨大，其行为已构成敲诈勒索罪。针对公诉机关指控的绑架罪名，经查，被告人实施的犯罪行为所侵犯的客体主要是公民的财产权利，绑架罪所需具备的“劫持人质”的特征在本案中不明显，事实上戴某的人身自由也未被剥夺，被告人在本案中的举止尚未达到绑架罪所应该达到的严重程度，以敲诈勒索罪论处更为合适。被告人张某因意志以外原因犯罪未得逞，属犯罪未遂，依法可从轻处罚。其认罪态度较好，可以酌情从轻处罚。依照《刑法》第 274 条、第 23 条之规定，作出如下判决：被告人张某犯敲诈勒索罪，判处有期徒刑 5 年。

4. 评析意见

针对该案，实务部门认为，区别勒索型绑架罪和诱拐型敲诈勒索罪，关键就是要确定被告人是否真正绑架了被害人，也即其举止对被害人人身自由的剥夺是否达到了严重的程度，是否严重危及了被害人的人身安全。本案中被害人戴某的行动实际上是自由的，既未被看押、捆绑、殴打，更没有被伤害，除了受到被告人的谎言吓唬而随其来到南京，其人身自由并未受到什么影响，故对被告人的行为不宜定性为绑架罪。而学者指出，本案被告人将被害人戴某拐离家庭监护之后，并未对戴某实行人身强制，戴某仍拥有人身自由，此时并不存在实力控制作为人质的绑架行为。被告人只实施了实力控制行为和提出财物行为两者中的后一行为，不能成立绑架罪，只能成立敲诈勒索罪。但被告人将戴某拐骗脱离家庭监护的行为，可能另成立拐骗儿童罪，从而应与敲诈勒索罪两罪并罚。① 本案确实是没有达到实力控制的程度，但是，如果行为人确实采取了绑架手段，有看押等限制自由的做法，又向被绑架人的近亲属勒索了财物，则只能认定为绑架罪，而不能只定敲诈勒索罪。绑架罪和敲诈勒索罪两者之间，是特别法与一般法的竞合关系。

四、敲诈勒索罪和盗窃罪的区分

知识背景

从上文“二、敲诈勒索罪和诈骗罪的区分”“三、敲诈勒索罪和绑架罪的区分”中，我们得知，敲诈勒索罪往往可以借助“索取钱财”的方式，充当自己或他人实施其他犯罪的“后续犯罪”，因此，敲诈勒索罪不仅会和诈骗罪、非法拘禁罪、绑架罪等发生区分的困难，而且会和盗窃罪发生区分困难，尤其是被告人盗窃财物之后索取赎金的，此时盗窃财物乃是充当敲诈勒索之手段，盗窃和敲诈勒索之预备也发生重合。当然，此时盗窃罪和敲诈勒索罪

① 陈兴良．刑法各论精释：上．北京：人民法院出版社，2015：601－602（劳东燕执笔）．

之所以发生区分困难，除了有作为“后续犯罪”的敲诈勒索罪本身性质的原因，还与刑法竞合论上的不同的处理方法有关系。结合盗窃财物之后索取赎金的情形来看，当事人是采取了一个举止还是两个举止，容易使人疑惑。若是一个举止，触犯两个罪名，则是想象竞合，应从一重罪论处；如果是两个举止触犯两个罪名，且采取牵连犯的概念，也是从一重罪论处；假若不采取牵连犯的概念，则应当对两个举止触犯两个罪名的情形，进行两罪并罚。

除“后续犯罪”和竞合造成的困难外，三角关系也会造成敲诈勒索罪和盗窃罪二者间的区分困难：被告人强迫第三人去取得被害人的财产，并交付给自己，是成立盗窃罪（之间接正犯），抑或敲诈勒索罪？如此便涉及第三人和被害人之间的关系，若第三人是个和被害人无关的人（如大街上的行人），那就不应该认为他会为了保护被害人的财产而进行反抗，此时宜认定盗窃罪的间接正犯，而不成立敲诈勒索罪。在该种案件中，被告人的强迫手段，只是用于操纵无关的第三人作为取财的工具，而不是用于克服被害人（本人）或有关的第三人为保卫财产而进行的反抗。① 倘若无关的第三人在去取得被害人财产的途中逃走，则被告人属于盗窃未遂。

规范依据

《刑法》

第 264 条　盗窃公私财物，数额较大的，或者多次盗窃、入户盗窃、携带凶器盗窃、扒窃的，处三年以下有期徒刑、拘役或者管制，并处或者单处罚金；数额巨大或者有其他严重情节的，处三年以上十年以下有期徒刑，并处罚金；数额特别巨大或者有其他特别严重情节的，处十年以上有期徒刑或者无期徒刑，并处罚金或者没收财产。

案例评价

[案例 17－10] 张某甲、张某乙盗窃案②（盗窃后索取钱财如何定性）

1. 基本案情

2005 年 9 月 20 日至 10 月 15 日，被告人张某甲伙同被告人张某乙、谢某（另案处理）等人，分别窜至湖州市开发区、江苏省常州市某高速公路建设工地、温州市泰顺县某省道建设工地等地，采用钥匙开门等手段，盗窃作案 8 次，从挖掘机内窃得电脑主板 8 块，共计价值人民币（以下币种同）92 580

① Vgl. SK-Sinn，2010，§253，Rn. 18.

② 最高人民法院刑事审判第一、二、三、四、五庭．刑事审判参考：总第 54 集．北京：法律出版社，2007：35－41.

元。盗窃之后，他们将电脑主板藏匿于附近草丛中、坟墓旁等地，并在挖掘机内留下联系电话号码，以汇款入指定账户才将电脑主板归还相要挟，向挖掘机机主共计索得现金 50 000 元。其中，被告人张某乙参与窃得电脑主板 2 块，价值 17 220 元，向挖掘机机主索得现金 2 000 元。

2005 年 9 月 28 日和 10 月 7 日，张某甲伙同张某丙（另案处理）在江苏省常州市某高速公路建设工地和温州市泰顺县某省道建设工地，先后窃得挖掘机内的电脑主板 4 块。后由未参与盗窃的被告人张某乙以汇款入指定账户才将电脑主板归还相要挟，向挖掘机机主索得现金 34 000 元。索得钱财后，张某甲、张某乙将藏匿电脑主板地点告知机主，机主据此找回了电脑主板。

2. 涉案问题

窃取他人挖掘机电脑主板后向被害人索取钱财的举止应如何定罪处罚?

3. 裁判理由

湖州市某区法院认为，被告人张某甲、张某乙以非法占有为目的，秘密窃取他人财物，张某甲盗窃数额巨大，张某乙盗窃数额较大，其举止均已构成盗窃罪。被告人张某乙以非法占有为目的，采用威胁的方法强行索要他人钱财，数额巨大，其举止业已构成敲诈勒索罪，依法应两罪并罚。关于公诉机关指控被告人张某甲犯敲诈勒索罪，法院认为，被告人张某甲的举止属于牵连犯罪，分别构成盗窃罪和敲诈勒索罪，应当从一重罪判处，即以盗窃罪定罪处罚。

关于公诉机关指控被告人张某乙犯敲诈勒索罪，法院认为，被告人张某乙并未参与张某甲、张某丙在江苏常州和温州泰顺盗窃 4 台挖掘机内的电脑主板的行动，只是在事后利用张某甲等人盗窃来的电脑主板向机主进行敲诈勒索，张某乙的上述举止构成敲诈勒索罪，公诉机关指控的罪名成立。被告人张某乙伙同张某甲盗窃挖掘机内的电脑主板（盗窃价值 17 220 元）后，实施敲诈勒索的举止构成盗窃罪。依照《刑法》第 264 条、第 274 条、第 25 条第 1 款、第 68 条第 1 款、第 69 条、第 52 条、第 53 条之规定，于 2006 年 4 月 21 日判决如下：被告人张某甲犯盗窃罪，判处有期徒刑 6 年 8 个月，并处罚金 1 万元。被告人张某乙犯盗窃罪，判处有期徒刑 2 年，并处罚金 3 000 元；犯敲诈勒索罪，判处有期徒刑 3 年 6 个月，决定执行有期徒刑 4 年 6 个月，并处罚金 3 000 元。

4. 评析意见

对被告人张某乙未参与盗窃，只参与敲诈勒索的举止，以敲诈勒索罪定罪处罚并无异议。但对被告人张某甲、张某乙共同窃取他人电脑主板后，向被害人索取钱财的举止，如何定罪处罚，在本案审理过程中有两种不同意见：

一种意见认为：应以敲诈勒索罪定罪处罚。作案人的主观目的是敲诈钱财，而不是盗窃，其从挖掘机上取走电脑主板后藏之于附近，索得钱财后将藏匿地点告知被害人，表明其对电脑主板没有非法占有的故意，因此，对作案人应当以敲诈勒索罪定罪处罚。

另一种意见认为：应以盗窃罪定罪处罚。作案人主观上最终目的虽然是敲诈钱财，但采用窃取挖掘机电脑主板的方法，实施敲诈勒索犯罪，其手段性举止又构成了盗窃罪，属于刑法理论上的牵连犯罪，即一个举止的手段性举止与目的性举止分别构成盗窃罪和敲诈勒索罪，应当从一重罪判处。

支持本案判决结论的笔者认为，第二种意见是正确的。本案张某甲、张某乙共同窃取挖掘机电脑主板后向被害人索取钱财，其手段构成盗窃罪，而其目的构成敲诈勒索罪，分别触犯了不同罪名，构成牵连犯，应择一重罪即以盗窃罪处罚。首先，根据《刑法》第 264 条、第 274 条的规定，盗窃罪的法定刑为无期徒刑、有期徒刑、拘役或者管制，并处或者单处罚金，而敲诈勒索罪的法定刑是 10 年以下有期徒刑、拘役或者管制。可见，盗窃罪的最高绝对法定刑高于敲诈勒索罪的最高绝对法定刑，那么，盗窃罪的罪质就要重于敲诈勒索罪的罪质。其次，刑法条文在盗窃罪中规定了并处附加财产刑，而在敲诈勒索罪中则没有，这也说明对盗窃罪的处罚要重于对敲诈勒索罪的处罚。最后，如果认定张某甲盗窃的财物价值 92 580 元，根据最高法和浙江高法确定的盗窃案件数额标准，属于数额巨大，应当判处接近 10 年的有期徒刑，并处罚金；若认定张某甲敲诈勒索 50 000 元，虽然也属数额巨大，可以在三至十年有期徒刑内决定刑期，但认定的犯罪数额比盗窃罪少，无论敲诈勒索犯罪情节多么严重、数额多大，最高也只能判处 10 年有期徒刑，且不能并处罚金，显然认定张某甲犯敲诈勒索罪应判处的刑罚要低于认定其犯盗窃罪应判处的刑罚。所以，本案从一重罪处罚，应当适用的是盗窃罪的处罚条款。

前述评论者尽管论述了牵连犯的处断原则，被告人在盗窃和敲诈勒索的间隔期间，还有藏匿赃物等做法，确实是具备两个举止，不宜以想象竞合犯论处，但是，应予指出的是：评论者未正确地把握牵连犯的发展趋势。根据牵连犯的概念，如果张三为了骗取财物，伪造了事业单位的印章，并利用盖有该印章的文书骗取了 20 000 元钱，那么，伪造印章是手段性举止，骗取金钱是目的性举止，此时应从一重罪处罚。但是，由于手段和目的的认定标准模糊①，如果坚持牵连犯的概念，就会使得在前述案件中，即使张三骗取钱财是为了资助恐怖活动组织，且真正将这笔钱款给予了恐怖活动组织，也只能定《刑法》第

① 手段和目的具有相对性。在后的手段相对于在前的手段，可以是目的；在前的目的相对于在后的目的，可以是手段。例如，高考是为了上大学，上大学是为了学点知识。上大学是考试的目的，却又是学点知识的手段。

280 条伪造事业单位印章罪、第 266 条诈骗罪和第 120 条之一帮助恐怖活动罪三个罪（此时是将第二个举止和第三个举止均认定为目的性举止）中的两个较重的罪，或者只能定前述三罪（此时是将第二个举止认定为手段性举止，而将第三个举止认定为目的性举止）中最重的罪。然而，倘若我们放弃牵连犯的概念，取而代之地，分别将每个犯罪意思及其客观表现均认定为一个独立的举止，那么，在张三将利用盖有假印章的文书骗取的 20 000 元钱款付给恐怖活动组织后，便可先后分别成立《刑法》第 280 条伪造事业单位印章罪、第 266 条诈骗罪和第 120 条之一帮助恐怖活动罪三个罪，进行三罪并罚，如此岂不是更符合罪刑法定的明确性原则，更具有一般预防的功效吗？借此之故，牵连犯的概念正逐步走向衰落，替代性的做法便是：针对存在两个以上举止的情况进行数罪并罚。① 倘若如此，对张某甲等人窃取他人电脑主板之后，向被害人索取钱财的做法，就应当认定为盗窃罪与敲诈勒索罪两个罪，实行两罪并罚。

五、敲诈勒索罪和编造虚假恐怖信息罪的竞合

知识背景

依照我国法律界的多数观点，要成立敲诈勒索罪，被害人必须产生了恐惧心理，被告人取得财物则必须建立于此种恐惧心理之上。② 尽管有观点已经指出，被告人实施敲诈勒索的举止，会给被害人造成精神强制，但未必会给对方带来恐惧，被害人有可能产生恐惧，亦可能产生困惑、窘迫或者急躁以希望赶紧摆脱困境。只要被害人不是像怜悯那样主动地给予被告人财物，而是被动地给付财物，就有成立敲诈勒索的必要。一律要求成立敲诈勒索罪必须使被害人产生恐惧，无助于归纳实际社会生活中多样的社会现象。如果被害人的恐惧心理是必要的构成要件要素，便会使得被害人的胆大与否，成为决定被告人是否需要承担责任的根据。决定被告人在刑法上是否应负责任以及负多大责任的，将不再只取决于其是否违反了刑法上的规范，而是还要取决于被害人本人在被告人作出威胁之后所表现出的临场胆量大小。这将使得法院沦为评定公民胆量的机构，而不再是考察被告人之手段是否违反刑法规范的司法机关。③ 不过，在这种观点得到普遍认可之前，司法实务还是容易诉

---

① 陈兴良．教义刑法学．北京：中国人民大学出版社，2010：681－682.

② 陈兴良．罪名指南：上册．北京：中国人民大学出版社，2008：883（执笔人不详）；张明楷．刑法学．北京：法律出版社，2016：1015－1017；周光权．刑法各论．北京：中国人民大学出版社，2016：132－133.

③ 蔡桂生．敲诈勒索罪中“被害人恐惧必要说”之证伪及其出路．苏州大学学报（法学版），2019（4）：87 以下．

诸恐惧心理以认定敲诈勒索罪。

然而，根据《刑法修正案（三）》第 8 条增设的《刑法》第 291 条之一，编造爆炸威胁、生化威胁、放射威胁等恐怖信息，或者明知是编造的恐怖信息而故意传播，严重扰乱社会秩序的，成立编造、故意传播虚假恐怖信息罪。编造爆炸威胁、生化威胁、放射威胁等恐怖信息，或者明知是编造的恐怖信息而故意传播的做法，同样容易引起他人的恐惧。一旦有人利用这种恐惧索取财物，就与敲诈勒索罪存在类似之处。尽管成立编造、故意传播虚假恐怖信息罪未必以索取财产为要件，但编造、故意传播虚假恐怖信息罪和敲诈勒索罪之间还是存在重合之处，故有必要将此两罪区别开来。

规范依据

《刑法》

第 291 条之一　投放虚假的爆炸性、毒害性、放射性、传染病病原体等物质，或者编造爆炸威胁、生化威胁、放射威胁等恐怖信息，或者明知是编造的恐怖信息而故意传播，严重扰乱社会秩序的，处五年以下有期徒刑、拘役或者管制；造成严重后果的，处五年以上有期徒刑。

编造虚假的险情、疫情、灾情、警情，在信息网络或者其他媒体上传播，或者明知是上述虚假信息，故意在信息网络或者其他媒体上传播，严重扰乱社会秩序的，处三年以下有期徒刑、拘役或者管制；造成严重后果的，处三年以上七年以下有期徒刑。

案例评价

［案例 17－11］袁某编造虚假恐怖信息案①（利用虚假恐怖信息进行勒索）

1. 基本案情

被告人袁某因经济拮据，意图通过编造爆炸威胁的虚假恐怖信息勒索钱财。2004 年 9 月 29 日，袁某冒用名为“张锐”的假身份证，在河南省工商银行信阳分行某分理处申请办理了牡丹灵通卡账户（以下账户同）。

2005 年 1 月 24 日 14 时许，袁某拨打上海太平洋百货有限公司徐汇店的电话，编造已经放置炸弹的虚假恐怖信息，以不给钱就在商场内引爆炸弹自杀相威胁，要求该店在 1 小时内向其指定的账户内汇款人民币（以下币种同）5 万元。该店即向公安机关报警，并进行人员疏散。接警后，公安机关启动防爆预案，出动警力 300 余名对商场进行安全排查。袁某的做法造成该店暂停

① 此案为最高人民检察院指导案例第 11 号；亦见：最高人民法院刑事审判第一、二、三、四、五庭．刑事审判参考：总第 47 集．北京：法律出版社，2006：27－32.

营业 3 个半小时。

1 月 25 日 10 时许，袁某拨打福州市新华都百货商场的电话，称已在商场内放置炸弹，要求该商场在半小时内将 5 万元汇入其指定的账户。接警后，公安机关出动大批警力进行人员疏散、搜爆检查，并对现场及周边地区实施交通管制。

1 月 27 日 11 时，袁某拨打上海市铁路局春运办公室的电话，称已在火车上放置炸弹，并以引爆炸弹相威胁要求春运办公室在半小时内将 10 万元汇入其指定的账户。接警后，上海铁路公安局抽调大批警力对旅客、列车和火车站进行安全检查。同日 14 时和 16 时，袁某以相同的手段先后分别拨打广州市天河城百货有限公司、深圳市天虹商场和南宁市百货商场的电话，均要求对方在半小时或 1 小时内将 2 万元汇入其指定的账户，否则就在对方经营场所引爆炸弹自杀。其做法使得公安机关出动警力进行搜爆和安全检查。

2. 涉案问题

编造虚假的恐怖信息进行勒索，宜定性为敲诈勒索罪抑或编造虚假恐怖信息罪?

3. 裁判理由

2005 年 4 月 18 日，某市检察院第二分院以被告人袁某涉嫌编造虚假恐怖信息罪向某市第二中级人民法院提起公诉。2005 年 6 月 24 日，某市第二中级人民法院作出一审判决，认为被告人袁某为勒索钱财故意编造爆炸威胁等虚假恐怖信息，严重扰乱社会秩序，其举止已构成编造虚假恐怖信息罪，且造成严重后果，依照《刑法》第 291 条之一、第 55 条第 1 款、第 56 条第 1 款、第 64 条的规定，判决被告人袁某犯编造虚假恐怖信息罪，判处有期徒刑 12 年，剥夺政治权利 3 年。一审判决后，被告人袁某提出上诉。2005 年 8 月 25 日，某市高级法院二审终审裁定，驳回上诉，维持原判。

4. 评析意见

针对本案被告人袁某以编造爆炸威胁等恐怖信息的方式进行敲诈勒索，应当认定为一罪，还是两罪并罚的问题，实务部门一致认为应认定为一罪，但是，在为何成立一罪的理由上，存在三种观点：

第一种观点认为属于牵连犯。以编造虚假恐怖信息的方式实施敲诈勒索的情形中，作案人出于非法占有公私财物的目的，实施了两个举止，即通过编造虚假恐怖信息（手段性举止）向被害人或被害单位勒索财物（目的性举止），两个举止具有牵连关系，且分别触犯了编造虚假恐怖信息罪和敲诈勒索罪，符合牵连犯的特征。牵连犯属于“处断的一罪”，即数个举止处理为一罪，在刑法没有特别规定的情况下，实行从一重罪处罚的原则，即以编造虚假恐怖信息罪定罪处罚。

第二种观点认为属于想象竞合犯。以编造虚假恐怖信息的方式实施敲诈勒索的情形中，作案人只实施了一个举止，该举止具有多重属性，触犯了两个罪名，属于想象竞合犯，应按其举止所触犯的罪名中的一个重罪论处，即以编造虚假恐怖信息罪定罪处罚。

第三种观点认为属于法条竞合犯。增设编造虚假恐怖信息罪的《刑法修正案（三）》，与规定敲诈勒索罪的刑法，虽然实质上都是刑法，但从形式上看，不是同一法律文件，是特别刑法与普通刑法的关系。当一个举止同时符合特别刑法和普通刑法的犯罪构成时，按照法条竞合的适用原则，应严格依照特别法优于普通法的原则，只能适用特别刑法的规定，即仅构成编造虚假恐怖信息罪。

支持该案判决的笔者认为，应当赞同第二种观点。想象竞合犯，也称想象的数罪、观念的竞合、一举止数法，是指一个举止触犯数个罪名的情况，属于"实质的一罪"。想象竞合犯具有两个基本特征：(1) 作案人只实施了一个举止。(2) 一个举止必须触犯数个罪名。其与牵连犯的区别在于，前者作案人只实施了一个举止，而后者作案人实施了数个举止，数举止之间存在手段性举止与目的性举止、原因性举止和结果性举止的牵连关系。判断作案人是否只实施了一个举止，不应以犯罪构成要件为出发点进行评价，而是应该基于自然的观察，从社会的一般观念上作出判断。在以编造虚假恐怖信息的方式实施敲诈勒索的举止中，作案人往往就是打了个电话，编造爆炸威胁、投毒威胁等恐怖信息进行敲诈勒索，从一般普通人的观念认识上进行观察和评价，可以得出作案人只实施了打电话一个举止的结论，不能因为该举止具有两重属性，同时符合编造虚假恐怖信息罪和敲诈勒索罪的构成要件，而机械地将其分割成编造虚假恐怖信息和勒索财物两个举止。较之于此，假如作案人通过投放虚假危险物质的方式实施敲诈勒索，那么，基于自然的观察，从时间和空间上看，作案人实际上实施了两个举止，即投放虚假危险物质的举止（手段性举止）和威胁他人勒索财物的举止（目的性举止），分别触犯了投放虚假危险物质罪和敲诈勒索罪，且具有牵连关系，符合牵连犯的特征。

因此，笔者认为，以编造虚假恐怖信息的方式实施敲诈勒索的，作案人只实施了一个举止，该举止具有两重属性，触犯了两个罪名，符合想象竞合犯的特征，应按该举止所触犯的罪名中的一个重罪论处。第三种观点同样认为，作案人只实施了一个举止，其与第二种观点的分歧在于法律适用。《刑法修正案（三）》不属于特别刑法的范畴，特别刑法是在特定范围内适用的刑法，特别刑法的效力或者仅及于具有特定身份的人，或者仅及于特定地域，或者仅及于特定犯罪。对于恐怖活动犯罪，我国《刑法》仅规定建立恐怖组织的犯罪，即对组织、领导、参加恐怖活动组织专门规定为犯罪，对于具体的恐怖活动则分别按照《刑法》相关规定定罪处罚，并没有对恐怖活动犯罪作出特别刑法意义上的特殊规定。针对恐怖主义活动在犯罪手段上出现的新特点，《刑法修正案（三）》对《刑法》作出进一步的完善，其中涉及修改刑法条文的有 6 条，新增条文 2 条，但其并未改变我国《刑法》对恐怖活动犯罪的法律规定的形式，即没有针对实施恐怖活动性质的犯罪性举止作出具体的规定，仍应分别按照《刑法》相关规定定罪处罚。《刑法修正案（三）》第 8 条规定新增的两个罪名——投放虚假危险物质罪和编造虚假恐怖信息罪，从形式上来看，属于《刑法》第 291 条的特别条款；从内容上来看，该两罪侵犯的客体是社会管理秩序，作案人投放虚假危险物质或编造虚假恐怖信息，在社会上造成恐怖气氛，引起社会秩序的混乱，从犯罪手段上讲一般不足以对公共安全，既不特定人的生命、身体、健康或重大公私财产造成实际的危害，与实施恐怖活动危害公共安全的性质是有区别的。只适用编造虚假恐怖信息罪，而排除适用敲诈勒索罪，在量刑上会造成罪刑不均衡的现象，既不符合罪刑相适应的原则，也不符合对于具体的恐怖活动分别按照《刑法》相关规定定罪处罚的立法精神。

在本案行为人编造虚假的恐怖信息进行勒索的案情中，呈现出了编造虚假恐怖信息罪和敲诈勒索罪的竞合关系，在“[案例 17-10] 张某甲、张某乙盗窃案”中，同样存在盗窃罪和敲诈勒索罪之预备互相重合的关系。但是，本案与案例“张某甲、张某乙盗窃案”有较明显的不同，在后一案例中，张某甲、张某乙不仅有盗窃性举止，而且在藏匿赃物之后，有相对独立的敲诈勒索性举止，故有两个举止，应当以牵连犯来处理或者进行数罪并罚。然而，本案被告人袁某在编造虚假恐怖信息的同时进行勒索，仅有一个举止，所以，本案依照想象竞合的处断原则，从一重罪论处是合理的。

六、敲诈勒索罪与受贿罪（索贿）的竞合

知识背景

我国《刑法》第 385 条规定，国家工作人员利用职务上的便利，索取他人财物的，或者非法收受他人财物，为他人谋取利益的，是受贿罪。该罪中的“索取他人财物”与敲诈勒索罪的举止有部分重合。

在德国刑法中，若公务员以牟利为目的，迫使公民给予好处或接受其好处，则应以勒索罪（其《刑法典》第 253 条）与索贿（第 332 条）或接受利益罪（第 331 条），从一重罪处罚。① 其司法实践中亦有如此认定的案例：某法官与某检察官是夫妻，一位被刑事起诉的当事人找到法官，法官告诉他，

① BGHSt 9，245 ff.

除非支付一笔金钱，否则他不会让检察官中止诉讼程序。该案要求当事人支付金钱的做法，被认定为“明显的恶害”，至少成立勒索罪。[①]

在我国，受贿罪有若干明显区别于敲诈勒索罪之处：

第一，受贿罪的举止是索取财物或非法收受他人财物，仅在索贿情形时，被告人可能有采取一定的强迫手段，此种强迫建立在对方有所求的基础上，若对方不给钱，被告人就不满足其需求；而敲诈勒索罪的行为，则是采取不压制被害人可能反抗的强迫手段以促成被害人财产的转移。

第二，受贿罪被告人的主体身份是国家工作人员，在手段上则需要利用职务之便；而成立敲诈勒索罪，并无身份上的限制。

第三，受贿罪侵害的法益是国家工作人员工作的廉洁性，而敲诈勒索罪侵害的主要法益是财产，附属法益是意思形成自由不受强迫。

但是，由于索贿只是受贿罪的部分手段，并非独立罪名，故被告人索贿同时触犯敲诈勒索的，宜参照想象竞合之法理，从一重罪论处。那么，两者是否成立交叉关系的法条竞合？由于对方亦可能希望主动给予财物，索贿虽有可能却不必然同时会对对方形成精神强制，如此便不能将两者以法条竞合论处。

① Vgl. SK-Sinn，2010，§253，Rn. 14.

第十八章　妨害公务罪、袭警罪

第一节　妨害公务罪、袭警罪的构成

知识背景

一、妨害公务罪的构成

妨害公务罪，是指以暴力、威胁方法阻碍国家机关工作人员依法执行职务，阻碍人大代表依法执行代表职务，阻碍红十字会工作人员依法履行职责的行为，以及故意阻碍国家安全机关、公安机关依法执行国家安全工作任务，未使用暴力、威胁方法，造成严重后果的行为。

（一）主体

本罪的主体是一般主体，即年满16周岁、具有刑事责任能力的自然人。单位不能成为本罪主体。

（二）行为

《刑法》第277条规定了四种妨害公务罪的行为类型。前三种的行为方式是以暴力、威胁方法阻碍依法执行职务。第四种“故意阻碍国家安全机关、公安机关依法执行国家安全工作任务”，不要求使用暴力、威胁方法。以下主要阐述以暴力、威胁方法阻碍依法执行职务这种行为方式。

1. 暴力方法

“暴力”一词在不同场合具有不同含义。最广义的暴力，包括不法行使有形力的一切情况，其对象不仅可以是人（对人暴力），而且可以是物（对物暴力）。广义的暴力，是指不法对人行使有形力的行为，但不要求直接对人的身体行使，即使是对物行使有形力并因此对人的身体产生强烈的物理影响也构成暴力，如在人身边播放高分贝噪音。狭义的暴力，是指对人的身体不法行使有形力，但不要求达到足以抑制对方反抗的程度，如打人一耳光。暴力干涉婚姻自由罪中的暴力便是指狭义的暴力。最狭义的暴力，是指对人行使有形力，并达到了足以抑制对方反抗的程度。抢劫罪中的暴力便是最狭义的暴力。

本罪的暴力，应是指最广义的暴力，包括对人的直接暴力、间接暴力及对物暴力。间接暴力如通过针对与国家机关工作人员执行职务具有密不可分关系的辅助者或物行使有形力，从而给国家机关工作人员的身体以物理影响，阻碍公务执行。对物行使有形力如将被国家机关公务人员扣押的物品强行从车上拖下并砸毁，将待查的会计账簿撕毁等。需要注意的是，这里只是对行为手段的界定，要成立妨害公务罪还需要满足其他构成要件。例如甲潜入公安局盗窃或毁坏了警察的枪支，乙潜入工商局盗窃或毁坏了执法用的车辆，这些行为虽然满足暴力的要求，但不满足公务正在执行的条件，所以不构成妨害公务罪。

2. 威胁方法

威胁，是指以使他人产生恐惧心理为目的，以恶害相通告的行为。广义的威胁，是指以使他人产生恐惧心理为目的，以恶害相通告的一切行为。恶害的内容、性质、通告的方法没有限制，也不问对方是否产生了恐惧心理。狭义的威胁，主要是指限定了所通告的恶害内容的威胁，不要求达到足以抑制对方反抗的程度，例如敲诈勒索罪中的威胁。最狭义的威胁，是指威胁程度足以抑制对方反抗的行为，例如抢劫罪中的威胁。

本罪的威胁，是指以使国家机关工作人员产生恐惧心理为目的，以恶害相通告，迫使国家机关工作人员放弃职务行为或者不正确执行职务行为。恶害的内容、性质、通告方法没有限制。恶害内容包括暴力性的内容和非暴力性的内容，前者如“如果不答应，就绑架你家小孩”，后者如“如果不答应，就将你的裸照曝光”。

当前实践中时而发生行为人以自残、自杀方式抗拒执法的案件。例如，2009年4月9日10时许，在西城区钟声胡同33号门前，赵某因民警发现其涉嫌吸毒准备对其审查，便以打破玻璃瓶试图自残的方式抗拒民警王某及保安员王某某的抓捕。在早些年各地的拆、动迁过程中也出现过行为人以自杀、自焚的方式威胁抗拒执法的情况。这类行为显然不属于本罪的暴力行为，因为暴力的对象要求是对方也即国家机关工作人员，但是否属于本罪的威胁行为，需要仔细分析。

威胁的行为结构是，行为人对被害人通告：如果不答应我的要求，我就会对你施加恶害。亦即，不论是暴力恶害还是非暴力恶害，恶害的对象和承受者都是被害人，而不可能是行为人自己。因此，如果行为人向国家机关工作人员通告：如果不答应，我就自杀，此时身体伤害的承受对象并非国家机关工作人员，从而这种情形不属于本罪的暴力性威胁，但是否属于非暴力性的威胁，又需要仔细分析。

威胁的内容包括对生命、身体、自由、名誉、财产等施加恶害。如果是威胁杀死对方、伤害对方、绑架对方，系以侵害他人的生命、身体、自由相威胁，属于暴力性威胁；如果是威胁检举对方的罪行、曝光对方的丑闻，系以侵害他人名誉相威胁，属于非暴力性威胁；如果是威胁毁坏对方的巨额财物，系以对物暴力进行威胁，也属于以暴力相威胁。这些方式均可以使对方产生恐惧心理，迫使其作出行为人要求的决定。由此，行为人对被害人施加恶害与被害人产生恐惧心理应当具有直接的因果关系。

行为人威胁执法人员：如果不答应我的要求，我就自杀或自焚。对于自焚需要考察场所，如果在公共场合，可能威胁公众安全的话，会使执法人员产生恐惧心理，应属于以暴力相威胁。如果是不会威胁公众安全的单纯自焚、自杀，对执法人员可能产生的心理是：事情搞大了，出人命了，自己肯定会受到行政处分。对自己可能会受到行政处分的担心会影响执法人员的决定，毕竟政治仕途属于执法人员的重大利益。但是，这种担心在性质上并不属于威胁中被害人产生的恐惧心理。被害人在此种情形下的“恐惧”源于对行政处分的担忧，并非直接源于行为人施加恶害，而行政处分是由行政机关而非行为人作出。因此，行为人的自杀威胁与执法人员的担忧心理之间存在行政机关的行政决定，二者之间缺乏直接的因果关系。例如，有些执法人员就不会顾忌自己可能会受到行政处分，不会产生类似担忧。既然行为人的自杀威胁不会直接导致对方产生恐惧心理，直接因果关系不存在，那么自杀就不属于本罪的威胁手段。

3. 共性问题

（1）暴力、威胁的程度

妨害公务罪中的暴力、威胁对国家机关工作人员执行职务的阻碍要达到什么程度，理论上有不同看法。抽象危险说认为，妨害公务罪是抽象危险犯，因此只要实施了符合本罪构成要件的暴力、威胁行为，就认为对执行职务产生了危险，不以现实妨害执行职务为必要。具体危险说认为，妨害公务罪是具体危险犯，要求暴力、威胁达到足以阻碍执行职务的程度，对此，需要结合暴力、威胁的具体样态、执行职务的具体情形来具体判断。实害说认为，妨害公务罪是实害犯，要求暴力、威胁实际阻碍了国家机关工作人员执行职务。

根据刑法规定，妨害公务罪的第四种类型“阻碍国家安全机关、公安机关依法执行国家安全工作任务”要求造成严重后果，但该类型没有要求暴力、威胁方法，其他三种类型都没有规定要求造成严重后果，因此实害说没有法律依据。抽象危险说将暴力、威胁的危险视为立法拟制，而不需要司法判断，会不当地扩大本罪的处罚范围，过度保护了国家机关工作人员的职务行为，而对公民的权利限制过甚。因此，妥当的看法是具体危险说，对暴力、威胁的程度判断应当考虑到行为的情状、执行职务的样态等，必须明显或足以妨害国家机关工作人员依法执行职务。如此，方能合理协调保护公务行为与保障公民权利之间的关系。

（2）本罪行为不包括“其他方法”

妨害公务罪的行为手段只包括暴力和威胁两种，不包括其他方法。这一点与抢劫罪等罪名不同，抢劫罪的手段包括暴力、威胁及其他方法。但是学界有观点认为，施行催眠术、用酒灌醉、用药物麻醉等无形力与殴打、捆绑、拘禁等有形力一样，都会产生公务无法正常进行的重大危险或是危害性，亦应视为本罪所称之“暴力”①。此种观点的实质是将本罪的暴力进行类推解释，从而将无形力纳入其中，这并不妥当。暴力的最低要求是有形力，最广义的暴力就是指对人或物的一切有形力。暴力不仅是一种外力，而且是一种强力。无形力虽然也能剥夺他人的意志自由，但其不具有残酷性、剧烈性，程度与有形暴力比还是有所不同。此外，如果将无形力解释为暴力，便会导致刑法中部分罪名中的暴力包括无形力，从而引起混乱。例如，劫持航空器、强奸罪、抢劫罪和组织、领导、参加黑社会性质组织罪等规定了“暴力、威胁（胁迫）或者其他方法（手段)”，然而抗拒缉私、抗税只规定了“暴力、威胁方法”。如果认为无形力也是一种暴力，则上述罪名有没有规定“其他方法”便失去意义了。事实上，不难看出规定了“其他方法”的罪名之严重性要高于本罪及其他未规定“其他方法”的罪名，从刑罚的设置上来看，前面几个罪的刑罚也都比较高。立法者正是因为前述几种犯罪比较严重，才通过“其他方法”将所有的行为方式都包含在内以此来扩大这些罪名的保护范围。同理，立法者在妨害公务罪中没有规定“其他方法”正是为了限制该罪的处罚范围。因为在保护国家机关工作人员执行职务的同时，也应考虑保障公民的权利，对二者应当有所平衡，否则便表现出“警察国家”的威权主义，不符合现代法治国的理念。

（3）本罪行为不包括职务强要行为

职务强要行为，是指行为人使用暴力、威胁方法强迫国家机关工作人员作出或不作出某项决定。对此，日本刑法规定了职务强要罪，用来保护将来执行的职务，例如使用暴力强迫公务员辞职就构成职务强要罪。但我国刑法没有规定职务强要罪，且这种职务强要行为也不能为妨害公务罪的构成要件所包含，对此只能考察具体的强要行为是否触犯其他犯罪。例如，甲手持炸弹要求监狱长释放罪犯李某，否则引爆炸弹，对甲可以爆炸罪论处。又如，

① 张利兆．析妨害公务罪的暴力、威胁手段．法学，2004（10）：119.

乙威胁税务局女局长，要求其配合自己的公司逃税，否则对其强制猥亵，对乙可以强制猥亵妇女罪论处。再如，丙绑架了公安局局长的儿子，要求其不要再追查自己的涉案案件，对丙可以绑架罪论处。

（三）客体

《刑法》第277条规定了四种妨害公务罪的行为客体：（1）国家机关工作人员依法执行职务；（2）全国人民代表大会和地方各级人民代表大会代表依法执行代表职务；（3）红十字会工作人员依法履行职责；（4）国家安全机关、公安机关依法执行国家安全工作任务。

1. 国家机关工作人员依法执行职务

第一种行为类型的客体应是国家机关工作人员依法执行职务。有观点将第一种行为类型的客体描述为“国家机关工作人员”①，这种说法并不准确，因为本罪的保护法益并非国家机关工作人员本身，而是国家机关工作人员依法执行职务。当国家机关工作人员没有执行职务时，行为人对其施加伤害不构成本罪，可能构成其他犯罪。换言之，本罪不是对国家机关工作人员的特别保护，而是对其依法执行职务的特别保护。

有观点认为，刑法中的行为客体只能是人或物，而“国家机关工作人员执行职务”既不属于“人”的范畴，也不属于“物”的范畴，因此不能成为行为客体。这种观点过于狭隘地理解了作为行为客体的人和物。人和物作为行为客体，既可以是孤立的人或物，也可以是处在一定状态的人或物，以及人和物相结合的状态。例如，根据《刑法》第276条规定，破坏生产经营罪的实行行为是毁坏机器设备、残害耕畜或者以其他方法破坏生产经营。由此带来的问题是，该罪的行为对象是机器设备及耕畜还是生产经营本身？生产经营本身能否成为行为对象？如果将机器设备及耕畜视为本罪的行为对象，带来的问题是，行为人没有毁坏机器设备，但是又破坏了生产经营并造成经济损失，该如何处理？实际上，破坏生产经营的手段多种多样，毁坏机器设备、残害耕畜只是其中几种而已。该罪的保护法益是生产经营的经济利益，那么归根结底，该罪的行为对象就是生产经营。生产经营不是单纯的人或物，而是人和物相结合的状态。将营业人员、服务设备等人力、物力调动起来就是一种经营行为，生产经营实际上就是人支配物的一种行为状态。基于同样道理，国家机关工作人员依法执行职务，就是人和物相结合的一种状态，并没有脱离人和物的范畴，因此可以成为妨害公务罪的行为客体。概言之，该罪的行为客体是公务，而非公务员（国家机关工作人员）。不过，公务由国家机关工作人员和依法执行职务两部分组成。因此，分析本罪的行为客体，应

① 田宏杰．妨害公务罪的司法适用．国家检察官学院学报，2010（5）：80.

分别讨论国家机关工作人员和依法执行职务。

（1）国家机关工作人员

国家机关工作人员，是指在国家机关中从事公务的人员，包括在中国各级立法机关、行政机关、司法机关中从事公务的人员；从我国政治生活的现实出发，还应包括中国共产党的各级机关、中国人民政治协商会议的各级机关中从事公务的人员。本罪的国家机关工作人员不包括在军事机关中从事公务的人员与外国公务员。阻碍军人执行职务的，构成《刑法》第368条的阻碍军人执行职务罪，而不成立本罪。阻碍外国公务员在中国境内执行职务的，不成立本罪。

根据最高人民检察院《关于以暴力威胁方法阻碍事业编制人员依法执行行政执法职务是否可对侵害人以妨害公务罪论处的批复》，对于以暴力、威胁方法阻碍国有事业单位人员依照法律、行政法规的规定执行行政执法职务的，或者以暴力、威胁方法阻碍国家机关中受委托从事行政执法活动的事业编制人员执行行政执法职务的，可以对侵害人以妨害公务罪追究刑事责任。

2002年12月28日全国人大常委会《关于〈中华人民共和国刑法〉第九章渎职罪主体适用问题的解释》指出："在依照法律、法规规定行使国家行政管理职权的组织中从事公务的人员，或者在受国家机关委托代表国家机关行使职权的组织中从事公务的人员，或者虽未列入国家机关人员编制但在国家机关中从事公务的人员，在代表国家机关行使职权时，有渎职行为，构成犯罪的，依照刑法关于渎职罪的规定追究刑事责任。"该解释明文指出是对"渎职罪主体"的解释，没有明示是对"国家机关工作人员"的解释。由于渎职罪的主体均为国家机关工作人员，故可以认为该解释实为对"国家机关工作人员"的解释。

总结上述司法解释和立法解释，可以看出，国家机关工作人员包括三类：

第一类是在立法机关、行政机关、司法机关中从事公务的人员，以及在中国共产党的各级机关、中国人民政治协商会议的各级机关中从事公务的人员。

第二类是在受国家机关委托代表国家机关行使职权的组织中从事公务的人员。例如，国有事业单位人员依照法律、行政法规的规定执行行政执法职务的，也属于国家机关工作人员。

第三类是虽未列入国家机关人员编制但在国家机关中从事公务的人员。例如，在国家机关中受委托从事行政执法活动的事业编制人员。

可以看出，认定国家机关工作人员有两个要素：一是所在组织的性质，二是是否从事公务。所在组织包括两种，一种是国家机关，另一种是受国家机关委托代表国家机关行使职权的组织。早前，关于国家机关工作人员的认定还考虑身份要素，认为国家机关工作人员应是指经组织人事部门审批，具有国家干部编制，填写过干部履历表的国家干部。而根据立法解释可以看出，现在主要看重行使的职能是否从事公务。

一项事务是否属于公务，主要考虑因素有：其一，事务的公共性。这是指事务关系到多数人或不特定人的利益。仅与个别人或少数人相关的事务不是公务。其二，事务的公权力职权性。这是指事务属于公权力性质的职务，并承担行政责任。需要注意的是公务与劳务的关系。劳务是体力性、机械性的劳动，不具有裁量性、判断性。有观点认为，劳务不能成为公务。但是，体力性、机械性的劳动只要具备了公共性和公权力的职权性就属于公务。① 例如，国家机关中的档案管理员所从事的工作就属于公务。将劳务和公务对立起来的看法可能并不妥当。这种看法的误解之处是，认为公务必须具有裁量性和判断性。其实，裁量性和判断性不是公务的必要条件。例如，技术劳动具有技术性、裁量性、判断性，但是只要不具有公共性和公权力的职权性，就不属于公务。例如，国家机关中的电脑维修人员所从事的工作就不属于公务。

（2）依法执行职务

这里的职务，是指国家机关工作人员作为公务所处理的一切事务，不限于权力性、强制性事务。这里的执行，是指一般意义上的履行、实施，而非仅限于强制执行。这里的依法，是指职务的执行必须具有合法性。对国家机关工作人员的违法行为予以阻碍，当然不成立犯罪。合法意味着国家机关工作人员执行职务的行为不仅实体上合法，而且程序上合法。理论上一般认为，符合以下条件的才能认为是依法执行职务：

第一，应具备一般的职务权限。国家机关工作人员所实施的行为，属于该国家机关工作人员的抽象的职务权限或一般的职务权限。国家机关工作人员的职务具有事项上、场所上的范围，此即一般的职务权限。如果超出了这种一般的职务权限，则不能认定为依法执行职务。例如，警察不能代行法官职权对民事纠纷自行裁决，并强制执行。又如，交通管理机关的抽象权限为交通治理等公务活动，如果交通管理机关的工作人员参与税收征管或者市场经营管理等其他行政机关的公务活动，就不能认为具备了抽象的授权。不过，国家机关工作人员如何分担内部事务，则不影响其职务权限。例如，市场监督管理人员从事市场监督管理工作，就是其一般的职务权限，尽管市场监督人员内部存在分工，但市场监督管理工作都属于其一般职务权限内的职务。

第二，应具备具体的职务权限。国家机关工作人员具有实施该职务行为

① 山口厚．刑法各论（第2版）．王昭武，译．北京：中国人民大学出版社，2011：632.

的具体的职务权限。在通常情况下，具有实施某种职务行为的抽象的职务权限的人，也具有实施该职务行为的具体的权限，但也存在不一致的情形，即在某些情况下虽然有抽象的职务权限，却无具体的职务权限。特别是在实际上需要通过分配、指定、委任才能实施某种职务行为时，只有经过分配、指定、委任，才能认为具有具体的职务权限，否则没有具体的职务权限。例如，并非任何司法警察都有执行死刑的职务权限，并非任何警察都有执行逮捕的职务权限。① 又如，刑事侦查机关工作人员虽具备刑事案件侦查权，具备搜查犯罪嫌疑人住所的抽象授权，但工作人员在承办某一案件时，如果没有取得有效证件就对某一涉案地点进行搜查应视为“越权行为”，其公务就不具备合法性要求。

实践中，曾有过这样的案例。某交通支队执勤民警驾驶警车行驶至某村路西土道，拦下一辆十轮货车。根据目测，民警认为大货车超载，便将该车的临时牌照和司机的驾驶执照查扣，并要求其到治超站过磅。其后司机驾车离开，并电话告知货车所有人。货车所有人得知此事后，驾车赶到该村并将民警警车拦下，以自己的十轮车在土道上行驶，民警无权查扣车辆为由与民警理论。民警打电话向支队询问，货车所有人将民警晋某电话抢下，后货车所有人与民警发生撕扯，在撕扯过程中致民警面部皮肤挫伤，左眼睑皮肤擦伤，右手拇指裂伤，经鉴定为轻微伤。对于该案，检察机关认为，《道路交通安全法》中对“道路”定义是“公路、城市道路和虽在单位管辖但允许社会机动车通行的地方，包括广场、公共停车场等用于公众通行的场所。”从本案情况看，现场勘验示意图以及被害人晋某自己的陈述均能够证实，在其查扣大货车时，大货车所在的位置在某河河滩处的坦克训练道上，这条路是一条长期碾压形成的土路，明显不属于《道路交通安全法》中所规定的道路的范围。根据公安部《道路交通安全违法行为处理程序规定》第 2 条的规定，交通警察依法执行职务的范围限于道路交通安全，而本案中，大货车并非在道路上行驶，即便其有可能会驶上公路，在其驶入公路之前，对其进行交通处罚也是没有法律依据的。因此，民警属于越权执法，根据行政法上“越权无效”的原则，其行为不再具有合法性。因此，货车所有人阻碍非法执法的行为，不构成妨害公务罪，检察机关遂建议公安机关将案件撤回移送审查起诉。

第三，执行职务必须存在对应的前提事实。如果不存在执行该职务的前提事实，就不属于合法执行职务。例如，警察明明知道李某不是现行犯，但仍对其予以拘留，就不属于依法执行职务。要求存在执行职务的前提事实，就是要求执法内容须达到合法性要求。对此需要考察：其一，职务行为是否

① 张明楷．刑法学．4 版．北京：法律出版社，2011：916.

出于正当的目的，不能是为了某个小团体或者个别人的利益。其二，职务行为是否损害国家、集体、个人的合法权益，体现公务活动的正当性。其三，职务行为是否公平、合理、平等适用，不能选择性执法。在司法实践中，曾出现个别地方政府为了区域经济发展需要，不注意保护公民个人利益，利用国家机器对公民使用中的土地进行看似“合法”的强制拆迁，例如，以征用为名强制拆迁公民租赁未到期的厂房而不给予相应赔偿，在拆迁过程中遭遇公民抵抗，导致暴力抗法事件的发生。这种损害公民个人利益的执法行为本身就是不合法的。

第四，应履行程序要件。国家机关工作人员的职务行为必须符合法律上的重要条件、方式与程序。例如逮捕犯人，必须符合刑事诉讼法规定的条件、方式与程序，否则便属于非法逮捕。问题是：履行程序要件要求履行到何种完备程度才能视为依法执行职务，如果有一些程序瑕疵是否影响合法性？从保护公务与保障国民人权相调和的观点出发，不可能要求履行程序要件不出现任何瑕疵，而且这样的要求是不现实的。合理的做法是，划分清楚哪些程序是命令性的，哪些程序是任意性的。对于命令性程序要件必须履行，因为这类程序要件是对职务相对人的权利的重要保护，如果不履行会直接影响其实体内容的执法效果。例如，警察在执行逮捕时，必须出示逮捕证，否则就属于违法行为。对于任意性程序要件不要求必须履行，因为这类程序要件不会直接影响实体内容的执法效果。例如，税务人员在进行税务调查时忘记宣读有关政策的告知程序，不能因此否定税务人员执行职务的合法性。这种情况下的执行职务仍应得到刑法保护。

这种程序有瑕疵但不影响合法性的行为也被称为一般错误公务行为，是指紧急情况下未出示相关证件、动作过度、行为失范等。一般错误公务行为与违法的非公务行为不同。一般错误公务行为并未超出公务行为的范畴。“一般错误”应仅限于程序法范围内，如公安人员在拘留犯罪嫌疑人时，不能要求他们能够即时作出实体上的准确判断，从而决定是否实行，如果对他们有这种实体上准确判断的要求，显然不符合现实。

例如，某县公安局接举报后指派民警王某、见习民警陈某前往某镇一个网吧抓捕网上在逃犯黄某。当民警王某表明身份后用手铐铐黄某时，黄某阻止，并叫蔡某参与。其间，黄某拉扯并拳击民警王某背部，蔡某则先后将民警王某、陈某压倒在沙发上，致黄某逃脱。民警王某、陈某在抓捕黄某时均受轻微伤。有种意见认为，根据《公安机关人民警察证使用管理规定》第4条第2款的规定，“公安机关人民警察在依法执行职务时，除法律、法规另有规定外，应当随身携带人民警察证，主动出示并表明人民警察身份”。而公安人员到达现场后没有出示工作证件，因此，本案公务人员不是在依法执行公务，不能构成妨害公务罪。这种理解过于狭隘。本案民警在当时十分紧急的情况下，在抓捕逃犯的同时又要向黄某、蔡某出示证件，显然不现实。而且，公安人员已经口头表示身份，并亮出警械手铐，显然他们已经意识到公安人员在实施抓捕活动。本案属紧急情况，公安人员不出示相关证件，不影响其公务的合法性。其实对于表明身份的这种程序性要求，一般是针对市场监督、物价、城管、税务等行政执法人员而言的。在刑事司法过程中，在紧急情况下，无法要求司法工作人员完备地履行程序性要件。

符合上述四项条件，可以认定国家机关工作人员在依法执行职务。问题是：在整体上判断执行职务的合法性时，应从什么角度进行判断？对此，理论上存在三种学说。客观说认为，应当由法院通过对法律、法规进行解释，作出客观判断。主观说认为，应当根据该国家机关工作人员是否确信自己的行为合法进行判断，如果该国家机关工作人员确信自己的行为合法，则是依法执行职务。折中说认为，应当以社会一般人的见解作为判断合法性的标准。主观说意味着要求公民听从国家机关工作人员的主观判断，这显然是不妥当的。折中说的标准过于模糊，难以得出明确结论。客观说以法律规定为标准，具有合理性。

问题是：在采取客观说的情况下，是以行为时为基准进行判断，还是以裁判时为基准进行判断？例如，警察按照刑事诉讼法要求的条件对李某予以刑事拘留，后在裁判时发现由于警察依据的证据有误，李某不符合刑事拘留的条件。如果以裁判时为基准进行判断，则上述拘留是非法的，被拘留者或其他人予以阻碍时，就不成立犯罪；反之，以行为时为基准进行判断，则上述拘留具有合法性，以暴力、威胁方法阻碍警察拘留的行为，就可能成立袭警罪。① 由于本罪保护的是国家机关工作人员依法正在执行的职务，为了保护国家机关工作人员依法执行职务的正常进行，应当以行为时为基准判断职务行为的合法性。如果以事后裁判时为基准进行判断，则意味着国家机关工作人员在执行职务的当时，其职务行为是否可以得到保护处于不确定状态，这是不合理的。因此，应当以行为时的素材进行判断，只要在行为时具备法律所规定的要件，该职务行为就具有合法性，这是一种暂时的合法性推定。即使事后经过裁判发现这种推定并不成立，也不影响行为时职务行为的合法性。

对职务行为采取行为时的判断基准，从本质上讲是源自公务行为的公定力。在行政法学上，行政行为的公定力是指具体行政行为一经作出，除非自始无效的情形，即应当推定合法有效；在未经法律上有权机关通过法定程序和方式否定其效力之前，个人、组织以及其他国家机关，皆需尊重之；即便

① 妨害公务罪和袭警罪对合法性要件的要求一致，故在此以警察执行公务为例进行讨论。

民众认定该行为不合法或不正当，也唯有寻求法律允许的异议和救济过程；若直接违抗，会招致不利的法律后果，甚至可能因此构成妨害公务罪。行政行为的公定力一方面源于国家意思的优越效力、国家的权威性，因为行政行为乃国家意思或权威的表示，故应当得到尊重；另一方面源于需要保护普通民众对行政行为的信赖，或者需要保护安定的社会关系或法律秩序，否则，社会将陷于纷乱无序之中。从行政行为的公定力出发，原则上，重大明显的违法行政行为不具适法性或不具合法有效的推定，对此类行为的不服从，无论采取何种形式，都不构成妨害公务的违法或犯罪。但是，对于“某些”事后判断应属违法的行政行为，在行政行为发生时可以视为适法或具备合法有效的推定，对这些行为的违抗和阻碍，构成妨害公务的违法或犯罪。①

在此应注意的是，根据行为时的素材判断并不意味着根据国家机关工作人员的主观来判断。如果根据行为时的素材判断，认为当时不具备法律所要求的条件，但是国家机关工作人员基于自身的错误认识或判断，认为具备法律所要求的条件，并以此执行职务，则该职务行为不具有合法性。例如，警察接到拘留证及相关材料，赶到现场准备拘留李某，但由于未仔细辨认，将与李某长相相似的王某予以拘留，警察的这种职务行为不具有合法性，王某有权予以反抗，其反抗行为不构成本罪。

（3）时间条件

妨害公务的行为必须发生在国家机关工作人员依法执行职务时，也即执行之际。如果职务已经执行结束，对国家机关工作人员进行妨害的，不构成妨害公务罪。

对执行之际的理解不能与正当防卫作类比，认定为“已经着手实行但尚未结束”。执行职务时不仅指正在执行职务时，还应包括执行职务的准备阶段。由于任何一项执行职务都有准备阶段，出于完备保护依法执行职务，对执行职务的准备阶段也应予以保护。例如，警察在公安局大院发动车辆准备出去巡逻，这时候的状态应受妨害公务罪保护。将执行之际理解为“尚未结束”也不够确切，不能拘泥于具体执行相关职务过程的终点。有些时候，国家工作人员所执行的某项具体公务活动虽已结束，但是对国家机关所担负的该公务活动而言，并未完全执行完毕，行为人若于此时对结束具体执行公务活动的国家工作人员使用暴力或进行威胁，有时也能达到妨害公务执行目的的效果。② 例如，市场监督管理人员依法没收一批违法销售品后，行为人对此市场监督管理人员进行威胁，迫使其将已没收的物品退还的，尽管此时该市

① 沈岿．行政行为公定力与妨害公务．中国法学，2006（5）：70.

② 郭立新，黄明儒．刑法分则适用典型疑难问题新释新解．北京：中国检察出版社，2006：400.

场监督管理人员已经结束具体没收职务行为，但国家对违法销售品的没收仍在持续状态之中，此时对市场监督管理人员进行威胁，自然应构成妨害公务罪。

从现实考虑，执行之际还应包括执行职务过程中的某些间隙或待机状态。[①] 例如，交警在交接班后走向街边警车准备作短暂休息时，也应属于执行职务时。由于执行职务是一个连续不断的过程，出于完备保护依法执行职务的考虑，不应个别性地分割职务行为的过程。而且人为切割后分析其开始与结束时间，很不自然，也不太现实。职务行为的一体性和连续性不应被打破，应从整体上认定其职务行为的开始与终了，即使外观上暂时中断或偶尔停止，也应认为是在职务的执行过程中。当然，国家机关工作人员结束职务行为后下班途中不属于执行职务时。

可以看出，对依法执行职务的时间的把握，不能过分拘泥于某一个时间点，而应以有效保障职务行为的正常进行为着眼点来考虑。有时，国家机关工作人员会接受某项任务，其既可以是临时受命，也可以是在一个相当长的期间内持续地担负某项任务。例如，警察接受一项需较长时间才能完成的毒品交易抓捕工作，那么从该警察接受这项任务并为执行公务进行准备工作开始，到其职务履行完毕之前的任何执行职务及相关待命状态，都属于依法执行职务之"时"。在该时间过程中，行为人无论在什么时间、什么地点，只要出于妨害公务执行的目的而对进行相关工作程序、处于与执行职务紧密相关的待定状态的公务人员实施暴力、威胁行为，都可能构成妨害公务罪。当然，若行为人选择在警察的非工作状态下（如吃饭、休息时）对该警察实施暴力、威胁，即使同样阻碍了该项毒品抓捕工作，也不宜以妨害公务罪定罪，因为本罪重点保护的是职务行为，而非警察本人。

2. 人大代表依法执行代表职务

妨害公务罪的第二种客体是全国人民代表大会和地方各级人民代表大会代表依法执行代表职务。人大代表依法在本级人民代表大会会议期间的工作和在本级人民代表大会闭会期间的活动，都是执行代表职务。根据宪法、人民代表大会组织法的有关规定，人大代表的职责主要是：出席人民代表大会，讨论和决定重大问题或事务；提出议案、建议、批评和意见；依法视察活动；联系群众和原选举单位，倾听意见等。

对于本罪第 2 款，学界有不同的看法，争论的焦点在于阻碍人大代表执行职务的行为能否包含在第 1 款阻碍国家机关工作人员执行职务之中。有的学者认为，国家机关工作人员一般包括权力机关工作人员，第 2 款把它特别

① 陈兴良．刑法学．上海：复旦大学出版社，2003：608.

加以强调，但又未形成特别条款，在犯罪构成和处罚上都相同。因此建议删去该款。[①] 有的学者指出，根据宪法、人民代表大会组织法的有关规定，全国人大代表和地方各级人大代表当然是国家权力机关工作人员。第 2 款把人大代表与第 1 款国家机关工作人员相并列恰恰表明是把“依法执行代表职务”的代表排除在国家机关工作人员之外。因此，第 2 款规定有违宪之嫌。[②]

对此，需要明确人大代表的身份。有观点认为，人大代表在各级人民代表大会开会期间，是以人大代表的身份出现并行使国家职权的，此时属于国家机关工作人员。在闭会期间，人大代表以本职工作单位人员身份出现，主要从事非国家职权活动，此时不具有国家机关工作人员身份。这种观点并不正确。《全国人民代表大会和地方各级人民代表大会代表法》第 5 条第 1、2 款规定：“代表依照本法的规定在本级人民代表大会会议期间的工作和在本级人民代表大会闭会期间的活动，都是执行代表职务。国家和社会为代表执行代表职务提供保障。”在人民代表大会闭会期间，人民代表还是要履行代表职责的，如监督政府工作、反映人民意见等，这些工作也很重要。认为代表在闭会期间没有行使国家权力机关职权的观点是不妥当的。实际上，国家机关包括国家权力机关，而国家权力机关是全国人民代表大会和地方各级人民代表大会，人民代表大会由人大代表组成，因此人大代表是国家机关工作人员。当然，与一般的国家机关工作人员一样，人大代表也存在执行职务期间与未执行职务期间。

既然人大代表属于国家机关工作人员，那么本条第 2 款的规定就不违宪，但是认为将其可以删除的看法也不妥当，因为从性质上看，该款属于注意规定。

注意规定是与法律拟制相对应的概念，是指在刑法已作基本规定的前提下，提示司法人员注意、以免司法人员忽略的规定。其特点是，并不改变基本规定的内容，只是对基本规定内容的重申；即使不设置该规定，遇到此类情形也应按照基本规定处理。例如，司法解释规定：携带挪用的公款潜逃的，按照贪污罪论处。该规定就是注意规定。因为携带挪用的公款潜逃的，由于具有了非法占有目的，本身就构成贪污罪。这条规定的出台只是提醒法官不要将这种情形定为挪用公款罪。即使没有这条规定，遇到携带挪用的公款潜逃的情形，也应按照贪污罪论处。法律拟制，是将原本不符合某种规定的行为也按照该规定处理。例如，《刑法》第 269 条规定，犯盗窃、诈骗、抢夺罪，为窝藏赃物、抗拒抓捕或者毁灭罪证而当场使用暴力或者以暴力相威胁

① 李希慧．妨害社会管理秩序罪新论．武汉：武汉大学出版社，2001：31.

② 陈旭玲，彭凤莲．刑法第 277 条探疑：兼论刑法第 242 条．法学杂志，2003（2）：61.

的，依照本法第263条（抢劫罪）的规定定罪处罚。该条将盗窃、诈骗、抢夺的情形按照抢劫罪处理。如果没有该条规定，只能定盗窃罪（或诈骗罪、抢夺罪）与故意伤害罪（轻伤的话），数罪并罚。①

《刑法》第227条第2款作为注意规定，并没有改变原有的犯罪构成，只是重申了对人大代表执行公务行为的保护，提示司法工作人员：阻碍人大代表执行公务的行为也构成妨害公务罪。从立法沿革上来看，1997年《刑法》的规定是吸收了1992年颁布的《全国人民代表大会和地方各级人民代表大会代表法》第39条（现为第44条）的规定而形成的。在新法吸收了特别刑法的规定之后，在新法中加以明确规定，以此突出对人大代表的保护。由于1979年《刑法》中没有规定对人大代表执行职务的保护，1997年《刑法》单独予以规定，对司法工作人员也起到提示、提醒的作用。

不过，应当注意这种类型的妨害公务罪与破坏选举罪的区分。破坏选举罪，是指在选举各级人民代表大会代表和国家机关领导人员时，以暴力、威胁、欺骗、贿赂、伪造选举文件、虚报选举票数等手段，破坏选举或者妨害选民和代表自由行使选举权与被选举权，情节严重的行为。破坏“选举”，是指破坏各级人民代表大会代表的选举与国家机关领导人员的选举。“破坏”选举的行为主要表现为两个方面：一是破坏选举工作的正常进行，如伪造选举文件，虚报选举票数，扰乱选举会场，强行宣布合法选举结果无效等；二是妨害选民与代表自由行使选举权与被选举权，如诱使或迫使选民违反自己的意志选举某人或不选举某人，阻碍他人充当被选举人。

3. 红十字会工作人员依法履行职责

妨害公务罪的第三种客体是在自然灾害和突发事件中红十字会工作人员依法履行职责。根据《红十字会法》第11条的规定，红十字会的工作职责是：（1）开展救援、救灾的相关工作，建立红十字应急救援体系；在战争、武装冲突和自然灾害、事故灾难、公共卫生事件等突发事件中，对伤病人员和其他受害者提供紧急救援和人道救助；（2）开展应急救护培训，普及应急救护、防灾避险和卫生健康知识，组织志愿者参与现场救护；（3）参与、推动无偿献血、遗体和人体器官捐献工作，参与开展造血干细胞捐献的相关工作；（4）组织开展红十字志愿服务、红十字青少年工作；（5）参加国际人道主义救援工作；（6）宣传国际红十字和红新月运动的基本原则和日内瓦公约及其附加议定书；（7）依照国际红十字和红新月运动的基本原则，完成人民政府委托事宜；（8）依照日内瓦公约及其附加议定书的有关规定开展工作；（9）协助人民政府开展与其职责相关的其他人道主义服务活动。此外，需要

---

① 张明楷．刑法分则的解释原理：下．2版．北京：中国人民大学出版社，2011：622-682.

注意的是，本款有特定的时间要素限制，即“在自然灾害和突发事件中”。根据 2003 年 5 月 14 日最高人民法院、最高人民检察院《关于办理妨害预防、控制突发传染病疫情等灾害的刑事案件具体应用法律若干问题的解释》第 8 条，以暴力、威胁方法阻碍国家机关工作人员、红十字会工作人员依法履行为防治突发传染病疫情等灾害而采取的防疫、检疫、强制隔离、隔离治疗等预防、控制措施的，以妨害公务罪定罪处罚。

4. 国家安全机关、公安机关依法执行国家安全工作任务

妨害公务罪的第四种客体是国家安全机关、公安机关依法执行国家安全工作任务。根据《国家安全法》的规定，国家安全机关工作人员可以依法执行侦查、拘留、预审、逮捕；向有关组织和个人调查和询问有关情况；依法查验组织和个人的电子通信工具、器材等设备等法律规定的其他职权。根据《人民警察法》的规定，公安机关依法履行预防、制止和侦查违法犯罪活动，维护社会治安秩序，维护交通安全和交通秩序，管理枪支弹药、管制刀具等职权。

与前三种类型不同，阻碍执行国家安全工作任务的行为，不要求使用暴力、威胁方法，但要求造成严重后果。行为人以暴力、威胁方法阻碍国家安全机关、公安机关依法执行国家安全任务，没有造成严重后果的，应认定为阻碍国家机关工作人员依法执行职务，适用《刑法》第 277 条第 1 款。

需要指出的是该类型中的“未使用暴力、威胁方法”不是真正的构成要件要素，只是表面的构成要件要素。犯罪的实体是违法和责任，真正的构成要件要素需要为违法或责任提供实质根据。刑法明文规定的有些要素并不是为了给违法和责任提供实质根据，只是为了区分相关犯罪的界限，这种构成要件要素称为“表面的构成要件要素”或“虚假的构成要件要素”，也可以称为界限要素。从实体法角度看，表面的构成要件要素不是成立犯罪必须具备的要素。从诉讼法角度看，表面的构成要件要素是不需要证明的要素。① 就妨害公务罪的第四种类型而言，刑法规定“未使用暴力、威胁方法”仅仅是为了与前三种使用暴力、威胁方法的行为类型作区分，意指第四种行为类型的成立不要求使用暴力、威胁方法，而不是指行为人欲构成第四种类型必须未使用暴力、威胁方法。换言之，如果行为人使用了暴力、威胁方法，故意阻碍国家安全机关、公安机关依法执行国家安全工作任务，造成严重后果，当然更应构成妨害公务罪。

由于这种类型的妨害公务罪不要求使用暴力、威胁手段，其会与其他犯罪产生联系。例如，张某因涉嫌向境外组织非法提供国家秘密被国家安全机

① 张明楷．论表面的构成要件要素．中国法学，2009（2）：93.

关立案侦查，其间国家安全机关工作人员到某银行调取境外组织与张某交易的汇款单据，该银行的工作人员王某明知国家安全机关在调查张某，但因对安全机关的性质有成见，故意将本应三天内就应提供给安全机关的单据延迟了半个月，致使影响到安全机关及时抓捕张某。对此，一种意见认为王某构成包庇罪；另一种意见认为，王某的行为致使国家安全机关本应通过调取相关证据尽快破案的目的没有达到，故应构成妨害公务罪。实际上，工某的行为同时触犯了包庇罪和妨害公务罪，属于想象竞合，应择一重罪论处。

需要明确的是本款中“造成严重后果”的地位。有观点认为，“造成严重后果”是本款犯罪类型的既遂条件，行为人虽然已着手实施阻碍国家安全机关、公安机关依法执行国家安全工作任务的行为，但由于其意志以外的原因，未产生“严重后果”的，构成犯罪未遂。① 这种观点并不妥当。依此理解则无法解释，《刑法》第 277 条为何在第 1、2、3 款中没有规定“造成严重后果”，而单独在第 4 款中予以规定？合理的解释是，前三款类型的犯罪的成立不要求“造成严重后果”，属于具体危险犯，而第 4 款类型的犯罪的成立要求“造成严重后果”，属于实害犯。

（四）故意

本罪的主观要件只能是故意，行为人明知国家机关工作人员正在依法执行职务，而故意以暴力、威胁方法予以阻碍，阻碍的动机不影响本罪的成立。

实践中，行为人可能对国家机关工作人员的职务行为的合法性产生认识错误，例如，国家机关工作人员本来是在合法执行职务，但行为人误认为是非法的，进而以暴力、威胁进行阻碍。对此有以下几种不同的观点：法律的错误说认为，这种认识错误属于对法律的认识错误，不影响故意的成立，因而不影响本罪的成立。事实的错误说认为，这种认识错误属于对事实的认识错误，影响故意的成立，因而不成立本罪。二分说认为，这种认识错误应视具体情况而定，即应区分作为合法性基础的事实与合法性的评价，对前者的认识错误属于事实认识错误，影响本罪的成立；对后者的认识错误属于法律认识错误，不影响本罪成立。还有一种观点认为，执行职务的合法性，只是客观处罚条件，故不要求对它有认识。②

对该问题的认识首先需要明确依法执行职务中的“依法”的属性。这里的“依法”也即职务行为的合法性是本罪成文的构成要件要素。因为如果职务行为不具有合法性，便不是本罪的保护对象，刑法不可能保护违法的职务行为。构成要件要素包括记述的构成要件要素和规范的构成要件要素。记述

① 赵秉志．犯罪停止形态适用中的疑难问题研究．长春：吉林人民出版社，2001：499.

② 张明楷．外国刑法纲要．2 版．北京：清华大学出版社，2007：713.

的构成要件要素，是指只需根据客观上的事实判断即可确定的要素，例如，“伪造或变造”“护照、签证”。规范的构成要件要素，是指需要法官根据主观上的价值判断才能确定的要素，例如，“猥亵”“侮辱”“淫秽物品”。这类要素的特点是，受人的主观价值观的影响较大。本罪中的“依法”应属于规范的构成要件要素，因为对职务行为的合法性需要根据具体条件进行法律评价。

规范的构成要件要素的特点是，行为人在感官上感知到了该要素的描述性特征，同时在思想上理解了该要素的规范性内涵。由于规范的构成要件要素包含了价值评价的内容，所以可以根据价值评价的类型对规范的构成要件要素进行分类。大致而言，价值评价可以分为法律意义上的价值评价和社会意义上的价值评价。基于此，规范的构成要件要素可以分为有关法律意义的评价要素和有关社会意义的评价要素。前者是指需根据刑法规范、其他法律规范所作的评价，例如，非法进行节育手术罪中的“非法”，贪污罪中的“公共财物”等。后者是指需根据社会一般观念和意义所作的评价，例如，入户盗窃中的“户”，传播淫秽物品罪中的“淫秽”等。本罪中的“依法”也是需要根据行政法等法规范才能作出评价，因此属于有关法律意义的评价要素。

对有关社会意义的评价要素的认识错误，大致分为两种情况。一种是涵摄的错误，是指行为人对要素理解的含义比一般社会意义的范围小，属于过于缩小的理解，例如，行为人破坏使用中的大型拖拉机，以为拖拉机不属于交通工具。又如，将他人笼中小鸟放飞，以为这种行为不属于毁坏。涵摄的错误属于对概念含义范围大小的理解错误，也称为归类性错误（Subsumtionsirrtum）。另一种是对概念含义的性质的理解错误，这是指行为人对要素理解的含义与一般社会意义的性质不同。例如，行为人在贩卖淫秽光碟，但不认为这些光碟属于淫秽光碟，而是认为属于美术作品。上述两种错误均属于对事物概念的理解错误，属于对构成要件要素的认识错误，而不是违法性的认识错误。虽然这种认识错误的后果会涉及违法性的评价效果，例如，行为人以为将他人笼中小鸟放飞不是毁坏，按此理解，他就不构成故意毁坏财物罪，但是此时的违法性评价不是行为人作出的，而是法律专家或法官作出的，行为人在此的认识仍处在构成要件范畴内。毕竟，刑法所构造的故意概念，其认识内容是以一般人对要素的社会意义的认识为准，而不是以法律专家对要素的法律意义的认识为准。对这类错误，可以按照“外行人的平行评价”理论来处理。该理论认为，对规范的构成要件要素的认识，不要求行为人认识到该概念的法律定义，只要求行为人认识到该概念法律意义之下的基础的社会意义即可；而且只要行为人认识到像自己这样的同类人会认识到该社会意义，就表明自己已认识到该社会意义。例如，对淫秽物品，不要求行为人认识到贩卖淫秽物品罪中关于淫秽物品的法律定义，只要求行为人认识到该法律概念之下的基础的社会意义即可，也即这些光碟是不堪入目的色情图片等，而且只要行为人认识到周围朋友看到这些光碟也会认为这些是不堪入目的色情图片，就表明行为人已经认识到这些光碟属于不堪入目的色情图片。

对有关法律意义的评价要素的认识，一般不会产生错误。行为人只要在感官上感知到了该要素的描述性特征，根据法律常识、生活经验，同时在思想上就会理解该要素的规范性内涵。例如，当行为人看到自己的财物在被国家机关管理，就应认识到此时财物属于公共财物。当行为人知道自己未取得医生执业资格却擅自给他人做节育手术，就应认识到这是在非法进行节育手术。这种对要素的规范性的内涵的认识，属于对该要素在法律评价上的认识，这是一种违法性的认识。虽然行为人只要感知到了该要素的描述性特征，根据法律常识、生活经验，就会认识到该要素的法律评价内涵。但是不可否认，在特殊情形下，有行为人确实没有认识到该要素的法律评价内涵。这时候便产生了违法性认识错误。这种错误不影响构成要件故意的成立，但是影响责任。此时应根据违法性认识可能性来判断：结合具体状况，如果行为人具有违法性认识可能性，则不阻却责任，反之则阻却责任。例如，行为人的汽车被交通管理部门临时征用，但其以为这时的财物不属于公共财物，可以随时取回来，便私自取回来。这种错误属于违法性错误，不阻却盗窃故意，根据违法性认识可能性来判断，如果认为行为人具有违法性认识可能性，就不阻却盗窃罪的责任。

具体到对本罪的“依法执行职务”的认识，认识的内容包括两个层次：一是对作为合法性要件的基础事实的认识；二是对合法性的认识，也即对“依法”这种有关法律意义的评价要素的认识。

第一，对作为合法性要件的基础事实的认识属于事实性认识。对其产生认识错误属于事实认识错误（构成要件的错误），按照事实认识错误来处理，阻却故意的成立。例如，在税务人员征缴税款时，纳税人李某以为税务人员没有合法手续予以反抗。由于这种认识错误属于事实认识错误，能够阻却故意的成立，也即李某没有妨害公务的故意，因此不成立妨害公务罪。再如，实践中有这样一个案例：某日晚 18 时许，在某地十字街镇安全村九组路口，被告人吴某倒车时将王某等兄弟四人的车堵住，引起王某兄弟四人的不满，便将吴某打倒在地。途经此地的当地一位公安局局长连忙下车进行制止，之后王某等人驾车离开。被告人吴某及其家人误认为这位自称是公安局局长的人与打人的人是一伙的，便要求这位局长出示身份证件，在得知这位局长未带证件时，便以为其不是真正的公安局局长，便呵斥对方“为什么放走打人的人”，不肯放其离开。在此过程中，双方产生了争执和撕扯。吴某及其家人将公安局局长打倒在地。后当地派出所赶到现场，将吴某及其家人带走，吴某及其家人被控妨害公务罪。事实上，吴某等人缺乏妨害公务的故意。本案中，公安局局长路遇争执出面制止时，虽然表明自己是公安局局长，但其当时既未身穿制服，又未出示任何证件，也没有开着警车，无法证明自己的身份。被告人吴某有理由相信此公安局局长并非真正的公安局局长，也即吴某没有妨害公务的故意，故吴某不构成妨害公务罪。这种认识错误类似于对客观排除犯罪事由的前提事实的认识错误，如假想防卫。例如，便衣警察在抓捕小偷李某，李某喊叫自己的朋友王某，称自己被坏人打劫。王某信以为真，以为警察是抢劫犯，对警察实施暴力，致警察重伤。王某的行为属于假想防卫，不成立正当防卫，但也不存在犯罪故意，不成立妨害公务罪或故意伤害罪。如果存在过失，则成立过失致人重伤罪。如果没有过失，则属于意外事件。

第二，对“依法”这种有关法律意义的评价要素的认识属于违法性认识。对其产生认识错误属于违法性认识错误（禁止的错误），按照违法性认识错误处理，不阻却故意的成立，但是有可能阻却责任。对此应根据违法性认识可能性来判断，如果没有违法性认识可能性，则阻却责任。

一般而言，只要对作为合法性要件的基础事实有正确的认识，就会对“依法”这种有关法律意义的评价要素有认识，也就会认识到职务行为的合法性。例如，当行为人看到警察穿着制服手持证件在履行职责，就应认识到警察在依法执行公务。但是不可否认，在特殊情形下会有行为人虽然认识到了作为合法性要件的基础事实，但是确实没有认识到该基础事实的合法性，此时就按照违法性认识错误来处理。当然，行为人主观上是否存在认识错误、存在何种认识错误，要根据当时的具体情况进行判断，不能仅凭行为人的陈述来决定。

二、袭警罪的构成

袭警罪，是指暴力袭击正在依法执行职务的人民警察的行为，本罪为《刑法修正案（十一）》新增。在2015年《刑法修正案（九）》的制定过程中，就不乏增设袭警罪的意见建议，但是最终立法者选择在第277条中增加“暴力袭击正在依法执行职务的人民警察的，依照第一款的规定从重处罚”作为第5款，即将暴力袭警的行为依照妨害公务罪从重处罚。2020年1月10日，“两高”和公安部联合印发了《关于依法惩治袭警违法犯罪行为的指导意见》（以下简称《惩治袭警意见》），对如何运用妨害公务罪规制暴力袭警的行为进行了更详细的规定。2020年12月26日通过的《刑法修正案（十一）》对《刑法》第277条第5款再次进行了修正，使暴力袭警行为独立成罪，2021年2月26日“两高”联合发布了《关于执行〈中华人民共和国刑法〉确定罪名的补充规定

（七）》，正式将该款确定为袭警罪。

（一）主体

本罪主体为一般主体，即年满 16 周岁、具有刑事责任能力的自然人。单位不能成为本罪主体。

（二）行为

本罪的行为方式为“暴力袭击”，只有采取暴力手段袭击正在依法执行职务的人民警察，才能构成本罪。上文提到，暴力的含义有四种，妨害公务罪中的“暴力”意指最广义的暴力，但袭警罪中的“暴力”范畴应当与之不同。首先，可分析本罪保护法益，对此大致存在两种观点，一种观点认为本罪仅保护警察执法权，而不应将人身权利纳入保护法益中①；另一种观点认为，本罪保护人民警察的人身安全和合法职务的执行，二者不可偏废。② 笔者认为第二种观点更为合适，如若只保护警察执法权，妨害公务罪完全可以实现保护法益的目的，但袭警罪是单独成罪并且法定刑较妨害公务罪的更高，因此是在妨害公务罪法益的基础上增加保护了警察的人身权利这一法益。并且，这种观点也可以合理解释为何以威胁方法阻碍警察执法同样侵犯了警察执法权，却并不构成袭警罪。但应当注意，警察执法权仍然是基础法益，如果袭击警察的行为并不具有妨碍执法权的危险，例如在警察下班休息时袭击警察，虽然侵犯警察的人身权利但未侵犯其执法权，并不构成本罪。

基于对法益的分析，本罪中的“暴力”应当限定为狭义的暴力，即对人民警察的身体不法行使有形力。且从文义解释的角度看，在妨害公务罪中，“暴力”与“威胁”是并列的行为方式，其范围应当较广，而袭警罪中的“暴力”要放在“暴力袭击”中进行理解，显然范围更窄，且具有攻击性。《惩治袭警意见》规定的“撕咬、踢打、抱摔、投掷等”方式，均属于狭义暴力范畴。此外，对身体行使有形力的解释不应过于形式化，例如撞击正在依法执行职务的人民警察驾驶的车辆的行为，表面上看是对物行使有形力，但是“撞车”无异于“撞人”，会对人身安全造成严重威胁，实质上也是对身体行使有形力。除上述提到的撕咬等直接对人民警察人身进行攻击的行为外，《惩治袭警意见》还将“打砸、毁坏、抢夺民警正在使用的警用车辆、警械等警用装备，对民警人身进行攻击的”行为纳入暴力范畴内，但可以发现，此时仍然强调对民警人身进行攻击，换言之，警用设备应当与人身具有紧密的联系以至于对警用设备的攻击可以直接传递到人身。

---

① 李翔．袭警罪的立法评析与司法适用．上海政法学院学报（法治论坛），2022（1）：105.

② 张永强．袭警罪的规范演进与理解适用．重庆大学学报（社会科学版），2022（1）：283.

（三）行为对象

只有暴力袭击“正在依法执行职务的人民警察”的行为才能构成本罪，在此需要对“正在”“依法”“职务”“人民警察”进行一一分析。

1. “正在”的理解

对于本罪时间条件的理解与妨害公务罪类似，“正在”执行公务不局限于具体执行公务的行为当时，在执行开始前，若处于密切关联的等待行动状态，仍应解释为“正在”执行公务；若虽具体的职务行为已经终了，但处于为执行下一个任务而移动的状态，且职务行为间具有一定程度的连续性，职务执行的具体性、个别性并不丧失的，也满足这一条件。① 是否正在执行职务与上下班时间不存在必然联系，《人民警察法》第19条规定：“人民警察在非工作时间，遇有其职责范围内的紧急情况，应当履行职责”，则即使是警察下班时间，其遇有紧急情况进行处理时，当然也满足本罪时间要件，《惩治袭警意见》亦指出，“民警在非工作时间，依照《中华人民共和国人民警察法》等法律履行职责的，应当视为执行职务”。简言之，既然本罪要保护警察职务的执行，那么判断的关键就在于警察实施某个行为时是否体现了“职务”的执行。

2. “依法”的理解

与妨害公务罪相同，人民警察执行职务的合法性是成立袭警罪的前提，这要求警察执行公务时有抽象的权限，也有具体的职务权限，且存在对应的前提事实和状况，并履行了法律上重要的程序。人民警察有不同的警种，职权也各不相同，正如侦查犯罪活动应当由刑警实施而非由其他类别的警察实施。倘若刑警要拘留犯罪嫌疑人，必须符合《刑事诉讼法》第82条规定的情形，并应当出示拘留证。对执行职务合法性的判断仍然应当采取法官标准说（客观说）。

3. “执行职务”的理解

《刑事诉讼法》《人民警察法》《国家安全法》《监狱法》《人民法院司法警察条例》《人民检察院司法警察条例》等法律法规赋予公安机关、国家安全机关、监狱、劳动教养管理机关的人民警察和人民法院、人民检察院的司法警察以不同的职责，人民警察应当在法律法规授权的范围内行使职责，不得越权行为。

4. “人民警察”之范围界定

对“人民警察”范围的讨论，在本罪增设前和增设后均不鲜见，成为问题的是，“辅警”是否属于本罪要求的“人民警察”的范围。倘若单纯从“身

---

① 周光权．刑法各论．4版．北京：中国人民大学出版社，2021：388.

份”的角度考虑，辅警的确不属于人民警察。根据《人民警察法》第 2 条之规定，“人民警察包括公安机关、国家安全机关、监狱、劳动教养管理机关的人民警察和人民法院、人民检察院的司法警察”，而辅警并不具有警察的身份。国务院办公厅印发的《关于规范公安机关警务辅助人员管理工作的意见》亦指出：警务辅助人员是根据社会治安形势发展和公安工作实际需要，面向社会招聘，为公安机关日常运转和警务活动提供辅助支持的非人民警察身份人员。[①] 但是这样形式化地从身份角度界定“人民警察”范围与本罪立法目的并不一致：本罪保护的是警察合法的执法活动而非单纯的“警察”身份，因此在解释时应当“以职务论为基础，淡化身份论”，若辅警并未在警察执法职责范围内行为，不满足本罪构成要件要求；若辅警听从人民警察的指挥执行公务，便与依法执行职务的人民警察成为一体，此时暴力袭击辅警便可以成立本罪。[②]

（四）主观要件

本罪主观上只能由故意构成，行为人必须对暴力袭击的是正在依法执行职务的人民警察有明知。警察可以被包容评价为国家机关工作人员，误以为警察是其他国家机关工作人员而暴力袭击阻碍公务行使的，可能成立妨害公务罪。对正在依法执行职务的误认原理与妨害公务罪中相应问题一致，兹不赘述。

（五）加重处罚条件

《刑法》第 277 条第 5 款除规定了袭警罪的基本犯外，还规定了加重处罚的条件——使用枪支、管制刀具，或者以驾驶机动车撞击等手段，严重危及其人身安全的，处 3 年以上 7 年以下有期徒刑。可以看出，加重处罚条件采取了“手段列举＋手段兜底＋危险后果”的规定形式。成为问题的是：兜底手段包括哪些？“严重危及其人身安全”是对手段的额外限制还是只要使用了前述手段就推定严重危及人身安全？首先，对兜底手段的解释，应当在危险性上与列举手段保持一致，使用枪支、管制刀具和驾驶机动车撞击的行为，暴力程度显然是极高的，且具有强烈的冲击性和危险性，其他手段也应当具备这样的特性，例如使用爆炸物等。对于严重危及人身安全这一描述，有观点认为这与法条中规定的手段是强调关系，即只要满足了手段要求，就可以认定严重危及了人身安全[③]，则此处的危险是抽象的危险，无须特别进行判断。然而，这种观点并不妥当，使用这些工具并不必然严重危及人身安全，

---

① 国务院办公厅印发《关于规范公安机关警务辅助人员管理工作的意见》. [2021-08-27]. http://www.xinhuanet.com//politics/2016-11/29/c_1120015347.htm.

② 黎宏. 刑法学各论. 2 版, 北京: 法律出版社, 2016: 352.

③ 李翔. 袭警罪的立法评析与司法适用. 上海政法学院学报（法治论坛）, 2022 (1): 112.

一概适用升格法定刑则过于严苛了。恰当的理解是，手段的规定是形式上的要求，还必须进行实质的具体危险的判断，即在个案中综合案件的全部情况判断是否满足“严重危及其人身安全”的要求。不过，适用升格法定刑并不要求出现严重危害人身安全的后果。

规范依据

《刑法》

第277条　以暴力、威胁方法阻碍国家机关工作人员依法执行职务的，处三年以下有期徒刑、拘役、管制或者罚金。

以暴力、威胁方法阻碍全国人民代表大会和地方各级人民代表大会代表依法执行代表职务的，依照前款的规定处罚。

在自然灾害和突发事件中，以暴力、威胁方法阻碍红十字会工作人员依法履行职责的，依照第一款的规定处罚。

故意阻碍国家安全机关、公安机关依法执行国家安全工作任务，未使用暴力、威胁方法，造成严重后果的，依照第一款的规定处罚。

暴力袭击正在依法执行职务的人民警察的，处三年以下有期徒刑、拘役或者管制；使用枪支、管制刀具，或者以驾驶机动车撞击等手段，严重危及其人身安全的，处三年以上七年以下有期徒刑。

案例评价

[案例18-1] 周某妨害公务案①（合同工是否属于国家机关工作人员）

1. 基本案情

2003年12月某日晚，被告人周某驾驶微型车载着被告人谢某和巫某（另案处理）从福建省清流县某镇开到该县交通局设在某岔路口的收费站上，收费站工作人员李某英让其交费，被告人周某对谢某说“要交费”，被告人谢某叫道“本地的车怎么也要交费”，坐在后座的巫某即下车抬栏杆，收费站人员林某上前制止，双方发生争吵，被告人谢某便一脚踢到林某小腹，林被踢到后即朝收费站办公室方向跑，被告人谢某追打林。巫某强行把栏杆抬起，叫被告人周某把车开过去，巫某也追上去参与打林某，收费站工作人员李某富等七人闻讯前来劝阻。被告人谢某、巫某又与其他收费站工作人员发生吵打。被告人周某将车开过岗亭停在路边后，上前劝架未果，后来也参与打收费站其他人员。经法医鉴定林某为轻微伤三级。李某富等七人伤情为轻微伤一级。另

① 李序根，吴诚．追打收费站工作人员是否构成妨害公务罪．[2020-11-02]．中国法院网．https：//www.chinacourt.org/article/detail/2004/05/id/116188.shtml.

查：林某等人属于清流县收费站的合同工，取得了交通部颁发的行政执法证。

2. 涉案问题

追打收费站的合同制工作人员是否构成妨害公务罪?

3. 裁判理由

法院审理认为，最高人民检察院《关于以暴力威胁方法阻碍事业编制人员依法执行行政执法职务是否可对侵害人以妨害公务罪论处的批复》已经把妨害公务罪的客体外延有限制地扩大为国家事业单位人员依法执行公务活动。本案的受害人林某是该单位的合同工并取得了交通部颁发的交通行政执法证，具有执法职务。当晚，林某正在收缴有关车辆费用，属正在执行行政执法活动的公务。被告人谢某拒不交纳费用并强行冲关不成后，采取暴力殴打林某致使林某无法履行职务，其行为已构成妨害公务罪。被告人周某在巫某的帮助下强行冲卡，致使收费站工作人员无法履行职务，其行为也已构成妨害公务罪。据此，法院依照《刑法》第277条第1款、第25条第1款和最高人民法院《关于适用财产刑若干问题的规定》(法释〔2000〕45号)第2条第1款、第4条第1项的规定，分别判决被告人谢某、周某犯妨害公务罪，判处罚金人民币5 000元和2 000元。

4. 评析意见

在本案审理过程中，有意见认为被告人的行为不构成妨害公务罪。理由是：本案的受害人林某等是收费站的临时工，不属国家机关工作人员，也不属于国家事业单位人员，最高人民检察院《关于以暴力、威胁方法阻碍事业编制人员依法执行行政执法职务是否可对侵害人以妨害公务罪论处的批复》中所指的“国有事业单位”应是该事业单位在编正式的公职人员。所以，二被告人的行为，没有侵害妨害公务罪的客体，不构成妨害公务罪。再者，该批复与《刑法》第277条相冲突。最高人民检察院有权对刑法进行解释，但该批复扩大了刑法中关于妨害公务罪客体的外延，使本罪客体不仅包括了国家机关工作人员的活动，也包括了事业单位人员的公务活动，因而它不是对《刑法》第277条的解释而是一种修改。故这种修改是无效的，该批复不能适用。

笔者认为，上述意见的理由难以成立。从全国人大常委会《关于〈中华人民共和国刑法〉第九章渎职罪主体适用问题的解释》可以看出，在认定国家机关工作人员时，考察的重点已经不是身份要素，而是职能要素，也即不是看是否具有国家干部编制，而是看是否从事公务。最高人民检察院《关于以暴力威胁方法阻碍事业编制人员依法执行行政执法职务是否可对侵害人以妨害公务罪论处的批复》已经把妨害公务罪的外延扩大为国家事业单位人员依法执行公务活动。这里所指的事业单位人员，应该包括国有事业单位依法通过录用、聘用、委派甚至借用的途径给予一定的工作岗位并赋予一定的公务职责的人员。本案的受害人林某所在单位是股级事业单位，林某是该单位的合同工并取得了交通行政执法证，具有执法职务。当晚，林某值班收缴有关车辆税费是正在执行行政执法活动。被告人拒不交纳税费强行冲关不成后，采取暴力殴打林某致使林某无法履行职务，构成妨害公务罪。

[案例 18－2] 江某田等妨害公务案①（执行职务的时间）

1. 基本案情

1999 年 11 月间，被告人江某田与张某露（在逃）等人合伙购买了 YJ14 型卷烟机和 YZ23 型接嘴机各 1 台用于制售假烟。同年 12 月 9 日，张某露得知诏安县打假队将要查处的风声，即告知江某田。江某田于当晚组织被告人黄某栈和江某阳（在逃）等人将上述 2 台机器搬到 2 辆农用车上，转移到诏安县岭下溪二级电站暂放。同月 10 日上午，云南省公安厅、诏安县政法委、县检察院、县工商局、县技术监督局、县烟草局等单位组成的联合打假车队，在诏安县岭下溪二级水电站查获了 3 辆农用车装载的 2 台制假烟机及另一台接嘴机。张某露与被告人江某田得知后，即以每人 50 元报酬聚集数百名不明真相的群众，在诏安县霞葛镇庄溪桥头拦截、围攻打假车队，将查扣的载有制假烟机器的农用车上的执法人员董某坤等人拉出驾驶室进行殴打。被告人黄某栈与江某阳等人乘机开走 3 部农用车。随后，张某露与被告人江某田又聚集鼓动黄某栈、黄某兵等一群人，四处寻找打假队的摄像、照相资料，欲毁灭证据。后在诏安县烟草局闽 E×××号工具车发现 TRV－240 摄像机、奥林巴斯牌照相机时，张某露带头用石头砸破车门玻璃，抢走并砸坏摄像机和照相机，执法人员进行制止时，遭到被告人黄某兵等人殴打，直至公安人员赶到现场时才逃离。被劫走的 3 辆装有制假烟机器的农用车于同年 12 月 14 日被追回。经法医鉴定，执法人员董某坤等人的伤情为轻微伤。

2. 涉案问题

如何认定打假队执行职务的时间？行为人召集群众围攻打假车队以及破坏影像资料、殴打执法人员等行为是否发生在执法人员执行职务的时间内？本案各行为人的行为应当如何定性？

3. 裁判理由

一审法院认为：被告人江某田、黄某栈、黄某兵在张某露的组织指挥下聚集参与拦截打假车队，打伤执法人员，哄抢被依法查扣的制假烟机器及损毁打假证据资料、器材，数额特别巨大，情节恶劣，其行为已构成聚众哄抢

① 最高人民法院刑事审判第一、二、三、四、五庭．中国刑事审判指导案例（妨害社会管理秩序罪）．北京：法律出版社，2009：38.

罪。在共同犯罪中，被告人江某田既是机主，又在哄抢中起煽动、指挥作用，系首要分子，应对全案负责，依法应从重处罚。被告人黄某栈虽被纠集，但在哄抢转移机器时积极主动，起骨干带头作用，是主犯，但其地位作用稍次于江某田；被告人黄某兵被纠集后参与哄抢损毁摄像照相资料、器材、小货车、殴打执法人员，同属主犯，但其作用及地位稍次于被告人黄某栈。依照《刑法》第268条判决：被告人江某田犯聚众哄抢罪，判处有期徒刑10年，并处罚金人民币1万元；被告人黄某栈犯聚众哄抢罪，判处有期徒刑9年，并处罚金人民币5 000元；被告人黄某兵犯聚众哄抢罪判处有期徒刑8年，并处罚金人民币5 000元。一审宣判后，被告人江某田、黄某栈、黄某兵均以原判定性错误为由提出上诉。

二审法院认为：上诉人江某田、黄某栈、黄某兵明知打假队系国家机关工作人员正在执行公务，而聚众拦截、打伤打假队员，强行开走被查扣装载用于制造假烟机器设备的车辆，打破车窗玻璃，抢走拍摄的摄像机和照相机，其行为均已构成妨害公务罪，且情节严重。上诉人江某田积极参与煽动不明真相群众，围攻打假车队，打伤打假队员，抢走录像带和照相机，在犯罪中起主要作用，系主犯。上诉人黄某栈被纠集参与犯罪，开走装载制假机器的农用车，行为积极，亦系犯罪中之主犯。上诉人黄某兵积极参与犯罪活动，参与围攻殴打打假队员行为，但系从犯。原判对各上诉人定聚众哄抢罪与我国刑法规定的犯罪构成要件不符，量刑有误，应予纠正，遂撤销原判，以妨害公务罪对江某田判处有期徒刑3年，以妨害公务罪对黄某栈判处有期徒刑2年；以妨害公务罪对黄某兵判处有期徒刑2年。

4. 评析意见

该案争论的焦点在于打假队的职务行为是否执行完毕。一审法院认为打假队依法查扣被告的制假设备时职务行为已经执行完毕，妨害公务罪无从谈起。二审法院认为职务行为通常表现为一个连续性的过程，判断一个职务行为的执行开始和完毕，必须根据具体情况而论。在本案中，联合打假队从查扣被告人制假设备到案发时止，公务行为仍在继续中，而非执行职务完毕。二审法院的观点是正确的，对公务执行完毕不能作过分狭窄、机械的解释。公务是否执行完毕关键是看执行公务的目的是否达到，而对于公务目的是否达到应从公务执行的程度、公务执行的效果等方面进行客观判断。在该案中，虽然打假队已经查获了制假设备，但是行为人聚众抢回制假设备的行为无疑使公务执行的效果消失殆尽，即公务没有得到顺利的执行与完成。因此，打假队运回制假设备的过程是巩固公务执行效果的过程，况且前后两个行为具有紧密的时间与程序上的联系，应当视为在公务执行过程中。行为人基于对抗执法的故意，聚众暴力拦截执法车辆，公然夺回被依法查扣的设备，系以暴力手段阻碍国家工作人员依法执行职务，成立妨害公务罪。

[案例 18-3] 印某妨害公务案①（上下班途中是否属于依法执行职务时）

1. 基本案情

印某系一家从事园林设计和道路绿化施工的私营企业负责人，为承揽业务，其所在公司曾多次参与市政招标，但均未能中标。印某为此迁怒于招标办女工作人员于某，认为是其故意作梗才导致自己公司未能中标。为了让自己的公司在其余几个工程竞标中能顺利中标，印某萌生雇人殴打于某，让其受伤后不能上班，从而不能主持开标、评标活动的想法。

2009 年 9 月 22 日，印某找来无业青年胡某，指使他殴打于某。当天下午于某下班，胡某即骑电动车准备撞向于某，因于身边同事众多只得作罢。9 月 23 日上午，于某如期主持当天的开标、评标活动，印某公司未能中标。9 月 24 日，胡某从印某手中领取了人民币 500 元的“活动费”后，纠集他人于 9 月 25 日早上等候在于某上班必经的巷口，在于某上班途中对其实施殴打，造成于某轻微伤。但于某仍按时主持了当天的工程开标、评标活动，印某再次落选。9 月 28 日，印某再次指使胡某殴打于某，胡某遂纠集多人，于 28 日傍晚尾随下班回家的于某，并在于某行至其自家楼道口时将其殴打致轻微伤。事后胡某再次从印某手中领取 500 元“辛苦费”。

2. 涉案问题

上下班途中是否仍然处于依法执行职务时？

3. 司法机关意见

案发后，公安机关认为，印、胡二人并非出于逞强斗狠或随意殴打他人的流氓动机，不能构成寻衅滋事罪；且所造成的伤害后果仅为轻微伤，印、胡两人的行为也不能构成故意伤害罪，遂以印某、胡某两人构成妨害公务罪提请检察机关批捕。检察机关审查公安提请批准逮捕的意见时，有两种不同意见。一种意见认为，印、胡两人的行为应构成妨害公务罪。印某因怀疑于某使自己的公司屡次不能中标，遂产生通过雇人殴打于某使其不能上班，好让公司参加竞标时错开于某主持的开标、评标场合，以此来达到顺利中标的目的。其通过暴力手段阻碍国家工作人员依法执行职务的动机和客观行为表现非常明显，应当以妨害公务罪追究两人的刑事责任。另一种意见认为，印、胡二人虽然出于阻碍国家工作人员依法执行公务的主观意图对于某多次实施殴打，但这些行为均发生在于某上下班途中，并非发生在于某正在执行职务或履行职

① 高少勇．上下班途中殴打公务员的行为能否认定妨害公务罪．检察日报，2011-07-13.

责的过程中，即其正在主持工程开标、评标活动之中，故不构成妨害公务罪。

4. 评析意见

检察机关的第二种意见具有合理性。执行职务时虽然包括执行职务的准备阶段，但是不应据此将国家机关工作人员的上下班期间一概包括到执行职务的准备阶段中，本案中于某上班途中的期间毕竟与其开始执行职务有明显的时间和空间上的间隔，距离开始执行职务为时尚早，如果将这个期间也视为执行职务时，未免将执行职务期间拉得过长。刑法制定妨害公务罪，并不是要给予国家工作人员特殊保护，而是要保护合法公务的执行，若一概将上下班途中认定为执行职务期间，实质上是对国家工作人员给予了特殊保护。有意见认为，阻碍国家机关工作人员上班会导致其无法执行职务，因此在国家工作人员上班途中进行暴力攻击的，也是在妨碍公务的正常履行，但这是典型的由果推因。若以此逻辑展开，在国家工作人员休息时将其打成轻微伤也构成妨害公务罪，这显然是不合理的。导致国家机关工作人员无法执行职务的情形很多，并非每一个情形都值得刑法保护。当然，上下班途中也并非一概不属于执行职务时，关键还是要看该期间实施的某个行为是否体现职务的执行，例如警察上班途中路遇歹徒行凶遂依法制止的行为便是执行职务。

[案例 18-4] 肖某妨害公务案①（妨害公务罪中合法性要件的判断）

1. 基本案情

被告人肖某在未经县级以上国土部门批准的情况下，向某村一村民小组购买该村民小组的一片农用地。2016 年 4 月间，肖某之子卢某在未经批准的情况下，擅自在上述农用地违法进行基建。2016 年 4 月 28 日，该村所在区国土资源管理局浮洋国土资源管理所（以下简称“浮洋国土所”）发现该宗违法用地行为之后，分别向卢某和该村村民委员会发出《责令停止国土资源违法行为通知书》，责令卢某和村民委员会立即停止违法用地行为，并于 15 天内恢复土地原状。因卢某一方没有停止违法建设及恢复土地原状，浮洋国土所又于同年 6 月 23 日分别向卢某、村委会和村民小组发出“责令停止国土资源违法行为通知书”，再次责令卢某和村委会立即停止违法用地行为，并于 15 天内恢复土地原状。之后，卢某一方仍未将违法建筑物拆除。2016 年 8 月 2 日，村所在镇政府通知卢某到涉案村民委员会办公址，口头告知准备对其所涉的违法建筑物进行拆除，但既未书面催告卢某一方自行拆除涉案违法建筑

① 江瑾，沈斌．广东潮州中院裁定肖某妨害公务案：执法程序严重违法阻却妨害公务罪的构成．人民法院报，2018-11-29（6）．［广东省潮州市潮安区人民法院（2017）粤 5103 刑初 701 号刑事判决书，广东省潮州市中级人民法院（2018）粤 51 刑终 103 号刑事裁定书。］

物，也未制作书面的强制拆除决定书并送达给卢某一方，未进行强拆公告，且未告知卢某一方可就此申请复议或提起行政诉讼等权利。同月5日，镇政府组织各工作部门人员，并联合区国土资源局工作人员，到村中准备对卢某的违法建筑物进行强制拆除。肖某及卢某等人为阻挠强制拆除工作，事先在违法建筑物上悬挂抗议的横幅，并在现场吵闹。现场工作人员经多方劝说未果，遂准备将肖某带离现场，但肖某反抗并对工作人员实施嘴咬、脚踹及辱骂，致被害人黄某源、苏某芝、孙某然轻微伤。后涉案违法建筑物于当天被强制拆除。

2. 涉案问题

本案中执法人员履行职务的行为是否具备合法性?

3. 裁判理由

一审法院经审理认为，被告人肖某虽有以轻微暴力方法阻碍国家机关工作人员强制拆除违法建筑物的行为，但因本案行政机关所实施的执法行为不具有合法性，不能认定执法人员系依法执行职务，判决肖某无罪。宣判后，检察机关提出抗诉。二审法院经审理认为，本案中执法机关的执法程序严重违法而非仅仅是程序瑕疵从而不具有合法性，原判据此认定肖某无罪正确，遂裁定驳回抗诉，维持原判。

4. 评析意见

执行职务的行为若要具备合法性需要满足四个条件：具有履职的一般权限、具有履职的具体权限、存在履职的前提事实、依照程序履职。在本案当中，镇政府组织各工作部门人员联合国土资源局的工作人员进行强制拆除，确有履职权限，卢某的建筑亦确属违法建筑，问题是执法人员的执法行为是否在程序上合法，即职务行为是否根据法律上确定的有效条件、方式执行。且在判断这一要件是否满足时，还应当注意形式上合法的公务不需要绝对满足法律上所确定的全部要件，如果是轻微程序瑕疵，还不足以否定职务行为的要保护性，也就不能够认定职务行为违法。

根据《行政强制法》第35条至第38条之规定，行政机关作出强制执行决定前，应当事先催告当事人履行义务，且催告应当以书面形式作出并载明四类事项。当事人收到催告书后有权进行陈述和申辩。行政机关应当充分听取当事人的意见，对当事人提出的事实、理由和证据，应当进行记录、复核。当事人提出的事实、理由或者证据成立的，行政机关应当采纳。经催告，当事人逾期仍不履行行政决定，且无正当理由的，行政机关可以作出强制执行决定。强制执行决定应当以书面形式作出，并载明五类事项。催告书、行政强制执行决定书应当直接送达当事人。当事人拒绝接收或者无法直接送达当事人的，应当依照《民事诉讼法》的有关规定送达。在本案中，显然，行政机关在作出强制执行决定前并未书面催告，则更不必说听取当事人的意见，亦未作出书面的强制执行决定，更不可能送达上述文件，因此其职务行为是违法的。且书面催告等程序为强制执行所必要，不履行此类程序是对个人权利的强烈侵犯，从而行政机关的履职不属于程序瑕疵，而是会直接导致职务行为的合法性要件不满足。既然如此，肖某阻碍的就并非“合法的公务”，不构成妨害公务罪。

[案例 18-5] 叶某亮危险驾驶案[①]（袭警罪中暴力的要求）

1. 基本案情

2020 年 1 月 11 日晚，被告人叶某亮在道路上醉酒驾驶机动车追逐恐吓他人。当晚 22 时 07 分许，某派出所 4 位民警接警后，驾驶警车到达事发现场，将警车停在被告人叶某亮车后。后 4 人下车到被告人叶某亮车旁，要求叶某亮熄火停车。被告人叶某亮突然倒车撞击警车，将警车推到停车场外道路。4 位民警遂上前将被告人叶某亮从车内拖出并控制，被告人叶某亮一直挣扎抵抗，致一位民警摔倒。

2. 涉案问题

行为人撞击警车的行为是否符合袭警罪中暴力的要求？本案行为人的行为如何定性？

3. 裁判理由

法院认为：叶某亮在道路上醉酒驾驶机动车；驾驶车辆追逐、恐吓他人，破坏社会秩序；以暴力方法阻碍人民警察依法执行职务，其行为已构成危险驾驶罪、寻衅滋事罪、妨害公务罪。被告人叶某亮归案后如实供述自己的罪行，自愿认罪认罚，且已由亲属代为赔偿其行为造成的经济损失，取得被害人的谅解，对其可以从轻处罚。依照相关法律，判决被告人叶某亮犯危险驾驶罪，判处拘役 2 个月 10 天，并处罚金 2 000 元；犯寻衅滋事罪，判处有期徒刑 10 个月；犯妨害公务罪，判处拘役 6 个月；实行并罚，决定执行有期徒刑 10 个月，并处罚金 2 000 元。

4. 评析意见

对于本案中妨害公务的部分，公诉机关原本认为有暴力袭警的从重处罚情节，但在庭审中撤销了对这一情节的指控。当然，本案发生在《刑法修正案（十一）》出台前，当时袭警罪还未单独成罪，但是由于当时法条中对暴力袭警情节的描述与现在的袭警罪描述一致，均为“暴力袭击正在依法执行职务的人民警察”，因此仍然可以在此进行讨论。

---

① 参见江苏省宿迁市宿城区人民法院（2020）苏 1302 刑初 102 号刑事判决书。

本案中，行为人妨害民警执行职务的行为有二：一是倒车撞击无人在内的警车，将警车推到停车场外道路；二是在被民警控制后挣扎抵抗，致一位民警摔倒。袭警罪中的暴力必须最终能够指向人身，否则对人身安全不会产生威胁，最典型的就是直接对人体进行攻击，如果物与人的联系紧密，对物攻击可以传递到人，那么也可以认为满足本罪暴力的要求。另外，暴力袭击带有攻击性，行为人在被控制时往往会有抗拒的行为，如果只是实施了类似于推搡、拉扯等单纯的反抗行为不能被认定为暴力袭击。当然，如果为了抗拒执法对民警进行拳击、蹬踹、斯打等行为，此时暴力行为在客观上已经超出抗拒和阻挠的范畴，表现出不加约束的攻击姿态；行为人主观上也已经希望伤害民警身体或者至少对警察身体受到伤害的后果持放任态度，这当然符合本罪暴力的要求。具体到本案中行为人的两种行为，前一行为中行为人攻击的对象是警车，而当时车内没有人，这种攻击便不可能由物传递到人，不可能对人身安全产生威胁；后一行为仅属于反抗，不带有攻击的性质，两种行为均不符合袭警罪“暴力袭击”的构成要件。不过，妨害公务罪中的暴力是最广义的暴力，可以对物行使，撞击警车便属于对物暴力，且客观上也能够妨害民警对公务的执行，因此行为人的行为符合妨害公务罪的构成要件。同时，本案行为人还实施了醉酒驾驶机动车、驾驶车辆追逐恐吓他人的行为，触犯危险驾驶罪以及寻衅滋事罪，应当与妨害公务罪数罪并罚。

深度研究

公民拒绝权与妨害公务罪

面对合法执行的公务行为，公民有配合的义务，倘若进行阻碍，可能因“妨害公务”面临行政处罚，若以暴力、威胁行为阻碍，还有可能因“妨害公务罪”面临刑事处罚。那么公民对何种“公务行为”可以进行阻碍或抵抗而不必因“妨害公务”被追究行政责任或刑事责任？这便涉及行政法上的公民“拒绝权”问题，且在这一问题上的立场应与妨害公务罪中“依法”执行公务这一要件的认识相一致，因为若承认公民在面对某些情形下的违法公务行为时享有“拒绝权”，可以拒绝遵从该公务乃至直接抗拒，那么公民所实施的一定限度内的抗拒行为就不会再有成立妨害公务罪的空间。① 基于此，虽然上文已经对“依法”执行职务进行了初步分析，但在此从行政法上的拒绝权视角仍对之再次探讨。

首先，需阐明的是“拒绝权”的含义。在讨论这一问题时，行政法学者

① 当然，如果公民行使拒绝权超过了必要限度，仍有成立其他犯罪的余地。

分别以"拒绝权""抵抗权""防卫权"进行命名，但其内涵指向基本一致，即公民在面对违法的具体行政执法行为时对之的藐视、抵抗、拒绝、违抗等。承认拒绝权意味着承认公民对法律拥有一定的判断权。① 学理上对于"在何种情形下公民享有拒绝权"这一问题的讨论往往与公定力理论、无效行政行为理论相联系，只是不同观点在具体有何种联系和联系程度上存有差别，故在此有必要首先对公定力理论和无效行政行为理论进行分析。

公定力理论有绝对公定力理论与有限公定力理论之分，前者目前已经少有人主张，后者即前文已经阐述过的，行政行为作出后，在它被有权机关正式撤销或宣告无效前，通常被推定为合法，但是无效行政行为被排除在推定合法有效的范围之外，进而需要明确"无效"行政行为的认定标准是什么。对此，德国和我国台湾地区的有关规定以列举具体情形加兜底的方式呈现：例如，《德国联邦行政程序法》第 44 条的兜底条款为"行政行为具有严重瑕疵，并且根据相关情况判断，该瑕疵明显的，行政行为无效"。可见，上述例证将"重大"且"明显"的违法作为无效行政行为充要条件的概括。这样界定的好处是可以避免因标准过于专业给判断带来的困难，从而在整体上有利于普通民众的判断。② 理论界亦有许多学者认可列举加概括的方式，且大致赞同"重大且明显违法"的概括方式。③ 对于列举情形，有学者认为可以包括以下几种：主体身份不明的行为；明显超越职权的行为；内容明显违法，甚至会导致犯罪的行为；明显违反法定程序的行为。④

接下来的问题便是，无效行政行为理论与公定力理论及公民拒绝权之间的关系。第一种观点以公定力理论为出发点，且以行政行为无效作为对公定力的限定，认为拒绝权只针对无效行政行为，这种讨论多是继受大陆法的学理。⑤ 例如有学者认为无效行政行为理论是行政抵抗权赖以存在的基础。⑥ 可以这样认为，当行政行为无效时，行政行为不存在公定力，公民可适度行使拒绝权，不会构成妨害公务罪。反过来说，除非行政行为因存在重大明显违法而无效，否则行政行为有公定力，公民以暴力、威胁方式阻碍公务行使可能成立

---

① 何海波．公民对行政违法行为的藐视．中国法学，2011（6）：119.

② 刘宏渭，柳砚涛．无效行政行为防卫权及无效标准．山东行政学院山东省经济管理干部学院学报，2004（5）：40.

③ 例如，学者刘会军认为在概括理由方面宜采用"瑕疵重大明显说"[刘会军．论行政相对人的抵抗权利．西南政法大学学报，2004（5）：66]；再如学者刘宏渭、柳砚涛认为无效行政行为包括绝对无效和相对无效两类情形，前者采明确列举的方式，后者即重大且明显违法的行政行为 [刘宏渭，柳砚涛．无效行政行为防卫权及无效标准．山东行政学院山东省经济管理干部学院学报，2004（5）：40]。

④ 肖萍，王淑芳．论行政抵抗权的实现．江西社会科学，2012（11）：148.

⑤ 同①.

⑥ 刘会军．论行政相对人的抵抗权利．西南政法大学学报，2004（5）：66.

妨害公务罪。基于此，明晰公民拒绝权的范围便应当从充实无效行政行为理论着力。

第二种观点未直接言明拒绝权与公定力理论及无效行政行为理论间的关系，认为拒绝权的对象是法律明确规定的不规范的行政公务以及明显违法且需要及时救济的公务行为，后者应当遵循“即时可判断的标准”，该标准主要包括法定的程序性标准，也包括明显的滥用权力或者对象错误之类的实质标准，特别强调一般人在公务执行现场都可以依法即时判断。① 从论述来看，“即时可判断标准”与前文列举的“重大明显违法”行政行为在范围上是高度重合的，而法律明确规定的不规范公务行为亦有解释为无效行政行为的空间，所以该观点与第一种观点可以进行调和。

第三种观点认可无效行政行为理论与公定力理论、公民拒绝权有联系，但并不是完全对应的，公民拒绝权并非总是以行政行为无效为前提。② 理由在于，部分法律对公民拒绝权进行了规定，且一些司法实践也对公民拒绝权进行了肯定，而这些规定或肯定并不总是以“重大明显违法”（行政行为无效）为前提。因此，该学者主张区别行政行为的性质和行政违法的情形界定拒绝权行使的具体条件，需要考虑以下几个因素：行政活动涉及公民利益的重要性、行政行为违法的明显性、其他救济措施的有效性、相关的公共利益的重要性。③ 不难看出，该观点相较于前两种观点，拒绝权的对象范围较大。且虽然从“能否行使拒绝权”这样一种结果视角来看，考虑上述因素有合理之处，但将这些因素作为判断行政行为是否“依法”进行的标准，还是值得商榷的。

第四种观点将公定力与行政行为合法性进行剥离，主张对行政行为合法性进行事后判断，但认为公定力的存在并不以具体行政行为被推定合法为先决条件，而是使得具体行政行为具有了不依赖于其合法性的强制效力。公定力独一无二的核心功能并不在于推定具体行政行为合法，而在于为行政行为设置了排除相对人行使抵抗权的“保护层”，能够起到不论具体行政行为是否在事实上违法均一律“冻结”公民防卫权的作用。如果个案中的行为人缺少求助公力救济途径的可能，或者一旦不及时反击必将造成无法挽回的重大损失，那就应当例外地“解冻”防卫权，允许自力救济。④ 简言之，该观点认为公定力与防卫权有对应关系，即行政行为有公定力时行政相对人不享有或不能行使正当防卫权。具体来说，重大违法的行政行为因属于无效行政行为而

① 李林．妨害公务罪中的公务合法性及相对人配合义务．政治与法律，2016（11）：158.

② 何海波．公民对行政违法行为的藐视．中国法学，2011（6）：129.

③ 同②128－130.

④ 陈璇．正当防卫中公力救济优先原则的适用：以暴力反抗强拆案和自力行使请求权案为例．法学，2017（4）：19－20.

不具备公定力，行政相对人可以实施正当防卫；一般违法的行政行为属于可撤销行政行为，若存在有效公力救济途径，则行政行为有公定力，防卫权被“冻结”，若缺少公力救济机制或事后救济无法挽回，则行政行为不存在公定力，可以行使防卫权；轻微违法的行政行为具有公定力，相对人不享有防卫权。[①] 从结论来说，该观点确实有一定合理性，其剥离公定力与行政行为合法性的思路也颇有创新性，但却存在一个无法解释的问题。依照该观点，公定力不具有暂时性推定合法的功能，是否合法必须采用事后判断，那么符合逻辑的结论是，某行政行为若存在一般违法，事后判断“依法”执行公务的要件就不满足，则行政相对人的反抗不会有成立妨害公务罪的空间。但该观点又认为在一般违法的情况下，若存在合适的公力救济，防卫权会被冻结，行为人的抵抗将构成妨害公务罪，这便存在矛盾。从防卫权最终是否可以行使的角度看，该观点对重大违法与轻微违法的情形结论与第一种观点相同，而在面对一般违法情形时，考虑的因素则与第三种观点有相似之处。

总体来说，以行政行为公定力为出发点，以无效行政行为理论作为对公定力的限制，来确定公民拒绝权的范围，更为逻辑顺畅。事实上，目前的立法中也有部分条款体现了“明显重大违法”的标准。例如，《行政处罚法》第38条规定：“行政处罚没有依据或者实施主体不具有行政主体资格的，行政处罚无效。违反法定程序构成重大且明显违法的，行政处罚无效。”这一条文中虽然只在程序违法方面采用了上述标准，但是其规定的实体违法情形也可以解释为“重大且明显违法”。同时，立法上也有许多条款直接规定了当事人拒绝的权利。例如，《行政处罚法》第55条第1款规定：“执法人员在调查或者进行检查时，应当主动向当事人或者有关人员出示执法证件。当事人或者有关人员有权要求执法人员出示执法证件。执法人员不出示执法证件的，当事人或者有关人员有权拒绝接受调查或者检查。”再如，《中小企业促进法》第54条规定：“任何单位不得违反法律、法规向中小企业收取费用，不得实施没有法律、法规依据的罚款，不得向中小企业摊派财物。中小企业对违反上述规定的行为有权拒绝和举报、控告。”当然，法律法规中涉及拒绝权的条文并不止这些。可以看出，将上述条文中涉及的情形解释为“重大且明显违法”似乎不存在障碍。因此，若具体列举出无效的行政行为类型，再以“重大且明显违法”作为概括兜底，应当比较具有可行性。但是，上述第三、四种观点中提出的救济可能性等一系列因素，虽然不宜作为判断公务是否系“依法”执行的标准，却也不能忽视。民主国家的安定秩序，是“个体权利基础上的

---

① 陈璇．正当防卫中公力救济优先原则的适用：以暴力反抗强拆案和自力行使请求权案为例．法学，2017（4）：21.

安定秩序”①，尽管有时二者会在边界问题上发生紧张和冲突，但应当着力实现保护公务执行秩序与当事人权利救济的平衡。因此，可以考虑根据个案的具体情况，从期待可能性的角度减轻或者阻却责任。最后，还应当注意的是，拒绝权可以表现为抵抗、争辩、警告、逃脱甚至轻微的暴力形式，但是应当控制在一定限度以内。

第二节　妨害公务罪、袭警罪的认定

知识背景

一、妨害公务罪的认定

本罪在司法认定上的问题主要集中在罪数领域，包括此罪与彼罪的界限、法条竞合及想象竞合等问题。

（一）本罪与他罪的界限

1. 本罪与煽动暴力抗拒法律实施罪

煽动暴力抗拒法律实施罪，是指煽动群众暴力抗拒国家法律、行政法规实施的行为。该罪的基本构造是，在一般群众本无暴力抗拒法律、法规实施的意思，或者虽有抗拒法律、法规实施的意思但尚未着手实行的情况下，行为人实施煽动行为，使群众产生或者坚定暴力抗拒法律、法规实施的意思。煽动行为必须具有公然性，即在不特定人、多数人共见共闻或可见可闻的情形下从事煽动；煽动方法没有限制，一般是以文字、图画、演说等方式实施煽动，行为人所使用的文字、图画、演说不以自己创作为限，利用他人的文字、图画、演说词进行煽动的，也可成立本罪；煽动的内容必须是暴力抗拒国家法律、行政法规的实施，但煽动分裂国家、破坏国家统一的，煽动颠覆国家政权、推翻社会主义制度的，煽动军人逃离部队的，成立刑法规定的其他犯罪。

可以看出，妨害公务罪与煽动暴力抗拒法律实施罪的区别在于，前者的行为手段主要是暴力、威胁，直接的行为对象就是国家机关工作人员依法执行职务；而后者的行为手段是煽动，直接的行为对象不是国家机关工作人员依法执行职务，而是不特定人或多数人。

不过，二者在罪数上存在一些联系。第一，行为人教唆特定人暴力妨害国家机关工作人员依法执行职务，构成妨害公务罪的教唆犯，而不是煽动暴力抗

① 沈岿．行政行为公定力与妨害公务：兼论公定力理论与妨害公务．中国法学，2006（5）：72.

拒法律实施罪。例如，李某在市区搭建违章建筑，市管理监察大队委派城管队员赵某、王某、刘某等人到现场进行处置。李某不服管理，唆使其家属五人采用暴力阻挠城管队员正常执法，其家属王某某持刀将城管队员赵某面部砍伤(轻伤)。李某构成妨害公务罪的教唆犯，王某某构成妨害公务罪的实行犯。

第二，行为人一方面煽动不特定多数人暴力抗拒法律实施，另一方面又教唆特定人暴力妨害国家机关工作人员依法执行职务，则既触犯煽动暴力抗拒法律实施罪，又触犯妨害公务罪的教唆犯。由于存在两个行为，应数罪并罚。

第三，行为人先煽动不特定人暴力抗拒法律实施，又亲自对该法律实施的公务活动进行妨害。在此情况下，行为人实施了两个行为，分别构成煽动暴力抗拒法律实施罪和妨害公务罪，应数罪并罚。

2. 本罪与聚众冲击国家机关罪

聚众冲击国家机关罪，是指聚众冲击国家机关，致使国家机关工作无法进行，造成严重损失的行为。聚众冲击国家机关，是聚众扰乱社会秩序的一种特殊形式，但刑法鉴于其危害的严重性，而将其规定为独立犯罪。聚众冲击国家机关，是指纠集多人强行进入、围攻国家立法机关、行政机关、司法机关、军事机关以及中国共产党的各级机关、中国人民政治协商会议的各级机关的行为。

妨害公务罪与聚众冲击国家机关罪的区别在于，前者是针对国家机关工作人员依法执行职务，后者是针对国家机关本身。如果聚众冲击国家机关的同时，使用暴力阻碍国家机关工作人员依法执行职务，则同时触犯了两罪，属于想象竞合犯。

3. 本罪与聚众阻碍解救被收买的妇女、儿童罪

聚众阻碍解救被收买的妇女、儿童罪，是指首要分子聚集多人阻碍国家机关工作人员解救被收买的妇女、儿童的行为。该罪的客观方面表现为以聚众方式阻碍国家机关工作人员解救被收买的妇女、儿童；如果阻碍国家机关工作人员解救已被拐骗、绑架但尚未被出卖（未被收买）的妇女、儿童，则构成拐卖妇女、儿童罪的共犯。成立该罪的只能是首要分子，其他参与者不构成该罪。但是其他参与者使用暴力、威胁方法的，则构成妨害公务罪。

妨害公务罪与聚众阻碍解救被收买的妇女、儿童罪的区别在于行为手段不同，前者使用暴力、威胁手段，后者使用聚众手段。如果不以聚众方式，但以暴力、威胁方法阻碍国家机关工作人员解救被收买的妇女、儿童，则构成妨害公务罪。

4. 本罪与拒不执行判决、裁定罪

拒不执行判决、裁定罪，是指对人民法院的判决、裁定有能力执行而拒

不执行，情节严重的行为。该罪客观方面表现为对人民法院的判决、裁定有能力执行而拒不执行，且情节严重。其主要表现为：（1）被执行人隐藏、转移、故意毁损财产或者无偿转让财产、以明显不合理的低价转让财产，致使判决、裁定无法执行的；（2）担保人或者被执行人隐藏、转移、故意毁损或者转让已向人民法院提供担保的财产，致使判决、裁定无法执行的；（3）协助执行义务人接到人民法院协助执行通知书后，拒不协助执行，致使判决、裁定无法执行的；（4）被执行人、担保人、协助执行义务人与国家机关工作人员通谋，利用国家机关工作人员的职权妨害执行，致使判决、裁定无法执行的；（5）其他有能力执行而拒不执行，情节严重的情形。

妨害公务罪与拒不执行判决、裁定罪的区别在于：第一，主体不同。前者的主体是一般主体，后者的主体是应当执行人民法院判决、裁定的人，注意不包括这些人的亲属。第二，行为方式不同。前者是暴力、威胁手段，后者对此不作要求。如果应当执行人民法院的判决、裁定的人采取暴力、威胁手段阻碍司法人员执行判决、裁定，则同时触犯了妨害公务罪和拒不执行判决、裁定罪，属于想象竞合犯，择一重罪论处。例如，被告人杨某驾驶汽车与孙某驾驶的汽车追尾，后在法院的调解下双方达成调解协议。调解书生效后，杨某并未在法律规定的期限内履行赔偿义务，孙某向法院申请执行。杨某在收到法院的执行通知后，携带案款到法院执行庭，但又怀疑对方修车费过高，提出要看对方修车的增值税专用发票，否则不给钱。执行人员向杨某解释，调解书已经生效，应该履行义务，但杨某坚持要看对方增值税发票，否则便不履行义务，后将执行人员打伤。[①] 有观点认为，杨某只构成妨害公务罪，而不构成拒不执行判决、裁定罪。其实，杨某的行为完全符合拒不执行判决、裁定罪的构成要件。根据 2002 年 8 月 29 日全国人大常委会《关于〈中华人民共和国刑法〉第三百一十三条的解释》，“人民法院的判决、裁定”是指人民法院依法作出的具有执行内容并已发生法律效力的判决、裁定；既包括刑事判决与裁定，也包括民事、经济、行政等方面的判决与裁定。人民法院为依法执行支付令、生效的调解书、仲裁裁决、公证债权文书等所作的裁定属于该条规定的裁定。因此杨某的行为同时触犯了拒不执行判决、裁定罪与妨害公务罪，应择一重罪论处。

（二）法条竞合

1. 本罪与抗税罪

妨害公务罪与抗税罪存在法条竞合关系，前者是一般法条规定，后者是特殊法条规定，适用特殊法优于一般法的原则。抗税罪，是指以暴力、威胁

---

① 陈兴良．刑法案例教程．北京：中国法制出版社，2003：381－385.

方法拒不缴纳税款的行为。该罪的客观方面必须是使用暴力、威胁方法拒不缴纳税款。这里的暴力包括两种情况：一是对人暴力，即对履行税收职责的税务人员的人身不法行使有形力，使其不能正常履行职责；二是对物暴力，即冲击、打砸税务机关，使税务机关不能从事正常的税收活动。这里的威胁方法，是指对履行税收职责的税务人员实施威胁，使其基于恐惧心理不敢正常履行税收职责。该罪的行为主体必须是纳税人。非纳税人与纳税人共同实施抗税行为的，构成抗税罪的共犯。非纳税人单独以暴力、威胁方法阻碍税务人员履行税收职责的，成立妨害公务罪。

2. 本罪与阻碍军人执行职务罪

妨害公务罪与阻碍军人执行职务罪存在法条竞合关系，前者是一般法条规定，后者是特殊法条规定，适用特殊法优于一般法的原则。阻碍军人执行职务罪，是指以暴力、威胁方法阻碍军人依法执行职务的行为。该罪客观上表现为使用暴力、威胁方法阻碍军人依法执行职务。首先，行为人必须使用了暴力、威胁方法。暴力方法，是指对军人不法行使有形力的一切行为。威胁方法，是指以恶害相通告，使他人产生恐惧心理进而实现行为人要求的行为。其次，必须针对军人实施暴力、威胁行为。最后，必须阻碍军人依法执行职务，即导致军人不能或者难以依法执行职务。如果行为人实施的暴力、威胁行为与军人执行职务没有关系，则不可能成立本罪。

妨害公务罪与阻碍军人执行职务罪区别在于对象不同，前者的对象是一般国家机关工作人员依法执行职务，后者是军人执行职务。如果行为人对此产生认识错误，则根据抽象的事实认识错误的处理原则，在主客观相统一的范围内来认定犯罪。例如，将军人误认为是一般国家机关工作人员，并妨害其执行职务。由于军人可以评价为一般国家机关工作人员，所以可以妨害公务罪论处。又如，误认为一般国家机关工作人员是军人，并妨害其执行职务。同理，由于军人可以评价为一般国家机关工作人员，所以可以妨害公务罪论处。

3. 本罪与阻碍执行军事职务罪

妨害公务罪与阻碍执行军事职务罪存在法条竞合关系，前者是一般法条规定，后者是特殊法条规定，适用特殊法优于一般法的原则。阻碍执行军事职务罪，是指军人以暴力、威胁方法，阻碍指挥人员或者值班、值勤人员执行职务的行为。该罪主体必须是军人。一般公民以暴力、威胁方法阻碍任何军人执行职务的，成立阻碍军人执行职务罪。该罪在客观方面表现为使用暴力、威胁方法，阻碍指挥人员或者值班、值勤人员执行职务的行为。以暴力、威胁方法阻碍其他军人执行职务的，成立阻碍军人执行职务罪。

4. 本罪与袭警罪

袭警罪原本就是从妨害公务罪中分离出来的罪名，在《刑法修正案（十一）》出台前，袭警行为是按照妨害公务罪处理的。虽然现在袭警罪已经独立成罪，但是从构成要件来看，“暴力袭击”可以被“暴力、威胁”涵盖，正在依法执行职务的人民警察当然是正在依法执行职务的国家机关工作人员，行为人暴力袭击人民警察阻碍其依法执行职务的，只要符合袭警罪构成要件就必然符合妨害公务罪的构成要件，因此二罪存在法条竞合关系，本罪是一般规定，袭警罪是特殊规定。当出现暴力袭警阻碍合法职务的执行时，按照特别法优于一般法的原则，以袭警罪定罪处罚，如果行为人使用的“暴力”手段不符合袭警罪的规定，或是采取了威胁的方式，虽不成立袭警罪，仍然有可能适用本罪进行处罚。

（三）想象竞合

行为人使用暴力妨害公务时，如果暴力行为同时触犯其他犯罪，则会产生想象竞合。实务中常常存在的错误观念是，将妨害公务罪与其他犯罪对立起来，一定要划分出清晰的界限。其实，并非任何两个不同罪名都需要明确区分标准。只有两个罪名的关系是对立排斥关系时，才需要明确它们的区分标准。所谓对立排斥关系，是指肯定行为成立甲罪，就必然否定行为成立乙罪；反之亦然。例如，盗窃与侵占的关系便是如此。因为盗窃罪的对象只能是他人占有的财物，而侵占罪的对象必须是自己事先占有的他人财物。所以，一个行为不可能既成立盗窃罪，又成立侵占罪。① 认定犯罪是一个三段论推理过程，刑法规定的罪名的构成要件是大前提，案件事实是小前提，结论是该案件事实是否符合某个罪名的构成要件。当判断得出，该案件事实符合甲罪的构成要件后，还要看该案件事实是否符合乙罪的构成要件。只要甲罪与乙罪不是对立排斥关系，那么一个案件事实就有可能同时符合两个犯罪的构成要件，此时便产生想象竞合的现象，应择一重罪论处。

一个行为构成妨害公务罪，并不妨碍其构成其他犯罪。当一个行为既触犯妨害公务罪，又同时触犯其他犯罪时，择一重罪论处即可。实践中常见的想象竞合的情形有：

第一，行为人使用暴力妨害公务时，抢夺依法执行职务的司法工作人员的枪支的，便同时触犯妨害公务罪和抢夺枪支罪，属于想象竞合犯，择一重罪论处，应以抢夺枪支罪论处。

第二，暴力行为造成国家机关工作人员重伤或死亡的，便同时触犯了妨害公务罪和故意伤害罪，属于想象竞合犯，择一重罪论处。由于故意伤害罪（致人重伤或死亡）的法定刑重于妨害公务罪，所以应以故意伤害罪（致人重伤或死亡）论处。但是注意，妨害公务罪的暴力包括致人轻伤，致人轻伤时

① 张明楷．犯罪之间的界限与竞合．中国法学，2008（4）：87.

仍以妨害公务罪论处，此时不应以故意伤害罪论处，否则妨害公务罪便几乎丧失适用余地。

第三，妨害公务罪与寻衅滋事罪可以产生想象竞合。例如，某天晚上，林某、江某酗酒后感到精神极度空虚，于是在路上拦下一行人无故殴打，致轻伤。当赶到现场的四名民警制止时，林某喊："打警察更痛快"，于是二人各持一木板殴打四名民警，均致轻伤，后被制服。林某、江某既触犯寻衅滋事罪，又触犯妨害公务罪，属于想象竞合犯，择一重罪论处。

第四，妨害公务罪与破坏监管秩序罪可以产生想象竞合。破坏监管秩序罪的行为表现有：(1) 殴打监管人员的；(2) 组织其他被监管人破坏监管秩序的；(3) 聚众闹事，扰乱正常监管秩序的；(4) 殴打、体罚或者指使他人殴打、体罚其他被监管人的。当殴打监管人员时，行为人便既触犯破坏监管秩序罪又触犯妨害公务罪，属于想象竞合犯。

第五，妨害公务罪与劫夺被押解人员罪可以产生想象竞合。劫夺被押解人员罪，是指劫夺押解途中的罪犯、被告人、犯罪嫌疑人的行为。劫夺，是指使罪犯、被告人、犯罪嫌疑人脱离监管人员的实力支配，而将其置于自己或第三者的实力支配内或者使其逃匿；劫夺行为既可以采用对押解人进行暴力、威胁方法，也可以不使用暴力、威胁方法，如乘押解人不注意而迅速夺取被押解人。行为人所劫夺的必须是押解途中的罪犯、被告人或者犯罪嫌疑人。若行为人暴力袭击正在执行押解任务的人民警察，劫夺被押解人员，应以袭警罪和劫夺被押解人员罪择一重罪论处，若未对警察实施暴力，但实施了对物暴力或者使用了威胁手段，则应以妨害公务罪和劫夺被押解人员罪择一重罪论处。

当然，除上述所列举情形外，妨害公务罪还有可能与其他犯罪产生想象竞合，应当视具体案件进行具体分析。

二、袭警罪的认定

上文已经分析过袭警罪与妨害公务罪的法条竞合关系，兹不赘述，以下主要就想象竞合的情形进行分析。

（一）袭警罪与故意杀人罪、故意伤害罪的竞合

暴力袭警的行为会对警察的人身安全造成威胁，甚至导致警察伤亡的结果，此时会与故意杀人罪、故意伤害罪产生竞合。简单以"一行为触犯数罪，从一重罪论处"来解决这类问题未免笼统。具体来说，当暴力袭警造成了轻微伤的后果，此时直接认定袭警罪即可；当暴力袭警造成了轻伤后果，但未及重伤，且行为人没有杀人故意，可以按照想象竞合的规则处理，若满足了袭警罪的法定刑升格条件就按照袭警罪定罪处罚，不满足袭警罪法定刑升格

条件时，按照袭警罪和故意伤害罪认定均适用同样的法定刑，但是袭警罪能够更加全面完整地描述受侵害的法益，因此认定为袭警罪更合适；当暴力袭警行为造成了重伤、死亡后果，甚至行为人原本就怀有杀人的故意，由于故意伤害致人重伤、死亡以及故意杀人罪的法定刑更高，应当视情况认定为故意伤害罪、故意杀人罪。① 在《刑法修正案（十一）》草案二次审议稿中，第277条第5款的末尾还有“致人重伤、死亡，同时构成其他犯罪的，依照处罚较重的规定定罪处罚”之规定，但在最终的修正案中将这句话删除了。事实上，该规定应该是注意规定，上述理解与这一规定也是相符的。

（二）袭警罪与其他犯罪的竞合

除了故意伤害罪、故意杀人罪，暴力袭警的行为还有可能触犯其他犯罪。例如，行为人采用驾车冲撞、碾轧、拖拽、剐蹭民警，或者挤别、碰撞正在执行职务的警用车辆的方式阻碍民警执行公务，倘若危害公共安全，便同时触犯袭警罪与以危险方法危害公共安全罪。若行为人抢劫、抢夺民警枪支、弹药、爆炸物等来袭击民警，便可能同时触犯袭警罪与抢夺、抢劫枪支、弹药、爆炸物罪。上述情形应当按照想象竞合的规则，视案情定以危险方法危害公共安全罪或者抢夺、抢劫枪支、弹药、爆炸物罪，这与《惩治袭警意见》第3、4条的规定一致。

规范依据

《刑法》

第242条　以暴力、威胁方法阻碍国家机关工作人员解救被收买的妇女、儿童的，依照本法第二百七十七条的规定定罪处罚。

聚众阻碍国家机关工作人员解救被收买的妇女、儿童的首要分子，处五年以下有期徒刑或者拘役；其他参与者使用暴力、威胁方法的，依照前款的规定处罚。

第277条　以暴力、威胁方法阻碍国家机关工作人员依法执行职务的，处三年以下有期徒刑、拘役、管制或者罚金。

以暴力、威胁方法阻碍全国人民代表大会和地方各级人民代表大会代表依法执行代表职务的，依照前款的规定处罚。

在自然灾害和突发事件中，以暴力、威胁方法阻碍红十字会工作人员依法履行职责的，依照第一款的规定处罚。

故意阻碍国家安全机关、公安机关依法执行国家安全工作任务，未使用

① 张永强．袭警罪的规范演进与理解适用．重庆大学学报（社会科学版）：1-13.［2021-11-01］. https://kns.cnki.net/kcms/detail/50.1023.c.20210720.0958.004.html.

暴力、威胁方法，造成严重后果的，依照第一款的规定处罚。

暴力袭击正在依法执行职务的人民警察的，处三年以下有期徒刑、拘役或者管制；使用枪支、管制刀具，或者以驾驶机动车撞击等手段，严重危及其人身安全的，处三年以上七年以下有期徒刑。

案例评价

[案例 18-6] 朱荣某等妨害公务案[①]（妨害公务罪与拒不执行判决、裁定罪的关系）

1. 基本案情

1999 年 2 月，被告人朱荣某与当地一家印刷公司发生加工业务，欠该公司 7 780 元，在给付 1 000 元后就不再还债。该公司索要无着，遂向人民法院起诉。法院于 2001 年 11 月 30 日作出民事判决，判令朱荣某于 10 日内给付印刷公司加工款 6 780 元及诉讼费 390 元（合计 7 170 元）。朱荣某不服，提起上诉。二审法院于 2002 年 2 月 4 日作出了“驳回上诉，维持原判”的判决。判决生效后，朱荣某拒不履行义务，印刷公司遂于 2002 年 2 月 28 日申请执行，法院受理后，多次执行无果。

2003 年 6 月 3 日早晨 6 时许，法院执行庭副庭长殷某群带领法官及法警共 8 人，到被告人（被执行人）朱荣某家，经出示证件后，依法对其强制执行已生效的民事判决。但被告人朱荣某抗拒执行，且伙同其妻子、其两个兄弟及各自妻子，以纠缠、拖拉、口咬、殴打、撕扯法院徽章、撕坏法官、法警制服、堆放障碍物拦堵警车、抢夺电警棍等手段，妨害法院干警执行公务，致使被告人朱荣某脱逃，执行工作被迫中断，在当地造成恶劣的影响。公安机关接到报案后，立即展开调查、侦查。经法医鉴定：多名法院工作人员受轻微伤。案发后，六名被告人到公安机关投案，如实供述了自己及同案犯的上述罪行。经精神疾病司法鉴定，被告人朱某芬（朱荣某之妻）系轻度精神发育迟滞，为限制责任能力人。

2. 涉案问题

本案行为人的行为是否成立拒不执行判决、裁定罪？是否成立妨害公务罪？

3. 裁判理由

法院审理认为，五名被告人公然以暴力方法阻碍国家司法机关工作人员依法执行职务，致人轻微伤，并造成执行工作被迫中断，其行为均已触犯刑

---

① 最高人民法院刑事审判第一、二、三、四、五庭．中国刑事审判指导案例（妨害社会管理秩序犯罪）．北京：法律出版社，2009：52．

法，构成妨害公务罪。各被告人犯罪后自动投案，并如实供述自己及同案犯的犯罪事实，系自首，可以从轻处罚。被告人朱某芬系限制责任能力人，可以从轻处罚。各被告人认罪态度较好，均可酌情从轻处罚。判决被告人朱荣某及其他被告人均犯妨害公务罪，并处以相应刑罚。

4. 评析意见

此案发生时，对于拒不执行判决、裁定罪与妨害公务罪的认定，立法解释与司法解释有不同的规定。1998 年最高人民法院《关于拒不执行判决、裁定案件具体应用法律若干问题的解释》① 第 3 条规定："负有执行人民法院判决、裁定义务的人具有下列情形之一的，应当认定为拒不执行人民法院判决、裁定的行为'情节严重'：……（三）以暴力、威胁方法妨害或者抗拒执行，致使执行工作无法进行的；（四）聚众哄闹、冲击执行现场，围困、扣押、殴打执行人员，致使执行工作无法进行的；（五）毁损、抢夺执行案件材料、执行公务车辆和其他执行器械、执行人员服装以及执行公务证件，造成严重后果的；（六）其他妨害或者抗拒执行造成严重后果的。"第 5 条规定："与被执行人共同实施本解释第三条第（三）、（四）、（五）、（六）项规定所列行为之一，情节严重的，以拒不执行判决、裁定罪的共犯依法追究刑事责任。"由此可见，该司法解释将以暴力、威胁方法妨害执行，聚众哄闹、冲击执行现场，围困、扣押、殴打执行人员等具有一定暴力、威胁倾向的抗拒执行判决、裁定的行为，以拒不执行判决、裁定罪定罪处罚，排除了适用妨害公务罪的可能性。但是这并不一定妥当。因为这样的行为完全符合妨害公务罪的构成要件，如果以妨害公务罪论处的刑罚比以拒不执行判决、裁定罪论处的刑罚重，那么以拒不执行判决、裁定罪论处，就会造成轻纵犯罪人的后果。

2002 年 8 月 29 日全国人大常委会作出的《关于〈中华人民共和国刑法〉第三百一十三条的解释》，对《刑法》第 313 条规定的"有能力执行而拒不执行，情节严重"的情形，作了立法解释，即：（1）被执行人隐藏、转移、故意毁损财产或者无偿转让财产、以明显不合理的低价转让财产，致使判决、裁定无法执行的；（2）担保人或者被执行人隐藏、转移、故意毁损或者转让已向人民法院提供担保的财产，致使判决、裁定无法执行的；（3）协助执行义务人接到人民法院协助执行通知书后，拒不协助执行，致使判决、裁定无法执行的；（4）被执行人、担保人、协助执行义务人与国家机关工作人员通谋，利用国家机关工作人员的职权妨害执行，致使判决、裁定无法执行的；（5）其他有能力执行而拒不执行，情节严重的情形。

可以看出，该立法解释中不再包含之前司法解释中规定的以暴力、威胁

① 该解释现已失效。

方法妨害或者抗拒执行，致使执行工作无法进行，聚众哄闹、冲击执行现场，围困、扣押、殴打执行人员、致使执行工作无法进行以及毁损、抢夺执行案件材料、执行公务车辆和其他执行器械、执行人员服装、执行公务证件、造成严重后果等内容。

按照上述两个解释，本案定性将有不同，由于立法解释的效力大于司法解释，因而适用到具体案件时，应当优先适用立法解释。因此，本案在定性上就不再适用最高人民法院发布的《关于拒不执行判决、裁定案件具体应用法律若干问题的解释》，不以拒不执行判决、裁定罪定罪处罚，而是以妨害公务罪定罪处罚。

2007 年 8 月 30 日最高人民法院、最高人民检察院、公安部《关于依法严肃查处拒不执行判决、裁定和暴力抗拒法院执行犯罪行为有关问题的通知》规定："一、对下列拒不执行判决、裁定的行为，依照刑法第三百一十三条的规定，以拒不执行判决、裁定罪论处。（一）被执行人隐藏、转移、故意毁损财产或者无偿转让财产、以明显不合理的低价转让财产，致使判决、裁定无法执行的；（二）担保人或者被执行人隐藏、转移、故意毁损或者转让已向人民法院提供担保的财产，致使判决、裁定无法执行的；（三）协助执行义务人接到人民法院协助执行通知书后，拒不协助执行，致使判决、裁定无法执行的；（四）被执行人、担保人、协助执行义务人与国家机关工作人员通谋，利用国家机关工作人员的职权妨害执行，致使判决、裁定无法执行的；（五）其他有能力执行而拒不执行，情节严重的情形。二、对下列暴力抗拒执行的行为，依照刑法第二百七十七条的规定，以妨害公务罪论处。（一）聚众哄闹、冲击执行现场，围困、扣押、殴打执行人员，致使执行工作无法进行的；（二）毁损、抢夺执行案件材料、执行公务车辆和其他执行器械、执行人员服装以及执行公务证件，造成严重后果的；（三）其他以暴力、威胁方法妨害或者抗拒执行，致使执行工作无法进行的。"可以看出，该司法解释在认定拒不执行判决、裁定罪时吸收了上述立法解释的规定。

事实上，以暴力、威胁方法拒不执行生效法律文书严重妨害司法执行人员执行公务，一方面触犯拒不执行判决、裁定罪，另一方面也触犯了妨害公务罪，属于想象竞合犯，应当择一重罪论处。由于两罪的法定刑相同，因此需要根据具体的犯罪情节，比较对应的法定刑的轻重，确定应适用的罪名。最高人民法院《关于审理拒不执行判决、裁定刑事案件适用法律若干问题的解释》第 2 条对前述立法解释的第五种情形——"其他有能力执行而拒不执行，情节严重的情形"进行了明确，其中就包括"以暴力、威胁方法阻碍执行人员进入执行现场或者聚众哄闹、冲击执行现场，致使执行工作无法进行的；对执行人员进行侮辱、围攻、扣押、殴打，致使执行工作无法进行的；

毁损、抢夺执行案件材料、执行公务车辆和其他执行器械、执行人员服装以及执行公务证件，致使执行工作无法进行的”情形。当然，如果行为人实施两个行为，分别触犯拒不执行判决、裁定罪和妨害公务罪，应数罪并罚。

此外，还需要注意的是，本案遭受暴力袭击的执法人员包含法警，属于“人民警察”的范畴，若此案发生在现在，还需要考虑袭警罪的问题。

[案例 18-7] 徐某抢劫案①（妨害公务罪与事后抢劫的关系）

1. 基本案情

2002 年 11 月 29 日，山东省苍山县村民徐某同本村村民张某等三人结伙驾驶机动三轮车，携带鱼叉、线网等工具来江苏省邳州市境内作案。在盗得几只鸡后，转而寻找新的盗窃目标，路遇公安巡逻民警，为逃避盘查，徐某等人见状驾车逃离。民警遂紧追抓捕。在逃跑途中，徐某等人驾驶的三轮车不慎翻倒，徐某等人弃车徒步而逃，民警和随后赶来的村民继续追赶。徐某等人为逃跑方便，先是乘村民王某不备，夺下其自行车一辆，后又分别采用暴力手段先后夺取了前来追赶他们的民警和村民的摩托车四辆，并将公安人员打伤，徐某被当场抓获，张某驾驶其中一辆摩托车逃离。

2. 涉案问题

本案行为人的行为应当如何定性?

3. 司法机关意见

现有资料中未见本案最终裁判结果，以下列举在审理过程中的四种不同观点。第一种观点认为，徐某的行为构成由盗窃而转化的抢劫罪。理由是，徐某等人在实施盗窃行为后，为抗拒抓捕而在逃跑途中当场使用暴力，其行为已转化为抢劫罪。第二种观点认为，徐某的行为构成由抢夺而转化的抢劫罪。理由是，徐某等人乘村民王某不备而强夺其自行车，属抢夺行为，且在抢夺行为被发觉后为逃避抓捕而当场使用暴力，其行为已转化成抢劫罪。第三种观点认为，徐某既触犯抢劫罪，又触犯妨害公务罪，属牵连犯，即手段行为（抢车）和目的行为（妨害公务）的牵连，应从一重罪（抢劫罪）处罚。第四种观点认为，徐某的行为成立妨害公务罪。徐某等人在其盗窃行为被公安机关发觉后，为逃避审查，以暴力手段夺取公安人员的车辆并将公安人员打伤，阻碍公安人员依法履行公务，构成妨害公务罪。

4. 评析意见

《刑法》第 269 条规定，犯盗窃、诈骗、抢夺罪，为窝藏赃物、抗拒抓捕

---

① 潘全民．本案中抢劫与妨害公务的界定．(2020-11-20). http://www.laulawyer.com/article/benanzhongqiangjieyufanghaigongwudejieding.

或者毁灭罪证而当场使用暴力或者以暴力相威胁的，以抢劫罪论处。第一，其中的“当场”，是指前提行为与使用暴力或以暴力相威胁具有当场的联系性。当场是个时间和空间的统一概念。如果被当场发现，然后长距离持续追捕，仍属于当场。如果前提行为与使用暴力之间间隔过久，则不转化抢劫。第二，前提行为要求着手实行。这是因为如果只是预备行为，行为对财产法益的危险性尚未达到严重程度，没必要转化为抢劫罪这种重罪来处理。例如，甲在翻墙准备盗窃时，被保安发现，为了抗拒抓捕对保安实施暴力，致其轻伤。对甲应以盗窃罪（犯罪预备）和故意伤害罪并罚。

本案中，第一，徐某等人的偷鸡行为与之后的使用暴力行为之间存在时间上的间隔，不属于当场使用暴力，就此而言不转化抢劫。第二，徐某等人偷鸡之后又准备实施新的盗窃，因为仍处在预备阶段，即使此后有暴力行为，也不转化抢劫。第三，徐某等人抢夺村民王某的自行车后，如果为了抗拒抓捕而使用暴力可以转化抢劫。但是，徐某等人之后使用暴力夺取摩托车并将人打伤，这种行为本身已经构成抢劫罪。而且这种抢劫罪属于普通抢劫，不属于事后转化抢劫。同时，由于抢劫的是民警的摩托车并将民警打伤，徐某等人不但不接受公安人员的盘查，反而为逃避司法追究竟以暴力或以暴力相威胁的手段阻碍公安人员依法履行职务，构成妨害公务罪。综上，徐某等人的偷鸡行为由于数额不大，不构成盗窃罪；抢夺自行车行为由于数额不大，不构成抢夺罪；使用暴力抢劫摩托车的行为，既触犯抢劫罪又触犯妨害公务罪，属想象竞合犯，应择一重罪，以抢劫罪论处。

[案例 18-8] 陈某成妨害公务案[①]（妨害公务罪/袭警罪与以危险方法危害公共安全罪）

1. 基本案情

2014 年 2 月 26 日下午 4 时许，被告人陈某成未取得机动车驾驶资格驾驶某五菱牌小客车运载 5 包粗盐，从福建省漳浦县赤湖镇南峰村沿 513 县道往漳浦县马坪镇方向行驶，途经马坪镇文安村水吼水库路段时，遇漳浦县公安局马坪派出所民警陈某泽及协警蔡某军等人在此开展交通纠违检查。民警陈某泽示意陈某成靠边停车接受检查，陈某成减速靠右并降下驾驶室车窗玻璃后，协警蔡某军上前将手伸入车窗内要求陈某成出示证件接受检查，陈某成突然加大油门强行冲关，蔡某军被迫徒手攀在该车左侧驾驶室车门外，并多次要求陈某成停车接受检查。陈某成不顾蔡某军的停车要求继续驾车逃窜，

① 林振通．福建漳州中院判决陈某成妨碍公务案：妨碍公务罪与以危险方法危害公共安全罪的区分．人民法院报，2016-08-04（6）．[福建省漳浦县人民法院（2014）浦刑初字第 654 号刑事附带民事判决书，福建省漳州市中级人民法院（2015）漳刑终字第 305 号刑事判决书。]

沿513县道横穿马坪镇文安村居民生活区行驶了1.8公里后至天美加油站路段时，车辆冲出路外发生侧翻，造成蔡某军4处轻伤，并造成8级伤残。

2. 涉案问题

陈某成的行为应当如何定性?

3. 裁判理由

一审法院认为：被告人陈某成在遇公安民警纠违检查时为逃避执法人员检查，强行冲关，并在执法人员蔡某军攀挂车体外的情况下仍在交通干道上强行驾驶，最终导致车辆侧翻、执法人员4处轻伤且构成8级伤残，尚未造成严重后果，其行为已构成以危险方法危害公共安全罪。案发后，陈某成有投案自首情节，依法可以从轻处罚。被告人陈某成以暴力方法阻碍国家机关工作人员依法执行职务，同时严重侵犯了不特定多数人人身与财产的安全，其行为同时构成妨害公务罪和以危险方法危害公共安全罪，属想象竞合犯，应择一重罪处断，据此，应以危险方法危害公共安全罪定罪处罚。据此判决：被告人陈某成犯以危险方法危害公共安全罪，判处有期徒刑4年。

一审宣判后，被告人提起上诉。二审法院认为：原判认定事实清楚，证据确实、充分，但没有证据证明案发时陈某成为逃避执法人员检查、强行冲关的行为足以对公共安全造成危害，故撤销原判，以妨害公务罪判处被告人有期徒刑2年。

4. 评析意见

此案发生在《刑法修正案（十一）》出台前，本案中，陈某成为了逃避执法人员的检查，驾车强行冲关，并且在明知执法人员攀挂车体外的情况下仍在交通干道上强行驾驶，阻碍了执法，亦造成执法人员轻伤后果，其行为构成妨碍公务罪是没有疑问的。同时，陈某成明知其行为会造成危害人身安全的后果，仍然强行驾驶，对被害人的伤害后果持放任心态，属间接故意，也满足故意伤害罪的构成要件。问题在于，其行为是否满足以危险方法危害公共安全罪的构成要件。以危险方法危害公共安全罪的构成要件相对来说是不确定的，在认定本罪时，应当极为谨慎，行为人所采取的手段必须与放火、决水、爆炸相当，且确实对公共安全造成了具体的危险，后果一旦发生将无法在短时间内予以有效控制。在本案当中，行为人在有执法人员攀挂车体外的情况下在交通干道上强行驾驶，但是现有证据并不足以证明其行为有危害公共安全的具体危险，因此其行为不构成以危险方法危害公共安全罪。如果行为人在车流量或人流量很大的道路上超速行驶、横冲直撞、逆向行驶，则有可能构成本罪。综上，行为人的行为同时触犯妨害公务罪与故意伤害罪，应以故意伤害罪进行处罚。

此外，若本案发生在现在，还需要考虑行为人行为是否满足袭警罪的构成要件。行为人暴力伤害的对象虽为协警，但是在本案发生时，协警听从人民警察的指挥执行公务，便与依法执行职务的人民警察成为一体，此时暴力袭击协警可以满足袭警罪的要求。并且行为人采用的暴力方式与驾驶机动车撞击相当，严重危及了协警的人身安全，应当适用升格法定刑。

[案例 18-9] 于某祥等妨害公务案①（劫夺被押解人员罪与妨害公务罪/袭警罪的认定）

1. 基本案情

2016 年 3 月 22 日 9 时 50 分许，湖南省怀化市公安局易某 1、洪江市公安局刘某等民警十余人，在北京市朝阳区民族园某某公司内拘留涉嫌犯组织、领导传销活动罪的犯罪嫌疑人秦某并将其带离。后湖南民警再次进入该公司对涉嫌犯组织、领导传销活动罪的犯罪嫌疑人丁某忠、陈某实施拘留时，该公司聘用的保安队队长被告人于某祥以湖南民警没有当地民警协助不能抓人等为由，在被告人谢某、林某的协助下召集被告人何某贵、吴某春、宁某、翟某、吕某等保安，在通往公司办公区域的过道沿过道站成两排，并交代不让带人走，接着包含两名着警察制服民警在内的多位民警，经过两排保安中间进入办公区域继续执行抓捕。

当日 10 时许，易某 2 等三位便衣民警带着戴一副手铐的两名犯罪嫌疑人陈某、丁某忠，经过两排保安中间进入电梯，在电梯门即将关闭时，于某祥用脚别住电梯门，并招呼保安进入电梯阻拦民警带人离开。在于某祥的指挥和带领下，何某贵、吴某春、宁某、林某等人采用拉拽、推搡等暴力行为将三位便衣民警及其带离的两名犯罪嫌疑人拉出电梯，对闻讯赶来的一名着警察制服民警进行推搡并强令民警打开手铐。谢某等保安协助公司人员抢夺民警刘某手中的照相机，于某祥、何某贵、谢某等人对另一便衣民警进行推搡、拉拽。吕某拉住便衣女民警李某，着警察制服民警向某前来保护，被于某祥、何某贵等推搡、拉拽、围堵。后在于某祥指挥下，何某贵、吴某春、吕某抢走女民警李某怀中摄像机，谢某、宁某、翟某等人推搡民警予以协助。后于某祥等人将湖南民警围堵在公司办公室，于某祥及公司人员指使吴某春、谢某等人强行收取民警的手机、证件等随身物品，并限制民警离开会议室，后要求民警交代被抓走的犯罪嫌疑人秦某的去向并将其带回，谢某等人前往北京西客站寻找、拦截湖南警方未果。其间，公司员工胡某琴（另案处理）对民警刘某、易某等人采用扇耳光的方式殴打。于某祥等人的暴力行为，造成

---

① 余净，栾广萍．劫夺被押解人员罪与妨害公务罪的区别．人民司法（案例），2017（35）：27－29.［北京市朝阳区人民法院（2016）京 0105 刑初 1777 号刑事判决书，北京市第三中级人民法院（2017）京 03 刑终 69 号刑事判决书。］

犯罪嫌疑人陈某、丁某忠脱离民警控制；造成多名民警受伤，其中，经鉴定民警刘某所受损伤程度为轻微伤。接报警后北京市公安局朝阳分局亚运村派出所民警赶往现场，被于某祥等被告人围住并质疑，双方出现撕扯现象，民警上报后增加警力才将于某祥等人控制，并将湖南民警解救。

2. 涉案问题

于某祥等人的行为是否构成劫夺被押解人员罪？本案应以劫夺被押解人员罪定罪处罚还是以妨害公务罪定罪处罚？

3. 裁判理由

一审法院认为：刑事拘留与押解犯罪嫌疑人是两种不同的刑事诉讼活动。从时空来看，本案中民警执行核实身份、宣布拘留、戴上戒具等刑事拘留活动和将两名犯罪嫌疑人带上电梯，均发生在相对封闭的同一楼层，且在时间上前后衔接，民警带领犯罪嫌疑人进入电梯时尚未离开执行刑事拘留活动的现场，属于刑事拘留活动的一部分。从民警带离方式与状态来看，三名便衣民警带领两名犯罪嫌疑人，两名犯罪嫌疑人戴一副手铐，从民警着装、警力配置及戒具使用等情况来看，民警带领犯罪嫌疑人进入电梯处于先行带离状态。综上，两名犯罪嫌疑人尚未进入被押解途中。根据《刑法》第 316 条的规定，劫夺被押解人员罪要求劫夺的对象为押解途中的罪犯、被告人、犯罪嫌疑人，本案中被劫夺的犯罪嫌疑人尚未进入被押解状态，因此，本案中八被告人的行为不构成劫夺被押解人员罪。被告人于某祥等八人无视国法，明知是人民警察正在执行公务，仍采用推搡、拉拽、围堵等暴力方式进行妨碍，其行为均已触犯刑法，构成妨害公务罪，依法均应予惩处。根据各被告人犯罪的事实、犯罪的性质、情节和对社会的危害程度及各自所起作用大小，判决各被告人犯妨害公务罪，分别判处有期徒刑 2 年 11 个月至 1 年不等。

一审宣判后，检察机关提起抗诉，认为原审定性不当，八名被告人的行为构成劫夺被押解人员罪。二审法院认为：于某祥等八人明知司法机关工作人员正在押解犯罪嫌疑人，仍采用暴力手段劫夺在押解途中的犯罪嫌疑人，导致两名犯罪嫌疑人脱离了司法机关的实际控制，其行为均已构成劫夺被押解人员罪，应依法予以惩处，遂以劫夺被押解人员罪对各被告人定罪处罚。

4. 评析意见

关于本案定性，一审法院认为应是妨害公务罪，检察机关和二审法院认为应是劫夺被押解人员罪。首先，对于妨害公务罪，在庭审过程中多名辩护人提出湖南民警的执法行为程序违法，依据是：根据 2012 年《刑事诉讼法》第 81 条对于异地拘留、逮捕——“公安机关在异地执行拘留、逮捕的时候，应当通知被拘留、逮捕人所在地的公安机关，被拘留、逮捕人所在地的公安机关应当予以配合”的规定，湖南民警没有北京警方陪同即前往案发地拘留犯罪嫌疑人，故属于程序违法。但是该案证据显示，湖南警方原本就是在接到北京市公安局的情报后获悉涉嫌犯组织、领导传销活动罪的犯罪嫌疑人所在地的，北京警方对抓捕行为不仅知情且已经依法给予配合，因此湖南民警的职务行为具备合法性。于某祥等人为妨碍抓捕，采用暴力、威胁、限制人身自由等手段妨害公务，强令民警打开手铐，不仅造成民警受伤，亦致使原已被民警控制的犯罪嫌疑人脱离控制，成立妨害公务罪。

对于劫夺被押解人员罪是否成立，争议焦点在于“押解途中”的认定。一审法院认为民警的活动整体仍处于执行刑事拘留的过程中，即便为犯罪嫌疑人戴上戒具后将其带入电梯，也只是“先行带离”状态，并非出于“押解途中”。但是，一方面，“先行带离”并非刑法上的概念；另一方面，如此严苛认定“押解”，要求必须具有“押解”所需的民警着装、警力配置、戒具佩戴等处于押解状态的标示等公开警示信息，结果可能使合法的刑事诉讼活动因时间、地点等条件限制而缺乏法律的有力保障，也与实践中公安机关正常的执法程序不相符。二审法院认为被押解途中的起点应为监管关系建立之时，是比较合理的。本案中，民警已经对犯罪嫌疑人完成了核实身份、出示拘留证、戒具佩戴等一系列动作，此时犯罪嫌疑人已处于司法机关的实际支配下，此后的位置移动便属于“押解途中”。行为人采用暴力手段使警方丧失对被押解人员的控制，属于“劫夺”。综上，行为人满足劫夺被押解人员罪的客观要件。对于主观要件，相较于妨害公务罪，劫夺被押解人员罪的主观故意更为明确，行为人必须明知被押解的是罪犯、被告人、犯罪嫌疑人，且具有使被押解人员脱离监管人员控制的意图。本案中，民警曾多次表明身份，并喊话：“我们是警察，正在依法抓捕”；民警在会议室对犯罪嫌疑人进行拘留时，何某贵等人正列队站在会议室门口，也均供称看到了着制服的警察以及戴手铐的犯罪嫌疑人；于某祥明确供述看到了警官证和拘留手续证明；于某祥、谢某等人供述在控制民警后，将民警的警官证及拘留手续证明抢走。以上事实均可表明行为人对被押解人员身份的明知。而于某祥等人实施暴力行为妨害抓捕，强令警方打开手铐，使犯罪嫌疑人脱离警方支配，之后于某祥又安排保安看守民警，对犯罪嫌疑人去向则持放任态度，这些均显示了行为人意图使嫌疑人脱离民警控制的目的。综上，行为人的行为完全符合劫夺被押解人员罪的构成要件。

行为人的行为同时触犯妨害公务罪与劫夺被押解人员罪，应当从一重罪论处，定劫夺被押解人员罪。此外，若此案发生在《刑法修正案（十一）》出台后，行为人便同时触犯袭警罪与劫夺被押解人员罪，从一重罪论处，仍定劫夺被押解人员罪。

第三节 妨害公务罪、袭警罪的处罚

知识背景

一、妨害公务罪的处罚

犯妨害公务罪，处三年以下有期徒刑、拘役、管制或者罚金。关于本罪的处罚，需要注意以下问题：

（一）数个行为的处罚

行为人在实施其他犯罪时，如果行为已经构成其他犯罪，又使用暴力抗拒执法人员检查，则又构成妨害公务罪，应数罪并罚。例如，《刑法》第157条第2款规定："以暴力、威胁方法抗拒缉私的，以走私罪和本法第二百七十七条规定的阻碍国家机关工作人员依法执行职务罪，依照数罪并罚的规定处罚。"该款的性质属于注意规定，即使刑法没有设立该款，对此也应数罪并罚。但是，如果《刑法》将妨害公务行为规定为其他犯罪的法定刑升格条件，则不能数罪并罚。例如，组织他人偷越国（边）境罪、运送他人偷越国（边）境罪以及走私、贩卖、运输、制造毒品罪等罪名中，"以暴力抗拒检查"便是法定刑升格条件。

（二）量刑意见

最高人民法院、最高人民检察院《关于常见犯罪的量刑指导意见（试行）》（法发〔2021〕21号）对于妨害公务罪的量刑指导意见如下：（1）构成妨害公务罪的，在2年以下有期徒刑、拘役幅度内确定量刑起点。（2）在量刑起点的基础上，根据妨害公务造成的后果、犯罪情节严重程度等其他影响犯罪构成的犯罪事实增加刑罚量，确定基准刑。（3）构成妨害公务罪，依法单处罚金的，根据妨害公务的手段、危害后果、造成的人身伤害以及财物毁损情况等犯罪情节，综合考虑被告人缴纳罚金的能力，决定罚金数额。（4）构成妨害公务罪的，综合考虑妨害公务的手段、造成的人身伤害、财物的毁损及社会影响等犯罪事实、量刑情节，以及被告人的主观恶性、人身危险性、认罪悔罪表现等因素，决定缓刑的适用。

在衡量妨害公务罪的手段、造成的后果等量刑情节时，需要考虑期待可能性的因素。执法机关在依法执行职务时，尤其是在实施某些强制性措施时，往往会遭遇被执行人的反抗，甚至轻微暴力或威胁。基于期待可能性原理，无法期待被执行人遇到执法人员会"束手就擒"。因此，对被执行人的这些行为要慎重考虑。例如：延某、马某系亲戚关系，马某在房山区良乡镇拱辰街道开了一家名为“顶顶香”的饺子馆，延某为该饺子馆的负责人。2008 年 6 月 25 日 15 时许，房山区创建国家卫生区办公室、区工商分局、区卫生监督所、拱辰街道办事处社会管理办公室等执法单位进行联合执法，当联合执法组对“顶顶香”饺子馆检查时，发现该饺子馆无照经营，遂对店内的营业物品进行暂扣。延某、马某二人上前对执法人员进行阻挠。在争抢煤气罐的过程中，延某、马某与执法人员发生冲突，延某、马某对执法人员有推搡、抓挠等行为，但经鉴定未达轻微伤标准。检察机关对延某、马某作出了相对不起诉处理。①

二、袭警罪的处罚

虽然本罪现已独立成罪，但是《惩治袭警意见》依然有效，在袭警罪的处罚方面仍然可以参考其中的相关规定。在暴力袭警行为独立成罪前，系以妨害公务罪从重处罚，而根据《惩治袭警意见》规定，实施暴力袭警行为，具有下列情形之一的，在该处罚原则的基础上酌情从重处罚：使用凶器或者危险物品袭警、驾驶机动车袭警的；造成民警轻微伤或者警用装备严重毁损的；妨害民警依法执行职务，造成他人伤亡、公私财产损失或者造成犯罪嫌疑人脱逃、毁灭证据等严重后果的；造成多人围观、交通堵塞等恶劣社会影响的；纠集多人袭警或者袭击民警二人以上的；曾因袭警受过处罚，再次袭警的；实施其他严重袭警行为的。且实施上述行为，构成犯罪的，一般不得适用缓刑。现今第一种情形与本罪的法定刑升格条件类似，若满足“严重危及人身安全”的条件应当适用升格法定刑，而其他情形不符合法定刑升格条件自然不得在该量刑档次内进行量刑，但是仍然可以参考作为基本犯从重处罚的情节。

规范依据

《刑法》

第 318 条第 1 款　组织他人偷越国（边）境的，处二年以上七年以下有期徒刑，并处罚金；有下列情形之一的，处七年以上有期徒刑或者无期徒刑，并处罚金或者没收财产：

…………

（五）以暴力、威胁方法抗拒检查的；

…………

① 王新环，朱克非，张京晶．妨害公务案件实证分析．国家检察官学院学报，2011（3）：114.

第 157 条　武装掩护走私的，依照本法第一百五十一条第一款的规定从重处罚。

以暴力、威胁方法抗拒缉私的，以走私罪和本法第二百七十七条规定的阻碍国家机关工作人员依法执行职务罪，依照数罪并罚的规定处罚。

第 277 条　以暴力、威胁方法阻碍国家机关工作人员依法执行职务的，处三年以下有期徒刑、拘役、管制或者罚金。

以暴力、威胁方法阻碍全国人民代表大会和地方各级人民代表大会代表依法执行代表职务的，依照前款的规定处罚。

在自然灾害和突发事件中，以暴力、威胁方法阻碍红十字会工作人员依法履行职责的，依照第一款的规定处罚。

故意阻碍国家安全机关、公安机关依法执行国家安全工作任务，未使用暴力、威胁方法，造成严重后果的，依照第一款的规定处罚。

暴力袭击正在依法执行职务的人民警察的，处三年以下有期徒刑、拘役或者管制；使用枪支、管制刀具，或者以驾驶机动车撞击等手段，严重危及其人身安全的，处三年以上七年以下有期徒刑。

第 347 条第 1、2 款　走私、贩卖、运输、制造毒品，无论数量多少，都应当追究刑事责任，予以刑事处罚。

走私、贩卖、运输、制造毒品，有下列情形之一的，处十五年有期徒刑、无期徒刑或者死刑，并处没收财产：

…………

（四）以暴力抗拒检查、拘留、逮捕，情节严重的；

…………

案例评价

［案例 18－10］谢某波、邵某妨害公务案①（妨害疫情防控犯罪中宽严相济刑事政策的把握）

1. 基本案情

2020 年 2 月 7 日 14：30 许，被告人谢某波与邵某（二人系夫妻关系）欲从某小区后面绿道的封锁处绕行回家，被正在此处执行政府防疫工作的被害人吴某富（系街道办事处工作人员）劝阻。二人遂辱骂、推搡吴某富，并将其推倒在地进行殴打。其中谢某波用拳头多次击打被害人面部，并捡起水泥块多次击打被害人头部，邵某用拳头击打被害人的大腿、腰部等处，致被害

① 最高人民法院刑事审判第一、二、三、四、五庭．刑事审判参考：总第 121 集．北京：法律出版社，2020：75－79.

人 4 处轻微伤。案发后，被告人谢某波、邵某被公安机关传唤到案。在庭审过程中，二被告人自愿预交赔偿款 20 000 元。

2. 涉案问题

在妨害疫情防控犯罪中，如何贯彻宽严相济的刑事政策、准确把握“依法严惩”的要求？

3. 裁判理由

法院认为：被告人谢某波、邵某在疫情防控期间，暴力殴打依法执行政府防疫工作的国家机关工作人员，致被害人 4 处轻微伤，严重妨害了防疫工作秩序，其行为均已构成妨害公务罪。被告人谢某波、邵某有坦白情节，且愿意接受处罚，依法予以从轻处罚。根据被告人邵某的犯罪情节、悔罪表现，以及二被告人系夫妻关系并育有两名幼子等家庭实际情况，依法对被告人邵某适用缓刑。依照《刑法》第 277 条第 1 款、第 25 条第 1 款、第 67 条第 3 款、第 72 条第 1 款，最高人民法院、最高人民检察院《关于办理妨害预防、控制突发传染病疫情等灾害的刑事案件具体应用法律若干问题的解释》第 8 条以及《刑事诉讼法》第 15 条、第 201 条的规定，以妨害公务罪判处被告人谢某波有期徒刑 1 年 4 个月；判处被告人邵某拘役 6 个月，缓刑 1 年。

4. 评析意见

2020 年，新冠肺炎疫情暴发，疫情防控关乎公民生命健康，关乎社会稳定。2020 年 2 月 6 日，最高人民法院、最高人民检察院、公安部、司法部联合制定了《关于依法惩治妨害新型冠状病毒感染肺炎疫情防控违法犯罪的意见》（以下简称《惩治妨害疫情防控违法犯罪意见》），要求准确适用法律，依法严惩妨害疫情防控的各类违法犯罪，其中包括抗拒疫情防控措施犯罪。在坚持罪刑法定原则的前提下，依法从严惩处妨害疫情防控的违法行为，能够有效打击犯罪，但是，“依法严惩”并不简单意味着片面从重处罚，被告人的各项诉权必须得到保障，且量刑时要全面分析案件事实情况，当宽则宽、该严则严。本案中，二被告人的行为无疑均构成妨害公务罪。考虑量刑问题时，对于谢某波，在被害人并无明显过错的情况下，谢某波即辱骂殴打被害人，且连续攻击被害人头部、面部，致被害人 4 处轻微伤，且在疫情防控期间妨害公务，情节较平常时期更为恶劣，依法从重处罚；邵某虽然也殴打了被害人，妨害了公务执行，但是被害人的轻微伤主要是邵某波造成的，故两人在量刑上自然应当有所区分。本案在裁判时，还考虑了被告人实际家庭状况，二被告人系夫妻关系，育有两名子女，在疫情期间需要由邵某照顾，结合认罪认罚和家属预交赔偿款的情节，审理法院对邵某适用了缓刑。当然，不论是从严处罚还是从宽处罚，都必须严格遵循罪刑法定原则的要求，在此基础上再综合案情进行把握。

［案例 18－11］杨某某妨害公务案①（情节轻微的认定）

1. 基本案情

2008 年 5 月 12 日，汶川发生地震后，为保障抗震救灾工作的顺利进行，保证到龙门山的救灾生命通道畅通，公安机关在彭州市的主要交通线路设卡，实行交通管制，禁止私家车向龙门山方向行驶。2008 年 5 月 13 日 18 时许，成都市公安局成华区分局民警吴某某等在彭州市丹景山镇彭白路关口场路段对上行车辆实行交通管制时，被告人杨某某在明知公安机关已对该路段实行交通管制的情况下，在等候了两小时见交通管制仍未解除后，以要回彭州市新兴镇的家中救亲人为由，驾驶拖拉机撞向正在执勤的警察吴某某，并将其拖行十余米，欲强行冲关。后在其他民警的阻止下，被告人杨某某驾驶的拖拉机钥匙被拔出，杨某某冲关未能得逞。经彭州市公安局刑事科学技术鉴定，吴某某的伤情构成轻微伤。后查明，被告人杨某某系地震灾民，家中 7 间楼房顶楼垮塌，属危房。

2. 涉案问题

本案在量刑时应当考虑哪些因素？如何认定“犯罪情节轻微”？

3. 裁判理由

法院认为：被告人杨某某在地震后，以暴力方法阻碍国家机关工作人员依法执行职务，构成妨害公务罪。但杨某某在地震后，顾及亲属安危和家庭财产，强行冲关的行为，情有可原，因尚未造成严重后果，可认定其犯罪情节轻微，不需要处罚。依照《刑法》第 277 条第 1 款、第 37 条的规定，判决被告人杨某某犯妨害公务罪，免予刑事处罚。

4. 评析意见

公安机关为保障救灾生命通道畅通实行了交通管制，而灾民为救援废墟中的亲人强行冲卡致民警轻微伤，其以暴力方式阻碍国家机关工作人员依法执行职务的行为，构成妨害公务罪。本案发生时，袭警罪尚未独立成罪，亦无袭警情节的单独条款，若根据现行法律，杨某某驾驶拖拉机撞击民警试图冲卡的行为应当属于暴力袭警。

根据当时的法律规定进行分析，与一般案件相比，本案具有特殊性。第一，行为人的动机是回家救援亲人，主观恶性较小，人身危险性较小。第二，对行为人作出适法行为的期待可能性较低。案发时系“5·12”地震次日，被告人杨某某的亲属尚未离开地震灾区，且事后也证实当时杨某某家中房屋垮

① 张敏，张扬．地震后因援救家人而妨害公务未造成严重后果的可认定犯罪情节轻微：杨某某被控妨害公务案．［2020－11－29］．成都法院网．http：//cdfy.chinacourt.gov.cn/article/detail/2011/04/id/577782.shtml.

塌，基于特殊原因杨某某才违反交通管制。杨某某在发现实行交通管制后，并非立即冲关，而是先在周围寻找小路未果，后又等待公安机关重新开放道路，在等待两小时交通管制仍未解除的情形下，才决定冲关。在大地震次日，仍有余震的紧急情况下，亲属尚未脱离危险，想方设法前往救助应为人的本能，让杨某某放弃回家救助确有强人所难之嫌，在此情形下，法律无法期待他能够作出正确合法的选择，对其实施犯罪行为难以苛责，其行为的可谴责性较小。另外，考虑到本案行为人强行冲关的后果是造成一名警察受轻微伤，其没有对当时国家机关抗震救灾的部署造成破坏。综合上述情节，按照宽严相济的刑事政策，依照《刑法》第 37 条规定，法院认定杨某某的行为“犯罪情节轻微不需要判处刑罚”是有道理的。需要注意的是，若以现行法律分析，杨某某的行为构成袭警罪，且采用了驾驶机动车撞击民警的手段，可能满足法定刑升格的条件。不过，并不能仅凭借驾驶机动车撞击这一情节来认定满足法定刑升格条件，还需要结合具体案情进行是否“严重危及人身安全”的判断，由于未见原案，对驾驶车辆的情况、车辆行驶速度、撞击部位等信息不得而知，故在此难有定论。

第十九章　破坏计算机信息系统罪

第一节　破坏计算机信息系统罪的构成

知识背景

破坏计算机信息系统罪是我国《刑法》中核心的网络犯罪罪名。早在1997年，我国《刑法》就设立了本罪。当时，《刑法》第286条破坏计算机信息系统罪与《刑法》第285条非法侵入计算机信息系统罪，以及《刑法》第287条利用计算机实施的有关犯罪，构成了网络犯罪规则框架的雏形，被称为“两点一面”的罪名体系。[①] 2011年最高法、最高检发布了《关于办理危害计算机信息系统安全刑事案件应用法律若干问题的解释》（以下简称《危害计算机解释》），对本罪“计算机信息系统”“计算机病毒等破坏性程序”“情节严重”“情节特别严重”等构成要件要素进行了规定。2015年《刑法修正案(九)》增设了第286条第4款，规定了单位犯罪，进一步完善了本罪的规定。

一、保护法益

较为传统的观点认为，破坏计算机信息系统罪的客体（保护法益）是国家对计算机信息系统安全的管理秩序。[②] 此外，类似观点认为，本罪的客体（保护法益）是国家对计算机信息系统的安全运行管理制度和计算机信息系统的所有人与合法用户的权益。[③] 尽管本罪乃《刑法》第六章妨害社会管理秩序罪第一节扰乱公共秩序罪中的罪名，但是不能完全依照这种罪名位置来认定本罪的保护法益。基本原因在于，计算机信息系统的安全与社会管理秩序和

---

① 皮勇．我国网络犯罪刑法立法研究：兼论我国刑法修正案（七）中的网络犯罪立法．河北法学，2009（6）：50.

② 王作富．刑法分则实务研究：中．北京：中国方正出版社，2010：1209.

③ 高铭暄，马克昌．刑法学．7版．北京：北京大学出版社，高等教育出版社，2016：534.

公共秩序并没有必然联系。数量有限的个人计算机信息系统同样应当予以保护，如果遭到破坏同样可能构成本罪。因此，本罪的保护法益定位为一种个体法益更为妥当。当然，这并不否认，在事实层面本罪行为对法益的侵害完全可以累积波及社会管理秩序和公共秩序。本罪保护法益的具体内涵是计算机信息系统的正常运行。① 本罪第1款行为是对计算机信息系统功能进行破坏，本罪第2款行为是对计算机信息系统中存储、处理、传输的数据和应用程序进行破坏，本罪第3款行为是通过故意制作、传播计算机病毒等破坏性程序对计算机信息系统进行破坏，三种行为类型表现形式各异，但都指向计算机信息系统的正常运行。尤其是本罪第2款行为，同样也应当受到计算机信息系统正常运行这一法益保护目标的限制，否则很容易在实务中被过度扩张适用。

二、客观构成要件

（一）主体

本罪的主体是一般主体，无须特殊身份即可构成本罪。此外，单位也可以构成本罪。单位犯本罪的，对单位判处罚金，并对其直接负责的主管人员和其他直接责任人员，依照本罪第1款的规定处罚。

（二）违反国家规定

违反国家规定，是指违反全国人民代表大会及其常务委员会制定的法律和决定，国务院制定的行政法规、规定的行政措施、发布的决定和命令。具体而言，破坏计算机信息系统罪中的违反国家规定，通常是指违反《网络安全法》《关于维护互联网安全的决定》《计算机信息系统安全保护条例》等法律规范。

（三）实行行为和行为对象

本罪的实行行为和行为对象包括三种类型，即违反国家规定，（1）对计算机信息系统功能进行删除、修改、增加、干扰，造成计算机信息系统不能正常运行；（2）对计算机信息系统中存储、处理或者传输的数据和应用程序进行删除、修改、增加的操作；（3）故意制作、传播计算机病毒等破坏性程序，影响计算机系统正常运行。

1. 破坏计算机信息系统功能

破坏计算机信息系统功能，是指对计算机信息系统功能进行删除、修改、增加、干扰，造成计算机信息系统不能正常运行。

与该种实行行为相对应的行为对象是计算机信息系统功能。要认定何为

① 王华伟．破坏计算机信息系统罪的教义学反思与重构．东南大学学报（哲学社会科学版），2021（6）：93.

计算机信息系统功能，就应首先界定何为“计算机信息系统”。2011年国务院修订的《计算机信息系统安全保护条例》第2条规定：计算机信息系统，是指由计算机及其相关的和配套的设备、设施（含网络）构成的，按照一定的应用目标和规则对信息进行采集、加工、存储、传输、检索等处理的人机系统。2011年最高法、最高检通过的《危害计算机解释》第11条规定：“计算机信息系统”，是指具备自动处理数据功能的系统，包括计算机、网络设备、通信设备、自动化控制设备等。显然，计算机信息系统是一个相对广义的概念，只要具备较高程度数据处理功能的系统，就属于适格的行为对象。

此外，不论计算机信息系统是否联网，都可以成为本罪的行为对象。对此，1998年公安部曾作出《关于对破坏未联网的微型计算机信息系统是否适用〈刑法〉第二百八十六条的请示的批复》，指出：未联网的计算机信息系统也属计算机信息系统，《计算机信息系统安全保护条例》第2、3、7条的安全保护原则、规定，对未联网的微型计算机系统完全适用。因此破坏未联网的微型计算机信息系统适用《刑法》第286条。

规范依据

《刑法》

第286条　违反国家规定，对计算机信息系统功能进行删除、修改、增加、干扰，造成计算机信息系统不能正常运行，后果严重的，处五年以下有期徒刑或者拘役；后果特别严重的，处五年以上有期徒刑。

违反国家规定，对计算机信息系统中存储、处理或者传输的数据和应用程序进行删除、修改、增加的操作，后果严重的，依照前款的规定处罚。

故意制作、传播计算机病毒等破坏性程序，影响计算机系统正常运行，后果严重的，依照第一款的规定处罚。

单位犯前三款罪的，对单位判处罚金，并对其直接负责的主管人员和其他直接责任人员，依照第一款的规定处罚。

案例评价

[案例19-1] 徐某破坏计算机信息系统案①（计算机信息系统的认定）

1. 基本案情

为了加强对分期付款的工程机械设备的管理，中联重科股份有限公司（以下简称“中联重科”）投入使用了中联重科物联网GPS信息服务系统，该

① 本案系最高人民法院第103号指导性案例，另可参见湖南省长沙市中级人民法院（2016）湘01刑终58号刑事裁定书。

套计算机信息系统由中联重科物联网远程监控平台、GPS终端、控制器和显示器等构成，该系统具备自动采集、处理、存储、回传、显示数据和自动控制设备的功能，其中，控制器、GPS终端和显示器由中联重科在工程机械设备的生产制造过程中安装到每台设备上。

中联重科对“按揭销售”的泵车设备均安装了中联重科物联网GPS信息服务系统，并在产品买卖合同中明确约定“如买受人出现违反合同约定的行为，出卖人有权采取停机、锁机等措施”以及“在买受人付清全部货款前，产品所有权归出卖人所有。即使在买受人已经获得机动车辆登记文件的情况下，买受人未付清全部货款前，产品所有权仍归出卖人所有”的条款。然后由中联重科总部的远程监控维护平台对泵车进行监控，如发现客户有拖欠、赖账等情况，就会通过远程监控系统进行“锁机”，泵车接收到“锁机”指令后依然能发动，但不能作业。

2014年5月间，被告人徐某使用“GPS干扰器”先后为钟某某、龚某某、张某某名下或管理的五台中联重科泵车解除锁定。具体事实如下：

2014年4月初，钟某某发现其购得的牌号为贵A774××的泵车即将被中联重科锁机后，安排徐某某帮忙打听解锁人。徐某某遂联系龚某某告知钟某某泵车需解锁一事。龚某某表示同意后，即通过电话联系被告人徐某给泵车解锁。2014年5月18日，被告人徐某携带“GPS干扰器”与龚某某一起来到贵阳市清镇市，由被告人徐某将“GPS干扰器”上的信号线连接到泵车右侧电控柜，再将“GPS干扰器”通电后使用干扰器成功为牌号为贵A774××的泵车解锁。事后，钟某某向龚某某支付了解锁费用人民币40 000元，龚某某亦按约定将其中人民币9 600元支付给徐某某作为介绍费。当日及次日，龚某某还带着被告人徐某为其管理的其妹夫黄某从中联重科及长沙中联重科二手设备销售有限公司以分期付款方式购得的牌号分别为湘AB03××、湘AA69××、湘AA69××的三台泵车进行永久解锁。事后，龚某某向被告人徐某支付四台泵车的解锁费用共计人民币30 000元。

2014年5月间，张某某从中联重科以按揭贷款的方式购买泵车一台，因拖欠货款被中联重科使用物联网系统将泵车锁定，无法正常作业。张某某遂通过电话联系到被告人徐某为其泵车解锁。2014年5月17日，被告人徐某携带“GPS干扰器”来到湖北襄阳市，采用上述同样的方式为张某某名下牌号为鄂FE77××的泵车解锁。事后，张某某向被告人徐某支付解锁费用人民币15 000元。

经鉴定，中联重科的上述牌号为贵A774××、湘AB03××、湘AA69××、湘AA69××的泵车GPS终端被拆除及控制程序被修改后，中联重科物联网GPS信息服务系统无法对泵车进行实时监控和远程锁机。

2014 年 11 月 7 日，被告人徐某主动到公安机关投案。在本院审理过程中，被告人徐某退缴了违法所得人民币 45 000 元。

湖南省长沙市岳麓区人民法院认定被告人徐某构成破坏计算机信息系统罪，判处有期徒刑 2 年 6 个月，追缴被告人徐某的违法所得人民币 45 000 元，上缴国库。

湖南省长沙市中级人民法院维持原判。

2. 涉案问题

计算机信息系统的范围如何认定？

3. 裁判理由

法院生效裁判认为，《危害计算机解释》第 11 条规定，“计算机信息系统”和“计算机系统”，是指具备自动处理数据功能的系统，包括计算机、网络设备、通信设备、自动化控制设备等。本案中，中联重科物联网 GPS 信息服务系统由中联重科物联网远程监控平台、GPS 终端、控制器和显示器等构成，具备自动采集、处理、存储、回传、显示数据和自动控制设备的功能。该系统属于具备自动处理数据功能的通信设备与自动化控制设备，属于刑法意义上的计算机信息系统。被告人徐某利用“GPS 干扰器”对中联重科物联网 GPS 信息服务系统进行修改、干扰，造成该系统无法对案涉泵车进行实时监控和远程锁机，是对计算机信息系统功能进行破坏，造成计算机信息系统不能正常运行的行为，且后果特别严重。根据《刑法》第 286 条的规定，被告人徐某构成破坏计算机信息系统罪。徐某犯罪以后自动投案，如实供述了自己的罪行，系自首，依法可减轻处罚。徐某退缴全部违法所得，有悔罪表现，可酌情从轻处罚。

4. 评析意见

本案的特殊之处在于，被告人徐某所破坏的并非过去通常理解的计算机信息系统。本案的行为对象，是一种安装于泵车设备的监控系统。如果对方违约，中联重科公司将远程通过该监控系统对泵车进行锁定。从案情来看，该套监控系统由中联重科物联网远程监控平台、GPS 终端、控制器和显示器等一系列装置共同组成，属于一种自动化控制设备，具有较高的智能化水平和数据处理功能，属于破坏计算机信息系统罪的适格行为对象。在本案中，被告人利用“GPS 干扰器”，对中联重科公司的物联网 GPS 信息服务系统的正常监督、锁定功能进行修改、干扰，造成该计算机信息系统无法正常运行，且后果特别严重，构成破坏计算机信息系统罪。值得注意的是，在认定本罪的行为对象——计算机信息系统的过程中，对于这里的数据处理功能，应当进行一定的限定。只有具备较高程度的自动化数据处理功能的设备和装置，才属于计算机信息系统。例如，简易的电子计算器、家用扫地机器人等电子设备，虽然都具有一定的数据处理能力，但是不宜认定为本罪所保护的计算机信息系统。

[案例 19-2] 曾某某、王某某破坏计算机信息系统案[①] (计算机信息系统的认定)

1. 基本案情

2016 年 10 月至 11 月，被告人曾某某与王某某结伙或者单独使用聊天社交软件，冒充年轻女性与被害人聊天，谎称自己的苹果手机因故障无法登录“iCloud”（云存储），请被害人代为登录，诱骗被害人先注销其苹果手机上原有的 ID，再使用被告人提供的 ID 及密码登录。随后，曾、王二人立即在电脑上使用新的 ID 及密码登录苹果官方网站，利用苹果手机相关功能将被害人的手机设置修改，并使用“密码保护问题”修改该 ID 的密码，从而远程锁定被害人的苹果手机。曾、王二人再在其个人电脑上，用网络聊天软件与被害人联系，以解锁为条件索要钱财。采用这种方式，曾某某单独或合伙作案共 21 起，涉及苹果手机 22 部，锁定苹果手机 21 部，索得人民币合计 7 290 元；王某某参与作案 12 起，涉及苹果手机 12 部，锁定苹果手机 11 部，索得人民币合计 4 750 元。2016 年 11 月 24 日，二人被公安机关抓获。

2. 涉案问题

智能手机终端是否属于计算机信息系统？

3. 裁判理由

本案由江苏省海安县人民检察院于 2016 年 12 月 23 日以被告人曾某某、王某某犯破坏计算机信息系统罪向海安县人民法院提起公诉。2017 年 1 月 20 日，海安县人民法院作出判决，认定被告人曾某某、王某某的行为构成破坏计算机信息系统罪，分别判处有期徒刑 1 年 3 个月、有期徒刑 6 个月。一审宣判后，二被告人未上诉，判决已生效。本案的裁判要旨指出：智能手机终端，应当认定为刑法保护的计算机信息系统。锁定智能手机导致不能使用的行为，可认定为破坏计算机信息系统。

4. 评析意见

本案关乎计算机信息系统的认定。如上文所言，对计算机信息系统不能进行过于狭义的理解，只要是具有较高程度的自动化数据处理功能的设备和装置，都可能属于计算机信息系统。时至今日，计算机技术和网络技术高度普及且深度运用，计算机出现了微型化发展的趋势。计算机信息系统的智能水平不断提升，但是其载体不断精致化。在此背景下，智能手机能否成为

① 本案系最高人民检察院第 35 号指导性案例。

《刑法》第286条中的计算机信息系统便值得探讨。应当说，对此整体上宜持肯定性结论。相当一部分智能手机的数据处理能力和应用功能，并不亚于普通的个人计算机。甚至一些智能手机在售价上也要高于一般的个人计算机。而且，目前我国的基本趋势是逐步达成电信网、广播电视网、互联网的“三网融合”，在智能手机中，人们可以实现个人计算机中包括联网、数据传输、文件存储、软件应用等在内的几乎所有功能。因此，指导性案例明确智能手机终端应当认定为刑法保护的计算机信息系统，是合乎时宜的。

*****

对计算机信息系统功能进行破坏，可以分为删除、修改、增加、干扰四种类型。当然，被告人有可能只实施其中一种行为，也可能同时实施其中数种行为。虽然构成要件规定的删除、修改、增加、干扰四种行为类型较为简略，但是司法实践中行为人采用的各种技术手段形式极为多样，而且仍然在不断推出新的手法。例如，DDoS（Distributed Denial of Service）攻击便是实践中一种较为常见的破坏手段。行为人通过一些恶意软件，控制多台傀儡机，对目标网站在短时间内迅速发起大量合理服务请求占用网络资源，导致正常用户无法正常访问，属于对计算机信息系统功能的干扰，构成破坏计算机信息系统罪。再如，近年来“流量劫持”也成为一种常见的破坏手段。不法分子通过各种技术手段，影响、控制网络用户的访问路径，达到操纵流量的目的，也可能形成对相关计算机信息系统功能的修改和干扰。

[案例19-3] 向某非法控制计算机信息系统案[①]（DDoS攻击行为的性质）

1. 基本案情

《劲舞团》是上海久游网络科技有限公司（以下简称“久游公司”）独家代理运营的一款网络游戏。该游戏的一些玩家以能够进入《劲舞团》游戏主页面左上角第一个房间，即第100号房间为荣。被告人向某为了炫耀，采用DDoS攻击方式，即分布式拒绝服务攻击，攻击《劲舞团》服务器，致使网络中断，其他玩家掉线，从而自己抢先登陆第100号房间，以此获得其他玩家的羡慕、崇拜。

2010年1月至8月，被告人向某通过运行黑客软件非法侵入并远程操控55台他人计算机作为傀儡机（网络俗称“肉鸡”），对《劲舞团》服务器发动DDoS攻击，对《劲舞团》服务器的IP地址发送ICMP或SYN数据包，使服务器网络带宽被占用，网络通信被堵塞，导致被攻击的服务器网络中断、玩家掉线，造成久游公司经济受损，玩家满意度下降，品牌价值降低，公司形

① 参见上海市徐汇区人民法院（2011）徐刑初字第287号刑事判决书。

象受到了影响。经鉴定，2010 年 1 月 1 日至 2010 年 8 月 31 日，根据久游公司防火墙日志记录，在向某频繁利用该 55 台“肉鸡”进行攻击的期间内，该 55 台“肉鸡”的攻击时间共计 731 小时。久游公司在成都莲花、广东顺德、哈尔滨网通、南汇集群、四川绵阳的 5 个机房服务器受攻击瘫痪约 379 小时，导致久游公司直接损失服务器租赁费 13 万余元。

被告人向某同时还注册了域名为“潇氏网络”的黑客网站（www.84562.com），在网页上发布“出售傀儡机、DDoS 攻击、黑客培训”等信息，公开提供攻击《劲舞团》游戏服务器的收费服务。

公诉机关认为被告人向某违反国家规定，对计算机信息系统实施非法控制，情节严重，其行为已经触犯《刑法》第 285 条第 2 款之规定，应当以非法控制计算机信息系统罪追究其刑事责任，提请依法审判。

被告人向某对公诉机关指控的犯罪事实和罪名没有异议。辩护人认为，就损失而言，被告人控制 55 台“肉鸡”进行攻击的同时，不能排除其他攻击者也在用相同的手法攻击，所以久游公司受上述 55 台“肉鸡”攻击的总损失不能全部归罪于被告人向某所为。

一审法院判决认为，被告人向某违反国家规定，对 55 台计算机信息系统实施非法控制，情节严重，其行为已构成非法控制计算机信息系统罪，判处被告人向某有期徒刑 11 个月，并处罚金人民币 2 000 元。

一审宣判后，被告人向某未提起上诉，公诉机关也未提起抗诉。

2. 涉案问题

如何认定 DDoS 攻击行为的性质？

3. 裁判理由

一审法院经审理认为，被告人向某在攻击目标服务器的过程中，实际上实施了两个犯罪行为：对傀儡机的控制以及对目标计算机的破坏，对应涉及非法控制计算机信息系统罪与破坏计算机信息系统罪两个罪名，因此该案犯罪行为定性的关键在于是否各自都符合犯罪构成要件，成立牵连犯的竞合。对 55 台傀儡机的控制行为，只是修改、增加了傀儡机的功能，并没有影响到傀儡机的正常运行，且控制 55 台的数量达到了情节严重的标准，故该行为符合非法控制计算机信息系统罪的犯罪构成要件，成立该罪。对目标计算机的破坏行为，根据破坏计算机信息系统罪的犯罪构成要件，必须造成一定的后果，属于结果犯。而被告人辩称的 55 台傀儡机中有部分系与他人共享，有部分存在被其他黑客重新控制的可能，而公安机关也无法对向某的电脑硬盘进行数据恢复，用以计算向某对目标计算机造成损害的具体金额。故被告人破坏目标计算机信息系统造成的经济损失无法具体衡量，无法满足破坏计算机信息系统罪的所有构成要件，无法构成该罪。故两个犯罪行为只有前行为成立非法控制计算机信息系统罪，以一罪论处。

4. 评析意见

本案是一起典型的 DDoS 攻击案件，但是最终裁判结论并非通常所认为的破坏计算机信息系统罪。实际上，从技术手法来看，多数的 DDoS 攻击行为都可能同时构成非法控制计算机信息系统罪和破坏计算机信息系统罪。DDoS 攻击的具体实施大体分为两个步骤：其一，通过恶意软件等技术手段，控制大量傀儡机；其二，操控大量傀儡机向攻击目标大量发送服务请求，占用、堵塞网络服务器带宽，达到破坏对方计算机信息系统的目的。行为人所实施的前一阶段行为，属于侵入计算机信息系统或采用其他技术手段，对计算机信息系统实施非法控制，情节严重的，构成《刑法》第 285 条第 2 款规定的非法控制计算机信息系统罪。值得注意的是，在行为人控制傀儡机的过程中，往往会在傀儡机中植入一些恶意程序，这也涉及对傀儡机计算机信息系统数据进行一定的修改和增加操作。但是，这一行为对傀儡机的实际影响较为轻微，通常难以达到造成计算机信息系统不能正常运行且后果严重的程度，故不宜按照破坏计算机信息系统罪论处。对此，本案审理法官有着较为清晰的认识。[①] 行为人所实施的后一阶段行为，属于对计算机信息系统功能进行干扰，如果造成计算机信息系统不能正常运行，且后果严重的，构成《刑法》第 286 条第 1 款的破坏计算机信息系统功能。前后两项行为，各自性质存在区别，又具有手段行为与目的行为之间的牵连关系。不论是目的行为吸收手段行为，还是从一重罪，结论通常都是以破坏计算机信息系统罪论处。

但是本案的特殊性在于，被告人向某虽然控制大量傀儡机对《劲舞团》服务器发动 DDoS 攻击，但是其是否构成破坏计算机信息系统罪所要求的“后果严重”存在疑问。被告人向某辩称，55 台傀儡机中有部分系与他人共享，存在被其他人重新控制的可能，因此相应的财产损失数额不能全部归属于被告人。事实上，本案检察机关就并非以破坏计算机信息系统罪而是以非法控制计算机信息系统罪起诉。法院判决意见最终也采纳了被告人的辩护意见，认为囿于取证面临的障碍，根据已有证据难以具体衡量被告人破坏计算机信息系统造成的经济损失，故仅按照非法控制计算机信息系统罪论处。应当说，法院在证据存疑的情况下，作出有利于被告人的判决，值得充分肯定。但是，对破坏计算机信息系统罪中“后果严重”的认定，不能过度依赖于破坏行为所引发经济损失的计算。如果证据能够证明，被告人对具有极多用户的计算机信息系统多次发起 DDoS 攻击，且服务器瘫痪时间长达数百小时，在对该行为进行整体评价的基础上，认定构成“后果严重”并无问题。当然，

① 朱以珍，陆佳．网络安全犯罪的行为甄别与取证障碍．人民司法，2011（24）：58.

该案件的判决于2011年7月21日作出，而最高检、最高法在2011年8月1日才发布了《危害计算机解释》。而该司法解释第4、6条对“后果严重”规定了包含破坏数量、用户数量、破坏时长、违法所得、经济损失在内的多元认定标准。如果本案发生在司法解释颁布之后，案件的结论是否不同或未可知。

[案例19-4] 李某龙破坏计算机信息系统案①（“流量劫持”行为的性质）

1. 基本案情

被告人李某龙为牟取非法利益，预谋以修改大型互联网网站域名解析指向的方法，劫持互联网流量访问相关赌博网站，获取境外赌博网站广告推广流量提成。2014年10月20日，李某龙冒充某知名网站工作人员，采取伪造该网站公司营业执照等方式，骗取该网站注册服务提供商信任，获取网站域名解析服务管理权限。10月21日，李某龙通过其在域名解析服务网站平台注册的账号，利用该平台相关功能自动生成了该知名网站二级子域名部分DNS（域名系统）解析列表，修改该网站子域名的IP指向，使其连接至自己租用境外虚拟服务器建立的赌博网站广告发布页面。当日19时许，李某龙对该网站域名解析服务器指向的修改生效，致使该网站不能正常运行。23时许，该知名网站经技术排查恢复了网站正常运行。11月25日，李某龙被公安机关抓获。至案发时，李某龙未及获利。

经司法鉴定，该知名网站共有559万有效用户，其中邮箱系统有36万有效用户。按日均电脑客户端访问量计算，10月7日至10月20日邮箱系统日均访问量达12.3万。李某龙的行为造成该知名网站10月21日19时至23时长达四小时左右无法正常发挥其服务功能，案发当日仅邮件系统电脑客户端访问量就从12.3万减少至4.43万。

徐汇区人民法院认为，被告人李某龙的行为构成破坏计算机信息系统罪，且属后果特别严重，判处李某龙有期徒刑5年。

一审宣判后，被告人李某龙提起上诉。上海市第一中级人民法院终审裁定维持原判。

2. 涉案问题

如何认定“流量劫持”行为的刑法性质？

3. 裁判理由

二审裁判理由指出，上诉人李某龙违反国家规定，对计算机信息系统功

① 本案系最高人民检察院第33号指导性案例，另可参见上海市第一中级人民法院（2015）沪一中刑终字第2349号刑事裁定书。

能进行修改，造成计算机信息系统不能正常运行，后果特别严重，依法应处5年以上有期徒刑。关于上诉人李某龙及其辩护人提出本案不属于“后果特别严重”，原判量刑过重的意见，法院认为，根据《危害计算机解释》第4条第2款第2项规定，破坏计算机信息系统功能、数据或者应用程序，造成为500台以上计算机信息系统提供域名解析、身份认证、计费等基础服务或者为5万台以上用户提供服务的计算机信息系统不能正常运行累计一小时以上的，属于破坏计算机信息系统犯罪“后果特别严重”的情形。本案所涉及的“××网”（××.com）系大型综合性门户网站，其有效注册用户5 590 301个，其中邮箱系统有效用户369 609个。根据相关司法鉴定检验报告书、数据库数据分析表单等证据，2014年10月7日至同月13日19时至23时时段内，“××网”邮件的日均独立访客为123 190个；2014年10月14日至同月20日19时至23时时段内，“××网”邮件的日均独立访客为123 684个。而2014年10月21日19时至23时时段内，“××网”邮件的独立访客仅为44 304个。上述事实表明上诉人李某龙对计算机信息系统功能进行修改后，“××网”仅邮件系统的独立访客数量就发生了锐减，客观上亦造成“××网”网站服务功能长达4小时左右无法正常发挥，原判认定本案属于“后果特别严重”是合法有据的。

4. 评析意见

本案是2017年最高人民检察院发布的第33号指导性案例。本案中被告人李某龙所采用的作案手法常常被称为“流量劫持”。所谓“流量劫持”，是指利用各种恶意软件修改浏览器、锁定主页或不停弹出新窗口，强制网络用户访问某些网站、从而造成用户流量被迫流向特定网页的行为。① 但是，“流量劫持”并非严格的学术概念和规范用语，只是一种形象化的表述。“流量劫持”的含义较为庞杂，因为对流量进行“劫持”本身就有多种实现手段。例如，常见的劫持方式有DNS劫持、CDN入侵、网关劫持等，各自实现控制流量的路径和效果都有所不同。② 因此，对于“流量劫持”的刑事责任分析，应当首先明确其基本的劫持方式和技术原理。当然，目前较为典型的行为方式是DNS劫持。DNS是域名解析服务器，其用于实现域名和IP地址之间的转换。而DNS劫持就是通过修改DNS域名解析服务器的方式，让用户访问目标网站时发生偏离，并且常常是偏离至一些违法网站（如赌博、色情网站），以此实现控制流量的目的。

在理论上，关于DNS劫持的定性，并非完全清楚。事实上，行为人通过

① 蒋惠岭．网络司法典型案例：刑事卷·2017．北京：人民法院出版社，2018：101以下．

② 铁生．流量劫持能有多大危害？．计算机与网络，2014（8）：48.

DNS 劫持行为，既可能在某些情况下破坏计算机信息系统，也可能在一定条件下控制计算机信息系统。因此，行为人所实施的 DNS 劫持行为，可能同时构成《刑法》第 286 条破坏计算机信息系统罪和《刑法》第 285 条非法控制计算机信息系统罪，形成想象竞合，应当从一重罪按照破坏计算机信息系统罪论处。[①]

而“流量劫持”行为能否构成破坏计算机信息系统，关键在于该行为是否修改了计算机信息系统的功能，造成计算机信息系统不能正常运行。在本案中，被告人李某龙通过欺骗的方式，获得了网站域名解析服务器的管理权限，并利用这一权限修改了域名解析服务网站中某子域名的 IP 指向，属于对计算机信息系统功能进行修改，不仅严重影响了域名解析服务网站的正常运行，而且也直接导致某知名网站以及相应的计算机信息系统在 4 小时左右的时间段内无法正常运行，符合破坏计算机信息系统罪的构成要件。而该知名网站系大型互联网网站，属于为 5 万人以上用户提供服务的计算机信息系统，故也符合“后果特别严重”的标准。总而言之，如裁判要旨所指出的那样，以修改域名解析服务器指向的方式劫持域名，造成计算机信息系统不能正常运行的，是破坏计算机信息系统的行为。

[案例 19－5] 付某豪、黄某超破坏计算机信息系统案[②]
(“流量劫持”行为的性质)

1. 基本案情

2013 年年底至 2014 年 10 月，被告人付某豪、黄某超等人租赁多台服务器，使用恶意代码修改互联网用户路由器的 DNS 设置，进而使用户登录“2345. com”等导航网站时跳转至其设置的“5w. com”导航网站，被告人付某豪、黄某超等人再将获取的互联网用户流量出售给杭州久尚科技有限公司(系“5w. com”导航网站所有者)，违法所得合计人民币 754 762. 34 元。

2014 年 11 月 17 日，被告人付某豪接民警电话通知后自动至公安机关，被告人黄某超主动投案，二被告人到案后均如实供述了上述犯罪事实。

上海市浦东新区人民法院于 2015 年 5 月 20 日作出刑事判决，认定被告人付某豪犯破坏计算机信息系统罪，判处有期徒刑 3 年，缓刑 3 年；被告人黄某超犯破坏计算机信息系统罪，判处有期徒刑 3 年，缓刑 3 年。

一审宣判后，二被告人均未上诉，公诉机关未抗诉，判决已发生法律效力。

---

① 叶良芳 . 刑法教义学视角下流量劫持行为的性质探究 . 中州学刊，2016 (8)：47.

② 本案系最高人民法院第 102 号指导性案例，另可参见上海市浦东新区人民法院 (2015) 浦刑初字第 1460 号刑事判决书。

2. 涉案问题

如何认定“流量劫持”行为的刑法性质？如何处理破坏计算机信息系统功能行为和破坏计算机信息系统数据行为之间的关系？

3. 裁判理由

法院生效裁判认为：根据《刑法》第 286 条的规定，对计算机信息系统功能进行破坏，造成计算机信息系统不能正常运行，后果严重的，构成破坏计算机信息系统罪。本案中，被告人付某豪、黄某超实施的是流量劫持中的“DNS 劫持”。DNS 是域名系统的英文首字母缩写，作用是提供域名解析服务。“DNS 劫持”通过修改域名解析，使对特定域名的访问由原 IP 地址转入篡改后的指定 IP 地址，导致用户无法访问原 IP 地址对应的网站或者访问虚假网站，从而实现窃取资料或者破坏网站原有正常服务的目的。二被告人使用恶意代码修改互联网用户路由器的 DNS 设置，将用户访问“2345. com”等导航网站的流量劫持到其设置的“5w. com”导航网站，并将获取的互联网用户流量出售，显然是对网络用户的计算机信息系统功能进行破坏，造成计算机信息系统不能正常运行，符合破坏计算机信息系统罪的客观行为要件。

根据《危害计算机解释》，破坏计算机信息系统，违法所得人民币 25 000 元以上或者造成经济损失人民币 5 万元以上的，应当认定为“后果特别严重”。本案中，二被告人的违法所得达人民币 754 762. 34 元，属于“后果特别严重”。

综上，被告人付某豪、黄某超实施的“DNS 劫持”行为系违反国家规定，对计算机信息系统中存储的数据进行修改，后果特别严重，依法应处 5 年以上有期徒刑。鉴于二被告人在家属的帮助下退缴全部违法所得，未获取、泄露公民个人信息，且均具有自首情节，无前科劣迹，故依法对其减轻处罚并适用缓刑。

4. 评析意见

本案是 2018 年最高人民法院发布的第 102 号指导性案例，但实际上案发时间和审判时间都要略早于上文介绍的李某龙破坏计算机信息系统案。本案同样是一起典型的“流量劫持”案件，也主要涉及破坏计算机信息系统罪的认定。与前案不同之处在于，从裁判文书的记载来看，本案中被告人付某豪、黄某超修改的是互联网用户路由器的 DNS 设置，而非域名解析服务网站的 DNS 设置。当然，修改互联网用户路由器 DNS 设置的行为，同样是对计算机信息系统功能进行修改，如果造成计算机信息系统不能正常运行，后果严重的，在性质上也构成破坏计算机信息系统罪。不过，这种情形之下，按照《危害计算机解释》第 4 条的规定，可能对“后果严重”或“后果特别严重”的认定角度有所差异。在本案中，由于被告人付某豪、黄某超并没有直接修改目标网站的 DNS 设置，而是修改了互联网用户路由器的 DNS 设置，因此虽然目标网站的计算机信息系统会受到一定影响，但是未必不能正常运行。故本案对“后果特别严重”的认定不同于李某龙破坏计算机信息系统案，而是另外地选择了违法所得的数额标准。

值得注意的另一个问题在于，在最高法发布的第102号指导性案例中，对本案的行为定性实际上采用了两种略有不同的表述，容易被人忽略。上述最高法发布的指导性案例裁判理由中既提到被告人付某豪、黄某超“对计算机信息系统功能进行破坏，造成计算机信息系统不能正常运行”，又提到被告人付某豪、黄某超“对计算机信息系统中存储的数据进行修改，后果特别严重”①，前者是《刑法》第286条第1款的规定，而后者是《刑法》第286条第2款的规定，存在一定的模棱两可之处。该指导性案例的裁判要旨指出：(1) 通过修改路由器、浏览器设置、锁定主页或者弹出新窗口等技术手段，强制网络用户访问指定网站的“DNS劫持”行为，属于破坏计算机信息系统，后果严重的，构成破坏计算机信息系统罪。(2) 对于“DNS劫持”，应当根据造成不能正常运行的计算机信息系统数量、相关计算机信息系统不能正常运行的时间，以及所造成的损失或者影响等，认定其是“后果严重”还是“后果特别严重”。可见，裁判要旨也并没有清楚说明，在DNS劫持案件中，《刑法》第286条第1款和第2款之间的适用关系。

事实上，破坏计算机信息系统功能行为和破坏计算机信息系统数据行为高度关联，常常伴随出现，在很多案件中都可能会同时构成二者。修改DNS设置的行为，既是对计算机信息系统中存储数据的修改，也通过这种非法数据修改形成了对计算机信息系统功能的修改。在本案中，上海市浦东新区人民法院的判决只选择了《刑法》第286条第2款“对计算机信息系统中存储的数据进行修改”加以适用。法院的具体考虑无法考证，但可能的原因是担忧被告人付某豪、黄某超的行为尚无法满足《刑法》第286条第1款中的“造成计算机信息系统不能正常运行”要件。但是，“系统不能正常运行”不宜过于严格地理解为整个系统彻底停摆或崩溃，只要其中部分重要功能实质性地受到删除、修改、增加、干扰，就可以认定构成。本案中被告人付某豪、黄某超修改了诸多互联网用户路由器的DNS设置，导致互联网用户无法正常访问“2345.com”等导航网站，同样符合“系统不能正常运行”的条件。因此，应当认为，被告人付某豪、黄某超所实施的“流量劫持”行为同时构成破坏计算机信息系统功能和破坏计算机信息系统数据。

*****

① 但是，在上海市浦东新区人民法院（2015）浦刑初字第1460号刑事判决书中，只有后一种表述。

此外，在破坏计算机信息系统罪的适用过程中，应当对破坏行为的认定进行严格限定。因为，本罪构成要件所规定的删除、修改、增加、干扰的行为在网络空间极为常见。如果对其进行过于形式化的理解，可能导致本罪不当扩张。尤其是其中的干扰行为，本身类型化程度很低，容易在司法实践中被作为兜底条款滥用，应予警惕。

[案例 19-6] 李某、何某民、张某勃等破坏计算机信息系统案①（干扰计算机信息系统功能的认定）

1. 基本案情

西安市长安区环境空气自动监测站（以下简称“长安子站”）系国家环境保护部（以下简称“环保部”）确定的西安市 13 个国控空气站点之一，通过环境空气质量自动监测系统采集、处理监测数据，并将数据每小时传输发送至中国环境监测总站（以下简称“监测总站”），一方面通过网站实时向社会公布，一方面用于编制全国环境空气质量状况月报、季报和年报，向全国发布。长安子站为全市两个国家直管监测子站之一，由监测总站委托武汉宇虹环保产业股份有限公司进行运行维护，不经允许，非运维方工作人员不得擅自进入。

2016 年 2 月 4 日，长安子站回迁至西安市长安区西安邮电大学南区动力大楼房顶。被告人李某利用协助子站搬迁之机私自截留子站钥匙并偷记子站监控电脑密码，此后至 2016 年 3 月 6 日间，被告人李某、张某勃多次进入长安子站内，用棉纱堵塞采样器的方法，干扰子站内环境空气质量自动监测系统的数据采集功能。被告人何某民明知李某等人的行为而没有阻止，只是要求李某把空气污染数值降下来。被告人李某还多次指使被告人张甲、张乙采用上述方法对子站自动监测系统进行干扰，造成该站自动监测数据多次出现异常，多个时间段内监测数据严重失真，影响了国家环境空气质量自动监测系统正常运行。为防止罪行败露，2016 年 3 月 7 日、3 月 9 日，在被告人李某的指使下，被告人张甲、张乙两次进入长安子站将监控视频删除。2016 年 2、3 月间，长安子站每小时的监测数据已实时传输发送至监测总站，通过网站向社会公布，并用于环保部编制 2016 年 2 月、3 月和第一季度全国 74 个城市空气质量状况评价、排名。2016 年 3 月 5 日，监测总站在例行数据审核时发现长安子站数据明显偏低，检查时发现了长安子站监测数据弄虚作假问题，后公安机关将五被告人李某、何某民、张甲、张乙、张某勃抓获到案。被告人李某、被告人张某勃、被告人张甲、被告人张乙在庭审中均承认指控属实，被告人何某民在庭审中辩解称其对李某堵塞采样器的行为仅是默许、放任，

---

① 本案系最高人民法院第 104 号指导性案例，另可参见陕西省西安市中级人民法院（2016）陕 01 刑初 233 号刑事判决书。

请求宣告其无罪。

陕西省西安市中级人民法院于2017年6月15日作出（2016）陕01刑初233号刑事判决：(1) 被告人李某犯破坏计算机信息系统罪，判处有期徒刑1年10个月。(2) 被告人何某民犯破坏计算机信息系统罪，判处有期徒刑1年7个月。(3) 被告人张某勃犯破坏计算机信息系统罪，判处有期徒刑1年4个月。(4) 被告人张甲犯破坏计算机信息系统罪，判处有期徒刑1年3个月。(5) 被告人张乙犯破坏计算机信息系统罪，判处有期徒刑1年3个月。

一审宣判后，各被告人均未上诉，判决已发生法律效力。

2. 涉案问题

如何认定干扰计算机信息系统功能的行为?

3. 裁判理由

法院生效裁判认为，五被告人的行为违反了国家规定。《环境保护法》第68条规定禁止篡改、伪造或者指使篡改、伪造监测数据，《大气污染防治法》第126条规定禁止对大气环境保护监督管理工作弄虚作假，《计算机信息系统安全保护条例》第7条规定不得危害计算机信息系统的安全。本案五被告人采取堵塞采样器的方法伪造或者指使伪造监测数据，弄虚作假，违反了上述国家规定。

五被告人的行为破坏了计算机信息系统。《危害计算机解释》第11条规定，计算机信息系统和计算机系统，是指具备自动处理数据功能的系统，包括计算机、网络设备、通信设备、自动化控制设备等。根据2016年最高人民法院、最高人民检察院《关于办理环境污染刑事案件适用法律若干问题的解释》[①]（以下简称《环境污染解释》）第10条第1款的规定，干扰环境质量监测系统的采样，致使监测数据严重失真的行为，属于破坏计算机信息系统。长安子站系国控环境空气质量自动监测站点，产生的监测数据经过系统软件直接传输至监测总站，通过环保部和监测总站的政府网站实时向社会公布，参与计算环境空气质量指数并实时发布。空气采样器是环境空气质量监测系统的重要组成部分。PM10、PM2.5监测数据为环境空气综合污染指数评估中最重要的两项指标，被告人用棉纱堵塞采样器的采样孔或拆卸采样器的行为，必然造成采样器内部气流场的改变，造成监测数据失真，影响对环境空气质量的正确评估，属于对计算机信息系统功能进行干扰，造成计算机信息系统不能正常运行的行为。

五被告人的行为造成了严重后果：(1) 被告人李某、张某勃、张甲、张乙均多次堵塞、拆卸采样器干扰采样，被告人何某民明知李某等人的行为而

① 该司法解释目前已失效。

没有阻止，只是要求李某把空气污染数值降下来。（2）被告人的干扰行为造成了监测数据的显著异常。（3）失真的监测数据已实时发送至监测总站，并向社会公布。（4）失真的监测数据已被用于编制环境评价的月报、季报。据此，五被告人干扰采样的行为造成了严重后果，符合《刑法》第 286 条规定的“后果严重”要件。

综上，五被告人均已构成破坏计算机信息系统罪。鉴于五被告人到案后均能坦白认罪，有悔罪表现，依法可以从轻处罚。

4. 评析意见

本案是 2018 年最高人民法院发布的第 104 号指导性案例，其裁判要旨指出：环境质量监测系统属于计算机信息系统；用棉纱等物品堵塞环境质量监测采样设备，干扰采样，致使监测数据严重失真的，构成破坏计算机信息系统罪。但是，该判决在理论上引起了一定的争议。从形式上来看，该判决意见似乎是有理据的。原因在于，2016 年最高法、最高检颁布的《环境污染解释》第 10 条对此情形作出了明确规定，即违反国家规定，针对环境质量监测系统，实施干扰采样行为，致使监测数据严重失真的，以破坏计算机信息系统罪论处。但是，这一司法解释的规定是否妥当，值得研究。

《刑法》第 286 条第 1 款破坏计算机信息系统功能的构成要件要求，本罪的行为应当是针对计算机信息系统本身进行删除、修改、增加或干扰。因此，破坏行为应当直接影响系统本身①，而不仅仅是系统的数据处理结果。如学者所言，本案中被告人的行为仅在计算机外实施，从来就没有侵入计算机系统内部实施，而仅仅只是改变了大气监测设备取样的外部物理环境。对于并未通过技术手段侵入环境监测计算机系统的内部，并未通过改变或干扰监测系统内部应用程序的功能进而改变监测结果的情形，难以认定为对系统自身的功能有干扰。② 司法解释和上述判决意见实际上对破坏计算机信息系统罪的构成要件进行了完全以结果为导向的理解。只要行为导致了计算机信息系统数据处理结果的失常，便认定行为对计算机信息系统功能本身进行了破坏。这样一种逻辑是难以成立的。在本案中，被告人实际上只是通过用棉纱堵塞采样器的物理方法，影响了有待处理的来源数据，由此干扰最后计算机信息系统输出的数据处理结果。但是，在此过程中，计算机信息系统及其各项数据处理功能本身始终是完好无损的。将这样的行为认定为构成破坏计算机信息系统罪，会使得只要影响到计算机信息系统数据处理结果的行为都会入刑，

---

① 对破坏行为直接性和行为对象的强调，参见王华伟．破坏计算机信息系统罪的教义学反思与重构．东南大学学报（哲学社会科学版），2021（6）：96；江溯．环境监测中干扰采样行为的刑法定性．政法论丛，2024（1）：114.

② 周光权．刑法软性解释的限制与增设妨害业务罪．中外法学，2019（4）：958.

而类似的干扰行为在实践中比比皆是，如此一来，最终导致本罪构成要件的定型性极大弱化。值得注意的是，2023 年最高法、最高检颁布的《环境污染解释》第 11 条对此做了有所不同的表述，其规定："干扰系统采样，致使监测数据因系统不能正常运行而严重失真"，后果严重的，以破坏计算机信息系统罪论处。新的规定一方面明确了监测数据严重失真必须是因"系统不能正常运行"而引起，另一方面也强调了行为应当达到"后果严重"的标准。尽管最高司法机关对司法解释进行了一定的修订，但是总体来说，其对该种情形下破坏计算机信息系统罪的适用仍然持相对宽松的立场。①

*****

2. 破坏计算机信息系统数据和应用程序

破坏计算机信息系统数据和应用程序，是指对计算机信息系统中存储、处理或者传输的数据和应用程序进行删除、修改、增加的操作。

［案例 19－7］李某杰等破坏计算机信息系统案②
（破坏计算机信息系统数据的认定）

1. 基本案情

2011 年 5 月至 2012 年 12 月，被告人李某杰在工作单位及自己家中，单独或伙同他人通过聊天软件联系需要修改中差评的某购物网站卖家，并从被告人黄某权等处购买发表中差评的该购物网站买家信息 300 余条。李某杰冒用买家身份，骗取客服审核通过后重置账号密码，登录该购物网站内部评价系统，删改买家的中差评 347 个，获利 9 万余元。

2015 年 1 月 12 日，浙江省杭州市滨江区人民法院作出判决，认定被告人李某杰的行为构成破坏计算机信息系统罪，判处有期徒刑 5 年。

2. 涉案问题

如何认定破坏计算机信息系统数据的行为？

3. 裁判理由

浙江省杭州市滨江区人民法院经审理认为，被告人李某杰违反国家规定，单独或伙同他人对计算机信息系统中存储的数据进行删除、修改操作，违法所得 9 万余元，后果特别严重，其行为已构成破坏计算机信息系统罪。

4. 评析意见

本案是 2017 年最高人民检察院发布的第 34 号指导性案例。该案例的裁

① 周加海，喻海松，李振华．《关于办理环境污染刑事案件适用法律若干问题的解释》的理解与适用．人民司法（应用），2023（25）：29．

② 本案系最高人民检察院第 34 号指导性案例，另可参见浙江省杭州市中级人民法院（2015）浙杭刑终字第 311 号刑事裁定书。

判要旨指出：冒用购物网站买家身份进入网站内部评价系统删改购物评价，属于对计算机信息系统内存储数据进行修改操作，应当认定为破坏计算机信息系统的行为。本案涉及互相关联的两个问题：其一，破坏计算机信息系统罪保护法益的确定；其二，破坏计算机信息系统数据行为构成要件的认定。如上文所述，破坏计算机信息系统罪的保护法益应当认定为计算机信息系统的正常运行，这是它与其他犯罪的本质区别。不同于《刑法》第 286 条第 1 款，《刑法》第 286 条第 2 款破坏计算机信息系统数据的构成要件并没有明确规定“造成计算机信息系统不能正常运行”。但是，破坏计算机信息系统罪作为一种虚拟空间的毁弃型犯罪，具有整体的法益侵害特征，因而破坏计算机信息系统数据的行为只有实质性地影响系统正常运行才可构成本罪。那么，本判决是否合理的关键就在于，被告人李某杰非法登录购物网站内部评价系统，大量删除买家中差评的行为，在删除计算机信息系统数据的基础上，是否影响了计算机信息系统的正常运行，且后果严重。笔者认为，结论应当是肯定的。计算机信息系统的正常运行，并非单纯仅指系统本身的数据处理功能，也应包括系统的重要使用功能。通过对计算机信息系统数据的删除、修改、增加，实质性地破坏系统重要使用性能的，也可以认定构成本罪。① 如该案例的指导意见所指出的那样，购物网站的评分以数据形式存储于买家评价系统之中，成为整个购物网站计算机信息系统整体数据的重要组成部分。删除购物评价的行为，危害到计算机信息系统数据采集和流量分配体系运行，使网站注册商户及其商品、服务的搜索受到影响，导致网站商品、服务评价功能无法正常运作，侵害了购物网站所属公司的信息系统安全和消费者的知情权。因此，删除计算机信息系统内购物评价的行为，也实质性地影响了计算机信息系统的正常运行，后果严重，可以构成本罪。总而言之，对于破坏计算机信息系统数据的行为，一方面既应当按照本罪的保护法益对构成要件进行限制性理解，避免本罪背离其毁弃型犯罪的基本规范定位；另一方面也不宜对其保护法益作过于狭义的理解，以至于过度限缩本罪的适用范围。

值得特别注意的是，2024 年 2 月 27 日，最高人民检察院发布《关于宣告部分指导性案例失效的通知》（高检发办字〔2024〕35 号），宣告检例第 34 号指导性案例失效。但是，最高检并未公布宣告该指导性案例失效的具体原因。学界一种代表性的意见认为，可能的原因是该指导性案例与最高法第 145 号指导性案例（该案的具体分析见下文［案例 19－8］张某杰等破坏计算机信息系统案）的裁判要旨存在冲突。换言之，检例第 34 号的失效，可能意味着最

① 王华伟．破坏计算机信息系统罪的教义学反思与重构．东南大学学报（哲学社会科学版），2021（6）：96.

高司法机关倾向于对《刑法》第 286 条第 2 款，即破坏计算机信息系统数据的条款做更加限缩的解释。然而，最高检的实际立场和具体考虑，并不明朗。对破坏计算机信息系统数据的行为固然不能做过于宽松的解释，但是如果对其进行过于限缩的解释，不仅不利于规制相关数据破坏行为，而且可能使得该款规定被基本架空。对于通过删除、修改、增加计算机信息系统数据而破坏系统重要使用功能的行为，仍然具有处罚的必要性。关于《刑法》第 286 条第 2 款的具体适用边界，需要结合目前的司法实践，在学理上做进一步的深入探讨。

［案例 19-8］张某杰等破坏计算机信息系统案①
（破坏计算机系统数据的认定）

1. 基本案情

自 2017 年 7 月开始，被告人张某杰、彭某珑、祝某、姜某豪经事先共谋，为赚取赌博网站广告费用，在马来西亚吉隆坡市租住的某公寓 B 幢 902 室内，相互配合，对存在防护漏洞的目标服务器进行检索、筛查后，向目标服务器植入木马程序（后门程序）进行控制，再使用“菜刀”等软件链接该木马程序，获取目标服务器后台浏览、增加、删除、修改等操作权限，将添加了赌博关键字并设置自动跳转功能的静态网页，上传至目标服务器，提高赌博网站广告被搜索引擎命中概率。截至 2017 年 9 月底，被告人张某杰、彭某珑、祝某、姜某豪链接被植入木马程序的目标服务器共计 113 台，其中部分网站服务器还被植入了含有赌博关键词的广告网页。

后公安机关将被告人张某杰、彭某珑、祝某、姜某豪抓获到案。公诉机关以破坏计算机信息系统罪对四人提起公诉。被告人张某杰、彭某珑、祝某、姜某豪及其辩护人在庭审中均对指控的主要事实予以承认；被告人张某杰、彭某珑、祝某及其辩护人提出，各被告人的行为仅是对目标服务器的侵入或非法控制，非破坏，应定性为非法侵入计算机信息系统罪或非法控制计算机信息系统罪，不构成破坏计算机信息系统罪。

江苏省南京市鼓楼区人民法院于 2019 年 7 月 29 日作出判决，认定被告人张某杰犯非法控制计算机信息系统罪，判处有期徒刑 5 年 6 个月，罚金人民币 5 万元；被告人彭某珑犯非法控制计算机信息系统罪，判处有期徒刑 5 年 3 个月，罚金人民币 5 万元；被告人祝某犯非法控制计算机信息系统罪，判处有期徒刑 4 年，罚金人民币 4 万元；被告人姜某豪犯非法控制计算机信息系统罪，判处有期徒刑 2 年 6 个月，罚金人民币 2 万元。

---

① 本案系最高人民法院第 145 号指导性案例，另可参见江苏省南京市中级人民法院（2019）苏 01 刑终 768 号刑事裁定书。

江苏省南京市中级人民法院于2019年9月16日作出二审刑事裁定，驳回上诉，维持原判。

2. 涉案问题

如何认定破坏计算机信息系统数据的行为？如何区分破坏计算机信息系统罪和非法控制计算机信息系统罪？

3. 裁判理由

法院生效裁判认为，被告人张某杰、彭某珑、祝某、姜某豪共同违反国家规定，对我国境内计算机信息系统实施非法控制，情节特别严重，其行为均已构成非法控制计算机信息系统罪，且系共同犯罪。南京市鼓楼区人民检察院指控被告人张某杰、彭某珑、祝某、姜某豪实施侵犯计算机信息系统犯罪的事实清楚，证据确实、充分，但以破坏计算机信息系统罪予以指控不当。经查，被告人张某杰、彭某珑、祝某、姜某豪虽对目标服务器的数据实施了修改、增加的侵犯行为，但未造成该信息系统功能实质性的破坏，或不能正常运行，也未对该信息系统内有价值的数据进行增加、删改，其行为不属于破坏计算机信息系统犯罪中的对计算机信息系统中存储、处理或者传输的数据进行删除、修改、增加的行为，应认定为非法控制计算机信息系统罪。部分被告人及辩护人提出相同定性的辩解、辩护意见，予以采纳。关于上诉人姜某豪提出“量刑过重”的上诉理由及辩护人提出宣告缓刑的辩护意见，经查，该上诉人及其他被告人链接被植入木马程序的目标服务器共计113台，属于情节特别严重。一审法院依据本案的犯罪事实和上诉人的犯罪情节，对上诉人减轻处罚，量刑适当且与其他被告人的刑期均衡。综合上诉人犯罪行为的性质、所造成的后果及社会危害性，不宜对上诉人适用缓刑。故对上诉理由及辩护意见，不予采纳。

4. 评析意见

本案是2021年最高人民法院发布的第145号指导性案例，在理论界受到了较为广泛的关注。该指导性案例的裁判要旨指出：通过修改、增加计算机信息系统数据，对该计算机信息系统实施非法控制，但未造成系统功能实质性破坏或者不能正常运行的，不应当认定为破坏计算机信息系统罪，符合《刑法》第285条第2款规定的，应当认定为非法控制计算机信息系统罪。

初步看来，本案中行为人的作案目标在于提高赌博网站广告被搜索引擎命中概率，也属于一种广义的流量操纵行为。对此，业内可能认为，该案将在很大程度上扭转过去对“流量劫持”案件的定性和判罚。然而，从目前细节较为有限的案情描述来看，本案虽然在事实上也涉及网络流量问题，但是在作案手法上，似乎更接近于“设置黑链”，而非典型常见的“流量劫持”。“流量劫持”常常采取修改DNS即域名解析服务器的方法，使对特定域名的访问由原 IP 地址转入篡改后的指定 IP 地址，导致用户无法访问原 IP 地址对应的网站或访问虚假网站，以此实现对网络流量的“劫持”。而“设置黑链”则手段更为隐秘，通常是指行为人利用木马病毒等手段侵入相关网站，然后在该网站中加入隐藏链接，借助该网站来提升链接网站在搜索引擎中的排名和影响力。“流量劫持”（尤其是 DNS 劫持）由于具有一定公然性，所以相对较为容易被察觉；而“设置黑链”由于悄然进行，相对难以被发现，受害网站的数量也通常更多。

但是，不论是“流量劫持”还是“设置黑链”，在客观行为样态上，一方面都实现了对计算机信息系统功能或计算机信息系统中存储、处理、传输数据的“修改”或“增加”；另一方面，都产生了对计算机信息系统的“控制”。在此情形下，该行为究竟应该定性为破坏计算机信息系统罪还是非法控制计算机信息系统罪，便可能出现分歧。

在“设置黑链”的问题上，尽管学界并无太多关注，但是司法实务中一直存在破坏计算机信息系统罪①和非法控制计算机信息系统罪②两种截然不同的判例立场。显然，后罪对被告人是更为有利的定性。这里的问题一方面在于，“删除、修改、增加、干扰”与“控制”在概念内涵上可能存在一定重合；另一方面，更重要的问题在于，目前部分司法实务中存在对破坏计算机信息系统罪中的“破坏”（“删除、修改、增加、干扰”）行为进行过于形式化理解的趋势。

各种各样的网络入侵行为，多多少少会对计算机信息系统的功能造成一定的“删除、修改、增加或干扰”效果。而按照我国《刑法》第 286 条第 1 款的规定，只有这种“删除、修改、增加或干扰”行为，已经达到了“造成计算机信息系统不能正常运行、后果严重”的程度，才构成破坏计算机信息系统罪。同样，就我国《刑法》第 286 条第 2 款的规定而言，对计算机信息系统中存储、处理或者传输的数据和应用程序进行删除、修改、增加的操作，尽管立法没有明文附加“造成计算机信息系统不能正常运行”的要求，但是显然也不能对此仅仅作极为形式化的理解与适用。究其根本原因，破坏计算机信息系统罪乃是“虚拟空间的毁弃型犯罪”，“破坏”行为应当具备实质的法益侵害程度性要求，针对该罪构成要件行为的宽泛字面表述进行目的性限缩解释，乃回归本罪立法“初心”之举。

在“流量劫持”（尤其是 DNS 劫持）的情形中，由于不法行为常常导致原网站无法被正常访问，此时将其评价为“造成计算机信息系统不能正常运

---

① 参见郭某得等破坏计算机信息系统案，河南省郑州市中级人民法院（2014）郑刑一终字第 91 号刑事裁定书。

② 参见范某等非法控制计算机信息系统案，法宝引证码 CLI. C. 2449516。

行、后果严重”较为容易。而在“设置黑链”的情形中，尽管不法分子针对计算机信息系统功能或计算机信息系统中存储、处理、传输的数据实施了一定的“修改、增加”的行为，给目标网站带来安全隐患，但是，通常情况下，单纯“设置黑链”的行为并不会直接影响目标网站（计算机信息系统）的正常运行。或许正因如此，本案生效裁判意见正确地指出，被告人张某杰等人虽对目标服务器的数据实施了修改、增加的侵犯行为，但未造成该信息系统功能实质性的破坏，或不能正常运行，也未对该信息系统内有价值的数据进行增加、删改，其行为不属于破坏计算机信息系统罪中对计算机信息系统中存储、处理或者传输的数据进行修改、删除、增加的行为，应认定为非法控制计算机信息系统罪。

实际上，有不少学者注意到，破坏计算机信息系统罪已经具有沦为新型口袋罪名的趋势。主要的原因就在于，部分司法实务人员仅仅对该罪构成要件进行形式化，甚至字面化的理解。而本指导性案例的意义就在于，它提醒司法者应当从破坏计算机信息系统罪的本质属性出发对其进行合理限定适用，并准确把握破坏计算机信息系统罪与非法控制计算机信息系统罪的界限。

*****

3. 故意制作、传播计算机病毒等破坏性程序

故意制作、传播计算机病毒等破坏程序行为的认定，在实务中争议不大，主要的问题在于，如何确定何为计算机病毒等破坏性程序。2011 年最高院、最高检《危害计算机解释》第 5 条规定，具有下列情形之一的程序，应当认定为刑法第二百八十六条第三款规定的“计算机病毒等破坏性程序”：1）能够通过网络、存储介质、文件等媒介，将自身的部分、全部或者变种进行复制、传播，并破坏计算机系统功能、数据或者应用程序的；2）能够在预先设定条件下自动触发，并破坏计算机系统功能、数据或者应用程序的；3）其他专门设计用于破坏计算机系统功能、数据或者应用程序的程序。

此外，如果无法准确区分“计算机病毒等破坏性程序”和一般的计算机恶意程序，应当委托专门机构进行鉴定。对此，《危害计算机解释》第 10 条规定，如果对于是否属于“计算机病毒等破坏性程序”难以确定的，应当委托省级以上负责计算机信息系统安全保护管理工作的部门检验。司法机关根据检验结论，并结合案件具体情况认定。

（四）结果

破坏计算机信息系统罪所规定的三种行为类型，都需要达到“后果严重”的标准，才能构成犯罪。同时，三种行为类型都存在“后果特别严重”的加重构成要件。对于本罪所规定的“后果严重”和“后果特别严重”，司法解释分别作出了具体规定。

2011 年最高院、最高检《危害计算机解释》第 4 条规定，破坏计算机信息系统功能、数据或者应用程序，具有下列情形之一的，应当认定为《刑法》第 286 条第 1 款和第 2 款规定的“后果严重”：（1）造成 10 台以上计算机信息系统的主要软件或者硬件不能正常运行的；（2）对 20 台以上计算机信息系统中存储、处理或者传输的数据进行删除、修改、增加操作的；（3）违法所得 5 000 元以上或者造成经济损失 1 万元以上的；（4）造成为 100 台以上计算机信息系统提供域名解析、身份认证、计费等基础服务或者为 1 万以上用户提供服务的计算机信息系统不能正常运行累计 1 小时以上的；（5）造成其他严重后果的。

实施前款规定行为，具有下列情形之一的，应当认定为破坏计算机信息系统“后果特别严重”：（1）数量或者数额达到前款第 1 项至第 3 项规定标准 5 倍以上的；（2）造成为 500 台以上计算机信息系统提供域名解析、身份认证、计费等基础服务或者为 5 万以上用户提供服务的计算机信息系统不能正常运行累计 1 小时以上的；（3）破坏国家机关或者金融、电信、交通、教育、医疗、能源等领域提供公共服务的计算机信息系统的功能、数据或者应用程序，致使生产、生活受到严重影响或者造成恶劣社会影响的；（4）造成其他特别严重后果的。

《危害计算机解释》第 6 条规定，故意制作、传播计算机病毒等破坏性程序，影响计算机系统正常运行，具有下列情形之一的，应当认定为《刑法》第 286 条第 3 款规定的“后果严重”：（1）制作、提供、传输计算机病毒等破坏性程序，导致该程序通过网络、存储介质、文件等媒介传播的；（2）造成 20 台以上计算机系统被植入第 5 条第 2、3 项规定的程序的；（3）提供计算机病毒等破坏性程序 10 人次以上的；（4）违法所得 5 000 元以上或者造成经济损失 1 万元以上的；（5）造成其他严重后果的。

实施前款规定行为，具有下列情形之一的，应当认定为破坏计算机信息系统“后果特别严重”：（1）制作、提供、传输第 5 条第 1 项规定的程序，导致该程序通过网络、存储介质、文件等媒介传播，致使生产、生活受到严重影响或者造成恶劣社会影响的；（2）数量或者数额达到前款第 2 项至第 4 项规定标准 5 倍以上的；（3）造成其他特别严重后果的。

[案例 19-9] 姚某杰等破坏计算机信息系统案①（后果严重的认定）

1. 基本案情

2017 年年初，被告人姚某杰等人接受王某某（另案处理）雇用，招募多

① 本案系最高人民检察院第 69 号指导性案例，对基本案情和诉讼过程的介绍，参照了广东省深圳市南山区人民法院（2018）粤 0305 刑初 418 号刑事判决书。

名网络技术人员，在境外成立“暗夜小组”黑客组织。“暗夜小组”从被告人丁某子等三人处购买大量服务器资源，再利用木马软件操控控制端服务器实施 DDoS 攻击（指黑客通过远程控制服务器或计算机等资源，对目标发送高频服务请求，使目标服务器因来不及处理海量请求而瘫痪）。2017 年 2—3 月间，“暗夜小组”成员三次利用 14 台控制端服务器下的计算机，持续对某互联网公司云服务器上运营的三家网络游戏公司的客户端 IP 进行 DDoS 攻击。攻击导致三家游戏公司的 IP 被封堵，出现游戏无法登录、用户频繁掉线、游戏无法正常运行等问题。为恢复云服务器的正常运营，某互联网公司组织人员对服务器进行了抢修。经鉴定，某互联网公司向客户退费造成的经济损失为人民币 114 358 元；腾讯公司为尽快恢复云服务的正常运营而支出 9 名工作人员的工资费用为人民币 47 170 元。

在本案的审查起诉过程中，检察机关发现，鉴于证实受影响计算机信息系统和用户数量的证据已无法调取，本案只能以造成的经济损失认定危害后果。因此要求公安机关补充调取能够证实某互联网公司直接经济损失或为恢复网络正常运行支出的必要费用等证据，并交专门机构作出评估。

庭审中，部分辩护人提出以下辩护意见：一是网络攻击无处不在，现有证据不能认定三家网络游戏公司受到的攻击均是“暗夜小组”发动的，不能排除攻击来自其他方面。二是即便认定“暗夜小组”成员参与对三家网络游戏公司的攻击，也不能将某互联网公司向客户退费人民币 114 358 元认定为本案的经济损失，而对第二次金额为 47 170 元的损失鉴定报告，其鉴定标准是被害公司支付的员工工资，对该批员工在该时间段的工作情况及工资情况均没有相关证据证明，且“暗夜小组”攻击量仅占其中的一小部分，不应将全部损失计算在被告人身上。

针对辩护意见，公诉人答辩如下：一是案发时并不存在其他大规模网络攻击，在案证据足以证实只有“暗夜小组”针对云服务器进行了 DDoS 高流量攻击，每次的攻击时间和被攻击的时间完全吻合，攻击手法、流量波形、攻击源 IP 和攻击路径与被告人供述及其他证据相互印证，现有证据足以证明三家网络游戏公司客户端不能正常运行系受“暗夜小组”攻击导致。二是根据法律规定，“经济损失”包括危害计算机信息系统犯罪行为给用户直接造成的经济损失以及用户为恢复数据、功能而支出的必要费用。某互联网公司为修复系统数据、功能而支出的员工工资系因犯罪产生的必要费用，应当认定为本案的经济损失。

2018 年 6 月 8 日，广东省深圳市南山区人民法院判决认定被告人姚某杰等 11 人犯破坏计算机信息系统罪；鉴于各被告人均表示认罪悔罪，部分被告人具有自首等法定从轻、减轻处罚情节，对 11 名被告人分别判处有期徒刑 1

年至 2 年不等。

一审宣判后，11 名被告人均未提起上诉，判决已生效。

2. 涉案问题

如何认定破坏计算机信息系统罪中的后果严重?

3. 裁判理由

广东省深圳市南山区人民法院认为，姚某杰、李某、原某辉、周某伟、原某、原某赛、张某婵、卢某杨、丁某子、董某、李某胖违反国家规定，使用 DDoS 攻击对计算机信息系统功能进行干扰，造成计算机信息系统不能正常运行，后果严重，其行为构成破坏计算机信息系统罪。公诉机关指控的犯罪事实清楚，证据确实、充分，指控罪名成立。关于某互联网公司向客户退费人民币 114 358 元，因该项费用支出的标准及依据不明，不应作为认定本案经济损失的依据，对辩护人的相关辩护意见，本院予以采纳。关于某互联网公司为修复系统数据、功能而支出的员工工资人民币 47 170 元，该费用系因本案犯罪所产生的必要费用，可作为认定本案经济损失的依据。同时，辩护人关于某互联网公司产生的修复费用可能与其员工工资部分混同，且被告人所造成的攻击仅为该公司云服务器所受攻击的一部分的辩护意见，亦存在一定的合理性，法院在量刑时酌情予以考虑。

4. 评析意见

本案是 2020 年最高人民检察院发布的第 69 号指导性案例。该案的裁判要旨指出：为有效打击网络攻击犯罪，检察机关应加强与公安机关的配合，及时介入侦查引导取证，结合案件特点提出明确具体的补充侦查意见。对被害互联网企业提供的证据和技术支持意见，应当结合其他证据进行审查认定，客观全面准确认定破坏计算机信息系统罪的危害后果。本案的指导意义既涉及检察机关如何引导公安机关收集调查取证，如何认定被害单位提供的证据和技术支持意见，也涉及对破坏计算机信息系统危害后果的认定。此处的评析主要侧重从实体法的层面展开。

后果严重属于罪量要素一种类型，其性质在于指征构成要件行为的法益侵害程度，为构成犯罪的不法程度设置了门槛。因此，后果严重的基本特征在于其不法关联性。2011 年《危害计算机解释》第 4、6 条从多个维度对破坏计算机信息系统罪“后果严重”的认定作出了具体规定。被破坏的计算机信息系统的数量、被破坏的计算机信息系统所服务用户的数量、计算机信息系统被破坏的时长等因素，都能较为直接地表明破坏计算机信息系统行为的法益侵害程度。

但是，该解释所规定的“违法所得 5 000 元以上和经济损失 1 万元以上”，与破坏计算机信息系统行为的法益侵害程度则仅具有相对间接的关联性。如本案指导意见所指出的那样，实践中，往往倾向于依据犯罪违法所得数额或造成的经济损失认定破坏计算机信息系统罪的危害后果。但是在一些案件中，违法所得或经济损失并不能全面、准确反映出犯罪行为所造成的危害。尤其是被告人的违法所得，取决于各种不确定性因素，与行为不法程度缺乏稳定的关联关系，应当尤为慎重对待。实践中，完全可能存在行为人违法所得很多但是实际造成轻微不法侵害的情况；反之，也完全可能存在行为人违法所得很少但是实际造成严重不法侵害的情形。根据判决书记载，被告人姚某杰、李某、原某辉、周某伟、原某、原某赛、卢某杨于 2017 年年初分别从国内来到老挝，住进由“王老板”提供的别墅，并实行封闭式管理，在赵某 2 的组织指挥下，团伙成员分工负责、互相配合，按月领取 6 000 元到 2 万元不等的月工资，受雇进行 DDoS 攻击。显然，这些受雇从事犯罪活动的“工资”属于一种违法所得。如果按照上述被告人的共同违法所得数额，恐怕远远超出了“后果特别严重”（2.5 万元）的标准，但是这和被告人所实施行为的法益侵害程度不相匹配。不论是检察院还是法院，都没有采取这一标准，这无疑是正确的。

对于经济损失的认定，也应当严格把握与不法程度的关联性标准，防止其认定的泛化。对此，2011 年《危害计算机解释》第 11 条第 3 款明确指出，本解释所称“经济损失”，包括危害计算机信息系统犯罪行为给用户直接造成的经济损失，以及用户为恢复数据、功能而支出的必要费用。可见，按照司法解释的规定，破坏计算机信息系统行为所引发的间接经济损失，应当排除出去。在本案的诉讼过程中，经过相关鉴定，出现了两项经济损失。一项为某互联网公司向客户退费造成的经济损失人民币 114 358 元，另一项为某互联网公司为尽快恢复云服务的正常运营而支出 9 名工作人员的工资费用为人民币 47 170 元。由于某互联网公司的云服务器受到 DDoS 攻击，严重影响了某互联网公司向三家网络游戏公司提供的网络服务，因此腾讯公司向三家网络游戏公司进行相关退费。这种退费乃是基于某互联网公司和三家网络游戏公司之间的契约产生，并非被告人对某互联网公司计算机信息系统破坏程度的直接反映，属于间接经济损失，法院采纳辩护意见对其予以排除是正确的。而某互联网公司为了尽快恢复云服务的正常运营而支出 9 名工作人员的工资，是为了修复被破坏的计算机信息系统所支出的费用，与行为的法益侵害程度直接关联，故可以认定为直接的经济损失。但是，上述工资费用中确实还部分地包含了工作人员的其他薪酬，可能与员工工资部分混同，因而在量刑时酌情予以考虑是妥当的做法。

本案的重要意义在于提醒司法人员，在破坏计算机信息系统罪“后果严重”的认定过程中，应当慎重对待案件中的违法所得和经济损失，不能机械、简单地套用违法所得和经济损失的数额标准，而应对行为人不法程度的判断进行整体性、综合性的判断。

三、主观构成要件

本罪的主观罪过形式是故意。只有行为人明知自己破坏计算机信息系统功能的行为，破坏计算机信息系统数据的行为，制作、传播计算机病毒等破坏性程序的行为，会造成计算机信息系统不能正常运行，引发严重后果，而希望或放任这种结果的发生，才构成本罪。过失实施上述行为，引发严重后果的，不构成本罪。

第二节　破坏计算机信息系统罪的认定

知识背景

破坏计算机信息系统的行为，同时可能对被害人的生产经营形成破坏，因此存在一行为同时符合两罪构成要件的情况。破坏计算机信息系统罪保护的法益是计算机信息系统的正常运行，而破坏生产经营罪保护的法益是生产经营活动中的财产和经济利益。尽管计算机信息系统的正常运行常常关乎一定的财产和经济利益，但是本质上二者仍然存在差异，故一行为同时构成两罪时，宜认定形成想象竞合，从一重罪论处。

案例评价

[案例 19－10] 任某序破坏计算机信息系统案①（与破坏生产经营罪的关系）

1. 基本案情

被告人任某序于 2012 年 5 月 30 日使用笔记本电脑远程登录北京国瑞兴业商业管理有限公司（以下简称“国瑞公司”）计算机服务器，编写能够删除泛微协同办公平台管理程序及用户数据的文件，并于同年 7 月 3 日执行该文件将国瑞公司的上述管理程序及数据删除。国瑞公司最初从泛微公司购买软件产品费用为 19.8 万元，服务费用为 3 万元。后国瑞公司向软件供应商支付 2 万元，软件供应商为国瑞公司再次安装了泛微协同办公平台。被告人任某序于 2013 年 4 月 3 日被公安机关抓获。

北京市东城区人民检察院指控被告人任某序犯破坏计算机信息系统罪一

① 参见北京市东城区人民法院（2014）东刑初字第 57 号刑事判决书。

案，于2013年12月24日向北京市东城区人民法院提起公诉。

北京市东城区人民法院认为，被告人任某序违反国家规定，对计算机信息系统中的应用程序和存储数据进行删除，后果严重，其行为侵犯了计算机信息系统的安全，已构成破坏计算机信息系统罪，遂判处有期徒刑1年，缓刑1年。

一审宣判后，被告人任某序没有提起上诉，检察机关也未抗诉，判决已发生法律效力。

2. 涉案问题

如何处理破坏计算机信息系统罪和破坏生产经营罪的关系？如何确定经济损失数额，进而认定后果严重还是后果特别严重？

3. 裁判理由

关于本案犯罪行为如何定性，在法院审理过程中存在不同意见。第一种意见认为，被告人的行为构成破坏生产经营罪。被告人任某序进行远程登录破坏计算机信息系统，只是一种破坏手段，目的是破坏国瑞公司正常的生产经营。第二种意见认为，本案被告人的行为构成破坏生产经营罪和破坏计算机信息系统罪的想象竞合犯，按照择一重罪处罚的原则，对被告人任某序应当按照破坏计算机信息系统罪惩处。合议庭最终采纳了第二种意见。

关于本案的经济损失数额，检察机关诉称，根据专业机构出具的鉴定意见，被告人破坏计算机信息系统的行为造成国瑞公司直接经济损失22.61万元。而法院认为，虽然司法会计鉴定书证实国瑞公司的直接经济损失为22.61万元，但是根据证据反映的案件具体情况，国瑞公司为此实际支付的费用为2万元，由此可以认定被告人任某序造成的经济损失数额为2万元。①

4. 评析意见

本案存在关于破坏计算机信息系统行为定性和定量两个方面的争议，在此分别展开评析。

在定性方面，首先应当分析被告人任某序的行为是否分别符合破坏计算机信息系统罪和破坏生产经营罪的构成要件。一方面，被告人任某序违反国家规定，恶意删除了被害公司计算机信息系统中存储、处理的重要数据和应用程序，后果严重，符合破坏计算机信息系统罪的构成要件。另一方面，被告人任某序删除泛微协同办公平台管理程序及用户数据的行为发生在网络空间，与传统的有形毁损存在一定差异。但是，国瑞公司的计算机服务器本身就可以被评价为一种机器设备，删除其中的重要数据和应用程序虽然无形，

① 李国平，姜在斌．利用计算机信息系统破坏生产经营犯罪的定罪与量刑．人民司法，2015（24）：30-31.

但是仍属于一种物理性毁损，形成了对国瑞公司正常生产经营活动的严重破坏。因此，被告人任某序的行为也符合破坏生产经营罪的构成要件。

那么，问题的关键在于，行为同时构成破坏计算机信息系统罪和破坏生产经营罪时，形成何种竞合关系。上述审理过程中的第一种意见实际上认为，破坏计算机信息系统是手段行为，而破坏生产经营是目的行为，目的行为吸收手段行为，因此按照破坏生产经营罪定罪处罚即可。但是，这种吸收关系的理解，忽视了对计算机信息系统正常运行这一独立法益的充分保护，并没有可靠的理论基础。如上文所述，破坏计算机信息系统罪和破坏生产经营罪各自的保护法益有所区别，一行为同时构成两罪，按照想象竞合从一重罪论处更为合理。较之于破坏生产经营罪，破坏计算机信息系统罪的处罚更重，因此在结论上本案判决按照破坏计算机信息系统罪定罪处刑是妥当的。但是，为了发挥想象竞合的明示机能，在判决中也应当列明“被告人任某序的行为同时构成破坏生产经营罪”，如此才能充分实现刑法的特殊预防与一般预防功能。

在定量方面，本案的争议在于采取何种经济损失标准来认定“后果严重”和“后果特别严重”。按照 2011 年《危害计算机解释》第 11 条第 3 款的规定以及罪量要素指征不法程度的基本原理，在认定本罪“后果严重”和“后果特别严重”的过程中，经济损失数额的计算应当仅限于破坏计算机信息系统行为所导致的直接的经济损失，而不包括间接的或潜在的经济损失。在本案中，国瑞公司最初从泛微公司购买软件产品费用为 19.8 万元，服务费用为 3 万元，总计 22.8 万元。在这里，22.8 万元是办公平台软件和服务的市场价格，作为商品对价，国瑞公司本就应当支付给软件供应商。但是，在被告人实施破坏行为以后，国瑞公司只是花费了 2 万元，就恢复安装了该软件，因此被害单位的直接经济损失应当是 2 万元，而非软件和相关服务的市场价格。按照《危害计算机解释》第 4 条的规定，破坏计算机信息系统行为造成经济损失 1 万元以上 5 万元以下的，应当认定构成“后果严重”。法院判决没有简单采纳司法会计鉴定书的鉴定结论，而是按照相对严格的标准认定破坏计算机信息系统行为造成的经济损失，值得充分肯定。

第三节　破坏计算机信息系统罪的处罚

知识背景

破坏计算机信息系统罪有两档刑罚处罚幅度。按照《刑法》第 286 条的规定，违反国家规定，(1) 对计算机信息系统功能进行删除、修改、增加、干扰，造成计算机信息系统不能正常运行，或（2）对计算机信息系统中存储、处理或者传输的数据和应用程序进行删除、修改、增加的操作，或（3）故意制作、传播计算机病毒等破坏性程序，影响计算机系统正常运行，后果严重的，处 5 年以下有期徒刑或者拘役。实施上述行为，后果特别严重的，处 5 年以上有期徒刑。单位犯本罪的，对单位判处罚金，并对其直接负责的主管人员和其他直接责任人员，依照本条第 1 款的规定处罚。

第二十章　聚众斗殴罪

第一节　聚众斗殴罪的客观构成要件

知识背景

聚众斗殴罪，是指聚集多人进行斗殴，扰乱公共秩序的行为。

聚众斗殴罪的通常表现形式是“打群架”。聚众斗殴罪侵犯的客体（法益）是公共秩序，这里的公共秩序，指在社会公共生活中应当遵守的各项共同生活的规则、秩序，亦即公序良俗和社会安宁感，而不限于公共场所的井然有序的秩序。因此，聚众斗殴罪的发生场所并无限制，可以发生在街道、闹市、公园、影剧院等公共场所，也可以发生在荒地、树林等人烟稀少或偏僻无人的场所，在仓库、庭院等封闭场所或私人场所相约打群架的，也可以构成聚众斗殴罪。也就是说，公共秩序指的是一种观念上的秩序，指社会公众的安宁感和安全感。在不特定多数人或参与斗殴的行为人在目睹或知情聚众斗殴的情景之后，会产生社会秩序被破坏的观感和印象。由此，聚众斗殴罪的成立并不要求引起社会混乱、民众惊恐等实害结果。只要实施了聚众斗殴行为，一般均应认为侵害了社会公众的安宁感，侵犯了公共秩序。当然，由于其实行行为是斗殴，针对的对象是对方的身体，因此，聚众斗殴行为还会附带侵犯他人的身体权。但是，根据刑法规定，聚众斗殴致人重伤、死亡的，应以故意伤害罪、故意杀人罪论处；聚众斗殴致人轻伤的，一般认定为想象竞合犯。由此推断，聚众斗殴罪本来的客体并不包括人身权利。

聚众斗殴罪的构成要件，在客观方面主要要求具备“斗殴”“聚众”两个要素，本罪只处罚首要分子和积极参加者；在主观方面要求行为人具有聚众斗殴的故意。以下对这些构成要素的定位和内容分别予以详述。

一、斗殴行为

斗殴的基本含义是殴打。“斗”即争斗，要求参与者存在双方或多方对立关系；“殴”即殴打，即攻击身体。如果将“斗殴”作为一个合成词看待，斗殴行为即攻击对方身体的行为。根据此意，斗殴行为的成立要求具有以下几个要素：

（一）对向性

对向性指要求参与者为双方或多方，但并不一定要求相互性。通常的斗殴形式是两方对打，亦即殴打行为具有相互性，参与各方均有殴打对方的行为。斗殴并不仅指双方，也能包括多方，三方、四方、多方混战各自对打，也能称为斗殴。但是，仅有一方实施了攻击对方的行为，另一方没有实施攻击行为，或者没有攻击对方的意图，也能成立斗殴。例如，甲为了报复A，而邀集了乙、丙、丁三人，对A进行攻击殴打；A仅是被动被打者，仅有招架之功，而没有实施与甲等人相互对打的行为，也没有对打的意思。在这种情况之下，虽不能将A认定为斗殴行为，但却可认为甲实施了斗殴行为，可构成聚众斗殴罪。这也就是说，对向性只要求存在双方或多方关系，但不要求双方或多方都必须实施殴打对方的行为。

有论者在理解斗殴行为时，将“斗殴”一词分拆开来作为“斗”“殴”两个词语，将其解读为“斗或者殴”，亦即，认为聚众斗殴可以分解为“聚众斗”与“聚众殴”，前者是指各方相互攻击对方的身体，后者是指多众一方单纯攻击对方身体。其认为这两种情况下，其中一方的首要分子和积极参加者均可构成聚众斗殴罪，这种说法也具有一定道理。

（二）对身体的暴力攻击

殴打通常指暂时造成他人皮肉之伤的人身攻击，例如，对他人拳打脚踢，使用棍棒等器具打击他人，扇人耳光，采用较轻微的暴力攻击他人，等等。殴打要求对人身的暴力达到一定程度，因此，不是所有的对人身的侵害和强制力都能认定为殴打。例如，仅仅只是将他人捆绑起来剥夺人身自由，或者只是采用强力挟持、挟制他人，没有进行攻击、打击，不能认定为殴打。轻微的拍打他人身体、猥亵侮辱他人，也不能认定为殴打。

值得讨论的问题是：殴打的人身暴力程度是否需要有限度的限制？是否需要限定为不能形成对肢体、器官功能的损害（轻伤、重伤、致死）？在我国刑法中，“殴打”行为有别于“伤害”行为。但两者的关系是对立关系，还是包容关系？“伤害”行为的标准比较明确。根据故意伤害罪的既遂标准规定，以及相关人体损伤程度鉴定标准，故意伤害罪要求造成轻伤以上的伤情（轻伤、重伤、致死），才构成犯罪既遂；因此，“伤害”行为应当解释为大概率造成轻伤以上伤情的行为。物理上表现为，造成他人肢体、器官功能受损，或者造成永久的、不可回复的创伤。而“殴打”行为的范围更为宽泛，可以是有可能造成轻伤、重伤、致死伤情的人身暴力，也可以是只可能造成轻微伤、皮肉伤，或者只是暂时的、立即可以恢复伤痛的人身暴力。因此，“殴打”行为与“伤害”行为并不是对立关系，“殴打”行为可以包容“伤害”行为。将“殴打”行为界定为人身暴力即可，并不需要特别的程度限定。对人身实施暴力，造成暂时疼痛、轻微伤、轻伤、重伤、致死的，均可认定为“殴打”行为。

顺带出现的问题是：聚众斗殴致人轻伤、重伤、致死的，如何定性？根据《刑法》第 292 条第 2 款规定，聚众斗殴，致人重伤、死亡的，依照本法第 234 条（故意伤害罪）、第 232 条（故意杀人罪）的规定定罪处罚。故而，聚众斗殴致人重伤的，以故意伤害罪（重伤）定罪处罚；聚众斗殴致人死亡的，根据具体故意内容，以故意伤害罪（致人死亡）或故意杀人罪（既遂）定罪处罚。

但聚众斗殴致人轻伤如何定性呢？据此推导，聚众斗殴致人轻伤的，不认定为故意伤害罪，仍然应当认定为聚众斗殴罪。该结论显然是正确的。但推导出该结论的理由可能有两种：一是将聚众斗殴罪与故意伤害罪致人轻伤，解释为整体法与部分法之间的法条竞合，亦即，认为立法者在立法时即将轻伤的结果包容在聚众斗殴罪的结果之中。事实上，刑法中的很多以暴力为手段的犯罪，例如妨害公务罪、刑讯逼供罪，甚至非法拘禁罪，其结果中都能包括轻伤的结果，聚众斗殴罪同样如此。[①] 二是认为聚众斗殴致人轻伤，系聚众斗殴罪与故意伤害罪致人轻伤的想象竞合犯，应当择一重罪处断。由于两罪基本犯的法定刑相同，故而根据充分评价原则，选择对案件评价最为充分的聚众斗殴罪定罪。观点一的法条竞合论，是认为殴打行为可以包容伤害行为；观点二的想象竞合论，是认为聚众斗殴罪的法益（公共秩序）与故意伤害罪的法益（身体健康）并不相同。无论是采用观点一的法条竞合论还是采用观点二的想象竞合论，结论都一样：聚众斗殴致人轻伤的，以聚众斗殴罪论处。

二、聚众的形式

聚众斗殴罪是典型的聚众犯罪，是必要的共犯（广义上的共犯）。

（一）“聚众”要素的定位：是客观行为还是斗殴的形式

构成聚众斗殴罪，在客观方面，要求“聚众”与“斗殴”两个要素都要同时具备，但是，如何理解和定位其中的“聚众”要素呢？是将“聚众”定位为客观行为，亦即认为行为人只有既实施了聚众行为又实施了斗殴行为，两个行为都实施才能构成聚众斗殴罪（既遂）；还是将“聚众”定位为“斗

① 陈兴良．刑法总论精释．北京：人民法院出版社，2010：660.

殴”的形式，亦即认为行为人只需实施聚众形式的斗殴行为这一个行为，就可构成聚众斗殴罪（既遂）呢？例如，为了朋友聚会而聚集众人，而后为了其他原因临时起意而斗殴，在斗殴之时双方相互混战，呈现出众人对殴状态的。行为人没有实施为了斗殴而聚众的行为，但斗殴形式是聚众形式，可否构成聚众斗殴罪？

对此，笔者认为，“聚众”只是斗殴的形式，而不是客观行为。“聚众”一词的重点不在“聚”的行为，而在“众”的形式。也就是说，“聚众”这一构成要件要素的必要内容是“众”，即要求参与者三人以上，“聚”的行为并非其必要内容。亦即，认为聚众斗殴罪是单行为犯，而不是复行为犯。行为人只需实现了聚众形式的斗殴行为，即可构成聚众斗殴罪，而无须实施聚众行为。首要分子先实施聚众行为，为了斗殴而聚众，之后实施斗殴行为，可以构成聚众斗殴罪。参与斗殴的人员没有实施明显的聚众行为，或者不是为了斗殴而聚众，而是临时聚集在一起而实施斗殴行为的，或者参与了众人、群体形式斗殴行为的，如属首要分子或积极参加者的，也可以构成聚众斗殴罪。作出这种理解的理由是：

其一，从客体（法益）方面来看，聚众斗殴罪保护的客体（法益）是社会管理秩序。故本罪关注的重点应着眼于斗殴时的规模和影响力，达到“众”的规模的斗殴行为都应予以处罚，而不论行为人是否实施了“聚”的行为。以行为人是否实施了“聚”的行为为标准，可将聚众斗殴的情形区分为三种：一是纠集者实施了“聚”行为的聚众斗殴，行为人在斗殴之前有纠集、指挥、策划、组织的行为，斗殴行为实施时亦有众人参与；二是纠集者没有实施“聚”的行为的聚众斗殴，斗殴行为实施时虽有众人参与，但在斗殴之前没有明显的首要分子或纠集者，系零散的参与者在无人纠集的情况下，自动地集聚在一起实施斗殴；三是因为其他原因而非为了斗殴而聚集在一起，后临时起意而众人一起斗殴。这三种聚众斗殴情形，在人数方面达到了“众”的要求，规模、影响都足以妨害社会管理秩序，侵害本罪的法益。从而，这三种情形都可构成聚众斗殴罪。

其二，就聚众斗殴罪处罚的主体来看，本罪不仅处罚首要分子，而且处罚其他积极参加者。如果认为聚众斗殴罪的构成必须包括聚众行为，则只有实施聚众行为的首要分子才能构成本罪，没有实施聚众行为的其他积极参加者就不能构成本罪，这显然与法条规定相矛盾。如果认为聚众斗殴罪的构成要件是以首要分子为核心确定的，首要分子必需实施聚众行为，而其他积极参加者是作为聚众者的共同正犯进行处罚，这种理解也与刑法规定不符。从《刑法》第 292 条的规定来看，首要分子与其他积极参加者的地位是同等的，“聚众斗殴”的规定针对的二者，既是首要分子的实行行为，也是积极参加者的实行行为。其并非仅针对首要分子，积极参加者成立本罪并不依赖于首要分子。如果认为聚众斗殴罪是复行为犯，要求成立本罪既需有聚众行为又需有斗殴行为，就难以论证积极参加者成立聚众斗殴罪的缘由。

由于“聚众”只是斗殴的形式，而非实行行为，因此，无论是为了斗殴而聚众，还是因其他原因聚众之后斗殴，以及临时起意而群起斗殴，只要实施斗殴行为时的状态是群体形式，就都可构成聚众斗殴罪。

（二）“众”的含义

1. 聚众斗殴中的“众”是对一方人数的要求

“众”指的是三人或三人以上，人数众多。一般的聚众犯罪，例如聚众扰乱社会秩序、交通秩序罪等，表现为多人作为一个行为整体而对社会秩序、他人财产进行破坏，行为主体是单方主体，“众”也只是对单方的要求。但是，聚众斗殴罪中“聚众”的情形具有一定的特殊性，由于斗殴行为发生在双方或多方之间，“众”是对哪方的要求就是个问题。也就是说，三人以上是对参加斗殴一方的要求，还是对双方或多方中的每一方的要求，还是对双方或多方的总人数的要求呢？例如，双方斗殴构成聚众斗殴罪的，是要求一方三人以上即可（双方总人数“四人说”），还是要求双方参加者的总人数在三人以上（双方总人数“三人说”），或者要求双方的每一方的人数都在三人以上，亦即总人数在六人以上且每方都在三人以上（双方总人数“六人说”）？此问题被称为斗殴行为的对合性问题。

笔者认为，“众”是一方人数的要求，而不是双方总人数的要求，也不是对每方人数的要求。也就是说，构成本罪不要求斗殴双方均为三人以上，只要求单方人数达到三人以上即可（同前述双方总人数“四人说”、一方三人以上）。一方三人以上、另一方仅一人或两人，双方进行斗殴的，三人的一方达到的“众”的要求，可以成立本罪。一方两人、另一方仅一人或两人，双方进行斗殴的，双方各自都未达到“众”，均不可成立本罪。当然，对于未达到“众”的要求的斗殴行为，可以他罪如寻衅滋事罪论处。

也就是说，对“众”进行界定，应当立足于一方人数，而不是双方整体人数，或者各方人数。作出这种理解的理由是：

其一，应当将聚众斗殴罪理解为对合犯，立足对合关系来理解其中的聚众行为，就会将“众”限定为单方成员。在聚众斗殴行为中，斗殴的双方或多方处于对立状态，而并非各方合作、协同一致地完成某项事务。故而，聚众斗殴中的各方关系与聚众赌博中的各方关系的内容和性质并不相同，其中的参与者应当区分为不同的对立方来看待，也就是理解为对合关系，而不能整体对待。在这种理解基础之上，“聚众”中的“众”应指单独的一方，而不是双方整体。甲纠集乙、丙、丁与 A 纠集 B、C、D 对打的，甲因纠集乙、丙、丁而构成“聚众”，A 因纠集 B、C、D 也构成“聚众”，甲和 A 都可因各自的聚众行为而构成聚众斗殴罪。从而，从对合关系上理解，聚众斗殴罪是对于对合行为者均以相同罪名论处的对合犯。当然，甲纠集乙、丙、丁与 A 纠集 B 对打的，甲可构成“聚众”，A 不可构成“聚众”，可以寻衅滋事罪等他罪论处。对合者罪名并不要求一致，这也符合对合犯的基本原理。

其二，从罪名字面上理解，本罪名是“聚众斗殴”，应当理解为“聚众的斗殴”，即被聚众者纠集参与斗殴的单方人数众多，而不是“斗殴的聚众”，即人数均众多的双方进行斗殴。从聚众者立场上出发，是聚众者先纠集了众人再去与对方斗殴，着眼于单方人员的召集；而并不是纠集对方与本方一起斗殴，并不着眼于参与各方的召集。“众”指称的是被聚来的人员，由此，作为“聚”的对象的“众”也应限定为本方人员。如此理解，对于聚众斗殴罪的预备也更易掌握和操作，只要行为人纠集的本方人数已达三人以上，或者开始实施纠集三人以上的纠集行为的，在还没有实施斗殴行为之前，就可以认为构成犯罪预备。如果按“六人说”的观点，不仅需确定本方的人数情况，还需确定对方的人数情况，才能确定行为人是否构成犯罪，而聚众斗殴之前人数往往难以精确确定，“六人说”的观点会给犯罪认定造成困难。

2. “众”是否包括组织者本人

通常情况下，对于聚众斗殴的参与者，可根据其实施行为和功能的不同，将其分为实施聚众行为（组织、策划、指挥）的组织者、实施斗殴行为的实行者、提供帮助的帮助者。在有些情况下，聚众斗殴中也可能只有斗殴的实行者，而无明确的组织者。由此，在对“众”的范围进行界定时，就要考虑“众”是否包括组织者本人在内的问题。

笔者认为，“众”是指斗殴的实行者，而不是指全部参与者（实行者、组织者、帮助者）。“众”不包括仅进行组织而不参与实行的单纯组织者，也不包括仅进行帮助而不参与实行的单纯帮助者。如果组织者本人既实施组织、策划、指挥行为又参与斗殴的实行，则其本人可计入“众”之中。当然，这里的实行斗殴可进行扩大解释，直接实施殴打行为可以认为是实行斗殴；带领斗殴者冲击、在现场助势、指挥、鼓动，也可认为是实行斗殴；在现场提供、递送殴打器械，指导殴打方法和策略，也可认为是实行斗殴，应当计入“众”之中。而在斗殴之前进行召集、组织、策划，在现场之外通过电话进行指挥，而未到现场参与；仅在斗殴之前提供殴打工具，或者提供物资等其他资助，而未到现场参与，都不能认为是实行斗殴，不能计入“众”之中。例如，甲指使、纠集乙、丙殴打 A，如果甲本人仅在幕后指使，没有参与现场斗殴，则斗殴的实行者仅有乙、丙两人，甲不能构成聚众斗殴罪，只可能构成寻衅滋事罪；如果甲不仅实施了纠集行为，而且其本人参与了现场斗殴，则斗殴的实行者就有甲、乙、丙三人，甲可以构成聚众斗殴罪。相同地，如果甲纠集乙二人一起去殴打 A，并让丙为二人提供殴打工具，尽管参与者有甲、乙、丙三人，但斗殴的实行者仅有甲、乙二人，丙也不能构成聚众斗殴罪，只可能构成寻衅滋事罪。

如此进行解释的理由是：按字面解释，“聚众斗殴”，“众”既是“聚”的对象，也是“斗殴”的实行者。如果聚众斗殴的参与者可分为聚众者和实行者的话，那么，“众”就是指斗殴行为的实行者，而一般不包括聚众者本人。除非聚众者本人也参与斗殴的实行，也成为其本人“聚”的对象。按照广义共同犯罪的原理分析，聚众斗殴罪的实行行为是斗殴行为，实行斗殴的行为才是正犯行为，聚众者实施的聚众行为只是教唆或组织的共犯行为。“众”是对正犯数目的规定，而不包括共犯在内。但行为人既实施教唆、组织行为，又实施实行行为的，应当按高度行为吸收低度行为的规则，认定为正犯。而从聚众斗殴罪保护的法益（客体）的角度分析，聚众斗殴罪保护的是社会管理秩序。聚众斗殴行为之所以被作为犯罪处罚，是因为参与斗殴实行行为的人数较多、规模较大、对社会治安秩序的影响较为恶劣。由此，参与斗殴实行的人数，是决定斗殴行为能否构成犯罪的因素。当聚众者本人仅仅只是组织、邀集，而不参与斗殴的实行时，就要求被组织、邀集参与斗殴的实行者在人数上达到“众”的要求。由此，“众”不能包括没有实施斗殴实行行为的聚众者本人，但如果聚众者本人也参与了斗殴的实行，则可被包括在“众”之中。

3. “众”能否包括未达刑事责任年龄、不具刑事责任能力的人

关于“众”的认定的另外一个问题是：是否要求参与斗殴实施的都达到刑事责任年龄、具有刑事责任能力，“众”可否包括未达刑事责任年龄、不具刑事责任能力的斗殴实行者？例如，18 周岁的甲，纠集三名均为 15 周岁的未成年人乙、丙、丁与他人斗殴，或者纠集一名 17 周岁、两名 15 周岁的人与他人斗殴，能否构成聚众斗殴罪？或者，18 周岁的甲，积极参加两名均为 15 周岁的未成年人乙、丙中，三人一起与他人斗殴，可否构成聚众斗殴罪？

笔者认为，这需结合共同犯罪的定义和原理进行理解。如从违法层面上理解共同犯罪的话，则无须考虑共犯人的责任年龄、责任能力。在刑法中，通常将聚众斗殴罪称为“必要的共同犯罪”，这里的“共同犯罪”指的是违法层面上共同犯罪。从而，聚众斗殴罪的成立，并不需要参与斗殴的“众”都达到刑事责任年龄、具有刑事责任能力，也不需要达到刑事责任年龄、具有刑事责任能力的斗殴实行者的人数达到三人以上。参与斗殴的实行者中有部分未达到刑事责任年龄的，只要实行者的人数达到三人以上，对于首要分子和积极参加者也可认定构成聚众斗殴罪。前文所举的三个事例中，行为人甲

均可构成聚众斗殴罪，而其他参与斗殴的未成年人，虽能被认定为积极参加者，但由于未达到刑事责任年龄，不能追究聚众斗殴罪的刑事责任。

值得注意的是，在斗殴的实行者未达到刑事责任年龄或者不具刑事责任能力，而纠集者对所纠集的实行者存在支配和控制关系时，对于纠集者，也不能认定为间接正犯。这是因为，单独形式的斗殴行为并不是犯罪实行行为，教唆无刑事责任能力者实施单独形式的斗殴行为，并不能成立间接正犯。也就是说，在有责任能力者组织、纠集、教唆多名无责任能力人实施斗殴行为时，是将组织、纠集、教唆行为直接作为实行行为，而不是认定其为教唆行为。这正如：教唆他人吸毒、引诱幼女卖淫，因吸毒、卖淫行为并非犯罪实行行为，从而，教唆者也不能认定为教唆犯，而只能将教唆行为作为实行行为，即以教唆他人吸毒罪、引诱幼女卖淫罪定罪。由此，对于组织、纠集、教唆者应当认定为首要分子，认定其构成聚众斗殴罪。当然，组织、纠集、教唆多名未达刑事责任年龄的未成年人实施斗殴行为的，可能会涉及聚众斗殴罪与《刑法》第262条之二的组织未成年人进行违反治安管理活动罪两个罪名。该两罪名之间系特别法与一般法的法条竞合关系，此时聚众斗殴罪是特别法，组织未成年人进行违反治安管理活动罪是一般法。按特别法优于一般法的原则，对于组织、纠集、教唆者应按聚众斗殴罪一罪处断。对于纠集者纠集精神病人实施聚众斗殴行为的，也应按照此原理进行认定。

（三）对“聚”的理解

根据前文对“聚众”要素的定位和理解可知，“聚众”只是斗殴行为的形式，而不是客观行为。因此，“聚众”一词中的核心要素是“众”，“聚”的行为可有可无，只要有“聚众”的形态存在即可。行为人实施了聚众的行为，在斗殴行为之前被迫停止的，也不能认定为聚众斗殴罪的未遂，而只是聚众斗殴罪的预备。

以此为基础来解释“聚众”中的“聚”，可以认为，“聚”有纠集、聚集之义，一方面指对他人的集合、纠合，将他人聚在一起；另一方面指在没有集合者组织下的自动聚合。因此，“聚众”既可以指将零散的他人集合在一起成为“众”的行为，即聚集众人以构成“众”；也可以指零散的他人在没有他人纠集的情况下，自动地聚集在一起构成“众”，即众人聚集而构成“众”。前一种“聚集众人”的聚众，要求首要分子有纠集、聚集、组织本方参与者殴打对方（拉帮结伙）的行为，但并不要求其有邀约对方进行斗殴（约对方打架）的行为。后一种“众人聚集”的聚众，不要求参与者实施纠集他人的行为，临时突然起意斗殴的，也可以成立聚众斗殴罪。

三、聚众斗殴罪的处罚主体

根据刑法规定，聚众斗殴罪只处罚首要分子和积极参加者，而不处罚一般参加者。刑法中的聚众犯罪，根据处罚主体的不同，可分为三类：（1）处罚首要分子和积极参加者的聚众犯罪，包括本罪在内的大多数聚众犯罪即属此类，如聚众扰乱社会秩序罪、聚众冲击国家机关罪、聚众淫乱罪、聚众哄抢罪、聚众冲击军事禁区罪、聚众扰乱军事管理区秩序罪。（2）处罚首要分子的聚众犯罪，包括聚众扰乱公共场所秩序、交通秩序罪；另外，对于聚众赌博者，如具有营利目的，则构成赌博罪，也可谓是只处罚实施聚众行为的首要分子。（3）处罚所有参加者的聚众犯罪，例如聚众持械劫狱罪。（4）另外，《刑法》第289条规定的聚众打砸抢，并不是一个罪名，不是严格意义上的聚众犯罪。其处罚规则是：对参加者按本人具体实施的行为进行处罚；毁坏或者抢走公私财物的，对首要分子依照抢劫罪定罪处罚，这是一项拟制规定。

可见，聚众斗殴罪属于处罚首要分子和积极参加者的聚众犯罪。对于其中的首要分子、积极参加者，是将其理解为犯罪主体亦即特殊身份，还是理解为刑事责任主体亦即承担刑事责任的人呢？笔者认为，特殊身份是指行为人固有的资格，或者与行为相关联的资格，由于任何人员都能成为首要分子、积极参加者，故而，不能将首要分子、积极参加者认为是特殊身份，聚众斗殴罪也不是身份犯。那么，只能将首要分子、积极参加者作为刑事责任主体进行理解。这也就是说，对于组织、参与实施聚众斗殴行为的所有人员，只追究其中首要分子、积极参加者的刑事责任；对于其他参与者，虽然也实施了聚众斗殴行为，但不予以刑事追究，仍可追究其违反治安管理处罚法的行政违法责任。这种规定，体现了“首恶必办、胁从不问”“法不责众”的制裁方式。这与单位犯罪中对参与者的处罚原理类似，单位犯罪的，对于自然人的参与者，也并不是全部予以刑事处罚，而一般只处罚其中的直接负责的主管人员和其他直接责任人员。同样，直接负责的主管人员和直接责任人员，也不能认为是犯罪主体（身份），而只应认定为刑事责任主体（刑罚主体）。如此理解首要分子、积极参加者在聚众犯罪中的定位和作用，就能很好地解决一些相关疑难问题。例如，首要分子、积极参加者是否要求达到刑事责任年龄？当然需要，因其为刑事责任主体，只有达到刑事责任年龄，才能追究刑事责任。在首要分子未达刑事责任年龄、积极参加者达到刑事责任年龄时，能否只追究积极参加者的刑事责任，从而使实务审判中出现没有首要分子而只有积极参加者的情况呢？回答是肯定的，因为刑事责任的追究与责任年龄有关，聚众犯罪的构成只与违法性有关。

在司法实务中，疑难问题主要是对聚众斗殴中的首要分子和积极参加者的认定，以下对此问题予以详述。

（一）首要分子

依照《刑法》第97条的规定，聚众犯罪中的首要分子指起组织、策划、指挥作用的人。所谓“组织”，即是将分散的人员纠集成为群体，具体包括两方面的内容：一是对人的组织，即要求被纠集人员为三人以上，达到“众”的要求；二是有组织行为，即实施纠集、安排、统筹行为，为斗殴行为的实施拉拢人员、计划场所，提供资金、物资、交通工具、凶器等。组织行为的具体形式，可以是教唆、劝诱、刺激、煽动，也可以是召集、命令、指使、胁迫等。控制、利用、操纵、欺骗未成年人或精神病人参与斗殴，或者利用没有意志选择自由的人参与斗殴，也是事实上的组织行为，对实施此类行为的人也可认定为组织者。所谓“策划”，是指为实现特定目标而制定计划方案、进行部署安排。例如，制定斗殴的具体行动时间、地点、方案、时机，对人员分工、作用进行分配安排。策划者即指主谋者，即在决策和谋划中起到主要作用的人，其对聚众斗殴活动进行了整体、全局性的部署安排，或者对其中的重大事项、关键环节、步骤作出了决策，影响了整体案件的进程，从而是首要分子。对于仅只是一般性的附和谋划者，或者提出并不重要的建议或意见者，没有对决策过程起到重要作用的，不能认定为策划者。所谓“指挥”，是指对聚众斗殴的参与者进行指使、命令、调度，对斗殴的形式、手段、打击对象、部位和程度进行指令。指挥可以是在斗殴现场的当场直接指挥，也可以是通过通信工具或幕后指挥、间接指挥。

只要在聚众斗殴中实施了组织、策划、指挥行为，起到了主要作用，就可认定为首要分子，无论其是否直接参与斗殴的实行。只不过，在首要分子既实施组织、策划、指挥，又参与斗殴的实行行为时，包括首要分子在内的参与者只需达到三人或三人以上，即可构成聚众斗殴罪。而首要分子只实施组织、策划、指挥，而不参与斗殴的实行行为时，则需首要分子以外的参与者达到三人或三人以上，才可构成聚众斗殴罪。

（二）积极参加者

聚众斗殴的积极参加者，指首要分子之外积极参与斗殴实行行为的参与者。根据刑法条文规定的逻辑，积极参加者中的“参加”指称的是参加斗殴的实行行为，“积极”在实行中起主要作用。故积极参加者指实行斗殴行为的主要实行者，而不包括次要的实行者、一般的帮助者。聚众犯罪是广义上的必要的共同犯罪，可以比照狭义共同犯罪（参与者均构成犯罪的共同犯罪）中犯罪人的分类进行理解。在狭义共同犯罪中，按功能分类法，共犯人可被区分为实行犯（正犯）、教唆犯、帮助犯，此外还有共谋犯。聚众犯罪中的首要分子，相当于教唆犯（包括组织犯）和主要共谋犯；而聚众犯罪中的积极参加者，相当于主要的实行犯；而次要的实行犯、次要的共谋犯、帮助犯，一般都不承担刑事责任。在我国刑法中，按作用分类法将共犯人区分为主犯、从犯（包括胁从犯），其中主犯中的首要分子，就包括聚众犯罪中的首要分子；而主犯中的其他“在共同犯罪中起主要作用的”，则相当于聚众犯罪中的积极参加者，一般指主要的实行犯。只不过，狭义共同犯罪中区分主犯和从犯，是为了量刑的需要。而聚众犯罪中区分首要分子、积极参加者、一般参加者与帮助者，是为了追究刑事责任的需要。这也就是说，聚众斗殴罪此类的聚众犯罪，只追究广义上共同犯罪中“主犯”（包括教唆犯、组织犯、主要的共谋犯、主要的实行犯）的刑事责任，对于广义上共同犯罪中“从犯”（包括次要的实行犯、次要的共谋犯、帮助犯），不以犯罪论处。

（三）聚众斗殴罪中主犯与从犯的认定

应当注意的是，首要分子与积极参加者的认定问题，与聚众斗殴罪中主从犯的认定问题，是两个不同的问题。在聚众斗殴中，首要分子、积极参加者构成聚众斗殴罪，而一般参与者不能构成该罪。这并不是说，首要分子、积极参加者都是主犯，聚众斗殴案中只有主犯，不存在从犯；或者说首要分子一定是主犯，积极参加者一定都是从犯。对于聚众斗殴罪中主犯与从犯的认定，应当注意以下几点：（1）首要分子一般是主犯，但不一定都是主犯。根据《刑法》第 26 条的规定，主犯指组织、领导犯罪集团进行犯罪活动的或者在共同犯罪中起主要作用的人。而首要分子指聚众犯罪中起组织、策划、指挥作用的犯罪分子。聚众犯罪中的首要分子一般在共同犯罪中起主要作用，故一般是主犯。但在聚众斗殴中有可能有数个首要分子，有的首要分子只是起到次要的策划作用，对于整体案件的发生作用不是很大，就有可能被认定为从犯。（2）聚众斗殴罪中有可能没有首要分子，而只有积极参加者。例如零散的个人，在没人召集的情况下聚集在一起实施斗殴的情形。（3）积极参加者一般也可被认定为主犯，但相关事实表明积极参加者对聚众斗殴所起作用较小、参与程度较小，或者对危害后果的发生没有直接责任时，可以认定为从犯。（4）聚众斗殴罪中，首要分子、积极参加者可以全部认定为主犯，或者部分认定为主犯，部分认定为从犯，但一般不可以全部认定为从犯。

在司法实务中，认定共同犯罪中的主犯、从犯，通常有两种认定方法：一是先挑出起次要或者辅助作用的认定为从犯，余皆认定为主犯，否则皆为主犯；二是先挑出起主要作用的认定为主犯，余皆认定为从犯。对于聚众斗殴罪这样的聚众犯罪，前一种认定方法更为通用。

客观上实施了以上聚众形式的斗殴行为，主观上具有聚众斗殴故意的行为人，如属首要分子和积极参加者，达到了刑事责任年龄具有刑事责任能力，即可以聚众斗殴罪追究刑事责任。如不符合上述条件，则可以考虑其是否构成寻衅滋事罪、故意伤害罪等犯罪。对于参与聚众斗殴的一般参与者，如未造成其他结果、侵害其他法益，则一般不认定为犯罪，而应认定为行政违法。

规范依据

《刑法》

第 292 条　聚众斗殴的，对首要分子和其他积极参加的，处三年以下有期徒刑、拘役或者管制；有下列情形之一的，对首要分子和其他积极参加的，处三年以上十年以下有期徒刑：

（一）多次聚众斗殴的；

（二）聚众斗殴人数多，规模大，社会影响恶劣的；

（三）在公共场所或者交通要道聚众斗殴，造成社会秩序严重混乱的；

（四）持械聚众斗殴的。

聚众斗殴，致人重伤、死亡的，依照本法第二百三十四条、第二百三十二条的规定定罪处罚。

案例评价

[案例 20-1] 倪某刚等聚众斗殴案①（斗殴的含义）

1. 基本案情

被告人夏某小等人与王某龙、徐某（另案处理）等人发生矛盾，徐某等人多次准备殴打夏某小，夏某小将此事告诉被告人倪某刚。某日下午 2 时许，被告人倪某刚及其“老大”张甲（在逃）出面处理此事，与徐某等人的“老大”赵某（另案处理）在开荣浴室门口发生争执，赵某用刀将张甲的裤子戳坏，倪某刚等人认为自己的“老大”丢了面子，遂联系汪某（在逃），商定为张甲报仇，后倪某刚和汪某先后召集被告人韩某、张乙、周某晖、刘某、胡某文、夏某小、王某佳、朱某以及刘乙、苏某逸（在逃）、吴某健、朱某、赵乙等 20 余人，于下午 6 时许，携带砍刀准备到“东方网络”网吧寻找赵甲等“东边”的人殴打。倪某刚等人行至众小门东时，遇到被害人张丙，听说张丙也是他们要寻找的“东边”的人，包括 9 被告人在内的 20 多人即围住张丙，其中倪某刚、韩某、张乙、周某晖、刘甲、胡某文及汪某、刘乙等人用砍刀将张丙砍伤。

随后，包括 9 被告人在内的 20 多人又窜至众兴镇“东方网络”网吧，汪某、刘乙及倪某刚、胡某文等人在网吧内砍打徐某、丁某等人，韩某、张乙、周某晖、刘某在网吧外追砍陈某、王某等人，王某佳欲用刀砍人时刀被夏某小夺去，夏某小、朱某在网吧门口持刀砍人，在本次殴斗中，徐某、王允寅、

① 最高人民法院刑事审判第一、二庭．刑事审判参考：总第 44 集．北京：法律出版社，2005：71-84.

陈某、王某、张某扬、丁某、张丁等人被砍伤。

张丙于受伤后，当即被家人送到泗阳县人民医院抢救并住院治疗，经检查，张丙颅骨、面额部及身体其他部位10多处受伤，至3月11日出院；6月6日张丙再次到泗阳县人民医院住院，在此期间行颅骨修补术，至6月20日出院。经法医鉴定，张丙的头部颅骨损伤构成重伤，徐某、王允寅、陈某、王某的损伤构成轻伤，丁某、张某扬、张丁的损伤构成轻微伤。另查明：张丙在泗阳县人民医院治疗期间共花费35 915.56元，交通费210元。

2. 涉案问题

聚众斗殴行为的常见形态是双方对殴，但本案中只存在单方有殴打行为。倪某刚等9被告人一方聚集20多人，寻找“东边”的人进行殴打。被殴打的张丙等人并未实施回击和对殴，处于被动挨打的地位。在只存在单方殴打行为的情况下，能否将实施聚众殴打的一方认定为聚众斗殴罪？

3. 裁判理由

该案的裁判理由认为：对此类案件应依照聚众斗殴罪的构成特点，全面分析案件的主客观情况，防止片面强调客观行为条件，忽视行为人主观故意内容而导致简单化的错误倾向，从而准确定罪量刑。在殴斗的理解上，我们认为，只要双方或一方采用暴力方式进行殴斗，不论采用何种暴力方式都是结伙殴斗行为。从倪某刚一方的主观故意看，其要实施的行为方式是以殴斗的方式报复“东边人”，其殴打的对象不是特定的“东边人”而是不特定的“东边人”，具有随意性；目的是为“老大”张甲报仇，且其明知网吧、街道是公共场所，其所侵害的不仅是他人的人身安全，更主要的是社会公共秩序。客观上倪某刚一方也按照计议，纠集20多人结伙持砍刀等械具在街道、网吧寻找，并随意殴斗他们认为的所谓“东边人”，被告人倪某刚等人虽仅一方具有斗殴故意，其9人同样构成聚众斗殴罪。

4. 评析意见

上述裁判的结论是正确的。但其理由是从主观故意入手进行论证，认为仅单方有聚众斗殴故意，也可以构成聚众斗殴罪。其裁判理由在逻辑上可能存在问题。刑法上的故意应指行为人的主观心态，不涉及被害人心态。例如在本案中，犯罪故意应指倪某刚等9名被告人的主观心态，而与被害人张丙等人的主观心态无关。分析本案，应当从客观入手，围绕对“斗殴”一词的解释展开。正确的裁判理由应是：在单方聚众殴打对方，而对方没有对殴行为的情况下，也可将聚众一方行为人的行为认定为“斗殴”行为，对该方的首要分子和积极参加者，可以认定构成聚众斗殴罪。

第二节　聚众斗殴罪的主观构成要件

知识背景

一、聚众斗殴罪的故意

聚众斗殴罪是故意犯罪，要求行为人主观上具有聚众斗殴罪的故意。聚众斗殴故意的成立，在认识因素方面要求行为人认识到自己的行为性质是斗殴，同时要求认识到多人一起参与斗殴；在意志因素方面，要求行为人明知而仍然实施。

问题在于，聚众斗殴罪是典型的对合犯，除了要求一方具有聚众斗殴的故意，是否还要求对方也具有斗殴的故意？笔者认为，“斗殴”是聚众斗殴罪成立的必要客观要件，指的是双方互殴；故意一般指称行为人自身的主观故意，而不受他人主观故意的影响。从而，单纯从主观故意的构成角度上来看，只需行为人一方主观上认识到本方“聚众”、本方与对方“斗殴”；对方客观上有无实施斗殴行为、有无斗殴意图，并不影响行为人聚众斗殴故意的成立。如对方客观上确有斗殴意图和斗殴行为，则行为人的主观认识与客观事实一致。如对方客观上不存在斗殴意图和斗殴行为，而行为人误认为对方有斗殴意图和斗殴行为，则行为人主观认识与客观事实不一致，则属认识错误的问题。例如，甲见仇人 A、B、C 聚在一起，误认为 A、B、C 要与自己斗殴，而组织乙、丙、丁等人去殴打 A、B、C。事后查明，A、B、C 只是聚在一起吃饭，没有斗殴的意图；在打斗中 A、B、C 一直处于被动挨打的地位，没有实施对打斗殴的行为。在这种情形之下，不能否认甲在主观上有聚众斗殴的故意，也不能否认甲实施了聚众斗殴的行为，甲可以构成聚众斗殴罪；只不过 A、B、C 不能构成聚众斗殴罪而已。由此可见，尽管聚众斗殴罪是对合犯，但斗殴故意并不是对对合双方的要求，而只是对行为人一方的要求。

与聚众斗殴故意有关的另一个问题是，主观上以伤害的故意去实施聚众斗殴的客观行为如何处理？例如，甲组织乙、丙、丁等人与 A、B、C 等人斗殴，在乙、丙、丁等人向甲询问“能打到何种程度”时，甲回答“打残了可以，不要弄出人命就行”。乙、丙、丁在实施斗殴行为时，没有造成 A、B、C 伤害结果。对这样的情况，当然应当认定甲对伤害结果的造成抱有间接故意的心态，但由于没有造成伤害结果，根据司法实务中不处罚间接故意犯罪未遂的通识，甲不以故意伤害罪处罚，只以聚众斗殴罪一罪论处。但如果乙、丙、丁实际上造成了伤害结果（轻伤、重伤），则甲除了可构成聚众斗殴罪，还可另外构成故意伤害罪。当造成的伤害结果是轻伤时，甲是聚众斗殴罪与故意伤害罪（轻伤）的想象竞合（或包容关系的法条竞合）；当造成的伤害结果是重伤时，甲是转化犯，由聚众斗殴罪转化为故意伤害罪（重伤）。

二、“流氓动机”是聚众斗殴罪的必要构成要素

从立法沿革上来看，现行刑法中的聚众斗殴罪是由1979年《刑法》中的流氓罪演化而来的。根据1979年《刑法》第160条（流氓罪）的规定，“聚众斗殴、寻衅滋事、侮辱妇女或者进行其他流氓活动，破坏公共秩序，情节恶劣的，处七年以下有期徒刑、拘役或者管制。流氓集团的首要分子，处七年以上有期徒刑”。1984年11月2日最高人民法院、最高人民检察院《关于当前办理流氓案件中具体应用法律的若干问题的解答》（已失效）中指出，“聚众斗殴，一般是指出于私仇、争霸或其他流氓动机而成帮结伙地斗殴”。根据此解释，1979年《刑法》中的流氓罪的成立需要具有流氓动机，亦即行为人具有争霸一方、报私仇等动机。但是，在现行刑法将聚众斗殴罪单独规定为犯罪之后，该罪的构成是否还需要具备流氓动机，就值得讨论。肯定说基于历史解释中立法者的原意，认为聚众斗殴罪的成立需要具备流氓动机。不具流氓动机的聚众斗殴行为，例如因民事纠纷引发的聚众斗殴，不能构成聚众斗殴罪。有些地方性法律指导意见中就持这种观点。例如，上海市高级人民法院出台的《关于办理聚众斗殴犯罪案件的若干意见》中规定：聚众斗殴犯罪是基于报复他人、争霸一方、寻求刺激或者其他公然藐视国家法纪和社会公德的不法动机，纠集多人成帮结伙地互相进行打斗，破坏社会公共秩序的行为。江苏省公检法机关联合出台的《关于办理涉枪涉爆、聚众斗殴案件具体应用法律若干问题的意见》中规定：“聚众斗殴通常表现为出于私仇、争霸或其他动机而成帮结伙地斗殴”，“对于群众中因民事纠纷引发的相互斗殴甚至结伙械斗，后果不严重的，不应以犯罪处理”。否定说基于历史解释中立法的变动，认为聚众斗殴罪的成立无须具备流氓动机。由于现行刑法聚众斗殴罪的法条规定中没有明确要求流氓动机，因而只要聚众斗殴行为侵害了社会管理秩序，无论行为人出于何种动机和目的，都能构成聚众斗殴罪。

本书认为，“流氓动机”是聚众斗殴罪的必要构成要素。主要理由在于：

（1）从刑法解释方法和原理上看，认为流氓动机是必要要素的解释，沿革于1979年《刑法》中流氓罪的解释，在对现行刑法中聚众斗殴罪进行解释时，需要确认是否仍包括该动机。从历史解释方法的原理上看，既要注重罪名的历史来源，也要注重法条的立法变动。1979年《刑法》中的流氓罪之所以必须具备流氓动机才能成立，是因其被定名为“流氓罪”。虽然当前已经废

除“流氓罪”，但是，当年“流氓”的含义即扰乱社会秩序；现今，将聚众斗殴罪置于“扰乱公共秩序罪”一章中，只是换了一种“稍显文明”的说法，本质上并没有什么变化。

而从目的解释方法原理上看，立法者在1979年《刑法》中规定流氓罪时，其立法原意是将流氓动机作为必要要素（主观解释论）；但社会公众仍可以从现有法条的规定（“扰乱公共秩序罪”）中，读出聚众斗殴罪中的流氓动机要素（客观解释论）。只不过，需要把流氓动机，解读为扰乱公共秩序的动机。

无论是根据立法原意的主观解释论，还是立足于现有法条规范的客观解释论，都认为该罪的构成必须具备流氓动机，亦即扰乱公共秩序的动机；这并没有对该罪的构成要素添附多余的构成要件要素，解释是恰当的。

（2）从聚众斗殴罪保护的法益上看，该罪保护的是社会管理秩序（公共秩序），只有侵害社会管理秩序（公共秩序）的聚众斗殴行为，才应认定为聚众斗殴罪。扰乱公共秩序的动机，就是俗称的“流氓”动机。

比照最高人民法院、最高人民检察院《关于办理寻衅滋事刑事案件适用法律若干问题的解释》第1条的规定：寻衅滋事罪中的“流氓”动机包括三种情况：一是行为人为寻求刺激、发泄情绪、逞强耍横等，无事生非；二是行为人因日常生活中的偶发矛盾纠纷，借故生非，但矛盾系由被害人故意引发或者被害人对矛盾激化负有主要责任的除外；三是行为人因婚恋、家庭、邻里、债务等纠纷，实施殴打、辱骂、恐吓他人或者损毁、占用他人财物等行为的，一般不认定为“寻衅滋事”，但经有关部门批评制止或者处理处罚后，继续实施前列行为，破坏社会秩序的除外。由于聚众斗殴罪、寻衅滋事罪，都是由原流氓罪演化而来，故而，按照体系解释的原理，关于寻衅滋事罪“流氓”动机的规定，可以适用于聚众斗殴罪。

（3）为该罪的条件添加流氓动机的要素，会紧缩犯罪成立的范围，有利于区分罪与非罪，化解纠纷，保护人权。例如，因为民事纠纷而引起冲突，从而双方当事人各自“码人”，实施聚众斗殴的行为；如果事出有因，经有关部门批评制止或者处理处罚后停止。显然与两派流氓为了斗勇争狠而聚众斗殴的行为，有着本质区别。

（4）对否定说的反驳。否定说认为聚众斗殴罪的成立无须具备流氓动机。主要理由是，如果坚持将流氓动机作为聚众斗殴罪的必要要素，就会放纵犯罪。并且从内容上讲，流氓动机的内容是不确定的，可能会导致裁判者的擅断。确实，如果单从文义上看，“流氓动机”可以被理解为“恶劣下流的动机”，是一个具有非常浓烈感情色彩的规范要素，其具体内容难以确切把握。正如1997年3月6日全国人大常委会副委员长王汉斌在八届全国人大五次会议上《关于中华人民共和国刑法（修订草案）》的说明中指出："由于流氓罪的规定比较笼统，实际执行中定为流氓罪的随意性较大，所以要将流氓罪分解为四条具体规定，以减少司法适用的不确定性。"在认为流氓动机是聚众斗殴罪的必要要素的前提下，如果将流氓动机的内容仅限定为争霸一方、报私仇等动机，就会使聚众斗殴罪的成立范围仅仅限定为"两派流氓打群架"，从而使聚众斗殴罪的成立丧失普适意义。

但是，如果对流氓动机作较为宽泛解释，认为流氓动机的内容包括所有公然藐视国家的法纪和社会公德、寻求刺激或者追求某种卑鄙欲念满足的心理状态，亦即，按照前述最高人民法院、最高人民检察院《关于办理寻衅滋事刑事案件适用法律若干问题的解释》第 1 条，将其整体上解释为扰乱公共秩序的动机，细分为三种情况，就不会造成界定的不明确，也不会造成司法适用的不确定性。

案例评价

[案例 20－2] 施某某等聚众斗殴案①（"流氓动机"是聚众斗殴罪的必要构成要素）

1. 基本案情

犯罪嫌疑人施某某等 9 人系福建省石狮市永宁镇西岑村人。犯罪嫌疑人李某某等 8 人系福建省石狮市永宁镇子英村人。福建省石狮市永宁镇西岑村与子英村相邻，原本关系友好。后两村因土地及排水问题发生纠纷。永宁镇政府为解决两村之间的纠纷，曾组织人员对发生土地及排水问题的地界进行现场施工，但被多次阻挠未果。2008 年 12 月 17 日上午 8 时许，该镇组织镇干部与施工队再次进行施工。上午 9 时许，犯罪嫌疑人施某某等 9 人以及数十名西岑村村民头戴安全帽，身背装有石头的袋子，手持木棍、铁锹等器械到达两村交界处的施工地界，犯罪嫌疑人李某某等 8 人以及数十名子英村村民随后也到达施工地界，手持木棍、铁锹等器械与西岑村村民对峙。双方互相谩骂、互扔石头。出警到达现场的石狮市公安局工作人员把双方村民隔开并劝说离去，但仍有村民不听劝说，继续叫骂并扔掷石头，致使两辆警车被砸损（经鉴定损失价值人民币 761 元），三名民警手部被打伤（经鉴定均未达轻微伤）。

2. 涉案问题

本案的结论虽然是因不起诉而未进入审判程序，但其涉及两个重要的实

① 参见《最高人民检察院关于印发第一批指导性案例的通知》（高检发研字〔2010〕12 号），2010 年 12 月 31 日颁布。

体法问题：一是流氓动机是否为聚众斗殴罪的必要构成要素；二是本案两村村民是因土地及排水问题发生纠纷，继而引起聚众群殴，是因民事纠纷而聚众斗殴，公安人员到场后劝止，仍有村民不听劝说，在主观上可否认定具有流氓动机，是否可构成聚众斗殴罪。

3. 裁判理由

本案是最高人民检察院发布的检例第 1 号指导性案例，案中的检察机关对斗殴双方进行了调解，使矛盾得到解决，最后作出了不起诉决定。其诉讼过程如下：

案发后，石狮市公安局对积极参与斗殴的西岑村施某某等 9 人和子英村李某某等 8 人以涉嫌聚众斗殴罪向石狮市人民检察院提请批准逮捕。为避免事态进一步扩大，也为矛盾化解创造有利条件，石狮市人民检察院在依法作出批准逮捕决定的同时，建议公安机关和有关部门联合两村村委会做好矛盾化解工作，促成双方和解。2010 年 3 月 16 日，石狮市公安局将本案移送石狮市人民检察院审查起诉。石狮市人民检察院在办案中，抓住化解积怨这一关键，专门成立了化解矛盾工作小组，努力促成两村之间矛盾的化解。在取得地方党委、人大、政府支持后，工作小组多次走访两村所在的永宁镇党委、政府，深入两村争议地点现场查看，并与村委会沟通，制订工作方案。随后协调镇政府牵头征求专家意见并依照镇排水、排污规划对争议地点进行施工，从交通安全与保护环境的角度出发，在争议的排水沟渠所在地周围修建起护栏和人行道，并纳入镇政府的统一规划。这一举措得到了两村村民的普遍认同。化解矛盾工作期间，工作小组还耐心、细致地进行释法说理、政策教育、情绪疏导和思想感化等工作，两村相关当事人及其家属均对用聚众斗殴这种违法行为解决矛盾纠纷的做法进行反省并表示后悔，都表现出明确的和解意愿。2010 年 4 月 23 日，西岑村、子英村两村村委会签订了两村和解协议，涉案人员也分别出具承诺书，表示今后不再就此滋生事端，并保证遵纪守法。至此，两村纠纷得到妥善解决，矛盾根源得以消除。

石狮市人民检察院认为，施某某等 17 人的行为均已触犯了《刑法》第 292 条第 1 款、第 25 条第 1 款之规定，涉嫌构成聚众斗殴罪，依法应当追究刑事责任。鉴于施某某等 17 人参与聚众斗殴的目的并非是要报私仇或争霸一方，且造成的财产损失及人员伤害均属轻微，并未造成严重后果；两村村委会达成了和解协议，施某某等 17 人也出具了承诺书，从惩罚与教育相结合的原则出发以及有利于促进社会和谐的角度考虑，2010 年 4 月 28 日，石狮市人民检察院根据《刑事诉讼法》（1996 年）第 142 条第 2 款之规定，决定对施某某等 17 人不起诉。

在该案的“要旨”中，最高人民检察院认为：检察机关办理群体性事件引发的犯罪案件，要从促进社会矛盾化解的角度，深入了解案件背后的各种复杂因素，依法慎重处理，积极参与调处矛盾纠纷，以促进社会和谐，实现法律效果与社会效果的有机统一。

4. 评析意见

石狮市人民检察院在前述认定结论中，认为涉案行为人参与聚众斗殴的目的并非是要报私仇或争霸一方，但仍认定其涉嫌构成聚众斗殴罪，只是根据《刑事诉讼法》(1996 年) 第 142 条第 2 款（“犯罪情节轻微，不需要判处刑罚”）对其不起诉。

其认定的推理逻辑是：其一，本案中村民虽因民事纠纷而聚众斗殴，但公安人员到场后劝止，仍有村民不听劝说。比照最高人民法院、最高人民检察院《关于办理寻衅滋事刑事案件适用法律若干问题的解释》第 1 条，系事出有因、但不听劝止，认定具有“流氓动机”，亦即扰乱公共秩序的动机，从而仍涉嫌构成聚众斗殴罪；其二，犯罪情节轻微，不需要判处刑罚。

由此可见，最高人民检察院的观点是认为聚众斗殴罪的构成需要考虑行为人主观上是否具有“流氓动机”（扰乱公共秩序的动机）；只不过对“流氓动机”进行宽泛解释，将其解释为扰乱公共秩序的动机。

第三节 聚众斗殴罪的处罚

知识背景

根据《刑法》第 292 条第 1 款的规定，犯聚众斗殴罪的，对首要分子和其他积极参加的，处 3 年以下有期徒刑、拘役或者管制，这是对其基本犯的基本法定刑的规定。有下列情形之一的，对首要分子和其他积极参加的，处 3 年以上 10 年以下有期徒刑：（1）多次聚众斗殴的；（2）聚众斗殴人数多，规模大，社会影响恶劣的；（3）在公共场所或者交通要道聚众斗殴，造成社会秩序严重混乱的；（4）持械聚众斗殴的。这是对其加重犯及加重法定刑的规定。

其中，多次聚众斗殴中的“多次”，比照关于多次盗窃、多次抢劫的司法解释，一般指的是一年以内聚众斗殴三次及以上，未经行政处罚或刑事处罚。[1] 问题在于：在认定行为人参与聚众斗殴的次数时，是否要求作为首要分子或者积极参加者的次数是多次？回答是肯定的。如果行为人只是一般性地

---

① 王作富．刑法分则实务研究：下．北京：中国方正出版社，2002：1279.

参与了聚众斗殴行为，而不属首要分子或者积极参加者，对其就无法追究刑事责任，更不能适用加重刑。例如，行为人参与了三次聚众斗殴，但仅有两次系积极参加者，其余一次系一般参加者，对其也只能适用基本刑。当然，多次并不要求行为人每次都是首要分子或者每次都是积极参加者，例如，行为人参与了三次聚众斗殴，其中一次系首要分子，两次系积极参加者，也可适用加重刑。聚众斗殴人数多、规模大、社会影响恶劣，指参与斗殴的人员的数量众多，对社会管理秩序造成较为严重的损害。当前，尚无司法解释对于聚众斗殴人数的具体标准进行规定，一般认为，聚众斗殴人数达到“众”（三人）的3倍至5倍，可认为人数多、规模大。在公共场所或者交通要道聚众斗殴，造成社会秩序严重混乱，是涉及聚众斗殴发生场所、地点的加重情节。公共场所是指供公众从事社会生活的各种场所，例如车站（包括火车站、地铁站、公交车站等）、码头、港口、机场、商场、公园、展览馆、礼堂、公共食堂、游泳池、贸易集市、酒吧、办公楼、学校、电影院、菜市场、体育场、医院、体育馆、邮局等场所。交通要道在这里是指较为重要、关键的公路、铁路等车行、人行之道，在交通要道实施聚众斗殴会阻塞交通，易引起社会秩序混乱，从而作为加重情节。

持械聚众斗殴是聚众斗殴罪中较为重要也较为疑难的加重犯情节，对其进行认定时，有以下几个问题值得研究：

1. 如何界定其中的“械”

一般认为，“械”就是指凶器。① 理由是，从历史沿革上看，现行刑法中关于“持械聚众斗殴”以及其他加重犯的规定，来源于最高人民法院、最高人民检察院于1984年发布的《关于当前办理流氓案件中具体应用法律的若干问题的解答》（已失效）第2条“怎样区分流氓罪的罪与非罪的界限”，其中规定：“区分流氓罪的罪与非罪的界限，主要在于把流氓罪同一般流氓违法行为严格加以区别，而情节是否恶劣，是区分流氓罪的罪与非罪界限的关键。聚众斗殴情节恶劣构成流氓罪的，例如：（1）多次聚众斗殴的；（2）聚众斗殴次数虽少，但人数多，规模大，社会影响恶劣的；（3）在公共场所或交通要道聚众斗殴，造成社会秩序严重混乱的；（4）持械聚众斗殴的；（5）聚众斗殴造成人身伤亡或其他严重后果的。”当时，是将持械聚众斗殴等情节作为表征情节恶劣的情形，以区分罪与非罪。在现行刑法中，将一般情节的聚众斗殴规定为犯罪，而将上述恶劣情节提升为加重犯情节。此外，全国人民代表大会常务委员会于1983年颁布了《关于严惩严重危害社会治安的犯罪分子的决定》（已失效），其中第1条第1项规定：“流氓犯罪集团的首要分子或者

① 《刑法》第317条规定的聚众持械劫狱罪中的“械”，也应作如此解释。

携带凶器进行流氓犯罪活动，情节严重的，或者进行流氓犯罪活动危害特别严重的”，可以在刑法规定的最高刑以上处刑，直至判处死刑。前述“两高”《关于办理流氓案件中具体应用法律若干问题的解答》第5条对其中的“携带凶器”进行了解释，规定：“携带凶器，是指携带匕首、刮刀等治安管制刀具和枪支、铁棍、木棒等足以致人伤亡的器械。”尽管前述《决定》和《解答》解释的对象是1979年《刑法》中的流氓罪，1997年《刑法》已将其分解为聚众斗殴罪、寻衅滋事罪等罪名，且对成立犯罪的构成要件要素进行了修正（例如，去除了情节恶劣、流氓动机等要素），但是，“持械聚众斗殴”的名称和内容被沿用下来。笔者认为，将“械”解释为凶器，与当前刑法规定并不矛盾、冲突。从字义上解释，“械”也应解释为对人具有杀伤性的器械，实际上与“凶器”的含义是一致的，因此，刑法中用于解释“凶器”的正式解释（立法解释、司法解释），都可用于解释“械”。

关于“凶器”，最高人民法院《关于审理抢劫案件具体应用法律若干问题的解释》第6条规定，携带凶器抢夺“是指行为人随身携带枪支、爆炸物、管制刀具等国家禁止个人携带的器械进行抢夺或者为了实施犯罪而携带其他器械进行抢夺的行为”。由此，根据器械的通常用途，可将凶器分为性质上的凶器和用法上的凶器两种。性质上的凶器是指枪支、爆炸物、管制刀具等，其通常用途是专门用于杀伤他人，对于此类器械国家禁止个人携带；用法上的凶器是指为了实施犯罪而携带的其他具有杀伤性的器械，此类器械的通常用途并非专门用于杀伤他人，而是用于一般日常生活，但其物理属性使其可用于杀伤他人，例如钢管、砖块、石头、木棒等。

当然，无论是“凶器”还是“械”，都存在一个解释底线，不能将一切用于犯罪的器物都包括到“凶器”或“械”中来。“械”本身需要具有较为坚硬的物理属性、有固定的形体，能为人把握和感知。诸如领带、电线、皮带、衣物、筷子、牙签等物体，以及沙包、硫酸、毒气等物质，虽可用于犯罪，并且具有一定的杀伤性，但不能归入“械”中。

此外，前述两种“械”（或“凶器”）中，第一种即性质上的凶器，由于相关行政法规已对其种类、认定标准进行了明文规定，较易于认定。第二种即用法上的凶器，由于掺杂有行为人的主观因素（用途系“为了实施犯罪”），在司法实践中认定具有一定的难度。笔者认为，这其实是一个推断和证据的问题。当行为人已在聚众斗殴中实际使用器械时，根据此客观事实当然可以推断其使用器械是“为了实施犯罪”，从而该器械应被认定为用法上的凶器。当行为人还未实际使用器械时，则应根据行为人携带此器械的来龙去脉，结合常理常识，作出合乎情理的判断。例如，为他人制作了家具的木匠，在携带木工斧回家的途中，偶尔参与聚众斗殴，未使用该木工斧，如无其他证据可以证明其携带木工斧是“为了实施斗殴”，就不能将该木工斧认定为“械”（或“凶器”）。

2. 对“持”的理解

“持”的基本含义中包含握着、拿着，亦即随身携带，但问题在于是否必须实际使用。在刑法中，“携带”与“持”的含义还是有所区分的。例如，最高人民法院《关于审理抢劫案件具体应用法律若干问题的解释》第 5 条在对《刑法》第 263 条第 7 项规定的“持枪抢劫”进行解释时，认为其是指行为人使用枪支或者向被害人显示持有、佩带的枪支进行抢劫的行为。亦即，认为“持”必须实际使用、显示。而根据最高人民法院《关于审理抢劫、抢夺刑事案件适用法律若干问题的意见》第 4 条的规定，行为人将随身携带凶器有意加以显示、能为被害人察觉到的，直接适用《刑法》第 263 条（直接抢劫）的规定定罪处罚，而不再适用《刑法》第 267 条第 2 款“携带凶器抢夺”的条款。可见，“携带”不能实际地使用、显示。笔者认为，现行《刑法》第 292 条第 4 项聚众斗殴罪加重犯明文规定的是“持”而不是“携带”，因此，必须在聚众斗殴中实际使用、显示凶器，才能认定为“持械聚众斗殴”。

当然，对于“持”的含义中所包含的实际使用、显示，可以进行较为宽松的扩大解释。以下情形都可认为行为人实际使用、显示，从而认定为“持”：（1）随身携带凶器并在斗殴时实际用于殴打对方，这是最典型的持械聚众斗殴；（2）事先没有准备凶器，但在斗殴现场临时寻获凶器，或者夺取对方携带的凶器，实际用于斗殴；（3）为了斗殴而随身携带凶器至现场，处于随时可取用状态，虽然还未实际使用，但向对方或本方展露、显示，使他人能够察觉，用于威吓对方，或给本方壮胆之用，这也是一种凶器的变相使用方式。而对于随身携带凶器，但没有实际使用、显示，他人也不知其携带凶器情况的，不能认定为持械聚众斗殴。

3. 部分参与者持械聚众斗殴，对其他人是否也适用加重刑？

对此，应当结合加重犯与共同犯罪的关系和原理进行解答。聚众犯罪是广义的共同犯罪，按照通说，只要行为人实施的行为在违法层面上是共同的，即可认为成立共同犯罪。由此，在客观层面上，只涉及共同犯罪行为、结果及两者之间因果关系的判断，不涉及共犯人个体行为的单独认定。从而，一部行为、全部责任，在结果（包括加重犯结果和情节）归属方面，只应对应于整体上的共同犯罪行为。但是，对于共犯人而言，违法性是共同的，责任是分别的。亦即，尽管共犯人行为在客观上与整体共同犯罪行为导致的加重犯结果和情节之间具有因果关系，但是，在主观上，在共犯人对于加重犯结果和情节没有过错（故意、过失）时，其就不能对此结果和情节承担刑事责任。

将此原理运用到持械聚众斗殴的情节加重犯认定上来，可以认为，部分参与者持械聚众斗殴，如其他人明知持械情节，对此加重犯情节存在故意的，也应承担加重犯的责任，适用加重刑；如其他人并不明知持械情节，对此加重犯情节不存在故意的，系属共犯的实行过限，就不应承担加重犯的责任，也不能适用加重刑。具体而言：（1）在实行聚众斗殴行为之前事前已经预谋持械，对于所有参与预谋的知情者，包括实际持械者以及未实际持械者，都可认定为持械聚众斗殴，适用加重刑；（2）在实行聚众斗殴行为的过程中有部分参与者自行决定持械，其他知情者有能力制止、劝阻而没有制止、劝阻，甚至予以鼓励、配合、放任的，可以认定其对加重犯情节构成不作为，从而可认定为持械聚众斗殴，适用加重刑；（3）在实行聚众斗殴行为的过程中有部分参与者自行决定持械，事发突然，超乎意料，对于其他知情者，一般应认为没有制止能力，不能将其认定为持械聚众斗殴，而只能将实际持械参与者认定为持械聚众斗殴。

案例评价

[案例 20-3] 郝某某、王某飞聚众斗殴案①（持械聚众斗殴）

1. 基本案情

包头市昆都仑区人民法院经公开审理查明：2004 年 6 月 24 日晚 10 时许，被告人郝某某与王某飞（在逃）因琐事在打电话的过程中发生争吵，二人约定在包头市昆都仑区友谊市场门口见面斗殴。后王某飞找来鲁某、姚某安（均在逃）和杜某、佟某磊、王某（均已判刑），杜某回家取了一把刀。被告人郝某某找来杨某、娄某博、李某政（均已判刑）。2004 年 6 月 25 日凌晨，双方在包头市昆都仑区友谊市场会面后厮打在一起，在斗殴过程中将来友谊市场门前找李某政要饭钱的刘某伟和张某毅以及参与斗殴的郝某某、王某砍伤。经包头市公安局人体损伤检验鉴定书结论，王某、郝某某、刘某伟的损伤程度均为轻伤，张某毅的损伤程度为轻微伤。

2. 涉案问题

本案将参与聚众斗殴的首要分子、积极参加者认定为聚众斗殴罪，不存在争议。主要问题在于：斗殴的参与者中仅有杜某携带有凶器，对其可认定为持械聚众斗殴，对于其他未携带凶器的王某飞一方的参与者，是否也应认为具有持械聚众斗殴的加重犯情节呢？

---

① 国家法官学院，中国人民大学法学院．中国审判案例要览（2007 年刑事审判案例卷）．北京：人民法院出版社，中国人民大学出版社，2008：574－576.

3. 评析意见

这涉及持械聚众斗殴是偏重于整体聚众斗殴的形式，还是偏重于持械者个人责任。如果持械聚众斗殴指称的是整体聚众斗殴的形式，那么斗殴一方中有一人持械，原则上该方全体参与者都应认定为持械聚众斗殴，除非部分参与者对持械不知情而不承担责任。如果持械聚众斗殴指称的是个人责任，则原则上只有持械者本人才承担持械聚众斗殴的加重犯责任，其他聚众斗殴的参与者即使知情，如非持械的教唆者、帮助者，也不能承担持械聚众斗殴的加重犯责任。笔者认为，持械聚众斗殴是聚众斗殴罪的情节加重犯，应当以行为人明知作为承担责任的依据。也就是说，在行为人明知持械情节时，无论是其本人持械还是他人持械，应当认定其承担持械聚众斗殴的加重犯责任。在确有证据证明行为人对持械情节并不明知时，其不应当承担加重犯责任。在本案中，王某飞一方虽仅有杜某持刀，但由于该方成员在斗殴行为实施之前均知其持刀情节，故而，王某飞一方的首要分子、积极参加者均应认定为持械聚众斗殴。

第四节　聚众斗殴致人重伤、死亡的认定

知识背景

根据《刑法》第 292 条第 2 款的规定，聚众斗殴，致人重伤、死亡的，以故意伤害罪、故意杀人罪定罪处罚。此即聚众斗殴罪转化为故意伤害罪、故意杀人罪所谓转化犯的规定。按照法条的规定，对其只以重罪即故意伤害罪或故意杀人罪一罪论处。对于此条如何理解和适用，在司法实务界及理论界都有诸多争议，以下予以详述。①

一、此款规定属提示性规定（重申性规定）还是法律拟制（创设性规定）

这是正确分析该款条文的前提。聚众斗殴致人重伤、死亡的，以故意伤害罪、故意杀人罪定罪处罚，此种规定在我国刑法中被称为“转化犯”，与之同类型的情形还有：非法拘禁他人，使用暴力致人伤残、死亡的，以故意杀人罪、故意伤害罪论处（第 283 条）；刑讯逼供致人伤残、死亡的，以故意杀人罪、故意伤害罪论处（第 247 条）；虐待被监管人致人伤残、死亡的，以故

① 相关争议，可参见：谢望原．聚众斗殴罪发生转化时的问题探讨．中国审判，2008（2）；汪敏．聚众斗殴转化犯罪若干问题的探讨//最高人民法院刑事审判第一、二、三、四、五庭．刑事审判参考：总第 82 集．北京：法律出版社，2011：105－112.

意杀人罪、故意伤害罪论处（第 248 条）；非法组织卖血、强迫卖血致人伤害的，以故意伤害罪论处（第 333 条第 2 款）。由此，前述问题涉及的是对“转化犯”的定位，转化犯属提示性规定还是法律拟制？笔者认为，应当将转化犯的规定认定为重申性的提示规定，而非创设性的法律拟制。这也就是说，在理论层面上，聚众斗殴致人重伤、死亡，只有在符合故意伤害罪、故意杀人罪的构成要件（客观要件、主观要件）的情况下，才能认定为故意伤害罪、故意杀人罪；而不能将致人重伤、死亡理解为纯粹的客观要素，错误地认为，只要聚众斗殴在客观上造成致人重伤、死亡结果，无论行为人对重伤、死亡结果有无过错、主观心态如何，一律都认定为故意伤害罪、故意杀人罪。

在司法实务认定和证据证明层面上，此款规定事实上是用于提示证据推断规则的条款：由于聚众斗殴涉及对人的暴力危害行为，故而，在一般情况下，出现聚众斗殴行为导致重伤、死亡的结果，就可以推断行为人对该结果具有故意，除非有相反证据证明行为人确系过失。也就是说，在实体法层面上，还是需要行为人主观上具有伤害、杀人故意，行为才能转化为故意伤害罪、故意杀人罪。行为人对于重伤、死亡结果确系过失或无过错的，不能转化为故意伤害罪、故意杀人罪。① 故意要素并不因为此款转化犯的规定而在犯罪成立要素中被缺省，而只是由客观推断主观之时被作为无相反证据情况下的推断结论。

此外，此款转化犯的规定还对罪数认定问题进行了提示。按照行为符合构成要件的数目判断，聚众斗殴中故意致人重伤、死亡的，应当符合聚众斗殴罪、故意伤害罪或者故意杀人罪两个构成要件，原本应当认定为两个罪名才对。但是，由于斗殴行为与伤害、杀害行为重叠，系属同一自然行为，将其认定为两罪并罚就会出现对同一行为重复评价的情况。为此，此款转化犯规定对此情形按一罪论处，即按重罪故意伤害罪、故意杀人罪处断。事实上，如果不作出此规定，按照罪数理论，应当认定其属想象竞合犯，择一重罪处断也应按重罪故意伤害罪、故意杀人罪一罪论处。而对于未作出规定的聚众斗殴中故意致人轻伤、过失致人重伤或死亡的情形，也属想象竞合犯，也应择一重罪处断，只不过此时故意伤害罪、过失致人重伤罪、过失致人死亡罪，并不当然是重罪而已。

理解了前述法条规定的基本原理，在司法实务中认定聚众斗殴致人重伤、死亡的罪名、罪数就显得便捷。在聚众斗殴中出现致人重伤、死亡的情况时：（1）如无相反证据，一般都推断行为人对结果具有故意，认定为故意伤害罪、故意杀人罪一罪；（2）如有确凿证据证明行为人对于他人重伤、死亡结果系

---

① 聚众斗殴过失致人重伤、死亡的，属想象竞合，应按聚众斗殴罪和过失致人重伤罪、过失致人死亡罪择一重罪处罚。谢望原．聚众斗殴罪发生转化时的问题探讨．中国审判，2008（2）．

过失，则认为系聚众斗殴罪与过失致人重伤罪、过失致人死亡罪想象竞合，择一重罪处断；（3）如有确凿证据证明行为人对于他人重伤、死亡结果无过错，系意外事件，则只能以聚众斗殴罪一罪论处。

二、在聚众斗殴转化为故意伤害罪、故意杀人罪时，参与聚众斗殴的哪些人员应当认定为此罪名？特别是在无法查明直接造成重伤、死亡结果的直接责任人员时，如何处理

要正确回答此问题，应当从因果关系、故意认定两方面入手，回归到必要共犯、转化犯的理论原理上，区分首要分子和参加者，从理论原理和实务操作两个维度得出结论。

（一）可以查明造成重伤、死亡结果直接加害人的情况

对于此种情况，应将直接加害人、共同加害人认定为故意伤害罪、故意杀人罪，对于聚众斗殴的首要分子，如无相反证据证明其对于重伤、死亡结果仅具有过失，也应认定为故意伤害罪、故意杀人罪。例如，甲是聚众斗殴的首要分子，乙、丙是积极参加者，丁、戊是一般参与者，其中，乙、丁二人共同动手将对方斗殴者打死，丙、戊在一旁观望。现能证明乙的殴打行为对死亡结果加功作用较大，而丁的殴打行为加功作用较小。则：（1）乙、丁二人应当认定为共同正犯。在客观方面，二人共同殴打他人致其死亡，殴打行为与死亡结果之间具有因果关系；在主观方面，如无相反证据，应当推断二人对死亡结果存在故意。从而，乙、丁二人构成故意杀人罪；其中，丁虽不是积极参加者，不能单独构成聚众斗殴罪，但仍可构成故意杀人罪。但如确有证据证明丁对死亡结果只存在过失，则可将丁认定为故意伤害罪（致人死亡），或者过失致人死亡罪；乙仍可构成故意杀人罪。这种情况，与一人以杀人故意、一人以伤害故意共同造成被害人死亡的情形一样，具有伤害故意者只对死亡结果承担过失责任。（2）对于聚众斗殴的首要分子甲而言，由于其为首要分子，一般可以认定其对斗殴过程中可能造成的重伤、死亡的结果具有概括性故意。同时，由于聚众斗殴行为系广义的共犯，在客观方面一部行为、全部责任，因此，对甲的行为也应认定为故意杀人罪，其为教唆犯。当然，如果首要分子甲已明确表示反对死亡结果，则应当认定其对死亡仅有过失责任，其不能转化为故意杀人罪，仍只认定为聚众斗殴罪。（3）对于没有参与杀人实行行为，但在一旁观望的丙、戊而言，由于其共同故意内容是斗殴，而不包括杀人，因此，其对乙、丁致人死亡的结果不承担刑事责任，杀人致死系共同故意之外的实行过限。此外，前文在界定斗殴的含义时，已确定斗殴的内容不能包括伤害、杀害，从而，对于乙、丁的行为由斗殴转变为杀害的，应当认定是其个人单独的另起犯意，而不能认为是先前的共

同斗殴行为所引起。由此，参与共同斗殴行为的丙、戊对于乙、丁单独实施的杀人行为并没有制止的作为义务，两人即使有意不制止，也不能构成故意杀人罪的不作为犯。因此，丙的行为只构成聚众斗殴罪，戊的行为不构成犯罪。

案例评价

[案例 20－4] 王某坤故意杀人、葛某聚众斗殴案[①]（聚众斗殴致人重伤、死亡的责任承担：能够查明直接加害人）

1. 基本案情

2006 年 1 月 26 日晚 8 时许，葛某与曾有恋爱关系的女青年刘某通电话，引起刘某男友高某不满，并与刘某争吵。刘某打电话叫其朋友杨某过来劝说高某，杨某叫一起吃饭的张某亮、黄某前往。其间，葛某再次打电话给刘某，高某与葛某在电话中争吵，并相约在蚌埠市纬四路玻璃厂门口见面。葛某随即给被告人王某坤打电话告知此事，并乘坐出租车去接王某坤，王某坤从网吧叫上陈某、丁某龙等人，同车来到玻璃厂门口。此时，杨某等 3 人与高某、刘某已在玻璃厂大门南侧。葛某见状打电话给王某坤，表示自己与高某单打，其他人交给王某坤等人，王表示同意。葛某见高某向玻璃厂大门口走来，上前拳击高某面部，两人打在一起。杨某往高某跟前走去，被王某坤拦住并打在一起，丁某龙、陈某与张某亮打在一起。厮打中，王某坤持刀朝杨某的腹、腰、腿、臀部等处连刺 16 刀，杨受伤倒地。随后，王某坤向正与陈某、丁某龙厮打的张某亮胸背部、臀部刺 5 刀，向正与葛某厮打的高某左上腹、臀部、腿部连刺 9 刀。作案后，葛某、王某坤等人逃离现场。杨某经抢救无效死亡。经鉴定：杨某系被他人用单刃刺器刺伤胸腹部致肝肺破裂引起急性大出血死亡。张某亮、高某的损伤程度为轻伤。被告人葛某、王某坤先后于 2006 年 1 月 28 日、2 月 4 日向蚌埠市公安局禹会分局投案自首。

2. 涉案问题

在本案中，被告人葛某、王某坤等人纠集多人与高某一方进行殴斗，二人行为属于聚众斗殴的行为。在聚众斗殴的过程中，王某坤持刀捅刺对方，造成一死二轻伤的结果，其行为可转化为故意杀人罪。问题在于：葛某没有直接实施捅刺行为，其是否应对对方死亡的结果承担责任，是否也转化为故意杀人罪？

---

① 最高人民法院刑事审判第一、二、三、四、五庭．刑事审判参考：总第 66 集．北京：法律出版社，2009：14－21.

3. 裁判理由

该案的裁判理由认为：在聚众斗殴中转化犯的认定中，如何确定具体的主体适用范围，理论界和司法实践中不无争议，有“全案转化”和“部分转化”两种不同观点。“全案转化说”认为，凡积极参加聚众斗殴的人员，不论其是否直接造成了重伤、死亡的后果，均应对聚众斗殴造成的重伤、死亡后果承担刑事责任，应全案转化为故意伤害罪或故意杀人罪。如果仅将直接实施伤害、杀害行为的犯罪成员以转化犯对待，而对其他共同犯罪人仍然以聚众斗殴罪处罚，无异于承认行为人具有不同的犯罪故意，进而否认了聚众斗殴的共同犯罪性质，所以，应当将全体共同犯罪人均以转化犯对待。“部分转化说”认为，在聚众斗殴中，部分成员实施了超出全体成员故意的犯罪行为，致人重伤或死亡的，应坚持罪责自负原则，由具体行为人承担故意杀人或故意伤害的刑事责任，仅将直接行为人转化定罪。

我们认为，两种观点均有失片面。“全案转化说”片面强调了行为的社会危害性，而忽视了罪刑法定的要求。至于“无异于承认行为人具有不同犯罪故意”的观点，不仅违背共同犯罪的基本原理，同时也忽略了转化犯转化定罪的内在根据。“部分转化说”忽视了转化的聚众斗殴罪的转化性本质，忽视了对转化犯本质内容的考查。在司法实践中，应结合案情根据主客观相一致的原则，综合考虑行为人在聚众斗殴中的作用、地位，结合共同犯罪构成的要求，来具体确定转化的主体范围。

本案中，被告人葛某因为电话中的口角，为争强好胜而邀王某坤参加殴斗，其事前未让王某坤等人携带棍棒、刀具等，说明葛某在共同犯意上只是想邀王某坤与他人进行一般的拳脚殴斗，并且当葛某发现致人伤亡后便埋怨王某坤不该持刀捅人也说明葛某主观上并不想追求他人重伤、死亡的结果。因此，按照共同犯罪的理论，王某坤单独持刀捅刺他人的行为已经超出了共同犯罪的故意范围，属于“实行过限”，根据罪责自负的原则，应仅由王某坤一人对致人死亡行为承担刑事责任，而葛某对王某坤的过限行为并不构成共犯，不应对致人死亡承担刑事责任，对葛某的行为应认定为聚众斗殴罪。

4. 评析意见

上述裁判理由的分析大体上是正确的。在聚众斗殴中，部分斗殴参与者致人重伤、死亡的，不能不加区别地将全部参与者一律认定为故意伤害罪、故意杀人罪，而应立足转化犯的规定原理进行分析判断。聚众斗殴致人重伤、死亡的，以故意伤害罪、故意杀人罪定罪处罚，此规定并非拟制规定而系提示性规定。故而，被告人要构成故意杀人罪，不仅需客观上造成他人重伤、死亡的结果，主观上也需存在伤害、杀人故意。对于共同斗殴行为导致重伤、死亡结果的，也应如此认定，亦即，不应仅依凭客观结果而定罪，否则，就会陷入客观归罪的泥沼之中。本案中，葛某、王某坤二人虽都属聚众斗殴的积极参加者，但相关证据证明被害人的死亡结果系王某坤的行为直接导致，王某坤是造成死亡结果的直接加害人。葛某对于王某坤实施的杀害行为并不知情，由于其不属首要分子，对于死亡结果也不存在概括故意。故而，葛某不对被害人的死亡结果承担故意责任。一审、二审法院认为王某坤构成故意杀人罪、葛某构成聚众斗殴罪，此认定结论是正确的。此外，葛某也不应对王某坤单独的持械情节承担加重犯的责任。

*****

（二）不能查明造成重伤、死亡结果直接加害人的情况

对于此种情形，如能查清造成重伤、死亡结果的共同加害人，则应将共同加害人认定为故意伤害罪、故意杀人罪，首要分子一般也构成故意伤害罪、故意杀人罪；如不能查清共同加害人，则只认定首要分子构成故意伤害罪、故意杀人罪。同样，如果首要分子已明确表示反对重伤、死亡结果，则应当认定其对重伤、死亡仅有过失责任，其不能转化为故意伤害罪、故意杀人罪，仍只认定为聚众斗殴罪。例如，甲是聚众斗殴的首要分子，乙、丙是积极参加者，丁是一般参与者。现能查明乙、丁共同对被害人实施了殴打或者先后实施了殴打，但不能查明具体是乙还是丁直接造成了死亡结果。在这种情况下，对于因果关系的判断就与通常情形不同，如果乙、丁共同实施，则二人的行为与死亡结果之间均具因果关系，系共同因果关系；如乙、丁同时实施或先后实施，则应当适用同时犯因果或重叠因果的判断规则，认为二人行为与死亡结果之间均具因果关系。① 因此，乙、丁二人都可构成故意杀人罪。同样，首要分子甲应当认为对致死结果具有概括故意，也构成故意杀人罪；而丙只构成聚众斗殴罪。但是，如果案情是：不能查明乙、丙、丁中具体何人对被害人实施了殴打，致死行为的实施者无法查明。则根据刑事诉讼法疑罪从无的证据规则，证明被告人实施犯罪行为的举证责任归于检控方，在检察院无法证明殴打实施者时，不能认定被告人构成犯罪。由此，乙、丙、丁都不对死亡结果承担刑事责任。但由于首要分子甲对致死结果具有概括故意，且结果的造成系其教唆、组织下的实行者的行为所导致，故其仍构成故意杀人罪。

---

① 对于同时犯因果的判断规则，例如《日本刑法典》第 207 条［同时伤害之特例］规定：二人以上实施暴行伤害他人的，在不能辨别各人暴行所造成的伤害的轻重或者不能辨别何人造成了伤害时，即使不是共同实行的，也比照共犯的规定处断。

三、民事赔偿问题

根据最高人民法院研究室《关于对参加聚众斗殴受重伤或者死亡的人及其家属提出的民事赔偿请求能否予以支持问题的答复》，聚众斗殴的参加者，无论是否首要分子，均明知自己的行为有可能产生伤害他人以及自己被他人的行为伤害的后果，其仍然参加聚众斗殴的，应当自行承担相应的刑事和民事责任。对于参加聚众斗殴，造成他人重伤或者死亡的，行为性质发生变化，应认定为故意伤害罪或者故意杀人罪。聚众斗殴中受重伤或者死亡的人，既是故意伤害罪或者故意杀人罪的受害人，又是聚众斗殴犯罪的行为人。对于参加聚众斗殴受重伤或者死亡的人或其家属提出的民事赔偿请求，依法应予支持，并适用混合过错责任原则。

案例评价

[案例 20－5] 李某故意伤害、汪某伟聚众斗殴案①（聚众斗殴致人重伤、死亡的责任承担：不能查明直接加害人）

1. 基本案情

上海市人民检察院第一分院指控被告人李某犯故意伤害罪、被告人汪某伟犯寻衅滋事罪向上海市第一中级人民法院提起公诉，指控称：2005 年 1 月 25 日晚 9 时许，被告人李某和薛某平在上海市浦东新区金桥路一电话吧内，与杨甲因琐事发生口角，继而发生殴斗。事后，双方都认为吃了亏，于是出于报复的目的，杨甲纠集了杨乙、陈某勋等人主动寻找李某一方，李某和薛某平亦纠集了多人持械寻找杨甲。当双方在某修理厂门口相遇时，李某等人见对方人多势众就立即逃离，杨甲等人持械追赶，但未果。当晚，李某和薛某平再次纠集了被告人汪某伟等 20 人左右，持砍刀、钢管、木棍闯入修理厂二楼宿舍，对陈某勋、杨乙、袁某旭等人持械殴打。其中李某、汪某伟持砍刀砍，致被害人陈某勋因被钝器打击头部造成颅脑损伤致中枢神经功能衰竭而死亡，被害人杨乙、袁某旭受轻微伤。

对于被害人陈某勋致死原因的相关证据：被告人李某供认其持刀砍过被害人陈某勋手腕处一刀，证人赵某峰也证实事后听李某讲李有一刀砍在对方的手腕处，尸体检验报告证实被害人陈某勋手腕处确有一处锐器伤，但陈某勋系被钝器打击头部造成颅脑损伤致中枢神经功能衰竭而死亡，故而陈某勋

---

① 最高人民法院中国应用法学研究所．人民法院案例选：2008 年第 4 辑（总第 66 辑）．北京：人民法院出版社，2009：17－21.

的死亡并非李某直接造成。

2. 涉案问题

在本案中，李某纠集汪某伟等 20 人，持械对陈某勋等人实施殴打，致一人死亡、两人轻微伤。其行为属于聚众斗殴行为，起诉书指控汪某伟的行为构成寻衅滋事罪罪名不当。本案的疑难问题在于：相关证据能够证明李某、汪某伟等人的聚众斗殴行为导致被害人陈某勋死亡，但无法查明导致死亡结果的直接加害人，对此情形如何处理，是认为所有参与者都不对致死结果承担责任，还是认为所有参与者都对致死结果承担责任呢？

3. 裁判理由

一审法院上海市第一中级人民法院认为：被告人李某为琐事与他人发生争执后，为泄愤，伙同他人共同纠集多人持械聚众斗殴，致一人死亡、两人轻微伤，其行为已触犯《刑法》第 292 条第 2 款、第 234 条第 2 款之规定，构成故意伤害罪，应处 10 年以上有期徒刑、无期徒刑或者死刑。被告人李某供认其持刀砍过被害人陈某勋手腕处一刀，证人赵某峰也证实事后听李某讲李有一刀砍在对方的手腕处，尸体检验报告证实被害人陈某勋手腕处确有一处锐器伤，但陈某勋系被钝器打击头部造成颅脑损伤致中枢神经功能衰竭而死亡，故陈死亡并非李某直接造成。但李某纠集他人共同持械行凶，应对一人死亡、两人轻微伤的严重后果负责，鉴于其并非直接致被害人死亡的行为人，对其判处死刑，可不立即执行。

被告人汪某伟受人纠集，积极参与持械聚众斗殴，其行为已触犯《刑法》第 292 条之规定，构成聚众斗殴罪，且符合该条第 1 款第 2 项“聚众斗殴人数多，规模大，社会影响恶劣”以及第 4 项“持械聚众斗殴”的情形，应处 3 年以上 10 年以下有期徒刑。鉴于本案并无证据证实汪某伟对被害人陈某勋实施过殴打行为，且被害人陈某勋死亡系钝器打击致死，而汪所持凶器是刀，故汪并非共同直接致人死亡的行为人，不适用聚众斗殴转化犯的规定，仅能将其作为积极参与者，追究其聚众斗殴的刑事责任。起诉书指控汪某伟的行为构成寻衅滋事罪罪名不当，认定其系从犯亦不妥。

判决如下：（1）被告人李某犯故意伤害罪，判处死刑，缓期 2 年执行，剥夺政治权利终身。（2）被告人汪某伟犯聚众斗殴罪，判处有期徒刑 8 年，剥夺政治权利 2 年。（3）附带民事诉讼被告人李某赔偿附带民事诉讼原告人陈某洪、陈某勇经济损失计人民币 157 240 元。

4. 评析意见

一审法院的上述判决，从客观和主观两个方面，分析了致死结果的承担者和主观心态。在客观方面，认可了被告人李某、汪某伟都不是导致被害人陈某勋死亡的直接加害人的事实。但认为李某系聚众斗殴的纠集者即首要分子，在不能查明致死直接加害人的情况下，仍然认为其行为与死亡结果之间存在因果关系，应当对此结果负责。而汪某伟只是积极参加者，没有参与直接加害，故其行为与死亡结果之间不存在因果关系，不应对此结果负责，故其只构成聚众斗殴罪，而不成立转化犯。在主观方面，没有直接推定李某对陈某勋的死亡具有故意，而认为其对伤害结果具有故意，对死亡结果具有过失，从而认定其构成故意伤害罪（致人死亡）。此认定从客观和主观两方面出发，区分首要分子和积极参加者分别对待，认定原理是恰当的。

第二十一章　寻衅滋事罪

现行《刑法》中的“寻衅滋事罪”（第 293 条），与“聚众斗殴罪”（第 292 条）、“强制猥亵、侮辱罪”［第 237 条第 1 款，2015 年《刑法修正案（九）》之前为“强制猥亵、侮辱妇女罪”］、“猥亵儿童罪”（第 237 条）、“聚众淫乱罪”（第 301 条）“引诱未成年人聚众淫乱罪”（第 301 条第 2 款）一样，均是从 1979 年《刑法》第 160 条“流氓罪”中分解出来的罪名。1957 年《刑法草案》（第 21 次稿）第 198 条即已规定“聚众斗殴，寻衅滋事，侮辱妇女，破坏公共秩序屡教不改的，处五年以下有期徒刑、拘役或者管制”。1963 年《刑法草案（修正稿）》（第 33 次稿）第 186 条则加重了其法定刑：“聚众斗殴，寻衅滋事，侮辱妇女或者进行其他流氓行为，破坏公共秩序，情节恶劣的，处七年以下有期徒刑或者拘役。流氓集团的首要分子，处七年以上有期徒刑或者无期徒刑”。1979 年，我国《刑法》第 160 条（流氓罪）正式规定：“聚众斗殴，寻衅滋事，侮辱妇女或者进行其他流氓活动，破坏公共秩序，情节恶劣的，处七年以下有期徒刑、拘役或者管制”；“流氓集团的首要分子，处七年以上有期徒刑”。1984 年“两高”《关于当前办理流氓案件中具体应用法律的若干问题的解答》（已失效）进一步指出：“寻衅滋事，一般是指在公共场所肆意挑衅，无事生非，进行破坏骚扰。……寻衅滋事情节恶劣构成流氓罪的，例如：1. 以打人取乐，随意殴打群众，或多次向人身、车辆、住宅抛投石块、污物等，造成后果，引起公愤的；2. 在城乡市场强拿硬要，欺行霸市，扰乱正常贸易活动，引起公愤的；3. 在公共场所起哄闹事，造成公共场所秩序严重混乱的；4. 结伙哄抢、哄拿或任意毁坏公私财物，情节严重的”。此即为当今寻衅滋事罪各具体类型之前身。1988 年 12 月，全国人大常委会法制工作委员会刑法室整理的《各政法机关、政法院校、法学研究单位的一些同志和刑法专家对刑法的修改意见》中，已有意见提出：“刑法对有些犯罪，例如，投机倒把罪、流氓罪、玩忽职守罪等，规定得比较原则，不便适用，实践中形成大口袋，建议对这些犯罪，规定得更具体些。……对流氓罪，有的同志主张明确列举具体的流氓行为，以避免大口袋”。此乃“流氓罪”沦为“口袋罪”的较早论述。

1997年《刑法》第293条（寻衅滋事罪）规定："有下列寻衅滋事行为之一，破坏社会秩序的，处五年以下有期徒刑、拘役或者管制：（一）随意殴打他人，情节恶劣的；（二）追逐、拦截、辱骂他人，情节恶劣的；（三）强拿硬要或者任意损毁、占用公私财物，情节严重的；（四）在公共场所起哄闹事，造成公共场所秩序严重混乱的。"该规定可谓是对"寻衅滋事罪"进行了细化，但仍遗留有诸多不清晰之处。2011年《刑法修正案（八）》在本条第2项中增加了"恐吓"，并增设了第2款关于纠集他人实施寻衅滋事严重破坏社会秩序法定刑升档的规定。2013年"两高"发布了《关于办理寻衅滋事刑事案件适用法律若干问题的解释》（法释〔2013〕18号）（以下简称《寻衅滋事解释》），对寻衅滋事具体如何认定作了相应的规定。当然，对于情节较轻的寻衅滋事，则规定在《治安管理处罚法》第26条中，即："有下列行为之一的，处五日以上十日以下拘留，可以并处五百元以下罚款；情节较重的，处十日以上十五日以下拘留，可以并处一千元以下罚款：（一）结伙斗殴的；（二）追逐、拦截他人的；（三）强拿硬要或者任意损毁、占用公私财物的；（四）其他寻衅滋事行为。"

寻衅滋事罪的保护法益，通常认为是公共秩序。① 不同观点认为，本罪保护的是复杂法益，即公共秩序和他人的人身权利、公私财产权利等。② 由于通常默认的法益乃是自其所在法条对应的章节（本罪归属于"扰乱公共秩序罪"）中推出，故本条法益应该是公共秩序（此为"同类法益"），加上本条的表述中有"社会秩序"，故本条直接保护的法益为"社会公共秩序"，即人们遵守共同生活准则所形成的正常秩序。③ 此外，还有观点认为，公共秩序这一概念过于抽象，故应该从《刑法》第293条的各项中分别得出相应的法益，详言之，从"随意殴打他人"中得出人身安全，从"追逐、拦截、辱骂、恐吓他人"中得出公民的行动自由、名誉等，从"强拿硬要或者任意损毁、占用公私财物"中得出与财产有关的社会生活的安宁，从"在公共场所起哄闹事"得出不特定人在公共场所从事活动的自由和安全。④ 应该说，这种观点虽然进行了细化，但却未区分清楚附属法益和主要法益。附属法益经常是无法穷尽列举的，而主要法益却通常是有限的、具有共性特征的最大公约数，应当认为，在寻衅滋事罪的四种子类型中，其最大公约数恰恰就是"社会公共秩序"，因此，"社会公共秩序"才是本罪保护的主要法益。

---

① 王作富．刑法分则实务研究：中．北京：中国方正出版社，2013：1131（执笔人不详）．

② 谢望原，赫兴旺．刑法分论．北京：中国人民大学出版社，2016：343（谢望原执笔）．

③ 陈兴良．罪名指南：下册．北京：中国人民大学出版社，2008：67（执笔人不详）；高铭暄，马克昌．刑法学．7版．北京：北京大学出版社，高等教育出版社，2016：542（陈家林执笔）．

④ 张明楷．刑法学．5版．北京：法律出版社，2016：1063.

第一节　寻衅滋事罪的认定

一、随意殴打他人，情节恶劣

知识背景

所谓“随意殴打他人”，是指出于耍威风、取乐等目的，无故、无理殴打相识或者素不相识的人。① 通常认为，只有在把被害人置换为其他人时行为人仍会滋事、把行为人置换为其他人时其他人不会滋事，并且符合有关客观表现时，才能认定“随意”的存在（此即所谓“双重置换”标准）。② 2013年“两高”《寻衅滋事解释》第2条及2017年最高检、公安部《关于公安机关管辖的刑事案件立案追诉标准的规定（一）的补充规定》第8条对何谓“随意殴打他人，破坏社会秩序”的“情节恶劣”作了详细的规定。

若寻衅滋事导致他人重伤、死亡，依照《寻衅滋事解释》第7条之规定，需依照法定刑较重的故意伤害罪、故意杀人罪处罚。若是过失导致他人重伤、死亡，则成立过失犯罪与寻衅滋事罪的想象竞合犯，从一重罪论处。如果意外事件导致他人伤亡，则仅成立寻衅滋事罪。至于被害人被殴打后自杀、自残等，则可以作为寻衅滋事罪的情节加以考虑。③ 当然，司法实践中，出现过有人寻衅滋事后，又强迫他人饮酒，从而导致他人酒精中毒死亡的案件，法院对其判以寻衅滋事和过失致人死亡两罪并罚。④ 该案被告人是在寻衅滋事且被害人上床休息之后，以喝茶为名迫使对方喝酒，前后已经属于两个举止，故法院得出的是并罚而非想象竞合的结论。

规范依据

（一）《刑法》

第293条　有下列寻衅滋事行为之一，破坏社会秩序的，处五年以下有期徒刑、拘役或者管制：

---

① 全国人大常委会法制工作委员会刑法室．《中华人民共和国刑法修正案（八）》条文说明、立法理由及相关规定．北京：北京大学出版社，2011：161.

② 何庆仁．寻衅滋事罪研究．中国刑事法杂志，2003（4）：54；马克昌．百罪通论：下卷．北京：北京大学出版社，2014：942（柯良栋执笔）.

③ 何庆仁．寻衅滋事罪研究．中国刑事法杂志，2003（4）：60.

④ “杨熙寻衅滋事、过失致人死亡案”//最高人民法院中国应用法学研究所．人民法院案例选：2005年第1辑．北京：人民法院出版社，2005：27－29.

（一）随意殴打他人，情节恶劣的；

…………

纠集他人多次实施前款行为，严重破坏社会秩序的，处五年以上十年以下有期徒刑，可以并处罚金。

（二）最高人民法院、最高人民检察院《关于办理寻衅滋事刑事案件适用法律若干问题的解释》

第2条　随意殴打他人，破坏社会秩序，具有下列情形之一的，应当认定为刑法第二百九十三条第一款第一项规定的“情节恶劣”：

（一）致一人以上轻伤或者二人以上轻微伤的；

（二）引起他人精神失常、自杀等严重后果的；

（三）多次随意殴打他人的；

（四）持凶器随意殴打他人的；

（五）随意殴打精神病人、残疾人、流浪乞讨人员、老年人、孕妇、未成年人，造成恶劣社会影响的；

（六）在公共场所随意殴打他人，造成公共场所秩序严重混乱的；

（七）其他情节恶劣的情形。

第7条　实施寻衅滋事行为，同时符合寻衅滋事罪和故意杀人罪、故意伤害罪、故意毁坏财物罪、敲诈勒索罪、抢夺罪、抢劫罪等罪的构成要件的，依照处罚较重的犯罪定罪处罚。

（三）最高人民法院、最高人民检察院、公安部、司法部《关于依法惩治妨害新型冠状病毒感染肺炎疫情防控违法犯罪的意见》

随意殴打医务人员，情节恶劣的，依照刑法第二百九十三条的规定，以寻衅滋事罪定罪处罚。

（四）最高人民法院、最高人民检察院、公安部、国家安全部、司法部《人体损伤程度鉴定标准》

3.1　重伤

使人肢体残废、毁人容貌、丧失听觉、丧失视觉、丧失其他器官功能或者其他对于人身健康有重大伤害的损伤，包括重伤一级和重伤二级。

3.2　轻伤

使人肢体或者容貌损害，听觉、视觉或者其他器官功能部分障碍或者其他对于人身健康有中度伤害的损伤，包括轻伤一级和轻伤二级。

3.3　轻微伤

各种致伤因素所致的原发性损伤，造成组织器官结构轻微损害或者轻微功能障碍。

案例评价

[案例 21-1] 杨某某寻衅滋事案①（随意殴打型寻衅滋事）

1. 基本案情

2002 年年初，从外地到京打工的被告人杨某某因其女友与之分手而产生怨恨心理。2002 年 2 月 10 日 14 时许，杨某某携带一把木柄铁锥在北京市某区潘家园车站乘坐开往东大桥方向的某路公共汽车，乘车上人多拥挤之机，用铁锥刺伤与其女友相像的女乘客杜某某的左腿根部，被杜某某及时发现并指认，随后被车上的民警抓获。杨某某在公共汽车上扎人事件发生并经传开后，因误传，不仅给被害人造成了较大的心理压力，影响了其正常的生活和工作，而且被当作验证艾滋病患者“扎针”报复社会传闻的例证，在社会上造成了恶劣的影响。

2. 涉案问题

本案中杨某某在公共汽车上用铁锥随意刺伤他人身体，是否属于寻衅滋事？

3. 裁判理由

某区法院经审理后认为：本案现有证据不能证明被告人杨某某在案发前就已明知北京地区流传的“扎针”传播艾滋病的消息，并具有制造虚假恐怖气氛的目的，且杨某某持铁锥刺扎他人的行为与投放虚假危险物质罪的客观方面不符，因此，不构成投放虚假危险物质罪。公诉机关指控的罪名不能成立。但是，被告人杨某某在公共场所持铁锥随意刺伤他人身体，属滋事生非，且情节恶劣，其行为已扰乱了社会秩序，客观上造成了较为恶劣的社会影响，构成寻衅滋事罪。依照《刑法》第 293 条、第 64 条的规定，于 2002 年 4 月 28 日判决如下：被告人杨某某犯寻衅滋事罪，判处有期徒刑 1 年。

4. 评析意见

支持本案判决的笔者认为，被告人杨某某的行为成立寻衅滋事罪。理由是：

第一，杨某某的举止具有相当的社会危害。本案被告人在公交车上用锥子扎青年女性的腿部，虽未给被害人的身体造成严重后果，也未达到轻伤的标准，但在当时的特定背景下，被告人的做法不仅对被害人造成影响，而且对社会的影响甚大。当时社会上流传“扎针”传播艾滋病一事，该做法使得

① 最高人民法院刑事审判第一、二庭．刑事审判参考：总第 28 辑．北京：法律出版社，2003：59-63.

社会群体尤其是女性群体产生了恐慌心理，生怕自己成为被害人。本案被告人在公交车这一人多拥挤较为敏感的场所用锥子扎人，与社会上传闻的扎针事件极为相似，容易被人误以为是有人“扎针”传播艾滋病。被害人在事发后，虽经澄清，仍承受较大的心理压力，甚至被亲属、朋友、同事误解、疏远。公交车上的乘客事发后向外传播（有些是误传或者添油加醋），作为“扎针”传闻的例证，客观上对社会的恐慌心理起到了推波助澜的作用。因此，本案情形有较大的社会危害。

第二，本案符合寻衅滋事罪的特征。寻衅滋事罪是从《刑法》中原来的“流氓罪”分解出来的一个罪名，是指肆意挑衅，随意殴打、骚扰他人或者任意损毁、占用公私财物，或者在公共场所起哄闹事，严重破坏社会秩序的行为，属于扰乱公共秩序类犯罪。1997 年《刑法》规定了寻衅滋事罪的四种犯罪情形，较为全面地包括了寻衅滋事的各种手段方式，即：随意殴打他人；追逐、拦截、辱骂、恐吓他人；强拿硬要或者任意损毁、占有公私财物；在公共场所起哄闹事，造成公共场所秩序严重混乱。只要作案人有上述情形之一，且情节恶劣或者后果严重，就符合寻衅滋事罪的客观要件。本案被告人由于被女友抛弃而产生不健康的心理，无端滋事，用锥子扎伤他人，侵害他人身体，与通过“随意殴打他人”的行为来扰乱社会秩序属同一类型。尽管其伤害后果并不严重，但由于作案人是在特定的背景下，使用特定的方法，并选择在特定的地点——公共汽车这一人员集中的地方作案，其不仅给被害人造成了较大的心理压力，在案发时引起公共汽车秩序的混乱，且案发后，客观上产生了恶劣的社会影响，亦属于“情节恶劣”。

本案发生于 2013 年《寻衅滋事解释》发布之前，支持本案判决的笔者认为用锥子扎伤他人属于“随意殴打他人”，虽然未达到轻伤标准，但情节恶劣，应依照寻衅滋事罪定罪处罚。如果依照《寻衅滋事解释》第 2 条第 1 项“致一人以上轻伤或者二人以上轻微伤的”的标准，显然本案未达到这一标准，因此，如需要入罪，只能依照该条第 7 项“其他情节恶劣的情形”来判定，而如此判定，似乎又不符合（罪刑法定之）明确性原则。可见，本案认定杨某某犯寻衅滋事罪，在一定程度上乃是出于案发当时刑事政策上的惩罚必要，其妥否仍有待时间的检验。

另有造成二人轻微伤的案例①：被告人朱某等 5 人均系北京某校在校女生（犯罪时均未满 18 周岁），2017 年 2 月 28 日，5 名被告人在女生宿舍楼内，采用辱骂、殴打、逼迫下跪等方式侮辱女生高某某（17 岁），并无故殴

① 最高人民法院发布的典型案例汇编（2009—2021）· 刑事卷：下册．北京：人民法院出版社，2021：563.

打、辱骂女生张某某（15 岁）。经鉴定，2 被害人的伤情构成轻微伤，5 名被告人的行为还造成被害人高某某无法正常生活、学习的严重后果。法院经审理认为，朱某等人随意殴打和辱骂他人，造成 2 人轻微伤，严重影响他人生活，侵犯公民人身权利，破坏社会秩序，构成寻衅滋事罪，且系共同犯罪。据此，以寻衅滋事罪依法分别判处 5 名被告人 11 个月至 1 年不等的有期徒刑。

关于“情节恶劣”的案例有“柯某某寻衅滋事案”①：

2020 年 1 月 27 日，被告人柯某某的岳父田某因疑似新型冠状病毒肺炎入住湖北省武汉市第四医院（西区）就医。同月 29 日上午，柯某某等家属因田某转院问题与医院发生矛盾。当日 21 时 40 分许，田某病情危急，家属呼叫隔离区护士，护士查看后通知隔离区外的值班医生高某。其间，柯某某大喊大叫、拍打物品。高某进入隔离区时见患者家属情绪激动，遂返回办公室向主任报告，同时通过电脑下医嘱，安排护士对田某进行抢救。田某因肺部感染致呼吸衰竭经抢救无效死亡。次日零时许，柯某某及田某的女儿因对医生处置方式不满，在隔离区护士站对高某进行质问。其间，柯某某殴打高某，田某的女儿上前抓挠、撕扯高某防护服。在高某返回医生办公室途中，柯某某和田某的女儿继续拦截、追打，致高某防护服、口罩、护目镜等被撕破、脱落，头部、面部及左肘受伤、左尺骨轻微骨折、左脚韧带及全身多处软组织损伤，构成轻微伤。公安机关接报警后到现场将柯某某抓获。高某因被隔离无法正常工作，经检测排除感染新型冠状病毒肺炎。

本案由湖北省武汉市硚口区人民法院审理。法院认为，被告人柯某某在疫情防控期间，为发泄不满情绪，伙同他人在隔离病区内撕扯医生防护服、殴打医生致轻微伤，并使医生处于感染新型冠状病毒肺炎的风险之中，情节恶劣，其行为已构成寻衅滋事罪，应依法惩处。柯某某归案后如实供述自己的罪行，且认罪认罚，可从轻处罚。据此，依法对被告人柯某某判处有期徒刑 8 个月。

二、追逐、拦截、辱骂、恐吓他人，情节恶劣

知识背景

所谓“追逐、拦截、辱骂他人”，是指出于取乐、耍威风、寻求精神刺激等目的，无故、无理追赶、拦挡、侮辱、谩骂他人；“恐吓他人”，是指以威胁的语言、行为吓唬他人，如使用统一标记、身着统一服装、摆阵势等方式

① 最高人民法院发布的典型案例汇编（2009—2021）·刑事卷：下册．北京：人民法院出版社，2021：566-567.

威震他人，使他人恐慌或屈从。[①]《寻衅滋事解释》第 3 条及 2017 年最高检、公安部《关于公安机关管辖的刑事案件立案追诉标准的规定（一）的补充规定》第 8 条对何谓“追逐、拦截、辱骂、恐吓他人，破坏社会秩序”中的“情节恶劣”作了详细规定。

“辱骂、恐吓他人”的情形，同样可能发生在网络环境中。根据 2013 年 9 月 6 日“两高”《关于办理利用信息网络实施诽谤等刑事案件适用法律若干问题的解释》第 5 条第 1 款，利用信息网络辱骂、恐吓他人，情节恶劣，破坏社会秩序的，以寻衅滋事罪定罪处罚。

规范依据

（一）《刑法》

第 293 条　有下列寻衅滋事行为之一，破坏社会秩序的，处五年以下有期徒刑、拘役或者管制：

…………

（二）追逐、拦截、辱骂、恐吓他人，情节恶劣的；

…………

纠集他人多次实施前款行为，严重破坏社会秩序的，处五年以上十年以下有期徒刑，可以并处罚金。

（二）最高人民法院、最高人民检察院《关于办理寻衅滋事刑事案件适用法律若干问题的解释》

第 3 条　追逐、拦截、辱骂、恐吓他人，破坏社会秩序，具有下列情形之一的，应当认定为刑法第二百九十三条第一款第二项规定的“情节恶劣”：

（一）多次追逐、拦截、辱骂、恐吓他人，造成恶劣社会影响的；

（二）持凶器追逐、拦截、辱骂、恐吓他人的；

（三）追逐、拦截、辱骂、恐吓精神病人、残疾人、流浪乞讨人员、老年人、孕妇、未成年人，造成恶劣社会影响的；

（四）引起他人精神失常、自杀等严重后果的；

（五）严重影响他人的工作、生活、生产、经营的；

（六）其他情节恶劣的情形。

（三）最高人民法院、最高人民检察院《关于办理利用信息网络实施诽谤等刑事案件适用法律若干问题的解释》

第 5 条第 1 款　利用信息网络辱骂、恐吓他人，情节恶劣，破坏社会秩

---

① 全国人大常委会法制工作委员会刑法室．《中华人民共和国刑法修正案（八）》条文说明、立法理由及相关规定．北京：北京大学出版社，2011：161.

序的，依照刑法第二百九十三条第一款第（二）项的规定，以寻衅滋事罪定罪处罚。

（四）最高人民法院、最高人民检察院、公安部、司法部《关于依法惩治妨害新型冠状病毒感染肺炎疫情防控违法犯罪的意见》

采取暴力或者其他方法公然侮辱、恐吓医务人员，符合刑法第二百四十六条、第二百九十三条规定的，以侮辱罪或者寻衅滋事罪定罪处罚。

（五）《治安管理处罚法》

第26条　有下列行为之一的，处五日以上十日以下拘留，可以并处五百元以下罚款；情节较重的，处十日以上十五日以下拘留，可以并处一千元以下罚款：

（一）结伙斗殴的；

（二）追逐、拦截他人的；

（三）强拿硬要或者任意损毁、占用公私财物的；

（四）其他寻衅滋事行为。

案例评价

[案例21-2] 党某辱骂法官案①（辱骂他人型寻衅滋事）

1. 基本案情

党某原系某协会职工。北京市某中级法院在审理党某与该协会之间的劳动争议上诉案期间，上诉人党某在当庭提交的回避申请书中，多次使用“乌龟”“王八蛋”“乌星人”等贬损性语言，对之前审理此案的审判人员进行侮辱。针对党某的错误行为，法院对其进行了批评教育，并责令其立即修改申请书内容并书面具结悔过，但党某拒不承认错误，态度嚣张。

2. 涉案问题

本案中党某对法院审判人员的侮辱，是否属于辱骂他人，情节恶劣？

3. 处理结果

考虑到党某的学历、工作阅历、前后行为表现等因素，北京市某中级法院认定其使用贬损性语言侮辱审判人员是蓄意行为，主观恶意明显，性质十分恶劣，遂于2016年10月25日决定对其司法拘留15日。

4. 评析意见

支持本案判决的笔者认为，党某的做法属于书面形式的“辱骂”。该“辱

① 最高人民法院中国应用法学研究所．人民法院案例选：2017年第11辑．北京：人民法院出版社，2018：19.

骂”是在提交回避申请书中以文字方式出现，虽然在其所提交的申请书中多次出现了辱骂性词语，但是，不能算是“多次辱骂”。提交该申请书应当视为一次“辱骂”。虽然党某拒不悔过，态度恶劣，但其“辱骂”未造成较为严重的后果，尚未达到“情节恶劣”的程度，给予其司法处罚足矣，不宜作为犯罪处理。①

本案发生于2013年《寻衅滋事解释》发布之后，由于司法解释明确要求三次或三次以上辱骂，才算“情节恶劣”，故一旦认定本案辱骂只算一次，则无法成立寻衅滋事罪。而且，根据刑法和司法解释的规定，对“辱骂”他人的情形以“寻衅滋事”论处，必须以行为人的行为“破坏社会秩序”为条件。本案也不属于《刑法》第309条第3款“扰乱法庭秩序罪”中的“侮辱、诽谤、威胁司法工作人员或者诉讼参与人，不听法庭制止，严重扰乱法庭秩序”的情形，因为本案是在提交的书面材料中使用了辱骂性词语，而非在庭审过程中以言辞当场表达对办案法官的侮辱，进而严重扰乱正在进行中的法庭秩序。值得注意的是，在2012年修订的《治安管理处罚法》第26条第2项中，立法者只是列出“追逐、拦截他人”，而不似《刑法》第293条那般还包括“辱骂”“恐吓”，故本案亦无法以治安管理处罚的方式结案。

另有新型冠状病毒肺炎防控期间成立恐吓型寻衅滋事罪的案例如下②：

2020年1月26日16时30分许，被告人李某某在广东省广州医科大学附属第一医院（新冠肺炎定点收治医院）住院部西五病区肾内科走廊，从护士站外的治疗车上拿了一支带针头的注射器进入护士站，走到正在工作的护士张某身后，用左手勒住张某的脖子、右手持注射器针头抵住张某右颈部，以要面见专家反映新冠肺炎情况为由挟持张某，致张某右颈部皮肤损伤。经医务人员反复劝说至17时许，李某某松开左手，张某趁机脱离挟持。后李某某被公安人员带离现场。

本案由广东省广州市越秀区人民法院审理。法院认为，被告人李某某于新冠肺炎疫情防控期间在定点收治医院用注射器挟持、恐吓医护人员，持续时间长，致医护人员受伤，且严重影响医院的正常工作秩序，应以寻衅滋事罪从重处罚。鉴于李某某归案后如实供述自己的罪行，且认罪认罚，可从轻处罚。据此，依法对被告人李某某判处有期徒刑1年。

① 覃波．寻衅滋事罪的边与界．北京：中国政法大学出版社，2020：156.

② 最高人民法院发布的典型案例汇编（2009—2021）·刑事卷：下册．北京：人民法院出版社，2021：567-568.

三、强拿硬要或者任意损毁、占用公私财物，情节严重

知识背景

“强拿硬要或者任意损毁、占用公私财物”，是指以蛮不讲理的手段，强行拿走、强行索要市场、商店的商品以及他人的财物，或者随心所欲损坏、毁灭、占用公私财物。[①]《寻衅滋事解释》第 4 条及 2017 年最高检、公安部《关于公安机关管辖的刑事案件立案追诉标准的规定（一）的补充规定》第 8 条对何谓“强拿硬要或者任意损毁、占用公私财物，破坏社会秩序”的“情节严重”作了详细规定。

规范依据

（一）《刑法》

第 293 条　有下列寻衅滋事行为之一，破坏社会秩序的，处五年以下有期徒刑、拘役或者管制：

…………

（三）强拿硬要或者任意损毁、占用公私财物，情节严重的；

…………

纠集他人多次实施前款行为，严重破坏社会秩序的，处五年以上十年以下有期徒刑，可以并处罚金。

（二）最高人民法院、最高人民检察院《关于办理寻衅滋事刑事案件适用法律若干问题的解释》

第 4 条　强拿硬要或者任意损毁、占用公私财物，破坏社会秩序，具有下列情形之一的，应当认定为刑法第二百九十三条第一款第三项规定的“情节严重”：

（一）强拿硬要公私财物价值一千元以上，或者任意损毁、占用公私财物价值二千元以上的；

（二）多次强拿硬要或者任意损毁、占用公私财物，造成恶劣社会影响的；

（三）强拿硬要或者任意损毁、占用精神病人、残疾人、流浪乞讨人员、老年人、孕妇、未成年人的财物，造成恶劣社会影响的；

---

① 全国人大常委会法制工作委员会刑法室．《中华人民共和国刑法修正案（八）》条文说明、立法理由及相关规定．北京：北京大学出版社，2011：161.

（四）引起他人精神失常、自杀等严重后果的；

（五）严重影响他人的工作、生活、生产、经营的；

（六）其他情节严重的情形。

（三）最高人民法院、最高人民检察院《关于办理妨害预防、控制突发传染病疫情等灾害的刑事案件具体应用法律若干问题的解释》

第 11 条　在预防、控制突发传染病疫情等灾害期间，强拿硬要或者任意损毁、占用公私财物情节严重，或者在公共场所起哄闹事，造成公共场所秩序严重混乱的，依照刑法第二百九十三条的规定，以寻衅滋事罪定罪，依法从重处罚。

案例评价

［案例 21-3］魏某某寻衅滋事案①（强拿硬要型寻衅滋事）

1. 基本案情

1998 年 6 月 7 日晚，被告人魏某某、赵某某、梁某某三人与贾某某分别开两辆货车往河北省南皮县拉沙子，沿沧石路由西向东行驶。当行驶至武强县境内时，被告人魏某某以在其前面与其同向行驶的一辆山西牌照的货车蹭了其汽车为借口，追逐该车。待该货车停靠路边后，魏某某驾驶汽车超过对方，并停在对方车辆的前面，故意找碴，殴打该货车上的司机等人并（向对方）索要钱款，未获成功，于是，抢走（对方）车辆钥匙和放在工具箱内装有营运证、行驶证等物的黑色皮包一个，之后驾车离开。案发后，被告人的认罪态度较好。某县检察院 1998 年 9 月 14 日以魏某某犯抢劫罪提起公诉。

2. 涉案问题

本案中魏某某拿走对方财物，属于抢劫抑或强拿硬要型的寻衅滋事？

3. 裁判理由

法院经公开审理认为，被告人魏某某无事生非，寻衅滋事，纠缠、欺压外省车辆，殴打司机和乘车人，并抢走汽车钥匙和皮包，逞强施威，严重扰乱了公路交通秩序，情节恶劣，构成寻衅滋事罪，应予惩处。起诉书指控被告人犯罪的事实清楚、证据充分，但指控被告人犯抢劫罪定性欠妥。辩护人关于被告人不构成抢劫罪的辩护意见，符合本案的实际情况，应予采纳；但辩护人关于被告人的寻衅滋事不够恶劣，不能成立寻衅滋事罪的辩护意见，

---

① 最高人民法院中国应用法学研究所．人民法院案例选：2000 年第 1 辑．北京：人民法院出版社，2000：45-47.

与事实不符，不予采纳。被告人案发后认罪态度较好，可酌情从轻处罚。依据《刑法》第 293 条之规定，于 1998 年 10 月 21 日认定被告人魏某某犯寻衅滋事罪，判处有期徒刑 1 年。

4. 评析意见

支持本案判决的评论者认为：首先，从犯罪目的上看，抢劫罪的目的是非法占有他人财物，而寻衅滋事则不然。本案魏某某被羁押后，首次讯问时就承认自己去山西省跑车时经常挨打、受气，在本地碰上山西车后，就想打他们出出气。当魏某某等四人开车行至武强县境内时，魏某某就以在前面与其同向行驶的一辆山西货车蹭了自己的汽车为由，故意上前找碴，打人、要钱（未要成），后又拔车上的钥匙，拿走工具箱内装有行车手续的黑色皮包。被告人只有出气、找事的目的和报复的动机，没有抢劫罪所必需的、以非法占有目的而抢劫公私财物的直接故意。其次，从侵犯的客体上看，抢劫罪侵犯的客体是他人的财产所有权和人身权利，寻衅滋事罪侵犯的是社会公共秩序。被告人魏某某确有以暴力胁迫的方法非法占有受害人黑色皮包的事实，但是，从整体上看，可以发现魏某某将车停在被害人驾驶的货车前面，故意找碴，随后殴打该车上的司机等人，并索要钱款，抢走汽车钥匙和黑色皮包，更是一种恃强逞能、耍威风，报复山西人的寻衅滋事。因为被告人索要钱财时，在被害人未给的情形下，他没有进一步威胁对方交出钱财；黑色皮包中的物品，也并非钱财。被告人抢走行车手续，拔走钥匙，然后扬长而去，正是不让该车行走，从而达到报复目的的具体表现，所以，其侵犯的客体不是他人的财产所有权，而是社会管理秩序中的公共秩序。被告人在公路上无事生非、无故追赶、拦截外省运输车辆，随意殴打司机和乘车人，并强拿汽车钥匙和行车手续，造成了恶劣影响，属于情节恶劣。法院对被告人魏某某以寻衅滋事罪定罪处刑是正确的。

就该案魏某某所采取的手段是否符合“强拿硬要”，有观点进一步指出，本案魏某某采取了当场强行索取被害人财物的手段。该案发生于日常出行活动中，当事人双方素不相识，无任何特殊的社会交往关系，案发事由最多也只是行车纠纷，属于一般的日常生活事由。作案人无故挑衅或者借行车琐事殴打、索财，不仅对该案被害人人身与财产权益造成损害，而且对其他不特定外地司机存在潜在威胁，从整体上看，体现出了对一般公共交往中平等、互相尊重之规则的无视与破坏，符合“强拿硬要”所侵犯的客体特征，应以寻衅滋事罪论处。①

① 覃波．寻衅滋事罪的边与界．北京：中国政法大学出版社，2020：226.

在寻衅滋事的认定上，裁判者一般是将寻衅滋事作为抢劫、敲诈勒索等的备用条款，当以抢劫等罪处罚畸重且索取钱财数额不大时，则诉诸寻衅滋事罪。本案的判决不能说没有这方面的考虑。

四、在公共场所起哄闹事，造成公共场所秩序严重混乱的

知识背景

“在公共场所起哄闹事”，是指出于取乐、寻求精神刺激等目的，在公共场所无事生非，制造事端、扰乱公共场所秩序；“造成公共场所秩序严重混乱的”，是指公共场所正常的秩序受到破坏，引起群众惊慌、逃离等混乱局面。①《寻衅滋事解释》第 5 条及 2017 年最高检、公安部《关于公安机关管辖的刑事案件立案追诉标准的规定（一）的补充规定》第 8 条对如何判断“造成公共场所秩序严重混乱”进行了细化规定。

规范依据

（一）《刑法》

第 291 条之一第 2 款　编造虚假的险情、疫情、灾情、警情，在信息网络或者其他媒体上传播，或者明知是上述虚假信息，故意在信息网络或者其他媒体上传播，严重扰乱社会秩序的，处三年以下有期徒刑、拘役或者管制；造成严重后果的，处三年以上七年以下有期徒刑。

第 293 条　有下列寻衅滋事行为之一，破坏社会秩序的，处五年以下有期徒刑、拘役或者管制：

…………

（四）在公共场所起哄闹事，造成公共场所秩序严重混乱的。

纠集他人多次实施前款行为，严重破坏社会秩序的，处五年以上十年以下有期徒刑，可以并处罚金。

（二）最高人民法院、最高人民检察院《关于办理寻衅滋事刑事案件适用法律若干问题的解释》

第 5 条　在车站、码头、机场、医院、商场、公园、影剧院、展览会、运动场或者其他公共场所起哄闹事，应当根据公共场所的性质、公共活动的重要程度、公共场所的人数、起哄闹事的时间、公共场所受影响的范围与程度等因素，综合判断是否“造成公共场所秩序严重混乱”。

---

① 全国人大常委会法制工作委员会刑法室．《中华人民共和国刑法修正案（八）》条文说明、立法理由及相关规定．北京：北京大学出版社，2011：161.

（三）最高人民法院、最高人民检察院《关于办理利用信息网络实施诽谤等刑事案件适用法律若干问题的解释》

第 5 条第 2 款　编造虚假信息，或者明知是编造的虚假信息，在信息网络上散布，或者组织、指使人员在信息网络上散布，起哄闹事，造成公共秩序严重混乱的，依照刑法第二百九十三条第一款第（四）项的规定，以寻衅滋事罪定罪处罚。

（四）最高人民法院、最高人民检察院《关于办理妨害预防、控制突发传染病疫情等灾害的刑事案件具体应用法律若干问题的解释》

第 11 条　在预防、控制突发传染病疫情等灾害期间，强拿硬要或者任意损毁、占用公私财物情节严重，或者在公共场所起哄闹事，造成公共场所秩序严重混乱的，依照刑法第二百九十三条的规定，以寻衅滋事罪定罪，依法从重处罚。

（五）最高人民法院、最高人民检察院、公安部、司法部《关于依法惩治妨害新型冠状病毒感染肺炎疫情防控违法犯罪的意见》

编造虚假信息，或者明知是编造的虚假信息，在信息网络上散布，或者组织、指使人员在信息网络上散布，起哄闹事，造成公共秩序严重混乱的，依照刑法第二百九十三条第一款第四项的规定，以寻衅滋事罪定罪处罚。

案例评价

[案例 21-4] 黄某寻衅滋事案[①]（起哄闹事型寻衅滋事）

1. 基本案情

黄某是闫某之母。2007 年 9 月 15 日，某省甲市 A 区法院判决闫某犯故意伤害罪，判处其有期徒刑 1 年。该案经甲市中级法院二审后维持原判。黄某不服一、二审判决，多次申诉信访。甲市中级法院、乙市中级法院和该省高级法院对该案进行复查，均驳回黄某申诉。2012 年 4 月，最高人民法院经复查后决定对该案不提起再审。2012 年至 2014 年 5 月期间，黄某因不满闫某案的复查结果，单独或者带其患有精神疾病的儿媳先后数十次到甲市中级法院门前，采取身披状衣、使用高音喇叭播放录音等方式喧闹，干扰法院办公，并不断辱骂该案承办法官，造成恶劣社会影响。

2. 涉案问题

本案中黄某的做法是否属于“在公共场所起哄闹事”?

① 最高人民法院中国应用法学研究所．人民法院案例选：2017 年第 11 辑．北京：人民法院出版社，2018：17.

3. 裁判理由

2014年5月8日，甲市中级法院在充分固定证据后报警。甲市B区检察院于2014年7月14日向B区法院提起公诉。B区法院经审理，于2014年8月15日作出判决：黄某犯寻衅滋事罪，判处有期徒刑2年6个月。

4. 评析意见

支持该案判决的笔者指出，本案中黄某采取身披状衣、使用高音喇叭播放录音等方式喧闹，目的就是要通过这种异常的穿着、声音，引起路过群众关注和围观，从而引起法院或社会的关注。这种做法本质上是一种变相的"起哄闹事"。其同时还辱骂法官，总体上符合寻衅滋事罪的特征。

本案是发生在法院门前，属于公共场所，因此，"起哄闹事"自然能够"造成公共场所秩序严重混乱"，从而满足寻衅滋事罪的特征。在司法实践中，容易引起争议的是网络环境下的寻衅滋事。由于网络空间与物理场所有别，在网络上发布相关信息造成网络环境混乱的，是否也能以本罪论处就有疑问。但是，2013年"两高"《关于办理利用信息网络实施诽谤等刑事案件适用法律若干问题的解释》第5条第2款以及2020年"两高"、公安部、司法部《关于依法惩治妨害新型冠状病毒感染肺炎疫情防控违法犯罪的意见》对此作了规定。实务中还有与此相关的案例。

[案例21-5] 秦某某寻衅滋事案①（网络环境下的"起哄闹事"）

1. 基本案情

被告人秦某某，微博名称"秦火火"，男，1983年12月27日出生，北京某信息技术有限公司职工。2013年9月18日因涉嫌寻衅滋事罪被逮捕。某区检察院以被告人秦某某犯寻衅滋事罪，向某区法院提起公诉。

某区法院经公开审理查明：2011年7月23日，甬温铁路浙江省温州市相关路段发生特别重大铁路交通事故。在事故善后处理期间，被告人秦某某为了利用热点事件进行自我炒作，提高网络关注度，于2011年8月20日使用昵称为"中国秦火火_f92"的新浪微博账户编造并散布虚假信息，称原铁道部向"7·23"甬温线动车事故中的外籍遇难旅客支付3 000万欧元高额赔偿金。该微博被转发11 000次，评论3 300余次，引发大量网民对国家机关公信力的质疑，原铁道部被迫于当夜辟谣。秦某某的行为对事故善后工作的开展造成了不良影响。

2. 涉案问题

本案中秦某某在网络上发布不实信息，并引起网民评论的行为，是否属

① 最高人民法院刑事审判第一、二、三、四、五庭．刑事审判参考：总第97集．北京：法律出版社，2014：57-61.

于寻衅滋事？

3. 裁判理由

某区法院认为，秦某某在重大突发事件期间，在信息网络上编造、散布对国家机关产生不良影响的虚假信息，起哄闹事，造成公共秩序严重混乱，其行为构成寻衅滋事罪。某区检察院指控秦某某犯寻衅滋事罪的事实清楚，证据确实、充分，指控的罪名成立。鉴于秦某某归案后能够如实供述所犯罪行，认罪悔罪态度较好，可以对其从轻处罚。据此，依照《刑法》第 293 条第 1 款第 4 项、第 67 条第 3 款，以及“两高”《关于办理利用信息网络实施诽谤等刑事案件适用法律若干问题的解释》第 5 条第 2 款的规定，某区法院以被告人秦某某犯寻衅滋事罪，判处其有期徒刑 1 年 6 个月。

4. 评析意见

支持该案判决的评论者指出，2013 年“两高”《关于办理利用信息网络实施诽谤等刑事案件适用法律若干问题的解释》（法释〔2013〕21 号）第 5 条第 2 款规定的利用信息网络实施的寻衅滋事罪要求造成“公共秩序严重混乱”，不仅指虚假信息被大量转发、评论等造成的网络秩序混乱，同时也要求造成生产、生活、工作、营业、教学等现实社会公共秩序的严重混乱。对于虚假信息被及时、有效删除，未被大量转发、评论，尚未造成广泛影响，或者仅仅是对网络秩序造成了影响的，不宜认定为“造成公共秩序严重混乱”。本案被告人编造的天价赔偿的虚假信息，被大量转发、评论，造成网络空间的混乱，同时在现实社会中引发不明真相群众的不满，扰乱了政府机关善后工作，造成社会公共秩序严重混乱，其行为构成寻衅滋事罪。

与本案类似的案例，还有“董某彬、侯某非法经营、寻衅滋事案”，其当事人也是在网络上发布虚假消息，最终被判处寻衅滋事罪。[①] 可以认为，此类案例均可追溯到“两高”《关于办理利用信息网络实施诽谤等刑事案件适用法律若干问题的解释》第 5 条第 2 款。但是，该款的规定遇到了有力的批评。例如，周光权教授指出：

首先，该解释有意偷换了概念。因为《刑法》第 293 条第 1 款第 4 项规定的是在“公共场所”起哄闹事，造成“公共场所”秩序严重混乱，而不是“公共秩序”严重混乱。将网络空间解释为公共场所，将发布虚假信息引起的秩序混乱解释为“公共场所”秩序混乱，明显有类推之嫌。因为公共场所秩序的范围与公共秩序的范围明显不同，前者外延更窄，行为造成公共秩序严重混乱，并不一定会引起公共场所秩序严重混乱。

---

① 最高人民法院刑事审判第一、二、三、四、五庭．刑事审判参考：总第 119 集．北京：法律出版社，2019：172－179.

其次，《刑法》第 293 条第 1 款第 4 项规定了两个“公共场所”，前者是指行为发生的场所，后者是指结果发生的场所，许多学者认为二者必须具有同一性，即都发生在现实空间。但是，即便承认网络空间是公共空间（公共场所），也不能将所有恶意编造、散布虚假信息的行为论以本罪。只有发布虚假信息，起哄闹事，引发现实社会公共场所的物理秩序严重混乱的，才勉强可以肯定其行为扰乱公共场所秩序的法益侵害性，以本罪追究刑事责任。在信息网络空间起哄闹事的行为，如果仅仅导致网络空间秩序本身严重混乱，只会造成人们心理上混乱或恐慌，该行为不可能引起现实社会的公共场所秩序混乱，对公共场所管理秩序的危害极其有限，不应以本罪论处。对导致网络空间秩序本身严重混乱（如致使计算机系统及通信网络瘫痪）的行为，以破坏计算机信息系统罪或编造、故意传播虚假信息罪定罪处罚即为已足。①

应该承认，上述批评是有道理的。相关案例除非在符合破坏计算机信息系统罪或编造、故意传播虚假信息罪的条件下需以相应罪名论处，通常不宜定性为寻衅滋事罪。对于在网络上发表、传播的错误言论，有关部门作辟谣、删帖处理即足以消除其社会危害性。或许会有人认为，依照本罪法益“社会公共秩序”来解释，本案秦某某的做法已经侵害到了“社会公共秩序”，损害了法益，应以寻衅滋事罪论处。但是，仅有法益侵害不足以证成不法，否则将使自然灾害、意外事件造成损失乃至人的自然死亡均成为刑事不法。只有当事人以符合构成要件表述之文义的方式侵害了法益，才能证成刑事不法，而秦某某并未如本条文义中造成“公共场所秩序严重混乱”那般地危及“社会公共秩序”，故对其以寻衅滋事罪论处已经超出了文义射程，违反了罪刑法定原则。

2020 年 3 月 10 日，最高人民法院发布了妨害疫情防控犯罪典型案例“刘某某编造、故意传播虚假信息案”②：2020 年 1 月 24 日，被告人刘某某在北京市通州区某小区暂住地内，利用微信号编造其感染新型冠状病毒后到公共场所通过咳嗽方式向他人传播的虚假信息，发送至其另一微信号，并将聊天记录截图后通过微信朋友圈、微信群、QQ 群传播，直接覆盖人员共计 2 700 余人，并被其他个人微博转发。公安机关掌握该信息后，采取了相应紧急应对措施。北京市通州区人民法院经审理认为，刘某某在疫情防控期间编造虚假疫情信息，在信息网络上传播，严重扰乱社会秩序，其行为构成编造、故

---

① 周光权．刑法各论．北京：中国人民大学出版社，2016：365－366；类似观点，参见张明楷．刑法学．5 版．北京：法律出版社，2016：1066.

② 最高人民法院发布的典型案例汇编（2009—2021）·刑事卷：下册．北京：人民法院出版社，2021：583.

意传播虚假信息罪。刘某某如实供述自己的犯罪事实，认罪认罚。据此，于2020年2月28日以编造、故意传播虚假信息罪判处被告人刘某某有期徒刑8个月。该案所定罪名为编造、故意传播虚假信息罪，而非寻衅滋事罪。

五、纠集他人多次实施

知识背景

《刑法》第293条第2款规定，“纠集他人多次实施前款行为，严重破坏社会秩序的，处五年以上十年以下有期徒刑，并处罚金”。针对此款中的“多次”，《寻衅滋事解释》第6条规定，“纠集他人三次以上实施寻衅滋事犯罪，未经处理的，应当依照刑法第二百九十三条第二款的规定处罚”。

《刑法》第293条第2款中的“纠集他人多次实施”的“多次”，与《寻衅滋事解释》第2条至第4条“情节恶劣”中“多次随意殴打他人”、“多次追逐、拦截、辱骂、恐吓他人”和“多次强拿硬要或者任意损毁、占用公私财物”中的“多次”存在区别，后者不见得有“纠集他人”，前述“[案例21-1] 杨某某寻衅滋事案”“[案例21-4] 黄某寻衅滋事案”便是如此。2018年1月16日，最高法、最高检、公安部、司法部《关于办理黑恶势力犯罪案件若干问题的指导意见》中进一步明确，《寻衅滋事解释》第2条至第4条中的“‘多次’一般应当理解为二年内实施寻衅滋事行为三次以上。二年内多次实施不同种类寻衅滋事行为的，应当追究刑事责任”。

2019年4月9日“两高”、公安部、司法部《关于办理实施“软暴力”的刑事案件若干问题的意见》第5条第2款规定，《寻衅滋事解释》第2条至第4条中的“多次”一般应当理解为2年内实施寻衅滋事行为3次以上。3次以上寻衅滋事行为既包括同一类别的行为，也包括不同类别的行为；既包括未受行政处罚的行为，也包括已受行政处罚的行为。有人指出：“本司法解释（《寻衅滋事解释》——引者注）第二条到第四条规定的‘多次’限于未经处理的行为……如之前的寻衅滋事行为已受行政处罚，再将其计入‘多次’的范围，从法理看，明显存在重复评价的问题……这是针对软暴力案件所涉寻衅滋事行为入罪标准的特别规定，有其特定背景，不宜以此为由而将上述精神适用于其他寻衅滋事案件……从当前司法实践来看，寻衅滋事刑事案件量较大，在全部刑事案件中排名靠前。在此背景下，对《刑法》第二百九十三条和本司法解释条文宜持限缩解释和审慎适用的立场，而不宜泛化适用，以防止形成‘口袋罪’。”①

① 喻海松．实务刑法评注．北京：北京大学出版社，2024：1481.

六、主观条件

知识背景

成立寻衅滋事罪，作案人在主观条件上必须是出于故意。若作案人主观方面为过失，则不成立寻衅滋事罪。值得注意的是，除需要有故意这一主观构成要件之外，当事人还需进一步具有寻衅滋事的动机。① 那么，何谓“寻衅滋事的动机”?

《寻衅滋事解释》第 1 条规定，“行为人为寻求刺激、发泄情绪、逞强耍横等，无事生非，实施刑法第二百九十三条规定的行为的，应当认定为‘寻衅滋事’”；“行为人因日常生活中的偶发矛盾纠纷，借故生非，实施刑法第二百九十三条规定的行为的，应当认定为‘寻衅滋事’，但矛盾系由被害人故意引发或者被害人对矛盾激化负有主要责任的除外”。其中，“为寻求刺激、发泄情绪、逞强耍横等，无事生非”以及“因日常生活中的偶发矛盾纠纷，借故生非”即为寻衅滋事的动机。针对“寻衅滋事的动机”，有两点争议：

第一，该动机是否属于必要的主观条件? 否定说认为，即便没有流氓动机（笔者所称“寻衅滋事的动机”），也不会妨害在客观上判断某种举止是否属于寻衅滋事，也不会扩大处罚范围，因为我国刑法已经要求“随意”“情节恶劣”等内容；而且“寻求刺激、发泄情绪、逞强耍横”没有具体意义，难以为人认识，说不清也道不明，不具有限定犯罪范围的意义。② 应该说，这种观点不仅没有注意到寻衅滋事犯罪类型需要完整地体现在主客观两个方面，而且有违主客观统一性的原则。纵然从“随意”“情节恶劣”等要素中可以窥见当事人的行为性质，但为了方便司法操作，从犯罪审查上区分出客观方面和主观方面是完全必要的，而寻衅滋事动机正是这种行为性质在主观层面上的反映。

第二，如何称呼该动机? 由于寻衅滋事罪系由 1979 年《刑法》第 160 条“流氓罪”分解而来，故有观点认为，应当将寻衅滋事罪所需要的动机延续 1979 年的称呼，即“流氓动机”；如果将其改称为“寻衅滋事动机”，那么，就不能将之也适用于同样由“流氓罪”分解而来的《刑法》第 292 条聚众斗殴罪。③ 笔者认为，“流氓”之义的模糊性甚于“寻衅滋事”，既然《寻衅滋事解释》第 1 条已经明确了寻衅滋事罪主观动机的内容，且未再提及“流氓”，那么，在寻衅滋事罪中，继续使用所谓“流氓动机”就不那么必要了。至于聚众斗殴罪的主

① 陈兴良．刑法各论精释：下．北京：人民法院出版社，2015：992（陈兴良执笔）．

② 张明楷．刑法学．5 版．北京：法律出版社，2016：1068－1069；“许军令等寻衅滋事案”//最高人民法院中国应用法学研究所．人民法院案例选：2008 年第 3 辑．北京：人民法院出版社，2009：58.

③ 陈兴良．刑法各论精释：下．北京：人民法院出版社，2015：992（陈兴良执笔）。

观动机如何称呼，那是聚众斗殴罪，而非寻衅滋事罪的事情。①

第二节　寻衅滋事罪和他罪的关系

寻衅滋事罪的具体情形，包括（1）随意殴打他人，情节恶劣的；（2）追逐、拦截、辱骂、恐吓他人，情节恶劣的；（3）强拿硬要或者任意损毁、占用公私财物，情节严重的；（4）在公共场所起哄闹事，造成公共场所秩序严重混乱的。由于所涉情形的多样性，该罪很容易和其他犯罪之间出现界限模糊的情况，比如故意伤害罪、抢劫罪、故意毁坏财物罪和催收非法债务罪，因此，有必要结合案例针对寻衅滋事罪和这些犯罪之间的关系作出相应的处理。

一、寻衅滋事罪和故意伤害罪的关系

知识背景

1979 年《刑法》第 134 条规定："故意伤害他人身体的，处三年以下有期徒刑或者拘役"；"犯前款罪，致人重伤的，处三年以上七年以下有期徒刑；致人死亡的，处七年以上有期徒刑、无期徒刑。本法另有规定的，依照规定"。1997 年《刑法》保留了第 1 款，增加了管制刑，但对第 2 款进行了修订，加重了最高刑，增设了死刑规定。在本罪的结果不法上，至少造成他人轻伤以上的伤害结果，才能构成故意伤害罪。轻微伤、轻伤和重伤的标准，规定于 2013 年《人体损伤程度鉴定标准》。若未造成轻伤以上伤害结果，又不属于《寻衅滋事解释》第 2 条所谓"情节恶劣"，则只能依《治安管理处罚法》第 43 条的规定处理。刑法中，故意伤害罪的保护法益是他人的身体健康。

《刑法》第 293 条（寻衅滋事罪）第 1 款第 1 项"随意殴打他人，情节恶劣的"显然和前述"故意伤害他人身体"乃至"致人重伤"存在重合关系，因此，需要针对两罪的关系结合案例加以考察。

① 有观点指出，聚众斗殴必须是出于报私仇、泄宿怨或者其他不正当的目的［贾宇．刑法学：下册·各论．北京：高等教育出版社，2019：196（阴建峰执笔）］；其他观点则在需要"流氓动机"与不需要"流氓动机"之间选边，持需要说的观点，参见：陈兴良．规范刑法学（教学版）．北京：中国人民大学出版社，2018：320；王作富．刑法分则实务研究：中．北京：中国方正出版社，2013：1129（执笔人不详）。持不需要说的观点，参见张明楷．刑法学．5 版．北京：法律出版社，2016：1061；周光权．刑法各论．3 版．北京：中国人民大学出版社，2016：363.

规范依据

（一）《刑法》

第 95 条　本法所称重伤，是指有下列情形之一的伤害：

（一）使人肢体残疾或者毁人容貌的；

（二）使人丧失听觉、视觉或者其他器官机能的；

（三）其他对于人身健康有重大伤害的。

第 234 条　故意伤害他人身体的，处三年以下有期徒刑、拘役或者管制。

犯前款罪，致人重伤的，处三年以上十年以下有期徒刑；致人死亡或者以特别残忍手段致人重伤造成严重残疾的，处十年以上有期徒刑、无期徒刑或者死刑。本法另有规定的，依照规定。

（二）《治安管理处罚法》

第 43 条　殴打他人的，或者故意伤害他人身体的，处五日以上十日以下拘留，并处二百元以上五百元以下罚款；情节较轻的，处五日以下拘留或者五百元以下罚款。

有下列情形之一的，处十日以上十五日以下拘留，并处五百元以上一千元以下罚款：

（一）结伙殴打、伤害他人的；

（二）殴打、伤害残疾人、孕妇、不满十四周岁的人或者六十周岁以上的人的；

（三）多次殴打、伤害他人或者一次殴打、伤害多人的。

（三）最高人民法院、最高人民检察院《关于办理寻衅滋事刑事案件适用法律若干问题的解释》

第 2 条　随意殴打他人，破坏社会秩序，具有下列情形之一的，应当认定为刑法第二百九十三条第一款第一项规定的“情节恶劣”：

（一）致一人以上轻伤或者二人以上轻微伤的；

（二）引起他人精神失常、自杀等严重后果的；

（三）多次随意殴打他人的；

（四）持凶器随意殴打他人的；

（五）随意殴打精神病人、残疾人、流浪乞讨人员、老年人、孕妇、未成年人，造成恶劣社会影响的；

（六）在公共场所随意殴打他人，造成公共场所秩序严重混乱的；

（七）其他情节恶劣的情形。

案例评价

［案例 21－6］杨某等故意伤害案[①]（寻衅滋事罪和故意伤害罪的关系）

1. 基本案情

2002 年 3 月 25 日中午，被告人杨某、刘某、毛某某、任某某在某餐馆喝酒吃饭。下午 2 时许，杨某、刘某欲无票进入文化站“某影院”，进而与该影院的工作人员发生纠纷。后经他人出面协调，杨某、刘某得以进入影院，随后毛某某、任某某亦进入影院。在观看歌舞演出过程中，杨某走上舞台调戏女演员，又强行唱歌，刘某则要某女演员跳脱衣舞。身为文化站副站长的李某某见状劝杨某等从舞台下来，遭到拒绝。杨某唱完歌后，又对坐在舞台下的李某某进行辱骂挑衅，为此，双方发生争吵。杨某即冲下舞台双手抓住李某某，用膝盖顶击李某某的身体下部。刘某、毛某某、任某某见状也冲上前去，共同围住李某某殴打，其中刘某挥拳对李某某乱打，毛某某则扯着李某某的头发进行殴打，任某某在李某某的左后侧殴打。杨某在殴打后还朝李某某腰部猛踹一脚，致其跌倒在地。尔后，杨某、刘某、毛某某、任某某一同离开现场。约 1 小时后，几人再次来到某餐馆，当旁人提出要他们将李某某送往医院检查时，杨某等人予以拒绝。次日下午 5 时，李某某在被送往医院途中死亡。当晚 6 时许，杨某得知李某某死亡后，将刘某、毛某某、任某某叫到其租住处集合后外逃，后被公安机关抓获。经法医鉴定，李某某系因头部损伤引起硬膜下血肿，脑组织挫裂伤而死亡。另查明，被告人杨某、刘某、毛某某、任某某的行为给附带民事诉讼原告人李某某一家造成的经济损失为 18 270 元。

2. 涉案问题

本案杨某、刘某等人的行为应当定性为寻衅滋事罪还是故意伤害罪？

3. 裁判理由

某市中级法院经审理后认为：被告人杨某、刘某、毛某某、任某某在公共场所寻衅滋事，共同故意伤害他人身体，致人死亡，其行为均已构成故意伤害罪，且情节特别恶劣，后果特别严重。在共同犯罪中，杨某、刘某起主要作用，系主犯；毛某某、任某某系从犯。杨某在寻衅滋事中，故意伤害他人身体致被害人死亡，符合故意伤害罪的构成要件。公诉机关还指控其犯寻衅滋事罪不当，不予支持；对杨某的辩护人提出的仅构成故意伤害罪，不适用数罪并罚的辩护意见予以采纳。在寻衅滋事中，杨某率先殴打他人，并猛

① 最高人民法院刑事审判第一、二庭．刑事审判参考：总第 30 辑．北京：法律出版社，2003：39－47.

踹被害人一脚致其倒地，其行为与被害人的死亡具有因果关系，因此，应对被害人的死亡后果负主要责任。杨某虽系初犯，且归案后认罪态度较好，但其犯罪动机卑劣，造成的后果极其严重，不宜从轻处罚。对其辩护人提出的从轻处罚的意见不予采纳。在共同寻衅滋事中，刘某积极参与殴打被害人，并共同造成被害人死亡的严重后果，应以故意伤害罪处罚。其辩护人提出的不应数罪并罚的意见成立，但认为刘某只构成寻衅滋事罪的意见不能成立，不予采纳。毛某某在共同故意伤害他人的过程中，作用次于杨某、刘某，系从犯，可从轻处罚。其辩护人提出的毛某某系从犯，应予从轻处罚的意见成立，予以采纳。任某某与本案其他被告人共同伤害被害人致其死亡，应当对被害人的死亡后果承担相应的刑事责任。其辩护人关于任某某只是寻衅滋事中的随意殴打，不应对被害人死亡负责的意见不能成立。任某某在逃跑途中，曾打电话给其亲属。其亲属劝说其自首，任某某表示回来再说，并无明显的自首意思表示，且无自动投案行为，因此，不构成自首。其辩护人提出的任某某有自首情节的意见，不能成立，不予采纳。任某某在共同伤害犯罪中系从犯，结合本案具体情况，可对其减轻处罚。四被告人的犯罪行为给附带民事诉讼原告人造成的经济损失应依法予以赔偿。附带民事诉讼原告人要求赔偿死亡补偿费无法律依据，其他诉讼请求应按有关标准计算。据此，依照《刑法》第 234 条第 2 款、第 48 条第 1 款、第 57 条第 1 款、第 56 条第 1 款、第 55 条第 1 款、第 26 条第 1 款、第 27 条、第 36 条第 1 款及《民法通则》（现已失效）第 119 条之规定，于 2002 年 7 月 11 日判决：被告人杨某犯故意伤害罪，判处死刑，剥夺政治权利终身；被告人刘某犯故意伤害罪，判处死刑，缓期 2 年执行，剥夺政治权利终身；被告人毛某某犯故意伤害罪，判处有期徒刑 10 年，剥夺政治权利 1 年；被告人任某某犯故意伤害罪，判处有期徒刑 8 年；被告人杨某、刘某、毛某某、任某某共同赔偿附带民事诉讼原告人李某某一家经济损失共计 18 270 元，由被告人杨某赔偿 6 870 元，被告人刘某赔偿 6 000 元，被告人毛某某赔偿 3 000 元，被告人任某某赔偿 2 400 元。

一审宣判后，被告人杨某、刘某不服。杨某以被害人死亡不是自己的举止所致，原判量刑过重，刘某以没有致死被害人，原判量刑过重为由分别提出上诉。二被告人的辩护人也提出了相同的辩护意见。

某省高级法院经二审审理后认为，上诉人杨某、刘某及原审被告人毛某某、任某某身为国土局干部或职工，在公共场所寻衅滋事，共同采取殴打的暴力手段，故意伤害他人身体，致人死亡，其举止均已构成故意伤害罪，且犯罪情节恶劣，后果特别严重。在共同犯罪中，杨某、刘某起主要作用，系主犯，毛某某、任某某系从犯。杨某及其辩护人上诉和辩护提出被害人死亡不是其行为所致，原判量刑过重的理由和意见，经查明，杨某殴打被害人李某某，踢李某某一脚，致李某某跌倒在地的事实，有同案人的交代、目击证人的证言及其本人的供述在案佐证，足以认定。杨某等人虽未持凶器伤害他人，但其犯罪情节恶劣，后果严重，依法应从严处罚，其上诉理由和辩护意见不能成立，不予采纳。刘某及其辩护人上诉和辩护提出没有致死被害人，原判量刑过重的理由和意见，经查明，刘某积极参与殴打他人，当被害人倒地后还朝被害人头部踩了两脚，有目击证人及同案犯的交代所证明，应予认定。刘某的举止与被害人死亡之间有因果关系，其上诉理由和其辩护人的辩护意见与事实不符，不能成立，不予采纳。原审判决认定的犯罪事实清楚，证据确实、充分，定罪准确，量刑适当。审判程序合法。依照《刑法》第 234 条第 2 款、第 26 条第 1、4 款、第 27 条、第 57 条第 1 款和《刑事诉讼法》（1996 年）第 189 条第 1 项的规定，裁定：驳回上诉，维持原判。根据最高法《关于授权高级人民法院和解放军军事法院核准部分死刑案件的通知》的规定，裁定核准以故意伤害罪判处被告人杨某死刑，剥夺政治权利终身；以故意伤害罪判处被告人刘某死刑，缓期 2 年执行，剥夺政治权利终身。

4. 评析意见

笔者认为，就作案人寻衅滋事过程中随意殴打他人结果致人轻伤、重伤甚至死亡的严重情形，是择一重罪论处还是实行数罪并罚，司法实践中并不统一。从《刑法》对这两种犯罪的法定刑配置角度来看，寻衅滋事罪的法定刑为 5 年以下有期徒刑、拘役或者管制，首要分子为 5 年以上 10 年以下有期徒刑。故意伤害罪的法定刑则因伤害结果的不同而不同，如致人轻伤的，处 3 年以下有期徒刑、拘役或管制；致人重伤的，处 3 年以上 10 年以下有期徒刑；致人死亡或者以特别残忍手段致人重伤造成严重残疾的，处 10 年以上有期徒刑、无期徒刑或者死刑。通过刑罚的这一配置可以看出，对寻衅滋事随意殴打他人致人轻伤的刑罚，已经涵盖在寻衅滋事的法定刑之中，仅以寻衅滋事罪论处，不会轻纵被告人，无二罪并罚的必要。因寻衅滋事随意殴打他人致人重伤或死亡的，由于寻衅滋事罪本身不包含致人重伤或死亡的结果，或者说已超出寻衅滋事罪的涵盖范围，对此一般应直接以故意伤害罪一罪论处，既无并罚的必要，也无并罚的理论依据。因为，根据数罪的犯罪构成个数标准说，因寻衅滋事随意殴打他人致人重伤或死亡的，与故意伤害致人重伤或死亡的，在伤害的性质和后果上并无区别，无构成数罪的基础。其次，如果定两罪，势必是对随意殴打他人一举止作两次评价，即既将其评价为寻衅滋事，又将其评价为故意伤害，有违刑法禁止对同一举止重复评价的原则。本案正属于该种情形，杨某等四被告人酒后强行闯入歌舞厅，继而杨某窜至舞台调戏女演员，而刘某则强要女演员跳脱衣舞，其无事生非、肆意挑起事端，寻求精神刺激的动机显而易见，是对国家法纪和社会公德的公然蔑视。此后，由于被害人李某某的制止和流露出的不满，杨某进而对李某某进行挑衅并冲下台殴打被害人，刘某等人见状也挥拳上阵。此时，各被告人的举止表现为恃强斗狠，肆意殴打他人，结果导致了被害人的死亡。各被告人在公共场所寻求刺激，滋事生非，随意殴打他人，其举止危害社会管理秩序，情节恶劣，已构成寻衅滋事罪。同时，各被告人随意殴打他人，致人死亡，严重侵犯了公民的生命健康权利，其行为亦符合故意伤害罪的犯罪构成。在此种情况下，本案只需定故意伤害罪一罪即可。因为实质上，各被告人只是基于一个犯意，实施了一个犯罪性举止，结果侵犯了刑法所保护的两个客体，触犯了两个罪名。根据刑法理论，这种情形属于想象竞合犯，应按从一重罪处断的原则处理，即按其中法定刑之重者处理。而在故意伤害致人死亡的情形下，其法定刑幅度为 10 年以上有期徒刑、无期徒刑或者死刑，寻衅滋事罪的法定刑最高只有 5 年有期徒刑，前者比后者重。因此，本案应以故意伤害罪来定罪量刑。值得指出的是，寻衅滋事随意殴打他人的，亦有可能演变为故意杀人，尤其是间接故意杀人，如属此种情形，则应按故意杀人罪论处。就本案而言，对所有被告人均以故意伤害（致人死亡）罪论处，应该说是恰当的。理由是：（1）本案所有被告人都自始至终直接参与了对被害人的暴力殴打，具有共同伤害的明确故意；（2）本案被害人系因头部损伤引起硬膜下血肿，脑组织挫裂伤而死，该死因无法查明确系某一人或几人的举止直接所致，因此，本案所有被告人的殴打均无法排除与被害人的死亡有因果关系。换言之，无论是杨某、刘某的拳打脚踢，还是毛某某、任某某的拳打，直接打击部位或打击所引发的伤害部位，均指向被害人的头部，均与被害人的头部损伤有关联。在共同随意殴打他人过程中，如能明显排除某人的殴打与被害人的死亡之间的因果关系，则不能要求其对被害人的死亡后果承担刑事责任。如被害人的死因系头部损伤，而参与共同殴打的某一被告人仅是踢了被害人的下肢一两脚等。

本案中有疑义之处在于，被告人是否只构成故意伤害罪，而根本无须考虑寻衅滋事罪？因为被告人杨某等人是对身为文化站副站长的李某某进行报复，如果李某某不去阻止杨某等人对女演员的调戏，杨某等人就不会殴打李某某，杨某等人进而只能以侮辱妇女罪论处。也有观点指出，如果作案人殴打他人是出于双方之间的矛盾、纠纷，或者是作案人与被害人之间有某种身份关系，而故意找碴殴打他人，这样，殴打所针对的便是特定对象，进而不再是寻衅滋事的举止，因为这种举止不会波及其他人的身体，不存在危及他人安全感的可能性，也就不会对公共秩序造成损害。[①] 但是，依照《寻衅滋事解释》第 1 条第 2 款，作案人因日常生活中的偶发矛盾纠纷，借故生非，实施《刑法》第 293 条规定的举止的，应当认定为“寻衅滋事”，但矛盾系由被害人故意引发或者被害人对矛盾激化负有主要责任的除外。结合本案案情，可以得知，杨某等人与李某某之间的矛盾是“偶发的”，且李某某对矛盾激化不负有主要责任，故仍应认为，被告人杨某等人的殴打也符合寻衅滋事罪的构成要件。

同时，应予解答的是：当基于“寻衅滋事”动机故意伤害造成他人重伤（或者死亡）时，应以寻衅滋事罪还是故意伤害罪论处？有一种观点是数罪并罚。其理由是 1984 年“两高”《关于当前办理流氓案件中具体应用法律的若干问题的解答》（已废止）中的“流氓罪犯兼犯杀人、重伤、抢劫、强奸和引诱、容留、强迫妇女卖淫，制作、贩卖淫书、淫画等罪行的，应按数罪并罚惩处”[②]。另一种观点则认为，此时属于想象竞合的关系，应从一重罪处罚。[③] 数罪并罚说之依据在于“两高”的上述《解答》；应当认为，倘若有两个举止，一为随意殴打，另一为重伤他人，自然需要两罪并罚。但是，本案涉及的是仅有一个举止的情况，出于“禁止重复评价”的考虑，如此便只能得出竞合的结论来，例如想象竞合。

除数罪并罚和想象竞合以外，其实还有可能成立法条竞合，因为“不需要借助具体案件事实的联结，而是通过对逻辑上具有包容或者交叉关系的具体犯罪构成要件（法条）的解释，就可以发现两个法条（罪名）之间具有竞合（重合）关系的，属于法条竞合；即法条竞合不是事实关系而是逻辑关系；而法条本身不具有逻辑上的包容或者交叉关系（重合），只是因为具体的犯罪行为才使两个法条（罪名）发生竞合的，就是想象竞合，即想象竞合不是逻辑关系而是事实关系”[④]；“法条竞合是法律条文的竞合，是法条的现象形态。而想象竞合犯是犯罪行为的竞合，是犯罪的现象竞合”[⑤]。由此可知，法条竞合是构成要件的竞合，在随意殴打型寻衅滋事罪和故意伤害罪之间，根据两罪构成要件的内在逻辑，它们必然存在相应的重合之处。这种重合的表现便是，在现实生活中，必然存在基于“寻衅滋事”动机故意伤害他

① 马克昌．百罪通论：下卷．北京：北京大学出版社，2014：942（柯良栋执笔）．

② 同①946（柯良栋执笔）．

③ 周光权．刑法各论．3 版．北京：中国人民大学出版社，2016：366；张明楷．刑法学．5 版．北京：法律出版社，2016：1069.

④ 陈洪兵．再论“不必严格区分法条竞合与想象竞合”．国外社会科学前沿，2020（5）：7.

⑤ 陈兴良．刑法各论的一般理论．北京：中国人民大学出版社，2007：332（陈兴良执笔）.

人致其轻伤以上伤情这种现象，因此，也就无法否定此时属于交叉关系的法条竞合。①

应予注意的是，有观点提出，法条竞合应当在从属和交叉关系之下再分别细分为两种形态，从而出现独立竞合、包容竞合、交互竞合和偏一竞合四种形态。在法条的具体适用上，独立竞合适用特别法优于一般法（如贷款诈骗罪优于普通诈骗罪），包容竞合适用整体法优于部分法（如交通肇事罪优于过失致人死亡罪），交互竞合适用重法优于轻法（如招摇撞骗罪和诈骗罪，具体适用何者，应依具体情况而定），偏一竞合适用基本法优于补充法（拐卖儿童罪优于拐骗儿童罪）。② 该观点乃是所谓的“四元说”，然而，该“四元说”在区分标准上是值得商榷的。它实际上是在区分标准上使用了“双重标准”，即同时适用外延和内涵这两个标准来对法条竞合加以定义，正是这种“双重标准”，使得原本只有两类情形的犯罪形态演变成了四种情形。所以，“所谓独立竞合和包容竞合，根本是没有区别的两个概念，只不过前者是通过法条之间的外延关系来定义，后者是通过法条之间的内涵关系来定义罢了。同样道理，所谓交互竞合和偏一竞合，也是没有区别的两个概念”③。同时，该“四元说”所举之例亦有不妥，其认为交通肇事罪和过失致人死亡罪属于从属关系的包容竞合，其实，这并非从属关系，而是交叉关系，交通肇事致人重伤或者使公私财产遭受重大损失符合交通肇事罪构成要件，不符合过失致人死亡构成要件，而在交通运输范围外不慎致人死亡，则为过失致人死亡罪，而不为交通肇事罪。如此看来，二者怎么不是交叉关系而成为论者所主张的从属（包容或特别）关系？

在交叉关系的法条竞合的场合，应当如何加以处断？对此，我国刑法学界存在一定的分歧。多数说认为，此时应当从一重罪论处。果真如此，将使得是定性为（交叉关系的）法条竞合，还是定性为想象竞合，沦为司法实践中不重要的问题，因为无论是何种竞合，最终结论均是符合两个构成要件，

---

① 转引自：陈洪兵．再论“不必严格区分法条竞合与想象竞合”．国外社会科学前沿，2020（5）：9页；有观点认为，不存在补充关系的法条竞合，因为补充性质的法条作为被包含的法条，相当于普通法，如此，法条竞合的基本类型就只剩下特别关系了［劳东燕．罪数与竞合//陈兴良．案例刑法研究（总论）．北京：中国人民大学出版社，2020：333-334］。但是，该观点未正确地认识到，在特别关系和交叉关系的情形下，法条之间的内在逻辑有所不同，且这两种竞合都源自法条自身，而不取决于犯罪如何发生。也有人认为，“除确属必要的以外，应当尽量削减交互竞合”（指交叉关系的法条竞合）［陈兴良．刑法各论的一般理论．北京：中国人民大学出版社，2007：346（陈兴良执笔）］，但这只是立法论而非司法论的观点。

② 陈兴良．规范刑法学（教学版）．北京：中国人民大学出版社，2018：135-138.

③ 庄劲．犯罪竞合：罪数分析的结构与体系．北京：法律出版社，2006：124-125.

且从一重处罚。[①] 少数说持反对意见，认为不能从一重罪处理，并指出：刑事司法必须体现立法者的意志。立法意志是通过具体的刑法规范及其相互间的逻辑关系体现出来的，而不是司法者“以己度人”的推断。对于交叉关系的法条竞合只能分别采取“复杂法优于简单法”原则来处理，不应在这些原则之外再附加上“重法优于轻法”的原则。当交叉关系的法条竞合所触犯的数刑法规范有轻重之别时，司法中即便选择适用了重法，那也只是按照“复杂法优于简单法”的原则处理的（间接的）结果，而不是（直接）缘于“重法优于轻法”的原则。例如，交通肇事罪和过失致人死亡罪、招摇撞骗罪和诈骗罪等即为交叉关系，应优先适用复杂法，即交通肇事罪和招摇撞骗罪。至于招摇撞骗骗取数额特别巨大，则应当由司法解释加以明确：招摇撞骗不包括该种情形，亦即只包括数额巨大的情形，进而消除招摇撞骗罪在“数额特别巨大”情形下和诈骗罪的“假性竞合关系”[②]。依照该少数说，在交叉关系的场合，若一味适用重罪，将无法在《刑法》第 264 条盗窃罪和第 302 条盗窃尸体、骨灰罪中得出合理结论，第 302 条只规定了 3 年以下有期徒刑，如果有人盗窃了大量待收费的骨灰，依照重法将定盗窃罪，而非盗窃骨灰罪，如此定性将违反《刑法》设置第 302 条的目的。

针对此处的多数说和少数说，应当如何抉择？应该讲，刑事立法并未提供明晰的答案。不过，司法解释似乎更倾向于依照重法处理，例如，2002 年最高法《关于审理偷税抗税刑事案件具体应用法律若干问题的解释》（已失效）第 6 条第 1 款规定，实施抗税行为致人重伤、死亡，构成故意伤害罪、故意杀人罪的，分别依照《刑法》第 234 条第 2 款、第 232 条的规定定罪处罚。但是，依照少数说，抗税罪中的暴力应当只限于轻伤以下的范围，抗税致人重伤或死亡的，应属于抗税罪和故意伤害罪或故意杀人罪的想象竞合犯，而非法条竞合犯。[③] 同时，2013 年《寻衅滋事解释》第 7 条也规定，“实施寻衅滋事行为，同时符合寻衅滋事罪和故意杀人罪、故意伤害罪、故意毁坏财物罪、敲诈勒索罪、抢夺罪、抢劫罪等罪的构成要件的，依照处罚较

---

① 陈洪兵．不必严格区分法条竞合与想象竞合．清华法学，2012（1）：43；王强．法条竞合特别关系及其处理．法学研究，2012（1）：161；陈兴良．规范刑法学（教学版）．北京：中国人民大学出版社，2018：137（交互竞合）；“李志远招摇撞骗、诈骗案”//最高人民法院刑事审判第一、二庭．刑事审判参考：总第 24 辑．北京：法律出版社，2002：84.

② 刘士心．竞合犯研究．北京：中国检察出版社，2005：98，103，110，112，118；类似观点，亦见何庆仁．寻衅滋事罪研究．中国刑事法杂志，2003（4）：59. 有人认为，招摇撞骗罪和诈骗罪之间是择一关系的交叉竞合（陈兴良．判例刑法学：上．北京：中国人民大学出版社，2009：509－510），但是，择一关系其实只是互斥关系的别名，而非法条竞合（Vgl. Jescheck/Weigend，Lehrbuch des Strafrechts Allgemeiner Teil，1996，S. 734）。

③ 刘士心．竞合论研究．北京：中国检察出版社，2005：117－118.

重的犯罪定罪处罚”。这是否意味着在交叉关系的法条竞合上，必须采取多数说呢？

倘若只能遵循司法解释，那当然只能依重法论处，然而，刑法理论其实不宜庸暗地盲从司法解释，反而应当得出否定的结论，因为少数说在逻辑上是更为可靠的。不过，针对逻辑上更为靠谱的少数说，理论上也存在质疑：有学者指出，在交叉关系下，适用复杂法，乃是转而适用“内涵分析法”，在交通肇事罪和过失致人死亡罪的竞合中，也就是适用内涵较多的交通肇事罪，但是，交通肇事罪在内涵上并不能包含“在非交通运输过程中过失致人死亡”的内涵，所以，交通肇事罪和过失致人死亡罪二者之间在内涵上也是交叉关系，“不存在内涵较多的法条，自然也无所谓据此得出的所谓全部法、整体法、复杂法”的概念。① 然而，质疑者所提出的替代性方案是：以法益最为全面的法条（“全面法”）作为优先适用的对象，对法益进行水平的全面评价（对法益的样态进行全面把握，如交通肇事致人死亡，适用交通肇事罪），如果样态上存在重合，则以法益侵害程度为标准进行垂直评价（如明知自己有梅毒而嫖娼致对方重伤应当定故意伤害）；如果适用前述评价法则导致罪刑失衡或无法适用法条，则以重法优于轻法作为补充原则。② 可惜的是，这种质疑并不能成立。具体而言，“复杂法优于简单法”这一规则，既可以如前述质疑者那样，从内涵角度来把握，也可以从法益的样态角度进行外延上的理解，比如，交通肇事罪的法益从外延上不仅包括致人伤亡所侵害的人身安全，还包括财产安全，这不是比过失致人死亡罪之法益种类更多、外延更广吗？所以，质疑者所谓“全面法优于片面法”的原则，不过是“复杂法优于简单法”的别名罢了。至于质疑者所举嫖娼传播梅毒的例子，其实也应当是优先适用复杂法或全面法，即《刑法》第 360 条“传播性病罪”，依照 2017 年“两高”《关于办理组织、强迫、引诱、容留、介绍卖淫刑事案件适用法律若干问题的解释》，只有明知自己感染艾滋病病毒而卖淫、嫖娼，进而致使他人感染艾滋病病毒（认定为《刑法》第 95 条第 3 项的“重伤”）的，才论以故意伤害罪。有梅毒、淋病而卖淫、嫖娼，只能是传播性病罪，而非故意伤害罪的内容。

综上所述，凡是依据法条内在逻辑可以得出结论的例子，即为法条竞合，其分为从属（包容或特别）关系和交叉关系两种，分别适用“特别法优于一般法”和“复杂法（或全面法）优于简单法（或片面法）”的原则。至于逻辑分析已经不能解决的情况，则是想象竞合，此时如何评价和处断？一则，在

① 庄劲．犯罪竞合：罪数分析的结构与体系．北京：法律出版社，2006：125－126.

② 同①129－134.

评价上，需要诉诸犯罪如何发生以认定想象竞合；二则，在处断上，应适用“重法优于轻法”之原则。具体而言，盗伐林木时，为了守护赃物、抗拒抓捕而使用暴力打人，便需依照盗伐林木罪和抢劫罪二者想象竞合的原理，从一重处罚。此时之所以单纯用针对法条的逻辑分析无法得出答案，乃是因为当事人主动使用了暴力。此非法条逻辑中必然的内容。

以上我们对基于“寻衅滋事”动机故意伤害造成他人重伤（或者死亡）应成立寻衅滋事抑或故意伤害罪进行了论述。若非必须采取多数说的话，那么，在以逞强耍横的动机随意殴打他人的过程中，一次性造成对方重伤的，依照法条竞合论，亦可能定寻衅滋事而非故意伤害。

深度研究

前文回答了基于“寻衅滋事”动机故意伤害造成他人重伤（或者死亡）时，应以故意伤害罪还是寻衅滋事罪论处的问题，多数说的结论是两罪竞合，从一重论处。那么，严格来讲，这种竞合究竟属于想象竞合抑或法条竞合？对这一问题，多数说其实是以会得出“从一重处罚”的相同结论（即“反正结果都一样”）为由加以回避了，并未从学理上得出明确的答案。下文即仔细分析该问题。

1. 随意殴打型寻衅滋事罪与故意伤害罪之间，是想象竞合抑或法条竞合

在我国，寻衅滋事罪是一个综合了两类（第 1 款和第 2 款）、八种（第 1 款有四种，第 2 款又有四种）犯罪情形的复合性犯罪，再加上我国刑法中普遍存在的罪量要件，必须承认，拥有三组法定刑的故意伤害罪和随意殴打型寻衅滋事罪二者之间是想象竞合还是法条竞合的问题，乃是一个我国刑法学中的国际级难题。这一难题，不仅存在于故意伤害罪和随意殴打型寻衅滋事罪之间，也存在于敲诈勒索罪和强拿硬要型寻衅滋事罪之间，还存在于故意毁坏财物罪和任意损毁型寻衅滋事罪之间，不一而足。[①]

以随意殴打型寻衅滋事罪和故意伤害罪为例，既然承认寻衅滋事罪和故意伤害罪均可细分，那就意味着应当区分情况加以讨论。由于它们之间可能发生重合之处，仅限于随意殴打型寻衅滋事罪，那么，便应当考察随意殴打型寻衅滋事罪和故意伤害罪这两者之间的逻辑关系，如此一定会出现六

---

① 我国《刑法》通常是以一个条文规定多种罚则，比如，第 234 条故意伤害罪有三组法定刑，分别针对轻伤、重伤和死亡三种情形，而这种三种情形，在《德国刑法典》中，至少用了三个条文来表达，即其第 223 条（普通伤害罪）、第 226 条（重伤害罪）和第 227 条（伤害致死罪）。再如，我国《刑法》第 274 条敲诈勒索罪也有三组法定刑，分别针对数额较大或多次敲诈勒索、数额巨大或有其他严重情节、数额特别巨大或有其他特别严重情节，而《德国刑法典》第 253 条（恐吓罪）则并不从罪量角度做如此的细分。

种相重合的情形：（1）基于寻衅滋事的动机，随意殴打他人致人轻伤；（2）基于寻衅滋事的动机，随意殴打他人致人重伤；（3）基于寻衅滋事的动机，随意殴打他人致人死亡；（4）基于寻衅滋事的动机，纠集他人多次随意殴打他人，致人轻伤；（5）基于寻衅滋事的动机，纠集他人多次随意殴打他人，致人重伤；（6）基于寻衅滋事的动机，纠集他人多次随意殴打他人，致人死亡。

在这六种情形中，随意殴打型寻衅滋事罪和故意伤害罪均分别成立交叉关系的法条竞合，针对该种法条竞合，有两种处断方法：其一是依照“复杂法（全面法）优于简单法（片面法）”的原则，适用复杂法（全面法）。其二是依照“重法优于轻法”的原则，从一重罪论处。如果适用第一种方法，那么，由于寻衅滋事罪侵害的法益既包括社会法益，也包括个人财产、名誉、行动自由等，属于复杂法（或全面法），应当一律优先适用寻衅滋事罪，即便依照故意伤害（致死）罪会判处更重的处罚［如第（2）（3）（6）种情形］，也不妨碍优先适用寻衅滋事罪。如果适用“重法优于轻法”的原则，则依照法定刑的轻重，第（1）种情形定寻衅滋事罪，第（2）种情形定故意伤害（重伤）罪；第（3）种情形定故意伤害（致死）罪；第（4）种情形定寻衅滋事罪；第（5）种情形定寻衅滋事罪；第（6）种情形定故意伤害（致死）罪。

那么，应当采用哪种处断方法呢？如果依照第一种方法，其优点是能够保证在“基于寻衅滋事的动机，随意殴打他人”的情形下，始终可以照顾到这种犯罪类型，一贯地适用寻衅滋事罪，具有一种法律适用上的稳定性。如果采用第二种方法，就会像有的学者所指出的那样，同一种行为方法，只因为罪量上的原因，便使得犯罪定性流质多变，进而导致构成要件之定型作用荡然无存，罪量最终成为决定犯罪类型的关键。① 可见，在考察犯罪发生的事实之前，倘若根据“重法优于轻法”来处置交叉关系的法条竞合，随意殴打型寻衅滋事罪和故意伤害罪这两个法条之间的适用情况，便已如此复杂。因此，也就很容易理解，为何人们会放弃深究寻衅滋事罪与故意伤害罪两罪之间究竟是否属于法条竞合关系，遑论更进一步地去回答，这种法条竞合关系是特别关系的法条竞合抑或交叉关系的法条竞合。知难而退乃人之常情，有

---

① 该观点是王彦强先生在对“以重法优先替代特别法优先”加以批评时所表达的，其亦适用于“以重法优先替代复杂法优先”的做法。在他看来，依照重法论处，会使得“骗取保险金不足 1 万元的，构成诈骗罪；1 万元以上的，构成保险诈骗罪；数额特别巨大时，则构成合同诈骗罪。盗伐林木，数量不足 $2m^3$，但价值数额较大时，构成盗窃罪；数量超过 $2m^3$，则要比较盗伐林木罪与相应价值的盗窃罪，以重罪论；若林木价值数额特别巨大，不论数量几何，构成盗窃罪。如此，同一行为方式，仅因数额几易罪质，构成要件之行为定型荡然无存，数额成为决定行为类型的要素”［王强．法条竞合特别关系及其处理．法学研究，2012（1）：159］。

鉴于此，人们不仅不回答这两罪之间是不是法条竞合关系，甚至进一步认为，在这两罪之间“不应该严格区分法条竞合和想象竞合”，“只需认为寻衅滋事罪……与故意伤害罪……之间存在竞合，进而从一重处罚即可”①，就是顺其自然的事情了。

从罪刑相适应的角度，虽然人们可以得出不必严格区分法条竞合和想象竞合的结论，但是，从罪刑法定的角度是可以得出必须区分法条竞合和想象竞合的结论的：毕竟基于寻衅滋事的动机进行殴打，相对于普通的故意伤害而言，乃是一种不同的犯罪类型，两者在法条竞合的角度上呈现出一种交叉关系。既然属于法条竞合，那么，认定法条竞合而非想象竞合的根据是什么呢？

2. 以“法益统一性”作为判定法条竞合的实质根据吗

我国学者提出，应当在“特别、交叉”关系的形式标准之外，用两个罪名之间是否具有“法益同一性”来充当实质的判断根据，以判定两者是成立法条竞合，抑或想象竞合。② 依照这一标准，“同为窃取行为，在盗窃罪与盗窃枪支、弹药、爆炸物罪、盗伐林木罪、盗窃武器装备、军用物资罪之间，因为枪支弹药爆炸物、林木、武器装备、军用物资在社会观念中被认为是有价值的特殊财物，与公私财物属特殊物与一般物关系，盗窃罪与这些犯罪系法条竞合。但在盗窃罪与为境外窃取国家秘密、情报罪、非法获取公民个人信息罪、侵犯商业秘密罪、窃取国有档案罪、盗窃国家机关公文、证件、印章罪之间，因为秘密情报、档案、证件等以标识内容而具有意义，载体本身一般并无价值，与公私财物犹如书证与物证的关系，不能认定为法条竞合，若载体本身也有较大价值，则系想象竞合”③。

然而，该种观点是值得商榷的，因为倘若以“法益同一性”作为法条竞合的实质标准，那将使得法条竞合这种情形不复存在。如此说的理由在于：在刑法中，并不存在保护完全相同的法益的两个条文或罪名。假使两个条文或罪名所保护的法益（规范的保护目的）完全相同，那么，又何必规定两个条文或罪名，何必使用两个刑法规范呢？用一个条文、罪名或者刑法规范，不就已经可以达到目的了吗？只要稍微了解一下同类法益和直接法益的区别④，便可得知，诉诸“法益同一”以作为实质标准是不可行的。即以论者所举的“盗窃罪和盗伐林木罪”而言，这两个罪名在逻辑上存在特别关系，但

① 陈洪兵．再论“不必严格区分法条竞合与想象竞合”//国外社会科学前沿，2020（5）：16.

② 王强．法条竞合特别关系及其处理．法学研究，2012（1）：144，148；吕英杰．刑法法条竞合理论的比较研究//陈兴良．刑事法评论：第23卷．北京：北京大学出版社，2008：481.

③ 王强．法条竞合特别关系及其处理//法学研究，2012（1）：151.

④ 对应于苏联刑法学中的同类客体和直接客体。

是，它们两者的保护法益并不同一，前者乃是适于盗窃的任何财产（如果按照司法解释的立场，还应当扩及任何财产性利益），而后者则是以体积计算的尚在生长着的“活树”，后者的范围远小于前者，其至多只是前者的一部分，而非与前者同一。[①] 侵犯商业秘密罪和盗窃罪亦然，商业秘密是一种知识产权性质的财产性利益，它也是盗窃罪所针对的财产性利益的一部分，这两个罪名之间也仍然存在法条竞合的关系，所以，要判断两个条文或罪名之间究竟是法条竞合抑或想象竞合的关系，只能使用形式的标准，而不需要什么实质的标准。只不过当我们排除特别关系，而得出了属于交叉关系的法条竞合的结论之后，因多数说认为，和想象竞合一样，此交叉关系的法条竞合也适用“从一重罪论处”之原则，由此而使得法条竞合和想象竞合之区分，失去了影响处刑的能力而已。

既然区分交叉关系的法条竞合和想象竞合的意义下降了，作为法条竞合的“最后堡垒”——特别关系的法条竞合是否面临同样的命运呢？

3. 也不应该区分想象竞合与特别关系的法条竞合吗

在特别关系的法条竞合的处理上，我国刑法理论界存在三种观点：(1) 应当不受限制地优先适用特别法；(2) 原则上应当优先适用特别法，但应例外地补充适用重法；(3) 不应该严格区分想象竞合和特别关系的法条竞合。

持第一种观点者，居于多数。这种观点认为，即便特别法处刑偏轻，在特别关系的法条竞合下，也不能为了罪刑均衡，转而去适用一般法；如果这样，那就破坏了罪刑法定原则。像盗伐 1.8 立方米的油松，即便达到了普通盗窃罪的入罪数额门槛，但因未达到盗伐林木罪的数额门槛，故只能无罪处理，而不是转而以普通盗窃罪处理。这种“处罚漏洞”只能通过修法解决，而不能用解释的方法入罪。[②]

持第二种观点者主张，原则上优先适用特别法，在下述两种情况下适用重法：第一，法律明文规定按重罪定罪量刑（如《刑法》第 149 条）；第二，法律虽未明文规定按一般法定罪，但未禁止适用一般法（未如《刑法》第 233、234、235 等条般规定“本法另有规定的，依照规定”的），为矫正罪刑

---

① 有人认为，盗伐林木罪和盗窃罪之间是交叉关系，理由是，即便当事人出于报复目的将他人所有的林木全部伐倒而不取走的，虽然没有利用的意思而缺乏非法占有的目的，但因为已经侵害盗伐林木罪的主要法益（具有生态功能的林木资源），而能成立盗伐林木罪的既遂［陈洪兵．不必严格区分法条竞合与想象竞合．清华法学，2012 (1)：43］。可是，这种报复目的下、缺乏利用意思的伐倒他人树木的行为，更符合以毁坏为内容的故意毁坏财物罪的构成要件。

② 阮齐林．对未溢出特别法的行为排斥“重法优先”规则．检察日报，2011－02－17 (3)；类似的强调“立法初衷”的论证，见陈兴良．刑法各论的一般理论．北京：中国人民大学出版社，2007：339－340（陈兴良执笔）（于“独立竞合”项下）．

失衡，可以适用重法。①

持第三种观点者指出，不必严格区分想象竞合和特别关系的法条竞合，只需一般地认定竞合，从一重处罚。《刑法》第 149 条第 2 款仅属于注意规定，而且在晚近的修正案中，也越来越多地规定了"同时构成其他犯罪的，依照处罚较重的规定定罪处罚"，之前立法者不如此规定，要么是因为立法匆忙，要么是希望让竞合论去发挥作用。在将特别关系的法条竞合"从一重处断"后，并不影响被排除的罪名仍发挥其效用。②

以上三种观点皆有其理，理想情况下自然应采第一种观点，而且，较之交叉关系，特别关系的法条竞合也更易确定，可是，"不受限制地优先适用特别法"，以一部内在逻辑严谨、罪量基本得到限定的实定法为其前提，因此，继续完善实定法依然有其必要。基于近代早期欧陆理性主义的法律传统，立法被假定为完美的文本，司法者不可拥有解释立法的权力。尽管在当代欧洲国家中，法律权力的天平越来越倾向司法者，但是，我国直到 1997 年才废除类推，进而确立罪刑法定原则，这使得我国仍应合理地限制司法者的自由裁量权，以保证法律后果对于公民的可预见性。③

上述第二种观点是隐蔽地用罪刑均衡原则来满足公民正义感的补救性方案，而第三种观点则是更为明显地走向了罪刑均衡原则，这当然需要司法者拥有更高程度的自由裁量权和法律技艺。结合我国刑事立法的历史，就可以理解这两种观点了。1979 年《刑法》的出台源于 1963 年草案，1997 年《刑法》修订则是对之前单行刑法和法律解释的整理、汇集，加上 1979 年立法时的"宜粗不宜细"的指导思想，其实可推知：我国的刑事立法和其间的修正案，更多是受制于时势，匆忙的节奏使得我们的法律经常是回应舆论的"权宜之计"和"消极的一般预防"刑事政策的产物，所以，我们尊重立法，并不意味着我们认为立法是十全十美的。在内容重合的不同条文的设置问题上，分明可以看到规范科学的缺失。而第二、三种观点的出现，正是为了矫正立法的疏失。

二、寻衅滋事罪和抢劫罪的关系

知识背景

1979 年《刑法》第 150 条规定："以暴力、胁迫或者其他方法抢劫公私财

① 张明楷．法条竞合中特别关系的确定与处理．法学家，2011（1）：36 以下．

② 陈洪兵．再论"不必严格区分法条竞合与想象竞合"．国外社会科学前沿，2020（5）：4 以下；类似的理解，参见劳东燕．罪数与竞合//陈兴良．案例刑法研究（总论）．北京：中国人民大学出版社，2020：336.

③ 东亚的"压缩饼干式"的法制史，似乎很短时间就完成了欧洲几百年的进程。我们的立法似乎已被逐步祛魅了，司法解释的大量使用，明显缩短了祛魅所需的时间。当然，这是另一个问题了。

物的，处三年以上十年以下有期徒刑”；“犯前款罪，情节严重的或者致人重伤、死亡的，处十年以上有期徒刑、无期徒刑或者死刑，可以并处没收财产”。1997 年《刑法》保留了第 1 款，但对第 2 款进行了细化，列举了八种应当处以 10 年以上有期徒刑、无期徒刑或者死刑的加重情形。抢劫罪侵犯的主要法益是财产法益，附属法益是生命、健康等人身权利。财产法益是主要法益，乃是我国将抢劫罪纳入侵犯财产罪一章的依据。

《刑法》第 293 条（寻衅滋事罪）第 1 款第 3 项“强拿硬要……公私财物”显然和前述“以暴力、胁迫或者其他方法抢劫公私财物”存在重合关系，因此，为了解相关司法实践，需要结合案例对两罪的关系加以考察。

规范依据

（一）《刑法》

第 263 条　以暴力、胁迫或者其他方法抢劫公私财物的，处三年以上十年以下有期徒刑，并处罚金；有下列情形之一的，处十年以上有期徒刑、无期徒刑或者死刑，并处罚金或者没收财产：

（一）入户抢劫的；

（二）在公共交通工具上抢劫的；

（三）抢劫银行或者其他金融机构的；

（四）多次抢劫或者抢劫数额巨大的；

（五）抢劫致人重伤、死亡的；

（六）冒充军警人员抢劫的；

（七）持枪抢劫的；

（八）抢劫军用物资或者抢险、救灾、救济物资的。

第 274 条　敲诈勒索公私财物，数额较大或者多次敲诈勒索的，处三年以下有期徒刑、拘役或者管制，并处或者单处罚金；数额巨大或者有其他严重情节的，处三年以上十年以下有期徒刑，并处罚金；数额特别巨大或者有其他特别严重情节的，处十年以上有期徒刑，并处罚金。

（二）最高人民法院、最高人民检察院《关于办理寻衅滋事刑事案件适用法律若干问题的解释》

第 4 条　强拿硬要或者任意损毁、占用公私财物，破坏社会秩序，具有下列情形之一的，应当认定为刑法第二百九十三条第一款第三项规定的“情节严重”：

（一）强拿硬要公私财物价值一千元以上，或者任意损毁、占用公私财物价值二千元以上的；

（二）多次强拿硬要或者任意损毁、占用公私财物，造成恶劣社会影响的；

（三）强拿硬要或者任意损毁、占用精神病人、残疾人、流浪乞讨人员、老年人、孕妇、未成年人的财物，造成恶劣社会影响的；

（四）引起他人精神失常、自杀等严重后果的；

（五）严重影响他人的工作、生活、生产、经营的；

（六）其他情节严重的情形。

（三）最高人民法院《关于审理抢劫、抢夺刑事案件适用法律若干问题的意见》

九、关于抢劫罪与相似犯罪的界限

…………

4. 抢劫罪与寻衅滋事罪的界限

寻衅滋事罪是严重扰乱社会秩序的犯罪，行为人实施寻衅滋事的行为时，客观上也可能表现为强拿硬要公私财物的特征。这种强拿硬要的行为与抢劫罪的区别在于：前者行为人主观上还具有逞强好胜和通过强拿硬要来填补其精神空虚等目的，后者行为人一般只具有非法占有他人财物的目的；前者行为人客观上一般不以严重侵犯他人人身权利的方法强拿硬要财物，而后者行为人则以暴力、胁迫等方式作为劫取他人财物的手段。司法实践中，对于未成年人使用或威胁使用轻微暴力强抢少量财物的行为，一般不宜以抢劫罪定罪处罚。其行为符合寻衅滋事罪特征的，可以寻衅滋事罪定罪处罚。

（四）最高人民法院《关于审理未成年人刑事案件具体应用法律若干问题的解释》

第7条　已满十四周岁不满十六周岁的人使用轻微暴力或者威胁，强行索要其他未成年人随身携带的生活、学习用品或者钱财数量不大，且未造成被害人轻微伤以上或者不敢正常到校学习、生活等危害后果的，不认为是犯罪。

已满十六周岁不满十八周岁的人具有前款规定情形的，一般也不认为是犯罪。

第8条　已满十六周岁不满十八周岁的人出于以大欺小、以强凌弱或者寻求精神刺激、随意殴打其他未成年人、多次对其他未成年人强拿硬要或者任意损毁公私财物，扰乱学校及其他公共场所秩序，情节严重的，以寻衅滋事罪定罪处罚。

案例评价

[案例 21 - 7] 李某甲寻衅滋事案①（寻衅滋事罪和抢劫罪的关系）

1. 基本案情

2005 年 4 月 26 日晚，被告人李某甲（1986 年出生）伙同沈某甲（另案处理）窜到诏安县四都中学内，在科技楼楼梯转台处，以言语威胁方式抢劫该校学生沈某乙 7.5 元、林某勇 3.5 元。之后，被告人李某甲伙同沈某甲又窜到四都中学学生公寓楼面前，采用同样方式抢走学生吴某甲 20 元，李某甲分得赃款 24 元，沈某甲分得赃款 7 元。

2005 年 4 月 27 日晚，被告人李某甲独自窜到四都中学初一教学楼前，将正在行走的学生郑某某、李某乙叫到该校宣传栏边，以言语威胁方式抢走郑某某 95 元、李某乙 16 元。

2005 年 4 月 29 日晚，被告人李某甲独自窜到四都中学初三教学楼，将正在初三（1）班自习的学生吴某甲、吴某乙、沈某丙等人叫出，以言语进行威胁，抢走吴某乙 8.5 元、沈某丙 2 元，吴某甲因身上无钱而作罢。

2. 涉案问题

本案李某甲的举止，应当定性为寻衅滋事罪还是抢劫罪?

3. 裁判理由

某县法院认为，被告人李某甲以非法占有为目的，当场使用胁迫的方法，强行抢走他人财物 3 次合计 152.5 元，系多次抢劫，其举止侵犯了公私财产的所有权和公民的人身权利，符合抢劫罪的构成要件，公诉机关指控李某甲犯抢劫罪的罪名成立。李某甲的举止构成抢劫罪，应予刑事处罚。鉴于被告人家属积极退回赃款，李某甲归案后认罪态度较好，对李某甲量刑时酌情予以从轻处罚。据此，依照《刑法》第 263 条、第 52 条的规定，判决如下：被告人李某甲犯抢劫罪，判处有期徒刑 10 年，并处罚金 1 000 元（已缴纳）。

一审宣判后，李某甲在法定期间内向某市中级法院提起上诉。李某甲的辩护人提出，上诉人李某甲的举止应构成寻衅滋事罪，上诉人在犯罪过程中仅仅是采用口头语言相威胁索取少量金钱，其主观恶性、社会危害性均较小，其举止符合寻衅滋事的强拿硬要的特征，原判认定抢劫罪不当；上诉人犯罪时年仅 19 岁，且归案后认罪态度较好，并已全部退赃，请求二审依法改判。

某市中级法院查明的事实和证据与一审相同。某市中级法院认为，上诉人（原审被告人）李某甲诉称原判量刑畸重及其辩护人提出上诉人在犯罪过

① 最高人民法院中国应用法学研究所．人民法院案例选：2006 年第 3 辑．北京：人民法院出版社，2007：63 - 68.

程中仅仅是采用口头语言相威胁索取少量金钱，其主观恶性、社会危害性均较小，其举止符合寻衅滋事的强拿硬要的特征，李某甲的举止应构成寻衅滋事罪，原判认定抢劫罪不当的理由，经查属实，应予采纳；辩护人还提出上诉人犯罪时年仅 19 岁，且归案后认罪态度较好，并已全部退赃的理由，经查属实，可酌情从轻处罚。李某甲连续 3 次窜到校园内，采用以大欺小的言语威胁的方法，向 8 名学生强拿硬要人民币 152.5 元，情节严重，其举止已构成寻衅滋事罪，原判事实清楚，证据确实、充分，审判程序合法。但原判决适用法律不当，量刑畸重，应予纠正。据此，依照《刑法》第 293 条第 1 款第 3 项及《刑事诉讼法》（1996 年）第 189 条第 2 项的规定，作出如下判决：（1）撤销某县人民法院（2005）诏刑初字第 79 号刑事判决；（2）上诉人（原审被告人）李某甲犯寻衅滋事罪，判处有期徒刑 3 年。

4. 评析意见

根据最高法《关于审理抢劫、抢夺刑事案件适用法律若干问题的意见》，寻衅滋事罪与抢劫罪的区别有二：一是前者作案人主观上还具有逞强好胜和通过强拿硬要来填补其精神空虚等目的，后者作案人一般只具有非法占有他人财物的目的；二是前者作案人客观上一般不以严重侵犯他人人身权利的方法强拿硬要财物，而后者作案人则以暴力、胁迫等方式作为劫取他人财物的手段。司法实践中，对于未成年人使用威胁或使用轻微暴力强抢少量财物的举止，一般不宜以抢劫罪定罪处罚。其举止符合寻衅滋事罪特征的，可依寻衅滋事罪定罪处罚。就本案而言，被告人李某甲虽然多次强索他人财物，但其采取的仅是言语威胁方式，且在未索得财物时，也未采取进一步的暴力手段。由此可见，李某甲采取的言语威胁手段并未达到严重侵犯他人人身权利的程度，即不属于抢劫罪的暴力、胁迫手段。其举止符合寻衅滋事罪的强拿硬要特征，并严重扰乱了社会公共秩序，二审判决以寻衅滋事罪追究其刑事责任是合理的。

本案案发于 2005 年 4 月底，而一审判决于 2005 年 8 月 31 日作出，而在此期间的 2005 年 6 月 8 日，最高法发布了《关于审理抢劫、抢夺刑事案件适用法律若干问题的意见》，其"九、关于抢劫罪与相似犯罪的界限"之"4. 抢劫罪与寻衅滋事罪的界限"中即提道：未成年人以轻微暴力强抢少量财物者，宜定寻衅滋事罪，而非抢劫罪。2005 年 11 月 21 日，本案二审判决作出。此后不久，2006 年 1 月 11 日，最高法颁布《关于审理未成年人刑事案件具体应用法律若干问题的解释》，其中第 8 条规定，"已满十六周岁不满十八周岁的人出于以大欺小、以强凌弱或者寻求精神刺激，随意殴打其他未成年人、多次对其他未成年人强拿硬要或者任意损毁公私财物，扰乱学校及其他公共场所秩序，情节严重的，以寻衅滋事罪定罪处罚"。可见，在该案审理前后，最高法对此类案件的反复表态，加深了人们对未成年人以轻微暴力强抢少量财物不宜认定为抢劫罪的认识。但是，2013 年颁布的《寻衅滋事解释》规定“强拿硬要公私财物价值一千元以上”，才属于需要处罚的“情节严重”，若本案发生在 2013 年后，则将面临无法适用寻衅滋事罪的窘境。

那么，针对同时满足寻衅滋事和抢劫之入罪条件的举止，在竞合和刑罚论上应如何处置？一种观点认为，应对当事人实施数罪并罚。理由是 1984 年“两高”《关于当前办理流氓案件中具体应用法律的若干问题的解答》（已废止）中的“流氓罪犯兼犯杀人、重伤、抢劫、强奸和引诱、容留、强迫妇女卖淫，制作、贩卖淫书、淫画等罪行的，应按数罪并罚惩处”①。另一种观点认为，此时属于想象竞合的关系，应从一重罪处罚。② 由于“流氓罪”已经废止，数罪并罚论的依据也不再有拘束力，加上竞合说在逻辑上明显更为合理，故不宜采数罪并罚论。那么，应该认定想象竞合，还是法条竞合呢？至少就寻衅滋事罪和抢劫罪的关系而言，它们之间的竞合乃是法条本身内生的，从理论上讲，这种竞合也如寻衅滋事罪与故意伤害罪一般，属于交叉关系的法条竞合，虽然抢劫罪的法定刑通常重于寻衅滋事，但是，由于寻衅滋事罪不仅保护社会公共秩序，而且保护公民个人的人身、财产安全，其属于复杂法（全面法），依照法条之逻辑，应当适用寻衅滋事罪。本案的判决至少在结论上是正确的。

当然，《刑法》第 274 条敲诈勒索罪中的“敲诈勒索公私财物”也在近似的意义上与《刑法》第 293 条第 1 款第 3 项有重合，但因敲诈勒索与抢劫罪皆属旨在谋取财产的犯罪，故前面仅以抢劫罪为例加以论述，有关敲诈勒索罪与寻衅滋事罪之间的法条竞合，参照抢劫罪与寻衅滋事罪的交叉关系处理即可。

三、寻衅滋事罪和故意毁坏财物罪的关系

知识背景

1979 年《刑法》第 156 条（故意毁坏财物罪）规定：“故意毁坏公私财物，情节严重的，处三年以下有期徒刑、拘役或者管制”。此处只规定了故意毁坏公私财物，情节严重的一种情形，即构成故意毁坏财物犯罪的条件，而未规定故意毁坏财物的加重构成要件以及与之相应的较重的法定刑。1997 年《刑法》第 275 条关于故意毁坏财物罪的规定，较之于 1979 年《刑法》第 156 条，有了进一步的细化，主要体现在将故意毁坏财物罪区分为两种情形，其中故意毁坏公私财物，数额较大或者有其他严重情节的，处 3 年以下有期徒

---

① 马克昌．百罪通论：下卷．北京：北京大学出版社，2014：946（柯良栋执笔）．

② 周光权．刑法各论．3 版．北京：中国人民大学出版社，2016：366；陈兴良．案例刑法研究（总论）：上卷．北京：中国人民大学出版社，2020：151（柏浪涛执笔）．

刑、拘役或者罚金；数额巨大或者有其他严重情节的，处 3 年以上 7 年以下有期徒刑。[①] 故意毁坏财物罪的保护法益是公私财物的完整性。但是，更新的观点认为，本罪保护法益是他人财物的效用。[②]

《刑法》第 293 条（寻衅滋事罪）第 1 款第 3 项“强拿硬要或者任意损毁、占用公私财物”显然和前述“故意毁坏公私财物”存在重合关系，因此，为了解相关司法实践，需要结合案例对两罪的关系加以考察。

规范依据

（一）《刑法》

第 275 条　故意毁坏公私财物，数额较大或者有其他严重情节的，处三年以下有期徒刑、拘役或者罚金；数额巨大或者有其他特别严重情节的，处三年以上七年以下有期徒刑。

（二）最高人民法院、最高人民检察院《关于办理寻衅滋事刑事案件适用法律若干问题的解释》

第 4 条　强拿硬要或者任意损毁、占用公私财物，破坏社会秩序，具有下列情形之一的，应当认定为刑法第二百九十三条第一款第三项规定的“情节严重”：

（一）强拿硬要公私财物价值一千元以上，或者任意损毁、占用公私财物价值二千元以上的；

（二）多次强拿硬要或者任意损毁、占用公私财物，造成恶劣社会影响的；

（三）强拿硬要或者任意损毁、占用精神病人、残疾人、流浪乞讨人员、老年人、孕妇、未成年人的财物，造成恶劣社会影响的；

（四）引起他人精神失常、自杀等严重后果的；

（五）严重影响他人的工作、生活、生产、经营的；

（六）其他情节严重的情形。

案例评价

[案例 21-8] 许某某等寻衅滋事案[③]（寻衅滋事罪和故意毁坏财物罪的关系）

1. 基本案情

2006 年 4、5 月间，被告人许某某伙同蒋某某等人到位于某区马巷巷北工

---

① 陈兴良．罪名指南：上册．北京：中国人民大学出版社，2008：888（执笔者不详）．

② 周光权．刑法各论．3 版．北京：中国人民大学出版社，2016：147.

③ 最高人民法院中国应用法学研究所．人民法院案例选：2008 年第 3 辑．北京：人民法院出版社，2009：52-56.

业区的厦门瑞登纸制艺品有限公司（以下简称“瑞登公司”），强迫该公司负责人将下脚料生意交给他们承包，未果。此后至同年 11 月间，被告人许某某多次到瑞登公司交涉此事，其间曾威胁“如果不让他们做要让公司不好过”，但仍遭到拒绝。被告人许某某为得到公司的下脚料生意，遂于 2006 年 12 月 9 日 0 时许，指使邱某某等人（均另案处理）到该公司用空啤酒瓶扔砸窗户玻璃，致 4 块窗户玻璃被毁（价值人民币 173 元）；次日 0 时许，被告人许某某又指使邱某某带付某某、李某甲（均另案处理）携带空啤酒瓶到公司扔砸窗户玻璃，致 24 块窗户玻璃被毁（价值人民币 1 012 元），扔砸过程中邱某某等三人发现公司保安欲追打他们，遂逃离现场，并将被保安追打之事告知许某某，许某某遂于同日 2 时许，再次纠集蒋某某与邱某某、付某某、李某甲、陈某某、蔡某某、“凸仔良”及其带来的三四个人（均另案处理）持水管、刀具，行至瑞登公司，被告人许某某与许某甲（另案处理）在该公司门口，其他人冲进该公司打砸该公司厂房的窗户玻璃数分钟。后在门口会合，被告人许某某、蒋某某一伙又捡地上的石头扔砸玻璃，共致该公司的窗户玻璃 83 块、塑钢门 9 扇、卷帘门 1 个及打卡机、电话机各 1 台等物被毁（价值人民币 6 462 元）。打砸过程中，瑞登公司的保安文某某、李某遭追打至二楼办公室，该二人遂将自己反锁在办公室内，后仍听到有人剧烈踹门，二人因害怕便从该办公室往下跳，致二人均腿骨骨折（经法医鉴定均为轻伤）。案发后，瑞登公司于 2006 年 12 月 10 日停工一天，减产精品置物箱七八千个，原住在该公司内的管理人员因此搬到厂外居住，该公司在同年的 12 月 12 日至 12 月 31 日间有 42 名工人辞职，原拟调来的管理人员也因此不敢到任。

2. 涉案问题

本案许某某等除寻衅滋事罪外，可否成立故意损坏财物罪？

3. 裁判理由

某区法院认为，被告人许某某、蒋某某因承揽生意遭拒绝，即怀恨在心，为泄愤伙同他人寻衅滋事，随意追打他人，情节恶劣；任意损毁公私财物，情节严重，破坏社会秩序，其行为均已构成寻衅滋事罪。被告人许某某纠集、指使被告人蒋某某等人寻衅滋事，系共同犯罪，在共同犯罪中被告人许某某起纠集、组织作用；蒋某某虽被纠集参与，但积极参与打砸，属积极的实行犯，故本案不宜区分主从犯。许某某揭发他人犯罪，经查证属实，具有立功表现，依法可以从轻处罚。许某某还提供线索协助司法机关抓获其他重大犯罪嫌疑人，应当认定为有重大立功表现，依法予以从轻处罚。蒋某某故意伤害洪某某后主动投案，并如实供述犯罪事实，具有自首情节，对其所犯故意伤害罪依法可以从轻处罚。鉴于许某某通过其亲属积极筹措了部分赔偿款，可酌情对其从轻处罚。二被告人归案后自愿认罪，依法均可酌情予以从轻处罚。许某某、蒋某某实施的共同犯罪给附带民事诉讼原告人瑞登公司造成的经济损失依法应予赔偿，但瑞登公司主张赔偿停产一天造成的损失 21 000 元证据不足，不予支持。许某某、蒋某某实施的共同犯罪行为给附带民事诉讼原告人李某、文某某造成的经济损失，依法应予赔偿，赔偿金额应根据最高法《关于审理人身损害赔偿案件适用法律若干问题的解释》的有关规定予以确认。综上，根据二被告人的犯罪情节、危害后果、悔罪表现，依照《刑法》第 293 条第 1 款第 1 项、第 3 项、第 65 条第 1 款、第 68 条第 1 款、第 67 条第 1 款、第 25 条第 1 款、第 64 条、第 36 条，最高法《关于处理自首和立功具体应用法律若干问题的解释》第 7 条，"两高"、司法部《关于适用普通程序审理"被告人认罪案件"的若干意见（试行）》第 9 条，《民法通则》（已失效）第 119 条及最高法《关于审理人身损害赔偿案件适用法律若干问题的解释》第 19 条、第 20 条、第 21 条、第 23 条、第 25 条之规定，判决如下：被告人许某某犯寻衅滋事罪，判处有期徒刑 1 年 6 个月；蒋某某犯寻衅滋事罪，判处有期徒刑 1 年 6 个月；随案移送的作案工具关刀 3 把、开山刀和水管焊刀各 1 把、电子秤 1 台予以没收；许某某应赔偿附带民事诉讼原告人瑞登公司的经济损失 1 185 元；许某某、蒋某某应共同连带赔偿瑞登公司的经济损失 6 462 元；许某某、蒋某某应共同连带赔偿附带民事诉讼原告人李某医疗费、护理费、住院伙食补助费、误工费、残疾赔偿金等各项经济损失共计 62 299.62元，共同连带赔偿附带民事诉讼原告人文某某医疗费、护理费、住院伙食补助费、误工费、残疾赔偿金等各项经济损失共计 78 351.85 元，赔偿款均限于本判决生效之日起一个月内付清；驳回瑞登公司、李某、文某某的其他诉讼请求。

4. 评析意见

本案许某某、蒋某某在 2006 年 12 月 10 日 2 时许，捡地上的石头扔砸玻璃，共致该公司的窗户玻璃 83 块、塑钢门 9 扇、卷帘门 1 个及打卡机、电话机各 1 台等物被毁（价值人民币 6 462 元），当然是符合《刑法》第 275 条之规定的，而且根据 2008 年 6 月 25 日最高检、公安部《关于公安机关管辖的刑事案件立案追诉标准的规定（一）》，故意毁坏公私财物，涉嫌下列情形之一的，应予立案追诉：（1）造成公私财物损失 5 000 元以上的；（2）毁坏公私财物 3 次以上的；（3）纠集 3 人以上公然毁坏公私财物的；（4）其他情节严重的情形。如果成立故意毁坏财物罪，则应处以 3 年以下有期徒刑、拘役或者罚金。

然而，本案法院在裁判文书中径直以寻衅滋事罪定罪（由于纠集他人实施寻衅滋事行为未达到"多次"，应判处 5 年以下有期徒刑、拘役或者管制），加上自首、重大立功所产生的刑罚优待，判处许某某、蒋某某均 1 年 6 个月有期徒刑。由于寻衅滋事罪的法定刑（5 年以下有期徒刑）重于故意毁坏财物罪的法定刑（3 年以下有期徒刑），寻衅滋事罪相对于故意毁坏财物罪属于重法，若认定本案情形成立寻衅滋事罪和故意毁坏财物罪的想象竞合，则依照从一重罪论处的原则，应当成立寻衅滋事罪。[①] 若认为本案中被告人所符合的寻衅滋事罪和故意毁坏财物罪二者之间在逻辑上存在交叉关系，则应依照法条竞合中的“复杂法优于简单法”的原理，适用复杂法，以寻衅滋事罪定罪处罚。因此，无论是依照想象竞合说，还是依照交叉关系的法条竞合说，本案均应适用寻衅滋事罪，而非故意毁坏财物罪。本案法院的结论是正确的，支持本案的评论者主要是从强迫交易罪和寻衅滋事罪想象竞合的角度加以评述[②]，而未从故意毁坏财物罪和寻衅滋事罪竞合的角度进行说明，稍显遗憾。

四、寻衅滋事罪和催收非法债务罪的关系

知识背景

近年来，随着经济社会的发展，民间融资需求逐步增多，“套路贷”“高利贷”乱象频发，使用暴力、胁迫、骚扰等非法手段催收非法债务，危及正常的金融秩序，并且向黑恶势力蔓延。为了给依法惩治此类犯罪提供明确的法律依据，也为了巩固打黑除恶、维护金融安全等工作的成果，2020 年 12 月 26 日通过的《刑法修正案（十一）》第 34 条增设了“第二百九十三条之一（催收非法债务罪）”，其具体内容为：“有下列情形之一，催收高利放贷等产生的非法债务，情节严重的，处三年以下有期徒刑、拘役或者管制，并处或者单处罚金：（一）使用暴力、胁迫方法的；（二）限制他人人身自由或者侵入他人住宅的；（三）恐吓、跟踪、骚扰他人的。”

催收非法债务罪只打击催收高利放贷产生的债务等非法债务的做法，在索取合法债务的过程中，也可能使用本罪所规定的手段，但是，立法机关认为，此时债权人之所以采取这类手段催讨合法债务，往往与债务人怠于履行义务有关，不宜与催收非法债务相提并论。对于使用此类手段催讨合法债务，符合非法拘禁罪、故意伤害罪等犯罪的成立条件的，可以以相关犯罪论处。虽然催收非法债务罪与寻衅滋事罪存在明显区别，寻衅滋事罪系无理取闹、无事生非、借故生非，或者逞凶斗狠，而催收非法债务罪的被告人是为了索

---

① 我国司法实践中，针对寻衅滋事过程中同时符合危险驾驶罪、故意伤害罪和故意毁坏财物罪之条件的情形，认定成立想象竞合犯，从一重罪，以寻衅滋事罪论处的案例，有“蔡恒寻衅滋事案”，参见最高人民法院刑事审判第一、二、三、四、五庭．刑事审判参考：总第 122 集．北京：法律出版社，2020：84－85，88.

② 最高人民法院中国应用法学研究所．人民法院案例选：2008 年第 3 辑．北京：人民法院出版社，2009：56－58.

要非法债务，但是，催收非法债务罪与寻衅滋事罪的主要保护法益是一致的，手段方式上也有重合之处。催收非法债务罪亦可表现为暴力殴打他人或者恐吓、辱骂等寻衅滋事方式。[①] 因此，以暴力殴打他人或者恐吓、辱骂等寻衅滋事手段催收非法债务的，通常可以定性为寻衅滋事罪与催收非法债务罪的想象竞合，从一重罪处理。

2022 年 12 月 30 日最高人民检察院在发布的“检察机关依法惩治涉网络黑恶犯罪典型案例”之案例四“赵某等人寻衅滋事案”中指出，行为人针对债务人利用信息网络实施催收行为超过法律允许的限度，使用从网贷公司获取的欠款人手机通讯录信息，滋扰、纠缠、辱骂、威胁、恐吓债务人以及与债务无关的第三方，情节恶劣，严重破坏社会秩序的，应当认定为寻衅滋事罪。

---

① 杨万明．《刑法修正案（十一）》条文及配套《罪名补充规定（七）》理解与适用．北京：人民法院出版社，2021：308－310，312，316.

第二十二章　组织、领导、参加黑社会性质组织罪

组织、领导、参加黑社会性质组织罪是指组织、领导或者参加黑社会性质的组织的行为。组织、领导、参加黑社会性质组织罪中的黑社会性质组织，根据2000年12月4日最高人民法院《关于审理黑社会性质组织犯罪的案件具体应用法律若干问题的解释》（以下简称《2000年解释》）第1条的规定，一般应具备以下特征：（1）组织结构比较紧密，人数较多，有比较明确的组织者、领导者，骨干成员基本固定，有较为严格的组织纪律；（2）通过违法犯罪活动或者其他手段获取经济利益，具有一定的经济实力；（3）通过贿赂、威胁等手段，引诱、逼迫国家工作人员参加黑社会性质组织活动，或者为其提供非法保护；（4）在一定区域或者行业范围内，以暴力、威胁、滋扰等手段，大肆进行敲诈勒索、欺行霸市、聚众斗殴、寻衅滋事、故意伤害等违法犯罪活动，严重破坏经济、社会生活秩序。及至2002年4月28日，全国人大常委会《关于〈中华人民共和国刑法〉第二百九十四条第一款的解释》（以下简称《立法解释》）对黑社会性质组织的构成特征作出了立法解释，对司法解释的规定予以某种程度的修正。根据《立法解释》的规定，黑社会性质的组织应当同时具备以下特征：（1）形成较稳定的犯罪组织，人数较多，有明确的组织者、领导者，骨干成员基本固定；（2）有组织地通过违法犯罪活动或者其他手段获取经济利益，具有一定的经济实力，以支持该组织的活动；（3）以暴力、威胁或者其他手段，有组织地多次进行违法犯罪活动，为非作恶，欺压、残害群众；（4）通过实施违法犯罪活动，或者利用国家工作人员的包庇或者纵容，称霸一方，在一定区域或者行业内，形成非法控制或者重大影响，严重破坏经济、社会生活秩序。比较上述司法解释与立法解释，二者在黑社会性质组织的组织结构、经济实力、行为方式等方面的规定都是相同的，唯一的区别在于：非法保护（俗称“保护伞”）是否为黑社会性质组织的成立条件。司法解释将“保护伞”规定为黑社会性质组织的必要条件，没有“保护伞”就不构成黑社会性质组织。而立法解释则将“保护伞”规定为或然性条件，没有“保护伞”同样可以构

成黑社会性质组织。《刑法修正案（八）》将上述关于黑社会性质组织的概念吸纳规定在《刑法》第294条第4款，从而为认定黑社会性质组织提供了法律根据。

2009年12月15日最高人民法院、最高人民检察院、公安部《办理黑社会性质组织犯罪案件座谈会纪要》（以下简称《2009年纪要》）对黑社会性质组织的认定作了专门的规定。根据上述刑法和司法解释的规定，黑社会性质组织具有以下四个方面的特征。

第一节　黑社会性质组织的组织特征

知识背景

黑社会性质组织不同于恶势力之处，就在于黑社会性质组织具有组织特征，即黑社会性质组织不仅有明确的组织者、领导者，骨干成员基本固定，而且组织结构较为稳定，并有比较明确的层级和职责分工。由此可见，黑社会性质组织的组织特征可以从三个方面加以把握：（1）人员构成。黑社会性质组织人数较多，一般在10人以上，而且这些人员通常较为固定。（2）结构稳定。黑社会性质组织具有一定的组织架构。这种组织架构既可以依赖于正式的组织形式，例如在以企业为平台的黑社会性质组织犯罪中，企业往往成为黑社会性质组织的形式载体；同时也可以以非正式的组织形式为载体。（3）职责分工。黑社会性质组织在其成员之间存在职责分工，组织成员之间具有一定层级，并且在各成员之间形成紧密的联结。根据2018年1月16日最高人民法院、最高人民检察院、公安部、司法部《关于办理黑恶势力犯罪案件若干问题的指导意见》（以下简称《2018年指导意见》）的规定，发起、创建黑社会性质组织，或者对黑社会性质组织进行合并、分立、重组的行为，应当认定为组织黑社会性质组织；实际对整个组织的发展、运行、活动进行决策、指挥、协调、管理的行为，应当认定为领导黑社会性质组织。黑社会性质组织的组织者、领导者，既包括通过一定形式产生的有明确职务、称谓的组织者、领导者，也包括在黑社会性质组织中被公认的事实上的组织者、领导者。知道或者应当知道是以实施违法犯罪为基本活动内容的组织，仍加入并接受其领导和管理的行为，应当认定为参加黑社会性质组织。没有加入黑社会性质组织的意愿，受雇到黑社会性质组织开办的公司、企业、社团工作，未参与黑社会性质组织违法犯罪活动的，不应认定为参加黑社会性质组织。参加黑社会性质组织并具有以下情形之一的，一般应当认定为积极参加黑社会性质组织：多次积极参与黑社会性质组织的违法犯罪活动，或者积极参与较严重的黑社会性质组织的犯罪活动且作用突出，以及其他在组织中起重要作用的情形，如具体主管黑社会性质组织的财务、人员管理等事项。

规范依据

（一）《刑法》

第 294 条　组织、领导黑社会性质的组织的，处七年以上有期徒刑，并处没收财产；积极参加的，处三年以上七年以下有期徒刑，可以并处罚金或者没收财产；其他参加的，处三年以下有期徒刑、拘役、管制或者剥夺政治权利，可以并处罚金。

境外的黑社会组织的人员到中华人民共和国境内发展组织成员的，处三年以上十年以下有期徒刑。

国家机关工作人员包庇黑社会性质的组织，或者纵容黑社会性质的组织进行违法犯罪活动的，处五年以下有期徒刑；情节严重的，处五年以上有期徒刑。

犯前三款罪又有其他犯罪行为的，依照数罪并罚的规定处罚。

黑社会性质的组织应当同时具备以下特征：

（一）形成较稳定的犯罪组织，人数较多，有明确的组织者、领导者，骨干成员基本固定；

（二）有组织地通过违法犯罪活动或者其他手段获取经济利益，具有一定的经济实力，以支持该组织的活动；

（三）以暴力、威胁或者其他手段，有组织地多次进行违法犯罪活动，为非作恶，欺压、残害群众；

（四）通过实施违法犯罪活动，或者利用国家工作人员的包庇或者纵容，称霸一方，在一定区域或者行业内，形成非法控制或者重大影响，严重破坏经济、社会生活秩序。

（二）最高人民法院、最高人民检察院、公安部、司法部《关于办理黑恶势力犯罪案件若干问题的指导意见》

二、依法认定和惩处黑社会性质组织犯罪

3. 黑社会性质组织应同时具备《刑法》第二百九十四条第五款中规定的“组织特征”“经济特征”“行为特征”和“危害性特征”。由于实践中许多黑社会性质组织并非这“四个特征”都很明显，在具体认定时，应根据立法本意，认真审查、分析黑社会性质组织“四个特征”相互间的内在联系，准确评价涉案犯罪组织所造成的社会危害，做到不枉不纵。

4. 发起、创建黑社会性质组织，或者对黑社会性质组织进行合并、分立、重组的行为，应当认定为“组织黑社会性质组织”；实际对整个组织的发展、运行、活动进行决策、指挥、协调、管理的行为，应当认定为“领导黑社会性质组织”。黑社会性质组织的组织者、领导者，既包括通过一定形式产生的有明确职务、称谓的组织者、领导者，也包括在黑社会性质组织中被公认的事实上的组织者、领导者。

5. 知道或者应当知道是以实施违法犯罪为基本活动内容的组织，仍加入并接受其领导和管理的行为，应当认定为“参加黑社会性质组织”。没有加入黑社会性质组织的意愿，受雇到黑社会性质组织开办的公司、企业、社团工作，未参与黑社会性质组织违法犯罪活动的，不应认定为“参加黑社会性质组织”。

参加黑社会性质组织并具有以下情形之一的，一般应当认定为“积极参加黑社会性质组织”：多次积极参与黑社会性质组织的违法犯罪活动，或者积极参与较严重的黑社会性质组织的犯罪活动且作用突出，以及其他在组织中起重要作用的情形，如具体主管黑社会性质组织的财务、人员管理等事项。

6. 组织形成后，在一定时期内持续存在，应当认定为“形成较稳定的犯罪组织”。

黑社会性质组织一般在短时间内难以形成，而且成员人数较多，但鉴于“恶势力”团伙和犯罪集团向黑社会性质组织发展是一个渐进的过程，没有明显的性质转变的节点，故对黑社会性质组织存在时间、成员人数问题不宜作出“一刀切”的规定。

黑社会性质组织未举行成立仪式或者进行类似活动的，成立时间可以按照足以反映其初步形成非法影响的标志性事件的发生时间认定。没有明显标志性事件的，可以按照本意见中关于黑社会性质组织违法犯罪活动认定范围的规定，将组织者、领导者与其他组织成员首次共同实施该组织犯罪活动的时间认定为该组织的形成时间。该组织者、领导者因未到案或者因死亡等法定情形未被起诉的，不影响认定。

黑社会性质组织成员既包括已有充分证据证明但尚未归案的组织成员，也包括虽有参加黑社会性质组织的行为但因尚未达到刑事责任年龄或因其他法定情形而未被起诉，或者根据具体情节不作为犯罪处理的组织成员。

案例评价

[案例22-1] 邓某波等组织、领导、参加黑社会性质组织案[①]
(黑社会性质组织组织特征的认定)

1. 基本案情

2004年下半年开始，被告人邓某波为发展黑社会性质组织，逐步吸纳被告人何某超、刘某光为固定成员，为该组织非法制造、买卖枪支、弹药，从中牟利。此后，邓某波又发展被告人卢某庆为组织成员，协助其买卖、运送、储存枪支、弹药。同年，刘某光又将被告人刘某安发展为组织成员，将刘某光经营的一间塑料模具厂作为该组织非法制造枪支、弹药的“地下”工场，大规模进行非法制造、买卖枪支、弹药的犯罪活动。2006年8月，邓某波为控制广州市海珠区沥滘综合市场放心肉的经营权，将被告人鲍某华发展为组织骨干成员，让其负责管理该市场的放心肉经营，并采取暴力威胁等手段，直接操纵市场，打击竞争对手。2007年1月，邓某波、龚某敏先后在广州市海珠区沥滘北村地区非法开设、经营“健身舞池酒吧”和“沥滘社区体育中心”等娱乐场所，邓某波将鲍某华介绍给龚某敏认识，两人共同雇请鲍某华作为“看场”的主管，并让鲍某华招募手下人员。后鲍某华招募了被告人娄某华、于某福、费某义等人负责“看场”。此三名被告人均由鲍某华随时调配，且工资由鲍某华负责发放。同时，龚某敏还吸纳被告人万某洪为该组织成员，协助其管理组织成员及处理组织的财务工作，为组织购买所用的对讲机、制服和作案工具等。邓某波还从龚某敏处以优惠价格承租了位于广州市海珠区沥滘北村的一间无牌烧烤档进行非法经营，由被告人李某军负责管理烧烤档的生意，并负责该组织成员的伙食保障。为了便于组织行动，召集人力，更好地形成威慑作用，邓某波又在龚某敏租住的房顶安装了无线电发射台，为组织联络提供保障。邓某波、龚某敏对“看场”人员进行有组织的管理和控制：(1) 为“看场”人员发放统一制服，要求“看场”人员留统一发型；(2) 为“看场”人员配发对讲机和配备三节伸缩棍；(3) 为“看场”人员安排统一食宿，统一调遣“看场”人员。邓某波为了更好地控制手下成员，笼络人心，凡在重大节日都要设宴款待手下成员、派发红包，为手下成员偿还赌债，对为该组织利益受伤的手下成员提供医疗费、生活费等。

2004年下半年至案发，逐步形成了以被告人邓某波为首，以被告人龚某

---

① 段凰，司明灯．邓某波组织、领导、参加黑社会性质组织案：如何把握和认定黑社会性质组织的组织特征//最高人民法院刑事审判第一、二、三、四、五庭．刑事审判参考：总第74集．北京：法律出版社，2010：18-19以下．

敏、何某超、鲍某华为积极参加者，其他被告人为一般成员的黑社会性质组织。该组织通过实施非法制造、买卖枪支、弹药，聚众斗殴，敲诈勒索等一系列违法犯罪活动，垄断了广州市海珠区沥滘综合市场的放心肉经营权，非法控制了海珠区沥滘北村地区的娱乐场所，获取了巨大经济利益，为该组织积蓄了一定的经济实力，为非作恶，称霸一方，严重破坏了当地的经济、社会生活秩序。

广州市中级人民法院认为：被告人邓某波为获取非法利益，在广州市海珠区沥滘一带组织、发展无业人员为其亲信和打手，逐步形成以其为组织、领导核心，以被告人龚某敏、鲍某华、何某超等为基本固定成员人数众多的黑社会性质组织，有组织地通过多次非法制造、买卖枪支、弹药，聚众斗殴，非法控制猪肉市场，敲诈勒索等违法犯罪活动，聚敛钱财，具有一定的经济实力，在一定区域内称霸一方，为非作恶，欺压群众，严重破坏了经济、社会生活秩序，其行为已构成组织、领导黑社会性质组织罪，对该集团所犯的全部罪行负责；被告人龚某敏、鲍某华、何某超积极参加邓某波组织、领导的黑社会性质组织，是该组织的骨干成员，其行为均已构成参加黑社会性质组织罪；被告人刘某光、刘某安、卢某庆、娄某华、于某福、费某义、万某洪、李某军参加邓某波组织、领导的黑社会性质组织，参与违法犯罪活动，其行为均已构成参加黑社会性质组织罪。对于上述各被告人依法按其在组织、领导、参加黑社会性质组织犯罪中的地位、作用进行处罚。被告人邓某波、刘某光、何某超、刘某安、卢某庆、鲍某华无视国家法律，结伙非法制造、买卖枪支、弹药，情节严重，其行为均已构成非法制造、买卖枪支、弹药罪。其中，邓某波起组织、指挥作用，是主犯；刘某光提供厂房设备，并负责具体技术操作，何某超、刘某安、卢某庆积极实施具体行为，均起了主要作用，均是主犯；鲍某华仅参与部分出资和运送枪支、弹药的交易行为，且没有实际获得分红，其行为起次要作用，是从犯，可减轻处罚。被告人邓某波、龚某敏、鲍某华、娄某华、费某义、于某福无视国家法律，聚众斗殴，其行为均已构成聚众斗殴罪。其中，邓某波、鲍某华参与两起且在第一起聚众斗殴中使用枪械，情节严重；被告人邓某波、龚某敏、鲍某华、何某超、刘某光、刘某安、卢某庆、娄某华、于某福、费某义犯有数罪，依法应实行并罚。公诉机关指控的事实清楚，证据确实、充分，罪名成立，应予支持。但指控被告人龚某敏组织、领导黑社会性质组织的证据不足，不予认定。被告人邓某波、何某超归案后能主动协助公安机关抓获同案犯，有立功表现，依法可从轻处罚。根据各被告人具体的犯罪事实、性质、情节以及对社会的危害程度，依照《刑法》第125条第1款，第292条第1款第4项，第294条第1款、第3款，第48条第1款，第25条第1款，第26条第1款、第3款、第4款，第

27 条，第 68 条第 1 款，第 69 条第 1 款，第 55 条第 1 款，第 56 条第 1 款，第 57 条第 1 款，第 64 条和最高人民法院《关于审理非法制造、买卖、运输枪支、弹药、爆炸物等刑事案件具体应用法律若干问题的解释》第 1 条第 2 项、第 2 条第 1 项以及最高人民法院《关于处理自首和立功具体应用法律若干问题的解释》第 5 条之规定，判决如下：被告人邓某波犯非法制造、买卖枪支、弹药罪，判处死刑，缓期 2 年执行，剥夺政治权利终身；犯组织、领导黑社会性质组织罪，判处有期徒刑 5 年；犯聚众斗殴罪，判处有期徒刑 4 年；决定执行死刑，缓期 2 年执行，剥夺政治权利终身。

宣判后，被告人邓某波提起上诉。

广东省高级人民法院经依法审理，认为一审判决认定的事实清楚，证据确实、充分，定罪准确，量刑适当，审判程序合法。遂裁定驳回上诉，维持原判。

2. 涉案问题

如何认定和把握黑社会性质组织的组织特征？

3. 裁判理由

本案被告人邓某波组织、领导的黑社会性质组织的经济特征、行为特征和非法控制特征都较为明显，邓某波的主要上诉理由之一就是其与本案中的其他人员之间分别是加工承揽业务关系、雇用关系或者朋友关系，不具备黑社会性质组织的组织特征，因此，如何认定和把握黑社会性质组织的组织特征是本案定性的关键。

根据全国人大常委会《立法解释》的规定，黑社会性质组织应该具备组织特征、经济特征、行为特征和非法控制特征。组织特征是黑社会性质组织的重要特征之一，不具备这一特征的不能认定为黑社会性质组织。组织特征是指“黑社会性质组织不仅有明确的组织者、领导者，骨干成员基本固定，而且组织结构较为稳定，并有比较明确的层级和职责分工”。针对当前黑社会性质组织的隐蔽性不断增强的特点，《2009 年纪要》要求在认定组织特征时“要特别注意审查组织者、领导者，以及对组织运行、活动起着突出作用的积极参加者等骨干成员是否基本固定、联系是否紧密，不要被其组织形式的表象所左右”。根据《2009 年纪要》的这一精神，笔者认为，对黑社会性质的组织特征可以从以下几个方面进行理解和把握：

（1）审查犯罪组织的目的性

普通共同犯罪、犯罪集团中的各被告人也有可能多次纠集在一起实施违法犯罪活动，其中不乏成员众多、纠集时间长、犯罪次数多的犯罪组织，但它们在犯罪目的上与黑社会性质组织存在一定区别。前者违法犯罪的目的是实现组织成员个人的目标和利益，故犯罪目的比较直接、明显。而后者违法犯罪的目的在于维护其组织的利益，是为了组织的安全、稳定和发展，最终实现其对一定区域或者行业的非法控制。

（2）审查核心成员的稳定性

黑社会性质组织为了增强隐蔽性，其外围成员可能会经常更换，甚至会有意地制造“人员频繁更替、组织结构松散”的假象。这就要求办案人员抓住此类黑社会性质组织“外松内紧”的本质，认真鉴别组织的核心与框架是否具有严密性和稳定性，只要组织头目和对组织的运行、活动起着重要作用的骨干成员相对比较固定、相互之间联系紧密，则不论其组织结构的外在表现是否松散，均不影响组织特征的认定。

（3）审查犯罪组织内部的组织性、纪律性

普通犯罪团伙为了更好地实施犯罪、逃避惩罚，在多次违法犯罪活动中也会总结出自己的经验，但更多的是依靠成员之间的相互配合；对于成员个人的行为，尤其是实施犯罪活动之外的行为，不会进行过多的干涉。实践证明，缺乏内部管理的犯罪组织结构上比较松散，很难发挥出组织的能效，难以坐大成势。而黑社会性质组织经历了从普通的犯罪团伙逐步发展壮大的过程，其间必定有一定的组织纪律、活动规约来确保组织自身的生存和发展。因此，《2009 年纪要》将“具有一定的组织纪律、活动规约”作为认定黑社会性质组织时的重要参考依据。

以上是把握组织特征最基本的三个方面，实践中还可以结合该组织其他方面的特点来对组织特征予以更加全面的认定，如犯罪组织的内部分配机制。普通犯罪团伙通常依据各犯罪人在具体犯罪中的地位、作用来进行分配，且通常在实施每一起具体犯罪后“坐地分赃”，获利后的分配模式相对直接、简单。而对于犯罪所得，黑社会性质组织内部一般会有相对稳定的分配模式，组织成员的收入与各人在犯罪组织中的地位、作用成正比。犯罪所得的分配既包括组织成员的工资、福利支出，也包括组织自身发展资金的支出。

结合本案的具体情况分析，被告人邓某波与被告人龚某敏、何某超、鲍某华等人之间已经形成了以邓某波为组织者、领导者的黑社会性质组织，与普通的共同犯罪有着本质的区别：

首先，从被告人邓某波等人的违法犯罪活动来看，其一系列的聚众斗殴、敲诈勒索等暴力活动已经不再是社会闲散人员之间的争强斗狠，而是在邓某波等人的指使下，通过一系列有组织、有计划的违法犯罪活动，威慑群众，树立自己的非法权威，确立势力范围，从而非法控制、垄断广州市海珠区的猪肉市场和娱乐场所，确定其对一定行业、一定区域的非法影响力，获得经济利益。该组织已经形成了“以黑护利”“以利养黑”的组织运作模式，这一模式使该组织明显区别于一般的共同犯罪和犯罪集团。

其次，从被告人邓某波、龚某敏、何某超、鲍某华等人的联系情况看，本案已经逐步形成了以邓某波为组织者、领导者，以龚某敏、何某超、鲍某华为骨干，费某义、于某福等人参加的黑社会性质组织。该组织的主要成员之间层级清楚，分工明确，联系紧密。其中，何某超主要负责非法制造、买卖枪支、弹药的犯罪活动，鲍某华主要负责对肉类市场、娱乐市场的非法控制，龚某敏负责对人员的管理和培训，三人还分别招募和管理了一批下属成员，供三人在实施违法犯罪活动中驱使。同时，三人也是逐步被邓某波招募、拉拢过来的，三人接受邓某波的管理，在邓某波的授权下负责各自的非法活动。邓某波甚至在龚某敏租住的房顶安装了无线电发射台，为组织联络提供保障。这种联系远非被告人所辩解的普通雇用、朋友或者共同犯罪的关系可比，而是黑社会性质组织内部组织者和参加成员的关系，是领导与被领导、管理与被管理的关系。

最后，从被告人邓某波等人对下属成员的管理控制而言，其“看场”人员要求穿统一制服、留统一发型，携带统一配发的对讲机和三节伸缩棍，统一食宿，接受统一指挥和调遣，其组织纪律不可谓不严格。从实际效果来看，邓某波等人从2004年下半年开始，大规模地制造枪支、弹药并进行贩卖，在所经营的肉类、娱乐场所“遇事”时能够迅速纠集二十余人聚众斗殴，由此反映出，其组织对成员的管理和控制是有效的。各犯罪人员已经不再是松散的“乌合之众”，而是组织严密、纪律严格的黑社会性质组织成员。

4. 评析意见

《2009年纪要》对黑社会性质组织的组织特征做了以下描述：“黑社会性质组织不仅有明确的组织者、领导者，骨干成员基本稳定，而且组织结构较为稳定，并有比较明确的层级和职责分工”。根据《2009年纪要》的上述规定，结合黑社会性质组织犯罪认定的司法实践经验，笔者认为，对于黑社会性质组织的组织特征应当从组织成员、组织层级、组织结构和组织纪律这四个方面加以把握。其中，组织成员和组织层级是黑社会性质组织的人员构成要素；而组织结构和组织纪律则是黑社会性质组织的制度构成要素。对于认定黑社会性质组织的组织特征来说，必须同时具备这四个要素。以下，笔者对黑社会性质组织的组织特征的要素进行分析。

（1）组织成员

黑社会性质组织是由一定的人员构成的，因此，一定数量的人员是构成黑社会性质组织的必要前提。我国刑法规定共同犯罪由二人以上构成，而犯罪集团由三人以上构成。根据我国刑法关于犯罪集团的法定概念，犯罪集团本身就是一种犯罪组织。因此，黑社会性质组织似乎也是可以由三人以上构成。《刑法》第294条对黑社会性质组织犯罪的人数没有明文规定，《2000年解释》也只是规定了人数较多，但具体数量并没有规定。只是在对《2000年解释》的解说中论及："关于人数较多的标准，从司法实践看，一般掌握在10人左右为宜。"① 及至2015年10月13日《全国部分法院审理黑社会性质组织犯罪案件工作座谈会纪要》（以下简称《2015年纪要》）明确规定："黑社会性质组织应当具有一定规模，人数较多，组织成员一般在10人以上"。《2015年纪要》分别对黑社会性质组织的成员的认定作了以下两种情形的规定：

第一种情形，《2015年纪要》规定，下列人员应当计入黑社会性质组织的成员：1）已有充分证据证明但尚未归案的组织成员。这类人员是指黑社会性质组织的在逃人员。在逃人员虽然在案件审理的时候，因为未归案而无法认定其犯罪行为，但现有的证据已经充分证明其属于黑社会性质组织的成员。因为这些证据未经法庭质证和审查，所以对此类黑社会性质组织成员的认定应当采取较为谨慎的做法。而且，能够在尚未归案的情况下而被认定为黑社会性质组织成员的，一般都是首要分子或者骨干分子，而不是一般成员。2）虽有参加黑社会性质组织的行为但因尚未达到刑事责任年龄或因其他法定情形而未被起诉的人员。我国《刑法》第17条明确规定，对于尚未达到刑事责任年龄的人犯罪的，不能追究刑事责任，这是刑法规定的不追究刑事责任的法定情形。当然，在黑社会性质组织犯罪中，尚未达到法定刑事责任年龄的成员是较为少见的。如果出现这种情形，就应当计入黑社会性质组织的人数。此外，这里所说的因其他法定情形而未被起诉的情形，主要是指我国《刑事诉讼法》第16条的规定。根据这一规定："有下列情形之一的，不追究刑事责任，已经追究的，应当撤销案件，或者不起诉，或者终止审理，或者宣告无罪：（一）情节显著轻微、危害不大，不认为是犯罪的；（二）犯罪已过追诉时效期限的；（三）经特赦令免除刑罚的；（四）依照刑法告诉才处理的犯罪，没有告诉或者撤回告诉的；（五）犯罪嫌疑人、被告人死亡的；（六）其他法律规定免予追究刑事责任的。"由此可见，根据司法解释的规定，对于黑社会性质组织的成员最低10人的计算标准还是较为宽泛的。3）根据具体情节不作为犯罪处理的组织成员。如果说，上述2）规定的是不追究刑事责任的法定情形，那么，这里规定就是不追究刑事责任的酌定情形。即，根据具体情节不作为犯罪处理。

第二种情形，不属于黑社会性质组织成员的成员。笔者认为，黑社会性质组织成员，以参加黑社会性质组织的行为作为判断标准：只有实际参加了黑社会性质组织的行为，才能认定为黑社会性质组织的成员。如果没有实际参加黑社会性质组织的行为，即使与黑社会性质组织之间具有一定的关系，

① 祝二军．《关于审理黑社会性质组织犯罪的案件具体应用法律若干问题的解释》的理解与适用//最高人民法院刑事审判第一、二庭．刑事审判参考：总第13辑．北京：法律出版社，2001：74.

也不能视为黑社会性质组织的成员。对此，《2015年纪要》明文指出：以下人员不属于黑社会性质组织的成员：1）主观上没有加入黑社会性质组织的意愿，受雇到黑社会性质组织开办的公司、企业、社团工作，未参与或者仅参与少量黑社会性质组织的违法犯罪活动的人员。这种情形是指以合法的公司、企业或者其他单位为依托的黑社会性质组织中，因为这些单位中人员较多，规模较大，不能认为只要是这些单位人员都一概认定为黑社会性质组织成员。而只有实际参与黑社会性质组织犯罪活动的成员才能认定为黑社会性质组织的成员。这些人员即使构成犯罪，也要考察这种犯罪是否属于黑社会性质组织犯罪活动的一部分。因此，在某些以依法登记或者注册成立的公司、企业或者其他经济组织的形式构成的黑社会性质组织犯罪中，这些经济组织的任职人员，虽然在客观上为黑社会性质组织的犯罪活动提供了便利，但并没有参加黑社会性质组织而只是正常履行职务，则不能认定为黑社会性质组织的成员。即使履行职务的行为构成犯罪，也应当单独对其所实施的犯罪承担刑事责任。例如，在刘汉、刘维黑社会性质组织案中，汉龙公司财务人员刘某、赖某某因履行职务而实施了骗取贷款、票据承兑、金融凭证犯罪，但并未被认定为是黑社会性质组织的成员。2）因临时被纠集、雇佣或受蒙蔽为黑社会性质组织实施违法犯罪活动或者提供帮助、支持、服务的人员。黑社会性质组织的成员可以分为核心成员、骨干分子，以及一般参与者。除此以外，还有些属于外围的人员。这些外围人员与黑社会性质组织并没有紧密联系，但也偶然临时被纠集、雇佣或者受蒙蔽而参与到黑社会性质组织犯罪之中，通常参与程度降低，只是一般性地参加违法犯罪活动，或者为黑社会性质组织犯罪提供帮助等辅助性的活动。对于这些人员，不能认定为黑社会性质组织成员。3）为维护或扩大自身利益而临时雇佣、收买、利用黑社会性质组织实施违法犯罪活动的人员。这里人员是指利用黑社会性质组织而实现其自身利益的人员，这些人员往往与黑社会性质组织存在某些联系，但并不属于黑社会性质组织的成员，而是在需要的时候，临时雇佣、收买、利用黑社会性质组织，利用黑社会性质组织的违法犯罪活动以维护或者实现自身的经济利益。当然，如果是黑社会性质组织的幕后出资者或者实际控制人，尽管其并不介入黑社会性质组织的日常活动，也应当认定为黑社会性质组织的成员。

（2）组织层级

黑社会性质组织的人数较多，因而在组织成员之间存在一定的组织层级。我国《刑法》第294条规定，黑社会性质组织一般有三种类型的组织成员，亦即三个层级：第一个层级是组织者、领导者，第二个层级是积极参加者（包括骨干分子），第三个层级是其他参加者。刑法分别针对这三个层级的黑社会性质组织成员设置了三个档次的法定刑，即：组织、领导黑社会性质组织的，处7年以上有期徒刑，并处没收财产；积极参加的，处3年以上7年以下有期徒刑，可以并处罚金或者没收财产；其他参加的，处3年以下有期徒刑、拘役、管制或者剥夺政治权利，可以并处罚金。《2009年纪要》对上述三种黑社会性质组织的人员作了规定，为司法机关正确认定这三种黑社会性质组织成员提供了规范根据。

1）组织者、领导者

黑社会性质组织的组织者、领导者，是指黑社会性质组织的发起者、创建者，或者在黑社会性质组织的犯罪活动中实际处于领导地位，对整个组织及其运行、活动起着决策、指挥、协调、管理作用的犯罪分子，既包括通过一定形式产生的有明确职务、称谓的组织者、领导者，也包括在黑社会性质组织中被公认的事实上的组织者、领导者。根据《2018年指导意见》，组织黑社会性质组织的行为是指发起、创建黑社会性质组织，或者对黑社会性质组织进行合并、分立、重组的行为；领导黑社会性质组织的行为，是指实际对整个组织的发展、运行、活动进行决策、指挥、协调、管理的行为。

在黑社会性质组织中，组织者是根据犯罪分子在黑社会性质组织创建中所起的作用确定的。因此，黑社会性质组织的组织者从黑社会性质组织形成之初就参与活动，对于黑社会性质组织的发起、创建和形成都起到了重要作用。而领导者则是根据犯罪分子在黑社会性质组织的犯罪活动中起到指挥、协调和管理作用确定的，领导者未必是黑社会性质组织的发起者或者创建者，而是在黑社会性质组织形成以后，在黑社会性质组织的犯罪活动中起到领导作用的犯罪分子。

黑社会性质组织的组织者、领导者，是黑社会性质组织犯罪的首要分子，也是刑法惩治的重点。在司法实践中，对于黑社会性质组织的组织者、领导者的认定，应当以犯罪分子在黑社会性质组织形成和发展过程中的实际作用为根据，而不是以某些职务或者称呼为根据。尤其是在依托合法的公司、企业或者其他单位形成的黑社会性质组织中，基于单位的组织体系，某些人担任一定的领导职务或者管理职务。但不能仅仅根据这些职务认定黑社会性质组织的组织者、领导者。

2）积极参加者

黑社会性质组织的积极参加者，是指接受黑社会性质组织的领导和管理，多次积极参与黑社会性质组织的违法犯罪活动，或者积极参与较严重的黑社会性质组织的犯罪活动且作用突出，以及其他在组织中起主要作用的犯罪分子，如具体主管黑社会性质组织的人事和财务管理等事项的犯罪分子。《2018

年指导意见》明确规定："知道或者应当知道是以实施违法犯罪为基本活动内容的组织，仍加入并接受其领导和管理的行为，应当认定为'参加黑社会性质组织'。没有加入黑社会性质组织的意愿，受雇到黑社会性质组织开办的公司、企业、社团工作，未参与黑社会性质组织违法犯罪活动的，不应认定为'参加黑社会性质组织'。"黑社会性质组织的积极参加者一般都不是黑社会性质组织的创立者和发起者，而是在黑社会性质组织形成以后才加入的。因此，在认定积极参加者的时候，不能仅以客观上参加黑社会性质组织的活动为根据，还要判断主观上是否知道或者应当知道黑社会性质组织。如果主观上缺乏这种明知，而只是被纠集、利用参加黑社会性质组织的违法犯罪活动，则不能认定为黑社会性质组织的积极参加者。尤其是对于那些受雇在黑社会性质组织开办的公司、企业或者其他单位工作，甚至担任一定管理职务的人员，只要其没有参加黑社会性质组织的违法犯罪活动，就不能认定为黑社会性质组织的积极参加者。

根据《2018 年指导意见》的规定，参加黑社会性质组织并具有以下情形之一的，一般应当认定为积极参加黑社会性质组织：a. 多次积极参与黑社会性质组织的违法犯罪活动。这里的多次，一般是指三次以上。多次参加黑社会性质组织的违法犯罪活动，表明该参加者已经深度介入黑社会性质组织，应当认定为积极参加者。b. 积极参与较严重的黑社会性质组织的犯罪活动且作用突出。对于黑社会性质组织的积极参加者不仅要从参加的次数上考察，还要看参加黑社会性质组织违法犯罪活动的严重程度以及所起的作用。如果虽然参加次数没有达到三次，但参加的是严重的违法犯罪活动，并且在违法犯罪活动中起主要作用，属于主犯的，也应当认定为黑社会性质组织的积极参加者。这里的较严重的黑社会性质组织的犯罪活动，既包括故意杀人、故意伤害、绑架等严重暴力犯罪，也包括其他一些已经造成重大财产损失或者恶劣社会影响的犯罪。c. 其他在组织中起重要作用的情形，如具体主管黑社会性质组织的财务、人员管理等事项。这是一个兜底规定，并且是根据犯罪分子在黑社会性质组织中的作用确定是否属于积极参加者。在司法实践中，某些具体主管黑社会性质组织人、财、物等事项的组织成员虽然很少参与，甚至从不参与违法犯罪活动，但这些参加者由于直接掌控着犯罪组织的生命线，对于组织的维系、运行、发展实际上起着非常重要的作用，理应认定为积极参加者。[①] 在以上三种积极参加者的类型中，前两种都是根据参加黑社会性质组织的犯罪活动进行认定的，只有第三种才是根据在黑社会性质组

① 高憬宏，周川．《办理黑社会性质组织犯罪案件座谈会纪要》的理解与适用//最高人民法院刑事审判第一、二、三、四、五庭．刑事审判参考：总第 74 集．北京：法律出版社，2010：178.

织中从事管理人、财、物的活动进行认定的。总之，应当以犯罪分子在黑社会性质组织中的客观表现，例如参加违法犯罪活动的次数、违法犯罪活动的严重程度以及所起的作用，作为认定黑社会性质组织的积极参加者的根据。

在界定接受黑社会性质组织的领导和管理的时候，存在着把它列为属于主观意志要素的观点。[①] 这一观点认为接受黑社会性质组织的领导和管理是积极参加者的主观意志要素，笔者认为并不妥当。在笔者看来，接受黑社会性质组织的领导和管理并不是积极参加者的主观意志要素，而恰恰是客观行为要素，而且是参加黑社会性质组织的最为本质的行为要素。该要素表明行为人在客观上加入黑社会性质组织，接受领导和管理使其成为该组织的一分子，并承担相应的义务。

那么，参加黑社会性质组织罪的成立，是否还应当具备主观要素以及应当具备何种主观要素呢？参加黑社会性质组织罪是否以行为人明确知道组织具有黑社会性质为要件？对于这个问题，我国刑法理论界和司法实务界主要存在两种观点：第一种观点认为，构成本罪的行为人必须明确知道组织的黑社会性质，这是主客观相一致原则和罪刑法定原则的当然要求；第二种观点则认为，不要求行为人明确知道组织的黑社会性质，因为我国《刑法》第294条并未规定明确知道这一前提，且在司法认定上，将明确知道作为入罪要件既无必要也不现实。对此，《2009年纪要》明确规定："在认定黑社会性质组织的成员时，并不要求其主观上认为自己参加的是黑社会性质组织，只要其知道或者应当知道该组织具有一定规模，且是以实施违法犯罪为主要活动的，即可认定。"笔者赞同这一规定。在司法实践中，积极参加者的定罪并不要求行为人确知其所参加的是黑社会性质组织。只要具备以下两个方面就具备主观明知：第一，行为人知道或应当知道其所参与的是由多数人组成、具有一定层级结构的组织群体；第二，行为人知道或者应当知道其所参加的组织主要从事违法犯罪活动，或者该组织虽有形式合法的生产、经营活动，但仍是以有组织地实施违法犯罪活动为基本行为方式，欺压、残害群众。[②] 这就是说，明知的内容并不是黑社会性质组织的这一评价性要素，而是黑社会性质组织的实际运作情况。

3）其他参加者

其他参加者，是指除积极参加者之外，其他参加黑社会性质组织的领导和管理的犯罪分子。其他参加者，又称为一般参加者。这些人属于黑社会性

① 高憬宏，周川.《办理黑社会性质组织犯罪案件座谈会纪要》的理解与适用//最高人民法院刑事审判第一、二、三、四、五庭.刑事审判参考：总第74集.北京：法律出版社，2010：177.

② 同①178－179.

质组织的一般成员，以此区别于居于核心地位的骨干成员。一般参加者在黑社会性质组织中处于被支配和被控制的地位，偶尔参加黑社会性质组织的组织活动，并非经常性地参加黑社会性质组织的犯罪活动，而且在犯罪活动中起次要作用，属于从犯。

（3）组织结构

黑社会性质组织在具备一定的人员数量的基础上，这些人员之间还必须形成一定的组织结构。可以说，这种组织结构是黑社会性质组织的本质要素。因此，黑社会性质组织的组织结构是黑社会性质组织生存和发展的基础，对于认定黑社会性质组织具有十分重要的意义。

笔者在分析犯罪集团的组织结构特征时，曾经揭示了这种组织结构由四种关系构成：1）组织关系。组织关系是团体结构的基础，也是犯罪集团的基本框架，犯罪集团的组织关系是通过各成员之间的互补关系而构成的。因此，所谓组织性，是指基于相同的目的而保持稳定联系的群体性。2）交换关系。交换关系是团体活动的主要方式，也是犯罪集团赖以进行犯罪活动的基础。在犯罪集团中，各成员之间发生着大量的行为交换与信息交换。3）宗旨关系。宗旨关系是团体活动的驱动力，犯罪集团也是在共同的犯罪动机的驱使下从事一定的犯罪活动的，共同的宗旨产生共同的信念和共同的价值观念，而这正是维系犯罪集团的精神纽带。4）心理关系。心理关系是分析犯罪集团结构特征时不可忽视的一个因素。心理关系形成集团气氛，是集团的心理环境。集团气氛，又称为集团士气，是指集团成员愿意为达到团体目标而奋斗的精神状态和集体态度。集体活动的内容与形式的一致性所产生的团体心理的一致性，又进一步形成集团意识。犯罪集团在这种共同的集团气氛和意识的催化和支配下，使集团成员沆瀣一气，结合成为一个反社会的团体，从事各种犯罪活动。① 以上分析，同样适用于黑社会性质组织。因为黑社会性质组织本身就是犯罪集团的高级形态，它当然具备犯罪集团的组织结构。相对来说，黑社会性质组织的组织结构要比一般犯罪集团的更为复杂，这种复杂性主要表现在组织成员之间联系的紧密性、分工性和层级性。

黑社会性质组织因为人数较多，所以存在核心成员，也就是所谓骨干分子。这些组织成员之间具有紧密关联性，对于整个黑社会性质组织进行控制和管理。不仅如此，在黑社会性质组织成员之间还存在职责分工，通过这种分工使黑社会性质组织形成强大的聚合力和行动力。更为重要的是，在黑社会性质组织成员之间还形成一定的层级关系。也就是说，黑社会性质组织成员之间并不是扁平化的构造，而是存在具有一定隶属关系的层级。通常来说，

① 陈兴良．群体犯罪学初探．现代法学，1990（1）．

具有三个层级，这就是《刑法》第 294 条规定的组织者、领导者、积极参加者和其他参加者。其中，组织者、领导者属于黑社会性质组织的最高层级，是黑社会性质组织的缔造者，并对黑社会性质组织的活动和发展起到支配作用。而积极参加者大多数是黑社会性质组织的骨干成员，在黑社会性质组织的犯罪活动中起主要作用。其他参加者则是接受黑社会性质组织的管理，参加黑社会性质组织的犯罪活动并起次要作用的组织成员。

我国学者将黑社会性质组织的组织结构分为三种：第一种是紧密型结构，第二种是半紧密型结构，第三种是松散型结构。组织者、领导者、骨干成员与一般成员保持稳定关系，且之间具有严密的组织结构、分工明确的，属于紧密型结构。组织者、领导者、骨干成员与一般成员关系相对稳定，骨干成员的分工相对明确，但组织内部层级划分不是很明确、一般成员之间的职责划分不是很明确的，属于半紧密型结构。组织者、领导者明确、骨干成员相对稳定，但一般成员之间没有明确的等级划分，且时常发生变动，实施某一具体犯罪行为时经常是靠骨干成员随机召集、网罗闲散人员的，属于松散型结构。[①] 以上根据三个层级的黑社会性质组织成员之间的关系，对黑社会性质组织的组织结构所做的类型划分具有一定的参考价值。当然，这里论及的黑社会性质组织成员之间关系的稳定和紧密程度是相对的。因为我国刑法规定的是黑社会性质组织而不是黑社会组织，对于组织结构不能要求过高。从司法实践情况来看，最主要的还是根据具有组织者、领导者，以及骨干成员相对稳定进行认定，至于一般成员则并没有稳定性的特别要求。

（4）组织纪律

关于黑社会性质组织的组织纪律，在《2000 年解释》中将具有较为严格的组织纪律规定为组织特征的要素。及至《2009 年纪要》，对黑社会性质组织的组织纪律做了更为具体的规定："在通常情况下，黑社会性质组织为了维护自身的安全和稳定，一般会有一些约定俗成的纪律、规约，有些甚至还有明确的规定。因此，具有一定的组织纪律、活动规约，也是认定黑社会性质组织特征时的重要参考依据。"笔者十分赞同将组织纪律确定为黑社会性质组织的组织特征的要素。因为黑社会性质组织是非法组织，因而一般都是非正式组织，通常不可能具有成文的组织规章和组织纪律，黑社会性质组织的组织纪律一般都表现为约定俗成的帮规。这些帮规的主要内容是对组织成员的约束性规定，也包括惩戒性规定和奖赏性规定等。这些帮规对于维系黑社会

---

① 罗高鹏．关于黑社会性质组织组织特征的若干问题//最高人民法院刑事审判第一、二、三、四、五庭．刑事审判参考：总第 107 集．北京：法律出版社，2017：163.

性质组织的正常运转、管理黑社会性质组织成员都起着重要作用。

黑社会性质组织是一种非法组织，除少数具有名称、规章和纪律等组织形式的较为正式的标识要素以外，绝大多数黑社会性质组织都没有正式的组织形式。因此，对于黑社会性质组织应当从其实际活动与运作中进行认定。当然，黑社会性质组织一般都具有一定的经济实力。因此，某些黑社会性质组织是在合法的经济组织的基础上演变而来，或者在形成黑社会性质组织以后，又通过开设公司等形式成立正式的经济组织。在这种情况下，应当把依法登记或者注册成立的公司、企业或者其他经济组织的结构与黑社会性质组织的结构加以区分，两者不能简单地等同。经济组织具有一定的人员和组织机构，因而呈现出组织结构的特征。某些黑社会性质组织就是在这些经济组织的基础上发展起来的，不能完全排除黑社会性质组织和这些经济组织之间具有一定的重合性。但在大多数情况下，黑社会性质组织和经济组织并不完全重合。因此，不能直接把经济组织的人员和机关等同于黑社会性质组织的结构形式，而是应当根据黑社会性质组织犯罪的实际状况进行认定。

在邓某波组织、领导、参加黑社会性质组织案中，对于如何认定和把握黑社会性质组织的组织特征，裁判理由提出应当从三个方面进行理解和把握：第一是审查犯罪组织的目的性。黑社会性质组织的目的在于维护其组织的利益，是为了组织的安全、稳定和发展，最终实现其对一定区域或者行业的非法控制。第二是审查核心成员的稳定性。认真鉴别组织的核心与框架是否具有严密性和稳定性。第三是审查犯罪组织的组织性、纪律性。黑社会性质组织经历了从普通的犯罪集团逐步发展壮大的过程，其间必定有一定的组织纪律、活动规约来确保组织自身的生存和发展。① 在以上三个方面中，核心成员的稳定性和组织纪律的严密性当然是黑社会性质组织的组织特征，黑社会性质组织的目的性则并非是组织特征而是行为特征的应有之义。在此需要追问：何谓黑社会性质组织的目的？黑社会性质组织的成立，其目的是实施犯罪，实现对一定区域和行业的非法控制。这当然是正确的，因为黑社会性质组织实施的都是故意犯罪，这种故意犯罪本身就具有目的性。然而，目的性并不是黑社会性质组织的组织特征的内容，它是以黑社会性质组织为前提的，而不可能成为黑社会性质组织的构成要素。

深度研究

自从我国 1997 年《刑法》设立组织、领导、参加黑社会性质组织罪（以

① 最高人民法院刑事审判第一、二、三、四、五庭．刑事审判参考：总第 74 集．北京：法律出版社，2010：18－19 以下．

下简称“黑社会性质组织罪”）以来，已经过去 20 多年了。在此期间，立法解释和司法解释都对黑社会性质组织罪进行了补充性和阐释性的规定，为黑社会性质组织罪的司法认定提供了更全面的规范依据。对于黑社会性质组织罪的认定，关键在于正确理解和把握黑社会性质组织的构成要件。

我国 1979 年《刑法》并没有设立黑社会性质组织罪。因为在当时的计划经济体制之下，国家对社会生活实行严格的管制，社会成员几乎没有流动。因为乘坐流动所凭借的各种交通工具需要介绍信，流动的管道受到控制。同时，在户籍地以外的其他地域生活需要兑换全国粮票，即使到了外地，如果不能兑换到生活所需的全国粮票，社会成员也难以长期生存。在这种情况下，社会成员被户籍束缚在特定的生活地域，整个社会处于平面和静止的状态，当然也就不存在黑社会性质犯罪的产生条件和生存土壤。

20 世纪 80 年代以后，我国进入了改革开放的时代。这里的改革虽然是指经济体制的改革，但它不可避免地带来了社会面貌的巨大变化。在这种社会背景下，我国边境地区受到境外黑社会组织的影响，开始出现黑社会组织的雏形。例如，毗邻香港的广东省被认为是最早出现黑社会性质组织的地区。因此，广东地区最初以地方性法规和文件的形式对黑社会性质组织作出规定。[①] 早在 1982 年 8 月，深圳市人民政府就颁布了《关于取缔黑社会组织的通告》。应该说，这里的黑社会组织是指香港的黑社会组织。因此，该《通告》是针对境外黑社会组织向我国境内渗透而采取的反制措施。及至 1989 年，深圳市政府再次发布了《关于取缔、打击黑社会和带有黑社会性质的帮派组织的通知》。在这个《通知》中，区分了黑社会和带有黑社会性质的帮派组织。根据《通知》的规定：黑社会组织是严重危害人民民主专政，危害公共安全，破坏社会治安秩序和管理秩序，有独立确定的名称，有较为严密的组织，有相对稳定的活动场所、区域及行业，带有封建帮会色彩，兼具反动性、流氓性的犯罪组织。而在活动内容、方式、组织形式等方面类似黑社会组织或在成员结构上与黑社会组织有关联的违法团伙，是带有黑社会性质的违法犯罪团伙。从以上规定来看，黑社会组织和带有黑社会性质的帮派团伙，都是境内的黑社会组织，其间只不过存在程度上的差别而已。1990 年广东省公安厅、高级人民法院、检察院和司法厅联合制发的公（研）字第 156 号文件，对黑社会组织和带黑社会性质的团队作了明确的界分：黑社会组织是指境外黑社会在境内组建的分支机构，或受境外黑社会控制，按其旨意发展组织，进行犯罪活动的重大犯罪团伙；带黑社会性质的团伙是指有帮名、帮主、帮规，入伙履行一定的手续或仪式，活动有相对固定的场所、区域或行业，

① 卢建平．有组织犯罪比较研究．北京：法律出版社，2004：39 以下．

施行一种或数种违法犯罪行为，或者虽不受黑社会组织的控制但与其有关联，施行一种或数种违法犯罪的团伙。根据上述规定，黑社会组织来自境外，而境内的是带有黑社会性质的团伙。由上可知，我国黑社会犯罪滥觞于毗邻香港的广东边境地区，具有一定的输入性。值得注意的是，当时我国司法实践中较为广泛地使用团伙一词。团伙是一种泛称，从共同犯罪理论分析，包括集团与结伙，这是两种性质不同的共同犯罪形式。上述文件所说的黑社会性质的团伙，实际上是指黑社会性质组织，可见当时还没有形成黑社会性质组织的规范用语。

此后，境内黑社会犯罪逐渐向全国各地蔓延。当然，关于如何界定黑社会组织，从地方性法规和文件的规定来看，受到香港关于黑社会组织犯罪立法的影响较大。正如我国学者指出："上述对黑社会组织的界定，抓住了黑社会组织的组织特征和行为特征，在司法实践中具有可操作性。但由于受到香港黑社会概念的影响，上述概念很难将黑社会组织与帮会组织区分开来。"①值得肯定的是，这些地方性法规和文件从一开始就区分了黑社会组织和黑社会性质组织。其中，黑社会性质组织的概念具有一定的合理性。在改革开放初期，我国境内到底是否已经出现黑社会组织？如果出现，是境外黑社会组织的分支机构还是境内自主生长的黑社会组织？我国到底应当如何应对黑社会组织？这些问题的正确判断关系到我国黑社会性质组织罪的立法与司法，因而是一个重大的刑事政策问题。

随着1997年刑法修订的启动，黑社会性质组织罪的入刑问题提上了议事日程。在刑法修订过程中，公安部修改刑法领导小组办公室提出了《关于增设有组织犯罪和黑社会性质组织犯罪的设想（1996年7月）》（以下简称《设想》）。②《设想》对设立黑社会性质组织罪提出了以下立法建言："近年来，我国有组织犯罪向黑社会犯罪演化的趋势明显，带黑社会性质的犯罪越来越多，这是有组织犯罪数量增多以及犯罪分子经验积累的必然结果。当前，尽管我国境内还没有像意大利黑手党、我国香港地区三合会那样大规模的黑社会组织，但是一些犯罪组织已完全具备这些黑社会组织所具有的典型的犯罪手法特点。而且，自改革开放以来，境外黑社会组织对我国内地的渗透性犯罪不断增多。对此，我国刑事政策曾把带黑社会性质的犯罪作为打击的重点，党和国家领导人也多次强调要认真研究，重点打击黑社会势力，并宣传这方面的刑事政策。所以，在这种情况下，黑社会犯罪已成为一种危害突出、党和政府以及人民群众非常关心的犯罪现象。因此，非常有必要在刑法中对此做

---

① 赵颖．当代中国黑社会性质组织犯罪分析．沈阳：辽宁人民出版社，2009：9.

② 高铭暄，赵秉志．新中国刑法立法文献资料总览：下．北京：中国人民公安大学出版社，1998：2661－2662.

出明确的有针对性的规定。”该《设想》将我国当时的黑社会犯罪确定为是带有黑社会性质的犯罪，以此作为我国黑社会犯罪立法的事实基础，完全符合我国黑社会组织犯罪的实际状态。

立法机关采纳了公安部关于在刑法中增设黑社会性质组织犯罪的意见。然而，设立黑社会性质组织犯罪的罪名，是一个前所未有的工作。在刑法修订过程中，对于黑社会性质组织犯罪的罪名如何规定，存在意见分歧：是设立黑社会犯罪还是设立黑社会组织罪?[①] 这里的黑社会犯罪是指黑社会性质组织实施的实体性犯罪。而黑社会组织罪是指将组织、领导、参加黑社会性质组织的行为规定为犯罪，对黑社会性质组织实施的实体性犯罪则直接按照刑法相关规定定罪处罚而不做单独规定。1996 年 10 月 10 日的刑法修订草案（征求意见稿）第 261 条规定：“有组织地进行违法犯罪活动，以暴力、威胁或者其他手段为非作恶，称霸一方，欺压群众，对首要分子或者其他罪恶重大的，处五年以上有期徒刑。”该刑法草案条款没有出现黑社会性质组织的用语。从刑法草案条文所描述的构成要件行为来看，立法机关是把有组织地进行黑社会性质组织的违法犯罪活动规定为犯罪。在这种情况下，该罪就成为黑社会性质组织实施的实体性犯罪的罪名而不是组织、领导、参加黑社会性质组织罪。那么，认定该罪以后，对于黑社会性质组织成员实施的杀人、放火、强奸、抢劫等具体犯罪是否还要另外定罪呢？这个问题都是值得研究的。在征求意见过程中，有关部门提出，刑法修订草案征求意见稿第 261 条关于有组织犯罪的规定，并不能涵盖黑社会犯罪。因此，建议设立组织、领导、参加黑社会组织的犯罪。[②] 1996 年 12 月中旬的刑法修订草案第 266 条规定的是组织、领导、参加黑社会性质组织罪，而非黑社会性质组织实施的实体性犯罪。1996 年 12 月 24 日王汉斌副委员长在《关于中华人民共和国刑法（修订草案）的说明》中指出：“在我国，明显的、典型的黑社会组织犯罪还没有出现。但带有黑社会性质的犯罪集团已经出现，横行乡里、称霸一方，为非作恶，欺压、残害居民的有组织犯罪时有出现。另外也发现有境外黑社会组织成员入境进行违法活动，可能会对社会造成严重危害。对于黑社会性质的犯罪，必须坚决打击，一定要将其消灭在萌芽状态，防止蔓延。只要组织、参加黑社会性质的犯罪组织，有违法活动的，不管是否有其他具体犯罪行为都要判刑。”[③] 最终通过的 1997 年《刑法》设立了三个黑社会犯罪的罪名，这就是组织、领导、参加黑社会性质组织罪、入境发展黑社会组织罪和包庇黑社会性质组织罪。这三个黑社会性质组织罪都把组织、领导、参加以及发展、

---

① 周道鸾，等．刑法的修改与适用．北京：人民法院出版社，1997：600.

② 高铭暄．中华人民共和国刑法的孕育诞生和发展完善．北京：北京大学出版社，2012：520.

③ 高铭暄，赵秉志．中国刑法立法文献资料精选．北京：法律出版社，2007：687.

包庇等黑社会性质组织的组织行为、共犯行为和连累行为犯罪化，从而为惩治黑社会性质组织犯罪提供了规范根据。同时，刑法还规定犯黑社会性质组织罪，同时又有其他犯罪行为的，依照数罪并罚的规定处罚，这就较好地解决了黑社会性质组织罪和黑社会性质组织实施的实体性犯罪之间的关系。

在 1997 年《刑法》修订完成以后，黑社会性质组织如何界定成为司法适用的最大问题之一。《刑法》第 294 条规定："组织、领导和积极参加以暴力、威胁或者以其他手段，有组织地进行违法犯罪活动，称霸一方，为非作恶，欺压、残害群众，严重破坏经济、社会生活秩序的黑社会性质的组织的，处三年以上十年以下有期徒刑；其他参加的，处三年以下有期徒刑、拘役、管制或者剥夺政治权利。"这一罪状的特点是没有对黑社会性质组织作专门规定，而是在组织、领导、参加黑社会性质组织罪的行为特征中，顺带描述了黑社会性质组织的特征。应该说，我国《刑法》第 294 条对黑社会性质组织的规定采用了比喻和形容性的文字，具有强烈的文学色彩。其实，对于组织、领导、参加黑社会性质组织罪的认定来说，重点并不在于界定组织、领导、参加的行为，而恰恰在于黑社会性质组织的界定。从《刑法》第 294 条的罪状规定中，可以归纳出黑社会性质组织的概念，这就是以暴力、威胁或者以其他手段，有组织地进行违法犯罪活动，称霸一方，为非作恶，欺压、残害群众，严重破坏经济、社会生活秩序的黑社会性质的组织。在上述概念中，如果仅仅从文字进行归纳，可以提炼出黑社会性质组织的四个方面的特征：（1）手段特征：暴力、威胁或者以其他手段；（2）行为特征：有组织地进行违法犯罪活动；（3）结果特征：称霸一方，为非作恶，欺压、残害群众。（4）危害特征：严重破坏经济、社会生活秩序。当然，在以上特征中，手段特征、行为特征和结果特征都属于客观特征。而黑社会性质组织所要求的组织特征、经济特征和非法控制特征在法条中都没有出现。由此可见，拘泥于刑法条文的字面规定，将难以科学地揭示黑社会性质组织的本质特征。

我国刑法学界对黑社会性质组织罪最初是按照四要件的犯罪论体系进行论述的，在犯罪构成的客观方面，即组织、领导、参加黑社会性质组织的行为中，论及黑社会性质组织。对于黑社会性质组织，主要根据犯罪集团的特征进行描述。我国《刑法》第 26 条第 2 款规定："三人以上为共同实施犯罪而组成的较为固定的犯罪组织，是犯罪集团。"因此，在我国刑法中，犯罪集团等同于犯罪组织。黑社会性质组织就是一种犯罪组织。当然，我国刑法对犯罪集团的规定是极为简单的，只是指出了三人以上这一主体特征和组织结构较为固定这一组织特征。我国学者在根据犯罪集团的规定对黑社会性质组织进行描述的时候，指出："黑社会性质组织的内部组织比普通的犯罪集团更为严密、稳定，有固定成员和明显的组织者、领导者，内部成员之间有一定分工，有一定的等级和较严格的组织纪律。黑社会性质组织所从事的违法犯罪活动范围较广，不像一般犯罪集团那么单一。他们不仅横行乡里，称霸一方，强取豪夺，欺压、残害群众，还往往从事走私、贩毒、绑架、组织容留妇女卖淫等多种犯罪活动。有的还有自己的武装人员，在个别地方甚至把握、控制了乡村政权"①。这一对黑社会性质组织的论述，虽然内容较为详细，然而从文字来看，还是带有描述性的，并没有明确地归纳出黑社会性质组织的法律特征。

这里需要讨论的问题是：黑社会性质组织和犯罪集团之间到底是一种什么关系？进一步说，黑社会性质组织是否具有比犯罪集团更为严格的构成条件？在对这些问题深入探讨的基础上，2000 年 12 月 10 日最高人民法院颁布了《2000 年解释》，明确了黑社会性质组织不同于一般的犯罪集团，而具有更严格的构成特征。《解释》第 1 条规定了黑社会性质组织的四个特征：（1）组织结构比较紧密，人数较多，有比较明确的组织者、领导者，骨干成员基本固定，有较为严格的组织纪律；（2）通过违法犯罪活动或者其他手段获取经济利益，具有一定的经济实力；（3）通过贿赂、威胁等手段，引诱、逼迫国家工作人员参加黑社会性质组织活动，或者为其提供非法保护；（4）在一定区域或者行业范围内，以暴力、威胁、滋扰等手段，大肆进行敲诈勒索、欺行霸市、聚众斗殴、寻衅滋事、故意伤害等违法犯罪活动，严重破坏经济、社会生活秩序。我国刑法学界一般把以上四个特征概括为：（1）组织特征；（2）经济特征；（3）非法保护特征；（4）危害性特征。以上四个特征在刑法条文规定的基础上，增加了两个特征，即经济特征和非法保护特征，这里的非法保护也被俗称为保护伞。

在这一司法解释颁行以后，检察机关对于上述第三个特征，即非法保护特征提出质疑。最高人民检察院认为，《2000 年解释》是在《刑法》第 294 条规定之外对认定黑社会性质的组织又附加了条件。这四个特征中的第三个特征（非法保护特征）的规定，突破了《刑法》第 294 条关于黑社会性质的组织规定的内容，致使一批严打整治斗争中正在办理的黑社会性质组织犯罪案件，不能依法追究，打击不力。而最高人民法院认为，《2000 年解释》所规定的我国《刑法》第 294 条的解释，是针对我国黑社会性质组织的发展态势和严厉打击黑社会性质组织犯罪的实际需要作出的，揭示了黑社会性质组织的本质特征，并不违背《刑法》第 294 条的立法原意。《刑法》第 294 条只规定了黑社会性质组织犯罪的概念，没有规定其明确的特征。根据刑法规定的黑

---

① 周道鸾，等．刑法的修改与适用．北京：人民法院出版社，1997：611.

社会性质组织的犯罪概念可以派生出上述四个特征，即组织结构、经济实力、非法保护、行为方式。这四个特征缺一不可。尤其是非法保护特征必不可少。否则，黑社会性质的组织难以形成。由此可见，是否确定非法保护特征成为黑社会性质犯罪的司法认定中一个亟待解决的问题。为了解决司法实践中存在的对法律理解不一致的问题，最高人民检察院于 2001 年 11 月向全国人大常委会提出了对《刑法》第 294 条规定中的黑社会性质的组织的含义作立法解释的报告。① 2002 年 4 月 28 日全国人大常委会颁布了《立法解释》。根据《立法解释》的规定，黑社会性质的组织应当同时具备以下特征：（1）形成较稳定的犯罪组织，人数较多，有明确的组织、领导者，骨干成员基本固定；（2）有组织地通过违法犯罪活动或者其他手段获取经济利益，具有一定的经济实力，以支持该组织的活动；（3）以暴力、威胁或者其他手段，有组织地多次进行违法犯罪活动，为非作恶，欺压残害群众；（4）通过实施违法犯罪活动，或者利用国家工作人员的包庇或者纵容，称霸一方，在一定区域或者行业内，形成非法控制或者重大影响，严重破坏经济、社会生活秩序。比较关于黑社会性质组织的司法解释与立法解释，可以看出两者的差别就在于：非法保护是否属于黑社会性质组织的特征。《2000 年解释》对此持肯定态度，而《立法解释》则并未将非法保护列为黑社会性质组织的独立特征，而把利用国家工作人员的包庇或者纵容规定为黑社会性质组织成立的或然性条件。尤其值得肯定的是，《立法解释》单独设立了非法控制特征，这对于正确揭示黑社会性质组织的性质具有十分重大的意义。在这种情况下，《立法解释》将黑社会性质组织的四个特征调整为：（1）组织特征；（2）经济特征；（3）行为特征；（4）控制特征。立法机关之所以对黑社会性质组织的特征作出立法解释，除因为立法机关认为黑社会性质组织的特征是立法应予明确的问题以外，主要的还是因为司法机关对此存在争议。《立法解释》虽然认可了在刑法条文规定以外对黑社会性质组织的特征进行解释并不违背立法原意，认为《2000 年解释》对黑社会性质组织的特征作出明确规定，尽管有些特征在法律条文上没有提及，但只要符合立法原意，不仅是必要的，也是合适的。② 因此，《立法解释》确认了黑社会性质组织构成的四个特征。

值得注意的是，2011 年 2 月 25 日全国人大常委会颁布的《刑法修正案（八）》对《刑法》第 294 条规定作了修订，主要是删除了原《刑法》第 294 条第 1 款中对黑社会性质组织的描述性内容，同时增设第 5 款，明文规定了

---

① 黄太云．关于《中华人民共和国刑法》第二百九十四条第一款的解释的理解与适用//最高人民法院刑事审判第一、二、三、四、五庭．刑事审判参考：总第 74 集．北京：法律出版社，2010：148－149.

② 同①150－152.

黑社会性质组织的四个特征："黑社会性质的组织应当同时具备以下特征：（一）形成较稳定的犯罪组织，人数较多，有明确的组织者、领导者，骨干成员基本固定；（二）有组织地通过违法犯罪活动或者其他手段获取经济利益，具有一定的经济实力，以支持该组织的活动；（三）以暴力、威胁或者其他手段，有组织地多次进行违法犯罪活动，为非作恶，欺压、残害群众；（四）通过实施违法犯罪活动，或者利用国家工作人员的包庇或者纵容，称霸一方，在一定区域或者行业内，形成非法控制或者重大影响，严重破坏经济、社会生活秩序。"至此，黑社会性质组织的概念在我国立法上得以完善，在法律上完善了黑社会性质组织的规范构造。

第二节　黑社会性质组织的经济特征

知识背景

黑社会性质组织具有一定的经济实力，这主要表现为黑社会性质组织通过合法或者非法活动聚敛钱财，攫取经济利益；同时，又将部分或者全部财物用于违法犯罪活动，或者维系犯罪组织的生存、发展。例如购买作案工具、提供作案经费，为受伤、死亡的组织成员提供医疗费、丧葬费，为组织成员及其家属提供工资、奖励、福利、生活费用，为组织寻求非法保护以及其他与实施有组织的违法犯罪活动有关的费用支出等。在认定黑社会性质组织的经济特征时，应当注意将其与暴力性经营行为加以区分。暴力性经营，是指在某些竞争性行业，行为人在从事经营活动中使用暴力、胁迫或者其他方法，其目的是获取经济利益。而黑社会性质组织在进行经营活动的时候，也往往使用暴力，但其敛财的目的是为黑社会性质组织提供经济实力。以上两种情形，虽然在形式上较为相似，但实质上是根本不同的。对于暴力性经营行为，构成犯罪的，应当按照其所触犯的有关罪名，例如强迫交易罪、故意伤害罪等追究刑事责任。根据《2018 年指导意见》的规定，在组织的形成、发展过程中通过以下方式获取经济利益的，应当认定为有组织地通过违法犯罪活动或者其他手段获取经济利益：（1）有组织地通过违法犯罪活动或其他不正当手段聚敛；（2）有组织地以投资、控股、参股、合伙等方式通过合法的生产、经营活动获取；（3）由组织成员提供或通过其他单位、组织、个人资助取得。通过上述方式获得一定数量的经济利益，应当认定为具有一定的经济实力，同时也包括调动一定规模的经济资源用以支持该组织活动的能力。通过上述方式获取的经济利益，即使是由部分组织成员个人掌控，也应计入黑社会性质组织的经济实力。组织成员主动将个人或者家庭资产中的一部分用于支持该组织活动，其个人或者家庭资产可全部计入一定的经济实力，但数额明显较小或者仅提供动产、不动产使用权的除外。由于不同地区的经济发展水平、不同行业的利润空间均存在很大差异，加之黑社会性质组织存在、发展的时间各有不同，在办案时不能一般性地要求黑社会性质组织所具有的经济实力必须达到特定规模或特定数额。

规范依据

（一）《刑法》

第 294 条　组织、领导黑社会性质的组织的，处七年以上有期徒刑，并处没收财产；积极参加的，处三年以上七年以下有期徒刑，可以并处罚金或者没收财产；其他参加的，处三年以下有期徒刑、拘役、管制或者剥夺政治权利，可以并处罚金。

境外的黑社会组织的人员到中华人民共和国境内发展组织成员的，处三年以上十年以下有期徒刑。

国家机关工作人员包庇黑社会性质的组织，或者纵容黑社会性质的组织进行违法犯罪活动的，处五年以下有期徒刑；情节严重的，处五年以上有期徒刑。

犯前三款罪又有其他犯罪行为的，依照数罪并罚的规定处罚。

黑社会性质的组织应当同时具备以下特征：

（一）形成较稳定的犯罪组织，人数较多，有明确的组织者、领导者，骨干成员基本固定；

（二）有组织地通过违法犯罪活动或者其他手段获取经济利益，具有一定的经济实力，以支持该组织的活动；

（三）以暴力、威胁或者其他手段，有组织地多次进行违法犯罪活动，为非作恶，欺压、残害群众；

（四）通过实施违法犯罪活动，或者利用国家工作人员的包庇或者纵容，称霸一方，在一定区域或者行业内，形成非法控制或者重大影响，严重破坏经济、社会生活秩序。

（二）最高人民法院、最高人民检察院、公安部、司法部《关于办理黑恶势力犯罪案件若干问题的指导意见》

二、依法认定和惩处黑社会性质组织犯罪

7. 在组织的形成、发展过程中通过以下方式获取经济利益的，应当认定为“有组织地通过违法犯罪活动或者其他手段获取经济利益”：（1）有组织地通过违法犯罪活动或其他不正当手段聚敛；（2）有组织地以投资、控股、参股、合伙等方式通过合法的生产、经营活动获取；（3）由组织成员提供或通过其他单位、组织、个人资助取得。

8. 通过上述方式获得一定数量的经济利益，应当认定为“具有一定的经济实力”，同时也包括调动一定规模的经济资源用以支持该组织活动的能力。通过上述方式获取的经济利益，即使是由部分组织成员个人掌控，也应计入黑社会性质组织的“经济实力”。组织成员主动将个人或者家庭资产中的一部分用于支持该组织活动，其个人或者家庭资产可全部计入“一定的经济实力”，但数额明显较小或者仅提供动产、不动产使用权的除外。

由于不同地区的经济发展水平、不同行业的利润空间均存在很大差异，加之黑社会性质组织存在、发展的时间也各有不同，在办案时不能一般性地要求黑社会性质组织所具有的经济实力必须达到特定规模或特定数额。

案例评价

[案例 22－2] 牛某贤等绑架、敲诈勒索、开设赌场、重婚案[①]（黑社会性质组织经济特征的认定）

1. 基本案情

2007 年以来，被告人牛某贤利用朋友、亲属、同学等关系纠集一些社会上的无业闲散人员，在新乡市区进行绑架、开设赌场、敲诈勒索等违法犯罪活动，逐渐形成了以牛某贤为首，被告人吕某秋、牛某等为骨干成员，被告人时某、胡某忠、李某刚、周某、岳某等为积极参加者的具有黑社会性质的犯罪组织。为攫取经济利益，该犯罪组织采取开设赌场、敲诈勒索等犯罪方式获取非法利益。平时，这些犯罪组织成员接受牛某贤指挥、分工，为牛某贤所开设的赌场站岗、放哨、记账、收账并从事其他犯罪活动。每次参加开设赌场等犯罪活动后，牛某贤都将非法所得以“工资”形式分给参加者，或拿钱给参加者吃饭等。在组织纪律方面，牛某贤要求组织成员按其制定的开设赌场规矩交纳“保证金”，以保证组织成员在为其开设的赌场服务期间能尽职尽责，否则将没收“保证金”。由此该组织成员逐渐形成了听从牛某贤指挥、安排的习惯性行为，从而进行犯罪活动。在实施违法犯罪活动过程中，牛某贤亲自或指使组织成员多次以威胁、暴力手段从事绑架、敲诈勒索等违法犯罪活动，影响极其恶劣，给国家、集体财产和公民个人生命及财产造成了重大损失，对当地的社会生活秩序和经济秩序造成了严重破坏。

新乡市中级人民法院经审理认为：被告人牛某贤等人组织、领导和参加以暴力、威胁或者其他手段，有组织地进行违法犯罪活动，为非作恶，严重破坏经济、社会生活秩序的黑社会性质组织。其中，牛某贤系黑社会性质组

① 最高人民法院刑事审判第一、二、三、四、五庭．刑事审判参考：总第 107 集．北京：法律出版社，2017：89－99.

织的组织者、领导者，其行为已构成组织、领导黑社会性质组织罪。牛某贤作为黑社会性质组织的首要分子，应当对该组织所犯的全部罪行承担刑事责任。牛某贤等人以勒索财物为目的绑架他人，并杀害被绑架人，其行为均已构成绑架罪。在绑架犯罪中，牛某贤与他人共同预谋并实施绑架，系主犯，应当按照其所参与的全部犯罪处罚。牛某贤等人以营利为目的，长期开设赌场，其行为均已构成开设赌场罪。在开设赌场犯罪中，牛某贤起主要作用，系主犯，应当按照其所参与的全部犯罪处罚。牛某贤等人敲诈勒索他人财物，数额较大，其行为均已构成敲诈勒索罪。在敲诈勒索犯罪中，牛某贤起主要作用，系主犯，应当按照其所参与的全部犯罪处罚。牛某贤有配偶而重婚，其行为已构成重婚罪。牛某贤犯有数罪，应当数罪并罚。关于辩护人所提牛某贤的行为不构成组织、领导黑社会性质组织罪的意见，经查，以牛某贤为首的犯罪集团具有较为明确的组织性，通过犯罪活动获取经济利益，以暴力、威胁等手段多次进行违法犯罪活动，欺压、残害群众，对当地的社会生活秩序和经济秩序造成了严重破坏，故对该辩护意见不予采纳。关于辩护人所提认定牛某贤犯绑架罪证据不足的意见，经查，牛某贤与被告人吕某秋、时某预谋绑架并杀害被害人的犯罪事实不仅有各被告人的供述相互印证，而且有现场勘查笔录、鉴定意见、编织袋、铁锹、通话记录、相关证人证言等证据证实，故对该辩护意见不予采纳。关于辩护人所提牛某贤不构成敲诈勒索罪的意见，经查，牛某贤伙同其他被告人以赔偿车损、给手下“发工资”为由，扣押他人及车辆，并殴打被害人，其行为符合敲诈勒索罪特征，故对该辩护意见不予采纳。依照《刑法》第 294 条，第 239 条第 2 款，第 274 条，第 258 条，第 25 条第 1 款，第 26 条，第 48 条第 1 款、第 2 款，第 52 条，第 57 条第 1 款，第 69 条等规定，判决如下：

被告人牛某贤犯组织、领导黑社会性质组织罪，判处有期徒刑 6 年；犯绑架罪，判处死刑，剥夺政治权利终身，并处没收个人全部财产；犯开设赌场罪，判处有期徒刑 2 年 9 个月，并处罚金人民币 5 万元；犯敲诈勒索罪，判处有期徒刑 2 年，并处罚金人民币 2 000 元；犯重婚罪，判处有期徒刑 1 年。决定执行死刑，剥夺政治权利终身，并处没收个人全部财产。

一审宣判后，被告人牛某贤上诉提出：其没有为绑架被害人李某火进行预谋和准备，李某火是在何人提议、指使下被害的事实不清，其不应对李某火的死亡后果负责；其不具有敲诈勒索的主观故意，也没有实施敲诈勒索的客观行为，与被害人邢某峰之间的纠纷属于普通交通事故引发的民事赔偿，不构成敲诈勒索罪；其与时某没有以夫妻名义共同生活，不构成重婚罪；原判认定其构成组织、领导黑社会性质组织罪没有证据支持。

河南省人民检察院的出庭意见是：一审判决认定的主要犯罪事实清楚，证据确实、充分；在定性方面，在被害人李某火被拘禁并被杀害的犯罪中，被告人牛某贤的行为应当定性为抢劫罪和故意杀人罪；牛某贤等人的行为符合黑社会性质组织犯罪的组织性、经济性及行为性特征，但在危害性特征即影响力和控制性特征方面的证据稍显薄弱；原判对牛某贤量刑适当，建议二审法院根据本案证据情况、量刑情节等依法裁判。

河南省高级人民法院经二审审理认为：关于上诉人牛某贤及其辩护人所提其行为不构成黑社会性质组织犯罪的意见，经查，以牛某贤为首的犯罪团伙具有较为明确的组织性，通过犯罪活动获取经济利益，以暴力、威胁等手段多次进行违法犯罪活动，欺压、残害群众，对当地的社会生活秩序和经济秩序造成了严重破坏，在当地具有重大影响，故牛某贤等人的行为符合黑社会性质组织犯罪的四个特征，构成黑社会性质组织犯罪。牛某贤系黑社会性质组织的组织、领导者，其行为已构成组织、领导黑社会性质组织罪。在牛某贤等人所犯的绑架罪、故意杀人罪、非法拘禁罪、帮助毁灭证据罪中，牛某贤等人预谋从被害人李某火处勒索钱财，客观上实施了控制、拘禁李某火并要求李某火向亲朋要钱的行为，后又合谋杀死李某火，符合绑架犯罪的构成要件，其行为已构成绑架罪，当场劫取财物的行为被绑架罪所吸收。关于牛某贤及其辩护人所提牛某贤不应对李某火死亡后果负责的意见，经查，牛某贤虽未直接动手杀害李某火，但其是绑架杀人犯罪的组织、策划、指挥者，应对李某火死亡后果负责，且其是罪行最为严重的主犯，应依法严惩。牛某贤等人敲诈勒索他人财物，数额较大，其行为已构成敲诈勒索罪。在敲诈勒索犯罪中，牛某贤等人强行扣留并殴打被害人邢某峰，逼迫邢某峰打电话让亲属解决问题，后扣留车辆，向邢某峰、邢某康索要超出修车费用近5倍的赔偿款，其行为符合敲诈勒索罪的构成要件，且牛某贤系主犯。牛某贤的行为还构成开设赌场罪、重婚罪。原判定罪准确，量刑适当，审判程序合法。依照《刑事诉讼法》（1996年）第225条第1款第1项之规定，裁定驳回上诉，维持原判，并依法报请最高人民法院核准。

最高人民法院经复核确认的被告人牛某贤实施绑架、开设赌场、敲诈勒索、重婚犯罪的事实与一、二审认定一致，但认为：黑社会性质组织应当同时具备组织特征、经济特征、行为特征和非法控制特征，本案并无充分证据证实牛某贤为首的犯罪团伙同时具备上述“四个特征”，故依法不能认定为黑社会性质组织。由于一、二审法院认定牛某贤犯罪团伙系黑社会性质组织及牛某贤等人的行为构成涉黑犯罪不当，且是否认定涉黑犯罪对多名同案被告人的定罪量刑均有影响。遂依法不予核准牛某贤死刑，将本案发回河南省高级人民法院重新审判。

2. 涉案问题

如何认定和把握黑社会性质组织的经济特征？

3. 裁判理由

我们认为，鉴于涉黑犯罪的严重社会危害性，必须毫不动摇地依法加以严惩，同时也应认真贯彻落实宽严相济刑事政策，正确把握“打早打小”与“打准打实”的关系，准确区分“涉黑”与“涉恶”的差别。具体而言，在审理涉黑犯罪案件中，应当坚持罪刑法定原则和证据裁判原则，本着实事求是的态度，严格依照刑法的规定和两个座谈会纪要的精神认定黑社会性质组织。对于指控证据尚未达到“确实、充分”的程度，不符合黑社会性质组织认定标准的，应当根据案件事实和证据，依照刑法的相关规定予以处理，对被告人依法定罪处刑，不能勉强认定为黑社会性质组织犯罪。具体到本案，在案并无充分证据证实被告人牛某贤犯罪团伙同时具备组织特征、经济特征、行为特征和非法控制特征等四个特征，尤其是本案的经济特征并不具备，因此依法不能认定为黑社会性质组织。

根据刑法规定和两个座谈会纪要的精神，黑社会性质组织的经济特征，是指有组织地通过违法犯罪活动或者其他手段获取经济利益，具有一定的经济实力，以支持该组织的活动。“一定的经济实力”，是指黑社会性质组织在形成、发展过程中获取的，足以支持该组织运行、发展以及实施违法犯罪活动的经济利益。而是否将所获经济利益全部或部分用于违法犯罪活动或者维系犯罪组织的生存、发展，即所获经济利益是否在客观上起到豢养组织成员、维护组织稳定、壮大组织势力的作用，是认定经济特征的重要依据。本案证据反映，牛某贤获取经济利益的主要途径是开设赌场，但赌场收入一般由各合伙人按出资比例分配，并非由牛某贤全权支配或者独享。赌场的部分收入用于支付雇员工资，也并非由牛某贤决定，不能认定其以此方式豢养组织成员。牛某贤在3年多时间内从赌场获利几十万元，经济实力相对薄弱，且所获赃款基本上用于其个人及家庭支出，尚无证据证实牛某贤将所获取的上述不义之财用于保持组织稳定、实施其他违法犯罪、支持组织活动或者维系组织的生存与发展。也就是说，牛某贤既没有为有组织地实施违法犯罪活动提供经费、出资购买刀具、枪支等作案工具，也没有为组织成员发放福利、奖励或者为帮助组织成员逃避法律追究而支付必要的费用，等等。因此，现有证据不能认定牛某贤犯罪团伙具备黑社会性质组织的经济特征。

4. 评析意见

黑社会性质组织经济特征的核心是经济利益，黑社会性质组织的活动在很大程度上也是围绕着经济利益而展开的：通过暴力手段非法获取经济利益，随着黑社会性质组织成员与规模的不断扩大，经济实力得以进一步增强。黑社会性质组织利用其所具有的经济资源，资助该组织的违法犯罪活动，由此形成黑社会性质组织发展壮大的完整闭环。由此可见，经济利益是黑社会性质组织生存与发展的营养和血液。离开了一定的经济实力，黑社会性质组织就难以兴风作浪、为非作恶。根据刑法和司法解释规定，并结合司法实践经验，笔者认为，可以从以下三个方面理解黑社会性质组织的经济特征：

（1）获取手段的多样性

任何经济组织都具有获取经济利益的内在需求，但经济组织只有通过合法的经营活动获取经济利益，才能受国家法律的保护。严格地说，黑社会性质组织并不是一个经济组织。然而，在黑社会性质组织的活动中，经营活动或者其他营利活动是十分重要的内容。如果完全没有经营活动或者其他营利活动，这样的黑社会性质组织是难以想象的。甚至有些黑社会性质组织本身就是从合法经济组织蜕变而来，并以其作为黑社会性质组织的依托。黑社会性质组织的经营活动主要是以违法犯罪为手段的，正如我国刑法对黑社会性质组织经济特征所描述的，是有组织地通过违法犯罪活动或者其他手段获取经济利益。

（2）经济实力的规模性

具有一定的经济实力是黑社会性质组织经济特征的重要表现。这里的经济实力是对黑社会性质组织经济特征的数量和规模的一种描述，表明该组织所具有的支配经济资源的能力和水平。这里应当指出，在理解黑社会性质组织的经济实力的时候，不能把这种经济实力等同于该组织所造成的经济损失。黑社会性质组织在其活动过程中，使用了暴力手段，因此通常都会对社会、他人或者其他单位造成重大的经济损失。这种经济损失的数额大小对于衡量黑社会性质组织的危害性程度具有参考价值。但黑社会性质组织所造成的经济损失和该组织的经济实力是不同的：前者是使他人丧失财物，而后者则是本人获取财物。可以说，他人的财产损失并不必然就是本人的非法获益，两者不可等量齐观。因此，即使对社会、他人或者其他单位造成重大的经济损失，但本身并没有达到一定经济实力的，仍然不能认为具备了黑社会性质组织的经济特征。此外，黑社会性质组织的经济实力也不能等同于该组织所获取的经济利益的数额。黑社会性质组织主要通过两种方式获取经济利益，第一种是通过非法或者合法的经营活动获取财物，例如发放高利贷、非法经营等。第二种是利用暴力或者其他违法犯罪方式获取财物，例如敲诈勒索、强迫交易等。其中，敛财的主要方式还是经营活动。而经营活动需要支付一定的人力和物质的成本，一般来说，只有减去成本以后的收益部分才能认定为经济实力，而不能将所有经营所得都认定为经济实力。

（3）营利目的的双重性

黑社会性质组织不同于恶势力的一个特征在于，它并不满足于打打杀杀，而是要实现对社会的某种非法控制。而这种非法控制离不开一定的经济实力。为此，黑社会性质组织必然大肆敛财。因此，黑社会性质组织在一定程度上都会从事各种经济违法犯罪活动。就经济违法犯罪活动而言，行为人都具有非法获取经济利益的目的。然而，对于黑社会性质组织来说，从事经济违法犯罪活动并不单纯地为满足牟利的目的，更为重要的是为了利用通过经济违法犯罪活动敛取的财物，资助黑社会性质组织。这就是我国刑法规定的黑社会性质组织的经济特征的重要内容之一：黑社会性质组织利用暴力或者其他手段获取的经济实力，具有支持该组织活动的非法目的。因此，是否具有这一目的是正确认定黑社会性质组织经济特征时应当考量的重要因素。这个特征就把黑社会性质组织的经营活动与正常经济组织的经营活动，在主观目的上区别开来。一般的经济组织都具有获取经济利益的内在动机，因为经济组织本身就受到营利的驱动。而黑社会性质组织的经济活动目的并不在于简单地营利，这种营利还具有更深层的目的，这就是利用所获取的经济利益支持黑社会性质组织的活动，为黑社会性质组织的生存与发展提供物质基础。

在司法实践中，如何正确界定黑社会性质组织的经济特征，这是一个较为复杂的问题。在此，除根据刑法和司法解释规定以外，还需要结合具体案情进行分析。笔者认为，对于黑社会性质组织的经济特征，可以从以商养黑和以黑护商这两个方面进行考察。

（1）以商养黑

这里的以商养黑，是指将非法获取的经济利益支持黑社会性质组织的活动。对于黑社会性质组织来说，获取经济利益本身并不是目的，其真正的目的在于将非法获取的经济利益用于支持黑社会性质组织的活动，为黑社会性质组织的生存和发展提供物质保障。《2009 年纪要》指出：“是否将所获经济利益全部或部分用于违法犯罪活动或者维系犯罪组织的生存、发展，是认定经济特征的重要依据。无论获利后的分配与使用形式如何变化，只要在客观上能够起到豢养组织成员、维护组织稳定、壮大组织势力的作用即可认定”。根据上述规定，黑社会性质组织既可以是将获取的经济利益全部用于违法犯罪活动或者维系犯罪组织的生存和发展；也可以是将获取的经济利益部分用于违法犯罪活动或者维系犯罪组织的生存和发展。

（2）以黑护商

这里的以黑护商，是指通过有组织的违法犯罪活动或者其他手段获取经济利益，由此而使黑社会性质组织具有一定的经济实力。对于以黑护商，《2018 年指导意见》明确规定：在组织的形成、发展过程中通过以下方式获取经济利益的，应当认定为有组织地通过违法犯罪活动或者其他手段获取经济利益：1）有组织地通过违法犯罪活动或其他不正当手段聚敛；2）有组织地以投资、控股、参股、合伙等方式通过合法的生产、经营活动获取；3）由组织成员提供或通过其他单位、组织、个人资助取得。通过上述方式获得一定数量的经济利益，应当认定为具有一定的经济实力，同时也包括调动一定规模的经济资源用以支持该组织活动的能力。通过上述方式获取的经济利益，即使是由部分组织成员个人掌控，也应计入黑社会性质组织的经济实力。组织成员主动将个人或者家庭资产中的一部分用于支持该组织活动，其个人或者家庭资产可全部计入经济实力，但数额明显较小或者仅提供动产、不动产使用权的除外。由于不同地区的经济发展水平、不同行业的利润空间均存在很大差异，加之黑社会性质组织存在、发展的时间也各有不同，在办案时不能一般性地要求黑社会性质组织所具有的经济实力必须达到特定规模或特定数额。

在牛某贤等绑架、敲诈勒索、开设赌场、重婚案①中，一审法院判决认定：牛某贤为首的黑社会性质组织为攫取经济利益，采取开设赌场、敲诈勒索等犯罪方式获取非法利益。平时，这些犯罪组织成员接受牛某贤指挥、分工，为牛某贤所开设的赌场站岗、放哨、记账、收账并从事其他犯罪活动。每次参加开设赌场等犯罪活动后，牛某贤都将非法所得以“工资”形式分给参加者，或拿钱给参加者吃饭等。在组织纪律方面，牛某贤要求组织成员按其制定的开设赌场规矩交纳“保证金”，以保证组织成员在为其开设的赌场服务期间能尽职尽责，否则将没收“保证金”。由此该组织成员逐渐形成了听从牛某贤指挥、安排的习惯性行为，从而进行犯罪活动。在实施违法犯罪活动过程中，牛某贤亲自或指使组织成员多次以威胁、暴力手段从事绑架、敲诈勒索等违法犯罪活动，影响极其恶劣，给国家、集体财产和公民个人生命及财产造成了重大损失，对当地的社会生活秩序和经济秩序造成了严重破坏。因而，一审判决认定牛某贤等人构成黑社会性质组织犯罪，以该罪判处有期徒刑 6 年，同时以绑架罪判处死刑。一审判决以后，被告人提起上诉。二审法院裁定驳回被告人的上诉，维持了一审判决，并依法报请最高人民法院核准。最高人民法院经复核认为：一、二审法院认定牛某贤犯罪团伙系黑社会性质组织及牛某贤等人的行为构成涉黑犯罪不当，且是否认定涉黑犯罪对多名同案被告人的定罪量刑均有影响，故依法不核准牛某贤死刑，将本案发回原二审法院重新审理。二审法院对本案重新审理后，直接予以改判，对原判牛某贤的组织、领导黑社会性质组织犯罪不予认定，并以绑架罪等其他犯罪

① 最高人民法院刑事审判第一、二、三、四、五庭．刑事审判参考：总第 107 集．北京：法律出版社，2017：96 以下．

再次报送核准死刑，最高人民法院经再次复核，依法核准了被告人牛某贤死刑。在最高人民法院的裁定中，虽然认为本案并无充分证据证实牛某贤为首的犯罪团伙同时具备四个特征，但就其具体案情来看，主要还是缺乏经济特征。本案的裁判理由指出：根据刑法规定和两个座谈会纪要的精神，黑社会性质组织的经济特征，是指有组织地通过违法犯罪活动或者其他手段获取经济利益，具有一定的经济实力，以支持该组织的活动。一定的经济实力是指黑社会性质组织在形成、发展过程中获取的，足以支持该组织运行、发展以及实施违法犯罪活动的经济利益。而是否将所获经济利益全部或部分用于违法犯罪活动或者维系犯罪组织的生存、发展，即所获经济利益是否在客观上起到豢养组织成员、维护组织稳定、壮大组织势力的作用，是认定经济特征的重要依据。本案证据反映，牛某贤获取经济利益的主要途径是开设赌场，但赌场收入一般由各合伙人按出资比例分配，并非由牛某贤全权支配或者独享。赌场的部分收入用于支付雇员工资，也并非由牛某贤决定，不能认定其以此方式豢养组织成员。牛某贤在 3 年多时间内从赌场获利几十万元，经济实力相对薄弱，且所获赃款基本上用于其个人及家庭支出，尚无证据证实牛某贤将所获取的上述不义之财用于保持组织稳定、实施其他违法犯罪、支持组织活动或者维系组织的生存与发展。也就是说，牛某贤既没有为有组织地实施违法犯罪活动提供经费、出资购买刀具、枪支等作案工具，也没有为组织成员发放福利、奖励或者为帮助组织成员逃避法律追究而支付必要的费用，等等。因此，现有证据不能认定牛某贤犯罪团伙具备黑社会性质组织的经济特征。① 在以上裁判理由中，认定缺乏黑社会性质组织经济特征的根据有三：其一是开设赌场并非牛某贤本人完全控制，而是多人共同出资合股实施，因而工资等支出不能等同于豢养黑社会性质组织成员。其二是在 3 年多时间内只收入三十余万元，用于家庭开支，没有达到具备一定经济实力的标准。其三是没有将开设赌场收入用于购买枪支、刀具等供黑社会性质组织使用，不存在资助黑社会性质组织的事实。以上三点对于否定本案具有黑社会性质组织的经济特征，笔者认为是具有事实根据和法律根据的。对于采用违法犯罪手段获取经济利益的犯罪团伙来说，该经济利益是否能够成为黑社会性质组织的经济特征，关键在于经济利益的使用方式。如果经济利益只是单纯用于消费或者挥霍，例如赌博、吸毒或者购买奢侈品等，就不能认为具备黑社会性质组织的经济特征。只有用于至少部分用于支持黑社会性质组织的活动，为黑社会性质组织的生存与发展提供资助，才能认为具备黑社会

① 最高人民法院刑事审判第一、二、三、四、五庭．刑事审判参考：总第 107 集．北京：法律出版社，2017：96－97.

性质组织的经济特征。在牛某贤案中，其经济来源主要是与他人合伙开设赌场，但非法所得并没有用于支持其违法犯罪活动，因而不具备黑社会性质组织的经济特征。

深度研究

黑社会性质组织经济特征的核心是经济利益，黑社会性质组织的活动在很大程度上也是围绕着经济利益而展开的：通过暴力手段非法获取经济利益，随着黑社会性质组织成员与规模的不断扩大，经济实力得以进一步增加。黑社会性质组织利用其所具有的经济资源，资助该组织的违法犯罪活动，由此形成黑社会性质组织发展壮大的完整闭环。由此可见，经济利益是黑社会性质组织生存与发展的营养和血液。离开了一定的经济实力，黑社会性质组织就难以兴风作浪、为非作恶。根据刑法和司法解释规定，并结合司法实践经验，笔者认为，可以从以下三个方面理解黑社会性质组织的经济特征：

（一）获取手段的多样性

任何经济组织都具有获取经济利益的内在需求，但经济组织只有通过合法的经营活动获取经济利益，才能受国家法律的保护。严格地说，黑社会性质组织并不是一个经济组织。然而，在黑社会性质组织的活动中，经营活动或者其他营利活动是其中十分重要的内容。如果完全没有经营活动或者其他营利活动，这样的黑社会性质组织是难以想象的。甚至有些黑社会性质组织本身就是从合法经济组织蜕变而来，并以其作为黑社会性质组织的依托。黑社会性质组织的经营活动主要是以违法犯罪为手段的，正如我国刑法对黑社会性质组织经济特征所描述的，是“有组织地通过违法犯罪活动或者其他手段获取经济利益”。

（二）经济实力的规模性

具有一定的经济实力是黑社会性质组织经济特征的重要表现。这里的经济实力是对黑社会性质组织经济特征的数量和规模的一种描述，表明该组织所具有的支配经济资源的能力和水平。这里应当指出，在理解黑社会性质组织的经济实力的时候，不能把这种经济实力等同于该组织所造成的经济损失。黑社会性质组织的活动过程包含了暴力手段，因此通常都会对社会、他人或者其他单位造成重大的经济损失。这种经济损失数额大小对于衡量黑社会性质组织的危害性程度具有参考价值。但黑社会性质组织所造成的经济损失和该组织的经济实力是不同的：前者是使他人丧失财物，而后者则是组织获取财物。可以说，他人的财产损失并不必然就是组织的非法获益，两者不能等量齐观。因此，即使对社会、他人或者其他单位造成重大的经济损失，但本身并没有达到一定经济实力的，仍然不能认为具备了黑社会性质组织的经济特征。此外，黑社会性质组织的经济实力也不能等同于该组织所获取的经济利益的数额。黑社会性质组织主要通过两种方式获取经济利益：第一种是通过非法或者合法的经营活动获取财物，例如发放高利贷、非法经营等；第二种是利用暴力或者其他违法犯罪方式获取财物，例如敲诈勒索、强迫交易等。其中，敛财的主要方式还是经营活动，而经营活动需要支付一定的人力和物质的成本，一般来说，只有减去成本以后的收益部分才能认定为经济实力，而不能将所有经营所得都认定为经济实力。

（三）营利目的的双重性

黑社会性质组织不同于恶势力的一个特征在于，它并不满足于打打杀杀，而是要实现对社会的某种非法控制。而这种非法控制离不开一定的经济实力。为此，黑社会性质组织必然大肆敛财。因此，黑社会性质组织在一定程度上都会从事各种经济违法犯罪活动。就经济违法犯罪活动而言，行为人都具有非法获取经济利益的目的。然而，对于黑社会性质组织来说，从事经济违法犯罪活动并不单纯是为满足牟利的目的。更为重要的是，为了利用通过经济违法犯罪活动敛取的财物，资助黑社会性质组织。这就是我国刑法规定的黑社会性质组织的经济特征的重要内容之一：黑社会性质组织利用暴力或者其他手段获取的经济实力，具有支持该组织活动的非法目的。因此，是否具有这一目的是正确认定黑社会性质组织经济特征应当考量的重要因素。这个特征就把黑社会性质组织的经营活动与正常经济组织的经营活动，在主观目的上区别开来。一般的经济组织都具有获取经济利益的内在动机，因为经济组织本身就受到营利动机的驱动。而黑社会性质组织的经济活动目的并不在于简单的营利，这种营利还具有更深层的目的，这就是利用所获取的经济利益支持黑社会性质组织的活动，为黑社会性质组织的生存与发展提供物质基础。我国学者总结 67 个黑社会性质组织判决认定的支持方式主要有：（1）为受伤的组织成员提供医疗费；（2）发工资、统一食宿，请客吃饭；（3）行贿；（4）提供收益分红，工资入股；（5）发过年费、吃年夜饭；（6）帮助犯罪组织成员逃匿，逃避司法机关处罚；（7）为犯罪行为提供工具；（8）提供资金垫付；（9）给被关押的犯罪人员上账，为其家属支持生活费；（10）给实施违法犯罪行为的人员奖励；（11）替被违法犯罪行为侵犯的被害人提供医疗费。① 由此可见，支持黑社会性质组织活动是黑社会性质组织经济特征的应有之义。

① 李林．黑社会性质组织经济特征司法认定实证研究．中国刑事法杂志，2013（4）．

第三节　黑社会性质组织的行为特征

知识背景

黑社会性质组织具有一定的行为特征，即以暴力、威胁或者其他手段，有组织地多次进行违法犯罪活动。这里的暴力、威胁，是有组织的暴力、威胁，或者是以组织形式实施的暴力、威胁，因而不同于其他犯罪中的暴力、威胁。这里的其他手段，是指以暴力、威胁为基础，在利用组织势力和影响已对他人形成心理强制或威慑的情况下，进行所谓的“谈判”“协商”“调解”；滋扰、哄闹、聚众等其他干扰、破坏正常经济、社会生活秩序的非暴力手段。黑社会性质组织实施的违法犯罪活动，主要包括以下情形：由组织者、领导者直接组织、策划、指挥、参与实施的违法犯罪活动；由组织成员以组织名义实施，并得到组织者、领导者认可或者默许的违法犯罪活动；多名组织成员为逞强争霸、插手纠纷、报复他人、替人行凶、非法敛财而共同实施，并得到组织者、领导者认可或者默许的违法犯罪活动；组织成员为组织争夺势力范围、排除竞争对手、确立强势地位、谋取经济利益、维护非法权威或者按照组织的纪律、惯例、共同遵守的约定而实施的违法犯罪活动，以及由黑社会性质组织实施的其他违法犯罪活动。根据《2018年指导意见》的规定，黑社会性质组织实施的违法犯罪活动包括非暴力性的违法犯罪活动，但暴力或以暴力相威胁始终是黑社会性质组织实施违法犯罪活动的基本手段，并随时可能付诸实施。暴力、威胁色彩虽不明显，但实际是以组织的势力、影响和犯罪能力为依托，以暴力、威胁的现实可能性为基础，足以使他人产生恐惧、恐慌进而形成心理强制或者足以影响、限制人身自由、危及人身财产安全或者影响正常生产、工作、生活的手段，属于《刑法》第294条第5款第3项中的其他手段，包括但不限于所谓的“谈判”“协商”“调解”以及滋扰、纠缠、哄闹、聚众造势等手段。为确立、维护、扩大组织的势力、影响、利益或者按照纪律规约、组织惯例多次实施违法犯罪活动，侵犯不特定多人的人身权利、民主权利、财产权利，破坏经济秩序、社会秩序，应当认定为有组织地多次进行违法犯罪活动，为非作恶，欺压、残害群众。符合以下情形之一的，应当认定为是黑社会性质组织实施的违法犯罪活动：（1）为该组织争夺势力范围、打击竞争对手、形成强势地位、谋取经济利益、树立非法权威、扩大非法影响、寻求非法保护、增强犯罪能力等实施的；（2）按照该组织的纪律规约、组织惯例实施的；（3）组织者、领导者直接组织、策划、指挥、参与实施的；（4）由组织成员以组织名义实施，并得到组织者、领导者认可或者默许的；（5）多名组织成员为逞强争霸、插手纠纷、报复他人、替人行凶、非法敛财而共同实施，并得到组织者、领导者认可或者默许的；（6）其他应当认定为黑社会性质组织实施的。

规范依据

（一）《刑法》

第 294 条　组织、领导黑社会性质的组织的，处七年以上有期徒刑，并处没收财产；积极参加的，处三年以上七年以下有期徒刑，可以并处罚金或者没收财产；其他参加的，处三年以下有期徒刑、拘役、管制或者剥夺政治权利，可以并处罚金。

境外的黑社会组织的人员到中华人民共和国境内发展组织成员的，处三年以上十年以下有期徒刑。

国家机关工作人员包庇黑社会性质的组织，或者纵容黑社会性质的组织进行违法犯罪活动的，处五年以下有期徒刑；情节严重的，处五年以上有期徒刑。

犯前三款罪又有其他犯罪行为的，依照数罪并罚的规定处罚。

黑社会性质的组织应当同时具备以下特征：

（一）形成较稳定的犯罪组织，人数较多，有明确的组织者、领导者，骨干成员基本固定；

（二）有组织地通过违法犯罪活动或者其他手段获取经济利益，具有一定的经济实力，以支持该组织的活动；

（三）以暴力、威胁或者其他手段，有组织地多次进行违法犯罪活动，为非作恶，欺压、残害群众；

（四）通过实施违法犯罪活动，或者利用国家工作人员的包庇或者纵容，称霸一方，在一定区域或者行业内，形成非法控制或者重大影响，严重破坏经济、社会生活秩序。

（二）最高人民法院、最高人民检察院、公安部、司法部《关于办理黑恶势力犯罪案件若干问题的指导意见》

二、依法认定和惩处黑社会性质组织犯罪

9. 黑社会性质组织实施的违法犯罪活动包括非暴力性的违法犯罪活动，但暴力或以暴力相威胁始终是黑社会性质组织实施违法犯罪活动的基本手段，并随时可能付诸实施。暴力、威胁色彩虽不明显，但实际是以组织的势力、影响和犯罪能力为依托，以暴力、威胁的现实可能性为基础，足以使他人产生恐惧、恐慌进而形成心理强制或者足以影响、限制人身自由、危及人身财产安全或者影响正常生产、工作、生活的手段，属于《刑法》第二百九十四条第五款第（三）项中的“其他手段”，包括但不限于所谓的“谈判”“协商”“调解”以及滋扰、纠缠、哄闹、聚众造势等手段。

10. 为确立、维护、扩大组织的势力、影响、利益或者按照纪律规约、组织惯例多次实施违法犯罪活动，侵犯不特定多人的人身权利、民主权利、财产权利，破坏经济秩序、社会秩序，应当认定为“有组织地多次进行违法犯罪活动，为非作恶，欺压、残害群众”。

符合以下情形之一的，应当认定为是黑社会性质组织实施的违法犯罪活动：(1) 为该组织争夺势力范围、打击竞争对手、形成强势地位、谋取经济利益、树立非法权威、扩大非法影响、寻求非法保护、增强犯罪能力等实施的；(2) 按照该组织的纪律规约、组织惯例实施的；(3) 组织者、领导者直接组织、策划、指挥、参与实施的；(4) 由组织成员以组织名义实施，并得到组织者、领导者认可或者默许的；(5) 多名组织成员为逞强争霸、插手纠纷、报复他人、替人行凶、非法敛财而共同实施，并得到组织者、领导者认可或者默许的；(6) 其他应当认定为黑社会性质组织实施的。

案例评价

[案例 22-3] 符某友等敲诈勒索、强迫交易、故意销毁会计账簿等案①（黑社会性质组织行为特征的认定）

1. 基本案情

2003 年，旌德县人民政府对旌阳镇北门旧城区进行改造，被告人符某友等人成为失地农民。同年年底，符某友、汪某群、刘某财合伙购买了一台挖掘机，并邀请了旌德县旌阳镇新光村书记冯某田隐名合伙，以“三友公司”名义在北门范围内承揽土方工程。符某友提议以“当地事应当由当地人做”为由垄断北门范围内土方工程，汪某群、刘某财表示同意。之后，符某友等三人采取暴力、威胁、围堵等手段先后强行承揽利民安置区土方工程、中易公司在北门范围内的土方工程、解放北路道路工程，从此确立了符某友等人在北门建筑劳务市场的强势地位。

2002 年 3 月，旌阳镇原新光村北门劳务队成立，由吕某仂任队长，成员主要是北门村民组有运输机械的农民。2007 年 10 月，符某友邀集吕某仂、符某红、谢某宏、黄某有、王某宾、张某庆等 18 人以入股形式筹集资金将北门村民组范围内的建筑劳务一次性“买断”。成立了新的北门劳务组。符某友实际控制该劳务组，决定人员安排、价格确定、纠纷解决等重大事项。在劳务

① 最高人民法院刑事审判第一、二、三、四、五庭．刑事审判参考：总第 107 集．北京：法律出版社，2017：52-63.

组内部，吕某伪、谢某宏、黄智勇、符某红、黄某有、张某庆、王某宾等有明确分工。2008年，该劳务组扩大组织成员吸收符某美加入，并进而扩大范围，买断和平、老伍村民组在旌阳镇中易文锦苑二期建设工程中的劳务。2010年6月，符某友邀集汪某群、吕某伪、谢某宏、符某红、黄某有、王某宾、张某庆、符某美等共计16人买断窑上、汪家村民组在旌阳镇中易文锦苑三期建设工程中的劳务。北门劳务组成为符某友所领导组织的另一重要组成部分。

自2003年起，符某友、汪某群、刘某财通过有组织地实施强迫交易，敲诈勒索，向公司、企业人员行贿等违法犯罪活动，获取非法利益。其中，三人在承揽的北门土方工程中非法获利1 067 721.36元。2007年至2011年间，符某友控制的北门劳务组，通过强迫交易手段在沙石供应方面非法获利1 927 023.54元。此外，符某友等人通过敲诈勒索手段获取补偿款共计343 660元。

为维系组织的生存和发展，该组织将非法聚敛的经济利益部分用于为组织成员提供工资、福利、生活费用；部分用于购买机械设备、承揽工程；部分用于支付医疗费、行政罚款等；部分用于“买断”其他村民组劳务，扩大势力范围、攫取更大的非法经济利益，从而使该组织进一步坐大成势，称霸一方。

以符某友为首的犯罪组织以暴力、威胁手段为基础，在利用组织势力和影响已对他人形成心理强制的情况下，除有组织地实施强迫交易，敲诈勒索，抽逃出资，故意销毁会计账簿，向公司、企业人员行贿，行贿等犯罪活动外，还组织实施强行索要补偿费、无施工资质及未取得工程施工许可证进行施工等违法活动。

该组织通过多次有组织地实施强迫交易、敲诈勒索等违法犯罪活动，给在旌阳镇北门社区内生活的群众及生产经营者形成心理强制和威慑，致使合法利益受损的群众及生产经营者不敢要账，或放弃工程，或不敢控告；致使开发商、承建商不能自主选择土方施工者及建筑材料供应者，被迫接受三友公司及北门劳务组提供的劳务。该组织严重危害了旌德县建筑领域持证经营、自由交易、公平竞争等市场秩序和社会公共秩序，极大地危害了旌德县经济发展和社会稳定。

旌德县人民法院认为：以被告人符某友为组织者、领导者，以被告人汪某群、吕某伪为积极参加者，以被告人谢某宏、符某红、黄某有、王某宾、张某庆、符某美、刘某财为一般参加者的团伙，人数较多，分工明确，骨干成员基本固定，结构稳定，组织成员均服从符某友指挥。该组织以三友公司和北门劳务组为依托，以恐吓、滋扰、围堵、哄闹、聚众等胁迫性手段，欺压群众，确立称霸北门劳务市场的强势地位，对北门区域内劳动群众、开发商、建筑商、建筑材料供应商等形成心理强制和威慑，长时间非法控制和垄断北门土方工程，沙石、砖块供应及运输等劳务市场，采用所谓的“谈判”

“协商”“调解”等非暴力手段，有组织地大肆实施强迫交易、敲诈勒索等违法犯罪活动，非法获取巨额经济利益。这些经济利益或用于进行购买机械设备、“买断劳务”等犯罪准备，或用于为组织成员提供工资福利和生活费用，笼络组织成员，或用于行贿牟利等违法犯罪活动，以维系组织的生存、发展，坐大成势，称霸一方。该组织的行为严重破坏了北门劳务市场交易秩序，对旌德县房地产开发行业的正常秩序产生了恶劣影响，损害了旌德县的经济发展环境。被告人符某友的行为已构成组织、领导黑社会性质组织罪。被告人汪某群、吕某仂、谢某宏、符某红、黄某有、王某宾、张某庆、符某美、刘某财的行为已构成参加黑社会性质组织罪。

2. 涉案问题

如何认定和把握黑社会性质组织的行为特征？

3. 裁判理由

符某友等人利用三友公司和北门劳务组有组织地在旌德县城北门建设工地上承揽土方工程或沙石材料供应业务，并多次实施强迫交易、敲诈勒索犯罪。仅从触犯的罪名、犯罪的次数以及非法获利数额等方面来看，其行为基本符合黑社会性质组织行为特征中的有组织性、违法性和危害严重性等特点。但符某友等人实施强迫交易、敲诈勒索犯罪的手段的暴力色彩极为微弱，既没有带领组织成员实施打打杀杀的行为，也不是通过暴力在旌德县城对人民群众形成事实上的心理威慑。符某友等人在承揽土方工程或沙石材料供应业务过程中，大多数是以“当地事由当地人做”、政府批复“同等条件下优先安排劳务”等为理由，与开发商、承建商进行“谈判”“协商”承揽工程，而这些“谈判”“协商”并不是以暴力为基础。在少数项目中，符某友等人以自己是失地农民要生活、“工程在谁地皮上劳务由谁做”为理由，采取到工地堵门、堵路、不让施工等手段强揽土方工程或沙石材料供应，没有直接对开发商、承建商或其他提供劳务者使用暴力或以暴力相威胁。开发商、承建商之所以妥协退让，也不是因为对暴力或者以暴力相威胁的恐惧，而是为了避免因符某友等人的滋扰导致工程拖延。与其说开发商、承建商的心理受到强制，不如说是不胜其烦。因此，本案在行为特征方面，与黑社会性质组织应有的行为方式存在明显区别。

4. 评析意见

根据我国刑法的规定，黑社会性质组织的行为特征是指以暴力、威胁或者其他手段，有组织地多次进行违法犯罪活动，为非作恶，欺压、残害群众。根据这一规定，黑社会性质组织的行为特征中的行为是指黑社会性质组织所实施的犯罪行为，而不是黑社会性质组织犯罪所必须具备的组织、领导、参加黑社会性质组织的行为。显然，这两种行为的性质是有所不同的：前者是指黑社会性质组织成立所必须具备的行为特征，而后者则是在黑社会性质组织成立以后，黑社会性质组织成员的组织、领导和积极参加行为，这些行为是构成黑社会性质组织犯罪所必须具备的特征。对于两种行为的区分，在理解上并不困难。难点在于如何区分黑社会性质组织的行为特征和黑社会性质组织所实施的具体犯罪行为；显然，这两种行为在性质上也是不同的。这里涉及黑社会性质组织的行为特征与该组织所实施的具体犯罪行为之间的逻辑关系，这个问题还关系到司法实践中对黑社会性质组织进行认定的时候，到底是先确定黑社会性质组织是否成立，还是先考察行为人所实施的具体犯罪行为。笔者认为，就以上两个问题的逻辑顺序而言，应当是先考察具体犯罪行为，在此基础上再判断该犯罪行为是否符合黑社会性质组织所要求的行为特征；而不是相反。在某个案件中，如果犯罪行为的暴力程度较轻，而且犯罪类型单一，则根本就不具备黑社会性质组织所要求的残害、欺压百姓的行为特征，因而不构成黑社会性质组织犯罪。

在司法实践中，如何认定黑社会性质组织的行为特征，对于正确认定黑社会性质组织具有十分重要的意义。如前所述，在认定黑社会性质组织之前，首先应当确定具体犯罪行为是否成立。这些犯罪行为是单独构成犯罪的，它不以黑社会性质组织是否成立为前提。只有在认定这些犯罪行为的基础上，同时又具备黑社会性质组织的行为特征，才能为黑社会性质组织的成立提供客观根据。根据禁止重复评价原则，具体犯罪行为已经单独成罪，因此，在黑社会性质组织行为特征的认定中，不能将这些具体犯罪行为直接等同于行为特征，而是在这些具体犯罪行为的基础上加以抽象与概括，以此形成黑社会性质组织的行为特征。在这个意义上说，黑社会性质组织的行为特征是对具体犯罪行为的二次判断，其判断的主要内容就在于：犯罪手段的暴力程度、犯罪类型的广泛程度和危害后果的严重程度。

（1）犯罪手段的暴力程度

暴力、威胁或者其他手段，是黑社会性质组织行为特征中的手段要素。黑社会性质组织在违法犯罪活动中通常采用暴力手段，因而具有明显的暴力性。但在个别情况下，也可以采用非暴力手段。对此，《2018 年指导意见》明确规定："黑社会性质组织实施的违法犯罪活动包括非暴力性的违法犯罪活动，但暴力或以暴力相威胁始终是黑社会性质组织实施违法犯罪活动的基本手段，并随时可能付诸实施。暴力、威胁色彩虽不明显，但实际是以组织的势力、影响和犯罪能力为依托，以暴力、威胁的现实可能性为基础，足以使他人产生恐惧、恐慌进而形成心理强制或者足以影响、限制人身自由、危及人身财产安全或者影响正常生产、工作、生活的手段，属于《刑法》第二百九十四条第五款第（三）项中的'其他手段'，包括但不限于所谓的'谈判'

‘协商’‘调解’以及滋扰、纠缠、哄闹、聚众造势等手段。”在黑社会性质组织的犯罪中，往往同时采用暴力和非暴力的手段，而且是以暴力手段为主，没有暴力手段的黑社会性质组织是极为罕见的。对此，《2015 年纪要》指出："在黑社会性质组织所实施的违法犯罪活动中，一般应有一部分能够较明显地体现出暴力或以暴力相威胁的基本特征。否则，定性时应当特别慎重。”对于黑社会性质组织来说，暴力性是必备属性，即使是黑社会性质组织的非暴力行为，也往往是以暴力或以暴力威胁为后盾的。如果没有暴力，客观上不可能造成为非作恶，欺压、残害群众的严重后果，更不可能形成对一定区域或者行业的非法控制。值得注意的是，《2018 年指导意见》提出了软暴力的概念。笔者认为，软暴力其实就是非暴力，即暴力以外的手段。《2018 年指导意见》在对黑社会性质组织行为特征进行规定时，采用的是非暴力这一用语，表述为非暴力性的违法犯罪活动。但在关于恶势力的规定中，采用了软暴力的概念。这里的软暴力，是指有组织地采用滋扰、纠缠、哄闹、聚众造势等手段扰乱正常的工作、生活秩序，使他人产生的心理恐惧或者形成心理强制。① 笔者认为，黑社会性质组织犯罪不能由软暴力单独构成，而恶势力犯罪则可以由软暴力单独构成。黑社会性质组织实施的具体犯罪行为不仅要有暴力性，而且这种暴力必须达到相当严重的程度。仅有轻微的暴力是不可能构成黑社会性质组织的。

（2）犯罪类型的广泛程度

黑社会性质组织通常都是实施多种犯罪行为，涉及数个罪名。如果只是单一罪名，同样不能成立黑社会性质组织。根据司法机关办理的黑社会性质组织犯罪案件的具体经验，黑社会性质组织所实施的违法犯罪主要可以分为以下三种类型：第一是开设赌场、组织卖淫、高利放贷、贩卖毒品等犯罪。第二是非法拘禁、寻衅滋事、聚众斗殴、故意杀人、故意伤害、买卖枪支等犯罪。第三是强迫交易、敲诈勒索、非法经营、抢劫、抢夺、诈骗等犯罪。这些犯罪涉及面广泛，既包括扰乱社会管理秩序的犯罪，又包括侵犯人身的犯罪和侵犯财产的犯罪。《2009 年纪要》规定：“‘黑社会性质组织实施的违法犯罪活动’主要包括以下情形：由组织者、领导者直接组织、策划、指挥、参与实施的违法犯罪活动；由组织成员以组织名义实施，并得到组织者、领导者认可或者默许的违法犯罪活动；多名组织成员为逞强争霸、插手纠纷、报复他人、替人行凶、非法敛财而共同实施，并得到组织者、领导者认可或者默许的违法犯罪活动；组织成员为组织争夺势力范围、排除竞争对手、确立强势地位、谋取经济利益、维护非法权威或者按照组织的纪律、惯例、共同遵

① 关于软暴力的论述，参见黄京平．恶势力及其软暴力犯罪探微．中国刑事法杂志，2018（3）．

守的约定而实施的违法犯罪活动；由黑社会性质组织实施的其他违法犯罪活动。”《2018 年指导意见》进一步将黑社会性质组织的犯罪归纳为以下六种情形：

1）为黑社会性质组织争夺势力范围、打击竞争对手、形成强势地位、谋取经济利益、树立非法权威、扩大非法影响、寻求非法保护、增强犯罪能力等实施的犯罪。为组织谋取经济利益、争夺势力范围、排除竞争对手、确立强势地位、维护非法权威都与组织的潜在利益有关，有利于黑社会性质组织在今后的竞争中取得优势地位，从而谋取更大的经济利益，因而应当视为黑社会性质组织的犯罪。

2）按照黑社会性质组织的纪律规约、组织惯例实施的犯罪。黑社会性质组织的纪律规约和组织惯例是黑社会性质组织中自发形成、对于组织成员具有约束力的行为规范，组织成员按照这些行为规范而实施的犯罪，应当视为黑社会性质组织的犯罪。

3）组织者、领导者直接组织、策划、指挥、参与实施的犯罪。黑社会性质组织的组织者、领导者对于黑社会性质组织具有支配性，并且代表着黑社会性质组织的意志和利益。因此，黑社会性质组织的组织者、领导者直接组织、策划、指挥、参与实施的犯罪，当然应当视为黑社会性质组织的犯罪。

4）组织成员以组织名义实施，并得到组织者、领导者认可或者默许的犯罪。黑社会性质组织作为一个实体，具有独立的意识和意志。只有以组织名义并经组织认可或者默许而实施的犯罪，才能视为黑社会性质组织的犯罪。在某些情况下，组织成员以组织名义实施违法犯罪，但未经获得组织者、领导者授意，具有某种越权的性质。但这种犯罪能够扩大组织的影响力，符合组织利益，且事后获得组织者、领导者的认可或默许，体现了组织意志，因而应当视为黑社会性质组织的犯罪。

5）多名组织成员为逞强争霸、插手纠纷、报复他人、替人行凶、非法敛财而共同实施，并得到组织者、领导者认可或者默许的犯罪。这种违法犯罪在主观动机上并非为组织利益而实施，但因这些行为是黑社会性质组织经常实施的违法犯罪，通常手段上具有暴力、胁迫性，方式上为公开化或半公开化，犯罪的附带后果能扩大组织的影响力和势力，客观上符合组织利益。而且，多名组织成员共同实施，本身也在一定程度上能反映组织意志，尤其是事后获得组织者、领导者的认可或默许，也能够体现组织意志，因而应当视为黑社会性质组织的犯罪。

6）其他应当认定为黑社会性质组织实施的犯罪。除上述五种情形以外，只要是为了黑社会性质组织的利益实施的犯罪，都应当认定为黑社会性质组织的犯罪。

（3）危害后果的严重程度

为非作恶，欺压、残害群众是黑社会性质组织行为特征中的危害后果。《2018 年指导意见》规定：“为确立、维护、扩大组织的势力、影响、利益或者按照纪律规约、组织惯例多次实施违法犯罪活动，侵犯不特定多人的人身权利、民主权利、财产权利，破坏经济秩序、社会秩序，应当认定为‘有组织地多次进行违法犯罪活动，为非作恶，欺压、残害群众’。”这里的为非作恶，欺压、残害群众，具有一定的描述性，意在说明黑社会性质组织犯罪对人民群众的人身安全、财产安全和社会秩序造成的严重危害后果，对于认定黑社会性质组织的行为特征具有重要意义。如果没有造成上述严重后果，也不能成立黑社会性质组织。

在符某友等敲诈勒索、强迫交易、故意销毁会计账簿、对公司、企业人员行贿、行贿案中，一审法院判处符某友等人构成组织、领导、参加黑社会性质组织罪。但二审法院认为符某友等人在承揽土石方工程或沙石材料供应的过程中，违法犯罪行为的暴力性不突出，不符合黑社会性质组织的行为方式，因而认为一审判决将三友公司与北门劳务组认定为符某友统一领导下的黑社会性质组织不当。该案裁判理由指出：符某友等人利用三友公司和北门劳务组有组织地在旌德县城北门建设工地上承揽土方工程或沙石材料供应业务，并多次实施强迫交易、敲诈勒索犯罪。仅从触犯的罪名、犯罪的次数以及非法获利数额等方面来看，其行为基本符合黑社会性质组织行为的特征中的有组织性、违法性和危害严重性等特点。但符某友等人实施强迫交易、敲诈勒索犯罪的手段的暴力色彩极为微弱，既没有带领组织成员实施打打杀杀的行为，也不是通过暴力在旌德县城对人民群众形成事实上的心理威慑。因此，本案在行为特征方面，与黑社会性质组织应有的行为方式存在明显区别。因此，二审法院不认定“三友公司”和北门劳务组为黑社会性质组织，并对被告人符某友等人予以改判是正确的。[①] 符某友案的裁判理由对理解黑社会性质组织的手段要素中的暴力性具有重要参考价值。如果没有暴力或者暴力十分微弱，则不能认定为黑社会性质组织。

深度研究

我国《刑法》关于黑社会性质组织犯罪的规定和相关的司法解释，经历了一个发展完善过程，这也是一个对黑社会性质组织犯罪的认识不断深化的过程。其中，对于黑社会性质组织行为特征的规定，随着对黑社会性质组织犯罪认识的深化而不断演进。

---

① 最高人民法院刑事审判第一、二、三、四、五庭．刑事审判参考：总第 107 集．北京：法律出版社，2017：63.

我国1997年《刑法》第294条并没有对黑社会性质组织进行直接规定，而是在黑社会性质组织犯罪的罪状描述中，提及黑社会性质组织的构成要素。根据这一规定，黑社会性质组织是指以暴力、威胁或者其他手段，有组织地进行违法犯罪活动，称霸一方，为非作恶，欺压、残害群众，严重破坏经济、社会生活秩序的组织。此后，最高人民法院发布的《2000年解释》将黑社会性质组织的成立条件归纳为四项：第一，组织结构比较紧密，人数较多，有比较明确的组织者、领导者，骨干成员基本固定，有较为严格的组织纪律。第二，通过违法犯罪或者其他手段获取经济利益，具有一定的经济实力。第三，通过贿赂、威胁等手段，引诱、逼迫国家工作人员参加黑社会性质组织活动，或者为其提供非法保护。第四，在一定区域或者行业范围内，以暴力、威胁手段，大肆进行敲诈勒索、欺行霸市、聚众斗殴、寻衅滋事、故意伤害等违法犯罪活动，严重破坏经济、社会生活秩序。以上也是黑社会性质组织的四个特征，分别被称为组织特征、经济特征、保护伞特征和危害性特征。2002年全国人大常委会颁布的《立法解释》将保护伞特征修改为非法控制（危害性）特征，其他特征没有改变。2011年颁布的《刑法修正案（八）》，将《立法解释》关于黑社会性质组织特征的规定吸收至我国《刑法》第294条，由此在立法上确立了黑社会性质组织的法定特征。在黑社会性质组织的四个特征中，行为特征主要从客观层面对黑社会性质组织进行界定，因而对于正确认定黑社会性质组织具有重要意义。

根据我国刑法的规定，黑社会性质组织的行为特征是指以暴力、威胁或者其他手段，有组织地多次进行违法犯罪活动，为非作恶，欺压、残害群众。根据这一规定，黑社会性质组织的行为特征中的行为是指黑社会性质组织所实施的犯罪行为，而不是黑社会性质组织犯罪所必须具备的组织、领导、参加黑社会性质组织的行为。显然，这两种行为的性质是有所不同的。前者是指黑社会性质组织成立所必须具备的行为特征。后者则是指在黑社会性质组织成立以后，黑社会性质组织成员的组织、领导和积极参加行为，这些行为是构成黑社会性质组织犯罪所必须具备的特征。对于两种行为的区分，在理解上并不困难。难点在于如何区分黑社会性质组织的行为特征和黑社会性质组织所实施的具体犯罪行为。显然，这两种行为在性质上也是不同的。

这里涉及黑社会性质组织的行为特征与该组织所实施的具体犯罪行为之间的逻辑关系，同时这个问题关系到司法实践中对黑社会性质组织认定时，到底是先确定黑社会性质组织是否成立，还是先考察行为人所实施的具体犯罪行为。笔者认为，就以上两个问题的逻辑顺序而言，应当是先考察具体犯罪行为，在此基础上再判断该犯罪行为是否符合黑社会性质组织所要求的行为特征，而不是相反。在某个案件中，如果犯罪行为的暴力程度较轻，且犯罪类型单一，则根本就不具备黑社会性质组织所要求的残害、欺压百姓的行为特征，因而不构成黑社会性质组织犯罪。

第四节　黑社会性质组织的非法控制（危害性）特征

知识背景

黑社会性质组织的非法控制特征，是指称霸一方，在一定区域或者行业内，形成非法控制，或者重大影响，从而严重破坏经济、社会生活秩序。控制特征是黑社会性质组织的本质特征，也是黑社会性质组织区别于一般犯罪集团的关键所在。在认定一定区域时应当注意：区域的大小具有相对性，且黑社会性质组织非法控制和影响的对象并不是区域本身，而是在一定区域中生活的人，以及该区域内的经济、社会生活秩序。因此，不能简单地要求一定区域必须达到某一特定的空间范围，而应当根据具体案情，并结合黑社会性质组织对经济、社会生活秩序的危害程度加以综合分析判断。在认定一定行业的时候应当注意，黑社会性质组织所控制和影响的行业，既包括合法行业，也包括黄、赌、毒等非法行业。这些行业一般涉及生产、流通、交换、消费等一个或多个市场环节。通过实施违法犯罪活动，或者利用国家工作人员的包庇、纵容，称霸一方，并且具有以下情形之一的，可认定为在一定区域或者行业内，形成非法控制或者重大影响，严重破坏经济、社会生活秩序：对在一定区域内生活或者在一定行业内从事生产、经营的群众形成心理强制、威慑，致使合法利益受损的群众不敢举报、控告的；对一定行业的生产、经营形成垄断，或者对涉及一定行业的准入、经营、竞争等经济活动形成重要影响的；插手民间纠纷、经济纠纷，在相关区域或者行业内造成严重影响的；干扰、破坏他人的正常生产、经营、生活，并在相关区域或者行业内造成严重影响的；干扰、破坏公司、企业、事业单位及社会团体的正常生产、经营、工作秩序，在相关区域、行业内造成严重影响，或者致使其不能正常生产、经营、工作的；多次干扰、破坏国家机关、行业管理部门以及村委会、居委会等基层群众自治组织的工作秩序，或者致使上述单位、组织的职能不能正常行使的；利用组织的势力、影响，使组织成员获取政治地位，或者在党政机关、基层群众自治组织中担任一定职务的；其他形成非法控制或者重大影响，严重破坏经济、社会生活秩序的情形。根据《2018 年指导意见》的规定，鉴于黑社会性质组织非法控制和影响的一定区域的大小具有相对性，不能简单地要求一定区域必须达到某一特定的空间范围，而应当根据具体案情，并结合黑社会性质组织对经济、社会生活秩序的危害程度加以综合分析判断。

通过实施违法犯罪活动，或者利用国家工作人员的包庇或不依法履行职责，放纵黑社会性质组织进行违法犯罪活动的行为，称霸一方，并具有以下情形之一的，可认定为在一定区域或者行业内，形成非法控制或者重大影响，严重破坏经济、社会生活秩序：（1）致使在一定区域内生活或者在一定行业内从事生产、经营的多名群众，合法利益遭受犯罪或严重违法活动侵害后，不敢通过正当途径举报、控告的；（2）对一定行业的生产、经营形成垄断，或者对涉及一定行业的准入、经营、竞争等经济活动形成重要影响的；（3）插手民间纠纷、经济纠纷，在相关区域或者行业内造成严重影响的；（4）干扰、破坏他人正常生产、经营、生活，并在相关区域或者行业内造成严重影响的；（5）干扰、破坏公司、企业、事业单位及社会团体的正常生产、经营、工作秩序，在相关区域、行业内造成严重影响，或者致使其不能正常生产、经营、工作的；（6）多次干扰、破坏党和国家机关、行业管理部门以及村委会、居委会等基层群众自治组织的工作秩序，或者致使上述单位、组织的职能不能正常行使的；（7）利用组织的势力、影响，帮助组织成员或他人获取政治地位，或者在党政机关、基层群众自治组织中担任一定职务的；（8）其他形成非法控制或者重大影响，严重破坏经济、社会生活秩序的情形。

规范依据

（一）《刑法》

第 294 条　组织、领导黑社会性质的组织的，处七年以上有期徒刑，并处没收财产；积极参加的，处三年以上七年以下有期徒刑，可以并处罚金或者没收财产；其他参加的，处三年以下有期徒刑、拘役、管制或者剥夺政治权利，可以并处罚金。

境外的黑社会组织的人员到中华人民共和国境内发展组织成员的，处三年以上十年以下有期徒刑。

国家机关工作人员包庇黑社会性质的组织，或者纵容黑社会性质的组织进行违法犯罪活动的，处五年以下有期徒刑；情节严重的，处五年以上有期徒刑。

犯前三款罪又有其他犯罪行为的，依照数罪并罚的规定处罚。

黑社会性质的组织应当同时具备以下特征：

（一）形成较稳定的犯罪组织，人数较多，有明确的组织者、领导者，骨干成员基本固定；

（二）有组织地通过违法犯罪活动或者其他手段获取经济利益，具有一定的经济实力，以支持该组织的活动；

（三）以暴力、威胁或者其他手段，有组织地多次进行违法犯罪活动，为非作恶，欺压、残害群众；

（四）通过实施违法犯罪活动，或者利用国家工作人员的包庇或者纵容，称霸一方，在一定区域或者行业内，形成非法控制或者重大影响，严重破坏经济、社会生活秩序。

（二）最高人民法院、最高人民检察院、公安部、司法部《关于办理黑恶势力犯罪案件若干问题的指导意见》

二、依法认定和惩处黑社会性质组织犯罪

11. 鉴于黑社会性质组织非法控制和影响的“一定区域”的大小具有相对性，不能简单地要求“一定区域”必须达到某一特定的空间范围，而应当根据具体案情，并结合黑社会性质组织对经济、社会生活秩序的危害程度加以综合分析判断。

通过实施违法犯罪活动，或者利用国家工作人员的包庇或者不依法履行职责，放纵黑社会性质组织进行违法犯罪活动的行为，称霸一方，并具有以下情形之一的，可认定为“在一定区域或者行业内，形成非法控制或者重大影响，严重破坏经济、社会生活秩序”：（1）致使在一定区域内生活或者在一定行业内从事生产、经营的多名群众，合法利益遭受犯罪或严重违法活动侵害后，不敢通过正当途径举报、控告的；（2）对一定行业的生产、经营形成垄断，或者对涉及一定行业的准入、经营、竞争等经济活动形成重要影响的；（3）插手民间纠纷、经济纠纷，在相关区域或者行业内造成严重影响的；（4）干扰、破坏他人正常生产、经营、生活，并在相关区域或者行业内造成严重影响的；（5）干扰、破坏公司、企业、事业单位及社会团体的正常生产、经营、工作秩序，在相关区域、行业内造成严重影响，或者致使其不能正常生产、经营、工作的；（6）多次干扰、破坏党和国家机关、行业管理部门以及村委会、居委会等基层群众自治组织的工作秩序，或者致使上述单位、组织的职能不能正常行使的；（7）利用组织的势力、影响，帮助组织成员或他人获取政治地位，或者在党政机关、基层群众自治组织中担任一定职务的；（8）其他形成非法控制或者重大影响，严重破坏经济、社会生活秩序的情形。

案例评价

［案例 22-4］王某娜等故意伤害、寻衅滋事、非法拘禁、敲诈勒索案[①]
（黑社会性质组织非法控制特征的认定）

1. 基本案情

2008 年 8 月，被告人王某娜（别名刘甲）成立了石家庄市固瑞特保温材

① 石明辉．王某娜等人故意伤害、寻衅滋事、非法拘禁、敲诈勒索案：如何根据“非法控制或重大影响”的内在要求准确认定黑社会性质组织的危害性特征//最高人民法院刑事审判第一、二、三、四、五庭．刑事审判参考：总第 107 集．北京：法律出版社，2017：79－88.

料厂，为了扩大自己的经济实力，在此基础上又分别先后设立了固瑞特科技有限公司和瑞华线材厂。在经营中为了垄断市场，攫取巨额利润，王某娜指使其丈夫王某、胞弟刘丙和公司的员工董某旭等人并纠集社会闲散人员刘乙、贺某金等人多次实施违法犯罪活动，并在违法犯罪过程中逐步树立了“老大”的领导地位。

尤其是2009年3月以来，王某娜为了进一步垄断保温材料市场，获得更大的经济利益，指使王丙、刘丙、董某旭、李某斌、冯某华、郗某、崔某权、孔某贤和“混社会”的刘乙、贺某金、王某朋、贺某宇等人，对同行业内的其他公司业务员及相关人员多次进行跟踪殴打。特别是2009年5月5日，在王某娜的指挥下，其团伙的主要成员无故对同行业竞争对手——石家庄恒保龙保温材料公司（以下简称“恒保龙保温材料公司”）董事长朱某华进行跟踪并殴打，造成朱某华死亡的严重后果，在社会上和行业内造成了恶劣的影响，严重破坏了正常的经营秩序。

在该团伙实施的一系列故意伤害、寻衅滋事、非法拘禁、敲诈勒索、行贿、故意毁坏财物等犯罪活动中，逐步形成了以王某娜为组织者、领导者，王某、刘丙、董某旭、刘乙、贺某金为骨干成员，李某斌、冯某华、郗某、崔某权、孔某贤、王某朋、贺某宇为成员的较为固定的犯罪组织。王某娜为了便于随时调遣和指使团伙成员进行违法犯罪活动，为该团伙主要成员提供了汽车多部，并专门购置石家庄市某小区D座2—502房产供团伙主要成员冯某华、孔某贤、郗某等人居住。

被告人刘乙、王某朋、贺某金等人听命于被告人王某娜，积极充当王某娜的打手。平日里，他们除在各自的势力范围内进行违法犯罪活动外，一旦受到王某娜的召集，便迅速带领手下蜂拥而至，积极参与王某娜组织的寻衅滋事和故意伤害他人的违法犯罪活动。王某娜为了有效地控制团伙成员，除对固定成员发放工资外，还对在违法犯罪活动中的积极参与者予以重奖。例如，贺某金因多次积极参与王某娜组织的寻衅滋事犯罪活动，王某娜给予其5 000元奖励；团伙成员李某平等三人积极参与王某娜指挥的敲诈勒索活动后，王某娜高兴地给予每个积极参加者3 000元奖励。

王某娜犯罪团伙凭借着近年来多次的违法犯罪活动和其名下公司采用的行贿、偷逃税款、欠账不还等一系列违法手段，非法获利近千万元。王某娜依靠其非法获得的经济实力，积极地支持其组织的犯罪活动，为组织骨干和团伙成员提供各种违法犯罪经费支出达20余万元。例如，2009年5月5日，刘乙等人参与将朱某华殴打致死后，王某娜为让刘乙逃避公安机关的抓捕，给刘乙现金1万元帮助其逃匿。

王某娜犯罪团伙通过实施一系列有组织的故意伤害、寻衅滋事、非法拘禁、敲诈勒索、行贿、故意毁坏财物、窝藏等违法犯罪活动后，扩大了自己的势力和影响，获取了一定的经济实力，逐步形成了以家庭为基础、以血缘为纽带、以经济做后盾，人数众多、成员相对固定、层次分明、分工明确的黑社会性质犯罪组织，在石家庄市一定范围和行业内称霸一方，为非作恶，严重破坏了当地正常的经济、社会、生活秩序。

石家庄市中级人民法院经审理认为，对于公诉机关指控的被告人王某娜犯组织、领导黑社会性质组织罪，被告人王某、董某旭、刘乙、王某朋、贺某宇、贺某金、李某斌、刘丙、冯某华、孔某贤、崔某权、郗某犯参加黑社会性质组织罪的公诉意见，经查，从现有证据来看，本案不具备黑社会性质组织犯罪的四个法定特征：在组织体系方面，未形成固定的犯罪组织，也欠缺王某娜对所谓成员的控制、约束的证据；在社会危害方面，缺少王某娜所在公司对石家庄市保温材料行业进行垄断和非法控制的证据，现有证据主要是对竞争对手之一的石家庄市恒保龙挤塑板厂实施了一些违法犯罪行为……在行为特征方面，从目前的证据来看，组织犯罪只涉及故意伤害、寻衅滋事、故意毁坏财物三个罪名，且故意毁坏财物一案证据不足。综上，本案不符合黑社会性质组织犯罪的构成要件，现有证据不足以认定公诉机关指控王某娜犯故意毁坏财物罪、向非国家工作人员行贿罪，指控罪名不成立。依照《刑法》第 234 条第 2 款、第 274 条、第 293 条、第 238 条、第 164 条、第 17 条第 3 款、第 25 条、第 26 条、第 36 条、第 37 条、第 48 条、第 55 条、第 57 条、第 64 条、第 65 条、第 67 条、第 68 条、第 69 条、第 72 条以及最高人民法院《关于处理自首和立功具体应用法律若干问题的解释》第 1 条、第 2 条、第 5 条之规定，判决如下：

被告人王某娜犯故意伤害罪，判处有期徒刑 13 年，剥夺政治权利 3 年；犯寻衅滋事罪，判处有期徒刑 2 年；犯非法拘禁罪，判处有期徒刑 1 年；犯敲诈勒索罪，判处有期徒刑 3 年，并处罚金 1 万元。决定执行有期徒刑 16 年，剥夺政治权利 3 年，并处罚金 1 万元。

一审宣判后，被告人王某娜等人提起上诉。王某娜及其辩护人提出王某娜不构成故意伤害罪、敲诈勒索罪，非法拘禁刘某良一案，情节显著轻微，不应作为犯罪处理等上诉理由和辩护意见。

石家庄市人民检察院抗诉提出：原判决认定现有证据不足以认定本案符合黑社会性质组织犯罪的四个法定特征，属于认定事实确有错误、适用法律不当。从现有证据来看，本案已形成以王某娜为组织者、领导者，王某、董某旭、刘乙、刘丙、贺某金为骨干成员，李某斌等 7 名被告人为成员的较为固定的犯罪组织。该组织为在一定区域内控制保温材料行业实施了多起犯罪，在行业内和群众中造成了恶劣影响，该组织通过一系列的违法犯罪活动拥有较为雄厚的经济基础，并部分用于组织骨干和团伙成员的犯罪支出。综上所述，原判决在认定事实上确有错误，适用法律不当，直接导致了对各被告人量刑畸轻的后果。

河北省人民检察院支持抗诉意见为：被告人王某娜构成组织、领导黑社会性质组织罪，被告人王某、董某旭、刘乙、刘丙、贺某金、李某斌、王某朋、贺某宇、郗某、冯某华、崔某权、孔某贤构成参加黑社会性质组织罪。

河北省高级人民法院经审理认为：对于检察机关抗诉所提被告人王某娜、王某、董某旭、刘乙、王某朋、贺某宇、刘丙、贺某金、李某斌、冯某华、孔某贤、崔某权、郗某构成组织、领导、参加黑社会性质组织罪的理由，经查，被雇人员到王某娜企业的目的大多是打工挣钱，且来去基本自愿，没有证据证实王某娜对成员进行控制约束；按照检察机关指控的组织形成时间即2008年8月以来，该团伙暴力行为构成犯罪的较少，且罪名只有故意伤害和寻衅滋事，犯罪的多样性差；社会危害特征方面，没有证据证实王某娜公司对石家庄市保温材料行业形成垄断和非法控制，不符合认定黑社会性质组织犯罪要求的在一定区域或者行业内，形成非法控制或者重大影响，严重破坏经济、社会生活秩序的特征，对该抗诉意见不予支持，依法判决驳回王某娜、王某、贺某宇等人的上诉和检察机关对王某娜、王某、贺某宇等人分别构成组织、领导、参加黑社会性质组织罪的抗诉，维持原审对被告人王某娜、王某、贺某宇等人的判决，对王某朋等八人依法改判。

最高人民法院经复核审理，依法核准了河北省高级人民法院维持第一审对被告人贺某宇以故意伤害罪判处死刑，剥夺政治权利终身；以寻衅滋事罪判处有期徒刑6个月；决定执行死刑，剥夺政治权利终身的刑事附带民事判决。

2. 涉案问题

如何认定和把握黑社会性质组织的非法控制或者危害性特征？

3. 裁判理由

在《刑法》第294条第5款规定的黑社会性质组织四个特征中，危害性特征（又称非法控制特征）是最为重要的判断标准。以程度的不同来区分，该特征中又包括非法控制和重大影响两种情形。为便于审判时掌握和操作，《2009年纪要》列举了“通过实施违法犯罪活动，或者利用国家工作人员的包庇、纵容，在一定区域或者行业内形成非法控制或重大影响”的八种情形：

（1）对在一定区域内生活或者在一定行业内从事生产、经营的群众形成心理强制、威慑，致使合法利益受损的群众不敢举报、控告的；

（2）对一定行业的生产、经营形成垄断，或者对涉及一定行业的准入、经营、竞争等经济活动形成重要影响的；

（3）插手民间纠纷、经济纠纷，在相关区域或者行业内造成严重影响的；

(4) 干扰、破坏他人正常生产、经营、生活，并在相关区域或者行业内造成严重影响的；

(5) 干扰、破坏公司、企业、事业单位及其他社会团体的正常生产、经营、工作秩序，在相关区域、行业内造成严重影响，或者致使其不能正常生产、经营、工作的；

(6) 多次干扰、破坏国家机关、行业管理部门以及村委会、居委会等基层群众自治组织的工作秩序，或者致使上述单位、组织的职能不能正常行使的；

(7) 利用组织的势力、影响，使组织成员获取政治地位，或者在党政机关、基层群众自治组织中担任一定职务的；

(8) 其他形成非法控制或者重大影响，严重破坏经济、社会生活秩序的情形。

为使以上情形更加清晰、明确，《2015 年纪要》进一步规定：第 (1) 种情形中的“致使合法利益受损的群众不敢举报、控告的”，是指致使多名合法利益遭受犯罪或者严重违法活动侵害的群众不敢通过正当途径维护权益。第 (2) 种情形中的“形成垄断”，是指可以操控、左右、决定与一定行业相关的准入、退出、经营、竞争等经济活动。“形成重要影响”，是指对与一定行业相关的准入、退出、经营、竞争等经济活动具有较大的干预和影响能力，或者具有在该行业内占有较大市场份额、通过违法犯罪活动或以其他不正当手段在该行业内敛财数额巨大（最低数额标准由各高级人民法院根据本地情况在 20 万至 50 万元的幅度内自行划定）、给该行业内从事生产、经营活动的其他单位、组织、个人造成直接经济损失 100 万元以上等情节之一。第 (3)、(4)、(5) 种情形中的“造成严重影响”，是指具有致人重伤或致多人轻伤、通过违法犯罪活动或以其他不正当手段敛财数额巨大（数额标准同上）、造成直接经济损失 100 万元以上、多次引发群体性事件或引发大规模群体性事件等情节之一。第 (6) 种情形中的“多次干扰、破坏国家机关、行业管理部门以及村委会、居委会等基层群众自治组织的工作秩序”，包括以拉拢、收买、威胁等手段多次得到国家机关工作人员包庇或纵容，或者多次对前述单位、组织中正常履行职务的工作人员进行打击、报复的情形。第 (7) 种情形中的“获取政治地位”，是指当选各级人大代表、政协委员；“担任一定职务”，是指在各级党政机关及其职能部门、基层群众自治组织中担任具有组织、领导、监督、管理职权的职务。同时，考虑到寻衅滋事、敲诈勒索、强迫交易、聚众扰乱社会秩序等个罪，如果多次实施也有可能造成“干扰、破坏他人正常生产、经营、生活，并在相关区域或者行业内造成严重影响”等后果，故《2015 年纪要》还规定：八种情形一般不会单独存在，往往是两种以上的情形同时并存、相互交织，从而严重破坏经济、社会生活秩序。审判时，应当充分认识这一特点，准确认定该特征。这一重要补充使认定危害性特征的标准更加严密。

以上两个纪要中列举的若干情形，源自对司法实践经验的总结，对于审判时准确把握危害性特征具有重要的指导作用。但应当看到，黑社会性质组织的司法认定具有高度的复杂性。就危害性特征来说，不能仅根据一个或数个孤立事实来认定，而是要通过一系列的违法犯罪事实来反映。而且，对于具体的违法犯罪事实不能只看客观上造成的后果，还要审查行为时的主观意图。换句话说，就是审判时不能简单堆砌和套用以上两个纪要的规定。为进一步揭示危害性特征的内在要求，有必要对“非法控制”和“重大影响”作进一步分析。按照《现代汉语词典》的释义，“控制”，是指使一定对象处于自己的占有、管理和影响之下；“影响”，是指对他人的思想和行动所起的作用。由此推论，《刑法》第 294 条第 5 款中的非法控制，是指以有组织的违法犯罪手段使一定对象处于自己的占有、管理和影响之下；重大影响，是指以有组织的违法犯罪手段对一定对象的思想和行动发生作用。二者有着以下共同点：（1）都是有意识地以非法方式主动干涉他人（包括其他单位、组织）的结果；（2）都不是一种偶然、短暂的现象，而是一种持续的状态；（3）控制或影响的对象具有广泛性，控制或影响的程度具有严重性。根据以上几点，在对涉案犯罪组织是否形成非法控制与重大影响进行司法判断时，除了要对照两个纪要的相关规定，还应着重审查涉案犯罪组织是否基于争抢势力范围、树立非法权威、攫取不法利益等非法控制目的而实施违法犯罪行为；是否在一段较长的时期内连续、多次通过实施违法犯罪行为对他人的自主性造成干扰或破坏；被侵害对象的数量以及所造成的后果是否已达到形成非法控制或重大影响的严重程度。如果以上几点都已齐备，危害性特征一般能够成立。反之，则不能认定。

具体到本案，经一、二审法院审理查明，在公诉机关指控的王某娜等人实施的违法犯罪活动中，只有 1 起故意伤害犯罪、3 起寻衅滋事犯罪可以认定为该团伙的犯罪，其他皆为个人犯罪。而这 4 起犯罪的对象，均是王某娜在挤塑板业务中的竞争对手恒保龙保温材料公司的老板或员工，犯罪共造成 1 人死亡、1 人轻伤、1 人轻微伤的后果。对照两个纪要的相关规定，符合其中一种情形，即“干扰、破坏公司、企业、事业单位及其他社会团体的正常生产、经营、工作秩序，在相关区域、行业内造成严重影响”。但根据《2015 年纪要》的补充性规定，仅有这一种情形尚不足以认定危害性特征已经具备。更为重要的是，虽然王某娜等人是为排挤竞争对手而实施了故意伤害、寻衅滋事犯罪，但在控制和影响的长期性、广泛性、严重性等方面与危害性特征的内在要求还有明显差距。

首先，王某娜犯罪团伙存在时间明显过短、犯罪次数明显偏少。王某娜等人所依托的经济实体石家庄市固瑞特保温材料厂，从成立至案发只有十个月左右的时间（2008 年 8 月至 2009 年 6 月），王某娜等人为排挤竞争对手而实施的故意伤害、寻衅滋事犯罪集中发生于不到两个月的时间内（2009 年 3 月 23 日至 5 月 5 日）。而且，该团伙全部犯罪仅有 4 起，罪名也只涉及故意伤害、寻衅滋事。尽管本案造成了人员伤亡的严重后果，但如此短暂的时间和明显偏少的犯罪次数，决定了该团伙不可能对一定区域或行业内的人员、单位、组织形成长期、持续的控制和影响，不符合黑社会性质组织在一定区域或行业内建立非法秩序的基本要求。

其次，由于侵害对象特定、单一，王某娜犯罪团伙不足以争霸一方或者严重破坏当地挤塑板行业的生产经营秩序。本案故意伤害、寻衅滋事犯罪皆是针对恒保龙保温材料公司而实施，目的只是争夺石家庄市维也纳小区建设开发项目的材料供应业务，因此，本案不存在王某娜犯罪团伙欺压、残害当地普通群众、称霸一方的问题。从恒保龙保温材料公司有关证人的证言及本案各被告人的供述来看，在石家庄市的挤塑板供应市场上，还有其他数家保温材料厂在经营同类业务。在案证据不能证明恒保龙保温材料公司在当地的挤塑板行业内占有较大市场份额，或者对该行业有其他重要影响。故本案中的具体犯罪既不足以反映王某娜掌控的企业已在行业内形成垄断，也不足以反映王某娜犯罪团伙对该行业的准入、退出、经营、竞争等经济活动已经具有较大的干预能力。

综上，王某娜犯罪团伙不具有黑社会性质组织的危害性特征，一、二审法院未认定王某娜等人构成组织、领导、参加黑社会性质组织罪是正确的。需要说明的是，王某娜犯罪团伙在组织特征、经济特征、行为特征等方面亦不符合法定标准，鉴于本案辨析重点在于危害性特征，故对这些问题不再一一论述。但是，这些问题中有许多又与危害性特征存在关联与交叉。例如，本案组织特征中的存在发展时间问题、行为特征中的犯罪多样性问题，均与危害性特征的认定息息相关。因此，审判时应当按照《2009 年纪要》的要求，将黑社会性质组织的四个特征作为具有内在联系的有机整体来进行系统化的考察，避免简单地对号入座。

4. 评析意见

非法控制（危害性）特征，从该特征的表述就可以看出，在这一特征中，其实包含两项既相互联系又相互分离的内容，这就是非法控制与危害性。作为一个整体，非法控制（危害性）是黑社会性质组织的特征，而不能说非法控制与危害性分别是黑社会性质组织的特征。关于非法控制的含义，我国学者周光权曾经提出“非法控制的实质是支配”的命题①，我认为是正确的。这里的支配，就其本义而言，是指支配主体按照给定的条件和目标，对支配客体施加影响的过程和行为。而作为黑社会性质组织特征的支配，是指对某一区域或者行业具有一定的安排、配置和管理的实际能力。在一个正常社会，存在一种以国家法律为规范的社会生活秩序，因而支配权，亦即社会管理权是由政府依法行使的。然而，黑社会性质组织则为对抗合法政府，掌握了一定的资源，攫取了对某一区域或者行业的支配权，因而实现了对社会的一定程度的非法控制。

（1）对经济的非法控制

黑社会组织是以一定的经济实力为依托的。因此，必然以获取一定的经济利益为目的。获取经济利益的手段可以是非法的，也可以合法的或者以合法经营加以掩护。一般地说，在原始积累阶段，其往往以违法犯罪，主要是盗窃、抢夺、抢劫等财产犯罪手段聚敛钱财。具有一定经济实力以后，其往往以合法企业为掩护进行走私犯罪、金融犯罪等经济犯罪非法获利，也不排除合法经营。这种黑社会性质的经济实体并不是单纯地追求经济目的，这只是其控制社会的一般手段。黑社会性质组织对经济的控制，在竞争性行业表现得较为明显。在这种情况下，所谓对经济的控制一般表现为以暴力为后盾的非法垄断。因此，竞争性经济活动领域是容易滋生黑社会性质组织的土壤。

（2）对社会的非法控制

对社会的非法控制是对一定区域的控制。对区域的非法控制不同于对行业的非法控制，它是以一定的地域为控制范围，因而发生在具有竞争性的市场、码头、车站以及娱乐场所，这些场所容易为黑社会性质组织所控制。控制的手段通常有暴力、威胁、滋扰等，进行敲诈勒索、欺行霸市、聚众斗殴、寻衅滋事、故意伤害等违法犯罪活动。这些违法犯罪活动往往扰乱社会秩序，但必须注意，它扰乱的是合法秩序，由此建立其非法秩序。② 因此，非法控制对于黑社会性质组织的性质认定来说，具有至关重要的意义，也是黑社会性质组织区别于恶势力集团以及其他犯罪集团的根本特征之所在。在这个意义上，将非法控制称为黑社会性质组织的本质特征亦不为过。

（3）非法控制与危害性特征之间的关系

在司法实践中之所以将危害性要素与非法控制要素并列，将其设定为一种选择关系，就是因为虽然在大部分黑社会性质组织中都存在非法控制要素，

① 周光权．黑社会性质组织非法控制特征的认定：兼及黑社会性质组织与恶势力团伙的区分．刑事法杂志，2018（3）．

② 陈兴良．关于黑社会性质犯罪的理性思考．法学，2002（8）．

但有少数黑社会性质组织并非存在于具有竞争性质的经营领域，因而非法控制要素并不存在。这些黑社会性质组织犯罪主要存在于社会，例如街头或者村落，从事欺压百姓、残害群众等严重的暴力犯罪活动，以此形成对一定区域的重大危害性。这些黑社会性质组织虽然不具有非法控制要素，但通过严重暴力犯罪，对社会秩序、经济秩序具有重大的破坏性，因而当其不具备非法控制要素的时候，就应当根据是否具有危害性要素认定是否成立黑社会性质组织。

那么，如何理解黑社会性质组织的非法控制要素与危害性要素之间的关系呢？在黑社会性质组织认定中，非法控制要素与危害性要素是一种选择关系。这种选择关系并不意味着非法控制要素和危害性要素对于黑社会性质组织的成立来说是同等重要的。在笔者看来，通常情况下黑社会性质组织都需要具备非法控制要素，而对危害性要素只是在极少数情况下要求具备，其虽然不具备非法控制要素但因具有重大的危害性，故也可以被认定为黑社会性质组织。因此，非法控制要素对于黑社会性质组织来说起到主要作用，而危害性只是起到补充作用。在司法实践中，对于认定黑社会性质组织来说，首先应当考察是否具有非法控制要素。只有在不存在非法控制要素的情况下，才进一步考察是否存在危害性要素。非法控制要素和危害性要素在内容上并不是互相排斥的。不能认为，在具有非法控制要素的情况下，黑社会性质组织就没有对于社会的重大危害性。但反之则不然，即黑社会性质组织具有危害性要素但却可能不具有非法控制要素。其实，非法控制要素在一般情况下都是通过侵犯人身和侵犯财产的暴力犯罪活动实现的，因而必然以重大的危害性为其前提。因此，在具有非法控制要素的情况下，应当根据该要素认定黑社会性质组织。而在不具有非法控制要素的情况下，则应当根据危害性要素认定黑社会性质组织。

在王某娜案中，石家庄市人民检察院指控王某娜等人成立石家庄市固瑞特保温材料厂，为了扩大经济实力，在此基础上又分别设立了固瑞特科技有限公司和瑞华线材厂。在经营中为了垄断市场，攫取巨额利润，王某娜指使他人并纠集社会闲散人员，多次实施违法犯罪活动，构成组织、领导、参加黑社会性质组织罪。石家庄市中级人民法院经审理认为，本案不具备黑社会性质组织的四个法定特征，不构成黑社会性质组织罪。一审宣判后，石家庄市人民检察院提出抗诉，河北省人民检察院支持抗诉。河北省高级人民法院经审理认为，本案在社会危害特征方面，没有证据证实王某娜公司对石家庄市保温材料行业形成垄断和非法控制，不符合认定黑社会性质组织犯罪要求的在一定区域或者行业内，形成非法控制或者重大影响，严重破坏经济、社会生活秩序的特征，对该抗诉意见不予支持。① 从王某娜案可以看出，不能把两个具有竞争关系的经济组织之间的暴力性的竞争活动，简单地等同于对一定行业的非法控制。王某娜等人为排挤竞争对手而实施的故意伤害、寻衅滋事行为，尽管造成了人员伤亡的严重后果，但不能认定为黑社会性质组织的犯罪，而应当对这些犯罪承担相应的刑事责任。对于王某娜案，石家庄市中级人民法院经审理以不具备非法控制特征而否定其构成黑社会性质组织。但在检察机关抗诉以后，河北省高级人民法院根据危害性特征认定王某娜等构成黑社会性质组织。应该说，石家庄市中级人民法院对黑社会性质组织的非法控制特征的理解是正确的。因此，我们应当对非法控制（危害性）特征的具体内容和表现形式加以展开，从而为非法控制（危害性）特征的司法认定提供根据。

深度研究

黑社会性质组织的非法控制（危害性）特征包含两项既相互联系又相互分离的内容，这就是非法控制与危害性。作为一个整体，非法控制（危害性）是黑社会性质组织的特征，而不能说非法控制与危害性分别是黑社会性质组织的特征。在这个意义上，当我们单独表述非法控制和危害性的时候，不能称为特征，而只是黑社会性质组织第四个特征项下的两个要素。因此，我们才从狭义上对非法控制要素和危害性要素分别加以界定，并对两者的关系加以论述。

在黑社会性质组织中，关键词是黑社会。黑社会是一个民间俗称而非严格的法律术语，正如同我国《刑法》第 191 条规定洗钱罪中的“洗钱”一词，都是直接采用了尽人皆知的用语。黑社会性质组织的正确理解，取决于如何理解黑社会一词。黑社会为外来语，即英语 Underworld Society，可以直译为地下社会。黑社会性质组织是对社会进行非法控制的组织，正是在对社会非法控制这个特征上，黑社会性质组织区别于一般犯罪集团。黑社会性质组织并非单纯地为实施犯罪而存在，实施犯罪是为了控制社会，控制社会又是为了更好地实施犯罪。因此，黑社会性质组织具有实施犯罪与控制社会之间的关联性，可以说，非法控制是黑社会性质组织的根本特征。政府对社会的控制是一种合法控制，而黑社会性质组织的非法控制总是对抗合法控制，并削弱合法控制，这就是黑社会性质组织的反社会性与反政府性。

之所以将危害性要素与非法控制要素并列，将其设定为一种选择关系，

---

① 最高人民法院刑事审判第一、二、三、四、五庭．刑事审判参考：总第 107 集．北京：法律出版社，2017：84.

就是因为虽然在大部分黑社会性质组织中都存在非法控制要素，但在少数黑社会性质组织中，由于并非存在于具有竞争性质的经营领域，因而非法控制要素并不存在。这些黑社会性质组织主要存在于社会，例如街头或者村落，从事欺压百姓、残害群众等严重的暴力犯罪活动，以此形成对一定区域的重大危害性。这些黑社会性质组织虽然不具有非法控制要素，但通过严重暴力犯罪，对社会秩序、经济秩序具有重大的破坏性，因而当其不具备非法控制要素的时候，就应当根据是否具有危害性要素认定是否成立黑社会性质组织。那么，如何理解黑社会性质组织的非法控制要素与危害性要素之间的关系呢?在黑社会性质组织认定中，非法控制要素与危害性要素是一种选择关系。这种选择关系并不意味着，非法控制要素和危害性要素对于黑社会性质组织的成立来说是同等重要的。在我看来，通常情况下黑社会性质组织都需要具备非法控制要素，而危害性要素只是在极少数情况下，虽然不具备非法控制要素但因其具有重大的危害性，因而也可以认定为黑社会性质组织。因此，非法控制要素对于黑社会性质组织的认定来说起到主要作用，而危害性要素只是起到补充作用。在司法实践中，对于认定黑社会性质组织来说，首先应当考察是否具有非法控制要素。只有在不存在非法控制要素的情况下，才进一步考察是否存在危害性要素。

第二十三章　污染环境罪

第一节　污染环境罪的构成

关于污染环境罪的立法在我国经历了多次修订，其基本性质也在不断变化之中。早在 1995 年颁布的《固体废物污染环境防治法》第 72 条，就对污染环境行为的刑事处罚作出了规定。在此基础上，1997 年《刑法》吸收了该规定，设立了重大环境污染事故罪。重大环境污染事故罪以“造成重大环境污染事故，致使公私财产遭受重大损失或者人身伤亡的严重后果”为基本构成条件，理论上通常认为其性质为结果犯，主观罪过形式为过失。

2011 年《刑法修正案（八）》对该罪的构成要件作出了重大修改，不仅取消了“向土地、水体、大气”这一特定空间要件，而且将重大环境污染事故罪中的上述具体结果要件修改为“严重污染环境”，由此本罪在立法上转化成了污染环境罪。“严重污染环境”这一要件具有一定的语义模糊性，后续引发了一系列的理论争议，如本罪到底是行为犯还是结果犯，是危险犯还是实害犯，是故意犯还是过失犯，等等。

2021 年正式生效的《刑法修正案（十一）》再次对污染环境罪作出重大调整。为了贯彻中央关于“用最严格制度最严密法治保护生态环境”的要求，立法机关进一步加大了污染环境罪的惩处力度，修订之处主要表现为：其一，将加重处罚条件“后果特别严重”修改为“情节严重”；其二，增加了一档刑罚，规定满足三种具体情形之一的，处七年以上有期徒刑，并处罚金；其三，增加了第 2 款，规定“有前款行为，同时构成其他犯罪的，依照处罚较重的规定定罪处罚”①。

在刑法条文的修订之外，本罪相关司法解释的规定也经历了多次深度的

---

① 王爱立．中华人民共和国刑法条文说明、立法理由及相关规定．北京：北京大学出版社，2021：1338.

发展与变迁。2006 年最高法颁布了《关于审理环境污染刑事案件具体应用法律若干问题的解释》(已失效)，对重大环境污染事故罪“公私财产遭受重大损失”“人身伤亡的严重后果”“后果特别严重”要件的认定作出了规定。

2013 年最高法、最高检《关于办理环境污染刑事案件适用法律若干问题的解释》(已失效) 对污染环境罪的理解与适用进行了更为详细的阐述。尤其是该《解释》第 1 条对“严重污染环境”要件细化规定了 14 种具体情形，其中后 9 项规定细化了“造成财产损失或者人身伤亡的环境事故”的内容，与修法前重大环境污染事故罪的情形基本一致；而前 5 项内容对应的是“虽然还未造成环境污染事故，但是已经使得环境受到严重污染或者破坏的情形”，这明显降低了入罪的门槛，且在司法实践中被主要适用，形成了“严重污染环境”司法解释的分裂性格①，理论上争议较大。

鉴于环境污染犯罪又出现了一些新的情况，如危险废物犯罪呈现产业化迹象，大气污染犯罪打击困难，篡改、伪造自动监测数据和破坏环境质量监测系统的刑事规制存在争议等②，2016 年最高法、最高检再次颁布了《关于办理环境污染刑事案件适用法律若干问题的解释》(已失效)，对污染环境犯罪的定罪量刑问题作出了更加全面的规定。

2019 年最高法、最高检、公安部、司法部、生态环境部联合发布了《关于环境污染刑事案件有关问题座谈会纪要》(以下简称《环境污染纪要》)，对单位犯罪、未遂、主观过错、生态环境损害标准的认定、非法经营罪的适用、投放危险物质罪的适用等诸多问题统一了司法适用意见。

2023 年，鉴于《刑法修正案（十一)》的立法修订，为了确保法律统一、有效实施，同时考虑到近年来中央和有关部门在办案中反映的一些问题，最高法、最高检颁布了新版《关于办理环境污染刑事案件适用法律若干问题的解释》(以下简称《环境污染解释》)，对污染环境罪的定罪量刑标准进行了再次调整。③

在国外的立法中，污染环境类犯罪往往通过系列罪名来予以规制。例如，《德国刑法典》第 29 章对危害环境的犯罪作出了规定，其包括污染水域罪，污染土地罪，污染空气罪，制造噪声、震动和非离子辐射罪，未经许可的垃圾处理罪，未经许可开动核设备罪，未经许可的放射性物质及其他危险物品

① 张志钢．摆荡于激进与保守之间：论扩张中的污染环境罪的困境及其出路．政治与法律，2016 (8)：80.

② 周加海，喻海松．《关于办理环境污染刑事案件适用法律若干问题的解释》的理解与适用．人民司法（应用），2017 (4)：24.

③ 周加海，喻海松，李振华．《关于办理环境污染刑事案件适用法律若干问题的解释》的理解与适用．人民司法（应用），2023 (25)：22.

的交易罪，侵害保护区罪等。① 而反观我国的污染环境罪，构成要件设置高度概括，没有按照不同领域、不同侵害程度、不同罪过形式区分具体罪名。然而，事实上污染环境行为的类型和场景是极为多样的，在立法相对简要的情形之下，具体界分适用的规则就不得不由司法解释来承担。正因如此，立法论上从来都不乏学者主张对该罪的构成要件设置进行完善乃至重构。②

一、保护法益

知识背景

关于污染环境罪的保护法益，学界一直存在人类中心的法益论、生态中心的法益论和生态学的人类中心主义法益论之间的争论。人类中心的法益论强调环境刑法保护的是人类的生命、身体、财产等法益，因此对环境的破坏只有直接或间接侵害上述人类法益时，才作为犯罪论处。③ 生态中心的法益论则认为，环境和生态本身就是环境刑法所保护的法益。④ 生态学的人类中心主义法益论则属于一种折中学说，认为生态中心论并不是脱离人类利益去抽象地看待环境法益，保护环境的最终目的仍然是保护人类利益，只不过这种人类利益是一种未来的、预期的利益。⑤

我们认为，随着污染环境罪立法的发展与完善，应当采取生态学的人类中心主义法益论。在《刑法修正案（八）》通过之前，重大环境污染事故罪的构成以造成“重大环境污染事故，致使公私财产遭受重大损失或人身伤亡的严重后果”为必要条件，确实体现出了非常鲜明的人类中心法益论的特点。但是，《刑法修正案（八）》通过之后，修订后的污染环境罪用“严重污染环境”取代了上述财产损失或人身伤亡后果要件，开始逐渐兼容生态中心的法益论。此后，不论是2013年的还是2016年、2023年的《环境污染解释》，在认定“严重污染环境”的诸多情形中，都不仅包括了直接对人身、财产法益造成侵害的行为，也包括了直接污染环境的行为。在这样一种背景下，如果仍然坚持严格的、狭义的人类中心法益论，显然不再

---

① 德国刑法典．徐久生，译．北京：北京大学出版社，2019：228-237.

② 赵秉志，冯军．论环境污染的刑法治理：理念更新与立法完善．法治研究，2013（4）：17；田国宝．我国污染环境罪立法检讨．法学评论，2019（1）：163.

③ 刘艳红．环境犯罪刑事治理早期化之反对．政治与法律，2015（7）：11.

④ 赵秉志，冯军．论环境污染的刑法治理：理念更新与立法完善．法治研究，2013（4）：16；王勇．环境犯罪立法：理念转换与趋势前瞻．当代法学，2014（3）：61.

⑤ 周光权．刑法各论．4版．北京：中国人民大学出版社，2021：490；张明楷．污染环境罪的争议问题．法学评论，2018（2）：5；钱小平．环境法益与环境犯罪司法解释之应然立场．社会科学，2014（8）：101.

符合本罪的实际情况。人类的生存与发展和生态与环境的保护息息相关。地球是人类赖以生存的栖息之所，污染环境和破坏生态的行为，即使尚未给人类造成直接、具象的人身侵害与财产损失，本质上仍然严重地削弱了人类作为整体存续与发展的基础。因此，人类需要保护的法益和生态环境的良好状态，并非相互割裂而存在的。生态中心的法益论力求协调二者，不仅对污染环境罪的构成要件和相关司法解释规定更具解释力，而且更好地契合了环境刑法的发展方向。

二、客观构成要件

知识背景

本罪的基础构成要件是违反国家规定，排放、倾倒或者处置有放射性的废物、含传染病病原体的废物、有毒物质或者其他有害物质，严重污染环境的行为。

（一）主体

本罪的主体是一般主体，无须特殊身份即可构成本罪。按照《刑法》第346条的规定，单位也可构成污染环境罪。单位犯本罪的，对单位判处罚金，并对直接负责的主管人员和其他直接责任人员，依照本罪处罚。

然而，在过去的司法实践中，一些地方存在追究自然人犯罪多，追究单位犯罪少，单位犯罪认定难的问题。针对这一情况，《环境污染纪要》规定，为了单位利益，实施环境污染行为，并具有下列情形之一的，应当认定为单位犯罪：(1) 经单位决策机构按照决策程序决定的；(2) 经单位实际控制人、主要负责人或者授权的分管负责人决定、同意的；(3) 单位实际控制人、主要负责人或者授权的分管负责人得知单位成员个人实施环境污染犯罪行为，并未加以制止或者及时采取措施，而是予以追认、纵容或者默许的；(4) 使用单位营业执照、合同书、公章、印鉴等对外开展活动，并调用单位车辆、船舶、生产设备、原辅材料等实施环境污染犯罪行为的。

（二）违反国家规定

违反国家规定，是指违反全国人民代表大会及其常务委员会制定的法律和决定，国务院制定的行政法规、规定的行政措施、发布的决定和命令。具体而言，污染环境罪中的违反国家规定，通常是指违反《环境保护法》《大气污染防治法》《水污染防治法》《固体废物环境污染防治法》《海洋环境保护法》《放射性污染防治法》等相关国家规定。

（三）实行行为

本罪的实行行为包括三种类型，即排放、倾倒或者处置。所谓排放，是指将本罪中的有害物质排入水体、土地、大气等。所谓倾倒，通常是指借助一定的运载工具，将本罪中的有害物质倒入水体、土地、大气等。排放和倾倒的含义较为清楚，但处置的含义较为宽泛，对有害物质进行各种意义上的操作都可能被称为处置。为了防止刑事处罚范围的不当扩张，应结合本罪保护法益的指引对处置行为进行一定目的性限缩解释，只有在实质上严重污染环境的行为才能构成本罪的“处置”。

（四）行为对象

本罪的行为对象包括四种类型，即有放射性的废物、含传染病病原体的废物、有毒物质或者其他有害物质。

1. 有放射性的废物

按照《放射性污染防治法》第 62 条第 8 项的规定，放射性废物是指含有放射性核素或者被放射性核素污染，其浓度或者比活度大于国家确定的清洁解控水平，预期不再使用的废弃物。

2. 含传染病病原体的废物

按照《传染病防治法》第 3 条的规定，传染病分为甲类、乙类和丙类。

甲类传染病是指：鼠疫、霍乱。

乙类传染病是指：传染性非典型肺炎、艾滋病、病毒性肝炎、脊髓灰质炎、人感染高致病性禽流感、麻疹、流行性出血热、狂犬病、流行性乙型脑炎、登革热、炭疽、细菌性和阿米巴性痢疾、肺结核、伤寒和副伤寒、流行性脑脊髓膜炎、百日咳、白喉、新生儿破伤风、猩红热、布鲁氏菌病、淋病、梅毒、钩端螺旋体病、血吸虫病、疟疾。

丙类传染病是指：流行性感冒、流行性腮腺炎、风疹、急性出血性结膜炎、麻风病、流行性和地方性斑疹伤寒、黑热病、包虫病、丝虫病，除霍乱、细菌性和阿米巴性痢疾、伤寒和副伤寒以外的感染性腹泻病。

传染病病原体包括甲类、乙类和丙类传染病病原体。含传染病病原体的废物，则是指包含这三类传染病病原体的废弃物。

3. 有毒物质

过去理论上对“有毒物质”的概念争议较大。2023 年《环境污染解释》第 17 条对此明确规定，下列物质应当认定为《刑法》第 338 条规定的“有毒物质”：（1）危险废物，是指列入国家危险废物名录①，或者根据国家规定的危

① 2021 年 1 月 1 日新版《国家危险废物名录》生效。该名录第 2 条规定，具有下列情形之一的固体废物（包括液态废物），列入本名录：（1）具有毒性、腐蚀性、易燃性、反应性或者感染性一种或者几种危险特性的；（2）不排除具有危险特性，可能对生态环境或者人体健康造成有害影响，需要按照危险废物进行管理的。

险废物鉴别标准和鉴别方法认定的，具有危险特性的固体废物；（2）《关于持久性有机污染物的斯德哥尔摩公约》附件所列物质；（3）重金属含量超过国家或者地方污染物排放标准的污染物；（4）其他具有毒性，可能污染环境的物质。

4. 其他有害物质

在《刑法修正案（八）》颁布之前，重大环境污染事故罪规定的兜底表述是“其他危险废物”。考虑到这一概念范围较窄，《刑法修正案（八）》将其修改为“其他有害物质”。在概念上，放射性废物、含传染病病原体的废物、有毒物质都可以称为有害物质。[①] 2019 年《环境污染纪要》第 9 条指出，实践中常见的有害物质主要有：工业危险废物以外的其他工业固体废物；未经处理的生活垃圾；有害大气污染物、受控消耗臭氧层物质[②]和有害水污染物；在利用和处置过程中必然产生有毒有害物质的其他物质；国务院生态环境保护主管部门会同国务院卫生主管部门公布的有毒有害污染物名录中的有关物质等。但是，这一司法解释对“其他有害物质”的界定仍然是开放式的。

从理论上来说，“其他有害物质”可能存在两种解释路径：其一，仅限于物质本身具有通常的侵害性质，如一些罕见的化学物质和材料；其二，在上述情形之外，即使物质本身不具有通常的侵害性质，甚至具有较大实用价值，但是排放、倾倒、处置这类物质仍然会污染水体、土地、大气等环境，也属于“其他有害物质”。前一种理解在解释论上与前三项行为对象更加符合相当性原则，且语义适用边界上更无争议；后一种理解在解释边界上相对扩张，但能够更好应对现实状况。理论上扩张性的观点认为，一些本身无害的东西，但直接在环境中排放、倾倒、处置，会对环境造成危害，也可以认定为“有害物质”。例如，将大量牛奶倒入饮用水源一级保护区，可能污染饮用水水体，可以认定为“有害物质”[③]。

（五）严重污染环境

2023 年《污染环境解释》第 1 条规定，实施《刑法》第 338 条规定的行为，具有下列情形之一的，应当认定为“严重污染环境”：（1）在饮用水水源保护区、自然保护地核心保护区等依法确定的重点保护区域排放、倾倒、处置有放射性的废物、含传染病病原体的废物、有毒物质的；（2）非法排放、倾倒、处置危险废物 3 吨以上的；（3）排放、倾倒、处置含铅、汞、镉、铬、

---

① 全国人大常委会法制工作委员会刑法室．《中华人民共和国刑法修正案（八）》：条文说明、立法理由及相关规定．北京：北京大学出版社，2011：177.

② 2010 年 9 月 27 日环境保护部、国家发展和改革委员会、工业和信息化部联合发布了《中国受控消耗臭氧层物质清单》，具体哪些物质属于“受控消耗臭氧层物质”可参照该《清单》。

③ 喻海松．环境资源犯罪实务精释．北京：法律出版社，2017：43.

砷、铊、锑的污染物，超过国家或者地方污染物排放标准3倍以上的；(4) 排放、倾倒、处置含镍、铜、锌、银、钒、锰、钴的污染物，超过国家或者地方污染物排放标准10倍以上的；(5) 通过暗管、渗井、渗坑、裂隙、溶洞、灌注、非紧急情况下开启大气应急排放通道等逃避监管的方式排放、倾倒、处置有放射性的废物、含传染病病原体的废物、有毒物质的；(6) 2年内曾因在重污染天气预警期间，违反国家规定，超标排放二氧化硫、氮氧化物等实行排放总量控制的大气污染物受过两次以上行政处罚，又实施此类行为的；(7) 重点排污单位、实施排污许可重点管理的单位篡改、伪造自动监测数据或者干扰自动监测设施，排放化学需氧量、氨氮、二氧化硫、氮氧化物等污染物的；(8) 2年内曾因违反国家规定，排放、倾倒、处置有放射性的废物、含传染病病原体的废物、有毒物质受过两次以上行政处罚，又实施此类行为的；(9) 违法所得或者致使公私财产损失30万元以上的；(10) 致使乡镇集中式饮用水水源取水中断12小时以上的；(11) 其他严重污染环境的情形。

规范依据

《刑法》

第338条　违反国家规定，排放、倾倒或者处置有放射性的废物、含传染病病原体的废物、有毒物质或者其他有害物质，严重污染环境的，处三年以下有期徒刑或者拘役，并处或者单处罚金；情节严重的，处三年以上七年以下有期徒刑，并处罚金；有下列情形之一的，处七年以上有期徒刑，并处罚金：

（一）在饮用水水源保护区、自然保护地核心保护区等依法确定的重点保护区域排放、倾倒、处置有放射性的废物、含传染病病原体的废物、有毒物质，情节特别严重的；

（二）向国家确定的重要江河、湖泊水域排放、倾倒、处置有放射性的废物、含传染病病原体的废物、有毒物质，情节特别严重的；

（三）致使大量永久基本农田基本功能丧失或者遭受永久性破坏的；

（四）致使多人重伤、严重疾病，或者致人严重残疾、死亡的。

有前款行为，同时构成其他犯罪的，依照处罚较重的规定定罪处罚。

案例评价

[案例23-1] 石某荣等污染环境案①（处置危险废物的认定）

1. 基本案情

2018年9月，被告人石某荣、陈某姆、陈某水、张某、刘某海（在逃）

① 参见吉林市长春市中级人民法院（2019）吉01刑终455号刑事判决书。

明知收购处置废旧电瓶应办理危险废物经营许可证，而在没有取得危险废物经营许可证、没有环保设施的情况下，共同协商出资成立炼铅厂，收购废旧电瓶冶炼铅块进行销售，并租用石某荣所有的山河街道庄家村四社荒山内的废弃养殖场作为生产场地。炼铅厂成立之初，共投资 380 万元，其中石某荣投资 100 万元、陈某姆投资 120 万元、张某投资 60 万元、刘某海投资 60 万元、陈某水投资 40 万元，上述投资款均通过银行转账方式转给张某。炼铅厂于 2018 年 10 月 24 日开始从事收购废旧电瓶、冶炼铅块进行销售的活动，具体由陈某姆负责收购废旧电瓶以及销售铅块，张某负责管理账目。为便于经营及账目管理，张某建立了“石材加工厂”微信群，群内成员有石某荣、陈某姆、张某、刘某海、陈某水、范某远、吴某华，由张某负责将废旧电瓶购进、铅块销售和生产情况在群内通报。同时，炼铅厂雇佣被告人范某远、陈某斌、陈某仔在现场负责管理，并在炼铅厂的出入库单据上签字，另雇用若干工人对收购的废旧电瓶进行拆解，将拆解之后的电瓶壳粉碎，将电瓶内的铅板放到溶解炉内熔炼，产生的铅水在模具里冷却变成铅块。在生产过程中，清洗电瓶的废水直接排放，熔炼铅块产生的有害废气直接通过烟囱排放。至案发前，炼铅厂共计回收废旧电瓶 451.86 吨，非法处置废旧电瓶 327.84 吨，冶炼的铅块销售 66 块，共计 154.47 吨，销售金额达 2 523 669 元人民币。

根据长春市双阳区环境监测站 2018 年 11 月 5 日监测该厂企业总排口废水情况，pH 值为 2.61，状态描述：浊。根据《国家危险废物名录》（废物代码 900－044－49）规定，废旧的蓄电池属于危险废物，系有毒物质，废蓄电池拆解过程中产生的废铅板、废铅膏和酸液（废物代码 421－001－31）属于危险废物。

一审法院认定，被告人石某荣犯污染环境罪，判处有期徒刑 2 年 6 个月，并处罚金人民币 50 000 元；被告人陈某姆犯污染环境罪，判处有期徒刑 3 年，并处罚金人民币 50 000 元；被告人陈某水犯污染环境罪，判处有期徒刑 3 年，并处罚金人民币 50 000 元；被告人张某犯污染环境罪，判处有期徒刑 3 年，并处罚金人民币 50 000 元；被告人范某远犯污染环境罪，判处有期徒刑 1 年 4 个月，并处罚金人民币 10 000 元；被告人陈某斌犯污染环境罪，判处有期徒刑 1 年 8 个月，并处罚金人民币 10 000 元；被告人陈某仔犯污染环境罪，判处有期徒刑 1 年 8 个月，并处罚金人民币 10 000 元。

上诉人石某荣及其辩护人提出：本案中拆解废旧电瓶 327.84 吨，“拆解”行为与“非法处置”行为不是一个概念，本案中属于非法处置的危险废物吨数即导致污染物与外环境接触造成污染环境的危险或危害的数量并没有证据证明已超过 100 吨以上。

上诉人陈某姆及辩护人提出：现有证据不能证实陈某姆等人有超标排放

污染物、非法倾倒污染物以及其他违法造成环境污染的情形。《监测报告》监测程序严重违法，不具有客观性，不能作为认定存在超标排放污染物的依据。

上诉人陈某水、张某及其辩护人提出：现有证据不能证实陈某水等人直排强酸废水造成环境污染的事实。《监测报告》监测程序严重违法，不具有客观性，不能作为认定存在超标排放污染物的情形。应急转移的未拆解的旧电瓶、废酸、电瓶拆解物、废渣均没有与外环境接触，未造成环境污染的危险或危害。

二审法院认定，原审判决认定各被告人污染环境的事实清楚，证据确实、充分，定罪准确，量刑适当，审判程序合法，遂维持一审法院上述判决。

2. 涉案问题

污染环境罪中危险废物的定义是什么？非法处置行为的含义如何确定？

3. 裁判理由

一审法院和二审法院均认为，污染环境罪是指违反国家规定，排放、倾倒或者处置有放射性的废物、含传染病病原体的废物、有毒物质或者其他有害物质，严重污染环境的行为。最高人民法院、最高人民检察院《环境污染解释》（2016 年）第 3 条第 1 款第 2 项规定，非法排放、倾倒、处置危险废物 100 吨以上，属于污染环境罪法律规定的“后果特别严重”情形。该《解释》第 16 条规定，无危险废物经营许可证，以营利为目的，从危险废物中提取物质作为原材料或者燃料，并具有超标排放污染物、非法倾倒污染物或者其他违法造成环境污染的情形的行为，应当认定为“非法处置废物”。

本案被告人石某荣、陈某姆、张某、陈某水以营利为目的，违反国家规定，在未取得危险废物经营许可证，且没有设置环保设施的情况下，共同出资建厂，收购废旧电瓶 451.86 吨，并对废旧电瓶进行拆解后冶炼铅块，非法处置废旧电瓶共计 327.84 吨，且将拆解废旧电瓶过程中产生的废旧电瓶外壳、废铅渣随意堆放、倾倒，清洗废旧电瓶的废水以及冶炼铅块过程中产生的废液、废气未经处理直接排放，该行为已经构成污染环境罪，且属于“后果特别严重”的情形。

4. 评析意见

本案主要涉及污染环境罪中处置危险废物行为的理解与适用。虽然一审法院和二审法院的判决意见高度一致，但是案件处理过程中被告人及其辩护人对行为定性存在一定异议。本案中回收、处置废旧电瓶的行为在实践中较为常见，因而本案具有典型意义。具体来说，本案的行为定性需要重点回答以下几个问题。

其一，本案中的废旧电瓶是否属于污染环境罪的适格行为对象。2016 年《环境污染解释》第 15 条将“危险废物”规定为本罪“有毒物质”的一种类型。而危险废物应当根据《国家危险废物名录》来认定。根据被告人行为时有效的《国家危险废物名录（2016年版）》，废弃的铅蓄电池（废物代码900-044-49），以及废铅蓄电池拆解过程中产生的废铅版、废铅膏和酸液（废物代码421-001-31）属于危险废物。本案中被告人收购处置的废旧电瓶中含有大量金属铅成分，属于危险废物和有毒物质，系适格的行为对象。

其二，本案中收购、拆解电瓶，提炼铅块的行为是否属于对危险废物的“处置”。对“处置”行为的理解，理论与实务中争议较大。如果对其单纯进行字面解释，无疑其涵盖面过宽，处罚范围难以限定。在本质上，之所以将“处置”行为纳入污染环境罪，原因在于处置行为同样会造成等同于排放、倾倒有害物质的法益侵害后果。可见，对危险废物的处置行为，应当结合法益侵害性进行实质化理解。即使行为人未取得经营许可证处置危险废物，但在处置过程中没有违法造成环境污染的，也不应以污染环境罪论处。① 值得注意的是，处置危险废物的数量并非最关键的标准。根据2016年《环境污染解释》第1条第3项和第3条第2项规定，非法处置危险废物3吨和100吨以上的，应当分别认定为“严重污染环境”和“后果特别严重”。但是，从法益侵害的角度来说，危险废物的吨数不一定能直接决定污染环境的程度。是否“严重污染环境”，应当综合危险废物的吨数、环保措施的有效性、实际排污的数量等多重因素进行综合评价。例如，假设某企业虽然违规处置了数百吨的危险废物，但是由于采取了一定的环保措施，实际造成的环境污染相当有限，那么也不宜按照污染环境罪定罪处罚。在本案中，被告人对废旧电瓶进行拆解取出铅板，将拆解之后的电瓶壳粉碎，将铅板熔炼成铅块。显然，这一系列行为在类型上属于对危险废物的处置。而被告人在处置这些危险废物的过程中，并没有采取有效的环保措施，清洗电瓶的废水直接排放，熔炼铅块的有害废气直接向大气排放，且处置的危险废物多达327.84吨，整体评价已经实质上符合了2016年《污染环境解释》第3条和第16条的规定，构成污染环境罪，属于处置危险废物（有毒物质）且后果特别严重。

其三，本案的量刑是否妥当。按照《刑法修正案（十一）》生效之前的污染环境罪的规定，违反国家规定，处置有毒物质，后果特别严重的，处3年以上7年以下有期徒刑，并处罚金。虽然本案中被告人非法处置的危险废物多达327.84吨，远超100吨这一“后果特别严重”的基础量刑标准，但是法院对数名被告判处的最高刑罚也只有有期徒刑3年，并处罚金50 000元，明显较为轻缓。与直接排放、倾倒危险废物相比，非法处置危险废物所带来的环境污染后果，通常具有一定间接性，其实质法益侵害很大程度上来源于处

① 喻海松．污染环境罪若干争议问题之厘清．法律适用，2017（23）：77.

置行为伴随的超标排放污染物、非法倾倒污染物等行为。在无法直接准确计算其伴随行为实质法益侵害程度的情况下，虽然《环境犯罪解释》对非法排放、倾倒和处置危险废物三种行为类型规定了同样的定罪量刑标准，但是对非法处置危险废物的行为在量刑上宜酌情从宽处理。本案审理法院基于此作出的量刑是基本妥当的。

深度研究

非法处置危险废物是污染环境罪的司法实践中争议较大的行为类型。由于“处置”行为本身内涵的宽泛性，有时出现同案不同判的现象。为了厘清非法处置危险废物行为的诸多争议，需要仔细分析处置行为的含义与类型、处置型污染环境行为的性质以及处置行为的时空范围这三个问题。

1. 处置行为的含义与类型

“处置”的概念不仅是日常生活中常用的概念，在相关环境保护的法律规范中也有所涉及。例如，《固体废物污染环境防治法》第 124 条第 9 项规定：处置，是指将固体废物焚烧和用其他改变固体废物的物理、化学、生物特性的方法，达到减少已产生的固体废物数量、缩小固体废物体积、减少或者消除其危险成分的活动，或者将固体废物最终置于符合环境保护规定要求的填埋场的活动。再如，《危险废物经营许可证管理办法》第 31 条第 4 项规定：处置，是指危险废物经营单位将危险废物焚烧、煅烧、熔融、烧结、裂解、中和、消毒、蒸馏、萃取、沉淀、过滤、拆解以及用其他改变危险废物物理、化学、生物特性的方法，达到减少危险废物数量、缩小危险废物体积、减少或者消除其危险成分的活动，或者将危险废物最终置于符合环境保护规定要求的场所或者设施并不再回取的活动。如学者所言，上述规范对处置行为的定义，都是定位于如何使危险废物减量化、无害化。① 此外，在理论上还有学者提出，实践中的非法处置行为包括违规处理与二次利用有害物质两种形式，前者主要是为了转移有害物质或减少、消除有害物质的有害成分；后者主要是为了从有害物质中提取有价值的材料或燃料，以获取经济利益。② 显然，《固体废物污染环境防治法》和《危险废物经营许可证管理办法》所提及的处置概念，主要是在前一意义上来使用。在一定情况下，这两种意义上的处置行为完全可能同时存在，即既对危险废物进行减量化、无害化的环保处理，又对其加以二次利用，实现经济价值。

从以上两种类型来把握处置行为，对限定实行行为边界具有一定意义。

① 王岚．论非法处置危险废物类污染环境罪中的处置行为．法商研究，2017（3）：128.

② 刘伟琦．处置型污染环境罪的法教义学分析．法商研究，2019（3）：95.

但是，污染环境罪中的处置行为，并不局限于以上两种情形。例如，2023 年《污染环境解释》第 7 条规定，无危险废物经营许可证从事收集、贮存、利用、处置危险废物经营活动，严重污染环境的，按照污染环境罪定罪处罚。显然，这一司法解释将收集、贮存、利用行为都纳入了广义的处置行为之中。由此看来，在行为类型上，只能在客观上对处置行为进行一定的限制，最终厘定其可罚边界仍然有待于明确处置行为的基本性质和时空范围。

2. 处置型污染环境行为的性质

一直以来，关于污染环境罪到底是危险犯还是实害犯、是行为犯还是结果犯，在理论上存在较大争议。在《刑法修正案（八）》实施之前，重大环境污染事故罪无疑是结果犯。但是，在该罪被修订为污染环境罪以后，明确的结果要件被删除，代之以“严重污染环境”这样相对模糊的表述，由此关于本罪基本行为性质的争议凸显出来。此后，2013 年最高法、最高检发布的《环境污染解释》第 1 条对“严重污染环境”作出了 14 项细化规定，2016 年最高法、最高检修订的《环境污染解释》第 1 条再次对这一概念的内涵进行补充，形成了包括兜底条款在内的 18 项情形。2023 年《环境污染解释》将“严重污染环境”修订为 11 项情形，将本罪的入罪门槛由“行为入罪＋结果入罪”调整为主要以行为入罪。①

然而，严重污染环境的这 11 项情形，在表现形式上仍然并不完全相同。其中，有一部分情形是典型的实害犯和结果犯，如《环境污染解释》第 1 条第 10 项。但是，还有很大一部分情形，单从司法解释的字面表述来看，是否属于实害犯和结果犯就难下定论。例如，《环境污染解释》第 1 条第 9 项，规定了违法所得或者致使公私财产损失的数额。其中，致使公私财产损失可以被理解为一种一般的实害结果。但是，违法所得的数额，与实际发生的环境污染后果未必有直接联系，似乎也不能毫无疑问地将其解释为实害犯和结果犯。再如，《环境污染解释》第 1 条第 1 至 8 项，细化规定了污染环境的行为方式，其中也部分地明确了排放、倾倒、处置有害物质的一定数量标准，但是没有直接明确要求具体的污染实害结果。对此，有观点认为，这几项规定并非“严重污染环境”这一实害结果本身，而是“严重污染环境”的某些特定行为类型。② 其根据污染物排放地点、排放量、超标程度、排放方式以及行为人前科等情况，实现了对污染环境的“行为入罪”，且对本罪案件量的增

---

① 周加海，喻海松，李振华．《关于办理环境污染刑事案件适用法律若干问题的解释》的理解与适用．人民司法（应用），2023（25）：23.

② 张志钢．摆荡于激进与保守之间：论扩张中的污染环境罪的困境及其出路．政治与法律，2016（8）：81.

长发挥了关键作用。[①] 按照这种理解，这几项规定自然倾向于被理解为行为犯[②]或危险犯。[③] 而与此截然不同的观点则认为，尽管司法解释存在这种分化性的复杂规定，但污染环境罪仍然应当定位为实害犯或结果犯[④]，如此才能限定本罪处罚范围。

司法解释关于“严重污染环境”的规定到底属于行为犯还是实害犯、危险犯还是结果犯，实际上还涉及对行为犯、结果犯的不同定义，以及本罪的保护法益定位等诸多问题。[⑤] 但是不可否认的是，不论如何在理论上定性，《污染环境解释》确实放低了污染环境罪的入罪门槛。[⑥] 就危险废物的排放、倾倒而言，该类行为直接将有害物质置于土地、水体、大气，实际通常会产生较为直接的污染环境后果，故不会导致处罚范围无度扩张。但是，对危险废物的处置则另当别论。一方面，处置行为本身的内涵非常宽泛，未必使得有害物质直接导向受保护的土地、水体和大气，它完全可能被限制在受控制的空间内；另一方面，处置行为本身不一定直接产生环境污染的实际法益侵害后果或现实危险，甚至可能是完全无害化的利用。因此，对危险废物处置行为的评价，就应当在《污染环境解释》所作的形式化数量规定之外，进一步依照是否严重污染环境这一标准进行实质判断。在法益侵害程度上，对危险废物的非法处置行为应当与对危险废物的非法排放、倾倒基本相当，才能定罪处罚。

3. 处置行为的时空范围

正是基于对非法处置行为的上述实质理解，处置危险废物的特定时空范围可以作为出罪的考量因素。例如，有的企业在不具有危险废物经营许可证的情况下，擅自对大量危险废物进行了处置。但是，只要这类非法处置行为被严格控制在一定的企业特定空间内，没有导致有害物质的对外扩散，并造成严重环境污染，那么也应当排除其构成要件符合性。[⑦]

---

① 喻海松，马剑．从32件到1691件：《关于办理环境污染刑事案件适用法律若干问题的解释》实施情况分析．中国环境报，2016－04－06（5）．

② 李尧．如何界定污染环境罪中的“处置”行为．中国检察官，2014（4）：76；严厚福．污染环境罪：结果犯还是行为犯——以2015年1322份“污染环境罪”一审判决书为参照．中国地质大学学报（社会科学版），2017（4）：57．

③ 王勇．环境犯罪立法：理念转换与趋势前瞻．当代法学，2014（3）：57．

④ 王岚．论非法处置危险废物类污染环境罪中的处置行为．法商研究，2017（3）：130；刘伟琦．处置型污染环境罪的法教义学分析．法商研究，2019（3）：94．

⑤ 张明楷．污染环境罪的争议问题．法学评论，2018（2）：7；周光权．污染环境罪的关键问题．政治与法律，2024（1）：68．

⑥ 陈兴良．风险刑法理论的法教义学批判．中外法学，2014（1）：125．

⑦ 王岚．论非法处置危险废物类污染环境罪中的处置行为．法商研究，2017（3）：129；刘伟琦．处置型污染环境罪的法教义学分析．法商研究，2019（3）：100．

三、主观构成要件

知识背景

本罪的主观罪过形式，在理论上存在巨大争议。在《刑法修正案（八）》通过以前，尽管同样存在不同看法，但是由于重大污染环境事故罪规定了“造成重大环境污染事故，致使公私财产遭受重大损失或者人身伤亡的严重后果”这一要件，较为主流的观点将其定位为过失犯罪。[①] 在《刑法修正案（八）》将该罪修订为污染环境罪后，上述结果要件被替换为解释空间更大的“严重污染环境”要件，理论上关于本罪罪过形式的争议就愈发凸显。故意说认为，经过《刑法修正案（八）》的修订，不论从法条表述的形式上看，还是从实质的处罚妥当性上看，污染环境罪都应当定位为故意犯罪。[②] 反之，基于处罚范围的妥当性、最高刑罚幅度设置较低等考虑，相当一部分有影响力的学说仍然认为本罪属于过失犯罪。[③] 此外，也有观点主张，本罪既可由故意也可由过失构成，即所谓混合罪过或模糊罪过说。[④]

本罪的主观罪过形式之所以复杂，存在两个层次的原因。其一，《环境污染解释》第 1 条将“严重污染环境”这一要件分化为不同类型的构成要件，其中既包括主要体现行为方式的情形（如第 1～8 项），也包括致使具体危害结果发生的情形（如第 10 项）。[⑤] 对类型差异很大的客观构成要件设置，寻求相同的主观罪过形式，本身就是困难的。其二，即使是在某些特定类型的构成要件模式中，行为主体本身也可能对行为与结果持不同的罪过形式。例如，行为人对于排放、倾倒、处置有害物质的行为通常持故意心态，但是对具体的损害后果很可能只是持过失心态。

过去占据主导地位的过失说已经很难适应本罪的转型与发展。其一，在《刑法修正案（八）》将重大污染环境事故罪改造为污染环境罪以后，不论是本罪构成要件的表述还是罪名的称谓，都难以再明确地体现过失犯的特征。而按照我国《刑法》的要求，过失犯罪只有法律有规定的才负刑事责任。

其二，如果完全地主张污染环境罪系过失犯罪，那么本罪就不能构成共同犯罪，也没有未遂成立的空间。这种观点过度限缩了本罪的规制范围，不利于有效应对污染环境的行为。事实上，一方面，最高司法机关已经明确否

① 高铭暄，马克昌．刑法学．4 版．北京：北京大学出版社，高等教育出版社，2010：650.

② 张明楷．刑法学．5 版．北京：法律出版社，2016：1131.

③ 周道鸾，张军．刑法罪名精释．北京：人民法院出版社，2013：858；高铭暄，马克昌．刑法学．8 版．北京：北京大学出版社，高等教育出版社，2017：585.

④ 陈洪兵．模糊罪过说之提倡：以污染环境罪为切入点．法律科学，2017（6）：95.

⑤ 在原来 2016 年《环境污染解释》第 1 条的规定下，这一问题更加突出。

定了这种过于限制性的理解。2019年最高法、最高检、公安部、司法部、生态环境部联合发布的《环境污染纪要》第3项关于主观过错的认定指出，判断犯罪嫌疑人、被告人是否具有环境污染犯罪的故意，应当依据犯罪嫌疑人、被告人的任职情况、职业经历、专业背景、培训经历、本人因同类行为受到行政处罚或者刑事追究情况以及污染物种类、污染方式、资金流向等证据，结合其供述，进行综合分析判断。显然，这直接承认了本罪应当属于故意犯罪。《环境污染纪要》第2项肯定了污染环境罪未遂行为的可罚性，这也间接承认了本罪故意犯罪的基本性质。此外，2023年最高法、最高检发布的《环境污染解释》第8条规定，明知他人无危险废物经营许可证，向其提供或者委托其收集、贮存、利用、处置危险废物，严重污染环境的，以共同犯罪论处。这同样可以被视为支持本罪属于故意犯罪的有力理由，因为通说认为过失不能构成共同犯罪。另一方面，在现有的司法实践中，认定被告人构成污染环境罪共同犯罪以及未遂犯罪的判例已经屡见不鲜，这也说明司法实务较为普遍地接受了本罪主观罪过系故意的立场。

其三，过去主张污染环境罪为过失犯罪的重要理由之一在于，本罪的最高刑罚幅度仅7年，如果认定为故意犯罪会导致罪刑失衡。① 然而，《刑法修正案（十一）》对本罪增设了第三档法定刑，即7年以上有期徒刑，并处罚金，这意味着本罪最高可判处15年有期徒刑。而且，《刑法修正案（十一）》还增设一款：有前款行为，同时构成其他犯罪的，依照处罚较重的规定定罪处罚。这表明本罪与其他相关犯罪（如投放危险物质罪）并非择一的排斥关系。这样一种立法修订，使得所谓罪刑失衡的说法难以再成立，再次强化否定了本罪仅为过失犯罪的理解。

在否定本罪属于过失犯罪的基础上，笔者主张引入要素分析法来认定污染环境罪的主观构成要件，在此基础上再对该罪进行整体分析，最终将其定位为故意犯罪。在依据要素分析法认定主观构成要件的层面，应当要求被告对客观行为（排放、倾倒、处置有害物质的行为）持故意的心态，但是对于部分客观的后果要件，如致使公私财产遭受重大损失、致使饮用水水源取水中断、致使基本农田基本功能丧失或遭受永久性破坏，造成人员伤亡等，则至少具有过失的心态即可构成犯罪。在此基础上，再从整体评价的层面来看，违反国家规定故意排放、倾倒、处置有害物质的行为决定了本罪的基本不法形象，乃本罪不法评价的核心，故应以此作为基准，在整体定性上将污染环境罪评价成故意犯罪。由此逻辑出发便可得出，本罪同样可以构成共同犯罪，在一定条件下可以处罚其未遂行为，而且有成立累犯的空间。

---

① 马克昌．百罪通论：下卷．北京：北京大学出版社，2014：1073.

案例评价

[案例 23-2] 王某某污染环境案[①]（主观罪过形式的认定）

1. 基本案情

2005 年，被告人王某某在无环保审批手续、无污染防治设备的情况下，擅自在位于淮北市杜集区高岳办事处徐暨行政村的原"众城水泥厂"废弃院内开办电镀厂，从事煤矿液压支柱的维修、电镀业务。2013 年 7 月，王某某雇用他人在该厂内开挖一深坑，将生产过程中产生的废水未经处理直接以渗透方式排放至该深坑内。2013 年 10 月 15 日，淮北市杜集区环境保护局在行政监察中发现该厂继续生产。经检测，废水中六价铬含量超出国家排放标准的 3 倍以上。安徽省环境保护厅对上述检测结果予以认可。案发后，王某某向淮北市杜集区环境保护局汇款 50 万元，用于环境污染的治理。

2. 涉案问题

污染环境罪的罪过形式是否为过失?

3. 裁判理由

一审法院生效裁判意见指出，被告人王某某违反国家有关环境保护法规定，未建设完善配套的环保设施，将生产过程中产生的含有六价铬的生产废水往地下渗透，超过国家污染物排放标准 3 倍以上，严重污染环境，其行为已构成污染环境罪。辩护人关于王某某在案发后，积极制止污染源的扩大，无前科及本案是过失犯罪的辩护意见，法院予以采纳。被告人王某某犯污染环境罪，判处有期徒刑 3 年，缓刑 5 年，并处罚金 15 万元。

4. 评析意见

本案的客观行为性质并无太大争议。被告人在没有环保审批手续也没有采取环保措施的情况下，擅自将经营电镀厂过程中产生的废水直接挖坑排放。经鉴定，废水中含有有害重金属六价铬，且其含量超出国家排放标准 3 倍以上，达到了司法解释所规定的"严重污染环境"标准，故属于污染环境罪中的排放有毒物质。

本案争议之处在于，辩护人提出了被告人系过失犯罪的辩护意见，且该意见被法院采纳。应该说，这一定性存在值得商榷之处。本案发生于《刑法修正案（八）》生效以后，2013 年最高法、最高检颁布《环境污染解释》之后。在污染环境罪的适用语境下，不加说明地认定被告是过失犯罪，难言妥当。而且，尽管在《刑法修正案（八）》生效后，理论上关于污染环境罪的罪

① 参见安徽省淮北市杜集区人民法院（2014）杜刑初字第 00058 号刑事判决书。

过形式仍然存在较大争议，但是至少应当结合具体案情加以分析。上文已经阐明，根据要素分析法，在部分污染环境罪的行为类型中，只需被告人对排放、倾倒、处置行为持故意心态，对公私财产重大损失或人身伤亡的严重后果持过失心态即可构成本罪。但是，在最终的整体规范评价上，仍应将该罪定位为故意犯罪。按照2013年《环境污染解释》第1条第3项之规定，非法排放含重金属污染物超过国家排放标准3倍以上的，属于严重污染环境，构成本罪。这一项司法解释规定并没有要求具体的财产损失或伤亡结果出现，因此无须判断被告人是否对其存在过失，因此即使在要素分析犯罪构成的层面，也没有过失存在的空间。在本案中，被告人显然是故意排放含有有害重金属六价铬的废水，而非仅仅出于过失实施了该行为，强行将该案认定为过失犯罪，难有说服力。

第二节　污染环境罪的认定

一、污染环境罪的未遂

知识背景

犯罪未遂是指已经着手实行犯罪，由于犯罪分子意志以外的原因而未得逞的行为。通常认为，只有故意犯罪才可能构成未遂。而过去传统的观点常常主张，重大环境污染事故罪或污染环境罪属于过失犯罪，由此推之，便难以构成犯罪未遂。然而，如上所述，目前越来越有力的学说主张污染环境罪属于故意犯罪，因此也存在构成犯罪未遂的可能。2019年《环境污染纪要》第2条对此明确指出，当前环境执法工作形势比较严峻，一些行为人拒不配合执法检查、接受检查时弄虚作假、故意逃避法律追究的情形时有发生，因此对于行为人已经着手实施非法排放、倾倒、处置有毒有害污染物的行为，由于有关部门查处或者其他意志以外的原因未得逞的情形，可以污染环境罪（未遂）追究刑事责任。

案例评价

[案例23-3] 姜某旺、姜某荣、郭某涛污染环境案①（着手和未遂的认定）

1. 基本案情

姜某旺、姜某荣一起分别于2018年6月9日晚、同月10日晚，驾驶一

① 参见广东省汕尾市中级人民法院（2020）粤15刑终32号刑事判决书。

辆车牌号为闽F××××××货车，两次从深圳市龙华区各运载30吨生活垃圾，共60吨，到陆丰市×××××红头林倾倒。2018年6月11日晚上，姜某旺、姜某荣第三次驾驶闽F××××××货车，从深圳市龙华区运载生活垃圾，欲到陆丰市×××××红头林倾倒，途经陆丰市内湖公安检查站时，被公安机关缉获，从该闽F××××××货车上查获生活垃圾31.6吨。

郭某涛于2018年6月11日晚上，接受同案人王某（另案处理）的雇请，驾驶一辆车牌号为豫H××××××货车，从深圳市龙华区运载生活垃圾，欲到陆丰市×××××红头林倾倒，途经陆丰市内湖公安检查站时，被公安机关缉获，从其驾驶的货车上查获生活垃圾30.98吨。

一审法院认为，被告人姜某旺、姜某荣违反国家规定，倾倒有毒、有害物质，严重污染环境，其行为均已构成污染环境罪，应予惩处。公诉机关指控被告人所犯罪名成立，予以支持。公诉机关又指控被告人郭某涛犯污染环境罪，因本罪是过失犯罪，被告人郭某涛的行为尚未造成危害后果，其行为不构成犯罪，公诉机关的指控与法不符，不予支持，应予纠正。一审法院判决，被告人姜某旺犯污染环境罪，判处有期徒刑1年6个月，并处罚金人民币4 000元；被告人姜某荣犯污染环境罪，判处有期徒刑1年6个月，并处罚金人民币4 000元；被告人郭某涛无罪。

广东省陆丰市人民检察院提出抗诉认为，原审判决郭某涛无罪适用法律错误，依法应当改判。理由如下：2019年《环境污染纪要》第二点及第三点规定，行为人已经着手实施非法排放、倾倒、处置有毒有害污染物的行为，由于有关部门查处或者其他意志以外的原因未得逞的情况，可以污染环境罪（未遂）追究刑事责任。郭某涛已经着手实施非法倾倒、处置有毒有害污染物的行为，由于公安机关查处未得逞，应以污染环境罪（未遂）追究其刑事责任。

广东省汕尾市人民检察院也提出抗诉认为，被抗诉人郭某涛将超标的生活垃圾从深圳市运载至陆丰市，在内湖检查站被查获，其运载垃圾的行为隐蔽且不符常理，其目的地是陆丰乡村内一个非法挖掘的垃圾填埋坑，其对该批垃圾的处置方式不符合垃圾处理的行业操作规范，属于名为运输，实为非法处置的行为。郭某涛已经着手实施非法处置垃圾的行为，但在非法处置的过程中被执法部门及时查获而未能得逞，应当以污染环境罪（未遂）追究其刑事责任。

原审被告人郭某涛对原审判决没有提出异议，请求维持原判。其辩护人辩护提出，污染环境罪是过失犯罪，并不具有未遂的形态，被告人郭某涛只是一名小学文化的货车司机，不可能预见生活垃圾有严重危害，其既未实施倾倒生活垃圾的行为，更未造成严重的危害后果，其行为不构成犯罪，请求二审法院驳回抗诉，维持原判。

二审法院认为，原审被告人姜某旺、姜某荣、郭某涛违反国家规定，倾倒含有铅、汞、铬等的污染物，超过国家污染物排放标准3倍以上，严重污染环境，其行为均已构成污染环境罪，应依法惩处。其中，原审被告人郭某涛在非法处置污染物过程中被执法部门及时查获而未能得逞，属于犯罪未遂，依法可以比照既遂犯从轻处罚，鉴于其系受他人雇请，尚未实际造成环境污染的危害后果，可以酌情从轻处罚。原审判决对原审被告人姜某旺、姜某荣定罪准确，量刑适当，唯对被抗诉人郭某涛适用法律错误，应予纠正。

2. 涉案问题

污染环境罪是否可以构成未遂？污染环境罪的着手如何认定？

3. 裁判理由

二审法院针对抗诉、辩护意见，说明了如下裁判理由：

（1）关于污染环境罪是否为故意犯罪的问题。首先，《刑法》第338条规定：违反国家规定，排放、倾倒或者处置有放射性的废物、含传染病病原体的废物、有毒物质或者其他有害物质，严重污染环境的，构成污染环境罪，条文中“排放、倾倒、处置”均为故意行为，且无任何过失犯罪的表述。其次，《刑法》第25条第1款规定共同犯罪是指二人以上共同故意犯罪，2016年《环境污染解释》第7条规定了污染环境罪的共同犯罪情形。因此，污染环境罪存在故意犯罪情形，否则不能构成共同犯罪。最后，该类犯罪的行为人对其非法排放、倾倒、处置有毒有害污染物会导致环境污染的后果持放任态度。本案中，被抗诉人郭某涛作为具备完全刑事责任能力人，应当知道生活垃圾具有一定的污染或有毒物质，足以对环境造成破坏。而且，垃圾装车后，从深圳市龙华区长途运输到二百多公里之外的陆丰市×××××红头林进行倾倒，倾倒时间选择在凌晨时段，不符合垃圾一般就近或同城处理的生活常识以及具有一定的隐蔽性，故可以认定郭某涛具有污染环境的主观故意，其对一旦实施完成倾倒所运载生活垃圾的行为可能导致严重污染环境的结果持放任态度。

（2）关于郭某涛是否已经着手非法处置有毒有害污染物，是否构成污染环境罪（未遂）的问题。根据《环境污染纪要》的规定，行为人已经着手实施非法排放、倾倒、处置有毒有害污染物的行为，由于有关部门查处或者其他意志以外的原因未得逞的情况，可以污染环境（未遂）追究刑事责任。本案中，被抗诉人郭某涛接受同案人王某的雇请，驾驶货车与原审被告人姜某旺、姜某荣各自在深圳市龙华区同一个垃圾点装载生活垃圾，欲运载到陆丰市×××××红头林倾倒，运输过程中在陆丰市内湖检查站被缉获，当场从其驾驶的货车上查获生活垃圾30.98吨。郭某涛在着手实施非法处置有毒有害污染物的行为过程中，因执法部门及时查获而未能得逞，构成犯罪未遂。

4. 评析意见

本案关于被告人姜某旺、姜某荣的刑事责任认定并无异议，主要问题在于被告人郭某涛是否应当承担刑事责任。本案鲜明地反映了司法机关对污染环境罪主观罪过形式与未遂形态的不同理解，具有一定的代表性。一审法院的判决仍然认为污染环境罪乃过失犯罪，无法构成犯罪未遂，因此认定被告人郭某涛无罪。而两家检察机关和二审法院都明确地反对这一立场，并且最终推翻了一审认定被告人郭某涛无罪的结论。应当说，抗诉检察机关和二审法院的理解是基本正确的。这不仅在于《环境污染纪要》第2、3条和2016年《环境污染解释》第7条对此问题或直接或间接地回应，更在于污染环境罪本身构成要件的规范表述与逻辑结构。在本案中，被告人郭某涛运输、处理的是生活垃圾。经汕尾市环境保护监测站检验，被告人郭某涛所驾驶豫H×××××货车上的30.98吨生活垃圾超过执行标准的项目有：色度0.25倍、化学需氧量86.7倍、氨氮90.4倍、总磷28.4倍、总汞5.6倍、总镉1.65倍、总铬28倍、六价铬26.8倍、总铅1.9倍、总锌35.7倍、总镍1.0倍。可见，该批生活垃圾系含重金属的污染物，属于污染环境罪中的有毒物质。此外，值得注意的是，《环境污染纪要》第9条关于“其他有害物质”的认定也指出，未经处理的生活垃圾属于常见的有害物质。总之，本案中涉及的生活垃圾属于适格的行为对象。而污染环境罪作为故意犯罪，如果行为人违反国家规定，着手实施排放、倾倒或者处置有放射性的废物、含传染病病原体的废物、有毒物质或者其他有害物质的行为，由于意志以外的原因而未得逞，属于犯罪未遂。

本案涉及的另一项重要问题在于，如何认定污染环境罪中实行行为的着手。污染环境罪有三种实行行为类型，即排放、倾倒和处置。要清晰地判断污染环境罪实行行为的着手，就应先明确被告人实施的是何种实行行为。对此，本案中抗诉检察院和二审法院的意见似乎有模棱两可之处。广东省陆丰市人民检察院提出的抗诉意见认为被告人郭某涛着手实施的行为是非法倾倒、处置，广东省汕尾市人民检察院提出的抗诉意见认为被告人郭某涛实施的行为名为运输实为非法处置，广东省汕尾市中级人民法院的二审意见也认为被告人实施的行为是非法处置。但是，问题在于，明明被告人郭某涛和同案被告人姜某旺、姜某荣实施的是同种类型的行为，为什么二审法院判决认定被告人姜某旺、姜某荣属于非法倾倒，而被告人郭某涛属于非法处置？仅仅因为意志以外的原因未得逞、导致结果尚未发生，就对实行行为类型本身作出不同认定并不妥当。更重要的是，这样的一种观点无疑过度扩张了本罪实行行为——处置的含义。如前文所述，处置这一概念的可能语义非常宽泛，应当结合行为的法益侵害性进行实质化的限缩认定。单纯的运输行为，本身并不会类型性地侵害生态环境法益以及相关的财产、人身安全法益，不宜被解释为污染环境罪的处置行为。因此，将本案被告人郭某涛的实行行为认定为处置，并不妥当。

检察院和二审法院之所以将被告郭某涛的实行行为认定为处置，实际上是因为要解决实行行为着手判断的问题。如果像被告人姜某旺、姜某荣的行为定性那样，将被告郭某涛的实行行为也认定为倾倒，那么其是否已经着手实施就不无疑问，而上述司法机关将实行行为认定为处置的做法似乎就是想回避这一问题。在实行行为着手的认定上，历来存在主观说、形式客观说和实质客观说等观点。主观说以行为人的主观想法来认定着手，显然没有正当的理论基础。形式客观说是实践中较为通行的观点，以构成要件的形式标准来认定着手，较之于主观说相对合理，但是有时也容易导致着手时点过于迟延。实质客观说以行为是否对法益造成了紧迫的危险作为基本标准来认定着手，更具实质合理性。在本案中，被告人郭某涛所实施的运输行为，在形式上虽然尚不属于倾倒，但是考虑到其从深圳市龙华区将生活垃圾远途运往陆丰市×××××红头林倾倒，且实际已经到达陆丰市内湖公安检查站，其行为已经造成了法益侵害的紧迫危险，故根据实质客观说，仍然可以被认定为已经着手实施，构成犯罪未遂。

二、污染环境罪与投放危险物质罪的关系

知识背景

由于有害污染物常常具有一定扩散性，故向土地、水体、大气排放、倾倒或处置有害物质的行为，也可能会危及、侵害不特定多数人的重大人身和财产安全，因此在一定条件下污染环境罪可能与投放危险物质罪发生竞合。对这一问题的处理，历来备受司法实践关注，理论上也存在较大争议。

在展开二者对比之前，首先应当明确，这里的投放危险物质罪是否同时包括《刑法》第 115 条结果犯意义上的投放危险物质罪和第 114 条具体危险犯意义上的投放危险物质罪。污染环境罪中的“严重污染环境”要件显然包含了重大的财产损失和人员伤亡后后果，因此与《刑法》第 115 条结果犯意义上的投放危险物质罪发生竞合关系没有疑问。如果将“严重污染环境”理解为一种具体的实害后果，或者换言之，将污染环境罪理解为严格的实害犯或结果犯，那么与《刑法》第 114 条作为具体危险犯的投放危险物质罪能否发生竞合则不无疑问，毕竟后者明确要求“尚未造成严重后果”。但是，从生态学的人类中心的法益论出发，污染环境罪不仅保护以人类为中心的人身、财产法益，而且保护生态环境本身。因此，本罪中“严重污染环境”就并非必然只是包括直接侵害了人的财产和人身安全的行为，而是除此以外也包括

尚未造成此类侵害后果，但是具有发生此种侵害后果的具体危险，且已经严重污染生态环境的行为。例如，《环境污染解释》第 1 条第 1～8 项便可能属于这种情况。如此理解，污染环境罪同样可能与作为具体危险犯的投放危险物质罪发生竞合。

虽然污染环境罪和投放危险物质罪存在较为复杂的竞合关系，但是还是可以从以下几个角度进行区分。

第一，两罪的保护法益不同。一方面，如上所述，污染环境罪保护的是一种复合的法益，既包括财产和人身安全法益，又包括生态环境本身。即使污染环境行为没有造成个人直接的重大财产损失和身体伤亡后果，也可能构成本罪。而投放危险物质罪保护的只是不特定多数人的重大财产和人身安全法益。另一方面，尽管在事实层面，污染环境行为常常由于污染物的扩散性而波及不特定多数人，但是污染环境罪所保护的财产和人身安全法益，并不必然和公共安全相关。污染环境行为即使仅仅造成相对特定主体的财产和人身法益侵害，甚至完全远离人类聚居区域（如污染三江源），也同样可能构成污染环境罪。

第二，两罪的客观行为方式不同。尽管投放危险物质罪的“投放”和污染环境罪的“排放、倾倒”在行为类型上具有一定相似性，但是二者侵害法益的作用方式存在明显差异。一方面，“投放”行为通常更为直接地作用于不特定多数人，引起人身伤亡后果的发生，因果关系的判断一般也没有太大问题。而“排放、倾倒”行为则是直接作用于土地、水体、大气，间接引发人身伤亡后果，故因果关系的判断也较为复杂。另一方面，（结果犯意义上的）投放危险物质罪的刑罚幅度为 10 年以上有期徒刑、无期徒刑或者死刑，相对于污染环境罪而言，是更为严重的暴力犯罪。这意味着，在行为法益侵害的强度上，投放危险物质罪的门槛更高。投放危险物质行为投放的是毒害性、放射性、传染病病原体等物质；污染环境行为排放、倾倒的是有放射性的废物、含传染性病原体的废物、有毒物质或者其他有害物质，二者在毒害物质含量和杀伤程度上也有所区别。

第三，两罪的主观罪过存在一定差异。传统的理论一直认为，环境污染罪和投放危险物质的核心差异之一就在于，前者乃过失犯罪而后者为故意犯罪。[①] 如前文所述，在《刑法修正案（八）》将重大环境污染事故罪修订为污染环境罪以后，本罪不宜再定位为过失犯罪，否则不仅不符合构成要件的形式特征，而且在实质上无法处理共犯、未遂等一系列难题。但是，尽管投放危险物质罪和污染环境罪在整体定性上都属于故意犯罪，但是从要素分析法的角

① 黎宏．刑法学各论．2 版．北京：法律出版社，2016：442．

度来看，二者的主观构造仍然有所区别。就投放危险物质罪的主观构成要件而言，行为人不仅须对投放危险物质的行为持故意心态，而且对投放危险物质行为所造成的重大财产损失和伤亡后果或相应的具体危险也应持故意心态。而就污染环境罪的主观构成要件而言，行为人仅须对排放、倾倒或处置有害物质的行为持故意心态，而对该行为造成的财产损失和伤亡后果，至少持过失心态即可。因此，尽管两罪在罪过形式的整体评价上都属于故意犯罪，但是投放危险物质罪的主观构成条件比污染环境罪的主观构成条件更为严格。

案例评价

[案例23-4] 胡某标、丁某生投放危险物质案①（与投放危险物质罪的关系）

1. 基本案情

盐城市标新化工有限公司（以下简称“标新化工公司”）系环保部门规定的“废水不外排”企业。胡某标系标新化工公司法定代表人，曾因虚开增值税专用发票罪于2005年6月27日被盐城市盐都区人民法院判处有期徒刑2年，缓刑3年。丁某生系标新化工公司生产负责人。胡某标、丁某生于2007年11月底至2009年2月16日期间，在明知该公司在“氯代醚酮”生产过程中所产生的废水含有有毒、有害物质时，仍将大量废水排放至该公司北侧的五支河内，任其流经蟒蛇河污染盐城市区城西、越河自来水厂取水口，致2009年2月20日盐城市区20多万居民饮用水停水长达66小时40分，造成直接经济损失人民币543.21万元。

江苏省盐城市盐都区人民法院一审认为：被告人胡某标、丁某生明知钾盐废水中含有有毒、有害物质，仍大量排放，危害公共安全，并致公私财产遭受重大损失，其行为均已触犯刑律，构成投放危险物质罪。在共同犯罪中，被告人胡某标起决定作用，系主犯；被告人丁某生起辅助作用，系从犯，依法可予减轻处罚。被告人胡某标系在缓刑考验期内再犯新罪，依法应当撤销缓刑并予数罪并罚。一审法院判决：撤销盐城市盐都区人民法院（2005）都刑初字第108号刑事判决中对胡某标宣告缓刑3年的执行部分；胡某标犯投放危险物质罪，判处有期徒刑10年，前犯虚开增值税专用发票罪，判处有期徒刑2年。决定执行有期徒刑11年；丁某生犯投放危险物质罪，判处有期徒刑6年。

① 参见2013年6月18日最高人民法院公布四起环境污染犯罪典型案例（案例4）；江苏省盐城市盐都区人民法院（2009）都刑初字第155号刑事判决书，江苏省盐城市中级人民法院（2009）盐刑一终字第0089号刑事裁定书。

胡某标、丁某生均不服一审判决，向江苏省盐城市中级人民法院提出上诉，请求二审法院依法改判。胡某标的辩护人认为：本案的排污主体是单位，不是个人，不符合投放危险物质罪的主体要件；胡某标虽然明知标新化工公司生产的废水中含有的钾盐有毒，不能排放，但其对排污行为会引发停水事故不是明知，而属于疏忽大意的过失。丁某生认为，其没有投放危险物质的故意，对排放废水会造成严重后果不是故意，且其仅是打工人员，没有任何利益分红，不应该承担违法责任。

江苏省盐城市中级人民法院二审裁定：驳回上诉，维持原判。

2. 涉案问题

投放危险物质罪与环境污染罪发生竞合时如何处理？二罪如何区分？

3. 裁判理由

二审法院裁定意见指出：

（1）上诉人胡某标、丁某生主观上具有投放危险物质的间接故意。

首先，《刑法》第14条、第114条、第115条第1款关于犯罪故意和投放危险物质罪所规定的“危害社会的结果”，既可以是已经发生的危害公共安全结果，也可以是尚未发生但可能发生的危害公共安全结果，只要投放危险物质的行为足以危害公共安全即可，并不要求已经造成他人重伤、死亡或者公私财产重大损失等情形。本案中，虽然胡某标、丁某生均声称没有想到偷排有毒、有害废水会发生严重后果，但其在标新化工公司申办、试生产或正常生产期间，以及环保检查人员的多次检查过程中，已经知道其公司生产所产生的废水含有酚类有毒、有害物质，不得向外排放废水，且其因排放毒害性废水两次被行政处罚，并常年赔偿因公司排放废水造成周围群众的经济损失，足以表明其对排放毒害性废水可能危害公共安全有比较清楚的、现实的认识，应当认定胡某标、丁某生主观上具有明知偷排毒害性废水会发生危害公共安全结果的认识因素。

其次，虽然胡某标、丁某生不希望其偷排废水发生危害社会的严重后果，但其明知公司周边的河道与盐城市区居民饮用水源紧密连通，在其通过水塘渗透的间接方式偷排毒害性废水已经造成周边农田减产的情况下，非但不采取有效措施，以防止危害公共安全结果的发生和扩大，反而以比渗透性排放危害更快、危害更大的向下水道排放废水的直接方式偷排毒害性废水，乃至毒害性废水直接污染城市居民饮用水源，造成严重的后果，证明其主观上具有放任危害公共安全结果发生的意志因素。据此，应当认定胡某标、丁某生的行为符合投放危险物质罪间接故意的主观构成要件。

（2）本案属于自然人犯罪，符合投放危险物质罪的主体要件。

首先，标新化工公司没有集体性的领导和决策机构，公司的经营方针、经营方式、重要措施等都由胡某标一人决定。胡某标作为公司的投资者、法定代表人和主管人员，明知其公司应为废水零排放企业，必须投资兴建废水净化设施，但其因购买净化材料费用较高，为了牟取非法的高额利润，擅自决定不购置净化材料和设备，而向公司周围河道偷排毒害性废水，放任危害公共安全结果的发生，其行为不仅侵害了社会公共安全利益，而且违背其公司的宗旨，最终必将损害其公司的利益，显属滥用公司管理权力。根据公平、正义的法律原则，对胡某标的行为应当以自然人犯罪论处，直接追究其个人的刑事责任。

其次，虽然胡某标与其妻共同投资设立的标新化工公司是有限责任公司，但其家庭财产系其夫妻二人共同共有，标新化工公司的财产与胡某标的家庭、个人财产混同，标新化工公司的利益与胡某标的家庭、个人利益具有实质上的同一性。对于胡某标名义上为其公司、实质上为其家庭、个人牟取非法利益而实施的犯罪行为，更不应当以单位犯罪论处。

（3）上诉人丁某生的行为构成共同犯罪。

上诉人丁某生虽然是打工人员，没有参与公司分红，但其作为公司的生产负责人，明知偷排毒害性废水会发生危害社会的结果，仍听从胡某标的指挥，组织、执行胡某标的错误指示，与胡某标共同放任危害公共安全结果的发生，构成投放危险物质罪的共同犯罪，应当承担相应的刑事责任。至于其是否属于打工人员、有没有参与公司分红，均不影响对其行为性质的评价和认定。

4. 评析意见

本案判决曾经引起了理论与实务的广泛关注。原因一方面在于，被告行为直接导致盐城市区 20 多万居民饮用水停水长达 66 小时，引起了极为轰动的社会影响，被称为盐城“2·20”特大水污染事件。另一方面在于，本案的行为定性极富争议。本案乃最早将该类案件按投放危险物质罪而不按重大环境污染事故罪（或污染环境罪）来定罪处罚的案件，前者法定最高刑直至死刑，后者当时的最高刑仅为 7 年有期徒刑，并处罚金。而且，该案被最高人民法院遴选为典型案例，对其后的类似案件的处理产生了很大影响。具体而言，本案判决涉及以下几个问题。

第一，污染环境罪、重大环境污染事故罪和投放危险物质罪属于何种竞合关系。

在本案判决时，《刑法修正案（八）》尚未颁布，因此当时主要涉及重大环境污染事故罪和投放危险物质罪的关系。由于重大环境污染事故罪被过去的通说认定为过失犯罪，因此它和作为故意犯罪的投放危险物质罪常被理解为一种择一的关系。事实上，二者并不是非此即彼。虽然重大环境污染事故罪在整体上被评价为过失犯，但是行为人对排放、倾倒、处置有害物质的行为持故意心态，只是对重大公私财产损失或严重人身伤亡后果持过失心态。因此，该行为在内部构造上仍然可能和投放危险物质行为有较大的重合，这种关系有些类似于交通肇事与以危险方法危害公共安全，二者并不必然互相排斥与否定。[①]

在《刑法修正案（八）》通过以后，污染环境罪和投放危险物质罪的关系则更为复杂。2013 年和 2016 年、2023 年《环境污染解释》都指出：违反国家规定，排放、倾倒、处置含有毒害性、放射性、传染病病原体等物质的污染物，同时构成污染环境罪、投放危险物质罪的，依照处罚较重的犯罪定罪处罚。尽管司法解释规定同时构成两罪的，从一重罪论处，但是到底二者属于何种竞合关系仍然存在争议。一部分学者主张，如果行为同时构成污染环境罪和投放危险物质罪，应属于想象竞合。[②] 但是，学界也并不乏主张二者应属于法条竞合关系的观点。例如，生态环境部法规与标准司相关负责同志在解读《刑法修正案（十一）》关于环境犯罪的规定时指出，污染环境罪与投放危险物质罪属于“从一重论处”的法条竞合关系。[③] 此外，还有观点指出，两罪本质上应当是法条竞合，但是由于污染环境罪法定刑较低，无法评价造成极为严重后果的污染行为，才别扭地以想象竞合的方式，通过投放危险物质罪实现这一政策目的。[④] 由于排放有毒废物行为在空间上的广泛性，该行为就是一个危害不特定人身生命和健康的行为。因此，污染环境罪同时保护了环境法益和公共安全法益，一行为同时侵犯两种法益，通过污染环境罪一罪即可评价。[⑤]

之所以存在上述对立，原因之一在于，法条竞合和想象竞合的定义本身就存在分歧。但是，如果以保护法益的不同作为界分法条竞合和想象竞合的标准，那么上述主张污染环境罪和投放危险物质罪属于法条竞合且仅按污染环境罪一罪论处的观点，便难以成立。一方面，在实践中，虽然排放、倾倒有害物质的行为常常具有空间上的广泛性和波及性，可能危害不特定多数人的生命和健康，但不能否认的是，这并非必然要求发生的情况。事实上，存在相当一部分严重污染环境但并不危害不特定多数人的重大财产和人身法益

---

① 张明楷．刑法学．6 版．北京：法律出版社，2021：925.

② 喻海松．环境资源犯罪实务精释．北京：法律出版社，2017：127；聂立泽，胡洋．污染环境罪与投放危险物质罪的竞合关系及其处断研究．南都学坛，2017（6）：65.

③ 别涛．惩治环境犯罪的新利器：刑法修正案（十一）关于环境犯罪的规定分析．中国环境报，2021 - 01 - 01（8）.

④ 贾占旭．论污染环境罪与投放危险物质罪的竞合关系：从冲突的典型案例看错误的司法解释．政治与法律，2016（6）：123.

⑤ 同④123 - 124.

的行为，而这些行为无法被投放危险物质罪所涵盖。另一方面，即使排放、倾倒有害物质的行为波及不特定多数人，其对生命和健康法益的侵害性也未必能达到投放危险物质罪所要求的强度。可见，污染环境罪和投放危险物质罪并非特别法条与一般法条的关系，如果发生竞合时仅仅以污染环境罪论处，可能会造成刑法评价的不完整。由此看来，在本案中，如果被告人的行为确实同时构成重大环境污染事故罪或污染环境罪，那么理论上应当按照想象竞合从一重罪（投放危险物质罪）论处，而非按照法条竞合以特别罪名（重大环境污染事故罪或环境污染罪）论处。

第二，污染环境罪、重大环境污染事故罪和投放危险物质罪如何进行区分。

如上文所述，污染环境罪和投放危险物质罪在保护法益、客观行为方式、主观构成要件等多个方面存在差异，立法修订之前的重大环境污染事故罪也同样如此。在本案中，除犯罪主体、共同犯罪等问题之外，被告人、辩护人将辩护重点放在了否定主观构成要件之上，强调其对排放废水所引发的后果即停水事故，仅具有过失而不具有故意心态，希望以此否定投放危险物质罪的适用。对此，法院通过多个角度，重点阐述了上诉人胡某标、丁某生对排放废水行为性质及相关客观情况的认识和意志因素，论证其对该行为引发的危害公共安全后果具有间接故意，以此肯定了投放危险物质罪的适用。应当说，法院判决对主观间接故意的论证是较为充分的。但问题在于，行为性质的认定应当遵循从客观到主观的分析路径，避免过于关注行为人的主观恶性而忽视了行为的客观构成条件。

这种分析思路反映了过去理论上对重大环境污染事故罪、污染环境罪和投放危险物质罪之间关系的一种典型理解。该种观点认为，重大环境污染事故罪、污染环境罪是过失犯罪，而投放危险物质罪是故意犯罪，因此如果行为人对侵害后果持过失心态，则应认定为重大环境污染事故罪、污染环境罪，反之，如果行为人对侵害后果持故意心态，则属于投放危险物质罪。然而，就重大环境污染事故罪、污染环境罪而言，行为人对侵害后果持过失心态固然可能构成该罪，但是倘若行为人对侵害后果持故意心态也并不当然否定本罪的构成，同时也并不必然转化为投放危险物质罪。主观构成要件的差异，只是区分重大环境污染事故罪、污染环境罪和投放危险物质罪的一个参考维度，但是这一界分标准在逻辑上并非绝对充分。

对此，2019年《环境污染纪要》第6项关于投放危险物质罪的适用指出：司法实践中对环境污染行为适用投放危险物质罪追究刑事责任时，应当重点审查判断行为人的主观恶性、污染行为恶劣程度、污染物的毒害性危险性、污染持续时间、污染结果是否可逆、是否对公共安全造成现实、具体、明确的危险或者危害等各方面因素。对于行为人明知其排放、倾倒、处置的污染物含有毒害性、放射性、传染病病原体等危险物质，仍实施环境污染行为放任其危害公共安全，造成重大人员伤亡、重大公私财产损失等严重后果，以污染环境罪论处明显不足以罚当其罪的，可以按投放危险物质罪定罪量刑。实践中，此类情形主要是向饮用水水源保护区，饮用水供水单位取水口和出水口，南水北调水库、干渠、涵洞等配套工程，重要渔业水体以及自然保护区核心区等特殊保护区域，排放、倾倒、处置毒害性极强的污染物，危害公共安全并造成严重后果的情形。在这一司法解释的规定中，行为人主观恶性只是综合判断中的一个维度，除此之外行为的行为毒害性质、后果的严重程度等诸多客观因素被格外强调，这体现出最高司法机关对投放危险物质罪适用的慎重态度。

在本案中，真正关键的问题在于，上诉人胡某标、丁某生排放废水行为对公共安全的侵害性，是否客观上能够与投放危险物质罪等同。有学者从这一角度对本案提出了批评意见，认为环境污染对于人身、财产的侵害具有间接性、潜伏性、渐进性、长期性、复杂性，因此对于通过土壤、河水、大气等媒介因素，侵害不特定多数人的人身、财产安全的，不宜直接认定为投放危险物质罪。① 但是，固然排放污染物的行为具有上述特征，也不宜一概而论，而应具体分析排放物质和排放方式等客观情况。在本案中，按照判决书的记载，胡某标、丁某生排放废水中主要的有害物质是酚类物质，更准确地说是挥发酚。按照当时有效的《国家危险废物名录（2008）》，含酚废物（HW39）属于危险废物，因此其属于重大环境污染事故罪中的有毒物质。② 除此之外，相关研究表明，酚类为原生毒质，属高毒物质，人体摄入一定量时，可出现急性中毒症状，长期引用被酚类污染的水，可引起头晕、出疹、瘙痒、贫血及各种神经系统症状。③ 酚类化合物的水溶液很容易通过皮肤引起全身中毒，吸入高浓度酚蒸汽或大量酚液溅到皮肤上可引起急性中毒；酚也是公认的致癌物质，人对酚的口服致死量为530mg/kg体重。④ 可见，酚类物质的毒害性是相当强的。二审刑事裁定书显示，盐城市城西水厂取水口污染物挥发酚的含量为每升0.556毫克，对照国家地表水三类标准超标110倍。而标新化工公司合成车间东侧水池中的水样挥发酚的含量约为每升0.676毫克，合成车间东北角排水沟中的水样挥发酚的含量约为每升7.87毫克，厂区

① 陈洪兵．解释论视野下的污染环境罪．政治与法律，2015（7）：36.

② 1998年国家环境保护总局曾经就山西省运城市公安局的请示，发布了一份《关于挥发酚是否属于有毒物质问题的复函》，指出：挥发酚属于具有挥发性的酚类物质。

③ 马红涛，等．水体中酚类化合物的危害及其测定方法．信息科技，2007（30）：38.

④ 马克，等．含酚废水治理技术的现状及进展．化学工业与工程技术，2009（6）：21.

北侧生产沟内挥发酚的含量为每升 9.04 毫克，厂区东侧生产沟内挥发酚的含量为每升 0.677 毫克。由此可知，上诉人胡某标、丁某生排放的酚类有毒物质浓度较高，如果经过鉴定确实能够对人体健康和生命造成重大损害或具体危险①，且事实上已经导致了数额巨大的经济损失，那么在结论上将该案评价为投放危险物质罪是妥当的。但稍显遗憾的是，法院的判决意见并没有侧重从行为的客观危险性和法益侵害强度进行进一步的深入查证。

[案例 23-5] 樊某东、王某华、蔡某污染环境案②
（与以危险方法危害公共安全罪的关系）

1. 基本案情

2012 年 7 月下旬，山东兴氟新材料有限公司为处理副产品硫酰氯（系危险化学品），由公司总经理助理邢某（另案处理）与被告人樊某东联系，邢某在请示总经理刘某宪（另案处理）同意后，与樊某东商定每吨给樊某东 300 元由樊某东拉走硫酰氯。同年 7 月 25 日被告人樊某东安排被告人王某华、蔡某用罐车到山东兴氟新材料有限公司拉走 35 吨硫酰氯，山东兴氟新材料有限公司支付给樊某东 10 500 元。同年 7 月 27 日凌晨 2 时许，被告人樊某东、王某华、蔡某将罐车开至高青县花沟镇唐口村南小清河大桥上，将该 35 吨硫酰氯倾倒于小清河中，硫酰氯遇水反应生成的毒气雾团飘至邹平县焦桥镇韩套村，将熟睡中的村民熏醒，致上百村民呼吸系统受损，并造成庄稼苗木等重大财产损失，村民韩某某因吸入酸性刺激气体，致气管和肺充血、水肿，直接加重心肺负荷，导致急性呼吸循环衰竭死亡。2012 年 7 月 28 日，被告人王某华被抓获归案，同日被告人樊某东、蔡某到公安机关投案自首。

淄博市人民检察院认为，被告人樊某东、王某华、蔡某以往河中倾倒危险化学品的方法危害公共安全，致一人死亡并使公私财产遭受重大损失，其行为触犯了《刑法》第 115 条，要求以以危险方法危害公共安全罪追究其刑事责任。

法院判决认为，被告人樊某东、王某华、蔡某违反国家规定，往河中倾倒具有腐蚀性、刺激性的化学品硫酰氯，严重污染环境，并造成一人死亡、重大财产损失的特别严重后果，其行为构成污染环境罪。公诉机关指控犯罪事实成立，但罪名不当。法院判决：被告人樊某东犯污染环境罪，判处有期徒刑 6 年 6 个月，并处罚金人民币 15 万元；被告人王某华犯污染环境罪，判处有期徒刑 6 年，并处罚金人民币 10 万元；被告人蔡某犯污染环境罪，判处

---

① 谨慎起见，关于特定浓度排放物质对人体的毒害性强度，宜进行专业鉴定再最终确定。

② 参见 2014 年 4 月 30 日最高人民法院发布五起典型案件（案例 1），人民法院报，2014-05-01（3）；山东省淄博市中级人民法院（2013）淄刑一初字第 39 号刑事判决书。

有期徒刑 5 年 6 个月，并处罚金人民币 10 万元。

2. 涉案问题

以危险方法危害公共安全罪与污染环境罪如何界分？

3. 裁判理由

法院裁判意见指出，关于三被告人辩护人所提“被告人行为构成污染环境罪而不是以危险方法危害公共安全罪”的辩护意见，经查，三被告人作案前不明知其所要倾倒液体的化学成分，对倾倒该液体可能产生的危害后果缺乏准确的预判。被告人王某华、蔡某第一次倾倒硫酰氯时，因产生大量刺激性烟雾且倾倒地点离村庄和庄稼较近而停止倾倒，后三被告人选择深夜在水流量较大、离村庄有一定距离的小清河河段倾倒，从其变更倾倒地点的原因来看，其并不希望或者放任危害结果的发生，结合三被告人作案后返回现场查看是否造成危害后果来看，其主观上更符合过于自信的过失。故三被告人的行为不符合以危险方法危害公共安全罪的构成要件，但符合污染环境罪的构成要件。

此外，法院裁判意见还指出，关于被告人樊某东、蔡某的辩护人所提“死亡被害人自身健康状况不佳，在量刑时应予考虑”的辩护意见，经查，被害人韩某某患有扩张型心肌病等疾病，因吸入酸性刺激气体致气管和肺充血、水肿，直接加重心肺负荷导致急性呼吸循环衰竭死亡，三被告人的犯罪行为是造成被害人韩某某死亡的直接原因，应当对被害人死亡承担刑事责任，但被害人自身健康状况不佳这一情节，可在量刑时酌情考虑。

4. 评析意见

本案与盐城“2·20”特大水污染事件相似，甚至造成的法益侵害结果有过之而无不及，但是在行为定性上存在鲜明反差，前者仅被认定为处罚较轻的污染环境罪，而后者被认定为处罚较重的投放危险物质罪。而且，本案同样被最高人民法院遴选为典型案例予以发布。类似案例，但有着完全不同的定性，不免让基层司法者产生疑惑。而且，本案发生于《刑法修正案（八）》通过之后，当时常常被认为属于过失犯罪的重大环境污染事故罪已经被修订为污染环境罪，后者被越来越多的观点界定为故意犯罪。因此，污染环境罪与投放危险物质罪、以危险方法危害公共安全罪发生竞合的可能性障碍被进一步扫清。此外，该判决作出时，2013 年《环境污染解释》已经出台，而其中第 8 条规定，同时构成污染环境罪和投放危险物质罪等犯罪的，依照处罚较重的规定定罪处罚。尽管如此，法院判决还是推翻了检察机关以危险方法危害公共安全罪的控诉意见，认定被告仅构成污染环境罪。

法院的裁判意见之所以否定以危险方法危害公共安全罪的构成，核心理由在于从主观构成要件入手，认为被告人并不明知所倾倒液体的成分，缺乏对该液体可能产生危害后果的准确预判，对危害结果的发生也并非希望或放任。但是，这一裁判理由并未切中肯綮。

第一，就投放危险物质罪或以危险方法危害公共安全罪而言，主观故意的认定不可能要求被告人对危险物质的化学成分及其反应后果具有极为精确的认识，只需被告人对危险物质的严重侵害性具有概括认识即可，否则恐怕只有化学专家才能构成本罪。而本案中，被告人明知自己处理的是化工废料"废硫酸"，而且眼见其形成了具有刺鼻气味的大量化学烟雾，甚至自己戴上了防毒面具，在此情况下仍然加以倾倒，如果说其主观方面对危害结果的心态仍然只是过于自信的过失而非间接故意，恐怕会受到严重质疑。

第二，更为重要的是，判断行为构成污染环境罪还是投放危险物质罪（或以危险方法危害公共安全罪），应当首先从客观构成要件的认定入手，而非将主观罪过形式作为核心界分标准。本案真正关键的问题在于，被告人向河流中倾倒35吨硫酰氯的行为在客观上具有何种类型和程度的法益侵害性。向水体倾倒具有严重腐蚀性、刺激性的硫酰氯，引发重大财产损失和一人以上死亡、多人呼吸系统受损的后果，后果特别严重，构成污染环境罪并无障碍。复杂之处在于，该倾倒有害物质并形成有害气体的行为，是否具有严重侵害不特定多数人重大身体和生命法益的客观性质。按照裁判文书记载，35吨硫酰氯被倾倒入小清河后，硫酰氯遇水反应生成的毒气雾团飘至邹平县焦桥镇韩套村，引发上百村民呼吸系统受损，庄稼苗木等遭受超过百万元的财产损失，村民韩某某（患有扩张型心肌病）因吸入酸性刺激气体，导致急性呼吸循环衰竭死亡。根据化学原理，硫酰氯水解生成硫酸和盐酸，且遇水会放出有毒氯化氢及硫化物气体。而本案直接引发伤亡后果和财产损失的主要应当是氯化氢及硫化物等气体。氯化氢气体又称无水盐酸，实际是一种盐酸烟雾，具有一定的毒害性。氯化氢气体对呼吸道黏膜和眼睛有非常强烈的刺激作用，急性中毒症状下，轻者出现头痛、头晕、恶心、眼睛痛、痰中带血、咳嗽、声音嘶哑、呼吸困难、胸闷、胸痛等，重者肺部产生炎症、肺部水肿、肺部扩张。① 可见，总的来说，氯化氢并非能够通常性造成重伤、死亡后果的毒性极大的气体，能否被评价为《刑法》第115条的危险物质，很大程度上取决于其浓度以及散布环境等因素。而对此，司法机关并没有展开更为详细的调查。因此，被告人的行为在客观法益侵害强度上是否能被评价为投放危险物质，缺少充分的证据，应着重在这一客观层面排除该罪的构成要件符合性。

① 刘巧玲．含氯化氢废气的处理与回收利用．化工管理，2017（23）：226.

三、污染环境罪与非法经营罪的关系

知识背景

全国人大常委会通过的《固体废物污染环境防治法》第 80 条规定：从事收集、贮存、利用、处置危险废物经营活动的单位，应当按照国家有关规定申请取得许可证。禁止无许可证或者未按照许可证规定从事危险废物收集、贮存、利用、处置的经营活动。国务院颁布的《危险废物经营许可证管理办法》第 2 条规定：在中华人民共和国境内从事危险废物收集、贮存、处置经营活动的单位，应当依照本办法的规定，领取危险废物经营许可证。因此，从事危险废物的处置应当首先经得国家许可。如果违反上述国家规定，未经许可经营危险废物的处置，扰乱市场秩序，情节严重的，可能构成非法经营罪。这类处置危险废物的行为，同时严重污染环境的，则形成非法经营罪与污染环境罪的竞合关系。由于非法经营罪属于我国《刑法》第三章破坏社会主义市场经济秩序罪第八节扰乱市场秩序罪，保护的法益是特定行业的市场准入秩序，而污染环境罪属于我国《刑法》第六章妨害社会管理秩序罪第六节破坏环境资源保护罪，保护的法益是财产、人身安全和环境生态，如果一行为同时触犯两罪，应构成想象竞合，从一重罪论处。

但是，司法解释对此进行了限缩性的规定。2023 年《环境污染解释》第 7 条规定：无危险废物经营许可证从事收集、贮存、利用、处置危险废物经营活动，严重污染环境的，按照污染环境罪定罪处罚；同时构成非法经营罪的，依照处罚较重的规定定罪处罚。实施前款规定的行为，不具有超标排放污染物、非法倾倒污染物或者其他违法造成环境污染的情形的，可以认定为非法经营情节显著轻微危害不大，不认为是犯罪；构成生产、销售伪劣产品等其他犯罪的，以其他犯罪论处。

上述司法解释一方面肯定性地规定，未经许可从事收集、贮存、利用、处置危险废物经营活动可以构成非法经营罪，但是另一方面又否定性地提出，不具有违法造成环境污染情形的，可以不认为构成非法经营罪。显然，司法机关从污染环境罪中借用了一项构成条件，来限制非法经营罪的构成，这是一种相当奇特的规定。

2019 年《环境污染纪要》第 5 条也指出，准确理解和适用 2016 年《环境污染解释》第 6 条（内容和 2023 年《环境污染解释》第 7 条相同）的规定应当注意把握两个原则：一要坚持实质判断原则，对行为人非法经营危险废物行为的社会危害性作实质性判断。比如，一些单位或者个人虽未依法取得危险废物经营许可证，但其收集、贮存、利用、处置危险废物经营活动，没有超标排放污染物、非法倾倒污染物或者其他违法造成环境污染情形的，则不宜以非法经营罪论处。二要坚持综合判断原则，对行为人非法经营危险废物行为根据其在犯罪链条中的地位、作用综合判断其社会危害性。比如，有证据证明单位或者个人的无证经营危险废物行为属于危险废物非法经营产业链的一部分，并且已经形成了分工负责、利益均沾、相对固定的犯罪链条，如果行为人或者与其联系紧密的上游或者下游环节具有排放、倾倒、处置危险废物违法造成环境污染的情形，且交易价格明显异常的，对行为人可以根据案件具体情况在污染环境罪和非法经营罪中，择一重罪处断。

之所以形成上述规定，司法解释起草者实际上主要是考虑了罪刑均衡的问题。司法解释起草者指出，对于无资质处置危险废物，没有违法造成环境污染，不构成环境污染罪的情形，如果以非法经营罪论处，会导致定罪量刑失衡：无资质处置危险废物，违法造成环境污染的，以污染环境罪最高只能处7年有期徒刑；未违法造成环境污染的，以非法经营罪最高可以处15年有期徒刑。①

上述司法解释规定在限缩非法经营罪的扩张适用上，无疑扮演了积极的角色，但是，不得不说，背后的逻辑值得讨论。关键问题还是在于如何理解污染环境罪与非法经营罪之间的关系。如上文所言，一行为如果同时触犯这两项罪名，应当构成想象竞合。依此逻辑，无资质处置危险废物，违法造成环境污染的，如果严重扰乱市场秩序，未必只能以污染环境罪最高论处7年有期徒刑。不论是符合基本构成要件还是符合加重构成要件，如果非法经营罪的处罚更重，就应当从一重罪以非法经营罪论处，最高可以处15年有期徒刑。反过来，无资质处置危险废物，未违法造成环境污染的，通常也不需要按照非法经营罪顶格判处15年有期徒刑。上述观点认为，无资质处置危险废物，违法造成环境污染的，以污染环境罪论处，这似乎有将两罪关系理解成（一般法条与特别法条）法条竞合的倾向。事实上，只要正确把握两罪的想象竞合关系，便不会出现所谓定罪量刑失衡的问题。值得特别说明的是，《刑法修正案（十一）》增加了“七年以上有期徒刑，并处罚金”的加重刑罚幅度，这意味着污染环境罪最高也可论处15年有期徒刑。如此一来，上述罪刑均衡的考虑就更无立足之地了。

真正的问题在于，对于无资质处置危险废物的行为，能否构成非法经营罪的认定应当格外慎重。如司法解释起草者所言，认定非法处置危险废物，这不宜以是否具有经营许可证为唯一要件，还须判断是否违法造成环境污染，

① 周加海，喻海松.《关于办理环境污染刑事案件适用法律若干问题的解释》的理解与适用.人民司法，2017（4）：24.

与当前我国危险废物处置能力不足不无关系。长远而言，需要综合采取政策、法律、行政、经济等多方面手段，适当扩大危险废物经营许可证的发放，鼓励有处置、利用能力的企业领取危险废物经营证，降低危险废物的处置、利用价格。[①] 这意味着，在危险废物处置的业务领域，在市场供应能力不足、许可制度本身亟待完善的情况下，对那些无资质处置危险废物行为，应当严格审查是否实质性地破坏了市场准入秩序，以及是否确实严重扰乱了市场秩序。没有达到这一标准的行为，即应当出罪。但是，这种判断，不应当主要地依赖是否造成环境污染来完成，否则会将非法经营罪和污染环境罪各自的规范目标混淆起来。

案例评价

[案例 23-6] 肖某某、李某某污染环境案[②]（与非法经营罪的关系）

1. 基本案情

2010 年 6 月至案发，肖某某、李某某夫妇在本市宝山区罗店镇南周村南周一路附近租赁的场地上，在未取得行政部门许可的情况下，无证开设经营废机油回收处理厂，并先后于 2011 年 3 月、2014 年 2 月雇用蔡某某、石某某在场地内负责装卸、过滤、处理废机油。2012 年 12 月始，力浩公司业务员陈某某在明知肖某某等人系无证经营的情况下，仍在公司的安排下委托肖某某收购废机油后出售给其所在的公司。2010 年 6 月至案发，肖某某、李某某非法经营额达 1 318 万余元，蔡某某、石某某、陈某某参与非法经营的数额分别为 1 318 万余元、371 万余元、1 221 万余元。另查明，2014 年 4 月 15 日，肖某某、李某某、蔡某某、石某某、陈某某在上述废机油回收处理厂内被抓获，并从现场查扣 251.5 吨废机油以及过滤、贮存设备。

上海市宝山区人民法院认为，被告人肖某某、李某某、蔡某某、石某某结伙，无证经营危险废物的收集、贮存、处置，其行为均已构成非法经营罪，且属情节特别严重；被告人陈某某在明知肖某某等人系无证经营的情况下，仍受力浩公司委派从肖某某处收购废机油，应作为单位犯罪的直接责任人员承担刑事责任，其行为构成非法经营罪，且属情节特别严重，对五名被告人均应依法予以处罚。法院以非法经营罪分别判处肖某某有期徒刑 7 年，并处

① 喻海松．污染环境罪若干争议问题之厘清．法律适用，2017（23）：78.

② 参见上海市第二中级人民法院（2015）沪二中刑终字第 458 号刑事判决书。另外，本案被遴选为上海市高级人民法院第 35 号参考性案例。

罚金人民币 30 万元；判处李某某有期徒刑 3 年，缓刑 4 年，并处罚金人民币 20 万元；判处陈某某有期徒刑 3 年，缓刑 4 年；判处蔡某某有期徒刑 2 年，缓刑 2 年，并处罚金人民币 10 万元；判处石某某有期徒刑 1 年 6 个月，缓刑 1 年 6 个月，并处罚金人民币 1 万元。

上诉人肖某某、李某某及肖某某的辩护人辩称，废机油不属于国家专营专卖、限制买卖的物品，也无相应法律规定无证经营废机油的行为属其他严重扰乱市场秩序的非法经营行为，故肖某某、李某某的行为均不构成非法经营罪。肖某某的辩护人还提出，肖某某等人只是将收购的废机油转卖给他人，并没有处置行为，故肖某某的行为也不构成污染环境罪。上诉人蔡某某、石某某均辩称，其受肖某某雇用从事相应工作，不知道是犯罪活动，故其行为均不构成犯罪。

上海市第二中级人民法院经过审理，撤销了上海市宝山区人民法院对肖某某、李某某、陈某某、蔡某某、石某某所做的五项非法经营罪判决。上海市第二中级人民法院认为，上述被告人构成污染环境罪的共同犯罪，分别判处上诉人肖某某犯污染环境罪，判处有期徒刑 2 年 6 个月，并处罚金人民币 30 万元；上诉人李某某犯污染环境罪，判处有期徒刑 2 年，缓刑 2 年，并处罚金人民币 20 万元；原审被告人陈某某犯污染环境罪，判处有期徒刑 1 年 6 个月，缓刑 2 年；上诉人蔡某某犯污染环境罪，判处有期徒刑 9 个月，缓刑 1 年，并处罚金人民币 5 000 元；上诉人石某某犯污染环境罪，判处有期徒刑 6 个月，缓刑 1 年，并处罚金人民币 3 000 元。

2. 涉案问题

污染环境罪与非法经营罪如何界分？上述行为是否既构成污染环境罪也构成非法经营罪？

3. 裁判理由

上海市第二中级人民法院认为，上诉人肖某某、李某某在未取得行政部门许可的情况下，开设废机油回收处理厂，并雇用上诉人蔡某某、石某某共同对回收的废机油进行过滤等处置行为。其中，肖某某、李某某、蔡某某非法处置危险废物超过 2 800 吨，石某某非法处置危险废物超过 800 吨，严重污染环境，其行为均已构成污染环境罪。力浩公司明知肖某某、李某某无经营许可证，仍委托上述人员非法处置危险废物超过 2 600 吨，严重污染环境，其行为也构成污染环境罪，虽然原公诉机关没有指控力浩公司构成犯罪，但原审被告人陈某某仍应作为上述单位犯罪中直接负责的主管人员承担刑事责任。对肖某某、李某某、蔡某某、石某某及肖某某的辩护人提出四人不构成非法经营罪的意见可以采纳。但对其提出四人不构成污染环境罪的辩解和辩护意见不予采纳。

4. 评析意见

本案主要涉及对未经许可处置危险废物行为如何定性，以及如何处理污染环境罪与非法经营罪关系的问题。一审法院按照非法经营罪来定罪处罚，而二审法院推翻了这一判决，处以刑罚相对较轻的污染环境罪。本案发生在2016年《环境污染解释》出台之前，因此当时并没有相关的司法解释直接规定如何处理非法经营罪与污染环境罪的竞合问题。从应然意义上来说，如果一行为同时构成污染环境罪与非法经营罪，则形成想象竞合，应当从一重罪论处。本案如何定性，就应分别分析，被告人肖某某等人是否符合污染环境罪和非法经营罪的构成要件。

按照《国家危险废物名录》，废机油属于危险废物中的废矿物油（类别HW08）。被告人肖某某等人未经许可对废机油进行装卸、过滤和处理，数量超过2 800吨，形式上符合非法处置危险废物（有毒物质）的构成要件。但是，如前文所述，“处置”行为含义较为宽泛，应当进行限缩解释，实质判断处置行为是否严重污染环境。无证经营回收处理废机油，对废机油进行装卸、过滤、处理，通常很可能造成环境污染，法院判决也宜对此加以具体查证和阐述。而从上海市高院发布的第35号参考性案例材料来看，二审法院只是援引了《危险废物经营许可证管理办法》第31条对“处置危险废物”所作的形式定义。

争议更大的问题在于，本案被告人的行为是否构成非法经营罪，以及二审法院何以推翻一审法院非法经营罪的定性。如果适用非法经营罪来处理本案，首先应当明确，被告人肖某某等人的行为具体触犯了非法经营罪哪一项规定。上海市高院第35号参考性案例显示，本案一审法院认为，被告人肖某某的行为应适用《刑法》第225条第1项之规定，即未经许可经营法律、行政法规规定的专营、专卖物品或者其他限制买卖的物品。然而，并非所有需要国家许可才可经营的物品，都属于专营、专卖物品或限制买卖的物品，一审法院的判决显然混淆了这两个概念。对此，二审法院正确地指出，限制买卖和专营、专卖的物品必须有相应的国家规定直接予以规定，在我国并无规定的情况下，废机油等危险废物不属于行政法规规定限制买卖的物品，故一审判决法律适用错误。

本案只能考虑是否可以适用《刑法》第225条第4项兜底条款，即“其他严重扰乱市场秩序的非法经营行为”，来进行定罪处罚。对此，二审法院审慎地认为，按照最高人民法院《关于准确理解和适用刑法中“国家规定”的有关问题的通知》，在现有司法解释没有明确规定的情况下，应当作为法律适用问题，逐级向最高人民法院请示。而基于刑法在经济生活中应严守其谦抑性和辅助性原则，在被告人已经可以适用污染环境罪的情况下，不宜以《刑法》第 225 条第 4 项非法经营罪来对被告人定罪。① 二审法院对非法经营罪兜底条款的适用保持慎重的态度无疑是正确的。一方面，非法经营罪的兜底条款已经在很大程度上使本罪沦为“口袋罪名”，在没有明确规定的情况下，不宜轻易适用。另一方面，我国的危险废物处置市场本身相当不健全，整体的危险废物处置能力严重不足，市场准入机制也有待完善②，在此情况下更不宜过度倚重严苛的刑事制裁来简单化地解决问题。

第三节　污染环境罪的处罚

知识背景

在《刑法修正案（十一）》颁布之前，污染环境罪只有两档刑罚幅度。在《刑法修正案（十一）》生效之后，本罪具有三档刑罚幅度。之所以新增一档更严厉的刑罚，是考虑到饮用水水源保护区、自然保护地核心保护区等依法确定的重点保护区、国家确定的重要江河、湖泊以及永久基本农田等，有的事关国家和区域生态安全，有的事关粮食安全和食品安全，还有的事关饮用水安全，与其他一般区域相比，这些区域对环境质量要求更高，一旦被污染，造成的后果将更加严重，需要采取更严格的保护措施。③

按照《刑法》第 338 条的规定，违反国家规定，排放、倾倒或者处置有放射性的废物、含传染病病原体的废物、有毒物质或者其他有害物质，严重污染环境的，处 3 年以下有期徒刑或者拘役，并处或者单处罚金；情节严重的，处 3 年以上 7 年以下有期徒刑，并处罚金；有下列情形之一的，处 7 年以上有期徒刑，并处罚金：（1）在饮用水水源保护区、自然保护地核心保护区等依法确定的重点保护区域排放、倾倒、处置有放射性的废物、含传染病病原体的废物、有毒物质，情节特别严重的；（2）向国家确定的重要江河、湖泊水域排放、倾倒、处置有放射性的废物、含传染病病原体的废物、有毒物质，情节特别严重的；（3）致使大量永久基本农田基本功能丧失或者遭受永久性破坏的；（4）致使多人重伤、严重疾病，或者致人严重残疾、死亡的。有前款行为，同时构成其他犯罪的，依照处罚较重的规定定罪处罚。

---

① 参见上海市高级人民法院第 35 号参考性案例；也可参见吴思远，荣学磊．无证经营废机油严重污染环境构成污染环境罪．人民司法（案例），2016（29）：29.

② 喻海松．环境资源犯罪实务精释．北京：法律出版社，2017：56－57.

③ 许永安．《中华人民共和国刑法修正案（十一）》解读．北京：中国法制出版社，2021：373.

关于本罪的加重情节，2023 年《环境污染解释》第 2 条规定，实施《刑法》第 338 条规定的行为，具有下列情形之一的，应当认定为“情节严重”：（1）在饮用水水源保护区、自然保护地核心保护区等依法确定的重点保护区域排放、倾倒、处置有放射性的废物、含传染病病原体的废物、有毒物质，造成相关区域的生态功能退化或者野生生物资源严重破坏的；（2）向国家确定的重要江河、湖泊水域排放、倾倒、处置有放射性的废物、含传染病病原体的废物、有毒物质，造成相关水域的生态功能退化或者水生生物资源严重破坏的；（3）非法排放、倾倒、处置危险废物 100 吨以上的；（4）违法所得或者致使公私财产损失 100 万元以上的；（5）致使县级城区集中式饮用水水源取水中断 12 小时以上的；（6）致使永久基本农田、公益林地 10 亩以上，其他农用地 20 亩以上，其他土地 50 亩以上基本功能丧失或者遭受永久性破坏的；（7）致使森林或者其他林木死亡 50 立方米以上，或者幼树死亡 2 500 株以上的；（8）致使疏散、转移群众 5 000 人以上的；（9）致使 30 人以上中毒的；（10）致使 1 人以上重伤、严重疾病或者 3 人以上轻伤的；（11）其他情节严重的情形。

此外，2023 年《环境污染解释》第 3 条还进一步具体规定，实施《刑法》第 338 条规定的行为，具有下列情形之一的，应当处 7 年以上有期徒刑，并处罚金：（1）在饮用水水源保护区、自然保护地核心保护区等依法确定的重点保护区域排放、倾倒、处置有放射性的废物、含传染病病原体的废物、有毒物质，具有下列情形之一的：1）致使设区的市级城区集中式饮用水水源取水中断 12 小时以上的；2）造成自然保护地主要保护的生态系统严重退化，或者主要保护的自然景观损毁的；3）造成国家重点保护的野生动植物资源或者国家重点保护物种栖息地、生长环境严重破坏的；4）其他情节特别严重的情形。（2）向国家确定的重要江河、湖泊水域排放、倾倒、处置有放射性的废物、含传染病病原体的废物、有毒物质，具有下列情形之一的：1）造成国家确定的重要江河、湖泊水域生态系统严重退化的；2）造成国家重点保护的野生动植物资源严重破坏的；3）其他情节特别严重的情形。（3）致使永久基本农田 50 亩以上基本功能丧失或者遭受永久性破坏的。（4）致使 3 人以上重伤、严重疾病，或者 1 人以上严重残疾、死亡的。

第二十四章　贪污罪

贪污罪，是指国家工作人员利用职务上的便利，侵吞、窃取、骗取或者以其他手段非法占有公共财物的行为。本罪侵害的法益是双重的，一方面是国家工作人员职务行为的廉洁性，另一方面是公共财物。国家工作人员利用职务上的便利，侵吞、窃取、骗取或者以其他手段非法占有公共财物的行为，既使国家对其职务行为廉洁性的期待落空，也使公共财物的占有被非法转移，所以具有比普通侵犯财产罪更为严重的危害。

第一节　贪污罪的构成要件

一、行为主体

知识背景

贪污罪的行为主体是国家工作人员。根据《刑法》第 93 条规定，国家工作人员包括四类人：(1) 国家机关中从事公务的人员。(2) 国有公司、企业、事业单位、人民团体中从事公务的人员。(3) 国家机关、国有公司、企业、事业单位委派到非国有公司、企业、事业单位、社会团体从事公务的人员。(4) 其他依照法律从事公务的人员。

(一) “公务”的理解

关于国家工作人员的认定，存在身份论与职能论之争。身份论认为，国家工作人员应是指经组织人事部门审批，具有国家干部编制，填写过干部履历表的国家干部。而职能论认为，行为主体是否属于国家工作人员，不在于其是不是正式的国家干部身份，关键在于其是否从事公务。《刑法》第 93 条规定的四类人均要求从事公务才能成为国家工作人员。可以看出，立法上采取的是职能论，认定国家工作人员，关键看是否从事公务。

一项事务是否属于公务，主要考虑因素有：其一，事务的公共性。这是指事务关系到多数人或不特定人的利益。仅与个别人或少数人相关的事务，不是公务。其二，事务的行政职权性。这是指事务属于行政职务，并承担行政责任。国家机关中的公务一般容易判断。难以判断的公务主要是国有公司、企业、事业单位、人民团体中的公务。对此需要根据事务的公共性和行政职权性来判断。例如，公立大学里财务处的处长属于国家工作人员，财务处的会计也属于国家工作人员，这些人如果侵占单位的财物，构成贪污罪，而非职务侵占罪。然而大学里的授课教师不属于国家工作人员，因为授课活动不具有公共性和行政管理性。

需要注意的是公务与劳务的关系。劳务是体力性、机械性的劳动，不具有裁量性、判断性。但是，体力性、机械性的劳动只要具备了公共性和行政职权性就属于公务。例如，国有银行的金库管理员所从事的工作就属于公务，公立医院财务处出纳员的工作就属于公务。因此，劳务也可以成为公务。那种将劳务和公务对立起来的看法可能并不妥当。这种看法的误解之处是，认为公务都必须具有裁量性和判断性。其实，裁量性和判断性不是公务的必要条件。例如，技术劳动具有技术性、裁量性、判断性，但是只要不具有公共性和行政职权性，就不属于公务。例如，公立医院的主治医师的医治工作就不属于公务。

上述看法也得到相关司法解释的印证。2003 年 11 月 13 日最高人民法院《全国法院审理经济犯罪案件工作座谈会纪要》（以下简称《经济犯罪座谈会纪要》）指出，从事公务，是指代表国家机关、国有公司、企业、事业单位、人民团体等履行组织、领导、监督、管理等职责。公务主要表现为与职权相联系的公共事务以及监督、管理国有财产的职务活动。如国家机关工作人员依法履行职责，国有公司的董事、经理、监事、会计、出纳人员等管理、监督国有财产等活动，属于从事公务。那些不具备职权内容的劳务活动、技术服务工作，如售货员、售票员等所从事的工作，一般不认为是公务。

（二）国家机关工作人员

根据上述《经济犯罪座谈会纪要》，刑法中所称的国家机关工作人员，是指在国家机关中从事公务的人员，包括在各级国家权力机关、行政机关、司法机关和军事机关中从事公务的人员。根据有关立法解释的规定，在依照法律、法规规定行使国家行政管理职权的组织中从事公务的人员，或者在受国家机关委托代表国家行使职权的组织中从事公务的人员，或者虽未列入国家机关人员编制但在国家机关中从事公务的人员，视为国家机关工作人员。在乡（镇）以上中国共产党机关、人民政协机关中从事公务的人员，司法实践中也应当视为国家机关工作人员。

2004 年 3 月 30 日最高人民法院研究室《关于对行为人通过伪造国家机关公文、证件担任国家工作人员职务并利用职务上的便利侵占本单位财物、收受贿赂、挪用本单位资金等行为如何适用法律问题的答复》指出，行为人通过伪造国家机关公文、证件担任国家工作人员职务以后，又利用职务上的便利实施侵占本单位财物、收受贿赂、挪用本单位资金等行为，构成犯罪的，应当分别以伪造国家机关公文、证件罪和相应的贪污罪、受贿罪、挪用公款罪等追究刑事责任，实行数罪并罚。据此，通过伪造国家机关公文证件担任了国家工作人员，就属于国家工作人员，可以成为贪污贿赂犯罪的主体。

（三）国有公司、企业、事业单位、人民团体中从事公务的人员

国有公司、企业，是指财产属于国家所有的公司、企业。国有控股公司、企业中由于存在非国有资本，不再是典型的国有公司、企业。但是，代表国有资本出资人的管理人员属于国有公司、企业委派到非国有公司、企业从事公务的人员，属于国家工作人员，其国家工作人员的身份的有无取决于是否从事公务。

国有事业单位是指国家投资兴办管理的科研、教育、文化、卫生等单位。集体事业单位，如农村卫生院、村办中小学等，民营的事业单位，如民办中小学、科研机构等，是由集体出资或私人出资设立的，其工作人员不属于国家工作人员。

人民团体是具有官方和半官方性质的团体，如各民主党派、工会、妇联、共青团等，其中从事公务的人员被视为国家工作人员。其与根据有关社会团体登记管理法规设立的，在民政部门登记注册的社会团体性质不同，社会团体中的工作人员不属于国家工作人员。

（四）委派型国家工作人员的认定

根据《刑法》第93条规定，国家机关、国有公司、企业、事业单位委派到非国有公司、企业、事业单位、社会团体从事公务的人员，属于国家工作人员。根据上述《经济犯罪座谈会纪要》，所谓委派，即委任、派遣，其形式多种多样，如任命、指派、提名、批准等。不论被委派的人身份如何，只要是接受国家机关、国有公司、企业、事业单位委派，代表国家机关、国有公司、企业、事业单位在非国有公司、企业、事业单位、社会团体中从事组织、领导、监督、管理等工作，都可以认定为国家机关、国有公司、企业、事业单位委派到非国有公司、企业、事业单位、社会团体从事公务的人员。如国家机关、国有公司、企业、事业单位委派在国有控股或者参股的股份有限公司从事组织、领导、监督、管理等工作的人员，应当以国家工作人员论。国有公司、企业改制为股份有限公司后，原国有公司、企业的工作人员和股份有限公司新任命的人员中，除代表国有投资主体行使监督、管理职权的人外，不以国家工作人员论。

国有单位委派到非国有单位从事公务的人员，在委派前无论其是否具有国家工作人员身份，均应按国家工作人员对待。这是因为，其代表国有单位在非国有单位中行使对国有资产的管理权，再关注其在此之前是否具有国家工作人员身份已无实际意义。换言之，委派的本质是单位对内部人员的委任、派遣，被委派的人员在性质上是属于委派单位内部的人员，其原来是否具有国家工作人员身份，是否属于委派单位临时从社会上聘用来的，在所不问。

2000 年 6 月 29 日最高人民法院研究室《关于国家工作人员在农村合作基金会兼职从事管理工作如何认定身份问题的答复》指出，国家工作人员自行到农村合作基金会兼职从事管理工作的，因其兼职工作与国家工作人员身份无关，应认定为农村合作基金会一般从业人员；国家机关、国有公司、企业、事业单位委派到农村合作基金会兼职从事管理工作的人员，以国家工作人员论。

需要明确的是，人民团体委派到非国有单位的人员能否成为贪污罪的主体？肯定意见认为，“人民团体中从事公务的人员”是国家工作人员的一种，其被委派到非国有单位去从事公务时，国家工作人员的主体身份并没有改变，仍然符合贪污罪的主体身份，这些人员如果利用职务上的便利，侵吞、窃取、盗取公共财产的，构成贪污罪。否定意见认为，人民团体不是一个严格意义上的法律概念，要将人民团体的工作人员以“国家工作人员”论，必须具有明确的法律规定，否则不应当将他们视为贪污罪主体。

关于该问题，需要仔细比较刑法规定。《刑法》第 93 条规定的第二类国家工作人员是国有公司、企业、事业单位、人民团体中从事公务的人员，第三类国家工作人员是国家机关、国有公司、企业、事业单位委派到非国有公司、企业、事业单位、社会团体从事公务的人员。比较发现，第二类里有人民团体中从事公务的人员，但第三类的委派主体里没有人民团体。这主要是考虑到，人民团体毕竟不属于国家机关、国有公司、企业、事业单位，将其中从事公务的人员视为国家工作人员是从我国政治生活的现实考虑的结果，带有一定拟制性，而且其委派人员到其他单位从事公务的现象也很少，所以没有将其列为委派主体。既然刑法条文有如此明确的规定，就不应将人民团体委派到非国有单位的人员视为国家工作人员，否则属于类推解释，违反罪刑法定原则。

（五）其他类型国家工作人员

根据上述《经济犯罪座谈会纪要》，《刑法》第 93 条第 2 款规定的“其他依照法律从事公务的人员”应当具有两个特征：一是在特定条件下行使国家管理职能，二是依照法律规定从事公务。具体包括：（1）依法履行职责的各级人民代表大会代表；（2）依法履行审判职责的人民陪审员；（3）协助乡镇人民政府、街道办事处从事行政管理工作的村民委员会、居民委员会等农村和城市基层组织人员；(4) 其他由法律授权从事公务的人员。

根据 2000 年 4 月 29 日实施的全国人大常委会《关于〈中华人民共和国刑法〉第九十三条第二款的解释》（以下简称《解释》）和 2009 年 8 月 27 日实施的《关于修改部分法律的决定》，村民委员会等村基层组织人员协助政府从事下列行政管理工作时，属于国家工作人员：(1) 救灾、抢险、防汛、优抚、扶贫、移民、救济款物的管理；(2) 社会捐助公益事业款物的管理；(3) 国有土地的经营和管理；(4) 土地征收、征用补偿费用的管理；(5) 代征、代缴税款；(6) 有关计划生育、户籍、征兵工作；(7) 协助人民政府从事的其他行政管理工作。

2000 年 6 月 6 日最高人民检察院《关于贯彻执行全国人民代表大会常务委员会关于〈中华人民共和国刑法〉第九十三条第二款的解释的通知》指出，各级检察机关在依法查处村民委员会等村基层组织人员贪污、受贿、挪用公款犯罪案件过程中，要根据《解释》和其他有关法律的规定，严格把握界限，准确认定村民委员会等村基层组织人员的职务活动是否属于协助人民政府从事《解释》所规定的行政管理工作，并正确把握《刑法》第 382 条、第 383 条贪污罪、第 384 条挪用公款罪和第 385 条、第 386 条受贿罪的构成要件。对村民委员会等村基层组织人员从事属于村民自治范围的经营、管理活动不能适用《解释》的规定。

需要明确的问题是：村民小组组长在协助人民政府从事行政管理工作时，利用职务之便实施了侵吞公共财物的行为，是否属于上述“其他依照法律从事公务的人员”？肯定意见认为，构成贪污罪主体的基本条件是在公共组织中经手、管理公共财物。这里公共组织是指所从事的事务和所管理的财物均具有公共性质的组织，它有别于所管理的财物系私有或属于共有的一个组织或者合伙组织。根据《村民委员会组织法》之规定，村民小组是村民委员会下设的村民组织。它是农村基层群众性自治组织对农村事务的一个管理层次，是公共组织。因此，如村民小组承担了村民公共财物的管理工作，负责该公共财物管理的人员（包括村民小组中的出纳、会计等财务人员及经手、管理公共财物的村民小组组长等人员）应视为“其他经手、管理公共财物的人员”，可以成为贪污罪的主体。否定意见认为，1999 年 6 月 18 日最高人民法院《关于村民小组组长利用职务上的便利非法占有公共财物行为如何定性问题的批复》指出：“对村民小组组长利用职务上的便利，将村民小组集体财产非法占为己有，数额较大的行为，应当依照刑法第二百七十一条第一款的规定，以职务侵占罪定罪处罚。”因此，村民小组组长不属于《刑法》第 93 条中“其他依照法律从事公务的人员”，不能视为以“国家工作人员”论的人员，而构成贪污罪主体。

实际上，虽然最高人民法院该《批复》是正确的，但不能据此认为村民小组组长不能成为贪污罪的主体。村委会有下设机构和人员，具体承担自治责任，但协助人民政府从事部分行政管理工作时，村委会可能将部分工作直接交给村民小组等下设组织来具体完成，如救济款的发放、计划生育管理等，这些行政事务又与村委会集体日常管理的自治事务不同，村民小组组长被赋予这些职能时，其和村委会、居委会成员一样，可以成为贪污罪的主体。概言之，全国人大常委会关于《刑法》第 93 条第 2 款的立法解释适用于村民小组组长。

（六）受委托型国家工作人员的认定

根据《刑法》第 382 条第 2 款规定，受国家机关、国有公司、企业、事业单位、人民团体委托管理、经营国有财产的人员，可以成为贪污罪的主体。这类人本不属于国家工作人员，但是该款将他们拟制为国家工作人员。应注意的是，由于挪用公款罪中没有类似法律拟制，因此此类人挪用受委托管理、经营的国有财产的，只能定挪用资金罪，不能定挪用公款罪。

这里的受委托与前述的受委派型国家工作人员不同。委托是基于信任或者合同等其他关系而产生的权利义务关系，被委托人与委托单位是一种平等合作关系。被委托人接受委托后从事的事项根据委托协议执行。而被委派人与委派单位是一种单向的派遣关系。被委派人接受委派后仍需要接受委派单位的领导、指示而从事活动。

这里的委托应当具备两个特征：一是委托者是国家机关、国有公司、企业、事业单位、人民团体本身。对这些单位的内部机构、部门未经单位同意对非国家工作人员作出的委托，不能视为有效。换言之，委托必须真正体现国有单位的整体意志。二是委托的内容必须限于对国有资产进行管理、经营，而不仅仅是经手。管理，是指依照职务身份具有监守或者保管国有资产职责的法定人员或者委托人员行使职权的活动。经营，是指行为人在对国有资产具有管理职权的前提下，将国有资产投入市场，作为资本使其增值的商业活动，标志着对国有财物具有处分权，是管理活动的延伸。而经手，是指行为人对公共财物享有领取、使用、支出等经营公共财物流转事务的权限。仅仅是经手国有财产的人，不能适用《刑法》第 382 条第 2 款的规定。

根据上述《经济犯罪座谈会纪要》，这里的“受委托管理、经营国有财产”，是指因承包、租赁、临时聘用等管理、经营国有财产。国有企业的承包经营者是受委托从事公务的人员。在国家所有的生产资料、资金交由个人承包经营的形式下，承包者在生产或经营过程中虽然具有独立的地位，但却是通过合同形式受国有企业的委托或授权，对国有财产行使经营管理权的。因此，承包经营者应视为受委托从事公务的人员。但这些企业里面的一般职工则不具有此种身份。

需要讨论的问题是：受委托型的国家工作人员中的委托关系是否要求具有一定稳定性？如果行为人本来不具有主管、管理、经手公共财物的职权，只是偶然一次受委托经手公共财物，是否属于这里的受委托型的国家工作人员？例如，某国有煤炭运输公司在销售煤炭后有大量货款不能及时收回，便找到社会闲杂人员梁某，并与梁某签订了书面协议，双方约定如梁某为煤炭运输公司索要到货款，梁某可得到账资金的5%。其后，梁某带着煤炭运输公司的介绍信和授权委托书四处索债，当追讨到300万元货款后，梁某悉数占为己有、携款潜逃。梁某是否属于受委托型国家工作人员，便存在争议。肯定意见认为，由于煤炭运输公司与被告人梁某签订了以梁某帮助公司追讨货款并按比例提成为内容的协议，双方之间建立了平等的委托与被委托的关系，被告人梁某属于“受国有公司委托管理国有财产的人员”，其利用职务上的便利侵吞国有财产，成立贪污罪。问题是，梁某作为煤炭运输公司授权委托追讨公司货款的人员，只是受该国有公司临时性地委托从事一项工作，尽管这项工作使梁某有机会接触国有公司的公共财物，但由于梁某进行这项工作不具有相对的稳定性，不能视为在国有公司中从事公务。从事公务应具有一定稳定性和反复持续性，如此才能具有身份特征，才可能侵害贪污罪所保护的职务廉洁性。虽然梁某不属于国家工作人员，不构成贪污罪，但是构成侵占罪。煤炭运输公司与梁某签订追讨货款协议之后，在法律关系上将这笔货款的追索权授权给了梁某，梁某在追得货款之后、按协议将货款交给煤炭运输公司之前的期间内，就是受委托保管公司的财物。梁某将代为保管的他人财物据为己有，构成侵占罪。

规范依据

（一）《刑法》

第382条 国家工作人员利用职务上的便利，侵吞、窃取、骗取或者以其他手段非法占有公共财物的，是贪污罪。

受国家机关、国有公司、企业、事业单位、人民团体委托管理、经营国有财产的人员，利用职务上的便利，侵吞、窃取、骗取或者以其他手段非法占有国有财物的，以贪污论。

与前两款所列人员勾结，伙同贪污的，以共犯论处。

（二）最高人民检察院《关于人民检察院直接受理立案侦查案件立案标准的规定（试行）》

贪污罪是指国家工作人员利用职务上的便利，侵吞、窃取、骗取或者以其他手段非法占有公共财物的行为。

“利用职务上的便利”是指利用职务上主管、管理、经手公共财物的权力及方便条件。

受国家机关、国有公司、企业、事业单位、人民团体委托管理、经营国有财产的人员，利用职务上的便利，侵吞、窃取、骗取或者以其他手段非法占有国有财物的，以贪污罪追究其刑事责任。

“受委托管理、经营国有财产”是指因承包、租赁、聘用等而管理、经营国有财产。

国有保险公司的工作人员和国有保险公司委派到非国有保险公司从事公务的人员利用职务上的便利，故意编造未曾发生的保险事故进行虚假理赔，骗取保险金归自己所有的，以贪污罪追究刑事责任。

国有公司、企业或者其他国有单位中从事公务的人员和国有公司、企业或者其他国有单位委派到非国有公司、企业以及其他非国有单位从事公务的人员，利用职务上的便利，将本单位财物非法占为己有的，以贪污罪追究刑事责任。

国家工作人员在国内公务活动或者对外交往中接受礼物，依照国家规定应当交公而不交公，数额较大的，以贪污罪追究刑事责任。

案例评价

[案例 24-1] 江某生等贪污案[①]（受委派的国家工作人员的认定）

1. 基本案情

1994 年 6 月，经中共四川省委组织部川组任（1994）146 号批复和中共中国东方电气集团公司党组东司党组干字（94）第 021 号批复，江某生任东方锅炉（集团）股份有限公司董事长，程某峰为副董事长、执行董事，马某中为副董事长、总经理，何某明为执行董事、副总经理。

1996 年 11 月，东方锅炉（集团）股份有限公司（以下简称“东锅公司”）的股票，准备在上海证券交易所挂牌上市，被告人江某生、马某中、何某明、程某峰利用可以调拨股票的职务便利，经商议，先后两次由程某峰从董事会秘书贺某强保管的股票中，领出 80 万股，何某明、程某峰到成都分别以每股人民币 7 元、8.8 元的价格卖给北京天龙股份有限公司，获款人民币 650 万元。除将本金交还外，差额部分由程某峰、何某明用化名存入银行，存折由程某峰保管。

1996 年 11 月，被告人江某生、何某明、马某中、程某峰考虑到政府规定

① 最高人民法院刑事审判第一、二、三、四、五庭．中国刑事审判指导案例（贪污贿赂罪、渎职罪、军人违反职责罪）．北京：法律出版社，2009：50.

不允许公司董事买卖自己公司的股票，便由何某明出面，用东锅公司的股票20万股换回四川银山化工股票20万股后，四人各分5万股。后何、程二人将四人手中的该20万股股票以每股13.5元的价格卖给北京比特股份有限公司，获款人民币270万元。何在交还本金后，将差额款用化名存入银行，存折仍交由程某峰保管。

1996年12月，东锅公司决定以奖励股票的方式奖励公司领导和部分中层干部。会后，被告人江某生、何某明、马某中、程某峰利用职务之便，擅自决定四人各多分8万股，由何某明办好托管手续后，分别交本人自行处理。江某生获利人民币735 304元，何某明获利人民币925 960元，马某中获利人民币739 328元，程某峰获利人民币696 904元。

综上，江某生、何某明、马某中、程某峰四被告人利用管理、支配公司股票的职务便利，先后出售本公司股票计132万股，获取人民币计1 229.749 6万元。除按规定比例交还股本认购金外，其余904.149 6万元差价款则全部为四被告人私分。其中，被告人江某生获利人民币222.130 4万元，被告人何某明获利人民币241.196万元，被告人马某中获利人民币222.532 8万元，被告人程某峰获利人民币218.290 4万元。

被告人江某生辩称：事前没有共谋，主观上没有占有公司财产的故意；其分得的钱是炒股赚的，没有损害公司的利益；在中央有关部门找其谈话时就对其行为作了交代，也应认定为自首。其辩护人提出：被告人江某生获取的差价款不是公共财物，不是贪污罪的犯罪对象；江利用职务所获取的是可能产生利润的条件和机会，不构成贪污罪；其中的8万股是按省委有关文件设的奖励股，四人决定奖励自己属程序不当，主观上无占有公共财物的故意；江有自首情节。

被告人何某明辩称：先取股票持有卡后交股本金的情况普遍存在；8万股奖励股和2万股奖励股均是依据省委有关文件，只是发放范围有区别。其辩护人提出：被告人何某明获取差价的股票是社会公众股，故该股票和收益不属于公共财产，且已将归公司占有管理的发行价交回公司，其主观上无占有公共财产的故意，不构成贪污罪；何的行为符合证券内幕交易罪，但按从旧兼从轻的原则，亦不构成犯罪；8万股是按文件规定奖励的股票认购权。

被告人马某中辩称：其职务是股东大会选举产生，不是国有企业委派；四被告人认购的80万股与单位发行的其他股票程序相同，比其他人的股本金到位更快，公司利益并未受损；银山化工股票不是交换，而是互相认购。故其行为不构成贪污罪。其辩护人提出：四人出售自己认购的社会公众股，既不是公共财产，也不存在非法占有；被告人马某中出售自己认购的股票获取差价更不是公共财产；马的行为对公司没有损害，没有侵吞公共财产的故意，只是违反行政法规。

被告人程某峰辩称：自己只是执行者，没有贪污的故意。其辩护人提出：股票无论怎样交易、转让，其所有权均属个人性质，被告人程某峰领走的股票不是公共财产，其出售股票获取的差价不是公共财产，不构成贪污罪；程有从轻、减轻处罚情节。

法院判决如下：（1）被告人江某生犯贪污罪，判处死刑，缓期 2 年执行，剥夺政治权利终身，并处没收个人全部财产；（2）被告人马某中犯贪污罪，判处死刑，缓期 2 年执行，剥夺政治权利终身，并处没收个人全部财产；（3）被告人何某明犯贪污罪，判处无期徒刑，剥夺政治权利终身，并处没收个人全部财产；（4）被告人程某峰犯贪污罪，判处无期徒刑，剥夺政治权利终身，并处没收个人全部财产。

2. 涉案问题

依照 1997 年《刑法》，江某生等四被告人能否认定为国家工作人员？被告人马某中辩称，其职务是股东大会选举产生，不是国有企业委派，所以不属于国家工作人员，是否成立？

3. 裁判理由

自贡市中级人民法院认为：四被告人身为国家绝对控股的东锅公司的主要领导人员，利用管理、发行股票职务之便，将未发行的 132 万股公司管理的股票违规出售后再交回公司原定的股本金，此行为是发行行为而非认购后的炒卖行为。四被告人将本该交回公司的巨额差价款占为己有，属利用职务之便侵吞溢价发行款的贪污行为。

一审宣判后，江某生、马某中、何某明、程某峰四被告人均不服，分别以“自己不是国家工作人员，不是贪污罪的主体”“所得差价款是自己炒卖股票获得的利润，不属公共财物”“有自首、立功情节”为由，提起上诉。

四川省高级人民法院经审理认为：被告人江某生、马某中、何某明、程某峰均系组织人事部门管理的副厅级以上国家干部，受委派到东锅公司从事公务，构成贪污罪的主体。四人将手中所掌管的东锅公司未上市的股票向有关机构出售，是代表公司的发行行为，不是个人认购后的炒卖行为，所得的款项是公司发行股票募集的资金，非个人炒股利润。因此，四人私分利润的行为构成贪污罪。

4. 评析意见

《刑法》第 93 条第 2 款规定的“国家机关、国有公司、企业、事业单位委派到非国有公司、企业、事业单位、社会团体从事公务的人员”中的“委派”，意即委任、派遣，其形式多种多样，如任命、批准等。不论被委派的人身份如何，只要是接受国家机关、国有公司、企业、事业单位委派，代表国家机关、国有公司、企业、事业单位在非国有公司、企业、事业单位、社会团体中从事组织、领导、监督、管理等工作，都可以认定为国家机关、国有单位委派人员。委派，在形式上可以多种多样，如任命、指派、提名、推荐、认可、同意、批准等均无不可，关键是实质条件，也即须代表国家机关、国有公司、企业、事业单位在非国有公司、企业、事业单位、社会团体中从事组织、领导、监督、管理等公务活动，亦即具有国有单位的直接代表性。对此，应当注意以下三点：第一，1997 年《刑法》摒弃了过去长期沿用的身份论的观点，在受委派的这种国家工作人员的认定上，具有决定性意义的是从事公务，即代表国有单位行使组织、领导、监督、管理等职务活动，而不再是国家工作人员的身份。第二，是否代表国有单位从事公务的具体认定，应更多地考查实质情况，而不是只看有无委派手续。在诸如国有公司、企业改制为股份有限公司的特定情形中，即使原国有公司、企业的工作人员因各种原因未获得任何形式的委派手续，只要其代表国有投资主体从事公务活动，就仍应以国家工作人员论。第三，代表国有单位从事公务活动具有直接性。在一些特殊行业的非公有制经济单位中，其高层的管理决策层（比如董事会）往往由党政主管部门委派、批准并进行统一管理，但具体的执行人员（比如经理人员）则由该管理决策层自行任命。这种任命通常被称为“二次委派”，这种委派不属于《刑法》第 93 条第 2 款中的委派，这种委派的工作人员也不属于国家工作人员。

本案中，江某生等四被告人担任任职公司的董事、董事长、副董事长，从形式上看确实是经公司的股东会、董事会选举产生的，兼任总经理也是董事会聘任的，但不能据此排除对其受委派从事公务主体资格的认定。第一，委派的形式可以多种多样，依照何种程序、形式取得非国有公司的管理职位以及取得何种管理职位，对于是否属于受国有单位委派的认定并不具有决定性意义。随着国有企业改革的深化和人事制度的完善，股份制将成为国有资本的主要实现形式。除国有独资公司的董事会成员由相关部门直接委派之外，其他公司的董事会成员和总经理均需由股东会选举或者董事会决定，而国有出资单位依法仅享有提名、推荐权。如果依选举产生的非国有公司中负责国有资本的经营、管理的人员一律不属于受委派人员的话，那将从根本上排除在刑事司法中认定受委派从事公务人员的可能性。第二，江某生等四被告人在东锅公司的任职不属于“二次委派”。区分直接委派与二次委派的关键不在于行为人管理职位的直接来源，而在于其管理职位是否具有委派单位意志和利益的代表性。江某生等四被告人能够在东锅公司谋取董事职位进入公司管理层，与有关组织人事部门的派遣直接相关，事实上四被告人也是经过有关组织人事部门的批准，才得以在公司任职的。代表并维护国有资本的利益，既是四被告人享有的权利，也是四被告人应尽的义务。因此，四被告人属于直接委派，属于受委派类型的国家工作人员。

[案例24-2] 宾某春、郭某、戴某立贪污案①
（村党支部成员是不是国家工作人员）

1. 基本案情

1997年9月18日，被告人宾某春使用作废的收款收据到湘潭电厂领取“施工作业上坝公路用地补偿费”10万元。同月26日，湘潭电厂应宾要求将该款转账至清水建筑工程队在中国农业银行岳塘支行纺城储蓄专柜开设的户头上。当日，宾某春在该工程队法人代表戴某的协助下，又将该款转至以假名“戴荣华”开设的活期存折上。之后，分三次取出，除部分用于做生意外，余款以其妻的名义存入银行。

1997年9月，被告人宾某春、郭某、戴某立伙同清水村党支部委员赵某龙，出具虚假领条，从湘潭市征地拆迁事务所套取付给清水村的“迁坟补偿费”1.2万元，四人平分，各得赃款3 000元。

1997年9月23日，被告人宾某春使用作废的收款收据从湘潭市征地拆迁事务所领取“油茶林补偿费”10万元。同年10月8日，宾某春将该款转至清水村在湘潭市板塘城市合作银行以“清水工程款”名义虚设的账户上。同月24日，被告人郭某将款取出，又以宾某春个人名义存入中国银行雨湖支行。1998年3月的一天，宾某春对郭某、戴某立说：“那10万元钱三个人分了，以后被发现，各退各的。”郭、戴均表示同意。尔后，三人平分，各得赃款3.3万余元。

1998年4月4日，被告人宾某春以湘潭市荷塘乡清水村村民委员会名义用作废的收款收据从湘潭电厂领取“租用运输道路泥沙冲进稻田补偿费”4.291 6万元。同月20日，湘潭电厂将该款转账至清水村在荷塘信用社开立的账户上。尔后，宾某春对被告人郭某、戴某立说：“电厂来了笔扫尾工程款，这笔款不入账，几个人分了算了。”郭、戴均表示同意。于是，被告人郭某分两次将钱取出，并将其中的3.291 6万元予以平分，各得赃款1.097 2万元。

综上，被告人宾某春、郭某、戴某立三人利用职务便利，共同侵吞公款14.191 6万元，各分得赃款4.730 5万元。被告人宾某春单独利用职务便利侵吞公款10万元。案发后，各被告人所得赃款全部退回。

法院判决如下：(1) 被告人宾某春犯贪污罪，判处有期徒刑10年，并处

① 最高人民法院刑事审判第一、二、三、四、五庭．中国刑事审判指导案例（贪污贿赂罪、渎职罪、军人违反职责罪）．北京：法律出版社，2009：25.

没收财产1万元。(2) 被告人郭某犯贪污罪，判处有期徒刑3年，缓刑4年。(3) 被告人戴某立犯贪污罪，判处有期徒刑3年，缓刑4年。

2. 涉案问题

本案的主要问题是：全国人民代表大会常务委员会《关于〈中华人民共和国刑法〉第九十三条第二款的解释》（以下简称《解释》）是否适用于村党支部成员？

3. 裁判理由

湘潭市岳塘区人民法院认为：被告人宾某春、郭某、戴某立作为依法从事公务的国家工作人员，利用职务上的便利，使用作废收款收据领款等手段套取征地、迁坟等补偿费用不入账，然后予以侵吞，其行为均已构成贪污罪。

4. 评析意见

村民委员会等村基层组织不是国家机关，但村民委员会等村基层组织人员在管理基层集体性自治事务的同时，经常受乡、民族乡、镇人民政府委托协助乡、民族乡、镇人民政府开展工作，执行政府指令，组织村民完成国家行政任务，行使一定的行政管理职能。因此，上述《解释》明确规定了村民委员会等基层组织成员在从事七种工作时，属于依照法律从事公务，其身份属于"其他依照法律从事公务的人员"。其中工作之一是土地征用补偿费用的管理。本案被告人宾某春、郭某、戴某立均系村民委员会组成人员，宾某春还是村民委员会主任。他们在依职务管理村集体土地征用补偿费用时，就属于国家工作人员。他们共同利用职务上的便利，非法占有公共财物，构成贪污犯罪。

问题是：村党支部成员在协助人民政府履行《解释》规定的七种行政管理工作时，是否也属于"其他依照法律从事公务的人员"？虽然《解释》对此没有明确规定，但从《解释》的宗旨和我国政治生活的实际情况来看，村党支部成员也属于"其他依照法律从事公务的人员"。第一，《解释》用"村民委员会等村基层组织人员"这种例示法表明，其中不仅包括村民委员会成员，还包括其他村基层组织的人员。村党支部、村经联社、村经济合作社等组织都属于依法设立或者经过批准设立的村基层组织。第二，村基层组织人员是否属于"其他依照法律从事公务的人员"，关键在于其是否协助人民政府从事行政管理工作。在我国农村的各种公共管理活动中，村党支部实际上起着领导和决策的作用，乡级人民政府不仅通过村民委员会而且主要是通过村党支部落实国家的各种路线、方针、政策，组织实施与村民利益及社会发展相关的各种公共事务管理活动。换言之，村党支部成员更为经常和实际地协助人民政府从事行政管理工作。因此，村党支部成员在协助人民政府开展行政管理工作时，应属于"其他依照法律从事公务的人员"，属于国家工作人员。

[案例 24-3] 朱某岩贪污案[①]（受委托型国家工作人员的认定）

1. 基本案情

2002 年年底，被告人朱某岩与泗阳县食品总公司破产清算组签订租赁经营泗阳县食品总公司肉联厂（国有企业）的合同，租赁期限为 2003 年 1 月 1 日至 2003 年 12 月 31 日。协议签订前后，有韩某业、王某宇等 9 名股东入股经营，朱某岩任厂长，韩某业、王某宇任副厂长。由于经营亏损，股东向朱某岩索要股金。2003 年 11 月份，被告人朱某岩让王某宇通过马某国联系，与扬州市一名作废旧金属生意的商人蒋某达成协议，将肉联厂一台 12V—135 型柴油发电机和一台 170 型制冷机以 8 万元的价格卖给蒋某。2004 年 1 月 2 日深夜，被告人朱某岩及韩某业、王某宇等人将蒋某等人及货车带到肉联厂院内，将两台机器及附属设备（价值 9.4 万余元）拆卸装车运走。被告人朱某岩及韩某业、王某宇等人将蒋某的货车“护送”出泗阳后，携带蒋某支付的 8 万元返回泗阳。在王某宇家中，朱某岩从卖机器款中取 3 万元给王某宇，让王某宇按股东出资比例予以分配，又取 2 000 元交给韩某业，作为泗阳县食品总公司破产清算组的诉讼费用。朱某岩携带其余 4.8 万元潜逃。2004 年 7 月，朱某岩写信给泗阳县反贪局供述自己盗卖机器事实。2004 年 8 月，朱某岩被抓获归案。案发后，朱某岩亲属退回赃款计 6.5 万元。

法院判决如下：被告人朱某岩犯贪污罪，判处有期徒刑 7 年，追缴违法所得 8 万元。

2. 涉案问题

本案的主要问题是租赁国有企业的人员是否属于《刑法》第 382 条第 2 款规定的受国有企业委托管理、经营国有财产的这种国家工作人员。

3. 裁判理由

江苏省泗阳县人民法院认为：被告人朱某岩作为受委托代为管理、保管国有财产人员，利用职务之便，盗卖国有资产，其行为构成贪污罪。

宣判后，朱某岩不服，以自己不具备贪污罪的主体身份、其构成投案自首等为由，向江苏省宿迁市中级人民法院提出上诉。其辩护人提出：朱某岩不是贪污罪主体，没有非法占有的故意，其行为不构成贪污罪；朱某岩写信给检察机关的行为构成投案自首；价格鉴定不能作为证据使用。

江苏省宿迁市中级人民法院经审理认为，原判决认定的朱某岩在承租经

① 最高人民法院刑事审判第一、二、三、四、五庭．中国刑事审判指导案例（贪污贿赂罪、渎职罪、军人违反职责罪）．北京：法律出版社，2009：63.

营国有资产期间盗卖所承租的国有资产的事实，上诉人朱某岩未提出异议，并得到其以往的供述及相关证人证言、书证、价格鉴定等证据证实。原判决认定事实清楚，证据充分。上诉人朱某岩在承包租赁属于国有性质的食品厂厂房机器设备期间，即具备“受委托管理、经营国有财产人员”的贪污罪主体身份，其此间利用负责经营管理的职务之便利，盗卖所承租的国有资产的行为构成贪污罪。原判决定性适当。故上诉人及辩护人提出朱某岩不具备贪污罪主体身份的理由及辩护意见不能成立。

4. 评析意见

1999 年 9 月 19 日最高人民检察院《关于人民检察院直接受理立案侦查案件立案标准的规定（试行）》指出：“受委托管理、经营国有财产”是指因承包、租赁、聘用等而管理、经营国有财产。2003 年 11 月 13 日最高人民法院《全国法院审理经济犯罪案件工作座谈会纪要》（以下简称《纪要》）指出：“受委托管理、经营国有财产”是指因承包、租赁、临时聘用等管理、经营国有财产。两个文件都认为承包、租赁和聘用是“受委托”的主要方式，但《纪要》将聘用的范围限制在“临时聘用”。这是因为长期受聘用的人员直接可视为国家工作人员，而临时聘用人员由于尚未与国有单位形成固定的劳动关系，难以直接认定为国家工作人员，但又与国有单位存在委托关系，因此可以视为受委托型的国家工作人员。应注意的是，这里的临时聘用，虽然具有临时性，但这是就聘用的方式而言的，不是就委托管理的内容而言的。虽然临时聘用，但委托管理的活动应具有一定的稳定性和反复持续性。因为从事公务应具有一定稳定性和反复持续性，如此才能具有身份特征，才可能侵害贪污罪所保护的职务廉洁性。所以，只是偶尔受委托管理公共财物，并带有临时一次性特征的，则不属于受委托型的国家工作人员。本案被告人朱某岩承包租赁国有性质的食品厂厂房机器设备，属于受委托管理、经营国有财产，其本人便属于受委托型的国家工作人员。在此期间，朱某岩利用负责经营、管理国有财产的职务之便利，盗卖所承租的国有资产，构成贪污罪。

[案例 24-4] 黄某惠贪污案[①]（受委托型国家工作人员的罪数问题）

1. 基本案情

2004 年 1 月至 2005 年 12 月期间，被告人黄某惠个人独资经营的苏州市通安食品购销站依法接受苏州市国家税务局新区分局委托代征收生猪零售环节增值税，黄某惠利用职务便利，采取收取增值税税款后不出具增值税发票的手段，将收取的增值税共计人民币 182 808 元截留侵吞，非法占为己有。

---

① 最高人民法院刑事审判第一、二、三、四、五庭．刑事审判参考：总第 79 集．北京：法律出版社，2011：92.

被告人黄某惠对被指控的犯罪事实提出异议，辩称：公诉机关指控的贪污数额不清楚；其所在企业是个人独资性质，不存在贪污问题。其辩护人的辩护意见为：(1) 依法接受苏州市国家税务局新区分局委托征收税款的受托方是苏州市通安食品购销站，不是黄某惠个人，其按该协议从事的履行行为是一种劳务或服务性质，不具有管理职能，不是一种公权。企业接受税务部门委托代征的劳务行为，是平等主体间的民事合同行为，对外由购销站承担民事责任。(2) 黄某惠截留的税款很大部分用于购销站日常开支、购销站建房等，故对外承担责任的是购销站，单位不构成贪污罪的主体。(3) 个人独资企业的无限连带责任是指民事债务承担连带，刑事上不存在连带责任，个人独资企业完全是一个独立主体，不能将民事上的连带责任等同于刑事责任。(4) 受委托代征人与扣缴义务人是有区别的，代扣代缴人、代收代缴人义务是法定的，但受托代征人是依据双方委托关系，是履行合同的代征义务，如违反协议，按合同约定追究违约责任。

法院判决如下：被告人黄某惠犯贪污罪，判处有期徒刑 10 年，并处没收个人财产人民币 10 万元，上缴国库；被告人黄某惠退赔未追缴的赃款人民币 182 808 元整，发还苏州市国家税务局新区分局。

2. 涉案问题

本案涉及的主要问题有：被告人黄某惠是否属于受委托型国家工作人员？对利用国家税务机关委托行使代收税款的便利侵吞税款的行为，如何定罪处罚？

3. 裁判理由

苏州市虎丘区人民法院认为：苏州市通安食品购销站依法接受苏州市国家税务局新区分局委托代征收生猪零售环节增值税，属于依照《税收征收管理法实施细则》第 44 条委托代征税款的行为，被告人黄某惠作为法定代表人代理苏州市通安食品购销站行使代征的权力，属于依照法律从事公务的人员，应以国家工作人员论。黄某惠利用其在通安食品购销站的职务便利，采取收取增值税税款后不出具增值税发票的手段，截留并占有国家税款 182 808 元，其行为构成贪污罪。

4. 评析意见

被告人黄某惠是否属于受委托型国家工作人员，其利用国家税务机关委托行使代收税款的便利侵吞税款的行为，如何定罪处罚？对此，实务界存在不同意见。

第一种意见认为：被告人黄某惠侵吞国家税款的行为具有相当的社会危害性，但其既不属于《刑法》第 382 条第 2 款规定的受委托管理、经营国有资产的人员，又不属于《刑法》第 93 条第 2 款规定的其他依照法律从事公务的人员，因而不具备贪污罪的主体资格，不构成贪污罪。黄某惠侵占税款的行为只是违反了通安食品购销站与税务机关的协议。基于刑法的谦抑性，既然对此能够按照协议约定追究黄某惠的违约责任，就不应追究其刑事责任。

第二种意见认为：黄某惠的行为构成偷税罪［此案发生于 2009 年《刑法修正案（七）》颁布之前，故应适用偷税罪罪名，偷税罪现已改称为逃税罪］。根据《刑法》第 201 条［《刑法修正案（七）》修正前条文］的规定，扣缴义务人不缴或少缴已扣、已收税款，数额占应缴税额 10%以上并且数额在 1 万元以上的构成偷税罪，因此扣缴义务人可以成为偷税罪的主体。根据《税收征收管理法实施细则》的有关规定，税法上的扣缴义务人包括代收代缴义务人。而《刑法》第 201 条规定的“已收税款”显然是针对代收代缴义务人而言的。本案中，黄某惠通过签订协议而负有代征、代缴税款的义务，符合偷税罪的主体特征。此外，1992 年最高人民法院、最高人民检察院《关于办理偷税、抗税刑事案件具体应用法律的若干问题的解释》（已失效，以下简称《1992 年偷税解释》）明确该类行为应以偷税罪来定罪处罚，故对黄某惠应当以偷税罪定罪处罚。

第三种意见认为：被告人黄某惠的行为构成侵占罪。黄某惠在受国家税务机关委托代征生猪流通环节增值税时，只有代征税款的义务，没有相应处置的权力，不是完整意义上的执行公务行为，不能等同于国家工作人员执行公务。鉴于黄某惠在受委托代征、代管税款时截留、侵吞税款，对其应当按照《刑法》第 270 条第 1 款的规定，以侵占罪追究刑事责任。

第四种意见认为，被告人黄某惠的行为构成贪污罪。黄某惠属于《刑法》第 382 条第 2 款规定的受委托型国家工作人员，因为税收征管包含征收和管理两个方面，属于公务范畴，黄某惠受税务机关的委托代征税款，利用征收管理税收的职务便利侵吞税款，其行为构成贪污罪。

上述各种意见在实务中均有代表性，因此需要逐一细致分析。

第一种意见混淆了民事责任与刑事责任的关系。刑法具有谦抑性并不意味着对一个行为只要用民法、行政法能够予以调整，就不能适用刑法调整。面对一个案件事实会出现多项法律规范均可适用的情形，这便是法律规范的竞合。对此，一般的适用规则是高位阶的法律优于低位阶的法律。如果是同一位阶的法律，特殊法优于一般法。所谓特殊法，是指具有一般法律的所有要素，并且含有一个其他要素。此时，一般规范对于属于特别规范调整范围的案件类型是不适用的。① 例如，对于故意将他人打成重伤的行为，在民法上属于侵权行为，在刑法上属于犯罪行为。《刑法》第 234 条故意伤害罪的构成

① 齐佩利乌斯．法学方法论．金振豹，译．北京：法律出版社，2009：54，55.

要件完全具备民事侵权行为的所有要素，并且在程度上比一般民事侵权行为更严重，因此《刑法》第 234 条相对于民事侵权法而言是特殊法条，应予优先适用。又如，不当得利虽然属于民事法律调整的事项，但其严重程度只要符合了侵占罪的构成要件，就应以侵占罪论处，而不能以“该行为属于民法上的不当得利”为由排斥刑法的适用。其实，所谓民事违法与刑事犯罪的界限，基本上是一个假问题。例如，人们经常讨论诈骗罪与民事欺诈的界限，认为二者存在区分标准。实际上，二者的关系，如同男人与人的关系、汽车与财物的关系。这不是界限问题，而是特别与普通的关系问题。[①] 因此，对本案被告人黄某惠只有在不符合任何犯罪的构成要件时，才能得出其无罪的结论。

第二种意见混淆了扣缴义务人与税款代征人的界限。扣缴义务人是偷税罪的一种行为主体。根据《税收征收管理法》第 4 条的规定，扣缴义务人是指“法律、行政法规规定负有代扣代缴、代收代缴义务的单位和个人”。对于法律、行政法规没有规定负有代扣、代售义务的单位和个人，税务机关不得要求其履行代扣、代收税款义务。税款代征人，是税务机关依照《税收征收管理法实施细则》第 44 条的规定，根据有利于税收控管和方便纳税的原则，按照国家有关规定委托有关单位和人员代征零星分散和异地缴纳的税收，并发给委托代征证书，受委托单位和人员按照代征证书的要求，以税务机关的名义依法征收税款，纳税人不得拒绝；纳税人拒绝的，受委托单位和个人应当及时报告税务机关。

可以看出，税款扣缴义务人与税款代征人是两种性质不同的主体。前者属于纳税人阵营，后者属于税务机关阵营；前者负有代扣代缴税款的义务，后者负有代为征收税款的义务。《1992 年偷税解释》中有关代征人不缴或少缴应收税款，以偷税罪论处的规定，是当时人们对税款扣缴义务人与税款代征人的性质认识不清的结果。2002 年最高人民法院《关于审理偷税抗税刑事案件具体应用法律若干问题的解释》（已失效）已不再规定税款代征人是偷税罪的主体。本案中，被告人黄某惠属于税款代征人，不构成偷税罪。

第三种意见认为被告人黄某惠的行为构成侵占罪。对此反对意见认为，《刑法》第 270 条规定的侵占罪，是指以非法占有为目的，将代为他人保管的财物或者他人的遗忘物、埋藏物占为己有，数额较大且拒不退还或拒不交出的行为。本案中，税务机关并没有将国有财产委托给黄某惠保管，只是委托黄某惠代征税款。黄某惠在征收税款后，尚未交付税务机关前，税务机关并不知道已征收税款的存在，因而也谈不上要求退还的问题，因此黄某惠侵吞

① 张明楷．不当得利与财产犯罪的关系．人民检察，2008（13）：24.

代为征收税款的行为不符合侵占罪的构成要件，不能以侵占罪定罪处罚。

这种看法是对侵占罪之含义的误解。《刑法》第270条规定的侵占罪，是指以非法占有为目的，将代为他人保管的财物或者他人的遗忘物、埋藏物占为己有，数额较大且拒不退还或拒不交出的行为。通过该规定可以看出，侵占罪的行为对象是他人所有、行为人自己占有的财物，行为方式是对他人所有、自己占有的财物行使了所有权的职能。如何理解“他人所有、自己占有”？对一件物品，所有权和占有权可以相分离。所有权人对物品虽有所有权，但由于某些原因，占有权可能又归其他人拥有。这种分离的主要情形有：（1）基于委托关系代为保管形成的所有与占有相分离，主人（被害人）所有，保管人（行为人）占有。（2）基于借用关系形成的所有与占有相分离。（3）基于担保关系形成的所有与占有相分离。（4）因发现遗忘物、埋藏物而形成的所有与占有相分离，主人仍对财物有所有权，但是行为人捡到后就属于行为人在占有。本案中，税务机关委托黄某惠代征税款，黄某惠将税款征收到手后，他事实上就在占有这些税款，对这些税款就形成了税务机关所有、他占有的状态。这些税款就属于侵占罪的对象，黄某惠将它们据为己有符合侵占罪的构成要件，构成侵占罪。不过，虽然黄某惠的行为构成侵占罪，并不意味着最终就以侵占罪论处，还需进一步考察黄某惠的行为是否构成侵吞型贪污罪。由于侵吞型贪污罪与侵占罪在法条上是特殊与一般的法条竞合关系，如果黄某惠还构成侵吞型贪污罪，根据特殊法优于一般法的适用原则，对黄某惠应以贪污罪论处。

第四种意见认为：黄某惠属于《刑法》第382条第2款规定的受委托型国家工作人员。这种看法是对受委托型国家工作人员的误读。这里的受委托，性质上属于民事委托，受托人受托从事的经营、管理国有财产的行为是民事行为，委托方和受托方之间是平等主体间的委托法律关系。而且，委托方能够委托受托方对国有财产进行管理、经营，必须以委托方对国有财产具有管理、经营的权利为前提。而税务机关与税款代征人之间的关系并不符合受委托的这些特征。其一，《税收征收管理法》第二章明确规定了税务机关从事税务管理活动的范围为税务登记、账簿、凭证管理和纳税申报管理，所征税款的经营、管理依法由财政部门负责，不属于税务机关的权限范围，因此，税务机关无权委托他人（单位）对税款进行经营、管理。其二，代征人接受税务机关委托，所从事的是代为征收税款的行政管理活动，在代征税款期间，代征人必须接受委托人税务机关的监督管理。代征人与委托人的税务机关之间并非平等的民事委托关系，而是一种行政委托关系。因此，税款代征人并不属于受委托型的国家工作人员。

虽然如此，但这并不意味着税款代征人侵吞代征税款的行为就不构成贪污罪，还需要进一步考察税款代征人是否属于其他类型的国家工作人员。《刑法》第 93 条第 2 款规定的第四种国家工作人员是“其他依照法律从事公务的人员”。对此，上述《经济犯罪座谈会纪要》指出，“其他依照法律从事公务的人员”应当具有两个特征：一是在特定条件下行使国家管理职能，二是依照法律规定从事公务。其中包括其他由法律授权从事公务的人员。而根据全国人大常委会《关于〈中华人民共和国刑法〉第九十三条第二款的解释》，村民委员会等村基层组织人员协助政府从事一些行政管理工作时，属于国家工作人员。其中的行政管理工作就包括代征、代缴税款。结合这两个法律文件，可以看出，由法律授权从事代征税款的人员属于“其他依照法律从事公务的人员”。征税权是国家权力的组成部分，税收征管活动也是国家行政管理活动的重要组成部分，属于一种公务执行活动。根据《税收征收管理法实施细则》第 44 条的规定，税务机关根据有利于税收控管和方便纳税的原则，可以按照国家有关规定委托有关单位和人员代征零星分散和异地缴纳的税收，并发给委托代征证书。受委托代征税款的单位和人员应当按照代征证书的要求，以税务机关的名义依法征收税款，纳税人不得拒绝；纳税人拒绝的，受委托单位和个人应当及时报告税务机关。可以看出，受国家税务机关委托代征税款的单位和人员代为征收相关税款的行为，实质上就是代表国家税务机关征收税款，是一种依照《税收征收管理法实施细则》从事公务的行为。

本案中，黄某惠及其经营的食品购销站在与税务机关签订委托代征税款协议、接受税务机关依法作出代征税款的委托之后，以税务机关的名义进行的代征生猪流通环节增值税的行为，属于在特定条件下行使国家税收征管权。黄某惠属于《刑法》第 93 条第 2 款规定的“其他依照法律从事公务的人员”，属于国家工作人员。黄某惠在受委托代征税款期间，以非法占有为目的，利用代征税款的职务便利，私自截留、侵吞代征的税款，构成贪污罪。由于这种贪污的手段属于侵吞手段，与侵占罪存在法条竞合关系，根据特殊法优于一般法的原则，对黄某惠最终应以贪污罪论处。

二、实行行为与行为对象

知识背景

贪污罪的实行行为是利用职务上的便利，侵吞、窃取、骗取或者以其他手段非法占有国有财物。

（一）“利用职务上的便利”的理解

1999 年 9 月 16 日最高人民检察院《关于人民检察院直接受理立案侦查案件中立案标准的规定（试行）》指出，贪污罪中的“利用职务上的便利”，是指利用职务上主管、管理、经手公共财物的权力及方便条件。主管，是指行为人本人虽然不具体管理、经手公共财物，但是对公共财物具有调拨、统筹、使用的决定权、决策权。例如，国家行政机关中的县长、处长等在一定范围内拥有调配、处置本单位甚至下属单位公共财物的权力。管理，是指具有监守、保管、使用公共财物的职权。例如，国家机关、国有公司、企业、事业单位、人民团体的会计、出纳具有管理本单位财物、直接掌管资金的权利。经手，是指具有领取、支出等经办公共财物的某些方便条件。

可以看出，对这里的“职务便利”应作狭义理解，是指职权权力，也即主管、管理等权力，而不是泛泛的便利条件。对这里的“利用”应作实质理解，是指实质利用，而非形式利用。因工作关系熟悉作案环境，因工作关系易于接近作案目标，因工作关系容易进入某些场所，利用这些便利条件非法占有公共财物的，不成立贪污罪。例如，李某系A市建设银行某储蓄所记账员。2002年3月20日下午下班时，李某发现本所出纳员陈某将2万元营业款遗忘在办公桌抽屉内（未锁）。当日下班后，李某趁所内无人之机，返回所内将该2万元取出，用报纸包好后藏到自己办公桌下面的垃圾袋中，并用纸箱遮住垃圾袋。次日上午案发，赃款被他人找出。由于李某并不属于真正的“利用职务上的便利”，其不构成贪污罪，而构成盗窃罪。

（二）侵吞

这里的侵吞与侵占罪中的“侵占”含义相同。侵占罪，是指将他人所有、自己占有的财物，变成自己所有。基于同样道理，贪污罪中的侵吞，是指将自己基于职务而占有、管理的公共财物据为己有，包括对公共财物进行事实上或法律上的处分。例如，出纳人员收款不入账而据为已有，执法人员将罚没款据为已有，管理人员将自己管理的公共财物变卖后占有所变卖的款项等。根据《刑法》第394条的规定，国家工作人员在国内公务活动或者对外交往中接受礼物，依照国家规定应当交公而不交公，数额较大的，以贪污罪论处。这种行为便属于将基于职务而占有的公共财物据为己有，属于侵吞型贪污。

值得注意的是，由于侵吞属于将自己已经占有的财物变成自己所有，而自己能够占有财物，就表明自己已经利用了管理、经营财物等便利。因此，侵吞这种方式不要求再额外地利用职务便利，只要拥有事先占有财物的地位即可。例如，某国有公司出纳甲意图非法占有本人保管的公共财物，但没有使用自己手中的钥匙和所知道的密码，而是使用铁棍将自己保管的保险柜打开并取走现金3万元。之后，甲伪造作案现场，声称失窃。甲将自己基于职务保管的财物据为己有，应成立贪污罪。

（三）窃取

这里的窃取和盗窃罪中的“窃取”含义相同。所谓窃取，是指将他人占有的财物，通过平和手段转移为自己占有。具体到贪污罪中，窃取就是指将自己没有占有的公共财物变成自己占有。这就要求窃取的公共财物在事实上不属于自己在占有。如果是将自己占有的财物变成自己所有，则属于上述的“侵吞”。

问题是，贪污罪要求利用职务上的便利，而利用职务上的便利是指利用职务上主管、管理、经营、经手公共财物的权力及方便条件。这表明这些财物大多都处于行为人自己在占有的状态。因此，这里的窃取的公共财物，只能是属于自己主管、管理、经营、经手的但自己又没有直接占有的财物，或者是与他人共同占有的财物。例如，教育局副局长利用检查下属财务部门工作之机，在核查财务部门电脑上的账目时，将账户上的 1 万元悄悄打入自己账户，属于窃取公共财物，构成贪污罪。又如，甲、乙两位出纳员共同管理税务局的备用现金，甲趁乙下班回家，打开保险柜取走 2 万元现金据为己有。甲属于窃取公共财物，构成贪污罪。

实务中认为这里的“窃取”是指“监守自盗”，例如出纳员窃取自己管理的保险柜中的现金。然而，这种“监守自盗”属于将自己占有的财物据为己有，属于“侵吞”行为。可见，实务中的这种表述并不准确。

（四）骗取

这里的骗取与诈骗罪中的“欺骗”含义相同。骗取，是指行为人实施欺骗行为，使对方产生或维持认识错误，对方基于认识错误交付财物，行为人因此取得财物，对方因此遭受财产损失。具体到贪污罪中，是指假借职务上的合法形式，采用欺骗手段，使具有处分权的受骗人产生认识错误，进而取得公共财物。例如，国有保险公司理赔员甲和投保人乙相勾结，由乙编造保险事故材料，由甲负责理赔，共骗取保险金 10 万元，甲在其中起到主要作用。甲的行为就属于骗取公共财物，甲、乙构成贪污罪的共同犯罪。

（五）其他手段

其他手段是指侵吞、窃取、骗取之外的其他利用职务便利的手段。侵吞、窃取、骗取等手段的共同特点是具有不法所有目的，将公共财物转移为行为人或第三人不法所有。这种不法所有，是指对公共财物非法行使了所有权，核心是行使了处分权。例如，将公车登记在自己名下，将公款存入自己私人存折，将公款支付给对方又以回扣名义部分索回，将公物作为私有物而支配处分，将公款、公物赠与他人，将公款、公物私自变卖等，均属于贪污行为。不过，如果只是单纯地毁坏公物，则不属于贪污行为，因为贪污行为要求具有不法所有目的。不法所有目的，要求行为人对财物具有利用意思。缺少利用意思的，就可能构成故意毁坏财物罪。例如，国家工作人员甲利用职务便利偷出属于公共财物的公车，不是想用，而是毁弃，构成故意毁坏财物罪。

利用意思，不要求完全遵从财物的正常价值和本来用途。例如，某猥琐男基于怪癖盗窃大量女士内衣，也是利用，定盗窃罪。甲偷出图书馆的珍藏本，然后用来给自己垫桌腿，也是利用，定盗窃罪。乙盗窃他人的钢材设备作为废品卖给废品收购站，也是利用，定盗窃罪。丙为了取暖，盗窃他人家具用来烤火，也是利用，定盗窃罪。一般而言，凡是单纯毁坏、隐匿之外的意思，都可以评价为利用意思。

（六）行为对象

本罪的行为对象是公共财物。公共财物不仅包括国有财物，也包括其他公共财物，但不包括私人财物。《刑法》第 91 条规定："本法所称公共财产，是指下列财产：（一）国有财产；（二）劳动群众集体所有的财产；（三）用于扶贫和其他公益事业的社会捐助或者专项基金的财产。在国家机关、国有公司、企业、集体企业和人民团体管理、使用或者运输中的私人财产，以公共财产论。"

在有国有资产参股的股份制公司、企业中，国有资产占据控股地位或主导地位的，公司、企业的财产整体上属于公共财产。国有资产不占据主导地位或控股地位，但侵吞、窃取、骗取明确属于国有资产的公共财物的，可以成立本罪。资产形式复杂、国有资产和非国有资产纠缠在一起已经难以分清的，都视为公共财物。

公共财物并不要求具有交易上的经济价值。例如，国有金融机构工作人员误以收缴来的假币为真币而利用职务之便加以窃取时，仍然成立贪污罪未遂。

公共财物并不要求是国有单位合法占有的财产，例如，A 国有公司工作人员甲经单位同意以明显高于市场价格向自己的亲友乙经营管理的单位采购商品，但事前约定货款中的一部分必须返还给 A 公司作为小金库收入，如果甲将返还款非法占为己有，仍然可能成立本罪。同理，贪污国家机关非法征收的款项的，贪污国有企业合同诈骗所取得的财物的，均成立本罪。

需要研究的问题是：债权能否成为贪污罪的行为对象？近年来在国有企业改制、转型或兼并等过程中，行为人利用职务上的便利，通过隐匿应收账款等财产性权益，企图侵吞国有资产的犯罪现象越来越多。例如，2003 年上海某建筑安装公司经理卫某某在公司进行国有企业改制民营企业的过程中，隐瞒公司一笔 60 余万元的应收账款（此款系业务单位应付的工程款，多年催讨未果），致使该公司在进行转制资产评估时，实际净资产被低估人民币 60 余万元。据查，该公司转制后是由卫某某、赵某某等 5 人全额持股，其中卫某某持股 80%，其他 4 人各持股 5%（后该公司转制被撤销，仍为国有独资企业）。卫某某与代某隐匿公司债权的行为能否构成贪污罪？第一种观点认为：卫某某与代某的行为不构成贪污罪。其理由是：贪污罪侵犯的是公共财物的所有权与公职人员的廉洁性，而应收账款属于债权而非财物所有权。所有权属于物权的范畴，是绝对权，具有独占性、排他性、确定性。而应收账款属于民法上的债权，是一种请求权、期待权，具有相对性和依附性，虽然其是能够带来财产性利益的权利，但其能否实现具有不确定性，要取决于相对人是否履行义务或者是否有能力履行义务，这与具有绝对性和独占性的公共财物所有权存在区别，不能等同于所有权。根据《刑法》第382条的规定，贪污罪的犯罪对象为“公共财物”，并不包括债权，而“财物”也不能解释到包括“债权”的地步。因此债权不能成为贪污罪的犯罪对象，不能将隐匿债权的行为认定为贪污罪，否则有违罪刑法定的基本原则。第二种观点认为：卫某某与代某的行为构成贪污罪。理由是：债权可以成为贪污罪的犯罪对象。债权虽然是一种请求权，但行为人将债权隐匿后，可以要求债务人履行债务以实现债权，而债权的实现就是取得了财产的所有权。对于“公共财物”的理解，应当将作为财产性权益的债权包括在内。所谓财物，与财产没有实质区别。对于财产是否包括财产性利益，我国刑法并未作出明确规定，但如果不把债权作为贪污罪的对象看待，对保护国有财产是不全面的。卫某某与代某利用职务便利故意隐瞒企业应收账款，以达到其侵吞国有资产的目的，其行为符合贪污罪的本质特征，将“公共财物”理解为包括作为财产的债权标的，是符合罪刑法定原则要求的目的解释。①

对于隐匿应收账款的行为是否构成贪污罪的认定，其关键并不在于债权最终能否实现，这是因为如果债权长期不能实现而成为不良资产，企业可以通过诉讼等方式主张权益，也可以通过提取坏账准备将其分摊至成本中，因此债权的实现与否，不是决定是否构成贪污罪的关键。关键在于“债权能否成为贪污罪的犯罪对象”的问题，也即债权这种财产性利益能否成为贪污罪的犯罪对象。

财物应当包括狭义的财物（有体物、无体物），也包括财产性利益。所谓财产性利益，大体是指普通财物以外的财产上的利益，包括积极财产的增加和消极财产的减少。例如，使他人负担某种债务，使自己取得某种债权，使他人免除对自己的债务，如此等等。财产性利益是法所保护的重要利益，应当成为刑法保护的对象。因为财产性利益与狭义的财物对人的需要的满足，没有本质差异。况且，财产性利益具有财产价值，可以转化为财物。相关司法解释对此也持肯定看法。如2002年4月10日最高人民法院《关于审理非

---

① 上海市人民检察院第一分院联合课题组．贪污罪法律适用若干问题研究．犯罪研究，2011(1)：19.

法生产、买卖武装部队车辆号牌等刑事案件具体应用法律若干问题的解释》（已失效）规定："使用伪造、变造、盗窃的武装部队车辆号牌，骗免养路费、通行费等各种规费，数额较大的，依照诈骗罪的规定定罪处罚。"这里的"骗免"养路费、通行费，实际上是指使用欺骗手段，使他人免除对自己的债务。债务的免除意味着行为人取得了财产性利益。而且，将财物解释为包括财产性利益，并不是类推解释，而是扩大解释。因为这种解释结论并没有明显超出国民的预测可能性，也没有超出"财物"文义的射程范围，能够为一般人所接受，所以不违反罪刑法定原则。

债权在本质上就属于一种典型的财产性利益，应当得到刑法的一体保护。从债权本身的属性及实现方式上看，债权作为一种请求权，其基本特征和功能是债权人可以通过行使债权，要求相对人履行义务，并在实现债权的同时取得对债务人给予财物的所有权，这是法定的继受取得方式之一。虽然从形式上看，企业债权仅是一种权利，但它所对应的是企业的应收款，是财物所有权。国家工作人员利用职务便利隐匿债权，谋求的不是债权本身，而是债权所对应的标的物财产。从单位财产的组成来看，债权、债务都是单位财产的组成部分。企业转制过程中的资产评估是对企业资金、实物、知识产权（商标权、专利权等）、债权、债务等进行整体评估作价的，而不是仅仅把单位的资金、实物作为单位财产进行评价。债权本身就是企业财产权的一个重要组成部分。①

规范依据

最高人民法院《全国法院审理经济犯罪案件工作座谈会纪要》

一、关于贪污贿赂犯罪和渎职犯罪的主体

（一）国家机关工作人员的认定

刑法中所称的国家机关工作人员，是指在国家机关中从事公务的人员，包括在各级国家权力机关、行政机关、司法机关和军事机关中从事公务的人员。

根据有关立法解释的规定，在依照法律、法规规定行使国家行政管理职权的组织中从事公务的人员，或者在受国家机关委托代表国家行使职权的组织中从事公务的人员，或者虽未列入国家机关人员编制但在国家机关中从事公务的人员，视为国家机关工作人员。在乡（镇）以上中国共产党机关、人民政协机关中从事公务的人员，司法实践中也应当视为国家机关工作人员。

（二）国家机关、国有公司、企业、事业单位委派到非国有公司、企业、

① 龚培华，王立华．贪污罪对象认定中的争议问题研究．法学，2004（12）．

事业单位、社会团体从事公务的人员的认定

所谓委派，即委任、派遣，其形式多种多样，如任命、指派、提名、批准等。不论被委派的人身份如何，只要是接受国家机关、国有公司、企业、事业单位委派，代表国家机关、国有公司、企业、事业单位在非国有公司、企业、事业单位、社会团体中从事组织、领导、监督、管理等工作，都可以认定为国家机关、国有公司、企业、事业单位委派到非国有公司、企业、事业单位、社会团体从事公务的人员。如国家机关、国有公司、企业、事业单位委派在国有控股或者参股的股份有限公司从事组织、领导、监督、管理等工作的人员，应当以国家工作人员论。国有公司、企业改制为股份有限公司后，原国有公司、企业的工作人员和股份有限公司新任命的人员中，除代表国有投资主体行使监督、管理职权的人外，不以国家工作人员论。

（三）“其他依照法律从事公务的人员”的认定

刑法第九十三条第二款规定的“其他依照法律从事公务的人员”应当具有两个特征：一是在特定条件下行使国家管理职能；二是依照法律规定从事公务。具体包括：（1）依法履行职责的各级人民代表大会代表；（2）依法履行审判职责的人民陪审员；（3）协助乡镇人民政府、街道办事处从事行政管理工作的村民委员会、居民委员会等农村和城市基层组织人员；（4）其他由法律授权从事公务的人员。

（四）关于“从事公务”的理解

从事公务，是指代表国家机关、国有公司、企业、事业单位、人民团体等履行组织、领导、监督、管理等职责。公务主要表现为与职权相联系的公共事务以及监督、管理国有财产的职务活动。如国家机关工作人员依法履行职责，国有公司的董事、经理、监事、会计、出纳人员等管理、监督国有财产等活动，属于从事公务。那些不具备职权内容的劳务活动、技术服务工作，如售货员、售票员等所从事的工作，一般不认为是公务。

二、关于贪污罪

（一）贪污罪既遂与未遂的认定

贪污罪是一种以非法占有为目的的财产性职务犯罪，与盗窃、诈骗、抢夺等侵犯财产罪一样，应当以行为人是否实际控制财物作为区分贪污罪既遂与未遂的标准。对于行为人利用职务上的便利，实施了虚假平账等贪污行为，但公共财物尚未实际转移，或者尚未被行为人控制就被查获的，应当认定为贪污未遂。行为人控制公共财物后，是否将财物据为己有，不影响贪污既遂的认定。

（二）“受委托管理、经营国有财产”的认定

刑法第三百八十二条第二款规定的“受委托管理、经营国有财产”，是指

因承包、租赁、临时聘用等管理、经营国有财产。

（三）国家工作人员与非国家工作人员勾结共同非法占有单位财物行为的认定

对于国家工作人员与他人勾结，共同非法占有单位财物的行为，应当按照《最高人民法院关于审理贪污、职务侵占案件如何认定共同犯罪几个问题的解释》的规定定罪处罚。对于在公司、企业或者其他单位中，非国家工作人员与国家工作人员勾结，分别利用各自的职务便利，共同将本单位财物非法占有的，应当尽量区分主从犯，按照主犯的犯罪性质定罪。司法实践中，如果根据案件的实际情况，各共同犯罪人在共同犯罪中的地位、作用相当，难以区分主从犯的，可以贪污罪定罪处罚。

（四）共同贪污犯罪中“个人贪污数额”的认定

刑法第三百八十三条第一款规定的“个人贪污数额”，在共同贪污犯罪案件中应理解为个人所参与或者组织、指挥共同贪污的数额，不能只按个人实际分得的赃款数额来认定。对共同贪污犯罪中的从犯，应当按照其所参与的共同贪污的数额确定量刑幅度，并依照刑法第二十七条第二款的规定，从轻、减轻处罚或者免除处罚。

案例评价

[案例24-5] 尚某多等贪污案①（学校违规收取的“点招费”是否属于公共财物）

1. 基本案情

在四川商业高等专科学校（以下简称“商专”）2001年招生工作中，被告人尚某多和被告人李某明负责招生录取领导小组的工作，学生处处长彭某斌具体负责收取和保管“点招费”。2001年10月招生工作结束后，经尚某多、李某明、彭某斌三人清点，除用于招生工作的开支，“点招费”余款为34.2万元。三人商量后决定，只向学校上缴14.2万元。2001年11月28日，彭某斌将20万元转入以其子名义开设的私人账户。2002年春节前，尚某多、李某明和彭某斌共谋将截留的20万元私分，议定三人各得6万元，给原商专校长张某南2万元。后尚某多单独找到彭某斌商定：李某明仍得6万元，尚某多得5万元、彭某斌得4万元，张某南得5万元。后彭某斌给李某明6万元，存入尚某多个人户头5万元，以学生处所留活动费的名义送给张某南5万元，但张某南当时退回了该款。

2001年12月，被告人尚某多要彭某斌从“点招费”14.2万元中提点钱

① 最高人民法院公报，2004（12）.

作为活动费。彭某斌以奖励招生工作人员的名义打报告，经当时负责行政工作的副校长蔡某恒签字同意后，从“点招费”中提出 5.7 万元。随后，彭某斌按照尚某多的要求，将其中的 7 000 元用于学生处发奖金，5 万元于 2001 年 12 月 28 日存入尚某多的私人账户。尚某多于同月 31 日、2002 年 1 月 4 日分两次取出此款，用于个人开支。

被告人尚某多否认构成贪污罪，辩称：招生领导小组有权处置“点招费”，未上交的“点招费”是用于奖励对招生贡献大的人员，其取走的 5 万元是用于给相关单位的领导拜年。

被告人尚某多的辩护人认为：尚某多等三人作为招生工作的主要负责人，根据校委会的奖励政策理应得到重奖，这在商专成人教育部是有先例的；尚某多等人提取 20 万元“点招费”，目的是重奖招生办有贡献的人员，这是经校委会授权的职务行为；尚某多取走的 5 万元，也是为了招生工作，用于向教委等有关部门有关人员拜年时开支，虽然这些人否认收钱，但他们证言的真实性值得怀疑。总之，尚某多的行为不构成贪污罪。

被告人李某明辩称：“点招费”是按惯例提留，并以贡献大小奖励给个人。自己在整个事情中处于被动地位，不应认定为贪污罪。

被告人李某明的辩护人认为，收取“点招费”违反国家有关规定，因此“点招费”不能成为国有财产。学校违法收取“点招费”，并且对“点招费”的使用制定了“以招养招”以及由招生领导小组具体掌握奖励的政策。故李某明等人将“点招费”作为奖金分配，没有侵犯国有财产的所有权，而只是侵犯了学生家长的私人财产权，是民事侵权问题。指控李某明犯贪污罪，没有事实和法律依据。鉴于李某明在本案中处于服从者的地位，且在侦查机关介入后就主动退出了自己分得的 6 万元，如果构成犯罪，也应从轻处罚。

法院判决：(1) 被告人尚某多犯贪污罪，判处有期徒刑 10 年。(2) 被告人李某明犯贪污罪，减轻判处有期徒刑 6 年。(3) 对被告人尚某多的违法所得 10 万元、被告人李某明的违法所得 6 万元予以追缴，上缴国库。

2. 涉案问题

本案的主要问题是：违规收取的“点招费”是否属于贪污罪中的公共财物？

3. 裁判理由

成都市中级人民法院认为：被告人尚某多、李某明身为教育事业单位中从事公务的国家工作人员，利用负责学校招生工作的职务之便，伙同彭某斌共同侵吞公款 20 万元，尚某多个人还侵吞公款 5 万元，其行为已构成贪污罪。尚某多参与共同贪污 20 万元，个人贪污 5 万元，违法所得 10 万元。尚某多是招生工作主要负责人，在共同贪污犯罪中起主要作用，是主犯。李某明参与共同贪污 20 万元，违法所得 6 万元。李某明在共同贪污犯罪中起辅助作用，是从犯。

被告人尚某多及其辩护人提出，尚某多等人提取 20 万元，是用于重奖招生办有贡献的人员，是正常的履行职务行为；被告人李某明的辩护人提出，学校确有奖励政策。经查，本案证据证明，尚某多、李某明和彭某斌共谋提取 20 万元的目的，就是要三人私分，而非用于奖励招生工作人员。故尚某多、李某明及其辩护人的这一辩解和辩护意见与事实不符，不予采纳。

被告人尚某多及其辩护人提出，尚某多取走的 5 万元，是用于给相关单位领导拜年，不构成贪污罪。经查，本案没有证据证明尚某多是以单位名义将此款送给有关领导，至于其个人如何使用此款，则是对赃款的处分，不影响赃款的性质。尚某多及其辩护人的这一辩解和辩护意见没有证据支持，不予采纳。

宣判后，尚某多、李某明不服，均向四川省高级人民法院提出上诉。尚某多的上诉意见是：他是依照商专校务会的授权，将 20 万元用于重奖在招生工作中有突出贡献的人员，是正常的履行职务行为；发放完成招生任务奖 5.7 万元，是经学校主管领导批准的，不属于侵占公有财物；其中的 5 万元，他在向有关人员拜年送红包时使用了，只是由于这些人与本案存在着利害关系，故作证否认，但这些否认收红包的证言，证明力不足。他主观上不具有非法占有公共财物的目的，不构成贪污罪。

李某明的上诉意见是："点招费"是国家明令禁止的乱收费项目，是学校的非法收入；将这笔来源于学生家长的非法收入用于重奖有贡献的人员，是商专校务会研究决定的；故将"点招费"作为奖金分配的行为，侵犯的只是学生家长的私人财产所有权，没有侵犯国有财产的所有权，不构成贪污罪。另外，其有自首情节，一审没有考虑。

四川省高级人民法院认为：国家行政主管部门明令禁止学校在招生工作中收取"点招费"。原商专校务会违反这一规定，擅自决定收取"点招费"，并决定将其中一部分用于奖励招生工作人员，情况属实。"点招费"是原商专以学校名义违法收取的费用，在行政主管部门未对学校的乱收费行为进行查处前，这笔费用应当视为由原商专授权学生处管理的公共财产，即公款。被告人尚某多、李某明等人共谋截留并侵吞该款的行为，侵犯了公共财物的所有权，构成贪污罪。

2001 年 3 月 12 日的商专校务会会议纪要证明，该校校务会在研究 2000 年招生工作奖励办法时，确实形成了同意以"点招费"适当奖励在招生工作中表现突出者的意见，但这个意见不能证明被告人尚某多、李某明等人从此获得了隐瞒"点招费"实际收支情况并将其中 20 万元私分的权利。

被告人李某明是在侦查机关已掌握全部案件线索并向其调查询问时，如实供述了全部犯罪事实。依照《刑法》第 67 条的规定，李某明不属于“自动投案”，因此不能被认定为自首。

除以上三点，被告人尚某多、李某明及其辩护人提出的其他上诉理由和辩护意见，均不能成立，理由在一审判决中已经表述。

综上，原判认定事实正确，量刑适当，审判程序合法。据此，四川省高级人民法院于 2004 年 6 月 17 日裁定：驳回上诉，维持原判。

4. 评析意见

贪污罪的保护法益有两个：一是职务行为的廉洁性，二是公共财物。贪污罪也具有财产犯罪的性质，因此对贪污罪中公共财物这项法益可以通过财产犯罪的保护法益来理解。

关于财产犯罪的法益，理论上有两种观点。传统观点认为，财产犯罪的保护法益只包括合法的所有权。而目前渐成主流的有力观点认为，财产犯罪的保护法益除合法的所有权外，还包括对财物平稳的占有事实。占有事实，是指对财物事实上支配、控制、管领的事实。仅仅认为财产罪的保护法益就是所有权，可能导致刑法对法益的保护不周延。在某些情况下，财产罪的保护法益就是对财物事实上的占有状态本身。理由在于：（1）谁在“法律上”享有所有权非常清楚，但财物由所有权人之外的第三人基于各种原因“事实上”占有的情况在实践中并不鲜见。占有人对财物没有所有权，但其对财物的控制、监督权需要保护，如果不保护这种权利，法律上对财产权的保护明显不周延。（2）在所有权归属不明的情况下，对现实的占有关系如果不加以保护，就难以期待在复杂社会中形成秩序和安定的局面。例如，在 A 盗窃 B 走私的普通货物、物品的场合，如果根据所有权说，因为 B 对非法财物不可能享有所有权，对 A 就无法以盗窃罪处理。因此，必须根据占有权说认为 B 对赃物的享有占有关系需要保护，才能肯定 A 行为的犯罪性。（3）在自己享有所有权但财物被他人占有的场合，如果一概允许所有权人任意行使权利，就可能导致其手段没有节制，这样将使得程序法和实体法之间的关系被混淆，也存在鼓励自力救济、加剧财产关系混乱程度之嫌，因为财物属于自己所有的事实必须通过司法程序（民事诉讼或者刑事侦查）加以证明，不能证明与财产权有关的事实就擅自行使自我救济的权利，欠缺程序法的侧面而只强调了实体法的私权回复的侧面，反而会造成法秩序的混乱，也与今天社会中程序公正优先性的观念不相符合。（4）如果在任何时候对财产罪的保护法益都坚持所有权说，要求财产权归属的确定先有民事裁判，就会使刑事裁判的独立性、及时性都受到影响；在财产关系复杂的场合，还有可能使刑事裁判结论的最终结果难以实现。

这里的占有，是一种平稳占有。即财产罪的保护法益是占有关系，但是这种占有必须是符合一定条件、大体上有理由的平稳占有。平稳占有说主要是对占有说的修正，因为在现代社会中，所有权和其他本权都必须得到保护，但是这种保护必须通过保护占有本身来实现，占有人如果是盗窃犯，一味地承认其对财物的所持关系，将会违反一般的法情感，所以，盗窃犯的占有如果要对抗原财物所有人的占有，就必须给予必要的限制。① 平稳占有说使刑法在确定财产罪的犯罪圈时以更为缓和、更为符合公众法情感的面目出现。

例如，违禁品可能成为财产犯罪的对象，一方面是因为财产罪保护的占有是人对财物事实上的所持关系；另一方面，在针对违禁品的合法没收手续采取以前，他人对违禁品的占有都是平稳占有，对之予以侵害，可能构成财产犯罪。所以，平稳占有状态本身需要保护，这归根到底是为了维持占有状态背后的法秩序。需要指出的是，刑法保护违禁品占有者的权利，不是宣告其对违禁品的持有、处置行为具有合法性，更不是为了保护其所有权，而是为了确保国家司法机关日后可以按照法定程序追缴这些财产。《刑法》第 64 条规定，违禁品应当予以没收并上缴国库。如果允许任何人非法占有他人手中的违禁品，既会使这些物品流散到社会中，造成社会生活的混乱，也会为司法机关日后追缴这些物品设置障碍。除违禁品之外，违法所得财物（例如盗窃、走私、赌博所得赃物）也可以成为本罪对象，其理论依据与对违禁品的处理相同。

在所有权之外，将占有权作为财产犯罪的保护法益是妥当的：（1）在现代社会中，经济、社会形势变化很快，法律从近代以来的保护所有权朝着今天的保护占有的方向发展，刑法也应当将财产罪的保护法益从单纯保护财产扩大到保护占有②；同时占有一般具有推定所有权存在的机能，享有占有权一般就享有所有权。（2）当前的中国社会还处在转型期，规范的市场经济秩序还没有完全确立，财产权利关系难以理清的情况并不少见，趁机获取各种财产上不法利益的犯罪有增无减。为此，对与所有权相分离的财物的占有、持有本身暂时予以保护，对及时恢复财产秩序、最终有效地保护个人财产具有重要意义。（3）占有权说认为违法的占有关系也应当保护，对坚持法秩序的整体统一性有好处，因为在他人所持的物品是非法财物或者其并不享有合法占有权的财物时，必须采取适法的手续加以没收，在这种手续采取以前所持事实本身值得保护。极端地说，占有开始的原因本身并不是关键，第三人从盗窃犯手中窃取、抢劫赃物构成犯罪的理由也正在于此。占有说不是要最终

① 平野龙一．刑法概说．东京：东京大学出版会，1977：205.

② 我国刑事司法大致坚持了这一立场，例如，窃取、抢劫属自己所有但被有关机关暂时扣押的财物，仍然构成财产犯罪。

保护违法的占有，而是强调必须依据适法的手续剥夺违法占有者的占有权，防止违法占有财产在经合法手续交还合法所有人以前处于可被任意夺取的状态，也可以避免合法所有人滥用“私力救济权”，因此，占有权说对法秩序的统一不会产生危害。

基于以上理由，作为贪污罪保护法益之一的财产法益，既包括合法的公共财物的所有权，也包括对公共财物的平稳占有事实。就后者而言，即使该公共财物的主体（国家机关、国有企业、事业单位等）取得公共财物的手段违法，公共财物的性质同属违法，只要该主体对该公共财物具有平稳占有的事实，也就应当得到刑法保护。其他人包括该主体内部的工作人员无权侵犯。如果该主体外部的人盗窃、诈骗该财物，则构成盗窃罪、诈骗罪。如果该主体内部的人利用职务便利窃取、骗取该财物，则构成贪污罪。

就本案而言，国家行政主管部门明令禁止学校在招生工作中收取“点招费”。原商专校务会违反这一规定，擅自决定收取“点招费”。这笔以原商专学校名义违法收取的费用，在行政主管部门查处前，被原商专学校平稳地占有，应当视为由原商专授权学生处管理的公共财产。被告人尚某多、李某明等人共谋截留并侵吞该款的行为，侵犯了公共财物的所有权，构成贪污罪。

［案例 24-6］宫某某、杨某某、王某某贪污案①
（单位账外财产“小金库”是否属于公共财产）

1. 基本案情

被告人宫某某，男，1963 年生，山东省昌邑市某谷粮食储备有限责任公司［以下简称“某谷公司”，改制前为山东省昌邑市某粮食储备库（以下简称“昌邑粮库”）］原董事长、经理。

被告人杨某某，男，1971 年生，某谷公司原副经理。

被告人王某某，男，1978 年生，某谷公司原董事、副经理。

被告人宫某某、王某某、杨某某分别利用在昌邑粮库所担任职务上的便利，共同或单独采取侵吞手段将单位公款非法占为己有。其中，被告人宫某某在 2013 年 9 月至 2017 年 12 月期间，利用担任该粮库主任的职务便利，侵吞单位公款共计 170 万元。其中，2017 年 4 月，宫某某将单位账外资金 60 万元用于购买住房，并且事后未归还。

被告人王某某在 2013 年 5 月至 2020 年 9 月期间，利用担任该粮库保管员、出纳员及会计、主任助理、副主任的职务便利，伙同时任该粮库会计、副主任杨某某，侵吞单位公款共计 59 万余元。

---

① 参见最高人民检察院 2023 年 12 月 8 日发布的《粮食购销领域职务犯罪典型案例》之案例五“宫某某、杨某某、王某某贪污、挪用公款案”。

被告人宫某某、王某某分别利用在昌邑粮库中所担任职务上的便利，挪用单位公款用于个人购买房产或进行营利活动。其中，被告人宫某某在2018年5月，利用担任该粮库主任的职务便利，挪用单位公款60万元用于购买房产，同年6月归还单位20万元，2021年2月归还单位40万元，该40万元公款被挪用超过3个月未还。被告人王某某在2013年8月至2022年4月期间，利用担任该粮库会计、主任助理、副主任、某谷公司副经理的职务便利，多次挪用单位公款共计533万余元用于购买个人理财产品或出借给他人用于生产经营，共计获利7万余元。至案发时有55万元尚未归还。

本案由山东省昌邑市监察委员会立案调查，2022年6月27日，昌邑市监察委员会以被告人宫某某、王某某涉嫌贪污罪、挪用公款罪，杨某某涉嫌贪污罪分别移送审查起诉。同年7月25日，昌邑市人民检察院将上述案件依法提起公诉。同年8月12日，昌邑市人民法院以杨某某犯贪污罪，判处有期徒刑3年，缓刑3年，并处罚金20万元；同年8月16日，昌邑市人民法院以宫某某犯贪污罪、挪用公款罪数罪并罚，决定合并执行有期徒刑5年6个月，并处罚金30万元；以王某某犯贪污罪、挪用公款罪数罪并罚，决定合并执行有期徒刑3年6个月，并处罚金10万元。扣押在案的犯罪所得7万余元依法没收上缴国库，贪污所得及出借的公款共计284万余元依法发还某谷公司。该案判决均已生效。

2. 涉案问题

单位账外财产“小金库”是否属于公共财产？如何认定贪污罪与挪用公款罪的界分？

3. 裁判理由

法院生效判决认为：“小金库”是将国家和单位的财产转化为单位账外财产，以供小团体使用，是化“大公”为“小公”，在性质上仍然属于公共财产，辩护人提出被告人贪污、挪用的款项不属于公共财产的意见不予采纳。因此，“小金库”可以构成贪污罪、挪用公款罪的客体对象。在宫某某两次使用“小金库”公共财产用于购房的行为认定上，2017年4月使用公款买房的行为宜认定为贪污罪，2018年5月使用公款买房的行为宜认定为挪用公款罪。主要原因是：前次行为宫某某将公款用于购房，直接将款项据为己有，并无归还的意愿和行为，可以认定宫某某具有非法占有的故意；后次行为宫某某于一个月之后归还了其中的20万元，2021年归还了剩余的40万元，虽然剩余钱款系在被告人王某某提出单位将进行财务审计，账面存在亏空的情况下归还，但现有证据无法证实其归还行为系贪污既遂之后的掩盖犯罪行为，鉴于该60万元在案发前已经实际归还，不能据此认定其具有非法占有的故意，已归还的该部分钱款按照挪用公款罪认定更为适宜。

4. 评析意见

一方面，根据财政部、审计署、中国人民银行《关于清理检查“小金库”的意见》规定，凡违反国家财经法规及其他有关规定，侵占、截留国家和单位收入，未列入本单位财务会计部门账内或未纳入预算管理，私存私放的各项资金，均属“小金库”。本案资金来源于截留的粮食轮换差价和粮食仓储补贴款，涉案单位故意使其逃避和脱离监管，应入账不入账，属于私设“小金库”的行为，“小金库”的钱款系私存私放的公款。因此，对于国有公司、企业“小金库”资金中属于公共财产的，侵吞、挪用“小金库”资金，应当构成贪污罪、挪用公款罪。

另一方面，贪污是行为人将国家和单位的财产转化为个人所有，是化“公”为“私”的行为，而挪用公款罪则是行为人将国家和单位的财产为个人所使用，是用“公”为“私”的行为。因此，两罪的区别主要体现在主观目的层面。贪污罪是以非法占有公共财物为目的，而挪用公款罪是以非法使用公款为目的，司法实践中定性的关键在于行为人主观上对于公共财物是具有非法占有还是非法使用的故意。本案中，被告人宫某某 2017 年 4 月将单位账外资金 60 万元用于购买住房，2018 年 5 月又将单位账外资金 60 万元用于购买住房，两次行为被分别认定为贪污罪和挪用公款罪，行为定性正确。这是因为，前次行为中，宫某某使用公款购房后，无任何归还行为，也无任何归还意愿，因此可直接认定宫某某具备非法占有公共财物的故意。后次行为中，宫某某使用公款购房后，有阶段性的持续归还行为，即使后续的归还行为是迫于财务审计的压力而作出，也无法据此推定行为人具有非法占有公共财产的故意。因此，对于后次行为，认定被告人具有非法使用公共财物的目的从而构成挪用公款罪较为合适。

[案例 24-7] 杨某虎等贪污案[①]（利用职务便利的认定）

1. 基本案情

被告人杨某虎 1996 年 8 月任浙江省义乌市委常委，2003 年 3 月任义乌市人大常委会副主任，2000 年 8 月兼任中国小商品城福田市场（2003 年 3 月改称中国义乌国际商贸城，简称国际商贸城）建设领导小组副组长兼建设指挥部总指挥，主持指挥部全面工作。2002 年，杨某虎得知义乌市稠城街道共和村将被列入拆迁和旧村改造范围后，决定在该村购买旧房，利用其职务便利，在拆迁安置时骗取非法利益。杨某虎遂与被告人王某芳（杨某虎的妻妹）、被告人郑某潮（王某芳之夫）共谋后，由王、郑二人出面，通过共和村王某某，

① 本案系最高人民法院指导案例第 11 号。

以王某芳的名义在该村购买赵某某的3间旧房（房产证登记面积61.87平方米，发证日期1998年8月3日）。按当地折迁和旧村改造政策，赵某某有无该旧房，其所得安置土地面积均相同，事实上赵某某也按无房户得到了土地安置。2003年3、4月份，为使3间旧房所占土地确权到王某芳名下，在杨某虎指使和安排下，郑某潮再次通过共和村王某某，让该村村民委员会及其成员出具了该3间旧房系王某芳1983年所建的虚假证明。杨某虎利用职务便利，要求兼任国际商贸城建设指挥部分管土地确权工作的副总指挥、义乌市国土资源局副局长吴某某和建设指挥部确权报批科人员，对王某芳拆迁安置、土地确权予以关照。国际商贸城建设指挥部遂将王某芳所购房屋作为有村证明但无产权证的旧房进行确权审核，上报义乌市国土资源局确权，并按丈量结果认定其占地面积64.7平方米。

此后，被告人杨某虎与郑某潮、王某芳等人共谋，在其岳父王某祥在共和村拆迁中可得25.5平方米土地确权的基础上，于2005年1月编造了由王某芳等人签名的申请报告，谎称"王某祥与王某芳共有三间半房屋，占地90.2平方米，二人在1986年分家，王某祥分得36.1平方米，王某芳分得54.1平方米，有关部门确认王某祥房屋25.5平方米、王某芳房屋64平方米有误"，要求义乌市国土资源局更正。随后，杨某虎利用职务便利，指使国际商贸城建设指挥部工作人员以该部名义对该申请报告盖章确认，并使该申请报告得到义乌市国土资源局和义乌市政府认可，从而让王某芳、王某祥分别获得72平方米和54平方米（共126平方米）的建设用地审批。按王某祥的土地确权面积仅应获得36平方米建设用地审批，其余90平方米系非法所得。2005年5月，杨某虎等人在支付选位费24.552万元后，在国际商贸城拆迁安置区获得两间店面72平方米土地的拆迁安置补偿（案发后，该72平方米的土地使用权被依法冻结）。该处地块在用作安置前已被国家征用并转为建设用地，属国有划拨土地。经评估，该处每平方米的土地使用权价值35 270元。杨某虎等人非法所得的建设用地90平方米，按照当地拆迁安置规定，折合拆迁安置区店面的土地面积为72平方米，价值253.944万元，扣除其支付的24.552万元后，实际非法所得229.392万元。

此外，2001年至2007年间，被告人杨某虎利用职务便利，为他人承揽工程、拆迁安置、国有土地受让等谋取利益，先后非法收受或索取57万元，其中索贿5万元。

浙江省金华市中级人民法院于2008年12月15日作出（2008）金中刑二初字第30号刑事判决：（1）被告人杨某虎犯贪污罪，判处有期徒刑15年，并处没收财产20万元；犯受贿罪，判处有期徒刑11年，并处没收财产10万元；决定执行有期徒刑18年，并处没收财产30万元。（2）被告人郑某潮犯贪污罪，判处有期徒刑 5 年。（3）被告人王某芳犯贪污罪，判处有期徒刑 3 年。

宣判后，三被告人均提起上诉。

浙江省高级人民法院于 2009 年 3 月 16 日作出（2009）浙刑二终字第 34 号刑事裁定：驳回上诉，维持原判。

2. 涉案问题

被告人杨某虎是否“利用职务便利”，进而构成贪污罪？

3. 裁判理由

法院生效裁判认为：关于被告人杨某虎的辩护人提出杨某虎没有利用职务便利的辩护意见。经查，义乌国际商贸城建设指挥部系义乌市委、市政府为确保国际商贸城建设工程顺利进行而设立的机构，建设指挥部下设确权报批科，工作人员从国土资源局抽调，负责土地确权、建房建设用地的审核及报批工作，分管该科的副总指挥吴某某也是国土资源局的副局长。确权报批科作为建设指挥部下设机构，同时受建设指挥部的领导，作为建设指挥部总指挥的杨某虎具有对该科室的领导职权。贪污罪中的“利用职务上的便利”，是指利用职务上主管、管理、经手公共财物的权力及方便条件，既包括利用本人职务上主管、管理公共财物的职务便利，也包括利用职务上有隶属关系的其他国家工作人员的职务便利。本案中，杨某虎正是利用担任义乌市委常委、义乌市人大常委会副主任和兼任建设指挥部总指挥的职务便利，给下属的土地确权报批科人员及其分管副总指挥打招呼，才使得王某芳等人虚报的拆迁安置得以实现。

4. 评析意见

第一，贪污罪中的“利用职务上的便利”，是指利用职务上主管、管理、经手公共财物的权力及方便条件，既包括利用本人职务上主管、管理公共财物的职务便利，也包括利用职务上有隶属关系的其他国家工作人员的职务便利。

第二，土地使用权具有财产性利益，属于《刑法》第 382 条第 1 款规定中的“公共财物”，可以成为贪污的对象。有意见认为，被告人王某芳应当获得土地安置补偿，涉案土地属于集体土地，因此不能构成贪污罪。然而，事实是，王某芳购房时系城镇居民户口，按照法律规定和义乌市拆迁安置有关规定，不属于拆迁安置对象，不具备获得土地确权的资格，其在共和村所购房屋既不能获得土地确权，也不能得到拆迁安置补偿。杨某虎等人明知王某芳不符合拆迁安置条件，却利用杨某虎的职务便利，通过将王某芳所购房屋谎报为其祖传旧房、虚构王某芳与王某祥分家事实，骗得旧房拆迁安置资格，骗取国有土地确权。同时，由于杨某虎利用职务便利，杨某虎、王某芳等人弄虚作假，既使王某芳所购旧房的房主赵某某按无房户得到了土地安置补偿，又使本来不应获得土地安置补偿的王某芳获得了土地安置补偿。《土地管理法》第 2 条、第 10 条规定，我国土地实行社会主义公有制，即全民所有制和劳动群众集体所有制，并可以依法确定给单位或者个人使用。对土地进行占有、使用、开发、经营、交易和流转，能够带来相应经济收益。因此，土地使用权自然具有财产性利益，无论国有土地，还是集体土地，都属于《刑法》第 382 条第 1 款规定中的“公共财物”，可以成为贪污的对象。王某芳名下安置的地块已在 2002 年 8 月被征为国有并转为建设用地，义乌市政府文件抄告单也明确该处的拆迁安置土地使用权登记核发国有土地使用权证。

因此，被告人杨某虎作为国家工作人员，利用担任义乌市委常委、义乌市人大常委会副主任和兼任国际商贸城建设指挥部总指挥的职务便利，伙同被告人郑某潮、王某芳以虚构事实的手段，骗取国有土地使用权，非法占有公共财物，三被告人的行为均已构成贪污罪。杨某虎还利用职务便利，索取或收受他人贿赂，为他人谋取利益，其行为又构成受贿罪，应依法数罪并罚。

[案例 24－8] 沈某某、郑某某贪污案①（利用职务便利的认定）

1. 基本案情

被告人沈某某，甲国有公司期货部原主任。

被告人郑某某，甲国有公司期货部原副总监。

2012 年 7 月至 2020 年 5 月，沈某某先后任甲国有公司期货部操盘手、期货部临时负责人、副主任及主任，其间负责期货部日常经营管理工作，参与制定甲国有公司期货交易策略，依据市场行情确定具体的操盘价格，下达期货交易指令并实际操盘。2014 年 2 月至 2020 年 5 月，郑某某先后担任甲国有公司期货部经理、高级经理及副总监，参与制定甲国有公司期货交易策略，根据决策指令对相关期货账户进行实际操盘。

2015 年 7 月至 2020 年 5 月间，沈某某、郑某某二人经合谋，向他人借用了多个期货账户，利用前述职务便利，在事先获知公司期货交易策略后，以借用的个人账户提前在有利价位买入或卖出与甲国有公司策略相同的期货产品进行埋单，采用与公司报单价格相同或接近、报单时间衔接紧凑以及公司大单覆盖等方式，与公司期货账户进行低买高卖或者高卖低买的相互交易，使二人实际控制的账户获利共计人民币 3 000 余万元，赃款由二人平分并占为己有。

其间，沈某某在郑某某不知情的情况下，利用职务便利，采用前述相同

① 参见最高人民检察院第四十七批指导性案例第 187 号。

方式，以其个人借用并实际控制的多个期货账户及其本人期货账户，与甲国有公司期货账户进行相互交易，个人获利共计人民币 1 000 余万元。

本案由上海市虹口区监察委员会调查终结后移送起诉。2021 年 6 月 23 日，上海市人民检察院第二分院以被告人沈某某、郑某某犯贪污罪依法提起公诉。2022 年 6 月 29 日，上海市第二中级人民法院作出一审判决，以贪污罪判处沈某某有期徒刑 13 年，剥夺政治权利 3 年，并处罚金人民币 400 万元；郑某某具有自首、立功情节，自愿认罪认罚，依法可以减轻处罚，法院以贪污罪判处其有期徒刑 5 年，并处罚金人民币 100 万元。一审宣判后，沈某某提出上诉，上海市高级人民法院二审裁定驳回上诉，维持原判。

2. 涉案问题

被告人沈某某、郑某某是否属于“利用职务便利”？应当构成贪污罪还是国有公司人员滥用职权罪？

3. 裁判理由

法院生效判决认为，对于国家工作人员利用职务便利，在期货交易中通过增设相互交易环节侵吞公款的行为，可以依法认定为贪污罪。国家工作人员利用职务便利提前获知国有公司期货交易指令后，先用个人控制账户买入或卖出期货产品，再与国有公司账户进行相互交易的行为，属于在正常期货交易过程中增设相互交易环节，该行为直接造成国有公司交易成本提高，使本应归属国有公司的利益被个人占有，增设交易环节的行为与个人非法获利之间具有刑法上的因果关系，具有侵吞公共财产的性质，可依法认定为贪污罪。

4. 评析意见

第一，贪污罪中的“利用职务上的便利”，是指国家工作人员利用职务上主管、管理、经手公共财物的权力及方便条件，既包括利用本人职务上主管、管理公共财物的职务便利，也包括利用职务上有隶属关系的其他国家工作人员的职务便利。本案中，沈某某、郑某某均在甲国有公司期货部担任要职，参与制定甲国有公司期货交易策略，依据市场行情确定具体的操盘价格，下达期货交易指令并实际操盘。因此，沈某某、郑某某通过其对于制定期货交易市场策略、确定期货交易价格等直接的工作便利，增设期货相互交易环节将本应属于国有公司利益占为己有的行为，即为“利用了职务便利”。

第二，利用职务上的便利与国有财产损失之间的因果关系认定。一方面，本案中，沈某某、郑某某增设期货交易环节获利并非正常的市场交易行为，职务行为与交易获利之间具有高度关联。从基本交易模式看，沈某某等人利用职务便利获知国有公司相关交易指令后随即操纵个人控制账户提前建仓埋单，在数秒至数分钟后即操作公司账户挂单与个人控制账户成交，具有时间上的紧密关联性和交易种类的一致性；从交易手数看，沈某某等人控制账户与公司成交手数相比其他主体明显增加，手数倍数差达10倍至50倍，具有交易习惯的异常性；从交易盈亏情况看，沈某某等人所控制账户盈利比例高达91%以上，部分账户甚至100%盈利，具有盈利比例的异常性；从交易对象看，在沈某某和郑某某合谋前，二人控制账户几乎没有和公司有过交易，合谋后即开始与公司有大量成交，具有交易对象的异常性。因此，即使沈某某、郑某某拥有增设期货交易环节的工作职权，但是本案中所增设的期货交易环节并非属于正常的市场交易行为。另一方面，由于期货交易指令仅包括交易对象、方向、区间价格及总手数，沈某某、郑某某通过个人控制账户以更有利价格先与其他市场主体交易后，再报单以低买高卖（个人控制账户先买后卖）或高卖低买（个人控制账户先卖后买）方式与甲国有公司成交，虽然并未违反指令单操作，但是直接导致公司以更高价格买入期货合约或者以更低价格卖出期货合约，造成公司交易成本提高，使得本应归属于公司的利益归个人所有，属于侵吞国有公司财产的行为。换言之，沈某某、郑某某通过期货交易侵吞国有公司财产，国有公司因交易成本增加造成实际损失。因此，本案中，沈某某、郑某某利用职务便利实施的增设期货交易环节与侵吞国有期货公司财产之间具有刑法上的因果关系。

第三，贪污罪与国有公司人员滥用职权罪的区别。沈某某、郑某某利用提前知悉的公司交易指令和操盘便利，使用个人控制账户提前买入或卖出同一期货产品，后续与国有公司相互交易获利，造成甲国有公司交易成本增加，属于国有公司人员滥用职权的行为。但是，国有公司人员滥用职权罪没有评价行为人将国有财产直接据为己有的故意和行为，且在一个行为同时触犯该罪与贪污罪的情形下，属于想象竞合，应当从一重罪处罚，由于贪污罪的法定刑更重，且能够更为全面地评价被告人的犯罪行为，故应以贪污罪追究刑事责任。

深度研究

关于贪污罪的既遂标准，值得深入研究。目前实务中有种观点，认为贪污罪无未遂可言，取得公共财物才成立贪污罪，未取得公共财物就不成立犯罪。例如，具有使用和保管职责的国家工作人员在工作单位变动时，利用原单位存在的重钱轻物的固定资产管理混乱的便利条件，非法把价值不菲的笔记本电脑等国有资产出售，在约定买家的过程中被原单位发觉，并催要追回，该工作人员未能非法得到相应钱款。又如，某单位负责人利用职权，指使某建筑公司利用单位搞基础建设的机会为其建造私房，分文未付，在房屋竣工前由于被人检举，而未能得逞。对这些案件，有些实务部门认为其中的行为人均不成立贪污罪，不需要追究刑事责任。这种观点是完全错误的。

刑法总则中规定的犯罪未遂对分则中各种故意犯罪具有普遍适用性。犯罪未遂是故意犯罪的一种未完成形态，未遂行为是体现行为人的犯罪意图并已着手进行犯罪的行为。贪污罪作为刑法分则中的一种具体罪名，且作为故意犯罪，没有理由不适用刑法总则关于未遂犯的规定。只要满足了已经着手实行犯罪，由于意志以外的原因未得逞这一未遂条件，就应当认定为贪污罪未遂。

上述实务中的错误观点混淆了犯罪成立条件与犯罪既遂条件。犯罪成立条件在前，只要实施了符合某罪构成要件的行为，就成立犯罪。至于是否既遂，还要看是否发生了行为人所希望或放任的实害结果。犯罪成立与犯罪既遂是两个阶段的形态，其所具备的条件也不相同。就贪污罪而言，只要实施了非法侵吞、窃取、骗取公共财物的行为，就成立贪污罪。如果由于意志以外原因未能将公共财物不法据为己有，成立贪污罪未遂。例如，已做好假账但在银行划款时被发现的，成立犯罪未遂。是否非法占有了公共财物，是贪污罪的既遂条件，而不是贪污罪的成立条件。

概言之，将公共财物变成自己所有时就成立本罪既遂，也即取得对公共财物的实际支配。这种所有既包括对财物在法律上的所有，也包括对财物在事实上的所有。例如，国家工作人员住在公有住房内，只能说明是对房屋享有占有权、使用权，并不表明其拥有了该房屋的所有权。该使用人只有通过非法程序把该房屋产权转移到自己的名下，该行为人才真正占有该房屋，才能以贪污罪既遂论处。如果该行为在非法办理过户手续的过程中被发现而未能得逞，就构成贪污罪未遂。至于既遂后将财物又捐赠给公益事业的，不影响既遂的成立。

相关司法解释也赞成上述意见。2003 年 11 月 13 日最高人民法院《全国法院审理经济犯罪案件工作座谈会纪要》指出："贪污罪是一种以非法占有为目的的财产性职务犯罪，与盗窃、诈骗、抢夺等侵犯财产罪一样，应当以行为人是否实际控制财物作为区分贪污罪既遂与未遂的标准。对于行为人利用职务上的便利，实施了虚假平账等贪污行为，但公共财物尚未实际转移，或者尚未被行为人控制就被查获的，应当认定为贪污未遂。行为人控制公共财物后，是否将财物据为己有，不影响贪污既遂的认定。"

第二节　贪污罪的认定与处罚

一、罪与罪的界限

知识背景

1. 本罪与侵占罪、盗窃罪、诈骗罪的界限

本罪与侵占罪、盗窃罪、诈骗罪在法条上是特殊与一般的关系。本罪首先符合侵占罪、盗窃罪、诈骗罪的构成要件。例如，本罪的侵吞行为就符合侵占罪的构成要件，本罪的窃取行为就符合盗窃罪的构成要件，本罪的骗取行为就符合诈骗罪的构成要件。但是本罪比侵占罪、盗窃罪、诈骗罪多具备一些特殊要素，主要有三项：一是行为主体要求具有国家工作人员的身份。二是行为对象不是普通财物，而是公共财物。三是行为方式上要求利用职务便利。侵占行为、窃取行为、诈骗行为具备这些特殊要素后，就应以贪污罪论处。

2. 本罪与职务侵占罪的界限

本罪与职务侵占罪在法条上是特殊与一般的关系。本罪首先符合职务侵占罪的构成要件，但是又比职务侵占罪多具备一些特殊要素，主要有两项：一是行为主体不是一般单位的职员，而是国家工作人员。二是行为对象不是一般单位的财物，而是公共财物。职务侵占行为具备这些特殊要素后，就应以贪污罪论处。

职务侵占罪的行为主体是公司、企业或者其他单位的人员，也即非国家工作人员。这是与贪污罪中的国家工作人员相对应的概念。（1）国有公司、企业或者其他国有单位中从事公务的人员和国有公司、企业或者其他国有单位委派到非国有公司、企业以及其他单位从事公务的人员，是贪污罪的行为主体。（2）国家机关、国有公司、企业、事业单位中并未从事公务的非国家工作人员，是职务侵占罪的行为主体。（3）在国有资本控股、参股的股份有限公司中从事管理工作的人员，除受国家机关、国有公司、企业、事业单位委派从事公务的以外，不属于国家工作人员，可以成为职务侵占罪的主体。（4）村民委员会等村基层组织人员，利用职务便利侵吞集体财产的，以职务侵占罪论处；但是如果在协助人民政府从事行政管理工作时，利用职务上的便利侵占公共财物，则成立贪污罪。

3. 本罪与私分国有资产罪的界限

根据《刑法》第 396 条第 1 款的规定，私分国有资产罪，是指国家机关、

国有公司、企业、事业单位、人民团体违反国家规定，以单位名义将国有资产集体私分给个人，数额较大的行为。

违反国家规定，是指违反法律、行政法规中有关国有资产管理方面的各项规定。如隐瞒、截留应当上交国家的利润、行政性收费或其他财政收入，虚报冒领、骗取国家财政拨款或补贴，超越权限擅自动用国库款项等。

以单位名义，是指私分行为是由单位领导共同研究决定的，是其利用职务便利，违背职责义务的结果，但体现了单位的意志；私分的款物是以单位分配的形式分发给个人的，私分事实一般有文字记载或领款人签名，绝大多数领得财物者不需要实施伪造单据、涂改账目、虚报冒领等手段，从表面上看私分行为具有公开性和合法性。

集体私分，是指参与私分国有资产的个人是本单位全体人员或者绝大多数人，非法占有国家财物的是一个集体，具有利益均沾的特点。对私分国有资产的方式法律未做限制，是以奖金、补助、津贴还是以其他名义，是否采用虚列费用、假报成本、账外经营、隐瞒收入等手段，都对成立犯罪没有影响。私分的资产中既有国有资产，也有非国有资产的，只能将私分的国有资产作为犯罪数额看待。但是，国有资产与非国有资产难以分清的，应当将财产总额认定为国有资产。

私分国有资产罪与贪污罪的区别在于：贪污罪是个人犯罪，私分国有资产罪的主体是国家机关、国有公司、企业、事业单位、人民团体，是纯正的单位犯罪。对这两罪的区分应当围绕案件是否属于单位犯罪展开。

其一，单位犯罪的犯罪意志不是内部某个成员的意志，而是单位的整体意志。整体意志是由单位决策机构按照决策程序形成的。在认定私分国有资产过程中，应注意考察其私分行为是否体现单位意志和单位的整体利益。不能仅根据私分行为客观上未将国有资产（如住房、电器等大件物品）分配给单位全体成员或绝大多数成员的表面现象，机械地否定本罪的成立，而应该把握私分行为的实质内容，即私分行为是在相对公开的情况下，得到单位全体成员或者绝大多数成员的认同或接受，体现单位的整体意志。

其二，单位犯罪要求为单位谋取非法利益。为单位谋取合法利益，不构成犯罪。为单位谋取非法利益，是指为单位全体成员或多数成员谋取非法利益，利益均沾。如果是为单位特定少数人员谋取非法利益，属于自然人犯罪。私分国有资产给集体中的部分人员，如果实际领得财物人员既包括单位内部的少数领导成员，也包括一部分职工，行为人客观方面不具有侵吞、窃取、骗取或非法手段等行为的秘密性、隐蔽性的特征，如将公共财物隐匿、截留，或虚报冒领秘密占为己有等，则不能认定其为贪污行为。如果私分财物的部分人员仅仅是单位内部少数领导成员，则属于这些人员利用职务便利，假公济私，借单位名义将公共财物非法占为己有，应以贪污罪论处，成立贪污罪的共同犯罪。虽然私分国有资产罪的主体是国家机关、国有公司、企业、事业单位、人民团体，是纯正的单位犯罪，但刑法只处罚国家机关、国有公司、企业、事业单位、人民团体中直接负责的主管人员和其他直接责任人员，其实际领得的国有资产数额较小或者完全未领得财物的，对成立犯罪没有影响。没有参与决策和执行集体私分国有资产的任务，只是被动领取财物的人员不构成犯罪。

规范依据

最高人民法院、最高人民检察院《关于办理国家出资企业中职务犯罪案件具体应用法律若干问题的意见》

一、关于国家出资企业工作人员在改制过程中隐匿公司、企业财产归个人持股的改制后公司、企业所有的行为的处理

国家工作人员或者受国家机关、国有公司、企业、事业单位、人民团体委托管理、经营国有财产的人员利用职务上的便利，在国家出资企业改制过程中故意通过低估资产、隐瞒债权、虚设债务、虚构产权交易等方式隐匿公司、企业财产，转为本人持有股份的改制后公司、企业所有，应当依法追究刑事责任的，依照刑法第三百八十二条、第三百八十三条的规定，以贪污罪定罪处罚。贪污数额一般应当以所隐匿财产全额计算；改制后公司、企业仍有国有股份的，按股份比例扣除归于国有的部分。

所隐匿财产在改制过程中已为行为人实际控制，或者国家出资企业改制已经完成的，以犯罪既遂处理。

第一款规定以外的人员实施该款行为的，依照刑法第二百七十一条的规定，以职务侵占罪定罪处罚；第一款规定以外的人员与第一款规定的人员共同实施该款行为的，以贪污罪的共犯论处。

在企业改制过程中未采取低估资产、隐瞒债权、虚设债务、虚构产权交易等方式故意隐匿公司、企业财产的，一般不应当认定为贪污；造成国家资产重大损失，依法构成刑法第一百六十八条或者第一百六十九条规定的犯罪的，依照该规定定罪处罚。

二、关于国有公司、企业在改制过程中隐匿公司、企业财产归职工集体持股的改制后公司、企业所有的行为的处理

国有公司、企业违反国家规定，在改制过程中隐匿公司、企业财产，转为职工集体持股的改制后公司、企业所有的，对其直接负责的主管人员和其他直接责任人员，依照刑法第三百九十六条第一款的规定，以私分国有资产罪定罪处罚。

改制后的公司、企业中只有改制前公司、企业的管理人员或者少数职工持股，改制前公司、企业的多数职工未持股的，依照本意见第一条的规定，以贪污罪定罪处罚。

三、关于国家出资企业工作人员使用改制公司、企业的资金担保个人贷款，用于购买改制公司、企业股份的行为的处理

国家出资企业的工作人员在公司、企业改制过程中为购买公司、企业股份，利用职务上的便利，将公司、企业的资金或者金融凭证、有价证券等用于个人贷款担保的，依照刑法第二百七十二条或者第三百八十四条的规定，以挪用资金罪或者挪用公款罪定罪处罚。

行为人在改制前的国家出资企业持有股份的，不影响挪用数额的认定，但量刑时应当酌情考虑。

经有关主管部门批准或者按照有关政策规定，国家出资企业的工作人员为购买改制公司、企业股份实施前款行为的，可以视具体情况不作为犯罪处理。

四、关于国家工作人员在企业改制过程中的渎职行为的处理

国家出资企业中的国家工作人员在公司、企业改制或者国有资产处理过程中严重不负责任或者滥用职权，致使国家利益遭受重大损失的，依照刑法第一百六十八条的规定，以国有公司、企业人员失职罪或者国有公司、企业人员滥用职权罪定罪处罚。

国家出资企业中的国家工作人员在公司、企业改制或者国有资产处置过程中徇私舞弊，将国有资产低价折股或者低价出售给其本人未持有股份的公司、企业或者其他个人，致使国家利益遭受重大损失的，依照刑法第一百六十九条的规定，以徇私舞弊低价折股、出售国有资产罪定罪处罚。

国家出资企业中的国家工作人员在公司、企业改制或者国有资产处置过程中徇私舞弊，将国有资产低价折股或者低价出售给特定关系人持有股份或者本人实际控制的公司、企业，致使国家利益遭受重大损失的，依照刑法第三百八十二条、第三百八十三条的规定，以贪污罪定罪处罚。贪污数额以国有资产的损失数额计算。

国家出资企业中的国家工作人员因实施第一款、第二款行为收受贿赂，同时又构成刑法第三百八十五条规定之罪的，依照处罚较重的规定定罪处罚。

五、关于改制前后主体身份发生变化的犯罪的处理

国家工作人员在国家出资企业改制前利用职务上的便利实施犯罪，在其不再具有国家工作人员身份后又实施同种行为，依法构成不同犯罪的，应当分别定罪，实行数罪并罚。

国家工作人员利用职务上的便利，在国家出资企业改制过程中隐匿公司、企业财产，在其不再具有国家工作人员身份后将所隐匿财产据为己有的，依照刑法第三百八十二条、第三百八十三条的规定，以贪污罪定罪处罚。

国家工作人员在国家出资企业改制过程中利用职务上的便利为请托人谋取利益，事先约定在其不再具有国家工作人员身份后收受请托人财物，或者在身份变化前后连续收受请托人财物的，依照刑法第三百八十五条、第三百八十六条的规定，以受贿罪定罪处罚。

六、关于国家出资企业中国家工作人员的认定

经国家机关、国有公司、企业、事业单位提名、推荐、任命、批准等，在国有控股、参股公司及其分支机构中从事公务的人员，应当认定为国家工作人员。具体的任命机构和程序，不影响国家工作人员的认定。

经国家出资企业中负有管理、监督国有资产职责的组织批准或者研究决定，代表其在国有控股、参股公司及其分支机构中从事组织、领导、监督、经营、管理工作的人员，应当认定为国家工作人员。

国家出资企业中的国家工作人员，在国家出资企业中持有个人股份或者同时接受非国有股东委托的，不影响其国家工作人员身份的认定。

七、关于国家出资企业的界定

本意见所称“国家出资企业”，包括国家出资的国有独资公司、国有独资企业，以及国有资本控股公司、国有资本参股公司。

是否属于国家出资企业不清楚的，应遵循“谁投资、谁拥有产权”的原则进行界定。企业注册登记中的资金来源与实际出资不符的，应根据实际出资情况确定企业的性质。企业实际出资情况不清楚的，可以综合工商注册、分配形式、经营管理等因素确定企业的性质。

八、关于宽严相济刑事政策的具体贯彻

办理国家出资企业中的职务犯罪案件时，要综合考虑历史条件、企业发展、职工就业、社会稳定等因素，注意具体情况具体分析，严格把握犯罪与一般违规行为的区分界限。对于主观恶意明显、社会危害严重、群众反映强烈的严重犯罪，要坚决依法从严惩处；对于特定历史条件下、为了顺利完成企业改制而实施的违反国家政策法律规定的行为，行为人无主观恶意或者主观恶意不明显，情节较轻，危害不大的，可以不作为犯罪处理。

对于国家出资企业中的职务犯罪，要加大经济上的惩罚力度，充分重视财产刑的适用和执行，最大限度地挽回国家和人民利益遭受的损失。不能退赃的，在决定刑罚时，应当作为重要情节予以考虑。

案例评价

[案例 24－9] 刘某伟私分国有资产案[①]（贪污与私分国有资产的区分）

1. 基本案情

被告人刘某伟于 1994 年被无锡市石油化学工业局任命为无锡市惠山农药厂（以下简称“惠山农药厂”）厂长及其下属无锡市珠光颜料厂（后更名为无锡市惠丰精细化工厂，以下简称“惠丰化工厂”）厂长，两企业均为全民所有制企业法人。自 1995 年起，惠山农药厂经上级批准实行“公有民营”，刘某伟作为经营者与出租方无锡市石油化学工业局分别签订了两轮“公有民营”合同，经营期限为 1995 年 1 月 1 日至 2000 年 12 月 31 日。合同主要内容为：(1) 承租经营者每年向出租方缴纳租赁费 30 万元；(2) 承租方向出租方缴纳风险抵押金 10 万元，经营期达不到增值指标，以承租经营者缴纳的风险抵押金抵补，直至补完为止。(3) 承租经营者的收入分为工资性收入和经营性收入，工资性收入为职工当年实得平均工资，经营性收入为税后利润中分得的 30%部分，经出租方核准后兑现。合同签订后，惠山农药厂内部每年均组成“公有民营”承租集团，刘某伟等厂级领导及部分部门负责人 10 余人为承租集团成员，共同承担经营责任。在惠山农药厂实行“公有民营”期间，无锡市石油化学工业局根据惠山农药厂的经营状况，每年核定企业经营者（承租集团）的经营性收入，由惠山农药厂发放给承租集团成员。1995 年至 1999 年的核定总额为 93.961 1 万元。1995 年 1 月至 2000 年 5 月，惠山农药厂从财务账上发放承租集团 1995 年度至 1999 年度的经营性收入总额为 100.038 007 万元，已超额发放 6.076 893 万元。

惠山农药厂将旧设备回收款、氧气费收入等，在财务账外另设有小金库。自 1995 年 8 月至 2000 年 2 月，经被告人刘某伟提议，与惠山农药厂的其他负责人共同决定，从小金库中支出资金以预发“承租集团奖金”等名义，在账外先后 17 次给承租集团成员发放奖金，发放奖金合计人民币 34.11 万元。其中，刘某伟个人分得 3.98 万元。1996 年 6 月，被告人刘某伟伙同许某福（已死亡）等人，通过虚开发票将本单位公款结算给业务单位，再从业务单位提取现金的手法，套取本单位公款 10 万元，以预发“承租集团奖金”名义分发给承租集团所有成员，刘某伟个人分得 1.55 万元。

1999 年 3 月，被告人刘某伟利用职务之便，收取上海全龙化工有限公司支付给惠山农药厂的花木款 2 万元不入账，占为己有。

---

① 最高人民法院刑事审判第一、二、三、四、五庭．中国刑事审判指导案例（贪污贿赂罪、渎职罪、军人违反职责罪）．北京：法律出版社，2009：110.

1999 年 12 月，被告人刘某伟将个人消费发票通过惠丰化工厂副厂长黄某在该厂报销，得款 5 809 元。

1996 年 3 月，被告人刘某伟在购买职工工作鞋的业务往来中，利用职务之便，收受曹某良通过楚某钰送给的人民币 1 万元。

1996 年年初至 2000 年春节期间，被告人刘某伟利用职务之便，先后 6 次收受下属分厂厂长胥某一人民币 6.6 万元。其中，1999 年春节，刘某伟在收到胥某一送的钱后，将消费发票金额计 1.2 万元交给胥某一。

1998 年年初至 2000 年春节期间，被告人刘某伟利用职务之便，先后 4 次收受下属惠丰化工厂副厂长黄某人民币 4.2 万元。其中，1999 年春节，刘某伟在收到黄某送的钱后，将消费发票 1 万余元交给黄某。

1999 年 3 月至 2000 年 4 月，被告人刘某伟利用职务之便，收受业务单位上海全龙化工有限公司经理周某华人民币 1 万元，并在该单位报销其购买的手机、按摩器发票，得款 8 195 元。

2. 涉案问题

本案事实较多，但存在争议的主要是：被告人刘某伟等人集体决定以预发“承租集团奖金”名义，将 44.11 万元公款分发给承租集团所有成员的行为，属于贪污行为还是私分国有资产的行为？

3. 裁判理由

无锡市北塘区人民法院认为：被告人刘某伟身为国家工作人员，利用职务便利，单独或伙同他人侵吞、骗取本单位公款；同时非法收受他人钱财，为他人谋取利益，已分别构成贪污罪和受贿罪。被告人刘某伟在共同贪污犯罪中提出犯意并决定侵吞数额，起主要作用，系主犯，按照其所参与的全部犯罪处罚。被告人刘某伟因涉嫌贪污被采取强制措施后，如实供述了司法机关尚未掌握的本人受贿的罪行，属于自首，依法予以减轻处罚。判决如下：被告人刘某伟犯贪污罪，判处有期徒刑 12 年，剥夺政治权利 3 年，并处没收财产人民币 1 万元；犯受贿罪，判处有期徒刑 8 年，并处没收财产人民币 1 万元。决定执行有期徒刑 18 年，剥夺政治权利 3 年，并处没收财产人民币 2 万元。

一审宣判后，刘某伟不服，以原判定性有误，侵吞公款不成立，认定的受贿中有部分不属于犯罪等为由，向无锡市中级人民法院提出上诉。

无锡市中级人民法院经审理认为：上诉人刘某伟作为国有企业中从事公务的人员，应以国家工作人员论，其利用职务上的便利，侵吞、骗取公共财物，还非法收受他人财物，为他人谋取利益，其行为已分别构成贪污罪和受贿罪。惠山农药厂系国有企业，刘某伟作为该厂直接负责的主管人员，违反国家规定，以单位名义将国有资产集体私分给个人，数额较大，其行为已构成私分国有资产罪。刘某伟私分国有资产的犯罪行为有部分虽发生在 1997 年 9 月 30 日前，但根据《刑法》第 12 条第 1 款的规定，1997 年刑法处刑较轻的，适用该法。刘某伟因涉嫌贪污犯罪被采取强制措施后，如实供述了司法机关尚未掌握的本人受贿罪行，对其受贿犯罪应以自首论，可予减轻处罚。刘某伟于案发后退缴了全部赃款，可酌情从轻处罚。刘某伟一人犯有数罪，依法应实行数罪并罚。

原审判决对上诉人刘某伟违反国家规定，以单位名义将国有资产集体私分给个人这一行为认定为贪污，二审法院经审查认为，惠山农药厂系国有企业，其经过厂领导讨论决定，违反有关规定，在上级核定的奖金数额之外，又以单位名义，从小金库中支出资金，账外发放承租集团奖金，将国有资产集体私分给个人，其发放范围是承租集团的所有成员，系一定规模、一定范围内的所有人，刘某伟及其他厂领导仅分得一小部分，上述特征符合私分国有资产罪的特征，构成私分国有资产罪。原审判决对该项事实以贪污罪定性不当，应予纠正。

在认定的受贿事实中，刘某伟购买手机后将发票交到业务单位报销，因手机主要用于单位公务，不应以受贿论；刘某伟收受胥某一、黄某送的钱后，将金额 1.2 万元和 1 万余元的消费发票分别交给胥、黄二人，刘某伟辩称上述发票系单位的业务开支，经查，从现有证据无法排除上诉人的此项辩解的可能性，认定该两笔受贿的证据不足，原审判决以不属正常报销为由认定为受贿不符合法律规定，应予纠正。上诉人及其辩护人提出对违规发放奖金以贪污定性错误；报销手机发票及给胥某一、黄某报销发票 2 万余元，不应以受贿认定的意见予以采纳。判决如下：(1) 撤销无锡市北塘区人民法院的刑事判决；(2) 上诉人刘某伟犯受贿罪，判处有期徒刑 7 年，并处没收财产 1 万元；犯私分国有资产罪，判处有期徒刑 3 年，并处罚金 1 万元；犯贪污罪，判处有期徒刑 2 年 6 个月。决定执行有期徒刑 12 年，并处罚金 1 万元，没收财产 1 万元。

4. 评析意见

对于被告人刘某伟等人集体决定以预发“承租集团奖金”名义，将 44.11 万元公款分发给承租集团所有成员的行为，属于贪污行为还是私分国有资产的行为的问题，持贪污罪的意见认为，私分国有资产的范围应是单位的所有人或大多数人，而本案中私分公款的范围仅限于承租集团范围内的 13 人左右，相对于惠山农药厂数百名职工来讲，仍属单位的一小部分人，不符合私分国有资产罪的构成特征。

对此，需要明确私分国有资产罪的构成要件。该罪最重要的特征是该罪是纯正的单位犯罪。因此需要根据单位犯罪的构成要件来把握私分国有资产罪。

（1）行为主体必须是一个单位。

一般情况下，单位犯罪不要求单位有法人资格，但是私营公司、企业要构成单位犯罪，要求有法人资格。此外，2001 年 1 月 21 日最高人民法院《全国法院审理金融犯罪案件工作座谈会纪要》指出：单位的分支机构或内设机构、部门符合两个条件便可以成为单位犯罪主体：1）以自己名义犯罪；2）违法所得归该机构。虽然本案发生在 2001 年之前，但是由于司法解释的效力适用于法律的施行期间，所以可以根据上述要件来分析单位犯罪主体。

本案所涉及的承租集团是否可以成为单位犯罪的主体？自 1995 年起，惠山农药厂经上级批准实行“公有民营”，刘某伟作为经营者与出租方无锡市石油化学工业局分别签订了两轮“公有民营”合同。合同签订后，惠山农药厂内部每年均组成“公有民营”承租集团，刘某伟等厂级领导及部分部门负责人 10 余人为承租集团成员，共同承担经营责任。在惠山农药厂实行“公有民营”期间，无锡市石油化学工业局根据惠山农药厂的经营状况，每年核定企业经营者（承租集团）的经营性收入，由惠山农药厂发放给承租集团成员。可以看出，承租集团属于单位内部设立的机构，以自己名义犯罪，并且违法所得归该机构，可以成为单位犯罪的主体。

（2）以单位名义犯罪，体现单位整体意志。

这一要件体现在私分国有资产罪中，就是以单位名义集体私分国有资产，该行为是集体决策的。“以单位名义”，是指由单位的决策机构按照单位的决策程序实施，即以“合法”的方式进行，如单位领导集体决定，或者由单位负责人决定的，以“发奖金”“发红包”的方式发放。“集体私分”，是指参与私分的是单位的所有人或是大部分人。

（3）为单位谋取非法利益。

为单位谋取非法利益，是指为单位全体成员或多数成员谋取非法利益，利益均沾。如果是为单位特定少数人员谋取非法利益，属于自然人犯罪。私分国有资产给集体中的部分人员，如果实际领得财物人员既包括单位内部的少数领导成员，也包括一部分职工，行为人客观方面不具有侵吞、窃取、骗取或非法手段等行为的秘密性、隐蔽性的特征，如将公共财物隐匿、截留，或虚报冒领秘密占为己有等，则不能认定其为贪污行为。

本案中，惠山农药厂实行“公有民营”的经营体制，根据“公有民营”合同，承租集团成员的奖金只能从经出租方核准后的经营性收入税后利润中的 30％部分支出，但是，被告人刘某伟等人违反国家规定，将在账外另设的小金库资金、非法套取的现金计 44.11 万元，以预发“承租集团奖金”名义分发给承租集团所有成员。虽然分发的范围只限于承租集团成员，但由于决定分发是按照惠山农药厂的决策程序进行的，占有该笔资金的不是决策层内的少数人，而是分发给承租集团的全体成员。这显然属于为承租集团这个单位谋取非法利益。

综上分析，惠山农药厂内部设立的“公有民营”承租集团构成私分国有资产罪，其直接负责的主管人员刘某伟承担私分国有资产罪的刑事责任。

二、共犯与身份

知识背景

身份就是法律明文规定的对定罪量刑具有一定影响的主体资格、地位等要素。[①] 在真正身份犯中，身份的有无影响定罪的情形，这种身份也被称为构成身份或定罪身份。真正身份犯的共犯问题主要包括以下情形：

1. 无身份者与有身份者共同犯罪

（1）无身份者是共犯（教唆犯、帮助犯），有身份者是正犯（实行犯）。

根据共犯从属性原理，共犯（教唆犯、帮助犯）成立犯罪需以正犯（实行犯）成立犯罪为前提。正犯不仅决定了共同犯罪是否成立，而且决定了共同犯罪所触犯的罪名。因此，共犯成立犯罪的罪名也以正犯触犯的罪名为准。简言之，在这种情形下，应按照正犯所触犯的罪名来认定共同犯罪的罪名。由于有身份者是正犯，所以按照真正身份犯的罪名来认定共同犯罪的罪名。《刑法》第 382 条第 3 款规定的“与前两款所列人员勾结，伙同贪污的，以共犯论处”，表达的正是这种认定思路。例如，妻子帮助丈夫（国家工作人员）贪污公共财物。丈夫是正犯（实行犯），二者构成贪污罪的共同犯罪，妻子是贪污罪的共犯（帮助犯）。

（2）无身份者是正犯（实行犯），有身份者是共犯（教唆犯、帮助犯）。

根据共犯从属性原理，在这种情形下，也应按照正犯所触犯的罪名来认定共同犯罪的罪名。由于无身份者是正犯，所以按照无身份者触犯的罪名来认定共同犯罪的罪名。例如，甲、乙开车来到某国有公司，欲盗窃公司仓库里的财物，对公司的保安经理王某（国家工作人员）说：“只要你放行，弄到值钱的，有你一份。”王某答应。甲、乙盗窃了公司财物，王某予以放行。甲、乙是盗窃罪的正犯（实行犯），甲、乙和王某构成盗窃罪的共同犯罪，王某是共犯（帮助犯）。此时不能对王某认定为贪污罪，如果对王某认定为贪污罪，只能是贪污罪的共犯（帮助犯），但是此时并不存在贪污罪的正犯（实行

① 陈兴良，周光权．刑法学的现代展开．北京：中国人民大学出版社，2005：331.

犯）。所以，对王某只能认定为盗窃罪的共犯（帮助犯）。

（3）无身份者是正犯（实行犯），有身份者也是正犯（实行犯）。

在这种情况下，由于构成身份对构成要件具有定型作用，因此，有身份者应当按照其身份构成真正身份犯。而无身份者一方面触犯了无身份要求的普通犯罪（实行犯），另一方面触犯了真正身份犯（共犯），属于想象竞合，择一重罪论处。如果对无身份者绝对地以真正身份犯（共犯）论处，假如普通犯罪（实行犯）比真正身份犯（共犯）处罚重，则会不当地轻纵无身份者。例如，警察甲将乙（普通公民）约到拘留所，共同虐待被监管人丙，拳打脚踢，导致丙轻伤。甲、乙构成共同犯罪，对甲以虐待被监管人罪论处；乙触犯了虐待被监管人罪的共犯（帮助犯）和故意伤害罪（实行犯），择一重罪论处。

2. A 身份者与 B 身份者共同犯罪

（1）A 身份者是共犯（教唆犯、帮助犯），B 身份者是正犯（实行犯）。

根据共犯从属性原理，在这种情形下，应按照正犯所触犯的罪名来认定共同犯罪的罪名，也即按照 B 身份者触犯的罪名来认定共同犯罪的罪名。此时，B 身份者也是主犯。例如，国有控股公司里，甲是保安经理（非国家工作人员），乙是物流主管（国家工作人员）。乙在利用职务便利侵吞公司财物的过程中，请求甲不要声张，甲答应。乙是贪污罪的实行犯，甲、乙构成贪污罪的共同犯罪，甲是贪污罪共犯（帮助犯）。

（2）A 身份者是正犯（实行犯），B 身份者是正犯（实行犯）。

这种情形就属于身份竞合。例如，非国有公司的工作人员甲与国有公司委派到该非国有公司从事公务的国家工作人员乙共同实施侵占本单位财物的行为，该如何处理？有学者主张按照实行犯定罪。但二人以上均是实行犯时，又该如何处理，并非不言自明。还有学者提出核心行为的概念，即以核心行为为标准，确定谁是核心角色，从而确定共同犯罪的性质。核心角色的确立，必须综合主体身份、主观内容、客观行为以及主要的被害法益等方面来考察。按照这一逻辑，如果非国有公司的工作人员的行为属于核心行为，则构成职务侵占罪；如果是国有公司委派到该非国有公司从事公务的国家工作人员的行为属于核心行为，则构成贪污罪。核心角色说实际上是区分正犯和犯罪的犯罪支配说换了一种说法，确定谁是核心角色，实际上等于是确定谁是正犯。在一个共同犯罪中，具有不同身份者都是核心角色的情况并不鲜见，所以，核心角色说并不能提供解决问题的最终方案。

在身份竞合的场合，应当按照“一般社会观念上”身份地位相对较高的人的行为定罪，主要理由是：行为人虽然都有身份，但在身份高低可以比较时，身份地位相对较低的，该身份相对于较高的身份，等于是没有身份。此时，认定身份较低者“伙同”身份较高者犯罪，成立身份较高者的帮助犯和教唆犯，按照身份地位较高者定罪，就是合理的。《刑法》第 382 条第 3 款规定：“与前两款所列人员勾结，伙同贪污的，以共犯论处”。这里的“与前两款所列人员勾结”，包括完全没有身份的一般人和与前两款所列人员勾结，也包括具有公司、企业人员身份的人与前两款所列人员勾结。只要行为人的身份在刑法上以及一般社会观念上比国家工作人员较低，就认为是不具有国家工作人员身份的人与国家工作人员相勾结实施犯罪，从而按照国家工作人员所构成的犯罪定罪。《刑法》第 382 条第 3 款的规定属于注意规定，不是法律拟制，并没有创制规范。对于身份较低者和身份较高者竞合的情形，完全可以参考该规定，认为身份较低者伙同身份较高者实施只有身份较高者才能构成的犯罪的，成立身份较高者所实行犯罪的教唆犯或帮助犯。

当然，刑法上所讲的身份，是刑法所规定的主体特殊资格，与个别行为人的实际职位并不相同。身份地位高，并不是指行为人的实际职位高。个人的实际职位高，并不意味着其在刑法上和一般社会观念上的身份高。例如，某股份制公司主管财务的副总经理 A（不具有国家工作人员身份）与国有公司委派到该股份制公司的财务人员 B 共同勾结，各自利用职务便利，共同占有该股份制公司财物时，A 职位高，但是在刑法上以及一般社会观念上，B 的身份高，根据《刑法》第 382 条第 3 款的规定，A 仍然是伙同 B 贪污的共犯。

规范依据

(一)《刑法》

第 382 条第 3 款　与前两款所列人员勾结，伙同贪污的，以共犯论处。

第 383 条　对犯贪污罪的，根据情节轻重，分别依照下列规定处罚：

（一）贪污数额较大或者有其他较重情节的，处三年以下有期徒刑或者拘役，并处罚金。

（二）贪污数额巨大或者有其他严重情节的，处三年以上十年以下有期徒刑，并处罚金或者没收财产。

（三）贪污数额特别巨大或者有其他特别严重情节的，处十年以上有期徒刑或者无期徒刑，并处罚金或者没收财产；数额特别巨大，并使国家和人民利益遭受特别重大损失的，处无期徒刑或者死刑，并处没收财产。

对多次贪污未经处理的，按照累计贪污数额处罚。

犯第一款罪，在提起公诉前如实供述自己罪行、真诚悔罪、积极退赃，避免、减少损害结果的发生，有第一项规定情形的，可以从轻、减轻或者免除处罚；有第二项、第三项规定情形的，可以从轻处罚。

犯第一款罪，有第三项规定情形被判处死刑缓期执行的，人民法院根据犯罪情节等情况可以同时决定在其死刑缓期执行二年期满依法减为无期徒刑后，终身监禁，不得减刑、假释。

（二）最高人民法院《关于审理贪污、职务侵占案件如何认定共同犯罪几个问题的解释》

第1条　行为人与国家工作人员勾结，利用国家工作人员的职务便利，共同侵吞、窃取、骗取或者以其他手段非法占有公共财物的，以贪污罪共犯论处。

第2条　行为人与公司、企业或者其他单位的人员勾结，利用公司、企业或者其他单位人员的职务便利，共同将该单位财物非法占为己有，数额较大的，以职务侵占罪共犯论处。

第3条　公司、企业或其他单位中，不具有国家工作人员身份的人与国家工作人员勾结，分别利用各自的职务便利，共同将本单位的财物非法占为己有的，按照主犯的犯罪性质定罪。

（三）最高人民法院《全国法院审理经济犯罪案件工作座谈会纪要》

对于国家工作人员与他人勾结，共同非法占有单位财物的行为，应当按照《最高人民法院关于审理贪污、职务侵占案件如何认定共同犯罪几个问题的解释》的规定定罪处罚。对于在公司、企业或者其他单位中，非国家工作人员与国家工作人员勾结，分别利用各自的职务便利，共同将本单位财物非法占有的，应当尽量区分主从犯，按照主犯的犯罪性质定罪。司法实践中，如果根据案件的实际情况，各共同犯罪人在共同犯罪中的地位、作用相当，难以区分主从犯的，可以贪污罪定罪处罚。

案例评价

[案例24-10] 徐某春贪污案①（贪污罪的共犯）

1. 基本案情

1989年10月间，被告人徐某春与中国农业银行广州市分行花园营业所会计王某怡相互勾结，合谋进行贪污犯罪活动。王某怡利用职务上的便利，将该所大额存款月报表提供给徐某春。徐某春从中选定广州市侨丰贸易服务部和广东省电子技术进出口公司营业部作为冒充开出汇票的单位，并按王某怡提供的上述两单位预留在花园营业所的印鉴卡复印件，伪造了上述两单位的支票专用章和负责人名章，进而伪造了广州市侨丰贸易服务部的汇款人民币300万元银行票汇委托书一份、广东省电子技术进出口公司营业部的汇款人民

① 最高人民法院公报，1993（4）.

币 50 万元银行票汇委托书一份。同年 11 月 17 日，王某怡将这两份伪造的票汇委托书混入花园营业所正常的工作程序，骗过验印审查后，开出两张正式的汇票交给徐某春，并发电报通知汇入行中国农业银行珠海市分行第一营业所。徐某春用两张正式汇票，在汇入行将人民币 350 万元转到珠海市万山管理区边境小额贸易公司的账户上。之后，徐某春又经他人帮助将该款转到香港，套得港币 4 549 997.86 元，由其在香港的代理人将此款存入在香港开设的银行账户上。徐某春与王某怡先后逃到香港，同年 12 月 27 日二人又携赃款逃往台湾藏匿。1990 年 6 月，徐某春被台湾警方抓获。1991 年 12 月间，徐某春被遣返后归案；王某怡仍在逃。案发后，全部赃款无法追回。法院判决如下：被告人徐某春犯贪污罪，判处死刑，剥夺政治权利终身。

2. 涉案问题

本案主要问题是：被告人徐某春不是国家工作人员，能否构成贪污罪的共犯？徐某春辩称，自己不具备利用职务上的便利，不可能构成贪污罪，而构成诈骗罪。澄清这一问题，需要正确理解《刑法》第 382 条第 3 款“与前两款所列人员勾结，伙同贪污的，以共犯论处”的规定。该款在性质上属于注意规定还是法律拟制？

3. 裁判理由

广州市中级人民法院认为：被告人徐某春虽然不是银行工作人员，也没有利用自己职务上的便利条件，但徐某春勾结银行工作人员，采取伪造票汇委托书手段，将银行客户的巨额存款划走进行侵吞，依照全国人大常委会《关于惩治贪污罪贿赂罪的补充规定》第 1 条第 2 款的规定，徐某春勾结国家工作人员共同贪污，是贪污共犯。

被告人徐某春不服第一审判决，以没有同王某怡相勾结作案，是自己用伪造的票汇委托书骗得银行 350 万元，应定诈骗罪为由，提出上诉。

广东省高级人民法院审理认为：上诉人徐某春在被抓获后，多次供认是与银行工作人员王某怡内外勾结作案。徐某春供词中称，其从王某怡提供的营业所大额存款月报表中选定了可以冒充开出汇票的两个单位，是王某怡将其伪造的两份票汇委托书混入营业所的正常工作程序中，并乘验印人员工作繁忙之机，替代审验了伪造票汇委托书上的印章，使伪造票汇委托书得以蒙混过关。徐某春供词中的这些情节，与书证和证人证言能够相互印证。王某怡在营业所内是负责统计大额存款工作的，全面掌握大额存款客户的名称、资金流动情况和账面余额。大额存款月报表每月只制作一份，该表亦由王某怡保管。没有王某怡利用职务上的便利并与徐某春共谋，徐某春就无法准确选择资金流动慢且账面余额大的客户去冒充开出汇票的单位，无法准确地以伪造票汇委托书的手段从银行骗取 350 万元。所以，尽管王某怡在逃，但是本案证据足以证实是王某怡利用职务上的便利与徐某春共同进行贪污犯罪，其他人包括该营业所内的其他工作人员都不具备这个作案条件，徐某春否认与王某怡共同犯罪，声称是其一人作案，不具备利用职务上的便利，因此其行为应定诈骗罪的上诉理由，不但与证人证言、书证等其他证据无法印证，且在客观上也不具备相应的作案条件。因此，该上诉理由纯属为摆脱法律对其共同贪污行为的严惩而提出的狡辩，应予驳回。原审认定事实清楚，证据确凿，定罪准确，量刑适当，审判程序合法。据此，广东省高级人民法院依照《刑事诉讼法》（1979 年）第 136 条第 1 项的规定，于 1993 年 8 月 17 日裁定：驳回上诉人徐某春的上诉，维持原判，并依照《刑事诉讼法》（1979 年）第 144 条的规定，报请最高人民法院核准。

最高人民法院对此案进行了复核，并于 1993 年 9 月 7 日裁定：核准广东省高级人民法院维持广州市中级人民法院以被告人徐某春犯贪污罪，判处死刑，剥夺政治权利终身的刑事裁定。

4. 评析意见

《刑法》第 382 条第 3 款规定："与前两款所列人员勾结，伙同贪污的，以共犯论处"。该款在性质上属于注意规定，而非法律拟制。注意规定，是指在刑法已作基本规定的前提下，提示司法人员注意、以免司法人员忽略的规定。其特点是，并不改变基本规定的内容，只是对基本规定内容的重申；即使不设置该规定，遇到此类情形也应按照基本规定处理。例如，司法解释规定：携带挪用的公款潜逃的，按照贪污罪论处。该规定就是注意规定。因为携带挪用的公款潜逃的，由于具有了非法占有目的，本身就构成贪污罪。这条规定的出台只是提醒法官不要将这种情形定为挪用公款罪。即使没有这条规定，遇到携带挪用的公款潜逃的情形，也应按照贪污罪论处。

法律拟制，是将原本不符合某种规定的行为也按照该规定处理。例如，《刑法》第 269 条规定，犯盗窃、诈骗、抢夺罪，为窝藏赃物、抗拒抓捕或者毁灭罪证而当场使用暴力或者以暴力相威胁的，依照本法第 263 条（抢劫罪）的规定定罪处罚。该条将盗窃、诈骗、抢夺的情形按照抢劫罪处理。如果没有该条规定，只能定盗窃罪（或诈骗罪、抢夺罪）与故意伤害罪（造成轻伤以上的话），数罪并罚。①

倘若认为《刑法》第 382 条第 3 款规定属于法律拟制，则意味着一般主体参与以特殊身份为要件的犯罪时，原本并不成立共同犯罪；因此，对于一般主体参与以特殊身份为要件的犯罪的，只要没有这种拟制规定，就不得认定为共犯。果真如此，由于受贿罪中没有类似规定，那么非国家工作人员帮

① 张明楷．刑法分则的解释原理：下．2 版．北京：中国人民大学出版社，2011：622－682.

助国家工作人员受贿，则不可能构成受贿罪的共犯，这样的结论显然令人难以接受。正确的看法是，《刑法》第 382 条第 3 款规定只是注意规定，一般主体参与以特殊身份为要件的犯罪时，根据总则规定原本构成共同犯罪；所以，不管分则条文中有无这一注意规定，对一般主体参与以特殊身份为要件的犯罪的，均应认定为共犯。真正身份犯的构成身份只是针对实行犯所要求的。不具有构成身份的人虽然不能构成实行犯，但完全可以构成共犯（帮助犯、教唆犯），与有身份者构成共同犯罪。

本案中，被告人徐某春虽然不是银行工作人员，也没有利用自己职务上的便利条件，但徐某春勾结银行工作人员王某怡（属于国家工作人员），由王某怡利用职务上的便利，由徐某春提供帮助行为，采取伪造票汇委托书手段，将银行客户的巨额存款划走进行侵吞。二人构成贪污罪的共同犯罪，王某怡构成贪污罪的实行犯，徐某春构成贪污罪的共犯，具体而言是帮助犯。

深度研究

关于共同贪污的数额认定，需要深入研究。在共同贪污中，个人贪污数额，不是泛指整个共同犯罪的数额，也不是指分赃数额，而是指个人应当承担责任的数额。对此，应根据刑法总则关于各共犯人承担责任的原则确定。例如，贪污犯罪集团贪污 200 万元，由于首要分子对整个犯罪集团的罪行承担责任，故首要分子的个人贪污数额是 200 万元；由于集团犯罪中的主犯按其所参与的全部犯罪承担责任，故主犯的个人贪污数额按其实际参与贪污的全部数额计算。如果主犯参与贪污 100 万元，则其个人贪污数额为 100 万元。同样，从犯也是以其参与的贪污数额作为其个人贪污数额。

2003 年 11 月 13 日最高人民法院《全国法院审理经济犯罪案件工作座谈会纪要》指出：《刑法》第 383 条第 1 款规定的“个人贪污数额”，在共同贪污犯罪案件中应理解为个人所参与或者组织、指挥共同贪污的数额，不能只按个人实际分得的赃款数额来认定。对共同贪污犯罪中的从犯，应当按照其所参与的共同贪污的数额确定量刑幅度，并依照《刑法》第 27 条第 2 款的规定，从轻、减轻处罚或者免除处罚。

例如，在国企转制中，国有企业工作人员利用职务便利，将国有企业的公共财产转移到自己及亲属控股的个人股份制企业并非法占有，构成贪污罪。在认定贪污的数额时，应将被转移的公共财产全额计算，还是按照行为人在控股公司中所占股份的大小确定相应的贪污数额，需要具体分析。其一，行为人虽然名义上只占有控股公司的部分股份，但该公司实际由其个人完全控制的，应全额认定被转移到该公司的公共财产的数额为贪污犯罪的数额。例如，被告人王某某在 1994 年至 1997 年间，利用担任宝耀公司总经理的职务便利，多次指使公司财务人员采取隐瞒真相、篡改财务账册等方式，将企业财产转至自己及亲属参股的宝耀试验所，用于购买 12 辆搅拌车及其附件，价值 700 余万元。对王某某的行为应当认定为贪污罪，关键是如何认定其贪污的犯罪数额。虽然王某某及其亲属在宝耀试验所占股份的占比为 69%，但该单位实际上系其个人所有，因此应当全额认定这价值 700 余万元的公共财物为其贪污犯罪的数额。其二，行为人将国企财产转移到其参与入股的公司，且其确实是与他人共同入股该公司的，应按其所占股份的份额认定贪污犯罪的数额。例如，被告人卫某某利用职务之便，隐匿所在国有企业应收款 60 余万元，将这笔应收款转入由其与其他人入股的股份公司，卫某某持股 80%，其他四名自然人持股 20%。如果证据证实卫某某确实只持有入股公司的部分股份，其他持股人系真实存在且实际入股的，应当按照其持股份额确定贪污犯罪的数额。当然，如果有证据证明其他持股人属于共同贪污的，则应当全额认定贪污数额。①

① 上海市人民检察院第一分院联合课题组．贪污罪法律适用若干问题研究．犯罪研究，2011 (1)：19.

第二十五章　挪用公款罪

第一节　挪用公款罪的主体

一、主体与身份

知识背景

根据《刑法》第384条的规定，挪用公款罪的主体是国家工作人员。又依《刑法》第93条，以下四类人员属于国家工作人员：(1) 在国家机关中从事公务的人员，即国家机关工作人员；(2) 在国有公司、企业、事业单位委派到非国有公司、企业、事业单位、社会团体从事公务的人员；(3) 国家机关、国有公司、企业、事业单位委派到非国有公司、企业、事业单位、社会团体从事公务的人员；(4) 其他依照法律从事公务的人员。在该条所列举的四种情况中，核心词汇均是“从事公务”，可见“从事公务”是认定国家工作人员的核心标准。对于何谓“从事公务”，2003年《全国法院审理经济犯罪案件工作座谈会纪要》（以下简称“2003年《纪要》”）指出：“从事公务，是指代表国家机关、国有公司、企业、事业单位、人民团体等履行组织、领导、监督、管理等职责。公务主要表现为与职权相联系的公共事务以及监督、管理国有财产的职务活动。如国家机关工作人员依法履行职责，国有公司的董事、经理、监事、会计、出纳人员等管理、监督国有财产等活动，属于从事公务”。因此，是否属于国家工作人员，并不在于是否拥有相关单位的编制，而在于是否能够代表相关单位履行公务。①

---

① 全国人民代表大会常务委员会《关于〈中华人民共和国刑法〉第九章渎职罪主体适用问题的解释》也支持了这一结论。该解释规定，以下三类人员，即 (1) 在依照法律、法规规定行使国家行政管理职权的组织中从事公务的人员；(2) 在受国家机关委托代表国家机关行使职权的组织中从事公务的人员；(3) 虽未列入国家机关人员编制但在国家机关中从事公务的人员，在代表国家机关行使职权时，均应以国家机关工作人员对待。虽然该立法解释是关于渎职罪主体的解释，但从中亦可看出立法者对于刑法中“国家工作人员”的基本理解。

根据全国人大常委会2000年4月29日《关于〈中华人民共和国刑法〉第九十三条第二款的解释》（以下简称“2000年《解释》”）规定，村民委员会等村基层组织人员协助人民政府从事下列行政管理工作，属于《刑法》第93条第二款规定的“其他依照法律从事公务的人员”：（1）救灾、抢险、防汛、优抚、扶贫、移民、救济款物的管理；（2）社会捐助公益事业款物的管理；（3）国有土地的经营和管理；（4）土地征收、征用补偿费的管理；（5）代征、代缴税款；（6）有关计划生育、户籍、征兵工作；（7）协助人民政府从事的其他行政管理工作。据此，农村基层组织工作人员在从事上述活动时利用管理、经手特定公款的权力将特定公款挪归个人使用的，构成挪用公款罪。

需要注意的是，根据《刑法》第382条第2款，“受国家机关、国有公司、企业、事业单位、人民团体委托管理、经营国有财产的人员，利用职务上的便利，侵吞、窃取、骗取或者以其他手段非法占有国有财物的，以贪污论”。该规定属于贪污罪的拟制规定，并不能够对挪用公款罪扩张适用。对于接受“国家机关、国有公司、企业、事业单位”委托从事公务，以及人民团体委托或委派从事公务的人员，并不属于挪用公款罪的主体。此类人员挪用国有资金归个人使用的，应当以挪用资金罪论处。

规范依据

《刑法》

第384条　国家工作人员利用职务上的便利，挪用公款归个人使用，进行非法活动的，或者挪用公款数额较大、进行营利活动的，或者挪用公款数额较大、超过三个月未还的，是挪用公款罪，处五年以下有期徒刑或者拘役；情节严重的，处五年以上有期徒刑。挪用公款数额巨大不退还的，处十年以上有期徒刑或者无期徒刑。

挪用用于救灾、抢险、防汛、优抚、扶贫、移民、救济款物归个人使用的，从重处罚。

案例评价

［案例25-1］顾某忠挪用公款、贪污案[①]（国家工作人员身份的认定）

1. 基本案情

1999年9月，被告人顾某忠经铁实公司（系国有公司）董事长张某端提名，由铁成公司（铁实公司参股的非国有公司）的董事会聘任，出任铁成公

① 最高人民法院刑事审判第一、二、三、四、五庭．中国刑事审判指导案例：第6卷．增订第3版．北京：法律出版社，2017：101-104.

司总经理。华勤投资有限公司（以下简称“华勤公司”）总经理张某找到顾某忠，要求将铁成公司持有的“同仁铝业”股票“转仓”给华勤公司。双方约定以股市交易价在上海证券公司交易，但实际按每股人民币 18 元结算。“同仁铝业”股票的股市交易价与议定的每股 18 元实际结算价间的差额款由华勤公司另行支付。被告人顾某忠提供给张某两个股票账户（A178275159、A13248830），要求张某将差额款在这两个股票账户中买入国债和“宁城老窖”股票。1999 年 9 月 16 日，华勤公司在 A178275159 股票账户中买入 4 986 240 元国债；同年 9 月 22 日，华勤公司在 A13248830 股票账户中买入 84 000 股“宁城老窖”股票，市值计人民币 1 041 512.20 元。上述款项被顾某忠非法占有。

2. 涉案问题

被告人顾某忠由国有公司负责人口头提名、非国有公司聘任担任总经理，能否以国家工作人员论？

3. 裁判理由

一、二审法院均认为，顾某忠担任非国有公司铁成公司总经理的身份属于国家工作人员。因为顾某忠的铁成公司总经理身份是经铁成公司董事长委托国有公司铁实公司董事长提名，再由非国有公司铁成公司董事会聘任的，其实质上是《刑法》第 93 条中所谓“国家机关、国有公司、企业、事业单位委派到非国有公司、企业、事业单位、社会团体从事公务的人员”。

最高人民法院支持了这一意见，认为“委派”的认定不需要拘泥于具体的形式。任命、指派、提名、推荐、认可、同意、批准等形式都属于“委派”。并且，无论是书面委任文件还是口头提名，只要是有证据证明属上述委派形式之一的，就可以认定为存在“委派”。因此，只要是经国家机关、国有公司、企业、事业单位“委派”，在非国有公司、企业、事业单位、社会团体中代表国家机关、国有公司、企业、事业单位从事组织、领导、监督、管理等公务活动的，都属于“国家工作人员”。在本案中，虽然从形式上看，顾某忠是由非国有公司董事会聘任为总经理的，但顾某忠任总经理是由铁实公司董事长张某端提名，非国有公司铁成公司才会决定聘任的，应当属于“受委派”；而他事实上作为总经理，全面负责铁成公司的工作，享有对该公司的全面领导、管理、经营的权力，负有监督、管理国有财产并使之保值增值的职责，从其工作内容和职责考察显然应当认定为“从事公务”，即其是代表铁实公司行使经营、管理职权。因此，应当将顾某忠认定为国家工作人员。

4. 评析意见

本案的问题点在于，顾某忠的职位并非由国有公司铁实公司直接任命，而是由国有公司铁实公司董事长向非国有公司铁成公司提名，再由非国有公司铁成公司对其进行任命。由于其任命并非直接来源于国有公司，因此可能会产生此种方式究竟是否属于《刑法》第93条所谓的“委派”的疑惑。

审判法院采取了实质性的认定方法，认为是否具有形式上的身份并不重要，关键是看是否在代表国家机关、国有公司以及企事业单位从事公务。应当承认，审判法院的审理思路和审判结论都是妥当的，完全符合《刑法》第384条和2003年《纪要》的精神。但我们认为，有必要将判决的说理进一步细化，以便充分揭示“国家工作人员”认定的个中理路。

所谓“代表”国家机关、国有公司、企事业单位从事公务，实际上是指其职权来源于上述单位，并且依据上述单位的安排行使职权。只有这样，才能真正建立起归属关系，从而认为行为人属于上述单位的“一分子”，即属于国家工作人员。在本案中，虽然具体的任命是由非国有公司铁成公司进行的，但其任命的决定只能根据国有公司铁实公司的提名作出，非国有公司铁实公司实际上并没有选择权。因此才可以认为，被告顾某忠属于受国有公司委派的人员。本案判决虽未明确指出此点，但已在字里行间之中体现出此等意涵。我们在此详加叙明，以期能明晰认定“国家工作人员”的基本思路。

[案例25-2] 刘某挪用公款案①（国有公司长期聘用的管理人员的身份性质）

1. 基本案情

某市烟草公司是国有独资经营企业。1999年9月2日，该公司聘任农民刘某担任分公司副经理并全面主持该分公司工作，可获得相应提成工资。1999年9月2日至2001年2月间，刘某利用职务便利采取每月压款的手段拖欠烟款（后一月烟款交前一月烟款），将销售香烟得款用于归还个人欠款等，共拖欠该公司烟款60.263万元。在市烟草公司的催要下，刘某于2001年1月8日向市烟草公司出具了欠条，承认上述欠款，并保证在1月19日下午还清，但到时未归还，刘某谎称客户路途远一时难以收回。3月1日，市烟草公司作出决定免去刘某副经理职务，调回市烟草公司负责追款。3月18日刘某向公司写出还款计划，称4月15日前全部还清，但到期未能归还。

2. 涉案问题

国有公司长期聘用人员利用职务便利挪用国有资金归个人使用的行为如何定性？是否能成立挪用公款罪？

3. 裁判理由

审判法院认为，本案的关键问题有二：其一为刘某是否在“从事公务”，其二为刘某的身份究竟是国有公司中从事公务的人员还是受国有公司委托管

---

① 最高人民法院刑事审判第一、二、三、四、五庭．中国刑事审判指导案例：第6卷．增订第3版．北京：法律出版社，2017：163-166．

理、经营国有财产的人员。

根据2003年《纪要》，从事公务是指“代表国家机关、国有公司、企业、事业单位、人民团体等履行组织、领导、监督、管理等职责。公务主要表现为与职权相联系的公共事务以及监督、管理国有财产的职务活动。如国家机关工作人员依法履行职责，国有公司的董事、经理、监事、会计、出纳人员等管理、监督国有财产等活动，属于从事公务”。本案中，某市烟草公司通过履行正常的聘任手续，正式聘请被告人刘某担任下属分公司的副经理，全面负责该分公司的工作，享有对该分公司的全面领导、管理、经营的权力，负有监督、管理国有财产并使之保值增值的职责，从其工作内容和职责考察显然不属于简单的劳务活动，应当认定为“从事公务”。

2003年《纪要》同时指出：“受委托管理、经营国有财产”是指因承包、租赁、临时聘用等管理、经营国有财产。因此可以认为，2003年《纪要》明确区分了“临时聘用”和“长期聘用”。由于在“长期聘用”的场合，受聘人员与所在单位已经形成了较为固定的劳动关系，尤其是在受聘担任较高职务的情况下，其享有的权利义务与正式在编人员没有大的差别，将其直接视为国家工作人员符合当前国有单位工作人员构成来源变化的特点。因此，应当认为本案中的刘某属于《刑法》第93条规定的“在国有公司中从事公务的人员”，其行为应当成立挪用公款罪。

4. 评析意见

本案例中的问题与前述案例中的并无太多相左之处。唯一的区别在于，前述案例的行为人已经拥有了一个“国家工作人员”身份，所涉议题为另一个身份是否仍旧属于“国家工作人员”。而本案例中只涉及行为人的一个身份，相关议题为行为人是否获得国有公司的授权，抑或只是一个临时的委托。审判法院认为，在长期聘用的场合，行为人享有的权利义务与在编人员并无实质差异，因此可以将行为人认定为“国家工作人员”。笔者认为，此判决理由虽并无太多可指摘之处，但仍有需要进一步说明的地方。在笔者看来，受聘之时间长短并不足以成为认定“国家工作人员”身份的充要条件。对于一些辅助性职位，即便聘用时间再长，也未必能够成为“国家工作人员”。只有当受聘之人行使的职权内容为日常公务之时，才能够认为国有公司是将行为人作为自己的“一分子”而命其行使公务。

本案判决认为应先解决行为人是否在“从事公务”，而后再考虑实质的权利义务状况，这不失为一种有效的思考步骤。但需要明确的是，“实质的权利义务状况与在编人员没有差别，可以将行为人视为国家工作人员”的结论，并不能直接从聘用时间长短得出。只有当聘用内容为从事公务，聘用时间亦非“临时”之时，才能将国有公司长期聘用的人员认定为“国家工作人员”。

二、利用职务上的便利

知识背景

2003年《纪要》对受贿罪中“利用职务上的便利”的认定作出了说明：“利用职务上的便利”，既包括利用本人职务上主管、负责、承办某项公共事务的职权，也包括利用职务上有隶属、制约关系的其他国家工作人员的职权。担任单位领导职务的国家工作人员通过不属于自己主管的下级部门的国家工作人员的职务为他人谋取利益的，应当认定为“利用职务上的便利”为他人谋取利益。2003年《纪要》所列举的后两种情形，即“利用职务上有隶属、制约关系的其他国家工作人员”和“担任单位领导职务的国家工作人员通过不属于自己主管的下级部门的国家工作人员的职务”来挪用公款，实际上是在要求所谓“利用职务便利”必须对于挪用公款而言具有一定的支配性。根据同类解释原则，第一种情形中的“利用本人职权”，也就必须要求行为人本人所有的职权可以对公款挪用产生重要的影响。如果行为人的职权仅涉及公款转移过程中的一个环节，而自身并不能支配公款挪用，不应成立挪用公款罪。此种便利，只是一般生活意义上的“便利条件”，而非挪用公款罪意义上的“便利条件”。

一般认为，“利用职务上的便利”包括主管、管理、经手三种情形。有学者对这三种情形进行了进一步的阐释：“所谓‘主管’，是指行为人本人虽然不具体管理、经手公共财物，但是对公共财物具有调拨、统筹、使用的决定权、决策权；所谓‘管理’，是指行为人对公共财物直接负有保管、处理、使用的职权；所谓‘经手’，是指行为人虽无决定对公共财物进行调拨、统筹、使用的权力，也不具有管理、处置公共财物的职权，但因为工作需要，公共财物一度由其经手”①。笔者认为，这种阐释很好地区分了主管、管理与经手，也突出了“职务便利”对于公款而言的支配性，兹可借鉴。

规范依据

最高人民法院《全国法院审理经济犯罪案件工作座谈会纪要》

刑法第三百八十五条第一款规定的“利用职务上的便利”，既包括利用本人职务上主管、负责、承办某项公共事务的职权，也包括利用职务上有隶属、制约关系的其他国家工作人员的职权。担任单位领导职务的国家工作人员通过不属自己主管的下级部门的国家工作人员的职务为他人谋取利益的，应当

---

① 肖中华．也论贪污罪的“利用职务上的便利”．法学，2006（7）：136－137.

认定为“利用职务上的便利”为他人谋取利益。

案例评价

[案例 25-3] 万某英受贿、挪用公款案①（利用职务便利的认定）

1. 基本案情

甘肃省白银市白银有色金属公司（以下简称“白银公司”）是国有公司，被告人万某英系白银公司副总经理。1998 年三四月间，白银公司决定修建安居工程，具体由白银公司下属的建安公司承担，由万某英主管。1997 年 4 月，被告人万某英为炒期货向其分管的白银公司疗养院院长李某提出借款 5 万元。5 月 2 日，李某让单位财务人员从该院下属的滨河贸易公司开出 5 万元转账支票，交给万某英。万某英将此 5 万元及自筹的 15 万元用于炒期货，后获利 7 万元。1998 年 4 月 1 日，万某英归还了上述 5 万元公款。②

2. 涉案问题

借用下级单位公款进行营利活动的，是否利用了职务便利？该“借用”行为能否构成挪用公款罪？

3. 裁判理由

审理法院认为，从我国国有企业的实际情况来看，大量的国有企业是由上级国有企业出资设立的，下级企业的主要领导也是由上级企业任命的，上下级企业虽然都具备公司法规定的独立法人资格，但实质上仍有较强的行政领导特点。这就意味着上下级企业间的行政关系可以超越一般意义上独立法人之间相对平等的财产关系，使上级法人享有对下级法人人事和经营活动的监督、管理权力。由于这种隶属关系的存在，对于那些担任领导职务的国家工作人员，即使其是通过属于自己主管的本单位或者下级单位的国家工作人员的职务挪用公款的，也应当认定为“利用职务上的便利”。

本案中，虽然被告人万某英不具有直接经管、支配疗养院及滨河贸易公司财产的权力，但是其作为白银公司主管疗养院的副总经理，在职务上对疗养院具有管理职权，其打电话给疗养院院长李某，提出“借”款 5 万元供自己使用，正是利用了他主管疗养院的职权。因此，万某英的行为符合 2003 年《纪要》所指出的“利用职务上有隶属、制约关系的其他国家工作人员的职权”，属于“利用职务上的便利”，构成挪用公款罪。

---

① 最高人民法院刑事审判第一、二、三、四、五庭．中国刑事审判案例：第 6 卷．增订第 3 版．北京：法律出版社，2017：206-209.

② 本案是将万某英的贪污行为和挪用公款行为并案审理。鉴于主题与篇幅，此处只选取了与挪用公款罪相关的事实。

4. 评析意见

笔者认为，本案判决说理清晰，适用法律正确，并无可议之处。在此，仅就该判决进行两点补充说明。

第一，无论是 2003 年《纪要》指出的可以认定为“利用职务便利”的情形，还是本案判决的说理，都反映出了“职务便利”的实质内涵——行为人的职务对于公款挪用而言具有支配或者重要的影响力。无论是利用“职务上有隶属、制约关系的其他国家工作人员”，还是利用自己“主管的本单位或者下级单位的工作人员”，显然都属于行为人可以通过自己的职务对“公款挪用”产生重要影响的情形。这种对职务“支配性”和“重要影响力”的要求也可以从贪污罪和挪用公款罪的法定刑对比中得出。根据《刑法》第 383 条，贪污罪的法定刑幅度分别为 3 年以下有期徒刑或者拘役、3 年以上 10 年以下有期徒刑、10 年以上有期徒刑或者无期徒刑、无期徒刑或者死刑。而根据《刑法》第 384 条，挪用公款罪的法定刑幅度分别是 5 年以下有期徒刑或者拘役、5 年以上有期徒刑、10 年以上尤其徒刑或者无期徒刑。根据“两高”《关于办理贪污贿赂刑事案件使用法律若干问题的解释》第 1 条和第 2 条，贪污罪的数额标准分别为 3 万元以上、20 万元以上不满 300 万元，这与挪用公款进行非法活动和营利活动的犯罪数额标准几乎完全相同。诚然，挪用公款罪没有死刑条款，但由于挪用公款罪不要求行为人具有非法占有目的，因此其行为的不法性本就要低于贪污行为。除死刑条款之外，挪用公款罪的法定刑与贪污罪基本相同，甚至挪用公款罪的第一档的法定刑上限还要高于贪污罪。据此，既然贪污罪要求“利用职务便利”能够对“侵吞、窃取、骗取等非法手段”产生一定的支配性或者重要影响，那么对于挪用公款罪而言就没有理由放弃这一要件。因此，当行为人的职务便利不能对挪用公款产生支配作用或者重要影响时，就不能认定为挪用公款罪。

第二，既然“利用职务便利”的实质是职务对于公款挪用能够产生支配作用或者重要影响，那么在审判实务中，依旧需要注意上级领导对于下级工作人员是否真的能够产生这种影响。如果行为人只是在职务上属于上级，但是不能直接主管或者制约下级工作人员，其“要求”下级工作人员挪用公款的行为，就不一定能成立挪用公款罪，至少不能成立挪用公款罪的正犯。如果下级工作人员构成挪用公款罪的，该上级领导可以成立挪用公款罪的教唆犯。

深度研究

实践中会出现单位领导集体决定挪用本单位公款的情形。对于这种情形该如何处理？是否需要一个单独的单位挪用公款罪？本书于此进行进一步分析。

根据全国人大常委会《关于〈中华人民共和国刑法〉第三百八十四条第

一款的解释》(以下简称“2002年《立法解释》”)的规定，以下三种情形属于挪用公款“归个人使用”：(1)将公款供本人、亲友或者其他自然人使用的；(2)以个人名义将公款供其他单位使用的；(3)个人决定以单位名义将公款供其他单位使用，谋取个人利益的。从文义上说来说，单位决定以单位名义挪用公款的情形就不在《刑法》第384条的规制范围之内。2003年《纪要》指出，经单位领导集体研究决定将公款给个人使用，或者单位负责人为了单位利益，决定将公款给个人使用的，不以挪用公款罪定罪处罚。其中，所谓“单位领导集体研究决定将公款给个人使用”应当理解成，“为了单位利益，单位领导集体研究决定将公款归个人使用”。那么，现在的问题在于，并非出于单位利益，而由单位领导集体决定挪用公款的，该如何处理？

有观点指出，单位挪用公款的情形同样不合于国家的财政管理制度，具有使国有资产流失的风险，从法益侵害的立场出发，单位挪用公款与自然人挪用公款对于单位公款使用权的侵害没有任何实质性的区别。因此，有必要将单位挪用公款的行为入罪。如果不设立单独的单位罪刑条款，那么将无法追究有关直接责任人员的刑事责任。因为单位中有关直接责任人员的刑事责任对单位的刑事责任具有依附性。①

笔者认为，是否设立单位犯罪条款，属于立法者的政策判断。单位犯罪条款的有无，不影响对自然人犯罪行为的追究。认为必须先成立单位犯罪，方得追究自然人刑事责任的观点并不妥当。单位领导集体决定挪用本单位公款的，可以成立挪用公款罪的共同犯罪。此处需要厘清单位犯罪与自然人犯罪之间的关系。

学界主流观点是将单位视为同自然人一样的犯罪主体，认为单位犯罪是单位本身的犯罪，在实施犯罪时，单位同样具有“单位意志”和“单位行为”②。这种“单位意志”需要由单位的决策机构按照单位的决策程序决定并表达，而“单位意志”指导下的“单位行为”则是依靠具体的责任人员去实施。也正因为如此，在成立单位犯罪的情况下，才能适用“双罚制”条款对作为自然人的直接责任人员进行处罚。但这种观点存在以下两个问题：其一，无法说明我国刑法中污染环境罪、非法处置进口的固体废物罪等罪名的单位犯罪条款。以《刑法》第338条规定的污染环境罪为例，许多企业的日常业务内容就包括处置污染物，但很显然，单位决策层不可能就日常的污染物处理行为进行决策。如果按照这一观点，单位基本上不可能成立污染环境罪的单位犯罪，本罪的单位犯罪条款将会被架空。其二，法人终究只是人类社会

① 汪维才．论单位挪用公款行为之入罪．安徽师范大学学报（人文社会科学版），2013（2）：242.

② 张明楷．刑法学．5版．北京：法律出版社，2016：135－137.

的建构物，无论此概念在民商事法律中有着多么重要的地位，在刑事法律中法人永远不可能和自然人比拟。犯罪永远只是自然人的犯罪，所谓“单位意志”只不过是一种拟制。法人自身没有任何意志，无法接受刑法规范的诫命，刑法不会对纯粹的“法人”产生任何作用。因此，试图将单位拟人化以寻求处罚单位犯罪之根基的做法，从根本上产生了错误。正因为如此，有学者开始提倡组织体刑事责任论，认为单位决策机构经过单位决策程序进行的决策并不是判断“单位意志”的决定因素，是否成立单位犯罪，必须考虑单位的制度特征、文化气质和环境氛围，依据单位的结构、制度、宗旨、单位高级管理人员的决定以及单位的制度政策综合判断。① 这种观点确实在一定程度上淡化了对“单位意志”的强调，但对这些要素的考量依旧是在单位意思的框架下进行的，是故其依旧未能摆脱传统框架的窠臼。

依笔者之见，既然只有自然人才能犯罪，那么刑法中的“单位犯罪”并不是单位自身实施的犯罪，而是单位基于自然人犯罪所需要承担的准刑事责任。对于单位的准刑事责任，没有必要讨论“单位意志”和“单位行为”，只需要讨论“可归责性”即可。无论是单位决策机构依据单位决策程序作出的决策，还是单位的文化氛围和制度环境，抑或是单位的合规计划，都只是判断单位“可归责性”的要素。因此，对于作为自然人的直接责任人员的处罚，并不依附于单位犯罪的成立。只有自然人的行为能够成立犯罪，才有可能进一步判断自然人的行为是否能够归属于单位，从而让单位承受刑法所规定的准刑事责任。因此，是否处罚单位领导集体决定挪用公款的情形，与“单位决定以单位名义”的情形是否在构成要件的意义范围之内并无关系。各单位领导是否成立犯罪，关键在于是否存在共同的“利用职务便利挪用公款归个人使用”，以及以单位名义将公款挪用给其他单位的，是否共同地在谋求“个人利益”。即，该问题只是共同犯罪的问题，与是否需要设立单位挪用公款罪无关。

第二节　挪用公款罪的行为

一、挪用公款罪的对象与保护法益

知识背景

根据《刑法》第 384 条，挪用公款罪的对象是公款和用于救灾、抢险、防汛、优抚、扶贫、移民的救济款物。因此，一般情况下，挪用“公款”不

---

① 黎宏．组织体刑事责任论及其应用．法学研究，2020（2）：71－88.

包括挪用“公物”。只有特定种类的“公物”才属于挪用公款罪的行为对象。

国有单位所有或占有的有价证券亦属于公款。最高人民检察院《关于挪用国库券如何定性问题的批复》中指出，“国家工作人员利用职务上的便利，挪用公有或本单位的国库券的行为以挪用公款论”。我国自1998年开始停止票面式国库券的发行，挪用国库券的行为今天已很难再发生。不过，考虑到国库券为有价证券的一种，该解释的规定亦可为我们思考挪用国有单位所有或者占有的有价证券之行为的性质提供一些基本的指引。2003年《纪要》指出，挪用金融凭证、有价证券用于质押，使公款处于风险之中的，与挪用公款为他人提供担保没有实质的区别，符合刑法关于挪用公款罪规定的，以挪用公款罪定罪处罚。不过，2003年《纪要》只涉及挪用有价证券用于质押的行为，对于挪用有价证券以作他用的情形并未表达意见。

有价证券是标有票面金额、证明持有人有权按期取得一定收入并可自由转让和买卖的所有权或债权凭证，是一种虚拟资本。有价证券的持有者可以凭借证券直接取得一定量的商品、货币或是取得利息、股息的收入，并且有价证券可以在证券交易市场通过承兑、贴现、交易等方式流通。如此来看，有价证券在一定程度上具有货币的特性，发挥货币的职能。是故，挪用国有有价证券的行为与挪用公款的行为在法益侵害层面并没有太大的差异，应当将挪用国有单位所有或者占有的有价证券的行为认定为“挪用公款”。

本罪的保护法益是公款的占有权、使用权、收益权以及职务行为的廉洁性。① 因为“国家工作人员利用职务上的便利，将公款挪归个人使用的行为，是一种违背职责、滥用职权的腐败行为，与国家法律法规对公务行为廉洁性的要求相悖。同时，违反国家财经制度的挪用公款行为使得公款的使用、收益权能受到侵犯”②。由于在刑法中，挪用公款罪位于“贪污贿赂犯罪”章中，因此在本罪所保护的两类法益中，职务行为的廉洁性应当处于一个更为重要的位置。准确把握本罪的保护法益，对于思考后文所提及的各种疑难情形，大有助益。

案例评价

[案例25-4] 杨某珍挪用公款案③（挪用公款罪的保护法益）

1. 基本案情

被告人杨某珍为无锡市旺庄医院副院长，分管行政、财务工作。万兆公

① 张明楷．刑法学．5版．北京：法律出版社，2016：1188.

② 周光权．刑法各论．2版．北京：中国人民大学出版社，2011：409.

③ 最高人民法院刑事审判第一、二、三、四、五庭．中国刑事审判指导案例：第6卷．增订第3版．北京：法律出版社，2017：176-179.

司系尤某兴（杨某珍之夫）、浦某某出资设立的有限公司，长江公司系尤某兴与杨某珍出资设立的有限公司。2006 年 4 月至 2007 年 6 月间，杨某珍利用担任旺庄医院副院长且分管财务的职务便利，先后 4 次用万兆公司或长江公司收到的未到期的银行承兑汇票支付药款给旺庄医院的供货单位，与此同时将旺庄医院等额的公款合计人民币 700 386 元通过转账的方式转入万兆公司和长江公司。4 次承兑汇票均有承兑银行兑付。

在本案的诉讼过程中，无锡市开发区人民检察院向无锡市高新技术产业开发区人民法院要求撤回起诉，后经无锡市高新技术产业开发区人民法院准许。

2. 涉案问题

利用职务便利将关系单位未到期的银行承兑汇票背书转让用于清偿本单位的债务，同时将本单位等额的银行转账支票出票给关系单位的行为，是否构成挪用公款罪？如何理解本罪的保护法益？

3. 裁判理由

最高人民法院评论意见认为：挪用公款罪行为的危害性在本质上体现为：一是使公款脱离应有控制，二是使公款处于风险之中。在本案中，以支付药款为目的向外流转款项，是旺庄医院与医药供应商交接款项控制权的过程。作为该款项合法的继任控制权人，医药供应商有权行使控制权，包括事先指定该款项向哪个方向流转。被告人杨某珍在事先征得医药供应商同意的情况下，以其他单位的等额银行承兑汇票代替医院付款从而清偿欠款，同时使医院资金流向其他单位的行为，实质上是在行使医药供应商对该款的控制权。故而无所谓部分公款脱离单位控制。此外，虽然本案医院的款项形式上并未直接用于清偿该单位债务，但在经医药供应商事先同意，并以等额汇票作为偿付替代手段的情况下，药款不存在危险，医院债务实际上已经得到及时清结，与直接将款项给付医药供应商没有本质区别。杨某珍的行为亦没有陷单位的公款于风险，在其将关系单位的真实银行承兑汇票由医院背书转让用于支付药款，然后让财务开具等额转账支票给其丈夫所在公司的过程中，医院作为付款方支付药款是一种单向的付款行为或清偿债务的行为，杨某珍不管是将转账支票，还是将等额的银行承兑汇票交付给医药供应商，最终结果都是医院药款的结清或债务的清除，医院的公款不会因这种支付方式的转换而受到损害或者承受任何风险。

最高人民法院评论意见还指出：归还可能性是挪用公款罪的成立前提，即便因客观原因在挪用之后事实上无法归还，在实施挪用行为当时也应当存在归还的可能性。在本案中，旺庄医院转账款项的用途在于支付应付款，达到清结债务的目的。因此，在客观上该笔款项没有归还回转的必要性和可能性。

综上所述，杨某珍虽然利用职务便利，转变了该资金流动方向，但依旧不能成立挪用公款罪。

4. 评析意见

笔者认为，最高人民法院的评论意见在说理上存在瑕疵。

根据最高人民法院的评论意见，挪用公款罪行为的危害性在本质上体现为：一是使公款脱离应有控制，二是使公款处于风险之中。这实际上是认为，挪用公款罪的本质是对国有单位公款所有权、使用权的侵害。在本案中，旺庄医院本就需要归还一定的欠款，而被告“挪用”公款的结果是使得该笔欠款得到了偿还，因此不存在对公款所有权、使用权的侵害。但这样的论证显然些跳跃。假设以下案例，财物所有人甲对债权人乙存在一个交付特定物的债务，行为人丙和乙商议，由第三者丁交付同样的特定物予乙，随后乙放弃对甲的债权。此后，行为人丙再从财物所有人甲处盗窃该物交给丁。在此案例中，显然不能认为丙的行为不成立盗窃罪。既然如此，为何就能径直认为，本案被告的行为不构成挪用公款罪？

如前文所述，笔者认为，挪用公款罪保护的主要法益是职务行为的廉洁性，因此在判断行为人的行为是否属于挪用行为时，第一步需要判断的是行为人的行为是否是滥用职权处分公款。在本案中，被告担任旺庄医院的副院长，主管行政、财务工作，处分公款以支付交易款项本就属于被告的职权范围之内。至于如何完成交易，应当属于被告可得自由选择的内容。只要没有给单位造成损失，被告的行为就不属于滥用职权处分公款。即便这种行为可能属于不规范行使职权，也不能被评价为滥用职权。因此，在犯罪构成要件的审查上，在审查客观构成要件要素——滥用职权以“利用职务便利”时，即可否定本案被告成立犯罪，而无须弯弯绕绕地诉诸“医院资金流向其他单位的行为，实质上是在行使医药供应商对该款的控制权”之类让人困惑的措辞。

至于“归还可能性是挪用公款罪的成立前提”的论断亦体现出最高人民法院的评论意见未能准确把握“非法占有目的”的功能与意义。涉“非法占有目的”的犯罪一般都是截断的结果犯，即只要客观转移占有的行为“既遂”，就直接考察行为人的主观意图，客观上是否真的出现意图指向的损害结果，并不为构成要件所关心。因此在审查犯罪时，不能将属于客观结果的“返还可能性”作为犯罪成立与否的指标，只要行为人实施了挪用行为，并且在主观上具有进行相应活动的意图，挪用公款罪就达致既遂。

因此，笔者认为，本案被告不构成挪用公款罪的理由在于其根本没有实施“挪用”行为。最高人民法院的评论意见虽能达致妥当的处理结果，但其论证过程上未臻完善。

深度研究

《刑法》第 91 条规定，“在国家机关、国有公司、企业、集体企业和人民团体管理、使用或者运输中的私人财产，以公共财产论”。那么，国家工作人员利用职务便利挪用由国家机关、国有公司、企业、集体企业和人民团体管理、使用或者运输中的私人财产的，是否构成挪用公款罪？笔者认为，在这种情况下，应当分情形处理。

挪用公款罪的保护法益是国有单位对公款的占有、使用及收益。而所谓“占有、使用和收益”，其实质是财产权的权利行使方式。国有单位通过对公款的“占有、使用和收益”来实现自身的特有目的。因此，如果该笔财产仅仅是由国家机关、国有公司、企业、集体企业和人民团体管理或者运输，而不能由国有单位获取收益，实现自身目的的，对该笔“公共财产”的挪用不宜认定为挪用公款罪。诚然，在国家机关、国有公司、企业、集体企业和人民团体对私人财产进行管理、使用和运输期间，如果财产发生损失，相关国有单位需要对原财物所有人进行赔偿，但这并不能成为成立挪用公款罪的理由。任何转移型犯罪都应当满足“同一性”规则，即行为人所得之财产与财物所有人所失之财产应为“同一”。而相关国有单位对原财物所有人的赔偿义务来源于另外的法律关系，并非由挪用行为直接导致，被挪用的“公共财产”亦不等于相关单位的赔偿义务，因此这种场合下并不满足“同一性”的要求，挪用行为不应成立挪用公款罪。只有当国有单位能够使用“私人财产”进行收益，并用以实现自身的特定目的时，该笔财产才能被认定为挪用公款罪中的“公款”。

对于不成立挪用公款罪的情形，行为人可能成立滥用职权罪，自不待言。

二、“归个人使用”

知识背景

2002 年《立法解释》对《刑法》第 384 条中的“归个人使用”进行了说明。该解释规定，有下列情形之一的，属于挪用公款“归个人使用”：(1) 将公款供本人、亲友或者其他自然人使用的；(2) 以个人名义将公款供其他单位使用的；(3) 个人决定以单位名义将公款供其他单位使用，谋取个人利益的。其中，第一种情形重视公款利用人的身份，即公款实际上由谁进行利用。第二、三种情形则重视公款挪用人的主观因素，即在所挪用之公款由其他单位使用时，公款挪用人必须以个人名义挪用公款，或者在个人决定以单位名义挪用时，意图为个人谋取利益。由于由单位使用被挪用的公款，无论如何都无法被解释成“归个人使用”，因此可以认为，该立法解释实际上是将挪用者“以个人名义将公款供其他单位使用”和“个人决定以单位名义将公款供其他单位使用，谋取个人利益的”情形，视为挪用者挪用公款供“本人”使用。

2003年《纪要》就“个人名义”和“个人决定”进行了进一步的说明。根据该《纪要》，认定是否属于“以个人名义”，不能只看形式，要从实质上把握。对于行为人逃避财务监管，或者与使用人约定以个人名义进行，或者借款、还款都以个人名义进行，将公款给其他单位使用的，应认定为“个人名义”。而“个人决定”既包括行为人在职权范围内决定，也包括超越职权范围决定。由于该《纪要》同时指出，当挪用公款是出于单位利益时，挪用行为不构成挪用公款罪，因此何谓“个人利益”在罪与非罪的认定上就至关重要。

所谓“个人利益”，既包括谋取本人的个人利益，也包括为亲友等人谋取个人利益，原则上不包括为单位、集体谋取利益的情形。“利益”既包括不正当利益，也包括正当利益；既包括财产性利益，也包括非财产性利益。个人决定将公款挪给其他单位使用，如果使用公款的单位系其子女、配偶等特定共同利益人所有、控股或者占有股份的公司，依旧属于“谋取个人利益”。

根据《刑法》第384条的表述，挪用公款进行使用的情形有三种，分别是进行非法活动、进行营利活动和进行其他活动且在3个月内未予归还。当行为人挪用公款给他人使用时，只有当行为人知道他人将公款用于非法活动和营利活动时，才能按照挪用公款进行非法活动或者营利活动的条款对行为人进行处罚。最高人民法院《关于审理挪用公款案件具体应用法律若干问题的解释》（以下简称《挪用公款解释》）第2条第2款规定，“挪用公款给他人使用，不知道使用人用公款进行营利活动或者用于非法活动，数额较大、超过三个月未还的，构成挪用公款罪；明知使用人用于营利活动或者非法活动的，应当认定为挪用人挪用公款进行营利活动或者非法活动”。

需要注意的是，擅自以公款、公款存单等金融凭证为他人的合同提供担保的，应区别对待。只有通过担保使公款、公款存单等的占有发生转移的，才属于“挪用”。否则，不属于挪用行为。

规范依据

全国人民代表大会常务委员会《关于〈中华人民共和国刑法〉第三百八十四条第一款的解释》

有下列情形之一的，属于挪用公款“归个人使用”：

（一）将公款供本人、亲友或者其他自然人使用的；

（二）以个人名义将公款供其他单位使用的；

（三）个人决定以单位名义将公款供其他单位使用，谋取个人利益的。

案例评价

[案例 25-5] 张某同挪用公款案[①]（“归个人使用”中的“谋取个人利益”）

1. 基本案情

被告人张某同，原系甘肃省酒泉市肃州区西峰乡新村村委会主任。2002年8月底，酒泉三正世纪学校董事长王某红以该校资金紧张为由，向被告人张某同提出想从张某同所在的新村村委会贷款200万元，月息为0.8%，张某同在未与村委会其他成员商议的情况下，安排村委会文书兼出纳柴某荣将村里的征地补偿款210万元分别于2002年9月2日、10月11日、10月21日3次借给三正世纪学校使用，约定月利息为0.8%。2002年10月，王某红再次找张某同提出向新村村委会借款600万元，包括前面已经借出的210万元，张某同便于2002年10月30日召集村委会委员会议就是否给三正世纪学校借款进行讨论，张某同未将此前已经借款给三正世纪学校210万元向会议说明，会上大家一致同意借款给三正世纪学校600万元，会后新村村委会与三正世纪学校签订了600万元的贷款合同，约定月利息0.6%，2003年9月30日归还。合同签订后，新村村委会实际只给三正世纪学校借款531.5万元，包括开会研究之前借给三正世纪学校的210万元。2003年9月24日三正世纪学校归还220万元，案发时尚未归还的311.5万元，通过司法程序大部分已经追回。

2. 涉案问题

张某同在未经村委会开会研究的情况下，先行将征地补偿款210万元借给三正世纪学校使用的行为是否构成挪用公款罪？

3. 裁判理由

审理法院认为，就主体要件而言，张某同作为村委会主任管理征地补偿款的行为属于村基层组织人员协助人民政府从事土地征用补偿费用的管理和发放的行政管理工作，因此根据2000年《解释》，应当将张某同认定为“其他依照法律从事公务的人员”。

就行为要件来说，张某同决定出借210万元征地补偿款是以村委会名义借出的。因为，从210万元的转账凭证来看，付款人均写明是新村村委会，收款人是三正世纪学校；从三正世纪学校的收据上看，亦均写明收到的是新村村委会借款；从办理借款及还款的程序来看，张某同并不是私下将公款借

① 最高人民法院刑事审判第一、二、三、四、五庭．中国刑事审判指导案例：第6卷．增订第3版．北京：法律出版社，2017：170-172.

给了三正世纪学校，而是通过村委会成员文书兼出纳柴某荣来办理。该笔款项始终控制在村委会名下，直至到期还款，三正世纪学校也是直接将款还给了新村村委会，而不是还给张某同个人。因此，可以认为，张某同是以村委会的名义出借该笔公款。那么问题就在于：张某同挪用公款是否是为了“谋求个人利益”?

法院认为：个人决定借出公款和以个人名义将公款借出完全是两回事，二者之间的根本区别在于公款的所有权单位对公款的真实去向是否知情，借款人是否隐瞒了款项的真实用途，借出的款项是由单位直接控制还是由借款人背着单位私下控制，借款人是否用公款谋取了个人私利。在本案中，向三正世纪学校借出 600 万元是由村委会讨论决定的，张某同虽在村委会研究时未对先前借出的 210 万元作出说明，但村委会决议出借的 600 万元当中，实际上包含了先前借出的 210 万元。因此，村委会对前期 210 万元的去向完全知情。是故，不能认为张某同在挪用前笔 210 万元公款时是为了“谋求个人利益”。

4. 评析意见

在评论意见中，最高人民法院明确区分了“个人决定借出公款”和“以个人名义将公款借出”，并认为两者之间的根本区别在于公款的所有权单位对公款的真实去向是否知情，借款人是否隐瞒了款项的真实用途，借出的款项是由单位控制还是由借款人背着单位私下控制，借款人是否用公款谋取了个人私利。这一连串的标准其实可以归结为两点：第一，单位是否知晓公款流向；第二，行为人是否利用公款谋取私利。但就挪用公款罪的成立而言，第二个标准其实并不具有相关性，因为 2002 年《立法解释》明确要求，当行为人“个人决定以单位名义”挪用公款时，必须是为了谋求个人利益。

在我们看来，“单位知晓公款流向”只不过是一种修辞。如前文所述，单位永远不可能成为和自然人并列的犯罪主体，作为法人的单位本身没有任何思想，没有任何意志，也就无所谓对公款流向知不知情。从规范上看，单位“知情”实际上是说，行为人对公款的处理是否在其职权范围之内，或者对公款的挪用是否经过了单位集体决策程序决定。因此，从实质的角度理解，2002 年《立法解释》之所以区分“个人名义借出公款”和“个人决定以单位名义借出公款，谋求个人利益”，是因为在前者的场合，“借用公款”的行为在形式上就不满足职权行使要求，对职务行为廉洁性的侵犯比较明确，故不必强调“谋求个人利益”的要件；而在后者的场合，既然个人有权决定以单位名义借出公款，就意味着在形式上，处分公款的行为属于行为人的职权范畴，那么此时就需要“谋求个人利益”的要件来实质性地判断对公款的挪用是否在行为人的职权范围之内。

就本案而言，最高人民法院的评论意见指出：在经村委会集体决定出借的 600 万元款项中包含了张某同先行出借的 210 万元，因此村委会对于该笔 210 万元公款的流向是知情的。在借还款程序中，该 210 万元也是由单位作为收款人，走单位公账，因此该笔款项一直处在单位的控制之下。但如此说理似有未尽周详之处，假设将案例做如下变动，即可发现此种说理的尚欠妥当：假设甲为某国有公司经理，主管单位的财务工作。甲利用职务便利将本单位公款 300 万元“借”给乙进行其他活动，并且在 3 个月内未能返还。3 个月后，甲所在的国有公司决定资助乙的办校项目，于是甲邀请决策层共同商讨出借的数额，后经集体决策决定出借 600 万元，并由甲负责出借事宜。甲后来与乙约定，该出借款 600 万元包含甲先行“出借”给乙的 300 万元。但很显然，甲虽有权决定处分公款，但在“借用”前笔 300 万元的公款时，其并非为了单位利益，其行使职权的行为并不合法，理当成立挪用公款罪。因此，笔者认为，本案被告张某同之所以不成立挪用公款罪，是因为在出借前笔 210 万元的公款时，在形式上出借决定处于张某同的职权范围之内，在实质上张某同是为了单位利益，因此并不存在“滥用职权”的情形。如果张某同并没有权力决定出借公款，张某同的行为就应当在形式上符合挪用公款罪的构成要件。

深度研究

究竟该如何处理“挪而未用”① 和“变相挪用”② 的案件，理论上一直有所争议。笔者认为，重新审视挪用公款罪的基本结构有助于理解这些问题。因此，笔者在此进行进一步的分析与说明。

如前所述，2002 年《立法解释》实际上是将挪用公款给单位使用的两种情形都视为挪用公款供本人使用，这就极度扩大了“供个人使用”的含义。根据一般的理解，所谓“个人使用”，是指公款的直接利用者是个人。如果将为其他单位挪用的行为也视为“个人使用”，就使得该要件失去了明确的限定意义。同时，这样的理解也使“挪而未用”情形的定性变得困难。当行为人为他人或者其他单位挪用公款时，或许还可以勉强地认为，这种挪用行为实际上是为了实现自己的目的或者利益，因此在将公款交给他人或者其他单位时，就是对公款的使用。但当行为人本就想为自己挪用却“挪而未用”时，这种理解就无法得到贯彻了。而且，在 2002 年《立法解释》列举的“归个人使用”的第三种情况中，明确强调了“谋取个人利益”，那么根据同类解释原

① 相关争议，可参见慈健．挪用公款罪疑难问题研究：从“挪而未用”案件的视角展开．河北法学，2007（9）：120－122.

② 张明楷．刑法学．5 版．北京：法律出版社，2016：1189.

则，其他两种情况也必须是为“谋取个人利益”而挪用。这就使得挪用公款罪的规范目的似乎是处罚挪用公款谋取私益的行为。但这样的理解是否准确呢？笔者认为有进一步考量的余地。

有学者对这种现象进行了反思，指出 2002 年《立法解释》是在犯罪成立的意义上区分了“公款挪用人”和“公款利用人”，并且将“使用人”等同于“利用人”。为了回应实践的需要，立法和司法解释不得不不断扩张“公款利用人”的范畴，以使“利用人”能够包括“利用的单位”。正是这种区分逻辑，造就了理论讨论中的各种乱象。① 对于该学者的意见，笔者表示赞同。挪用公款罪位于《刑法》分则第八章“贪污贿赂犯罪”中，因此，职务行为的廉洁性应该是本罪保护的主法益，而国有单位对于公款的占有、使用和收益只是本罪保护的次法益。因此，当国家工作人员利用职务便利，滥用职权挪用公款时，就已经具备了相当的可罚性，为何非要既挪用又利用后，再考察利用的情形决定犯罪成立的条件？如此理解并没有准确把握挪用行为和利用行为各自的性质。在此，我们沿袭该学者的意见，认为在解释《刑法》第 384 条时，可以将“归个人使用”的规范理解为对挪用公款的同义反复，即挪用公款者为个人。这样，就取消了利用者必须为“个人”的限定。② 如此处理后，挪用行为和利用行为各自的意义就清晰了起来。挪用行为侵犯了作为主法益的“职务行为的廉洁性”，利用行为侵犯的是作为次法益的“国有单位对公款的占有、使用和收益权”。当行为人实施了挪用行为后，即可考察公款的被利用情况。由于利用情况不同影响到挪用行为本身的不法程度，所以刑法降低了犯罪成立的数额条件和时间条件。

据此，如果是从事非法活动或者营利活动，即可直接成立挪用公款罪；如果并未从事非法活动或者营利活动，则需满足“三个月未还”的条件，才能成立挪用公款罪。这种理解也能够很好地解释 2003 年《纪要》为什么认为经单位领导集体决定，并且为了单位利益挪用公款的行为不成立挪用公款罪，以及为什么 2002 年《立法解释》突出强调个人决定以单位名义挪用公款的，需要谋取个人利益才能成立挪用公款罪。当单位领导集体决定为单位利益挪用公款时，挪用行为是集体的决策，因此并不存在个人滥用职权的情况；而当个人能够决定时，就意味在个人的职权内确实含有对相应公款的处分权，此时就必须通过所谋求之利益来判断行为人是否存在滥用职权的行为。③

根据这种理解，“挪而未用”的情形，只要行为人未在 3 个月之内将公款

① 李强．挪用公款罪中“归个人使用”的解释逻辑．法学，2015（4）：117－124.

② 同①.

③ 因此，当单位领导并非出于单位利益而集体决策挪用公款的，可能成立挪用公款罪的共同犯罪。

返还，即成立挪用公款罪。至于“变相挪用”的情形，同样属于挪用公款从事其他活动，行为人未在3个月内返还的，即可成立挪用公款罪。

需要强调的是，如何理解“超过3个月未还”？所谓“超过3个月未还”是指未在3个月期限内归还，还是指挪用公款的时间超过3个月，且在案发时尚未归还？如果采取后一理解，那么即便挪用公款1年以后才案发，只要行为人在案发前归还的，也不会成立挪用公款罪。① 笔者认为，后一种理解并不妥当。行为人挪用公款超过3个月的，挪用人是否归还仅涉及量刑问题，与犯罪成立与否无关。如前文所述，本罪保护法益的主法益是职务行为的廉洁性，因此只要国家工作人员滥用职权挪用公款，就已经具有了相当的可罚性。之所以设立“超过3个月未还”的限制性条件，是因为在将公款用作其他活动时，对本罪保护的次法益，即国有单位对公款的占有、使用和收益，所造成的危险程度较低。如果在3个月之内仍未归还被挪用的公款，就应当认为国有单位对公款的占有、使用和收益权益已经被侵犯到了相当的程度，没有理由将归还公款的期限拖延至案发时。否则，对挪用公款行为的震慑力度将会大大降低。

三、挪用公款的数额与情节

知识背景

根据《刑法》第384条，挪用公款罪的刑幅界分标准是“数额较大——情节严重——数额巨大”，这与一般的刑幅界分标准“数额较大——数额巨大或者情节严重——数额特别巨大或者情节特别严重”并不相同。这就使得在挪用公款罪中，情节与数额之间的关系并不清晰。

根据“两高”《关于办理贪污贿赂刑事案件适用法律若干问题的解释》（以下简称《贪污贿赂解释》）第5条的规定，挪用公款归个人使用，进行非法活动，数额在3万元以上的，应当依照《刑法》第384条的规定以挪用公款罪追究刑事责任；数额在300万元以上的，应当认定为《刑法》第384条第1款规定的“数额巨大”。具有下列情形之一的，应当认定为《刑法》第384条第1款规定的“情节严重”：（1）挪用公款数额在100万元以上的；（2）挪用救灾、抢险、防汛、优抚、扶贫、移民、救济特定款物，数额在50万元以上不满100万元的；（3）挪用公款不退还，数额在50万元以上不满100万元的；（4）其他严重情节。根据该解释第6条，挪用公款归个人使用，进行营利活动或者超过3个月未还，数额在5万元以上的，应当认定为《刑法》第384

① 相关争议，参见吕桂芬．挪用公款罪认定中的若干疑难问题．国家检察官学院学报，2000（2）：50-53.

条第 1 款规定的“数额较大”；数额在 500 万元以上的，应当认定为《刑法》第 384 条第 1 款规定的“数额巨大”。具有下列情形之一的，应当认定为《刑法》第 384 条第 1 款规定的“情节严重”：（1）挪用公款数额在 200 万元以上的；（2）挪用救灾、抢险、防汛、优抚、扶贫、移民、救济特定款物，数额在 100 万元以上不满 200 万元的；（3）挪用公款不退还，数额在 100 万元以上不满 200 万元的；（4）其他严重的情节。

同时，根据《挪用公款解释》第 3 条第 1 款的规定，挪用公款“情节严重”还包括挪用公款手段恶劣；多次挪用公款；因挪用公款严重影响生产、经营，造成严重损失等情形。[①] 但很显然，在挪用公款数额较大或者挪用公款数额巨大的场合，也有可能存在上述各种情节。例如挪用公款数额巨大，且严重影响了生产、经营，造成严重损失的情形。因此，我们认为，就数额而言，《刑法》第 384 条以及《贪污贿赂解释》实际上还是形成了“数额较大—数额巨大—数额特别巨大”的法定刑层级标准。与此同时，立法者在“数额巨大”项下指示了需要注意的加重情节，这些加重情节能够同时适用于“数额较大”和“数额巨大”的情形。不过，由于《刑法》第 384 条并未区分情节的严重程度，因此，在数额未达到《刑法》第 384 条所规定的“数额巨大”的情形时，无论如何也不能因为情节适用“数额巨大”的法定刑。只有当挪用数额已经达到“巨大”的标准时，才能在该量刑幅度内考虑加重情节。

在司法实践中，普遍存在着行为人多次挪用公款并以后次挪用的公款归还前次挪用的公款的现象。在此类现象中，如何计算挪用公款的数额，理论与实践中一直存在分歧。根据《挪用公款解释》第 4 条后段的规定，多次挪用公款，并以后次挪用的公款归还前次挪用的公款，挪用公款数额以案发时未还的实际数额认定。根据该解释的字面含义，如果行为人多次挪用公款，但在案发时全部归还的，就无法成立挪用公款罪。这样的适用结论显然不合理，因为当行为人仅挪用一次公款进行非法活动或者营利活动，即便最后归还了公款，也要成立挪用公款罪，而行为人多次挪用公款反而可能不成立犯罪，如此法律适用就会显得有些“不可理喻”。司法实践中司法人员同样考虑到了严格依据字面含义难言妥当，于是有的司法机关在有多次挪用公款情形的案件中，以单次挪用的最高数额计算行为人的犯罪数额。[②] 如此处理虽然避免了认定行为人无罪的不妥当结论，但是在说理上依旧未能详尽。单次挪用的最高数额依旧属于已经归还的数额，如果认可已经归还的数额不计入犯罪

① 在该解释中，挪用公款数额巨大也属于挪用公款“情节严重”，不过，2016 年“两高”《贪污贿赂解释》已经区分了“情节严重”的挪用数额和“数额巨大”的挪用数额，所以，该解释中将挪用公款数额巨大认定为挪用公款“情节严重”的表述，应当不再适用。

② 参见江苏省南通市如东县人民法院（2019）苏 0623 刑初第 365 号刑事判决书。

的总数额，又有什么理由将单次挪用的最高数额当作犯罪数额呢？事实上，当行为人挪用公款进行非法活动或营利活动，或者挪用公款三个月未还时，犯罪就已经既遂，犯罪既遂后是否归还公款不会影响犯罪成立的评价。因此，即便公款在案发前已经归还的，也应当成立挪用公款罪。那么，究竟该如何理解《挪用公款解释》第 4 条后段的规定？

笔者认为，因案发前已经归还而不将相应公款数额计入犯罪数额的，只能限于犯罪尚未成立之时。因此，所谓“案发前已经归还”的公款，是指用作其他活动且在 3 个月之内归还的公款。也就是说，《挪用公款解释》第 4 条后段只是对《刑法》第 384 条的注意规定，即提示司法工作人员，在面对挪用后次公款以归还前次公款的案件时，需要注意究竟有多少额度的公款是超过 3 个月未还的。只有超过 3 个月未还的公款或者进行非法活动或者营利活动的公款才能够累计计算。

规范依据

（一）最高人民法院、最高人民检察院《关于办理贪污贿赂刑事案件适用法律若干问题的解释》

第 5 条　挪用公款归个人使用，进行非法活动，数额在三万元以上的，应当依照刑法第三百八十四条的规定以挪用公款罪追究刑事责任；数额在三百万元以上的，应当认定为刑法第三百八十四条第一款规定的“数额巨大”。具有下列情形之一的，应当认定为刑法第三百八十四条第一款规定的“情节严重”：

（一）挪用公款数额在一百万元以上的；

（二）挪用救灾、抢险、防汛、优抚、扶贫、移民、救济特定款物，数额在五十万元以上不满一百万元的；

（三）挪用公款不退还，数额在五十万元以上不满一百万元的；

（四）其他严重的情节。

第 6 条　挪用公款归个人使用，进行营利活动或者超过三个月未还，数额在五万元以上的，应当认定为刑法第三百八十四条第一款规定的“数额较大”；数额在五百万元以上的，应当认定为刑法第三百八十四条第一款规定的“数额巨大”。具有下列情形之一的，应当认定为刑法第三百八十四条第一款规定的“情节严重”：

（一）挪用公款数额在二百万元以上的；

（二）挪用救灾、抢险、防汛、优抚、扶贫、移民、救济特定款物，数额在一百万元以上不满二百万元的；

（三）挪用公款不退还，数额在一百万元以上不满二百万元的；

（四）其他严重的情节。

（二）最高人民法院《关于审理挪用公款案件具体应用法律若干问题的解释》

第4条　多次挪用公款不还，挪用公款数额累计计算；多次挪用公款，并以后次挪用的公款归还前次挪用的公款，挪用公款数额以案发时未还的实际数额认定。

案例评价

[案例25-6] 冯某华、张某祥挪用公款案①（挪用后次公款以归还前次公款的行为的评价）

1. 基本案情

被告人冯某华原系贵州省六盘水市农业银行信用卡业务部（以下简称“卡部”）综合科工作人员。1997年9月，被告人冯某华、张某祥协议合伙成立“钟山区祥华汽车配件经营部”。由于没有资金注册，冯某华在六盘水市农业银行金穗信用卡业务部开了一张证明张某祥在该部有30万元存款的虚假证明到某会计师事务所验资。冯、张二人在无固定资产和经营所需资金的情况下，冯利用职务之便擅自授权张用信用卡透支资金进行经营汽车配件的业务活动。其中：

1997年8月19日至12月底，冯某华、张某祥用张的65001号、07301号、66801号信用卡共透支60余万元。其中经卡部领导同意授权投资的有30万元，其余为冯擅自授权透支。

1997年12月31日，冯某华、张某祥用胡某生等20人的身份证办卡，其中19个卡是空卡，无起存金。经冯擅自授权，用20个卡透支100万元，转到张使用的65001号卡417 000元、07301号卡9万元、66801号卡147 000元，转了36 380元到吴某云使用的65308号卡为张还欠款，转了309 620元到冯某华使用的曾某品的66807号卡上。

1998年1月12日，冯某华、张某祥用靳某陆等18人的身份证办了18张空卡，由冯授权，透支90万元，转了80万元到胡某胜等人的16张卡上盖账，转了10万元到张某祥07301号卡上。

1998年1月26日，经冯擅自授权，冯、张用胡某生等人的19张卡透支1 007 550元，转到靳某陆等人的20张卡上盖账。

1998年2月14日，冯、张用靳某陆等人的19张卡透支110 810元，转到

① 最高人民法院刑事审判第一、二、三、四、五庭．中国刑事审判指导案例：第6卷．增订第3版．北京：法律出版社，2017：155-157.

胡某生等人的19张卡上盖账，错转了100 550元到吴某云使用的成某林的07803号卡上，吴已归还此款。

1998年2月27日，冯、张用胡某生等人的15张卡透支1 150 860元，转到靳某陆等人的20张卡上盖账。

综上所述，除去卡部领导同意透支的额度与错转的额度，冯某华实际擅自授权透支总额为709 460.40元。案发后，冯、张共退还款、物价值697 641元，尚有11 819.40元不能退还。

2. 涉案问题

多次挪用公款，并且以后次挪用的公款归还前次挪用的公款的，该如何计算犯罪数额？

3. 裁判理由

一、二审法院认为，两被告人将其所持的40余张卡分为两组，先用其中一组透支以供挪用及盖前账，在15天内又用另一组卡透支弥补前一组，后15天又用前一组卡透支补后一组，如此反复透支“转卡盖账”属于典型的挪用后次公款以归还前次挪用公款的情形。根据《挪用公款解释》第4条的规定，挪用公款的数额应当以案发时未还的实际数额认定。因此，本案中，两被告多次挪用公款的数额应为案发时未归还的709 460.40元。

4. 评析意见

审判法院是严格依照《挪用公款解释》第4条的字面含义进行审理，故而认定本案被告挪用公款的数额为案发时尚未归还的709 460.40元。但根据笔者的理解，本案的数额认定似有误。

本案中，公款挪用的目的为注册公司，并为公司的业务提供资金。在1997年8月19日至12月底，冯某擅自决定挪用的款项为30万元。法院判决并未明确区分该笔30万元款项是分次挪用还是一次挪用，挪用时间具体为何，以及为公司业务提供资金是否属于挪用公款进行“营利活动”。因为第一笔盖账发生在12月31日，如果为公司业务提供资金的行为不属于进行“营利活动”，就有可能涉及“超过三个月未还”的问题。本案判决未予条分缕析，显有说理不周之疑虑。从1997年12月31日起，本案被告分别挪用100万元、90万元、1 007 550元以及1 150 860元进行盖账。直至1998年2月27日，脱离单位控制的公款实际额度应为1 150 860元。因此，本案的实际挪用公款数额应为1 150 860元加上首次挪用的30万元中超过3个月未还的部分。

深度研究

当挪用公款存在多种用途时，是否应当将不同用途的数额累计计算？《挪用公款解释》第4条规定，“多次挪用公款不还，挪用公款数额累计计算；多次挪用公款，并以后次挪用的公款归还前次挪用的公款，挪用公款数额以案发时未还的实际数额认定”。根据该条前段的表述，似乎只有挪用后不返还公款的，才应将多次挪用的公款数额累计计算。但该条后段又单独指明只有在以后次挪用的公款归还前次挪用的公款的场合，才能以案发时未还的实际数额认定，因此可以认为，本条前段所谓“多次挪用公款不还”中的“不还”只是修饰语，只要行为人多次挪用公款，满足相关的犯罪成立条件，就应当将挪用数额累计计算。笔者认为，在将不同用途的数额累计计算时，实际上是将一种“性质”的行为评价为另一种“性质”的行为，因此应当注意罪刑法定原则和罪刑相适应原则。只有在这两个原则均被满足的前提下，才能累计计算。以下分情形进行讨论：

1. 挪用公款存在多种用途，但均未达到各自的定罪数额标准的

例如，行为人分三次挪用公款，第一次挪用2万元进行非法活动，第二次挪用2万元进行营利活动，第三次挪用4万元进行其他活动。根据举轻以明重的解释原理，只能将高度危险评价为低度危险，但不能将低度危险评价为高度危险。[①] 因此，只能将挪用公款进行非法活动和进行营利活动的情形评价为挪用公款进行其他活动。当三笔被挪用的公款均超过3个月未还的，可以以挪用公款进行其他活动成立挪用公款罪。但如果行为人在3个月之内返还了进行非法活动和营利活动的公款，就不能将进行其他活动的公款数额计算到进行非法活动或者营利活动当中，否则就违背了罪刑法定原则。在这种场合下，只能认定行为人无罪。

2. 挪用公款存在多种用途，虽均达到各自的定罪数额标准，但累计计算可能导致罪刑不相适应的

例如，行为人分三次挪用公款，第一次挪用公款350万元进行非法活动，第二次挪用公款50万元进行营利活动，第三次挪用公款50万元进行其他活动的。根据《贪污贿赂解释》，挪用公款进行非法活动，数额在300万元以上的，应当认定为“数额巨大”，但是进行营利活动或者进行其他活动的，数额需要达到500万元才能认定为“数额巨大”。此时，如果将不同用途的数额累计计算，就只能将行为人的行为评价为挪用公款450万元进行其他活动。由于总额未达到500万元，反而不能认定行为人挪用公款数额巨大，这显然会造成罪刑不均衡。因此，在这种情况下，不能将不同用途的挪用数额累计计算，而只能认定行为人成立同种数罪，进行数罪并罚。

需要注意的是，只有挪用数额巨大且不退还的，才能适用最高档的法定

---

① 张明楷．挪用公款罪数额的计算．政治与法律，2021（1）：52.

刑。即便挪用数额巨大，最后退还的也只能适用第二档的法定刑。

第三节　挪用公款罪与贪污罪的区分

知识背景

根据《刑法》第 382 条的规定，贪污罪是指国家工作人员利用职务上的便利，侵吞、窃取、骗取或者以其他非法手段，占有公共财物。而公款本身即属于公共财物，挪用行为也可以被评价为窃取行为。因此，挪用公款罪与贪污罪并不是对立关系。根据通说观点，挪用公款罪与贪污罪的区别在于，行为人在挪用公款时是否具备非法占有目的。如果行为人在实施挪用行为时具有非法占有目的，则成立贪污罪。①

所谓非法占有目的，是指将他人所有的财物变为自己所有的目的。一般认为，非法占有目的（不法所有意图）包括两个组成要素：其一为排除所有，其二为占为所有。所谓“排除所有”，是指至少以间接故意的心态剥夺他人所有；所谓“占为所有”，是指以僭越所有权人地位的形象对财物进行利用。因此，挪用公款罪的成立只限于行为人有返还之意图的情形。如果行为人在挪用时未有返还意思，而是意图将公款作为自己的财物，则成立贪污罪。根据《挪用公款解释》第 6 条的规定，携带挪用的公款潜逃的，依照《刑法》第 382 条、第 383 条的规定处罚。需要注意的是，携带挪用的公款潜逃的，只能以所携带的公款数额作为贪污罪的犯罪数额。例如，行为人挪用公款 200 万元，其中 50 万元用于营利活动，后为了逃避追究，携带剩余的 150 万元公款潜逃，其贪污罪的数额仅为 150 万元。此时，贪污罪的实行行为并非“挪用”，而是“侵吞”，不法所有意图成立于决意潜逃之时。

另外，根据 2003 年《纪要》，挪用公款后采取虚假发票凭证、销毁有关账目等手段，使所挪用的公款难以反映在单位财务账目上，且没有归还行为的；截取单位收入不入账，非法占有，使所占有的公款难以反映在单位财务账目上，且没有归还行为的；有证据证明行为人有能力归还所挪用的公款，并隐瞒挪用的公款去向的均成立贪污罪。笔者认为，上述情形均是对行为人的不法所有意图的推定，如果确有证据证明在上述情形中行为人不具备不法所有意图，则依旧只能成立挪用公款罪。

---

① 张明楷．刑法学．5 版．北京：法律出版社，2016：1193.

规范依据

(一)《刑法》

第382条　国家工作人员利用职务上的便利，侵吞、窃取、骗取或者以其他手段非法占有公共财物的，是贪污罪。

受国家机关、国有公司、企业、事业单位、人民团体委托管理、经营国有财产的人员，利用职务上的便利，侵吞、窃取、骗取或者以其他手段非法占有国有财物的，以贪污论。

与前两款所列人员勾结，伙同贪污的，以共犯论处。

(二)最高人民法院《关于审理挪用公款案件具体应用法律若干问题的解释》

第6条　携带挪用的公款潜逃的，依照刑法第三百八十二条、第三百八十三条的规定定罪处罚。

案例评价

[案例25-7]赵某贪污、挪用公款案①(非法占有目的的认定)

1. 基本案情

2009年4月至12月，被告人赵某利用负责快速路配套工程盾构管片项目财务工作的职务之便，采取提取备用金的手段，多次从其负责的项目账上支取现金共计人民币783 000元，用于个人赌博。2010年1月至2011年10月，赵某采取偷该单位印鉴、私自填写现金支票的方式提取单位银行存款共计人民币3 223 000元，用于个人赌博。其中，有累计人民币2 952 659.58元的账目赵某以支付相关单位劳务费、租金、材料款等记账形式予以列支，弥补其私自支取公款的账面差额。赵某曾私盖一本“天津市环城地铁管片有限公司”的收据用以掩盖挪用公款的事实，还曾使用电脑制作虚假的单位开户银行上海浦东银行的对账单，用以隐瞒私自动用的单位公款。自2008年7月至2011年10月案发前，赵某挪用单位公款4 006 800元，虚列支出2 592 659.58元。赵某以现金还款方式陆续归还公款共计人民币1 377 500元，给单位造成实际损失2 629 300元。

2. 涉案问题

赵某虚列支出平账的行为应认定为贪污罪还是挪用公款罪?

---

① 最高人民法院刑事审判第一、二、三、四、五庭．刑事审判参考：总第103集．北京：法律出版社，2016：91-96.

3. 裁判理由

一审法院认为，被告人赵某利用管理本单位资金使用的便利条件，擅自提取备用金或以现金支票提取单位存款，进行赌博非法活动的行为构成挪用公款罪。而“虚列支出”掩盖公款真实去向的行为，构成2003年《纪要》所指出的采取“虚假发票凭证、销毁有关账目等手段”隐瞒公款去向，因而成立转化型贪污罪。

二审法院则认为，赵某以“虚列支出”形式掩盖公款的真实去向，但其所列支出与提取款项存根票据不存在一一对应关系，故仅能掩盖账面总体差额，其提取公款行为有账可查；虚列支出的收款单位与赵某所在单位有正常业务往来，虚列支出项目在工程结算时无法核销，故无法达到侵吞公款之目的；被告人具有陆续归还公款的行为，因此被告人“虚列支出”的行为不能证明被告人主观故意发生转化，因此与采取虚假发票平账、销毁有关账目且无归还行为的转化型贪污犯罪不属于同一性质。因此本案被告人不成立贪污罪。

最高人民法院支持了二审法院的意见，认为行为人实施虚开票据的平账行为是否构成转化型贪污罪，应当遵循以下审查步骤。其一，平账行为是否造成挪用的公款从单位账目上难以反映出来；其二，对财物账目的处理能否达到掩盖涉案款项去向效果；其三，行为人是否有归还行为。在本案中，由于赵某的行为并不足以真正地掩盖公款的实际去向，且其一直在陆续归还公款，因此不宜从采取虚列支出手段进行平账的事实中，推定被告人具有非法占有目的。

4. 评析意见

笔者赞同二审法院的判决意见和最高人民法院的评论意见，即对于“非法占有目的”的认定，只能从一切事实中综合推定，不存在一个可以与“非法占有目的”等价的客观行为。二审法院和最高人民法院的意见与笔者的看法有异曲同工之处。在最高人民法院看来，掩盖行为是否足以掩盖款项踪迹，使得对款项的追踪变得困难和被告是否存在还款行为，是认定“非法占有目的”的两个重要参考因素，我们认为其可资赞同。在其他案件中，最高人民法院还提出，判断行为人的主观意图时，亦可考量行为人对公款的使用形式、行为人不能归还公款的原因以及行为人是否有机会、有能力对公款去向进行实质的掩盖。① 最高人民法院所提出的这些参考标准，其实可以归类为否定“排除所有”的要素和否定“占为所有要素的”。其中，掩盖行为是否足以掩

---

① 最高人民法院刑事审判第一、二、三、四、五庭．中国刑事审判指导案例：第6卷．增订第3版．北京：法律出版社，2017：143－146.

盖款项踪迹、行为人是否有机会和能力对款项踪迹进行实质的掩盖以及行为人无法归还公款的原因可以归为否定“排除所有”的要素，行为人是否有归还行为和行为人对公款的利用方式可以归为排除“占为所有”的要素。

总而言之，在审判实践中，应当注意以非法占有目的的两大要素为出发点去筛选与评价事实。最高人民法院的列举提供了有益的参考。

第二十六章　受贿罪

第一节　受贿罪的构成要件

知识背景

受贿罪是指国家工作人员利用职务上的便利，索取他人财物，或者非法收受他人财物，为他人谋取利益的行为。根据我国《刑法》第 385 条的规定，受贿罪具有以下构成特征。

一、主体

受贿罪的主体是国家工作人员。这里的国家工作人员是指在职并且担任一定职务的国家工作人员，如果是离退休的国家工作人员则不能成为受贿罪的主体。因为在离退休以后，国家工作人员不再担任一定的职务，因而不存在侵害职务行为廉洁性的问题。当然，离退休的国家工作人员可能利用原职权形成的便利条件为请托人谋取利益，从而收受财物。对此，《刑法修正案（七）》第 13 条设立的利用影响力受贿罪，包含了离职国家工作人员利用原职权或者地位形成的便利条件，通过其他国家工作人员职务上的行为，为请托人谋取不正当利益，索取请托人财物或者收受请托人财物的行为。因此，对上述离退休国家工作人员的行为应以利用影响力受贿罪论处。此外，2000 年 6 月 30 日最高人民法院《关于国家工作人员利用职务上的便利为他人谋取利益离退休后收受财物行为如何处理问题的批复》指出："国家工作人员利用职务上的便利为请托人谋取利益，并与请托人事先约定，在其离退休后收受请托人财物，构成犯罪的，以受贿罪定罪处罚。"在上述情况下，虽然是在离退休后收受财物，但这是其离退休前利用职务上的便利为他人谋取利益的对价，侵害了国家工作人员职务行为的廉洁性，因而构成受贿罪。应当指出，事先约定是上述情形构成受贿罪的必要条件。如果没有事先约定，在职时利用职务上的便利为请托人谋取利益，而在离退休后收受原请托人财物的，不能定受贿罪。在没有约定的情况下，在职时利用职务上的便利为请托人谋取利益，而在离退休后向原请托人索取财物的，一般也不宜以受贿罪定罪处罚。

二、行为

受贿罪的行为是利用职务上的便利索取他人财物，或者非法收受他人财物，以及利用本人职权或者地位形成的便利条件，通过其他国家工作人员职务上的行为，为请托人谋取不正当利益，索取请托人财物或者收受请托人财物。由此可见，本罪可以分为直接受贿与间接受贿两种情形。

（一）直接受贿行为

直接受贿是指受贿罪的行为是利用职务上的便利索取他人财物，或者非法收受他人财物。

利用职务上的便利是直接受贿行为成立的前提。受贿罪的“利用职务上的便利”，根据2003年《全国法院审理经济犯罪案件工作座谈会纪要》（以下简称《经济犯罪案件座谈会纪要》）的规定，是指利用本人职务上主管、负责、承办某项公共事务的职权，也包括利用职务上有隶属、制约关系的其他国家工作人员的职权。担任单位领导职务的国家工作人员通过不属于自己主管的下级部门的国家工作人员的职务为他人谋取利益的，应当认定为“利用职务上的便利为他人谋取利益”。因此，“利用本人职务上的便利”包括以下两种情形：（1）直接利用本人职务上的便利，即利用本人职务范围内的权力为请托人谋取利益而从中收受财物。（2）间接利用本人职务上的便利，即要求有职务上直接隶属、制约关系的其他国家工作人员利用职权为行贿人谋取利益。在这种情况下，从表面上看是通过他人的职权为请托人谋取利益，从而收受财物，但从实际上看，是利用了本人职权产生的制约关系，这种制约关系可以影响被利用者的利益，使之就范。直接受贿行为是指索取或者收受。我国刑法将索取与收受作为受贿行为的两种表现形式。

1. 索取

索取是指主动索要并收取。因此，索取具有两个特点：一是主动性，是受贿人先提出贿赂的要求。二是由索要与收取两个行为构成，这两个行为可供选择。索取既可以是明示的，也可以是暗示的。明示是明火执仗地索要贿赂，如果对方不给贿赂，就不履行其职务行为，以此为要挟，迫使对方就范。暗示是暗度陈仓地索要贿赂，往往使用隐晦但能够让人领会的方法，从而使人乖乖地交付贿赂。无论是明示还是暗示，都应以索贿论处。

2. 收受

收受是指被动地收取。因此，收受具有被动性，是在请托人主动交付贿赂的情况下消极地接受。就利用职务上的便利为他人谋取利益与收受财物的关系而言，可以分为两种情况：一是先收受财物后为他人谋取利益，即所谓事前受贿。在刑法理论上，这是一种收买性贿赂。这种事前受贿，在客观上表现为收受财物与为他人谋取利益之间存在因果关系，并且行为人之间往往存在收受财物后为他人谋取利益的约定，即主观上明知是贿赂而予以收受。二是在为他人谋取利益后收受财物，即所谓事后受贿。在刑法理论上，这是一种酬谢性贿赂。

（二）间接受贿行为

间接受贿是受贿罪的一种特殊表现形式，指国家工作人员利用本人职权或者地位形成的便利条件，通过其他国家工作人员职务上的行为，为请托人谋取不正当利益，索取请托人财物或者收受请托人财物的行为。认定间接受贿要注意把握以下要件。

1. 利用本人职权或者地位形成的便利条件

这里的本人职权或地位形成的便利条件，根据《经济犯罪案件座谈会纪要》的规定，是指行为人与被其利用的国家工作人员之间在职务上虽然没有隶属、制约关系，但是行为人利用了本人职权或者地位产生的影响和一定的工作联系，如单位内不同部门的国家工作人员之间，上下级单位没有职务上隶属、制约关系的国家工作人员之间，有工作联系的不同单位的国家工作人员之间等。间接受贿利用本人职权或者地位形成的便利条件与直接受贿之利用职务上的便利是有所不同的：在利用职务上的便利的情况下，直接利用本人职权，当然不需要通过其他国家工作人员的职务行为为请托人谋取利益。而利用本人职权形成的便利条件，虽然是通过其他国家工作人员的职务行为为请托人谋取利益，但这是以本人职务对他人职务存在职务上的制约关系为前提的。在间接受贿的情况下，本人职务对他人职务不存在这种制约关系，而是利用了本人职务对其他国家工作人员的影响。

2. 通过其他国家工作人员职务上的行为

间接受贿的通过其他国家工作人员职务上的行为，是指行为人本人没有直接为请托人谋取利益，而是让其他国家工作人员利用职务上的便利，为请托人谋取利益。

3. 为请托人谋取不正当利益

普通受贿只要为他人谋取利益即可构成犯罪，而不论这种利益是否正当。但刑法规定间接受贿只有在为请托人谋取不正当利益的情况下才能构成。这里的谋取不正当利益，是指谋取违反法律、法规、国家政策和国务院各部门规章规定的利益，以及谋取违反法律、法规、国家政策和国务院各部门规章规定的帮助或者方便条件。

三、客体

我国刑法将受贿罪客体表述为财物，这一范围比外国刑法规定的贿赂范围要窄。例如，日本刑法认为贿赂之所得，不一定限定为金钱、物品和其他财产性利益，不论有形或者无形，以能满足人的需要、欲望的一切利益为范围。我国刑法则将受贿罪客体限定为财物，包括金钱、物品以及其他财产性利益，例如，债权的设立、债务的免除等，但不包括非财产性利益。在我国刑法理论上曾经讨论过性贿赂问题，存在肯定说与否定说之争。肯定说认为性交可以被看成是某种利益，基于其特性，此种利益乃是一种无形的非物质性利益，但又与有形的物质性利益有着密切关系，因为性交的背后，隐藏着某种利益的交换。否定说则认为，将接受性行为认定为受贿罪，显然不符合我国刑法的规定，况且我国刑法中的受贿罪是以收受一定数额的财物为定罪量刑依据的，如果将性行为作为贿赂，则无法确定受贿数额。笔者赞同否定说，根据现行刑法，接受性贿赂不能认定为受贿罪。

四、罪责

受贿罪的罪责形式是故意。这里的故意是指明知是利用职务上的便利索取他人财物或者收受他人财物为他人谋取利益的行为而有意实施的主观心理状态。在索取财物构成的受贿罪中，受贿故意的内容是十分明显的，但在收受财物构成的受贿罪中，受贿故意如何认定，则是一个较为复杂的问题。笔者认为，收受财物的故意与受贿故意是有所不同的。在受贿故意的内容中，除收受财物的故意以外，还应包括明知财物是本人利用职务上的便利为他人谋取利益的报答物而予以收受的故意。

五、目的犯

受贿罪是法定的目的犯。根据我国刑法的规定，索取财物构成的受贿罪不以为他人谋取利益为要件，而收受财物构成的受贿罪则以为他人谋取利益为要件。这里的为他人谋取利益，并非构成要件的客观行为，而是超过的主观要素，因此，只要行为人主观上具有为他人谋取利益的目的即已构成本罪，而并非一定要付诸实施；并且，行为人为他人谋取的是合法利益还是非法利益都不影响本罪的构成。在司法实践中，承诺为他人谋取利益或者明知他人有具体的请托事项而收受他人财物，即具备了为他人谋取利益的要件。此外，在间接受贿的情况下，为他人谋取不正当利益同样属于主观目的，行为人只要意图为他人谋取不正当利益而实施了间接受贿行为，即构成受贿罪。

六、罪量

受贿罪的罪量要素是达到一定的数额，或者虽未达到此数额但具有其他较重情节。根据 2016 年最高人民法院、最高人民检察院《关于办理贪污贿赂刑事案件适用法律若干问题的解释》（以下简称《贪污贿赂案件解释》）第 1 条的规定，个人受贿数额 3 万元以上的构成本罪；个人受贿数额 1 万元以上不满 3 万元，具有其他较重情节的，也构成本罪。

规范依据

（一）《刑法》

第 385 条　国家工作人员利用职务上的便利，索取他人财物的，或者非法收受他人财物，为他人谋取利益的，是受贿罪。

国家工作人员在经济往来中，违反国家规定，收受各种名义的回扣、手续费，归个人所有的，以受贿论处。

第 386 条　对犯受贿罪的，根据受贿所得数额及情节，依照本法第三百八十三条的规定处罚。索贿的从重处罚。

第 388 条　国家工作人员利用本人职权或者地位形成的便利条件，通过其他国家工作人员职务上的行为，为请托人谋取不正当利益，索取请托人财物或者收受请托人财物的，以受贿论处。

（二）最高人民法院、最高人民检察院《关于办理贪污贿赂刑事案件适用法律若干问题的解释》

第 1 条　受贿数额在三万元以上不满二十万元的，应当认定为刑法第三百八十三条第一款规定的“数额较大”，依法判处三年以下有期徒刑或者拘役，并处罚金。

受贿数额在一万元以上不满三万元，具有前款第二项至第六项规定的情形之一，或者具有下列情形之一的，应当认定为刑法第三百八十三条第一款规定的“其他较重情节”，依法判处三年以下有期徒刑或者拘役，并处罚金：

（一）多次索贿的；

（二）为他人谋取不正当利益，致使公共财产、国家和人民利益遭受损失的；

（三）为他人谋取职务提拔、调整的。

第 2 条　受贿数额在二十万元以上不满三百万元的，应当认定为刑法第三百八十三条第一款规定的“数额巨大”，依法判处三年以上十年以下有期徒刑，并处罚金或者没收财产。

受贿数额在十万元以上不满二十万元，具有本解释第一条第三款规定的情形之一的，应当认定为刑法第三百八十三条第一款规定的“其他严重情节”，依法判处三年以上十年以下有期徒刑，并处罚金或者没收财产。

第3条　受贿数额在三百万元以上的，应当认定为刑法第三百八十三条第一款规定的“数额特别巨大”，依法判处十年以上有期徒刑、无期徒刑或者死刑，并处罚金或者没收财产。

受贿数额在一百五十万元以上不满三百万元，具有本解释第一条第三款规定的情形之一的，应当认定为刑法第三百八十三条第一款规定的“其他特别严重情节”，依法判处十年以上有期徒刑、无期徒刑或者死刑，并处罚金或者没收财产。

第4条　受贿数额特别巨大，犯罪情节特别严重、社会影响特别恶劣、给国家和人民利益造成特别重大损失的，可以判处死刑。

符合前款规定的情形，但具有自首，立功，如实供述自己罪行、真诚悔罪、积极退赃，或者避免、减少损害结果的发生等情节，不是必须立即执行的，可以判处死刑缓期二年执行。

符合第一款规定情形的，根据犯罪情节等情况可以判处死刑缓期二年执行，同时裁判决定在其死刑缓期执行二年期满依法减为无期徒刑后，终身监禁，不得减刑、假释。

第12条　贿赂犯罪中的“财物”，包括货币、物品和财产性利益。财产性利益包括可以折算为货币的物质利益如房屋装修、债务免除等，以及需要支付货币的其他利益如会员服务、旅游等。后者的犯罪数额，以实际支付或者应当支付的数额计算。

第13条　具有下列情形之一的，应当认定为“为他人谋取利益”，构成犯罪的，应当依照刑法关于受贿犯罪的规定定罪处罚：

（一）实际或者承诺为他人谋取利益的；

（二）明知他人有具体请托事项的；

（三）履职时未被请托，但事后基于该履职事由收受他人财物的。

国家工作人员索取、收受具有上下级关系的下属或者具有行政管理关系的被管理人员的财物价值三万元以上，可能影响职权行使的，视为承诺为他人谋取利益。

第15条　对多次受贿未经处理的，累计计算受贿数额。

国家工作人员利用职务上的便利为请托人谋取利益前后多次收受请托人财物，受请托之前收受的财物数额在一万元以上的，应当一并计入受贿数额。

第16条　国家工作人员出于贪污、受贿的故意，非法占有公共财物、收受他人财物之后，将赃款赃物用于单位公务支出或者社会捐赠的，不影响贪污罪、受贿罪的认定，但量刑时可以酌情考虑。

特定关系人索取、收受他人财物，国家工作人员知道后未退还或者上交的，应当认定国家工作人员具有受贿故意。

第 17 条 国家工作人员利用职务上的便利，收受他人财物，为他人谋取利益，同时构成受贿罪和刑法分则第三章第三节、第九章规定的渎职犯罪的，除刑法另有规定外，以受贿罪和渎职犯罪数罪并罚。

第 18 条 贿赂犯罪分子违法所得的一切财物，应当依照刑法第六十四条的规定予以追缴或者责令退赔，对被害人的合法财产应当及时返还。对尚未追缴到案或者尚未足额退赔的违法所得，应当继续追缴或者责令退赔。

第 19 条 对贪污罪、受贿罪判处三年以下有期徒刑或者拘役的，应当并处十万元以上五十万元以下的罚金；判处三年以上十年以下有期徒刑的，应当并处二十万元以上犯罪数额二倍以下的罚金或者没收财产；判处十年以上有期徒刑或者无期徒刑的，应当并处五十万元以上犯罪数额二倍以下的罚金或者没收财产。

对刑法规定并处罚金的其他贪污贿赂犯罪，应当在十万元以上犯罪数额二倍以下判处罚金。

案例评价

［案例 26-1］曹某受贿案[①]（受委派人员受贿罪主体的认定）

1. 基本案情

被告人曹某在担任中国农业银行南通分行基建办公室负责人和南通市兴隆房地产开发公司副总经理、南通市兴隆房地产开发有限公司经理期间，利用负责南通农行农金科技培训中心基建的职务便利，在决定施工单位、供货单位、支付工程款等方面为他人谋取利益，先后收受施工单位、供货单位人民币 99.82 万元、港币 1 万元、欧米茄手表（价值人民币 1.25 万元）1 块和玉观音 1 件，其行为触犯了《刑法》第 385 条第 1 款的规定，构成受贿罪；曹某还在担任南通兴胜房地产开发有限公司董事长期间，利用负责兴胜大厦基建的职务便利，在决定施工单位、支付工程款等方面为他人谋取利益，非法收受人民币 1 万元，其行为触犯了《刑法》第 163 条第 1 款的规定，构成企业人员受贿罪。

被告人曹某对公诉机关指控其利用职务便利，为他人谋取利益，非法收受他人财物的事实予以供认，但辩称，其系企业工作人员，其职务来源于股

① 最高人民法院刑事审判第一、二庭．刑事审判参考：总第 42 集．北京：法律出版社，2005：62 以下．

东会决议，不属于国家工作人员，其行为不构成受贿罪，而构成公司、企业人员受贿罪。辩护人的辩护意见与曹某相同。

南通市中级人民法院经公开审理查明：

1992 年 7 月，中国农业银行南通分行（以下简称“南通农行”）注册设立了南通市兴隆房地产开发公司（以下简称“兴隆公司”），性质为集体所有制，公司注册登记材料载明注册资金为人民币 1 000 万元，其中，南通农行筹集信用合作资金 900 万元，南通农行工会筹集 100 万元，但注册资金没有到位。南通农行为主管单位，工作人员除个别聘用的外，基本上是南通农行的原工作人员调动而来，工资仍由南通农行发放，差旅费、招待费等在兴隆公司支出。

对于兴隆公司所需资金，南通农行确定了一个原则，就是不用银行的钱，可以动用中国农业银行江苏省信托投资公司南通办事处（以下简称“信托公司”）管理的信用社资金。自 1992 年 9 月至 1992 年 12 月，在兴隆公司开发房地产过程中，信托公司陆续为兴隆公司代垫或者向其支付人民币 1 000 万元，信托公司财务账上记为兴隆公司暂付款。1992 年 12 月 21 日，信托公司将此前分别向如皋市信用联社、海安县信用联社筹集的共同资金各 500 万元，用于结转暂付款 1 000 万元。1996 年 9 月，南通农行不再管理农村信用社。同年 10 月，南通农行不再办理信托业务，其信托业务并入南方证券，但原信托公司的债权债务由南通农行承受。

1996 年，因国家政策限制银行兴办企业，对于已经兴办的，要求与银行脱钩。同年 3 月 20 日，南通农行与如皋市长江信用社、海安县大公信用社、南通农行工会签订转股协议，将其在兴隆公司的 500 万元股权转让给如皋市长江信用社，400 万元股权转让给海安县大公信用社、100 万元股权转让给南通农行工会。由于二信用社实际已经有资金 1 000 万元被信托公司投入兴隆公司，故转股协议签订后并未进行相应的资金转移。至此，如皋市长江信用社、海安县大公信用社和南通农行工会为兴隆公司股东，但如皋市长江信用社和海安县大公信用社除在转股协议上签字、推举曹某任南通市兴隆房地产开发有限公司执行董事兼经理，并在 1997 年 12 月获得本息外，没有行使其他股东权利。1997 年年底，海安县大公信用社和如皋市长江信用社向南通农行索要原信托公司借款，即后来转为对南通市兴隆房地产开发有限公司的投资部分。南通农行原来认为兴隆公司已经将信用社的钱还掉，结果得知没有归还，即同意由南通农行归还。1997 年 12 月 31 日，南通农行青年西路办事处退如皋市农业银行共同资金及利息 550 万元、海安县信用联社共同资金及利息 590.72 万元。南通农行将该笔资金从当年利润中核减，未做其他账。

1993 年 5 月，兴隆公司与外方合资成立中外合资企业——南通兴胜房地产开发有限公司（以下简称“兴胜公司”）。

1995 年 3 月，南通农行任命被告人曹某为南通农行住房信贷部副主任兼任兴隆公司副总经理，主持兴隆公司的全面工作。同年 4 月，兴隆公司委派曹某任兴胜公司董事长。

1996 年 3 月 27 日，兴隆公司股东推举曹某担任兴隆公司执行董事兼经理、法定代表人。同年 6 月，兴隆公司变更为南通市兴隆房地产开发有限公司（以下简称“兴隆有限公司”），法定代表人仍为曹某。1997 年 4 月，南通农行聘任曹某为兴隆有限公司经理。

兴隆有限公司主要开发建设了南通农行的南通市农金科技培训中心工程，即农行大楼。1992 年，南通农行决定建农行大楼，筹建工作由办公室负责，在办公室下面设基建办。1996 年以后，兴隆公司没有项目，南通农行党组研究决定将基建办与兴隆公司合署办公。建设资金由会计科管理，按进度从会计科拨付到基建账户，由曹某具体负责使用。1996 年 2 月，南通农行与兴隆公司签订“联合建设协议书”和“工程委托承包建设合同”，约定双方共同投资建造南通市农金科技培训中心；南通农行将南通市农金科技培训中心工程全权委托给兴隆公司发包建设，兴隆公司按工程造价的 1%收取管理费。在建设大楼过程中，南通农行会计科按照工程进度，适时将工程款拨给兴隆有限公司，资金紧张时兴隆有限公司就以自己的名义向银行贷款，农行资金到位时再归还。

农行大楼竣工后，兴隆有限公司因没有年检，于 2002 年被工商局吊销营业执照，其工作人员绝大多数回到南通农行，曹某被聘任南通农行金隆物业公司总经理。兴隆有限公司解散后账上盈余 81 万余元转给管理农行大楼的南通农行金隆物业公司，因兴隆有限公司仍欠银行贷款，其所拥有的兴隆城房地产剥离给长城资产管理公司。

1997 年夏至 2001 年年底，被告人曹某利用担任兴隆有限公司法定代表人的职务便利，在决定南通市农金科技培训中心工程施工单位、供货单位、支付工程款等方面为他人谋取利益，先后收受他人人民币 81.98 万元、港币 1 万元、欧米茄手表（价值人民币 1.25 万元）1 块和玉佛 1 件。

1998 年年初，被告人曹某利用担任兴胜公司董事长、负责兴胜大厦建设的职务便利，在决定施工单位、支付工程款等方面为海门三建集团谋取利益，收受该集团梁某伦人民币 1 万元。

南通市中级人民法院认为：兴隆公司的注册资金系南通农行筹集，属南通农行管理下的集体企业。被告人曹某原系南通农行工作人员，被南通农行任命为兴隆公司副总经理，系受委派从事公务的人员。但 1996 年 6 月兴隆公司改制为股份有限公司，股东变更为如皋市长江信用社、海安县大公信用社和南通农行工会，三家股东一致推举曹某为兴隆有限公司执行董事兼经理、法定代表人，并办理了工商变更登记手续。兴隆有限公司与南通农行脱钩后，曹某的经理职务来源于股东的推举，南通农行于1997年4月依照管理习惯任命曹某为兴隆有限公司经理，违背了《公司法》及兴隆有限公司章程有关公司经理产生的程序，不能成为认定曹某受南通农行委派从事公务的依据，曹某不再属于受国有企业委派从事公务的人员。根据南通农行与兴隆公司之间签订的委托建设协议，二者之间形成委托代建关系。虽然南通农行基建办未被撤销，但基建办的职能及职责并未明确，也无相关证据证实曹某被任命为基建办负责人。曹某在基建过程中受贿是利用担任兴隆有限公司经理、法定代表人的职务便利，其主体身份应是公司、企业工作人员。公诉机关指控曹某系受委派从事公务人员的证据不足，曹某及其辩护人关于曹某系公司、企业工作人员，不具有国家工作人员主体身份的辩护理由成立，予以采纳。

被告人曹某利用担任兴隆有限公司经理、执行董事的职务便利，为他人谋取利益，收受他人巨额贿赂，其行为构成公司、企业人员受贿罪。曹某在涉嫌受贿犯罪被侦查机关审查时，主动交代司法机关尚未掌握的全部犯罪事实，应视为自首，可从轻处罚。归案后，被告人曹某积极退清赃款，可酌情从轻处罚。依照《刑法》第163条第1款、第67条第1款、第59条第1款、第64条的规定，于2003年11月27日判决如下：(1) 被告人曹某犯公司、企业人员受贿罪，判处有期徒刑7年，并处没收财产人民币30万元。(2) 受贿所得予以追缴，上缴国库。

一审判决宣判后，曹某不服，提起上诉，南通市人民检察院亦提起抗诉，江苏省人民检察院支持抗诉。

上诉人曹某对原审判决认定的犯罪事实无异议，但提出：其有投案自首情节，又全部退清赃款，应减轻处罚。

南通市人民检察院抗诉提出：除收受梁某伦的1万元外，原审判决认定被告人曹某为公司、企业工作人员不当，适用法律错误，量刑畸轻。

江苏省人民检察院提出：原审判决认定罪名错误，被告人曹某在兴隆有限公司中的任职应属南通农行委派，应以国家工作人员论，适用受贿罪的法律规定，对曹某应判处10年以上有期徒刑或无期徒刑。

曹某的二审辩护人提出：兴隆有限公司是依照公司法成立的，曹某的任职是股东推举的，检察机关认定曹某的任职系南通农行委派没有依据，原审判决定性准确。

江苏省高级人民法院经审理后认为：南通农行是兴隆有限公司的实际投资人，对该公司进行了全面管理，如皋市长江信用社和海安县大公信用社已经撤回对该公司的投资，只是公司的挂名股东。上诉人曹某属于南通农行委派到非国有公司中从事公务的人员，应当以国家工作人员论，其利用担任兴隆有限公司经理的职务便利，非法收受他人财物，为他人谋取利益，其行为已构成受贿罪；上诉人曹某还利用担任兴胜公司董事长的职务便利，非法收受他人财物，为他人谋取利益，数额较大，构成公司人员受贿罪，应予并罚。原审判决认定曹某非法收受他人贿赂的事实清楚，证据确凿，但认定曹某在兴隆有限公司的任职属于公司工作人员不当，定罪不准，应予纠正。南通市人民检察院及江苏省人民检察院所提抗诉及支持抗诉意见成立，应予支持。曹某的辩护人提出曹某系公司、企业工作人员的辩护意见不能成立。曹某在涉嫌受贿犯罪被侦查机关审查时，主动交代司法机关尚未掌握的全部犯罪事实，应视为自首，可从轻处罚；曹某归案后，积极退清赃款，可酌情从轻处罚。依照《刑事诉讼法》（1996 年）第 189 条第 2 项，《刑法》第 385 条、第 386 条、第 383 条第 1 款第 1 项、第 67 条第 1 款、第 69 条第 1 款、第 59 条第 1 款、第 64 条的规定，于 2004 年 12 月 8 日判决如下：（1）撤销江苏省南通市中级人民法院的刑事判决。（2）上诉人曹某犯受贿罪，判处有期徒刑 11 年，并处没收财产 30 万元；犯公司人员受贿罪，判处有期徒刑 6 个月。决定执行有期徒刑 11 年，并处没收财产 30 万元。（3）对于上诉人曹某的受贿所得予以追缴，上缴国库。

2. 涉案问题

受委派从事公务人员如何认定？

3. 裁判理由

投资主体委派有限责任公司经理与股东选（推）举公司执行董事兼经理是两个不同的程序，不能因为有限责任公司经理须经过股东会的选举程序而否认其受国有单位委派从事公务的性质。根据《公司法》（2004 年）第 51 条规定，有限责任公司，股东人数较少和规模较小的，可以设一名执行董事，不设立董事会；执行董事可以兼任公司经理。第 38 条规定，有限责任公司的董事由股东会选举。1996 年 6 月，在兴隆公司改制为有限责任公司后，被告人曹某被股东推举为执行董事兼经理。因此，曹某担任兴隆有限公司经理的职务源于股东的推举。但《公司法》（2004 年）第 41 条规定，股东会会议由股东按照出资比例行使表决权。由于兴隆有限公司实质上是南通农行出资设立的，南通农行对于聘任曹某担任兴隆有限公司经理具有决定性作用。这种聘任，正属于《刑法》第 93 条第 2 款规定的“委派”。对此，《经济犯罪案件座谈会纪要》明确：“所谓委派，即委任、派遣，其形式多种多样，如任命、指派、提名、批准等。不论被委派的人身份如何，只要是接受国家机关、国有公司、企业、事业单位委派，代表国家机关、国有公司、企业、事业单位在非国有公司、企业、事业单位、社会团体中从事组织、领导、监督、管理等工作，都可以认定为国家机关、国有公司、企业、事业单位委派到非国有公司、企业、事业单位、社会团体从事公务的人员。如国家机关、国有公司、企业、事业单位委派在国有控股或者参股的股份有限公司从事组织、领导、监督、管理等工作的人员，应当以国家工作人员论。”需要说明的是，在国有公司、企业转制过程中，国有公司、企业委派人员到其控股或者参股的公司中行使监督、管理国有资产的情况比较复杂，既有事前、事中的提名、推荐、指派、任命，也有事后的认可、同意、批准、聘任等。委派的形式可以多种多样，依照何种程序、形式取得非国有公司的管理职位，对于是否属于受国有单位委派的认定不具有决定性意义。随着国有企业改革的深化和人事制度的完善，股份制将成为国有资本的主要实现形式。除国有独资公司的董事会成员由相关部门直接委派之外，其他公司的董事会成员和总经理均需由股东会选举或者董事会决定，而国有出资单位依法仅享有提名、推荐等出资者的权利。如果将依照公司法由股东依选举产生或者董事会聘任的非国有公司中负责国有资本经营管理的人员一律不认定为受委派从事公务的人员，那么，将从根本上排除在刑事司法中认定受国有公司、企业委派从事公务人员的可能性。因此，只要经过了国有单位的委派程序，并在非国有单位中履行组织、领导、监督、管理等公务性的职责，就应当认定为受国有单位委派从事公务，不能因为被委派人员能否担任相应的职务还需要根据公司法的规定由股东会选举或者董事会聘任，而否认被委派人员是受国有公司、企业委派从事公务的性质。本案中，曹某接受国有企业南通农行的委派，担任兴隆有限公司经理，并实际行使了管理国有资产的职责，应当认定为《刑法》第 93 条第 2 款规定的受国有企业委派到非国有公司中从事公务的人员。①

4. 评析意见

在曹某受贿案中，公诉机关认为其在兴隆公司的任职系受委派从事公务，在此期间的受贿行为应以受贿罪论处。但一审法院认为 1996 年 6 月兴隆公司改制为有限责任公司，股东变更为如皋市长江信用社、海安县大公信用社和南通农行工会以后，兴隆公司的性质发生了变化。曹某不再是受委派从事公务人员，三家股东推举曹某为兴隆有限公司执行董事兼经理、法定代表人，并办理了工商变更登记手续。兴隆公司与南通农行脱钩后，曹某的经理职务来源于股东的推举，其受贿行为属于公司工作人员受贿罪。但二审法院又采纳了公诉机关的意见，认为南通农行是兴隆有限公司的实际投资人，对该公司进行了全面管理，如皋市长江信用社和海安县大公信用社已经撤回对该公

① 最高人民法院刑事审判第一、二庭．刑事审判参考：总第 42 集．北京：法律出版社，2005：69－70.

司的投资，只是公司的挂名股东。上诉人曹某属于南通农行委派到非国有公司中从事公务的人员，应当以国家工作人员论。这里涉及一个事实问题，即皋市长江信用社和海安县大公信用社已经撤回对该公司的投资，只是公司的挂名股东。如果能够认定这一点，则兴隆公司名为有限责任公司，实际上仍然是南通农行下属的集体企业。在这种情况下，当然应该认定曹某系受委派从事公务人员。

在这个案例中，涉及另外一个也许是更有意义的问题：在公司、企业性质发生变化以后，原先受委派从事公务人员，按照公司章程被推举为法定代表人或者其他类型的负责人员的，还能否认定其具有受委派从事公务人员的身份？这个问题涉及受委派从事公务人员的司法认定。笔者认为，受委派从事公务人员的认定不能拘泥于其形式或者手续，而是要从权利来源入手进行分析。只要权利来源于国有单位，就应当认定为受委派从事公务人员。值得注意的是，2010 年 11 月 26 日最高人民法院、最高人民检察院《关于办理国家出资企业中职务犯罪案件具体应用法律若干问题的意见》第 6 条对国家出资企业中国家工作人员的认定，作了以下规定："经国家机关、国有公司、企业、事业单位提名、推荐、任命、批准等，在国有控股、参股公司及其分支机构中从事公务的人员，应当认定为国家工作人员。具体的任命机构和程序，不影响国家工作人员的认定。"这一规定实际上解决了曹某案中涉及的在既经过国有单位提名推荐，又存在非国有单位的推举任命的情况下，应当如何认定受委派从事公务人员的问题。根据上述司法解释的规定精神，要从实质上的权利来源出发认定是否具有受委派从事公务人员的身份。笔者认为，这一司法解释对于正确认定受贿罪主体中的受委派从事公务人员具有重要的参考价值。

[案例 26－2] 方某受贿案①（直接利用职务便利的认定）

1. 基本案情

慈溪市园林管理处系。2000 年 12 月，被告人方某被聘任为慈溪市园林管理处（国有事业单位）副主任，分管绿化建设及绿化养护等工作，对绿化建设、养护等工程的方案、招投标、竣工验收等方面具有一定的决定权。

2000 年 12 月到 2002 年 11 月间，慈溪市海逸园林有限公司多次与慈溪市园林管理处签订绿化养护工程合同，承接了慈溪市园林管理处发包的绿化养护增绿工程。为了方便工程竣工验收，以及在"养护工程邀请招标时予以考虑"，慈溪市海逸园林有限公司经理施某耀与被告人方某达成口头协议，约定

① 最高人民法院刑事审判第一、二、三、四、五庭．刑事审判参考：总第 51 集．北京：法律出版社，2006：45－52.

方某利用休息日及业余时间为施某耀所在公司承建的慈溪市西大门景观绿地建设工程提供技术支持和进行质量监督管理，慈溪市海逸园林有限公司付给方某 12 万元报酬。此后，方某并未实际参与慈溪市海逸园林有限公司的任何工作。2002 年 12 月 5 日，慈溪市海逸园林有限公司经理施某耀送给方某面额为人民币 12 万元的现金支票一张。嗣后，方某通过委托他人将该支票兑现并将之藏匿于家中。案发后，此款已被侦查机关收缴。

慈溪市人民法院认为，被告人方某身为国家工作人员，利用职务之便，非法收受他人贿赂，为他人谋取利益，其行为已构成受贿罪。公诉机关指控罪名成立。被告人方某受全民事业单位慈溪市园林管理处聘任担任职务，应认定为在国有事业单位中从事公务的人员。国家对事业单位实行聘用合同制改革，并不改变受聘于国有事业单位并担任管理职务的人员属从事公务的性质，且《刑法》第 93 条第 2 款对国有事业单位中从事公务的人员，以国家工作人员论，也未有任何其他限制性条件。故辩护人有关被告人方某的身份不符合受贿罪主体的辩护意见与法相悖，不予采纳。本案没有证据能够证实被告人方某参加了慈溪市西大门景观绿地建设工程的施工指挥和指导，故被告人方某与施某耀之间即使曾形成口头聘用合同，也因未实质履行而自不产生权利、义务关系，有关劳务报酬的辩解不能成立。

慈溪市园林管理处具有参与本案所涉及的绿化建设工程验收、养护工程考核、后续绿化养护工程招投标的组织管理等权力，被告人方某系该单位分管绿化建设、养护工程的副主任，因此，其职权与前述工程具有关联性。被告人方某正是利用其职务便利，承诺为行贿人谋取利益，至于其是否着手为他人谋取利益，有否为他人谋取利益，并不影响受贿罪的构成，贿赂双方就行送与收受的意图或认识，彼此是否明示，也不改变行为的贿赂性质。

本案被告人方某与施某耀之间借支取劳务报酬之名，行贿赂之实，足以认定。被告人方某及其辩护人的相关辩护意见无事实和法律依据，均不予采纳。为维护国家机关正常的管理活动和国家工作人员职务行为的廉洁性，打击犯罪活动，依照《刑法》第 385 条第 1 款、第 386 条、第 383 条第 1 款第 1 项、第 64 条、第 55 条第 1 款、第 56 条第 1 款之规定，于 2003 年 5 月 28 日判决如下：（1）被告人方某犯受贿罪，判处有期徒刑 10 年，剥夺政治权利 1 年。（2）被告人方某犯罪所得的赃款 12 万元，予以追缴。

一审宣判后，方某不服，上诉于浙江省宁波市中级人民法院。

宁波市中级人民法院经审理认为：在慈溪市西大门景观绿地建设工程中，慈溪市园林管理处具有绿化建设、养护工程验收、养护工程考核等参与权，后续绿化养护工程的组织管理权，上诉人方某恰系慈溪市园林管理处分管绿化建设、养护工程的副主任；行贿人施某耀供述称，在慈溪市西大门景观绿地建设工程中，其公司外聘一位资深的项目经理，月薪也不会超过 1 万元，且辩方提供的证据不能说明方某具体提供了哪方面的技术和管理服务。因此，即使上诉人方某在慈溪市西大门景观绿地建设工程中为慈溪市海逸园林有限公司提供了技术、管理服务，根据上诉人方某的职权，结合上诉人方某收受的“劳务报酬”的数额，也应当认定上诉人方某与施某耀之间的“劳务聘用关系”基于上诉人方某的职务之便所形成，属于以劳务聘用为名，行贿赂之实，应全额认定。故上诉人方某及其辩护人关于涉案人民币 12 万元属于方某付出劳务而应得劳务报酬的上诉理由和辩护意见，均不能成立，不予采纳。

上诉人方某身为国家工作人员，利用职务上的便利，非法收受他人钱财，为他人谋取利益，其行为已构成受贿罪。原判认定事实清楚，证据确实，适用法律正确，量刑适当，审判程序合法。据此，根据《刑事诉讼法》（1996 年）第 189 条第 1 项之规定，于 2003 年 7 月 1 日裁定驳回上诉、维持原判。

2. 涉案问题

利用职务便利收受财物与收取合理劳务报酬应当如何区分？

3. 裁判理由

受贿行为的社会危害本质在于职务便利与金钱交易（通常表述为权钱交易），侵犯国家工作人员的职务廉洁性。对于国家工作人员利用职务之便，为他人谋取利益收受财物的，应认定为受贿；对于国家工作人员没有利用职务便利，仅仅是利用个人的技术、管理专长为他人提供服务，收取相应报酬的，因为没有职权与金钱交易性质，故该报酬属于合理收入，不应认定为受贿。可见，受贿与收取合理劳务报酬的区分关键就在于国家工作人员是利用职务便利为他人谋取利益而收受的财物，还是利用个人技术为他人提供服务取得相应报酬。

在贿赂犯罪的实行过程中，为了达到掩人耳目逃避法律追究的目的，行贿人与受贿人之间往往以某些合法形式来掩盖权钱交易的非法实质，本案就属于一种典型的以所谓劳务报酬的形式掩盖行贿受贿的情形，对这些情况在司法实践中需要予以特别注意。例如，双方在行送财物过程中均无提出有关服务的意思表示，案发后被告人无中生有地以所谓劳务报酬名义进行辩解，自当认定为受贿；双方在行送财物过程中有过提供服务的意思表示并达成一致，但客观上国家工作人员并未按约提供有关服务，而是利用职务便利为他人谋取利益，收取所谓的劳务报酬，这是借劳务之名收取贿赂，当然应认定为受贿。

本案中，被告人方某身为慈溪市园林管理处分管绿化建设、养护工程的副主任，在慈溪市西大门景观绿地建设工程中，具有绿地建设工程验收、考核参与权，后续绿化养护工程的组织管理权，行贿人正是看重其上述职权才以所谓劳务报酬名义给予其财物的，具有行贿受贿的动机，所谓的工程谈判、指导服务系属于被告人职责范围内的事项。从本案证据上看，辩方并未提供说明被告人方某具体提供了哪方面的技术、管理服务的证据，相反，本案却有证据能够证实被告人方某没有参加相关土建工程的分包谈判和施工的指挥和指导，故被告人方某与施某耀之间即使形成口头聘用合同，也不等于方某向对方提供了与职务无关的技术服务，故有关劳务报酬的辩解不能成立。而且，行贿人施某耀交代，在该工程中其公司外聘一位资深的项目经理，月薪也不会超过1万元，可见，方某在本案中收取的远远超出正常标准的所谓报酬数额本身也充分反映出其性质不是劳务报酬。综上，被告人方某与行贿人施某耀之间是借劳务聘用名义，行贿赂之实，方某的行为构成受贿罪。

国家工作人员，尤其是专业部门的工作人员，一般会具有相关行业的技术、管理等方面的知识专长和经验，在请托人向其行贿以利用其职权谋取利益时，也可能同时要求其提供技术、管理等方面的服务，而应诺请托的国家工作人员确也接受了提供某些方面服务的要求或者其主动提出要为请托人提供某方面的服务，收受了请托人给予的报酬，这时往往行贿财物与所谓劳务报酬表现为同一笔款项，买权（卖权）与买（卖）技术服务交织在一起，这种情况如何认定？笔者认为，国家工作人员如果利用职务上的便利为他人谋取利益，收受他人财物，本质上符合权钱交易的特征，应当属于受贿，在此过程中出于某种考虑也会有向行贿方提供个人技术服务的活动，这在原则上不能对定罪产生影响，如果是为掩饰受贿提供了少量的技术服务，对定罪都不应当产生影响。只有在利用职务便利为他人所谋利益较小，而收受财物的同时掺杂了较大量的提供个人技术服务因素的情形下，才可能成为影响量刑的酌定情节。这样处理既有法律依据，也符合社会生活实际。否则，对于这种具有技术服务内容的受贿，被告人均会以其提供了技术服务为名逃避法律追究，这显然不利于惩治腐败，也不符合刑法的立法原意。对于单纯利用个人技术、管理专长为他人提供服务而收取合理数额报酬的，不宜认定为受贿。这里说的合理数额报酬，是说收受的劳务报酬在数额上应与提供的正常市场价值相当，如果明显超出市场同类服务报酬数额，这种行为的性质就会发生转化，超出了正常劳务报酬的范畴。因为如果没有国家工作人员的这种身份职权影响，这种情况是不可能发生的，这明显属于利用合法报酬之名掩盖非法权钱交易之实，应当全额认定为受贿。由以上可以看出，在纷繁复杂的个案中，要正确区分正当的劳务报酬与非法的行贿受贿的界限，司法中应当注意从以下几个方面进行综合把握：（1）国家工作人员是利用职务便利为他人谋取利益收受财物还是利用个人技术换取报酬；（2）是否确实提供了有关服务；（3）接受的财物是否与提供的服务等值。

4. 评析意见

利用职务之便，是受贿罪的一个重要的构成要件。但对于这一构成要件的内涵，在理解上存在分歧。因此，在认定受贿罪的时候，正确地理解利用职务之便是十分重要的。为了准确地理解利用职务上的便利，我们先看看司法解释的有关规定，《经济犯罪案件座谈会纪要》指出："刑法第三百八十五条第一款规定的'利用职务上的便利'，既包括利用本人职务上主管、负责、承办某项公共事务的职权，也包括利用职务上有隶属、制约关系的其他国家工作人员的职权。担任单位领导职务的国家工作人员通过不属自己主管的下级部门的国家工作人员的职务为他人谋取利益的，应当认定为'利用职务上的便利'为他人谋取利益。"根据这一司法解释，以下两种情况均属于直接利用职务上的便利。

第一，利用职权的便利条件。

职权是指国家机关及其公职人员依法作出一定行为的资格，是权力特殊的表现形式。① 一定的职权是法律赋予的，因而必须依法履行职责。如果利用这种权力为他人谋取利益而收受财物，是典型的以权谋私，是为法律所不允许的。因此，利用职权是名副其实的利用职务上的便利。在司法实践中，大量受贿罪是利用职权的便利条件构成的。例如，主管基建的国家工作人员利用主管基建的条件谋取私利，掌握物资的国家工作人员利用物资批准权谋取私利，公安局掌管户口审批事项的国家工作人员利用户口审批权谋取私利等，都属于利用职权的便利条件。由于国家工作人员的职权是依法确定的，因此利用职权的便利条件一般在认定中不会发生疑问。

第二，利用与职务有关的便利条件。

与职务有关并非职务范围之内的，因此与前述利用职权有所区别。但它虽然不是职务范围之内，却绝非与职务毫无关系，而是与职务有关，是利用了本人的职权或地位形成的便利条件。应当指出，利用与职务有关的便利条件并不像利用职权那样明确因而容易认定，因此更需要加以严格的界定。我们认为，利用与职务有关的便利条件，一般只能发生在职务上存在制约关系的场合，这种制约关系可以表现为两种情况：一是从纵的方面看，存在职务上的上下级领导和被领导关系，也就是职务上的从属关系。例如县长批条子让县物资局长平价拨给他人钢材 10 吨，然后收取他人财物。在这种情况下，县长并不直接掌握物资，因而不是利用职权上的便利。但县长作为一县之长，是县里的最高行政长官，于是这种职权或地位形成的便利，使其能够为他人谋取利益而收受财物，从而构成受贿罪。二是从横的方面看，有关工作人员在执行职务过程中存在着制约关系。例如，供电局电管科科长向某重点中学校长批条子，要求接纳一个考分不够的学生，因学校用电有求于电管科科长，

---

① 法学词典．增订版．上海：上海辞书出版社，1984：832.

只能同意接纳。为此，电管科科长向该学生家长收取财物。在这种情况下，电管科科长并不主管招生，因此不是利用职权上的便利。但他因管电大权在握，学校慑于其权势，只能接纳考分不够的学生。如果他没有管电权，就不可能达到让考分不够的学生上重点中学的目的，因而构成受贿罪。笔者认为，对于与职务有关的便利条件的认定，必须立足于职务上的制约性。没有这种制约性，就不存在利用职务上的便利问题。

在方某受贿案中，涉及利用职务便利收受财物与收取合理劳务报酬应当如何区分问题，其区分的关键就在于正确地认定方某在以劳务报酬的名义收受财物的时候，是否利用了职务上的便利条件。从本案的案情来看，虽然方某与施某耀口头约定为慈溪市海逸园林有限公司承建的慈溪市西大门景观绿地建设工程提供技术支持和进行监督管理活动，但其实际上并未从事以上活动，因而其收取的所谓劳务报酬并不是方某劳务活动的对价，而是方某利用职务上的便利收取的贿赂。在本案中，方某是直接利用职务上的便利条件非法收受他人财物，因而构成受贿罪。

[案例 26-3] 李某受贿案①（间接利用职务便利的认定）

1. 基本案情

被告人（上诉人）李某，原系河北省国税局局长、党组书记、河北省第九届人大代表（2000 年 11 月 10 日被罢免）。2000 年 3 月 30 日因本案被逮捕。

唐山市中级人民法院经公开审理查明（受贿部分）：

（1）1993 年 10 月，被告人李某在担任省委办公厅秘书期间，东租冀办主任张某梦因涉嫌挪用公款犯罪被司法机关采取强制措施，经李某多方活动，张某梦于当月 14 日被解除强制措施。1994 年 2 月 22 日，为了感谢李某，张某梦为李某购买凌志 400 型轿车支付了人民币 62 万元。1995 年春节前，张某梦以资助李某妻子杨某某出国学习为名送给李某 1 万美元（折合人民币 8.431 6 万元）。1998 年上半年，李某让张某梦为其兑换 10 万美元时，少付人民币 22.78 万元。

（2）1994 年年初，被告人李某在担任省委办公厅秘书期间，要求中兴电子公司经理张某桥为其办理一张个人消费信用卡，并提供了姓名“韩某”的假身份证。1994 年 3 月 7 日，张某桥指使公司财务人员用李某提供的假身份证，在中国银行秦皇岛开发区支行办理了一张卡号为 8073592002161009 的信用卡。李某用此卡共消费人民币 9.954 4 万元。1999 年 3 月，李某得知纪检部门调查此卡，委托李甲将信用卡退还给张某桥。后怕事情败露于同年 8 月退给张某桥人民币 10 万元，并让张将还款时间改写到与退还信用卡相同的日期。

---

① 国家法官学院，中国人民大学法学院．中国审判案例要览（2004 年刑事审判案例卷）．北京：人民法院出版社，中国人民大学出版社，2005：431 以下．

（3）1994 年 12 月，被告人李某在担任省委办公厅秘书、副主任期间，张家口卷烟厂厂长李某庭为了通过李某取得有关领导在政治上的信任和支持，在石家庄市白楼宾馆以资助李某之妻杨某某出国留学为由，送给李某 5 万美元（折合人民币 42.223 万元）。李某于 1999 年年初将此款存入香港渣打银行。

（4）1994 年年初，李某利用担任省委办公厅秘书的职务便利，接受秦某请托，通过东租冀办主任张某梦为广西北海天都房地产开发公司（以下简称“天都公司”）借款 172 万美元。1996 年 3 月 26 日，秦某按李某的要求让天都公司经理魏某将人民币 50 万元汇入北京三威电子有限公司（以下简称“三威公司”）账户，作为对李某帮助借款的酬谢。1999 年年初，李某将此款存入香港渣打银行。

1996 年年初，李某利用担任河北省国税局（以下简称“省国税局”）副局长的职务便利，接受秦某请托，将河北省税务系统人民币 1 800 万元的税务数据采集器项目交给深圳桑利通电子有限公司（以下简称“桑利通公司”）承作。为赞助秦某拍电视剧和感谢李某，桑利通公司经理刘某奇于 1997 年 1 月 15 日、30 日给秦某指定的天津市开发区新天地投资开发有限公司（以下简称“新天地公司”）账户共汇入人民币 199.5 万元。1997 年 9 月 22 日，李某在北京华堂房地产开发有限公司（以下简称“华堂公司”）开发的阳明广场购买了住房 1 套，让秦某从桑利通公司汇款中支付购房款 100 万元。

（5）1994 年至 1997 年，被告人李某在担任省委办公厅秘书、副主任，省国税局副局长、局长期间，接受河北省人民政府驻北京办事处（以下简称“驻京办”）主任王某友、驻京办商品部（即北京河北迎宾馆）承包经理赵某请托，通过张家口卷烟厂厂长李某庭办理购买该厂紧俏香烟批条 61 份。赵某利用李某交给的上述批条先后从张家口卷烟厂购买各种香烟 9 628 箱，总价值人民币 2 508.16 万元，非法销售，从中牟利。为了感谢李某，赵某先后送给李某人民币共计 60 万元。李某将此款存入香港渣打银行。后因李某庭案发，李某恐事情败露，与赵某、王某友订立攻守同盟，并通过程某阳退还驻京办人民币 22 万元。

（6）1994 年，被告人李某在担任省委办公厅秘书期间，接受河北省保定市高碑店电力局局长孙某春请托，多次要求保定地委有关领导对孙提拔使用。1997 年 1 月 31 日，李某与妻子杨某某在北京市赛特购物中心看好了一把日本产按摩椅，价值人民币 3.98 万元。李某打电话将孙某春叫到赛特购物中心，孙某春付款购买了按摩椅并送至李某家。

（7）1995 年 10 月，被告人李某在担任省委办公厅副主任期间，通过唐山市有关领导将唐山百货大楼条式楼标的为人民币 1 080 万元的 C 段装修工程

（以下简称“百货大楼工程”）介绍给王某某联系的北京市建筑工程装饰公司（以下简称“北京装饰公司”）承建。竣工后，王某某送给李某人民币15万元。

1996年8、9月，被告人李某在担任省国税局副局长期间，将省国税局北戴河培训中心工程（以下简称“北戴河工程”）交给王某某联系的中铁十二局集团海南振海有限公司（以下简称“振海公司”）承建，工程预算人民币3 500万元。李某与王某某商定按工程造价的6%提取中介费后均分。1996年12月，王某某从振海公司提取人民币170万元，送给李某75万元。

1997年9、10月，被告人李某在担任省国税局局长期间，将省国税局承德培训中心工程（以下简称“承德工程”）以议标的形式介绍给王某某联系的海南泛华工程有限公司（以下简称“泛华公司”）承建，工程预算人民币3 000万元。后王某某按工程预算的5%从泛华公司提取中介费人民币150万元，送给李某人民币140万元。此外，王某某又将从该工程中提取的北戴河工程追加投资的中介费人民币30万元送给李某。

1998年12月，被告人李某在担任省国税局局长期间，通过河北省衡水市国税局局长郭某林，将衡水市国税局培训中心工程（以下简称“衡水工程”）介绍给王某某联系的中海工程建设总局（以下简称“中海总局”）承建，工程预算人民币1 500万元。1999年1月，王某某将中介费人民币45万元送给李某。

综上，李某共收受王某某人民币305万元，将其中15万元存入新加坡银行，290万元存入香港渣打银行。

（8）1995年4月，被告人李某在担任省委办公厅副主任期间，让河北大野集团总裁卢某为其办理了1张长城信用卡，并用此卡消费了人民币1.944 055万元。同年12月，李某接受卢某的请托，让河北省石家庄市国棉二厂为大野集团在中国银行河北省分行办理承兑汇票提供了担保。1996年2月13日，李某收受卢某人民币10万元。

（9）1995年11月，被告人李某在担任省委办公厅副主任期间，接受石家庄市半边天保健品公司（以下简称“半边天公司”）经理刘某忠和港商程某阳请托，召集石家庄市政府及省、市银行有关领导到半边天公司筹建处商议解决该公司贷款问题。在李某的多次协调下，半边天公司于1996年11月25日从石家庄市城市合作银行贷款人民币1 000万元，12月24日从中国工商银行石家庄市分行贷款人民币1 000万元。1997年年初，李某出国考察前，刘某忠送给李某2 700美元（折合人民币22 388元）。

（10）1996年6月至1999年6月，被告人李某在担任省国税局副局长、局长期间，将河北省政府驻沈阳办事处主任许某恩调入省国税局，后又将其调任承德市国税局局长和邯郸市国税局局长。1998 年上半年，李某到承德市检查税务工作时，许某恩送给李某 2 000 美元（折合人民币 1.655 6 万元）。1999 年 6 月，许某恩随李某到西欧考察时，在德国科隆市送给李某 2 000 美元（折合人民币 1.655 56 万元）。2000 年春节期间，许某恩在李某家以给李某儿子压岁钱的名义，送给李某人民币 1 万元。

（11）1998 年四五月份，被告人李某在担任省国税局局长期间，接受香港某公司董事长吴某五的请托，授意石家庄市国税局局长许某斌、主管工程的副局长王某成以招标的形式将石家庄市国税局办公楼工程（以下简称石家庄工程）交给南京市第二建筑公司石家庄分公司（以下简称“南京二建”）承建。1998 年 6 月 25 日，石家庄市国税局与南京二建签订了建设工程施工合同。李某告诉吴某五，与妻子杨某某离婚后急需用钱。同年 12 月，吴某五向南京二建索要工程中介费人民币 40 万元，兑换成 5 万美元（折合人民币 41.390 7 万元）交给李某。1999 年年初，李某将此款存入香港渣打银行。

（12）1998 年，被告人李某在担任省国税局局长期间，与秦皇岛市华兴公司经理李甲（李某的情妇）合谋，将河北省廊坊市国税局培训中心工程（以下简称廊坊工程）交给河北省第三建筑公司第十分公司（以下简称省三建十公司）承建，由李甲向省三建十公司索要工程造价 5%的中介费。1999 年 4 月初，李某急于将国内的赃款转移到香港，指使李甲向省三建十公司经理高某华索要工程中介费人民币 50 万元，并允诺保证省三建十公司中标。随后，李甲让外甥女杜某到高某华的办公室取回该款，李某收到李甲交来的该款后存入香港渣打银行。1999 年 7 月 26 日，廊坊市国税局局长梁某刚在李某的授意下，将廊坊工程交给省三建十公司承建。

（13）1998 年年底，被告人李某在担任省国税局局长期间，接受温州市杰恒有限公司（以下简称“杰恒公司”）经理苏某杰请托，指使省国税局征管处将本局税务登记证制作项目交给杰恒公司承作。事后，李某以急需用钱为由，先后两次共向苏某杰索要 9 000 美元（折合人民币 7.450 2 万元）。

（14）1999 年 9 月，被告人李某在担任省国税局局长期间，接受北京市科信实业公司（以下简称“科信公司”）经理李某科的请托，指使河北省邢台市国税局局长李某昌将邢台市国税局培训中心工程（以下简称“邢台工程”）交给南京市第一建筑工程公司（以下简称“南京一建”）承建。后李某以急需用钱为由，向李某科索要 4 万美元（折合人民币 33.112 5 万元）。

综上，被告人李某利用职务上的便利，非法收受或者索取他人人民币 676.658 4 万元、16.57 万美元，共计人民币 814.816 4 万元。

唐山市中级人民法院认为：被告人李某身为国家工作人员，在担任中共河北省委办公厅秘书、副主任，河北省国家税务局副局长、局长期间，利用职务上的便利，接受他人请托，为他人谋取利益，索取、非法收受他人财物人民币 676.658 4 万元、美元 16.57 万元，共计折合人民币 814.816 4 万元，其行为已构成受贿罪。李某受贿数额特别巨大，所犯罪行严重破坏了国家机关正常工作秩序，侵害了国家工作人员职务的廉洁性，败坏了国家工作人员的声誉，情节特别严重，虽然其主动坦白了部分受贿犯罪事实，认罪态度较好，但不足以对其从轻处罚。据此，唐山市中级人民法院作出以下判决：被告人李某犯受贿罪，判处死刑，剥夺政治权利终身，并处没收个人全部财产。

一审宣判以后，被告人李某提起上诉。

河北省高级人民法院经审理认为：对于上诉人李某以及其辩护人所提为王某某联系唐山百货大楼工程、为卢某、刘某忠联系担保、贷款，没有利用职务上的便利，并且为三人谋取的不是不正当利益，不构成受贿罪的上诉理由及辩护意见，经查：李某在为王某某联系工程、为卢某、刘某忠联系担保、贷款时，其职务为省委办公厅副主任，对所涉单位的领导人员均有一定的职务影响，系利用职务便利为他人谋取利益。

2. 涉案问题

受贿罪的间接利用职务便利如何认定？

3. 裁判理由

李某的受贿事实大部分属于直接利用本人职务上的便利，特别是其在省国税局任职期间，为请托人谋取的利益基本上属于利用担任副局长、局长的职务便利谋取利益，对这一部分事实的定性基本不存在争议。但对于李某在担任省政府、省委办公厅秘书、副主任期间为请托人谋取利益，如为王某某联系唐山百货大楼工程，为卢某、刘某忠联系担保、贷款，为张某梦活动解除强制措施等，是否属于利用职务上的便利，则存在较大争议。究其原因，在于对于如何界定李某在此期间的职权范围存在争议。如果仅从法律明文规定的角度看，李某作为省政府、省委办公厅秘书、副主任，其本身的权力是非常有限的，但由于其长期与省政府、省委主要领导相处，是领导“身边的人”，甚至与领导形成一种特殊关系，因而其实际职权远远大于法定职权，对许多单位的领导和工作人员形成了一定的制约关系。正是基于这种制约关系，李某成为能够“呼风唤雨”的人物，并通过这种制约关系大搞权钱交易。应当说，这是一种极不正常的现象，与我们国家的法治建设极不相称，但在具体考察李某是否构成受贿罪时，这种实际职权又是不得不考虑的。这也是一、二审法院认定李某作为“省委办公厅副主任，对所涉单位的领导人均有一定的职务影响，系利用职务便利为他人谋取利益”的原因所在。①

4. 评析意见

间接利用职务上的便利是指利用本人职权或者地位形成的便利条件，通过其他国家工作人员职务上的行为，为请托人谋取利益。我国《刑法》第388条规定：“国家工作人员利用本人职权或者地位形成的便利条件，通过其他国家工作人员职务上的行为，为请托人谋取不正当利益，索取请托人财物或者收受请托人财物的，以受贿论处。”这种行为在刑法理论上称为间接受贿，也称为斡旋受贿。在日本刑法中就专门规定了斡旋受贿罪。我国《刑法》第388条专门对间接受贿行为作了规定，但其又规定对于这种间接受贿行为，以受贿论处。因此，在我国刑法中间接受贿不是独立罪名，而是受贿罪的一种表现方式。

《经济犯罪案件座谈会纪要》规定：“刑法第三百八十八条规定的‘利用本人职权或者地位形成的便利条件’，是指行为人与被其利用的国家工作人员之间在职务上虽然没有隶属、制约关系，但是行为人利用了本人职权或者地位产生的影响和一定的工作联系，如单位内不同部门的国家工作人员之间、上下级单位没有职务上隶属、制约关系的国家工作人员之间、有工作联系的不同单位的国家工作人员之间等。”在李某受贿案中，李某的行为是利用与他人的职务之间存在制约关系而收受财物，具备受贿罪的利用职务上的便利这一要件，属于间接受贿。但裁判理由在具体论述中，把法定职权与实际职权牵扯进来，则有所不妥。法定职权与实际职权，是一个直接利用本人职务的问题。因为无论是利用法定职权还是利用实际职权，都是利用职权，属于利用本人职务上的便利。而在李某受贿案中，李某不仅存在利用职权（法定职权与实际职权）的受贿，而且存在利用与职务有关的便利条件的受贿。在李某担任省政府、省委办公厅秘书、副主任期间，其利用与这些职务有关的便利条件，即与他人职务之间具有制约关系，通过其他国家工作人员的职权为请托人谋取利益，从中收受财物的行为，属于间接利用本人职务。

[案例26-4] 陈某受贿案②（为他人谋取利益的认定）

1. 基本案情

被告人陈某，原系中国电子物资公司安徽公司顾问。因涉嫌犯受贿罪、挪用公款罪，于1997年5月6日被逮捕。

安徽省合肥市人民检察院以被告人陈某犯受贿罪，向合肥市中级人民法

① 国家法官学院，中国人民大学法学院．中国审判案例要览（2004年刑事审判案例卷）．北京：人民法院出版社，中国人民大学出版社，2005：455.

② 最高人民法院刑事审判第一、二庭．刑事审判参考：总第8辑．北京：法律出版社，2006：47以下．

院提起公诉。

安徽省合肥市人民检察院起诉书指控：被告人陈某担任中国电子物资公司安徽公司（以下简称“安徽公司”）总经理期间，利用职务之便，为他人谋取利益，于1993年春节前、1994年春节前后三次非法收受下属单位能源化工处处长兼庐海实业有限公司（以下简称“庐海公司”）承包人李某峰所送33万元人民币、15万元港币，其行为已构成受贿罪。

被告人陈某及其辩护人辩称：陈某的行为不构成犯罪。理由是：主持制定《关于能源化工处、庐海实业有限公司试行新的奖励办法的通知》、《关于试行业务人员六项费用承包经营核算办法的报告》、申请原油配额、协调李某峰与财务部门之间的关系等行为，均是陈履行职务的正当行为；陈未利用职务之便为李某峰谋取利益；没有受贿故意；李某峰所送的33万元人民币、15万元港币，其中20万元是陈某之子在庐海公司的工作所得，其余钱款系李某峰馈赠。

合肥市中级人民法院经审理认为：被告人陈某系由中国电子物资总公司任命的安徽公司总经理，是领导和管理国有企业相关事务的工作人员，其主持制定《关于能源化工处、庐海实业有限公司试行新的奖励办法的通知》，出发点是为了公司利益，是对公司分配机制进行改革的一项尝试和试点，建立的是“公司得大头，个人得小头”的激励机制，不是为他人谋取利益。此文件的出台，没有经过由公司所有领导参加的经理办公会的讨论，且控制发文范围，在制定程序上不完备，但安徽公司实行总经理负责制，被告人陈某曾于1992年5月就此文件向原中国电子物资总公司总经理赵某海汇报，赵表示可以试试，同意承包三七分成，故不能完全否定《关于能源化工处、庐海实业有限公司试行新的奖励办法的通知》的合法有效性。被告人陈某主持制定《关于试行业务人员六项费用承包经营核算办法的报告》，帮助李某峰承包的能源化工处向安徽省计划委员会申请并获得进口原油配额，是其正当的职务行为，不是为李某峰谋取利益。现有证据无法证实被告人陈某主观上具有权钱交易的受贿故意。陈某的行为在客观上给李某峰带来一定的个人利益，李某峰在事后给付陈某钱财表示感谢而陈某予以收受，这是一种事后收受财物行为。故认定被告人陈某的行为构成受贿罪的证据不足。起诉书指控的罪名不能成立。依照《刑事诉讼法》（1996年）第162条第3项的规定，于1998年10月8日判决如下：被告人陈某无罪。

一审宣判后，合肥市人民检察院认为，一审判决认定事实错误，适用法律不当，显系错判，遂提起抗诉。

安徽省高级人民法院经审理认为，原判认定事实不清，依照《刑事诉讼法》（1996年）第189条第3项的规定，于1999年12月10日裁定如下：（1）撤销合肥市中级人民法院的刑事判决；（2）发回合肥市中级人民法院重新审判。

合肥市中级人民法院依法重新组成合议庭，经公开审理查明以下事实：

原审被告人陈某自 1986 年至 1996 年间任安徽公司总经理。1992 年年初，安徽公司下达公司各部门承包经营方案。同年 4 月，能源化工处处长兼庐海公司经理李某峰向陈某递交书面报告，提出新的承包经营方案，建议超额利润实行三七分成。陈某在没有通知公司其他领导的情况下，与公司党委书记、副总经理徐某（另案处理）、财务处处长吴某及李某峰四人研究李某峰提出的建议，决定对李某峰承包经营的能源化工处、庐海公司实行新的奖励办法，由陈某亲笔草拟，并会同徐某签发《关于能源化工处、庐海实业有限公司试行新的奖励办法的通知》，规定超额利润 70%作为公司利润上缴，30%作为业务经费和奖金分成，并由承包人支配。发文范围仅限财务处、能源化工处、徐某及陈某个人。1993 年年初，陈某在公司办公会上提出在全公司实行新的承包方案，主持制定《业务处室六项费用承包核算办法实施细则》。依据《关于能源化工处、庐海实业有限公司试行新的奖励办法的通知》《业务处室六项费用承包核算办法实施细则》的规定，李某峰于 1992 年提取超额利润提成 21 万余元，1993 年提取超额利润提成 160 万余元。

在李某峰承包经营期间，原审被告人陈某以公司总经理身份及公司名义于 1992 年 11 月、1993 年 5 月先后两次向安徽省计划委员会申请拨要进口原油配额 6.5 万吨，交给李某峰以解决其进口加工销售业务所需，并多次协调李某峰与公司财务部门之间在资金流通、使用等方面的矛盾。

李某峰为感谢陈某为其制定的优惠政策及承包经营业务中给予的关照，于 1993 年春节前，送给陈某人民币 3 万元，1994 年春节前后又两次送给陈某人民币 30 万元、港币 15 万元。陈某收受李某峰的钱款后，其妻李某利用此款在广东珠海市吉大园林花园购买房屋一套（价值人民币 51 万余元）。

合肥市中级人民法院认为：原审被告人陈某身为国家工作人员，利用职务便利，根据下属部门承包经营人李某峰建议，制定新的承包经营政策，协调、帮助李某峰承包经营，在李某峰获取巨额利润后，非法收受李某峰所送 33 万元人民币、15 万元港币，其行为侵害了国家工作人员公务活动的廉洁性，已构成受贿罪，依法应予惩处。公诉机关指控犯罪成立。依照《刑法》第 12 条第 1 款、第 385 条第 1 款、第 386 条、第 383 条第 1 款第 1 项、第 64 条的规定，于 2000 年 1 月 10 日判决如下：（1）原审被告人陈某犯受贿罪，判处有期徒刑 10 年。（2）原审被告人陈某以违法所得购买广东珠海市吉大园林花园房屋一套，予以没收。

宣判后，原审被告人陈某没有上诉，检察机关也未抗诉。

2. 涉案问题

没有事先约定的事后受财行为是否构成受贿罪？

3. 裁判理由

本案是一起典型的事后受贿案例。

首先，被告人陈某利用职务便利，根据下属部门承包经营人李某峰建议，制定新的承包经营政策，为李某峰申请拨要进口原油配额和协调李某峰与财务处之间的矛盾等，都是陈某履行职务的行为。虽然被告人陈某主持制定《关于能源化工处、庐海实业有限公司试行新的奖励办法的通知》的程序不符合公司管理规范，但安徽公司实行总经理负责制，被告人陈某曾就此事向总经理赵某海汇报，并征得了其同意，因此，应认为《关于能源化工处、庐海实业有限公司试行新的奖励办法的通知》的制定程序是合法有效的。

其次，被告人陈某利用其职务便利为使李某峰谋取了利益，并在事后收受了李某峰所送财物。根据被告人陈某主持制定的《关于能源化工处、庐海实业有限公司试行新的奖励办法的通知》的规定，李某峰共从公司提取人民币 180 余万元。同时，被告人陈某为李某峰申请原油配额和调处李某峰与财务处在资金方面的矛盾，也为李某峰攫取巨额利润提供了便利条件。但被告人陈某在利用职务便利为李某峰谋取利益之时或者之前，没有收受李某峰的财物，李某峰送给陈某的钱都来自提成款，这些提成款主要源于陈某制定《关于能源化工处、庐海实业有限公司试行新的奖励办法的通知》这一职务行为，相对于陈某的上述职务行为，陈某三次收受李某峰财物的行为均在其后。

最后，没有证据证明被告人陈某利用职务便利为李某峰谋取利益是以收受对方的财物为目的，但事后陈某收受财物时，明知李某峰送财物是因为自己的行为使其获取了利益。被告人陈某在实施有关职务行为前，与李某峰并无以后收受财物的约定。从陈某的客观行为中也难以推断出陈某具有期望以后收受财物的故意。但陈某对李某峰送钱的原因是明知的，这一点陈某本人有供述，李某峰亦有相应的陈述，那就是，陈某为李某峰在新分配办法试点、做原油业务等方面给予了不小的帮助。这一故意在陈某收受钱款时没有通过语言表达出来，但根据二人的陈述足以认定。

根据被告人陈某实施行为的上述特点，我们认为被告人陈某的行为构成受贿罪，理由是：

第一，事后收受财物行为与主动索取财物、收受财物后违法行使职权等相比，其主观恶性、对公务活动的危害要小，但这种行为同样侵犯了受贿罪的客体——国家机关的廉政建设制度。公务人员是人民的公仆，公正廉洁是其最基本的品德，为了保证公务人员公正廉洁，国家制定了一系列廉政方面的制度，实施受贿犯罪必然要侵犯这一制度。不论是主动索取钱财、收受贿赂后违法行使职权或者事后收受财物，都是对廉洁制度的危害，构成犯罪的，应依法追究刑事责任。

第二，根据《刑法》第 385 条的规定，受贿犯罪在客观上表现为：利用职务之便，索取他人财物，或者非法收受他人财物，使他人获取了利益。利用职务上的便利，参照最高人民法院、最高人民检察院《关于执行〈关于惩治贪污罪贿赂罪的补充规定〉若干问题的解答》，是指利用职权或者与职务有关的便利条件。所谓索取他人财物，是指行为人利用职务之便主动勒索他人财物。所谓收受他人财物，是指行为人利用职务之便，以许诺或实际为他人谋利作为交换条件，接受他人交付的财物。为他人谋取利益，按上述《解答》的规定，谋取的利益不仅限于非法利益，也包括行为人应当取得的合法利益。刑法中表述的“收受他人财物，为他人谋取利益”，将收受行为置于谋利行为之前，这只是表述问题，也是典型的受贿方式，但并不意味着只有先收受财物后谋取利益的才是受贿，而先谋利后收受财物的就不构成受贿。本案中，被告人陈某制定有关文件、申请原油配额、协调李某峰与财务处的矛盾，均系其作为公司总经理依职权行使的职务行为，属于利用职务上的便利。陈某行使的行为虽是合法的正当职务行为，使李某峰获取的巨额利润也是合法的利益，但这仍属于“为他人谋取利益”。陈某因为李某峰获取利益而收受了李某峰送的财物，其行为无疑属于“非法收受他人财物”。综上，陈某的行为已具备受贿罪的客观构成特征。

第三，受贿罪是故意犯罪，且通常为直接故意，即明知对方送财物的目的与自己的职务行为有关而予以收受。本案中，根据被告人陈某的供述，陈某对李某峰所送钱款的性质是明知的，从收受情况看，其也没有进行任何推诿。因此，陈某的行为同样具备了受贿罪主观方面的要件，系直接故意。

处理此类案件时有一种观点值得注意，即认为收受贿赂和为他人谋取利益是受贿犯罪两个不可分割的整体，行为人在实施上述行为时的主观故意应当是一致的，即行为人既要在收受财物时明知所收受的财物的性质而予以收受，也要在为他人谋取利益时明知已收取了财物或将因此收受他人的财物。此类案件中，行为人明知所收受的财物的性质并希望收受是明确的，但对明知对方将送财物及希望为对方谋取利益以收受财物无充分证据证实，因此，此类案件构成犯罪的主观要件并不完全具备。我们认为，这种认识是不妥的。受贿罪中的行为可以由手段行为和目的行为两部分组成，前者就是指利用职务上的便利，为他人谋取利益，而后者则是指收受他人贿赂，二者联系紧密。由于收受财物时双方均明知是基于受贿方此前利用职务便利为行贿方谋取利益的行为，因此，两个阶段的行为与后来表现出来的故意构成了一个有机的整体。本案中，虽然无充分证据证实陈某在实施职务行为时具有收受财物的故意，但在后来收受财物时，其受贿的故意是明显的，即其明知收受财物是因为此前为行贿人谋取了好处，故应当认定其具备受贿犯罪的故意。

第四，处理此类案件，还有一个重要的适用刑法原则：如果对于事后收受财物，且在行使权力为行贿方谋利时双方无暗示、约定以后给予好处，就属于受贿证据不足，不能认定犯罪，那么，刑法规定的受贿罪将会被稍有智慧的行为人予以规避，受贿将大行其道、光明磊落地进行。这显然不是立法的本意。也就是说，对某一类行为是否应依法追究刑事责任，在充分论证其犯罪构成的基础上，还必须考虑裁判的后果：是促进了社会正常秩序的维护，还是敞开了大门，使稍做手脚者均可“绕过”法律规定，使立法的某一条文实际上被废止。本案的处理就是这样，如果陈某的行为可不受追究，作为一个案例被社会广为知晓后，哪一个潜在的受贿人还会“事前”“事中”受贿？原本廉洁的国家工作人员怎么不可以“事后”得到好处、报答，从而规避刑罚处罚呢？这样，受贿罪将不复存在。因此，对所谓的“事后受贿”，也应当依法定罪处刑。出于以上考虑，对于特殊形式的可能与典型犯罪方法、手段不同的行为，决定适用刑法追究行为人刑事责任的前提是：根据刑法分则条文规定，实践中，某一具体行为具有特殊性，是否适用刑法定罪有争议；而若不予追究，这种特殊行为方式就会被广为效仿，成为一种带有普遍性的行为，刑法明确规定的典型犯罪行为都会照此模仿，那么这一类犯罪就等于被废止，这显然是不能被允许的。

4. 评析意见

陈某受贿案首先涉及的一个问题是：是否属于没有事前约定的事后受财行为？这里的关键是如何理解“事”，以及“事后”。在这一问题的认定上似乎存在分歧：第一种意见认为：如果把“事后”理解为行为人利用职务之便为他人谋取了利益之后，那么是指其谋利行为完成之后，还是所谓利益实现之后？按照以事情全部完成之后来理解“事后”的概念，显然应指为他人谋取的利益实现后。拿本案来说，陈某利用职务之便为李某峰制定第一个“倾斜政策”是在 1992 年 5 月，但李某峰因此获利，即全部兑现完 1992 年的提成是在 1993 年 8 月，全部兑现完 1993 年提成是在 1994 年 7 月。李某峰第一次给陈某送钱的时间是在 1993 年 1 月（春节前），第二次和第三次送钱是在 1994 年 2 月（春节前后），均是在陈某为其谋取的利益没有完全兑现之前所为的。显然，不能把这种情况说成是“事后给付钱财”①。第二种意见认为：被告人陈某利用其职务便利为李某峰谋取了利益，并在事后收受了李某峰所送财物。被告人陈某在利用职务便利为李某峰谋取利益之时或者之前，没有收受李某峰的财物，李某峰送给陈某的钱都来自提成款，这些提成款主要源于

① 储槐植，杨健民．“事后受贿”能否构成受贿罪：析陈某受贿案和徐德臣受贿罪//姜伟．刑事司法指南：2000 年第 2 辑．北京：法律出版社，2000：174－175.

陈某制定《关于能源化工处、庐海实业有限公司试行新的奖励办法的通知》这一职务行为，相对于陈某的上述职务行为，陈某三次收受李某峰财物的行为均在其后。[①] 我们认为，事后受财的“事”，应当是指为他人谋取利益的职务行为，只要职务行为实施完毕就属于事后。具体到陈某案，“事”是指1992年5月制定《关于能源化工处、庐海实业有限公司试行新的奖励办法的通知》和1993年年初制定《业务处室六项费用承包核算办法实施细则》。而陈某收受财物是在1993年春节前和1994年春节前后。由此可见，陈某收受财物的情况是较为复杂的，不是一事一受，而是二事三受。如果是一事一受，事后受财的性质容易认定。而在多事多受的情况下，如果多受都在多事之后，事后受财的性质也不难认定。但如果在事与受之间存在时间上的交叉，则这些存在时间上交叉的受财行为就不是事后受财。因为在第一次事后受财以后，行为人对于受财已经存在心理预期，为他人谋取利益作为收受他人财物的交换条件的意图可以认定，因而其行为应以受贿罪论处。对于陈某案也应如此分析，关键在于其1993年春节第一次收受财物是否在两个文件制定以后。如果是在此以后，那么陈某的行为属于事后受财，否则就不是事后受财。

值得注意的是，2016年最高人民法院、最高人民检察院《关于办理贪污贿赂刑事案件适用法律若干问题的解释》第13条第1款规定：“具有下列情形之一的，应当认定为‘为他人谋取利益’，构成犯罪的，应当依照刑法关于受贿犯罪的规定定罪处罚：（一）实际或者承诺为他人谋取利益的；（二）明知他人有具体请托事项的；（三）履职时未被请托，但事后基于该履职事由收受他人财物的。”根据这一规定，即使履职时未被请托，只要基于该履职事由而收受财物的，就可构成受贿罪。在这种情况下，没有事先约定的事后受财行为，应当构成受贿罪。

［案例26-5］王某石受贿案[②]（间接受贿的认定）

1. 基本案情

被告人（上诉人）王某石，原中国证券监督管理委员会发行监管部发审委工作处助理调研员。

被告人（上诉人）林某，北京华章投资管理有限公司总裁。

北京市第一中级人民法院经公开审理查明：2002年3月至9月间，被告

① 王锦亚．陈某受贿案：事后收受财物能否构成受贿罪//刑事审判案例．北京：法律出版社，2002：603-604.

② 国家法官学院，中国人民大学法学院．中国审判案例要览（2007年刑事审判案例卷）．北京：人民法院出版社，中国人民大学出版社，2008：447以下．

人王某石利用担任中国证券监督管理委员会（以下简称“证监委”）发行监管部发审委工作处助理调研员的职务便利，通过时任东北证券有限公司（以下简称“东北证券公司”）工作人员的被告人林某介绍，接受福建凤竹纺织科技股份有限公司（以下简称“凤竹公司”）的请托，通过证监委发行监管部其他工作人员职务上的行为，为凤竹公司在申请首次发行股票的过程中谋取不正当利益，为此，王某石收受请托人通过林某给予的贿赂款人民币 72.6 万元。其间，被告人林某利用在东北证券公司工作的职务便利，在参与东北证券公司承销凤竹公司首次发行股票的业务的过程中，收取凤竹公司给予的贿赂款人民币 67.4 万元。

北京市第一中级人民法院认为：被告人王某石身为国家工作人员，利用本人职权或地位形成的便利条件，通过其他国家工作人员职务上的行为，为请托人谋取利益，收受请托人给予的贿赂款人民币 72.6 万元，其行为已构成受贿罪，且受贿数额巨大，依法应予惩处。被告人林某向王某石介绍贿赂人民币 72.6 万元，构成介绍贿赂罪，林某收受凤竹公司给予的 67.4 万元，构成非国家工作人员受贿罪。

北京市第一中级人民法院依照《刑法》第 388 条、第 386 条、第 383 条第 1 款第 1 项、第 163 条第 1 款、第 392 条第 1 款、第 69 条、第 61 条、第 64 条，作出如下判决：(1) 被告人王某石犯受贿罪，判处有期徒刑 13 年，并处个人财产人民币 12 万元；(2) 被告人林某犯非国家工作人员受贿罪，判处有期徒刑 9 年，并处没收个人财产人民币 10 万元；犯介绍贿赂罪，判处有期徒刑 1 年 6 个月，决定执行有期徒刑 10 年，并处没收个人财产人民币 10 万元。

一审判决以后，两被告人提起上诉。

北京市高级人民法院依照《刑事诉讼法》(1996 年) 第 189 条第 1 项的规定，作出了驳回上诉、维持原判的裁定。

2. 涉案问题

受贿罪中的间接受贿行为应当如何认定?

3. 裁判理由

受贿罪中的利用职务上的便利有不同的情形：一是单纯的行贿人有求于国家工作人员的职务行为，二是国家工作人员已经或者正在为行贿人谋取利益。无论是哪一种情形，都表现了贿赂是职务行为的一种不当报酬，都侵害了本罪所保护的公职行为的不可收买性。那么，只要国家工作人员收受的财物是与其职务行为有关的，就应当认为是利用了职务上的便利，因为，这样的行为都侵犯了职务行为的不可收买性。所以，即使没有实际为他人利用职务行为谋取利益，也是成立受贿罪的。本案中，王某石及其辩护人都认为王某石的工作职位与凤竹公司上市是没有直接联系的，所以王某石不具备凤竹公司请托事项的职务便利。但是，王某石是证监委的工作人员，凤竹公司也正是看到了王某石的这一工作特殊性，才给予其钱财的。王某石所收受的钱财和其职务具有直接的关联，因此，认定其是利用了职务便利是没有疑问的。①

4. 评析意见

在上述案件中，人民法院是以《刑法》第 388 条规定的间接受贿加以认定的。根据我国《刑法》第 388 条的规定，国家工作人员利用本人职权或者地位形成的便利条件，通过其他国家工作人员职务上的行为，为请托人谋取不正当利益，索取请托人财物或者收受请托人财物的，以受贿论处。这种受贿罪与《刑法》第 385 条规定的受贿罪有所不同：如果说《刑法》第 385 条规定的受贿罪是一种典型的受贿罪，那么，《刑法》第 388 条规定的间接受贿罪，就是一种特殊的受贿罪。两罪之间的主要区别，除了是否为他人谋取不正当利益，就在于利用职务上的便利这一要件的不同。典型的受贿罪的利用职务上的便利，是指利用国家工作人员本人的职务便利，在一般情况下，是利用本人职权；即使是通过其他国家工作人员的职务便利为他人谋取利益，也是因为在本人职务与其他国家工作人员的职务之间存在制约关系。因此，这仍然是一种利用本人职务上的便利。但在间接受贿罪的情况下，虽然行为人也是通过其他国家工作人员的职务便利为请托人谋取利益，但由于本人职务与其他国家工作人员的职务之间不存在制约关系，因此是真正意义上的利用他人职务上的便利。在王某石受贿案中，检察机关指控被告人王某石接受凤竹公司的请托，通过证监委发行监管部其他工作人员职务上的行为，为凤竹公司在申请首次发行股票的过程中谋取不正当利益。这是一种间接受贿，而不是直接受贿。在庭审过程中，被告人王某石及其辩护人辩称，王某石没有利用职权或地位形成的便利条件为他人谋取利益，其行为不符合受贿罪利用职务便利的客观要件。

裁判理由对本案被告人王某石具备利用职务上的便利这一要件作了论证，但更多的是从受贿罪的本质特征，及职务行为的不可收买性出发进行论证的，只是强调了王某石收受财物与其职务具有直接关联性，而没有论证这种关联性的具体表现。从法院判决认定的受贿事实来看，被告人王某石是利用其担任证监委发行监管部发审委工作处助理调研员的职务便利，通过时任东北证券公司工作人员的被告人林某介绍，接受凤竹公司的请托，通过证监委发行

① 国家法官学院，中国人民大学法学院．中国审判案例要览（2007 年刑事审判案例卷）．北京：人民法院出版社，中国人民大学出版社，2008：451－452.

监管部其他工作人员职务上的行为，为凤竹公司在申请首次发行股票的过程中谋取不正当利益。由此可见，被告人王某石是通过证监委发行监管部其他工作人员职务上的行为为请托人谋取利益的。由于被告人王某石的职务和证监委发行监管部其他工作人员职务之间不存在制约关系，因此认定为间接受贿。对于间接受贿来说，在论证利用本人职权或者地位形成的便利条件的时候，应该从本人职务与其他国家工作人员职务的关系出发，而不是泛泛地指出收受的财物与其职务具有关联性。

深度研究

受贿罪的保护法益是我国刑法学界中争议较大的一个问题，这个问题涉及对受贿罪的构成要件的理解，因而需要从刑法教义学的角度加以论述。在受贿罪的保护法益问题上，我国主要存在以下三种观点：第一是廉洁性说，认为受贿罪侵犯了国家工作人员职务行为的廉洁性，因而刑法惩治受贿罪主要是为了保护国家工作人员职务行为的廉洁性。第二是职务行为的不可收买性说，认为受贿罪侵犯了国家工作人员职务行为的中立性，因而刑法惩治受贿罪是为了保护职务行为的不可收买性。第三是职务行为的公正性说，认为受贿罪侵犯了国家工作人员职务行为的公正性，因而刑法惩治受贿罪是为了保护职务行为的公正性。应该说，以上各说并无根本区别，而只是角度不同而已。笔者赞同上述第二种观点，即职务行为不可收买性说。因为我国刑法中的受贿罪既包括违背职责受贿罪，又包括不违背职责受贿罪。在违背职责受贿罪中，国家工作人员收受请托人的财物以后，枉法为请托人谋取非法利益，因而侵犯了职务行为的公正性。但在不违背职责受贿罪中，国家工作人员收受财物以后，为请托人谋取的是合法利益，也就是所谓受贿不枉法。在这种情况下，国家工作人员收受财物的行为并没有侵犯国家工作人员职务行为的公正性但却侵犯了职务行为的不可收买性。至于廉洁性说范围较为宽泛，没有揭示受贿罪所具有的权钱交易的性质，因而也不可取。由此可见，将我国刑法中受贿罪的保护法益确定为职务行为的不可收买性，完全符合我国刑法关于受贿罪的规定。

第二节　受贿罪的认定

知识背景

随着市场经济的发展，在现实生活中出现了以交易或者其他形式为掩护的变相受贿行为，这些受贿犯罪具有隐蔽性和复杂性，为查处受贿犯罪案件带来了一定的困难。为此，2007 年 7 月 8 日最高人民法院、最高人民检察院颁布了《关于办理受贿刑事案件适用法律若干问题的意见》（以下简称《2007 意见》）针对现实生活中出现的受贿犯罪的新类型，对日常生活中常见的八种变相的受贿犯罪行为作了专门规定，这一司法解释对于我们正确地认定受贿行为具有重要指导意义。

规范依据

（一）《刑法》

第 385 条　国家工作人员利用职务上的便利条件，索取他人财物的，或者非法收受他人财物，为他人谋取利益的，是受贿罪。

国家工作人员在经济往来中，违反国家规定，收受各种名义的回扣、手续费，归个人所有的，以受贿论处。

第 386 条　对犯受贿罪的，根据受贿所得数额及情节，依照本法第三百八十三条的规定处罚。索贿的从重处罚。

第 388 条　国家工作人员利用本人职权或者地位形成的便利条件，通过其他国家工作人员职务上的行为，为请托人谋取不正当利益，索取请托人财物或者收受请托人财物的，以受贿论处。

（二）最高人民法院、最高人民检察院《关于办理受贿刑事案件适用法律若干问题的意见》

一、关于以交易形式收受贿赂问题

国家工作人员利用职务上的便利为请托人谋取利益，以下列交易形式收受请托人财物的，以受贿论处：（1）以明显低于市场的价格向请托人购买房屋、汽车等物品的；（2）以明显高于市场的价格向请托人出售房屋、汽车等物品的；（3）以其他交易形式非法收受请托人财物的。

受贿数额按照交易时当地市场价格与实际支付价格的差额计算。

前款所列市场价格包括商品经营者事先设定的不针对特定人的最低优惠价格。根据商品经营者事先设定的各种优惠交易条件，以优惠价格购买商品的，不属于受贿。

三、关于以开办公司等合作投资名义收受贿赂问题

国家工作人员利用职务上的便利为请托人谋取利益，由请托人出资，“合作”开办公司或者进行其他“合作”投资的，以受贿论处。受贿数额为请托人给国家工作人员的出资额。

国家工作人员利用职务上的便利为请托人谋取利益，以合作开办公司或者其他合作投资的名义获取“利润”，没有实际出资和参与管理、经营的，以

受贿论处。

四、关于以委托请托人投资证券、期货或者其他委托理财的名义收受贿赂问题

国家工作人员利用职务上的便利为请托人谋取利益，以委托请托人投资证券、期货或者其他委托理财的名义，未实际出资而获取“收益”，或者虽然实际出资，但获取“收益”明显高于出资应得收益的，以受贿论处。受贿数额，前一情形，以“收益”额计算；后一情形，以“收益”额与出资应得收益额的差额计算。

五、关于以赌博形式收受贿赂的认定问题

根据《最高人民法院、最高人民检察院关于办理赌博刑事案件具体应用法律若干问题的解释》第七条规定，国家工作人员利用职务上的便利为请托人谋取利益，通过赌博方式收受请托人财物的，构成受贿。

实践中应注意区分贿赂与赌博活动、娱乐活动的界限。具体认定时，主要应当结合以下因素进行判断：(1) 赌博的背景、场合、时间、次数；(2) 赌资来源；(3) 其他赌博参与者有无事先通谋；(4) 输赢钱物的具体情况和金额大小。

六、关于特定关系人“挂名”领取薪酬问题

国家工作人员利用职务上的便利为请托人谋取利益，要求或者接受请托人以给特定关系人安排工作为名，使特定关系人不实际工作却获取所谓薪酬的，以受贿论处。

七、关于由特定关系人收受贿赂问题

国家工作人员利用职务上的便利为请托人谋取利益，授意请托人以本意见所列形式，将有关财物给予特定关系人的，以受贿论处。

特定关系人与国家工作人员通谋，共同实施前款行为的，对特定关系人以受贿罪的共犯论处。特定关系人以外的其他人与国家工作人员通谋，由国家工作人员利用职务上的便利为请托人谋取利益，收受请托人财物后双方共同占有的，以受贿罪的共犯论处。

八、关于收受贿赂物品未办理权属变更问题

国家工作人员利用职务上的便利为请托人谋取利益，收受请托人房屋、汽车等物品，未变更权属登记或者借用他人名义办理权属变更登记的，不影响受贿的认定。

认定以房屋、汽车等物品为对象的受贿，应注意与借用的区分。具体认定时，除双方交代或者书面协议之外，主要应当结合以下因素进行判断：(1) 有无借用的合理事由；(2) 是否实际使用；(3) 借用时间的长短；(4) 有无归还的条件；(5) 有无归还的意思表示及行为。

十一、关于“特定关系人”的范围

本意见所称“特定关系人”，是指与国家工作人员有近亲属、情妇（夫）以及其他共同利益关系的人。

案例评价

[案例 26-6] 马某等受贿案①（交易型受贿罪的认定）

1. 基本案情

被告人马某，原系中共重庆市铜梁县委书记。因涉嫌犯受贿罪于 2006 年 9 月 13 日被逮捕。

被告人沈某萍，原系重庆市南岸区人民检察院检察员。因涉嫌犯受贿罪于 2006 年 9 月 11 日被逮捕。

重庆市人民检察院第一分院以被告人马某、沈某萍犯受贿罪，向重庆市第一中级人民法院提起公诉。

重庆市第一中级人民法院经公开审理查明：

（1）被告人马某在担任铜梁县委书记期间，利用其职务之便，多次分别收受熊某亮贿赂现金共计 12.36 万元、刘某伦贿赂现金共计 5.7 万元人民币，在该县干部人事调整中为二人谋取了利益。

1）2003 年年初，原铜梁县委组织部副部长熊某亮通过他人与马某联系，向马表示希望到较好的部门任职，事成后予以感谢。后马某主持县委书记办公会和县委常委会，讨论通过熊某亮任财政局党组书记、局长的方案。同年 6 月，熊某亮被任命为铜梁县财政局局长。为感谢马某的关照，熊某亮以铜梁县财政局获得各种奖励为借口，多次送给马某现金共计 12.36 万元。

2）原任铜梁县安溪镇镇长的刘某伦想调动到县城工作，为得到马某的支持，于 2002 年春节至 2006 年 1 月间多次送给马某现金共计 5.7 万元。此后，马某主持县委书记办公会和县委常委会，讨论通过刘某伦任铜梁县畜牧业发展服务中心党组书记、主任的方案。2006 年 3 月，刘某伦调任铜梁县畜牧业发展服务中心党组书记、主任。

（2）1996 年前后，时任黔江县副县长的马某及其妻沈某萍与叶某军相识。2000 年年初，叶某军被重庆市天龙房地产开发有限公司（以下简称“天龙公司”）聘为副总经理，后经叶某军引见，该公司总经理刘某华认识了二被告人。马某、沈某萍在与天龙公司的多次房产交易中共同收受天龙公司财物共计折合人民币 205.576 3 万元；在此期间，天龙公司总经理刘某华等人于

① 最高人民法院刑事审判第一、二、三、四、五庭．刑事审判参考：总第 59 集．北京：法律出版社，2008：46 以下．

2003年年初向马某提出到铜梁县投资水泥项目，马某多次利用其职务之便为天龙公司在铜梁县投资的金江水泥项目的引进、文件审批、用地审批、办理采矿许可证、贷款、道路建设等方面谋取利益。具体收受贿赂的事实如下：

1）2000年9月23日，马某、沈某萍与天龙公司签订合同，购买其开发的金紫大厦5单元16—1、17—1号住宅，房价29.427 3万元，沈某萍当日支付现金15.427 3万元，并约定欠款14万元由银行按揭支付。2001年2月，天龙公司向沈某萍出具购房全款发票。2002年3月28日，中国建设银行南坪支行将沈某萍申请的按揭贷款15万元划至天龙公司账上。2002年10月，马某、刘某华等人约定并将金紫大厦住宅15万元按揭款作为马某、沈某萍另欲购买的天龙公司开发的天龙广场门面款，并约定原欠房款免交。2004年，天龙公司清理财务账时发现账上还挂着沈某萍购买金紫大厦的住宅欠款，刘某华考虑到天龙公司正在铜梁县进行的金江水泥项目，为取得马某对金江水泥项目的支持，安排财务人员按照约定将该笔欠款从公司账上冲销平账。2005年11月，沈某萍取得金紫大厦住宅房地产权证。至案发，二被告人一直未支付应交的14万元欠款。综上，马某、沈某萍非法收受天龙公司财物14万元。

2）2001年2月，马某、沈某萍以其女儿马某某的名义签订合同，以每平方米1万元的低价购买天龙公司开发的南坪商业大楼负一楼181、180号商铺，面积为27.5平方米，总价27.5万元。2002年年底，因商铺出现经营困难等原因，天龙公司有意按原价返购已售出商铺，后由于公司资金困难，取消了返购计划。2003年6月左右，刘某华、叶某军为了争取马某对天龙公司在铜梁县投资的金江水泥项目的支持，决定单独返购二被告人所购商铺，并与其约定返购价为每平方米2万元。同年7月7日，天龙公司支付沈某萍返购款54.68万元。二被告人以此方式非法收受天龙公司财物27.18万元。

3）2001年下半年，马某、沈某萍得知天龙公司准备开发重庆市南岸区南坪正街的天龙广场项目，便对刘某华、叶某军提出优惠购买门面，并初步选定现中国银行所处的位置，价格约定为每平方米5 000元。2001年12月沈某萍向天龙公司付款25万元。2002年10月7日，马某、沈某萍按照此前与刘某华、叶某军的约定，将金紫大厦住宅15万元银行按揭贷款作为交纳天龙广场门面的购房款。2002年8月，天龙广场开盘预售后，二被告人发现其原先选定的门面已被出售给中国银行，遂对刘某华、叶某军表示不满。刘某华、叶某军当即陪同二人另选了99号门面。2003年年初，沈某萍与天龙公司签订天龙广场99号门面购房合同，约定每平方米5 000元，总价49.275万元。在此期间，刘某华和叶某军为了争取马某对金江水泥项目的支持，以补偿99号门面为由，提出将天龙广场101号门面送给马某，二被告人认为送门面不妥，叶某军便提出按每平方米2 000元计算，后沈某萍与天龙公司签订天龙广场101号门面购房合同，约定每平方米2 000元，总价12.672万元。沈某萍于

2004年7月29日、2005年7月23日分别取得99号、101号门面房产证。重庆康华会计师事务所“房价比较报告”载明：天龙广场99号门面区域平均销售价为每平方米20 296.46元、天龙广场101号门面区域平均销售价为每平方米5 000元。扣除已付现金，二被告人以低价购房形式非法收受天龙公司财物164.396 3万元。

重庆市第一中级人民法院认为：被告人马某身为国家机关工作人员，在担任铜梁县委书记期间，利用职务之便，收受熊某亮、刘某伦、天龙公司贿赂共计折合人民币223.636 3万元，并为其谋取利益。被告人沈某萍身为国家机关工作人员，伙同马某收受天龙公司贿赂共计折合人民币205.576 3万元，其行为均已构成受贿罪。鉴于在共同犯罪中，被告人沈某萍起帮助作用，系从犯，综合其在案件中的地位和作用，对沈某萍可予减轻处罚。根据《刑法》第385条第1款、第386条、第383条第1款第1项、第25条第1款、第27条、第93条第1款、第64条之规定，判决如下：(1) 被告人马某犯受贿罪，判处有期徒刑13年；(2) 被告人沈某萍犯受贿罪，判处有期徒刑5年；(3) 对被告人马某受贿所得赃款人民币18.06万元继续予以追缴，对被告人马某、沈某萍共同受贿赃物折合人民币205.576 3万元继续予以追缴。

一审宣判后，被告人马某、沈某萍不服，向重庆市高级人民法院提起上诉。

被告人马某、沈某萍的上诉理由及其辩护人的辩护意见均认为其二人的行为均不构成受贿罪，其具体意见是：(1) 马某、沈某萍均提出原判所采用的二人的有罪供述系受刑讯逼供所作，内容不实，不应采信。(2) 马某及其辩护人均提出熊某亮送给马某的奖金金额应为2.9万元，且马某主观上没有收受熊某亮贿赂的故意，不应认定为受贿。(3) 马某提出其从未收受过刘某伦的贿赂，其辩护人认为认定马某收受刘某伦贿赂的证据不足。(4) 马某、沈某萍及其辩护人均提出马、沈二人与天龙公司的涉案房产交易均系民事行为，且与天龙公司投资金江水泥项目之间没有内在联系，马某、沈某萍亦未利用职权为天龙公司谋利，二人行为均不构成受贿罪。(5) 马某有检举他人犯罪的立功表现。

重庆市高级人民法院经审理认为：上诉人马某身为国家工作人员，在担任铜梁县委书记期间，利用职务之便，在干部人事调整和私人购买商品房过程中，收受熊某亮、刘某伦、天龙公司贿赂折合人民币共计223.636 3万元，并为其谋取利益；上诉人沈某萍身为国家工作人员，伙同马某收受天龙公司贿赂折合人民币205.576 3万元，并利用马某的职务之便为天龙公司谋取利益。二上诉人的行为均已构成受贿罪。马某、沈某萍及其辩护人上诉提出的相关无罪的意见均不能成立，不予采纳。马某及其辩护人提出马某有检举他人犯罪的立功表现的意见，与所查证的事实不符，不予采纳。在共同犯罪中，马某起主要作用，系主犯；沈某萍起辅助作用，系从犯，对其可予以减轻处罚。原判决认定事实清楚，证据确实、充分，定罪准确，审判程序合法。原判决对马某的量刑适当。鉴于在共同受贿犯罪中沈某萍并未利用其本身国家工作人员的身份，而是其丈夫马某利用县委书记的身份受贿，沈某萍只是作为家庭成员在共同受贿中办理具体事项等情节，可对沈某萍在原判刑罚的基础上酌情从轻处罚。依照《刑事诉讼法》（1996 年）第 189 条第 2 项和《刑法》第 385 条第 1 款、第 93 条第 1 款、第 386 条、第 383 条第 1 款第 1 项、第 25 条第 1 款、第 26 条第 1 款、第 4 款、第 27 条、第 64 条之规定，判决如下：（1）维持重庆市第一中级人民法院（2006）渝一中刑初字第 327 号刑事判决第一项、第三项以及第二项中对被告人沈某萍的定罪部分，即被告人马某犯受贿罪，判处有期徒刑 13 年；对被告人马某受贿所得赃款人民币 18.06 万元继续予以追缴，对被告人马某、沈某萍共同受贿赃物折合人民币205.576 3 万元继续予以追缴；被告人沈某萍犯受贿罪。（2）撤销重庆市第一中级人民法院（2006）渝一中刑初字第 327 号刑事判决第二项中对被告人沈某萍的量刑部分，即被告人沈某萍因犯受贿罪判处有期徒刑 5 年。（3）上诉人沈某萍犯受贿罪，判处有期徒刑 3 年。

2. 涉案问题

交易型受贿行为应当如何认定？

3. 裁判理由

本案中，二被告人以明显低价购买行贿方天龙公司开发的住宅、商业大厦商铺和天龙广场门面的行为，较之于直接收受财物的典型受贿手法虽有所不同，但只不过是以形式上支付一定数额的价款来掩盖其受贿犯罪行为的一种手段，并不能改变双方权钱交易的实质，应以受贿论处。对此，有关司法解释已有定论。最高人民法院、最高人民检察院早在 1985 年 7 月 18 日发布的《关于当前办理经济犯罪案件中具体应用法律的若干问题的解答（试行）》（已失效，以下简称《解答》）第 2 条第 2 项中就规定：“国家工作人员利用职务上的便利，为他人谋取利益，接受对方物品，只付少量现金，这往往是行贿、受贿双方为掩盖犯罪行为的一种手段，情节严重，数量较大的，应认定为受贿罪。”最高人民法院、最高人民检察院发布的《2007 年意见》亦明确规定：“国家工作人员利用职务上的便利为请托人谋取利益，以下列交易形式收受请托人财物的，以受贿论处：（1）以明显低于市场的价格向请托人购买房屋、汽车等物品的；（2）以明显高于市场的价格向请托人出售房屋、汽车等物品的……”需要指出的是，根据《2007 年意见》的规定，这里的市场价格包括商品经营者事先设定的不针对特定人的最低优惠价格，如果根据商品经营者事先设定的各种优惠交易条件，以优惠价格购买商品的，不属于受贿。

4. 评析意见

关于受贿数额的认定，前述《解答》规定，“受贿金额以行贿人购买物品实际支付的金额扣除受贿人已付的现金额来计算。行贿人的物品未付款或无法计算行贿人支付金额的，应以受贿人收受物品当时当地的市场零售价格扣除受贿人已付现金额来计算”。《2007 年意见》规定，“受贿数额按照交易时当地市场价格与实际支付价格的差额计算”。从上述规定可以看出，对于以房产交易形式收受贿赂如何认定受贿数额的基本原则，两个解释的精神是一致的，司法实践中一般应当按照交易时当地市场价格与实际支付价格的差额计算。这里的“交易时当地市场价格”，指的是交易双方签订房产买卖合同并开始依约支付价款之时的价格。本案涉及的房产交易中，由于被告人取得产权证时或实际处分房地产时与签订房屋买卖合同、支付对价时存在较长的时间差异，导致同一房产在这些时点之间的市场价格差异甚大，根据《2007 年意见》的规定，应当将每笔房产交易签订合同并按约支付对价时的市场价格认定为“交易时当地市场价格”，其与实际支付价格的差额认定为受贿数额。这是因为，一方面，从签订合同并履约时起，之后房产价格的涨跌幅度属于市场规律起作用的范畴，既有可能上涨，亦有可能下跌，并非行、受贿人所能控制，究竟应以哪个时点的价格认定不能统一，难以操作；另一方面，从主客观相一致的定罪原则出发，将签约并支付对价时的市场价格与实际支付价格之差认定为受贿数额符合行贿、受贿双方的客观认识，更具实质合理性。具体而言，本案涉及的三笔收受房产贿赂的数额认定情况如下：

（1）二被告人购买天龙公司开发的金紫大厦 5 单元 16—1、17—1 号住宅受贿数额的认定。

被告人马某、沈某萍与天龙公司于 2000 年 9 月签订合同，购买其开发的金紫大厦 5 单元 16－1、17－1 号住宅，按市场价房价为 29.427 3 万元，沈某萍当日支付现金 15.427 3 万元，并约定欠款 14 万元由银行按揭支付。但后来马某、刘某华等人约定并将金紫大厦住宅按揭款作为马某、沈某萍另欲购买的天龙公司开发的天龙广场门面款，并约定原欠房款免交，2005 年 11 月，沈某萍取得金紫大厦住宅房地产权证，至案发，二被告人一直未支付应交的 14 万元欠款。因此，此笔受贿数额应认定为马某、沈某萍未交的房款 14 万元。

（2）二被告人购买天龙公司开发的商业大厦 180、181 号商铺受贿数额的认定。

2001 年 2 月，被告人马某、沈某萍以其女儿马某某的名义签订合同，以每平方米 10 000 元的价格购买商业大厦 180、181 号商铺，面积为 27.5 平方米。根据会计师事务所调查报告，该大厦商铺当时的市场平均价格为每平方米 21 586.86 元，系明显低价购买。此时如果案发，受贿数额应根据二被告人购买该商铺时市场价格而计算出商铺的市场价额再减去其实际支付价额。但此后因商铺出现经营困难等原因，天龙公司为了争取马某对天龙公司在铜梁县投资的金江水泥项目的支持，决定单独返购二被告人所购商铺，并与其约定返购价为每平方米 2 万元，天龙公司为此支付沈某萍返购款 54.68 万元。考虑到出售、返购行为均系天龙公司所为，前后出售、返购行为具有因果联系，二被告人属于以低价购买高价出售商铺进行受贿，同时符合《2007 年意见》规定的“以明显低于市场的价格向请托人购买房屋的”和“以明显高于市场的价格向请托人出售房屋的”两种受贿行为方式，但鉴于交易对象为同一房产，从二被告人最终实际获取利益来看，即为返售商业大厦 180、181 号商铺价格减去购买价格所得差价 27.18 万元，应将二被告人实际最终所得差价 27.18 万元认定为该笔犯罪受贿数额。

（3）二被告人购买天龙公司开发的天龙广场 99 号、101 号门面受贿数额的认定。

2003 年年初，被告人沈某萍与天龙公司签订天龙广场 99 号门面购房合同，约定每平方米 5 000 元，总价 49.275 万元；与天龙公司签订天龙广场 101 号门面购房合同，约定每平方米 2 000 元，总价 12.672 万元。至 2005 年，沈某萍已分别取得 99 号、101 号门面房产证。根据会计师事务所房价鉴定报告，2003 年当时天龙广场 99 号门面区域平均销售价为每平方米 20 296.46 元，天龙广场 101 号门面区域平均销售价为每平方米 5 000 元，符合《2007 年意见》规定的“以明显低于市场的价格向请托人购买房屋的”受贿形式，因此根据当时市场平均价格计算，将被告人按市场价格应付的房款总额减去被告人实际支付房款总额的差额 164.396 3 万元认定为其受贿数额。

综上，被告人马某、沈某萍在与天龙公司的多次所谓房产交易中，利用行贿人免除部分房款、低价出售高价返购、明显低价出售门面的手段获取不正当利益共计人民币 205.576 3 万元，在此期间，马某多次利用其职务之便为天龙公司在铜梁县投资的金江水泥项目的引进、文件审批、用地审批、办理采矿许可证、贷款、道路建设等方面谋取了利益，已构成受贿罪。被告人沈某萍在主观方面有与马某共同受贿的故意，客观上实施了与行贿人商谈购房事宜、具体签订合同、交款、办理结算、产权手续等行为，其与马某构成受贿的共犯，但考虑到沈某萍在受贿犯罪中所起的实际作用，在共同受贿犯罪中沈某萍并未利用其本身的国家工作人员身份受贿，只是作为家庭成员在共同受贿中进行了协助，二审法院对沈某萍在原判刑罚的基础上酌情从轻处罚是恰当的。

[案例 26－7] 高某初等受贿案①（干股分红型受贿罪的认定）

1. 基本案情

2001 年 12 月，廖家坪锑钨矿决定将该矿八宝山工区的采矿权向内部职工发包。经投标，被告人李某以向该矿上交 100 万元风险抵押金的“出价”中标，取得八宝山工区三年的承包权。2002 年 1 月，李某与廖家坪锑钨矿签订合同，李某与合伙人刘某安成为八宝山工区两大股东。八宝山工区正式开工后，廖家坪锑钨矿矿长高某初之妻罗某梅找刘某安要求入股。刘某安与李某商量后，决定在原来配股的基础上，另加 10 万元干股给罗某梅，并重新签订了合伙协议。此后，在短短四年时间内，李某、刘某安共以入股分红的名义，向高某初夫妇行贿 100 余万元。高某初则利用矿长的职务之便，大肆为李某等人谋利。

益阳市中级人民法院认定二人行贿的金额为高某初夫妇实际所得的“红利”总额 114 万元。7 月 15 日，湖南省益阳市中级人民法院对该市安化县廖家坪锑钨矿原矿长高某初夫妇受贿案作出一审判决：分别以受贿罪，判处被告人高某初有期徒刑 13 年，并处没收财产 20 万元；判处被告人罗某梅有期徒刑 12 年，并处没收财产 20 万元，追缴的赃款 45 万余元和赃物两间住房依法予以没收上缴国库。

一审宣判后两被告人在法定期限内没有上诉，判决已生效。

2. 涉案问题

干股型受贿行为应当如何认定？

3. 裁判理由

根据前引《2007 年意见》第 2 条规定，干股是指未出资而获得的股份，国家工作人员利用职务上的便利为请托人谋取利益，收受请托人提供干股的，以受贿论处；收受干股，以股份分红名义获取利益的，实际获利数额应当认定为受贿数额。故该案检察机关按照查实的红利总额向法院起诉。

4. 评析意见

本案是我国第一起干股分红型受贿案，按照《2007 年意见》的规定，被告人受到了法律的惩罚。从本案的案情来看，被告人未出资而获取了 10 万元的股份，后以分红的名义收受了现金 114 万元。因此，法院将被告人的行为认定为干股分红型受贿。但我国有学者认为本案法院的认定是不妥的，存在一些法律问题需要研究。其指出：本案中，高某初之妻罗某梅与请托人李某、刘某安签订了一个虚假的合伙协议，罗获得 10 万元“股份”成为股东之一，

① 检察日报，2007－08－05.

却并未进行任何出资并且用借条进行掩护，后以红利名义收受对方 114 万元人民币。实际上，由于三人之间签订的只是一个合伙协议，经营的实体也最多是合伙性质，根本不具有公司法上公司的性质，也就没有什么股份、股东，行贿、受贿双方所谓的股份、分红都是民间俗称而已，并非法律用语，也不符合《2007 年意见》第 2 条规定的干股概念，因此，法院的认定实在不妥，其一方面按照干股受贿的规定将该案认定为干股受贿案，另一方面又不遵照《2007 年意见》规定认定犯罪数额。因《2007 年意见》第 2 条规定，已转让股权的，按转让行为时股权价值计算受贿数额，未实际转让股权的，受贿数额按照所分红利计算。本案中三方已就股权分配达成书面协议应属转让成功，应按股份价值计算，但法院最后实际是按照红利来计算受贿数额的。所以，对于国家工作人员收受合伙或个体经营者等非公司经营实体所谓的"干股""股份"，由于此类经营主体根本不具有公司法上公司的主体资格，也就没有真正法律意义上的"股份"，实践中一般也就是以"干股分红"为幌子而行行贿之实，实际属于传统的财物受贿行为，直接按照所谓的"分红"计算受贿数额即可，不应当适用《2007 年意见》第 2 条规定。①

以上论述涉及在干股分红型受贿罪中的有关问题，对于正确适用《2007 年意见》具有重要意义。这里首先提出的问题是：干股分红型受贿行为是否只能发生在正规的公司中，股份和股权的分配是否必须符合公司法的规定？如果回答是肯定的，那么，如同论者所说，干股分红型受贿罪不可能发生在一般的合伙经营等场合。如果回答是否定的，干股分红型受贿罪就有可能发生在合伙经营等场合。笔者认为，不能把干股分红型受贿罪中的股份理解为公司法意义上的股份，由此否认在合伙经营中干股分红型受贿罪的存在，否则，就会极大地限制《2007 年意见》关于干股分红型受贿罪规定的适用范围。因此，本案应该属于《2007 年意见》所规定的干股分红型受贿罪。既然本案属于干股分红型受贿罪，并且股权已经登记在被告人罗某梅的名下。为什么法院没有按照股权的价值认定受贿数额，而是按照以分红名义获得的金钱计算受贿数额呢？确实，对于股权已经转让的，按照《2007 年意见》的规定，应该按照股权所对应的公司财产的价值计算其受贿数额。但在合伙经营的情况下，其实经营实体本身并没有太多的财产价值。在这种情况下，无法根据股权价值认定受贿数额。因此，像在本案中这样法院按照以分红形式取得的财物来计算受贿数额，笔者认为是合适的。当然，类似本案以借款的名义入股，但实际上没有实际出资，因此把股权分红的数额认定为受贿数额是没有

① 郭竹梅．受贿罪新型暨疑难问题研究．北京：中国检察出版社，2009：283－284.

问题的。但如果行为人以借款的方式入股，在获得分红以后，以分红款归还所欠出资，此后所获得的分红款是否合法呢？从公司法来说，这是一种借款出资，只要归还了出资款，其股权就是合法的，此后的分红也被认为是合法收入。但从刑法来看，在这种情况下，行为人没有任何出资，其以借款名义获得的股份仍然应当视为干股，其分红应该认定为受贿数额。

[案例 26－8] 潘某梅、陈某受贿案①（合作投资型受贿罪的认定）

1. 基本案情

2003 年 8、9 月间。被告人潘某梅、陈某分别利用担任江苏省南京市栖霞区迈皋桥街道工委书记、迈皋桥办事处主任的职务便利，为南京某房地产开发有限公司总经理陈甲在迈皋桥创业园区低价获取 100 亩土地等提供帮助，并于 9 月 3 日分别以其亲属的名义与陈甲共同注册成立南京多贺工贸有限责任公司（以下简称“多贺公司”），以“开发”上述土地。潘某梅、陈某既未实际出资，也未参与该公司经营管理。2004 年 6 月，陈甲以多贺公司的名义将该公司及其土地转让给南京某体育用品有限公司，潘某梅、陈某以参与利润分配名义，分别收受陈甲给予的 480 万元。2007 年 3 月，陈甲因潘某梅被调查，在美国出差期间安排其驾驶员退给陈甲 80 万元。案发后，潘某梅、陈某所得赃款及赃款收益均被依法追缴。

2004 年 2 月至 10 月，被告人潘某梅、陈某分别利用担任迈皋桥街道工委书记、迈皋桥办事处主任的职务便利，为南京某置业发展有限公司在迈皋桥创业园购买土地提供帮助，并先后 4 次收受该公司总经理吴某某给予的 50 万元。

2004 年上半年，被告人潘某梅利用担任迈皋桥街道工委书记的职务便利，为南京某发展有限公司受让金桥大厦项目减免 100 万元费用提供帮助，并在购买对方开发的一处房产时接受该公司总经理许某某为其支付的房屋差价款和相关税费 61 万余元（房价含税费 121.081 7 万元，潘支付 60 万元）。2006 年 4 月，潘某梅因检察机关从许某某的公司账上已掌握其购房仅支付部分款项的情况而补还给许某某 55 万元。

此外，2000 年春节前至 2006 年 12 月，被告人潘某梅利用职务便利，先后收受迈皋桥办事处一党支部书记兼某商贸有限责任公司总经理高某某人民币 201 万元和美元 49 万元、浙江某房地产集团南京置业有限公司范某某美元 1 万元。2002 年至 2005 年间，被告人陈某利用职务便利，先后收受迈皋桥办事处一党支部书记高某某 21 万元、迈皋桥办事处副主任刘某 8 万元。

综上，被告人潘某梅收受贿赂人民币 792 万余元、美元 50 万元（折合人

① 人民法院报，2011－12－21.

民币 398.123 4 万元)，共计收受贿赂 1 190.2 万余元；被告人陈某收受贿赂 559 万元。

江苏省南京市中级人民法院于 2009 年 2 月 25 日以(2008)宁刑初字第 49 号刑事判决，认定被告人潘某梅犯受贿罪，判处死刑，缓期两年执行，剥夺政治权利终身，并处没收个人全部财产；被告人陈某犯受贿罪，判处无期徒刑，剥夺政治权利终身，并处没收个人全部财产。宣判后，潘某梅、陈某提出上诉。江苏省高级人民法院于 2009 年 11 月 30 日以同样的事实和理由作出(2009)苏刑二终字第 0028 号刑事裁定，驳回上诉，维持原判；并核准一审以受贿罪判处潘某梅死刑，缓期 2 年执行，剥夺政治权利终身，并处没收个人全部财产的刑事判决。

2. 涉案问题

合作投资型受贿行为应当如何认定?

3. 裁判理由

关于被告人潘某梅、陈某及其辩护人提出二被告人与陈某共同开办多贺公司开发土地获取“利润”480 万元不应认定为受贿的辩护意见。经查，潘某梅时任迈皋桥街道工委书记，陈某时任迈皋桥街道办事处主任，对迈皋桥创业园区的招商工作、土地转让负有领导或协调职责，二人分别利用各自职务便利，为陈甲低价取得产业园区的土地等提供了帮助，属于利用职务上的便利为他人谋取利益；在此期间，潘某梅、陈某与陈某商议合作成立多贺公司用于开发上述土地，公司注册资金全部来源于陈甲，潘某梅、陈某既未实际出资，也未参与公司的经营管理。因此，潘某梅、陈某利用职务便利为陈甲谋取利益，以与陈甲合办公司开发该土地的名义而分别获取的 480 万元，并非所谓的公司利润，而是利用职务便利使陈甲低价获取土地并转让后获利的一部分，体现了受贿罪权钱交易的本质，属于以合办公司为名的变相受贿，应以受贿论处。

关于被告人潘某梅及其辩护人提出潘某梅没有为许某某实际谋取利益的辩护意见。经查，请托人许某某向潘某梅行贿时，要求在受让金桥大厦项目中减免 100 万元的费用，潘某梅明知许某某有请托事项而收受贿赂；虽然该请托事项没有实现，但“为他人谋取利益”包括承诺、实施和实现不同阶段的行为，只要具有其中一项，就属于为他人谋取利益。承诺“为他人谋取利益”，可以从为他人谋取利益的明示或默示的意思表示予以认定。潘某梅明知他人有具体请托事项而收受其财物，应视为承诺为请托人谋取利益。至于是否已实际为他人谋取利益或是否谋取到利益，只是受贿情节问题，不影响受贿的认定。

关于被告人潘某梅及其辩护人提出潘某梅购买许某某的房产，市场价格含税费共计 121 万余元，潘某梅仅支付 60 万元，明显低于该房产交易时当地市场的价格。潘某梅利用职务之便为请托人谋取利益，以明显低于市场的价格向请托人购买房产的行为，是以形式上支付一定数额的价款来掩盖其受贿权钱交易本质的一种手段，应以受贿论处，受贿数额按照涉案房产交易时当地市场价格与实际支付价格的差价计算。

关于被告人潘某梅及其辩护人提出潘某梅购买许某某开发的房产，在案发前已将房产差价款付给了许某某，不应认定为受贿的辩护意见。经查，2006 年 4 月，潘某梅在案发前将购买许某某开发房产的差价款中的 55 万元补给许某某，相距 2004 年上半年其低价购房有近两年时间，没有及时补还巨额差价；潘某梅的补还行为，是由于许某某因其他案件被检察机关找去谈话，检察机关从许某某的账上已掌握潘某梅购房仅支付部分款项的情况后，出于掩盖罪行目的而采取的退赃行为。因此，潘某梅为掩盖犯罪而补还房屋差价款，不影响对其受贿罪的认定。

综上所述，被告人潘某梅、陈某及其辩护人提出的上述辩护意见不能成立，不予采纳。潘某梅、陈某作为国家工作人员，分别利用各自的职务便利，为他人谋取利益，收受他人财物的行为均已构成受贿罪，且受贿数额特别巨大，但鉴于二被告人均具有归案后如实供述犯罪、认罪态度好，主动交代司法机关尚未掌握的同种余罪，案发前退出部分赃款，案发后配合追缴涉案全部赃款等从轻处罚情节，故一、二审法院作出如上裁判。

4. 评析意见

《2007 年意见》第 3 条规定，国家工作人员利用职务上的便利为请托人谋取利益，由请托人出资“合作”开办公司或者进行其他“合作”投资的，以受贿论处。受贿数额为请托人给国家工作人员的出资额。国家工作人员利用职务上的便利为请托人谋取利益，以合作开办公司或者其他合作投资的名义获取“利润”，没有实际出资和参与管理、经营的，以受贿论处。由此可见，国家工作人员利用职务上的便利为请托人谋取利益，以合作开办公司或者进行其他合作投资的名义收受请托人财物，主要有两种情况：第一种是由请托人出资，国家工作人员“合作”开办公司或者进行其他“合作”投资。这类似于前述收受干股问题，与直接收受贿赂财物没有本质区别，应以受贿论处。第二种是以合作开办公司或者进行其他合作投资的名义，既没有实际出资也不参与管理、经营而获取所谓“利润”。此种情形下，行为人没有获取所谓“利润”的任何正当理由，属于打着合作开办公司或者其他合作投资的名义，行受贿之实的变相受贿行为。

潘某梅、陈某受贿案是最高人民法院发布的指导性案例，其中就涉及合作投资型受贿罪的认定。这一指导性案例确立了以下司法规则：“国家工作人员利用职务上的便利为请托人谋取利益，并与请托人以‘合办’公司的名义获取‘利润’，没有实际出资和参与管理的，以受贿论处”。应该说，这一司法规则与《2007年意见》的精神是完全一致的。这里需要注意的是，上述司法规则强调了在以“合办”公司获取利润的名义受贿的情况下，行为人必须是没有实际出资和参与管理。因此，在国家工作人员与他人合办公司，但实际出资，或者虽然没有实际出资但参与管理，或者没有参与管理但实际出资等较为复杂的情况下，其行为能否认定为合作投资型受贿，需要根据案件的具体情况加以认定。

[案例26-9] 于某豹受贿案[①]（受托理财型受贿的认定）

1. 基本案情

被告人于某豹，1992年4月被任命为乌鲁木齐市计划委员会（后更名为乌鲁木齐市发展计划委员会）主任、党组成员，2001年3月任乌鲁木齐市政协副主席、党组成员，并继续担任乌鲁木齐市计划委员会主任、党组成员，2002年2月任乌鲁木齐市发展计划委员会党组书记、副主任。在任职期间，于某豹利用职务上的便利为他人谋取利益，收受、索取贿赂人民币241.45万元、美元1 000元。其中两起涉及以投资回报的名义收取他人财物。

(1) 1995年11月，于某豹以其叔叔委托投资为名，向新疆德隆公司负责人唐甲提出要求投资德隆公司，并拿出50万元交给唐甲。于某豹自己起草投资入股证明，向唐某提出无期限索取每年30%（即每年15万元）的回报。唐某为感谢于某豹利用职务之便给予公司的帮助，同意了于某豹的要求。该款实际并未直接投入新疆德隆公司运营，由唐某个人使用了。1997年年初唐某从个人掌握款中支付于某豹第一笔回报时，于某豹以这50万元的投资款是借其叔叔的及自己儿子上学需要花钱为由，要求每年多支付5万元。唐某迫于无奈，答应了于某豹每年支付40%（即每年20万元）回报的要求。从1997年元月至2003年4月，于某豹每年从新疆德隆公司收取所谓投资回报20万元，7年共计140万元。

(2) 1999年在上海，于某豹向上海德隆国际战略投资有限责任公司（简称“德隆公司”）负责人唐甲提出投资50万元给德隆公司，唐甲为感谢于某豹利用职务之便给予新疆德隆公司的帮助及考虑其地位，同意了于某豹的要求，答应按年20%的回报，并告知了新疆德隆公司负责人唐某。于某豹回新疆乌鲁木齐市后，将前期收到新疆德隆公司给的回报50万元以其妻的名义交给了新疆德隆公司。该款实际并未直接投入新疆德隆公司营业，而是带往上

---

① 戴彤．以投资回报为名收受贿赂的认定：析于某豹受贿抗诉案//张仲芳．刑事司法指南：第28集．北京：法律出版社，2006：211以下．

海由唐甲使用了。2000 年 6 月，于某豹在患病住院期间，为确保其本人死后，德隆公司回报不变，书写了“投资德隆年固定收益 20%”的书面材料，并将唐甲叫到病房，让唐甲签字确认。从 2000 年至 2002 年，于某豹每年从新疆德隆公司收取所谓投资回报 10 万元，3 年共计 30 万元。

在本案审理过程中，对于某豹以其妻名义先后两次交给新疆德隆公司共计 100 万元，并索要固定收益，至案发收取 170 万元的行为应当如何认定，是公诉人与辩护人、检察机关与审判机关争议主要集中的问题。

于某豹的辩护人认为，于某豹先后分两次交给新疆德隆公司共计 100 万元并收取回报的行为，是名为投资，实为借贷，回报款是借贷利息。于某豹与新疆德隆公司间是平等的民事主体关系，经协商一致双方达成合意，所得回报利率也未超过同期银行贷款利率的 4 倍，符合司法解释的规定，不能因为于某豹是行政领导与新疆德隆公司有工作往来，就将民间借贷利息认定是受贿所得，法律并不禁止公务人员通过民间借贷获取回报。因此，于某豹收取 170 万元回报是合法行为，不是犯罪。

一审判决认为：于某豹以其妻名义先后两次交给新疆德隆公司共计 100 万元，并约定了较固定的收益比率，于某豹以投资回报的形式从德隆公司领取 170 万元投资回报款的行为虽有不当，但公诉机关指控于某豹的行为构成受贿罪的证据不足，不能成立。

检察机关提出抗诉，抗诉理由为：于某豹的所谓投资是利用职务上的便利，以其职务行为为筹码与财物交换，双方主体地位并不平等，该行为存在着权钱交易的受贿本质，应依法追究其受贿罪的刑事责任。首先，于某豹是基于其乌鲁木齐市计划委员会主任的地位与职务，才有了向新疆德隆公司所谓“投资”，没有其特殊的地位职务，于某豹不可能要求他人接受其“投资”，并自定回报的利率，新疆德隆公司也是看中这一点才“接受投资”。其次，于某豹是在已经为新疆德隆公司谋取了利益的前提下，提出了所谓的“投资”并索要高额“回报”，新疆德隆公司也是基于此才“同意”了于的所谓“投资”并给予高额“回报”，这与于某豹的职务行为具有明显的利益对价交换和因果关系。这种利益对价交换的实质是权钱交易，是以表面形式上的合法，掩盖其实质上的非法，所谓的“投资”是掩盖其收受贿赂的手段。最后，一审判决已认定于某豹以投资回报的形式从德隆公司领取 170 万元投资回报这一事实，行为不当，却又认为公诉机关指控于某豹的行为构成受贿罪的证据不足，认定矛盾。

二审判决最终采纳了抗诉意见，认为检察机关关于于某豹以向德隆公司“投资”100 万元，索取高额回报 170 万元的行为构成受贿罪的抗诉意见成立。

2. 涉案问题

受托理财型受贿行为应当如何认定?

3. 裁判理由

正当的投资是平等主体间的民事行为，而本案中于某豹因其职权和德隆公司之间形成了管理者与被管理者之间的关系。正常的投资行为是双方合意、意思表示一致的民事法律行为，而本案证据证明投资、回报的具体内容是于某豹个人主动提出，德隆公司只是被迫服从，德隆公司实质是感谢于的帮助支付酬谢款；正当的投资应当有合理的投资期限、投资项目，接受投资方也有接受投资的合法资格，而本案所谓的投资形式上和实际上均无确定期限，直到案发为止，于某豹仍然在收取所谓的回报款；双方没有约定投资项目，100 万元投资款也没有用于德隆公司的任何项目；回报款不是从德隆公司经营利润中支付，而是从唐某的个人掌握款中支付。德隆公司本身并未从事代客理财，是其控制的具有法人资格的公司如金新信托公司等法人在非法从事代客理财业务，于某豹明知这一点，却硬要将 100 万元“投资”到德隆公司，完全是因为其曾向德隆公司提供过很多“帮助”，德隆公司不敢拒绝其“投资”并支付报酬的要求。

4. 评析意见

本案发生在《2007 年意见》颁布以前，因此围绕着本案的定性展开了争议。从本案认定的事实来看，被告人于某豹是以投资理财的形式将这 100 万元交给新疆德隆公司的唐某，并先后获取了 170 万元的回报。这种行为和那种赤裸裸的收受财物行为相比较，确实具有一定的迷惑性。其中的关键问题是，如何区分民事上的投资理财和受贿犯罪。检察机关从职务便利、谋取利益和权钱交易等方面论证了于某豹的行为是以投资理财为名的受贿行为，是具有说服力的，最终二审法院采纳了检察机关的抗诉意见。当然，对于本案如何说理仍然可以探讨。我国学者对本案进行了如下评论：二审判决虽然采纳了检察机关的抗诉意见，但所持理由仍然是可质疑的：一是德隆公司有无投资主体资格，不一定影响到行为性质的认定，事实上，德隆公司旗下的子公司当时主要就是在从事投资理财业务；二是于某豹的款项是否实际被用于投资理财，回报款是否为德隆公司的经营利润，同样不能作为定罪依据。因为，对于某豹而言，他不一定清楚唐某将其投资款用于何处，更不清楚回报款的出处；三是投资回报是谁先提出的也无关紧要。因为委托理财本是一个民事行为，成立的基础主要是意思表示一致，谁先提出来都不会影响到行为性质的判断。关键问题是于某豹提出的回报要求是否明显高于应得收益，根据当时的投资理财回报率，于某豹提出的 30%（后 40%）回报率如明显高于应得收益，客观上又具有利用职务之便为请托人谋取利益的行为，则构成受贿；如果并没有明显高于应得收益，则不构成受贿。①

笔者认为，以上分析是有道理的，指出了本案被告人于某豹的行为是否构成受贿罪的关键之所在。根据《2007 年意见》第 4 条的规定，委托理财型受贿可以分为两种情形：一是未实际出资而获取“收益”的，这种情况受贿的性质比较明显，其受贿数额应以“收益”额计算。二是虽然实际出资，但获取“收益”明显高于出资应得收益的。在这种情况下，受贿数额以“收益”额与出资应得收益额的差额计算。本案显然属于上述第二种情形，被告人于某豹已经实际出资。在这种情况下，其行为是否构成受贿罪，就要看其所获取的“收益”是否明显高于出资应得收益，而且只有差额部分才能认定为受贿数额。但在本案受理中未能围绕这一问题展开，认定的受贿数额也没有减去实际出资部分，这是十分遗憾的。

[案例 26－10] 周某华受贿案（一）②（干薪型受贿的认定）

1. 基本案情

被告人周某华，原系浙江省湖州市工商局南浔区分局经检科副科长兼经检大队副大队长（主持工作）。

南浔区人民法院查明的周某华受贿犯罪事实中，包含以下这起：

2006 年上半年，湖州市东迁建筑工程有限公司直巷巷分公司（以下简称“东迁分公司”）经理周某荣因无照经营而被南浔工商经检大队查处。事后，被告人周某华通过东迁建筑工程有限公司总经理董某富，安排其妻子张某仙的妹妹张某莲到东迁分公司担任会计。从 2006 年 4 月起至 2007 年年底，无会计从业资格的张某莲出面担任东迁分公司的会计，其间，张某莲在其有会计证的姐姐张某仙的帮助和指导下，完成了东迁分公司 2006 年度及 2007 年度的会计工作。周某荣分别在 2006 年及 2007 年的年底，先后两次以工资名义交付给被告人周某华现金 3 万元（其中 2006 年度为 2 万元，2007 年年底，周某荣以 2007 年度工作量较少，给付 1 万元）。被告人周某华拿到钱后将钱交给其妻张某仙，张某仙将其中的一部分给予张某莲。

南浔区人民法院对于以上这起事实，经审理认为：张某仙、张某莲为东迁分公司做账，是基于被告人周某华的原因，但张某莲和张某仙共同完成了两年的会计工作，并非属于“仅是挂名，不实际工作却获取所谓薪酬”之情形，故公诉机关指控被告人周某华收受周某荣 3 万元构成受贿罪，不能成立。

---

① 孙国祥．新类型受贿犯罪疑难问题解析．北京：中国检察出版社，2008：141.

② 最高人民法院刑事审判第一、二、三、四、五庭．刑事审判参考：总第 70 集．北京：法律出版社，2010：66 以下．

2. 涉案问题

干薪型受贿行为应当如何认定？

3. 裁判理由

根据《2007 年意见》第 6 条的规定，国家工作人员利用职务上的便利为请托人谋取利益，要求或者接受请托人以给特定关系人安排工作为名，使特定关系人不实际工作却获取所谓薪酬的，才以受贿论处。反之，如果特定关系人从事了正常工作并领取相应正常薪酬，所领取薪酬为合法劳动所得，不存在非法收受财物问题，不能以受贿处理。当然，虽从事了一定的实际劳动工作，但薪酬明显不成比例的则另当别论。本案中，东迁分公司原有会计做账，但因工作不能令人满意而遭辞退。被告人周某华通过董某富安排其妻的妹妹张某莲担任会计，虽然张某莲没有会计从业资格，但张某莲在其有会计证的姐姐张某仙的帮助和指导下，完成了东迁分公司 2006 年度及 2007 年度的会计工作，应当视为实际进行了工作。董某富给原来的会计每年几千元，但是给周某华妻妹的工资分别是 2 万元和 1 万元，工资交给周某华，由周某华转交。虽然领取的薪酬高于该单位相应职位过去的薪酬水平，但在本案中，不能认为是变相受贿。因为当前一些企业，特别是私营企业，薪酬发放标准仍不规范，完全由老板说了算，认定该职位正常应发放标准可以参考，但又不能完全按照原来的发放标准，因为两者在工作能力上有所区别：原来的会计并不能胜任该工作，因而被辞退。综上，在不能认定本案所领取薪酬明显不成比例，而特定关系人从事了实际相应工作的情况下，不能认定该 3 万元系被告人周某华受贿所得。

4. 评析意见

《2007 年意见》第 6 条规定，国家工作人员利用职务上的便利为请托人谋取利益，要求或者接受请托人以给特定关系人安排工作为名，使特定关系人不实际工作却获取所谓薪酬的，以受贿罪论处。在这种干薪型受贿的情况下，国家工作人员是不劳而获，是一种变相的受贿行为。例如，在国家药品食品监督管理局原局长郑某萸受贿案中，被告人郑某萸利用职务便利为某公司谋取利益，该公司负责人以给郑某萸儿子郑某发工资及为郑某萸家报销装修款的方式给予郑某、郑某萸的妻子刘某人民币共计 98 万元。这就是一种典型的干薪型受贿。在认定干薪型受贿的时候，必须注意，只有在特定关系人只是挂名没有实际参加工作的情况下才能成立。如果特定关系人实际参加了工作，即使在聘任和薪酬支付上存在一定的瑕疵，国家工作人员也不构成干薪型受贿罪。在本案中，由于不能认定本案所领取薪酬明显不成比例，且特定关系人从事了实际相应工作，因此不能认定该 3 万元系被告人周某华受贿所得。由此可见，国家工作人员利用职务便利要求给特定关系人安排工作，但特定关系人实际付出相应劳动的不属于挂名领取薪酬的情形，不能认定被告人受贿。

[案例 26－11] 周某华受贿案（二）[①]（特定关系人受贿的认定）

1. 基本案情

被告人周某华，原系浙江省湖州市工商局南浔区分局经检科副科长兼经检大队副大队长（主持工作）。

2007 年年初，被告人周某华妻子的表弟沈某良准备购买湖州巨赢置业有限公司（以下简称“巨赢公司”，系私营企业）开发的巨赢花园小区的住房。为此，被告人周某华多次向巨赢公司董事长冯某兴要求给沈某良购房予以优惠。后沈某良购买标价为人民币 335 088 元的住房 1 套，享受销售单位的优惠后，房价为 327 423 元，并以此价由沈某良与巨赢公司、湖州远大房地产代理经营有限公司签订了购房合同，购房的首付款收据开票额为人民币 147 098 元，但沈某良实付人民币 117 098 元。对该套房屋，沈某良实付总房款为人民币 297 423 元（比签订合同的价格少人民币 30 000 元）。

南浔区人民法院对于以上这起事实，经审理认为：冯某兴应被告人周某华的要求，而给予沈某良买房 3 万元优惠，沈某良因被告人周某华的身份而获利，鉴于沈某良并非被告人周某华的近亲属，且本案亦无证据证明被告人周某华与沈某良之间具有共同利益关系，故公诉机关指控被告人周某华对沈某良所获得的 3 万元购房优惠构成受贿罪，不能成立。

2. 涉案问题

特定关系人受贿行为应当如何认定？

3. 裁判理由

本案中，被告人周某华妻子的表弟沈某良购买商品房，周某华利用自己的身份和职务便利，向房产销售老板提出购房优惠的要求。老板明知购房人为沈某良，但为了与周某华搞好关系，在周某华提出优惠的要求下被迫答应，主动提出并落实了 3 万元优惠。沈某良因周某华的身份而获利，周某华实际并未获得利益。沈某良因为周某华的出面说情而得到了 3 万元的购房优惠，其系周某华妻子的表弟，显然与周某华并非近亲属关系，沈某良购买房屋并实际付款和居住，在事前事后周某华均未和沈某良商量其要从这优惠的 3 万元中得到什么利益，事实上也确实没有得到任何经济利益。因此，沈某良不属于周某华的特定关系人，也不属于双方通谋后，对收受财物

① 最高人民法院刑事审判第一、二、三、四、五庭．刑事审判参考：总第 70 集．北京：法律出版社，2010：66 以下．

共同占有的情形，根据《2007 年意见》的有关规定，被告人周某华的行为不构成受贿罪。

4. 评析意见

在本案中，周某华的行为是否构成受贿罪，关键问题在于沈某良是否属于特定关系人。因为本案的行为属于本人不直接收受财物，而是授意他人将有关财物直接交给其指定的第三人的情形。在这种情况下，判断行为人的行为是否构成受贿罪，就要认定实际收受财物的人是否属于特定关系人。在认定特定关系人的时候，除近亲属是一种法律上的事实关系，因此容易认定以外，“其他共同利益关系”是不太好认定的。这里的共同利益关系，主要是指经济利益关系。因为存在经济利益关系，所以，他人收受就等同于本人收受。如果没有这种经济利益关系，而是纯粹的同学、同事、同乡等关系，则不能认定为特定关系人。笔者认为，以上裁判理由是完全正确的。因为利用特定关系人收受财物，是本人收受财物的一种变相形式，必然包含本人的经济利益在内。换言之，行为人是利用或者与特定关系人通谋而利用职务上的便利收受他人财物。但在本案中，周某华虽然利用其职务便利为沈某良谋取了利益，但由于沈某良不是近亲属，而且其与周某华之间也不存在经济利益关系，所以不能认定周某华受贿。

[案例 26-12] 黄某林受贿案①（受贿罪与为他人谋取利益行为触犯的其他罪名实行数罪并罚）

1. 基本案情

2000 年至 2005 年，被告人黄某林在担任洞头县民政局福利中心主任期间，每年率县福利企业年审检查小组到浙江恒博电气制造有限公司（2003 年前称洞头电气开关厂）检查，该企业的董事长郑某平明确告诉黄某林自己在正常员工人数上弄虚作假，瞒报企业员工人数，使残疾员工数占全部员工数的比例符合福利企业全额退税的标准，并伪造虚假的福利企业材料应付检查。黄某林发现问题后，不履行自身职责，不对企业正常员工人数进行检查，不将该问题在年审表中如实反映，仍以企业虚假的材料为准进行检查，致使浙江恒博电气制造有限公司顺利通过福利企业的年检年审，在 1999 年至 2004 年期间享受了本不应享受的退税优惠政策，造成国家税款损失共计人民币（以下币种均为人民币）7 513 284.90 元。1999 年年底至 2006 年，黄某林利用其担任洞头县民政局福利中心主任的职务便利，为郑某平福利企业的设立

---

① 最高人民法院刑事审判第一、二、三、四、五庭．刑事审判参考：总第 76 集．北京：法律出版社，2011：66 以下．

和骗取退税优惠提供帮助，先后 6 次收受郑某平的贿赂共计 10 万元。黄某林因涉嫌犯滥用职权罪接受检察机关讯问后，主动交代了检察机关尚未掌握的受贿事实。案发后，黄某林已退赃款 10 万元。

洞头县人民法院认为，被告人黄某林利用职务之便非法收受他人 10 万元，为他人谋取利益，同时，黄某林身为国家机关工作人员，在履行职责过程中滥用职权，造成国家税收损失 7 513 284.90 元，情节特别严重，其行为分别构成受贿罪、滥用职权罪，应予数罪并罚。鉴于其受贿部分系自首，可对其所犯受贿罪减轻处罚。依照《刑法》第 397 条、第 385 条第 1 款、第 386 条、第 383 条第 1 款第 1 项之规定，判决如下：被告人黄某林犯受贿罪，判处有期徒刑 6 年；犯滥用职权罪，判处有期徒刑 3 年；决定执行有期徒刑 7 年。

一审宣判后，黄某林没有上诉，检察机关也未提起抗诉，判决已发生法律效力。

2. 涉案问题

受贿罪与为他人谋取利益行为所同时触犯的罪名，在罪数上应当如何处理?

3. 裁判理由

牵连犯理论难以有效解决受贿型渎职案件的罪数认定问题。根据当前牵连犯的理论研究成果，构成牵连犯必须具备以下条件：行为人必须基于一个犯罪目的，这是构成牵连犯的主观要件，是认定个行为之间具有牵连关系的主要标准；行为人必须实施了两个以上的相对独立的犯罪行为；数行为之间必须具有牵连关系，具体表现为手段行为与目的行为的牵连关系或原因行为与结果行为的牵连关系；数个行为必须触犯不同罪名，如果数个行为只触犯一个罪名则不能成立牵连犯。必须注意的是，牵连犯的处断原则，根据通说的观点，并非一律适用从一重罪处断原则。究竟是适用从一重罪处断原则，还是实行数罪并罚，应进一步考量罪刑是否实现均衡。对于受贿型滥用职权案件，主张以一罪论处的观点认为，滥用职权的目的是为他人谋取利益，而受贿的目的也是谋取利益，因此两行为的目的同一，应按照牵连犯从一重罪处断原则，以受贿罪论处。笔者认为，“为他人谋取利益”仅作为主观要件，并不能涵盖所有受贿犯罪，受贿与滥用职权之间并不存在牵连关系。受贿罪可以分为索取型受贿和收受型受贿，索取型受贿犯罪并不要求“为他人谋取利益”，只要行为人利用职权索贿，即构成受贿既遂。在受贿型滥用职权案件中，他人谋取利益并非滥用职权罪的主观构成要件，因此，不必然涉及重复评价的问题。[1]

4. 评析意见

本案中主要涉及行为人在实施滥用职权等渎职犯罪行为的同时又收受贿赂是否应当数罪并罚的问题。对此，本案在审理过程中存在争议。值得注意的是，这种争议的焦点在于本案中滥用职权罪与受贿罪之间是否属于牵连犯。一种意见认为，滥用职权的行为与收受贿赂的行为具有手段行为与目的行为的关系，两者系牵连关系，应按照牵连犯的从一重罪处断原则加以处理。本案被告人滥用职权罪应在 3 年以上 7 年以下量刑，而受贿罪应在 5 年以上 10 年以下量刑，故对本案应以受贿罪一罪处理。另一种意见认为，滥用职权是独立于受贿行为之外的犯罪行为，两者之间没有必然的联系。受贿罪中的“为他人谋取利益”仅是一个主观要件，并不要求客观上实际实施了为他人谋取利益的行为。本案被告人滥用职权与受贿之间不存在牵连关系，对被告人应该实行数罪并罚。[2] 我们注意到，在此所争议者实际为：被告人同时犯滥用职权罪和受贿罪，是否属于牵连犯？如果不属于牵连犯，则是实质数罪，实行数罪并罚理所当然。

从以上论述来看，裁判理由是通过否认受贿型滥用职权案件属于牵连犯，来论证对此应当实行数罪并罚。但是，裁判理由以两行为的目的是否同一作为判断是否存在牵连关系的标准，认为索取型受贿犯罪并不要求“为他人谋取利益”的目的，而滥用职权罪也不要求为他人谋取利益，因此受贿罪与滥用职权罪之间并不存在牵连关系。笔者认为，这一论证是难以成立的。在索贿的情况下，尽管法律并不要求具备为他人谋取利益的要件，但通常情况下，仍然具有权钱交易的性质，是以为他人谋取利益作为索要财物的对价。因此，无论是索取财物还是收受财物构成的受贿罪，在事实上都具有为他人谋取利益的目的。在谋利行为触犯其他罪名的情况下，就有可能与其他犯罪产生牵连关系。至于所牵连的其他犯罪，并不要求具有为他人谋取利益的目的。因此，两个行为具有同一目的并不是牵连关系的条件。在目的行为与手段行为牵连的情况下，为他人谋取利益触犯其他罪名是手段行为，它并不要求、也不可能具有为他人谋取利益的目的。只有收受财物这一目的行为，才可能具有为他人谋取利益的目的。因此，否认在受贿型滥用职权案件中存在牵连关系，难以成为受贿罪与滥用职权罪应当实行数罪并罚的理论根据。

---

① 最高人民法院刑事审判第一、二、三、四、五庭．刑事审判参考：总第 76 集．北京：法律出版社，2011：70－71.

② 同①69.

深度研究

受贿罪是我国刑法中较为疑难复杂的一种犯罪，涉及的构成要件要素较多，在司法认定中经常遇到疑难问题，因而需要从刑法教义学角度进行深入研究，尤其是对现实生活中出现的新型的受贿犯罪的类型的研究。对此有关司法解释作了规定，以下作一类型化分析。

一、商业受贿

商业受贿是受贿罪的一种特殊表现形式，指国家工作人员在经济往来中，违反国家规定，收受各种名义的回扣、手续费，归个人所有的行为。在认定商业受贿的时候，应当正确界定以下概念。

（一）回扣、手续费

回扣、手续费是商业受贿中贿赂的表现形式。回扣是指经营者销售商品时在账外暗中以金钱、实物或者其他方式退给对方单位或者个人一定比例的商品价款。手续费是指在从事经济活动中，收取对方单位或者个人的费用。

（二）经济交往

商业受贿发生在经济活动中，这是它与普通受贿的根本区别之一。这里的经济活动既包括国家经济管理活动，也包括国家工作人员参与的经济交往活动。关于商业受贿，刑法并未规定“利用职务上的便利”这一要件，但这并不意味着商业受贿可以不具备这一要件。实际上，国家工作人员在经济活动中从事各种经济活动本身就是依法从事公务活动，因而是职务行为，在经济活动中收受回扣、手续费，必然以利用职务上的便利为前提。

（三）违反国家规定

在经济交往中收受回扣、手续费，只有违反国家规定，才构成受贿罪。这里的“违反国家规定”是指违反全国人大及其常委会制定的法律，国务院制定的行政法规和行政措施、发布的决定和命令。

（四）归个人所有

回扣、手续费是否归个人所有，是认定商业受贿的重要条件之一。如果收受回扣、手续费用于集体福利或者奖励，包括对在经济活动中作出贡献的业务人员的奖励，或者收受回扣、手续费归单位所有，并有单位发票、按照会计制度进账的，不构成商业受贿。符合单位受贿罪构成要件的，应以该罪论处。只有收受回扣、手续费，中饱私囊或者少数人私分的，才应以受贿罪论处。

二、特定领域国家工作人员的商业贿赂

2008 年 11 月 20 日最高人民法院、最高人民检察院《关于办理商业贿赂刑事案件适用法律若干问题的意见》（以下简称《商业贿赂案件意见》）对某些领域国家工作人员的商业贿赂问题作了以下专门规定。

（一）医疗机构国家工作人员的商业贿赂

《商业贿赂案件意见》第 4 条第 1 款规定，医疗机构中的国家工作人员，在药品、医疗器械、医用卫生材料等医药产品采购活动中，利用职务上的便利，索取销售方财物，或者非法收受销售方财物，为销售方谋取利益，构成犯罪的，依照《刑法》第 385 条的规定，以受贿罪定罪处罚。这里的“医疗机构中的国家工作人员”，主要是指国有医疗机构中负责医药产品采购的人员，这些人员利用医药产品采购的职务便利受贿的，应以受贿罪论处。

（二）教育机构国家工作人员的商业贿赂

《商业贿赂案件意见》第 5 条第 1 款规定，学校及其他教育机构中的国家工作人员，在教材、教具、校服或者其他物品的采购等活动中，利用职务上的便利，索取销售方财物，或者非法收受销售方财物，为销售方谋取利益，构成犯罪的，依照《刑法》第 385 条的规定，以受贿罪定罪处罚。这里的“教育机构中的国家工作人员”，主要是指学校及其他教育机构中负责教学用具或者校服等其他物品采购的人员，这些人员利用教学用具或者校服等其他物品采购的职务便利受贿的，应以受贿罪论处。

（三）招标、采购国家工作人员的商业贿赂

《商业贿赂案件意见》第 6 条第 2 款规定，依法组建的评标委员会、竞争性谈判采购中谈判小组、询价采购中询价小组中国家机关或者其他国有单位的代表，在招标、政府采购等事项的评标或者采购活动中，索取他人财物或者非法收受他人财物，为他人谋取利益，数额较大的，依照《刑法》第 385 条的规定，以受贿罪定罪处罚。

三、变相受贿

随着市场经济的发展，在现实生活中出现了以交易或者其他形式为掩盖的变相受贿行为，这些受贿犯罪具有隐蔽性和复杂性，给查处受贿犯罪案件带来了一定的困难。为此，《2007 年意见》为查处变相受贿犯罪提供了法律根据，其中规定了下列变相受贿形式。

（一）交易型受贿

《2007 年意见》第 1 条规定，国家工作人员利用职务上的便利为请托人谋取利益，以下列交易形式收受请托人财物的，以受贿论处：（1）以明显低于

市场的价格向请托人购买房屋、汽车等物品的；（2）以明显高于市场的价格向请托人出售房屋、汽车等物品的；（3）以其他交易形式非法收受请托人财物的。受贿数额按照交易时当地市场价格与实际支付价格的差额计算。

（二）干股分红型受贿

《2007 年意见》第 2 条规定，国家工作人员利用职务上的便利为请托人谋取利益，收受请托人提供的干股的，以受贿论处。这里的“干股”，是指未出资而获得的股份。关于干股分红型受贿的数额计算，《2007 年意见》根据股权是否转让区分为以下两种情形：（1）进行了股权转让登记，或者相关证据证明股份发生了实际转让的，受贿数额按转让行为时股份价值计算，所分红利按受贿孳息处理。（2）股份未实际转让，以股份分红名义获取利益的，实际获利数额应当认定为受贿数额。

（三）合作投资型受贿

《2007 年意见》第 3 条规定：国家工作人员利用职务上的便利为请托人谋取利益，由请托人出资，“合作”开办公司或者进行其他“合作”投资的，以受贿论处。受贿数额为请托人给国家工作人员的出资额。国家工作人员利用职务上的便利为请托人谋取利益，以合作开办公司或者其他合作投资的名义获取“利润”，没有实际出资和参与管理、经营的，以受贿论处。

（四）受托理财型受贿

《2007 年意见》第 4 条规定，受托理财型受贿根据是否实际出资分为以下两种情形：（1）国家工作人员利用职务上的便利为请托人谋取利益，以委托请托人投资证券、期货或者其他委托理财的名义，未实际出资而获取“收益”的，以受贿论处。在这种情况下，受贿数额以“收益”额计算。（2）国家工作人员利用职务上的便利为请托人谋取利益，委托请托人投资证券、期货或者其他委托理财，虽然实际出资，但获取“收益”明显高于出资应得收益的，以受贿论处。在这种情况下，受贿数额以“收益”额与出资应得收益额的差额计算。

（五）赌博型受贿

《2007 年意见》第 5 条规定，国家工作人员利用职务上的便利为请托人谋取利益，通过赌博方式收受请托人财物的，构成受贿。

（六）干薪型受贿

《2007 年意见》第 6 条规定，国家工作人员利用职务上的便利为请托人谋取利益，要求或者接受请托人以给特定关系人安排工作为名，使特定关系人不实际工作却获取所谓薪酬的，以受贿论处。这里的“特定关系人”，是指与国家工作人员有近亲属、情妇（夫）以及其他共同利益关系的人。

（七）特定关系人收受型受贿

《2007年意见》第7条规定，国家工作人员利用职务上的便利为请托人谋取利益，授意请托人以本意见所列形式，将有关财物给予特定关系人的，以受贿论处。《2007年意见》还对特定关系人与特定关系人以外的其他人构成受贿罪的共犯作了不同的规定：(1) 特定关系人与国家工作人员通谋，共同实施前述行为的，对特定关系人以受贿罪的共犯论处。(2) 特定关系人以外的其他人与国家工作人员通谋，由国家工作人员利用职务上的便利为请托人谋取利益，收受请托人财物后双方共同占有的，以受贿罪的共犯论处。

（八）权属未变更型受贿

《2007年意见》第8条规定，国家工作人员利用职务上的便利为请托人谋取利益，收受请托人房屋、汽车等物品，未变更权属登记或者借用他人名义办理权属变更登记的，不影响受贿的认定。

此外，《2007年意见》还对收受财物后退还或者上交问题，在职时为请托人谋利、离职后收受财物问题作了规定。

第二十七章　滥用职权罪

滥用职权罪是指国家机关工作人员超越职权，违法决定、处理其无权决定、处理的事项，或者违反规定处理公务，致使公共财产、国家和人民利益遭受重大损失的行为。

我国1979年《刑法》第187条规定："国家工作人员由于玩忽职守，致使公共财产、国家和人民利益遭受重大损失的，处五年以下有期徒刑或者拘役。"根据最高人民法院1987年制定的有关司法解释，国家工作人员滥用职权，致使公共财产、国家和人民利益遭受重大损失的，也适用该条的规定追究刑事责任。1997年修订《刑法》时，针对该条文主要作了四个方面的修改：一是将犯罪主体由国家工作人员调整为国家机关工作人员；二是增加了滥用职权罪的规定；三是提高了法定刑，增加了量刑档次；四是对徇私舞弊犯罪单独规定了较重的刑罚。

本罪侵害的法益具有双重性：一方面是国家利益，即职务行为的正当性、公正性和社会对国家行政、司法权力行使公正性的信赖感；另一方面是公共利益或个人利益，即公共财产安全、社会秩序以及公民个人的人身或财产权利。但就总体而言，本罪是国家机关工作人员从其内部侵害国家作用的渎职犯罪，所以即使存在被害人承诺的情形，滥用职权罪仍然成立。将滥用职权罪理解为侵害双重法益的犯罪，无论是从立法规定的行文与文义来看，还是立足于解释论的维度，都比单一法益论要更加周全与合理。[①] 两种法益之间是并列关系，滥用职权的行为只有同时侵害职务行为的公正性与公共利益或个人权益，才能作为犯罪来处理。

根据《刑法》第397条第1款之规定，犯本罪的，处3年以下有期徒刑或者拘役；情节特别严重的，处3年以上7年以下有期徒刑。本法另有规定的，依照规定。该条第2款规定，国家机关工作人员徇私舞弊，犯前款罪的，处5年以下有期徒刑或者拘役；情节特别严重的，处5年以上10年以下有期徒刑。本法另有规定的，依照规定。

---

① 劳东燕．滥用职权罪客观要件的教义学解读：兼论故意·过失的混合犯罪类型．法律科学，2019（4）．

第一节　滥用职权罪的主体

知识背景

滥用职权罪的主体是国家机关工作人员。这里的国家机关工作人员是指在国家机关中从事公务的人员，包括各级国家权力机关、行政机关、审判机关、检察机关和军事机关中从事公务的人员。其他根据法律规定，参照国家公务员法进行管理的人员，应当以国家机关工作人员论。1997年《刑法》对渎职罪的主体限制较严，而司法解释对个别犯罪的主体作了扩大解释，不无越权之嫌，由此2002年12月28日全国人大常委会颁布《关于〈中华人民共和国刑法〉第九章渎职罪主体适用问题的解释》对渎职罪的主体作出了立法解释，规定："在依照法律、法规规定行使国家行政管理职权的组织中从事公务的人员，或者在受国家机关委托代表国家机关行使职权的组织中从事公务的人员，或者虽未列入国家机关人员编制但在国家机关中从事公务的人员，在代表国家机关行使职权时，有渎职行为，构成犯罪的，依照刑法关于渎职罪的规定追究刑事责任。"根据这一立法解释，滥用职权罪的主体也包括上述人员。

规范依据

（一）《刑法》

第397条　国家机关工作人员滥用职权或者玩忽职守，致使公共财产、国家和人民利益遭受重大损失的，处三年以下有期徒刑或者拘役；情节特别严重的，处三年以上七年以下有期徒刑。本法另有规定的，依照规定。

国家机关工作人员徇私舞弊，犯前款罪的，处五年以下有期徒刑或者拘役；情节特别严重的，处五年以上十年以下有期徒刑。本法另有规定的，依照规定。

（二）全国人民代表大会常务委员会《关于〈中华人民共和国刑法〉第九章渎职罪主体适用问题的解释》

在依照法律、法规规定行使国家行政管理职权的组织中从事公务的人员，或者在受国家机关委托代表国家机关行使职权的组织中从事公务的人员，或者虽未列入国家机关人员编制但在国家机关中从事公务的人员，在代表国家机关行使职权时，有渎职行为，构成犯罪的，依照刑法关于渎职罪的规定追究刑事责任。

（三）最高人民法院、最高人民检察院《关于办理渎职刑事案件适用法律若干问题的解释（一）》

第 7 条　依法或者受委托行使国家行政管理职权的公司、企业、事业单位的工作人员，在行使行政管理职权时滥用职权或者玩忽职守，构成犯罪的，应当依照《全国人民代表大会常务委员会关于〈中华人民共和国刑法〉第九章渎职罪主体适用问题的解释》的规定，适用渎职罪的规定追究刑事责任。

案例评价

[案例 27-1] 陈某明、林某娟、李某权滥用职权案①
（村民委员会等基层组织人员特定情形下成为滥用职权罪的主体）

1. 基本案情

被告人陈某明，原系上海市奉贤区四团镇推进小城镇社会保险（以下简称“镇保”）工作领导小组办公室负责人。

被告人林某娟，原系上海市奉贤区四团镇杨家宅村党支部书记、村民委员会主任、村镇保工作负责人。

被告人李某权（曾用名李某元），原系上海市奉贤区四团镇杨家宅村党支部委员、村民委员会副主任、村镇保工作经办人。

2004 年 1 月至 2006 年 6 月期间，被告人陈某明利用担任上海市奉贤区四团镇推进镇保工作领导小组办公室负责人的职务便利，被告人林某娟、李某权利用受上海市奉贤区四团镇人民政府委托分别担任杨家宅村镇保工作负责人、经办人的职务便利，在从事被征用了农民集体所有土地的农业人员就业和社会保障工作过程中，违反相关规定，采用虚增被征用土地面积等方法徇私舞弊，共同或者单独将杨家宅村、良民村、横桥村 114 名不符合镇保条件的人员纳入镇保范围，致使奉贤区四团镇人民政府为上述人员缴纳镇保费用共计人民币 600 余万元、上海市社会保险事业基金结算管理中心（以下简称“市社保中心”）为上述人员实际发放镇保资金共计人民币 178 万余元，并造成了恶劣的社会影响。其中，被告人陈某明共同及单独将 71 名不符合镇保条件人员纳入镇保范围，致使镇政府缴纳镇保费用共计人民币 400 余万元、市社保中心实际发放镇保资金共计人民币 114 万余元；被告人林某娟共同及单独将 79 名不符合镇保条件人员纳入镇保范围，致使镇政府缴纳镇保费用共计人民币 400 余万元、市社保中心实际发放镇保资金共计人民币 124 万余元；被告人李某权共同及单独将 60 名不符合镇保条件人员纳入镇保范围，致使镇政府缴纳镇保费用共计人民币 300 余万元、市社保中心实际发放镇保资金共

① 2012 年 11 月 15 日最高人民检察院第二批指导性案例，检例第 5 号。

计人民币 95 万余元。

2. 涉案问题

村民委员会、居民委员会等基层组织人员协助人民政府从事行政管理工作时，能否成为滥用职权罪的犯罪主体?

3. 裁判理由

2008 年 4 月 15 日，陈某明、林某娟、李某权因涉嫌滥用职权罪由上海市奉贤区人民检察院立案侦查，陈某明于 4 月 15 日被刑事拘留，4 月 29 日被逮捕，林某娟、李某权于 4 月 15 日被取保候审，6 月 27 日侦查终结移送审查起诉。2008 年 7 月 28 日，上海市奉贤区人民检察院以被告人陈某明、林某娟、李某权犯滥用职权罪向奉贤区人民法院提起公诉。2008 年 12 月 15 日，上海市奉贤区人民法院作出一审判决，认为被告人陈某明身为国家机关工作人员，被告人林某娟、李某权作为在受国家机关委托代表国家机关行使职权的组织中从事公务的人员，在负责或经办被征地人员就业和保障工作过程中，故意违反有关规定，共同或单独擅自将不符合镇保条件的人员纳入镇保范围，致使公共财产遭受重大损失，并造成恶劣社会影响，其行为均已触犯刑法，构成滥用职权罪，且有徇个人私情、私利的徇私舞弊情节。其中被告人陈某明、林某娟情节特别严重。犯罪后，三被告人在尚未被司法机关采取强制措施时，如实供述自己的罪行，属自首，依法可从轻或减轻处罚。依照《刑法》第 397 条、第 25 条第 1 款、第 67 条第 1 款、第 72 条第 1 款、第 73 条第 2、3 款之规定，判决被告人陈某明犯滥用职权罪，判处有期徒刑 2 年；被告人林某娟犯滥用职权罪，判处有期徒刑 1 年 6 个月，宣告缓刑 1 年 6 个月；被告人李某权犯滥用职权罪，判处有期徒刑 1 年，宣告缓刑 1 年。一审判决后，被告人林某娟提出上诉。上海市第一中级人民法院二审终审裁定：驳回上诉，维持原判。

4. 评析意见

随着我国城镇建设和社会主义新农村建设逐步深入推进，村民委员会、居民委员会等基层组织协助人民政府管理社会，发挥着越来越重要的作用。实践中，对村民委员会、居民委员会等基层组织人员协助人民政府从事行政管理工作时，滥用职权、玩忽职守构成犯罪的，应当依照刑法关于渎职罪的规定追究刑事责任。

我国《刑法》第 397 条规定，滥用职权罪的犯罪主体是国家机关工作人员。2002 年全国人大常委会《关于〈中华人民共和国刑法〉第九章渎职罪主体适用问题的解释》规定，在受国家机关委托代表国家机关行使职权的组织中从事公务的人员，在代表国家机关行使职权时，有渎职行为，构成犯罪的，依照《刑法》关于渎职罪的规定追究刑事责任。本案中，林某娟、李某权虽然是村民委员会工作人员，但受镇人民政府委托分别担任村镇保工作负责人、经办人，属于在受国家机关委托代表国家机关行使职权的组织中从事公务的人员，在负责或经办被征地人员就业和保障工作过程中，滥用职权，致使公共财产遭受重大损失，并造成恶劣社会影响，构成滥用职权罪。

深度研究

由于在滥用职权罪以及其他渎职罪主体的认定问题上，理论界和实务界存在身份论（主体是否有国家机关工作人员的身份）和职权论（主体从事的活动是否是公务活动、是否在履行国家机关的管理职能）的争论，因此，一些人员在工作中滥用职权的，有时难以得到及时查处。

为解决滥用职权罪以及其他渎职罪主体认定上的纷争，最高司法机关曾经多次作出解释。例如最高人民检察院的司法解释就指出：在行政执法事业单位中，按国家机关在编干部管理的工作人员，在履行政府行政公务活动中，滥用职权、玩忽职守构成犯罪的，应以国家机关工作人员论。① 对企业、事业单位的公安人员的身份地位，最高人民检察院司法解释规定，企业、事业单位的公安机构在机构改革过程中虽尚未列入公安机关建制，但其工作人员在行使侦查职责时，实施渎职侵权行为的，可以成为渎职侵权犯罪的主体。② 上述司法解释集中明确了一点：主体是否属于国家机关工作人员，身份并不重要，行为人是否享有职权、是否依法履行职责才至关重要。这是一种实质合理性的要求压过形式合理性的要求的法律解释态度。这些司法解释部分地回应了司法实践的需要，但是，对国家机关工作人员作如此解释，是否有类推解释的嫌疑，值得商榷。这些解释的实质是对于法律没有明文规定的情形，适用类似的条文（《刑法》第93条第2款）予以处罚，而《刑法》第93条第2款是关于准国家工作人员的规定，而不是关于国家机关工作人员的规定。国家机关工作人员的概念应当适度窄于国家工作人员，这在理论上、成文刑法上都应当是没有问题的。而上述多个司法解释都引用了《刑法》第93条第2款，将准国家工作人员当然地解释为准国家机关工作人员，这并不是毫无问题的。如果一定要作这样的解释，就会欠缺成文刑法上的依据，有违反罪刑法定主义之嫌。③

将滥用职权罪以及其他渎职罪的主体扩大解释到何种程度，是一个有待研究的问题。如果司法解释突破日常用语的含义，解释结论在一般民众看来

---

① 2000年5月4日最高人民检察院《关于镇财政所所长是否适用国家机关工作人员的批复》。

② 2002年4月24日最高人民检察院《关于企业事业单位的公安机构在机构改革过程中其工作人员能否构成渎职侵权犯罪主体问题的批复》。

③ 陈兴良，周光权．刑法学的现代展开．北京：中国人民大学出版社，2006：702.

是比较意外和难以接受的，司法解释的正当性就是有问题的。为避免法律适用上的危机，也为统一司法操作，全国人大常委会对渎职罪主体作了立法解释。2002 年 12 月 28 日全国人大常委会《关于〈中华人民共和国刑法〉第九章渎职罪主体适用问题的解释》规定，“在依照法律、法规规定行使国家行政管理职权的组织中从事公务的人员，或者在受国家机关委托代表国家机关行使职权的组织中从事公务的人员，或者虽未列入国家机关人员编制但在国家机关中从事公务的人员，在代表国家机关行使职权时，有渎职行为，构成犯罪的，依照刑法关于渎职罪的规定追究刑事责任。”

立法解释特别明确了两重内容：一方面，滥用职权罪以及其他渎职罪的主体以其职责、职权（即是否从事公务、是否在履行国家机关的管理职能）进行界定，而不管其是否属于正式编制或具有其他国家机关工作人员身份。另一方面，滥用职权罪以及其他渎职罪的主体多元化。除在国家机关中从事公务的人员外，还包括：（1）在依照法律、法规规定行使国家行政管理职权的组织中从事公务的人员；（2）在受国家机关委托代表国家机关行使职权的组织中从事公务的人员，如新疆生产建设兵团的工作人员等；（3）虽未列入国家机关人员编制但在国家机关中从事公务的人员，如国家行政机关的合同制、聘用制人员等。

立法解释的合理性在于其强调对于国家机关工作人员的认定，身份如何并不重要，其职责是什么，是否享有相应职权，才最为关键。因为单纯具有一定身份者，如果不享有相应职权，就没有滥用其职权的可能；而享有相应职权者，如果不能恪尽职守，就可能使管理相对人的权利受到侵害，也会损害国家机关的形象，因而存在法益侵害的可能。①

第二节　滥用职权行为的认定

知识背景

滥用职权罪的行为是滥用职权。滥用职权，是指不法行使职务上的权限的行为，即就属于国家机关工作人员一般职务权限事项，以行使职权的外观，实施实质的、具体的违法、不当的行为。② 首先，职权是指行为人享有的一般职务权限。滥用职权应是滥用国家机关工作人员的一般职务权限，如果行为人实施的行为与其一般的职务权限没有任何关系，则不属于滥用职权。只是

① 陈兴良，周光权．刑法学的现代展开．北京：中国人民大学出版社，2006：703.

② 山口厚．刑法各论．王昭武，译．北京：中国人民大学出版社，2011：706.

从外观上看有一定的权力，但是实质上没有一般的职务权限的，不是这里的职权。一般职务权限，不仅包括法定的职务权限，而且包括根据惯例、基于国情或者其他具体情形形成的职务权限。职权不一定是法律上明文规定的，从法律制度上作综合的、实质的观察，认定行为人享有职权或者得到授权的，就是有职务权限。作为一般的职务权限，职权不一定是法律上有强制力的权力，但其滥用会使对方承担义务，或使得其不能行使权利的，也属于职权的范畴。

其次，行为人实施了外观上为行使职权，实质上是违法、不当的行为，或者抽象地看是行使职权，具体地考察却为违法、不当的行为。所以，滥用职权行为违反了职务行为的宗旨。易言之，职权必须被滥用，才可能成立滥用职权罪。滥用职权表现为超越职权、违法决定、处理其无权决定、处理的事项，或者违反国家规定处理公务，致使公共财产、国家和人民利益遭受重大损失的行为。职权的滥用，是指违背法律授权的宗旨行使职权，超越职权范围或者违反职权行使程序，以不正当目的或不法方法实施职务行为。任何无端行使职权、编造事实扩大职权范围，实质地、具体地违法或不当行使权力的行为，都是滥用职权。对此，大塚仁教授指出，滥用职权是指不法地行使职务上的权限，即对形式上属于一般职务权限的事项，为了不当的目的或者采用不法的方法，实施违反职务本旨的行为。①

总体上讲，滥用职权行为在客观上表现为以下两种情形：一是违反法律规定的权限行使职权。任何权力都有一定的边界，因此，国家机关工作人员在行使职权的时候，必须严格在法律规定范围内行使而不得超越法律的限度。违反法律规定的权限行使职权就是一种滥用职权的行为。二是违反法律规定的程序行使职权。任何权力都必须根据一定的程序行使，违反法律规定的程序行使职权也是一种滥用职权的行为。

规范依据

《刑法》

第 397 条　国家机关工作人员滥用职权或者玩忽职守，致使公共财产、国家和人民利益遭受重大损失的，处三年以下有期徒刑或者拘役；情节特别严重的，处三年以上七年以下有期徒刑。本法另有规定的，依照规定。

国家机关工作人员徇私舞弊，犯前款罪的，处五年以下有期徒刑或者拘役；情节特别严重的，处五年以上十年以下有期徒刑。本法另有规定的，依照规定。

---

① 大塚仁．刑法概说·各论．冯军，译．北京：中国人民大学出版社，2003：583.

案例评价

[案例 27-2] 李某刚滥用职权案[①]（滥用职权罪实行行为的认定）

1. 基本案情

被告人李某刚，原系天津市交通运输和港口管理局（以下简称“交港局”）副局长。2015 年 9 月 10 日被逮捕。

2009 年 5 月至 2014 年 5 月，被告人李某刚担任天津市交港局副局长，负责港口行政管理和行政审批等工作，其在担任天津市交港局副局长期间，违反我国《港口法》《危险化学品安全管理条例》《港口经营管理规定》《港口危险货物安全管理规定》等法律、法规、规章，滥用职权，违法违规对瑞海国际物流有限公司（以下简称“瑞海公司”）实施行政许可和项目审批，先后签批同意瑞海公司危险化学品集装箱堆场的拟筹建申请、同意瑞海公司申请从事危险货物经营以及批准瑞海公司跃进路堆场改造工程初步设计等 8 份批复，致使瑞海公司在不符合法定经营条件的情况下长期违规经营，并以前述批复作为向其他单位及部门申报的依据。具体事实如下：

（1）被告人李某刚违法违规签批同意瑞海公司拟筹建危险化学品集装箱堆场的批复。

2013 年 1 月 15 日，瑞海公司向天津市交港局港口管理处提交拟筹建危险化学品集装箱堆场的申请。同年 1 月 18 日，被告人李某刚违法签批《关于对瑞海国际物流有限公司拟筹建危险化学品集装箱堆场的批复》，同意瑞海公司在天津港筹建危险化学品集装箱堆场。瑞海公司以该批复作为行业主管部门意见，在堆场改建工程未通过安全条件审查的情况下开工建设。

（2）被告人李某刚违法违规签批拟筹建批复后，又多次违法违规签批批复，同意瑞海公司从事港口危险货物经营活动。

瑞海公司分别于 2013 年 4 月 7 日、6 月 5 日、7 月 23 日、10 月 11 日向天津市交港局港口管理处提交请示，申请从事港口危险货物作业。瑞海公司前三次申请期间堆场改造项目尚未建设完成，第四次申请时改造工程虽已完工但没有取得安全设施专项验收合格证明，并不具备取得危险货物港口经营人资质的条件。被告人李某刚在明知瑞海公司未取得法定审批许可手续、不具备港口危险货物作业条件的情况下，分别于 2013 年 4 月 8 日、7 月 11 日、7 月 24 日、10 月 11 日先后签批 4 份批复，违法违规批准瑞海公司从事危险货物经营，允许瑞海公司在 2013 年 4 月 8 日至 2014 年 1 月 11 日期间从事 8、

---

① 最高人民法院刑事审判第一、二、三、四、五庭．刑事审判参考：总第 118 集．北京：法律出版社，2019：288.

9 类、2～6 类港口危险货物作业。

上述期间届满后，被告人李某刚于 2014 年 4 月 1 日倒签日期为同年 1 月 20 日的《关于天津东疆保税港区瑞海国际物流有限公司申请港口危险货物作业延期的批复》，同意瑞海公司经营有效期延至同年 5 月 11 日，使瑞海公司的违法经营状态持续。2014 年 4 月 29 日，瑞海公司向天津市交港局港口管理处提交申请港口经营资质的请示，同年 5 月 4 日，李某刚在瑞海公司未取得安全设施专项验收合格证明的情况下，违法违规签批《天津市交通运输和港口管理局关于天津东疆保税港区瑞海国际物流有限公司试运营期间港口经营资质的批复》，以批复形式批准瑞海公司港口危险货物经营试运营资质，没有同时核发“港口经营许可证”“港口危险货物作业附证”，且将试运营时间提前至同年 4 月 16 日，同意瑞海公司于同年 4 月 16 日至 10 月 16 日试运营期间开展 2—6 类、8 类、9 类危险化学品业务。

（3）被告人李某刚代管规划处期间，违法违规作出批准瑞海公司跃进路堆场改造工程初步设计的批复，致使瑞海公司危险货物堆场改造项目得以验收通过。

2013 年 9 月，瑞海公司向天津市交港局规划处提交跃进路堆场改造工程初步设计审查的请示。同月，因市交港局分管规划处的副局长患病住院休假，由被告人李某刚代管规划处。李某刚明知瑞海公司跃进路堆场改造工程未批先建，不仅未对瑞海公司的违法违规行为进行查处，还为瑞海公司办理初步设计审批，于 2013 年 10 月 10 日违法违规补签 2013 年 10 月 9 日《关于天津东疆报税港区瑞海国际物流有限公司跃进路堆场改造工程初步设计的批复》，致使瑞海公司未批先建和违反有关法律法规及技术标准的危险货物堆场改造项目得以验收通过。

2013 年 10 月至 2014 年 5 月，瑞海公司先后以上述相关批复为依据向海关、海事局、工商行政管理局等部门进行申报并获得相应审批；2015 年 6 月 23 日，原市交港局整合改组后的天津市交通运输委员会以 2014 年 59 号批复为依据向瑞海公司违法发放“港口经营许可证”和“港口危险货物作业附证”。

2015 年 8 月 12 日 22 时许，瑞海公司位于天津市滨海新区吉运二道 95 号的危险品仓库运抵区南侧集装箱内的硝化棉积热自燃，引起相邻集装箱内的硝化棉和其他危险化学品长时间大面积燃烧，导致堆放于运抵区的硝酸铵等危险化学品发生爆炸，事故造成 165 人遇难、8 人失踪、798 人受伤住院治疗。截至 2015 年 12 月 10 日，造成直接经济损失 68.66 亿元。

2. 涉案问题

如何认定滥用职权的实行行为？

3. 裁判理由

天津市滨海新区人民检察院指控被告人李某刚犯滥用职权罪、受贿罪，向天津市滨海新区人民法院提起公诉。

针对公诉机关的指控，被告人李某刚及其辩护人提出以下辩解及辩护意见：（1）天津港危险化学品经营综合监督管理的职权、经营许可的职权应属于天津市安全生产监督管理局，原天津市交通运输和港口管理局（以下简称“原市交港局”）没有上述职权，被告人签批同意筹建危险化学品集装箱堆场的批复不是滥用职权。（2）部门规章无权设定行政许可，《港口危险货物安全管理规定》中关于从事港口危险化学品经营申领“港口经营许可证”和“港口危险货物作业附证”的规定属于设定行政许可，应属无效。（3）天津港危险化学品滞港现象严重，原市交港局为了提高效率，才采取批复方式代替行政许可，是行政改革创新举措。（4）李某刚签批的批复至 2014 年 10 月 17 日已经全部失效，瑞海公司取得“港口经营许可证”“港口危险货物作业附证”系在其退休以后，与其没有任何关系。（5）李某刚签批批复的行为与天津港“8・12”爆炸事故没有因果关系。

天津市滨海新区人民法院认为，被告人李某刚身为原交港局副局长，明知瑞海公司不具备从事港口危险货物经营的法定条件，滥用职权，违法违规实施行政许可和项目审批，致使公共财产、国家和人民利益遭受重大损失，其行为已构成滥用职权罪，且系情节特别严重。李某刚身为国家机关工作人员，利用职务便利，为他人谋取利益，多次收受瑞海公司董事长于某伟给予的财物，及具有行政管理关系的被管理人给予的财物，共计价值 204 750 元，数额巨大，其行为已构成受贿罪。对李某刚所犯数罪，应依法并罚。

2016 年 11 月 9 日，天津市滨海新区人民法院以（2016）津 0116 刑初 57 号刑事判决，认定被告人李某刚犯滥用职权罪，判处有期徒刑 7 年；犯受贿罪，判处有期徒刑 6 年，并处罚金 20 万元；决定执行有期徒刑 12 年，并处罚金 20 万元。

4. 评析意见

《刑法》第 397 条对滥用职权罪的规定采用了简单罪状的描述，并未具体列举滥用职权的行为表现，也没有规定滥用职权的内涵和特征。

关于原市交港局是否具有港口安全监督管理及危险化学品经营许可的职权范围，《港口法》（2015 年）规定：“港口行政管理部门应当依法对港口安全生产情况实施监督检查”；“从事港口经营，应当向港口行政管理部门书面申请取得港口经营许可，并依法办理工商登记。”《危险化学品安全管理条例》（2013 年）规定：“依照《中华人民共和国港口法》的规定取得港口经营许可证的港口经营人，在港区内从事危险化学品仓储经营，不需要取得危险化学品经营许可。”交通运输部根据上述法律、行政法规等制定的《港口危险货物安全管理规定》（2012年）规定：“申请危险货物港口经营人资质，应当向港口行政管理部门提交上述材料。其中，从事剧毒化学品、易制爆危险化学品经营或者有储存设施的，应当向所在地设区的市级港口行政管理部门提出申请；从事其他危险化学品经营的企业，应当向所在地县级港口行政管理部门提出申请。”综上，根据法律、法规、规章的规定，原市交港局对天津港危险化学品经营具有港口安全监督管理及危险化学品经营许可的职权。

本案中，被告人李某刚违规以批复形式审批瑞海公司拟筹建危险化学品集装箱堆场的申请；在明知瑞海公司未取得法定审批许可手续、不具备港口危险货物作业条件的情况下，四次以批复形式违法批准瑞海公司从事港口危险货物经营审批许可；在明知瑞海公司跃进路堆场改造工程未批先建的前提下，采用违规补签的方式审批瑞海公司跃进路堆场改造工程初步设计。尽管原市交港局并非唯一具有危险化学品经营许可和港口安全监督管理职能的部门，但不能因此否认其在危化品仓库筹建、经营许可、功能改造等方面的主要管理职能。李某刚作为原市交港局相关部门主要负责人，本应依法行使手中的职权，但其违反国家规定处理公务，徇私对相关事项作出决定或处理，多次违规批复以致安全监管失控，安全隐患最终导致事故的发生，造成公共财产、国家和人民利益遭受特别重大损失，其行为构成滥用职权罪。

深度研究

公职人员对权力的运用与行使必须符合四方面的要求：（1）在职务权限范围之内运用与行使权力。职务权限，显然不以其中足以对职务行使之相对方造成法律上、事实上的负担或者不利益的特别职权为限，而应理解为一般职务权限。[①]（2）遵循相应职位的设立宗旨，依照法律、法规、规章、规范性文件、内部章程或惯例等规定的实体性条件与程序性要求，运用与行使职务权限范围之内的权力。（3）基于服务于公共利益的动机，运用与行使职务权限之内的权力。（4）依法与合理运用职权构成一项强制性的义务，不得任意放弃。就公职人员职务行为的公正性而言，前述四方面的要求必须同时满足。[②]

具体来讲，滥用职权行为主要表现为以下四种情形。[③]

（1）超越职权，擅自决定或处理无权决定、处理的事项。行为人滥用其

---

① 西田典之．日本刑法各论．王昭武，刘明祥，译．北京：法律出版社，2013：492.

② 劳东燕．滥用职权罪客观要件的教义学解读：兼论故意·过失的混合犯罪类型．法律科学，2019（4）.

③ 周光权．刑法各论．3版．北京：中国人民大学出版社，2016：496－498；劳东燕．滥用职权罪客观要件的教义学解读：兼论故意·过失的混合犯罪类型．法律科学，2019（4）.

职务范围外的权力，即超越职权的行为，是滥用职权行为的一种重要表现形式。这主要是因为滥用职权本身具有很广泛的含义，凡是国家机关工作人员没有合法地行使其权力的，即构成权力滥用。超越职权是国家机关工作人员没有合法地行使其权力的一种表现形式，当然属于滥用职权行为，例如，公安机关本无权管理环境保护方面的工作，但却超越职权地以环境污染为由而对工矿企业处以罚款等行政处罚；看守所所长本无权让犯人替自己干私活，却从看守所提出四名在押人员为自己妻子经营的超市干私活的行为；民警对强行超越检查关卡的面包车开枪，造成车内 3 名无辜人员死伤的行为；明知违反刑事诉讼法的规定，对犯罪嫌疑人、被告人超期羁押，情节严重的，都是其体现。① 实践中，超越职权主要包括三种情况：一是横向越权，即行为人行使了属于其他国家机关的专有职权；二是纵向越权，即具有上下级隶属关系的同一性质但不同级别国家机关之间的越权，既包括上级对下级职责范围内的工作滥发指令，也包括下级对上级职权范围的侵犯；三是内部越权，即依照有关规定，某类问题应由该单位或机关通过内部民主讨论后形成决策，而行为人却独断专行，不倾听或不采纳别人的意见。②

（2）玩弄职权，违反程序规定，随心所欲地对事项作出决定或处理。国家机关工作人员行使职权的程序和形式，既是国家机关工作人员顺利、高效地行使职权的保障，也是防止其滥用权力的重要措施。国家机关工作人员实施具体职务行为的程序和形式，有以下要求：一是行为过程从整体上看没有重大瑕疵，行为的关键环节与法律规定的步骤完全符合，法定程序的先后次序没有颠倒，不采用非法手段获取对于职务行为相对人不利的证据；二是对于需要告知相对人的具体权利，都及时告知；三是行为的形式要合法，如法律规定采取书面形式的，不得采取口头通知；四是职务行为必须在法律规定的期限内作出，不得违反法律、法规对期限的规定，否则也属程序违法。国家机关工作人员行使职权行为必须符合法律、法规所规定的程序，在形式上符合要求，不按照法定程序行使职权同样会造成严重后果，属于职权的滥用，例如，交警对违章驾驶人员作出罚款决定，但没有出具书面材料；市场监督管理机关的工作人员对市场从业人员的合法经营百般刁难、无事生非，对合法经营的市场从业人员处以罚款或吊销营业执照等行政处罚的行为；盐务管理局局长、盐业公司经理擅自批准无资格的公司经销盐产品的行为。

（3）公职人员基于不当动机而运用与行使职权。公职人员虽占有职位，

---

① 黎宏．刑法学各论．北京：法律出版社，2016：547.

② 储槐植，杨书文．滥用职权罪的行为结构．法学杂志，1999（3）.

但职位并不属于他的私有财产，他被要求基于公益而运用与行使职权。基于此，如果公职人员出于谋取私利的动机，以权谋私或是假公济私，即使客观上所决定或处理的事项在其职权范围之内，且表面看来其也遵守了相应的实体性条件与程序性要求，也仍属于对权力的滥用。动机的正当与否，对于确保职务行为的公正性同样至关重要，因而，此类行为中，动机的不当构成权力滥用的关键因素。据此，假借行使职权而实施的个人行为，毫无疑问属于滥用职权行为的范畴。

（4）放弃职责，故意不履行职务。从实行行为上看，滥用职权罪是只能由作为构成，还是可以由不作为构成，一直有争议。认为只能由作为构成的观点是少数说，其主要理由是：首先，滥用职权与放弃职守具有不同的含义，前者必须是已经行使了职权，后者则是未履行职责，既然是有权而故意不用，就谈不上是滥用。其次，从行政法律法规的角度看，如果国家机关工作人员所在的机关是行政机关，其滥用职权的行为可能产生的问题是具体行政行为是否合法或适当，其法律后果是具体行政行为可能被撤销或者部分撤销，国家机关有义务重新作出具体行政行为。而在放弃职守的场合，可能出现的问题是国家机关工作人员是否具有不履行或者拖延履行法定职责的行为，其法律后果是国家行政机关必须在一定期限内履行法定职责。既然滥用职权和放弃职守产生的法律后果都不相同，那么把它们统一在滥用职权罪的实行行为之下，可能并不妥当。最后，对故意放弃职守行为完全可以按照玩忽职守罪处理，不承认不作为的滥用职权，并不会放纵犯罪。

但是，前述观点值得商榷。擅权妄为、超越职权是对职权的滥用，应履行职责而拒不履行的不作为，也是对职权的滥用。这就是说，行为人滥用权力拒不履行正当职责义务，造成严重后果，符合犯罪构成要件时，便是以不作为形式构成的滥用职权罪。如果在刑法理论上不承认不纯正不作为犯可以构成滥用职权罪，就会错误理解滥用职权罪的本质，没有合理解释刑法，没有考虑放弃职守行为可能产生的法益侵害性。例如，国家机关工作人员在自然灾害、突发事件、重大责任事故发生后，不正确履行职责，违反有关特大事故报告程序的规定，故意对特大矿山安全事故隐瞒不报，亦不及时组织抢险、调查，造成恶劣社会影响的，即构成滥用职权罪。

综上可见，在滥用职权罪的行为表现问题上，当前刑法理论中所主张的四分说更为合理，该说对于滥用职权情形的归纳更为周全，相应的情形之所以构成滥用职权，是因为未满足职务行为公正性的相应要求。即便不具有职权行使的外观或强制的权限，只要足以让相对方实施事实上并无实施义务的事项，或者足以妨害相对方行使权利，或者在有义务的场合，不当或非法地变更义务形式而让相对方来承担，均应包含在滥用职权的范围之内；并且，职权的违法行使，也不以压制相对方的意志为必要。①

滥用职权行为，是否仅限于公开实施？换言之，秘密行使职权行为，相对人对此无法认识，或者滥用行为从外形上看不具备职权行使特征的，是否构成滥用职权罪，值得研究。例如，司法人员甲为侦查危害国家安全案件，未履行合法手续而秘密窃听乙的电话，是否构成滥用职权罪？一种观点认为，滥用职权行为如果不被相对人所认识，就不构成滥用职权罪。因为要行使职权，就需要对方根据享有职权者的意思有相应的行动，相对人不能认识的行为（例如警察的窃听行为），其不能作出相应表示，滥用职权罪就不可能成立（意思压抑说）。还有观点认为，相对人没有作出必要的行为，职权行使的行为从外观上看难以判断，不成立滥用职权罪（外观必要说）。按照上述观点，甲的行为均不构成滥用职权罪。②

但是，肯定说认为，相对人对职权行使是否有认识或者权力行使的外形如何都不重要。享有职权者客观上任意行使其职权，就属于滥用行为。因为相对人对权力行使即使没有认识，其仍然要承担额外的义务或者其权利行使会受到重大妨害；而滥用职权罪的立法依据之一就在于对容易侵害个人权利的公务员给予一定的限制。③ 同时，普通公民如果事后知道公务员实施了滥用职权的违法、不正当行为，其对公务执行妥当性的信赖感仍然会受到侵害，所以，滥用职权行为的法益侵害性还是存在。④ 因此，即使被害人对职权行使不能认识，其权利被妨害的可能性也是完全存在的，甲的行为构成滥用职权罪。结合滥用职权罪所保护的基础法益可知，职务行为公正与否，取决于公职人员客观上的行为和主观上的动机，与相对人是否意识到公职人员在违法使用权力，而导致自身的权利受到妨碍没有关系。无论相对人知不知情，如果甲对乙的窃听行为超越自身的职务权限，或者虽然在自己的职务权限范围之内，但并未遵守相关的实体性条件与程序性要求，甲的行为便已然使得为达到职务行为公正性所要求的必要条件缺失，属于权力滥用的情形。相对人知不知情，并不影响甲的行为的不法性质，也不影响行为的不法程度。与此对应，从滥用职权罪的保护法益，也推导不出滥用权力行为的实施必须为公众知晓或可能知晓的要件。这意味着，在滥用职权罪中，在实行行为之外额外添加为相对人或公众知晓的要件，或者将相应要件整合入滥用职权行为之中，并不具有正当性。这样的做法违背解释论与体系逻辑的一般原则，从本

① 西田典之．日本刑法各论．王昭武，刘明祥，译．北京：法律出版社，2013：491－492.

② 陈兴良，周光权．刑法学的现代展开．北京：中国人民大学出版社，2006：699.

③ 前田雅英．刑法各论讲义．东京：东京大学出版会，1999：484.

④ 同①488.

罪的法益中根本就推导不出这样的要求。① 应该说，肯定说更为合理。

第三节　滥用职权的主观罪过

知识背景

在刑法理论上，对于滥用职权罪的罪过形式是故意还是过失，或者其他形态，存在争论。

1. 过失说

该说认为，行为人应当预见自己滥用职权的行为可能致使公共财产、国家和人民利益遭受重大损失，因疏忽大意而没有预见，或者已经预见而轻信能够避免，以致造成这种重大损失发生。过失论者认为滥用职权的行为虽然是故意的，但行为人对于损害结果是过失的，应以过失犯罪论处。其主要理由是：（1）故意是对结果的发生有认识，然后希望或者放任结果的发生；过失对于结果的发生则不存在这种希望或者放任。刑法总则对故意与过失的规定充分表明，立法是以对行为可能造成的危害社会的结果的认识与意志划分罪过形式的。因此，滥用职权罪的罪过内容也应以行为人对危害社会的结果的认识与意志来认定。在行为人对于结果的发生不存在希望或者放任时，只能成立过失犯罪。（2）滥用职权罪的危害结果是指《刑法》第 397 条明确规定的公共财产、国家和人民利益的重大损失，行为人对于这种结果，只能是过失。（3）滥用职权罪的法定刑与刑法规定的其他过失犯罪的法定刑一致，而且刑法将滥用职权罪和明显属于过失的玩忽职守罪规定在同一条文中，说明立法者认同滥用职权罪属于过失犯罪这种主张。《刑法》第 397 条规定，滥用职权的法定最高刑为 7 年有期徒刑。如果行为人明知自己的滥用职权行为会造成重大损失，并且希望或放任重大损失发生，法律只规定其法定最高刑为 7 年，显然立法有问题。②

2. 间接故意或过失说

有的学者主张滥用职权罪主观上既可以是间接故意也可以是过失，其大

① 劳东燕．滥用职权罪客观要件的教义学解读：兼论故意·过失的混合犯罪类型．法律科学，2019（4）．

② 阮齐林．刑法学．北京：中国政法大学出版社，2011：714；李洁．论滥用职权罪的罪过形式．法学家，1998（4）；何秉松．刑法教科书：下册．北京：中国法制出版社，2000：1143；周道鸾，等．刑法实务若干问题研究//最高人民法院刑事审判第一、二、三、四、五庭．刑事审判参考：总第 36 集．北京：法律出版社，2004：129.

致理由是：(1) 滥用职权罪的主观罪过不包括直接故意。直接故意是指行为人明知自己的行为会造成危害社会的结果，而且希望这种结果的发生。在滥用职权的场合，很难判断行为人是否希望公共财产、国家和人民利益的重大损失的发生。(2) 我国刑法对罪过的区分采用结果标准说。滥用职权罪的行为人对滥用职权行为是故意，对于滥用职权行为造成的重大损失结果则有可能是过失，所以可以认为滥用职权罪主观上是间接故意，也可以是过失。(3)《刑法》第397条对滥用职权罪和玩忽职守罪规定的构成条件、处罚标准完全一致，两罪主观罪过应当相同。玩忽职守兼有玩弄职权，对职责事项疏忽之意，因此，玩忽职守罪主观方面可以由间接故意或过失构成。同样，滥用职权罪也是既可由过失，又可由间接故意构成。①

3. 复合罪过说

也有个别学者认为，滥用职权的罪过形式既可能是过失，也可能是故意，由于二者之间难以区分，因而将其作为一种独立的罪过形式进行研究，是一种复合罪过。②

4. 行为故意说

滥用职权的罪责形式是故意。这里的故意是指明知是滥用职权的行为而有意实施的主观心理状态。滥用职权是以明知是违反法律规定的权限和违反法律规定的程序而滥用职权，或者明知是应当履行的职责而不实施职务行为，这种滥用职权行为显然是故意实施的。至于致使公共财产、国家和人民利益遭受重大损失，并非是滥用职权罪的结果，而是滥用职权罪的罪量。也就是说，滥用职权行为本身是故意的，但并非只要实施了滥用职权行为就构成犯罪，而是只有在致使公共财产、国家和人民利益遭受重大损失的情况下才构成犯罪。因此，不能根据行为人对致使公共财产、国家和人民利益遭受重大损失的主观心理状态来确定本罪的罪责形式。③ 在陈兴良教授构造的罪体—罪责—罪量的犯罪构成体系中，罪量是独立于罪体的构成要件，不要求行为人有对罪量的认识，因而它类似于大陆法系刑法理论中的客观处罚条件。

5. 结果故意说

滥用职权罪的责任形式应为故意，包括直接故意与间接故意。

(1) 单一结果故意说。该说认为滥用职权罪的犯罪结果就是刑法条文规定的公共财产、国家和人民利益的重大损失，行为人对自己职权的不正当行

① 黄太云，滕伟．中华人民共和国刑法释义与适用指南．北京：红旗出版社，1997：596.

② 储槐植，杨书文．复合罪过形式探析．法学研究，1999 (1).

③ 陈兴良．规范刑法学：下册．北京：中国人民大学出版社，2017：1228.

使可能损害公共财产、国家或个人利益有所认识，而追求或放任这种结果的发生。①

（2）第一结果故意说。一方面，行为人明知自己滥用职权的行为会发生侵害国家机关公务的合法、公正、有效执行以及国民对此的信赖的结果（第一结果），并且希望或者放任这种结果发生。另一方面也应承认，一概要求滥用职权的行为人主观上对“致使公共财产、国家和人民利益遭受重大损失”的结果（第二结果）持希望或者放任的态度，同样不合适。例如，一些滥用职权的行为虽然导致了他人死亡的结果，但行为人对死亡结果并没有持希望或者放任态度。诚然，在这种场合，国家机关工作人员的行为可能不具有故意杀人罪的实行行为性，但司法实践仍然会将死亡结果归责于国家机关工作人员的滥用职权行为。如果以不具有故意杀人罪的实行行为性为由，不将死亡结果归责于滥用职权行为，就意味着其行为不符合“致使公共财产、国家和人民利益遭受重大损失”的条件，因而不能以滥用职权罪论处，这显然不合适。所以，既要承认本罪是故意犯罪，将第一结果作为故意的认识与意志内容，又要将第二结果视为客观的超过要素，不要求行为人认识（但应有认识的可能性）、希望与放任。唯此，才能避免理论与实务上的困惑。②

6. 主要罪过说

要严格坚持责任主义的立场，就应当承认，对于刑法中所规定的结果犯，都需要行为人对结果有认识，某一行为导致了行为人完全不可能认识的结果，就只能视作意外事件，行为人没有故意也没有过失，对其不能加以归责。为了在滥用职权罪问题上正确贯彻责任主义，有必要提出主要罪过说理论来解决类似于滥用职权罪的犯罪主观方面问题。

对于滥用职权罪，可以认为行为人对于任意行使职权、超越职权行事是故意的，对于特定危害结果的发生是过失的。但是，在滥用职权和造成损害后果之间，滥用职权行为是具有决定性意义的行为，危害结果是滥用职权产生的结果，与滥用职权相关联的罪过属于主要罪过或者罪过的主要方面，对于结果发生有认识的过失心态具有从属性。也就是说，在对行为人的罪过进行具体的、最终的评价时，将有意滥用职权的意思评价为基础罪过，将对结果发生的心态评价为过失，同时认为由于滥用职权的意思实质地支配了结果的发生，从而将滥用职权罪总体上定性为故意犯罪。换言之，行为人故意犯

① 周光权．刑法各论．3版．北京：中国人民大学出版社，2016：498；黎宏．刑法学各论．北京：法律出版社，2016：548；高铭暄．刑法学：下册．北京：中国人民大学出版社，1998：1005.

② 张明楷．刑法学．5版．北京：法律出版社，2016：1247.

罪，但只是过失地造成危害结果的，由于故意属于多个罪过中的主要罪过，该犯罪总体上被认为是故意犯罪。根据罪过的主要方面理论确定滥用职权罪的罪过，不是对复合罪过概念的承认，因为复合罪过说认为在故意、过失之外存在着一个既包含故意又包含过失的第三种罪过形式，某一犯罪的罪过形式究竟是什么事实上处于不确定状态。而根据主要罪过说确定某些特殊犯罪的主观方面，最终只能得出行为人构成犯罪故意还是犯罪过失的唯一结论。①

7. 故意·过失混合犯罪说

既然传统的故意犯罪与过失犯罪的二元分类范式已显得捉襟见肘，难以合理解读当前我国的刑事立法实践，便理应立足于经验现实，承认故意·过失混合犯罪类型，构建故意犯罪、过失犯罪与故意·过失混合犯罪的三元分类范式。勉强将滥用职权罪归入故意犯罪的类型，不仅对客观不法层面的结构性差异无法顾及，其主观不法构造的特殊之处也得不到应有的呈现。从滥用职权罪的主观不法构造来看，由于故意内容的特殊性，难以照搬传统的以结果为导向与以意志为导向的故意理论。确切地说，该罪中的故意，乃是一种以行为为指向对象的故意，与传统故意的内容不可相提并论。鉴于滥用职权罪在不法与罪责的构造上的独特性，勉强将其归入故意犯罪或是过失犯罪的类型，容易引起诸多的误解，尤其是遮蔽其迥异于一般故意犯罪与一般过失犯罪的特殊之处。由是之故，有必要运用类型性思维，考虑在故意犯罪与过失犯罪的类型之外，总结提炼出独立的犯罪类型的概念，即故意·过失的混合犯罪。②

规范依据

《刑法》

第 397 条　国家机关工作人员滥用职权或者玩忽职守，致使公共财产、国家和人民利益遭受重大损失的，处三年以下有期徒刑或者拘役；情节特别严重的，处三年以上七年以下有期徒刑。本法另有规定的，依照规定。

国家机关工作人员徇私舞弊，犯前款罪的，处五年以下有期徒刑或者拘役；情节特别严重的，处五年以上十年以下有期徒刑。本法另有规定的，依照规定。

---

① 陈兴良，周光权．刑法学的现代展开．北京：中国人民大学出版社，2006：709.

② 劳东燕．滥用职权罪客观要件的教义学解读：兼论故意·过失的混合犯罪类型．法律科学，2019（4）.

案例评价

[案例 27－3] 杨某林滥用职权案①（滥用职权罪主观罪过的认定）

1. 基本案情

被告人杨某林，原系贵州百里杜鹃风景名胜区管理委员会（以下简称“百管委”）副主任。2014 年 4 月 28 日因涉嫌犯滥用职权罪、受贿罪被逮捕。

2010 年 11 月起，被告人杨某林担任百管委副主任，分管安全生产等工作，2012 年 2 月起兼任百里杜鹃风景名胜区安全委员会（以下简称“百安委”）主任，负有按照国家、省、市的要求，在煤矿发生安全事故后到现场组织开展抢险救援、及时上报事故情况、做好事故善后工作、开展事故调查等职责。

2013 年 10 月 4 日，贵州湾田煤业集团有限公司（以下简称“湾田煤业公司”）所属的百管委辖下金坡乡金隆煤矿发生 3 死 3 伤的重大劳动安全事故。杨某林未按规定将事故情况及时上报，未组织安监、煤矿安全部门相关人员去现场救援，并且授意金隆煤矿负责人隐瞒不报。同月 11 日，贵州煤矿安全监察局毕节监察分局（以下简称“毕节监察分局”）要求百管委组织对金隆煤矿事故进行调查。为隐瞒事故真相，杨某林指使安监、煤矿安全部门以及矿方与事故死伤者家属相互串通，在百管委组织调查时提供虚假材料，并将事前与彭某亮等人商定的金隆煤矿未发生事故的虚假调查结论上报，致使事故真相被隐瞒。2014 年 3 月，毕节监察分局准备组织对金隆煤矿事故重新调查。杨某林得知后，安排他人伪造举报信，以“举报”金隆煤矿发生造成 2 人受伤的虚假事故为由组织第二次调查。后杨某林指使调查组作出煤矿发生事故，造成 2 人受伤的虚假调查结论上报，致使事故真相再次被隐瞒。

事故真相被隐瞒期间，数家新闻媒体记者以调查金隆煤矿安全事故为由，向金隆煤矿敲诈勒索财物，金隆煤矿被迫以赞助费等名义给予记者赵某等人现金数十万元；金隆煤矿得以继续违规生产；相关责任人员也未受到处理。

2. 涉案问题

如何认定滥用职权罪的主观罪过?

3. 裁判理由

贵州省毕节市人民检察院以被告人杨某林犯滥用职权罪、受贿罪，向毕节市中级人民法院提起公诉。

---

① 最高人民法院刑事审判第一、二、三、四、五庭．刑事审判参考：总第 103 集．北京：法律出版社，2016：97.

被告人杨某林对公诉机关指控的滥用职权和受贿的事实均无异议，但认为其行为不构成滥用职权罪。对其支付到贵州湾田煤业公司的 60 万元，认为属于其合法财产，请求法院判决予以返还。其辩护人提出了公诉机关指控的金隆煤矿事故瞒报造成恶劣社会影响属多因一果，杨某林不应承担滥用职权罪的刑事责任的辩护意见。

毕节市中级人民法院认为，被告人杨某林身为国家机关工作人员，滥用职权，致使国家和人民利益遭受重大损失的行为构成滥用职权罪。针对滥用职权罪，判处有期徒刑 3 年。

一审宣判后，杨某林向贵州省高级人民法院提起上诉。二审法院维持原判。

4. 评析意见

本案中，被告人明知自己滥用职权的行为会发生侵害国家机关公务的合法、公正、有效执行以及国民对此的信赖的结果，并且放任这种结果发生。具体说来，在案证据证实，被告人是分管安全生产的副主任，兼任安全委员会主任，负有监督管理职责，在煤矿发生安全事故后应到现场组织开展抢险救援、及时上报事故情况、做好事故善后工作、开展事故调查等。但是，金隆煤矿发生事故后，被告人未履行职责，且授意他人不将煤矿事故上报、不到现场救援，安排他人提供虚假材料，作虚假调查，要求他人隐瞒事故真相。被告人明知自己的这种行为会侵害国家机关公务的合法、公正、有效执行，但放任这种结果的发生。

因为被告人的上述滥用职权行为，致使国家和人民利益遭受重大损失，被告人对此具有认识可能性，但不一定具有希望或者放任的主观心态，这是一种客观的超过要素。具体说来，因事故真相被隐瞒，一方面，致使事故调查、处理工作延误，相关责任人员未被追究责任；另一方面，煤矿存在重大安全隐患而未整改，仍组织矿工冒险下井生产作业，致使煤矿得以继续违法开采。同时，事故真相被隐瞒期间，数名记者以调查金隆煤矿安全事故为由，向金隆煤矿敲诈勒索财物共计数十万元，在当地造成的社会影响极坏，致使政府公信力受到人民群众的质疑。按照司法解释的规定，这属于“致使国家和人民利益遭受重大损失”，对此被告人作为主管安全生产的国家机关领导，是具有认识可能性的，尽管不能查明他对此持希望或者放任态度，这种重大损失也要归责于他。一、二审法院认定被告人的滥用职权行为，严重损害了国家机关公信力，在当地造成了恶劣社会影响，依照《刑法》第 397 条第 1 款、2012 年 12 月 7 日最高人民法院、最高人民检察院《关于办理渎职刑事案件运用法律若干问题的解释（一）》（以下简称《渎职解释一》）第 1 条第 1 款第 3 项的规定，构成滥用职权罪。人民法院的判决是正确的。

深度研究

在“知识背景”部分，我们介绍了有关滥用职权罪主观罪过的各种学说，下面对这些学说进行评价。

1. 过失说的问题在于：（1）如果说滥用职权只能出于过失，就意味着没有故意的滥用职权罪，这并不符合事实，也不符合刑法将滥用职权罪作为与玩忽职守罪相对应的故意犯罪的精神。更为重要的是，“过失犯罪，法律有规定的才负刑事责任”（《刑法》第 15 条），但刑法关于滥用职权的规定，没有为过失提供文理根据，即不能发现“法律有规定”。况且，正是因为旧刑法中只有过失的玩忽职守罪而无对应的故意犯罪，现行刑法才增加滥用职权罪。倘若将滥用职权罪确定为过失犯罪，就意味着完全没有必要增设滥用职权罪。这显然难以令人接受。（2）没有考虑滥用职权罪和玩忽职守罪的区别可能性问题。滥用职权罪和玩忽职守罪的真正区别，并不在于犯罪客观方面，而在于罪过形式上，如果认为滥用职权罪也是过失犯罪，那么要区别这两罪就变得较为困难。（3）没有考虑滥用一词通常的含义，滥用必须理解为明知是错误行使、任意行使权力，而仍然有意为之，将其解释为过失实在有些牵强。（4）没有结合《刑法》第 397 条第 2 款思考问题。根据该款的规定，徇私舞弊犯滥用职权的，法定最高刑是 10 年，将滥用职权罪主观罪过确定为故意，并且最高可以判处 10 年有期徒刑，完全可以做到罪刑相当。（5）没有考虑法条竞合问题。《刑法》第 397 条与《刑法》分则第九章的其他条款之间是一般条款与特殊条款的关系，而《刑法》第 399 条、第 400 条等条文规定的是特殊部门的国家机关工作人员滥用职权实施的犯罪，其明显可以由直接故意构成，那么，作为一般罪名的滥用职权罪当然也可以由直接故意构成。①

2. 关于滥用职权罪的间接故意或者过失论，存在不少问题：（1）既然过失与间接故意都能构成，直接故意更能构成，没有理由将直接故意排除在外。如果说滥用职权只能出于间接故意，那就意味着对直接故意的滥用职权行为，要么宣告无罪要么以其他犯罪论处，这有悖于直接故意与间接故意的统一性。在我国刑法中，不可能也不应当出现间接故意时成立此罪，直接故意时无罪或者成立彼罪的现象。（2）在不能发现“法律有规定”的文理线索的情况下，认为一种犯罪可以由过失或者间接故意构成，不符合罪刑法定原则。对于过失犯罪，法律有明文规定的才负刑事责任，而对于故意犯罪并无这种限制，这说明刑法以处罚故意犯罪为原则，处罚过失犯罪为例外，关于滥用职权罪

① 周光权．刑法各论．3 版．北京：中国人民大学出版社，2016：499．

的间接故意或者过失论会破坏这些通行的刑法理念。（3）间接故意与过失的非难可能性存在重大差异，而且刑法总则作了明确区分，将二者相提并论并不合适。（4）主张滥用职权罪可以由过失与间接故意构成的观点，大多是以生活事实取代法律规定，或者说将自己想象的案件当作刑法规范。①

3. 关于复合罪过说，其问题在于：故意和过失在认识因素、意志因素上都有着根本的不同，两者之间有明确区分，而且将间接故意与过于自信的过失分开是近代刑法学的重大贡献，将两种性质不同的罪过统合于复合罪过这样的概念之下，明显不合理。对于绝大多数犯罪而言，认定为故意比认定为过失处罚明显要重，复合罪过之类的说法可能违反罪刑相适应原则。

4. 行为故意说认为，明知是滥用职权的行为而有意实施就具备了犯罪故意，但按照我国刑法关于故意的规定，故意是对危害结果的主观心理态度，或者说我国刑法中的故意是一种结果故意，这是行为故意说最大的问题。按照该说的观点，重大损失是一种罪量要素，类似于客观处罚条件，不需要行为人认识，但这有可能扩大滥用职权罪的处罚范围，可能将一些不可抗力或意外事件导致的损害结果归责于行为人。因此，对于重大损失的发生，应当要求具备预见可能性。

5. 关于结果故意说：（1）单一故意说认为，行为人明知自己滥用职权的行为会致使公共财产、国家和人民利益遭受重大损失，而希望或者放任这种结果的发生，这明显是不合适的。原因在于，如果行为人明知滥用职权行为会发生致人死亡、伤害的结果，而希望或者放任这种结果发生，那就会构成故意杀人罪、故意伤害罪，就不再是滥用职权罪的罪刑范畴了，《刑法》第397条规定的滥用职权罪一般情况下是处以3年以下有期徒刑，情节特别严重的，最高法定刑才为7年有期徒刑，明显不足以评价故意致人死亡、伤害的行为。

（2）第一结果故意说是目前各种学说里最有说服力的一种观点，在体系逻辑上也是自洽的。笔者赞同这种观点。按照该说的观点，刑法条文明确列举的滥用职权行为“致使公共财产、国家和人民利益遭受重大损失”这一结果，虽然是本罪的构成要件要素，但将其作为客观的超过要素看待，不要求行为人希望或者放任这种结果发生。客观的超过要素仍然属于犯罪构成的内容，而不是犯罪构成要件以外的内容，不是所谓的客观处罚条件。这样一来，犯罪构成作为认定犯罪的唯一法律标准的观念仍然得以维持，从而避免了体系上的混乱。客观的超过要素不是故意的认识与意志内容，当客观的超过要

① 张明楷．刑法学．5版．北京：法律出版社，2016：1246；陈兴良，周光权．刑法学的现代展开．北京：中国人民大学出版社，2006：706.

素的内容是危害结果以及影响行为社会危害性的其他客观因素时，行为人对其具有预见可能性即可。客观的超过要素说承认重大损失的要件是作为滥用职权罪的第二重结果而存在，但同时不认为它是认知与意志针对的对象，而只要行为人对其具有预见可能性即可。

6. 主要罪过说认为，行为人滥用职权是故意的，对于危害结果发生是过失的，滥用职权的罪过属于主要罪过或者罪过的主要方面，所以滥用职权罪的主观罪过是故意。但这种观点可能需要进一步研究，交通肇事罪、重大责任事故罪等犯罪，行为人对于严重违章是故意的，对于危害结果是过失的，理论上毫无争议地认为这些犯罪是过失犯罪。一种犯罪的主要罪过是什么，有时候其标准可能并不明确。

7. 故意·过失混合犯罪说主张在故意犯罪、过失犯罪之外，构建故意·过失混合犯罪类型，并认为滥用职权罪属于第三种犯罪类型。但这可能违反了我国刑法的规定，可能有违教义学的逻辑，我国刑法总则明确规定我国刑法中的犯罪分为故意犯罪与过失犯罪，并不存在第三种犯罪类型。因此，研究滥用职权罪的主观罪过，也应该在故意犯罪与过失犯罪二分法的基础上进行。

第四节　重大损失的理解与认定

知识背景

滥用职权罪的成立要求致使公共财产、国家和人民利益遭受重大损失。这里的致使公共财产、国家和人民利益遭受重大损失，根据《渎职解释一》第1条第1款的规定，是指具有下列情形之一：（1）造成死亡1人以上，或者重伤3人以上，或者轻伤9人以上，或者重伤2人、轻伤3人以上，或者重伤1人、轻伤6人以上的；（2）造成经济损失30万元以上的；（3）造成恶劣社会影响的；（4）其他致使公共财产、国家和人民利益遭受重大损失的情形。此外，根据《渎职解释一》第8条的规定，这里的“经济损失”，是指渎职犯罪或者与渎职犯罪相关联的犯罪立案时已经实际造成的财产损失，包括为挽回渎职犯罪所造成损失而支付的各种开支、费用等。立案后至提起公诉前持续发生的经济损失，应一并计入渎职犯罪造成的经济损失。债务人经法定程序被宣告破产，债务人潜逃、去向不明，或者因行为人的责任超过诉讼时效等，致使债权已经无法实现的，无法实现的债权部分应当认定为渎职犯罪的经济损失。渎职犯罪或者与渎职犯罪相关联的犯罪立案后，犯罪分子及其亲友自行挽回的经济损失，司法机关或者犯罪分子所在单位及其上级主管部门挽回的经济损失，或者因客观原因减少的经济损失，不予扣减，但可以作为酌定从轻处罚的情节。

规范依据

（一）最高人民法院、最高人民检察院《关于办理渎职刑事案件适用法律若干问题的解释（一）》

第1条　国家机关工作人员滥用职权或者玩忽职守，具有下列情形之一的，应当认定为刑法第三百九十七条规定的“致使公共财产、国家和人民利益遭受重大损失”：

（一）造成死亡1人以上，或者重伤3人以上，或者轻伤9人以上，或者重伤2人、轻伤3人以上，或者重伤1人、轻伤6人以上的；

（二）造成经济损失30万元以上的；

（三）造成恶劣社会影响的；

（四）其他致使公共财产、国家和人民利益遭受重大损失的情形。

具有下列情形之一的，应当认定为刑法第三百九十七条规定的“情节特别严重”：

（一）造成伤亡达到前款第（一）项规定人数3倍以上的；

（二）造成经济损失150万元以上的；

（三）造成前款规定的损失后果，不报、迟报、谎报或者授意、指使、强令他人不报、迟报、谎报事故情况，致使损失后果持续、扩大或者抢救工作延误的；

（四）造成特别恶劣社会影响的；

（五）其他特别严重的情节。

第8条　本解释规定的“经济损失”，是指渎职犯罪或者与渎职犯罪相关联的犯罪立案时已经实际造成的财产损失，包括为挽回渎职犯罪所造成损失而支付的各种开支、费用等。立案后至提起公诉前持续发生的经济损失，应一并计入渎职犯罪造成的经济损失。

债务人经法定程序被宣告破产，债务人潜逃、去向不明，或者因行为人的责任超过诉讼时效等，致使债权已经无法实现的，无法实现的债权部分应当认定为渎职犯罪的经济损失。

渎职犯罪或者与渎职犯罪相关联的犯罪立案后，犯罪分子及其亲友自行挽回的经济损失，司法机关或者犯罪分子所在单位及其上级主管部门挽回的经济损失，或者因客观原因减少的经济损失，不予扣减，但可以作为酌定从轻处罚的情节。

（二）最高人民法院《全国法院审理经济犯罪案件工作座谈会纪要》

根据刑法规定，玩忽职守、滥用职权等渎职犯罪是以致使公共财产、国家和人民利益遭受重大损失为构成要件的。其中，公共财产的重大损失，通常是指渎职行为已经造成的重大经济损失。在司法实践中，有以下情形之一的，虽然公共财产作为债权存在，但已无法实现债权的，可以认定为行为人的渎职行为造成了经济损失：（1）债务人已经法定程序被宣告破产；（2）债务人潜逃，去向不明；（3）因行为人责任，致使超过诉讼时效；（4）有证据证明债权无法实现的其他情况。

案例评价

[案例27-4] 罗某华等滥用职权案①（重大损失的认定）

1. 基本案情

被告人罗某华，原系广州市城市管理综合执法局黄埔分局大沙街执法队协管员。

被告人罗某添，原系广州市城市管理综合执法局黄埔分局大沙街执法队协管员。

被告人朱某灿，原系广州市城市管理综合执法局黄埔分局大沙街执法队协管员。

被告人罗某游，原系广州市城市管理综合执法局黄埔分局大沙街执法队协管员。

2008年8月至2009年12月期间，被告人罗某华、罗某添、朱某灿、罗某游先后被广州市黄埔区人民政府大沙街道办事处招聘为广州市城市管理综合执法局黄埔分局大沙街执法队（以下简称“执法队”）协管员。上述四名被告人的工作职责是街道城市管理协管工作，包括动态巡查，参与街道、社区日常性的城管工作；劝阻和制止并督促改正违反城市管理法规的行为；配合综合执法部门，开展集中统一整治行动等。工作任务包括坚持巡查与守点相结合，及时劝导中心城区的乱摆卖行为等。罗某华、罗某添从2009年8月至2011年5月担任协管员队长和副队长，此后由罗某添担任队长，罗某华担任副队长。协管员队长职责是负责协管员人员召集、上班路段分配和日常考勤工作；副队长职责是协助队长开展日常工作，队长不在时履行队长职责。上述四名被告人上班时，身着统一发放的迷彩服，臂上戴着写有“大沙街城市

① 2012年11月15日最高人民检察院第二批指导性案例，检例第6号。

管理督导员”的红袖章，手持一根木棍。2010 年 8 月至 2011 年 9 月期间，罗某华、罗某添、朱某灿、罗某游和罗某洪（另案处理）利用职务便利，先后多次向多名无照商贩索要 12 元、10 元、5 元不等的少量现金、香烟或直接在该路段的“士多店”拿烟再让部分无照商贩结账，后放弃履行职责，允许给予好处的无照商贩在严禁乱摆卖的地段非法占道经营。由于上述被告人的行为，导致该地段的无照商贩非法占道经营十分严重，几百档流动商贩恣意乱摆卖，严重影响了市容市貌和环境卫生，给周边商铺和住户的经营、生活、出行造成极大不便。由于执法不公，对给予钱财的商贩放任其占道经营，对其他没给好处费的无照商贩则进行驱赶或通知城管部门到场处罚，引起了群众强烈不满，城市管理执法部门执法人员在依法执行公务过程中遭遇多次暴力抗法，数名执法人员受伤住院。上述四名被告人的行为严重危害和影响了该地区的社会秩序、经济秩序、城市管理和治安管理，造成了恶劣的社会影响。

2. 涉案问题

致使公共财产、国家和人民利益遭受的重大损失，是否包括非物质性损失？

3. 裁判理由

2011 年 10 月 1 日，罗某华、罗某添、朱某灿、罗某游四人因涉嫌敲诈勒索罪被广州市公安局黄埔分局刑事拘留，11 月 7 日被逮捕。11 月 10 日，广州市公安局黄埔分局将本案移交广州市黄埔区人民检察院。2011 年 11 月 10 日，罗某华、罗某添、朱某灿、罗某游四人因涉嫌滥用职权罪由广州市黄埔区人民检察院立案侦查，12 月 9 日侦查终结移送审查起诉。2011 年 12 月 28 日，广州市黄埔区人民检察院以被告人罗某华、罗某添、朱某灿、罗某游犯滥用职权罪向黄埔区人民法院提起公诉。2012 年 4 月 18 日，黄埔区人民法院一审判决，认为被告人罗某华、罗某添、朱某灿、罗某游身为虽未列入国家机关人员编制但在国家机关中从事公务的人员，在代表国家行使职权时，长期不正确履行职权，大肆勒索辖区部分无照商贩的钱财，造成无照商贩非法占道经营十分严重，暴力抗法事件不断发生，社会影响相当恶劣，其行为触犯了《刑法》第 397 条第 1 款的规定，构成滥用职权罪。被告人罗某华与罗某添身为城管协管员前、后任队长及副队长不仅参与勒索无照商贩的钱财，放任无照商贩非法占道经营，而且收受其下属勒索来的香烟，放任其下属胡作非为，在共同犯罪中所起作用相对较大，可对其酌情从重处罚。鉴于四被告人归案后能供述自己的罪行，可对其酌情从轻处罚。依照《刑法》第 397 条第 1 款、第 61 条、全国人民代表大会常务委员会《关于〈中华人民共和国刑法〉第九章渎职罪主体适用问题的解释》的规定，判决被告人罗某华犯滥用职权罪，判处有期徒刑1年6个月；被告人罗某添犯滥用职权罪，判处有期徒刑1年5个月；被告人朱某灿犯滥用职权罪，判处有期徒刑1年2个月；被告人罗某游犯滥用职权罪，判处有期徒刑1年2个月。一审判决后，四名被告人在法定期限内均未上诉，检察机关也没有提出抗诉，一审判决发生法律效力。

4. 评析意见

根据《刑法》规定，滥用职权罪是指国家机关工作人员滥用职权，致使“公共财产、国家和人民利益遭受重大损失”的行为。本案被告人罗某华等人属于虽未列入国家机关人员编制但在国家机关中从事公务的人员，可以成为滥用职权罪的犯罪主体。四被告人不正确履行职权，选择性执法，对给予其钱财的无照商贩网开一面，不予依法整治，导致无照商贩非法占道经营十分严重，对于其他商贩予以查处，激起民愤，导致暴力抗法事件不断发生，造成恶劣社会影响。根据《渎职解释一》，造成恶劣社会影响的，属于“致使公共财产、国家和人民利益遭受重大损失”，因此，四被告人的行为符合滥用职权罪的构成要件，人民法院判处其成立滥用职权罪是正确的。

深度研究

有关重大损失在滥用职权罪中的地位问题，在当前刑法理论中存在分歧。现有的主要观点如下：（1）重大损失属于滥用职权罪的客观构成要件结果，与普通结果犯中的结果要素无异。①（2）重大损失的结果虽然是滥用职权罪的构成要件要素，但宜作为客观的超过要素来对待。②（3）滥用职权罪中的重大损失属于罪量要素，或类似于德日刑法理论中的客观处罚条件。③（4）重大损失既不能作为认定滥用职权罪的危害结果，也不是客观的处罚条件或是客观的超过要素，而是说明滥用职权社会危害程度、限制处罚范围的定罪情节，即表明滥用职权罪的危害程度达到应受刑罚处罚的程度要素；对于这样的要素，不要求行为人有具体的认识和预见，也不要求构成行为人的意志选择，它不过是从整体上说明犯罪事实状况和深度的具体事实。④

有学者认为，滥用职权罪中的重大损失，与过失犯中的结果要件处于相

① 周道鸾，张军．刑法罪名精释．北京：人民法院出版社，2013：1080；阮齐林．中国刑法各罪论．北京：中国政法大学出版社，2016：513.

② 张明楷．刑法学．5版．北京：法律出版社，2016：1245.

③ 陈兴良．判例刑法学：下卷．北京：中国人民大学出版社，2017：683－684；李洁．论滥用职权罪的罪过形式．法学家，1998（4）.

④ 邓文莉．刑法第397条中的“重大损失”在滥用职权罪中的地位．政治与法律，2006（1）.

似地位。只有承认这一点，才能解释为什么它并非行为人意志作用的对象，也不属于明知的对象范围。同时，也只有这样，才能合理地说明，为什么滥用职权罪所配置的法定刑比故意杀人罪、故意伤害罪的要轻得多。由此，滥用职权罪与后两罪之间也就不可能是法条竞合关系，而是构成对立关系。滥用职权罪与过失致人死亡罪、过失致人重伤罪之间则可能成立法条竞合，因为就行为人对伤亡结果的主观心态而言，一个故意的滥用职权行为完全可能被评价为过失行为，如同打击错误的情形那样；按特别法条优于普通法条的原理，将得出只能适用滥用职权罪的结论。需要指出的是，在重大损失表现为经济损失或其他后果的场合，重大损失的地位略有不同。一方面，如果行为人明知滥用职权的行为会造成经济损失或其他后果，且主观上希望或是放任这种结果的发生，势必满足重大损失的要件；另一方面，行为人对经济损失等的出现缺乏明知与希望或放任，而仅具有预见可能性，也应认定重大损失的要件已然该当。在此种情形中，重大损失的要件更接近于结果加重犯中的加重结果，同样区别于一般故意犯罪中的结果要件。①

第五节　因果关系（结果归责）的认定

知识背景

由于滥用职权罪是作为结果犯而存在的，所以滥用职权的行为与重大损失之间必须具备刑法上的因果关系，而且结果能在客观上归责于行为，才能成立犯罪。在具备刑法上的因果关系的基础上，还要解决结果归责的问题②，因而，对于滥用职权的行为要进行结果归责，必须满足事实归因与规范归责两个层面的要件：一是滥用职权的行为与重大损失之间存在事实上的因果关联，二是重大损失的结果在规范上可归责于滥用职权的行为。

渎职罪的因果关系与结果归责具有自身的特点。首先，就因果关系层面来说，对滥用职权等渎职罪需要采取条件说。例如，最高人民检察院 2008 年 11 月 6 日《关于加强查办危害土地资源渎职犯罪工作的指导意见》，就做好查办危害土地资源渎职犯罪案件工作指出："实施人员、监管人员明知决策者决策错误，而不提出反对意见，或者不进行纠正、制止、查处，造成国家土地

① 劳东燕．滥用职权罪客观要件的教义学解读：兼论故意·过失的混合犯罪类型．法律科学，2019（4）．

② 孙运梁．因果关系与客观归责论．北京：社会科学文献出版社，2021：82．

资源被严重破坏的，应当视其情节追究渎职犯罪责任。”显然，在这样的场合，只有采取条件说，才能认定实施人员、监管人员的行为与结果之间具有事实的因果关系。其次，从结果归责的角度来说，由于通常介入了第三者的行为，所以，需要考虑介入行为的通常性，以及国家机关工作人员对介入行为的监管职责的内容与范围。只要国家机关工作人员有义务监管第三者的介入行为，原则上就应当将介入行为造成的结果归责于国家机关工作人员的渎职行为。最后，由于渎职行为造成死亡、伤害结果时，通常并不是以故意杀人罪、故意伤害罪论处，而是以渎职罪论处，因而降低了处罚程度，所以，对渎职罪的结果归责的判断标准也会适当低于一般的故意杀人罪、故意伤害罪的结果归责的判断标准。①

规范依据

《刑法》

第 397 条　国家机关工作人员滥用职权或者玩忽职守，致使公共财产、国家和人民利益遭受重大损失的，处三年以下有期徒刑或者拘役；情节特别严重的，处三年以上七年以下有期徒刑。本法另有规定的，依照规定。

国家机关工作人员徇私舞弊，犯前款罪的，处五年以下有期徒刑或者拘役；情节特别严重的，处五年以上十年以下有期徒刑。本法另有规定的，依照规定。

案例评价

[案例 27－5] 包某安滥用职权案②（因果关系与结果归责的认定）

1. 基本案情

被告人包某安，原系南京市经济委员会副主任兼南京市安全生产监督管理局局长，曾任南京市劳动局局长。江苏省南京市人民检察院以被告人包某安犯受贿罪、滥用职权罪，向南京市中级人民法院提起公诉。

起诉书指控：1996 年 10 月至 2003 年 5 月，被告人包某安利用职务上的便利，为王某辉等人谋取利益，先后 22 次非法收受王某辉等人财物共计人民币 28.04 万元；1997 年 3 月至 1998 年 1 月，被告人包某安在担任南京市劳动局局长期间，未经集体研究，擅自决定以南京市劳动局名义为下属企业出具鉴证书，造成有关企业损失 3 440 余万元。被告人包某安的行为构成受贿罪、

① 张明楷．刑法学．5 版．北京：法律出版社，2016：1240.

② 最高人民法院刑事审判第一、二、三、四、五庭．中国刑事审判指导案例：第 6 卷．增订第 3 版．北京：法律出版社，2012：555.

滥用职权罪，受贿罪系自首。

被告人包某安辩称，收受28万余元属实，但大部分不是受贿，滥用职权罪名不成立。其辩护人提出，被告人包某安收受虞某、蒋某、贾某华、赵某仁、黄某财物时未利用职务上的便利；指控包某安收受虞某、赵某仁、郭某宝、迟某军和金某斌、张某生贿赂证据不足；包某安受贿数额应为6.04万元；包某安没有滥用职权的行为，其出具鉴证书与造成损失无因果关系，且行为大部分发生于新刑法实施之前，不应追诉。

南京市中级人民法院经公开审理查明（滥用职权部分）：1997年3月至1998年1月，被告人包某安在担任南京市劳动局局长期间，未经集体研究，擅自决定以南京市劳动局的名义，为下属企业南京正大金泰企业（集团）有限公司（以下简称"正大公司"）出具鉴证书，致使该公司以假联营协议的形式，先后向南京计时器厂、南京钟厂、南京长乐玻璃厂借款3 700万元，造成三家企业共计3 440余万元的损失。1999年至今，经南京市人民政府协调，由南京市劳动局陆续"借"给上述三家企业共计1 700余万元。

对于被告人包某安及其辩护人就上述事实提出的辩解、辩护意见，经查：(1) 包某安明知国家机关不能提供担保，且企业间不允许相互拆借资金，仍擅自同意出具具有担保意义的所谓鉴证书，为有关企业以联营名义相互拆借资金提供条件，其行为具有不法性；正因为包某安以劳动局名义出具了鉴证书，使相关企业间非法拆借资金行为得以实行，同时产生了巨大的资金使用风险，且造成有关企业实际损失3 400余万元的客观后果，该后果与包某安的不法行为间具有因果关系。(2) 关于包某安部分行为的追诉时效问题。包某安滥用职权的部分行为发生在1997年《刑法》实施之前，虽然1979年《刑法》没有滥用职权罪的罪名，但将滥用职权的行为规定为玩忽职守罪的罪名。在新旧刑法均规定为犯罪的情况下，犯罪行为延续到1997年《刑法》实施之后的，依照有关法律解释的精神，应当依照刑法追究其刑事责任。故被告人及其辩护人对于滥用职权罪提出的辩解、辩护意见不能成立，不予采纳。

2. 涉案问题

滥用职权行为与重大损失之间的因果关系与结果归责如何认定？

3. 裁判理由

南京市中级人民法院认为，被告人包某安身为国家工作人员，利用职务上的便利，非法收受他人财物，为他人谋取利益，其行为已构成受贿罪；包某安身为国家机关工作人员，滥用职权，致使国家和人民利益遭受重大损失，情节特别严重，其行为还构成滥用职权罪。包某安犯有两罪，应予数罪并罚。南京市人民检察院指控被告人包某安构成受贿罪、滥用职权罪的事实清楚，证据确实、充分，予以采纳。包某安受贿罪系自首，且退清全部赃款，依法对其所犯受贿罪予以减轻处罚。于2004年10月13日判决如下：(1)被告人包某安犯受贿罪，判处有期徒刑8年，没收财产10万元；犯滥用职权罪，判处有期徒刑4年，决定执行有期徒刑10年，没收财产0万元。(2)犯罪所得28.04万元予以没收，上缴国库。

一审宣判后，被告人包某安不服，向江苏省高级人民法院提出上诉。被告人包某安上诉理由和其辩护人的辩护意见与一审时的辩解、辩护意见相同。

江苏省高级人民法院经审理认为，被告人包某安身为国家工作人员，利用职务上的便利，非法收受他人财物，为他人谋取利益，其行为已构成受贿罪，应依法惩处。包某安受贿罪系自首，且退清全部赃款，依法对其所犯受贿罪予以减轻处罚。包某安违反规定同意鉴证的行为是一种超越职权行为，但尚构不成犯罪。故对包某安及其辩护人所提滥用职权罪名不成立的辩解、辩护意见予以采纳。原审判决认定包某安犯受贿罪的事实清楚，证据充分，定性准确，量刑在法律规定范围内；但认定犯滥用职权罪不当，依法应予改判。据此，于2005年4月11日判决如下：(1)维持南京市中级人民法院刑事判决第一项中关于包某安犯受贿罪的判决部分和第二项，即被告人包某安犯受贿罪，判处有期徒刑8年，没收财产10万元；犯罪所得28.04万元予以没收，上缴国库。(2)撤销南京市中级人民法院刑事判决第一项关于包某安犯滥用职权罪的判决部分，即被告人包某安犯滥用职权罪，判处有期徒刑4年，数罪并罚，决定执行有期徒刑10年，没收财产10万元。

二审裁判理由指出：本案中，包某安在担任南京市劳动局局长期间，未经集体研究，擅自决定以该局的名义为正大公司出具鉴证书的行为是一种超越职权的滥用职权行为，在客观上也发生了重大损失，但根据《刑法》第397条的规定，是否构成滥用职权罪，还要求滥用职权行为与危害后果之间存在刑法上的因果关系。而本案中，不存在这种因果关系，故对于包某安滥用职权以南京市劳动局的名义，为正大公司出具鉴证书的行为，不能以滥用职权罪定罪处罚。理由如下：

第一，被告人包某安的滥用职权行为与南京计时器厂、南京钟厂、南京长乐玻璃厂将资金拆借给正大公司而造成重大损失没有必然的因果关系。本案中，正大公司是南京市劳动局下属企业控股的公司，为解决资金运转困难，经与南京计时器厂、南京钟厂、南京长乐玻璃厂协商，拟从三家企业借用资金3 700万元。借贷双方均明知企业间相互拆借资金违反了财经纪律，为规避财经管理制度，采取假联营的形式拆借。出借方为了保证资金的安全要求正大公司出具劳动局鉴证的鉴证书，包某安为了帮助下属公司解决资金困难而擅自决定以南京市劳动局名义出具了鉴证书，但鉴证不是借款合同成立的必经程序，也不对合同的履行起法律上的保证作用。三家企业作为市场经济的主体，对此应当是明知的。没有证据证实包某安在企业拆借过程中起决定性的作用，三家企业将资金拆借给正大公司是三家企业决策机构作出的一种企业行为，非法拆借与遭受经济损失之间存在直接的因果关系，所造成的重大损失与包某安的滥用职权行为之间没有刑法上的因果关系。

第二，正大公司破产是南京计时器厂、南京钟厂、南京长乐玻璃厂不能收回借款的直接原因，但正大公司破产、无力偿还所拆借资金系由正大公司经营管理不善、资金周转困难等多种原因造成的，不是包某安帮助促成借款造成的。直接责任人应是该公司的负责人，而不是该公司的上级主管部门领导包某安，况且资金借来后亦被用于正大公司的正常经营活动，与该公司的破产无必然的因果关系。

第三，鉴证不具有担保性质，南京市劳动局不需要对南京计时器厂、南京钟厂、南京长乐玻璃厂的资金拆借损失承担赔偿责任。根据 1997 年 11 月 3 日国家工商行政管理局发布的《合同鉴证办法》（已失效）的规定，鉴证是工商行政管理机关审查合同的真实性、合法性的一种监督管理制度。本案鉴证书内容为："我局将督促正大金泰公司切实履行协议中的各项条款，如其违约，我局将负责追究其经济责任，并确保其补偿一切损失。"南京市劳动局并未承诺当正大公司不能偿还借款时，由劳动局承担偿还责任或承担连带赔偿责任，而仅是承诺承担督促正大公司切实履行协议的行政管理责任。该鉴证书的内容没有超出鉴证的范围。同时，根据《担保法》（现已失效）第 8 条的规定，国家机关不得为保证人。南京计时器厂、南京钟厂、南京长乐玻璃厂对此应当是明知的，在没有担保的情况下将资金拆借给正大公司，也应当知道当正大公司无力偿还所拆借资金时必然会自己承担所遭受损失，而无法向南京市劳动局追偿。虽然在正大公司破产后，经过南京市政府协调，南京市劳动局陆续借给上述三家企业 1 700 余万元，但该款在法律属性上是借款，而不是代为偿还，不能认为是该局履行担保责任的行为。上述三家企业和正大公司的相关负责人对本案所造成的重大经济损失，负有重要责任。

综上，包某安出具鉴证书的行为与造成重大经济损失之间不具有刑法上的因果关系，其行为不符合滥用职权罪的构成要件，其对超越职权行为最终发生的结果，只能承担行政领导责任，而不是刑事责任，故二审法院依法撤销一审刑事判决中对被告人包某安犯滥用职权罪的定罪量刑部分是适当的。

4. 评析意见

在一般案件中，滥用职权造成的重大损失是较为容易认定的。但在本案中，由于被告人越权出具鉴证书，使有关企业拆借给劳动局下属企业 3 400 余万元，最终不能归还。一审判决以此作为滥用职权罪的重大损失，二审判决则认为被告人出具鉴证书与这一拆借以及不能归还的结果之间没有因果关系。在本案裁判理由中，提及在正大公司破产后，经过南京市政府协调，南京市劳动局陆续借给相关企业 1 700 余万元。裁判理由认为："该款在法律属性上是借款，而不是代为偿还，不能认为是该局履行担保责任的行为。"按照裁判理由，该 1 700 余万元不能认定为滥用职权的重大损失。这一裁判理由值得商榷：1 700 余万元是以借款名义支付的，存在债权，但能否因为债权存在，就不能认定为损失？关于这个问题，最高人民法院 2003 年 11 月 13 日《全国法院审理经济犯罪案件工作座谈会纪要》明确规定："在司法实践中，有以下情形之一的，虽然公共财产作为债权存在，但已无法实现债权的，可以认定为行为人的渎职行为造成了经济损失：（1）债务人已经法定程序被宣告破产；（2）债务人潜逃，去向不明；（3）因行为人责任，致使超过诉讼时效；（4）有证据证明债权无法实现的其他情况。"2012 年 12 月 7 日《渎职解释一》第 8 条也指出："债务人经法定程序被宣告破产，债务人潜逃、去向不明，或者因行为人的责任超过诉讼时效等，致使债权已经无法实现的，无法实现的债权部分应当认定为渎职犯罪的经济损失。"由此可见，并非只要存在债权，就不能认定为损失，关键是要看债权能否实现。在本案中，1 700 余万元虽然是在南京市政府的协调下，以借款名义支出，但到底能否偿还，还要根据实际情况判断，不能仅仅根据借款的名义就否认其为重大损失。①

应该认为，劳动局支付给三家企业的所谓"借款"1 700 余万元才是滥用职权行为所导致的重大损失。如果被告人没有擅自决定以南京市劳动局的名义为下属企业出具鉴证书，三家企业是不可能借款给该下属企业的，也就不会发生后来的劳动局的财产损失，所以被告人的滥用职权行为与重大损失之间存在事实的因果关系。被告人明知国家机关不能提供担保，且企业间不允许相互拆借资金，仍擅自同意出具具有担保意义的鉴证书，为有关企业以联营名义相互拆借资金提供条件，制造了劳动局将来承担担保责任的风险，而且这种风险也实现了——劳动局以"借款"的名义实际上承担了担保责任。法律法规禁止国家机关出具担保性质的鉴证书，其规范目的就在于防止国家机关可能会承担担保责任，造成公共财产、国家利益的损失，本案中被告人制造的风险现实化了，这种现实化的后果正处于规范保护目的范围内，因此，重大损失应该归责于被告人。

---

① 陈兴良．判例刑法学：下卷．北京：中国人民大学出版社，2009：629.

本案争议的焦点正在于，滥用职权行为与重大损失之间是否存在因果关系（结果归责）。一审判决认为，损害后果与包某安的不法行为之间具有因果关系（结果归责），而二审判决则作出了相反的认定。笔者认为，一审判决的观点是正确的，二审判决值得商榷。

（1）二审判决认为，被告人的滥用职权行为与重大损失之间没有“必然的因果关系”，一则，必然因果关系是哲学概念，在刑法教义学中适用不合适[①]；二则，认为“鉴证不是借款合同成立的必经程序，也不对合同的履行起法律上的保证作用”，“没有证据证实包某安在企业拆借过程中起决定性的作用”，这并不符合事实，如果被告人不以劳动局名义出具鉴证书，三家企业是不可能拆借资金给正大公司的。

（2）二审判决认为，“非法拆借与遭受经济损失之间存在直接的因果关系，所造成的重大损失与包某安的滥用职权行为之间没有刑法上的因果关系”。实际上，滥用职权罪中的因果关系具有不同于一般因果关系的特殊性。就滥用职权等渎职犯罪的因果关系而言，除少数渎职犯罪行为与损害结果之间存在直接因果关系以外，在大多数情况下都不是渎职行为直接、单独地造成损害结果的发生，而是间接、共同地造成损害结果发生。在这种情况下，渎职犯罪，包括滥用职权罪的因果关系具有间接因果关系和共同因果关系的特点。所谓间接因果关系，是相对于直接因果关系而言的，是指在行为与结果之间存在两个以上的因果链条，这是一种双重（以上）的因果关系：其中第一个因果链条是直接因果关系，第二个因果链条就是间接因果关系。而所谓共同因果关系，是相对于单独因果关系而言的：单独因果关系是一因一果的关系，而共同因果关系是多因一果的关系。[②] 据此，被告人滥用职权行为与重大损失之间即使不具有直接因果关系，但也存在间接因果关系，这种间接因果关系也能导致结果归责。

（3）二审判决认为，“鉴证不具有担保性质，南京市劳动局不需要对资金拆借损失承担赔偿责任”，“南京市劳动局借给三家企业 1 700 余万元，该款在法律属性上是借款，而不是代为偿还，不能认为是该局履行担保责任的行为”。本案中，鉴证书在事实上成为借款合同成立的一个客观条件，实际上起到了保证作用，这里不能以形式上、名义上的概念（鉴证、借款）摆脱事实的、实质的判断，本案中的鉴证书实质上是一种担保，所谓的借款是一种赔偿，属于滥用职权罪中的重大损失。

---

① 孙运梁．因果关系与客观归责论．北京：社会科学文献出版社，2021：7.

② 陈兴良．判例刑法学：下卷．北京：中国人民大学出版社，2009：630.

深度研究

由于历史的原因，我国刑法理论上的因果关系研究相对粗糙，理论界对其承担的功能认识不一，其判断标准存在哲学色彩浓厚、模糊抽象的特征，传统理论习惯于以哲学因果规律分析刑法现象，没有建立独立的、自洽的规则标准，既不能有效解决事实因果关系的认定，也不能完成归责评价的功能。我国学者过去关于必然因果关系与偶然因果关系做了丰富多彩的论证、阐述，但由于脱离规范刑法学的语境讨论因果关系，没有从法教义学的视角考察，结果导致理论研究偏离正轨，也使司法实务界收获的仅仅是哲学化的只言片语，却没有得到可操作的、符合逻辑的理论工具。我们考察各地、各级法院已经公布的一些刑事判决，会发现在因果关系的认定上观点并不统一，有的引用必然因果关系，有的使用偶然因果关系，这种必然偶然范畴的应用不能正确指导司法实践，这种失去可证明性的因果关系根本不能为刑事责任的追究提供一种客观材料，无法做到“以事实为依据”，只能带来不准确的定罪量刑结果。

传统因果关系理论把事实判断与价值判断相混淆，抹杀了归因与归责的区分，甚至以归因代替归责，以为完成经验上的因果关系判断就实现了刑法上的规范归责，这是将因果性与归责性相等同。刑法理论界对因果关系的功能定位不清，因果关系理论既承担了事实判断的功能，也承担了规范归责的功能，其承载得太多，以至于不堪重负。这种将事实联系的判断与规范评价的判断同时、一次性完成的思维方式很容易造成归责判断上的混乱，同时也从侧面折射出在行为与结果的归责问题的思考上人们对逻辑层次的需要。

发轫于德国的客观归责理论在思维方法上有两个逻辑层次，在体系架构上内含明确具体的判断规则。它先以条件说确定行为与结果之间的事实关联，从而建立刑事责任的最低界限，之后再采用规范性、价值评价的标准逐步缩小刑事责任的范围，最终说明了结果归责于行为的合理性。客观归责论主张，在事实上的、经验层面的因果关联与规范层面的刑法归责之间存在位阶顺序，应该先认定行为与结果之间的条件因果关联，再运用各种判断规则和排除法则进行价值的、规范的刑法评价。它抓住了现代社会风险日益增多的特征，以理论发展回应社会现实，以不被容许的风险解决归责问题，是法律离不开社会、生活促进法律发展的典型理论模式。可以说，客观归责论在体系性、逻辑性上优于我国的刑法因果关系理论，值得我们认真加以借鉴。

客观归责论的引入，为突破因果关系研究的瓶颈提供了希望，对照客观归责论的分析框架，因果关系从事实判断与规范评价的重负中解脱出来，重回本来的理论位置。为了促使因果关系回归到事实判断的功能定位①，克服我国因果关系理论模糊虚幻的弊端，我们应该立足于我国的司法现状和理论体系，不断引介客观归责理论，吸纳该理论的具体判断规则，促进我国归责理论的发展。

客观归责论为法官分析案件提供了理论工具，其判断规则具有内在的逻辑性、层次性，能够满足法官梳理案件事实、适用法律的需要，它是符合刑法需求的具有可操作性的归责理论。在传统理论的影响下，我国司法实践中大量的判决书在因果关系的判断上，没有运用事实判断与规范评价二元界分的方法，而是将事实因果关系与结果归责的价值判断糅合在一起，例如出现被害人死亡结果的案件，判决书一般指出被告人的行为与被害人死亡结果之间存在条件性因果关系，由此直接推论出死亡结果要归责于被告人。这便缺少了规范评价的环节，由事实判断直接导出结论，没有体现刑法理论的价值，刑法理论正是要为规范评价的环节供给规则、提供工具，以最大限度保证案件定性准确，确保罪刑法定原则的实现。

现代的客观归责理论诞生于德国，尤其以德国当代刑法学家罗克辛（Roxin）的理论学说为代表。按照罗克辛的理论构建②，客观归责理论包括制造法所不容许的风险、实现法所不容许的风险、构成要件的效力范围三大主规则。在各个主规则之下，又包括若干下位规则，（1）制造法所不容许的风险之下，又包括：没有制造风险时排除归责，降低风险时排除归责，创设可容许风险时排除归责（如信赖原则），假设的因果流程不能排除归责。（2）实现法所不容许的风险之下，又包括：行为与结果的常态关联（因果流程重大偏异时排除归责），不允许风险没有实现时排除归责（结果的可避免性），注意规范保护目的范围外的结果排除归责，合法替代行为和风险提高。（3）构成要件的效力范围之下，又包括：自我（被害人）负责领域（同意他人造成的危险、故意自危时的共同作用），他人（第三人）负责领域。

随着客观归责学说的发展，客观归责逐步发展成为独立的客观构成要件要素，如今客观归责已经在德国刑法学的通说中成为评价结果犯的客观构成要件的必要要素，这也引起了学界对因果关系判断与客观归责架构的反思。客观归责论坚持二元区分的立场，即在归因的基础上进行归责③，首先进行事实判断，确定构成要件行为与构成要件结果之间存在条件性的因果关系；然

---

① 孙运梁．事实判断与规范归责：因果关系与客观归责的功能界分．法学论坛，2013（1）.

② Roxin，Strafrecht Allgemeiner Teil，Bd. Ⅰ，Grundlagen. Der Aufbau der Verbrechenslehre，4. Aufl.，2006，§11，Rn 47ff. 罗克辛．客观归责理论．许玉秀，译．政大法学评论，1994（50）.

③ 孙运梁．客观归责理论的引入与因果关系的功能回归．现代法学，2013（1）.

后进行规范性的价值判断，评定结果能否归责于行为，能否作为行为人的“作品”让行为人领受。具体说来，通过条件理论所确定的条件，只是结果归责的必要条件而不是充分条件；行为如果不是结果发生的条件当然不成立结果归责于该行为，但是行为属于结果发生的条件还应当另外进行客观归责判断，才可能成立结果归责。换言之，在因果层次解决结果原因问题，通过条件理论来完成；在归责层次解决结果归责问题，通过客观归责论来完成。客观归责论将因果关系限定于事实因果关系，其他的法律判断在客观归责论的框架下另外进行。

第六节　徇私舞弊型滥用职权

知识背景

《刑法》第 397 条第 2 款规定了国家机关工作人员徇私舞弊犯前款罪的法定刑，明确将徇私舞弊规定为法定刑升格情节，而《刑法》其他条文均将徇私、舞弊（或徇私舞弊）表述为基本罪状的内容，属于构成要件要素。根据 2006 年 7 月 26 日最高人民检察院《关于渎职侵权犯罪案件立案标准的规定》，“徇私舞弊”是指国家机关工作人员为徇私情、私利，故意违背事实和法律，伪造材料，隐瞒情况，弄虚作假的行为。这里的徇私，根据 2003 年 11 月 13 日最高人民法院《全国法院审理经济犯罪案件工作座谈会纪要》，应理解为徇个人私情、私利。国家机关工作人员为了本单位的利益实施滥用职权行为，构成犯罪的，依照《刑法》第 397 条第 1 款的规定定罪处罚。

徇私、舞弊是主观要素，还是客观的构成要件要素？关于徇私的性质，刑法理论上存在不同观点。（1）徇私既是客观要素，也是主观要素（动机与行为说）。然而，动机是一种主观的超过要素，不要求存在与之对应的客观事实；认为徇私既是客观要素，又是主观的超过要素（犯罪的动机），存在自相矛盾之嫌。（2）徇私是客观要素（行为说）。可是，如果认为徇私是客观行为，获得财物或者财产性利益又是徇私的重要内容，那么，凡是将徇私规定为成立犯罪的要素的渎职罪，都可能包含了受贿罪，于是必然出现轻罪包含重罪内容的局面。这是不能令人接受的。从刑法分则关于渎职罪的规定可以看出，徇私并非表明行为的客观违法性（法益侵害性）的要素，因而不宜将其归入客观要素。根据汉语的通常含义，徇私显然是一种主观内容而非客观事实。（3）徇私是犯罪目的（目的说），但这种观点会不当缩小渎职罪的处罚范围。（4）徇私属于犯罪动机（动机说）。犯罪动机是某些犯罪的主观的超过要素（责任要素）。以上四种学说中，我们赞同动机说，徇私是一种主观要素。

舞弊实际上是指弄虚作假、玩弄职权的行为。所以，舞弊属于客观的构成要件要素。① 有学者将刑法规定中的舞弊分为两种情形。一种情形是，刑法分则条文规定了渎职行为的具体内容，舞弊只是渎职行为的同位语，并不具有超出具体渎职行为之外的特别含义。换言之，舞弊只是对具体渎职行为的一种归纳与概括（绝大多数条文中的舞弊属于这种情形）。另一种情形是，刑法分则条文没有规定具体的渎职行为，舞弊成为具有特定含义的、具体的渎职行为。② 就《刑法》第 397 条第 2 款中的舞弊而言，应当认为它属于后一种情形，而不单纯是第 1 款规定中有关滥用职权行为的同位语。舞弊的规定本身，对滥用职权行为的方式与程度作了限定，只有以弄虚作假、玩弄职权方式所实施的滥用职权行为，才应认定为舞弊。

规范依据

（一）最高人民法院《全国法院审理经济犯罪案件工作座谈会纪要》

徇私舞弊型渎职犯罪的“徇私”应理解为徇个人私情、私利。国家机关工作人员为了本单位的利益，实施滥用职权、玩忽职守行为，构成犯罪的，依照刑法第三百九十七条第一款的规定定罪处罚。

（二）最高人民检察院《关于渎职侵权犯罪案件立案标准的规定》

本规定中的“徇私舞弊”，是指国家机关工作人员为徇私情、私利，故意违背事实和法律，伪造材料，隐瞒情况，弄虚作假的行为。

案例评价

[案例 27－6] 许某永滥用职权案③（徇私舞弊型滥用职权的认定）

1. 基本案情

2003 年至 2008 年，许某永为使其隐名持股 40%的杭州伟量机电五金置业有限公司（以下简称“杭州伟量公司”）低价获取土地，利用其担任杭州市西湖区区长、区委书记的职权，亲自或安排区政府向杭州市政府提出杭州伟量公司市场项目用地继续享受土地出让金返还政策，及土地出让金增加部分专项用于该市场的基础设施和配套建设的申请。2005 年 12 月，杭州市政府下

---

① 张明楷．刑法学．5 版．北京：法律出版社，2016：1241.

② 张明楷．渎职罪中“徇私”、“舞弊”的性质与认定．人民检察，2005（23）.

③ 最高人民法院刑事审判第一、二、三、四、五庭．刑事审判参考：总第 92 集．北京：法律出版社，2014：262.

发府办简复第 B20050155 号简复单，同意将该项目二期用地的土地出让金全额返还西湖区政府，由西湖区政府负责，商香港伟量公司将土地出让金增加部分专门用于杭州伟量市场的基础设施和配套建设。2007 年 9 月，杭州市政府召开协调会，形成杭府纪要［2007］189 号会议纪要，同意将该项目 A2 北地块的土地出让金在扣除相关费用后全额核拨给西湖区政府。杭州市政府的上述简复单及会议纪要下发后，许某永明知国务院办公厅等部门关于严禁以各种名义减免土地出让金的规定，故意曲解简复单和会议纪要的含义，指使西湖区政府有关部门和人员将土地出让金共计人民币 7 170.47 万余元违规返还杭州伟量公司。

2009 年 3 月，西湖区政府在审计署审计前自查自纠时发现上述违规返还土地出让金问题，时任杭州市副市长的许某永指示西湖区政府应付好审计并避免给杭州伟量公司造成损失。为应付审计，西湖区政府提出由杭州伟量公司先将 7 170 万余元退回，审计之后再返还。许某永同意，同时要求三墩镇集镇建设总指挥部与杭州伟量公司签订了内容为该指挥部出资 7 500 万元向杭州伟量公司购买车位的虚假协议，以期保障杭州伟量公司在审计后能继续获得相应利益。之后，杭州伟量公司将 7 170 万余元退还西湖区财政局。

2. 涉案问题

滥用职权时具有徇私动机的，如何处理?

3. 裁判理由

宁波市中级人民法院审理宁波市人民检察院指控被告人许某永犯受贿罪、贪污罪、滥用职权罪一案，于 2011 年 5 月 11 日以（2011）浙甬刑一初字第 16 号刑事判决，认定被告人许某永犯受贿罪，判处死刑，剥夺政治权利终身，并处没收个人全部财产；犯贪污罪，判处死刑，缓期 2 年执行，剥夺政治权利终身，并处没收个人全部财产；犯滥用职权罪，判处有期徒刑 10 年，决定执行死刑，剥夺政治权利终身，并处没收个人全部财产。宣判后，许某永提出上诉。浙江省高级人民法院经依法开庭审理，于 2011 年 6 月 20 日以（2011）浙刑二终字第 66 号刑事裁定，驳回上诉，维持原判，并依法报请最高人民法院核准。最高人民法院依法组成合议庭，对本案进行了复核。

本案事实，有第一审、第二审开庭审理中经质证确认的股权转让协议、会议纪要、请示文件、简复单、情况说明、资金往来凭证等书证，证人项某良、戴某坤、何某坤、干某卫等人的证言及司法会计检验报告等证据证实。被告人许某永亦曾供认。足以认定。

最高人民法院认为，许某永身为国家机关工作人员，为徇私利，不正确履行职权，违规将土地出让金返还企业，造成了恶劣的社会影响，给国家利益造成重大损失，其行为已构成滥用职权罪。

最高人民法院核准浙江省高级人民法院（2011）浙刑二终字第 66 号维持第一审对被告人许某永以受贿罪判处死刑，剥夺政治权利终身，并处没收个人全部财产；以贪污罪判处死刑，缓期 2 年执行，剥夺政治权利终身，并处没收个人全部财产；以滥用职权罪判处有期徒刑 10 年；决定执行死刑，剥夺政治权利终身，并处没收个人全部财产的刑事裁定。

4. 评析意见

根据我国《刑法》第 397 条第 1 款的规定，国家工作人员滥用职权，致使公共财产、国家和人民利益遭受重大损失的，处 3 年以下有期徒刑或者拘役；情节特别严重的，处 3 年以上 7 年以下有期徒刑。该条第 2 款规定，国家机关工作人员徇私舞弊，犯前款罪的，处 5 年以下有期徒刑或者拘役；情节特别严重的，处 5 年以上 10 年以下有期徒刑。根据 2006 年 7 月 26 日最高人民检察院《关于渎职侵权犯罪案件立案标准的规定》，所谓徇私舞弊，是指国家机关工作人员为徇私情、私利，故意违背事实和法律，伪造材料，隐瞒情况，弄虚作假的行为。徇私舞弊滥用职权对国家机关公务活动公正性的侵害比一般滥用职权行为更为严重，因此，刑法对徇私舞弊滥用职权规定了更为严厉的处罚。本案中，被告人许某永为使其参股公司项目降低经营成本，利用职务便利，操纵有关部门，帮助该公司在项目用地未签订国有土地使用权出让合同的情况下违规预交土地出让金，并故意曲解杭州市政府有关批复的内容，最终使 7 100 余万元土地出让金被违规返还给该公司，属于为徇私利不正确履行职责，其行为使国家利益遭受了重大损失，造成了恶劣的社会影响，构成滥用职权罪，并应按照《刑法》第 397 条第 2 款的规定处罚。

需要说明的是，审理该案时《渎职解释一》尚未出台，2012 年 12 月出台的该解释明确规定了“致使公共财产、国家和人民利益遭受重大损失”以及“情节特别严重”的情形。本案裁判亦符合司法解释规定的精神。[①]

深度研究

徇私是一种主观要素，原因在于[②]：（1）从职务行为的公正性的角度来看，由于职权的公共属性，行为人只要在内心存在将权力用作谋私的意思，便已然侵犯职务行为公正性的法益。（2）从徇私概念的通常语义来看，它属

① 最高人民法院刑事审判第一、二、三、四、五庭．刑事审判参考：总第 118 集．北京：法律出版社，2019：238.

② 劳东燕．滥用职权罪客观要件的教义学解读：兼论故意·过失的混合犯罪类型．法律科学，2019（4）.

于主观内容而非客观事实。（3）若是将徇私理解为客观要素，行为人主观上存在徇私的心理便不足够，还要求客观上有相应的行为表现；然而，徇私的外在表现很多时候难以界定，尤其是，当权力的行使表面上处于公职人员的自由裁量权的范围之内时，就更是如此。（4）将徇私理解为客观事实，会导致本应数罪并罚的情形无法进行并罚。有论者便以徇私系客观要素而存在为由，提出因收受贿赂而渎职犯罪构成法条竞合的观点，认为应当按一罪进行处罚。① 但是，此种观点导致侵害不同法益的数个行为，只能按一罪来处罚，不仅不符合教义学的基本逻辑，而且从刑事政策的角度来看也极不明智。此外，它还偏离司法实务的基本立场，2016 年“两高”《关于办理贪污贿赂刑事案件适用法律问题的解释》第 17 条明确规定，国家工作人员利用职务上的便利，收受他人财物，为他人谋取利益，同时构成受贿罪与渎职犯罪的，除刑法另有规定之外，以受贿罪和渎职犯罪数罪并罚。

正如有学者所指出的：公务一般具有裁量性，有些裁量性事务，需要国家机关工作人员具有较高的法律素质、政策水平、技术能力，容易出错；刑法分则条文要求部分渎职罪出于徇私动机，是为了将因为法律素质、政策水平、技术能力不高而造成差错的情形，排除在渎职罪之外；换言之，当国家机关工作人员不是因为法律素质、政策水平、技术能力不高造成差错，而是基于徇私的内心起因违背职责时，才以渎职罪论处。所以，将徇私解释为犯罪动机，是比较符合刑法规定与现实情况的。② 因此，需要将《刑法》第 397 条第 2 款所规定的徇私理解为犯罪动机。如果将其理解为犯罪目的，可能出现的问题就是要将同一条中所规定的徇私犯玩忽职守罪的情况解释为故意，而且通常要解释为直接故意，这显然是不合理的。

关于徇私的内容，刑法理论与司法实践中争议的焦点在于私的范围。一种观点认为，徇私仅指徇个人私情、私利，即徇一己之私；私情、私利与单位利益相对应，徇单位之私不能理解为徇私。③ 上述观点也得到了司法解释性质文件的认同。2003 年 11 月 13 日最高人民法院《全国法院审理经济犯罪案件工作座谈会纪要》规定：“徇私舞弊型渎职犯罪的‘徇私’应理解为徇个人私情、私利。国家机关工作人员为了本单位的利益，实施滥用职权、玩忽职守行为，构成犯罪的，依照刑法第三百九十七条第一款的规定定罪处罚。”但笔者认为，徇私不仅包括徇个人之私，而且包括徇单位、集体之私。国家机关工作人员为了本单位、团体的利益，实施滥用职权行为，构成犯罪的，应

① 任彦君．因受贿而渎职的罪数认定．法学评论，2010（6）．

② 张明楷．渎职罪中“徇私”、“舞弊”的性质认定．人民检察，2005（23）．

③ 牛克乾，阎芳．试论徇私枉法罪中“徇私”的理解与认定．政治与法律，2003（3）．

依照《刑法》第 397 条第 2 款的规定定罪处罚。理由在于：(1) 从渎职罪的法益考虑，国家机关工作人员无论是徇个人之私实施渎职行为，还是徇单位、集体之私实施渎职行为，都侵害了国家机关公务的合法、公正、有效执行以及国民对此的信赖。不仅如此，徇单位、集体之私所造成的法益侵害，往往更为严重。例如，司法机关主管人员，为了建办公楼，对明知是有罪的人而不追诉，仅让其向司法机关交付财物的行为，对司法客观公正性的侵害达到了无以复加的程度。(2) 徇单位、集体之私并不使行为在责任要素层面的非难可能性减少。因为非难可能性是法的非难可能性，是针对符合构成要件的违法行为的非难可能性，而不是伦理道德上的非难可能性。事实上，有些因徇单位、集体之私所实施的渎职行为，可能更值得非难。①

从《刑法》第 397 条第 2 款对徇私舞弊的情形设置加重法定刑的做法可推知，徇私舞弊型的滥用职权犯罪相对于滥用职权罪的基本犯而言，在不法程度上有所提升。这是基于教义学的基本逻辑所得出的结论：罪责是针对不法而言，若是不法程度没有提升，立法上配置加重的法定刑便缺乏起码的正当性。问题在于：就徇私舞弊型的滥用职权而言，其不法程度的提升，究竟是由何种因素贡献所致？一般说来，在我国刑法中，加重构成所构造的不法类型，要么是由于行为本身的不法程度有提升，要么是因为结果要件的贡献，要么是基于情节因素的加重。若要归类的话，徇私舞弊型的滥用职权是由于行为本身的不法程度有所提升，由此而导致整体不法的加重。换言之，滥用职权罪中的徇私舞弊，是作为加重的不法行为类型而存在，正如抢劫罪加重构成中的入户抢劫与持枪抢劫一样，它代表的是与基本犯有所不同的行为类型。之所以能成立加重构成，是因为行为本身蕴含更大或更高的法益危险。②

第七节　罪数的认定

知识背景

《刑法》第 397 条的“本法另有规定的，依照规定”，是对滥用职权罪的法条竞合的规定。其中又可以分为两种情形：一是普通滥用职权罪的法条竞

---

① 张明楷．刑法学．5 版．北京：法律出版社，2016：1242.

② 劳东燕．滥用职权罪客观要件的教义学解读：兼论故意·过失的混合犯罪类型．法律科学，2019（4）.

合。在这种情况下，普通滥用职权罪是普通法，而执行判决、裁定滥用职权罪等具体的滥用职权罪是特别法。根据特别法优于普通法的原则，在这种情况下，应当适用特别法而不按普通法定罪处罚。对此，根据《渎职解释一》第 2 条第 1 款的规定："国家机关工作人员实施滥用职权或者玩忽职守犯罪行为，触犯刑法分则第九章第三百九十八条至第四百一十九条规定的，依照该规定定罪处罚。"二是徇私舞弊犯滥用职权罪的法条竞合。在这种情况下，徇私舞弊犯滥用职权罪是普通法，而徇私舞弊等具体的滥用职权罪是特别法。根据特别法优于普通法的原则，在这种情况下，应适用特别法而不按普通法定罪处罚。但是，根据上述《渎职解释一》第 2 条第 2 款的规定："国家机关工作人员滥用职权或者玩忽职守，因不具备徇私舞弊等情形，不符合刑法分则第九章第三百九十八条至第四百一十九条的规定，但依法构成第三百九十七条规定的犯罪的，以滥用职权罪或者玩忽职守罪定罪处罚。"

根据《刑法》第 399 条第 4 款的规定，司法工作人员贪赃枉法，有前三款行为的，同时又构成《刑法》第 385 条之罪的，依照处罚较重的规定定罪处罚。由于渎职犯罪中除徇私枉法罪、枉法裁判罪等罪以外，其他渎职犯罪如滥用职权罪、玩忽职守罪、徇私舞弊不征少征税款罪等都可能涉及同时触犯受贿罪的情况，对此应如何定罪处罚，实务部门和刑法理论界存在着较大分歧。

一些学者认为，对于上述情况应一律比照《刑法》第 399 条第 4 款规定的处罚原则进行处理（一罪说）。理由是，犯罪嫌疑人实施渎职犯罪过程中牵连受贿犯罪的，其行为符合刑法理论中有关牵连犯的特征。而《刑法》第 399 条第 4 款的规定体现了对牵连犯的一般处罚原则，是处理其他贪赃枉法类渎职犯罪的依据。另外一些学者则认为，《刑法》第 399 条第 4 款的规定，对其他渎职罪既不能适用，也无指导作用，渎职犯罪牵连受贿犯罪的，应数罪并罚（并罚说）。具体理由是，《刑法》第 399 条第 4 款仅是一条分则特别条款，区别于总则条款和普通条款，因而它只能适用于该条，而不能适用于渎职罪中的其他分则条款，没有普遍指导作用。①

根据《渎职解释一》第 3 条的规定，"国家机关工作人员实施渎职犯罪并收受贿赂，同时构成受贿罪的，除刑法另有规定外，以渎职犯罪和受贿罪数罪并罚"。这样一来，上述分歧基本告一段落，即除刑法有明确规定的外，渎职犯罪过程中又收受贿赂的，应当数罪并罚。

---

① 孙某．徇私舞弊不移交刑事案件罪的司法认定．中国刑事法杂志，2000（1）.

规范依据

最高人民法院、最高人民检察院《关于办理渎职刑事案件适用法律若干问题的解释（一）》

第 2 条　国家机关工作人员实施滥用职权或者玩忽职守犯罪行为，触犯刑法分则第九章第三百九十八条至第四百一十九条规定的，依照该规定定罪处罚。

国家机关工作人员滥用职权或者玩忽职守，因不具备徇私舞弊等情形，不符合刑法分则第九章第三百九十八条至第四百一十九条的规定，但依法构成第三百九十七条规定的犯罪的，以滥用职权罪或者玩忽职守罪定罪处罚。

第 3 条　国家机关工作人员实施渎职犯罪并收受贿赂，同时构成受贿罪的，除刑法另有规定外，以渎职犯罪和受贿罪数罪并罚。

案例评价

[案例 27-7] 黄某林滥用职权、受贿案[①]（滥用职权又收受贿赂的应数罪并罚）

1. 基本案情

2000 年至 2005 年，被告人黄某林在担任洞头县民政局福利中心主任期间，每年率县福利企业年检年审检查小组到浙江恒博电气制造有限公司（2003 年前称洞头电器开关厂）检查，该企业的董事长郑某平明确告诉黄某林自己在正常员工人数上弄虚作假，瞒报企业员工人数，使残疾员工数占全部员工数的比例符合福利企业全额退税的标准，并伪造虚假的福利企业材料应付检查。黄某林发现该问题后，不履行自身职责，不对企业正常员工人数进行检查，不将该问题在年审表中如实反映，仍以企业虚报的材料为准进行检查，致使浙江恒博电气制造有限公司顺利通过福利企业的年检年审，在 1999 年至 2004 年期间享受了本不应享受的退税优惠政策，造成国家税收损失共计人民币 7 513 284.90 元。1999 年年底至 2006 年，黄某林利用其担任洞头县民政局福利中心主任的职务便利，为郑某平福利企业的设立和骗取退税优惠提供帮助，先后 6 次收受郑某平的贿赂共计 10 万元。黄某林因涉嫌犯滥用职权罪接受检察机关讯问后，主动交代了检察机关尚未掌握的受贿事实。案发后，黄某林已退赃款 10 万元。

2. 涉案问题

滥用职权又收受贿赂的，应当如何处理？

---

① 最高人民法院刑事审判第一、二、三、四、五庭. 中国刑事审判指导案例：第 6 卷. 增订第 3 版. 北京：法律出版社，2012：562.

3. 裁判理由

浙江省洞头县人民检察院以被告人黄某林犯受贿罪、滥用职权罪，向洞头县人民法院提起公诉。

被告人黄某林及其辩护人提出：黄某林作为福利企业年检年审领导小组下设的办公室主任，虽然参与年检年审工作，但在整个年审年检工作中没有决定性的作用，因此与国家的税收损失没有必然的因果关系；即使被告人的行为构成滥用职权罪，由于滥用职权行为与受贿行为有牵连关系，也应当择一重罪处罚，而不是数罪并罚。

洞头县人民法院认为，被告人黄某林利用职务之便非法收受他人 10 万元，为他人谋取利益，同时，黄某林身为国家机关工作人员，在履行职责过程中滥用职权，造成国家税收损失 7 513 284.90 元，情节特别严重，其行为分别构成受贿罪、滥用职权罪，应予数罪并罚。鉴于其受贿部分系自首，可对其所犯受贿罪减轻处罚。依照《刑法》第 397 条、第 385 条第 1 款、第 386 条、第 383 条第 1 款第 1 项之规定，判决如下：被告人黄某林犯受贿罪，判处有期徒刑 6 年；犯滥用职权罪，判处有期徒刑 3 年；决定执行有期徒刑 7 年。

宣判后，黄某林没有上诉，检察机关也未抗诉，判决已发生法律效力。

4. 评析意见

此案在审理过程中，各方对被告人黄某林滥用职权犯罪同时又收受他人贿赂的行为，究竟是认定为一罪，还是实行数罪并罚存在分歧。一种意见认为，滥用职权的行为与收受贿赂的行为具有手段行为和目的行为的关系，两者系牵连关系，应按照牵连犯的从一重罪处断原则加以处理。本案被告人滥用职权应在 3 年以上 7 年以下量刑，而受贿罪应在 5 年以上 10 年以下量刑，故对本案应以受贿罪一罪处理。另一种意见认为，滥用职权是独立于受贿行为之外的犯罪行为，两者没有必然的联系。受贿罪中的为他人谋取利益仅是一个主观要件，并不要求客观上实际实施了为他人谋取利益的行为。本案被告人滥用职权与受贿之间不存在牵连关系，对被告人应该实行数罪并罚。

我们同意后一种意见，人民法院也是按照数罪并罚来处理本案的。近年来，在拆迁、土地、能源资源、环境、金融、食品药品、民政等监管领域，渎职犯罪与贿赂犯罪共生的现象较为突出。由于理论上对刑法规定的不同认识，在司法实践中，对此类案件究竟是定一罪还是实行数罪并罚经常发生争议。但是，对此类案件仅以一罪论处，会造成轻纵犯罪、罪刑失衡的状况。本案审理过程中，最高人民法院、最高人民检察院《渎职解释一》尚未颁布，但人民法院的判决是正确的，符合司法解释的精神。

深度研究

滥用职权同时有受贿行为的，司法解释已经做了明确规定，即以数罪并罚为原则，从理论上来讲，数罪并罚也更有道理①：（1）徇私舞弊滥用职权中的徇私是一种动机，不要求有与之对应的客观行为。当行为人将徇私动机客观化，实施受贿行为时，其行为无论主观上还是客观上都既符合受贿罪的构成要件，也符合滥用职权罪的构成要件，且这两罪之间没有包容、吸收关系；因为存在两个独立的实行行为，所以不可能是想象竞合犯，数罪并罚就是合理的。（2）有为数不少的人认为，受贿又滥用职权的，属于牵连犯，所以不应当数罪并罚。但是，如果承认牵连犯，对牵连关系采用类型化说才是合理的，即需要把牵连犯的手段与目的、原因与结果的关系类型化，只有类型化的手段行为和目的行为之间、原因行为和结果行为之间才具有所谓的牵连关系。行为人滥用职权并不受贿，或者受贿以后并不滥用职权的情况并不鲜见，所以受贿和滥用职权之间，并没有类型化的手段与目的、原因与结果的关系，不将受贿罪和滥用职权罪认定为牵连犯，而认定为数罪，理论上毫无问题。（3）即使根据多数人的观点，将受贿又滥用职权的行为认定为牵连犯，对牵连犯从一重罪处断也只是理论上的一般性概括，而不能将此原则绝对化。刑法中对牵连犯实行数罪并罚的规定，也并非绝无仅有。例如，对暴力抗拒缉私的，刑法规定以走私罪和妨害公务罪并罚；对采用犯罪方法制造保险事故骗取保险金的，以放火、故意杀人等罪和保险诈骗罪并罚。对于受贿后犯徇私枉法、枉法裁判等以外的其他渎职犯罪的，进行数罪并罚，由于刑法没有明确禁止，所以并不是不可行。（4）对牵连犯是数罪并罚，还是从一重罪处断，需要考虑行为的社会危害性。当牵连犯中手段行为和目的行为之间，存在轻重关系可以比较时，只按重罪处断，而对轻罪不给予处罚，并不会带来实质的不合理，也不会放纵犯罪，此时，贯彻从一重罪处断就不会有问题。但是，当目的行为、手段行为的危害性都比较大，理应给予严肃处理之时，采用从一重罪处断原则，可能导致重罪轻判，有悖于罪刑相适应原则。而滥用职权罪、受贿罪都是国家公职人员利用职务上便利或者职权实施的犯罪，对这类犯罪进行严厉打击一直是立法者和司法机关都特别强调的。所以，对刑法明确列举的徇私枉法、枉法裁判等少数渎职罪以外的贪赃枉法行为数罪并罚，符合立法旨趣，也符合历来的司法立场。（5）《刑法》第399条最后一款的规定属于特别规定，而不是提示性规

① 陈兴良，周光权．刑法学的现代展开．北京：中国人民大学出版社，2006：715－716.

定。立法者考虑到，在收受贿赂的情况下，国家司法机关工作人员渎职的可能性会大大增加，这种现象具有普遍性，对这类行为如果在处罚上不明确规定一个标准，实践中一般会对其数罪并罚，所以对贪赃就可能枉法的场合，基于特殊理由，特别规定从一重罪处断。但是，这一特别规定并不适用于其他未作此规定的场合。

第二十八章　玩忽职守罪

玩忽职守罪，是指国家机关工作人员玩忽职守，致使公共财产、国家和人民利益遭受重大损失的行为。本罪客观构成要件要求行为主体必须是国家机关工作人员，行为人实施了玩忽职守行为，并且已经造成公共财产、国家和人民利益遭受重大损失的结果，玩忽职守行为与危害结果之间应当具有因果关系；本罪主观构成要件是过失。本罪与滥用职权罪、特殊的玩忽职守犯罪之间易引起混淆，需要进行专门厘清。

第一节　本罪的构成要件

一、主体

知识背景

玩忽职守罪的行为主体要求是国家机关工作人员，我国《刑法》并未对国家机关工作人员进行明确定义，但国家机关工作人员属于典型的国家工作人员，《刑法》第 93 条对国家工作人员这一主体作了明确规定，因此，对国家工作人员的界定有助于准确把握国家机关工作人员的认定范围。

《刑法》第 93 条虽然对国家工作人员下了定义，但对其认定有身份论、公务论（或称为职能论）、综合论等多种界定标准的学说。身份论侧重国家工作人员的资格身份，也就是所谓的国家干部的资格身份，这种观点主张在界定国家工作人员范围时，应结合行为人的职务、地位、是否占国家编制等来分析，不具有国家干部资格身份，就不能称为国家工作人员。身份论最大的优点是可以避免国家工作人员范围的扩大化，但在复杂的现实生活中显得过于僵化，且国家干部并不是严格意义的法学概念，在公务员法实行后，再以国家干部身份作为认定国家工作人员的标准确实也不合时宜。为此，公务论取代了身份论占据主流学说地位，其认为从事公务是国家工作人员的本质特征，国家工作人员应以是否从事公务为标准，不管行为人具有何种身份，只要其是在依法从事公务，就能够认定为国家工作人员。而综合论认为在认定国家工作人员时，应综合考虑“身份”与“公务”：“身份”是从事公务的资格，没有国家工作人员的身份便没有资格去从事公务，而“公务”则是所从事的实质内容。对公务的认定需要从实质上加以把握，不能仅靠身份去分辨是否属于国家工作人员。实际上，即便是主张综合论，其落脚点也是将认定标准置于“公务”上，亦即，在判断是否属于国家工作人员时起决定性作用的仍是“公务”这一标准。从这个角度而言，综合论不过是对公务论的修正，是公务论的“延长线”上的观点。

国家机关工作人员本质上属于国家工作人员，其在判断时自然也需要将是否从事公务作为判断核心。根据2002年12月28日全国人大常委会《关于〈中华人民共和国刑法〉第九章渎职罪主体适用问题的解释》的规定，以下三类人员应以国家机关工作人员对待：（1）在依照法律、法规规定行使国家行政管理职权的组织中从事公务的人员；（2）在受国家机关委托代表国家机关行使职权的组织中从事公务的人员；（3）虽未列入国家机关人员编制但在国家机关中从事公务的人员，在代表国家机关行使职权时。上述三类人员如果存在渎职行为，构成犯罪的，可以追究相应的渎职刑事责任。由此可见，该解释也是将“从事公务”作为判断的核心，行为人所任职的单位性质以及行为人的具体身份，对于认定其是否属于国家机关工作人员并不具有决定性，相反，其是否从事公务才是认定的关键，这与公务论的立场十分契合。

从形式上而言，国家机关工作人员的认定需要兼顾“在国家机关中工作”这一文义要求，但如果从实质上强调公务论而非身份论，“在国家机关中工作”完全可以作扩大解释。从惩治腐败、规范职务行为的公共政策视角来看，对渎职罪的主体作扩大解释是合理的，也是必要的。实际上，现行立法和司法的基本导向也是如此，例如，最高人民检察院《关于镇财政所所长是否适用国家机关工作人员的批复》（2000年5月4日发布实施）规定：“对于属行政执法事业单位的镇财政所中按国家机关在编干部管理的工作人员，在履行政府行政公务活动中，滥用职权或玩忽职守构成犯罪的，应以国家机关工作人员论。”最高人民检察院《关于合同制民警能否成为玩忽职守罪主体问题的批复》（2000年10月9日发布实施）规定：“根据《刑法》第93条第2款的规定，合同制民警在依法执行公务期间，属其他依照法律从事公务的人员，应以国家机关工作人员论。”最高人民检察院《关于渎职侵权犯罪案件立案标准的规定》（2006年7月26日发布实施）规定：“在乡（镇）以上中国共产党机关、人民政协机关中从事公务的人员，视为国家机关工作人员。”综上可知，实务中对于国家机关工作人员的界定，并未通过国家机关或公务员编制等形式标准予以“一刀切”，相反将是否从事公务作为判断重点。一些国有公司、企业和事业单位经合法授权后，已经在一定程度上实际行使着国家行政管理的职权，在其中工作的员工也符合渎职罪的主体要求。在受国家机关委托代表国家行使职权的组织中工作，该组织未必是严格意义上的国家机关，但此种情形仍被视为“在国家机关中工作”。

规范依据

《刑法》

第 397 条　国家机关工作人员滥用职权或者玩忽职守，致使公共财产、国家和人民利益遭受重大损失的，处三年以下有期徒刑或者拘役；情节特别严重的，处三年以上七年以下有期徒刑。本法另有规定的，依照规定。

国家机关工作人员徇私舞弊，犯前款罪的，处五年以下有期徒刑或者拘役；情节特别严重的，处五年以上十年以下有期徒刑。本法另有规定的，依照规定。

案例评价

[案例 28－1] 陈某玩忽职守案①（国家机关工作人员的认定）

1. 基本案情

厦门海沧国土资源管理所系厦门市国土局下属全民事业单位，负责辖区内农村土地房屋的权籍调查、登记发证、权属变更等管理工作以及市局或分局交办的其他事项，在征地拆迁中，有配合区政府做好交办工作，对各街道征迁服务有限公司报送的“海沧区农村房屋征收情况登记表”进行查档调查，并将调查情况说明上报分局核定的职责。被告人陈某 2004 年 5 月至案发时被聘用为该所工作人员，2005 年至 2016 年 6 月负责配合海沧、新阳片区征地拆迁房屋产权初审上报工作，具体审查权属来源权证材料的完整性、真实性。2011 年至 2013 年，被告人陈某在对被征收人谢某、郑某等五人被征收房屋进行产权情况调查过程中，发现该五人提交的被征收房屋的权证在国土部门查无内档后，未严格履行调查核实职责，对被征收人上报审批的权证存在的房屋四至、申请时间、申请人资格、房屋坐标与 1980 年代以前实测扫描地形图放样比对结果等疑点疏于审查，即拟定调查报告报所长何某（另案处理）审核，后错误地上报厦门市国土局海沧分局予以权属确认，导致五个被征收人获得与具有合法权证的被征收人同等赔偿标准，即根据权证认定的被征收房屋总产权面积进行产权调换获得安置房或按安置房市场评估价获得货币补偿。

---

① 国家法官学院，最高人民法院司法案例研究院．中国法院 2021 年度案例·刑事案例一．北京：中国法制出版社，2021：71－75.

2. 涉案问题

被告人陈某是否属于国家机关工作人员？

3. 裁判理由及结论

福建省厦门市沧海区人民法院经审理认为：被告人陈某作为国家机关工作人员，严重不负责任，不认真履行职责，致使国家利益遭受重大损失，价值共计人民币 281 万元，情节特别严重，其行为已构成玩忽职守罪。被告人陈某到案后能如实供述自己的罪行，依法可以从轻处罚，故判处有期徒刑 3 年。一审宣判后，被告人不服而提出上诉。福建省厦门市中级人民法院经审理同意一审法院裁判意见，裁定驳回上诉，维持原判。

4. 评析意见

玩忽职守罪要求行为主体是国家机关工作人员，根据全国人大常委会《关于〈中华人民共和国刑法〉第九章渎职罪主体适用问题的解释》的规定，“在依照法律、法规规定行使国家行政管理职权的组织中从事公务的人员，或者在受国家机关委托代表国家机关行使职权的组织中从事公务的人员，或者虽未列入国家机关人员编制但在国家机关中从事公务的人员，在代表国家机关行使职权时，有渎职行为，构成犯罪的，依照刑法关于渎职罪的规定追究刑事责任”。而根据现有法律规定，一些国家机关依照法律法规或者规章的规定，可以将诸如行政管理权、行政处罚权等权力委托给事业单位或者其他组织，在授权的范围内该事业单位或者其他组织代表国家机关行使职权。

本案中，厦门海沧国土资源管理所系厦门市国土局下属全民事业单位，被告人陈某是否属于国家机关工作人员，判断的重点在于其在该事业单位中是否从事公务。由于海沧国土资源管理所负责辖区内农村土地房屋的权籍调查、登记发证、权属变更等管理工作以及市局或分局交办的其他事项。在征地拆迁中，该事业单位有配合区政府做好交办工作，对各街道征迁服务有限公司报送的“海沧区农村房屋征收情况登记表”进行查档调查，对被征收房屋的产权情况进行调查核实并将调查情况说明上报分局核定的职责。被告人陈某作为该事业单位的员工，当然具有相应的审查职责，其处理相应事务的权限来源于国家权力，被告人实际上是代表国家在行使权力。又由于审查工作涉及权属来源权证材料的完整性、真实性，审查的初步意见能够在相当程度上影响被征收房屋的赔偿标准及赔偿金额，能够对被征收人产生特定的影响力和支配力，故被告人陈某在所从事的事务中发挥了管理性的作用。基于上述理由，被告人陈某属于从事公务的人员，能够评价为国家机关工作人员。

深度研究

在认定国家机关工作人员时，身份论过于注重形式标准，强调国家干部的资格身份，这种观点已被公务论所取代；而公务论更注重实质标准，强调行为主体是否执行国家任务，实质承担着国家行政管理的职权。不论行为主体是否具有国家干部身份，也不论其是否在国家机关具有正式编制，只要行为人在广义的国家机关中从事公务活动，就可以评价为国家机关工作人员。因此，判断的重点就在于行为主体是否从事公务。

一般而言，从事公务的认定具有两方面要求：第一，国家性面向的要求。“公务”是与“私务”相对的概念，私务是以个人名义进行的活动，而所谓的“从事公务”，必须是与国家有关的事务，由国家机关工作人员代表国家来行使权力，所以该事务本身应当彰显出国家意志。

公务不应作宽泛的理解，学界不乏观点将公务与公共事务混为一谈，甚至认为体现公益性的事务就属于公务，这种观点忽视了社会的功能性定位，认为除国家之外就是个人，国家包揽一切，自然将“公务”范围延伸至各个领域。然而，有些涉及社会上不特定或多数人的事务，由社会公众自己去处置未必不是一件好事。公共事务的涵盖面非常宽广，只要是与社会上的不特定或多数人相关的事务，都能称为公共事务，但公务应当仅限于与国家相关的事务，而不包括一般社会性的公共事务。公共事务与国家性面向的公务在外延上属于包容与被包容的关系，公务被包含在公共事务之中，而公共事务未必完全是公务。刑法中“公务”的确定，应强调行为主体代表国家或为了国家而从事公务，不论是否在编，不论是长期还是临时的，不论是在国有单位还是非国有单位，不论是基于法律或其他规范性文件的确立还是事实意义上的确立，行为主体只需凭借职位或基于委托处理即可。处理相应事务的权限必须来源于国家权力，体现出国家性的面向。

第二，管理性面向的要求。所谓的“从事公务”，必须是对与国家有关的事务有所管理，这种管理也必然要求行为主体对所承担的事务具有一定的权力，同时承担着相应的责任，这种权力与责任的关系决定了该项事务的管理属性。学界不乏观点认为应借助管理学的知识来理解这里所要求的“管理性”，管理具有计划、组织、指挥、协调、控制五项职能，所以公务活动要求行为主体发挥出以上的职能。实际上，所谓的管理性只要能够表现为行使一定的权力并承担相应的职责即可，在这种场合，行为主体能够对其他人员产生特定的影响力和支配力，这便符合公务活动所要求的管理性。基于此，未必只有担任领导职务才能体现出管理性。有的观点将管理性的内涵限制得过窄，进而认为如果要对行为主体进行非难，管理性就并非成立公务的必备要素，这一做法并不妥当。例如，社区卫生服务中心（事业单位）的网络管理员对单位信息进行维护，维护的范围包括对医生的工作量、业务总金额、看病人次、人均费用、药品所占业务总金额的比例等进行统计、汇总，监控医生超量或者异常用药情况，及时向院办公室汇报，并确保统计数据的真实性、安全性和保密性。该网络管理员的工作看起来是机械性的工作，但并不能简单地归为劳务，由于其在工作中承担对国家资产的管理及对公共事务的监督职责，这就符合了管理性的要求。

此外，以往也有观点致力于区分公务和劳务，认为公务具有管理性的面向，属于决策性事务，而劳务主要是依靠主体提供体力劳动或者技术服务来实现其劳动力价值，不具有管理性特征。这种区分观点并无意义，反而人为地制造了概念之间的矛盾，想当然地将公务与脑力活动画等号、将劳务与体力活动画等号。公务与劳务具有交叉关系，如果某项劳务体现了国家性，属于代表国家或为了国家而从事劳务，并且，在劳务活动中，行为主体具有一定的权力与责任，那么，该项劳务就具有了公务所要求的国家性和管理性面向，行为主体应评价为“从事公务”。

事实上，实务界对“从事公务”的界定，也体现出国家性面向和管理性面向的要求。根据2003年11月13日最高人民法院《全国法院审理经济犯罪案件工作座谈会纪要》（法〔2003〕167号）的规定，从事公务，是指代表国家机关、国有公司、企业、事业单位、人民团体等履行组织、领导、监督、管理等职责。公务主要表现为与职权相联系的公共事务以及监督、管理国有财产的职务活动。如国家机关工作人员依法履行职责，国有公司的董事、经理、监事、会计、出纳人员等管理、监督国有财产等活动，属于从事公务。那些不具备职权内容的劳务活动、技术服务工作，如售货员、售票员等所从事的工作，一般不认为是公务。

二、行为

知识背景

玩忽职守罪的成立要求行为人存在玩忽职守行为，学界通说认为，玩忽职守行为是指严重不负责任，不履行职责或不正确履行职责的行为。其中，“严重不负责任”界定了玩忽职守行为的本质属性，“不履行职责或不正确履行职责”则是玩忽职守行为的具体表现。因此，本罪的行为包括两种类型：一是严重不负责任，不履行职责；二是严重不负责任，不正确履行职责。不履行职责，是指行为人应当履行且有条件、有能力履行职责，但违背职责没有履行，其中包括擅离职守的行为。不正确履行职责，是指在履行职责过程中，虽然实施了一定的行为，但从总体上看，行为违反职责规定，草率从事、敷衍塞责，或者任意蛮干、独断专行，导致职责没有得到正确履行。

学界通说对玩忽职守行为采取的是二分法，但也不乏质疑的观点，认为不履行或不正确履行职责的本质都是对职责的背离，上述划分未必充分，进而主张根据玩忽职守的具体情形，将客观行为分为擅离职守、疏忽职守、未尽职守三种类型，甚至更多类型。这种质疑也进一步体现在玩忽职守的行为方式是不作为还是作为的争论上，因为既然不履行或不正确履行职责都是对职责的背离，那说明本罪的成立是以行为人负有一定的职责为前提，该职责属于行为人应尽的义务，行为人未履行相应的义务，其行为方式就只能表现为不作为，故玩忽职守罪是纯正的不作为犯罪。

上述质疑的观点难以获得认可，原因在于：第一，不履行或不正确履行职责的分类应与作为或不作为的行为方式进行配套理解，这种分类原本就考虑到了作为与不作为方式的区别。如学者所言，“忽”表现了不作为，“玩”则表现为作为。① 一旦在行为类型划分时加入行为方式的限定，即将不作为方式的玩忽职守行为统一归为不履行职责的行为类型，将作为方式的玩忽职守行为统一归为不正确履行职责的行为类型，不履行或不正确履行职责的划分也就十分周延了，无须再增加新的行为类型。换言之，不作为形式的玩忽职守行为，表现为行为人消极地不履行职责或职务，致使公共财产、国家和人民利益遭受重大损失；作为形式的玩忽职守行为，表现为行为人虽履行了职责或职务，但却不尽职尽责，即不正确地履行职责或职务，致使公共财产、国家和人民利益遭受重大损失。

第二，将“严重不负责任”与作为义务相挂钩，会使得法定犯几乎不存在作为犯的形式。渎职犯罪的主体一般是国家机关工作人员，宪法、法律、行政法规等不同层次的法律法规对不同国家机关工作人员的职责作了不同程度的规定，这使得渎职犯罪的法益通常被理解为对公务的适正执行的侵害，在此前提下，行为人的行为当然属于“严重不负责任”。如果从责任的义务本位出发，将“严重不负责任”解读为特定的国家机关工作人员负有法定的作为义务，恐怕滥用职权罪等犯罪也只能是不作为犯，甚至会推论出，交通肇事者违反交通运输管理法规的行为也属于严重不负责任的行为，进而只存在不作为犯。这当然是一种不合理的理解。

第三，将行为性质的判定依托“严重不负责任”不符合客观事实与刑法规定。“严重不负责任”只是界定了玩忽职守行为的本质属性，“不履行职责或不正确履行职责”才是玩忽职守行为的具体表现，二分法的立场早已在理论界和实务界占据通说地位。作为与不作为只是表现形式上的不同，在对法益的侵害性上不存在根本差异。在不正确履行职责的行为类型中，行为人通常也实施了一定的行为，以作为的形式履行了部分职责，将其视作不作为不符合实际情况。

① 陈兴良．刑法各论精释：下．北京：人民法院出版社，2015：1220.

案例评价

[案例28-2] 孙某、韩某玩忽职守案①（玩忽职守行为的认定）

1. 基本案情

被告人孙某、韩某于2010年7月分别任丰县公安局交巡警大队首羡中队中队长、副指导员。根据中队内部分工，被告人孙某负责中队全面工作，被告人韩某负责道路的路面管控等工作。2011年4月，被告人孙某在巡逻执勤时发现洪某持“B2”证违章驾驶大客车接送首羡中心小学学生并且超员，按规定驾驶大客车须持有“A1”证，但孙某在收受洪某送予的两条香烟后，并未对洪某予以处罚。2011年10月14日，丰县车管所经查验发现洪某的车辆用来接送学生却未挂靠学校，未纳入教育部门管理，即限其一周内补办手续，在此期间禁止接送学生，并将该情况通报给了被告人孙某，孙某仍未对其进行查扣取缔。同年11月21日，教育部门查到洪某违规接送学生，并通知孙某到场处理，被告人孙某未按照规定对洪某进行处罚，并收受洪某送予的一条香烟，使得洪某继续违规运营校车，直至11月30日才安排被告人韩某向洪某下达了所谓停运通知书。被告人韩某自2011年10月起即知晓洪某的车辆不符合接送学生的条件，但由于其既不采取有效措施又疏于路检路查，始终未制止洪某违规接送学生，直至在孙某的安排下才对洪某下达了一纸停运通知书。由于被告人孙某、韩某并未对洪某采取暂扣证照或车辆等有效监管措施，洪某在停运几天后又继续运营，于2011年12月12日在接送学生途中发生重大交通事故，致乘坐该客车的15名学生死亡、8名学生不同程度受伤。

2. 涉案问题

被告人孙某、韩某的行为是否属于玩忽职守行为?

3. 裁判理由

江苏省丰县人民法院经审理认为：被告人孙某、韩某作为交巡警，基于职责上的特别注意义务要求，对于应该如何管控涉案校车，应该知道而且事实上也的确知道。从实际管控的可能性看，丰县公安局交巡警大队首羡中队经过排查，只有洪某驾驶的这一辆需要重点管控的接送学生车辆，无论从当时全社会对于校车的关注程度，还是从公安交巡警部门上下的警力配置、管控措施规范的可行性看，首羡中队都有能力对该车进行有效管控。但被告人孙某、韩某并没有按照规范要求认真履行职责，主动有效管控；即使是在发现洪某驾驶的车辆存在手续不全，洪某无驾驶校车资格等安全隐患的情况下，仍未加以处理，还收受被管理人财物，工作中明显敷衍塞责。因此，被告人

① 参见江苏省丰县人民法院（2012）丰刑初字第0186号刑事判决书。

孙某、韩某基于职责，能为、应为却不为，严重不负责任，疏于管理，该执行的规范不执行，该处罚的措施不处罚，该取缔的非法营运不及时、有效取缔，使得安全隐患一直存在，导致发生重大交通事故。由于存在严重的失职行为，故以玩忽职守罪分别判处孙某、韩某有期徒刑 4 年。

4. 评析意见

本案的关键是判断被告人孙某、韩某是否存在玩忽职守行为。被告人及其辩护人提出，其对肇事车辆的管理，做了大量的工作，工作措施也已经落实到位，且对洪某下达了停运通知书，尽到了相应的管理责任，不存在玩忽职守行为。然而，玩忽职守行为具体表现为不履行职责或不正确履行职责，上述说法至多只是否定了被告人不存在不履行职责的行为，并不能否定不存在不正确履行职责的行为。本案中，被告人孙某、韩某对于辖区内的接送学生车辆具有管控职责，从被告人的供述及证人证言也可以看出，因为甘肃校车事故发生后，接送学生车辆安全问题受到社会广泛关注，被告人孙某、韩某所在的公安交巡警部门对此一直高度重视，多次开会动员，部署专项行动，可以说对校车安全隐患的管控要求非常高。在管控职责非常明确的前提下，被告人孙某、韩某既然已经发现了洪某无驾驶大客车所要求的“A1”证，且驾驶车辆的手续不全，也不具有驾驶校车的资格，却未加处理，这已经属于典型的不履行职责的行为。

被告人此时或许会辩解其不履行职责的行为尚未达到玩忽职守罪所要求的“严重不负责任”的程度，原因是在事故还未发生时，被告人已经对洪某下达了停运通知书，实施了一定的监管行为。然而，从实际效果来看，由于被告人对洪某未采取暂扣证照或车辆等有效监管措施，停运通知书的下达形同虚设，洪某在停运几天后又继续运营，进而引发重大伤亡事故。被告人虽然实施了一定的监管行为，但明显属于监管不到位。事实上，相关法律、法规等规范性文件对于客车特别是接送学生的客运车辆的管控方式、目的、效果作了明确规定，被告人对于如何进行规范管控理应清楚，但却只是采取了下达所谓的停运通知书的措施，在已经明确安全隐患的情况下，这一监管行为属于严重不负责任、不正确履行职责的行为，应评价为玩忽职守行为。

[案例 28-3] 郑某玩忽职守案①（工作失误与玩忽职守行为的区分）

1. 基本案情

2011 年 5 月 5 日，南溪区司法局录用被告人郑某为司法助理员，将其分配到裴石司法所负责全面工作。2012 年间，裴石司法所正式工作人员只有郑

① 国家法官学院案例开发研究中心．中国法院 2016 年度案例·刑法总则案例．北京：中国法制出版社，2016：18-21.

某一人。冯某因犯抢劫罪于2012年2月28日被翠屏区人民法院判处有期徒刑2年，缓刑2年。在派出所民警将冯某带到裴石司法所报到当日，郑某对冯某建立了社区矫正个人档案，向冯某告知了社区矫正期间的相关权利、义务等规定，并要求冯某每月下旬向司法所报到，交思想汇报材料或作谈话记录。2012年3月至8月，冯某均向裴石司法所交了思想汇报材料。2012年4月至9月，冯某每月到司法所报到后经常私自前往翠屏区打工、玩耍并居住在翠屏区朋友等人家中，冯某在向裴石司法所的思想汇报中隐瞒了上述事实。

2012年6月21日，冯某在翠屏区“山水庭院”小区入户盗窃作案。8月29日，其到翠屏区公安分局投案，并向办案机关表明自己被判处缓刑的情况，公安机关于同日将其刑事拘留。冯某因患急性传染病于9月3日被取保候审。9月25日，翠屏区检察院决定对其实施逮捕，后因其查出患有急性传染病，未将其送看守所羁押。当日，冯某到裴石司法所报到后，又回到翠屏区打工、玩耍、居住直至11月1日案发。10月26日，冯某打电话口头向郑某汇报当月情况。11月1日凌晨，冯某受朋友邀约到翠屏区金江桥头，与他人发生口角，继而在扭打中持刀故意伤害，致一人死亡。同日，冯某被执行逮捕。2013年8月15日，宜宾市中级人民法院作出（2013）宜中刑一初字第24号刑事附带民事判决，以冯某犯故意伤害罪、盗窃罪、抢劫罪判处死刑，缓期2年执行，剥夺政治权利终身。

2012年3、6、8、9月，郑某对冯某做了谈话记录，了解冯某当月活动情况。2012年6月，郑某安排冯某参加了义务劳动。2012年4月至10月间，郑某未采取实地检查、家庭和社区走访等方式掌握并核实冯某的活动情况，有时通过村主任宋某了解冯某的情况；且每月组织冯某参加教育学习和社区服务均少于8小时。其间，郑某了解到冯某偶有到宜宾翠屏区的情况，也未要求冯某履行请、销假手续。2012年10月，冯某未到司法所报到。2012年11月1日，郑某对冯某上月未报到的情况没有及时报告南溪区司法局，组织对冯某进行追查。2013年1月，郑某才将冯某的重新犯罪等情况上报南溪司法局。

2. 涉案问题

被告人郑某作为社区矫正工作人员，未认真履行工作职责，对其行为能否评价为玩忽职守行为?

3. 裁判理由

四川省宜宾市中级人民法院经审理认为：被告人郑某的行为不构成玩忽职守罪。首先，被告人郑某作为裴石司法所的司法助理员，在冯某接受社区矫正期间，没有认真履行其工作职责，致使冯某脱离监管，长期居住、游耍于宜宾市翠屏区城区。但冯某在社区矫正期间故意伤害致人死亡的结果，与被告人郑某的履职不到位行为并无直接、必然的因果关系，且该过程也有其他机关失职因素介入。其次，本案的发生期间，系《社区矫正实施办法》刚刚实施，且相关的配套法律、法规尚不完善，司法行政机关刚接手开展社区矫正工作，尚处于摸索阶段，被告人郑某虽有履职不到位行为，但不属工作严重不负责任，尚未达到追究刑事责任的程度。综上，郑某的行为不构成玩忽职守罪，应做无罪处理。

4. 评析意见

玩忽职守行为是指严重不负责任，不履行职责或不正确履行职责的行为。本案中，冯某因犯强奸罪被判处缓刑，根据《刑法》第76条的规定，对宣告缓刑的犯罪分子，在缓刑考验期限内，依法实行社区矫正。社区矫正是非监禁刑罚执行方式，是指将符合法定条件的罪犯置于社区内，由专门的国家机关在相关社会团体、民间组织和社会志愿者的协助下，在判决、裁定或决定确定的期限内，矫正其犯罪心理和行为恶习，促使其顺利回归社会的非监禁刑罚执行活动。被告人郑某作为社区矫正工作人员，负责冯某缓刑期间的考察工作，其为冯某建立了社区矫正个人档案，并要求冯某每月下旬向司法所报到，交思想汇报材料或作谈话记录。2012年3月至9月，冯某均向司法所上交了思想汇报材料，并有谈话记录、义务劳动、法治教育等监管材料，这说明被告人郑某基本履行了工作职责。但客观来看，郑某确实存在履职不到位的行为，具体包括：(1)郑某未针对性地采取实地检查、家庭和社区走访等方式掌握并核实冯某的活动情况，有时只是通过村主任宋某了解冯某的情况；且每月组织冯某参加教育学习和社区服务均少于8小时。(2)郑某了解到冯某偶有到宜宾翠屏区的情况，也未要求冯某履行请、销假手续。(3)郑某未及时向区司法局报告冯某2012年10月未到司法所报到的情况，而冯某也恰好是此期间引发故意伤害致死案件。

针对行为(1)，可以认为这属于不正确履行职责的行为，但还达不到严重不负责任的程度。对于社区矫正工作，最高人民法院、最高人民检察院、公安部、司法部于2012年1月10日联合印发了《社区矫正实施办法》，自2012年3月1日起施行。而冯某因抢劫罪于2012年2月28日被判处缓刑，正处于《社区矫正实施办法》实施初期，被告人郑某缺乏社区矫正工作经验，且社区矫正配套法律、法规不完善、不明确，社区矫正工作人员和监管条件有限，如何去动态把控矫正对象的活动情况以及监管到何种程度才能算正确履行职责，均缺乏明确规定。在此种背景下，被告人郑某未全面履行工作职责，只能认为是履职不到位的行为，虽存在工作失误，但也不至于评价为达到“严重不负责任、不正确履行职责”的程度。

针对行为(2)，即便郑某了解到冯某偶有到宜宾翠屏区的情况，但由于一开始就交代了社区矫正期间的相关权利、义务等规定，冯某刻意隐瞒私自前往翠屏区的事实，被告人郑某也是无从知晓的。由于冯某向司法所的思想汇报中对部分行程刻意隐瞒，即便是每月都要求冯某进行思想汇报，郑某也无法确切掌控冯某的内心想法，更无从把握其每日具体行踪。对此，不能因为冯某刻意隐瞒行程而认为被告人郑某存在不履行或不正确履行职责的行为。

针对行为（3），可以认为这属于不履行职责的行为，但还达不到严重不负责任的程度。2012 年 3 月至 9 月，冯某均向司法所报到，交思想汇报材料或配合制作谈话记录，只是 2012 年 10 月未到司法所报到，被告人郑某未及时向区司法局报告冯某的这一情况。郑某确实未认真履行工作职责，但不能就此认定冯某已经较长时间脱离了监管，一次未及时报告行为还达不到严重不负责任的程度。综上所述，被告人郑某未认真履行工作职责，确实存在工作失误，但不属于工作严重不负责任，难以评价为玩忽职守行为。

此外，法院生效裁判还提到了另外一点理由，即被告人郑某未认真履行职责的行为与冯某故意伤害致人死亡的结果之间没有因果关系。即便认为存在严重不负责任的玩忽职守行为，且造成了“重大损失”，玩忽职守行为与重大损失之间也必须具有刑法上的因果关系。如果仅仅因为发生了某个重大危害结果，就认为国家机关工作人员存在玩忽职守行为，这容易导致结果责任。事实上，在社区矫正工作中，即便司法所工作人员认真履行了工作职责，加强了对矫正对象的教育矫正和监督管理，由于开放的社区毕竟不是封闭的监狱，矫正对象刻意隐瞒行程，如期到司法所报到并接受教育，倘若想实施故意犯罪，仍然具备足够的时间和作案机会。近年来，社区矫正制度经过积极探索虽然已经积累了一定经验，日渐完善，但并不能从根本上避免矫正对象再犯罪，实践中也不乏缓刑考验期内再犯罪的案件发生。社区矫正工作人员的玩忽职守行为可能使得矫正对象脱离监管，一定程度上提高了矫正对象的再犯罪可能性，但未必与矫正对象所导致的任何犯罪结果之间具有刑法上的因果关系。如果将矫正对象的再犯罪结果都归责于社区矫正工作人员的玩忽职守行为，这会使得因果关系的认定沦为一种偶然因果关系，即在异常介入因素直接导致“重大损失”的场合，玩忽职守行为与“重大损失”之间也被认为具有因果关系，这一错误做法需要得到纠正。本案中，被告人郑某即便存在玩忽职守行为，该行为与冯某造成的故意伤害致死结果也不具有刑法上的因果关系。

深度研究

国家机关工作人员玩忽职守或者工作失误，都可能致使公共财产、国家和人民利益遭受重大损失，二者常常交织在一起难以区分。玩忽职守行为是指行为人严重不负责任，不履行或不正确履行职责；而工作失误是指行为人因为业务水平和工作能力不足，致使履行职责不到位。二者的主要区别在于：

第一，行为的客观表现不同。玩忽职守罪表现为行为人不履行或不正确履行职责，对待工作职责客观上采取的是一种消极懈怠的应对方式，即便实施了一定的行为，也只是草率从事、敷衍塞责；而工作失误表现为行为人履行了工作职责，客观上虽然存在一定的过错，但采取的仍是一种积极履行的应对方式，行为人不排斥履行职责并且基本履行了自己的职责。第二，造成重大损失的原因不同。玩忽职守行为的主要原因是行为人违反职责规定，有法不依、有令不行、有章不循，严重官僚主义，要么擅离职守，要么敷衍塞责、任意蛮干，对待工作严重不负责任，致使公共财产、国家和人民利益遭受重大损失；而工作失误的主要原因是工作制度不完善，一些具体政策规定不明确，行为人业务能力不足，缺乏工作经验，因方法措施不当出现决策失误或行为偏差，致使公共财产、国家和人民利益遭受重大损失。

在区分玩忽职守行为与工作失误时，要具体考察可能存在的各种情况，一事一议。在认定过程中，有必要避免两种倾向：一种倾向是将国家机关工作人员的任何失职行为，都认定为玩忽职守行为，这会使得在犯罪判断中行为的界限机能落空。以往关于玩忽职守罪的研究大多集中在主体、因果关系以及主观罪过等问题上，较少关注玩忽职守行为的界定。行为人虽然有失职行为，且公共财产、国家和人民利益遭受了重大损失，但不加甄别地一概认定为本罪的玩忽职守行为，会使本罪的处罚范围不合理扩大。针对此种情况，虽然可以充分发挥“严重不负责任”的筛选功能，过滤掉轻微的不履行或不正确履行职责的行为，突出玩忽职守行为的渎职属性，但这一判断标准仍然较为笼统，缺乏明确性。玩忽职守行为的认定关键在于职责范围的确定，适正行为必须是职责范围内所要求的行为，超出职责的范围，则不能认定为该罪的行为。如果对职责不加甄别地一概予以肯定的话，对行为人的惩罚便可能只是单纯的结果责任，这会使得行为人认为自己只是运气不够好，才会对危害结果负责。只有合理界定职责，明确职责内容和职责范围，才能避免本罪沦为一个新的口袋罪。

另一种倾向是将一切因工作制度不完善、法律规章不健全的行为都视为工作失误，不作为犯罪处理，这会使玩忽职守罪起不到应有的规制效果。虽然在我国深化改革的实践过程中，很多工作都处于试点摸索阶段，在履职过程中出现一些失误不可避免，但之后需要充分总结经验教训，且在后续工作中应避免类似失误再次发生。如果对工作失误长期置若罔闻，在国家法律政策不允许的情况下，借口改革继续盲目决策、任意蛮干，给国家和人民的利益造成重大损失，绝不能以工作失误来蒙混过关。例如，关于社区矫正工作，在2012年前后确实处于实施初期阶段，很多司法所在未增派人员的情况下增加了较多社区矫正监管工作，特别是农村地区的矫正对象，居住分散，实地走访较为困难，工作过程中难免有所疏漏。在此前提下，如果只是因为业务能力不够、工作规范不明确等因素出现工作上的失误，如漏掉了一两次报到或思想汇报材料，不宜上升到玩忽职守行为的高度。不过，随着时间推移，相关规范和经验都已积累足够，尤其是《社区矫正法》已经于 2020 年 7 月 1 日正式实施，在此种背景下，以往的一些工作失误行为倘若再不汲取经验教训，不排除能够认定为玩忽职守行为。

三、结果

知识背景

玩忽职守行为致使公共财产、国家和人民利益遭受重大损失的，才成立本罪。根据 2012 年 12 月 7 日最高人民法院、最高人民检察院《关于办理渎职刑事案件适用法律若干问题的解释（一）》［以下简称《办理渎职案件解释（一）》］第 1 条，国家机关工作人员玩忽职守，具有下列情形之一的，应当认定为“致使公共财产、国家和人民利益遭受重大损失”：（1）造成死亡 1 人以上，或者重伤 3 人以上，或者轻伤 9 人以上，或者重伤 2 人、轻伤 3 人以上，或者重伤 1 人、轻伤 6 人以上的；（2）造成经济损失 30 万元以上的；（3）造成恶劣社会影响的；（4）其他致使公共财产、国家和人民利益遭受重大损失的情形。具有下列情形之一的，应当认定为“情节特别严重”：（1）造成伤亡达到前款第 1 项规定人数 3 倍以上的；（2）造成经济损失 150 万元以上的；（3）造成前款规定的损失后果，不报、迟报、谎报或者授意、指使、强令他人不报、迟报、谎报事故情况，致使损失后果持续、扩大或者抢救工作延误的；（4）造成特别恶劣社会影响的；（5）其他特别严重的情节。

上述司法解释确立了玩忽职守罪中“重大损失”的基本类型，即包括人身伤亡损失、经济损失、造成恶劣社会影响以及兜底情形。人身伤亡损失是指由玩忽职守行为直接造成人员死亡或伤害，在认定过程中疑问不大，而经济损失则需要专门说明。虽然司法解释不区分直接经济损失和间接经济损失，但玩忽职守罪中的“重大损失”也囊括了部分间接经济损失的情形。例如，《办理渎职案件解释（一）》第 8 条规定，“经济损失”是指渎职犯罪或者与渎职犯罪相关联的犯罪立案时已经实际造成的财产损失，包括为挽回渎职犯罪所造成损失而支付的各种开支、费用等。立案后至提起公诉前持续发生的经济损失，应一并计入渎职犯罪造成的经济损失。很明显，为挽回渎职犯罪所造成损失而支付的开支、费用等属于间接经济损失。同样地，如果因玩忽职守行为造成财产减值或贬损性损失，如果有确实充分的证据可供计算和认定，也可以计入经济损失的范围。

一般而言，对于渎职行为所造成的经济损失的认定，应当以直接经济损失为原则，间接经济损失为例外，即需要根据具体个案来特别考察是否有必要将某项间接经济损失计入渎职犯罪造成的经济损失。例如，针对某项行政违法行为，国家机关工作人员不认真履行自己的工作职责，只是下达停止违法行为通知书，对应当进行罚没的罚款没有按照相关法律法规进行罚没，原本应予以罚没的行政罚款一般不宜计入玩忽职守罪所造成的经济损失，原因是行政罚款在性质上属于行政处罚手段，并非像应收而未收的税费一样属于国家财政收入的基本形式，无法评价为现实的经济损失。债务人经法定程序被宣告破产，债务人潜逃、去向不明，或者因行为人的责任超过诉讼时效等，致使债权已经无法实现的，无法实现的债权部分应当认定为渎职犯罪的经济损失。立案后至提起公诉前持续发生的经济损失，应一并计入渎职犯罪造成的经济损失。渎职犯罪或者与渎职犯罪相关联的犯罪立案后，犯罪分子及其亲友自行挽回的经济损失，司法机关或者犯罪分子所在单位及其上级主管部门挽回的经济损失，或者因客观原因减少的经济损失，不予扣减，但可以作为酌定从轻处罚的情节。

除人身伤亡损失、经济损失之外，《办理渎职案件解释（一）》还将“造成恶劣社会影响”规定为本罪的“重大损失”，将“造成特别恶劣社会影响”规定为本罪的“情节特别严重”。由于《刑法》第 397 条对玩忽职守罪基本犯的结果表述是“重大损失”，对法定刑升格条件的表述是“情节特别严重”，这使得有学者认为“重大损失”与“情节严重”各有所指，法条既然没有直接表述为“情节严重”“情节特别严重”，对“重大损失”与“情节严重”就不能作相同理解。然而，从司法解释的立场来看，“重大损失”就相当于“情节严重”，而“情节特别严重”是“重大损失”的法定刑升格条件。这种理解更为合理，没有理由将人身伤亡损失、经济损失之外的情形排除出“重大损失”的范围，立法者之所以在基本犯中未采用“情节严重”的表述，或许可以认为其试图更具体明确地描述玩忽职守罪所要求的结果要件。

案例评价

[案例 28-4] 王某玩忽职守案[①]（经济损失的认定）

1. 基本案情

2011 年 6 月 8 日，王焦某在精河县注册成立了乐鑫服装有限公司（以下简称“乐鑫公司”），其目的是采取虚假生产的手段，领购增值税专用发票进行虚开并通过税款抵扣的形式获取非法利益。8 月 11 日，王焦某以乐鑫公司

① 国家法官学院案例开发研究中心．中国法院 2015 年度案例 • 刑法分则案例．北京：中国法制出版社，2015：260 - 265.

的名义向湖南英之杰公司虚开 20 份金额为 2 270 785.01 元的增值税专用发票。湖南省益阳市国税局在办理英之杰公司申报的出口退税过程中，于 8 月 30 日向精河县国税局发出协查函，要求精河县国税局对供货企业乐鑫公司的生产、经营及纳税等情况进行调查核实。9 月 27 日，精河县国税局干部王某接受王焦某贿赂，在未认真核实的情况下，便针对该 20 份增值税专用发票作出内容为“经核查属于正常业务”的复函。此后一年内，益阳市国税局又对乐鑫公司向英之杰公司开具的 188 份增值税专用发票办理了出口退税。上述行为共计造成国家税款损失 2 296 811.74 元。

2. 涉案问题

被告人王某是否应对 188 份增值税专用发票所造成的经济损失承担刑事责任？

3. 裁判理由

新疆维吾尔自治区博乐市人民法院经审理认为：王某身为国家税务机关工作人员，严重不负责任，不正确履行职责，造成国家 2 296 811.74 元的税款损失，情节特别严重，其行为已触犯我国刑法，构成玩忽职守罪，判处有期徒刑 4 年。一审宣判后，王某不服而提出上诉，认为其只应对协查函涉及的 20 份增值税专用发票的税款损失承担责任。新疆维吾尔自治区博尔塔拉蒙古自治州中级人民法院经审理认为：因精河县国税局的复函内容为“经核查属于正常业务”，虽然益阳国税局协查函是针对 20 份增值税专用发票，但因乐鑫公司随后开具的 188 份增值税专用发票均系在回函后的一年内并属同一供货企业，依照税务总局（2010 年 8 月 30 日）发布的《出口货物税收函调管理办法》（现已失效）第 8 条第 1 款第 1 项之规定，“函调未发现问题，回函一年内从同一供货企业购进同类商品的出口业务”，可不发函调查，益阳国税局对后开具的 188 份增值税专用发票可不发函调查。因此，王某应当对 208 份增值税专用发票所造成的损失承担责任，其上诉理由不能成立，应维持原判。

4. 评析意见

本案中，被告人王某为国家税务机关工作人员，在湖南省益阳市国税局向精河县国税局发出协查函要求核实乐鑫公司的生产、经营及纳税等情况时，其在核查过程中，只是做做样子，在接受乐鑫公司负责人吃请和贿赂后，没有严格按照协查函的内容对乐鑫公司进行仔细核查，便针对 20 份增值税专用发票向益阳市国税局作出内容为“经核查属于正常业务”的复函。王某虽然履行了一定的职责，但是在履职过程中草率从事、敷衍塞责，导致工作职责没有得到正确履行。王某的行为属于严重不负责任、不正确履行职责的行为，应评价为玩忽职守行为。本案的重大损失表现为虚假增值税专用发票所造成的国家税款经济损失，而认定的关键在于按照协查函涉及的 20 份还是先后开具的 208 份增值税专用发票所造成的损失金额来认定经济损失。如果按照 20 份增值税专用发票所造成的税款损失金额来认定，因该数额未达到玩忽职守罪司法解释所规定的 30 万元的立案标准，无法以玩忽职守罪追究被告人王某的刑事责任。

结合本案具体情况来看，虽然湖南省益阳市国税局的协查函只是针对 20 份增值税专用发票所发，但由于乐鑫公司随后开具的 188 份增值税专用发票均系在精河县国税局回函后的一年内并属同一供货企业，依照税务总局的内部规定，如果函调未发现问题，回函一年内从同一供货企业购进同类商品的出口业务，可不发函调查。因此，只要精河县国税局作出了内容为"经核查属于正常业务"的复函，乐鑫公司此后一年内开具的增值税专用发票理所当然地会逃避相应的调查核实，进一步造成国家税款经济损失。本案中，益阳市国税局也正是基于精河县国税局的复函无疑问的情况下，才先后对乐鑫公司向英之杰公司开具的 208 份增值税专用发票办理了出口退税，故本案的危害结果应是 208 份增值税专用发票所造成的 2 296 811.74 元经济损失。王某的玩忽职守行为与该重大损失之间具有因果关系，且王某身为国家税务机关工作人员，对税务机关的规定和操作应十分清楚，能够预见到自己所作出的复函可能带来的实际影响，具有结果的预见可能性，主观上存在过失，应就 208 份增值税专用发票的经济损失承担玩忽职守罪的刑事责任。

[案例 28-5] 王某玩忽职守案①（恶劣社会影响的认定）

1. 基本案情

被告人王某自 2005 年起任职南京市建邺区商务局商贸科科长，依法负有对辖区内生猪屠宰活动的监督管理职责，包括对生猪屠宰环节的盐酸克伦特罗（俗称"瘦肉精"）等成分残留检测的监督管理。建邺区商务局虽于 2009 年 3 月 18 日与兴旺屠宰场签订"猪肉质量安全承诺书"，此后却从未监督和过问过屠宰场进行的瘦肉精检测，造成了"一诺了之"的实际状况。直至 2011 年 3 月 15 日中央电视台"焦点访谈"节目录像播放，进一步暴露了被告人疏于履行"瘦肉精"检测监督管理的事实。2011 年 3 月 15 日至 17 日，江苏省产品质量检测中心抽检南京市建邺区某屠宰场 134 头生猪尿液，其中 132 头被检出含有"瘦肉精"。

2. 涉案问题

被告人王某的行为能否评价为"致使公共财产、国家和人民利益遭受重

① 参见江苏省南京市建邺区人民法院（2011）建刑二初字第 93 号刑事判决书。

大损失”?

3. 裁判理由

南京市建邺区人民法院经审理认为：被告人王某任职的南京市建邺区商务局商贸科具体负责辖区内生猪屠宰环节的日常监督管理，“瘦肉精”残留检测的监督管理系该部门实施日常管理的常态工作内容。被告人王某在明知“瘦肉精”残留检测的监督管理是其日常工作内容的情况下，未实际履行对瘦肉精检测的监管工作，也从未会同动物卫生监督管理部门进行瘦肉精检测联合抽检，对屠宰场如何使用肉品品质检验合格证、章等未进行过实际监管。特别是2009年3月在其辖下查出“瘦肉精”生猪、上级要求其严肃整改的情况下，其仍懈怠轻忽，使监管工作流于形式。被告人王某作为国家机关工作人员，严重不负责任，不履行对生猪屠宰过程中“瘦肉精”残留检测监督管理之职责，致使含有“瘦肉精”的生猪进入销售环节，造成恶劣的社会影响。法院以被告人王某犯玩忽职守罪，判处有期徒刑2年。

4. 评析意见

本案中，被告人王某负有对“瘦肉精”检测的监督管理职责，但在日常的本职工作中并未履行这一职责，其属于应当履行且有条件、有能力履行职责，但违背职责没有履行，因此该行为属于不作为方式的玩忽职守行为。本案的特殊之处是，直到2011年3月15日中央电视台“焦点访谈”节目录像播放，被告人疏于履行“瘦肉精”检测之监督管理职责的事实才暴露出来，对此，江苏省产品质量检测中心立即组织抽检，南京市建邺区某屠宰场134头生猪尿液中132头被检出含有“瘦肉精”。但此前究竟有多少头“瘦肉精”生猪进入销售环节，又给哪些人的身体造成何种影响，缺乏相应的事实证据予以证明。因此，如果着眼于物质性损失，去计算经济损失数额恐怕是一笔糊涂账。尽管如此，也无法根据存疑有利于被告人原则否定“重大损失”的存在，除人身伤亡损失、经济损失之外，《办理渎职案件解释（一）》还将“造成恶劣社会影响”规定为本罪的“重大损失”，因此，如果被告人的行为造成了恶劣的社会影响，完全可以将这种非物质性损失评价为玩忽职守罪的“重大损失”。本案中，被告人长期懈怠履行职责，使得“瘦肉精”检测的监管工作形同虚设，不排除大量含有“瘦肉精”的生猪流入市场的可能性，这不仅会使消费者遭受经济损失，而且给消费者的身体健康带来安全隐患。被告人的行为经央视媒体曝光后，社会公众对此高度关注，相关购买者普遍持担忧态度，可以说社会影响恶劣。基于此，法院在判决书中也明确指出被告人的行为造成了恶劣的社会影响，符合玩忽职守罪的成立条件。

深度研究

学界一般认为，根据危害结果的存在形态，可以将玩忽职守罪中“重大损失”分为物质性损失和非物质性损失。物质性损失，是指存在形态表现为物质性变化的危害结果。物质性损失往往是直观可见的，可以用一定标准来衡量，进而确定其损失大小。非物质性损失，是指存在形态表现为非物质性变化的危害结果。非物质性损失往往是无形的、难以测量的，这也使得其在司法实践中较难作出具体认定。根据《办理渎职案件解释（一）》第1条的规定，玩忽职守罪中的“重大损失”包括人身伤亡损失、经济损失、造成恶劣社会影响以及兜底情形。其中，人身伤亡损失、经济损失都属于物质性损失，在司法认定中难度相对较小，而“造成恶劣社会影响”则属于非物质性损失，对其认定较有难度。在司法实践中，玩忽职守罪的危害结果未必都表现为人身伤亡或经济损失，有的玩忽职守行为的确造成了恶劣的社会影响，如果不追究行为人的刑事责任，容易形成处罚漏洞，也会影响刑法的权威性。在判断是否“造成恶劣社会影响”时，应重点把握以下两点：

第一，“恶劣的社会影响”应与物质性损失形成对照，彼此具有大体相当性。一方面，“恶劣的社会影响”需要具有客观的表现形态，不能仅仅依靠人们的内心感受或主观评价。既然“重大损失”属于构成要件结果，人身伤亡、经济损失等形式都是在客观上通过一定的形态表现出来的，“恶劣的社会影响”自然也不例外。这也使得本罪仅限于结果犯，而不包括危险犯，“恶劣的社会影响”不包括造成实害结果的危险。另一方面，“恶劣的社会影响”的危害程度应与物质性损失的危害程度大体相当。《办理渎职案件解释（一）》第1条规定死亡1人以上，或者重伤3人以上，或者轻伤9人以上等属于人身伤亡类型的重大损失，经济损失30万元以上属于经济损失类型的重大损失，那么，“恶劣的社会影响”在危害程度上就需要与上述物质性损失具有大体相当性。例如，玩忽职守行为破坏国家机关的工作秩序，致使国家机关的公信力严重下降，或对社会秩序造成扰乱和破坏，引发群体性事件及其他冲突事件，或影响国家机关对自然灾害或突发事件的及时处理，造成严重后果等。

第二，“恶劣的社会影响”应结合具体个案的实际情况进行综合判断。媒体是否关注虽然是考察社会影响的因素之一，但不能以此作为唯一或者主要的定罪根据。实践中可能存在办案人员受媒体舆论影响的疑问，信息时代背景下人们可以通过网络将声音扩散至世界各地，互联网媒体已成为重要的信息生产源和传播平台，尤其是随着“自媒体”的用户数量呈现井喷式的增长，媒体的权力面临着从平台到用户的转移，越来越多的自媒体成为“第一新闻源”。一些微小的事件经过互联网媒体发酵可能引起全民关注，甚至不乏资本操控舆论的情况发生。这就要求在界定“恶劣的社会影响”时，办案人员不能被媒体舆论所牵制，应当合理滤掉与案内因素无关的案外因素，避免将媒体的报道情况直接作为认定玩忽职守罪的定罪依据。

四、因果关系

知识背景

玩忽职守罪的因果关系一直是理论上的难点，一方面与刑法因果关系理论学说的复杂性有关，另一方面也由于玩忽职守罪因果关系的认定有其特殊性所在，而这种特殊性也成为玩忽职守罪因果关系认定过程中最大的障碍。通过对实务中玩忽职守案件的梳理，可以总结出以下难点：

第一，案发原因多，“多因一果”情形较难认定。在实务当中，较难的是“多因一果”情形，亦即除国家机关工作人员的玩忽职守行为外，还介入了第三方行为、被害人自身行为或自然事件等因素，玩忽职守行为与危害结果之间具有客观上的关联，并且这种危险持续地作用到危害结果的发生，从而使玩忽职守罪因果关系的认定存在一定困难。

第二，存在介入因素的情况下，因果关系可能中断，对判断造成障碍。要认定是否具有刑法上的因果关系，玩忽职守行为必须与危害结果之间具有客观上的关联，这就要求玩忽职守行为所具有的造成重大损失发生的危险必须持续地作用到危害结果现实地发生。如果介入因素的存在导致不能将危害结果归责于前面的玩忽职守行为，就应当否认因果关系，进而否认玩忽职守罪的成立。因此，介入因素是否中断因果关系也是实务中的一个难点。

第三，责任分散，认定相关责任人与危害结果之间的因果关系时存在难度。实务中相当一部分玩忽职守行为，借由集体研究决策的空壳，而由具体行为人操作实施，一方面，具体行为人可能只是一个执行者，对集体决策意见起不到决定性作用，予以追究可能会扩大打击面；另一方面，具体行为人可能对集体决策产生较大影响，集体研究决策只是玩忽职守行为的“挡箭牌”，不予以追究，可能会放纵犯罪。因此，在责任分散情况下，认定相关责任人与危害结果之间的因果关系时较为困难。

第四，不作为情形下，追究责任较为困难。实务中有一部分玩忽职守犯罪是以不作为方式实施的，承认不作为的原因力的前提条件是在规范层面上来认识刑法上的因果关系。不作为的因果关系判断不像作为那样，可以直接地从客观表现于外的行为与结果之间的关系上来考察，因果关系表现得较为隐蔽，而且需要围绕是否存在作为义务来探讨，作为义务通常又与相关领域、行业的特殊规定有关，因而较难认定。

第五，存在监督过失或工作失误的情况下，因果关系的确立有难度。监督过失，是指监督者负有监督被监督者的义务，却由于过失而未履行其监督义务，以致发生法益侵害的情形。[①] 工作失误，是指在积极的工作过程中，由于业务水平或能力不足而决策不当，导致了生命、财产等国家和人民利益的损失。[②] 实务中，容易将普通的监督过失、一般的工作失误与渎职犯罪相混淆，从而扩大了渎职犯罪的打击面。

由于玩忽职守罪因果关系的认定存在以上诸多难点，实务中在描述玩忽职守罪的特点时，往往认为偶然性是其特点之一，行为人虽然存在玩忽职守行为，但有可能会发生危害结果，也可能不会发生危害结果，由于介入因素的作用，在不确定的情况下危害结果出现。为此，玩忽职守罪的结果通常被认为是偶然性的，这使得偶然因果关系说在本罪的讨论中“死灰复燃”，实务中也不乏裁判借鉴偶然因果关系的思路认定玩忽职守罪的因果关系。回顾我国的因果关系理论发展史可知，从 20 世纪 50 年代初期开始，必然因果关系说与偶然因果关系说展开了持续争论。必然因果关系说要求危害行为合乎规律地产生危害结果，而偶然因果关系说并不要求危害行为本身包含着产生危害结果的根据，在其发展过程中，偶然介入其他因素，由介入因素合乎规律地引起危害结果时，危害行为与危害结果之间也具有因果关系。这场争论最终以偶然因果关系说的取胜而告终，但偶然因果关系说基本上只涉及事实的判断，缺乏规范的判断，且其判断规则极为粗糙，不能很好地发挥结果归责的效果，在晚近因果关系理论中属于早已被淘汰的学说，以该学说来判断玩忽职守罪的因果关系的做法应予以摒弃。学界关于玩忽职守罪因果关系的研究尚不充分，主要原因是刑法总则中的因果关系理论并未很好地贯彻到本罪的讨论当中。玩忽职守罪的因果关系问题本身就是总则因果关系理论的进一步展开，是检验总则因果关系的试金石，其因果关系的认定一方面应遵照总则因果关系的判断规则，另一方面也要结合玩忽职守案件自身特点来把握。学界目前主流的因果关系理论包括相当因果关系说、客观归责理论、危险现实化理论等，它们都能够提供较为清晰的判断方案，将这些理论贯彻到玩忽职守罪因果关系的讨论中，可以使很多疑难问题得到妥善解决。

案例评价

[案例 28-6] 龚某玩忽职守案[③]（因果关系的认定）

1. 基本案情

1998 年 12 月，黔江地区车管所下辖的彭水县村民蒋某持有的驾驶证有效

① 吕英杰．客观归责下的监督、管理过失．北京：法律出版社，2013：9.

② 周光权．渎职犯罪疑难问题研究．人民检察，2011（19）：15.

③ 最高人民法院刑事审判第一、二、三、四、五庭．中国刑事审判指导案例：第 6 卷．增订第 3 版．北京：法律出版社，2017：575－577.

期届满后，向彭水县公安局交通警察大队申请换证。彭水县公安局交通警察大队对蒋某的申请初审后，将其报送给黔江地区车辆管理所审验换证。1999年3月22日，时在黔江地区车辆管理所负责驾驶员体检工作的被告人龚某（2000年3月调任其他工作）收到蒋某的“机动车驾驶证申请表”后，在既未对蒋某进行体检，也未要求蒋某到指定的医院体检的情况下，违反规定自行在其“机动车驾驶证申请表”上的“视力”栏中填写上“5.2”，在“有无妨碍驾驶疾病及生理缺陷”栏中填上“无”，致使自1995年左眼视力即已失明的蒋某换领了准驾B型车辆的驾驶证。此后，在2000年、2001年及2002年的年度审验中，蒋某都通过了彭水县公安局交通警察大队的年度审验。

2002年8月20日，蒋某驾驶一辆中型客车违章超载30人（核载19座）从长滩乡驶向彭水县城，途中客车翻覆，造成乘客26人死亡、4人受伤和车辆报废的特大交通事故，蒋某本人也在此次事故中死亡。事故发生后，经彭水县公安局交通警察大队调查，认定驾驶员蒋某违反《道路交通管理条例》（现已失效）第26条第9项“在患有妨碍安全行车的疾病或过度疲劳时，不得驾驶车辆”和第33条第1项“不准超过行驶证上核定的载人数”的规定，对此次事故负全部责任，乘客不负事故责任。

2. 涉案问题

被告人龚某是否存在玩忽职守行为？如果存在，其玩忽职守行为与“8·20”特大交通事故之间是否具有刑法上的因果关系？

3. 裁判理由

重庆市黔江区人民法院经审理认为：被告人龚某在蒋某申请换证时，未能正确履行职责，致使蒋某驾驶证换证手续得以办理，但其效力仅及于当年，此后年审均在彭水县交警大队办理，且现有证据不能确定发生车祸的具体原因，被告人龚某的行为不构成玩忽职守罪。一审作出无罪宣判后，黔江区人民检察院以判决认定无因果关系存在错误为由，向重庆市第四中级人民法院提出抗诉。重庆市第四中级人民法院经审理认为：在对驾驶员审验时及驾驶员申请换领驾驶证时，黔江地区车辆管理所均负有对驾驶员进行体检的义务。驾驶员蒋某在申请换证时，被告人龚某未履行对其身体进行检查的职责，其玩忽职守行为客观存在，但其失职行为与“8·20”特大交通事故之间不存在刑法上的因果关系，不能认定其行为已构成玩忽职守罪。据此，裁定驳回抗诉，维持原判。

4. 评析意见

本案中，被告人龚某作为黔江地区车辆管理所的体检人员，在驾驶员申请换证时，负有对驾驶员进行身体检查的职责。1999年3月，在对蒋某换领驾驶证的申请审核时，龚某并未履行工作职责，使得左眼已失明、不符合持证条件的蒋某换领了准驾 B 型车辆的驾驶证。被告人龚某未履行体检职责，使得体检工作流于形式，客观上存在玩忽职守行为，其所出具的虚假体检结论也使左眼已失明的蒋某得以继续从事驾驶工作，形成了较大的交通安全隐患。然而，该体检结论的效力只及于 2000 年的年度审验以前，在此之后的各年度审验中，该体检结论便不具有效力，蒋某必须重新体检，在体检合格之后才能通过审验。而在 2000 年、2001 年、2002 年的年度审验中，蒋某仍多次通过审验，龚某此时已不再负责此项专门工作。本案法官在裁判说理时采取的是相当因果关系说，认为被告人龚某的体检失职行为确实有引发交通事故的危险，但本案还介入了蒋某换证以后各年度审验中他人的审验失职行为，该介入因素过于异常。由于事故发生原因是驾驶员蒋某的违章驾驶行为，且介入因素对结果发生的影响力较大，因而可以否定最早出现的实行行为与危害结果之间的因果关系。

本案除根据相当因果关系说否定因果关系之外，还可以根据客观归责理论中第三人的责任范围规则否定对龚某的归责。根据客观归责理论，行为人的行为创设了法所不允许的危险，且这一危险在具体的结果中已经实现，但如果构成要件的效力范围不能包含这种危险及其结果时，也不能归责于客观构成要件。换言之，由不被允许的危险实现的结果必须在构成要件的效力范围内，才能归责于客观构成要件。而构成要件的效力范围，不包括属于第三人责任范围内加以防止的结果。之所以排除归责，原因在于特定的职业人员在自己的职权范围内，以一种独立的、不受干扰的方式，负责消除和监督危险的来源。① 被告人龚某的体检失职行为虽然创设了法所不允许的危险，且该危险最终在交通事故中实现了，但龚某的玩忽职守行为发生于 2000 年的年度审验以前，其后的多次年度审验已有其他负责人专门接手了此项工作。这意味着龚某在此之前虽创设了法所不允许的危险，但以后各年度的审验者创设属于自己的责任范围内的危险替代了原来的危险，此时就不再由最初的危险创设者对他人接管后所创设危险引起的结果负责。所以，被告人龚某的玩忽职守行为与“8·20”特大交通事故之间不具有刑法上的因果关系，不成立玩忽职守罪。

[案例 28-7] 曹某玩忽职守案②（集体决策未必否定因果关系）

1. 基本案情

被告人曹某在担任国家药监局药品注册司司长期间，根据国药监注

① 罗克辛．德国刑法学总论：第 1 卷．王世洲，译．北京：法律出版社，2005：271.

② 参见北京市第一中级人民法院（2007）一中刑初字第 1957 号刑事判决书，北京市高级人民法院（2007）高刑终字第 360 号刑事裁定书。

(2001) 187 号文件负责统一换发药品批准文号专项工作。由于前期计划不周，组织不力，无法在限定时间内完成工作任务，曹某指示专项小组成员起草了《关于做好统一换发药品批准文号工作的通知》并报经时任国家药监局局长的郑某（另案处理）签批后，作为国药监注（2001）582 号文件下发。该文件将 187 号文件中规定的“专项小组对上报材料进行汇总与复核”改为“企业申报时提供的有关材料可为复印件，由省级药监部门重点审核其原生产批件和原始档案，专项小组对上报的材料进行形式审核，并对原始档案进行抽查核对”，从而降低了审核把关标准，削弱了对下监管力度，致使大量不符合国家标准的药品获得批准文号。

专项工作后期，在处理统一换发药品批准文号遗留品种工作时，曹某在药品注册司司务会上进行了讨论，当时对遗留品种的处理意见存在很大分歧，第一种意见主张撤销违规药品的批准文号，第二种意见则赞同以《药品生产质量管理规范》（以下简称 GMP）作为依据换发批准文号。曹某在讨论后草率作出决定，向局领导郑某提出仅以 GMP 认证为标准，给地方企业违规生产的药品换发批准文号的请示意见。在经郑某签批同意后，遗留品种中绝大部分违规生产的药品被换发了批准文号。国家食品药品监督管理局后来对少部分药品生产企业进行抽查，发现有大量已被批准换发的药品文号系以造假获得。国家食品药品监督管理局为消除隐患，对已经换发的药品批准文号进行全面清理，为此耗费了大量的人力、财力。曹某上述行为，导致国家药品管理失序，增大了人民群众的用药风险，损害了国家机关依法行政的形象，致使国家和人民的利益遭受重大损失，造成了恶劣的社会影响。

2. 涉案问题

被告人曹某是否存在玩忽职守行为？如果存在，其玩忽职守行为与危害结果之间是否具有刑法上的因果关系？

3. 裁判理由

北京市第一中级人民法院经审理认为：被告人曹某身为国家药品监管工作重要职能部门的负责人，对涉及国计民生的药品安全监管工作严重不负责任，在统一换发药品批准文号专项工作的启动、进行中，不正确、不认真履行职责，致使国家和人民的利益遭受重大损失，其行为已构成玩忽职守罪。曹某的渎职行为，严重破坏了国家药品监管工作，增大了人民群众的用药风险，危害了人民群众的健康及生命安全，造成了极其恶劣的社会影响，犯罪情节特别严重，故以玩忽职守罪判处被告人曹某有期徒刑 7 年。一审宣判后，曹某不服而提出上诉，认为其行为只是工作失误，统一换发药品批准文号遗留品种工作不是由其草率提出的，是药品注册司和专项工作小组集体讨论后形成的请示意见，其不构成玩忽职守罪。北京市高级人民法院经审理认为，曹某不正确、不认真履行职责，造成了极其恶劣的社会影响，依法必须严惩，一审判决认定被告人犯玩忽职守罪，情节特别严重，确属正确，故裁定驳回上诉，维持原判。

4. 评析意见

本案中，被告人曹某存在多项失职行为，但不宜将所有失职行为都评价为玩忽职守行为。曹某最初在没有深入调查研究的情况下，草率地向领导提出启动统一药品批准文号专项工作，这只能认定为工作失误。正是因为前期计划不周，组织不力，所以曹某无法在限定时间内完成工作任务。此时，为了加快任务进度，其草率地提出将187号文件中规定的“专项小组对上报材料进行汇总与复核”改为“对上报的材料进行形式审核”，原本国家药监局的这一道审核把关是非常重要的，审核要求的变动实际上降低了审核把关标准，削弱了对下监管力度，对材料的真实合法性就过多地依赖各省级药监局了，这样就不免让部分人钻了漏洞，很难有效地防止材料造假情况的出现。事实上，这一举措在客观上也造成了大量不符合国家标准的药品获得批准文号。因此，曹某将187号文件所要求的实质审查降格为形式审查，已经属于严重不负责任、不正确履行职责的行为，应认定为玩忽职守行为。既然该玩忽职守行为可能使得一些违规生产的药品获得批准文号，那么，就更应当从严审查存在问题的遗留品种。因为如果一旦批准，带来的危害结果将更加严重。曹某在向局领导提交请示之前，虽在药品注册司司务会上进行了讨论，但当讨论存在不同意见、部分与会人员明确表示反对时，仍最终作出降低审查标准的拍板决定，形成了仅以GMP认证为标准的请示意见。该行为进一步导致遗留品种中绝大部分违规生产的药品被换发了批准文号。可以说，被告人曹某的各项失职行为所带来的风险是环环相扣、层层累加的，由最初的工作失误逐渐升级至严重玩忽职守行为。

关于因果关系的判断，曹某及其辩护律师认为，其行为已在药品注册司司务会上进行过讨论，虽然存在不同意见，但最终决策是经由集体研究作出，多种药品造假的结果与其没有直接因果关系。然而，集体研究决策并不能成为相关工作负责人的“挡箭牌”。本案中，曹某作为专项工作的负责人，虽然对遗留品种的处理问题组织了集体讨论，但在部分参会人员明确主张撤销违规药品的批准文号时，曹某仍作出了以GMP认证为标准的最终决定。在明知可能存在大量违规生产的药品被换发批准文号的情况下，曹某不正确履行职责的行为看似具有了集体研究决策的“外观”，实则是由其个人在会议上最终拍板决定的。曹某作为主要负责人，当然应对危害结果负责。而且，如果明知表决的内容可能给公共财产、国家和人民利益造成重大损失，即便实行的是“一人一票制”的表决方式，所有决策人一般也应当对渎职结果负责，除非表决时明确反对该项决议的，才无须被归责。本案中，被告人曹某作为专项工作负责人，更是难逃其责。综上所述，被告人曹某存在玩忽职守行为，该行为与危害结果之间具有因果关系，成立玩忽职守罪。

深度研究

在对玩忽职守罪的因果关系进行判断时，有必要注意以下几点：

第一，相当一部分因果关系的认定问题其实可以在行为阶段就被“过滤”掉，如果行为人根本不负有相应的职责，或者现有证据尚不能充分证实行为人不履行或不正确履行工作职责，就没有必要再继续讨论危害结果是否应归责于行为人。例如，文化管理部门颁发了某类业务的许可证，后从业人员在装修场地过程中引发火灾，不能认为如果不颁发相关业务的许可证，从业人员就不会对相关场地进行装修进而酿成火灾事故。因为阻止火灾发生、保护消费者的人身安全是负有消防安全监督管理职责的部门的职责，不是文化管理部门工作人员的职责。此时，直接以不存在相应的工作职责就可以否定行为人成立玩忽职守罪，没有必要再通过客观归责理论中的规范保护目的规则去否定结果归责。

第二，在判断因果关系时，除注重事实的因果联系外，还需要在规范层面进行结果归责的判断。单纯运用偶然因果关系说、条件说、原因说等理论判断因果关系，会不当扩大玩忽职守罪的处罚范围。当前总则中的因果关系理论并未很好地被贯彻到玩忽职守罪的因果判断中，仍有不少裁判对已经被淘汰的学说抱残守缺，且对因果关系存在与否的说理羞于表达。为此，有必要引入客观归责理论、危险现实化理论等主流因果关系理论，强化规范归责的思维，使得本罪因果关系的说理更为充分。

第三，虽然提倡引入总则中发达的因果关系理论，但究竟是全盘照搬，还是结合玩忽职守罪的自身特点予以改良适用，也需进一步思考。有观点主张将客观归责理论等直接适用到本罪的因果关系判断中，也有观点认为本罪的因果关系较为特殊，属于引起型因果，不同于造成型因果，造成型因果的归责以行为对因果关系的支配为基础，如果支配被阻断，便可排除结果归责，而引起型因果的归责，由于不以支配的获得作为归责基础，介入他人的自愿行为或者其他异常的、不可预见的因素，通常并不排除归责。① 后一种观点更为合理，如果承认本罪的结果归责属于一种缓和的结果归责②，如何在吸收总则因果关系合理内核的基础上进行相对个性化的构建，值得今后深入研究。

① 劳东燕．事实因果与刑法中的结果归责．中国法学，2015（2）：149.

② 张明楷．论缓和的结果归属．中国法学，2019（3）：261.

第四，有必要关注实务立场，重视本土案例资源。例如，最高人民检察院在第8号指导性案例“杨某玩忽职守案”中指出，如果负有监管职责的国家机关工作人员没有认真履行其监管职责，从而未能有效防止危害结果发生，那么，这些对危害结果具有“原因力”的渎职行为，应认定与危害结果之间具有刑法意义上的因果关系。不能简单地认为这里的“原因力”是已经被淘汰的原因说，这一要旨对玩忽职守罪因果关系认定的概括，既涉及刑法因果关系一般原理的运用，也事关玩忽职守罪自身的特殊问题，具有重要启发意义。对于实务立场不能一概加以否定，不能想当然地认为实务中本罪的处罚范围过宽，从而在理论上提出应予以限缩的命题，应当在尊重实务立场的前提下探索具有对话性的裁判理由，实现从“如何约束法官”向“如何说服法官”的理念转变。

五、主观罪过

知识背景

玩忽职守罪的主观罪过是过失，具体表现为，应当预见其不履行职责或不正确履行职责的行为可能致使公共财产、国家和人民利益遭受重大损失，但由于疏忽大意没有预见，或者已经预见而轻信能够避免，以致发生这种结果。因此，行为人主观上的过失是针对造成重大损失的结果而言，但对违反工作纪律和工作职责，以及对自己的作为和不作为，则可能是明知故犯的。

尽管学界通说认为，本罪的主观方面只能是过失，但仍有个别观点认为本罪是复合罪过，既可以是过失，也可以是间接故意，这一观点并不合理。首先，玩忽职守罪在设立之初，就将其明确为过失犯罪，这一立法思想一直沿袭至1997年《刑法》第187条关于玩忽职守罪的规定。[①] 其次，既然认为本罪的主观方面可以是过失与间接故意，直接故意当然也可以构成，没有理由将直接故意排除在外。再次，复合罪过说本身存在诸多疑问，不仅难以区分间接故意与过于自信的过失，而且将二者作等同评价，否定了它们在主观恶性程度上的区别，不符合罪刑相适应原则的要求。间接故意与过失的非难可能性存在较大差异，而且刑法总则对此进行了明确区分，将二者相提并论并不合适。最后，将故意与过失并存于一个具体罪名之中，会对犯罪特殊形态的判断造成障碍。犯罪的特殊形态，只能存在于故意犯罪中，过失犯罪不可能有预备行为，没有发生结果时，也不会成立过失犯罪。两种罪过并存会

① 高铭暄．中华人民共和国刑法的孕育诞生和发展完善．北京：北京大学出版社，2012：160.

导致二者界限模糊、难以分辨，进而在区分时过度依赖被告人的口供，一旦对主观方面拿捏不准，就会形成罪与非罪严重割裂的局面。综上所述，玩忽职守罪的主观方面只能是过失，如果行为人在主观上对于危害结果的发生不是出于过失，而是出于故意，即明知自己的行为会发生危害社会的结果，希望或者放任这种结果发生，那就不属于玩忽职守犯罪，而应成立其他的故意犯罪。

案例评价

[案例 28-8] 吴某玩忽职守案①（过失的认定）

1. 基本案情

2001 年 10 月 9 日下午 4 时，失主方某向派出所报案称，其停泊在本村海边渔船上的一台马达（价值 4 000 多元）被钟某盗走，并销赃给桂某，后其以 710 元才赎回该马达。接报后，吴某报告所长王某，王某派吴某主办，许某配合。于当天下午 5 时多将钟某带回派出所。经讯问，钟某对盗窃事实供认不讳。至 7 时多，被告人吴某将结果报告所长王某，并建议将钟某送往县看守所刑事拘留，王某决定留置继续盘问，同时交代吴某做好安全防范工作。钟某被留置后不久，其母方某某等人也相继来到留置室探望钟某至晚上 10 时许才离开。而当晚 9 时许，吴某来到留置室巡查时，仍看见钟某与其家人正在谈话，吴某没有交代值班人员协助，便跟该所宋某、许某出外喝茶，10 时多三人回到该所一楼办公室下棋。至次日凌晨零时 10 分，吴某与宋某再次到该留置室查看时，竟发现钟某已用自身穿着的衬衣上吊身亡。此时，吴某立即将情况上报所长王某及上级单位等。经法医鉴定钟某死亡系缢死。

2. 涉案问题

被告人吴某主观上是否具有过失？其行为是否构成玩忽职守罪？

3. 裁判理由

海南省临高县人民法院经审理认为：被告人吴某系派出所干警，其在执行公务过程中，将涉嫌盗窃的钟某带回派出所进行盘问，并报该所所长审批办理了留置手续，对钟某采取了留置措施，说明吴某已完全依法履行了作为外勤干警应该履行的职责，且在钟某被留置的短短几个小时内，吴某及值班人员也相继巡视了几遍，已尽到了谨慎的责任。但由于该派出所历来没有设立留置专管人员岗、对如何看管留置人员也没有明确而具体的规定，尤其是在看管留置人员过程中，应采取什么样的措施防止留置人员自杀等，更缺乏

① 参见海南省临高县人民法院（2002）临刑初字第 57 号刑事判决书，海南省海南中级人民法院（2002）海南刑终字第 128 号刑事裁定书。

明确、具体的制度规定。钟某自杀之前也不存在任何反常的举止，其自杀行为本身具有不可预见性。因此，吴某的行为不构成玩忽职守罪。

一审作出无罪宣判后，海南省临高县人民检察院不服，向海南省海南中级人民法院提出抗诉。海南省海南中级人民法院经审理认为：被告人吴某作为干警将涉嫌盗窃的钟某带回派出所进行盘问，并在经所领导审查批准后对钟某采取留置措施，是人民警察积极参与社会治安管理、打击违法犯罪活动的一种正当行为，也是其根据《人民警察法》的规定，履行职责、行使职权的具体表现。根据派出所《值班制度》的规定，吴某对被留置的钟某仍负有看管的义务。但对如何看管留置人员，法律没有明确规定，派出所《值班制度》也没有具体的要求，且根据已查明的事实，身为公安干警的吴某已基本履行了应该履行的干警职责。此外，又鉴于钟某系用自身穿着的衬衣上吊自杀，其自杀方式确有难于防范的特征。一审认定吴某的行为不构成犯罪正确，审判程序合法，应予维持。据此，裁定驳回抗诉，维持原判。

4. 评析意见

本案中，被告人吴某作为派出所干警，将涉嫌盗窃的钟某带回派出所进行盘问，并在经所领导审查批准后对钟某采取留置措施，这是合法的职务行为，不属于玩忽职守行为。在将钟某进行留置后，吴某确实负有相应的看管义务，然而关于如何看管留职人员，当时缺乏法律的明确规定，且被告人所在的派出所《值班规定》也未作出具体规定。吴某在钟某被留置后，在数个小时内已经相继巡视了几遍，可以说已经履行了工作职责。吴某所在的派出所并未设立留置专管人员岗，且当晚也有值班人员，根据《值班制度》规定，值班人员负有 24 小时的值班登记义务，应知道钟某已被留置，不需要吴某去通知他协助。由于吴某已经履行了相应的工作职责，而玩忽职守行为是指严重不负责任，不履行职责或不正确履行职责的行为，即便如检察院的抗诉意见所称，吴某未认真履行职责，其行为也远远达不到严重不负责任的程度，故不属于玩忽职守行为。

吴某主观上也不具有过失，在过失犯罪中，无论是疏忽大意的过失还是过于自信的过失，都要求被告人具有结果的预见可能性。一方面，钟某在自杀之前不存在任何反常的举动，死亡结果超出了一般人的预见可能性。钟某被留置后不久，其母亲等人也相继来到留置室探望至晚上 10 时许才离开，当晚 9 时许，吴某来到留置室巡查时，仍看见钟某与其家人在谈话，一切都较为正常，没有任何反常的征兆。另一方面，钟某在很短的时间空当内通过衬衣自缢这一较不寻常的方式自杀，一般人也难以提前预见并加以防范。钟某的母亲等人晚上 10 时许才离开，至次日凌晨零时 10 分吴某发现钟某自杀，中间只间隔了不到 2 个小时的空当时间。钟某只是涉嫌盗窃，数额并不大，选择自杀较为异常，一般人难以预见。如果钟某是以随身携带的凶器自杀，或许还能认为吴某未认真履行工作职责，但吴某在将钟某带至留置室前已经对其进行了搜身检查，钟某在留置室中选择用衬衣自缢，确实难以预见并提前加以防范。综上所述，吴某不存在玩忽职守行为，主观上也不存在过失，不构成玩忽职守罪。

深度研究

玩忽职守罪中过失的认定，要求行为人对危害结果具有预见可能性，然而，玩忽职守罪不同于过失致人死亡罪等普通过失犯罪，实务中往往介入了他人的自愿行为或其他异常的、不可预见的因素，或者因果关系流程出现重大偏离，但对玩忽职守罪结果归责的判断可能并无影响。此时，如果依靠以往的具体的预见可能性说，可能难以有效处理低程度的预见可能性的案件，因为按照通说要求，行为人必须在某种程度上“容易地”预见到结果的发生，即存在一定高度的预见可能性时才能肯定其过失责任。

为了解决这一类问题，通说弱化了预见可能性对因果关系的认识，认为因果经过的预见可能性是必要的，但具体的因果经过的认识可能性是不需要的，只需对“因果经过的基本部分”有预见可能性即可。然而，只是采取这样的见解，或许可以有效弥补过失致人死亡罪等普通过失犯罪中具体的预见可能性说的不足，却未必能有效处理玩忽职守罪等渎职犯罪中过失的认定问题。这意味着如果不肯定低程度的预见可能性，很多案件的说理会显得十分棘手。部分学者在解释时引入“结果发生的概率”这一媒介，并认为结果发生的概率与预见可能性的程度二者之间并非联动关系。具体的高度的预见可能性并不意味着结果发生的概率很高，发生结果的概率较低也不会直接导致预见困难。例如，中彩票属于稀有情况，也许会中彩票是可能预见的。[①] 但引入“概率低也可能预见”的说理，并不足以支撑起“概率低也很容易预见到结果发生”这一具体的预见可能性说的判断逻辑，事实上，买彩票也很难说很容易预见到中奖结果，因为中奖率太低了。所以，引入概率高低的说法看似具有解释力，但实际上是一种“含糊其辞”。如果在玩忽职守罪的因果关系认定中，承认一种缓和的结果归责标准，那么基于同一个问题意识，与之相配套地，在玩忽职守罪的过失认定中，就有必要采取缓和的结果预见可能性标准。对此，还值得进一步研究。

---

① 西田典之．刑法总论．东京：弘文堂，2019：283－284；小林宪太郎．刑法的归责．东京：弘文堂，2007：278.

第二节　本罪与他罪的区分

一、本罪与滥用职权罪的区分

知识背景

玩忽职守罪与滥用职权罪都规定在《刑法》第 397 条，从法定刑配置来看，两罪并无区别，将行为认定为玩忽职守行为还是滥用职权行为，都不影响量刑幅度的变化。然而，它们之间仍有区分的必要，两罪在对行为的评价和对行为人的谴责程度上存在不同。这从两罪的立案标准也能看出，虽然两罪都要求致使公共财产、国家和人民利益遭受重大损失，但根据司法解释，玩忽职守罪的立案标准比滥用职权罪的更高。关于两罪的区分，通说主要是从客观和主观两个方面进行区分。从客观方面来看，玩忽职守罪客观上表现为严重不负责任，不履行职责或不正确履行职责；滥用职权罪则表现为超越职权，违法决定、处理其无权决定、处理的事项，或者违反规定处理公务。从主观方面来看，玩忽职守罪主观上只能出于过失，滥用职权罪主观上只能出于故意。①

为了区分两罪的客观行为，学界一般认为，玩忽职守行为的表现形式包括：（1）严重不负责任，不履行职责；（2）严重不负责任，不正确履行职责。而滥用职权行为的表现形式包括：（1）超越职权，擅自决定或处理无权决定、处理的事项；（2）玩弄职权，违反程序规定，随心所欲地对事项作出决定或处理；（3）以权谋私、假公济私，不正确地履行职责；（4）放弃职责，故意不履行职责。按照上述行为方式，似乎从形式上能够对两罪进行严格区分，即两种犯罪行为是对立的，没有重合的部分，认定为滥用职权行为，就不可能评价为玩忽职守行为，反之亦然。然而，仔细分析上述行为方式，就会发现“不履行职责或不正确履行职责”并非玩忽职守行为所特有的情形，究其原因，主要是两罪本质上都是违背工作职责，都可能包含不履行职责或不正确履行职责的情形。因此，试图在客观方面寻求两罪的区分，存在难以克服的障碍。于是，学理上有观点主张玩忽职守罪是不作为形式，滥用职权罪是作为形式，但这种观点也并不合理。如前文所述，作为与不作为只是表现形式上的不同，在对法益的侵害性上不存在根本差异。在不正确履行职责的行为类型中，行为人通常也实施了一定的行为，以作为的形式履行了部分职责，

① 高铭暄，马克昌．刑法学．10 版．北京：北京大学出版社，2022：662.

将其视作不作为不符合实际情况。事实上，玩忽职守罪和滥用职权罪都可以由作为和不作为形式构成。由此可见，客观表现行为虽然能够提供区分的形式标准，但想依托这一标准对两罪进行彻底区分较为困难，两罪的区分标准实际上还是要落脚到主观方面。通说认为，玩忽职守罪的主观方面是过失，滥用职权罪的主观方面是故意。

案例评价

[案例 28-9] 李某受贿、滥用职权案[①]（玩忽职守罪与滥用职权罪的区分）

1. 基本案情

2015 年至 2017 年 9 月，被告人李某在某国土资源局工作期间，明知卜某非法经营砂石厂，仍为其提供帮助，并于 2016 年 9 月接受卜某请托，审批通过了某国土资源局内容为“现场部分地块作为囤料场地使用，剩余地块为平整土地，未发现盗采盗挖痕迹”的违法线索核查报告，致使该砂石厂未被及时关停，仍得以继续非法运营，最终导致农地遭受严重破坏。另查明，2016 年 4 月，被告人李某在某国土资源局工作期间，利用自己分管国土资源执法监察队、国土资源管理所的职务便利，为成某违法建设提供帮助，收受成某给予的好处费现金 5 万元；2016 年 11 月，被告人李某在某规土委工作期间，利用自己分管区治砂办的职务便利，为卜某在某农地非法经营砂石厂提供帮助，向卜某索要人民币 100 万元。

2. 涉案问题

被告人李某审批通过明显违背事实的违法线索核查报告的行为构成玩忽职守罪还是滥用职权罪?

3. 裁判理由

北京市昌平区人民法院经审理认为：根据在案证据，卜某自 2015 年就请托李某对其无证经营砂石厂进行关照，李某明知卜某盗采砂石，却一直放任卜某的行为，2016 年 9 月更是受卜某请托，通过了查明不实的违法线索核查报告。卜某非法采矿行为造成的后果虽不是李某一人所致，但其作为主管领导，明知有违法行为仍予以放任，甚至利用职务便利为卜某谋利，是卜某非法采矿行为得以持续的主要原因，卜某非法采矿行为对涉案农地造成了严重破坏，属情节特别严重。被告人李某身为国家机关工作人员，利用职务上的便利，索取、非法收受他人财物，为他人谋取利益，且数额巨大，其行为已构成受贿罪，判处有期徒刑 5 年 6 个月；李某滥用职权，致使公共财产遭受

① 国家法官学院，最高人民法院司法案例研究院．中国法院 2022 年度案例·刑事案例四．北京：中国法制出版社，2022：209-215.

重大损失，情节特别严重，其行为已构成滥用职权罪，判处有期徒刑5年。决定执行有期徒刑10年，并处罚金人民币50万元。一审宣判后，李某不服而提出上诉，北京市第一中级人民法院经审理裁定驳回上诉，维持原判。

4. 评析意见

本案中，李某作为主管治砂办的国家机关工作人员，在已接到明确线索举报卜某盗采矿石，没有认真予以核查的情况下，就审批通过了内容为“未发现盗采盗挖痕迹”的违法线索核查报告。仅从这一行为本身而言，难以直接判断其究竟是玩忽职守行为还是滥用职权行为。一方面，李某确实履行了审批职责，但这一审批行为违反了职责规定，草率从事、敷衍塞责，导致职责没有得到正确履行，在此意义上属于严重不负责任、不正确履行工作职责，可以评价为玩忽职守行为；另一方面，李某玩弄职权，违反程序规定，随心所欲地对违法线索核查报告进行审批，而且后来收受了请托人的财物，属于以权谋私、不正确履行职责，在此意义上又可以评价为滥用职权行为。因此，试图仅仅依托渎职罪客观表现行为对李某上述行为予以准确定性，较为困难。本案中李某的行为究竟应成立玩忽职守罪还是滥用职权罪，需要进一步考察李某的主观心态，如果是出于过失的心态，应认定为玩忽职守罪；如果是出于故意的心态，则应认定为滥用职权罪。

李某在监察委调查阶段虽供认明知卜某存在盗采矿石的行为，但在法院审理阶段翻供否认自己主观上具有明知。区分李某行为时主观上是故意还是过失，需要综合全案情况进行具体判断。一方面，李某对卜某可能存在盗采矿石行为的认识程度较高。从李某和砂石厂老板卜某的交往关系来看，二人自2015年就存在着密切的交往关系，基于这种关系，李某比较容易知道卜某在从事何种性质的业务；从卜某盗采砂石的时间和开采量来看，卜某的盗采行为持续时间很长，而且开采量很大，李某作为治砂办的执法人员，负责查处非法经营砂石厂的行为，对相关的事项较为敏感，且在接到了明确的举报线索的情况下，理应对卜某盗采矿石行为及其危害结果存在较高程度的认识。另一方面，李某未采取任何有效措施去核实卜某是否存在犯罪行为，对盗采矿石的危害结果持放任的态度。李某在接到明确线索举报卜某盗采矿石的情况下，既未去现场核实具体情况，也未查看卫星拍摄图片，就草率地作出否定性的结论，且李某事先接受过卜某的请托，这些都表明了李某对危害结果的发生持听之任之、无所谓的态度。因此，危害结果的发生并不违背李某的本意，其对结果的发生至少是一种放任自流的间接故意心态。李某在事后主动向卜某索要了100万元的好处费，这进一步说明了其对危害结果的发生持放任的态度。综上所述，李某作为治砂办执法人员，在明知存在盗采砂石行为的情况下刻意不履行监管义务，审批通过了明显违背事实的违法线索核查报告，其明知自己的渎职行为会致使公共财产、国家和人民利益遭受重大损失，仍然放任危害结果的发生，主观上具有犯罪的故意，应以滥用职权罪论处。

深度研究

通说认为，玩忽职守罪的主观方面是过失，滥用职权罪的主观方面是故意。但学理上不乏反对意见，主要有三种观点：第一种观点认为，两罪都是结果犯，只能由过失构成；第二种观点认为，玩忽职守罪只能由过失构成，但滥用职权罪既可以是故意，也可以是过失；第三种观点认为，玩忽职守罪和滥用职权罪都可以由故意或过失构成。

上述观点中，不乏一些具有代表性的见解：（1）复合罪过说认为，由于我国刑法上没有英美刑法那样的“轻率”犯罪心态模式，也没有法国刑法理论中的所谓“中间类型”或德国刑法学界的“第三种罪过形式”，为了解读这一法律现象，不得不创造“复合罪过形式”的新术语。所谓复合罪过形式，是指同一罪名的犯罪心态既有故意（限间接故意）也有过失的罪过形式，滥用职权罪和玩忽职守罪正是这样的复合罪过，其主观方面既可能是故意，又可能是过失。[①]（2）主要罪过说认为，从事实的角度肯定多个罪过的存在，然后再从规范的角度确定哪一个是主要罪过。就滥用职权罪而言，行为人对于任意行使职权、超越职权行为是故意的，对于特定危害结果的发生是过失的。滥用职权行为是具有决定性意义的行为，其对应的罪过是主要罪过；危害结果是滥用职权必然产生的伴随结果，其对应的罪过是次要罪过，在对行为人的罪过进行具体的、最终的评价时，可按照主要罪过将滥用职权罪总体上定性为故意犯罪。[②]（3）混合罪过说认为，不同于玩忽职守罪，滥用职权罪在不法构造上兼具故意犯罪与过失犯罪的双重特性，单纯将它归入故意犯罪的类型或是过失犯罪的类型均有失偏颇。立足于我国的立法经验现实，有必要在理论上总结提炼故意·过失的混合犯罪类型概念。[③]

之所以会有上述争议，原因在于我国《刑法》将玩忽职守罪与滥用职权罪规定在了同一法条中，且配置了相同的法定刑，两罪的成立都要求具备“致使公共财产、国家和人民利益遭受重大损失”这一条件。在滥用职权罪中，行为人虽然故意实施滥用职权的行为，但未必对“重大损失”的结果持

① 储槐植，杨书文．复合罪过形式探析：刑法理论对现行刑法内含的新法律现象之解读．法学研究，1999（1）：53.

② 周光权．论主要罪过．现代法学，2007（2）：40－41.

③ 劳东燕．滥用职权罪客观要件的教义学解读：兼论故意·过失的混合犯罪类型．法律科学，2019（4）：56－57.

希望或者放任的态度。然而，一旦将滥用职权罪的主观方面理解为过失，滥用职权罪与玩忽职守罪就基本等同了，这难以解释现行刑法为什么在旧刑法已存在过失的玩忽职守罪的前提下增设滥用职权罪。可以说，上述争议是体系性思考引起的，其中“重大损失”的体系地位又是与主观罪过一体两面的问题。可以说，能否妥当处理“重大损失”的体系地位，关系到滥用职权罪主观罪过的认定。对此，还值得进一步研究。

二、本罪与特殊的玩忽职守犯罪的区分

知识背景

《刑法》第 397 条规定了玩忽职守罪，该条第 1 款后段同时规定了“本法另有规定的，依照规定”，这表明该条对玩忽职守罪的概括性规定，属于普通法，可以将其称为普通的玩忽职守犯罪。《刑法》分则第九章另外规定的玩忽职守罪，如第 398 条的过失泄露国家秘密罪，第 400 条第 2 款的失职致使在押人员脱逃罪，第 406 条的国家机关工作人员签订、履行合同失职被骗罪，第 408 条的环境监管失职罪，第 408 条之一的食品、药品监管渎职罪，第 409 条的传染病失职防治罪，第 412 条第 2 款的商检失职罪，第 413 条第 2 款的动植物检疫失职罪，第 416 条第 1 款的不解救被拐卖、绑架妇女、儿童罪，第 419 条的失职造成珍贵文物毁损、流失罪。这些罪名与玩忽职守罪属于特别法与普通法之间的法条竞合关系，可以将这些特别法称为特殊的玩忽职守犯罪。法条竞合的适用原则一般为特别法优于普通法，因此，当行为人的行为同时符合玩忽职守罪和特殊的玩忽职守犯罪的规定时，在裁判上应当适用特殊的玩忽职守犯罪的规定，而不再按照玩忽职守罪处理。

规范依据

《刑法》

第 397 条　国家机关工作人员滥用职权或者玩忽职守，致使公共财产、国家和人民利益遭受重大损失的，处三年以下有期徒刑或者拘役；情节特别严重的，处三年以上七年以下有期徒刑。本法另有规定的，依照规定。

国家机关工作人员徇私舞弊，犯前款罪的，处五年以下有期徒刑或者拘役；情节特别严重的，处五年以上十年以下有期徒刑。本法另有规定的，依照规定。

第 406 条　国家机关工作人员在签订、履行合同过程中，因严重不负责任被诈骗，致使国家利益遭受重大损失的，处三年以下有期徒刑或者拘役；致使国家利益遭受特别重大损失的，处三年以上七年以下有期徒刑。

案例评价

[案例 28 - 10] 王某、闵某玩忽职守案①（法条竞合的处理）

1. 基本案情

2010 年 5 月，宜兴市新庄街道办事处成立景湖人家安置小区筹建小组，并在会议上口头任命时任新庄街道城市建设管理办公室副主任的被告人王某为筹建小组负责人，聘用被告人闵某等技术人员为筹建小组成员，全面负责安置小区的现场管理、矛盾协调等工作。2010 年 9 月，新庄街道准备采购景湖人家等安置小区高层住宅楼房电梯，王某安排闵某统计电梯停靠层数等数据。闵某在统计过程中，没有核对建筑施工图，将景湖人家高层住宅实际为两层的地下室统计成一层地下室，并据此草拟了采购电梯的申请交给王某审核。王某亦没有核对建筑施工图，就按照闵某拟定的采购电梯申请上报宜兴市财政局，后据此进行了电梯采购招标。2011 年 6 月，新庄街道办事处和中标单位金刚公司签订了电梯供需合同。同年年底，金刚公司与东芝公司签订电梯销售合同。

2012 年 10 月，金刚公司派员至现场进行电梯安装准备工作时发现景湖人家小区高层住宅有两层地下室，合同上电梯少算一层。金刚公司法定代表人薛某立即通知新庄街道。经重新统计，共有 59 台电梯需要变更层数。后金刚公司对新庄街道隐瞒东芝公司仅有一台电梯安排生产、其余均未投产的事实，谎称电梯均已生产，需要对电梯进行改装，改装费用共需要人民币 500 余万元。新庄街道委派被告人王某、闵某参与和金刚公司就电梯改装费补偿问题的前期商谈工作。后薛某提供了伪造的东芝公司电梯改造报价清单和金刚公司支付改装费 300 万元的银行电子交易回执，并安排所谓的东芝公司工作人员至工地现场与王某见面证实改装费用等情况。王某在未认真审核的情况下，将上述情况向新庄街道做了汇报，新庄街道遂安排其测算电梯改装费用。王某、闵某在未实际至电梯生产商东芝公司处实地核实的情况下，测算出改装费用约为 271 万余元。王某将上述数据向新庄街道汇报后，新庄街道于 2013 年 6 月与金刚公司签订了补充合同，不过后来合同尚未全部履行。至案发，金刚公司实际骗得新庄街道总计 73 万余元。

2. 涉案问题

被告人王某、闵某作为国家机关工作人员，在签订、履行合同过程中，因严重不负责任被骗的，构成何种犯罪？

---

① 最高人民法院刑事审判第一、二、三、四、五庭. 中国刑事审判指导案例：第 6 卷. 增订第 3 版. 北京：法律出版社，2021：404 - 409.

3. 裁判理由

江苏省宜兴市人民法院经审理认为：被告人王某身为国家机关工作人员，被告人闵某系受聘在国家机关中从事公务的人员，在签订、履行合同过程中，工作严重不负责任，未认真审核合同事实情况，导致上当受骗，致使国家利益遭受重大损失，其行为均已构成国家机关工作人员签订、履行合同失职被骗罪。据此，以国家机关工作人员签订、履行合同失职被骗罪判处被告人王某有期徒刑 8 个月，以国家机关工作人员签订、履行合同失职被骗罪对被告人闵某免予刑事处罚。一审宣判后，王某不服而提出上诉。江苏省无锡市中级人民法院经审理认为：原审判决适用法律正确，量刑适当，诉讼程序合法，应予维持。据此，裁定驳回上诉，维持原判。

4. 评析意见

本案中，被告人闵某在电梯层数统计过程中，没有核对建筑施工图，草率地得出了统计结果，而王某作为领导亦没有具体核实，就按照闵某统计结果上报给了财政局。上述行为难以被认定为玩忽职守行为，因为玩忽职守行为是指严重不负责任，不履行职责或不正确履行职责的行为。被告人王某、闵某实际上并不排斥履行职责，并且基本履行了自己的职责，只不过因为方法措施不当出现决策失误或行为偏差，只能认定为工作失误。然而，正是这一工作失误使得金刚公司有机可乘，其谎称电梯均已生产，需要对电梯进行改装，从而诈骗改装费用。在金刚公司提出了一大笔改装费用的要求后，王某、闵某原本可以到电梯生产商东芝公司处实地核实，却未采取相应的补救措施；在后续与金刚公司商谈签订关于电梯改装费用的补充合同的过程中，又未对金刚公司单方面提供的材料进行审核，属于严重不负责任、不正确履行职责的行为，应认定为玩忽职守行为。二人因玩忽职守行为致使新庄街道被诈骗 73 万余元，玩忽职守行为与重大损失之间具有刑法上的因果关系，被告人主观上存在过失，因此，符合玩忽职守罪的犯罪构成。

由于玩忽职守罪只是普通罪名，本案被告人还涉嫌国家机关工作人员签订、履行合同失职被骗罪。该罪是指国家机关工作人员在签订、履行合同过程中，因严重不负责任被诈骗，致使国家利益遭受重大损失的行为。玩忽职守罪与国家机关工作人员签订、履行合同失职被骗罪属于法条竞合关系，二者的关键区别在于，后者还需满足“在签订、履行合同过程中，因严重不负责任被诈骗”这一条件。这意味着后者的玩忽职守行为只能发生在合同的签订、履行过程中，且重大损失的发生是行为人的玩忽职守行为和合同对方的诈骗行为共同导致的。本案中，新庄街道在与金刚公司签订关于电梯改装费用的补充合同过程中，新庄街道安排被告人王某等人测算电梯改装费用，王某、闵某未去电梯生产商东芝公司处实地核实，也未对金刚公司单方面提供的材料进行审核，这一玩忽职守行为发生在合同的签订、履行过程中，且是二人的玩忽职守行为与金刚公司的诈骗行为共同导致国家利益遭受重大损失。因此，被告人王某、闵某的行为也符合国家机关工作人员签订、履行合同失职被骗罪的犯罪构成。根据特别法优于普通法的原则，对被告人王某、闵某应以国家机关工作人员签订、履行合同失职被骗罪论处。

深度研究

《刑法》分则第九章规定了玩忽职守罪，同时规定了特殊的玩忽职守犯罪。由于司法解释对具体犯罪的立案标准予以了明确，这就会导致行为人的行为没有达到特殊的玩忽职守犯罪的定罪标准，却达到了普通的玩忽职守罪的定罪标准的情况发生。对此，能否以普通法条定罪在学界存在较大争议。一种观点认为，对于特别关系，原则上采用特别法条优于普通法条的原则，但在一定条件下应当适用重法优于轻法的原则；某种行为没有达到司法解释确定的特别法条的定罪标准，但符合普通法条的定罪标准时，应当适用普通法条定罪量刑。① 另一种观点则认为，法条竞合关系的法理，并不要求特别法条的处罚一定要重于普通法条。普通法条和特别法条之间不是轻法和重法的关系，出于各种复杂的立法考虑，特别法条轻于普通法条的情况实属正常。但即便特别法条的处罚轻，其法律效力仍然优于普通法条。换言之，特别法条的存在，意味着普通法条效力被“冻结”、被排斥。②

由此可见，恪守法条竞合中特别法优于一般法原则的观点，更为看重刑法规范背后“立法者的特别考虑”，立法者本来就是基于罪刑相适应的考虑，认为普通法条的刑罚不合适，才专门设立了特别法条，因此也不存在所谓的“处罚漏洞”。换言之，重视特别条款的优先适用本身是对罪刑法定原则的坚守。而主张法条竞合在特殊情况下可按想象竞合处理的观点，更看重刑法规范的实质解释，认为立法者的意思较为抽象，且必须以刑法分则对特别法条的设置完全合理为前提。上述争议不仅体现在玩忽职守罪与特殊的玩忽职守犯罪中，在刑法分则的诸多罪名中都有涉及，归根到底是如何看待所谓的“处罚漏洞”以及违反罪刑相适应原则的问题。

---

① 张明楷．法条竞合中特别关系的确定与处理．法学家，2011（1）：29.

② 周光权．法条竞合的特别关系研究：兼与张明楷教授商榷．中国法学，2010（3）：168.

案例索引

图书在版编目（CIP）数据

案例刑法研究．各论．下卷/陈兴良主编；周光权副主编．-- 北京：中国人民大学出版社，2024.6
（中国刑法司法适用疑难问题研究丛书/陈兴良，周光权总主编）
ISBN 978-7-300-32900-0

Ⅰ.①案… Ⅱ.①陈… ②周… Ⅲ.①刑法-案例-中国 Ⅳ.①D924.05

中国国家版本馆 CIP 数据核字（2024）第 107493 号

中国刑法司法适用疑难问题研究丛书
总主编　陈兴良　周光权
案例刑法研究（各论）（下卷）
主　编　陈兴良
副主编　周光权
Anli Xingfa Yanjiu (Gelun)

出版发行	中国人民大学出版社		
社　　址	北京中关村大街 31 号	**邮政编码**	100080
电　　话	010－62511242（总编室）		010－62511770（质管部）
	010－82501766（邮购部）		010－62514148（门市部）
	010－62515195（发行公司）		010－62515275（盗版举报）
网　　址	http://www.crup.com.cn		
经　　销	新华书店		
印　　刷	涿州市星河印刷有限公司		
开　　本	720 mm×1000 mm　1/16	**版　　次**	2024 年 6 月第 1 版
印　　张	39 插页 2	**印　　次**	2025 年 4 月第 2 次印刷
字　　数	717 000	**定　　价**	328.00 元（上、下卷）